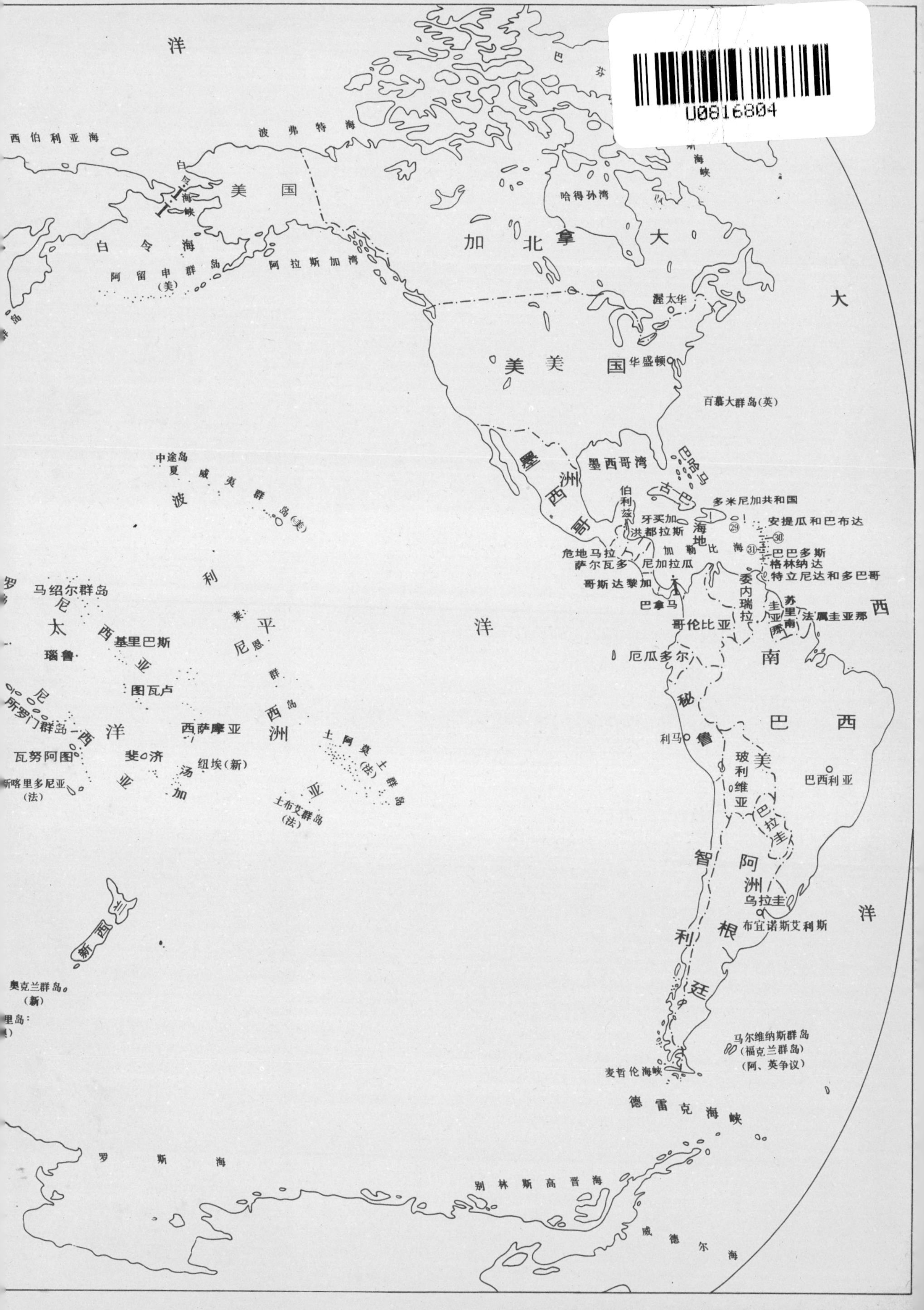

洋
西伯利亚海
波弗特海
白令海峡
美国
白令海
阿留申群岛
(美)
阿拉斯加湾
哈得孙湾
加
北
拿
大
渥太华
美
美
国
华盛顿
百慕大群岛(英)
中途岛
夏威夷群岛(美)
波
利
尼
西
亚
墨西哥湾
墨西哥
巴哈马
古巴
伯利兹
多米尼加共和国
牙买加
洪都拉斯
海地
危地马拉
萨尔瓦多
尼加拉瓜
哥斯达黎加
巴拿马
加勒比海
安提瓜和巴布达
巴巴多斯
格林纳达
特立尼达和多巴哥
委内瑞拉
圭亚那
苏里南
法属圭亚那
哥伦比亚
厄瓜多尔
秘鲁
利马
巴西
巴西利亚
玻利维亚
巴拉圭
智利
阿根廷
乌拉圭
布宜诺斯艾利斯
南
美
洲
马绍尔群岛
瑙鲁
基里巴斯
图瓦卢
所罗门群岛
瓦努阿图
新喀里多尼亚
(法)
斐济
西萨摩亚
汤加
纽埃(新)
土阿莫土群岛
(法)
土布艾群岛
(法)
美
拉
尼
西
亚
太
平
洋
新西兰
奥克兰群岛
(新)
马尔维纳斯群岛
(福克兰群岛)
(阿、英争议)
麦哲伦海峡
德雷克海峡
罗斯海
别林斯高晋海
威德尔海
大
西
洋

世界军事年鉴2001
WORLD MILITARY YEARBOOK

军事科学院《世界军事年鉴》编辑部

解 放 军 出 版 社

图书在版编目(CIP)数据

版式设计　杜超英
封面设计　张禹宾

世界军事年鉴．2001/军科年鉴编辑部编．—北京：解放军出版社，2001

ISBN 7－5065－4161－0

Ⅰ．世…　Ⅱ．军…　Ⅲ．军事－世界－2001－年鉴

Ⅳ．E1－54

中国版本图书馆 CIP 数据核字(2001)第 073217 号

世 界 军 事 年 鉴

2001

军事科学院《世界军事年鉴》编辑部

解放军出版社出版发行

(北京地安门西大街 40 号)

(邮政编码 100035)

新华书店经销

一二〇一工厂印刷

787×1092 毫米 16 开本　45.25 印张　4 插页　1480 千字

2001 年 11 月第 1 版　2001 年 11 月(北京)第 1 次印刷

ISBN 7－5065－4161－0/E·1894

定　价：150 元

《世界军事年鉴2001》主要撰稿人名单

（以姓氏笔划为序）

丁武将	刁望钦	于　庭	于淑杰	万　伟	王　睿	王长有	王书勤
王世华	王世银	王占良	王成刚	王丽娅	王明志	王宜胜	王珍捍
王晓雁	王艳芳	王海南	王通信	韦秀文	木　工	毛子成	仁　杰
卞荣萱	方　宁	尹秀广	邓彦舫	孔国生	巨文新	石　慧	石之英
白　雁	冬　生	乐凯华	宁　涛	朱长生	朱瑞臣	任　平	任　匡
伊贵玺	全寿文	刘万军	刘伟东	刘克俭	刘建宇	刘映国	刘效兰
刘温国	闫晓萍	孙叔林	孙燕侠	纪　皓	来　斌	李　英	李　杰
李　锐	李先喜	李庆功	李荣怀	李强洲	杨立明	杨学清	杨清坡
肖石忠	肖代泽	吴　刚	吴　炯	吴　鹏	吴永业	吴志豪	吴新安
何在涛	邱剑敏	闵振范	宋鲁成	张　冬	张　宁	张　南	张力群
张世斌	张令钟	张连国	张国斌	张洲军	张景恩	陆　汇	陈有荣
陆培军	陈献其	陈燕雯	林水成	林海霞	尚　泽	金　涛	金鑫鑫
周亦冰	周璞芬	孟　华	孟　丽	荒　林	赵彦华	赵重阳	赵福春
临　平	钟学良	姜　蓓	洪锦珠	神　赋	桐　生	耿文正	袁　林
袁右军	贾咏梅	夏　娟	夏礼伯	黄　磊	黄远模	章义发	常　乐
符成礼	麻光武	清　风	梁正克	涵　江	韩生民	彭训厚	程新华
曾　江	湘　溪	温味几	谢　钢	蓝　田	蒲福宁	詹玉才	詹传敏
蔡春明	蔡香敏	廖恒茂	谭凤旭	谭汝坤	谭武军	熊万奎	滕建群
潘新毛	薛　丰	薛　军	冀文华	魏守正			

中朝两国隆重纪念志愿军赴朝作战 50 周年

①2000 年 10 月 25 日，北京各界隆重集会纪念志愿军出国作战 50 周年。中共中央总书记、国家主席、中央军委主席江泽民出席大会并发表重要讲话。

②10 月 25 日，朝鲜隆重集会纪念志愿军赴朝参战 50 周年。中央军委副主席、国务委员兼国防部长迟浩田在集会上发表讲话。

③朝鲜劳动党总书记、国防委员会委员长金正日会见迟浩田副主席。

④10 月 19 日，中国军事科学学会和军事科学院联合召开纪念志愿军抗美援朝出国作战 50 周年学术报告会。

中国人民解放军更换新式夏季服装

①着 99 式长袖衬衣的陆军男士兵在操练。

②着 99 式短袖衬衣和大檐帽的陆军男军官和海、空军女军官。

③着 99 式短袖衬衣和贝雷帽的陆、海、空军女军官。

中国人民解放军举行全军科技练兵成果汇报演示

①空中快速布雷。
②伞兵部队出其不意从天而降。
③装备伞降。
④战略导弹腾空而起。
⑤新型巡航导弹直冲云霄。
⑥特种部队深入敌后实施突破。
⑦武装直升机对地面攻击。
⑧运用打、炸、阻等多种手段打击敌直升机和巡航导弹。

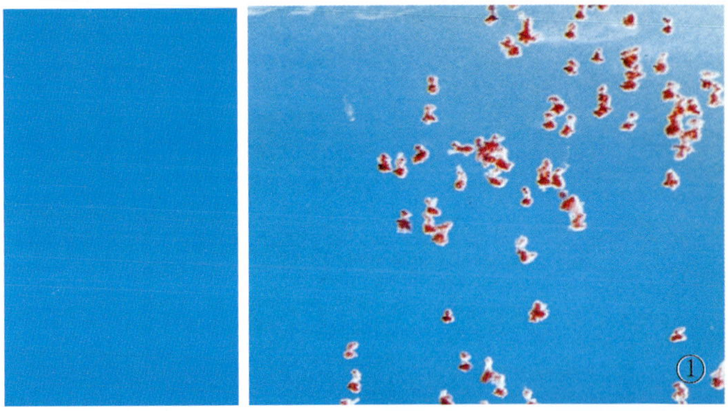
①

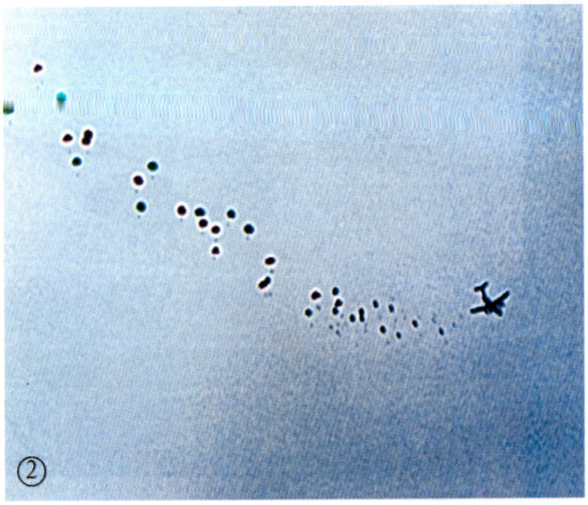
②

③

④

⑤

⑥

⑦

⑧

⑨海军陆战队实施登陆冲击。

⑩向敌军据点喷射火焰。

⑪奇兵从天而降。

⑫装备数字化侦察系统的特种兵实施远程侦察破袭。

⑬综合扫雷车对滩头实施扫雷破障。

⑭新型舰载导弹火舌冲天。

国际军事要闻剪影

①2000年6月中旬，朝韩两国举行的首次首脑会晤，标志着朝鲜半岛形势趋于缓和。

②③2000年初，俄军攻占格罗兹尼等车臣城镇后，继续清剿车臣非法武装。

④在美国总统克林顿主持下，巴勒斯坦、以色列、美国在戴维营举行的三国首脑会谈，曾给期待巴以和平的人们带来一线希望。

⑤9月28日以来，巴勒斯坦和以色列连续爆发大规模流血冲突，使本来步履维艰的巴以和平进程受到严重危害。

⑥10月12日，美国最先进的“阿利．伯克”级驱逐舰“科尔”号在也门亚丁港遭袭击，舰体左舷被炸开一个大洞。

⑦8月12日，俄罗斯北方舰队核潜艇“库尔斯克”号在巴伦支海参加演习时失事沉没，舰上118名官兵全部罹难。

①

④

②

③

⑤

⑥

⑦

⑧2000 年 3 月 29 日，中国、哈萨克斯坦、吉尔吉斯斯坦、俄罗斯、塔吉克斯坦国防部长在哈萨克斯坦首都阿斯塔纳举行“上海五国”国防部长首次会晤。

⑨4 月 22 日，俄罗斯总统普京签署命令，批准俄联邦军事学说。

⑩美军在亚太地区频繁举行军事演习。图为参加 5 月 30 日至 7 月 6 日“环太平洋 2000”演习的美国、英国、日本、韩国、澳大利亚、加拿大、智利等国的海军舰艇编队在航行中。

⑪10 月 17 日，以色列宣布正式启用自行研制的“箭－2”弹道导弹防御系统，成为世界上第一个使用导弹防御系统的国家。

⑫5 月 28 日，塞拉利昂反政府军将被扣为人质的 500 多名联合国维和人员全部释放，持续近 1 个月的人质危机遂告结束。

⑬9 月 1 日，美国总统克林顿宣布将部署国家导弹防御系统的难题留给下届美国政府处理。

⑭11 月下旬，俄军向俄罗斯远东地区部署 5 架图 -95 战略轰炸机，此举引起西方极大不安。

⑮2001 年 9 月 11 日，两架被劫持的美国民航客机先后撞击了纽约世贸中心的双子大厦，并造成两座大厦相继坍塌。

⑯2001 年 10 月 7 日晚，美英部队开始对阿富汗进行军事打击。图为位于印度洋的美国巡洋舰“菲律宾海”号正发射巡航导弹。

列装和即将列装的先进飞机和直升机

①美国 F-22 “猛禽”隐身战斗机。

②美国“长弓阿帕奇”武装直升机。

③美国 V-22 倾转旋翼机。

④美国 C-17 军用运输机。

⑤美国“科曼奇”隐身直升机。

⑥俄罗斯 1.42 战斗机。

⑦试飞中的美国 X-35 战斗机。

⑧俄罗斯图-160 超音速战略轰炸机。

⑨俄罗斯卡50直升机。
⑩俄罗斯“苏－30MK”多功能战斗机。
⑪俄罗斯S-37前掠翼隐身战斗机。
⑫日本航空自卫队E-767预警机。
⑬日本F-2A战斗机。
⑭瑞典JAS39 战斗机。
⑮欧洲EF-2000战斗机。

⑨

⑩

⑪

⑫

⑭

⑬

⑮

中国台湾军队企图『以武拒统』的外购武器及新动态

①“幻影 2000-5”战斗机。

②E-2T 预警机。

③F-16A/B 战斗机。

④台湾“康定”级护卫舰（原法国“拉法耶特”级护卫舰）。

⑤“爱国者” PAC-2 防空导弹系统

⑥FPS-115“铺路爪”大型相控阵雷达。

⑦2000年8~9月间台军举行“以武拒统”为主要内容的“汉光16号”演习。

⑧台军在岸边进行抗登陆射击训练。

⑨台军反潜直升机与潜艇进行联合反潜演习。

①

②

③

④

⑤

⑥

⑦

⑧

⑨

编辑说明

（一）《世界军事年鉴》是一部连续编纂出版、以记述年度内世界各国军事新情况、新进展为主要内容的信息密集型学术性、资料性工具书。其任务是，以马列主义、毛泽东思想、邓小平理论为指针，坚持四项基本原则，面向现代化、面向世界、面向未来，有选择、有重点地系统介绍年度内世界各国的军事基本情况和动态。主要服务对象是军队各级机关、军事科研单位、院校和部队的官兵，同时也顾及对军事问题感兴趣的军外广大读者。

（二）本卷《年鉴》同上卷一样，设 9 个项目：军事要事；各国军事概况；军事理论研究；军事技术；军事建设；国际组织、条约；世界军事大事记；特辑，彩色图片。

（三）本卷《年鉴》所收资料的时限：一般是从 2000 年 1 月至 12 月；少数截至 2001 年初；某些专题资料和某些首次设立的类（项、条）目，为了给读者以较系统、较全面的信息，收载了 2000 年以前的少量资料。

（四）“各国军事概况”栏共收入 170 多个有军队或军事组织的国家和地区。各个国家和地区分洲排列，次序是亚洲、非洲、欧洲、美洲、大洋洲；洲内各个国家和地区一般按其名称的汉语拼音字母顺序排列。本栏选用的资料和数据，主要是作者对该国情况进行研究的成果，有些直接引自各国官方公布的 1999～2000 年度的材料，同时主要参考了下述资料：中国《世界知识年鉴 2000～2001》，英国伦敦国际战略研究所《军事力量对比 2000～2001》，美国《不列颠年鉴 2000》，瑞典斯德哥尔摩国际和平研究所《军备、裁军和国际安全年鉴 2000》等。

（五）本卷《年鉴》所用资料来源不尽相同，一些专业术语也因国家不同而异，某些译名亦不尽统一，在编辑过程中虽注意订正和统一，但前后不一致之处尚未能完全避免。为便于读者进行对比研究，有个别条目特地收录了不同来源的资料。为增强条目内容的可信度，并便于读者进一步检索查考，编纂者尽量注明资料来源；“综述”条目的“主要资料来源”附在文后，而信息条目的资料出处则见于文内。

（六）本卷《年鉴》在编辑过程中，曾得到总参谋部、总政治部、总后勤部、总装备部有关单位和各军区、各军兵种、军事院校以及地方有关科研单位的支持和帮助；全书完稿后还约请朱也璇教授、汪庆荣研究员、赵刚箴研究员、崔师增教授、高洪山副研究员等专家学者审阅了本书。在此谨表谢意。

（七）本《年鉴》涉及各国军事的方方面面：由于我们掌握的资料有限，编纂水平有限、经验不足，缺点、疏漏和失误仍难免存在，欢迎广大读者批评指正。

军事科学院外国军事研究部
《世界军事年鉴》编辑部
2001 年 6 月

《世界军事年鉴 2001》目录

军 事 要 事

军事形势综述

亚洲军事要事

非洲军事要事

欧洲军事要事

美洲军事要事

大洋洲军事要事

各国军事概况

亚洲国家军事概况

非洲国家军事概况

欧洲国家军事概况

美洲和大洋洲国家军事概况

军事理论研究

军事思想与军事论著研究

作战问题研究

军队建设问题研究

军事历史研究

其他军事学科问题研究

简　讯

军 事 技 术

轻 武 器

装甲兵武器装备

炮兵武器装备

工程兵技术装备

海军武器装备

航空武器装备

战略导弹

弹道导弹防御武器系统

军用航天技术

核武器

化学战装备

指挥控制通信计算机和情报系统

电子对抗装备

后勤装备

其他军事技术问题

军 事 建 设

建军计划与措施

军队体制编制

军事训练

军事后勤

军事法制

其他军事建设问题

国际组织、条约

国际组织

国际条约

2000 年世界军事大事记

特　辑

专题综述

军控与裁军

2000 年部分新上任军界要人简介

中外军事交往

其他信息

军事要事

军事形势综述

2000年世界军事形势述评　2000年，世界军事形势在总体缓和大背景下，发生了一些新的变化，出现了一些新的变数。

一、一些大国相继调整战略部署

2000年，一些大国为在21世纪占据有利地位，相继对各自军事部署进行了战略性调整，凸显了各自军事战略新的取向。2000年8月，美国在其关岛安德森空军基地部署了63枚空中发射的常规巡航导弹，这是美国首次在本土外部署空射巡航导弹。这些导弹可以使美国战略轰炸机在12小时内对亚洲任何一个地方进行战略打击。9月，新闻媒体又透露，美国计划从2000年开始在英国部署6架B-2隐形战略轰炸机，这将是该型飞机首次直接部署在欧洲地区。此外，美国海军已经开始就在关岛部署攻击潜艇进行可行性研究，拟在今后3～4年内部署3～5艘核动力攻击潜艇。由此可见，美国已开始对其全球战略部署进行重要调整，在紧紧盯住巴尔干和中东地区的同时，已开始在欧洲、亚太地区进行先期部署，以备21世纪之需。据称，俄罗斯为因应美国在亚太地区的战略部署，也在西伯利亚东部地区新部署了5架“图-95”战略轰炸机，俄罗斯的侦察机还对位于日本海的美国“小鹰”号航空母舰战斗群进行了拍照。此举引起了美国的高度警惕，并宣称要为此进一步调整军事部署。此外，2000年2月，日本陆上自卫队也进行了军事部署的重大调整，减少了驻北部地区的兵力，增强了驻南部地区的兵力，改“保卫北部”为“防御西部”，以主要对付来自日本“西部方向的威胁”。据报道“西部方向”主要针对朝鲜半岛和台湾海峡。2000年8月，日本还新组建了660人的“护岛部队”，以应付九州、琉球群岛海域各外岛的“紧急事态”。这些大国对军事部署的战略性调整，突出反映了三个新的“注重点”：一是注重亚太地区未来军事态势的发展变化，以利有备无患；二是注重进行前出性、先期性战略部署，以利快速反应；三是注重21世纪占据有利地位，形成新的战略态势，以利拓展利益。

二、冲突和战争再攀“双高”

2000年是危机丛生、冲突频发、战争不断的一年。尽管爆发大战的因素在进一步减少，但小战却时起时伏、时高时低，冲突和战争的总数和新发生数双双“攀高”，成为冷战结束后又一个高峰年。据有关方面统计，年内世界各地共发生冲突和战争45起，仅低于1995年的46起，但高于1999年的40起；其中新发生的冲突和战争21起，大大高于1993年的16起。在这些冲突和战争中，共有24起是前一年遗留下来的，有的已持续多年，如阿富汗、安哥拉、索马里、苏丹、布隆迪、斯里兰卡等，至今未息；有的强度颇高，如俄罗斯车臣战争，俄军动用了先进的高技术武器装备，取得了明显的成效；有的是西方国家实施的，如美英空袭伊拉克“禁飞区”、英国与塞拉利昂反政府军之战等，特别是在伊拉克“禁飞区”，美英战机迄今已进行空中打击2.4万多次，炸死300多名伊拉克平民，炸伤千人，并造成巨大财产损失。尤其引人注目的是，年内还发生了多起反恐怖冲突，如乌兹别克斯坦、吉尔吉斯斯坦等国，在边境地区发动了规模较大的反恐怖战争。此外，2000年还发生了30多起重大危机，其中有些危机升级为冲突，如科索沃维和危机逐渐演变为阿族武装与北约多国维和部队的冲突，南联盟塞尔维亚南部塞阿两族矛盾也逐渐升级为冲突。但年内，也有一些冲突和战争逐渐走向消退，如埃塞俄比亚和厄里特里亚签定了新的和平协议，结束了两国间两年的武装冲突；哥伦比亚和平进程虽荆棘丛生，仍在继续，但有望实现停火、签约。长期的冲突和战争给地区、国家带来了严重灾难，政局不稳，难民剧增，特别是经济严重衰退。据报道，过去10年里，全球各地的冲突和战争共使500万人丧生。另据非洲开发银行公布的《2000年非洲发展报告》称，非洲国家独立 40 年来，经济发展成果不太令人满意，其原因与接连不断的内战、社会动乱和地区性的武装冲突密切相关。报告还称，非洲大陆有 1/5 的人口饱受战乱和经济衰退的苦难，如布隆迪和刚果（金），1999 年国内生产总值下降 5%，塞拉利昂国内生产总值平均每年下降 4.8%。为此，联合国安理会于 2000 年 7 月 20 日发表声明，重申它将致力于预防各地区的武装冲突，并责成联合国秘书长安南最迟于 2001 年 5 月提交一份有关预防武装冲突的报告。由此可见，建立维护和平与稳定的国际安全新秩序已是燃眉之急。

三、国际军控与裁军进程受挫

2000 年，国际军控与裁军进程处处受阻，既未能给 20 世纪画上一个令人满意的句号，也未能给新世纪奠定有益的基础。年初，联合国秘书长安南就称，国际军控和裁军领域出现了“令人失望的态势”，认为一系列裁军措施未能得到有效实施，阻碍了新的裁军谈判的启动，并给防止核扩散带来严重的负面影响。到年底，安南的这一担忧并未消除。2000 年军控与裁军进程严重受挫，主要卡在两个“关口”上。第一个“关口”是美俄核裁军形成僵局。尽管年内俄罗斯议会批准了《全面禁止核试验条约》和《第 2 阶段削减进攻性战略武器条约》，并与美国开始进行《第 3 阶段削减进攻性战略武器条约》的谈判，俄罗斯甚至还提出了将美俄双方的核弹头数裁减至 1500 枚以下的建议，但均未得到美国的积极回应，看似形成了“俄攻美守”的态势，但俄“以攻为守”，通过先发制人的裁军建议，守住其既得战略利益，恢复美俄战略平衡，而美则“守中有攻”，一方面消极应付俄方的种种建议，另一方面积极推动《反弹道导弹条约》的重新修订，以使美国发展国家导弹防御系统（NMD）“合法化”。第二个“关口”是美国与他国的（NMD）之争。2000 年，美国不仅仍坚持修改《反弹道导弹条约》的立场，而且还接连不断地进行反弹道导弹试验，对世界各国强烈的反对声置若罔闻。针对美国的顽固立场，世界上反对美国发展国家导弹防御系统（NMD）、维护《反弹导导弹条约》的力量进行了坚持不懈的斗争。继 1999 年第 54 届联大以 80 比 4 的表决结果，通过了遵守和维护《反弹导导弹条约》的决议，2000 年第 55 届联大再次以 88 比 5 的表决结果通过相同的决议，在年内举行的《不扩散核武器条约》的审议会议上，俄罗斯、瑞典、加拿大、马来西亚等国指出，美国发展国家导弹防御系统（NMD）违反了《不扩散核武器条约》规定的义务。迄今，美国在发展国家导弹防御系统（NMD）问题上已几乎成为孤家寡人，不仅遭到广大第三世界国家的坚决反对，而且还受到其盟国的普遍指责，就连一直跟在美国后面亦步亦趋的英国，也开始规劝美国不要废弃《反弹导导弹条约》。由此可见。美国现已成为国际军控与裁军进程的最大障碍。

四、新一轮军备竞赛已悄然展开

2000 年是高技术特别是信息技术蓬勃发展的一年，也是高技术迅速向军事领域渗透的一年。如果说，20 世纪前 90 年经历了常规军备竞赛、化学军备竞赛、核军备竞赛，那么，随着高技术不断向军事领域的渗透，新一轮军备竞赛将具有明显的高技术性，成为高技术军备竞赛。这场高技术军备竞赛现在已悄然展开。年内，美国不仅针对在 1999 年科索沃战争中暴露出的弱点，对现有武器装备作了高技术改进，而且还研发出一系列新型高技术武器装备。俄罗斯为不失其军事强国的地位，也在利用其雄厚的科技实力和潜力，不断发展新型高技术武器装备，相继推出了新型战略导弹、作战飞机，并勾画出新概念武器的蓝图。日本为加大军备的高技术含量，于年初制定了采购“宙斯盾”驱逐舰和“爱国者Ⅲ”导弹的计划，加紧研制 F-2 新一代战机，积极开发空天飞机、航空母舰型护卫舰、新型预警机，并准备到 2007 年前发射 8 颗侦察卫星。日本还加紧与美国一起发展战区导弹防御系统（TMD），并计划在 2001 年度投入 37 亿日元。英国正在开发“虚拟舰艇”、微型侦察机等。意大利也拟定计划，准备在 2007 年建造 1 艘航空母舰。为确保高技术武器装备的发展，各主要国家竞相加大对军事投入。美国 2001 年度的国防预算为 3099 亿美元，比 2000 年度增加 210 亿美元；俄罗斯 2001 年度国防拨款较 2000 年度增长近 50%，即从 52.46 亿美元增至 75 亿美元；日本 2001 年度防务开支高达 470 亿美元，仍是第二军费大国。从上可以看出，新一轮高技术军备竞赛将具有 3 个明显特点：一是势头猛，二是投入大，三是见效快。

五、地区军事态势出现明显反差

在全球总体安全形势继续走向缓和的情况下，地区军事形势却发展不平衡。2000 年，世界各国关注的聚焦点主要有两个：一是朝鲜半岛，二是中东地区，这两个地区出现了明显的反差，朝鲜半岛出现了大和解势头，而中东和平进程则发生了大倒退，产生了新的危机。年内，随着韩国总统金大中访问朝鲜，半岛北南双方实现了二战后的首次首脑会晤，终于打破了持续近50年的政治对抗，缓和了军事对峙的僵持局面。紧接着，北南离散亲属见了面，北南铁路工程开了工，双方军事对话升了级，使半岛洋溢着一片缓和的气氛。而在中东地区，随着巴以和谈一次又一次的破裂，巴以紧张局势不断升级，终于爆发了严重的武装冲突，使中东和平进程步步逆转，颓势难止。为遏止巴以冲突、恢复中东和平进程，俄罗斯、欧盟等相继进行斡旋，强烈冲击了美国对中东和平进程的垄断地位。除朝鲜半岛和中东地区出现一和一战的态势外，非洲地区仍是武装冲突最多的地区，约占全年冲突总数的一半；而欧洲地区、前苏联东欧地区则是冲突和战争最少的地区。亚太地区尽管冲突和战争的总量较多，但多为历史遗留下来的，主要集中在亚洲的南部。特别是东南亚地区，2000年出现了多重危机，有的危机则升级为战乱。如印度尼西亚，继东帝汶危机之后，相继在亚齐巴布亚和马鲁古等地区爆发了危机，使印尼政局持续动荡，瓦希德总统的权力地位，受到严重冲击。

总之，2000年的世界军事形势是和与战并存、进与退同在，但缓和是总体趋势，战乱是局部问题，进步是历史必然，倒退是暂时现象。这将给新的一年、新的世纪既带来机遇，也带来挑战。展望新的一年、新的世纪，在世界继续走向缓和的牵动下，在和平与发展大潮的推动下，在世界多极化和经济全球化的带动下，世界军事形势将呈现“总体稳定、局部动荡”的局面，将围绕一个主要矛盾（称霸与反霸）、两个时代主题（和平与发展）、三个新秩序（政治、经济、安全）而演进、发展。柿界各国亦将围绕这“一二三”，进行力量组合、战略调整、政策修订。新的一年、新的世纪的突出亮点将会是：维护和平的力量、抗强反霸的力量、第三世界的力量不断成长壮大，而霸权主义和强权政治、新军事干涉主义、新经济殖民主义将受到越来越强有力的制约。未来的世界将会比现在更美好。

（李庆功）

亚洲军事要事

中国发表《2000年中国的国防》白皮书

2000年10月16日，中华人民共和国国务院新闻办公室发表《2000年中国的国防》白皮书。白皮书简明的阐述了国际安全形势；全面的介绍了中国的国防政策、国防建设，军队建设以及国际安全合作；系统的阐明了中国对军控与裁军的政策和立场。全文约2.5万字，除前言外，共分6个部分。白皮书全文如下：

前　言

世纪交替，千年更迭，人类社会的发展正在揭开新的篇章。

回首20世纪，人类创造了前所未有的巨大物质和精神财富，同时也经历了两次世界大战、数百起局部战争以及近半个世纪的冷战，惨遭战争劫难和战争威胁之苦；中华民族历尽磨难，中国人民为国家独立、民族解放和民主自由进行了前仆后继的英勇奋斗，最终使国家走上现代化的发展道路。中国人民深知和平之弥足珍贵。

即将到来的新世纪，人类既面临难得的发展机遇，又面临严峻的挑战。维护世界和平，促进共同发展，是当今时代的主题和世界各国人民的普遍愿望。中国正在一心一意地进行现代化建设，一个和平的国际环境和良好的周边环境符合中国的根本利益。中国始终不渝地奉行独立自主的和平外交政策，致力于建设一个和平、稳定、繁荣、发展的新世界。中国坚定不移地实行防御性的国防政策，坚决维护国家的主权、统一、领土完整和安全。中国人民愿同世界上一切爱好和平的人民一道，为世界的和平与发展，为人类更加美好的未来，贡献自己的智慧和力量。

在世界之交的重要历史时刻，为表达中国人民热爱和平的真诚愿望，使世人对中国的国防政策和国防现代化建设情况有更加全面的认识和了解，现发表《2000年中国的国防》白皮书。

一、安全形势

和平与发展仍然是当今世界的两大主题。世界多极化和经济全球化趋势深入发展，国际安全形势总体上继续趋向缓和。大国关系复杂，多种矛盾斗争交织，但相互借重、相互合作、相互制约的基本特征没有改变。广大发展中国家具有巨大的发展潜力，是国际舞台上推动建立公正合理的国际新秩序、促进世界和平与发展的一支重要力量。科技进步日新月异，国际间经济联系不断加强，各国仍把发展经济、创新科技和提高综合国力放在首位。世界和平的力量超过战争的力量，在相当长的时期内，新的世界大战不会发生。

亚太地区安全形势总体保持稳定。许多亚洲国家特别是东亚国家已摆脱金融危机，经济逐步恢复增长，前景看好。绝大多数国家把振兴经济、加强对话与合作作为主要政策取向；坚持在主权平等和不干涉别国内政等原则基础上发展国家关系。有关国家继续坚持以和平方式解决彼此争端，不断开展多形式、多层次、多渠道的安全对话，增进相互了解与信任。东盟和中国、日本、韩国（10+3）的合作在经济、金融领域逐步展开。朝鲜半岛紧张局势明显走向缓和。中越签署陆地边界条约。南海地区形势基本保持稳定。

但是，世界不稳定和不确定的因素明显增加，天下还很不太平。国际力量对比严重失衡，不公正不合理的国际政治经济旧秩序还没有根本改变，霸权主义、强权政治在国际政治、经济和安全领域依然存在并有新的发展。某些大国推行“新干涉主义”、新“炮舰政策”和新经济殖民主义，严重损害许多国家的主权独立和发展利益，威胁世界和平与国际安全。在处理国际地区安全事务中，联合国的地位和作用受到严重挑战。一些国家或个别组织以“人道”和“人权”为借口，公然违背《联合国宪章》和公认的国际关系准则，动辄使用武力或以武力相威胁，特别是北约绕开联合国安理会，向南斯拉夫联盟共和国发动军事攻击，对国际形势和国际关系产生了重大消极影响。军控与裁军领域出现了一系列消极事态，特别是有关国家仍在继续研发和试图建立国家导弹防御系统及战区导弹防御系统，国际社会防扩散和推动裁军进程的努力受到损害。随着现代科学技术和经济全球化趋势的不断发展，国际竞争空前激烈，金融和经济风险增加，经济安全问题为各国所关注。全球范围内特别是南北之间的发展差距和贫富悬殊继续拉大，两极分化状况更趋严重。

局部战争和武装冲突出现新的起伏，因民族、宗教、领土、资源等因素引发的冲突和战乱不断。一些国家继续扩大军事集团、强化军事同盟和谋求更大军事优势，严重影响了国际安全与稳定。各种分裂势力、恐怖势力和极端势力给国际社会不断带来危害。环境、毒品、难民等全球性问题日益突出。

影响亚太地区安全的消极因素有新的发展。美国进一步强化在本地区的军事存在和双边军事同盟，推动研发并计划在东亚地区部署战区导弹防御系统，以及日本确定“周边事态法”等，违背时代潮流。联合军事演习在本地区有增无减，不利于国家间建立信任。影响朝鲜半岛安全的不确定因素依然存在。南亚地区形势仍不稳定。在南海地区蚕食中国主权权益的事件仍时有发生，有的域外国家也试图插手南海问题。

台湾海峡局势复杂、严峻。李登辉悍然抛出所谓“两国论”的分裂主张，台湾当局新领导人对一个中国原则采取回避和模糊的态度，台湾分裂势力图谋以各种形式把台湾从中国分割出去，严重破坏了海峡两岸和平统一的前提和基础。这是造成台湾海峡局势紧张的根本原因。美国不断向台湾出售先进的武器装备，其国内有人企图推动国会通过所谓《加强台湾安全法》，还有人企图将台湾纳入战区导弹防御系统；日美修订的防卫合作新指针，始终不明确承诺不把台湾划入其欲军事介入的“周边安全事态”范围。这些行为助长了台湾分裂势力的气焰，严重损害了中国的主权和安全，危害了亚太地区的和平与稳定。

世界正在发生深刻的变化，变化了的世界需要摒弃冷战思维，建立适应时代需要的新安全观和新的国际政治、经济和安全秩序。新安全观的核心应该是互信、互利、平等、合作。《联合国宪章》、和平共处五项原则和其它公认的国际关系准则，是维护和平的政治基础。互利合作、共同繁荣，是维护和平的经济保障。在平等基础上的对话、协商和谈判，是解决争端、维护和平的正确途径。只有建立新的安全观和公正合理的国际新秩序，才能从根本上使世界和平与国际安全得到保障。

中国的发展与稳定，中国周边地区的和平与繁荣，以及按照和平共处五项原则建立和维护地区安全新秩序，是中国根本利益之所在。中国将继续加强与世界各国的友好合作关系，为维护、促进亚太地区和世界的和平、稳定、繁荣、发展作出不懈努力。

二、国防政策

中国奉行防御性的国防政策。《中华人民共和国宪法》以及根据宪法所制定的《中华人民共和国国防法》规定，中华人民共和国武装力量的任务是巩固国防，抵抗侵略，保卫祖国，保卫人民的和平劳动，参加国家建设事业，全心全意为人民服务。

中国始终把维护国家的主权、统一、领土完整和安全放在第一位，致力于为社会主义现代化建设争取一个良好的国际和平环境和周边环境。中国的发展和强盛不会对任何人构成威胁，而只会促进世界的和平、稳定和发展。永远不称霸，是中国人民对世界的庄严承诺。

中国的国防政策，主要包括以下内容：

——巩固国防，抵抗侵略，制止武装颠覆，保卫国家的主权、统一、领土完整和安全。中国的国防现代化建设完全是为了自卫。中国努力避免和制止战争，努力用和平方式解决国际争端和历史遗留问题。在霸权主义和强权政治依然存在并有新的发展，特别是在国家和平统一的基础遭受严重威胁的情况下，中国必须加强运用军事手段捍卫主权和安全的能力。

——独立自主、自力更生地建设和巩固国防。中国立足于依靠自己的力量保障国家安全，坚持独立自主地进行国防决策和制定国防发展战略，不与任何国家或国家集团结盟，不参加任何军事集团，自力更生地建设国防科技工业和发展武器装备。

——贯彻积极防御的军事战略方针。中国在战略上实行防御、自卫和后发制人的原则。这种防御是和平时期努力遏制战争与准备打赢自卫战争的统一，是战争时期战略上的防御与战役战斗上的攻势行动的统一。中国军队立足于用现有武器装备作战，继承和发扬优良传统，适应世界军事领域的深刻变革，做好现代技术特别是高技术条件下的防卫作战准备。

——走有中国特色的精兵之路。中国军队按照政治合格、军事过硬、作风优良、纪律严明、保障有力的总要求，加强全面建设，努力建成一支有中国特色的革命化、现代化、正规化的人民军队。中国坚持质量建军、科技强军、依法治军，实现军队由数量规模型向质量效能型、由人力密集型向科技密集型转变，培养高素质军事人才，加强武器装备现代化建设，全面提高军队战斗力。

——实行军民结合，全民自卫。中国坚持现代条件下的人民战争思想，实行精干的常备军与强大的国防后备力量相结合。预备役部队和民兵保持适度规模，优化结构，提高训练水平。按照平战结合、军民结合、寓兵于民的方针，普及和加强国防教育，完善国防动员体制，提高国防动员能力。

——国防建设服从和服务于国家经济建设大局，国防建设与经济建设协调发展。发展经济和加强国防，是中国现代化建设的两大战略任务。国家坚持以经济建设为中心，国防建设服从和服务于这个大局。同时，国家必须随着经济的发展而努力增强国防实力，大力支持军队加强质量建设，形成国防建设和经济建设相互促进、协调发展的机制。

——维护世界和平，反对侵略扩张。中国坚决反对霸权主义和强权政治，反对战争政策、侵略政策和扩张政策，反对任何国家以任何形式把自己的政治制度和意识形态强加于别国。中国不搞军事扩张，不在国外驻军或建立军事基地，反对军备竞赛。中国支持国际社会为维护世界和地区和平、安全、稳定所作的努力。

中国拥有少量核武器完全是出于自卫的需要。中国承诺不首先使用核武器，不对无核武器国家使用或威胁使用核武器。中国不参加核军备竞赛，也从不在国外部署核武器。中国保持精干有效的核反击力量，是为了遏制他国对中国可能的核攻击，任何此种行为都将导致中国的报复性核反应。中国核武器的数量一直维持在较低水平，其规模、结构组成和发展与中国的积极防御军事战略方针相一致。中国的核武装力量直接由中央军事委员会指挥。中国对核武器的管理采取极为慎重、负责的态度，建立了严格的规章制度和防范措施，确保了核武器的安全可靠。

解决台湾问题，实现中国完全统一，是中华民族的根本利益。中国政府解决台湾问题的基本方针是“和平统一、一国两制”，并贯彻发展两岸关系、推进祖国和平统一进程的八项主张。中国政府始终如一地坚持一个中国的原则，在关系到主权和领土完整的根本问题上，绝不会让步和妥协。台湾地区领导人的更替改变不了台湾是中国领土一部分的事实。解决台湾问题完全是中国内政，中国政府坚决反对任何国家向台湾出售武器或与台湾进行任何形式的军事结盟，反对任何形式的外来干涉。中国政府尽一切可能争取和平统一，主张通过在一个中国原则基础上的对话与谈判解决分歧。但是，如果出现台湾被以任何名义从中国分割出去的重大事变，如果外国侵占台湾，如果台湾当局无限期地拒绝通过谈判和平解决两岸统一问题，中国政府只能被迫采取一切可能的断然措施，包括使用武力，来维护中国的主权和领土完整，实现国家的统一大业。“台湾独立”就意味着重新挑起战争，制造分裂就意味着不要两岸和平。中国人民解放军坚定不移地以国家意志为最高意志，以民族利益为最高利益，完全有决心、有信心、有能力、有办法捍卫国家主权和领土完整，决不容忍、决不姑息、决不坐视任何分裂祖国的图谋得逞。

三、国防建设

武装力量体制

中华人民共和国的武装力量由中国人民解放军现

役部队和预备役部队、中国人民武装警察部队、民兵组成。中华人民共和国中央军事委员会领导并统一指挥全国武装力量。中华人民共和国设有国防部，隶属于国务院，是国务院领导和管理国防建设事业的部门。

中国人民解放军现役部队是国家的常备军，主要担负防卫作战任务，必要时可以依照法律规定协助维护社会秩序。它的组织体制，按基本组织结构分为总部体制、军兵种体制、军区体制。

——总部体制。中国人民解放军的总部体制，由中央军事委员会领导下的总参谋部、总政治部、总后勤部、总装备部构成。中央军事委员会通过四总部对各军区、各军兵种实施领导指挥。国防部的具体工作由四总部分别办理。总参谋部是全国武装力量军事工作的领导机关，负责组织领导全国武装力量的军事建设和组织全国武装力量的军事行动，设有作战、情报、训练、军务、动员等业务部门。总政治部是全军政治工作的领导机关，负责管理全军党的工作，组织进行政治工作，设有组织、干部、宣传、保卫等部门。总后勤部负责组织领导全军的后勤建设和后勤保障工作，设有财务、军需、卫生、军事交通运输、物资油料、基建营房、审计等部门。总装备部负责组织领导全军的武器装备建设工作，设有综合计划、军兵种装备、陆军装备科研订购、通用装备保障、电子信息基础、装备技术合作等部门。

——军兵种体制。中国人民解放军由陆军、海军、空军三个军种和第二炮兵一个独立兵种组成。陆军由步兵、炮兵、装甲兵、工程兵、通信兵、防化兵、陆军航空兵等兵种和专业部队组成。海军由水面舰艇部队、潜艇部队、航空兵、岸防兵、陆战队等兵种和专业部队组成。空军由航空兵、地空导弹与高射炮兵、雷达兵、空降兵等兵种和专业部队组成。第二炮兵由战略导弹部队、常规导弹部队以及专业部队组成。

——军区体制。中国人民解放军的军区（战区）是根据国家的行政区划、地理位置和战略战役方向、作战任务等设置的军事组织，下辖若干陆军集团军、各兵种部队、后勤保障部队和省军区（卫戍区、警备区）。其主要职能是组织协调本区内陆军、海军、空军部队的联合作战行动和演习；直接领导所属陆军部队的组织建设、军事训练、行政管理、政治工作、后勤和装备保障等；领导本区的民兵、兵役、动员、人民防空和战场建设等工作。中国人民解放军现设有沈阳、北京、兰州、济南、南京、广州、成都 7 个军区。

中国人民解放军设有军事科学院、国防大学、国防科学技术大学。军事科学院是全军最高军事科学研究机关，是全军军事科学研究的中心。国防大学主要负责培训高级指挥人员、高级参谋人员和高级理论研究人员。国防科学技术大学主要负责培养高级科学和工程技术人才与专业指挥人才。

中国人民解放军预备役部队是以预备役人员为基础、现役人员为骨干，按规定的体制编制组成的部队。预备役部队列入中国人民解放军序列，平时按照规定进行训练，必要时可以依照法律规定协助维护社会秩序，战时根据国家发布的动员令转为现役部队。

中国人民武装警察部队是担负国家赋予安全保卫任务的部队，受国务院、中央军事委员会双重领导，由内卫、黄金、森林、水电、交通等部队组成。

民兵是国家武装力量的组成部分。民兵在军事机关的指挥下，担负战备勤务、防卫作战任务，协助维护社会秩序。总参谋部主管全国的民兵工作，各军区负责本区域的民兵工作，省军区是本地区的民兵领导指挥机关。

国防动员与国防教育

全国人民代表大会常务委员会决定全国总动员或者局部动员，国务院和中央军事委员会共同领导动员准备和动员实施工作。1994 年 11 月，国家国防动员委员会成立，该委员会是在国务院、中央军事委员会领导下，主管全国国防动员工作的议事协调机构。其主要任务是：贯彻积极防御军事战略方针，组织实施国家国防动员工作；协调国防动员工作中经济与军事、军队与政府、人力与物力之间的关系，以增强国防实力，提高平战转换能力。

国家在和平时期进行动员准备，将人民武装、国民经济、人民防空、国防交通等方面的动员准备纳入国家总体发展规划和计划。人民武装动员是国家将武装力量由平时体制转为战时体制的措施和活动。国民经济动员是国家将经济部门及其相应的机构有组织、有计划地从平时体制转入战时体制的措施和活动。人民防空动员的主要任务是组织建设和管理人防工程、指挥、通信警报、疏散地域，组织开展重要经济目标防护、人民防空宣传教育、经费和资产管理工作。《中华人民共和国防空法》于 1997 年 1 月 1 日施行。国防交通动员的主要任务是，平时从组织、物质、技术等方面进行交通、通信保障准备，战时组织实施交通、通信保障。

一切国家机关和武装力量、各政党和各社会团体、各企业事业单位和公民，在和平时期必须依照法律规定完成动员准备工作；在国家发布动员令后，必须完成规定的动员任务。目前，中国正按照平战结合、军民结合、寓兵于民的方针，进一步完善国防动员体制，增强动员潜力，提高动员能力，推动国防动员建设不断向现代化方向发展。

中国的国防教育实行经常教育与集中教育、普及教育与重点教育、理论教育与行为教育相结合的原则，对全体公民进行国防理论、国防精神、国防知识和技能等方面的教育，使公民增强国防观念，掌握国防知识，发扬爱国主义精神，自觉履行国防义务。

根据《中华人民共和国国防法》，国家机关和武装力量、各政党和各社会团体、各企业事业单位组织本地区、本部门、本单位开展国防教育。国家和社会利用各种宣传媒体和手段，开展多种形式的国防教育宣传活动；军队开放各类军事博物馆、军史陈列馆、英雄部队荣誉室和英模人物纪念馆，作为地方爱国主义和国防教育的基地；学校在军事机关的协助下，按照不同级别和类别设置适当的国防教育课程，或者在有关课程中增加国防教育的内容。国家将国防教育纳入全民教育轨道，逐步使国防教育社会化、多样化、经常化、制度化。

国防费

中国政府对国防费始终坚持严格控制、严格管理、严格监督的原则，建立了完善的管理体制和法规制度。国防费预算、决算由全国人民代表大会审查批准。国家和军队的审计机关，对国防费总预算和分项、分部门预算及预算的执行实施全过程审计监督。

中国国防费包括：人员生活费、活动维持费、装备费。人员生活费主要用于军官、文职干部、士兵和职工的工资、伙食、服装等；活动维持费主要用于部队训练、工程设施建设及维护和日常消耗性支出；装备费主要用于武器装备的科研、试验、采购、维修、运输和储存等。中国国防费的保障范围，既包括现役部队，又包括民兵、预备役部队，并负担了部分退役军官供养和军人子女教育等方面的社会性支出。

1998 年、1999 年和 2000 年，中国年度国防费分别为 934.7 亿元、1076.7 亿元和 1212.9 亿元人民币（见图表 1）。年度国防费的增加，主要是用于军队停止经商活动后，保障各项事业正常运转增加的维持费用；退役军官的安置和供养增加的支出；在社会经济发展和城乡居民人均收入提高的情况下，保证军队人员的生活水平能够同步提高，调整军队人员的工资、津贴标准增加的支出；负担驻澳门部队开支增加的支出。

图表 1：

1998～2000 年中国年度国防费构成（经费单位：亿元人民币）

《2000 年中国的国防》白皮书有关图表

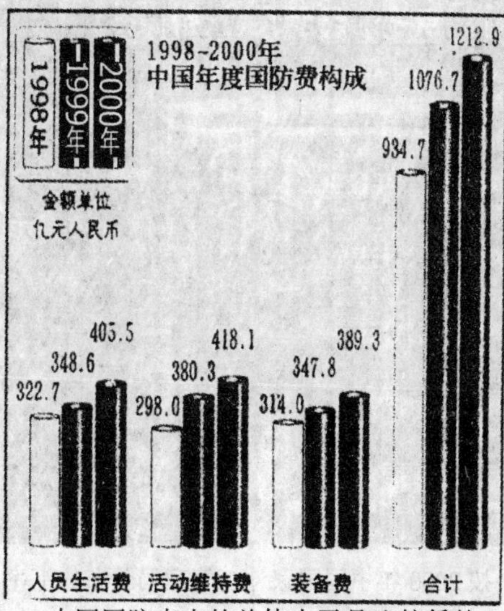

中国国防支出的总体水平是比较低的。1998 年、1999 年和 2000 年，中国国防费占同期国家财政支出的比重分别为 8.66%、8.20% 和 8.29%，都低于前几年的水平（见图表 2）。2000 年中国国防费折合为 146 亿美元，只相当于美国的 5%，日本的 30%，英国的 40%，法国的 48%，德国的 64%（见图表 3）。中国国防费占国内生产总值的比重也低于美国、韩国、印度、英国、法国等国家（见图表 4）。

图表 2：

1995～2000 年中国国防费占同期国家财政支出的比例

《2000 年中国的国防》白皮书有关图表

图表 3：

2000 年度部分国家国防费比较（单位：亿美元）

《2000 年中国的国防》白皮书有关图表

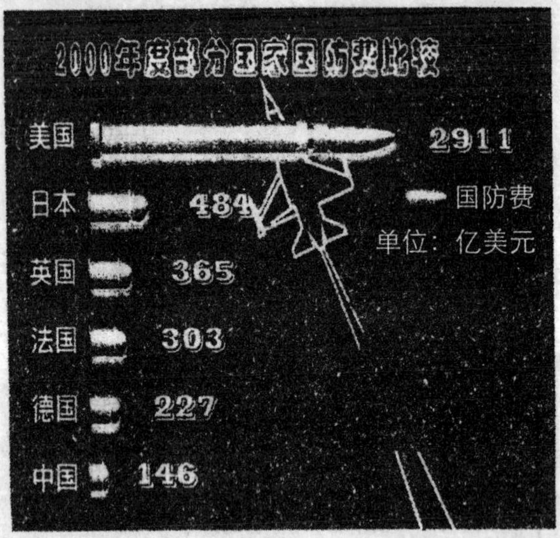

注：按 2000 年中国国家外汇管理局公布的汇率：1 美元≈8.82 元人民币

图表 4：

1999 年度部分国家国防费占国内生产总值（GDP）的比例

《2000 年中国的国防》白皮书有关图表

注：图内数据来源于上述国家公布的国防报告、财政报告或其它政府文告

国防科技工业

中国发展国防科技工业的根本目的，是满足国防的基本需要，保障军事装备的生产和供应，提高国防现代化水平。

新中国成立以来，中国依靠独立自主、自力更生，用较少的投入和较短的时间，建成了一个比较完整的国防科技工业体系，基本满足了人民解放军从单一陆军向陆军、海军、空军、第二炮兵诸军兵种合成军队发展的需要。在尖端技术方面，原子弹、导弹和人造地球卫星的研制成功，使中国成为世界上少数几个独立掌握核武器及空间技术的国家。在常规武器装备方面，中国已经实现了由仿制到自行研制的根本转变，有力地提高了军队武器装备现代化水平。

为适应社会主义市场经济发展需要，建立精干高效的国防科技工业新体系，中国对国防科技工业体制进行了重大改革。1998 年 3 月，新的国防科学技术工业委员会成立。国防科工委作为国务院主管国防科技工业的部门，对国防科技工业实施政策、法规、标准、监督等方面的行业管理。1999 年 7 月，核、航空、航天、船舶、兵器工业总公司等 5 个军工总公司改组为中国核工业集团、中国核工业建设集团、中国航天科技集团、中国航天机电集团、中国航空工业第 1 集团、中国航空工业第 2 集团、中国船舶工业集团、中国船舶重工集团、中国兵器工业集团和中国兵器装备集团等 10 大集团公司。通过改革，中国国防科技工业引入市场竞争机制，逐步优化结构和改善布局，精干军工队伍，增强平战转化能力，努力建立开放式的新军工体系。

中国国防科技工业坚持科教兴业，充分利用国家科技力量发展军工科研生产，加强与世界各国国防科技工业的合作与交流，促进高新技术武器装备研制、加速科研成果转化步伐，努力为军队提供性能先进、质量可靠、配套完善的武器装备。同时，中国国防科技工业大力推进和平利用军工技术，充分发挥军工行业的优势，优先发展民用核电、航天、航空和船舶等产业，实现军民相互促进的良性循环。目前，国防科技工业已成为国民经济建设的重要力量。

边防建设

中国有 2.2 万千米陆地边界和 1.8 万千米大陆海岸线，与周边 20 多个国家接壤或隔海相望。中国政府奉行睦邻友好政策，严格按照与相邻国家签订的条约、协定和联合国海洋法公约对陆地边界和拥有的海域实施防卫、管辖，维护国家领土主权和海洋权益，保卫边防、海洋安全。中国主张通过谈判解决悬而未决的边界和海域划界问题，重视在边境地区建立互信机制，反对使用武力或采取激化事态的行动。中国已与大部分周边国家解决或基本解决了历史遗留的边界问题。60 年代，中国与朝鲜、蒙古、阿富汗、巴基斯坦、尼泊尔、缅甸谈判解决了边界问题；90 年代，又先后与老挝、俄罗斯、哈萨克斯坦、吉尔吉斯斯坦、塔吉克斯坦、越南等6国签订了新的边界条约或协定，重新划定或基本划定了边界。中国与老挝、俄罗斯重新勘定了边界，中哈勘界野外作业已经完成，中吉勘界已经启动，中越勘界即将展开。中国与朝鲜、蒙古、俄罗斯、缅甸、越南、老挝等国家分别签订了边境管理制度、建立相互信任措施、预防危险军事活动、开展边防合作等一系列条约、协定和协议，在双边或多边法律框架内共同维护边界秩序，保持了边境地区的和平与稳定。中国大力发展与周边国家的各种合作关系，全国沿边、沿海地区目前有对外开放口岸200余个。

中国实行以军队为主，军地分工负责，军民联防的边海防管理体制。国务院、中央军事委员会统一领导全国的边海防工作。中国政府十分重视边防法制建设，制定了一系列边防法律法规，有关省、自治区、直辖市也制定了相应的地方性法规。边防管理职能部门积极开展对广大边民的国界意识、边防观念、边防政策和法规的宣传教育，大力开展反走私、缉毒等专项斗争，依法打击各种跨国、跨境犯罪行为。

驻军澳门

继1997年中国政府对香港恢复行使主权后，1999年12月20日中国政府又对澳门恢复行使主权。中国人民解放军驻澳门部队进驻澳门履行防务，是中国政府对澳门恢复行使主权的重要标志，是维护国家主权和安全，保持澳门长治久安的重要保证。

中国人民解放军驻澳门部队进驻澳门，严格遵循了法律规定。1993年3月，第8届全国人民代表大会第1次会议通过的《中华人民共和国澳门特别行政区基本法》明确规定，中央人民政府负责管理澳门特别行政区的防务。1999年6月，第9届全国人民代表大会常务委员会第10次会议审议通过了《中华人民共和国澳门特别行政区驻军法》，并自1999年12月20日正式施行。澳门驻军法规定，澳门驻军不干预澳门特别行政区的地方事务，当澳门特别行政区政府在必要时向中央人民政府请求澳门驻军协助维护社会治安和救助灾害时，澳门驻军将遵照中央军事委员会的命令予以必要的帮助；澳门驻军的任务是，担负防卫勤务，管理军事设施，办理有关涉外军事事宜，确保澳门的安全稳定；澳门驻军的费用由中央人民政府负担；澳门驻军实行人员轮换制度。澳门驻军法还对驻军人员的义务与纪律以及司法管辖等问题作了规定。

中国人民解放军驻澳门部队，隶属于中央军事委员会领导，主要由陆军部队组成，在机关编有少量的海、空军人员。驻澳门部队履行防务职责，必须遵守全国性的法律和澳门特别行政区的法律，执行中国人民解放军的条令条例和规章制度。驻澳门部队进驻澳门后，坚持依法驻军、依法治军、依法行事，严格管理，刻苦训练，严明纪律，全面加强部队正规化建设。按照澳门驻军法规定，驻澳门部队与特区政府建立了正常的工作联系，还适时开辟接触澳门社会的渠道，增加了澳门市民对驻澳门部队的了解和信任。

中国人民解放军驻澳门部队将始终贯彻“一国两制”的方针，有效履行防务职责，完成驻军法赋予的各项任务，为国家安全和澳门稳定与发展作出贡献。

四、军队建设

军事法制建设

《中华人民共和国国防法》规定，中华人民共和国的武装力量必须遵守宪法和法律。中国军队适应国家法制建设发展的需要，贯彻依法治军方针，加强军事法制建设，逐步把国防和军队建设事业纳入法制轨道。

1998年以来，中国的军事立法速度明显加快。全国人民代表大会常务委员会制定了《中华人民共和国澳门特别行政区驻军法》，为驻澳门部队依法驻军、依法履行防务职责提供了法律依据。《中华人民共和国兵役法》的修订，进一步完善了中国的兵役制度。国务院、中央军事委员会修订了《中国人民解放军现役士兵服役条例》，中央军事委员会还制定了《中国人民解放军院校教育条例》、《中国人民解放军边防执勤条令》等40多件军事法规，为加强国防和军队建设，推进军队的各项改革，维护广大官兵的合法权益，提供了充分的法律保障。各总部、各军兵种、各军区制定了300多件军事规章，推进了依法治军的进程。

根据国家有关法律，中国军队已经形成了由军事法院、军事检察院和保卫部门构成的军事司法体制，对军队内部的刑事案件分别依法行使审判权、检察权和侦查权。军事法院是国家设在军队中的专门人民法院，由中国人民解放军、军区级单位、军级单位的三级军事法院组成，依法独立行使审判权，审判程序与地方各级法院相同。上一级军事法院为下一级军事法院的上诉法院。军事法院受理军队内部的刑事案件；经最高人民法院授权，可以受理其它案件。军事检察院是国家设在军队中的专门人民检察院，同军事法院一样也由三个级别组成，依法独立行使检察权。上级军事检察院领导下级军事检察院的检察工作。军事检察院依照刑事诉讼法的规定，负责对保卫部门侦查的刑事案件进行审查，决定是否批捕、起诉或者不起诉；对利用职权犯罪的刑事案件直接受理和侦查，并决定是否逮捕、起诉或者不起诉；对保卫部门、军事法院的侦查和审判活动是否合法实行监督。中国人民解放军军事法院院长和军事检察院检察长由全国人民代表大会常务委员会任免。中国军队在团以上单位政治机关设保卫部门，依照刑事诉讼法的规定对发生在军队内部的刑事案件进行侦查。根据1997年修订的《中华人民共和国刑法》和中国加入的日内瓦四公约及其1977年两个附加议定书，中国军事司法机关对军人在战时虐待俘虏以及残害、掠夺无辜居民等违反国际人道主义法的行为予以刑事处罚。

中国军队的律师及其法律服务工作按照国家律师制度管理，军队律师必须通过国家统一组织的考试，取得国家律师资格。全军在集团军、师、旅三级部队编制军队律师，现有法律顾问处272个、专职和兼职律师1688人。军队律师担任军队首长和机关的法律顾问，为其决策提供法律服务；接受刑事诉讼被告人的委托担任辩护人；接受军队单位和军人的委托担任代理人。

军事法制已经成为中国军队教育训练的内容和军队院校教育的课程。根据国家的统一部署，从1986年到2000年，中国军队进行了3次五年普法教育活动。军队各级各类院校都开设法律课程，对学员和军官进行国家法律、军事法规和法律常识以及国际人道主义法等内容的教育。

裁减军队员额

1997年9月，中国宣布在此后3年内再裁减军队员额50万。至1999年底，裁减员额的任务已圆满完成，体制编制的调整改革也已基本结束。

压缩规模，完成裁减军队员额任务。通过压缩陆军部队规模、调整海空军部队编组、撤销部分装备老旧的部队，改革后勤保障、装备管理体制和院校、训练机构体制编制，撤并军以上机关内设机构等，裁减编制员额50万。其中，陆军精简18.6%，海军精简11.4%，空军精简12.6%，第二炮兵精简2.9%。目前，全军编制人数保持在250万以内。

精简机构，精干军以上领导机关。军以上机关通过调整职能、撤并部门，减少了内设机构和人员。总部和军区、军兵种机关撤并了部分业务部门，业务部门下属的局（处）和编制员额均减少了20%左右。调整后，全军军以上机关共减少1500余个机关部门，军队领导指挥体制进一步趋向精干、灵敏、高效。军队从事经营性生产的290余个生产管理机构和地区性企业管理机构全部撤销或移交地方。

调整编组，优化部队编成结构。陆军野战部队撤销部分集团军军部和师、团，部队编成结构得到进一步优化。海军、空军和第二炮兵的部队，通过淘汰落后装备、调整编组，撤并了一些建制单位。调整后，陆军野战部队在加强合成和小型化、轻型化、多样化方面取得进展；军兵种技术含量较高部队的比例有所提高，结构进一步趋于合理。

改革体制，进一步理顺关系。成立总装备部，调整武器装备管理体制，实现了全军主要武器装备的集中统管，加强了武器装备建设的统一领导和全系统、全寿命管理。调整后勤保障体制，建立了以军区为基础，区域保障与建制保障相结合、统供保障与专供保障相结合的联勤保障体制，使后勤保障向三军一体、集约化保障方向迈出了一大步。改革院校、训练机构体制编制，减少院校数量，扩大单所院校办学规模，提高军官培训层次和调学比例。军队院校开始走上规模化办校、现代化教学、正规化管理、社会化保障的新路子。

思想政治建设

中国军队始终把思想政治建设摆在各项建设的首位。在新的历史条件下，军队思想政治建设的使命是：为打赢未来高技术战争提供强大的精神动力，为保持人民军队的性质、本色和作风提供可靠的政治保证。

中国军队思想政治建设，着眼于全面提高官兵素质，坚持提高政治素质与培养综合素质相统一，学习先进思想与掌握文化知识相统一，教育引导与实践锻炼相统一，严格纪律约束与提高自控能力相统一，努力培养造就具有良好的思想政治素质、军事专业素质、科学文化素质、身体心理素质的全面发展的新一代官兵。为夺取未来战争的胜利，中国军队坚持发挥思想政治工作的强大威力，坚持用正确的思想理论教育官兵，坚持用高尚的革命精神激励官兵，坚持用良好的政治环境熏陶官兵，坚持用严格的组织纪律约束官兵，不断增强官兵的思想觉悟、勇敢精神、顽强作风、铁的纪律，增强官兵的现代意识、科技意识、创新意识，全面提高军队战斗力。

中国军队坚持中国共产党的绝对领导，坚持全心全意为人民服务的宗旨，坚持国家和人民的利益高于一切，大力发扬爱国主义和革命英雄主义；培养官兵坚定的革命理想信念和自觉的牺牲奉献精神，使官兵树立正确的世界观、人生观、价值观；教育官兵拥护和支持改革，正确对待改革中的利益关系调整，坚持勤俭建军，永葆军队艰苦奋斗的政治本色。

军事训练

中国军队坚持把军事训摆在战略地位，从实战需要出发，从难、从严训练部队，经过数十年的发展建设和不断改革，中国军队在继承优良传统的基础上，形成了具有自身特色的、比较完善的部队训练和院校教育体系。

90年代后期，中国军队为适应世界军事领域的深刻变革，以打赢高技术条件下局部战争为目标，积极开展科技练兵，大力加强军事训练改革。在发展创新军事理论方面，深入研究高技术局部战争的新情况、新特点，加强军事训练学科建设，不断完善作战训练理论特别是联合作战训练理论，修订并颁布了新一代《战役纲要》、《战斗条令》。在改革训练内容方面，突出新知识、新技能、新装备、新战法的学习和训练，加大训练难度和强度，形成了新的训练内容体系，基本完成了战役、战术模型与武器系统模拟器的联接和各军兵种、各专业模型的互联，推广了分布交互式作战指挥模拟系统、新型装备操作训练模拟器材和计算机辅助训练系统，形成了覆盖全军各大单位和院校的军事训练信息网络。在完善训练管理机制方面，严格执行《中国人民解放军军事训练条例》等训练法规，实施正规化训练，并适应国家、军队改革调整出现的新形势，加强和改进了训练的组织领导与管理。近年来，周密组织实施了兰州、济南、南京、广州等军区诸军兵种联合军事演习，全面提高了官兵综合素质和高技术条件下部队的整体作战能力。

中国军队院校坚持把培养高素质的新型军事人才作为根本目标，着眼21世纪国防和军队现代化建设的需要，建立具有中国特色的军队院校教育体制。1999年军队院校进行体制编制调整改革，撤销、合并、改建了部分院校，将原来培养指挥军官和技术军官的两大类院校，调整为培养生长军官和在职军官的两大类院校，并新组建了国防科学技术、信息工程、理工、海军工程和空军工程5所综合大学。在军官培训体制方面，逐步实行军队自己培养和依托国民教育培养并举，逐年扩大研究生教育规模，并力争到2010年使生长军官基本接受高等教育。在军官组训方式方面，部分生长军官先在综合院校完成本科学历教育和军事基础训练，再根据即将担任的职务在专业院校完成专业训练；将技术性较强的指挥专业与相应技术专业融合成新专业，对部分军官实行指挥与技术合训；对中级指挥军官实行军政合训，指挥员与参谋人员同校培训，医务和机关政治军官全军统一归口培训。通过调整改革，军队院校的总数减少了约⅓，院校体制趋向规模化和综合化，军事人才培训层次、质量和效益得到明显提高。

后勤建设

中国军队把后勤建设作为全面提高战斗力、适应现代战争要求的重要组成部分。坚持在平战结合、军民结合，统筹兼顾、突出重点，科学管理、勤俭节约的原则下，努力为军队建设、作战和其它活动提供后勤保障。

新中国成立以来，中国军队的后勤工作不断发展，已经由单一的陆军后勤发展为诸军兵种合成的军队后勤，由简陋落后的后勤装备发展为拥有现代技术和部分高技术支撑的多样化的后勤装备，由保障一般条件下的军事行动发展为保障现代化技术特别是高技术条件下的军事行动。

进入90年代，中国军队后勤着眼高技术条件下局部战争后勤保障需要，加强后勤战备工作。加快应急机动作战部队后勤建设，组建后勤应急机动保障力量，提高后勤应急和综合保障能力。加大战场建设的投入，合理调整战备物资储备规模、布局和结构。坚持科技兴后勤，不断提高后勤保障手段的现代化水平，研制并为部队装备了一批野战、机动、高效的后勤补给、生活保障、医疗救护、快速抢修装备，海上补给、空中加油和第二炮兵机动保障等技术性强的专用后勤装备也有了长足发展。从2000年1月起，中国军队开始实行以军区为基础，区域保障与建制保障相结合、统供保障与专供保障相结合的联勤保障体制，通用物资供应和通用勤务保障由军区统一组织，专用物资供应和专用勤务保障由军兵种按建制系统组织实施。

为适应社会主义市场经济的发展和军队质量建设的需要，中国军队对后勤工作进行了一系列改革。从1998年12月起，军队和武警部队不再从事经商活动，军队所办的6000多个企业，大部分自行撤销，其余移交地方。1998年7月，根据《中华人民共和国国防法》关于国家实行军人保险制度的要求，国务院和中央军事委员会共同颁布了《军人保险制度实施方案》，逐步建立起具有中国特色的军人保险制度，并于1998年、1999年分别启动了军人伤亡保险和军人退役医疗保险制度。近年来，中国军队不断探索并努力实现社会化保障，借助社会力量，利用市场资源，精干担负军事保障职能的机构，提高国防费使用效益。从2000年1月起，在军级以上机关和驻大中城市的军队院校、医院等单位，逐步推行饮食保障、营房保障和商业服务社会化。

武器装备建设

中国军队始终把武器装备建设放在突出地位，努力实现武器装备的现代化，提高军队防卫作战能力。

新中国成立以来，中国坚持以自力更生为主、积极借鉴国外先进军事技术的方针，武器装备现代化建设取得了巨大成就，为建设现代化的军队，为保卫国家的主权与安全，提供了有力保障。陆军及通用武器装备基本实现制式化、系列化，提高了火力压制、地面突击、战场机动、战场情报侦察、作战指挥和防护能力，满足了多兵种联合作战的要求。海军在导弹化、立体化、信息化建设方面取得了很大进步，已具备了近海防御作战能力。空军具备了相当水平的全天候、全天时、全空域作战能力，一批高技术武器装备正在陆续装备部队。第二炮兵已拥有近程、中程、远程和洲际导弹武器系统，并具备快速反应和机动作战能力。

中国军队为适应社会主义市场经济发展和政府机构改革要求，从 1998 年起，逐步建立了新的武器装备管理体系。中国军队坚持科技强军战略，依靠科技创新加快新型武器装备研制步伐，推动武器装备发展；重视发挥市场机制的作用，鼓励适度竞争，逐步完善军事装备订货制度，建立健全科研、订购合同制；逐步实行武器装备全系统、全寿命管理，提高高技术武器装备的质量，控制高技术武器装备的全寿命费用，增强武器装备建设的整体效益；进一步加强武器装备管理法规和装备工作制度的建设，使武器装备建设适应新的管理体系，走上协调有序、高效运行的轨道。

为适应世界军事的发展和现代战争的特点，中国军队武器装备现代化建设将致力于尽快实现军队武器装备由半机械化、机械化向自动化、信息化的转变，使军队掌握尽可能先进的武器装备，确保完成国家赋予军队的神圣使命。

参加国家减灾救灾行动

中国是世界灾害较多的国家。针对大江大河的水患，部分地区的干旱和风暴潮，铁路、公路沿线的泥石流、滑坡等，中国军队积极参加驻地政府组织的减灾工程建设。近两年来，共参与修建防洪堤 2 万多千米，水库 30 多座，防潮坝 300 多千米，排灌站 300 余处，其中包括黄河小浪底、长江三峡、淮河流域综合治理、甘肃雨水集流、宁夏防沙治沙等工程，在保障国民经济与社会可持续发展中发挥了积极作用。为了便于参加救灾行动，军队总部机关、军区、省军区、军分区都派出人员参加国家和地方抢险救灾指挥机构的工作，协调军地指挥关系，制定减灾救灾措施，建立灾情通报制度，统筹救灾器材物资，并遵循灵活、快速、高效、无误的原则，实施组织协调工作。各部队都制定有抢险救灾方案，平时进行预演，落实船艇、飞机、车辆等救灾装备和器材，确保一有灾情发生，就能立即出动。近两年来，全军参加抢险救灾 100 多次，出动官兵 50 多万人。特别是在 1998 年长江、嫩江、松花江的抗洪战斗中，全军出动 30 多万官兵，1.25 万台车辆，1170 艘舟艇，200 多架飞机，抢修加固堤坝 1 万多千米，堵决口和排除险情 1.4 万余处，抢救转移遇险群众 300 多万人，为保护人民生命安全和国家财产作出了突出贡献。在抢险的同时，军队还积极组织救灾赈灾活动，帮助灾区人民恢复生产，重建家园，渡过难关。近两年来，共帮助灾区人民建房 4 万多间，捐衣被 2600 余万件，捐赠其它物资价值 3000 多万人民币。

五、国际安全合作

军事交往

中国坚持在和平共处五项原则的基础上，独立自主地处理对外军事关系，开展军事交流与合作。中国军队遵循军事外交为国家总体外交服务，为国防和军队现代化建设服务的宗旨，积极开展灵活、务实的对外交往，为增进和加强同世界各国军队的互信、友谊和合作，为地区和世界的和平、稳定与发展作出了不懈努力。

近两年来，中国军队共派出重要团组 70 多批，访问了 60 多个国家，接待了来访的外国军队高级代表团 160 多批。此外，还有 150 多批中国军队专业团组出访和 180 多批外军专业团组来访，中外军队进行了友好互利的专业技术交流合作。

中国与周边国家的军事关系有了进一步发展。中俄两军的高层交往活跃，双边军事关系发展顺利。中国军队努力促进与东北亚国家军队的关系，对朝鲜半岛乃至东北亚的稳定作出了积极贡献。中国同东南亚、南亚及中亚地区国家的军事交往保持了发展势头。与此同时，中国进一步加强了和西亚、非洲、拉美、大洋洲等地区国家及东欧、其它独联体国家的军事关系，继续向有关发展中国家提供人员培训、装备器材、后勤物资、医疗卫生等方面的援助，并积极拓展新的交往领域。

1999 年 5 月，针对以美国为首的北约轰炸中国驻南斯拉夫联盟共和国大使馆的严重事件，中国推迟了中美两军高层交往项目。随着近来两国关系的逐步改善，中美两军开始恢复有关正常交往。2000 年 1 月，中美两国国防部进行了副部长级防务磋商。同年 7 月，美国国防部部长访华。中国始终重视发展同欧洲国家的军事关系，与有关国家开展和保持了军队高层互访和各层次的军事交往。

近两年来，中国海军舰艇编队对新西兰、澳大利亚、菲律宾、马来西亚、坦桑尼亚、南非等国进行了友好访问。法国、俄罗斯、澳大利亚、马来西亚、比利时、加拿大、土耳其等国海军军舰也先后访华。此外，中国军队还派出了大量专业技术团组赴有关国家考察、参观、培训、研究，也接待了许多外军同类专业技术团组的来访。这些交往涉及科研、学术、军事教育、军事训练、军队管理、文化体育、医疗卫生等诸多方面。1999 年 8 月，中国军队参加了在克罗地亚举办的第 2 届世界军人运动会。

中国军队与外军在教育训练方面的合作有了新的发展。近两年来，先后向俄罗斯、德国、法国、英国、巴基斯坦、孟加拉国、泰国、科威特等国派出军事留学人员 200 余名，同时接收了来自亚、非、拉美和欧洲等地区有关国家的近千名军事留学及各类培训人员。

地区安全合作

中国支持在平等参与、协商一致、求同存异、循序渐进的基础上开展多形式、多层次、多渠道的地区安全对话与合作。中国主张，相互尊重而不是恃强凌弱，相互合作而不是彼此对抗，协商一致而不是强加于人，应该成为亚太地区多边安全对话与合作的方向和特征。中国参加了东盟地区论坛（ARF）、亚洲相互协作与建立信任措施会议（CICA）、亚太安全合作理事会（CSCAP）、东北亚合作对话会（NEACD）、中美日三边学术研讨会等多边安全对话合作进程，主张通过这些政府和民间讨论安全问题的重要渠道，增进各国相互了解与信任，促进地区和平与稳定。

东盟地区论坛是目前亚太地区惟一的泛地区官方多边安全对话与合作论坛。中国外交部和国防部代表参加了历届东盟地区论坛外长会议与高官会议，以及在东盟地区论坛框架内的建立信任措施、维和、海上搜救、抢险救灾、预防性外交、不扩散、指导原则等各类官方、非官方会议。近两年来，中国在北京先后主办了在东盟地区论坛框架内的热区卫生与热带病防治军事医学研讨会、中国安全政策培训班、第 4 届国防院校长会议和军转民合作研讨会。

中国主张东盟地区论坛应继续以建立信任措施为核心，探索新的安全观念和安全方式，支持各方就预防性外交问题进行探讨，并主张应首先就亚太地区预防性外交的概念、定义、原则和范畴进行充分讨论，形成共识。中国积极倡导在东盟地区论坛框架内进行军事医学、军事法学和军转民多边合作，倡议建立东盟地区论坛海洋信息资料中心，鼓励高层军事互访、军舰互访和人员交流，支持抢险救灾合作以及海上航行安全、海洋环保合作等。

中国一直积极参与哈萨克斯坦倡导的亚洲相互协作与建立信任措施会议进程，认为会议宗旨与中国的亚洲安全目标基本一致，主张会议在充分考虑亚洲地区特殊性和多样性的基础上稳步发展。

中国于 1996 年正式加入亚太安全合作理事会，并于 1997 年成立亚太安全合作理事会中国委员会，认真参与理事会的活动。

自 1993 年东北亚合作对话会成立以来，中国参加了历次会议，并于 1996 年、1999 年先后在北京主办了第 4 次、第 9 次东北亚合作对话会全体大会，中国还与其它成员一道推动对话会就东北亚国家合作指导原则达成了一致。

中国与俄罗斯、美国、法国、德国、乌克兰、加拿大、澳大利亚、新西兰等国及周边一些国家和地区组织建立了定期或不定期的安全、防务和军控磋商机制。本着维护亚太地区持久和平与稳定的积极意愿，中国国防部和其他有关部门的官员及学者日益广泛和深入地参与关于亚太安全的各类研讨和相关活动，增进了中国与有关国家间的相互了解与信任。

建立信任措施

中国政府一贯重视并积极推进与周边国家建立信任措施，积极倡导按照平等对话、不干涉别国内政、不针对第三国、不威胁和损害他国的安全与稳定的原则，通过谈判协商达成各种形式的边境协定、协议，维护各方相互同等安全和地区的和平与稳定。

1996 年 4 月，中国、俄罗斯、哈萨克斯坦、吉尔吉斯斯坦、塔吉克斯坦 5 国元首在中国上海举行首次会晤，签署了《关于在边境地区加强军事领域信任的协定》。1997 年 4 月，5 国元首在莫斯科进行了第 2 次会晤，签署了《关于边境地区相互裁减军事力量的协定》，规定：各方致力于在相互同等安全原则的基础上把部署在各国边境地区的军事力量裁减到各国间睦邻友好关系相适应的最低水平；重申互不使用武力或以武力相威胁，不谋求单方面的军事优势；各方部署在边境地区的军事力量不进行威胁另一方及损害边境地区安宁与稳定的任何军事活动；裁减和限制在协定适用地理范围内的军事人员数量和主要种类的武器装备及军事技术装备数量。1998年7月和1999年8月，5国在哈萨克斯坦阿拉木图和吉尔吉斯斯坦比什凯克，分别进行了第3、第4次元首级会晤，并签署了联合声明。2000年7月，5国元首在塔吉克斯坦杜尚别举行第5次会晤，乌兹别克斯坦总统以观察员身份参加会晤，会后签署了《杜尚别声明》。声明指出，5国在维护本地区安全与稳定方面发挥着日益重要和积极的作用，各方将致力于使“上海5国”成为5国在各领域开展多边合作的地区机制。5国决定深化在政治、外交、经贸、军事、军技和其它领域的合作，以巩固地区的安全与稳定，并切实落实5国会晤所签署的关于在军事领域加强信任及在边境地区相互裁减军事力量协定的所有条款。5国表示，决不允许利用本国领土从事损害5国中任何一国主权、安全及社会秩序的行为，支持彼此为维护5国国家独立、主权、领土完整和社会稳定所作的努力。

2000年3月，5国国防部长在哈萨克斯坦阿斯塔纳进行了首次会晤。会后签署的联合公报重申：在照顾各方及近邻地区利益的条件下，发展5国间军事政治领域的关系，开展平等互信的友好合作；这种合作是开放性的，不针对任何国家或国家集团。5国强调，坚决反对任何国家以保护民族、宗教和人权为借口干涉别国内政。各方声明绝不容忍民族分裂主义、宗教极端主义和恐怖主义，坚决反对这些势力在本国领土上从事针对别国的任何活动，并将共同采取有效措施对其进行打击，以维护本地区的和平与稳定。5国同意进一步研究加强军事领域信任措施的可能性，加强边防部门间的合作，联合打击各种跨国犯罪行为；共同举行预防危险军事活动、打击国际恐怖主义分子、抢险救灾等方面的联合演练，交流维和经验和在维和行动中相互协作。

1995年8月，中国国防部与俄罗斯联邦边防总局签署了《中俄边防合作协议》，规定：双方开展边防合作，致力于把中俄国界建成和平、安宁和友好的边界；交换有助于边防合作的信息；协调有效守卫国界和维持其秩序的措施；预防在国界地区发生意外事件和冲突的情况；采取协调措施制止在国界地区发生违法犯罪活动；协助搜查、扣留和及时移交对方越境者及其交通工具与财物；交流组织和实施守卫国界的经验；在提供和使用守卫国界的技术器材方面相互援助等。

1999年11月，中国国防部与蒙古国边防军管理局签署了《中蒙边防合作协议》，规定：双方开展边防合作，致力于保持中蒙边界的和平与稳定；交换有助于维护边界地区正常秩序的信息和其它有关信息；交流守卫管理边界和维护其正常秩序的措施与经验；预防在边界地区发生意外事件和纠纷；制止通过边界非法偷运武器、贩毒、走私、抢劫、盗窃等违法犯罪活动；加强边界代表机构合作，协商处理边境事件，协助寻找并及时移交对方越境人员及其交通工具、财物和越境牲畜；通报可能给对方造成损失的自然灾害、流行病和疫情，采取措施防止其越界等。

中国政府有关部门和边防部队忠实地履行条约、协议的规定，积极发展与邻国相应部门的交往与合作，通过建立通报协商机制、边防会谈、会晤机制等，及时处理边界事务，共同打击边境地区各种违法犯罪活动。随着多种信任措施的逐渐建立和落实，各种边界纠纷和事件的发生数量明显减少，边界地区的正常秩序得到有效维护和保持，和平友好的边界氛围逐步形成。

参与联合国维持和平行动

依照《联合国宪章》的规定，联合国安理会在维护世界和平与安全方面负有首要责任。中国是联合国安理会常任理事国，一贯致力于维护国际和平与安全，重视并支持联合国在《联合国宪章》宗旨和原则指导下，为维护国际和平与安全发挥其应有的作用。

为使联合国维和行动取得成功并健康发展，联合国维和行动应遵循《联合国宪章》的宗旨和原则，特别是尊重国家主权和不干涉内政的原则；维和行动应事先征得当事国同意、严守中立以及除自卫外不得使用武力；应坚持以斡旋、调解、谈判等和平手段解决争端，不应动辄采取强制行动，不能实行双重标准，不能借联合国之名进行军事干涉；应坚持实事求是，量力而行，不在条件不成熟时实施维和行动，更不应使之成为冲突一方，偏离维和的根本方向。

中国本着上述精神积极参加了联合国维持和平行动方面的活动。至今为止，中国已先后向“联合国停战监督组织”（UNTSO）、“联合国伊拉克—科威特观察团”（UNIKOM）、“联合国柬埔寨临时权力机构”（UNTAC）、“联合国西撒哈拉公民投票特派团”（MINURSO）、“联合国莫桑比克行动”（ONUMOZ）、“联合国利比里亚观察团”（UNOMIL）、“联合国塞拉利昂观察团”（UNOMSIL）和“联合国塞拉利昂特派团”（UNAMSIL）等多项联合国维和行动派出军事观察员、军事联络官和军事顾问共522人次，派出工程兵部队两批800人次。

目前，中国仍有38名军事观察员分别在“联合国停战监督组织”、“联合国伊拉克—科威特观察团”、“联合国西撒哈拉公民投票特派团”和“联合国塞拉利昂特派团”4个任务区执行任务。2000年1月，应联合国请求，中国政府向联合国东帝汶过渡行政当局派遣了15名民事警察。这是中国首次派遣民事警察执行联合国维和任务。此外，中国政府仍继续参加联合国维和行动待命安排。

为支持联合国完成《联合国宪章》赋予的使命，中国共有4人在各项联合国维和行动中牺牲，数十人负伤。

六、军控与裁军

近年来，国际军控与裁军领域出现了一系列消极事态。冷战结束后一度出现的良好裁军势头受到损害，国际社会防扩散和推动裁军进程的努力受到严重挑战，并将面临新一轮军备竞赛的危险，前景令人担忧。

中国政府高度重视军控与裁军问题，致力于推动国际军控与裁军进程的健康发展。中国政府认为，公正、合理的军控与裁军努力，有助于国际形势的缓和，是维护世界和平、增进各国安全的重要途径。与此同时，中国政府坚决反对少数国家以军控与裁军为手段削弱他国，增强自身军事优势，谋求地区和世界霸权。

核武器和导弹防御问题

中国一贯主张全面禁止和彻底销毁核武器，并为此作出了不懈的努力。中国自拥有核武器的第一天就郑重声明，在任何时候、任何情况下，都不首先使用核武器。此后又明确承诺无条件不对无核武器国家和无核武器区使用或威胁使用核武器。2000年5月，中国同其它4个核武器国家共同发表联合声明，宣布所拥有的核武器不瞄准任何国家。

中国积极支持有关国家在自愿基础上建立无核武器区的努力，并承诺向无核武器国家和无核武器区提供积极和消极安全保证。1999年7月，中国同东盟就《东南亚无核区条约》议定书案文达成一致，并在5个核武器国家中率先承诺签署修改后的议定书。

《不扩散核武器条约》作为最具普遍性的国际军控条约，为防止核武器扩散、实现核裁军和促进和平利用核能的国际努力奠定了坚实的法律基础。中国支持巩固和加强国际核不扩散体制、忠实履行《不扩散核武器条约》义务的立场不会改变。1998年12月，中国与国际原子能机构签署了旨在加强保障监督体系有效性的附加议定书，承诺向国际原子能机构申报与无核武器国家进行核合作的有关情况。

《全面禁止核试验条约》是国际核裁军进程中的一个重要里程碑。作为条约的首批签约国，中国正积极参与条约组织筹委会工作，认真落实国内各项履约准备。作为一个核武器国家，中国政府十分清楚自己在条约生效问题上所承担的责任，因此，尽管近两年来出现了印巴核试验和美国参议院拒绝批约等消极事态，中国政府仍致力于尽早批准条约。目前，中国政府已完成了必要的准备工作，并已将条约正式提交全国人民代表大会审议批准。

中国对谈判缔结“禁止生产核武器用裂变材料条约”（简称“禁产条约”）历来持积极态度。中国政府认为，条约谈判的进展与国际和平与安全形势有着密切的关系。在美国大力发展并着眼于部署反导武器和外空武器，美俄仍拥有足以毁灭世界多次的庞大核武库的情况下，继续核裁军和防止外空军备竞赛应该是比“禁产条约”谈判更为优先的多边军控议题。因此，日内瓦裁军谈判会议不应只强调“禁产条约”谈判，而忽视防止外空军备竞赛和核裁军问题，应该对三项议题予以同等重视，平衡地开展实质性工作。

《限制反弹道导弹条约》（简称《反导条约》）对于维护全球战略平衡与稳定、推动核裁军、促进国际安全具有重要作用。然而，近年来美国不顾《反导条约》的有关规定以及国际社会的反对，加速发展国家导弹防御系统。美国此举将打破全球战略平衡，严重阻碍核裁军进程和国际防扩散努力，威胁世界和平与地区稳定，甚至会引发新一轮的军备竞赛。中国对此表示强烈反对。

第54届联合国大会以压倒多数通过了中国、俄罗斯、白俄罗斯共同提出的维护和遵守《反导条约》决议，呼吁条约缔约国不部署旨在保护国家全境的反导系统，支持国际社会作出进一步努力，捍卫条约的不可侵犯性和完整性。决议体现了国际社会反对美国发展和部署反导系统、维护《反导条约》的意志。2000年7月18日，中俄两国元首在北京签署了《关于反导问题的联合声明》，其中强调《反导条约》仍是全球战略稳定与国际安全的基石，是削减和限制进攻性战略武器和防止大规模杀伤性武器扩散的关键性国际协议框架的基础。以某些国家的所谓导弹威胁作为要求修改这一条约的国家必将对此承担全部责任。在当前战略形势下，维护《反导条约》的完整性和有效性具有十分重要的现实意义。美国政府应当认真倾听国际社会的呼声，停止发展和部署破坏全球战略稳定的反导系统。

美国和日本联合研发战区导弹防御系统，并计划在东亚地区部署这种系统，将使美日军事同盟的整体攻防水平提高到前所未有的程度，也远远超出了日本的防卫需要，这将引起地区军备竞赛，不利于亚太地区的安全与稳定。中国对此表示严重关切。

中国坚决反对任何国家向台湾提供战区导弹防御系统、部件、技术或援助，坚决反对任何国家以任何形式把台湾纳入其战区导弹防御系统。

化学武器和生物武器问题

中国不拥有化学武器，一贯主张全面禁止和彻底销毁化学武器。作为《禁止化学武器公约》的缔约国，中国忠实履行了公约规定的各项义务，按时、完整地递交了初始宣布和年度宣布，接受了公约组织的多次核查，参加了该组织的各次执行理事会会议和缔约国大会。中国还积极支持公约组织的工作，曾数次与该组织合办视察员培训班、研讨会等。1998 年 6 月，中国国家石油和化学工业局又对第三类监控化学品控制清单增加了 10 种化学品。

中国政府认为，公约生效三年以来，执行情况总体是积极的，但也存在着不容忽视的问题：公约普遍性不足，个别缔约国以国内立法的方式对公约变相保留，一些缔约国化学武器销毁工作进展缓慢等。这些问题应尽早得到纠正和解决。

中国在历史上曾是化学武器的受害国，领土上至今还遗留着侵华日军遗弃的大量化学武器。这些化学武器严重威胁着当地人民的生命安全，也对当地的生态环境造成了严重破坏。1999 年 7 月，中日两国政府签署了《中华人民共和国政府和日本国政府关于销毁中国境内日本遗弃化学武器的备忘录》。日方在备忘录中明确承认了遗弃化学武器的事实，并承诺认真履行销毁责任和义务。中方希望日方能够切实按照备忘录的有关原则和规定，尽早启动实质性销毁工作。

中国不拥有生物武器，历史上曾遭受生物武器的伤害。中国主张全面禁止和彻底销毁生物武器，坚决反对任何国家发展、生产、研制和储存生物武器，也反对任何国家以任何方式扩散此种武器及其技术。作为《禁止生物武器公约》缔约国，中国认真、全面地履行了自己所承担的义务，并逐年向联合国报告与《禁止生物武器公约》有关的建立信任措施方面的资料和情况。

中国支持全面加强《禁止生物武器公约》有效性的工作。早在加入公约时，中国就指出了公约缺乏核查机制的不足。中国认为，为了加强公约有效性，应该建立必要的核查机制。但考虑到生物武器和生物技术的复杂性，核查机制的建立必须遵循合理、公正和可行的原则。为了确保缔约国正当的安全和商业利益不受损害，应该制定具体措施防止核查权利的滥用。还应制定具体措施促进缔约国之间为公约不加禁止的目的而进行的生物技术国际合作与交流。这将有助于提高公约及未来议定书的普遍性。

防止外空军备竞赛问题

中国坚决反对外空军备竞赛，主张对外空的探索和利用应完全服务于促进各国的经济、科学和文化的发展，造福全人类。

防止外空武器化和防止外空军备竞赛的主要目标是禁止在外空试验、部署、使用武器和武器系统及其部件。目前，单方面谋取外空军事和战略优势，乃至控制外空的企图、计划和行动不仅确实存在，并且有新的发展，因此，采取有效措施，制止有关消极事态发展，是当前国际社会面临的现实和紧迫的问题。

多年以来，国际社会出于和平利用外空、防止外空军备竞赛的目的，已经缔结了一些规范各国在空间活动的多边或双边国际法律文书。但是，它们没有反映当前最先进的航天技术发展情况，因而都未能起到有效防止外空武器化或防止外空军备竞赛的作用。中国认为，在新的世纪防止外空武器化、防止外空军备竞赛，最为直接、有效的办法是在严格遵守现有适用于外空的双边和多边协定的基础上，谈判缔结新的国际法律文书。

第 54 届联合国大会再次以压倒多数通过了防止外空军备竞赛决议。决议强调，谈判缔结一项或多项防止外空军备竞赛的国际协定，仍是裁军谈判会议外空特委会的首要任务。这反映了国际社会对防止外空军备竞赛的普遍愿望和迫切要求。日内瓦裁军谈判会议应在防止外空军备竞赛方面发挥重要作用，应立即重新设立防止外空军备竞赛特委会，谈判缔结一项旨在防止外空武器化和防止外空军备竞赛的新的国际法律文书。

杀伤人员地雷问题

中国政府十分重视杀伤人员地雷误伤平民的问题。自 1998 年批准《特定常规武器公约》新修订的“地雷议定书”以来，中国政府和军队严格遵守并认真履行议定书的有关规定，并已停止出口不符合议定书规定的杀伤人员地雷。1999 年 10 月，中国向联合国秘书长递交了履行该议定书的国家报告。

在限制地雷的同时，中国政府及时清除雷患，在国内和国际扫雷方面作了积极努力。从 1992 年初到 1999 年 8 月，中国政府先后在中越边境中国一侧进行了两次大规模扫雷行动，共排除各种地雷和爆炸物

220多万枚，销毁废弃弹药700余吨，完成扫雷面积300多平方千米，打通边贸通道和口岸290多个，恢复弃耕地、弃荒牧场和山林6万公顷，消除了边境冲突遗留地雷对当地平民的威胁。此外，中国政府还根据议定书有关技术合作与援助的要求，在力所能及的范围内，通过向联合国扫雷自愿信托基金捐款和向雷患严重国家赠送扫雷器材等形式，进行国际扫雷援助。1998年，中国向联合国扫雷自愿信托基金捐款10万美元用于波黑扫雷。1999年10月和2000年5月，中国与联合国合作举办了两期国际扫雷培训班，对来自波黑、柬埔寨、纳米比亚、安哥拉、莫桑比克、埃塞俄比亚、卢旺达7个雷患严重国家的40名学员进行了扫雷技术、实施方法和组织作业程序等内容的培训，收到了良好的效果。

中国政府认为，解决地雷滥伤无辜平民问题，应采取限制地雷和扫雷并举的办法。新修订的“地雷议定书”如能得到广泛的参加和有效的执行，地雷的滥用和控制问题就可以得到圆满解决。就解决人道主义关切而言，当前最为紧迫的任务和最有实效的措施是扫除遍布全球的遗留地雷。

常规武器转让登记和小武器问题

中国从1992年到1997年参加了联合国常规武器转让登记。然而，自1996年起，个别国家无视联大有关决议的规定，开始在登记册中以所谓“脚注”形式登记其向台湾出售武器的情况。向台湾出售武器显然不是主权国家间的武器转让，而是侵犯中国主权、干涉中国内政的行为。有关国家的上述做法违反了登记册记录主权国家之间合法的武器转让的特性，导致登记册的政治化，严重损害了登记册的完整性和权威性。有鉴于此，中国被迫从1998年起暂停参加登记。中国希望有关方面立即采取切实措施，纠正上述错误做法，恢复和维护登记册的严肃性和完整性。

中国积极支持国际社会为解决小武器问题所作的努力，赞成采取必要的措施，打击小武器领域非法活动，防止小武器的扩散及过量积累，以减缓有关国家的武装冲突和动荡，遏制恐怖主义和贩毒活动的进一步蔓延。同时，中国政府认为，小武器本身并不是造成有关问题的根源，对于大部分国家来说，小武器仍是其保卫国防和维护社会治安必不可少的手段。解决小武器问题，应切实尊重有关国家的主权，兼顾不同国家和地区的实际情况，不应影响各国合法拥有小武器并进行正常贸易的权利。

中国参加了1998年联合国小武器问题政府专家组的工作，支持于2001年召开小武器和轻武器非法贸易各方面问题的国际会议。中国还参加了联合国“打击跨国有组织犯罪公约”特委会关于“打击非法制造和贩运枪支及其零部件和弹药议定书”的谈判工作，与国际社会一道，共同打击非法制造、贩运枪支的有组织跨国犯罪。

中国在小武器的生产、转让等问题上采取负责任的态度，有严格的法律和行政管理措施。《中华人民共和国枪支管理法》和《中华人民共和国军品出口管理条例》对枪支和弹药的生产、运输、销售、配备以及进出境管理作了详细的规定，并对有关违法行为制定了严厉的处罚措施。

（木　工）

中国发表《一个中国的原则与台湾问题》白皮书　2000年2月21日，中华人民共和国国务院台湾事务办公室、国务院新闻办公室发表《一个中国的原则与台湾问题》白皮书，首次以政府文告的方式，详细、系统、全面地向国际社会阐述了中国政府有关一个中国原则的基本立场和政策，和对在两岸关系、国际社会中坚持一个中国原则若干问题的态度主张。

《一个中国的原则与台湾问题》白皮书全文约1.1万字，除前言、结束语外，共分5个部分：第一部分，一个中国的事实和法理基础；第二部分，一个中国原则是实现和平统一的基础和前提；第3部分，中国政府坚决捍卫一个中国原则；第4部分，两岸关系中涉及一个中国原则的若干问题；第5部分，在国际社会中坚持一个中国原则的若干问题。白皮书全文如下：

前　言

1949年10月1日，中国人民取得了新民主主义革命的伟大胜利，建立了中华人民共和国。国民党统治集团退踞中国的台湾省，在外国势力的支持下，与中央政府对峙，由此产生了台湾问题。

解决台湾问题，实现中国完全统一，是中华民族的基本利益。50年来，中国政府为此进行了不懈的奋斗。1979年后，中国政府以极大的诚意、尽最大的努力，争取以“一国两制”的方式实现和平统一。自1987年底以来，两岸经济、文化交流和人员往来有了长足的发展。但是，90年代以来，台湾当局领导人李登辉逐步背弃一个中国原则，极力推行以制造“两个中国”为核心的分裂政策，一直发展到公然主张两岸关系是“国家与国家，至少是特殊的国与国的关系”，严重损害了两岸和平统一的基础，危害了包括台湾同胞在内的整个中华民族的根本利益，也危害了亚洲太平洋地区的和平与稳定。中国政府始终如一地坚持一个中国原则，坚决反对任何把台湾从中国分割出去的图谋。中国政府与以李登辉为首的分裂势力的斗争，集中表现在是坚持一个中国原则还是制造“两个中国”、“一中一台”的问题上。

我们于 1993 年 8 月发表了《台湾问题与中国的统一》白皮书，系统地论述了台湾是中国不可分割的一部分、台湾问题的由来、中国政府解决台湾问题的基本方针和有关政策。现在，有必要进一步向国际社会阐述中国政府坚持一个中国原则的立场和政策。

一、一个中国的事实和法理基础

一个中国原则是在中国人民捍卫中国主权和领土完整的正义斗争中形成的，具有不可动摇的事实和法理基础。

台湾是中国不可分割的一部分。有关台湾的全部事实和法律证明，台湾是中国领土不可分割的一部分。1895 年 4 月，日本通过侵华战争，强迫清朝政府签订不平等的《马关条约》，霸占了台湾。1937 年 7 月，日本发动全面侵华战争。1941 年 12 月，中国政府在《中国对日宣战布告》中昭告各国，中国废止包括《马关条约》在内的一切涉及中日关系的条约、协定、合同，并将收复台湾。1943 年 12 月，中美英三国政府发表的《开罗宣言》规定，日本应将所窃取于中国的包括东北、台湾、澎湖列岛等在内的土地，归还中国。1945 年，中美英三国共同签署、后来又有苏联参加的《波茨坦公告》规定：“开罗宣言之条件必将实施。”同年 8 月，日本宣布投降，并在《日本投降条款》中承诺“忠诚履行波茨坦公告各项规定之义务”。10 月 25 日，中国政府收复台湾、澎湖列岛，重新恢复对台湾行使主权。

1949 年 10 月 1 日，中华人民共和国中央人民政府宣告成立，取代中华民国政府成为全中国的惟一合法政府和在国际上的惟一合法代表，中华民国从此结束了它的历史地位。这是在同一国际法主体没有发生变化的情况下新政权取代旧政权，中国的主权和固有领土疆域并未由此而改变，中华人民共和国政府理所当然地完全享有和行使中国的主权，其中包括对台湾的主权。

国民党统治集团退踞台湾以来，虽然其政权继续使用“中华民国”和“中华民国政府”的名称，但它早已完全无权代表中国行使国家主权，实际上始终只是中国领土上的一个地方当局。

一个中国原则的产生和基本涵义。中华人民共和国中央人民政府成立当天即向各国政府宣布：“本政府为代表中华人民共和国全国人民的惟一合法政府。凡愿遵守平等、互利及互相尊重领土主权等项原则的任何外国政府，本政府均愿与之建立外交关系。”随后又致电联合国，声明：国民党当局“已丧失了代表中国人民的任何法律的与事实的根据，”完全无权代表中国。外国承认中华人民共和国政府是代表全中国的惟一合法政府，与台湾当局断绝或不建立外交关系，是新中国与外国建交的原则。

中国政府的上述主张受到当时美国政府的阻挠。尽管 1950 年 1 月 15 日美国总统杜鲁门发表声明，表示美国及其它盟国承认 1945 年以来的 4 年中国对台湾岛行使主权，但是同年 6 月朝鲜战争爆发后，美国政府为了孤立、遏制中国，不仅派军队侵占台湾，而且抛出“台湾地位未定”等谬论，以后又逐步在国际社会策动“双重承认”，企图制造“两个中国”。对此，中国政府理所当然地予以坚决反对，主张和坚持世界上只有一个中国，台湾是中国的一部分，中华人民共和国政府是代表全中国的惟一合法政府。正是在中国与外国发展正常的外交关系中，在维护中国的主权和领土完整的斗争中，产生了一个中国原则。上述主张构成了一个中国原则的基本涵义，核心是维护中国的主权和领土完整。

在 1949 年后的三四十年间，台湾当局虽然不承认中华人民共和国政府代表全中国的合法地位，但也坚持台湾是中国的一部分、只有一个中国的立场，反对制造“两个中国”和“台湾独立”。这说明，在一个相当长的时间里，两岸的中国人在只有一个中国、台湾是中国领土的一部分这一根本问题上具有共识。早在 1958 年 10 月，中国人民解放军在进行炮击金门的战斗时，毛泽东主席就向台湾当局公开指出：“世界上只有一个中国，没有两个中国。这一点，也是你们同意的，见之于你们领导人的文告”。1979 年 1 月，全国人大常委会发表《告台湾同胞书》，指出“台湾当局一贯坚持一个中国的立场，反对台湾独立。这就是我们共同的立场，合作的基础。”

中国政府坚持一个中国原则的严正立场和合理主张，赢得了越来越多的国家和国际组织的理解和支持，一个中国原则逐步为国际社会所普遍接受。1971 年 10 月，第 26 届联合国大会通过 2758 号决议，驱逐了台湾当局的代表，恢复了中华人民共和国政府在联合国的席位和一切合法权利。1972 年 9 月，中日两国签署联合声明，宣布建立外交关系，日本承认中华人民共和国政府是中国的惟一合法政府，充分理解和尊重中国政府关于台湾是中华人民共和国领土不可分割的一部分的立场，并且坚持遵循《波茨坦公告》第8条规定的立场。1978年12月，中美发表建交公报，美国“承认中华人民共和国政府是中国惟一的合法政府”；“承认中国的立场，即只有一个中国，台湾是中国的一部分”。目前，161个国家与中华人民共和国建立了外交关系，它们都承认一个中国原则，并且承诺在一个中国的框架内处理与台湾的关系。

二、一个中国原则是实现和平统一的基础和前提

一个中国原则是中国政府对台政策的基石。经由邓小平同志的倡导，中国政府自1979年开始实行和平统一的方针，并逐步形成了“一国两制”的科学构想，在此基础上，确立了“和平统一、一国两制”的基本方针。这一基本方针和有关政策的要点是：争取和平统一，但是不承诺放弃使用武力；积极推动两岸人员往来和经济、文化等各项交流，早日实现两岸直接通邮、通航、通商；通过和平谈判实现统一，在一个中国原则下什么都可以谈；统一后实行“一国两制”，中国的主体（中国大陆）坚持社会主义制度，台湾保持原有的资本主义制度长期不变；统一后台湾实行高度自治，中央政府不派军队和行政人员驻台；解决台湾问题是中国的内政，应由中国人自己解决，不需借助外国力量。上述方针和政策，贯彻了坚持一个中国原则的基本立场和精神，也充分尊重了台湾同胞当家作主、管理台湾的愿望。江泽民主席在1995年1月发表发展两岸关系、推进祖国和平统一进程的8项主张时，明确指出：“坚持一个中国的原则，是实现和平统一的基础和前提。”

只有坚持一个中国原则才能实现和平统一。台湾问题是中国内战遗留下来的问题。迄今，两岸敌对状态并未正式结束。为了维护中国的主权和领土完整，为了实现两岸统一，中国政府有权采用任何必要的手段。采用和平的方式，有利于两岸社会的共同发展，有利于两岸同胞感情的融合和团结，是最好的方式。中国政府于1999年宣布实行和平统一的方针时，是基于一个前提，即当时的台湾当局坚持世界上只有一个中国、台湾是中国的一部分。同时，中华人民共和国政府是中国的惟一合法政府，这也有利于用和平的方式解决台湾问题。中国政府在实行和平统一方针的同时始终表明，以何种方式解决台湾问题是中国的内政，并无义务承诺放弃使用武力。不承诺放弃使用武力，决不是针对台湾同胞的，而是针对制造“台湾独立”的图谋和干涉中国的统一的外国势力，是为争取实现和平统一提供必要的保障。采用武力的方式，将是最后不得已而被迫作出的选择。

对台湾而言，坚持一个中国原则，标志着承认中国的主权和领土不可分割，这就使两岸双方有了共同的基础和前提，可以通过平等协商，找到解决双方政治分歧的办法，实现和平统一。如果否认一个中国原则，图谋将台湾从中国领土中分割出去，那就使和平统一的前提和基础不复存在。

对美国而言，承诺奉行一个中国政策，就要切实执行中美两国政府之间的“三个联合公报”和美方的一系列承诺，就应当只与台湾保持文化、商务和其它非官方的关系，反对所谓“台湾独立”、“两个中国”、“一中一台”，不阻挠中国的统一。反之，就破坏了中国政府争取和平统一的外部条件。

对于亚太地区和世界其它地区的国家而言，台湾海峡局势一直与亚太地区的安定密切相关。有关各国坚持一个中国政策，有利于维护亚太地区的和平与稳定，也有利于中国同各国发展友好关系，符合亚太地区乃至世界各国的利益。

中国政府积极地真诚地努力争取实现和平统一。为了争取和平统一，中国政府一再呼吁在一个中国原则基础上举行两岸平等谈判。充分考虑到台湾的政治现实，为了照顾台湾当局关于平等谈判地位的要求，我们先后提出了举行中国共产党和中国国民党两党对等谈判、两党谈判可以吸收台湾各党派团体有代表性的人士参加等主张，而始终不提“中央与地方谈判”。中国政府还提出，可先从进行包括政治对话在内的对话开始，逐步过渡到政治谈判的程序性商谈，解决正式谈判的名义、议题、方式等问题，进而展开政治谈判。政治谈判可以分步骤进行，第一步，先就在一个中国原则下正式结束两岸敌对状态进行谈判，并达成协议，共同维护中国的主权和领土完整，并对今后两岸关系发展进行规划。1998年1月，为寻求和扩大两岸关系的政治基础，中国政府向台湾方面明确提出，在统一之前，在处理两岸关系事务中，特别是在两岸谈判中，坚持一个中国原则，也就是坚持世界上只有一个中国，台湾是中国的一部分，中国的主权和领土完整不容分割。中国政府希望，在一个中国原则基础上，双方平等协商，共议统一。

为争取和平统一，中国政府采取了一系列积极的政策和措施，全面推动两岸关系发展。自1987年底两岸隔绝状态被打破后至1999年底，到中国大陆从事探亲、旅游、交流的台湾同胞已达1600万人次；

两岸间接贸易总额超过1600亿美元，台商在中国大陆投资的协议金额及实际到位金额分别超过了440亿美元与240亿美元；两岸互通邮政、电信取得了很大进展；两岸海上、空中通航也取得了局部进展。全国人民代表大会及其常务委员会、国务院、地方政府制定了一系列法律、法规、依法保障台湾同胞的正当权益。为了通过商谈妥善解决两岸同胞交往中所衍生的具体问题，1992年11月，海峡两岸关系协会与台湾的海峡交流基金会达成在事务性商谈中各自以口头方式表述“海峡两岸均坚持一个中国原则”的共识，在此基础上，两会领导人于1993年4月成功举行了“汪辜会谈”，并签署了几项涉及保护两岸同胞正当权益的协议。1998年10月，两会领导人在上海会晤，开启了两岸政治对话。两会商谈是在平等的地位上进行的。实践证明，在一个中国原则的基础上，完全可以找到两岸平等谈判的适当方式。香港、澳门回归中国以来，港台之间、澳台之间原有的各种民间往来与交流，在一个中国原则的基础上继续保持和发展。

三、中国政府坚决捍卫一个中国原则

台湾分裂势力蓄意破坏一个中国原则。1988年，李登辉继任为台湾当局的领导人。当时他多次公开表示，台湾当局的基本政策就是“只有一个中国而没有两个中国的政策”；“我们一贯主张中国应该统一，并坚持‘一个中国’的原则。”

但是，从90年代初开始，李登辉逐步背离一个中国原则，相继鼓吹“两个政府”、“两个对等政治实体”、“台湾已经是个主权独立的国家”、“现阶段是‘中华民国在台湾’与‘中华人民共和国在大陆’”，而且自食其言，说他“始终没有讲过一个中国。”李登辉还纵容、扶持主张所谓“台湾独立”的分裂势力及其活动，使“台独”势力迅速发展、“台独”思潮蔓延。在李登辉主导下，台湾当局采取了一系列实际的分裂步骤。在台湾政权体制方面，力图通过所谓的“宪政改革”将台湾改造成一个“独立的政治实体”，以适应制造“两个中国”的需要。在对外关系方面，不遗余力地进行以制造“两个中国”为目的的“拓展国际生存空间”活动。1993年以来，连续7年推动所谓“参与联合国”的活动。在军事方面，大量向外国购买先进武器，谋求加入战区导弹防御系统，企图变相地与美、日建立某种形式的军事同盟。在思想文化方面，图谋抹杀台湾同胞、特别是年轻一代的中国人意识和对祖国的认同，挑起台湾同胞对祖国的误解和疏离感，割断两岸同胞的思想和文化纽带。

1999年以来，李登辉的分裂活动进一步发展。5月，他出版《台湾的主张》一书，鼓吹要把中国分成七块各自享有“充分自主权”的区域。7月9日他公然将两岸关系歪曲为“国家与国家，至少是特殊的国与国的关系”，企图从根本上改变台湾是中国一部分的地位，破坏两岸关系、特别是两岸政治对话与谈判的基础，破坏两岸和平统一的基础。李登辉已经成为台湾分裂势力的总代表，是台湾海峡安定局面的破坏者，是中美关系发展的绊脚石，也是亚太地区和平与稳定的麻烦制造者。

中国政府坚决捍卫一个中国原则。对于以李登辉为代表的台湾分裂势力的种种分裂活动，中国政府和人民一直保持着高度的警惕，并进行了坚决的斗争。

1995年6月李登辉以所谓“私人”名义访问美国后，中国政府果断地开展了反分裂、反“台独”的斗争，并对美国政府公然允许李登辉访美、违背美国在中美“三个联合公报”中所作的承诺、严重损害中国主权的行为，提出了强烈的抗议，进行了严正的交涉。这场斗争显示了中国政府和人民捍卫国家主权和领土完整的坚强决心和能力，产生了重大和深远的影响。台湾同胞进一步认识到“台独”的严重危害。李登辉在国际上进行分裂活动受到沉重打击。部分“台独”势力被迫放弃了某些极端的分裂主张。国际社会进一步注意到坚持一个中国政策的必要性，美国政府还明确承诺不支持“台湾独立”、不支持“两个中国”或“一中一台”、“不支持台湾加入任何必须由主权国家参加的国际组织”。

李登辉抛出“两国论”后，中国政府和人民进行了更加坚决的斗争。针对台湾分裂势力企图通过所谓“法律”形式落实“两国论”的活动，中国政府有关部门明确提出，这是一个更加严重和危险的分裂步骤，是对和平统一的极大挑衅。如果这一图谋得逞，中国和平统一将变得不可能。这场斗争形成了海内外中国人同声谴责“两国论”的强大声势。世界上大多数国家重申坚持一个中国政策。美国政府也重申坚持一个中国政策和对台湾“三不支持”的承诺。台湾当局被迫表示不会依照“两国论”修改所谓“宪法、”“法律”。

但是，台湾分裂势力仍在企图以所谓“制宪”“修宪”、“解释宪法”或“立法”等多种形式，用所谓“法律”形式实现在“中华民国”名义下把台湾从中国分割出去的图谋。特别值得警惕的是，台湾分裂势力一贯图谋破坏中美关系，挑起中美冲突和对抗，以便实现他们的分裂图谋。

事实证明，台湾海峡局势仍然存在着严重的危

机。为了维护包括台湾同胞在内的全中国人民的利益，也为了维护亚太地区的和平与发展，中国政府仍然坚持“和平统一、一国两制”方针不变，仍然坚持江泽民主席提出的发展两岸关系、推进祖国和平统一进程的 8 项主张不变，仍然尽一切可能争取和平统一。但是，如果出现台湾被以任何名义从中国分割出去的重大事变，如果出现外国侵占台湾，如果台湾当局无限期地拒绝通过谈判和平解决两岸统一问题，中国政府只能被迫采取一切可能的断然措施、包括使用武力，来维护中国的主权和领土完整，完成中国的统一大业。中国政府和人民完全有决心、有能力维护国家主权和领土完整，决不容忍、决不姑息、决不坐视任何分裂中国的图谋得逞，任何分裂图谋都是注定要失败的。

四、两岸关系中涉及一个中国原则的若干问题

中国领土和主权没有分裂，海峡两岸并非两个国家。台湾当局支撑其制造“两个中国”的主张，包括李登辉提出的“两国论”的所谓理由无非是：1949 年以后海峡两岸已经分裂分治且互不隶属，中华人民共和国政府从未统治过台湾，1991 年以后台湾也已产生了与中国大陆没有关系的政权体制。这些理由是根本不能成立的，也绝对不能得出台湾可以“中华民国”的名义自立为一个国家和海峡两岸已经分裂为两个国家的结论。第一，国家主权不可分割。领土是国家行使主权的空间。在一个国家的领土上，只能有一个代表国家行使主权的中央政府。如前所述，台湾是中国领土不可分割的一部分，1949 年中华人民共和国政府取代中华民国政府成为全中国的惟一合法政府，已经享有和行使包括台湾在内的全中国的主权。虽然海峡两岸尚未统一，但是台湾是中国领土一部分的地位从未改变，由此，中国拥有对台湾的主权也从未改变。第二，国际社会承认只有一个中国、台湾是中国的一部分、中华人民共和国政府是中国的惟一合法政府。第三，台湾问题长期得不到解决，主要是外国势力干涉和台湾分裂势力阻挠的结果。海峡两岸尚未统一，这种不正常状态的长期存在，并没有赋予台湾在国际法上的地位和权利，也不能改变台湾是中国一部分的法律地位。目前的问题是台湾分裂势力和某些外国反华势力要改变这种状况，而这正是中国政府和人民坚决反对的。

坚决反对以公民投票方式改变台湾是中国一部分的地位。台湾分裂势力以“主权在民”为借口，企图以公民投票方式改变台湾是中国一部分的地位，这是徒劳的。首先，台湾是中国领土一部分的法律地位，无论在国内法还是在国际法上，都已经是明确的，不存在用公民投票方式决定是否应自决的前提。其次，“主权在民”是指主权属于一个国家的全体人民，而不是指属于某一部分或某一地区的人民。对台湾的主权，属于包括台湾同胞在内的全中国人民，而不属于台湾一部分人。第三，历史上台湾从未曾成为一个国家；1945 年以后，台湾既不是外国的殖民地，又不处于外国占领之下，不存在行使民族自决权的问题。总之，自 1945 年中国收复台湾之后，就根本不存在就改变台湾是中国一部分的地位举行公民投票的问题。台湾的前途只有一条，就是走向与祖国大陆的统一，而决不能走向分裂。任何人以公民投票的方式把台湾从中国分割出去，其结果必将把台湾人民引向灾难。

“两德模式”不能用于解决台湾问题。台湾有些人主张用第二次世界大战后德国被分裂为两个国家后又重新统一的所谓“两德模式”来处理两岸关系。这是对历史和现实的误解。战后德国的分裂和两岸暂时分离是两个不同性质的问题。主要有 3 点不同：第一，两者形成的原因、性质不同。1945 年德国在二战中战败，被美、英、法、苏 4 个战胜国依据《鉴于德国失败和接管最高政府权力的声明》及其后的波茨坦协议，分区占领。冷战开始后，德国统一问题成为美苏两国在欧洲对抗的一个焦点，在美英法占领区和苏联占领区分别相继成立了德意志联邦共和国和德意志民主共和国，德国被分裂为两个国家。显然，德国问题完全是由外部因素造成的。而台湾问题则是中国内战遗留的问题，是内政问题。第二，两者在国际法上的地位不同。德国的分裂，为二战期间和战后一系列国际条约所规定。而台湾问题，则有《开罗宣言》、《波茨坦公告》等国际条约关于日本必须将窃取于中国的台湾归还中国的规定。第三，两者存在的实际状况不同。在美苏两国对抗的背景下，两个德国都分别驻有外国军队，被迫相互承认和在国际社会并存。而中国政府始终坚持一个中国原则，李登辉上台前的台湾当局和李登辉上台初期也承认一个中国，反对“两个中国”；一个中国原则也被国际社会所普遍接受。因而，德国问题与台湾问题不能相提并论，更不能照搬“两德模式”解决台湾问题。

在一个中国原则下，什么问题都可以谈。中国政府主张两岸谈判最终目的是实现和平统一；主张以一个中国原则为谈判基础，是为了保证实现谈判的目

的。而“台湾独立”、“两个中国”、“两国论”违背了一个中国原则，不是谈统一，而是谈分裂，当然不可能被中国政府接受。只要在一个中国的框架内，什么问题都可以谈，包括台湾方面关心的各种问题。中国政府相信，台湾在国际上与其身份相适应的经济的、文化的、社会的对外活动空间，台湾当局的政治地位等等，都可以在这个框架内，通过政治谈判，最终在和平统一的过程中得到解决。

所谓“民主和制度之争”是阻挠中国统一的借口。近些年来，台湾当局一再声称，“大陆的民主化是中国再统一的关键”、“两岸问题的真正本质是制度竞赛”。这是拖延和抗拒统一的借口，是欺骗台湾同胞和国际舆论的伎俩。中国共产党和中国政府不断为实现社会主义民主的理想而奋斗。按照“一国两制”的方式实现和平统一，允许海峡两岸两种社会制度同时存在，互不强加于对方，最能体现两岸同胞的意愿，这本身就是民主的。两岸不同的社会制度，不应构成和平统一的障碍。而且，中国政府注意到台湾与香港、澳门的不同特点，实现两岸和平统一之后，在台湾实行“一国两制”的内容，可以比香港、澳门更为宽松。台湾当局企图以“民主和制度之争”阻挠统一，妄想居住在中国大陆的12亿多人实行台湾的政治、经济制度，是毫无道理的，也是不民主的。“要民主”不应成为“不要统一”的理由。两岸双方在这个问题上分歧的实质，绝不是要不要民主之争、实行哪种制度之争，而是要统一还是要分裂之争。

五、在国际社会中坚持一个中国原则的若干问题

中国政府对于国际社会普遍奉行一个中国政策表示赞赏。我们于1993年8月发表的《台湾问题与中国的统一》白皮书，在第5部分“国际事务中涉及台湾的几个问题”中，阐述了在有关与中国建交国同台湾的关系、国际组织与台湾的关系、与中国建交国同台湾通航、与中国建交国向台湾出售武器等问题上的立场和政策。在此，谨重申有关立场和政策。

台湾无权参加联合国及其它只有主权国家参加的国际组织。联合国是由主权国家组成的政府间国际组织。中华人民共和国政府在联合国的合法权利恢复后，联合国组织中的中国代表权问题已经获得彻底解决，根本不存在台湾当局加入联合国的问题。台湾当局声称联合国2758号决议只解决了“中国代表权问题”，没有解决“台湾的代表权问题”，要求“参与联合国”。这是制造“两个中国”、“一中一台”的分裂行径，是绝对不能允许的。联合国的所有成员国，都应遵守《联合国宪章》的宗旨、原则及有关联合国决议，遵循相互尊重主权和领土完整、互不干涉内政等国际关系准则，不以任何方式支持台湾加入联合国及只能由主权国家参加的其它国际组织。

对于某些允许地区参加的政府间国际组织，中国政府已经基于一个中国原则，根据有关国际组织的性质、章程和实际情况，以所能同意和接受的方式对台湾的加入问题作出了安排。台湾已作为中国的一个地区，以“中国台北”的名义，分别参加了亚洲开发银行（英文名称为TAIPEI，CHINA）和亚太经合组织（英文名称为CHINESE TAIPEI）等组织。1992年9月，世界贸易组织的前身关税及贸易总协定理事会主席声明指出，在中华人民共和国加入关贸总协定后，台湾可以“台湾、澎湖、金门、马祖单独关税区”（简称“中国台北”）的名义参加。世贸组织在审议接纳台湾加入该组织时，应坚持上述声明确定的原则。上述特殊安排，并不构成其它政府间国际组织及国际活动仿效的模式。

与中国建交的国家不能向台湾出售武器，或与台湾进行任何形式的军事结盟。凡是与中国建交的国家，都应本着互相尊重主权和领土完整、互不干涉内政的原则，不以任何形式或借口向台湾出售武器，或帮助台湾生产武器。

台湾问题是中美关系中最核心、最敏感的问题。中美“三个联合公报”是两国关系健康、稳定发展的基础。20多年来，美国承诺坚持一个中国政策，为自己带来了美中建交、两国关系发展和台湾局势相对稳定的利益。令人遗憾的是，美国一再违反自己在“八·一七公报”中对中国作出的庄严承诺，不断向台湾出售先进的武器和军事装备。现在，美国国会又有人炮制所谓《加强台湾安全法》，还企图将台湾纳入战区导弹防御系统。这是对中国内政的粗暴干涉和对中国安全的严重威胁，阻碍了中国的和平统一进程，同时也危害了亚太地区乃至世界的和平与稳定。对此，中国政府坚决反对。

中国政府以一个中国原则对待台湾的对外交往活动。台湾当局极力在国际上推行所谓“务实外交”，扩大所谓“国际生存空间”，其实质是制造“两个中国”、“一中一台”。中国政府理所当然地要坚决反对。同时，考虑到经济社会发展的需要和台湾同胞的实际利益，中国政府对台湾同外国进行民间性质的经济、文化往来不持异议；并在一个中国前提下，采取了许多灵活措施，为台湾同外国的经贸、文化往来提供方

便。例如，台湾可以“中国台北”的名义继续留在国际奥委会中。事实上，台湾与世界上许多国家和地区保持着广泛的经贸和文化联系，台湾同胞每年到国外旅游、经商、求学和进行学术、文化、体育交流活动的人员多达百万人次，年进出口贸易额高达 2000 多亿美元。这表明，坚持一个中国原则并不影响台湾同胞从事民间的对外交流活动，并未影响台湾正常的经贸、文化活动的需要。

中国政府保障台湾同胞在国外的一切正当、合法权益。台湾人民是我们的骨肉同胞。中国政府一贯致力于维护台湾同胞在国外的正当的、合法的权益。中国驻外国使领馆一向把加强与台湾同胞的联系、倾听台湾同胞的意见和要求、保障台湾同胞的利益作为自己的责任，尽可能帮助他们解决困难。在海湾战争中，中国使馆帮助滞留在科威特的台湾劳务人员安全撤离险境。日本阪神大地震发生后，中国使领馆及时抚慰受灾的台湾同胞。柬埔寨爆发内战后，中国使馆积极帮助生命财产受到严重威胁的台湾商人和旅游者安全转移和撤离。上述事例体现了中国政府对台湾同胞的关心和照顾。在海峡两岸实现统一后，台湾同胞更能够与全国各族人民一道充分共享中华人民共和国在国际上的尊严与荣誉。

结 束 语

中国具有 5 千年悠久历史。中华民族繁衍生息在中国这块土地上，各民族相互融合，具有强大的凝聚力，形成了崇尚统一、维护统一的价值观念。在漫长的历史过程中，中国虽然经历过改朝换代、政权更迭，出现过地方割据，遭遇过外敌入侵，特别是近代史上曾饱受外国列强的侵略和瓜分，但统一始终是中国历史发展的主流，每一次分裂之后都复归统一，并且都赢来了国家政治、经济、文化、科技的快速发展。台湾同胞具有光荣的爱国主义传统，在反抗外国侵略台湾的斗争中建立了卓越的功勋。中华人民共和国诞生后，中国人民倍加珍视得来不易的民族独立，坚决捍卫国家主权和领土完整，并为实现祖国的完全统一而奋斗。中国 5 千年的历史和文化深深地在中国人的心中根植了一种强烈的民族意识，这就是中国必须统一。中国政府希望国际社会始终如一地奉行一个中国政策，希望美国政府切实履行中美“三个联合公报”关于台湾问题的各项原则和自己作出的坚持一个中国政策的庄严承诺。

随着中国政府相继对香港、澳门恢复行使主权，全中国人民迫切期望早日解决台湾问题，实现国家的完全统一，不能允许台湾问题再无限期地拖下去了。我们坚信，在包括两岸同胞和海外侨胞在内的全中国人民的共同努力下，中国的完全统一一定能够实现。

中国人民解放军举行世纪大演兵 2000 年 10 月 13 日，中国人民解放军举行全军科技练兵成果汇报演示。中共中央总书记、国家主席、中央军委主席江泽民在京郊某训练场检阅全军科技成果汇报演示，接见参演部队官兵并发表重要讲话。

这是中国人民解放军继 1964 年全军军事大比武之后，演练层次最高、运用技术最新、涉及范围最广的世纪大演兵。大演兵以京郊某训练场为主场，在内蒙古、辽宁、吉林设 3 个分场。来自人民解放军各军区、各军兵种的快反部队、两栖装甲机械化部队、数字化炮兵部队、特种作战部队、海军陆战队、空降兵部队、航空兵部队、战役战术导弹部队以及预备役部队云集在燕山脚下，待命于内蒙古某地、东北某地和渤海某海域的防空部队、战役战术导弹部队、海军舰艇部队也在阵地上弯弓待发。大演兵采取光缆联通、远程传输的方式，将各演兵场演兵的场景，清晰地呈现在指挥台的屏幕上。

上午 9 时，江泽民主席登上检阅台。随后，中共中央政治局常委、国家副主席、中央军委副主席胡锦涛，中共中央政治局委员、书记处书记、中央军委副主席张万年，中共中央政治局委员、中央军委副主席、国务委员兼国防部长迟浩田，中央军委委员傅全有、王克、曹刚川、郭伯雄、徐才厚也登上检阅台。这场告别 20 世纪、走向新世纪的全军性军事训练成果交流活动随即拉开序幕。大演兵展示出全军部队开展科技练兵两年多来战斗力所发生的新变化，也展示出中国军队追踪世界军事的发展，从打坦克、打飞机、打空降，防原子、防化学、防生物为内容的“三打三防”，发展成为打隐形飞机、打巡航导弹、打武装直升机，防侦察监视、防电子干扰、防精确打击的新“三打三防”的可喜飞跃。

变化之一：新“三防”展示了中国军队强大的现代防御能力

当“敌”侦察直升机临空，采用红外热成像等前沿技术，对地面的军事目标实施监视时，他们惊喜地把侦察的图像清晰地传给其指挥中心。但这全都是仿真示假的目标。千军万马、车辆辎重、指挥中枢等重要目标都被复合材料巧妙地隐蔽起来。

在寂静的电子战场上，一场肉眼无法看见的电磁波战鏖战正酣：示假、诱骗、干扰、电子对抗、电子伪装各显其能。沈阳军区某部从数个隐蔽点上，向

"敌"军制导武器的导航系统发射欺骗信息，济南军区两个工兵团和第二炮兵某部在"敌"制导武器的飞行方向上抛射迷盲弹、红外诱饵弹、遮蔽弹、消光弹等，使"敌"制导武器偏离预定的攻击目标，各种雷达耳聋目盲。

各部队大型布烟车协同发生多频谱烟幕，制造盲点，防敌侦察监视，干扰精确制导武器，掩护己方部队作战行动，保障作战目标安全，使远处的山峦，远处的沙场，以及秋天旷野上的一切，都在数秒钟内被一一隐去，偌大的演兵场沉入浩瀚的烟海之中。

变化之二：新"三打"展示了中国军队强大的现代攻击能力

在莽莽的内蒙古草原上，潜伏着一支支与草原一色的防空部队。迷彩的战车、迷彩的雷达、迷彩的士兵淹没在秋色大地上。9时26分，记者从草原指挥所屏幕上看到南京军区某集团军防空旅联网预警系统锁定了来袭的隐形飞机。当年击落蒋军RB－57D型高空侦察机的空军地空导弹某师使用集高新技术于一体的新型导弹捕住目标。顷刻，火龙腾飞，击落了来袭的隐形飞机。

在渤海某海域，海军正运用经长时间探索所创造的抗击巡航导弹的新战法，遮断"寻的"的航道。当模拟巡航导弹向军舰飞来时，遭到舰空导弹和舰炮集群大力的成功拦截，海空上爆炸了两枚巡航导弹的火光。

在京郊某地，如今已成为智能雷弹分队的"雷锋班"，驾驶着高技术含量的预警车和布雷车来到演兵场，实施快速布雷。眨眼间，一组智能雷弹升空爆炸，弹片凌空飞溅，与靶标同归于尽。

9时50分，被称为"低空杀手"的"敌"武装直升机攻击群规避雷达，低空向红方正在进行地面攻击的第1梯队发起突袭。在草原深处的北京军区和广州军区某部的阵地上，飞转的雷达捕捉着时隐时现的空中目标，导弹手迅速有序地操纵着密集的按键："目标截获——发射！"1枚枚导弹在震天的巨响中点火腾空，如风驰电掣的火龙直扑目标……，在燕山脚下的检阅台上，无数双眼睛随着直上九霄的中国"神箭"遥望天空……近5年来，人民解放军战役战术导弹部队发射成功率达100%。自从第1支导弹部队于1957年悄然成立，到9年后这支掌握尖端技术的特种部队以"第二炮兵"的名义进入中国军队的序列。今天，这一年轻的兵种已经拥有了近、中、远程导弹，并具备了精确、机动、全天候的打击能力，并再次取得将"敌"武装直升机靶标全部击毁的出色战绩。就连传统的高炮在科技"魔棒"的点拨下也焕发了神威。随着隆隆炮声，荧光屏上出现了被高炮击落的"敌"靶机残骸。各种防空兵群采取多路伴随、游猎设伏、低空封阻等作战手段，成功地截击了"敌"武装直升机群。

9时52分，在燕山山脉，一路"敌"武装直升机向红方纵深攻击。总参某陆航团低空搜索发现"敌"机后，迅速占位拦截，与"敌"展开空战，激光束显示："敌"武装直升机拖着长长的蓝烟遁逃。

变化之三：陆海空协同突击，展示中国军队的联合作战能力

"战场"浓烟滚滚，各种爆破分队联合破障，水陆坦克、两栖装甲车抢滩登陆；高空战机盘旋，伞花纷绽，武装直升机超低空突袭，突击队员机降伞降入敌纵深，火焰喷射器喷出道道烈焰。炮声、枪声、爆炸声、喊杀声响成一片，翻腾的硝烟弥漫在演兵场上空。登陆与抗登陆，冲击与反冲击，空降与反空降、干扰与反干扰，高技术条件下的立体作战高潮迭起，人民解放军打赢未来战争的决心与能力得到充分展现。

9时59分，一群武装直升机和攻击机向"敌"碉堡俯冲攻击，一枚枚火箭摧毁了对方的火力点。

对"敌"远程打击刚结束，成都军区某特种大队"猎豹"分队搭乘直升机迅速飞向"敌"纵深预定地域，随即从机上溜索机降，对"敌"重要目标实施实时侦察监控，将战场图像传输至后方指挥中心，并在协同火力掩护下，破袭"敌"要害目标。

诞生于80年代初的海军陆战队以机降接"敌"，向"敌"纵深展开主体攻击、越点攻击、钳形攻击，摧毁了"敌"指挥枢纽。

中国军队的数字化炮兵、装甲兵、机械化步兵也在战场上大显身手。广州军区某炮兵师和扬州预备役炮兵团在科技练兵中实现了情报侦察、指挥决策、战场定位、信息处理和传输、火力控制等整体系统数字化，炮兵群自动搜索目标，自动决定射击诸元，自动瞄准，自动发射，首群炮火全部覆盖目标。还有硬骨头六连所在的南京军区某两栖机械化师、"神枪手四连"所在的某装甲机械化步兵师等机械化部队，也驾驶着装甲车再进演习现场。他们用火炮、火箭、导弹击毁所有目标，显示了中国军队由近战歼敌向远战歼敌的历史性跨越。

10时46分，黄继光生前所在部队——空降兵某

师实施机降，直插“敌”心脏。他们首次实施多门多路重装备空投和人车同机空降空投。空降兵边着陆、边集结、边编成，利用随车空投的火炮、火箭、车辆，在行进中对“敌”实施急骤的攻击。

10时 50 分，震耳的枪炮声戛然而止。硝烟渐散，燕山山脉又现出秋日的景色。

演习结束后，江泽民主席接见参演部队官兵并发表重要讲话。江主席首先对全军科技练兵取得的成果给予了充分肯定。他说，近年来，全军部队认真贯彻新时期军事战略方针和科技强军战略思想，进行了一系列重大训练改革，特别是广泛开展了群众性科技练兵，有力地促进了部队战斗力的提高。我代表党中央、中央军委，向同志们和所有战斗在科技练兵第一线的官兵，致以亲切的问候！

江主席说，科技练兵是提高我军打赢高技术战争能力的根本途径，在军队现代化建设全局中具有举足轻重的地位。全军部队特别是各级领导和机关，要进一步认清科技练兵的重大意义，正确把握科技练兵的方向和规律。

江主席指出，“打得赢”是部队一切工作的出发点和落脚点，也是科技练兵的根本目的。搞好科技练兵，必须围绕解决军事斗争准备的重点难点问题、紧贴实战需要开展，坚持从难从严，加强针对性训练，努力缩小训练与实战的差距。训练不仅要着眼于提高官兵的技术、战术水平，同时要着眼于练思想、练作风、练意志，培养革命英雄主义精神。还要特别注意通过科技练兵培养和造就大批新型军事人才。

江主席强调，全军同志都要进一步增强创新意识，把创新作为推进科技练兵和军队各项工作的强大动力。要着眼世界军事发展和我军的实际，进一步加大军事理论、训练体制、训练内容、训练方式和手段等方面的创新力度。全军科技练兵，下一步的重点应在整体推进、普及提高上下功夫。要认真做好部队科技练兵成果的总结工作，取得的成熟经验要及时充实到训练大纲和条令中去。要坚持依法治训，分类指导，勤俭练兵，大力弘扬科学精神，使科技练兵沿着规范化、科学化的轨道前进。

江主席特别强调，全军同志务必认清形势，进一步增强忧患意识，以高度的政治责任感、历史使命感和只争朝夕的紧迫感，团结奋斗，加紧工作，不断把科技练兵引向深入，努力提高军事训练工作的水平和质量。

参演各部队认真学习江泽民主席的重要讲话，结合课目观摩、经验交流和研究探讨，进一步加深对科技练兵战略意义的理解，为促进科技练兵向纵深发展，加速向部队战斗力转化，注入了新的动力。

（王丽娅）

中朝两国隆重纪念中国人民志愿军赴朝作战 50 周年 在中国人民志愿军抗美援朝出国作战 50 周年之际，中国和朝鲜两国分别隆重举行纪念中国人民志愿军赴朝作战 50 周年的活动。

2000 年 10 月 25 日，是中国人民志愿军抗美援朝出国作战 50 周年纪念日。当日，首都各界纪念中国人民志愿军抗美援朝出国作战 50 周年大会在北京人民大会堂隆重举行。中共中央总书记、国家主席、中央军委主席江泽民出席大会并发表重要讲话。中共中央政治局常委、国家副主席、中央军委副主席胡锦涛主持大会。

大会主席台正面垂挂年号 1950～2000，两边是鲜艳的五星红旗，下面摆放着鲜花和松柏。大会堂眺台悬挂巨幅横标：“发扬爱国主义和革命英雄主义精神，紧密团结在以江泽民同志为核心的党中央周围，把建设有中国特色社会主义的伟大事业不断推向前进”。

上午 9 时，乐团高奏《中华人民共和国国歌》。随后，江泽民在热烈的掌声中发表重要讲话。他说，抗美援朝战争的胜利，是世界爱好和平人民的伟大胜利，是维护正义、反对强权的英勇壮举，是爱国主义和革命英雄主义的壮丽史诗，是中国人民为维护世界和平和人类进步事业建立的巍峨丰碑。

江泽民说，50 年来，我们始终铭记着老一辈无产阶级革命家和中国人民志愿军建立的不朽历史功勋。此时此刻，我们要向毛泽东同志、周恩来同志、刘少奇同志、朱德同志、邓小平同志、陈云同志以及彭德怀同志等已故的老一辈无产阶级革命家，表示最深切的怀念！我们始终铭记着用鲜血浇灌和平之花、用生命捍卫人类正义的志愿军指战员，以及所有为这场斗争的胜利作出贡献的人们。我们始终缅怀为了祖国、为了和平和自由而在这场战争中英勇牺牲的烈士们。

江泽民提议，全体起立，为在抗美援朝战争中捐躯的烈士们默哀。

江泽民说，英雄的朝鲜人民，在金日成同志和朝鲜劳动党的领导下，与强大的敌人进行了不屈不挠的斗争，赢得了中国人民和全世界人民的尊敬。朝鲜政府和人民关心、爱护并积极支援志愿军，两国人民和军队休戚与共，生死相依，用鲜血凝成了伟大的战斗友谊。

江泽民说，中华民族是热爱和平、热爱自由的民族。半个世纪前发生的这场战争，完全是帝国主义侵略者强加给中国人民的。在党中央和毛泽东同志的英明领导下，志愿军充分发挥政治优势和我军的光荣传统，与朝鲜人民军一道，面对世界上最强大的敌人，在极为艰难的条件下，扬长避短，以灵活机动的战略战术和一往无前的英雄气概，进行了艰苦卓绝的作战。志愿军指战员始终发扬祖国和人民利益高于一切、为了祖国和民族的尊严而奋不顾身的爱国主义精神，英勇顽强、舍生忘死的革命英雄主义精神，不畏艰难困苦、始终保持高昂士气的革命乐观主义精神，为完成祖国和人民赋予的使命、慷慨奉献自己一切的革命忠诚精神，以及为了人类和平与正义事业而奋斗的国际主义精神，这也就是伟大的抗美援朝精神。这种精神永远是中国人民的宝贵财富。

江泽民说，我们纪念抗美援朝战争的胜利，就是要以历史和现实的眼光对这场战争加以观察与总结，以利更好地促进人类和平与发展的崇高事业。人类即将进入新的世纪，我国各族人民正在党的领导下，满怀信心地把建设有中国特色社会主义的伟大事业全面推向前进。这一伟大事业的前景是无限光明的，但前进的道路不会一帆风顺。我们要继续解放思想，实事求是，万众一心，开拓前进，勇于克服一切艰难险阻，勇于战胜各种新的挑战，不断提高我国的经济实力、国防实力和民族凝聚力，不断夺取改革开放和现代化建设的新胜利。

江泽民强调指出，全党、全军和全国各族人民要努力学习和发扬中国人民志愿军的伟大爱国主义精神和革命英雄主义精神，更加奋发地投身于建设有中国特色社会主义的伟大事业。

胡锦涛在大会结束时强调，江泽民同志的重要讲话，运用马克思主义的唯物史观，高度评价了中国人民志愿军抗美援朝出国作战的历史地位和丰功伟绩，深刻指明了抗美援朝战争的历史内涵和深远意义，精辟概括了伟大的抗美援朝精神，对我们正确把握抗美援朝战争这一伟大历史事件，进而正确把握历史、现实和未来都具有重要的指导意义。我们要认真学习、深刻领会。

胡锦涛最后说，让我们更加紧密地团结在以江泽民同志为核心的党中央周围，高举邓小平理论伟大旗帜，大力弘扬伟大的抗美援朝精神，同心同德，开拓进取，为实现“十五”目标，为建设富强民主文明的社会主义现代化国家和早日完成祖国统一大业而努力奋斗。

会前，江泽民、李鹏、朱镕基、李瑞环、胡锦涛、李岚清等亲切会见在京的已故原志愿军领导同志的夫人和志愿军英模代表。

大会由中共中央宣传部、外交部、民政部、总政治部和北京市联合举办。志愿军老战士代表刘玉堤，各民主党派、全国工商联和无党派人士代表成思危，人民团体代表顾秀莲，北京市代表孟学农在会上发了言。他们表示，要学习志愿军一切听从党召唤的政治觉悟，视祖国和人民利益高于一切的爱国主义思想，同甘共苦、团结战斗的优良作风，英勇顽强、一往无前的革命英雄主义气概，艰苦奋斗、扎实工作，为进一步推进我国改革开放和社会主义现代化建设做出更大的贡献。

李鹏、朱镕基、李瑞环、李岚清、丁关根、田纪云、李铁映、吴邦国、张万年、罗干、姜春云、贾庆林、钱其琛、温家宝、曾庆红、吴仪等党和国家领导人以及中央军委委员傅全有、王克、郭伯雄、徐才厚，中央党政军群各部门主要负责同志，各民主党派中央、全国工商联负责人和无党派人士代表，北京市主要负责同志，在京的军队和地方参加过抗美援朝的老同志代表，已故的原志愿军领导同志的夫人，志愿军英雄模范代表，以及首都各界群众代表等 6000 多人出席了纪念大会。

同日，朝鲜政府在平壤“五一体育场”举行有 18 万人参加的盛大集会，隆重纪念中国人民志愿军赴朝参战 50 周年。

朝鲜劳动党总书记、国防委员会委员长金正日，朝鲜最高人民会议常任委员会委员长金永南，国防委员会第一副委员长、朝鲜人民军总政治局局长赵明录次帅，朝鲜人民军总参谋长金永春次帅，国防委员会副委员长、朝鲜人民军武装力量部部长金一哲次帅等朝鲜党政军高级官员参加了集会。中央军委副主席、国务委员兼国防部部长迟浩田上将率领的中国高级军事代表团全体成员，中国人民志愿军老战士代表团全体成员，中国驻朝鲜大使王国章及武官严江枫少将，以及驻朝机构代表等应邀参加了集会。

金一哲在集会上发表了讲话。他说，50 年前，在朝鲜人民面临严峻考验的时候，中国人民派出了自己的优秀儿女，组成中国人民志愿军，高举“抗美援朝、保家卫国”的旗帜，奔赴朝鲜前线，支援朝鲜人民的反侵略战争。在艰苦的战争环境里，志愿军官兵遵照中国人民的伟大领袖毛泽东同志的指示，爱护朝鲜人民，尊重朝鲜人民的风俗习惯，爱护朝鲜的“一山一水，一草一木”，与朝鲜军民并肩战斗，生死与共，真正体现出大无畏的革命英雄主义精神和国际主义战士的精神风貌。

他说，在战火纷飞的艰苦岁月，涌现出许多像黄继光那样的志愿军英雄和英模。朝鲜大地渗透着志愿军的鲜血，铭记着志愿军的功绩。朝鲜军民不会忘记中国党、政府给予朝鲜人民的无私支援，不会忘记志愿军英烈建立的不可磨灭的伟大功勋。朝中两国军队和人民在严酷的战争年代所体现出来的战斗情谊和高尚品德永载朝中友谊的史册。

金一哲说，朝中两国是山水相连的邻邦。继续加强和发展朝中友谊符合两国人民的根本利益，对维护亚洲及世界的和平与安全具有重要意义。他相信，在两国人民的共同努力下，朝中友谊将继续得到巩固和发展。

迟浩田发表讲话说，朝鲜政府在这里举行隆重、盛大集会，纪念中国人民志愿军入朝参战 50 周年，回顾两国人民和军队的战斗友谊，缅怀革命烈士的丰功伟绩。50 年前，在人类正义与和平遭到粗暴践踏，朝鲜处于生死存亡，中国的领土和主权受到严重威胁的危急关头，中国共产党和毛泽东主席毅然作出“抗美援朝、保家卫国”的英明决策。由中华各族优秀儿女组成的中国人民志愿军，雄赳赳，气昂昂，跨过鸭绿江，奔赴朝鲜战场，同朝鲜军民同仇敌忾，并肩作战，经过两年零 9 个月的殊死战斗，取得了震惊世界的胜利。

在炮火纷飞的战争年代，中国人民志愿军受到了朝鲜人民的伟大领袖金日成主席、朝鲜人民和人民军的大力帮助和支援。成千上万的朝鲜人民，无论男女老少，冒着敌人的轰炸和炮击，奋勇支援志愿军作战。他们中有用自己身体保护志愿军伤员而英勇牺牲的朴在根同志等。朝鲜人民优秀儿女感人事迹不胜枚举，至今仍在中国人民和军队中广为传颂。作为中国人民志愿军的一位老战士，我在朝鲜的土地上战斗、生活了近 3 年，亲身感受到金日成主席、朝鲜党和政府、朝鲜人民和军队对志愿军官兵的深切关怀和热情帮助，体会到用鲜血凝成的中朝友谊弥足珍贵，领悟到赢得和平与维护和平何等不易。

迟浩田说，在纪念中国人民志愿军入朝参战 50 周年的庄严时刻，我们更加怀念亲手缔造和培育中朝传统友谊的毛泽东主席、周恩来总理、邓小平同志和金日成主席等两国老一辈无产阶级革命家，深切怀念为赢得战争胜利而献出宝贵生命的无数革命烈士。今天，在江泽民总书记和金正日总书记的亲切关怀下，中朝传统友谊和友好合作关系进入了一个新的发展阶段，并日益显示出它所具有的深厚历史基础和旺盛生命力。回首两国人民并肩战斗的光辉历程，展望新世纪人类历史发展的光明前景，我们相信，坚持正义、热爱和平的中朝人民，必将更加紧密地团结起来，为巩固和发展两国的传统友谊，为推进人类和平与发展的崇高事业，共同谱写出新的篇章。在集会上，迟浩田和金一哲互赠了锦旗。

在此前后，中朝两国还举行了一系列活动纪念中国人民志愿军出国作战 50 周年。

10 月 22～26 日，应朝鲜人民武装力量部的邀请，中央军委副主席、国务委员兼国防部长迟浩田率中国高级军事代表团对朝鲜进行为期 5 天的正式友好访问。代表团成员有：中国人民解放军副总参谋长熊光楷上将、总政治部副主任张树田上将、沈阳军区司令员钱国梁中将、济南军区司令员陈炳德中将、军委办公厅主任谭悦新少将、海军副政委冷宽中将、空军副政委徐承栋中将和武警副政委刘源中将等。访问期间，代表团参加了朝鲜政府举行的纪念中国人民志愿军赴朝参战 50 周年活动，前往中国人民志愿军烈士陵园扫墓，缅怀在“抗美援朝、保家卫国”战争中牺牲的革命烈士。参观了朝鲜祖国解放战争的胜利纪念馆和中国人民志愿军馆。朝鲜劳动党总书记、国防委员会委员长金正日会见了迟浩田副主席一行。朝鲜最高人民会议常任委员会委员长金永南，国防委员会副委员长、人民武装力量部部长金一哲次帅分别与迟浩田副主席举行会见和会谈。双方就进一步发展两国、两军传统友好关系达成了广泛共识。代表团受到朝鲜党、政府、人民和军队的热情友好接待，访问取得了圆满成功。

10 月 27 日，中共中央宣传部、中央党校、中央文献研究室、中央党史研究室、教育部、中国社会科学院、解放军总政治部、共青团中央在北京联合举办纪念中国人民志愿军抗美援朝出国作战 50 周年理论研讨会，认真学习江泽民总书记在首都各界纪念中国人民志愿军抗美援朝出国作战 50 周年大会上的重要讲话。中共中央政治局委员、国务院副总理钱其琛在会上发表讲话。他说，今天，我们纪念抗美援朝 50 周年，就是要学习志愿军将士表现出的无私奉献的爱国主义、集体主义精神和大无畏的革命英雄主义斗志，为实现中华民族伟大复兴奋斗不止。研讨会由中共中央政治局委员、书记处书记、中央军委副主席张万年主持。他说，我们一定要认真学习贯彻江泽民同志的重要讲话，充分认识中国人民志愿军抗美援朝的伟大历史意义，更加自学地高举邓小平理论伟大旗帜，紧密团结在以江泽民同志为核心的党中央周围，坚持党的基本路线，基本纲领，坚持独立自主的和平外交政策，坚决反对霸权主义和强权政治，维护世界和平与人类进步事业，坚决捍卫国家主权和领土完整。我们一定要大力弘扬伟大的抗美援朝精神，更加奋发地投身于建设有中国特色社会主义的伟大事业，为实现我国跨世纪发展的宏伟蓝图，为早日完成祖国统一大业，为维护世界和平与安宁做出更大的贡献。中国社会科学院副院长李慎明，军事科学院军事历史研究部部长林登泉，中央党史研究室副主任陈威，志愿军代表、北京军区原政委刘振华，中国人民大学党委书记马绍孟，首都钢铁公司青年工人代表龚士顺在研讨会上发了言。有关方面负责人以及在京部分理论工作者 100 多人参加了研讨会。

10 月 19 日，中国军事科学学会和军事科学院联合举行纪念中国人民志愿军出国作战 50 周年学术报告会，军事科学院政委温宗仁主持会议并讲话。中国军事科学学会副会长、军事科学院副院长徐根初，中国军事科学学会副会长、国防大学副校长张兴业，空军原副司令员林虎，军史专家齐德学等在会上作了代表发言。与会人员从抗美援朝战争的正义性质、历史地位、伟大意义和深远影响，总结了军事战略指导经验、人民战争经验、以劣势装备打败优势装备之敌的经验及其对人民解放军建设的启示，指出要进一步研究这场战争，宣传中国人民志愿军保家卫国的英雄事迹，弘扬爱国主义、革命英雄主义精神。有关军事专家和学者 700 余人参加了会议。

此外，在这期间，人民日报、解放军报、新华社、中央电视台、中央广播电台等全国多家新闻媒体发表了大量纪念文章、社论和评论员文章，总政治部在中国人民革命军事博物馆举办了《纪念中国人民志愿军抗美援朝出国作战 50 周年展览》，中国音乐家协会等单位举办了“歌唱最可爱的人”——纪念中国人民志愿军抗美援朝出国作战 50 周年音乐会，解放军出版社等出版单位举办了“纪念中国人民志愿军抗美援朝出国作战 50 周年图书宣传和系列文化活动”，深切缅怀志愿军将士保家卫国、不畏强暴、不怕牺牲的英雄业绩，再现抗美援朝的光辉历史。

10 月 25 日，朝鲜劳动党中央机关报《劳动新闻》发表题为《中国人民志愿军入朝参战 50 周年》的社论，缅怀志愿军的丰功伟绩，称赞朝中友谊。社论强调，朝鲜人民永远不会忘记半个世纪前中国人民志愿军建树的不朽功勋。世世代代加强和发展朝中友谊是朝鲜始终不渝的立场。朝鲜人民今后将与中国人民一道共同努力，将朝中友谊的花园装点得更加绚丽。

中共中央台办、国务院台办受权就当前两岸关系问题发表声明　2000 年 5 月 20 日，中共中央台湾工作办公室、国务院台湾事务办公室受权就当前两岸关系问题发表声明。全文如下：

今天，台湾当局新领导人发表讲话，其中宣布了对两岸关系的有关政策。这篇讲话提到了不会宣布“台独”，不会推动“两国论入宪”，不会推动“统独公投”，没有废除“国统纲领”与“国统会”的问题；但在接受一个中国原则这个关键问题上采取了回避、模糊的态度。显然，他的“善意和解”是缺乏诚意的。一个中国原则是两岸关系和平稳定发展的基础。台湾当局新领导人既然表示不搞“台独”，就不应当附加任何条件；就更不应当否认一个中国、台湾是中国一部分的现实，把一个中国说成是“未来”的。是否接受一个中国原则，是检验台湾当局领导人是维护国家主权与领土完整，还是继续顽固推行“台独”分裂政策的试金石。

一个中国具有不可动摇的事实和法理基础。有关台湾的全部事实和法律证明，台湾是中国领土不可分割的一部分。1895 年，日本通过侵华战争，霸占了台湾。1937 年，日本发动全面侵华战争，随后又侵略东南亚和亚太其它地区国家，对这些国家的人民犯下了战争罪行。1943 年中美英 3 国发表的《开罗宣言》指出，日本所窃取于中国之土地，例如东北、台湾、澎湖列岛等，归还中国。1945 年中美英苏 4 国签署的《波茨坦公告》重申：“开罗宣言之条件必将实施”。1945 年，中国人民经过 8 年浴血奋战，用 3500 万中华儿女的鲜血和生命，赢得了抗日战争的伟大胜利，中国政府收复台湾、澎湖列岛，重新恢复对台湾行使主权。这是包括台湾同胞在内的全中国人民的胜利，也是全世界人民反法西斯战争的胜利。此后，不论在什么情况下，台湾是中国领土一部分的地位从来没有改变过。国际社会普遍承认台湾是中国领土的一部分，执行一个中国的政策。在坚持一个中国原则的问题上，我们坚定的立场是绝对不会改变的。

一个中国原则，见之于台湾当局多年来的有关规定和政策文件，不是我们单方面强加给台湾的。长期以来，坚持一个中国原则，是海峡两岸共同的立场，合作的基础。同时我们早已向台湾方面明确提出：在统一之前，在处理两岸关系事务中，特别是在两岸谈判中，坚持一个中国原则，就是坚持世界上只有一个中国，台湾是中国的一部分，中国的主权和领土完整不容分割。在此基础上，平等协商，共议统一。

我们注意到，台湾当局还有人顽固坚持所谓“台湾是主权独立国家”的分裂立场，企图把台湾从中国分割出去。这是分裂国家、危害人民的严重罪行，将不可避免地破坏台湾的社会安定、经济发展，在两岸同胞之间和台湾同胞内部挑起冲突，将危及台湾海峡及亚太其它地区的和平，损害包括台湾同胞在内的全中国人民的根本利益。台湾问题是中国内战遗留的问题，迄今两岸敌对状态并未结束。如果有人胆敢把台湾从中国分割出去，重新挑起中国的内战，他们必须对此承担历史的罪责。

两岸同胞血脉相连，荣辱与共。祖国大陆同胞不会忘记，台湾同胞为反抗日本占领台湾，牺牲了60多万人的宝贵生命。1945年以来，我们始终不渝地支持台湾同胞反对国民党专制统治的斗争。1947年发生“二·二八”事件时，中国共产党公开声明反对国民党反动派镇压台湾同胞。我们充分尊重台湾同胞的生活方式和当家作主、自己管理自己的愿望，努力维护台湾同胞的一切正当权益。我们同台湾分裂势力斗争的实质，绝不是要不要民主、实行哪种制度之争，而是要统一还是要分裂之争。我们呼吁，两岸同胞团结起来，反对“台独”，制止一切分裂中国主权和领土完整的行为，为发展两岸关系、实现祖国统一和民族振兴共同努力。

当前，两岸同胞、海外侨胞和国际社会都企盼两岸关系能够和平稳定地发展。按照“和平统一、一国两制”的基本方针和江泽民主席的8项主张，我们有最大诚意争取和平统一的前景，也有坚决阻止“台独”及一切分裂活动的坚定决心和必要准备。我们继续大力发展两岸经济合作、人员往来和各项交流，以“一个中国、两岸谈判”的方式推动早日实现两岸直接“三通”。我们欢迎台湾各党派、各团体和各界人士来访，就共同反对“台独”、发展两岸关系、推进和平统一进程交换意见，增进共识。

我们重申，在一个中国原则基础上进行对话与谈判，实现双方高层互访。在一个中国原则下，什么问题都可以谈。江泽民主席提出的8项主张早就指出，作为第一步，双方可先就“在一个中国原则下正式结束两岸敌对状态”进行谈判，并达成协议。当前，只要台湾当局明确承诺不搞“两国论”，明确承诺坚持海协与台湾海基会1992年达成的各自以口头方式表达“海峡两岸均坚持一个中国原则”的共识，我们愿意授权海协与台湾方面授权的团体或人士接触对话。

台湾当局新领导人应当审时度势，顺应历史潮流，摒弃分裂主张，走和平统一的光明大道。如果真想谋求两岸关系的和平、稳定、改善和发展，舍此没有第二条路可走。台湾问题不能无限期地拖延下去。任何形式的分裂祖国的图谋和“台湾独立”的道路都是走不通的，都是包括台湾同胞在内的全中国人民绝对不允许的。

（任　平）

陈水扁上台后台湾军队出现新动向　2000年，台湾执政党发生重大变化，民进党首次取代了在台湾执政55年的国民党登上执政党地位；陈水扁取代了李登辉担任台湾当局领导人。台军在政局发生重大变化情况下，开展了一系列的军事活动，确立了21世纪新的军事战略和建军重点，推行更为积极主动的防御作战指导方针，建立了新的军事指挥体制，加快了精简整编和质量建军步伐，加强了武器装备更新换代，加大了对外军购力度，频繁举行以两岸关系为背景的各种军事演习，台湾军备建设步入了一个新的时期。

一、提出了新的军事战略

台军的军事战略是根据各个时期的任务和重心而确立的。1999年底，台将军事战略由“防卫固守，有效吓阻”调整为“有效吓阻、防卫固守”。2000年5月陈水扁上台后，在参加陆军官校76周年校庆时，提出“国防建设”要以“有效吓阻、防卫固守”为战略指导，并根据“制空、制海、反登陆”作战程序，与“精准纵深打击、提升早期预警、争取资讯优势”及“决战境外”观念，加强战备。这表明他已基本接受了国民党执政后期所确立的军事战略。同年8月，台湾在其发表的第5版《国防报告书》中，正式将“有效吓阻、防卫固守”军事战略定为台新的军事战略，明确了21世纪初台军整军备战的基本方向是建立一支“高素质、现代化、专业化”为核心内容的有效的威慑力量。新的军事战略与国民党执政时期的军事战略相比，从表面上看，只是文字上作了先后次序的变动，但从本质上看，战略的着重点发生了重要变化。据台湾报道称，新的军事战略强调了“决战境外”的作战指导思想，首先突出强调了“有效吓阻”。所谓“有效吓阻”系指“阻敌于彼岸，歼敌于半渡”。其次再强调“防卫固守”。所谓“防卫固守”系指“固守台湾本岛及澎湖列岛及其附近海空域”。从台湾报道中不难看出，新的军事战略目的是“求独拒统、企图立国”。

二、建立新的军事指挥体制

2000年1月中旬，台湾“立法院”三读通过《国防法》与《国防部组织法》（简“国防二法”），确定了军政军令一元化的新的国防体制。新体制实行文人领军原则，军队指挥实行精简化。根据《国防法》规定：“总统”为三军统帅，“国防部长”受总统直接指挥，“参谋总长”根据“国防部长”的指令对军队实施作战指挥，“总统”为决定“国防大政”方针，或为因应“国防”重大紧急情势，可及时召开“国家”安全会议。根据《国防部组织法》规定：陆、海、空军总司令部将在3年内改编为陆、海、空军司令部；在“国防部”直属军事机关与军队指挥所属机关以及作战部队之间，编配“参谋本部”。“参谋本部”负责作战指挥，各军种负责训练的组织实施，这样将使军队作战指挥层级精简，符合未来高科技战争要求；“参谋本部”所属的总政治作战部，虽仍掌理政治作战事项，但在3年内将归“国防部”所属，改编为总政治作战局。

三、加快了精简整编和质量建军的步伐

2000年是台湾军队落实“国军军事组织及兵力规划案”（简称“精实案”）的第4年。“精实案”的任务是：第一，裁并总部机关，压缩部队规模，改革作战部队编成；第二，高速调整部署，确保重点地区安全；第三，健全后备动员体制，改进后勤补给方式。陈水扁上台后，决定继续加紧落实该项精简整编法案，该法案规定自1999年7月11日起，进入第3阶段精简整编工作，计划至2001年7月1日结束。据时任“国防部长”唐飞称，“精实案”第3阶段“重点不只是裁并人力或组织调整，最重要的是将组织再造的精髓和现代管理的理念真正融入国军体系”，达到陆军“立体化、机械化、自动化”，海军“舰艇武器现代化、指挥管理自动化、反潜作战立体化”；空军“战管自动化、制空整体化”的建军要求。这一阶段任务完成后，台军总人数将由45万精简到38万。随着“精实案”进入第3阶段，台军又制定了“国军再精实人力编组整体规划”（简称“精进案”）。该案的计划是：第一，进一步压缩军队总员额；第二，进一步调整军队高级指挥体制；第三，重新调整后勤支援体系。其目的是：一方面将军队总员额由38万余人再精简至35万；另一方面是，制定了2010年前武器采购细则，致力于提高侦察预警、信息作战和对地对海攻击等“吓阻打击”能力。随着“精实案”接近尾声和“精进案”的出笼。台军新世纪初“质量建军”的总体框架逐步呈现出来。值得注意的是，台军原计划完成“精实案”后，开始实施“精进案”，但2000年5月14日，内定“国防部长”伍世文在参加“新政府”联谊会时表示，由于“国防二法”已经在“立法院”通过，国防组织需要调整，如此时再接着实施“精进案”，则会造成不良影响。因此，台军“精进案”暂缓实施，待“国防部”依据“立法院”所通过“国防二法”，完成“国防组织”变更后，再行决定。

四、加强了武器装备更新换代

年内，台军加紧进行武器装备的更新换代工作。在陆军方面：购自美国的64架AH－1W“超眼镜蛇”攻击直升机、39架OH－58D战地搜救直升机、30架TH－67教练直升机以及坦克等已陆续到货；购自美国的“毒刺”防空导弹系统已陆续交运并成军部署；“爱国者”导弹通过美方战术测试，并拟在2001年进行实弹验证。台陆军除积极向美求购长程预警雷达和“爱国者3型”导弹外，还准备定购“天弓2型”导弹和指挥管制通情设备，以提高雷达与战术管制能力。在海军方面：购自美、法的军舰已完成换装训练开始担任战备任务。如：“成功”级导弹护卫舰、“康定”级导弹护卫舰、“济阳”级导弹护卫舰以及“锦江”级近岸巡逻舰均已担负战备任务；台向美租借的“安克雷奇”级船坞登陆舰“旭海”号已于6月1日抵台。从12月起，“成功”级导弹护卫舰开始全面换装美制改良型“鱼叉”反舰导弹。在空军方面：购自法国的60架“幻影2000－5”战斗机已于3月份完成全战备；购自美国的150架F－16型战斗机于年初全数交机，拟在2002年2月前全部完成换装训练。至2000年底，二代战机战力已基本形成。此外，台当局还决定自2001年起分7年执行IDF战机衍生机型研发计划，使之成为台空军下一代主力战机。

资讯战略建设是年内建军重点之一。台“国防部”称，未来两岸“制资讯权”将取代“制空权”，台军应善用民间资讯科技能量，收集各种病毒（已发展出上千种电脑病毒），研发关键技术，建构有效资讯武器，以建立全军资讯战攻击力量。2000年底台军已成立了第1支专业性资讯作战部队。在反制力量建设方面，台自制研发的“雄风3”型超音速攻舰导弹已有了新的突破，并于2000年年底完成“试飞”。至于中、短程地对地导弹发展计划，军方表示将会贯彻执行。此外，台军还积极筹建三军新的联合作战指挥机制，具有指挥、控制、情报、监视、侦察、搜索等能力的

C^4ISR 指挥与控制系统已逐渐发展为 C^4ISTAR(其中TA指目标寻获)的指挥与控制系统。

五、加大武器装备的对外采购力度

台湾2000年度“国防预算”总额达到2760亿元(新台币),占“政府”总预算15.8%。在“国防预算”居高不下的前提下,台军加大了先进武器装备的外购力度。据不完全统计,台湾年内获得了美国宣布的5笔总金额高达21.66亿美元的军售项目,约为1999年的2倍,连续第5年保持增长势头。其中,美国在9月下旬宣布的一笔军售案,总金额达13.08亿美元之多,是继1992年美售台150架F-16型战斗机后又一笔最大的对台军售案。台还积极运作从法国购买高清晰度卫星,秘密谈判将6艘“拉法耶”级驱逐舰送交法国装配ASTER-15型导弹等,此项计划耗资总额高达90亿法郎。最近,台湾又向美国提出了2001年度武器装备采购计划,继续加大军购力度。其中陆军计划采购48辆M-1A2主战坦克、24架AH-64D攻击直升机和一批M109A6自行火炮;海军计划采购12架P-3型海上反潜巡逻机、4艘“宙斯盾”系列“伯克”级导弹驱逐舰、4艘“基德”级导弹驱逐舰、8艘柴油动力潜水艇和100枚“鱼叉”反舰导弹;空军计划采购200枚JDAN联合攻击武器,以及48具空中拖曳诱饵等。这是台湾当局提出的新年度采购计划,其数量之多,质量之高,实属罕见。据美国官方机构称,在过去10年里,台湾当局购买的武器是中国大陆的10倍。10年间全球生产出F-16和幻影战斗机不到3000架,台湾当局竟然购买了其中的1/10。1994~2000年,台湾当局进口了总值高达150多亿美元的武器装备,占世界军火销售总额的11%,居首位。据英国伦敦国际战略研究所统计,在台湾每1美元的进口额中,就有0.55美元用于购买军火及军火相关的技术、设备和原材料。据台湾学者分析,台湾每100万人所负担的平均军费支出已达5.4亿美元,超过日本每百万人平均负担军费3.7亿美元46%。

六、频繁举行以两岸为背景的军事演练

年内,为配合军事战略的调整,台军加强了演习训练,其主要演习有防空导弹演习、军警民联合防空演习、两栖登陆作战演习、实兵对抗演习以及三军联合防御作战演习等等。其中三军联合防御作战演习是最重要的军事演习,参演部队之多,演习时间之长,均为近年来所少见。演习以“反制和后制”为指导思想,以反登陆、机动联合作战和检验新一代兵器效能为主要内容,按“制空、制海、反登陆”作战程序展开,把夺取对大陆的“制信息权”、战争初期保存有效战力、对抗大陆首次强空袭以及适时联合反击作战作为重点。此次演习不仅突出了以“反飞弹、反登陆、反空降和反空袭”“四反”为重中之重,而且还检验了以“机械化、自动化和立体化”为目标的三化建设工程。据时任台军事发言人孔繁定谈称:这次演习的目的是在年度内对台军部队训练、战备整备,实施成效总验收,并检验全民防卫动员支援军事作战能力,进而有效加强全民“国防”根基。演习分别以“兵棋推演”和“局部实兵验证”等方式实施。为验证全民动员支援军事作战能力,台军在“兵棋推演”阶段首次特别邀请了内政部、交通部、财政部、经济部、中央银行以及“陆委会”等部会头目参加演训。

(临　平)

日本采取措施积极全面落实《日美防卫合作指针》 2000年是日本1996~2000年度防卫计划实施的最后1年,也是落实《日美防卫合作指针》的第3年。在这一年中,日正式启动修宪工程试图为日本成为军事强国扫清障碍;继续加紧修改和制定与《日美防卫合作指针》有关法律制度,积极调整军事力量,谋求向海外扩张;进一步密切与美军事合作,频繁举行相应军事演习全面检验应付“周边事态”的能力,扩大日军在地区事务的作用和影响。

一、根据《日美防卫合作指针》要求继续修改和制定有关法律制度

年内,日本根据《日美防卫合作指针》的要求,修改和制定了3项法案和1项交战规定。(一)正式启动修宪工程。1月20日,日本国会决定在众、参两院分别设立宪法调查会。众议院宪法调查会会长为中山太郎,人数50名;参议院宪法调查会会长为村上正邦,人数45名。两院宪法调查会每10天召集专家就现行宪法的制定过程以及岸信介内阁时设置的“宪法调查会”讨论过的内容等进行新论证,为今后5年提出修宪草案搜集材料,从而使修宪工作纳入正常运作轨道。12月3日,作为日本执政党中的最大党派自民党桥本派提出了第1份宪法修正案,要求在今后3~5年内实现对宪法的修改工作。对如何修改,他在修正案中提出了4点建议:在国际事务方面,要求在宪法前言部分写明“积极且主动为国际社会作贡献”,重新设立有关国际协调的条款;在实行天皇制方面,要求在维持“象征天皇”的基础上,为“消除解释上的混乱”,在宪法中明确写明天皇是国家“元

首”；在制定安全保障基本法案方面，要求规定行使武力的必要条件和范围等内容；在关于修改宪法第9条方面，要求写明“为了自卫要保持必要的军队，要求有行使集体自卫权及派遣军队行使武力参加联合国等机构的集体安全行动权力。”这是在国会要求设立宪法调查会后，第1个以政党的名义提出的具体修宪框架。由于桥本派是自民党最大的派系，并具有很大影响力，他所表明的要积极修改宪法姿态，势必加快日本整个政界对修改宪法问题的讨论。（二）制定日本“有事法”。这一法案是由自民党、公民党和自由党3党组成的执政党安全保障计划小组于3月初提出的。9月18日，森喜朗首相指示防卫厅长官虎岛等相关阁员，从10月份开始着手制定假想日本受到武力攻击的有事法。随即成立了有关省厅参加的工作小组，制定自卫队法修正案等相关法案，以便在日本有事时能够顺利调动部队、运送物资、构筑阵地和征用土地等。为使自卫队在日本有事时能够顺利且有效地发挥作用，该“有事法”将在相关法令中规定特殊措施。（三）政府和参议院通过“船舶检查活动法案”。10月27日，政府内阁会议上通过了“船舶检查活动法案”，并在同一天将该法案提交给国会审议。11月30日，日本参议院经过讨论通过了该法案。这是为完善《日美防卫合作指针》提出的又一法律条款。日称，所谓“船舶检查活动法案”是指当日本周边国家爆发冲突时，为了有效实行海上封锁，对发生冲突的国家进行经济制裁，对可疑船只可以进行检查的专门法案。船舶检查主要是在公海内进行，自卫队等部队将以检查商船为主要对象，以确保在周边发生事态时实施经济制裁的有效性。具体内容包括，监视船舶的航行情况，检查船载货物，要求变更航线等，但一般情况下不允许开枪警告。这项法案规定无论有无联合国安理会决议，只要能够得到“对方国的同意”，即可进行检查。该法案还规定，对“根据包括联合国安理会决议在内的国际规定和国际法”航行船舶，在获得船舶注册国同意的情况下，也可以进行检查，但具体检查工作得由自卫队执行。这项法案还适用于对美军的后方地区进行支援船舶的检查。为了保护“自己和与自己一同执行任务的人员”的人身安全，该法案还特别规定，“在迫不得已的情况下可以使用武器”。（四）研拟“日本有事”时出动自卫队后的“交战规定”。3月下旬，防卫厅设立研究会，防卫厅长官瓦力担任会长，由政务次官、事务次官、防卫局长、运用局长、参谋长联席会议和海陆空自卫队参谋长组成。研究会着手研究制定包括部队行动要领和允许使用武力情况等内容的交战规定，以便为在日本有事和维护社会治安时出动自卫队做准备。研究会将制定出日本有事、周边事态、对付游击队攻击国内设施和参加联合国维和行动等多种情况的交战规定细则。

二、围绕“周边有事”和“日本有事”作战需要全面调整军事力量

2000年日本根据“周边有事”和“日本有事”作战需要，提出了全面调整军事力量的基本方针，其基本方针是通过推进合理化、效率化、小型化来谋求从质上提高防卫力量，主要内容有：一是要完善高水平的网络环境和各种指挥通信系统，确保信息安全，以适应信息通信技术的高速化及战斗区域的扩大化，抵御敌方有可能对各种信息系统所进行电子攻击；二是要提高应付游击队和特种部队以核、生物、化学武器等进行攻击的能力；三是加强救灾的派遣能力；四是加强培养和确保高素质人才，要彻底加强包括保守机密的纪律，改善包括自卫队员的福利在内的各种待遇；五是谋求提高日美安全保障体制的可靠性。采取的具体措施是：（一）大造舆论，渲染中国和朝鲜对日本构成威胁。8月，日本出版了2000年度《防卫白皮书》，在强调来自朝鲜半岛不安定因素的影响同时，突出强调中国的导弹对日本构成威胁，大肆渲染中国海洋调查船在日本周边海域活动对日造成不安，掀起了“中国威胁论”的高潮，并作出了俄罗斯由于军力的缩减、经济大幅衰退，已对日本不能构成主要威胁的战略判断，据此日本决定将其防御重点由“北部”转向“西部”方向。（二）建设现代化C^4I高级指挥与控制系统。5月防卫厅由东京市区迁至东京市谷的陆上自卫队驻地，在新办公大楼地下的中央指挥所引进新的中央指挥系统（NCCS），与陆海空自卫队各自使用的指挥系统全部联网。这是日本拥有的第1个高技术防卫网络系统，它能够在日本及周边发生战事、灾害或者参加联合国维和行动等情况时，将陆海空自卫队的情报实时汇总并形成统一情报指挥通信系统。新系统由中央系统、陆上自卫队参谋部、海上自卫队参谋部、航空自卫队参谋部以及情报支援等5大系统组成，目的是“使自卫队有机、高效地发挥作用”，也是为了陆海空自卫队在发生战事等情况时能够有效地联合作战。这样陆海空自卫队各部队联合作战时就可以利用计算机终端随时检索作战中不可缺少的情报。（三）扩大参谋长联席会议指挥权限。日本防卫厅计划扩大参谋长联席会议指挥权限，计划由现在的协调型机构逐步扩大为指挥型机构。防卫厅设有

"参谋长联席会议"，它由参谋长联席会议主席和陆海空自卫队的各参谋长组成。参谋长联席会议主席是最高负责人。整个计划分3步来实现，最终达到可实施直接指挥权限的目的。第1步是扩大其平时指挥权。9月3日，7800名陆海空自卫队成员参加了东京都"综合防灾训练"。与以往不同，对参加此次训练的自卫队和民间飞机进行管制的不是东京消防厅，而是由参谋长联席会议和航空自卫队来指挥，从而使其拥有了平时指挥权。第2步是扩大执行特定任务指挥权。在8国首脑冲绳峰会期间，日本防卫厅通过参谋长联席会议派遣包括宙斯盾级护卫舰"鸟海"号在内的8艘护卫舰在冲绳本岛周边海域担当海上警戒任务，并对其实施直接指挥。第3步是扩大其战时指挥权。4月初，防卫厅决定大幅度扩大和加强参谋长联席会议主席的权限，目的是在"日本有事"时，参谋长联席会议主席不但对陆海空自卫队有"协调"权，而且要有事实上的"指挥"权，以提高自卫队的应变能力。总之，参谋长联席会议拥有指挥权表明日正在提高最高统帅部应急指挥能力。（四）建立统一的战术、装备等研究本部。在年末，防卫厅在陆上自卫队朝霞驻地内设置该机构。该机构的设置将实现战术、装备和研究工作的统一，并使研究人员集中在一起。研究本部由500人组成，其中约有220人隶属朝霞驻地，约有300人隶属设在富士驻地等地的开发试验团。该试验团由"部队医学试验队"、"航空装备试验队"和"陆上装备试验队"组成。（五）重新编组作战部队。年内，防卫厅继续将陆上自卫队向9个师和6个旅的体制推进，计划将驻关东南部和近畿的2个师建成对付城市游击战的"政经中枢师"，把北部和中部地区的6个师和旅建成用于支援其它地区的"战略机动师旅"，把过去防范俄罗斯而在北海道集中部署的两个师缩编为旅级单位，其他部队也进行相应调整，从而实现整个战略部署由以前的"保卫北部"向"防御西部"的过渡。整个重新编组工作虽然要到2010年才完成，但2000年防卫厅已明确了"政经中枢师"、"沿岸部署师旅"和"战略机动师旅"等3个师旅级部队各自的战略任务。其中，"政经中枢师"的重点是防卫东京和大阪等城市，以反游击战和反恐怖活动为主要着眼点，相对来说主要配备轻武器；"沿岸部署师旅"由于部署在很可能遭受直接威胁的地区，因此配备了坦克和大炮等重武器，以阻止敌人登陆；"战略机动师旅"除负责本地区的防务外，还要担负起其它地区增援的任务，故在坦克和重型火炮等火力装备方面比沿岸部署部队要稍逊一筹。但通过配备直升机和车辆等增加了机动能力，可以进行大范围的快速移动和部署，以应因游击战和恐怖活动等在同一时间发生的多起事态。海上自卫队地方队将主要负责近海防御的护卫队由10个减至8个；直属联合舰队原第1扫雷队群和第2扫雷队群于3月合并为扫雷队群，并新组建了扫雷业务支援队；为提高潜艇部队的教育和训练效率，潜艇舰队新编第1潜艇练习队。海上自卫队通过上述整编，将多余人员调整至新舰并使其舰艇由过去的吨位小、数量多向吨位大、数量少的转变。航空自卫队28个警戒群中已有12个被缩编为警戒队；5月，中央航空通信群改编为航空系统通信队；至此航空自卫队地面部队达到了装备换新、人员精简的目的。（六）成立特种任务部队。首先是设立特别警备队和舰载直升机部队。特别警备队直属联合舰队，主要执行对可疑船只的登船检查、解除武装等任务；舰载直升机部队拟于2001年3月成立，装备6架SH-60J反潜直升机，负责对日本海进行侦巡、搜索并打击可疑船只。其次是成立反恐怖特种部队，主要负责监视、清剿渗透入境的敌特工人员，保卫核电站、机场、军事基地等重要设施。其中，第1支部队将设立在负责东京地区安全的东部军区，然后再扩大至其他部队。再次是成立防生化武器部队。为防范恐怖分子或游击队利用生化武器进行袭击，在陆军设立名为"部队医学实验队"的防生化武器部队。最后是组建护岛部队。该部队隶属于自卫队西部方面队，主要任务是负责对远离日本本土的西部岛屿进行警备与防灾，同时对频繁出入这一区域的中国海军的舰艇及海洋调查船进行监控，并做好对付紧急事态的准备。该部队由660人组成，不仅配备有机关枪、反坦克炮等可用直升机运载的轻型装备，而且还配备了观测用的雷达等旨在提高收集情报和通讯功能的装置。（七）组建"计算机战部队"。防卫厅在其2000年度的预算案中，共拨款13亿日元作为电脑安全对策费用。同时，为防止通过电脑网络对日军计算机系统进行破坏活动，还决定从2001年起组建1支集研究与实战为一体的"计算机战部队"，用于研究电脑作战，破坏敌方指挥通讯系统。（八）组建卫星侦察系统。其具体计划是：2001年对卫星主体进行组装，建成地面接收站；2002年发射4颗卫星，建成中央控制中心，用光纤与地面站接通；2005年发射2颗支援备用卫星；2007年发射2颗拥有卓越性能的下一代卫星。关于作为该系统组成部分的2部天线将安装在九州和北海道。2002年3月底以前建成设在东京的系统操作中心和设在东京附近茨木县的数据中心。届时，侦察范围将由现在西太平洋地区扩大到全球。

三、装备和发展远程作战武器积极谋求向海外扩张

日陆海空自卫队正在根据《日美防卫合作指针》要求由“内卫型”部队向“外向型”部队发展，主要表现在：（一）计划建造2艘载直升机的航母型护卫舰。目前日本海上自卫队的4艘载直升机反潜护卫舰中有2艘将退役，日本防卫厅12月7日决定用1800亿日元建造2艘“载有可同时起降3架直升机的航母型护卫舰”来替代，计划上载反潜直升机和MH53运输直升机。舰上将有完善的指挥通信系统，它既可以成为自卫舰队的指挥舰，又可以成为执行多项任务的“多用途舰艇”，即在紧急时运输侨民、参加联合国维和活动、救灾等。新型护卫舰将提高作为载直升机护卫舰的反潜能力，同时将更加完善海上通信指挥能力。这2艘护卫舰是实际上不是航空母舰的航空母舰。（二）引进空中加油机延长作战飞机活动时间或作战半径。8月24日，日政府内阁会议决定将引进空中加油机以解决目前空中预警机续航能力不强的问题，并将此决议写入下一个5年整备计划中。12月24日，日本新的5年整备计划中正式公布将引进4架空中加油机。这将使航空自卫队的E－767空中侦察指挥预警机的续航能力达24小时。对作战飞机来说将可大大延长其作战半径。（三）购买远程战略侦察机。在新的5年整备计划中，日还将引进2架新型远程侦察机，以解决对“东南亚海域日益猖獗的海盗活动”。由于该新型飞机装备的机载预警和控制系统带有鸟瞰雷达、被动探测系统和脉冲—多普勒雷达，它可以看到小的隐形目标。这将使其可以在不进入别国领空的情况下执行空中照相侦察、截收电子信息和收集其它情报的任务。这将大大提高日本情报收集能力。此外，日本还准备自主开发空中预警机，并就此事与美达成共识。（四）积极装备新型作战飞机。年内，日本航空自卫队开始正式装备F－2型支援战斗机。该机为日美联合研制的新一代战斗机，它首次采用一体成形技术，主机翼为一体化结构，没有结合缝隙，使其具有良好的气动性能。此外，由于该机拥有接收空中加油功能，其作战半径再次扩大，其作战能力不逊于F－15型战斗机。（五）装备大型后勤补给船只。12月15日，日本内阁会议决定在新的5年整备计划中，引进2艘1.35万吨的大型运输舰，以备在“周边有事”时对美军进行海上支援。通过以上几项措施，可以说日本自卫队将具备远洋作战能力。

四、加强与美的军事合作强化联合作战能力

2000年是日美军以《日美防卫合作指针》为原则，继续加强合作的一年。主要表现在：（　）设立日美联合指挥所。9月11日，日美两国在纽约召开了由外长和国防部长参加的日美安全保障协商委员会会议，决定建立新的协调机制，以便日美两国在发生日本有事和周边有事时采取联合作战行动和迅速相互提供支援。这一协调机制是在由外务省和防卫厅长官组成的“日美联合委员会”基础上，新设拥有同样权限的“日美政策委员会”。然后在这两个委员会之下设立由课长级官员组成的“联合协调小组”，以及由日美军方官员组成的“日美联合指挥所”，以便在战时确保日美两国指挥与协调。“日美联合指挥所”事实上将成为日本自卫队和美军的联合司令部。这样一来，基本上建立了《日美防卫合作指针》所说的防卫合作实施体制。（二）开展日美“战事法制”研究。日美两家联合研究了“战时法制”问题。主要研究如何使日美依据日美安全保障条约展开联合作战时，保证美军能顺利开展行动，以及朝鲜半岛等地发生战事等周边事态时，美军可以使用日本的港口和机场等问题，使新《日美防卫合作指针》相关法案得到进一步落实。9月中旬，日新防卫厅长官虎岛与美国防部长科恩就新的5年整备计划中的日本自卫队武器装备及组织结构方面的需求等情况进行会谈，以全面落实新的《日美防卫合作指针》。（三）加强日美防卫产业的合作。1月初，在华盛顿举行的日美防卫首脑磋商中，美国防部长科恩与日防卫厅长官瓦力达成了日美两国融合防卫技术以有效的对付将来在日本周边地区设想发生的紧急事态的协议，主要是日本通过实际放宽“武器出口三原则”，从而促进日美防卫产业之间的战略上的合作。4月份，日本第3大军工企业三菱电机公司和世界头号军工企业美国洛克希德—马丁公司达成了在军工领域进行一揽子合作的协议，以飞机和舰艇上搭载的雷达、导弹用电子设备和控制装置等“电子设备”领域的高技术产品为对象，互相提供技术，生产符合日防卫厅要求的新产品，以扩大日美军事工业的合作份额。（四）检验与美协同作战预案。年内，日本通过加强与美共同联合演习，检验在“周边有事”时日美军队的联合作战预案。3月6～24日，日本自卫队和驻日美军实施了以朝鲜半岛发生战事为背景的联合图上作业演习。这是《日美防卫合作指针》相关法案通过后双方首次举行的“周边有事”

图上演习。日美军计划，今后每两年举行一次这类演习。10月2～13日。日本海上自卫队在新加坡东北的南中国海域参加了“西太平洋多边潜水艇救生演习”。参演的主要是日本和美国，此外还有韩国和新加坡。这4个国家共派出4艘舰艇和4艘潜艇参加。澳大利亚、智利、印度尼西亚和英国等4国则派遣观察员参加。这是日本海上自卫队第1次在南中国海参加多国联合演习。此次联合演习是在美军的主导下策划的，目的在于除促进参加国的相互信赖关系外，还试图检验日美在南中国海协同作战能力。11月2～17日，日本自卫队和驻日美军共约2.1万人联合举行了日本“周边有事”模拟联合演习。演习在自卫队基地及美军机场等地举行。本次演习是1999年新《日美防卫合作指针》相关法案成立以来，日美间首次联合实施的部队运用的演习。该演习检验了冷战后日美防卫合作的应有状态。在演习中，日美首次模拟使用运输机和直升机从海外的冲突地区疏散双方的侨民，实施“非战斗人员转移”。（五）加紧与美开发战区导弹防御系统。年内，日本出台了开发战区导弹防御系统的新计划。日本政府准备推进战区导弹防御系统（TMD）的研究。防卫厅要求在2001年度的预算案中增加约37亿日元的研究经费。日本防卫厅长官还在与美国防部长会面时，多次要求美方确认继续推进日美对战区导弹防御系统的联合研发工作。日美目前设想该系统由3部分组成。一是预警系统，即侦察卫星、预警机、地面雷达站三部分组成；二是地面指挥与分析处理系统；三是拦截系统，由改进型爱国者导弹系统、新型霍克导弹系统、宙斯盾导弹系统组成。该系统将建在关东、新泻和大阪地区，以射程为100～1000千米弹道导弹为拦截对象。（六）积极协调并合理解决驻日美军费用问题。年内，日美就驻日美军费用问题多次召开会议。12月，日本外相河野洋平与美国国务卿奥尔布赖特签署了日本对驻日美军的财政支持延长5年的协议。该协议规定日本为维持费出资15亿美元，另外大约30亿美元将通过日本的税收补贴和为美修建军队设施的办法间接提供。此协议的签署为日美未来军事的合作奠定了又一“良好基础”。

综上所述，2000年是日美落实新《日美防卫合作指针》的阶段性成果比较显著的一年，不但加强了日美间的军事合作力度，而且还大大加强了日本的武装力量，这为日本自卫队积极参与周边事务，使其走向远洋作战提供了必备的基础。

（黄　磊）

朝鲜半岛形势出现新的缓和势头 2000年，以朝韩首脑会晤为契机，朝韩双方积极调整政策，南北关系取得历史性突破，美、日、俄乃至欧洲各国也加快了与朝关系的发展，使朝鲜半岛总体形势出现新的缓和势头，这对整个东北亚地区乃至亚太地区的和平与稳定带来了积极而又深远影响。

一、朝韩举行首脑会晤，南北关系出现重大转折，多领域合作全面启动。

2000年3月底～4月初，朝韩政府高层代表在中国上海和北京秘密接触，于4月10日正式向外宣布，朝韩间已就举行首脑会晤一事达成协议。6月13～15日，韩国总统金大中乘专机赴朝鲜平壤，与朝鲜领导人金正日举行历史性会晤，并就“和平统一方向和实现南北离散家属互访、合作发展民族经济、扩大民间交流与合作、建立政府间对话机制”等五大主题达成协议，并发表了《6·15北南共同宣言》。这是朝韩领导人在朝鲜战争结束后首次会晤。它标志着朝韩关系进入一个新历史发展阶段。此后，双方在多个领域展开了不同层次的交流与合作。在政治上，政府间对话有序推进，多元对话机制形成。7月，朝韩外长举行首脑会晤后的第1次会晤；9月，朝鲜劳动党书记金容淳作为金正日特使访韩；7、8、9、12月，朝韩连续4次举行南北部长级会谈，就恢复板门店南北联络事务所、设立离散家属会面场所、韩国以贷款形式向朝提供粮食等十大议题达成一致。作为南北政治和解的重要标志，8、11月，朝韩实现了两次离散家属团的互访。在经济上，政府间合作启动，民间交流继续扩大，9、10、11月，朝韩同意设立联合经济咨询机构、商定建立经济合作与贸易发展联合委员会、同意发行单一货币，共促朝鲜半岛发展。朝韩两次举行南北经济合作实务性接触，就修复京义线铁路及其沿线40千米的高速公路等事宜达成协议，双方于9月18日正式开工。双方还签署了《避免双重征税协定》、《保护投资协定》等协议，以促进双边贸易的发展。据韩国统一部年终报表显示，南北间全年贸易额突破了4亿美元大关。民间交往继续扩大，至2000年11月底，韩国前往朝鲜金刚山观光的旅客人数已达3.55万人。韩政府对朝援助，仅化肥就达30万吨。在军事上，建立对话磋商机制，降低军事对抗态势。9月25～26日，朝韩国防部长在韩国南部济州岛举行首次会晤，这是具有重要意义的一步。此后，南北双方代表3次举行军事事务会议，就建立南北军事共同委员会、架设军事热线、相互通报军事训练计划、观摩对方军事演习等问题达成共识，并开始清除军事分界线两侧地雷、停止相互间攻击性宣传、友善处理海上渔事纠纷等，这些为进一步缓和军事紧张创造了条件。

这次朝韩双方改善关系是在做好内外工作、确保社会政局基本稳定的基础上展开的。年内，朝鲜在政治上，继续坚持"先军政治"路线，加强对军队的控制。金正日对军队视察达 20 余次，并为 44 名高级将领晋升了职务或军衔，同时，更换了政府部分人员，确保政局稳定。在外交上，积极调整对外政策，开展"首脑外交"，改善对外关系，与 13 个国家建立或恢复了外交关系，国际形象得到极大改善，促使国际社会积极向朝提供援助，总共得到 2.2 亿美元的援助。在经济上，从解决粮食问题入手，实施"科技兴农"战略，谨慎推行改革，允许农民进行自由贸易，尝试改革生产管理方式，取得一定成效。2000 年朝鲜经济增长了 3%，是继 1999 年后的第 2 个经济增长年。韩国为改善与北方关系在内部大力进行"阳光政策"的宣传教育，营造改善关系气氛。在经济上，为克服金融危机的影响，增强竞争力，继续推进经济体制和企业结构的调整，深化金融体系改革，使经济过热现象得到遏制，经济增长率由 1999 年的 10.7% 下降到 2000 年的 9%，通货膨胀率降至 3%，外贸出口保持强劲增势，全年贸易出口额达到 1780 亿美元，比 1999 年增加约 23%。2000 年全年吸引外资 156.9 亿美元，创历史新高。外汇储备至 2000 年 12 月底达 962 亿美元。

二、朝美实现了高层互访，美国部分解除对朝制裁，美朝关系进入新时期，对缓和朝半岛局势产生重要影响。

年内，朝美关系在斗争和曲折中继续改善和发展，并取得一些重大突破。一是双方接触层次提高。3 月 8～15 日，朝美两国在纽约举行副部长级会谈，这是双方改善关系重要一步，具有"里程碑"意义。10 月 9～13 日，朝鲜国防委员会第一副委员长赵明录作为金正日委员长的特使赴美，进行了为期 5 天的"历史性访问"，并与美总统克林顿举行了会谈。朝美就建立和平机制、加速关系正常化、加强高层接触、经济专家互访及朝鲜导弹开发问题达成共识，并发表了联合公报，宣布停止两国间的互相敌视状态。10 月 23～25 日，美国务卿奥尔布赖特应邀访问朝鲜，与朝鲜领导人金正日就美朝建立外交关系、导弹问题及克林顿访朝等进行了磋商。这是朝鲜战争结束以来朝美之间最高级别的外交接触，标志着朝美关系取得重大突破。二是朝美签署合作协议。(1) 6 月间，朝美就寻找失踪美军人遗骸达成协议。11 月 12 日，美空军 1 架 C－17 型运输机抵达平壤，接收了 15 具美军遗骸，开创了朝鲜战争后美机降落朝鲜的先例。(2) 10 月间，朝美同意共享有关"恐怖活动"信息，朝美达成"反恐怖"协议。(3) 11 月 17 日，朝鲜人民军与驻韩美军举行将军级会谈，签订了关于开放部分非军事区协议。三是在"朝鲜导弹问题"上取得进展。年内，朝美就导弹问题连续在 1、6、11 月分别在柏林、吉隆坡等地举行谈判，美方提出了"如果朝鲜停止导弹开发、生产与出口，美可代朝发射人造卫星"的方案；朝鲜则提出"由美每年提供 3 亿美元，作为朝鲜停止导弹开发损失补偿"的提案。双方虽然分歧很大，但在年内仍积极接触。四是恢复贸易往来和人员交流。6 月 19 日，美国政府正式宣布解除部分对朝经济制裁措施，恢复了贸易和人员往来并实现通航。10 月，美再次宣布向朝提供 30 万吨粮食。12 月，由可口可乐等十大国际知名企业组成的美国投资考察团访朝，表明了美商欲进军朝鲜市场。

三、朝与俄、日、中、欧盟各国及东盟各国积极发展关系，提高了朝鲜国际地位，营造朝鲜半岛和平的气氛。

年内，俄罗斯总统普京出访了朝鲜，与朝就建立"新型伙伴关系"进行了会谈，并就进行相应的军事合作达成协议。俄国防部长谢尔盖耶夫在访朝时表示，俄罗斯将扩大同朝鲜的军事联系，积极向朝提供先进军事技术和新式武器装备，并与朝签署了三年内向朝提供一定数额的武器装备的协议。日本与朝鲜在 4 月恢复了中断 7 年的日朝邦交正常化谈判，并举行了 3 次会谈，两次向朝援助 65 万吨大米。12 月，村山富市率日本超党派议员代表团访朝，与朝就开展"日朝首脑会谈"、派遣大型经济代表团访朝等问题与朝协商。5 月，金正日秘密访华，增进了中朝间的了解，加强了中朝间的战略关系。年内，欧盟成员国中的英国、瑞典、丹麦、芬兰、奥地利、葡萄牙和意大利等国与朝鲜建立了外交关系，德国、法国、西班牙、荷兰、比利时等国表示也将与朝实现关系正常化。东盟各国积极发展与朝关系，并接受朝鲜为"东盟论坛"成员国。这种趋势无疑营造了和平的气氛，提高了朝鲜与韩、美、日谈判地位，为朝鲜半岛局势改善增加了活力。

但是，朝鲜半岛军事对峙格局仍未发生大的变化，不安定因素仍然存在，南北统一尚需时日。

一是朝韩之间的军事对峙仍在继续。在军事上，朝韩双方仍视对方为主要敌人，把大量部队部署在“三八”线附近地区，均保持了较高的战备态势，迄今对峙状态仍未发生根本改变，有时甚至出现紧张。3月24日，朝鲜单方面宣布“西部五岛通航秩序”，造成西海局势一度紧张。夏季，朝陆军举行了10年来最大规模的地面演习，海军、空军也加强了训练强度。韩国军队坚持现行的“主敌概念”，在2000年《国防白皮书》中继续突出强调朝鲜的军事威胁，先后6次进入高等戒备状态。朝韩间军备竞赛仍在继续进行。为增强军事防范，韩把对朝鲜的空中监视范围向北推进65千米；假想战术处置线也由过去军事分界线以北30～50千米扩大到70～100千米。朝仍在生产和部署“劳动”导弹，仍在继续研究和发展新型弹道导弹。韩美间也就韩可部署180千米、可研究和开发300千米导弹达成协议。在政治上，朝韩在南北红十字会谈、南北离散家属会面等问题上争执不休，斗争和矛盾依然尖锐。

二是朝韩内部仍存在不安定因素。由于朝鲜强调“军事第一，”将大量投资用于军事建设，从而制约了经济的恢复与发展，许多经济指标未能实现。目前，朝鲜仍未能摆脱粮食危机。韩国仍坚持“对敌威慑”方针，随时准备应付和处置各种危机，因此，把大量钱财投资在国防建设上。年内由于政治改革无大进展，经济改革收效不大，整体经济效益不佳，倒闭企业继续增加，52个大型国有财团被评为不良企业；非法融资事件增加，经济信誉下降；外汇市场一度下滑，险些突破1美元兑1200韩元大关；劳资矛盾尖锐，失业率达3%以上，对政府不满事件时有发生。

三是朝美之间在重大问题上的矛盾仍旧尖锐。在军事上，美国继续增强对朝鲜的军事威慑。4月间美军制定了代号为“空袭任务命令”的对朝作战计划，决定将战时对韩支援兵力由63万增至65万，并拟在韩国部署B－2等新型远程战略轰炸机。10月26日，驻韩美军战斗机侵入朝鲜领空，使双方关系一度紧张。11月2～18日，美与日联合举行了新《日美防卫合作指针》生效以来的首次以周边朝鲜半岛“有事”为背景的大规模军事演习。驻西太平洋美军还加强对朝侦察与监视。在政治上，朝鲜要求美国将其从支持恐怖主义国家名单中删除掉，而美国坚持首先解决导弹问题，使朝鲜年内实现这一目标的计划落空。在11月1～3日举行的吉隆坡导弹谈判中，双方就朝鲜导弹射程问题发生分歧，朝主张远程导弹范围应为射程3000千米；美国主张从1000千米开始就应算远程导弹。由于分歧过大，朝美两国并未就“损失补偿”与“替代发射卫星”达成协议，克林顿总统访朝计划也流产。美国从朝鲜半岛全部撤军问题，还没有提上议事日程，这将是朝美关系一场硬仗，朝美和解速度随时都有可能放慢，甚至发生倒退。

综上所述，各种因素相叠，朝鲜半岛和平进程仍旧笼罩在不安定的阴影中。

（黄　磊）

印度大力追求世界军事强国目标　2000年，印度为实现其争当世界一流大国的国家战略目标，积极采取措施加强军队建设，首先向世界军事强国目标迈进，其特点是，决心大，不怕压，投入多，范围广，主要做法是：

一、加大对国防投入

2月底，印度人民院通过了印国防部长费尔南德斯关于增加2000～2001年度国防预算的提案，批准将国防预算提高到5858.7亿卢比（约合134.2亿美元），约占国民生产总值的2.7%。比1999～2000年度的4569.4亿卢比（约含107.5亿美元）增加28.2%，是印独立以来国防开支最高的一年。在2000～2001年度之前，印度的国防开支基本保持在占国民生产总值的3%以下，随着印国内经济的不断增长，印度计划在未来20年内继续大幅度增加国防开支，使其占国民生产总值的3%以上，其中，2001～2010年国防开支将平均占国民生产总值的3.2%，平均增长率为19.1%；2010～2020年，国防开支将平均占国民生产总值的3.5%，平均增长率为14%。

二、谋求有核国家地位

1998年5月印度核试验后，摒弃了原来模棱两可的“核门槛”政策，加快了核武器化进程，以此作为世界军事大国的标志。年内，印总理、国防部长等军政要员多次发表讲话，宣称印将实施“最低限度核威慑战略”。印陆、海、空三军及国家安全防务部门也分别召开会议，就印度的核威慑战略进行研究探讨，目前已基本形成了一个比较全面、完整、系统的核战略体系。印度认为，印度在当前的核战略环境中面临着两大不利因素：一是核大国不会轻易放弃核垄断地位，严重阻碍着印度作为世界大国的崛起。因为，核武器具有特殊的政治效能，是体现一个国家大国地位的重要标志。联合国5个常任理事国均为有核国家，中国在拥有核武器后即取得了世界大国地位。然而，世界现有的防核扩散体制严重阻碍着印度作为世界大国的崛起。一方面它使有核国家拥有核武器合法化，并依赖核武器频繁对其它国家行使武力，导致未来世界局势变化莫测；另一方面它要求非核国家不能生产核武器、不能谋取核武器技术、不能引进核武器，并接受国际原子能机构的监督和检查，使印度的核武器研制自主权面临着被剥夺的危险。二是周边和印度洋地区存在着核威胁，严重影响着印度的国家安全。其中，中国是同印度接壤的公开的核国家，拥有相当数量的核武器，但迄今尚未表明愿意加入核裁军进程。尽管中印关系已经改善，但由于边界问题没有解决，双方互不信任的气氛仍然存在。随着中国综合国力的增强、核武器库的扩大、军队现代化目标的实现，对印度的威胁将大大增强，将成为印度长期的、潜在的、战略性对手，是印度的最大威胁。巴基斯坦在中国的帮助下一直在秘密发展核武器，其目标是明确针对印度的，如果印巴之间出现核不平衡，将使印失去在常规武器和资源方面对巴拥有的优势。除中巴两国外，印度洋的安全与印度息息相关，大国海军核动力航母和核潜艇经常出入印度洋，既妨碍印对印度洋的控制，也对印度的国家安全构成威胁。依据对核战略环境的评估，印度决定实施“最低限度核威慑战略”，其目标是：在政治方面，谋求“有核国家地位”，以核武器为后盾，巩固在南亚地区的霸主地位，确立对南亚地区事务的主宰权；争当联合国安理会常任理事国，取得对国际事务的决策权；努力提高国际地位，谋求与大国的平等权，为充当世界大国奠定基础。在军事方面，慑止和消除对印度国家安全的威胁，创造持续和平的安全环境。对中国，谋求实现战略均衡，建立足够的对华核威慑力量，对中国实施有效遏制，从根本上慑止对印构成的威胁，巩固在边境地区已取得的既得利益，并以实力为后盾，促使边界谈判朝有利于印度的方向发展，遏阻中国武力收复失地，一旦动武，印将有能力使对方“付出难以忍受的代价”；遏制中国在南亚地区扩大影响，特别是不发展与中国的军事关系，促使中国承认印在南亚的大国地位。对巴基斯坦，在保持绝对常规军事优势的基础上，实施常规和核力量“双重威慑”，彻底慑服巴基斯坦，使巴认识到，印可以随时随地对巴实施军事打击，令巴无力或不敢对印宣战。一旦巴对印开战，印将有能力取得彻底胜利。对南亚小国，以核武器进行恫吓，迫使它们与印保持和发展“特殊友好关系”，对印“俯首称臣”，防止对印产生离心倾向。对区外大国，限制其军事力量进入印度洋，保护印度的领土、领海和海上权益安全；慑止其卷入南亚内部事务，特别是与南亚其它国家进行军事合作，谋取军事基地，以巩固印在南亚地区的霸主地位。为实现上述核战略目标，印度将奉行以下核战略方针：（一）坚持发展核武器的方针。面对世界上少数国家努力寻求核武器合法化，印度将坚决捍卫其拥有的发展核武器的自主权，加强核武器的研制与开发，努力赶超世界先进水平，成为名符其实的有核国家。（二）强调不首先使用核武器的方针。在“只进行报复”的原则下，对存有向印度及其武装力量使用和威胁使用核武器企图的任何国家或地区进行核威慑，使任何潜在的敌人相信：任何对印度威胁使用核武器的举动将招致同样的威胁；向印度及其武装力量发动任何核进攻都将导致印度使用核武器进行惩罚性报复，并使敌人遭受无法承受的损失。（三）不对无核国家使用核武器的方针。印在保持足够的核力量的基础上，将对无核国家形成战略威慑，使其无力或不敢对印度动武，实现“不战而屈人之兵”。印度实施“最低限度核威慑”战略将遵循以下三个原则：一是可信性原则，即使任何敌人明白，印度将有能力使用足够的核武器进行核报复；二是有效性原则：即通过核攻击的可信性、及时性、精确性和规模，最大限度地体现核威慑的效益；三是可生存性原则，即确保在遭受首次核攻击后的生存能力，在持续重复消耗的情况下具有足够的惩罚性报复能力。依据上述核战略方针，印度决心加强核力量建设，其要求有三：（一）拥有“足够的”核弹头。印度防务专家提出，核威慑思想是一个不可量化的动态概念，印拥有的核弹头数量应随着安全环境的变化而变化，以确保随时拥有“足够的”核弹头对付印度面临的核威胁。（二）建立“三位一体”的核武器力量。在陆基核打击力量上，重点发展“烈火”式中程弹道导弹，力争尽快投入批量生产；扩大“大地”式短程导弹的生产规模，更多地装备部队；加紧研制“太阳神”洲际弹道导弹。在空基核打击力量上，重点发展可携带核弹头的“三叉戟”地对空导弹，改进部分地空导弹，使之具备携带核弹头的能力；加紧引进具有核武器运载能力的苏－30 型飞机，同时对现有的苏－27 和米格－29 等型作战飞机进行改装。在海基核打击力量上，建造或购买航空母舰，发展核动力潜艇，研制潜射导弹和巡航导弹。在核防御力量上，完善地面综合防空系统，装备新型防空预警雷达，提高核危机的预警能力；引进俄罗斯的 S－300 防空导弹系统，自行研制“天空”导弹防御系统，发展海军反舰导弹防御系统，提高防核打击能力。（三）建立统一的指挥与控制系统。印度对核指挥与控制系统的初步设想是：成立一个决策机构和两个执行机构。决策机构称“国家指挥局”，由总理，国防、内政、外交和财政部长，国家安全委员会主席，各军种参谋长和国家战略核司令部领导人组成，决定是否使用核武器。两个执行机构分别为“国家战略核指挥部”和“国家指挥所”，均由陆、海、空三军高级将领及原子能部、信息技术部、国防研究与发展组织和电信部专家组成，具体负责战略核力量的指挥与控制。一旦“国家指挥局”决定使用核武器，将由“国家战略核指挥部”负责执行。当“国家战略核指挥部”被摧毁时，由“国家指挥所”代行其职责。如果两个执行机构同时遭受攻击而无法行使职能，其指挥权则交由三军参谋长会议主席。

据西方国家估计，印度的核军备正处于起步阶段，在核武器制造上，已具备生产裂变武器的能力，目前储备有约 50 枚核弹头，但尚未完全掌握制造热核武器的技术；在核运载工具上，已拥有制造短程和中程弹道导弹的能力和飞机投放的能力，但尚未拥有远程导弹、核潜艇和潜射导弹，不具备远程核打击能力。预计在未来 15～30 年内印度将拥有 100～200 枚核弹头，并建成一支具有本国特色的，规模适中的，以陆基为主并与空基和海基相结合的“三体一位”的核战略力量。

三、大力发展海、空军

印政府认为，除拥有核武器外，建立一支强大的海空军也是显示其军事大国地位的重要标志，但目前重点是首先发展海军。2000 年 4 月 14 日，印度国防部长费尔南德斯在为印海军最新的护卫舰“布拉马普特拉”号主持下水典礼时提出了新的海洋战略，即由“控制印度洋”“向太平洋发展”。他说：“从阿拉伯海的北面到南中国海，都是印度的利益范围。”印度海军根据费尔南德斯的这一讲话提出了新的发展目标，其主要内容是：建立一支强大的、以常规力量和核力量相结合的海军，实施有效的“地区威慑”，在控制印度洋的基础上向南中国海及太平洋其它海域扩展，在 21 世纪成为仅次于美国、俄罗斯和英国的第 4 大海军强国，雄踞印度洋和太平洋。根据这一发展目标，印海军未来的发展要求是：在 2010 年前，计划组建 2 支多用途航母编队，数支由导弹驱逐舰和导弹护卫舰组成的海上驱逐舰队和 1 支以核动力潜艇为主的强大的潜艇部队。其发展计划是：（一）海军主要作战兵器向大型化、远洋化和核动力化方向发展。在水面作战舰艇建设方面，加紧发展大型化、远洋化舰艇。印在确定从俄罗斯购买“戈尔什科夫海军上将”号航母的基础上，计划在未来 10 年内自行建造排水量为 2 万吨的多用途航母，还决定自行建造第 3 艘大型系列导弹驱逐舰。该系列导弹驱逐舰排水量为 6700 吨，最大时速为 32 节，均装备俄制 SS－N25 舰对舰导弹和 SA－N－7 舰对空导弹，并可搭载 2 架直升机。印还计划从俄罗斯购买 3 艘“克里瓦克”III 级导弹护卫舰。在潜艇建设方面，印政府决定在从俄罗斯引进 2 艘“基洛”级潜艇的基础上，计划在俄帮助下研制 5 艘核动力潜艇。目前，第 1 艘代号为“先进技术船”的核动力潜艇正在设计之中，该艇的龙骨将于 2001 年安装，计划 2003～2005 年服役。该型潜艇将装备印目前正在研制的可携带核弹头的“萨加里卡”潜射巡航导弹。在海军航空兵建设方面，印计划引进俄制图－22M3 型战略轰炸机、米格－29SKM 型歼击机、图－124、“贝尔”F 型海上反潜巡逻机、卡－31 型空中预警机、卡－28 型反潜直升机和美制 P－3C“猎户座”反潜巡逻机等。届时，印度将成为亚洲第 1 个拥有自行制造的航空母舰的国家。（二）调整海军兵力部署，在加强近海防御的基础上向远海部署发展。印海军原设有东部、西部和南部三个地区海军司令部，但在作战部队上只编有东、西两个舰队，南部海军司令部只负责海军的训练等工作，从而在兵力部署上形成了“东西重、南部空”的态势。随着海军新的海洋战略的出台，印对海军的兵力部署也将进行调整；一是在原来东西两个舰队的基础上成立南部舰队，使海军在东、西、南三个近岸海区形成均衡部署；二是在原有三个地区司令部的基础上，在安达曼和尼科巴群岛的布莱尔港基地建立“远东地区司令部”，以加强印海军的远海部署，提高远洋兵力投送能力。届时，印度将成为亚洲第 1 个有能力从印度洋向太平洋扩张的国家。（三）海军的训练向外海型和力量显示型发展。2000 年，印度海军的训练出现了两个新的趋势：一是演习的范围进一步扩大。海军的演习海域由近海向远洋发展，远离本土 1200 千米的安达曼和尼科巴群岛海域已成为海军的主要演习场所。特别是，印海军已同越南和日本海军就在中国南海联合打击海盗和举行军事演习达成一致。这样将形成从印度洋和南中国海对中国合围态势。二是外访活动增多。组织舰艇出访已成为印度显示其海军力量的重要方式。年内，印海军先后派舰队访问了中东、东南亚、东亚和非洲等地区的若干国家。

与此同时，印度还大力发展空军。年内，印军吸取了海湾战争和科索沃战争的经验，制定了 2010 年空军发展规划，把外层空间列为未来战争中的第四维作战空间，要求空军到 21 世纪初发展成为一支能打陆、海、空和太空“四维空间战”于一体，在必要时能独立进行作战且具有威慑力的新型空军力量。该规划所设计的未来空军的主要作战任务及作战样式是：集中使用空中力量，以多种方式争夺制空权；多机种协同作战，充分发挥空中力量的整体效能；实施远程奔袭，强调对纵深重点目标实施精确打击；实施机动作战，以高度机动性获取空间优势。为落实这一发展规划，印空军实行引进、改造和自行研制相结合的方针，加强武器装备现代化建设。在引进武器方面，印从俄罗斯购买的苏－30型战斗机已由原来的40架增至50架，并同俄就引进苏－30型战斗机生产线问题达成了协议。印引进该生产线后，不仅可以大批量更换苏－30型战斗机，而且可以利用空中加油机使该型机的作战半径提高到5000千米以上。2010年前，印空军计划引进的武器装备包括：从俄罗斯购买3架米格－31型防空歼击机、2架A－50型空中预警机、3架伊尔－76型空中预警机、4架伊尔－78型空中加油机、20架米－26直升机；从美国购买20架C－30型运输机；从法国购买18架“幻影”2000D型战斗轰炸机、10架“幻影”2000TH型战斗机；从以色列购买抗干扰设备、激光制导设备、早期预警系统和目标识别系统；从英国购买64架喷气式教练机。在改造武器方面，印空军计划到2003年完成对现有125架米格－21型战斗机的现代化改造，改造后的米格－21型战斗机将加装计算机系统、激光制导系统、电子战系统以及脉冲多普勒雷达、等幅波发射板等早期预警系统，可携带R－73空对空导弹和R－77全自动雷达制导空对空导弹等先进机载武器，飞行最大时速达2.05马赫，作战半径可达1100千米．印空军还决定对现有的165架米格－27、65架米格－29、120架“美洲虎”战斗机和米－35型直升机进行现代化改造．其中，米格－27型战斗机主要是装备新式航空电子设备、全球定位系统、制导武器和用于近距离作战的武器等，使其同时具备近距离和远距离打击能力。在武器研制方面，印度研制LCA轻型战斗机的工作已经结束，计划2001年1月4日试飞，2003年前后陆续装备部队，取代现有的米格－21型战斗机。LCA轻型战斗机为第3代制空战斗机，装备先进的电子系统，其火控系统装配有1部脉冲多普勒雷达，可同时跟踪8个目标，可携带多种空战武器，具备空中加油能力，其性能优于美国的F－16战斗机。印还计划耗资23亿美元研制MCA多用途中型战斗机，预计2010年前后陆续装备部队，以代替现有的“幻影”和“美洲虎”式战斗机。该型机设计为多用途攻击型战斗机，将具有远程作战能力和隐身性能。

四、积极发展各种类型和射程的导弹

年内，印度根据1983年开始实施的《综合制导导弹计划》，继续进行各类导弹的研制工作，先后进行了7次导弹发射试验。至2000年底，印根据“综合制导导弹计划”确定的5种导弹的研制工作已经基本完成：一是“大地”式短程地对地导弹；二是“烈火”式中程弹道导弹；三是“三叉戟”式地对空导弹；四是“天空”式地对空导弹；五是“蛇”式反坦克导弹。除上述导弹外，印还正在研制射程为3000千米的“烈火－Ⅲ”型中程导弹和射程为5000千米的“太阳神”远程导弹。

从印度目前的导弹发展情况看，具有以下特点：(一)在射程上，短程、中程和远程并举。其中，短程导弹射程在4～250千米之间不等；中程导弹射程在1500～3000千米之间；远程导弹射程为5000千米。(二)在弹头上，常规弹头与核弹头相结合。其中，射程在150千米以下的均为常规弹头导弹；射程为150～250千米的短程导弹和1500～3000千米的中程导弹既可携带常规弹头，也可携带核弹头；射程为5000千米的远程导弹为核弹头导弹。(三)在发射方式上，机动发射与固定发射相结合。其中，机动发射包括车载、机载和舰载3种形式，固定发射为预制发射平台。

五、加速发展信息战技术

印军认为，信息技术的发展正在引起一场军事革命，将对未来战争的方式产生深远影响。因此，加速发展信息战技术已成为印军必然的发展方向。年内，印陆、海、空三军均加强了信息网络建设。其中，陆军自8月份开始在新德里建立陆军广域网，并在全国范围内对现有的自动转发通信网络进行扩建。海军也已开始研制海军广域网，并对所有通信中心的信息系统进行了更新。空军已开始发展信息交换系统，以期在空军各级司令部及飞行中队之间实现联网，建成空军广域网。10月，印国防研究与分析机构就今后如何发展印军的信息战技术提出了战略构想，力争在2010年前实现陆、海、空三军作战指挥高度一体化，使印度军队成为一支21世纪世界强军。该设想提出：(一)建立全军信息交换中心，实现三军在作战、指挥、情报和通信等方面信息共享；(二)建立中央网络管理系统，负责未来跨军种网络的开发、设计及建设；(三)建立一个完善的跨军种信息网络系统，确保陆、海、空三军密切协同作战，打赢现代高技术条

件下的战争。根据上述构想，印军未来的信息战系统将具有两个方面的功能：一是战时功能，在规定的时限内它能沟通与各军种司令部、最低指挥单位之间的联系，并能够提供越级与迂回联络；在设施损毁、电子干扰和信息泄露的情况下，能够采取一系列措施保持系统完整或通过结构重组使系统恢复功能。二是授权功能。在中介指挥机关缺损、高级指挥官缺席或协同作战的情况下，信息战系统能够保持运转的连续性和指挥权的自动交接。

六、积极谋求同大国建立战略关系

印度认为，同大国发展关系，引起大国的重视也是提高自身大国地位的重要途径。为此印近年来积极开展大国外交。特别是 2000 年，印度的大国外交显有成效，先后邀请美国总统克林顿、日本首相森喜朗、俄罗斯总统普京接踵访印，分别同这些国家建立起不同形式的伙伴关系。其中，印同美国签署了指导 21 世纪美印关系的框架性文件《印美关系：21 世纪展望》，开辟了“两国关系的新篇章”。该文件指出，印美两国在新的世纪里将建立一种更为密切的新型关系，双方将是为确保地区与国际安全肩负责任的和平伙伴，将共同努力加强国际安全体制，并为维护亚洲及其它地区的战略稳定保持经常性磋商。印同日本继建立“定期安全对话机制”之后，又建立起了“全球性伙伴关系”。日本首相森喜朗在印度明确表示：“日本同印度的关系在战略上很需要”。森喜朗的幕僚则直言不讳地表示：“同印度建立伙伴关系，在与中国的外交谈判中具有重要意义。”印同俄罗斯签署了《战略伙伴宣言》，使印俄关系“上升一个新水平”。宣言规定，双方在不参加任何针对另一方的政治和军事联盟或武装冲突，不参加任何侵犯对方独立、主权、领土完整或国家安全利益的条约和协议的情况下，加强长期的防务和军事技术合作。通过开展大国外交，印度的大国地位明显提高：首先，印度的战略地位受到大国的普遍重视。美国认为“印度将在世界政治中成为一个轴心，没有印度美国将很难在亚洲发挥有效作用。”日本认为印度在军事上扼守着马六甲海峡等通往太平洋的交通要道，可以确保日本的海上交通安全。俄罗斯认为印度是“一个在国际上具有影响力的国家”。其次，印度谋求成为安理会常任理事国愿望得到了支持。美国已向印政府明确表示，美希望印在未来 10～20 年中真正成为国际社会的领导国家之一，因而支持印成为安理会常任理事国。俄罗斯总统普京 10 月访印期间也明确表示支持印度成为安理会常任理事国。第三，“有核国家的地位”事实上得到了默认。美国由拒不承认印度为有核国家变为允许印有权根据国防和国家利益为实施“最低限度核威慑”战略拥有一定规模的核武器，并逐步取消了对印度的经济制裁。日本出于同印度发展关系的需要，也在核问题上做出让步，在印只做出暂时冻结核试验承诺的情况下放宽对印的经济制裁，同意逐步恢复对印的无偿援助和日元贷款。俄罗斯对印发展核武器一直持偏袒态度，并反对国际社会对印进行制裁，继续向印出售核反应堆。

（刘温国）

印巴关系持续紧张　2000 年，印度和巴基斯坦两国继续互为对手，双方关系处于持续紧张时期，主要表现在 3 个方面：

一、军事对抗加剧

年内，印巴双方的军事对抗进一步加剧：（一）在边境地区形成严重对峙。印巴双方由于相互缺乏信任，均在边境地区加强戒备，形成严重的军事对峙。双方的主要做法是：1. 增加一线前沿兵力。年内，印陆军和安全部队向克什米尔地区增调了大量人员和装备，使印在该地区的驻军人数较 1999 年克吉尔冲突前增加了近 4 倍。为进一步增强克什米尔地区印军的防空能力和对地面部队的支援作战能力，印空军在列城部署了米格－29 型战斗机和米－17 型直升机。巴基斯坦军队向巴控克什米尔地区的甫奇和拉纠里一带以及相关地区增调了兵力，并配备了 T－80 型坦克。10 月，巴还以演习为名向印巴边境的马拉拉至库奇一线增调了 2 个师的兵力。2. 加强战场设施建设。印政府已拟定了在印巴边境地区增扩空军基地和机场的计划，使印军在印巴边境地区既部署有打击纵深能力的作战飞机，又部署了有效的防空体系。巴基斯坦也采取了针对性措施，积极进行边境地区的战场建设。3. 建立新的的边境侦察与监视系统。印政府决定于 2001 年在印巴边境全线建立电子侦察系统，并在部分敏感地区修建栅栏和安装强力照明灯。巴基斯坦也准备在边境地区修建由地面感应器、战场警戒雷达、热成像仪等设备组成的监视系统。（二）武装冲突接连不断。据不完全统计，年内印巴两国边防部队仅在克什米尔实际控制线地区共交火 150 余次，其中大规模交火有数十次之多，印巴武装冲突的主要特点是：1. 广泛使用重型武器。较以往相比，双方在交火中使用重型火炮、迫击炮、火箭等重型武器的比重有所增加，造成双方人员大量伤亡和财产严重损失。年内，双方共有 2650 人被打死，其中平民占

720人。2. 冲突地域进一步扩大。由1999年的克吉尔、巴塔列克等地扩大到实际控制线全线，其中在巴拉穆拉、库普瓦拉、班赤和拉纠里等地区交火最为激烈。3. 冲突时间较为集中。双方交火事件大多发生在傍晚或凌晨，且交火大多数同时发生在几个地区，如3月4日和17日发生交火时，双方在实际控制线附近的十几个地方同时向对方进行炮击。

二、克什米尔争端升温

克什米尔争端问题是印巴关系中的核心问题。年内，印巴两国围绕克什米尔问题的斗争更加尖锐。印度采取的主要措施包括：1. 利用巴基斯坦支持克什米尔地区恐怖活动制造舆论，企图在国际上孤立巴基斯坦；2. 通过在印占克什米尔地区单方面停火、同克什米尔圣战者武装谈判等手法离间巴基斯坦同克什米尔圣战者武装的关系，改善印度的国际形象；3. 同美、俄、法及中亚国家联手打击恐怖主义活动，以争取国际社会理解和支持印在克什米尔问题上的立场与行动；4. 积极谋求成为联合国安理会常任理事国，以便于将来在联合国拥有解决克什米尔问题的决策权。由于印度大力开展外交活动，美俄两国都在极力偏袒印在克什米尔问题上的立场，并以巴支持恐怖主义活动为由不断向巴施加压力，使巴处于孤立境地。巴基斯坦的主要做法包括：1. 加剧在克什米尔地区的代理人战争，并极力阻挠印度政府与克什米尔圣战者武装进行和谈，迫使印度采取报复性行动，以此来宣扬印度在克什米尔地区破坏人权；2. 主动要求同印就解决克什米尔问题恢复对话，以印度不接受巴的呼吁为由，要求国际社会出面干预克什米尔问题，力图使该问题国际化；3. 利用印度在克什米尔问题上的强硬立场在国际上加强反印宣传，阻止印度成为联合国安理会常任理事国。

三、军备竞赛激烈

双方为了谋求军事优势，增加威慑对方的能力，不遗余力地进行军备建设。(一) 竞相增加国防开支。2000～2001年度，印将国防预算提高到5858.7亿卢比（约合134.2亿美元），约占国民生产总值的2.7%，成为印独立以来国防开支最高的一年。2000年10月上旬，印国防部长费尔南德斯宣布，印在2001～2002财政年度将进一步提高国防预算，使其约占国民生产总值的3%。巴基斯坦政府采取明减暗增的办法，对2000～2001财政年度的部分国防预算进行了隐性处理，对外公布的国防预算为1335亿卢比，将原包括在国防开支中的261亿卢比的军人抚恤金转到民用开支中。(二) 积极发展核力量。在核战略指导思想上，双方都确立了“最低限度核威慑”战略。印宣称“必要时将对巴毫不犹豫地使用核武器”，彻底慑服巴基斯坦；巴声称巴已做好应付印度进攻的准备，并有能力在两小时内制服印度。在核运载工具的发展上，双方都在积极发展“三位一体”的核打击武器系统。印在研制成功可携带核弹头的“大地”式地对地战术导弹和“烈火”－Ⅰ、Ⅱ型近、中程弹道导弹的基础上，加紧试验“大地”式海、空军型战术导弹，研制“烈火”－Ⅲ型多弹头中程导弹、“太阳神”洲际弹道导弹以及“萨加里卡”潜射巡航导弹，并对现有的“美洲虎、”“幻影”－2000、米格－27、米格－29和苏－30等型战机进行改装，使其具备挂载核弹能力。巴基斯坦在成功地进行了“哈塔夫－I”型、“高里－I”型、“高里－Ⅱ”型和“沙辛－I”型等中近程导弹试验后，正在研制射程分别为2500和4000千米的“沙辛－Ⅱ”和“提普”型弹道导弹，并计划对空军的F－16、“幻影”－2000等型战斗机进行改装，使其具备挂载核弹的能力。在核战争准备上，双方都在积极进行备战。印军已将“核威胁条件下作战”列入《作战纲要》，并在演习中增加了核条件下作战科目的演练。印国防研究与发展组织还研制出一系列防核生化武器的保护系统。巴基斯坦正在建立核武器最高指挥中心及相应的地下指挥所。陆军准备将可装核弹头的M－11型导弹安装在机动发射架上，分散部署在全国各地，并制定了综合训练计划，在核战争背景下对部队进行训练，通过军事演习检测其核作战预案。在对世界核军控的立场上，印度以国际社会未承认其核国家地位、《全面禁止核试验条约》带有歧视性和印度面临日益严重的核威胁为借口，拒绝签署《全面禁止核试验条约》，并宣布不放弃继续进行核试验的权力。巴基斯坦对印度的顽固立场，打消了先于印度签署《全面禁止核试验条约》的念头，坚持与印度持同样的立场。(三) 加速装备先进常规武器。印度继续采取引进、仿制和自行生产相结合的方针，计划在21世纪初装备坦克装甲车700余辆，先进多用途战斗机350架，舰艇20余艘。巴基斯坦也积极开拓武器来源，拟从乌克兰购买T－80U型主战坦克，从法国购买40架改进型“幻影”式战斗机。

（刘温国）

斯里兰卡内战升级 2000年，斯里兰卡内战进一步升级。斯反政府军猛虎组织发起强大攻势，试图夺回贾夫纳半岛，斯政府军加强了对猛虎组织的打击。国际社会虽积极进行调解，但未取得结果。

一、斯内战情况

年内，斯猛虎组织同政府军之间的内战进一步升级。内战大体分为两个阶段：

第1阶段（1999年11月～2000年8月）：斯猛虎组织兵临贾夫纳市城下，斯政府宣布全国进入战争状态。斯猛虎组织经过充分准备，自1999年11月起向斯政府军发起了代号为“永不平息的浪潮Ⅲ”的军事行动，试图夺回1996年5月被政府军收复的贾夫纳半岛，重新在该岛建立独立的“泰米尔王国”。猛虎组织首先向斯北部地区的政府军发起进攻，经过近1个月的激战，先后占领了斯北方省万尼地区的卡纳克拉延库拉姆、曼库拉姆、奥杜苏丹、内敦凯尼和埃蔓芬特帕斯等军事要地，控制了1000多平方千米的地区，为北上进攻贾夫纳半岛奠定了基础。经过短暂休整，猛虎组织自2000年1月中旬起又集中兵力对出入贾夫纳半岛的门户“大象通道”发起进攻，驻守该地区的斯陆军2个师在空军的配合下迅速组织反击，双方展开了激烈的争夺战。面对斯政府军的陆空联合打击，猛虎组织采取以阵地战和游击战相结合的方式作战，使政府军遭到重大损失。经过近3个月的连续作战，猛虎组织控制了“大象通道”，切断了斯政府军与贾夫纳半岛的联系。斯政府军终因士气低落、后勤补给困难于4月22日被迫撤离“大象通道”，在贾夫纳半岛南部设立新的防线。猛虎组织攻占“大象通道”后，立即开始向贾夫纳半岛进发，并迅速突破斯政府军在贾夫纳半岛南部的新防线。同时，猛虎组织发表声明，要求斯政府从贾夫纳半岛撤军，但遭到政府拒绝。至5月初，猛虎组织已推进到离贾夫纳市40千米的地区，对该市形成了包围之势。由于猛虎组织发动军事进攻，贾夫纳半岛大量难民纷纷逃往印度，联合国驻斯里兰卡代表宣布暂停在贾夫纳半岛的扫雷活动，并从该岛撤出部分人员。

面对猛虎组织的军事攻势，斯政府于5月3日晚宣布“全国进入战争状态”，以集中一切力量击退猛虎组织进攻。斯政府采取的主要措施包括：（一）积极筹集资金。斯政府宣布，自5月份起发行100亿卢比金融债券，将国家安全税由5.5%提高到6.5%，同时冻结政府部长的加薪计划，将国内非急需的发展工程暂停3个月，以筹集资金用于战争。（二）自5月3日起斯政府实施《公共安全法》。按照该法规定，政府可征用民用飞机、船舶、车辆和其它财产，并取缔一切纵容恐怖主义和扰乱社会治安的活动。（三）寻求各国的支持。斯外交部5月3日发表声明，希望斯的友好国家向斯提供支持和援助。同日，斯外交部长在新德里会见印度总理瓦杰帕伊，要求印政府积极协助斯政府打击猛虎组织。5月4日，斯又宣布立即恢复同以色列1970年中断的外交关系，以便从以色列获取更多的先进武器装备。（四）增加国防开支。斯政府决定，将2000年的国防预算由7亿美元增加到8.8亿美元。

斯政府宣布全国进入战争状态后，政府军同猛虎组织围绕贾夫纳市展开了激烈的争夺战。至8月份，双方未决胜负，政府军仍坚守贾夫纳市，猛虎组织仍对贾夫纳市实施包围，双方处于对峙状态。8月3日，斯政府虽主动作出让步，邀请猛虎组织进行和谈，并决定在新宪法草案中给予泰米尔族自治权，但遭到猛虎组织拒绝。

第2阶段（2000年9～12月）：斯政府军发起反攻，重创猛虎组织，猛虎组织提出和谈并宣布停火。鉴于斯里兰卡将于10月份举行全国大选，斯总统库马拉通加夫人为确保大选能够按期顺利举行，同时为自己争取选票，决定自9月初起对猛虎组织发起反攻，力争在大选前收复被猛虎组织占领的地区。斯政府军一方面命令驻守贾夫纳半岛的3万名驻军严守阵地，誓死保卫贾夫纳市，另一方面通过空中和海上向贾夫纳半岛紧急补充兵力和武器装备。经过充分准备，政府军于9月3日开始发动反攻。为打破猛虎组织对贾夫纳市的包围，斯政府军采取里应外合的作战方针，对贾夫纳市周围的猛虎组织实施两面夹击。猛虎组织则凭借已有的阵地抗击政府军的反攻。经过近1个月的激战，斯政府军重创猛虎组织，并连续收复了猛虎组织占领的大部分地区。10月，斯如期举行大选，以库马拉通加夫人为首的斯里兰卡人民联盟再次获胜。斯新政府成立后，斯政府命令政府军继续在贾夫纳半岛对猛虎组织开展清剿活动。斯总统库马拉通加夫人表示，斯新政府将在军事上对猛虎组织实施坚决打击，直至取得最后胜利。

在斯政府军的接连打击下，猛虎组织为保存实力不得不躲进深山丛林地区，与政府军展开游击作战。11月27日，猛虎组织领导人普拉巴卡兰发表讲话，表示要同政府进行无条件和谈，以结束长达17年的内战。同时，他要求斯政府停止对猛虎组织的军事行动，为恢复和谈创造合适的气氛。12月12日，斯政府发表声明称，猛虎组织提出准备与政府进行无条件和谈，实质上是有条件的，其对贾夫纳半岛的领土要求不容谈判。政府军将继续捍卫国家的主权和领土完整。声明敦促猛虎组织不要回避关键性的政治问题，在规定的时间内提出明确的政治主张，以便就此进行磋商。期总统库马拉通加夫人表示，政府准备与猛虎组织和谈，但不会停止对猛虎组织的军事行动。12月21日，猛虎组织发表声明，宣布自12月24日起单方面停火1个月，以推动斯里兰卡的和平进程。声明呼吁政府能够对此做出积极回应，停止对猛虎组织的军事行动。声明还说，为实现稳定的停火和创造同政府举行和谈的条件，猛虎组织准备进一步延长停火期限。12月23日，斯政府发表声明，拒绝猛虎组织提出的停火要求，强调政府只有在和谈进入双方均感到满意的阶段时才会考虑采取停火措施。同日，斯政府还调动大批部队继续向猛虎组织发起反攻。

斯猛虎组织在同政府军持续交战的同时，为了向斯政府施加压力，不断在国内开展恐怖活动。据统计，年内猛虎组织在国内共进行了17次较大规模的恐怖活动，其中，以人体炸弹攻击目标9次，以安放炸弹袭击目标3次，以武装分队袭击3次，以邮寄炸弹方式2次，共造成192人死亡，550人受伤。

二、国际社会促和情况

由于斯里兰卡内战升级，国际社会明显加强了促和活动，具体情况如下：

（一）联合国敦促斯冲突双方通过政治手段解决问题。5月9日，联合国秘书长安南发表声明，呼吁斯里兰卡武装冲突双方通过政治途径解决问题。安南说，他对斯里兰卡国内不断升级的武装冲突和由此造成的严重人道主义危机表示担忧，希望冲突双方确保国际人道主义组织不受阻挠地实施救援工作。

（二）印度希望在保持斯统一的框架下和平解决冲突。印度外长辛格5月3日发表声明表示，印度正密切注视斯里兰卡局势的发展，将继续支持在“统一的斯里兰卡框架下和平解决冲突”方案。与此同时，印将在同斯政府协商的情况下提供可能的人道主义援助，以减缓因冲突给平民带来的灾难。印度希望全体斯里兰卡人民谋求的和平能尽早实现，并准备为此作出贡献。5月4日，辛格又表示，基于以前的教训，印政府无意向斯政府提供武器装备或进行武装干预。

（三）美国敦促斯猛虎组织通过和平手段达到其政治目的。美国负责南亚事务的助理国务卿因德费斯11月28日在斯里兰卡发表讲话，敦促斯猛虎组织放弃恐怖主义。他说，猛虎组织应通过和平方式达到自己的政治目的，继续进行恐怖活动只会导致更多无辜者的死亡，并将面临国际社会更多的谴责。他呼吁斯主要政党在同猛虎组织谈判问题上采取一致的立场，以结束长达17年的内战。

（四）英国敦促斯政府尽早与猛虎组织和谈。英国外交国务大臣彼得·海因11月23日在斯里兰卡发表讲话，敦促斯政府尽早与猛虎组织举行和谈，以结束长达17年的内战。海因表示，世界上没有原因相同的武装冲突，斯里兰卡必须找到解决自己问题的办法，英国政府完全支持斯政府同猛虎组织进行和谈，并愿意以任何方式帮助斯实现和平。

（五）挪威积极在斯政府和猛虎组织之间进行斡旋。2月，挪威前外交大臣沃勒拜克访问斯里兰卡，在斯政府和猛虎组织之间进行调解和斡旋，为恢复双方中断5年的和谈作准备。4月，挪威政府委任社会党议员索尔海姆为特使，专门负责协调斯国内冲突双方的立场，促使双方进行和平谈判。11月上旬，索尔海姆访问斯里兰卡，分别同斯总统库马拉通加夫人和猛虎组织领导人普拉巴卡兰进行会谈，并促使猛虎组织提出了与政府进行和谈的建议。

（刘温国）

阿富汗内战形势更加复杂　2000年，阿富汗塔利班和反塔利班联盟之间继续进行军事较量，塔利班取得重大胜利；国际社会继续通过多种途径进行促和活动，但未取得成效；塔利班支持和参与国际恐怖主义活动，武装冲突正在向外蔓延；美、俄、印及中亚国家积极打压塔利班，阿内战形势更加复杂。

一、交战双方继续进行军事较量，塔利班取得重大胜利。

年内，塔利班同反塔利班联盟继续进行军事较量，大体分为3个阶段：

第1阶段（3～4月）：塔利班发动春季攻势。自3月份起，反塔利班联盟不断向喀布尔周围的战略要地发动攻击，先后炸毁4架塔利班作战飞机和数个导弹阵地，并不断向喀布尔逼近。针对反塔利班联盟的进攻，塔利班自3月7日起对反塔利班联盟发动“春季攻势”，对部署在阿北部地区朱兹疆、巴尔赫、塔哈尔、巴格兰等省的反塔利班联盟军队大举进攻。反塔利班联盟军队在马苏德的指挥下，集中优势兵力对进攻塔哈尔省省会塔卢坎的塔利班武装实施重点打击，并派出数支游击队渗透至喀布尔地区进行牵制作战。至4月初，塔利班为确保喀布尔的安全不得不收缩战线，转入防御。反塔利班联盟军队则趁势向喀布尔方向推进，并夺占了喀布尔以北50千米处的巴格拉姆空军基地。4月底，双方暂时停火，转入休整阶段。

第2阶段（5～9月）：塔利班发动夏季攻势。5月下旬起，塔利班武装调集重兵，对反塔利班联盟军队展开更大规模的“夏季攻势”。期间，塔利班武装兵分两路：其中，一路攻击喀布尔以北巴格拉姆空军基地周围的反塔利班联盟军队，以减轻对喀布尔市的直接威胁。经过7天的激战，塔利班攻占了巴格拉姆空军基地及其周围的要地，迫使反塔利班联盟部队由上述地区撤至潘杰希尔山谷。另一路向阿东北部地区进发，争占反塔利班联盟的控制区。7月29日，塔利班部队在战斗机和重型火炮的支援下，攻占了巴格兰省的战略重镇纳赫林，前锋部队逼近塔哈尔省会塔卢坎。为攻克这座军事重镇，塔利班出动近万名士兵，首先占领了塔卢坎外围的战略要地，切断了反塔利班联盟接受中亚国家军事援助的所有陆路通道。之后，塔利班出动战斗机，轰炸了塔卢坎机场等军事要地；同时，地面部队在坦克和重型火炮的掩护下，向塔卢坎发动猛攻，经过一个多月的激战，于9月6日攻占塔卢坎，切断了反塔利班联盟由塔吉克斯坦－塔卢坎－潘杰希尔谷地的后勤补给线，取得了2000年以来军事上的重大胜利。随后，塔利班武装乘胜追击，向反塔利班联盟控制的最后1个省巴达赫尚省发动进攻，攻占了该省齐巴克、克朗和曼疆3个战略要地，逼近省府法扎巴德。反塔利班联盟军队一部撤至潘杰希尔谷地，一部坚守巴达赫尚省，阿富汗战场再度形成对峙态势。至此，塔利班控制了阿富汗95%的土地，占绝对优势。

第3阶段（10～12月）：塔利班同反塔利班联盟之间进行小规模战斗。塔利班发动的“夏季攻势”结束后，双方之间再未发生大规模的战斗。塔利班在巩固作战成果的基础上，不断派出小规模部队在阿东北部和潘杰希尔山谷地区对反塔利班联盟进行清剿。反塔利班联盟则在收拢残存部队的同时出动零星部队在喀布尔等地对塔利班开展袭扰战。与此同时，双方都制定了下一步的作战计划：塔利班由于已将反塔利班联盟军队紧紧压缩在巴达赫尚省和潘杰希尔山谷地区，试图进一步缩小包围圈，彻底消灭反塔利班联盟；反塔利班联盟则积极争取外国援助，伺机东山再起。

二、国际社会继续促和，但未见成效。

年内，联合国及中国、伊朗等国为促进阿富汗问题和平解决继续开展外交活动，主要情况是：

（一）联合国通过多种途径进行斡旋促和，强调立即和无条件地执行决议。1．联合国秘书长呼吁阿各派武装政治解决冲突。联合国秘书长安南针对塔利班和反塔利班联盟发生大规模战斗，分别于2月17日和7月10日发表声明，强烈呼吁阿各派武装立即停止敌对行动，并通过政治谈判解决冲突。有关国家应立即停止对阿富汗武装派别的支持。2．安理会多次就阿富汗局势发表声明施压。联合国安理会先后于7月6日、8月23日和9月25日3次发表声明，呼吁阿富汗各派武装，特别是塔利班立即停止行动，通过政治手段解决冲突。安理会重申，军事行动无助于解决冲突和分歧，阿各武装派别应按照联合国有关决议立即无条件恢复谈判，建立一个基础广泛的联合政府。安理会谴责阿各武装派别袭击平民和民用目标的行为，要求他们采取措施，保护平民人身及财产安全，保证他们能够得到必要的人道主义援助，保障联合国及其他在阿的国际人道主义工作者的人身安全。安理会还特别强调，塔利班武装一再蔑视和拒绝联合国有关决议是不能接受的，必须立即和无条件地执行联合国有关决议。3．联合国秘书长阿富汗问题特使温德利尔访问有关国家，积极进行斡旋。8月12～14日，温德利尔访问伊朗，先后同伊朗总统哈塔米，外长哈拉齐等进行会谈。温德利尔强调，和谈是阿富汗实现和平的惟一途径，希望在他担任阿富汗问题特使期间，阿富汗能够结束冲突，并通过国际社会的共同努力实现阿富汗和平。10月5～8日，温德利尔访问阿富汗和塔吉克斯坦，分别同塔利班外长穆塔瓦基勒和在塔吉克斯坦的反塔利班联盟领导人拉巴尼及马苏德进行会谈，促使双方通过谈判解决阿富汗问题。4．联合国阿富汗问题“6＋2”小组多次召开会议促和。9月15日，该小组在联合国秘书长安南主持下召开第1次会议，与会各国呼吁阿富汗交战各方放弃军事手段，寻求政治解决，表示将继续支持联合国的斡旋努力，并希望有关国家不要干预阿富汗内政。与会各国还承诺在遏制阿富汗毒品贩运和打击跨国犯罪等问题上加强协调。11月3日，该小组在纽约召开第2次会议。会后发表的声明说，“6＋2”小组成员将继续致力于阿富汗问题的和平解决，并呼吁双方同联合国密切合作，争取达成有实质内容的议程，以解决阿富汗冲突的核心问题。11月14日，该小组在纽约联合国总部召开了第3次会议，联合国秘书长特使温德利尔参加了会议。温德利尔向会议通报了有关敌对双方给他的信函，信中表示愿意开始和谈进程，并争取在最短的时间内停止阿富汗境内的武装冲突，用政治手段来解决冲突。会议通过了“6＋2”小组各成员国的声明。声明强调，要积极推动政治解决阿富汗问题进程，并希望阿敌对双方能够接受政治解决走向对话，以实现停止内战的目的。5．联合国难民署积极促进解决阿富汗难民问题。9月14～20日，联合国难民事务高级专员绪方贞子访问巴基斯坦、阿富汗和伊朗，就解决阿富汗难民问题分别同巴基斯坦首席执行官穆沙拉夫、阿敌对双方领导人和伊朗内政部长拉里进行了会谈。绪方贞子强调，国际社会不应对阿富汗难民的苦难无动于衷，联合国难民署正在努力为阿富汗难民返回祖国创造有利的环境。阿富汗难民问题是一个十分复杂的问题，需要通过多方共同努力才能加以解决，其中实现阿富汗持久和平至关重要。绪方贞子希望阿敌对双方立即停火，恢复和平，为阿难民返回家园创造条件；希望巴基斯坦和伊朗一如既往地支持联合国难民署的工作。

（二）中国支持通过和平谈判政治解决阿富汗问题，实现民族和解。中国外长唐家璇9月15日在联合国阿富汗问题“6+2”小组外长会议上发言，全面阐述了中国在阿富汗问题上的原则立场，强调军事手段无助于解决问题，阿富汗问题只能通过和平谈判实现政治解决。阿富汗各派应尽早恢复谈判，实现民族和解。国际社会应采取协调一致的行动。中国支持联合国继续在阿富汗问题上发挥中心和主导作用，愿意积极配合和参与有关促和活动。此外，中国还先后两次向阿富汗难民提供物资援助。8月29日，中国驻巴基斯坦大使馆同联合国难民署驻巴代表处就中国向阿富汗难民提供援助问题签署协议。根据该协议，中国政府通过联合国难民署驻巴代表处向阿富汗难民无偿提供价值200万元人民币的药品、帐篷、毛毯和其它越冬物资。9月26日，中国同巴基斯坦在伊斯兰堡签署有关中国向阿富汗难民提供物质援助的协议。根据该协议，中国政府通过巴基斯坦难民事务专员署向滞留在巴基斯坦的阿富汗难民无偿提供价值400万元人民币的药品、帐篷、毛毯和其它物资。

（三）哈萨克斯坦呼吁通过阿富汗内部对话解决阿富汗问题。10月24日，哈萨克斯坦总统纳扎尔巴耶夫在议会发表国情咨文时强调，阿富汗长期内战已导致中亚地区的安全形势急剧恶化。阿富汗问题是一个特殊的地区问题，其内部冲突应当通过阿富汗人自己对话来解决，邻国和国际社会的作用在于寻找对话的方式。

（四）伊朗呼吁尽快解决阿富汗问题，建立广泛的联合政府。6月25日，伊朗外交发言人呼吁阿富汗各派停止武装冲突，以恢复该国的和平与稳定，在和平谈判的基础上建立一个由各派广泛参加的政府。8月14日，伊朗总统哈塔米表示，军事手段无法解决阿富汗问题，解决阿问题的惟一途径是承认阿富汗人民决定自己命运的权利。阿富汗缺乏稳定的政府，不仅给阿富汗人民带来众多灾难，而且也给整个地区带来很多问题。伊朗希望通过联合国的努力，尽快解决阿富汗问题，铲除阿富汗境内的罪恶根源。此外，伊朗自4月8日起同联合国难民署合作实施一项遣返阿富汗难民的计划，到9月下旬已使10万多阿富汗难民从伊朗各地返回家园。9月20日，联合国难民事务高级专员绪方贞子访问伊朗，建议伊朗将原定于10月11日结束的遣返计划再延长3个月，伊朗内政部长拉里对此表示赞成。

在国际社会的呼吁和调解下，塔利班和反塔利班联盟年内曾3次举行谈判，但均因分歧较大，未取得任何成果。3月6～7日，塔利班与反塔利班联盟代表团在沙特吉达市举行了第1次会谈，双方虽同意通过和平手段解决国内危机，但在如何实现和平的条件上未达成一致意见。会谈结束不久，塔利班即对反塔利班联盟发动了大规模的“春季攻势”。5月10日，塔利班与反塔利班联盟在沙特阿拉伯吉达市举行第2次会谈，双方除对全面交换战俘、为运送人道主义援助开放道路和军事行动中不针对平民等问题达成了协议外，还同意在联合国主持下开展对话，采取政治手段尽快结束武装冲突。协议明确指出，这一对话进程既可以通过各自派出的高级代表在联合国秘书长安南或其代表积极参与下进行，也可以通过安南或其代表进行间接谈判，双方还承诺在对话议程达成协议前绝不单方面采取中断谈判、放弃对话的行动。但不久，塔利班又发动了“夏季攻势”，给对话蒙上了阴影。11月13日，在联合国及伊斯兰会议组织的敦促下，阿交战双方举行了第3次会谈。塔利班依仗其在国内占据的绝对优势，提出了反塔利班联盟只能在未来政府中参与行政管理，不能插手军队事务的谈判条件。对此，反塔利班联盟领导人马苏德则表示，在阿富汗实现和平只能“通过战争”。

三、塔利班支持参与国际恐怖主义活动，美、俄、印及中亚国家联合打压塔利班。

年内，塔利班在国内战场上取得重大胜利的同时，积极支持和参与国际恐怖主义活动、武装冲突呈现出向外蔓延的势头。在国内，塔利班继续庇护国际恐怖分子头目本·拉丹，以此作为换取美国承认的王牌。在中亚和车臣，塔利班不断向上述地区的分裂势力提供武器援助，并派人参与其分裂活动。在克什米尔地区，塔利班也向巴占克什米尔地区的穆斯林组织派出大批人员，不断对印占克什米尔地区进行渗透破坏活动。

针对塔利班的上述做法，美国、俄罗斯、印度和中亚国家加强了协调和合作，采取各种措施向塔利班施加压力，主要做法是：

（一）美印决定共同打击塔利班恐怖主义活动。美印通过3月份克林顿访印和9月份瓦杰帕伊访美，决定将共同打击恐怖主义作为加强双边关系的一个重要组成部分。9月底，两国在新德里就进一步加强在打击恐怖主义领域合作问题进行会谈，美国同意向印度提供有关阿巴边境地区恐怖分子训练营地的情报和卫星照片，以便于印度及时掌握"塔利班"恐怖分子的活动。

（二）俄印成立阿富汗问题联合协调打击工作小组。俄罗斯总统普京10月份访印期间，双方成立了阿富汗问题联合工作小组，主要负责协调两国联合打击塔利班恐怖活动问题。11月20～21日，联合工作小组在新德里召开了第1次会议，就如何打击阿富汗国际恐怖主义和毒品走私问题制定了行动计划。

（三）美俄定期磋商联合制裁塔利班。美国总统克林顿与俄罗斯总统普京6月份达成协议，两国定期就阿富汗问题进行磋商。10月17日，双方就联合打击阿富汗恐怖主义活动问题在莫斯科召开会议，决定将通过更加严厉的制裁向塔利班施加压力，促使其放弃激进的伊斯兰统治方式，并交出国际恐怖分子头目本·拉丹。12月19日，美俄又促使联合国安理会通过一项决议，决定对阿富汗塔利班武装实施更加严厉的制裁。决议规定：塔利班必须立即将国际恐怖分子头目本·拉丹送交已对他起诉的国家，并停止向国际恐怖主义分子及组织提供庇护训练；联合国会员国关闭塔利班在各国境内的所有办事处，禁止其高层领导人除参加和平谈判、履行人道主义和宗教使命外的所有国外旅行，禁止除出于人道主义目的外的所有航班进出阿富汗，冻结塔利班在海外的所有资产。

（四）独联体决定共同打击塔利班在中亚国家的恐怖活动。独联体集体安全条约成员国俄罗斯、哈萨克斯坦、白俄罗斯、亚美尼亚、塔吉克斯坦和吉尔吉斯斯坦6国的总统、国防部长、外交部长、安全委员会秘书及集体安全委员会秘书长10月11日在吉尔吉斯斯坦首都比什凯克举行会议。会议认为，只要阿富汗不实现和平，中亚地区的局势将难以稳定。与会各国在通过的关于中亚局势的声明中强调，要共同打击塔利班在中亚国家的恐怖活动。6国总统签署的一份条约规定，只要有条约国请求，其它条约国均可派遣部队去该国共同打击外来军事侵略及恐怖活动。与会各国首脑还提出了建立中亚部队的建议。

（刘温国）

印尼出于政治需要而整顿军队 2000年，印度尼西亚瓦希德政府为实施"民主改革"，防止国家分裂，维护政局稳定，积极采取措施整顿军队，以削减军队的社会政治职能，把军队置于恰当的位置。

一、频繁对军队高层领导进行调整

2000年1～11月，瓦希德政府先后对军队高层领导进行了6次大调整。第1次调整于1月13日进行，撤换了陆军参谋长和警察总长，由泰斯诺·苏达尔托上将担任陆军参谋长、鲁斯迪哈尔佐担任警察总长，并任命格拉伊托·胡索多空军中将接替苏德拉查少将担任军队发言人，任命哈利姆·佩达纳库苏马空军中将担任军队战略情报机构主任。第2次调整于2月28日进行，共涉及74个领导岗位，其中国防部占2个，武装部队总部占19个，陆、海、空三军分别占14个、21个和18个。这次调整最重要的变动是：改革派负责苏拉威西防务的第7军区司令阿古斯·维拉哈迪库苏马少将取代查查·苏帕曼中将出任陆军战略后备部队司令，苏帕曼改任参谋指挥学院院长；陆军副参谋长查马里·扎尼亚戈中将接替苏艾迪·马拉萨伯希中将担任武装部队总务处参谋长，马拉萨伯希改任总部高级军官；参谋指挥学院院长恩德里亚托诺·苏塔尔托中将升任陆军副参谋长；总统卫队队长苏万迪少将升任陆军高级军官，普图·萨斯特拉准将接任总统卫队队长。第3次调整于6月16日进行，共涉及122个职位，包括陆军80个、海军26个、空军16个。其中，阿米尔·伊斯奈尼准将接替沙赫里尔少将担任特种部队司令；北苏门答腊、西爪哇、中爪哇、加里曼丹和马鲁古等5个军区司令以及海军副参谋长也易人。第4次调整于7月31日进行，更换8名陆军高级和中级军官，其中，现任雅加达军区司令里雅米扎德少将接替阿古斯中将担任陆军战略后备部队司令，阿古斯调任武装部队总部高级将领；苏拉威西军区司令斯拉梅·基尔比安托罗少将升任雅加达军区司令，陆军参谋长协调员艾哈迈德·叶海亚少将接任苏拉威西军区司令。第5次调整于10月9日进行，主要是更换陆军和海军参谋长。根据瓦希德签署的命令，陆军副参谋长恩德里阿尔托诺·苏塔尔托上将接替泰斯诺·苏达尔托上将，担任陆军参谋长；海军副参谋长因德罗科·萨斯特罗维里约诺上将接替艾哈迈德·苏吉普托上将，出任海军参谋长。第6次调整于11月6日进行，共有94名军官晋升，其中24名来自三军总部，其余来自陆军、海军和空军。东努沙登加拉和巴厘省军区司令基基·沙哈纳格里少将被任命为陆军副参谋长，伊里安查亚省军区司令阿尔薄布特·英基里旺少将被任命为武装部队总部高级军官；同时任命了新的总统安全警卫部队司令和海军副参谋长。瓦希德总统还于9月20日宣布取消武装部队副司令一职。

二、撤换在政府中担任要职的军人和退役军人

1999年10月瓦希德组建新政府时，改用文官担任国防部长，仅任命4名军人分别担任政治、社会和安全统筹部、交通部、内政部、矿业和能源部部长。2000年2月13日，瓦希德以维兰托上将涉嫌参与侵犯东帝汶人权为由，解除了维兰托的政治、社会和安全统筹部长职务。8月23日，瓦希德又借全面改组内阁之机，更换了其他3名军人职务，仅安排4名退役军人担任政府部长职务，其中担任政治、社会和安全统筹部长的苏西洛，原是武装部队领土事务参谋长，曾率领印尼军队参加波黑维和行动，是瓦希德信得过的人；担任工贸部长的潘查伊坦，原来也是军人，曾任驻新加坡大使，深得瓦希德的赏识。同时，瓦希德还撤换了国防部长，新担任国防部长的马赫福兹，也并非军人，而是一个法律问题专家，他的任命出呼许多人的预料，他本人也感到吃惊。对此，瓦希德表示，“国防部长的主要任务是制订相关法律，不需要直接同军方打交道”。

三、改革军警合一指挥体制实施新的指挥关系

在过去几十年里，印尼一直实行军警合一指挥体制，国家警察是作为军队的一部分担负任务的。为使警察和军队能够单独执行各自的任务，瓦希德总统积极改革军警合一指挥体制。2000年7月，国家警察脱离武装部队，由国防部直接领导；2001年1月1日，国家警察脱离国防部的领导，改由总统亲自指挥。根据瓦希德总统签署的命令，军队将只具有国防和必要时协助警察实行紧急状态的职责，警察将负责国内治安并直接对总统负责。国家警察部队彻底脱离军队指挥体系，标志着印尼军警合一制度的改革目标已基本实现。此外，瓦希德还于9月18日解除了国家警察总长鲁斯迪哈尔佐的职务，并任命副总长比曼托罗中将代理警察总长一职。

此次瓦希德政府大力对军队进行整顿，主要出于政治上的需要，具体来说，目的有三：

一是削弱军队的社会政治职能，为实施“民主改革”扫清道路。印尼军队特别是陆军长期扮演主导社会政治与军事的双重角色，尤其在前总统苏哈托执政期间享有特权：国会单独为军队留出1/5的议席，从中央政府到各级地方政权的重要职位几乎全部由军人担任，高级军官退役后即转入当时执政的专业集团党，直接参与政治；军队涉足所有赢利的商业部门，军队所属基金会甚至直接从事商业活动。同时，军队可“残酷镇压持不同政见者”，一些高级将领为了获得更多的政治好处而拉帮结派，极大地损害了国家的利益，引起很大的民愤。印尼媒体称，“苏哈托32年的军人专制统治把印度变成了一个贪污腐败严重、裙带风盛行、社会政治矛盾尖锐的国家”。1998年5月苏哈托下台后，在改革势力强烈要求取消军队社会政治职能的压力下，前总统哈比比决定逐步减少军队在国会的议席，但军队的作用并没有发生根本变化。瓦希德1999年10月出任总统后积极推行民主改革，但遭到以军方为代表的保守势力的极力阻挠。瓦希德认识到，“军队就像是横在民主改革道路上的一块大石头，只有打破以军人或退役军人为主要代表的旧体制，才能把印尼建设成为一个民主国家”。因此，瓦希德主张，“军队应主要关注国防问题，不应介入政治”。为削弱军队的社会政治职能，把军队完全置于文官的领导下，推动民主改革进程，瓦希德采取多项措施：将军队在国会中的议席由76席减至38席；在改用文官担任国防部长的同时，逐步减少直至停止现役军人担任政府要职；通过调整军队领导层，安排支持民主改革的将军担任军队重要部门的领导人，为削弱陆军将领的权力，首次任命海军军官担任军队司令，并聘用空军军官担任战略情报机构主任和军队发言人；要求国家财政和发展监督机构对军队基金会进行审计，决定废除军队长期享有的特殊待遇和特权，禁止军队参与和从事商业活动；将军队与警察分离，由警察全权处理社会治安问题。瓦希德的举措得到年轻一代军人的理解和支持，他们积极主张对军队进行改革，要求确定新的军事理论和新的军队体制，取消军队的社会政治职能。对此，美国《纽约时报》评论说，“通过整顿，印尼军队已失去对政治的决定性影响力，其地位处于历史最低点。由于力量薄弱，士气低落，人心涣散，印尼军队根本不可能重新掌权。”印尼著名学者马吉德认为，“瓦希德通过各种方式逐步削弱了军队的社会政治职能，还是他执政以来取得的最大成就”。但印尼军队长期参与政治的传统不是一朝一夕能够消除的。印尼军方人士指出，“军队是在受到民主浪潮压力的情况下被迫脱离社会政治职能的，目前军队内部仍有相当部分人不甘心情愿接受文

官的领导。按照1999年国家最高权力机构人民协商会议通过的协议，军人应在2004年完全从政界退出，但由于军队和一些社会势力的反对，2000年8月召开的人民协商会议不得不同意把军人退出人民协会的时间推迟到2009年。随后，印尼军官维佐约中将透露，“军人计划至少在人民协会中保留20个席位，并有意组建一个单独的党派，以便继续在人民协会决策过程中发挥影响”。同时，瓦希德在短期内也不能让军队完全脱离政治，因为印尼仍面临包括民族分裂活动在内的一系列需要军队解决的问题。瓦希德在9月中旬曾强调，军队领导的重要任务，除提高军队的专业化水平外，还要增强军队维护国家、民族统一的能力。分析家指出，印尼要想成为一个真正的民主国家，就得把军队置于恰当的位置，建立一支在最小程度上参与政治和更加专业化的军队。为了实现这个目标，瓦希德政府还需对军队进行更大的改革。

二是清除军队中的反政府势力，维护国家政局稳定。1999年8月30日东帝汶通过全民公决获得独立后，印尼国内民族分裂主义风潮迭起，除廖内、东努沙登加拉、南苏拉威西、北苏拉威西和西加里曼丹等省的分裂主义组织纷纷提出独立或自治要求外，亚齐、巴布亚和马鲁古省的分裂主义分子闹得最厉害，他们多次举行大规模集会，要求分别建立独立的“亚齐伊斯兰共和国”、“西巴布亚共和国”和“马鲁古伊斯兰共和国”。同时，印尼国内暴力冲突不断，特别是马鲁古、亚齐等省年内先后发生较大规模暴力冲突10余次，冲突双方动用迫击炮、装甲车、步枪、手榴弹和弓箭相互残杀，造成4100余人死伤、20万人沦为难民、大批房屋和公共设施被毁。印尼国内分裂活动和暴力冲突增多，不仅导致政局动荡、社会混乱，而且使国家的统一受到挑战。上述分裂活动和暴力冲突之所以愈演愈烈，除分裂主义分子和极端穆斯林、基督教势力作祟外，还与军方一些人的支持和参与有关。印尼报纸指出，“军队中有相当一部分人支持以前总统苏哈托为代表的保守势力，这使得保守势力有恃无恐，他们不断制造社会骚乱，大搞地方分裂活动。在马鲁古发生的穆斯林与基督教两大宗教的冲突中，军队不仅偏袒一方，而且一些军队还涉嫌参与策划和煽动活动，使冲突持续不断；在雅加达和棉兰等地区的暴力骚乱事件背后也有军人影子。”美国《亚洲华尔街日报》也报道称，印尼马鲁古地区的极端穆斯林组织是“由驻在首都雅加达附近的军队训练的，并得到军队提供的武器援助”。印尼前国会议员赛义德说，“印尼发生的宗教冲突与尼日利亚有许多相似之处，因为两国都曾长期实行军人统治。当民主选举产生文人领导而军人必须脱离政权时，两国都顿时陷入了有宗教背景介入的冲突。这实际上是军方同具有广泛合法性的政治力量间的较量。军人不可能直接与得到人民支持的力量进行对抗，所以他们放纵甚至制造骚乱和冲突，以达到重返政治领导地位的目的。”瓦希德总统对军人支持、参与以民族分裂和宗教冲突极为重视，认为如不尽快加以制止，其统治地位将难以稳固。因此，瓦希德总统在调派大批军警平息民族分裂和宗教冲突的同时，加紧对军队领导层进行调整，清除涉嫌支持民族分裂和宗教冲突的军队领导人员，并下令逮捕、审判参与民族分裂和宗教冲突的军人。通过这些举措，瓦希德在一定程度上遏制了民族分裂和宗教冲突活动，防止了国家的分裂，维护了政局和社会的稳定。

三是肃清苏哈托在军队中的“残余势力”，排除反贪污腐败的障碍。鉴于清查前苏哈托政府官员贪污腐败问题是民众最关心的问题，瓦希德上任后亲自抓了调查以苏哈托为首的前政府官员贪污腐败问题。瓦希德称，在苏哈托执政期间，苏哈托本人非法掠夺了150～450亿美元的资金，国家必须把这些资金追回来。根据瓦希德的指示，印尼最高检察院先后宣布苏哈托为贪污犯罪嫌疑人，对苏哈托实行软禁，没收其在雅加达南部的1座别墅；雅加达地方法院多次开庭审理苏哈托贪污案。然而调查审理阻力重重，时断时继，进展缓慢，其根本原因在于苏哈托有一个严密的“保护圈”，其中实力最强的就是维兰托。维兰托是苏哈托的宠儿，曾在苏哈托执政期间担任总统副官，武装部队总参谋长、司令、国防部长，在军队中享有“极高的威信”，被称为“印尼军界头号强人”。维兰托在瓦希德政府中担任政治和安全统筹部长后，积极利用其权势和关系网，极力阻挠瓦希德政府调查以苏哈托为首的前政府官员贪污腐败问题，维护苏哈托集团的既得利益。印尼媒体称，只要维兰托还有权力，对以苏哈托为首的前政府官员的调查审理就很难取得实质性进展。印尼经济学家指出，“瓦希德要顺利查处苏哈托一案，就必须剥夺维兰托的权力，因为他是苏哈托的亲信。”因此，瓦希德解除了维兰托的所有职务，让其提前退役，并通过改组军队领导层清除苏哈托在军队内部的残余势力，还下令解除了苏哈托私人保镖的武装，以扫清调查审理以苏哈托为首的贪污腐败案的障碍。

（钟学良）

东南亚恐怖暴力活动增多　2000年，东南亚地区的恐怖暴力明显增多，其中，暴力冲突和爆炸事件印度巴西亚最为严重；绑票事件菲律宾最为猖狂；邪教活动马来西亚最为频繁。而且呈现出政治化、国际化和邪教化的趋势，引起国际社会的广泛关注。

据年内不完全统计，东南亚 10 国中就有 6 个国家先后发生恐怖暴力活动，多达 60 余次，造成大量人员伤亡和财产损失。这些活动主要表现在 3 个方面：一是暴力冲突和武装袭击事件不断。印度巴西亚马鲁古、亚齐省年内发生较大规模暴力冲突 10 余次，冲突双方动用迫击炮、装甲车、步枪、手榴弹和弓箭相互残杀，造成 4100 余人死伤、20 万人沦为难民、大批房屋和公共设施被毁。马来西亚极端伊斯兰组织“奥马乌纳”8 月袭击了政府军 1 座军火库，抢走部分武器弹药。柬埔寨“自由战士”、“自由高棉运动”年内在金边等地制造 6 起武装袭击战略目标事件，特别是于 11 月 24 日武装袭击了柬国防部和其它政府机关大楼。二是炸弹爆炸事件频繁，至少有 32 人死亡、205 人受伤。三是暗杀绑架事件时有发生。菲律宾“摩洛伊斯兰解放阵线”（“摩伊”）先后制造 7 起暗杀政府官员和军队士兵等恐怖活动，造成多人死亡。阿布沙耶夫反政府武装 4～9 月连续 5 次在马来西亚和菲律宾本土绑架 36 名本国和外国人质，涉及 7 个国家，菲律宾政府在和谈无果的情况下，为营救人质，被迫于 9 月 16 日～11 月 20 日对绑匪实施大规模围剿作战，救出 18 名人质，毙伤绑匪 400 余人。缅甸克伦族基督教“上帝军”1 月下旬持枪强行进入泰国曼谷附近一所医院，将 800 名病人和医务人员劫为人质，泰军对叛军实施猛攻才使人质获救。

从组织情况看，策划挑起恐怖暴力活动的都是极端宗教组织、邪教组织和反政府组织。印度尼西亚马鲁古、亚齐省的暴力冲突和其它城市的爆炸事件都是由极端穆斯林和基督教组织挑起的；在菲律宾、柬埔寨、缅甸和老挝制造恐怖暴力活动的都是反政府组织，其大多数成员是“好战的极端恐怖分子”；马来西亚“奥马乌纳”极端伊斯兰组织则是宣扬“刀枪不入”的邪教组织，该邪教虽坚持“以圣战推翻现政府”的宗旨，但在互联网上却传播有违伊斯兰教义的邪说。特别值得注意的是，一些恐怖暴力事件的制造者得到了外国势力的暗中支持。印度尼西亚极端穆斯林组织得到了中东一些国家恐怖组织的武器和经费支援；菲律宾“摩伊”和阿布沙耶夫反政府武装所属大部分人员曾在中东受到严格的军事训练。这两个组织与巴基斯坦、阿富汗、巴勒斯坦、黎巴嫩、苏丹、埃及的极端穆斯林势力及圣战组织关系密切，并接受它们的资助和训练；柬埔寨“自由战士”、“自由高棉运动”则分别得到美国和法国的援助。

从活动目的看，宗教、邪教和反政府组织大搞恐怖暴力活动，既有政治图谋，又有经济目的。第一，谋求建立“独立国家”。印度尼西亚亚齐和马鲁古省的极端宗教组织企图通过制造暴力冲突来实现建立“亚齐伊斯兰共和国”、“马鲁古伊斯兰共和国”的梦想；菲律宾“摩伊”和阿布沙耶夫反政府武装制造暗杀绑架事件，也是为了迫使政府允许其建立“独立的伊斯兰国家”。第二，企图推翻现政府。缅甸、老挝反政府组织和马来西亚邪教组织积极挑起恐怖暴力活动，旨在发泄对政府的不满，破坏社会秩序，扩大自己的影响，伺机推翻现政府。柬埔寨反政府组织开展武装袭扰活动，则是“企图发动政变，推翻现政权”。第三，捞取巨额资金。菲律宾阿布沙耶夫要求每释放 1 名人质必须支付 100～200 万美元赎金。在利比亚政府的斡旋下，阿布沙耶夫用 17 名外国人质换取了 1500 万美元巨额赎金，并用这些钱招兵买马，采购军火，壮大实力。

东南亚恐怖暴力活动增多，不仅导致一些国家政局动荡、社会混乱、人心恐惧，而且使个别国家的统一受到挑战，并在一定程度上破坏了东南亚地区的和平与稳定。对此，东南亚国家高度警惕，积极采取措施打击和防范恐怖暴力活动，确保本国和东南亚地区的安全与稳定。

（钟学良）

中东和平进程出现危机　2000 年，中东和平进程虽然取得了一定进展，但总的来说，叙利亚与以色列、黎巴嫩与以色列、巴勒斯坦与以色列三条战线的会谈均令人失望。叙以和谈年初即陷入僵局，阿萨德总统逝世后叙利亚如何调整对以政策和恢复叙以和谈还是变数；黎以和谈尚未恢复，虽然以色列单方面从黎撤军结束了对黎长达 22 年的占领，但是导致黎以之间诸如边界、安全等棘手问题悬而未决；巴以和谈是中东和谈的关键，由于它时断时续，举步维艰，不仅使得“中东和平年”成为泡影，而且导致了大规模流血冲突的发生，使巴以乃至阿以之间的矛盾更加尖锐和复杂，中东和平进程再次蒙上阴影。

一、巴以多次和谈未果而终

2000 年 2 月以来，巴以和谈一直磕磕绊绊，时断时续。在美国等国的大力斡旋和直接参与下，巴以双方先后在埃拉特、斯德哥尔摩、戴维营、巴黎、沙姆沙伊赫以及华盛顿等地举行了多轮会谈，其中重要的有4次。这些会谈取得了一些进展，但最终因巴以武装冲突的爆发以及随之而来的政局动荡使得中东和谈再现危机。

（一）戴维营三方首脑会谈。7月11～24日，在美国总统克林顿的主持下，巴勒斯坦领导人阿拉法特、以色列总理巴拉克和美国总统克林顿在戴维营举行三方首脑会谈。此次会谈是由美国发起的，其意图是：赶在巴方预定9月13日宣布建立巴勒斯坦国之前，促成巴以达成一项和平协议，避免由于巴单方面宣布建国、以方采取过激行动而导致地区紧张局势升级，引发暴力冲突，从而使美国主导下的和平进程脱轨，危及美国在中东的战略安全利益。同时，克林顿也想在卸任前为自己竖一块缔造中东和平的丰碑。经过9天紧张磋商，巴以双方在巴勒斯坦难民、巴以边界和犹太人定居点等问题上取得了一些进展，立场有所接近，但在东耶路撒冷地位这个关键问题上仍互不相让。巴方要求恢复对东耶路撒冷的全面主权，而以方主张巴对东耶路撒冷实施“有限主权”，即巴只负责民事事务，以继续控制安全事务。据透露，美国曾提出了巴以对东耶路撒冷部分地方实行“双国家”共管的建议，以方似乎接受这一方案，但阿拉法特却强烈反对，声称“放弃耶路撒冷主权的领导人还未出世。”迄7月23日，会谈仍没有取得突破。7月24日，克林顿赶回戴维营后又投入紧张的谈判，但回天乏力，不得不以调停者的身份宣布谈判“破裂”。7月25日，美以巴就此次首脑会谈发表三方声明说：7月11～24日，在克林顿总统的主持下，巴以双方领导人在戴维营举行了会晤，旨在就双方的永久性地位问题达成协议。尽管双方未能消除分歧、达成协议，但巴以进行的谈判在广度和细节方面都达到了前所未有的高度。基于在戴维营所取得的进展，两位领导人都对以下谈判指导原则表示同意：（1）双方一致认为，谈判的目的在于结束数十年来的冲突，实现正义、永久的和平。（2）双方都将继续努力，力争尽快就所有永久性地位问题达成协议。（3）双方一致认为，在联合国安理会242号和338号决议的基础上进行谈判是达成协议的惟一途径。双方保证创造一个没有压力和阻碍、不受恐怖主义威胁的谈判环境。（4）双方均已认识到避免单方面采取行动的重要性，认识到只有坦诚的谈判才能消除双方的分歧。（5）双方一致认为，在寻求和平中美国仍然是重要的伙伴。因此双方今后继续与克林顿总统和奥尔布赖特国务卿保持密切磋商。

（二）巴黎三方高级会谈。以色列反对党利库德集团领导人沙龙9月28日参观位于东耶路撒冷老城内的阿克萨清真寺，导致巴以之间爆发大规模流血冲突。为了尽快平息冲突，在美国总统克林顿和法国总统希拉克的积极推动下，10月4日在巴黎举行巴以美三方会谈，5日又将会谈地点转移至埃及沙姆沙伊赫。在10月4日举行的巴以美三方会谈开始之前，阿拉法特和巴拉克首先分别与法国总统希拉克以及美国务卿奥尔布赖特举行了双边会晤。在此基础之上，巴以美三方举行了长达5个多小时的会谈，并最终达成了一项停止流血冲突的初步停火协议。根据该协议，日前因冲突升级而增援到约旦河西岸和加沙地带各个据点的以军士兵将被撤回原驻防地区，而巴勒斯坦民众则将避免前往发生冲突的热点地区。阿拉法特、巴拉克和奥尔布赖特等3人还约定第2天飞赴埃及，同穆巴拉克举行四方会谈，并正式签署了上述协议。就在此时，阿拉法特提出成立国际调查委员会以对巴以暴力冲突事件进行调查的建议。对此，巴拉克表示坚决反对，并因此拒绝参加埃美巴以四方会谈。最终，巴黎三方会谈不欢而散。10月5日，虽然埃美以三方领导人在埃及沙姆沙伊赫如期举行会谈，但由于巴拉克的缺席导致四方会谈变成三方会谈，因而在此次会议上正式签署停火协议的计划也随之泡汤。

（三）沙姆沙伊赫多边首脑会议。鉴于巴以流血冲突持续不断，联合国秘书长安南、俄罗斯外长伊万诺夫、欧盟高级代表索拉纳和英国外交大臣库克等前往中东斡旋。期间，安南先后4次同阿拉法特、两次同巴拉克举行会谈。在上述国际组织和国家的调解下，阿拉法特和巴拉克决定放弃各自的先决条件，参加旨在停止暴力冲突的多边首脑会议。10月16～17日，中东问题多边首脑会议在沙姆沙伊赫举行。除联合国秘书长安南和巴以领导人外，出席会议的还有美国总统克林顿、约旦国王阿卜杜拉和欧盟代表索拉纳。埃及总统在致闭幕辞时宣布，会议取得了“丰硕的成果”，有关各方就结束巴以冲突达成了协议。但是，在此次会议上达成的协议明显存在着可变因素：首先，会议的结果是以克林顿的口头声明和安南的书面讲话的形式公布的，有关各方没有签订正式的书面协议。因此，协议对巴以双方的约束力使人心存疑虑。其次，尽管巴以双方同意结束冲突，但既没有公布具体措施，也没有明确规定在协议得不到执行的情况下有关各方所采取的行动。因此，协议能否真正得到履行将在很大程度上取决于巴以双方的意愿。第三，巴以双方的要求未能得到完全满足。巴方要求以军撤至冲突爆发前的所在位置，结束以军对巴自治地区的陆地和空中封锁以及成立国际调查委员会对冲突起因展开调查并追究责任；以方要求巴方作出不再对以采取暴力行动的承诺，并收缴巴勒斯坦伊斯兰激进组织“哈马斯”的“非法武器”。由于以上原因，会后巴以冲突持续发生，停火协议又成了一纸空文。

（四）华盛顿巴以高级会谈。沙姆沙伊赫多边首脑会议后，会上达成的停火协议并没有得到落实，流血冲突仍在继续。11月28日，迫于国内政治形势的压力，以色列总理巴拉克宣布解散议会和提前举行大选，并于11天后辞去了总理职务，使巴以紧张关系雪上加霜。为了再次获得大选的胜利以延续自己的政治生涯，巴拉克与美国共同策划恢复巴以和谈。12月19～24日，巴以最终地位谈判在华盛顿附近的博林空军基地举行。谈判期间，巴以双方就东耶路撒冷地位等问题进行了深入讨论。以色列首席谈判代表、外长本-阿米称，华盛顿会谈是一次前所未有的“最积极、最大胆和最困难”的谈判，并暗示以将放弃对位于东耶路撒冷的“圣殿山”的主权，以便同巴方达成一项全面和平协议。巴勒斯坦谈判代表拉布也表示，巴以在棘手的东耶路撒冷主权问题上已经取得进展，双方立场“已非常接近”。然而，由于巴以现有分歧难消，和谈再度中止。12月23日，美方提出了一项新的和平建议，旨在促成巴以在克林顿卸任前达成和约。新建议的主要内容是：以方将向巴方交还全部加沙地带和约旦河西岸95%左右的领土，并对巴方作出领土补偿；东耶路撒冷老城内的阿克萨清真寺归巴方控制，东耶路撒冷的基督教区、穆斯林区以及阿拉伯社区也将交给巴方；以方保留东耶路撒冷犹太教圣地“西墙”和东耶路撒冷老城内的犹太区和亚美尼亚区；以方将允许为数很少的一部分难民以家庭团聚的方式回到以色列，大部分难民将定居在新成立的巴勒斯坦国。对此，以方表示有条件地接受，并同意将此作为今后谈判的基础。巴方则表示，该建议涉及东耶路撒冷，事关巴勒斯坦难民的命运，需要认真分析和澄清细节后再作表态。由于双方意见无法统一，原定于12月28日在埃及举行的巴以埃三方首脑会谈而被迫取消。至此，巴以4次会谈均以未果而终。

二、巴以和谈受挫的原因

经过近一年的较量，巴以和谈不但没有取得新突破，反而遭受重挫。其主要原因是：

（一）巴以双方在一些关键问题上存在严重分歧，难以弥合。巴以和谈反反复复，历尽磨难，有5大问题是双方争执不下的焦点。

第一、边界问题。巴以最终地位谈判的首要问题是边界划分问题，这是巴以争端最核心问题，也是巴以和平进程的实质问题。根据联合国242号和338号决议，以方应撤出全部约旦河西岸和加沙地带，巴以签署的《奥斯陆协议》、《怀伊协议》和《沙姆沙伊赫备忘录》等三个文件都重申了这一点。巴方一直坚持收回每一寸领土，但以色列并不愿意完全按照协议规定归还巴勒斯坦被占领土。在埃拉特谈判中，以方曾提出将约旦河西岸66%的地区分割成互不相连的3块归还给巴方。巴方以中断谈判相威胁，以方收回了这一建议。在斯德哥尔摩秘密会谈中，以方提出一次性归还80%地区，长期租借12%（主要是约旦河谷地区），其余的8%仍归以方（主要是延长1949年停火线一带的定居点），但巴方仍拒绝接受。在戴维营会谈中，以方提出控制约旦河谷和死海地区（约占西岸总面积的15%～20%），将1949年停火线巴方一侧15.5%的地区仍归以方，以便把只占约旦河西岸1.8%的定居点圈入以版图。巴方坚决反对以方控制巴边界地区，同意对边界进行小范围的修改或进行等值交换，但总面积不能超过约旦河西岸地区的2%。此外，以还提出用其南部与加沙地带相连地区的土地，以1：3的比例换取建有定居点的约旦河西岸巴方土地。巴方要求等值交换，且以方用于交换的土地必须富含地下水。在巴方毫不退让的情况下，以方的立场逐步退缩。12月，以外长本-阿米在与阿拉法特会晤时提出将归还约旦河西岸95%的土地，将其余5%的重要地方（主要是大的定居点）并入以方，同时从以境内划出相当于约旦河西岸3%的土地给巴方作为补偿。这虽与巴方的底线接近，但由于以政局动荡，双方没有达成协议。

第二、耶路撒冷地位问题。耶路撒冷的地位已经成为决定巴以未来命运的决定性因素。耶路撒冷之所以成为中东争端焦点中的焦点，不仅由于它涉及领土归属问题，而且在于它具有多重价值特别是在宗教方面的重要价值。耶路撒冷位于约旦河西岸巴勒斯坦中部，是一座具有5000多年历史的城市。目前，巴以双方在该问题的立场分别是：（1）巴勒斯坦宣称耶路撒冷是巴勒斯坦被占领土的一部分，要求以色列必须全部放弃。在过去的几年中，巴勒斯坦在公开场合仍坚持对耶路撒冷拥有全部主权，但也半公开地表示只收回东耶路撒冷，接受西耶路撒冷为以色列首都的事实。戴维营会谈中，巴方首次正式承认西耶路撒冷为以色列首都，并要求以方归还东耶路撒冷作为对其让步的回报。(2) 以色列占领东耶路撒冷后，采取各种措施使其犹太化，并加大宣传力度，力图使国际社会接受整个耶路撒冷是其首都这一既成事实。在戴维营会谈中，巴拉克在这一问题上表现出相当的灵活性。尽管巴拉克的让步同巴方完全收回东耶路撒冷的要求尚有距离，并导致戴维营会谈无果而终，但这种让步还是惹恼了包括利库德集团在内的右翼和极右翼世俗和宗教党团，使巴拉克面临前所未有的内阁危机和人身攻击。由此可见，耶路撒冷问题极具敏感性及复杂性，是影响巴勒斯坦问题难以迅速解决的最大障碍之一。

第三、犹人人定居点问题。主要是指以色列在其公认边界外所建立的定居点，特别是加沙地带、约旦河西岸（含东耶路撒冷）。根据巴方 1999 年的统计，以色列定居点 200 个，定居者约 35 万人，其中东耶路撒冷 18 万，约旦河西岸 16 万余，加沙超过千余人。以色列历届政府十分重视定居点的建设，并投入巨大的财力、物力和人力用于其发展和保卫。这不仅是由于定居点具有重要的安全、军事和政治意义，而且通过定居点的建立还可以控制巴勒斯坦宝贵的战略资源——水。目前，巴以双方在该问题上的立场分别是：(1) 巴方要求以色列必须归还 1967 年战争期间占领的全部土地，并拆除全部定居点；定居点若保留则必须处于巴主权之下，定居者若不迁走则必须加入巴国籍。(2) 以方曾提出的一项方案是将 80% 的定居点置于以色列的主权之下，拆除部分定居点并将 20 万定居者（不含东耶路撒冷定居者）中的 4 万人从加沙和约旦河西岸迁走，安置在其它大的定居点或回到以色列本土。据悉，巴拉克准备保留的定居点群约有 11 个。约旦河谷地的多数定居点都将拆除，若巴方同意则可租借给以方（斯德哥尔摩会谈期间，双方曾商定把这里租借 49 年）。这也是巴以和谈的难点之一。

第四、巴勒斯坦难民问题。据联合国近来对巴勒斯坦难民救济和工程处统计，截至 1997 年 6 月，在该组织各分支机构登记的巴难民总数约为 350 万人，其中在约旦 140 余万，黎巴嫩和叙利亚各约 40 万。除在约旦和叙利亚的巴勒斯坦难民处境稍好外，在其余国家的难民处境十分艰难。在巴难民问题上，巴以双方立场分别是：(1) 巴勒斯坦和其它阿拉伯国家坚决要求难民返回家园。其主要依据是：首先，根据巴勒斯坦分治决议，在当时拟议的犹太国中有多数居民是阿拉伯人，以色列用武力把阿拉伯居民赶出犹太国领土并拒绝他们返回家园是对联合国大会决议的肆意破坏。其次，难民返回家园和在自己祖国生活的权力是一种自然的、合法的、不可剥夺的基本人权。此外，阿拉伯国家还把难民问题作为与以进行政治斗争的武器和讨价还价的砝码，因此拒绝接受巴难民。(2) 以色列主张维持现状，拒绝遣返巴难民。因为如果同意难民返回，以方建立犹太国的希望将会化为泡影，是自取灭亡的行为。鉴此，以方不惜歪曲联合国有关遣返难民决议的条文，拒不执行联合国大会决议。在美戴维营首脑会谈期间，巴拉克明确表示，以色列不对巴难民问题承担责任。在美国的调解下，巴拉克作出的最大让步是同意 10 万巴勒斯坦难民在“与家人团聚”的前提下返回以色列境内，并考虑对滞留当地的难民进行“赔偿”。但这仍与巴方的要求相距甚远。

第五、水资源问题。目前，巴以双方对水资源的分配极为不均：巴勒斯坦地区可再生水资源估计达到 20 亿立方米，但以色列占有和消耗其中的 80%。在每年 1.12 亿立方米地表水资源中，以色列使用了 0.45 亿立方米，巴勒斯坦人的使用量几乎为零；12 亿多立方米的河流水资源几乎全部被以占有；约旦河西岸 6.5 亿立方米地下水资源中约有 5 亿立方米被以消耗。以色列不但占有整个地区的绝大部分水源，而且在淡水的开采、供应和销售等方面欺压巴勒斯坦人，采取歧视性的用水政策，导致巴勒斯坦自治区水资源形势十分严重，给巴造成沉重负担。巴以双方在该问题上的立场分别是：(1) 巴勒斯坦认为，根据有关国际法特别是日内瓦公约、海牙协定、联合国有关巴勒斯坦问题的决议以及巴以签署的一系列协议，巴勒斯坦人完全拥有对其土地（1967 年战争中失去的土地）水资源的原始主权和全部使用权，并坚持收回这些主权和使用权；认为水资源分配应同边界、难民和定居点等问题一并解决，不能分割或推迟；拒绝接受通过非常规用水的方式来补偿巴勒斯坦人的水资源以及同以共同管理水资源的要求。(2) 以色列反对同巴勒斯坦进行水资源再分配，主张共同管理水资源，以确保目前控制大部分水源的优势；同时以巴勒斯坦不属于国际法保护的主权国家为由，反对巴人享有平等的用水权。在 2000 年的谈判中巴以双方在这方面没有进行深入的讨论，但水资源作为一种战略资源，其重要性日益凸显，水资源问题也成为冲突各方最难以解决的问题之一。

(二) 调解各方各有所求，难有成效。美国、俄罗斯、埃及以及以法国为主的欧盟等均积极参与了中东和平进程调解和斡旋。但由于美国坚持偏袒以色列

一方，其余各方各有所求，促和力度有限，因此成效不大。

第一、美国 2000年，克林顿加大了对中东和谈的斡旋力度，其主要目的是维持美在中东地区的战略利益，为民主党赢得选举捞取政治资本，并可以使其本人名垂青史。然而，由于美国一贯奉行偏袒以色列的政策，致使美在中东地区的威信日渐降低。在戴维营会谈期间，美国提出了一项书面建议，试图弥合巴以双方在关键问题上的巨大分歧。但阿拉法特对此十分恼火，认为美国的建议与以色列的立场如出一辙，扬言要退出谈判。克林顿亲自干预，收回文件，总算是平息了一场风波。巴以流血冲突爆发后，美国对熄灭这场武装冲突没有做出卓有成效的努力，其调停人的作用显得十分苍白。巴方认为，由于美国在巴黎会谈中没有向以方施压，迫其接受阿拉法特提出的成立国际调查委员会的建议，导致会谈失败，流血冲突未得到制止。在联合国安理会讨论通过谴责以色列在巴被占领土上使用武力的决议时，美国先是寻求缓和措辞，之后又在表决中投了弃权票。巴勒斯坦及其它阿拉伯国家及其民众对此十分不满。美国众议院10月25日以压倒多数通过的谴责巴勒斯坦人重新恢复暴力活动的决议，显示了美众议院对以色列的支持，进一步加剧了巴勒斯坦人对美国的不信任。

第二、欧盟 随着政治、经济实力的增强和国际地位的提高，欧盟在中东和平进程中的影响力与日俱增。由于欧盟采取了完全有别于美国的偏袒以色列的立场，赢得了阿拉伯国家的普遍欢迎。2000年，法国总统希拉克多次与阿拉法特和巴拉克举行会谈。4月底，当中东和平进程出现严重困难时，希拉克积极参与中东和平斡旋，与巴拉克进行电话会谈，并与来访的阿拉法特举行会晤。7月，巴拉克与希拉克总统会晤后宣布，接受克林顿的邀请，参加在戴维营举行的巴以美三方首脑会谈。9月，巴以大规模流血冲突爆发后，希拉克积极寻求尽快平息暴力冲突的措施。欧盟还发表了谴责以色列的声明，以示对巴勒斯坦的支持。然而，欧盟积极介入中东事务主要是为了获得重要的现实的经济利益和长远的战略利益，增强欧洲国家在国际事务中的影响与作用。鉴此，出于自身利益的考虑，欧盟有时不仅没有起到显著的积极作用，反而起到了一定的消极作用。加之由于欧盟的实力及各方面的影响力与美国不可同日而语，因此在中东和平进程中也不可能与美国平起平坐。

第三、俄罗斯 为打破美国独家操纵中东和平进程的局面，恢复并扩大俄罗斯在中东的影响，俄罗斯重返中东并积极参与中东和平进程。2000年2月1日，俄罗斯与美国共同主办了已中断3年的中东问题多边和谈。代总统普京表示，作为中东和平进程的发起国之一，俄将不遗余力地促进该地区问题的解决。巴以美戴维营会谈搁浅后，普京与到访的阿拉法特举行会晤，重申对巴勒斯坦的支持。巴以爆发大规模流血冲突后，俄谴责以色列动用武力，呼吁双方停止暴力行为，俄外长伊万诺夫还两次前往中东。11月，阿拉法特再度访俄，并在普京的磋合之下与巴拉克通了电话。俄加紧调解巴以和谈，充分显示了俄在国内经济形势渐趋好转的前提下更加积极地介入中东事务的意图。但是，由于实力有限，俄罗斯不可能在中东牵涉过多的精力，尽管阿拉伯国家对俄重返中东持欢迎态度，但以色列和美国并不希望俄罗斯与美国共同主导中东和平进程。此外，由于俄在经济上有求于美国和欧盟，也不愿与之在中东问题上争一高低。鉴此，在推动中东和平进程的过程中，俄罗斯更多的是希望借此扩大政治影响，重树其大国地位，因此受到多种因素掣肘，所起作用无法与美国相提并论。

第四、埃及 作为中东地区的重要大国，埃及对中东和平进程具有重要作用，并一向作为阿拉伯国家的代言人站在巴勒斯坦等国的一边。2000年，阿拉法特曾数次访埃，寻求埃及对巴勒斯坦事业的支持，并就推进中东和平进程与穆巴拉克进行磋商。巴以流血冲突爆发后，穆巴拉克指责巴拉克政府负有不可推卸的责任，认为以色列在巴以最终地位谈判中没有就耶路撒冷问题向巴方提出合理的解决方案，是导致巴以紧张局势升级的根本原因。另一方面，为了维护本地区的和平成果，顾全中东和平进程的大局，穆巴拉克积极进行调解，并推动举行了埃以巴美四方会谈（由于巴拉克缺席而成为三方会议），以期平息巴以暴力冲突。但是，由于埃及从埃美关系中受益匪浅，在阿以关系问题上不得不有所顾忌。在阿拉伯国家特别首脑会议上，以埃及为首的温和派国家拒绝了一些阿拉伯国家的要求，没有发表措辞强硬的声明。这是因为，埃及认为，目前改变现状的想法尚未成熟，且使用过激手段改变现状不一定会使对手屈服，反而会损害同盟者的利益，使局势更趋复杂和难以控制。

（三）巴以反对势力的阻挠和破坏，严重干扰了中东和平进程。在巴以内部都存在着不可忽视的反和势力，他们的捣乱和破坏严重干扰了和平谈判进行，严重危害了中东和平进程。

第一、从巴勒斯坦方面来看，长期以来，以巴勒斯坦伊斯兰抵抗运动（“哈马斯”）为首的激进组织极力反对中东和平进程，并成为以武装抵抗以色列的急先锋。自和平进程重新启动之后，巴民族权力机构加强了对“哈马斯”等极端组织的控制力度，使这些组织陷入前所未有的困境，其声音和主张日渐式微。然而，以色列从黎巴嫩撤军使阿拉法特所坚持的和平道路受到置疑，并为“哈马斯”等极端组织开展活动提供了政治舞台。阿拉法特参加戴维营会谈期间，“哈马斯”领导人亚辛再次向阿拉法特施压，要求巴代表团应退出谈判。巴以流血冲突的爆发为“哈马斯”等极端组织“大显身手”提供了有利的契机。“哈马斯”组织宣称，巴以和谈的失败恰恰证明了其一贯主张武装抗以的正确，他们将决心进行广泛的人民武装起义来反对以色列的挑衅。并呼吁巴解组织与其进行合作，以期把以色列赶出巴被占领土。“哈马斯”组织在暴力冲突中的鼓动作用对阿拉法特是一种挑战，并使其陷入了不可逃脱的困境。如果阿拉法特接受了妥协方案，“哈马斯”组织就可以指责他背叛了巴勒斯坦人的愿望。

第二、从以色列方面来看，巴拉克积极推动中东和平进程，遭到了以反对党及政府内部右翼势力的强烈反对。6月初，以反对党议员、前总理内塔尼亚胡办公厅主任利伯曼以巴拉克向巴方让步过多为由，提出了“解散议会提前举行大选”的议案，并获得了议会预读通过。6月27日，以议会一读又否决了该议案，使得政府危机暂时得到平息。然而，就在克林顿总统宣布巴以美三方首脑将在戴维营举行会晤的同一天，利库德集团再次向巴拉克发难，向议会递交了对巴拉克的不信任案，以阻挠其与阿拉法特进行和谈。与此同时，以联合政府中的右翼党派以色列移民党、沙斯党和全国宗教党纷纷退出政府，以示对巴拉克的抗议，致使巴拉克领导的执政联盟成为议会中的少数派。然而在10名阿拉伯议员的支持下，议案未被通过，巴拉克再次化险为夷。在戴维营会谈中，巴拉克在耶路撒冷问题上作出一些让步，以右翼势力借机向巴拉克发起新一轮攻击。沙龙参观阿克萨清真寺引发暴力冲突后，阿拉伯议员放弃了对巴拉克的支持，以抗议巴拉克在巴以冲突中下令镇压巴勒斯坦民众。巴拉克最终在劫难逃，被迫于11月28日宣布提前举行大选，并于数日后宣布辞去总理职务。巴拉克采取以退为守的策略，试图以此延长自己的政治生涯，但以政局动荡使巴以和谈被再次冻结。

三、沙龙事件导致巴以冲突持续不断

以色列反对党利库德集团领导人沙龙9月28日强行参观伊斯兰教第三大圣地阿克萨清真寺事件及巴以和谈失败，引发了巴以之间的大规模流血冲突持续不断。这是自1997年以来巴以之间发生的持续时间最长、波及范围最广、伤亡人数最多的暴力冲突，给巴以双方都造成了惨重的损失，迄2000年底，共有近400人在冲突中丧生，1万多人受伤，其中大部分是巴勒斯坦人。这场流血冲突导致中东和平进程发生严重危机。

巴以和谈虽然严重受挫，但历史已经并将继续证明，战则俱伤，和则两利，巴以若想结束冲突，通过和谈实现和平共处是惟一的战略选择。巴以双方只要从大局出发、互谅互让，并通过国际社会的共同推动和地区人民的共同努力，和平的航船终将重新启航，地区全面和平终将得以实现。

（林海霞　刘温国）

伊拉克在打破美英军事封锁上取得突破性进展　2000年8月份，尤其是11月上旬以来，伊拉克政府顶着美英的军事压力，毅然宣布恢复自海湾战争以来停运10年的国内航班，而且首航点选在处于美英设置的“禁飞区”的南部重镇巴士拉和北部重镇摩苏尔。国际舆论普遍认为，伊拉克在迎来众多国际民航班机的基础上选择此二地作为国内航班的首航点，无疑是为打破美军事封锁迈出了关键的一步。面对伊拉克及国际社会作出的反应，美英只得无可奈何地说，“禁飞并不包括民航机”。此举证明伊拉克，它打破美英军事封锁的不懈努力正在取得突破性的进展。

一、在打破军事封锁上采取的主要措施

10年前，伊拉克总统萨达姆以科威特偷采石油为借口出兵占领了科威特，招致了国际社会的一致谴责和抗议，美国趁机纠集其盟国向伊拉克发动了代号为“沙漠风暴”的军事行动，给伊以沉重打击。美国为了达到其在中东的战略目的，在刮完“沙漠风暴”之风后并未罢休，而是继续以军事封锁等手段制裁伊拉克，不断向萨达姆发难，企图置其于死地。其军事封锁的基本手段是建立所谓“禁飞区”，即在伊拉克境内北纬33度以南和36度以北地区分别建立南、北两个“禁飞区”，将伊拉克活动空间限制在长350千米范围的狭小地带，而美英战机在“禁飞区”内则是想飞就飞，想炸就炸。10年来，美英一直在伊拉克周边国家保持着300多架战机的空中力量，先后出动10多万架次进入“禁飞区”飞行，并对“禁飞区”进行了数百次的空中打击。仅1998年12月17日美英对伊拉克发动代号为“沙漠之狐”空中打击行动以

来，美英战机侵犯伊领空就达 22163 次，炸死 300 多人，炸伤 1000 多人。此外，为了增强“禁飞效果”，美英还通过武器核查和扶植反政府武装等手段来削弱伊拉克的军事实力。美英通过联合国武器核查小组对伊拉克全境任何被认为可能隐藏大规模杀伤性武器的地方进行清查，就连总统住地也不放过。为了扶植伊拉克的反政府武装，美国会专门通过决议同意美国总统拨款 9700 万美元用于对伊拉克反政府武装的军事训练和武器援助。美英的军事封锁给伊拉克造成了灾难性的后果，给伊拉克经济造成了 1400 亿美元的损失，使伊拉克经济曾几乎陷于瘫痪，人民生活水平急剧下降，人均收入由海湾战争前的 4000 美元降至不足 300 美元。其所造成的人道主义灾难更是令人触目惊心。据前联合国对伊拉克人道主义援助事务协调员哈利迪透露，10 年封锁制裁已导致 135 万伊拉克人死亡，其中大多数是儿童，同时还造成大批儿童流离失所，无学可上。然而，10 年过去，面对美英的军事封锁，萨达姆誓不低头，顽强抗争。尤其是 2000 年以来，其所采取的一系列措施收到了意想不到的效果。它不仅使国家的军事和经济实力逐步得到恢复，而且使自己变被动为主动，赢得了国际社会广泛同情和支持。伊拉克打破美英军事封锁的措施主要包括 3 个方面：

（一）英勇抗击美英的军事封锁。伊拉克通过总结这几年对美英斗争的教训后认识到，对付美英这样的欺软怕硬、以强凌弱的霸权主义行径，不能一味地忍让、退缩，只能以牙还牙，针锋相对。2000 年 8 月中旬，针对美英大批战机连续对巴士拉等省进行轰炸，伊拉克导弹部队和防空部队坚决地进行了还击，不断向美英飞机发射地对空导弹，迫使这些飞机停止了轰炸，飞离了伊拉克领空。8 月下旬，针对美国叫嚣如伊拉克再不让联合国武器核查小组去伊拉克就要对其采取断然措施，伊拉克副总理阿齐兹明确表示，不管受到何种威胁，伊拉克都决不会让美国操纵的核查小组再进入伊拉克。对此美国无计可施，不了了之。9 月上旬，伊拉克空军突破美英“禁飞区”封锁，大胆地在“禁飞区”地区进行了演习，演习部队不仅试射了导弹，而且 1 架参演的飞机还穿过“禁飞区”飞越了沙特阿拉伯的领空，使在“禁飞区”巡逻的美英战机大为震惊。尤其值得称道的是 9 月中旬伊拉克同美国的叫板。9 月 14 日，伊拉克石油部长拉希德指责科威特“偷采”伊拉克鲁迈拉油田和祖拜尔油田的石油，并称要采取措施来“保卫伊拉克的利益”。美国对此借题发威，摆出一副要再次“教训”伊拉克的架势。美国务卿奥尔布赖特和国防部长科恩都宣称，一旦需要，美国随时准备对伊拉克采取军事行动。同时，积极向海湾地区调兵遣将，命令一支由 5000 名官兵和 60 架飞机组成的“精锐之师”尽快进驻土耳其基地，同时，还命令驻德国法兰克福的美陆军防空导弹旅的 1 个“爱国者”导弹营进入戒备状态，随时准备开赴以色列，从而将美国在海湾的总兵力从 2.4 万人增至 3 万多人，飞机总数达到 300 多架，各型舰只达到 13 艘。面对美国大兵压境，伊拉克则毫不示弱，一面积极进行应战准备，一面大力进行舆论宣传，最大限度地增强全民战争意识。伊拉克总统萨达姆亲自下达特别命令，要求伊拉克复兴党全体党员参加军事演习和军事训练。特别命令还鼓励政府公务员和平民百姓自愿接受军训，并要求军人们尽快教会自愿受训者如何使用自动武器和枪弹。在萨达姆下达特别命令后，首都巴格达等地出现了空前的练兵热潮，一辆辆满载武装士兵、民兵和志愿者的卡车不时开过街头，练兵场附近的居民终日都可听到各种武器射击声。为了配合战备，伊拉克官方媒体《共和国报》等报纸几乎天天都在刊登一些战斗气氛很浓的文章，表示将不惜任何代价坚决保卫国家安全。

（二）打开国门迎接八方宾朋。伊拉克明白，要彻底打破美英的军事封锁，光靠自身的力量是远远不够的，还必须借助国际社会的力量，通过国际社会向美英施加压力方能达到目的。为此，伊拉克使出的一个高招就是开放巴格达萨达姆国际机场这道重要的国门，让同情和支持伊拉克的国家的飞机飞进来，把美英战机对伊拉克一国的挑战变成对国际社会的挑战，迫使其逐步撤销设置的“禁飞区”。2000 年 8 月 17 日，伊拉克政府作出了一项 10 年来最具影响力的决定，就是从即日起开放萨达姆国际机场。机场开放仅两天，一向同情伊拉克的俄罗斯政府就立即作出了反应，于 8 月 19 日派 1 架飞机载着俄紧急情况部副部长察利科夫率领的由官方人士组成的代表团飞抵巴格达，成为萨达姆国际机场开放以来的首架飞机和首批客人。9 月 17 日，俄罗斯的第 2 架飞机又载着俄商界代表团和药品等救援物资从莫斯科直接飞抵巴格达。随团的一位公司经理说，俄商界代表团此次访伊拉克有两个目的，一个是就如何增进俄罗斯与伊拉克在石油方面合作的问题同伊拉克石油部官员举行会谈，再一个就是表示俄罗斯反对非法加诸伊拉克的禁飞令。9 月 23 日，1 架载有 100 多名俄罗斯杜马议员、记者、足球运动员和艺术家的飞机又降落在萨达姆国际机场。代表团团长、曾担任俄燃料和动力部长的尤里·沙夫拉尼克更明确表示，这是为了抗议所谓的“禁飞令”和对遭受制裁的伊拉克表示声援。10月27日，俄罗斯和伊拉克同时宣布从莫斯科至巴格达的航班正式恢复，每周飞行4次。在俄罗斯的带动下，法国、印度、约旦、也门、摩洛哥、阿联酋、突尼斯和阿尔及利亚等一大批国家的民航客机也陆续飞往巴格达。在这些国家中，有些还是美国的朋友，甚至是盟友。尤其是10月底11月初的巴格达国际博览会，来自45个国家的1000多家公司的负责人乘坐的航班陆续抵达巴格达的壮观场面，把冲破“禁飞区”的浪潮推向了高潮。面对各国飞机纷纷飞往巴格达，美国感到十分恼火，但又无可奈何，难犯众怒，只好一边指责这些国家“违反联合国决议”，一边很不情愿地减少对伊拉克领空的入侵，迫使美英的“禁飞”处于进退维谷的尴尬境地。

（三）化敌为友拓展生存空间。自从两伊战争和海湾战争以来，伊拉克在海湾地区甚至整个中东地区处于孤立境地，与周边国家关系普遍比较紧张。最近几个月来，伊拉克为实现其打破美英军事封锁的战略目标，不计前嫌，主动与本地区国家特别是周边国家改善关系而且收到了极好的效果。首先引人注目的是伊拉克与它的夙敌伊朗关系得到一定改善。9月30日，伊朗总统哈塔米应邀同伊拉克副总统拉马丹在委内瑞拉首都加拉加斯举行了历史性的会谈。会谈中，两位领导人都表示接受关于双边边界安全的《阿尔及尔协议》。会谈结束后，哈塔米总统的发言人说，双方会谈“取得了显著的进展”。随后，伊拉克交通部长莫特扎访问了伊朗，双方就互相开放领空问题达成了协议。根据协议，伊朗允许伊拉克开辟从巴格达飞越伊朗领空前往莫斯科的航线；伊拉克允许伊朗开辟德黑兰飞往叙利亚首都大马士革的航线。10月12日，伊朗外长哈拉齐应邀访问伊拉克，这是自1979年伊朗革命以来前往伊拉克访问的首位伊朗外长。双方决定捐弃前嫌，加强合作，共同对付外来势力对本地区的干涉。其次是伊拉克与叙利亚关系有了很大改善，为其沟通同外部世界的联系大开了方便之门。8月12日，根据两国达成的协议，伊拉克一列火车从伊拉克北部重镇摩苏尔出发抵达叙利亚第2城市阿勒颇，这标志着两伊战争期间因两国交恶而停运的两国间的铁路交通从此恢复，同时也标志着两国关系已得到实质改善。9月25日，伊拉克副总理阿齐兹访问了叙利亚，与叙总统巴沙尔讨论了阿拉伯国家采取联合行动以解除对伊拉克制裁的可能性，并研究了有关伊拉克参加阿拉伯国家首脑会议等问题。10月31日，伊拉克和叙利亚决定于11月中旬重新开放一条战略性石油出口通道。第三是伊拉克与土耳其和沙特阿拉伯关系取得了实质性改善，它给伊拉克彻底打破美英的军事封锁增强了信心，因为这两个国家都是美国的盟友，也是美英战机空袭伊拉克和履行“禁飞”使命的基地。10月4日，土耳其外交部出人意料地宣布土耳其即将与伊拉克实现关系正常化，并决定向飞往伊拉克的外国航班开放领空。11月初，伊拉克和沙特阿拉伯决定相互开放一处边境口岸，恢复通关。伊拉克与本地区及邻国关系的恢复和改善，极大地动摇了美英军事封锁的基础，随着时间的推移，这种化敌为友的政策所起的作用将会更加明显。不管美英愿意不愿意，承认不承认，它们对伊拉克的继续封锁换来的只能是更加孤立、更加被动，和失去盟友的支持。

二、取得突破性进展的主要原因

伊拉克在打破美英军事封锁上取得突破性进展的主要原因有三：

（一）有较强经济军事实力作后盾。尽管美国的10年军事封锁给伊拉克造成了重大损失，但伊拉克毕竟是中东地区数一数二的大国，其经济和军事实力基础比较雄厚，美英的军事封锁制裁并未能动摇其根基。在经济上，伊拉克是石油大国，其石油储量和产量仅次于沙特阿拉伯，日产最高可达600万桶。据有关专家估计，伊拉克的石油储量还有可能高于沙特阿拉伯。这几年因美英的封锁虽然使伊拉克的石油出口数额有所下降，但它充分利用联合国允许的“石油换食品”计划扩大石油生产和出口。据说伊拉克目前的年石油出口已接近海湾战争前180亿美元的水平。同时伊拉克还吸收了10亿美元的外资用于提高石油、天然气生产能力，尤其是在军事上，伊拉克仍有着强大的军事实力。据伦敦国际战略研究所估计，目前伊拉克仍拥有正规军约42.9万人，后备役军人约65万人，包括米格－29、苏－25在内的歼击机310余架，坦克2000余辆。据美国媒体称，伊拉克的导弹研究和生产也正在恢复，伊拉克最近成功地试射了射程为150千米的导弹。从1999年5月到2000年9月，伊拉克共进行了8次导弹试验，其中包括1次可携带化学或生物武器的弹道导弹试验。德国情报局也称，伊拉克在巴格达西南部约40千米处建了一家秘密武器制造厂，雇佣了250名技术人员，正在研制可运载化学或生物武器弹头的导弹。更使美国恼火的是，美国情报部门得到信息说，伊拉克正秘密与俄罗斯导弹技术公司接洽，商讨在伊拉克建立远程弹道导弹的高级导航控制部件－陀螺仪的生产线，预计2001年竣工。

据 1994 年从伊拉克叛逃、现居住在美国的核物理专家哈姆扎称，伊拉克确已初步掌握生产核武器的能力。据他所知，伊拉克在入侵科威特时就已从德国获得了 25 千克左右用于制造原子弹的浓缩铀，只差几个月就可以研制出原子弹了。现在伊拉克只要还能从国外得到铀等原料，它仍然很快就能拥有核武器。此外，有关媒体还纷传，伊拉克可能斥资 4 亿美元在苏丹建立导弹工厂。伊拉克正是有这较为雄厚的实力作后盾，才敢与美国叫板。

（二）审时度势把握叫板良机。伊拉克之所以把同美英叫板的良机安排在 2000 年下半年，并不是为了纪念海湾战争 10 周年，而是为了充分利用这段时间内所发生的几件大事而精心设计的。首先是美国总统大选进入关键阶段，美全国上下都在把目光投入选举，无暇他顾。9 月初，伊拉克威胁要对科威特“偷采”石油动武实质上只是一个试探姿态，是试探美国人在此时对此事能做出多大反应，并未打算真对科威特采取军事行动。美国果然如伊拉克所预料的那样，反应谨慎，雷声大，雨点小。它向海湾增兵并摆出动武的架势其目的是为了安抚国内民众，因为伊拉克问题一直是美国民众和舆论关注的焦点，这样可使克林顿所在的民主党在总统大选中争取更多的选票。同时也为克林顿即将结束的总统生涯加点分。但如果真要动武，稍有闪失就会使克林顿执政 8 年的“外交成果”付诸东流，同时还会对民主党候选人副总统戈尔的竞选产生不利影响。伊拉克在试探成功后，更加坚定了后来挑战“禁飞区”的决心。其次是借国际石油价格飙升所带来的恐慌心理将国际社会的注意力引向美英对伊拉克的军事封锁。2000 年 8 月份以来，国际石油价格持续攀升，曾一度突破每桶 40 美元大关。油价的飞涨在国际社会特别是欧洲引起了极大的混乱，罢工、罢市、游行示威接连不断。美国也不得不宣布动用战略储备油。石油输出国组织（欧佩克）轮值主席、委内瑞拉能源和矿业部长罗德里格斯 9 月 19 日指出，国际原油价格的上涨“是与伊拉克有关的国际冲突加剧的结果”，如果形势得不到缓解，油价还有可能涨得更高。这正中伊拉克下怀。伊拉克选择石油涨价这一敏感时期同美英叫板就是为了敦促饱受石油危机之苦的法国、德国、日本等大国向美英施压，让其尽快撤销对伊拉克的军事封锁。第三是利用联合国千年首脑会议向美英施加压力。9 月联合国千年首脑会议前后，国际和平氛围异常浓烈，全世界 150 多位国家元首和政府首脑聚首联合国总部共商新千年的和平大计，伊拉克叫板意在利用美英在此时不敢采取过激行动，同时也为引起各国首脑注意，以便向美英做工作。

（三）得到了国际社会的广泛同情和支持。美英对伊拉克的军事封锁给伊拉克造成的灾难在国际社会引起了强烈反响，伊拉克人民为打破美英封锁所进行的斗争赢得了国际社会广泛的同情和支持。这两年很多国家包括参与制裁伊拉克的国家都在认真反思对伊拉克制裁的得与失，反思的结果是，认为只有尽快解除制裁和封锁才是解决问题的根本出路。埃及、约旦、阿尔及利亚、突尼斯和摩洛哥等国已主动解除了对伊拉克的制裁。阿曼、卡塔尔、巴林和阿联酋等已先后恢复了同伊拉克的外交关系。俄罗斯等国正在四处做工作，呼吁解除对伊拉克的制裁，要求美英停止对伊拉克“禁飞区”的轰炸。就连美国的盟友法国、德国和意大利等也规劝美英解除禁令和停止使用武力，意大利议会还通过决议要求政府重开驻伊使馆。甚至在美国国内，在海湾战争 10 周年之际有数千各界人士冒雨在白宫前的拉法耶特广场举行集会，抗议美英等顽固坚持对伊拉克的制裁政策，要求立即停止对伊拉克的制裁和封锁。可以说，目前除美英等少数国家外，几乎全世界的国家和人民都站在伊拉克一边，给伊拉克人民反美斗争极大的鼓励。在这些支持伊拉克的众多国家中，除俄罗斯外，表现最为出色的当数德国、委内瑞拉和约旦等 3 国。8 月 2 日，德国外长韦德里纳在纪念海湾战争 10 周年时敦促美国停止对伊拉克“残酷无效和危险”的封锁和制裁。8 月 10 日，委内瑞拉总统查韦斯顶住美国的强大压力抵达巴格达访问，成为海湾战争 10 年来第 1 位访问伊拉克的国家元首，使伊拉克人民深受感动。11 月 1 日，约旦首相兼国防大臣拉吉卜乘飞机抵达巴格达萨达姆国际机场，对伊拉克进行了为期 3 天的历史性访问。这是自 1991 年海湾战争结束以来首位阿拉伯国家政府首脑访问伊拉克。拉吉卜向萨达姆总统递交了约旦国王阿卜杜拉的一封信，信中表示约旦将尽一切努力争取早日取消对伊拉克的制裁。拉吉卜还同伊拉克讨论了向约旦出口石油和恢复约旦首都安曼至巴格达的航线等事宜。

伊拉克为打破美英军事封锁付出了艰辛的努力，也取得了突破性的进展，但还有一段艰苦的道路要走。美国碍于众怒难犯虽有所收敛，但态度没有根本转变，对伊拉克的空袭也还没有完全停止，特别是 2001 年 1 月新一届总统上台后，还有可能出现反复。因此，伊拉克打破美英军事封锁的斗争还将持续相当长一段时间。

（张　宁）

中亚独联体国家联手打击跨国流窜非法武装 苏联解体后，中亚独联体国家内部战乱四起，民族和地区冲突事件时有发生。2000 年 8 月，盘踞在塔吉克斯坦的武装叛乱分子再次兴风作浪，连续流窜至吉尔吉斯斯坦和乌兹别克斯坦两国边界地区，与国际恐怖分子相互勾结，进行暴乱和恐怖活动。与此同时，被俄军打散的车臣残匪也流窜至这一地区，加入该团伙，再加上在阿富汗塔利班训练营地结束受训的宗教极端分子不断入盟，致使这些跨国非法武装队伍日益壮大，活动区域不断扩大。这伙跨国非法武装分子装备精良，极其好战，笃信伊斯兰原教旨主义，妄想用“圣战”方式推翻中亚各国政权，建立宗教政权。针对他们的流窜行动，独联体有关国家采取联手打击行动，取得一定成效。

一、联手开展清剿作战

此次联手清剿作战主要集中在中亚吉、塔、乌 3 个独联体国家的边境地区。在吉尔吉斯斯坦边境地区，吉与塔、乌联手对付。8 月 11 日上午，一伙由近百人组成的武装叛乱分子侵入吉尔吉斯斯坦南部与塔吉克斯坦和乌兹别克斯坦交界处的巴特肯山区，与驻守在那里的吉尔吉斯斯坦政府军发生激烈枪战，双方伤亡 50 多人。至 13 日，在吉尔吉斯斯坦境内发生的 3 天武装冲突中，至少有 30 名武装叛乱分子和 10 名政府军士兵死亡。吉尔吉斯斯坦国防部官员说，政府军在该国南部边境包围了 100 多名武装叛乱分子，战斗相当激烈。15 日深夜，由大约 50 名国际恐怖分子组成的小分队再次从塔吉克斯坦境内窜入吉尔吉斯斯坦南部的巴特肯山区，与驻守在那里的吉尔吉斯斯坦政府军交火。由于盘踞在塔吉克斯坦境内的约 800 名武装叛乱分子随时可能从各个方向渗入吉尔吉斯斯坦南部边境，吉尔吉斯斯坦政府军封锁了所有武装叛乱分子可能窜入的通道。17 日，吉尔吉斯斯坦总统阿卡耶夫在国家电视台发表讲话，号召人民行动起来，做好维护国家领土完整的准备。阿卡耶夫还每天与乌兹别克斯坦、塔吉克斯坦等国总统通电话，共商剿匪计划。吉尔吉斯斯坦安全委员会秘书称，盘踞在吉尔吉斯斯坦和塔吉克斯坦边界地区的国际恐怖分子及武装叛乱分子主要经营阿富汗—中亚—俄罗斯—西欧毒品走私通道，他们企图以贩毒方式聚敛钱财，扩展军事力量，通过不断制造地区武装事端，引发中亚局势动荡，并借机在吉尔吉斯斯坦、乌兹别克斯坦、塔吉克斯坦 3 国交界的费尔干纳谷地建立伊斯兰原教旨主义政权。他指出，这些匪帮近日挑起武装冲突的目的是要通过扰乱中亚局势，借机混水摸鱼，将积压在塔吉克斯坦境内的近 1.5 吨毒品运往中亚其它国家。在塔吉克斯坦边境地区，塔与吉、乌以及驻塔俄军联手打击。8 月 11 日，承担塔吉克斯坦边境防务的俄罗斯边防军击退了企图从阿富汗侵入塔吉克斯坦的 40 多名国际恐怖分子。塔吉克斯坦边防军副司令赛义夫洛耶夫 8 月 17 日称，塔吉克斯坦边防军预备队已经封锁了该国与吉尔吉斯斯坦、乌兹别克斯坦两国边境处的山隘，并打算动用空中力量协助吉尔吉斯斯坦、乌兹别克斯坦两国剿匪。为切断塔吉克斯坦境内匪帮与阿富汗塔利班组织的联系，塔吉克斯坦政府从 8 月 1 日起禁止从巴基斯坦、土库曼斯坦和伊朗 3 国领事馆获得签证的阿富汗公民通过塔吉克斯坦和阿富汗边境进入塔吉克斯坦境内。在乌兹别克斯坦边境地区，乌作好支援塔、吉作战准备。乌兹别克斯坦内务部长阿尔马托夫 8 月 11 日宣布，在乌兹别克斯坦与塔吉克斯坦接壤的东部山区发现一批武装分子，这群叛乱分子从塔吉克斯坦进入乌境内，意在整垮乌世俗政体，建立极端宗教政权。为了阻击武装叛乱分子，乌兹别克斯坦军队已进入高度战备状态，随时准备投入打击武装叛乱分子的战斗。

二、召开多国会议共商对策

这批跨国非法武装进行流窜活动有两个特点：一是规模大，达千余人；二是时间集中，主要在 8 月上、中旬；三是活动地区集中，主要在吉、塔、乌 3 国边境地区；四是装备精良；五是以宗教欺骗不明真相群众。针对这种情况，8 月 12 日塔吉克斯坦、吉尔吉斯斯坦和乌兹别克斯坦 3 国强力部门首脑在吉尔吉斯斯坦南部巴特肯举行紧急会晤，磋商联手打击国际恐怖武装匪帮。8 月 20 日，哈萨克斯坦、乌兹别克斯坦、吉尔吉斯斯坦和塔吉克斯坦 4 国总统在吉尔吉斯斯坦首都比什凯克举行会晤，商讨如何更有效地打击目前日趋猖獗的恐怖活动。会后发表了《关于在同国际恐怖分子作斗争中要更加紧密合作的联合宣言》。俄罗斯总统特使、国家安全委员会秘书谢尔盖·伊万诺夫出席了此次会议，并与上述 4 国总统共商了剿匪军事行动计划。

三、清剿作战取得一定胜利

经过半个多月的艰苦作战，吉尔吉斯斯坦、塔吉克斯坦和乌兹别克斯坦终于击退了跨国非法武装分子的进攻。在中亚各国的共同努力下，该地区的武装叛乱分子、国际恐怖分子和宗教极端分子的活动有了一定收敛。但塔吉克斯坦境内武装叛乱分子并未彻底消灭，他们一有机会仍可能继续作恶，要真正实现地区安全稳定还需各国齐心协力，除恶务尽。

（刘效兰）

非洲军事要事

埃厄签署新的和平协议　2000年初，埃塞俄比亚与厄立特里亚两国就边界划分问题仍相持不下，经过半年兵火相接的武装冲突后，在联合国、非洲统一组织（简称“非统”）、欧洲联盟（简称“欧盟”）等国际组织和美国等国家的斡旋下，于6月18日签署了《终止敌对协议》，熄灭了战火。随即联合国先后派遣了120名军事观察员赴埃厄边界监督停火协议的执行。12月12日，埃厄双方在阿尔及尔签署了《和平协议》，使埃厄和平进程步入正轨。

一、以打促谈引燃战火

1月23日，埃外长梅斯芬和厄外交部秘书长吉尔麦德辛同时出访非统执行主席国阿尔及利亚，并分别与阿尔及利亚总统布特弗利卡举行了会晤，虽各自表达了企盼尽快解决冲突并实施和平计划的意愿，但并未做出让步姿态。2月9日，肯尼亚总统莫伊奔赴埃、厄两国再度斡旋失败后，双方谈判陷入僵局。23日凌晨，厄立特里亚军队向驻守在布雷地区的埃军队发起进攻，打死打伤埃军200人、俘虏4人。面对着剑拔弩张的局面，2月23日～3月5日，以阿尔及利亚总统特使乌叶海亚为首的非统组织代表团对埃、厄进行了穿梭访问，以调解两国边界冲突。经过一系列会谈，埃、厄两国领导人都表示接受非统1999年7月提出的和平计划中的框架协议和执行方案。双方虽对和平计划中的技术安排内容各持己见互不退让，但愿就此进行谈判。4月29日～5月5日，埃外长梅斯芬和厄外长沃尔德滕赛在阿尔及尔参加了由非统、美国和欧盟派代表参加的谈判。在谈判中，厄要求以签署包含1999年7月非统阿尔及尔首脑会议通过的关于解决埃厄冲突和平计划的“框架协定”为谈判的先决条件，而埃则坚持要在确定实施这一框架协定的技术性措施后才签署协定，致使间接谈判被迫中断。5月上旬，联合国安理会又授权正在刚果(金)及非洲大湖地区访问的安理会代表团前往两国调解，但仍以失败告终。

5月12日，埃、厄军队首先在扎拉姆贝萨—埃加拉和梅勒布河两处前沿阵地发生激战，随后战火在两国约1000千米的边界线上全面引燃。15日，厄军击落埃军1架战斗机和1架直升机、击毁7辆坦克，一度在战场上处于主动地位。17日，埃军攻克厄西部边境小镇达斯。18日，埃军又攻克距埃厄边界约40千米的厄西部重镇巴伦图，此处是厄西部战场的指挥中心和后勤供应中心。同时，埃军还出动战机轰炸了厄北方港口城市马萨瓦附近的一些战略要地。24日，埃军攻克了距厄首都阿斯马拉大约160千米的埃厄边境中部战略重镇扎姆贝萨。29日，埃军派出4架飞机对厄首都阿斯马拉的一个空军基地进行了轰炸，击毁了多个飞机库和各种军用设施。31日，埃军全部收复了被厄军占领的领土。6月8日，埃军向只距厄东南部阿萨布港几十千米处的布雷发动进攻。12日，埃军又在西线古鲁吉至苔赛内一带对厄军实施地面和空中打击，并俘虏了厄方1名上校军官。至此，埃军有1090人被俘、厄方有2697人被俘，双方交战区有数万名百姓流离失所。

二、国际斡旋初现成效双方签署《终止敌对协议》

战火初燃，联合国安理会就于5月12日迅速作出决议，要求埃厄两国停止一切军事行动，并在非统主持下尽早、不附加先决条件地重新开始实质性和平谈判；如果敌对行动仍未停止，安理会将在此决议通过后72小时内再次开会，并立即采取措施确保各方遵守决议。13日，由利比亚、乍得、尼日尔、马里、中非共和国、布基纳法索、苏丹、吉布提、厄立特里亚、塞内加尔和冈比亚等11国所组成的撒哈拉－萨赫勒国家集团在的黎波里发表声明，呼吁埃厄停火，并表示愿意在两国间进行斡旋。14日，非统预防、处理和解决冲突机制中央机构在亚的斯亚贝巴举行大使级会议，专门讨论了埃厄冲突问题，要求埃厄双方立即停止敌对行动，在非统的斡旋下通过和平方式解决冲突。随后，阿尔及利亚、南非、埃及、突尼斯等4国也呼吁双方和平解决边界争端。然而战火不断升级，17日，联合国安理会再次召开会议，决定对两国实行武器禁运。同时，非统主席布特弗利卡又派特使先后赴埃厄进行调解和斡旋。24日，布特弗利卡又亲自飞抵亚的斯亚贝巴，同埃总理梅莱斯进行紧急磋商。

在国际社会的努力下，埃厄两国的态度有所松动。5月30日，埃外长梅斯芬、厄外长沃尔德滕赛赴阿尔及尔，在阿尔及利亚总统特使乌叶海亚的主持下进行间接谈判。31日，埃宣布，从当日起停止同厄立特里亚的冲突，并准备把部队撤到1998年5月6日前的埃塞俄比亚控制区；但在国际社会保证厄方面不再对埃构成军事威胁之前，埃军仍将在厄境内原地待命。6月9日、14日，厄、埃先后接受了由非统提出的和平方案。6月18日，双方在阿尔及尔签订了《终止敌对协议》，双方重申遵守采用和平方式解决冲突、不使用武力、遵守历史遗留边界和按非统和平计划解决边界争端的基本原则；承诺在签署停火协议后立即停止一切敌对行动；同意由联合国在两国边界地区25千米长的缓冲地带派驻维和部队；埃承诺在联合国维和部队部署完毕后，立即把部队撤回到1998年5月6日两国武装冲突爆发前的位置；同意实施巩固边境地区安全的一系列措施；承诺在签署停火协议后，立即就最终解决两国边界争端的具体措施举行谈判，并达成协议。此外，埃厄双方还邀请联合国负责勘定两国边界，并承诺将尊重勘定结果。

三、有关各方积极磋商最终签订《和平协议》

停火协议的签署虽熄灭了战火，但两国间还存在着双方部队间缓冲地带的精确划定、联合国维和部队的组成和运作等实施停火协议的有关问题。为此，7月4～18日，由蒂莫西·福特率领的联合国考察组对埃厄进行了访问，就沿埃厄边界建立临时安全区、成立军事协调委员会、确定联合国维和部队的任务和构成以及排除埃厄边界地区地雷等问题与埃厄官员以及有关国家驻两国的外交使团进行了会谈，并拟就了基本行动草案。7月31日，联合国安理会决定成立联合国埃塞俄比亚和厄立特里亚特派团（简称联合国埃厄特派团）。8月10日，联合国根据埃厄6月停火协议在两国首都设立负责协调维和行动军事联络处，并为每个军事联络处配有5名常驻军官，同双方国防部和外交部以及非统总部保持密切联系，帮助埃厄双方制定维和行动计划，以确保整个维和行动的顺利实施。9月15日，联合国安理会正式决定，将联合国埃厄特派团军力定为4200人，其中军事观察员220名，任期至2001年3月15日止，并从当日起授权其维和行动。10月30日，联合国秘书长安南任命荷兰皇家海军陆战队参谋长帕特里克·卡马尔特少将为联合国埃厄特派团团长，负责全面指挥联合国埃厄特派团人员。卡马尔特随后于11月1日到任。至此，联合国从9月中旬起先后4次向埃厄派遣了联合国军事观察员120人。在此期间，由联合国粮农组织、联合国难民署、联合国开发计划署、联合国儿童基金会、世界粮食计划署和世界卫生组织等机构组成的8人调查小组在10月中旬也赴埃厄，了解两国因战乱而被迫逃离家乡的难民状况，并督促两国政府帮助这些难民尽快返回家园。11月28日，在国际社会的帮助下，埃厄中部边界陆路安全通道在厄立特里亚边境城镇塞纳费开通，负责埃厄维和行动的联合国军总司令帕特里克·卡马尔特从厄方步行进入埃军队防区。以上这些举动加快了埃厄和平进程。10月下旬、12月下旬，埃厄双方和国际社会的代表在阿尔及尔多次就边界划分、战争赔偿、战争起因、释放与遣返战俘、解决难民和边境地区排雷等问题举行了谈判，最终于12月6日达成协议。12月12日，在阿尔及利亚总统布特弗利卡、联合国秘书长安南、时任非统主席的多哥总统埃亚德马、尼日利亚总统奥巴桑乔、非统组织秘书长萨利姆、美国国务卿奥尔布赖特、克林顿总统的特使安东尼·莱克和欧盟代表、意大利负责外交事务的国务秘书里诺·塞里埃塞等人参与下，埃总理泽纳维和厄总统阿费沃尔基签署《和平协议》，宣告结束两国间长达两年多的冲突，并规定双方成立两个委员会，一个负责解决两国的边界划分问题，另一个负责处理战争赔偿问题。边界划分委员会将根据国际法及有关国际条约和殖民地时期所遗留下来的边界为依据，划分和确定埃厄两国边界。两个委员会都必须在规定的期限内完成任务。这项协议为解决两国边界纠纷、实现非洲之角的和平、稳定与发展铺平了道路。埃及、突尼斯、也门等世界各国纷纷发表声明欢迎埃厄签署和平协议。12月23日，根据《和平协议》，在国际红十字会的帮助下，埃释放了97名厄战俘，厄释放了90名埃战俘。这标志着埃厄和平进程已步入正轨。

（尚　泽）

索马里国内和平进程取得重大进展　2000年5月2日，在吉布提总统盖莱的倡导下，索马里各派在吉布提举行了和平大会，经过3个多月的马拉松式会谈，取得了积极成果。通过了过渡时期临时宪法，选举了过渡议会，产生了过渡时期总统和新政府，并开始国家重建工作。上述重大进展为结束索马里近10年的军阀割据和无政府状态迈出了至关重要的一步。

一、吉布提总统提出和平倡议得到索各派及人民的积极响应

在经历了近10年内战后，索马里经济建设受阻，

百姓穷困不堪，求和平、求稳定、求发展已经成为举国上下的共识。2000 年年初以来，索马里国内和平进程出现了一丝转机，部分索马里武装派别开始讨论恢复国内和平、成立临时政府和立法机构问题。在此情况下，与索马里同根同族、并使用同一种语言的邻国吉布提提出和平倡议，成为索国内和平进程的转折点。1 月 14 日，吉布提总统盖莱在与埃塞俄比亚总理梅莱斯会晤时，就解决索马里问题提出一项和平倡议，呼吁索马里各武装派别在实现非军事化的基础上组建政党，在此基础上召开由索马里所有派别参加的会议，共商国是，然后成立中央政府，最终实现民族和解，尽快恢复和平与正常秩序。他同时表示愿意帮助索马里成立临时立法委员会。这一倡议得到了埃方的完全支持。

吉总统盖莱的和平倡议也很快得到了索马里国内各派和人民的积极回应。多数索马里人对吉的和平号召采取了响应与合作的态度。他们认为，吉政府发出和平倡议不是为了谋求私利，而是为了寻求地区的和平与稳定。索北方主要武装派别“蓬特兰”控制地区的人民在得知其领导人尤素福抵制和平倡议的消息后，立即举行了大规模的抗议游行。许多武装派别也都表示愿意出席和平大会，在吉政府的组织协调下，索马里知识分子、商界人士以及各部族长老在和平大会召开之前举行了“索马里和平进程讨论座谈会”，就解决国家和民族问题各抒己见、献计献策。通过这些对话，各部族代表建立了互信关系，并就团结和协商解决问题达成了基本共识。

二、索马里召开和平大会并选举新政府领导人

在吉总统盖莱的倡导和主持下，索马里和平大会于 5 月 2 日在吉布提首都召开。出席会议的代表约有 3000 多人，分别来自索马里各个大小部族，代表了索马里社会中的不同群体和各个阶层。曾出任索马里临时总统的阿里·迈赫迪·穆罕默德以及近年来军事实力不断壮大的武装派别“拉汉温抵抗军”主席哈桑·努尔等新老军阀都参加了和会。尽管索马里北方两个已宣布“独立”的主要武装派别“索马里兰”和“蓬特兰”的领导人没有参加和会，但他们控制的地区有不少人到会，如“蓬特兰”的“内政部长”哈桑·阿布希尔出于对和会的支持，不惜辞职来参加和会。

索马里和会大致分为 3 个阶段举行。从 5 月 2 日会议正式开幕到 6 月 15 日为会议的第 1 阶段。这是会议筹备阶段，也是一个相当困难的阶段，主要任务是调解和制止各部族之间和各部族内部的纷争，并成立一些筹备中央政府的机构。来自索马里 4 大部族（哈维耶族、达罗德族、迪尔族、迪吉尔—米迪夫莱族）的大约 900 名正式代表在充分讨论和友好协商基础上，先后成立了过渡时期宪法委员会、首都地位委员会、警察组建与武器收缴委员会和司法委员会等专门研究机构，为成立过渡时期立法机构奠定了基础。

6 月 15 日～7 月 22 日为会议的第 2 阶段。这期间会议讨论的问题更加广泛和具体，主要有行政划界、归还被掠财产和首都地位等问题。6 月 17 日，与会代表通过选举产生了由 2 名主席和 4 名副主席组成的索马里和平大会主席团，为由索马里人自己主持召开和会、实现由索马里人管理索马里创造了基本条件。6 月 30 日，与会代表通过了 6 点框架协议，其中心内容是：要求索马里冲突各派恢复和平与和睦；建立一个代表全民利益的政府，共同致力于维护国家主权和领土完整；强调民族团结和统一神圣不可侵犯；要求索马里人自觉归还国家所属的一切财产；要求索马里人尊重人权；呼吁国际社会支持和会并承认索马里新政府。7 月 16 日，参加和会的近 700 名有投票资格的代表就临时宪章进行投票表决，结果顺利通过过渡时期临时宪法。宪法规定，以部族议员为基础选举议长和总统，总统必须向议会负责。会议代表希望通过这种新的国家管理模式避免从前那种一人说了算的独裁专制制度。

7 月 22 日～8 月 27 日为会议的第 3 阶段。其任务重点是讨论确定未来索马里议会的规模，各部族议员数量的分配，组织选举议会、议长、并通过议会选举总统和组织政府。在和会仲裁委员会的仲裁下，会议确定索马里过渡议会共设 245 个议席。其中 225 名议员由各个部族推荐产生，在索马里 4 大部族中，每个部族可推选 44 名议员；其他小部族可推举 24 名议员；另有女议员 25 人；其余 20 名议员由吉布提总统指定。8 月 13 日，索马里过渡议会正式组成并举行第 1 次会议，索马里和会主席团则将主持会议的权力移交给过渡议会。8 月 20 日，过渡议会选举阿卜杜拉·德罗·伊萨克为议长。根据章程，过渡议会于 8 月 25 日举行任期 3 年的过渡总统选举，哈维耶族的阿卜迪卡西姆·萨拉德·哈桑当选。8 月 27 日，哈桑正式宣誓就职，开始正式履行国家行政权力。至此，索马里和平会议在取得重大成果后宣告结束，和会为索马里结束 10 年内战，实现持久和平创造了极为有利的条件。

三、新政府组成并开始着手国家统一与国内重建工作

哈桑就任总统后面临的两大问题：一是与未参加和会的主要武装派别“索马里兰”、“蓬特兰”和“索马里民族联盟”的领导人进行谈判，加速国家的和平统一进程；二是尽快组成新政府，进行国内重建工作。对于第1个问题，事实上，在和平大会的影响下，三大武装派别内部也正在发生分裂和动摇。“索马里兰”和“蓬特兰”的领导人虽没有直接参加和会，但并不想同索马里新政府作对，前者表示要等待新政府平定南方其它各派后再通过谈判协商确定彼此间的关系。后者则提出索马里过渡议会和新政府应先为其留下与其地位相适应的位置，才能考虑加盟问题。“索马里民族联盟”的领导人侯赛因·艾迪德因内部争斗和1999年遭到埃塞俄比亚军队的打击已处于颓势，对索马里和平进程已不再构成威胁。9月20～21日，在利比亚领导人卡扎菲的斡旋下，哈桑总统同“索马里民族联盟”领导人艾迪德举行了多次会晤，并于22日共同签署了民族和解协议。至此，索马里国内局势基本趋于稳定。对于第2个问题，9月8日哈桑总统在联合国千年首脑会议上表示，他将开始着手组建新政府，首先任命总理和设立政府机构，并希望在这方面得到联合国方面的支持。9月15日，哈桑总统又在第55届联大一般性辩论会上发言，呼吁联合国通过一项关于援助索马里的决议，决议应包括国际社会对索马里恢复和重建工作的紧急援助，恢复索马里和联合国会员国的持续经济合作和呼吁联合国机构和组织加倍对索马里人民给予财政和物质方面的援助。回国后，哈桑总统任命阿里·哈利夫·加莱德为内阁总理，并责成他组建新政府。10月15日，由索马里和会选举产生的过渡议会议员、总统和总理从吉布提迁往索马里首都摩加迪沙办公，行使各自职权。舆论普遍认为，索马里行政和立法机构及其领导人的确，为推动索马里和平进程，完全结束索马里内战和军阀割据的局面奠定了重要的基础。

四、国际社会积极支持索马里和平大会和新政府的工作

联合国十分关注索马里的和平进程。在和平大会期间，安理会于6月29日就索马里问题举行公开辩论会，会后发表主席声明，要求索马里各派领导人不要阻止和破坏实现国家和平的努力，强烈呼吁索马里所有社会和政治力量的代表积极参与和平大会，为在索马里早日实现和平创造有利条件。哈桑当选总统后，联合国秘书长安南表示，联合国愿意也准备帮助索马里重建国家和恢复经济。11月9日，安南再次呼吁各国对索马里提供经济援助。但到目前为止，只有210万美元的资金到位，仅占援助所需资金总数的12%。联合国将继续呼吁国际社会增加对索马里的援助。

阿拉伯国家联盟一直积极推动和平进程。3月26日，阿拉伯国家联盟秘书长马吉德发表谈话，要求索马里各派作出更大的努力，在吉布提举行的索马里和平大会上密切合作，以使吉布提总统盖莱提出的旨在实现索马里民族和解与全国和平的倡议得以实施，尽快实现索马里的统一、和平与稳定。同时，阿拉伯国家联盟指定阿尔及利亚、埃及、吉布提、利比亚、苏丹、突尼斯和也门组成负责索马里事务的7国委员会，要求其同索马里各派及有关国际和地区组织通力合作，以帮助索马里寻求实现国家统一与和平的途径。在索马里过渡议会产生后，马吉德又于8月22日发表谈话，强调索马里过渡议会的成立是实现索马里民族和解的重要一步，为结束索马里长达10年的内战、恢复国家法制和重建索马里奠定了基础；呼吁索各派武装积极地、真诚地团结在新成立的国家机构周围，尽快结束旷日持久的战乱，实现民族和解；表示阿拉伯国家联盟将全力支持索马里过渡议会的工作，并提供一切可能的帮助，同时呼吁国际社会尽快向索马里过渡议会提供各种政治和物质的帮助，确保索马里和平会议的决议能尽快得到实施。

索马里的邻国对索马里和平进程采取了积极参与、大力推动的态度。吉布提提出了和平倡议并主办了和平大会。埃塞俄比亚政府明确表示完全支持吉布提提出的关于帮助索马里结束内战、恢复和平的主张和建议。在索新政府成立后，埃塞俄比亚外交部又发表公报，表示支持新成立的索马里过渡政府，并愿与其一道努力推动索马里和平进程，呼吁国际社会积极支持和帮助索马里的战后重建工作。

一些阿拉伯国家也对索和平进程表现出很大热情。利比亚积极斡旋，促成了哈桑和艾迪德的和解，并表示支持索马里人民重建家园。埃及外长穆萨9月4日表示，埃及与索马里有悠久而深远的传统关系，将与索马里新政府发展关系，愿与索各武装派别领导人接触，劝说他们与新总统合作，以真正实现民族和解、国家和平与稳定，同时愿为索马里的国家重建工作提供援助。也门总统萨利赫11月18日表示，支持新成立的索马里过渡政府，并支持索马里实现全国和解，全面推进和平进程。希望索马里实现和平进程后

把注意力转向国内的战后经济建设上，造福于索马里人民。

（桐　生）

苏丹民族和解出现转机　2000 年，以巴希尔为首的苏丹政府坚持民族和解政策，积极与国内反政府武装举行谈判，努力改善与反对党的关系，民族和解出现转机。但是，由于加朗领导的南部反政府武装与政府积怨甚深，主要反对党乌玛党势力强大，苏丹政府的和平努力未能取得预期的成效，和平道路上仍布满荆棘。

一、民族和解出现转机

1999 年之前，苏丹政府执行一套强硬、保守、孤立的内外政策，导致产生了诸多矛盾。在国内，反政府武装加朗集团反对国家实行原教旨主义伊斯兰法，从 1983 年起与政府军展开了旷日持久的战争，迄今为止，已造成了 150 万人丧生，大量贫民流离失所，沦为难民。在国际上，苏丹政府树敌过多。以美国为首的西方国家，支持加朗反政府武装，并对苏丹长期实行制裁；埃及、厄立特里亚、乌干达和埃塞俄比亚等邻国也与苏丹互相指责对方支持各自反对派，关系十分紧张。为摆脱这种内外交困的处境，苏丹总统巴希尔自 1999 年开始，采取了一些旨在实现国内民族和解的措施，并已取得实际成效，使民族和解出现转机。

（一）剥夺了强硬派领导人图拉比的权力。图拉比是苏丹的宗教领袖，也是国家主要领导人之一，是苏丹伊斯兰原教旨主义强硬政策的制定者和推行者，一直受到国内反对党和国际舆论的抨击。1999 年，图拉比利用全国大会党总书记和国民议会议长的职权，操纵议会修改宪法，提出重新设立国家总理职务，把各州州长由总统任命改为由选民直接选举产生，试图通过此举架空总统巴希尔，削弱其在中央政府及地方的权力。鉴于自己的权力受到严重威胁，巴希尔总统于 1999 年 12 月断然宣布，解散国民议会，解除图拉比的议长职务，在全国实行紧急状态，对政府进行改组。这一行动赢得了国内外的广泛支持，对改善苏丹政府的内外形象起到了积极作用。

（二）与南方反政府武装重开和谈，实现初步停火。2000 年 2 月，苏丹政府开始和南部反政府武装—苏丹人民解放军的代表在肯尼亚首都内罗毕举行和谈。由于双方在南部自治地区的范围和政教分离问题上存有较大分歧，和谈未能达成协议。尽管如此，巴希尔总统仍然于 4 月 19 日下令停止对反政府武装所控制的南部地区的空袭；4 月 29 日又发表声明，宣布将已经期满的临时停火期限延长至 7 月 15 日。9 月 20 日，巴希尔表示愿与反政府武装领导人加朗举行会晤，并宣布从翌日起在南部实施短期停火。巴希尔的这些和解行动表明了苏丹对反政府武装的和平诚意，对实现民族和解起到了推动作用。

（三）与国内各种政党和组织达成民族和解共识。3 月 14 日，巴希尔总统为改善同反对党及南方反政府组织的关系，出台了新的组织和政党法，允许在国内组建新政党和其它政治组织，并号召举行全国和解对话预备会议。在政府新政策的感召下，以迈赫迪为首的乌玛党率先同政府实现对话。流亡埃及和厄立特里亚等国的乌玛党大部分领导成员及其所属 200 多名武装人员也先后回国，正式结束同政府的武力对抗。随后，在厄立特里亚的斡旋下，民主联合党主席、反对党联合组织领袖米尔加尼也放弃了一贯对政府采取的“不承认、不接触、不谈判”的“三不政策”，于 9 月在厄立特里亚与巴希尔总统实现历史性会晤，打开了同政府直接谈判的大门。10 月 16～18 日，苏丹政府主持召开了首次大规模民族和解对话预备会议，代表全国各阶层的 600 名与会者就国家体制、民主制度、经济发展、外交政策等问题，进行了广泛讨论并达成共识。会后发表最后公报，建议组成民族政府，积极开展对话，结束暴力行动，停止内战，维护国家统一和民族团结。这次会议为实现民族和解创造了良好的政治氛围。

（四）打破对外关系的僵局，变反对者为支持者。苏丹的国内矛盾与西方国家对其反政府势力的支持有很大关系，苏丹的邻国也为其反对党及反政府武装提供了各种形式的援助。苏丹政府认识到，要解决国内问题，必须改善同一些敌对国家的关系，赢得国际社会的理解和支持。有鉴于此，苏丹主动作出姿态，频繁出访一些国家，先后同英国、科威特、乌干达、厄立特里亚和埃及等国实现了关系正常化。巴希尔总统还适时调整对外经济政策，积极吸引外国投资，努力使苏丹融入国际社会之中。巴希尔总统的新政策有力地推动了国内民族和解进程。一些曾为苏丹反对党提供援助和活动场所的邻国积极响应苏丹政府有关民族和解的举措，埃及和利比亚还为苏丹结束内战、实现民族和平解提出了联合倡议。

二、和平进程道路依然漫长

虽然巴希尔在国内采取了一系列政治、经济和军事措施，民族和解进程取得了阶段性成果，但他与图拉比的权力之争，南方反政府加朗集团的武装暴力和恐怖活动，乌玛党等反对党回国后重返政坛等问题远未解决，这些都对苏丹和平进程构成了新的威胁。

（一）巴、图权力之争并未完全结束。图拉比被罢免后，向苏丹宪法法院上诉，指控巴希尔总统解散议会是违法行为，要求宪法法院取消巴希尔总统的这一决定。图拉比希望借此一搏，再凭借自己在全国大会党内的资历和声望，发动群众，煽动宗教情绪，与巴希尔抗衡。但事与愿违，宪法法院驳回了他的上诉，判定巴希尔总统的举措具有法律效力。巴、图权力之争，巴希尔总统虽然暂时获胜，但能否实现集国家总统和执政党总书记大权于一身，并最终将图拉比逐出政坛，还是未定之数。图拉比凭借其 35 年政治生涯在国内建立的深厚而广泛的宗教和社会基础，决不会轻易退出历史舞台。巴、图之间的权力之争将会以新的形式继续下去，一旦机会成熟，图拉比仍会与巴希尔一决高下。

（二）反政府武装分裂国家决心未变。长期以来，加朗坚持在国家实行政教分离，坚持要求南方自决，建立联邦式国家，其实质是要分裂国家。苏丹政府 3 月份公布的新的组织和政党法规定，各政党组织可以在苏丹全国各地包括首都喀土穆开展政治活动，加朗便立即以此为依据，提出要在喀土穆开设自己的办事机构，并声称要在喀土穆开展类似爱尔兰共和军和巴勒斯坦哈马斯运动的暴力行动。在此背景下，喀土穆的阿拉伯市场首先发生了南方部族间武装骚乱，接着在各大城市一些具有战略意义的设施，如大桥、油库、机场附近陆续发现放有炸弹。这些未遂的爆炸事件，均同加朗要在喀土穆开展暴力行动有着密切关系。加朗还于 3 月中旬直接纠集其他反对党武装力量，向苏丹东部政府军发动军事进攻。加朗的这些挑衅行动对苏丹民族和解进程构成了直接威胁。

（三）反对党反政府活动有所抬头。乌玛党号称苏丹第一大党，其领导人迈赫迪曾是苏丹历史上第一位合法的民选总理。1989 年巴希尔发动军事政变，迈赫迪流亡埃及，成为现政府的反对党。1999 年 11 月，巴希尔同迈赫迪达成和解协议。新的组织和政党法颁布后，巴希尔又让迈赫迪回国，并归还其被没收的党部大楼及其它财产。此举虽为巴希尔捞取了部分政治资本，但也埋下了相互争斗的种子。乌玛党成员回国，目标很明确，就是要夺权。迈赫迪之子就在接收政府归还财产举行的仪式上公开表示，归还财产并不重要，重要的是归还权力。该党部分成员还声称，他们将按照自己的意愿开展活动，而不顾忌组织和政党法的限制。迈赫迪回国后，凭借其个人威望和在乌玛党中的群众基础，频繁开展政治活动，公开宣布组织反政府阵线，阻挠苏丹总统和议会选举。继乌玛党回国开展活动后，以米尔加尼为首的民主联合党也返回喀土穆。这两个政党曾多年在苏丹联合执政，近十年来为了反对现政府，又进行了密切合作。

总之，巴希尔领导的苏丹政府为实现民族和解，采取一些积极有效的举措，符合民众的愿望，赢得了国内外的普遍赞誉，也取得了初步成效。但由于政府与反对派之间的矛盾由来已久，积怨很深，因此，民族和解进程不会一帆风顺，真正实现和解将是一个长期、复杂和艰巨的任务。

（赵彦华）

布隆迪各派签署《布隆迪和平与和解协议》 2000 年，布隆迪国内对立各派在新任布隆迪和平进程调解人、南非前总统曼德拉的大力推动下，虽经过两次挫折，但终于在 8 月 28 日签署了《布隆迪和平与和解协议》。这标志着布隆迪和平进程取得了实质性的进展。

一、布隆迪和平进程调解人曼德拉倡议并主持召开“布隆迪和谈会议”，推动了和平进程的发展。

2000 年年初，布隆迪国内和平进程依然步履维艰。尽管现任总统布约亚已成功地把国内两大部族即胡图族和图西族人同时吸收到自己政府中来，并在 1 月 14 日公开表示，布政府愿意同包括反政府武装在内的所有反政府派别进行和平谈判。但胡图族中的反政府派别仍指责布约亚“通过玩弄花招让人口占少数的图西族人统揽政治和经济大权”，双方的矛盾错综复杂。矛盾的焦点主要集中在两个问题上：一是安全问题。胡图族反政府派别认为，长期以来，由图西族控制的包括警察在内的治安武装一直是滥杀平民的罪魁祸首。他们坚决要求让胡图族人加入目前仍由图西族人控制的军队，而且至少占一半力量。同时主张军队和警察分开，警察应隶属内政部。但布约亚政府和图西族各派别担心胡图族各派控制军队后会使图西族人成为胡图族人的复仇对象，因此坚持维持现状，不愿放弃对军队和政府的控制。二是过渡政府和选举体制问题。由于胡图族人占布隆迪人口的绝大多数，因此胡图族反政府派别要求在选举过渡政府时采取“一人一票制”，而布约亚政府和图西族各派别则坚持采取“非直接选举”，以保证他们在未来政府内的重要地位。双方在上述问题上各执一词，互不相让，成为影响布隆迪国内和平进程的主要障碍。

面对复杂的局势，新任布隆迪和平进程调解人、南非前总统曼德拉采取了“温和的”调解路线。一方面大力说服布各派参加“面对面”的和谈，另一方面邀请美国、法国、沙特阿拉伯、尼日利亚、乌干达和坦桑尼亚等6国国家元首参与布隆迪和谈，希望扩大布隆迪和谈的国际影响，借助国际社会的力量促成布隆迪国内问题的解决。在曼德拉的倡议并大力推动下，1月16日在坦桑尼亚的阿鲁沙召开了“布隆迪和谈会议”预备会议。布隆迪有18个派别的代表参加了会议，分别代表了布隆迪国内不同的利益集团，其中包括总统布约亚领导的军政府、国民议会和两位前总统以及其它一些政治派别。这是自1999年12月以来布冲突各方首次进行的面对面会谈。会议分成4个和谈委员会，分别就有关问题进行了会谈与讨论，并为最终的和平协议提出各自领域的建议。其中，第1委员会主要负责讨论冲突的根源问题；第2委员会主要讨论未来布隆迪的民主体制和国家管理问题；第3委员会主要负责讨论停火和安全问题；第4委员会主要负责恢复经济和难民返乡问题。曼德拉亲自主持会议。他在会议上努力做各派的工作，表示如果有关各方能抓住目前出现的一些良好态势，使其走上建设性的发展轨道，那么就有可能为日后找到长期的政治解决布隆迪国内问题的方法奠定良好基础，希望冲突各方加快谈判速度，争取使和谈达到预期目的。曼德拉特别强调和谈应该让所有冲突各方参加，任何决定都要取得各方的一致同意。他告诫谈判代表不要一味排斥小派别、迎合大派别利益，称各方应相互听取意见和建议，并且作出适当妥协，布约亚政府也应采取积极的态度，拿出具体行动，以体现诚意。只有布隆迪各派别在所有问题上都达成一致时，才可举行大选，总统候选人也应由各派别共同协商确定。此会议取得了一定的成果，布隆迪冲突各方都表示，将在求同存异的基础上进行政治磋商，争取早日结束已持续了6年多的内战。总之，这次预备会议为2月份正式举行第4轮和谈奠定了基础，推动了布和平进程的发展。

二、布国内各派举行4轮会谈讨论曼德拉提出的“和平协议”草案，和平进程在曲折中前进。

阿鲁沙和谈会议后，布冲突各方都开始为参加第4轮谈判进行积极准备。曼德拉则提出了一份布隆迪“和平协议”草案，希望冲突各方能在对其进行充分讨论和修改后争取尽快签署。为此，他多方奔走，积极斡旋。2月7日，曼德拉与布约亚总统举行了会谈，建议布政府释放政治犯、拆除“集中营”。此后，曼德拉又分别会晤了布隆迪各反政府派别的领导人，表示希望他们尽早结束部族冲突。

2月21日～3月4日，布隆迪冲突各方第4轮和谈在阿鲁沙举行。除了胡图族主要反政府武装“保卫民主力量”因意见分歧未被邀请与会外，布隆迪国内19个主要派别的100多名代表出席了会议。此轮和谈重点讨论了曼德拉提出的“和平协议”草案。与会各派别成立了关于保证“和平协议”实施的专门委员会，并具体讨论了有关难民遣返、实现停火、遣散部分武装分子和成立过渡机构等项事宜。尽管因与会各派别分歧较大，最终未能达成一致意见，但和谈调解小组负责人博马尼认为，此轮和谈比前几轮都认真，个别领域的谈判取得了实质性进展，“和平协议”有望在未来的几个月内达成。

3月28日，在曼德拉的主持下举行了布隆迪冲突各方第5轮和谈。除了参加第4轮和谈的19个派别外，又有几个主要反政府派别首次派团参加和谈。此轮和谈主要讨论了“和平协议”中有关布隆迪军队改组和制订选举制度等重大问题。各派别代表对“和平协议”进行了认真研究和修改，一致同意在和谈中以国家利益为重，求同存异共同推动和平进程。

第5轮和谈结束后，曼德拉继续耐心做布各派别的调解、说服工作，以为7月举行第6轮和谈并签署“和平协议”作充分准备。4月28日，曼德拉访问布隆迪，会晤了布约亚总统和布议长，会见了政府军高级军官，就和平进程问题交换了意见。6月7日，曼德拉在南非与布约亚总统举行会谈，表示结束布隆迪部族冲突的前提是图西族与胡图族实现真正的民族和解。在图西族政府军与胡图族反政府武装实现停火后，首先需要解决的是国家军队的重新组建问题，两族应依据对等原则在布隆迪新的国家军队中各拥有一半兵力。6月12～14日，曼德拉再次对布隆迪进行访问，会晤了布约亚总统和政府军高级军官，重点讨论了如何让胡图族反政府武装并入未来的国家军队等项事宜。曼德拉的反复调整和耐心说服取得了很大成效：布政府表示同意按图西族和胡图族各占一半的比例改组军队、整编反政府武装和让难民重返家园，布19个派别也都表示愿意在“和平协议”上签字。

然而，在第6轮和谈开始前夕形势又发生变化。7月13日，正在南非进行联合访问的布隆迪图西族6个派别突然向曼德拉提出，由于胡图族第1大政党“布隆迪民主阵线”对挑起胡图族与图西族之间的流血冲突"负有不可推卸的责任"，必须促使该党解散，否则这6个派别将拒绝参加新一轮和谈。对此曼德拉一方面表示将慎重考虑6个图西族派别提出的条件，另一方面又希望6个图西族派别不要自食其言抵制新一轮和谈。7月19～20日，布冲突各派第6轮和谈如期举行。由于图西族6派突然变卦，加上冲突各派别在"和平协议"所涉及的过渡政府领导人、停火时间和未来政府选举体制等关键问题上仍存在严重分歧，和谈未果而终。曼德拉只得建议将签署"和平协议"草案的日期由7月20日推迟到8月28日。

第6轮和谈的失败给布和平进程蒙上了阴影。7月26日，胡图族主要反政府派别"民主保卫力量"提出，如果布约亚政府不释放政治犯、不取消为胡图族人设立的条件恶劣的重组营地和不履行1992年通过的和平宪法，他们就不会放弃武装斗争，也不会接受目前其它19个派别正在讨论的"和平协议"草案。8月2日，另一个胡图族反政府派别"胡图人民解放军—全国解放力量"宣布不准备签署"和平协议"。鉴此，布政府和其它一些主要派别也纷纷从原有立场上后退，宣布在实现停火和组建过渡政府等重大问题没解决之前，不会签署"和平协议"。8月7～12日，布隆迪19个派别的代表在坦桑尼亚阿鲁沙举行第7轮和谈，为争取在8月28日签署"和平协议"进行关键性的谈判。但与会各方没能消除围绕"和平协议"所存在的任何分歧，和谈再次破裂。布和平进程又一次遇到挫折。

三、布冲突各派最终签署《布隆迪和平与和解协议》，和平进程取得实质性进展。

在布隆迪和平进程有可能再度停滞的关键时刻，曼德拉再次发挥了重要作用。他一方面邀请布约亚总统和布各派领导人前往南非，就一系列敏感问题与他们举行会谈，调解他们间的分歧；另一方面坚定地对外宣布，尽管布各派别对停火生效时间、过渡政府领导人、军队改编等核心问题仍存在分歧，但"和平协议"仍将如期签署。

在曼德拉的坚持下，布隆迪19个冲突派别中的13个主要派别8月28日晚在阿鲁沙签署了被认为是"建设和平、民主与平等的新布隆迪的建国大纲"的《布隆迪和平与和解协议》（简称《协议》）。布约亚总统、曼德拉以及美国总统克林顿等出席了签字仪式。《协议》的主要内容有5个方面，即：消除部族冲突、实现全国和解、加强民主和廉政建设、着手经济和社会重建以及保障和平协议的贯彻执行。《协议》规定，布隆迪冲突各方将在3～6个月内组建过渡政府，并在3年过渡期内举行民主选举。尽管《协议》没有解决过渡政府的领导权问题，也没有解决何时在布隆迪实现停火等问题。图西族中6个较小派别的代表以尚未读完《协议》文本为由拒绝在《协议》上签字，胡图族中2个较大的武装派别也没有出席《协议》签字仪式，但经过曼德拉的反复调解，"图西族人民和解党"和"勇敢者"组织于8月29日在《协议》上签了字，"布隆迪社会民主党"于9月11日在《协议》上签了字。9月13日，曼德拉会见了图西族最后3个未签署《协议》的派别的领导人，亲自向他们解释和说明《协议》中的某些内容。9月20日，上述3派最终签了《协议》。至此，布19个主要派别全部签署了《协议》。《协议》的签署标志着布隆迪和平进程向前迈出了实质性的一步。绝大多数布隆迪人都对《协议》的签署感到欢欣鼓舞，布国内局势也开始趋于平静。11月27日，曼德拉召集并主持了布隆迪《协议》签字成员会议，宣布成立《布隆迪和平与和解协议》执行监督委员会，该委员会由29人组成，其成员来自签署《协议》的19个派别、非洲统一组织、大湖地区有关国家和向布隆迪提供捐助国的代表以及布隆迪社会知名人士等，主席由联合国秘书长大湖地区特使丁卡担任。考虑到安全原因，委员会办公室暂时设在阿鲁沙。曼德拉还在会上呼吁布隆迪各派尽快通过协商推举出过渡政府领导人。

四、国际社会和有关国家对布局势十分关注，积极支持和推动布和平进程。

布隆迪内战始于1993年，迄今已持续7年之久，至少造成20万人死亡，30万人沦为难民。布已成为世界上最穷的10个国家之一。因此，国际社会和有关国家对布局势十分关注，积极采取措施促进和谈。

联合国在推动布隆迪和平进程方面发挥了重要作用。1月9日，安理会就布隆迪冲突问题举行公开辩论会，听取了曼德拉的汇报。会后通过决议敦促布隆迪冲突各方立即停止敌对行动，争取早日和平解决争端，同时重申支持南非前总统曼德拉出任布隆迪和平进程调解人，并呼吁布隆迪各方与曼德拉进行全面合作。联合国秘书长安南在辩论会上表示，目前布隆迪的局势已经"接近一场人道主义灾难的边缘"，希望布隆迪冲突各方能够从大局出发，在未来国家军队的组成、选举制度和过渡时间等方面达成一致，为早日实现民族和解铺平道路。9月29日，联合国安理会举行公开会议，再次听取曼德拉关于布隆迪和平进程的最新发展情况的报告。安南在会议上发表讲话称，8月28日签署的《布隆迪和平与和解协议》“为消除造成冲突的根源创造了条件，并为改革布隆迪社会绘制了一份全面的蓝图”；但鉴于在全面执行这一和平协议的道路上还有许多障碍，联合国愿意为此作出贡献。会后发表了主席声明，对布隆迪目前十分恶劣的经济、人道主义和社会状况表示关注，呼吁布隆迪冲突各方努力消除分歧，认真执行有关和平协议，为结束持续7年的内战、早日实现布隆迪的和平与稳定创造有利条件。

欧盟十分关注并积极支持布隆迪和平进程。欧盟委员会主席普罗迪8月29日发表声明，对布隆迪冲突有关各派别签署和平协议表示欢迎，认为签署协议是布隆迪在其长期和困难的和平进程中的关键步骤，表示欧盟一贯在政治上和经济上支持布隆迪和平进程，目前将通过进一步的人道主义援助来推动这一进程，计划首先为布隆迪和解计划提供800万欧元，使自1994年以来欧盟的援助总额达到5500万欧元，未来还将根据和平协议落实的情况向布隆迪提供新的援助，并依据人民共享国家发展利益的原则为布隆迪筹划“新的发展模式”。

非洲国家积极参与并推动布隆迪和平进程。1月13～14日，乌干达、坦桑尼亚和布隆迪3国总统在乌干达恩德培就大湖地区局势，特别是布隆迪问题举行了会谈。会谈后发表的公报中说，他们一致认为，布隆迪问题的解决取决于尽快完成在坦桑尼亚阿鲁沙制定的和平进程。他们重申支持布隆迪和平进程调解人、南非前总统曼德拉的工作并与之密切合作，同时呼吁冲突各方恪守对和平进程的承诺。3国首脑表示，他们将密切合作，共同努力，以寻求永久解决布隆迪问题的办法，并进一步加强3国之间的友好关系。2月8日，南非总统姆贝基发表声明指出，只有布隆迪所有派别无一例外地参加和平谈判，布隆迪才能永久的实现和平，南非将继续支持布隆迪和平进程。2月21日，非洲大湖地区国家召开第9次首脑会议，商讨和寻求推进布隆迪和平进程的办法。3月27日，尼日利亚总统奥巴桑乔、纳米比亚总统努乔马、肯尼亚总统莫伊、乌干达总统穆塞韦尼、坦桑尼亚总统姆卡帕等非洲国家元首再次举行关于布隆迪问题的会议，要求布隆迪有关各方加快和平进程，尽早结束流血冲突，着手重建国家。会议审议了自2000年2月大湖地区首脑会议以来的布隆迪局势，对该国和谈进展缓慢表示不满，要求有关各方作出更大努力，加快布隆迪的和平进程。

国际机构帮助布进行重建和发展。国际机构12月11～12日在巴黎召开援助布隆迪国际会议。法国、美国、比利时以及世界银行、国际货币基金组织、联合国发展计划署、联合国粮农组织等37个国家和国际机构的代表出席了会议。参加会议的国家和国际机构决定向布隆迪提供总额4.4亿美元的援助，帮助其进行重建和发展。这笔援助将在2001～2002年两年内分批向布隆迪提供。会议还承诺，将制定向布隆迪提供长期援助的计划。

（桐　生）

津巴布韦发生黑人退伍老兵抢占土地事件　2000年2月以来，由于津巴布韦部分黑人退伍老战士对少数人占有国家大量土地和土地改革进展缓慢不满，因而发生了与白人农场主的暴力冲突，抢占了1600多个白人农场。事件发生后，津巴布韦政府一方面支持黑人退伍老战士的行动，出台土地改革新方案，克服阻力加紧推行土地改革，另一方面制止黑人退伍老战士的过激行动和进一步抢占农场行动。在津政府的强行推进下，黑人退伍老战士与白人农场主达成和平共识，暴力冲突趋于缓和，津巴布韦的土地改革取得了明显的效果。

一、事件发生的背景

津巴布韦原为英国的殖民地，在长期的殖民统治时期，白人殖民者抢占了绝大部分土地，使许多黑人成为无地农民。因此，土地问题成为津国内白人农场主与无地黑人之间的种族矛盾的焦点。1980年津巴布韦独立后，政府一直努力实施各种土改计划，设法解决土地问题。近20年来，已陆续收买了大约500万公顷土地，重新安置了约7万个无地的黑人农民家庭。但因缺乏购买土地的足够资金，同时受到白人农场主和一些西方国家的阻挠，土改工作进展缓慢。迄今为止，津巴布韦4500户白人农场主仍控制着全国70%的土地。这种状况引起了许多参加过津巴布韦独立战争的黑人退伍老战士和广大无地黑人农民强烈不满。鉴此，津政府曾于1997年改变土改政策，提出对白人农场主的土地进行“没有补偿的没收”，并于同年通知津国内1470个白人农场主，要没收他们的土地，限令他们在1998年7月底以前离开农场。但此举遭到白人农场主的强烈反对，西方国家也纷纷要求津政府进行“合法”的土地改革，对受损害的农场主给予赔偿，并以结束对津援助相威胁。迫于内外压力，津政府于1998年提出新的土地改革方案，计划出资赎买被白人农场主占据的500万公顷土地，将

9.1万户黑人家庭安置到这些土地上。但实施该方案所需12～19亿美元的资金，需要西方国家和世界银行的捐助。同年，国际社会曾针对津巴布韦土地问题召开了一次募款会议，决定由英国政府向津巴布韦提供经济援助，购买118个白人农场，重新分配给没有土地的黑人。但英国以“不相信津巴布韦政府的土改政策”为由，一直没有拿出钱来，致使津政府的土改方案无法实施，土地问题久拖不决。广大黑人对此极为不满，黑人冲入农场驱逐农场主并强占农场事件不断爆发，流血事件也时有发生。1999年以来，津巴布韦政府决定实施第2阶段土地改革计划，计划强行向白人农场主无偿征用500万公顷土地，以安置12万个无土地的黑人家庭，并把上述计划内容列入宪法委员会起草的新宪法草案付诸全民公决。2000年2月12～13日，津巴布韦按计划举行了全民公决，但2月25日公布的结果是，69.7万人投票反对新宪法草案，而投票赞成的仅为57.8万人，新宪法及其所包含的第2阶段土地改革计划均未获通过。这一表决结果成为引发黑人老战士抢占白人农场事件的导火索。

二、事件的主要经过

（一）黑人退伍老战士抢占白人农场并与农场主发生暴力冲突，总统穆加贝明确支持老战士并借机进一步推进土地改革。2月28日，几百名对土地改革感到失望和愤怒的黑人退伍老战士在“津巴布韦民族解放战争老战士协会”主席琴杰拉伊·洪兹维的领导下，开始进入和抢占部分白人农场。他们手持着大棒、木棍、斧头与白人农场主交涉，在尽量不与农场工人发生冲突的前提下占领农场，并把农场的土地分配给无地的黑人老战士和其他黑人农民，以此向政府施压，要求政府加快土改步伐。此后事态迅速蔓延，到3月6日，占领土地的运动已扩大到200多个白人农场。4月初，已有上万名黑人退伍老战士加入抢占农场的行列，占领的白人农场已达1000个。

事件发生后，津反对党趁机大做文章，反对党领袖摩根·茨万吉拉伊发表讲话，公开指责穆加贝总统“精心策划这次侵占土地活动，以期在全国大选来临之前提高自己的地位”。鉴此，津政府内政部长杜米索·达本古瓦曾于3月3日命令政府警察部门“驱散侵入者”。但总统穆加贝态度十分坚定，明确表示支持老战士们的行动，并称：“老战士们不应该被赶出农场。”3月14日，白人农场主们就黑人退伍老战士抢占农场事件向津巴布韦高等法院提起了诉讼。3月17日，高等法院作出裁决，命令老战士协会“积极采取行动，让老兵们在24小时内撤出被占农场”。但老战士协会对此不予理睬，政府警察部门也在总统的支持下，拒绝执行法庭的裁决。事件反而促使津政府下决心强行推进土改进程。在穆加贝总统的努力下，津巴布韦议会于4月6日通过一项宪法修正案，允许政府强行无偿征用白人农场主的土地，用于安置无地的黑人农民，但对土地上的设施应给予白人农场主适当补偿。该修正案于4月17日经穆加贝总统签署后正式生效。津工商部长沙穆亚里拉在宪法修正后坚定地表示，这项修正案表明，土地是属于津巴布韦人民的，而且应造福于津巴布韦人民。

但在此期间，黑人退伍老战士抢占农场的行动继续扩大，而且出现了暴力行为，因占领农场而引发的流血事件时有发生，许多白人农场主纷纷逃离津巴布韦。4月15日，6名白人农场主被绑架，其中1人遭枪杀，两名反对党“民主改革运动”的成员被汽油弹烧死；4月16日，有50个白人农场主逃离了津巴布韦；4月18日，又有1名白人农场主被杀；4月24日，一些黑人老战士殴打白人农场里的工人，并焚烧了价值百万津巴布韦元的粮食。加上津巴布韦正处在全国议会选举前夕，各政党竞选激烈，政治形势趋于紧张，执政党民盟内部也出现了不同的声音。4月13日，津副总统、民盟副总裁西蒙·穆增达发布命令，要求强占白人农场的黑人退伍老战士立即撤出被他们占领的农场，并指示警方协助实施。同一天，津高等法院再次裁决黑人退伍老战士占领农场为非法，命令其立即撤出农场，面对复杂的形势，穆加贝总统并不退让。4月16日，他接见了来自全国各地的黑人老战士和支持者们，再次明确表示：黑人退伍老战士占领白人农场是向抵制土改的白人农场主表示的一种抗议行动，因此津政府不会命令黑人退伍老战士撤离被他们占领的白人农场。津巴布韦的土地问题是一个历史和政治问题，高等法院的判决解决不了问题，而应当依靠最近议会通过的宪法修正案来解决。政府将尽快与白人农场主进行磋商，解决强行征用土地问题。他还呼吁白人农场主和黑人退伍老战士要保持冷静，不要诉诸武力。4月18日，穆加贝总统向全国发表电视讲话，呼吁津巴布韦人民珍惜和维护来之不易的独立和主权，强调土地改革是政府当前面临的紧迫任务，黑人退伍老战士强占白人农场是可以理解的。他呼吁黑人退伍老战士和白人农场主保持克制，寻求持久的解决土地问题的办法，不要动武。

（二）黑人退伍老战士与白人农场主达成和平共识，暴力冲突逐渐趋于缓和。4月19日，事件出现了转机。在穆加贝总统的倡议和亲自主持下，津巴布韦召开了政府、黑人退伍老战士和白人农场主3方会议。会议取得了重大成果，就实行土地改革和维护和平达成共识。穆加贝总统在会议结束后举行的记者招待会上表示，黑人退伍老战士和白人农场主同意尽快就土地改革问题进行进一步磋商，以制定土改计划。双方还同意，黑人退伍老战士暂不撤出其占领的白人农场，但保证停止敌对行动，以确保和平。白人农场主的代表、"津巴布韦商业农场主联合会"主席亨伍德在会后表示相信，双方能就解决土地问题达成协议。黑人老战士的代表、"津巴布韦民族解放战争老战士协会"主席洪兹维也表示，双方能够找到持久解决土地问题的办法。3方会议后，黑人退伍老战士与白人农场主之间的暴力冲突尽管没有完全停止，但已趋于缓和，暴力事件呈下降趋势。据"津巴布韦商业农场主联合会"宣布，截止到6月20日，全国有1.2万名黑人退伍老战士和无地农民抢占了1630个白人农场，发生2400多起暴力冲突事件，5名白人农场主被打死。但与4月中旬以前相比，黑人退伍老战士抢占白人农场引发的暴力事件呈下降趋势。

（三）津政府在出台土改新政策、加快土改进程的同时制止黑人老战士新的抢占农场行动，强调加强全国团结。在黑人老战士与白人农场主的冲突有所缓和后，津政府决心出台土地改革新政策，加快土改进程，以彻底解决问题。5月初，津政府修改了1993年颁布的《土地征用法》，规定为安置无地农民，政府可以强行征用土地。6月2日，津政府依据修改后的《土地征用法》颁布命令，强行征用804名白人农场主的土地。为迅速解决国内土地纠纷，津政府随后又制订了名为"快车道重新安置计划"的土改新政策，并于7月15日起开始在全国实施。新政策规定：政府将征用200个白人农场分配给无地农民，首先征用无主土地、未开发利用土地以及多个农场主共有的土地。土改工作将在各地的酋长、老战士代表、省区两级行政长官和政府任命的地方土地分配委员会人员领导下有序地进行，确保土地分配的公平合理。8月1日，副总统穆增达又宣布，为加快土改进程，政府决定扩大征用白人农场的数量，被征用的白人农场共341个，面积500多万公顷，其中210万公顷适合耕种农作物，其余290万公顷可用于畜牧业生产。这个数字已达到政府计划安置全国所有无地农民所需的土地。为了让全国50万个家庭尽快被安置到所分配的土地上，津政府还决定动用军队参与安置工作，由军队在全国各地设立运输中心，为安置工作提供车辆。8月30日，津政府土地、农业和农村安置部长马德表示，津政府将尽快实施全国土改安置计划，力争在2000年12月雨季来临之前完成对无地农民的安置工作。

在加快土改进程的同时，津政府也强调保持全国团结，制止新的抢占农场行为。8月11日，穆加贝总统呼吁津巴布韦全国人民加强团结，为国家的经济复兴作出贡献。他批评英国政府利用目前津巴布韦的土改问题，企图在国际上孤立津巴布韦，称现在世界上越来越多的人对津巴布韦目前进行的土地安置计划表示理解，并给予支持。西方舆论指责所谓津巴布韦人"抢夺"白人农场主的土地，是不符合事实的误导宣传。8月21日，津内政部长恩科莫表示，一些参加独立战争现已退役的老战士近几日仍扬言要抢占更多的白人农场、工厂和其它设施，"这是不能容忍的违法行为，应予迅速、彻底地加以制止"。同一天，警方根据政府指示，逮捕了13名非法设置路障、阻碍交通的黑人退伍老战士。9月21日，恩科莫宣布，津政府将坚决制止所有非法抢占白人农场的行为，以确保目前正在开展的土改工作能够有序进行。津政府不会姑息任何在"快车道重新安置计划"启动后继续非法抢占白人农场的做法。他强调，土地安置计划必须有序进行，只有中央政府才有权分配土地。

（四）津政府不顾白人农场主和最高法院对土改新政策的反对，继续推进土改并取得明显成果。津白人农场主对政府的土改新政策仍表示极为不满，并向津最高法院起诉政府。11月10日，津最高法院宣布政府的土改新政策"违反宪法，要求政府停止实施"，直到新的法律出台。对此津政府迅速作出反应，11月12日，负责信息和新闻的总统府部长莫约发表讲话，呼吁全国人民维护和平，努力加快土地改革进程，"全力支持和帮助无土地的人民获得土地"。他还希望白人农场主也为维护国家和平、确保土改成功作出贡献。11月14日，津政府召开内阁会议，认真研究了最高法院的裁决。会后发表声明称，政府不赞同最高法院对政府的加快土改计划作出"违宪"的裁决，将坚持加快土改计划，继续把土地改革作为一项紧迫工作向前推进。目前政府与最高法院的分歧在于各方对宪法的解释不同，政府希望弥合分歧，在土改问题上统一立场。呼吁有关各方本着和平共处和相互理解的精神，加强合作，给土改工作带来一个"崭新的开端"。在政府的强行推进下，土改新政策取得明显成果。12月15日，全国土地安置委员会主席穆增达宣布，迄今已有4.6万人分得了总共250万公顷的土地。分得土地的人包括已退役的独立战争时期的老战士、无地农民和对农业生产有兴趣的无地人员。12月20日，穆加贝总统在议会发表国情咨文称，津政府2000年实施的土改政策取得长足进展，可望2001年基本完成土改安置计划。

三、外界的反应

(一) 英国继续提出附加条件不愿兑现对津资金援助承诺。英国是津巴布韦的原宗主国，而且事件涉及的白人农场主多为英国移民后裔，因此自事件发生以来，英国多次表示强烈关注。4月26日，英国政府宣布，计划在未来两年内向津巴布韦提供3600万英镑（约合5700万美元）的资金，以帮助津巴布韦进行土地改革。英外交大臣库克表示，英国政府已准备向津巴布韦总统穆加贝提供这笔资金以帮助解决土地问题。但他同时强调，津巴布韦必须采取措施制止黑人袭击白人农场主和乱占农场的现象，并进行公平的土地改革，否则英国不可能提供这笔援助。4月27日，津巴布韦政府派地方政府部长约翰·恩科莫率代表团赴伦敦，与英国政府讨论如何在津巴布韦进行土地改革。由于双方在津土改问题上分歧严重，会谈未取得任何成果。会谈后，库克表示，如果津政府还不采取措施制止黑人占领白人农场的行为，英国不可能再与津政府代表团举行会谈，也不会向津提供援助资金。恩科莫则表示，津巴布韦早已不再是英国的殖民地，而是一个主权国家，有权自主决定何时采取何种政策，不需要他人说三道四。英国不应该在援助问题上附加条件，而应该像它曾经答应的那样尽快向津巴布韦提供资金援助，支持津政府进行土地改革。

(二) 联合国和南部非洲发展共同体极为关注并帮助津政府解决土改问题。事件发生后，南部非洲发展共同体极为关注，并于9月在纽约举行了一次关于津巴布韦土改问题的小型首脑会议。会议一致同意，由联合国秘书长安南委派1个联合国技术小组与津巴布韦政府共同研究建立1个技术小组，来指导津土改工作。10月3日，津政府和联合国开发计划署代表举行会议，同意成立1个联合技术小组指导津巴布韦的土改工作。会议强调津巴布韦事务应由津巴布韦政府和人民管理，实施土改和安置计划也应以此原则为指导。根据本国法律，津巴布韦政府有权在尽可能短的时间内征用500万公顷土地用于土改和安置计划。新征用的土地主要来自外出不归的白人农场主已抛弃和未被利用的农场以及多方共管的农场。12月1日，联合国秘书长安南的特使、联合国开发计划署署长布朗出访津巴布韦，在听取了有关各方对土改的看法后表示，津政府和农场主应进行认真、坦率的对话，以解决土改问题上的分歧。只有解决了政府与白人农场主之间的分歧，才能推进土改，解决这个国家的土地分配不均衡问题。他表示愿意推动这个问题的解决，争取国际机构和捐赠国尽快向津巴布韦提供土改资金。

(三) 部分非洲国家关注事态发展并提出一些建议。南非总统姆贝基5月5日表示，作为津的重要邻国，南非将以津全国人民的共同利益和维护整个南部非洲稳定为重，给予津巴布韦一切必要的帮助。南非正在与英国共同努力，帮助津巴布韦尽早平息因黑人退伍老战士抢占白人农场主土地而引发的“土地危机”。姆贝基总统重申，在津巴布韦“土地危机”问题上，南非决不会把自己的意志强加给津政府，而将采取务实有效的政策，向津政府提供有益的建议和解决方法。6月4日，姆贝基总统又针对津土地问题提出具体建议，即通过国外募款的方式从白人手中购买土地，以帮助津巴布韦进行土改。同时，南非政府还同沙特阿拉伯和欧美等国家进行协调，希望它们能募款购买津巴布韦白人农场主的土地，然后重新分配给没有土地的津巴布韦黑人。南部非洲发展共同体的主席国莫桑比克总理莫昆比5月9日表示，莫桑比克对邻邦津巴布韦出现局势动荡表示担忧，认为这将影响到整个南部非洲地区的发展，他呼吁南部非洲各国“行动起来，以谋求和平与稳定为目的，帮助寻找解决问题的方法”。

（桐　生）

刚果（金）交战各方签署脱离军事接触协议　2000年，刚果（金）饱受部族冲突、外国驻军纷争、政府军与反政府军拉网式对抗等战火蹂躏之苦，战火曾一度有扩散至邻国乃至整个中非地区的危险。刚果（金）政府多次向国际社会发出求助申请。联合国和非洲国家为此积极斡旋，联合国通过了一系列有关实现刚果（金）和平的协议，非洲国家也多次举行了关于结束刚果（金）冲突的首脑会议，才使刚果（金）在岁末看到一线和平的希望，交战各方签署脱离军事接触协议。

一、武装冲突不断升级，战火的硝烟欲漫中非大地。

2000年以来，冲突在这个中部非洲国家增多，规模不断扩大。一是政府军与反政府军拉网式争斗贯穿全年。2月中旬，政府军在加丹加省、西开省、赤道省对反政府军武装发动全面攻击。3月上旬，反政府武装“刚果民主联盟”和卢旺达驻军先后向政府军控制的地区多次发起反攻，夺取了洛洛、伊顿贝等城镇。7～9月，刚果（金）反政府武装“刚果解放运动”在乌干达支持下，同政府军在赤道省沿刚果河和乌吉河的地区激战。10月，反政府军在乌卢两国的支持下先后在加丹加省和赤道省的部分地区为争夺一些战略要地与政府军反复激战。二是部族火拼，使冲突呈多样化。1月下旬至2月上旬，生活在东方省的伊马族与兰杜族为争夺土地、牧场和水源再次在布尼亚和伊图里等地爆发争斗，双方发生大规模仇杀，造成5000多人死亡，数千人受伤，另有15万人无家可归。2月8日，刚果（金）政府发表声明称，部族冲突直至酿成严重流血惨案，同占领东方省的乌干达军队的怂恿和推波助澜有着直接的关系，乌干达应对部族暴力冲突负有不可推卸的责任，强烈要求外国军队遵守联合国1234号决议撤离刚果（金），并敦请有关国际组织尽快派遣有联合国刚果（金）问题特别调查员参加的调查组赴刚东方省解决正在逐步升级的部族冲突。三是外国驻军为争夺要塞控制权，使冲突更加复杂化。5～6月间，乌干达和卢旺达两国军队为控制刚果（金）东方省首府基桑加尼市先后发生3次大规模冲突，造成2000平民死亡，数千人受伤，数万人无家可归。至2000年岁末战火的硝烟已弥漫了25年之久，使刚果（金）170万人死亡、100多万人受伤、200多万人沦为难民，社会经济设施损失达60亿美元，农业损失达100亿美元。这场战争也祸及赞比亚、刚果（布）、中非等邻国，使它们遭受到了巨大经济损失。为此，饱受战争之灾的刚果（金）和邻国人民迫切盼望刚果（金）早日结束冲突，恢复和平。

二、在国际社会积极斡旋下，刚果（金）各方签署脱离军事接触协议。

1月24～28日，联合国安理会召集安哥拉、刚果（金）、莫桑比克、赞比亚、津巴布韦、乌干达和卢旺达等国总统以及纳米比亚、南非等南部非洲发展共同体国家的外长，举行了关于刚果（金）冲突的特别会议。在会议中，安理会原则上赞成联合国秘书长安南关于扩大联合国刚果（金）维和行动规模的建议，并呼吁有关冲突各方立即停止敌对行动，所有外国军队撤离刚果（金）。2月，联合国通过了1291号决议，决定向刚果（金）派驻5000名维和部队和500名军事观察员，以监督冲突各方遵守《卢萨卡协议》的情况。3月3日，联合国秘书长安南任命塞内加尔的蒙塔加·迪亚洛少将为联合国驻刚果（金）特派团团长，负责全面指挥联合国派驻这个非洲国家的500名军事观察员与5000多名维和士兵。联合国安理会于5月份派出1个代表团，对冲突各方进行调解。6月，安理会通过1304号决议，谴责乌干达和卢旺达入侵刚果（金），要求所有外国军队，特别是乌卢两国军队根据《卢萨卡协议》和《坎帕拉脱离军事接触协议》，立即撤出这个国家。为了帮助解决刚果（金）危机，12月，安理会又通过了1332号决议，决定将联合国驻刚果（金）特派团的任期延长到2001年6月15日，并向刚果（金）增派224名军事联络官。

非洲各国相互磋商，频繁召开地区性国家首脑会议，寻求解决危机的途径和方法。1月19日，南部非洲发展共同体国家首脑在莫桑比克首都马普托举行特别会议对刚果（金）冲突各方执行《卢萨卡协议》的情况进行评估；2月和8月在卢萨卡举行两次刚果（金）冲突有关各方首脑会议；4月在金沙萨举行刚果（金）等6国首脑会议；4月在阿尔及尔举行非洲统一组织首脑会议。10月10日，针对刚果（金）反政府武装及卢乌军队的进攻，安哥拉、津巴布韦、纳米比亚、刚果（金）4国首脑聚集在纳米比亚首都温都和克研究对策，避免了一场地区性大规模战争的爆发。随后，又在10月下旬分别在马普托、金沙萨和的黎波里举行3次非洲国家首脑会议。在马普托会议上，刚果（金）冲突各方同意各自的部队从前线至少往后撤退15千米。在金沙萨首脑会议上，加蓬、安哥拉、刚果（布）、刚果（金）、中非共和国与赤道几内亚等6国重申尽一切努力使刚果（金）恢复和平，并呼吁所有外国军队从刚果（金）无条件撤走，让刚果（金）人民自己寻找政治解决冲突的方法。同时，会议还决定设立一个部长级委员会负责实施这次首脑会议的各项决议。在的黎波里首脑会议上，会议发表了关于解决刚果（金）危机的宣言，决定在刚果（金）与卢旺达、布隆迪、乌干达3个邻国的边界上部署非洲干预部队，以保证4国的边界安全。

与此同时，赞比亚总统奇卢巴、莫桑比克总统希萨诺、阿尔及利亚总统布特弗利卡、加蓬总统邦戈、南非总统姆贝基和利比亚领导人卡扎菲等许多非洲国家领导人，也为寻找解决刚果（金）危机的途径与办法奔走于交火各方，进行斡旋。

在国际社会共同努力下，11月29日，负责监督刚果（金）执行停火协议的联合政治委员会第8次会议在卢萨卡举行，会议通过了关于刚果（金）冲突各方脱离军事接触和重新部署军队的计划。12月6日，刚果（金）冲突各方军事首脑在哈拉雷签署脱离军事接触和重新部署协议。12 月 15 日，卢旺达、纳米比亚、津巴布韦向各自的部队下达了脱离军事接触的命令。21 日和 22 日在加蓬首都利伯维尔，刚果（金）政府与刚果（金）反对派举行政治对话。至此，刚果（金）的和平进程的曙光才略现端倪，但实现最终和平尚需时日。

（尚　泽）

安哥拉和平终现曙光　安哥拉政府军从 2000 年初起，就向反政府武装组织“争取安哥拉彻底独立全国联盟”（简称“安盟”）发起军事和政治进攻，在继续扩大战果的同时，进一步瓦解安盟武装，成功地在国际社会中孤立了安盟，基本控制了全国局势，开始了经济的全面恢复性建设，使安哥拉和平进程终现曙光。

一、安政府对安盟作战取得决定性胜利

在 1999 年 9 月至年底的战斗中，安政府军消灭了安盟武装的 80% 力量，控制了全国 92% 地区，使安盟武装由 6 万之众变成不足 2 万人的残部，取得了对安盟作战的初步胜利。进入 2000 年，安政府仍大力进剿安盟武装，防止安盟军事力量死灰复燃。经过 9 个月连续作战，安政府取得了决定性胜利。其基本做法是：

一是连续发动军事攻势。年初，政府军对北部威热省发动攻势，收复了该省 16 座城市中的 14 座，切断安盟从国外获得武器补给的北方渠道。3 月下旬，又对盘踞在南宽扎省北部的卡卢洛市的安盟武装发起进攻，控制了中部地区。随后，又向东部主要钻石产区南隆达省和北隆达省发起攻势，至 7 月上旬安政府军控制了两省 13 座城市中的 11 座，从而切断了安盟重要经济来源。9 月初，夺取了威热省与刚果（金）相邻的金贝莱镇，从而占领了安盟反政府武装运送物资和人员的机场，稳固了安哥拉西北部局势。9 月下旬，又夺取了安盟控制下的重要战略据点莫希科省卡宗博镇，巩固了东部已经占领的地区，将安盟残部压制在与赞比亚交界的丛林中。

二是开展外交活动进一步孤立安盟。首先在 2 月中旬，安哥拉总统多斯桑托斯与纳米比亚总统努乔马就在两国边境地区清剿安盟武装残余进行了紧急磋商并达成共识，签署了共同安全和防务协定，从而切断了安盟武装从国外获取军需的南方渠道。其次是与赞比亚于 2 月和 7 月就边境地区打击安盟武装举行两次会谈，不但使赞比亚表明了不支持安盟的立场，而且使赞从 2 月起增兵加强边界的巡逻以阻止安盟武装分子潜入赞比亚。7 月又与赞召开两国第 7 次防务和安全联合会议，决定成立一个由两国边境安全官员组成的技术委员会负责调查和报告边境治安事件，并建立边界安全热线联系，以加强对边界的巡逻。再次是以比利时允许安盟利用该国市场销售非法钻石、以保加利亚和乌克兰向安盟出售大批武器等违反联合国安理会禁运制裁决定为由，向联合国提出惩罚上述各国的要求，从而基本断绝了安盟与国际社会的联系。

三是对安盟武装展开全面瓦解的攻心战。首先是制定出督促安盟投降的和平时间表。1 月 31 日安总统多斯桑托斯发表声明称，安政府今年的工作重点是争取年内结束战争，恢复政府对国家全部领土的管理，实现国家的最终和平。其次是重申宽容政策，赦免所有放下武器并走上和平与和解道路的安盟成员，其中也包括安盟领导人萨文比本人，并允诺将设立资金妥善安置投降人员。面对安政府强大的攻势，1 月和 4 月，近万名安盟成员主动走出丛林向政府军投降。4 月 27～28 日，安哥拉民族解放阵线、安哥拉民主阵线、安哥拉全国民主代表大会等近 10 个反对党的代表在首都罗安达举行会议，也要求萨文比和政府共同作出努力结束内战，实现国内持久和平。

二、安政府开始经济重建工作

安哥拉政府在基本控制局势后，立即着手进行重建工作，恢复生产，积极推行从 1999 年开始制定的经济调整政策，即限制公共开支、增加政府财政的透明度、抑制通货膨胀率。为了振兴经济，安政府大力发展石油生产，使其日产量达到 74.5 万桶，成为非洲第 2 大石油生产国，石油成为带动其它经济部门发展的支柱产业。安政府计划投入 30 多亿美元巨资在本格拉省兴建一座大型炼油厂，以提高原油加工能力。同时，还加强了对钻石业的管理和控制，防止钻石非法开采和走私，增加钻石的出口收入和税收，使其年钻石出口收入达 60 亿美元，税收达 7200 万美元。随着局势的进一步稳定与经济的复苏，安政府投资 2.15 亿美元用于恢复生产和兴建公路、港口、桥梁、通讯网络、学校、医疗卫生等基础设施。4 月份开始组织议员、专家和有关部门的官员研讨首都的重建计划，为改善首都罗安达的交通、环境卫生、通讯状况献计献策。7 月下旬，第 17 届安哥拉国际贸易展销会在罗安达举行，参展国家比往年都多，成交额达 2 亿多美元。在安哥拉形势趋于好转后，许多国家的公司和企业看好它的自然资源和市场潜力，纷纷增加投资和扩大贸易。世界银行非洲事务负责人莫恩斯

8月在安哥拉考察后宣布，世界银行决定向安哥拉提供3300万美元贷款，以帮助安哥拉恢复基础设施、发展农业。8月，联合国秘书长安南任命莫桑比克人杰钱德为联合国驻安哥拉办事处主任。9月30日，杰钱德首次访问安哥拉，同安哥拉政府讨论有关联合国在安哥拉建立办事处问题，以帮助其恢复经济建设。至此，安哥拉和平进程终现曙光。

（尚　泽）

科特迪瓦总统大选引发武装冲突　1999年12月，科特迪瓦军政府领导人盖伊发动军事政变，推翻了前总统贝迪埃，成立以他为主席的“全国救国委员会”，随后又自封为总统。在国际社会的强大压力下，盖伊承诺将通过民主选举“还政于民”。2000年10月科按期举行总统大选，盖伊参选，并自称获得多数选票当选新总统。而“人民阵线”主席巴博也声称击败其他候选人，赢得大选，并要求盖伊交出权力，但遭到盖伊拒绝。在此情况下，巴博发动军队围攻总统府，逼迫盖伊交权。盖伊仓皇出逃，其领导的军政府被推翻。接着，“共和人士联盟”成员又与巴博的支持者发生冲突。大选虽成定局，但局势并未真正平静下来。

一、大选之前：各派力量剑拔弩张

2000年8月，科全国共有19人向全国选举委员会提交总统候选人竞选材料，其中有军政府领导人盖伊、“人民阵线”主席巴博、“共和人士联盟”领导人瓦塔拉、“劳工党”第一书记沃迪埃，以及包括前总统贝迪埃和前内政部长邦贝特在内的前执政党—“民主党”的8位候选人等。各派政治力量及其候选人都希望通过这次合法选举登上政坛。民主党虽然在盖伊发动军事政变后退出政治舞台的中心，但作为执政多年的政党，其党员人数多，组织严密，动员能力强。在大选之前，盖伊、贝迪埃、邦贝特等都极力争取民主党的提名，希望借助这个现成的竞选机器赢得大选，最终邦贝特获得提名。盖伊看到民主党内反对自己的势力很大，不得不宣布以“超越党派”候选人身份参选。盖伊此举招致反对派的强烈批评，对其参选形势无疑是雪上加霜。此外，科主要反对党—“共和人士联盟”的领导人瓦塔拉也是盖伊强有力的竞争对手。瓦塔拉曾一度担任政府总理，又在国际组织中担任过高级职务，有较强的政治组织能力。在贝迪埃当政时，瓦塔拉就是竞争总统宝座的热门人物，对贝迪埃参选构成严重威胁。对此，贝迪埃采取阴谋手段，借口所谓国籍问题（称瓦塔拉之母是布基纳法索人且已去世，瓦不属科国籍）取消了瓦塔拉的参选资格。此次角逐，瓦塔拉的对手又想采用同一手法将其排斥在总统竞争者之外。

如上所述，科大选前各派的竞争就充满了浓烈的火药味，导致国内政局异常复杂和紧张，引起了非洲国家及地区组织领导人的严重关切。非洲统一组织执行主席、多哥总统埃亚德马在科大选前多次召开非洲国家首脑会议，讨论科的局势，协商解决办法。在9月份召开的非洲10国首脑会议上，提出了解决科政治危机的建议，主要内容包括：要求现任军政府领导人盖伊不参加总统大选，或者在参选期间停止国家元首的职务，改变选举程序，延长选举日期，不得取消任何候选人参选资格，等等。但这些建议遭到了盖伊的拒绝。10月6日，科最高法院院长宣布在19名候选人中有5人符合参选条件，其中包括盖伊和巴博，而瓦塔拉、邦贝特、贝迪埃等14名总统候选人则被取消资格。在此背景下，为确保大选顺利进行，科政府决定于10月6～9日，在全国实行紧急状态和宵禁。盖伊也呼吁全国人民以平静心态参与投票选举。科总统选举就在这样剑拔弩张的气氛中开始举行。

二、大选之中：充满血腥与暴力

10月22日，大选开始。24日即爆发了大规模武装冲突。科军政府宣布，盖伊在选举中获得52.72%的选票当选。与此同时，巴博则在“人民阵线”竞选总部发表声明，称自己获得60%以上的选票，是真正的国家元首，并号召人民走上街头，逼迫盖伊交出政权。就这样，一场声势浩大的“倒盖”示威活动爆发了。25日晨，科经济首都阿比让市中心枪声大作，浓烟滚滚，成千上万的示威群众与军队发生激烈冲突。原来效忠盖伊的军队和安全部队的将领们见风使舵，转而支持巴博，并协助巴博迅速控制国家电视台、总统府等要害部门，盖伊及其家人仓皇出逃。当日中午，巴博通过电视宣布获得大选胜利，但冲突并未就此结束。从26日晨开始，被禁止参加大选的“共和人士联盟”领导人瓦塔拉的支持者纷纷走上街头，声称此次大选不合法，要求重新举行大选，进而与巴博的支持者发生冲突，当天即造成40多人死亡。27日，发生了更大规模的流血事件，阿比让一个回教社区的55名瓦塔拉的青年支持者遭到集体屠杀，尸体被抛弃在阿比让郊区的一片树林中。

三、大选之后：局势并未真正平静

10月26日，巴博宣誓就任总统。他承诺要组建一个全国团结政府，并对武装部队进行改组。27日，巴博任命前政府的工业和旅游部长恩盖桑为新政府总理。科大选表面看来已尘埃落定，但实际上政治危机远未结束，局势并没有直正平静下来。

首先，就此次大选本身而言，科国内反对派认为大选不合法，要求重新选举。巴博就任总统后，分别与盖伊、瓦塔拉及民主党总书记福洛戈举行会晤，试图就寻求民族和解、实现国家和平问题达成谅解。但他坚决反对重新举行选举或修改宪法，因而引起了反对派的强烈不满。瓦塔拉声称，“巴博目前是一个事实上的总统，但并不是合法的总统，因为选举不合法”，“摆脱当前危机的惟一途径是重新举行总统选举”，否则，巴博今后“不可能顺利执政”。被盖伊取消竞选资格的其它一些政党也对巴博的当选持有异议，主张重新举行大选，让所有政党公平地参加竞选。12月1日，科最高法院继取消瓦塔拉总统候选人资格之后，再次取消了他参加议会选举的资格。瓦塔拉的支持者遂于议会选举前一周上街游行示威，同保安人员发生流血冲突，造成20多人死亡，300多人被捕。由于科“共和人士联盟”及其支持者的抵制，议会选举中全国投票率仅为33.15%。这一切都为科政局的稳定埋下了祸根。

其次，科国内部族、宗教矛盾由来已久，错综复杂。科特迪瓦由60多个部族组成，没有一个部族在人口构成中占绝对多数。科居民主要信仰基督教、伊斯兰教和拜物教，但各教信徒在全国人口所占比例没有一个拥有绝对多数。而在部族、宗教和文化背景下组成的20多个党派，更是没有一个政党能够占有绝对多数甚至接近多数。在这种情况下，各派政治势力很难和睦相处，一旦有什么风吹草动，难免不会再次爆发政治危机、社会骚乱乃至军事冲突。

第三，国际社会对此次大选普遍持否定态度。科大选结束后，联合国秘书长安南就表示大选过程存在问题，支持重新举行大选；美国国务院认为，科总统选举“非法”，“严重违反民主原则”；欧盟则警告科军人集团，声称他们在大选中践踏民意，必将受到惩罚；法国外长韦德里纳发表声明说，“法国和欧盟都不会接受此事，并将作出相应的反应”；非洲国家领导人更是向科施压，要求它举行新的总统选举。

（赵彦华）

塞拉利昂反政府军把联合国维和人员扣为人质 2000年5月，塞拉利昂反政府武装“革命联合阵线”（简称“联阵”）将500余名联合国维和人员扣为人质，引起了国际社会的严重关切。虽然最后联阵迫于国际压力分批释放了所有人质，但由于其领导人福迪·桑科拥兵自重，塞拉利昂通往和平与稳定的道路依然曲折而漫长。

一、人质危机的酿成

1999年7月，经历9年多战乱的塞拉利昂敌对双方在国际社会的调停下达成和解，塞总统泰勒·卡巴与联阵领导人桑科在多哥首都洛美签署了《洛美和平协议》。按照协议规定，塞政府正式释放桑科，赦免反政府叛乱人员；联阵则交出武器，停止反政府行动，成为合法政党，与卡巴共同组成民族团结政府。其后，桑科得以出任联合政府的副总统职务。1999年10月，联合国安理会通过决议，向塞派遣联合国维和部队，接替此前派来的西非维和部队，负责监督塞拉利昂停火和落实《洛美和平协议》。但由于塞敌对双方积怨太深，互相心存疑虑，致使《洛美和平协议》并未真正得到执行。尤其是联阵，拒绝交出武器，极力阻挠联合国维和行动，在2000年5月将500余名联合国维和部队官兵暂时扣押，导致了震惊世界的人质危机。

事件的经过比较简单。按照《洛美和平协议》及联合国有关决议，联合国维和部队进驻塞拉利昂后，在塞一些重要地区进行了部署。由于东北部地区是著名的钻石产区，长期由联阵控制，钻石的开采和走私是联阵赖以生存的基础，联合国维和部队试图对其实行接管，无疑是挖到联阵的命根子，触动了其根本利益。为此，联阵于2000年5月2日和3日，突然对联合国维和部队在北部和东部地区的营地发动突然袭击，并绑架了约50名维和部队士兵。与此同时，联阵又在马克尼、马布拉卡等地与维和部队发生交火，并将前往马克尼途中的208名赞比亚籍联合国维和士兵缴械扣押。在凯拉洪及首都弗里敦附近一些地区，联阵也向联合国维和部队发动攻击，并扣押了一些维和人员。截至5月7日，共有500余名联合国维和人员被联阵扣为人质，至少有4名维和士兵被打死。

塞拉利昂人质危机爆发后，国内国际一片哗然。在国内，饱受内战之苦的广大群众坚决反对联阵的这一做法。5月8日上午，首都弗里敦万余名群众走上街头举行各种抗议活动。游行群众包围了联阵领导人桑科的住所，遭到联阵武装人员的开枪射击，至少造成5人死亡，30多人受伤。5月16日晚，弗里敦群众在市内一居民区将桑科抓获并送交塞政府军。在国际上，联合国安理会5月4日发表主席声明，强烈谴责联阵袭击和扣留联合国维和部队及工作人员的行为，要求联阵结束这种敌对行动，立即释放所有被扣留人质；11 日晚，安理会就人质危机召开紧急会议，安理会当月主席、中国常驻联合国代表王英凡发言指出，中国驻联合国代表团支持国际社会特别是非洲一些国家和地区组织为解决塞拉利昂危机所做的努力，呼吁国际社会继续向联合国驻塞特派团提供各种紧急援助；19 日，安理会又通过决议，决定向塞拉利昂增派维和部队，使维和部队的人数由原来的 1.11 万人（实际只部署了 8700 人）增加到 1.3 万人。非洲统一组织秘书长萨利姆也于 5 月 4 日发表声明，强烈谴责联阵绑架和杀害联合国维和人员的行径，呼吁联阵领导人立即无条件释放被扣的联合国维和人员，并切实履行《洛美和平协议》。"西非经济共同体" 5 月 9 日召开特别首脑会议并发表联合公报，强烈谴责联阵的挑衅行为，决定采用包括军事干预在内的一切手段，挫败联阵依靠武力夺取国家政权的图谋。在国内国际社会的强大压力和西非国家的积极斡旋下，联阵被迫从 5 月 14 日开始分批释放被扣押的人质，至 5 月 28 日，被扣为人质的 500 余名联合国维和人员已全部获释，持续近 1 个月的人质危机遂告结束。

二、人质危机的缘由

在战乱频仍的塞拉利昂发生反政府武装扣押联合国维和人员事件，表面看来似乎是偶然事件，其实是由多方面因素造成的必然结果。该事件固然与桑科所领导的联阵不认真履行《洛美和平协议》有很直接关系，但同时也与联合国维和行动不力以及美、英等西方大国对塞内战冷漠有着一定关系。

首先，联阵对国内和平缺乏诚意。1999 年初，联阵曾一度攻破首都弗里敦，后因遭到西非维和部队的重创才退守到塞东北部地区。在军事和外交的双重压力下，联阵同意与政府举行谈判并在《洛美和平协议》上签字。但联阵的这些做法并非出自真心实意，而是一种缓兵之计。因为按照《洛美和平协议》，联阵应在维和部队的监督下解除武装，但到 2000 年 5 月，联阵近 1.5 万名武装人员中只有 1/3 交出了武器，仍然保持着近万人的兵力，比塞政府军及联合国维和部队的实力还强。联阵虽然在《洛美和平协议》上签了字，但不可能轻易放弃其控制的钻石产区及全部解除武装，否则就会丧失赖以生存的经济基础及同政府讨价还价的筹码。

其次，桑科与卡巴之间不能真诚合作。桑科与卡巴相互争斗为时已久，矛盾重重，积怨很深，不能在联合政府中进行真正的合作。1999 年 7 月《洛美和平协议》签订后，桑科本应立即到首都弗里敦担任联合政府副总统，但他以安全得不到保障为由拒绝赴任，一直拖延了好几个月才去履职。人质危机发生后，他很快就隐匿起来，说明他早已是身在曹营心在汉，时刻都有引退而去的准备。

第三，联合国维和行动不力。由于联合国在 1999 年一年之内分别向科索沃、东帝汶和塞拉利昂派驻了 3 支维和部队，造成维和人员和经费严重短缺。2000 年 2 月，安理会决定将在塞的维和部队由 6000 人增至 1.11 万人，终因力量不足，部署工作进展缓慢，直到人质危机爆发之前，也仅有 8000 多名维和士兵到达了指定位置，缺乏严格的训练及精良的武器装备，同时又没有专门的情报系统为其提供反政府武装的情况。此外，与西非维和部队相比，联合国维和部队不熟悉塞的地理环境，进行丛林作战的能力较弱。尤其是维和部队指挥官不是来自西非国家，缺乏与联阵这样的非洲反政府武装开展斗争的经验，关键时刻不能及时下定决心采取强硬措施，对联阵的试探性挑衅行为没有进行有力回击，结果反而受制于人，被扣为人质。

第四，西方大国对塞拉利昂维和行动冷漠。对于西方国家来说，非洲地区的局势动荡并不直接威胁其战略利益，因此它们对在非洲撒哈拉沙漠以南国家开展维和行动不够热心。在塞拉利昂维和行动上，西方国家没有履行当初作出的承诺，不愿出人出钱，互相推诿扯皮。尤其是美、英等西方大国，由于 1993 年在索马里维和行动中跌了跟头，心有余悸，对塞拉利昂的维和行动表现得麻木不仁，不愿直接派本国军队参加，最多是提供一点后勤支援。这种冷漠的态度对其它国家派兵到塞执行维和任务造成了负面影响。

三、人质危机带来的影响

塞拉利昂人质危机，不仅严重阻碍了该国的和平进程，而且对联合国在塞及整个非洲大陆的维和行动带来严重影响。

第一，该事件将严重影响联合国维和部队在塞拉利昂执行和平使命。500 多名维和人员被扣为人质，引发了维和部队与联阵之间的摩擦与对立，对维和部队的部署与执行任务造成较大困难。一些国家以此为借口，不但不愿继续向塞拉利昂派遣维和部队，甚至还要求撤出已在塞参加维和行动的本国人员。这一局面的出现，会使人们对联合国在塞维和行动提出质疑，也就意味着维和行动今后将受到影响。

第二，该事件会给联合国在刚果（金）等非洲国家部署维和部队增加难度。塞拉利昂人质危机是继联合国在索马里和卢旺达的维和行动失败后的又一次重大挫折。在此形势下，一些西方国家不像前两次一样，而是消极对待联合国扩大在刚果（金）维和行动的规模和力度，致使本已困难重重的刚果（金）维和行动面临更加严峻的挑战。

第三，该事件影响联合国解决非洲武装冲突的决心。长期以来，联合国为顺应广大非洲国家和人民的和平希望，克服重重困难，与国际社会一道，努力消除该地区不断发生的武装冲突。这次人质事件的发生，再次引发人们思考这样一些问题：武力干预国家和地区的内部冲突会带来什么样的效果，联合国在非洲的维和行动能否奏效，今后在解决非洲地区武装冲突问题上应采取何种方式，发挥什么作用？所有这些都会影响联合国在此类问题上的决心。

总之，塞拉利昂此次人质危机虽然得到了解决，但该国和平进程依然漫长，因为：（一）联阵仍然占据着包括盛产钻石的东部地区在内的大片土地，仍保持着较强的势力，不会轻易放下武器。（二）如何处置桑科，是一个棘手问题，释放他，无异于放虎归山，后患不可预料；审判他，则又会给联阵重新发动内战提供口实。（三）联阵武装主要由十一、二岁的少年组成，即便能解除他们的武装，也还存在上学、就业及生活问题。对从小接受暴力教育、以作战为生的联阵武装来说，改变他们的生存观念和生活状态，决非易事。（四）钻石的开采和贸易是塞经济社会矛盾的根源之一，与世界钻石市场有着千丝万缕的联系，不单是塞国内问题，短时间不可能得到解决。（五）塞拉利昂与非洲其它发生内战国家一样，要想实现持久和平，关键是要解决贫困问题，而发展经济、改善生存环境对贫困的非洲来说将是一项长期的课题。

（赵彦华）

欧洲军事要事

俄军继续清剿车臣非法武装　2000 年，俄罗斯当局在清剿车臣非法武装的军事行动取得决定性胜利的基础上，继续围剿残匪，扩大战果；重建地方政权，恢复经济生活，为最终解决车臣问题创造条件；同时，继续开展外交斗争，加强对外宣传，争取国际社会对车臣反恐怖行动的理解和支持。

一、继续清剿车臣非法武装

（一）解放格罗兹尼。1999 年 12 月初，俄军即已完成对车臣首府格罗兹尼的合围。但是，由于守敌顽强抵抗，并引爆了化学地雷。为了减少伤亡，特别是避免居民的伤亡，俄军放慢了进攻的速度，有些地段则暂停进攻。

2000 年 1 月 5 日，原车臣领导人马斯哈多夫发表声明，呼吁联邦军队在格罗兹尼暂时停火，俄武装力量第一副总参谋长马尼洛夫当即表示，在车臣谈不上任何暂时停火，停止流血的惟一方案是非法武装分子放下武器，停止对抗。马尼洛夫指出，马斯哈多夫提出暂时停火建议的目的是，企图使非法武装分子获得喘息的机会，以重新部署兵力，继续进行顽抗或冲出俄联邦军队的包围。同日，俄代总统普京主持召开俄强力部门领导人会议。会后，俄国防部长谢尔盖耶夫表示，联邦军队在车臣的行动正在按计划进行；俄联邦军队的惟一准则是在最少伤亡的情况下完成任务。

1 月 7 日，俄联邦军队驻北高加索集群副司令特罗舍夫宣布，从当天起，俄军暂时停止对格罗兹尼的空袭和炮击，并准备对该市进行最后攻击。特罗舍夫说，暂停空袭和炮击是为了给平民撤离格罗兹尼提供机会。联邦军队已为居民提供了“安全走廊”，并散发传单规劝他们离开该市。他透露说，联邦军队正借此机会调动部队，加紧备战，在确认格罗兹尼城内没有居民后，再开始对盘踞该市的非法武装实施决定性打击。

在此期间，从 1 月 9 日开始，为了牵制联邦军队对格罗兹尼的围攻，非法武装曾向阿尔贡、沙利和古杰尔梅斯等地进行反扑，并一度渗入这些城市。经过几天激烈的战斗，联邦军队遏制并打退了敌人的反扑，重新控制了上述地区。

经过约两周的准备，1 月 17 日，俄军发起了解放格罗兹尼的“特别战役”。是日凌晨 5 时 30 分，俄军前线轰炸机和强击机第 1 攻击群在夜幕掩护下飞临格罗兹尼市中心上空，开始猛烈轰炸非法武装的据点和火力点。随后，俄军炮兵也开始轰击早已侦察清楚的非法武装阵地。与此同时，由特种部队和内卫部队等组成的突击队在车臣民兵和警察的配合下，从三个方向缓慢地向格罗兹尼市中心推进。据报道，1月17日和18日两天，俄战机共起飞370余架次，近远程火炮、坦克以及导弹昼夜轰鸣，是俄军在车臣军事行动中对非法武装工事最猛烈的一次轰击。1月20日，俄军和车臣民兵攻占了格罗兹尼市中心的“米努特卡”广场和主要街道以及跨河大桥、火车站和一些居民区。

俄军此次对格罗兹尼的总攻接受了1995年攻打该城的教训，没有动用在街巷无法灵活运动的重型坦克等兵力兵器。攻城部队主要由训练有素、有战斗经验的战士组成。他们分成多股小分队谨慎地、逐街逐楼地向市中心逼进。1月18日清晨，俄先头部队已打开“米努特卡”广场。非法武装分子借助雷区以及坚固的地面、地下掩体，楼与楼之间的地下通道等工事优势与俄军展开激烈的争夺战。由于后续部队未能及时跟上，俄军被迫从市中心撤出。次日，俄军在空军、炮兵的支援下，再次发起攻击，经过一天多的激战，才攻占了市中心。据报道，战斗进行得十分惨烈。有时俄军不得不与非法武装分子展开肉搏战。

到1月底，格罗兹尼攻城战开始出现转机。由于长时间的围困和封锁，城内的非法武装分子与南部山区非法武装主力部队之间的联系早已断绝，加上俄军地面和空中炮火的强大压力，守敌粮弹匮乏，药品短缺，处境日益困难。至2月1日，已先后有多批非法武装分子向俄军投降。2月1日夜，俄军消灭了一股580多名企图从格罗兹尼市突围的非法武装。2月2日，俄军又巧设埋伏，引诱1000多名非法武装突围出城，在城郊将其大部歼灭，其中包括4名战地指挥官。2月6日，非法武装据守的最后一个堡垒—格罗兹尼工厂区被俄军攻占。俄代总统宣布，格罗兹尼市全部解放。至此，盘踞在格罗兹尼市的3000名非法武装分子大部分被消灭或投降，只有一小部分逃往南部山区。俄国防部长谢尔盖耶夫指出，格罗兹尼的解放是整个车臣军事行动的转折点，俄军取得的胜利，不仅有重要的军事意义，而且沉重地打击了非法武装的士气。

俄军在这次攻城战中也遭受了不少损失。俄军未单独公布格罗兹尼攻城战中的伤亡人数，仅知北高加索军区第38集团军副司令马洛费耶夫少将在格罗兹尼前线中弹身亡。俄陆军航空兵直升机团团长麦伊达诺夫在执行任务中遭到袭击，身受重伤，在飞机着陆前牺牲在驾驶室里。

（二）清剿车臣南部山区的非法武装。车臣南部山区约占车臣领土的1/3，地势险要，易守难攻，是车臣非法武装主要聚集基地之一，特别是平原地区失守之后，相当一部分非法武装分子先后流窜到这里，准备以此作为抗击俄军的最后堡垒。

1月10日前后，在对格罗兹尼发起总攻前，俄联邦军队即已开始向南部山区挺进，控制了阿尔贡河谷1/3的地区，并在已控制的地区展开清剿活动。俄军在南部山区采取的行动，一方面是为了防止那里的非法武装支援格罗兹尼被围困的同伙，同时也是为了防止非法武装沿阿尔贡河谷向格鲁吉亚等邻国逃窜。1月14日，俄军控制了车臣最南部的沙托伊区，切断了车臣非法武装的一条重要的武器弹药和兵员的补给线。与此同时，俄军以东、西两个方面对靠近车臣中部的韦杰诺区实施包围，当地的非法武装被打得七零八落，四处逃窜，俄军迅速控制了该地区，为在南部山区采取进一步的军事行动开辟了通道。

格罗兹尼解放以后，俄军调整部署，增调兵力，平原地区的部队向南部山区集结，准备对集聚在那里的非法武装实施决定性打击。俄国防部长谢尔盖耶夫2月9日向新闻界发表谈话说，在南部山区执行清剿任务的俄军有空降兵、海军陆战队和步兵等多兵种的部队，这些部队都有在山区作战的经验。他说，俄军将集中优势兵力，最大限度地减少自身损失，格罗兹尼的解放虽然使车臣战局出现了重大转折，但是要打垮南部山区的非法武装分子，俄军仍面临着十分复杂和艰巨的任务。他透露，当时在车臣南部山区盘踞着5000～7000名非法武装分子。

2月底至3月底，俄军在南部山区的几次主要战斗和战果：

2月28日前，俄军控制了阿尔贡河谷的所有制高点。在争夺制高点的战斗中，消灭非法武装分子118人。

2月29日，俄军攻占了沙托伊区的中心和最大的居民点——沙托伊镇，该镇集结有非法武装分子约2000人。经过战斗，消灭了一批非法武装分子，缴获了大批武器弹药。

3月2～9日，经过一周的持续战斗，在谢利缅塔乌津和乌鲁斯—克尔特居民点周围地区，俄军击溃了巴萨耶夫和哈塔卜为首的约2500名非法武装。武装分子有1600人被消灭，61人向俄军投降。

3月6日开始，俄军开始清剿据守在乌鲁斯—马尔坦区共青村的以格拉耶夫为首的一股非法武装，毙敌600多人。据报道，共青村的战斗打得非常激烈和艰苦。非法武装分子在村内街道和房屋内遍布地雷。俄军为减少伤亡，只能缓慢地推进，相持达半个月，3月19日和20日，俄内卫部队向该村的守敌发起最后的进攻，非法武装分子70余人被消灭，76人向俄军投降。

以上几次战斗，俄军共歼灭非法武装分子近3000人。

在此期间，非法武装在车臣全境进行了有组织的、疯狂的反扑。他们化整为零，四处出击、多次伏击、袭扰俄联邦部队，使俄军遭受重大损失。据报道，从2月中旬至3月初的两周内，俄军在一些村庄、道路上遭袭击或伏击，格罗兹尼、乌鲁斯—马尔坦、诺扎伊—尤尔特等地的俄军哨所和驻地遭袭击，共造成156人死亡，374人受伤。

一连串的袭击事件在俄国内引起强烈震动。俄代总统普京甚为恼火，严厉斥责少数前线指挥官“指挥协调不力”，责令有关部门严肃处理责任人员。俄内务部长鲁沙伊洛取消了原定对白俄罗斯的访问，赶赴车臣进行实地调查。他表示，俄军将采取特别安全措施，决不允许类似事件再次发生。

迄3月中旬，俄军在整个车臣地区的大规模军事行动基本结束。3月18日，俄代总统普京表示，车臣非法武装分子的主力已被击溃，残余的非法武装分子不可能再进行有组织的抵抗，为此，俄将从车臣撤出多余部队。但是，鉴于第1次车臣战争的教训，俄军不会从车臣全部撤出，俄军将在那里留下一定数量的部队，以完成对付残余非法武装的任务。他说，俄军将切断车臣南部同外界的联系，在有非法武装分子活动的地区继续采取军事行动和特别行动，以消灭他们，其它地区则逐步恢复正常生活。4月13日，俄武装力量第一副总参谋长马尼洛夫向新闻界宣布，在近几个月的车臣反恐怖行动中，俄联邦军队取得了重大战果，迄今为止已消灭非法武装1.3万人。他说，俄军在车臣的大规模军事行动实际上已经结束，所有大股非法武装团伙已被打散，“重新聚集大股武装分子的企图是枉然的。”他透露，当前在车臣大约还残留3500名非法武装分子，其中南部山区有2000人，平原地区化装成平民的约有1000人，首府格罗兹尼约有400人。马尼洛夫说，随着大规模军事行动的结束，俄联邦军队目前正转为采取特别行动，以消灭分散的极端的非法武装分子团伙。

（三）在北高加索地区开展“冬季攻击行动”。据俄军北高加索集群司令部透露，迄2000年2月底，在车臣的俄联邦部队为9.3万人。4月中旬，车臣地区大规模军事行动结束后，车臣境内的联邦部队大部分将陆续返回原驻地。届时常驻车臣的联邦部队将为2.5万人，包括1个摩托步兵师、内务部的1个内卫部队旅和1个加强边防中队。重新组建的摩托化步兵第42师是常驻车臣的主力部队。该师于2000年5月1日正式开始组建，10月底全部组建到位。该师所属各团配置地域较宽，团的编成较大，足以保障各自能够在较长时间内独立遂行作战任务。为了保障有效的通讯联络，该师配备了较强的通信部队，装备有最先进的通讯设备。驻守车臣的俄联邦部队当前的主要任务是搜索和消灭残余的非法武装分子，搜捕其头目。第42师主要以团、营规模的机动集群实施剿匪作战。各机动集群均配备有工程兵、炮兵和侦察兵。他们与驻车臣的内卫部队和安全局的部队密切协同，加大剿匪力度。一旦察明残匪的屯兵基地，立即对其实施猛烈的火力攻击，并严密封锁该地区，内卫部队和安全局部队则担负实施清剿、检查出入人员的证件、收缴武器弹药等任务。

2000年4月份以后，车臣非法武器分子继续进行各种恐怖活动。他们袭击、伏击俄军，制造爆炸事件，劫持飞机，甚至企图在车臣境外谋杀俄领导人。他们还乘第2次车臣战争爆发一周年之际和穆斯林“斋月”期间（11月）疯狂开展“恐怖战”。8月份，车臣地区爆发大大小小的恐怖事件百余起，平均每天有10人伤亡。在“斋月”期间，一批非法武装分子伪装成车臣平民，携带轻型武器，分成若干小组，从南部山区向不同方向出击，在同一时间、不同地点制造多起恐怖事件，仅12月2日和3日，就有25个俄军检查站和数支小部队遭到袭击，造成俄联邦军队士兵13人死亡，21人受伤，他们不仅杀害俄军政人员，甚至将目标指向车臣平民，只要是支持俄军和联邦政府的，不论老少，都可能成为他们的杀害对象。

针对恐怖活动升级和战火可能扩大的情况，俄最高当局决定利用冬季残匪不易隐藏的有利时机，进一步加大对非法武装的打击力度。为此，俄国防部长谢尔盖耶夫根据普京总统的指示，于11月初主持制定了“冬季攻击行动”并亲自前往车臣前线部署此次行动。同时在车臣视察的内务部长鲁沙伊洛也表示，随着冬季的来临，内务部队和护法机关将改变战术，加强对非法武装分子的搜索和监视，防止他们从山区和丛林潜入居民点或偷越国境过冬和进行骚扰。

“冬季攻击行动”计划实施后收到一定效果。在俄军的围堵和搜剿下，非法武装四处逃窜，试图突破俄军的封锁，但未能如愿。12月中旬，俄军在韦杰诺山口附近的达尔戈和因格诺伊等地进行了一次较大规模的搜剿和“清理”活动，消灭了一批残匪；一股非法武装企图利用阴雨天气和山区复杂的地形，穿越俄罗斯—格鲁吉亚边界，遭到俄、格两国军队的联合打击，几乎全军覆没；一些战地指挥官不堪忍受恶劣的条件，被迫率部向俄军投降。

2001 年 2 月 2 日俄军方公布的北高加索反恐怖行动中俄军的伤亡数字为：死亡 1861 名，受伤 5307 名。

二、重建地方政权，恢复经济生活

俄联邦当局在继续清剿非法武装的同时，逐步开展车臣重建工作，主要是重组地方政权，恢复正常的经济生活，为政治解决创造条件。2000 年 3 月 1 日，俄代总统助理亚斯特任布斯基向新闻界宣布，俄联邦政府打击车臣非法武装的行动已从军事阶段转入政治阶段。今后的主要任务是恢复车臣的和平生活和重建政权机构，使车臣作为俄联邦的一个主体逐渐回到法制轨道上来。

恢复正常的社会经济秩序。俄代总统普京 2000 年 3 月初相继签发了《组织难民返回车臣行动计划》和《关于恢复车臣电力供应的决定》等文件，并下令成立了“车臣社会政治局势正常化委员会”，具体协调重建工作，为帮助车臣人民恢复生产，重建家园，俄联邦政府从国家财政预算中拨款 3.42 亿卢布（合 1192 万美元），用于春耕，同时还调拨了数百台拖拉机。俄联邦副总理、驻车臣全权代表科什曼宣布，对车臣解放区将实行“一帮一”政策，即俄联邦一个州或边疆区对口支援车臣的一个区。迄 2000 年 4 月初，车臣大部分居民点已恢复供电、供气和邮电通信，学校开学，医院开业，农业生产开始恢复。在社会保障方面，俄联邦政府如期发放了工资、退休金和学生助学金。返乡的 10 余万难民已初步得到安置。在广泛开展的“旋风—反恐怖行动”中，通过向群众做说服工作，护法机关从居民手中收缴了大量武器弹药。据统计，2000 年 1 月～3 月中旬，共收缴各种子弹 19.4 万发，爆炸装置 2157 个，武器 2392 件。此项活动的开展改善了社会治安状况。正常的社会政治生活也在逐步恢复。3 月 26 日举行的俄总统选举，在格罗兹尼登记的 4 万多名选民，有 60% 的人参加了投票。

重组共和国和地方各级政权机构。俄安全会议秘书谢尔盖·伊万诺夫 2000 年 2 月 25 日宣布，车臣最近八、九年建立起来的权力机构“绝对非法”，安全会议已作出重建车臣地方政权的决定，对于地方政权机构，俄当局的做法是边解放、边重建，大规模的军事行动结束后，绝大多数区和居民点的政权机构即随之建立，并开始运作。这些机构在安置难民、恢复经济、稳定社会等方面发挥了应有的作用。对于共和国级，俄当局决定，在俄总统选举后，实行两年的总统直接治理；成立临时政府，直接对总统负责。

3 月 17 日，俄总统任命阿德兰·马戈马多夫为总统驻车臣全权代表。马戈马多夫 1994 年起即在俄总统驻车臣代表处工作，后曾担任车臣政府副主席。他的前任弗拉索夫 1998 年 5 月遭车臣非法武装分子劫持，半年后被俄特警救出。马戈马多夫就任后表示，他主张每个车臣人，无论他身在何处，无论从事何种职业，都应为车臣的重建事业作出贡献。

6 月 8 日，普京总统签署关于车臣共和国建立临时执行权力机关的法令。法令的主要内容是：成立车臣共和国政府，政府的行政长官由俄联邦总统任免，该行政长官必须直接向联邦总统和政府部门汇报工作并接受监督；撤销联邦政府驻车臣共和国代表处；建立车臣共和国、区、居民点三级临时行政权力机关；俄联邦政府向车臣共和国临时权力机关提供财政等保障；车臣共和国政府接受俄联邦总统驻高加索地区代表的监督。

6 月 12 日，普京任命车臣宗教领袖艾哈麦德·卡德罗夫为车臣临时政府首脑。6 月 20 日，卡德罗夫在车臣第 2 大城市古杰尔梅斯就职。他在就职典礼上呼吁车臣居民不分民族和宗教信仰，共同努力，复兴车臣。卡德罗夫表示，他的主要任务是使近十年来由于种种原因分裂的车臣人民团结起来，忘却多年来的恩怨，同舟共济重建家园。卡德罗夫在 1994～1997 年曾站在车臣分裂势力一边。但是，在 1999 年 8 月车臣非法武装入侵达吉斯坦时，他改变了原来的立场，转而支持联邦当局的反恐怖行动。他主张在车臣实行高度自治，但是反对使车臣脱离俄联邦；他坚决主张彻底消灭巴萨耶夫、哈塔卜等恐怖分子，主张马斯哈多夫辞职；他坚决反对瓦哈比派激进宗教势力在车臣出现。他认为要让车臣人民尽快过上正常的和平生活，必须两手抓：一手抓彻底消灭负隅顽抗的恐怖分子，早日结束战争；一手抓车臣重建工作。舆论认为，卡德罗夫是目前车臣最合适的人选，卡德罗夫的任命，有利于臣问题的政治解决。

三、开展外交斗争，争取国际社会的理解和支持

一年来，俄当局继续开展外交斗争，顶住西方压力，同时积极扩展外交活动、加强对外宣传，争取国

际社会对车臣反恐怖行动的理想与支持。

美欧屡屡以"人权"为借口，不断对俄施加压力。对此，俄进行了针峰相对的斗争，据理驳斥西方的指责，拒绝其无理要求，坚决推进在车臣的反恐怖行动。2000 年 3 月 3 日，美国务卿奥尔布赖特、俄罗斯外长伊万诺夫和欧盟的代表在葡萄牙首都里斯本举行三方会晤，重点讨论了科索沃问题、中东和平问题和车臣局势。在会晤中，美欧再次借机向俄施压，指责俄在车臣"侵犯"人权，要求俄方允许进行国际调查。俄方据理驳斥。经过激烈的斗争，俄方同意欧洲安全与合作组织、国际红十字会以及欧洲委员会派代表前往车臣视察。但是美方对俄的让步仍不满意，要求俄接受西方人权组织对车臣问题的"全面调查"。伊万诺夫与奥尔布赖特在记者招待会上公开对峙。俄美争执使在旁的欧盟代表不得不出来圆场把话题转到对车臣实施人道主义援助的问题上来。

4 月 6 日，欧洲委员会议会会议以俄罗斯在车臣"滥施暴力""侵犯人权"为由，通过一项中止俄在该机构表决权的决议，并威胁说，如果在当年 5 月 31 日前车臣人权状况仍没有改观，将采取进一步的"惩罚措施"，立即启动停止俄代表权的程序。欧洲委员会议会如此严厉地指责一个成员国，自其成立 50 余年来还是第一次。对此，俄迅速作出反应。出席欧洲委员会议会会议的代表当即退出会场。俄媒体纷纷谴责上述决议颠倒黑白，为虎作伥，指出此举旨在孤立俄罗斯。俄领导人纷纷表态，指出欧洲委员会议会的举动是轻率的，是对俄的侮辱，严重伤害了俄的自尊心。欧洲委员会会议的上述决议通过后，俄已表示将采取报复措施，包括禁止国际观察员特别是欧洲委员会议会的人权代表进入车臣。

4 月 25 日，联合国人权委员会通过了欧洲委员会议会和各国提出的"关于俄罗斯车臣共和国局势"的决议，决议指责俄在车臣违反人权。次日，俄外交部发表声明指出，联合国人权委员会对俄的指责是不能接受的。俄将坚持既定目标，彻底消灭车臣恐怖主义。同时表示，俄将继续同那些在行动上准备促进车臣局势稳定及向车臣人民提供人道主义援助的外国伙伴和国际组织进行对话。

2000 年 1～6 月，美政府官员先后接见车臣非法当局的"外长"艾哈买多夫、"副议长"巴沙耶夫、非法武装的密使等。俄外交部对此提出了强烈抗议和严正交涉，批评美国的不友好行动，指责美方背弃俄美关系准则和共同打击国际恐怖主义的诺言。

与此同时，俄政府积极开展外交活动，以争取国际社会特别是阿拉伯国家对俄处理车臣问题立场的理解和支持。为此，俄政府于 2000 年 2、3 月派出特使前往 22 个阿拉伯国家进行解释工作。3 月 4 日，俄外长伊万诺夫在同埃及外长穆萨举行会谈时，详细通报了俄联邦政府在车臣的军事行动以及俄为政治解决车臣问题、改善车臣人道主义状况所作的努力。伊万诺夫表示，西方国家有关车臣问题的许多新闻报道都是错误的，与事实不符。为使国际社会能够客观、公正在看待车臣问题，俄联邦政府邀请阿拉伯国家联盟代表赴北高加索地区进行实地考察。伊万诺夫承诺，俄联邦政府将尽一切努力，尽快使为躲避战火而流落在外的车臣难民返回家园。

此外，俄政府还加大了对外宣传的力度，通过各种媒体向国际社会传递车臣的真实状况，揭露和驳斥西方媒体对车臣问题的一些歪曲报道。

经过一年多的沉重打击，车臣非法武装已溃不成军，原来 1.7 万人左右的非法武装力量所剩无几，成建制的非法武装团伙只剩下两三股，每股不过二、三百人，其余多为散兵游勇。非法武装已失去有效的统一指挥，难以组织大规模的军事行动。但舆论认为，对车臣残匪的活动能量仍不可低估。俄军方估计，迄年底大约还有 2000 名左右残匪仍在坚持活动，残余分子多为本地的亡命之徒或外来的雇佣兵，比较顽固，难以对付。几名主要匪首尚未抓获，他们还未完全孤立，有的还在发号施令。反恐怖活动的任务仍很艰巨，特别是袭击、爆炸等恐怖活动时有发生，防不胜防。车臣重建工作由于受到诸多因素的制约远非短时间可以完成。因此，要彻底消灭残匪，稳定车臣局势，最终解决车臣问题，还需要较长时间。

（张力群）

俄海军"库尔斯克"号核潜艇在巴伦支海失事沉没 2000 年 8 月 12 日，俄罗斯海军"库尔斯克"号核潜艇在巴伦支海参加北方舰队演习时失事沉没。事故发生后，俄虽全力营救，但未获成功，艇上 118 名官兵全部遇难。俄于 10 月份进行了潜艇打捞工作，打捞出部分艇员遗体，拟从 2001 年夏季开始打捞潜艇。

一、事故经过

俄北方舰队所属"库尔斯克"号核潜艇在参加该舰队举行的大规模秋季海上演习时，于当地时间 8 月 12 日 23 时 30 分发生第 1 次爆炸，核潜艇从 20 米深开始迅速下沉，直至沉入 108 米深的海底，整个过程仅 2 分 15 秒。该潜艇沉入海底时，与海底猛烈碰撞，又引发第2次爆炸，加剧了核潜艇的损毁。13日凌晨3时21分，俄“彼得大帝”号核动力巡洋舰在其附近用测深声纳发现了“库尔斯克”号核潜艇。该艇失事地点距其基地摩尔曼斯克港东北约137千米，距海岸线20多千米。

“库尔斯克”号属于“奥斯卡”Ⅱ级多用途核攻击潜艇，主要任务是攻击航空母舰，同时还可执行多种侦察、巡逻等作战任务。“库尔斯克”号于1994年5月下水，1995年1月服役。该级潜艇水下排水量为1.83万吨，舰长154米，艇宽18.2米，最大下潜深度为500米，水下航速30节。两个核反应堆，总功率9.8万马力，续航力可达120天。主要武器配置为24枚SS-N-19型超音速反舰巡航导弹，最大射程为550千米。另配有16枚SS-N-15型中程反潜导弹和16枚SS-N-16型远程反潜导弹，以及12枚53型鱼雷、12枚65型鱼雷。“奥斯卡”Ⅱ级核潜艇是俄海军最先进潜艇之一，也是当今世界上吨位最大、武备最强的巡航导弹核潜艇。因此，该核潜艇发生如此重大事故，引起世人瞩目。

二、救援情况

事故发生后，俄罗斯很快展开紧急营救行动，俄政府成立了核潜艇失事原因调查委员会，副总理克列巴诺夫任委员会主席，海军总司令库罗耶多夫任副主席。俄北方舰队司令波波夫亲赴出事地点，直接指挥营救。北方舰队派出了22艘舰艇参与营救工作，救援人员尽最大努力寻找可能幸存的艇员，但营救过程中，困难重重，致使营救行动终归失败。其主要原因有三：

（一）气候险恶使救援行动难以展开。8月13日上午10时，俄第1艘救援船到达现场，试图对潜艇受损情况进行调查。但由于气候恶劣，暴风雨和4米高的巨浪使救援工作不得不暂停。15日19时，俄深海救生钟下水，但不到1个小时，就因狂风暴雨而终止工作。从15～18日，俄救援人员利用深海救生钟共实施了3个轮次的救援行动，试图完成深海救生钟与潜艇顶部逃生舱门的对接，但由于海水湍急，能见度低，而核潜艇的倾斜又十分严重，妨碍了救援行动，深海救生钟始终无法和潜艇的逃生舱门对接上。

（二）海上救援器材准备不足，遇事束手无策。“库尔斯克”号的核反应堆关闭后，艇上的制氧机也停止了制氧。这时必须依靠化学再生药板供氧维持艇上幸存人员的生命。而出海前，“库尔斯克”号究竟带没带、带了多少化学药板和相应的装备，其供氧能力如何，能维持多久，俄北方舰队的战斗勤务保障和管理部门竟然说不清道不明。俄北方舰队虽曾有过受过长期专门训练的深水潜水队，但由于种种原因，潜水队被解散了。而现有的救援部队因素质下降，在紧急情况下不能很好履自己的职责。俄原有两套能够在水下120米深度作业的大型深海救生钟，但由于多年不用，一套报废，另一套也已10年没有使用，以至于在此次救援行动中，深海救生钟3个轮次与核潜艇对接都未成功。俄虽然用了4天的时间进行救援但毫无进展。因此，不得不于8月16日邀请英国和挪威的救援船前来支援。它们仅用两天时间就赶到现场，用了1天半时间就打开了潜艇的舱口。相比之下，俄罗斯存在很多问题，不但缺乏救生器材，而且处理事故经验也不足，遇事束手无策。

（三）对要求外援决策犹豫，延误了时机。潜艇失事后，一些国家立即表示愿提供援助，但俄一直予以拒绝。俄政府面对救援失事核潜艇这样技术复杂的行动，对国内、军内的救援能力底数不清，但又为不泄露军事机密，曾力图独立完成救援任务。但没想到援救能力与实际需求相去甚远，因而延误了尽早决策的时机。直到8月16日多次与潜艇对接均告失败后，俄当局才向英国和挪威政府提出求援请求。8月17日，挪威海军的“诺曼德先锋”号救援船搭载英国的LR-5救生艇和27名救援人员、另1艘“海鹰”号救生船搭载12名挪威潜水员和深海救生钟及其它救援设备由挪威出发，驶往出事地点。19日到达后，连夜开展救援工作。21日13时，挪威潜水员打开了“库尔斯克”号位于第9舱的救生舱内舱盖，发现潜艇已经全部进水。8月21日17时，俄罗斯北方舰队参谋长莫察克在舰队驻地摩尔曼斯克正式宣布，核潜艇“库尔斯克”号上的118名官兵已经全部遇难。至此营救工作结束。

三、失事原因

为调查失事原因，俄专门成立了专家委员会，专家们提出了10余种猜测性看法，其中有3种说法认为可能性比较大：第1种是与外国潜艇相撞。俄国防部长谢尔盖耶夫8月21日说，“库尔斯克”号核潜艇失事原因多半是同水下巨物相撞所致，这一巨物的大小同“库尔斯克”号相近。俄海军人士称，当时在该海域有3艘北约潜艇，“库尔斯克”号核潜艇是因与其中1艘北约潜艇相撞而沉没的。海军总司令库罗耶多夫说，他有80%的把握认为，“库尔斯克”号核潜艇是在与其它潜艇撞击后沉入海底的。第2种是与二战时水雷相撞。俄副总理克列巴诺夫于8月21日说，潜艇失事原因可能是撞到了巨大的水下不明物体，也可能是触到了二战时水雷。但是他又说失事海域正处于航线上，又是俄北方舰队经常活动的海域，二战时期遗留的水雷至今仍未被发现的可能性很小。第3种是潜艇本身发生爆炸所致。据俄军方报告，“库尔斯克”号失事前正在参与的演习项目之一就是发射鱼雷，而该艇是在接到了准许发射的命令之后失去联系的。“库尔斯克”号核潜艇曾于1998年1月将它原来的鱼雷发射系统更换为一种相当廉价，使用起来具有一定危险性的发射系统。潜艇鱼雷发射系统很可能在发射鱼雷时出现故障，因而引起第1次爆炸。潜艇坠入海底后经剧烈震动又引发第2次爆炸。

四、打捞情况

以上多种猜测都有可能，但也都存在较大疑问。为查清事故真实原因和安抚死难官兵家属，8月26日俄总统普京下令成立新的打捞指挥中心，决定对遇难者和核潜艇进行打捞。与此同时，俄副总理库德林宣布将拨专款数亿美元打捞遇难者遗体和核潜艇。荷兰为此向俄罗斯提供了1.89亿美元的款项。俄罗斯“红宝石”中央兵器设计局与注册于挪威的美国哈利伯顿公司代表签订了“库尔斯克”号遇难者遗体的打捞合同。经过周密准备，在挪威深水救援专家的帮助下，俄罗斯于10月21日正式开始了第1步的打捞工作。俄海军总司令库罗耶多夫元帅统一指挥整个行动，北方舰队司令波波夫上将负责总体事务，俄海军搜索救难局局长利维奇少将具体组织海上行动。库罗耶多夫和波波夫在导弹驱逐舰“恰巴年科海军上将”号上，直接指挥打捞行动。俄派出最先进的打捞船“基尔迪什”号承担主要打捞任务。10月25日，俄潜水员打开了“库尔斯克”号核潜艇的第8舱和第9舱救生舱口，进入“库尔斯克”号核潜艇。经过几天的打捞，总共打捞出12具艇员遗体和部分核潜艇残骸。11月7日，俄北方舰队发言人宣布，由于巴伦支海上恶劣的天气以及“库尔斯克”号核潜艇内部损害严重，俄海军与挪威方面商量后决定，从当天起暂时结束打捞遇难官兵遗体的工作。第2步的打捞工作计划从2001年夏季开始，主要是打捞潜艇本身。俄北方舰队司令波波夫海军上将说，从目前打捞上来的潜艇遗物分析，事故发生后，艇内官兵经过一个多小时的努力，未能控制住失事潜艇，他们不得不撤退至潜艇的后部等待救援。其中23名艇员可能坚持了约12个小时。估计撤至第9舱的潜艇官兵的遇难日期不会超过8月13日，但大多数官兵可能遇难于12日，他们可能被淹死或窒息。俄官方在北方舰队基地北摩尔曼斯克为潜艇遇难者举行了隆重的纪念追悼会。追悼会上，俄国防部长谢尔盖耶夫说，“库尔斯克”号核潜艇上的艇员是俄潜艇部队中最好的艇员，他请求遇难官兵家属原谅。俄当局尽最大可能对遇难者家属进行了安抚。俄总统普京特别批准将政府向遇难者家属发放的抚恤金增加两倍，相当于每人5.4万美元。普京还表示，将报销所有遇难者家属从各地赶往北方舰队潜艇基地等待消息时的吃住、交通和电话费用等，今后并为遇难者家属提供医疗和免费交通，解决65名遗孤的受教育问题，并在3个月内改善80户家庭的住房条件。

五、汲取惨痛教训，加强国防建设

“库尔斯克”号核潜艇的沉没，是俄罗斯军队建设问题成堆的一个侧面，也是其军事改革积重难返的一个缩影。军费匮乏，装备老化，管理不善是导致事故频发的直接原因。90年代以来，俄潜艇已发生各种较大事故6起，其中，与其它国家潜艇相撞的事件2起。由此可以看出，“库尔斯克”号核潜艇沉没是偶然中的必然。“库尔斯克”号发生的灾难，给俄罗斯人民敲响了警钟。俄政府决定积极采取措施，加强海上救援能力。8月25日，俄总统普京下令，在波罗的海舰队、北方舰队、太平洋舰队和黑海舰队成立海军救援中心。俄紧急情况部部长绍伊古提出组建海上救援局的建议，拟议中的海上救援局将不属俄政府的任何一个独立机构，因为海上救援行动需要海军、紧急情况部以及其它有关部门的相互配合才能完成，海上救援局将担负所有海上救援任务。为进一步提高海上救援能力，俄罗斯于2000年下半年还先后与日本、美国以及挪威等国联合举行了多次搜索和救援遇难船只的演习，以提高海上救援工作的协同能力。俄还与北约达成协议，建立联合救援系统，对潜艇和海军舰只事故情况进行监视，并予以及时救援。从长远考虑，俄把此次事件作为俄军重整旗鼓的契机。普京政府决定今后大幅度增加军费、增强国防实力。尽管俄军已决定大幅度调整部队结构，继续裁减部队员额，但核潜艇部队仍是保护重点。俄海军总司令库罗耶多夫在“俄罗斯海军的现状和未来的需要”的报告中说，俄海军今后将会把重点放在舰队维修和现代化方面，将集中精力改进现役核潜艇，同时发展新一代核潜艇和潜射弹道导弹。库罗耶多夫强调指出，新航空母舰，高精度反舰和攻击导弹的发展和采购都将列为优先项目。

（刘效兰）

俄罗斯推出《俄联邦信息安全学说》

2000 年 9 月 9 日，俄联邦总统批准了《俄联邦信息安全学说》（简称“学说”）。该《学说》阐明了俄联邦在信息安全方面的立场、观点和基本方针，提出了俄在该领域的国家利益及其达成国家利益的手段，明确了俄在信息安全领域面临的主要威胁及其相关因应措施。该《学说》不仅为俄下一步的信息安全立法奠定了法律依据，同时亦为俄制定未来信息安全方面的政策提供了理论基础。

该《学说》的起草工作始于 1994 年。1997 年，在俄第一部《国家安全构想》颁布后，俄加大了这方面工作的力度，并发表了《俄联邦信息安全构想（草案）》，后因科索沃战争爆发，国际安全形势剧变，俄不得不重新调整《国家安全构想》和《军事学说》，有关信息安全构想的讨论因此而被搁置。2000 年 1 月和 5 月，俄新《国家安全构想》和新《军事学说》相继出台，信息安全问题才再度被提上议事日程。2000 年 6 月 23 日，俄联邦国家安全会议讨论并通过信息安全学说，并送交俄总统普京审批。

一、《学说》出台的主要原因

（一）信息安全已成为关系到国家安全的主要因素。俄联邦当局认为，在 21 世纪，信息资源将成为世界各主要国家争夺的主要资源之一。随着信息技术的全球化，信息及信息传输技术将成为“影响 21 世纪社会结构的最重要因素之一”，争夺信息资源、获取和保持信息优势，正被越来越多的发达国家视为地缘政治竞争中不可忽视的重要环节。政治家们普遍认为，在现在和不远的将来，大国的地位及国家安全将在很大程度上取决于大国在知识、信息及信息技术领域的地位及其对世界的影响力。在这场竞赛中，失败者将只能对胜利者俯首称臣，甚至可能丧失国家主权。目前，以美国为代表的西方发达国家已对信息技术形成垄断之势，并正将其广泛运用军事领域。与之相比，俄联邦无疑处于下风。面对这种局面，俄联邦深刻认识到，如不迎头赶上，将可能被排挤出信息技术竞争舞台，最终导致俄联邦在信息领域受制于西方。据悉，目前俄联邦所有的国家与军事指挥机构均已实现计算机控制与管理。但由于俄联邦信息技术落后，不得不大量使用进口信息设备。在既不能生产国产信息设备又不具备有效的信息保护系统的情况下，计算机系统很容易遭到计算机病毒、信息炸弹等的攻击和破坏，从而使整个指挥系统陷入瘫痪，这对俄联邦国家安全的威胁无疑将是致命的。有鉴于此，俄联邦认为，占据信息技术的制高点，是维护国家安全的重要手段，必须对此予以高度重视。

（二）信息安全已成为保证国家和社会生活正常运转的主要方面。作为一个全新领域，信息及信息技术已经悄然走入国家的活动及人们的日常生活与工作之中，它不仅是国家利益的重要组成部分，而且也是与个人利益休戚相关的重要因素。然而，在目前尚无相应法律规范的情况下，信息技术实质上是一把“双刃剑”，它在给人们带来方便的同时，也给计算机犯罪提供了可乘之机。据俄联邦警方统计，1998 年，计算机犯罪已导致俄损失 340 亿卢布，1999 年则损失高达 1000 亿卢布。在美国，这方面的损失每年也已达 1000 亿美元之多。面对这一局面，世界各国已纷纷开始制定相关政策和法律。

1998 年 12 月，联合国大会通过了“关于信息和电信领域成果应用于国际安全环境”的决议。2000 年 7 月 22 日，在日本冲绳召开的“八国首脑会议”上通过了“全球信息社会冲绳宪章。”

俄联邦也先后制定过一些具体的法律法规，如“信息、信息化和信息保护法”、“参与国际信息交流法”等。为了进一步完善俄联邦信息法律和信息政策，使俄联邦各级国家权力机关和执行权力机关能够协调一致、有条不紊地开展工作，俄联邦此次制定并通过的《俄联邦信息安全学说》已将维护国家及个人在信息领域的利益列为信息安全的重要内容。

（三）信息安全已成为决定军事斗争胜负的关键因素。随着信息化的不断扩大，信息及信息武器在军事斗争中的作用日益增强。不久前发生的科索沃战争和车臣战争至少给人们带来了两点启示；一是信息传播在战争中的作用越来越举足轻重。在科索沃战争中，美军凭借着强大的信息优势几乎主导了战争的进程和结局。俄联邦外长伊万诺夫指出：“在巴尔干，信息战线上的斗争的激烈程度并不亚于事件发生的现场”。而在车臣战争中，由于俄联邦媒体未能全力协助政府解释国家政策及俄在国内外重大政治问题上的立场，同时政府对大众新闻传媒亦控制不力，导致俄联邦陷入相对被动的局面。相比之下，车臣恐怖分子则利用信息手段制造各种虚假信息，蛊惑民心，加之国外支持车臣恐怖分子的媒体趁机推波助澜，使俄联邦的国际形象受到极大影响。为此，俄联邦总统十分郑重地指出，“我们积极的对外政策应该有相应的信息保障，以便国内外都能正确地理解俄所采取的对外政策步骤”。二是信息武器在未来军事斗争中将占据主要地位。俄联邦已认识到，“信息正被对手积极地用作武器”。一些国家已制定出信息战构想（如美国制定了“信息战条令”，在“2010 年联合构想”、“2020 年联合构想”中均有专门论述）并在实战中得到检验。相比之下，目前俄联邦在信息技术与信息战理论上均落后于自己的对手。俄联邦现有武器系统在毁伤兵器、侦察器材、通信器材和自动化指挥系统等方面极不平衡。由于缺乏现代化的侦察与指挥系统，毁伤武器的潜能不能得到充分发挥。

二、《学说》的主要内容

该《学说》共包括 4 个方面的内容：俄联邦信息安全领域的国家利益；保障信息安全的方法；保障信息安全政府的基本原则及其实施的首要措施；信息安全保障系统的组织基础。

（一）俄联邦信息安全领域的国家利益。该《学说》认为，俄联邦在信息领域的国家利益主要体现在以下 4 个方面：

第一，维护个人和公民获取和使用信息的宪法权利和自由，确保俄联邦的精神复兴，维护和巩固国家的社会道德价值观、爱国主义和人道主义传统及文化和科学潜力。

第二，实现俄联邦国家政策的信息保障，其中包括向俄联邦和国际社会传达有关俄联邦国家政策、俄对其联邦和国际生活中发生的具有社会意义的重大事件所持官方立场的真实信息，以确保公民能够享受国家公开的信息资源。

第三，发展现代信息技术和民族信息产业，包括信息、电信和通信器材产业，保证满足国内市场对其产品的需求并将产品打入国际市场，以及保证积累、保存和有效利用本国的信息资源。

第四，保护信息资源不被非法获取，确保俄联邦境内已有和在建信息系统和电信系统的安全。

（二）俄联邦信息安全当前面临的主要威胁。《学说》认为，当前俄联邦信息安全主要面临以下 4 种威胁：

第一，对个人和公民在精神生活和信息活动方面的宪法权利和自由，对个人、团体和社会意识及俄联邦精神复兴的威胁。

第二，对俄联邦国家政策实施信息保障的威胁。

第三，对本国信息产业（包括信息、电信和通信器材产业）的发展，对保障国内市场对信息产品的需求并将产品打入国际市场，以及对保障本国信息资源的搜集、保存和有效利用的威胁。

第四，对俄联邦境内已有和在建信息系统和电信系统安全的威胁。

（三）俄联邦信息安全面临威胁的主要根源。《学说》对此从国内和国外两个方面进行了剖析，认为俄联邦信息安全面临威胁的外部根源是：外国政治、经济、军事、侦察和情报机构不断进行捣乱和破坏；一些国家企图称霸世界信息领域，损害俄联邦的利益，将俄联邦挤出国内外信息市场；争夺信息技术和资源的国际竞争激烈，俄联邦与世界主要国家的技术差距拉大；由于在个人、社会和国家活动领域不断采取外国信息技术、广泛使用公开的信息－电信系统，以及本国信息系统与国际信息系统的一体化，使用“信息武器”破坏俄联邦信息设施的威胁正在增大；一些国家制定信息战构想，包括研制“信息武器”，对其它国家信息领域进行危险干预，破坏信息和电信系统的正常运转及信息资源的完好，非法获取信息资源等。而内部根源是：俄联邦民族工业依旧未能摆脱困境：在金融、工业、农业、教育、医疗、服务等领域以及公民日常生活的信息化程度上，俄联邦落后于世界主要国家；信息机构与信息犯罪团伙相互勾结，社会动荡不安；国民经济实力薄弱，信息技术人才外流，等等。

三、确保信息安全的主要措施

（一）制定信息安全保障法律，强化对新闻媒体和信息机构的控制。近年来，尽管俄联邦已采取了一系列规范大众传媒领域的各种法律措施，但在吸引外国投资来俄联邦发展信息设施时，并没有明确外国信息机构、大众传媒以及投资者地位。据悉，目前俄联邦境内有 38 家电子新闻媒体和 66 家报刊媒体由外国独资或合资参与主办。此外，有 1157 种外文刊物被授权允许在俄联邦境内发行。事实上，俄联邦一直对国际新闻机构实行优惠政策。例如，美国《自由之声》广播电台在俄联邦境内不受限制地开展活动，而俄联邦的《灯塔》广播电台在美国却没有得到相应的权利。这种不受任何制约的信息传播自由已对俄联邦安全构成了威胁。《学说》的出台充分表明，俄联邦将加强新闻媒体等信息传播渠道的控制，重建军事与安全机构的通信渠道。

俄联邦保障政策预计分 3 个阶段实施。在第 1 阶段（2000 年 8 月中旬～2001 年初），将建立媒体审查制度，为此将组建一个顾问咨询委员会。此外还将修改“大众传媒法”和俄联邦宪法，控制持反对意见和批评态度的报纸和电视台进行注册登记；严格审查有关军事或防务事务的新闻报道。在第 2 阶段（2001 年 5 月 1 日～2003 年），俄联邦教育与训练总局局长要向国防部提交一份教育与训练计划草案，旨在提高军队的威望，发展军事文化，提高军人的社会地位。在第3阶段（2003～2005年），联邦执行机构将在部队和长期驻守及可能发生战争的地区建立军用信息系统，该系统2003年开始启用，并由国防部协调，俄联邦信息中心负责监督新闻媒体和电视频道。按俄联邦《独立报》的说法，俄联邦政府计划把俄联邦信息中心建成为监控俄7个联邦行政区信息流通情况的机构。目前，俄联邦每个行政区都有自己的地区信息中心，它将成为强力机构与总统代表之间联络的渠道。

（二）全面加强信息领域斗争准备。《学说》全面阐述了俄今后加强信息斗争准备的主要措施，其中包括：增加对信息产业和信息基础设施建设的投入，加大国家扶持本国信息机构向国外信息机构市场推销产品的力度，进一步重视发展太空侦察设备和电子战武器；成立新的国家信息安全与信息对抗领导机构和职能机构，研究和建立制定与实施俄联邦国家信息政策的机制；建立和发展平时、紧急情况下和战时国家机构的现代保密技术基础；建立统一的信息安全与信息技术干部培养体系，研究并建立调节信息领域关系法规的实施机制，起草俄联邦信息安全法律保障构想；研究并建立通过国家大众传播工具的活动提高国家领导效率和实施国家信息政策的机制；通过并实施联邦计划，规定建立联邦国家权力机关和俄联邦主体国家权力机关信息资源公开档案；提高公民的法律素质和计算机专业知识水平，发展俄联邦统一信息空间设施，综合抵抗信息战的威胁，为社会和国家行使极其重要职能过程中使用的系统创造安全的信息技术；消除计算机犯罪，为联邦国家权力机关和俄联邦主体国家权力机关的利益建立专用信息-电信系统，确保国家在研究和使用国防用途的信息-电信系统方面保持技术上的独立性；规范自动化管理系统、通用和专用信息、电信系统信息化和信息安全保障方面的国家标准。

（于淑杰）

乌克兰正式关闭切尔诺贝利核电站　2000年12月15日，乌克兰总统库奇马在基辅下达了关于关闭切尔诺贝利核电站的命令，随即该电站的最后1台运营机组停止了运转。至此，该电站4台机组全部退出了历史舞台。联合国秘书长安南为此发表了专项声明。他对乌克兰此举表示欢迎，对为关闭工作作出努力的有关各方表示感谢，并希望国际社会继续向乌克兰提供支持和援助，以帮助其消除因关闭核电站所产生的经济和社会问题。

一、核电站关闭的缘由

乌克兰总统权衡利弊，彻底关闭了切尔诺贝利核电站，其缘由是多方面的，主要有以下四点：

（一）该电站发生爆炸事故，造成严重污染。1986年4月26日该电站4号机组按计划停工时发生了大爆炸，大功率管道反应堆的反应区被毁，事故延续了10天10夜。头几天，被毁的反应堆上的热浪高达1千米以上，稍后也有数百米。这是世界核电史上最大的1次核事故，震惊了全世界，其影响至今未绝。据联合国权威机构作出的权威结论说，在这一核泄露事故中，30人当场死亡，其中28人死于过量辐射，均为电站工作人员或消防队员。这场事故还造成大量放射性物质泄露，造成了严重污染。据俄通社透露称，最近的统计数字表明，前苏联中的乌克兰、俄罗斯和白俄罗斯3国共有15万平方千米土地受到最严重的放射性污染，在那里居住的受到辐射的694.5万人，有30万人死亡；在参加事故救援工作的83.4万人中，已知有5.5万人死亡，约15万人致残。其中，乌克兰受污染面积为4.4万平方千米，有300多万人受害，在参加救援的23.6万人中，已知3万人死亡，7.3万人致残；俄罗斯受污染面积为6万平方千米，有300万人受害，在参加救援工作的近25万人中，已知有1.5万人死亡，5万人致残；白俄罗斯受污染面积为4.6万平方千米，约有94万人受害，在参加救援工作的16万人中，已知有5000人死亡，2.5万人残残。

（二）该电站4个机组仍存在安全隐患。该电站4号机组发生事故后，前苏联政府虽然采取了一系列措施，清除或掩埋了大量污染物，并调用直升机向事故地点投放了大量的沙、铅和硼，在4号反应堆外筑起了一个混凝土“石棺”，将放射性的物质密封在“石棺”之内。但是预计这个被混凝土封闭的“石棺”只能坚持50年，而被封闭在里面的放射性物质却具有比50年更长的“生命力”。这些放射性物质包括有近180吨低浓度铀235、约7万吨放射性金属和约35万吨放射性尘土，其放射总量高达200多万居里。近几年来，该电站1、2号机组也经常因各种故障不得不停工检修存在着的安全隐患。该电站3号组机与被密封的4号机组仅一墙之隔，无疑这是又一大安全隐患。

（三）乌克兰政府有了新的能源政策，决心发展新的干净的能源，建立新的电站。

（四）西方国家承诺关闭后给予补偿。1995年12月乌克兰与西方七国、欧盟在加拿大渥太华签署了关于《关闭切尔诺贝利核电站相互谅解备忘录》。西方七国及欧盟许诺在切尔诺贝利核电站正式关闭后给予乌克兰以经济和社会有限补偿，以消除因关闭该电站而对乌造成的影响。

二、核电站关闭的经过

切尔诺贝利核电站坐落在基辅以北 90 多千米处，始建于 1970 年，1977 年的正式启用，是前苏联在乌克兰境内修建的第 1 座核电站。它由 4 台石墨慢化反应堆组成（即 1、2、3、4 号机组），每台装机容量 100 万千瓦。这 4 台机组是从 1986 年 4 月开始分期关闭的。首先，关闭了 4 号机组。1986 年 4 月该核电站 4 号机组发生事故后，前苏联政府于 11 月用混凝土做成"石棺"封闭了该机组。10 年之后，即 1996 年 12 月，利用该电站停工检修 1、2 号机组机会，又秘密关闭了这两个机组。这次关闭是在苏联解体后，前苏联政府将核电站全部移交乌克兰之后，由乌政府经过慎重考虑而决定关闭的。2000 年 12 月 15 日，乌克兰政府根据签署的《备忘录》按期关闭了 3 号机组。至此，整个核电站 4 个机组及其它设施全部被关闭。在关闭仪式的大会上，乌总统库奇马说：这个决定是出于对本国人民和国际社会最高利益的考虑作出的，也是根据十多年的经验教训作出的。据乌克兰政府官员透露，为能够按时关闭该电站，乌克兰政府提前做了大量准备工作。一方面，乌国家能源部负责在规定的期限内分别制订出关闭 3 号机组、为电站职工及电站所在地区居民提供社会保障的详细计划；另一方面，乌继续呼吁国际社会，特别是西方国家为关闭核电站尽快提供资金援助。

三、核电站关闭后对主要问题的处理

早在切尔诺贝利核电站关闭前，乌政府就担心关闭该电站，尤其是 3 号机组的关闭将给乌的经济和社会带来大量负面影响。据核电站负责人介绍说，3 号机组的发电量约占全国总发电量的 5%。它自投入运行以来，已累计发电 3083 亿千瓦时，对乌经济发展起到了非常重要的作用。乌在近 15 年内几乎未增添任何电力补偿设施，关闭该核电站就意味着乌每年将有 1～1.3 亿美元的损失，国家电力系统在几年内将陷入满负荷状态。关闭之举还会使半数以上的电站员工面临失业，电站员工居住的卫星城—斯拉乌季奇市也将失去财政来源。如不采取适当措施，受雇于切尔诺贝利核电站的一大批有相当经验的专家和其他优秀核工业人才将会流失国外。除此之外，关闭核电站必须在技术环节上做好充分的准备。

正是出于上述考虑，乌克兰政府在其与西方国家签署的《关闭切尔诺贝利核电站相互谅解备忘录》中，承诺在 2000 年年底前关闭该电站。以此为前提，西方七国和欧盟承诺为关闭工作提供补偿资金，主要用来帮助乌修建废料储存库，提高"石棺"安全性，解决关闭后的社会保障问题，以及资助乌克兰赫梅利尼茨基核电站 2 号机组和罗夫诺核电站 4 号机组的后期建设。据乌有关单位初步统计，西方七国及欧盟应承担关闭切尔诺贝利核电站的费用约为 15 亿美元，为 4 号机组增加一层"石棺"还需要资金 8 亿美元，两项共需提供资金约 23 亿美元。如今，乌克兰政府根据上述备忘录如期关闭了切尔诺贝利核电站。但是，西方承诺的资金却仍未全部到位，致使乌克兰政府短期内难以解决由于按期关闭核电站而带来的经济和社会问题。目前，乌克兰政府及国际社会正在关注着西方七国及欧盟落实承诺的行动。

（王海南）

南斯拉夫联盟共和国军事新动向 2000 年，是科索沃战争结束后的第一个年头，也是南斯拉夫联盟共和国政权发生更迭的一年。在此背景下，其在军事上出现了一些新动向。

一、奖励科索沃战争有功人员，更换军队主要领导人

2000 年上半年，南军继续对科索沃战争中的有功人员进行表彰和宣传，授予包括南军总长奥伊丹尼奇、第 3 集团军司令帕夫科维奇等在内的一批指战员以荣誉勋章或称号，并对他们的英雄战绩进行大力宣扬。烈士家属及子女在就业、入学、出国等方面得到优先安排，职业军人的住房和社会福利等也得到妥善解决。此外，南军对在战争中涌现出来的各级优秀指挥员和在战争期间有发明创造的高科技人才及专业骨干予以提拔或重用。1 月，南军总长奥伊丹尼奇被任命为国防部长，并授予大将军衔；第 3 集团军司令帕夫科维奇被任命为总长，并授予上将军衔。2000 年 10 月科什图尼察总统上台后，在国内外要求对军队高层领导人进行调整的强大压力下，于 11 月将国防部长改为由文职人员担任，于 12 月对包括第 2 集团军司令和海军司令等在内的军队领导人进行了更换。

二、颁布新军事思想，凸显南战略地位的特殊性

2000 年 8 月中旬，米洛舍维奇批准了南军新的军事思想，这也是在总结科索沃战争基础上做出的军事战略调整的一个具体步骤。新军事思想认为，在现

代国际关系中，军队的使用更加频繁和重要；单极世界的出现，使世界上分成了“附庸”和“抵制”超级大国的两派力量。南是世界强权主要关注中心，随着欧洲军、政、经一体化进程的加快及周边国家对南关系的变化，南战略地位的特殊性凸显。1999年北约对南的军事干涉即是以美国为首的西方军事联盟加紧实施全球控制战略的重要一步。南军将根据高技术条件下作战的新情况和特点进行较激进的改革。2000年10月科什图尼察上台后，提出对南军事思想进行修订，内容包括对未来国家安全的主要威胁、敌友判断标准、作战样式、军事外交与合作等作出新的诠释；对军队编制体制、人事制度、作训体制等进行革新；大力改善武器装备，拟建立一支人数少、装备精良和有快速反应能力的军队等。

三、努力开展军事外交，调整与北约的关系

2000年上半年，为打破西方封锁，南军采取各种方式继续与一些传统友好国家保持军事交往，积极开展军事外交活动。6月，南国防部长奥伊丹尼奇大将访问俄罗斯，与俄军在军事技术合作方面达成共识。上半年，利比亚国防部长、越南国防部副部长等高级军事代表团等先后来南访问。科什图尼察总统上台后，随着南总体外交政策的调整，南军事安全政策也发生较大变化，军事外交活动重点逐渐西移，并努力谋求改善与西方国家的军事关系。2000年12月南新任国防部长克拉波维奇在接受日本记者采访时，首次提出不排除南加入北约的可能性。2001年3月南总统科什图尼察称，南与北约的关系正在迅速发展，可以设想南有朝一日会加入北约“和平伙伴关系计划”。而随着南军被北约允许进驻塞尔维亚南部与科索沃交界的“安全区”，南与北约之间的相互信任将会进一步增强。

（朱瑞臣）

巴尔干地区形势紧张　2000年，巴尔干地区形势一直紧张。由于联合国安理会1244号决议没有得到真正落实，南联盟科索沃维和危机逐渐演变为阿族武装与北约多国维和部队的流血冲突；南联盟塞尔维亚南部阿塞两族矛盾也逐步升级为武装冲突，并向邻近国家马其顿发展，形成直接武装对抗，造成大量人员伤亡。与此同时，科索沃阿族政党继续坚持科索沃独立立场，并通过地方选举控制了科索沃地区政权，使科索沃事实上处于独立状态。南联盟与黑山分离主义斗争走向公开化，黑山分离分子积极为独立做准备。波黑穆、克、塞三大实体相互制约，各民族间矛盾远未消除，波黑国家实现一体化尚需时日。

一、科索沃危机走向暴力化、扩大化和长期化

（一）“科解”名亡实存，科索沃境内暴力流血事件持续发生。2000年1月20日，联合国驻科索沃特派团团长库什内宣布：“科索沃解放军”的部分成员已被正式改编为“科索沃保安团”，其余成员已被解散。但由于被解散的“科解”分子的武器未被彻底收缴，一些“科解”分子重新聚集成新的“解放军”组织或武装团伙，并在科索沃境内制造杀人、抢劫、爆炸、纵火等暴力流血事件。2月3日，一伙阿族恐怖分子向科索沃斯卡－米特罗维察一家塞族人开设的咖啡馆投掷炸弹并用机枪向里面扫射，导致12名塞族人受伤，其中7人受重伤。这一恐怖事件激起当地塞族居民的极大愤怒，数千名塞族居民连夜走上街头举行抗议示威，并同阿族居民发生冲突，有两名土耳其族居民和两名阿族居民被打死、6名阿族居民和15名塞族居民受伤。此即所谓的“斯卡－米特罗维察事件”。2月5日，数百名阿族极端分子向驻扎在斯卡—米特罗维察的法国维和部队投掷燃烧瓶和石块，造成11名法国士兵受伤。4月15日，阿族极端分子在科索沃佩奇地区对250户塞族居民洗劫一空后，放火烧毁了他们的住房。5月28日，在科索沃东南部一个民族混居的村庄，1名阿族恐怖分子向一群塞族人开枪射击，当场打死3名塞族人，其中包括1名年仅4岁的儿童。8月18日，一枚威力强大的炸弹在位于普里什蒂纳市中心的“南联盟同联合国特派团合作委员会”大楼内爆炸，致使该建筑物遭到严重破坏。11月22日，“南联盟同联合国特派团合作委员会”大楼再次遭炸弹袭击，造成两人受伤，其中1人因伤势过重死亡。据南官方统计，从1999年6月联合国驻科索沃特派团和维和部队进驻科索沃至2000年11月底，科索沃阿族极端分子共进行了5259次恐怖活动，其中5142次是针对非阿族居民的，117次是针对阿族居民的，造成1055人死亡，5万多所房屋被毁，35万余名非阿族居民沦为难民。

（二）阿族极端分子四处袭扰，科索沃邻近国家边境地区武装冲突不断升级。阿族极端分子在科索沃境内持续制造暴力流血事件的同时，还不断在邻近国家或地区制造暴力事件，挑起流血冲突。北约驻科维和部队为保自身安全，竭力避免与阿族非法武装进行直接对抗，只是对阿族极端分子发出一些无关痛痒的

警告，未采取实际性干预或制止行动，致使阿族极端分子更加肆无忌惮。2000 年 11 月初，阿族极端分子突入塞尔维亚南部地区，对塞尔维亚警察和当地居民进行武装袭扰，造成大量人员伤亡。11 月 22 日，数百名阿族极端分子用迫击炮等重武器向塞、科边界“安全区”内的塞警察巡逻队发动攻击，造成 4 名警察死亡、13 名警察受伤。据南军方统计，仅 11 月份阿族恐怖分子就向“安全区”内的塞族警察发动了 30 多次武装进攻，造成 5 人死亡，15 人受伤。2001 年初，科索沃阿族非法武装分子又借故把战火烧至马其顿境内，致使地区紧张局势骤然升级。

（三）阿族政党“合法”控制科索沃地方政权，科索沃事实上取得独立地位。2000 年 10 月，在欧盟和欧安组织的组织和监督下，科索沃举行了地方选举。由于 20 多万非阿族居民因逃离科索沃而未能返回家园参加选举，居住在科索沃的 10 余万塞族人也拒绝参加投票，致使选举实际变成了阿族人的选举。在选举中，共有 18 个政党、2 个政党联盟、3 个公民团体和 15 个独立候选人，竞选科索沃 30 个市镇行政区的行政长官和区议会议员。据欧安组织公布的选举结果，鲁戈瓦领导的科索沃老牌阿族政党—科索沃民主联盟获得 58% 的选票，取得了科索沃 24 个市镇的主导权。萨奇领导的科索沃民主党获得 27% 的选票，在 6 个市镇中获胜。南联盟政府和塞尔维亚共和国政府发表声明，认为这次选举只能进一步助长使科索沃成为单一民族社会的企图，给落实联合国安理会 1244 号决议造成更大困难，所以不承认选举及其结果。从总体上看，由于此次地方选举缺乏普遍性和代表性，使科索沃的地方政权完全被阿族政党“合法”控制，造成科索沃事实上的独立，使科索沃最终地位问题的解决变得更加复杂，也使科索沃塞、阿两族之间的对立情绪进一步加剧，从而导致科索沃危机走向长期化。

二、黑山分离活动走向公开化和顽固化

2000 年，以黑山总统久卡诺维奇为首的黑山分离分子继续坚持黑山独立的顽固立场，积极为独立做准备。南联盟与黑山分离主义的斗争形势相当严峻。

（一）抵制大选，拒绝承认南联盟新政权。米洛舍维奇执政期间，黑山政府与塞尔维亚和南联盟政府的关系非常紧张。黑山当局不仅不承认米领导的联盟政权，而且在美等西方国家的公开支持下，积极进行各项独立准备。米洛舍维奇则利用军队和反对黑山独立的以南联盟总理布拉托维奇为领导的黑山社会主义人民党来制约黑山当局的独立倾向。2000 年 7 月，南联盟议会先后通过南联盟宪法和选举法修正案，宣布提前举行总统和议会大选。黑山议会以两个法律修正案有损于黑山共和国的利益为由不予承认，黑山总统公开宣布抵制选举，号召黑山居民不要参加选举。大选结束后，黑山政府拒绝接受选举结果，不承认科什图尼察为南联盟新总统，也不承认新一届联盟政府。

（二）顽固不化，再次提出重新确定黑山与塞尔维亚关系。2000 年 10 月南政权发生更迭后，以美国为首的西方国家不再把黑山视为反米压米的重要棋子，美国不再公开支持黑山独立，欧盟则明确表示反对其独立。但以黑山总统久卡诺维奇为首的黑山当局，不顾国际社会的反对，顽固坚持独立立场。2000 年 12 月，黑山政府通过《塞、黑关系新纲领》，继 1999 年 8 月之后再次提出修改塞黑关系。该《纲领》的实质就是塞、黑两共和国结束目前的联盟关系，先各自成为独立的、被国际社会承认的主权国家，在此基础上再根据两国意愿建立一种松散的联盟。这种“先独后联”的主张实际为日后的“只独不联”或“联而不合”埋下了伏笔。该《纲领》遭到了南联盟和塞尔维亚政府及黑山一些政党的强烈反对。

（三）苦心经营，基本建立起独立机制和体系。1999 年 11 月，黑山政府决定实行双重货币（即德国马克与南联盟第纳尔都是黑山流通支付货币）。2000 年 11 月，黑山议会通过了使德国马克成为黑山流通货币的《中央银行法》，黑山政府当即宣布终止南联盟货币第纳尔在黑山的流通。黑山已基本建立起有别于南联盟政府的货币、税收、海关、边防等方面的体制。此外，黑山还与邻近的克罗地亚、马其顿、斯洛文尼亚和波黑等国建立了良好关系，并抛开南联盟政府与这些国家就边界争端问题进行多轮双边谈判，与其中的部分国家达成了协议。

（四）抓住时机，出台《全民公决法》和宣布提前举行议会选举。近年来，黑山居民支持黑山独立的比率一直呈上升趋势。1998 年时的支持率还仅为 21%，2000 年底上升至 44%，2001 年初已超过 50%。2001 年初，黑山居民对久卡诺维奇的支持率也已达 33%，远远超过对黑山其它党派领导人的支持率。为抓住有利时机，2001 年 2 月 19 日黑山议会通过了《全民公决法》。根据该法，黑山将就独立问题举行公民公决，只要有 25% 以上的黑山居民支持独立，黑山就可宣布独立。次日，黑山总统久卡诺维奇又宣布于 4 月 22 日提前举行黑山议会选举。由于久卡诺维奇此前曾表示，如其所领导的党再次在选举

中获胜，其首要任务即是就黑山独立问题举行全民公决，所以黑山分离形势相当严峻。

三、波黑仍未能实现一体化

2000年是《代顿和平协议》签署、波黑战争结束的第5个年头，但年内波黑一体化进程未取得明显进展。一年来，波黑各族、各派激进和极端势力仍然存在，穆、克、塞三大实体相互制约、三足鼎立的政治局面没有改变，国家机构依然难以有效运转。4月，波黑举行地方选举，虽然一些主张民族和解的政党的得票率有所增高，但持强硬立场的民族主义政党的影响力依然较大。11月，波黑举行大选，共有45个政党或政党联盟及其推举的6000余名候选人参加了竞选。波黑穆克联邦选民投票选举波黑议会代表院、穆克联邦议会代表院和穆克联邦10个州议会的议员，波黑塞族共和国选民投票选举波黑议会代表院和塞族共和国人民议会的议员以及塞族共和国总统和副总统。选举结果，穆克联邦地区两个最大的民族主义政党—穆族的“民主行动党”和克族的“克罗地亚民主共同体”再次战胜非民族主义政党“社会民主党”，塞族共和国地区的塞族主要民族主义政党“塞尔维亚民主党”及其推选的总统和副总统候选人也以较大优势战胜其他党派和候选人。波黑各民族主义政党再次在大选中获胜表明，波黑国内的民族对立情绪仍然严重存在，各民族间的矛盾也还远未消除。波黑国家一体化进程还有很长的路要走。

（朱瑞臣）

独联体国家联手对付恐怖主义　近年来，中亚和高加索地区的国际恐怖主义活动愈演愈烈，对独联体国家的安全与稳定构成严重威胁。中亚国家独立以来，伊斯兰宗教极端主义在各国迅速蔓延，先后出现了“伊斯兰复兴党”、“瓦哈比派运动”等伊斯兰极端组织。伊斯兰宗教极端势力的一大特点是以爆炸、暗杀等恐怖暴力手段实现其政治目标，并且手段十分残忍。1997年底，乌兹别克斯坦伊斯兰极端宗教势力“瓦哈比派运动”十天内连续制造多起凶杀案件。吉尔吉斯斯坦的宗教极端组织1997年底至1998年初也制造了多起残杀国家安全官员事件。塔吉克斯坦的宗教极端分子1997年6月曾策划暗杀总统，1998年暗杀了4名联合国驻塔吉克斯坦观察员。1999年8月，一股武装分子从塔吉克斯坦窜入吉尔吉斯斯坦南部山区，进攻边防哨所，绑架平民百姓。2000年，这些匪帮又在吉尔吉斯斯坦南部山区卷土重来，而且人数更多，恐怖手段更残忍：他们进攻边防哨所，枪杀军警人员，绑架平民，就连在这里从事竞技运动的美国、德国和俄罗斯登山运动员也不放过。这些武装匪徒还同时在乌兹别克斯坦和塔吉克斯坦进行破坏活动。塔吉克斯坦、吉尔吉斯斯坦、乌兹别克斯坦在此情况下，3国联手，全线出击，经过半个多月的艰苦鏖战，中亚地区的紧张局势才得到初步控制。

面对恐怖主义分子的严重威胁，俄罗斯和中亚国家除加强本国的治安和严惩恐怖主义分子外，更重视加强地区性合作，建立有效的联合打击机制。目前，中亚地区已形成了多层次、多方位、多渠道的共同抵御伊斯兰宗教极端势力的协调机制。2000年，俄罗斯和中亚国家主要采取以下措施，联手打击恐怖主义活动：

一、加强磋商，协调立场

独联体国家首脑在1月和6月两次聚会莫斯科期间，商谈了有关联合打击恐怖主义问题，各国首脑一致强调，必须加强反恐怖领域的合作。3月，独联体12国议会领导人和内务部长分别举行会议，通过了一系列有关反恐怖主义的重要文件，其中包括各国议会共同反对国际恐怖主义的协议、提高各国内务部反恐怖合作效率的措施、2003年前独联体国家打击国际恐怖活动纲要草案和独联体国家反恐怖中心章程草案等。4月21日，哈萨克斯坦、乌兹别克斯坦、吉尔吉斯斯坦和塔吉克斯坦4国总统签署了共同打击恐怖主义和极端宗教主义的地区安全条约。哈萨克斯坦表示，如果条约成员国向哈萨克斯坦求援，哈萨克斯坦将立即给予军事援助并视情况派遣军队平叛。5月中旬，俄罗斯总统普京访问乌兹别克斯坦和土库曼斯坦时，与乌、土两国总统就联合打击国际恐怖主义达成共识。5月26日，独联体集体安全条约成员国亚美尼亚、白俄罗斯、哈萨克斯坦、吉尔吉斯斯坦、俄罗斯和塔吉克斯坦6国总统聚会，着重讨论了协调打击国际恐怖主义机制问题，决定加强反恐怖力度，成立反恐怖活动中心并制定具体的行动计划。6月20日，俄罗斯、阿塞拜疆、亚美尼亚和格鲁吉亚4国经过磋商，表示将在反恐怖主义方面加强协作。8月20日，哈萨克斯坦、乌兹别克斯坦、吉尔吉斯斯坦和塔吉克斯坦4国总统在吉尔吉斯斯坦首都比什凯克举行会晤，俄罗斯安全委员会秘书伊万诺夫代表普京总统出席了会议，与会各国领导人讨论了共同打击国际恐怖分子的计划，并就涉及的问题达成广泛共识。9月5～8日，独联体国家内务部长会议在吉尔吉斯斯坦召开，与会部长签署了一项联合打击国际恐怖主义协议。俄罗斯内务部第一副部长费奥多罗夫会后对新闻界说，采取统一措施打击国际恐怖主义是此次会议的主要议题，也是独联体国家护法机关的主要任务，独联体各国有关部门在这一问题上的立场是一致的。鉴于国际恐怖分子在车臣的活动十分猖獗，目前又渗入到中亚地区，俄罗斯建议独联体各国集中力量予以打击。

二、成立反恐怖主义中心，组建联合部队

根据独联体国家首脑会议的决定，独联体国家反恐怖主义中心于6月21日成立，并于12月1日正式开始运作。该中心总部设在莫斯科，其任务是为独联体各国联合打击国际恐怖主义和其它极端主义行为提供信息、组织和行政保障。该中心还将组建作战行动小分队，负责在独联体国家范围内执行反恐怖任务。根据俄罗斯、白俄罗斯、哈萨克斯坦、吉尔吉斯斯坦等6国10月11日达成的《关于集体安全体系与装备的地位协定》，决定组建保卫中亚地区集体安全的联合快速反应部队，人数为3～3.5万人，以俄罗斯驻塔吉克斯坦第201摩步师及驻塔吉克斯坦边防部队为核心，以俄罗斯、哈萨克斯坦、吉尔吉斯斯坦等国军队为主体；主要负责保卫独联体国家南部边境安全，打击走私和毒品交易活动，打击恐怖主义和有组织的犯罪活动等，确保地区和重要军、政目标的安全；并在中亚任何一个国家遭到侵略时进行军事援助，保护该国安全和政局稳定。平时该部队分别部署在各国境内，发生危机时受指挥部统一调遣，调抵冲突地区执行协同作战任务，并在发生突发事件时快速作出反应，防止局势恶化。该部队计划在5年内组建完毕。另外，俄军第一副总参谋长马尼洛夫指出，鉴于国际恐怖主义、分裂主义和宗教极端主义在中亚地区导致了一系列战争和武装冲突，使俄罗斯南部和东南部边境地区出现许多新的威胁，俄计划2000～2003年向上述地区增兵5万人。

三、加强反恐怖演训，提高反恐怖联合作战能力

为提高反恐怖主义协作能力，独联体国家加紧举行反恐怖主义联合军事演习。仅3月份，哈萨克斯坦、吉尔吉斯斯坦、乌兹别克斯坦和塔吉克斯坦等中亚国家就举行了数次以反对国际恐怖主义为主要内容的大规模联合军事演习。3月28日～4月3日，哈萨克斯坦、俄罗斯、塔吉克斯坦、乌兹别克斯坦和吉尔吉斯斯坦等5国在塔吉克斯坦的沙尔图兹地区联合举行代号为“独联体—2000南方盾牌”的指挥作战演习。演习旨在探索建立独联体国家联合打击国际恐怖主义机制的途径，协调中亚各国与俄罗斯武装部队在反恐怖主义中的行动。独联体国家军事协调委员会第一副参谋长马里采夫担任演习总指挥，哈萨克斯坦、吉尔吉斯斯坦、塔吉克斯坦、乌兹别克斯坦等4个中亚国家的武装力量和俄罗斯驻塔吉克斯坦第201摩步师参加了演习。与此同时，在哈萨克斯坦和乌兹别克斯坦境内也分别进行了类似的大规模军事演习。2000年年内，俄罗斯驻塔吉克斯坦部队还多次与塔吉克斯坦强力部门进行以防止恐怖势力武装渗透、平息边境地区冲突为内容的协同作战训练，旨在检验和提高联合指挥和快速反应能力。

一年来，独联体国家在联手打击恐怖主义方面已取得积极进展。但是，打击恐怖主义是独联体国家面临的一项较为长期的任务，任重道远。独联体各国只有团结协作，不懈努力，才能取得最终胜利。

（刘效兰）

北爱尔兰和平进程陷入停顿状态　2000年，北爱尔兰和平进程取得一定进展。美国总统克林顿于2000年1月12日与北爱尔兰新芬党领导人亚当斯讨论了1998年签署的北爱尔兰和平协议的执行问题。英国国防部9月29日称，英国政府计划从北爱尔兰撤走5500名军人，同时将关闭44个军事基地。爱尔兰共和军10月25日宣布同意芬兰前总统阿赫蒂萨里和南部非洲人国民大会前总书记拉马福萨作为国际检查员对其秘密武器库进行检查，并同意与负责监督解除北爱尔兰准军事组织武装的国际中立机构恢复谈判。北爱尔兰和平进程虽然取得一定进展，但是并不顺利，遭到3次重大转折，北爱和平进程陷入停顿状态。

一、和平进程陷入停顿状态

2000年，北爱尔兰和平进程遭到3次重大挫折。当人们刚刚看到和平曙光的时候，北爱尔兰和平进程一次又一次发生了危机。1月31日，国际中立机构主席德沙特兰称，爱尔兰共和军还没有开始准备缴械，这引起北爱尔兰冲突各方在缴械问题上的激烈争执。因为新教派最大政党统一党参加北爱尔兰地方联合政府的前提是爱尔兰共和军必须缴械，所以北爱尔兰地方联合政府第一部长特林布尔和统一党威胁将退出联合政府。为避免北爱尔兰地方联合政府领导人特林布尔辞职和北爱尔兰地方联合政府垮台，英国政府于2月11日恢复对北爱尔兰的直接统治，并暂时停止成立仅72天的北爱尔兰地方联合政府的运作。这

一决定遭到北爱尔兰天主教最大政党社会民主工党、爱尔兰共和军和新芬党的强烈反对。社会民主工党领导人马龙称，英国政府此举是一个严重的错误，爱尔兰共和军随后便宣布退出缴械谈判，新芬党领导人亚当斯称，英国政府此举将威胁北爱尔兰和平进程，新芬党不排除退出和平进程的可能性。这是北爱尔兰和平进程第1次遭到重大挫折。为打破僵局，英国和爱尔兰在与北爱尔兰有关领导人经过磋商后宣布，如果北爱尔兰冲突各方对两国政府提出的解决北爱尔兰危机的方案作出积极回应，英国政府愿意在5月22日之前恢复北爱尔兰地方联合政府的自治权，同时将交出武器的最后期限延长到2001年6月。在此背景下，爱尔兰共和军于5月6日同意接受国际武器核查小组定期检查其秘密武器库，并承诺永不使用武器。统一党于5月27日以微弱多数通过特林布尔提出的重新进入北爱尔兰地方联合政府的决议。英国政府于5月30日宣布允许北爱尔兰地方联合政府行使部分权力，北爱尔兰和平进程起死回生。正当北爱尔兰的形势逐渐好转时，紧接着又发生了一系列事件无情地摧毁着人们美好的愿望。北爱尔兰新教派准军事武装组织之间因政治分歧和个人恩怨不断发生内讧。8月21日，北爱尔兰防务协会称，"北爱尔兰志愿军"必须对其成员遭枪击一事负责，并派人在"北爱尔兰志愿军"的政治组织统一党的办公楼里放火。英军当天就重新进入北爱尔兰首府贝尔法斯特市执行巡逻任务和维护社会治安，英国北爱尔兰事务大臣曼得尔森说，目前北爱尔兰和平进程面临的最大威胁来自新教派准军事武装组织的内部。这是北爱尔兰和平进程第2次遭到重大挫折。统一党于10月28日在贝尔法斯特市就北爱和平进程举行重要决策会议，以微弱多数通过特林布尔提出的关于继续与新芬党在北爱尔兰地方联合政府共享权力的议案。北爱尔兰地方联合政府领导人特林布尔为了缓和统一党内强硬派的压力和实现爱尔兰共和军的缴械，提出对新芬党实施制裁的建议。他强调只有爱尔兰共和军解除武装，新芬党才能参加北南部长理事会和英国爱尔兰委员会，并且要把新芬党从一些政治机构中开除出去。新芬党对特林布尔的言论表示强烈不满，称特林布尔的言论违背了1998年签署的北爱尔兰和平协议的原则。这是北爱尔兰和平进程第3次遭到重大挫折。12月12～14日美国总统克林顿对爱尔兰、北爱尔兰、英国进行访问，这被认为是他卸任前对北爱尔兰问题进行斡旋的最后一次努力。但他并没有能打破北爱尔兰和平进程的僵局和缩小北爱尔兰冲突各方观点上的差距，也未能就北爱尔兰和平进程提出新的建议，而仅仅局限于"呼吁"和"敦促"而已，北爱尔兰和平进程陷入停顿状态。

二、陷入停顿状态的主要原因

北爱尔兰和平进程陷入停顿状态原因是多方面的：既有现实的原因，又有历史的原因；既有北爱尔兰冲突各方的内部原因，又有外部原因，其中，现实原因和内部原因是北爱尔兰和平进程陷入停顿状态的主要原因。

（一）缴械问题既是北爱尔兰冲突各方斗争的焦点，也是北爱尔兰和平进程陷入停顿的现实原因。根据1998年4月10日达成的北爱尔兰和平协议，2000年5月22日之前北爱尔兰冲突各方必须交出全部武器并销毁。爱尔兰共和军拥有近2000件枪械和数吨炸药，并有不少秘密武器库。爱尔兰共和军一直拒绝缴械，导致北爱尔兰和平进程常常陷入僵局。为什么爱尔兰共和军始终不愿缴械呢？其原因有三：首先，爱尔兰共和军从1969年英军进入北爱尔兰以来就一直主张用暴力方式解决北爱尔兰问题，希望借此使北爱尔兰脱离英国的统治而获得独立。正是爱尔兰共和军凭借武装斗争，才使新芬党以谈判的方式加入北爱尔兰地方联合政府。在目前英军尚未撤离北爱尔兰，新教徒占人口多数，而且北爱尔兰警察部队仍以新教徒为主的情况下，这使得一些天主教徒居民担心今后可能会遭到极右组织的暴力袭击，因此并不希望爱尔兰共和军马上缴械。其次，北爱尔兰和平协议并未规定爱尔兰共和军交出武器是新芬党进入政府的先决条件，而且爱尔兰共和军多次表示他们并没有在北爱尔兰和平协议上签字，因此没有义务遵守该协议，包括缴械条款，参加签字的只是新芬党；他们只是承诺不使用武器，但并没有明确说出何时解除武器，他们交出武器的条件是北爱尔兰非军事化和改组北爱尔兰警察部队。新芬党则表示它只代表爱尔兰共和军的政治组织，不是爱尔兰共和军的直接上级，因此无权命令爱尔兰共和军缴械。最后，爱尔兰共和军认为他们并未被英军打败，而英国政府迫使爱尔兰共和军缴械只是为了获得在战场上未能取得的成果，意味着爱尔兰共和军自动投降，而这是爱尔兰共和军领导人无法接受的。

（二）民族和宗教纠纷是北爱尔兰和平进程陷入停顿状态的历史原因。英国于1801年将在11世纪就已独立的爱尔兰吞并，并向爱尔兰大量移民。从此，爱尔兰人民展开长期的独立斗争。正是英国政府的血腥镇压，才使许多爱尔兰人被迫去寻找新大陆。北爱尔兰人中有54%是信奉新教的英格兰和苏格兰人的后裔，43%是信仰天主教的爱尔兰人的后裔。长期的对立冲突使得新教徒和天主教徒之间互相敌对，产生难以化解的不信任感。在过去30多年里，因暴力冲突导致至少3600人丧生，3万多人受伤，不仅给北爱尔兰造成巨大的经济损失，而且在北爱尔兰人民的心里埋下难以磨灭的仇恨的阴影，更使解决北爱尔兰问题增添了难度。

（三）北爱尔兰冲突各方矛盾难以调和是北爱尔兰和平进程陷入停顿状态的重要内部原因。统一党和新芬党之间的矛盾以及统一党、爱尔兰共和军内部的矛盾难以调和。因为统一党和新芬党在北爱尔兰问题上都代表着各自不同宗教信仰和民族的利益，所以双方在一些原则问题上根本对立，互不妥协；如果让步过大，则易被指责出卖了本民族的利益，如代表北爱尔兰天主教派利益的社会民主工党和新芬党坚持北爱尔兰属于爱尔兰，而代表新教派利益的统一党则主张北爱尔兰不能脱离英国独立，再加上北爱尔兰冲突各方就爱尔兰共和军缴械、改组北爱尔兰警察部队和削减英国驻军等关键问题存在严重分歧，这样就使和平谈判陷入僵局。面对爱尔兰共和军迟迟不缴械，统一党内部矛盾激化，统一党内部的强硬派要求北爱尔兰地方联合政府领导人特林布尔对新芬党采取强硬立场，否则将退出北爱尔兰地方联合政府。如果强硬派在统一党内占了上风，就会使今后组建北爱尔兰地方联合政府的工作更加困难，还可能导致北爱尔兰和平进程彻底中断。特林布尔如果满足了统一党强硬派要求，那么新芬党就会表示强烈不满。这样就使特林布尔进退维谷。爱尔兰共和军内部将对北爱尔兰和平协议的态度产生分歧，一部分支持和平协议，另一部分人则坚决反对，并成立"真正的爱尔兰共和军"，继续制造恐怖活动。

（四）美国的介入使北爱尔兰问题复杂化，这是北爱尔兰和平进程陷入停顿状态的重要外部原因。美国在北爱尔兰有特殊的利益，克林顿是爱尔兰移民的后裔，在美国有爱尔兰血统的人达4000多万，而且这个团体从历史上就一直关注北爱尔兰的命运，他们就北爱尔兰问题形成一种强大势力，影响着美国对北爱尔兰的政策。1998年达成的北爱和平协议就是在美国的直接干预下形成的。因此，北爱尔兰问题已不简单仅仅是英国内政问题，而是与美国有着特殊关系的地区问题。美国扮演一个尴尬的角色。英国是一个与美国有着"特殊关系"的国家，也是美国在欧洲的坚定盟友。但是美国又受到国内爱尔兰人后裔的强大压力。这就使美国对北爱尔兰政策前后不一致，忽儿偏向爱尔兰，忽儿偏向英国，这也是使北爱尔兰和平进程陷入停顿的原因之一。

三、北爱尔兰问题的解决任重而道远

北爱尔兰和平进程虽然常常陷入困境，但在各方的努力下，又能使人们看到渺茫的希望。总的说来，在未来一年里北爱尔兰和平进程仍困难重重。北爱尔兰问题的最终解决是一个漫长、复杂和曲折的过程。2001年初，北爱尔兰和平进程又陷入僵局。1月18日，英国首相布莱尔呼吁北爱尔兰冲突各方从大局出发，共同推进陷入困境的北爱尔兰和平进程，并称不期望北爱尔兰和平进程会立即取得突破。他于2月21日又与统一党和社会民主工党领导人举行会议，但是会谈并未取得明显进展。可以肯定的是，只有北爱尔兰冲突各方增强彼此信任和共同努力，北爱尔兰问题才能取得突破性进展；只有北爱尔兰冲突各方认真履行北爱尔兰和平协议，特别是缴械条款，冲突各方才能重新回到谈判桌上来；只有英国主动撤出其驻扎在北爱尔兰的军队并改组北爱尔兰警察部队，北爱尔兰和平进程才能最终实现。在和平与发展已成为世界主题的今天，尤其是北爱尔兰人民在经历长期的流血冲突后，厌恶暴力、渴望和平已成人心所向，因此北爱尔兰问题的解决不可能回到原来的老路上，政治解决北爱尔兰问题乃是最佳途径。

（李强洲）

欧盟在欧洲防务一体化上取得明显进展

2000年，欧洲联盟以加速组建欧盟快速反应部队的各项准备工作为核心，继续推进防务一体化进程，并取得了明显的进展。在欧盟召开的布鲁塞尔外交和国防部长联席会议上，欧盟外长和国防部长就建立欧盟快速反应部队所需的军事力量及相关战略问题作出了承诺。在尼斯首脑会议上，欧盟15国领导人正式决定，2003年建成欧盟快速反应部队。届时，欧盟可在60天之内部署该部队，处理可能发生的国际危机，执行维和及人道主义援助等任务。目前欧洲防务一体化存在的主要问题是欧盟内部在与北约关系问题上还存在着分歧；美俄两国既表示欢迎和支持，但又心存疑虑，因此影响着欧洲防务一体化的发展进程。

一、欧盟防务一体化取得的主要进展

年内，欧盟在欧洲防务一体化上取得了明显的进展，主要表现在以下5个方面：

（一）正式建立了防务一体化的政治军事指挥机构。1999年12月欧盟赫尔辛基首脑会议决定，将在比利时布鲁塞尔设立3个常设防务一体化政治军事指

挥机构。它们是：第一，欧盟政治和安全委员会，由各成员国大使级官员组成，主要任务是起草外交安全政策，总管防务政策；第二，欧盟军事委员会，由各成员国参谋长组成，主要任务是负责起草军事意见，向政治和安全委员会提供建设性建议；第三，欧盟军事参谋部，由100人组成，主要任务是负责制定战略计划，统管欧盟快速反应部队。这支部队第一任指挥官由德国人担任；副手由英国人担任。会议还决定，在上述3个机构正式建立之前，先建立3个相应的临时性机构。2000年3月1日，欧盟3个临时政治、军事指挥机构如期成立并正式开始运作。临时政治和安全委员会于同日召开了第1次会议，就工作进展问题进行了评估；临时军事委员会于7日召开首次会议，来自欧盟成员国的军方代表和一批军事专家就发展欧洲自身防务能力等问题进行了探讨。此后，临时军事委员会原则上每周召开两次会议，当前工作重点一是筹建临时军事参谋部；二是实现赫尔辛基首脑会议确定的“全面目标”，即到2003年能在60天的时间里组成一支欧盟快速反应部队去执行一项时间长达一年多的任务。12月4日，欧盟成员国外长会议决定，在欧盟理事会下正式设立常设政治和安全委员会、军事委员会和军事参谋部等3个常设政治军事机构。这标志着欧盟赫尔辛基首脑会议有关建立防务一体化机构的决定正式得以实施，在实行共同安全与防务政策方面又朝前迈出了坚实的一步。同时，此次外长会议还详细讨论了欧盟与北约及与非欧盟成员国的军事合作模式问题，建立一个欧盟军事能力评估机构问题，以及在军事参谋部内设立军事专家组问题。经过讨论，会议批准，欧盟向北约提出合作方式，也就是说定期召开会议，政治和安全委员会与北约理事会至少每半年召开一次会议，双方的军事专家要保持密切联系。

（二）决定了欧盟快速反应部队的规模。2000年2月28日，欧盟在葡萄牙召开非正式国防部长会议，会议通过了在3年时间内建立一支快速反应部队的时间表。这支部队将使欧洲国家在没有美国部队帮助的情况下消除本地区的危机。关于快速反应部队规模问题，欧盟成员国的军事专家多次进行磋商。他们认为，波黑和科索沃危机的经验证明，原计划5～6万人的快速反应部队在类似情况下难以完成任务。为保证该部队能在未来担负起应付危机与维持和平的任务，必须扩大其规模。9月22日，欧盟召开国防部长会议，与会的15国国防部长们一致同意，扩大欧盟快速反应部队的规模，在赫尔辛基首脑会议决定的人数基础上再增加1/3，即由原先的5～6万人增加到8万人，并且装备300～500架作战飞机和80艘各类战舰。法国防部长阿兰·里夏尔在会后解释称：“据专家估计，为对付所有可能的情况，欧盟必须有能力部署一支6万人的军队，为达到此目的，平时需要参加训练的军人可能要多达8万人。”他还称，由于欧盟快速反应部队将实行轮换制，加上该部队在参与军事行动时还要从事人道主义救援、排雷和医疗等方面的工作，因此所需人数应该是战时部署兵力的两到三倍。换言之，欧盟最终需要建立一支由18～23万人组成的部队。11月20日，欧盟外长和国防部长联席会议确定，欧盟快速反应部队规模为6万人，作战飞机为400架、军舰为100艘。12月7日，欧盟尼斯首脑会议最终正式通过了上述11月的决定。

在9月22日举行的欧盟国防部长会议上还讨论了这支部队的军费分摊、各国派出部队人数、武器装备及情报收集等问题。据11月20日欧盟举行的国防部长和外交部长联席会议发表的声明称，欧盟15个成员国已就未来欧盟独立防务体系所需的军事力量及相关战略问题作出承诺。确保在2003年建立起用于防止冲突和控制危机行动的快速反应部队。声明表示，这支快速反应部队在军事上是完全独立的，具有自己的指挥、控制、情报和后勤保障系统以及支援海上和空中作战的能力。欧盟将在北约不参与行动的情况下独立指挥“应对国际危机的军事行动”。声明还表示，将尽快就有关合作问题与北约共同作出安排，以便在必要时获得北约在军力和其它资源方面的支持。各成员国国防部长都保证将向欧盟快速反应部队提供兵员、飞机和军舰。在15个成员国中，14国（丹麦除外）正式宣布了第1批提供的人员和装备的数字。其中，德国1.35万人；英国1.25万人、72架战斗机和18艘军舰；法国1.2万人、75架飞机和15艘军舰；意大利和西班牙各6000人；荷兰5000人；希腊3500人；芬兰和奥地利各2000人；瑞典1500人；比利时、葡萄牙和爱尔兰各1000人；卢森堡100人。这样，组建中的欧盟快速反应部队最初将达到6.7万人的地面部队，3000人的海军和空军部队。各国军队的指挥官也将听从调遣。

（三）决定组建欧盟联合警察部队。欧盟认为，目前全球发生危机的地点越来越多，军事干预要么毫无效果，要么为时太晚。而且，一支规模庞大的军队并不一定是缓解地区危机的最佳办法，因为欧盟毕竟“不能用坦克来阻止游行示威”。因此，在6月18日举行的欧盟费拉首脑会议上，欧盟各成国员一致同意，在 2003 年之前组建一支 5000 人的联合警察部队，将其作为欧盟快速反应部队的补充力量，执行联合国、欧洲安全与合作组织的任务或者是由欧盟自身确定的独立任务，参与处理发生在欧洲乃至全球的危机和冲突。根据欧盟的设想，该部队成立后，应该能够在 30 天内向危机和冲突地区部署至少 1000 名警察。这支联合警察部队将承担 3 项基本任务：一是避免或缓和内部冲突；二是恢复陷于瘫痪的法律和社会秩序；三是支持当地警察部队尊重人权。11 月，欧盟又举行会议最终敲定了联合警察部队的人员、装备及组建该部队的其它问题。

（四）欧洲军团开始接替北约在科索沃维和行动的指挥权。1 月 28 日，北约同意由法国、德国、比利时、卢森堡和西班牙 5 国的武装力量组成的欧洲军团从 4 月份开始接管科索沃维和行动的指挥权，为期半年。北约官员说，该组织 19 个成员国的代表当天开会时同意，欧洲军团将在科索沃维和指挥部 4 月份进行定期人员轮换时提供 350 名指挥和参谋人员，负责在此后半年内科索沃维和行动指挥任务。北约官员指出，这将是首次由非北约军队指挥北约主导的军事行动。专家认为，由欧洲军团负责指挥科索沃维和行动将有助于推动欧盟独立防务建设。因为按计划，欧盟快速反应部队将以目前的欧洲军团为基础组建。这次让欧洲军团指挥科索沃维和行动是对其协调指挥大规模军事行动能力的一次实际试验。

（五）欧盟决定接纳非欧盟国家加入其行列。鉴于非欧盟成员国担心被排除在欧洲防务政策之外，因此积极要求加入欧盟快速反应部队。为消除这些国家的疑虑，欧盟决定邀请 15 个非欧盟成员国参与快速反应部队的行动。在这 15 个非欧盟成员国中，有 6 个是北约成员国，即：土耳其、挪威、匈牙利、捷克、波兰和冰岛；另外 9 个国家是申请加入欧盟的候选国，即：斯洛伐克、爱沙尼亚、拉脱维亚、立陶宛、保加利亚、罗马尼亚、塞浦路斯、马耳他和斯洛文尼亚。11 月 21 日，上述 15 个非欧盟成员国的外交和国防部长在与欧盟成员国的外交和国防部长举行联席会议后宣布，他们愿意成为欧盟倡导的欧洲独立防务体系中的成员，并将派部队参加即将组建的欧盟快速反应部队。欧盟轮值主席国、法国国防部长里夏尔在会后举行的记者招待会上说，非欧盟成员国参加欧盟快速反应部队将作为欧盟部队的补充力量参与行动。据欧盟人士透露，非欧盟国家参加快速反应部队的人数估计在万人以上，其中，土耳其 5000 人，挪威 3500 人，罗马尼亚 1200 人，捷克 1000 人。

二、欧盟内部在防务一体化上意见尚不统一

欧盟建立快速反应部队的目的是，在维持同北约成员国间的同盟关系的同时，又建立起在紧急情况下欧洲自己可以作出快速反应的军事力量。但是，目前欧盟内部意见尚不统一，特别是法、德、英 3 国，作为提供快速反应部队的欧洲大国来说，在与北约关系上存在分歧；作为欧盟主要成员国来说，在指挥权上存在分歧。可以说，各有打算，意图不尽相同。

（一）法国对推进欧盟防务一体化持积极态度，主张建立一支“独立”于北约之外的军事力量。它把建立欧盟快速反应部队视为“欧洲统一的里程碑”。在欧盟尼斯首脑会议上，法国坚持要求欧盟快速反应部队应在实质上保持独立。它认为这符合欧洲“从货币统一向政治统一发展的潮流”。尤其是，法国在 2000 年下半年出任欧盟轮值主席国后，以务实的精神大力推动欧洲的共同防务，十分强调欧洲共同防务的独立性。法国国防部长里夏尔 7 月 1 日发表讲话称，最近几十年里，欧洲经常发现自己缺乏一个防务支柱，欧盟各国有责任抓住机会来实现欧洲共同防务的目标，应积极行动为迅速建立起欧洲的防务支柱而共同努力，欧盟在建设共同防务方面必须有一个具体时间表。同时，法国巧妙地利用 7 月 14 日国庆传统的阅兵活动之机推动欧洲建立共同防务，几乎邀请了所有带有欧洲军事合作性质的部队参加阅兵式，其中包括法国、德国、比利时、西班牙、卢森堡组成的欧洲军团，英国、意大利、荷兰、比利时、德国、西班牙组成的欧洲空军集团以及西班牙、意大利、葡萄牙组成的欧洲海军，并安排象征着欧洲共同防务的欧洲军团分队走在阅兵队伍的最前面。11 月 23 日，法国国防部宣布，法国将承担未来欧盟快速反应部队 20％的作战能力，决定为欧盟快速反应部队提供包括“戴高乐”号核动力航空母舰在内三军部队。同时，法国将保证使本国提供的三军兵力在 60 天内部署完毕，并保证所提供兵力至少拥有一年的作战行动能力。法国还保证，在向欧盟快速反应部队指挥系统提供战略指挥和战术指挥部与可投放式卫星通讯手段的同时，还将在情报保障方面，把太阳神地面站先进的卫星图像处理和作战侦察等设施提供给欧盟快速反应部队使用。

（二）德国在欧盟防务一体化问题上主张建立一支既能满足欧盟需要，又能满足北约需要的军事力量。德国在欧盟防务一体化问题上，态度没有法国那

样积极，它强调在推进欧盟快速反应部队建设的同时要重视北约的作用。一方面，德国表示要大力参与欧洲快速反应部队活动，准备派遣其国防部队总兵力的一半以上参加欧盟快速反应部队。另一方面，德国国防部长沙尔平表示，“欧盟不是在北约之外，而是在与北约一同前进。我们企盼欧盟新的军事能力尽可能密切地与北约建立联系。我们计划让我们的部队做好既能在北约框架内行动，也能在欧盟框架内行动的准备。我们不打算另外成立别的部队。”但在欧洲一体化问题上，德国态度比较坚决。德国外长菲舍尔公开主张，欧洲最终应建成一个拥有一部宪法、一个政府和一个议会的“欧洲联邦”。

（三）英国在欧盟防务一体化问题上主张建立一支“扎根于”北约的军事力量。目前，英国存有两方面心理，一方面，英国主张把欧盟快速反应部队放在欧洲安全保障的框架中，实现欧盟军备的现代化，并在此问题上表现出积极态度，以显示英国在欧洲事务中的存在，弥补在欧元问题上的犹豫不决对其形象造成的负面影响。另一方面，出于维护“英美特殊关系”的需要，英国也必须顾及美国对此问题的态度，因此在很大程度上附合美国的观点，强调欧盟防务一体化不应抛开美国、削弱美国在欧洲安全结构中的地位。英国国防大臣杰夫·胡恩强调，欧盟建立欧盟快速反应部队，寻求独立的统一防务政策，将会加强欧盟在欧洲防务中的作用，但并不会要求削弱美国在欧洲的地位。未来任何多国军事行动都将以“自愿联合”的形式进行，即使是只有欧洲国家参与，包括美国在内的所有北约成员都将参与制订决策和计划，那种抛开美国、欧洲国家“独立地、秘密地”对世界热点地区作出反应的想法是不现实的，也是不可能的。因此，它认为欧盟国家的防务一体化“决不会破坏”欧美通过北约进行合作的关系，北约仍将是为盟国提供保护的“主要来源”。英国官员强调指出这支部队肯定不会成为单独的欧洲部队，而将“扎根于”北约。在美国防部长科恩 12 月初表示担心欧盟快速反应部队对冲击北约的地位后，胡恩随即表示他同样有这些担心，并称：“英国政府强烈认为，欧盟快速反应部队的建设计划应该在北约内部制订，因为专业人员和技术知识都在北约那里。否则，有可能另设一套机构，将导致欧盟和北约各走各的路。这是我们绝对要避免的事情。”英国还提议在欧盟尼斯首脑会议上发表一项声明，表明北约仍然是集体防务的基础。此外，英国国内也存在着不少反对欧盟防务一体化的意见。保守党指责布莱尔首相及工党政府提出欧洲防务倡议将“削弱甚至分裂北约”。一位政府官员甚至宣称：在推动建设欧盟快速反应部队问题上，“英国的作用是进行监督，以免法国把这支部队变成取代北约的军事组织。”英军对计划组建欧盟快速反应部队的反应也很冷淡。官兵们都担心这只会意味着人员和资金都不够充足的英国海陆空三军将面临更大的压力。很多人还担心，英国与美国由来已久的军事关系将受到损害。

三、美俄两国在支持的同时又心存疑虑

美俄两国在欧盟防务一体化问题上一直处于矛盾状态之中，一方面表示欢迎和支持，另一方面又担心，甚至提出要加以限制。

（一）美国在欧盟防务一体化问题上既欢迎又加以限制。从分担防务责任上来看，美表示欢迎。美国认为，二战后欧洲防务责任一直由美国承担，这笔军费开支对美国来说是个不小的负担，美国早就希望欧洲不要白白享受“和平红利”，而多承担些自己的防务责任。因此，至少在外交上，美国表示“完全支持”欧盟建立快速反应部队，并对欧洲提出“愿意分担更多的安全与维和重担表示欢迎。”美国务卿奥尔布赖特 11 月 26 日与英国外交大臣库克联合撰文称：“欧洲国家正沿着正确的道路建设强有力的、能应付今日挑战和对付未来危机的军队”，美国“完全支持建立欧盟快速反应部队的方案，支持它对欧洲和泛大西洋地区安全做出更大贡献”。但从另一方面看，美国也心存疑虑。美国从其确保北约在欧洲安全结构中的核心地位和美对北约的军事支配权的对欧政策目标出发，担心欧洲建立起独立的防务会使北约与欧盟拥有各自不同的防卫计划体系，它将导致北约在欧洲的作用被削弱，甚至使北约缺乏存在的理由，从而使欧洲逐渐摆脱以美国为首的北约的控制而坐大。因此，对欧盟又采取了“限制发展”政策。美政府认为，欧洲军事能力只能在美国支持的北约内发挥作用。建立欧盟快速反应部队的目的显而易见是要在欧洲建立一支不受北约控制的多国部队，这样做会破坏北约和疏远美国。奥尔布赖特公开表示欧盟防务一体化将会导致发生“3D”的情况，即：美欧离心（Decoupling）、防卫资源重复（Duplication）和歧视未加入欧盟的北约成员国（Discrimination）。美国防部长科恩更是坦言：欧盟另搞一套制订作战计划班子将“削弱美国和北约以及北约和欧盟之间的关系”，因此，不应该“在北约内部存在欧盟的核心组织”。

（二）俄罗斯在欧盟防务一体化问题上既支持又担心。俄罗斯从抗衡美国的角度表示支持。认为，欧

盟推进防务一体化，建立自己的防卫力量，有可能发展成为可与美国进行对抗的势力，反对美国建立的单极世界；同时还认为此举会使美欧间出现裂痕，导致美欧离心，这是俄罗斯所希望看到的情况。出于上述考虑，俄罗斯公开表示支持欧盟建立快速反应部队。在2000年5月举行的欧盟与俄罗斯首脑会议上，普京总统表示支持欧盟干预军事危机的发展势头，并认为俄罗斯有可能在干预危机领域与欧盟进行合作。但是，从长远观点来看，俄也有担心。俄认为欧盟发展军事能力有可能成为一支对抗俄的势力。资深的俄罗斯安全专家指出，俄罗斯应在多大程度上支持欧盟的军事一体化应认真研究，否则将处于进退两难的境地。

（湘　溪）

美洲军事要事

美俄军事关系进入新时期　2000年，美国同俄罗斯的军事关系仍处在“修复”之中，虽然有了一定的好转，达成了一些共识，但是，由于美国坚持冷战思维、推行霸权主义、挤压俄罗斯的战略空间，两国关系仍然非常紧张。普京上台后，根据美军新动向及时调整了对美军事政策，加快了军事改革，加强了国防建设，增强了重返国际事务舞台、谋求恢复大国地位的意识。与以往相比，2000年尽管美俄签署了两个有关“战略稳定”的联合声明，但是两国军事关系仍呈现出既合作又竞争、竞争大于合作的格局。迹象表明，美俄军事关系进入一个新的时期。俄专家指出，如果美国坚持总统竞选时的政策，美俄军事关系将有可能步入“冷和平”时期。

一、美俄军事合作情况

（一）双方领导人保持接触和会晤，并在一些问题上表示出加强合作的意愿。1月1日，美国总统克林顿打电话祝贺普京就任俄罗斯代总统，重申美国将致力于美俄伙伴关系。普京也向克林顿表示，俄美建立良好的关系对两国人民都有好处，因而非常重要。1月31日～2月1日，美国国务卿奥尔布赖特访问俄罗斯，同俄外长伊万诺夫就巴尔干问题、朝鲜半岛问题、海湾问题和阿富汗问题等国际和地区问题交换了意见。2月14日，美国总统克林顿在接受美国有线新闻网采访时表示，美将继续同俄进行对话，进一步发展两国关系，其中包括发展安全和裁军领域的合作。对此，俄外长伊万诺夫还专门同美国务卿奥尔布赖特通了电话，对克林顿总统发表要进一步发展俄美关系的讲话表示欢迎。3月27日普京当选俄总统后，克林顿立即打电话向普京表示祝贺，并希望与俄加强在国际安全方面的合作。4月14日俄国家杜马批准《第2阶段削减进攻性战略武器条约》之后，4月21日又批准了《全面禁止核试验条约》。克林顿当即同普京进行了电话会谈。双方表示，俄美两国应进一步努力确保战略安全，并希望着手制定第3阶段削减进攻性战略核武器条约计划和加强反弹道导弹条约的工作磋商。6月3～5日，克林顿访问俄罗斯，同普京在莫斯科举行正式会晤，双方虽然在国家导弹防御系统、北约东扩及车臣等问题上未取得一致，但仍表示，美俄两国在许多问题上的利益是吻合的，美俄关系应有新的起色，两国应继续保持接触，消除分歧，加强合作。7月10日，俄外长伊万诺夫在介绍俄对外政策新构想时表示，俄准备克服最近与美国关系中的巨大困难，维护近10年来建立起来的俄美合作的基础。11月上旬，俄政界要人在美大选前纷纷发表谈话，表示俄当局准备同美国任何一位总统领导的政府合作，希望在双边和国际事务等各领域同美国发展关系。12月28日，普京同克林顿在电话会谈时表示，近几年俄美关系中虽然存在一些需要解决的问题，但两国关系发生了向好的方向发展的实质性变化。普京表示，俄将在此基础上坚定不移地同美新政府进行合作。

（二）签署了一系列合作协议。6月3～5日，克林顿总统访俄期间，美俄两国总统在克里姆林宫签署了4份文件，其中3份与军事有关。第1份是《关于战略稳定原则》联合声明。该声明指出：双方一致认为必须维护战略核领域的稳定，并将致力于战略稳定和国际安全事业；双方对俄罗斯批准《第2阶段削减进攻性战略武器条约》以及相关文件表示欢迎，同时表示将在未来的第3阶段削减进攻性战略武器条约框架内，加紧讨论进一步削减美俄战略力量以及导弹防御问题；双方一致认为，《反弹道导弹条约》为削减进攻性战略武器作出了重要贡献，并表示各自将忠实于这个条约；双方一致认为，国际社会面临着大规模毁灭性武器及其运载工具扩散这一越来越严重的威胁，重申将利用现有的和可能的新的国际法机制努力扭转这一局面；双方重申将继续努力巩固《反弹道导弹条约》，将根据国际安全形势可能发生的变化来提高它的生命力和有效性；双方一致认为，战略进攻性武器问题的研究不能脱离战略防御性武器问题，相反，它们是相互关联的，这种关联在《反弹道导弹条约》中得到了反映，其目的是保障两国的同等安全；双方将根据本文件阐述的原则安排在战略进攻性和防御性武器方面的活动。第 2 份是关于美俄设立联合数据交换中心的协定。根据该协定，双方将在莫斯科设立联合数据中心，不断交换美俄预警系统所得到的关于发射弹道导弹和宇宙运载火箭的信息，以把导弹进攻的不准确信息减少到最低限度。双方将各自任命自己的代表，其中，俄罗斯为 81 人，美国为 16 人。双方代表在该中心的活动中拥有同等权利，将共同领导中心的一切活动，并对所担负的任务共同负责。该中心将交换以下 4 个方面的信息：(1) 有关美俄发射洲际导弹和潜艇弹道导弹的信息；(2) 有关美俄发射其它弹道导弹的信息；(3) 有关第 3 国发射弹道导弹的信息；(4) 有关发射宇宙运载火箭的信息。第 3 份是《关于美俄管理和销毁被认定国防不再需要的武器级钚以及相关合作的协议》。根据该协议，美俄双方都将各自销毁 34 吨用于制造核武器的钚。此外，9 月 6 日，克林顿和普京签署了战略稳定合作联合声明。美俄两国重申恪守《不扩散核武器条约》。两国将努力保证《全面禁止核试验条约》尽快生效并有效落实。两国将力争就起草关于禁止生产裂变材料条约和加强禁止生化武器公约等问题开始谈判。12 月 16 日，美俄签署了防止核导弹误射备忘录。根据备忘录，美俄双方将扩大设在莫斯科的联合数据交换中心的工作范围，一方在发射弹道导弹和太空火箭之前和之后，都有义务向对方通报有关情况；双方还同意，一旦卫星脱离轨道或进行太空轨道试验时，也应提前通报对方，以降低发生意外事故的危险。

(三) 加强了在一些国际和地区性问题上的合作。在中东问题上，美俄于 2 月 1～2 日在莫斯科共同发起并主持召开了中东问题多边会谈，以重新启动并推进中东和平进程。以色列、埃及、约旦、沙特、突尼斯、加拿大等国外交部长以及巴勒斯坦、日本、瑞士、欧盟等国家和组织的代表参加了会议。这是继 1991 年美国同前苏联共同主持召开马德里中东和平会议之后美俄在中东问题上再次合作。12 月 28 日，普京同克林顿就中东局势进行电话会谈，双方强调，俄美作为中东和平进程的发起国，必须密切进行协调，并在国际社会的广泛支持下使冲突双方尽快达成彼此都能接受的协议。在阿富汗问题上，克林顿与普京 6 月份达成协议，两国将定期就阿富汗问题进行磋商。8 月份，美俄共同谴责阿富汗恐怖活动。10 月 17 日，两国就联合打击阿富汗恐怖主义活动问题在莫斯科召开专门会议，决定采取严厉的措施制裁塔利班，促使其放弃激进的伊斯兰统治方式，并交出国际恐怖主义分子头目本·拉丹。12 月 29 日，美俄又促使联合国安理会通过一项决议，决定对阿富汗塔利班武装实施新的更加严厉的制裁。在宇宙空间上，俄军于 8 月 15～19 日同美国、加拿大军队在北极圈内俄罗斯基地举行联合演习，演练如何营救在不测情况下以紧急迫降方式从国际空间站返回地面的宇航员，通过演习提高 3 国对宇航员溅落地点的侦测水平、完善适用于返航宇航员的医护程序和确定对受伤宇航员的处置方法。

(四) 俄与北约关系开始解冻。自 1999 年以美国为首的北约轰炸南联盟后，俄与北约的关系出现了危机，双方中断了接触。随着美俄关系走出低谷，俄与北约关系也开始解冻。2000 年 2 月 16 日，俄代总统普京与北约秘书长罗伯逊就恢复接触达成协议。3 月北约秘书长罗伯逊访俄，双方恢复了大使级会谈。6 月 15 日，俄国防部长谢尔盖耶夫表示，俄准备与北约持续不断地发展各个领域的关系，俄与北约已确定了双方今后在军事领域合作的措施和方向。但这种合作应建立在平等和互利的基础上。12 月 2 日，俄外交部发表公告，俄希望能够进一步推动与北约关系的解冻进程，并希望同北约的关系能够从交换意见和情报的水平上升到整个欧洲的军事政治等关键问题制定计划和共同做出决定的新阶段。

二、美俄军事斗争情况

美俄之间存在着根本的战略利益冲突，美国不容许俄罗斯复苏强大，俄罗斯则不希望美国独霸世界。因此，双方在一系列问题上存在着严重分歧和激烈的斗争，斗争更加公开化和明朗化。2000 年，两国主要围绕以下问题展开了激烈斗争：

(一) 关于美国建立单极世界问题。2000 年，美国为了巩固和强化其全球惟一超级大国的地位，积极采取措施加强军事力量。2001 财政年度，美国的国防预算达 3099 亿美元，比 2000 财政年度猛增了 210 亿美元。美先后出台了一系列指导 21 世纪初美军建设的指导性文件，其中《2020年联合构想》明确提出，美国的全球利益和全球责任是长期的，为了维护这一利益和责任，美军的战略目标着眼于同潜在的全球性对手在世界任何地方打一场国家战争并赢得战争。在战争中准备动用战略部队和大规模毁伤性武器。为此，要把美军建设成一支能“凭借全谱优势，平时能慑服、战时能决胜，在任何冲突中都能压倒任何对手”的军队，以保持美国在21世纪初的世界领导地位。面对美国试图建立一个以美国为领导的单极世界，俄继续重申建立多极化世界的主张。1月初，俄代总统普京批准了俄罗斯联邦安全会议1999年10月通过的《俄联邦国家安全构想》，该构想明确表示反对单极世界，重申应建立多极世界，并强调俄要在这一过程中发挥作用。7月10日，俄外长伊万诺夫在介绍俄对外政策新构想时表示，美国凭借经济和军事优势，正在加强建立单极世界的势头。在解决国际安全的重要问题时，西方国家总是按照自己的模式行事，削弱联合国安理会的作用。俄将致力于建立多极世界，实行国际社会全体成员相互依存和主权平等的原则，新的国际安全框架应由联合国占据中心，要加强联合国及安理会的权威性。俄将通过具体事务表明俄将成为一个大国在21世纪世界秩序中发挥作用。年内，俄采取的重大举措有：第一，从2001年度开始，大幅度增加国防预算。2001年度国防预算将增至75亿美元，比2000年度增长近50%。第二，确立新的三军发展战略。计划2001～2015年改进现在的武器系统，加强现代化建设。第三，海军舰艇从2001年起重返世界各大洋。俄海军总司令库罗耶多夫强调指出：“俄罗斯的舰艇该出港了，计划远征的地区是传统地区，属于公海和国际水域。俄将恢复40年前的做法。”第四，向西伯利亚东部部署战略轰炸机。11月30日，俄空军以年底训练为名，向西伯利亚东部的2个军事基地部署了5架图－95型战略轰炸机，其中两架部署在靠近白令海峡的阿纳德尔空军基地，3架部署在西伯利亚中北部的季克西空军基地。美国防部发言人表示，俄此举意在准备对美国阿拉斯加空中防卫体系进行试探和侦察，以显示俄虽然整体军力有所衰退，但仍有能力对美国构成威胁。第五，派飞机对美航母进行侦照。10月17日和11月9日，俄空军在日本海先后两次对美航空母舰进行了侦照，以向美显示俄有能力对付美国航母。

（二）关于北约东扩问题。2000年，美俄双方围绕着北约东扩问题矛盾更加突出，斗争日趋激烈。以美国为首的北约加紧进行接纳东欧国家准备的工作，特别是波罗的海沿岸3国加入北约的准备。5月19日，美、英、法等北约国家代表同申请加入北约的拉脱维亚、立陶宛、爱沙尼亚、保加利亚、罗巴尼亚、斯洛文尼亚、斯洛伐克、马其顿和阿尔巴尼亚等9国外长在立陶宛首都维尔纽斯召开名为“北约在未来欧洲中的作用”的会议，北约秘书长罗伯逊在会上表示，北约必须加快吸收新成员的进程，以确保在未来欧洲的安全中发挥作用。会议期间，要求加入北约的9国外长发表了联合声明，要求在2002年吸收它们加入北约。年内，美国及北约其它各盟国先后举行了10余次大规模军事演习，并积极拉拢独联体国家参加。其中，“波罗的海作战2000”演习吸收了波罗的海3国参加；“合作伙伴2000”演习邀请了格鲁吉亚、阿塞拜疆和乌克兰参加；“和平盾牌2000”演习则扩大到有8个独联体国家参加。通过上述演习，美国旨在检验北约新战略，强化对东欧地区渗透，为北约继续东扩创造条件。

针对以美国为首的北约加紧为北约东扩做准备，俄采取了以下措施：第一，坚持反对北约东扩的强硬立场。俄总统普京、外长伊万诺夫、国防部长等多次强调俄政府的立场：北约现在没有存在的意义。作为一个军事集团，北约早该随着华约解体而消失；俄政府反对北约东扩的立场不变，过去反对，今后仍将反对；如果北约进一步接纳新成员，特别是接纳前苏联国家为其成员国，俄将修改对北约的政策，并采取“附加”措施以保障本国的安全；北约向东扩展，直至逼近俄罗斯边界，将对俄罗斯和整个欧洲的安全造成最严重的后果。第二，加强与独联体其它国家的军事合作。普京就任俄总统后，将独联体国家视为稳定周边、抗衡北约东扩、重新树立大国形象的重要依托，把发展同独联体国家关系作为俄国防政策的绝对优先任务。根据这一方针，俄加强了同独联体国家的军事合作。6月中旬，俄在莫斯科召开独联体国家国防部长理事会会议，决定扩大独联体国家内部的军事合作，并讨论了2005年前独联体国家军事合作发展计划。8月下旬，俄同白俄罗斯、乌克兰、哈萨克斯坦、乌兹别克斯坦、吉尔吉斯斯坦、塔吉克斯坦、亚美尼亚等7国在俄罗斯的阿斯特拉罕举行了为期5天的“战斗协作—2000”大规模防空作战演习，检验独联体国家的一体化防空能力。参演各国国防部长亲临演习现场观摩督导，演习结束后又聚集在阿斯特拉罕，磋商进一步加强独联体国家防空系统一体化和军事合作等问题。9月7～8日，俄又同白俄罗斯、哈萨克斯坦、塔吉克斯坦、乌兹别克斯坦、格鲁吉亚、亚美尼亚等6个独联体国家举行了一次大规模的联合防空首长司令部演习。9月7日，俄同乌克兰举行了双边联合防空演习。俄举行上述演习的目的是，维持同独联体国家的密切关系，阻止其加入北约。第三，建立统一的对抗北约的部队和防空体系。2月初，俄罗斯与白俄罗斯达成协议，两国将组建对抗北约的联合部队，并在2001年建成统一的防空体系。10月11日，俄同白俄罗斯、亚美尼亚、哈萨克斯坦、塔吉克斯坦、吉尔吉斯斯坦6国在吉首都比什凯克举行首脑会议，达成了进一步加强安全合作的协议，并决定尽快组建地区联合军队集群，共同抗击外敌入侵。

（三）关于美建立国家导弹防御系统问题。美国通过立法使发展国家导弹防御系统成为既定国策，俄罗斯认为此举严重威胁到俄的国家安全利益，因此表示强烈反对。2000年，双方围绕该问题斗争更加激烈。美国继1999年10月2日进行导弹拦截首次试验成功之后，2000年继续为部署国家导弹防御系统进行各种准备。首先是为美部署该系统大造舆论。美国通过各种方式向全世界宣称，世界进入21世纪后，美国虽然能够继续成为世界超级大国，但新的挑战正在出现，美国未来的作用将受到很大限制。5月，美陆军太空与导弹防御司令部发表题为《21世纪前15年外国导弹发展与弹道导弹对美国的威胁》的报告，指出今后15年内，美国极有可能面临俄罗斯、中国、朝鲜、伊朗、伊拉克等国的洲际导弹的威胁。因此，只有开发国家导弹防御系统才能对付这种威胁。为缓和俄罗斯在该问题上的敌对情绪，克林顿一再向俄表示，美部署国家导弹防御系统不会损害俄罗斯的国家利益，也不会削弱俄的导弹作战能力。其次是设法越过法律障碍。美国发展国家导弹防御系统不仅在政治和道义上遭到国际社会的谴责和反对，而且在法律上也存在着难以逾越的障碍。美国和前苏联1972年签署的《反弹道导弹条约》规定，禁止双方通过建立全面的国土战略导弹防御体系而拥有攻防兼备的核能力，并通过“相互确保摧毁”战略防止对方发动先发制人的核突袭。为超越这一法律障碍，美总统克林顿、国务卿奥尔布赖特年内先后与俄总统普京、外长伊万诺夫多次进行会谈，要求修改《反弹道导弹条约》，甚至威胁如俄不同意修改，美将单方面毁约，以发展美国的国家导弹防御系统。针对俄罗斯将批准《第2阶段削减进攻性战略武器条约》与美国家导弹防御系统联系在一起的做法，美国防部长表示，美国将根据自身的国家利益决定是否部署国家导弹防御系统，不会受俄罗斯议会表决的影响。俄以美不部署国家导弹防御系统为条件批准该条约是根本无法接受的。第三是继续进行技术准备。1月18日和7月8日，美国不顾俄罗斯及其盟友的强烈反对，先后两次进行国家导弹防御系统试验，但均遭到失败。9月1日，美国总统克林顿宣布，由于试验的失败和外交上的争论，他已决定暂不授权部署国家导弹防御系统，并将部署权留给下任总统。但他同时重申，这一系统是美国安全战略的组成部分，国防部仍将大力推进研制计划。据称，美国计划在2001～2005财政年度为国家导弹防御系统耗资127亿美元，并计划于2005年前开始部署。据美国防部高级官员透露，国防部的秘密文件已得出结论，凭借现有技术，美先建立海基国家导弹防御系统更为现实。为了不与《反弹道导弹条约》相冲突，美应先建立一个小型的海基国家导弹防御系统，待条件成熟时，再建立包括陆基、海基和天基在内的庞大的国家导弹防御系统。针对美国坚持试验和部署国家导弹防御系统，俄罗斯采取了以下重大举措：第一，加大反对的力度。年内，俄总统普京、外长伊万诺夫、国防部长谢尔盖耶夫等多次在不同的场合重申，俄政府坚决反对美国部署国家导弹防御系统，俄有能力对付美国家导弹防御系统。俄还严肃指出，美国建立国家导弹防御系统计划是一个重大的战略错误，它将破坏核大国之间的战略稳定，破坏苏联和美国1972年签署的《反弹道导弹条约》，破坏进攻性战略力量和防御性战略力量之间的平衡，刺激军备竞赛，从而使进一步削减进攻性战略核武器的计划化为泡影。美国这样做只会大大增加对美国本国以及俄罗斯和其它国家的战略威胁。第二，以“退约”进行警告。4月14日，俄国家杜马以288票赞成，131票反对通过了一拖再拖的《第2阶段削减进攻性战略武器条约》，同意在2007年之前，将6000枚核弹头减至3500枚以下。同时，杜马还提出了将俄实施该条约与美国无条件遵守《反弹道导弹条约》相挂钩的附加条件。普京在投票结束后表示，如果美国决定退出《反弹道导道条约》，俄将被迫退出关于美俄削减进攻性战略武器条约以及关于销毁中程和中短程导弹的条约，并执行独立的核威慑政策。第三，研制自己的反弹道导弹系统。2001年2月5日，俄罗斯国防部长谢尔盖耶夫亮出了普京总统的王牌。他说，如果美国选择退出《反弹道导弹条约》而部署国家导弹防御系统，俄罗斯将准备恢复前苏联时期的“星球大战”系统。他强调指出，在美国的“星球大战”时期，苏联制定了三大对抗计划抗衡美国的国家导弹防御系统。据报道，俄现正在研制一种专门对付美国国家导弹防御系统的方法，即通过发射假弹头迷惑敌方雷达及指挥系统，同时用密集的多弹头袭击对方，使对方的防御系统失灵。第四，加强反导作战准备。俄在极力反对并试图打掉美国国家导弹防御系统计划的同时，也在加紧进行未来对付美国国家导弹防御系统的军事装备。从年初开始，俄已陆续将能穿透导弹防御系统的“白杨－M”型洲际弹道导弹正式装备部队，计划于2000～2003年每年装备30枚，从2005年起每年装备50枚。据俄国防部长等军界人士称，自2007年起，“白杨－M”洲际弹道导弹将成为俄火箭部队的主要装备。“白杨－M”洲际弹道导弹系统的许多性能是世界上绝无仅有的，足以保持与美国的核遏制力量平衡，打破美国的防御性战略力量的垄断地位。第五，提议建立联合导弹防御系统。俄总统普京6月5日同意大利总理会谈时提议，俄愿同欧盟以及北约在内的欧洲国家一起建立联合导弹防御系统，以对付美国坚持部署的国家导弹防御系统。6月9日，俄国防部长在北约—俄罗斯常设联合理事会会议上正式提出了关于建立“欧洲共同导弹防御系统”的建议。该建议的内容包括：联合评价核扩散和可能发生的核威胁的性质和规模；联合拟定在全欧洲建立非战略性导弹防御系统的概念以及建立与部署这一系统的程序：联合建立有多方参加的全欧洲导弹发射预警中心；联合举行司令部演习、研究和试验；联合研制非战略性反导弹系统。除此之外，俄还提出了建立“美俄共同导弹防御系统”、与北约、日本建立联合导弹防御系统。俄试图通过上述各种方案取代美国的国家导弹防御系统。第六，通过联合国进行反对。11月1日，在俄罗斯等国的努力下，第55届联合国大会以压倒多数通过了“维护和遵守《反弹道导弹条约》决议草案”。该决议呼吁反弹道导弹条约缔约国全面和严格遵守这一条约，不部署可保护国家全境的反弹道导弹系统。决议强调，违反《反弹道导弹条约》将破坏全球战略稳定与世界和平，影响核裁军进程。

（四）关于对中亚的争夺问题。自前苏联解体以来，中亚地区一直是美俄争夺的重点。无论从地缘政治还是从地缘经济角度看，中亚对俄罗斯都至关重要，俄需要一个安全的南翼和“和平缓冲区”。美国则要把俄的南翼变成自己的势力范围或战略利益区，最大限度地阻止和缩小俄罗斯的影响。2000年，美国为进一步加大对中亚地区的渗透力度，军政要员频繁出访中亚，保持同中亚国家的高层接触。2月中旬，美国务院代表团访问乌兹别克斯坦；3月下旬至4月上旬，美国中央情报局局长和美国联邦调查局局长相继访问哈萨克斯坦、乌兹别克斯坦；4月中旬，美国务卿奥尔布赖特访问哈萨克斯坦、吉尔吉斯斯坦、乌兹别克斯坦和乌克兰4国；5月，美军安德森尼四星上将访问中亚。奥尔布赖特在访问期间，不仅呼吁被访国同北约各机构进行密切合作，还带去了1亿多美元的援助。据国际观察家认为，美军政要员频繁访问中亚主要目的在于：推销美国式的民主模式；扩大美国在中亚地区的影响；加大中亚国家对俄罗斯的离心倾向。针对美国对中亚地区的渗透活动，俄罗斯不甘落后，积极加强对中亚地区的外交活动，与中亚国家的关系取得明显改善。5月中旬，俄总统普京率国防部长、外交部长和能源部长访问乌兹别克斯坦和土库曼斯坦，就进一步深化各个领域里的合作坦诚交换了意见，并在共同维护地区稳定、联合打击国际恐怖主义和宗教极端主义等问题上达成了共识。国际观察家认为，普京在刚刚就任总统即访问上述两国，明显是针对美国的，其目的在于瓦解美国的中亚战略，恢复俄在中亚地区的传统影响，维护中亚地区的稳定，使俄有一个相对稳定的周边环境，为俄经济复苏和重树大国形象创造条件。

（五）关于俄向伊朗出售武器技术问题。2000年，俄不顾美的压力，继续按照1991～1994年同伊朗达成的协议向伊朗出售武器技术。2月14日，美参议院通过一项旨在加强制裁伊朗的法案，要求克林顿总统采取措施，防止俄罗斯或其它国家向伊朗转让制造先进武器的技术。对此，俄外交部于当月25日发表声明予以谴责。声明指出，美国立法机构是在人为地激化局势，该法案将不利于在《不扩散核武器条约》基础上开展双边合作和国际合作，并将导致俄美关系和整个国际关系复杂化，美国应对此承担一切后果。11月下旬，俄罗斯不顾美国反对，正式通知美国当局，自2000年12月1日起，俄罗斯不再承担1995年美俄签署的“戈尔—切尔诺梅尔金”秘密协议规定的义务，即2001年前不向伊朗提供常规武器。与此同时，俄同伊朗签订了有关武器供应合同。对此，美立即向俄发出警告，并威胁将对俄罗斯进行经济制裁。12月26日，俄国防部长谢尔盖耶夫访问伊朗，他在同伊总统会谈时强调，俄将加强同伊朗在军事和安全等方面的合作，任何第3国都不能阻止俄罗斯与伊朗扩大军事合作，俄将根据自身的利益采取符合国际主义原则要求的政策。俄伊两国的军事合作不会违背任何国际原则，也不会对任何其它国家造成危害。

（刘温国）

美国积极改善和发展与印、越、朝的关系　2000年，美国在加强与日本、韩国、菲律宾等传统盟国关系的同时，积极改善和发展同印度、越南和朝鲜的关系，旨在“遏制”中国，“西化”越南和朝鲜，适应其建立单极世界战略的需要。美国的举动将对新世纪亚洲战略格局产生较大的影响。

一、积极改善和发展与印、越、朝关系

年内，美积极采取措施，改善和发展与印、越、朝三国的关系，并取得显著成效。不仅美印、美越关系发展较快，而且美朝关系也有明显改善。

（一）美印首次建立伙伴关系，开辟了两国关系新时代。美国总统克林顿3月中旬访问印度，这是美总统22年来首次访印，双方签署了《美国—印度关系：21世纪展望》联合声明，强调21世纪世界的特征将取决于美印这两个“世界上最大民主国家”的合作，因而决定建立“持久的、政治上具有建设性、经济上富有成效”的新型伙伴关系。声明说：在新世纪里，两国将是怀着确保地区与国际安全的共同兴趣、肩负互为补充的责任的和平伙伴；两国将就亚洲以及其它地区的战略稳定进行经常性磋商，将共同努力打击恐怖主义和解决地区和平所面临的其它棘手问题；将加强国际安全体制，支持联合国维和工作；共同承诺要削减以及最终消除核武器，并将继续进行富有成效的双边对话；重申将尽快开始就签订停止生产核武器裂变材料条约进行谈判，继续加强出口控制，防止危险技术扩散，不参与核武器和导弹竞赛。双方同意定期举行首脑会晤、经常进行外长级接触和对话，重点讨论安全、核不扩散和双边关系等重大问题；同意进一步加强信息技术、生物工程、科技、能源、环境和电信合作，决定成立相关的联合工作协调小组。9月，印度总理瓦杰帕伊回访了美国，与克林顿就双边关系、核不扩散和地区安全等问题进行了会谈。印度报纸认为，印美两国领导人的互访，结束了长期以来印美之间互不信任的关系，开辟了印美关系的新时代，标志着两国关系进入了一个全新的阶段。

（二）美国防部长和总统实现首次访越，两国军事关系进入新阶段。美国防部长科恩于3月13～15日对越南进行了正式访问。这是25年来美国防部长首次访越，对美越军事交流具有重要意义。科恩与越国防部长范文茶等讨论了寻找越战中美军失踪人员遗骸、建立定期军事交流机制、举行联合军事演习等问题。科恩表示，“美希望将来派军舰访问越南港口。尽管美越两国存在分歧，但为了两国共同利益和地区稳定、安全，美决心与越一起前进。美越军事关系有朝一日将发展到美与东亚其它国家军事关系的同等水平。”科恩还宣称，他此次对越的访问，为两国发展更为密切的关系打开了大门，标志着两国军事关系进入一个新阶段。11月16～19日，美总统克林顿访问越南，这是自越战1975年结束以来美总统首次访越，表明了两国希望结束过去、面向未来的愿望，也预示着美越关系的新发展。访越期间，克林顿向越方表示，美支持越加入世界贸易组织，并承诺在今后3年内每年向越提供2000万美元的技术援助。双方还签署了两国政府科技合作协定等文件。

（三）美朝首次进行高官互访，两国关系发展迈出关键一步。应美邀请，朝鲜最高领导人金正日的特使、朝国防委员会第一副委员长、人民军总政治局局长赵明录次帅10月9～12日访美，向克林顿转交了金正日的亲笔信（主要内容是：“朝美关系正处于紧要关头，朝愿意就如何缓解朝鲜半岛紧张局势与美继续交换意见，希望两国进一步改善关系”），并与美方就双边关系和朝鲜半岛局势等问题进行了会谈，双方发表联合声明称：两国将在坚持相互尊重主权和互不干涉内政原则的基础上，积极采取有效措施从根本上改善双边关系，努力建立一种“摆脱过去敌对状态的新型关系”，以促进亚太地区的和平与安全；将通过双边外交接触和“四方会谈”等诸多途径缓解朝鲜半岛的紧张局势，争取用和平协定取代1953年签署的停战协定；将加强两国经济合作，尽快互派经贸专家赴对方国家寻求经贸合作商机；两国支持国际社会反恐怖主义的努力；朝方重申在朝美保持对话的情况下继续暂停远程导弹试验的立场。10月22～24日，美国务卿奥尔布赖特访问朝鲜，与金正日进行了两次会谈，这是美国务卿首次访朝。评论家认为，赵明录访美和奥尔布赖特访朝标志着两国关系的发展已迈出了关键的一步，有助于结束朝鲜半岛长期对峙的状态，有利于东北亚地区局势的稳定。

与此同时，美朝多次举行高级会谈，并取得了一定的成效。一是举行外长级会谈。7月28日，在曼谷出席东盟地区论坛会议的美国务卿奥尔布赖特与朝鲜外务相白南舜就双边关系和朝鲜半岛局势等问题举行了会谈，这是两国外长半个世纪以来的首次会谈。奥尔布赖特表示，美朝“应摈弃过去50年来的敌视，共同努力，面向未来”；美欢迎朝参加东盟地区论坛，支持朝鲜与韩国对话，因为这将有利于朝鲜半岛和整个亚太地区的和平与稳定。二是举行副外长级会谈。

年内，美朝先后在柏林、纽约、罗马、吉隆坡举行了8次副外长级会谈，主要讨论了以下问题：关于导弹问题，双方重点磋商了有关朝鲜发展导弹计划和出口导弹问题，但“只是阐述了各自的立场”，未达成任何协议。关于核框架协议问题，朝方表示将遵守该协议，并提出美应赔偿因轻水反应堆建设被拖延而给朝电力造成的损失，美方承认朝方要求是合理的，双方研究了解决方案。关于反对恐怖主义问题，双方发表了联合声明，国际恐怖主义威胁世界安全与和平，任何一个国家都不应“组织、煽动、帮助、资助、鼓励或容忍”恐怖主义活动；美朝将加强有关信息交流和合作，积极采取有效措施与恐怖主义作斗争。关于寻找失踪美军人员遗骸问题，双方达成共识，同意继续开展联合搜寻行动，增加寻找人员和次数，扩大搜索范围。三是进行军停会秘书长级接触和将军级会谈。朝军和驻韩美军代表多次在板门店进行“军事停战委员会秘书长级”接触，重点讨论了非军事区“管辖权”问题，双方同意美军把朝韩目前正在修复的“京义线”（汉城至新义州）铁路和铺设的公路所要通过的非军事区的“管理权”移交给韩国；朝军驻板门店代表与驻韩美军副参谋长举行了“将军级”会谈，并签订了协议书，双方根据军事停战协定开放非军事区的部分地区，并把它定为朝鲜和韩国共同管理地区，该地区发生的技术事务和军事问题，由朝韩协商处理。

二、有关各方改善和发展关系的背景及意图

美改善和发展与印、越、朝的关系，并不是同步进行的，而是分别根据三国不同的情况，先后逐步展开的，且在2000年前已取得一些进展，特别是美印、美越关系得到较大发展。冷战结束后，美出于战略考虑，逐步将其南亚政策由“扶巴压印”调整为“重印轻巴”，积极改善和发展同印度的关系，即使在印1998年5月核试验后也未停止。美在越战后一直对越实行“三不政策”，即不与越进行贸易、不向越提供援助、不与越建立外交关系。但1989年美对前苏联等社会主义国家实现“和平演变”后，把目标转向越南，逐步松动对越政策。美从90年代中期开始逐步将对朝政策由“政治对立、军事对抗、经济封锁”调整为“积极对话和广泛接触”，并采取实际步骤改善与朝关系。特别是2000年6月朝韩首脑会晤后，美明显加快了与朝改善关系的步伐。美积极改善和发展与印、越、朝的双边关系不是权宜之计，而是有计划、有预谋的战略行动。其主要意图是：

（一）适应战略重心由欧洲逐步转向亚洲的需要。80年代末，东欧剧变，苏联解体，冷战宣告结束，许多东欧国家纷纷投向西方怀抱。美借机向东扩张势力范围，直接把北约的边界推到了俄罗斯西部边境。波黑内战和科索沃战争的事实表明，西欧摆脱不了美国的安全依赖，美在整个欧洲已经没有“眼中钉”，既可防范俄的崛起，又可限制西欧诸强争霸。因此，美开始逐步把战略重心转向亚洲。2000年5月31日，当时的美国防部长科恩公布的美新的军事战略指导文件《2020年联合构想》指出，“在即将到来的新世纪，亚洲可能出现一个不确定的和美国抗衡的竞争对手，亚洲是未来最有可能发生军事冲突的地区”。美国家安全智囊团也认为，“在未来几十年里，从巴格达到东京的广大亚洲地区，将成为美军事竞争的主要场所，世界经济的重心已经转向亚洲，美国的利益自然也就跟着转向亚洲”。美国防部向布什总统提交的有关调整军事战略的评估报告建议：“美应集中力量打赢一场大规模战争，而这场战争最有可能发生在太平洋地区。仅在东亚，美就面临着朝鲜半岛、台海冲突和南海争端等诸多潜在威胁。因此，有必要对二战结束以来执行的战略重心进行调整，即从欧洲转移到亚洲。”美新任国防部长拉姆斯菲尔德宣称，“亚太地区之所以最有可能成为美未来主要战场，是因为在俄罗斯国力减弱的情况下，未来来自中国的威胁可能会进一步增大；随着中国取代俄成为美未来最主要的潜在敌人，美的军事部署重心从欧洲向亚洲转移具有历史意义。”基于上述分析，美已开始采取战略举措：一是向关岛增派海空兵力，包括63枚AGM－86型空射巡航导弹、3艘“洛杉矶”级攻击型核潜艇等先进的战略武器，企图将关岛建成美军挥师西进亚洲的战略堡垒。西方军事专家认为，“美在关岛部署巡航导弹，可使其战略轰炸机在12小时内对亚洲任何一个地方实施打击”。二是巩固和发展与亚洲传统盟国的关系，坚持与韩国、日本签订的《驻军地位协定》，确保继续在两国驻扎大批军队，加紧研究部署战区导弹防御系统；与菲律宾签订《部队互访协定》，恢复举行大规模联合军事演习；与新加坡签署新的军事合作协议，获得使用新加坡樟宜基地的使用权，并完成了对该基地的扩建，实现了美军航母随时停泊樟宜基地的战略目标；保持每年都与泰国联合举行“金色眼镜蛇”演习，而且逐步扩大演习规模和参演国家。三是积极改善和发展与朝鲜、越南和印度等国家的关系。以上三项举措是一个有机的整体，旨在适应美国

战略重心逐步转向亚洲的需要，维护美国的战略利益。

（二）利用印、越、朝围堵中国，对朝、越实施“和平演变”。近几年来，美一直把中国当做“头号敌人”，并把遏制中国经济、军事力量的增长和国际影响力的扩大纳入其全球战略之中。在亚洲，美为了遏制中国，明显加强了与其周边国家的关系，“努力寻找对付中国的盟友，”力图在中国周边筑起一道战略包围圈。而越、印是中国的重要周边国家，都与中国存在领土争端。因此，美认为越、印是可以利用的遏制中国的战略力量。同时，美还认为，在东北亚朝鲜具有举足轻重的作用，且是惟一与中国接壤的国家，也是“可以利用来遏制中国的不可忽视的力量。”基于上述缘由，美把印、俄、朝都纳入其亚太战略框架之中，将三国作为针对中国包围圈上的战略支点，以弥合对华包围圈的缺口。美一旦与印、越、朝建立密切军事合作关系，最终将与东部的美日安保同盟、东南的美澳军事同盟以及与美签署军事协定的韩国、菲律宾形成从多方向包围中国的军事态势，确保美称霸全球战略目标的实现。外国舆论称，“美近年来积极发展与越、印的关系，是从其长期利益出发，企图利用越、印对中国抱有的历史成见和不信任心理，在必要时打越南和印度牌，以牵制中国。”一些分析家们也认为，“美与越、印发展军事合作关系，主要是出于其亚太安全战略和遏制中国的考虑。”

近年来，美利用同朝接触、对话的有利时机，不断向朝兜售自己所谓“自由、民主和人权观”，企图对朝进行“和平演变”。随着美朝关系逐步改善，美有可能更加重视以援助为诱饵促使朝走“开放”之路。同时，美借与越建立正常关系之机，运用多种手段和形式对越进行政治、经济和文化渗透，逐步西化越南，进而促使社会主义的越南“和平演变”。美驻越大使馆宣称，“与越接触，是鼓励越发生变化的一个最有效手段。当越对外开放时，接受外部世界的商品、意见和人员，允许外国对它们的国家投资，那么很显然，其变化也就会出现。”

（三）阻止朝、印开发核武器和远程导弹，确保美继续在韩国驻军，试图租用越南金兰湾基地。美认为朝发展核武器和远程导弹对美构成“严重威胁”，因此不断向朝施加压力，企图迫使朝放弃开发计划，但并未奏效。美转而采取“慎重和有耐心”的政策，企图通过同朝政府打交通、向朝提供能源和粮食援助来换取朝放弃开发计划。印度谋求成为核大国的努力与美国的既定目标相违背，引起美的严重不安，并导致美的制裁。但制裁并未使印屈服，反而推动了印俄关系的改善，危及美全球战略目标的实现。鉴于印度已成为事实上的核国家，美不得不取消部分制裁，转而采取与印加强对话和合作的做法，企图说服印早日签署《全面禁止核试验条约》和《不扩散核武器条约》，最终将印度纳入全球核不扩散机制，使印核力量的发展处于美国的监督和控制之下，进而遏制印核力量的发展，防止核扩散。

近年来，随着朝韩关系的不断改善，美失去了继续在韩驻军的“充足理由”，朝要求美军撤走的呼声日趋高涨。因此，美希望通过与朝改善关系来消除朝的疑虑，缓解朝的反美情绪，以确保美军继续留驻韩国。越南金兰湾曾在第二次世界大战和越南战争时先后被日本和美国用作空军、海军基地。美国败走后，前苏联成了金兰湾的新主顾，租约签到了 2004 年。近几年来，鉴于金兰湾基地扼守着从太平洋到印度洋的战略通道，美国一直对该基地虎视眈眈，试图在俄租用期满后租用金兰湾。克林顿和科恩访越时都试探了美军舰访问金兰湾的可能性。美驻越大使彼德森声称：“虽然我们没有使用金兰湾设施的奢望，但可以肯定的是，美确实希望能实现舰船访问。”一直推动美越关系发展的参议员克里表示，美舰艇“从日本前往中东途中在金兰湾停泊，而不必远上关岛，对我们来说更方便”。目前美正积极谋求与越磋商美舰访问金兰湾问题。

印、越、朝与美改善和发展关系的目的是：在政治外交上，通过与世界上惟一的超级大国美国发展关系，扩大本国影响，提高国际地位。特别是印度试图依靠美国实现其跻身世界大国的梦想。印、越因对中国存在戒心，还企图借助美国的力量与中国抗衡。朝鲜则希望通过与美改善关系来增加同韩国、日本打交道的外交筹码。在军事上，越、印希望从美购买一些先进的武器装备，以加速军队现代化建设；同时，希望与美军举行联合军事演习，以提高实战能力，适应未来高技术战争的需要。朝鲜则希望与美签订和平协定，结束军事对抗状态，从根本上消除美对朝的军事威胁。在经济上，越、印不仅需要开拓美国巨大的市场，争取美国更多的经济援助，吸收美国更多的投资资金，而且还需要美国先进的科学技术和丰富的经济管理经验，以加速本国经济发展，尽快增强综合国力。朝鲜则希望彻底打破美国经济封锁，寻求更多的经济援助，以摆脱经济困境。

三、双方改善和发展关系的制约因素

美国为维护其在亚洲的战略利益，今后将继续改

善和发展与印、越、朝的关系。但美与印、越、朝三国之间存在诸多矛盾和问题，双边关系的发展不会一帆风顺。

（一）美印关系的制约因素。一是印度的大国野心与美国战略图谋的矛盾难以根本调和。印度是具有强烈大国野心的国家，视南亚和印度洋地区为自己的势力范围，极力谋求成为世界的一极。为此，印必然要维护其核战略的独立性，在地区安全问题上争取主导权。印美发展关系好似同床异梦。印只是想借美力量和影响提高国际地位，加速自身发展，解决国际和地区政治中对印不利的问题，压巴屈服，确立在南亚的独霸地位，而并不希望美插手介入太深，更不会容忍美在印度洋尤其是孟加拉湾有军事力量存在。印对美以"人权、民主"为内容的"新干涉主义"非常反感，对美以"经济全球化"为幌子推行的经济侵略也有较高的警觉。因此，美印关系向经贸领域，尤其是向政治和安全领域的深度发展还有很大难度，两国建立真正意义上的伙伴关系还有很长的路要走。二是核军备问题是美印关系发展的重要障碍。克林顿在访印期间多次要求印放弃发展核计划，劝说印签署有关条约；陪同克林顿访印的美商务部长戴利也称，在印签署《全面禁止核试验条约》之前，美不会彻底取消对印制裁。但印以"这一问题需要取得各党派和全民的共识"为由予以拒绝。双方签署的联合声明只是表述了各自的立场。克林顿离开印度后，印政府又反复强调，"在核武器问题上，印决不会屈服于外来压力"。可以预料，今后，美为维护本国利益，不会坐视印核军备升级而失控，将继续施加影响，力争把印拉入全球核不扩散机制；而印为维护其国家利益，也不会放弃发展核力量的计划。因此，美印围绕核军控问题的争执短期内不可能得到彻底解决，受其影响，两国关系也不可能取得实质性的进展。三是美印关系的发展受印俄关系的制约。美国全球战略的主要目标之一是"防止一个反美的大国或大国集团的出现"。随着北约东扩进程的加快，美国家和地区导弹防御系统的加紧研制部署，使俄产生了强烈的危机感，俄国内要求发展与印度的传统关系，进一步巩固俄印联盟的呼声高涨。近年来，印俄关系取得了较大进展。俄总统普京2000年10月访问印度，双方签署了《战略伙伴关系宣言》，宣布建立战略伙伴关系；俄同意向印提供价值40亿美元的苏－30型战斗机生产许可证、14.5亿美元的55架苏－29型战斗机和100辆T－90型坦克，并向印赠送"戈尔什科夫海军上将"号航母。由于俄是印传统战略伙伴国，印需要借助俄的影响力来实现大国梦想；俄还是印最大的武器供应国，印现在武器装备的70%来自前苏联和俄罗斯，其更新换代离不开俄罗斯。而俄在抗衡美国、发展经济和打击恐怖活动等方面也需要印度的合作。因此，印俄关系将会越来越亲密，并"有可能结成反美联盟"。这无疑将给美印关系的发展带来一定的负面影响。此外，印近年来积极推行"东进"战略，在控制印度洋的同时加紧进军南海。随着印在南海的不断扩张，美印在海上的利益冲突也将会加剧。

（二）美越关系的制约因素。一是美越在意识形态领域的斗争不会停止。美将在与越发展关系的同时，继续利用多种形式向越输出其价值观，特别是以"维护人权、民主和宗教自由"为借口干涉越内政，进一步对越进行"和平演变"，促使其改变社会制度。越对美国的戒心一直很重，特别是对以美为首的西方敌对势力的"和平演变"保持着高度警惕，近年来采取一系列防范措施。越党政领导人反复强调要同"和平演变"进行坚决斗争，越国防部也多次要求部队不要对美存在幻想，"以美军为主要作战对象的战略不能改变"。因此越美在意识形势领域的斗争将继续下去，在政治上的距离难以缩小，两国关系不会太密切。二是越"大国制衡"原则影响美越关系发展。越以"大国制衡"为原则发展与中、美、俄等国的关系。中国作为亚洲大国和越南的友好邻邦对越影响颇深，越在发展对美关系时，不能不考虑到中国因素。越利用"制衡"原则，在中美之间寻找"平衡点"，寻找有利地位。中越在南沙群岛等问题上存在争议，越与美加强合作确有对我进行牵制之意。但由于多种原因，越又不会过分依赖美国，偏向一方，故在发展与大国关系时，努力营造一种均势，为越发展经济和提高国际地位服务。科恩访越时，越外交部专门举行记者招待会，就越美军事交流及越中关系进行解释，以免中国产生"误会"。俄罗斯是越南的传统友好国家，是越最大武器供应国，两国正致力于发展战略伙伴关系，所以俄也是影响越美关系发展的重要因素。越不会把金兰湾基地租给美国，因为越一直把美视为最大的威胁，即使开放金兰湾基地，也不大可能允许美军舰船进入该基地活动。同时，俄一般也不会放弃金兰湾。越从与俄的盟友和战略伙伴关系考虑，为从俄获得更多先进武器装备，越可能最终会同意俄续租金兰湾基地。三是战争遗留问题短期内难以解决。越战造成越300多万人死亡，数百万人受到化学武器毒害，越多次要求美对战争损失负责，帮助越寻找失踪人员、清除遗留化学毒剂，并向受害者提供资金，但美方至今未采取任何实质行动，越对此十分不满；同时，越战也给美军造成近 6 万人阵亡、30 多万人受伤、2583 人失踪，近几年虽经双方努力找到了 533 具失踪美军人员遗骸，但离美方要求还相差很远。因此，越战遗留问题的解决还有待时日，它仍将在一定程度上影响美越关系的发展。

（三）美朝关系的制约因素。一是美朝长期对峙，积怨很深，互不信任。美国防部 2000 年 9 月中旬向国会提交的《朝鲜半岛军事形势报告》仍认定："朝鲜不仅是东亚地区稳定与安全的最大威胁，而且是可能使美国卷入大规模地区战争的国家"。同时，美加紧策划在韩国和日本部署针对朝鲜的战区导弹防御系统。对此，朝高度警觉，朝国内反美情绪强烈。赵明录访美期间多次强调，"只有在美国对朝鲜的国家主权和领土完整作出坚定的保证后，朝美才可能建立友好和合作关系。二是"导弹"和"驻军"问题仍将阻碍美朝关系的发展。关于"导弹"问题，美国强调朝鲜必须放弃远程导弹和核武器的开发，否则美朝不可能签订和平协定。而导弹开发关系到朝鲜国家安全、主权独立和领土完整，朝决不会轻易放弃研制、试射中远程导弹的自主权。关于"驻军"问题，朝将继续要求美解除与韩签订的军事同盟条约，尽快从韩撤军。但美为保住其在东北亚的战略要地，将千方百计继续在韩国驻军。美国务卿奥尔布赖特 9 月宣称，"现在考虑削弱驻韩美军或改变其地位问题还为时尚早。"

（钟学良）

美国众议院提出的《加强台湾安全法》法案遭到国内外强烈反对 2000 年 2 月 1 日，美国众议院不顾中国政府的多次严正交涉，在没有经过充分辩论的情况下，以 341 票赞成、70 票反对，通过了《加强台湾安全法》法案，企图为强化美台关系、向台出售各种先进武器装备及技术提供所谓法律依据。该法案是继《与台湾关系法》之后，美国会少数亲台反华议员炮制的又一起在台湾问题上蓄意阻挠中国统一大业的法案。该法案一出台，就遭到国内外的强烈反对，迄今参议院仍未对该法案进行表决。该法案能否最终成为正式法律，尚需拭目以待。

一、法案出笼始末及其主要内容

《加强台湾安全法》法案是美国第 106 届国会关于台湾安全和对台军售问题的最重要的法案之一。1999 年 3 月 24 日，参议院外交委员会主席赫尔姆斯和该委员会中的首席民主党议员托里切利联合提出了《加强台湾安全法》法案，要求对台出售战区导弹防御装备及相关系统（TMD）、卫星早期预警数据系统、先进的战斗机和 AIM－10 空对空导弹、空中警戒与控制飞机及相关防空设备、常规动力潜艇、包括宙斯盾驱逐舰在内的海军反潜和反导弹系统等武器装备；并要求美太平洋司令部与台湾军事指挥部之间建立直接通讯联系。参议院外委会还于 8 月 4 日就该法案举行了听证会。随后，众议院国际关系委员会主席吉尔曼、最有影响的共和党议员迪莱等人予以响应，提出了几乎与参议院版本相同的《加强台湾安全法》法案。由于遭到众议院部分有识之士的反对，在对该法案作出重大修改后，众议院国际关系委员会 10 月 26 日以 32 票赞成、6 票反对通过了该法案。2000 年 2 月 1 日，众议院不顾中国政府的多次严正交涉，以 341 票赞成、70 票反对，正式通过了该法案。

该法案共分 6 条 29 款，其中，第 1 条为法案的"简称"；第 2 条为"政策判定"；第 3～6 条为该法案的具体内容。该法案有 5 点特别值得重视：（1）要求每年就台湾海峡安全形势和保持台湾足够自卫能力问题向国会提交年度报告；（2）要求每年以加强台湾的防务为出发点，对台湾提出的防务要求作出评估，并向总统和国会提出建议；（3）要求总统和国会以《与台湾关系法》为依据，而不是以《八·一七公报》为依据，每年对台湾合法自卫需求的防务装备和服务种类和数量作出决定；（4）要求每年就美台联合训练与人员交流计划，向国会提交报告；就美国与台湾军事指挥机构之间建立联系向参众两院作出书面说明；（5）要求每年就美国对包括台湾在内的亚太地区出现突发事件时，美国的反应能力和实施计划以及要达到的战略目标向参众两院作出说明。

现将该法案第 3～6 条主要内容，依次择编如下：

第 3 条：帮助台湾培训军官并向台湾出售防务装备和服务。国防部长和各军部长应根据《美国法典》的规定，尽力安排台湾军官到美国国防大学和其它专业军事院校学习，并安排那些有培养前途的军官到美国陆军学院、海军学院和空军学院学习。国务卿在考虑对台军售时应当考虑台湾特殊情况，包括台湾为应付中华人民共和国军事现代化和武器采购举措而提出的防务需求。国务卿还应尽力确保台湾能充分和及时地了解防务装备和服务的价格及可获得供应的情况。

第 4 条：确定台湾的防务需求。增加美在台协会的技术人员。总统应在每年美台军售会议后（编按：每年 4 月份举行）60 天起，以秘密和公开的形式向国会提交报告，列举台湾提出的有关防务装备和服务的各种采购要求，说明台湾提出采购要求所依据的防务需求，以及对台湾的采购要求予以拒绝、推迟或修改的决策过程。

第 5 条：加强台湾的防务。维持台湾足够的自卫能力。国会认为确定向台湾出售防务装备和服务的种类和数量，应以《与台湾关系法》为依据，而不是以中美《八·一七联合公报》或其它类似的行政协定、行政命令或政策为依据。国防部长应最迟在本法案生效 210 天后，提出一项加强美台武装部队间作战训练和高级军官交流计划方案，在威胁分析、作战理论、部队规划、作战方式及其它领域开展合作，并在计划实施前 30 天内，以公开和秘密的形式提交国会。国防部长最迟在本法案生效 42 天后，每年以公开和秘密的形式，就台湾海峡安全形势和保持台湾足够自卫能力问题向国会提交年度报告，对中华人民共和国在台湾当面的军事力量进行分析，并对其最近进攻性军事能力的增强情况作出评估。报告应对包括水面和水下威胁、弹道导弹威胁、空中威胁及对台湾军、民用通信系统的威胁等作出分析判断。报告还应对台湾军队为应付所面临的安全形势而采取的措施作出评价。国防部长应最迟在本法案生效 180 天后，向众议院国际关系委员会和军事委员会以及参议院外交委员会和军事委员会书面证明，美国军队与台湾军队已建立了直接、可靠的联系。任何防务装备和服务的出售仍应遵循《军火出口管制法》第 36 条的有关规定。

第 6 条：就美国对包括台湾在内的亚太地区出现的突发事件反应能力提交报告。国防部长应最迟在本法案生效 180 天后，就美国对在亚太地区出现的危及美国在台湾利益的重大突发事件作出有效反应的能力作出说明，并准备以公开和秘密的形式向众议院国际关系委员会、军事委员会和参议院外交委员会、军事委员会各位主席及少数党的首席议员提交报告。国防部长应针对突发事件而制定有关在国家、战役和战术层次作出反应并实施和达成战略目标的计划，说明有效应付此类突发事件的军事能力的信心程度，并说明可利用的相关美军各联合司令部、军种部、作战支援机构、军事情报部门和国防部其它类似机构的各种资源和专业技能。

二、法案的要害是阻挠中国完成祖国统一大业

台湾问题事关中国的主权和领土完整，直接牵涉全体中国人民的民族感情，始终是中美关系中最重要、最敏感的核心问题。美国制定的《与台湾关系法》和众议院通过的《加强台湾安全法》（简称“两法”），之所以遭到中国政府、中国人民强烈愤慨和坚决反对，其根本原因是它否定了中美“三个联合公报”，重新定位美台关系，彻底改变对台军售政策，图谋制造“两个中国”、“一中一台”，以长期维持两岸分裂状态，并试图以武力干涉中国统一大业，破坏台海地区的和平与稳定。具体表现在：

第一，违背了中美建交联合公报原则。1972 年 2 月，中美两国发表上海公报，美改变对华政策，迈出实质性步伐。1978 年 12 月中美两国发表建交公报及两国政府各自声明。美国承诺“只有一个中国”、“台湾是中国的一部分”、“中华人民共和国政府为中国的惟一合法政府”。1979 年 1 月 1 日，美国在与中国建交的当日，根据中国提出的“断交、撤军、废约”三原则，正式宣布断绝同台湾的“外交关系”，撤走驻台美军，并终止美台《共同防御条约》。但是 1979 年 3 月美国国会通过的《与台湾关系法》以及 2000 年 2 月美众议院通过的所谓《加强台湾安全法》却从根本上违背了中美建交联合公报的原则。在“两法”中，不仅明确写道，“加强台湾的防务”，“国会和总统有义务就台湾合法自卫需求的种类和数量作出决定”，而且还明确写道“《与台湾关系法》明确保证，美国将向台湾提供可使其足够自卫所需数量的防务装备和服务”等。这是明目张胆地在搞“两个中国”、“一中一台”，破坏台湾海峡地区的和平与稳定。

第二，违背了中美《八·一七联合公报》原则。1982 年 8 月 17 日，中美两国达成了《八·一七联合公报》。在公报中，“美国政府声明，它不寻求执行一项长期向台湾出售武器的政策，它向台湾出售的武器在性能和数量上将不超过中美建交后近几年供应水平，它准备逐步减少它对台湾的武器出售，并经过一段时间导致最后的解决。”里根时期，美国政府作出承诺：保证履行《八·一七联合公报》规定，以售台武器最多的 1980 年为准（当时为 8.3 亿美元），尔后每年递减 2000 万美元，质量不超过当年的水平。1986 年美国政府在对台技术转让方面又作出限制。但是，美国政府并未信守上述诺言，尤其是这次众议院通过的《加强台湾安全法》竟明确规定，“总统在每年美台军售会议之后，要以秘密和公开的形式向国会提交确定台湾防务需求报告”，还提出要“维持台湾足够的自卫能力”，并决定从 5 个方面“加强台湾的防务”等等。这些事实表明，一旦该法案成为法律，美对台湾军售的数量将日益增多，质量也将不断提高。由此可见，美国众议院炮制这一法案的实质是

企图通过强化美国国内立法，为美国向台湾提供各种先进武器装备、建立和扩大美台直接军事联系提供所谓法律依据，阻挠中国统一大业的完成。

第三，违背了美台建立非官方关系原则。1979年1月，中美两国相互承诺并建立外交关系。从此，美台官方关系便宣告结束。根据中美建交公报规定，美国同台湾只"保持文化、商务和其它方面的非官方关系。"1982年8月17日，中美发表《八·一七联合公报》表明美台军事关系应逐步走向结束。但是，美国却违反中美建交公报原则和《八·一七联合公报》原则，于1979年3月通过《与台湾关系法》，试图使台湾成为事实上享有"国家"地位的"独立的政治实体"。这次美众议院通过的《加强台湾安全法》对美台关系重新定位，实质上恢复了美台官方关系。该法案毫不掩饰地提出："美国军队将与台湾建立直接、可靠的联系"；"美国防部将尽力安排台湾军官到国防大学和其它专业军事院校学习"；"美国防部将着手制订一项加强美、台武装部队之间作战训练和高级军官交流计划方案"。特别值得严重关注的是，该法案还提出"美国防部将对包括台湾在内的亚太地区的突发事件，制订有关在国家、战役和战术层次作出反应和实施的计划。"上述事实表明，一旦该法案成为法律，美台关系将由非官方关系发展为实质上的官方关系，美台合作范围项目将由文化、商务等领域扩大到外交、军事领域，美还将对台海突发事件作出军事反应。这是对中美关系的严重破坏与挑衅。

三、法案引起了中国的强烈愤慨和坚决反对

2000年2月1日，美众议院通过该法案后，立即引起了中国政府的强烈愤慨和坚决反对。中国外交部副部长杨洁篪2月2日特别召见美国驻华大使普理赫，就美国国会众议院通过《加强台湾安全法》法案向美国政府提出严正交涉。

杨洁篪说，2月1日，美国国会众议院不顾中方的多次严正交涉，通过了所谓《加强台湾安全法》法案，企图为美国和台湾进行和扩大军事联系与往来、美向台出售各种先进武器装备及技术提供所谓法律依据。美国众议院的上述行径完全违反中美"三个联合公报"和美方的有关承诺，严重侵犯中国主权，粗暴干涉中国内政，图谋制造"一中一台"、"两个中国"。中国政府和人民对此表示强烈愤慨和坚决反对。

杨洁篪指出，台湾问题事关中国的主权和领土完整，直接牵涉全体中国人民的民族感情，始终是中美关系中最重要、最敏感的核心问题。美国政府在中美建交公报中明确承认中华人民共和国政府是中国的惟一合法政府，世界上只有一个中国，台湾是中国的一部分。任何破坏中国统一大业的企图和行径，中国政府和人民绝不答应，也是根本不能得逞的。中国政府和人民有决心、有信心、有能力早日解决台湾问题，实现祖国的完全统一。

杨洁篪说，《加强台湾安全法》是继《与台湾关系法》之后，美国会少数亲台反华议员炮制的又一起在台湾问题上蓄意阻挠中国统一大业的法案。《加强台湾安全法》法案出笼后，中国政府向美国政府提出了严正交涉，要求美方采取切实措施阻止其通过成为法律。美国政府承诺将阻止该法律通过成为法律。美国会参议院、众议院的有识之士也对此法案明确表示反对。然而，在美众议院亲台反华势力的竭力鼓噪和推动下，美众议院居然通过这一企图分裂中国的法案。如果该法案通过成为法律，必将助长李登辉搞"两国论"和"台独"的气焰，加剧台湾海峡紧张局势，损害亚太地区的和平与稳定，对中美关系将产生严重的破坏性影响。

杨洁篪强调，中方强烈要求美国政府高度重视中国政府的严正立场和要求，充分认识到《加强台湾安全法》法案的严重危害性，恪守中美"三个联合公报"和美方有关承诺，按美国政府和克林顿总统本人所作出的承诺，立即阻止该法案成为法律。美方还应恪守中美"八·一七"公报规定，立即停止售台先进武器装备及技术。

2月1日，中国驻美大使李肇星在会见一些美国会议员和大企业负责人时，除表明中国政府的立场外，还指出美国少数政客死抱着冷战思维不放，极力推动美国国会通过《加强台湾安全法》法案，企图为强化美台军事关系、增加售台先进武器和最终将台湾纳入战区导弹防御系统提供法律依据。李肇星说，美国众议院通过《加强台湾安全法》法案并不代表美国人民的愿望，也不符合美国的利益，是十分危险的政治举动。这一法案承袭《与台湾关系法》的衣钵，其实质是否定中美"三个联合公报"，进一步干涉中国内政，制造"两个中国"、"一中一台"，阻挠中国和平统一大业的完成。中国敦促美国政府采取实际行动，阻止这一法案成为法律，呼吁所有支持和关心中美关系的议员和美国人民从中美两国的长远利益出发，坚决反对《加强台湾安全法》法案成为法律。

与此同时，该法案也遭到美国政府及有识之士的反对和否定。2000年1月，在法案通过之前，众议

院国际关系委员会成员萨蒙就表示，众议院决定审议《加强台湾安全法》是一个重大错误，不仅不利于美中关系的发展，而且对台湾也没有任何好处。在法案通过的当天，白宫便发表了一项声明，“强调反对众议院讨论通过《加强台湾安全法》法案”。声明说如果通过这一法案，将“严重损害”台湾的安全，破坏亚太地区的稳定，造成“严重的、预料不到的负面结果”，使海峡两岸通过对话和平解决分歧的前景受到影响。声明表示：该法案如果提交克林顿总统，将会遭到否决。美总统国家安全顾问伯杰称，美国多年来同台湾在“一个中国”的架构内保持着“良好的关系”，但“在这一架构内的美台关系是一种非官方的关系”。该法案“将会把美台之间的军事关系首次变为官方的、正式的关系”。美国务院发言人福利称，该法案将会损害台湾的安全，并对美所希望的东亚地区稳定构成威胁。克林顿总统也在2月4日接受美国全国广播公司“今日”专栏节目采访时明确表示，不支持众议院通过的《加强台湾安全法》法案，认为提出该法案“是不明智的”，将会使美国在台湾海峡地区的长期政策“复杂化”，并“很可能自食恶果，使台湾处于更大的压力之中。”美国参众两院的部分有识之士、美农业部长格利克曼以及美军太平洋司令部总司令布莱尔等人也对该法案明确表示反对。

尽管美众议院通过了《加强台湾安全法》法案，但是迄今参议院仍未对该法案进行表决，即使该法案在国会两院均获得通过，仍需美国总统批准才能成为正式法律。因此，该法案能否最终成为正式法律，人们拭目以待。

（赵富春）

美国防部提出《中华人民共和国军事力量年度报告》 2000年6月23日，美国国防部向美国国会提交了《中华人民共和国军事力量年度报告》(以下简称《报告》)。这是美国防部继1999年提出《台湾海峡的安全形势报告》之后向国会提交的第2份有关中国军事力量的报告。《报告》在对中国军事力量的“全面评估”中，大肆炒作和鼓吹“中国威胁论”、“军事力量平衡论”和“第三者介入论”等谬论。这个报告既反映了美对当前及未来20年中国军队战略走向和实力地位的基本判断，也暴露出美国在对华关系上有关战略定位的重要变化以及一些深层次考虑，即企图通过强化美台军事关系、向台湾出售各种先进武器装备以及各种先进技术，激起两岸对抗，在必要时，以武力阻挠中国统一大业。因此，为世人所密切关注。

一、《报告》出台的背景及经过

美国防部提出这份《报告》决非偶然，而是有其复杂的背景和经过的。首先，从历史上看，二战以后美国国防部公开发表有关其它国家军事力量的报告是不多的，仅用于它认为是美国的“战略竞争对手”的一类国家。其用意一方面是让美国政府及其国会了解“战略竞争对手”的军事力量情况及变化，另一方面则是在美国及世界其它国家中宣扬“对手”所具备的军事实力及其“威胁性”，抵消国内的和平运动和反战力量，为美国争霸世界服务。如冷战时期，美国曾在80年代里根、布什执政时期连续发表了《苏联军事力量年度报告》，但苏联解体后就不再发表了。其次，从冷战结束以来看，苏联解体后，美国一时找不到在全球的“战略竞争对手”，得了“对手缺乏症”。美国有些势力在冷战思维的导引下，大搞“寻敌”活动。在此情况下，综合国力不断壮大的中国就成为其“主要对手候选国”。美国国防部在1997年提出的《四年一度防务审查报告》中首先将俄罗斯和中国视为2015年后美国的潜在全球性对手；1998年后的两个年度《国防报告》中，又把中国排在俄罗斯前面；美国国防部长在2000财年《国防报告》中更是明确指出：“中国具有在亚洲确立军事强国的潜力。中国人民解放军正在加强现代化建设和不断提高作战能力。中国具有一定规模的战略核武库，其核武器可以打到美国大陆。”

在此大背景下，经过美国内一些右翼亲台反华势力的大力推动，美国会采取其在反华活动中惯用的“捆绑”手法，在《1999财年拨款法案》中硬性写入要求美国国防部长详细报告“台湾海峡的安全形势”的条款。根据这一法案，美国防部遂于1999年2月26日向国会提交了第1份《台湾海峡的安全形势》的秘密报告，报告分“中国的导弹开发”和“中台军事平衡”两大部分，对两岸军力进行了对比，并对“台湾海峡安全形势”进行了分析。但美国的右翼亲台反华势力并不因此而罢休，美国会随后又提出要求美国政府对中国的军事力量做出全面评估，为此在1999年10月国会通过的《2000财年国防授权法》中又写入要求美国防部长向国会提交中国军事力量全面评估报告的条款。2000年2月1日，美国会众议院强行通过《加强台湾安全法》法案，在该法案第5条第3款中规定“最迟在本法案生效42天后，国防部长应每年以秘密和公开的形式向国会提交年度报告”。根据上述两个法案，美国防部于2000年1月完成了

《中华人民共和国军事力量年度报告》的草稿，最后在共和党众议员罗拉巴克等人的压力下，最终于6月23日向国会提交了正式《报告》。由此可见，美国国防部《报告》的出台是美国右翼势力施压的结果，而《报告》本身又是美国两种政治力量反复斗争的产物。

二、《报告》的主要内容及特点

《报告》分3大部分，第1部分是“中国的综合战略（国家战略）、安全战略及军事战略的目标”，其中又分为“中国的综合战略”、“中国的安全战略”和“中国的军事战略”等3个部分，分析了中国的“基本国家目标”、对“综合国力”的确立方法、在东亚和全球的战略目标以及军事战略的重心。第2部分为“中国军事学说及武装力量构成的发展”，其中又分为“中国军事学说的发展”、“军队结构的现代化”和“提高军事能力的先进技术的发展”等3个部分，分析了中国建军思想的变化、对“新军事革命”的反应，军队现代化的重点、取决因素、制约因素，以及在信息与通信发展、太空和其它技术领域内的发展。第3部分为“台湾海峡的安全形势”，其中又分为“对中国战略部队与常规部队的评估”，“对台实施先制打击的能力的评估”，“对人民解放军战区导弹和空中打击、信息战和特种作战一体化协同能力的评估”，以及“对台湾承受人民解放军空、海、陆全面进攻作战能力的评估”等4小部分，对两岸军事力量进行了分析与对比。与1999年《台湾海峡的安全形势》报告相比，此次的《报告》呈现出以下新特点：

（一）首次对中国的军事力量进行全面评估。2000年《报告》与1999年《报告》相比，既有相同之处，也有不同之处。从相同之处来看，都是根据有关法案来撰写的。1999年《报告》，是根据《1999财年拨款法案》撰写的，只要求介绍台海两岸军事形势；2000年《报告》是根据《2000财年国防授权法》第1202条款规定撰写的。该条款明确规定：“美国防部长提交的报告要求‘阐明中国人民解放军军事技术现状和未来可能的发展战略，中国综合战略（国家战略）、安全战略、军事战略、军队组织体制和作战理论的要点以及未来20年的可能发展趋势’”。从不同之处来看，主要是报告内容大大增加了。与1999年《报告》相比，2000年《报告》更加全面。它从中国的综合战略、安全战略、军事战略目标、军事理论、力量构成发展、台湾海峡安全形势等6个方面对中国军事力量作了全面评估。美国这样评估，看来目的是通过每年报告摸中国的底，想尽一切方法，西化、分化、遏制中国，为美国在21世纪独霸世界服务。

（二）注重分析中国军事力量的长远发展。从时间跨度看，1999年的《报告》集中在2005年之前，注重分析军事力量的现状；而2000年的《报告》则将时间扩展到2020年，注重分析中国军事力量的长远发展，并将这20年分为近期（2000～2005年）、中期（2005～2010年）和远期（2010～2020年）3个历史时期。《报告》评估说，短期内，人民解放军对台实施一体化作战的能力有限，台湾能够承受大陆的进攻性作战；在中期，预计人民解放军能够投入一支协同作战能力更强的部队，但各军种在一体化方面仍存在不足，如果台湾能够获取先进武器及技术，会提高台湾在其沿海对抗能力；在远期，到2010年及此后，中国对台优势将继续增长。这时，将取决于台湾自身发展能否跟上或超过大陆的发展速度。台湾能否成功慑止大陆进攻将取决于它能否不断地获取现代化的武器、技术或装备，以及其它大量问题的能力。美国这样分析，为台湾出谋划策，其目的是要台湾大力扩张军备，求独拒统，长期分裂中国，阻碍中国完成统一大业。

（三）关注中国在高技术战争条件下高技术发展动向。《报告》除了评述中国综合战略、安全战略、军事战略、军事学说和组织体制等较具稳定的方面外，还用很长篇幅分析中国技术装备和作战能力的发展前景，包括信息与通信发展、电子战发展、信息活动/信息站、太空发展、导弹防御发展以及水下作战等。《报告》称，中国人民解放军正在“考察研发用于防空的舰载激光武器的可行性”，并称目前只有美国正在做类似的研究工作。同时，《报告》还提供了更多有关中国同巴西、英国、法国、德国、意大利、俄罗斯和韩国进行航天合作的情况，认为这样的合作可能有助于中国的军事航天计划。美国这样关注中国，一是要对中国高技术发展进行摸底，二是要寻找对付中国的办法，三是要孤立中国与其它国家的关系。

（四）强调台湾要有足够自卫能力，美国要具备对突发事件反应能力。美国众议院2000年2月1日通过的《加强台湾安全法》公然提出，“要加强台湾的防务”，“要维护台湾足够的自卫能力”，“要对美国军事力量对突发事件反应能力提出报告”，“要每年审查一次台湾防备需求”等。从这里不难看出，美国是台独势力总后台，总根子。以陈水扁为首的台湾新领导人胆敢否认“一个中国”原则，其原因是有美国的支持。美国这样强调，其目的一是搞“两个中国”、

“一中一台”，阻挠中国完成统一大业；二是美国要以“武力保台”，制定武力干预台湾局势作战计划。

三、《报告》对中国情况进行了歪曲

这份《报告》从表面上看，似乎采取了一种“纯客观”评估方式，貌似客观、公正、真实。从实际上看，《报告》不少地方是不客观的、不公正的、不真实的。在《报告》的评估中，有的地方进行了扩大，有的地方进行了歪曲，有的地方甚至是谬论，霸气十足，令人愤慨。这个《报告》全篇以霸权主义、强权政治为出发点，以冷战思维和惟武器论思想看待问题和分析问题，因此，得出了很多错误的结论，至少有4个地方走入了误区。

（一）炒作“中国坐大论”，其实质是害怕并阻挠中国崛起成为世界大国。《报告》虽认为中国没有与美国展开全球竞争的意愿与实力，但又大肆炒作“中国希望在亚洲坐大”，宣称“中国希望成为东亚地区各国中占支配地位的力量”；“在亚太地区之外，中国寻求加强其作为大国的地位”；“中国至少要成为一个中等规模大国”等等。美国前助理国防部长约瑟夫·奈曾毫不掩饰地说，一个新的强国的崛起“总是伴随着很多不确定因素和普遍的忧虑”，并断言“大国间的最终冲突不可避免”。《报告》有关“中国坐大论”的荒谬炒作，正是美国上述不可告人意图的真实流露。其实美国是清楚中国政策的。中国政府早已向全世界明确宣布，中国是一个最大的发展中国家，中国奉行的是积极防御政策，在国外无一兵一卒；中国发展核武器是为了自卫，中国的核政策是不首先使用核武器。中国将来发展了，也不当头，不称霸。中国有近13亿人口，谁能养活得了？中国不发展，怎么能行呢？由此不难看出，现在美国大肆炒作“中国坐大论”，实质是害怕中国发展、阻碍中国发展和限制中国发展，目的是要维护其世界领导地位。

（二）重弹“中国威胁论”，其实质是寻找强化美在亚太军事存在的借口。《报告》宣称，“中国军事现代化的计划是要建立一支有足够力量对付地区内任何一个对手的军队”，“成为一支世界水准的武装力量”；“争取对陆地、空中、海上、空间及作战区域电磁领导的优势”，“设想同技术上更先进的对手对抗”；“人民解放军的战略重心已从打大规模的陆地战争转变到打一场中国周边地区的小规模地区性局部冲突”；中国“发展导弹打击能力”，中国洲际导弹已“能够打到美国本土”等。这些论调都是“中国威胁论”的翻版，实质是寻找强化美国在亚太军事存在的借口和阻挠中国完成统一大业的借口。近年来，美国从其建立“以美国为领导的单极世界”、迟滞中国发展进程出发，不时宣传“中国威胁论”，以此纠集其盟国，拉拢一些与中国有利益冲突的国家，与美共同实施“分化”、“西化”和遏制中国的政策。美国不愿意看到中国的国防力量不断增强，不能容忍中国在21世纪成为维护世界和平、反对战争的大国。美国国防部2000年发表的《国防报告》公开宣称，中国军事力量的发展，不但对台湾是威胁，而且对地区安全、对东亚各国的利益以及美国在亚太地区的利益都是威胁。按照美国的霸道逻辑，中国只有处于衰弱状态才“符合美国的利益”，只要中国强大起来，就会对周边邻国及世界构成威胁，而美国在亚太地区的大规模军事存在却是“有利于地区的和平与稳定”的。这是一种颠倒黑白的霸权主义思维逻辑。中国政府早就庄严承诺：中国永远不称霸，中国的发展和强盛不会对任何人构成威胁，而只会促进世界的和平、稳定和发展。中国发展核力量的目的是打破核垄断，消灭核武器，反对核威慑，制约核战争，致力于最终销毁核武器。至于，掌握一定的还手之力，那是为了实施核反击。只要对手不使用，中国也不会使用。而恰恰是美国自己在推行霸权主义和强权政治，推行“新干涉主义”和新“炮舰政策”，才严重损害了许多国家的主权独立和发展利益，威胁世界和平与国际安全。

（三）鼓吹“军事力量平衡论”，其实质是寻找援台借口。《报告》第3部分论述台湾海峡两岸近、中、远期军事力量时，提出了“军事力量平衡论”问题。美国认为，在近中期台湾方面在空军等方面拥有对中国大陆的“优势”。但从远期来看，由于大陆军事力量的发展，这种“平衡”势必会被打破。为此，《报告》提出了许多“建议”，其言外之意不外乎是为继续向台湾出售先进的武器装备寻找所谓“依据”，特别是为把台纳入“战区导弹防御体系”寻找借口，以维持目前台湾海峡两岸所谓的“军事力量平衡”。这样做美国不仅可以大量推销军火，而且可把中国拖入与台湾当局进行军备竞赛的漩涡，从而达到阻止中国武力解决台湾问题，维持海峡两岸长期分裂局面的目的。显然，《报告》走入了荒谬的“力量平衡理论”误区。长期以来，西方国家一直信奉所谓的“力量平衡理论”，认为在处理国防事务，特别是国与国之间或集团与集团之间的关系时，双方之间必须保持一种相互间的力量平衡。一旦这种“平衡”被打破，国与国之间或集团与集团之间就必然会发生磨擦，直到爆发战争。这种理论本身无可厚非，但它并不适合于台湾海峡两岸。这是因为：首先，中国大陆与台湾岛是同一个国家，而

《报告》把两者对立起来，显然有悖于历史和国际法理。其次，从另一个角度看，中国是一个主权国家，而台湾只是中国的一部分，在国际地位上两者本来就不能相提并论，更谈不上两者间的“平衡”。要想在台湾海峡两岸寻求美国式的“平衡”是行不通的。再次，洋枪洋炮救不了台湾当局的命运。上世纪40年代美国扶持蒋介石打内战的历史充分说明了这一点。人人都知道，决定战争胜负和台湾当局命运的并不取决于一两件武器装备，而在于海峡两岸的民心向背和中国政府维护国家主权和领土完整的决心。《报告》把决定台湾海峡两岸安全的因素归结于台湾能否继续拥有超过大陆的先进武器是失之偏颇的。美国推行这种“平衡”论，无助于台湾问题的真正解决。

（四）宣扬“第三者介入论”，其实质是为美国干涉中国内政进行舆论准备。《报告》在分析台湾海峡两岸力量对比时，露骨地宣称，“中国大陆在水面和水下作战部队数量上对台湾海军占有绝对优势”，除非有“第三者的介入”，否则台湾海军要想依靠其现有的资源打破海上封锁极其困难。美国大力宣扬这种“第三者介入论”，实质上是为武力干涉中国内政进行舆论准备。众所周知，台湾问题之所以形成并久拖不决，起因于1950年6月27日美国总统杜鲁门派遣第7舰队进驻台湾海峡，侵占台湾，直接介入中国内部事务，阻挠中国的统一。尼克松总统访华、中美发表《上海公报》后，美国虽然承认了“一个中国”原则，正式宣布同台湾断绝“外交”关系，撤走驻台美军，并终止《美台共同防御条约》，但美国并不完全准备信守承诺，并不甘心放弃介入台湾问题。特别是现任总统布什公开威胁说，“美在必要时将协防台湾”，扬言“如果中国（大陆）袭击台湾，美国将根据《与台湾关系法》作出恰当反应，将帮助台湾自卫”。美总统国家安全事务助理赖斯也公然表示：“如果台湾海峡两岸任何一方想改变现状，美国将直接介入”。美众议院通过的《加强台湾安全法》甚至提出，美国将在“国家、战役和战术”3个层次上进行选择，作出反应。《报告》所提出的“第三者介入论”，正是上述观点的逻辑延伸，它直接践踏了国际法中“不干涉他国内政”的原则，蛮不讲理和霸道至极。解决台湾问题完全是中国的内政，中国政府反对任何形式的外来干涉。美国干涉台湾局势，违背了中美三个联合公报，违背了《联合国宪章》原则和精神。如果美国进行武力干涉，必将严重损害中美两国人民之间的关系，严重损害大陆和台湾人民之间的关系。

（湘　溪）

克林顿将部署NMD的权力留给下任美总统　2000年9月1日，美国总统克林顿在华盛顿乔治敦大学发表演讲时宣布，由于对国家导弹防御系统（NMD）的技术和整个系统的有效性缺乏足够的信心，因此，目前暂不就授权部署这一系统做出决定。克林顿在演讲中指出：经过慎重考虑后决定暂不部署国家导弹防御系统是因为该系统目前仍处于初级试验阶段，计划进行的19次导弹拦截试验中，目前只进行了3次，而且这3次试验中失败两次，仅成功1次。因此，在最终决定是否部署该系统之前，还需要继续进行试验。虽然国家导弹防御系统的研制已取得重大进展，但在该系统未被证明能够有效保护美国国家安全之前不宜做出有关决定。为此他已授权国防部长科恩进行组织继续大力进行有关的开发和试验。克林顿决定推迟部署该系统，实质上是为了作一交待想争取为自己行将结束的总统生涯画上一个圆满的句号，因此其作用和影响十分有限。

一、决定推迟部署的原因

美国这次决定推迟部署NMD的根本原因是因为条件不具备。有关方面的专家普遍认为，NMD计划是一项空前的高难度军事计划，也是一项高难度的政治计划，它必须具备4个条件方可部署：一是技术成熟，二是资金到位，三是面临威胁，四是盟友支持和国际社会默认。从目前的情势看，除资金到位没问题外，其它3个条件均不具备。

（一）技术条件相当不成熟。NMD脱胎于“星球大战”计划，80年代初期，美国时任总统里根提出战略防御计划（SDI），即“星球大战”计划，要求研制一系列天基武器系统用于击退前苏联的全面核进攻。但由于实施这项计划的技术差距太远，只得于80年代末缩小为“智能卵石”计划。“智能卵石”计划经试验仍然行不通后，才改而实施“弹道导弹防御”计划（BMD），NMD便是这个计划的主体。NMD计划自1993年开始启动以来，虽然取得了一些进展，但技术成熟程度离部署水平还有相当遥远的距离。实际上，美国的导弹拦截技术研究在“星球大战”计划出台之前就开始了，据美国媒体反映是始于1976年。自那时以来，美国曾进行了无数次拦截试验，其中70%试验都失败了。为了降低失败率，美国防部自作聪明地把拦截试验中的9个假弹降为1个，而且在试验中还把相关的数据预先装入有关系统引导导弹拦截。这样试验根本就是自欺欺人，完全不符合实战要求。NMD上马以来迄今已先后进行了3

次试验。第 1 次是在 1999 年 10 月进行的。这次试验从表面来看是获得了成功的，但这个成功是通过采取“技术措施”获得的，它的作战环境是人为设定的，拦截速度也相对降低了，因此这次成功是有水分的。第 2 次试验是在 2000 年 1 月 18 日进行的。这次实弹拦截以失败告终。第 3 次试验原定于 2000 年 4 月 27 日进行，因技术原因推迟到 6 月 27 日，后又因技术原因推迟到 7 月 7 日，到临试验前几小时，试验人员发现目标弹的电源系统还有问题，发射又不得不推迟 2 个小时，直到 8 日凌晨才得以进行试验，结果不但未获成功，比第 2 次试验失败得更惨，别说捕捉拦截弹头和击中目标，就连与弹体分离都没来得及，导弹就着地了。可见，美国的导弹拦截技术并不像其吹嘘和人们想象的那么神，在技术没底的情况下克林顿岂敢贸然决定部署。

（二）威胁之说子虚乌有。美国研制和发展 NMD 究竟是为了什么，是为了对付谁，这一直是美国极力回避的问题。美国陆军太空与导弹防御司令部 2000 年 5 月公布的一份题为《21 世纪前 15 年外国导弹发展与弹道导弹对美国的威胁》的报告明确指出，今后 15 年，美国极有可能面临俄罗斯、中国、朝鲜、伊朗、伊拉克等国的洲际弹道导弹的威胁，因此，只有开发国家导弹防御系统才能对付这种威胁。可见，美国开发 NMD 主要是为了对付俄罗斯和中国。对付“无赖国家”即朝鲜、伊朗和伊拉克等国只不过是一种借口而已。那么，这份报告所说的威胁实际存在不存在呢？先看俄罗斯。俄罗斯的核力量确实很强大，美俄之间均具有相互进行核威慑甚至是核战争的能力。但冷战结束以来，俄罗斯因受经济困难的影响，同美国在战略武器上的均势已经发生了变化。如果要说威胁，应该说目前美国对俄罗斯的威胁更大。再看中国。中国是一个拥有少量核武器的核国家，中国的导弹技术虽然也在发展，但是中国的战略武器根本无法与美俄特别是美国相比。更为重要的是，中国发展军备从来是以防御性自卫为原则的，而不以威胁他国为目的。中国政府在每次核试验之后，都郑重表示，中国承诺不首先使用核武器，不对无核国家使用或威胁使用核武器。中国对核武器的管理采取极为慎重、负责的态度，建立了严格的规章制度和防范措施，确保了核武器的安全可靠。报告仅以导弹的射程作出俄罗斯、中国可能进攻美国的假设，把俄罗斯、中国视为威胁，只不过是冷战老调重弹。至于说朝鲜、伊朗、伊拉克等国的所谓“威胁”，更是美国近年来执意寻找的借口。事实上，这些国家导弹开发最多只能说还处于起步阶段，对于拥有把整个世界毁灭多次核能力的美国来说，所谓威胁根本不值一提。因此，美国所渲染的威胁，完全是为发展 NMD 找借口、造舆论，而实质是在追求单方面的攻防兼备的战略优势，从而达到独霸世界的目的。这一点，克林顿心里比谁都清楚，因此他才决定暂缓部署 NMD。

（三）一意孤行犯众怒。美国一意孤行地发展 NMD，招致了国内有识之士和国际社会的强烈反对。在国内，一些有名的政治家、科学家和国际问题专家，如前国务卿基辛格、前国防部长佩里、前参谋长联席会议主席沙利卡什维利都认为，NMD 技术上不可信，经济上不可取，外交上不可行。2000 年 6 月，美国 33 名研究俄罗斯问题的专家联名致信克林顿，来自 16 个州的 40 位物理学家和工程师前往美国国会，表示坚决反对美国发展 NMD。7 月份进行第 3 次 NMD 试验前一天，美国 50 位获得诺贝尔奖的著名科学家联名上书克林顿，力劝其立即停止 NMD 试验，并要求在其任期内不要作出部署 NMD 的决定，因为 NMD 的试验和部署“将严重地损害美国重要的安全利益”。在国际社会，反对之声更为强烈，尤其是俄罗斯，在 NMD 一问世就迅速作出反应，明确指出，NMD 同冷战时期的星球大战计划一样，将对俄罗斯国家安全构成严重威胁，并将破坏亚太地区乃至全球的和平与稳定。因此，自 NMD 出笼之日起，俄罗斯一方面积极开展外交斗争，另一方面在联合国呼吁国际社会坚决反对美国研制和部署 NMD，与此同时，在军事上采取针锋相对的措施加以遏制。就连美国的欧洲盟友在 NMD 问题上也与美意见不一。克林顿 5 月底 6 月初的欧洲之行本是去说服欧洲盟友支持美国搞 NMD，但结果适得其反。德国和法国领导人明确表示反对美国发展 NMD。就是一向惟美国马首是瞻的英国也没对 NMD 表示支持。欧洲盟友不支持 NMD 除担心打破国际战略平衡引起新的军备竞赛外，还担心美国有了核保护伞后，自己将会成为美国的“敌人泄恨的目标”，同时也担心与美的差距越来越大，使自己的独立防务永无出头之日。因此，内外交困是克林顿被迫推迟部署 NMD 的重要因素之一。

二、国际社会对推迟部署的反应

美国关于推迟部署 NMD 的决定受到了国际社会的普遍欢迎，不管美国的对手还是盟友均额手称庆。俄罗斯总统普京立即发表声明指出，美国决定推迟部署 NMD 是深思熟虑和负责任的举动，这将有助于加强世界战略稳定和提高美国在国际社会中的威望。中国外交部发言人表示，美国的这一决定是理智的，维护全球战略稳定与安全符合各国的利益，有利于世界的和平与稳定，有利于国际军控和裁军努力，希望美国政府更多地和世界各国就此问题进行接触与讨论，以便进一步作出更符合全世界各国和人民根本利益的决定。美国的欧洲盟友法国和德国等也纷纷表示美国推迟部署NMD是明智之举。法国总统府发言人说，法国总统希拉克始终对美国部署NMD持保留态度，对克林顿总统作出的关于美国目前暂不部署NMD的决定表示极大的关注。德国政府发言人说，德国在部署NMD问题上的保守立场尽人皆知，德国总理施罗德也一直警告克林顿总统不要仓促部署NMD。

三、决定推迟部署产生的影响

国际社会之所以对美国推迟部署NMD的决定表示欢迎，是因为它对缓和由NMD引起的国际紧张关系和新的国际军备竞赛将产生积极的影响。近年来，由于美国不顾国内外的强烈反对，一意孤行地发展NMD，使本已趋向缓和的国际关系和国际核军备竞赛再趋激烈。一些国家根据新的核态势纷纷采取应对措施，有的国家甚至进行了战略调整。俄罗斯重新修改了军事学说，明确了主要威胁对象，确立了核威慑战略在国家安全战略中的核心地位，决定优先发展战略导弹部队，将核力量作为维护国家安全利益的重要支柱。俄还放弃了不首先使用核武器的承诺，计划建立自己的战区导弹防御系统，积极发展和部署处于世界领先地位的白杨－M洲际弹道导弹，以提高其战略威慑能力。白杨－M洲际弹道导弹是NMD的最大“克星”。它具有机动能力强、命中率高、飞行速度快、不易被探测的特点，能对付世界上任何一种反弹道导弹防御系统。英国和法国惟恐美国的“核保护伞”在美国的NMD建成后将其“遗漏”，也在加紧进行计算机模拟核试验，试制特殊性能核武器。印度和巴基斯坦拒不签署《不扩散核武器条约》和《全面禁止核试验条约》，两国间的核军备竞赛有增无减，其它一些有核能力的国家也越来越看重核武器的“战略价值”，秘密研制核武器。甚至有的国际恐怖主义组织也在设法通过各种途径获得核武器等大规模杀伤性武器。全世界爱好和平的人们都在企盼着尽快改变这种局面。希望美国此举能为日益激烈的核军备竞赛起到一定的降温作用，并以此为契机，在国际社会的共同努力下，逐步把危险的核武器清出我们的地球。

但对美国决定推迟部署NMD的积极影响不能估价过高。因为克林顿宣布的是暂时不部署而不是永远不部署。克林顿在乔治敦大学讲台上宣布推迟部署NMD的同时，仍表示要继续进行有关技术试验，为将来的部署作好技术准备。加之目前正值美国总统换届，共和党出身的当选总统布什已明确表示，一旦他上任，将在最短的时间内部署NMD。这无疑将使“推迟部署”所带来的一点积极影响荡然无存。

四、美国不会轻易放弃发展NMD计划

美国决定推迟部署NMD并不意味着NMD计划就此夭折，相反，随着NMD移交给下届政府，它还可以争取到更多的时间来进一步完善其技术指标，同时在外交上争取更多的支持。不管美国下届政府对NMD如何动作，但可以肯定的一点是，NMD已是箭在弦上，不得不发。首先，继续发展NMD是美国称霸全球战略的需要。不论从常规武器还是从核武器方面看，美国都占有一定优势，但美国认为仅此还不够，它还必须具备攻防兼备的战略优势。在美国看来，常规武器和核武器只是“矛”，而且现在很多国家都拥有，美国随时都有被赶超的危险，而NMD和TMD（战区导弹防御系统）才是“盾”，美国只有既拥有“矛”又拥有“盾”，才能“刀枪不入”，立于不败之地，永远保持“一超”地位。其次，继续发展NMD是为了满足其推行新的军事干涉主义政策的需要。美国NMD的主要支持者军火商、军方、政府和国会中鹰派人物，他们几乎完全控制了NMD的决策程序。军火商是NMD的直接受益者，包括波音公司在内的几家大军火商将分享NMD 600亿美元的军火生意，他们已陆续同政府签了合同，要他们吐出这块肥肉是万万不可能的。而且，在美国，军火商对军方、政府、国会的影响也超乎人们的想象。目前，在军火商的鼓动下，军方、政府中鹰派的官员和国会的多数议员都坚决主张把NMD这张“天网“编织下去。第三，继续发展NMD是因为坚信NMD最终一定能够获得成功。美国有关方面特别是军方认为，美国在导弹拦截技术的研究上是有成效的，无论是外层空间拦截、拦截武器还是地面雷达和指挥控制通信研究都是成功的，而且相关技术都已处在完善阶段，并达到了试验水平，只要继续努力，NMD试验的成功率将会不断提高，到2005年有可能如期部署。由此看来，美国最终部署NMD的决心已定，今后不管遇到什么样的挫折与抵制都不会轻易改变。对此，必须予以高度重视和警惕。

（张　宁）

洪尼两国就处理陆地和海上边界争端达成协议　洪都拉斯和尼加拉瓜都是位于中美地峡心脏的国家，两国都有着较长的陆地和海上边界线。双方认为边界问题是近年来造成两国关系紧张的主要原因。在国际社会的斡旋和调停下，洪尼两国于2000年3月8日就在西海岸丰塞卡湾建立海上巡逻区、在东海岸加勒比海建立军事禁区和在陆上边界地区减少武装力量部署达成协议，并一致同意将加勒比海大陆架划界问题提交海牙国际法庭，由其对两国海上划界争端作出最终裁决。

一、海上划界引发争端

1999年11月30日洪都拉斯议会通过1986年与哥伦比亚签署的“拉米雷斯—洛佩斯”海上划界协定后，洪尼两国关系骤然紧张起来，争吵不断。尼认为该协定“掠夺了尼加拉瓜13万平方千米的大陆架，”向洪都拉斯提出抗议。之后，两国在陆地边界地区爆发了小规模武装冲突，并险些升级。为寻求有效的解决办法，1999年12月30日，洪都拉斯外长罗伯托·弗洛雷斯·贝穆德斯和尼加拉瓜外长爱德华多·蒙特亚莱格雷在美国迈阿密经过两天的会晤达成4项初步协议：（一）通过双方进一步共同努力争取和平解决两国间的海上纠纷；（二）在加勒比海地区建立军事禁区；（三）立即停止在陆上边界地区集结兵力和建立军事哨所，使边界地区恢复到1999年9月1日以前的状况，以消除边界地区紧张局势，避免发生可能影响地区和平的行动；（四）一致同意将最后遗留的问题提交海牙国际法庭由其作出最终裁决。为了进一步增强两国间的相互信任，双方同意于2000年年初在美洲国家组织总部再次进行会晤。

二、在国际调停下两国达成协议

根据两国外长会晤已达成的上述协议，2000年3月8日，在美洲国家组织特别代表路易吉·艾瑙迪的调停下，经过激烈争论，洪尼两国外长在美国首都华盛顿美洲国家组织总部签署了有关在西海岸丰塞卡湾建立海上“联合巡逻区”、在东海岸加勒比海建立军事禁区的巡逻规定和在陆上边界减少武装力量部署的正式协议。该协议具体内容如下：

（一）为防止两国海军在争议地区发生冲突，将对可能违反此协议的军事部署、禁毒和执行救援任务等进行调查；两国军队将在主要争议地区之一的丰塞卡湾建立“联合巡逻区”。两国的技术委员会将在协议签署之日起45天之内就联合巡逻的细节问题达成协议，并在达成协议后15天内开始执行。“联合巡逻”方式还可根据两国各自法律执行，邀请美洲国家组织的其它成员国参加。

（二）两国还承诺，为和平解决加勒比海大陆架划界分歧，两国将“忠实地执行海牙国际法庭关于洪都拉斯和尼加拉瓜两国对加勒比海大陆架划分的裁决”。

（三）对两国在陆地边界上的现有军事部署进行核查，使其恢复到1999年9月1日以前的状况。协议规定两国军队应距边界至少23千米，装甲部队和电子战设备至少50千米，飞机如果在距陆地边界或加勒比海相应位置30千米飞行时，应及时通知对方。两国边境地区的扫雷工作应在技术监督和观察员在场的情况下由双方协调进行。

（四）自协议签署之日起，两国间应连续保持通信联络的畅通，以便就共同采取措施和制定活动计划进行协商，以维持中美洲地区的和平与稳定，并联合建立有关的应急机构。

（五）对协议的解释和执行出现疑问和分歧时，应在美洲国家组织的主持下“以友好的方式”予以解决。

三、两国正在等待着“最终裁决”

上述正式协议签署后，尼加拉瓜外长爱德华多·蒙特亚莱格雷称，这份协议将使“该地区建立起真正的和平‘机器’，并证明可以通过外交途径建立和平。”美洲国家组织特别代表路易吉·艾瑙迪指出：“尽管这个问题很复杂，但两国都表现出尊重对方的观点和寻求和平解决问题的意愿”。目前，洪尼两国政府正在等待着海牙国际法庭对加勒比海海上边界划分的最终裁决。

（赵富春）

哥伦比亚政府与反政府军和谈取得一定进展 哥伦比亚内战始于50年代末期，至今已持续40多年。内战使190万哥伦比亚人背井离乡，沦为难民。为结束内战，实现全国和解，哥政府以及国际社会为此进行了长期努力。2000年哥政府与南部反政府军“哥伦比亚革命武装力量”（简称“南部反政府军”）、北部反政府军“民族解放军”（简称“北部反政府军”）的和谈，虽然一波三折，但最终还是取得了一定进展。

一、和谈情况

1998年11月，为通过谈判实现和平，哥政府与南部反政府军达成协议，将位于哥南部梅塔和卡克塔两省5个市之间4.2万平方千米的地区划为“和平过渡区”，即非军事区。随后哥政府与其于1999年1月7日开始和谈，但因双方分歧较大曾一度中断，此后双方又恢复和谈。2000年6月29日哥政府与其在卡克塔省圣维森特—德尔卡古安市首次举行了国际公众和平大会，哥政府、南部反政府军、哥社会各阶层的代表和来自21个国家的政府使节参加了为期两天的会议。此次会议成为哥政府与南部反政府军间合作与和解的良好开端，但和谈的进程并不一帆风顺。2000年9月8日，南部反政府军1名被俘成员在被押送途中将1架民航客机劫持到哥南部的“和平过渡区”避难，由于南部反政府军拒绝交出劫机犯，哥政府与南部反政府军间的和谈再次中断。之后，经过双方的努力，10月23日哥政府和南部反政府军在圣维森特—德尔卡古安市又恢复了和谈。目前双方最大的分歧是南部反政府军不同意哥政府提出有关实现和平的“哥伦比亚计划”。南部反政府军认为该计划主要目的是要通过军事手段强行取缔对古柯的种植，它还认为这一反毒行动得到了美国的支持和资助。鉴于这一计划一旦实施将“给哥反政府军控制区人民带来灾难”，因此，南部反政府军表示强烈反对，给和谈又蒙上了一层阴影。

北部反政府军成立于60年代中期，目前拥有5000余名成员。1998年10月，哥社会各界和北部反政府军就召开全国和解大会达成基本协议。但北部反政府军却在1999年4、5、6三个月内连续制造了多次重大绑架事件，因此哥政府中断了与其的和谈。直至2000年6月6日，哥政府首席和谈代表卡米洛·戈麦斯宣布，哥政府承认北部反政府军为合法政治力量之后，恢复了与其的和谈。这是继1999年1月7日哥政府与南部反政府军开始和谈后，哥伦比亚和平进程中迈出的又一重要步骤。但哥政府与北部反政府军之间的谈判未能就在哥北部建立“和解安全区”以及释放人质等问题达成协议。

2000年10月30日哥政府再次分别与南、北反政府军两大组织进行和谈取得了一定进展。谈判的结果是：南部反政府军对已举行的25次哥国内公众和平大会所取得的成果表示肯定；北部反政府军同意释放所有被绑架的人质，尽快恢复与政府的直接谈判，并允许国际红十字组织和安蒂奥基亚省的医疗队提供必要的救护工作。之后，在国际红十字会官员及救护人员、哥军队和友好国家西班牙政府代表等组成的人道主义救援委员会的斡旋下，北部反政府军释放了自9月17日以来绑架的70余名全部人质。

二、促和情况

哥国内各界为实现国内和解与和平进行了不懈努力。由哥和平组织发起，2000年10月16日在哥斯达黎加首都圣何塞举行了“哥伦比亚和平、人权与人道主义国际法国际会议”。会议的宗旨是“通过政府、反政府军、民间组织和国际组织的共同努力，来寻求和平、合理、公正地解决哥伦比亚问题”。与会的哥政府、反政府军与和平组织3方代表签署了联合公报。公报重申“坚持和承诺以政治和谈判的方式解决武装冲突，完全支持哥政府尽早开始同南、北反政府军组织的谈判”，并紧急呼吁“冲突各方在短期内达成可以立即实施的人道主义协议”。

国际社会对哥和平进程也十分关注。委内瑞拉总统查韦斯2000年8月30日表示，如果哥政府愿意，委愿意尽其所能，为哥政府和反政府军的谈判提供便利条件，以促使双方尽早达成协议，他本人也愿意亲自出面调解哥国内的武装冲突。查韦斯还对美宣布援助哥政府实施有关“哥伦比亚计划”表示担心，认为该计划试图用军事手段解决哥国内问题，将使哥国内武装冲突面临扩大和升级的危险，并会殃及周边国家，而和平谈判才是解决问题的惟一出路。2000年9月在古巴首都哈瓦那举行的首次南美国家首脑会议也发表联合声明，对哥政府旨在重建国内和平的努力表示支持，称赞哥总统帕斯特拉纳开启的哥和平谈判进程有助于冲突各方增加相互信任，并最终达成一项持久的和平协议，实现民族和解。

三、实现和平任重道远

哥伦比亚国内旷日持久的武装冲突是导致哥经济发展缓慢、人民生活贫困和流离失所的重要原因。尽管哥政府与反政府军间的和谈取得了一定进展，但鉴于反政府军控制着国内1/3的地区，具有相当的经济实力、装备精良和富有作战经验，并得到了一些曾获得反政府军好处的基层群众的同情与支持，其力量足以与政府军相抗衡，因此哥国内最终真正实现和平仍将任重而道远。

（赵富春）

厄瓜多尔军事政变和平解决　2000年1月21日，厄瓜多尔陆军上校卢西奥·古铁雷斯率150余名军官及数万名来自全国各地的印第安土著居民在首都基多举行大规模反政府示威活动，并于当日占领了议会大厦和最高法院，宣布罢免总统哈米尔·马瓦德的职务。当晚，由军人和印第安土著人组成的“执政委员会”宣布执政。22日凌晨，在国内外强大的压力下，“执政委员会”解体，副总统古斯塔沃·诺沃亚·贝哈拉诺接任总统职务。当日，厄议会举行特别会议，支持诺沃亚接任总统，马瓦德承认被推翻。26日，诺沃亚正式就任总统，军事政变和平解决。

一、政变发生的背景

厄瓜多尔位于南美洲西北部，东北与哥伦比亚毗邻，东南与秘鲁接壤，西濒太平洋。第二次世界大战后，厄瓜多尔长期动乱，政权更迭频繁，军人多次执政。1979 年，军政府还政于民，厄政局趋于稳定。1998 年 5 月 31 日，厄大选顺利举行。人民民主党候选人马瓦德在第 2 轮选举中获胜。上台后，马瓦德注意加强与各主要政党，特别是厄另一主要政党基督教社会党的协调与合作，国内党派矛盾和纷争有所缓解。当年 10 月 26 日，马瓦德与秘鲁总统藤森在巴西利亚签署了“全面和解最终和平协议”，结束了厄秘领土争端，厄政局进一步稳定。但自 1999 年以来，厄经济形势不断恶化，反政府游行和示威活动增多，政府内阁变动频繁。为克服所面临的严重经济危机，马瓦德政府采取了一系列严厉的经济措施，其中包括实行经济美元化，降低银行利率以及紧缩国家财政开支等。但这些举措遭到基督教社会党的反对，两党联盟关系破裂。同时，由于物价飞涨，社会各界怨声载道，纷纷对政府经济政策表示不满。正是在这种情况下，占全国总人口 34% 的印第安土著人成了由于国家经济恶化而变得越来越贫穷人口的代言人。并且，这些人长期以来一直想建立一个多种族、多民族、多文化和多语言的国家。有鉴于此，他们和军队中的不满分子结合在一起，共同发动了军事政变。据马瓦德本人称，此次厄发生军事政变的主要原因是由于厄军队中曾参加过 1995 年厄秘边境冲突的部分军人对政府与秘鲁签署“协议”不满而造成的。但分析家们认为，马瓦德缺乏领导才干和坚实的政治基础，在国家陷入严重危机时他采取不得人心的经济措施以及过分自信是导致发生政变的主要原因。

二、政变发生的经过及和平解决情况

2000 年 1 月 21 日，厄瓜多尔陆军上校卢西奥·古铁雷斯领导的 150 余名陆军军官，在印第安民族联合会主席安东尼奥·巴尔加斯领导的数万名印第安土著人支持下，以打击腐败、改善穷人的生活为由，在首都基多举行了大规模反政府示威活动。他们于当日占领了议会和最高法院，并宣布罢免总统马瓦德的职务。同时，在瓜亚基尔和厄其它城市，一些人也占领了政府机构。经过数小时的辩论之后，厄最高军事司令部决定支持这一行动。代理国防部长卡洛斯·门多萨与政变者们进行了对话，表示愿与他们合作，并迫使马瓦德总统交出政权。当晚，由军人和文人组成的“执政委员会”宣布执政，该委员会最初推选安东尼奥·巴尔加斯、卢西奥·古铁雷斯和前最高法院院长卡洛斯·索洛萨诺 3 人负责，后门多萨取代古铁雷斯成为该委员会负责人之一。次日凌晨，在美国政府的强大压力下及不同意推翻文官政府的 20 多名军区司令官的反对下，3 人“执政委员会”宣布解体，门多萨表示将把权力交给副总统诺沃亚，他本人也将退出政府并离开军队。当日，厄议会在瓜亚基尔举行特别会议，99 名与会议员的大多数即 90 人对基督教社会党议员内沃特提出的议案投了赞成票。该议案提出，根据厄宪法 168 条的规定，厄议员批准在 2003 年前，由副总统诺沃亚执掌国家权力。大多数议员认为，这一决定是维护受到军人政变威胁的厄瓜多尔民主的最佳方式。1 月 23 日，新总统诺沃亚开始组织内阁，并与参加未来内阁的部分成员候选人举行了会议。作为其首次会议的成果，诺沃亚总统任命了 6 名部长和 2 名国务秘书，这些人都是无党派人士。诺沃亚表示，他将在最短时间内完成新内阁的组建工作，并立即废黜马瓦德政府的所有内阁成员，一律不予留用。新上任的内政部长弗朗西斯科·韦尔塔当日公开宣称，前总统马瓦德的政府曾准备发动“藤森行动”或自我政变。他还表示，厄政府将把发动政变的人送上军事法庭，使之得到应有的惩罚。26 日，诺沃亚在议会正式宣誓就任总统。在就职仪式上，诺沃亚号召全国人民和社会各界团结一致，捍卫国家完整、维护公共秩序和宪法尊严。他强调政府要关心印第安民族的疾苦，许诺将尽快采取有效措施，帮助印第安土著居民解决实际困难。他还呼吁国家各级政权和社会各界充分认识社会现实，设法根除不公正现象，努力完善法制，以重新唤醒人民对中央政府、国民议会和司法机构的信任。此后，厄政局渐趋平静。曾一度占据首都市中心的数千名印第安土著人，由于当初支持他们的军方改变为支持政府，他们纷纷返回家乡，军事政变以和平方式得到解决。

三、对军事政变的反应

厄瓜多尔军事政变在国际社会引起强烈反响，部分国家及地区组织纷纷谴责此次行动，敦促厄武装力量维护该国的民主制度，但后来有的也改变了态度，表示支持。在政变发动不久，1 月 21 日美国政府发出警告称，如果马瓦德总统在政变中被赶下台，“就会给所有的厄瓜多尔人造成灾难性后果”；安第斯共同体成员国玻利维亚、哥伦比亚、秘鲁和委内瑞拉表示，“最坚定和有力地支持”马瓦德总统领导的政府；美洲国家组织应厄政府要求在政变发生的当天晚上召开紧急会议，一致谴责由军方支持的针对厄总统马瓦德的叛乱，表达了对马瓦德和厄民主制度的全力支持。他们在决议中警告说，“如果试图破坏民主制度，那将出现严重的后果”；南方共同市场也发表联合声明敦促厄瓜多尔尊重民主制度；联合国秘书长安南在一份声明中说，他密切关注厄瓜多尔的局势并且坚信，只有维持宪法秩序和法治，才最符合厄瓜多尔及其人民的利益。当厄瓜多尔军事政变最终以和平方式解决，诺沃亚接任总统并组成新政府后，一些国家和地区组织对厄新政府表示了支持。2 月 15 日，美洲国家组织秘书长加维里亚在基多与诺沃亚总统会晤后表示，美洲国家组织完全支持厄瓜多尔新政府，希望厄能保持政治和经济稳定。他同时呼吁国际金融机构加强同厄瓜多尔的合作并提供必要的帮助，使这个国家尽快摆脱经济危机。

（周亦冰）

秘鲁平息反政府军叛乱 2000 年 10 月 29 日，秘鲁防空部队指挥官奥利安塔·乌马拉中校及其兄长、退役少校安塔乌罗·乌马拉率领所属武装，占领了位于该国南部塔克纳省的托克帕拉矿区，要求总统藤森辞职，并要求将向反对党议员行贿的总统前顾问、国家情报局局长弗拉迪米罗·蒙特西诺斯绳之以法。3 天后，叛乱被政府军平息，政变头目奥利安塔·乌马拉及其兄长、政变 2 号人物安塔乌罗·乌马拉率少数亲信逃入普诺省深山藏匿，大多数士兵被捕。最终，政变头目奥利安塔·乌马拉及政变 2 号人物安塔乌罗·乌马拉同时在秘南部莫克瓜省卡拉科亚市宣布向政府缴械投降。反政府军叛乱以失败而告终。

一、叛乱发生的背景

自 1999 年 9 月藤森宣布要第 3 次竞选总统以来，秘鲁社会步步陷入持续的动荡之中，反对党派指控藤森谋求连任总统违反宪法，各界反对之声也一浪高过一浪。在 2000 年 4 月竞选期间，藤森被揭露出来在选举中有作弊行为之后，又遭到来自国内外的新的压力。由于在第 1 轮投票中，藤森及其竞争对手、“秘鲁可能”党领袖托莱多得票数均未过半，需举行第 2 轮选举。5 月 28 日，秘组织第 2 轮选举，藤森在既没有对手也没有观察员的情况下，在反对派的抗议声中获胜。7 月 28 日，藤森宣誓就职，开始其第 3 届任期，只有少数外国领导人出席了就职典礼，秘鲁全国各地爆发了示威游行活动。9 月 4 日，秘鲁反对党“道德独立阵线”公布了一盘录像带，揭露秘鲁国家情报局局长蒙特西诺斯用重金收买反对党议员阿尔韦托·科里，使其“跳槽”加入了执政党联盟“秘鲁 2000”议员团，并有进一步升官的可能。同时，蒙特西诺斯还被指控犯有违反人权罪，压制反对派，并与贩毒和军火走私案有牵涉等。由于蒙特西诺斯在过去 10 年间一直担任藤森的主要顾问，在军队和政府内握有重权，被称为藤森的“左膀右臂”，因此在“录像带事件”曝光后，立即激起众怒，引发了全国性的政治危机。藤森也受到了巨大的政治压力，被迫于 9 月 16 日宣布解散由蒙特西诺斯掌管的国家情报局并宣布秘重新举行大选。尽管藤森本人一再表示将不参加竞选，但反对党派仍然不依不饶，不断组织群众上街示威游行，要求藤森立即辞职，成立过渡政府，把蒙特西诺斯逮捕审判。为缓和这场政治危机，在美洲国家组织和其它一些国家的斡旋下，藤森政府颁布法令，正式解除了蒙特西诺斯的总统顾问和国家情报局局长职务。蒙特西诺斯本人于 9 月 24 日离开秘鲁，前往巴拿马寻求政治避难。此后一个月内，秘鲁政府一直在同反对党派和社会团体进行对话，就如何举行新的大选，实现国家民主化体制等问题展开讨论与协商。同年 10 月 23 日凌晨，正在巴拿马避难的蒙特西诺斯突然回国。接着又发生了第一副总统弗朗西斯科·图德拉宣布辞职、脱离执政党联盟“秘鲁 2000”议员团，并指出藤森有被“超越他的力量的人”支配的嫌疑的事件。这两桩突发事件使得本来就处于动荡不安之中的秘鲁社会又引发一场轩然大波。尽管蒙特西诺斯回国后在秘密藏身处给首都利马一家电台打电话，声称他这次回国是为了躲避“死亡威胁”，说自己回到秘鲁后将远离政治，不问国事，去过平静的生活，但人们仍然觉得他行踪诡秘，对他充满怀疑。尤其是担心其利用在军内的影响力策动政变，给社会带来更大灾难。因此，秘国内不断出现反对蒙特西诺斯回国的呼声，局势一直处于紧张状态。为了寻找蒙特西诺斯的下落，藤森 25 日发布了对他的逮捕令。26 日晚，藤森还亲自率领精干的特警队并带着警犬开展搜捕行动，在秘鲁度假胜地卡克拉卡亚镇进行搜索。但最终仍未找到蒙特西诺斯的踪影，只得下令收兵。舆论认为，藤森采取这项行动的目的在于表明自己已跟蒙特西诺斯决裂，同时证明总统仍然掌握着对军队的指挥大权。为进一步划清与蒙特西诺斯的界线，28 日藤森又发布命令，撤换了武装力量联合指挥部主席和陆、海、空三军司令，并免去了蒙特西诺斯的妻弟、陆军将军路易斯·库瓦斯第 2 军区司令的职务，由此引发了军队中少数官兵的不满情绪，最终导致发生反政府叛乱。

二、叛乱发生及平息的经过

2000 年 10 月 29 日，秘鲁驻洛昆巴防空大队指挥官奥利安塔·乌马拉中校及其已退役的兄长安塔乌罗·乌马拉率领50名官兵和3名平民，武装占领了秘鲁南部塔克纳省的托克帕拉矿区。奥利安塔·乌马拉占领矿区后发表讲话说，他们采取此次行动是因为“秘鲁已陷入道德、社会、政治和经济的危机，军队也因一些将军的违法乱纪处于堕落之中”。他们还认为，现任政府不具备合法性，藤森总统应该立即辞职，而向反对党议员行贿的蒙特西诺斯应当被绳之以法。当晚他们离开矿区，挟持4名人质向邻近的普诺省转移，后人质被释放。是日，秘鲁武装力量联合指挥部发表公告，严厉谴责奥利安塔·乌马拉等人的叛乱行为。公告指出，奥利安塔·乌马拉等人的行为违反了国法军纪，是与军队最高领导和国家政治首脑的严重对抗。为此，军队已做好捍卫国家政治和社会稳定的相应准备。11月31日，秘军方又发表公报说，反对藤森总统的军人叛乱已于日前被平息，绝大多数参与叛乱的士兵被逮捕，但叛乱头目奥利安塔·乌马拉等人依然在逃。公报说，政府已派遣军队和直升机，在秘鲁西南部的普诺省马尔萨路斯镇搜捕叛乱军人头目奥利安塔·乌马拉及其7名追随者。31日，奥利安塔·乌马拉从藏身处打电话给当地一家电视台，要求与新任武装力量联合指挥部主席瓦尔特·查孔谈判，并表示愿意与藤森总统对话。奥利安塔·乌马拉否认其行为与蒙特西诺斯有任何联系，要求秘政府保证他自己和其他参加叛乱人员的生命安全。11月3日，秘鲁军方宣布将奥利安塔·乌马拉开除出军队。12月11日，奥利安塔·乌马拉及安塔乌罗·乌马拉在秘南部莫克瓜省卡拉科亚市宣布向政府缴械投降。至此，反政府军叛乱以失败而告终。

三、对政变头目的处理

2000年11月19日，秘总统藤森在文莱参加完亚太经合组织领导人非正式会议之后，前往日本“访问”。在“访问”期间，藤森突然宣布辞去总统职务，并表示将“暂留”在日本，20日又正式向秘国会提出辞呈。这一突如其来之事，在秘鲁政坛再一次引起强烈反应，政府内阁全体成员集体辞职，副总统也离职而去。11月22日，秘国会宣布罢免藤森的总统职务后，确定由新任的国会主席巴伦廷·帕尼亚瓜接任总统，并于当日宣誓就职。奥利安塔·乌马拉在得知前总统藤森流亡国外、帕尼亚瓜接任总统后，在其兄长等人的陪同下，从卡拉科亚市步行到首都利马，要求政府对他们的叛乱行为予以赦免。奥利安塔·乌马拉等人当天抵达利马后，立即被送往最高军事法庭就违反军纪、组织叛乱和绑架人质等事实作供。随后这些人又被送往卡亚俄市的一座军营看押。12月21日，秘鲁国会举行全体会议，讨论通过了一项有关赦免奥利安塔·乌马拉等人的法案。根据这项法案，奥利安塔·乌马拉以及曾由他率领的50名士兵和3名平民将被免予起诉，奥利安塔·乌马拉本人将很快获得释放，并可以官复原职。

(周亦冰)

巴拉圭平息军警叛乱 2000年5月18日深夜，巴拉圭一批忠于前陆军司令奥维多将军的军人和警察发生叛乱，要求总统路易斯·冈萨雷斯·马奇下台，政府重新组阁。经过几个小时的对峙，巴政府军平息了此次叛乱，重新控制了局势。马奇总统于次日凌晨宣布，其后30天全国处于紧急状态，实行戒严并取消宪法保障。

一、叛乱发生的背景

巴拉圭为南美洲内陆国家，是一个一直由红党和自由党交替执政的国家。但从1954年至今，红党已连续执政达47年之久。1993年5月9日，红党总统候选人瓦斯莫西在大选中获胜，成为巴40年来第1位民选文职总统。1996年4月，一度被称为“铁腕人物”的巴陆军司令奥维多策动政变未遂，被总统库瓦斯莫西下令逮捕，并被军事法庭判处10年徒刑。1998年5月，红党候选人库瓦斯当选巴第44届总统。随后，围绕是否释放奥维多一事，库瓦斯同红党内部反对派和反对党之间的矛盾逐渐激化。库瓦斯不顾执政党红党内部对奥维多问题存在巨大分歧，执意将奥维多释放，由此引发巴拉圭政局的激烈动荡。1999年2月，巴最高法院下令库瓦斯总统将奥维多收监。库则以总统不受司法管束为由拒绝从命。2月11日，红党内部以副总统阿加尼亚为首的反奥派联合真正激进自由党和全国聚会党两大反对党，以库不执行最高法院判决为由通过国会对其提出弹劾议案。3月，巴国会以“渎职罪”等4项罪名对库启动弹劾程序。3月23日，阿加尼亚副总统在亚松森街头被3名暴徒开枪暗杀，凶手潜逃。红党内部的斗争更加激烈，社会局势混乱。反奥派认为库、奥两人对该事件负有不可推卸的责任，强烈要求库下台。次日，巴众议院提前审议通过了对库的弹劾议案。库为免遭弹劾，遂下令将奥维多收监。同时调用军队维持社会秩序，军队与示威者发生冲突，酿成5人死亡，100多人受伤的流血事件，事态进一步扩大。3月28日，库瓦斯被迫辞去总统职务，并前往巴西寻求政治庇护。奥维多也逃往阿根廷避难。当年12月，在阿根廷新总统就任前夕，奥维多突然在阿失踪，开始转入地下活动。库瓦斯辞职后，根据巴拉圭宪法，参议长马奇接任总统职务，他组成了由红党和真正激进自由党、全国聚会党两大反对党参加的联合“民族团结政府”，并承诺进行国家政治和政府机构改革，大力发展国民经济，改善人民生活水平，呼吁各政治力量派别摒弃前嫌，实现全国和解。但随后由于联合“民族团结政府”各方在权力分配问题上存在分歧，同时围绕副总统候选人问题斗争激烈，致使马奇总统地位的合法性不断受到质疑，政府执政能力不断受到削弱。同时，阿根廷朝野对奥维多在阿避难一直有不同意见，巴政府则强烈要求将奥维多引渡回国受审，阿巴两国为此几乎反目。时至2000年5月上旬，巴拉圭发生叛乱已不可避免。

二、叛乱发生的经过

2000年5月18日深夜，巴拉圭首都亚松森市内坦克隆隆，枪声大作，硝烟弥漫，武装直升机在低空盘旋。一批全副武装的军人和警察聚集在市中心议会广场，他们宣读声明，散发文件，要求总统马奇立即下台，要求政府重新组阁。叛乱军人在电台宣读的一份公告中公开承认，他们发动叛乱的目的就是推翻现政府。当晚10时许，叛乱者首先占领了位于首都近郊的陆军最精锐的第1机械化师的兵营，接着又控制了位于市中心的特别行动警察部队总部及一家电台和电视台。随后，叛乱者将8辆坦克和装甲车开进市内，并向议会参议院大楼发射了多枚炮弹，对马奇政府施加压力，逼其交权。此时，效忠于政府的武装部队开始用机枪扫射反击，并逐渐形成了对叛军的四面和空中包围之势。经过6个多小时的对峙，叛军在孤立无援的情况下被迫缴械投降，这场军警叛乱最终在19日凌晨宣告平息。大约有76名参加或支持叛乱者被逮捕，其中包括3名国会议员，其他大部分是中下层军官和警察头目。

三、对叛乱头目的处理及国际社会的反应

叛乱发生后，巴拉圭三军领导人均表示效忠现政府，警察司令则被撤换。马奇总统于5月19日凌晨宣布，其后30天全国处于“紧急状态”，实行戒严并取消宪法保障，并将把发动叛乱者送入法庭审判。巴拉圭政府发表公报称，此次叛乱与前陆军司令奥维多的活动密切相关，是由一批忠于奥维多的军人和警察头目发动的。他们成立了名为“爱国者运动”的组织，目的是引起全国动乱，乘势夺权。另有消息说，叛乱活动经过了长时间的周密策划，原定在上一个周末下手，但由于阿根廷总统德拉鲁阿当时正在巴拉圭访问，因而推迟了几天。由于此次叛乱行动之前消息已被泄露，巴拉圭政府当局有所防备和部署，从而能在短短几小时内平息叛乱，控制局势。

巴这次军警叛乱引起美洲许多国家，特别是巴所参加的南方共同市场其它3个成员国—阿根廷、巴西、乌拉圭及联系国智利和玻利维亚的密切关注，各国政府及政界人士纷纷发表声明或讲话，谴责这场暴力行为和政变图谋，表示坚决支持巴拉圭平息叛乱，维护南美地区的民主化潮流。总部设在华盛顿的美洲国家组织也召开了紧急会议，对武装叛乱分子发出了警告。谴责军人叛乱的还有美国政府以及西班牙驻巴拉圭大使等。

（周亦冰）

大洋洲军事要事

澳大利亚制定扩军备战新举措　2000年12月6日，澳大利亚政府发表了新的国防白皮书《国防2000：我们未来的防卫力量》，这是1996年澳自由党政府执政以来发表的第1份国防白皮书，也是澳政府自1976年以来发表的第4份国防白皮书。它是澳政府未来10年中的国防政策纲领，表明了澳想充当南太平洋地区“领袖”和美国在亚太地区“代理人”的决心，也显示了新世纪初期澳国防政策的走向。

一、采取的重大举措

根据未来10年国防发展的需要，澳在新国防白皮书中提出了4项新的重大举措。

（一）提出了新的国防战略。从新的国防白皮书看，澳已对其国防战略进行重大调整，即由过去“单纯本土防卫”战略转为未来10年“本土堡垒式防卫与前伸式防卫相结合”战略。新的国防战略主要有3个目标：首要目标是捍卫本土安全，“海事防御将是实现这一目标的核心，重点防御方面是海上和空中，地面部队将帮助实现这种防御并在领土受到入侵时采取行动”。第2个目标是对周边地区安全承担责任，与邻国合作，帮助它们抵御外敌入侵；参与由联合国授权的国际军事行动，帮助邻国保持稳定。在这种军事行动中，澳将尽可能派出最大数量的军事力量，担负维持和平、人道主义救援、撤离本国或他国公民等任务。第3个目标是有效地参与国际军事联合行动，应付在邻国以外发生并与澳利益相关的危机，这种军事行动包括维和、救援以及应付“高度紧张的冲突。”白皮书称，就总体而言，这种危机距离澳越近，澳可能作出的反应就越大，而且在这种情况下澳只能作为多国部队的一员参与军事行动。具体讲，在东南亚地区，澳愿意对自己支持的联合军事行动作出实质性的贡献；在更为广泛的亚太地区，澳愿为“适合自己加入”的军事行动作出重要贡献。对于东南亚和南太平洋以外的军事行动，澳不大可能考虑担任领导；而美国将是亚太地区多数联合军事行动的领导者，澳国防军愿与美军密切配合。

（二）提出了新的国防预算。针对东亚国家近几年来武器装备更新及相关保障所需资金不断增加的情况，澳军队要求增加国防预算的呼声日趋高涨，澳政府决定从2001年起逐年增加国防开支。新国防白皮书称，2001年国防预算将增加3.25亿美元，使总额达到76.25亿美元；2002年再增加6.5亿美元，使总额达到82.75亿美元。此后每年保持3%以上的实际增长率。到2010年，国防费开支将由2000年的73亿美元上升到127亿美元，占国内生产总值的比率将由目前1.7%提到高1.9%。未来10年中，澳政府每年将分别向空军、海军和陆军投入7.02亿美元、18.9亿美元和31.86亿美元。为它们的装备更新以及机制改革计划分别投入28.62亿美元、9.72亿美元和21.06亿美元。在其他人员和行动方面的附加开支分别计划为1.62亿美元、1.62亿美元和5.94亿美元。

（三）提出了新的军备发展计划。在未来10年中，三军部队组织结构进行调整，对装备进行改造升级，以适应发展需要。新的国防白皮书称，在2010年前，澳陆军计划将总兵力从目前的2.52万人扩充至2.77万人，其中快速机动部队由现在的4个营增至6个营，共6000人，新建的2个营将分别部署在悉尼和布里斯班；空军将组建一支由1000人组成的防空中队，以保障空中对陆地进行战斗支援，届时空军总兵力将由现在的1.58万人增至1.68万人；海军也将增建部分部队，约9500人。新白皮书透露，澳新增加的国防开支将重点用于空军和海军武器装备的更新与升级，其次才是陆军。空军目前的空中打击力量主要是71架F/A－18型战斗攻击机，该型机带有传感和导弹系统，并配有空对空加油系统以及整体指挥和通信系统（包括监视和作战空间管理系统）。作为支柱力量，该型机的作战能力极大地依赖于情报和监视系统。澳政府认为，现在有必要改进空中力量，因为：亚太地区空军空中打击能力稳步提高并将继续增强，未来10年澳依托F/A－18型战斗攻击机的作战能力势必被本地区许多其它空军力量超过；澳4架波音707空对空加油飞机接近退役，必须更换新的飞机才能保持空对空加油体系；澳F/A－18型战斗攻击机2012～2015年将退役，现在必须考虑解决问题的办法。因此，澳政府制订了三军未来10年装备更新计划。空军计划：1．对F/A－18型战斗攻击机进行升级改造，包括安装新型的雷达系统，配备先进的空对空导弹；配置战术数据网络系统，使战斗攻击机能与其它部队进行信息交流；配备新的“导弹显示系统”，使战斗攻击机能最好地使用短程空对空导弹；增加电子设备，提高自我防范能力。2．购买7架空中早期预警和控制飞机，以改进指挥与控制系统，增强空中打击能力和对海上舰船的防空能力，其中4架将在2006年投入使用。3．更新空中加油系统，再购5架新一代空中加油机，使之能同时为F/A—18战斗攻击机和F－111型战斗机提供服务，特别是确保其能直飞敌方本土进行远距离轰炸。4．购买100架新式战斗机，以便于2006～2007年逐步取代现有的71架F/A－18型战斗攻击机和F－111型战斗机。海军计划：水面舰队到2001年底仍将由两种战舰组成，即：6艘“阿德莱德”级导弹护卫舰和2艘“安扎克”级护卫舰。它们面临的挑战是：能否用来防范本地区不断扩散的反舰导弹，能否满足对舰队远程防空的要求；同时，为使作战舰只能在更长时间和更大范围行动，还需要支援性船只。为此，澳政府决定，对海军现有“安扎克”级护卫舰进行升级改造，提高其对反战舰导弹的防范能力；购买6艘新的配备舰对舰导弹的该型护卫舰，计划2006年开始服役；至少购买3艘具有防空能力的新型驱逐舰，以取代将于2013年退役的“阿德莱德”级导弹护卫舰；新装备6艘“克林斯”级潜艇；更新21艘两栖登陆舰和2艘运输补给舰；用1艘性能优良的支援性船只代替原来商业性油轮“西澳大利亚”号。陆军计划：将增配30架武装直升机，并给战士配备护身甲和夜视镜等最新装备。此外，澳还将改善1.8万名预备役部队的装备，并为情报系统增加投入20亿美元。

（四）提出了“军事事务革命”新任务。新国防白皮书称，现代战争最重要的变化是搜集、存储、加工、整理和分发信息的速度及能力的变化，这种变化被称为“军事事务革命”，其主要内容是：对参与联合军事行动的各个部队的指挥进行整合，将个体军事系统和作战能力进行网络化，达到整体的效果；加强军事行动的节奏感，主要是提高信息平台技术水平。为此，澳已建立“军事事务革命办公室”，其任务是发展与美国等其它国家在军事信息方面的伙伴关系，进一步开发有关方面的科研。在2010年前，澳国防科研结构将重点研究“平台技术”和“网络技术”等关键技术。关于“平台技术”，通过传感系统和网络化环境，使各个信息平台进行有效合作，同时通过自动化系统和远程控制，减少人工控制信息平台的程度。与此同时，澳将继续与美国进行合作开发，以加强有关监视、侦察和信息搜集的能力，从而提高战斗力。关于“网络技术”，主要是研究在现代科技条件下，军事信息传递和指挥方面网络化的潜力。至于国防工业将重点发展以下领域：军事作战系统软件，数据管理、信号控制、信息搜集和监视系统，指挥、控制和通信系统，系统整合，武器和监视平台的维修、维护与升级等。为此，澳政府将加大对国防信息研究和生产以及相关高技术项目的投资，提高国防工业的生产能力和竞争能力，改革国防采购体系，扩大国防工业产品出口，加强与外国在国防工业领域的合作。

三、采取重大举措的原因

澳决定调整国防政策和国防战略，在未来10年中大力加强国防建设的主要原因有3：

一是适应周边环境变化的需要。澳具有优越的地理位置，四面环海，处在大洋之中，没有边界领土纠纷，因此也没有天然的敌人。然而，澳此次发表的新白皮书却认为，虽然澳目前尚未面临任何外敌入侵的威胁，但所处的战略环境发生了变化。在过去15年间，东亚各国因经济增长而增加了国防投入，加快了军队现代化建设步伐，澳也必须相应扩充军备；同时，澳周边国家颇不宁静，特别是印尼局势一直动荡不安，澳不得不保持高度警惕，加强战备。

二是充当南太平洋地区“领袖”和美在亚太地区“代理人”需要。1999年，在美国同意下，澳大利亚领导了东帝汶多国维和行动，这是澳有史以来第1次组织并领导国际维和行动。2000年7月，美国防部长科恩访问澳大利亚时把澳称为“美亚太安全战略中的南部支柱”，表示“对裴济和所罗门事态怎么办要听澳大利亚的”。随后，澳大利亚多次表示“要做南太平洋地区领袖，充当美在亚太地区的代理人”，企图在地区事务中发挥更大的使用，提高自己的国际地位。澳是南太平洋上最大的岛国，近10年来其经济一直保持强劲增长的势头，年均增长率达4%，国内生产总值在全球名列第14位，在亚太地区仅次于美国、日本、中国，而高居第4位。澳经济实力增强，“腰杆硬了”，理所当然希望充当南太平洋地区的领袖。但澳也认识到，在亚太地区，美国是“老大”，是领导者，澳作为美国的一个重要盟国，只能充当美在该地区的代理人。然而，美国近年来多次表示对澳军事实力存在疑问，担心“澳不能在南太平洋地区发挥领袖作用、充当不了美国在亚太地区的代理人”。因为，澳不是一个军事大国，其军事装备数量不足且过时落后，远不能适应需要。所以，澳决定在未来10年大幅度增加国防费用，大力扩充军备，力图建立强大的军队，以满足充当地区“领袖”和美国“代理人”的需要。

三是配合美军行动的需要。澳虽然国土面积较大，但人口少，军事实力不强，长期依靠美国来确保国防安全。自澳美结成军事联盟以来，澳先后参加了美发动的朝鲜战争、越南战争和海湾战争。近几年，澳不仅频繁邀请美军方要员和舰艇访澳，而且还不断与美军举行联合演习，仅2000年举行的双边演习就多达10余次，着重提高联合作战能力和快速反应能力。澳还积极支持并参与美发展战区和国家导弹防御系统，美军透露已在澳中部城市阿赖斯普林附近的松树峡建立了导弹预警系统，澳还同意将美在夏威夷的导弹试验场移至澳境内。此次澳发表的国防白皮书再次强调与美结盟对澳和本地区安全十分重要，并明确表示：“美国未来仍是亚太地区安全体系的核心，澳将继续密切配合美国的军事行动。”军事分析家认为，美军装备先进、实力强大，澳军比之相差甚远，要与其配合行动就必须加快建设步伐。美国曾多次要求“澳扩军备战，一旦台湾海峡或朝鲜半岛有战事，要能与美国协同作战”。美军太平洋司令部司令2000年11月中旬访澳时也明确敦促澳军进行结构性改革，并要求“澳军在指挥、控制和通信等方面与美军取得密切的协调一致，以便能够配合美军行动，有效地在美军司令官的领导下参与海外作战行动”。然而，澳国内一些有影响的人士提出警告说，澳跟美国太紧，虽有便宜可占，但更有风险要担。澳前总理弗雷泽在白皮书发表之前的11月26日就曾撰文说：“那种认为因亚太地区发生了深刻的战略变化就主张让美国在本地区不稳定的安全格局中起关键性作用的论调不过是企图自圆其说的论调，澳大利亚的安全应更多地取决于与本地区国家发展关系，而不是更多地依赖美国。由于美已在澳松树峡建立导弹预警系统，澳将会成为打击目标。特别是如果美国支持台湾独立，导致中美开战，澳将会被拖进去，从而陷入孤立和危险。我们要为自己的安全着想，澳大利亚并不是美国的一个省。"

（钟学良）

斐济军事政变以失败告终 2000 年 5 月 19 日，南太平洋岛国斐济发生了军事政变。以乔治·斯佩特为首的政变分子闯入议会大厦，将总理、印度族人乔杜里以及内阁部长、议会领导人等扣为人质，要求推翻 1997 年制定的宪法，宣布由土著斐济人组成了新政府。此后，在斐济大酋长委员会和军方一再退让、满足了政变分子大部分条件的情况下，斯佩特与军方达成协议，释放了人质。但事隔不久，新政府成立，斯佩特等人被捕受审。政变虽以失败而告终，但是民族矛盾并未真正解决。

一、政变的主要经过

此次政变情况复杂，几经反复，最终以成立新政府、释放人质、政变者被捕受审而告终。

（一）政变分子突然发动军事政变。2000 年 5 月 19 日上午，斐济总理乔杜里和一些内阁成员们正在首都苏瓦议会大厦举行例行会议。7 名身着便衣的武装分子突然闯进议会大厦，手持步枪将总理乔杜里和内阁成员共 31 人关进议员大厦的一个房间里扣人为质。数小时后，政变领导人斯佩特通过斐济电台发表讲话，宣称劫持人质是从土著斐济族的利益出发的，旨在为斐济的"政治变化打下基础"。同时宣布由他接管政权，并表示他不久将宣布新政府的组成。之后，"斐济现场直播"新闻网站也发出报道说，斯佩特已任命斐济协会党议员斯拉图鲁为临时政府总理，瓦卡拉拉布尔为内政部长。

政变发生后的当天，斐济总统卡米塞塞·马拉在电台发表讲话，指责政变为"非法"，并宣布全国进入紧急状态并实行宵禁。斐济前总理兰布卡担任危机调解人，在与一些斐济执政党领导人举行会谈后前往议会大厦进行调解。他与斯佩特举行了谈判，告诉斯佩特，除了投降，别无选择。同时看望了被扣押的部分人质，其中包括 21 名内阁成员和 6 名妇女。斐济武装部队部署了两个营的兵力以帮助警方恢复法律和秩序，但苏瓦市中心还是出现了一些纵火、抢掠和骚乱现象，初步估计损失约 1180 万美元，斐济与外界的通讯联络也基本中断。5 月 20 日，斐济军方和警方表示忠于民选政府，听从总统马拉的命令。警察总监伊斯克亚·萨瓦当天在记者招待会上说，警察将只听从总统的命令，他是斐济目前惟一的合法权威，警察部队在行动中将尽量避免使用武力。斐济武装部队代理司令阿尔弗雷德·图阿托卡表示，军队将在现行宪法内行事，马拉总统仍然是武装部队总司令。同日，控制议会大厦的武装分子释放了 10 名政府部长以及乔杜里的儿子，但总理乔杜里以及另外 20 多人仍被扣为人质。5 月 21 日，斐济总统马拉在记者招待会上说，斯佩特等人发动的政变以及随后在首都苏瓦发生的骚乱给斐济经济带来了"灾难性"的后果。他已行使紧急权力，阻止当地媒体传播政变分子"民族主义的宣传"，并与未被扣为人质的政府部长举行会议，考虑成立临时政府。他说，在目前的情况下，斐济无须求助外界的帮助来结束危机。但政变分子立场强硬，斯佩特当日晚表示，他将抵抗到底，并拒绝了有关释放总理可以得到宽大处理的条件。

（二）大酋长委员会突然变卦支持政变分子。5 月 22 日，政变分子立场开始有所软化。斯佩特表示，如果斐济大酋长委员会不支持他的政变行为，他将"退休"。这样，外界关注的焦点就转移到在斐济政治生活中扮演着非常重要角色的大酋长委员会上面来。大酋长委员会是政府的顾问机构，其决策往往对斐济的政局走向起到关键作用。如现任总统马拉就是资格最老的酋长之一，他是根据新宪法被大酋长委员会提名为总统的。对土著斐济人而言，该委员会虽无法律意义上的权力，却有十分强大的道德号召力。显然斯佩特也想利用该委员会的道德权威使自己的政变行动合法化。5 月 23 日，大酋长委员会开始举行为期 3 天的"闭门"会议，讨论这场政治危机及全国形势。同日，会议决定不支持政变，并要求斯佩特立即释放乔杜里总理等人质。5 月 24 日，大酋长委员会继续举行会议，讨论马拉总统提出的解决政治危机的建议。25 日晚会议结束，大酋长委员会的态度发生了变化，改变为支持政变，建议乔杜里总理下台、修改宪法、"宽恕"斯佩特并吸收其进入新政府。大酋长委员会还表示完全支持总统马拉，并指出只有马拉才有权任命临时政府的人选。但是，斯佩特及其支持者对此仍不满意。他们拒绝释放人质，坚持立即废除现行宪法，并要求马拉总统辞职。5 月 27 日，政变者和斐济军队在扣押乔杜里等人质的议会大厦外交火，造成两名军队士兵和1名美联社摄影记者受伤，斐济局势更趋紧张和复杂。在此情况下，斐济政府又一次作了退让，总统马拉改变了态度，宣布解散乔杜里总理领导的政府，并中止议会活动6个月。他在记者招待会上表示，他目前是治理国家的惟一领导人，将于29日任命看守内阁总理和部长委员会，并表示新总理将只能从现有的议会议员中挑选。他称，斐济宪法将被修改以满足政变领导人斯佩特的要求。但斯佩特不会参与新政府，他也不会接受斯佩特提出的要他辞职的要求。

（三）军方接管政权成立临时政府并与政变分子进行谈判。总统改变态度之后，斐济局势并没有就此平息。5月29日晚，在总统马拉宣布辞职的同时，武装部队司令姆拜尼马拉马宣布接管政权，任命马拉总统的女婿、前武装部队司令奈拉蒂考为临时军政府的总理，并实行军事管制。姆拜尼马拉马对新闻界表示，斐济全国都对过去一周的事态感到难过，所以他宣布军队接管政权。他已命令所有斐济士兵集结在首都苏瓦以及另外两个大城市的司令部处，以尽快恢复斐济的和平与稳定，同时呼吁人们维护法治。他还表示，除实行宵禁外，白天也将开始实行戒严。政变分子很快对临时军政府上台作出反应。5月30日，斯佩特在举行的记者招待会上表示，目前斐济军队已分裂成两派，姆拜尼马拉马派“不能代表斐济人作出正确的决定”，而由基尼基尼上校领导的另一部分派别更能代表土著斐济人的利益。他仍坚持要求废除宪法，建立土著斐济人政府，拒绝释放前总理乔杜里等近30名人质。对此，临时军政府再次作出让步。同日，姆拜尼马拉马签署了一项行政命令，取消了1997年通过的宪法，转而执行1990年颁布的保障土著人利益的宪法。但临时军政府又表示，现存的其它法律和法规仍然有效。5月31日，姆拜尼马拉马在首都苏瓦军营举行的记者招待会上表示，他将在未来2～3年内担任斐济总统。斐济将在这段时间里起草新宪法并准备大选。奈拉蒂考将担任政府总理，目前奈拉蒂考正与一些政党背景较少的人举行会谈，讨论组阁事宜。姆拜尼马拉马还表示，他准备给予政变领导人斯佩特和他的6名支持者大赦，但是28日晚在苏瓦谋杀警察以及冲击和破坏斐济电视台的人将不在被赦免之列。与此同时，军方与政变者就人质、临时政府组成等问题的谈判一直在进行之中。6月1日晚，军方发言人称，姆拜尼马拉马与斯佩特当天举行了首次面对面会谈，谈判“取得突破”。但军方的退让换来的是政变分子的得寸进尺。斯佩特又提出，让他的支持者参加未来的文官政府。军方与政变分子旨在解决人质危机的谈判陷入僵局。此后，斐济军方、大酋长委员会和政变领导人一直在举行谈判。6月23日，谈判各方宣布达成协议，并定于24日签署这一协议。协议规定在协议签署的3个小时内释放所有人质。但是，由于在未来总统任职等问题上出现新的分歧，协议未能如期签署，谈判再次陷入僵局。6月27日，斐济军方向政变者发出最后通牒，要求他们同意临时文官政府的组成、释放人质以及由斐济大酋长委员会任命总统。但是，政变领导人斯佩特当天发给军方一份文件声称总统要由他们任命。6月28日，斐济军方宣布，由于向政变分子发出的最后通牒期限已过，军方将接管国家权力，时间约为两年。军方发言人说，军方将在近期组成临时文官政府并邀请印度族人参加，但临时政府不会包括政变领导人斯佩特和他的支持者。他表示，虽然与政变分子谈判的大门仍然敞开，但情况已经发生了变化。

（四）军方与政变分子签署协议人质获得释放。7月9日，事件开始出现转机。政变领导人斯佩特表示，斐济前总理乔杜里等27名人质将于14日上午获释，他不久将与斐济军事当局签署正式协议。根据这项协议，由斐济大酋长委员会来提名总统、副总统候选人，尔后进行选举，再组织政府。与此同时，斯佩特释放人质、交出武器，斐济武装部队司令姆拜尼马拉马放弃对国家的控制，军方任命的临时政府也将解散。同日夜间，斐济军方和政变领导人斯佩特在协议上签了字。根据协议，政变领导人将在13日前释放被劫持了一个多月的包括前总理乔杜里在内的27名人质，斐济大酋长委员会将举行会议，任命总统和副总统以及政府组成人员；政变领导人斯佩特和他的主要支持者将获得赦免。姆拜尼马拉马在签字仪式结束后说，签署协议并非事件的终结，而是一个漫长征途的开始，大家必须团结起来。斯佩特把签署协议的日子称为“斐济伟大的日子”。但他又说，斐济要真正实现稳定并非易事。7月13日，大酋长委员会举行会议，讨论任命斐济新总统和副总统。政变领导人斯佩特支持的总统候选人约瑟法·伊洛伊洛被任命为总统，并将立即开始行使总统职权。同时大酋长委员会向政变者发出最后通牒，要求他们立即释放人质，否则将失去免予起诉的机会。随后，乔杜里和其他17名人质被释放。同日，斐济军方发言人宣布，武装力量将不再发挥政治作用，将继续履行正常的维护法律、秩序和国家安全的职责。军方将于14日开始在曾关押人质的议会大厦收缴武器，政变领导人斯佩特将获得赦免。

（五）新政府成立，斯佩特等人被捕，政变失败。 7月18日，新总统伊洛伊洛宣誓就职，他宣布由土著斐济人莱塞尼亚·恩加拉塞出任斐济新总理，同时任命了另外19名部长和11名助理部长。印度族的乔治·舒·拉耶被任命为地方发展和多民族事务部助理部长，他是内阁中惟一的印度族人。此外，参与策划斯佩特政变的蒂默西·斯拉图鲁担任新政府健康部助理部长。伊洛伊洛在就职典礼上呼吁斐济各民族和睦相处，并表示将推动国家团结、增进民族包容性。被大酋长委员会任命为斐济副总统的约普·塞尼洛里当天也宣誓就职。但是，政变领导人斯佩特的发言人表示，他们仍然不能接受对恩加拉塞的任命，并威胁说，如果新政府不包括更多的他的支持者，斐济仍将面临暴力活动。7月19日，斯佩特及其支持者离开了议会大厦前往首都苏瓦附近的一个村庄。7月26日，斯佩特在回到他在卡拉布的营地时与斐济安全部队发生枪战。此后，他本人以及他的新闻顾问、法律顾问和1名保镖被斐济军方监禁。据斐济政府官员称，斯佩特被监禁的原因可能是违反宵禁规定、试图穿越路障回到他的营地。27日凌晨，军方袭击了斯佩特在首都苏瓦的一个据点，逮捕了369名斯佩特的支持者。军方发言人塔拉基尼同日表示，将以叛国罪起诉斯佩特及其同伙。7月28日，斐济临时政府宣誓就职。临时政府由28名成员组成，包括20名部长和8名副部长。临时政府总理恩加拉塞就职后发表谈话，要求被5月19日发生的政变推翻的乔杜里政府支持他的临时政府，并要求国际社会承认现实。8月5日，政变头目斯佩特及其部分同伙被带到首都苏瓦中心法院接受审讯。斯佩特面临的指控包括非法掩埋尸体、携带武器进入公众场合、结交携带武器人员以及非法集会。8月11日，斯佩特及其同伙在苏瓦地方法院出庭受审，检察机关对他们提出了三项新的指控：叛国、阴谋从事叛国活动和协助进行叛国活动。根据斐济法律，叛国罪将被判处死刑，其它指控最重可判终身监禁。至此，由政变造成的斐济政治危机暂告平息。

二、政变发生的根源与背景

此次发生政变既有历史原因，又有现实原因，是两个民族长期不和导致的结果。

（一）斐济土著居民斐济人与印度人之间的民族矛盾是发生政变的历史原因。 19世纪末20世纪初，英国从人口众多的殖民地印度雇佣了许多契约劳工，送到当时同为英国殖民地的斐济种植甘蔗。经过一个多世纪的生息繁衍，印度人在斐济人口中的比例不断上升。目前在斐济81.3万人口中，土著斐济人下降为占总人口的51%。而印度人则上升为占总人口的44%。在斐济的印度人具有两个突出的特点：一是特别注重自己的文化特性及信仰印度教，几乎没有融入当地的民族。二是经商有道，比当地人明显富裕，并控制了斐济的经济。但印度人在政治权力方面是受排挤和压制的。因此，在斐济的印度人一直在为自己的政治权力而斗争，与斐济人之间的政治磨擦不断。1990年，斐济通过的宪法，保证了土著斐济人在立法机构中占多数。两年后，兰布卡在大选中获胜，出任总理。他大刀阔斧地推行政治改革，力图使宪法和政治体制具有更大的民主性和民族包容性。在此背景下，1997年，斐济制定了新宪法。该宪法使印度人在国家权力机构中拥有了更多的发言权，其代表也有资格成为政府总理。1999年5月19日，在该宪法通过后举行的第1次大选中，印度族人乔杜里获胜，成为斐济总理。这使占人口多数的土著斐济人感到十分不满，为民族矛盾的激化埋下了火种。

（二）斐济土著人不满现行政策是发生政变的现实原因。 1999年5月乔杜里政府上台后推行了一系列不符合某些土著斐济人利益的政策，进一步加深了固有的民族矛盾。首先是土地所有权问题。这是导致斐济两大民族矛盾的核心问题，也是引发此次政变的导火线。斐济约93%的土地为土著斐济人所有，但耕种者却多为印度人。早在40年代，斐济大酋长委员会通过一项计划，将土著斐济人对土地的控制权转交给国家土地信托委员会，由它出面与印度族农民签订为期50年的租约。但乔杜里政府执政后，劝说斐济土著土地拥有者与印度族农民续签即将到期的土地租赁合约，以保护这些农民的利益。而土著土地拥有者认为这种做法损害了他们的利益，极力反对这一政策。其次是商品销售和银行系统改革问题。乔杜里政府推行以市场为导向的宏观经济政策，对商品销售和银行系统实行新的管理条例。这些举措客观上将财富从富人手里重新分配给穷人，引起了当地有权势者尤其是上层土著斐济人的不满。因此，他们希望乔杜里下台。在此情势下，2000年4月28日，前执政党斐济族政治党组织了有数千人参加的抗议活动。5月18日，斐济协会党等5党派联合发表声明，指责现政府继续违背土著斐济人的愿望，号召土著斐济人进行抗议活动，直至政府下台并废除1997年新宪法。5月19日，代表土著斐济人利益的斯佩特在乔杜里政府上台一周年之际发动了政变。政变发生之初，斐济军方一再迁就政变分子，印度人纷纷逃离首都；斯佩特等人组织突击队冲进议会大厦，控制了议会大厦周围的道路。斐济形势逐渐由军事政变演变为政治危机。

三、国际社会的反应

斐济发生的政变及随后的政治危机引起了国际社会的高度关注和反应。

（一）联合国表示“担忧”。联合国秘书长安南对斐济政变领导人通过违宪和暴力手段颠覆政府的企图表示担忧，呼吁政变领导人释放人质，并按照宪法恢复民主制度。5月22日，安南任命负责人道主义事务的联合国副秘书长德梅洛为特使，前往斐济了解那里政变后的局势，对斐济局势作出评估，并向斐济政府和政党领导人转达安南对斐济局势的关注。5月25日，安南又通过其发言人发表声明，对斐济大酋长委员会作出的支持斐济政变的决定表示失望，呼吁斐济在现有宪法基础上解决国内危机。

（二）澳大利亚谴责政变并实施了“制裁”。政变发生当天，澳大利亚外长唐纳表示，武装分子的举动是犯罪行为，澳大利亚政府正密切关注局势发展，希望斐济民选政府能尽快得到恢复。5月22日，唐纳又表示，如果政变成功，澳将对斐济实行严厉的外交和经济制裁。斐济大酋长委员会的决定宣布后，唐纳表示，澳大利亚反对任何向“恐怖分子”低头的做法，呼吁斐济政变者立即释放人质并向当局投降。5月29日，澳大利亚内阁讨论了斐济局势，决定取消悉尼奥运会火炬接力斐济站的行程，并禁止斐济政变领导人斯佩特等进入澳大利亚。7月18日，澳大利亚正式宣布对斐济实行制裁，其制裁措施包括：召回澳驻斐济高级专员，中止根据两国贸易经济协议进行的政府间合作，停止占双边援助项目约30%的非人道主义援助，中止海军舰只和高级军官访问以及联合军事演习，撤回一大批澳大利亚驻斐济防务顾问，同时建议地区性组织将一些原定在斐济召开的会议移至他国。

（三）新西兰除谴责制裁外还派人前往“斡旋”。新西兰外交、贸易和司法部长菲利普·戈夫在政变当天发表声明，谴责斐济政变，称新西兰和国际社会不会接受利用武力颠覆民选政府，并要求政变者立即释放被扣押的人质。新西兰总理海伦·克拉克5月21日晚致函斐济总统马拉，对其正在寻找和平解决当前的危机所做的努力表示全力支持，并于5月22日发表声明，谴责斯佩特等人非法劫持乔杜里总理和其他政府官员，称国际社会没有谁会承认这批武装人员所夺取的政权，呼吁根据斐济宪法和平解决目前的政治危机，表示如果斐济方面提出要求，新西兰可以派人前往斐济，帮助他们通过谈判解决问题，但不会对斐济的政变进行军事干涉。6月中旬，戈夫又与英联邦成员国的一些外长一起前往斐济进行斡旋，寻求政治解决政变危机的途径。斐济前总理乔杜里安全获释后，新西兰发表政府新闻公报，表示对此感到“莫大的宽慰”，并希望斐济尽快重建一个民主政府。斐济新总统约瑟法·伊洛伊洛7月18日任命新内阁后，新西兰政府发表声明，认为斐济政府组成人员中不仅包含政变领导人斯佩特的支持者，而且明显地不能代表斐济国家，并宣布对斐济实施制裁，包括将对斐济的援助金额减少一半，将在新西兰陆军和海军受训的41名斐济军事人员遣送回国，召回新西兰驻斐济高级专员和驻斐济的两名国防军人员，禁止与斐济进行体育交流的期限将延长至2000年年底。

（四）印度表示不安，紧急同英联邦“磋商”。鉴于斐济国内有大量的印度族居民，印度对此次政变异常敏感。5月23日，印度总理瓦杰帕伊会见了乔杜里的亲友，对斐济目前局势的发展表示不安。他谴责斐济的政变是不民主的犯罪行为，并指示外长辛格就目前斐济的事态发展紧急同英联邦秘书长和英国政府进行接触。印度外交部同日表示，为了恢复斐济的合法政府，国际社会有必要施加压力，印度准备在这方面发挥自身的作用。印度希望这场危机早日结束。

（五）美英强烈反对，要求“和平解决”。美国国务院5月31日表示，美国强烈反对使用武力推翻民选政府，并呼吁立即和无条件释放人质、恢复合法政府。英联邦秘书长麦金农称，任何违背宪法的行为都可能导致斐济被中止英联邦成员的资格。英国政府5月28日发表声明，对斐济的人质危机表示关注，表示支持斐济政府通过和平方式解决那里发生的人质危机。

（桐　生）

所罗门群岛发生政变　2000年6月4日晚，南太平洋岛国所罗门群岛发生政变。发动政变的“马莱塔鹰派力量”控制了首都霍尼亚拉，并与对立的“伊萨塔布自由运动”武装发生激烈交战。这场政变导致所罗门群岛政府更迭和经济、社会严重动荡。最终在以澳大利亚和新西兰为首的英联邦代表团的斡旋干预下，冲突双方于10月15日签署了和平协议，多年来的民族矛盾得到了初步缓解。

一、政变发生的背景

（一）日益激化的民族矛盾是引发政变的历史原

因。所罗门群岛民族矛盾由来已久。究其历史根源，可追溯到第二次世界大战。所罗门群岛原为英国殖民地，1942年被日军占领。后来，美国海军陆战队在瓜达尔卡纳尔岛（以下简称瓜岛）登陆，将日军赶走，并从马莱塔岛招募了一些土著人前来瓜岛从事军需搬运和后勤工作。其后，这些马莱塔人定居瓜岛，发展城市工商业，并廉价购得了大片土地。1978年所罗门群岛独立后，马莱塔人控制了政府主要部门，瓜岛人因政治经济地位的失落而对马莱塔人的积怨愈来愈深。（二）社会动荡是引发政变的现实原因。近几年，由于政府管理不善导致经济下滑，犯罪率上升，社会与民族矛盾加剧。前总理马马尼罗在1997年8月大选中失败后组成反对党联盟向现政府发难，致使政局不稳，社会秩序紊乱。在这种动荡的社会环境下，对立的两派相继成立了自己的武装力量，民族矛盾逐渐演变为暴力行动。1998年底，瓜岛的一些青年人组建成了一支名为“瓜达尔卡纳尔革命军”的武装，后更名为“伊萨塔布自由运动”，其宗旨是将马莱塔人赶出瓜岛。马莱塔民兵组织也组建了一支名为“马莱塔鹰派力量”的武装，以保护马莱塔人。此后，双方武装冲突不断，约有70名马莱塔人失踪或死亡，2万余人被迫抛家弃土，逃离瓜岛。2000年4月，所罗门群岛局势趋于恶化。“马莱塔鹰派力量”指责1997年上台执政的政府总理乌卢法阿卢组建军事组织“海鸥军”，意欲将其逐出首都霍尼亚拉地区。为维护自身的生存，“马莱塔鹰派力量”经过一段时间的酝酿和准备之后，成功地发动了政变。

二、政变主要经过

2000年6月4日晚，“马莱塔鹰派力量”发动了政变，软禁了总理乌卢法阿卢，占领了首都霍尼亚拉的交通要道和一些重要的政府机构。并与对立的“伊萨塔布自由运动”武装多次发生交火。政变领导人诺里明确提出两项要求：现总理必须辞职代之以新总理；政府对丧失家园的马莱塔人给予足够赔偿。7日，总理乌卢法阿卢获释，他与政变分子达成了协议，表示愿意以辞职求得危机的解决。由于政变使首都霍尼亚拉内外的安全形势进一步恶化，澳大利亚、新西兰等国纷纷撤侨，约有千余名各国侨民撤至澳大利亚和巴布亚新几内亚境内。9日晚，交战双方同意实行为期两天的停火，为英联邦代表团的访问和斡旋创造条件。10日，由澳大利亚、新西兰、博茨瓦纳3国外长和马来西亚总理特别代表组成的英联邦代表团抵达霍尼亚拉，会晤了政府及有关各方代表，寻求解决危机的办法。政变领导人诺里承诺保证总理乌卢法阿卢的安全，主张由议会召开会议并根据宪法解决危机。13日，总理乌卢法阿卢宣布辞职，议会定于15日召开会议选出新总理。但由于冲突双方不肯解除武装和部分议员逃离，使得议会选举一再推迟。直到6月30日，议会才召开会议，选出反对党—人民进步党领导人索加维尔为新总理。索加维尔当选后表示立即组成代表民族团结与和解的政府，继续与交战的武装派别举行会谈，希望能在圣诞节之前实现持久和平。应所罗门群岛新政府的请求，8月14日，新西兰的1艘军舰驶往该国领域，为交战双方提供一个安全和中立的和谈场所。10月15日，所罗门群岛政府、“马莱塔鹰派力量”、“伊萨塔布自由运动”武装以及其他非政府组织的代表在澳大利亚的汤斯维尔签署了和平协议，各方同意在澳大利亚、新西兰和其它太平洋岛国以及国际组织的监督下，努力解决所罗门群岛持久的民族矛盾。至此，积淀了几十年的民族矛盾得到了初步缓解。

三、政变产生的影响

就所罗门群岛本国而言，这场政变不仅导致政权更迭，而且使其经济陷入更加严重的动荡。该国市场狭小，对外部市场和投资依赖较大。政变发生后，国家安全形势恶化，投资、旅游环境受到严重破坏，外商、游客纷纷撤离，资金和人才外流，这无疑等于给该国本不发达的经济雪上加霜。从南太平洋地区整体形势来看，这场政变给该地区带来深刻影响。一是使南太平洋地区安全形势面临不稳定因素。民族和种族矛盾在南太平洋岛国带有普遍性。除所罗门群岛外，斐济、巴布亚新几内亚的布干维尔、瓦努阿图北部的圣岛都存在突出的民族、种族矛盾和强烈的分裂主义倾向。此次政变有可能在一些存在类似情况的南太平洋岛国中引起连锁反应，诱发新的政变。二是使南太平洋岛国联合自强势头受阻，在国际和地区格局中地位进一步下降。近年来，南太平洋岛国以南太平洋论坛为纽带加强了岛国间的团结与协作，并积极酝酿成立南太平洋自由贸易区以推进地区一体化进程。所罗门群岛政变削弱了南太平洋岛国作为一个整体在国际事务中的形象和发言权，使南太平洋岛国在全球化进程中地位有所下降，进一步被边缘化。

（孟　丽）

（本栏责任编辑　温味几）

各国军事概况

亚洲国家军事概况

中　国

国　　名　中华人民共和国。

主要统计　面积约960万平方千米。人口12.9533亿（2000年11月1日第五次全国人口普查数据）、国内生产总值89404亿元（2000年）。国防费1198亿元（2000年国防开支），1410.04亿元（2001年国防预算）。钢12850万吨（2000年）。原煤9.98亿吨（2000年）。原油1.63亿吨（2000年）。发电量13556亿度（2000年）。粮食4.63亿吨（2000年）。货物运输周转量43359亿吨千米，其中铁路13624亿吨千米、公路5973亿吨千米、水运23061亿吨千米、民航48.6亿吨千米（2000年）。旅客运输周转量12188亿人千米，其中铁路4488亿人千米、公路6600亿人千米、水运104亿人千米、民航996亿人千米（2000年）。

国防政策　中华人民共和国是发展中的社会主义国家。中国一向为维护世界和平、促进人类进步事业而努力，坚持永远不称霸、不做超级大国、不侵略别国的政策。国防政策是巩固国防抵御外敌侵略，捍卫国家领土、领空、领海主权和海洋权益，维护国家统一和安全。强调国防建设要服从和服务于国家经济建设，增强国家的综合国力，逐步提高军队的防卫作战能力，加强质量建设，走有中国特色的精兵之路。重点是发展国防科学技术，加强军队现代化建设，加强后备力量建设，逐步增强国防实力和潜力。坚持平战结合、军民结合的方针，在独立自主、自力更生的原则下，有重点有选择地引进国外一些先进技术。努力发展与各国军队的友好关系，通过加强国防科学技术和军事学术等方面的交流，不断增强彼此之间的了解和友谊。

军事战略　中华人民共和国为抵御外敌侵略，保卫国家独立和安全，维护世界和平，始终奉行积极防御的战略。其基本点是坚持自卫立场，坚持后发制人，坚持人民战争。这个战略要求军队在长期和平环境中始终保持良好的战备状态，遏制战争的爆发。在遭到敌人的局部入侵时，要本着有理、有利、有节的方针，予以有力地还击。一旦国家遭到大规模侵略，迅速动员人民群众和国家战争潜力，采取灵活的作战样式，逐步改变战争形势，适时转入战略反攻和进攻，最后战胜敌人。

国防体制　领导机关　中央军事委员会是中国共产党中央委员会军事机关，又是中华人民共和国国家机构的组成部分。

中国共产党中央军事委员会　是中国武装力量的最高统率机构，负责党和国家的最高军事决策和军事指挥，根据党的路线、方针、政策和国家的安全与发展的需要，确定军事战略，领导军事建设。《中国共产党章程》规定，党的中央军事委员会组成人员由中央委员会决定。1997年9月召开的中国共产党第15届中央委员会第1次全体会议决定，中央军事委员会组成如下：中共中央军事委员会主席江泽民，中共中央军事委员会副主席张万年上将、迟浩田上将，中共中央军事委员会委员傅全有上将、于永波上将、王克上将、王瑞林上将。1998年10年召开的中国共产党第15届3中全会决定，增补曹刚川上将为中央军事委员会委员。1999年9月召开的中国共产党第15届4中全会决定，增补胡锦涛为中国共产党中央军事委员会副主席，郭伯雄上将、徐才厚上将为中央军事委员会委员。

中华人民共和国中央军事委员会　中华人民共和国中央军事委员会领导全国武装力量。其职权是：统一指挥全国武装力量；决定军事战略和武装力量的作战方针；领导和管理中国人民解放军的建设，制定规划、计划并组织实施；向全国人民代表大会或者全国人民代表大会常务委员会提出议案；根据宪法和法律，制定军事法规，发布决定和命令；决定中国人民解放军的体制和编制，规定总部以及军区、军兵种和其他军区级单位的任务和职责；依照法律、军事法规的规定，任免、培训、考核和奖惩武装力量成员；批准武装力量的武器装备体制和武器装备发展规划、计划，协同国务院领导管理国防科研生产；会同国务院管理国防经费和国防资产。《中华人民共和国宪法》规定，中央军事委员会由主席、副主席若干人、委员若干人组成，实行主席负责制。主席由全国人民代表大会选举产生，对全国人民代表大会及其常务委员会负责。其他组成人员由全国人民代表大会或其常务委员会根据中央军委主席的提名决定。任期与每届全国人民代表大会任期相同。1998年3月召开的第9届全国人民代表大会第1次会议，选举江泽民为中华人民共和国中央军事委员会主席。会议根据江泽民主席的提名，决定：张万年上将、迟浩田上将为中华人民共和国中央军事委员会副主席；傅全有上将、于永波上将、王克上将、王瑞林上将为中华人民共和国中央军事委员会委员。1998年11月4日第9届全国人民代表大会常务委员会第5次会议通过任命曹刚川上将为中华人民共和国中央军事委员会委员。1999年10月31日第9届全国人民代表大会常务委员会第12次会议通过，任命胡锦涛为中华人民共和国中央军事委员会副主席，任命郭伯雄上将、徐才厚上将为中华人民共和国中央军事委员会委员。

人民武装委员会　从中央到县各级建立的群众武装建设的专门机构。主要任务是：研究贯彻党中央、国务院、中央军委有关民兵建设的各项方针、政策和指示；根据上级地方党委和军事机关的有关指示，结合本地区情况，研究解决民兵工作中的重大问题；研究贯彻有关兵员动员和转业、复员、退伍战士安置工作的方针、政策。中央军委人民武装委员会由中央军委国家机关有关部门、人民解放军各总部和有关人民团体的负责人组成。办事机构设在中国人民解放军总参谋部动员部。省（直辖市、自治区）地、县（市）党委人民武装委员会，由各级党委吸收有关部门的负责同志组成，主任由同级党委指定一名书记担任。办事机关分别为省军区、军分区、县（市）人民武装部。

中华人民共和国国防部　中华人民共和国国务院的军事部门。根据中华人民共和国宪法规定，国务院领导和管理国防建设事业。国务院设立国防部，一切需要由政府负责的军事工作，则经国务院作出相应决定，通过国防部或以国防部的名义组织实施。国防部在接受国务院领导的同时也接受中央军事委员会的领导。需要国防部办理的事宜，由总参谋部、总政治部、总后勤部、总装备部分别办理。1998年3月，第9届全国人大1次会议决定，迟浩田上将为国务院国务委员兼国防部长。

中国人民解放军总参谋部　中央军委领导下负责组织武装力量建设和作战指挥的军事领导机关。设有办公厅和作战、情报、通信、训练、军务、动员、兵种、电子对抗、政治、陆航、外事、管理等部门。现任总参谋长傅全有上将（1995年9月上任），常务副总参谋长郭伯雄上将（1999年9月上任），副总参谋长隗福临上将（1995年7月上任）、吴铨叙上将（1995年7月上任）、钱树根上将（1995年7月上任）、熊光楷上将（1996年1月上任）、张黎中将（2000年6月上任），总参谋长助理李玉少将（2000年12月上任）。

中国人民解放军总政治部　中央军委领导下负责全军政治工作的领导机关。设有办公厅和组织、干部、宣传、保卫、纪律检查、联络等部门。现任总政治部主任于永波上将（1992年10月上任），副主任王瑞林上将（1992年10月上任），常务副主任兼中央军事委员会纪律检查委员会书记徐才厚上将（1999年9月上任），副主任唐天标上将（1995年7月上任）、袁守芳上将（1996年11月上任）、张树田上将（1998年12月）。

中国人民解放军总后勤部　中央军委领导下负责全军后勤工作的领导机关。设有司令部、政治部和财务、军需、卫生、军事交通、油料物资、基建营房、审计等部门。现任总后勤部部长王克上将（1995年9月上任），政治委员周坤仁上将（1995年7月上任），副部长王太岚中将（1992年11月上任）、周友良中将（1993年12月上任）、温光春中将（1996年7月上任）、孙志强少将（1999年12月上任）、苏书岩少将（1999年12月上任）、副政治委员董宜胜中将

(1999年5月上任)，总后勤部部长助理梁洪少将(1995年1月上任)、路增祺少将(1995年1月上任)、孙承军少将(2000年2月)。

中国人民解放军总装备部 中央军委领导下负责全军武器装备工作的领导机关。1998年4月3日组建，设有司令部、政治部和综合计划、军兵种、陆军装备科研订购、通用装备保障、电子信息等部门。现任总装备部部长曹刚川上将(1998年4月上任)、政治委员李继耐上将(1998年4月上任)，副部长李元正中将(1998年8月上任)、陈达植中将(1998年8月上任)、胡世祥中将(1998年8月上任)、肖贞堂中将(1998年8月上任)、李安东少将(2000年8月上任)，副政治委员朱增泉中将(1998年8月上任)。

中国人民解放军军区领导机关 是根据国家的行政区域、地理位置和战略战役方向、作战任务等设置的一级军队组织，是战略区域内合成部队的军事领导指挥机关；直属中央军委领导。其主要任务是贯彻执行中共中央、国务院和中央军委确定的建军原则、作战方针，领导辖区部队的革命化、正规化、现代化建设，负责辖区内诸军兵种部队合同作战的统一指挥，领导管理辖区内的民兵、兵役、动员工作和战场建设。军区机关设有司令部、政治部、联勤部装备部等机构。现有7个军区。

沈阳军区 司令员钱国梁中将(1999年12月上任)，政治委员姜福堂中将(1995年9月上任)。

北京军区 司令员李新良上将(1997年11月上任)，政治委员杜铁环上将(1996年11月上任)。

兰州军区 司令员李乾元中将(1999年9月上任)，政治委员刘冬冬中将(2000年6月上任)。

济南军区 司令员陈炳德中将(1999年12月上任)，政治委员张文台中将(1999年9月上任)。

南京军区 司令员梁光烈中将(1999年12月上任)，政治委员雷鸣球中将(2000年11月上任)

广州军区 司令员陶伯钧上将(1996年1月上任)，政治委员刘书田中将(1998年8月上任)。

成都军区 司令员廖锡龙上将(1995年7月上任)，政治委员杨德清中将(1999年5月上任)。

中国人民解放军海军领导机关 设有司令部、政治部、后勤部、装备部。现任海军司令员石云生海军上将(1996年11月上任)，政治委员杨怀庆海军上将(1995年7月上任)。

中国人民解放军空军领导机关 设有司令部、政治部、后勤部、装备部。现任空军司令员刘顺尧空军上将(1996年11月上任)，政治委员乔清晨空军中将(1999年1月上任)。

中国人民解放军第二炮兵领导机关 设有司令部、政治部、后勤部、装备部。现任第二炮兵司令员杨国梁上将(1992年11月上任)，政治委员隋明太中将(1997年11月上任)。

最高军事学术研究机关和学府 **中国人民解放军军事科学院** 中央军委领导下的军事学术研究机关，是全军军事科学的研究中心，是中央军委和总部从军事理论高度指导军队建设的助手。基本任务是进行军事基础理论和国防建设、军队建设重大问题的研究；为军委和总部决策提供战略性建议和咨询，提供军事学术研究方面的信息；组织协调全军的军事学术研究工作等。设有战略、战役战术、军制、军事历史、外国军事、军事百科全书、毛泽东军事思想研究、军事运筹分析等研究部门。拥有一支具有相应水平和实践经验的研究队伍。编写出版了大量军事研究论著和各种条令、条例、教令，译注了大量中外军事名著、军事工具书，并编辑出版《中国军事科学》、《军事学术》、《外国军事学术》等多种学术刊物。军事科学院被国务院学位委员会批准在军事学领域开展硕士和博士生教育。军事科学院注重同国内外学术界的交流。现任军事科学院院长王祖训上将(1999年1月上任)，政治委员温宗仁中将(2000年6月上任)。

中国人民解放军国防大学 中央军委领导下的最高军事学府，是一所具有综合性、研究性、开放性特点的合成指挥大学。基本任务是招收经过中级指挥院校培训的优秀教师、旅职军官，实施高层次的综合教育，同时培训高级参谋、高级理论研究人员和国家有关部门的领导干部，并从事有关战略和国防现代化建设问题的研究，为军委和总部决策起咨询作用。教学指导思想是以培养政治上合格的适应国防现代化建设和未来战争要求的高级人才为目标；坚持培养“通才”；坚持“高、新、宽、深”的教学内容；坚持自学为主，实行研究式、启发式的教学方法。设有国防研究系、进修系、基本系、留学生系、师资培训班和研究生院，还设有科学研究部下属的战略研究所、马克思主义研究所、军队建设研究所等科研机构。国防大学已被国务院学位委员会批准在军事学领域开展博士生教育。国防大学坚持对国内外开放，积极开展学术交流，力求用世界最新科技和军事信息、成果，充实和丰富教学内容。现任国防大学校长邢世忠上将(1995年7月上任)，政治委员王茂润上将(1995年7月上任)。

作战指挥系统 中央军委通过中国人民解放

军总参谋部对各军区、海军、空军、第二炮兵实施作战指挥。驻各军区的陆军集团军和兵种部队归所在军区建制领导和指挥。部署在各军区的海军、空军部队，建制归海、空军，受军区和军委海、空军的双层领导。军区内三军联合作战行动由军区统一指挥。第二炮兵在军委集中领导下，实施垂直指挥。省军区、军分区、县（市）人民武装部隶属军队系统，归所在军区建制领导，同时又是所在省、地、县（市）党委的军事工作部门和政府的兵役机关。

武装力量 中华人民共和国武装力量属于人民，受中国共产党领导，武装力量中的中国共产党组织依照中国共产党章程进行活动。中华人民共和国武装力量的任务是巩固国防，抵抗侵略，保卫祖国，保卫人民的和平劳动，参加国家建设事业，全心全意为人民服务。中华人民共和国武装力量由中国人民解放军现役部队和预备役部队、中国人民武装警察部队及民兵组成。中国人民解放军现役部队是国家的常备军，主要担负防卫作战任务，必要时可以依照法律规定协助维护社会秩序；预备役部队平时按照规定进行训练，必要时可以依照法律规定协助维护社会秩序，战时根据国家发布的动员令转为现役部队。中国人民武装警察部队在国务院、中央军事委员会的领导指挥下，担负国家赋予的安全保卫任务，维护社会秩序。民兵在军事机关的指挥下，担负战备勤务、防卫作战任务，协助维护社会秩序。中华人民共和国武装力量以毛泽东军事思想和邓小平新时期军队建设思想为指导，按照江泽民主席提出的“政治合格、军事过硬、作风优良、纪律严明、保障有力”的总要求，正向革命化、现代化、正规化目标迈进。

在 2001 年 3 月 15 日第九届全国人民代表大会第四次会议批准的《中华人民共和国国民经济和社会发展第十个五年计划纲要》中指出，强大的国防是国家安全和现代化建设的基本保证。“十五”期间，要在集中力量发展国民经济的同时，积极推进国防建设，增强国防实力。要加强军队党的建设，确保党对军队的绝对领导。加强人民解放军的革命化、现代化、正规化建设。贯彻积极防御的军事战略方针，坚持质量建军，科技强军，勤俭建军，依法治军，积极改革创新。加快军队向质量效能型和科技密集型转变，走有中国特色的精兵之路，提高现代技术特别是高技术条件下的防卫作战的能力，做好应付种种复杂情况的准备。加强国防动员体系建设，增强国防后备力量，提高平战转换能力。深化后勤保障改革，提高保障能力。要坚持军民结合，寓军于民，大力协同，自主创新，建立适应国防建设和市场经济要求的新型国防科技工业体系，发展高新武器装备，努力提高现代化水平。要坚持“和平统一、一国两制”的基本方针，坚决打击“台独”分裂势力，早日完成祖国统一。

中国人民解放军 由陆军、海军、空军、第二炮兵部队组成。

陆军 中国人民解放军陆军经过 70 多年的建设，现已发展成为一支具有强大火力、突击力和高度机动能力的诸兵种合成军种。编有步兵、炮兵、装甲兵、工程兵、通信兵、防化兵等专业兵种，还编有电子对抗、测绘和航空兵部队。步兵有山地步兵、摩托化步兵、机械化步兵，炮兵包括地面炮兵、高射炮兵和地空导弹部队；装甲兵部队在编制上以坦克部队和装甲步兵部队为主体，还编有炮兵、反坦克导弹、防空、防化学、工程及其他勤务保障部（分）队，装备除主战坦克外，还有水陆坦克、轻型坦克、扫雷坦克、反坦克导弹发射车等；工程兵由工兵、舟桥、建筑、工程维护、伪装、野战给水工程等专业部（分）队组成；通信兵由野战通信、固定台站通信、通信工程和军邮勤务等专业部（分）队组成；防化兵由防化、喷火、发烟等部（分）队组成。陆军的编制序列一般是：集团军、师（旅）、团、营、连、排、班。

海军 中国人民解放军海军于 1949 年 4 月 23 日正式成立。主要任务是独立地或协同陆军、空军防御敌人从海上入侵，保卫领海主权，维护海洋权益。主要由水面舰艇部队、潜艇部队、航空兵、岸防兵和陆战队等兵种以及各种保障部队组成，编有北海、东海、南海三个舰队和海军航空兵部，以及各类院校、科研、试验机构、预备役部队和军民联防单位。编制序列是：海军、舰队、航空兵部、基地、水警区、舰艇支队、舰艇大队、舰艇中队。人民解放军海军部队现已成为一支兵种齐全，常规和尖端武器兼备，具有立体攻防能力，能有效地保卫国家领海的战斗力量。

空军 中国人民解放军空军于 1949 年 11 月 11 日正式成立。主要任务是担负国土防空，支援陆、海军作战，对敌后方实施空袭，进行空运和航空侦察。编制序列是：空军、军区空军、空军军、师（旅）、团、飞行大队（营）、飞行中队（连）。经过半个世纪的建设，人民解放军空军已经发展成为一支由航空兵、高射炮兵、地空导弹兵、雷达兵、空降兵等多兵种合成，由歼击机、强击机、轰炸机、运输机等多机种组成的现代化的高技术军种。

第二炮兵 中国人民解放军装备地地战略导弹武器系统，遂行战略核反击任务的部队，组建于 1966

年7月1日。主要任务是遏制敌人对中国使用核武器，在敌人对中国发动核袭击时，遵照统帅部的命令，独立地或联合其他军种的战略核部队对敌人实施有限而有效的自卫反击，打击敌人的重要战略目标。第二炮兵部队由近程、中程、远程和洲际导弹部队，工程部队，作战保障、装备技术保障和后勤保障部队组成，是一支具有一定规模和实战能力的主要核威慑和战略核反击力量。目前，建成了一批不同型号和不同发射方式的作战阵地，初步形成了多种型号导弹武器装备系统，快速机动作战能力和准确打击目标能力进一步提高，在保卫社会安全、维护世界和平中发挥着重要作用。中国发展核武器，组建战略核部队，是为了防御，是为了打破核垄断，反对核讹诈，遏制核战争。核反击是被迫的，最终目的是消灭核武器和核战争，维护中国的独立和安全。中国政府一再郑重声明，中国在任何时候、任何情况下，都不会首先使用核武器，不对无核武器国家和无核武器地区使用核武器。但是，如果遭到核袭击，将毫不犹豫地实施核反击，进行有限而有效的核报复。

驻香港特别行政区部队　1997年7月1日，中华人民共和国恢复了对香港行使主权。根据《中华人民共和国宪法》赋予中国人民解放军的使命和《中华人民共和国香港特别行政区基本法》关于中央人民政府负责管理香港特别行政区的防务的规定，为维护国家的主权、统一和领土完整，保持香港特别行政区的繁荣和稳定，驻香港特别行政区部队于1993年初开始组建，1994年10月25日正式成立，1996年1月28日组建完毕，1997年7月1日正式进驻香港执行防务任务。香港驻军由陆、海、空军部队组成，是一支合成部队，下辖1个陆军步兵旅、1个海军舰艇大队、1个空军航空兵团。驻香港特别行政区部队隶属中华人民共和国中央军事委员会，费用由中央人民政府负担，驻军的防务职责是防备和抵抗侵略，保护香港特别行政区的安全；担负防卫勤务；管理军事设施；承办有关的涉外军事事宜。香港特别行政区政府在必要时，可向中央人民政府请求驻军协助维护社会治安和救助灾害。驻军法规定香港驻军人员的义务是：（一）忠于祖国，履行职责，维护祖国的安全、荣誉和利益，维护香港的安全；（二）遵守全国性的法律，遵守军队的纪律；（三）尊重香港特别行政区政权机构，尊重香港特别行政区的社会制度和生活方式；（四）爱护香港特别行政区的公共财产和香港居民的私有财产；（五）遵守社会公德，讲究文明礼貌。同时明确规定禁止驻军干预特区的地方事务，禁止军人参加香港的政治组织、宗教组织和社会团体，禁止驻军和军人从事营利性的经营活动和其他与驻军职责不相称的活动。这支部队按照中央军委的要求，进驻香港后展现出了中国人民解放军“威武之师、文明之师”的风貌。

驻澳门特别行政区部队　1999年12月20日，中华人民共和国恢复了对澳门行使主权。根据《中华人民共和国宪法》赋予中国人民解放军的使命，依照《中华人民共和国澳门特别行政区基本法》关于中央人民政府负责管理澳门特别行政区基本法、关于中央人民政府负责管理澳门特别行政区的防务的规定和《中华人民共和国澳门特别行政区驻军法》的有关规定，为维护国家的主权、统一和领土完整，保持澳门特别行政区的稳定和发展，中华人民共和国中央人民政府派驻澳门特别行政区的部队于1999年11月10日组建完毕，于1999年12月20日进驻澳门正式担负防务。这支部队集摩托化步兵、装甲步兵、通信兵、侦察兵等多兵种于一体，主要由陆军组成，官兵人数近千名。指挥机关编有海、空军人员，并设有专门的训练和保障机构。武器装备如轻武器、通信设备、装甲车等，都是20世纪90年代的最新装备。机关人手一部电脑，实现了指挥、办公、管理等自动化。中国人民解放军驻澳门部队由中华人民共和国中央军事委员会领导，驻军费用由中央人民政府担负，驻澳门部队不干预澳门特别行政区的地方事务。澳门特别行政区政府在必要时，可以向中央人民政府请求驻澳门部队协助维持社会治安和救助灾害。驻军人员除须遵守全国性的法律外，还须遵守澳门特别行政区的法律。

预备役部队　是中国人民解放军的组成部分，是建设祖国保卫祖国的一支重要力量。

预备役部队以少数现役军人为骨干，以预备役军官和士兵为基础，按照中国人民解放军的统一编制组建，属于人民解放军序列。平时按照总参谋部的计划进行军事训练，努力提高军事素质和快速动员能力，必要时可按照法律规定协助维护社会秩序，战时根据国家发布的动员令转为现役部队。从1983年开始，各军区及军兵种普遍组建预备役部队。经过10多年的建设，现已成为一支具有数十个师兵力，包括步兵、炮兵、工程兵、通信兵、防化兵和舟桥部队以及海、空军等专业技术兵种在内的诸军兵种合成的新型预备役部队。各预备役师、团在加强基本建设的同时，建立健全了一整套教育、训练、管理生活制度，狠抓军事训练，不断增强了在现代高技术条件下的快速动员能力的遂行作战任务能力。《中华人民共和国预备役军官法》规定，预备役军官授予预备役军官军衔，军衔等级基本与现役军官相同，最高编制军衔为预备役少将。从 1997 年 1 月 1 日起，预备役军官在参加军事训练、执行军事勤务期间和参加国庆节、建军节或者重大庆典活动时，着预备役军官制式服装，佩带军衔肩章、符号标志，平时不得佩带。

中国人民武装警察部队　是中华人民共和国武装力量的组成部分，担负国内安全保卫任务。其职能是捍卫中国共产党的领导，捍卫社会主义制度。基本使命是维护国家主权和尊严，维护社会稳定，保卫重要目标和人民生命财产安全。1982 年 6 月，党中央决定组建中国人民武装警察部队。1983 年 4 月，中国人民武装警察部队总部在北京成立，属于国务院编制序列，由国务院、中央军委实施双重领导，实行统一领导管理与分级指挥相结合的体制。武警部队执行中华人民共和国兵役法和中国人民解放军的条令、条例和有关规章制度，享受中国人民解放军的同等待遇。军衔等级同中国人民解放军军衔等级，军衔前冠以“武警”名称。

中国人民武装警察部队设有总部，各省、自治区、直辖市设有武装警察部队总队（副军或师级）；各地、市、州、盟设有支队（团级）或大队（营级）；县（市、旗）设有中队（连级）。中国人民武装警察部队以内卫部队为主体，包括列入武装警察部队序列的公安边防部队、公安消防部队、公安警卫部队；担负生产建设任务的水电部队、交通部队、黄金部队；担负护林防火、灭火任务的森林警察部队。内卫部队的基本任务是：警卫党政机关和外国驻华使（领）馆，守卫重要机场、电台、电视台、通信枢纽、工厂、仓库、科研机构等重要目标；守护重要桥梁隧道；担负看守所、监狱、劳改场所的外围武装看押任务和押解罪犯；对大城市和特定地区实施治安巡查警戒；参与处置各种突发事件。边防部队的主要任务是：担负边境地区的治安管理；在对外开放的港口、机场、国境车站和孔道以及特许的口岸，对出入境人员和交通工具实施边防检查；对国际国内航班乘客及携带物品实施安全检查；在领海线内实施巡逻。消防部队的主要任务是：向人民群众宣传安全防火常识，协助有关单位制定防火措施，搞好消防监督和检查，扑救火灾，保卫国家经济建设和人民生命财产的安全。中国人民武装警察部队总部设有武警部队指挥学院、技术学院和专科学校，总队一级设有初级指挥学校和有关专业技术学校。武警部队经过十几年的建设已进入了新的发展阶段。目前，部队正在建设成为一支政治可靠、训练有素、装备改善、出色履行维护国家安全和稳定的神圣职责的部队。现任武警部队司令员吴双战武警上将（1999 年 12 月上任），第一政治委员贾春旺（公安部长兼，1998 年 3 月上任），政治委员徐永清武警中将（1996 年 2 月上任）。

民兵　是中国共产党领导下的不脱离生产的群众武装，是中华人民共和国武装力量的组成部分，是中国人民解放军的助手和后备力量。民兵的任务是：（一）积极参加社会主义现代化建设，带头完成生产和各项任务；（二）担负战备勤务，保卫边疆，维护社会治安；（三）随时准备参军参战、抵抗侵略，保卫祖国。《民兵工作条例》规定，民兵工作的任务是：（一）建立和巩固民兵组织，提高民兵军政素质，配备和管理民兵武器装备，储备战时所需的后备兵员；（二）发动民兵参加社会主义现代化建设，组织民兵担负战备执勤，维护社会治安；（三）组织民兵参战，支援前线，抵抗侵略，保卫祖国。民兵工作应当贯彻人民战争的思想，坚持劳武结合，坚持民兵制度与预备役制度、民兵工作与战时兵员动员准备工作相结合。全国的民兵工作在国务院、中央军委领导下，由中国人民解放军总参谋部主管。军区按照上级赋予的任务，负责本区域的民兵工作。省军区（卫戍区、警备区）、军分区、县（市）人民武装部负责本区域的民兵工作。《中华人民共和国兵役法》规定，乡、民族乡、镇和企业事业单位建立民兵组织，凡 18～35 岁符合服兵役条件的男性公民，除应征服现役以外，均应编入民兵组织服预备役。民兵分基干民兵和普通民兵。28 岁以下的退出现役的士兵和经过军事训练的人员，以及选定参加军事训练的人员编为基干民兵；其余 18～35 岁符合服兵役条件的男性公民编为普通民兵。根据需要吸收女性公民参加基干民兵。陆海边疆、少数民族地区和城市有特殊情况的单位，基干民兵的年龄可适当放宽。随着国防现代化建设的发展，民兵组织已由单一的步兵发展成为包括高炮、地炮、通信、工兵、防化、侦察以及海军、空军等专业技术分队在内的基干民兵队伍。民兵的武器实现了国产制式化。为加强国防后备力量建设，1987 年全国边海防民兵工作会议之后，开始组建民兵应急分队。民兵应急分队是一支应付突发事件、维护社会稳定的“拳头”力量。经过 10 多年的建设在大中城市和边海防等重点地区组建的民兵应急分队已步入正规化的建设轨道，基本实现了武器装备现代化、通信工具现代化，成为一支素质优良、动员快速、战斗力强的队伍。在加强民兵应急部队建设的同时，加强了民兵专业技术分队的建设。目前，全国共组建对口专业分队近万个，编组民兵数万人，在平时的生产建设、抢险救灾和军事活动中充分发挥了后备军的作用。

兵役制度　中华人民共和国宪法规定："保卫祖国、抵抗侵略是中华人民共和国每一个公民的神圣职责。依照法律服兵役和参加民兵组织是中华人民共和国公民的光荣义务。"凡中华人民共和国公民，不分民族、种族、职业、家庭出身、宗教信仰和教育程度，都有依法服兵役的义务。参加中国人民解放军的服现役，没有服现役的公民进行兵役登记服预备役或者编入预备役部队、参加民兵组织，以及学生接受军事训练等都是履行兵役义务。1998 年 12 月 29 日第 9 届全国人民代表大会常务委员会第 6 次会议通过了关于修改《中华人民共和国兵役法》的决定，修改后的兵役法规定："中华人民共和国实行义务兵与志愿兵相结合、民兵与预备役相结合的兵役制度。"

士兵服役制度　根据 1998 年 12 月 29 日新颁发的《中华人民共和国兵役法》和 1999 年 6 月 30 日国务院、中央军委修订发布的新的《中国人民解放军现役士兵服役条例》，现役士兵按兵役性质分为义务兵役制士兵和志愿兵役制士兵。义务兵役制士兵称义务兵，义务兵服现役的期限为 2 年。志愿兵役制士兵称士官。士官从服现役期满的义务兵中选取，根据军队需要，也可以从非军事部门具有专业技能的公民中招收。士官实行分期服现役制度。士官服役的年限为：第一期、第二期各 3 年，第三期、第四期各 4 年，第五期 5 年，第六期 9 年以上。士官服现役的期限，从改为士官之日算起，至少 3 年，一般不超过 30 年，年龄不超过 55 岁。

军官服役制度　中国人民解放军现役军官是被任命为排级以上职务或者初级以上专业技术职务，并被授予相应军衔的现役军人。军官按职务性质分为军事军官、政治军官、后勤军官、装备军官和专业技术军官。军官的选拔和使用，坚持任人唯贤、德才兼备、注重实绩、适时交流的原则，实行民主监督。坚持院校培训提拔军官的制度。优秀士兵经过院校培训也可以提拔为军官。经军队院校培训提拔军官不能满足需要时，平时可以挑选优秀士兵经过总部指定的其他训练机构培训合格后提拔为军官，也可以接收普通高等学校毕业生和专业技术人员入伍，任命为军官；战时可以从士兵、征召的预备役军官和非军事部门的人员中直接任命军官。军官服役最高年龄：排级 30 岁、连级 35 岁、营级 40 岁、团级 45 岁、师级 50 岁、军级 55 岁，大军区副职 63 岁，大军区正职 65 岁。作战部队的少数师、军职军官因工作需要可以适当延长，但师、正军职最多不得超过 5 岁，副军职最多不得超过 3 岁；在舰艇上服役的营、团级军官，任职的最高年龄分别为 45 岁和 50 岁；总部机关，大军区机关，省军区（卫戍区、警备区）系统、后勤基地和分部、院校、科研单位的师职军官任职的最高年龄为 55 岁，副军职军官任职最高年龄为 58 岁，正军职军官最高任职年龄为 60 岁；专业技术军官平时任职的最高年龄，初级专业技术职务 43 岁、中级专业技术职务 50 岁、高级专业技术职务 60 岁，少数中、高级专业技术职务的军官，因工作需要按任免权限批准可放宽 5 岁。军官达到服现役的最高年龄、因伤病残不能坚持正常工作或因受军队编制员额限制不能调整使用的，应当退出现役作转业、退休、离休安置。军官服现役（或参加工作）满 30 年以上或者年龄满 50 周岁以上，本人提出申请，组织批准，可作退休安置。

现役军人及其家属的优待　中国人民解放军军官实行职务军衔等级工资制度和定期增资制度，并按照国家和军队的有关规定享受津贴和补贴。军官享受公费医疗待遇，每年休假一次。军官具备家属随军条件的经师以上单位政治机关批准，其配偶和未成年子女、无独立生活能力的子女可以随军，是农村户口的转为城镇户口。部队移防或者军官工作调动，随军家属可以随调。军官退出现役后由国家妥善安置。士官实行工资制和定期增资制度，工资由基础工资、军衔等级工资、军龄工资组成，并按照国家和军队的有关规定享受津贴和补贴。高级士官经师（旅）级以上单位的政治机关批准，其配偶和未成年的子女、无独立生活能力的子女可以随军，是农村户口的转为城镇户口。士官每年均有探亲假期。义务兵役现役期间享受供给制生活待遇，并按军衔和服现役年限发给津贴，享受国家和军队规定的保险待遇，享受公费医疗待遇。兵役法规定，现役军人，革命残废军人，退出现役的军人，革命烈士家属，牺牲、病故军人家属，现役军人家属，应当受到社会的尊重，受到国家和人民群众的优待。革命伤残军人乘坐火车、轮船、飞机、长途公共汽车，凭《革命伤残军人证》准予优先购票和享受减价优待。现役军人牺牲、病故，由国家发给其家属一次性抚恤金和定期抚恤金。

退伍军人的安置　义务兵服现役期满未被选取为士官的，以及士官服役满本期规定年限未被批准进入下一期继续服现役的和符合退休条件的一律退出现役。退出现役的义务兵，按照国家有关规定妥善安置。家居农村的义务兵退出现役后，由乡、民族乡、镇的人民政府妥善安排他们的生产和生活。招收员工时，在同等条件下，应当优先录用。家居城镇的义务兵退出现役后，由县、自治县、市、市辖区的人民政府安排工作，也可以由上一级或者省、自治区直辖市的人民政府在本地区内统筹安排。机关、团体、企业事业单位，不分所有制性质和组织形式，都有按国家有关规定安置退伍军人的义务。入伍前是机关、团体、企业事业单位职工的允许复工、复职。城镇退伍军人待安置期间，由当地人民政府按照不低于当地最低生活水平的原则发给生活补助费。城镇退伍军人自谋职业的，由当地人民政府给予一次性经济补助，并给予政策上的优惠。士官退出现役后，初级士官按复员安置，满10年的中级士官、高级士官作转业安置，本人要求复员的经批准也可以作复员安置。入伍前是农村户口的，可以转为城镇户口。服现役满30年或满55岁的高级士官作退休安置，根据地方需要和本人自愿也可以作转业安置。丧失工作能力的士官作退休安置。退出现役的特等、一等革命残废军人，由国家供养终身，其余的残废军人由政府安排力所能及的工作，或转业地方工作，或作退休处理。军官退出现役后，由国家妥善安置。提任师级以上职务和高级专业技术职务的军官，退出现役后主要作退休安置；提任团级以下职务和初、中级专业技术职务的军官退出现役后主要作转业安置，不宜作转业或其他安置的团职军官可以由组织批准作退休安置。自愿复员的干部，可回原籍县（市、区）或入伍时户口所在地，也可到配偶所在地。国家机关和企业事业单位在招聘工作人员时，应对具备条件的复员干部优先聘任和录用。复员干部从事个体经营或开办私营企业的，应依法优先发给营业执照，在有限期内给予低息贷款，经税务部门批准可适当减免营业税和所得税。复员干部就业后的待遇按照“享受所在单位同工龄、同工种、同岗位人员待遇”的原则确定。

军衔 中国人民解放军军官衔分为3等10级，即将官3级（上将、中将、少将）、校官4级（大校上校、中校、少校）、尉官3级（上尉、中尉、少尉）。根据军官所属军种和技术特点，在海军空军和专业技术军官军衔前分别冠以“海军”、“空军”、“专业技术”名称。现行军官职务等级编制军衔：中央军事委员会主席不授予军衔，中央军事委员会副主席和委员为上将，大军区正职为上将、中将，大军区副职为中将、少将，正军职为少将、中将，副军职为少将大校，正师职为大校、少将，副师职为上校、大校，正团职为上校、中校，副团职为中校、少校，正营职为少校、中校，副营职为上尉、少校，正连职为上尉、中尉，副连职为中尉、上尉，排职为少尉、中尉。专业技术军官，高级专业技术职务为中将至少校，中级专业技术职务为大校至上尉，初级专业技术职务为中校至少尉。志愿兵役制士兵按军衔等级分为；高级士官（六级士官、五级士官）；中级士官（四级士官、三级士官）；初级士官（二级士官、一级士官）。义务兵役制士兵为最高军衔。海军、空军士兵在军衔前分别冠以“海军”、“空军”二字。

文职制度 中国人民解放军中的文职干部是被任命为初级以上专业技术职务或者办事员级以上职务，不授予军衔的现役军人，是国家干部队伍的组成部分。文职干部按照工作性质分为专业技术文职干部和非专业技术文职干部。文职干部编制范围：军队中科学研究、工程技术医疗卫生、教学、新闻、出版、图书、档案、文化艺术、体育等单位的部分专业技术干部职务，以及机关、院校、医院等单位部分从事行政事务、服务保障的干部职务。文职干部的职务等级：专业技术文职干部的专业技术职务分为高级、中级、初级，专业技术等级分为1级至14级，1级为最高级；非专业技术文职干部的职务分为正局级、副局级、正处级、副处级正科级、副科级、一级科员、二级科员、办事员。文职干部的级别设置为特级、1级至9级，特级为最高级。文职干部的待遇基本与现役军官的待遇相同。文职干部着制式服装，佩带帽徽、肩章、军种符号、领花。根据工作需要，文职干部可以改任军官，并按照有关规定评定授予军衔。

（张景恩）

附：中国台湾省

主要统计 面积3.6006万平方千米，由台湾本岛、周围属岛和澎湖列岛等80余个岛屿组成。其中台湾本岛面积35798平方千米，是中国第一大岛。人口2209万人（其中，14岁以下人口473万人，15～64岁劳动适龄人口男约为723.2万人，女约735.8万人，20～39岁男348.4万人，65岁以上人口186万人）。国民生产总值2908.2亿美元（1999年），“国防”预算125亿美元。石油自产5.4万公升，天然气8.8万立方米，发电量129.77亿度，粮食180.1万吨（1998）。铁路总长2400千米，客运量1.72亿人，货运量1708万吨，公路客运量11.6亿人，货运量3.3亿吨。海运能力，台籍船舶登记数（100吨以下及渔船等不含）255艘，总载重量551万吨。空运能力，台籍航空公司飞机189架，客运量2748万人，货运量 81 万吨。

简况 台湾自古以来就是中国领土不可分割的一部分。1949 年 10 月 1 日，中华人民共和国成立，蒋介石和部分国民党军政人员退居台湾，依靠美国的庇护和支持，偏安一隅，使台湾与祖国大陆陷入分离局面。1995 年 6 月，李登辉在美国公开进行分裂祖国的活动，并相继提出旨在分裂祖国的所谓“七块论”和“两国论”，将两岸关系推向十分危险的境地。对此，中国政府、中国人民和中国人民解放军开展了坚决的反分裂、反“台独”斗争。

陈水扁 2000 年 5 月上台后，对台所谓安全政策进行了一些调整。其现行安全政策的要点是：在对外政策方面，抛出所谓“人权外交”，加大“参与联合国”和其他国际组织的力度。在两岸关系上，继续坚持回避、拒绝“一个中国的原则”，玩弄手法拖延两岸关系的发展。在军事上，大力加强台军的建设，鼓吹“境外决战”，力图达到“以武拒统”的目的。

军事战略 提出“境外决战”的新战略构想，“不希望将战争带入本土”。调整军事战略方针，将李登辉时期的“防卫固守、有效吓阻”改变为“有效吓阻、防卫固守”。台 2000 年“国防报告书”认为，台军“自‘精实案’实施，新一代兵力编成及武器装备更新后，已具备主动战略条件，有能力遂行反制作战，且可获致一定程度之吓阻效果”。在作战对象上，继续视大陆为其最大威胁，认为大陆军队现代化建设对台的威胁“已从单纯数量优势转变为质量的竞争”，对台的“安全威胁已较以往更加紧迫、更为严重，武力犯台模式也更加多样化”。在作战指导上，继续强调“先制反制”作战，提出“止战而不惧战，备战而不求战”的原则，一旦战争爆发，将依据“战略持久、战术速决”的作战指导思想，实施总体作战。

军事体制 基本架构由“总统”、“国家安全会议”、“行政院”、“国防部”组成。“总统”为三军统帅，直接通过“国防部长”统帅三军。“国家安全会议”为安全的最高咨询机关。“行政院”负责制定“国防政策”，统合整体“国力”，督导所属各机关办理“国防”有关事务。“国防部”隶属于“行政院”，对台军政、军令、军备三大系统有领导与指挥权。武装力量由正规军和后备力量及准军事力量组成。正规军分为陆、海、空三个军种及宪兵等。

领导人物 “总统”兼武装力量统帅陈水扁(2000 年 5 月 20 日上台)，“行政院”院长张俊雄，“国防部”部长伍世文，参谋总长汤曜明，总政治部主任邓福琳，陆军总司令陈正湘，海军总司令李杰，空军总司令陈肇敏。

武装力量 兵力 现役总兵力 40 万人。

陆军 20 万人。编有 3 个军团部，4 个防卫部。在“精实案”计划实施过程中，陆军师已全部改编为“联兵旅”。“联兵旅”分为守备旅、空骑旅、装甲旅、装步旅、摩步旅等几种形态，共计 40 个。此外，还编有 4 个防卫部直属营、2 个防空导弹群、1 个通信电子战群等。

各型坦克 1000 余辆，其中主战坦克 740 辆；步战车 225 辆，装甲输送车等装甲车辆 2500 辆；105 毫米以上火炮 1375 门，反坦克导弹 1000 具，高炮 200 余门；各种直升机 21 架。

海军 5 万余人（含海军陆战队）。编为 7 个舰队（2 个驱逐舰队、2 个巡防舰队及水雷、两栖、勤务舰队各 1 个）、1 个潜水艇战队、若干快艇队、1 个海军航空指挥部、1 个观察系统指挥部；海军陆战队师已改编为 3 个陆战“联兵旅”（守备旅、打击旅、警卫旅）。

海军主要装备：潜艇 4 艘；水面舰只近 100 艘，其中主要水面舰艇 33 艘，两栖舰船 18 艘；作战飞机 31 架，武装直升机 21 架。

空军 5 万余人。编有 1 个作战司令部，1 个后勤司令部，1 个教育暨准则发展司令部，2 个基地指挥部，7 个飞行联队及其他战斗和战斗支援部队。

作战飞机 570 架，其中 IDF（“经国”号）型战机 130 架，F－16 型战机约 150 架（含已坠毁数），幻影－2000 型战机 60 架（含已坠毁数）；高炮 400 余门，地空导弹 241 部。

后备军人 348.2 万人。其中，陆军 272.4 万人；海军 42.5 万人；空军 33.4 万人。精壮及专业技术后备军人纳入“年度动员计划”，每年实施教育召集、点阅召集训练，以符合战备要求。

部署 由于台军兵力裁减，武器装备更新，因此，兵力部署也作出相应的调整。陆军设有 5 个战区及金门、马祖 2 大防卫部，作战部队均部署在其防区内。第 1 战区为澎湖列岛及周边海区，主要部署有 2 个联兵旅；第 2 战区为中央山脉以东、大浊水溪以南、大竹蒿溪以北地区，主要部署 2 个守备旅；第 3 战区为后龙溪与大浊水溪以北地区，主要部署有 12 个联兵旅；第 4 战区为八掌溪与大竹蒿溪以南地区，主要部署有 7 个联兵旅；第 5 战区为中央山脉以西、后龙溪以南、八掌海以北地区，主要部署有 9 个联兵旅；金门防卫部防区的部署有 3 个联兵旅；马祖防卫部防区部署有 3 个联兵旅。海军作战部队依固定的基地部署，左营部署有3个舰队，在高雄、基隆、苏澳、马方各部署有1个航队。空军作战部队依机场部署。台南、清泉岗、嘉义、花莲、台东、桃园、屏东、新竹各部署有1个飞行大队。海空雷达部队部署在外岛及本岛适宜阵位。

兵役制度　实施义务兵与志愿兵役制相结合的兵役制度。军官、士官和志愿兵为志愿制，兵为义务制。

军衔　分为5等19级，即将官4级（一级上将、上将、中将、少将）、校官3级（上校、中校、少校）、尉官3级（上尉、中尉、少尉）、士官6级（一等士官、二等士官、三等士官、上士、中士、下士）、兵3级（上等兵、一等兵、二等兵）。

（张世斌）

阿拉伯联合酋长国

国　　名　阿拉伯联合酋长国。

主要统计　面积8.36万平方千米。人口270万人（其中，13～17岁男8.6万人，女8.5万人；18～22岁男8.4万人，女8万人；23～32岁男14.3万人，女11.4万人）。国内生产总值1900亿迪尔汗，约合520亿美元（1999年）。国防费145亿迪尔汗，合39亿美元（2000年国防预算）。原油年产量8.09亿桶（1996年）。天然气254.29亿立方米（1995年）。发电量194亿度（1995年）。粮食1000吨。海运能力，商船（载重100吨以上）276艘，总吨位149.2万吨（1998年）。民航能力，客运量27.6亿人千米，货运量1.06亿吨千米（1998年），有固定航班机场6处（1997年）。

国防体制　联邦最高委员会决定，联邦总统兼任武装力量统帅。最高军事决策机构是“武装力量总司令部”。最高军事行政机关是国防部。武装力量由正规军和准军事部队组成。正规军分陆、海、空三个军种。联邦总统通过武装力量总司令部、国防部和陆、海、空三军领导和指挥全军。

领导人物　联邦总统兼武装力量总司令扎耶德·本·苏尔坦·阿勒纳哈扬。武装力量副总司令、王储哈利法·本·扎耶德·阿勒纳哈扬。国防部长穆罕默德·本·拉希德·阿勒马克图姆上将。武装力量参谋长穆罕默德·本·扎耶德·阿勒纳哈扬。

武装力量　**兵力**　现役部队6.5万人（外籍军人约占30%）。

陆军　5.9万人（包括迪拜1.5万人）。编有1个王室警卫旅、2个装甲旅、3个机械化步兵旅、2个步兵旅、1个炮兵旅，迪拜拥有2个独立步兵旅。

主战坦克：共331辆，其中AMX—30型45辆。OF－40Mk2“狮”式36辆，“勒克莱尔”式250辆。轻型坦克：“蝎”式76辆。装甲侦察车：共69辆，其中AML－90型49辆，“萨拉丁”式20辆（储备）。步兵战车：共433辆，其中AMX－10P型18辆，BMP－3型415辆。装甲人员输送车：620辆，其中VCR型80辆，“潘哈德”M－3型370辆，EE－11“褐斑洞蛇”式120辆，AAPC型50辆。牵引火炮：共93门，其中105毫米ROF型73门，130毫米59－1型20门。自行火炮：155毫米自行榴弹炮共177门。火箭炮：共66门，其中70毫米LAU－97型18门，122毫米FIROS－25式48门（只有24门具有作战能力）。迫击炮：共135门，其中81毫米L16型114门，120毫米“布朗德”式21门。地地导弹：“飞毛腿”－B型6部（属迪拜）。反坦克导弹：共305部，包括“米兰”式、“警惕”式、“陶”式、“霍特”式。无座力炮：84毫米“卡尔·古斯塔夫”式250门、106毫米M－40型12门。高炮：20毫米M－3VDA型自行高炮42辆，30毫米GCF－BM2型高炮20门。防空导弹：“吹管”、“西北风”20余部。

海军　约2000人。

护卫舰：“阿布扎比”级防空护卫舰2艘。巡逻/近海战斗舰艇：共16艘，其中轻型护卫舰2艘，导弹艇8艘，巡逻艇6艘。两栖登陆舰：共5艘，其中3艘为坦克登陆舰。后勤支援舰：2艘。海军航空兵装备SA－316Alouette直升机4架，AS585型“豹”式直升机6架。

空军　约4000人。战斗机101架，武装直升机49架。

战斗/对地攻击机：共43架编为3个中队，其中“幻影”－2000E型9架，“霍克”102型17架，“霍克”MK63/63A/63C（兼教练机）型共17架。战斗机："幻影"2000EAD 型 22 架。防暴机：MB－326 型 8 架（KD 型 2 架，LD 型 6 架），MB－339A 型 5 架。改装训练机："霍克"MK61 型 5 架，MB－339A 型 4 架，"幻影"20000DAD 型 6 架。侦察机："幻影"2000RAD 型 8 架。运输机：包括 BN－2 型 1 架，C－130H 型 4 架，L－100－30 型 2 架，C－212 型 4 架，CN－235M－100 型 7 架，"伊尔"－76 型 4 架（租借）。直升机：武装直升机 49 架，其中 AS－332F 型 5 架，SA－342K 型 10 架，SA－316/－319 型 7 架，AH－64A 型 20 架，AS－565"豹"式 7 架；运输直升机：共 41 架，其中 AS－332 型（要员运输机）2 架，AS－350 型 1 架，"贝尔"－205 型 8 架，"贝尔"－206 型 9 架，"贝尔"－206L 型 5 架，"贝尔"－214 型 4 架，407 型 1 架，SA－330 型 10 架，"空中大王"350 型（要员运输机）2 架。搜索、救援直升机：共 6 架，其中 BO－105 型 3 架，"奥古斯塔"－109K2 型 3 架。教练机：共 47 架，其中 PC－7 型 30 架，SF－260 型 5 架，"GROB" G－115TA 型 12 架。空舰导弹："霍特"式、AS－11/－12 型、AS－15"飞鱼"AM－39 型、"海尔法"式、Hydra－70 式，PGM1/2 型若干枚。空空导弹：R－550"魔术"式、AIM9L"响尾蛇"式若干枚。

防空部队　1 个防空旅，下设 3 个营，5 个改进型"霍克"导弹连；装备地空导弹："轻剑"式 12 部，"眼镜蛇"9 部，RBS－70 型 13 部，"西北风"式 100 部。

准军事部队　海岸警卫队（属内务部管辖）若干人，拥有约 40 艘巡逻快艇。

兵役制度　实行志愿兵役制。

驻外兵力　驻南斯拉夫联盟联合国维和人员 1250 人。设 3 个步兵战车护送队，1 个主战坦克中队，1 个炮兵连，数架反坦克直升机。

外国驻军　美国空军 390 人。

军队节日　建军节 12 月 10 日。

（赵彦华）

阿　曼

国　名　阿曼苏丹国。

主要统计　面积 30.95 万平方千米。人口约 229.6 万人（其中，13～17 岁男 13.1 万人，女 12.7 万人；18～22 岁男 10.6 万人，女 10.3 万人；23～32 岁男 15.4 万人，女 14.4 万人）。国内生产总值 58 亿里亚尔，合 150 亿美元（1999 年）。国防预算 17.5 亿美元（2000 年预算）。原油年产量 3.22 亿桶（1996 年）。天然气 43.61 亿立方米（1995 年）。发电量 55.773 亿度（1996 年）。粮食 6000 吨。海运能力，商船（载重 100 吨以上）26 艘，总吨位 1.17 万吨（1998 年）。民航能力，客运量 27.6 亿人千米，货运量 1.06 亿吨千米，有固定航班机场 6 个（1998 年）。

国防体制　最高军事决策机构为国防委员会，由国家元首卡布斯苏丹兼国防委员会主席。国防部是最高军事行政机关。武装力量由正规军、预备役和准军事部队组成。正规军分陆、海、空三个军种。国家元首通过国防部指挥陆、海、空三军。

领导人物　苏丹兼首相、国防委员会主席、外交、国防和财政大臣卡布斯·本·赛义德（1970 年 7 月 23 日即位）。负责国防事务大臣巴德尔·本·沙乌德·本·哈里卜·布赛义迪。武装部队总参谋长哈米斯·本·哈米德·卡勒巴中将。

武装力量　兵力　现役部队约 4.35 万人（其中 3700 人为外籍人，包括王室卫队）。

陆军　约 2.5 万人。编有 3 个旅部（1 个装甲旅，2 个步兵旅），2 个装甲团（团实力相当于营，每团辖 3 个中队），1 个装甲侦察车团（3 个中队），4 个炮兵中队，1 个防空团（2 个炮兵连），1 个步兵侦察团（3 个侦察连），2 个独立侦察连，1 个野战工兵团（3 个中队），1 个空降团，"穆桑达姆安全部队"（独立步枪连）。

主战坦克：M－60A1 型 6 辆、M－60A3 型 73 辆，"挑战者"2 型 38 辆。轻型坦克："蝎"式 37 辆。装甲人员运输车："斯巴达人"式 6 辆，"苏丹"式 13 辆，突击队员"式 4 辆，"剪刀鱼"式 80 辆。侦察车：VBL 型 41 辆。牵引炮：共 96 门，其中 105 毫米 ROF 型 42 门、122 毫米 D－30 型 30 门、130 毫米 24 门。自行火炮：155 毫米 G－6 型 24 辆。迫击炮：81毫米69门，107毫米20门。反坦克导弹："陶"式18具，"米兰"式50具。高炮：23毫米ZU-23-2型4门，35毫米GDF型10门，40毫米"博福斯"L/60型12门。地空导弹："标枪"式28部，SA-7型34部，"吹管"式若干部。

海军　约4200人。轻型护卫舰：2艘，海岸巡逻舰艇：共11艘，其中导弹艇4艘、巡逻艇7艘。两栖舰艇：共5艘，其中坦克登陆舰1艘。后勤支援舰：共5艘，其中训练舰2艘、补给舰1艘、王室游艇1艘、测量船1艘。

空军　约4100人。作战飞机40架。战斗/对地攻击机：2个中队，装备"美洲虎"S（O）MK1型8架、T-2型4架。战斗/对地攻击/侦察机："霍克"203型12架。防暴机：1个中队，装备PC-9型12架、"霍克"103型4架。运输机：3个中队，装备BAC-111型3架、"空中货车"3M型15架（其中7架配备雷达，可用于海上侦察）、C-130H型3架。直升机：中型运输直升机2个中队，装备AB-205型19架、AB-206型3架、AB-212型3架、AB-214型3架。教练机：AS-202-18型4架，MFI-17B型7架。防空部队：2个中队，装备"轻剑"式地空导弹28部。空空导弹：AIM-9M"响尾蛇"式若干枚。

王室卫队　约6500人。王室警卫旅：5000人，装备VBC-90型坦克9辆、VAB-VCI装甲人员运输车14辆、VAB-VDAA型9辆、"标枪"式地空导弹若干枚。特种部队：两个旅共1000人。王室游艇中队：约150人，装备王室游艇1艘、运输舰1艘。王室飞行中队：约250人，装备波音-747SP型客机2架、DC-8-73CF型客机1架、"湾流"4型客机2架；直升机共6架，其中AS-330型3架、AS-332C型2架、AS-332L型1架。

准军事部队　约4400人。其中部族国土卫队约4000人、海岸警察卫队约400人（配备CG29巡逻艇3艘、其它船只14艘）。警察航空联队配备飞机13架，其中DO-228型1架、CN235M型2架、BN-2T"岛人"式1架、"贝尔"205A型3架、"贝尔"214ST型6架。

兵役制度　实行志愿兵役制。

外国驻军　美国空军630人，海军60人。

（赵彦华）

阿　塞　拜　疆

国　名　阿塞拜疆共和国。

主要统计　面积8.66万平方千米。人口728.4万人（其中，13～17岁男40.7万人，女38.6万人；18～22岁男36.4万人，女34万人；23～32岁男61.6万人，女62.1万人）。国内生产总值45亿美元（1999年）。国防费1.19亿美元（2000年国防预算）。原油1.9亿桶（1996年）。天然气38.96亿立方米（1995年）。发电量170亿度（1995年）。粮食100.9万吨（1998年）。铁路货运量15.4亿吨千米（1998年）。公路货运量17.4亿吨千米。航空货运量4900万吨千米（1998年）。

国防体制　宪法规定，总统为武装力量统帅。最高国防决策机构为国家安全委员会，成员包括总统、全体内阁部长、武装力量参谋长，由总统任主席。国防部为政府中的一个部，是最高军事行政机关。武装力量由正规军和准军事部队组成。正规军分为陆、海、空三个军种。最高指挥机构为武装力量参谋部。总统通过国防部和武装力量参谋部对全国武装力量实施领导和指挥。

领导人物　总统兼武装力量统帅盖达尔·阿利耶夫（1998年连任）。国防部长萨法尔·阿比耶夫上将（1995年2月上任）。武装力量总参谋长涅季梅金·古谢因·奥格雷·萨德科夫中将。

武装力量　**兵力**　现役部队7.21万人。

陆军　6.18万人。编有3个军司令部、1个摩步师、19个摩步旅、2个炮兵旅、1个反坦克团。

主战坦克：220辆（其中T-72型坦克120辆、T-55型坦克100辆）。步兵战车：135辆。装甲输送车：355辆。火炮：282门。地空导弹：SA-4/-8/-13型共60余部。

海军　2200余人。

护卫舰：1艘。导弹快艇：2艘。巡逻艇：9艘。扫雷艇：5艘。登陆艇：4艘。辅助舰船：3艘。

空军　（包括防空兵）8100人。作战飞机50

架。(另库存 33 架)。

飞机：苏-17 型 4 架、苏-24 型 5 架、苏-25 型 2 架、米格-21 型 5 架、米格-25 型 34 架。直升机：35 架，其中武装直升机 15 架。地空导弹：SA-2/-3/-5 型 100 部。

准军事部队 1.5 万余人。其中民兵 1 万余人、边防军 5000 人。

兵役制度 实行自愿制与合同制相结合的兵役制，服役期 18 个月。

（李 英）

巴 基 斯 坦

国 名 巴基斯坦伊斯兰共和国。

主要统计 面积 79.6095 万平方千米。人口 1.48012 亿人（其中，13～17 岁男 875.5 万人，女 833.7 万人；18～22 岁男 750.1 万人，女 681.5 万人；23～32 岁男 1211.2 万人，女 1073.5 万人）。国内生产总值 3 万亿卢比，合 616 亿美元（1999 年）。国防费 1700 亿卢比，合 33 亿美元（2000 年国防预算）。原煤 304.3 万吨（1995 年）。原油 2000 万桶（1996）。天然气 178.4 亿立方米（1995 年）。发电量 601.55 亿度（1995 年）。粮食 2302.9 万吨（1998 年）。海运能力，商船（载重 100 吨以上）73 艘，总载重量 51.38 万吨（1998 年）。民航能力，固定航班机场 34 处，客运量 111.23 亿人千米、货运量 4.23 亿千吨米（1998 年）。

国防政策 维护国家独立、主权和领土完整；反对印度称霸南亚，争取同南亚小国加强军事合作，共同抗衡印度；主张建立“南亚无核区”，同印度签订互不侵犯条约；适当增加军费，努力建设一支与巴的“安全环境”相适应的武装力量，重点提高武器装备现代化水平；武器来源贯彻多方引进与自产相结合的方针，强调发展国防工业，努力提高自力更生能力；面对印度的核威慑，积极发展核武器；在加强正规军建设的同时，积极发展准军事部队，保持充足的预备役兵源。

军事战略 冷战结束后，巴基斯坦调整了军事战略，将 20 世纪 80 年代形成的东抗印度、西堵苏联通过阿富汗南下扩张的战略调整为集中主要力量对付印度。巴将 80% 的兵力部署在东部边境，将 20% 的兵力部署在西部边境。在作战指导思想上，巴鉴于本身国土狭长、纵深浅的特点，强调“先发制人”、“速战速决”，避免久拖不决的消耗战。在武装力量建设上，实行稳步扩军的方针，力争实现武器装备现代化，要求在兵力数量上与当面对手保持均势，在武器装备上力争胜对手一筹。在发展核武器问题上，采取“以牙还牙”的政策，积极发展核武器，谋求对付印核威慑。

国防体制 总统为武装部队统帅。内阁防务委员会为最高决策机关，主席由总统兼任，成员包括国防、外交、财政、内政等部长，参谋长联席会议主席、三军参谋长、国防部秘书长一般均出席内阁防务委员会会议。国防部是贯彻执行内阁防务委员会决议的最高军事行政领导机构，主要负责三军的财务管理、武器生产与采购。国防部首脑为国防部长，国防部秘书长负责主持日常工作。国防部下设防务局、生产局和国防情报局。参谋长联席会议在行政上受国防部领导，但在军事指挥上直属总统，主要负责拟定三军联合战略计划、研究武装力量的兵力与编成、向内阁防务委员会提供国防咨询，其成员有三军参谋长和国防部秘书长，主席由三军参谋长轮流担任，任期 3 年。武装力量由正规军、准军事部队和预备役部队组成。正规军分为陆、海、空三个军种。总统通过国防部和参谋长联席会议领导和指挥全军。

领导人物 总统兼武装部队统帅穆罕默德·拉菲克·塔拉尔（1998 年 1 月 1 日上任）。国防部长沙希德·哈米德（1996 年 11 月上任）。陆军参谋长佩尔韦兹·穆沙拉夫上将（1998 年 10 月 7 日上任）。海军参谋长米尔扎上将（1999 年 10 月上任）。空军参谋长穆沙夫上将（2000 年 11 月上任）。

武装力量 **兵力** 现役部队 61.2 万人。

陆军 55 万人。编成 9 个军部、2 个装甲师、9 个军炮旅、19 个步兵师、1 个地区司令部（师级）、7 个独立装甲旅、9 个独立步兵旅、1 个防空司令部（下辖 8 个旅）、7 个工程兵旅、3 个装甲侦察团、1 个特种部队群（3 个营）、17 个航空兵中队。

主战坦克：2285 辆，其中 M-47 型 15 辆、M-

48A5型250辆、T－54/55型50辆、T－59型1200辆、T－69型250辆、T－85型约200辆、T－80UD型320辆。装甲输送车：M－113型约1000辆。牵引炮：1467门，其中85毫米200门、105毫米350门、122毫米450门、130毫米227门、155毫米214门、203毫米26门。自行炮；240门，其中105毫米50门、155毫米150门、203毫米40门。火箭炮：122毫米45门。迫击炮：81毫米500门、120毫米225门。地地导弹："哈塔夫－1"型80枚、"哈塔夫－3"型和"沙辛－1"型30枚、"高里"型12枚。反坦克导弹："眼镜蛇"、"陶"式等800具。火箭筒：89毫米若干具。无坐力炮：75毫米和106毫米若干门。高炮（高射机枪）：2000余门（挺），其中14.5毫米和35毫米200门，37毫米、40毫米和57毫米若干门。地空导弹："毒刺"、"红眼睛"和RBS－70型350部、"安扎"500部。飞机：航测机1架、联络机86架、观测机90架。直升机：攻击直升机20架、运输直升机114架。

海军　2.2万人（含海军航空兵、海军陆战队和海上保安部队）。基地设在卡拉奇（舰队司令部）

潜艇：10艘，其中"卡林级"1艘、"初日"级2艘、"汉格尔"级4艘、小型潜艇3艘。驱逐舰："征服者"级2艘。护卫舰：8艘，其中导弹护卫舰6艘、常规护卫舰2艘。导弹快艇：5艘。巡逻艇：5艘。扫雷艇：3艘。支援舰：9艘。

海军航空兵　装备作战飞机5架、武装直升机9架。

海军陆战队　约1200人。

空军　4万人。编成北、中和南3个军区，下辖6个攻击战斗机中队、12个战斗机中队、1个侦察机中队、1个海上反潜侦察机中队、2个运输机中队、1个救援直升机中队、1个运输直升机中队、7个地空导弹连。装备作战飞机353架。

攻击战斗机："幻影"68架、Q－5型42架。战斗机："幻影"43架、F－16型32架、其他型110架。武装侦察机："幻影"3RP型111架。反潜巡逻机："大西洋"4架、P－3C型3架（均具有作战能力）。运输机：C－130型12架、波音－707型2架、波音－737型1架、其他型号5架。救援直升机：SA－319型6架。运输直升机：SA－316/319型15架、SA－321型4架、SA－315B型12架。教练机：170架，其中40架MFI－17B型具有作战能力。地空导弹："响尾蛇"144部、SA－2型6部。空地导弹："飞鱼"、"小牛"若干枚。空空导弹："麻雀"、"响尾蛇"等若干枚。

预备役部队　51.3万人，其中陆军50万人、海军5000人、空军8000人。

准军事部队　共28.8万人，其中国民警卫队18.5万人。边防部队6.5万人，装备装甲输送车45辆。巴基斯坦别动队（属内务部）2.5－3万人。北方轻步兵1.2万人，编为3个营。海上保安厅约1000人，装备驱逐舰1艘、快艇8艘。海岸警卫队，装备快艇23艘。

军衔　军官军衔分3等11级：将官4级（上将、中将、少将、准将），校官3级（上校、中校、少校），尉官4级（上尉、中尉、少尉、准尉）。

兵役制度　实行志愿兵役制。新兵招募的年龄，陆军17～21岁，海军17～20岁，空军16～28岁。士兵服役年限，陆军7年，海、空军7～8年。士兵服役期满后转为预备役。预备役服役年限，陆军8年，海、空军5年。军官最高服役年龄，将官59岁，校官52岁，尉官48岁。

驻外兵力　2000年共有863人（其中军事观察员89人）在克罗地亚、多哥、东帝汶、格鲁吉亚、伊拉克和科威特边境、西撒哈拉等国和地区参加联合国维和行动。

外国驻军　1999年有8个国家的46名军事观察员驻巴基斯坦。

军队节日　国防节9月6日。

（刘温国）

朝　鲜

国　　名　朝鲜民主主义人民共和国。

主要统计　面积12.2762万平方千米。人口约2150万人（其中，13～17岁男105.5万人，女109.2万人；18～22岁男95.1万人，女103.3万人；23～32岁男251万人，女213.5万人）。国内生产总值14.7亿美元（1999年）。国防费2.1亿美元

(1999 年国防预算)。粗钢 810 万吨(1998 年)。原煤 7150 万吨(1998 年)。原油 283.5 万桶(1998 年)。天然气 860 亿立方米(1998 年)。发电量 3700 亿度(1998)。粮食 347.9 万吨(1997 年)。铁路总长度 8800 多千米,公路 7.75 千米。海运能力,商船(载重 100 吨以上)100 艘,总载重量 95.12 万吨(1998 年)。民航能力,国际航班机场 1 处、客运量 1.362 亿人千米、货运量 337 万吨千米(1998 年)。

国防体制 朝鲜劳动党中央委员会总书记、党中央军事委员会委员长、共和国主席兼国防委员会委员长为武装力量最高统帅。朝鲜新宪法赋予国防委员会下列权力:宣布战争和发布动员令,负责国家武装力量和国防建设,设立或取消国防部门所属中央机关,对重要军事干部的任命罢免,颁布军事称号等。劳动党中央设有军事部。共和国政府设有人民武装力量省。常备武装力量为朝鲜人民军,分陆、海、空三个军种,常设领导机关为总参谋部和总政治局。

领导人物 国防委员会委员长(1998 年 9 月)、人民军最高司令官金正日元帅(1993 年就任)。国防委员会副委员长赵明禄、金一哲、李勇武,国防委员金永南、延亨默、李乙雪、白鹤林、全炳浩、金铁万。国防委员会副委员长金一哲兼任人民武装力量相(1998 年 9 月上任)。总参谋长金永春次帅(1995 年 10 月上任)。总政治局长赵明禄次帅(1995 年 10 上任)。

武装力量 **兵力** 现役部队约 108.2 万人。

陆军 约 95 万人。编有 20 个军(其中 1 个装甲军、4 个机械化军、12 个步兵军、2 个炮兵军、1 个首都防御军、27 个机械化步兵师、15 个装甲旅、14 个机械化步兵旅、21 个炮兵旅、9 个火箭发射旅;1 个特种作战军(8.8 万人),10 个狙击旅(包括 2 个旅、1 个空降旅)、12 个步兵旅(包括 3 个空降旅)、17 个侦察团、1 个炮兵空降营、8 个特种任务营;6 个直属炮兵旅、1 个"飞毛腿"地对地导弹旅、1 个"蛙"式地对地导弹旅:14 个特种炮弹火箭炮旅。

主战坦克:约 3500 辆,主要型号有 T-34 型、T-54/55 型、T-62 型、Type-59 型。轻型坦克:560 辆,主要有 PT-76 型、M-1985 型。装甲输送车:2500 辆,主要型号有 BTR-40/50/60/152 型、Type-531 型、M-1973 型、BTR-80A 型。牵引火炮:122 毫米、130 毫米、152 毫米 3500 门。自行火炮:122 毫米、130 毫米、152 毫米、170 毫米 4400 门。火箭炮:107 毫米、122 毫米、240 毫米 2500 门。迫击炮:82 毫米、120 毫米、160 毫米 7500 门。地对地导弹:"蛙"式-3/-5/-7 型 24 枚,"飞毛腿"C 型大约 30 枚。地对空导弹:SA-7/-16 型 1 万余枚。反坦克导弹:AT-1 型 AT-3 型、AT-4 型、AT-5 型若干枚。无坐力炮:82 毫米 B-10 型 1700 门。防空高炮:14.5 毫米、23 毫米、37 毫米、57 毫米、85 毫米、100 毫米总共 1.1 万门。

海军 4.6 万人,编有 2 个舰队司令部

潜艇:苏制 R 级潜艇 22 艘、W 级潜艇 4 艘、小型潜艇 45 艘、海岸潜艇 21 艘。护卫舰:"罗津"级 2 艘、"苏湖"级 1 艘。轻型护卫舰:"沙里院"级 4 艘。导弹快艇:"西州"级 15 艘、"奥萨"级 8 艘、"黄蜂"级 4 艘、"蚊子"级 10 艘、"瑞兴"级 6 艘。鱼雷艇:共 103 艘,其中"新兴"级 3 艘、"沪松"级大约 60 艘、"新浦"级 40 艘。巡逻艇:总共 158 艘,其中"海南"级大型巡逻艇 4 艘、"大青"级大型巡逻艇 13 艘、"索曼"级大型巡逻艇 6 艘、"索Ⅰ"级近海巡逻艇 18 艘、"上海Ⅱ"级高速攻击艇 12 艘、"椒岛"级高速攻击炮艇 3 艘、渔船改装巡逻艇大约 100 多艘。扫雷艇:"陆岛"系列 23 艘。水陆两栖登陆艇 10 艘。水面支援船:共 7 艘,其中海上拖船 2 艘、侦察船 1 艘、气象测量船 1 艘、潜艇救护船 3 艘。

岸防部队 地对舰导弹团 2 个,"蚕"式导弹基地 6 处,122 毫米、130 毫米、152 毫米岸炮若干门。

空军 8.6 万人。编为 6 个航空师,作战飞机 621 架。

战斗机:米格-17 型 107 架,米格-19 型 159 架,米格-21 型 130 架,米格-23 型 46 架,米格-29 型 16 架,苏-7 型 18 架,苏-25 型 35 架,米格-29/AS 型 25 架、米格-29/US 型 5 架。轰炸机:H-5 型 82 架。运输机:安-2/雅-5 型 300 架、安-24 型 6 架、伊尔-18 型 2 架、伊尔-62M 型 4 架、图-134 型 2 架、图-154 型 4 架。直升机:米-24 型 24 架、"休斯"500D 型 80 架、米-2 型 139 架、米-8/-17 型 15 架、佐-5 型 48 架。教练机:米格-21 型 6 架、米格-19 型机 7 架、米格-17 型机 10 架、雅克-18 型 170 架、FT-2 型 35 架。空对空导弹:AA-2 型、AA-7 型若干枚。地对空导弹:SA-2 型 45 枚、SA-3 型 7 枚、SA-5 型 2 枚,SA-7/14/16 型数千枚。

准军事部队 现役部队 18.9 万人。工农赤卫队约 350 万人。最大年龄为 60 岁,其中陆军 60 万人、海军 6.5 万人,其指挥序列为旅、营、连、排,装备

有轻武器、迫击炮和高炮。

兵役制度 实行义务兵役制。服役期：陆军6～8年、海军5～10年、空军为3～4年。义务兵可服役至40岁。

军衔 共分5等21级，即将官以上7级（大元帅、元帅、次帅、大将、上将、中将、少将），校官4级（大校、上校、中校、少校），尉官4级（大尉、上尉、中尉、少尉），士兵4级（特务上士、上士、中士、下士），兵2级（上等兵、下等兵）。

驻外兵力 在12个非洲国家派有军事顾问。

军队节日 建军节4月25日。

（尚 泽）

菲 律 宾

国　　名 菲律宾共和国。

主要统计 面积29.97万平方千米。人口7726.8万人（其中，13～17岁男427.9万人，女413.3万人；18～22岁男379.5万人，女366.1万人；23～32岁男630万人，女608.8万人）。国内生产总值785亿美元（1999年）。国防费13亿美元（2000年国防预算）。原煤132.1万吨（1995年）。原油40万桶（1998年）。发电量334.26亿度（1995年）。粮食1237.8万吨（1998年）。海运能力，商船（载重100吨以上）1499艘，总载重量1380.71万吨（1999年）。民航能力，固定航班机场21处，客运量128.54亿人千米、货运量3.288亿吨千米（1999年）。

国防政策 菲律宾在1998年6月首次发表《国防战略》白皮书指出，菲国防战略目标是保护国家安全利益，维护国家政治稳定促进经济发展，确保菲在地区和国际上发挥更加积极的作用。为此，菲奉行以下国防政策：（一）大力加强海空军建设，着重提高快速反应能力、海上作战能力和三军协同作战能力。（二）密切与亚太地区各国尤其是东盟国家在防务方面的合作，支持把东南亚建成一个“和平、自由和中立区”，全面推进东南亚无核化进程。（三）维系菲美军事同盟，拓宽防务合作范围，向美提供军队部署、给养和武器装备维修方面的支持，争取美向菲提供物资、技术援助并帮助菲训练部队。（四）积极参与联合国维持和平行动，为全球及地区安全作出贡献。（五）坚持对所占南沙岛礁拥有“主权”的立场。

军事战略 菲实行总体积极防御战略。所谓总体防御，即在面临重大威胁时，将动员包括军事力量在内的一切国家力量进行防御；积极防御，即指尽可能早地发现各种现实和潜在的威胁，并及时作出反应。首先争取通过政治或外交途径解决，若不能奏效时准备诉诸武力。在作战指导思想上奉行“纵深防御”，重点加强菲西、北、南3个方向的防御部署。具体方法包括：（一）外围侦察监视。利用飞机、水面舰艇和固定侦察系统实施不间断的侦察监视。平时，侦察监视对象为各种渔船、贩毒、走私和海盗船、商业货轮以及各种飞机；战时，扩大至敌飞机和舰艇，并与盟国及时交换情报。（二）海上防御。平时，舰艇在侦察机的支援下对捕鱼作业区和专属经济区进行巡逻；战时，海空力量进行有效协调，快速在各防区对敌海空目标实施打击。（三）空中防御。军、民用机场监视系统密切配合，加强预警，有效控制和指挥防空力量，保护国家重要战略中心和设施。（四）本土防御。在联合作战思想的指导下，组织各地区的地面部队和海、空军部队，实施三军协同作战。

国防体制 总统为武装力量统帅。国家安全委员会是国防安全最高决策机构，总统担任主席，主要职责是研究有关国防重大问题，协助总统作出国防安全的重大决策。国防部是最高军事行政机关，负责制定和实施国防计划和政策。武装部队司令部为最高军事指挥机构，总参谋长是总统之下的最高指挥官。总统通过国防部和武装部队司令部对全国武装力量实施领导和指挥。武装力量由正规军和准军事部队组成。正规军分陆、海、空三个军种。准军事部队由警察部队、国民防卫军组成。

领导人物 总统兼武装力量统帅格洛丽亚·马卡帕加尔·阿罗约（2001年1月20日就任）。国防部长安基洛·雷耶斯上将（2001年3月上任）。武装部队部参谋长比利亚·努埃瓦中将（2001年3月上任）。

武装力量 **兵力** 现役部队10.6万人。

陆军　6.6万人。编有5个军区，8个步兵师（各辖3个步兵旅、1个炮兵营），1个轻装甲旅

(团)，1个骑兵侦察团，1个特战团，5个工程兵营，1个炮兵团，1个总统保安队。

轻型坦克："蝎子"40辆。步兵战车：YPR－765PRI型85辆。装甲输送车：M－113型100辆，"突击队员"20辆，V－150型100辆，"狮子"约140辆。牵引炮：共242门，其中105毫米230门、155毫米12门。迫击炮：81毫米若干门，107毫米40门。无坐力炮：75毫米、90毫米、106毫米各若干门。

海军　约2.4万人（含陆战队）。编有6个海军区。

护卫舰："拉贾·胡马邦"级1艘。巡逻舰艇：60艘（其中近海巡逻舰艇13艘、近岸巡逻舰艇47艘）。两栖舰艇：9艘。后勤支援舰船：11艘。

陆战队　8000人。编有3个旅共10个营（将减为2个旅6个营）。装甲输送车109辆，150毫米火炮150门，107毫米迫击炮若干门。

海军航空兵　装备飞机7架，其中2架具有作战能力，4架为直升机。

空军　约1.6万人。编有1个战斗机中队，3个武装直升机中队，3个运输机中队，2个直升机中队，4个教练机中队。作战飞机47架，武装直升机约97架。

战斗机：F－5A/B型11架。武装直升机：贝尔UH－1H/M型60架，AUH－76型16架，休斯500/520MD型21架。海上侦察机：F－27M型1架。侦察机：RT－33A型4架，OV－10型21架（具有作战能力）。救援机：HU－16型4架，BO－105C型直升机10架。总统专机：F－27型1架，F－28型1架，贝尔212型上升机2架，贝尔412型直升机4架，S－70A型直升机2架，SA－330型直升机2架。运输机：C－130B型2架，C－130H型3架，L－100－20型3架，C－47型5架，F－27型7架，BN－2型2架，N－22B型14架。直升机：贝尔205型55架，UH－1H型16架，MD－520型33架。联络机：色斯纳10架，DHC－2型5架，U－17A/B型12架。教练机：T－33A型4架，T－41D型14架，SF－260TP型28架，S－211型15架（具有作战能力）。空空导弹："响尾蛇"若干枚。

预备役部队　13.1万人。其中陆军10万人，海军1.5万人，空军1.6万人。

准军事部队　菲律宾国民警察4.05万人，编有15个地区司令部、73个省级司令部。海岸警卫队2000人，装备有巡逻艇42艘、轻型飞机3架。国民防卫军4万人，编有56个营。

部署　重点加强首都及西部南沙海区的防卫。有半数以上的舰艇和陆战队部署在西部海区。全国海空军基地主要有5处，其中空军基地3处（克拉克、库比岬、马尼拉）、海军3处（三格莱/卡维特、三宝颜、宿务）。

兵役制度　实行志愿兵役制，服役年限最少不得低于3年，最多30年。

军衔　分5等17级：将军4级（上将、中将、少将、准将），校官3级（上校、中校、少校），尉官3级（上尉、中尉、少尉），军士4级（军士长、上士、中士、下士），兵3级（上等兵、一等兵二等兵）。

驻外兵力　623人（包括20名军事观察员）参加联合国在东帝汶的维和行动。

军队节日　武装部队节12月22日。

（孟　丽）

哈萨克斯坦

国　名　哈萨克斯坦共和国。

主要统计　面积272.49万平方千米。人口1500万人（其中，13～17岁男90.5万人，女88.3万人；18～22岁男81.3万人，女80万人；23～32岁男135.9万人，女133.3万人）。国内生产总值145亿美元（1999年）。国防费1.15亿美元（2000年国防预算）。原煤7660万吨（1996年）。原油1.69亿桶（1996）。天然气55亿立方米（1995年）。发电量586.57亿度（1996年）。粮食638.7万吨（1998年）。铁路货运量9.65亿吨千米（1998年）。公路货运量1300万吨千米（1988年）。航空货运量1亿吨千米（1998年）。

国防体制　宪法规定，总统为武装力量统帅。国家安全会议负责制定国家防务及安全政策。国防部为武装力量最高行政机关。总参谋部为最高军事指挥机构。总统通过国防部和总参谋部对武装力量实施领导和指挥。准军事力量包括内务部队、近卫军及若干民防部队。

领导人物 总统兼武装力量统帅努比苏丹·阿比舍维奇·纳扎尔巴耶夫（1999年1月连任）。国防部比萨·比·托克帕克巴耶夫中将（1999年10月上任）。总参谋长阿·哈·卡西莫夫上将（2000年6月上任）。

武装力量 **兵力** 现役部队6.4万人。

陆军 约4.5万人。编有1个军区（还将组建3个），2个军（将组建3个）。其中，一个军编配1个机械化师、3个摩步旅和1个炮兵旅；另一个军编配1个机械化师、1个摩步旅、1个炮兵旅、1个训练中心、1个空降旅、1个地地导弹旅和1个炮兵旅。

坦克：T－72型650辆，T－62型280辆。装甲战车：1343辆（另库存1000辆）。牵引炮：122、152毫米505门。自行炮：122、152毫米163门。火箭炮：122、220毫米147门。迫击炮：120毫米145门。地地导弹：SS－21型12部。反坦克炮：100毫米68门。

空军 1.9万人（包括防空军）。编有1个空军师、1个战斗机团、3个攻击战斗机团、1个侦察机团、1个防空战斗机团。作战飞机131架（另库存75架）。

作战飞机：苏－24型37架，苏－25型14架，苏－27型14架，米格－29型40架，米格－31型43架，米格－25型16架。教练机：16架。地对空导弹：SA－2/SA－3型100部，SA－4/SA－5型27部，SA－6/S－300型20部。

准军事部队 3.45万人。其中边防军1.2万人，内务部队2万人，近卫军0.25万人。

驻外兵力 驻塔吉克斯坦共和国1个加强营。

（李英）

韩　国

国　　名 大韩民国。

主要统计 面积9.9262万平方千米。人口4750万人（其中，13～17岁男181.5万人，女170.1万人；18～22岁男196.4万人，女182.9万人；23～32岁男436.5万人，女409.1万人）。国内生产总值407亿美元（1999年）。国防费12.8亿美元(2000年国防预算)。粗钢2234.4万吨（1998年）。原煤743.8万吨（1998年）。原油54463.9万桶(1998年)。天然气386400亿立方米（1998年）。发电量1632.7亿度（1998年）。粮食948.4万吨。海运能力，现有港口50个，商船（载重100吨以上）2138艘，总载重量1198.1万吨（1998年）。民航能力，固定航班机场14处、客运量485.04亿人千米、货运量57.29亿吨千米（1997年）。

国防政策 1998年2月25日，金大中就任韩国新一届总统，同时出任国家武装力量最高统帅，对韩国国防政策进行了调整。他主张，坚持自主防御政策、提高独立防卫能力是韩国的基本国策。在军事防务上，主张奉行“民主主义综合安保主义”国防观念，实现“人民防务”；在战争准备上随时准备应付和处置各种危机；在作战指导上坚持“对敌威慑”的同时，强调“多方位防御”，扩大军事行动范围；在军队建设上，通过精简军队员额、理顺体制编制、改革兵役制度等途径，以达到建设一支人员精干、装备精良、训练有素及机动力强的现代化军队的目的。与此同时，加强韩美联合防御体系，密切韩美军事合作，以维护韩美在该地区的共同利益。此外，积极与中、俄、日等国发展多边军事联合，弥补由美军在全球范围内战略收缩而造成的地区力量失衡，以构筑地区联合防务机制。

国防体制 总统为全国武装力量统帅，总统通过国防部对军队实施领导和指挥。国家安全保障会议为最高国防决策机构，由总统任主席，其成员包括总理、国防部长官、国家情报院院长、参谋长联席会议主席等。国防部是总统统率武装力量的最高行政机构，主要负责制定国防政策和军队建设计划。国防部下辖参谋长联席会议，国防部长官的军令权通过参谋长联席会议主席实施。参谋长联席会议统帅三军本部(陆军本部、海军本部和空军本部)，是全军作战最高指挥机构，参谋长联席会议主席在国防部长的直接领导下指挥三军作战部队。参谋长联席会议主席不仅在战时或遇有紧急情况时有权直接下达作战指令，参与国家安全保障会议，向总统汇报情况和提出决策性意见，而且能决定三军种参谋总长推荐的军级以上指挥人选。参谋长联席会议设1名上将级主席和1名中将级副主席。

领导人物　总统兼国家安全保障会议主席金大中（1998年2月25日上任）。国防部长官金东信（2001年3月26日上任）。参谋长联席会议主席曹永吉上将（1999年10月26日上任）。陆军参谋总长吉亨宝上将（1999年10月26日上任）。海军参谋总长李秀勇上将（1999年3月30日上任）。空军参谋总长朴春泽上将（1998年2月上任）。

武装力量　**兵力**　现役部队68.3万人。

陆军　56万人。编有3个集团军、11个军、50个师、21个旅。

主战坦克：总共2130辆，其中T88型1000辆、T－80U型80辆、M－47型400辆、M－48型850辆。装甲步兵战车：BMP－3型40辆。装甲输送车：总共3500辆，其中KIFV型1700辆、M－113型420辆、M－577型140辆、FIAT6614/KM－900－901型200辆、BTR－80型20辆。牵引火炮：105毫米、155毫米、203毫米共3500门。自行炮：155毫米、175毫米、203毫米共有1040辆。无坐力炮：57毫米、75毫米、90毫米、106毫米若干门。迫击炮：81毫米、107毫米6000门。反坦克火炮：76毫米、90毫米总58门。地对地导弹：奈克1/2型12枚。反坦克导弹："陶"式导弹若干枚。高射炮：20毫米、30毫米、35毫米、40毫米共600门。地对空导弹：共1020枚，其中，"轻标枪"350枚、"红眼睛"60枚、"毒刺"130枚、"西北风"170枚、"霍克"110枚、"奈基"200枚。

陆军航空兵　装备有O－1A型飞机5架，攻击直升机AH－1F/－J型60架、休斯500MD型45架、BO－105型12架，运输直升机CH－47D型18架，直升机休斯500型130架、UH－1H型130架、UH－60P型116架、AS－332L型3架。

海军　6万人（含陆战队2.5万人，雇佣兵1.9万人）。编有3个舰队司令部。

潜艇："张保皋"级8艘、小型潜艇11艘。驱逐舰："广开土大王"级3艘、"林基"级3艘。护卫舰："蔚山"级9艘、"浦项"级24艘。轻型护卫舰："东海"级4艘。导弹护卫舰：5艘。导弹快艇："白鸥"51型8艘、"白鸥"52型1艘、"野猫"型2艘。近海巡逻艇："海豚"型75艘。扫雷舰："海鹰"型1艘。扫雷艇：14艘，其中"江津"级猎雷艇6艘，"金山"级扫雷艇8艘。登陆舰艇：14艘，其中"短吻鳄"级大型坦克登陆舰4艘、美制LST－511型坦克登陆舰7艘、美制LSM－1型中型登陆舰3艘。海上支援舰船：13艘。

海军航空兵　编有3个反潜中队，装备有23架作战飞机、47架直升机。其中，S－2E型反潜侦察机15架，P－3C型反潜巡逻机8架，休斯500MD反潜直升机25架，SA－316型直升机8架，"大山猫"反潜直升机15架。

海军陆战队　2.5万人，编有2个师、1个旅。主战坦克：M－47型60辆。装甲突击车：LVTP－7型60辆、AAV－7型3辆。牵引火炮：105毫米、155毫米若干门。地对舰导弹："鱼叉"式若干枚。

空军　6.3万人。编有飞行团10个、战术飞行团1个、防空管制团1个、侦察飞行团1个、训练飞行团1个、防空司令部1个、作战飞机555架。

战斗机：F－16C/D型机160架，F－5E/F型机195架，F－4D/E型机130架。轰炸机：A－37B型22架。空中预警机：O－1A型20架、O－2A型10架。侦察机：RF－4C型18架、RF－5A型5架。救难搜索机：UH－1H型5架、贝尔－212型4架。运输机：BAE748型（要员专机）2架、波音737－300型（要员专机）1架，C－118型1架，C－130型10架。直升机：CN－235M型15架，CH－47型6架，AS－332型3架，VH－60型3架。改装训练机：F－5B型25架，T－37型50架，T－38型30架，T－41B型25架，"隼"式MK－67型18架。空对地导弹："小牛"式、"哈姆"式，AGM－130、"恰夫纳普"等若干枚。空对空导弹："麻雀"、"阿姆拉姆"等若干枚。地对空导弹：奈基、霍克等若干部。

准军事部队　民防部队350万人（50岁以下）。海岸警卫队约4500人，装备有大型巡逻艇10艘、海岸巡逻艇33艘、近海巡逻艇38艘、直升机休斯500型9架。

兵役制度　实行义务兵与志愿兵相结合的兵役制度。陆军服役期26个月，空军和海军为30个月。

军衔　共分5等15级：将官4级（上将、中将、少将、准将），校官3级（上校、中校、少校），尉官4级（上尉、中尉、少尉、准尉），军士3级（上士、中士、下士），兵1级。

外国驻军　美国驻军36630人。其中陆军27500人，编有1个陆军司令部、1个步兵师。海军300人。空军8700人，编有1个空军司令部（第7航空联队），2个战斗联队，装备90架战斗机。其中，

3个战斗飞行中队，装备有F-16型飞机72架；1个侦察飞行中队，装备有6架A-10型侦察机、12架OA-TO型侦察机；1个特殊控制中队，装备有5架MH-53J重型直升机和USMC-130型运输机。

军队节日　建军节10月1日

（尚　泽）

柬　埔　寨

国　　名　柬埔寨王国。

主要统计　面积18.1035万平方千米。人口1087.9万人（其中13～17岁男62.1万人，女60.8万人；18～22岁男49万人，女48.2万人；23～32岁男88.2万人，女86.7万人）。国内生产总值35亿美元（1999年）。国防费1.2亿美元（2000年）。发电量1.94亿度（1995年）。粮食总产量380万吨（1999年）。海运能力，商船（载重100吨以上）3艘，总载货物量3.8万吨（1999年）。空运能力，固定航班机场8处（1998年）。

国防体制　最高军事决策机构为柬王国武装部队（又称"柬埔寨国民军"）总司令部。柬宪法规定："国王是国家军队最高司令，但不指挥军队。"国防部既是总司令部的办事机构，又是军队的最高行政机关，下辖总参谋部。总参谋部负责全军的作战指挥、后勤供应和技术保障。国防部直属单位有新闻局、通信局、对外联络局、军事法院和军事检察院等。武装力量由正规军、地方部队和准军事部队组成，正规军分为陆军、海军和空军三个军种。总司令通过国防部对所有武装力量实施领导和指挥。

领导人物　柬埔寨武装部队最高司令诺罗敦·西哈努克；总司令部总司令盖金扬上将（1999年1月25日上任），国防部联合大臣迪班上将、西索瓦·施里武（1998年11月30日上任），总参谋部总参谋长桑里上将，陆军司令米索皮上将（1999年1月25日上任），海军司令翁桑坎海军上将（1999年1月25日上任），空军司令森桑南空军上将（1999年1月25日上任）。

武装力量　**兵力**　现役部队约14万人（包括地方部队）。

陆军　约9万人。划分为6个军区（包括1个首都特别军区），编有22个步兵师、3个独立旅、1个警戒旅（辖4个营）、9个独立步兵团、3个装甲团、1个特种作战团、4个工程兵团（其中3个野战工程兵团、1个建筑工程兵团）、若干个独立侦察营、炮兵营和防空营。

坦克：T-54/-55型100辆，T-59型50辆，T-64型20辆，T-62型若干辆。装甲输送车：BTR-60/-152型160辆，M-113型若干辆，OT-64型30辆。牵引炮：76毫米、122毫米和130毫米约400门。火箭炮：122毫米8门，140毫米20门，107毫米和132毫米若干门。迫击炮：82毫米、120毫米、160毫米若干门。无坐力炮：82毫米、107毫米若干门。高炮（高射机枪）：14.5毫米、37毫米、57毫米若干门（挺）。地对空导弹：SA-7型若干具。

海军　约3000人（其中陆战队1500人，编成7个步兵团、1个炮兵团），舰艇部队编有内河巡逻和沿海防御部队。

巡逻艇：共6艘，即原苏制"斯坚卡"级近海巡逻艇2艘，近岸巡逻艇2艘，快速巡逻艇2艘。

空军　2000人，其中飞行员80人。编有1个飞行团、2个防空团、1个运输团、1个直升机团。作战飞机约24架。

战斗机：米格-21型约19架。运输机：共7架，即安-26型1架、运-12型2架、BN-2型1架、其他3架。直升机：米-8、米-17型共14架、AS-355型1架。教练机：L-39型5架、P-92型5架。

地方部队　4.5万人，每个省有数个独立营至数个独立团，每个县有数个独立连或独立营。

准军事部队　（又称民兵游击队）约10万人，以村为单位编成，每村10～20人。

兵役制度　实行义务兵役制。服役年龄18～35岁。服役期，陆军5年，海军18个月。民兵每年与正规军一起服役3～6个月。

军衔　军官军衔分为将、校、尉3等。

军队节日　建军节6月23日（1993年）。

（钟学良）

老　挝

国　　名　老挝人民民主共和国。

主要统计　面积23.68万平方千米。人口550万人（其中，13～17岁男31.3万人，女30.8万人；18～22岁男24.7万人，女24.3万人；23～32岁男38.1万人，女37.9万人）。国内生产总值10亿美元（1999年）。国防费0.15亿美元（1999年）。原油90万吨（1994年）。发电量12.18亿度（1997年）、19.96亿度（1998年）。粮食200万吨（2000年）。原煤5.5万吨（1996年）。民航能力，固定航班机场11处，客运量4600万人千米，货运量500万吨千米（1999年）。水运能力，客运量112.7万人次，货运量53.3万吨（1998年）。

国防体制　老挝人民军最高决策机构是人民革命党中央国防安保委员会。中央国防安保委员会由老人民革命党主席、政府总理、国防部长、内务部长和老军各总部最高长官组成，党的主席兼任中央国防安保委员会主席。国防部既是中央国防安保委员会的办事机构，又是军队的最高行政管理机构，下辖总参谋局、总政治局、总后勤局3大机关。3大机关分别负责全军的作战训练、政治思想教育、后勤技术保障。国防部直属单位有外事局、监察局、军法局、保卫局和开发总公司等。武装力量由正规军、地方部队、预备役部队和民兵自卫队组成，正规军又称主力部队，分陆军和空军两个军种。中央国防安保委员会主席通过国防部对全国武装力量实施领导和指挥。

领导人物　人民革命党主席兼中央国防安保委员会主席坎代·西潘敦上将（1996年3月连任），国防部长皮吉·杜昂斋中将（2001年3月上任），总参谋局总参谋长根坎·盛阿吞准将（2001年3月上任），总政治局主任坎庞·占塔蓬少将，总后勤局局长苏培·派维西准将，空军局局长占平·潘拉冯上校，内河艇队指挥部指挥长坎丰·蓬帕迪中校。

武装力量　**兵力**　现役部队2.91万人。

陆军　2.5万人，划分为4个军区，编有5个步兵师、7个独立步兵团、3个工程兵团（其中2个建筑团）、5个炮兵营、9个高炮营、65个独立步兵连、1个装甲营、1个轻型联络飞机小队。

坦克：T－54/－55型30辆，T－34/－85型若干辆，PT－76型25辆。装甲输送车：BTR－40/－60型30辆，BTR－152型40辆。牵引火炮：105毫米25门，122毫米40门，130毫米10门，75毫米、155毫米若干门。迫击炮：81毫米、82毫米、107毫米、120毫米若干门。无坐力炮：57毫米、75毫米、106毫米、107毫米若干门。高炮：14.5毫米、23毫米、37毫米、57毫米若干门。地空导弹：SA－3、SA－7型若干具。

内河水兵部队　约600人，以连为单位编成，每连辖若干艇队；配属陆军指挥。装备有江河巡逻艇12艘、登陆艇4艘、小艇（船）约40艘。

空军　3500人。编有2个攻击战斗机大队、1个运输机大队、1个直升机大队、10余个机场地勤部队、1支女子伞兵部队。作战飞机约14架。

攻击战斗机：米格－21型12架。运输机：共14架，即安－2型4架、安－24型5架、安－26型3架、安－74型1架、雅克－40型1架。直升机：共27架，即米－6型1架、米－8型9架、米－17型12架、SA－360型3架、卡－32T型1架、米－26型1架。教练机：雅克－18型8架。空空导弹：AA－2“环礁”型若干枚。

地方部队　近2万人，由省、市、县军事指挥部指挥，每省编有1至5个独立营和若干个独立连，有的省还编有防空连、通信连和侦察排等。

预备役部队　约1万人，每个县编有1个预备役连，每个连70～170人。

准军事部队民兵自卫队　共10万余人，分普通、机动和防空民兵3种。普通民兵每村编有1～2个班，每班7～9人；机动民兵编成排或连，每连75～85人，辖2～3个排，每排23～29人；防空民兵每个县城编有1个连，由县军事指挥部直接指挥。民兵自卫队的任务是：平时协同当地驻军维护国防治安，惩治犯罪和参与社会经济建设；战时参加战地运输或直接投入战斗。

兵役制度　实行义务兵役制，战士服役期至少18个月；民兵服役年龄男14～45岁，女16～35岁。

军衔　军官军衔分3等11级：将官4级（上将、

中将、少将、准将），校官3级（上校、中校、少校），尉官4级（上尉、中尉、少尉、准尉）。士兵军衔分2等5级：军士（上士、中士、下士），兵（一等兵、二等兵）。

军队节日 建军节1月20日，空军节4月4日，水兵节8月23日。

（钟学良）

黎　巴　嫩

国　　名 黎巴嫩共和国。

主要统计 面积1.0452万平方千米。人口434.5万人（其中13～17岁男21.3万人，女21.7万人；18～22岁男19.5万人，女20万人；23～32岁男39.1万人，女40.2万人）。国内生产总值167万美元（1999年）。国防费5.6亿美元（1999年国防预算）。发电量55.73亿度（1995年）。粮食9.4万吨（1998年）。海运能力，商船（载重100吨以上）163艘，总载重量43.82万吨（2000年）。民航能力，固定航班机场1个（1996年），客运量18.89亿人千米、货运量4600万吨千米（2000年）。

国防体制 宪法规定，总统为武装力量统帅。最高国防决策机构为最高国防委员会，其成员有总统、内阁部长、军队司令、参谋长等，由总统任主席。国防部为最高军事行政机关，负责军队与地方部门的协调，提供防务咨询和建议，进行国际军事交往等工作。武装力量由正规军和准军事部队组成。正规军分陆、海、空三个军种。最高军事指挥机构为军队司令部。总统通过国防部和军队司令部对全国武装力量实施领导和指挥。

领导人物 总统兼武装力量统帅埃米勒·拉胡德（1998年10月上任）。国防部长哈利勒·赫拉维。军队司令米歇尔·苏莱曼中将（1998年12月上任）。参谋长萨米尔·卡迪少将（1998年上任）。海军司令贾基·沙万准将。空军司令乔治·马鲁夫准将。

武装力量 **兵力** 现役部队约6.36万人。

陆军 约6.07万人。编有5个军区、11个步兵旅、1个总统警卫旅、1个武装警察旅、1个突击团、5个特种兵团、2个炮兵团、1个空中突击团。

坦克：M－48A1/A5型115辆、T－54/－55型212辆、AMX－13轻型坦克36辆。装甲侦察车："萨拉丁"22辆、AML型67辆。装甲输送车：M－113A1/A2型1164辆、VAB－VCI型81辆、AMX－VCI型81辆、"庞阿尔"M3－VTT型12辆。牵引炮：105毫米13门、122毫米62门、130毫米11门、155毫米65门。火箭炮：122毫米23门。迫击炮：81毫米158门、82毫米111门、120毫米108门。反坦克导弹："安塔克"和"米兰"式若干具，"陶"式20具。火箭筒：85毫米和89毫米若干具。无坐力炮：106毫米若干门。高炮：20毫米、23毫米若干门、40毫米10门。

海军 1200人。

巡逻艇：14艘，另有武装小艇27艘。两栖登陆艇：2艘。

空军 1700人。作战飞机3架，武装直升机4架。

战斗机："猎人"F9型6架、"幻影"EL3型10架。直升机：UH－1H型16架、SA－318型1架、SA－316型3架、贝尔－212型5架、SA－330型3架、SA－342型2架。教练机：CM－170型5架、"大斗犬"式3架。

准军事部队 内部治安部队：约1.3万人，装备有"突击队"式装甲输送车30辆。海关：装备有巡逻艇7艘。

教派民兵武装 除"真主党"外，大多数民兵实际上已经解散，并把武器移交给了政府军。

"真主党"穆斯林什叶派原教旨主义组织，亲伊朗。约有现役武装300～500人，另有支援力量约3000人。装备有火炮、火箭炮、火箭筒、无坐力炮、反坦克导弹和高炮等。精神领袖是穆罕默德·侯赛因·法德拉拉。

兵役制度 实行义务兵役制，并招募部分志愿兵，士兵服役期1年。

军衔 军官分3等9级：将官3级（中将、少将、准将），校官3级（上校、中校、少校），尉官3级（上尉、中尉、少尉）。

外国驻军 联合国驻黎巴嫩临时部队约5619

人，编成 7 个步兵营，由斐济、加纳、印度、爱尔兰、尼泊尔和乌克兰等国组成：此外，还有由法国、意大利、波兰、瑞典等国组成的支援部队。伊朗驻有约 150 人的革命卫队。叙利亚驻有 2.2 万人；在贝鲁特驻有 1 个机械化步兵旅、5 个特种兵团；在迈特恩驻有 1 个机械化步兵旅；在贝卡驻有 1 个机械化步兵师部、2 个机械化步兵旅和 1 个装甲旅；在特里波利驻有 1 个特种兵团；在拜特龙驻有 1 个特种兵团；在克帕尔·法卢斯驻有 3 个特种兵团。

军队节日　建军节为 8 月 1 日。

（王长有）

马 来 西 亚

国　　名　马来西亚。

主要统计　面积 32.9733 万平方千米。人口 2186.8 万人（其中，13～17 岁男 125.1 万人，女 119.1 万人；18～22 岁男 103.4 万人，女 98.7 万人；23～32 岁男 176.7 万人，女 171.2 万人）。国内生产总值 780 亿美元（1999 年）。国防费 16 亿美元（2000 年国防预算）。原煤 11.2 万吨（1995 年）。天然气 261.93 亿立方米（1995 年）。原油 2.37 亿桶（1996 年）。发电量 466.32 亿度（1995 年）。粮食 199 万吨（1998 年）。海运能力，商船（载重 100 吨以上）552 艘，总载重量 291.63 万吨（1999 年）。民航能力，固定航班机场 39 处，客运量 225.58 亿人千米、货运量 11.6 吨千米（1999 年）。

国防体制　国家元首为武装力量统帅，最高国防决策机构为国家安全委员会，总理兼任主席。内阁设国防部，为最高军事行政机关。武装力量由正规军和准军事部队两部分组成。正规军分陆、海、空三个军种，各军种均设参谋部。最高军事指挥机构为武装力量司令部。

领导人物　国家元首兼武装力量统帅萨拉赫丁·阿卜杜勒·阿齐兹（1999 年 4 月 26 日上任，任期 5 年）。总理兼国家安全委员会主席达图·斯里·马哈蒂尔（1999 年连任）。国防部长纳吉布·敦·拉扎克（1999 年 12 月上任）。武装部队总司令达图·斯里·穆罕默德·扎希迪·扎伊努丁上将（1999 年 1 月上任）。陆军司令达图·哈辛·侯赛因上将（1999 年 1 月上任）。海军司令达约斯·阿布巴卡尔·宾·阿卜杜尔·加马尔上将（1998 年 10 月上任）。空军司令萨鲁基·罗斯上将（1996 年 8 月上任）。

武装力量　**兵力**　现役部队 9.6 万人。

陆军　8 万人。编有 2 个军区，1 个军，4 个师，1 个机步旅，11 个步兵旅，1 个空降旅（包括 3 个空降营、1 个轻型炮兵团、1 个轻型坦克中队），1 个特战团（3 个营），1 个陆航直升机中队。

轻型坦克：“蝎子”26 辆。装甲侦察车：SIB-MAS 式 162 辆，AML－60/－90 型 140 辆，“白鼬”92 辆。装甲输送车：KIFV 式 111 辆，“突击队员”184 辆，“攻击者”25 辆，“神鹰”459 辆，M－3 型 37 辆。牵引炮：105 毫米 170 门，155 毫米 12 门。迫击炮：81 毫米 300 门。反坦克导弹：SS－11 型若干具。火箭炮：89 和 92 毫米若干门。无坐力炮：84 毫米若干门，106 毫米 150 门。高炮：35 毫米 24 门，40 毫米 36 门。地空导弹：“标枪”等 48 具，“轻剑”12 部。直升机：SA－316B 型 10 架。

海军　8000 人（含海军航空兵）。编有关丹、拉布安 2 个海军军区。

导弹护卫舰：“莱库”级 2 艘。护卫舰：“汉都亚”级 1 艘，“拉玛”级 1 艘。“阿萨德”级 4 艘，“卡斯图里”级 2 艘。导弹快艇：“汉达兰”级 4 艘，“柏达那”级 4 艘。巡逻艇：27 艘。扫雷艇：4 艘。两栖舰艇：2 艘。后勤支援舰船：4 艘。

海军航空兵　160 人，装备 HAS－1 型武装直升机 17 架。

空军　8000 人。编有 4 个攻击战斗机中队，3 个战斗机中队，1 个侦察机中队，4 个运输机中队，1 个地空导弹中队。作战飞机 84 架。

攻击战斗机：“鹰”式 25 架，MB－339 型 9 架，F/A－18D 型 8 架。战斗机：F－5 型 9 架，米格－29 型 17 架。武装侦察机：B－200T 型 4 架。加油机：2 架。运输机：48 架。运输直升机：46 架。教练机：共 69 架，其中 12 架为直升机、12 架 PC－7 型具有作战能力。空空导弹：若干枚。

预备役部队　4.98 万人。其中陆军 4.7 万人，海军 2200 人，空军 600 人。

准军事部队　约 26 万人。其中警察 1.8 万人（编成 5 个旅），海上警察约 2100 人，地区治安警察 3500 人，边境侦察部队 1200 人，人民志愿团 24 万人。

部署　马来西亚以东经 109 度线为界把其本土和所属海域分为东、西两部分，划成两个海军区。全国主要海、空军基地 7 处，其中海军基地 4 处（关丹、拉布安/山打根、卢木、又溪安图）、空军基地 3 处（吉隆坡、亚罗士打、吉打）。

兵役制度　实行志愿兵役制，服役期 10 年。

军衔　军官分 3 等 9 级：将官 3 级（上将、中将、少将），校官 3 级（上校、中校、少校），尉官 3 级（上尉、中尉、少尉）。

驻外兵力　2000 年共有 69 人在东帝汶、刚果、塞拉利昂等参加联合国维和行动。

外国驻军　澳大利亚 148 人，其中陆军 115 人、空军 33 人，装备有 2 架 P－3C 型飞机。

军队节日　陆军节 3 月 1 日，海军节 7 月 2 日，空军节 6 月 1 日。

（孟　丽）

蒙　古

国　名　蒙古国。

主要统计　面积 156.65 万平方千米。人口 246 万人（其中，13～17 岁男 15.8 万人，女 15.2 万人；18～22 岁男 14 万人，女 13.4 万人；23～32 岁男 23.1 万人，女 22.3 万人）。国民生产总值 9.80 亿美元（1999 年）。国防费 2460 万美元（2001 年国防预算）。原煤 495.12 万吨（1997 年），发电量 26.29 亿度（1998 年），粮食 19.4 万吨（1998 年）。民航能力，固定航班机场 1 处，客运量 4.91 亿人千米，货运量为 4500 万吨千米。

国防体制　宪法规定，总统是武装力量总司令，总统通过国防部长会议对军队实施指挥。国防部长会议是国防部的最高决策机构，国防部长任主席，其它成员有：国防部国务秘书、武装力量总参谋长、边防局长、民防局局长、国防部所属战略指导与计划局长、国防部行政管理协调局局长、国防部外事与情报信息研究局长、国防部干部处处长、国防部财务处处长等人。国防部长会议负责制定和实施国防政策，完善军队的编制，管理国防经费，配备领导干部以及负责军队对外关系。国防部是最高军事行政机关，统管武装力量，下辖外事与情报信息研究局、战略指导与计划局、行政管理局、政策执行协调局及信息、监督－分析与评估局等。武装力量由现役部队、预备役部队和准军事部队组成。现役部队包括陆军（即一般任务部队）、国土防空军、民防部队、建筑工程部队等。总参谋部是武装力量的最高军事指挥机构，下辖武装力量后勤部、国土防空军司令部、建筑工程兵管理局等。

领导人物　总统兼武装力量总司令巴嘎班迪（1997 年上任），国防部长朱格德尔德米德古尔拉格查（2000 年上任），总参谋长达希哲博格中将（1998 年上任），武装力量后勤部部长马格萨尔扎布少将（1996 年上任），国土防空军司令宾巴扎布少将（1996 年上任），边防军管理局局长松德布少将（2000 年上任），民防局局长巴桑呼少将（2000 年上任）。

武装力量　**兵力**　现役部队 1.98 万人（含建筑工程部队和民防部队）。

陆军　1.4 万人。编有 7 个摩步旅，1 个炮兵旅，1 个物质保障旅，7 个独立团等。装备坦克：T－54/－55－62 型 650 辆；装甲侦察车：BPIIM－2 型 120 辆。步兵战车：BMII－1 型 400 辆。装甲输送车 BTP－60 型 250 辆。牵引炮：300 门。火箭炮：130 门。迫击炮：140 门。反坦克炮：200 门。

国土防空军　1800 人。编有 1 个歼击机中队。作战飞机 9 架，武装直升机 11 架。

歼击机：米格－21 型 8 架，米格－21U 型 1 架。武装直升机：米－24 型 11 架。运输机：34 架。高炮 150 门。地空导弹：SA－7 型 250 部。

总部单位　2000 人。

预备役部队　陆军 14 万人。

准军事部队　边防部队 6000 人，内卫部队 1200 人，建筑工程部队 300 人，民防部队 500 人。

兵役制度　实行义务兵役制、合同兵役制为主体，等同兵役、税代兵役等多种服役形式为辅的混合兵役制。义务兵役制：18～28周岁男性公民，服役期为12个月。士兵服役期为：士兵服现役到27岁，服预备役到45岁。军官服现役到50岁，服预备役到55岁；将官服现役到55岁（元帅除外），将帅官服预备役到60岁。

军衔 分3等9级：将官3级（上将、中将、少将），校官3级（上校、中校、少校），尉官3级（大尉、上尉、中尉），准尉3级（一级准尉、二级准尉、三级准尉），士兵军衔分军士和兵两等，军士3级（上士、中士、下士），兵2级（上等兵、列兵）。

（刘 颖）

孟 加 拉 国

国　　名 孟加拉人民共和国。

主要统计 面积14.3998万平方千米。人口1.32417亿人（其中，13～17岁男803.8万人，女770.1万人；18～22岁男756.4万人，女710.4万人；23～32岁男1198.8万人，女1135.1万）。国内生产总值22000亿塔卡，合440亿美元（1999年）。国防费300亿塔卡，合6.12亿美元（1999年国防预算）。原油50万亿桶（1996年）。天然气73.65亿立方米（1995年）。发电量116.89亿度（1995年）。粮食3032.5万吨（1998年）。海运能力，商船（载重100吨以上）301艘，总载重量56.68万吨（1998年）。民航能力，固定航班机场8处，客运量28.38亿人千米、货运量1.21亿吨千米（1998年）。

国防体制 宪法规定，总统为武装力量统帅。陆、海、空三军分立，三军参谋长分别是三军的最高首长。国防部由文官掌管，仅负责军事预算、军工生产和装备采购等行政事务，无军队指挥权。准军事部队属内政部管辖，平时负责边、海防和内卫治安，战时配合正规军作战。

领导人物 总统兼武装部队总司令沙哈布丁·艾哈曼德（1996年10月就任）。总理兼国防部长谢赫·哈西娜·瓦吉德（女，1996年6月上任）。陆军参谋长穆斯塔黄兹中将（2000年7月上任）。海军参谋长阿布·塔赫尔准将（1999年6月上任）。空军参谋长马歇尔·贾马尔·乌汀少将（2000年7月上任）。

武装力量 **兵力** 现役部队13.7万人。

陆军 12万人。编有7个步兵师、17个步兵旅（约26个营）、1个装甲旅（2个装甲团）、2个装甲团、1个炮兵师（6个炮兵团）、1个工兵旅、1个防空旅。

主战坦克：T－54/－55型100辆。T－59/－69型100辆。轻型坦克：T－62型约40辆。装甲输送车：BTP－80型20辆。BTP－70型60辆。MT－LB型若干辆。牵引炮：105毫米80门，122毫米20门，130毫米40门。迫击炮：81、82毫米若干门，120毫米50门。无坐力炮：106毫米30门。反坦克炮：57毫米18门、76毫米50门。高炮：37毫米16门、57毫米若干门。地空导弹：HN－5A型若干部。

海军 约1.05万人。基地：吉大港（司令部）、达卡、库尔纳。

护卫舰：4艘。导弹快艇：10艘。鱼雷快艇4艘。近海巡逻艇：1艘。海岸巡逻艇：2艘。近岸巡逻艇：4艘。江河船艇：5艘。扫雷艇：4艘。登陆艇：14艘。支援舰船：8艘。

空军 6500人。编有4个攻击/战斗机中队、3个直升机中队。作战飞机83架。

攻击/战斗机：A－5型18架、F－6型16架、F－7M型16架、FT－7B型7架。运输机：安－32型3架。直升机："贝尔"212型11架、米－8型1架、米－17型15架。教练机：50架（其中8架L－39ZA型具有作战能力）。空空导弹：AA－2型若干枚。

准军事部队 5.52万人，其中孟加拉步枪队3万人（边防部队，编成41个营），武装警察5000人，保安部队2万人，海岸警卫队200人。

兵役制度 实行志愿兵役制。陆军士兵一般要服役20年。

军衔 分5等14级：将官2级（少将、准将），校官3级（上校、中校、少校），尉官3级（上尉、中尉、少尉），军士3级（上士、中士、下士），兵3级（一等兵、二等兵、新兵）。

驻外兵力 2000年共有2207人在克罗地亚、格鲁吉亚、伊拉克和科威特、东帝汶、西撒哈拉等国和地区参加联合国维和行动。

军队节日 建军节11月21日。

（刘温国）

缅甸

国　　名 缅甸联邦。

主要统计 面积67.6581万平方千米。人口4850万人（其中，13～17岁男270.7万人，女263.6万人；18～22岁男241万人，女236.5万人；23～32岁男432.1万人，女427.5万人）。国内生产总值290亿美元（1999年）。国防费17亿美元（1999年国防预算）。原煤7.9万吨（1995年）。原油500万桶（1996年）。天然气14.30亿立方米（1995年）。发电量37.8亿度（1995年）。粮食1721.4万吨（1998年）。海运能力，商船（载重100吨以上）144艘，总载重量135.4万吨（1999年）。民航能力，固定航班机场19处，客运量4.39亿人千米、货运量320万吨千米（1999年）。

国防体制 "国家和平与发展委员会"主席（相当于总统）为国防军总司令。国防部为国防军最高统帅机关，统管作战、训练和军工等工作。武装力量由正规军和准军事部队组成。正规军分陆、海、空三个军种。最高军事指挥机构为总参谋部。"国家和平与发展委员会"通过国防部和总参谋部对全国武装力量实施领导和指挥。

领导人物 "国家和平与发展委员会"主席兼政府总理、国防部长和三军总司令丹瑞大将（1997年11月上任）。"国家和平与发展委员会"副主席、三军副总司令兼陆军司令貌埃上将（1997年11月上任）。"国家和平与发展委员会"第一秘书、国防部军情局局长兼国事战略研究署署长钦纽中将（1997年11月上任）。"国家和平与发展委员会"第二秘书长兼陆军参谋长丁吴中将（1997年11月上任）。海军司令季敏少将（2000年8月上任）。空军司令觉丹中将（1997年12月上任）。

武装力量 **兵力** 现役部队约42.9万人。

陆军 32.5万人。编有10个轻装步兵师师部，12个军区司令部，32个战术指挥部，245个步兵营，7个炮兵营，4个装甲营和2个高炮营。

主战坦克：69型100辆。轻型坦克：63型105辆。装甲侦察车："白鼬"45辆，"亨伯"40辆，"马自达"30辆。装甲输送车："日野"20辆，85型250辆。牵引炮：76毫米100门，88毫米50门，105毫米96门，130毫米和155毫米各16门，122毫米和140毫米若干门。火箭炮：107毫米30门。迫击炮：120毫米80门，81毫米和82毫米若干门。无坐力炮：84毫米500门，106毫米若干门。反坦克炮：57毫米和76.2毫米60门。高炮：37毫米24门，40毫米10门，57毫米12门。

海军 1万余人（含陆战队800人）。设有6个海军基地。

轻型护卫舰："羊岱昂"号和"羊基昂"号各1艘。导弹艇：6艘。巡逻艇：78艘。两栖船只：11艘。支援船只：9艘。

陆战队：800人（1个营）。

空军 9000人。编有3个战斗机中队，2个攻击战斗机中队，2个防暴机中队、1个运输机中队和4个直升机中队。作战飞机83架，武装直升机29架。

战斗机：F-7型25架，FT-7型5架。攻击/战斗机：A-5M型22架。防暴机：PC-7型12架，PC-9型9架，"超海鸥"10架。运输机：F-27型3架，FH-227型4架，PC-6A/B型5架，Y-8D型2架。联络机："色斯纳"5架，K-8型12架。直升机：共66架，其中米-2型18架和米-17型11架为武装直升机。

准军事部队 约8.525万人，其中人民警察5万人、民兵3.5万人、渔业部门250人及11艘船只。

兵役制度 实行志愿兵役制。

军衔 军官分3等11级：将官5级（大将、上将、中将、少将、准将），校官3级（上校、中校、少校），尉官3级（上尉、中尉、少尉）。

军队节日 建军节3月27日。

（孟　丽）

日　本

国　　名　日本国。

主要统计　面积 37.78 万平方千米。人口 1.2684 亿人（其中 13～17 岁男 367.8 万人，女 350.4 万人；18～22 岁男 412.9 万人，女 393.0 万人；23～32 岁男 955.3 万人，女 912.1 万人）。国民生产总值 506.4 万亿日元（2000 年）。国防费 4.9218 万亿日元（2000 年国防预算），占国民生产总值的 0.957%，占政府财政支出的 6.01%。粗钢 9419.2 万吨（1999 年）。原煤 390.6 万吨（1999 年）。原油 73 万千公升（1999 年）。天然气 22.8 万亿立方米（1999 年）。发电量 921.06 亿度（1999 年）。主要农作物总产量（米、小麦）975.8 万吨（1999 年）。海运能力，商船（载重 100 吨以上）6140 艘，总吨位 1619.8 万吨（1999 年）。民航能力，固定航班机场 91 处；客运量，国内航线 793.58 亿人千米、国际航线 888.14 亿人千米；货运量，国内航线 89.3 万吨、国际航线 114.238 万吨（1999 年度）。

国防政策　日本的国防政策主要是不断强化日美军事同盟，建立高效的防卫力量，谋求实现政治大国的战略目标。其基本点是：

（一）注重利用和加强日美军事同盟。日美军事同盟是日本国防政策的支柱，日本认为，日美军事同盟不仅是对日本的安全保障，而且对日本周边地区的和平与稳定都是必不可少的。为此，日本通过《日美安全保障联合宣言》、新的"日美防卫合作指针"、与"新指针"相配套的"相关法案"等步骤，大大拓展了与美国在军事领域合作的深度和广度，采取了一系列措施以提高日美军事同盟的有效性和可靠性。如：加强政策协商和情报交换；加强日美联合演习和训练；正式决定参加美国战区导弹防御系统（TMD）的研究开发计划；加强日美双方装备技术上的交流；采取有效措施，确保美军顺利驻扎等。

（二）进一步突破专守防卫方针。日本早在 80 年代初期实际上就已经突破了专守防卫的方针，进入 90 年代中期以来，日本更强调要由立足于"本土防卫"转向"御敌于国门之外"、"歼敌于海上"。①"国际维和"成为海外派兵的理由。自 1992 年 6 月日本国会通过《海外派兵法》以来，日本自卫队便获得出兵海外的法律依据，借参加维和，使其出兵海外经常化、制度化。②"周边有事"成为对外干涉的借口。日美新的"防卫合作指针"把两国军事合作的重点从针对"日本有事"变为针对"周边有事"，其内容涉及国际军控与裁军、地区安全对话、国际维和及人道主义救援等方方面面。而"新指针"及其"相关法案"的制定，使日本的军事活动地区由"远东"扩大到范围模糊的"周边地区"；日本武装力量的职能由"专守防卫"作战扩大到发生"周边事态"时，可支援美军作战；而且，日美在武力应付"周边事态"时，可不必经过联合国授权，只由日美两国确定即可。此外，日本 1999 年通过的《周边事态法》和新的《防卫白皮书》所宣称的"先发制人"的权利等，都已使日本逐步突破了其一直标榜的"专守防卫"的基本方针。

（三）以高质量的军事力量为坚强后盾。日本认为，只有在雄厚的经济实力基础上，拥有一支强有力的、与政治经济大国地位相称的军事力量，才能在真正意义上确保日本成为与美欧共同主宰世界的大国。为此，冷战结束后，日本在谋求成为安理会常任理事国的背景下，采取了一系列的重大举措加速军事力量外向型发展的步伐，加强军事力量的质量建设。其具体措施包括：①强调冷战后国际形势的不稳定因素和日本面临的所谓各种威胁，为军事力量的发展寻找合理的借口；②逐步排除对军事力量发展的各种制约因素，为进一步发展军事力量创造条件；③以海空力量为发展重点，不断充实必要机能和提高质量，以适应军事力量的外向型使命；④进一步加大对国内军工生产与技术开发的扶植，以适应发展军事力量的长期需求和增强主动性。

军事战略　日本正在摆脱"和平宪法"的束缚，把军事战略的目标定位在谋求军事大国的地位上。

（一）防御重点由北向西。日本政府认为，冷战结束后，对日本安全的威胁，其性质、形态和对象均发生了很大变化。目前，对日构成的主要威胁，已由过去的苏联单一威胁，转变为各种性质的"多元威胁"。其中，朝鲜半岛和台湾海峡作为"不稳定地区"

最受日本的关注。为此，日本已将防御重点由“固守北方”转变为“防御西南”，并据此对自卫队的部署和编制体制作出重大调整。

（二）强调积极主动的战略方针。日本正以积极主动的战略方针逐步改变“专守防卫”的性质和内涵。其具体措施包括：①强调“先发制人”。日本以往“专守防卫”战略方针侧重“有事”后的反应，而现行方针则强调在面临导弹袭击或军事入侵之前，要对外国施行“先发制人”的打击。在1999年日本国会通过的《周边事态法》中，更首次提出“准有事”的概念，即“如置之不理则可能发展成为对我国的直接武力之事态等”，指的就是“有事”之前。②在防卫力量的基本任务和职能上，强调军事力量的职能范围由内向型向“内外结合型”过渡；防卫任务以周边为重点，逐步向全球发展。日本军事力量在已经由过去单一的“对付有限的小规模侵略事态”扩大为“保卫日本安全”、“应付大规模自然灾害等各种事态”、“为建立更稳定的安全保障环境作贡献”等3大职能。③在作战指导思想上，扩大解释行使自卫权的地理范围，提出“海上歼敌”、“洋上防空”的原则，强调在距日本本土尽量远的地方歼灭敌人，摈弃了日本领土、领海、领空抗击武力进攻的原则。新《日美防务合作指针》把日美防卫的区域由以日本为中心的200海里的“小范围”，扩大至整个亚太地区的“大范围”，使日美共同防卫和联合作战的范围进一步扩大。

（三）以“合理、高效、精干”为军队建设的目标。在新的安全环境下，日本强调“合理、高效、精干”的自卫队建设目标，计划在2010年度前，对自卫队进行精简整编，全面提高各种能力，主要有：①防空能力；②对周边海域及海上交通线安全保障的能力；③抗登陆作战的能力；④情报收集能力；⑤警戒监视能力。为此，采取了一些重大措施：(1）进行较为彻底的体制编制改革。根据新《防卫计划大纲》的要求，陆上自卫队正在从过去的13个师、2个混成旅的18万人体制向9个师、6个旅的16万人（含“快速反应预备役1.5万人）体制转变。此外，防卫厅还决定建立多支特种部队，如已经成立的“陆上自卫队研究本部”、即将成立的“网络部队”等。同时，海上自卫队正在组建直属联合舰队的“特别警备队”以专门对付外国“可疑船只”，负责海上特别行动。海上自卫队还将组建一支直升机部队，以提升海上快速反应能力。(2）重视加强三军协同作战能力，提高情报、指挥、通信以及运输等后勤保障能力。(3）在武器装备的发展上，向大型化、远程化、大威力化、高技术化的方向发展。根据新“中期防卫力量发展计划”，在未来5年里，日本自卫队将积极研制、开发多种高技术武器装备，继续推进与美国进行的战区导弹防御系统的技术研究工作、引进空中加油机、以及装备2艘1.35万吨、可搭载3架多用途直升机的驱逐舰，从而大大超出了“自卫所需最小限度”。(4）加大经费的保障力度。按照新“中期防卫力量发展计划”，在未来5年中，日本的军费开支将达25.16万亿日元。日本2001财政年度的军费预算为4.96万亿日元（约合439亿美元），高居世界第二位。巨额的军费开支，将为日本自卫队的发展建设提供雄厚的物质保障。

（四）密切与美军的协同作战能力。随着日美军事同盟的加强以及日本在同盟中自主地位的提高，在必要时同美军实施联合作战，密切双方在作战中的协调和协同，已成为日本军事战略的重要组成部分。根据新“中期防卫力量发展计划”，日本将继续提高日美安全保障体制的可靠性。除研究在发生对日武装攻击时的日美联合作战计划外，还需加大对发生“周边事态”时日美相互合作计划的研究力度，以努力构筑有效的合作态势，不断提高日美联合演习和训练的协同水平。今后日美进行的联合演练中，将强调和重视以下几点：(1）日本以自己的力量为主，顽强抗击武装入侵，为美军支援创造条件。(2）加强协调和协同。内容包括：任务区分，作战、情报活动、后勤支援等。(3）明确任务分工，合理灵活编组。(4）突出地域性、进攻性和实战性。

国防体制 **统帅机构** 日本国防组织的最高领导人、自卫队的最高统帅是内阁总理大臣，他代表内阁对自卫队行使最高指挥监督权。内阁会议是国防问题的最高决策机构，负责对提交国会审议的有关国防问题的法律草案、预算草案作出决定，制定有关政令，决定有关国防的重大方针和计划。安全保障会议是国防问题的最高审议机构，它由以下人员组成：根据《内阁法》第9条的规定预先指定的国务大臣、外务大臣、财务大臣、内阁官房长官、国家公安委员会委员长、防卫厅长官，由内阁总理大臣任主席。当主席认为必要时，可让有关国务大臣、参谋长联席会议主席及其他有关人员列席会议，陈述意见。安全保障会议的职责是：审议有关国防的重要事项处置重大紧急事态的重要问题。防卫厅是在内阁总理大臣领导下处理国防事务的行政机关，其任务是“管理、指挥陆上、海上、航空自卫队，处理与此有关的事务。”防卫厅直属内阁府，防卫厅长官由内阁总理大臣任命的国务大臣担任，在内阁总理大臣的指挥与监督下领导防卫厅的工作，统管防卫厅的业务，并通过陆海空自卫队参谋长指挥自卫队。参谋长联席会议是辅佐防卫厅长官的合议体参谋机构，主要任务是统一和协调陆海空自卫队的运用。职责是：制定合同作战计划、合同后勤计划和合同训练计划，统一、协调自卫队军事行动的指挥命令，协助防卫厅长官指挥两个以上军种的合成部队的作战行动，搜集情报、调查研究，以及防卫厅长官交办的其他事项。参谋长联席会议由自卫队现役军人中资历最深、军衔最高者任主席，主持和领导参谋长联席会议的工作。

日本的武装力量由现役部队，在军事部门服务的文职人员和预备役部队组成。正规部队分为陆上自卫队、海上自卫队、航空自卫队。

作战指挥系统　内阁总理大臣是陆、海、空自卫队的最高指挥官。防卫厅是内阁总理大臣对陆、海、空自卫队实施指挥的职能机关。防卫厅长官在内阁总理大臣的指导监督下，统一领导和指挥陆、海、空自卫队。陆海空自卫队分别设有参谋部，作为防卫厅长官的参谋机构和各自卫队的指挥管理机构，负责制定各自的作战计划、教育训练计划及编制、装备、后勤保障、情报收集、卫生保健、人事等计划。它既是防卫厅长官的参谋机构，又是管理和运用各自卫队的执行机构。防卫厅长官通过各自卫队参谋长对陆、海、空自卫队实施领导和指挥。参谋长联席会议主席协助防卫厅长官对自卫队的运用进行统一和协调。

领导人物　内阁总理大臣兼自卫队最高统帅小泉纯一郎（2001 年 4 月 26 日当选）。国务大臣、防卫厅长官中谷正（2001 年 4 月 26 日上任）。参谋长联席会议主席竹河内捷次上将（2001 年 3 月 27 日上任）。陆上自卫队参谋长中谷正宽上将（2001 年 1 月 11 日上任）。海上自卫队参谋长石川亨上将（2001 年 3 月 27 日上任）。航空自卫队参谋长远竹郁夫上将（2001 年 3 月 27 日上任）。

武装力量　**兵力**　现役部队编制定员 26.073 万人（含参谋长联席会议 1612 人），实有兵员 23.6368 万人（含参谋长联席会议 1379 人，统计数截至 1999 年 3 月底）。

陆上自卫队　编制定员 16.7383 万人，实有兵员 14.5928 万人。编成 5 个军区、11 个步兵师、1 个装甲师、1 个步兵旅、2 个混成旅、1 个空降旅、1 个炮兵旅、5 个工兵旅、8 个防空导弹群。截至 1999 年 3 月底，共装备坦克 1090 辆（90 型、74 型），装甲车 710 辆，自行火炮 640 辆，各型火炮 6240 门，各型飞机 502 架。

海上自卫队　编制定员 4.5812 万人，实有兵员 4.3838 万人。编有 1 个联合舰队，下辖 1 个护卫舰队、1 个航空集团、1 个潜艇舰队，另有 5 个地方队。截至 1999 年 9 月底，共装备各型作战舰艇 140 艘，总吨位约 35.8 万吨，其中驱逐舰、护卫舰 53 艘 18.3 万吨，潜艇 16 艘 3.9 万吨，扫布雷舰艇 32 艘 2.7 万吨；各型飞机 215 架。

航空自卫队　编制定员 4.7266 万人，实有兵员 4.5223 万人。编有 1 个航空总队，下辖 3 个航空方面队（各辖两个战斗航空团）、1 个航空混成团、6 个防空导弹群；1 个航空支援集团；1 个航空教育集团（下辖 2 个训练航空团、3 个飞行教育团）；1 个航空开发实验集团。截至 1999 年 3 月底，共装备各型作战飞机 498 架，其中歼击机 358 架、侦察机 26 架、预警机 7 架、运输机 59 架。

文职人员　2.1377 万人。

预备役部队　一般预备役 4.79 万人，其中陆上自卫队 4.6 万人，海上自卫队 1100 人，航空自卫队 800 人；快速反应预备役 4372 人（陆上自卫队）。

部署　陆上自卫队参谋部驻东京都。北部军区所辖防区为北海道地区，司令部驻札幌市，辖 3 个步兵师、1 个装甲师、1 个炮兵旅、1 个防空导弹旅、1 个工兵旅。

东北部军区所辖防区在本州地区东北部，司令部驻仙台市，辖 2 个步兵师、1 个炮兵群、1 个防空导弹群、1 个工兵旅。

东部军区所辖防区在本州地区中部，司令部驻东京都，辖 2 个步兵师、1 个空降旅、1 个防空导弹群、1 个工兵旅。

中部军区所辖防区在本州地区西南部，司令部驻伊丹市，辖 2 个步兵师、1 个步兵旅、1 个混成旅、1 个防空导弹群、1 个工兵旅。

西部军区所辖防区在九州和冲绳地区，司令部驻熊本市，辖 2 个步兵师、1 个混成旅、1 个防空导弹旅、1 个炮兵旅、1 个 2 兵兵旅。

防卫厅长官直辖的第 1 直升机旅驻木更津。补给控制本部和通信旅驻东京都。

海上自卫队参谋部驻东京都，分为横须贺、吴、佐世保、舞鹤、大凑 5 个警备区。在横须贺警备区的横须贺基地部署有自卫舰队、防卫舰队、潜艇舰队的司令部、第 1 护卫队群、第 2 潜艇队群、扫雷队群、开发指导队群、情报业务队群、海洋业务队群及横须贺地方队。航空集团司令部驻绫濑市。教育航空集团司令部驻千叶县东葛饰郡沼南町。在吴警备区的吴基地驻有第 4 护卫队群、第 1 潜艇队群、练习舰队司令部及吴地方队。在佐世保警备区的佐世保基地驻有第 2 护卫队群和佐世保地方队。在舞鹤警备区的舞鹤基地驻有第 3 护卫队群和舞鹤地方队。在大凑警备区的大凑基地驻有大凑地方队。补给本部和中央通信队群驻东京都。

航空自卫队参谋部驻东京都。北部防空区：千岁部署有第 2 航空团、第 3 航空团、第 3 防空导弹群；三泽部署有北部航空方面队司令部、北部航空警戒管制团、第 6 防空导弹群。中部防空区：小松、茨城县东茨城郡小川町分别部署有第 6 和第 7 航空团；各务原市部署有第 4 防空导弹群；狭山市部署有第 1 防空导弹群、中部航空警戒管制团、中部航空方面队司令部。西部防空区：第 5、第 8 航空团分别部署在宫崎县儿汤郡新富町和福岛县筑上郡椎田町；春日市部署有第 2 防空导弹群、西部航空警戒管制团以及西部航空方面队司令部。西南防空区：冲绳岛那霸市设有西南航空混成团司令部，并部署有第 83 航空队、第 5 防空导弹群、西南航空警戒管制队。

航空总队、航空支援集团司令部设在府中市。航空教育集团、航空开发实验集团司令部分别设在浜松市和狭山市。补给本部设在东京都。

兵役制度 日本实行志愿兵役制，又称募兵制。上等兵（含）以下实行任期制：陆上自卫队为 2 年（专业技术兵为 3 年），海上和航空自卫队为 3 年。任期届满后，根据本人志愿并经审查合格后可继续延长 2 年任期；军士和军官为职业军人，实行退休制。各级退休年龄分别为：将官 60 岁（参谋长联席会议主席 62 岁），上校 56 岁，中校、少校 55 岁，上尉至上士 54 岁，中士以下 53 岁。对从事医务和音乐等职业的上校以下军人，其退休年龄适当延长，最长可到 60 岁。

军衔 日本自卫队军衔共分 6 等 18 级：将官 3 级（上将、中将、少将），校官 3 级（上校、中校、少校），尉官 3 级（上尉、中尉、少尉），准尉 1 级、军士 4 级（军士长、上士、中士、下士），兵 4 级（上等兵、一等兵、二等兵、三等兵）。

外国驻军 目前，美国在日本的驻军约 3.91 万人，其中陆军约 1800 人、海军约 6700 人、海军陆战队约 1.66 万人、空军约 1.4 万人。

军队节日 自卫队节 11 月 1 日。

（于　庭）

沙特阿拉伯

国　　名 沙特阿拉伯王国。

主要统计 面积 224 万平方千米。人口 2166.1 万人（其中，13～17 岁男 134.8 万人，女 120.7 万人；18～22 岁男 113.3 万人，女 101 万人；23～32 岁男 167 万人，女 143.5 万人）。国内生产总值 5290 亿里亚尔，合 1410 亿美元（1999 年）。国防费 700 亿里亚尔，合 187 亿美元（2000 年国防预算）。原油 30.39 亿桶（1997 年）。天然气 377.18 亿立方米（1995 年）。发电量 998.33 亿度（1995 年）。粮食 244 万吨（1998 年）。海运能力，商船（载重 100 吨以上）301 艘，总载重量 136.17 万吨（1997 年）。民航能力，固定航班机场 25 处，客运量 185.01 亿人千米、货运量 8.95 亿吨千米（1997 年）。

国防体制 国王为皇家军队统帅。最高国防决策机构为高级防务委员会，成员有国王、国防与航空大臣、财政与经济大臣、通信与外交大臣和武装力量总参谋长，由国王任主席。国防部为最高军事行政机构。武装力量由正规军和准军事部队组成。正规军分陆、海、空和防空军四个军种。最高军事指挥机构为总参谋部。国王通过国防部和总参谋部对全国武装力量实施领导和指挥。

领导人物 国王兼武装力量统帅法赫德·本·阿卜杜勒·阿齐兹（1982 年即位）。国防与航空大臣苏尔坦·本·阿卜杜勒·阿齐兹亲王（1982 年上任，1995 年连任）。总参谋长萨利赫·本·阿里·穆海亚（1996 年上任）。陆军司令苏尔坦·本·阿迪·穆塔伊尔中将（1996 年 9 月上任）。海军司令塔拉勒·穆夫迪中将（1994 年 1 月上任）。空军司令阿卜杜·阿齐兹·胡纳迪中将（1994 年 1 月上任）。防空军司令马吉德·本·塔勒哈比·本·哈马德·奥塔比中将（1994 年 1 月上任）。

武装力量 **兵力** 现役部队 12.65 万人。

陆军 7.5万人。编有3个装甲旅，5个机械化旅，1个空降旅，1个王室警卫团，8个炮兵营，1个陆军航空司令部。

主战坦克：M－1A2“艾布拉姆斯”315辆，AMX－30型290辆（50%库存），M－60A3型450辆。装甲侦察车：AML－60和AML－90型300辆。步兵战车：AMX－10P型570余辆，M－2“布雷德利”400辆。装甲输送车：M－113型1750辆，M－3“庞阿尔”150辆。牵引炮：105毫米100门，155毫米140门，203毫米8门。自行炮：155毫米200门。火箭炮：“阿斯特罗斯”Ⅱ型60门。迫击炮：107毫米、120毫米400门。反坦克导弹：“陶”式、“龙”式和“霍特”式若干具（其中“龙”式1000具）。无坐力炮：84毫米300门，90毫米100门，106毫米50门。直升机：67架。地空导弹：“红眼睛”500部，“响尾蛇”和“毒刺”若干部。

海军 1.55万人（包括陆战队3000人）。编有2个舰队。

导弹护卫舰：4艘。轻型护卫舰：4艘。导弹快艇：9艘。巡逻艇：17艘。反水雷舰艇：7艘。登陆艇：8艘。辅助舰船：7艘。

陆战队 3000人。编有1个海军步兵团，装备步兵战车140辆。

海军航空兵 装备有AS－565、AS－332B和AS－332F型直升机31架，其中武装直升机21架（AS－565型15架、AS－332B和AS－332F型6架）。

空军 2万人。编有7个攻击战斗机中队，9个战斗机中队，1个侦察机中队，1个预警机中队，2个改装训练机中队，3个运输机中队，2个直升机中队，9个教练机中队。作战飞机417架。

攻击战斗机：F－5E型56架，F－5F型21架，“旋风”IDS型76架。战斗机：“旋风”ADV型24架，F－15C型70架，F－15D型24架，F－15S型72架。侦察机：RF－5E型10架。预警机：E－3A型5架。加油机：KE－3A型8架，KC－130H型8架。改装训练机（具有作战能力）：F－5B型14架。运输机：C－130E型7架，C－130H型29架，L－100－30HS型3架。直升机：AB－205型22架，AB－206A型13架，AB－212型17架，AB－41EP型40架（用于搜索救援），AS－532A2型12架。教练机：114架（其中50架具有作战能力）。皇家专机：飞机23架，直升机4架。

防空军 1.6万人。编有33个地空导弹连。

高炮：20毫米92门。30毫米50门，35毫米128门，40毫米150门。地空导弹：“夏安”141部，MIM－23BI“霍克”改进型128部，“响尾蛇”40部。

准军事部队 11.55万人。其中国民警卫队10万人（现役7.5万人、部族部队2.5万人），编有3个机械化步兵旅、5个步兵旅、1个骑兵仪仗队，装备轻型装甲车1117辆、装甲输送车730辆（另有库存810辆）、牵引炮70门、迫击炮和无坐力炮若干门、“陶”式反坦克导弹若干具；边防部队1.05万人；海岸警卫队4500人，装备巡逻艇约34艘、气垫船16艘、教练船1艘、王室游艇1艘、小型武装巡逻艇350艘；特种安全部队500人，装备装甲输送车若干辆。民防部门装备直升机10架。

兵役制度 平时实行志愿兵役制，战时实行义务兵役制。18～35岁男子经批准参军，服役期限一般为2～3年（普通兵种2年、特殊兵种3年）。

外国驻军 “半岛之盾”部队约7000人，1个步兵旅（由海湾合作委员会成员国派出）。法国驻有170人，装备飞机11架（“幻影”2000C型5架、F－ICR型3架、C－135FR型3架）。英国驻有约200人，装备“旋风”GR－1A型飞机6架。美国驻有5720人，其中：常驻陆军650人，编有1支“爱国者”防空导弹部队和1支通信部队；常驻空军4800人，装备的飞机包括F－15、F－16、F－117、C－130、KC－135、U－2和E－3等；常驻海军270人（其中陆战队250人）。

（张连国）

斯　里　兰　卡

国　　名 斯里兰卡民主社会主义共和国。

主要统计 面积6.561万平方千米。人口

1903.5万人（其中，13～17岁男92.7万人，女89万人；18～22岁男91.6万人，女88万人；28～32岁男158.9万人，女155.5万人）。国内生产总值11130亿卢比，合157亿美元（1999年）。国防费520亿卢比，合7亿美元（2000年国防预算）。发电量48亿度（1995年）。粮食273.1万吨（1998年）。海运能力，商船（载重100吨以上）66艘、总载重量47.26万吨（1998年）。民航能力，固定航班机场1个，客运量40.35亿人千米、货运量1.59亿吨千米（1998年）。

国防体制 宪法规定，总统为武装部队总司令。最高国防决策机构为国家安全委员会，成员有国防部长、国家安全部长、陆、海、空三军司令、警察总监等，主席由总统兼任。国防部为最高军事行政机构。武装力量由正规军、预备役部队和警察组成。正规军分陆、海、空三个军种。总统通过国家安全委员会、国防部和陆、海、空三军司令部对全军实施领导和指挥。

领导人物 总统兼武装部队总司令钱德里卡·班达拉奈克·库马拉通加夫人（1999年12月连任）。陆军司令利奥内尔·P·巴拉加尔（2000年8月上任）。海军司令蒂塞拉中将。空军司令拉纳辛哈少将。

武装力量 **兵力** 现役部队约11～11.5万人（含应召再服现役者）。

陆军 约9～9.5万人（含4.2万名应召再服现役者）。编有10个师部、3个机械化步兵旅、1个空中机动旅、23个步兵旅、1个独立特遣旅（下辖1个突击队、1个独立特遣团）、1个装甲团、3个装甲侦察团、4个野战炮兵团（含1个后备团）、4个野战工程兵团（含1个后备团）。

主战坦克：T－55型约25辆。装甲侦察车："萨拉丁"26辆、"白鼬"15辆、"野狗"12辆。装甲输送车：T－85型35辆、BTR－152型10辆、其他型号107辆。牵引炮：76毫米12门、85毫米12门、88毫米12门、130毫米12门、152毫米33门。火箭炮：122毫米16门。迫击炮：81毫米276门、82毫米100门、107毫米12门、120毫米36门。无坐力炮：105毫米15门、106毫米34门。高炮：40毫米24门、94毫米33门。

海军 1万人（含1100名应召再服现役者）。基地设在科伦坡（司令部）、亭可马里（主要基地）、卡赖纳加、唐加拉、卡南皮提亚。

海岸巡逻作战舰艇：39艘（其中海上巡逻艇1艘、近海巡逻艇38艘）。登陆艇：8艘。

空军 1万人。作战飞机26架、武装直升机19架。

对地攻击战斗机：F－7M型4架、FT－7型1架、FT－5型2架、米格－27型4架、"幼狮"5架、SF－260TP型反辐射导弹运载机8架、"卡普拉"2架。攻击直升机："贝尔"212型11架、米－24型6架、米－35型2架。运输机：各型飞机27架。直升机："贝尔"206型9架，米－17型3架。教练机：11架。

预备役部队 约4200人，其中陆军1100人，海军1100人，空军2000人。

准军事部队 8.86万人，其中警察部队6.06万人，国民志愿军1.5万人，国民卫队1.3万人。

兵役制度 实行志愿兵役制。

（刘温国）

泰 国

国　　名 泰王国。

主要统计 面积51.3115万平方千米。人口6240万人（其中，13～17岁男314.7万人，女304万人；18～22岁男317.8万人，女308.5万人；23～32岁男614.4万人，女597.9万人）。国内生产总值1350亿美元（1999年）。国防费23亿美元（2001年国防预算）。原煤1842.1万吨（1995年）。发电量836.6亿度（1995年）。原油2200万桶（1996年）。天然气104.77亿立方米（1995年）。粮食2843.9万吨（1998年）。海运能力，商船（载重100吨以上）351艘，总载重量119.45万吨（1999年）。民航能力，固定航班机场25处，客运量292.26亿人千米．货运量13.20亿吨千米（1999年）。

国防政策 为适应冷战后安全环境的变化和

现代战争的需要，泰对其国防政策作了新的调整，主要包括以下内容：加强军队建设，保持一支规模适当、有进攻能力和机动性的、有高效率指挥系统的武装力量，以应付来自国内外的威胁；建立一个高水准的、现代化的军事训练和教育体系，提高军人素质；发展国防工业，依靠自身的力量促进国防生产，使之接近于国际水平；调整后备兵员系统，朝着面向公众的方向发展，获得人民的合作与支援；保卫国家经济利益和自然资源，维护边境地区安全；加强福利保障，提高军人及其家属的生活水平；开展与友好国家的军事合作，积极支援联合国维持和平行动。

军事战略　泰国武装部队实行“总体防御战略”。冷战结束后，泰军适时地对其军事战略进行了调整。在战略目标上，完成由本土防御向海洋和本土综合防御转变，将保卫经济建设和维护海洋权益作为重要目标；在防御重点上，从东北部泰柬、泰老边境地区向东南部沿海新兴工业区和能源基地转变，将防御纵深从陆地向海洋扩展，由沿海向近海延伸；在作战对象上，将“来自陆地的对手”改为“来自海上的潜在对手”；在防御体制上，由依赖美国保护逐渐向增强本国防御力量与加强联盟军事合作相结合的“总体防御”转变。

国防体制　国王为武装力量统帅。最高国防决策机构为国家安全委员会，隶属于国务院，总理兼任主席。最高咨询机构为国防委员会，隶属于国防部。国防部是最高军事行政机关，负责制定、实施国防政策和计划。武装力量由正规军和准军事部队两部分组成。正规军分陆、海、空三个军种。最高军事指挥机构为最高司令部。国王名义上是三军统帅，实际上是国务院通过国防部和最高司令部对全国武装力量实施领导和指挥。

领导人物　国王兼武装力量统帅普密蓬·阿杜德（1946年继位）。总理兼国家安全委员会主席他信·西那瓦（2001年2月上任）。国防部长差瓦立·永猜育上将（2001年2月上任）。最高司令三炮·初西上将（2000年10月上任）。陆军司令素拉育·朱拉暖上将（1998年10月上任）。海军司令巴实·汶颂上将（2000年10月上任）。空军司令邦·玛尼信上将（2000年10月上任）。

武装力量　**兵力**　现役部队30.1万人。

陆军　19万人。编有4个部域军，2个小军，2个骑兵师，3个装甲师，2个机械化师，1个轻型步兵师，2个特种作战师，1个炮兵师，1个高炮师（6个高炮旅），1个工程兵师，4个经济开发师，1个独立骑兵团，8个独立步兵营，4个侦察连，3个空中机动连和1支正在组建的快速反应部队。

主战坦克：69型50辆，M－48A5型105辆，M－60型127辆。轻型坦克：“蝎子”154辆，M－41型200辆。装甲侦察车：“肖兰”MK－3型32辆。装甲输送车：M－113型340辆，“突击队员”V－150型162辆，“秃鹰”18辆，85型450辆。牵引炮：105毫米353门，130毫米15门，155毫米192门。自行火炮：155毫米20门。迫击炮：81毫米、107毫米若干门，120毫米12门。反坦克导弹：“龙”式300具。无坐力炮；75毫米30门，106毫米150门。高炮：20毫米48门，37毫米122门，40毫米128门，57毫米24门。地空导弹：“红眼睛”若干部。运输机：14架。联络机：20架。教练机：28架。直升机：167架，其中AH－1F型武装直升机4架。

海军　6.8万人（含陆战队、海军航空兵和岸防部队）。编有3个作战舰队和1个海军航空兵联队。

直升机航母：“差克里·纳吕贝特”号1艘。导弹护卫舰：8艘，其中“纳黎萱”级、“昭帕耶”级、“格腊武里”级、“佛陀约华”级各2艘。护卫舰：6艘，其中“玛古·拉差古曼”级1艘、“达比”级2艘、“达津”级2艘、“宾格老”级1艘。小型护卫舰：“拉坦纳凯辛”级2艘、“哈姆罗辛”级3艘。导弹快艇：“拉差立”级3艘，“布拉巴拉巴”级3艘。巡逻艇：77艘。扫雷舰艇：7艘。两栖舰艇：9艘。后勤支援舰船：16艘。

海军航空兵1700人，装备作战飞机67架、武装直升机5架。

陆战队　1.8万人。编有1个师，2个步兵团，1个炮兵团，1个两栖攻击营，1个侦察营。装备装甲输送车33辆，115毫米牵引炮12门及“龙”式反坦克导弹若干具。

空军　4.3万人。编有3个攻击战斗机中队，3个战斗机中队，5个防暴机中队，1个电子侦察机中队，2个武装侦察机中队，3个运输机中队，2个直升机中队，1个高炮连。作战飞机153架。

攻击战斗机：F－5A/B型14架，F－16型34架。战斗机：F－5型33架。防暴机：AC－47型4架，AU－23A型22架，N－22B型19架。电子侦察机：IAI－201型3架。武装侦察机：OV－10C型25架，RF－5A型3架。航测机：8架。运输机：C－130H型等共28架。教练机：共165架，其中L－39ZA/MP型34架具有作战能力。联络机：11架。直升机：42架。空空导弹："响尾蛇"、"大蟒"若干枚。地空导弹："吹管"、"蝮蛇"若干枚。

准军事部队　约16.56万人。其中，"猎勇"部队2.26万人，保卫国土志愿队5万人，海上警察2500人，航空警察500人，边境巡逻警察4万人，地方警察约5万人。

预备役部队　20万人，编有4个陆军预备役师。

部署　陆军按4个部域军部署，重点部署在中部和东南部地区。海军部署在各海军基地，陆战队驻梭桃邑海军基地。空军各飞行大队分别驻各空军基地。主要军事基地18处，其中海军基地5处（曼谷、宋卡、攀牙、梭桃邑、达叻）、空军基地13处（廊曼、柯叻、打卡里、华富里等）。

兵役制度　实行义务兵役制，服役期2年。

军衔　军官分4等10级：元帅，将官3级（上将、中将、少将），校官3级（上校、中校、少校），尉官3级（上尉、中尉、少尉）。

驻外兵力　2000年共派出900人参加联合国东帝汶维和部队，另有20名军事观察员参加联合国在东帝汶、塞拉利昂、伊拉克和科威特的维和行动。

外国驻军　新加坡驻有1个训练营地。美国120人（陆军40人、空军30人、海军10人、陆战队40人）。

军队节日　建军节4月8日。

（孟　丽）

土　耳　其

国　　名　土耳其共和国。

主要统计　面积77.945万平方千米。人口6613万人（其中，13～17岁男326.6万人，女318万人；18～22岁男325.4万人，女309万人；23～32岁男609.8万人，女576.5万人）。国内生产总值79814万亿土耳其里拉，合1860亿美元（1999年）。国防费4742万亿土耳其里拉，合77亿美元（2000年国防预算）。原煤5507.3万吨（1995年）。钢铁1400万吨（1998年）。原油360万吨（1998年）。天然气2.01亿立方米（1995年）。发电量817.34亿度（1995年）。粮食3318.2万吨（1998年）。海运能力，商船（载重100吨以上）880艘、总载重量711.43万吨（1998年）。民航能力，固定航班机场26处、客运量123.05亿人千米、货运量2.142亿吨千米（1998年）。

国防体制　总统为武装力量统帅。最高国防决策机构为国家安全委员会，成员有总统、总理、总参谋长、国防部长、内政部长、外交部长和宪兵司令，由总统任主席，基本任务是制订战争动员计划、议决国家军事政策和其他有关国家安全的重大问题。武装力量的最高决策机构为最高军事委员会，由总理、总参谋长和陆、海、空军司令以及宪兵司令组成，任务是讨论和决定武装部队各级军官任免和调动、晋升和退休、国防费用的计划和分配、军队编制和军法军纪等问题。国防部为政府中一个部，是最高军事行政机构，设部长、副部长等，部长由总理任命的文职官员担任，任务是负责武装部队的征兵、武器装备、后勤补给、军工生产等工作。武装力量由正规军和准军事部队组成。正规军分陆、海、空三个军种。最高军事指挥机构为总参谋部，总参谋长由总统根据总理提名在担任过陆、海、空军司令的上将中任命，任期4年。总统通过国防部和总参谋部对全国武装力量实施领导和指挥。

领导人物　总统兼武装力量统帅阿赫迈特·内季代特·塞泽尔（2000年5月上任）。国防部长萨巴哈廷·恰克玛克奥卢（1999年8月上任）。总参谋长侯塞因·科夫勒克奥卢上将（1998年8月上任）。陆军司令黑尔米·顾兹科克上将（2000年8月上任）。海军司令伊尔哈米·埃尔迪尔上将（1999年8月上任）。空军司令埃尔金杰拉辛上将（1999年8月上任）。

武装力量　**兵力**　现役部队60.97万人。

陆军　约49.5万人。编有4个集团军司令部，9个军司令部，1个机械化师，1个步兵师，14个装甲旅，17个机械化旅，9个步兵旅，4个突击旅，1个步兵团，1个总统警卫团，5个边防团，26个边防营。

主战坦克：4205辆，其中M－48A5T1型和M－48A5T2型2876辆，M－60A3型658辆，M－60A1型274辆，"豹"式1A1型170辆，"豹"式1A3型

227辆。装甲侦察车：若干辆。步兵战车：650 辆。装甲输送车：3643 辆（AAPC 型 830 辆，M－113 型 2813 辆）。牵引炮：105 毫米若干门，155 毫米 517 门，203 毫米 162 门，自行炮：105 毫米 391 门，155 毫米 222 门，175 毫米 36 门，203 毫米 219 门。火箭炮：60 门（107 毫米 48 门，227 毫米 12 门）。迫击炮：2021 门（107 毫米 1264 门，120 毫米 757 门），另有 81 毫米迫击炮 3792 门。反坦克导弹：943 具（"眼镜蛇" 186 具，"陶" 式 365 具，"米兰" 392 具）。无坐力炮：57 毫米 923 门，75 毫米 617 门，106 毫米 2329 门，高炮 1664 门（20 毫米 439 门，35 毫米 120 门，40 毫米 1105 门）。地空导弹："毒刺" 108 部，"红眼睛" 789 部。此外，还装备有各型飞机 168 架，武装直升机 37 架，运输直升机 262 架。

海军　5.46 万人（含海军陆战队 3100 人，海岸营部队 1050 人），编为 5 个海岸基地司令部。

常规潜艇：14 艘。护卫舰：22 艘。导弹快艇：21 艘。巡逻艇：28 艘。布雷舰艇：1 艘。反水雷舰艇：23 艘。登陆舰：8 艘。登陆艇：59 艘。辅助舰船：27 艘。

海军航空兵　装备有用于反潜作战的直升机 16 架（其中 13 架为 AB－212 型武装直升机），教练机 7 架。

海军陆战队　1 个团，3100 人。

空军　6.01 万人。编有 2 个战术空军司令部，1 个运输司令部，1 个训练司令部，1 个后勤司令部，11 个攻击战斗机中队，7 个战斗机中队，2 个侦察机中队，5 个运输机中队，3 个教练机中队，6 个地空导弹中队。作战飞机 505 架。

战斗机和攻击战斗机：F－16C 型 210 架，F－16D 型 30 架，F/NF－5A 和 F/NF－5B 型 87 架，F－4E 型 139 架。侦察机：RF－4E 型 39 架。空中加油机：KC－135R 型 2 架。运输机：C－130B 和 C－130E 型 13 架，KC－135R 型 2 架，C－160D 型 19 架，CN－235 型 50 架（其中部分可用于电子战）。要员专机：2 架。教练机：SF－260D 型 38 架，T－33 型 34 架，T－37 型 60 架，T－38 型 70 架，T－41 型 28 架。直升机：UH－1H 型 20 架，AS－532 型 20 架。地空导弹："奈基" 92 部，"轻剑" 86 部。

预备役部队　37.87 万人（41 岁以下），其中陆军 25.87 万人、海军 5.5 万人、空军 6.5 万人。

准军事部队　22.02 万人。宪兵和国民警卫队 21.8 万人（其中预备役 5 万人），装备装甲输送车 560 辆、飞机 2－3 架、直升机 56 架。海岸警卫队 0.22 万人，装备近岸巡逻艇 64 艘、运输机 2 架。

兵役制度　实行义务兵役制，士兵服役期 18 个月。

军衔　军官分 3 等 11 级，即将官 4 级（上将、中将、少将、准将），校官 3 级（上校、中校、少校），尉官 4 级（上尉、中尉、少尉、准尉）。

驻外兵力　驻塞浦路斯 1 个军，约 3.6 万人。装备坦克 386 辆、装甲输送车 476 辆、牵引炮 102 门、自行炮 60 门、迫击炮 450 门、高炮 48 门、飞机 3 架、直升机 4 架、近岸巡逻艇 1 艘。参加联合国维持和平行动的兵力：驻波斯尼亚 1300 人，驻东帝汶 2 人（军事观察员），驻格鲁吉亚 5 人（军事观察员），驻伊拉克和科威特边境 6 人（军事观察员），驻意大利 4 架 F－16C 型战斗机，驻南斯拉夫科索沃维和部队约 950 人。

外国驻军　驻有北约盟军东南联合司令部和第 6 战术空军司令部。英国军人 160 人，飞机 6 架（"美洲虎" GR－3A 和 GR－3B 型 6 架、VC－10 型 2 架）。美国 2040 人，其中海军 240 人（包括陆战队 220 人），空军 1800 人；空军驻有 1 个飞行联队，装备飞机包括 F－16、F－15C、KC－135、E－3B 和 E－3C、C－12、HC－130 和 HH－60。

军队节日　建军节 8 月 30 日。

（张连国）

乌兹别克斯坦

国　　名　乌兹别克斯坦共和国。

主要统计　面积 44.74 万平方千米。人口 2410 万人（其中 13～17 岁男 150.8 万人，女 147.6 万人；18～22 岁男 125.9 万人，女 124.2 万人；23～32 岁男 192.6 万人，女 192.1 万人）。国内生产总值 159 亿美元（1999 年）。国防费 2.82 亿美元（1999 年国防预算）。原煤 295 万吨（1997 年）。原油 6300 万桶（1996 年）。天然气 521 亿立方米（1997

年)。发电量 472 亿度(1995 年)。粮食 374.2 万吨(1998 年)。铁路货运量 706 亿吨千米。公路货运量 219.54 亿吨千米(1998 年)。航空货运量 4.47 亿吨千米(1998 年)。

国防体制 宪法规定,总统为武装力量统帅。国防部是最高军事行政机关,负责管理国防预算、军工生产、后勤、动员和民防等事务。武装力量由陆军、空军及准军事部队组成。总参谋部为最高军事指挥机构。总统通过国防部和总参谋部对全国武装力量实施领导和指挥。

领导人物 总统兼武装力量统帅伊斯拉姆·阿卡杜加尼耶维奇·卡里莫夫(1990 年 3 月就职)。国防部长卡·加·古利亚莫夫中将(2000 年 9 月上任),武装力量联合参谋部总参谋长图·尤·卡西莫夫上将。

武装力量 **兵力** 现役部队 5.91 万人。

陆军 5 万人。编有 4 个军区、2 个作战司令部、1 个塔什干司令部、1 个坦克旅、11 个摩步旅、1 个山地旅、1 个空降旅、3 个空中突击旅、5 个工兵旅、1 个国民卫队旅。

坦克:T-62/-64/-72 型坦克 350 辆。步兵战车:295 辆。装甲输送车:379 辆。牵引炮:122、152 毫米 210 门。自行炮:122、152、203 毫米 83 门。火箭炮:122、220 毫米 108 门。迫击炮 120 毫米 42 门。反坦克炮 100 毫米 36 门。

空军 9100 人。编有 7 个飞行团。作战飞机:135 架。其中苏-17 型 26 架、苏-24 型 34 架、苏-25 型 20 架、苏-27 型 25 架、米格-29 型 30 架。运输机:41 架。教练机:14 架。直升机:129 架。地对空导弹 45 枚。

准军事部队 约 1.8～2 万人。内卫部队约 1.7～1.9 万人。国民卫队 1000 人(1 个旅)。

(李 英)

新 加 坡

国 名 新加坡共和国。

主要统计 面积 647.5 平方千米。人口 413 万人(其中,13～17 岁男 11.9 万人,女 11.4 万人;18～22 岁男 10.8 万人,女 10.2 万人;23～32 岁男 24.4 万人,女 23.7 万人)。国内生产总值 840 亿美元(1999 年)。国防费 44 亿美元(2000 年国防预算)。发电量 220.57 亿度(1995 年)。海运能力,商船(载重 100 吨以上)946 艘,总载重量 1492.92 万吨(1999 年)。民航能力,固定航班机场 1 处,客运量 536.4 亿人千米、货运量 41.91 亿吨千米(1999 年)。

国防体制 总统为武装力量统帅。国防部为政府中的一个部,对武装部队拥有领导和管理权。武装力量由正规军和准军事部队两部分组成。正规军分陆、海、空三个军种。最高军事指挥机构为总参谋部。

领导人物 总统兼武装部队统帅纳丹(1999 年 9 月上任)。国防部长陈庆炎(1995 年上任)。三军总长林泉宝中将(2000 年 4 月上任)。

武装力量 **兵力** 现役部队约 6.05 万人。

陆军 5 万人。编有 3 个混合师(各辖 2 个步兵旅、1 个机械化旅、1 个侦察营、2 个炮兵营、1 个高炮营、1 个工程兵营),1 个快速反应师(辖 3 个步兵旅),1 个机械化旅。

坦克:"百人队长"式 63 辆,AMX-13SM1 型约 350 辆。装甲侦察车:AMC-10PAC90 型 22 辆。步兵战车:AMX-10P 型 22 辆,IFV-25 型若干辆。装甲输送车:M-113 型 750 余辆,V-100 型 30 辆,"突击队员"250 辆,IFV-40/50 型若干辆。牵引炮:105 毫米 37 门,155 毫米 164 门。迫击炮:81 毫米若干门,120 毫米 50 门,160 毫米 12 门。反坦克导弹:"米兰"30 余具。无坐力炮:84 毫米约 200 门,106 毫米 90 门。高炮:20 毫米 30 门。地空导弹:RBS-70 型、"西北风"75 部。

海军 4500 人。编有 3 个司令部:舰队司令部(辖 2 个小舰队),海岸司令部,海军后勤司令部。

潜艇:"征服者"号 1 艘,另外 3 艘正在瑞典制造。小型护卫舰:"胜利"级 6 艘。导弹快艇:"海狼"级 6 艘,"无畏"级 12 艘。扫雷舰艇:4 艘。两栖舰艇:6 艘。后勤支援舰船:2 艘。

空军 6000 人。编有 6 个攻击战斗机中队,2 个战斗机中队,1 个侦察机中队,1 个空中预警中队,1 个海上巡逻机中队,2 个武装直升机中队,5 个运输机中队（其中4个直升机中队），1个教练机中队，1个无人侦察机中队，4个机场防卫中队。作战飞机136架，武装直升机20架。

攻击战斗机：A－4SU型50架，F－16型49架。战斗机：F－5S型28架，F－5T型9架。武装侦察机：RF－5S型8架。空中预警机：E－2C型4架。海上巡逻机：F－50“加强者”5架。武装直升机：AS－550A2/C2型20架。运输机：C－130H型等共11架。运输直升机：AS－332M型等共53架。教练机：71架。无人侦察机：64架。空空/空地导弹：若干枚。

预备役部队　约21.38万人。其中陆军约20万人，海军约6300人，空军约7500人。

准军事部队　警察1.16万人（包括廓尔喀警卫营750人）。民兵约10.8万人。

部署　全国共有军事基地5处，其中海军基地3处（三巴旺、裕廊、樟宜）、空军基地2处（丁加和巴耶黎巴）。

兵役制度　实行义务兵役制，服役期限2～3年。

军衔　军官分3等10级：将官3级（中将、少将、准将），校官3级（上校、中校、少校），尉官4级（上尉、中尉、少尉、准尉）。

驻外兵力　驻澳大利亚230人（建有1所飞行训练学校，配有S－211型飞机27架）。驻文莱500人（建有1所飞行学校，配有5架UH－1H型直升机）。驻法国200人。驻台湾3个训练营地。驻泰国1个训练营地。驻美国250人，租用CH－47D型飞机3架、F－16C/D型飞机24架。参加联合国东帝汶维持和平部队24人，驻伊拉克和科威特军事观察团观察员5人。

外国驻军　新西兰11人，编有1个支援单位。美国150人（海军90人、空军40人、陆战队20人）。

军队节日　建军节7月1日。

（孟　丽）

叙　利　亚

国　　名　阿拉伯叙利亚共和国。

主要统计　面积18.518万平方千米。人口1693.4万人（其中，13～17岁男104.2万人，女100.3万人；18～22岁男85.3万人，女82.8万人；23～32岁男124.2万人，女121万人）。国内生产总值8020亿叙镑，合390亿美元（1999年）。国防费420亿叙镑，合18亿美元（2000年国防预算）。原油年产量为2.2亿桶（1997年）。粮食522.7万吨（1998年）。发电量153亿度（1995年）。天然气产量20.5亿立方米（1995年）。民航能力，客运量11.14亿人千米，货运量1.18亿吨千米（1998年），有固定航班机场5处（1997年）。

国防体制　宪法规定，总统为武装力量总司令。最高军事统帅机关是武装力量总司令部，下辖国防部和总参谋部。国防部是政府中的一个部，是最高军事行政机关，主管军队的行政、训练和军工生产等项工作。武装力量由正规军和准军事部队组成。正规军分陆、海、空三个军种。总参谋部在总司令部和国防部领导下，平时主要负责陆军工作，临战或战时则根据总司令的命令协调陆、海、空三军的作战行动。叙军政治局负责全军政治宣传工作，受总司令部和叙复兴党总部领导。总统通过国防部、总参谋部和三军司令部对全军实施领导和指挥。

领导人物　总统兼武装力量总司令巴沙尔·阿萨德（2000年7月上任）。副总理兼国防部长和武装力量副总司令穆斯塔法·塔拉斯中将。总参谋长阿里·阿斯兰中将。

武装力量　**兵力**　现役部队31.6万人。

陆军　21.5万人。编有3个军司令部，7个装甲师（每师编3个装甲旅、1个机械化旅、1个炮兵团），3个机械化师（每师编2个装甲旅、2个机械化旅、1个炮兵团），1个共和国卫队师（包括3个装甲旅、1个机械化旅、1个炮兵团），1个特种部队师（3个特种部队团），4个独立步兵旅，1个边防旅，2个独立炮兵旅，1个独立反坦克旅，10个独立特种部队团，3个地地导弹旅（每旅3个营，分别装备“蛙”式、“飞毛腿”式、SS－21型导弹），1个岸防导弹旅（装备SS－C－1B“萼片”式和SS－C－3“冥河”式反舰导弹）。

主战坦克：4650辆坦克，其中，T－55/MV型

2150辆、T－62M/K型1000辆、T－72/－72M型1500辆。装甲侦察车：BRDM－2型850辆，BRDM－RHK型85辆。步兵战车：BMP－1型2250辆，BMP－2型100辆，BMP－3型若干辆。装甲人员运输车：BTR－50/－60/－70/－152型1500辆。牵引炮：约1600门，其中122毫米750门、130毫米800门、152毫米70门、180毫米10门。自行火炮：450辆，其中122毫米400辆、152毫米50辆。火箭炮：480门，其中107毫米200门、122毫米280门。迫击炮：658门，其中82毫米200门、120毫米350门、160毫米100门、240毫米8门。地地导弹："蛙"－7型18部，SS－21型18部，"飞毛腿"－B/－C型26部，SS－C－1B型4部和SS－C－3型6部。反坦克导弹：AT－3"耐火箱"式3500具，AT－4"塞予"式150具，AT－5"拱肩"式200具，AT－7"萨克斯号"式若干具，AT－10型2000具，AT－14"彗星"式若干具，"米兰"式200具。高炮：2060门，其中23毫米1050门、37毫米300门、57毫米685门、100毫米25门。地空导弹：SA－7型4000部，SA－9型20部，SA－13型35部。

海军　约6000人。

潜艇：苏制"罗密欧"级常规动力鱼雷攻击潜艇3艘（均无作战能力）。护卫舰："别佳"2级2艘。海岸巡逻艇：18艘。扫雷舰：5艘。两栖舰艇：3艘中型登陆舰。后勤支援舰：4艘，其中2艘支援舰、1艘训练舰、1艘水文测量船。

海军航空兵：反潜直升机24架，其中米－14型20架、卡－28型4架。

空军　约4万人。固定翼飞机589架，武装直升机87架（部分可能为储备）。

战斗/强击机；9个中队154架飞机，其中苏－22型90架、米格－23BN型44架、苏－24型20架。战斗机：17个中队310架，其中米格－21型170架、米格－23型90架、米格－25型30架、米格－29型20架。侦察机：14架，其中米格－25R型6架、米格－21H/J型8架。运输机：安－26型5架，"隼"20型2架，"伊尔"－76型4架，雅克－40型7架，"隼"900型1架，图－134型6架，米－2型直升机10架，米－8/－17型100架。武装直升机：87架，其中米－25型48架、SA－342L型39架。教练机：137架，其中L－39型80架、MBB－223型20架、米格－21U型20架、米格－23UM型6架、米格－25U型5架、"马沙克"式6架。反舰导弹：AT－2、AS－7、AS－12型及"霍特"式导弹若干枚。空空导弹：AA－2"环礁"式、AA－6"辛辣"式、AA－7"顶点"式、AA－8"蚜虫"式、AA－10"阿拉莫"式各若干枚。

防空部队　约5.5万人。编有25个防空旅（约150个地空导弹火力单元，包括600部SA－2/－3型、200部SA－6型地空导弹，400门高炮），2个地空导弹团（每团2个营，每营2个导弹火力单元，共48部SA－5型、60部SA－8型地空导弹，S－30型地空导弹已定购尚未交货）。

预备役部队　39.6万人，其中陆军30万人、海军4000人、空军9.2万人。

准军事部队　内务部队8000人；工人民兵（人民军）10万人。

兵役制度　实行义务兵役制，服役期30个月。预备役最高服役年限为45岁。

驻外兵力　驻黎巴嫩部队2.2万人。

外国驻军　联合国维持和平部队1035人；约150名俄罗斯顾问，主要在防空部队。

军队节日　建军节8月1日。

（赵彦华）

也　门

国　　名　也门共和国。

主要统计　面积55.5万平方千米。人口1776.6万人（北也门占79%，南也门占21%。其中，13～17岁男97.4万人，女94.8万人；18～22岁男78.8万人，女75.8万人；23～32岁男129.3万人，女118万人）。国内生产总值约67亿美元（1999年）。国防费约3.74亿美元（1999年国防预算）。原油1.23亿桶（1996年）。发电量19.8亿度（1995年）。粮食83.3万吨。海运能力，商船（载重100吨以上）40艘，总吨位1.37万吨（1998年）。民航能力，有固定航班机场11处（1997年），客运量11.83亿人千米，货运量1.19亿吨千米（1998年）。

领导人物　总统委员会主席、共和国总统阿里·阿卜杜拉·萨利赫。国防部长穆罕默德·迪夫·拉·穆罕默德（1998年5月上任）。总参谋长阿卜杜拉·阿里·欧瓦拉少将。

武装力量　**兵力**　现役部队6.63万人。

陆军　6.1万人。编有9个装甲旅、1个特种部队旅、18个步兵旅、5个炮兵旅、7个机械化旅、3个地地导弹旅、2个空降/突击旅、1个政府卫队、3个高炮营、4个地空导弹营（其中1个装备SA－2型地空导弹）。

主战坦克：990辆，其中T－34型150辆、T－54/－55型500辆、T－62型250辆、M－60A1型60辆、T－72型30辆。装甲侦察车：200辆，其中AML－90型100辆、BRDM－2型100辆。步兵战车：BMP－1/－2型200辆。装甲人员输送车：440辆，其中M－113型60辆、BTR－40/－60/－152型380辆。牵引炮：412门，其中100毫米20门、105毫米35门、122毫米260门、130毫米75门、152毫米10门、155毫米12门。自行火炮：100毫米30门。海岸炮：130毫米36门。火箭炮：122毫米185门、140毫米若干门。迫击炮：81毫米、82毫米、107毫米、120毫米、160毫米共约600门。地地导弹：共30部，其中“蛙”－7型12部、SS－21型12部、“飞毛腿”－B型6部。反坦克导弹：共71具，其中“陶”式12具、“龙”式24具、AT－3“耐火箱”式35具。火箭发射器：66毫米M72“劳”式火箭发射器若干具。无坐力炮：75毫米M－20型、82毫米B－10型、107毫米B－11型各若干具。反坦克炮：85毫米、100毫米各若干门。高炮：20毫米M－167型40门。20毫米M－163型“火神”式自行高炮20门。23毫米ZSU－23－4型自行高炮100门。37毫米M－1939型150门，57毫米S－60型120门。85毫米KS－12型40门。地空导弹：SA－7/－9/－13/－14型各若干部。

海军　约1800人。近海巡逻/战斗舰艇：共12艘，其中导弹艇4艘、近海巡逻艇8艘。扫雷舰艇：6艘。两栖舰艇：1艘。后勤支援舰艇：2艘。

空军　约3500人。战斗机49架（另有约40架储备），武装直升机8架。

战斗/对地攻击机：F－5E型10架，苏－20/－22型17架。战斗机：米格－21型11架，米格－29型5架。运输机：安－12型2架，安－26型6架，C－130H型3架，伊尔－14型4架，伊尔－76型3架。直升机：AB－212型2架，米－8型14架，AB－47型1架，米－35型武装直升机8架。教练机：共32架，其中F－5B型2架、米格－21U型4架、雅克－11型14架、L－39C型12架。地空导弹：SA－2/－3/－6型各若干部。空空导弹：AA－2型“环礁”式、AIM－9型“响尾蛇”式各若干枚。

预备役部队　陆军约4万人。

准军事部队　共约7万人，其中内务部队约5万人、部落武装约2万人。海岸警卫队现正在组建中，配备“拦截者”级巡逻艇（法国制造）5艘。

兵役制度　实行义务兵役制。士兵服役期3年。

（赵彦华）

伊　拉　克

国　　名　伊拉克共和国。

主要统计　面积44.1839万平方千米。人口2230万人（其中，13～17岁男149.8万人，女143.3万人；18～22岁男128.1万人，女122.9万人；23～32岁男189.4万人，女183.3万人）。国内生产总值190亿美元（1998年）。国防开支14亿美元（1999年）。原油2.56亿桶（1996年）。天然气34.26亿立方米（1995年）。发电量290亿度（1995年）。粮食228万吨（1998年）。海运能力，商船（载重100吨以上）131艘，总载重量157.88万吨（1998年）。民航能力，自1992年6月起设有固定航班，客运量15.7亿人千米、货运量5460万吨千米（1997年）。

国防体制　伊拉克革命指挥委员会主席为共和国总统和武装力量总司令。伊拉克复兴社会党地区领导机构军事局是国家最高军事决策机关，它在武装力量总司令的领导下工作，负责制定国防政策、战略方针等重大事宜。国防部是最高军事行政机关。总参谋部是最高军事指挥机构。国防部和总参谋部在武装力量总司令和军事局的领导下各负其责。武装力量由正规军、预备役部队和准军事部队组成。正规军分陆、海、空三个军种。全国分3个军区：第1、第2、第3军区，也称北部、中部、南部军区。

领导人物 革命指挥委员会主席、总统兼武装力量总司令萨达姆·侯赛因（1995年10月连任）。国防部长苏尔坦·哈希姆·艾哈迈德上将（1994年5月上任）。武装部队总参谋长阿卜杜拉·谢南上将（1995年7月）。

武装力量 **兵力** 现役部队42.9万人。

陆军 总兵力37.5万人。编有7个军司令部、3个装甲师、3个机械化师、11个步兵师、6个共和国卫队师（3个装甲师、1个机械化师、2个步兵师）、4个特种共和国卫队旅、7个突击旅、2个特种部队旅（除共和国卫队外，所有部队只有其正常实力之一半，且50%的装备缺乏零备件）。

主战坦克：约2200辆。其中T－55/－62型、59式共约1500辆，T－72型700辆。装甲侦察车：BRDM－2型、AML－60/－90型、EE－9“响尾蛇”式、EE－3“蛙蛇”式各若干辆。装甲步兵战车：BMP－1/－2型约1000辆。装甲人员输送车：约2400辆，包括BTR－50/－60/－152型。OT－62/－64型、MTLB型、YW－701型、M－113A1/A2型、“潘哈德”M－3型、EE－11“褐斑洞蛇”式各若干辆。牵引炮：约1900门，包括105毫米、122毫米、130毫米、155毫米各若干门。自行火炮：约150门，包括122毫米2S1型、152毫米2S3型、155毫米M－109A1/A2型和AUF－1型各若干门。火箭炮：约500门，包括107毫米、122毫米、127毫米、132毫米、262毫米炮各若干门。迫击炮：81毫米、120毫米、160毫米、240毫米炮各若干门。地地导弹：“飞毛腿”式6部，约27枚导弹。反坦克导弹：AT－3“耐火箱”式、AT－4“塞子”式、“米兰”式、SS－11型、“霍特”式各若干具。无后坐力炮：73毫米、82毫米、107毫米各若干门。反坦克炮：85、100毫米各若干门。直升机：约500架，其中武装直升机约120架、运输直升机约350架。

海军 约2000人。导弹护卫舰1艘。近海巡逻/战斗舰艇：6艘。巡逻舰：5艘。扫雷舰：4艘。后勤支援舰：3艘。

空军 约3.5万人。轰炸机：6架，其中轰－6D型、图－22型各若干架。战斗/对地攻击机：约130架，其中米格－23BN型、“幻影”FIEQ5型、苏－7型、苏－20型、苏24－MK、苏－25型各若干架。战斗机：约180架，其中歼－7型、米格－21型、米格－23型、米格－25型、“幻影”F－IEQ型、米格－29型各若干架。侦察机：米格－25型若干架。预警机：伊尔－76型2架。运输机：安－2/－12/－24/－26型、伊尔－76型各若干架。教练机：AS－202型、EMB－312型、L－39型、“幻影”F－1BQ型、PC－7型、PC－9型各若干架。空地导弹：AM－39型、AS－4/－5/－9/－11/－12/－30L型、C－601型各若干枚。空空导弹：AA－2/－6/－7/－8/－10型、R－530/－550型各若干枚。

防空部队：约1.7万人。高炮：约6000门，包括23毫米、37毫米、57毫米、85毫米、100毫米、130毫米炮各若干门。地空导弹：SA－2/－3/－6/－7/－8/－9/－13/－14/－16型、“罗兰”式和“阿斯派德”式各若干枚。

预备役部队 约65万人。

准军事部队 约4.5～5万人，包括安全部队1.5万人，边境警卫队2万人，“萨达姆敢死队”1～1.5万人。

兵役制度 实行义务兵役制，服役期为18～24个月。

外国驻军 英国驻军908人，另有来自30个国家的203名军事观察员。

（赵彦华）

伊 朗

国　　名 伊朗伊斯兰共和国。

主要统计 面积164.5万平方千米。人口7266.4万人（其中，13～17岁男458.7万人，女439.5万人；18～22岁男382.7万人，女369.5万人；23～32岁男577.1万人，女544.5万人）。国内生产总值约1090亿美元（1999年）。国防费约75亿美元（2000 年国防预算）。原煤 100 万吨（1995 年）。原油 13.41 亿桶（1996 年）。天然气 318.57 亿立方米（1995 年）。发电量 923 亿度（1997 年）。粮食 1921 万吨（1998 年）。海运能力，商船（载重 100 吨以上）403 艘，总吨位 834.53 万吨（1999 年）。民航能力，固定航班机场 19 处。客运量 61.28 亿人千米，货运量 1.096 亿吨千米（1999 年）。

国防体制 伊朗宪法规定政教统一，宗教领袖为武装部队总司令。最高国防委员会是领袖领导下的军事决策机构，成员有总统、国防部长、武装部队总参谋长、伊斯兰革命卫队总司令以及领袖指定的两名顾问。武装力量由正规军、革命卫队和准军事部队组成。正规军分陆、海、空三个军种。革命卫队由地面部队、海上部队、陆战队和航空部队组成。1989 年 7 月正规军和革命卫队合并，组成松散的联合。

领导人物 宗教领袖、武装部队总司令兼最高国防委员会主席阿亚图拉·赛义德·阿里·哈梅内伊（1989 年 6 月上任）。武装部队司令穆罕默德·萨利米（2000 年 5 月上任）。国防部长阿里·沙姆哈尼（1997 年 8 月上任）。武装部队总参谋长阿卜杜勒－阿里·普尔沙斯卜（2001 年 2 月上任）。伊斯兰革命卫队总司令叶海亚·拉希姆·萨法维少将（1997 年 9 月上任）。

武装力量 **兵力** 现役部队 51.3 万人。

陆军 约 32.5 万人。编有 4 个军司令部、4 个装甲师（每师辖 3 个装甲旅、1 个机械化旅、4～5 个炮兵营）、6 个步兵师（每师辖 4 个步兵旅，4～5 个炮兵营）、1 个空降旅、1 个突击师、1 个特种部队师、5 个炮兵群、若干独立装甲、步兵、突击旅。

主战坦克：约 1135 辆，其中 T－54/－55 型和 T－59 型共约 500 辆，T－62 型 75 辆，T－72 型 120 辆，“酋长”MK－3/－5 型 140 辆，M－47/－48 型 150 辆，M－60A1 型 150 辆，“佐勒菲卡尔”式若干辆。轻型坦克：“蝎”式 80 辆。装甲侦察车：EE－9“响尾蛇”式 35 辆。步兵战车：BMP－1 型 300 辆，BMP－2 型 140 辆。装甲人员输送车：约 590 辆，其中 BTR－50/－60 型 300 辆，M－113 型 250 辆。牵引炮：1950 门，其中 105 毫米 130 门，122 毫米 500 门，130 毫米 1100 门，152 毫米 30 门，155 毫米 170 门，203 毫米 20 门。自行炮：共 290 门，其中 122 毫米 60 门，155 毫米 160 门，170 毫米 10 门，175 毫米 30 门，203 毫米 30 门。火箭炮：共 664 门，其中 107 毫米 500 门，122 毫米 155 门，240 毫米 9 门。迫击炮：共 6500 门，其中 60、81、82、107、120 毫米各若干门。地地导弹：“飞毛腿”B/C 式 10 部，约 300 枚导弹；CSS－8 型 25 部，约 150 枚导弹；“谢哈布”－3 型、“沙辛”－1/－2 型等若干枚。反坦克导弹：“陶”式、AT－3“耐火箱”式若干具、AT－5“拱肩”式若干具。火箭发射器：73 毫米 RPG－7 型若干具。无坐力炮：75 毫米、82 毫米、106 毫米、107 毫米各若干门。高炮：约 1700 门（挺），14.5 毫米、23 毫米、35 毫米、37 毫米、57 毫米若干。地空导弹：SA－7 型若干部。无人驾驶飞行器：若干架。飞机：共约 77 架，其中“色斯纳”150/180/185/310 型约 50 架、F－27 型 19 架、“隼”20 型 8 架。直升机：共 633 架，其中 AH－1J 型武装直升机 100 架，CH－47C 型重型运输直升机 40 架，“贝尔”214A 型 130 架，AB－214C 型 35 架，AB－205A 型 70 架，AB－206 型 130 架，AB－212 型 12 架，“贝尔”204 型 30 架，“休斯”300C 型 5 架，RH－53D 型 9 架，SH－53D 型 17 架，SA－319 型 10 架，UH－1H 型 45 架。

海军 约 1.8 万人，包括海军航空兵和 2600 名海军陆战队。海军基地 6 个：阿巴斯港（海军司令部所在地）、布什尔、哈布克、恩泽利港、霍梅尼港和恰赫巴哈尔。

潜艇：5 艘，其中“基洛”级 3 艘。护卫舰：3 艘。轻型护卫舰：2 艘。导弹攻击快艇：20 艘。巡逻艇：41 艘。水雷战舰艇：14 艘。两栖舰艇：9 艘。后勤支援舰艇：30 艘。

海军航空兵 2000 人。装备战斗机 5 架，武装直升机 29 架，海上侦察机共 10 架（其中 P－3F 型 5 架，DO－228 型 5 架），反潜机 20 架（其中 SH－3D 型 14 架，AB－212 型 6 架），水雷战直升机 1 个中队（RH－53D 型 9 架），运输机 1 个中队（“司令官”式 4 架、F－27 型 4 架、“隼”20 型 1 架，AB－205 型 5 架、米－171 型 4 架，AB－206 型直升机若干架）。

海军陆战队 2 个旅，共 2600 人。

空军 约 4.5 万人（其中包括 1.5 万名防空部队）。编有 16 个攻击/战斗机中队、1 个侦察机中队、1 个加油/运输机中队、5 个运输机中队、5 个地空导弹中队和 16 个地空导弹营。

战斗/对地攻击机：F－4D/E 型 66 架、F－5E/F 型 60 架、苏－24MK 型 24 架，苏－25K 型 7 架。战斗机：F－14 型 25 架、F－7M 型 24 架、米格－29A/UB 型 30 架。海上侦察机：C－130H－MP 型 5 架。侦察机：RF－4E 型 15 架。加油机/运输机：波音 707 型 3 架，波音 747 型 1 架。运输机：波音 747F 型 6 架、波音 727 型 1 架、C－130E/H 型 18 架、“司

令官”690型3架、F-27型15架、“隼”20型4架、“喷气星”式1架、PC-6B型10架、Y-7型2架，“伊尔”-76型若干架，Y-12型9架。直升机：AB-206A型2架，“贝尔”214C型39架，“沙巴维兹”2061型若干架，CH-47型5架。教练机：“比奇”F-33A/C型26架，EMB-312型10架，PC-7型40架，T-33型7架，FT-7型15架，F-5B型20架，TB-21型8架，TB-200型4架。空地导弹：AGM-65A“小牛”式、AS-10/-11/-14型、C-801型各若干枚。空空导弹：AIM-7“麻雀”式、AIM-9“响尾蛇”式、AIM-54“不死鸟”式各若干枚，另可能拥有PL-7型、AA-8/-10/-11型若干枚。地空导弹：“霍克”式100部，“轻剑”式30部、“虎猫”式15部、“红旗”-2J型45部，SA-5型10部，另有SA-7型、FM-80型和“毒刺”式若干枚。

革命卫队　约12.5万人。

地面卫队约10万人。有哈卢勒、锡兰、阿布穆萨、腊克等5个基地。编有16～20个师，包括2个装甲师、5个机械化师、10个步兵师、1个特种部队师和15～20个独立旅。配备470辆坦克、620辆装甲人员运输车、360门火炮、40门无坐力炮和140门高射炮。革命卫队独立作战或与陆军协同作战，如国内发生暴乱则与“民众动员军”配合行动。

海上卫队　约2万人。拥有约40艘快艇，配备反坦克导弹、无坐力炮、机枪；“沪东”级导弹快艇10艘，配备C-802型舰舰导弹；岸防炮及CSSC-3（HY2）型舰舰导弹。

航空卫队　由一名准将指挥（详细情况不明）。

海上陆战卫队　1个旅（约5000人）。

准军事部队　“民众动员军”约20万人，多为青年志愿者，仅装备轻武器。宪兵4万人（包括边境警察），配备“色斯纳”185/310型飞机若干架、AB-205/206型直升机24架，另有约90艘巡逻艇、40艘其它小型船只。海军基地6处：阿巴斯港（海军司令部所在地）、布什尔、哈尔克、恩泽利港、霍梅尼港、恰赫巴哈尔。

兵役制度　实行义务兵役制，士兵服役期2年。

驻外兵力　革命卫队驻黎巴嫩约150人；在苏丹派有军事顾问。

军队节日　军队节3月15日。

（林海霞）

以　色　列

国　　名　以色列国。

主要统计　面积2.07万平方千米（至1999年以色列实际控制面积），人口600.7万人（其中，13～17岁男28.1万人，女26.5万人；18～22岁男27万人，女25.8万人；23～32岁男52.6万人，女51.8万人）。国内生产总值910亿美元（1999年）。国防费70亿美元（2000年国防预算）。原油4万桶（1997年）。天然气0.23亿立方米（1995年）。发电量291亿度（1995年）。粮食15.83万吨（1998年）。海运能力，商船（载重100吨以上）58艘，总载重量72.34万吨（1999年）。民航能力，固定航班机场7处，客运量119.57亿人千米、货运量11.9亿吨千米（1999年）。

国防体制　总理为武装力量统帅。最高军事决策机构为国防委员会，成员有总统、总理以及国防、外交、内政、财政、交通、邮电部部长和总参谋长等，由总理兼任主席。战时，则成立以总理为首的战时内阁，成员有国防、外交、财政、交通和邮电等部部长。国防部为政府中的一个部，是最高军事行政机关，部长由文官担任，平时负责兵力的动员、国防预算、国防科研与军工生产、军队规章制度的颁布等军事行政和技术业务；战时可行使总司令职权。武装力量由正规部队、预备役部队和准军事部队组成。正规部队分陆、海、空三个军种。最高军事指挥机构为总参谋部，总参谋长为最高军事指挥官，在总理领导下通过3个军区司令部、2个军种司令部及其所属的14个兵种司令部对全军实施指挥。

领导人物　总理兼国防委员会主席、武装力量统帅、国防部长埃胡德·巴拉克（1999年5月上任，2001年3月卸职），阿里克·沙龙于2001年3月继任总理兼国防委员会主席、武装力量统帅。总参谋长沙乌勒·穆法兹中将（1998年7月9日上任）。副总参谋长乌齐·达扬少将（1998年5月17日上任）。陆军司令摩西·伊夫里-苏凯尼克少将（1998年5月

17日上任)。海军司令耶迪迪亚·亚阿里少将(1999年10月10日上任)。空军司令达恩·哈卢茨少将(2000年4月4日上任)。

武装力量 **兵力** 现役部队17.25万人。

陆军 13万人(动员后可达53万人)。编有3个地区司令部,1个后方司令部,3个军司令部,3个装甲师、2个师部,3个地区师部、4个机械化步兵旅(包括1个伞兵训练旅),3个火箭炮营。

主战坦克:3900辆,其中"百人队长"式800辆、M-48A5型300辆、M-60A1型300辆、M-60A3型600辆、"马加奇"7型400辆、TI-67型200辆、T-62型100辆、"梅卡瓦"1/2/3型1100辆。装甲侦察车:约400辆。装甲输送车:M-113A1/A2型550辆,"纳格马肖特"式约200辆,"阿奇扎里特""美洲豹"、BTR-50P式约200辆,M-2/-3半履带式约4000辆(大部分为库存)。牵引炮:105毫米70门,122毫米100门,130毫米100门,155毫米250门。自行炮:155毫米680门,175毫米140门,203毫米35门。多管火箭炮:122毫米、160毫米、227毫米、240毫米、290毫米共198门。迫击炮:60毫米约5000门,81毫米700门,120毫米530门,160毫米240门。地地导弹:"长矛"式20枚(库存),"杰里科"1/2型若干枚。反坦克导弹:"陶"式300部,"龙"、AT-3"耐火箱'式共1000部,"马帕茨"式25部。无坐力炮:82毫米若干门,106毫米250门。高炮:20毫米850门,23毫米210门,37毫米和40毫米若干门。地空导弹:"毒刺"式250部,"红眼"式1000部,"小檞树"式48部。监视雷达:EL/M-2140型飞行器监视雷达若干部,AN/TPQ-37型、AN-PPS-15型火炮监视雷达若干部。

海军 约6500万人(动员后可达1.15万人)。

潜艇:"海豚"级2艘。小型护卫舰:"埃拉特"级3艘。导弹攻击快艇:"阿利亚"级2艘,"海兹"级6艘,"雷谢夫"级4艘。巡逻艇:"超级德沃拉"级等32艘。登陆艇:2艘。

陆战队:海军突击队300人。

空军 3.6万人(动员后可达5.7万人)。编有11个空军基地,57个飞行中队,20个防空营。作战飞机446架(另库存250架),武装直升机133架。

战斗机:F-4E-2000型50架,F-4E型20架,F-15型73架,F-15I型25架,F-16型237架。战斗/轰炸机:A-4N型25架。侦察机:RF-4E型10架。预警机:"波音"707型6架。电子战飞机:"波音"707型3架,RC-12D型6架,IAI-200型3架,"道"-28型15架,"空中大王"2000型10架。海上侦察机:IAI-1124N"海上扫描"式3架。加油机;KC-130H型3架。运输机:"波音"707型5架,C-47型12架,C-130H型22架。联络机:32架。教练机:125架。武装直升机:AU-1G型21架,AH-1F型36架,"休斯"500MD型30架,AH-64A型42架。反潜直升机:AS-565A型4架。运输直升机:160架。无人驾驶飞行器:"侦察兵"、"先锋"、"搜索者"、"火蜂"、"壮士""迪莱拉"、"猎人"式、"银"式、"箭"式各若干架。空地导弹:AGM-45"百舌鸟"式、AGM-62A"白星眼"式、AGM-65"小牛"式、AGM-78D"标准"式、AGM-114"海尔法"式、"陶"式和"红眼"式各若干枚。空空导弹:AIM-7"麻雀"式、AIM-9"响尾蛇"式、AIM-120B型、R-530型、"晴蜓"式、"大蟒"3、4型各若干枚。防空导弹:MIM-23"霍克"改进型17个连,"爱国者"3个连,"小檞树"、"毒刺"共8个连。

预备役部队 42.5万人。其中:陆军40万人,编有8个装甲师、1个空中机动/机械化步兵师、10个边防步兵旅;海军5000人;空军2万人。

准军事部队 边防警察约0.8万人,装备"瓦利德"I型装甲输送车若干辆,BTR-152式装甲输送车600辆;海岸警卫约50人,装备巡逻艇4艘。

军事基地 海军基地3处:海法、阿什杜德、埃拉特。空军基地11处。

兵役制度 实行义务兵役制,军官服役期4年;士兵服役男性3年,女性21个月。此后作为预备役人员每年进行训练,男性直至41岁(一些专业人员至54岁),女性至24岁(或结婚)。

军衔 军官分3等9级:将官3级(中将、少将、准将),校官3级(上校、中校、少校),尉官3级(上尉、中尉、少尉)。

驻外兵力 定期向土耳其空军基地派遣空军F-16型飞机分遣队。

外国驻军 联合国军事观察员143人。

(林海霞)

印度

国　　名　印度共和国。

主要统计　面积297.47万平方千米。人口10.16242亿人（其中13～17岁男5381.2万人，女5043.2万人；18～22岁男4925.7万人，女4571.3万人；23～32岁男8703.3万人，女7956.2万人。）国内生产总值18.9万亿卢比，合4400亿美元（1999年）。外汇储备274亿美元（1999年）。国防费7090亿卢比，合159亿美元（2000年）。原煤2.923亿万吨（1999年）。原油0.327亿吨（1999年）。天然气273.75亿立方米（1998年）。发电量4944亿度（1999年）。钢材2380万吨（1999年）。粮食2.013亿吨（1999年）。海运能力，商船（载重100吨以上）717艘，总载重量774.5万吨（1998年）。民航能力，固定航班机场66处，货运量69.9万吨（1999年），客运量3700万人（1999年）。铁路总长6.28万千米（其中电气化铁路1.46万千米），货运量2020亿吨千米，客运量2694亿人千米（1999年）。

国防政策　世纪之交的印度国防政策的基本目标是“称霸南亚，控制印度洋，争当世界一流军事强国”。其主要内容为：

1. 全力推行“大国外交”，为其争当地区军事大国创造条件。印度抓住冷战结束、世界和亚太战略格局向多极化发展这一“契机”，积极开展大国外交，以求更多地参与亚太安全事务。2000年印度与俄罗斯建立战略伙伴关系，并在发展核力量和争取联合国安理会常任理事国席位问题上得到俄罗斯的支持。2000年3月美国总统克林顿访问印度，两国签署了指导21世纪印美关系的框架性文件《印美关系：21世纪展望》，从而确立了“持久的、政治上有建设性、经济上有成果的”新型伙伴关系。同年9月，印度总理瓦杰帕依访问美国。在诸如反恐怖主义、联合国维持和平行动等方面积极与美国合作，促使其结束了对印度的经济制裁，同时部分恢复对印武器装备零部件的供应和同印度的军事交往。印度在同日本进行政治、经济和军事方面的全方位对话的基础上，建立了全球伙伴关系。同中国和欧盟的关系得到了恢复性发展。5月，印度总统纳拉亚南访问中国，中国外长访问印度。印度重新调整“向东看”政策，加强同东盟的政治对话、经济交往和军事合作关系。此外，印度不定期地与美、俄、法、澳、新、马、越、韩、日、印尼等国举行联合海上军事演习。

2. 实行最低限度可靠核威慑的核政策。印度发展核武器除了有谋求大国地位的政治目的外，还旨在对中国形成所谓“核对称”，与中国进行军事抗衡；保持对巴的核威慑优势，以加强和巩固对南亚次大陆的控制权；将核打击范围扩大到印度洋海域，制约外部势力特别是美国海军在印度洋的军事存在，从而达到向印度洋扩张的战略目的。印度政府于1999年8月通过印度核政策构想草案，提出最低限度可靠核威慑政策。该草案称，一旦遭到攻击，印度能够而且也愿意以足够的核武器进行报复”。这一政策根本改变了印度早期领导人提出的和平利用核能的原则。印度国防部1999/2000年度《国防报告》称：“消除大规模杀伤性武器的努力收效甚微，印度的正当的国家安全需求不能被忽视。”为此，印度正加紧核武器的运载工具和核武器小型化的研制与开发，组建战略核部队，建立核力量指挥与控制体系，加强对战术核武器实战运用的理论研究。

3. 继续坚持国防建设与国民经济发展并重的方针。印度以经济建设为中心，在全面提高综合国力的基础上，不断增加军费开支，确保国防建设目标的实现。经济建设中重视军民两用企业和技术的发展，特别是信息技术、核能技术和航空航天领域的基础设施的建设。印度同时赋予军队担负“维护国家安全，反对民族分裂”的任务，其职能由单一“对付外侵”转变为“御外安内”的双重职能，维护社会秩序的安定，保证经济顺利发展。

4. 以发展高技术武器装备为核心，建设一支技术密集型的军队。2001年3月，印度政府宣布2001～2002财年国防经费增加13.8%，其增幅仅次于上一年度的28%，占国民总产值2.7%。同时决定采取以下措施：①保持现有兵员数量，提高官兵素质。印军决定推迟在2005年前裁减5万人的同时，提高新兵入伍文化程度标准，加强对官兵进行信息技术培训。②军费向技术密集型的海、空军倾斜，加大三军对信息技术装备的研制与投入。③继续执行军队建设的“自主防卫十年规划”，到2005年将国产武器装备的比例由1994年的30%提高到70%。引进装备的最终目的是使印度具备生产该装备的能力。④加大进口高技术武器装备的力度，弥补国产装备暂时难以装备部队造成的战斗力不足。陆军采购了310辆俄制T—90坦克、俄制红外或激光制导的“智能炮弹”和攻击直升机；空军引进10架“幻影”2000N/D型和150架苏－30型战斗机、空中预警飞机；同时继续对现役的各种米格型飞机进行现代化改装，装备电子战飞机、空中加油机等。海军将拥有具有导弹攻击能力和电子战能力的大型驱逐舰、核动力潜艇和先进轻型舰载直升机。印度已开始自行建造一艘航空母舰，同时从俄罗斯购买“戈尔什科夫”号航空母舰及66架米格－29舰载飞机、1艘877型柴油动力潜艇和3艘护卫舰。⑤全向拓展对外军事合作，从多国获得军事技术、引进先进装备和进行人员培训，将印俄军事合作关系进一步提升，同美、英、法、澳、德、以等西方国家发展军事合作关系，使武器技术来源实现多样化。

5. 确保印度在印巴、印中边境地区的军事优势。即有效“遏制”巴基斯坦支持的民兵对印占克什米尔地区的渗透和进攻，将50%的陆军、54%的空军和60%的海军兵力部署在印巴边境一线和毗连巴的海域，形成对巴的绝对军事优势；在印中边境地区仍保持着较大规模的兵力部署，形成对华局部军事优势。

6. 扩大海上边界，在逐步实现对印度洋控制的同时，将其势力扩大到南中国海。印度提出将其专属经济区扩大到200海里以外，加紧在马德拉斯、卡尔瓦尔等地修建海军基地，在安达曼群岛修建机场，并组建海上特种部队。1998年组建远东海军司令部，加强了对印度洋地区的管控。2000年4月，印度国防部长称，“从阿拉伯海到南中国海都有印度的利益”，为此，10月间印度海军与日本、韩国、越南进行了联合海上军事演习。印度还大力发展航空母舰、潜艇和海军航空兵力量，试图建立一支专门从事远海作战的远洋海军。

军事战略　印度一直奉行“地区威慑”的军事战略。其主要内容如下：

1. 战略目标：称霸南亚，遏制中国，控制印度洋，争当世界军事大国。俄罗斯在军事上大力收缩，美国也减少了在印度洋的军事存在，南亚地区出现了相对的力量真空，对此，印利用与美、俄、日等国的战略伙伴关系，加快核军备和军队现代化建设，加快争当军事强国和世界“一流”大国的步伐。

2. 战略方针：(1) 在战争威胁判断上，突出核威慑条件下的高技术局部战争（低强度战争）的威胁，战争准备从打一场全面战争转向打多场边境局部战争；(2) 以进行“有限战争”作为主要作战手段，即通过给对手以必要的惩罚，实现相对有限的战争目的；(3) 以巴、中两国为主要对手。拥有对巴进行一场全面战争的能力，迫使其撤出所占领土；将中国视为潜在威胁，对中国不放弃“既得利益”，相机进行新的扩张和蚕食；(4) 通过外交、军事和经济手段，特别是核威慑，谋取和维护对南亚诸国的威慑与控制；(5) 控制从阿拉伯海到南中国海之间的海域，坚持不允许外国干涉南亚和印度洋事务的政策，特别是中国同印度邻国发展军事关系；(6) 加速与东盟建立经济上的战略联盟和“军事合作”关系。

3. 作战思想：当前印军认为，战争的基本目的是消灭敌人的武装力量，主张在进攻和防御时都具有进攻意识，并立足于打核威慑条件下的高技术局部战争。其基本内容是：(1) 强调攻势作战，先发制人，必要时越境作战，力求把战火引向敌方领土；(2) 在进攻和防御中实施全纵深立体作战；(3) 注重机动作战，力求掌握战场主动权；(4) 强调诸军兵种联合作战，突出空军的作用，重视陆空军协同联合作战；(5) 强调在主要方向上集中绝对优势兵力，达成速战速决的效果；(6) 重视发挥电子战的作用，实施电子欺骗，压制电子干扰，隐蔽作战意图，电子杀伤与火力杀伤相结合；(7) 强调实行高效的作战指挥。

国防体制　宪法规定总统为武装力量的最高统帅，总统通过内阁总理对全国的武装部队实施领导，现行最高国防决策机构为内阁政治事务委员会，成员有国防、外交、内政和财务等主要内阁部长，由总理任主席。国防咨询机构有国家安全委员会、国防部长委员会、国防生产与供应委员会、国防研究与发展委员会、国防计划委员会和最高情报委员会等。国家安全委员会的职能是为政府制定长期军事战略和国家安全战略，为有关国家安全事务提供咨询。内阁总理任国家安全委员会主席。该委员会通过1名国家安全顾问对下辖的战略政策小组、联合情报委员会和国家安全顾问处进行协调与领导。国家安全顾问现由总理首席秘书布拉杰什·米什拉担任。其它委员会中，除国防计划委员会和最高情报委员会由内阁秘书任主席外，均由国防部长任主席，吸收国务部长、三军参谋长、国防秘书、国防财政顾问和有关单位负责人参加，分别负责制定有关三军建设和民防、空防、边防和海防方面的有关政策，提出有关作战、情报和国家安全等方面的咨询意见。国防部长委员会由其中任职时间最长的军种参谋长任主席，负责在职权范围内就国防政策、国防生产和其他有关军事问题向国防部长委员会提出建议，并通过它就需要由内阁研究决定的重大问题向内阁政治事务委员会提出建议。参谋长委员会下设10个分委员会，由三军参谋军官组成，轮流担任主席，分别处理有关三军联合作战、计划、训练、通信、情报、电子战、装备政策和国防计划等方面的统一与协调事务。国防部长是最高军事行政长官，直接向内阁总理负责，并由两名国防国务部长协助工作。国防部为国防职能机构，全部由文职人员组成，下设国防局、国防生产与供应局和国防科研局3个常设办事机构（均由国防秘书任局长）、财政顾问处（由财政部派出的国防财政顾问任领导）和国防计划协调执行委员会（由国防秘书任主席）。

印度武装力量由现役部队、准军事部队和后备力量组成。现役部队分陆、海、空三个军种。三军平时无统一的作战指挥机构，由内阁总理通过内阁秘书处协同国防部对三军实行统一领导；战时通常授权主要军种参谋长实施统一指挥。军种司令部为各军种最高作战指挥与行政管理机构，最高领导人为军种参谋长。陆军参谋长配有3名副参谋长协助工作。其中两名分别负责第1和第2参谋局的作战指挥和兵种业务领导，另一名负责军兵种协同等工作。海、空军除参谋长外设两名副参谋长。军种参谋长通过所属军区司令部对部队实施作战与控制。各军种除地区司令部外，陆军还设有训练司令部，空军设有训练和保养两个专业司令部，海军南海司令部履行海军训练司令部的职能，负责全部海军水面和水下舰艇训练，并主管海军人员的基础训练与专业训练工作；驻果阿的海军航空兵司令部主管海军航空兵的训练；驻维沙卡帕特南的海军潜艇司令部负责海军潜艇的训练。

领导人物 总统兼武装力量最高统帅纳拉亚南（1997年7月25日上任）。总理阿塔尔·比哈尔·瓦杰帕伊（1999年10月上任）。国防部长贾斯旺特·辛格（兼外交部长，2001年3日上任）。陆军参谋长S·帕德马纳班上将（2000年9月30日上任）。海军参谋长苏西尔·库马尔上将（1998年12月30日上任）。空军参谋长A·Y·提普尼斯上将（1998年12月28日上任）。

武装力量 **兵力** 现役部队130.3万人。

陆军 110万人。编有5个军区，4个集团军12个军部35个师（3个装甲师、4个平原整编师、18个步兵师、9个山地师和1个炮兵师）以及15个独立旅（7个装甲旅、5个步兵旅、2个山地旅和1个空降/突击旅）、1个“普里特维”地地导弹团、4个防空旅和3个工兵旅。上述部队包括59个坦克团（营）、355个步兵营（其中包括25个机械化步兵营、8个空降营、3个突击营）、190个炮兵团（其中包括1个重炮团、2个火箭炮团、50个中型炮团〈内含11个自行炮团〉、69个野战炮团〈内含3个自行炮团〉、39个山地炮团、29个高炮团）、2个地空导弹大队（每个大队含3～5个导弹连）、15个地空导弹团。陆军航空兵编有22个直升机中队（其中5个反坦克中队）。

主战坦克：3414辆（估计有1100辆库存），其中T－55型约700辆、T－72型约1500辆、“常胜者”1200辆、PT－76型90辆、“阿琼”式约14辆。步兵战车：BMP－1型350辆、BMP－2型1100辆。装甲输送车：OT－62/64型157辆。牵引式火炮：4175门（估计有600门库存），其中75毫米1115门、105毫米约1350门、122毫米约550门、130毫米750门、155毫米410门。自行火炮：105毫米80门（估计有30门库存）、130毫米100门（估计有70门库存）。多管火箭炮：122毫米100门、212毫米40门。迫击炮：81毫米5000门、120毫米1500门、160毫米700门（其中有150门库存）。地地导弹：“普里特维”短程地地导弹发射架15部。无坐力炮：57毫米500门、106毫米300门。高炮：23毫米400门、30毫米20门、40毫米3200门。地空导弹：SA－6型180部、SA－7型620部、SA－8B型50部、SA－9型400部、SA－13型45部、SA－16型500部。直升机：300架。车辆人员登陆艇：2艘。反坦克导弹：“米兰”等若干具。

海军 5.3万人（含海军航空兵、海军陆战队）。

编有东部、西部、南部和远东3个地区司令部，东、西2支舰队（分别驻维沙卡帕特南和孟买）。另编有潜艇司令部（驻维沙卡帕特南）和海军航空兵司令部（驻果阿）。装备各种舰艇135艘，其中，航空母舰1艘、潜艇16艘、驱逐舰8艘、护卫舰12艘、巡逻与海岸舰艇38艘、扫雷艇17艘、导弹快艇6艘、两栖登陆舰艇9艘、各种支援舰船26艘。

海军航空兵 5000余人（含舰载海军航空兵2000人），装备37架作战飞机、72架武装直升机、空空导弹和空地导弹若干枚。编有2个攻击机中队、6个反潜直升机中队、3个海上侦察机中队、1个通信机中队、1个搜索与救援直升机中队和2个训练机中队。

海军陆战队　编有1个团（包括3个大队），约1000人。

空军　15万人，装备各型飞机约1400架（其中作战飞机774架）、直升机170余架（其中武装直升机34架）。编有中央、东、西、南和西南5个地区司令部；2个支援司令部，18个攻击战斗机中队（10架苏－30K型、53架米格－23BN型，88架"美洲虎"、147架米格－27型、69架米格－21MF型），20个战斗机中队（66架米格－21FL型、169架米格－21BIS型、26架米格－23MF型、64架米格－29型、35架"幻影"2000H/TH和8架苏－30MK型），3个攻击直升机中队（32架米－25型），2个侦察机中队（8架"堪培拉"、6架米－25R型和2架米－25U型战斗侦察机，12个运输机中队（105架安－32、45架DO－228型、28架BAE－748型、25架伊尔－76型），11个运输直升机中队（73架米－8型、50架米－17型、10架米－26型），1个要员专机中队（2架波音－737－200型、7架BAE－748型、6架米－8型），以及6架"美洲虎"海上攻击机、4架HS－748型、6架伊尔－78型加油机、4架HS－748型电子侦察机、4架海上侦察与测量机、约368架各型教练机和24架教练直升机。此外，还编有38个地空导弹中队，装备SA－2、SA－3、SA－5和SA－10型导弹280余枚。

准军事部队　印度的准军事部队种类繁多，驻地分散，并隶属不同的部门。准军事部队是正规部队的辅助力量，平时执行边防、海防巡逻、情报搜集和内卫治安任务；战时配属正规部队执行作战任务。其编制单位通常为部队、营、中队（连）、排、班（哨）5级。部队最高领导为总监，一般为现役中将级军官，以下各级军官为现役或退役军官。营或中队（连）为基本作战单位，各营根据辖区的范围下辖数目不等的中队（连），中队（连）以下为三三制，编组到班。装备轻便，编制精干，可担负快速突击和独立机动作战任务。目前，其兵力约106.9万人；其中海岸警卫队8000人，隶属国防部，装备有36艘各类舰艇和30余架飞机，平时负责近海防卫与治安，战时归海军指挥，协助海军作战；国家安全卫队7400人，隶属内阁秘书处，负责反恐怖活动，成员来自印度三军、中央后备警察部队和边境保安部队；特别保安部队3000人，负责要员安全；中央后备警察部队16万人，约130个营，隶属内政部；邦武装警察40万人（包括24个营的印度后备警察），主要负责本邦的治安任务，但也可调往其他邦执行任务；边境保安部队18.5万人，约有150个营；阿萨姆步枪队5.2万人，隶属内政部，编有3个营，主要负责东北各邦的治安任务，各级军官均为陆军军官，训练较好；特种边境部队9000人，隶属内阁秘书处；印度边境警察，3万人，28个营，隶属内政部；中央工业保安部队8.86万人，隶属内政部；国防安全警卫队3.1万人，隶属国防部，主要负责国防部驻地的安全和警卫工作；铁路保安部队7万人。

后备力量　印度的后备力量是指不脱产的民间武装，印度称为第一线预备役和第2线防务力量，共240余万人。组织较为松散，每年只须参加短期的军事集训。协助警察维持社会治安和参加抢险救灾，战时担负民防任务，补充正规军。其经费开支一般由中央邦政府和邦（中央下辖区）按比例分摊。

第一线预备役由印度陆海空三军退役官兵组成。服预备役的最高年限为50岁，必要时，预备役人员可再次服役。现有兵力约50万人，包括陆军和空军预备人员可再次服役。空军预备役又分为防空预备役和辅助空军预备役两种。陆军预备役现有30万人（退出现役后至少服预备役5年），海军预备役5.5万人，空军预备役14万人。

第二线防务力量主要是民建军事组织，现有实力约190万人，包括地方军4万人、国民学兵团100余万人、家乡卫队47.2万人、民防组织39.4万人。

部署　陆军分5个军区：北部军区司令部设在印占克什米尔的乌达姆普尔，辖3个军（含6个步兵师、2个山地师和2个独立旅）负责克什米尔地区印巴边境北段和印中边境西段的防务；西部军区司令部昌迪加尔，辖3个军（含1个装甲师、1个炮兵师、8个步兵师和4个独立防空旅），负责印巴边境中段平原地区防务；东部司令部设在加尔各答，辖3个军（含7个山地师）负责印孟边境地区、印缅边境地区和印中边境东段（含中锡边境）地区的防务；中部军区司令部设在勒克瑙，辖1个军（含2个步兵师、1个装甲师、1个山地师和3个独立旅），负责中央各邦和中部喜马拉雅山边境地区的防务，并担任东、西两个战区的预备队；南部军区司令部设在浦那，辖2个军（含3个步兵师、1个炮兵师和6个独立旅），负责印巴边境南段的防务。

海军按印度半岛东、西、南部和安达曼·尼科巴群岛及附近海域分别划分为东部、西部、南部和远东4个地区海军司令部。西部海军司令部设在孟买，下辖西部舰队，编有印度半数以上的驱逐舰、护卫舰和潜艇，负责阿拉伯海的防御，其基地有孟买、马哈拉施特拉、卡蒂亚瓦尔、瓦杰拉巴胡。东部海军司令部设在维沙卡帕特南，下辖东部舰队，其基地有加尔各答、维沙卡帕特南及马德拉斯海军站和维尔巴胡潜艇基地，辖区为东部沿海及孟加拉湾。南部海军司令部设在科钦，下设海军航空兵司令部，并同时负责海军院校训练。远东海军司令部设在安达曼群岛和布莱尔港，隶属东部海军司令部。

空军划分为西部、西南部、中部、东部、南部5个地区司令部。西部司令部设在德里，辖5个战术空军中心，9个米格-21战斗机中队、1个米格-29战斗机中队和1个米格-23战斗机中队以及部分对地攻击部队；负责佐德普尔以北（含首都新德里）及从印占克什米尔南部到拉贾斯坦地区。西南空军司令部设在甘地纳格尔，下辖1个战术空军中心，负责拉贾斯坦以南至古吉拉特和索拉什特拉及库奇地区。中部空军司令部设在阿拉哈巴德，下辖2个战术空军中心，8个运输机中队、3个战斗机中队，负责整个印度中部的空防作战和军事空运。东部空军司令部设在西隆，下辖3个战术空军中心，负责印中、印孟和印缅边境地区。南部空军司令部设在特里凡特琅，下辖1个战术空军中心，负责印度半岛南端及安达曼·尼科巴群岛和拉克沙德韦群岛。

兵役制度 实行募兵制。服役年限：兵17年，军士21～28年，低级委任军官（海、空军准尉）26～33年。各级军官的最高服役年龄：将官60岁，校官55岁，尉官50岁，低级委任军官（海、空军准尉）50岁。

军衔 分7等20级：元帅1级（只在战时授予有特殊功勋的军种参谋长），将官4级（上将、中将、少将和准将），校官3级（上校、中校和少校），尉官3级（上尉、中尉、少尉），低级委任军官（海、空军准尉）3级（一级、二级、三级），军士3级（上士、中士和下士），兵3级（一等兵、二等兵和三等兵）。低级委任军官以下军衔，三军之间略有不同。

驻外兵力 多年来，印度积极参加联合国的维持和平行动，2000～2001年度在（MONUC）民主刚果派驻12名军事观察员；在伊拉克与科威特边境（NUICOM）派驻6名军事观察员；在黎巴嫩（UNIFIL）派驻618名维和人员；在非洲塞拉利昂（UNAMSIL）派驻3161名维持和平人员（包括14名军事观察员）。

军工生产 印度国防工业主要包括约39家兵工厂、8个大型公营国防企业以及航空与航天工业。兵工企业主要从事生产和制造坦克、装甲车辆、各种轻武器及其弹药、火炮、服装以及后勤装备等。1999～2000年度印度兵工厂销售额为533.8亿卢比，比上一年度增长33.2%。1998～1999年度军工产品出口总额为7.6亿卢比（约合180万美元）。公营国防公司从事军用飞机、舰船的研制和生产。1998～1999年公营国防企业产值为553.6亿卢比，直接出口额为13亿卢比。印度政府计划在今后的10年中，将投入270亿卢比用于39个军工生产企业的设备更新和技术改造，并加大对公营国防企业的改革，给予其更多的经营主动权，提高国防工业的活力、出口能力和竞争能力。

军队节日 武装部队节12月7日，陆军节1月15日，海军节12月4日，空军节10月8日。

（万　伟）

印度尼西亚

国　　名 印度尼西亚共和国。

主要统计 面积188.9569万平方千米（陆地面积）。人口2.06213亿人（其中，13～17岁男1105.3万人，女1057.1万人；18～22岁男1099.4万人，女1053.4万人；23～32岁男1781.5万人，女1802.4万人）。国内生产总值1400亿美元（1999年）。国防费22.71亿美元（2000年国防预算）。原煤3610.4万吨（1995年）。天然气618.64亿立方米（1995年）。原油5.53亿桶（1996年）。发电量688.04亿度（1995年）。粮食5853.1万吨（1998年）。海运能力，商船（载重100吨以上）2014艘，总载重量313.02万吨（1999年）。民航能力，固定航班机场81处，客运量143.3亿人千米、货运量6.068亿吨千米（1999年）。

国防政策 印尼国民军的职能是保卫国家的主权和领土完整，保卫国家的海岸线和连接各岛屿的领空。其建军方针是：建设一支兵力精干，机构合理，具有高度机动和威慑力，拥有先进武器装备和专业人员的现代化军队。同时，印尼不断加强同东盟国家及美、澳大利亚等国的军事合作，提高整体防御能力，共同维护地区安全。

军事战略 印尼实行积极的“逐岛防御”战略，即建立以大岛为核心、以群岛为基地、内外兼顾、独立防卫与机动作战相结合的防御体系，独立保卫本岛领土、领海和维护社会治安。鉴于未来国防安全的主要威胁将来自海上，印尼重点加强濒临马六甲海峡、南海及印度洋等具有战略意义的前沿、边境重要海峡及偏远地区的防卫力量，形成以爪哇岛为中心、东西兼顾的战略布局。

国防体制 总统为武装力量统帅。实行国防与内卫合一的武装体制。国防部负责制定国防政策，国民军总司令部负责作战指挥。武装力量由正规军和准军事部队两部分组成。正规军分陆、海、空三个军种。总统通过国防部和国民军总司令部对全国武装力量实施领导和指挥。

领导人物 总统兼武装力量统帅阿卜杜勒－拉赫曼·瓦希德（1999 年 10 月 20 日上任）。国防部长马赫福德（2000 年 8 月 26 日上任）。国民军总司令维多多·阿迪·苏吉普托上将（1999 年 10 月 29 日上任）。国民军总参谋长查马里·扎尼亚戈上将（2000 年 3 月 1 日上任）。陆军参谋长恩德里亚托诺·苏塔尔托上将（2000 年 10 月 9 日上任）。海军参谋长因德罗科·萨斯特罗·维里约诺上将（2000 年 10 月 9 日上任）。空军参谋长哈纳菲·亚南斯上将（1998 年 6 月 29 日上任）。陆军战略后备部队司令里雅米扎德·里亚库杜少将（2000 年 7 月 31 日上任）。陆军特种部队司令阿米尔伊斯奈尼准将（2000 年 6 月 16 日上任）。

武装力量 **兵力** 现役部队 29.7 万人。

陆军 约 23 万人。编有 1 个战略后备部队司令部，11 个军区司令部和 1 支特种部队。战略后备部队编有 2 个步兵师，3 个步兵旅，3 个空降旅，2 个野战炮兵团，1 个高炮团，2 个装甲营，2 个工程兵营。11 个军区共编有 2 个步兵旅，65 个步兵营，8 个骑兵营，11 个野战炮兵营，10 个高炮营，8 个工程兵营，1 个混合航空兵中队，1 个直升机中队。特种部队编有 5 个特种大队。

轻型坦克：AMX－13 型约 275 辆，PT－76 型 30 辆，“蝎子” 50 辆。装甲侦察车：“萨拉丁” 69 辆，“白鼬” 55 辆，BL 式 18 辆。步兵战车：BMP－2 型 11 辆。装甲输送车：AMX－VCI 型、“萨拉逊”、“突击队员” 等共 461 辆。牵引炮：76 毫米 100 门，105 毫米 180 门，155 毫米 5 门。迫击炮：81 毫米 800 门，120 毫米 75 门。无坐力炮：90 毫米 90 门，106 毫米 45 门。火箭炮：89 毫米 700 门。高炮：20 毫米 125 门，40 毫米 90 门，57 毫米 200 门。地空导弹：“轻剑” 51 部，RBS－70 型 42 部。飞机：“岛人” 式 1 架，NC－212 型 4 架，“指挥官” 680 型 2 架，DHC－5 型 3 架。直升机：“贝尔” 205 型 30 架，BO－105 型 17 架，NB－412 型 28 架，“休斯” 300C 型 15 架。

海军 4 万人（含陆战队和航空兵）。编有东、西 2 个舰队司令部和 1 个军事海运司令部。

潜艇：“卡克赖” 级 2 艘。护卫舰：“艾哈迈德雅尼” 级 6 艘，“法塔希拉” 级 3 艘，“提亚哈胡” 级 3 艘，“哈加尔达温塔拉” 级 1 艘，“沙玛迪昆” 级 4 艘。巡逻舰艇：共 36 艘，其中导弹艇 4 艘、鱼雷艇 4 艘。两栖舰艇：26 艘。后勤支援舰船：15 艘。

海军航空兵 约 1000 人。装备飞机 112 架（其中作战飞机 54 架、武装直升机 18 架），主要用于海上侦察和反潜。

陆战队 1.3 万人。编有 2 个步兵旅，1 个特种作战营，1 个战斗支援团。装备有轻型坦克 100 辆，装甲侦察车 14 辆，步兵战车 10 辆，装甲输送车 84 辆，牵引炮 48 门，火箭炮 15 门，高炮若干门。

空军 2.7 万人。编有 2 个空军作战司令部，5 个攻击战斗机中队，1 个战斗机中队，1 个海上侦察机中队，1 个侦察机中队，4 个运输机中队，3 个直升机中队，3 个教练机中队。作战飞机 108 架。

攻击战斗机：A－4 型 21 架，F－16 型 10 架，“霍克” MK－53 型 14 架，“霍克” MK－109 型 8 架，“霍克” MK－209 型 31 架。战斗机：F－5 型 12 架。武装侦察机：OV－10F 型 12 架。海上侦察机：3 架。空中加油机：2 架。运输机：C－130 型等 77 架。直升机：S－58T 型等共 42 架。教练机：AS－202 型等共 69 架。

预备役部队 40 万人。

准军事部队 国家警察约 19.5 万人。海上警察 1.2 万人。

部署 印尼海军东部舰队司令部驻泗水，西部舰队司令部驻雅加达。空军 2 个作战司令部分别负责东、西部空防任务。全国共有军事基地 42 处，其中空军基地 26 处（主要有雅加达、朱安达、乌绒潘当等），海军基地16处（主要有雅加达、丹绒槟榔、腊太港、乌绒潘当、勿老湾等）。

兵役制度 实行义务兵和志愿兵相结合的兵役制。义务兵服役期2年。军官最高服役年龄55岁。

军衔 分5等23级：将官4级（上将、中将、少将、准将），校官3级（上校、中校、少校），尉官3级（上尉、中尉、少尉），士官10级（预备军官、一级准尉、二级准尉、军士长、中士长、一级中士、二级中士、下士长、一级下士、二级下士），兵3级（特等兵、一等兵、二等兵）。

驻外兵力： 驻克罗地亚、格鲁吉亚、伊拉克和科威特、塞拉利昂联合国军事观察员共20人。

外国驻军 联合国驻东帝汶维和部队7905人，其中包括179名军事观察员和1262名文职人员。

军队节日 武装部队节9月5日。

（孟 丽）

约 旦

国　　名 约旦哈希姆王国。

主要统计 面积9.6188万平方千米。人口约517.3万人（其中，13～17岁男27.4万人，女26.7万人；18～22岁男24.5万人，女23.8万人；23～32岁男44.7万人，女43.3万人）。国内生产总值55亿第纳尔，合77亿美元（1999年）。国防费3.47亿第纳尔，合4.88亿美元（1999年国防预算）。原油4万桶（1996年）。天然气年产量2.94亿立方米（1995年）。发电量56.16亿度（1995年）。粮食10.2万吨（1998年）。海运能力，商船（载重100吨以上）5艘，总载重量11.36万吨（1998年）。民航能力。固定航班机场2处，客运量43.95亿人千米，货运量2.65亿吨千米（1998年）。

国防体制 宪法规定，国王兼任陆、海、空三军统帅，拥有宣布战争、军管、缔结和约的权力。下设"最高国防委员会"，由国防、外交、财政、内政大臣和军队总司令等人组成，通常由国防大臣召集会议，负责制定国防政策和监督国防计划的实施。国防部是内阁中的一个部，主要负责制定国防预算、后勤保障，并与军队总司令部共同发布有关军队的行政命令，但对军队无调动和指挥权。军队总司令部是国王统帅军队的办事机构，其成员有总司令、总司令助理和武装部队总监各1人。总司令代表国王处理军队日常事务。总司令部下设总参谋部，其成员有总参谋长及主管作战计划、情报、人力、行政管理等的副总长。此外，还设有"国防委员会"和"军官委员会"。前者负责军队的编制、装备、征兵等具体计划和建议；后者负责对军官的考察、提升和调动提出建议。武装力量由正规军和准军事部队组成。正规军分陆、海、空三个军种。

领导人物 国王兼武装力量统帅阿卜杜拉·本·侯赛因（19999年2月7日即位）。首相兼国防大臣阿里·阿布·拉吉卜。军队总司令法塔西·阿布·塔列布少将（1989年9月上任）。军队总参谋长穆罕默德·优素福·马勒卡维中将（1999年7月上任）。

武装力量 **兵力** 现役部队约10.4万人。

陆军 约9万人。编有2个装甲师（每师辖2个坦克旅、1个机械化步兵旅、1个炮兵旅、1个防空旅），2个机械化步兵师（每师辖2个机械旅、1个坦克旅、1个炮兵旅、1个防空旅），1个独立王室警卫旅，1个特种部队旅（2个特种部队营，2个空降营，1个炮兵营），1个野战炮兵旅（4个炮兵营），3个步兵营，1个侦察营。

主战坦克：1246辆，包括M－47/－48A5型78辆（储备），M－60A1/A3型310辆，"哈利德"/"酋长"式274辆，"塔里克"（"百人队长"）式296辆，"挑战者"1型288辆。轻型坦克："蝎"式19辆。步兵战车：BMP－2型32辆。装甲人员运输车：M－113型1400辆，BTR－94型50辆。牵引炮：共132门，其中105毫米54门、155毫米38门、M－59/M－1型18门、203毫米22门（储备）。自行火炮：共412门，其中105毫米35门、155毫米257门、203毫米120门。迫击炮：81毫米450门，107毫米50门，120毫米300门。反坦克导弹："陶"式330具，"龙"式310具。火箭筒：94毫米2500具，112毫米2300具。无坐力炮：106毫米330门。自行高炮：共416门，其中20毫米100门、23毫米52门、40毫米264门。地空导弹：SA－7B2型若干部，SA－8型52部，SA－13型92部，SA－14型300部，SA－16型240部，"红眼"式260部。

海军　约480人，基地设在阿克巴港。近海巡逻舰共6艘。

空军　约1.34万人（包括防空部队3400人）。编有4个对地攻击/战斗机中队，2个战斗机中队，1个运输机中队、3个直升机中队、1个王室专机中队，3个教练机中队，2个防空旅。作战飞机共106架，武装直升机16架。

战斗/对地攻击机：F－5E/F型50架，“幻影”F－1EJ型15架。战斗机：“幻影”F－1CJ/BJ型25架。运输机：C－130型8架，C－212A型4架。要员运输机：“湾流”2架，“伊尔”－1011型若干架，S－70型直升机3架。直升机：AH－1S型16架，AS－332M型9架，BO－105型3架，“休斯”500D型7架，UH－1H型36架。教练机：“大斗犬”式16架，C－101型15架。防空导弹发射架：“霍克”80部。空地导弹：“陶”式、AGM－65D“小牛”式各若干枚。空空导弹：AIM－9“响尾蛇”式、“马特拉”R－530型、“马特拉”R－550“魔术”式各若干枚。

预备役部队　约3.5万人，其中陆军3万人。

准军事部队　约1万人，属公共安全理事会（内务部管辖）。另有“人民军”约3.5万人。

兵役制度　实行志愿兵役制。

驻外兵力　驻克罗地亚1名军事观察员，驻刚果（金）2名军事观察员，驻东帝汶720名维和人员，驻格鲁吉亚6个军事观察员，驻塞拉利昂1831名维和人员，驻南斯拉夫联盟约61名维和人员

军队节日　陆军节6月10日。

（赵彦华）

越　南

国　名　越南社会主义共和国。

主要统计　面积32.9566万平方千米。人口8201.4万人（其中13～17岁男447.9万人，女432.7万人；18～22岁男406万人，女392.7万人；23～32岁男702.8万人，女685.7万人）。国内生产总值300亿美元（1999年）。国防费10亿美元（2000年）。粗钢250万吨（2000年）。原油1600万吨（2000年）。原煤907万吨（1999年）。天然气6.97亿立方米（1995年）。发电量240亿度（2000年）。粮食3570万吨（2000年）。民航能力，固定航班机场12处，民用航空飞机102架，客运量约2.09亿人千米，货运量1900万吨千米（1999年）。水运能力，商船（载重100吨以上）230艘，总载重量872.8万吨（1999年）。

国防政策　越南奉行“全民国防”政策：（一）巩固和加强以人民武装力量为骨干的全民国防和安全事业，将国防与安全相结合，不断完善军事法规体系，把党关于建设全民国防、人民安宁的主张和政策体制化；加强党对军队、公安和国防安全事业的领导，加强国家对国防和安全系统的管理；充分发挥全民和政治系统的综合力量，逐步增加国防和安全潜力，建立稳固的全民国防基础。（二）坚持国防与经济紧密结合，强调巩固国防和发展经济是越南的两大战略任务，在目前和平状态下，要优先发展经济，提高综合国力。同时要在经济建设发展过程中，逐步加大对国防建设的投资比重，建设和巩固必要的国防工业基础设施，并利用民用经济设施为国防建设服务；明确国防工业的发展方向，合理调整国防工业的战略布局，带动当地经济的发展，使之成为新的经济发展中心；根据工业化、现代化的发展进程，逐步提高军队的现代化水平，提高武装力量战斗力的综合质量。（三）坚持争取外援与积极发展本国国防工业相结合，不断提高部队武器装备的现代化水平。强调在从国外购进大量先进装备的同时，积极发展本国的国防工业，自行研制各种武器装备。（四）坚持国防与外交相结合。强调奉行“多交友、少树敌”的和平、务实外交路线，主张通过和平协商解决争端，坚持与世界上所有国家特别是周边国家发展友好合作关系，为经济和国防建设创造安全的外部环境。（五）坚持建设由常备军、预备役部队、民兵自卫队和公安力量组成的武装力量。重点建设一支革命化、精锐化、正规化、逐步现代化的人民军队和人民公安；同时建设强大的预备役部队，以便在发生战事时能及时为常备军补充兵员。（六）强化军队的对外对内双重职能。对外，抵御侵略，捍卫国家独立、安全、主权和领土完整。对内，防暴乱、反颠覆，保卫党和社会主义制度，维护政局稳定；挫败各种旨在损害国家建设发展事业的阴谋破坏活动，有效地制止和严惩各类犯罪，确保社会秩序稳定与安全。

军事战略　2000年，越南继续根据其面临的

安全形势和未来高技术战争的特点研究调整军事战略问题。但仍实行“积极防御”军事战略，其主要内容是：以美国全球范围的潜在敌人，以“对越构成威胁的周边大国”为地区主要作战对象；以保卫领土（海）主权完整和社会主义制度为基本战略目标；以积极应付局部战争和武装冲突，坚决抵制“和平演变”为军事战略方针；以主力部队、地方部队和民兵自卫队三种武装力量相结合，建立“区域防御”体系为战略手段。

国防体制 越南宪法规定：国家主席统帅各人民武装力量，并兼任国防与安宁会议主席。但实际上越共中央军事党委是最高军事决策机构，越共中央总书记兼任军委书记，通过国防部对全国武装力量实行统一领导和指挥。国会设有国防与安宁委员会负责审查和监督国防安全政策的执行；国家机关设有国防与安宁会议协助国家主席统帅武装力量。国防部既是越共中央军事党委的办事机构，又是越军的最高军事行政机关，下辖总参谋部、总政治局、总后勤局、总技术局、国防工业总局和情报总局。六大总部（局）分别负责全军的军事指挥、政治思想教育、后勤供应、技术保障、军工及生产经营、情报搜集与服务。国防部机关设有办公厅政策局、物资局、财政局、外事局、刑事调查局、科技与环境管理局、经济局、计划投资局、车辆局、武器弹药局、计量局、科学工艺环境通讯中心、监察委员会等，直属单位有军事战略院、军事历史研究院等。武装力量由正规军、地方部队、预备役部队和民兵自卫队组成。正规军又称主力部队，分陆军、海军、防空－空军三个军种。

领导人物 越共中央总书记兼中央军事党委书记黎可漂上将（2001年4月上任），国防部长范文茶上将（1997年7月29日上任），总参谋长黎文勇中将（1998年9月10日上任），总政治局主任范青银上将（1998年1月3日上任），总后勤局主任阮文沱少将（1998年1月3日上任），总技术局主任阮花盛少将（1998年1月3日上任），国防工业总局主任陈德越少将，情报总局主任武政中将，海军司令杜春公少将（2000年2月上任），防空－空军司令阮德察中将（1999年7月14日上任）。

武装力量 **兵力** 现役部队48.4万人。

陆军 41.2万人。划分为8个军区、2个特区，编有14个军部、58个步兵师、3个机械化步兵师、10个装甲旅、15个独立步兵团、若干个特种作战部队（含空降旅和爆破工兵团）、约10个野战炮兵旅、8个工程兵师、10～16个经济建设师、20个独立工程兵旅。

主战坦克：共1315辆，其中：T－34型45辆、T－54/－55型850辆、T－62型70辆、PT－59型350辆。轻型坦克：PT－76型300辆，PT－62/－63型320辆。侦察车：BRDM－1/－2型100辆。步兵战车：BMP－1/－2型300辆。装甲输送车：BTR－40/－50/－60/－152型1100辆，YW－531型80辆，M－113型若干辆。牵引火炮：76毫米、85毫米、100毫米、105毫米、122毫米、130毫米、152毫米、155毫米共2300门。自行火炮：152毫米30门，120毫米、122毫米、175毫米若干门。火箭炮：107毫米360门，122毫米350门，140毫米若干门。迫击炮：82毫米、120毫米和160毫米若干门。反坦克导弹：AT－3“耐火箱”式若干具。无坐力炮：75毫米、82毫米、87毫米若干门。高炮：14.5毫米、23毫米、30毫米、37毫米、57毫米、85毫米、100毫米共12000门。地空导弹：SA－7/－16型若干部。

海军 4.2万人（含海军陆战队2.7万人），划分为4个沿海区。

潜艇：朝鲜制小型潜艇2艘。护卫舰：共7艘，即原苏制“别佳”Ⅱ级3艘，原苏制“别佳”Ⅲ级2艘，“巴奈加特”（美制“卡特尔”）1艘，124A型1艘。巡逻艇和导弹、鱼雷快艇：共41艘，其中原苏制“黄蜂”Ⅱ级导弹快艇8艘，原苏制“蝗虫”级导弹快艇4艘，原苏制“图利亚”级水翼鱼雷快艇5艘，“大胡蜂”级鱼雷快艇5艘，原苏制SO－1级巡逻艇4艘，美制PGM－59/－71级3艘，小于100吨的近海巡逻艇10艘，原苏制“图利亚”级沿海扫雷舰3艘，“连云”级扫雷舰2艘，“瓦尼亚”级扫雷艇1艘，“叶夫根尼亚”级近海猎雷艇2艘，小扫雷艇5艘。登陆舰：共6艘，即美制LST－510/－511坦克登陆舰3艘，原苏制“北方”级中型登陆舰3艘。小型登陆艇：共30艘，包括机械化登陆艇12艘、通用登陆艇18艘。

防空－空军 3万人，编成3个航空师，2个攻击机团，6个歼击机团，3个运输机团，3个教练机团，4个高炮旅，6个雷达旅；有雷达阵地100处，地对空导弹发射阵地66处，作战飞机共189架，武装直升机26架。

攻击战斗机：共65架，即苏－22型53架、苏－27型12架。战斗机：米格－21比斯124架。武装直升机：米－24型26架。海上侦察机：贝－12型4架。反潜直升机：共15架，即卡－25型3架、卡－28型10架、卡－32型2架。航测机：安－30型2

架。运输机：共28架，包括安－2型12架，安－26型12架，雅克－40型4架。直升机：米－6型4架，米－8、米－17型共30架。教练机：L－39型18架，米格－21U型若干架，雅克－18型10架，BT－6型10架。空对空导弹：AA－2、AA－8、AA－10型若干枚。空对地导弹：AS－9型若干枚。地对空导弹：SA－2/－3/－6/－7/－16型地对空导弹若干枚。高炮：37毫米、57毫米、85毫米、100毫米、130毫米高炮若干门。对空警戒雷达：约1000部。

地方部队　编有省、市、县军事指挥部；每个省、市军指下辖若干个独立团，每个县军指下辖若干个独立营。省军指、中央直辖市军指由所在军区指挥，省辖市、县军指由省军指指挥。

预备役部队　越南《军事义务条例》规定，男18～45岁、女18～40岁的退伍军人和依照法律应服兵役而未入伍的公民，都要编入预备役部队。预备役军官一般由军队转业军官、士官和具有大专以上学历并受过专门培训的地方人员担任。预备役军人根据其服役经历和受训程度分为两类。凡服满现役1年以上或打过仗的士官和士兵，以及预备役期间参加集训累计达1年者，均为第一类预备役，其余为第二类。两类预备役军人又根据年龄分为两等：A等为35岁以内，B等为36岁～45岁。预备役士官和士兵在服满预备役年限后或身体不宜继续服预备役，可由省辖市、镇、县军事指挥长决定解除预备役。到2000年底，越全国预备役人员约400万人。

民兵自卫队　一般编成排、连、营（战时可扩充到团、师），沿海、岛屿编制为海团、海队、分队；由步兵、工程兵、防化兵、通信兵和侦察兵等诸兵种组成。到2000年底，越民兵自卫队约170万人。民兵自卫队平时不脱产，定期参加军事训练，受当地驻军统一指挥；战时担负警戒、侦察、巡逻、运输、救护、防空、消防和组织疏散等项任务，也可配合军队行动，增强军队的作战力量，开展敌后游击战。

部署　越陆军采取区域部署和机动部署相结合方式，全国由北向南划分为8个区域，每个区域部署1个军区；担负战略机动作战任务的野战部队部署是北部、南部地区各占一半；总兵力的50%部署在北部地区，40%部署在西南部地区，10%部署在中部地区。海军由北向南沿海岸线划分为4个区域，每个区域部署1个沿海区；主要作战舰艇部署在岘港、金兰湾和胡志明市等中南沿海地区。防空－空军将全国划分为北、中、南3个防空作战区，重点保卫主要城市和地域；总兵力的45%部署在北部作战区，32%部署在南部作战区，27%部署在中部作战区。越拥有海军基地11处（万华、锦普、鸿基、河修、海防、岘港、芽庄、头顿、金兰湾、胡志明市和归仁）；空军基地15处（内排、安沛、克夫、和乐、建安、寿春、岘港、富吉、藩朗、边和、新山一、波莱古、绥和、金兰湾、朱莱）。

兵役制度　越南《义务兵役法》规定，实行义务兵役制度。服役年龄18～27岁。服役年限，士官和士兵2年，士官指挥员、军队培训的专业技术士官和士兵、海军舰艇士官和士兵均为3年，需要时可延长半年。军官服役年限，尉官38岁、少校43岁、中校48岁、上校52岁、大校55岁、少将60岁，中将以上军官不规定服役年限。

军衔　军官军衔分为3等12级：将官4级（大将、上将、中将、少将）、校官4级（大校、上校、中校、少校）、尉官4级（大尉、上尉、中尉、少尉）。军官晋衔年限：少尉升中尉2年，中尉升上尉3年，上尉升大尉3年，大尉升少校4年，少校升中校4年，中校升上校4年，上校升大校4年，将官晋升不规定时限。士官分3级：上士、中士、下士。士兵分2级：上等兵、列兵。士兵晋升年限：列兵升上等兵9个月，上等兵升下士1年，下士升中士1年半，中士升上士1年半。

军工生产　2000年，越军自行建造了6艘运输船、油船、拖船和武装渔船，并在俄罗斯军事专家的指导帮助下，对部分作战飞机和舰艇进行了技术改造，以延长其使用寿命，提高作战效能。为加速实现武器装备国产化的进程，越军12月下旬决定大力加强国防工业建设，计划在20年内使自产武器装备基本满足陆军的全部需求和海军、防空－空军的部分需求。

外国驻军　俄罗斯海军在越南金兰湾基地驻有数百名守备人员和数艘补给舰，并设有通信监听站，主要担负金兰湾机场和码头的防务，为过往舰船提供物资技术保障，并负有收集美国军事情报任务。金兰湾基地是俄罗斯在东南亚地区租用的惟一军事据点。由于它的战略地位极为重要，俄罗斯希望在2004年租用期满后继续租金兰湾军事基地，并已开始就此问题与越政府进行磋商。值得注意的是，美国国防部长科恩2000年3月访越时探询了美海军舰船进入金兰湾停泊的可能性。

军队节日　建军节12月22日（1944年），海军节5月7日（1955年），防空－空军节7月14日（1999年）。

（钟学良）

非洲国家军事概况

阿尔及利亚

国　　名　阿尔及利亚民主人民共和国。

主要统计　面积238.1741万平方千米。人口3020万人（其中，13～17岁男195.5万人，女181.8万人；18～22岁男178.7万人，女166.8万人；23～32岁男287.1万人，女269.7万人）。国内生产总值468亿美元（1999年）。国防费18亿美元（2000年国防预算）。原煤2.2万吨（1995年）。原油3849万吨（1997年）。天然气1494亿立方米（1997年）。发电量197.14亿度（1995年）。粮食303万吨（1998年）。海运能力，商船（载重100吨以上）149艘、总载重量109.34万吨（2000年）。民航能力，固定航班机场28个、客运量26.44亿人千米、货运量1480万吨千米（2000年）。

国防体制　总统为武装力量最高统帅。最高国防决策机构为国家最高安全委员会，由总统任主席。国防部为政府中的一个部，是最高军事行政机关。武装力量由正规军和准军事部队组成。正规军分陆、海、空三个军种。最高军事指挥机构为国家人民军参谋部。总统通过国防部和国家人民军参谋部对武装力量实施领导和指挥。

领导人物　最高国务委员会主席、武装力量最高统帅兼国防部长阿卜杜勒·阿齐兹·布特弗利卡（1999年4月上任）。国家人民军参谋长拉马利中将。总监察长阿里·布哈贾准将。

武装力量　**兵力**　现役部队12.4万人。

陆军　10.7万人。编有6个军区、2个装甲师、2个机械化师、5个空降团、1个独立装甲旅、4个独立机械/摩托化步兵旅、25个独立步兵营、6个炮兵营、6个反坦克营、8个防空营、6个高炮营。

主战坦克：1006辆（T－54/－55型324辆、T－62型332辆、T－72型350辆）。装甲侦察车：BTDM－2型75辆。装甲步兵战车：BMP－1型700辆、BMP－2型257辆。装甲输送车：BTR－50/－60型530辆、OT－64型150辆、BTR－80型若干辆。牵引炮：122毫米386门、130毫米10门、152毫米20门。自行炮：122毫米150门、152毫米35门。火箭炮：122毫米48门、140毫米48门、240毫米30门。迫击炮：82毫米150门、120毫米120门、160毫米60门。反坦克导弹："蝇拍"式、"耐火箱"和"塞子"式若干具。无坐力炮：82毫米120具、107毫米58具。反坦克炮：57毫米156门、85毫米80门、100毫米62门。高炮：14.5毫米80门、20毫米100门、23毫米310门、37毫米150门、57毫米75门、85毫米20门、100毫米150门、130毫米10门。地空导弹：SA－7、SA－8、SA－9型若干枚。

海军　约7000人（包括海岸警卫队500人）。

基地：梅尔斯艾尔凯比克、阿尔及尔、安纳巴、吉杰勒。

苏制"基洛"级2艘。护卫舰:苏制"科尼"级3艘。轻型护卫舰:5艘。导弹艇:"黄蜂"级9艘。巡逻艇3艘。两栖登陆艇:3艘。多用途支援船:3艘。

海岸警卫队：约500人，装备有各型巡逻艇29艘。支援船1艘。

空军　1万人，共有作战飞机214架、武装直升机65架。编成3个攻击战斗机中队、5个战斗机中队、1个侦察机中队、2个海上侦察机中队、2个运输机中队。

攻击战斗机：苏－24型13架、米格－23BN型40架。战斗机：米格－25型10架、米格－23B/E型30架、米格－21MF型70架（将有36架米格－29型战机取代部分米格－21型）。侦察机：米格－25R型4架、米格－21型6架。海上侦察机："超级空中大王”B－200T 型 15 架。运输机：C－130H 型 10 架、C－130H－30 型 6 架、伊尔－76 型 9 架。要员座机：“猎鹰”900 型 2 架、“湾流”型 3 架、F－27 型 2 架。攻击直升机：米－24 型 35 架、米－8/－17 型 30 架。运输直升机：米－4 型 2 架、米－6 型 5 架米－8/－17 型 46 架、AS355 型 10 架。教练机：T－34C 型 6 架、ZLIN－142 型 30 架、L－39 型 30 架。无人驾驶飞行器：“搜寻者”型若干架。空空导弹：AA－2、AA－6、AA－7 型若干枚。

防空部队　编有 3 个高炮旅和 3 个地空导弹团，装备 725 门高炮（85 毫米、100 毫米和 130 毫米），地空导弹 100 枚（SA－3、SA－6、SA－8 型）。

准军事部队　18.12 万人，其中宪兵 6 万人、治安警察 2 万人、共和国卫队 1200 人、民兵 10 万人。

兵役制度　实行义务兵和志愿兵相结合的兵役制度。士兵服役期 18 个月。

军衔　分 6 等 17 级：将官 2 级（少将、准将）、校官 3 级（上校、中校、少校）、尉官 3 级（上尉、中尉、少尉）、准尉 2 级（一级准尉、二级准尉）、军士 2 级（军士长、军士）、士兵 5 级（上士、中士、下士、上等兵、列兵）。

（王长有）

埃　及

国　　名　阿拉伯埃及共和国。

主要统计　面积 100.2 万平方千米。人口 6210 万人（其中，13～17 岁男 363.4 万人，女 343.7 万人；18～22 岁男 321.8 万人，女 303.6 万人；23～32 岁男 506.7 万人，女 476.8 万人）。国内生产总值 3020 亿埃镑，合 890 亿美元（1999 年）。国防费 87 亿埃镑，合 25 亿美元（1999 年国防预算）。原油 3.37 亿桶（1996 年）。天然气 122.33 亿立方米（1995 年）。发电量 488.64 亿度（1995 年）。粮食 1795 万吨（1998 年）。海运能力，商船（载重 100 吨以上）444 艘，总载重量 168.52 万吨（2000 年）。民航能力，固定航班机场 11 处，客运量 87.42 亿人千米、货运量 1.98 亿吨千米（2000 年）。

国防体制　总统为武装部队统帅，最高军事决策机构为国防委员会，由总统任主席。总统下设武装部队总司令，由国防部长兼任。武装部队由正规军和准军事部队组成。正规军分陆、海、空和防空军四个军种。最高军事指挥机构为总参谋部，统辖各军种、军团和军区。最高统帅和总司令通过总参谋部指挥全军。

领导人物　总统兼武装部队统帅穆罕默德·胡斯尼·穆巴拉克（1993 年 10 月上任后连任）。武装部队总司令兼国防和军工生产部长穆罕默德·侯赛因·坦塔维元帅（1997 年 7 月连任）。武装部队参谋长马吉迪·安瓦尔·拉德旺·哈塔塔中将（1995 年 10 月上任）。海军司令艾哈迈德·萨比尔·艾哈迈德·萨利姆中将（1996 年 1 月上任）。空军司令艾哈迈德·穆罕默德·沙菲格·扎基少将（1996 年 4 月上任）。防空军司令穆罕默德·阿卜杜勒·哈米德·沙哈特中将（1996 年上任）。

武装力量　**兵力**　现役部队 44.85 万人。

陆军　32 万人。编有 4 个军区、2 个集团军司令部、4 个装甲旅、8 个机械化步兵师、1 个共和国警卫装甲旅、4 个独立装甲旅、1 个空中机动旅、2 个独立步兵旅、1 个伞兵旅、4 个独立机械化旅、15 个独立炮兵旅、2 个地地导弹旅、6 个突击大队。

坦克：T－54/－55 型 895 辆、“朗塞”2 型 260 辆、T－62 型 550 辆、M－60A1 型 400 辆、M－60A3 型 1300 辆、M－1A1“艾布拉姆斯”555 辆。装甲侦察车：BRDM－2 型 300 辆、“突击侦察”112 辆。步兵战车：BMD－1 型 220 辆、BMR－600P 型 220 辆、YPR－765 型 310 辆。装甲输送车：“瓦利德”600 辆、“法赫德”30 型 165 辆、BTR－50/OT－62 型 1075 辆、M－113A2 型 2320 辆、YPR－765 型 70 辆。牵引炮：122 毫米 551 门、130 毫米 420 门。自行炮：122 毫米 76 门、155 毫米 175 门。无坐力炮：122 毫米 156 门。迫击炮：82 毫米 540 门、120 毫米 1800 门、160 毫米 60 门。地地导弹：“蛙”7 型 9 部、“天鹰”80 型若干部、“飞毛腿”B 型 9 部。反坦克导弹：AT－3“耐火箱”式 1400 具、“米兰”式 220 具、“旋火”式 200 具、“陶”式 530 具。火箭筒：107 毫米若干具。高炮（高射机枪）：14.5 毫米 200 挺、23 毫米 434 门、37 毫米 200 门、57 毫米若

干门。地空导弹：SA－7型600部、SA－9型20部、M－54“小槲树”26部。监视雷达：AN/TPQ－37型炮位测定雷达若干部，“拉西特”式飞行器、火炮监视雷达若干部，“辛伯林”炮位侦察雷达若干部。无人驾驶飞机：R4E－50“天眼”若干架。

海军　1.85万人（包括2000名海岸警卫队）。

潜艇：“R”级4艘。驱逐舰：“法塔赫”级1艘。护卫舰：“穆巴拉克”级4艘、“苏伊士”级2艘、“胜利者”级2艘、“达米亚特”（美式“诺克斯”级）2艘。导弹艇：“拉马丹”级6级，“黄蜂”I级5艘，“十月”级6艘，“蚊子”级2艘，其他6艘。巡逻艇：15艘。反水雷舰：13艘。两栖舰：3艘。支援与勤务船：20艘。

海军航空兵　装备有武装直升机24架，其中“海王”式反潜直升机5架、SA－342型反潜直升机9架、SH－2G型10架。

岸防部队　装备有130毫米火炮若干门，“奥托马特”式岸舰导弹若干具。

空军　3万人。编有34个飞行中队。作战飞机580架，武装直升机129架。

攻击战斗机：“阿尔法”式41架、F－4E型28架、“幻影”5E2型20架、其他44架。战斗机：F－16A型25架、F－16C型135架、F－16B型10架、米格－21型40架、“幻影”5D/E型53架、“幻影”2000C型18架、PRCJ－7型53架。侦察机：“幻影”5SDR型6架、米格－21R型14架。电子战机：C－130H型2架、“山毛榉”1900型2架。“突击队员”2E型（直升机）4架。空中预警机：E－2C型5架。反潜机：SA－342L型9架、“海王”47型5架、SH－2G型10架。海上侦察机：“山毛榉”1900C型2架。教练机：DHC－5型4架、EMB－312型54架、F－16B型10架、F－16D型29架、“共和国”式36架、JJ－6型16架、L－29型40架、L－39型48架、L－59E型30架、米格－21U型10架、“幻影”5SDD型5架、“幻影”2000B型3架、其他36架。运输机：C－130H型19架、DHC－5D型5架、“超级空中大王”式1架、“湾流”3型3架、“湾流”4型1架、“猎鹰”20型3架。攻击直升机：SA－342K型65架、AH－64A型36架。直升机：CH－47C型15架、CH－47D型14架、米－8型66架、“突击队员”25架、S－70型2架、米－4型12架、UH－12E型17架、UH－60A型2架、UH－60L型2架、AS－61型3架。无人驾驶飞机：“塔拉丁－瑞安”29架、“圣甲虫”324架。空地导弹：AGM－65“小牛”式、“飞鱼”AM－39型、AS－12型、AS－30型、AS－30L“霍特”若干枚。反雷达导弹：“阿玛特”若干枚。空空导弹：AA－2“环礁”、AIM－7E/F/M“麻雀”、AIM－9F/L/P“响尾蛇”、“玛特拉”R－530、“玛特拉”R－550若干枚。

防空军　8万人。编有4个师、100个高炮营、107个导弹营、38个导弹连。

高炮：20毫米、23毫米、37毫米、57毫米、85毫米、100毫米等共2000余门。地空导弹：SA－2型282部、SA－3型212部、“霍克”改进型78部、“响尾蛇”式36部。防空系统：“太阳神”式约18套、“西奈”23型（短程）若干套。

预备役部队　25.4万人，其中陆军15万人、海军1.4万人、空军2万人、防空军7万人。

准军事部队　23万人：其中海岸警卫队约2000人，装备有巡逻艇40艘，另有小艇60艘；中央公安部队15万人，装备有“霍斯普尔·胡萨”式装甲输送车110辆，“瓦利德”装甲输送车若干辆；国民警卫队6万人，编有8个旅；边防警卫队2万人，编有19个边防警卫团。

军事基地　海军基地6处：亚历山大、塞得港、马特鲁赫港、萨法卡、陶菲克港和胡尔加答。

兵役制度　实行义务兵和志愿兵相结合的兵役制度。义务兵服役期3年。

军衔　军官分4等11级：元帅1级，将官4级（上将、中将、少将、准将），校官3级（上校、中校、少校），尉官3级（上尉、中尉、少尉）。

驻外兵力　向刚果（金）派驻观察员12人；驻东帝汶维持和平部队73人，军事观察员10人；驻格鲁吉亚军事观察员3人；驻塞拉利昂军事观察员10人；驻西撒哈拉全民投票特派团观察员19人。

外国驻军　联合国多国部队与观察员约1896人。

（王长有）

埃塞俄比亚

国　　名　埃塞俄比亚联邦民主共和国。

主要统计　面积 110.36 万平方千米。人口 5900 万人（其中，13～17 岁男 384.2 万人，女 372.4 万人；18～22 岁男 308.3 万人，女 294.4 万人；23～32 岁男 464.7 万人，女 447.7 万人）。国内生产总值 62 亿美元（1999 年）。国防费 4.57 亿美元（2000 年国防预算）。发电量约 15 亿度（1997 年）。粮食 1169 万吨（1998 年）。海运能力，商船（载重 100 吨以上）27 艘、总载重量 8.43 万吨（2000 年）。民航能力，固定航班机场 31 个，客运量 18.38 亿人千米、货运量 1.12 亿吨千米（2000 年）。

国防体制　总理为政府首脑兼武装部队总司令。国防安全委员会是负责国家安全和防务的最高军事决策机构，由总理、国防部长、内政部长以及国家安全部长等人组成。国防部为全军最高军事行政机关，国防部长是文职官员，负责军事预算、计划、财政、法律和武器采购等事宜。参谋长负责全军的作战、情报、通信、人事、训练、后勤、工程和维和等事宜。国防部由陆军和空军组成。总理通过国防部和总参谋部实施对全国武装部队的领导和指挥。

领导人物　总理兼全国武装部队总司令梅莱斯·泽纳维（1995 年 8 月上任）。国防部长特费拉·瓦卢瓦（1995 年 8 月上任）。国防军参谋长泽德甘·坦塞少将。陆军司令阿巴杜拉·戈迈达少将。空军司令队贝贝·海玛诺特准将。

武装力量　**兵力**　约为 35.25 万人（因埃厄边界争端埃军人数大幅增加）。

陆军　约 35 万人。全国共分 3 个军区（每个军区编有 1 个军司令部、2 个师和 1 个加强机械化旅）。

主战坦克：T－54/－55/－62 型坦克约 160 辆。装甲侦察车/步兵战车/装甲输送车：共约 200 辆。牵引炮：76 毫米、85 毫米、122 毫米、130 毫米各若干门。火箭炮：BM－21 型若干门。迫击炮：81 毫米、82 毫米、120 毫米各若干门。反坦克导弹："耐火箱" AT－3 型若干具。无坐力炮：82 毫米、107 毫米各若干门。高炮：23 毫米、37 毫米、57 毫米若干门。地空导弹：SA－2、SA－3、SA－7 型导弹发射架共 65 部。

空军　约 2500 人。共有作战飞机 53 架，武装直升机 16－18 架。战斗机：米格－21MF 型 24 架、米格－23BN 型 17 架、苏－25 型 4 架、苏－27 型 8 架。运输机：C－130B 型 4 架、安－12 型 7 架、DH－6 型 2 架、雅克 40 型（专机）1 架、Y－12 型 2 架。教练机：L－39 型 10 架、SF－260 型 10 架。武装直升机：米－24 型 16 架。运输直升机：米－8/17 型 22 架。

（姜　蓓）

安哥拉

国　　名　安哥拉共和国。

主要统计　面积 124.67 万平方千米。人口 1241 万人（其中，13～17 岁男 67.2 万人，女 67.4 万人；18～22 岁男 56.8 万人，女 57.2 万人；23～32 岁男 86.4 万人，女 88.2 万人）。国内生产总值 61 亿美元（1999 年）。国防费 5.42 亿美元（2000 年国防预算）。原油 2.92 亿桶（1999 年）。天然气 5.61 亿立方米（1995 年）。发电量 18.7 亿度（1995 年）。粮食 46.1 万吨（1997 年）。海运能力，商船（载重 100 吨以上）113 艘、总载重量 12.35 万吨（1999 年）。民航能力，固定航班机场 17 处（1999 年）、客运量 9.48 亿人千米、货运量 1.13 亿吨千米（1999 年）。

国防体制　总统为武装力量最高统帅。最高国防决策机构为政治和军事协调委员会，由总统任主席。国防部是最高军事行政机关，负责部队的人事、军费、武器采购等事务。总参谋部为最高军事机构，负责军队的作战和训练等事宜。总统通过国防部和总参谋部对全国武装力量实施领导和指挥。武装力量由正规军和准军事部队组成。正规军分陆、海、空三个军种。

领导人物 总统兼武装力量最高统帅若泽·爱德华多·多斯桑托斯（1990年12月连任）。国防部长昆迪·帕亚马（1999年1月上任）。

武装力量 **兵力** 正规军约10.75万人。

陆军 10万人，编有35个团。

主战坦克：T－54/－55型300辆、T－62型约230辆、T－72型约30辆。装甲步兵战车：BMP型约400辆。装甲侦察车：BRDM－2型40余辆。装甲输送车：BTP－60/－152型100辆。牵引炮：300门（包括76毫米、85毫米、122毫米和130毫米等型号）。火箭炮：122毫米90门、240毫米若干门。迫击炮：82毫米250门，120毫米40余门。反坦克导弹：AT－3"耐火箱"式若干具。无坐力炮：500门（包括82毫米和107毫米）。高炮：200余门（包括14.5毫米、23毫米、37毫米和57毫米）。地空导弹：SA－7、SA－14型各若干枚。

海军 约1500人。基地设在罗安达。

巡逻艇：约7艘。扫雷艇："叶夫根尼亚"级1艘。两栖舰艇："北方"级登陆舰1艘。

空军及防空部队 6000人。作战飞机104架，武装直升机40架。

攻击战斗机：米格－23型30架、苏－22型12架、苏－25型22架、苏－27型2架。战斗机：米格－21型20架。防暴兼侦察机：PC－7/－9型9架。海上侦察机：EMB－111型2架、F－27MPA型1架、"空中大王"B－200B型1架。攻击直升机：米－25/－35型15架、SA－365M型5架、SA－342型6架、米－24B型14架。运输机：安－2型2架、安－26型9架、BN－2型6架、C－212型2架、L－100－20型2架、PC－6B型4架、C－130型2架、安－12等型共8架。直升机：AS－565型8架、IAR－316型30架、米－8/－17型25架。教练机："色斯纳"172型3架、雅克－11型6架、Emb－312型若干架。防空部队有5个地空导弹营、10个导弹连，装备地空导弹：SA－2型40部、SA－3型12部、SA－6型25部、SA－8型15部、SA－9型20部、SA－13型10部。空地导弹："霍特"、"蝇拍"式导弹发射架各若干部。空空导弹：AA－2"环礁"式导弹发射架若干部。

准军事部队 快速反应警察1万人。

兵役制度 实行征兵制，服役期2年。

驻外兵力 驻刚果民主共和国1000人；驻刚果共和国500人。

反对派武装 争取安哥拉彻底独立全国联盟（安盟）：全副武装人员约2万人，另有民兵3万名。主要装备有：T－34/－85型、T－55型、T－62型主战坦克；BMP－1、BMP－2型装甲步兵战车及装甲人员输送车；75毫米、76毫米、100毫米、122毫米、130毫米和155毫米野战炮；122毫米BM－21型多管火箭炮；81毫米、82毫米和120毫米迫击炮；85毫米RPG－7型火箭炮；75毫米无后坐力炮；12.7毫米重机枪等。

卡宾达解放阵线：号称有5000人，实际约600人，仅装备一些轻武器。

（姜 蓓）

刚 果（金）

国　　名 刚果民主共和国（原名"扎伊尔共和国"，1997年5月17日改为现名）。

主要统计 面积234.4885万平方千米。人口约4900万人（其中，13～17岁男304.1万人，女300.7万人；18～22岁男242.7万人，女242万人；23～32岁男351.6万人，女354.7万人）。国内生产总值53亿美元（1999年）。国防费约4亿美元（2000年国防预算）。原煤9.5万吨（1995年）。原油1100万桶（1996年）。发电量59.20亿度（1995年）。粮食133.2万吨（1998年）。海运能力，商船（载重100吨以上）27艘、总载重量3.07万吨（2000年）。民航能力，固定航班机场12处、客运量2.18亿人千米、货运量4200万吨千米（2000年）。

国防体制 根据卡比拉总统颁布的总统令（具有宪法性质），共和国总统为武装力量最高统帅。国防部直属总统府，由总统兼任国防部长。总参谋长等军队高级领导人由总统任命，重大军事问题均由总统一人决定。国家安全委员会是国家安全的最高决策机构。目前刚国防体制尚不完善。

领导人物 总统兼国民军最高统帅和国防部长约瑟夫·卡比拉（2001 年 1 月 26 日上任）。武装力量总参谋长西尔维斯特·卢维查中将。陆军司令弗朗索瓦·奥林加准将。海军司令利旺加·哈塔少将。空军司令约翰·农比准将。

武装力量 **兵力** 约 5.59 万人。

陆军 5.5 万人。编成 10 个步兵旅、1 个总统警卫旅、1 个机械化步兵旅、1 个突击旅。

主战坦克：T-59/-62 型共约 60 辆。装甲输送车：M-113 型、YW-531 型、M-3 型、卡斯皮尔型若干辆。牵引炮：75 毫米、85 毫米、122 毫米、130 毫米各若干门。火箭炮：107 毫米、122 毫米若干门。迫击炮：81 毫米、107 毫米、120 毫米若干门。无坐力炮：57 毫米、75 毫米、106 毫米各若干门。高炮（高射机枪）：14.5 毫米、37 毫米、40 毫米若干门。地空导弹：SA-7 型若干部。

海军 约 900 人。

海岸巡逻艇：6 艘。其他小型武装船只：6 艘。

空军 安-26 运输机 3 架、米-24 武装直升机 2 架、米-35 武装直升机 2 架、苏-25 式战斗机 10 架（预装备）。

反对派武装：

（1）“刚果民主联盟”：约 3 万人，分为两派。

“刚果民主联盟”戈马派：领导人为伊隆加，总部设在戈马。

“刚果民主联盟”基桑加尼派：领导人为万巴，总部设在基桑加尼。

（2）“刚果解放运动”：约 1.8 万人，领导人为奔巴，总部设在巴多利特。

兵役制度 尚未建立，目前对新兵的征召基本采取直接招募的方式。

军衔 分 5 等 18 级：将官 6 级（五星上将、四星上将、三星上将、中将、少将、准将），校官 3 级（上校、中校、少校），尉官 3 级（上尉、中尉、少尉），士官 4 级（上士、中士长、中士、下士），士兵 2 级（上等兵、列兵）。

外国驻军 支援政府军一方：安哥拉 1000 人，纳米比亚约 1000 人，津巴布韦 1.2 万余人。支援反政府武装一方：布隆迪 1000 人，卢旺达 1.5～2 万人，乌干达约 1.5 万人。联合国军事观察员 264 名。

（王长有）

津 巴 布 韦

国　　名 津巴布韦共和国。

主要统计 面积 39.0759 万平方千米。人口 1228.6 万人（其中，13～17 岁男 80.9 万人，女 79.9 万人；18～22 岁男 65.5 万人，女 65.1 万人；23～32 岁男 99.9 万人，女 99.7 万人）。国内生产总值 68 亿美元（1999 年）。国防费 2.35 亿美元（2000 年国防预算）。原煤 530.4 万吨（1997 年）。发电量 82.75 亿度（1995 年）。粮食 182.9 万吨（1998 年）。民航能力，固定航班机场 7 处、客运量 8.4 亿人千米、货运量 3900 万吨千米（2000 年）。

国防体制 总统为武装力量最高统帅。最高国防决策机构为国防委员会。国防部为政府中一个部，是最高军事行政机关，负责国防预算、军事行政和对外军事关系等工作。国防军司令部是最高军事指挥机关，负责全军的军事训练和作战指挥等。武装力量由正规军和准军事部队组成。正规军分陆、空两个军种；准军事部队有警察部队、警察支援部队和全国民兵。总统通过国防部和国防军司令部对全国武装力量实施领导和指挥。

领导人物 总统兼武装力量最高统帅罗伯特·穆加贝（1996 年 3 月连任）。国防部长莫文·马哈奇（1997 年 7 月连任）。国防军司令穆顺哥·加瓦·兹维纳瓦希上将（1994 年 7 月上任）。陆军司令奇温加中将（1994 年 7 月上任）。空军司令佩伦斯·希里空军中将（1992 年 8 月上任）。

武装力量 **兵力** 现役部队约 4 万人。

陆军 约 3.5 万人。编有 5 个旅部、1 个机械化旅、1 个炮兵旅、1 个总统卫队、1 个炮兵团、1 个高炮团、1 个工兵团、18 个步兵营（含 2 个警卫营、1 个机械化营、1 个突击营、1 个伞兵营）、1 个装甲连。

主战坦克：T－59/－69 型 32 辆。装甲侦察车："响尾蛇" EE－9 型 80 辆。装甲输送车：YW－531 型、UR－416 型 30 余辆，"鳄鱼" 40 辆，ACMAT 型 260 辆。牵引炮：122 毫米 16 门。火箭炮：107 毫米 18 门、122 毫米 52 门。迫击炮：81/82 毫米 502 门、120 毫米 14 门。高炮（高射机枪）：14.5 毫米、23 毫米、37 毫米共 215 门（挺）。地空导弹：SA－7 型导弹发射架 17 部。

空军　5000 人。编有 2 个攻击战斗机兼防暴机中队、1 个战斗机中队、1 个防暴兼侦察机中队、1 个教练兼侦察和联络机中队、1 个运输机中队、2 个直升机中队。作战飞机 58 架、武装直升机 28 架。

攻击战斗机和防暴机："猎人" FGA－90/－F80/－T81 型共 11 架、"隼" MK－60 型 8 架。战斗机：米格－21 型 12 架。防暴兼联络机：色斯纳－337 型 14 架。教练/侦察/联络机：SF－260 型 22 架。运输机：BN－2 型 6 架、C－212－200 型 8 架。直升机：SA－319 型 24 架、AB－412 型 8 架、AS－532 型专机 2 架、"米－35 型" 4 架。

准军事部队　2.18 万人，其中警察 1.95 万人，警察支援部队 2300 人。

兵役制度　实行征兵制。

驻外兵力　派驻刚果（金）部队约 1.2 万人。

（姜　蓓）

利　比　亚

国　　名　大阿拉伯利比亚人民社会主义民众国。

主要统计　面积 175.954 万平方千米。人口 640.1 万人（其中，13～17 岁男 37.5 万人，女 36 万人；18～22 岁男 31 万人，女 30 万人；23～32 岁男 47.5 万人，女 45.6 万人）。国内生产总值约 350 亿美元（1999 年）。国防费 12 亿美元（2000 年国防预算）。原油 4.818 亿桶（1998 年）。天然气 62.98 亿立方米（1995 年）。发电量 180 亿度（1995 年）。粮食 20.8 万吨（1998 年）。海运能力，商船（载重 100 吨以上）150 艘、总载重量 122.36 万吨（2000 年）。民航能力，固定航班机场 12 处，客运量 3.985 亿人千米、货运量 40 万吨千米（2000 年）。

国防体制　利比亚"九·一"革命领导人为武装力量最高统帅。最高国防决策机构为革命指挥委员会。防御总委员会是最高军事行政和指挥机关。武装力量由正规军和准军事部队组成。正规军分陆、海、空三个军种。总参谋部隶属防御总委员会，负责作战、训练、情报和侦察工作。统帅通过防御总委员会对全国武装力量实施领导和指挥。

领导人物　"九·一"革命领导人兼武装力量最高统帅奥马尔·穆阿迈尔·卡扎菲上校（1996 年 9 月 1 日上任）。防御总委员会秘书尤尼斯·贾比尔（1989 年 9 月上任）。

武装力量　**兵力**　现役部队 7.6 万人。

陆军　4.5 万人。编有 4 个军区、11 个防区、5 个精锐旅、10 个坦克营、22 个炮兵营、21 个步兵营、8 个高炮营、8 个机械化步兵营、15 个伞兵突击营、5 个地地导弹旅。

主战坦克：T－54/－55 型 1600 辆、T－62 型 350 辆、T－72 型 260 辆。装甲侦察车：BRDM－2 型 250 辆、EE－9 型 380 辆。装甲步兵战车：BMP－1 型 1000 辆。装甲输送车：BTP－50/－60 型 750 辆、OT－62/－64 型 100 辆、M－113 型 40 辆、EE－11 型 100 辆、BMD 型若干辆。牵引炮：共约 720 门，其中 105 毫米约 60 门、122 毫米 330 门、130 毫米 330 门、152 毫米 M－1937 型若干门。自行炮：共 450 门，其中 122 毫米 130 门、152 毫米 140 门、155 毫米 180 门。火箭炮：107 毫米若干门、122 毫米约 650 门。迫击炮：82 毫米、120 毫米、160 毫米各若干门。地地导弹："蛙" 7 型 40 部、"飞毛腿" B 型 80 部。反坦克导弹："塞子"、"米兰"、"耐火箱"式共 3000 具。无坐力炮：84 毫米若干门，106 毫米 220 门。高炮：600 门（包括 23 毫米、30 毫米）。地空导弹：SA－7、SA－9、SA－13 型各若干部、"响尾蛇" 24 部。

海军　8000 人（含海岸警卫队）。

主要基地：的黎波里、本加基、托布鲁克、库姆斯。

潜艇："巴德尔"级 2 艘。护卫舰：苏制"科尼"

级2艘。小型护卫舰：苏制“纳权契卡”级3艘。导弹快艇：13艘。其中“战士”级7艘、“黄蜂”级6艘。扫雷艇：6艘。两栖登陆舰艇：4艘。支援和辅助舰船：9艘。

海军航空兵　编有2个直升机中队，装备有米－14型武装直升机25架、SA－321型武装直升机7架。

空军　2.3万人（包括防空军）。编有1个轰炸机中队、13个攻击战斗机中队、9个战斗机中队、2个侦察机中队、9个运输机中队。作战飞机426架，武装直升机52架。

轰炸机：图－22型6架。攻击战斗机：“幻影”5D/DE型30架、“幻影”5DD型14架、“幻影”F－1AD型14架、米格－23型55架、苏－20/22型45架、苏－24型12架、“隼”J－1型30架。战斗机：“幻影”F－1ED型15架、“幻影”F－1BD型6架、米格－21型50架、米格－23型75架、米格－25型63架。侦察机：“幻影”5DR型4架、米格－25型7架。运输机：安－26型15架、C－130H型7架、L－110－20型2架、L－100－30型3架、G－222型16架、伊尔－76型20架、L－410型15架。攻击直升机：米－25型40架、米－35型12架。运输直升机：CH－47C型18架、米－8/17型34架、米－2型30架、SA－316型11架、AB－206型5架。教练机：“海鸥”G－2型80架、米－2型20架、图－22型1架、L－39型150架、SF－260型20架。空地导弹：AT－2“蝇拍”式、AS－7、AS－9、AS－11型若干枚。空空导弹：AA－2型、AA－6型、AA－7型、AA－8型、R－530型、R－550型若干枚。

防空军　隶属空军，编成1个指挥控制系统和5个防空区，下辖4个SA－5A导弹旅、5～6个SA－2导弹旅、2～3个SA－3导弹旅、3个SA－6/－8导弹旅。

预备役部队　民兵4万人。

准军事部队　海关、海岸警卫队（属海军建制）若干人。

兵役制度　实行选征兵役制，士兵服役期限1～2年。

军衔　军官军衔分为3等9级，即将官3级（中将、少将、准将）、校官3级（上校、中校、少校）尉官3级（上尉、中尉、少尉）。

驻外兵力　派驻刚果（金）联合国维和观察员4人。

军队节日　建军节8月9日。

（王长有）

摩　洛　哥

国　　名　摩洛哥王国。

主要统计　面积45.9万平方千米（未包括西撒哈拉26.6万平方千米）。人口3035.5万人（其中，13～17岁男175万人，女169.3万人；18～22岁男158.3万人，女153.1万人；23～32岁男269.8万人，女257万人）。国内生产总值350亿美元（1999年）。国防费17亿美元（1999年国防预算）。原煤64.9万吨（1995年）。原油4万桶（1996年）。天然气1700万立方米（1995年）。发电量117.24亿度（1995年）。粮食663.3万吨（1998年）。海运能力，商船（载重100吨以上）492艘、总载重量58.62万吨（2000年）。民航能力，固定航班机场12处、客运量48.15亿人千米、货运量3.91亿吨千米（2000年）。

国防体制　国王为武装力量最高统帅。不设国防部，只设一个国防行政机构，负责军队的行政管理事务。武装力量由正规军和准军事部队组成。正规军分陆、海、空三个军种。国王在军队总协调员（由王储兼任）和国防行政机构秘书长的协助下，直接领导和指挥全国武装力量）。

领导人物　国王兼武装力量最高统帅西迪·穆罕默德六世（1999年7月23日即位）。

武装力量　**兵力**　现役部队19.85万人。

陆军　17.5万人。编有2个军区（南部军区、北部军区）、3个机械化步兵旅、1个轻型警卫旅、2个伞兵旅、8个机械化步兵团、9个独立炮兵营、1个独立高炮群、3个独立骆驼营、2个独立骑兵营、11个独立装甲营、1个独立山地营、39个独立步兵营、7个独立工程兵营、4个突击队、2个空降营、7个突击分队。另皇家卫队有1500人，编成1个营、1个骑兵中队。

主战坦克：M－48A5型224辆、M－60A1型

300辆、M－60A3型120辆。轻型坦克：SK－105型100辆。装甲侦察车：EBR－75型16辆、AMX－10RC型80辆、AML－90型190辆、AML－60－7型38辆、M－113型20辆。装甲步兵战车："非洲獾"60辆、VAB－VCI型45辆、AMX－10P型10辆。装甲输送车：M－113型420辆、VAB－VTT型320辆、OT－62/－64型约45辆。牵引炮：105毫米91门、130毫米18门、155毫米81门。自行炮：105毫米5门、155毫米190门、203毫米60门。迫击炮：81毫米850门、120毫米600门。火箭炮：122毫米39门。火箭筒：89毫米150具。反坦克导弹："米兰"式80具、"龙"式440具、"陶"式150具、"耐火箱"式50具。无坐力炮：106毫米350门。反坦克炮：90毫米28门、100毫米8门。高炮（高射机枪）：14.5毫米220门、20毫米100门、23毫米90门、100毫米15门。地空导弹："小槲树"37部、SA－7型70部。

海军 1万人（含陆战队1500人）。

基地：卡萨布兰卡、阿加迪尔、达喀拉、坦齐尔、奥霍西玛。

护卫舰："侦察"级1艘。导弹快艇："拉萨加"级4艘。巡逻艇：23艘。两栖登陆艇：4艘。支援船：4艘。

陆战队1500人。编有2个陆战营。

空军 1.35万人。编有2个攻击战斗机中队、1个战斗机中队、2个防暴机中队、1个侦察机中队。作战飞机89架、武装直升机24架。

攻击战斗机："幻影"F－1EH型14架、F－5A型10架、F－5B型3架、F－5E型16架、F－5F型4架。战斗机："幻影"F－1CH型15架。侦察机：C－130H型2架、OV－10型4架。电子战机：C－130型2架、"猎鹰"20型1架。运输机：C－130H型11架、"猎鹰"4架、"湾流"2架、"空中大王"8架、CN－235型7架、DO－28型3架。加油机：波音707型1架、KC－130H型2架。攻击直升机：SA－342型24架。运输直升机：CH－47型7架、SA－330型27架、AB－205A型27架、AB－206型20架AB－212型3架。教练机：AS－202型10架、CAP－10型2架、CAP－230型4架、T－34C型12架、"阿尔法"式23架。联络机："空中大王"200型2架、"黑鹰"UH－60型2架。空空导弹："响尾蛇"和"魔术"若干枚。空地导弹："小牛"和"霍特"若干枚。

准军事部队 4.2万人，其中宪兵1.2万人、辅助部队3万人。

兵役制度 实行义务兵和志愿兵相结合的兵役制度，服役期为18个月，入伍者多为志愿兵。

军衔 军官军衔分4等13级，即将官4级（上将、中将、少将、准将）、校官4级（大校、上校、中校、少校）、尉官3级（上尉、中尉、少尉）、准尉2级（一级准尉、二级准尉）。

驻外兵力 驻波黑维和部队约800人，驻刚果（金）维和部队观察员4人，驻南联盟科索沃维和部队279人。

外国驻军 联合国驻西撒军事观察员204人，分别来自25个国家。

（王长有）

南 非

国　　名 南非共和国。

主要统计 面积122.1037万平方千米。人口4030万人（其中，13～17岁男252.7万人，女249.4万人；18～22岁男228.4万人，女226.7万人；23～32岁男376.5万人，女377.4万人）。国内生产总值1280亿美元（1999年）。国防费19亿美元（2000年国防预算）。粗钢797吨（1996年）。原煤1.97亿吨（1995年）。天然气18亿立方米（1998年）。原油400万桶（1996年）。发电量1913亿度（1998年）。粮食956.1万吨（1998年）。海运能力，商船（载重100吨以上）219艘、总载重量28.28万吨（2000年）。民航能力，固定航班机场24处，客运量138.33亿人千米、货运量5.4亿吨千米（2000年）。

国防体制 总统为武装力量统帅。最高国防决策机构为国家安全委员会，由总统任主席，副总统任副主席，成员包括国防、司法、外交、安全、财政、运输等部长及国防军司令、三军司令等。国家安全委员会下辖国防咨询委员会和国防部。国防咨询委员会由总统任主席，成员包括副总统、国防军司令、军备公司执行主席和各军种司令，主要负责内阁各部间有关国防事务的协调。国防部为政府中的一个部，是最高军事统帅机构，国防部长负责处理军队日常事务。国防秘书协助国防部长工作。国防军司令部隶属国防部，负责全军的作战、指挥和军事训练等。武装力量由正规军、预备役部队和准军事部队组成。正规军分陆、海、空三个军种和卫生部队。总统通过国防部和国防军司令部对全国武装力量实施领导和指挥。

领导人物 总统兼武装力量统帅塔博·姆贝基（1999 年 6 月上任）。国防部长帕特里克·勒科塔（1999 年 6 月上任）。国防军司令希弗尔·尼杨达上将（1998 年 6 月上任）。国防秘书尼兹杨达（1998 年 12 月上任）。陆军司令罗曼罗中将（1998 年 7 月上任）。海军司令约翰·拉蒂夫中将（2000 年 10 月上任）。空军司令赫克特中将（1996 年 5 月上任）。卫生部队司令瑞纳斯·瑞恩斯波格中将（2000 年 10 月上任）。

武装力量 **兵力** 现役部队 6.3389 万人。

陆军 4.249 万人。编有 8 个“类型”编队（直属联合作战司令指挥）；1 个特种部队编队（下辖 2 个营）；1 个旅部（下辖 1 个坦克营，1 个装甲车营、20 个步兵营、2 个炮兵营、3 个工兵营）。

主战坦克：“号角”约 168 辆。装甲侦察车：“大山猫”242 辆。步兵战车：“非洲獾”20/60/90 型 1240 辆。装甲输送车：“卡斯皮尔”429 辆、“马姆巴”538 辆。牵引炮：140 毫米 75 门、155 毫米 72 门。自行火炮：155 毫米 43 门。火箭炮：127 毫米 51 门。迫击炮：1226 门（包括 81 毫米和 120 毫米）。反坦克导弹：“斯威夫特”52 具。无坐力炮：106 毫米 100 门。高炮：183 门（包括 23 毫米和 35 毫米）。

海军 约 5190 人。海军司令部设在比勒陀利亚。编有潜艇、攻击、扫雷 3 支舰队。基地设在西蒙斯敦、德班。

潜艇：“桂树神”级 2 艘。导弹攻击快艇：“雷谢夫”级 6 艘。海岸巡逻艇：3 艘。扫雷艇：8 艘。支援及勤务舰船：35 艘。

空军 9640 人。空军司令部设在比勒陀利亚，下设 5 个编队。编成 2 个攻击机/战斗机中队、1 个空中加油机/电子战飞机中队、5 个运输机中队、5 个直升机中队和 5 所航校。共有作战飞机 87 架、武装直升机若干架。

攻击/战斗机：“英帕拉”48 架、“猎豹”39 架。加油/电子战飞机：波音 707－302 型 5 架。运输机：C－130 型、C－47 型、“超级空中大王”等 60 架。直升机：SA－316/－319 型等共 114 架。教练机 PC－7 型共 58 架。空地导弹：“猛禽”导弹发射架若干部。空空导弹：V－3C 型导弹发射架若干部。

卫生部队 5290 人。作为南非国防军的一支独立部队，部署在全国各地，为南非国防军服务。编成 3 个“类型”编队、1 个支援编队、1 个训练编队。

预备役部队 8.7392 万人，其中陆军 8.5228 万人、海军 1070 人、空军 442 人、医务部队 652 人。

兵役制度 南非国防军实行柔性服役制，分为 4 种服役期：长期服役、10 年、6 年和 1 年。

驻外兵力 联合国驻刚果（金）军事维和观察员 1 名。

外国驻军 新加坡“搜索者”无人驾驶飞机训练分遣队。

（姜 蓓）

尼 日 利 亚

国　　名 尼日利亚联邦共和国。

主要统计 面积 92.3768 万平方千米。人口 1.16 亿（其中，13～17 岁男 747.9 万人，女 746.8 万人；18～22 岁男 649.2 万人，女 655.2 万人；23～32 岁男 973.3 万人，女 1011.7 万人）。国内生产总值约 500 亿美元（1999 年）。国防费 3.4 亿美元（2000 年国防预算）。原煤 5 万吨（1995 年）。原油 7.35 亿桶（1996 年）。天然气 41.31 亿立方米（1995 年）。发电量 148.1 亿度（1995 年）。粮食 2272.4 万吨（1998 年）。海运能力，商船（载重 100 吨以上）271 艘，总载重量 73.33 万吨（2000 年）。民航能力，固定航班机场 12 处，客运量 9.85 亿人千米、货运量 1150 万吨千米（2000 年）。

国防体制 总统为武装部队总司令。国防部是全军的最高行政机关，负责军队建设和军费管理，并向总统提出建议。国防总部是全军的最高作战指挥机构，负责制订作战、训练计划，并监督实施及协调三军的军事行动，武装力量由陆军、海军和空军组成。总统通过国防部和国防总部对全国武装力量实施领导和指挥。

领导人物　总统兼武装部队总司令奥巴桑乔（1999年5月上任）。国防部长西奥菲勒斯·丹珠马（1999年6月上任）。国防参谋长伊布拉希姆·奥戈希海军少将（1999年5月上任）。陆军参谋长萨缪尔·马鲁少将（1999年5月上任）。海军参谋长维克多·奥姆布少将（1999年5月上任）。空军参谋长伊萨克·阿尔法少将（1999年5月上任）。

武装力量　**兵力**　现役部队7.65万人。

陆军　6.2万人。编有1个装甲师（辖2个装甲旅）、1个合成师（辖1个摩步旅、1个两栖旅和1个空降营）、2个机械化师（各辖1个机械化旅、1个摩步旅）、1个总统警卫旅、1个防空旅，上述各师均编有1个炮兵旅、1个工程兵旅和1个侦察营。

主战坦克：T－55型5辆、"维克斯"MK－3型150辆。轻型坦克："蝎子"型140辆。装甲侦察车：AML－60/－90型约180辆、"狐狸"型55辆、"响尾蛇"型75辆、VBL型72辆。装甲输送车："萨拉逊"型10辆、"施泰尔"4K－7FA型300辆、"莫瓦格·皮兰哈"型70辆。牵引炮：105毫米200门、122毫米200门、130毫米7门、155毫米24门。自行炮：155毫米27门。火箭炮：122毫米25门。迫击炮：81毫米200门、82毫米100门、120毫米30余门。无坐力炮：84毫米和106毫米各若干门。高炮：20毫米约60门、23毫米30余门、40毫米若干门。地空导弹："吹管"48部、"罗兰"16部。

海军　5000人（包括海岸警卫队）。编有2个司令部。基地设在拉各斯、阿帕帕、卡拉巴尔、瓦里、哈尔科特港。

护卫舰："阿拉杜"（德制"梅科"级）1艘。小型护卫舰1艘。导弹攻击快艇："埃克佩"2艘、"阿亚姆"3艘。扫雷艇：2艘。坦克登陆舰："阿姆贝"1艘。支援及勤务舰船：5艘。

海军航空兵　装备有"大山猫"式直升机2架。

空军　9500人。编有3个攻击/战斗机中队、2个运输机中队。作战飞机91架、武装直升机15架。

攻击/战斗机："阿尔法"式19架、米格－21型22架、"美洲虎"式15架。武装直升机：BO－105D型15架。运输机：C－130型、DO－128－6型等共38架。教练机：L－39MS型23架、MB－339AN型12架、"空中甲虫"式59架。直升机"休斯"300型14架。总统专机："波音"727型1架、"湾流"式2架、"猎鹰"900型2架、"布埃"125－1000型1架。空空导弹："环礁"若干枚。

准军事部队　海岸警卫队隶属海军。港口治安警察约2000人，装备60艘小艇和5艘气垫船。治安和民防部队，隶属内务部，装备有装甲车辆、飞机、直升机等。

兵役制度　实行志愿兵役制。

军衔　军官分7等18级，即元帅1级、将官4级（上将、中将、少将、准将）、校官3级（上校、中校、少校）、尉官3级（上尉、中尉、少尉）、准尉3级（一级准尉、二级准尉、三级准尉）军士3级（上士、中士、下士）、士兵1级（一等兵）。

驻外兵力　派往克罗地亚联合国维和部队观察员1名；派往伊科边境联合国维和部队观察员5名；派往刚果（金）联合国维和部队观察员6名；派往塞拉利昂维和部队士兵3214人，观察员4名；派往西撒哈拉联合国维和部队观察员5名。

军队节日　武装部队节1月15日；陆军节7月1日；海军节6月1日；空军节11月18日。

（王长有）

苏　丹

国　　名　苏丹共和国。

主要统计　面积250.5813万平方千米。人口约3319.4万人（其中，13～17岁男194万人，女185.4万人；18～22岁男164.4万人，女157.3万人；23～32岁男247.1万人，女237.4万人）。国内生产总值87亿美元（1999年）。国防费4.25亿美元（2000年国防预算）。原油50万桶（1996年）。发电量13.31亿度（1995年）。粮食470.6万吨（1997

年)。海运能力，商船（载重 100 吨以上）16 艘，总载重量 6.22 万吨（2000 年)。民航能力，固定航班机场 3 处，客运量 6.5 亿人千米、货运量 6.5 亿人千米、货运量 3100 万吨千米（2000 年)。

国防体制 总统为武装部队总司令。国防部为政府的一个部。武装部队由正规军和准军事部队组成。正规军分陆、海、空三个军种。全国划分为 6 个军区。最高军事指挥机构为武装部队总司令部。参谋长负责军队日常工作。

领导人物 总统兼武装部队总司令奥马尔·哈桑·艾哈迈德·巴希尔中将（1996 年 3 月连任)。国防部长哈特姆中将（1999 年 2 月上任)。总参谋长阿巴斯·阿拉比·阿卜杜拉中将。(1999 年 2 月上任)。

武装力量 **兵力** 现役部队 10.45 万人。

陆军 约 10 万人。编有 1 个装甲师、6 个步兵师、1 个空降师、1 个边防警卫师、1 个工程兵师、1 个机械化步兵旅、24 个步兵旅、1 个侦察旅、10 个炮兵旅、3 个炮兵团。

坦克：T－54/－55 型 150 辆、M－60A3 型 20 辆、其他型 20 余辆。装甲侦察车：AML－90 型 6 辆、“萨拉丁”式 30 辆、“白鼬”式 80 辆、BPDM－1/－2 型 60 辆。步兵战车：BMP－2 型 6 辆。装甲人员输送车：BTP－50/－152 型 63 辆、OT－62/－64 型 42 辆、M－113 型 42 辆、V－100/－150 型 19 辆、“瓦利德”式 120 辆。牵引炮：85 毫米、105 毫米、122 毫米、130 毫米共 400 门。自行火炮：155 毫米若干门。火箭炮：107 毫米、122 毫米 600 门。迫击炮：81 毫米、82 毫米、120 毫米各若干门。反坦克导弹：“旋火”式 4 具。无坐力炮：106 毫米 40 门。反坦克炮：76 毫米和 100 毫米共 40 门。高射机枪和高炮：14.5 毫米、20 毫米、23 毫米、37 毫米、57 毫米和 85 毫米共 1000 余门（挺)。地空导弹：SA－7 型 54 部。监视雷达：“拉西特”型飞行器/火炮监视雷达若干部。

海军 约 1500 人。基地设在苏丹港、弗莱明哥湾和喀土穆。

巡逻艇：6 艘。两栖登陆艇若干艘。

空军 3000 人（包括防空部队)。编有 5 个防空导弹连。作战飞机约 30 余架，武装直升机 5 架。

攻击战斗机：F－5E 型 7 架、F－5F 型 2 架、其他型 19 架。战斗机：米格－23 型 2 架。教练机：PT－6A 型 8 架。运输机：C－130H 型 4 架、DHC－5D 型 1 架、F－27 型 1 架、“猎鹰” 20/50 型 2 架。直升机：AB－212 型 8 架、IAR/SA－330 型 8 架、米－8 型 7 架、米－24V 型 5 架。地空导弹：SA－2 型（发射架）18 部。空空导弹：AA－2“环礁”式若干枚。

准军事部队 民防部队：现役 1.5 万人；预备役 8.5 万人。伊斯兰民族阵线军事联队若干人。

兵役制度 实行志愿兵役制，服役期 3 年。

军衔 军官分 4 等 11 级：元帅 1 级、将官 4 级（上将、中将、少将、准将)，校官 3 级（上校、中校、少校)，尉官 3 级（上尉、中尉、少尉)。

外国驻军 中国、伊朗、伊拉克军事顾问若干人。

（姜 蓓）

坦 桑 尼 亚

国　名 **坦桑尼亚联合共和国。**

主要统计 面积 94.5087 万平方千米（其中桑给巴尔 2657 平方千米)。人口 3285.5 万人（其中，13～17 岁男 192.4 万人，女 197.6 万人；18～22 岁男 155 万人，女 163.9 万人；23～32 岁男 230.8 万人，女 245.5 万人)。国内生产总值 85 亿美元（1999 年)。国防费 1.44 亿美元（2000 年国防预算)。原煤 0.5 万吨（1995 年)。发电量 17.38 亿度（1995 年)。粮食 348.5 万吨（1998 年)。海运能力，商船（载重 100 吨以上）43 艘；总载重量 4.85 万吨（2000 年)。民航能力，固定航班机场 11 处，客运量 1.84 亿人千米、货运量 290 万吨千米（2000 年)。

国防体制 总统为武装力量最高统帅。最高国防决策机构为国家安全委员会，由革命党主席任主席，政府总理任书记。国防部为政府中一个部，是最高军事行政机关，全称为国防和国民服务部。武装力量由正规军、预备役和准军事部队组成。正规军分陆、海、空三个军种；预备役为全国武装民兵；准军事部队有警察、国民服务队和普通民兵。最高军事指挥机构为人民国防军司令部。总统通过国防部和国防军司令部对全国武装力量实施领导和指挥。

领导人物 总统兼武装力量最高统帅本杰明·威廉·姆卡帕（2000 年再次当选）。国家安全委员会主席姆维尼。国防部长萨伦基（2000 年 11 月上任）。国防军司令姆博马上将。

武装力量 **兵力** 现役部队 3.4 万人。

陆军 约 3 万余人。编成 5 个步兵旅、1 个坦克旅、2 个野炮营、2 个高炮营、2 个迫击炮营、2 个反坦克营、1 个工兵营。

主战坦克：T－54 型 35 辆、T－59 型 30 辆。轻型坦克："蝎子" 40 辆、T－62 型 30 辆。装甲侦察车：BRDM－2 型 40 辆。装甲输送车：BTR－40/－152 型 66 辆、T－56 型 30 辆。牵引炮：76 毫米 45 门、85 毫米 80 门、122 毫米 120 门、130 毫米 40 门。火箭炮：122 毫米 58 门。迫击炮：82 毫米 350 门、120 毫米 50 门。无坐力炮：75 毫米 540 门。

海军 1000 余人。基地设在达累斯萨拉姆、桑给巴尔、姆万扎（维多利亚湖）。

鱼雷快艇：2 艘。巡逻艇：5 艘。两栖登陆艇：2 艘。

空军 3000 人（含防空部队 2000 人）。编有 3 个战斗机中队、1 个运输机中队。共有作战飞机 19 架。

战斗机：米格－17 型 3 架、米格－19 型 10 架、米格－21 型 6 架。运输机：DHC－5D 型 3 架、HS－748 型 3 架、福克 28 型 2 架、HS－125－700 型 1 架、其他型 3 架。直升机：AB－205 型 4 架。联络机："色斯纳" －310/－404/－206 型共 8 架、"贝尔" －206B 型直升机 6 架。教练机：米格－15 型 2 架、PA－28 型 5 架。高炮（高射机枪）：14.5 毫米 40 挺、23 毫米 40 门、37 毫米 120 门。地空导弹：SA－3 型导弹发射架 20 部、SA－6 型导弹发射架 20 部、SA－7 型导弹发射架 120 部。

准军事部队 警察野战部队 1400 人，其中警察海上分队 100 人。装备飞机"色斯纳" U－206 型 1 架、直升机 AB－206A 型 2 架、贝尔－47G/206L 型 4 架。

预备役部队 8 万人。

驻外兵力 联合国驻刚果（金）军事观察员 7 名；驻塞拉利昂军事观察员 12 名。

兵役制度 实行征兵制，服役期 2 年。

军衔 军官军衔分 4 等 11 级，即将官 4 级（上将、中将、少将、准将）、校官 3 级（上校、中校、少校）、尉官 3 级（上尉、中尉、少尉、准尉）。

（姜 蓓）

乌 干 达

国　　名 乌干达共和国。

主要统计 面积 24.1038 万平方千米。人口 2226 万人（其中，13～17 岁男 122.4 万人，女 124.6 万人；18～22 岁男 107.8 万人，女 106.1 万人；23～32 岁男 154.3 万人、女 166.6 万人）。国内生产总值 80 亿美元（1999 年）。国防费 1.32 亿美元（2000 年国防预算）。发电量 7.92 亿度（1995 年）。粮食 176.6 万吨（1998 年）。海运能力，商船（载重 100 吨以上）2 艘、总载重量 8600 吨（2000 年）。民航能力，固定航班机场 1 处，客运量 5210 万人千米、货运量 500 万吨千米（2000 年）。

国防体制 总统为武装力量最高统帅。国防部为政府中一个部，是最高军事行政机关。军种司令部负责对本军种的作战和指挥。总统通过国防部和军队司令部对全国武装力量实施领导和指挥。

领导人物 总统兼武装力量最高统帅和国防部长约韦里·穆塞维尼（1986 年 1 月上任，1996 年 5 月 11 日连任）。军队司令奥东戈少将。军队参谋长卡加尼。

武装力量 **兵力** 约 5～6 万人，编有 4 个师。

主战坦克：T－54/－55 型约 140 辆。轻型坦克：PT－76 型约 20 辆。装甲侦察车："大羚羊" 40 辆、"白鼬" 60 辆。装甲输送车：BTR－60 型 12 辆、OT－64 型 4 辆、"马姆巴" 20 辆。牵引炮：76 毫米 60 门、122 毫米 20 门、130 毫米 12 门、155 毫米 4 门。火箭炮：122 毫米若干门。迫击炮：81 毫米和 82 毫米各若干门、120 毫米 60 门。高炮（高射机枪）：14.5 毫米若干挺、23 毫米 60 门、37 毫米 20 门。地空导弹：SA－7 型若干部。攻击战斗机：米－21 型 7 架（预装备）。教练机：L－39 型 3 架，SF－260 型 1 架。运输直升机：贝尔 206 型 3 架，贝尔 412 型 2 架、米－17 型 3 架，米－24 型 3 架。联络直升机：SA－202B 型 1 架，“湾流”3 型 1 架。

准军事部队　约 1800 人。其中，边防部队约 600 人。警察飞行队约 800 人，装备直升机 4 架。陆战队约 400 人，装备江河巡逻艇 8 艘。

反对派武装　“神圣解放军”，约 1500 人。“联合民主力量”约 300～500 人。

兵役制度　实行志愿兵役制。

（王长有）

欧洲国家军事概况

阿 尔 巴 尼 亚

国　　名　阿尔巴尼亚共和国（1991 年 4 月 26 日起改为现名）。

主要统计　面积 2.8748 万平方千米。人口 379.2 万人（其中，13～17 岁男 18.9 万人，女 17.2 万人；18～22 岁男 17.5 万人，女 16.1 万人；22～32 岁男 32.7 万人，女 30.3 万人）。国内生产总值 39 亿美元（1999 年）。国防费 4300 万美元（1999 年国防预算）。原煤 2 万吨（1998 年）。原油 19 万吨（1998 年）。天然气 843 万立方米（1998 年）。发电量 25 亿度（1998 年）。粮食 74 万吨（1998 年）。海运能力，商船（载重 100 吨以上）24 艘、总载重量 8.1 万吨（1998 年）。民航能力，固定航班机场 1 处（1998 年）。

国防体制　总统为武装力量最高统帅。最高国防决策机构为国防委员会，总统任主席，成员有议长、总理、外交部长、国防部长、财政部长、内务部长、国家情报局长和军队总参谋长等。国防部为最高军事行政领导机关，总参谋部隶属国防部。武装力量由正规军和准军事部队组成。正规军分为陆、海、空三个军种。总统通过国防部对全国武装力量实施领导和指挥。

领导人物　总统兼武装力量最高统帅雷捷普·迈达尼（1997 年 6 月当选）。国防部长伊利尔·焦尼（2000 年 7 月上任）。总参谋长珀·恰齐米准将（2000 年 9 月上任）。

武装力量　三军总兵力共约 4.7 万人。

陆军　约 4 万人。

坦克：T－34 型、T－59 型共约 600 辆，T－62 型 35 辆。装甲侦察车：BRDM－1 型 15 辆。装甲输送车：531 式 103 辆。牵引炮：122 毫米 425 门、130 毫米 100 门、152 毫米 90 门。火箭炮：107 毫米 270 门。迫击炮：82 毫米 259 门、120 毫米 550 门、160 毫米 100 门。高炮：23 毫米 2 门、37 毫米 100 门、57 毫米 82 门、85 毫米 30 门、100 毫米 56 门。

海军　约 2500 人。

巡逻和岸防战斗舰艇约 21 艘，4 个海军基地，都拉斯、萨兰达、中普和弗诺尔。鱼雷艇 11 艘，巡逻艇 11 艘，排雷艇 3 艘，支援船 2 艘。

空军　4500 人。

作战飞机约 98 架，无武装直升机。攻击战斗机：歼－5（米格－15）型 10 架、歼－6（米格－17）型 14 架、歼－6（米格－19）型 23 架。歼击机：歼－6（米格－19）型 41 架、歼－7（米格－21）型 10 架。运输机：C－5（安－2）型 10 架、伊尔－14M 型 3 架、里－2（C－47）型 6 架。直升机：直－5（米－4）型 20 架，SA－316 型 4 架，Bell－222 型 1 架。训练机：CJ－5 型 8 架、米格－15UTI 型 15 架、雅克－11 型 6 架。地空导弹：SA－2 型导弹发射架 22 部。

准军事部队　内卫部队若干人，边防警察约500人。

兵役制度　实行义务兵役制，士兵服役期12个月。

驻外兵力　驻波黑多国稳定部队100人，驻格鲁吉亚联合国军事观察员1名。

外国驻军　北约科索沃维和部队支援部队约2400人。

军队节日　建军节12月4日。

（刘建宇）

奥　地　利

国　　名　奥地利共和国。

主要统计　面积8.3858万平方千米。人口813.8万人（其中，13～17岁男24.4万人，女23.2万人；18～22岁男24.1万人，女23.2万人；23～32岁男59.2万人，女57.0万人）。国内生产总值2.7万亿先令，约合1980亿美元（1999年）。国防费225亿先令，约合15亿美元（2001年国防预算）。粗钢529.9万吨（1998年）。原煤113.79万吨（1999年）。原油106.3万吨（1999年）。天然气17.4亿立方米（1999年）。发电量57.395万亿度（1998年）。粮食477.6万吨（1999年）。海运能力：商船（载重100吨以上）26艘、总载重量20.85万吨（1996年）。民航能力，固定航班机场6处，客运量75.66亿人千米、货运量1.84亿吨千米（1996年）。

国防体制　奥宪法规定，总统为武装力量名义最高统帅，对军队无指挥权。最高国防决策机构为内阁，成员有总理和联邦政府各部部长，由总理任主席。最高国防咨询机构为军事委员会。国防部为最高军事行政领导机关，负责军队的战备、训练、行政管理、作战指挥、武器装备和后勤保障等工作。国防部下辖总监部、法律条令部、人事动员部、作战训练部和供应装备部五大部门。武装力量由现役、民兵役和预备役三部分组成。奥地利军队全称"奥地利联邦军陆军"，其空军部队不作为一个独立的军种，而是作为陆军的一部分。平时，由联邦政府授权国防部长对武装力量实施领导和指挥。最高军事指挥机构为总监部，部队总监是国防部长的最高军事顾问，也称"第一军人"，其地位相当于总参谋长。

领导人物　总统兼武装力量最高统帅托马斯·克莱斯蒂尔（1992年7月上任）。总理沃尔夫冈·许塞尔（2000年2月上任）。国防部长赫伯特·沙伊布纳（2000年2月上任）。总监霍尔斯特·普莱纳上将（1999年12月上任）。

武装力量　**兵力**　现役部队5.2万人。

陆军　3.55万人，其中义务兵1.75万人。编有2个军部、2个轻装旅、3个步兵旅，1个独立军区司令部、8个州军区司令部、20个架子营（战时动员并归州军区指挥）。

主战坦克：M－60A3型169辆、"豹"2A4型114辆。装甲输送车："绍雷尔"4KK4E/F型465辆、"潘杜尔"型68辆。牵引炮：105毫米85门、155毫米20门。自行炮："重骑兵"型自行反坦克炮152门、155毫米M109型自行榴弹炮189门。火箭炮：128毫米18门。迫击炮：81毫米498门、120毫米241门。反坦克导弹："比尔"RBS－56型378具、"霍特"型89具。无坐力炮：84毫米2196门、106毫米374门。反坦克炮：105毫米约227门。高炮：20毫米468门。2艘江河巡逻船、10艘非武装船只。

空军　6500人，其中义务兵3400人。编有1个航空兵师部、3个航空兵团、3个防空团。作战飞机53架。

攻击战斗机："萨伯"J－350e型23架。联络直升机：OH－58B型11架、AB－206A型11架。运输直升机：AB－212型22架、AB－204型8架（另储存9架）。搜索救援直升机："云雀"ⅢSA－319型23架。运输机："空中货车"3M型2架。联络机：PC－6B型12架。教练机：PC－7型16架、"萨伯"1050e型29架。防空导弹系统："西北风"型76套。高炮：35毫米双管74门。

文职人员　9000人。

预备役部队　72小时可动员预备役7.5万人，参加训练的非义务性预备役99万人。

部署　奥军原实行区域防御作战方针，设想一旦遭到入侵，主要在本土内进行全面纵深防御。根据新的安全形势，奥防务思想从区域防御转向主要在边境地区实施机动防御，并将分散的兵力部署调整为相对集中部署，后勤补给的配置也作了相应调整。奥军取消了对意大利和德国方向的防御任务，将西部兵力调整部署到东部，重点是加强边境控制，保障边境安全。陆军作战部队主要部署在重点城市和东部边境地区。因国土面积狭小，航空兵则主要部署在内地。

兵役制度　实行普遍义务兵役制和民兵预备役相结合的兵役制度。宪法规定，凡年满17周岁且未满50周岁的男性公民都有服兵役的义务。军官最高服役年限为65岁。士兵服役期共8个月，分为三种类型。第一种是“6+2”型，即完成6个月的兵役期后即可退役，但须在之后的10年间回部队参加2个月的复训和演习；第二种是“7+1”型，即连续服役7个月后退役，在之后10年内只参加1个月的复训；第三种是连续服役8个月后退役，之后就无须再回部队参加复训。服满现役的军人退出现役后一律转入民兵役，轮流编入现役部队参加复训，并在需要时归队执行作战任务或其他勤务。未满35周岁并承担复训义务的民兵军人通常每两年自动应招与现役军人一起参加一次共同军事演习。士兵退出现役10年后和各级军官退出现役15～20年后均转入预备役。拒服兵役者必须服11个月的民役。

军衔　分5等21级，即将官4级（上将、中将、少将、准将），校官3级（上校、中校、少校），尉官4级（上尉、中尉、少尉、准尉），军士6级（军士长、上士、一级中士、二级中士、一级下士、二级下士），兵4级（一等兵、二等兵、三等兵、列兵）。

驻外兵力　驻波黑北约稳定部队56人，驻塞浦路斯联合国维持和平部队238人，驻格鲁吉亚联合国观察团军事观察员5人，驻伊拉克/科威特联合国军事观察员5人，驻中东联合国停战监督组织军事观察员6人，驻叙利亚联合国脱离接触观察员部队1个步兵营367人，驻西撒哈拉联合国公民投票特派团军事观察员4人，驻科索沃和平协议执行部队480人。

军工生产　奥地利虽国小人少，军备规模不大，但其军事工业却颇具规模，构成了一个门类较全、基本配套的军工体系。其特点是：军民结合、自我发展、科研领先、重点突出。参与军工生产的企业约250家，从业人员4.2万人，其中科研人员1600人。所有军工企业既生产军品，也生产民品，一些生产线还可平战转移。在科研上注意跟踪国际军备技术的发展，特别是常规武器弹药技术的发展，重点开发具有本国技术优势的项目，如大口径火炮、装甲车辆、轻武器和工程后勤装备等。本国军队现役装备的80%以上为自行研制生产。年军工生产总值约200亿先令，约合17亿美元，占国民生产总值的1.8%。

军火贸易　奥地利军品年出口总额约占军工生产总值的90%，市场主要为第三世界国家，部分先进的轻武器装备也销往西方国家。

军队节日　奥地利曾作为德国的一部分参加第二次世界大战。战后不久，西方即开始组建奥军事组织，但直至1955年7月27日才开始转称联邦军，于1956年1月正式创建奥地利联邦军，所以奥军迄今没有正式的建军日期和建军节。

（王珍撑）

白俄罗斯

国　　名　白俄罗斯共和国

主要统计　面积20.76万平方千米。人口1004.5万人（其13～17岁男40.6万人，女39.2万人；18～22岁男39.4万人，女38.4万人；23～32岁男71.1万人，女70.8万人）。国内生产总值93亿美元（1999年），国防费4.66亿美元（1999年）。

领导人物　总统兼武装力量总司令亚·格·卢卡申科（1999年7月上任）。国防部长亚历山大·彼得洛维·丘马科夫（1997年1月上任）。总参谋长米·费·科兹洛夫中将。

武装力量　现役部队8.31万人（包括国防部及其直属部队1.71万人）。

陆军　4.35万人。编为国防部直属部队和3个军。国防部直属部队下辖1个摩步师、3个独立机动旅、1个炮兵师、2个战役战术导弹旅、1个反坦克旅、1个特种部队旅。3个军：其中，1个军辖3个独立机械化旅、1个地空导弹旅、1个炮兵团、1个火箭炮团、1个坦克团；1个军辖1个地空导弹旅、1个炮兵团、1个反坦克团、1个火箭炮团。

主战坦克：1724辆（另储存238辆），其中T-

55 型 60 辆、T－72 型 1569 辆、T－80 型 95 辆。步兵战车：1560 辆（另储存 53 辆），其中 БМⅡ－1 型 81 辆、БМⅡ－2 型 1164 辆、БРМ 型 161 辆、БМД－1 型 81 辆、БМⅡ－2 型 1164 辆、БРМ 型 161 辆、БМⅡ－1 型 154 辆。装甲输送车：918 辆（另储存 306 辆），其中 БТР－60 型 188 辆、БТР－70 型 445 辆、БТР－80 型 193 辆、БТР－Д 型 22 辆，MT－JIB 型 70 辆。各型火炮 1465 门（另储存 153 门），其中牵引炮 428 门（122 毫米 178 门、152 毫米 250 门）、自行火炮 572 门（122 毫米 235 门、152 毫为 301 门、203 毫米 36 门），曲射直线两用炮 54 门、火箭炮 334 门（122 毫米 209 门、130 毫米 1 门、220 毫米 84 门、300 毫米 40 门）、迫击炮 77 门。AT－5、AT－6、AT－7 反坦克导弹发射架 480 具、战役战术导弹发射架 96 部（“飞毛腿” 60 部、“青蛙”/SS－21 型 36 部）。地空导弹。SA－8/－11/－－12/－13/型共 350 部。

空军　2.25 万人（包括防空部队 1.02 万人），作战飞机 230 架、战斗直升机 60 架。

歼击轰炸机：116 架，其中苏－24 型 36 架、苏－25 型 80 架。歼击机：108 架，其中米格－23 型 35 架、米格－29 型 50 架、苏－27 型 23 架。侦察机：6 架。战斗直升机 60 架，其中，米－24 型 55 架、米－24R 型 4 架、米－24K 型 1 架。运输直升机：186 架。运输机：27 架，AA－7、AA－8、AA－10、AA－11 型空空导弹若干。空地导弹 AS－10、AS－7、AS－14 型若干。防空部队约 1 万人，SA－3/－5/－10 型地空导弹发射架 175 架。

准军事部队　11 万人，其中内卫部队 1.2 万人，边防部队 1.1 万人，民兵 8.7 万人。

预备役部队　近 5 年服过现役的军人约 28.95 万人。

（阎振范）

保　加　利　亚

国　　名　保加利亚共和国（1990 年 11 月 15 日改为现名）。

主要统计　面积 11.0994 万平方千米。人口 823.1 万人（其中，13～17 岁男 28.3 万人，女 26.8 万人；18～22 岁男 30.6 万人，女 29 万人；22～32 岁男 59.4 万人，女 56.8 万人）。国内生产总值 120 亿美元（1999 年）。国防费 3.51 亿美元（2000 年国防预算）。粗钢 262.8 万吨（1997 年）。原煤 2970.8 万吨（1997 年）。原油 40 万桶（1996 年）。天然气 1100 万立方米（1995 年）。发电量 428.3 亿度（1997 年）。粮食 541.5 万吨（1998 年）。海运能力，商船（载重 100 吨以上）222 艘，总载重量 193.82 万吨。民航能力，固定航班机场 3 处、客运量 28.4 亿人千米、货运量 3520 万吨千米（1998 年）。

国防体制　总统为武装力量最高统帅。最高国防决策机构是国家安全协商委员会，总统任主席，成员包括总理和相关部长。国防部为最高军事行政领导机构，负责对军队的政治领导和监督。总参谋部为最高军事指挥机关，负责军队的作战、训练和管理。武装力量由正规军和准军事部队组成。正规军分陆、海、空三个军种。总统通过国防部和总参谋部对军队实施领导和指挥。

领导人物　总统兼武装力量总司令佩特尔·斯托扬诺夫（1997 年 1 月上任）。国防部长博伊科·诺埃夫（1999 年 12 月上任）。总参谋长米·米霍夫上将（1997 年 6 月上任）。

武装力量　**兵力**　现役部队 7.97 万人。

陆军　4.24 万人。编有 3 个军区/军司令部。其中 1 个军区下辖摩步师 1 个、坦克旅 1 个、机械化旅 2 个；另 1 个军区下辖摩步师 1 个，地区训练中心 1 个（RTC），坦克旅 1 个；第三个军区下辖摩步师 2 个、坦克旅 2 个、机械化旅 1 个。直属部队：“飞毛腿”地地导弹旅 4 个，SS－23 地地导弹旅 1 个，地空导弹旅 1 个，炮兵团 2 个，火箭炮团 1 个，反坦克炮团 3 个，高炮团 3 个，地空导弹团 1 个。

坦克：T－55 型 1042 辆，T－72 型 433 辆。突击火炮：苏－100 型 68 部。步兵战车：BMP－1 型 100 辆，BMP－23 型和 BMP－30 型 114 辆。装甲侦察车：BRDM－1/2 型 58 辆。装甲运输车：BRT－60 型 737 辆，MT－LB 型 1013 辆。牵引炮：100 毫米 16 门、

122毫米195门、130毫米72门、152毫米206门。自行炮：122毫米692门。火箭炮：122毫米222门。迫击炮：122毫米359门。地地导弹发射架72具。反坦克导弹：AT－3型200具。反坦克炮：85毫米150门、100毫米200门。高炮：400门。地空导弹：SA－3型20部，SA－4型27部，SA－6型20部。

海军　约5260人。潜艇："胜利"级1艘。护卫舰："大胆"级1艘。小型护卫舰：7艘。导弹快艇：6艘。巡逻艇：约10艘。布雷艇：10艘。排雷艇：20艘。两栖舰：2艘。支援和勤务舰船：16艘。

海军航空兵：武装直升机9架。

海岸炮兵：2个团、20个连。

火炮：100毫米150门、130毫米4门。

海军警卫队：3个连。

空军　1.83万人。编有战术航空兵军1个，防空兵军1个。作战飞机181架，武装直升机43架。对地攻击战斗机：苏－25型39架。歼击机：米格－23型约30架、米格－21型60架、米格－29型21架。侦察机：苏－22型21架、米格－21型10架。运输机：图－134型2架、安－24型2架、安－26型5架、拉－410型6架、雅克－40型1架（专机）。航测机：安－30型1架。直升机：贝尔－206型6架、米－8型8架、米－17型31架、米－24型43架（直升机）。教练机：拉－29型12架、拉－39型30架。地空导弹发射架SA－2/3/5/10型约110部，发射阵地20处。

预备役　30.3万人，其中陆军25.05万人、海军0.75万人、空军4.5万人。

准军事部队　共3.4万人，其中内务部边防部队1.2万人、安全警察0.4万人、铁道和建设部队1.8万人。

部署　海军基地5处，其中海上有瓦尔纳（司令部）、阿奇亚、索佐波尔、巴尔奇克，多瑙河上有维丁。

兵役制度　实行义务兵役制，士兵服役期12个月。

驻外兵力　北约驻波黑多国稳定部队：1个排。

（刘建宇）

比利时

国　　名　比利时王国。

主要统计　面积3.0528万平方千米（包括荷兰境内飞地巴勒－埃尔东）。人口1012.6万人（其中，13～17岁男30.7万人，女29.3万人；18～22岁男31.3万人，女30.1万人；23～32岁男69.7万人，女67.6万人）。国内生产总值94000亿比利时法郎，约合2370亿美元（1999年）。国防费1001亿比利时法郎，约合25亿美元（2000年国防预算）。粗钢1071.8万吨（1997年）。原煤63.7万吨（1995年）。天然气143万立方米（1995年）。发电量150.8亿度（1997年）。粮食263.3万吨（1998年）。海运能力，商船（载重100吨以上）232艘、总载重量21.85万吨（1998年）。民航能力，固定航班机场2处、客运量90.11亿人千米、货运量3.24亿吨千米（1998年）。

国防体制　宪法规定，国王为武装力量最高统帅。和平时期，国王授权国防大臣领导全国武装力量。内阁防务委员会是最高军事决策机构，同时也是国王的最高防务咨询机构，成员包括首相、国防大臣、外交大臣、内务大臣等，由首相任主席。"国内防务问题委员会"是协调内阁各部防务事宜的机构，由军人、外交官和公职人员专家组成，直接对首相负责，为内阁防务委员会会议做准备工作，战时改名为"防务技术秘书处"，协助内阁对防务问题作出决策。国防部是政府中的一个部，是武装力量最高领导机构。国防大臣在首相的领导下，负责制定和执行防务政策，领导国防和军队建设。总参谋部是最高军事指挥机构，下辖陆、海、空军参谋部和卫生兵参谋部。武装力量由正规军和准军事部队组成。正规军分陆、海、空军和卫生兵四个军种。国王通过国防部和总参谋部对全国武装力量实施领导和指挥（但由于比军大部分兵力平时已经编入北约中欧司令部序列，故战时实际上归北约盟军最高司令部指挥）。

领导人物　国王兼武装力量统帅阿尔贝二世（1993年8月9日即位）。首相居伊·韦尔霍夫斯达特（1999年7月上任）。国防大臣安德烈·弗拉奥（文职，1999年7月12日上任），总参谋长维利·赫尔特雷海军中将（1995年9月上任）。陆军参谋长居伊·巴斯蒂安中将（1999年7月1日上任）。海军参谋长米歇尔·韦尔于尔斯特海军少将（1995年10月1日上任)。空军参谋长米歇尔·芒德尔空军中将(2000年4月1日上任)。

武装力量 **兵力** 现役部队3.925万人(含女军人2570人)。

陆军 2.68万人。编有1个领土防御司令部(辖2个机步营、2个工兵营)、1个作战司令部、1个机械化步兵师(辖3个机械化步兵旅)、1个作战支援师、1个伞兵突击旅(辖2个伞兵营、1个突击营、1个反坦克/侦察营、1个野战炮兵连、1个高炮连和1个工兵连)、1个轻型陆航大队(辖2个反坦克直升机营、1个观察联络直升机营)。

主战坦克:"豹"I式A5型140辆。装甲侦察车:"大湾刀"式141辆。步兵战车:YPR-765型230辆、YPR-765型派生型53辆。装甲输送车:M-113型185辆、M-113型派生型112辆、"斯巴达人"型115辆、"斯巴达人"型派生型79辆、YPR-765型4辆。牵引炮:105毫米19门。自行炮:105毫米18门、69.7、81毫米100门。反坦克导弹:"米兰"420具,M-113型56具。高炮:35毫米自行式51门。地空导弹:"西北风"118部。飞机:"岛民"BN-2A型10架。无人驾驶机:"食雀鹰"式28架。直升机:78架。

海军 2600人(含女军人270名)。编有奥斯坦德、泽布吕赫等2个基地、1个作战司令部、1个后勤司令部、1个训练司令部、1个小型舰队、2个分舰队和1所比荷水雷战学校。比利时海军和荷兰海军由设在荷兰登赫尔德的司令部统一指挥。

护卫舰:"维林根"级3艘。猎雷舰:"紫苑"级7艘。扫雷舰:"范·哈韦比克"级4艘。指挥与后勤支援舰:12艘。勤务舰:8艘。直升机:"云雀"III型3架。

空军 8600人(内女军人800名)。编有5个攻击战斗机中队、1个攻击/侦察机中队、2个运输机中队、4个教练机中队、1个搜索救援中队。

攻击/战斗机:F-16A型72架、F-16B型18架、"幻影"-5BA型12架、"幻影"-5BR型12架、"幻影"-5BD型3架。运输机:"大力神"C-130型11架、"空中客车"-A310-200型2架、HS-748型3架、"猎鹰"-20型2架、"猎鹰"-900型1架、SW-111A"默林"型5架。教练机:SF-260型33架、"阿尔法喷气"式29架、CM-170型13架。直升机:"海王"MK-48型5架。地空导弹:"西北风"24部。"响尾蛇"AIM-9、"阿姆拉姆"AIM-120空空导弹、"小牛"AGM-65空地导弹若干。

预备役部队 15.205万人,其中陆军10.52万人,海军0.625万人,空军2.07万人,卫生兵1.99万人。

兵役制度 比利时于1996年3月1日取消了义务兵役制,现实行志愿兵役制。志愿兵服役期为:驻国内部队服役期为12月,驻防国外部队服役期为10个月。志愿兵服役期满后可继续延长服役期。各级军官最高服役年限:将官为61岁(其中中将61岁、少将59岁,校官为56岁(其中上校56岁,中校、少校55岁),尉官为51岁(其中大尉、上尉51岁、中尉、少尉50岁)。

军衔 分5等17级:将官2级(中将、少将)、校官3级(上校、中校、少校),尉官4级(大尉、上尉、中尉、少尉)、军士6级(军士长、军士、一级上士、上士、中士、下士),兵2级(一等兵、二等兵)。

驻外兵力 驻德国部队2000人、1个机械化步兵旅(辖1个步兵营、1个炮兵营、1个侦察连)。参加联合国维持和平部队:驻波黑/克罗地亚边境维和部队(SFORⅡ)550人、军事观察员1人;驻意大利北约空军一体化部队F-16战斗机4架;驻印度/巴基斯坦边境军事观察员2人;驻中东军事观察员6人;驻西撒哈拉军事观察员1人。驻南斯拉夫维和部队(KFOR)900人。

外国驻军 北约总部(驻布鲁塞尔);北大西洋公约组织欧洲盟军最高司令部(驻蒙斯市);西欧联盟军事计划小组。美国驻军790人(其中陆军170人,海军100人,空军520人)。

(程新华)

波　兰

国　　名　波兰共和国。

主要统计　31.2685万平方千米。人口3864.8万人（其中，13～17岁男164.7万人，女156.4万人；18～22岁男165.8万人，女158.1万人；23～32岁男276.4万人，女264.6万人）。国内生产总值1570亿美元（1999年）。国防费34亿美元（2001年国防预算）。粗钢1159万吨（1997年）。原煤1.99亿吨（1995年）。原油200万桶（1996年）。天然气45.93亿立方米（1995年）。发电量1430亿度（1997年）。粮食2686.5万吨（1998年）。海运能力，商船（载重100吨以上）644艘、总载重量431.43万吨（1998年），海运商港5个。民航能力，固定航班机场8处、客运量46.33亿人千米、货运量7400万吨千米（1998年）。

国防体制　总统为武装力量最高统帅。最高国防决策机构为国防委员会，由总统任主席，设若干副主席（总理任第一副主席、内务部长任国内安全事务副主席、财政部长任经济事务副主席，国防部长任武装力量及国防战略规划事务副主席），成员还包括：议会两院议长、外交部长、运输和海洋经济部长、总统办公厅主任、国务部长、国防部常务副部长、总参谋长、内务部第一副部长以及民防司令（兼任国防委员会秘书）。国防部是最高军事行政机关，设军事委员会和政治协商委员会。国防部长任军事委员会主席，成员包括各总部及军、兵种负责人。政治协商委员会是国防部的咨询机构。国防部负责制定并实施国防和军事建设计划，完善军队体制，领导军队训练与教育，保障武装力量的技术和物资供应，确定职业军官的服役原则，制定武装力量科研工作计划，参与民防建设的规划和实施。武装力量由正规军和准军事部队组成。正规军分陆军、海军、空军防空军三个军种。总参谋部为最高军事指挥机构，主要负责军队的作战、训练和管理等。总统通过国防部和总参谋部对全国武装力量实施领导和指挥。

领导人物　总统亚历山大·克瓦希涅夫斯基（2000年10月连任）。国防部长布罗尼斯拉夫·科莫罗夫斯基（2000年6月上任）。总参谋长柴斯瓦夫·皮昂塔斯上将（2000年9月上任）。

武装力量　**兵力**　现役部队21.729万人。其中，服基本役士兵11.195万人，国防部、总参谋部机关人员2.148万人。

陆军　13.275万人。编成沿海和西里西亚2个军区和1个航空机械化军，共辖6个摩步师（包括1个岸防师）、1个装甲骑兵师、1个航空骑兵师、5个旅（1个装甲旅、1个机械化旅、1个空降突击旅、2个摩步旅）、5个炮兵旅（含1个高炮旅）、2个工程旅和4个国土防御旅、1个侦察团、2个地地导弹团、3个防空团、2个武装直升机团、1个特种团、1个警卫团。

坦克：T－55型/T－72型/PT－91型共计1704辆。装甲侦察车：BRDM－2型510辆。步兵战车：BMP－1型1367辆，BRM－1型38辆。装甲输送车：OT－64型33辆，其它型号693辆。牵引炮：122毫米M－30型277门，152毫米ML－20型135门。自行炮：122毫米2S1型539门，152毫米M－77型111门，203毫米2S7型8门。火箭炮：122毫米RM－21型228门，RM－70型30门。迫击炮：120毫米M120型214门，2S12型16门。地地导弹："蛙"式32部。反坦克导弹：AT－3型263具，AT－4型108具，AT－5型18具，AT－6型6具。反坦克炮：85毫米711门。高炮：23毫米和57毫米共871门。地空导弹：SA－6/－7/－8/－9/－13型共979部。武装直升机：米－24型46架，米－2URP型22架，PZL－W3型28架。其它直升机：米－2URN型8架、米－8型29架、米－17型3架、米－2型42架。

海军　1.686万人。其中，海军航空兵0.25万人，服基本役士兵0.95万人。

潜艇：3艘。驱逐舰：1艘。护卫舰：2艘。小型护卫舰：4艘。导弹快舰：7艘。近岸巡逻艇14艘。扫雷舰：24艘。两栖舰：5艘。支援和其它舰艇：19艘。

海军航空兵　2460人。编有7个飞行中队，装备米格－21型战斗机28架、TS－11型17架、安－2型6架、安－28型6架、PZL　W3型直升机7架、米-2型直升机28架、米-14型直升机14架。

空军防空军 4.62万人。其中，服基本役士兵1.97万人。编成2个军，下辖2个歼击机中队、9个对地攻击战斗机中队、1个侦察机中队、2个运输机团、5个防空导弹旅和1个独立防空团。作战飞机267架，武装直升机10架。

对地攻击战斗机：苏-22型99架，米格-21改进型114架。歼击机：米格23型25架，米格-29型22架。侦察机：苏-24型7架。运输机：安-26型10架，安-28型2架，安-2型23架，雅克-40型13架，图-154型2架。直升机：米-2型35架，米-8型5架，W-3型10架。教练机：TS-11型125架，PZLI-22型11架，PZL-130型34架。空空导弹：AA-2"环礁"、AA-3"阿纳布"、AA-8"蚜虫"和AA-11"射手"各若干枚。空地导弹：AS-7"克雷牛"若干枚。地空导弹：S-200"维加"2部，SA-2/-3/-4/-5型200部。

准军事部队 2.15万人。内务部队所属边防部队1.45万人，警察预备队0.7万人。

预备役 40.6万人。其中陆军34.3万人，海军1.4万人（最高服役年限为50岁），空军4.9万人（最高服役年限为60岁）。

兵役制度 实行义务兵役制。士兵服役期12个月。

军衔 分7等26级：元帅1级（只在战时授予），将官3级（上将、中将、少将），校官3级（上校、中校、少校），尉官3级（大尉、上尉、中尉），准尉6级（一级准尉、二级准尉、三级准尉、四级准尉、五级准尉、六级准尉），军士8级（一级上士、二级上士、三级上士、四级上士、一级下士、二级下士、三级下士、四级下士），兵2级（上等兵、列兵）。

驻外兵力 驻波黑多国执行部队290人；驻克罗地亚军事观察员1人；驻民主刚果军事观察员2人；驻格鲁吉亚4人；驻伊拉克/科威特观察员6人；驻黎巴嫩部队629人；驻叙利亚358人；驻西撒哈拉军事观察员4人；驻南斯拉夫维和部队763人。

军队节日 建军节为8月15日。

（刘伟东）

波斯尼亚和黑塞哥维那

国　名 波斯尼亚和黑塞哥维那（1992年4月宣布独立）。

主要统计 面积5.1129万平方千米。人口360万人（其中13～17岁男19.4万人，女18.4万人；18～22岁男18.6万人，女17.6万人；23～32岁男33.8万人，女31.8万人）。国内生产总值约44亿美元（1999年）。国防费1.63亿美元（2000年，不含波黑塞尔维亚共和国）。原煤241.49万吨（1999年）。发电量220.3万度（1995年）。粮食29.7万吨（1998年）。民航能力，固定航班机场1处（1996年）。

波黑3方武装力量情况

穆斯林武装

兵力 现役部队约3万人。编有1个集团军、3个军、8个师、1个装甲旅、10个摩托化步兵旅、4个炮兵旅等。

坦克：T-34、T-55型、AMX-30、M-60A3型170辆。装甲侦察车：AML-90型44辆。装甲输送车：M-113A2型等共150辆。各型火炮含火箭炮和迫击炮：105毫米、122毫米、130毫米、155毫米、203毫米、262毫米等共1500门。反坦克导弹：AT-3"耐火箱"型、"红箭"TF-8型（据报道）共250部。高射炮：20毫米、23毫米、30毫米各若干门。防空导弹：SA-7、SA-14型各若干部。直升机：米-8、米-17型10架，UH-1H型15架。飞机："乌特瓦"-75型3架。

预备役 15万人。编成59个步兵旅、1个炮兵旅。

克罗地亚族武装

兵力 1万人。编有4个战区，下辖4个警卫旅、2个炮兵旅、1个步兵营、1个宪兵营。

坦克T-34、T-55、M-84、T-72、M-47型共80辆。步兵战车：M-60、M-80型共90辆。各型火炮：76毫米、105毫米、122毫米、130毫米等共500门。反坦克导弹：AT-3"耐火箱"、AT-4"法戈特"型、AT-6型（据报道）共50部。火箭筒：M－79、RPG－7、RPG－22 型共约 100 枚。无坐力炮：84 毫米 30 门。高射炮：20 毫米、30 毫米、57 毫米各若干门。地空导弹：SA－7、SA－9、SA－14、SA－16 型各若干部。直升机：米－8 型若干架。

预备役：4 万人。编成 12 个国土防御步兵团、6 个国土防御步兵营。

塞尔维亚族武装

兵力　3 万人。编有 4 个军，38 个步兵、装甲和摩托化步兵旅，1 个特种兵旅，12 个炮兵、反坦克和防空团。

坦克：T－55、M－84、T－72 型 250 辆。装甲输送车：350 辆。各型火炮：122、130、152 毫米牵引炮、122 毫米自行火炮、128、262 毫米火箭炮、120 毫米迫击炮等共约 750 门。地地导弹：蛙－7 型若干部。反坦克导弹：约 500 部（枚）。高炮：20、23、30、57、90 毫米共 975 门。地空导弹：SA－2、SA－6、SA－7B、SA－9 型各若干部。攻击机：共 20 架。直升机：SA－341 型 20 架，米－8 型 10 架。

预备役：共 8 万人。

外国驻军　多国稳定部队：约 2 万人。

（朱瑞田）

丹　麦

国　　名　丹麦王国。

主要统计　面积 4.3094 万平方千米。人口 526.7 万人（其中，13～17 岁男 14.4 万人，女 13.8 万人；18～22 岁男 15.4 万人，女 14.9 万人；23～32 岁男 38 万人，女 36.8 万人）。国内生产总值 12130 亿丹麦克郎，约合 1660 亿美元（1999 年）。国防费 185 亿丹麦克郎，约合 23 亿美元（2001 年国防预算）。粗钢 78.7 万吨（1997 年）。原油 7592 万桶（1996 年）。天然气 49.36 亿立方米（1995 年）。发电量 367.9 亿度（1995）年。粮食 947.5 万吨（1997 年）。海运能力，商船（载重 100 吨以上）456 艘、总载重量 758.9 万吨（1997 年）。民航能力，固定航班机场 13 处、客运量 53.76 亿人千米、货运量 1.71 亿吨千米（1996 年）。

国防体制　宪法规定，国王为名义上的武装力量最高统帅，对军队无指挥权。最高国防决策机构为内阁，负责制定国防政策。国防部是军队最高行政机关，国防大臣向议会和首相负责，对武装力量实施行政领导。武装力量由陆、海、空军和国民卫队组成。三军统帅机构是国防司令部，由国防司令统一指挥三军，国防参谋长为其授权代表。三军的最高决策机构是共同管理委员会，其成员包括国防司令、国防参谋长、陆军作战司令、陆军物资司令、海军物资司令、战术空军司令、空军物资司令。丹麦为北约成员，战时主力归北约东北欧盟军联合次地区司令部指挥，届时国防司令将把指挥权移交给丹作战部队司令（兼任北约东北欧盟军联合次地区司令部司令），只负责后勤及兵员保障。

领导人物　国王兼武装力量最高统帅女王玛格丽特二世（1972 年 1 月即位）。国防大臣延·特伊堡（2000 年 12 月上任）。国防司令克里斯琴·维特空军上将（1996 年 8 月上任）。国防参谋长汉斯·杰斯珀·海尔旭中将（2000 年 2 月上任）作战部队司令古德·博克海军中将（1995 年 5 月上任）。陆军作战司令汉斯·格鲁纳少将（1996 年 4 月上任）海军司令克里斯·温特海军少将（1995 年 5 月上任）。空军司令库尔特·罗斯高德空军少将（1997 年 10 月上任）。

武装力量　**兵力**　现役部队 2.18 万人。

陆军　1.29 万人。编有 1 个师（丹麦师）、1 个司令部（东部地面司令部，师级）、4 个团战斗群（旅级）、7 个军区（团级）、15 个团、1 个陆军航空兵中队。

坦克："豹" IA5 型 230 辆、"豹" Ⅱ 型 18 辆。装甲车：M－113 型 655 辆。牵引炮：105 毫米 134 门、155 毫米 97 门、203 毫米 8 门。自行炮：155 毫米 76 门。火箭炮：227 毫米 4 门。迫击炮：120 毫米 160 门、81 毫米 338 门。反坦克导弹："陶式" 140 具。无坐力炮：84 毫米 1131 门、106 毫米 20 门。直升机：AS－550 型 12 架、"休斯" 500M/OH－6 型 13 架。

海军　0.41 万人。编成水面舰艇部队和岸防部队。水面舰艇部队下辖 1 个远洋护卫舰中队、1 个小型护卫舰中队、1 个扫布雷艇中队、1 个导弹快艇中队、1 个潜艇中队和 1 个海军航空兵中队。岸防部队在本土编成3个海区，即卡特加特海区、松德海区和博恩霍尔姆海区。

潜艇：3艘。轻型护卫舰：3艘。导弹快艇：5艘。巡逻艇：22艘。扫布雷艇：7艘。直升机："山猫"式8架。

空军　0.49万人。编成6个航空兵中队（其中3个战斗机中队，1个运输机中队，1个直升机中队）、1个防空导弹群（辖8个中队）、1个控制与预警群（辖6个雷达站）。

战斗机：F-16A/B型69架。运输机：C-130型3架、Challenger-604型1架、"湾流"G-Ⅲ型2架。教练机：萨伯T-17型28架。直升机："海王"S-61型8架。地空导弹发射架："霍克"改进型36部。

文职人员　0.9万人。

预备役部队　预备役6.49万人。另有国民卫队5.87万人。

部署　陆军主要部署在日德兰半岛和西兰岛。海军基地2个（腓特烈港和科瑟），要塞2个（斯泰温斯和朗厄兰）；此外还在格陵兰和法罗群岛设有守备司令部。空军基地4个（奥尔堡、卡鲁普、斯克吕斯楚普和韦勒瑟）。

兵役制度　丹实行义务兵与志愿兵相结合的兵役制度。义务兵服役期一般为4～12个月，最高可达24个月；志愿兵服役期为54～72个月。服役期满后转入动员部队或预备役部队。丹军官退役年龄均为60岁。

军衔　军官分3等10级：将官3级（上将、中将、少将），校官3级（上校、中校、少校），尉官4级（上尉、中尉、少尉、准尉）。军士5级（一级军士长、二级军士长、上士、中士、下士）。士兵3级（一等兵、二等兵、新兵）。

驻外兵力　驻波斯尼亚425人，克罗地亚1人、格鲁吉亚5人、印巴边境6人、伊拉克/科威特5人、中东10人、科索沃900人。

（宁　涛）

德　国

国　名　德意志联邦共和国（1990年10月3日两德统一后用此名）。

主要统计　面积35.697万平方千米。人口8211.2万人（其中13～17岁男236.6万人，女223.1万人；18～22岁男226.3万人，女215.7万人；23～32岁男626.5万人，女588.3万人）。国内生产总值37000亿马克，约合19000亿美元（1999年）。国防费478亿马克，约合231亿美元（2001年国防预算）。粗钢4404.6万吨（1998年）。原煤2.1134亿吨（1998年）。原油2900万桶（1997年）。天然气209亿立方米（1998年）。发电量5439.72亿度（1998年）。粮食4419万吨（1999年）。海运能力，商船（载重100吨以上）1375艘、总载重量683.2万吨（1998年）。民航能力，固定航班机场40处，客运量634.23亿人千米、货运量12.57亿吨千米（1998年）。

国防政策　冷战结束和德国统一后，德国的安全环境发生了根本性变化，已从原来欧洲两大军事集团对峙的"前线国家"变成了安全系数大为增加的"欧洲的中心"。由于波兰、捷克和匈牙利加入北约，德国的邻国除了友邻就是盟国，德国已不再面临直接的外来威胁。从内部环境看，德国的统一使其综合国力剧增，人口在欧洲仅次于俄国，经济实力首屈一指。但德国认为，目前国际形势依然动荡不定，不确定因素仍然很多。在欧洲及其边缘地区，由于存在政治、经济、社会、民族和宗教矛盾及领土纠纷，发生地区性危机和冲突的可能性增加，局部冲突呈上升势头；原苏联地区的动乱以及俄罗斯的军事实力仍对德国构成"不可忽视的潜在威胁"；核、生、化等大规模杀伤性武器及其远程运载工具在世界范围内的不断扩散，对德国的安全利益构成了新的威胁；一些第三世界国家各地区爆发局部战争和冲突的可能性有增无减，使德国面临着难以预测的"危险"。面对新的历史条件，德国对国防政策进行了全面调整，其谋求目标已开始跨越"国界"，从过去的谋求生存并为最终实现德国统一创造条件，转为着眼于承担未来欧洲和世界和平与安全的责任。总的看来，德国国防政策主要是为实现世界政治大国的总目标服务。其战略是：(1) 继续依靠北约集体防御，并借助北约东扩维护自身安全。(2) 积极推进欧盟一体化进程，并借助在地缘政治和历史渊源上的优势，扩大在东欧和独联体国家的影响，最终实现东西欧融合，建立以欧盟为核心的全欧安全秩序。(3) 谋求联合国安理会常任理事国席位，跻身世界政治大国行列，力图在维护欧洲和世界的安全与稳定方面发挥重要作用。

军事战略 德国统一后，根据欧洲战略形势的变化，对军事战略进行了重大调整，从原来主要依赖北约核威慑来对付欧洲的大规模战争，转变为投入常规力量同盟国一起"处理"欧洲的局部危机和对付局部战争，特别是重视通过控制局部性冲突达到确保本国安全和欧洲稳定的目的。其要点是：(1) 在军事战略思想方面，从过去主要针对苏联、华约集团的"前沿防御"转为准备以对付各种危机为主的"多方位防御"。(2) 在军事部署方面，由过去的"前沿部署体系"改为"均衡兵力部署"。(3) 在作战方针上，由过去对付可能在德国本土发生的大规模战争转而应付在欧洲及其边缘地区可能发生的局部冲突。

国防体制 德国《基本法》规定，联邦总理为战时军队的最高统帅。最高国防决策机构为联邦安全委员会，成员有联邦总理、联邦国防部长、外交部长、内政部长、经济部长、财政部长和总理府特别任务部长等，由联邦总理任主席。国防部为政府中的一个部，是最高军事行政机关。国防部长在和平时期是军队的最高首长，根据联邦总理提出的政策方针，负责领导和管理陆、海、空三军，并通过军种监察长对部队实施指挥。武装力量由正规军和准军事部队组成。正规军分陆、海、空三个军种。联邦国防军总监察长是全军第一军人和政府的首席军事顾问，主要负责制定国防总体方案、建军规划等工作。武装力量指挥参谋部为总监察长的办事机构，总监察长通过武装力量指挥参谋部对全军实施业务领导。陆、海、空军军种监察长是本军种的最高指挥官，负责本军种部队的战备训练和行政管理，参与制定和实施国防总体方案。平时，国防部长在军队勤务方面通过军种监察长实施对部队的指挥，在行政和专业事务方面则通过国防部各职能部门和总监察长对部队实施领导。战时，全军指挥权由国防部长移交联邦总理。

领导人物 联邦总理兼武装力量最高统帅格哈德·施罗德（1998年10月上任）。联邦国防部长鲁道夫·沙尔平（1998年10月上任）。联邦国防军总监察长哈拉尔德·库雅特上将（2000年6月上任）。陆军监察长赫尔穆特·维尔曼中将（1996年2月上任）。海军监察长汉斯·吕索夫海军中将（1998年9月上任）。空军监察长罗尔夫·波尔茨中将（1998年4月上任）。

武装力量 **兵力** 现役部队32.1万人。

陆军 22.11万人。编有3个军部、1个空中机动部队司令部（师级）、7个作战师、1个独立军区司令部（师级）、22个现役旅、4个架子旅、1个特种部队司令部（旅级）、27个防区（旅级）。

主战坦克："豹"1型1033辆、"豹"2型1782辆。步兵战车："黄鼠狼"A2/A3型2120辆、"小鼬鼠"型133辆。装甲侦察车："山猫"SPz－2型409辆、"狐"TPz－1型114辆。装甲输送车："狐"TPz－1型917辆、M－113型2109辆。牵引炮：105毫米161门、155毫米192门。自行炮：155毫米621门。火箭炮：110毫米78门、227毫米154门。迫击炮：120毫米909门。反坦克导弹："米兰"型1606具、"陶"型210具、"霍特"型157具。高炮：20毫米1145门、35毫米"猎豹"型自行高炮380门。地空导弹："罗兰"SP型143部。反坦克直升机：PAH－1型204架。运输直升机：UH－1D型145架、CH－53G型108架。联络直升机：BO－105M型95架、"云雀"Ⅱ型40架。

海军 2.66万人。编有1个舰队司令部、5个分舰队和1个海军航空兵师。

潜艇：206/206A级12艘、205级2艘。驱逐舰："吕特晏斯"级2艘。护卫舰："不来梅"级8艘、"布兰登堡"级4艘。导弹攻击快艇："信天翁"(143)级10艘、"猎豹"(143A)级10艘、"虎"(148)级8艘。水雷舰艇："哈默尔恩"(343)级10艘、"三驾马车"(351)级4艘、"林道"改装(331)级3艘、"弗兰肯塔尔"(332)级12艘、"弗劳恩洛布"394级5艘、无人反水雷艇1艘。通用机械化登陆艇：5艘。各级供应补给舰45艘。

海军航空兵 4200人，装备作战飞机67架，其中"狂风"型战斗机50架，"大西洋"型海上侦察反潜机10架；直升机39架，其中"海王"型救援直升机22架，"海山猫"型舰载直升机17架。

空军 7.33万人。编有10个战斗机联队、6个防空导弹联队、3个空中运输联队、2个通信团、2个雷达指挥团和6个供应团。作战飞机457架。

攻击/战斗机：F－4F型149架、"狂风"型326架、米格－29型23架。运输机：C－160型84架、A－310型7架，图－154型1架、CL－601型7架、L－410型4架、T－37B型35架、T－38A型40架。运输直升机：UH－1D型294架、AS－532U2型3

架。地空导弹："毒刺"型4000部、"霍克"型72部、"罗兰"型89部、"爱国者"型36部。

文职人员　13.7万人

预备役部队　34.47万人，其中陆军27.6万人、海军0.87万人、空军6万人。

准军事部队　2.465万人，其中联邦边防警察2.41万人、海岸警卫队550人。

部署　陆军主要部署在北德平原和中部地区。海军部署在北海和波罗的海沿岸区域。空军重点部署在中部和南部地区。全国共有军事基地734处。

兵役制度　实行全民义务兵役制，士兵服役期为10个月。各级军官最高服役年限，将官为60岁，上校为58岁，中校为56岁，少校为54岁，尉官为52岁。

军衔　分5等24级：将官4级（上将、中将、少将、准将），校官3级（上校、中校、少校），尉官4级（大尉、上尉、中尉、少尉），军士7级（三级军士长、二级军士长、一级军士长、上士、中士、二级下士、一级下士），兵6级（五等兵、四等兵、三等兵、二等兵、一等兵、列兵）。

驻外兵力　驻波黑北约稳定部队2369人，驻格鲁吉亚联合国观察团军事观察员10人，驻伊拉克/科威特联合国观察团14人，驻科索沃北约维和部队5300人。

外国驻军　比利时驻军2000人，法国驻军2700人，荷兰驻军3000人，英国驻军20600人，美国驻军57580人。

军工生产　德国拥有现代化的富有竞争能力的军事工业，具有自行研制和生产各种常规兵器的能力，其生产的主战坦克、常规潜艇等兵器在世界上属领先地位。今后德国在总体上仍将继续保持较高的军事技术水平和生产潜力，在个别项目上将维持世界一流水平。德国军事工业的研究和发展重点已放在了系统技术和尖端技术上，特别是在指挥系统和武器使用系统方面强调应用传感技术和电子技术。德国统一后，军事工业订货日趋减少，从事军工生产的人数下降，整个军事工业处于新的调整之中。目前，从事军工生产的人员从原20万人减少到10万人。军工生产总值约占国民生产总值的0.6%，在工业总产值中所占的比例不到1%，在加工工业总产值中平均约占3.4%，在车辆工业产值中占1～2%，在造船工业中占10%，但在航天工业中却占了50%以上，而在其他大多数工业部门产值中所占比例均不到1%。

军火贸易　由于历史和外交政策等方面的原因，德国对军火输出历来持比较审慎的态度。军工产品的80%以上行销于国内市场，即主要为本国国防建设服务。军工产品的出口在德国出口总额中仅占1%。德国历届政府均坚持"不向局势紧张地区输出军火"这一原则规定。2000年1月，德政府通过了新的军品出口准则。今后在决定出口军品时必须考虑军品接收国的人权状况。同时将所有国家分为两类，对第一类国家，包括北约、欧盟国家以及澳大利亚、新西兰、日本和瑞典等国不作军售限制，对其他所有国家将采取比较严格的军品出口政策。德国军工生产较发达，技术比较先进，军火贸易额也属世界各国前列。据美国国会研究服务局1999年8月5日公布的年度武器销售报告，在1998年全球签署的230亿美元的军火销售合同总额中，德国签署的对外军火销售合同额占55亿美元，仅次于美国，居世界第二位。据德国联邦统计局数字，1999年德国武器出口总值达28.44亿马克，占外贸出口总额的0.3%，其中向北约成员国出口武器总价值为15.7亿马克，向北约以外的国家出口总价值为12.7亿马克。

军队节日　德国的建军节为11月12日，但一般不举行大型的庆祝活动。各军种均无自己单独的节日。

（王珍捍）

俄罗斯

国　　名　俄罗斯联邦。

主要统计　面积1707.54万平方千米。人口1.46亿人（其中，13～17岁男591万人、女569.1万人；18～22岁男561.8万人、女546.8万人；23～32岁男1010.2万人，女989.3万人）。国内生产总值11000亿美元（1999年）。国防费290亿美元

(2000年国防预算)。粗钢3410万吨(1999年)。原煤2.41吨(2000年)。天然气5640亿立方米(1998年)。发电量8260亿度(1998年)。粮食4780万吨(1998年)。铁路运输能力，货运量10.28亿吨千米，客运量2638亿人千米(2000年)。海运能力，商船(载重100吨以上)4543艘，总载重量1659.23万吨(1998年)。空运能力，固定航班机场58处，客运量717亿人千米，货运量18亿吨千米(1998年)。

国防政策 2000年1月10日，俄联邦总统批准了第2版《俄联邦国家安全构想》。2000年4月21日，俄联邦总统又批准了第2版《俄联邦军事学说》，2000年7月，俄联邦总统批准了新的《俄联邦外交政策构想》。2000年9月9日，俄联邦总统批准了《俄联邦信息安全学说》。从这四个官方文件的内容看，俄罗斯的国防政策和军事战略均发生了重大变化。

(一)俄罗斯对世界军事政治形势和国家安全形势的判断及其基本结论

俄罗斯认为，当前和今后一个时期世界军事政治形势的发展变化，集中体现在建立单极世界与多极世界斗争上。以美国为首的西方发达国家极力主张美国主宰下的单极世界，以武力解决重大国际政治问题。俄罗斯主张建立各国平等、利益平衡、以国际法准则为基础的多极世界。

俄罗斯认为，当前国际军事政治形势的基本特点是：①.爆发大规模战争包括核大战的威胁在减少；②维护世界和平与安全的机制在发展；③多个地区力量中心正在形成；④民族、种族和宗教极端主义在发展；⑤分立主义盛行；⑥局部战争和武装冲突不断升级；⑦地区军备竞赛在加剧；⑧大规模毁伤性武器在扩散；⑨信息对抗在加剧；⑩有组织犯罪、恐怖主义、非法倒卖武器和毒品活动规模在扩大；⑪美国建立和部署国家导弹防御系统的势头越来越大，修改和反对修改反导条约的斗争越来越激烈。

俄罗斯认为，目前，俄联邦及其盟国的军事安全面临一系列潜在的外部威胁，归纳起来，主要有以下10个：(1)以美国为首的西方国家加紧削弱俄罗斯在政治、经济、军事和其他领域的地位，加紧削弱俄罗斯在欧洲、中东、外高加索、中亚和亚太地区的地位，阻挠俄罗斯成为多极世界中有影响的一极，在解决重大的国际安全问题时无视俄罗斯的利益；(2)北约集团还在加强，东扩已迈出重大步伐，它严重损害了俄罗斯的国家利益，北约已将不经联合国安理会的批准，便可在其责任区以外使用武力的战略理论付诸实践，北约已把武力行动作为“人道主义干涉”的手段，北约对俄安全的威胁不断增大；(3)在俄边境附近可能出现外国军事基地和大型军事组织；(4)在俄罗斯国界和独联体外部边界附近发生军事冲突，而且这种军事冲突不断升级；(5)大规模毁伤性武器及其运载工具在扩散；(6)一些国家对俄联邦提出领土要求；(7)一些国家对俄内部事务进行无理干涉；(8)针对俄联邦及其盟国的国际恐怖主义活动规模迅速扩大；(9)美国等西方发达国家的信息技术优势在扩大，试图将俄罗斯排挤出信息服务市场，他们已制定了信息战构想，对俄罗斯及其盟国发动信息战争的可能性在增加；(10)外国特工机构及所操纵的组织在俄领土上的活动猖獗。

俄罗斯从对上述威胁的分析中得出的基本结论是，北约本质是一个侵略性、进攻性和冒险性的军事组织，美国和北约的本意是反对俄罗斯的，他们不希望俄罗斯重新崛起为一个强大的大国，美国和北约不是俄罗斯的盟友和战备伙伴，而是潜在的主要对手和头号假想敌，俄罗斯军事安全的主要外部威胁不是来自南方和东方，而是来自西方。

(二)俄罗斯国防政策的要点

在对国家军事安全形势进行判断并得出基本结论的基础上，俄罗斯确立了新的国防政策，其要点是：(1)奉行灵活务实的多极化、多方位的外交战略，反对美国建立单极世界，反对美国建立和部署国家导弹防御系统，反对北约东扩，反对北约和美国绕开联合国单方面采取行动。放弃帝国奢望，重视国家利益。强调“国内目标高于国外目标”，外交的基本出发点为内政服务，重视国家利益。强调“国内目标高于国外目标”，外交的基本出发点为内政服务，外交政策的核心是“服务于国家利益”，要集中有限的外交资源确保俄国家安全，并为发展经济创造有利的外部条件。(2)将独联体视为俄外交的“重中之重”和“俄外交的绝对优先方向”，强调与独联体国家进行有效的协作，推动独联体的一体化进程，加强独联体国家范围内的集体安全体系和军事合作体系建设，特别是加强俄白联盟国家的防御能力，与白俄罗斯推行联合防御政策，协调两国的军事建设和武装力量建设。(3)优先使用政治、外交和其他非军事手段来防止、限制和化解军事威胁，认为外交和对外经济政策在保障俄安全方面负有特殊任务。(4)履行在战略进攻武器与反导防御方面的有关义务，强调进一步削减进攻性战略性武器，但反对修改1972年反导条约。(5)赞成核不扩散条约，赞成停止和禁止核试验。(6)俄联邦把核武器视为遏制侵略、保障俄及其盟国军事安全、维护国际稳定与和平的有效因素。(7) 保持核大国地位和核遏制能力，突击核遏制的有效性，实施核威慑政策，俄联邦所拥有的核力量应能确保在任何情况下对任何侵略国家造成应有的损失。(8) 发展和使用非战略核武器，研制灵巧的、低当量高精度的战术核武器并装备陆军部队，充分发挥战术核武器的作用。(9) 俄不对加入《不扩散核武器条约》的无核国家使用核武器，但无核国家与有核国家共同发动对俄联邦及其盟国的侵略或其他形式的进犯除外。(10) 俄联邦保留使用核武器的权力，以便回击对俄联邦及其盟友使用核武器和其他大规模毁伤性武器的攻击；当俄联邦及其盟国遭到使用常规武器的大规模侵略而处境危急时，有权力首先使用核武器进行打击。(11) 奉行均衡发展各军兵种的发展战略和平衡的军事政策，纠正过去对战略核力量投入较多，而对常规力量重视不够的做法。今后，军事力量要均衡发展，要有全面遏制能力，核遏制要有效、常规遏制要足够。(12) 随着经济条件的好转、适度增加军费，使保障军事安全所需的兵力兵器和资源保持在够用的水平上，保证对 21 世纪可能出现的威胁作出对称反应。(13) 使国家军事组织的战备、训练和保障水平与保障军事安全的需要相适应。(14) 制定并贯彻保障军事安全的统一的国家政策，建立并完善俄联邦及其盟国的防御体系。(15) 平时就要做好国土防御和民防的准备。(16) 完善经济、工业和国防工业基础，提高经济动员准备水平，保持国家国防工业综合体科学技术和生产核心能力，发展武装力量和其他军队的科学技术、工艺和生产基地，根据军事安全保障任务建立国家基础设施。(17) 21 世纪初俄罗斯军事技术政策的主要目的是，为武装力量和其他军队装备最重要的武装斗争兵器，并使现有武器装备系统保持战备状态。(18) 放弃与最发达国家直接的军事技术角逐，研制能对敌基础设施的主要系统和关键目标实施毁伤、进而使其军事技术优势变得毫无意义的“非对称”的武装斗争兵器。(19) 未来 10 年俄武器和军事技术装备发展的重点是：完成最重要的新式战略核武器和非核武器的研制并限量生产；发展一体化的侦察、指挥、通信、定位等综合保障系统；发展战役战术和战术一级的自动化指挥通信系统和器材，使武器和技术装备实现通用化、信息化和智能化；制造小型和微型兵器，实现军队指挥和物质技术保障全过程的自动化；发展新一代陆军多弹头导弹系统、高精度武器系统；研制新一代坦克、新一代航空航天设备和防空导弹；发展多用途核潜艇和通用型水面舰艇。(20) 大力推进军事改革，一是继续裁减员额，2005 年前，武装力量裁减 36.5 万人，总员额由 120 万人减到 85 万左右；二是继续优化结构，2006 年将实现陆、海、空军三个军种和战略火箭兵、太空兵和空降兵三个独立兵种的新结构。

军事战略 由于俄国防政策发生了重大变化，俄军事战略也进行了相应的调整。但俄罗斯与美国不同，不给自己的军事战略公开命名。从俄罗斯官方文件和军政领导人讲话中提出的俄奉行“核遏制”政策、“现实遏制原则”、“确保遏制”等战略概念看，当前俄罗斯军事战略的实质是“核遏制”战略，或“加强核遏制”的战略。俄军事战略的基本观点如下：①关于现代战争类型和性质。俄军认为：按军事－政治，可分为正义战争和非正义战争；按使用武器，可分为核战争和常规战争；按规模，可分为武装冲突、局部战争、地区战争和大规模战争。武装冲突是试图利用武装斗争手段来解决民族、种族、宗教等矛盾的结果，通常不进行战略展开，斗争双方仅追求具体的军事政治目的。武装冲突有可转变成局部战争或内战。局部战争将由部署在冲突地区的军队集团实施，必要时可从其他方向增调兵力兵器，并实施部分战略展开，斗争双方追求有限的军事政治目的。局部战争有可能升级为地区战争。地区战争可以能由某一地区的两个或多个国家参加，动用本国的或联盟的武装力量，既可能使用常规武器，也可能使用核武器，斗争双方追求重要的军事政治目的。大规模战争可能是武装冲突、局部战争和地区战争升级、世界各地区大多数国家被卷入的结果，大规模常规战争极有可能转变成核大战。无论是大规模常规战争还是核大战，斗争各方都将追求极端的军事政治目的。大规模战争要求参战国全面动员所有的物质和精神资源。②关于现代战争的基本特性。俄军认为：现代战争具有联盟性质和分散、立体、机动的特点；广泛运用间接的战略行动；大规模的信息和积极的信息对抗；采用非接触性战法，广泛使用空中机动兵力、空降兵和特种部队在分散的方向上实施机动行动，实施空中战局和战役，实施远程火力打击和电子毁伤；破坏国家和军事指挥系统；使用最新高效武器系统；摧毁动力工厂、化学和其他危险品生产企业、基础设施、交通和日常生活保障目标，以造成灾难性的后果；除正规军外，非正规部队也可能参战。③关于战争威胁。俄军认为：俄罗斯面临的主要外部威胁包括北约东扩、美国和北约的人道主义干涉理论、国际恐怖主义和世界军事竞赛。而俄南部境外宗教极端主义武装势力的扩张活动，对俄南部战略稳定和国内安全构成了巨大危害，是最紧迫而现实的威胁。由此得出的结论是：当前俄罗斯面临大规模外部侵略的可能性很小，而爆发局部冲突的可能性相当大。④关于战备重点。俄军认为，俄面临的局部战争和武装冲突，既可能是以最先进的武器进行的现代战争，也可能是使用一般武器进行的战争，既可能是正规战争，也可能是非正规战争，而且局部战争和武器冲突有可能发展为更大规模的战争。应付局部战争也成为首要任务，打赢局部战争和武装冲突已成为俄军事斗争准备的重点。⑤关于作战对象和作战地区。俄军认为，俄武装力量的主要作战对象是以美军为首的北约军队，主要作战地区是欧洲战区。⑥关于军队的任务。俄军认为，武装力量的主要任务有2项：一是实施战略遏制和防止侵略，做好各种准备，反击任何形式的武装冲突和侵略；二是2006年前在俄西南和中亚地区建立和部署常备战略军队集团，提高常规遏制能力，应付不断出现的现实威胁。⑦关于武装力量及其他军队的使用原则。俄军认为，使用武装力量及其他军队的最重要目的是，保卫俄联邦及其盟国的独立、主权和领土完整，反击或制止侵略，打退侵略者，迫使侵略者在符合俄联邦及其盟国利益条件下停止军事行动。使用武装力量的基本方式有5种：在大规模战争和地区战争中，实施战略性战役、战役和战斗行动；在局部战争和国际武装冲突中实施反恐怖战役；维和战役。⑧关于战略行动的基本样式，俄军认为，武装力量在大规模战争中战略行动的基本样式是空中—太空战略性战役、战略核力量战役、战区战略性行动和武装力量战略展开。⑨关于战略核力量的运用。俄军认为，为了提高战略核力量使用的主动性和有效性，俄将放弃过去仅限于回击的方法，而采用回击与还击相结合的方法。必要时，实施先发制人的核打击。⑩关于一般力量的运用。俄军认为，对付局部武装冲突的任务，一般由一个地区（军区）的部队来完成，而对付地区战争的任务，则由2～3个军区的部队来完成。⑪关于打赢高技术局部战争的作战方法。俄军认为，应对敌人拥有的新技术和高精度武器作出应有的评价，但不能将其绝对取代。不应当在敌人设置的条件下开展军事行动，而应当使用让敌人无法发挥其技术优势的对抗方法，当敌人试图打所谓的非接触性战争，不进入防空火力区，而是从远处摧毁目标时，我方可以转入进攻，向敌人后方调遣伞兵，摧毁其机场设施等，从而迫使敌人采取接触行动和进行地面作战。⑫关于战略部署。俄军认为，在国内应在可能不稳定的地区和战略上重要的地区优先部署军队，在国外俄有必要在世界重要战略地区部署有限的军队（军事基地），保持俄军事力量的存在，目前，俄军战略部署的重点仍在欧洲。俄军还认为，俄罗斯拥有世界上最长的边界，不可能也没有必要在整个边界都部署同样强大的军队集团。俄罗斯即将建成的人数达5万人的常备战略军队集团将部署在北高加索军区、伏尔加河沿岸军区和乌拉尔军区（两军区即将合并）。⑬关于军队领导和军队指挥原则。俄军认为，国家领导和军队必须统一，俄总统兼任武装力量最高统帅，对俄武装力量实行集中统一领导。总统对武装力量的指挥，通过国防部长、国防部和总参谋部实施。实行地区指挥原则，赋予军区战役－战略指挥部职能，对辖区内的跨军种一般任务部队和其他军队实施指挥。为了对联盟军队集团实施指挥，根据联盟参加国家权力机构的决议，建立相应的联合军事指挥机构。联盟为在内部武装冲突中完成任务，可组建临时联合军队集团及其指挥机构。⑭关于武装力量建设的指导思想。俄军认为，军事实力不取决于军队数量，而取决于高度的指挥能力、完善组织工作、训练和技术装备程度。现在主要靠提高质量来保持防御能力，以人数减少的武装力量保持更高质量的国防。⑮关于武装力量建设与训练原则。俄军认为，军队建设必须遵循下列原则：均衡发展各军兵种，集中领导，一长制，军事指挥机关和部队的战斗与动员准备程度训练、部队结构、战斗编成、受过训练的预备役人员的数量、物资和资源的储备水平应与保障军事安全的任务相适应等。⑯关于武装力量建设目标。俄军认为，俄武装力量应建成一支组织严密、结构合理、装备精良、人员精干、战备程度高、有足够遏制能力的职业化军队，一支与国家经济能力相适应、能保障国家安全的军队。⑰关于武装力量和其他军队建设和训练的重点。俄军认为，现阶段俄武装力量和其他军队建设的训练的重点有5项：一是建立统一的指挥体系，并使其不断完善；二是发展和完善战略遏制包括核遏制力量和常规遏制力量；三是为常备兵团和部队补充人员、配备武器，并提供全面的保障和充分的训练，使其能在武装冲突和局部战争中执行遏制和作战任务；四是搞好人员物资的动员准备；五是修改完善战略计划。

国防体制　根据1993年12月12日正式通过的《俄罗斯联邦宪法》、1996年5月31日正式生效的俄联邦《国防法》、以及俄联邦有关法律，俄罗斯联邦总统、俄罗斯联邦安全会议、俄罗斯联邦议会、俄罗斯联邦政府对保障国家安全、国防能力状况，对俄罗斯武装力量和其他军队的战斗准备程度、动员准备程度和战斗力负全责。

俄罗斯联邦总统是国家元首和俄罗斯联邦武装力量的最高统帅。他在国防领域的主要职责是：组成并领导俄罗斯联邦安全会议；确定俄联邦军事政策的基本方针；批准俄联邦军事学说；领导俄武装力量和其他军队；宣布总动员或局部动员，宣布全国或局部地区进入战时状态，宣布实施战斗行动的命令；批准武装力量及其他军队发展构想与计划，本土战场建设计划，国民经济转入战时计划，武器装备和国防工业综合体发展计划；授予高级军衔，任免高级军官；批准武装力量及其军队的结构、编成及军人编制人数；决定武装力量及其他军队的部署；批准国防部和总参谋部工作条例；举行谈判和签署俄联邦国防领域的国际条约；颁布征召俄联邦公民服役和参加军事集训的命令等。

俄罗斯联邦安全会议是立法机构，也是保障俄罗斯国家安全的最高决策机构。安全会议的主要任务是：确定社会和国家的重要利益，发现安全目标受到的内部和外部威胁；制订保障俄罗斯联邦安全的主要战略方针，起草保障安全的联邦专项计划；为总统起草有关国家安全的各种建议、决定和命令。俄联邦总统任安全会议主席，政府总理任副主席，安全会议秘书、安全局长、外交部长、国防部长为安全会议常委，政府第一副总理、总统办公厅主任、国家杜马主席、联邦委员会主席、科学院院长、司法部长、警卫局长、内务部长、原子能部长、经济部长、财政部长、对外情报局长、紧急情况部部长、总参谋长为安全会议委员。

俄罗斯联邦议会是俄罗斯联邦最高代表机关和立法机关，它由联邦委员会（上院）和国家杜马（下院）组成。联邦委员会在国防领域的职能是：审核国家杜马通过的根据联邦宪法确定的国防开支；审核国家杜马通过的国防领域的联邦法律；批准俄联邦总统关于在俄全境或部分地区实施战时状态和紧急状态的命令，以及俄联邦武装力量、其他军队使用武器装备不按其使命执行任务的命令；决定关于可在俄联邦境外使用俄联邦武装力量的问题。国家杜马在国防领域的职能是：审核联邦预算法规定的国防开支；通过国防领域的联邦法律。

俄联邦政府是俄联邦最高执行权力机关，它在国防领域内的职能是：落实国防保障措施并在其权限范围内对俄联邦武装力量及其他军队的状况与保障负责；拟定和向国家杜马提出联邦预算中有关国防开支的建议；根据武装力量及其他军队的订货，组织对其武器、军事技术装备、物资设备的提供与保障；制订国家武器装备及国防工业综合体的发展规划；确定国家动员任务，确定国家动员计划、物资储备计划；负责军队院校、军事系、军事教研室的建立和撤销工作；制定俄联邦国土战场建设计划；负责俄联邦的兵役工作等。

俄罗斯联邦武装力量由管理机关、军团、兵团、部队、军事院校以及后勤部门组成。在组织结构上，划分为战略火箭军、陆军、空军和海军 4 个军种。没有编入武装力量的其他军队有边防军、内卫部队、俄联邦安全部的部队、政府通信部队、联邦保卫总局、俄罗斯联邦铁道兵、民防部队、国家消防局等。

俄罗斯联邦武装力量的领导与指挥体制是：俄罗斯联邦总统兼俄联邦武装力量最高统帅，对联邦武装力量和其他军队实施全面领导，并通过国防部长和总参谋长对武装力量和其他军队实施全面领导，并通过国防部长和总参谋长对武装力量实施作战指挥。国防部长通过国防部对联邦武装力量实施直接领导。俄联邦武装力量总参谋部对武装力量进行作战指挥，对武装力量各军种的指挥通过各军种总司令部进行。

国防部的基本职能是：参与制定联邦军事政策和军事学说；制定联邦武装力量建设构想，协调武装力量和军事技术装备发展的联邦国家计划，提出国家国防订货建议；提出国防开支预算草案及其使用办法；组织国防科研和试验设计工作；为武装力量及其他军队订购、生产和采购武器、军事技术装备、食品、被服和其他物资；负责武装力量的动员准备；向总统提交共同条令，有关国防部和总参谋部、军事委员会、后备役委员会的条例草案等。

武装力量总参谋部的基本职能是：拟定联邦军事学说建议；制定联邦武装力量建设计划，协调武装力量与其他军事建设和发展计划的制定工作；协调拟定武装力量和其他军队员额的建议；制定武装力量使用计划、动员计划以及国土战场建设计划；拟定应征服役和参加军事集训的公民人数；实施情报活动；组织实施保持武装力量战斗和动员准备的措施；组织武装力量与其他军队的协同；参与制定民防计划；组织武装力量和其他军队的动员与战略展开等。

领导人物 总统兼武装力量最高统帅普京（1999 年 12 月 31 日代任，2000 年 5 月 7 日正式就任）。国防部长谢尔盖耶夫元帅（1997 年 5 月 23 日上任）。国防部第一副长米哈伊洛夫（上任时间不详)。武装力量总参谋长克瓦什宁大将（1997年6月19日上任）。国防部副部长兼武装力量后勤部长伊萨科夫上将（1997年6月30日上任）。战略火箭军总司令雅科夫列夫上将（1997年6月30日上任）。空军总司令科尔努科夫上将（1998年1月20日上任）。海军总司令库罗耶多夫海军大将（1997年10月上任）

武装力量 **兵力** 现役部队的编制人数为120万人，实有约100.41万人（含20万名国防部人员及其直属部队）

战略火箭军 约10万人，编有5个火箭集团军。

洲际导弹：776枚，其中SS－18（PC－20）型180枚、SS－19（PC－18）型160枚、SS－24（PC－22）型46枚、SS－25（PC－12M）型370枚、SS－27（白杨－M2）型20枚。反弹道导弹：100枚，其中SH－11型36枚、SH－08型64枚。此外，还有C－400型地空导弹，数量不详。

陆军 约34.8万人。编有7个军区（伏尔加河沿岸军区和乌拉尔军区将合并），1个战役战略集群，6个集团军司令部，3个军司令部，42个师（坦克师5个、摩步师21个、空降师4个、机枪炮兵师7个、炮兵师5个），7个地区训练中心，18个独立炮兵旅，12个独立旅（摩步旅9个，空降旅3个），7个特种部队旅，15个战役战术导弹旅，5个反坦克旅，3个坦克团，19个地空导弹旅，20个直升机团（9个战斗直升机团、6个空降突击运输直升机团、5个直升机训练团），以及其他部队。

主战坦克：5375辆，其中T－90型2辆、T－80/V/VD/UM型3058辆、T－72L/M型1909辆、T－64A/－B型194辆、T－62型91辆、T－55型22辆）另外在俄罗斯还储存坦克8900辆。步兵战车：9452辆。装甲输送车：3234辆。牵引火炮：2238门，其中122毫米1067门，130毫米1门，152毫米1170门，203毫米若干门。自行火炮：2358门，其中122毫米474门、152毫米1854门、203毫米30门。曲射直射两用炮：120毫米358门。火箭炮：904门，其中122毫米364门、220毫米428门、300毫米106门。迫击炮：301门，其中120毫米273门、240毫米28门。战役战术导弹发射架：SS－21型200部。反坦克导弹：AT－2、AT－3、AT－4、AT－5、AT－6、AT－7、AT－8、AT－9、AT－10型若干具。反坦克火箭筒：РПГ－18、РПГ－7－16/－22/－26、РПГ－27/－29型若干具。反坦克炮：57、76、85、100毫米若干门。高射炮：23、30、37、57、85、100、130毫米若干具。地空导弹发射架：SA－4型500部、SA－6型400部、SA－8型400部、SA－9型200部、SA－11型250部、SA－12A/B型100部、SA－13型350部、SA－15型100部、SA－19、SA－7、SA－14、SA－16、SA－18型若干部。各型直升机：约2108架，其中米－24型战斗直升机737架、卡－50型8架，运输直升机1060架，侦察直升机140架。

空军 约18.46万人，编有远程航空兵指挥部（空军第37集团军）、战术航空兵、军事运输航空指挥部（空军第61集团军）和空军航空训练学校。

远程航空兵指挥部（空军第37集集团军）编2个师。装备战略轰炸机：83架，其中图－95型68架，图－160型15架。轰炸机：图－22M－2/3型158架。侦察机：40架，其中图－22M－2/－3型10架、图－134型30架。加油机：伊尔－78型20架。

战术航空兵装备轰炸机和强击机：575架，其中苏－24型轰炸机350架、苏－25型强击机225架。歼击机：880架，其中米格－29型260架、苏－27型340架、米格－31型280架。侦察机：135架，其中米格－25型15架、苏－24型120架。预警与控制飞机：16架。电子战直升机：60架。教练机：155架。空空导弹：AA－8、AA－10、AA－11型若干枚。空地导弹：AS－4、AS－7、AS－10、AS－11、AS－12、AS－13、AS－15、AS－17、AS－18型若干枚。地空导弹发射架：SA－2型50部、SA－5型200部，SA－10/S－300型1900部。

军事运输航空兵指挥部（空军第61集团军）编2个师，装备伊尔－76M/MD、安－12、安－22、安－124型运输机约280架。

空军航空训练学校5所，装备教练机约1150架。

海军 17.15万人（含海军航空兵、海军步兵及海岸防御部队）。编有4个舰队。

海军战略核力量 约1.3万人，装备战略导弹核潜艇19艘，携载弹道导弹324枚，其中："台风"级3艘，携载弹道导弹60枚；D4级7艘，携载弹道导弹112枚；D3级7艘，携载弹道导弹112枚；D1级2艘，携载弹道导弹40枚。攻击潜艇：43艘，其中"奥斯卡"级8艘、"阿库拉"级8艘、"赛拉"级3艘、Y级1艘、V3级7艘、"基洛"级12艘、T级3艘、F级1艘。其他潜艇5艘。航空母舰："库兹涅佐夫"级1艘。巡洋舰：7艘，其中"基洛夫"级2艘、"光荣"级3艘、"卡拉"级1艘、"肯达"级1艘。驱逐舰：17艘，其中"现代级"7艘、"卡辛"

级2艘、“勇敢”级8艘。护卫舰：10艘，其中“克里瓦克”2级2艘、“克里瓦克”1级7艘、“无畏”级1艘。巡逻艇：39艘。导弹快艇：54艘，其中“塔兰图尔”级29艘、“纳努契卡”级20艘、“迪嘎什”级2艘、“玛特卡”级3艘、鱼雷艇：6艘。水雷战舰艇：72艘。登陆舰艇：25艘。支援辅助舰船：436艘。

海军航空兵　约3.5万人，编有1个海军航空兵司令部和4个舰队航空兵。装备轰炸机：图－22M型45架。歼击轰炸机：114架，其中苏－24型52架、苏－25型10架、苏－27型52架。反潜飞机：40架，其中图－142型10架、伊尔－38型26架、贝－12型4架。反潜直升机45架。侦察/电子战飞机：26架，其中安－12型18架，米－8型直升机8架。运输直升机：27架，其中卡－29型12架、米－24型15架。运输机：37架。空地导弹AS－4、AS－7、AS－10、AS－11、AS－12、AS－13、AS－14若干枚。

海军步兵　约7500人，编有1个独立师（2500人）、2个独立旅、3个舰队特种部队旅。装备T－55、T－72、T－80型坦克130辆，БРДМ－2型装甲侦察车60辆，装甲输送车750辆，各型火炮321门，反坦克导弹发射架72部，反坦克炮若干门，23毫米自行高炮60门，防空导弹发射架250具。

海岸防御部队　约5000人，编有1个岸防师、1个岸防旅、1个炮兵团、2个地空导弹团。装备T－64型主战坦克350辆、装甲战车450辆、装甲输送车280辆、各型火炮364门。

预备役部队　近5年服过现役者240万人。

准军事部队　约42.3万人。其中边防军14万人。装备装甲车和步兵战车1000辆、火炮90门、各型飞机约70架、各型直升机约200架、各型巡逻舰船约237艘；内卫部队约14万人（装备装甲车和步战车1700辆、火炮65门、直升机4架）；联邦警卫部队约2.5万人；联邦保密部队约4000人；联邦安全部队约1万人；联邦通信和情报信息部队约5.4万人；铁道兵约5万人。

部署　俄罗斯武装力量划分为1个战役战略集群、7个军区和4个舰队。

加里宁格勒战役战力集群　归波罗的海舰队指挥，由地面部队、海军步兵和海岸防御部队组成。地面部队约1.27万人，下辖2个摩步师、1个坦克旅、1个战役战术导弹旅、1个地空导弹团、1个独立摩步旅、1个战斗直升机团，装备主战坦克816辆、步兵战车850辆、各型火炮345门、战役战术导弹发射架18部、战斗直升机20架。海军步兵1个团（1100人），装备主战坦克26辆、步兵战车220辆、火炮30门。海岸防御部队编有1个炮兵团，装备火炮133门；1个岸对舰导弹团，装备舰对岸导弹发射架8部。航空兵1个团（属波罗的海舰队），装备苏－27型飞机28架，地空导弹发射架50部。

列宁格勒军区　司令部驻圣彼得堡。地面部队3.81万人，下辖1个空降师、2个独立摩步旅、2个炮兵旅/团、1个战役战术导弹旅、1个特种作战旅、4个地空导弹旅、1个反坦克团、1个火箭炮团、1个攻击运输直升机团。装备主战坦克333辆、装甲战车500辆、火炮940门、“飞毛腿”战役战术导弹发射架18部、战斗直升机25架。海军步兵1个团（1300人），装备主战坦克74辆、步兵战车230辆、火炮45门。海岸防御部队1个团，装备装甲输送车360辆、火炮134门。地空导弹团1个。空军部队下辖1个空军集团军（空军第6集团军），装备392架作战飞机。编有2个防空军，1个轰炸师（装备苏－24轰炸机66架）、1个侦察团（装备米格－25型机26架、苏－24型机20架），1个歼击机师（装备苏－27型机35架、米格－29型机60架），1个电子战直升机大队（装备米－8直升机20架），7个防空航空兵团，装备米格－31型机95架、苏－27型机90架，地空导弹发射架525部。

莫斯科军区　司令部驻莫斯科。地面部队9.59万人，编1个集团军司令部、1个军司令部、2个坦克师、2个摩步师、2个空降师、1个炮兵师、5个炮兵旅/团、3个战役战术导弹旅、1个独立摩步旅、1个特种部队、4个地空导旅、2个运输直升机团，装备主战坦克2000辆、装甲战车2200辆、火炮1800门、“飞毛腿”战役战术导弹发射架48部、战斗直升机120架。空军部队编有2个防空航空兵师，装备米格－25/－29/－31型机、苏－24/－25/－27型机共550架，2个电子战直升机大队，装备米－8直升机46架，地空导弹发射架850部。

伏尔加河沿岸军区　司令部驻萨马拉（即将与乌拉尔军区合并）。地面部队3.26万人，下辖1个摩步师、1个空降旅、1个炮兵团、1个战役战术导弹旅、1个地空导弹旅、1个战斗直升机团、1个战斗直升机训练团，装备主战坦克730辆、装甲战车1000辆、火炮650门、SS－21战役战术导弹发射架18部、战斗直升机33架。空军部队编有：1个攻击机训练团，装备米格－29型机48架、苏－25型机21架；3个防空航空兵训练团，装备米格－23型机118架、苏－27型机39架、米格－31型机8架；1所航空学校，装备教练机383架。

北高加索军区　司令部驻罗斯托夫。地面部队8.25万人，编有1个集团军司令部、1个军司令部、2个摩步师、1个空降师、3个摩步旅、1个空降旅、1个特种作战旅、1个炮兵旅、1个战役战术导弹旅、4个地空导弹旅、1个反坦克团、2个战斗直升机团、1个运输直升机团，装备主战坦克600辆、装甲战车1900辆、火炮750门、“飞毛腿”型战役战术导弹发射架18部、战斗直升机60架。海军步兵1个团约1400人（属于黑海舰队），装备装甲战车59辆、火炮14门。空军部队编有空军第4集团军，装备作战飞机459架，1个轰炸师（装备苏－24型机112架），1个侦察团（装备苏－24型机50架），1个歼击轰炸机师（装备苏－25型98架、苏－22型机35架），4个防空航空兵团（装备米格－29型机105架、苏－27型机59架），1个电子战直升机大队（装备米－8直升机47架），地空导弹发射架125部。

乌拉尔军区　司令部驻叶卡捷琳堡。地面部队编1个坦克师、1个摩步师、1个特种部队旅、2个炮兵旅/团、1个战役战术导弹旅、装备主战坦克1300辆、装甲战车1600辆、火炮900门、“飞毛腿”战役战术导弹发射架18部，地空导弹发射架600部。

西伯利亚军区　司令部驻赤塔。地面部队编2个军司令部、3个坦克师、2个摩步师、1个炮兵师、2个机枪炮兵师、3个摩步旅、10个炮兵旅/团、2个战役战术导弹旅、2个地空导弹旅、2个特种作战旅、4个反坦克团、1个战斗直升机团，装备主战坦克4468辆、装甲战车6000辆、火炮4300门、“飞毛腿”战役战术导弹发射架36部、战斗直升机35架。空军部队装备苏－24/25型机315架、苏－27/米格－29型机100架、苏－24型侦察机100架。

远东军区　司令部驻哈巴罗夫斯克（伯力）。地面部队编2个集团军司令部、2个军司令部、10个摩步师、2个机枪炮兵师、1个炮兵师、9个炮兵旅/团、1个摩步旅、3个战役战术导弹旅、5个地空导弹旅、1个特种作战旅、1个反坦克旅、2个战斗直升机团、2个运输直升机团，装备主战坦克3900辆、装甲战车6400辆、火炮3000门、SS－21型战役战术导弹发射架54部，战斗直升机85架。海军步兵1个师(2500人)，属于太平洋舰队。海岸防御部队1个师。空军部队见西伯利亚军区。

北方舰队　司令部驻北莫尔斯克。装备潜艇37艘（其中战略潜艇14艘、攻击潜艇23艘），主要水面作战舰艇12艘，其他水面作战舰艇26艘。海军航空兵装备作战飞机75架、战斗直升机30架。

波罗的海舰队　司令部驻加里宁格勒。装备攻击潜艇2艘，主要水面作战舰艇6艘，其他水面作战舰艇约26艘。海军航空装备作战飞机68架、战斗直升机41架。

黑海舰队　司令部驻塞瓦斯托波尔。装备攻击潜艇12艘，主要水面作战舰艇7艘，其他水面作战舰艇约15艘。海军航空兵装备作战飞机30架、战斗直升机13架。

里海分舰队　司令部驻阿斯特拉罕，装备各型舰艇约36艘。

太平洋舰队　司令部驻符拉迪沃斯托克（海参崴）。装备潜艇16艘（其中战略潜艇5艘，攻击潜艇11艘），主要水面作战舰艇10艘，其他水面作战舰艇约30艘。海军航空兵装备作战飞机71架、战斗直升机23架。

军衔　分7等20级：俄罗斯联邦元帅，将官4级（大将、上将、中将、少将），校官3级（上校、中校、少校），尉官4级（大尉、上尉、中尉、少尉），准尉2级（高级准尉、准尉），军士4级（大士、上士、中士、下士），兵2级（上等兵、列兵）。

驻外兵力　约2.215万人。驻亚美尼亚地面部队3100人，1个军事基地，装备主战坦克74辆、装甲车17辆、步兵战车148辆、火炮84门，空军部队为1个大队，装备米格－29型机14架、1个S－300地空导弹营。驻格鲁吉亚地面部队5000人，3个军事基地，装备主战坦克140辆、装甲战车500辆、火炮173门、战斗直升机5架，另有118辆装甲战车和一些火炮部署在阿布哈兹，空军部队装备地空导弹发射架60部、飞机35架。驻摩尔多瓦地面部队2600人，编1个作战集群，装备主战坦克117辆、装甲战车133辆、火炮128门。驻塔吉克斯坦地面部队8200人，编1个摩步师，装备主战坦克190辆、装甲战车303辆、火炮180门。驻乌克兰1个海军步兵团（1500人），装备装甲战车212辆、火炮31门。驻非洲100人。驻古巴800余人。驻叙利亚150人。驻越南700人。参加维和行动：驻波黑1300人，2个空降营；驻格鲁吉亚/阿布哈兹约1500人，1个空降团；驻格鲁吉亚/南奥塞梯500人，1个摩步营；驻摩尔多瓦/德涅斯特500人，1个摩步营；驻南斯拉夫约3600人。

（闵振范）

法　国

国　名　法兰西共和国。

主要统计　面积 55.1602 万平方千米（包括科西嘉及其他岛屿）。人口 5942.5 万人（其中，13～17岁男 197.4 万人，女 188.5 万人；18～22 岁男 194.3万人，女 186 万人；23～32 岁男 429.8 万人，女 412.2万人）。国内生产总值 14000 亿美元（1999年）。国防费 1879 亿法郎，合 270 亿美元（2000 年国防预算）。粗钢 1976.7 万吨（1997 年）。原煤 904.5万吨（1995 年）。原油 1600 万桶（1996 年）。粮食 6770.6 万吨（1998 年）。海运能力，商船（载重 100 吨以上）729 艘、总载重量 498.1 万吨（1998年）。民航能力，固定航班机场 61 处、客运量 716 亿人千米、货运量 113 亿吨千米（1998 年）。

国防政策　法国是西欧大国和联合国安理会常任理事国之一，一直把维护大国地位作为其国家战略的核心。为确保这一目标的实现，法国奉行独立的防务和安全政策。与此同时，法国也十分注重与北约盟国的协商与合作。当前法国奉行的国防政策是：（1）强调核威慑的重要作用，继续依靠独立、有限的核力量，维护国家的根本利益。法国十分重视核武器的战略威慑作用，强调必须保持一支“独立”、“足够”和“有效”的现代化核威慑力量，并将其作为最后的军事手段，捍卫其大国地位，维护国家的根本利益。（2）重视欧洲防务建设，谋求在欧洲安全事务中发挥主导作用。法国反对建立单极世界，认为世界的多极化趋势虽然出现曲折，但仍然是不可避免的。欧盟必须加强独立的防务建设，以建立新的欧洲安全机制，并在未来国际格局中发挥重要作用。因此，法国将推动欧洲加强共同防务建设作为其国防政策的主要内容之一，谋求法在未来新的欧洲安全机制中发挥主导作用。（3）继续参与北约的集体防御，力促北约进行内部改革，积极扩大法的影响和作用。法认为，北约仍是欧洲集体防御的核心，但欧洲不能把确保自身安全的责任永久地交给美国承担，主张通过建立“欧洲独立防务”和“真正平等”的欧美伙伴关系，使欧洲承担更多的防务责任和发挥更大的作用，从中扩大法的影响和作用，并力图削弱美国在北约的主导地位。（4）维护法在亚洲、非洲和中东的战略利益，谋求打破美国独霸世界的野心。法国一直把亚洲、非洲和中东地区看作是自己的传统势力范围，发展与加强同这些地区国家的友好合作关系，有利于扩大法的影响力和发挥法的大国作用，从而打破由美国一手独揽地区事务和中东和平进程的局面，确保法的战略利益。

军事战略　法国是北约成员国，其军事战略基本上是执行北约各个时期制定的军事战略原则，但同时又保持着自己的独立性。在冷战时期的一个较长时期内，法国奉行“逐步反应”的军事战略。冷战结束后，法国根据国际和欧洲安全形势的变化，对军事战略进行调整，奉行全方位防御战略。该军事战略的主要内容是：（1）强调威慑的作用。法国公开宣布，对任何敢于冒犯、威胁其根本利益的潜在敌人，法将可能首先使用核武器。法这样做的目的是使其不敢轻举妄动。但与此同时，法国也更加强调常规力量在核威慑战略中的作用，重视核与常规力量、威慑与干预行动之间的平衡与互补作用。（2）强调预防危机。主张动用政治、经济、外交、军事等多种手段，预防各种危机的发生，以确保国家的安全。采取包括通过国际合作、和平调解和外交斡旋等方式的政治干预、经济援助和制裁以及派出维和部队和进行军事干预等措施，预防危机并将其控制在最低限度。（3）强调兵力投送与机动作战。认为未来法军将主要在远离国门的欧洲及世界其他地区遂行军事行动。为此，法军应具有兵力投送能力和机动作战能力，并把加强部队快速反应能力及远距离投放手段作为军队建设的重要内容。（4）强调维护国内安全。法军的任务是维护国家主权、领土完整和社会稳定。维护国家治安主要由宪兵和警察承担，但需要时，法军现役及预备役部队也将参与，进行“国内投放”行动，以配合宪兵和警察及时、有效地消除国内各种不安定因素和潜在威胁。

国防体制　宪法规定，总统为武装力量最高统帅。总统下设内阁会议、国防委员会、限制性国防委员会和高级国防会议。内阁会议负责制定全面的防务政策，其成员有总理和所有内阁成员，由总统任主席。国防委员会负责具体防务问题的决策，其成员有总理、外交、国防、内政和财经部长等，由总统任主席。限制性国防委员会负责军事问题的决策，由总理或总理指定的人员组成，总统任主席。高级国防会议为咨询机构。总理负责贯彻既定防务政策。国防部为内阁中的一个部，是军队的最高行政领导机关。国防部长在总理领导下负责防务工作，下设三军参谋部和陆、海、空军军种参谋部以及武器装备部等单位。武装力量由陆、海、空三军和宪兵组成。最高军事指挥机构为三军参谋部。总统通过国防部和三军参谋部对全国武装力量实施领导和指挥。

领导人物 总统兼武装力量最高统帅雅克·希拉克（1995 年 5 月上任）。总理利奥内尔·若斯潘（1997 年 6 月上任）。国防部长阿兰·里夏尔（文职，1997 年 6 月上任）。三军参谋长让－皮埃尔·凯勒什上将（1998 年 4 月上任）。海军参谋长让－吕克·德洛耐海军上将（1999 年 5 月上任）。空军参谋长让·拉努空军上将（1995 年 9 月上任）。

武装力量 兵力 现役部队 29.476 万人（包括三军公共部门部 1.547 万人）。

陆军 16.93 万人。编有 1 个地面作战司令部、1 个后勤司令部、9 个作战旅、2 个后勤旅。

主战坦克："勒克莱尔"式 199 辆、AMX－30B2 型635 辆。装甲侦察车：AMX－10RC 型 337 辆、ERC－90F4 "萨盖"型 192 辆、AML－60/90 型 155 辆、VBL M－11 型 899 辆。步兵战车：AMX－10P/PC型 713 辆。装甲输送车：VAB 式 3900 辆。牵引炮：155 毫米 TR－F－1 式 105 门。自行炮：155 毫米 273 门。火箭炮：227 毫米 61 门。迫击炮：120 毫米 363 门。反坦克导弹："爱利克斯"780 具、"米兰"1348 具、"霍特"135 具。反坦克火箭筒：89 毫米9850 具、112 毫米"阿皮拉斯"9690 具。高炮：20 毫米 774 门。地空导弹："霍克"69 部、"罗兰"113 部、"西北风"331 部。雷达："拉西特"监视雷达若干部、"拉塔克"侦察雷达若干部。飞机："锡斯纳""大篷车"II 型 2 架，PC－6 型 5 架，TBM－700 型 2 架。直升机：498 架，其中攻击直升机 339 架。侦察直升机 4 架、支援直升机 155 架。无人驾驶机：CL－289 型 6 架、"红隼"型 2 架、"搜索者"型 4 架。

海军 4.949 万人（包括海军航空兵和海军陆战队）。编有 1 个战略海军司令部、1 个水面作战司令部、1 个反潜作战司令部、1 个扫雷作战司令部、1 个潜艇作战司令部、1 个海军航空兵司令部、1 个海军陆战队司令部。

航母："戴高乐"号核动力航母 1 艘。直升机航母："圣女贞德"级 1 艘。导弹驱逐舰："卡萨尔"级 2 艘、"絮弗伦"级 2 艘。护卫舰：29 艘，其中"费罗雷亚尔"级 6 艘、"乔治·莱格"级 7 艘、"图尔维尔"级 2 艘、"德斯蒂安纳·多尔韦"级 10 艘、"拉法耶特"级 4 艘。潜艇：11 艘，其中战略弹道导弹核潜艇 4 艘（"可畏"级 2 艘、"凯旋"级 2 艘），战术潜艇 7 艘（"红宝石"级 6 艘、"阿戈斯塔"级 1 艘）。巡逻舰艇：40 艘。扫雷舰：21 艘。两栖舰艇：9 艘。支援舰船：30 艘。

海军航空兵 3500 人。装备作战飞机：52 架，武装直升机 32 架。

海军陆战队 2000 人。编有 4 个突击群、14 个海军基地防卫队。

空军 6.05 万人。编有 1 个防空司令部（下辖"斯特里达"II 防空系统、6 个雷达站、1 个预警机中队、11 个地空导弹连、若干个高炮连）、1 个空中作战司令部（下辖 6 个攻击战斗机中队、7 个战斗机中队、2 个侦察机中队、3 个教练机中队、1 个电子战中队）、1 个空中机动支援司令部（下辖 14 个运输机中队、1 个电子战中队、5 个直升机中队、1 个教练机中队）、1 个空中训练司令部。

作战飞机："幻影"型 313 架、"美洲虎"A 型 120 架。空中预警机：E－3F 型 4 架。侦察机："幻影"F－1CR 型 40 架、"幻影"IVP 型 5 架。空中加油机：C－135FR 型 11 架、KC－135 型 3 架。直升机：89 架。空地导弹：ASMP 型、AS－30/30L 型若干。空空导弹："超"530F/D 型、"魔术"R－501I/II 型、"麻雀"AIM－9 型、"迈卡"型若干。

战略核力量 8400 人（其中海军 4700 人，空军 3100 人，宪兵 600 人）。装备有战略导弹潜艇："可畏"级 2 艘、"凯旋"级 2 艘、潜射导弹 64 枚。准战略核力量装备有：海军"超级军旗"攻击机 36 架；空军装备"幻影"2000N 型轰炸机 60 架、"幻影"IVP 型侦察机 5 架。

文职人员 9.904 万人。

预备役部队 41.9 万人。其中陆军 24.25 万人，海军 9.7 万人，空军 7.95 万人。

准军事部队 宪兵 9.495 万人。装备有 VBC－90 型装甲车 28 辆、VBRG－170 型装甲运兵车 155 辆、60 毫米和 81 毫米迫击炮 826 门、直升机 42 架。

部署 陆军主要部署在法国与德国边境和北部地区，海军重点部署在地中海和大西洋沿岸一带，空军主要部署在东北部和中部地区。共有军事基地 74 处，其中陆军基地 16 处，海军基地 8 处，空军基地 50

处。

兵役制度 自1997年起，取消义务兵役制，实行志愿国民役制度。到2003年建立以职业军人为主、志愿军人为辅的职业化军队。各级军官最高服役年限：将官为61岁，校官57岁，尉官为52岁。

军衔 分5等20级：将官4级（上将、中将、少将、准将），校官3级（上校、中校、少校），尉官4级（上尉、中尉、少尉、准尉），军士6级（总军士长、军士长、准军士长、上士、中士、下士），兵3级（上等兵、下等兵、列兵）。

驻外兵力 驻德国部队2700人，安的列斯地区3800人，法属圭亚那3250人，印度洋地区4200人，新喀里多里亚3100人，波利尼西亚3100人，乍得990人，科特迪瓦500人，吉布提3200人，加蓬680人，塞内加尔1170人。

参加联合国维持和平行动：驻波黑维和部队3200人、驻克罗地亚201人、驻埃及军事观察员17人、驻格鲁吉亚军事观察员3人、驻伊拉克/科威特边境军事观察员11人、驻黎巴嫩维和部队251人、驻中东军事观察员4人、驻沙特阿拉伯南方军事观察员（部队）170人、驻西撒哈拉军事观察员（宪兵）25人、驻南斯拉夫科索沃维和部队5080人。

军火贸易 自八十年代以来，法国的军火出口一直居世界前三位，并占据世界出口10%左右的份额。法军火出口的主要地区是中东、亚洲、拉美和欧洲。1997年军火出口额为74.19亿美元。1998年军火出口额为98.04亿美元。1999年军火出口额仍居世界第三，全年订单金额共计306亿法郎（合43.7亿美元），占世界军火市场总额的12～15%，其中空中武器占订单总数的51.7%（1998年占75.1%），地面武器占27%（1998年占15.1%），海上武器占21.3%（1998年占9.81%）。

（华 晓）

芬 兰

国 名 芬兰共和国。

主要统计 面积33.8145万平方千米。人口518.3万人（其中，13～17岁男16.7万人，女15.8万人；18～22岁男17万人，女16.2万人；23～32岁男33.6万人，女32.2万人）。国内生产总值1230亿美元（1999年）。国防费16亿美元（2001年国防预算）。粗钢373.4万吨（1997年）。发电量667.56亿度（1996年）。粮食380.8万吨（1997年）。海运能力，商船（载重100吨以上）263艘、总载重量98.93万吨（1996年）。民航能力，固定航班机场24处、客运量107.09亿人千米、货运量2.41亿吨千米（1996年）。

国防体制 宪法规定，总统为武装力量最高统帅。最高国防决策机构为内阁，有权对国防政策、军备计划等作出决定。内阁国防委员会是国防政策和计划的最高协调组织和总统国防决策的咨询机构，通常由总理任主席（总统出席时则由总统任主席），成员包括国防、外交、内政、财政、司法、工商等部长和国防军司令、总参谋长，总统还可指定其他人担任委员会成员或专家。内阁国防委员会没有直接的决策权和执行权，只提出建议和结论，但实际上，它的建议和结论都以内阁或政府各部决定及行政命令的形式贯彻落实。国防部是军队最高行政机关，负责国防和军队建设事务。武装力量由正规军和准军事部队组成。国防军分为陆、海、空三个军种。国防司令部是三军的最高军事指挥机关。总统通过国防部和国防军司令对全国武装力量实施领导。

领导人物 总统兼武装力量最高统帅塔里娅·哈洛宁（2000年3月上任）。总理帕沃·利波宁（1995年4月上任，1999年4月连任）。国防部长扬－埃里克·埃内斯塔姆（1999年4月上任）。国防军司令古斯塔夫·黑格隆德上将（1994年11月上任）。总参谋长依尔卡·霍洛中将（2000年上任）。海军司令埃斯科·伊利海军中将（1997年上任）。空军司令尤乌尼·比斯蒂尼少将（1998年上任）。

武装力量 **兵力** 现役部队3.17万人。

陆军 2.4万人。编成1个装甲旅、6个步兵旅、1个炮兵旅、2个独立步兵团、3个防空团、1个后勤团、1个防化团、1个通信团和2个独立通信营。

坦克：T－72/M1型160辆、T－55M型70辆。装甲步兵战车：BMP－1型163辆、BMP－2型110辆。装甲输送车：MT－LBV型220辆、BTR－60型120辆、"西苏"XA－180/185型450辆。牵引炮：122毫米486门、130毫米36门、152毫米324门、

155毫米108门。自行炮：122毫米72门、152毫米18门。火箭炮：122毫米60门。迫击炮：81毫米800门、120毫米789门。无坐力炮：66毫米132门、95毫米100门。反坦克导弹：100具。高炮：23毫米400门、57毫米24门。地空导弹：SAM-90型20部、SAM-96型18部和其他SAM型若干部。直升机：米-8型7架、"休斯"500D型4架。

海军　0.5万人。编有2个导弹艇中队、2个水雷艇中队、2个海勤营、4个岸炮营和1个步兵营。

轻型护卫舰："图伦马"级1艘。导弹攻击快艇："赫尔辛基"级4艘、"拉乌马"级4艘、"哈米那"级1艘。布雷舰："波赫扬马"级1艘、"海曼玛"级2艘、"邦西奥"级3艘。扫雷舰："吉斯基"级7艘。布雷艇："杜依玛"级4艘。扫雷艇："古哈"级6艘。登陆运输船："凯佩拉"级3艘、"卡拉"级3艘。

空军　0.27万人。编有3个战斗机联队、1个侦察机中队、1个飞行支援中队。

战斗机："大黄蜂"F/A-18C型57架、F/A-18D型7架。运输机："福克"F-27型2架、"利叶特"35A型3架。联络机："皮波"式14架、"雷地勾"式9架。

文职人员　0.78万人。

预备役部队　约48.5万人（将减至43万人）。

准军事部队　边防军0.34万人。

部署　陆军划分为东部、北部和中部3个军区，下辖12个省军区：北部军区（奥鲁省军区、拉毕省军区），西部军区（赫尔辛基省军区、乌西玛省军区、海曼省军区、土尔库波里省军区、中芬兰省军区、瓦萨省军区），东部军区（居米省军区、米克利省军区、北卡累利亚省军区、郭毕奥省军区）。海军重点部署在南部沿海地带，分为2个海防军区、1个岸防军区和1个岸防旅，即苍兰湾海防军区、群岛海域海防军区、科特卡岸防军区和乌西玛海岸步兵旅。海军司令部设在赫尔辛基，海军基地2处（赫尔辛基、土尔库）。空军划为三个军区：拉毕军区、卡累利亚军区和萨拉贡达军区，司令部设在迪卡高斯基。

兵役制度　实行普遍义务兵役制度。宪法规定，凡年满17周岁且未满60周岁的男性公民都有服兵役的义务。兵役包括现役、后备役和辅助役三种形式。义务兵服役期分为半年、9个月和一年三种类型。公民服现役期满后即转入后备役并需定期参加复训，每年参加后备役复训和演习的人数为35000人。军官最高服役年限为：上将为63岁，中将至上校均为60岁，其它军官、职业兵为55岁；属于飞行员系列的中将和少将为55岁，上校52岁，中校50岁，其它45岁。

军衔　分5等19级；将官4级（上将、中将、少将、准将），校官3级（上校、中校、少校），尉官4级（上尉、高级中尉、中尉、少尉〔后备役〕），军士4级（军士长、上士、中士、下士），兵4级（一等兵、二等兵、三等兵、列兵）。

驻外兵力　2000年驻外维和人员：波斯尼亚维和部队480人，克罗的亚军事观察员1人，克什米尔军事观察员5人，塞浦路斯维和部队11人，中东维和军事观察员11人，驻黎巴嫩维和部队624人，驻伊拉克/科威特军事观察员5人，印巴边境军事观察员6人，科索沃维和部队800人。

军队节日　军旗节6月4日。

（宁　涛）

荷　兰

国　　名　荷兰王国。

主要统计　面积41.526万平方千米。人口1579.4万人（其中，13～17岁男44.7万人，女42.8万人；18～22岁男45.1万人，女43.1万人；23～32岁男114.1万人，女108.1万人）。国内生产总值3750亿美元（1999年）。国防费62亿美元（2000年）。粗钢664.1万吨（1997年）。原油2200万桶（1996年）。天然气787.8亿立方米（1995年）。发电量808.32亿度（1995年）。粮食143.4万吨（1998年）。海运能力，商船（载重100吨以上）399艘、总载重量287.4万吨（1996年）。民航能力，固定航班机场6处（1996年）、客运量455.31亿人千米、货运量36.35亿吨千米（1996年）。

国防政策　荷兰是北约成员国，其主要军事力量均提交北约统一指挥。因此，荷兰把坚持奉行依靠北约的集体防务作为其国防政策的核心，并将北约视为维护欧洲和荷兰安全的基石。与此同时，荷兰也主张由欧洲承担更多的防务义务，在维护地区安全中发挥更为积极的作用。在军队建设上，为了适应近年来世界和欧洲安全形势的变化，也进行了裁军，强调建立一支职业化的军队。

国防体制　宪法规定，女王是荷兰武装力量的最高统帅。战时首相是武装力量的最高司令，平时通过国防大臣行使职权。最高国防决策机构为国防委员会，成员有首相、外交、国防、内政、财政、经济、交通与通信大臣、国防国务秘书、国防部秘书长、国防参谋长、各军种司令、民防参谋长、外交部政治司司长和国防部各总局局长等，由首相任主席。国防部是政府中的一个部，是最高军事行政领导机关，负责国防政策的制定与监督实施等工作。武装力量由正规军和准军事部队组成。正规军分陆、海、空三个军种和宪兵，由各军种司令和宪兵司令分别指挥。最高军事指挥机构为国防参谋部。女王和首相通过国防部和国防参谋部对全国武装力量实施领导和指挥。

领导人物　国家元首兼武装力量总司令贝亚特丽克丝女王（1980 年 4 月 30 日即位）。首相维姆·科克（1994 年 8 月上任）。国防大臣德赫拉夫（文职，1998 年 8 月 3 日上任）。国防参谋长克鲁恩海军上将（1998 年 6 月 10 日上任）。陆军司令兼陆军参谋长马尔顿·肖滕中将（1995 年 7 月 4 日上任）。海军司令兼海军参谋长范代温达克中将（1998 年 6 月 10 日上任）。空军司令兼空军参谋长柏林中将（2000 年 3 月 24 日上任）。

武装力量　**兵力**　现役部队 5.194 万人（含宪兵 5200 人，女军人 4155 人，总部机关 800 人，另有文职人员 1.96 万人）。

陆军　2.31 万人。编成 1 个军部、1 个机械化师部、3 个机械化旅、1 个轻型旅、1 个空中机动旅、1 个野战炮兵团、1 个防空大队、1 个工兵大队。

主战坦克：“豹”Ⅱ式 330 辆。步兵战车：YPR－765 型 383 辆、M－113C/R 型 65 辆。装甲输送车：YPR－765 型 269 辆、YPR－765 型派生型 491 辆。牵引炮：155 毫米 115 门。自行炮：155 毫米 126 门。火箭炮：227 毫米 22 门。迫击炮：81 毫米 40 门、120 毫米 133 门。反坦克导弹：“龙”式 4 27 具、“陶”式 326 具。无坐力炮：106 毫米 185 门。高炮：35 毫米自行高炮 77 门、40 毫米牵引高炮 60 门。地空导弹：“毒刺”312 枚。船艇：坦克运输艇 1 艘、海岸巡逻艇 3 艘、内河巡逻艇 3 艘。

海军　1.23 万人。编有 1 个潜艇中队、3 个护航中队和 3 个扫雷中队。荷兰和比利时的海军由设在荷兰登赫尔德的司令部统一指挥。

潜艇：“海象”级潜艇 4 艘。导弹驱逐舰：“特罗姆普”级 1 艘、“雅各布·范·赫姆斯科克”级 2 艘。护卫舰：“卡雷尔·多尔曼”级 8 艘、“科顿艾尔”级 4 艘。扫雷舰：“阿尔克马尔”级 14 艘。两栖舰：“鹿特丹”级 1 艘。支援舰：8 艘。

海军陆战队　3100 人。编有 3 个海军陆战营，1 个支援营。装备 105 毫米牵引炮 8 门、120 毫米迫击炮 14 门、81 毫米迫击炮 18 门、“龙”式反坦克导弹、“毒刺”地空导弹若干。

海军航空兵　950 人。编有 2 个海上巡逻兼反潜中队、2 个反潜兼搜索救援中队。装备有“猎户座”P－3C 型反潜巡逻机 13 架、“大山猫”型武装直升机 21 架。

空军　1.13 万人。编有 5 个攻击战斗机中队、1 个战斗/侦察机中队、1 个运输机中队、1 个教练机中队、1 个搜索救援中队、5 个直升机中队、4 个防空中队。

攻击/战斗机：F－16A/B 型 157 架。海上侦察机：F－27M 型 2 架。空中加油兼运输机：DC－10 型 2 架。运输机：F－50 型 2 架、F－60 型 4 架、“大力神”C－130H－30 型 2 架、“湾流”Ⅳ型 1 架。教练机：PC－7 型 10 架。直升机：94 架，其中租用美国“阿帕奇”武装直升机 12 架。地空导弹：“毒刺”100 部，“霍克”48 部，“爱国者”5 部。高炮：40 毫米 75 门，VL4/41“捕蝇器”防空雷达 25 部。“响尾蛇”AIM－9L/N、“哈姆”AIM－120B 空空导弹、AGM－65G 空地导弹若干。

文职人员　1.96 万人。

预备役部队　3.22 万人，其中陆军 2.22 万人、海军 0.5 万人、空军 0.5 万人。

准军事部队　皇家宪兵 5200 人（其中女军人 400 人）。

部署　陆军作战部队主要部署在东部地区。空军作战飞机中队主要部署在东部地区。防空导弹部队全部部署在德国。战术空军司令部设在政府所在地海牙。

兵役制度　自 1997 年 1 月 1 日起实行合同兵役制度。合同兵首次服役合同期一般为 18 个月。合同期满后可以续签服役合同，每次续签服役合同期为 2 年。各级军官最高服役年限：除国防参谋长可适当延长外，各级军衔军官均为 55 岁。

军衔　分 5 等 17 级；将官 4 级（上将、中将、少将、准将），校官 3 级（上校、中校、少校），尉官 3 级（上尉、中尉、少尉），军士 5 级（准尉、上士、一级中士、中士、下士），兵 2 级（一等兵、二等兵）。

驻外兵力　驻德国 3000 人，1 个轻型装甲旅（1 个装甲步兵营、1 个坦克营）及作战支援分队；驻冰岛 16 人，“猎户座”P－3C 型反潜巡逻机 1 架；驻荷属安的列斯群岛 1 个海军陆战营、护卫舰 1 艘、两栖登陆舰 1 艘、“猎户座” P－3 型反潜巡逻机 3 架、海军 20 人。参加联合国维持和平行动：驻波黑维和部队（SFORII）1267 人、1 个机械化步兵营；驻塞浦路斯维和部队 99 人；驻埃－厄边境军事观察员 1 人；驻意大利 155 人，F－16 战斗机 4 架；驻中东军事观察员 10 人；驻科索沃维和部队（KFOR）1450 人。

外国驻军　北约北欧盟军司令部，美国驻军 370 人（其中陆军 60 人、空军 290 人、海军 10 人、海军陆战队 10 人）。

（程新华）

捷　克

国　名　捷克共和国。

主要统计　面积 7.8866 万平方千米。人口 1029 万人（其中，13～17 岁男 34.7 万人，女 33 万人；18～22 岁男 41.2 万人，女 39.6 万人；23～32 岁男 76.9 万人，女 76.8 万人）。国内生产总值 515 亿美元（1999 年）。国防预算约 11.53 亿美元（2000 年）。原煤 7094.7 万吨（1995 年）。原油 70 万桶（1996 年）。天然气 2.9 亿立方米（1995 年）。发电量 65112 亿度（1998 年）。粮食 685.4 万吨（1998 年）。海运能力，商船（载重 100 吨以上）22 艘、总载重量 44.62 万吨（1998 年）。民航能力，固定航班机场 2 处，客运量 23.64 亿人千米、货运量 2340 万吨千米（1998 年）。

国防体制　总统为武装力量最高统帅。最高国防决策机构为国防委员会，总理任主席，成员包括：副总理、外交部长、国防部长、内务部长、经济部长、财政部长、工商部长、环保部长、总参谋长和总统军事办公室主任。国防部为最高军事行政机构，负责对军队实施政治领导和行政保障。武装力量由正规军和准军事部队组成。正规军分陆军、空军防空军两个军种。总参谋部为最高军事指挥机构。总统通过国防部和总参谋部对全国武装力量实施领导和指挥。

领导人物　总统兼武装力量最高统帅瓦茨拉夫·哈维尔（1998 年 1 月连任）。国防部长弗拉迪米尔·维特希（1998 年 7 月上任）。总参谋长伊·谢迪维中将（1998 年 5 月上任）。

武装力量　**兵力**　现役部队 5.77 万人。其中基本役士兵 2.5 万人。

陆军　2.51 万人。编有 1 个快速反应旅（包括 2 个机械化营、1 个空降营、1 个侦察营、1 个炮兵营、1 个工程营）、2 个机械化旅（共包括 6 个机械化营、2 个侦察营、2 个炮兵营、2 个反坦克营、2 个防空营、2 个工程营）、1 个混合导弹团、7 个动员与训练基地。

坦克：T－54 型 123 辆，T－55 型 128 辆，T－72M 型 541 辆。装甲侦察车：BRDM 和 OT－65 型共约 182 辆。步兵战车：BMP－1 型 612 辆，BMP－2 型 174 辆，BRM－1K 型 15 辆。装甲输送车：OT－90 型 403 辆，OT－64 型 7 辆，OT－64 改进型 570 辆。牵引炮：122 毫米 D－30 型 148 门。自行炮：122 毫米 S31 型 91 门，152 毫米 M－77 型 273 门。火箭炮：122 毫米 RM－70 型 135 门。迫击炮：120 毫米 93 门。地地导弹：蛙－7 型和 SS－21 型各若干部。反坦克导弹：AT－3 型“耐火箱”721 具，AT－5 型“拱肩”21 具。高炮：30 毫米 M－53/59 型各若干门。地空导弹：SA－7 型若干部，SA－9/－13 型约 140 部。

空军防空军　1.34 万人。编有 2 个对地攻击战斗机/侦察机中队、1 个歼击机中队、2 个运输机中队、2 个直升机中队和 1 个教练机团。作战飞机 110 架（包括库存的 17 架米格－23 型歼击机），武装直升机 34 架。

对地攻击战斗机：苏－22 型 32 架，苏－25 型 24 架，L－159 型 2 架。歼击机：米格－21 型 37 架。运输机：L－410 型 14 架，安－24/26/30 型 8 架，CL－600“挑战者”型运输机 1 架，米－2/－8/－9/－17 型直升机 17 架。直升机：米－2 型 24 架，米－8/－20 型 9 架，米－17 型 32 架，米－24 型 34 架，PZLW－3 型 11 架。教练机：L－29 型 24 架，L－39 型 34 架，Z－142 型 8 架，米－8 型直升机 8 架。空空导弹：AA－2 型“环礁”、AA－7 型“顶点”、AA－8 型“蚜虫”各若干枚。地空导弹：SA－2/－3/－6 型若干部。

准军事部队　5600 人，其中边防军 4000 人、内卫部队 1600 人。

预备役　14～15 个国土防御旅。

兵役制度　实行义务兵役制。士兵服役期为 12 个月。军官最高服役年限为 55 岁。

军衔　分 6 等 21 级：将官 4 级（大将、上将、中将、少将），校官 3 级（上校、中校、少校），准尉

5级（一级准尉、二级准尉、三级准尉、四级准尉、五级准尉），军士3级（上士、中士、下士），兵2级（上等兵、列兵）。

驻外兵力　参加驻波黑多国执行部队560人，1个机械化营；驻克罗地亚联合国军事观察员1人，士兵7人；驻民主刚果联合国军事观察员4人；驻格鲁吉亚联合国军事观察员4人；驻叙利亚联合国军事观察员5人；驻塔吉克斯坦联合国军事观察员2人。

（刘伟东）

克 罗 地 亚

国　　名　克罗地亚共和国（1991年6月25日宣布独立）。

主要统计　面积5.6538万平方千米。人口约450万人（其中，13～17岁男16.4万人，女15.5万人；18～22岁男16.9万人，女15.9万人；22～32岁男33万人；女31.6万人）。国内生产总值190亿美元（1999年）。国防费5.9亿美元（2000年国防预算）。粗钢7.72万吨（1999年）。原煤1.53万吨（1999年）。天然气15.67亿立方米（1999年）。发电量114.35亿度（1999年）。原油129.2万吨（1999年）。粮食281万吨（1999年）。发电量114.35亿度（1999年）。海运能力，商船（载重100吨以上）203艘、总载重量14.09万吨（1998年）。民航能力，固定航班机场几处、客运量4.92亿人千米、货运量350万吨千米（1998年）。

国防体制　总统为武装力量最高统帅。国防与国家安全委员会为最高国防决策机构，总统任主席，成员包括总理、副总理兼外长、副总理兼发展与重建部长、国防部长、内务部长、国家安全办公室主任、总统国家安全事务顾问、总统内政顾问及总参谋长等。议会下设内政和国家安全委员会，负责监督国防部的工作，确保武装力量的建设和行动符合有关法律。国防部是最高军事行政机构，主要负责监督有关军事法规、文件的执行，组织和领导战备、国防教育和部队职业化培训，管理武器装备的生产、采购、维护等。同时，国防部还通过下设的"军事委员会"制定武装力量的建设和发展规划、军事学说和军事战略。总参谋长直接对总统负责。各军种、军区和部队均隶属总参谋部。战时，总参谋部将组建战时办公机构，其成员由总统直接任命，负责指挥部队的作战行动。

领导人物　总统兼武装力量最高统帅斯捷潘·梅西奇（2000年2月当选）。国防部长约·拉多什（2000年1月上任）。总参谋长佩·斯蒂佩蒂奇上将（2000年3月上任）。

武装力量　**兵力**　现役部队6.1万人。

陆军　5.3万人。

编有6个军区、8个近卫旅（各辖3个机械化营、1个坦克营、1个炮兵营）、3个步兵旅（各辖3个步兵营、1个坦克分队、1个炮兵分队）、1个混合炮兵旅、1个反坦克旅、4个防空旅、1个工兵旅。

坦克：T-34、T-35、T-55、M-84/T-72M型共305辆。轻型坦克：PT-76型1辆。装甲侦察车：BRDM-2型7辆。步兵战车：M-80型约109辆。装甲输送车：BTR-50型18辆，M-60PB型27辆。各型火炮共1004门，其中牵引炮423门，多管火箭炮242门。

海军　3000人。海军基地5处（斯普利特、普拉、希贝尼克、普洛切、杜布罗夫尼克）。

潜艇："维雷比特"级1艘。巡逻和岸防作战舰：8艘，导弹快艇：2艘，巡逻艇：6艘，登陆艇：11艘，支援和勤务舰船4艘。

陆战队　2个独立步兵分队。

岸防部队　约10个岸防炮兵连。

空军　约5000人。作战飞机41架，武装直升机10架。攻击战斗机：米格-21型24架。运输机：安-2型4架、安-26型2架、安-32型2架、"乌特瓦"型5架、DO-28型2架。直升机：米-8和米-17型16架、米-24型15架、MD-500型2架、UH-1型1架、BELL-206型9架。地空导弹：SA-7，SA-9，SA-10，SA-14/-16型若干部。

预备役　22万人，其中陆军预备役部队15万人，国土防御预备役部队7万人。

准军事部队　武装警察4万人。

兵役制度　实行义务兵役制，士兵服役期10个月。

外国驻军　联合国驻普雷夫拉卡观察团：来自23个国家共27名观察员。

军队节日　建军节5月28日。

（刘建宇）

罗马尼亚

国　　名　罗马尼亚。

主要统计　面积 23.75 万平方千米。人口 2250 万人（其中，13～17 岁男 86 万人，女 83 万人；18～22 岁男 91.8 万人，女 88.5 万人；23～32 岁男 186 万人，女 179.8 万人）。国内生产总值 330 亿美元（1999 年）。国防费 6.07 亿美元（1999 年）。粗钢 435.5 万吨（1999 年）。原煤 2285 万吨（1999 年）。原油 616 万吨（1999 年）。天然气 138 亿立方米（1999 年）。发电量 501 亿度（1999 年）。粮食 1703.7 万吨（1999 年）。海运能力，商船（载重 100 吨以上）439 艘，总载重量 484.55 万吨（1998 年）。民航能力，固定航班机场 12 处，客运量 18.12 亿人千米、货运量 1570 万吨千米（1998 年）。

国防体制　总统为武装力量最高统帅。最高国防决策机构为最高国防委员会，总统任主席，总理任副主席，成员有主管工业和贸易的国务部长、国防部长、内务部长、外交部长、情报局长、国务秘书兼总参谋长等。国防部为政府最高军事行政机构。武装力量由正规军和准军事部队组成。正规军分陆、海、空三个军种。总参谋部为最高军事指挥机构。总统通过最高国防委员会和国防部、总参谋部对全国武装力量实施领导和指挥。

领导人物　总统兼武装力量最高统帅杨·伊利埃斯库（2000 年 11 月当选）。国防部长杨·帕什库（2000 年 12 月上任）。总参谋长米波佩斯库大将（2000 年 10 月上任）。

武装力量　**兵力**　现役部队 20.7 万人，其中直属部队 3.67 万人。

陆军　10.6 万人。编有 3 个集团军司令部、7 个军，下辖 7～10 个摩步旅、3 个坦克旅、3 个山地旅、4 个炮兵旅、4 个反坦克旅、2 个空降旅、1 个近卫旅、1 个防空旅、1 个工兵旅、1 个防空导弹旅、1 个防空导弹团、3 个工兵团。

坦克：1253 辆，其中 T－55 型 821 辆、T－72 型 30 辆、TR－85 型 314 辆、TR－580 型 88 辆。

突击火炮：SU－100 型 84 辆。装甲侦察车：BRDM－2 型 121 辆、ABC－M 型 49 辆。步兵战车：MLI－84 型 177 辆。装甲输送车：1619 辆，其中 TAB－77 型 167 辆、TABC－79 型 384 辆、TAB－71 型 920 辆、MLVM 型 88 辆、TABZIMBRU 型 60 辆。牵引炮：748 门，其中 122 毫米 204 门、130 毫米 70 门、150 毫米 12 门、152 毫米 462 门。自行炮：122 毫米 48 门。火箭炮：122 毫米 148 门。迫击炮：120 毫米 332 门。地地导弹发射架：FROG 型 9 部。反坦克导弹：AT－3“耐火箱”174 具、AT－5 型 54 具。反坦克炮：57 毫米、85 毫米、100 毫米共 952 门。高炮：30 毫米、37 毫米、57 毫米、85 毫米、100 毫米共 1093 门。地空导弹：SA－6/－7/－8 型共 62 部。

海军　2.08 万人。编有 1 个海军舰队、1 个江河支队、1 个海军陆战队。主要基地有曼加利亚、康斯坦察、布勒伊拉、久尔久、图尔恰和加拉茨。

潜艇：苏制 K 级鱼雷攻击潜艇 1 艘。驱逐舰：“蒙丹娜”级 1 艘。护卫舰：“泰塔尔”级 6 艘。导弹快艇：“塔朗特”级 3 艘。“奥萨”级 3 艘。鱼雷快艇 28 艘。巡逻艇 31 艘。扫雷艇 35 艘。布雷艇 2 艘。支援和其他舰只：11 艘。直升机：IAR－316 型 3 架、MI－14PL 型 4 架。

海军陆战队　1.02 万人，编有 1 个军、下辖 2 个机械化旅、1 个摩步旅、1 个炮兵旅、1 个反坦克营和 1 个海水营。装备有坦克：TR－580 型 120 辆。装甲输送车：TAB－71 型 172 辆、TABC－79 型 36 辆。牵引炮：152 毫米 36 门。火箭炮：122 毫米 54 门。122 毫米 12 门。迫击炮：120 毫米 36 门。反坦克炮：100 毫米 57 门。

空军　4.35 万人。编有 2 个空军和防空军军，每军下辖 2 个航空纵队、6～7 个基地、4～6 个防空高射炮旅或团、2 个伞兵旅。

作战飞机：323 架，攻击直升机 16 架。对地攻击歼击机：LAR－93 型 73 架。歼击机：米格－21 型 180 架（其中 110 架已进行改装）、米格－23 型 40 架、米格－29 型 18 架侦察机：轰－5 型 12 架。运输机：安－24 型 6 架、安－26 型 11 架、波音 707 型 2 架、C－130B 型 4 架。运输直升机：LAR－330 型 5 架、米－8 型 9 架、SA－365 型 4 架。航测机：安－30 型 3 架。武装直升机：LAR－316A 型 16 架。战斗支援直升机：LAR－330 型 74 架、LAR－316 型 88 架、米－8 型 15 架、米－17 型 2 架。教练机：拉－29 型 45 架、拉－39 型 32 架、LAR－99 型 14 架、IAR－823 型 36 架、雅克－52 型 23 架。空空导弹：

AA－2、AA－3、AA－7、AA－11 型若干枚。空地导弹：AS－7 型若干枚。地空导弹：SAM 导弹发射架 20 部，SA－2、SA－3 型导弹 120 枚。

预备役　47 万人，其中陆军 40 万人、海军 3 万人、空军 4 万人。

准军事部队　7.59 万人，隶属内务部。其中边防部队 2.29 万人，国民卫队 5.3 万人。

兵役制度　实行义务兵役制。陆、海、空军士兵服役期均为 12 个月。军官最高服役年限：将官、校官 60 岁，尉官 45 岁。

军衔　共分 4 等 11 级：元帅 1 级（只在战时授予）、将官 4 级（大将、上将、中将、少将）、校官 3 级（上校、中校、少校）、尉官 3 级（上尉、中尉、少尉）。

驻外兵力　参加联合国驻伊拉克/科威特军事观察团 3 人。驻波黑多国维和部队 200 人（1 个工兵营），另派驻 12 名观察员。

（刘建宇）

马　其　顿

国　　名　马其顿共和国（1991 年 11 月 20 日宣布独立）。

主要统计　面积 2.5713 万平方千米。人口 232.2 万人（其中，13～17 岁男 9.6 万人，女 8.7 万人；18～22 岁男 9.4 万人，女 8.5 万人；22～32 岁男 17.5 万人，女 16 万人）。国内生产总值 34 亿美元（1999 年）。国防费 7700 万美元（2000 年国防预算）。粗钢 23 万吨（1996 年）。原煤 715 万吨（1996 年）。发电量 61.3 亿度（1996 年）。粮食 59.6 万吨（1998 年）。民航能力，固定航班机场 2 处，客运 2.924 亿人千米、货运量 2900 万吨千米（1996 年）。

国防体制　宪法规定，总统为武装力量最高统帅。国防部是最高军事行政机关，负责制订国防政策和军事法规，调配干部，领导国防科技研究、装备和后勤供应等工作。正规军分为陆、空两个军种。武装力量由正规军和准军事部队组成。总参谋部为最高军事指挥机构。总统通过国防部和总参谋部对全国武装力量实施领导和指挥。

领导人物　总统兼武装力量总司令鲍里斯特拉依科夫斯基（1999 年 11 月当选）。国防部长柳本·保诺夫斯基（2000 年 7 月上任）。总参谋长约万·安德雷夫斯基中将（2000 年 2 月上任）。

武装力量　**兵力**　现役部队 1.6 万人。

陆军　1.5 万人。编有 2 个军司令部、3 个旅，其中包括 1 个边防旅。

坦克：T－34 型 4 辆、T－55 型 94 辆。装甲侦察车：BRDM－2 型 10 辆、HMMWV 型 41 辆。装甲运输送车：BTR－70 型 60 辆、BTR－80 型 12 辆、M－113A 型 30 辆。牵引炮：76 毫米、105 毫米、122 毫米等口径若干。火箭炮：128 毫米 M－71（单管）型 73 门、M－77 型 12 门。迫击炮：60、82、120 毫米若干门。反坦克导弹：AT－3“耐火箱”型若干。无坐力炮：57 毫米、82 毫米若干。岸防分队（400 人）装备 9 艘内河巡逻艇。

空军　约 700 人。教练机：4 架。运输机：10 架。直升机：米－17 型 4 架。高炮：20、40 毫米 50 门。地空导弹：SA－7 型 30 部。

预备役　6 万人。

准军事部队　警察 7500 人（约 4500 名武装警察）。

兵役制度　实行义务兵役制和职业军人相结合的制度，义务兵服役期为 9 个月。

外国驻军　联合国驻科索沃维和部队后勤支援部队约 5000 人。

军队节日　建军节 8 月 18 日。

（刘建宇）

南 斯 拉 夫

国　　名　南斯拉夫联盟共和国。

主要统计　面积 10.2173（1998）万平方千米。人口 1060 万人（其中 13～17 岁男 41.5 万人，女 39.1 万人；18～22 岁男 42.5 万人，女 40.2 万人；23～32 岁男 83.7 万人，女 79.5 万人）。国内生产总值 130 亿美元（1999 年）。国防费 13 亿美元（1999 年）。粗钢 18 万吨（1995 年）。原煤 4001 万吨（1995 年）。原油 700 万桶（1996 年）。天然气 7.65 亿立方米（1995 年）。发电量 371.76 亿度（1995 年）。粮食 930.3 万吨（1998 年）。民航能力，固定航班机场 4 处，客运 9.63 亿人千米，货运量 49.21 亿吨千米（1998 年）。

国防体制　宪法规定，总统为武装力量最高统帅。最高国防决策机构为最高国防委员会，成员有南联盟总统、塞尔维亚共和国和黑山共和国总统等，由联盟总统任主席。国防部为政府中的一个部，是最高军事行政机关。国防部负责制订总动员计划，组织国防战备工作，完成国防计划所确定的任务，提供武装力量所需物质保障，组织、管理军事教育，执行有关国防的联盟法规，对共和国总统、最高国防会议和联盟政府决定的实施情况进行监督等。正规军分为陆、海、空军防空军三个军种。武装力量由常备军和预备役部队组成。最高军事指挥机构为总参谋部。总统通过国防部和总参谋部对全国武装力量实施领导和指挥。

领导人物　总统兼武装力量最高统帅沃·科什图尼察（2000 年 10 月上任）。国防部长斯·克拉波维奇（2000 年 11 月上任）。总参谋长奈·帕弗科维奇上将（2000 年 2 月上任）。

武装力量　**兵力**　现役部队 9.77 万人。

陆军　约 7.4 万人。编有 3 个集团军，7 个军，3 个师，6 个坦克旅，1 个警卫旅，1 个特种兵旅，2～4 个机械化旅，1 个陆军航空兵旅，8～12 个摩托化步兵旅，5 个混合炮兵旅，7 个防空旅，1 个地空导弹旅。

坦克：1035 辆，其中 T－55 型 733 辆、T－72 型 63 辆、M－84 型 239 辆。装甲侦察车：BRDM－2 型 53 辆。步兵战车：M－80 型 532 辆。装甲输送车：M－60P 型 137 辆，BOV－VPM－86 型 58 辆。牵引炮：105 毫米 M－56 型 269 门、M2A1 型 18 门，122 毫米 M－38 型 108 门、D－30 型 288 门，130 毫米 M－46 型 270 门，152 毫米 D－20 型 24 门、M－84 型 50 门、155 毫米 M－1 型 133 门。自行炮：122 毫米 2S1 型 71 门。火箭炮：107 毫米、122 毫米各若干门，128 毫米 M－63 型 98 门、M－77 型 56 门，262 毫米 M－87 型若干门。迫击炮：82 毫米 1100 门、120 毫米 M－38/39 型 6 门、M－52 型 123 门、M－74 型 283 门、M－75 型 802 门。地地导弹："蛙"式 4 部。反坦克导弹：AT－3"耐火箱"型 142 具。无坐力炮：57 毫米 1550 门、82 毫米 M－60PBSP 型 1500 门、105 毫米 M－65 型 650 门。反坦克炮：1250 门。高炮：20、30、57 毫米共 2000 门。地空导弹：SA－6、SA－7、SA－9、SA－13、SA－14、SA－16、SA－18 型共 60 部。

海军　约 7000 人。

潜艇："萨瓦"级 1 艘，"英雄"级 1 艘，"乌纳"级 3 艘。护卫舰："科托尔"级 2 艘，"斯普利特"级 2 艘。导弹攻击快艇："拉德·康查尔"级 5 艘，"米塔尔·阿采夫"级（"黄蜂级"）3 艘。巡逻艇：22 艘。扫雷艇："武可夫·克拉纳茨"级 2 艘、英国"汉"级 1 艘，"奈斯廷"级 7 艘。登陆艇：19 艘。支援和勤务舰船：9 艘。

陆战队：900 人，编有 2 个陆战旅（各辖 2 个营）1 个宪兵营。

空军防空军　1.67 万人，编有 2 个空军军（1 个防空军军）。

攻击战斗机："鹰"2 型 30 架，"海鸥"型 50 架，"超级海鸥"G－4 型 9 架。歼击机：米格－21F/PF/M/bis 型 20 架，米格－21U 型 10 架，米格－29 型 5 架。侦察机："鹰"型 17 架，米格－21R 型 10 架。武装直升机："小羚羊"型 30 架。反潜机：卡－25 型 3 架。运输机：安－26 型 8 架，CL－215 型 4 架，"猎鹰"50（VIP）型 2 架，雅克－40 型 6 架。联络机：乌特瓦－66 型 32 架，"游击队员"型直升机 14 架。教练机："超级海鸥"型 16 架，"鹰"型 16 架，乌特瓦型 25 架，乌特瓦－75 型 15 架，"小羚羊"型直升机 16 架。空空、空地导弹各若干枚。

预备役 40万人，其中陆军编有27个摩托化步兵旅、42个步兵旅、6个混合炮兵旅。

准军事力量 内务部队约8万人，装备装甲车150辆车、其它车辆170辆、直升机16架。

部署 海军基地4处：库姆博尔、迪瓦特、巴尔、诺维萨德（多瑙河上）。

兵役制度 实行义务兵役制与职业军队相结合的制度，义务兵服役期为12至15个月。将官最高服役年限为60岁，校官为57岁，尉官为55岁，士官为52岁。

军衔 军衔分5等20级：将官4级（大将、上将、中将、少将），校官3级（上校、中校、少校），尉官4级（大尉、上尉、中尉、少尉），士官6级（一级准尉、准尉、一级上士、上士、中士、下士）。

外国驻军 来自28个国家的39100人组成的科索沃维持和平部队驻扎在科索沃。

军队节日 建军节6月16日。

（朱瑞臣）

挪威

国　名 挪威王国。

主要统计 面积38.5364万平方千米。人口444.3万人（其中，13～17岁男13.8万人，女13.1万人；18～22岁男13.8万人，女13万人；23～32岁男33.1万人，女31.2万人）。国内生产总值11920亿挪威克郎，约合1500亿美元（1999年）。国防费258亿挪威克郎，约合29亿美元（2001年国防预算）。粗钢57.8万吨（1997年）。原煤29.2万吨（1995年）。原油11.26亿桶（1996年）。天然气412.9亿立方米（1996年）。发电量1048亿度（1996年）。粮食129.4万吨（1997年）。海运能力，商船（载重100吨以上）1597艘、总载重量2083万吨（1998年）。民航能力，固定航班机场50处、客运量87.53亿人千米、货运量9.33亿吨千米（1998年）。

国防体制 宪法规定，国王为武装力量最高统帅，对军队无指挥权。政府为最高国防决策机构，设有国防委员会，负责制定国防政策，协调军队与政府防务事务。首相任委员会主席，成员有国防、外交、司法、财政、贸工、交通大臣、外交部和国防部秘书长、国防司令、北部军区司令、南部军区司令、民防局长和国防研究所所长等。国防部是军队最高行政机关，负责国防和军队建设、军费开支、武器装备采购、军事科研、兵役动员和处理军民关系等事务。国防司令部是军队最高指挥机构，在国防部领导下负责和平时期的国家防务和军队指挥。武装力量由正规军和国民卫队组成。正规军分为陆、海、空三个军种。国防司令通过南、北两个军区司令对部队实施指挥。挪威是北约成员国，战时挪军主力由北约北欧盟军联合次地区司令部指挥，挪国防司令成为该司令部司令的顾问，并继续指挥国民卫队和后勤部队。

领导人物 国王兼武装力量统帅哈拉尔五世（1991年1月上任）。首相延斯·斯图尔腾伯格（2000年3月上任）。国防大臣比约恩·托勒·戈达尔（2000年3月上任）。国防司令斯古尔·弗利斯沃上将（1999年5月上任）。国防参谋长厄文·豪格约翰内森海军中将（1998年上任）。南部军区司令托斯特恩·夏克中将（1999年上任）。北部军区司令英纳·斯高根海军中将（1998年上任）。陆军总监罗阿·詹斯·豪根少将（1998年上任）。海军总监汉斯·克里斯蒂安·斯文斯霍特海军少将（1995年上任）。空军总监派尔·奥斯卡·雅各布森少将（1997年上任）。

武装力量 **兵力** 现役部队2.67万人。

陆军 1.47万人。编有南、北2个军区司令部、4个军分区，下辖1个师部、2个装甲旅、4个机步旅。

坦克：“豹”－IA5型111辆、“豹”－IA1型59辆。步兵战车：NM－135型53辆、CV－9030型104辆。装甲输送车：M－113型109辆、“西苏”XA－16型48辆。牵引炮：155毫米46门。自行炮：155毫米126门。火箭炮：227毫米12门。迫击炮：81毫米450门。无坐力炮：84毫米2517门。反坦克导弹：陶式320具、Eryx型424具。高炮：20毫米252门。地空导弹：RBS－70型300部。

海军 0.61万人。编有2个军区司令部、7个军分区，下辖2个特遣舰队、1个护卫舰中队、2个潜艇中队、5个导弹快艇中队、1个扫、布雷艇中队。

潜艇：“库本级”4艘、“乌拉”级6艘。护卫舰：“奥斯陆”级4艘。导弹鱼雷艇：“豪克”级14艘、“风暴”级8艘。扫雷艇：“阿尔塔”级5艘、“约克索”级4艘。布雷艇：“维达”级2艘、“蒂尔”级1艘。登陆艇：5艘。另装备有70毫米、120毫米、127毫米、150毫米岸防火炮和岸基鱼雷若干。

空军　0.5万人。编有2个军区司令部，下辖5个战斗机中队、2个运输机中队、1个巡逻机中队和4个直升机中队，另有26个高炮连。

战斗机：F－16A/B型58架、F－5A/B型15架。巡逻机：P－3N型2架、P－3D型4架。运输机：C－130型6架、DHC－6型3架。教练机：MFI－15型15架。直升机："贝尔"412SP型18架、"海王"43型12架、"大山猫"式6架。防空导弹发射装置：18部。高炮：70毫米40门。

文职人员　0.9万人。

预备役部队　正规军战时动员后总兵力可达22.2万人。国民卫队平时兵力500人，战时动员后可达8.3万人。

兵役制度　实行义务兵役制。宪法规定，18～44周岁的男性公民都有服兵役的义务，战时则为18～55周岁。挪威每年征兵4次。士兵服役期为12个月，还有4～5次短期复训。军官最高服役年限均为60岁。

军衔　军官分3等10级；将官4级（上将、中将、少将、准将），校官3级（上校、中校、少校），尉官3级（上尉、中尉、少尉）。军士2级（中士、下士）。士兵2级（二等兵、新兵）。

驻外兵力　2000年挪威参加的联合国各类国际维和行动有：科索沃1200人、波黑125人、中东11人、克罗地亚1人、东蒂汶6人、塞拉利昂5人、埃及5人。

（宁　涛）

葡　萄　牙

国　　名　葡萄牙共和国。

主要统计　面积9.2072万平方千米（其中大陆面积8.8941万平方千米，亚速尔群岛面积2335平方千米，马德拉群岛面积796平方千米）。人口987.5万（其中，13～17岁男32.7万人，女30.8万人；18～22岁男37.2万人，女35.5万人；23～32岁男81万人，女78.9万人）。国内生产总值1040亿美元（1999年）。国防费16亿美元（2000年国防预算）。粗钢91.1万吨（1997年）。原煤14.7万吨（1995年）。发电量332亿度（1999年）。原煤14.7万吨（1995年）。发电量332亿度（1999年）。粮食125.8万吨（1998年）。海运能力，商船（载重100吨以上）332艘，总载重量112.93万吨（2000年）。民航能力，固定航班机场16处，客运量79.78亿人千米、货运量2.097亿吨千米（2000年）。

国防体制　总统为武装力量统帅。最高国防决策机构为最高国防委员会，成员包括总理、外交、国防、内政、财政、工农业、交通部长及总参谋长和陆、海、空军军种参谋长等，由总统任主席。国防部为政府中的一个部，是全国武装力量的最高行政领导机关。最高军事委员会是国防部长的主要军事咨询机构，正式成员包括国防国务秘书、总参谋长和陆、海、空军军种参谋长等，由国防部长任主席。参谋长委员会是审议军队重大事宜的最高咨询机构，成员包括陆、海、空军军种参谋长等，由总参谋长任主席。武装力量由正规军、准军事部队和预备役部队组成。正规军分陆、海、空3个军种。准军事部队由国民警卫队、公安警察等组成。最高军事指挥机构为总参谋部。陆、海、空军参谋部平时负责本军种的教育、训练和行政管理、战时协助总参谋部指挥本军种部队作战。总统通过总理、国防部和总参谋部对全国武装力量实施领导和指挥。

领导人物　总统兼武装力量统帅若热·桑帕约（1996年3月9日上任）。总理安东尼奥·古特雷斯（1995年10月28日上任）。国防部长儒里奥·德莱莫斯·卡斯特罗·卡尔达博士（文职，1999年10月25日上任）。总参谋长埃斯比利杜·桑杜上将（1999年3月16日上任）。陆军参谋长安东尼奥·巴伦杜上将（1998年3月19日上任）。海军参谋长维埃拉·马蒂亚斯上将（1997年4月18日上任）。空军参谋长曼努埃尔·阿尔瓦伦加上将（1998年3月19日上任）。

武装力量　**兵力**　现役部队4.465万人。

陆军　2.565万人（义务兵0.55万人）。编有5个军区司令部，1个独立机步旅（辖2个机步营、1个坦克营、1个炮兵营，编入北约增援部队），1个独立空降旅（编入北约快速反应部队），1个轻型干预旅（用于干预各种危机），3个架子旅（北部、中部和南部地区各1个）。

主战坦克：共187辆，其中M－48A5型86辆，M－60型101辆。装甲侦察车：V－150型15辆，M－11型25辆。装甲输送车：M－113型249辆，M－557型44辆，V－200型81辆。牵引炮：105毫米

134门，155毫米38门。自行炮：155毫米6门。岸炮：150毫米9门，152毫米6门，234毫米6门。迫击炮：120毫米116门，107毫米62门，81毫米21门。无坐力炮：84毫米162门，89毫米53门，90毫米112门，106毫米128门。反坦克导弹："陶"式42具，"米兰"89具。高炮：20毫米、40毫米95门。地空导弹："毒刺"15部、"小檞树"37部。

海军　1.16万人（义务兵0.036万人）。设5个海区（大陆北部海区、中部海区、南部海区及亚速尔群岛海区和马德拉群岛海区）司令部，1个海军作战司令部（设在里斯本）和1个陆战队司令部。海军基地设在里斯本，另在大陆北部的雷雪尔斯和南部的波尔蒂芒各设1个勤务支援点。

潜艇："阿尔伯科拉"级3艘。护卫舰："瓦斯科·达·伽马"级3艘，"霍奥·贝略司令官"级3艘，"巴蒂斯塔·德安德拉德"级4艘。巡逻艇："科西纳"级9艘，"信天翁"级5艘，"雉鸡"级5艘，"来纽河"级1艘。登陆艇："本巴尔德"级3艘。支援舰船：13艘。

陆战队　1460人。编有3个轻型陆战营，1个运输分队及1支特种作战小分队（遂行对付海上恐怖活动的任务）。海军陆战队司令部设在里斯本对岸的阿尔菲特，下辖1个基地和1所学校。装备120毫米迫击炮36门。

空军　0.74万人。编有6个空军基地，13个中队，其中2个攻击机中队、1个侦察机中队、2个救援中队、1个海上巡逻中队、2个反潜中队、4个运输中队、1个联络中队、2个教练机中队。有作战飞机51架。

攻击机："阿尔法喷气"式35架，A-7P型32架。战斗机：F-16A型17架，F-16B型3架。海上反潜巡逻机：P-3P型6架。侦察机：C-212B型4架。联络机："色斯纳"337型12架。运输机：C-130H型6架，"猎鹰"20型1架，"猎鹰"50型3架。运输/搜索救援机：C-212A型20架。教练机：16架。直升机：28架。

预备役部队　21.093万人，其中陆军21万人、海军930人。

文职人员　0.86万人。

准军事部队　4.58万人，其中国民警卫队2.53万人、公安警察2.05万人。

部署　葡萄牙全国划分为5个军区。兵力主要部署在沿海边境一带和首都里斯本附近。亚速尔和马德拉两个群岛部署兵力2250人。

兵役制度　实行以志愿兵和合同兵为主、义务兵为辅的多种成份相结合的兵役制度。义务兵服役期为4个月，期满后可根据需要延长服役8～12个月。志愿兵服役期则在服满义务兵役期后再服役8～18个月。志愿兵在服役期满后可视情况转为合同兵，合同兵服役期则在服满志愿兵役期后再服役2～8年。

军衔　分为5等17级：将官3级（上将、中将、少将），校官3级（上校、中校、少校），尉官3级（上尉、中尉、少尉），士官6级（总军士长、军士长、副军士长、一等军士、二等军士、三等军士），兵2级（上等兵、列兵）。

驻外兵力　驻圣多美和普林西比：空军5人、C-212型运输机1架。参加联合国维持和平行动：1442人，其中波黑维和部队335人、1个步兵营；东帝汶维和部队761人（包括空军24人、C-130H型运输机1架）；克罗地亚军事观察员1人；西撒哈拉军事观察员5人；南斯拉夫维和部队340人。

外国驻军　北约南大西洋司令部（驻里斯本）。美国驻军980人（其中海军50人、空军930人）。

军队节日　建军节7月1日。

（李先喜）

瑞　典

国　　名　瑞典王国。

主要统计　面积44.9964万平方千米。人口894.7万人（其中，13～17岁男26.7万人，女25.1万人；18～22岁男26万人，女24.6万人；23～32岁男60.1万人，女57.3万人）。国内生产总值20000亿瑞典克郎，约合2300亿美元（1999年）。国防费396亿瑞典克郎，约合45亿美元（2000年国防预算）。粗钢514.8万吨（1997年）。发电量1597亿度（1997年）。粮食598万吨（1997年）。海运能力，商船（载重100吨以上）430艘、总载重量288.1万吨（1998年）。民航能力，固定航班机场48处，客运量84.27亿人千米、货运量2.5亿吨千米（1998年）。

国防体制　国王为武装力量最高统帅。最高国防决策机构为内阁。首相通过国防部和联合司令部对全国武装力量实施领导和指挥。议会平时设国防委员会，负责审议政府国防预算；战时设顾问委员会，负责向三军总司令提供咨询。国防部为政府中的一个部，是最高军事行政机关，负责制定国防政策，编制国防预算，审批部队的编制、装备和训练计划等工作。武装力量由正规军和国民卫队组成。正规军分陆、海、空三个军种。最高军事指挥机构为联合司令部，三军总司令是全军最高军事首长，战时通过司令部下设的作战部直接指挥各大军区遂行作战任务。平时，部队的日常工作由武装力量最高领导小组负责，其成员包括：总司令、副总司令、作战部部长、战备部部长、训练部部长、三大军区司令和陆、海、空军训练中心总监，共 11 人。

领导人物　国王兼武装力量最高统帅卡尔十六世·古斯塔夫（1973 年 9 月即位）。首相约兰·佩尔松（1996 年 3 月上任，1998 年 10 月连任）。国防大臣比扬·冯·西多（1997 年 2 月上任，1998 年 10 月连任）。三军总司令欧·维克托林上将（1994 年 7 月上任）。副总司令弗兰克·罗森纽斯（1998 年上任）。中部军区司令皮尔库特·格林中将（1998 年 2 月上任）。北部军区司令迈梯尔·梅林中将（1998 年 2 月上任）。南部军区司令肯特·哈斯库格中将（1998 年 2 月上任）。

武装力量　**兵力**　现役部队 5.27 万人。目前瑞军正在酝酿大规模裁军，改革军队编制，以减少经费，同时组建快速反应部队，为适应未来高科技战争的需要作准备。

陆军　3.51 万人。编有 3 个军区、3 个师部、6 个机械化旅、4 个步兵旅、3 个山地旅、3 个炮兵团、4 个防空团、2 个工兵团、2 个通信团、2 个辎重团、3 个后勤支援团和 2 个陆航中队。

坦克：“豹”II 型 160 辆、“豹”II 改进型 78 辆、“百人队长”型 60 辆、STRV－103B 型 239 辆、IKV－91 型轻型坦克 211 辆。步兵战车：BMP－1 型 361 辆、STRF－9040 型 202 辆、PBV－302 型 647 辆。装甲输送车：MT－LB 型 550 辆、PskbilM/42 型 96 辆。牵引炮：105 毫米 127 门、155 毫米 206 门。自行炮：155 毫米 24 门。迫击炮：81 毫米 160 门、120 毫米 525 门。反坦克导弹：“陶式”55 具、RB－55 和 RB－56 若干具。高炮：40 毫米 600 门。地空导弹：RBS－70、RB－77、RBS－90 若干部。

海军　0.92 万人，编有 1 个近海舰队司令部、2 个水面作战分舰队、1 个潜艇作战分舰队、1 个水雷作战分舰队、两个岸防旅。海军基地 4 个。

潜艇：“哥特兰”级 3 艘、“西约德兰”级 4 艘、“海蛇”级 2 艘。导弹护卫舰：“哥德堡”级 4 艘、“斯德哥尔摩”级 2 艘。导弹鱼雷快艇：“诺雪平”级 6 艘。导弹巡逻艇：“霍根”级 4 艘、“卡帕兰”级 8 艘。布雷艇：2 艘。扫雷艇：22 艘。直升机：“海王”式反潜直升机 14 架、“贝尔”206 型运输直升机 10 架。岸炮：75、105、120 毫米共 200 余门。岸对舰导弹发射车：25 辆。

空军　0.84 万人，编有 6 个航空联队、8 个战斗机中队、2 个攻击/侦察机中队、5 个战斗/攻击/侦察机中队、4 个运输机中队、16 个地勤营。作战飞机 250 架。

战斗机：“维根”JA－37 型 130 架。攻击/侦察机：“维根”AJ－37 型 30 架、SK－37 型 14 架。战斗/攻击/侦察机：“鹰狮”JAS－39 型 90 架。教练机：“维根”SK－60 型 106 架、SK－61 型 38 架。运输机：13 架。运输直升机：121 架。

文职人员　0.84 万人。

预备役部队　57 万人。

准军事部队　志愿服务组织约 3500 人。海岸警卫队 600 人，民防人员 630 万人（16－25 岁居民均有义务参加民防）。

部署　全国划分为三个军区，即北部、中部、南部军区。各军兵种由所属军区司令统一指挥。海军主要部署在波罗的海沿岸。空军主要部署在中南部。

兵役制度　实行义务兵役制。宪法规定，18～47 周岁的男性公民都有服兵役的义务。男性公民在 18～24 周岁期间必须参加为期 6～15 个月的初训，之后每 4 年参加 1 次为期 1 个月的复训。女性可志愿服役。军官最高服役年限为 60 岁，义务兵服役期为：陆军、海军、7～15 个月，空军 8～12 个月。

军衔　军官分 3 等 10 级：将官 4 级（上将、中将、少将、准将），校官 3 级（上校、中校、少校），尉官 3 级（上尉、中尉、少尉）。

驻外兵力　联合国维和部队：波斯尼亚 510 人、克罗地亚 1 人、格鲁吉亚 5 人、印巴边境 8 人、伊拉克和科威特 6 人、黎巴嫩 44 人、中东 11 人、东帝汶 2 人、科索沃 760 人、塞拉利昂 3 人。

（宁　涛）

瑞　士

国　　名　瑞士联邦。

主要统计　面积 4.1284 万平方千米。人口 709 万人（其中，13～17 岁男 20.6 万人，女 19.8 万人；18～22 岁男 20.4 万人，女 19.7 万人；23～32 岁男 56 万人，女 56.6 万人）。国内生产总值 3890 亿瑞士法郎，合 2460 亿美元（1999 年）。国防费 47 亿瑞士法郎，约合 28 亿美元（2001 年国防预算）。粗钢 73.9 万吨（1995 年）。天然气 105 万立方米（1995 年）。发电量 609 亿度（1998 年）。粮食 124.3 万吨（1998 年）。海运能力，商船（载重 100 吨以上）24 艘、总载重量 60.3 万吨（1996 年）。民航能力，固定航班机场 5 处，客运量 197.25 亿人千米、货运量 15.08 亿吨千米（1996 年）。

国防体制　宪法规定，联邦委员会（联邦政府）是国家最高行政机构。全国武装力量的最高指挥权属联邦委员会，联邦委员会主席为国家元首兼政府首脑，是全国武装力量最高统帅。联邦主席由联邦委员会 7 名委员轮流担任，任期 1 年。联邦委员会是最高国防决策机构，成员包括全部 7 名联邦委员，由联邦主席主持。在联邦委员会中由联邦国防民防体育部长、司法警察部长和财政部长组成联邦国防委员会，负责处理日常重大安全事务。联邦议会是国家最高权力机构，重大防务与军事问题均须经议会批准并立法。联邦议会的国民院和联邦院各设一个安全政策委员会，是议会有关安全和国防问题的最高咨询机构。联邦国防民防体育部为联邦政府中的一个部，是最高军事行政机关，负责领导国防和军队的日常管理工作。武装力量由民兵正规军、民兵预备役和准军事部队组成。正规军分陆、空两个军种。最高军事指挥机构为总参谋部。平时，联邦委员会通过联邦国防民防体育部和总参谋部对全国武装力量实施领导和指挥。战时，由联邦委员会提名，经联邦议会核准任命一名上将为总司令，直属联邦政府，统一指挥全军作战。同时，由总司令提名，经联邦委员会核准任命一名中将总参谋长和一名中将首席军法执行官，协助总司令指挥全军作战和执行军法。

领导人物　联邦主席兼武装力量最高统帅莫里茨·洛伊恩贝格（2001 年 1 月上任）。联邦国防民防体育部长萨穆埃尔·施密特（2001 年 1 月上任）。总参谋长汉斯－乌尔里希·舍雷尔中将（1998 年 1 月上任）。陆军部长雅克·杜斯中将（1997 年 1 月上任）。空军司令费尔南德·卡莱尔中将（1992 年 3 月上任）。

武装力量　**兵力**　民兵现役部队 4.25 万人。战时经 48 小时动员后可达 35.1 万人。

陆军　民兵现役部队 3.35 万人（战时经 48 小时动员后可达 32.1 万人）。编有 3 个野战军军部和 1 个山地军军部、6 个野战师、3 个山地步兵师、4 个国土防御师、5 个坦克旅、3 个要塞旅、2 个国土防御旅和 2 个通信旅。

坦克：PZ－68/88 型 186 辆、“豹”2 型 370 辆。步兵战车：M－63/73 型 192 辆、M－63/89 型 315 辆。装甲侦察车：“鹰”II 型 233 辆。装甲输送车：M－63/73 型 812 辆、“剪刀鱼”型 291 辆。自行炮：155 毫米 558 门。火箭炮：60 毫米和 83 毫米 13484 门。迫击炮：81 毫米 1469 门、120 毫米 534 门。反坦克导弹：“龙”型 3012 具、“陶－2”自行型 303 具。高炮：20 毫米 630 门。地空导弹：B/L－84 型（“轻剑”）型 56 部、“毒刺”型若干部。直升机：“云雀”III 型 60 架。巡逻艇：“宝瓶座”级 10 艘。

空军　民兵现役部队 9000 人（战时经 48 小时动员后可达 3.02 万人）。编有 1 个航空兵旅、1 个机场旅、1 个防空旅、1 个通信旅、12 个战斗机中队和 8 个空中运输中队。作战飞机 154 架。

战斗机：“虎”II/F－5E 型 89 架、“虎”II/F－5F 型 12 架、F/A－18C/D 型 33 架。侦察机：“幻影”IIIRS2 型 16 架、“幻影”IIIDS 型 4 架。运输机：PC－6 型 16 架、“利尔杰特”36 型 1 架、DO－27 型 2 架、“猎鹰－50”型 1 架。教练机：“隼”MK－66 型 19 架、PC－7 型 38 架、PC－9 型 12 架。直升机：AS－332M－1（“超级美洲豹”）型 15 架、SA－316（“云雀”III）型 10 架。

文职人员　1.5 万人。

预备役部队　35.1 万人。

准军事部队　民防部队 28 万人。

部署　陆军野战部队兵力主要部署在北部、东北部、中部和西部地区；山地部队全部部署在阿尔卑斯山地区；4 个国土防御师全部沿北部、东北部和东南部边境地区部署；空军部队的航空兵旅和机场旅驻中部地区；防空旅部署在重点保护目标、主要军事设施和军用机场附近地区。共有军事基地40处。

兵役制度　实行“全民皆兵”的普遍义务民兵制。宪法规定，凡年满20周岁至42周岁的男性公民必须服兵役。女性公民可志愿服兵役。凡年满19周岁的男性青年必须到就近征兵处报名并体检，合格者20周岁入伍。入伍第1年在所属军兵种新兵学校接受为期15周的军事基础训练，此后直到42周岁每隔1年到部队参加1次复训，共10次，每次19～20天，总受训时间为300天，士官的总受训时间为460～670天，尉官为770～900天，校官为1050～1300天，将官视情况而定，一般高于1300天。各级军官最高服役年限，将官为52岁（可根据需要服役至62岁）。校官为52岁，尉官为42岁（其中上尉可根据需要服役至52岁）。民兵军人退出现役后自动转为民防役。自1999年1月1日起，公民服民防役的年限由原来的52岁降为50岁。

军衔　分5等18级：将官4级（上将［战时］、中将、少将、准将），校官3级（上校、中校、少校），尉官3级（上尉、中尉、少尉），军士6级（一级军士长、二级军士长、三级军士长、上士、中士、下士），兵2级（上等兵、列兵）。

驻外兵力　驻克罗地亚联合国观察团军事观察员1人；驻格鲁吉亚联合国观察团军事观察员3人；驻中东联合国停战监督组织军事观察员9人；驻马其顿联合国预防性部署部队军事观察员1人；驻韩国中立国监察委员会军官5人；驻刚果（金）联合国观察团军事观察员1人；驻波黑欧安组织履约民事行动非武装志愿“黄盔”部队50人；驻南斯拉夫科索沃和平协议执行部队瑞士连130人。

（宁　涛）

斯　洛　伐　克

国　　名　斯洛伐克共和国。

主要统计　面积4.9035万平方千米。人口540万人（其中，13～17岁男22.2万人，女21.4万人；18～22岁男23.6万人，女22.9万人；23～32岁男42万人，女41.1万人）。国内生产总值175亿美元（1999年）。国防费3.48亿美元（2000年国防预算）。原煤231万吨（1995年）。原油40万桶（1996年）。天然气2.41亿立方米（1995年）。发电量252.4亿度（1995年）。粮食348.5万吨（1998年）。民航能力，固定航班机场2处，客运量6030万人千米、货运量560万吨千米（1998年）。

国防体制　总统为武装力量最高统帅。最高国防决策机构为国防委员会，成员有总理、主管经济的副总理、国防部长、外交部长、内务部长、财政部长、总参谋长等，由总理任主席。国防部为最高军事行政机关，负责对军队实施政治领导和行政保障。武装力量由正规军和准军事部队组成。正规军分陆军、空军防空军两个军种。总参谋部为最高军事指挥机构。总统通过国防部和总参谋部对全国武装力量实施领导和指挥。

领导人物　总统兼武装力量最高统帅鲁道夫·舒斯特（1999年6月15日就任）。国防部长约瑟夫·斯坦克（2001年1月上任）。总参谋长米·采罗夫斯基中将（1998年11月上任）。

武装力量　**兵力**　现役部队3.86万人。其中基本役士兵1.36万人，直属机关及后勤支援部队3300人。

陆军　2.38万人，其中基本役士兵1.36万人。编有1个军、1个坦克旅（辖2个坦克营、1个机械化营、1个侦察营、1个炮兵营）、1个机械化步兵旅（辖2个机械化步兵营、1个坦克营、1个侦察营、1个炮兵营）、1个炮兵旅、1个快速反应营。坦克：T－72M型272辆，T－55型3辆。装甲侦察车：BRDM型129辆，OT－65型90辆、BPVZ型72辆。步兵战车：BMP－1型311辆，BMP－2型93辆。装甲输送车：OT－90型207辆，OT－64型11辆。牵引炮：122毫米D－30型76门。自行炮：122毫米2S1型49门，152毫米M－77型134门，155毫米ZuZana2000型8门。火箭炮：122毫米RM－70型87门。迫击炮：120毫米M－1982型29门。反坦克导弹：AT－3型“耐火箱”、AT－5型“拱肩”共538具。反坦克炮：100毫米52门。高炮：30毫米M－53/－59型“环索”自行式、57毫米S－60型共约200门。地空导弹：SA－7型若干部，SA－9/－13型约48部。

空军防空军　1.15万人。作战飞机84架，武装直升机19架。

对地攻击机：苏－22型10架，苏－25型12架。战斗机：米格－21型30架，米格－29型24架。侦察机：米格－21RF型8架。运输机：安－12型1架，安－24型2架，安－26型2架，L410M型4架。教练机：L－29架14架，L－39型20架。攻击直升机：米－24型19架。运输直升机：米－2型13架，米－8型7架，米－17型17架。空空导弹：AA－2型"环礁"、AA－7"顶点"、AA－8型"蚜虫"、AA－10型"杨树"和AA－11型"射手"各若干枚。地空导弹：SA－2/－3/－6/－10B型若干枚。

准军事部队　2600万人。其中内卫部队1400人，民防部队1200人。

预备役　约2万人，编为1个军、2个机械化旅、1个炮兵旅。

兵役制度　实行义务兵役制，士兵服役期12个月。

驻外兵力　联合国驻中东军事观察员2人，联合国驻塞拉利昂军事观察员2人，联合国驻叙利亚维和人员93人，驻南斯拉夫多国维和部队40人。

（刘伟东）

斯洛文尼亚

国　　名　斯洛文尼亚共和国（1991年6月25日宣布独立）。

主要统计　面积2.0273万平方千米。人口202万人（其中，13～17岁男6.9万人，女6.4万人；18～22岁男7.5万人，女7.1万人；22～32岁男14.8万人，女14.4万人）。国内生产总值185亿美元（1999年）。国防费2.73亿美元（2000年国防预算）。粗钢32.8万吨（1996年）。原煤477.8万吨（1996年）。原油1万桶（1996年）。天然气1100万立方米（1999年）。发电量126.53亿度（1996）。粮食59.5万吨（1998年）。海运能力，商船（载重100吨以上）13艘、总载重量34.65万吨（1993年）。民航能力，固定航班机场1处，客运6.14亿人千米、货运量370万吨千米（1996年）。

国防体制　总统为武装力量最高统帅。议会设国防委员会，负责监督国防部履行其职能。国防部是最高军事行政机构，主要负责国防建设、行政管理等工作，设部长1名、国务秘书4名。国防部下设部长办公室、国防总监办公室、抢险救灾局、抢险救灾办公室、组织人事局、发展局、军务局、民防局、通信局、营建局、总务局、法律处、总部军事院校处、卫生处、新闻和技术处、情报安全局。总参谋部隶属国防部，是最高军事指挥机构，负责部队的指挥和管理。武装力量目前只有陆军一个军种，由正规军和准军事部队组成。

领导人物　总统兼武装力量最高统帅米兰·库昌（1997年11月当选）。国防部长安东·格里佐尔德（2000年12月上任），总参谋长拉迪斯拉夫·利比奇（2001年3月上任）。

武装力量　**兵力**　现役部队约9000人。

陆军　约9000人。编有7个军区27个军分区、7个步兵旅（各辖1个现役步兵营、3个预备役步兵营）、1个特种兵旅、1个地空导弹旅（营）、2个独立机械化营、1个陆军航空兵旅、1个炮兵营。

坦克：M－84型46辆，T－55M型54辆。步兵战车：M－80型52辆。装甲侦察车：BRDM－2型16辆。装甲运输车："瓦鲁克"型约70辆。牵引炮：105毫米M－2型18门、155毫米M－845型18门。火箭炮：128毫米60门。迫击炮：120毫米120门。反坦克导弹：AT－3型、AT－4型若干具。

岸防分队　100人（实为警察），基地在科佩尔。

陆军航空分队　120人。飞机：PC－9型3架、兹林－242型3架、LET－410型1架、"乌特瓦－75"型3架。直升机：AB－109型1架、B－206型2架、B－412型8架。地空导弹：SA－9型9部。高炮：20毫米自行炮9门、30毫米自行炮9门、57毫米自行炮21门。

预备役　6.1万人（包括300名岸防分队预备役）。编为2个独立机械化营，1个炮兵营，1个岸防营，1个反坦克营。

准军事部队　武装警察4500人（另有5000名预备役人员）。装备直升机：AB－206型2架、AB－109A型1架、AB－212型1架、AB－412型1架。

兵役制度　实行义务兵役制，士兵服役期7个月。

驻外兵力　联合国驻波黑维和部队人数若干，驻塞浦路斯维和部队29人，驻中东军事观察员2人。

（刘建宇）

乌 克 兰

国　　名　乌克兰。

主要统计　面积 60.37 万平方千米。人口 4998 万人（其中，13～17 岁男 189.8 万人、女 182.3 万人；22～32 岁男 357.6 万人、女 355.4 万人）。国内生产总值 490 亿美元（1999 年）。国防费 4.41 亿美元（2000 年国防预算）。

领导人物　总统列昂尼德·达尼洛维·库奇马（1999 年 11 月 14 日当选连任）兼武装力量最高统帅。国防部长亚历山大·伊万诺维奇·库兹穆克（1996 年 7 月上任）。

武装力量　**兵力**　现役部队 30.38 万人（不含战略核力量和黑海舰队，但包括 4.36 万名国防部直属部队和机关人员）。

战略核力量（一部分将销毁、一部分交给俄罗斯）现有洲际弹道导弹 27 枚（SS－24 型）；战略轰炸机 25 架，其中图－95H16 型 17 架，图－160 型 7 架。

陆军　15.12 万人。划分为国防部直属部队和 3 个作战指挥部。国防部直属部队下辖 1 个空中机动旅，1 个 SS－21 型战役战术导弹旅，1 个炮兵旅，1 个工兵旅。

西部作战指挥部下辖：指挥部直属部队编有 1 个炮兵师、3 个 SS－21 型战役战术导弹旅、1 个空中机动团、1 个工兵旅、2 个陆航旅；2 个军，其中 1 个军辖 2 个机械化师、2 个机械化旅、1 个炮兵团、1 个火箭炮团、1 个反坦克旅，另 1 个军辖 2 个机械化师、1 个机械化旅、1 个炮兵团、1 个火箭炮团、1 个反坦克旅。

南部作战指挥部下辖：指挥部直属部队编有 1 个机械化师、1 个空中机动师、1 个炮兵师、1 个空中机动旅、1 个战役战术导弹旅、1 个陆航旅；2 个军，其中 1 个军下辖 1 个坦克师、2 个机械化师、1 个炮兵旅、1 个火箭炮团、1 个反坦克旅、1 个工兵团，另一个军下辖 2 个机械化旅、1 个炮兵旅、1 个火箭炮团、1 个反坦克团、1 个工兵团。

北部作战指挥部下辖：指挥部直属部队有 1 个机械化师、1 个坦克训练中心、1 个坦克旅、2 个战役战术导弹旅、1 个陆航旅、1 个工兵团；1 个军下辖 1 个坦克师、1 个机械化师、1 个机械化训练中心、1 个炮兵旅、1 个火箭炮团、1 个反坦克团、1 个工兵团。

主战坦克：3895 辆（另储存 875 辆），其中 T－55 型 145 辆、T－64 型 2250 辆、T－72 型 1230 辆、T－80 型 270 辆。装甲侦察车：约 600 辆。步兵战车：3048 辆（另储存 330 辆），其中 BMⅡ－1 型 1000 辆、BPM－1K 型 450 辆、BMⅡ－2 型 1460 辆、BMⅡ－3 型 3 辆、BMⅡ－1 型 60 辆、BMⅡ－2 型 75 辆。装甲输送车：1770 辆（另储存 230 辆），其中 BTP－60 型 200 辆、BTP－70 型 1080 辆、BTP－80 型 450 辆、BTP－Ⅱ型 40 辆，另外还有 MT－ⅡB 型 2090 辆。各型火炮：3680 门（另储存 456 门），其中牵引炮 1115 门（122 毫米 640 门、152 毫米 664 门），曲射直射两用炮 64 门，火箭炮 593 门（122 毫米 360 门、152 毫米 685 门），自行火炮 1304 门（122 毫米 640 门、152 毫米 664 门），曲射直射两用炮 64 门，火箭炮 593 门（122 毫米 360 门、132 毫米 4 门、220 毫米 135 门、300 毫米 94 门），迫击炮 604 门（120 毫米 603 门、160 毫米 1 门）。战役战术导弹发射架：212 部，其中"飞毛腿"72 部、"青蛙"50 部、SS－21 型 90 部。反坦克导弹：AT－4、AT－5、AT－6 型若干。T－12 型/MT－12 型反坦克炮 500 门。高射炮 470 门。地空导弹发射架：435 部，其中 SA－4 型 100 部、SA－8 型 125 部、SA－11 型 60 部、SA－13 型 150 部。米－24 型战斗直升机 347 架，运输直升机 208 架。

海军　约 1.3 万人。

潜艇：1 艘；主要水面作战舰艇：4 艘，其中"乌克兰"级 1 艘、"克里瓦克"1 级 2 艘、"克里瓦克"3 级 1 艘；巡逻艇 10 艘；其他舰艇 21 艘。

海军航空兵　2500 人，装备各型飞机 41 架，各型直升机 77 架。

海军步兵　1500 人，编 2 个步兵营。

空军　9.6 万人，编 2 个空军军，装备作战飞机 911 架。编有 1 个轰炸航空兵师司令部，共 2 个团，装备图－22M 型轰炸机 39 架。2 个歼击轰炸航空兵师司令部，共 5 个团，装备苏－24 型轰炸机 188 架。2 个强击机团，装备苏－25 型强击机 73 架。2 个歼击师，装备苏－15 型机 3 架、米格－23 型机 51 架、米格－29 型机 224 架、苏－27 型机 66 架。4 个侦察团，装备图－22型机1架、苏－17型机55架、苏－24型机30架。战斗训练机48架。运输机123架。教练机L－39型机337架、米－8型直升机16架，运输直升机111架。地空导弹发射架825部。

预备役部队　近5年服过现役者约100万人。

准军事部队　12.61万人，其中内卫部队4.2万人，国民卫队2.66万人、边防卫队3.4万人、海岸守备队1.4万人、民防部队9500人。

驻外兵力　参加联合国维和行动，驻黎巴嫩650人，驻南斯拉夫240人。

（闵振范）

西　班　牙

国　　名　西班牙。

主要统计　面积50.5925万平方千米。人口3923.7万人（其中，13～17岁男121万人，女113.6万人；18～22岁男147.2万人，女139万人；23～32岁男332.8万人，女317.4万人）。国内生产总值5690亿美元（1999年），人均17900美元。国防费70亿美元（2000年国防预算）。粗钢1368.3万吨（1997年）。原煤2840.3万吨（1995年）。原油600万桶（1996年）。天然气1.78亿立方米（1995年）。发电量1663.8亿度（1995年）。谷物1935.4万吨（1997年）。海运能力，商船（载重量100吨以上）2190艘，总载重量507.73万吨（1998年）。民航能力，固定航班机场34处，客运量340.44亿人千米、货运量37.64亿吨千米（1998年）。

国防体制　国王为武装力量最高统帅。国防委员会既是国防事务的最高咨询机构，也是国防最高决策机构，国王为主席，通常由首相主持会议，成员有副首相、国防大臣、外交大臣、内政大臣、国防参谋长、三军参谋长。三军参谋长联席会议是军队的最高指挥机构。国防部是最高军事行政机关，负责制定防务政策和领导国防工业。国王、首相通过国防部和国防参谋部对全国武装力量实施领导。武装力量由正规军和准军事部队组成。正规军分陆、海、空军3个军种。准军事部队由国民警卫队和海上国民警卫队组成。国王和首相通过国防部和国防参谋部对全国武装力量实施领导和指挥。

领导人物　国王胡安·卡洛斯一世（1975年11月22日登基）。内阁首相何塞·玛丽亚·阿斯纳尔（1996年5月5日上任）。国防大臣费德里科·特里略（2000年上任）。国防参谋长圣地亚哥·巴尔德拉斯空军上将（1996年7月29日上任）。陆军参谋长阿方索·帕尔多·德桑塔亚纳伊科洛马上将（1998年9月28日上任）。海军参谋长安东尼奥·莫雷诺·巴尔贝拉海军上将（1997年6月27日上任）。空军参谋长胡安·安东尼奥·隆博洛佩斯空军上将（1997年1月上任）。

武装力量　**兵力**　现役部队16.605万人。义务兵5.17万人。

陆军　10万人，义务兵3万人。编有8个军区司令部（含2个海外军区），1个机械化师，2个装甲旅，1个山地旅，2个西班牙军团，1个防空团，1个工程兵旅，1个陆航旅，1个炮兵旅，1个防空司令部，1个海岸炮兵司令部（含2个岸炮团），3个特种作战营，1支快速反应部队。

主战坦克：665辆，其中AMX－30ER1/ER2型209辆，M－48A5E型164辆，M－60A3TTS型184辆，“豹”ⅡAⅣ型108辆。装甲侦察车：BMR－VEC型340辆。步兵战车：“皮扎罗”式14辆。装甲输送车：1624辆，其中M－113型1311辆，BMR－600型313辆。牵引炮：105毫米457门，155毫米20门。自行炮：105毫米48门，155毫米90门，203毫米64门。岸炮：6英寸44门，305毫米6门，381毫米3门。火箭炮：140毫米14门。迫击炮：120毫米409门，81毫米1314门。无坐力炮：106毫米638门。反坦克导弹：“陶”式200具，“霍特”式28具，“米兰”式442具。高炮：20毫米329门，35毫米92门，40毫米183门。地空导弹：“罗兰”式18部，“防空卫士”/“蝮蛇”13部，“西北风”式108部，“霍克”式24部。直升机：174架（其中武装直升机28架）。

海军　3.695万人，义务兵1.07万人。编有1个舰队司令部，4个基地司令部，6个海军基地。分为4个海管区。

航空母舰：“阿斯图利亚王子”号1艘。潜艇：8艘，其中有“加莱尔纳”级4艘，“鲸”级4艘。护卫舰：15艘，其中有“圣玛丽亚”级6艘，“巴利埃里”级5艘，“侦察”级4艘。巡逻艇：33艘。扫雷舰艇：12艘。两栖登陆舰：4艘，其中有“新港”级2艘，“加利西亚”级2艘。两栖登陆艇：13艘。支援与补给舰船：32艘。

海军航空兵　700人（义务兵290名）。编有1个攻击战斗机中队，1个联络机中队，5个直升机中队。装备有“AV－8B”型战斗机17架，“嘉奖”2型3架，直升机37架。

海军陆战队　6900人（义务兵2800名）。装备有M－60A3型主战坦克16辆，“蝎”式轻型坦克17辆，LVTP－7两栖装甲战车16辆，105毫米牵引炮12门，155毫米自行炮6门，“陶”式反坦克导弹12具，“龙”式反坦克导弹18具，“西北风”式地空导弹12部。

空军　2.91万人（义务兵1.1万名）。编有4个军区（即中部军区、东部军区、直布罗陀海峡军区、加那利群岛军区），1个后勤支援司令部。作战飞机211架。

攻击/战斗机：F－5B型35架。战斗机：EF－18A/B型90架，“幻想”F－1CF/BE/EE型65架。侦察机：RF－4C型14架，C－212型6架，“色斯纳”560型2架。海上巡逻机：P－3A型2架，P－3B型5架。电子战飞机：C－212型2架，“猎鹰”20型2架。运输机：“大力神”C－130H型7架，C－130型12架，C－212型34架，CN－235型20架，“猎鹰”20型3架，“猎鹰”50型1架，“猎鹰”900型2架。加油机：KC－130H型5架，“波音”707型4架。联络机：DO－27型21架。搜索救援机：C－212型9架，F－27型3架，CL－215型15架。教练机：C－101型74架，E－26型37架，E－24型25架，E－20型5架，C－212型试飞机1架。直升机：57架。空空导弹：“麻雀”AIM－7型、“响尾蛇”AIM－9型、“阿姆拉姆”型AIM－120型、R－530型若干枚。地空导弹：“西北风”、“防空卫士”/“蝮蛇”若干部。

预备役部队　44.79万人，其中陆军43.6万人，海军3900人，空军8000人。

准军事部队　7.576万人，其中国民警卫队7.5万人，海上国民警卫队760人。

部署　三军兵力主要部署在马德里附近、海岸沿线及直布罗陀东北部的沿海地区。

兵役制度　实行义务兵与志愿兵相结合的兵役制度。义务兵服役期为9个月。志愿兵的服役期为16～36个月。各级军官最高服役年限：将官为64岁（上将64岁、中将62岁、少将60岁），校官为58岁（上校58岁、中校56岁、少校54岁），尉官为54岁。

军衔　分5等18级：将官3级（上将、中将、少将），校官3极（上校、中校、少校），尉官3级（上尉、中尉、少尉），士官7级（准尉、士官长、一级军士长、军士长、上士、中士、下士），兵2级（上等兵、列兵）。

驻外兵力　参加联合国维和行动：波黑1600人，军事观察员12人；意大利北约军事一体化空军部队F/A－18型战斗机5架，KC－130型加油机1架；科索沃维和部队900人。

外国驻军　美国驻军2130人（其中海军1760人，空军250人，海军陆战队120人）。北约西南联合司令部。

军队节日　军人节1月6日；武装力量节为5月的最后一个星期日。

（李强洲）

希　腊

国　　名　希腊共和国。

主要统计　面积13.1957万平方千米，其中岛屿面积约占15%。人口1069.2万人（其中13～17岁男33.6万人，女31.7万人；18～22岁男38.2万人，女36.2万人；23～32岁男82.5万人，女78.9万人）。国内生产总值1074亿美元（1999年），国防费33亿美元（2000年国防预算）。粗钢101.6万吨（1997年）。原煤5766.2万吨（1995年）。原油300万桶（1996年）。天然气1.25亿立方米（1999年）。发电量419.8亿度（1999年）。粮食472.5万吨（1997年）。海运能力，商船（载重100吨以上）1872艘，总载重量4527.66万吨（2000年）。民航能力，固定航班机场36处，客运量79.45亿人千米、货运量1.17亿吨千米（2000年）。

国防体制　总统为武装力量统帅。最高国防决策机构为国家最高外交国防委员会，成员有总理、外交、国防、内政、财政、工业、交通部长和国防参谋长等，由总理任主席。最高国防咨询机构为参谋长委员会，成员有国防参谋长及陆、海、空三军参谋长等，由国防参谋长任主席。国防部是政府中的一个部，是最高军事行政机关，负责国防政策的制定及军队的建设和管理。武装力量由正规军、准军事部队和预备役部队组成。正规军分陆、海、空三个军种。准军事部队由国民警卫队、公安警察和港警等构成。最高军事指挥机构为国防参谋部，下辖陆、海、空军参谋部。总统通过总理、国防部和国防参谋部对全国武装力量实施领导和指挥。

领导人物　总统兼武装力量统帅康斯坦丁·斯特法诺普洛斯（1995年3月9日上任）。总理康斯坦丁·西米蒂斯（1996年1月18日上任）。国防部长阿基斯·措哈拉普洛斯（1996年9月22日上任）。国防参谋长马努索斯·帕拉季乌达基斯上将（1999年2月15日上任）。陆军参谋长康斯坦丁·帕纳伊奥塔基斯中将（1999年2月15日上任）。海军参谋长莱奥尼达斯·帕里约尔高斯中将（1996年2月15日上任）。空军参谋长季米特里奥斯·里泽拉科斯中将（1999年2月15日上任）。

武装力量　**兵力**　现役部队15.917万人（其中义务兵9.83万人，女兵0.55万人）。

陆军　11万人（其中义务兵8.1万人，女兵0.27万人），编有3个军区，1个集团军司令部，5个军区司令部，5个师部，5个步兵师，5个独立装甲旅，7个机械化旅，5个步兵旅，1个陆航旅，1个两栖作战营，4个侦察营，5个野战炮兵营，1个独立空中补给连，10个高炮营，2个地空导弹营。

主战坦克：1735辆，其中M－48A3型15辆，M－48B5型699辆，M－60AI型357辆，M－60A3型312辆，“豹”1CR型105辆，“豹”IV型170辆，“豹”IA5型77辆。装甲侦察车：M－8型130辆，VBL式50辆。步兵战车：BMP1型500辆。装甲输送车：“列奥尼德”MK－1/MK2型308辆，M－113A1/A2型1669辆。牵引炮：105毫米729门，155毫米266门。自行炮：105毫米73门，155毫米141门，175毫米12门，203毫米181门。火箭炮：122毫米116门，227毫米18门。迫击炮：107毫米624门，81毫米2800门。无坐力炮：84毫米2000门，90毫米1314门，106毫米1291门。反坦克导弹：“陶”式336具，“塞子”AT－4型262具，“米兰”290具。高炮：23毫米506门。地空导弹：“毒刺”1000部，“霍克”42部，SA－15型21部，SA－8B型20部。飞机：U－17型43架。，直升机：149架（其中“阿帕奇”AH－64A型武装直升机20架）。

海军　1.9万人（其中义务兵0.98万人，女兵0.13万人）。编有1个舰队司令部，1个训练司令部，1个后勤司令部和4个本土海区司令部。海军基地3个：萨拉米斯、帕特雷和苏扎湾。

潜艇：“灰鱼”级4艘，“海神”级4艘。驱逐舰：“基蒙”级4艘。护卫舰：“九头蛇”级4艘，“埃利”级2艘，“科顿艾尔”级4艘，“诺克斯”级2艘。轻型护卫舰：“西提斯”级5艘。导弹快艇：“拉斯科斯”级13艘，“沃特西斯”级4艘，“斯塔莫”级2艘。巡逻艇：“阿马托洛斯”级2艘，“托尔米”级2艘，海岸巡逻艇2艘，远岸巡逻艇2艘。鱼雷快艇：“仙女座”级4艘，“赫斯珀罗斯”级4艘。布雷舰：“阿克蒂昂”级2艘。扫雷艇：“翠鸟”级8艘，“阿塔兰忒”级6艘。两栖登陆舰：“希俄斯岛”级2艘，“纳夫克拉托萨”级1艘，“英诺斯”级2艘，“伊卡利亚岛”级3艘，“伊波劳亚罗斯·罗森”级2艘。小型登陆艇：57艘。支援舰船：14艘。

海军航空兵：250人。编有2个中队，装备P－3B海上巡逻机6架、直升机17架（其中反潜直升机15架、电子战直升机2架）。

空军　3.017万人（其中义务兵0.752万人，女兵0.152万人）。编有1个作战司令部，1个训练司令部，10个攻击战斗机中队，8个战斗机中队，1个侦察机中队，3个运输机中队，4个联络机中队，4个教练机中队，1个直升机中队，1个防空营，12个高炮连。作战飞机458架。

攻击战斗机：“海盗”A－7H型90架，TA－7H型4架，F－16CG/DG型75架，“幻影”2000EG/BG型34架。战斗机：F－5A/B型87架，NF－5A型10架，NF－5B型1架，F－4E型66架，RF－4E型30架，F－16D型14架，“幻影”F－1CG型27架。运输机：44架。联络机：30架。教练机：89架。直升机：25架。

预备役部队　29.1万人，其中陆军23.5万人、海军2.4万人、空军3.2万人。

准军事部队　5万人（包括国民警卫队和公安警察和港警）。

部署　陆军兵力主要部署在北部边境一带，海军兵力主要部署在中南部沿海和克里特岛地区，空军兵力集中部署在首都雅典附近及中部地区。

兵役制度　实行义务兵役制度。义务兵服役期为：陆军18个月，海军21个月，空军20个月。

军衔　分为5等17级：将官4级（上将、中将、少将、准将），校官3级（上校、中校、少校），尉官3级（上尉、中尉、少尉），士官5级（准尉、军士长、上士、中士、下士），兵2级（上等兵、列兵）。

驻外兵力　驻塞浦路斯1250人，1个机械化旅。参加联合国维持和平行动：810人，其中波黑维和部队 250 人、北约军事一体化空军部队 C－130 运输机 1 架、格鲁吉亚军事观察员 4 人、伊拉克/科威特边境军事观察员 5 人、西撒哈拉军事观察员 1 人、南斯拉夫维和部队 430 人。

外国驻军 美国驻军 420 人（其中海军 240 人、空军 170 人、陆军 10 人）；北约中南欧联合司令部。

军队节日 武装力量节 8 月 15 日。

（李先喜）

匈 牙 利

国 名 匈牙利共和国。

主要统计 面积 9.3031 万平方千米。人口 1000.5万人（其中，13～17 岁男 32 万人，女 30.3 万人；18～22 岁男 38.8 万人，女 36.4 万人；23～32岁男 71.2 万人，女 66.7 万人）。国内生产总值 466.8 亿美元（1999 年）。国防费 7.91 亿美元（2000 年国防预算）。粗钢 206 万吨（1996 年）。原煤 1449 万吨（1998 年）。原油 1100 万桶（1996 年）。天然气 54.79 亿立方米（1995 年）。发电量 370.2 亿度（1998 年）。粮食 1349 万吨（1998 年）。海运能力，商船（载重 100 吨以上）15 艘，总载重量 9.32 万吨（1998 年）。民航能力，固定航班机场 1 处，客运量 27.62 亿人千米、货运量 3290 万吨千米（1998 年）。

国防体制 总统兼任武装力量总司令。战时成立国防委员会，总统任主席，成员包括：总理、议长、国防部长、内务部长、外交部长和国防军司令（兼总参谋长）等。国防部为最高军事行政机关，负责制定国防政策和相关法律、法规。武装力量由正规军和准军事部队组成。正规军分陆军和空军防空军两个军种。总参谋部为最高军事指挥机关，负责军队的指挥、训练和管理等。总统通过国防部和总参谋部对军队实施领导和指挥。

领导人物 总统马德尔·费伦茨（2000 年 8 月当选）。国防部长萨波·亚诺什（1998 年 7 月上任）。国防军司令兼总参谋长福多尔·拉约什上将（1999 年 8 月上任）。

武装力量 **兵力** 现役部队 4.379 万人。

陆军 2.35 万人。编成 2 个机械化师，辖 3 个摩步旅、1 个工兵旅、1 个炮兵营、1 个反坦克营、1 个侦察营、2 个训练中心、1 个多瑙河联队、1 个多瑙河扫雷营、1 个宪兵团。另有 4 个预备役摩步旅。

坦克：T－55 型 568 辆（其中 209 辆库存），T－72 型 238 辆。装甲侦察车：FUGD－442 型 104 辆。步兵战车：BMP－1 型 490 辆，BRM－1K 型 12 辆，BTR－80A 型 70 辆。装甲输送车：BTR－80 型 420 辆，PSZHD－944 型 336 辆（其中 83 辆库存），MT－LB 型 30 辆。牵引炮：122 毫米 M－1938 型 230 门（24 门库存），152 毫米 D－20 型 302 门（218 门库存）。自行炮：122 毫米 2S1 型 151 门（18 门库存）。火箭炮：122 毫米 BM－21 型 56 门。迫击炮：120 毫米 M－120 型 100 门（2 门库存）。反坦克导弹：AT－3 "耐火箱" 115 具，AT－4 "塞子" 30 具，AT－5 "拱肩" 224 具。反坦克炮：85 毫米 D－44 型 162 门（全部库存），100 毫米 MT－12 型 106 门。高炮：57 毫米 S－60 型 186 门（43 门库存）。地空导弹：SA－7 型 243 部，SA－14 型 60 部，"西北风" 型 45 部。

空军 1.15 万人。编成 2 个战斗机联队、1 个武装直升机联队、1 个混合运输机联队、2 个防空导弹团。

战斗机：米格－21 型 22 架（2001 年将全部退役），米格－29 型 27 架（仅 12 架可用）。运输机：安－26 型 9 架，Z－43 型 4 架，米－2 型运输直升机 16 架，米－8 型运输直升机若干架。教练机：L－39 型 19 架，雅克－52 型 12 架。武装直升机：米－24 型 24 架，米－8/17 型 38 架，米－9 型 1 架，米－17 型 2 架。空空导弹：AA－2 型 "环礁"、AA－8 型" 蚜虫"、AA－10 型 "杨树" 和 AA－11 型 "射手" 各若干枚。空地导弹：AT－2 型 "蝇拍" 和 AT－6 型 "螺旋" 各若干枚。地空导弹：SA－4 型 12 部，SA－2/－3/－5 型 66 部，SA－6 型 20 部。

预备役 9.03 万人，其中陆军 7.49 万人，空军 1.54 万人（服役年限到 50 周岁）。

准军事部队 1.4 万人。其中内务部所属边防军 1.2 万人，编成 11 个边防区（团级）和 1 个布达佩斯防区（包括 7 个快反分队，装备有 33 辆 PSZH 型和 68 辆 BTR－80 型装甲输送车）；内务部队（警察）2000 人，装备有 33 辆 PSZH 型和 40 辆 BTR－80 型装甲输送车。

兵役制度 实行义务兵役制。士兵服役期为 9 个月。军官最高服役年限为 55 周岁。

军衔 共分 6 等 20 级，即将官 4 级（上将、中将、少将、准将），校官 3 级（上校、中校、少校），尉官 3 级（上尉、中尉、少尉），准尉 3 级（一级准尉、二级准尉、三级准尉），军士 3 级（上士、中士、下士），士兵 4 级（上等兵、中等兵、下等兵、列兵）。

驻外兵力 参加联合国驻波黑多国执行部队军事观察团 4 人，驻克罗地亚多国执行部队 310 人（1 个工兵营），驻塞浦路斯观察团 111 人，驻埃及军事警察团 41 人，驻格鲁吉亚军事观察团 5 人，驻伊拉克一科威特军事观察团 5 人，驻西撒哈拉军事观察团 3 人，驻南斯拉夫多国维和部队 325 人。

军队节日 “国防日”建军节为 5 月 21 日。

（刘伟东）

意大利

国　　名 意大利共和国。

主要统计 面积 30.1277 万平方千米。人口 5793 万人（其中，13～17 岁男 157.8 万人，女 145.1 万人；18～22 岁男 175.1 万人，女 167 万人；23～32 岁男 445.6 万人，女 430.5 万人）。国内生产总值 2125 万亿里拉，合 1.1 万亿美元（1999 年）。2000 年国防预算为 160 亿美元。天然气 204.99 亿立方米（1995 年）。原煤 38 万吨（1995 年）。原油 3700 万桶（1996 年）。发电量 2411.11 亿度（1995 年）。谷物 1972 万吨（1997 年）。海运能力，商船（载重 100 吨以上）1996 艘，总载重量 714.95 万吨（1998 年）。民航能力，固定航班机场 34 处，客运量 296.59 亿千米、货运量 13.35 亿吨千米（1998 年）。

国防体制 意国防体制是以国防部长（文官）为首，国防参谋长和国防秘书长分别主管军事和后勤管理的双轨制。武装力量由正规军和准军事部队组成，正规军分陆军、空军、海军 3 个军种，准军事部队由宪兵、公安警察、财政警察等构成。总统为武装部队最高统帅。最高国防机构是最高国防委员会，成员包括总统、总理和国防、外交、内政、国库、预算、工业、农业部长和国防参谋长，由总统任主席，总理任副主席。最高国防咨询机构是武装力量高级委员会，下设陆、海、空三个小组。参谋长委员会为国防部最高军事咨询机构，由国防参谋长任主席。国防部是最高行政机构，国防部长负责具体实施各项国防政策。国防参谋部是最高军事指挥机构，下辖陆、海、空军参谋部。国防参谋长是全军最高军事首长。国防秘书长又担任国防军备主任，并接受国防部长和国防参谋长的双重领导，负责国防部的行政事务和军队装备、人事管理等。总统通过总理、国防部和国防参谋部对全国武装力量实施领导和指挥。

领导人物 总统卡洛·阿泽利奥·钱皮（1999 年 5 月上任）。总理朱利亚诺·阿马托（4 月 26 上任），国防部长塞尔焦·马塔雷拉（文职，1999 年 12 月上任）。国防参谋长马里奥·阿尔皮诺空军中将（1999 年 2 月上任）。陆军参谋长弗郎切斯科·切尔沃尼中将（1996 年 12 月上任）。海军参谋长翁贝尔托·夸尔尼耶里中将（1998 年 2 月上任）。空军参谋长安德列亚·福尔纳谢罗中将（1999 年 2 月上任）。国防秘书长兼全国军备主任阿尔贝托·齐亚尼中将（1996 年 9 月上任）。

武装力量　兵力 现役部队 25.06 万人（义务兵 11.18 万人）。

陆军　15.3 万人。（包括义务兵 8.3 万人）。编有 1 个作战指挥部，3 个战区司令部，下辖：1 支快速反应部队（1 个机械化旅、1 个空中机动旅、1 个空降旅、1 个工程兵团、1 个两栖团）；1 支山地部队（3 个山地旅、1 个工程兵团、1 个陆航团、1 个山地空降营）；2 支本土防御部队（2 个坦克旅、1 个装甲旅、4 个机械化旅、2 个工程兵团、1 个陆航团）；1 个支援部队司令部，下辖 1 个炮兵师（其中“霍克”地空导弹团 3 个、高炮团 2 个）、1 个炮兵旅（其中重炮团 1 个、炮团 3 个、三防团 1 个）、1 个陆航师（陆航团 2 个，陆航营 2 个）。

主战坦克：共 699 辆，其中“豹 IAI”式 133 辆，“豹 IAV”式 98 辆，“半人马座”式 B－1 型 363 辆，“阿雷斯特”式 105 辆。装甲输送车：共 2778 辆，其中 M－113 型 882 辆，VCC 型 1638 辆，“菲亚特”6614 型 26 辆、“美洲狮”式 101 辆。牵引炮：222 门，其中 105 毫米 72 门、155 毫米 150 门。自行炮：155 毫米 192 门。火箭炮：227 毫米 22 门。迫击炮：81 毫米 1200 门，120 毫米 459 门。反坦克导弹：“陶式”858 具，“米兰”752 具。反坦克火箭筒：“铁拳”

3型1860具。无坐力炮：80毫米434门。高炮：25毫米208门。地空导弹："霍克"60部，"毒刺"112部，"防空卫士"/"蝮蛇"32部。飞机：SM-1019型6架，DO-228型3架，P-180型3架。直升机361架。其中攻击直升机45架。无人驾驶机："奎宿九星"20型5架。

海军　3.8万人（包括1.1万名义务兵）编有1个舰队司令部（兼北约地中海常设舰队司令部），7个战区司令部，4个海军基地。

轻型航母："加里波第"级1艘。潜艇：7艘，其中"佩希罗"级4艘，"萨乌罗"级3艘。巡洋舰："维·维纳托"级1艘。驱逐舰：4艘，其中"勇敢"级2艘，"大胆"级2艘。护卫舰：24艘，其中"西北风"级8艘，"狼"级4艘，"炮手"级4艘，"智慧女神"级反潜护卫舰8艘。海岸警卫舰艇：9艘。扫雷舰艇：13艘，其中"山地步兵"级1艘，"莱里齐"级4艘，"加埃塔"级8艘。两栖登陆舰艇："圣乔治奥"级2艘，"圣朱斯托"级1艘。支援舰船：32艘。特种部队特种司令部-水下袭击司令部编有3个大队，1支水下作战部队，1所学校和1个研究所。

海军陆战队　"圣马可"大队共1000人。编有1个作战大队，1个训练大队和1个后勤大队。装备VCC-1型装甲输送车30辆，LTVP-7型两栖装甲车10辆，81毫米无坐力炮16门，106毫米无坐力炮8门，"米兰"式反坦克导弹6具。

海军航空兵　2500人。编有1个攻击战斗机中队，5个反潜直升机中队，装备作战飞机18架、武装直升机80架。

空军　5.96万人（包括1.78万名义务兵）。编有8个攻击机中队，5个战斗轰炸机中队，1个侦察机中队，2个反潜巡逻机中队，1个电子战/侦察机中队，3个运输机中队，7个教练机中队，1个空中加油机中队，2个通讯联络机中队，4个搜索与救援中队。3个"奈基"地空导弹中队和12个"斯帕塔"地空导弹中队。作战飞机336架。

攻击/战斗机："旋风"式116架，F-104型91架，AMX型104架，MB-339CD11架。"大西洋"式海上反潜机14架。空中加油/运输机："波音-707-320"型4架。运输机：C-13OH/J型15架，G-222G型38架，DC9-32型2架，"湾流"3-VIP型2架，"猎鹰"50-VIP型4架，"猎鹰"900VIP型2架。联络/电子战飞机：P-166型7架，P-180型18架，PD-808型1架，SIAI-208型30架。教练机：MB-339型75架，AMX-T型20架，SF-260M型26架。直升机：101架，其中HH-3F型21架、SH-3D型2架、AB-212型27架、NH-500D型51架。装备有AIM-9L"响尾蛇"，"蝮蛇"型空空导弹；AGM-8"哈姆"、"鸬鹚"型空地导弹；"奈基"、"斯巴达"型地空导弹若干。

准军事部队　25.25万人。其中：宪兵11万人（属内政部）。编有1个宪兵总司令部，下辖本土宪兵、机动与特种宪兵等。本土宪兵编为5个师，18个大团，94个大队，1个训练旅。机动与特种宪兵编有1个师、2个旅、1个骑兵团、1个特种作战大队、13个机动营，1个空降营，以及若干海、空宪兵支队。装备有各型装甲输送车171辆，其中"菲亚特"6616型40辆、VCC2型装甲车40辆、M-133型91辆；直升机91架，其中"阿古斯塔"A-109型24架、AB-205型4架、AB-206型39架、AB-412型24架。

公安警察　7.9万人（属内政部）。编有11个机动分队，装备装甲输送车40辆，P-68型飞机5架，直升机41架，其中有A-109型12架，AB-206型20架，AB-212型9架。

财政警察　6.35万人（属财政部）。编有14个区，20个团，128个大队。装备有P-166-DL3型飞机5架，直升机80架，近岸巡逻艇3艘，其他舰艇300余艘。

港口控制部队在紧急情况下受海军领导。装备有近岸巡逻艇12艘，其他舰艇130余艘，直升机4架。

预备役部队　6.52万人，其中陆军1.19万人，海军2.3万人，空军3.03万人。

兵役制度　国防部已决定将于2005年左右实行军队职业化，并将兵役制度改为志愿兵役制。目前实行义务兵和志愿兵相结合的兵役制度。陆、海、空义务兵服役期均为10个月，而志愿兵的服役期限根据所签合同分为3～5年不等。各级军官最高服役期限：将官65岁、校官57岁、尉官50岁。

军衔　分5等19级：将官4级（四星中将、三星中将、少将、准将），校官3级（上校、中校、少校），尉官3级（上尉、中尉、少尉），军士6级（军士长、一级上士、二级上士、三级上士、中士、下士），兵3级（一等兵、二等兵、列兵）。

驻外兵力　驻德国空军部队92人，驻马耳他空军部队16人，AB-212型直升机2架，驻美国空军部队33人。参加联合国维和部队：波黑维和部队1640人、1个机械化步兵旅团；埃及77人；科索沃维和部队6400人；黎巴嫩维和部队59人、1个直升机分队；印度/巴基斯坦边境军事观察员7人；伊拉克/科威特边境军事观察员6人；中东军事观察员9人；西撒哈拉军事观察员5人。

外国驻军　北约南欧盟军司令部等5个司令

部都设在意大利，美国在意驻军 1.03 万人，其中陆军 1700 人，海军 4400 人，空军 4200 人，海军陆战队 200 人。美国第六舰队基地设在那不勒斯附近的加埃塔。撒丁岛附近的马达莱纳岛为美国的核潜艇基地。

军队节日 建军节 11 月 4 日。

（李强洲）

英 国

国　名 大不列颠及北爱尔兰联合王国。

主要统计 面积 24.3 万平方千米。人口 5888.2 万人（1999 年，其中 13～17 岁男 190.5 万人，女 181.8 万人；18～22 岁男 179.5 万人，女 171.1 万人；23～32 岁男 409.6 万人，女 392.6 万人）。国内生产总值 8900 亿英镑，约合 1.4 亿美元，人均 22300 美元（1999 年）。国防费 228 亿英镑，合 345 亿美元（2000 年国防预算）。原煤约 4000 万吨（1998 年），原油 22.02 亿吨（1998 年），天然气 13800 亿立方米（1998 年），发电量 334.454 亿度（1995 年），谷物 2267 万吨（1998 年）。商船（载重 100 吨以上）1631 艘，总载重量 435.5 万吨（1998 年）。民航能力，固定航班机场 57 个，客运量 1248.47 亿人千米、货运量 38.32 亿吨千米（1998 年）。

国防政策 继续依靠北约集体防务力量作为巩固安全的基础；保持强大的常规部队；保持核威慑力量；突出强调质量建军和联合快速反应部队的建设，重点提高英军处理各种危机、应付突发事件的快速反应能力，努力维护英在欧洲及海外传统势力范围的战略利益，积极参加联合国的维和行动，维护英国的战略利益。

军事战略 英国在冷战后对其军事战略进行了调整，确定"应变抉择"的军事战略。其核心是：以北约集体防务为支柱，以核威慑为后盾，重点提高部队应付突发事件的能力，以加强军队的质量。具体情况如下：陆军近年的规模虽然在逐渐缩小，但更加重视改善军队的装备，着重提高部队的机动性和灵活性；海军的军事战略由"前沿防御"向"机动防御"发展，并着重提高海军处理各种危机和应付突发事件"机动、应变"的能力，其作战任务转向独立自主或盟国联合对付涉及国家利益的地区可能发生的危机，能够在远离本土地区迅速调遣、展开部队。空军的主要任务将不是击退整个领空不同方向的密集打击，而是在多个危机发生地区调遣和机动作战。在指导思想上，强调依靠北约确保欧洲和英国的安全。在防务安排上，积极参加北约集体防务和欧洲的维和行动。在军事部署上，减少驻德国部队。在军队建设上，强调走"少而精"的质量建军的道路。

国防体制 女王为英军名义上的最高统帅。最高决策机构是"国防与海外政策委员会"，首相任主席，成员有国防大臣、外交大臣、内政大臣、财政大臣等；国防参谋长和三军参谋长在必要时列席会议。国防部为国防执行机构，也是军事最高司令部，负责具体贯彻和执行首相和"国防与海外政策委员会"的指示和决议，并负责制定政策，预算和三军的作战指挥。武装力量由正规军与预备役部队组成。正规军分陆、海、空三个军种。首相通过国防部和国防参谋部对全国武装力量实施领导和指挥。战时则组成战时内阁，指挥作战。

领导人物 女王伊丽莎白二世（1952 年即位，1953 年加冕）是英国武装力量名义上的最高统帅。国防大臣杰弗·胡恩（1999 年 10 月上任）。国防参谋长查尔斯·古斯瑞上将（1997 年 4 月上任）。陆军参谋长麦克尔·沃克上将（2000 年 4 月上任）。海军参谋长迈克尔·博伊斯上将（1998 年 10 月上任）。空军参谋长彼德·斯令尔上将（2000 年 4 月上任）。

武装力量 **兵力** 现役部队 21.245 万人。

陆军　11.395 万人（其中女兵 6380 人）。编有 1 个地面部队司令部，3 个军区，3 个师部，1 个装甲师，1 个机械化师，1 个空中攻击旅，14 个步兵旅群。

坦克："挑战者Ⅱ"192 辆，"挑战者"410 辆，"酋长"14 辆，"蝎"式轻型坦克 11 辆。装甲侦察车："短弯刀"332 辆，"佩刀"138 辆，"狐狸"11 辆。装甲输送车：AFV－432 型 748 辆，"斯巴达人"FV－130 型 529 辆，"萨克森"609 辆，"萨拉逊"2 辆。牵引炮：105 毫米 214 门，55 毫米 44 门。自行炮：155 毫米 AS－90 型 179 门。迫击炮：81 毫米 543 门。反坦克导弹："米兰"755 具，"陶式"60 具。地空导弹："星光"147 部，"标枪"374 部，"轻剑”105部。攻击直升机：269架。

海军　4.377万人（其中女兵3330名）。编有1个舰队，5个分舰队，8个海军基地。

航母：“常胜”级反潜航母3艘。战略攻击潜艇：4艘。战术攻击潜艇：“特拉法尔加”级7艘，“快速”级5艘。驱逐舰：“伯明翰”级11艘。护卫舰：“康沃尔”级4艘，“大刀”级2艘，“诺福克”级14艘。巡逻艇：23艘。扫雷艇：21艘。两栖登陆舰：6艘。各型支援舰：24艘。

海军航空兵　6740人（其中女兵330名）。装备作战飞机34架，武装直升机120架。

海军陆战队　6740人。装备有“米兰”反坦克导弹，“标枪”、“吹管”地空导弹，直升机9架。各型登陆舰艇24艘。

空军　5.473万人（其中女兵5350名）。编有5个飞行大队、45个中队：5个战斗轰炸机中队、5个对地攻击中队、6个歼击机中队、4个侦察机中队、3个海上反潜巡逻机中队、2个电子预警机中队、1个电子对抗/情报搜集中队、3个空中加油机中队、4个运输机中队、1个联络通信中队、9个直升机中队，2个搜索与救援中队。作战飞机429架。

战斗机：“旋风GR-4/4A”型63架，“旋风GR-1/1A/1B”型58架，F-3型93架，“美洲虎”53架，“鹞”64架（GR-7型53架、T-10型11架），“隼”125架（另储存16架），“堪培拉”7架，“猎人”26架，“哨兵”E-3D型7架，“三星”9架，VC-10型21架，“大力士”C-130型51架。直升机：173架。各种教练机共约268架。

战略力量　1900人。战略导弹核潜艇4艘，每艘携带16枚“三叉戟”D5型弹道导弹和48个核弹头。

预备役部队　30.285万人。

部署　陆军主要部署在德国和英国境内。海军重点部署在英吉利海峡沿岸一线及直布罗陀海峡。空军集中在德国和英国。有主要海、空军基地约40个。

兵役制度　实行志愿兵役制，士兵的服役期为3、6、9、12、15年不等。各级军官最高服役年限：元帅和上将为60岁、中将59岁、少将57岁、准将至少校55岁；尉官从授予军衔起，16年内不能晋升至少校军衔的就必须退役。此外，英军的预备役分为两种：一种为正规预备役；另一种为志愿与辅助预备役。

军衔　分8等19级：元帅1级（只在战时授予），将官3级（上将，中将，少将），准将1级，校官3级（上校、中校、少校），尉官3级（上尉、中尉、少尉），准尉2级（一级准尉、二级准尉），军士3级（上士、中士、下士），兵3级（一等兵、二等兵、新兵）。

驻外兵力　海外驻军约6.7万人，主要分布在德国（2.061万人）塞浦路斯（3200人）、直布罗陀（330人）、福克兰群岛（1650人）、尼泊尔（90人）、文莱（约1050人）等国家和地区。在30个国家派有军事顾问455人。参加联合国维和行动：波黑2700人，塞浦路斯312人、刚果6人、东帝汶4人、格鲁吉亚7人、伊拉克/科威科311人、沙特阿拉伯569人、意大利350人、塞拉里昂18人、土耳其160人，南斯拉夫科索沃3500人。

外国驻军　美国驻军11340人（陆军450人、海军1220人、空军9500人，其他170人）；北约北欧盟军海军司令部和东大西洋司令部。

（李强洲）

美洲和大洋洲国家军事概况

阿　根　廷

国　　名　阿根廷共和国。

主要统计　面积278万平方千米。人口3730

万人（其中，13～17岁男163.1万人，女157.8万人；18～22岁男162.5万人，女157.7万人；23～32岁男276.7万人，女270.1万人）。国内生产总值2830亿美元（1999年）。国防费38亿美元（2000年国防预算）。原煤30.5万吨（1995年）。原油2.75亿桶（1996年）。天然气173.36亿立方米（1995年）。发电量671.69亿度（1995年）。粮食3480.3万吨（1998年）。海运能力，商船（载重100吨以上）423艘、总载重量117.31万吨（1998年）。民航能力，固定航班机场39个（1997年），客运量117.85亿人千米、货运量13.3亿吨千米（1998年）。

国防体制 宪法规定，总统为武装力量最高统帅。国防部为政府中一个部，是最高军事行政机构，负责战时国家军事政策的制定与执行，以及对国防科研和军工生产实施领导，部长由文人担任。武装力量由正规军和准军事部队组成。正规军由陆、海、空三军组成。联合参谋部系国防部领导下的各军种协调机构，平时参与制定整体军事战略计划，研究和确定军事理论，组织联合军事训练、演习，制定军事动员计划，搜集战略情报，协调维和部队行动；战时协调三军联合作战。总统通过国防部长和各军种参谋长对全国武装力量实施领导和指挥。

领导人物 总统兼武装力量最高统帅费尔南多·德拉鲁阿（1999年12月上任）。国防部长奥拉西奥·豪纳雷纳（2001年3月上任）。武装力量联合参谋长胡安·卡洛斯·穆格诺罗陆军上将（1999年12月上任）。陆军总参谋长皮卡多·吉列尔莫·布里索尼上将（1999年12月上任）。海军总参谋长霍阿金·埃加多·斯特拉上将（1999年12月上任）。空军总参谋长瓦尔特尔·多明戈·巴尔贝罗上将（1999年12月上任）。

武装力量 **兵力** 现役部队7.11万人。

陆军 4.14万人。编有3个军部，下辖2个装甲旅、4个机械化旅、2个山地旅、1个丛林旅、1个教导旅、1个空降旅、1个装甲骑兵团、1个摩步营、1个防空营、3个航空兵营、2个工程兵营和1个特种保安大队。

坦克："坦姆"坦克200辆，AMX－13型50辆，SK－105"骑兵"100辆。步兵战车："坦姆"VCTP式160辆。装甲侦察车：AML－90型75辆。装甲输送车：M－5半履带型126辆，M－113型323辆。牵引炮：105毫米100门，155毫米100门。自行炮：155毫米35门。火箭炮：105毫米5门，127毫米5门。迫击炮：81毫米1100门，120毫米360门。无坐力炮：75毫米、90毫米、105毫米共计1105门。高炮：30毫米、35毫米、40毫米共计97门。反坦克导弹：SS－11/－12型600具，"马托戈"2100具。火箭筒：66毫米若干具。地空导弹："山猫"、"吹管"型80余部。各型飞机47架，直升机41架。

海军 1.72万人（含海军陆战队和海军航空兵）。编有水面舰队、潜艇、陆战队和航空兵4个司令部。

潜艇："圣塔·克鲁斯"级2艘，"萨尔塔"级1艘。导弹驱逐舰："大力神"级2艘，"布朗海军上将"级4艘。导弹护卫舰："埃斯波拉"级4艘，"德鲁蒙得"级3艘。巡逻舰：8艘。巡逻艇：5艘。导弹攻击快艇：2艘。海岸猎雷艇：2艘。其他船只：20艘。

陆战队 2800人，编为2个舰队陆战队、1个两栖支援营。装备装甲侦察车：ERC－90"大山猫"12辆。装甲突击车：LVTP－7型21辆，LARC－5型13辆。装甲输送车："蜡嘴鱼"6辆，"庞阿尔"VCR型36辆。牵引炮：22门。迫击炮：82门。反坦克导弹："矮脚鸡"和"眼镜蛇"共50部。火箭炮：60门。无坐力炮：30门。高炮：10余门。地空导弹：RBS－70型6部。

海军航空兵 2000人。编有7个中队。装备作战飞机21架、武装直升机14架。空舰导弹：AM－39"飞鱼"、AS－12、"马提姆·佩斯卡多尔"式若干枚。空空导弹：R－550"魔术"若干枚。

空军 1.25万人。编有作战、人事、军区、后勤4个司令部，下辖9个航空旅、10个防空营、1个空降大队。作战飞机133架，武装直升机27架。

战斗机："幻影"V型6架，A－4AR"战鹰"型36架，"幻影"IIIEA型14架，"鹰"式23架，IA－58A型30架。运输机：波音707型4架，C－130型13架，DHC－6型6架，F－27型8架，F－28型4架，IA－50型3架。侦察/航测机：波音707型1架，IA－50型2架，"利尔杰特"35A型3架。搜索/救援直升机：31架。教练机："教练"B－45型30架，EMB－312型27架，IA－63型14架，MS－760型10架，SU－29AR型8架。教练直升机：3架。地空导弹：SAM－3"罗兰"型若干部。高炮：35毫米、200毫米87门。雷达：TPS－43型若干部。空地导弹：ASM－2"马提姆·佩斯卡多尔"型若干枚。空空导弹：AIM－9B"响尾蛇"、R－530、R－550、"蜻蜓"式各若干枚。

准军事部队 3.124万人，其中宪兵（归内政部领导）1.8万人，海岸警卫队1.324万人。

兵役制度 实行志愿兵役制，士兵服役期为2年。

军衔 分5等20级：将官3级（上将、中将、少将），校官3级（上校、中校、少校，陆军自1992

年起增设大校军衔），尉官4级（上尉、中尉、少尉、准尉），军士7级（一级军士长、二级军士长、一级上士、二级上士、三级上士、中士、下士），兵3级（上等兵、二等兵、列兵）。

军队节日 5月29日为陆军节，5月17日为海军节，8月10日为空军节。

（吴永业）

巴　西

国　　名 巴西联邦共和国。

主要统计 面积854.7403万平方千米。人口1.64亿人（其中，13～17岁男879.8万人，女870.7万；18～22岁男835.5万人，女834.8万人；23～32岁男1453.3万人，女1466.7万人）。国内生产总值6000亿美元（1999年）。国防费99亿美元（2000年国防预算）。原煤517.3万吨（1995年），原油2.85亿桶（1996年）。天然气28.8亿立方米（1995年）。发电量2753.99亿度（1995年）。粮食4048.4万吨（1998年）。海运能力，商船（载重100吨以上）635艘，总载重量934.83万吨（1998年）。民航能力，固定航班机场139处（1995年），客运量361.64亿人千米、货运量16.32亿吨千米（1998年）。

国防体制 宪法规定，总统为武装力量最高统帅。最高国防决策机构为国家安全委员会，由总统任主席。国防部为政府中的一个部，是巴武装力量最高领导机构。国防部下设陆、海、空三个军种司令部和武装力量参谋部，在国防部长的统一领导下，各军种司令部负责本军种事务。国防部下设行政秘书长，负责非军事事务。巴西武装力量由正规军和准军事部队组成。正规军由陆、海、空三军组成。总统通过国防部对全国武装力量实施领导和指挥。

领导人物 总统兼武装力量最高统帅费尔南多·恩里克·卡多佐（1995年就职，1999年连任）。国防部长热拉尔多·基当（2000年1月上任）。陆军司令克莱乌贝尔·维埃拉上将（1999年1月上任）。海军司令塞尔吉奥·吉提拉纳·弗洛伦西奥·沙加斯特雷斯上将（1999年1月上任），空军司令瓦特尔·威尔奈·博拉乌埃尔上将（1999年1月上任）。

武装力量 **兵力** 现役部队28.76万人。

陆军 18.9万人。分为7个司令部、12个军区。编有8个师、1个装甲骑兵旅、3个装甲步兵旅、4个机械化骑兵旅、10个摩步旅、1个轻型旅、4个丛林旅、1个边防旅、1个空降旅、1个海岸防空旅、1个直升机旅、3个骑兵警卫团、10个炮兵大队、2个工兵大队和10个工兵营。

坦克："豹"I型87辆，M－60A3型91辆，M－41B/C型286辆。装甲侦察车：EE－9"响尾蛇"409辆。装甲输送车：EE－11"蝰蛇"219辆，M－113型584辆。牵引炮：105毫米、155毫米489门。自行炮：105毫米72门。火箭炮：108毫米10余门。无坐力炮：84毫米、106毫米290门。迫击炮：81毫米、107毫米、120毫米共计1020门。反坦克导弹："米兰"4具，"红沙蛇"18具。火箭筒：84毫米115具。高炮：35毫米、40毫米134门。地对空导弹："罗兰"II型4部，SA－18型40部。直升机73架。

海军 4.86万人（含海军陆战队和海军航空兵）。分为6个海区和2个海军管理区，编有1个舰队总司令部和1个陆战队司令部。

航母："巨人"级1艘。潜艇："图皮"级4艘，"乌迈塔"级1艘。导弹护卫舰："大刀"级4艘，"尼泰罗伊"级6艘。护卫舰"帕拉"级4艘。小型护卫舰："伊尼亚乌玛"级4艘。船坞型登陆舰："托马斯顿"级2艘。坦克登陆舰："新港"级1艘，"德索托县"级1艘。通用登陆艇：3艘。车辆人员登陆艇：40艘。巡逻舰：12艘。巡逻艇：37艘。沿岸扫雷艇：6艘。潜艇救援船：1艘。医疗船：2艘。灯塔供应船：1艘。随队补给油船：2艘。远洋辅助拖船：5艘。运输船：4艘。训练舰：2艘。训练艇：6艘。极地考察船：2艘。测量船：5艘。海洋调查船：1艘。浮标供应船：22艘。海岸测量船：6艘。浮船坞：4艘。

海军陆战队 1.39万人。编有1个舰队陆战队（1个两栖师）、1个支援司令部、1个陆战队保安部队（分为8个地区大队）。装备装甲侦察车6辆，装甲突击车24辆，装甲输送车33辆，牵引炮39门，迫击炮10余门，反坦克导弹若干具，火箭筒若干具，无坐力炮8门，高炮6门。

海军航空兵 1150人。装备各型飞机94架，其中作战飞机22架、武装直升机54架、直升机13架。

空舰导弹：AS-11、AS-12、“海上大鸥”式若干枚。

空军　5万人。编有5个司令部（防空、战术、海上、运输、训练）、2个战斗机中队、3个战斗攻击机中队、2个战斗/教练机中队、2个侦察机中队、7个联络/侦察机中队、3个海面侦察/搜索救援机中队、13个运输机中队。作战飞机268架、武装直升机29架。

战斗机：“幻影”F-103E/D型18架。战斗攻击机：F-5E/-B/-F型47架，AMX型37架。战斗/教练机：AT-26/33型53架。侦察机：RC-95型4架，RT-26型10架，“利尔杰特”35型12架，RC-130E型3架。联络/观察机：T-27型8架，U-7型31架。运输机：C-130H型9架，KC-130H型2架，KC-137型4架，C-91型12架，C-95A/B/C型17架，C-115型17架。地区运输机：C-115型7架，C-95A/B/C型86架，EC-9型6架。专机：VC-91型1架，VC/VU-93型12架，VC-96型2架，VC-97型5架，VU-9型5架，波音737-200型2架，VH-4型直升机3架。运输直升机：AS-332型6架，AS-335型8架，贝尔206型4架，HB-350B型27架。武装直升机：UH-1H型29架。海面侦察/搜索救援机：EMB-110B型10架，EMB-111型20架。联络机：C-42型50架，“色斯纳”208型3架，U-42型30架。教练机：341架，其中直升机29架。空空导弹：AIM-9B“响尾蛇”、R-530型、“魔术”2型、MAA-1“剪刀鱼”若干枚。

预备役部队　134万人。

准军事部队　38.56万人。

兵役制度　巴实行义务兵和志愿兵相结合的兵役制度。陆、海、空军服役期均为1年，特种兵服役期为1年半。服役期满后，可以自愿与军队签约延长服役期。海军舰艇部队和陆军伞兵部队的士兵全部为志愿兵。

军衔　分5等16级：将官3级（上将、中将、少将），校官3级（上校、中校、少校），尉官4级（上尉、中尉、少尉、准尉），军士4级（军士长、上士、中士、下士），兵2级（上等兵、列兵）。

军队节日　8月25日为陆军节，12月11日为海军节，10月23日为空军节。

（吴永业）

秘　　鲁

国　　名　秘鲁共和国。

主要统计　面积128.5216万平方千米。人口2591.6万人（其中，13～17岁男135.8万人，女134.6万人；18～22岁男129.3万人，女128.4万人；23～32岁男226.7万人，女225.8万人）。国内生产总值570亿美元（1999年）。国防费8.25亿美元（2000年国防预算）。原煤14.3万吨（1995年）。原油4400万桶（1996年）。天然气13.03亿立方米（1995年）。发电量167.59亿度（1995年）。粮食282.5万吨（1998年）。海运能力，商船（载重100吨以上）623艘，总载重量61.56万吨（1998年）。民航能力，固定航班机场27处，客运量24.7亿人千米、货运量2.59亿吨千米（1998年）。

国防体制　秘宪法规定，总统为武装力量最高统帅。国防委员会为最高国防决策机构。成员有全体内阁部长和陆、海、空三军总司令，会议由总统主持。国防部为内阁中一个部，是最高军事行政机关，负责国防预算、征兵动员、民防及军工生产等。武装力量联合指挥部为最高军事指挥机构。联指主席由陆、海、空军三位司令轮流担任。陆、海、空军总司令部分别负责各军种的作战指挥。总统通过国防部和联指对全国武装力量实施领导和指挥。

领导人物　总统兼武装力量最高统帅巴伦廷·帕尼亚瓜·科拉萨奥（2000年11月22日上任）。国防部长瓦尔特·莱德斯马·雷瓦斯（2000年11月上任）。武装力量联合指挥部主席、陆军总司令卡洛斯·阿方索·塔夫尔·加诺萨上将（2000年11月上任）。海军总司令安东尼奥·伊巴尔塞那·安米戈海军上将（1996年1月上任）。空军总司令巴勃罗·弗朗西斯科·卡沃内·梅里诺空军中将（2000年11月上任）。

武装力量　**兵力**　现役部队11.5万人。

陆军　7.5万人。划分为6个军区。编有1个空降师、3个装甲师、1个骑兵师、7个步兵师、1个丛林师、1个总统警卫团、1个防空大队、1个装甲大队、2个中型炮兵大队、2个野炮大队、1个独立步兵营、1个独立工程兵营、3个直升机中队。

主战坦克：T-54/55型300辆。轻型坦克：AMX-13型110辆。装甲侦察车：M-8/20型60

辆，M－3A1型10辆，M－9A1型50辆，“菲亚特”6616型15辆，BRDM－2型30辆。装甲输送车：M－113型130辆，UR－416型130辆，BTR－60型12辆，REPONTEC型4辆，“菲亚特”6614型、“卡斯皮尔”型若干辆。牵引炮：105毫米150门，122毫米42门，130毫米36门，155毫米36门。自行炮：155毫米24门。火箭炮：122毫米14门。迫击炮：81毫米若干门，107毫米若干门，120毫米300门。无坐力炮：106毫米若干门。高炮：23毫米115门，30毫米10门，40毫米125门。反坦克导弹：SS－11型400具。地空导弹：SA－16型236部，SA－7型若干部，“轻标枪”若干部。飞机：“色斯纳”13架，“空中皇后”65型1架，U－10型5架，U－17型3架，U－150型1架，U－206型2架，AN－32B型4架。直升机：“贝尔”－47G型2架，米－6型2架，米－8型26架，米－17型13架，SA－315型6架，SA－316型5架，SA－318型3架，A－109“阿古斯塔”型2架。

海军　2.5万人（含海军陆战队、海军航空兵、海岸警卫队）。划分为5个海军军区。编有2个舰队、1个内河舰队。

潜艇：“卡斯马”级6艘，“阿巴托”级2艘。巡洋舰：“德鲁伊特尔”级1艘。护卫舰：“卡瓦哈尔”级4艘。导弹攻击快艇：“贝拉德”级6艘。巡逻艇：25艘。登陆艇：“派塔”级3艘。测量船：6艘。辅助船：16艘。拖船：1艘。

陆战队　3000人。编为1个陆战旅。装备装甲侦察车：V－100型若干辆。装甲输送车：“突击队”V－200型15辆、BMR－600型20辆。迫击炮：81、120毫米约18门。无坐力炮：84、106毫米若干门。高炮：20毫米若干门。

海军航空兵　800人。装备各型飞机40架，其中作战飞机9架、武装直升机9架。

海岸警卫队　1000人。编有3个炮兵连。装备155毫米榴弹炮18门。

空军　1.5万人。编有2个攻击机大队、3个运输机大队、3个战斗机中队、1个攻击直升机中队、1个侦察机分队。作战飞机121架，武装直升机19架。

战斗攻击机：苏－22型28架，苏－25型18架，“色斯纳”A－37B型23架。战斗机：幻影2000P型10架，幻影2000DP型2架，幻影5P型9架，幻影5DP型2架，米格－29型21架。轰炸机：“堪培拉”型8架。武装直升机：米－24/25型10架，米－17TM型8架，卡－50型1架。侦察机：米格－25RB型3架，“利尔杰特”25B型2架，“利尔杰特”36A型2架。加油机：“波音KC707－323C型1架。运输机：安－32型17架，安－72型3架，C－130A型4架，C－130D型6架，L－100－20型5架，DC－8－62F型2架，DHC－5型12架，DHC－6型8架，FH－227型1架，PC－6型9架，Y－12型6架，“波音”737型1架，F－28型1架，“猎鹰”20F型1架。运输直升机：“贝尔”206型8架，B－212型14架，B－214型5架，B－412型1架，BO－105C型10架，米－6型5架，米－8型3架，米－17型35架，SA－316型5架。联络机：“比奇”99型2架，“色斯纳”185型3架，“色斯纳”320型1架，“空中皇后”80型15架，“空中霸王”90型3架，PA－31T型1架，联络直升机：UH－1D型8架。教练机：“色斯纳”150型2架，EMB－312型25架，伊尔－103型6架，MB－339A型13架，T－37B/C型20架，T－41A/D型15架。教练直升机：“贝尔”47G型12架。空空导弹：AA－2/8/10/12型和R－550型若干枚。空地导弹：AS－30型若干枚。地空导弹：SA－2型3部，SA－3BN型6部。

预备役　18.8万人（陆军）。

准军事部队　国民警察部队7.7万人。

兵役制度　实行义务兵役制。士兵服役期为2年。

军衔　分为5等18级：将官3级（上将、中将、少将），校官3级（上校、中校、少校），尉官3级（上尉、中尉、少尉），军士6级（一级军士、二级军士、一级上士、二级上士、中士、下士），兵3级（一等兵、二等兵、列兵）。

军队节日　8月18日为陆军节，10月8日为海军节，7月23日为空军节。

（吴永业）

玻利维亚

国　　名　玻利维亚共和国。

主要统计　面积109.8581万平方千米。人口

814 万人（其中，13～17 岁男 41.8 万人，女 42.4 万人；18～22 岁男 33.7 万人，女 36 万人；23～32 岁男 54.6 万人，女 58.1 万人）。国内生产总值 88 亿美元（1999 年）。国防费 1.3 亿美元（2000 年国防预算）。原油 1100 万桶（1996 年）。天然气 32.79 亿立方米（1995 年）。发电量 30.2 亿度（1995 年）。粮食 101 万吨（1998 年）。海运能力，商船（载重 100 吨以上）1 艘、总载重量 1.58 万吨（1992 年）。民航能力，固定航班机场 14 处，客运量 14.68 亿人千米、货运量 4620 万吨千米（1998 年）。

国防体制　宪法规定，总统为武装力量最高统帅。国家安全委员会为最高国防决策机构，由总统任主席，成员有国防、外交、内政、财政部长、武装力量总司令以及陆、海、空军司令。国防部为最高军事行政机关，负责国防预算、征兵动员和军人福利等工作。武装力量总司令部为最高军事指挥机构，负责协调三军的作战、训练等。军队实权掌握在三个军种司令手中。总统通过国防部和武装力量总司令部对全国武装力量实施领导和指挥。

领导人物　总统乌戈·班塞尔·苏亚雷斯（1997 年 8 月上任）。国防部长奥斯卡·巴尔加斯·洛伦塞蒂（2000 年 4 月 25 日上任）。武装力量总司令豪尔赫·萨巴拉·奥西约上将（1998 年 11 月上任，1999 年 12 月留任）。陆军司令阿尔文·赫苏斯·安纳亚·吉佩斯中将（1999 年 12 月上任）。海军司令雷内·桑切斯·马埃塞上将（1999 年 12 月上任）。空军司令阿尔瓦洛·巴尔迪维亚·卡萨诺瓦上将（1998 年 11 月上任，1999 年 12 月留任）。

武装力量　**兵力**　现役部队 3.25 万人。

陆军　2.5 万人。编有 6 个军区、10 个师、2 个团、2 个独立营。

坦克：“骑兵”SK－105 型 36 辆。装甲侦察车：EE－9“响尾蛇”型 24 辆。装甲输送车：M－113 型 18 辆，V－100“突击队员”10 辆，MOWAG“罗兰德”20 辆、EE－11“蝰蛇”24 辆。牵引炮：75 毫米约 80 门、105 毫米 30 门、122 毫米 18 门。迫击炮：81 毫米 50 门、107 毫米若干门。飞机：9 架。

海军　3500 人（含陆战队）。划分为 6 个海区。编有 6 个分舰队。

巡逻艇：60 艘。辅助船：45 艘。

陆战队　1700 人。编有 6 个陆战营。

空军　3000 人。编有 1 个武装直升机中队、1 个搜索与救援直升机中队、1 个航测中队、3 个运输机中队、1 个基地防空团。作战飞机 62 架、武装直升机 10 架。

战斗攻击机：AT－33AN 型 18 架。武装直升机：“休斯”500M 型 10 架。搜索与救援直升机：HB－315B 型 4 架，SA－315B 型 2 架，UH－1 型 1 架。航测机：“色斯纳”206 型 5 架，C－210 型 1 架，C－402 型 1 架，“利尔杰特”25/35 型 3 架。运输机：L－188 型 1 架，“军刀”型 1 架，“超级空中霸王”型 2 架，C－130A/B/H 型 14 架，F－27－400 型 4 架，IAI－201 型 1 架，“空中大王”型 2 架，C－47 型 2 架，“康维尔”580 型 4 架。联络机：“色斯纳”152 型 9 架，C－185 型 1 架，C－206 型 13 架，C－208 型 1 架，C－402 型 2 架，“幸运山毛榉”型 2 架，“男爵”型 2 架，PA－34 型 4 架。联络直升机：“贝尔”212 型 2 架，UH－1H 型 22 架。教练机：“色斯纳”152 型 1 架，C－172 型 2 架，PC－7 型 20 架，SF－260CB 型 4 架，T－23 型 15 架，T－33A 型 12 架，T－34A 型 12 架，“兰开尔”320 型 1 架。

准军事部队　3.71 万人，其中国民警察 3.11 万人，缉毒警察 6000 人。国民警察编有 9 个旅、2 个快速反应团、27 个边防分队。

兵役制度　实行义务兵役制。士兵服役期为 1 年。军官服役期为 30 年。

军衔　分 6 等 20 级：将官 3 级（上将、中将、少将），校官 3 级（上校、中校、少校），尉官 3 级（上尉、中尉、少尉），准尉 5 级（特级准尉、高级准尉、一级准尉、二级准尉和初级准尉），军士 3 级（上士、中士和下士），兵 3 级（一等兵、上等兵、列兵）。

军队节日　11 月 14 日为陆军节，4 月 24 日为海军节，10 月 12 日为空军节。

（吴永业）

厄 瓜 多 尔

国　　名　厄瓜多尔共和国。

主要统计　面积 27.067 万平方千米。人口

1288.4万人（其中，13～17岁男71.2万人，女69.1万人；18～22岁男65.7万人，女64.0万人；23～32岁男112.2万人，女109.9万人）。国内生产总值150亿美元（1999年）。国防费4亿美元（2000年国防预算）。原油1.41亿桶（1996年）。天然气1.02亿立方米（1995年）。发电量83.49亿度（1995年）。粮食181吨（1998年）。海运能力，商船（载重100吨以上）154艘、总载重量50.41万吨（1998年）。民航能力，固定航班机场14处，客运量14.1亿人千米、货运量1.62亿吨千米（1998年）。

国防体制　厄宪法规定，总统为武装力量最高统帅。国家安全委员会为最高国防决策机构，由总统任主席，成员有议长、最高法院院长、国家发展委员会主席（由副总统兼）、内政、外交、国防和财政部长、武装力量联合指挥部司令和货币委员会主席，负责制订和监督执行国家安全政策，下设总秘书处作为常设机构。秘书长为现役将领，由国防部长提名，总统任命。国防部为政府中的一个部，是最高军事行政机关。武装力量联合指挥部为最高军事指挥机构，也是国家安全委员会的常设顾问机构。其主要任务是向总统和国防部长提供咨询，负责组织、训练和使用陆、海、空军力量。在战时或紧急状态期间有权调动和使用警察，以对付外敌和内乱。联指司令经国防部长提名，由总统任命三军现役将领中资历最深者担任。总统通过国防部和武装力量联合指挥部对全国武装力量实施领导和指挥。

领导人物　总统兼武装力量最高统帅古斯塔沃·诺沃亚·贝哈拉诺（2000年1月22日上任）。副总统佩德罗·平托·鲁维亚内斯（2000年1月27日上任）。国防部长翁达·阿吉雷斯·乌戈（2000年1月25日上任）。三军联指司令米格尔·萨奥纳·罗加（2000年5月25日上任）。陆军司令诺顿·纳瓦埃斯·奥所涅斯。海军司令安赫尔·费尔南多·多诺索·莫兰（2000年5月25日上任）。空军司令奥斯瓦尔多·多明戈斯·布切利（2000年5月25日上任）。

武装力量　**兵力**　现役部队5.75万人。

陆军　5万人。划分为4个防区。编有1个步兵师、2个装甲旅、2个步兵旅、3个丛林旅、1个空降旅、1个防空大队、1个航空兵大队、3个工程兵营。

主战坦克：T-55型3辆。轻型坦克：AMX-13型108辆。装甲侦察车：AML-60/90型27辆，“响尾蛇”EE-9型30辆，EE-3“哈拉拉卡”10辆。装甲输送车：M-113型20辆，AMX-VCI型80辆，“蝰蛇”EE-11型30辆。牵引炮：105毫米M2A2型50门、M-101型30门、156型24门，155毫米M198型12门、M-114型12门。自行火炮：155毫米MKF3型10门。火箭炮：122毫米RM-70型6门。迫击炮：81毫米若干门，107毫米若干门，160毫米12门。无坐力炮：90毫米M-67型380门。106毫米M-40A型24门。高炮：14.5毫米128门，20毫米M1935型20门，23毫米ZU-23型34门，35毫米GDF002型30门，37毫米18门，40毫米30L/70型30门。地空导弹：“吹管”型75部，SA-18型90部，SA-8型若干部。各型飞机：12架。直升机：53架。

海军　4500人，划分为3个海军军区，编有1个舰队、1个潜艇分队。

潜艇：T-209型潜艇2艘。护卫舰：“利安德”级2艘。小型护卫舰：“埃斯梅拉尔达斯”级6艘。导弹攻击快艇：“基多”级3艘、“曼塔”级2艘。登陆艇：LST-512-1152级1艘。巡逻艇：14艘。

陆战队　1500人。编有3个陆战营。

海军航空兵　250人。装备有飞机：“超级空中霸王”200型1架，“超级空中霸王”300型1架，CN-235型1架。教练机：T-34C型3架。直升机：“贝尔”206型4架，“贝尔”412EP型2架。

空军　3000人。编有2个联队、5个中队。作战飞机78架。

攻击战斗机：“美洲虎”8架，“幼狮”12架，A-37B型20架。战斗机：“幻影”F-1JE/JB型14架。战斗教练机：“打击能手”MK89A型4架。运输机：“波音”727型6架，“波音”707型3架，DC-10-30型1架，“空中客车”A-310型2架，BAE-748型2架，C-130B型2架，C-130H型1架，DHC-6型1架，F-28型1架，L-100-30型1架。联络机：“空中霸王”E90型1架，“军刀”1架。教练机：AT-33型22架，“色斯纳”150型20架，C-172型5架，T-34C型17架，T-41型1架。搜索与救援直升机：AS-332型2架，“贝尔”212型1架，“贝尔”206B型6架，SA-316B型5架，SA-330型1架，UH-1B型1架，UH-1H型24架。空空导弹：R-550“魔术”型、超级530型、“蜻蜓”型、“大蟒”型各若干枚。

预备役　10万人。

准军事部队　即海岸警卫队270人。装备有各型巡逻艇7艘。

兵役制度　实行志愿兵和义务兵相结合的兵役制度。义务兵服役期为1年。志愿兵服役期为3年。

军衔　军官和士官的军衔共分4等16级：将官3级（上将、中将、少将），校官3级（上校、中校、少校），尉官3级（上尉、中尉、少尉），士官7级（军士长、一级军士、二级军士、上士、中士、一级下士、二级下士)。

军队节日 2月27日为陆军节，7月25日为海军节，10月27日为空军节。

(王 睿)

哥 伦 比 亚

国 名 哥伦比亚共和国。

主要统计 面积114.1748万平方千米。人口4240万人(其中，13～17岁男195.6万人，女1866万人；18～22岁男188.2万人，女180.9万人；23～32岁男331.3万人，女325.7万人)。国内生产总值770亿美元(1999年)。国防费20亿美元(2000年国防预算)。原煤2602万吨(1995年)。原油2.27亿桶(1996年)。天然气44.37亿立方米(1995年)。发电量453.03亿度(1995年)。粮食343.3万吨(1998年)。海运能力，商船(载重100吨以上)101艘、总载重量40.3万吨(1998年)。民航能力，固定航班机场43处，客运量45.65亿人千米、货运量9.66亿吨千米(1998年)。

国防体制 宪法规定，总统为武装力量最高统帅，是国家安全、防务事务的最高决策人。国家安全委员会为最高安全咨询机构，成员有内政、国防、司法、交通部长、武装力量总司令、国家安全局长、警察总局局长。最高国防委员会为最高军事咨询机构，成员有国防部长、武装力量总司令、陆军司令、海军司令、空军司令和警察总局局长。国防部为政府中一个部，是最高军事行政机关。武装力量总司令部是最高军事指挥机构，直接对三军行使军事指挥权。武装力量联合参谋部为武装力量总司令部的执行机构，由三军参谋长组成。陆、海、空三军司令是本军种最高军事长官，直接对本军种负责。总统通过国防部和武装力量总司令部对全国武装力量实施领导和指挥。

领导人物 总统兼武装力量最高统帅安德列斯·帕斯特拉纳(1998年8月7日上任)。国防部长路易斯·费尔南多·拉米雷斯·阿古纳(1999年5月上任)。武装力量总司令费尔南多·塔皮亚斯·斯塔埃林上将(1998年8月上任)。武装力量联合参谋长拉法埃尔·埃尔南德斯·洛佩斯上将(1998年8月上任)。陆军司令豪尔赫·恩里科·莫拉·兰赫尔上将(1998年8月上任)。海军司令塞尔西奥·加西亚·托雷斯上将(1998年8月上任)。空军司令埃克托尔·法维奥·贝拉斯科·查维斯上将(1998年11月上任)。

武装力量 **兵力** 现役部队15.3万人。

陆军 13万人。编有5个师部、6个机械化旅、2个空运旅、9个步兵旅、3个反游击队机动旅、2个教导旅、2个炮兵营、1个防空营、1个陆军航空旅。

坦克：M－3A1型30辆(全部备用)。装甲侦察车：M－8型12辆、M－20型8辆、EE－9“响尾蛇”127辆。装甲输送车：M－113型80辆、EE－11“蝰蛇”76辆、RG－31“尼亚拉”4辆。牵引炮：75毫米、105毫米160门。迫击炮：81毫米、120毫米245门。反坦克导弹：“陶”式20具。无坐力炮：106毫米106门。高炮：40毫米30门。直升机18架。

海军 1.5万人(含海军陆战队和海军航空兵)。编有2个舰队、1个内河舰队。

潜艇：“皮豪”级2艘、“侏儒”级2艘。小型导弹护卫舰：“帕迪亚海军上将”级4艘。巡逻舰：3艘。巡逻艇：15艘。港湾巡逻艇：85艘。海岸巡逻艇27艘。

陆战队 8500人。编有2个陆战旅。将装备EE－9“响尾蛇”装甲侦察车和EE－11“蝰蛇”装甲输送车。

海军航空兵100人，装备各型飞机8架、直升机4架。

空军 8000人。编有4个司令部。作战飞机72架，武装直升机60架。

攻击战斗机：“幻影”5型12架、“幼狮”C－2型11架、“幼狮”TC－2型2架。战斗机：AC－47型1架、AC－47T型2架、IA－58A型3架、A－37B型22架、AT－27型6架。运输机：波音707型1架、波音727型2架、C－130B型14架、C－130H型2架、C－117型1架、C－47型2架、“卡萨”212型2架、“先锋”型2架、F－28型1架、CN－235型3架。运输直升机：UH－1H型17架。武装直升机：贝205型12架、贝尔212型5架、贝尔412型2架、UH－1B型2架、UH－60A/L型13架、MD－500ME型11架、MD－500D型2架、MD－530F型3架、米－17型10架。侦察机：SA2－37A型8架、OV－10型13架、C－26型3架。教练机56架。直

升机 18 架。空空导弹：AIM－9“响尾蛇”和 R－530 式若干枚。

预备役　6.07 万人，其中陆军 5.47 万人，海军 4800 人，空军 1200 人。

准军事部队　即国民警察部队 9.5 万人。

兵役制度　实行高中生义务兵、普通义务兵和志愿兵制三结合的后备役制度。高中生义务兵服役期为 1 年，普通义务兵服役期为 2 年。陆、海军还征召部分志愿兵。

军衔　军官和士官军衔共分 4 等 15 级：即将官 3 级（上将、中将、少将），校官 3 级（上校、中校少校），尉官 3 级（上尉、中尉、少尉），士官 6 级（军士长、一等上士、二等上士、中士、一等下士、二等下士）。

军队节日　8 月 7 日为陆军节，7 月 24 日为海军节，11 月 8 日为空军节。

（王　睿）

古　巴

国　　名　古巴共和国

主要统计　面积 11.086 万平方千米。人口 1132 万人（其中，13～17 岁男 41.4 万人，女 38.8 万人；18～22 岁男 38.1 万人，女 35.7 万人；23～32 岁男 104.7 万人，女 98.5 万人）。国内生产总值 150 亿美元（1999 年）。国防费 6.5 亿美元（2000 年国防预算）。原油 1000 万桶（1997 年）。天然气 3100 万立方米（1995 年）。发电量 111.89 亿度（1995 年）。粮食 51.4 万吨（1998 年）。海运能力，商船（载重 100 吨以上）393 艘、总载重量 92.46 万吨（1998 年）。民航能力，固定航班机场 14 处，客运量 26.52 亿人千米、货运量 4560 万吨千米（1998 年）。

国防体制　古巴共产党中央委员会第一书记兼国务委员会主席和部长会议主席菲德尔·卡斯特罗为革命武装力量总司令。革命武装力量部为政府中一个部，是最高军事行政机关，也是最高军事指挥机构，负责武装力量的指挥和管理。下设总参谋部、总政治部、后勤部等机构。革武部部长由古共中央第二书记兼国务委员会第一副主席劳尔·卡斯特罗大将兼任。革命武装力量由正规军和准军事部队组成。正规军分陆军、海军、空军和防空军。海军、空军和防空军自 1993 年起已不再为独立军种，就地被编入陆军三大军区。准军事部队由劳动青年军、民防部队、地方民兵以及国家保安队和边防警卫队组成。总司令通过革命武装力量部对全国武装力量实施领导和指挥。

领导人物　古共中央第一书记、国务委员会主席兼武装力量最高统帅菲德尔·卡斯特罗·鲁斯总司令（1959 年上任）。革命武装力量部部长劳尔·卡斯特罗·鲁斯大将（1959 年上任）。革命武装力量部副部长兼总参谋长阿尔瓦罗·洛佩斯·米耶拉中将（1997 年上任）。

武装力量　**兵力**　现役部队 5.8 万人。

陆军　4.5 万人。编有 3 个军区、4～5 个装甲旅、9 个机械化步兵旅、1 个空降旅、14 个预备旅、1 个边防旅。

坦克：T－34、T－54/55、T－62 型约 900 辆，PT－76 型若干辆。步兵战车：BMP－1 型若干辆。装甲侦察车：BRDM－1/－2 型若干辆。装甲输送车：BTR－40/－50/－60/－152 型约 700 辆。牵引炮：76 毫米、122 毫米、130 毫米、152 毫米共计 500 门。自行炮：122 毫米、152 毫米共 40 门。火箭炮：122 毫米、140 毫米共 175 门。迫击炮：82 毫米、120 毫米共 1000 门。反坦克炮：85 毫米、100 毫米若干门。高炮：23 毫米、30 毫米、37 毫米、57 毫米、85 毫米、100 毫米共计 400 门。反坦克导弹：AT－1“甲鱼”、AT－3“耐火箱”各若干具。地空导弹：SA－6/－7/－8/－9/－13/－14/－16 型若干部。

海军　约 3000 人（含陆战队）。编有 4 个分舰队。

小型护卫舰：“保克”级 1 艘。导弹攻击快艇：“黄蜂”级 4 艘。扫雷艇：“索尼亚”级 2 艘。猎雷艇：“叶夫根尼亚”级 4 艘。测量船：1 艘。巡逻快艇：3 艘。巡逻艇：18 艘。

陆战队　550 人。编有 2 个两栖突击营。

空军　约 1 万人。编有 2 个战斗攻击机中队、4 个战斗机中队、4 个运输机中队。作战飞机 130 多架，武装直升机 45 架。

战斗攻击机：米格－23BN 型 10 架。战斗机：米格－29 型 6 架，米格－23MF 型 20 架，米格－21“比斯”型 50 架，米格－21F 型 30 架。运输机：安－2 型 8 架，安－24 型 1 架，安－26 型 15 架，安－

30型1架，安-32型2架，雅克-40型4架，伊尔-76型2架。攻击直升机：米-8/-17/-25/-35型45架。反潜直升机：米-14型5架。直升机：米-8/17型40架。教练机：L-39型25架，米格-21U型8架，米格-23U型4架，米格-29UB型2架，Z-326型20架。地空导弹：SA-2/-3型13部。空空导弹：AA-2、AA-7、AA-10、AA-11式若干枚。空地导弹：AS-7若干枚。

预备役　陆军3.9万人。

准军事部队　114.15万人，其中劳动青年军6.5万人（归陆军领导）、民防部队5万人、地方民兵100万人、国家保安队2万人（归内务部领导）、边防警卫队6500人（归内务部领导）。

兵役制度　实行义务兵役制，士兵服役期为2年。

军衔　分6等19级：总司令（相当于元帅），将官4级（大将、上将、中将、少将），校官3级（上校、中校、少校），尉官5级（大尉、上尉、中尉、少尉、准尉），军士4级（军士长、上士、中士、下士），兵2级（上等兵、列兵）。

军队节日　建军节为12月2日。

（吴永业）

加　拿　大

国　　名　加拿大

主要统计　面积997.061万平方千米。人口2951.2万人（其中，13～17岁男100万人，女95.5万人；18～22岁男98万人，女94.6万人；23～32岁男205.5万人，女200.9万人）。国内生产总值9490亿加元，合6440亿美元（1999年）。国防费112亿加元，合76亿美元（2000年国防预算）。粗钢2903万吨（1996年）。原煤7869万吨（1997年）。原油6.64亿万桶（1996年）。天然气1562亿立方米（1997年）。发电量5149亿度（1997年）。粮食4964.3万吨（1997年）。海运能力，商船（载重100万吨以上）1885艘，总载重量289.68万吨（1998年）。民航能力，固定航班机场301处，客运量569.13亿人千米、货运量70.43亿吨千米（1998年）。

国防体制　总督代表英国女王，为形式上武装力量统帅。最高国防决策机构为内阁，总理是事实上的最高军事领导人。国防部为内阁中的一个部，由文官和军人组成，是最高军事行政和指挥机构，负责人事管理、经费分配、武器装备采购、武装力量建设等工作。国防参谋长由军人担任，是国防部长的最高军事顾问，在内阁决策下，国防部长通过国防参谋长领导和指挥全军。武装力量由正规军和准军事部队组成。实行全军统一体制，国防参谋部内设有地面部队（相当于陆军）、海上部队（相当于海军）和空中部队（相当于空军）三个军种司令部及通信保障、征兵与训练、预备役等部门。

领导人物　总督兼形式上的加拿大武装力量统帅阿德里安娜·克拉克森夫人（1999年10月上任）。实际上的统帅、加拿大总理让·克雷蒂安（1993年11月上任）。国防部长阿瑟·埃格尔顿（1996年12月上任）。国防参谋长莫里斯·巴里尔上将（1997年9月上任）。地面部队司令皮尔·利奇中将（1997年9月上任）。海上部队司令格雷格·马迪森中将（1997年9月上任）。空中部队司令戴维德·金斯曼艾尔·德奎特维尔中将（1998年4月上任）。

武装力量　**兵力**　现役部队5.91万人。

地面部队　2.09万人。编有1个师部，下辖3个机械化步兵旅群（各辖1个装甲团、3个机械化步兵营、1个炮团、1个工程兵团、1个防空连）、1个独立防空团和1个独立工兵保障团。

坦克：“豹”I型114辆。装甲侦察车：“小狼”203辆，“美洲狮”195辆。装甲输送车：M-113型1214辆，M-557型61辆，“灰熊”269辆，“野牛”199辆。牵引炮：105毫米213门，自行炮：155毫米58门。迫击炮：81毫米167门。反坦克导弹：“陶”式150具，“红沙蛇”425具。无坐力炮：84毫米1040门，106毫米111门。高炮：35毫米34门，40毫米57门，地空导弹：“阿达茨”22部，“轻标枪”96部。

海上部队　9000人。编有2个舰队（5个中队），1个海上航空大队（10个中队），装备各种主要舰艇38艘，其中作战舰艇18艘。

潜艇：无（“维多利亚”级1艘待装备）。驱逐舰：“易洛魁人”级4艘。护卫舰：“哈尼法克斯”级12艘。巡逻艇：14艘。反水雷舰艇：2艘。支援与勤务舰艇：6艘。

空中部队　1.35 万人。编有 1 个飞行师，辖 13 个飞行中队。作战飞机 140 架，武装直升机 13 架。

战斗机：CF－18 型 122 架，CP－140 型 18 架，CP－140A 型 3 架。运输机 CC－130E/H 型 32 架，KCC－130 型 5 架，CC－109 型 7 架，CC－138 型 7 架，CC－115 型 10 架，CC－150 型 5 架，波音 CC－137 型 5 架。教练机：CT－133 型 5 架，CT－139 型 9 架，CT－144 型 130 架，CT－142 型 6 架。直升机：177 架，其中"海王"CH－124 型 30 架、"拉布拉多"CH－113 型 15 架、"贝尔"CH－146 型 99 架（其中 30 架为武装直升机）、CH－118 型 8 架。

此外，现役部队中还有通信与情报、人事保障、物资支援和政策指导等不按军种划分的军人 1.57 万人。

文职人员　2 万人。

预备役部队　4.33 万人，其中基干预备役部队 2.86 万人（地面部队 2.22 万人，海上部队 4000 人，空中部队 2100 人，其他 300 人）。

准军事部队　9350 人。其中，海岸警卫队 4700 人，装备小型舰艇 103 艘、直升机 28 架；渔业海洋部 4650 人，装备有 90 艘各型舰艇。

部署　地面部队主要部署在魁北克和阿尔博塔省；海上部队重点部署在大西洋和太平洋沿岸水域；空中部队主要部署在中部和东部地区。地面部队主要基地有卡尔加里、瓦尔卡提尔等；海上部队主要基地有哈尼法克斯、埃斯基莫尔等；空中部队主要基地有北湾、波戈特维尔、冷湖等。

兵役制度　实行志愿兵役制。士兵基本服役期 3 年。各级军官最高服役年限一律为 55 岁。

军衔　分 6 等 17 级：将官 4 级（上将、中将、少将、准将），校官 3 级（上校、中校、少校），尉官 3 级（上尉、中尉、少尉），准尉 3 级（一级准尉、二级准尉、三级准尉）、军士 3 级（上士、中士、下士），兵 1 级（列兵）。

驻外兵力　参加联合国维持和平行动约 4000 人，其中：波黑 1350 人、克罗地亚 1 人、塞浦路斯 2 人、东帝汶 3 人、埃及 28 人、伊拉克/科威特 6 人、意大利 6 人、中东 10 人、塞拉利昂 5 人、叙利亚/以色列 186 人、南联盟 800 人。

（李　锐）

美　国

国　　名　美利坚合众国。

主要统计　面积 952.9202 万平方千米（其中本土 937.2614 万平方千米）。人口 2.75636 亿人（其中 13～17 岁男 960.9 万人，女 915.9 万人；18～22 岁男 929.2 万人，女 887.0 万人；23～32 岁男 1939.6 万人，女 1854.4 万人）。国内生产总值 9.2 万亿美元（1999 年）。国防预算 3100 亿美元（2001 年）。粗钢 1.0764 亿吨（1998 年）。原煤 10.33 亿吨（1996 年）。原油 22.35 亿桶（1997 年）。天然气 5592.61 亿立方米（1995 年）。发电量 29950 亿度（1996 年）。粮食 3.49703 亿吨（1996 年）。海运能力，商船（载重 100 吨以上）509 艘，总载重量 1858.5 万吨（2000 年）。民航能力，固定航班机场 834 处，客运量 8697 亿人千米，货运量 212.7 亿吨千米（1997 年）。

国防政策　2000 年 2 月美国防部发表了《2001 财年国防报告》（简称《报告》），6 月美参联会颁布《2020 年联合构想》（简称"新《构想》"），以保持美国在 21 世纪的绝对军事优势和实现"美国统治下的"单极世界为目标，进一步阐明和调整了美国的国防政策。

（一）认为美国仍面临诸多现实和潜在的安全挑战。《报告》在肯定安全环境中"有许多积极的因素"的同时，强调"在未来的岁月里，美国仍将面临严峻的安全挑战"。关于现实挑战，《报告》按其性质划分为 5 类：①越境侵略。指"在某些对美国的利益至关重要的地区，一些国家将继续对其邻国的领土主权构成威胁"。认为最值得关注的是伊拉克威胁中东的石油通道、朝鲜威胁邻国和东亚某些国家间的领土冲突。特别强调，到 2015 年将有"一个以上雄心勃勃的地区性大国具有对美国的利益构成军事威胁的动机和能力"。②内部冲突。"包括内战、内部侵略（比如一个国家镇压本国的人民或一个民族进攻另一个民族）、武装起义和民间骚乱。"在这里，美国首次提出了"内部侵略"的概念。这是美国根据科索沃战争的实践，为推行其新干涉主义而提出的新概念。《报告》说，美国所以关注内部冲突，因为它容易引起外部大国的侵入，从而影响美国的利益。③危险军事技术的发展与扩散。主要指核生化武器及运载工具的发展与扩散。认为这不但对美国造成直接威胁，而且使"对美国怀有敌意的较小国家和团体"拥有重要的军事能力，挑战美国的常规军事优势。④跨国性危险。主要包括恐怖主义、非法毒品交易、海盗活动等，其中恐怖主义的威胁最值得关注。它不但危及在海外的美国公民及盟友的安全，还危及美国的领土和关键性基础设施，而且采用的手段包括常规攻击、信息战，甚至核生化武器攻击，在攻击目标的选择、宣传方法和政治行动等方面将越来越精明。⑤人道主义灾难。认为"各种人道主义危机也会影响美国的利益"，需要美国军队发挥其独特能力作出反应。《报告》关于现实威胁的阐述，与过去的相比，有两点值得注意。一是突出了"内部冲突"的威胁，并提出"内部侵略"的概念。表明美国更重视以"炮舰政策"推行其国家安全战略意志；二是重视恐怖主义分子"对美国本土的威胁"，强调它们的攻击手段和活动方式都在发展，需要认真对付。

关于潜在挑战，《报告》认为有两类：①全球竞争对手。到 2015 年之后，中国和俄罗斯"看来具有成为这种竞争对手的潜力"。所以把中俄视为这样的潜在对手，中国方面原因有三条：经济一直在快速增长，军队的现代化建设一直在加强，以及拥有一支尽管不大但可打到美国本土的战略核力量；而俄罗斯方面原因有两条：拥有规模庞大的战略和战术核武库，以及重新建设向周边地区投送军事力量的能力。②意外情况。包括"新技术威胁"的突然出现，美国"无法使用"利益攸关地区的至关重要设施和运输线，"敌对组织夺取友邦政府的政权"，等等。要求美国保持足以灵活对付这类意外事件的军事能力。

《报告》重申，为了有效地对付上述安全挑战，美国必须坚持 3 点：保持对现在和未来竞争对手的军事优势，履行对国际义务的承诺，坚持对国际事务发挥领导作用。

（二）继续推行以"塑造"、"反应"和"准备"为要素的防务战略。关于"塑造"，即"以促进和保护美国国家利益的方式塑造国际安全环境"。采取的主要措施包括：在海外部署常驻部队；向海外派出轮换部队；派部队进行军事演习、联合训练或军事交流；实施防务合作、安全援助和国际军事合作计划；建立训练外国军政官员、传播西方军事观念的学术中心（已建立对南欧国家的"马歇尔中心"、"亚太中心"、对拉美国家的"半球研究中心"、非洲战略研究中心和近东－南亚战略研究中心）。上述措施从三个方面塑造国际环境，一是"促进地区稳定"，二是"防止或减少冲突与威胁"，三是"慑止侵略与威胁"。

关于"反应"，即美国军队"为保卫美国的国家利益，显示美国的决心和确保美国的世界领导地位而随时奉命对危机做出反应"。反应的方法：一是"对危机中的侵略和威胁实施威慑"，二是"实施较小规模的应急行动"，三是"打赢大规模的战区战争"。《报告》特别强调美国必须有能力慑止和击败"在两个相距遥远的战区几乎同时发生的"大规模战区战争，目的有二：一是避免另一对手乘美军在其他地区投入大量部队作战之机发动又一场大规模战区战争；二是确保美国有足够的力量"在更加困难的情况下威慑和打败更强大的敌人"。

关于"准备"，即"必须从现在起就为应付难以预测的未来安全挑战作好准备"，目的是在迈入 21 世纪的时候保持美国的军事优势，使美国"领导全球的能力及创造有利于实现国家目标的国际条件的能力"不受到怀疑。主要措施，一是"加速美军现代化进程，用新式装备替代正在老化的武器系统，用最先进的技术武装部队，以确保美国的长期军事优势"；二是"继续充分利用军事革命的成果，改进美军执行近期任务和应付未来挑战的能力"；三是"利用商业革命的成果，对国防部的基础机构和支援机构进行彻底的改造"；四是"有效防范那些虽不大可能出现但却是极其严重的未来威胁，确保在新出现的威胁面前处于有利的地位并及时有效地作出反应"。

（三）确定防务战略对美军的三大要求。《报告》称，防务战略要求美军"不仅能应付当前已知的威胁，而且还能够适应未来的各种作战环境和胜任各种预想不到的任务"。因此，对美军提出以下三大要求：

第一，美军必须是一支全能军队。全能部队不仅指在执行任务上的多能性，而且指行动上的灵活性。这样一支军队有 3 个特征：①保持强有力的海外存在态势；②有高效的力量投送能力，即向全球任何地方快速移动、集结、支援和部署的能力；③拥有至关重要的保障能力，即拥有高素质的人员、杰出的指挥官、全球预警情报系统、可靠的综合性通信能力和战略机动能力。

第二，美军必须能够满足战略的需要。①能够通过全球军事参与活动塑造有利于美国的国际安全环境；②能够在非战争动员状态下慑止侵略和胁迫行为；③能够实施各类小规模应急作战行动；④能够打赢两场几乎同时进行的大规模战区战争。关于打赢大规模战区战争，美军必须做到三点：能够在两个敌手达到其目的之前迅速将其击败；能够对付使用或威胁使用大规模毁伤武器的敌人；能够迅速从全球参与状态（在多处实施海外塑造行动及小规模应急行动状态）转入进行大规模战区战争。

第三，美军必须能够战胜非对称威胁。所谓的"非对称威胁"，即《报告》所说的"以美国为敌的国家越来越依赖于以非常规的战略战术和手段抵消美国的常规力量优势”。“非对称威胁”的具体内容包括信息战、核生化武器的使用、弹道导弹威胁及恐怖主义行动等。《报告》强调，发展反非对称威胁的能力，已成为把美国的军事优势保持到下个世纪的关键环节。

（四）对军队进行面向21世纪的转型性改革。在克林顿政府的第2任期，美军开始实施面向21世纪的转型性改革。正如《报告》所言，改革的目的是“有效地开发和利用新的作战概念、新的组织形式、新的信息系统和其他新的科学技术，使美国军队规模更精干、反应更迅速、行动更灵活、打击更准确和防护更严密”，“能够以绝对的优势战胜未来的任何威胁”。

美陆军的转型性改革构想为“目标部队”，即“对未来各类军事行动都具有战略上的反应能力和优势”。构想的具体目的是把美陆军“建设成为一支反应更迅速、部署更便捷、行动更灵活、能力更全面、杀伤力更大、生存能力更强和耐力更持久的部队”。构想要求对所有师进行重新设计，使陆军在10年或10年多的时间内具备96小时投送和维持1个战斗旅、120小时投送和维持1个师、30天投送和维持5个师的能力。

美海军的改革目标在《前沿存在……由海向陆》构想中已经明确，目的是使美海军具有完成5大使命的能力：掌握制海权和制空权，由海向陆投送力量、遂行战略威慑、实施战略海运和保持前沿海上存在。21世纪美海军的作战模式将从“平台中心战”向“网络中心战”转变，作战特点将是强调指挥速度，而不是兵力消耗。

美海军陆战队的改革构想派生于海军的《前沿存在……由海向陆》构想，目的是把陆战队改造成海基力量投送型部队。即未来的陆战队部队能够根据作战需要迅速进行重组，能够不受地形或水文条件的影响，直接从舰船上跨越水域和空间，奔袭岸上目标，使敌猝不及防。

美空军的改革构想《全球作战：21世纪空军构想》，要求通过信息技术、精确打击和隐形能力的综合利用实现军事革命。目的是使空军具有6种“核心能力”：航空航天优势、快速全球机动、全球攻击、精确作战、信息优势和便捷的作战支援。设想把空军部队改编为10支航空航天远征队，每支远征队都具有相对全面的空对空、空对地、指挥与控制和支援能力，能够在减少前沿基地的情况下进行一体化的持续作战。

（五）大力推进弹道导弹防御计划。《报告》称，核生化武器及投掷这些武器的导弹的扩散，对美国及其盟友的国家安全构成了威胁，有20多个国家已拥有或正在研制核生化武器，还有20多个国家拥有战区弹道导弹或巡航导弹，其中一些国家正在寻求拥有远程导弹。因此，发展弹道导弹防御体系已成为美国“塑造、反应和准备”战略的重要组成部分。《报告》为发展弹道导弹防御体系所列的具体理由是：可保护部署在海外的美国部队；可增强美国为盟友提供的安全保护伞，打消许多盟友寻求发展核生化武器和弹道导弹的念头；可对付在地区冲突中拥有弹道导弹的对手，使这些对手使用弹道导弹限制及遏制美国的盟友与美国实施联军作战的企图破产。

自1999年以来，部署国家导弹防御系统（NMD）已成为美国弹道导弹防御计划的优先项目。《报告》称NMD是为“保护美国的50个州免遭无赖国家发射的少量洲际弹道导弹袭击”和“针对中国或俄罗斯意外或未经授权的弹道导弹发射”而建立的。为部署NMD，美已于1999年10月进行了一次成功的拦截试验，但于2000年1月和7月进行的另两次试验都失败了，美总统不得不于2000年9月宣布推迟作出开始部署该系统的决定。美计划于2005年在阿拉斯加州部署第1个NMD系统，该系统包括100枚陆基拦截导弹、5部弹道导弹早期预警雷达、1部用于识别真假弹头的X波段雷达，以及天基高轨道红外卫星系统等。第2个系统将部署于北达科他州。但美在首都之外部署NMD系统违反《反弹道导弹条约》，因此，美正向俄罗斯施加修改该条约的压力，并扬言如达不成目的，将退出该条约。这充分说明了美国推行裁军和军控的虚伪性及其追求绝对军事优势的疯狂性。

弹道导弹防御计划的第2重点是研制、采购和部署“战区空中与导弹防御系统”（TAMD）。该系统原为“战区导弹防御系统”（TMD），现将空中防御、弹道导弹防御和巡航导弹防御结合在一起，使之成为“一体化的战区联合防御系统”，《报告》将这个具有三防功能的一体化系统称为“系统家族概念”。这一系统的低层拦截系统拦截近程导弹，它包括陆军开发的“爱国者－III型反导系统（将于2001年装备部队）、海军开发的反战区导弹和巡航导弹的“海军区域防御”系统（主体为用SPY－1型相控阵雷达和BLOCK－IVA“标准”式导弹改进的“宙斯盾”舰载系统，将于2003年装备部队）。和德、意等国合作开发的“中距增程空中防御系统”是低层防御的后继项目，具有高机动力和快速部署能力，可为地面部队提供360度的防空和防导弹保护。高导拦截系统由战区高空区域防御系统和海军战区大范围系统构成，用于拦截中程和中远程导弹，可为范围更大的地区、分散配置的目标和人口中心提供保护，预计于 2007 年可投入使用。美军还在研制机载激光反导系统。该系统作为战区导弹防御的附加层，可在弹道导弹的发射升空阶段将其摧毁，预计将于 2003 年进行正式演示。巡航导弹防御将通过综合利用各种导弹防御能力达成。高级巡航导弹防御技术正在发展之中，目的是实施远距防御，即可能在敌国的领土上击落地面发射的巡航导弹。

（六）颁布指导军队建设的《2020 年联合构想》。美参联会曾于 1996 年发表《2010 年联合构想》，作为部队建设的指导方针。变化了的国际战略形势、调整了的美国国家安全战略目标及 21 世纪的军事任务和作战需求，是美军在 5 年后颁布《2020 年联合构想》（简称“新《构想》）的主要原因。新《构想》的主要观点为：

1. 认为未来 20 年美军建设的战略背景有 3 大特点。这 3 个特点，一是美国将继续拥有全球利益并在各地区扮演不同的角色，换言之，“美国的全球利益和责任将是长久的”；二是美国的潜在对手可能会利用全球的商用工业基础和拥有与美军相同的技术，不能指望 2020 年的对手只利用工业时代的手段进行战斗；三是潜在对手会随着美国军事能力的提高而调整其战法，将以非对称手段和与其实力相适应的战术与美军对抗。

2. 认为美军部队的根本目的“以前是、今后仍将是进行并赢得国家战争”，达成这一目的的根本途径是掌握全谱优势。所谓全谱优势是指“在所有军事行动中美军都能单独地、或与多国及跨部门伙伴协同地击败任何对手并控制局势”。所谓“所有军事行动”包括以下 4 种类型 8 种形式的行动：保持战略威慑态势；战区内的国事参与和军事存在行动；战争行动（含使用战略部队和大规模毁伤武器的冲突、大规模战区战争、地区冲突和小规模应急作战）；介于和平与战争之间的行动（如维和与强制维和行动、非战斗性人道主义救援行动、以及对国家当局的支援行动）。

3. 认为“信息优势”和“创新能力”是对美军未来发展和作战有重大意义的因素。在信息时代，信息优势对取得战争的胜利比以往更具决定性。信息优势，不只指掌握足够多的信息，更指掌握质量高的信息；不但指拥有对战场的知晓优势，更指将知晓优势转化为决策优势；只有形成决策优势，信息优势才能给部队带来战场上的竞争优势。但是，信息优势不能消除战争迷雾，相反，“信息系统、程序和行动都各自将矛盾和迷雾带给作战环境”。创新能力，在工业时代对夺取军事行动的胜利有重大意义，在信息时代意义更为重大。创新的重点不能只放在技术上，更重要的是以信息时代的联合作战为背景，在作战理论、体制编制、训练、领导艺术、教育和人事等方面做新的探索和创新。

4. 认为实施新的联合作战，必须抓好 5 个环节。①培养高素质的军人。军人在各种任务和技术挑战的面前，要展现出突出的适应力、创造力、准确的判断力、超前的思维能力以及对多元文化的理解力。②具备互通性。新的联合作战不只是多军兵种的联合，而且是多国、多部门、多组织的联合，要求部队在武器装备、组织、程序、指挥和通信、联勤、信息共享等方面都具有互通性。③贯彻 4 项作战原则。即在掌握信息的潜能的基础上，实施制敌机动、精确打击、聚焦后勤和全维保护。④重视信息作战。信息作战同陆、海、空、天等领域的作战同等重要，目的是支援和保护己方的决策程序，打乱对手的决策程序。信息作战的对手不限于军人，还包括非军事人员；作战的范围不只是对方的信息系统，还包括心理战和实体摧毁。信息作战可能成为单独的作战类型。⑤实施联合指挥和控制。多军兵种、多国、多部门、多组织的联合作战，需要有有效的联合指挥与控制。指挥官的经验、知识、训练和判断力，参谋班子的专业知识，相关的程序，以及信息优势，对联合指挥与控制的效能有决定性影响。

军事战略 美国从 1997 年开始奉行“塑造、反应、准备”的军事战略。该战略的主要内容如下：

（一）战略环境判断。认为战略环境对美国既有机遇，也有挑战。现在，美国在塑造有利于自己的安全环境方面有历史性的机遇。

（二）军事战略目标。有两个，一是“促进和平与稳定”，二是“挫败敌手”。所谓“促进和平与稳定”，就是保持任何利益攸关地区的和平与稳定，并确保其不被敌视美国的力量所控制。所谓“挫败敌手”，就是在发生武装冲突的情况下，使用一切适当手段投入决定性兵力，促使冲突在对美国有利的情况下结束。

（三）军事战略要素。有三个，即“塑造”、“反应”和“准备”。“塑造”，指“美国武装部队运用其固有的威慑性并通过和平时期的军事参与，对塑造有利于美国的国际环境作出贡献”。其具体内容有：通过参与促进稳定；采取行动防止冲突和降低威胁强度；采取常规或核威胁行动制止侵略。

“反应”，指对危机作出反应，“采取的军事行动包括从慑止侵略到打赢大规模战区战争，以及同时实施数个较小规模的应急行动”。其具体内容有：通过军事集结、实施制裁或有限打击，慑止侵略或对邻国施压行径；打赢两场几乎同时发生的大规模战区战争；以力量显示、有限打击、强制干预、设立禁飞区或禁航区、维和行动、人道主义救援行动等军事行动，对付同时出现的多个小规模冲突事件和跨国威胁。

“准备”，指从现在开始“针对充满不确定因素的未来预作准备”，也即“在迈向下个世纪之际，美国必须保持其全球领导地位所不可或缺的军事优势”。为此，美国要充分利用军事革命的成果，推进军队的现代化。在军队建设上，要突出保持“信息优势”；要改进作战理论、体制编制和训练，提高美军官兵的素质；要加快研制和列装新装备，以在未来战场上获得“全面控制权”；要巩固和发展与盟国和伙伴国的关系，以提高协同作战能力；要保证部队的均衡发展，不但军种间要均衡，而且今天需要和明天要求之间也要均衡。

（四）军事力量的使用原则。规定美国在使用军事力量时，应遵循以下 4 条原则：第一，必须审慎而决定性地使用军事力量，应明确提出可以实现的、支持国家政治目的的军事目标，并阐明军队的使命；第二，必须把各军种的力量和能力有机地结合起来，作为一支联合部队展开行动；第三，必须在保持可单独采取行动的能力的同时，尽可能争取与盟国或多国联盟的军队并肩作战；第四，必须确定最终目标，明确停止军事介入、撤出军队的条件，以确保部队在由平时状态转入战时状态之时，就已做好战争过渡到和平的准备。

（五）冷战后的核战略。1997 年 11 月，美总统克林顿向国防部长和参联会主席发出关于冷战后核战略的《总统决策指令》。这一指令认为，核武器仍是美国威慑力量的核心部分，是在不确定的未来的安全“屏障”，是履行对盟国的安全承诺的“有效手段”。因此，美国将保留一支以指挥控制可靠、灵活反应和抗毁力强为基础的“足够强大的”战略核力量。指令提出的新核战略，有以下“三个变”和“三个不变”的特点。

“三个变”是：①核战略的首要任务已经不是进行和赢得核战争，而是遏制敌方对美国、美国的海外部队、美国的盟友及美国的生死攸关利益发动的侵略；②核作战的对象不再是苏联集团，而是拥有核武器的任何国家，尤其是所谓的“无赖国家；③核武器的使用不只是对威胁使用或实际使用核武器者的反应，而且是对威胁使用或实际使用生化武器者的反应。

“三个不变”是：①仍然坚持核武器是“国家安全的基石”，坚持发展由洲际导弹、战略轰炸机和战略潜艇构成的“三位一体的战略核力量；②仍然保持对非盟友核大国特别是俄罗斯的警惕，保留“用核武器袭击俄罗斯的军事和非军事领导机构以及核部队”的选择；③仍然坚持首先使用核武器的原则。

尽管这是对 1981 年里根政府制定的核战略所作的重大调整，但是不难看出：调整不是根本性的，美国的核战略依然是核威慑战略，冷战思维仍在美国的核战略中起主导作用。

国防体制 美国宪法规定，总统是武装部队的总司令，全军最高统帅。总统通过国防部领导和指挥全军，紧急情况下可越级指挥。战略核力量不论何时都由总统指挥控制。

国家安全委员会是最高防务决策咨询机构。其法定成员包括总统、副总统、国务卿和国防部长。参谋长联席会议主席是其法定军事顾问，中央情报局局长是其法定情报顾问。该委员会日常工作由总统国家安全事务助理（顾问）负责。

国防部是总统领导与指挥美国武装力量的最高军事机关，负责防务政策、计划的制定和实施，以及全般国防事务管理，并通过参谋长联席会议对全军实施作战指挥。它由国防部本部系统、军事部系统和作战指挥系统三部分组成。

国防部本部系统主要负责政策、财政、军务等全军性事务，以及各军事部间的协调。下设政策、采购与技术、人事与战备、审计与财务、指挥通信控制与情报、立法、后勤事务、情报监督、行政管理、公共事务、监察、作战试验与评估等部门，分别由副国防部长、助理国防部长、主任、局长或部门长等主管。

军事部系统包括陆军部、空军部和海军部 3 个军事部（军种部）。各军事部负责本军种的行政管理、教育训练、武器装备研制和采购及后勤保障等事务，并有责任在战时向各联合作战司令部提供作战部队及相应的勤务和后勤支援，但无作战指挥权。军事部长为文官，在其下设军种参谋长（海军为作战部长）。军种参谋长（海军作战部长）是本军种最高军事长官。

作战指挥系统指参谋长联席会议（以下简称“参联会”）及隶属于它的各联合司令部、特种司令部。参联会既是总统、国防部长、国家安全委员会的军事咨询机构，也是总统和国防部长向联合司令部和特种司令部发布作战命令的军事指挥机关。从某种意义上讲，国防部是总统的军政部门，而参联会是总统的军令部门。参联会成员包括主席和三大军种参谋长（海军为作战部长）。参联会主席是美军最高军事长官，是总统和国防部长的首席军事顾问。参联会下设联合参谋部和国家军事指挥中心，负责处理日常事务和作战指挥业务。美军设九大联合司令部，它们是直属国防部的美军高级作战指挥机构。美三军部队除执行特别勤务者外，均编入某一联合司令部。一旦发生重大紧急情况，各联合司令部即可对编入本司令部的部队实施作战指挥。目前九大联合司令部含五个地区司令部，即欧洲总部、太平洋总部、大西洋总部（已于1999年10月改组为联合部队司令部）、南方总部和中央总部；四个职能司令部，即航天司令部、特种作战司令部、运输司令部和战略司令部。必要时，也可根据总统指示将其他联合司令部的部队临时划归处于紧急情况的联合司令部指挥。

美国武装力量由现役部队、后备役部队和军内文职人员三部分组成。现役部队分陆军、空军、海军和海军陆战队4个军种，分属陆军部、空军部和海军部三大军事部领导。美军后备役部队按组织系统分国民警卫队和联邦后备队两部分。国民警卫队含陆军国民警卫队、空军国民警卫队和海岸警卫队，其中海岸警卫队平时由美政府运输部管辖。后备队含陆军后备队、海军后备队、空军后备队和陆战队后备队。后备役人员按动员程度分为三类：第一类为待命后备役人员，即编入后备役部队的精选后备役人员，可立即用于增援正规部队；第二类为待编后备役人员，即动员时可征召的参训个人；第三类为退役后备役人员，必要时可应召增补负责作战支援和训练的部队。文职人员是美国联邦政府雇员的一部分，本国雇佣的称直接雇员，由住在国政府雇佣的称间接雇员。从事的工作种类有科学家与工程师、行政管理人员、技术员、秘书和办事员、服务员、勤杂工等。

领导人物 总统兼武装部队总司令乔治·W·布什（2001.1）。国防部长唐纳德·H·拉姆斯菲尔德（2001.1）。国家安全事务助理康多莉扎·赖斯（2001.1）。参谋长联席会议主席亨利·H·谢尔顿陆军上将（1997.10）。参联会副主席理查德·B·迈尔斯空军上将（2000.3）。陆军代部长格雷戈里·达尔伯格（2001.1）。陆军参谋长埃立克·欣塞基（新关）上将（1999.6）。空军代部长劳伦斯J·德拉诺伊（2001.1）。空军参谋长迈克尔·E·瑞安上将（1997.10）。海军代部长罗伯特·皮里（2001.1）。海军作战部长维恩·克拉克上将（2000.7）。海军陆战队司令杰姆斯·琼斯上将（1999.7）。海岸警卫队司令杰姆斯·M·洛伊海军上将。欧洲总部司令约瑟夫·W·罗尔斯顿空军上将（2000.4）。太平洋总部司令丹尼斯·C·布莱尔海军上将（1999.2）。联合部队司令部（原大西洋总部）司令威廉·F·克南海军上将。南方总部司令彼得·佩斯陆战队上将。中央总部司令托米·R·弗兰克斯陆战队上将（2000.5）。航天司令部司令拉尔夫·E·埃伯哈特空军上将（2000.2）。特种作战司令部司令查尔斯·R·霍兰德空军上将。运输司令部司令托尼·罗伯逊空军上将（1998.5）。战略司令部司令理查德·W·米斯海军上将（1998.6）。

武装力量 **兵力** 2000财年，现役部队总人数136.58万人。

陆军 47.17万人。编有3个集团军司令部、4个军部（1个为空降军）、10个作战师（2个装甲师、4个机械化师、2个轻步兵师、1个空中突击师、1个空降师）、5个航空旅、3个装甲骑兵团、6个炮兵旅、9个“爱国者”和2个“复仇者”防空导弹营、1个独立步兵营和1支空降特种部队。另有2个一体化师司令部，编有6个加强陆军国民警卫队旅，作平时的一体化作战训练之用。

主战坦克：M－1A1和M－1A2等型，共约7900辆。步兵战车M－2和M－3型，共6710辆。装甲输送车：M－113A2、A3型15200辆。装甲侦察车：TPZ－1型110辆。各类火炮：6074门，其中277毫米多管火箭炮1075门，自行火炮2512门，牵引式火炮1591门。反坦克导弹：29000余部，其中“陶”式8686具、“龙”式20000具。防空导弹：“复仇者”式884部，“爱国者”式485部，FIM－92A“毒刺”导弹若干。两栖舰船：51艘。各种用途飞机：249架。直升机：约5039架，其中武装直升机1502架。无人驾驶飞机“猎人”式7架。

海军 37.07万人。编有太平洋舰队司令部和大西洋舰队司令部；5个作战舰队，即第2舰队（大西洋）、第3舰队（太平洋）、第5舰队（印度洋、波斯湾、红海）、第6舰队（地中海）、第7舰队（西太平洋）。还设海军运输司令部和海军特种作战司令部。

潜艇：74艘。其中战略潜艇18艘，战术潜艇55艘（核动力导弹攻击潜艇33艘、核动力攻击潜艇22艘），其它用途1艘。航空母舰：12艘，包括8艘“尼米兹”级和1艘“企业”级核动力航母，2艘“小鹰”级和1艘“肯尼迪”级常规动力航母。11个航母舰载机联队，每个联队一般配备3个F/A－18型战斗攻击机中队、1个F－14中队、1个S－3B型和EP－3型反潜战斗机中队、1个SH－60型反潜直升机中队、1个EA－6B型电子战飞机中队、1个E－2C型空中预警机中队和1个C－2型支援飞机中队。导弹巡洋舰：27艘（均为“提康德罗加”级）。导弹驱逐舰：52艘（“阿利·伯克”级29艘，“斯普鲁恩思”级24艘）。导弹护卫舰：35艘（均为“佩里”级）。扫雷舰：27艘、两栖舰：41艘。军事运输司令部辖船只约110艘，可调用商船327艘。海军（含陆战队）共装备作战飞机1456架，武装直升机543架。

海军陆战队 16.98万人。编有3个陆战队师、

3个勤务支援大队、1个安全保密营、1个安全警卫营。

主战坦克：M－1A1型403辆。轻装甲车：734辆。两栖装甲车：1321辆。牵引火炮：927门。反坦克导弹：2300部。反坦克火箭筒：1300具。无座力炮：1650门。迫击炮：586门。航空兵3.64万人。编3个现役飞行联队，每一联队装备固定翼机130架，直升机167架。

空军　35.36万人。编有空中作战司令部和空中机动司令部两大司令部。空中作战司令部辖4个航空队、23个飞行联队；空中机动司令部辖2个航空队，13个飞行联队。美空军1999年10月开始进行体制改革，将其现役、后备役和国民警卫队部队统一编组成10支"空天远征队"，每支约编1～1.5万人，15个月中有3个月处于戒备状态，任何时候至少有两支处于戒备状态。

远程轰炸机：208架，其中B－52H型94架、B－2A型21架、B－1B型93架。侦察机：83架，其中U－2R/S型32架、SR－71型16架（封存），RC－135型21架，E－8C"联合星"8架。指挥所机：40架，其中E－3B/C型33架、EC－135型3架，E－4B型4架。战术飞机：2529架，其中F－15型717架、F－16型1420架、F－22A型6架、F－117型52架、A－10A型225架、OA－10A型109架、EC－18BD型先进测距飞机3架、AC－130H/U型飞机21架、特种作战飞机EC－130EHJ型31架、MC－130EHP型66架、气象侦察机11架。运输机：约1100架，其中C－5式126架、C－17A型59架、C－141B型125架、C－130式521架。加油机：605架。教练机：1200余架。直升机约220架。

战略力量　由美国战略司令部管辖，实力计在海、空军内。主要装备有432枚潜射弹道导弹，配置于18艘战略导弹核潜艇中（"俄亥俄"级SSBN－734型核潜艇10艘，每艘携24枚"三叉戟"II型D－5导弹；SSBN－726型核潜艇8艘，每艘携24枚"三叉戟"I型C－4导弹）。洲际弹道导弹，共550枚，其中"民兵"III型500枚，"和平卫士"50枚；战略轰炸机208架，其中B－1B型93架（只执行常规作战任务）、B－52H型94架、B－2A型21架。

海岸警卫队　3.62万人，其中文职人员6000人。根据法律，是武装力量的一个组成部分，平时由运输部维持和使用，兵力不计入三军后备役部队内。预算授权2000财年41亿美元，2001财年申请45亿美元。主要武器装备：各类舰船174艘，其中近海巡逻舰41艘（大部分可携直升机），近岸巡逻艇85艘，内河管理船37艘，破冰船24艘），飞机53架，直升机80架。

特种作战部队　2.85万人，实力计在各军种。陆军特种作战部队1.53万人，编5个特种作战大队（每个含3个营）。1个别动队步兵团（含3个营），1个特种作战航空团，1个心理战大队（含5个营），1个民事营（含5个连），1个通信营和1个支援营。海军特种作战部队4000人，编有1个指挥部，1个作战中心，3个大队，6支部队，6个"海豹队"，2支"海豹"输送车队，2个特种舟艇中队。空军特种作战部队9300万人，编有1个司令部、1个飞行联队、14个飞行中队。

文职人员　70.02万人。按雇佣部门计算，陆军雇佣21.99万人，海军（含陆战队）雇佣19.95万人，空军雇佣16.26万人，国防部雇佣11.84万人。

后备役人员　约90万人，其中精选后备役人员86.52万人，待编后备役人员约3万人。精选后备役人员中，陆军后备队20.5万人，海军后备队9.03万人，陆战队后备队3.96万人，空军后备队7.37万人；陆军国民警卫队35万人，空军国民警卫队10.66万人。

部署　2000财年，美军驻美国大陆93.08万人。驻欧洲约11.8万人，其中驻德国5.75万人、意大利1.05万人、英国1.25万人，西班牙2130人、土耳其2040人，另在地中海部署1.4万人；太平洋总部约26.5万人，其中驻阿拉斯加1.61万人、夏威夷3.45万人、日本3.98万人、韩国3.66万人。关岛3700万人、迪戈加西亚670人、新加坡150人、泰国120人、太平洋舰队13.23万人；中央总部驻中东地区约1.5万人，其中驻科威特6000人、沙特阿拉伯5700人、巴林900人、安曼690人；南方总部驻洪都拉斯410人；联合部队司令部驻百慕大800人、古巴1100人、海地230人、冰岛2000人、英国1200人；在世界各地参与维和等行动1.2万人。

军事基地　截至1998年2月，美军在国内拥有军事设施969个，其中陆军184个，海军164个，海军陆战队27个，空军96个，其余为国防部及后备役部队的设施。海外军事设施203个，遍布世界32个国家或地区，其中陆军102个，海军32个，海军陆战队9个，空军50个，其余为国防部和联合勤务设施。

兵役制度　从1973年起实行志愿兵役制度。

军衔　分6等25级：将官5级（五星上将、上将、中将、少将、准将），校官3级（上校、中校、少校），尉官3级（上尉、中尉、少尉），军士6级（一级军士长、二级军士长、三级军士长、上士、中士、下士），准尉5级（一、二、三、四、五级准尉），士兵 3 级（一等兵、二等兵、三等兵）。

军队节日 武装力量节，5 月第 3 个星期六；美国陆军节，4 月 6 日；美国海军节，10 月 27 日；美国空军节，9 月第 2 个星期六。

对外军援 2000 财年美国国际发展和军事援助估计达 146 亿美元，其中拨给联合国维和行动 6.05 亿美元，国际军事教育和训练 0.5 亿美元，对外军事援助 47.98 亿美元；不扩散和反恐怖主义活动等 2.16 亿美元；国际扫毒行动 11.22 亿美元；对前苏联国家的“减少威胁计划” 9.85 亿美元。在对外军事援助中，以色列得到 19.2 亿美元，埃及得到 13 亿美元，约旦得到 0.75 亿美元。

（符成礼）

墨西哥

国　名 墨西哥合众国。

主要统计 面积 196.7183 万平方千米。人口 1.04 亿人（其中，13～17 岁男 528.7 万人，女 513.6 万人；18～22 岁男 489.3 万人，女 479.1 万人；23～31 岁男 897.1 万人，女 897.5 万人）。国内生产总值 4840 亿美元（1999 年）。国防费 30 亿美元（2000 年国防预算）。原煤 888.6 万吨（1995 年）。原油 10.42 亿桶（1996 年）。天然气 384.54 亿立方米（1995 年）。发电量 1508.2 亿度（1995 年）。粮食 2914.1 万吨（1998 年）。海运能力，商船（载重 100 吨以上）635 艘，总载重量 149.53 万吨（1998 年）。民航能力，固定航班机场 83 处，客运量 207.64 亿人千米、货运量 19.68 亿吨千米（1998 年）。

国防体制 墨宪法规定，总统为武装力量最高统帅，有权宣布全国“紧急状态”和“战争状态”，决定兵力调动、高级将领任免、国防开支等重大事宜。国家安全内阁会议为最高国防决策机构，由总统领导，成员有国防部长、海军部长、内政部长、外交部长以及其他有关政府部长。国防部和海军部分别为政府中一个部，是最高军事行政机关，也是最高军事指挥机构。国防部领导和指挥陆、空军。海军部领导和指挥海军。国防部长和海军部长经总统任命，由现役四星上将担任。总统通过国防部和海军部对全国武装力量实施领导和指挥，通过总统府参谋部对国家安全和军事问题进行协调。

领导人物 总统兼武装力量最高统帅维森特·福克斯（2000 年 12 月 1 日就职）。国防部长里卡多·维加·加西亚上将（2000 年 12 月 1 日上任）。海军部长马尔科·安东尼奥·佩罗特·冈萨雷斯上将（2000 年 12 月 1 日上任）。

武装力量 **兵力** 现役部队 19.28 万人。

陆军 14.4 万人。划分为 12 个军区、44 个军分区。编有 3 个军、4 个装甲旅、1 个空降旅、1 个军警旅、9 个步兵旅、3 个炮兵团、80 个步兵营、1 个机械化步兵营、19 个装甲营、44 个特种空中机动分队。

装甲侦察车：M－8 型 40 辆，ERC－90F“大山猫”型 119 辆，VBL 型 40 辆，“莫瓦格”25 辆，MAC－1 型 40 辆。装甲输送车：HWK－11 型 40 辆，M－2A1 型 32 辆，VCR/TT 型 40 辆，DN－3/4/5 型 134 辆，AMX－VCI 型 495 辆，BDX 型 95 辆，LAV－150ST 型 26 辆，BTR－60 型若干辆。牵引炮：75 毫米 18 门，105 毫米 176 门。自行炮：75 毫米 5 门。迫击炮：81 毫米 1500 门，102 毫米 75 门。反坦克导弹：“米兰”式若干具。火箭炮：82 毫米若干门。反坦克炮：37 毫米 30 门。高射机枪：12.7 毫米 40 挺，20 毫米 40 挺。地空导弹：RBS－70 型若干部。

海军 3.7 万人（含海军陆战队和海军航空兵）。划分为 16 个军区。编有 2 个舰队、17 个分舰队。

驱逐舰：“基林”级 2 艘，“弗莱彻”级 1 艘。护卫舰：“诺克斯”级 2 艘，“布朗斯坦”级 2 艘，“埃德索尔”级 1 艘，“查尔斯·劳伦斯”级 3 艘。巡逻艇：109 艘。测量船：5 艘。辅助船：41 艘。训练舰：1 艘。拖船：3 艘。

陆战队 8600 人。编有 3 个陆战旅、1 个空降旅、14 个地区营、2 个岸炮营、1 个总统警卫营、1 个岸防大队、1 个独立保安连。装备装甲突击车：VAP－3550 型 25 辆。牵引炮：105 毫米 16 门。火箭炮：51 毫米 6 门。迫击炮：60、80 毫米 100 门。无坐力炮：106 毫米若干门。高炮：20、40 毫米若干门。

海军航空兵 1100 人。装备各型飞机和直升机共 134 架。

空军 1.18 万人。编有 18 个中队。装备作战飞机 107 架、武装直升机 71 架。

战斗机：F－5E型8架，F－5F型2架。战斗教练机：PC－7型70架，AT－33型17架。武装直升机："贝尔"205A型1架，"贝尔"206B型15架，"贝尔"206L－3型7架，"贝尔"212型24架。侦察机："指挥官"500S型10架，SA2－37A型2架，C－26型4架。运输机："康维尔"CV－580型1架，洛克希德"喷气星"L－1329型1架，"色斯纳"500型1架，C－118型1架，C－130A型7架，L－100"大力神"型1架，"指挥官"500S型10架，波音727－100型3架，波音757型1架，IAI－201型9架。联络机："阿拉瓦"IAI型9架，"空中霸王"A90型1架，"空中霸王"C90型3架，"超级霸王"300型1架，"步枪手"1架，"幸运山毛榉"F－33C型29架，"色斯纳"182S型73架，"色斯纳"206型11架，"色斯纳"210型11架，PC－6型4架，"涡轮指挥官"6架。直升机：S－70A型6架，米－2型1架，米－8型11架，米－17型24架，米－26T型1架。教练机："莫莱"M－7型6架，"莫莱"MXT－7－180型21架，"斯蒂阿曼"PT－17型12架，SF－260型30架。教练直升机：MD－530F型24架。

预备役　30万人。

准军事部队　民兵1.4万人。

兵役制度　实行义务兵役制，同时招募志愿兵。义务兵服役期为1年，志愿兵服役期为3～9年。

军衔　分5等15级：将官3级（上将、中将、少将），校官3级（上校、中校、少校），尉官4级（一级上尉、上尉、中尉、少尉），军士3级（上士、中士、下士），兵2级（上等兵、列兵）。

军队节日　2月19日为陆军节，6月1日为海军节，9月16日为空军节。

（吴永业）

萨　尔　瓦　多

国　　名　萨尔瓦多共和国。

主要统计　面积2.072万平方千米。人口617.9万人（其中，13～17岁男36.9万人，女35.7万人；18～22岁男35.4万人，女34.3万人；23～32岁男53.6万人，女55.3万人）。国内生产总值159亿美元（199年）。国防费1.12亿美元（2000年国防预算）。发电量34.05亿度（1995年）。粮食84.1万吨（1998年）。海运能力，商船（载重100吨以上）15艘。民航能力，固定航班机场1处，客运量19.78亿人千米，货运量1430万吨千米（1998年）。

国防体制　宪法规定，总统为武装力量统帅。国防部为政府中一个部，是最高军事行政机关。武装力量由正规军和准军事部队组成。正规军分陆、海、空军三个军种。最高军事指挥机构为联合参谋部。总统通过国防部和联合参谋部对全国武装力量实施领导和指挥。

领导人物　总统兼武装力量统帅弗朗西斯科·弗洛雷斯（1999年6月1日上任）。

武装力量　**兵力**　现役部队1.68万人。

陆军　1.5万人。编有6个军区，6个步兵旅，1个特种支援旅，1个炮兵旅，1个机械化骑兵团，8个步兵营，1个总统警卫营，1个支援旅，3个工程兵营，1个特种作战大队。

装甲侦察车：AML－90型10辆。装甲输送车：M－37B1型40辆，UR－416型8辆。牵引炮：105毫米78门。追击炮：81毫米300门，120毫米60门。无坐力炮：90毫米400门，106毫米20余门。高炮：20毫米40门。

海军　700人（含陆战队）。海岸巡逻艇5艘、江河巡逻艇22艘。

海军陆战队　90人。编有1个连。

空军　1100人。编有1个战斗机中队，1个武装直升机中队，1个运输机中队，1个运输直升机中队。作战飞机23架，武装直升机10架。

战斗机：A－37B型5架，OA－37B型4架，O－2B型2架，AC－47型2架，CM－170型2架（储备），"暴风"型2架。侦察机：O－2A型9架。武装直升机：MD－500D型1架，MD－500E型6架，UH－1M型3架。直升机：UH－1H型18架。运输机：C－47型2架，C－123K型1架，"巴斯勒"67型5架，"指挥官"1架，OC－6B型1架，"默林"3B型1架，"运动会"9架。联络机："色斯纳"337G型1架。教练机：T－41C/D型1架，TH－300型6架，O－2A型3架，T－35型5架。

准军事部队　即国民警察1.2万人。装备有飞机："色斯纳"O－2A型1架。直升机：UH－1H型

1架，“休斯”520N型2架，MD－500D型1架。

兵役制度 实行志愿兵役制，士兵服役期为1年。军官最高服役年限为30年。退役后被编入后备役。

军衔 分3等7级：将官1级（少将），校官3级（上校、中校、少校），尉官3级（上尉、中尉、少尉）。

驻外兵力 参加联合国驻西撒哈拉维和部队军事观察员2名。

（王 睿）

危地马拉

国　　名 危地马拉共和国。

主要统计 面积10.8889万平方千米。人口1222.4万人（其中，13～17岁男73.2万人，女71.1万人；18～22岁男62.8万人，女61.2万人；23～32岁男94.2万人，女92.9万人）。国内生产总值141亿美元（1999年）。国防费1.23亿美元（2000年国防预算）。发电量32.29亿度（1995年）。粮食109.3万吨（1998年）。天然气800万立方米（1995年）。原油500万桶（1996年）。海运能力，商船（载重100吨以上）8艘，总载重量400吨（1998年）。民航能力，固定航班机场2处，客运量3.84亿人千米，货运量2100万吨千米（1998年）。

国防体制 宪法规定，总统为武装部队总司令。最高军事咨询机构为最高国防委员会，成员有国防部长、国防参谋长和陆、海、空军参谋长等。国防部为政府中一个部，是最高军事行政机关，由军衔最高、资格最深的军官担任部长。武装力量由正规军和准军事部队组成。正规军分陆、海、空军三个军种。最高军事指挥机构为国防参谋部。总统通过国防部和国防参谋部对全国武装力量实施领导和指挥。

领导人物 总统兼武装部队总司令阿方索·波蒂略（2000年1月14日上任）。

武装力量 **兵力** 现役部队3.14万人。

陆军 2.92万人。编有15个军区（下辖22个步兵营、1个训练营、6个装甲中队），2个战略旅（含4个步兵营、1个轻装甲营、1个侦察中队和2个炮兵连），1个特种大队、2个空降营，5个加强步兵营，1个总统警卫营，1个工程兵营，1个边境分遣队。

坦克：M－41A型10辆。装甲侦察车：M－8型7辆、RBY－1型9辆。装甲输送车：M－113型10辆，V－100“突击队员”型7辆，“犰狳”型30辆。牵引炮：105毫米M－101型12门，M－102型8门，M－56型56门。迫击炮：81毫米M－1型55门，107毫米M－30型12门，120毫米ECIA型18门。无后坐力炮：57毫米M－20若干门，105毫米M－1974FMK－1型64门。106毫米M－40A1型56门。高炮：20毫米M－55型16门，GAI－D01型16门。

海军 1500人（其中包含海军陆战队）。

巡逻艇：35艘。

海军陆战队 650人。编有2个陆战营。

空军 700人。编有2个战斗机中队，1个直升机中队，1个运输机中队，1个联络机中队。作战飞机10余架、武装直升机12架。

战斗机：“色斯纳”A－37B型4架，PC－7型6架。武装直升机：“贝尔”212型9架，“贝尔”412型3架。直升机：“贝尔”206型9架，UH－1H型3架，S－76型3架。运输机：T－67型4架，F－27型2架，“超级空中霸王”1架，PA－301型1架，“阿拉瓦”201型4架。联络机：“色斯纳”206型2架，“色斯纳”310型1架。教练机：T－41型6架，T－35B型5架，“色斯纳”R172K型5架。

预备役部队 3.5万人。

准军事部队 国民警察1.9万人。财政警察2500人。

兵役制度 实行义务兵役制。士兵服役期为30个月。军官最高服役年限为30年。

军衔 分3等9级：将官2级（中将、少将），校官3级（上校、中校、少校），尉官4级（上尉、中尉、少尉、准尉）。

（王 睿）

委　内　瑞　拉

国　　名　委内瑞拉玻利瓦尔共和国。

主要统计　面积 91.67 万平方千米。人口 2423.8万人（其中，13～17 岁男 124.3 万人，女 119.7 万人；18～22 岁男 117.9 万人，女 113.8 万人；23～32 岁男 203.2 万人，女 197.7 万人）。国内生产总值 850 亿美元（1999 年）。国防费 14.04 亿美元（2000 年国防预算）。原煤 464 万吨（1995 年）。原油 10.79 亿桶（1996 年）。天然气 254.06 亿立方米（1995 年）。发电量 748.86 亿度（1995 年）。粮食 199.7 万吨（1998 年）。海运能力，商船（载重 100 吨以上）217 艘，总载重量 135.54 万吨（1998 年）。民航能力，固定航班机场 20 处，客运量 73.72 亿人千米、货运量 2.1 亿吨千米（1998 年）。

国防体制　委宪法规定，总统为武装力量最高统帅。国家安全与防务委员会为最高国防决策机构，成员有总统、国防、内政、外交和财政部长、武装力量总监、联合参谋长等，由总统任主席。国防部为政府中一个部，国防部长是总统在军事问题上的主要助手，根据总统的旨意，有权管理、指挥和调动军队。全国武装力量最高委员会是总统和国家安全与防务委员会在军事问题上的主要参谋机构，负责处理军队重大事务，成员有国防部长、武装力量总监、联合参谋长及陆、海、空军和国民警卫队司令，由国防部长主持日常工作。武装力量联合参谋部协助国防部长贯彻国防政策，并协调各军种间的作战、情报、训练和后勤等工作。武装力量总监部负责审定各项军事法令，检查和监督部队的组织纪律、军种间的合作及完成任务的情况。各军种司令部为本军种最高军事指挥机构。各军种司令直接对国防部长负责，有权处理本军种重大事务。总统通过国防部对全国武装力量实施领导和指挥。

领导人物　总统兼武装力量最高统帅乌戈·查韦斯（1999 年 2 月 2 日上任，2000 年 8 月 19 日连任）。国防部长伊斯梅尔·乌尔达多陆军中将（2000 年 2 月上任）。武装力量联合参谋长赫尔曼·马林陆军中将（1999 年 7 月上任）。陆军司令鲁卡斯·林孔·罗梅罗陆军中将（1999 年 7 月上任）。海军司令米格尔·谢拉尔塔海军中将（2000 年 2 月上任）。空军司令阿尔杜罗·何塞·加西亚（1999 年 7 月上任）。国民警卫队司令赫拉尔多·丹尼尔·布里塞纽·加里亚中将（1999 年 7 月上任）。

武装力量　**兵力**　现役部队 7.9 万人。

陆军　3.4 万人。编有 6 个步兵师、1 个装甲旅、1 个骑兵旅、7 个步兵旅、1 个空降旅、2 个突击旅、1 个航空团。

主战坦克：AMX－30 型 81 辆。轻型坦克：M－18 型 75 辆，AMX－13 型 36 辆，“蝎子”90 型 80 辆。装甲侦察车：M－8 型 30 辆。装甲输送车：AMX－VCI 型 25 辆，V－100 型 100 辆，V－150 型 30 辆，“龙”式 100 辆，EE－11“蝰蛇”型 35 辆。牵引炮：105 毫米 80 门，155 毫米 12 门。自行炮：155 毫米 10 门。火箭炮：160 毫米 20 门。迫击炮：81 毫米 165 门，120 毫米 60 门。无坐力炮：84 毫米若干门，106 毫米 175 门。反坦克导弹：“马帕兹”24 具，AT－4 型和 AS－11 型若干具。飞机：IAI－202 型 3 架，“色斯纳”182 型 2 架，C－206 型 2 架，C－207 型 2 架。攻击直升机：A－109 型 5 架。运输直升机：AS－61A 型 4 架，“贝尔”205 型 3 架，UH－1H 型 6 架。联络机：“贝尔”206 型 2 架。

海军　1.5 万人（含海军陆战队、海军航空兵和海岸警卫队）。编有舰队司令部、陆战队司令部、海军航空兵司令部、海岸警卫队司令部和内河警备司令部。

潜艇：“虱目鱼”级 2 艘。护卫舰：“狼”级 6 艘。导弹攻击快艇：“宪法”级 3 艘。两栖登陆艇：4 艘。巡逻艇：65 艘。测量船：4 艘。训练舰：1 艘。辅助船：2 艘。

陆战队　5000 人。编有 4 个陆战营、1 个炮兵营、1 个两栖车辆营、4 个分队。装备装甲突击车 LVTP　7 型 11 辆，装甲输送车 35 辆，牵引炮 18 门，高炮 6 门。

海军航空兵　1000 人。编有 2 个航空兵中队。装备有反潜直升机：AB－212 型 8 架。侦察机：C－212－200MPA 型 4 架，C－212－400 型 3 架。运输机：C－212 型 2 架，DHC－7 型 1 架，“罗克威尔司令官”680 型 1 架。联络机：“色斯纳”310 型 1 架，C－402 型 1 架，“空中霸王”90 型 1 架，C－212－400 型 3 架。直升机：“贝尔”412EP 型 4 架。

海岸警卫队　1000 人。装备有巡逻舰 2 艘。巡逻艇：32 艘。

空军 7000 人。编有 6 个战斗机大队、1 个直升机大队、1 个教练机大队。作战飞机 124 架，武装直升机 31 架。

战斗机：CF－5A 型 12 架，CF－5B 型 4 架，NF－5A/B 型 7 架，“幻影”50DV/EV 型 16 架，F－16A 型 14 架，F－16B 型 7 架，EMB－312 型 20 架。侦察机：OV－10A 型 15 架。电子战飞机：“猎鹰”20DC 型 3 架。武装直升机：SA－316 型 10 架，UH－1D 型 12 架，UH－1H 型 5 架，AS－532 型 4 架。运输机：C－123 型 7 架，C－130H 型 5 架，G－222 型 8 架，HS－748 型 2 架，波音 707 型 2 架，“波音”737 型 1 架，“湾流’III 型 1 架，“湾流”IV 型 1 架，“利尔杰特”24D 型 1 架。运输直升机：“贝尔”214 型 2 架，“贝尔”412 型 5 架，AS－332B 型 8 架，UH－1N 型 2 架，米－8/17 型 18 架。联络机：“色斯纳”182 型 9 架，“嘉奖”I 型 1 架，“嘉奖”II 型 1 架，“空中皇后”65 型 2 架，“空中皇后”80 型 5 架，“超级空中霸王”200 型 5 架，“云雀”SA－316BIII 型 9 架。教练机：EMB－312 型 12 架，T－34 型 20 架，T－2D 型 17 架，SF－260F 型 12 架。空空导弹：R－530“魔术”型、“AIM－9L/9P“响尾蛇”型若干枚。空地导弹：“飞鱼”若干枚。地空导弹：“罗兰”式 10 部，RBS－70 型若干部。高炮：20 毫米、35 毫米若干门，40 毫米 114 门。

国民警卫队 2.3 万人。编有 8 个地区司令部。装备步兵战车：UR－416 型 20 辆。装甲输送车：“菲亚特”－6614 型 24 辆。迫击炮：60 毫米 100 门，81 毫米 50 门。飞机：“男爵”1 架，BN－2A 型 1 架，“色斯纳”185 型 2 架，U206 型 5 架，IAI－201 型4 架，“空中霸王”90 型 1 架，“空中霸王”200C 型 1 架，“空中皇后”80 型 2 架，“空中卡车”M－28 型 6 架。直升机：A－109 型 4 架，“贝尔”206 型 20 架，“贝尔”212 型 2 架。巡逻艇：52 艘。

预备役 约 8000 人（陆军）。

兵役制度 实行义务兵役制。陆军、空军和国民警卫队义务兵服役期为 1 年，海军义务兵服役期为 1 年半。

军衔 分 5 等 20 级：将官 3 级（上将、中将、少将），校官 3 级（上校、中校、少校），尉官 3 级（上尉、中尉、少尉），军士 7 级（军士长、副军士长、一级上士、二级上士、三级上士、中士、下士），兵 4 级（一级上等兵、二级上等兵、上等兵、列兵）。

驻外兵力 参加联合国驻伊拉克和科威特军事观察员 2 名，联合国驻西撒哈拉军事观察员 3 名。

军队节日 6 月 24 日为陆军节，7 月 24 日为海军节，12 月 10 日为空军节，8 月 4 日为国民警卫队节。

（吴永业）

乌 拉 圭

国　　名 乌拉圭东岸共和国。

主要统计 面积 17.6125 万平方千米。人口 326.4 万人（其中，13～17 岁男 13.1 万人，女 12.6 万人；18～22 岁男 13.6 万人，女 13.1 万人；23～32 岁男 25 万人，女 24.4 万人）。国内生产总值 137 亿美元（1999 年）。国防费 2.27 亿美元（2000 年国防预算）。发电量 76.5 亿度（1995 年）。粮食 198.5 万吨（1998 年）。海运能力，商船（载重 100 吨以上）93 艘，总载重量 17.25 万吨（1998 年）。民航能力，固定航班机场 1 处（1997 年），客运量 6.45 亿人千米．货运量 6200 万吨千米（1998 年）。

国防体制 宪法规定，总统为武装力量最高统帅。国防部为政府中一个部，是最高军事行政机关。乌拉圭武装力量由正规军和准军事部队组成。正规军由陆、海、空三军组成。陆、海、空三军相互独立，没有统一的军事指挥机构。各军种司令部为本军种最高军事指挥机构，各军种司令为本军种最高领导。最高军事指挥机构为联合参谋部。总统通过国防部和陆、海、空三军司令对全国武装力量实施领导和指挥。

领导人物 总统兼武装力量最高统帅豪尔赫·巴特列（2000 年 3 月就职）。国防部长路易斯·安德列斯·布雷萦（2000 年 3 月 2 日上任）。陆军司令胡安·卡洛斯·赫伊莫纳特中将（2000 年 2 月上任）。海军司令弗朗西科·帕索斯·马雷斯卡中将（1999 年 2 月上任）。空军司令何塞·佩德罗·马拉金·科雷亚中将（1999 年 2 月上任）。

武装力量 **兵力** 现役部队 2.37 万人。

陆军 1.52 万人。分为 4 个军区和 1 个师部，编有 5 个步兵旅、3 个骑兵旅、1 个炮兵旅、1 个工程兵旅、4个战斗工兵营和3个炮兵营。

坦克：T－55型15辆，M－24型17辆，M－3A1型29辆，M－41A1型22辆。步兵战车：BMP－1型10辆。装甲侦察车：EE－3“哈拉拉卡”18辆，EE－9“响尾蛇”15辆。装甲输送车：M－113型18辆，“秃鹰”50辆，OT－64“斯科特”60辆。牵引炮：75毫米12门，105毫米48门，155毫米5门。自行炮：122毫米6门。火箭炮：122毫米3门。迫击炮：81毫米97门，107毫米8门，120毫米44门。无坐力炮：57毫米30门，106毫米30门。高炮：20毫米6门，40毫米8门。反坦克导弹：“米兰”5具。

海军　5500人（含海军陆战队、海军航空兵和海岸警卫队）。编有1个舰队。

导弹护卫舰：“里维埃司令”级3艘。巡逻舰艇：10艘。海岸扫雷艇：4艘。训练舰：1艘。测量船：1艘。海洋调查船：1艘。其他辅助船只：8艘。

陆战队：400人。编为1个营。

海军航空兵：310人，装备各型飞机24架，其中作战飞机1架。

空军　3000人。编有2个战斗机中队、1个直升机中队、3个运输机中队。作战飞机21架。

攻击机：A－37B型10架，IA－58B型5架。航测机：EMB－110B1型1架。运输机：C－212型3架，EMB－110C型3架，F－27型1架，C－130B型3架，“色斯纳”310型1架，“色斯纳”206型1架。联络机：“色斯纳”182型2架，“空中皇后”80型2架，U－17型5架，T－34A型1架。教练机：SF－260EU型6架，T－41D型5架，PC－78型5架。直升机：贝尔212型2架，UH－1H型6架，“威赛克斯”HC2型6架。

准军事部队　920人。

兵役制度　实行志愿兵役制。服役期为2年。

军衔　分5等15级：将官2级（中将、少将），校官3级（上校、中校、少校），尉官4级（上尉、中尉、少尉、准尉），军士3级（军士长、一等军士、二等军士），兵3级（上等兵、下等兵、列兵）。

军队节日　5月18日为陆军节，11月15日为海军节，3月17日为空军节。

（吴永业）

智　利

国　名　智利共和国。

主要统计　面积75.6626万平方千米。人口1508.8万人（其中，13～17岁男71.2万人，女68.5万人；18～22岁男63.6万人，女61.4万人；23～32岁男122.1万人，女119.2万人）。国内生产总值670亿美元（1999年）。国防费21亿美元（2000年国防预算）。原煤107.8万吨（1995年），原油300万桶（1996年）。天然气11.64亿立方米（1995年）。发电量299.06亿度（1995年）。粮食281.6万吨（1998年）。海运能力，商船（载重100吨以上）392艘，总载重量85.49万吨（1998年）。民航能力，固定航班机场23处（1997年），客运量63.33亿人千米、货运量13.48亿吨千米（1998年）。

国防体制　宪法规定，总统为武装力量最高统帅。国家最高安全委员会会议为最高国防决策机构。成员有总统、国防、外交、内政、经济、财政部长等内阁成员以及三军总司令和武警总局长等，由总统任主席。国防部为政府中一个部，是最高军事行政机关。智武装力量由正规军和准军事部队组成。正规军分陆、海、空三个军种。国防参谋部为国防部的执行机构，负责协调三军和武警的作战、训练、动员、情报、预算等事宜。国防参谋长由陆、海、空军参谋长轮流担任。陆、海、空军司令部为各自军种的最高军事指挥机构。各军种司令为本军种最高军事长官。总统通过各军种司令部和国防部对全国武装力量实施领导和指挥。

领导人物　总统兼武装力量最高统帅里卡多·拉戈斯·埃斯科瓦尔（2000年3月就职）。国防部长马里奥·费尔南德斯·巴埃萨（2000年3月就职）。陆军总司令里卡多·伊苏列塔·卡法雷纳陆军中将（1998年3月就职）。海军总司令豪尔赫·阿兰西维亚·雷耶斯海军上将（1997年11月就职）。空军总司令帕特里西奥·里约斯·庞塞上将（1999年7月就职）。

武装力量　**兵力**　现役部队8.7万人。

陆军　5.1万人。设有7个军区、2个军部，编有7个师、1个航空兵旅、1个工兵团、1个空降团。

坦克：AMX－30型51辆，“豹”I型200辆。步兵战车：“剪刀鱼”20辆。装甲侦察车：EE－9“响尾蛇”50辆。装甲输送车：M－113型355辆，“剪刀鱼”180辆，EE－11“蝰蛇”30辆。牵引炮：105

毫米、155毫米共132门。自行炮：155毫米12门。迫击炮：81毫米、107毫米、120毫米共440门。无坐力炮：57毫米、106毫米共150门。反坦克导弹："米兰"、"马姆巴"、"马帕兹"型各若干具。火箭筒：若干具。高炮：20毫米60门。地空导弹："吹管"、"轻标枪"、"西北风"型共62部。运输机：31架。教练机：24架。直升机：42架。

海军　2.4万人（含海军陆战队和海军航空兵）。编有1个舰队、1个潜艇司令部。

潜艇："汤姆森"级2艘，"奥伯隆"级1艘。导弹驱逐舰"普拉特"级2艘。导弹护卫舰："利安德"级3艘。坦克登陆舰："新港"级1艘，"迈波"级2艘。中型登陆舰：2艘。训练舰：1艘。运输舰：1艘。其他辅助船只：4艘。舰队远洋拖船：3艘。浮船坞：2艘。巡逻舰艇：14艘。导弹攻击快艇：9艘。

陆战队　2700人，编为4个大队和1个两栖营，装备"蝎"式坦克30辆、装甲输送车40辆、牵引炮44门、迫击炮50门。无坐力炮30门。地对空导弹若干部。

海军航空兵　600人，装备武装直升机20架。空舰导弹："飞鱼"AM－39型若干枚。

空军　1.2万人。编有5个航空旅和5个联队。作战飞机88架。

战斗攻击机："幻影"－5BA型15架，"幻影"5BD型6架，F－5E型13架，F－5F型3架。战斗/教练机：A－37B型24架，A－36型8架。战斗/侦察机："幻影"FCH型8架，"幻影"CH型6架，"幻影"DCH型1架，"幻影"5－BR型4架。侦察机："空中霸王"A－100型1架，"利尔杰特"35A型2架。预警机：IAI－707型1架。运输机：波音707型3架，波音737－500型1架，C－130H型2架，C－130B型4架，C－212型4架，"山毛榉"99型9架，DHC－6型14架，"湾流"III型1架，Beechcraft200型1架，"色斯纳"206型1架。直升机：S－70A型1架，UH－1H型9架，"贝尔"412型2架，UH－60型12架，BO－105型8架，SA－315B型5架。教练机：PA－28型12架，T－35A/B型19架，T－36型11架，T－37B/C型12架，Extra300型5架。教练直升机："贝尔"206A型2架。空地导弹：AS－11/12型若干枚。空空导弹：AIM－9B"响尾蛇"、"蜻蜓"、"大蟒"III型各若干枚。高炮：20毫米、35毫米各若干门。

预备役部队　5万人（陆军）。

准军事部队　2.95万人（军警，归国防部领导）。

兵役制度　智实行义务兵和志愿兵相结合的兵役制度，即适龄青年先自愿报名服兵役，如名额不满再按义务兵征集。陆军服役期为1年，海空军服役期为1年10个月。

军衔　分6等20级：将官3级（上将、中将、少将），校官3级（上校、中校、少校），尉官4级（上尉、中尉、少尉、准尉），军士7级（一级军士长、二级军士长、一级军士、二级军士、上士、中士〈海、空军不设中士〉、下士），兵3级（一等兵、二等兵、列兵）。

军队节日　9月19日为陆军节，5月21日为海军节，3月21日为空军节。

（吴永业）

澳大利亚

国　　名　澳大利亚联邦。

主要统计　面积768.23万平方千米。人口1929.2万人（其中，13～17岁男69.2万人，女65.4万人；18～22岁男68.3万人，女64.9万人；23～32岁男150.3万人，女145.6万人）。国内生产总值3990亿美元（1999年）。国防费71亿美元（2000年国防预算）。粗钢835.6万吨（1998年）。原煤2.41亿吨（1995年）。原油1.95亿桶（1996年）。天然气310亿立方米（1998年）。发电量1734.04亿度（1995年）。粮食3176万吨（1998年）。海运能力，商船（载重100吨以上）695艘，总载重量385.73万吨（1999年）。民航能力，固定航班机场400处，客运量719.17亿人千米、货运量18.36亿吨千米（1999年）。

国防体制　总督为武装力量总司令。国防委员会是最高军事决策机构，由国防部长担任主席。国防部为武装力量最高统帅机构。国防军司令为军队最高领导人，是国防部长的首席军事顾问。武装力量由现役部队和预备役部队组成，分陆、海、空三个军种。

领导人物　总督兼武装力量总司令威廉·帕特

里克·迪恩（1996年2月上任）。总理约翰·温斯顿·霍华德（1998年10月连任）。国防部长彼得·里思（2000年12月上任）。国防军司令克里斯·巴利上将（1998年4月上任）。

武装力量　兵力　现役部队5.06万人。

陆军　2.415万人。编有1个地面部队司令部，1个联合部队司令部，1个特遣部队司令部，1个后勤部队司令部，1个装甲团，2个侦察团，1个特战团，6个步兵营，1个突击营，2个装甲输送车中队，3个炮兵团，1个防空团，1个工程兵团和2个航空团。

主战坦克："豹"1A3型71辆。步兵战车：M－113型46辆。装甲输送车：M－113型463辆，AS-LAV－25型111辆。牵引炮：105毫米350门，155毫米35门。迫击炮：81毫米296门。无坐力炮：84毫米577门，106毫米74门。地空导弹："轻剑"19部，RBS－70型17部。飞机："空中大王"200型4架，DHC－6型2架。直升机：共123架，其中UH－1H型25架为武装直升机。两栖舰艇：15艘。

海军　1.25万人（含航空兵）。编有1个近海司令部，1个支援司令部，1个训练司令部，6个海区司令部和4个海军基地。

潜艇："科林斯"级3艘。导弹驱逐舰："佩思"级1艘。导弹护卫舰："阿德莱德"级6艘。护卫舰："安扎克"级2艘。巡逻艇：15艘。扫雷艇：4艘。两栖舰艇：9艘。支援及勤务船：13艘。

航空兵　990人，编有1个反潜直升机中队，2个运输/救援中队。装备武装直升机16架，运输/救援机18架。

空军　1.395万人。编有2个攻击战斗机兼侦察机中队，3个战斗机兼攻击机中队，8个战术训练机中队，2个海上侦察机中队，7个运输机中队。作战飞机148架。

攻击战斗机/侦察机：F－111型35架，EP－3C型2架。战斗机/攻击战斗机：F/A－18型71架。海上侦察机：P－3C型17架，TAP－3B型3架。运输机：C－130型24架，波音707型5架。DHC－4型14架。"猎鹰"900型5架，HS－748型10架，B－200型2架，B－1900D型1架。前方指挥引导机：PC－9A型3架。教练机：84架。空地和空空导弹若干枚。

预备役部队　2.02万人，其中陆军1.745万人、海军950人、空军1800人。

准军事部队　海关总局装备有海上侦察机13架、直升机1架、小船6艘。

兵役制度　实行志愿兵役制。

驻外兵力　驻马来西亚（"5国联防"组织）约148人，包括1个步兵连及1个空军分遣队。驻巴布亚新几内亚38人。此外，2000年参加联合国驻东帝汶维和部队1601人，约有206名军事观察员和停战监督小组人员在东帝汶、埃及、中东和巴布亚新几内亚执行联合国维和任务。

外国驻军　美国海军40人、空军260人。新西兰空军47人及攻击战斗机6架。新加坡驻军230人（建有1所飞行训练学校，配有S－211型飞机27架）。

（孟　丽）

其他国家军事概况

国名	现役部队 总兵力(人)	陆军(人)	海军(人)	空军(人)	其他(人)	主要武器装备 (坦克)装甲车辆(辆)	火炮(门) 牵引炮(门)	迫击炮(门)	无坐力炮(门)	高炮(门)
阿富汗	目前内战仍在继续,原政府军已纷纷倒向各派游击武装,									
巴勒斯坦	由公共安全部队等组成准军事部队约 35000 人,装备									
巴林	11000	8500	1000	1500		(106) 约 411	36	30	36	27
不丹	约 10000	10000								
格鲁吉亚	26900	23800	800	1870		(79) 185	73 余	17		
吉尔吉斯斯坦	9000	6600		2400		(190) 424	161	54		40
卡塔尔	12330	8500	1730	2100		(44) 284	12	39	若干	
科威特	15300	11000	1800	2500		(385) 495		约 62		
尼泊尔	46000	46000				40	25	70 余		32
塞浦路斯	10000	国民卫队 10000				(104) 533	144	376	184	80
塔吉克斯坦	约 6000	6000				(38) 76	13	9		
文莱	5000	3900	700	400		(16) 52		24		
土库曼斯坦	17500	14500		3000		(690) 1940	286	97		70
亚美尼亚	42080	41300			780 (国防部和司令部机关人员)	(102) 214	121	19		

续 表

导弹 反坦克(具)	导弹 地—空(部)	飞机(其中作战飞机)(架)	直升机(其中武装直升机)(架)	舰艇(艘)	其他	(预备役)准军事部队(人)	外国驻军(人)	参加联合国维和人数	备注
其武器装备也均落入各派武装之手。塔利班控制阿85%至90%国土。									
有装甲输送车45辆、飞机1架、直升机4架及一些轻武器。									
15	73余	37(34)	47(40)	16	自行火炮62门，火箭炮9门，空一舰、空一空导弹若干。	10150	美、英军若干		
步枪、冲锋枪、机枪、迫击炮等若干。									
	若干	16(7)	19(3)	16	自行火炮3门，火箭筒16具；空军防空部队装备地空导弹75部。	(250000) 6500	俄军5000，联合国观察员102。	联合国维和部队3200余。	
26	若干	74	30			(57000) 5000			塞拉利昂观察员2名
100	75	24(18)	23(19)	7	自行火炮28门，火箭炮4门。		美军30		
184	24	86(82)	28(20)	16	自行火炮59门，火箭炮27门。	(23700) 国民卫队5000	联合国1111，美军5190，英国空军若干。		
		3	11			警察部队40000		893	英国陆军90人
67	90	3	9	13	自行火炮12门，火箭炮18门，火箭筒1850余具。	(60000)武装警察等约750	希腊军队1250人，英国陆军2000、空军1200，联合国维和部队约1209。		
	20					边防卫队1200	联合国观察员18，俄军14500，哈萨克斯坦军队约300。		
		(5)	32(5)	11	火箭炮若干	(700)皇家警察等3750	英军约1050，新加坡军队500。		
100余	53	262(243)			自行火炮40门，联装炮17，火箭筒65具，舰—舰导弹12部，反坦克炮72门。空军装备地—空导弹50部。				
45	72	32(6)	28(12)		自行火炮38门，火箭筒51具，舰—舰导弹8部，反坦克炮105门，监视装备若干。	(据报道可能有21万) 1000	俄军3100		陆军包括空军和防空部队3200人

国名	现役部队					主要武器装备				
	总兵力(人)	陆军(人)	海军(人)	空军(人)	其他(人)	(坦克)装甲车辆(辆)	火炮(门) 牵引炮(门)	迫击炮(门)	无坐力炮(门)	高炮(门)
贝宁	4750	4500	100	150		(20) 33	16	若干		
博茨瓦纳	9000	8500		500		(66) 48	18	18	50	7
布基纳法索	10000	5600		200		96	14	若干	若干	30
布隆迪	45500	40000				85	18	100余	15	375
赤道几内亚	1320	1100	120	100		16				
多哥	6950	6500	200	250		(11) 111	4	20	27	43
厄立特里亚	约200000～250000	约180000	1100	1000		(80) 若干	130	若干		
佛得角	1150	1000	50	不足100		10	24	18		30
冈比亚	800	800	约70							
刚果(布)	10000	8000	800	1200	军事警察 2000	(53) 93	若干	10余	若干	若干
吉布提	9600	8000	200	200	国家安全部队 3000	31	6	45	16	15
几内亚	9700	8500	400	800	2600	(58) 69	26	20余	若干	24
几内亚比绍	9250	6800	350	100		(30) 65	26	8	若干	34
加纳	7000	5000	1000	1000		53	6	78	50	8
加蓬	4700	3200	500	1000		113	4	39	若干	41
喀麦隆	22100	11500	1300	300	军事警察 9000	68	38	若干	53	54
科摩罗	科国防军总兵力约600人。科与法签有防御协定,法在科设有海军基地－科海、空防务完全依靠法国。									
科特迪瓦	13900	6800	900	700		(5) 62	4	16	若干	21
肯尼亚	22200	18200	1000	3000		(76) 154	48	62	80	74
莱索托	2000	2000				18		若干	若干	
利比里亚	计划组建新联合武装部队,设想为:陆军4000人、海军1000人、空军300人。									
卢旺达	55000～70000	49000～64000				37(12)	6	8		若干
马达加斯加	21000	约20000	500余	500		(12) 113	24	8	若干	70
马拉维	5000	5000				40	9	8		

续 表

主要武器装备：导弹 反坦克（具）	主要武器装备：导弹 地一空（部）	主要武器装备：飞机（其中作战飞机）（架）	主要武器装备：直升机（其中武装直升机）（架）	主要武器装备：舰艇（艘）	主要武器装备：其他	（预备役）准军事部队（人）	外国驻军（人）	参加联合国维和人数	备注
		10	3	1	火箭炮若干	2500			
6	27	45(32)	10			1000			
	若干	19(5)			火箭炮若干	民兵等 49450		2	
	若干	9(4)	5	9	火箭炮若干	武装警察等 6500			陆军含航空兵 200 人、军事警察含海军警察 50 人。
		5	2	2		民兵卫队 2 个连			
		25(16)	5	2	自行火炮 6 门（据报道）	军事警察 750			
若干	若干	34(17)	3	15	火箭炮若干	120000（据报道）			
	50	1		2	火箭炮若干				
				3				26	
		24(12)	7	3	火箭炮若干，反坦克炮 5，空一空导弹若干。	民兵 3000	安哥拉军队 500 人	4	
		7	4	7	火箭炮若干	军事警察 1200	法军 3200 人		
	若干	15(8)	5	10	反坦克炮若干	民兵等 9600		793	
	若干	3(3)	3	3	火箭炮若干	军事警察 2000			
	若干	50(19),	10	4		约 800		1591	
4		28(16)	12(5)	5	火箭炮 8	军事警察 2000	法军 680		
若干		41(15)	17(4)	15	火箭炮若干				
		17(5)	7	13	火箭炮若干	(12000)民兵等 7000	法军 500		
54		80(30)	17(34)	7	空-空、空舰导弹若干,飞机 7 架、直升机 3 架,船舶 17 艘。	约 5000~9000		1146	
		4	5						
	若干	1	6		火箭炮 5 门	军事警察 6000			据报道，驻刚果（金）约 2000 人
		25(12)	10	2	火箭炮若干	7500			
	15	6	5	3		机动警察部队 1000		陆军中含海军 220 人及空军 80 人	

国名	现役部队					主要武器装备				
	总兵力(人)	陆军(人)	海军(人)	空军(人)	其他(人)	(坦克)装甲车辆(辆)	火炮(门) 牵引炮(门)	迫击炮(门)	无坐力炮(门)	高炮(门)
马里	7350	7350				(39) 70	20余	30余		12
毛里求斯	无正规作战部队,所有武装均属准军事部队。现有特别机动队1000余人,装备装甲车10辆。									
毛里塔尼亚	15650	15000	500	150	5000	(35) 105	75	100	若干	47
莫桑比克	5100～6100	4000～5000	100	1000		(约80) 320	100余	若干	若干	若干
纳米比亚	9000	9000			海岸警卫队100	若干	24	若干	若干	65
尼日尔	5300	5200		100		154		40	14	39
塞拉利昂	3000		约200					7	若干	7
塞内加尔	9400	8000	600	800	军事警察等约5800	约99	18	16		33
塞舌尔	450	200			国民警卫队等250	6		6		若干
圣多美和普林西比										
斯威士兰										
索马里	1991年西亚德政府垮台后,索一直处于四分五裂状态。									
突尼斯	35000	27000	4500	3500		(84) 382	123	179	210	115
赞比亚	21600	20000		1600		(60) 73	96	93	12余	161
乍得	30350	25000	350		军事警察4500	(60) 若干	5	若干	若干	若干
中非	4150	3000		150		(4) 49		若干	14	

续　表

主要武器装备						(预备役)准军事部队(人)	外国驻军(人)	参加联合国维和人数	备　注
导弹 反坦克(具)	导弹 地一空(部)	飞机(其中作战飞机)(架)	直升机(其中武装直升机)(架)	舰艇(艘)	其他				
	12	32(16)	4	3	火箭炮 2 门	军事警察和民兵等 4800		11	陆军中含海军 50 人及空军 400 人
迫击炮 2 门、火箭炮 4 门;海岸警卫队约 500 人,装备巡逻艇 13 艘;空中警察装备飞机 2 架。									
若干	若干	15(7)		7					
	若干	19	9	3	火箭炮若干门,防空导弹 10 余部。			12	
	若干	10	2	2	火箭炮 5 门	6000			驻刚果(金)1000 人
		5	2		火箭炮 36 门	军事警察等 5400		3	
	若干		2	3			英军 160 人,俄军 110 人;联合国维和部队 13500 人。		
4		29(8)	5	12	火箭炮 31 门		法军 1170	36	法军装备有飞机 2 架、直升机 1 架。
	10	3		2	火箭炮若干				
原政府军早已瓦解,其武器装备分散于各分派武装之手,完好率很低。									
600	73	68(44)	7(7)	21	火箭炮 600 门,监视装备若干,空－空导弹若干。	12000		6	
若干	若干	91(63)	33(若干)		火箭炮若干	警察机动部队 1400		790	
若干		16(4)	2		火箭炮若干	共和国卫队 5000	法军 990		
		15	2	9	火箭炮若干	军事警察 1000			

国名	现役部队					主要武器装备				
	总兵力（人）	陆军（人）	海军（人）	空军（人）	其他（人）	（坦克）装甲车辆（辆）	火炮（门）牵引炮（门）	迫击炮（门）	无坐力炮（门）	高炮（门）
爱尔兰	11460	9300	1100	1060		(14) 101	66	468	540	26
爱沙尼亚	约 4800	4320	250	140		39	19	58	239	100
冰岛	无正规部队，仅有准军事部队海岸警卫队 120 人，装备									
拉脱维亚	5050	2400	840	210		3 (15)	26	31		12
立陶宛	12700	9340	560	800		48		42	119	
卢森堡	899	899						6		
马耳他	武装部队总兵力 2140 人，编成 3 个团。									
摩尔多瓦	9500	8500		1000		(54) 约 290	70	104	若干	42
安提瓜和巴布达	150	125	45							
巴巴多斯	610	500	110							
巴哈马	860									
巴拉圭	20200	14900	3600	1700		(12) 53	41	80	若干	60
巴拿马	无现役部队，仅有准军事部队 11800 人，包括国民警察部队 11000 人，仅装备									

续 表

主要武器装备：导弹：反坦克(具)	主要武器装备：导弹：地一空(部)	飞机(其中作战飞机)(架)	直升机(其中武装直升机)(架)	舰艇(艘)	其他	(预备役)准军事部队(人)	外国驻军(人)	参加联合国维和人数	备注
21	7	18(7)	15(15)	8	火箭炮若干	(14800)		885	
13		3	7	14	火箭炮200	(14000)边防卫队2800		47	边防卫队装备巡逻艇等舰艇41艘、飞机7架。

巡逻艇 4 艘，飞机 1 架，直升机 3 架。另驻有美军 1640 人，荷兰海军 16 人。

		19	4	15		(14500)边防卫队3500		50余	
		33	13	14	火箭炮170	(355650)边防警察等3900		71	
6		19			火箭炮若干	军事警察612		23	

装备飞机 6 架、直升机 9 架、舰艇 11 艘。另驻意大利空军 47 人。

116		10	11		联装炮9门，火箭筒14具，反坦克炮36门，监视装备若干。	(约66000)内卫部队3400	俄军2600，维和部队500余。		
				3		(75)			
				5		(430)			
		4		14					
		83(28)	14	15		(约16450)特种警察部队14800			海军航空兵装备飞机4架，其中作战飞机2架。

轻武器若干；国民海军 400 人，装备舰艇 14 艘；国民空军 400 人，装备飞机 12 架、直升机 21 架。

国名	现役部队					主要武器装备				
	总兵力（人）	陆军（人）	海军（人）	空军（人）	其他（人）	（坦克）装甲车辆（辆）	火炮（门）牵引炮（门）	迫击炮（门）	无坐力炮（门）	高炮（门）
伯利兹	1050	1050						6	8	
多米尼加	24500	15000	4000	5500		(24) 28	22	24		
哥斯达黎加	无正规部队，仅有准军事部队 8400 人，包括国民卫队 4400 人；边防安全警察 2000 人，其中，									
格林纳达	无正规军，									
圭亚那	约 1600	1400	100	100		9	6	48		
海地	1994 年 10 月，阿里斯蒂德总统复职后宣布解散军队，并建立警察部队来维持社会治安。									
洪都拉斯	8300	5500	1000	1800		(12) 67	28	90 余	80	48
尼加拉瓜	16000	14000	800	1200		(约 137) 186	142	607	若干	
苏里南	2040	1600	240			31		6	若干	
特立尼达和多巴哥	2700	2000	海岸警卫队 700					约 46	若干	
牙买加	2830	2500	海岸警卫队 190	140		13		12		
巴布亚新几内亚	4400	3800	400	200				3		
斐济	约 3500	3200	300				4	12		
新西兰	9230	4450	1980	2800		(8) 77	24	50	63	

续 表

主要武器装备：导弹：反坦克（具）	主要武器装备：导弹：地一空（部）	主要武器装备：飞机（其中作战飞机）（架）	主要武器装备：直升机（其中武装直升机）（架）	主要武器装备：舰艇（艘）	主要武器装备：其他	（预备役）准军事部队（人）	外国驻军（人）	参加联合国维和人数	备　注
						（700）			陆军含海军若干，装备舰艇 14 艘，空军若干，装备飞机 3 架。
		30 余（10）	21	16	空军装备高炮 4 门	国民警察等 15000			
（海上侦察小队 300 人，装备巡逻艇等 10 艘，空中侦察小队 300 人，装备飞机 8 架、直升机 3 架），皇家卫队 2000 人。									
有警察约 600 人。									
		2	2	2		（1500）圭亚那民兵约 1500			
现有警察部队约 3000 人。正组建海岸警卫队 30 人，装备巡逻艇数艘。另驻有美国海军陆战队 230 人。									
		83（50）	19	约 14	火箭炮 120 门	（60000）公共安全部 6000	美军 410	12	
若干	200 余	11	16（15）	7	火箭筒 51 具，反坦克炮 461 门。空军装备空—舰导弹若干，高炮 36 门。				
		8（7）	3	3					
		5		10	火箭炮 13 门				海岸警卫队含航空兵 50 人。
		4	14	8		（约 953）			
		6	4	6			澳大利亚等国军队 338。		
				2	11	（约 6000）		1122	
	12	66（42）	18	14	火箭炮、侦察装备若干。海军航空兵装备 4 架武装直升机。空军装备空—舰、空—空导弹若干。	（约 5490）		驻澳大利亚 47，驻新加坡 11，联合国维和部队 770。	

军事理论研究

军事思想与军事论著研究

中国关于毛泽东军事思想研究　2000年，中国军事理论界一方面继续深入研究毛泽东军事思想的各个组成部分，一方面注重探讨毛泽东军事思想对国防建设和国防斗争的指导作用。

毛泽东的军事人才发展战略　在新民主主义革命的历程中，经历了两次失败和两次兴起的跌宕：一次是从北伐战争失败到土地革命战争兴起，一次是从第五次反“围剿”失败到抗日战争兴起。在这两次决定中国命运的历史转变中，以毛泽东为核心的第一代党中央领导集体，坚持把培养和造就大批优秀军事人才，作为使革命转危为安的关键举措，形成了独特的军事人才发展战略。1936年，毛泽东在《中国革命战争战略问题》一文中，将“上级和下级，干部和兵员，老兵和新兵，高级干部和下级干部，老干部和新干部”列入战略问题，并将“反对不正确的宗派主义的干部政策，承认正确的干部政策”作为确定战略方向的一个重要问题。这是中国共产党领导人第一次把人才问题提到战略位置。注重吸收知识分子，是军事人才发展战略的历史精华。1939年12月1日，毛泽东亲自为中共中央起草了《大量吸收知识分子的决定》。大量吸收知识分子，对于提高军事人才队伍的整体素质，起到了重要作用。积极创办院校和教导队，是实施军事人才发展战略的重要途径。1927年，毛泽东在井冈山创办红军第1个教导队后，各根据地都以此为榜样，普遍建立了红军随营学校。1931年10月，毛泽东在江西省宁都县指出，为战胜敌人，需要办校、治军，学习战略战术，培养自己的建军人才。“德才兼备”干部标准的提出，对军事人才发展战略的形成具有特殊重要意义。在毛泽东看来，干部的德即懂得并坚信马克思列宁主义，有政治远见，对党的事业忠心耿耿，大公无私，作风正派；干部的才即要有工作能力、理论水平和科学文化知识，反对只看才不看德或只看德不看才的错误倾向。毛泽东构筑的革命战争年代的军事人才发展战略，成功地解决了在革命与战争时代背景下，党依托军队武装夺取政权的历史课题，其精髓是：以培养能统兵打仗并善于治党、治国、治军的政治家和军事家为战略目标，以德才兼备为根本标准和模式，以从战争中学习战争为基本途径，建设一支能够为夺取政权和巩固政权起支柱作用的宏大军事人才队伍。（高建国《党的三代领导人与军事人才发展战略》，《中国军事科学》2000年第1期）

毛泽东的亚太安全战略思想　早在革命战争年代，以毛泽东为代表的老一辈无产阶级革命家就认识到亚洲和太平洋地区的安全对中国民族解放和国家安全的重要性，并形成了独特的亚太安全观念。中华人民共和国成立后，他们在领导中国人民进行反对帝国主义侵略和干涉，维护国家主权和安全的斗争中，进一步发展了具有中国特色的亚太安全战略思想。第一，亚洲和太平洋地区是帝国主义争夺的重点，中国是亚洲的重心。在第二次世界大战结束后，毛泽东就敏锐地觉察到，亚太地区特别是中国将在战后世界舞台上扮演非常重要的角色，亚太地区的安全对全世界的安全是至关重要的。第二，各国的事务应由各国人民自己来管，亚洲的事务由亚洲人民自己来管。在朝鲜战争爆发后，毛泽东多次提到这一点。这实际上是提出了一个重要的亚洲和太平洋地区的安全原则，就是尊重各国、本地区人民的意愿，尊重各国的主权，反对外来干涉，是解决地区安全问题的前提。第三，巩固和发展国际的和平力量，争取反对帝国主义和霸权主义的同盟者。新中国成立后，针对美国的亚太安全政策和军事部署，毛泽东、周恩来等就提出要团结世界人民。20世纪50至60年代，毛泽东主张“中间地带”的国家结成反美统一战线，积极支持亚非拉地区的民族解放运动。70年代，毛泽东又提出了“三个世界”理论，为建立更广泛的世界反霸统一战线奠定了基础。这些战略举措对于改变中国在亚太地区的战略态势，实现亚太地区的和平与安全起到了非常重要的作用。第四，坚持和平共处五项原则，维护亚洲集体安全。和平共处五项原则是指各国之间应坚持互相尊重主权和领土完整、互不侵犯、互不干涉内政、平等互利、和平共处。这五项原则既是处理国家关系的根本准则，也是实现和维护地区集体安全的根本途径。同时，它也可以为中国创造一个和平的国际环境。毛泽东早就说过，中国要变为一个工业国，首先需要和平环境。这五项原则是适合中国国情的，中国需要长期的和平环境。（陈舟《新中国三代领导人的亚太安全战略思想》，《军事历史》2000 年第 3 期）

毛泽东的军队管理教育思想　毛泽东的管理教育思想，对军队管理教育优良传统的形成与发展作出了积极贡献。一是管理与教育的辩证统一，培养了官兵高度自觉的革命精神。毛泽东经常教育干部，要从提高革命觉悟入手，激发起全体将士的革命热情；同时恰如其分地运用行政手段，使管理的效能大大提高。二是严格管理与严格要求紧密结合，维护军队钢铁般的纪律。在军队管理教育中，毛泽东要求执纪严，赏罚严，治官严，对培养军队令行禁止的优良传统起到了极大的促进作用，增强了部队战斗力。三是完善法规制度，保证军队在依法管理中达到高度集中统一。毛泽东十分重视建章立制工作，制定和完善法规制度，规范官兵言行，直到形成军队各类条令条例，成为部队管理教育的依据。四是坚持官兵一致的原则，培养和建立军队良好的内部关系。在毛泽东的倡导下，军队肃清了封建主义影响，废除了打骂制度；官兵政治平等，实行自觉纪律；军官密切联系群众，实行官兵同甘共苦。五是依靠群众，推进民主，培养军队民主管理的新风尚。毛泽东要求干部学会发动战士自己教育自己、管理自己，并把实行政治、军事、经济三大民主作为军队内部政治工作的方针。六是领导率先垂范，躬行实践，培养军队优良作风。毛泽东认为干部以身作则是做好管理教育工作的重要因素。在此方面，他不但是倡导者，而且在实践中给广大官兵树立了光辉的榜样。（祝剑锋《毛泽东对培养我军管理教育优良传统的突出贡献》，《毛泽东军事思想研究》2000 年第 2 期）

毛泽东在新中国成立后对积极防御思想的发展　中华人民共和国成立后，萌发和成熟于中国革命战争年代的积极防御思想的基本精神无疑仍须坚持，但由于国内外形势的变化，客观地要求积极防御的内容和形式随之丰富和发展。以毛泽东为核心的党的第一代领导人在这一历史转折时期，对积极防御军事战略的形式和具体内容进行了相应的调整和部署，赋予其崭新的实践意义。一是在战略目标上把打赢和遏制战争相统一作为积极防御的基本任务，战略威慑思想开始萌发。毛泽东认为，对战争的社会控制机制是多方面的，而最直接有效的手段就是互相制约的军事威慑。他以准备和有能力打赢战争为实现遏制战争的前提，成功地进行了以努力提高威慑实力，增强国防的整体功能为核心的新中国军事斗争战略指导。二是在战略谋划上，把经济建设和国防建设作为战争准备的根本途径，综合国力思想初见端倪。毛泽东强调中国必须建立强大的国防军，必须发展经济，加强国防一定要首先加强经济建设。从而把发展经济作为增强综合国力的重要手段，把军力的提高切实建立在增强综合国力的基础上。三是在斗争手段上，把政治、经济斗争和外交、军事斗争相结合作为基本形式，大战略观基本形成。毛泽东一贯认为，战争从来不单纯是军事领域的事，必须从国家生活的方方面面着眼筹划和运作正确的指导战略。在这一科学认识的基础上，党的第一代领导集体进行了一系列的理论探索和实践，使积极防御思想在社会主义建设时期的具体运用和发展具有了大战略观的鲜明特色。（李双等《试论党的三代领导集体积极防御战略思想的理论与实践特色》，《毛泽东军事思想研究》2000 年第 2 期）

毛泽东的遏制战争思想　有作者指出，遏制战争思想是毛泽东军事思想的重要组成部分，是毛泽东在战略指导上一贯坚持的指导思想。这一思想概括起来就是：努力发展和壮大本国的经济实力和国防实力，增强防止和抵御敌人入侵的能力；广泛团结国际和平力量，争取和创造和平的国际环境；强化和加强军事实力，运用高超的战略指导艺术，采用灵活的军事斗争方式，消除大战隐患。毛泽东遏制战争思想科学地揭示了遏制战争的基本规律，并在遏制战争的实践中得到检验。虽然时代已经发生了巨大变化，但是他的这一思想对遏制高技术条件下的局部战争，仍然具有重要的指导意义。（俞世福等《毛泽东遏制战争思想初探》，《军事历史》2000 年第 1 期）有作者探讨了毛泽东在抗美援朝中的控制战争思想。一是审视国际政治格局，认清战争本质，把握战争的可控制性。客观分析二战后的国际政治战略格局，指出中美冲突不可避免，是毛泽东把握这场战争本质的根据。同时，毛泽东又指明了这场战争的制约因素：以苏联为首的世界和平民主阵线更加壮大，帝国主义之间的矛盾有所发展，美国自身的力量受到限制。二是实施有限的战争政治目的，从政治上控制战争。包括夺取政治上的主动，并从政策和策略上把战场控制在朝鲜半岛上，限制战争无限升级。三是夺取军事斗争主动权，增强控制战争的威慑力。毛泽东在谈到抗美援朝的胜利和意义时，指出正是中国军队的胜利，才推迟了帝国主义新的侵华战争，推迟了第三次世界大战。四是“政治斗争和军事斗争双管齐下”，以打促谈，促成有限战争政治目的的实现。从 1951 年 7 月开始，朝鲜战争经历了两年之久的边打边谈的斗争阶段。在这一阶段中，毛泽东提出了“打谈结合，以打促谈”和“能战方能言和”的思想，与敌人展开了针锋相对的斗争，使得朝鲜停战最终得以实现。（徐光顺等《毛泽东在抗美援朝中的控制战争思想初探》，《毛泽东思想研究》2000 年第 6 期）

毛泽东的国防观对国防教育的指导作用 认真学习和研究毛泽东的国防观，对于加强新时期国防教育，提高国民素质，振奋民族精神，激发军民的爱国热情，捍卫国家利益，有着重大的理论价值和现实指导意义。第一，毛泽东国防建设与经济建设的协调观是教育军民树立国家利益观的基础。新时期的国防教育，要使军民充分认识经济建设与国防建设的辩证统一关系，树立国家利益观。第二，毛泽东积极防御的国防观是教育人民认识战争、保卫祖国的基本原则。积极防御的国防观对教育国民认识战争的根源和性质，消除和平麻痹思想，调动一切积极因素，做好应付战争的准备，起着重要作用。第三，毛泽东现代化的国防观是强化新时期国防的重点。加强国防现代化，要处理好物质建设与精神建设的关系。第四，毛泽东的人民国防观是新时期国防教育的指导思想。坚持人民国防观，是中国国防建设的优势，是保卫中国特色社会主义建设的根本出路，是以劣势武器装备打败优势装备之敌的前提。第五，毛泽东的爱国主义国防观是新时期国防教育的主要内容。爱国主义的国防观对现代国防有着强大的凝聚力，是现代国防建设的重要推动力，在保卫国家的战争中能产生坚强的战斗力。（刘勇等《试论毛泽东的国防观与新时期国防教育》，《毛泽东思想研究》2000 年第 1 期）

毛泽东国际战略思想与军队现代化 中华人民共和国成立后到 20 世纪 60 年代初，毛泽东阐明了许多重要的国际战略思想，对中国人民解放军的现代化建设起到了定向导航的指导作用。包括：为军队建设争取和平的国际环境，以维护国家安全利益为出发点加强军队现代化建设，军队现代化建设要抢占世界科技制高点，坚持独立自主地推进军队现代化建设。20 世纪 60 年代中期以后，军队现代化建设出现了一段曲折，迟滞了发展速度。其中，国际战略指导发生失误是一个重要因素。主要表现：对战争危险估计过高使国防和军队陷入临战状态，以意识形态划线限制了军队对外交往合作，对国际形势的判断不够准确。通过对历史的回顾，可以得出以下思考与经验教训：一是要正确判断国际形势，为军队现代化建设争取一个和平的国际环境；二是科学认识国家核心利益，理顺国家与军队现代化建设的关系；三是广泛开展对外合作交流，在面向世界、面向未来中加强军队现代化建设。（王真《毛泽东国际战略思想与新中国军队现代化建设》，《毛泽东军事思想研究》2000 年第 6 期）

毛泽东军事思想与中国军事文化 毛泽东军事思想来源于战争实践，也主要地来源于中国军事文化。探讨毛泽东军事思想与中国军事文化的关系，不仅有助于进一步认识毛泽东军事思想形成的原因，而且也有助于认识毛泽东对于中国传统军事文化创造性的发展，理解作为现代中国最先进文化代表的重要组成部分——毛泽东军事思想在中国 20 世纪历史中的地位。第一，在指导中国革命战争的过程中，毛泽东特别重视将中国军事文化与现实战争经验相结合，总结出适合当时情况的人民军队的作战指导原则。在井冈山斗争时期，毛泽东提出了红军实行游击战的十六字诀：“敌进我退，敌驻我扰，敌疲我打，敌退我追。”这十六字诀既与《孙子》的用兵原则相一致，也与前代农民战争的历史经验有关。在井冈山的作战指挥中，毛泽东曾把太平军的作战经验加以活用。第一次反“围剿”战役中的龙冈之战，就采用了太平军“五瓣莲花抄尾阵”的打法，打得很漂亮。抗日战争时期，毛泽东确立了“基本的是游击战，但不放松有利条件下的运动战”的战略指导方针。他在《抗日游击战的战略问题》一文中说：“在反围攻的作战计划中，我之主力一般是位于内线的。但在兵力优裕的条件下，使用次要力量（例如县和区的游击队，以至从主力中分一部分）于外线，在那里破坏敌之交通，钳制敌之增援部队，是必要的。如果敌在根据地内久踞不去，我可以倒置地使用上述方法，即以一部留在根据地内围困该敌，而用主力进攻敌所从来之一带地方，在那里大肆活动，引致久踞之敌撤退出去打我主力，这就是‘围魏救赵’的办法”。毛泽东的上述作战指导思想，不仅直接来源于“围魏救赵”的传统战法，而且于中国古代军事韬略和近代作战理论中均能找出其渊源关系。“围魏救赵”的活用与发展是“围点打援”，抗日战争中，八路军就很少采取直接的阵地攻坚战形式，而较多地采用“围点打援”的方法。解放战争时期，毛泽东提出了“集中优势兵力，各个歼灭敌人”的作战指导方针。其思想来源更于中国传统军事思想密切相关。孙子十分强调集中优势兵力。他说：兵“以分合为变者也”，“识从寡之用者胜”。孙子还提出要分割、隔离敌人，“能使敌人前后不相及，众寡不相持，贵贱不相救，卒离而不集，兵合而不齐”，从而形成我之局部优势，各个击破敌人。毛泽东也强调：“在有强大敌军存在的条件下，无论自己有多少军队，在一个时间内，主要的使用方向只应有一个，不应有两个。”在选择作战目标时，应“先打分散和孤立之敌，后打集中强大之敌。”第二，作为毛泽东军事思想核心理论之一的人民战争思想，是对中国传统军事文化的继承和发展。人民战争是基于人民群众的根本利益，取得人民群众积极拥护和支持的战争，同时也是正义的战争。毛泽东说：“历史上的战争，只有正义的和非正义的两类。我们是拥护正义战争反对非正义战争的。”毛泽东的这一思想来源于中国儒家关于“义战”的思想。中国古人认为，义战会得到人民拥护，无往而不胜。毛泽东将这一思想概括为“得道多助，失道寡助”，并用这种观点说明抗日战争中国必胜，日本必败的道理。第三，作为毛泽东战略思想精髓的积极防御思想，也与中国传统军事文化有密切关系。毛泽东的这一理论要求充分发挥指挥员的主观能动性，面对强敌退让一步后发制人，将防御与进攻有机结合起来，寓攻于防，防中有攻。在这一思想中，突出的两点是发挥人的积极性和后发制人。中国唐代著名兵书《太白阴经》就十分强调在战争中发挥人的主观能动性。宋代兵书《虎钤经》也认为：“有胜败之势者，皆系于人也。”所谓积极防御中的“积极”，就是指人的态度和行动，是人在战争中的主观能动性的突出反映。至于后发制人的思想，在中国军事文化中可谓源远流长。老子说：“用兵者有言：吾不敢为主而为客，不敢进寸而退尺”，“不敢为天下先，故能成其器”。这就是强调面对敌人先退一步，避敌锋芒，以求能够乘敌之隙打败敌人。《孙子》也主张积极防御，要求“避其锐气，击其惰归”；“以治待敌，以静待哗”；“以近待远，以逸待劳，以饱待饥”，等等，强调的都是后发制人。毛泽东阐述积极防御理论时，还大量地使用了《左传》、《汉书》、《三国志》记载的中国古代战例，突出了这一战略思想的传统色彩。在继承和发展中国传统军事文化的同时，毛泽东还将马克思主义与中国军事文化创造性地结合起来，将中国军事文化推向20世纪发展的新阶段。（谭一青《毛泽东与中国军事文化》，《中国军事科学》2000年第6期）

（荒　林　梁正克）

中国关于邓小平军事理论研究　2000年，中国军事理论界一方面从整体上深入挖掘邓小平军事理论的深刻内涵，一方面继续对邓小平军事理论进行系统研究，探讨其各个组成部分的理论与实践意义。

邓小平理论中军事内容的概括及其意义　中国共产党的十四大以来，理论界曾长期用“邓小平新时期军队建设思想”来称谓邓小平理论中的军事内容。应当说，这个概念反映了当时对邓小平理论中军事内容认识的历史特点，又反映了邓小平新时期军事实践的重要特征，体现了新时期党和国家在军事领域的主要工作。但是，邓小平理论中的军事内容除了军队建设这个重要内容之外，还包含其他诸多方面的内容。用什么概念来称谓邓小平理论中的军事内容，是学术界一直在探讨的问题。争论的焦点是，“邓小平新时期军队建设思想”这个概念是否有足够的容量来涵盖邓小平理论中的军事内容，而造成争论的实质则是概念和范畴的关系问题。用“邓小平军事理论”这个新范畴来概括邓小平理论中的军事内容，对于学术界和学科建设具有重要意义。邓小平理论中的军队建设理论、军事战略理论、国防建设理论以及战争与和平理论，都是以邓小平为代表的党中央关于新时期军事问题的科学论述，它们作为概念，都处于同一层次，都属于“邓小平军事理论”的范畴。使用“邓小平军事理论”这个范畴的足够容量，更便于人们把邓小平一生的军事实践、军事理论联系起来，把邓小平理论的军事内容同毛泽东军事思想联系起来，进而同马克思主义军事理论联系起来，同中国军事思想的历史发展联系起来，进行历史渊源的考察，从而挖掘出邓小平理论中的军事内容的丰富内涵，对它进行学科式的理论研究。（冀永兆《新范畴　新体系　新探索》，《中国军事科学》2000年第1期）

关于积极防御思想　以邓小平为核心的党的第二代领导集体从国家利益出发考虑军事战略问题，把和平力量、综合国力以及科学技术“三个发展”相统一作为积极防御军事战略的根本出发点和落脚点，对毛泽东积极防御思想作了新的发展。一是强调战争的可选性和可控性，承认遏制战争手段的多样性，主张以实际行动发展和平力量，从而拓展了积极防御思想的构成。二是将以经济实力为龙头的综合国力发展作为新时期军事斗争准备的基本途径，实现了在打赢和遏制战争上经济实力与军事实力的空前统一。三是提出了科技立国、科技强军的战略指导思想，把遏制战争的重点放在实现国防建设现代化上来，从而使毛泽东战略威慑思想更加完善和系统。（李双等《试论党的三代领导集体积极防御战略思想的理论与实践特色》，《毛泽东军事思想研究》2000 年第 2 期）

关于军队改革思想 有作者探讨了邓小平军队改革思想的客观依据。在新的历史时期，邓小平从当今时代主题的转换、世界新军事革命的发展、国家工作重点的战略转移、现代战争和军事斗争的客观要求，以及军队建设存在的主要矛盾和面临的问题等方面，全面论述了新时期军队改革的基本依据，为坚定军队改革必胜的信念，正确认识和把握军队改革的基本规律，牢牢掌握军队改革的正确方向，奠定了理论基石和思想认识的基础。（汪维余《邓小平军队改革思想的客观依据》，《毛泽东军事思想研究》2000 年第 1 期）有作者指出，坚持群众路线是邓小平指导军队改革的根本路线。群众路线历来是中国共产党指导军事工作的根本路线。在新的历史时期，邓小平坚持在军事领域着眼于贯彻群众路线进行改革，以着重解决依靠人民群众增强综合国力和国防实力问题，新的历史条件下的人民战争问题，以劣势装备战胜优势装备之敌问题，加强全民国防教育问题等。相信和依靠群众，尊重群众的首创精神，是邓小平指导新时期军队改革的基本原则。在邓小平看来，坚持“从群众中来，到群众中去”的工作指导路线，就是要坚持一切从人民的利益出发，深入实际，到群众中去了解情况，总结群众创造的实践经验。为此，邓小平特别强调反对干部搞特殊化，认为搞特殊化就得不到群众信任，就必然会脱离群众。同时，邓小平还把群众路线贯彻于领导班子的建设和工作中，主张在领导班子内部坚持民主集中制的原则。（华路《坚持群众路线是邓小平指导军队改革的根本指导路线》，《毛泽东军事思想研究》2000 年第 1 期）有作者从哲学的角度探讨了邓小平的军队改革思想。首先，彻底的唯物主义是邓小平军队改革思想的哲学基础，是邓小平拨乱反正、结束极“左”错误，确立新时期军队改革坚持实事求是思想路线的哲学武器。一切从实际出发，是邓小平军队改革思想的生长点和活的灵魂。其次，创造性的辩证思维原则，是邓小平军队改革思想的方法论特征。邓小平依据对现实矛盾的辩证分析，科学揭示了新时期军队改革的必然性。邓小平军队改革思想的丰富与拓展，是立足唯物辩证法进行思维方式变革的必然结果。邓小平军队改革思想的本质特征在于实事求是与开拓创新相结合。再次，马克思主义的真理标准观是邓小平军队改革思想的认识论精髓。战斗力标准是马克思主义真理标准观在军事领域的具体贯彻和延伸；战斗力标准的确立，是邓小平真理标准认识论合乎逻辑的发展；坚持战斗力标准，是邓小平军队改革思想的根本出发点和落脚点。（尚金锁《邓小平军队改革思想的哲学基础》，《毛泽东军事思想研究》2000 年第 1 期）

关于军事人才发展战略 在新的历史时期，邓小平深刻分析了中国人民解放军所处的时代环境和面临的任务，创造性地提出了新时期军队人才建设的战略目标、战略重点、战略途径和战略对策，构筑了跨世纪军事人才发展战略的框架思路，形成了新时期军事人才建设的崭新理论形态。一是新时期军事人才发展战略的时代起点。邓小平对军队人才素质现状，作了客观的评估和清醒的分析，指出：各级干部指挥现代化战争的能力都很不够。集中提出了制定军队人才发展战略必须解决的主要问题。二是军事人才培养目标的确立。邓小平指出：“领导层干部年轻化的目标，并不是三五年就能够实现的，十五年内实现就很好了。……但是制定这一目标十分重要。哪一天中国出现一大批三四十岁的优秀的政治家、经济管理家、军事家、外交家就好了。”这一目标的确立，对于完成培养跨世纪优秀人才的战略任务，发挥了巨大的凝聚、导向、激励和评价作用。三是现代化军事人才培养模式的选择。邓小平提出的“革命化、年轻化、知识化、专业化”的方针，不仅是新时期党的干部队伍建设的根本目标，也是新时期军队人才建设的根本标准和模式。“四化”方针的提出，标志着历史转型期军事人才培养模式的成熟，揭开了军队从培养适应机械化战争的技能型人才，向适应高科技战争的知识型人才转变的序幕。（高建国《党的三代领导核心与军事人才发展战略》，《中国军事科学》2000 年第 1 期）

（方　宁　谭汝坤）

中国当代著名人物军事思想研究

刘少奇的军事谋略思想 刘少奇在革命战争年代，常常创造性地贯彻党中央、毛泽东制定的战略方针，为共和国的建立作出了不可磨灭的贡献。其中一条重要原因，是他善于审时度势，确定奇谋大略，以智取敌，以智破敌。

善于审时，把握时机，驾驭历史机运，是刘少奇军事谋略思想的逻辑起点　抗日战争全面爆发后，刘少奇作出在华北广大乡村建立游击根据地的谋略思想，完全突破了山地和平原的界限，在干部和群众条件方面为以后华北乃至全国的全面抗战作了重要准备。抗战初期，刘少奇任中原局书记，把中央的指示、华北的经验与华中的实际结合起来，作出了“向西防御，向东发展”的谋略，在华中建立了大片抗日根据地。皖南事变后，刘少奇实事求是地谋划对策，对迅速打击国民党的第2次反共摩擦，发展抗日力量产生了重要作用。日本投降后，毛泽东赴重庆谈判，刘少奇代理党中央主席。他根据对东北战略地位和战争态势的分析，作出了“全国战略方针是向北发展，向南防御”的部署，为全国的解放奠定了基石。

营造大势，紧紧依靠人民、动员人民，进行人民战争，是刘少奇军事谋略思想的主要基础　抗日战争中，担任北方局书记的刘少奇，坚决实行全民族的抗战路线，在广大敌后战场对各阶级、各民族的人民群众进行了普遍的政治动员。他指出，如果能动员几十万以至数百万人民武装起来坚持游击战争，在政治上军事上就有着伟大的意义和光明前途。他派遣大批党员和干部到各地组织和领导游击队，自上而下地建立各级党、政、军、民组织。几个月内，华北敌后就涌现出几百支游击队。抗战胜利后，代理中共中央主席的刘少奇对开赴东北的官兵意味深长地说：要“紧密地依靠东北当地的人民”。他还认为，使人民积极支援战争、参加战争，就要把人民群众的根本问题解决好。他的关于解决农民土地问题的思想和策略，对于充分调动广大人民群众积极参战，加速中国革命战争的进程，奠定了重要的群众基础，是对毛泽东人民战争思想的重大贡献。

以柔克刚，建立根据地，开展游击战争，积蓄革命力量，是刘少奇军事谋略思想的指导方针　刘少奇把马克思主义的基本原理运用于中国抗日战争的具体实践，作出了在相当长的一段时间对日作战的主要形式是游击战争的结论。他提出的坚决地到敌后建立根据地，开展游击战争以柔克刚的军事谋略思想，在抗日战争中发挥了巨大的作用。抗日战争胜利后，针对东北敌强我弱的形势，刘少奇指出：“不要在自己立足未稳之前，去企图建立在东北的优势。”这一战略思想明确了党的任务是组织退却，到农村建立根据地，积蓄革命力量，而不是占领大城市与敌人决战。这就是有名的“让开大路，占领两厢”的军事谋略思想。这一思想具有非凡的战略眼光，为解放战争的顺利进行立下了头功。

连横合纵，建立广泛的革命统一战线，聚集一切革命力量，是刘少奇军事谋略思想的关键环节　刘少奇较长时间从事统一战线工作，善于运用统一战线谋略去分析和解决武装斗争中的实际问题。1936年春，他专门写了《肃清关门主义与冒险主义》一文，指出建立广泛的民族革命统一战线的重要意义，并亲自通过各种渠道和关系，联合一切愿意抗日和可能抗日的力量。他谋划同山西阎锡山建立“合作关系”，便是一个范例。刘少奇关于连横合纵，聚集一切革命力量的谋略，对夺取革命战争的胜利，丰富毛泽东军事思想，发挥了独特的作用。（黄裕冲《刘少奇军事谋略思想探纲》，《党的文献》2000年第5期）

（荒　林）

周恩来的国防经济外交思想　有作者撰文指出，周恩来在长期主持新中国国防外交斗争的实践中，深谙国防经济与国防外交的辩证法，不仅科学地揭示了壮大国防经济实力对奠定国防外交基础的重要地位和作用，而且正确阐明了积极的国防外交对于强化国防经济效能的重要意义。其国防经济外交思想主要包含以下3点内容。

科学揭示新中国国防经济建设的特殊价值　周恩来从国防经济与国防外交息息相关的视角，科学地揭示国防经济建设的重要地位和作用，为人们提供了理解新中国国防经济的重要性和紧迫性的思想指南：首先，增强国防经济实力有利于赢得新中国的国际地位。当中国拥有了自己的原子弹、氢弹、导弹和人造卫星等尖端战略武器后，新中国的安全得到了根本的保证，也赢得了相称的大国地位。其次，增强国防经济实力有利于反对霸权主义和维护世界和平。中国通过发展核武器，不仅使帝国主义和霸权主义核讹诈、核垄断政策归于破产，而且使中国人民拥有了与霸权主义相抗衡的“杀手锏”。再次，增强国防经济实力有利于履行无产阶级国际主义义务。为此，周恩来一再强调全党全军全国人民要大力发展中国的国防经济实力，为援助兄弟国家和民族主义国家的反帝反霸斗争奠定坚实的物质基础。

努力营造新中国国防经济建设的开放环境　积极拓展对外经济技术交流与合作，努力营造国防经济建设的开放环境和氛围，是周恩来国防外交思想的重要内容。(1) 充分利用国际有利因素，积极争取友邦军事经济援助。建国初期，中国国防建设十分薄弱。周恩来本着坚持自力更生，但不放弃争取外援的指导思想，经过积极的外交努力，从苏联等社会主义兄弟国家争取到大批援建项目和军援装备物资，改善了中国军队的武器装备水平。(2) 打破外部封锁禁运，开拓战略物资内外交流渠道。周恩来主张，加强同社会主义兄弟国家之间的互通有无，以弥补战略物资和技术装备的紧缺；发展同民族独立国家的经济交流合作，

拓展国际战略物资的贸易渠道；打开同西方国家的经贸大门，瓦解其对新中国的军事经济封锁与禁运。

积极扩大新中国国防经济建设的政治影响 周恩来以杰出的智慧和才能，在这方面着重抓了以下3点：(1) 展示新中国自立于世界民族之林的坚强信心和力量。新中国国防经济建设坚持自力更生的方针所取得的成就，在国际社会引起巨大的反响。周恩来就此向国际友人广为宣传：搞革命或搞建设，都要立足国内，增强独立自主和自力更生的能力。这充分展示了中国人民自立于世界民族之林的信心和力量。(2) 表明新中国反霸，维护世界和平的坚定原则和立场。60～70年代，当核裁军成为国际社会普遍关注的问题时，周恩来在许多重要外交场合向国际社会表明中国政府和人民反核垄断、核讹诈、核威胁的关于核武器的原则立场，既维护了新中国发展核武器的声誉，又扩大了新中国的国际影响。(3) 树立新中国履行无产阶级国际主义义务的良好形象。尽管中国独立时间不长，经济基础还很薄弱，但周恩来始终强调，支持援助第三世界国家和人民反对帝国主义和霸权主义、争取民族独立与解放的正义战争，是中国人民义不容辞的责任和义务。(李顺发《周恩来的新中国国防经济外交理论与实践》，《军事历史研究》2000年第1期)

周恩来对大别山根据地及其军队建设的战略指导 有作者就此撰文指出以下3点：

决定设立鄂豫皖边特区，为鄂豫皖革命根据地的发展奠定基础 周恩来是最早认识到建立鄂豫皖边区革命根据地具有重要战略作用的中共中央领导人。1929年秋，当鄂豫皖边区的工农武装割据斗争风起云涌之时，周恩来任中央政治局常委、军委主席、组织部长的中共中央于同年9月24日发出指示，决定将商城、光山、罗山、黄安等8个县划为鄂豫边特区，建立鄂豫边特委，对鄂豫边、豫东南根据地的党和红军实行统一领导。1930年2月，周恩来代表党中央在上海主持召开会议，专门研究部署鄂豫皖边区的工作。在会上，周恩来结合全国政治形势，强调了湖北、河南、安徽3省边界地区的重要战略地位，并决定将湖北、河南、安徽3省边界地区划为鄂豫皖边特别区，统一鄂豫边、豫东南、皖西3块革命根据地和3支红军的领导，建立中共鄂豫皖边特委，组建中国工农红军第1军。接着，中共中央连续向鄂豫边特委发出5次指示信。与此同时，周恩来逐个与中央派遣到鄂豫皖工作的一些领导干部谈话，希望他们抓紧贯彻和落实中共关于鄂豫皖边区的指示，为使鄂豫边区迅速发展为全国第二大革命根据地起到了重要的作用。

指示红25军实行战略转移，使其成为"北上先锋" 1934年初，鄂豫皖革命根据地面临十分严重的局面。时任中央政治局常委、中革军委副主席的周恩来听取鄂豫皖省委汇报后不久，中共中央即指示鄂豫皖省委："保全我们的队伍，去创造新的苏区，新的根据地"，"创造新的主力红军"。与此同时，周恩来在对鄂豫皖工作的指示中，详细地阐明了中央关于红25军实行战略转移、创建新根据地的战略决策，并亲自选派程子华到鄂豫皖工作；还明确指出战略转移方向和新根据地要选择在敌人力量较薄弱和有较大革命影响的地方，即在光（山）、罗（山）以北向河南发展，同时以抗日先遣队名义北上，使其成为第一支到达陕北的红军长征部队，为迎接党中央和中央红军，把中国革命大本营放在陕北，做出了卓越的贡献。

心系中原解放区安危，亲临指导突围 1946年1月，蒋介石调集30万重兵，将中原部队6万人包围在大别山区不到60平方千米的狭小地带。为打破国民党军的封锁，周恩来在参与党中央战略指挥的同时，采取了一系列有力的举措。他利用在重庆谈判之机，召开一系列记者招待会，揭露蒋介石假和平真内战的反革命手法；经多方交涉，为中原部队送去一批救济物资；趁军调处赴宣化店视察之隙，在中原军区司令部召开会议，部署中原突围的对策和方案，为胜利地实施"中原突围"奠定了基础。(姬少华《周恩来对推动大别山革命历史进程的重大作用》，《军事历史》2000年第2期)

徐海东的军事指挥艺术 有作者撰文将徐海东大将的军事指挥艺术概括为以下3点。

诱敌深入，先疲后打 1935年4月，蒋介石调集30多个团的兵力，对鄂豫陕苏区进行第2次大规模"围剿"。徐海东根据毛泽东提出的"诱敌深入"战略思想，采取"诱敌深入"、"先疲后打"的方针，充分利用苏区内人民、地理等有利条件，最大限度地调动、分散和疲惫国民党军，使其第44师多数连队减员三分之一以上。随后乘其前后队伍脱节之隙巧施伏击，全歼其警备第1旅1800余人，粉碎了国民党军第2次大规模"围剿"。

实行游击战和带游击性的运动战 在敌强我弱的形势下，徐海东坚决反对冒险进攻，夺取中心城市。他主张实行运动战，在运动中不断调动敌人，创造战机，打击敌人，削弱其有生力量，积小胜为大胜。徐

海东在指挥红军进行运动战时，打击目标主要是运动之敌或立足未稳之敌，当敌人处于分散防守状态时，即采取围点打援的方法，调动敌于运动中予以歼灭；强调妥善处理“打”与“走”的关系：当红军实行退却、转移、迂回，当面之敌兵力过大，或战斗陷入僵局时，为避免陷入被动，他都主动率领部队走，以便为打击敌人创造战机；面对瞬息万变的战场情况，他主张必须善于隐蔽自己的行动和企图，忍耐待机，适时发起攻击；他坚持从战场出发，结合运用广泛的游击战，也不拒绝必要的阵地战等作战形式，通过不断歼敌，粉碎其多次“围剿”。

集中兵力打歼灭战，消灭敌有生力量　徐海东认为战争的情况是瞬息万变的，具有很大的盖然性，无论是在任何复杂的环境下，都应保持并集结足够有活力的兵力，在一定的时间内，集中主力使用于一个方面，以便在战役战斗中形成兵力的相对优势，争取和保持战场的主动权。为此，他把避强击弱，出其不意视为集中兵力打歼灭战的关键，认为在大规模反“围剿”作战中，弱小的红军要击败强大的敌军，只能拣弱敌打。徐海东把采取迂回包围，作为集中兵力打歼灭战的主要战法，在指挥红军作战时，总是采取四面、三面至少两面包围的部署，以主力迂回敌翼侧，从其侧后发起致命攻击。同时控制强有力的预备队，以便追击残敌。徐海东还把速战速决视为打歼灭战的重要原则，在战役战斗中总是集中绝对的兵力，实行速战速决，防止敌援军赶到，使自己陷于被动地位。（徐占权《浅谈徐海东的军事指挥艺术》，《军事历史》2000 年第 4 期）

王树声发展军械工作的指导思想　1955 年 3 月至 1959 年 3 月，王树声大将先后兼任总军械部部长和总参军械部部长，对人民解放军的军械工作发展做出了重要贡献。有作者对王树声的军械工作指导思想进行归纳，认为它主要包括以下 5 点内容。

坚持并不断完善军代表制度　50 年代，中国兵工生产进入仿制苏式武器阶段。为确保军械产品的质量，军械部门向有关工厂派驻军代表。王树声重视并支持军代表的工作。他常常教育军代表说：军械装备质量的好坏是关系作战胜负、部队安危的大问题，军代表是军方保证产品质量的第一道关口，因此责任重大。同时指出，改善军代表工作的关键是加强军代表与厂方的团结与合作。他在总结工作经验的基础上，于 1956 年 11 月主持制定出《驻国营工厂军事代表工作暂行条例》，肯定成绩，纠正失误，规范工作，使军代表制度不断改进完善，保证了产品质量和筹措军械装备任务的顺利完成。

建立和健全现代化的军械管理和技术保障体制　王树声非常重视军械管理和技术保障工作。他强调，延长武器弹药的使用寿命，对军械部门来说是最大的节约。为此，他在组织全军武器、弹药、器材技术大检查的基础上，指示有关部门有针对性地制定或修订有关规章制度，使军械管理工作日趋规范化、制度化。他还大力充实部队军械维修的技术力量，组建弹药化验室，组织编译修理规程等，在全军形成了一整套军械技术保障体系。

筹建科研机构，实现武器装备的自我研制开发　王树声认为，提高军队军械装备水平的根本途径是，必须拥有先进武器装备的自我研制开发能力。在他的大力推动下，军械科学研究所于 1956 年成立。他强调，研究工作要贯彻以我为主的方针，针对未来作战的需要，充分利用先进的科技成就，研究开发适合中国国情的先进武器，并据此提出一些新式武器的研制项目，组织有关单位联合攻关，使几种自行设计的轻武器陆续投产，取代了原来的苏式武器。

重视军械技术人才的培养　王树声认为，要做好军械工作，必须建设好一支政治素质较高，专业技术精湛的干部队伍。为此，他商请总干部部调进一批领导干部；经国防部批准，向部队发出《关于精选军械人员充实各级军械机构的指示》；向全军下发关于军械人员专业训练的指示；注重提高军械技术学校的教育质量，有力地推动了军械干部专业水平的提高。

树立开拓进取的工作作风　王树声把掌握科学文化知识视为做好军械工作的基础，号召全体军械干部奋发图强，刻苦学习，尽快掌握现代化的科学文化知识和兵器技术知识。在此基础上，他要求军械人员树立生机勃勃、开拓进取的工作作风，以保证部队作战、战备、训练需求为着眼点，及时、有效地做好军械物资的筹措订购、计划供应、技术管理、科学研究、培训干部等各项工作，为军队装备的现代化正规化建设做出了贡献。（曹刚川等《王树声大将在军械工作上的建树》，《中国军事科学》2000 年第 1 期）

（王世华）

中国近代著名人物军事思想研究

左宗棠收复新疆时期的治军思想　这一思想的内容主要有：励行“精兵”政策，裁汰冗员，整军经武；“治军先养气”，重视培养军队的士气；“以王土、王民为念”，执行严格的纪律；“非知人不能善其任”，主张以诚治军。左宗棠非常重视通过军队的近代化建设提高部队的战斗力，主张学习西方，建船厂办学堂。他还注重从政治和思想教育入手来治理军队，爱国思想教育使全体官兵懂得了为何而战，斗志旺盛。左宗棠富于强烈爱国主义色彩的治军思想，在晚清时代居于十分突出的位置。从军队建设的意义上来说，左宗棠的治军思想对于军队现代化建设依然有着非常现实的借鉴和指导意义。（张建堂《左宗棠收复新疆时期的治军思想》，《军事历史研究》2000 年第 2 期）

王韬 1860 年前后的军事思想 1860 年前后，王韬军事思想在成熟之前有一嬗变过程。“和戎”策略是王韬面对内忧外患所提出的最重要的军事战略主张，是由当时特殊的社会军事环境所决定的。其内在原因有两点：一是中西双方实力相差悬殊；二是内战未见分晓，清廷避免再树强敌。王韬主张和戎的最终目的是“强兵讲武，静俟其时”以御戎。他就此提出了一系列军队管理的具体主张，其中用以平时备战的整军主张有：一是选将。王韬提出开科取士的选拔方式，并提出为官从军，首重立念，摒弃志在谋利者。二是治兵。王韬特别强调对士兵作战能力的训练，同时将士兵愿战的士气同样视为军队制胜关键。他认为士气的培养除了平时将官要爱惜士兵之外，在面临战事时，职守明确、身先士卒、赏罚有度等因素尤为重要。（单弘《书生论兵中的真知灼见：1860 年前后王韬军事思想概述》，《史林》2000 年第 1 期）

张之洞的军事思想与军事实践 张之洞的军事思想与军事实践的主要内容有：①积极进取的军事价值观，形成了保国必先强兵的思想。②仿照西法，编练新式陆军，主要是组建诸兵种合成的军队、改善官兵素质、实行优厚的薪饷制度、按实战要求训练部队、加强练兵领导机构。③战人较战具为尤急，举办近代军事教育，主要是创办军事学堂、派遣留学生、废止武科考试制度。④设厂自筹枪炮，方免受制于人。⑤外患方段，海防不可再缓，主要是建设近代海军、修建海口和沿江炮台。⑥重新阐述“中体西用”的指导思想，扩大了“西用”的范围，不仅广泛学习西方的军事器物技艺，而且主张学习西政、西学、西制。张之洞编练自强军；明确提出废除武科考试制度，全面实行军事教育制度的改革；建议清廷加强中央军事统率机构。这些举措表明他已经由学习西方军事器物技艺浅层面开始向学习西方军事制度深层面发展。这是其超越前期洋务派首领，促使中国军事进一步迈向近代化所作出的特殊贡献。（施渡桥《论张之洞的军事思想与军事实践》，《军事历史研究》2000 年第 3 期）

沈葆桢的近代海防思想 其主要内容有：①提出海防基本指导思想和目标：以“自强之道”、“御侮有道”为海防思想的总目标；以“奋勇拒敌”、驱逐日寇为海防的重要原则；以“通盘筹划”海疆安危为海防的基本指导思想。②重视海防力量建设，包括走购造结合之路，大力培养海防人才，水陆联合加强海防建设等。③采取有效手段和途径，开发台湾，巩固海防；为了“中国利权”支持轮船招商局；未雨绸缪，重视战备；要求“训练精熟”，力争“转弱为强”。沈葆桢的海防方略和海防思想是在海防建设实践中逐步形成并在海防斗争过程中发展成熟的，其中确立了海防建设和海防斗争的方向和目标是具有决定意义的大问题。（苏读史《沈葆桢近代海防思想探讨》，《军事历史》2000 年第 4 期）

刘坤一的用兵与治军思想 刘坤一作为楚军统帅人物，在用兵与治军上有许多独到之处。在用兵上，一是攻心与攻城并举，以不战而胜为上策。他能够善待受招抚的降卒，对疲病老弱及不愿从军为勇者，均资遣回籍。二是奇拙并用，不持一端。他凡行军扎营，必设深壕厚垒，慎察地势，以防不测；凡围城攻寨，均先设长壕自固，以求反客为主等做法，亦可看出他力求稳妥的一面。在治军上，一是军纪严明，严加约束。他认为，唯纪律森严方为有制之师。在招勇之始就首明军纪，查有违者，定即严惩不贷。二是严爱并施，刚柔相济。他既严于治军，又爱兵如命，与士卒同甘共苦。三是常整部伍，汰弱存精。（薛学共《刘坤一及其楚军述论》，《军事历史研究》2000 年第 4 期）

中国古代著名人物军事思想与军事论著研究

《孙子》对战争的基本态度 一是强调“不战而屈人之兵”的“不战”观，表现在以心理威慑为实施依据，以优势的实力和良好的战略为物质基础，以“伐谋”、“伐交”为战略手段，以“修道而保法”为政治保证。二是强调“胜于易胜”的“善战”观，表现在以“五事”为运筹基础，以“先知”为实施前提，以“诡道”为基本作战指导原则，以“速胜”为主要目标。（许明喜《论〈孙子〉对战争的基本态度》，《南昌陆军学院学报》2000 年第 1 期）

《孙子兵法》中的“数”与“术” 在考察战争问题上，孙子主张通过对敌我 5 个方面和 7 种情况的分析比较，来探索战争胜负情势；在作战问题上，主张必须做好充分的物资准备方能挥师；在用兵的原则上，主张在不同的情况下灵活采取对策；在判定敌我军事实力情形时，主张遵循 5 条基本原则，即国土面积、物产资源、兵员众寡、军力强弱、胜负优劣；在战法变化上，主张“奇”、“正”相互转化，不可呆板单一；在战略战术上，主张应根据不同的敌情而决定不同的打法；在敌对双方争夺战场上的有利条件时，应充分考虑行军距离对军队的影响。（王平聚、傅影琦《〈孙子兵法〉中的“数”与“术”运用浅析》，《昆明陆军学院学报》2000 第 1 期）

孙子“不对等对抗”的思想 “不对等对抗”原理是孙子战争制胜思想的精髓。其主要内容有：加强军队实力，造成对敌力量对比上的绝对优势；奇正并用，避实击虚。孙子“不对等对抗”思想的实现方式：利用“伐谋”、“伐交”进行不对等对抗；实施战法上的“不对等对抗”；察知天候地理，巧妙利用地形进行“不对等对抗”。（高润浩《孙子“不对等对抗”思想及其在现代战争中的应用》，《军事历史》2000 年第 3 期）

孙子军事思想对当代治国治军的启示 孙子军事思想对于研究解决当代治国治军的问题有重要意义。重战、备战、慎战、善战的战争观，阐明了认识和驾驭战争的基本观点，至今对指导战争和进行战争准备仍有重要借鉴作用。“全胜”和“不战而屈人之兵”的谋略思想，集古代战略之大成，在当今和平与发展的时代有特殊的意义和运用价值。主动、惑敌，因情用兵的作战思想，揭示了战争行动的基本规律，具有鲜明的通律性质，在高技术局部战争中仍是重要的指导原则。“庙算”、造“形”、任“将”、重“法”的建军治军思想，阐明了与军队发展相关的内外联系，在以经济建设为中心的综合国力竞争的时代，对军队建设具有重要的指导意义。相互的唯物辩证观点，开创了用“对立、转化”观点分析战争矛盾范畴的先河，其军事哲学的方法论原则至今仍有广泛的应用价值。（黄新《孙子军事思想对当代治国治军的启示》，《国际战略研究》2000 年第 2 期）

老子的军事思想及其现代价值 老子军事思想的核心内容是不赞成战争，主张无为不争而达到天下的大治。其军事思想可概括为 3 个方面，即“不以兵强天下”的军事总原则、“以奇用兵”的战略思想和“柔弱胜刚强”的战术思想。老子军事思想具有现代价值，“不以兵强天下”也是当代中国军事外交的基本策略，中国革命战争的胜利是毛泽东同志以奇用兵策略的光辉典范，“柔弱胜刚强”对未来战争的战术发展仍有意义。（黄承贵《老子的军事思想及其现代价值》，《南昌陆军学院学报》2000 年第 1 期）

墨子的“救守”思想 有学者从“救守”总方针，“救守”义举，“救守”统一战线，军事工程等方面作了探讨。认为墨家的“救守”思想主要体现在止战救弱和防守自卫两方面。墨子的“止战”是“上兵代谋”的义举，其目的是打击敌人的进攻意图。墨子的“救弱”则是一种匡扶正义的行为，是一种帮助弱者生存的义举，也体现了一种敢于击强的义侠精神和深刻的人道主义精神。墨子的防守是积极防守，是攻势防守，是守中有攻。为实行“救守”主张，墨家通过制止与打击敌人的军事意图，实行“全民皆兵”的整体动员，以及构筑最坚固的防御工事，制造最先进的武器等手段来保卫祖国。这对于当今维护世界和平，保卫国家安全仍然具有重要意义。（徐希燕《墨子的“救守”思想》，《军事历史研究》2000 年第 2 期）

刘秀的地缘战略思想 刘秀的地缘战略思想可以概括为：乱世务边，略定河北的地缘战略思想；巩固河内，进图两京的地缘战略思想；联近制远、联远制近的地缘制衡思想；由近及远，先陇后蜀的地缘战略思想。他先以河北为基地，抢占实地，创下基业；随后采取吞食之策，先巩固河内，继进图两京，最后又平陇灭蜀，再续汉业。在王朝统一战争中，刘秀成功地运用了地缘战略思想，充分利用地缘优势壮大自己，削弱对手，最终赢得胜利。（邱剑敏《刘秀地缘战略思想述论》，《军事历史研究》2000 年第 4 期）

唐太宗的地缘战略思想 唐太宗的地缘战略思想可概括为 4 个方面：一是着眼于争夺关中、巩固“中国”的固本思想，其中居重驭轻的关中本位思想是根本。二是以夷制夷、保藩固圉的地缘藩屏思想，主要体现在以“怀辑”政策绥纳归附民族，并将其内徙安置在唐周边地区的一系列行为上，从而达到令其“世作藩屏”的目的。三是纵横捭阖的地缘制衡思想，包括远交近攻、各个击破，扶弱抑强，联近抗远、服近慑远等内容。四是隔断南北、积极进取的地缘隔绝思想。唐太宗地缘战略思想的积极意义主要有：根据周边地缘态势，灵活制定策略，调整战略方向和重点；治内与服外并举，相互为用，因时制宜；先急后缓，由近及远，既持重又果敢；善于用多种策略手段配合地缘战略的实施；从地缘角度出发并结合实际需要制定务实政策。（邱剑敏《唐太宗地缘战略思想探析》，《军事历史研究》2000 年第 3 期）

赵蕤《长短经》的军事谋略思想 这一思想的主要内容有：兵为凶器，举义兵者胜；探知敌情，先知后战者胜；兵法变通，不执一者胜；杂于利害，因势利导者胜；攻心为上，涣散敌斗志者胜；择将使贤，知人善任者胜；练士教卒，士卒强者胜；赏罚严明，令行禁止者胜。赵蕤的军事谋略思想展现了他对古代军事谋略的运用和发挥，从中可以窥见古代“纵横家”广采博纳的谋略智慧，对今天的军事谋略思想的发展仍有启贤益智的意义。（丁文宏《赵蕤〈长短经〉中的军事谋略思想》，《军事历史》2000 年第 3 期）

成吉思汗的“大迂回”战略 大迂回战略源于蒙古族的围猎，它的突出特点是，在使用力量之前，先用计谋将对方制服。大迂回战略的实施体现了速度与距离的对立统一，蒙古军队清一色的轻骑兵，创造了农业时代的“闪击战”。大迂回战略能营造广阔的战争空间，能使战场攻防结构发生突变，从而打乱敌人部署，为已创造有利战机。成吉思汗独特的军事体制和治军思想，造就了一支高素质的军队，从而使他的战略思想得以实施。大迂回战略离不开源源不断的物资供应，蒙古军队之所以能在穿插、迂回中屡建奇功，就在于它“羊马随征，因粮于敌”。（陈相灵《成吉思汗的“大迂回”战略》，《军事历史》2000 年第 2 期）

朱元璋的后勤谋略思想 朱元璋始终把解决以粮食为中心的后勤问题放在高于一切的位置上，依靠后勤谋略攻取天下。首先，确立正确的后勤战略，即把“高筑墙、广积粮、缓称王”作为夺取天下的指导思想。其次，建立金陵根据地，作为军队发展的依托。根据地思想、军队建设、政权建设、农民措施等构成了金陵根据地建设的 4 大特征。再次，在军队中实行屯田制度。（张连松《靠后勤谋略打天下的皇帝》，《后勤》2000 年 5 期）

（邱剑敏）

战争和战略问题研究

中国关于战争和战略问题研究 2000 年，中国关于战争和战略问题的研究比较活跃，对于 21 世纪初战争演变的趋势，战争中军事目的的变化，知识战争的本质、内涵及要素，中国的国家安全战略、亚太安全战略、地缘战略等问题，都进行了比较深入的研讨。

中国关于战争问题研究 **21 世纪初战争演变有 4 大趋势** 有作者撰文认为，21 世纪初叶是人类社会由工业时代向信息时代迈进的关键时期，这一时期战争的演变会呈现出以下 4 大趋势。

精确化趋势：精确打击，精确作战 随着信息技术的发展，大量直接命中概率很高的导弹、制导炮弹、制导炸弹和制导鱼雷等精确制导武器投入战场使用，使武器装备的精确程度和作战效能有了惊人的提高。从精确打击来看，海湾战争时美军使用的精确制导武器只占全部投弹量的 8%，而“沙漠之狐”和科索沃战争中则占到了 90% 以上。这表明，精确打击已成为军事强国的主要攻击手段，在战争中发挥着主导作用。信息时代武器发展的精确化，必然导致作战的精确化。按照 1996 年美国参联会颁发的《2010 年联合构想》的解释，精确作战指的是充分利用各种精确作战能力，对目标实施精确的侦察与定位，对力量实施精确的投放，对作战过程实施精确的控制，对部队实施精确的支援，对打击效果实施精确的判定，从而以最低的风险和代价，达成最佳的作战效果。可见，未来的精确作战虽然包括精确打击，但其含义已经有了重大的变化和扩展，即要求作战的全部过程和各个环节都要实现精确化。实施精确作战已成为信息时代对军事力量的基本要求，而信息技术的发展还在为军队提供越来越好的实施精确作战的能力。实现精确化的基本途径就是数字化。20 世纪 90 年代以来，以美国为代表的西方发达国家军队大力发展数字化装备，建设数字化战场，提高以“主宰性作战空间感知能力”为标志的信息优势，从而使未来战争形态演变的精确化趋势将更加明显。

网络化趋势：网络力量，结点破坏 21 世纪初军队的力量构成将趋于网络化。在这种网络化的力量中，众多的武器系统，繁杂的作战要素，分散的作战单元，都可通过信息化微电子技术的纽带联结成一个有机的整体，从而形成一种高效能的战争体系。从战争形态上看，未来网络化战争与以往战争最主要的区别，就是战争机器可在更大的范围联结、互动；传统意义上区分明显的战略、战区、战场、战士等不同层面的联系更加紧密；战争进行方式也由兵力与兵力的对抗转变为体系与体系的对抗。

网络化趋势的发展使网络战、攻击节点战成为主要的作战样式。这种运用网络力量、实施节点破坏的战争，显然不同于以往那种集中兵力的战争。在“沙漠之狐”和科索沃战争中，人们并没有看到大规模的兵力集中。美军利用分散在世界各地的网络化力量，实施远程的精确打击。除了指挥机构和大量信息基础设施远离战场之外，美军的大量作战平台也远离战场，但是打击的目标却非常集中，远程的作战能量全部释放在南联盟和科索沃这么小的一个地区。

实时化趋势：实时协同，联合作战　实时化趋势带来的最大变化，是战争进行方式由顺序作战向并行作战的转变。在以往的战争中，由于无法掌握战场实时信息，更谈不上各部队之间“共享信息”，因而相互之间只能按预先计划进行协同，作战是按顺序进行的，有着明显的阶段性。作战力量的投放也是单调的、逐次进行的。但随着信息技术的发展和“主宰性作战空间感知能力”的提高，21 世纪前期，拥有信息优势的军队不仅拥有能够及时发现作战空间内所有要害目标的能力，而且可使参战的所有部队“共享”对作战空间的“感知”信息，从而获得协调运用陆、海、空、天、电各种作战力量同时打击作战空间内所有目标的能力。这种协调运用各种作战力量同时打击所有目标的方式，就是“并行作战”方式。实时化趋势的发展也将对传统的用兵原则带来新的挑战。比如，保留强大的预备队，曾经是过去的战争，特别是二战的最重要经验。因为预备队通常是在对战场情况不甚了解的情况下预防突然变故或敌方能力出乎意料时的保险措施。如果能在部队内部实时地共享所了解的信息，那么也就不需要一支预备队。

非对称趋势：以谋克力，以智取胜　1995 年，美国国防部组织的一次信息攻击演习，引起了人们对 21 世纪非对称战争趋势的关注。假想敌并未采用传统的兵对兵、舰对舰、飞机对飞机的对称作战，而是采用信息战所提供的大量非对称的战争方式，同样达到以谋克力、以智取胜、不战而屈人之兵的目的。以信息进攻能力而言，通过对对方网络系统及计算机硬、软件设备的破坏，有可能对一个国家的经济命脉或军事系统的正常运行造成重大影响，其战略破坏性将是以往任何武器都无法比拟的。为此，1999 年 9 月 15 日，美国 21 世纪国家安全委员会在其新发表的《新世纪国家安全报告》中，首次将信息武器定义为大规模破坏性武器，并将其与专指核、生、化武器的大规模毁灭性武器相提并论。可以断言，随着信息战研究和作战应用的深入，21 世纪前期战争演变的非对称趋势必将得到进一步发展。（陈伯江《战争演变的大趋势》，《中国国防报》2000 年 2 月 23 日）

探讨战争是否日趋软性化的问题　2000 年下半年，中国一些军事报刊就战争是否日趋软性化的问题展开了热烈的讨论。这场讨论不仅活跃了学术空气，而且深化了人们对战争形态变化和有关军队发展战略的认识。现将有代表性的观点概括如下：

（1）*战争正日趋软性化*　一些作者就此撰文指出，随着高技术在军事领域的广泛运用，战争表现出可控性的特征，即战争目的有限、规模小、持续时间短，其暴力倾向也在一定程度上得到有效遏制；核威慑的存在，限制了战争的手段，避免了暴力的泛滥和更多的流血；人在战斗力中的地位主要表现为智力，对人的杀伤效果远小于对作战系统的瘫痪，通过其他方式如经济方式同样能获得攻城掠地带来的经济利益，控制对方的意志即可达成政治、经济目的，而不一定完全采用交战的方式，从而使得暴力的作用愈加有限；经济全球化使世界各国经济上的联系愈加紧密，一方发动战争，遭受打击的不仅是别国，也将损害本国的利益，从而使反战压力增大，经济制裁等能够同样维护有关国家经济利益的非暴力手段广为使用，战争的硬度随之减弱。综上可见，战争的总概念正表现出软性化的趋势。（王伟等《在认识的两极中保持张力》，《解放军报》2000 年 7 月 18 日）

（2）*战争的某些“软性化”趋势并不能改变或取代其暴力性的基本属性*　有作者认为，尽管高技术战争中的血腥程度肯定要比机械化战争中的血腥程度低，特别是随着信息技术和精确制导技术的进一步发展，战争将变得日趋“文明”，但无论如何战争都不会变成一种非暴力行为，战争仍是血与火的搏斗，暴力性仍是战争包括信息战必不可少的属性，所谓“文明战争”只能空想。（陈新能《暴力性是信息战的基本属性》，《解放军报》2000 年 9 月 19 日）也有作者以信息战为例指出，一些人极力渲染信息战中软杀伤的效力，其实，以信息战命名的那些活动的“力量倍增器”的效应再大，它也只是力量的倍增器而不是力量本身，软杀伤必须与硬杀伤手段结合使用才能在战争中发挥决定性作用，而且，信息战相当一段时间内只能在战争中处于辅助地位。（史越东《信息战处在辅助地位》，《解放军报》2000 年 9 月 19 日）还有作者认为，过高评估或盲目追求“软性”手段而降低或否认火力战的观点，不符合战争发展规律。信息技术和信息战是应火力战的需求而产生和发展，并服务于火力战的，离开火力战，信息战将无所依附，也不可能达成任何消灭敌人的任务，而只有火力战才能实现这一点。为此，应把军事斗争准备的基点放在火力战而不是信息战上。（何铁方《把“打赢”的关注点集中到火力战上来》，《解放军报》2000 年 7 月 4 日）

(3) *在软硬结合中谋胜道* 还有作者认为，对于战争是否日趋软性化的看法，一不能偏颇，片面强调软或硬；二不能脱离实际。这样才能通过各抒己见，深化认识，有所借鉴。作者指出，在软打击手段不断发展的今天，硬打击手段的发展仍值得关注。在软硬打击方式之间客观存在着相互依存的关系，切不可在强调信息战作为未来战争一种发展趋势的时候，忽视了未来战争形式的多样化、个性化，忽视了发展中国家的实际，而应在软硬打击方式的结合中谋胜敌之道。（吴琦等《在软硬结合中谋胜道》，《解放军报》2000 年 11 月 28 日）

战争的军事目的正在发生巨变 有作者撰文指出，信息时代正在改变着战争和军事领域，并使战争的军事目的发生巨变。主要表现在以下 3 方面：

从“消灭敌人，保存自己”到“控制敌人，保全自己” 在工业时代及其以前的战争中，“消灭敌人，保存自己”是战争的直接目的。进入信息时代，利用信息和信息技术可以将原来分立的目标探测、指挥控制、火力打击等武器系统，建构成一个多元一体化的系统，可以把整个战区的诸军兵种部队及武器平台、指挥控制、情报通信、后勤保障等联合成一个精干而密切协同的有机整体。在这种情况下，对方抵抗力量的核心已不再是单纯的有生力量，而是有生力量与其他力量要素所构成的巨大作战系统。只要破坏对方作战系统的结构，就可使之丧失功能。作战双方都极力追求瘫痪对方作战系统和保障己方作战系统正常运行。这样，战争的直接目的就一步步从“消灭敌人，保存自己”变为“控制敌人，保全自己”。其战略上的目标主要是摧毁敌人发动战争和进行战争的意志，战役上的主要目标是打乱敌方的决策程序，战术上的主要目标是瘫痪敌人的作战力量体系。

从消灭敌军和占领敌方地域到“抢夺敌人信息空间和争夺信息资源” 以往战争的胜利是以歼敌数量的多少和占领地域的大小来衡量的。信息时代信息本身日益成为一种重要的战略资源，成为一种重要的作战力量，成为军事力量构成的关键因素。这样，掌握和获取充足的信息，不仅成为取得战场优势的基本条件，而且成为赢得战争胜利的重要保证。制信息权的争夺是信息战的焦点，在作战过程中确保己方信息安全，抢夺对方信息空间和夺取敌方信息资源是获取制信息权的基础。由此，战争的直接目的就从以攻城掠地、消灭敌人有生力量为主转变为以控制和打乱敌方决策程序为主。

从使敌人“无力”抵抗到使敌人“无志”抵抗 工业时代以前的战争，追求的目标是打垮敌人，使敌人无力抵抗。信息时代的战争，追求的是以信息优势达成“不战而屈人之兵”或“少战而屈人之兵”的作战目标。在这种战争中，信息优势是决定作战胜负的关键因素，是使己方自由地运用信息，并使对方无法运用信息的能力。在战略上，它主要指充分利用信息技术，通过破坏敌方正常的政治、经济运行体系和使敌对国处于瘫痪状态来摧垮敌方军民的战斗意志。正如美国政治学家乔治斯坦所说：“信息战的攻击目标是人的思想，特别是那些在战争与和平问题上的思想。”这样一来，使敌人无志抵抗就取代使敌人无力抵抗转变为战争的直接目的。（李兴柱《战争军事目的的嬗变》，《中国国防报》2000 年 8 月 21 日）

呼吁关注“准战争” 有作者撰文指出，所谓准战争，是指一个国家、民族、阶级或某些政治集团为了一定的政治、经济或其他目的而进行的、以军事行动为主要特征的一种综合性的全面对抗，它是介于战争与和平之间的一种特殊的冲突形态。如第二次世界大战结束以后出现的古巴导弹危机、海湾战争之前的海湾危机等等。

准战争与战争的区别主要体现在以下 5 个方面。一是规律不同。如果说“战争指导”是军事家使用武装力量的艺术，那么“准战争指导”则是政治家运用武装力量的艺术。二是属性不同。虽然战争与准战争都是政治的继续，但战争是“流血的政治”，而准战争则是“渗血”或“充血”的政治。三是目的有所区别。战争与准战争的最终目的都是要解决政治、经济、外交或其他问题，但其所采取的方法、行为及其激烈程度不同，战争更为激烈、更加直接，而准战争则常常表现出动武不交兵，行为谨慎。四是规模不同。从社会参与程度上看，准战争比战争要小得多。五是可控性不同。从二者的变化过程来看，准战争的可控性比战争要强，偶然性小，但同样充满风险，充满难以确定的诸多因素。

在准战争的对抗过程中，军事手段是与政治、外交、经济等手段综合使用的，因此武装力量的运用应与其他力量的运用协调一致，要满足所要达成目的的需要；其武装力量的使用要适时地把握时机，一般应在政治、外交等手段无济于事时使用。在军事危机中，运用的主要方式有兵力集结、投送，部署调整，战备升级，军事力量的展开，军事演习，战争准备等。21 世纪，准战争将与战争并列成为国际政治军事斗争的一种基本形态，并将在一些地区频繁发生，长期持续。因此，应提高对准战争的重视程度，充分研究准战争的发生、发展、过程控制、结局及对战争所产生的实质性影响等，以便有效地把握战争的进程。（牛宝成《关注“准战争”》，《中国国防报》2000 年 12 月 29 日）

认识知识战争的本质和内涵 有作者对隐约可见的知识战争进行分析，指出其本质和必然发展趋势，认为知识是人的头脑接受信息后才产生的。信息是知识的原材料，知识是加工了的信息，充斥社会空间的大量信息只有经过大脑加工形成知识，才会成为“倍增器”。可见，知识是信息的归宿，信息是知识的前身。同理，信息战争是知识战争的初级阶段，知识战争是信息战争的归宿形态。知识对抗、知识支前和知识动员是知识战争的重要内涵。在知识战争中，从事军事工作的人仍将是直接的参战主体，仍将处在战争的第一线。他们依靠各自的知识储备，根据战争的需要不断地进行知识合成与知识创新，以发挥最佳知识效能，在军事对抗中保持持续的知识优势。处在战争第二线的人对第一线的支援方式与内容也发生了空前的变化，支前的内容不仅包括人力物力与财力，还将包括先进的科技知识。当前方在知识对抗中出现知识短缺时，后方应利用雄厚科技实力的条件进行知识支前，甚至直接参战。知识动员包括平时知识动员准备，如平时注重高科技人才的培养与储备，注重对军事高科技知识的开发与运用，积累各种关于国家安全的知识资源等。知识动员还应包括战时知识动员的实施，如战时快速有效地组织非军事领域的高科技人才为战争服务，迅速组织力量，集中开发战争急需的科技知识含量高的武器装备，最大限度地争取国际上的知识共享，打破敌对方的知识封锁，搞好知识入侵的防护工作等。（于泽《知识战争再扫描》，《中国国防报》2000 年 11 月 27 日；丁辉、张凯《知识化的军事经济》，《中国国防报》2000 年 12 月 11 日）

分析知识战争的三大要素 有作者将知识化的人、武器和战场视为知识战争的三大要素，并分析指出，尽管在知识战争中，作战主体是由高度知识化的人和高度智能化的武器装备有机结合而成的知识化部队，但在这个作战主体中，具有高新知识储备并能不断创新的人是战争胜负的决定因素，因为人是知识的创造性载体，是高新知识向战斗力转化的“转化器”。在未来知识战争中，不具备高新技术知识和丰富创造力的人将是战争中的“低能儿”。

高度智能化的武器平台是知识战争的重要因素。未来计算机的发展将趋向于具备一定智能的神经网络计算机，以这种智能计算机为“大脑”的武器平台将能代替人完成一些需要低级智力的工作，从而把人从大量的知识重复事务中解脱出来，使人能集中精力进行知识的合成与创新，不间断地保持与敌人的“知识差”，确保战争中的知识优势。

知识化战场是知识战的依托环境和存在空间，是信息化战场的进一步发展和完善。它与信息化战争的最大区别在于具有“智能化”的特点。由神经网络计算机为“大脑”组成的具备一定智能的侦察系统，将能对原始的信息流进行初级的加工，经综合、筛选、分理，把杂乱无章的、无序的、重复的信息变成有序的、精炼的、分门别类的信息，甚至还能进行简单的真假识别。这些经过智能化侦察系统初步处理的信息传递给指挥人员，能大大提高对信息的利用效率，从而有效地增大作战效能。（于泽《知识战争再扫描》，《中国国防报》2000 年 11 月 27 日）

（夏礼伯）

中国关于战略问题研究 **关于 21 世纪初的中国国家安全战略** 21 世纪的最初 10 年，中国国家安全面临以下 5 个方面的挑战：一是政治安全的挑战。包括祖国的完全统一，领土争端，极端民族分裂主义问题，以及“西化”、“分化”中国的图谋。二是军事安全的挑战。包括来自新军事革命的挑战，核扩散带来的挑战，复杂多变的周边环境所带来的挑战。三是经济安全的挑战。以美国为首的西方发达国家和跨国公司向亚洲大肆进行资本扩张，有可能增大它们在经济上对亚洲地区的控制，从而不可避免地威胁中国的经济安全。美国经济不可能无限制地持续繁荣，其将来的衰退也会对全球包括对中国经济安全造成新的冲击和影响。四是信息安全的挑战。信息技术高度发达的国家对信息技术相对落后的国家实行技术控制、信息资源渗透和信息产品倾销，以达到相应的政治、经济、军事目的，是当前国家信息安全的主要威胁。五是生态安全的挑战。生态环境的破坏，将会严重迟滞经济的持续发展，断送已取得的经济成果，带来严重的社会问题，引发大规模的难民潮和移民潮。面对各种挑战，在 21 世纪初，中国国家安全战略应把握以下几个基本支点：第一，国家安全战略基点要从关注生存转移到关注发展上来。当今中国的国家安全已不仅仅是生存意义上的安全，更多地体现为发展意义上的安全；当今中国的发展已不仅仅是国家的历史运动，而是一种与世界紧密系于一体的历史运动。

第二，构建与国家安全战略相适应的国家安全防卫体系。为了适应国家安全战略的发展，必须构建综合性、发展性、开放性的国家安全防卫体系。第三，国家安全战略的实现仍然依赖于军事安全这个支柱。为了确保国家安全，有效地对付潜在和现实的外来威胁，最可靠的手段就是最大限度地增强自己的军事实力。（曹秉晋等《关于国家安全战略的几点思考》，《中国军事科学》2000 年第 6 期）

中国的亚太安全战略目标 依据中国共产党的三代领导人关于亚太安全战略和地缘战略的一贯思想，从当前国际国内实际出发，中国政府明确提出了“中国自身的稳定与繁荣，周边地区的和平与稳定，与亚太各国开展对话与合作”的亚太安全战略目标。中国亚太安全战略的基本特征，是在维护国家主权和繁荣发展基础上的对外政策的和平性，军事战略的防御性和地区安全的合作性的有机统一。它主要包括以下内容：一是维护国家主权，实现祖国统一；二是促进自身繁荣，保持周边稳定；三是推动政治多极化，建立稳定的大国关系；四是加强区域经济合作，参与地区安全合作；五是奉行独立自主，坚持积极防御。（朱阳明等《中国的亚太安全战略与地缘战略思考》，《中国军事科学》2000 年第 4 期）

对中国地缘战略环境的辩证认识 构成中国地缘环境的因素相对复杂。主干因素是美国、俄罗斯、日本、印度 4 个全球性或地区性大国，以及具有重要战略意义的东南亚和中亚等地区。中国面向太平洋，背负欧亚大陆，外部影响来自陆海两个方面。从历史上看，美国和俄罗斯分别是对欧亚大陆具有全局性影响的海权和陆权大国，分别从海上和陆上对中国施加过影响，构成了决定中国地缘环境的一对矛盾。日本和印度，是中国的岛国强邻和次大陆强邻。东南亚和中亚地区是中国周边的两个重要地区，它们在通道、资源、安全等方面有其战略意义。对于中国地缘关系，要有辩证的认识。第一，要正确认识中国地缘因素的辩证关系。首先应看到，陆海两面的边界和相邻地区不仅是维护国家安全的主要方向，也是对外开放，进行经贸交流的主要通道。中国应积极运用自己陆海兼备，与外界通达性好的特点，加强与欧亚大陆各地和世界各国的经济联系，促进对外贸易交流，保障国内经济建设顺利进行。其次要看到自身条件与周边环境的关系。周边环境的安全稳定，是中国建设和发展的重要条件；中国自身条件的变化也会对周边环境产生深刻影响。第二，要抓住主要矛盾，区分处理不同层次的地缘关系。如：与大国关系，与中小国家关系，与个别国家关系，与地区性国家集团关系，与发达国家关系，与不发达国家关系等。同时面对不同层次的地缘关系时，应认识到各国的不同利益需求，着眼国家的长远和根本利益，分清主次，抓住主要矛盾，区别对待。第三，要坚持独立自主和不结盟立场，充分运用有利的地缘条件，争取战略主动，保证国家的安全与发展。（刘洋《关于中国地缘战略环境的几点认识》，《中国军事科学》2000 年第 4 期）

从历史唯物主义的角度看地缘战略 地缘战略是国家政治、经济、科技、文化、军事、外交战略的一块基石。人类地缘观念的发展，经历了 4 个阶段：第一阶段表现为“幻想主义”的宇宙生成观；第二阶段演进为“自然主义”的天地观；第三阶段发展为“证实主义”的世界整体图像观；第四阶段是“现实主义”的全球观。理解全球意识基础之上产生的地缘战略思想和理论，可以归结为重商主义的地理扩张，实力主义的地理支配、种族主义的地理征服、历史唯物主义的地理运用这样 4 条线索。西方地缘政治和地缘战略学说有其产生的客观性，有其长期占主导地位的历史原因，也有其终究要灭亡的必然性。中国新型的地缘战略思想，是中国人民抗击世界帝国主义的侵略，争取民族独立和解放，实现国家统一而进行长期斗争的历史成果。中国地缘战略理论的异军突起和走向成熟，正是消灭西方地缘政治和地缘战略思想在中国横行的历史结果，是在对西方地缘政治和地缘战略思想的批判和否定过程中产生的崭新理论。（王生荣《用历史唯物主义的观点解读地缘战略》，《中国军事科学》2000 年第 6 期）

（荒　林）

美国战略问题研究

2000 年是克林顿政府第 2 任期的最后一年。美国总结了科索沃战争的经验教训，对军事战略作出部分调整，其核心是加大军费投入，矛头瞄准未来的潜在对手，加速建立以其为首的单极世界。

美国 21 世纪初军事战略发展展望 美国 21 世纪初军事战略发展有如下几个特点：第一，为美国谋求全球霸权服务的目标不会变。随着白宫主人的变更，新政府将会对军事战略的称谓和内涵做出调整，但其军事战略的基本目标不会变，即以军事接触、军事遏制、军事威慑和军事打击等手段建立“美国治下的 21 世纪”。第二，战备重点将逐步向对付“全球性对手”转移。科索沃战争后，美国特别强调美军要具备打赢“国家的战争”的能力，要求美军在所有军事行动包括“使用战略部队和大规模毁伤武器的冲突”中取胜。可以预计，进入21世纪之后，美国战备的重点将会不断向对付中俄这两个“全球性挑战对手”转移；转移的速度既取决于美国推行“单极世界”构想的进程，也将取决于中俄两国的崛起速度。第三，军事战略的扩张性、进攻性和冒险性将更强。决心把以美国为领导的“民主国家大家庭”扩展到全球，对“大家庭”之外的国家进行种种形式的军事干涉。对一切被认为是不利于其实现“单极世界”构想的障碍，将毫不留情地进行武力扫除。第四，将谋求在任何战场对任何对手的绝对军事优势。在《2020年联合构想》中，美国提出了“全谱优势”思想，即美国军队要在各种军事行动中“都能单独地、或与多国及跨部门伙伴协同击败任何对手并控制局势”。根据这一思想，美国强调在今后一二十年中，要充分利用新军事革命的成果，全面加强美军建设。首先，将极力占据信息优势，并把信息优势转化成对战场的感知优势和作战的决策优势，从而使美军在与敌人的较量中拥有压倒性的竞争优势。其次，将大力倡导创新精神。技术创新虽然仍然是军队建设的基础，但是作战理论和体制编制上的创新更为重要。所以，美军强调各军种和各级司令部都要为军人创造新思想、新观点和取得新突破提供条件。再次，将大力提高联合作战能力。认为根据不同的形势、不同的目的、不同的对手编组不同的联合部队，是美军在任何军事行动中取得决定性胜利的根本保证。为提高联合作战能力，美军将从4个方面努力：培养和保留掌握多种技能的“具有非凡的奉献精神的人才”；加强全军在作战保障和后勤保障方面的互通性；建立强有力的联合指挥控制体系；以“制敌机动”、“精确打击”、“聚焦后勤”和“全维防护”四项联合作战原则为指导，试验、装备和训练部队。最后，为军队建设提供充足的财政支持。美政府已决定从2000～2005财年增加国防拨款1120亿美元。美国会批准的2001财年的国防预算已达3100亿美元，比2000财年增加210亿美元。20世纪80年代中期，美国国防预算曾有几年超过3000亿美元。估计从2001财年起美国国防预算有可能进入新的超过3000亿美元的增长期。（符成礼《21世纪初美国军事战略展望》，《外国军事学术》2001年第1期）

美新任国防部长拉姆斯菲尔德谈国防部工作目标

拉姆斯菲尔德认为，当今世界虽然因苏联的解体而变得和平，但仍然是一个危险而混乱的世界。世界正在进入“全球化时代”。他将遵循布什提出的3项总体目标，将美国武装力量带入21世纪。第一，必须给予美军更多的信任，向男女军人们提供最大的支持；第二，必须发展用于防御导弹、对付恐怖活动、应付针对空间力量与信息系统的新威胁的能力；第三，必须利用方兴未艾的技术革命提供的潜力，创建下个世纪的军队。

拉姆斯菲尔德提出，为了实现布什为国防部提出的总体目标，他将谋求达成5项关键目标。第一，需要塑造并保持与新的国家安全环境相适应的威慑态势。第二，保证军队的战备水平和持续作战能力。第三，实现美国指挥、控制、通信、情报和空间力量的现代化。第四，加速武器装备的研发与采办，发展新的武器系统。第五，改革国防部的结构、程序与体制。（〔美〕吉姆·加罗姆尼《美国防部长拉姆斯菲尔德谈国防目标》，《外国军事学术》2001年第3期）

《2020年联合构想》为美军战略调整提供新思路

2000年6月，美参联会颁发了指导美军建设的纲领性文件《2020年联合构想》，对美军未来20年的战略走向和军队建设作出了大致设计和规划。第一，美国的潜在敌人将拥有全球性工商业基础及与美军同样先进的技术。潜在敌人极有可能使用非对称手段（远程弹道导弹和大规模毁伤武器等）攻击美国领土及其公民，这是“美军在不久的将来可能面临的最严重的威胁”。第二，强调美军要掌握“全谱优势”，即要求美军始终保持战略威慑态势，能够打赢包括使用战略核力量和大规模毁伤武器的战争在内的各种形式的战争和冲突，击败任何潜在敌人。第三，强调未来的联合部队应是全面的联合，即美军必须在思想上、作战上、组织上、后勤上、武器装备上以及指挥控制上实现联合，不仅要保持技术装备上的优势，更要保持理论、组织、训练、教育、领导和人员上的优势。第四，提出“决策优势”这一新概念。强调美军应通过高效的组织体制和先进的作战理论将“信息优势”转化为“决策优势”，先敌决策和先敌动手，确保战时掌握制敌优势。

由此可见，《2020年联合构想》为美军战略调整提供了新思路，将更多地体现“单极世界”的特点；作战对象将不只是“无赖国家”，更主要是“拥有战略武器和大规模毁伤武器”的潜在敌人；战争准备将从同时打赢两场大规模战区战争转向以打赢使用战略核武器和大规模毁伤武器的冲突为主的各种规模和强度的战争；军队建设将围绕夺取“全谱优势”展开，在保持技术优势的同时，更突出组织体制的健全、条令条例的更新、教育训练的加强和人员素质的提高；作战思想将突出一体化、信息化和不对称作战，强调对付远程弹道导弹和大规模毁伤武器的威胁；兵力部署将更多地向亚太和中东倾斜。（根据 2000 年《外国军事学术》第 7～8 期有关文章整理）

（冬　生）

美国“新中亚战略”及其面临的挑战　有作者撰文指出，美国 20 世纪 90 年代末期制定的“新中亚战略”，不仅是美国推行其全球战略的重要组成部分，而且是“弱俄制中”的重要途径。其争夺中亚地区的战略意图主要是：（1）为争霸全球寻找新的支撑点。中亚位于欧亚大陆的结合部，战略地位十分重要。而美国在冷战时期却从未真正进入中亚内部地区，依靠土耳其等盟国来实施中亚的战略部署。中亚地区的开放为美国在中亚确立战略支撑点提供了机遇，一旦控制中亚后，不仅可将其欧亚两洲战略部署连成一线，完成全球战略部署，而且东可牵制日益强大的中国等亚洲国家，南可遏制伊朗及伊斯兰原教旨主义的扩张，西可与北约东扩战略相策应，北可进一步挤压俄罗斯的战略空间，可谓一举多得。所以争夺中亚将成为美国在新形势下实现全球战略的一个新的地缘政治支点。（2）为国内经济发展提供长久能源保障。现在美国能源需求的 60% 都是依赖进口，美国主要的能源基地—中东地区局势动荡，两伊反美情绪高涨。一旦与美矛盾激化，将危及到输油线路的安全。因此实现能源供应的多渠道和能源构成的多元化已成为美国能源战略的当务之急。中亚里海地区丰富的能源储藏为美国实现新的能源战略提供可能。所以争夺中亚不仅对保证美国世纪能源供应有重要意义，而且对石油依赖进口的西欧和日本，以及亚洲其他发展中国家有着长远的制衡作用。（3）为弱俄制中，遏制伊斯兰等反美势力。“新中亚战略”明确把削弱俄罗斯势力，遏制伊斯兰势力渗透，防止中国强大作为主要内容，立足中亚则是实施这一战略的最佳战略阵地选择。首先，通过加大向中亚渗透力度，阻碍和离间俄与中亚国家的关系，割断俄赖以重新崛起的周边依托，压缩俄罗斯战略空间，遏制俄东山再起。其次，迫使中国面对一个超级大国的挑战，进而形成军事和心理上的双重压力，又能及时掌握中国动向和便于营造反华动作，牵制中国注意力。再次，美国担心伊斯兰原教旨主义一旦控制中亚地区，就会形成从北非经中东到中亚的大片“伊斯兰风暴区”，将会严重影响美国的战略利益和安全体系。因此，阻止伊斯兰势力向中亚渗透成为美国争夺中亚的又一战略目标。

由于该战略严重损害了俄罗斯、中国和伊朗等国在中亚的切身利益，因而遭到上述各国的强力抵制，再加上中亚国家左右逢源，英、法、德、日等因为争夺能源而积极介入，美国“新中亚战略”正面临种种挑战，步履艰难。（柳缠喜、徐国良《美国“新中亚战略”分析》，《现代军事》2000 年第 11 期）

美国叫嚷“网络威胁论”　2000 年 6 月 19 日，美国总统高级安全助手理查德·克拉克表示，一些美国的“敌对国家”正在对美国的计算机网络进行渗透，一旦发生战争，这些国家可以轻易地对美国造成巨大的危害，并称一次网上闪电战可造成一次“电子珍珠港”事件。克拉克说，如今美国社会越来越依赖计算机网络，而一些“敌对国家”正在对美国民用网络的基础设施进行侦察。美国遭到网上攻击的可能，已经不再是“理论上的，而是十分现实的威胁”。克拉克还详细地描述了美国遭到“信息打击”的后果。他宣称，在遭到来自“敌对国家”的黑客入侵后，全美国各个城市将失去水和电力供应，电话通讯会被切断，到处是火车出轨事故，地下煤气管道的爆炸将把整个国家掀个底朝天。而美国中央情报局则明确表示，这些国家就是朝鲜、俄罗斯等国，并声称，俄罗斯等国家正在开发“信息战争”能力，来抗衡美国占绝对优势的常规军事力量。还称来自朝鲜的黑客入侵了美国的一些网络，并埋伏下一些“特洛伊木马”式的病毒。以此为借口，美国参谋长联席会议副主席、空军上将理查德·迈尔斯宣称，在上述威胁之下，作为拥有最先进的信息科技的国家和互联网的发源地——美国，自然也有能力在信息战方面“有所作为”，美国国防部将把计算机闪电战作为一种战争的标准手段。虽然美国人不遗余力地宣传“网络闪电战”的可怕之处，但是到目前为止，除了一些黑客入侵美国大型网站的消息外，并没有见到美国在军事行动中遭到电脑病毒攻击的报道。（顾周皓《美国叫嚷“网络威胁论”》，《中国国防报》2000 年 8 月 9 日）

（魏守正）

俄罗斯战争和战略问题研究

2000 年，俄罗斯出台的新版军事学说，以及军事科学院副院长斯利普琴科《21 世纪世界所面临的战争》等文章，以海湾、科索沃等地区近年内发生的现代局部战争为参照，对未来战争的性质、特点和进行方式展开了进一步的研究；对国家安全的构想进一步具体化，并肯定了前几年对军事战略的修改。

提出“第 6 代战争”的概念　俄罗斯军事科学院副院长斯利普琴科在《21 世纪世界所面临的战争》一文中认为，各种用途核武器的出现是第 5 代战争的基础。大概从 2010 年起，动力时代将开始向信息时代过渡。信息时代正是第6代战争的时代。现在的军事实践已越来越强化对第6代战争构想的检验。

第6代战争与过去战争的根本区别在于，第6代战争的主要目的是摧毁敌国的经济潜力，推翻政治制度，而不是打击有生力量，侵略者全部实力的功能仅用于无条件地摧毁敌国领土整个纵深的经济目标和所有有价值的目标，这样，占领已失去经济实力的敌领土的必要性也随之减弱。

在第6代战争中，起决定作用的不是规模庞大的陆军，不是核武器。核武器对达成政治和战略目标的作用已越来越小，取而代之的是另一种更能让人接受的且十分有效的高精度常规突击和防御武器以及在新的物理原理基础上研制的武器。这种武器使用起来没有麻烦，而且没有负面的生态后果。新一代战争的主要战略和政治目的可以只用由各种平台发射的无人操纵的常规高精度武器实施威力巨大的密集突击来达成。高精度武器的战斗使用特点要求，必须把各种兵器联合成统一的高精度武器系统，这些系统将是功能上相互联系的侦察、程序保障、控制、投送和毁伤手段的总和。

关于战争的分类　2000年4月俄联邦总统令批准的《俄联邦军事学说》把战争按规模划分为局部战争、地区战争和大规模战争。局部战争中，双方将在对抗国家的国境内行动，追求的是有限的军事——政治目的。地区战争由某一地区的两个或几个国家参加，动用本国的或者联盟的武装力量，既可能使用常规武器，也可能使用核武器，双方都追求重要的军事政治目的。大规模战争是世界各地相当多的国家被卷入其中的战争，极有可能由常规战争转变为核战争。在大规模战争中，要求参战国全面动员所有的物质和精神资源。在大规模战争之前往往会有一个威胁阶段。

现代战争的12个基本特征　新版军事学说认为，现代战争有以下特征：战争影响人类生活的所有领域；战争具有联盟性质；广泛运用非直接的、非接触的和其他（包括非传统的）行动样式和方法，以及远距离火力和电子毁伤样式和方法；实施积极的信息对抗，混淆某些国家乃至整个国际社会的舆论；各方都力求破坏对方国家军事指挥系统；使用最新的、高效的（包括基于新物理原理的）武器和军事技术装备系统；广泛使用空中机动兵力、空降（登陆）兵和特种部队在分散的方向上实施军队（兵力）的机动行动；摧毁对抗各方整个领土上的军队（兵力）、后方设施、经济设施和交通设施；实施空中战斗和战役；摧毁（破坏）动力（首先是核动力）工厂、化学和其他危险品生产企业、基础设施、交通和日常生活保障目标，以造成灾难性的后果；新的国家被卷入战争、武装冲突升级、规模不断扩大、所用武器（包括大规模毁灭性武器）的种类不断增多的可能性很大；除正规军外，非正规武器部队也参战。

关于武装冲突的性质　新版军事学说对武装冲突的性质进行了单独阐述：武装冲突可能以武装事件、武装行动和其他一些规模有限的武装碰撞的形式爆发，是企图借助武装斗争手段解决民族、种族和宗教矛盾的结果。边境冲突是武装冲突的特殊形式。武装冲突可能具有国际性质（有两个或几个国家参加）或国际背景的内部性质（在一国境内进行武装对抗）。武装冲突具有以下特点：当地居民被卷入程度和受损伤程度高；使用非正规武装队伍；广泛采取破坏和恐怖方法；部队行动的精神——心理环境复杂；不得不派出相当多的兵力兵器来保障交通线、军队（兵力）部署地域和驻地的安全；武装冲突有转变成局部战争（国际武装冲突）或内战（内部武装冲突）的危险。

俄罗斯调整军事战略　2000年俄罗斯军事战略的调整是在科索沃、车臣战争结束后俄军进行的反思中进行的，是对“现实遏制”战略的完善。俄军事战略调整的主要标志是年内先后出台了新的《俄联邦军事学说》、《俄联邦国家安全构想》，以及反思后出台的新裁军改革计划，反映出俄对军事威胁的判断、对战争准备的措施方面有新的变化：

在对军事威胁的判断上趋于严峻，由强调内部威胁转向强调外部威胁，强化了对以美国为首的北约的指向性　科索沃战争后，俄罗斯进一步认识到未来所面临的主要威胁来自以美国为首的北约，认为它们拥有地面、空中和海上优势，而且“无视公认的国际法准则，不经联合国安理会批准就采取军事行动”，是俄罗斯国家安全的主要外来威胁和潜在敌人。把军事斗争的矛头直接指向以美国为首的北约，表明了俄在军事上决不退让的决心。同时俄认为，国内极端民族主义和恐怖主义活动是国家安全和稳定的现实内部威胁。

对核遏制作用的依赖进一步增强　战略遏制工具正在形成由战略核武器、非战略核武器、常规战略遏制兵器构成的“三重遏制”机制，特别是对核武器遏制作用的依赖进一步增强。具体表现为：第3个“白杨-M”战略核导弹团列装并已担负战略值班，非战略核武器正在恢复发展和部署，从乌克兰购回的11架战略轰炸机正式担负起战备任务，并装备了新型远程巡航导弹，增强了威慑力量；核威胁样式趋于明确，包括了显示核实力、公布打击目标、实兵演习、警告性打击；核力量的运用强化了“先敌使用”的思想，即不再局限于实施核还击，而是提高核回击的主动性，即战略核武器的作战运用方式转向以“还击－迎击”为重点，战术核武器的作战运用方式强调先发制人；对核军控和核裁军采取强硬立场。

推出新一轮裁军计划，目的是优化军事组织，平衡军队建设　11月9日，在普京总统主持下，俄联邦安全会议正式通过新的裁军和改革计划，旨在进一步缩小军队规模，以适应国家的经济现实。决定在2001～2005年内裁军60万，其中正规军裁减36.5万，内卫部队和其他强力部门裁减10.5万，文职人员裁减13万人。按照该方案，俄武装力量人数将在2003年从目前的120万减至83.5万人。武装力量的裁改中，包括裁减陆军18万，海军5万，空军约4万，战略火箭部队9.5万。战略火箭军将失去独立的军种地位，其所属导弹空间防御部队和军事航天部队合二为一，成为独立兵种，战略火箭部队亦成为独立兵种，还有空降兵，这3大独立兵种直属最高统帅部。至时，武装力量将由陆、海、空3大军种和上述3大兵种组成（不排除几年后前两大兵种并入空军的可能性），武装力量内部各军、兵种力量间的结构配比将趋于优化和协调。海空军的建设将会得到加强，武装力量和其他军事组织有可能得到比较协调的发展。

常规力量的建设将会得到加强　新版军事学说在强调核力量的同时，指出了加强常规力量建设的重要性。第一副总参谋长马尼洛夫也说过，“我们不仅要发展核力量，还要发展具有遏制潜力的一般任务部队，使其具有遏制战争和进行实战的能力”。按照新的裁军改革计划，2005年之前，平均每个军人的军费额度将提高1倍，到2010年将提高2倍。5年内将使武器装备更新，军事训练的费用与支付军饷的军费份额比将发生大的变化，即从现在的3∶7变成5∶5；海、空军的资金投入与陆军及其他军队资金投入之比由以前的11∶11∶51增加到5∶4∶8。可以预料，常规力量的建设将会得到加强。

（毛子成）

俄报称俄白联盟具有地缘政治意义　俄罗斯《红星报》2000年9月19日载文指出，白俄罗斯共和国目前的对外政策在客观上妨碍美国在苏联后地区占优势。由于白俄罗斯进行抵制，西方不能实施在俄罗斯西部建立一个缓冲地带—黑海—波罗的海“防疫”线的计划。这条由两部分—波罗的海国家（立陶宛、拉脱维亚和爱沙尼亚）和另一些前苏联国家（格鲁吉亚、乌克兰、阿塞拜疆和摩尔多瓦）组成的“防疫”线正好在中间被隔断，一条地缘政治走廊从这里通往俄罗斯。随着俄白联盟的出现，在从黑海到波罗的海形成的挤压俄罗斯的半圆形“防疫”线撕开了一个非常重要的缺口，而且这是中心环节。在这种情况下，破坏北约支持建立的黑海—波罗的海缓冲地带的计划，遏制北约极端主义的东扩，就成为白俄罗斯和俄罗斯联合的主要地缘政治意义。

在目前的国际形势下，俄罗斯的地缘战略利益迫切需要进一步加强与白俄罗斯的联盟，也包括就共同防御问题缔结联盟。白俄罗斯和俄罗斯在军事领域的合作有利于解决对两国都重要的防御性问题和地缘政治问题：反对召开黑海—波罗的海会议；合理解决加里宁州的问题；依靠白俄罗斯和俄罗斯现有的防御基础设施和历史上形成的军事工业综合体的一体化，在独联体框架内建立可靠的地缘政治核心；建立共同的统一防御空间。

鉴于北约东扩，白俄罗斯和俄罗斯国防部长签订了关于军事主管部门外交活动的协定；签订了关于保障军事领域实际安全的协定；信息交换和共同使用军事基础设施问题已达成协议；商量好了建立白俄罗斯和俄罗斯地区军团的日期和规模；还达成了从根本上对加强两国防御能力施加影响的协议。（鲍里斯·比基宁《俄罗斯—白俄罗斯：地缘政治联盟》，俄罗斯《红星报》2000年9月19日）

（薛　军）

日本防务战略问题研究　20世纪的最后10年，日本基本完成了冷战后新时期军事战略的调整，其核心是标榜“专守防卫”，加强日美军事同盟，建设一支精强的防卫力量。其目的是对付多元化的、多种样式的威胁。21世纪初，日本将继续贯彻现行军事战略。其间，某些内容可能会有所调整，体系也将更趋完备，但军事战略主旨和基本框架不会发生大的改变。目前，日本陆海空自卫队的战略正在进行相应调整，“有事法案”也在加紧制定中。2000年7月28日日本内阁会议通过的2000年版防卫白皮书——《日本的防卫》，对于日本遭受武力攻击时的立法问题，强调“应该在平时就作好准备，”阐述了完善立法的必要性。

新《日美防卫合作指针》及相关立法评析　冷战后，美日重新调整、加强双边同盟关系，制定和颁布新指针是其重要步骤之一。日本借机对防卫政策作出重大调整。

新指针的实质 新指针及相关立法的出台源于冷战后日美巩固同盟关系的共同需要。它既是日本打破战后禁区的一个重要步骤，又是美国全球战略的重要组成部分。苏联解体后，美日战略重点转向防范中国崛起。美国并不认为中国现已构成威胁，而担心今后15年中国军事力量壮大后，美在亚太的军事存在不足以遏制中国，所以从现在起就决心增大日本的军事力量及作用，使美日同盟成为亚太地区的“战略新轴心”。日本认为，到2015年“中国将成为经济、军事和政治大国”，为此企图以美国为后盾牵制中国。种种迹象表明，日美就是要在此之前，依靠新指针及后续作战计划，完成对华防范态势。新指针的实质就是美日企图在21世纪长期主宰亚太安全。

新指针所说的“周边事态”的范围实际包括台湾海峡，其主要目的之一是对中国以武力阻止“台独”施加威慑。一旦台湾海峡发生战事，日本右翼鹰派势力将以事态关系到日本的和平与安全为借口，以维护日美同盟为理由，以《周边事态法》为依据，要求日本政府介入。

新指针及相关法违背一整套法律体系 新指针及相关法已从不同角度、不同程度地违背了《联合国宪章》、《日本宪法》、《日美安全条约》、《中日和平友好条约》等一整套国际、国内法所构成的法律体系。①逻辑起点违反《联合国宪章》的宗旨和原则。《联合国宪章》的逻辑起点是：不得使用武力解决国际争端。《日美安全条约》第1条也规定了日美两国保证遵守《联合国宪章》的原则。而新指针的逻辑起点却是建立在美军武力介入亚太冲突之上的。②对“周边事态”的界定无视联合国安理会的授权。根据《联合国宪章》的规定，对国际上是否发生威胁，破坏和平或侵略的行为，以及是否对其采取军事手段，恢复国际和平与安全，应由联合国安理会判断。然而新指针对“周边事态”的界定及军事行动，却只由美日两家说了算。新指针除了对公海船舶检查以外，对美日针对所谓“周边事态”的其他军事行动，也未规定须经联合国安理会决议。美日两国就是要通过新指针，在对日本“周边事态”采取军事行动时绕开联合国安理会。③有违日本和平宪法精神。新指针要求在发生“周边事态”时，日本要保证自卫队为美军运送人员、武器、弹药、燃料等。这实际上无异于日美协同作战，如此则使日本得以突破宪法规定。④与日本签署的国际条约有关规定相违背。《日本宪法》规定：“日本国缔结的条约及已确立的国际法规，必须诚实遵守之”。《日美安全条约》第6条规定：为维持所谓的“远东”和平，日本允许美军“使用日本的设施和区域”，但自卫队无权出国配合美军作战或提供后方支援。在日本为对付“周边事态”而与美进行的40项合作中，可从《日美安全条约》中找到依据的只有使用基地等6项，而其余34项均无据可查。这种通过制定新指针变相修订《日美安全条约》的作法，显然不能解释为“诚实遵守”国际条约。对中日两国来说，《中日和平友好条约》是中日关系的政治和法律基础。若新指针范围包括台湾势必严重干涉中国内政，从根本上破坏《中日和平友好条约》。因而无论是从国际法还是从日本国内法看，它都是非法的、无效的。（钟严《新“日美防卫合作指针”及相关立法评析》，《日本学刊》2000年第2期）

关于日本安全保障战略的6点建议 日本国际外交研究所和安全保障研究会通过分析日本面临的安全环境和未来危机，对日本安全保障战略提出了6点建议：①东西方冷战业已结束，但日美同盟的重要性仍未改变。因为冷战的终结打破了以往的秩序结构，最终使国际政治变得更加复杂。在冷战后时代，国际社会要求日本为国际作出贡献的呼声日益高涨，从这一点讲，日美同盟是日本国际战略最重要的基础。②有必要大胆地重新审视日美同盟关系的现状。日美同盟不仅对日本，而且对美国展开其国际战略，维护并确保其国家利益，也是不可或缺的。从此种意义上说，日美同盟体制越来越具有互惠性。③日本在安全保障问题上最担忧的是中国的发展趋势。不仅中国的经济和军事强大给周边各国带来了威胁，而且其国内的各种不稳定因素也将成为亚洲未来最大的忧虑。④最重要的是要建立一种战略环境以避免中国将来扰乱国际社会秩序。重中之重是，日本安全保障战略的着眼点就在于遏制冲突，以避免中国的发展给亚洲形势带来混乱。⑤朝鲜的弹道导弹是日本迫在眉睫的危机。朝鲜已经配备了可覆盖日本的中程弹道导弹，因此加强导弹防御体制乃是当务之急。综合起来看，朝鲜的导弹技术已经取得长足的进步，不可低估朝鲜的能力。⑥日本不仅与朝鲜，还与中国、俄罗斯等拥有大量导弹的国家相毗邻。人们本来认为拥有反攻力量才能确保最可靠的遏制，但建立尽可能以防御手段为基础的可靠的防御体制是日本当务之急，日本应尽快引进TMD，通过军事卫星（监视卫星）和侦察卫星，建立起以日美协调为基础的防御体制。（日本国际外交研究所和安全保障研究会《新假想敌—关于我国安全保障政策的建议》，1999年7月出版）。

日一防卫专家提出日本21世纪防卫课题 日本防卫厅防卫研究所研究室长武贞秀士认为，身处朝韩关系改善、多边对话刚刚就绪和周边安全问题日益突现的环境中，日本21世纪的防卫课题应为：加强双边关系，在安全领域尤其如此；加强日美韩间的关系；制定战时法律，加强装备和防御。①在21世纪的日本外交和防卫问题上，在东北亚地区，双边关系、同盟关系、双边协议仍非常重要。而且，安全领域的重要性正在增加。大规模杀伤性武器扩散的问题、核查有核嫌疑的设施问题、有可能用于军事的产品的出口等，这些直接涉及日本安全的问题将更加重要。网络恐怖活动和网络战争的威胁正在增加，出口的民用全球定位系统和家用游戏机等有可能被转用于军事用途，这都是东北亚存在的问题。②在外交领域，日本的课题是维持并发展日美同盟，同时日韩的防卫交流也非常重要。而且，应该加强日美韩之间的政策协商，为应付复杂的双边关系的动向作准备。③在防卫领域，日本正在讨论战时法律，并在探讨引进高效的高科技装备，同时还在研究防御弹道导弹的问题。这些在考虑日本21世纪所处的周边环境时都是非常重要的。（长武贞秀士《日趋复杂的朝鲜半岛局势和日本》，日本《世界周报》2000年5月23日）

冷战后日本海上自卫队发展战略具有4个主要特点 与冷战时期的“封锁护航”战略相比，日本冷战后的“护航参与”战略具有4个主要特点：①强调外部威胁的多元化，将朝、中、俄作为主要潜在威胁。从1996年开始，日本改变了多年来一直以俄罗斯为主要威胁的提法，将朝鲜、中国和俄罗斯作为其未来的主要作战对象，在继续保持北方兵力部署的同时，加强对西南部即针对朝鲜和中国的兵力部署。日本海上自卫队增加了靠近中国、朝鲜的佐世保基地的驻防船只和飞机。②强化日美安保体制，把两国军事合作范围扩大到整个西太平洋。在1997年9月公布的新《日美防卫合作指针》中，把日美防卫合作的地区扩大到了“日本周边地区”；制造了日本使用军事力量干预国际事务的根据；明显突破了“专守防卫”原则；赋予日本海上自卫队多种新使命，谋求在国际上发挥更大的军事作用；日本在日美防卫合作中的地位和作用得到提高，双方关系逐步发展为战略伙伴关系。③日本海上自卫队将实施攻势防卫，以海上歼敌为作战指导思想。日本海上自卫队将强调与敌争夺制海权和制空权，用快速打击方法遏制敌军入侵，以消灭对日构成的威胁。在海峡封锁和反潜护航两种主要作战样式中，重点向后者倾斜。其作战海域从70年代的200海里，80年代的500海里，逐步扩大到现在的1000海里，并有可能扩展至中国的南海海域。如形势发生重大变化，波斯湾也有可能成为日本海上自卫队的作战海域。④在军队建设方面，奉行“合理、高效、精干”的质量建军原则。在未来15年内，日本海上自卫队的驱护舰和反潜巡逻机将有所减少，但舰艇总吨位和高技术武器装备将逐年增加，主要作战船只将全部实现大型化、导弹化、系列化和高新技术化，作战能力将进一步提高。（陈光琪《日本海军发展战略的演变及调整》，《外国军事学术》2000年第3期）

日本首都防空作战指导思想出现3点明显变化 日本首都的防空作战指导思想过去一直受“专守防卫”战略的制约，作战范围局限于东京及其周围地区。近年来，随着“专守防卫”内涵的改变和“洋上歼敌”、“洋上防空”作战指导思想的形成，其作战范围进一步扩大，作战思想出现了3点明显变化：①以航空自卫队为主，陆、海上自卫队为辅，实施日美联合防空。日军认为，首都防空作战属要地防空，在兵力兵器使用上，应以地面防空兵器特别是命中精度高、火力威力大的地空导弹作为火力基础和主导武器，将歼击机用于远程截击和机动作战，充分发挥其机动性能强和作战距离远的优势。海上自卫队防空兵器与航空自卫队歼击机密切配合，实施前伸拦截，力争歼敌于领空之外。但当前和今后一段时间内，在遭到大规模空袭或弹道导弹袭击的情况下，尤需依赖美国空中力量的保护和核威慑，实施日美联合作战。②积极防空，主动出击，快速反应。日军强调，进行首都防空时必须实施积极防空。平时，通过周密准备和严密警戒防止敌人的空中袭击。一旦确定敌人有从空中入侵攻击的征候要立即作出反应，从远洋上空开始层层拦截敌航空兵器，力争把敌空袭兵器消灭在距首都尽量远的地方。同时，根据情况发展主动出击，击毁敌人的航空兵力和导弹基地，以粉碎敌人入侵企图。③统一指挥，密切协同，发挥整体威力。现代战争条件下的首都防空必须在全方向、全高度、全纵深同时进行，对于敌人以多种兵器进行的大规模空袭，必须运用各种防空兵力、兵器，发挥整体威力。因此，强调要以地面雷达、预警机、拦截战斗机、防空导弹和高炮等各种防空兵器组成多层次的综合防空体系，由自动化防空指挥系统实施统一的协调指挥。（孙宏兵《日本首都防空体系建设及其发展趋势》，《外国军事学术》2000年第10期）

（薛　丰）

其他国家和地区战争与战略问题研究

英报称国家贫穷已成为引发战争的主要原因 英国《金融时报》2000年12月27日载文称，今天的战争几乎都不是国与国之间发生的，而是在一些国家内部发生的。1999年世界上发生的27场较大规模的武装冲突中，有25场是内战，而且都发生在较贫穷的国家。世界银行的保罗·科里尔和牛津大学的安克·赫夫勒对1999年以前的47场内战的数据进行分析，认为以下一些情况会增加爆发内战的可能性：基本商品严重依赖进口，人均收入较低，经济衰退，国家的面积太大，国家刚刚打完内战，有从富裕国家移居过来的大型社群，曾参与过冷战，教育程度偏低，人口增长过快。其中最主要的原因是国家贫穷。因为不管内战中叛军的真实动机如何，穷国的叛乱必定是掠夺性的。科里尔对此认为，不满情绪对于一个反叛组织来说，就好像一个企业的形象。内战最关键的一个因素是反叛组织持续作战的能力。如果一个国家太大，政府不容易控制，叛军很容易对国家的主要商品如钻石等进行劫掠或征到税，这使其更有能力向政府挑战。而穷国政府则很难征到税，致使其军费不足，无力平息叛乱。同时，长期控制一个地区的叛军与一般的流动叛军不同。为使自己的收益达到最大限度，他们就要增加生产，制定法律。尽管他们不会使所控制地区的居民生活得到极大改善，但总比在你争我夺的流动叛军控制下能获得更多的利益。这使叛军更能赢得当地居民的支持。此外，没有受过教育并且一贫如洗的年轻人，更容易受到叛军行为和生活的吸引。在某个单一民族占绝大多数的国家，少数民族会觉得诉诸武力是对抗压迫的惟一选择，这成为内战的重要动因。(马丁·沃尔夫《内战是如何困扰穷国的》，英国《金融时报》2000年12月27日)

法专家谈造成21世纪战争危险的4个因素 法国《世界报》2000年世纪特刊发表专家文章，指出，新世纪战争危险增大，并将引发战争的因素概括为4点：一是核扩散很难有效控制。据西方情报机构分析家说，目前世界上已有20多个国家掌握了制造核武器的技术手段，不知什么时候也会像印度和巴基斯坦那样，落实自己的核能力，成为正式的核国家。战略家们担心这些未来的核国家会做出一些无理的举动来。二是生化武器危险增大。人们把化学武器称之为“穷人的武器”，因为利用生产农业食品或药品的那些配料就可以制造化学武器，而无需什么先进的完善的试验室。但化学武器对人的生命所造成的危害却是十分严重的。尽管1993年国际公约禁止制造、使用和出口生物武器，但世界上已有20来个国家能制造这类致命物质。其中化学武器的许多成份可能都具有民用和军用的双重用途，这是造成扩散、并使人们难以确切了解扩散危险的“实际规模有多大”的主要问题。1995年东京地铁发生的沙林气事件进一步使人们认识到，化学武器扩散造成的危险将会增加。三是出现新的战争空间。许多与传统的军事空间不同的新空间将具有战略意义。法国军备总代表埃尔梅说：“正是在这样一些区域和网络上，借助于新技术的帮助，信息将得到管理，经济资源将得到开发。”上述这些活动也可能成为明天的战场，它将促使某种新型的、不大顾及遵守习俗和法律的侵犯者采取行动。外层空间就是这样，那里有无数形形色色的卫星，它们已经不再受国家主权的约束，并潜伏着战争的危险。四是雇佣军普遍化与战争私营化。除了那种国家间或国家内部各派间的战争之外，还有一种战争，这种战争是由那些受非正统的意识形态、宗教、邪教、种族或黑手党思想影响的小团体进行的。他们所在的地区没有法律可言，使用暴力和以武力进行控制是得到人们认可的。就像人类学研究员米歇尔·克伦所说的：这使得“雇佣军的问题已呈普遍化的趋势”，也就是说要雇佣外来的职业军人，这些人员是哪个国家给钱就给哪个国家干，这些国家都陷入一些剧烈的地区危机或陷入了一些具有造反性质的动荡中。这就是人们所说的战争的私营化，这是新世纪面临的一种严重失常情况。克伦指出：“在拉美、非洲、巴尔干和苏联的一些加盟共和国地区，特别是在高加索地区，这种现象正在变得愈发令人担忧。”亚洲也受到了这个问题的困扰。(雅克·伊斯纳尔《新世纪存在战争危险吗》，法国《世界报》2000年世纪特刊)

西班牙刊物分析新内战的特点及其原因 西班牙《防务杂志》月刊2000年5月号载文指出，据斯德哥尔摩国际和平调查协会的报告，1999年全球共出现27起激烈武装冲突，其中只有两起为国家间的冲突，但也都含有很大内部冲突的成分，这表明内战已成为造成世界不稳定的主要因素。而且内部冲突已不再是意识形态敌对的政党间的武装冲突，而变为因地区混乱引起国家分裂或种族歧视的漫长进程。

新内战的特点主要有3个：一是它具有导致国家分裂的明显趋向；二是新内战更具野蛮性，因为它所谓的“消灭敌人”，根本就不区分是平民还是军人，只要是异教徒或异族人就格杀勿论；三是它具有耗时长的特点，其中哥伦比亚的冲突已持续了半个多世纪。

导致新内战的因素主要也有3个：一是冷战结束后失去外部和意识形态支持的许多亚、非、拉国家及东欧国家政府越来越虚弱，致使民族主义力量和宗教势力迅速崛起，并导致相当一部分国家的分崩离析。二是邻国关系往往是造成某些国家国内团结出现问题，进而导致分裂局面的重要原因。刚果国内的种族冲突与邻国卢旺达的支持不无关系。三是许多介入国内冲突的非政府力量都通过毒品走私等手段，拥有了丰厚、独立的经济来源。如哥伦比亚就是这种内战与贩毒纠缠在一起的范例。而国际上出现的有利于非政府武装组织增强实力和政治自主性的趋向，又助长了非政府武装组织的发展。(《兄弟相阋》，西班牙《防务杂志》月刊5月号)

印报提出联合美、日等国抗衡中国的战略 《印度时报》2000年9月6日发表文章称，应向美国政治权势阶层提供一个可供选择的地缘政治方案。这样的方案应包括以色列，它将作为亚洲安全体系的一端；经济上蒸蒸日上的东盟各国和越南，将作为它的结实的下腹部；而经济上强大的日本将是这一安全体系的另一端；印度以其军事和经济实力将是这一体系的战略支点。建立这一安全体系的一些基本条件已经具备，现在需要的是把它们构筑在一起。

摆脱了传统上屈服于阿拉伯感情的陷阱，使得同以色列建立有意义的战略防御和技术上的联系以及更具创造性的全方位外交成为可能。

印度同越南签署的防御条约规定，两国将在常规武器的设计和制造方面进行合作。作为两国军事合作的一个象征，印度海军的一支小舰队不久将同越南海军在南中国海举行军事演习。从潜在意义上说，这是对中国的警告，即中国在印度的后院不能为所欲为。

日本也越来越认识到印度潜在的长远军事作用(印度海军曾在公海上解救一艘遭到海盗袭击的日本商船)。这可能导致较具实质性的军事合作并增强抗衡中国的力量。日本关于把印度的软件同日本的硬件能力结合起来的建议，一旦证明行之有效，双边贸易的增长和新时代的商务活动，将使两国间刚刚建立的军事关系得到加强。

要想让东南亚各国参加上述地区安全体系，除需要向东盟推销印度作为一个大的新兴市场的魅力外，印度武装部队应当帮助训练东南亚各国的军队并向它们提供各种服务，因为泰国希望印度帮助它把从西班牙购进的一艘航空母舰编入战斗序列；新加坡空军希望利用印度的领空训练它的战斗机驾驶员；马来西亚空军希望印度空军技师帮助它维修米格－21战斗机。

那么，在这一方案中，美国将发挥什么作用呢？首先，拟议中的安全体系主要是地区内部应付两大国际安全威胁——野心过大的中国和塔利班化的伊斯兰教义的传播——的办法。其次，这一计划完全是本地的，它绝不会有驻韩和驻日美军的那种恶名。第三，它最终可以导致更经济、更有效地维持亚洲近海的安全，防止海盗袭击和走私毒品和军火的行为。它还可以比以佐世保和关岛为基地的美国海空力量更有效地保护海上航道的畅通和远洋油轮的安全。最后，它毫不妨碍美国武装力量在广大地区的存在，也不限制美国军队的行动。

但要使这一安全体系生效，最关键的是印度必须相信它的"明确的命运"，并采取强有力的行动。(巴拉特·卡尔纳德《印度作为地缘战略的支点是抗衡中国的砝码》，《印度时报》2000年9月6日)

印防务专家提出要在战略上包围中国 据法新社报道，当巴基斯坦铁腕人物穆沙拉夫将军2000年1月18结束对中国的访问时，印度防务和国际关系分析家布拉马·切拉尼在印度《亚洲时代报》上公开宣称，印度对其邻国中国和巴基斯坦重新确认它们的密切关系表示不安，并警告说这增加了新德里面临的安全威胁。

中国是穆沙拉夫1999年10月政变上台以来第一次出访的一个非穆斯林国家。这次访问的特点是双方都强烈表示要互相支持和亲善。切拉尼说，新德里的宿敌重申其友好的关系令人担心。印度同巴基斯坦打过3次战争，同中国有过一次激烈的边界冲突。长期冷若冰霜的印巴关系，在上个月发生一架印航班机被5个人劫持事件后，冷得像极地的冰川。而劫机者是巴基斯坦人。令此间人士更为恐怖的是穆沙拉夫和江泽民讨论了克什米尔问题。克什米尔争端是印度和巴基斯坦长达50年的敌对的紧张关系的根源，也是3次印巴战争的催化剂。穆沙拉夫说，中国完全同意巴基斯坦在克什米尔问题上的立场，还说，巴基斯坦希望北京在调解克什米尔问题上发挥更积极的作用，但这是印度坚决反对的。

切拉尼说，若不采取补救措施，巴中联系可能要让印度付出昂贵代价。为此，印度应该设法"通过一项大的战略计划切断巴中联系"，该计划将要求在安全问题上都对中国感到不安的本地区以及其它地区的国家参与。这主要包括"印度潜在的新友邦—美国、日本、印度尼西亚和马来西亚。印度可以仔细地制订出一项在战略上包围中国的政策。"(据法新社新德里2000年1月19日电)

东盟国家新军事战略有 4 个特点 有作者撰文指出，冷战结束后，东盟国家顺应世界新军事革命潮流，普遍调整了本国军事战略。并将其新军事战略的特点概括为以下 4 点。

普遍确立“防御前沿外推”的战略方针 东盟国家在调整本国的军事战略方针时，大力前推防御前沿，增强国土防卫的弹性，保持有效的威慑力和应变力，御敌于国门之外。为提高本国军队在现代条件下捍卫国家安全和维护地区稳定的能力，近年东盟的军备采购方向由安内的轻武器向防外的攻击型重武器发展，陆军以采购重型坦克、装甲车、导弹和大口径自行榴弹炮等重型武器为主，海军侧重于采购导弹护卫舰、驱逐舰等大型舰只，空军倾向于装备防空雷达网、新型战斗机、空中加油机、预警机等先进机种，其中一些先进武器所具有的进攻性和威慑性不可低估。

“御外”战略重点由陆地转向海上 随着东盟一体化进程的加快，它们开始制定有关加强对外防御的战略，并把战略防御重点由陆地转向海洋，以海洋强国为基本目标，积极推行海上扩张政策，扩大其战略纵深，争夺海洋权益。同时，相应地调整了防卫指针，力争在 200 海里专属经济区以远的海上阻击来犯之敌，以期在未来的海洋争夺战中居于主动位置。

把质量建设放在军队建设的首位 为加强与周边大国相抗衡的力量，东盟国家把保卫国家和地区安全的基点放到提高自身军队现代化建设水平上来，通过精简部队员额，加强军队训练，大幅度提高军费开支，加紧采购先进武器装备和大力发展本国国防工业，全面推进质量建军，提高各国部队在高技术条件下的近海防御作战能力。东盟各国还将军队建设重点由陆军为主转向以海、空军为主，以快速反应部队为主，以适应其防务需要。

作战指导思想重点放在应付突发事件上 东盟国家的作战指导思想更加重视应付海上和陆地边界地区的突发事件，更加重视近海防御作战和强调三军协同作战。为此，东盟国家纷纷制定精兵建军政策，优化部队结构，加强三军快速反应部队建设，加强以海防科目为主的各种军事演练，提高海上协同防卫能力。(陈显泗、弋胜《冷战后东盟国家的军事战略调整及其发展趋势》，《中国军事科学》2000 年第 1 期）

也有作者对东盟国家未来 5～10 年的军事战略进行预测分析，指出“平衡大国力量”是其主要特点之一。具体将表现在以下 4 方面：

(1) 继续坚持“平衡大国”的战略，但在制衡中将有所倚重，即倚重某个或某些大国去应对乃至遏制某个（或两个）大国。随着经济的崛起和自身的发展壮大，东盟国家参与地区事务的自信心不断增长，对待大国的态度也随之由被动依赖转变为主动平衡和利用，而大国在亚太地区的相互制约和相对收缩态势为东盟“平衡大国”战略的实施提供了可能。但东南亚金融危机进一步导致了东盟与大国关系的变化，即从警惕美日到重新依赖美日，试图建立地区主导下的大国制衡机制，这是东盟国家军事战略调整应予关注的发展趋势。

(2) 逐步改变要求同盟大国撤军和实行独立防卫为主的方针政策，全面调整联防关系，利用势力的均衡和互补来达到保障自身安全的目的，使得这一地区的利益格局和军力结构十分复杂。目前，东盟国家继续保障和加强同英、美等国的联盟合作关系，并对其有一定的依赖。尤其是对美国，希望维持其在东南亚地区的“前沿军事存在”，充当“地区保护伞”，有意将自身与美国在亚太的军事利益挂起钩来，允许美国在其领土上驻有少量军事人员，使用其港口、机场等设施，并经常与美军举行联合演习。

(3) 在安全领域，东盟借重大国力量平衡中国的倾向较为明显。日本报刊指出，东盟大国平衡外交的实质，主要是利用美、日、俄 3 个区域大国来牵制中国。东盟渴望主导地位而又苦于力量不足，既对外力介入保持警惕，又向西方大国靠拢和依赖。区域外大国的插手，势必加剧地区安全的不稳定性，使南海问题有国际化的危险。相关国家军事力量云集南海周边，给南海安全带来了不确定性。

(4) 联盟内国家加强联防或凭借地区外大国的支持，不断增强应付突发事件的军事能力，这种趋势也不容忽视。在平衡的框架内，东盟各国既追求最大限度的安全，但同时又感到仍时时面临着威胁。为摆脱威胁和应付由此产生的突发事件，一是加强东盟内国家的联防，二是借外力增强自己。近年来，东盟各国之间，各国与英、澳、法、俄、印等国之间分别签订有双边军事合作协定。它们欢迎美国在亚太地区保持 10 万驻军，还积极引进英国、澳大利亚和新西兰的军事力量以增强自身的实力。频繁的军事演习把东盟同一些地区外大国在军事上联结在一起。越南还表明了将金兰湾重新向美俄开放的意向。这些举动无一不是向世人表明，借助外力，东盟各国有对付可能出现的各种威胁及由此发生的突发事件的能力。(陈显泗、弋胜《冷战后东盟国家的军事战略调整及其发展趋势》，《中国军事科学》2000 年第 1 期）

（夏礼伯）

局部战争和著名战役研究

抗美援朝战争研究 2000 年，中国各界在隆重纪念中国人民志愿军赴朝作战 50 周年的同时，有关报刊和出版社还发表大量文章和出版专著，对抗美援朝战争的意义、中国派遣志愿军抗美援朝的原因、抗美援朝战争的主要经验、中国如何实施战争保障，以及这场战争的战略遗产等问题进行了较系统的研究和论述，现将主要观点综述如下。

抗美援朝战争的历史意义 有作者指出，抗美援朝战争在世界走向和平与发展中有重要的作用：第一，抗美援朝的胜利，稳定了第二次世界大战后形成的以两个大国为首的两大阵营均势势态，大大增强了世界走向和平与发展阶段的可能性。第二，进一步推动了第二次世界大战后民族民主运动的高涨，使一支新兴的维护和平的强大政治力量登上了世界舞台 。第三，用无可辩驳的事实向全世界表明，站起来了的中国人民，是维护世界和平的中坚力量。（石仲泉《抗美援朝在世界走向和平发展中的历史作用》，《中共党史研究》2000 年第 6 期）有作者认为，只有确认抗美援朝战争的伟大胜利，才能进一步准确地评估这场战争所具有的重大历史价值。第一，抗美援朝战争极大地影响了战争的表现形态，有力地维护了世界和平。第二，抗美援朝战争极大地提高了中国的国际威望，奠定了新中国在亚洲和国际社会中的重要地位，促使国际关系朝着有利于中国的方向发展。第三，抗美援朝战争为中国赢得了和平建设的环境，促进了中国各项建设事业的发展，同时也推动了人民解放军现代化建设，提高了中国的国防实力。第四，从地缘战略角度讲，抗美援朝战争保证和维护了中国地缘战略上的有利态势，对促进祖国统一大业意义重大。总之，抗美援朝的胜利，标志着中华民族从此走向自立、自强，走上伟大的民族复兴之路。（黄宏等《维护世界和平和我国国家安全的战略选择》，《中共党史研究》2000 年第 6 期）

（方　宁）

中国派遣志愿军抗美援朝的原因 有作者撰文指出，回顾抗美援朝战争，人们面对的第一个问题便是，中国为什么要出兵？是否还有别的选择？对于刚刚成立一年的新兴的人民共和国来说，要做的事情实在太多，可以说是百废待兴。除非万不得已，中国是决不会选择参加战争的。

1950 年 6 月 25 日，朝鲜战争爆发。6 月 26 日，美国总统杜鲁门命令其驻远东空、海军参战。更为严重的是，美国在援助李承晚的同时，派第 7 舰队侵入台湾海峡，入侵中国领土台湾，直接威胁到中国的领土和主权完整。这才迫使中国转移战略重点，抗美援朝，保卫新生的社会主义政权。6 月 27 日，杜鲁门发表声明，声称“台湾未来地位”未定，企图制造中国的分裂。此后，美国飞机连续不断侵入中国领空，进行轰炸扫射。9 月底，美国侵朝地面部队全线进抵“三八线”，并开始越过“三八线”向中朝边境进攻。此时，朝鲜民主主义人民共和国请求中国援助。正是在这样的情况下，新中国才作出了出兵抗美援朝的决策。1951 年 10 月 23 日，毛泽东在中国人民政治协商会议第 1 届全国委员会第 3 次会议上的开幕词中明确指出：“如果不是美国军队占领我国的台湾、侵略朝鲜民主主义人民共和国和打到了我国的东北边疆，中国人民是不会和美国军队作战的。但是既然美国侵略者已经向我们进攻了，我们就不能不举起反侵略的旗帜，这是完全必要和完全正义的。”

抗美援朝在中国人民心目中享有崇高地位的原因

作者认为，50 年来，抗美援朝战争一直是中国人民的骄傲。抗美援朝精神已经成了中华民族的宝贵精神财富。抗美援朝战争，是新中国第 1 场为维护国家主权、争取和平与安全而战的战争。敢与美国这个最强大的帝国主义进行战争较量，充分说明了中国人民在涉及主权和领土完整的原则问题上决不让步，在涉及国家根本利益的问题上决不轻言放弃的决心。抗美援朝战争，也是中国自鸦片战争以来最为扬眉吐气的战争之一。它一扫中国近代历史上的耻辱，彻底改变了中国在世界上的形象，使中国的国际威望空前提高。这场战争还极大地振奋了全国人民的民族自信心和自豪感。敢于在可能蒙受巨大损失的情况下维护自己的主权尊严，这本身就说明，中华民族能够在民族和国家利益的旗帜下凝聚巨大的能量，战胜一切敌

人。(郭志刚《中国为什么要抗美援朝》,《中国国防报》2000 年 10 月 25 日)

(王丽娅)

抗美援朝战争的基本经验 抗美援朝的许多宝贵经验，对指导现代技术特别是高技术局部战争仍具有重要的现实意义。

政治工作的基本经验 有作者指出，开展强有力的政治工作，充分发挥政治优势，是战争胜利的重大因素。这方面的经验主要有：一是开展以“抗美援朝，保家卫国”为中心的爱国主义和国际主义教育；二是进行革命英雄主义教育，开展群众性的立功运动；三是严格执行政策纪律，加强内外团结；四是充分发挥各级共产党组织的核心领导作用和共产党员的模范带头作用。

战争指导的基本经验 有作者认为，以毛泽东为主席的中共中央和中央军委实施了正确的战略指导，主要表现在 3 个方面：一是预作防范准备，避免了被动临急应战；二是确定了既“稳”又“争”的战争指导路线；三是根据战争形势的发展变化，适时调整作战指导方针。有作者指出，中共中央军委创造性地将军事、政治、外交斗争融为一体，表现出了高敌一筹的战争指导艺术：一是“先礼后兵”，掌握政治主动权；二是在军事和外交两条战线上同美国进行较量；三是边打边谈，以打促谈。还有的作者从战略决策的角度总结了这方面的经验：一是冷静观察国际风云突变，把革命胆略和求实精神结合起来，果断组织志愿军赴朝参战；二是根据战局急剧变化，适时改变先组织防御作战的计划，决定径直实施战略反攻来转变战局；三是适应朝鲜战争的特殊规律，坚持持久作战积极防御的战略方针，采取充分准备、持久作战和争取和谈的策略，适时实行战略转变，四是在战争处于转折的关头，大力加强海防，作好粉碎敌人从侧后登陆进攻的充分准备；五是利用敌人营垒的矛盾，打一仗再签字停战，以保证实现稳定可靠的停战。

战略战术的基本经验 有作者总结了运动战的基本经验：一是运动战的形式要随着战场情况的变化而变化；二是运动歼击目标和进攻深度要与作战能力相适应；三是运动战的实施要有相对稳定的作战线；四是运动战要组织好主次方向的密切协同动作；五是运动战中要科学周密地组织大兵团转移；六是运动战的后方保障要满足作战规模的要求。有作者总结了阵地战的基本经验：一是坚守防御，寸土必争；二是“冷枪冷炮”狙击和小分队袭击；三是“零敲牛皮糖”，积小胜为大胜；四是采取攻克后固守、反复争夺、抓一把就走等 3 种方式实施战术反击；五是组织好较大规模的阵地进攻战；六是多兵种协同作战。有作者总结了山地作战的基本经验：一是利用山地有利地形隐蔽企图，以运动战为主，寻机歼敌；二是利用山地有利地形，广泛实施穿插迂回；三是采取“零敲牛皮糖”的战术，实现“持久作战，积极防御”的原则。有作者总结了合同战术的基本经验：一是对运动中或临时驻止之敌，实施战术小包围，打小歼灭战；二是对坚固设防之敌实施有限目标进攻战术；三是战役迂回与战役穿插、分割紧密结合，发展了纵深打击战术；五是适应反坦克、反空袭、反空降战斗的需要，防御体系初步具有立体性质；六是以广泛的战术反击，达成顽强坚守目的。

军兵种运用的基本经验 有作者总结了坦克兵的战术运用经验：一是分割配属，直接支援步兵作战；二是机动灵活地发挥自己的优势，“巧藏”、“善打”；三是密切与各兵种协同，发挥装甲兵应有的作用；四是作好技术保障，保持坦克的战斗力。有作者总结了炮兵的作战经验，主要有：一是集中使用炮兵，提出了“集中兵力兵器于主要方向，集中火力于重要目标和重要时机”的原则；二是火力运用更加成熟，完善了“迅速、准确、突然、猛烈”的原则；三是各级炮兵部署更加完整，在阵地配置上，提出了“纵深配置”和“火力集中，阵地适当分散”的原则；四是广泛实施机动，提出了“火炮机动”与“火力机动”的理论，创造了炮兵机动的范例。有作者总结了空军的作战经验：一是积极稳妥地使用空军，是以弱制强的上策；二是勇敢加技术，是空战胜利的关键；三是武器装备的性能优劣，是空战成败的重要条件；四是坚强有力的政治工作，是部队战斗力的根本保证；五是从抗美援朝的实践中，进一步看清了建设一支强大的空军的重要性与必要性。

战争综合保障的基本经验 有作者总结了侦察工作的基本经验：其一，及时调整侦察力量，是完成情报收集任务的基础；其二，大胆渗透到敌纵深、后方，是获取敌人情报的重要途径；其三，密切侦察协同，是完成侦察情报的重要保障。有作者总结了后勤保障的基本经验：一是全军动手，发扬自力更生、勤俭节约的光荣传统；二是采取有效措施，想方设法战胜敌人对后方的破坏；三是抓住主要矛盾，下大力气做好运输和兵站工作；四是从实际出发，实行分区保障与建制保障相结合的体制。有作者总结了工程保障的基本经验：一是建立一个与现代合同作战相适应的指挥系统；二是建设一支适应现代作战的工程保障骨干力量—工程兵部队；三是依靠合成军的整体力量，共同完成各种工程作业；四是构成以反坦克壕与各种障碍物相结合的反坦克障碍物；五是建立完善的工程器材管理与供应系统。（徐文晶等《抗美援朝战争经验综述》，《军事历史研究》2000 年第 3 期）

（方　宁）

抗美援朝中的战争动员　有作者认为，中国在抗美援朝中卓有成效的战争动员，主要体现在以下 5 个方面：

（1）*开展声势浩大的政治动员*　首先从“三视”教育入手，唱响爱国主义主旋律。1950 年 10 月 26 日，中共中央发出指示，在全国开展“三视”（仇视、鄙视、蔑视）教育为中心内容的抗美援朝爱国宣传教育活动。11 月 4 月，各民主党派发表联合宣言，愤怒声讨以美国为首的帝国主义者侵略朝鲜和中国。全国各地区、各界纷纷发表宣言，拥护中国各民主党派联合宣言。其次，组团赴朝慰问，前方后方互相激励。1951 年 1 月 22 日，中共中央下达了《中央关于组织赴朝慰问团的指示》，决定组织全国性的慰问团，慰问在朝作战的中国人民志愿军与朝鲜人民军，以鼓舞士气。抗美援朝期间，全国共组织了 3 届赴朝慰问团，他们带去了全国人民献赠的锦旗、慰问金、慰问品以及数万封热情洋溢的慰问信，极大地鼓舞了志愿军和朝鲜军民的战斗意志。

（2）*实施强有力的武装力量动员*　首先，面对危机未雨绸缪，人民解放军快速动员。美国军队入侵朝鲜之后，东北地区由战略后方变成了国防前哨。为了在必要时援助朝鲜人民军，中央军委决定调整国防部署，以部署在中原地区作为国防机动部队的第 13 兵团（辖第 38、39、40 军）和在东北齐齐哈尔等地区的第 42 军以及炮兵第 1、第 2、第 8 师等部，共 25 万余人组成东北边防军，迅速集结，开赴东北。后来，随着朝鲜战争形势的发展，又及时地增调部队加强边防军的力量，并部署边防军的二线、三线部队。中央作出抗美援朝的决策后，东北边防军即改编为志愿军开赴朝鲜。其次，动员青壮年参军参战，及时补充前线兵员。为了保证前线作战兵员，全国先后掀起了 4 次参军热潮。广大青壮年热烈响应祖国的召唤，踊跃报名参加志愿军。整个战争期间共有 207 万人参加了志愿军。

（3）*全面实施经济动员*　首先，调整财政方针，一切服从战争。1950 年 11 月，中央财政经济委员会在北京召开第 2 次财政会议，决定在财政工作部署上，“战争第一”、“一切服从战争，一切为了战争的胜利。”1950 年 12 月 21 日，中共中央批准重新制定的 1951 年度财政收支总概算规定：总支出为 69.5 万亿元，其中国防费为 33.4 万亿元，占 48.05%。此后编制的 1952 年度和 1953 年度财政收支总概算，军费支出比例虽有减少，但绝对数是增加的，总的方针仍是保证战争需要。其次，订立爱国公约，开展爱国生产竞赛运动。这是人民群众在抗美援朝运动中的创造，它把抗美援朝保家卫国的爱国热情与实际行动结合起来，用公约的形式加以强化和巩固，爱国与增产相互推动，有力地支援了前线。至 1951 年 10 月，全国有 2810 个厂矿单位、223 万职工，1000 万以上的农民参加了爱国增产竞赛，大大激发了工人、农民的生产积极性。

（4）*最大限度进行全民动员*　到 1951 年 5 月，志愿军已入朝作战 7 个月，取得了重大胜利。但由于武器装备处于悬殊的劣势，作战中实际困难很多。而此时国家财政已无力拨款购买飞机、大炮和坦克。鉴于此，中共中央发出号召，开展增产增收、捐献飞机大炮运动。全国人民立即响应，积极捐献。广大工人每月捐出 1～6 个工的工资，捐出奖金的一部分或全部，并参加义务劳动和加班生产作捐献；农民靠节衣缩食、进行农副业生产等办法作捐献；工商界捐出营业额的 1%～2%，有的捐出 4%～5%；大中学校的学生利用假期勤工俭学进行捐献；许多作家捐出创作稿酬的一部分或全部；艺术家开展义演、义卖（字画等）、义展活动，将其所得全部捐献。自 1951 月 6 月 1 日至 1952 年 5 月 31 日，全国各省市人民银行汇往抗美援朝总会的武器捐款为 55650 亿余元，以每架飞机 15 亿元计算，共折合 3710 架飞机，尚余人民币 6230 万余元。

（5）*深入开展交通运输动员*　首先，铁路公路齐动员。至 1951 年 10 月，全国铁路系统报名志愿赴朝的员工达到铁路员工总数的 75%。仅赴朝的团员和青年即达 6100 余人，入朝的铁路员工 80% 在前线立了功。在抗美援朝战争期间，铁路运输共运送物资和兵员 385234 车，较好地保障了部队的机动和后勤供应。其次，民兵组成运输队，手搬肩扛支援前线。抗美援朝战争期间，仅东北参加民兵运输队和担架队的民兵、民工就达 74 万多人，胶轮大车达 6 万多辆，并做到志愿军打到哪里，就把物资、弹药运送到哪里。（万水献《全民动员伟力无限》，《解放军报》2000 年 10 月 25 日）

（王丽娅）

抗美援朝中的国际动员　中国在这方面主要做了

以下 3 方面的努力：

(1) *揭露美帝暴行，争取世界民众* 1950 年 11 月 16～22 日，第 2 届世界保卫和平大会在波兰华沙举行，共有 81 个国家的代表参加。中国把这次大会变成对美帝侵略朝鲜进行控诉和揭露的大会，并向大会提出了制止美国和其他国家侵略朝鲜等 5 项纲要，得到了与会代表的一致支持。志愿军出兵抗美援朝的行动公开后，中国新闻媒体对出兵的正义性质向世界作了大量报道，产生了良好的效果。

(2) *寻求苏联援助，改善武器装备* 为了扭转志愿军武器装备落后的不利局面，1950 年 10 月 8 日，奉中共中央和毛泽东委派，周恩来与林彪秘密出访苏联，就苏方向中国人民志愿军提供武器装备援助和出动空军提供空中掩护问题与苏方协商。苏方同意以贷款方式向中国提供武器装备，并提供制造技术。同时，还答应在两个月或两个半月之后，出动由 16 个喷气式飞机团组成的志愿空军掩护中国人民志愿军在朝鲜作战。在中国人民志愿军向朝鲜出兵后，苏联空军即于 1950 年 11 月 1 日开始秘密出动，在中朝边境鸭绿江地区上空与美国空军作战。从 1951 年第二季度开始，苏联志愿空军又出动至朝鲜境内清川江以北地区上空作战，经常保持 4～7 个团的兵力，直至朝鲜战争结束，为支援中国人民志愿军作战作出了贡献。

1950 年 11 月 7 日，毛泽东致电斯大林，请求苏联于 1951 年 1～2 月为中国计划用于朝鲜战场作战的 12 个军共 36 个师提供步兵武器装备，这一请求获得了苏联政府的同意，并如期供货。后来，中苏经过谈判，又达成了苏联向中国提供 60 个步兵师的武器装备的协议，从 1951 年下半年开始，至 1954 年前陆续全部供货。

(3) *多方开展协作，打破坚冰封锁* 1951 年第二季度，美国在打不赢的情况下，操纵联合国大会通过了美国代表提出的对中国和朝鲜实施禁运的提案。在美国的威胁和利诱下，先后有 40 多个国家参加了对中国的禁运。中国人民和政府奋起斗争，决心以胆略和智谋打破封锁。通过积极做工作，社会主义国家如苏联、保加利亚、波兰、罗马尼亚等在抗美援朝期间都先后与中国签订了贸易协定。对打破美国对中国的封锁、禁运起到了重要作用。中国还采取了灵活机动的战略战术，积极设法同印度、缅甸、芬兰等社会制度不同的中立国家发展经贸关系。对于参加对中国禁运的国家，中国则利用这些国家私营企业求生存和求发展的需要，积极开展民间经贸活动，仅 1952 年与日本的民间贸易就达 3000 万英镑。更让美国政府始料不及的是，中国把贸易做到了美国国内，换回了大量急需的外汇。美国对外援助事务管理署署长在致国会的报告中也不得不哀叹：未能阻止“自由世界”与中国的贸易往来。（智顺《正义之战得道多助》，《解放军报》2000 年 10 月 25 日）

抗美援朝中的“钢铁运输线”建设 有作者撰文指出，入朝初期由于志愿军对后勤工作认识不足，准备不够，加之缺乏在敌空袭情况下组织运输供应的经验，以致物资供应不能适应战争需要，出现了前线要适应后方的反常情况。部队所带粮食、弹药一般大体能维持 1 星期左右，志愿军每次攻势只能持续 7～10 天，敌人曾称之为“礼拜攻势”。针对入朝初期暴露出来的问题，志愿军党委把后勤工作列为首要议事日程，相继采取如下措施：

一是成立强有力的后勤指挥系统 志愿军党委决定成立志愿军后方勤务司令部，实行分区供应和按建制供应相结合的原则，即按作战方向配置分部和兵站，分片包干供应到军，军以下按建制逐级供应所属部队。实践证明，这种供应体制适合朝鲜战场的实际情况，既减少了物资转运、发放的层次，提高了供应效率；又保证了部队作战或转移可以就近得到供应，减少部队的携行量，有利于部队机动作战。但是，要解决前线部队作战的物资保障，最关键的一点是改善志愿军后方交通运输状况。1951 年 1 月下旬，东北军区在沈阳召开第 1 届后勤会议。会议特别强调交通运输的重要性，并把“建设铁路、公路、小路相结合，火车、汽车、手推车相结合，快装、快卸、快运相结合，抢运、抢修和防空相结合，纵贯道路和横贯道路相结合的打不垮、炸不烂的钢铁运输线”作为后勤建设的重中之重。志愿军后方交通运输工作从此开始。

二是坚决封锁敌人“绞杀战” 从 1951 年 8 月中旬开始，侵朝美军为配合“夏季攻势”，决定集中其 80% 的作战飞机，实施“空中封锁交通线战役”，亦称“绞杀战”，企图凭借其空、海军的优势，切断志愿军和人民军后方运输补给线，达到其窒息志愿军和人民军作战力量的目的。为粉碎美军的“绞杀战”，从 1951 年 9 月底起，志愿军针对美军的轰炸特点，陆续集中在朝 70% 的高炮部队，采取“集中兵力、重点保卫”的方针，重点在新安州、西浦、介川三角地区打击敌机。从 1952 年 1 月开始，美国空军为避开志愿军日益增强的对空炮火，被迫转变为重点轰炸铁路线的两头，以封锁志愿军和人民军作战物资的来

路和去路。为减少铁路沿线对空火力的空白区，志愿军高射炮兵调整部署，改为“重点保卫，机动作战”的方针，加强外围机动作战，收到较好效果。整个反“绞杀战”期间，志愿军高炮部队共击落敌机260余架，击伤1070余架。经过志愿军后方各军兵种的协同奋战，至1952年6月，终于彻底粉碎了美军的“绞杀战”，并且建成以兵站为中心、铁路运输与公路运输相结合、前后贯通、纵横交错的兵站运输网，形成了“打不断、炸不烂的钢铁运输线”。1953年金城反击战役时，志愿军万炮齐发，一次40分钟的火力急袭，即消耗弹药1900余吨，折合汽车运力1000余台次。

三是群策群力建设“钢铁运输线” 志愿军后勤司令部在建设“打不断、炸不烂的钢铁运输线”过程中充分依靠群众，发挥群众的创造力。入朝作战之初，由于不能预先报知敌机来袭，正在行驶中的车辆人员常在措手不及的情况下遭受敌机袭击。后来从群众的斗争实践中，摸索到了设置防空哨的办法。至1952年6月，全志愿军共有6个团执行防空哨任务。星罗棋布的防空哨，构成了严密的对空报警网，使我取得了空袭条件下运输的主动权。据统计，防空哨建立后，志愿军在后方运输过程中物资损失不到先前的1/12。

为解决143万套冬装前运时火车受阻的困难，志愿军司令部组织全军二线部队，实行长区段倒运，即将在“三角地区”以北抢卸下来的物资，用汽车倒运至顺川、德川等地，再装火车前运，到终点后又依靠人背马驮，确保志愿军指战员入冬前全部领到新冬装。针对临时修复的东、西清川江和东大同江等桥梁承载能力低、机车过不去的情况，铁路运输部门还创造了“顶牛过江（在紧急抢修不负重压的桥梁地段，以机车将车皮顶过桥，而机车不上桥）和用人力推车过江等办法，向前抢运。用这种办法，仅东清川江桥通车一夜即抢过340节车皮的物资。

针对美空军在我交通线上投掷的大量定时弹、蝴蝶弹、四角丁等破坏武器，志愿军最初排弹时是用步枪一个个地打，让它爆炸，后来有的战士发明了一种新仪器，即用许多废电线和绳子象“网鱼”那样的横向拉捕或把它拖下公路，效率一下子提高了许多倍。志后司还根据群众建议，在各主要公路沿线上，依托有利地形，构筑了大量的各式各样的汽车掩体，使汽车司机们消除了天亮时找不到隐蔽场所的顾虑，每夜可以延长不少行车时间。此外，在前沿接近阵地的运输线上，也构筑了很多的掩体和交通沟，避免或减少了人力运输部队在地面暴露而受敌炮火袭击的危险。（李明信《依靠人民战胜“绞杀”》，《解放军报》2000年10月25日）

抗美援朝的战略遗产 中国孙子兵法学会会长李际均撰文，从4个方面总结了抗美援朝给中国人民留下的宝贵军事遗产，特别是战略遗产。

第一，在国家生死存亡的历史关头，战略家必须具有超前的判断力和果断作出科学抉择的魄力，以及面对强敌敢于应战的勇气和善于应战的智谋 抗美援朝战争，是新中国建立伊始，在各方面存在严重困难的情况下，国际反华势力强加给中国人民的一场战争。第二次世界大战后，朝鲜中部的“三八线”成为世界两大阵营在东方的政治与战略边界。1950年6月，朝鲜内战爆发，美国纠集所谓“联合国军”进行武装干涉，很快就席卷整个朝鲜北部，威逼中国北部边境。在南线，美国总统杜鲁门宣布派遣第七舰队侵入台湾海峡和进驻基隆、高雄两大港口，武装阻止中国解放自己的领土台湾。与此同时，美国还向法国提供军援，支持法国扩大在印度支那的殖民战争，以便从南翼牵制中国。这样，新生的中华人民共和国正面对以美国为首的国际反华势力举起的一柄南北夹击的重钳。朝鲜战争爆发前，中国人民解放军的战略方向和战略部署的重心是在南线，准备解放台湾，完成统一祖国的大业。而在北线以友邦为邻，几乎没有设防，在东北地区还集中了全国大部分重工业。朝鲜战争的爆发，使中国的主要工业基地直接暴露在美国陆海空军的威胁之下，甚至中国首都也在美国重型轰炸机的活动半径之内。中国的战略后方和政治经济中心顿成前线或战略浅近纵深。况且新中国刚刚建立，国力薄弱，百废待兴，战争创伤亟待恢复。但敌人打上门来，是沉默容忍，还是奋起抗击；是坚持向南进击解放台湾，还是挥师北上出兵朝鲜？

在无法回避的严重挑战面前，毛泽东等新中国第一代领导人经过慎重权衡，果断作出抗美援朝的英明决策。可以设想，如果任凭美国灭亡朝鲜，与中国隔江对峙，并与南线的台湾蒋介石集团、侵越法军势力遥相呼应，就将置中国于战略上两面作战的不利境地，其后果不堪设想。中国人民派出自己的优秀儿女参战，是面对侵略威胁，迫不得已又是义无反顾的。抗美援朝战争的胜利结局，不仅保卫了祖国的安全，援助了朝鲜，而且促进了亚洲甚至世界的民族解放运动，对二战后50年世界总体和平的确立和“三个世界”国际格局的形成，都产生了不可低估的影响。

第二，战争对战略指导的最初和最后的要求，都

是你打你的，我打我的　朝鲜战争的激烈程度是世界战争史上罕见的。中国人民志愿军在这场双方武器装备优劣悬殊的战争中，不仅敢于而且善于同强敌作战并取得胜利，可以说达到了军事指挥艺术和部队素质表现的最高境界。

在战争史上，言出即行而又出敌不意是很难做到的。在朝鲜战争中，中国再三发出警告而且说到做到。美国当局和“联合国军”总司令麦克阿瑟却不相信中国真的要抵抗，特别是麦克阿瑟断言侵朝战争“是赢定了”。毛泽东和彭德怀非常重视研究麦克阿瑟的性格和作战特点。毛泽东说，麦克阿瑟越狂妄、自负、好大喜功，越对我们有利。麦克阿瑟有丰富的越岛进攻作战的经验，却没有指挥大兵团在广大地域作战的经验，因而早在朝鲜人民军胜利南进，美韩军退守“釜山防御圈”时，毛泽东就提醒要防备美军在仁川登陆，并从中国南方调兵北上，组成东北边防军，后来成为中国人民志愿军首批参战部队。这是“胜兵先胜而后求战”的战略预见与战略预置。果然，麦克阿瑟完成仁川登陆之后，即在所谓“圣诞节攻势”中，亲自把美军赶进中国人民志愿军的包围圈而遭到惨败。

朝鲜战争的历史证明，在战略指导上的几个重大问题的抉择，毛泽东和彭德怀的判断和决心是完全正确的。例如：第一次战役胜利后，敌人退到清川江左岸固守。如何打第二次战役，毛泽东和彭德怀决定采取诱敌深入，待敌进入我预设战场后，我以迂回包围穿插战术，各个歼灭进攻之敌。如果采取乘胜追击的打法，第二次战役不会取得那样大的胜利，至多打成一个击溃战。又如 1953 年夏季停战签字前夕，敌人仍采取种种手段破坏停战。毛泽东和彭德怀决心再发动一次较大规模的反击战役，以打促停，而不是马上签字。志愿军按毛泽东、彭德怀的作战部署发起夏季反击战役，在 25 公里正面上突入敌防御纵深最远达 15 公里，歼敌 12 万 3 千多人，收复土地 240 平方公里，从而争取到更有利的条件实现朝鲜停战。以上充分证明，在战争指导方面，毛泽东和彭德怀始终胜敌一筹。而美军在战役上的失利则是替战略付出了代价；它在战略上的失败又是替美国的政治付出了代价。

第三，战争不仅是两种军事力量的较量，而且是两种哲学、两种战争智慧，以及两种道德和勇气的较量　朝鲜战争是异常激烈的。在朝鲜半岛狭小的战场上，双方投入兵力最高达 300 多万人。美国使用了除原子弹以外的所有现代化兵器。某些战役战斗的炮火密度、飞机轰炸密度、战场兵力兵器密度和伤亡比例，都超过第二次世界大战的纪录。而志愿军参战初期，既无空军，又无海军（后来虽有少量空军参战，也只能掩护后方主要交通线，不能直接支援一线作战）。陆军装备也相当落后，参战初期基本是靠步兵和少量炮兵作战。但是，这支久经战争锻炼和考验的人民军队，英勇善战，克服了一个个难以想象的困难，终于以劣势装备战胜高度现代化的敌人，并创造了一个又一个的战争奇迹。例如海湾战争中，被美军称为杰作的从伊科边界向巴士拉迂回作战的“左勾拳”行动，如果把地图颠倒过来看，再换到朝鲜的地形上，就是 1950 年 11 月，中国人民志愿军第 38 军从德川向军隅里、三所里穿插迂回，切断美 9 军退路的战法的翻版。但海湾战争美军的“左勾拳”是用装甲部队打伊拉克的溃军，其每小时攻击前进的速度，第 7 军是 2.4 公里，第 18 空降军是 4.1 公里。而当年朝鲜战场的中国人民志愿军第 38 军的“左勾拳”，是步兵作战，每小时攻击前进的速度是 5 公里，14 个小时连续作战，先后打垮南朝鲜第 7 师、土耳其旅、美 25 师、美骑 1 师、英 29 旅各一部，切断了敌军的退路。向南突围与向北增援之敌相隔不到 1 公里，在大量飞机、坦克支援下，却始终不能前进一步。这一仗，志愿军第 38 军创造了步兵进攻作战速度的极限，获得“万岁军”的赞誉。

第四，人与武器同等重要。越是以弱胜强，人的能动因素越起决定作用。越是现代高技术战争，武器装备因素对胜负的影响越大。建立一支掌握现代高技术兵器的人民军队，是保卫国家安全和确立大国地位的基本条件　抗美援朝战争中，虽然志愿军在武器装备及其他物质条件上处于明显的劣势，但经历了 20 多年国内革命战争和反侵略战争锤炼的中国人民军队也有着许多不同寻常的优长：敢打必胜的信念，以弱胜强的丰富作战经验，久经锻炼的高素质的部队和著名战将，加上战争的正义性质，得道多助，士气高昂。这些是中国人民志愿军取得胜利的基本条件。但是毋庸讳言，由于敌我武器装备优劣悬殊，志愿军的火力、机动力和后勤补给能力与对手相比，都相差甚远。战争证明，没有必要的现代化技术装备，就要付出更大的代价，就影响取得更大的胜利。这场战争使中国政府和人民认识到建设现代化、正规化革命军队，以便有效保卫国家安全的迫切性，因而下决心建立自己的军火工业和现代化的国防军。在战争开始后，人民解放军迅速着手建立了新的军、兵种，特别是空、海军和装甲部队，边组建边投入作战，在战争

中成长壮大。人民解放军取得了现代化战争的经验，各军、兵种在实战中得到了锻炼和考验，造就了一大批适应现代作战需要的军事指挥人才，并在总结中国革命战争经验的基础上，依据与世界上最强大的美军作战的经验，进一步发展了具有中国特色的军事科学。（李际均《抗美援朝的战略遗产》，《解放军报》2000 年 10 月 25 日）

（耿文正）

车臣战争研究 2000 年 3 月初，俄罗斯持续了 6 个多月的第 2 次车臣战争，终以消灭境内大部分非法武装分子的结果而告胜利。许多专家学者继续撰文，进一步全面深入地研究交战双方的经验教训。

俄罗斯在车臣战争中的战略指导 纵观第 2 次车臣战争过程，俄罗斯最高军事当局在战略指导上主要有以下特点：一是强调把握战机，坚定消灭车臣非法武装的战争决心。二是强调战争的反恐怖性质，同时采用多种战争手段。三是强调集中统一的战略指挥，实施多种力量的联合作战。四是强调运用新战法，使用高新技术兵器。俄军在战略指导上确定的基本战法主要是：稳扎稳打，步步为营；实施远距离精确打击和火力打击；先围后剿，削弱再歼；卡口制要，切断敌相互之间及与外部的联系。俄最高指挥当局在战略指导上也存在一些问题。如：在平原地区围歼非法武装的决心不够有力，整个战役缺乏连续性和不间断性等。（李志军《俄罗斯在车臣战争中的战略指导》，《外国军事学术》2000 年第 4 期）

俄军在车臣战争中的战术运用 有作者分析了俄军在战术上的成功经验：一是“牛刀杀鸡”，灵活用兵；二是脱离接触，远战打击；三是封锁包围，逐点清剿；四是敌后破袭，制敌要害。俄军的经验教训对未来战争有如下启示：城市作战将成为未来战争的主要作战样式；传统战法仍将得到广泛应用；要加强高、低技术武器装备的综合运用。（郑守华《在车臣战争中寻找什么》，《兵器知识》2000 年第 7 期）有作者认为，俄军在第 2 次车臣战争中，其战术特点大大有别于第 1 次车臣战争：一是灵活使用航空兵；二是炮兵推出了使用目标区域法杀伤敌人的全新战术，并与航空兵互相配合，互为补充；三是各军兵种联合作战，协同密切；四是运用各种手段全面侦察，特别是空中侦察和地面侦察相互结合，为作战部队提供了可靠的情报保障；五是先扫外围，最后拿下格罗尼兹。（刘万军《俄军两次车臣战争中的不同战术》，《外国军事学术》2000 年第 4 期）有作者指出：俄军攻克格罗尼兹捣毁车臣恐怖分子老巢的作战，有以下特点：一是围而不攻，断敌外援；二是扫清外围，步步紧逼；三是多路突出，分割守敌；四是组建强击支队，逐点争夺；五是攻城阻援，粉碎解围之敌；六是围三缺一，运用谋略，消灭突围之敌。（李大军《艰难的现代城市攻坚战》，《中国国防报》2000 年 2 月 18 日）有作者对比研究了车臣战争中的狙击战与反狙击战。车臣非法武装利用对地形环境熟悉，武器装备轻便，便于隐蔽机动等优势，在城市、山地等防御战斗中广泛开展狙击战，并表现出以下特点：装备先进，技术过硬；战法灵活，变化多端；作战单位小，战斗效能大。而俄军针对非法武装的狙击行动，充分发挥自己的优势，有效地扼制了对方，取得了明显战果。一是实施远战战术，尽可能地避免与敌近战；二是以灵活的近战战术，突然贴近和打击狙击之敌；三是边打边剿，不给非法武装的狙击手活动空间；四是敌后破袭，把紧张推向敌方；五是运用先进的反狙击手段，加强反狙击训练。（郑守华《车臣战争中的狙击战与反狙击战》，《解放军报》2000 年 3 月 22 日）

俄军在车臣战争中的心理战 俄军在车臣战争中获胜的一个重要原因，就是成功地运用了心理战。其一，对西方适时、有力的心理战反击，最大限度地争取了国际社会的理解和支持。包括进行“先入为主”的心理战宣传，在国际上争取主动地位；对西方的围攻不回避，不示弱，对无理干涉俄内政的行为提出严重警告；揭露西方干涉俄内政的险恶用心，进行有力的反击。其二，对国内进行恰当、得体的心理战宣传，极大地调动全体军民的战争意志。其三，对车臣实施全方位、高强度的心理战，有效地慑服武装恐怖分子的抵抗心理。在政治上，俄宣布不再承认车臣具有任何特殊地位；在军事上，通过各种打击制造车臣武装分子的担心后怕心理；在外交上，使有关国家由疑虑转而支持俄在车臣的军事行动；在经济上，一方面停止对车臣的经济供应，另一方面感化和争取非法武装分子，激化车臣内部矛盾。（杜波等《俄军在车臣战争中的心理战运用》，《外国军事学术》2000 年第 4 期）

俄军在车臣战争中的谋略运用 一是封锁车臣边界，建立安全区，切断了车臣与外部的联系，使非法武装分子成为瓮中之鳖；二是重点实施空中打击，既避免了地面部队的过大伤亡，又给非法武装分子以重创；三是武装力量部队与各强力部门联合作战，统一指挥，合力制敌；四是根据车臣武装分子行动特点采用特种战术；五是有限使用高新技术兵器，适时运用谋略。俄军包围格罗尼兹后，在通往南部山区方向没有像其他方向那样配置重兵，而是留有较大间隙，同时在道路上布满地雷，在隐蔽地段组织设伏，而在南部山区，车臣非法武装分子一开始就准备有据点。当格罗尼兹武装分子在俄军猛烈打击下向南部突围时，正好中了俄军圈套。俄军炮兵和设伏分队用此计歼灭了大量武装分子。（刘庆文《先谋而后战者胜》，《解放军报》2000 年 3 月 29 日）

俄军在车臣战争中对军兵种和民兵的运用 有作者探讨了俄军在车臣战争中对航空兵的运用。俄集团军航空兵分 4 个阶段支援地面部队作战，即：消灭侵入达吉斯坦境内的车臣非法武装分子；攻占车臣第 2 大城市古杰尔梅斯；攻占首府格罗尼兹；围剿逃往车臣南部山区的非法武装分子。在这 4 个阶段中，航空兵主要完成以下任务：实施火力突击；为担负运送战术空降兵任务的军用直升机提供掩护，避开敌防空兵器的攻击；担负空中侦察和作战指挥任务；遂行战场救护及其他特定作战任务。航空兵在作战中采取的新措施是：在武器装备方面，投入了更多的直升机，使用了更多的高精度武器；在战术运用方面，更有针对性和灵活性。俄集团军航空兵在这次战争中暴露的主要问题：一是人员军事素质较差；二是技术装备老化。（满亚贤等《俄集团军航空兵在两次车臣战争中的运用》，《外国军事学术》2000 年第 9 期）有作者研究了俄罗斯内卫军的使用。参加此次达吉斯坦剿匪战役和车臣反恐怖战役的部队以俄北高加索军区为主，同时根据战役的内部冲突性质和剿匪作战的特点，运用了内卫军第 99 作战师和第 19 特种支队，以及驻莫斯科和新西伯利亚等地的特警支队，总计 2 万 8 千人。此外，还使用了边防军、安全局部队等。他们编入联合集团，接受统一指挥。内卫军部队和特警支队根据职能和训练特点遂行战役任务，除了配合俄军部队作战以外，更主要的是在俄军部队攻占城市和居民点后，肃清市内和居民地内的残敌，即实施清剿行动。其主要任务：一是与俄军并肩实施剿匪作战；二是警卫重要目标；三是清剿与梳剿；四是维护社会秩序；五是实施火力突击；六是编入强击支队实施攻城作战。（贾博宇等《俄罗斯内卫军在车臣反恐怖战役中的运用》，《外国军事学术》2000 年第 4 期）有作者研究了俄在车臣战争中对民兵的运用。在格罗尼兹攻坚战中，冲在进攻部队最前面的不是正规军，而是车臣民兵。在第 2 次车臣战争中，车臣民兵在配合俄军行动方面发挥了较大作用：一是充当开路先锋，引导攻城部队冲击；二是分化瓦解车臣武装分子；三是协助俄军维护地方治安；四是利用因特网进行宣传战。（赵翼鲁《收复格城当先锋》，《解放军报》2000 年 3 月 29 日）

俄军特种战役理论在第 2 次车臣战争中的应用 1997 年 7 月，俄军根据第 1 次车臣战争实践，提出了特种战役理论。在第 2 次车臣战争中，俄军以这一新的战役理论为指导，在打击恐怖主义行动中取得了很大成功。其一，把握全局，确立积极的战役指导。主要有：缩小打击面，只把车臣恐怖分子作为打击对象；坚定作战决心，彻底铲除后患；不急于求胜，尽量减少伤亡。其二，明确战役目的，正确选择打击目标。一是以武力将非法武装从敌占区“挤走”；二是切断匪徒与外部的联系，形成“关门打狗”之势；三是集中兵力重点攻克格罗尼兹；四是将打击重点指向有影响的匪首。其三，统一战役指挥，切实保证整体战斗力的发挥。在此方面，俄军依据特种作战理论主要抓了 3 个问题：理顺关系，统一指挥；改进指挥通信手段；加强思想工作，确保士气始终如一。其四，充分做好战役准备，合理进行力量编组。其做法是：充分进行特种战役准备，以多种力量组成联合战役集群，采取多种形式编组。其五，适应特种作战需要，灵活运用战法。包括运用“压路机战术”稳扎稳打，特种作战分队灵活出击，巧用地雷阵和伏击战歼敌，广泛开展心理战。其六，探索在特种战役中运用不对称作战。为此，俄军注意做到 3 点：集中优势兵力兵器，运用高技术武器装备实施非对称作战，依靠远程火炮、地对地导弹对敌实施非接触打击。（王湘江等《俄军特种战役理论在第 2 次车臣战争中的应用》，《外国军事学术》2000 年第 7 期）

俄军后勤保障的特点及问题 在第 2 次车臣战争中，俄军的后勤保障主要有以下特点：一是后勤指挥高度集中统一，国防部总后勤部与内务部、边防军后勤部联合组建了“联合后勤指挥中心”。二是后勤准备充分，保障有力。战争开始前后，俄紧急抽调后勤力量，建立最强的保障机构；预先建立和配置物资储备；抢修后勤基础设施；重点抓好油料保障；超标准实施军需保障。三是继续运用区域联勤体制，首次启用统一后勤保障系统。四是减少救治阶梯，增强战场救护能力和医疗后送能力。俄军制定了卫勤保障原则；加强战场抢救，减少后送阶梯；启用心理医疗康复系统。五是救助难民，提供人道主义援助。在这次战争中，俄军后勤保障也暴露出一些问题，主要是：缺乏和平时期军队在国内局部作战时的后勤保障经验，后勤部（分）队的战备程度不高，准确、科学预测后勤需求的能力不够，与其他强力部门所属部队的后勤合作也还有待加强。（王凤才《第 2 次车臣战争中俄军后勤保障的特点及暴露的问题》，《外国军事学术》2000 年第 4 期）

车臣战争中的游击战与反游击战　车臣战争使现代条件下的游击战与反游击战的运用方式成为各国军界瞩目的一个焦点。车臣非法武装实施的游击战，为现代战争弱军对抗拥有高技术优势的强军提供了借鉴，其屡屡得手的原因主要在于：一是抓住时机兴兵作乱；二是利用宗教、民族等因素争取民心；三是灵活编组，分合自如；四是善于抓住俄军松懈之机出击；五是利用有利地形开展游击战。为有效对付车臣非法武装的游击战，俄军及时总结经验教训，有针对性地采取了一系列措施：一是牢牢掌握基层政权；二是注意克服轻敌麻痹思想；三是充分利用信息优势；四是定点驻守与快速反击相结合；五是以反伏击挫敌锐气。（王湘江等《车臣交战双方实施游击战与反游击战的经验教训》，《外国军事学术》2000 年第 9 期）

两次车臣战争结果不同的 5 点原因　一是国际背景不同，第 1 次车臣战争爆发时，俄与西方国家虽有矛盾，但“蜜月”尚未结束；第 2 次车臣战事则是在俄美矛盾进一步尖锐化的背景下发生的。二是国内形势不同。第 1 次战争爆发时俄国内政治斗争复杂，各种政治力量意见不一。第 2 次车臣战争则发生了根本变化，全社会表现出空前的一致。三是斗争策略不同。俄军第 1 次出兵车臣，打击对象是民族分裂主义，造成了与要求“独立”的几乎整个车臣民族的对抗。第 2 次车臣战争中俄政府以打击恐怖主义为主。四是指导原则不同。第 1 次战争中从准备到具体战术运用都存在着问题；第 2 次出兵车臣俄军在借鉴北约“科索沃战争模式”的基础上，采取了一系列正确的策略。五是影响效果不同。第 1 次车臣战争中特别是 1996 年，车臣问题成为政治斗争的砝码。而第 2 次车臣战争在维护国家统一和领土完整方面，在世界上开创了新的“车臣模式”。（高元辉《俄两次车臣战争缘何结果不同》，《外国军事学术》2000 年第 4 期）

历史上 4 次车臣战争的异同　200 多年来，俄军与以车臣人为主的穆斯林武装先后进行了 4 场规模较大的战争，第 1 次是 1785～1791 年谢赫·曼苏尔（乌舒尔马）领导的反俄战争，第 2 次是 1828～1864 年伊玛姆领导的反俄“圣战”，第 3 次是 1994～1996 年的车臣战争，第 4 次是 1999～2000 年的车臣战争。4 次车臣战争有 5 个方面的相同之处：一是战争涉及的地域广，持续时间长。上述战争都是以车臣地区为主要战场，但也蔓延到高加索及其以外地区。二是投入兵力多、伤亡大。三是战争耗费巨大。最近两场车臣战争，俄军费用已超过 100 亿美元以上。四是在上述战争中，车臣首领都是以伊斯兰教来凝聚人心。而且每次战争中车臣武装都得到伊斯兰国家和外部宗教势力的鼎力支持。五是作战形式基本上是山地战和据点（多为居民聚集区）攻防战。在这 4 场战争中，也有 5 点不同之处：首先，交战双方战争态势发生变化。在前两场战争中，俄罗斯正处于对外扩张的高峰期，俄军总体上居于主动地位；而在近两场车臣战争中，都是车臣非法武装挑起争端，随即采取不对称作战，俄军忙于应付。其次，国际社会和舆论对战争双方的态度发生变化。前两场战争中，由于车臣等山民进行的是反对沙皇俄国侵略的民族解放战争，因而受到国际舆论的赞扬。而近两场车臣战争则是车臣分裂势力趁苏联解体之机，以恐怖主义活动为手段，企图达成国家分裂的战争，受到国际舆论和俄罗斯举国上下的谴责。其三，交战双方的打击目标发生变化。在前两场战争中，穆斯林武装打击对象主要是入侵高加索的俄军，对俄罗斯居民很少杀伤；而俄军却将车臣平民也作为残酷镇压的对象。在近期两场车臣战争中，车臣非法武装连续制造针对平民的恐怖主义事件，而俄军则努力减少附带的平民伤亡和损失。其四，交战双方武器装备差距不断扩大。前两场战争使用的兵器杀伤力有限，因而兵力的多寡对战争的胜负具有至关重要的作用。而在近两场车臣战争中，双方武器装备差距明显加大，俄军使用了多种高技术装备，但由于受到地理、气候等条件限制，打击效果并不十分理想。其五，战后稳定时期的时间明显变短。俄军镇压曼苏尔领导的反政府武装后，高加索地区得到 22 年的稳定时期。1864 年俄军击败穆斯林武装后，该地区在 130 年内未发生大规模战事。而在近期第 1 次车臣战争后，稳定时期仅为 3 年。在车臣问题上，俄罗斯有以下经验教训：应严格限制宗教势力扩张，要高度重视少数民族地区的建设和发展，中央政府对少数民族的政策应保持一以贯之的稳定性，对一些可能出现动乱的地区应预先作好军事准备。（王湘江等《透过百年战火看车臣》，《军事历史》2000 年第 5 期）

俄军总结车臣战争的经验教训　为及时总结经验教训，在第 2 次车臣战争爆发近 1 年之际，俄军举行了一次高层次的圆桌会议，来自国防部各总部（局）和各军兵种的高级将领一致认为，第 2 次车臣战争汲取了前一次的教训，强化了指挥的统一。由于成立了由总理普京领导的，由国防部长、总参谋长、内务部长和边防总局局长组成的联合指挥机构—“统一指挥中心”，并且在战区组建了联合作战集群司令部，统一指挥各强力部门所属部队的作战行动，因而基本上没有出现行动不一、指挥混乱的局面。陆军总局局长布克列耶夫和火箭兵炮兵司令卡拉杜耶夫认为，俄军创造了一套非传统的打击非法武装的新战法。主要有：灵活编组；先围后歼；以特种强击支队和强击群夺取城市；以搜索和伏击行动消灭山地之敌。此外，航空兵使用“夜间狩猎”法；炮兵执行了火力封锁、火力梳劓、火力包围、建立火力墙等任务。同时，与会高级将领也指出了俄军存在的问题：一是部队战备水平不完全令人满意；二是协同动作尚不够协调；三是部分武器装备性能落后，总装备部部长西特诺夫认为，俄军现代化武器装备只占装备总数的3成；四是部分指挥官素质欠佳。针对这些问题，与会者从不同角度提出了改进建议：一是进一步完善组织体制；二是平时建立的指挥体制应完全可靠地保证适用于战时；三是完善武器装备质量指标；四是改进训练方法和内容。（刘万军等《俄军最近举行高层圆桌会议：高级将领点评车臣战争》，《解放军报》2000 年 7 月 26 日）

车臣非法武装行动特点　俄军在车臣战争中缴获了一个被击毙的非法武装分子的日记，其中记载了非法武装一支队伍的编制装备、行动原则及战法。从中可以看出车臣非法武装的行动特点。其一，组织森严，装备配套。这支部队属于预备性的，下辖5～6个支队，每个支队又由3个小队组成。非法武装分子都要在训练中心接受如下科目的训练：使用自己的和缴获的武器，转移和伪装的方法，实施首次医疗救护，熟悉战术、通信、地形学、爆破。其二，多方侦察，广猎情报。侦察精确是非法武装的一个基本要求，搜集侦察情报包括主要情报和准确情报。其三，采用“跳蚤战术”。包括“化整为零”的活动方式，狡诈多变的伪装，和现代通信工具并用的原始联络方法，出其不意的伏击战法。（刘万军《一个车臣匪徒的战地日记》，《解放军报》2000 年 4 月 26 日）

（方　宁　金鑫鑫）

诺曼底登陆战役研究　1944 年，英、美等国精心策划了著名的诺曼底登陆战役，尽管历史不会重复，但在半个世纪之后继续研究这场战役，仍会给今天的战备训练以及登陆作战带来一定的启示。为此，《外国军事学术》2000 年第 11 期以较长的篇幅刊登了军事理论工作者对这场著名战役的研究文章，现将主要观点综述如下：

盟军诺曼底登陆成功的原因　盟军统帅部在准备和实施诺曼底登陆战役时，解决了战役准备的隐蔽性和登陆的突然性等一系列复杂的军事技术问题，为组织实施大规模登陆作战提供了丰富的经验。其成功的原因主要有：一是有利的国际形势。当时在苏德战场，苏军已发动大规模战略进攻，希特勒只好把大量预备队和西线兵力东调；在亚洲太平洋战场，日本军队自顾不暇，难以与德国进行战略配合；在意大利战场，由于意大利政府投降，德国不得不将大批军队部署在那里；在西欧各国，反法西斯运动如火如荼。在地中海和大西洋，盟军已控制了海上通道。这些都为盟军登陆提供了有利条件。二是周密细致的情报保障。盟军在发动诺曼底战役之前，进行了广泛的空中和地面侦察，对希特勒的部署方案了如指掌，德军的行动被及时而准确地标定在盟军司令部的挂图上。三是登陆方向、地点和时间的正确选择。经过各方面的研究，盟军将登陆方向选择在法国北部，登陆地点选择在诺曼底，登陆时间选择在 1944 年 6 月 6 日。四是巧妙的伪装与欺骗。英、美联军在诺曼底登陆的准备与实施中，一方面严格隐蔽真实企图，另一方面故意显露将在加来地区登陆的种种迹象，使德军对盟军的主要突击方向作出错误判断。五是牢固的制空权和制海权。在登陆前和登陆中，盟军多次组织战略空军和战术空军对德军防御地域进行大规模轰炸，特别是登陆前一周，英国空军袭击德远程雷达站，使盟军登陆时基本未遇到德空军抵抗。为夺取制海权，盟军先在大西洋粉碎了德军的潜艇攻势，又以空军限制了德国水面舰艇活动，并在英吉利海峡东口布设水雷进行封锁。在登陆战役打响前，盟军海军已开始清扫德军布设的雷区，为登陆输送队清扫出 10 条渡海航道。（彭训厚《盟军诺曼底登陆作战成功之原因》）

德军诺曼底抗登陆失败的原因　一是总的战争形势对德国不利。1944 年上半年，德国正疲于防守和挣扎，失败已成大势所趋。在苏德战场，德军被迫转入战略防御。在亚洲和太平洋战场，日本已无力进攻苏联。在北非战场，盟军已肃清德、意军队，控制了地中海和大西洋的局势与海上通道。在意大利战场，德军大量兵力被钳制。在德国国内，人民反战情绪高涨。因而当盟军登陆时，德军兵力在数量上与其对比悬殊，从客观上决定了德国必败。二是德军在西线的防御准备不充分。“大西洋壁垒”这道永久性抗登陆防线到 1943 年底还没有完成，后来隆美尔虽采取措施，但为时已晚。盟军以突然袭击的方式在诺曼底登陆时，德军措手不及。三是在战略指导上多次失误。在对盟军登陆地点的判断、抗登陆作战的组织与实施以及指挥的协调上，德军最高统帅部都犯了重大的致命错误。四是缺乏制空权、制海权以及抗登陆作战的经验。随着盟军在大西洋之战中获胜，制海权已在盟军一方。在1944年4、5月间，盟军发起的大规模空袭，不仅破坏了德军的交通运输线，还摧毁了德国的海岸炮兵、海岸防御工事、飞机场及航空工业设施和几乎全部的雷达站，从而掌握了完全的制空权。而在这场登陆与抗登陆的较量之中，德军却没有去争取，至少是没有努力争取制空权和制海权。长期以来，德国的海岸从未受到过威胁，他们没有抗登陆作战的经验，对付盟军的空降和海上登陆，德军除了动用步兵和坦克部队之外，就毫无它法了。（吴学永《德军诺曼底抗登陆作战失败之原因》）

第厄普失败对盟军诺曼底登陆战役的影响 1942年8月，英军筹划的第厄普登陆作战虽然惨遭失败，但却为后来的诺曼底登陆战役提供了有借鉴意义的经验和教训。其一，三军协同作战是大规模登陆战役成功的必要条件。第厄普登陆战役前，英军虽成立了联合作战司令部，但却没有赋予其指挥参战三军的权力，三军站在本军种的立场上各持己见，结果航空和舰炮火力被取消，突击部队一上岸就遭到敌军毁灭性的火力打击。针对这一深刻教训，盟军在诺曼底登陆前统一了三军指挥权，强化了三军作战协同。其二，准确详细的情报是策划登陆作战的重要依据。针对第厄普登陆战中因对驻防德军的变化和该处地形等情况掌握不及时、了解不细而导致作战失利的教训，盟军强调利用多种途径大力加强情报的搜集、整理和利用，为实施正确的决策指挥和演练登陆作战的有效战术技术发挥了重要作用。其三，利用空降突击为登陆提供有力策应。第厄普登陆战中未能按计划使用空降兵，致使德军得以不受牵制地全力打击登陆部队。这一教训使盟军许多将领对空降突击在登陆作战中的重要作用有了深刻认识，最高司令部在这一认识基础上做出的决策对后来登陆作战的顺利实施产生了重要影响。其四，以严格保密和战役欺骗确保登陆作战的突然性。盟军在总结第厄普的教训时认为，那次登陆之所以失败，重要的一点就在于作战行动失密。为避免重蹈覆辙，盟军在诺曼底登陆作战前后，一方面严格保守已方机密，另一方面采用多处佯攻、声东击西、巧用疑兵等手段迷惑德军，使德军作出错误判断。其五，可靠的后勤和工程保障是战役顺利进行的物质基础。第厄普登陆战的教训还使盟军认识到，没有有效的工程保障，登陆部队就无法排除障碍，迅速登陆；没有充足的后勤保障，登陆部队就无法保持进攻的冲力和夺取战役主动权。面对数千艘舰船大规模运载所带来的种种困难，美英两国在登陆前后对战役的后勤和工程保障作了大量的组织准备工作；成立由各军种后勤代表参加、由海军牵头负责的后勤指挥机构；加紧筹集和生产各种登陆舰艇；建造人工港，保障大批作战物资及时卸载；敷设海底输油管；装备具有排障突击特殊功能的特种坦克，所有这些，都为登陆作战提供了有力保障。（王湘江《第厄普失败对盟军诺曼底登陆战役的影响》）

盟军在诺曼底登陆中的佯动欺骗 美英盟军在筹划诺曼底登陆作战初期，就开始研究与其相配合的佯动欺骗行动，对达成登陆作战的突然性发挥了重要作用。一是正确确立佯动目的，周密制定佯动计划。1944年1月，盟军在研究诺曼底登陆计划时，就提出了大规模佯动欺骗的设想，其主要目的之一就是诱使德军作出错误判断。为实现这一目的，盟军制定了名为“卫士”的佯动欺骗计划，以及36项之多的附属计划和几十项有关计策，并专门制定了威胁挪威、加来海峡、比斯开湾和法国地中海海岸等，代号为“坚韧”的欺骗计划。二是假戏真唱，诱敌上当。盟军通过虚设的“第4集团军”、“第1集团军群”等，制造信息欺骗；以大量军事装备制造假象；让中尉詹姆斯模仿蒙哥马利到直布罗陀和阿尔及利亚等地视察部队；在诺曼底登陆前一天，又实施了一系列创造性的电子欺骗。三是严格保守秘密，反敌侦察。为了保证秘密进行登陆准备，英国政府划定了禁止旅游的地区，限制外交人员出入英国境内，检查邮件。军队也制定了严格的保密措施。这不仅有效地隐蔽了登陆作战的真实行动，也保证了佯动欺骗不被敌人识破，达成了稳真示假的目的。（郑守华《诺曼底登陆战役中盟军的佯动欺骗》）

盟军夺取制空权的作法 诺曼底登陆战役中，美英统帅部对夺取制空权十分重视，认为登陆能否成功，取决于空中优势的掌握。为此，美英空军集中了绝对优势兵力，组织了大规模的空中战役，摧毁和压制了德国空军，保障了渡海登陆作战的顺利实施。其主要作战行动：一是登陆战役前，对德国航空工业和交通系统进行了长期反复的轰炸，并重视在空战中消灭德国飞机特别是战斗机，以夺取战略制空权。二是实施空中佯动，把德国战斗机牵制在加来方向和本土。登陆战役打响之日，残余的德国空军出动了250架次参加抗登陆作战，但只有50架次活动在诺曼底地区，主力仍去加来方向突击英军的佯动舰队。三是登陆战役进行中，努力夺取战役战术制空权，掩护盟军上岸，支援地面进攻。在登陆部队航渡、换乘和突击上岸阶段，美英空军共使用了 171 个中队，4275 架战斗机和战斗轰炸机。在登陆发起后的 48 小时内，用于夺取和保持海峡与登陆地域制空权，以及对轰炸机群、空降兵运输机群、航渡船团和滩头阵地等进行掩护的作战飞机共 9408 架次。盟军夺取制空权的斗争，使其在航渡和突击阶段得到了最大限度的行动自由。（张烨《诺曼底登陆战役前后盟军夺取制空权的作法》）

盟军在诺曼底登陆战役中的海上作战　诺曼底登陆战役中，盟国海军根据其担负的任务，较好地抓住夺取和保持制海权、扫雷破障、海上航渡、舰炮火力支援等重要环节，发挥海军兵力特长，合理区分任务并搞好各兵种间的作战协同。这一切是盟军诺曼底登陆战役海军作战取得成功的重要保证。首先，盟军进行了充分而有效的战前准备：建立高效的指挥机构，并合理进行作战编组；隐蔽实施海上侦察，为战役决策提供有特殊价值的依据；千方百计筹措登陆舰船，满足战役需要；隐真示假，造势欺敌；进行近似实战的临战训练。其次，盟军在拥有绝对海上优势的情况下，将反潜和反快艇作战视为重点，综合运用封炸敌港、海空交战、海上掩护等多种手段，全力夺取和保持制海权。第三，充分发挥舰炮火力，支援登陆兵力突击上岸。（刘政《诺曼底登陆战役中的海军作战》）

盟军空降兵在诺曼底登陆战役中的使用　诺曼底登陆战役中，美英联军首次使用了大规模的空降兵，并获得成功，对于保障海上突击梯队登陆和尔后发展进攻，发挥了重要作用。战役结束后盟军在总结中认为，在海上登陆突击的同时，实施垂直空降登陆，为整个战役取得胜利创造了重要的条件。盟军在空降兵的使用上有如下特点：一是将盟军在欧洲战场上所有的空降兵力（4 个空降师）投入登陆作战。在首批登陆的 8 个师当中，空降师就有 3 个。二是空降部队直接保障突击梯队上岸。盟军统帅部根据登陆战役要求，将 3 个空降师集中用于直接保障突击梯队上陆，并且用在影响登陆成败的关键地区。三是周密、细致、妥善地进行战前准备。在战前准备中，美英盟军最为重视的是制定作战计划，筹集作战物资，搞好临战训练。四是根据登陆战役中各军、兵种的共同需要，反复研究，正确地确定空降时机和空降纵深。五是广泛有效地采取欺骗、伪装措施，致使盟军实施空降时，德军真假难辨，反击不力。六是组织全面、可靠的航空保障。盟军夺取了英吉利海峡与诺曼底地区的制空权，保证了运输机编队在航行中和空降时没有遭受敌军来自空中的袭击。同时，运用了欧洲战场上全部可以动用的航空运输力量。（胡复生《诺曼底登陆战役中盟军空降兵的使用》）

盟军在诺曼底登陆中的破障行动　战前，德军已在有关区域布置了以水雷、蚝雷及多种障碍物组成的障碍区，并带有大量坚固支撑点，在海滩上也布置了 50 多万个抗登陆障碍物，企图阻止盟军登陆。在诺曼底登陆战役中，盟军工程兵发挥了出色的作用，经过海上扫雷和海滩破障，为战役胜利提供了重要保证。盟军的破障行动有如下特点：一是战役发起前，美英军进行了长时间、广泛的工程侦察，获得了较为完整的德军障碍物设置情况。1944 年 4 月 1 日至 6 月 5 日，美英空军出动了 4500 架次的侦察机，查明登陆地区德军海岸防御配系、障碍物配系等军情，并用潜艇、鱼雷艇等侦察有关水文、气象、地形等情况。二是运用强大的空军、海军力量，保障破障部队作业。登陆之前，美英空军就对德空军基地等重要军事目标进行了大规模破坏性轰炸；战役发起后，又用大量战斗舰艇担任火力支援任务。三是针对诺曼底地区的水文、地质特点，研制新型工程器材。在战役准备期间，美英军在英国秘密建造了两个大型人工港，为后续部队快速登岸起到了重要作用。四是根据潮汐和德军海滩障碍物设置特点，决定破障时机。五是注重登陆前的战场演练。为了做好登陆准备，美英军不惜损坏许多作战装备来组织演练，进行破障演习。六是做好反设障工作。登陆前与登陆战役中，盟军都注重在登陆地区周围布设水雷，以阻止德军舰艇的袭击。（贾咏梅《诺曼底登陆战役中盟军的破障行动》）

盟军在诺曼底登陆战役中对港口的利用　夺占登陆场附近的港口是现代登陆作战的首要任务之一。然而港口又是抗登陆一方固守的要点。即使占领，登陆一方也难以马上利用。盟军在诺曼底登陆战役中成功地利用了人工港口，为战役胜利奠定了物质基础。战役前，盟军对登陆场选择的首要条件是登陆地域的港口分布情况，其次是盟军的空海军作战能力。实战证明，盟军对法国西海岸天然港口寄予了过高的期望，对德军撤退前对港口的破坏程度估计不足，这种情况下，人工港口却填补了登陆部队对港口的急需。从人工港的建造过程看，盟军 1942 年 8 月第厄普登陆战的失利是其建立人工港的重要原因，英国决策者对人工港口的建设发挥了重要作用。人工港口主要由沉船与沉箱组成的防波堤、浮码头和舟桥等几部分组成。诺曼底登陆作战中发挥作用最大的人工港口是位于“戈尔德”登陆场的“桑树 B”人工港口。人工港口的建设是登陆作战史上的一个创举。从这一创举中可以得到以下启示：一是现代战争打的是后勤战，在有条件的登陆场建人工港口是弥补天然港口不足的一项重要选择。二是人工港建设必须考虑到环境的影响，所建人工港要有抗击恶劣天气和不同海况影响的能力。三是人工港口的建设费时费力。（鲁仁等《诺曼底登陆战役中盟军对港口的利用》）

盟军在诺曼底登陆战役中对船载炮兵的运用 在诺曼底战役中，盟军使用了大量的船载炮兵，对德军实施了有效的火力打击，对压制和摧毁岸上目标发挥了重要作用。有作者对诺曼底登陆战役中船载炮兵的地位和作用、火力运用、武器性能发挥、战斗效果等问题进行了归纳和总结。一是避免闲置，发挥优长。即在登陆作战中，要避免上陆火炮在实施海上输送过程中闲置于登陆舰艇输送仓内，而应将其统一筹划，最大限度地配置于舰船的甲板上。二是加大密度，弥补不足。即最大限度地发挥船载炮兵的火力，以弥补舰炮火力的不足。诺曼底登陆战役中，美第1、2集团军在实施舰炮火力准备时，就使用了大量船载火炮，大大增加了火力密度，为登陆兵抢滩上陆提供了有力支援。三是直曲结合，远近互补。即直瞄火器（含火炮、坦克炮及其他火器）与间瞄火炮的火力相结合，直瞄火器摧毁敌前沿坚固工事、装甲目标和火力点等；间瞄火炮火力压制敌纵深各种目标；形成分工合理、远近互补、全域控制的火力体系。四是充分发挥性能优势。即根据武器的战术技术性能，进行合理、巧妙的运用，以充分发挥个体和整体的优势。如美第5军在登陆兵突击上岸时，就运用了90门火箭炮进行射击，充分发挥了火箭炮打击面积大、火力猛的优势。五是层层打击，连续支援。即根据登陆兵的需要，在不同时节、不同距离上不失时机地组织各种火炮实施不间断的火力掩护，为登陆兵突击上岸提供持续可靠的火力保障。（刘斌辉《诺曼底登陆战役中船载炮兵的运用》）

（涵　江）

作战问题研究

中国关于作战问题研究 2000年，中国军队根据新时期军事战略方针，针对未来国土防御和统一祖国可能遇到的各种现实作战问题，围绕未来作战的样式和方法、登陆与抗登陆作战、特种作战以及如何对付高技术兵器等方面，进行了深入的研讨。

关于作战样式和方法问题　**联合作战有6个主要特征** 有作者就此撰文作如下分析：

（1）整体性　联合作战主要体现了整体作战的思想。联合作战是建立在军种力量基础之上的，诸军种之间相互协调、相互配合才能形成有机的整体作战功能。各个军种之间处于平等协作的地位，都是自觉自愿地进行着各个方面的协调与配合，不存在孰重孰轻、利益不均的问题，战争的胜负是诸军种力量的共同利益。这同以往的合同作战中某一军种为主、其他军兵种部队配合作战的整体作战思想是完全不同的。

（2）进攻性　联合作战就是以自身的全部力量形成对敌方的压倒优势，从空中、地面、海上和太空向敌发起进攻，彻底摧毁、瓦解敌军。美军认为，进攻是决定性的作战形式，是指挥官将其意志强加给敌方的最终手段。因此，其陆、海、空军都把进攻作为一条重要原则。因为只靠防御性的作战行动是很难最终消灭敌人的，因此，联合作战中的防御作战也要强调进攻性，防御和进攻两者相互转换，攻防兼备，但进攻的比重大于防御的比重。

（3）非线性　由于现代战场上的远程精确制导武器的广泛使用，使交战双方在兵力部署上更加注重疏散配置，作战队形更加不规则，攻防交战线变得十分模糊，前后方的区别不大，防线更加非线性化。指挥控制人员更加重视运用太空、空中和遥感系统去侦察和发现敌人的重要目标，运用远程火力和机动部队实施全方位、大纵深机动攻击的方法歼灭敌人，而不注重攻城略地。运用高技术兵器实施远程作战和超视距作战将是联合作战的重要手段。空袭与反空袭、电磁干扰与反干扰的斗争，以及争夺各种战场控制权的斗争将更加激烈。

（4）机动性　这主要表现在军队利用各种先进的运载工具实施远程机动，实现突然的使敌意想不到的攻击效果，或运用机动手段规避敌各种火力打击。保持快速的机动性，可以产生突然而巨大的打击力，还可以避免敌方高技术兵器的火力打击，保存自己的有生力量。联合作战中的快速机动性，还能够确保作战行动的有效性和保密性，使敌方来不及分析判断己方的行动和制定出有效的对策。

（5）协调性　这在联合作战中显得尤为重要。联合作战中的诸军种处于平等的地位，军种之间的支援、配合或并肩作战需要有效的协调机制，才能获得成功。这种协调机制，既有制度方面的，又有观念方面的，必须将这两个方面结合起来，才能形成有效的协调机制。

（6）威慑性　联合作战的威慑性主要有以下表现：一是通过联合作战的各种训练、演习活动，对敌方产生一定的精神压力，使敌军丧失抵抗的意志或放弃抵抗的念头。二是在威慑作用不大时，采取首先对敌方少数重要目标实施有限并有震撼力的打击，令敌方军队产生畏惧感，然后视情确定尔后的作战行动。三是联合作战的某些作战样式既对敌方军队具有打击性，又对敌方经济发展和社会稳定产生巨大的影响，如联合封锁作战、联合火力战等，都会给敌方带来综合危害效应，对敌产生心理威慑作用。（周晓宇等《联合作战的特征与思想内涵》，《中国国防报》2000年6月5日）

探讨适应未来作战实际的6种战役战法　有作者在探讨战役战法理论创新时，将新的战役法归纳为以下6种：

（1）高度综合的战役信息战　随着信息技术在军事领域的大量运用，尤其是C^4I系统的使用，将战场上的情报侦察、通信、指挥、控制和打击融为一体，使信息在战争中的地位产生质的飞跃，成为支配作战行动的决定性因素。信息战是一种高度综合的作战样式，一切能够破坏和削弱敌方信息控制能力的作战行动都可以纳入信息战的范畴。当前，信息战理论已成为现代军事理论的一个制高点，占有这个制高点，对于赢得未来高技术条件下的局部战争具有重要意义。因此，加强对信息战的研究，建立战役信息战理论刻不容缓，同时，还要着重解决好在信息技术与强敌相比还有较大差距的条件下打赢信息战的问题。为此，应从深入研究信息战的特点入手，既要准确把握信息战的一般指导规律和原则，更要探讨我军实施信息战的特殊规律和原则，特别要有针对性地找出敌人遂行信息作战的强点和弱点，进而探讨避强击弱的信息战对策。

（2）集约性精确作战　随着后工业时代向信息时代过渡，在战争领域伴随而来的，则是大规模作战方式向精确作战方式的转变。在海湾战争中，精确制导弹药的使用量仅占总弹药量的9%；在“沙漠之狐”行动和南联盟战争中，进攻一方几乎全部使用精确制导弹药，准确攻击预先精心选定的重要目标。使这两次战争成为具有一定典型意义的精确作战。精确作战的方式并不是单指使用精确制导武器实施的精确打击，而是几乎体现在战役作战的各个方面和整个过程：观察战场，获取和处理信息，确定敌我双方的部队、武器装备和来袭兵器的位置，运用作战力量和手段，实时地实施指挥和控制，评估作战效果，实施作战和勤务保障等，全部精确化。

精确作战是未来作战的发展趋势。建立精确作战理论，一方面可以牵引和促进军队武器装备的发展，并使作战方法适时地从大规模作战方式向精确作战方式转变；另一方面也可以保持战役理论的先进性和超前性，从而跟上世界先进军事理论的发展步伐。

（3）高强度的全纵深同时打击　70年代以来，全纵深打击战法在几场高技术局部战争中开始初步形成，并在海湾战争中得到了比较充分的运用。传统意义上的纵深打击与现代条件下的全纵深同时打击有着比较明显的区别。从使用的力量看，前者主要是由兵力实施的，而后者不但使用兵力，更主要的是由远程精确火力打击系统和信息战系统来实施的；从打击的程序看，前者是由前沿到纵深逐步实施或在时间和空间上相对分散与独立实施的，而后者在时间和空间上是同时或几乎同时实施的，并且各种作战行动能够做到更为密切的配合与协调；从打击的效果看，全纵深同时打击可以获得更大的作战效能。

全纵深同时打击的优越性集中体现在全纵深性和同时性两个方面。一方面，实施全纵深打击可以同时对敌人的整个作战结构施加压力，使敌人在整个战役乃至战略纵深难以找到安全的空间；另一方面，实施同时或几乎同时的攻击，则可以使敌方丧失反应的时间，难以判明主要的作战重点，同时有利于己方在较短时间里最大限度地施放作战威力，加快战役进程。为此，必须积极探索全纵深同时打击的理论，并以此牵动武器装备的发展。

（4）攻防高度一体化作战　未来战役作战，由于整个作战空间都在遥感探测装置和远程精确打击火力的严密控制之下，进攻一方无法在进攻发起前集结庞大的兵力兵器，防御一方也不可能建立起不可逾越的、突不破的坚固防线。其结果是，以往战争中那种相对稳定的正面和固定的战线将不复存在，进攻和防御的界限将趋于模糊，攻防双方都力求通过进攻行动来达成战役目的，攻防作战的具体形式和内容将趋同，攻防双方的作战样式都将包括大量的空地一体的机动作战、火力交战、精确打击、特种作战和信息战等等；其作战的基本行动也都将包括分散配置、信息攻击、火力打击、迂回穿插和垂直包围等相同的行动样式和程式。进攻一方的作战行动中将包含有大量的防御性行动，防御一方在作战中也将采用大量的进攻性行动，以攻势作战来达成防御的目的。因此，攻防一体化作战将是未来战役作战发展的一个重要趋势，按攻防两种类型建立起来的传统的战役理论将被攻防一体作战的理论所取代。

(5) 结构破坏为先导的歼灭战　在未来条件下，达成歼灭战的方法将发生重大的改变，仅靠以往那种集中兵力、四面包围、穿插分割、各个歼敌有生力量的方法已经不能适应未来战争的需要，必须建立以结构破坏战为先导的歼灭战理论。因为在未来战争中，敌人的作战力量已不再只是重兵集团，而是由探测侦察系统、火力系统、指挥控制系统和后方保障系统等构成的大系统。军队的整体作战能力将主要来自于这个大系统的协调运行。而且，随着信息技术和信息化武器装备在军队中的大量运用，这个大系统中各个部分的联系将越来越紧密。作战系统中某一个部分的功能或各子系统间的某种联系遭到破坏，整个系统的功能就将遭到很大的削弱甚至基本丧失。因此，破坏了敌人的系统结构，也就削弱和破坏了敌方军队的整体作战能力。在未来战争中，破坏敌人作战系统结构的主要方法是信息战、综合火力战、特种战等。当敌人的作战系统已遭到破坏时，再集中力量，对敌进行快速、立体的分割和垂直包围，迅速歼灭敌人的有生力量和高技术作战平台。

(6) 高度自主的不对等作战　不对等作战，是指充分运用中国新的"三结合"武装力量体制和诸军种联合作战的多种作战能力，采用机动灵活的作战方法，通过实行一系列对己有利的不对等作战，有效地打击敌人。

不对等作战的实质是避强击弱。由于受到武器装备发展水平的制约，弱军在战场预警控测能力、远程精确打击能力、空战和海战能力、实时和近实时的指挥控制能力等方面均与强敌存在着较大差距。这就决定了其在未来作战中不可能与敌打"堂堂正正"的对等之战，而应代之以不对等打击的作战方法，巧妙地实施各种有利于己而不利于敌的小规模正规和非正规作战，努力实现以己之长击敌之短。不对等作战理论的精髓是"你打你的，我打我的"，在作战指导上遵循高度自主作战的原则，坚持你依仗你的优势，我发挥我的长处。在战役战斗中，则选择最有利的目标打，最合适的时间和空间打，最易得手的方式和手段打。不论在何种困难、危急和被动的情况下，都要能不为敌所动，不为敌所制，不被敌人牵着鼻子走。（兴业《创新战役战法理论》，《解放军报》2000年1月25日）

天战的发展将对作战理论产生巨大影响　有专家撰文指出，天战又叫空间战、太空战，是指发生在距地球表面100千米以上外层空间的作战行动。它是以采取和保持制天权为主要作战目的，以外层空间为主要作战领域，以军事航天力量为主要作战力量的作战行动。它的发展无疑会对战争形态和作战理论产生巨大影响，而这种影响主要将表现在5个方面：

一是战争将在多维空间中进行　战争不仅在陆、海、空、天等有形的空间进行，而且将在电磁场、引力场等多种物理场中进行，宇宙射线，"太阳风"等太空中的自然能量，都可能用作军事目的，传统的作战正面、纵深、作战高度，在天战中都将失去意义。秒速达几千米到几十千米甚至上百千米的航天器之间的交战，使战争进程将以小时，甚至分钟来计算。这要求必须以全新的视角来实现战争。

二是制天权将构成战争主动权的主要部分　未来战争中，谁能控制外层空间，起码是近地轨道的空间，谁就有把握掌握战争的主动权。航天侦察、航天通信、航天导航、航天预警等将成为主要的作战保障方式。从太空直接攻击地球表面目标，或拦截弹道导弹，将成为重要的作战手段。因此，太空将是关系国家安全和夺取战争胜负的决定性战场。在未来战争中，没有制天权，就没有制空权、制海权。

三是作战的打击重心将发生根本的变化　在迄今为止的战争中，都以对方的有生力量为打击重心。而在天战中，打击重心将完全转为对方的指挥控制系统和保障系统。因为天战是一种技术极为密集的作战样式，对指挥控制系统和保障系统依赖极大。摧毁一个指挥控制中心，或者使其失效，将有可能使战局产生根本的变化。这种作战重心的转移，将使作战原则、作战方法，乃至整个军事思想发生重大的变化。

四是作战方法将更加注重采用"软"手段　在未来的天战中，无声无痕的"软"对抗将占有越来越大的比重。这是因为军用航天器基本上都是高精密度的电子仪器，只要使其电子元件失效就能使其丧失作战能力，而不必一定要将其整体破坏。而且使用"软"

手段要比使用“硬”手段耗费小，技术实现起来比较简单。

五是作战力量的编成和人员的构成将有本质的改变　未来天战中，直接作战人员很少，指挥控制人员和技术、物资保障人员将占绝对多数。天军的编成将不会像陆、海、空军那样以作战部队为中心，而是以指挥控制机构为中心。天战中的人员将以科学家和工程技术专家为主体。这一切都将使军制理论发生很大的变化。（赵一平《太空战并非未来的战争——访军事科学院副研究员王江琦》，《军事历史》2000 年第 1 期）

攻势防空是反空袭作战的必然趋势　有作者通过分析 20 世纪 90 年代世界发生的几场高技术局部战争，认为攻势防空已成为高技术条件下反空袭作战取胜的一种新的选择。攻势防空的实质是以攻为守，它包括的含义有三：其一，攻势防空是以攻势行动为主、进攻和防御有机结合的一体化作战，外线反击（包括先机打击行动在内）在整个作战中居主导地位，是作战指导的中心和重点，是粉碎敌空袭企图的根本手段。其二，攻势防空是由陆海空军等诸军兵种共同实施的联合作战，诸军兵种整体协调，合力制敌，是作战取胜的关键所在。其三，必须通过积极主动、机动灵活地组织实施战略战役上的外线进攻作战，从根本上夺得反空袭作战的主动权，迫使敌人中止或放弃空袭作战企图。（孔祥华、蔡劲松《试论攻势防空》，《现代军事》2000 年第 12 期）

也有作者撰文将攻势防空的战法归纳为以下 4 种：

空中奇袭　即利用夜暗、复杂气象、复杂地形等自然条件，使用先进的战机以小编队或单机多批次的形式分散活动，对敌方指挥控制系统、海空军基地、飞机场和航空母舰等重要目标进行无规律的袭扰破坏；或采用小编队、梯次连续出动的方法，选择较隐蔽的航线，在电子干扰的佯动编队的掩护下，从低空、超低空、多方向进入攻击区，同时攻击一个或多个目标。

火力空袭　即利用战役战术导弹、巡航导弹、岸舰导弹和地面远程炮兵，袭击敌指挥控制系统、海空军基地、机场和航空母舰等重要目标。为此，必须要预先准确地掌握敌方机场、海空军基地、指挥保障设施、航空母舰的位置和对空防御情况等信息，并将参加火力突击的兵力兵器隐蔽机动至有效作战地域，出其不意地打击敌人。突击结束后，应迅速转移阵地，并严密组织防护，防止敌人报复。

敌后破袭　即组织空降部队、地面特种作战部队和民兵游击队深入敌后，破坏敌指挥控制系统、海空军基地、飞机场及其他重要保障设施等。未来反空袭作战，可以采取以下几种行动：一是由步兵或民兵游击队使用便于徒步人员携带的迫击炮、无后坐力炮和火箭炮等武器，在距敌机场几百米的位置，袭击事先查明的目标；二是由经过严格挑选的步兵、工兵和侦察兵等，利用夜暗、复杂天候或复杂地形，隐蔽渗透到敌方目标附近，放置爆炸器材，进行破坏；三是组织训练有素的空降破袭分队等特种作战部队，深入敌后进行破袭作战，破袭的目标除机场、基地外，重点是破袭敌方的 C^4I 指挥控制系统。

海上偷袭　即选择恰当的时间和地点，使用海军潜艇、导弹舰艇部队或海上民兵快速接近敌航母编队进行偷袭，尔后迅速撤离。海上偷袭战法，必须及时掌握敌航母编队的活动情况，隐蔽部署和机动偷袭兵力，选择复杂天候或敌人疏于戒备的时机，并与其他作战行动密切配合。一般情况下，组织海军力量海上偷袭的同时，要组织战役战术导弹部队、岸舰导弹部队和远程炮兵进行火力突击，组织航空兵部队进行袭击，以配合海上偷袭行动。（唐保东《攻势防空：反空袭作战的发展》，《现代军事》2000 年第 2 期）

关于登陆与抗登陆作战问题　**探析突击登陆战法**　有作者撰文认为，突击登陆战法的内容主要包括以下 3 方面：

立体多点上陆，全纵深突破　对敌实施立体、多方向、多地域而有重点的登陆突击，是打乱敌部署，破坏敌防御体系平衡，达成全纵深突破的有效手段。为此，应编组数个海上登陆突击群和垂直登陆攻击群、海上佯动攻击群。各突击群应充分利用先期综合火力打击、直前火力准备的效果，实施多地段、多点、多方向、多路而有重点的突击，使敌难于判明登陆的主要方向。同时，以主要方向为重点，适时在敌纵深实施机降，以小群多点的方式，在敌纵深广泛实施软硬破袭作战，陷敌于顾此失彼的被动地位。指挥员必须加强对各群队作战行动的协调，确保火力打击、佯动攻击、垂直登陆、特种作战行动与海上登陆突击行动相呼应，以打乱敌抗登陆防御部署，瘫痪其防御体系。

夺占港口码头，提高上陆速度　为有效提高上陆速度，应选择便于登陆部队直接卸载上陆的港口、码头，作为突破阶段重点夺取的目标，以空（机）降、特种作战等形式，采取奇袭手段予以夺取，或指挥登陆上岸部队在正面牵制部队、垂直登陆攻击群、特种作战群的配合下，从敌翼侧突破，快速予以夺占。夺占后，能迅速使用，成为登陆部队直接卸载上陆的基地。

全纵深夺控要害，快速形成有利态势　突击上陆时，应利用敌难以判明主攻方向和无法集中兵力重点抗击的有利时机，集中绝对优势兵力，采取超越攻击、快速直插、割裂包围等战术手段，对敌浅近纵深的一个或数个要害目标实施重点突击，快速、有效控制主要登陆地域；此外，还应适时指挥垂直登陆攻击群、特种作战群采取垂直着陆攻击、穿插渗透、秘密破袭等手段，夺控、捣毁、破坏敌纵深指挥所、通信枢纽、导弹阵地、机场等重要目标，占领有利地形，有效牵制、分散敌作战力量。同时，应充分利用海上登陆突击群与前沿之敌胶着近战之机，组织纵深快速突击群强行上陆，从敌防御间隙，翼侧薄弱部位强行楔入作战，直取敌核心阵地、指挥所、炮阵地等要害部位；适时组织陆炮上岸展开，及时组织以航空兵、远程火炮、导弹等火力对敌实施火力遮断，限制纵深之敌机动和实施反击，掩护各突击群队的作战行动，确保迅速形成有利的战场态势。（吕德松《突击登陆战法浅议》，《解放军报》2000 年 8 月 15 日）

现代登陆作战成功率高有 5 个原因　一些专家对现代登陆作战成功率高的原因进行研讨，认为其原因主要有以下 5 点：

（1）战略战役上的主动地位，是登陆成功的前提　首先是在战略上居于主动。纵观二战以来的诸多登陆战役，登陆一方通常都是在战略全局上取得了主动后才发起。其次是在战役上居于主动。登陆战役是一种进攻性的战役，具有很高的主动性。不但握有在选择作战目标、登陆方向、登陆时机和方法等方面的主动权，在一定的条件下，能够将已方意志强加给敌方；而且能够根据预定的决心或企图主动、突然地实施各种作战行动，从而使敌方对登陆的时间、地点和方式很难预料。

（2）充分而周密细致的准备，是登陆成功的保证　它包括：一是组织计划准备。每次登陆作战前，都根据参战力量的构成和作战的实际所需，建立集中统一的、指挥职责明晰的作战指挥机构。为了确保计划的严密可行，不但在制定计划前组织有关人员采取多种方式广泛收集设防部署、海域岸滩等情报资料，还注意根据不断变化的情况反复修改计划。二是临战训练准备。登陆方在战役准备阶段都十分重视登陆作战训练与演习，熟悉了解作战任务，适应抗登陆一方的防御和地形特点，使诸军兵种的配合更加密切协调。三是物资器材准备。不但要准备充足的弹药、油料、装备、器材、备件、给养等，还需要准备大量的登陆输送工具。

（3）绝对优势兵力和火力是登陆成功的关键　首先，在全局上形成力量优势。第二次世界大战中的绝大多数登陆作战，登陆方在总体上都形成强大的力量优势。其次，在局部上形成优势。登陆方往往在登场局部地域与抗登陆方形成更大的力量差，以确保登陆场的建立和后续力量的上陆。

（4）突然、猛烈、坚决的作战是登陆成功的核心　突然包含了两个含义：一是指战役发起突然，使抗登陆一方无法准确地判断，难以进行有针对性的抗登陆作战组织准备和部署。二是指具体作战行动实施突然。从历次登陆作战的实践来看，登陆一方总是通过密集的先期综合火力和登陆之前的猛烈火力准备，摧毁对方滩头防御工事，削弱对方作战能力，为登陆兵强行上陆创造条件。登陆部队也将前赴后继，拼死向前，以迅猛之行动完成自己的任务。

（5）制空制海权是登陆成功的重要保障　二战中欧洲各国及美、日等国，都把积极夺取制空制海权作为登陆作战的重要行动，一是重视夺取战略上的制空制海权，从根本上限制和摧毁对方海空军的作战能力。二是重视夺取登陆战役的制空制海权，为登陆兵突击上陆和陆上进攻创造有利条件。（于国华、张锋《登陆作战为何成功率高》，《解放军报》2000 年 4 月 5 日）

关于信息战问题　**关注计算机战**　鉴于计算机网络空间对战争已产生和即将产生的重大影响，有作者撰文把它称为“陆、海、空、天、电磁”五维战场之外的“第六维战场”。在该战场中，计算机扮演着极为重要的角色，计算机战也以其隐蔽性、突然性、高效性和广泛性等特点，成为一种崭新的作战样式。并且主要以 3 种形式发挥作用。

计算机情报窃取　战争中，敌对双方对对方信息的把握情况会在很大程度上影响到战争的胜负。在高技术条件下，可以用有线或无线渗入的方式渗透进敌方的自动化指挥系统（C^4ISR），获取各种情报甚至窃取敌方的指挥权，为已方的军事行动提供依据和便利。

网络攻击　网络攻击主要有“病毒”攻击和“黑客”入侵两种方式。如今，计算机网络系统已成为一个国家经济、政治、军事的命脉。因此，用计算机病毒进行战争，比用核武器进行战争更为有效，也更现实。在战时，计算机战部队完全有能力通过网络，或以“病毒”瘫痪敌军自动化指挥系统乃至国家经济命脉，或以“黑客”方式入侵刺探、破坏敌方指挥系统，从而达成其他作战方式难以达成的作战效果。

计算机防御　目前可以采用的一些防御手段主要有硬保护措施和软保护措施。硬保护措施主要包括绿色计算机、光纤及屏蔽网、整体屏蔽、使用干扰机等；软保护措施主要包括“防火墙”、防“病毒”和杀毒软件、网络安全软件、身份验证、网络加密技术等。（唐浩《解析“第六维战场”》，《中国国防报》2000年2月23日）

新闻战已成为一种相对独立的作战样式　有作者撰文指出，科索沃战争不仅是一场传统意义上的军事战，也是一场空前激烈的新闻战。在媒体空前发达的新闻时代，新闻战在现代战争中已形成独特、相对独立的运作方式和作战样式，并对战争全局产生空前的影响力。这主要表现在以下4个方面：

作战主体（作战机构和作战人员）相对独立　所谓的作战机构：一是指军方或国家政权设立的专门负责战时新闻传播工作的权力机构。二是指所有参加战时报道的双方新闻媒体。科索沃战争从危机爆发、诉诸武力到战争结束的全过程中，双方的媒体都进行了服务于战争目的的行动，具有了战争机构的某种性质。所谓的相对独立的作战人员：一是指在官方或军方的战时新闻管理组织机构中任职的人员以及负责新闻发布的新闻发言人；二是指对立双方新闻媒体的新闻从业人员。他们在战争中的主要任务就是按各自的职责要求去进行新闻传播工作。

作战工具（武器）和作战手段方法相对独立　新闻战是新闻手段和军事手段的有机结合和综合应用。新闻战的武器大体上可分为两类：一是指各种各样的新闻，二是指纯粹的战争武器。二者之中，又以新闻为主，以纯粹的战争武器为辅。作战方法是指运用武器打击敌人的方法，主要有以下几种：一是片面报道，造假新闻。北约的新闻媒体在科索沃战争中，就是通过片面和虚假的报道，使得战争的面目在他们的人民和相当范围内的国际舆论面前发生了有利于北约利益的偏离。二是严格的新闻控制。双方都对新闻的发布和报道作了严格的控制。三是新闻狡辩。北约的新闻发布机关及西方媒体，在面对一些不得不报道的不利于自己的事实时，采用新闻狡辩的手段混淆视听。四是新闻迷惑与新闻威慑。五是新闻绞杀。这是一种直接采取战争手段来摧毁对方新闻传播能力的方法。

作战的目标和对象相对独立　新闻战以迷惑和威慑敌人，夺取舆论和道义优势为主要目的。根据作战目的，新闻战也有相对独立的作战对象。一般作战对象主要是敌国军队（现有的国际法和战争法都禁止将平民和民用目标作为作战对象），而新闻战的作战对象则包括敌国军队和民众，己方军队和民众，中立国的政府和民众。在新闻战中，双方都展开了针对这些对象的综合对抗。

作战的时空范围相对独立　一般的作战形式，其作战时间与战争的进程基本同步，而新闻战的作战时间则与战争本身的进程有较大的提前与滞后。在战争开始之前，新闻战就早已拉开序幕。而一旦战争结束，双方的新闻斗争在相当长的一个时期内仍不会结束。新闻战在所有的媒体上展开，除了传统的广播、电视、报刊外，网络这一新兴的媒体，也在战争中发挥了重要的作用。（文武英《新闻战，一种相对独立的作战样式》，《现代军事》2000年第1期）

高技术局部战争心理战呈现出3个特点　有作者通过对高技术局部战争心理战进行分析，认为现代心理战正呈现出3个主要特点。

（1）军事打击与心理战紧密结合　由于心理战已成为高技术局部战争的重要部分，心理战能力强弱，就成为影响战争进程和结局的一个重要因素。为此，有关国家主要采取如下策略：一是战前和战争中进行武力炫耀，运用武器展示、武器试验、武器销售、军事演习、武力集结等多种方式，形成强大心理威慑，使敌方“望而生畏”，达到不战而胜的目的。二是集中绝对优势的军事力量，形成军事实力和心理上的双重优势。从近期几场局部战争中可以看到，为了确保战争的胜利，许多国家“杀鸡用牛刀”。这种力量对比，对己方的士气是一个巨大的鼓舞，对敌方则产生巨大的心理压力。三是选择军事打击目标，不但重视其军事意义，用时也重视心理毁伤效应，使军事打击成为心理打击的手段。科索沃战争中，以美国为首的北约选择轰炸目标，就特别注重心理打击效应，重点攻击交通、水电、石油、新闻、广播等系统，企图通过军事打击，从心理上摧毁南联盟领导人及其人民的抵抗意志。

（2）媒体舆论成为现代心理战发挥作用的重要信息平台　运用媒体力量进行心理战，影响和控制战争进程是近期几场高技术局部战争显现出的重要特点。其具体表现在以下几方面：首先，宣传媒体事实上成为战争的直接组成部分，而不再仅仅是提供来自战场的客观信息通道。与过分带有主观色彩而容易被对手和中立者拒绝的战场宣传不同，媒体由于其巧妙地披着客观报道的外衣而悄然对大众心理发生着深刻的影响。其次，与建立媒体优势相对应的，就是剥夺或削弱对方的媒体舆论优势。这表明，在当代，战争的胜负已不再单纯取决于战场，媒体舆论设施将是未来高技术局部战争军事打击的重要目标，媒体舆论较量将是未来战争中较量最为激烈的领域之一。再次，由于信息的媒体舆论是一把双刃剑，建立媒体优势和控制它的消极影响，是两方面必须同时思考的问题。当年媒体舆论的影响是最终迫使美军从越南撤出的一个重要因素。可见，对媒体舆论的运用和反运用，控制和反控制将是未来高技术局部战争中必须关注的重要环节。

(3) *心理战的手段正向高技术化方向发展* 首先，在高新技术的推动下，传统心理战的方法正向高技术化的方向转化。如海湾战争中，美国运用各种类型的飞机和火炮，投撒大量传单和专门收听美国电台的多波段收音机，电台和电视台每天播放大量针对伊拉克的录音、录像、图片，大大增加了心理战的效应，严重挫伤了伊国的士气。其次，现代心理战技术手段正在向更高的层次发展。一是心理战器材的智能化。根据未来战争战场空间大，兵力配置分散，现在已经研制出智能化的心理战无人驾驶飞机。这种飞机会识别目标，能进行广播宣传，能自动散发传单，可以自动返回。二是心理战器材趋向多功能化。未来的心理战传单将实现多功能化，集视、听、说于一身，这会大大增加传单的心理影响效应。三是现代科学技术还可演化出更为神奇的心理战手段，如逼真地仿制各种武器、阵地、自然现象和人员，使人产生心理困惑和错觉，从而对士兵的心理产生极大的影响。再次，未来心理战手段的发展将主要体现于信息领域。如运用电子信息技术“虚拟现实”，将虚假、错误的信息“植入”敌方指挥信息系统之中，造成敌指挥官的心理错觉，使之认虚为实，或真假难辨而无所适从。还可利用信息网络进行心理渗透。（王振兴、杨苏平《近期几场高技术局部战争心理战研究》，《中国军事科学》2000 年第 6 期）。

确立对现代心理战防御的 3 点认识 有作者撰文认为，鉴于现代心理战防御问题已成为关系到战争胜负、社会稳定和国家安全的重大问题，因此，应从更高的层次、更宽的视野来思考心理战的防御问题，树立与之相适应的心理战战略防御意识。

(1) *把心理战防御的重点放在价值观念领域* 几十年来，西方以所谓的“民主”、“自由”、“人权”价值观体系，对社会主义国家进行了长期的进攻和渗透。他们制定的针对中国的“西化”、“分化”的战略，核心就是以价值观念为核心的心理战，并主要集中在 3 个相互联系的领域。一是政治价值观领域。多年来，西方从没间断过对社会主义制度的诋毁和攻击。80 年代以后，西方在同社会主义进行政治价值观的较量中，又打起所谓的“民主”“人权”牌。借口所谓“人权”来干涉中国内政，以维护“人权”之名，搞推行霸权之实。这表明，在政治价值观领域，渗透与反渗透，争夺与反争夺的斗争是十分尖锐复杂的。二是思想道德价值观领域。国内外敌对势力十分明白，要和平颠覆社会主义，首先要搞乱人们的思想道德观念，腐蚀人们的灵魂。因此，他们都把党和政府作为心理渗透的重点。一方面，以资产阶级的价值观和腐朽思想进行侵袭渗透，腐蚀党员干部的灵魂，败坏党和政府的风气；另一方面，又抓住党和政府中存在的腐败现象大作文章，离间人民群众与党和政府的关系，制造矛盾、分裂和动乱。使腐败现象成为我实施心理防御的最大隐患。三是社会文化价值观领域。西方文化的渗透，正在瓦解着人们的集体主义观念，还可能会动摇一些人的民族自信心和爱国主义意识。为此，必须对西方通过文化渗透进行心理战的阴谋保持高度警惕。

(2) *开展舆论争夺，掌握心理防御的主动权* 在信息时代，舆论争夺将成为维护国家安全的主战场，成为心理战的主要形式。面对信息时代心理战的这一发展趋势，必须贯彻积极防御的战略方针，积极开展舆论争夺，掌握心理防御的主动权。第一，要独立自主地发展中国的信息和媒体力量。信息和媒体力量是进行舆论争夺的物质和技术基础，谁掌握了信息和媒体力量，谁就可能有效影响世界舆论。必须加速发展自己的信息和媒体力量，使中国能在世界信息和媒体领域占有相称的一席之地，能有效回击敌对势力的舆论攻击。第二，要坚持正确的舆论导向。舆论是影响人们思想和行为的重要因素。如果不坚持正确的舆论导向，国内外反动势力的舆论导向就会发挥作用。因此，用积极、健康、正确的舆论教育和引导人民群众，是保持国家的思想统一、政治稳定、有效防御国内外敌对势力心战阴谋的重要措施。第三，要以积极主动的舆论宣传，同国内外敌对势力的反华宣传及心理攻击作针锋相对的斗争。积极的舆论宣传，主要体现于如下几个方面：一是重视基础性的舆论宣传。不断提高人民群众和广大官兵的思想理论水平及辨别是非的能力；二是注意进行预防性宣传；三是作好反击性宣传。

(3) 重视对网络心理战的防御研究　随着网络心理战的出现，对网络心理战的防御，将成为心理战防御面临的崭新课题。首先，网络正在成为心理战宣传的重要渠道。媒介系统的网络化、全球化及其独特的传播特点，将打破国家集团对信息的控制和垄断，使社会集团和个人有了直接参与本国、他国乃至全球政治事务和其他活动的机会；另一方面也给运用网络进行宣传心理战提供了更大的空间，使网络成为心理宣传的重要阵地。其次，进行网络攻击是现代心理战的重要手段。运用计算机病毒、逻辑炸弹、黑客入侵等方法，可对计算机和网络系统造成极大的威胁。攻击军事目标，可使敌方雷达、导弹、飞机等制导系统失灵和无法完成作战任务，也可使敌整个 C^4I 系统混乱瘫痪，造成军队的心理崩溃。攻击民用目标，可使国家经济遭受严重破坏，甚至会导致政局不稳。再次，全面加强网络心理战的防御。一是要拥有自己的网络主权。二是要尽早立法，依法管理计算机网络市场，规范网络行为，以法制手段搞好网络心理战的防御。三是要建立信息防护力量，进行有效的网络心理防御斗争。（李元奎等《现代心理战防御几个问题的研究》,《中国军事科学》2000 年第 6 期）

心理战作战方式将日趋智能化　有作者撰文指出，随着立体化战争的不断发展，以适应传统的线性作战为主体的心理战投送方式越来越不适应战场要求。面对距离越来越遥远、组织越来越分散的作战对象，心理战必然朝智能化方向发展。据预测，21 世纪心理战信息投送主要会有以下几种方式：(1) 巨型智能影像。即利用飞机和全息照相技术制造的巨型影像，其不受地缘限制，信息影响距离远，能使敌方军民受到强烈的心理震撼。(2) 智能飞行器投送宣传品。无人驾驶的飞行器和无人驾驶飞机由人或机器人在地面操纵，可以飞到几十甚至上百千米以外的敌军阵地上进行心理战宣传。这种投送方式将是未来战场心理战信息投送的一种主要方式。(3) 网络心理战。即以计算机互联网为媒介进行的心理战。网络心理战省时、省力、渗透性强。心理战部队可以利用网络将心理战信息（文字、图像、声音、场景等）快速、直观地发送到宣传对象中去，也可以利用网络制造心理战信息，侵入敌对国媒体进行心理破坏活动。(4) 数字化心理战部队。数字化技术必须应用于心理战部队。通过单兵 GPS 全球定位系统，实现信息投送分队智能化，心理战信息投送会更加准确、及时、有效。(石振恒《智能化的“攻心术”》,《中国国防报》2000 年 8 月 7 日)

分析信息心理战的 4 种方法　有作者通过分析，认为信息心理战的方法主要有以下 4 种：

信息灌输法　随着“非接触作战”、“无硝烟化战场”日益成为现实，传统的战场喊话等心理宣传方式将被卫星电视、计算机网络等信息灌输方式所取代。一些国家还试验通过卫星控制对方电视新闻节目，插播己方心理宣传内容，以思想灌输来分化瓦解对方斗志。

信息滞患法　现代战争中，各种情报的收集处理、作战指令的下达等大多依靠计算机完成，如果利用计算机病毒侵入对方信息网络系统，扰乱和滞患对方作战程序，就能使敌不战自乱、不攻自破。在实施信息网络攻击时，电脑黑客并非仅用一种病毒，而是数种病毒同时侵入，使对方防不胜防。

信息诱骗法　通过智能化手段，采取信息诱导、设谋欺骗的方法迷惑敌人，仍是现代战争中的有效方法。使用这一战法，应在准确掌握敌人心理特征的基础上，精心策划，周密实施。随着虚拟仿真等技术的应用，未来战场可能出现将人的智慧与机器人智能结合，由电脑自动生成计谋，通过网络信息传递，造成一种虚拟假象，实现心理欺骗的目的。

信息威慑法　信息威慑是以多媒体、网络信息等手段，把虚拟军事演习、武器装备展示等传递给敌方，采取虚实相间、若隐若现的方式，保持威慑力度和产生足够的效应。在未来高技术战争中，采用令敌方信以为真、胆战心惊的虚拟化信息威慑，能以最小的代价换取最大的心理压制效益。（王岱、李进林《信息心理战种种》，《解放军报》2000 年 11 月 28 日）

中国台湾军队在信息战方面存在 3 个明显缺陷　有作者撰文指出，尽管中国台湾军队对信息战的研究和准备非常重视，拟定了信息战近、中、远三阶段发展计划，成立了领导信息战的专门机构—通信电子资讯局等，加紧指挥自动化系统及其防御机制的建设，但从总体看，它在信息战方面仍存在 3 个明显缺陷。

(1) 信息战的基础十分脆弱　台湾社会的信息化程度比较高，是互联网络设施最发达的地区之一。信息技术发达意味着经济、军事等诸方面严重依赖于网络。这样，在信息攻击面前会有更大的经济损失和安全威胁。台湾地域狭小，仅 36 万平方千米，距大陆较近，防御纵深短浅，预警和反应时间短，基础工业和武器装备体系抗打击能力薄弱。两岸一旦开战，台湾的指挥中心、机场、基地及各种雷达地面设施均在大陆导弹的覆盖范围内，其信息战所依赖的电子设备的大型天线大多部署在外岛和台岛西海岸，目标明显、暴露，位置相对固定且防护能力较弱，便于大陆利用导弹、飞机实施打击，或组织特种部队进行袭扰破坏。一旦这些设施被摧毁，其信息战能力将受到严重削弱。台湾的军事信息系统主要依赖进口，对外依赖过强。台军目前电子战的装备几乎全是美国货。这使得其战损后补充、修复困难，持续作战能力差。战时在长时间的海空火力打击下，其消耗的装备无法得到及时补充，这是台军致命的、短期内无法克服的弱点。

(2) 信息获取和处理能力有限　台湾的 C^3I 系统主要由空中、海上、地面设施组成，缺少自己的空间资源的支持。而在台湾防空识别区天顶所涵盖的外太空，至少需要 10 枚不同型号的在轨军用卫星，供应侦察、通信、气象、导航及目标追踪信息，才算有效支撑。由于没有侦察卫星，其远程信息侦察能力非常薄弱，这将使台湾的信息战能力大打折扣。相反，大陆已拥有近 50 颗国产卫星，具备了完善的卫星系统，其侦察卫星可以实时监视台湾所有的军舰、飞机甚至坦克车的位置，有的卫星甚至还具有探地功能，可测数米以下的地下建筑形状，使台湾的各种军事活动已无秘可保。台湾经过多年苦心经营，虽然已经建成了 4 个指挥、控制、通信、情报系统，但其信息处理能力却十分有限。如"强网"系统，仅能对台岛空域和大陆沿海 400 余千米内的目标进行侦察；"陆资" C^3I 系统尚未形成"决策支援全自动化"的能力。

(3) "硬打击"能力明显不足　由于台湾空战、海战能力与大陆相比均处于明显劣势，所以其力量投送系统"鞭长莫及"，尚不足以对大陆严密防守的指挥、通信等信息战要害部位实施有效的火力打击。在未来进行信息战时，台湾可能利用其技术、人才优势进行网络战、病毒战，但由于大陆的信息化尚在起步阶段，目前整个社会对计算机网络的依赖性并不强，所以通过计算机网络进行攻击的破坏程度是很有限的，况且大陆的关键计算机系统均采取"内外有别"、物理隔离的方式建设，所以其攻击最多只能到达少数外围的、非关键性的站点，而核心的、重要的系统和数据将不受其威胁，其利用计算机网络进行攻击的效果将大打折扣。（张小平《台湾信息战研究现状》，《军事历史》2000 年第 4 期）

关于对付高技术兵器的问题　**对付美式 M1A1 坦克的 4 点思考**　有作者撰文指出，虽然美式 M1A1 坦克有比 T2 坦克穿甲能力更强的弹药，性能更优的热成像系统、测距机、火炮稳定系统和防护能力更强的装甲，但也并非无懈可击，只要认真研究其特点特别是薄弱环节，以己之长，击敌之短，就能解决与之对抗所面临的藏不住、靠不上和够不着、打不透、阻不住的问题。

一要藏得住　由于 M1A1 坦克装备的侦察系统包括热像仪、夜视仪等，探测能力强，人员、武器装备在远距离上就可能被发现。因此要把防侦察、防打击贯穿战斗的全过程。首先，利用新材料组合伪装。利用石棉瓦、陶瓷等隔热材料，组合成盾牌式隔热板，在阵地前、障碍区内等重要目标周围设置，以防止被敌热像仪侦察。其次，以热对热。在阵地、障碍前或主要兵器周围或在敌坦克来袭路上，预先放火形成高温屏蔽区，使敌热成像仪的热源被干扰，难以发现我确切位置。再次，利用假目标以假乱真。在阵地、障碍或重要目标附近设置大量的假目标，或设置与坦克、步兵战车等武器表面温度一致的金属热源，模拟坦克、步兵战车等武器的辐射，迷惑欺骗敌热像仪。

二要靠得上　由于 M1A1 坦克具有远距离打击能力，其主要兵器 1 炮 3 枪,，火力强大、掩护能力强，我军现有装备在自己的射程以外就可能被敌击毁。针对这一问题，应采取以伏制远的办法，在敌坦克的必经之路上，提前设伏。设伏小组一般以 1 个班的兵力组成，配备 82 式无后座炮、喷火器、工兵器材等多种装备，编成牵制组、打炸组、喷火组和烟幕迷盲组等基本作战单位，担负打炸、迷盲等任务。设伏阵地一般以不规则的散兵坑为主，阵地设置上要充分利用地形自然条件进行伪装，并设置防坦克阵地等障碍物。当敌坦克经过时，突然出现，以灵活机动的战术手段近距离将其击毁。

三要打得透　贫铀装甲使 M1A1 坦克的前部和炮塔具有相当于 1000 毫米均质钢装甲的防护能力，而我军现有的反坦克炮和导弹对它都无济于事，为此，应采取以近制厚，以多制厚的办法。可以通过设伏靠近敌人，或将敌坦克放进我阵地里来，依托阵地、障碍，近距离以多种火器、爆破器材对敌坦克的不同薄弱部位打炸，也可以多种火器、爆破器材对敌坦克的同一部位实施连续多次打击，即用 82 无后座炮、40 火箭筒对敌坦克的炮塔与车体结合部、发动机散热窗等部位进行连续打击，达到"以多制厚"的目的。

四要阻得住　美军 M1A1 坦克具有跑得快、攀得高、越得宽的优点，一般在进攻发起前对敌障碍的摧毁率要达到 40%～60% 时，方以坦克、步兵战车实施攻击。为此，应采取障碍阻、阵地阻和火力阻相结合的办法，将障碍与阵地有机结合起来，使阵地中有障碍，障碍中有阵地。具体方法是：在反坦克阵地中，以防坦克壕坝为主体，辅之以三角锥、陷阱等障碍物，每个壕坝周围设有散兵坑，形成人工与天然障碍相结合，固定障碍与机动障碍相结合的多功能障碍。这种障碍设置，敌军破障、滞留时间长，坦克通过难，使反坦克火器有多次打击的机会。（牛小成、张成才《对付美陆军地面装甲目标的几点思考》，《现代兵器》2000 年第 2 期）

提出打直升机的 11 种招法　针对现代高技术战争中武装直升机的大量运用，有作者从反直升机的技术和装备入手，提出以下 11 种招法：

使用新型雷达　由于直升机实施攻击时采取低空悬停姿态，其旋转翼反射回来的雷达回波会产生典型的、明显的多普勒效应，且旋翼叶片的数量和旋转速度越大，雷达接收到的由旋翼叶片反射回来的信号也就越多，直升机被发现的可能性就越大。因而，只要对由旋翼叶片表面反射回来的雷达信号进行相应的处理和分析，即可以发现目标。

运用音响传感器　任何一种直升机都会产生特殊的亚声辐射。根据亚声辐射，使用音响传感器，不但可以发现目标，而且还可以识别目标。同时可在昼夜任何天候条件下工作，工作性能极为可靠。据报道，一些国家研制出的音响传感系统，其探测距离不小于 6 千米，如将 6 部音响传感系统配备在互相衔接的各自扇形区内，其警戒面积将不小于 500 平方千米。

使用自行高炮　敌武装直升机一般在距目标 3～4 千米时就可以用反坦克导弹攻击目标，而一些自行高炮有效射程仅为 3000 多米。为此，可将自行高炮的口径增大，以使其有效射程达 6000 米以上。

使用坦克炮　坦克炮同样适用于同直升机作斗争。因为坦克炮的仰角足以使主炮对悬停的武装直升机进行射击，且坦克炮所用的大口径弹（105 或 120 毫米）威力较大，即使距目标数米远爆炸也能将目标击毁。此外，使用精确制导炮弹还可以提高坦克炮对远距离直升机的射击精度，能摧毁 5～6 千米距离上的直升机。

使用新型防空导弹　一些单兵防空导弹具有重量轻、体积小、机动灵活、部署隐蔽、精度高的特点，且最低射界小，反应时间小于 10 秒，是良好的反直升机兵器。

弹炮结合，互为补充　采用导弹与高炮相结合的方式，是当前反武装直升机的重要方法。在具体组织形式上，一是弹、炮混编；二是弹、炮分开配置共用火控系统；三是弹炮一体共用搜索雷达与火控系统，这种相互结合的反武装直升机方法能保证两种或多种火力重叠、衔接，便于互相补充，火力猛；对直升机可实施多次拦截，效费比佳；可以采用现有的或正在发展的各种武器型号按需要重新组合，无需另行发展全新的防空武器。

使用反直升机声控地雷　用地雷反直升机，可以大面积部署，是非常有效的反低飞直升机的兵器。反直升机地雷，装有声波探测器，当按作战需要在易遭直升机攻击方向设置地雷后，只要声波探测器感受到直升机声音，数据处理系统就开始通过三角测量法确定目标。当目标接近到一定地界时，地雷就会根据传感器的信号自动升空，并借助其红外自动导引头所确定的最佳爆破条件将目标击毁。

使用直升机　由于速度差，且能利用起伏地形进行有效的隐蔽，高速飞行的战斗机难以可靠地发现低速飞行的直升机。而以直升机对付直升机则是最有前途的手段。可在直升机上配置可能攻击空中目标的多用途导弹，也可在直升机上装备 30 毫米和 20 毫米航炮，用于摧毁 3 千米和 1.5 千米以内的空中目标，甚至 7.62 毫米机枪也能对距离 1 千米以内的直升机构成威胁。

使用无人驾驶机　无人驾驶飞行器携载多种武器，就能有效地对付直升机。在无人驾驶飞行器内部装载 1 部毫米波雷达和 1 台中央处理机，能在强烈地物回波背景下发现和识别直升机，其战斗部能击毁低速飞行的空中目标。

地炮打直升机　地炮只要有合适的弹药，方法灵活，都能对付直升机。线膛炮射程远，每发弹丸空爆后能够对武装直升机形成 400—700 平方米的有效毁伤幅员。武装直升机顶部防护能力较弱，空炸可对其产生较强的杀伤破坏力。迫击炮虽然初速稍低，但轻便灵活，便于操作。1 个 4 门制 82 迫击炮群可在空中形成 480 米的拦阻正面，若利用钢珠弹打敌直升机，其射击效能会更大。直瞄火炮可以打悬停直升机，且命中率比较高，采用设伏等方式对直升机实施射击效果更佳。

空障阻击直升机　运用伞系钢缆、低空悬浮弹、空飘雷等设置空中障碍，能有效地对付武装直升机。在直升机可能攻击的航线上预先设置障碍，使直升机有可能撞上空中地雷或其他障碍物，从而将其击伤击毁。（刘志斌《打直升机 11 招》，《军事文摘》2000 年第 6 期）

对付 E—2T 预警机的战术技术途径　有作者撰文指出，E—2T 预警机是中国台湾空军“强网”自动化防空系统的重要组成部分。其主要强点是：探测范围大，其机载预警雷达能监视2400万平方千米的空域和38.85万平方千米的海域；预警时间可提高到25分钟；低空探测性能好；可同时指挥引导100架战斗机遂行空中拦截任务；抗干扰和生存能力较强。其主要薄弱环节是：缺少必要的接口终端，只能用话音通信，将严重影响其预警与指挥引导时效；4架预警机不足以维持24小时连续空中预警；目标大，活动空域稳定，不断发射电磁信号，很容易被发现和识别。

针对E—2T预警机的上述弱点，可采取如下技术途径进行对抗，即充分利用电子手段，干扰、破坏、阻断或降低E—2T雷达探测目标和跟踪目标的能力，干扰或阻断其通信的传输，破坏或影响其导航系统的正常工作，使E—2T无法及时、连续、准确地掌握双方目标位置、航向、速度、高度、态势等战场信息，无法组织有效攻击。在平时采取各种侦察手段，获取E—2T机载预警雷达、通信系统及其导航系统性能参数。以便战时对其实施全频段、多种形式的干扰。

此外，还可采取如下战术途径进行对抗：

1. 利用歼击机突破敌空中防线　这通常有以下几种方法：（1）利用三线远程警戒雷达作为早期预警手段，及时获得E—2T概略位置；（2）歼击机从低空、超低空飞行逼近E—2T，以大大缩短其被E—2T探测捕捉的距离；（3）组织歼击机以小编队、多批次、多方向同时对E—2T进行突袭，使其护航飞机顾此失彼，防不胜防；（4）突破敌护航飞机的防线后，使用远程导弹对E—2T进行攻击，或迅速爬高，以高空高速突破敌防空导弹、高炮构成的空中防线，充分利用E—2T速度小，无自卫武器等弱点，迅速接敌，实施攻击。

2. 使用歼击机发射超远程空空导弹，对E—2T实施攻击　超远程空空导弹与原有的导弹相比，具有更好的机动性、更大的飞行速度和更远的射程，具有无定向巡航能力、反辐射能力和隐身性能等。由于E—2T对高空目标具有较大探测距离而对于中、低空目标探测距离较小，因此，歼击机应采用中、低空出航，以取得最佳攻击距离；采取中、高空发射，以取得最佳攻击效果。

3. 利用潜艇发射潜空导弹，对E—2T实施隐蔽攻击　当E—2T在海面上空飞行时，携带潜空导弹的攻击潜艇只需突破敌水面舰艇、反潜直升机、海上巡逻飞机组成的反潜防线，即可在水下接近E—2T，待E—2T进入潜空导弹射程之内时，对其实施隐蔽突然攻击。E—2T对水下目标几乎是"睁眼瞎"，况且如果潜空导弹射程比较远，攻击潜艇甚至不必突破敌反潜防线即可对其进行攻击。（陈富生《台湾E—2T预警机的强弱点及与其对抗的战技途径》，《军事展望》2000年第10期）

（潘新毛）

美国军队作战问题研究　2000年，美军分析了科索沃战争中存在的问题，提出了新世纪作战方法，确立了航空航天一体化作战理论，同时，在其他方面的作战研究领域也取得了一些进展。

关于作战方式方法问题　**《2020年联合构想》提出新世纪的作战方法**　2000年美军颁布了《2020年联合构想》，描绘了21世纪初美军如何作战的方法。

称霸全球，目标更高　《构想》要求："2020年联合部队必须准备在世界任何地方采取的所有作战行动中获胜，而且与多国部队协同作战，如果有必要还要同政府机构和国际组织协调行动。"

强调遏制对手的能力　《构想》要求美军首先在平时要有阻遏力，其次在战时具有决胜力。这表明，美军在未来将十分重视军队的战略威慑作用，单独提高军队战斗的决胜力不再是美军的惟一目标。美军在未来20年中，将很有可能掀起更大规模的国家信息战和国防信息战宣传攻势。

重点研究非对称作战　《构想》认为"对手会通过发现关键性的弱点，发展非对称性作战理论和能力来攻击和扩大这些弱点，从而在战术、战役和战略层次上取得非对称性的优势。""非对称手段出现的可能性也许是美国即将面临的危险，这种危险包括远程弹道导弹和其他对美国公民和疆土的直接威胁。"因此，必须研究潜在对手的非对称作战战法。

力图保持"全谱优势"　美军在《构想》中解释了"全谱优势"，即在所有军事行动中都能单独地、或与多国及跨国部门伙伴协同击败任何对手并控制局势。它要求美军能够及时投入实际需要的合成部队进行紧急、持久及协调一致的行动，能够进入陆、海、空和信息等领域并保持自己的行动自由，保持美军在海外的存在和拥有迅速向世界各地投送兵力的能力。

信息优势至关重要　美军认为未来的联合部队必须能够利用信息优势，来决定决策优势，以对手来不及做出反应的速度，做出决策，赢得平时和战时的胜利。美军要求"2020年的联合部队将利用信息和决策优势，掌握先进的指挥控制能力，并充分发挥机动制敌、精确打击、全维防护和聚焦式后勤的潜力”。

寻求全面军事创新　美军新的“联合构想”提出，要重视军事技术之外的军队体制编制和作战理论以及与之相关方面的创新，要求把作战理论、战术、训练、支援行动和技术结合成一个整体，从而为形成一个新的作战能力提供一个框架。（鲁锋、杨柳《21世纪美军如何作战》，《参考消息》2000 年 10 月 23 日。）

美军作战存在的若干问题　科索沃战争中美军暴露了许多问题，其中一些总是无法克服的。

（1）联合力量貌合力不合　在战法上美国主张在一定时间发动地面战，有的国家就坚决反对地面战；在空袭作战方针上，北约最高司令克拉克主张大规模战略空袭，打击对方战争潜力，而盟军空军司令肖特则主张逐步升级，先打战场上的军队，再逐步扩大空袭范围；在打击目标上，美军计划作战开始就摧毁塞尔维亚电力系统，直到最后法国才同意。

（2）联合作战形联神不联　由于美国与北约盟国军队编制体制不同，作战条令、作战理论发展不同步，武器装备不通用、不兼容，在作战指挥方式和战法上与美军不协调，作战通信系统相互不能很好沟通，不少情况下只能用明语，严重影响保密。因此，联军和联合作战的威力难以发挥。

（3）打赢两场战争力不从心　科索沃战争中美军投入了 15%的飞机和大部分 C^4IRS 系统，动用了空军全部 C—17 运输机，全部的 F—16CJ 反电子战飞机和 60%的 EA—6B 型飞机，几乎用尽了空射巡航导弹。即使如此，仍无法满足作战需要，还要从其他地区调电子战飞机和航空母舰。

（4）高技术武器效果不理想　在战争中南军击落了美军最先进的 F—117 战斗机。美军的精确制导武器发射成功率只有 15%，靠近目标的命中率也只有 50%。高技术传感器在地形复杂、对方战术灵活、设置假目标的情况下难以奏效。

（5）压制防空火力难以做到　美军还没有一套有效压制像南斯拉夫那样积极灵活的防空系统的有效战法。绝大多数攻击只能在南防空火力网外实施。美国如果面临拥有最现代化防空装备的对手，要取得制空权并非容易。

（6）信息安全上有漏洞　美军有些重要网络站点缺乏充分保护，有的计算机硬件和软件无保密特性，致使美军网络遭到南联盟的攻击。

（7）毁伤评估误差大　美国的高技术打击兵器精度较高，侦察技术装备分辨率高，但是识别真伪能力差。战争中对陆军武器毁伤程度的评估结果误差太远，造成判断决策失误。

（8）训练素质不高　从美军在作战中的表现看，其战术技术训练存在不少问题，战地训练事故也比较多。

（9）后勤保障问题多　美军要求在联合作战中要做到精确后勤，但从作战实践看，差距还很大。作战中空射巡航导弹短缺，B—1 战略轰炸机零配件严重匮乏，战中有 1/5 的 B—1 飞机是用来拆卸零件的。（王振西《科索沃战争一年回顾》，《中国国防报》2000 年 7 月 5 日）

（刘克俭）

美军提出军事革命要着眼于提高 9 种作战能力　有作者撰文指出，美军根据信息时代特点，提出军事革命必须以采取战场信息优势为基础，着眼于提高 9 种作战能力。（1）情报搜集能力。要建立起能力更强的情报支援系统，包括发展可透过云层、树叶，提供目标高逼真度信息的雷达，小型、多谱、可快速部署的“灵巧”面探测装置，能对目标进行自动选择和跟踪的应用软件等。（2）网络通信能力。美军提出“网络通信”概念，即在全球范围内建立以军事通信卫星为主体的网络通信体系，形成一个敌人无法消灭的网状通信系统。（3）战场监控能力。通过增加指挥员对作战空间各种情况的透视与感知，缩短决策时间，保障部队分散布署与精确作战的需要，提高遂行作战任务的效能。（4）信息战能力。（5）电子战能力。美空军委托兰德公司进行专门研究，最近发表的研究报告强调应从组织机构、规划、系统和训练等方面改进电子战能力。（6）精确打击能力。（7）主动防护能力。该项能力体现在美军重点发展弹道导弹防御系统，包括 TMD 和 NMD。（8）定向后勤能力。即利用信息网络，采用分基地后勤、限时再补给、空中快运、外购和军种间交叉支援等方法组成新的后勤支援体系。（9）技术应用能力。要使高技术更快、更经济、有效地应用于作战部队。（洪雄《9 种作战能力》，《军事文摘》2000 年第 11 期）

（木　工）

美军指挥控制战对其作战的影响　美参联会颁发的第 3—13.1 号联合出版物《联合指挥与控制战条令》，最终确立了美军指挥控制战理论。这一理论的确立将对美军作战产生深远影响。

（1）指挥控制领域是美军未来首选作战领域　美军认为，首先打击敌人的指挥控制系统，瘫痪其指挥控制结构，有两个显而易见的好处：一是可加速作战胜利的进程。二是可以减少人员伤亡，特别是己方人员的伤亡。把作战引入指挥控制领域，还有利于美军发挥在侦察、远程精确打击方面的技术优势，可以达到小战而屈人之兵的目的。

(2) 指挥控制战改变了美军的作战程式 由于军事技术的飞速发展，掌握了高技术的一方完全能够在不触动敌方军队的情况下，直接攻击其指挥控制系统。《联合指挥与控制战条令》的出版，将首先瘫痪敌指挥控制系统，然后打击部队的作战程式用条令的形式固化了下来。目前，各军种纷纷出版条令，成立战斗实验室，积极探讨本军种实施指挥控制战的方式方法。

(3) 指控制战促进了美军指挥决策能力的提高 就本质而言，指挥控制战是敌对双方指挥决策速度的对抗。谁的指挥决策速度快，谁就能掌握作战的主动权，就会赢得胜利。美军通常使用军事欺骗、作战保密、电子战、心理战和实体摧毁等手段，通过影响、削弱或摧毁敌指挥控制能力，降低敌人的指挥决策能力；对美军自己，则通过提高指挥决策能力，去提高指挥决策速度。其办法一是提高指挥官的指挥决策能力；二是发展一体化的C^4I系统。

(4) 指挥控制战丰富了美军战役法的内容 第一，固化了打击“重心”。美军通过颁发《联合指挥与控制战条令》将指挥控制系统固化为筹划战役的“重心”，避免了各军种令出多门，互相扯皮的现象，使美军真正走上了一体化作战的发展道路。第二，丰富了机动战的内容。指挥控制战把机动战思想从单纯的地理位置扩展到了指挥控制领域。从瘫痪敌人的指挥控制系统、剥夺敌人对战场信息的获取能力和保证己方指挥决策的有效性方面入手，限制敌方机动，确保己方机动，使机动战内容更为丰富。指挥控制战的提出为美军以机动战思想为核心的战役筹划提供了新的思路。（陈育功《美军指挥控制战对其作战的影响》，《外国军事学术》2000 年第 5 期）

探讨“非对称交战”的本意 针对中国国内对“非对称交战”的不同理解，有作者引用美国防部长，陆军前副参谋长，驻华武官等美军权威人士和权威机构及媒体有关“非对称交战”的论述，归纳其观点，认为对“非对称交战”应作如下理解：①就实质来讲，“非对称交战”是使用非常规手段、采用非常规方法进行的作战，是非常规作战、非传统作战、非标准作战。它所强调的是超出常规和出奇制胜。②从作战方法与装备的关系上看，“非对称交战”与技术的高下并没有必然的联系，尤其不应把“非对称交战”理解为一种采用高技术对付低技术的作战。③从“对称交战”与“非对称交战”的关系上看，美军并不偏重“非对称交战”。④从美军谈论“非对称交战”的出发点上看，美军更强调防备对方运用非常规手段打击美军。（彭锋《非对称交战的本意究竟是什么》，《外国军事学术》2000 年第 6 期）

（刘克俭）

关于特种作战问题 **美专家谈对生物战的防御方法** 美国《航空和空间技术周刊》2000 年 9 月 4 日载文分析了生物战的威胁及其防御方法。美国国防科学委员会生物防御技术小组委员会成员塔拉·奥图尔博士说：“大生物学”研究取得的进展比 50 年代物理学研究取得突破的步伐要快得多，生物技术和基因组学正在使生物武器成为一种能够摧毁城市人口的战略战争形式。尽管专家们对生物武器威胁的估计大相径庭，但是他们一致认为，战略范围的细菌战将会给检测、警报和治疗带来极大的困难，包括可能给军队和平民造成严重影响的长期的疾病流行。

由于恐怖分子在城市发动的生物袭击活动造成的致命破坏程度远远超过化学袭击造成的破坏，在某些情况下，造成的死亡人数可能不亚于核武器。100 公斤含有炭疽菌的粉末可能造成 100 万至 300 万人死亡。

由于世界上约有 10～15 个国家已经制定或正在制定生物战计划，而且生物武器制造技术正在扩散，国际战略研究中心资深研究员和奥图尔博士就生物战的防御方法提出如下建议：一是由政府出资在城市广泛建立大型的更加精确、快速的检测和诊断系统。二是为大城市及其众多高层建筑物建立分析生物武器影响的可靠模型。三是对进攻性和防御性生物战可能的趋势进行全面的评估。四是需要提出一种几乎包括全社会范围、把直接和间接受到生物战影响的平民和民间机构考虑在内的战略防御理论。五是必须加强目前设备不全、资金短缺、一体化程度差、缺乏外科手术能力的美国公共医疗系统。（保罗·曼《细菌战具有战略意义》，美国《航空和空间技术周刊》2000 年 9 月 4 日）

美军开展城市作战理论研究 有作者撰文指出鉴于美军摩和迪沙巷战的失利和俄军格罗兹尼攻坚战的严重伤亡，美军开始重新审视其城市作战的方法，并就此作了积极的理论研究，主要包括以下 5 点：

即将颁发城市联合作战条令 由于陆军部 1979 年颁发的 FM90—10《城市居民地区战斗条令》已不

能为现代条件下美军的城市联合作战构想提供理论指导，美军开始制定新版本的 FM90—10《城市作战条令》，并计划于 2001 年 5 月颁发 3—06《城市联合作战条令》。这两份条令将奠定美军城市联合作战的理论基础。美军的最终意向是制定一部更重要的联合作战条令，把所有军兵种的城市作战条令联系在一起，同时将指明各军兵种在城市作战中的作用。

采取陆海结合的新型编制　美陆军认为，由轻重装备合理搭配的中型旅将成为美军城市作战最基本的战斗编成。因其首次投入战斗即可在战区连续战斗 96 个小时。但参谋长联席会议认为，海军陆战队应成为城市作战中的主要作战力量。因为到 2020 年世界人口的 80％将居住在沿海城市，而沿海城市明显属于海军陆战队的作战地域。最后，美军采用了折衷方案，即在陆军的一个中型旅中增加一支海军陆战队远征分队。为此，美军正通过训练和演习来进一步提高实行这种编成的可行性。

规定更加全面具体的作战行动　为了在未来的城市联合作战中取得决定性的胜利，美军已经把城市作战行动由先前的 4 个阶段即侦察目标、孤立目标、隐蔽企图和全面进攻，修改为现在的 7 个阶段：（1）分析受领的任务以及已方作战的有利因素和不利因素，并依据城市作战的原则，定下决心。（2）制定计划，建立监视、侦察和情报收集系统；建立难民营；建立勤务支持基地。（3）封锁城市，孤立敌作战部队，切断其支援和信息保障；抗敌反冲击；必要时全面围攻，达成战斗的全面胜利。（4）占领、控制重要地区；粉碎敌整体防御体系。（5）强调在首战告捷后，要继续控制城市的关键地区，乘机扩大战果。（6）巩固阵地，建立安全地域；清剿残敌；修复损坏的重要建筑；实行人道主义援助；帮助地方重建政府。（7）撤出战斗，将本地区的一般性事务交由地方政府处理，积极打击本地区的非法武装集团，直至作战结束。

加强空中力量与地面力量的紧密结合　由于城市混乱，战术空军很难发现目标，携带的炸弹不能同时击中激光指定的目标，美军强调，空军必须提高侦察技术和武器装备的精确制导技术，以使用无人驾驶飞机获得的信息引导部队避开潜在的危险区，增加部队的防护能力，并通过挖掘无人驾驶飞机的作战潜力，以期在未来城市作战中提供近距离的空中支援。

强调周密灵活的勤务支援　周密计划和临机处置将是城市作战中战斗勤务支援的两个重要特征。城市作战要消耗大量的弹药，这使细致的计划显得非常必要。在城市中作战，战场的千变万化和偶然性的不断出现，使勤务支援产生大量需要临时处置的情况。比如，如何在不同的敌情下抢救、疏散伤员和抢修车辆等。美军正通过近似实战的训练来完善和提高其部队的后勤保障能力。（张元涛、黄永胜《美军城市作战研究的新动向》，《现代军事》2000 年第 11 期）

（木　工）

关于军种作战问题　**美陆军提出“行动中心战”**　“行动中心战”是美陆军第 3 军军长、胡德堡基地司令利昂·J·拉波特中将，在其文章《行动中心战：大胆的转变》中首次提出来的，内涵大致有以下 3 个方面：

第一，“行动中心战”是指以作战行动为中心，而不是以作战计划为中心的作战　工业时代的作战以计划为中心。而信息时代的作战是以作战行动为中心，虽然仍需作战计划，但作战司令官和士兵都能实时地看到战场情况，并能以前所未有的速度和准确度修改作战计划，士兵是同眼前的敌人作战，行动本身是作战活动的中心。

第二，“行动中心战”是把武器平台作为系统使用，而不是以单个实体进行作战　也就是说，传感器、情报分析系统、发射系统都联结成一个整体，从而对战场情况做出实时的反应，使作战部队的作战速度、精度杀伤力以及作战部队的生存能力成几何级数增长。

第三，情报活动是作战行动的重要组成部分　在未来的数字化战场上，情报活动可提高作战空间的通视力，是作战活动不可缺少的部分，而不是作战行动的支援行动。因此，行动中心战要求部队充分利用传感器网，集中精力关注敌情。

“行动中心战”只能在数字化战场实施。在数字化战场上作战必须具备以下条件：陆海空天各种传感器联结成网，精确的情报收集器和近实时的通信系统相连结，功率强大的视频显示器处理器同传感器相连结，从而使数字化部队能实时地关注敌情，全面掌握态势；实现传感器与发射器的连接，充分发挥数字化部队的潜力，使其作战速度、精确度和杀伤力按几何数字增长；将战场态势感知能力变为战场优势，数字化部队的官兵必须学会利用信息时代技术带来的新手段，最大限度地提高对战场态势的感知能力，迅速将其转变为态势认知能力，进而再转变为战场的优势，才能取得“行动中心战”的胜利。（樊高月《“行动中心战”：美军作战新理论》，《解放军报》2001 年 1 月 17 日）

美空军确立航空航天一体化作战理论 2000 年 5 月 9 日，美国空军部发表了《航空航天部队：21 世纪保卫美国》白皮书，正式确立了“航空航天一体化”的作战理论，致力于把美国空军转变为航空航天部队，抢占未来战场的战略制高点。

(1)“航空航天一体化”作战理论的实质与作战原则 “航空航天一体化”作战理论的实质是使用真正的全方位的航空航天部队，控制和利用航空航天全部资源的能力，实现空天主导布势，“继而夺取对地球表面的控制权”。为此，美空军将继续发展相应的技术，对敌人的空间能力实施战术遏制，实现局部的、暂时的和具有双重用途（军事、民用）的成效以对抗敌人的空间系统和部队。提出航空航天一体化作战理论的目的是夺取空间控制能力，最大限度地发挥航空航天力量的特性，即：速度性、远距离（投送）能力、全景把握能力、精确性和三维机动能力。同时，美空军也强调，航空航天力量的运用应遵循以下 7 条原则：①集中控制和分散作战；②灵活性和多用性；③协调一致的行动结果；④持续性作战；⑤作战目的的统一；⑥行动的优先顺序；⑦保持平衡作战。

(2)“航空航天一体化”作战样式 美军“航空航天一体化”作战理论的要求是建设一支全方位的航空航天部队，为联合部队和美国提供包括航空航天优势、全球攻击、全球快速机动、精确作战、信息优势、灵活作战在内的多种支援，并能够全天时、全天候地实现战略、战役和战术目的。具体作战样式：一是战斗空间侦察。空军将以高度集成的“航空航天一体化”结构，利用自动数据融合、目标识别、航空航天探测器交叉互联、宽带通讯和相关波段光谱探测器等多项先进技术提高联合部队指挥官全方位的作战空间侦察能力。二是远程精确打击。美空军将与国家宇航局、国防部高级研究计划局通力合作，发展新一代的先进推进技术，研制远程机动和运载工具，从而在跨大气层的高度上以超音速实施作战行动。三是导弹防御。未来，美空军将部署更为先进的天基红外系统卫星与空、天基激光武器系统，以提高导弹防御能力。四是信息战。美空军已经采取积极的态度和措施进行信息战，其使用武器有高速反辐射导弹、多种电子战吊舱、综合电子对抗系统、空基和天基（信息）电子预警平台。未来还将发展信息攻击和信息保障能力以在不同级别的冲突中实现作战效果。五是航空航天作战。美空军将与国家宇航局合作，加强“改进型一次性发射飞行器”和“可重复发射使用飞行器”的研制，以提高空间作战——进入和控制（空间）的能力。

(3)“空天一体化”作战理论要求建立全方位的航空航天部队 《航空航天部队》白皮书明确指出了美空军的发展方向，即实现由“天空”向“空间”的过渡，建立一支全方位的航空航天部队，夺取空中空间双重优势。（吴伟、陈雁《航空航天部队：21 世纪保卫美国白皮书》，《外国军事学术》2000 年第 7 期）

美空袭战略指导的主要特点 随着空中力量的飞速发展，美空袭行动的地位作用越来越突出，它不仅是一种惩罚性、威慑性的军事行动，而且还上升为一种重要的战争行动，成为美军当前处理地区武装冲突的一种主要军事斗争形式。美军实施空袭行动在战略指导上有以下几个主要特点。

(1) 在行动决策上，综合考虑国家利益、行动的代价和盟国的参与等因素 国家利益是引发空袭行动的基本动因。美国认为任何地区的武装冲突，都会危及美国的利益，这是引发空袭行动的基本动因。空袭行动的代价是决策的基本依据，它比国家利益更为需要，是制约美军决策空袭行动的决定性因素，行动的代价主要考虑人员伤亡和 0 行动所需的费用。盟国的参与是空袭行动决策的重要条件。主要原因：一是为适应冷战后世界战略形势的需要，使空袭行动“师出有名”；二是美全球利益分布广泛，客观上要求美国尽力争取与其他国家采取一致的行动；三是美空中力量不足；四是美空中力量需要使用盟国的战场和后勤保障设施。

(2) 在空袭目的上，达到使对方屈服于美国意志的有限目的 冷战后美军力量运用的基本特点是不要求将战争打到底而是向对方示威、警告，加以教训和惩罚；不以军事占领为目的，而是以削弱、瘫痪对手，使其屈服于美国的政治意志为目的。空袭为有限目的的实现提供了低风险、高效能的手段。美军认为一支强大的空中力量，不仅能制空，而且还能制地（海），能对敌方战略全纵深的任何目标实施打击，从而达到使对手屈服的目的。成功的关键在于选择突击目标。美军选择突击目标遵循的原则：一是以国家所要达成的战略目的为选择突击目标的主要依据；二是以目标价值为选择突击顺序的标准。

(3) 在空袭行动的实施上，以夺取信息优势为前提，以精确打击为主要手段，速战速决 美军认为空袭行动实际上是信息、火力一体化的军事行动。要在夺取制空权的同时夺取制电磁权，实施电子“软”、“硬”杀伤和“黑客”战。在空袭作战中，美军十分重视精确打击，将其视为空袭行动的主要手段，强调以下两点：一是注重远程精确打击和隐形突击；二是注重使用由卫星制导的全天候精确制导弹药。速战速决是美军空袭行动的一个重要作战原则，一般采取以下手段：一是提高空袭强度，使行动在全天候、全时辰、昼夜不停地实施；二是扩大空袭的范围，使行动在敌方战略全纵深范围内展开；三是实施陆、海、空军和海军陆战队的联合作战，充分发挥各军种空中力量的作用，加强整体突击强度；四是以敌方的领导人为主要突击目标，力争一举达成空袭目的。（陈新能《外国军事学术》，2000 年第 8 期））

（刘克俭）

美军空中突击有 7 种作战方式 有作者通过对近期几场局部战争进行分析，认为美军空中突击作战方式主要有以下 7 种：

（1）合成突击 就是将隶属于不同军（兵）种的不同型号、不同功能的空袭兵器，在统一指挥下合理编组、形成功能齐全的空中作战系统，协调一致地完成空袭作战任务。合成突击的力量编成通常为五部分：一是预警指挥系统，一般由预警卫星、预警指挥机和侦察飞机组成；二是压制系统，由电子战飞机和反雷达飞机组成“软”、“硬”压制系统；三是攻击系统，由各种携带大量精确制导炸弹、导弹的飞机组成；四是掩护系统，一般由歼击机担任；五是保障系统，由地勤部队、技术保障部队、空中加油机、空中救援支援飞机等组成。合成突击时，预警指挥系统负责对全部作战武器实施指挥控制，同时监视敌方空中和地面活动情况；压制系统向敌方防空体系的各种预警、制导、炮瞄雷达及指挥通信设施实施全面干扰、压制、破坏和摧毁；攻击系统负责对敌空中、地（水）面目标实施攻击；掩护系统负责空中掩护，截击敌方来犯的飞机；保障系统负责空中加油等战时保障，从而形成了一个攻防兼备的空中进攻系统。

（2）远距突击 分为远距投射和超视距攻击两种。远距投射是指使用远距空地导弹在敌防区外对目标实施准确攻击，既可完成任务，投射平台又没有受到任何威胁，这符合美军尽量将己方伤亡降低到最低限度的作战思想。超视距攻击是指在目视范围之外，通过机载探测设备搜索发现和截获敌地（水）面目标，并使用空地导弹进行攻击的一种作战方式，其攻击距离约为 10～100 千米。

（3）临空突击 是指空袭飞机飞临目标上空对目标进行轰炸的空中作战方式，临空突击使用的空袭武器是各类制导炸弹。临空突击又可根据空袭武器的性能、目标的性质和敌方防空系统火力的强弱，采取以下 4 种轰炸方式：一是超低空轰炸，高度为 300 米以下；二是低空轰炸，高度为 300～1000 米；三是中空轰炸，高度为 3000～6000 米；四是高空轰炸，高度为 7000～13000 米。

（4）精确突击 是指使用精确制导武器攻击敌方目标的空中作战方式。它不仅能大大地提高空中作战的效能和空中作战的效费比，而且能将附带损伤，尤其是对平民的损伤降到最低限度。海湾战争中，以美国为首的多国部队从空中投掷的精确制导炸弹和各类导弹，占投掷弹药总吨位的 7.4%，命中率高达 90%，在整个空袭作战中起了巨大作用。在历时 78 天的“联盟力量”行动中，北约轰炸造成的人员死亡总共不到 2000 人，这与二战期间相同天数中人员平均伤亡数 100 万人相比，是天壤之别。因此，空中精确突击方式越来越受美军的青睐。

（5）隐身突击 是指单独或主要使用隐身轰炸机、隐身战斗机等，对敌战役乃至战略纵深目标实施的超越型空中突击方式。从历次参战的作战使用情况看，隐身突击的运用具有如下特点：一是先头行动；二是突击要害目标；三是选择黑夜和坏天气作掩护；四是与电子战飞机配合使用。根据美军武器发展趋势推测，未来参加隐身突击的武器不仅有隐身轰炸机，更多类型的隐身战斗轰炸机，而且有隐身导弹。

（6）夜间突击 美军认为，凭借其先进的夜视技术对敌方实施夜间空袭，不仅能达成空袭的突然性，加快空袭作战的进程，而且能提高空袭作战人员和武器装备的生存能力。所以，夜间突击也是其惯用的空中作战方式。随着红外技术、激光技术、热成像和毫米波雷达技术等高技术的不断发展，美军将会不断地更新夜视器材，提高各类空袭武器的夜战能力。对夜暗突击方式的使用将会更加频繁。

（7）“软”硬突击 是指首先对敌实施强大的电磁干扰、反辐射摧毁等手段，使敌方变成“瞎子”、“聋子”和“哑巴”，“大脑神经网络”系统失去应有的功能，尔后使用大规模硬杀伤武器摧毁敌目标。“软”硬突击的作战程序为：首先，根据预储电磁频谱，出动电子战飞机沿主要作战方向展开大规模战役级攻势电子干扰，使敌方通信中断、指挥瘫痪、雷达迷盲；其次，在电子战飞机的掩护下，施放无人机和遥控飞行器，诱使敌方雷达开机；第三，携带反辐射导弹的攻击机迅速飞抵目标上空，对电磁目标实施摧毁；第四，在使敌方的侦测和通信系统变成瞎子、聋子之后，大批作战飞机便沿着已开辟的空中走廊对预定目标实施“外科手术式”的袭击。科索沃战争中，

“软”硬突击的运用有了新发展。其中北约首次使用了新式且具有更大效能的电磁脉冲炸弹，而且出现了计算机病毒战、网络战、黑客战等新战法（武文军、付志荣《美军空中突击作战方式》，《现代军事》2000年第9期）

美军F—117A隐形战斗机被击落原因有新说法 《中国国防报》2000年11月1日载文介绍了美军对F—117A隐形战斗机被击落原因的最新调查结果。F—117A隐形战斗机被击落，是美军在科索沃空袭中最“丢人现眼”的一幕。所以在战后经验总结时，美军扬言，一定要将F—117A折翼的真正原因找出来。而最新调查结果表明，制造F—117A悲剧的导演就是美军自己！由于空军的军费不足，美军在1998年将F—117A原来配属的电子战“保镖”——24架EF—111全部退役，而代之以功能略逊的EA—6B，结果导致空中电子防御能力不足，将自身防护能力一般的F—117A直接暴露在南联盟的防空火力网之下。美军为何要撤掉F—117A的电子“保镖”呢？原因就是一个“钱”字。EF—111空中飞行1小时，需要花费近5000美元，比F—16的耗费高将近两倍。如果当时让EF—111继续使用，每年要增加10亿美元的经费才行。空军的计划人员没有认真研究突防编队电子压制的能力体系，认为将任务转给海军的EA—6B，自己省钱别人干活，当然是一件好事。可是问题没有这么简单。这EA—6B与EF—111的性能有很大差别。刚刚能跨音速飞行的EA—6B的作战半径是1700千米，而能超音速飞行的EF—111的作战半径是2300千米。在战术使用上，EA—6B只能远离突击目标实施干扰压制，而EF—111却可以与轰炸机编队相伴而行，甚至贴近突击目标进行“临床麻醉”。难怪美国空军前参谋长赖斯在总结经验时发出这样的感叹：过早地淘汰EF—111是美空军历史上的一个最严重的错误。

（木　工）

俄军作战问题研究 2000年，俄军主要围绕第2次车臣战争进行作战问题研究，在反恐怖战役、军事特种行动战术等方面进行了较为深入的探讨，提出了一些新观点，丰富和发展了现有作战理论。同时，对战区防空等问题也进行了研究。

提出反恐怖战役理论 俄军1999年至2000年在达吉斯坦和车臣进行的反民族分裂的大规模军事行动被称为反恐怖战役。俄军认为，反恐怖战役是武装对抗的一种新样式，因为同使用游击和破坏——恐怖方法的非法武装作斗争时，作战地区内前后方的界限不清，战斗具有基点性质，所以需要用非典型的准备和实施战役的作战方法来完成任务。在准备和实施战役的方法方面，反恐怖战役与合同战役相近。但在内容方面有许多不同。反恐怖战役的重要组成部分是同非法武装进行的反游击战、反破坏、反恐怖和信息—思想斗争。包括以下特种军事行动：搜索与封锁匪帮；包围匪帮；使用现有的一切手段在非法武装的集结地点和地区同时消灭他们或予以各个歼灭；反伏击；防袭击；侦察—搜索行动；梳剿行动，侦察—伏击行动；巡逻；警戒和保卫分队配置地点、重要目标和交通线；维持特殊状态的秩序；在居民点和山地地区的奔袭行动；对车队的战斗护送等。在反恐怖战役中，给战役军团规定的是战役地幅而不是行动地带；在地幅内一般按方向建立混合编成的战役—战术集团。为兵团和部队规定责任地幅；兵团的部队在行动中多半使用“支队战术”，以旅（团）和营战术群为单位遂行作战任务。除武装力量外，内务部等国家各强力部门的武装部队也参加反恐怖战役。在反恐怖战役中，军队使用的特点是：第一，在分散的、往往是隔绝的方向上遂行作战行动，部队和分队脱离主力，具有很高的战术独立性，而敌人遂行行动的特点是实施伏击行动、游击战，进行夜间行动和实施突然袭击；第二，部队按任务遍组成各种支队和群，并使用非传统方法来遂行任务；第三，组织战斗和指挥复杂。（[俄]佐洛托夫上将《北高加索反恐怖战役：主要教训和结论》，《军事思想》杂志2000年第3期）

探讨特种军事行动战术 特种军事行动是在内部武装冲突中实施的粉碎非法武装的特种战役的组成部分，是由陆军部队和分队与其他强力部门部队实施的在任务、地点、时间和方法上目的一致和彼此相联的战术措施的总和，其目的是消灭恐怖、破坏和其他匪帮支队和战斗群。如同合成战斗与合成战役一样，特种军事行动与特种战役在规模和内容上也彼此相关。特种军事行动的主要特点是准备和进行与非法武装对抗。根据非法武装的行动特点，主要的特种军事行动包括侦察—搜索行动、侦察—突击行动、奔袭—强击行动、消灭合围之敌和梳剿行动。这些内容不是特种军事行动的全部，但它们在消灭非法武装方面的效果较好。

（1）*侦察—搜索行动* 其目的是确定非法武装支队的位置、战斗编成和支撑点、基地、仓库和指挥所的数量。为完成该任务，使用谍报、太空、空中、无线电和无线电技术侦察的兵力兵器，特种侦察机构和军事侦察机构遂行侦察—搜索行动。为进一步核实所获取的情报，则相应地使用侦察—搜索群。侦察—搜索群的兵力从1个班到1个排不等。遂行任务的主要方法是搜索。根据在阿富汗、达吉斯坦和车臣的战斗经验，遂行搜索的方法有：搜索—检查、地域搜索、平行搜索、向心搜索、螺旋搜索和迎面搜索。侦察——搜索群的行动周期一般是：3～4昼夜——遂行战斗任务；2～3昼夜——休息、保养武器和军事技术装备；3～4昼夜——遂行内部勤务；2～3昼夜——准备遂行战斗任务。

（2）侦察—突击行动　当搜索行动没能详实确定非法武装的位置时，则进行侦察—突击行动。其目的是捕获和消灭敌通信兵、侦察人员、小群匪徒、补给基地（小组）、弹药库、指挥所（司令部）；捕捉俘虏和缴获武器装备；在航空兵突击后补充消灭敌目标、炮兵火力；侦察开进路线和大规模匪帮的集中地域。上述行动最有效的方法是：设伏、双重设伏、诱敌伏击、待击设伏、蚕食伏击、设伏—急袭、急袭—设伏、设伏—诱惑、冲击—设伏、突击—急袭、双重急袭等。

（3）奔袭—强击行动　该行动在于通过快速和隐蔽的机动封锁匪徒，从正面、翼侧、后方以及从地上和空中对敌实施综合突击，达到粉碎敌人之目的。为彻底消灭敌人退却的战斗群，组织布设火袋和进行伏击。此种情况下，要求各分队行动突然，并密切协同动作，以便破坏敌人的机动，使其不知真正的突击方向，以及迫使其向设伏地点（火袋）退却。奔袭由加强营在航空兵的支援下实施。地面奔袭还包括使用直升机进行奔袭的空降—强击分队的行动。该种行动的方法多种多样：可在战斗行动的总地域内沿某些地幅进行奔袭，也可同时包围非法武装配置的整个纵深。给分队下达战斗任务时，通常为分队指定总的行动方向和2～3个要夺占的目标。遂行奔袭行动时，对行军（临战、战斗）队形的要求是：应保证所有火器同时参加突击；奔袭支队兵力兵器间紧密协同动作；能灵活机动和稳定地指挥分队；利用有利的地形条件进行隐蔽运动；准备抗击敌设伏突击。奔袭分队使用的战术方法有：正面突击、一侧或两侧包围、在火袋中消灭敌人、一翼或两翼迂回、以及各种机动的组合。当使用空中机动部队的兵力遂行奔袭时，则用如下战术方法：空中—强击攻击、空中攻击、直升机攻击、“钳形攻击”、双重空中—强击攻击。

（4）消灭合围之敌和清剿（梳剿）占领的地区　当与大规模非法武装冲突时，先进行战斗侦察，以便确定敌人的战斗编成。当己方兵力少而无法消灭匪徒时，则首先封锁其配置地域。通过封锁，顺利进行梳剿，奔袭—强击支队或两个和多个奔袭—强击支队的联合行动可导致合围匪帮支队。消灭被合围匪徒的可能方法有：“索环”、“活塞”、“双重活塞”、“向心攻击”和“大锤”。清剿从匪徒手中解放的地区有4种方法：在一个方向上清剿；向心清剿；划分封锁地区并逐个清剿；从中心向四周分散清剿。（[俄] 沃洛比约夫退役少将《武装冲突中特种军事行动》，《军事思想》杂志2000年第1期）

研究战区防空有关问题　战区防空是指战区所属军团、兵团和部队按统一企图和计划而采取的各种措施和遂行的战役战斗行动，其总体目的是遏制侵略、抗击敌人空中袭击、保护战区内的军队集团，以及军事、重要的经济目标和居民免遭敌来自空中和太空的打击。在战争时期，俄军战区防空的目的是抗击空中之敌，保护被掩护军队集团和目标免遭敌空中打击，保持军队战斗力和目标的生存力，阻止敌人夺取空中优势，为战区防御和反攻战役行动，以及为其他作战行动创造有利条件。

战区防空的主要任务　俄军规定战区防空的主要任务是：准备抗击敌人导弹和航空兵的突然袭击；在军队战役展开、抗击敌人侵略、实施反突击、从纵深开进和转入反攻时掩护军队集团；掩护遂行空降战役、特种战役和其他作战行动的部队；掩护后勤目标、行政中心、交通线及其他重要的目标。

战区防空体系的编成　俄军认为，为在未来有效地抗击敌人来自空中的打击和加强对目标的掩护，需建立统一完善的战区防空体系，并将其作为国家防空的组成部分。战区防空的内容和战区防空的任务是确定战区防空体系编成与结构的重要因素。俄军战区防空体系的主要编成是：空军防空兵的军团和兵团，各方面军及边境军区所属的防空兵，在战役上隶属于战区的防空兵兵团和部队，防空预备队。

战区防空的目标　俄军根据目标的意义及目标本身的特点将战区防空目标进行了不同的分类。按目标的意义，战区防空目标包括：战区防空体系目标、配置在边境附近地区的战略导弹目标、突击航空兵、战区陆军合成集团、战役—战略和战役一级的指挥所、后勤目标、交通枢纽、第一梯队方面军地带内的其他目标；配置在第一梯队方面军后面的空军机场、交通线和交通枢纽、边境地区的行政中心、具有军事经济潜力的重要目标；边境军区纵深内的战略导弹基地、空军机场、部队，以及其他目标；友邻战区的军队集团和重要的目标；准备投入作战的预备队方面军和战略预备队。按照目标本身的特点，防空目标分为：移动目标，包括摩步兵团、坦克兵团、导弹和防空导弹部队、机场上的航空兵等；半移动目标，包括战略火箭机动导弹系统、移动技术修理基地、战役—战略和战役一级的指挥所、防空部队、方面军和集团军及中央后勤的重要目标等；固定目标，是指移动目标和半移动目标以外的目标。

战区防空的主要作战样式 包括防空战役、防空区战役、空中交战和战斗、防空交战和战斗、防空部队的系统作战行动、导弹太空防御部队的作战行动。

未来战区防空体系的主要发展方向 建立空军、陆军、导弹太空防御部队，以及同盟国所有侦察兵力兵器统一的空情侦察系统；研制和展开非战略导弹防御系统；装备新一代防空兵器，提高防空系统的效果；改革边防军防空指挥所，实现各级指挥所和司令部指挥系统的自动化；建立战区防空预备队等。（综合俄军相关材料、《外国军事学术》2000 年第 5、9 期）

（刘万军）

探析苏—27 战机成功"袭击"美国"小鹰"号航母的原因 据俄罗斯军方 2000 年 11 月 15 日披露，2000 年 10 月 17 日和 11 月 9 日，俄罗斯远东地区空军第 11 部队的 1 架苏—27 战斗机在 1 架苏—24MR 侦察机配合下，曾先后两次成功突破美国"小鹰"号航母战斗群的防空雷达网，在进入一级战备的"小鹰"号航母上空往来穿梭，并进行拍照。有作者对此进行分析，认为这看似不可能发生的事之所以发生，可以给人们以下 3 点启示：

（1）*行动的突然性是达成作战企图的重要因素* "出其不意，攻其无备"历来是兵家尊奉不移的用兵原则。尽管高技术侦察、监视器材的运用使战场透明化程度越来越高，使战场隐蔽企图、实施突然打击变得越来越困难，但这并不意味着高技术条件下就不能达成作战行动的突然性。高技术武器装备并非无懈可击，只要能摸清利用它的弱点，采取科学、合理的方法对付它，就能取得成功。苏—27 成功突破"小鹰"号航母编队的雷达防空网就证明了这一点。更何况冷战结束后俄军战机鲜有此举，此次在日本海参加演习的"小鹰"号根本没想到俄战机会飞临上空，结果被苏—27 的大胆行动打了个措手不及。

（2）*充分准备是实现作战目的的重要前提* 苏—27 此次之所以能够成功突防，与其事先长期的侦察和周密的计划组织关系甚密。据称，俄罗斯的电子侦察船、潜艇、监视卫星锁定"小鹰"号航母进行常年侦察，掌握了其雷达网的构成、性能、工作规律以及探测时存在的盲区、间隙及舰上的工作程序。这次成功的"奇袭"行动就是选在小鹰号航母正在从另一艘后勤供应舰上接受油料补给，舰载机无法马上起飞的有利时机进行的。

（3）*麻痹大意，骄兵必败* 冷战结束后，美军凭借其拥有大量高技术武器装备自诩为"天下第一"，特别是在赢得几场高技术局部战争的胜利后更是趾高气扬、不可一世。这次"小鹰"航母舰队赴日本海参加军事演习也自然摆出一副"大哥大"的架式，大摇大摆而来。他们一直觉得自己的防空雷达网"天衣无缝、无隙可乘"，特别是到了自己的"势力范围"，更加肆无忌惮、无所顾虑，因而放松了警惕，结果被机动性能良好、具有很强超低空突防能力的苏—27 战机轻易突防并从头顶飞过。（岳胜军、徐向兵《大鸟何能戏"小鹰"》，《中国国防报》2000 年 12 月 15 日》

（薛　军）

日本自卫队作战问题研究 2000 年日本军事学术界研讨的焦点，主要在于使各军兵种的战役战术法具体化，结合自卫队的实际，提出新的作战理论，并加强实际演练。其作战理论的新变化主要如下：

日一军事专家谈"日本有事"时的作战设想 日本军事专家宇垣大成就"日本有事"时的作战设想撰文指出：

（1）*依靠海、空自卫队守卫钓鱼岛* 如果中国和台湾采取行动试图实际控制钓鱼岛，日本也只有采取强制措施加以制止。担负防御任务的主要是海上自卫队。但需要各自卫队之间的综合运用实施海上防御时，一般情况是在敌方军用舰只的反舰导弹射程之外进行目标搜索并加以拦截和击破。担负目标搜索的是海上（反潜）巡逻机和早期预警机，担负攻击的则是水面舰只和潜艇，或是空射反舰导弹。如果在附近的有人岛屿上设有基地，还可以和陆上自卫队的陆基反舰导弹或全天候侦察直升机、攻击直升机配合实施打击。攻击直升机的防御对象除岛屿的陆地部分外，还要具有离岸 100 千米的水平线外对舰攻击能力。因此，为加强离岛防御，必须建立一个有效的海、空乃至包括陆上自卫队的一体化情报与指挥体系。

（2）*依靠陆上自卫队歼灭特种作战部队* 对付特工部队或突击部队主力的是陆上自卫队。尽管能在海上将敌捕获或拦截最为理想，但如果敌以小型潜艇入侵，多数情况下只能在海岸线附近甚至敌登陆后才能予以应对。为此，要求陆上自卫队的步兵部队必须具有比目前更强的机动能力、夜战能力和反特种作战能力。此外，还必须有效处理来自海、空自卫队巡逻机或早期预警机的情报并提高相应的指挥协调能力。为尽可能在海岸、沿岸地带成功捕获或拦截入侵部队，必须具备有夜战/全天候作战能力的直升机，其中包括侦察直升机、攻击直升机、运输直升机 3 种。如何对旨在防御非正规攻击（介于犯罪和军事行动之间）的作战行动进行界定，以及如何制定应对程序等，将是今后的一大课题。具体来说就是：如何界定“领域警备”的任务（可不问对方国籍，酌情出动部队）和出台交战规则（可在有限条件下消灭或截击入侵者）已是当务之急。此外，一旦今后朝鲜半岛局势恶化，除日美军事合作外，日、韩两国海、空军间也应进行情报互换和真正意义上的协同应对行动。因此，如何实现自卫队与韩国军方间的此类合作也将是今后面临的一个重要课题。（［日］宇垣大成《“日本有事”设想及其对策》，日本《军事研究》2000 年第 5 期）

日本防卫作战应突出 4 种作战方式　日本 2000 年度防卫白皮书《日本的防卫》，强调日本在进行防卫作战时应突出 4 种作战方式。

（1）警戒监视活动　为了对侵略等事态迅速作出反应，自卫队在平时就对领海领空和周边海空域进行警戒监视，收集和处理对防卫必不可少的情报。为此，自卫队平时开展着与确保日本安全直接有关的以下活动：一是警戒监视周边海域。海上自卫队利用固定翼巡逻机，对北海道周边海域、日本海和中国东海进行每天 1 次的监视。根据需要，随时利用舰艇和飞机进行监视。在主要海峡，陆上自卫队的沿岸监视队和海上自卫队的警备所进行 24 小时监视，特别是在对马海峡和宗谷海峡（结冰期转至津轻海峡）部署了舰艇。二是为防止侵犯领空而进行的警戒以及紧急出动。航空自卫队利用全国 28 处雷达基地和预警机以及 2000 年 3 月开始使用的预警控制机，对日本及周边上空进行 24 小时监视。战斗机为了能够立即起飞，一直处于待命状态。三是收集军事情报。自卫队一直在收集从国外传来的军事通信电波和电子武器发出的电波，并进行整理和分析。以前，自卫队利用商用地球观测卫星的图像数据，从军事观点出发来掌握其他国家基地的状况。现在，为了提高这一工作的效率和水平，正在建立图像情报支援系统，预定在本年度末将开始使用包括地面站在内的系统。

（2）防空作战　防空作战可分为以航空自卫队为主体进行的国土防空和陆海空各自卫队为保卫基地和部队而进行的区域防空。就国土防空而言，要对空中进攻迅速做出反应，尽量在远离国土的空中迎击敌机，不使敌人获得空中优势，防止国民和国土遭受损失，确保实施防卫作战的能力，同时给敌人以沉重打击，使敌人难以继续空中攻击。大致按以下步骤行动：①通过航空警戒管制部队的雷达以及预警控制机，不间断地监视日本周边的几乎所有空域，尽早发现来犯之机。②通过自动警戒管制系统识别敌我目标，对截击机或地对空导弹部队分别指示应该瞄准的目标。③通过航空警戒管制部队诱导截击机和地对空导弹部队迎击目标。另外，在美军支援自卫队作战时，还进行包括使用机动打击力在内的增强自卫队能力的作战。

（3）周边海域的防卫和确保海上交通安全的作战　这种作战将通过综合实施反舰战、反潜战和防空战等各种作战，阻止敌人的进攻，消耗其兵力，保卫周边海域，确保海上安全。①在周边海域，通过固定翼巡逻机部队对广阔的海域进行巡逻，由驱、护舰部队对船舶的航行海域进行警戒，压制部署在远洋攻击日本船舶的敌方舰艇。必要时可以用这些部队来为船舶护航。在巡逻和护卫的时候，海上自卫队进行反潜战、反舰战和防空战。②在沿岸海域，以扫雷部队、直升机巡逻部队和驱、护舰部队等防御主要港口，确保船舶和沿岸海域的安全。此时，可视威胁的状态进行反潜战和反水雷战等。③在主要海峡，力争不让敌人的舰艇通过。此时，包括潜艇部队在内，要进行反潜战、反舰战、布设水雷战等。必要时可与陆上和航空自卫队协同作战。④在海上防空方面，驱、护舰部队进行防空战以保护航行船舶等。航空自卫队在能力所及的范围内进行防空作战。另外，美军在支援自卫队作战时，还进行包括使用机动打击力在内的增强自卫队能力的作战。

（4）抗登陆和反空降作战　这种作战必须尽可能在海上至沿岸海域或登陆点采取行动，尽早将敌歼灭。可分为针对海上、沿岸海域和内陆等各种情况的作战。一是在海上，自卫队致力于通过舰艇、支援战斗机和地对舰导弹，尽量把从海上进犯的部队击溃在海上，使其放弃侵犯企图，并消耗其兵力。此外，利用飞机尽可能在空中歼灭入侵部队。二是在沿海岸海域，海上自卫队布设水雷，干扰并阻止敌人的登陆行动。陆上自卫队集中在沿岸附近部署的火力，将敌人阻止在水际滩头。在敌人登陆时，集中部队的战斗力歼灭敌人，并把敌人从国土上驱逐出去。此外，对于敌方的空降作战和直升机空降攻击，主要以陆上自卫队的炮兵部队和坦克部队将其歼灭。三是万一不能很快击败敌人时，在内陆地区，将主要由陆上自卫队进行持久战。在此期间，从其他地区集中部队进行反击，歼灭入侵部队。在上述各阶段的行动中，海上自卫队可以利用水面舰艇和潜水艇等，努力阻止敌人增援和切断其补给路线。航空自卫队利用支援战斗机部队，阻止敌人的进攻，削弱其战斗力，同时支援陆上和海上自卫队。作战中各自卫队要进行防空、情报活动，并运送部队和补给品等。在实施上述作战时，美军主要进行增强自卫队能力的作战。美国将根据侵犯的规模、状况和其他因素，竭尽全力尽快派遣兵力支援自卫队的作战行动。(摘自日本 2000 年度防卫白皮书《日本的防卫》，日本《朝云》报 2000 年 8 月 10 日)

日本海上自卫队应增强并完善两种作战能力 日本前海上自卫队幕僚长长田博撰文指出，日本海上自卫队的任务就是“确保海上交通的安全”。把“岛屿防御”作为“国土防御”的一部分予以重视，显得越来越重要。

应增强战区导弹防御和岛屿防御作战能力 日本海上自卫队的发展方向应是：增强战区导弹防御能力；提高国土尤其是岛屿防御能力；确立为提高保护海上交通安全能力所必需的舰队防空体制。为此，不是追求量的扩大，而是在提高质量上采取必要的对策。关于建立战区导弹防御系统问题，日本所引进的系统是低空系统，即部署于地面的“爱国者”(PAC—3) 和部署于海上的改进型“宙斯盾”系统的海军地区防御系统。在大气层外拦截弹道导弹的高空系统，以改进后的“宙斯盾”舰艇系统与海军战区防御系统相结合的复合系统为宜。高空系统必须能有效、持续地掩护日本全部国土。所谓岛屿防御就是阻止、歼灭在日本领土内岛屿登陆之敌，或从敌手中夺回所占岛屿的作战。新《防卫计划大纲》虽未采用旧大纲中的对小规模侵略以自己的力量予以排除的构想，但无法保证能毫不迟疑地以日美共同防御体制来对付包括局部入侵在内的所有紧急事态。能够仅以自卫队的力量对付这种事态，对以自卫为目的建立起的军事力量来说是最低要求。

应组建战区导弹防御型和岛屿防御型护卫队群各两个 舰队防空的原则是纵深防御。其部署是：内侧组成由直接护航舰队实施的“要点防御”，以保护部署其中的舰队核心部队。中间（10－100 海里）组成中距离防空导弹实施的“区域防御”。外侧（100－300 海里）组成由战斗机实施的“外围防御”。还必须在主要威胁方向部署空中预警机，以便使上述舰队防空部署能更有效地发挥威力。现在海上自卫队只具备“要点防御”和“区域防御”能力。要具备“外围防御”能力，必须装备具有与美海军航母同等能力的舰艇。既然日本国策不允许装备这样的舰艇，就应转换想法，建立另一种系统。考虑到当前两期建军计划共 10 年时间，重点对付当前的威胁，需组建战区导弹防御型和岛屿防御型护卫队群各两个。战区导弹防御型护卫队群的具体编成是：2 艘改进型“宙斯盾”导弹驱逐舰，各搭载 1 架改进型 SH—60J 反潜直升机；6 艘驱逐舰，各搭载 1 架改进型 SH—60J 反潜直升机。岛屿防御型护卫队群的具体编成是：1 艘改进型直升机驱逐舰，搭载 3 架改进型 SH—60J 反潜直升机、8 架 V—22 运输机；2 艘“宙斯盾”导弹驱逐舰，5 艘驱逐舰，各搭载 1 架改进型 SH—60J 反潜直升机。但是 2001—2005 年建军计划完成时，大概只能组建 1 个配备新型号舰艇的护卫队，所以只能进行灵活的改编，即，2 个岛屿防御型护卫队群采取不同的编成类型：一是 1 艘改进型直升机驱逐舰、2 艘导弹驱逐舰、5 艘驱逐舰；二是 2 艘直升机驱逐舰、2 艘导弹驱逐舰、4 艘驱逐舰。而另 2 个战区导弹防御型护卫队群采取如下编成：1 艘改进型“宙斯盾”舰、1 艘导弹驱逐舰、6 艘驱逐舰。（[日] 长田博《2010 年的日本海上自卫队》，日本《世界舰船》1999 年 10 月号）

（薛 军）

印军作战问题研究 印军“进攻性防御”战役理论有 4 个特点 随着印度军队武器装备的更新换代，其战役理论也出现了许多新的发展和变化。其中，尤其引人注目的是“进攻性防御”战役理论。该理论的实质就是：把处于防御地位中的被动属性，通过有效的攻势行动，发展成为居于进攻地位的主动属性。“进攻性防御”理论的特点主要有 4 个：

(1) 确立基本作战样式，使战役具有规模大、陆空协同密切的特点 鉴于 1962 年中印边境武装冲突，由于实施的野战军战役规模小，投入兵力少（1 个军部、3 个师、兵力约 3 万人）而导致失败的教训，印 1 个野战集团军扩编为辖 3 个野战军、1 个野战军辖 5 个陆军师。加上在战区内参加作战的空军、边防部队、火力支援单位、技术保障单位、后勤保障单位等，使野战集团军与中印边境武装冲突时相比，兵力增长了 9 倍，从而使战役具有了规模大的特点。实施这种规模的战役防御样式，可从防御作战的全局上改

变劣势地位，形成均势或优势的兵力对比，还可组成进攻集团打出国境，在敌侧后开辟新的进攻战场。为解决陆空密切协同，印军采取了两项重要措施：一是建立稳固的陆空协同关系，将空军战术中心与野战军驻防在同一地区，平时进行协同训练和演习，战时根据平时的协同关系，从野战集团军到步兵旅，均建立临时的陆空联合指挥机构，统一指挥空军对陆军的支援作战；另一项是，将空军的直升机部队划归陆军建制，集团军编有1个直升联队，使空中火力支援更加及时有效，使战役具有了陆空密切协同的特点。

（2）充分利用战场空间，使战役具有了全纵深、全方位的特点　印军认为战场空间概念，不仅是空间概念，而且也是个力量的概念。这个战场空间有空中侦察监视系统，有综合火力系统，有各种部队组成的兵力系统。阵地战、运动战、电子战、火力战、心理战、空降与反空降作战、空袭与反空袭作战充斥整个战场空间，使战役具有了全纵深和全方位的特点。印军认为必须充分利用战场空间，并把夺取制空权视作防御战役取胜的首要条件。为此，必须采取攻防结合的手段，一方面组成突击机群，对敌方纵深实施空袭打击；另一方面组成由截击机、防空导弹、自行高炮和高机混合编组的防空火力系统，保护己方纵深的安全。近年来，印军还注重加强预设战场的建设，以形成全方位、多层次的立体化战场体系，为未来战役作战做好充分准备。

（3）多种手段并用，使战役具有多元化和灵活的特点　印军认为，作战对手有丰富的作战经验，仅依靠某一种方法和手段难以战胜对手。因此，在作战类型上，不仅有野战军的防御战役，而且还有野战军的进攻战役以及空中战役；在作战样式上，不仅有兵力机动打击，而且还有火力的突然袭击；在战役形式上不仅有阻击、抗击而且还有反穿插、反包围、反突击；在作战手段上，不仅有各种火器的硬杀伤，而且还有电子武器的软杀伤；在作战任务区分上，不仅有主力部队的正规作战，而且还有特种边境部队的敌后袭扰作战。在各种方法和手段的采用上，印军注重攻守兼备，借鉴新战法，以己之长，灵活制敌。

（4）以攻助守，先发制人，使战役具有了主动和突然的特点　印军认为，实施积极进攻，是“进攻性防御”的核心与本质，而这种积极进攻是以正面战场的坚守防御为基础的。必须充分利用有利地形和坚固工事，在反冲击、反穿插、反合围、反突击作战的积极配合下，稳定防御态势。在防御中实施的积极进攻，使战役具有了明显的主动性。实施积极进攻的最好时机，就是在战役战术作战中，先发制人。在防御中先发制人能攻其不备，取得奇袭效果。先发制人既可以使用兵力机动突袭，更可以用火力突袭。但是无论采用何种手段，都必须隐蔽企图，避实就虚，使战役达成突然性。（罗锋《印军“进攻性防御”战役理论的基本特点》，《外国军事学术》2000年第7期）

（木　工）

军队建设问题研究

中国关于军队建设问题研究　2000年，中国军事理论界在回顾20世纪军队建设历史经验的基础上，针对世界新军事革命的发展和军事斗争准备的要求，重点研究了科技强军、体制改革、军事法制、装备发展等诸多问题。

关于高技术条件下的军队建设问题研究

在推进信息化中谋求军队建设的跨越式发展　信息化是各国军队现代化建设的共同目标，中国军队现代化建设的起点较低。是继续走完机械化发展路程，再逐步过渡到信息化，还是超越某些发展过程和阶段？有作者认为，立于新技术革命的时代潮头看世界，发达国家与落后国家军队正回到同一起跑线上。尽管发达国家军队武器装备已逐步信息化，但其军事理论、军队结构还没有发生质变。信息技术的扩散和全球经济、技术一体化趋势，进一步提高了技术传播的速度。这为提高起点，跃过某些发展阶段，实现军队建设的跨时代发展提供了不可多得的机遇。只要更新思路，善于借助信息技术的“后发之势”，有所为有所不为，就能缩短发达国家已经走过的路程，实现新质基础上的跨越。第一，要尽快完成由“分”到“统”的转变，跨越是整体的跃进而不是局部的越升。中国人民解放军信息化建设初始阶段的分头开发、分散建设，只是权宜之计。目前已到了“统”的时候，应搞好“顶层设计”，加快整体跨越步伐。第二，要重视机制创新这双“无形的手”。在机械化向信息化过渡的转型期，人们最易产生“恋旧”情绪。推进跨越必须依靠制度这双“无形的手”，建立有利跨越的创新机制。第三，要把信息化训练当做实现跨越的“预实践”。军事训练的信息化程度是完成跨越的显著标志。应当善于借助计算机网络技术和先进的模拟、仿真手段，在逼真的“预实践”中完成跨越。第四，要把开发信息源作为重中之重。信息资源是信息化建设的核心工程，向信息化跨越必须“路”、“车”建设同步运行。中国人民解放军信息化建设硬件设施发展较快，信息资源却有待挖掘，必须尽快克服“路”多“车”少的偏向。（仁夔《在推进信息化中求跨越》，《解放军报》2000 年 5 月 23 日）

科技练兵的探索与思考 有作者指出，兴起于世纪之交的科技练兵，是中国人民解放军军事训练领域里的一场具有划时代意义的深刻革命，是一次历史性的飞跃。这次飞跃深深植根于马克思主义科学理论的沃土之中，植根于信息化时代科学技术的沃土之中，植根于中国人民解放军广大官兵创造性实践的沃土之中。科技练兵具有丰富的思想内涵。其实质是把科学技术作为推动训练发展和提高打赢高技术战争能力的主导力量。因此，科技练兵的目标是“打赢”，科技练兵的灵魂是创新，科技练兵的根本是人才，科技练兵的主导是科技，科技练兵的主体是群众，科技练兵的保证是建立一套新型高效的机制。中国人民解放军的科技练兵任重而道远。要把握方向，解决好科技练兵的思想认识问题；要探索规律，解决好科技练兵的科学指导问题；要勇于改革，解决好科技练兵的重点难点问题；要完善制度，解决好科技练兵的组织保障问题。（吴铨叙《科技练兵的实践探索与理论思考》，《中国军事科学》2000 年第 5 期）有作者认为，科技练兵作为具有鲜明时代特征的军事训练新形式，从创新中来，更要在创新中发展。一是坚持理论的创新，探索具有中国军队特色的科技练兵指导理论。要创新作战理论，用作战需求牵引科技练兵；要创新军事训练理论，按客观规律指导科技练兵；要创新部队建设指导理论，以中心地位落实科技练兵。二是坚持内容创新，构建面向 21 世纪科技练兵的内容体系。要依据作战任务创新训练内容，加强训练的针对性；要依据高技术战争创新训练内容，提高训练的先进性；要依据战场环境创新训练内容，增强训练的适应性；要依据部队实际创新训练内容，保证训练的有效性。三是坚持方法创新，发展集约高效的科技练兵组训形式和训练手段。要从合同战术训练突破，走开基地训练的路子；要从作战指挥训练入手，走开模拟训练的路子；要从信息建设抓起，走开网络训练的路子。四是坚持制度创新，形成健全顺畅的科技练兵机制。要形成有利于保证训练落实的运行机制，有利于调动官兵训练积极性的激励机制，有利于发展部队、院校和科研机构整体优势的协作机制，有利于提高现有资源训练效益的保障机制。（傅全有《以创新推动科技练兵深入发展》，《中国军事科学》2001 年第 1 期）

推进指挥体制的改革 有作者认为，深刻理解当今年世界新军事革命，应当把握指挥体制变革这个重心。一是要把指挥体制改革作为军队改革的龙头工程。指挥系统对战局胜负的影响，相当于参加部队战斗力的 40%。军队结构调整和全面改革，急需相应的指挥体制。只有首先从体制编制上把各级、各类指挥机关的位置摆对，关系理顺，才能为部队结构调整提出正确的思路和方案，并率领部队投入全面、深刻的改革之中。二是以信息流为主设计新的指挥体制。根据信息化战争的需要，减少不必要的信息中转机构，合并职能相近的交叉重叠部门，删除部队现代化已不需要的或能够代替的多余部门，以便更好地疏通渠道，缩短流程。三是建立指技合一的用人机制。为把新的指挥体制设计的更科学，并确保其健康运行，应在人才的选拔和使用制度上，保证指挥机关的各类军官都必须是集本职级、本部门的指挥艺术与信息技术为一体的复合型专家，实现设计要求、设计人才同机构运转需求的全面匹配。（刘森山《积极推进指挥体制变革》，《解放军报》2000 年 6 月 6 日）有作者提出，建立联合作战指挥体制势在必行。“联合”需从平时开始，平时实现“联合”，才能确保战时打赢。在指挥体制改革中，既需要照顾到各军种的特点、建设规律和作战使用要求，更应当从有利于军种联合的高度出发，着眼于形成总体作战能力。（杨志琦《联合——军队指挥体制发展的必然趋势》，《解放军报》2001 年 10 月 31 日）

实施后勤“五化”改革 为加快建立与新时期军事战略方针的要求相适应，与社会主义市场经济发展相适应的后勤保障体系、运行机制以及政策制度，走“投入较少、效益较高”的路子，就要大力推进后勤的“五化”改革：一是要着眼未来联合作战的需要，大力推进三军后勤一体化。二是规范和完善后勤供应工作，大力推进部队供应标准化。三是适应国家分配方式变革，大力推进军官福利货币化。四是减轻军队

“办社会”的负担，大力推进后勤保障社会化。五是综合运用现代科技手段，大力推进后勤管理科学化。要全面推进“五化”改革，必须着眼全局，科学运筹，正确把握若干基本点：要坚持保障“打得赢”标准，为增强部队凝聚力和提高部队战斗力服务；要坚持科技兴后勤的发展战略，提高后勤质量建设水平；要坚持平战结合、军民兼容，提高军民整体保障能力；要坚持勤俭建军，把有限经费用好、紧日子过好；要坚持改革创新，用发展的办法解决前进中的问题。（王克《大力推进后勤改革，提高军事经济效益》，《中国军事科学》2000 年第 2 期）

建设可视化后勤　有作者结合美军的作法提出了建设可视化后勤的目标。美军从 1994 年开始建立全资产可视性系统，实现了对军用物资从组织生产、运输存储、直至发放到单兵的全程进行监控和跟踪。这一系统将于 2005 年全部建成，现已产生了巨大的经济效益。借鉴外军的经验，结合中国的国情和军情，今后一段时间内，中国人民解放军的后勤指挥自动化建设发展目标是：在完善各级后勤指挥中心建设的基础上，大力加强全军后勤指挥信息网建设，争取用 5 年左右的时间，初步建立起可视后勤系统，为有效控制后勤的信息流、物资流和资金流创造条件。实现这一目标，就能做到：后勤首长和指挥人员坐镇指挥中心，依托全军后勤指挥信息网和各种信息采集、处理系统，及时准确地掌握本级后勤保障要素和保障资源的数质量情况，并适时发布调控指令。（杨建勇《以可视后勤为目标综合统筹》，《解放军报》2000 年 2 月 29 日）有作者揭示了建设可视化后勤的意义，并提出了应当变革的观念。建设可视化后勤，不是追赶潮流的时髦之举，而是打赢高技术局部战争的迫切需要，是推行三军联勤保障体制的客观需求，也是走出一条投入较少、效益较高的后勤现代化建设之路的必然选择。建设可视化后勤，最重要的是以工作模式切换、思维方式调整的强大影响力，促进后勤部队发生一系列变化。一是建设可视后勤将极大地冲击重物质、轻信息的观念。在后勤保障活动中，物质流是基础，信息流则是具有牵引作用的主导因素。二是建设可视后勤将极大地冲击重人脑、轻电脑的习惯。在可视后勤系统中，通过计算机获取信息已成为主要信息来源，通过计算机发生联系已成为主要联系方式。三是建设可视后勤将极大地冲击重“飞跃”、轻“积累”的心态。任何事物的发展，都只能通过量变达到质变，通过积累实现飞跃。（林从光《实行跨越式发展，建设我军可视后勤》，《解放军报》2000 年 2 月 29 日）有作者指出，建设可视后勤的“瓶颈”是通信。为此，必须谋求后勤通信现代化发展，实现后勤通信装备及设施的现代化。今后一个时期内，军队后勤通信建设应收缩建设摊子。把后勤通信建设与发展的着力点放在国防通信网、国家电信网的接入和末端的使用管理上来，集中财力物力，力争通过“十年”建设，基本实现可支撑“可视后勤的”系统的综合业务通信网络。（邓连生等《突破建设可视后勤的“瓶颈”》，《解放军报》2000 年 2 月 29 日）有作者认为，建设可视后勤系统，关键是把握好整体性、综合性原则，走一体化的道路。一是网络建设一体化。在网络建设中必须统一规划，统一体制，统一标准，保证网络的互联互通。二是信息标准一体化。以此解决统计口径一致、统计信息准确的问题。三是技术体制一体化。后勤网络建设，必须有规范通用的技术要求，因而统一网络体系结构、统一应用平台，保持相对稳定的技术体制十分重要。四是科研开发一体化。要克服同一应用软件多单位重复开发，低水平徘徊的现象。五是军民通用一体化。可视后勤既要面向战场，做到保障有力；又要面向市场，搞好部队供应。（孙留坤等《可视后勤呼唤一体化》，《解放军报》2000 年 2 月 29 日）有作者认为，后勤一体化保障的基本形式是：布局开放的依托保障，要素抽组的机动保障，多向运行的透明保障，集约建设的综合保障。一体化保障的对策：加速保障社会化与军民一体化进程，合理调整物流结构与流程，建立规范协作运行机制，改进保障手段和方式。为加速后勤保障一体化建设，必须强化科学管理意识、效益意识和服务意识。（路运忠《加速后勤保障一体化建设》，《解放军报》2000 年 11 月 14 日）

军队联勤体制的建立应与后勤保障社会化接轨

在当前的后勤建设中，应当把联勤体制的建立与后勤保障社会化有机地结合起来。从本质上讲，这两者所实现的效益、目的是一致的。所不同的是，联勤体制强调的是三军后勤保障之间的结合，侧重从战时保障需要出发，考虑军事需求多，面向的是战场。保障社会化则强调的是军队后勤与社会乃至国民经济的接轨，是一种范围更大的结合，通常从生活入手，面向的是市场。如果在建立联勤体制时不考虑保障社会化的趋势，就可能造成新的“铺摊子”和“增位子”；而如果在生活保障社会化的过程中，不在面向市场的同时多考虑一些战场问题，就会偏离改革的初衷和根本目的。因此，必须强调两者之间的结合。为此，一是应加强统筹规划和顶层设计，探讨两项改革的特点和共同规律，确保二者的协调与统一。二是要在保障社会化改革中充分考虑联勤的需要，逐步突出战备需要和作战要求，实现最大军事经济效益。三是在联勤中积极贯彻社会化的思想，从原则上确定军队化后勤与社会化后勤的“比例”和范围，集中人力与财力，解决必须由军队化后勤实施的保障问题。（樊根深《让“联勤”与社会化保障接轨》，《解放军报》2000年10月10日）

装备建设的新思路 有作者提出，中国民解放军的装备建设正面临战争形态由机械化向信息化过渡的转型期，新旧装备体制的交替有很大的不确定性。这种情况下，不能盲目比照、追赶发达国家的军队，而应以科学的发展战略为指导，谋兴思变，在不同的发展阶段采取不同的步骤与措施。大工业时代，装备升级主要依赖于对物能的挖掘；而在信息时代，网络对装备建设将发挥巨大的增值作用。因此在装备建设中，要变“平台”为主为网络为主，在对装备要素的合理组合中寻求新的增长点。装备保障内容多元，保障方式“直达”以及装备保障组织指挥的简约，要求科学地配置保障资源。因此，要变“零散的杂货摊”为“有序的百货场”，在科学配置保障资源上做文章。高技术装备的复杂性对保障力提出了更苛刻的要求，装备保障的价值取向是借助社会中蕴含着的巨大潜力。因此，要拆掉“隔离墙”，走进“大市场”，通过军民兼容与平战结合实现保障有力。战争发展的信息化趋势，呼唤装备建设尽快从人力密集、数量密集向技术密集、质量效能转变。因此，要变“物”的增补为“智”的添加，加大技术开发力度，开启跨越发展的动力源。（董贵山《装备建设跨越式发展呼唤新思路》，《解放军报》2000年5月30日）有作者认为，尽早研究中国加入“WTO”对军队装备建设的影响，研究如何适应全球一体化经济环境，加强中国国防科技力量，已成为一项重要课题。“入世”之后，对军队装备建设有一定的积极影响：有利于引进部分先进的装备和技术，加速国防工业的结构调整，创造国防科技进步的良好环境，促进“军转民”技术和军民兼用技术的发展。但同时，“入世”也会带来一些消极影响：冲击部分高科技产品的研制，部分以民养军企业面临关停并转，国防科研生产的管理方法将受到影响。对于上述影响，应及早分析，趋利避害，采取应对措施。（王建华《关于“入世”与装备发展的思考》，《解放军报》2000年3月24日）

关于军事法制建设问题研究 2000年，中国军事法学界进一步总结了依法治军的理论与实践经验，比较集中地探讨了军事斗争准备中的法律问题，较为系统地回顾了20世纪军事法制的发展及其启示。同时，对各个方面的军事法律制度、军事法制史以及军事立法、军事法制教育等内容，都作了更为深入的研究。

总结依法治军的理论与实践经验 2000年5月，中国法学会军事法学研究会在长沙召开了“依法治军的理论与实践学术研讨会”，总结了20世纪90年代中国依法治军的理论与实践经验，与会代表认为，毛泽东、邓小平、江泽民关于依法治军的理论和实践是一脉相承的，具有时代的先进性、历史的继承性和发展的阶段性。依法治军是涉及国防和军队建设方方面面的系统工程，也是一项长期的跨世纪的战略任务，应有大胆探索和求实创新精神，将依法治军实践的水平推向一个新的发展阶段。依法治军是古今中外带兵的共同规律，研究、借鉴中国古代与西方国家的有益经验，对于贯彻依法治军的方针具有积极意义。有作者探讨了依法治军与提高政治工作质量的关系，认为将政治工作纳入法制轨道，有利于有效地实现党和国家的治军意志，有利于提高政治工作的水平和实效，有利于长久地保持和发扬人民军队的优良传统。要学会依法领导，促进思想政治建设；学会用法弘德，强化思想教育的功能；学会依法管理，增强政治工作的规范性；学会依法建设，提高政治工作的科学性和有效性。有作者研究了依法管理军队编制的问题。认为依法管理编制是当前部队建设中需要加大力度认真作好的一项紧迫工作。为此，要健全法规体系，尽快建立组织编制法规；要强化执法意识，提高全体官兵特别是领导干部、领导机关的执法意识；要完善监督机制，加强对组织编制法规执行情况的监督检查。有作者强调，新时期加强部队管理，必须解放思想，抓住重点，努力提高依法治军的质量。其中，核心是提高党委、领导机关的依法行政水平；重点是增强各级干部的依法管理素质；同时要加强执法监督，维护执法公正。有作者指出，应当尽快建立装备法规体系。要从装备建设的客观实际出发，设计一个覆盖全系统、全寿命过程，满足调整装备建设所涉及的各种社会关系的需要，分类科学、层次清晰、结构合理、整体协调的法规体系，并严格执法。还有的作者指出，在一般人心目中，依法治军通常被认为是依照国内法来治理军队。实际上，对于现代国防和军队建设来说，国际法是不可或缺的。贯彻军委依法治军方针时，不能忽视国际法。（杨福坤等主编《依法治军的理论与实践》，法律出版社2000年12月版）

探讨军事斗争准备中的法律问题　2000 年 10 月，西安政治学院举办了“军事斗争准备中的法律问题”研讨会。与会作者的观点主要有以下内容：台湾是中国神圣领土不可分割的一部分，中华人民共和国对台湾享有无可争辩的主权，中国政府不放弃使用武力是完全合法的；在未来的军事斗争中，实施具体军事行动首先要分清其性质，使其完全具有合法性与必要性；为适应军事斗争的需要，应当制定《国防动员法》，建立战时军事刑事诉讼制度，将军事斗争主体的职权、职责、义务法定化、系统化；面对分裂势力和国外势力对统一的阻挠干涉，应根据国际法的有关规定、准则，进行针锋相对的斗争；要提高运用战争法的艺术，把战争法作为保护自己、战胜敌人的有力武器。（余子明等《军事斗争准备中的法律问题研讨会学术观点综述》，《西安政治学院学报》2000 年第 6 期）有作者从战争法与高技术局部战争的关系入手，探讨了军事斗争准备中的法律问题。认为高技术战争有脱离现有战争法的可能，但不能完全摆脱战争法的调控。战争法将在高技术战争与现有战争法的矛盾中谋求发展。针对这一情况，必须克服战争法虚无主义和迷信战争法的思想，正确看待战争法的作用，在积极参加战争法创制的同时，还要认真进行军事准备。在战争中也要抓住有利时机，依据战争法开展政治上的揭露、军事上的报复、战争犯罪的国内惩治，争取战争的主动地位。（盖新琦等《打赢高技术战争的战争法思考》，《西安政治学院学报》2000 年第 4 期）有作者研究了军事斗争中对国际法的运用。指出，在军事斗争中运用国际法，是由国际法的宗旨与中国政治基本政策的内在一致性所决定的，是由国际法保障国家安全的职能与中国军事斗争的政治目标直接同一性所决定的，是在“新干涉主义”肆虐的国际环境中，维护国家主权和权益的需要。在军事斗争中运用国际法的基本要求是：充分发挥中国作为安理会常任理事国的积极影响；把国际法的运用与军事斗争紧密结合起来，互相配合、互相促进；按照国际法本身的特征和军事斗争的特点来运用国际法。（俞正山《在军事斗争中运用国际法的几点探讨》，《中国军事科学》2000 年第 4 期）有作者探讨了实施海上封锁作战的国际法问题。根据国际法的有关规定，只要遵循国际人道主义法关于对作战手段和作战方法的限制，在国内武装冲突中实施海上封锁同样合法。中国人民解放军实施海上封锁作战时，首先要根据自身的实力，在尽可能保证足够水面舰艇兵力的基础上，采取“指定航道”的封锁方法，以保证“封锁的实效性”；其次，根据敌舰船的不同情况，对破坏封锁的舰船进行具体认定，作出不同处置；再次，对敌进行封锁时，不能阻止国际社会对平民、伤者及战争受难者给予的国际人道主义援助。（殷飞《我军实施海上封锁作战的若干国际法问题》，《西安政治学院学报》2000 年第 4 期）有作者从军事斗争准备需要出发，提出建立战时军事刑事诉讼法法律制度。认为在军事刑事诉讼领域，应当实行“平战分治”原则，即在和平时期依照国家刑事诉讼法和平时的军事刑事诉讼法律、法规来受理军职人员的刑事犯罪案件；在战时，则依照战时军事刑事诉讼法来受理刑事犯罪案件。战时军事刑事诉讼法律制度在军事斗争中的地位和作用极为重要。它是国家实现战时军事刑罚权的有力武器，是维护军事利益的法律保障，是军事司法程序合理运作的法律依据，具有独立的价值。因此，构建中国战时军事刑事诉讼法律制度势在必行。战时军事刑事管辖权应当适应战争环境，具有特殊规定；战时刑事侦查制度应当在特定条件下，赋予军事指挥官一定的侦查权力；战时公诉制度应当改进战时审查起诉和提起公诉的方式；战时军事审判机关的设置和程序，需要相应的法律予以完善。（李昂等《论战时军事刑事诉讼法律制度》，《西安政治学院学报》2000 年第 6 期）

抗日战争时期革命根据地军事法制建设的特点　抗日战争时期，中国共党领导八路军、新四军和抗日民主政权，制定并实施了大量的军事法律法规。这一时期的军事法制，具有鲜明的现代军事法制特点：一是以民主政权为基础；二是以平等、人权为价值；三是以维护民族利益、取得抗战胜利为最高原则；四是确认和维护中国共产党对人民军队的绝对领导；五是构建了以施政纲领为核心的军事法体系；六是重视制定具体、细致、明确的实施细则；七是军事诉讼程序较以前健全。从总体上看，抗日战争时期的军事法制，既坚持马克思主义法学基本原则，又紧密结合抗战实际，以维护民族大业为主要任务，并汲取了红军时期军事法制建设的经验教训。可以说，这一时期的军事法制，是中国民主革命时期军事法制的最高阶段，是中国军事法制走向现代化的非常重要的一步。（张山新等《抗日战争时期革命根据地军事法制的特点》，《西安政治学院学报》2000 年第 4 期）

应建立军事行政救济制度　军事行政救济制度是指国家军事机关通过解决行政争议，制止和矫正违法或不当的行政行为，从而使军事行政相对人的合法权益得到补救的法律制度，是国家行政救济制度的重要组成部分。从军事行政管理手段、保护军事行政相对人合法权益和依法治军的需要看，建立军事行政救济制度十分必要。军事行政救济制度的基本内容包括军事行政复议、军事行政诉讼、军事行政赔偿三大部分。军事行政救济制度应当在整体上适应国家有关救济制度的法律规范，同时也必须根据国家军事机关的特点，对军事行政救济制度中的军事行政复议、军事行政诉讼、军事行政赔偿中的许多具体问进行系统研究，做出特殊规定。（钟琦《我国军事行政救济制度的有关问题》，《西安政治学院学报》2000 年第 6 期）

关于其他军队建设问题研究　**加强新型军事人才的培养**　有作者认为，人才培养是军事斗争准备的奠基工程，也是部队现代化建设的“希望工程”。为此，一是在认识上要有新的起点——增强人才培养的紧迫感。人才建设，是部队的根本建设；人才素质，是战斗力生成的第一要素。二是在目标上要有新的定位——着力造就新型军事人才群体。包括军政合一、指技合一的复合型指挥人才，能参善谋的智囊型人才，专家型的技术保障人才，新“四会”教练人才，熟练掌握新装备的骨干人才。三是在渠道上要有新拓展——提高培养人才的质量层次。注重开放式育才，基地化、成规模育才，依托新装备催生人才。四是在领导上要有新的加强——营造有利于人才脱颖而出的氛围。靠正确的导向凝聚人才，靠良好的机制激励人才，靠真诚的关心爱护保留人才，靠领导的模范行为带动人才。（文台《做好军事斗争准备的奠基工程》，《解放军报》2000 年 5 月 2 日）有作者提出，在军队人才建设中，必须强化 8 个观念：一是强化人才是第一资源的观念，二是强化人才共享的观念，三是强化输血不如造血的观念，四是强化按知分配的观念，五是强化扶持培养在先的观念，六是强化管理也是服务的观念，七是强化量才录用、人尽其才的观念，八是强化协调发展的观念。（贾随刚《强化人才建设的 8 个观念》，《解放军报》2000 年 7 月 18 日）

军制基础理论的系统总结与深化研究　有作者吸收了近 13 年来军制研究的成果，对军制基本理论作了进一步深入和系统的探讨。认为，军制是军事制度的简称，是国家或政治集团在一定历史条件下，为满足建设和运用军事力量需要，所确立的调整军事领域各种社会关系及相应军事活动的规范体系。军制学的研究范围，包括军事领导体制、武装力量体制、军队体制编制、军队各项工作制度、后备力量建设制度、兵役制度、国防经济体制、国防科技和武器装备管理体制、国防教育制度、民防制度、战争动员制度、军事法律制度。军制学的理论体系由军制基础理论、军制应用理论、军制史学、比较军制学构成。军制学是以社会科学为基点的综合性学科，也是以军事哲学为理论基础的服务于军事实践的应用性学科。任何一个时代的任何一项军事制度，特别是现代军事制度，都要有概念系统、规则系统、组织系统和必要的设备系统这 4 个要素。军制最基本功能有两个，即：军事关系的确定与维护功能；军事行为的规范与调节功能。军制的形式有两个基本类别：法律规范形式与非法律规范形式。军制的基本特征，可以从军制的阶级性与社会性、目的性与手段性、强制性与民主性、稳定性与变动性的辩证统一，相辅相成的联系中去把握。（沈雪哉主编《军制学》，军事科学出版社，2000 年 10 月版）

（方宁　蔡春明）

美国军队建设问题研究　2000 年，根据新世纪战争样式、作战任务的需要，美军不断充实军队建设理论，坚持继续优化部队结构，改革编制体制，论证和发展新型武器装备。

关于军队建设理论问题研究　**提出备战 2020 年的构想**　1999 年 10 月陆军提出新《构想》后，美参联会、空军、陆战队及海岸警卫队在 2000 年先后发表了各自的军队建设《构想》。《2020 年联合构想》提出了建设能够夺取“全谱优势”军队的目标，指出，变革的根本目的是，“建立一支在所有军事行动中都能占据主导地位的军队—平时使敌人不敢轻举妄动，战时能决战决胜，在各种冲突中表现卓越。”这支部队建设的基础是：①美国拥有全球利益，这使美国将面临各种威胁；②信息技术不仅对美军而且对其他国家军队作战能力的变革都是重要因素；③多国和跨机构行动一体化要求各种程序、编制体制和武器系统必须实现互通性；④联合部队是美国未来军事行动的基础。美国陆军在其“士兵为国出征”《构想》中提出陆军未来所必须具备反应、部署、灵敏、多能、杀伤、生存和持续等 7 种能力。海军在“未来……由海向陆”《构想》中则提出了建设远征型海军部队，确保美国能从海上投送力量。在军事行动中，海军远征部队首先能够控制作战空间，并在其控制的作战空间里实施打击行动，而且还能够持续保持对作战空间的控制。陆战队在《21 世纪陆战队构想》中提出，建设陆战队，打赢国家的战争，培养高素质公民，使陆战队成为远征型“总体戒备部队”的主力。空军提出要把本军种建设成为一支“全球警戒、全球到达”的“全球力量”，一支有遂行航空航天任务而编组的远征型航空航天部队。（军事科学院外国军事研究部译：《备战 2020—美军 21 世纪初构想》，军事科学出版社，2001 年 2 月版）

关于编制体制改革问题研究　提出建立永久性联合快速反应部队　1999 年 12 月 8 日，英国《简氏防务周刊》报道，美国防部正考虑建立一支永久性快速反应部队，以配合各军种提出的发展新型部队的理论，提高各军种部队和联合部队的作战能力。首先，美军将建立起一个过渡性指挥机关，由联合部队司令部进行部队课题的实验，而后正式建立一支联合部队。这支部队具有以下能力：①24～96 小时内把部队投送到战场并能立即投入战斗；②依赖简易机场和港口就能采取行动；③早期部队具有较强的杀伤力。④与盟军实现一体化；⑤获取更准确的情报；⑥部署各种传感器；⑦拥有合理的后勤支援能力；⑧能最大限度地保护自己。按计划，美军的快速反应部队从 1999 年开始组建，2000～2003 年组建联合快速反应部队的指挥机关，并进行一系列实验，2004 年展开大规模的联军和军种联合实验。到 2005 年，联合快速反应部队将初具规模并有多种行动能力。（纪皓译《美拟组建联合快反部队》，《外军资料》2000 年第 7 期）

陆军提出建设中型部队　为提高战略反应能力，美国陆军采纳了组建中型部队的建议，拟于 2003 年组建 5 个中型旅，实现 96 小时从美国本土向世界任何地方投送 1 个旅的建设目标。陆军中型部队建设将分为两步走：第一步组建 2 个中型旅，利用现有装备进行实验；第二步采购过渡性装甲车辆，替代中型旅的在编车辆。陆军认为，中型部队的通用性和利用运输机进行远程投送兵力是必须解决的两个关键问题。组成中型部队的要素包括：（1）轻型装甲车。这种车辆可用作武器运载的平台，保证步兵和战斗支援分队具有安全的机动能力。轻型装甲车重量在 10～20 吨左右，有较好的越野机动能力并可用 C－130、C－5 和 C－17 型运输机空运。（2）攻击直升机和运输直升机。攻击直升机为中型部队提供侦察和打击火力，运输直升机和空军战区运输机一起可适时地向地面部队提供补给。（3）远程精确打击武器。中型部队将更多地依赖远程精确打击武器，建制内的部队与其他军种的纵深打击兵力一体化。（4）高质量的战场感知和指挥与控制系统。作为最初抵达的部队，中型部队在快节奏、范围广和挑战性强的环境中行动，因此需要战区或全球通信、监视与侦察手段支持，以对付数量和装甲重量占优势的敌人，同时还需要有能指挥控制高度分散兵力的系统。（5）中型部队是合成部队，能执行各种常规作战任务。（军事科学院外国军事研究部，《外军资料》2000 年第 33 期）

美陆军轻型部队建设的背景和影响　1999 年 10 月，美陆军提出将用 10 年的时间分 3 个阶段建成“目标部队”，用 20 吨左右的轮式装甲车代替现役装甲车辆。这是继 90 年代初美陆军提出“数字化部队”和“21 世纪陆军”之后陆军建设方向的又一次重大调整，将对陆军未来产生深刻的影响：其一，能更好地为美国的全球战略服务。随着美国新干涉主义的抬头，陆军卷入的军事行动不再局限于某一特定地区的行动，而且包括了从大规模战区战争到地区维和的“全谱”军事行动。这需要美军放弃冷战装备，争取反应得快，一职多能。为达到此目的，陆军必须向轻型化方向发展。其二，新军事技术正在改变延续了近一个世纪的坦克战样式。美国陆军提出的未来型坦克的火炮射程在 10 千米以上。陆军还提出将不再进行坦克对坦克的直接瞄准射击，而是依靠信息技术和精确制导技术的优势对目标进行间接打击。它表明，未来陆战中，信息的重要性已经超出了装甲的厚度，成为陆军战斗力的重要组成部分。总之，陆军要建立的“目标部队”将是一支极具有进攻性的干预部队，美国陆军将成为新世纪美国干预世界事务的重要工具。（滕建群《美国陆军开始钟情轻型部队了》，《解放军报》2000 年 11 月 22 日）

建立未来的“空中陆军”　把陆军的力量转移到先进的空中平台上，通过使用“飞行坦克和火炮”，形成陆军第三维“空中铁臂”，这是陆军作战形式的一场革命，也将带来 21 世纪整个陆军的革命。当重机械化打击力量转移到先进的空中平台时，便形成了空中机动和地面机动的一体化，机动、保护和火力打击的一体化。陆军利用高度所形成的垂直空间可从不同方位对对手形成一种不对称的态势，从而使对手必须分散、隐蔽以至于躲进深深的坑道里。这样不论是集中力量决战，还是分散游击作战，陆军空地力量都能将他们消灭。为此陆军必须装备先进的空战平台——飞机家族，它们具备指挥与控制、机动与反机动、情报、火力、防空、后勤及救护等能力。这仅依靠陆军的攻击直升机和空军的大型运输机是不行的，陆军必须研制适合于自己的新型飞机，包括无人机、固定翼飞机。实现从地面战场向空中战场的转移并不是尽可能多地消灭敌人，而是摧毁敌人的抵抗意志，在一定的时限内以最少的伤亡赢得战争的胜利。这就要求未来作战必须把火力的瘫痪效果集中于敌人的心理崩溃上，而不仅仅是消灭敌人的肉体。（理查德·汉勃勒布《三维战场——未来的“空中陆军”》《外国军事学术》2000 年第 2 期）

建立“天军” 2000 年 5 月 9 日，美国空军参谋长和空军部长联名签署了《航空航天部队：保卫 21 世纪美国》一文件，强调美国空军将由现在的以空战为主转变为既可空战，又可在太空作战的“航空航天一体化”空军。这是美军第 1 次以纲领性的文件形式确定建立“天军”的计划。美国空军部长彼得斯称，“空军未来的构想是把空军系统和人员合为一体。空军将使用所有可用于此项任务的系统，不管它们用于空中，还是太空。”空军认为，航空航天力量由人员和系统两部分组成，拥有控制航空航天的能力，包括近实时地发现、定位、评估、跟踪、瞄准和摧毁地面或空中任何军事目标的能力。美国空军提出“航空航天一体化构想”的背景：一是空军谋求成为美军“全谱优势”的重要组成部分，保持空军在航空和航天领域里的优势地位。二是谋求全球精确打击，特别是天基系统将是未来美军遂行精确战的重要保证。三是参与美国的国家导弹防御计划。四是发展攻防兼备的信息攻击和防护能力，遂行不同层次的信息作战。为此，空军不仅竭力主张发展军事航天系统，而且已着手培养“具有航空航天意识的军人”。（滕建群《美国要建“天军”》，《解放军报》2000 年 6 月 21 日）

关于联合部队建设问题研究

美一海军上将强调联合部队建设的重要性 1999 年 10 月 1 日，美军把位于本土诺福克的大西洋司令部更名为联合部队司令部。其任务由先前的海上作战转变为联合部队训练和负责驻本土各军种部队到海外遂行作战任务。2000 年，联合部队司令部和各军种一起进行了联合部队建设的初步实验。美国联合部队司令部的哈罗德·小格曼海军上将指出，联合部队司令部密切关注各军种的实验，并将实施 5、6 个积极的计划。这些计划的重点既要满足本军种的要求，也要满足部队在联合方面的需要。美军的联合实验已经从“爬行”阶段进入了“步行”阶段。正在进行的试验多是单方面的，比方说在进攻作战中发现和摧毁具有战略意义的地空导弹和“飞毛腿”导弹发射装置等。下一步的实验是处理机构和条令方面的问题，确定机构是否合理，指挥层次是否过多，指挥体制是否过于臃肿。未来，美军的联合实验将依靠模型和模拟系统进行推演、研讨和研究活动。到一定阶段后，美军将对已构思好的联合作战理论进行一个大规模的实战演习。（纪皓译《要加强联合》，《外军资料》2000 年第 23 期）

参联会主席谢尔顿谈未来联合部队建设 联合部队实验是美军联合构想实现的重要途径，通过实验美军还可以进行多国合作，促进互通性，提高效率。为了便于联合部队实验、军种实验和多国实验，联合部队司令部制订出《00 号战役计划》，文件时间跨越 2000～2005 年，阐明了联合部队建设的新理论、新程序、新编制体制、新能力和新技术。实验结果产生了包括条令、组织、训练、物资、领导与教育、人员和装备等方面在内的一揽子计划的建议。联合部队司令部进行的第 1 项一体化实验就是“快速决战实验”，强调部队的 4 种作战能力。(1) 对重要的机动目标实施进攻性作战；(2) 提供通用且相关的作战图像；(3) 联合互动，指挥官能对变化了的情况做出快速反应；(4) 实施灵活的联合指挥与控制。（美国参联会主席亨利·谢尔顿《2001 财年态势报告》，《外军资料》2000 年第 45 期）

关于美军数字化部队建设问题研究

美陆军数字化部队建设现状 在美军胡德堡基地，陆军和 114 家软件承包商共安装了 100 多个程序以训练第 4 步兵师。陆军计划在其试验成功后向其他单位推荐这些项目。首先是每个系统的项目管理者在承包商的帮助下教授士兵如何使用软件，而后部队进行集体训练，最后以演习形式进行集体训练。有关人士认为，陆军面临的最大挑战是一体化集成、结构控制以及如何使士兵掌握程序这 3 个问题。第 4 步兵师指挥官依据“仗怎样么打，兵怎么训”的原则，努力使书本上的知识数字化。陆军还开通了多种网络系统，保证学员按照自己的进度安排学习。2000 年第 1 季度，有 1300 名学员在胡德堡接受了 500 多门课程的训练，内容包括战地救护、装备使用以及信息技术理论等。（陈雁译“美陆军部队数字化建设现状”，《外军资料》2000 年第 69 期，摘译自美国《军事训练技术》2000 年第 3 期）

美陆军数字化师编制特点 根据 1998 年陆军提出的重型师编制计划，2000 年陆军将完成第 1 个“21 世纪师”的改编工作，预计 2010 年完成整个陆军的改编工作。“21 世纪师”的编制装备特点：一是编制精干。以机步师为例，员额将从现在的 18069 人减少到 15719 人，减员 2350 人。现行营的“四三制”（即 4 个连和 3 个排）改为“三三制”（即 3 个连和 3 个排）。营装备的坦克数量也由现在的 58 辆减少为 45 辆。师属旅将撤掉工兵旅，旅的数量由现在的 7

个减少为6个。二是指挥控制信息力量加强。“21世纪师”在减员情况下指挥控制和信息人员却有所增加。师部由228人增加到395人，旅部由86人增加到106人；在师直属分队中增设1个由22人编成的“后方地域作战中心”；师属情报营由现在的389人增加到483人，同时在各旅增加1个49人的骑兵连，在战斗航空旅和师炮兵中各增1个情报分析组。三是机动旅编制固定。“21世纪师”所属旅将是固定编制的实体，即旅下辖3个战斗营、1个工兵营、1个骑兵营和旅部与旅部连。四是分散编配预备役人员。“21世纪师”预备役人员分散编配在各师属部队中，且主要担负战斗支援任务。五是装备实现数字化。“21世纪师”从师部到各乘员组或者各战斗小组都实现数字化。单兵装备、MIA2主战坦克、M2A3步战车、“十字军战士”自行火炮、“哨兵”雷达等将是“21世纪师”的主要装备。（史鲜瑞等《美陆军数字化师编制装备特点》，《外国军事学术》2000年第2期）

美国海军健全信息技术的基础设施　在美国参联会提出《2010年联合构想》后，海军于1997年在太平洋舰队根据“面向21世纪的信息技术”计划开始全面健全信息技术的基础设施。首先是电子邮件给海上编队的工作带来了革命。海上加油、人员转移、直升机飞行计划、补给请求和港口停泊等日常业务都可利用电子邮件来处理。电子邮件也有助于提高编队士兵的士气。在对抗演习中，指挥官分别使用了网络会议系统和聊天系统，把分散的各舰只联系到了一起，形成信息共享。通过信息网络，舰上人员与有关技术人员交谈，找出事故并排除。以网络为主的战争行动是根据信息网、传感网和攻击网来加强部队间联系和协调的。如果3个网络同时使用，部队可在统一指挥下，以最合适的武器攻击任何一个由探测器发现的目标。今后10年，包括地面和空中在内，所有传感器和打击系统将融为一体，向战区指挥官提供单一的合成化防空状况图。总之，信息技术给海军舰队带来了变化，然而美军面临的最大问题是专业技术人员缺乏。（渡边秀树《美国强大的海军信息技术时代拉开序幕》，日本《世界周报》2000年12月27日，《参考资料》，新华通讯社2000年12月27日）

（滕建群）

俄罗斯军队建设问题研究　俄罗斯在2000年启动的新一轮军事改革中，确立了在体制上强调集中统一，在发展道路上强调均衡、适度和内涵式发展的基本指导思想。这一指导思想是在总结了前一阶段改革的经验教训的基础上确定的，既有对以往失误的纠正，也有对成功经验的继承和发展，还有的是在以前改革中制定但当时无力实行，在此次改革中要逐步落实的。

实行集中统一领导与指挥　针对俄罗斯目前拥有军队的强力部门多、兵权分散、效率低下的弊端，俄在新一轮改革中强调建立集中统一、协调高效的国防领导与指挥体制，强化领导与指挥机构的集中统一和协调功能。第一，强化总统对国防和军队建设的直接领导，把大政方针决策权集中到总统手中。由总统任主席、联邦政府总理任副主席、各强力部门和联邦政府主要部委一把手组成的安全会议的地位将进一步提高，安全会议将从宏观上指导和协调国家整体军事建设。第二，国防部和总参谋部对国家军事建设将发挥更大的综合协调作用。国防部作为中央军事管理机关，将在装备建设、后勤保障、干部培养等重大问题上对诸强力部门享有牵头抓总的权力；总参谋部作为统一的军事指挥和协调机关，可望成为各强力部门统一的作战指挥和协调中心，并负责协调制定所有强力部门的建设和使用计划、战役训练和动员训练计划。第三，明确区分国防部和总参谋部的职能，并为此设立文职国防部长（原有1名文职副部长）。国防部主抓军队建设和行政管理，总参谋部主要行使作战指挥职能。第四，提高军区的作用。军区将享有统一指挥辖区内武装力量各军种部队和其他强力部门部队的权力，即具有地区联合指挥职能。同时，总统驻各大联邦区的全权代表将在军区军事委员会内发挥重要作用，负有对军队实施监督和维持所在地区稳定的责任。

强调国防和军队建设要以国家经济能力为基础　减少数量，提高质量，是当前世界各主要国家军队建设的通行做法。在新一轮改革中，怎样才能使军队既确保国家军事安全，又不给国家造成沉重负担，是俄最高领导层考虑的主要问题之一。这次俄裁军60万，其中武装力量（即国防部所属的部队）裁减36.5万，可以说是俄在充分考虑国家的经济负担能力之后，痛下决心的举措。今后，随着内务部、边防局等其他强力部门军事勤务的减少和完全职业化，其所属军队的员额还可能进一步减少。

坚持均衡发展　其基本含义是正确处理发展核力量与发展常规力量的关系，其实质是处理好以核武器支撑大国地位和以常规力量应付现实军事威胁的关系。为避免历史上曾出现过的武装力量发展畸轻畸重和大起大落的现象，纠正前一时期过于偏重发展战略火箭军而使常规力量建设几乎陷于停顿的失误，俄强调在保持必要核潜力的前提下加强常规力量建设。在具体操作上，俄准备将常规武器装备的发展经费从原来的只占武器采购总额的五分之一增至三分之二以上。

武器装备建设要立足现在，放眼长远　针对经费短缺的困难，俄全面调整了军事技术政策。一是坚持多研制，少生产，将主要精力用在研制新式武器系列样品和半成品、进行技术储备方面。在资金有限的情况下，保持科研工作的连续性，为将来武器装备的更新换代打基础。最近几年，主要是改进和修复现有武器装备，少量装备新式武器，首先是要“保持军队必要的战斗力”。在此基础上，力争逐年有所提高。二是放弃与西方军事强国直接和全面的军事技术角逐，着重发展“突破性”技术和能打击敌关键环节、“进而使其军事技术优势变得毫无意义”的“非对称”武器。三是通过技术改造实现现有武器装备的一体化、通用化和兼容性，使之能够适应现代联合作战的要求。四是制定各军种武器装备的长远发展规划，待条件成熟时，实现武器装备的跨越式发展。五是全面整合军事科技工业系统，抓大放小，建立精干高效的军事工业体系，保持军工综合体的科研潜力和生产能力。建立起机动型的陆军，攻防兼备的全能型空军，具有远洋作战能力的海军，以及精干高效、具有足够遏制能力的战略核力量。

实现军队职业化　实现军队的职业化是俄早已确定的方针。俄认为，军队的职业化可以极大提高官兵素质，是从根本上提高军队质量的重大措施。职业化将主要通过军人服役的合同制来实现。但苦于经济困难，俄的职业化进程推进缓慢，尤其是武装力量，合同兵的比例更是低于其他强力部门。随着经济的好转，俄将把实现军队职业化作为新一轮改革的重要内容，通过放宽转为（招收）合同兵的条件，以及加强青少年和适龄公民的服役前训练，扩大预备役军人的专业人员储备等措施，促进军队职业化的早日实现。

确立集中统一并适应市场经济条件的大后勤思想　在今后的改革中，俄将继续完善已初步建立的武装力量三军联勤保障体制。在此基础上，逐步建立统筹所有强力部门的后勤技术保障系统，上设中央管理机构，下设若干地区保障中心，从组织上和技术上实现后勤及技术保障力量的一体化。同时根据市场经济的要求，加强军队后勤与地方经济部门的联系，确保各项保障工作的落实，并在可能的方面实行后勤及技术保障社会化。

确立依托地方院校培养人才和各强力部门统一办学的大教育思想　这一思想包括两个方面：一是坚持两条腿走路的方针。依托地方院校培养人才，扩大从地方院校招收军官的规模。扩大开设在地方大学的军事系（学院）的规模，某些专业的初级军官主要由这些军事系或学院培养，军队出资。二是在前期军事院校改革的基础上，建立各强力部门统一的军事教育体制。俄强调，今后在军事教育上要彻底打破诸强力部门、诸军兵种各自办学的格局，建立跨部门、跨军兵种的统一的军事教育体制，实现高层次的规模办学，进一步减少重复，统一教学的样式和方法，提高教学资源使用效率，培养联合指挥人才。（综合俄罗斯2000年《红星报》、《独立军事评论》、《军事思想》、《军队文集》和中国《外国军事学术》有关文章）

（来　斌）

日本军事建设问题研究　根据调整后的新军事战略方针，日军通过改革体制编制，提高武器装备质量，培养多样化作战能力等措施来加强军队建设。同时，为迎接 21 世纪信息军事革命的挑战，着力建设数字化部队。2000 年 12 月 15 日日本内阁会议通过的《2000～2005 年度中期防卫力量整备计划》提出今后日军的建设方向是：推进合理化、效率化、小型化，谋求从质上提高防卫力量；谋求提高日美安全保障体制的可靠性；改编基干部队。

日军在推进信息军事革命时须遵循的 7 项原则　日本防卫厅防卫政策课研究室认为，日本在制定和实施信息军事革命计划时，应遵循以下 7 项原则：

（1）信息化（通过建立网络来共享信息）　为了提高战场认知能力和应对能力，陆海空各自卫队必须通过网络来共享大量高精度的信息，同时必须有效地发挥指挥、控制、通信、信息等各种机能。

（2）统一化（统一的防卫力量）　在受到人力、物力和经费等资源制约的情况下，面对防卫力量作用的多样化和未来战争中作战区域将扩大的情况，为了更加有效地实现防卫目标，并能够能对事态作出灵活反应，必须具有能够统一运用陆海空自卫队的战术、组织编制和装备等。

（3）迅速化（决策和行动的迅速化）　为了提高作战速度，必须建立能够应对急剧变化的战况的快速决策循环（由“收集信息—分析—决定—行动—收集信息”组成的循环）机制。为此，必须利用人工智能开发决策支援体系，使其能够综合、分析和处理传感器传来的信息，帮助指挥官作出判断。同时，为了缩短行动时间必须确保部队具有高度的机动性。

（4）效率化（提高单位部队的战斗效率） 为了更加有效地实现防卫目标，必须建立包括能够准确破坏目标的精确制导武器在内的装备体系，以此提高应付作战的能力等；同时，通过有效运用信息系统提高作战管理能力等手段，来提高单位部队的战斗效率。此外，从在本土上进行防卫作战的观点出发，在发生战事时，为把国土和民间资产遭受的损失控制在最小范围，必须完善组织和战术，使其能够有效利用精确制导武器。

（5）机动化（能够适应需要的机动的组织和编制） 为了能够切实应对防卫力量多样化和信息军事革命化的战场上出现的急剧变化，必须尽可能地使部队实现标准化（人员和装备等的通用化），同时还要具备根据任务内容，迅速灵活地组建具有必要规模和机能的部队的能力。

（6）防护化（加强防护、确保多重性和抗破坏性） 必须具备对付巡航导弹和弹道导弹的能力。必须加强网络安全，尽可能避免信息通信系统失效和受损。为了在万一受损的情况下仍能继续执行任务，必须确保信息网络的多重性和抗破坏性。由于日本采取基于“专守防卫”的体制，因此通过加强保护传感器来确保生存能力非常重要。

（7）通用性（顺利与美军实施联合作战等） 信息军事革命后，为了使日美在联合作战时能迅速调整作战行动，连接信息网络，并能够实时共享信息是必不可少的。在今后完善防卫力量时，有必要从信息军事革命的观点出发，确保日美两国适当的通用性。此外，在参加联合国维和行动时，还有必要考虑如何与美军以外的军队共享信息。

鉴于以上 7 项原则，通过推进信息军事革命来实现的防卫力量状态可概括如下：以带有多种传感器的，实现了多重化和抗破坏性的信息网络为基础（防护化、信息化），在陆海空各自卫队的各部队实现信息共享（信息化）的同时，确保与美军的通用性，建立能够机动面对事态变化（机动化），并且能在最短的时间（迅速化）内发挥最有效的战斗力（统一化、效率化）的体制。（日本防卫厅防卫局防卫政策课研究室报告《关于信息军事革命》，2000 年 9 月）

21 世纪初日本发展军事力量的 4 个趋势 根据调整后的新军事战略方针，日本将在 21 世纪初着力从以下 4 个方面发展其军事力量：

（1）改革体制编制，实现高效、灵活、多样化 根据新《防务计划大纲》，从 20 世纪 90 年代中期开始，日本有计划地对陆海空自卫队进行精简整编。进入 21 世纪后，日军实行 2001～2005 年度 5 年建军计划，将继续推进其既定的体制编制改革计划。该改革计划完成后，陆海空自卫队的体制基本上能适应新的军事战略思想的要求，做到轻快、灵活，在发生所谓“周边事态”或出现其他样式的威胁时，能做出快速反应。

（2）控制武器装备总体数量，使之向大型化、远（射）程化、高技术化方向发展 在新的历史时期和今后相当长时期内，日本还会坚定不移地贯彻执行“兵不在多，而在精”的“质量建军”方针。作为海上自卫队的长期发展目标，4 个护卫队群将配备 8 艘“宙斯盾”舰艇。海上自卫队大型运输舰的发展目标是装备 5～6 艘 8900 吨级运输舰，以达到 1 次运输 1 个陆上自卫队战斗群（1 个步兵团及必要的炮兵营、坦克部队及其他配属分队等）的能力。航空自卫武器装备发展中最引人注目的是 21 世纪初期将装备空中加油机。基本运用构想：1 个航空团基地最少配置 4 架加油机，将来按 4～6 个基地进行部署，总共部署 16～24 架。

（3）培养部队具备多样化的作战能力，以对付多种样式的威胁 为适应主要对付“不确定的、多元化威胁”的战略思想，日本今后将把建军的着眼点置于既重视加强部队的正规作战能力，以对付所谓对日本安全构成严重威胁的武力侵略，又要努力使部队具备能随时以非正规化作战的方法对任何形式的突发事件做出快速反应和处置的能力。在 2001～2005 年度 5 年建军计划中，日军将采购装备大量先进武器，使日军地面作战、海上作战、防空作战、信息战的能力大幅度提高。同时，日本首次做出了大力加强和充实部队非正规作战能力的决定和计划。日军还将继续通过组织实施和参加局部的或全国性的防灾训练演习，加强应付和处置突发事件的能力。

（4）加强军事训练，提高部队战术技术水平 日军充分认识到，在冷战后的新时期，部队战斗力水平主要通过军事训练来提高，强调军事训练必须以新的战略方针为依据，全面提高部队的战术技术水平。今后日军军事训练将突出以下几个方面：一是加强非作战行动和非正规战的演练，提高和增强日军对付各种“紧急事态”的处置能力和快速反应能力。二是重视和强调诸军种的联合作战演练，尤其是日美军联合训练演习。三是训练的方法、手段日益自动化、现代化、多样化，使训练既收到经济、节约的效果，又达到直观、形象、贴近实战、提高训练效率的目的。（黄金鹏《21 世纪初日本建军新趋势》，《外国军事学

术》2000 年第 11 期)

日本陆上自卫队数字化建设的优势与难题 日本认为，今后通过建立数字化部队来提高战斗力是陆上自卫队不可回避的课题，并对其优势与难题进行了探讨。

(1) *数字化的陆上自卫队的优势* 到 2010 年，将构筑把各自卫队和陆上自卫队全体相互联结在一起的新数字情报网，最终形成 12～13 万人的总兵力；部队的总员额虽较现有额减少了 2～3 万人，但战斗力可提高 2 倍。数字化的陆上自卫队具有以下优势：一是更快更好的决策能力；二是可实现对陆上自卫队、航空自卫队和海上自卫队合成部队的自动化指挥与控制；三是便于在各军种和盟军之间的通信；四是自动传递、显示自己、友军和敌军的行进路线与位置；五是采用数据总线来代替硬布线，以便于对武器设备等进行改进；六是可以自动识别敌友。

(2) *数字化建设的技术难题* 在技术方面，日本将在以下诸方面遇到难题：一是传感器信息转换成数字形式；二是数据的数字化处理；三是数字控制系统和模拟输出之间的接口；四是车内、飞机内或舰船内数字电子系统的内部联网问题；五是高分辨率显示器；六是车辆、飞机、航船或卫星之间的数字通信网络。另外，数字化的陆上自卫队也存在着和美军数字化部队相同的弱点，如信息系统安全程度低就是其中之一。(周伟《日军的数字化建设》，《现代军事》2000 年第 8 期)

日本军事法制建设具有两个特点 第一，日本的“防卫二法”是其军事法律法规的基础。日本现行的军事法律法规，按其立法层次以及性质和作用可分为法令、训令和条令三大类。法令是由国会、内阁或总理府颁行的基本法律法规；训令是由防卫厅或陆、海、空自卫队制定颁发的有关规定；条令是由参谋长联席会议、各自卫队参谋长分别颁行的关于战斗和教育训练的准则。日本的《防卫厅设置法》和《自卫队法》号称“防卫二法”，是日本国防尤其是军队建设的基本法，大到兵役制度、自卫队的编成和员额，小到部队的具体管理，都有规定。日本有关自卫队建设的所有其他法律法规，都是在该二法的基础上制定的。第二，国际约章在日军事法制建设中作用特殊。由于历史原因，国际军事约章在日本军事法中占有特殊地位，成为其军事法的最主要渊源之一。日本重要的军事法律大都是在日美签订的国际军事约章的基础上制定和出台的，而日本战后军事力量的重建也与这些国际约章有着极为直接的关系。冷战结束后，日美双方对于日美安全保障体制进行“重新定位”。1996 年 4 月 17 日发表了《日美安全保障联合宣言》，为日本发展军事力量并扩大其职能提供了借口。1997 年 9 月公布的新《日美防卫合作指针》使日美防务关系、防务政策和日本防卫力量建设发生质的变化。首先，它使日美军事合作关系由以保卫日本安全为主的内向型转变为介入周边地区冲突的外向型，这将使日本突破“专守防卫”政策及日本宪法“禁止行使集体自卫权”的约束。鼓励日本军事力量由防卫型向进攻型、由内向型向外向型发展，使自卫队开始向国防军方向转变。其次，出现了事后立法的动向。在新指针的诸多合作项目中，有些是与日本现行法律相抵触的。日本政府提出的要完善“有事法案”，明显有军事先行、立法于后的倾向，而这一倾向颇具危险性。可见，日美在安全合作方面的各项约章，对日本的国防和军事建设起着极为重大的作用。(昭晖《日本军事法制建设》，《外国军事学术》2000 年第 5 期)

(薛 丰)

军事历史研究

近代军事历史研究 **清朝初期两次对台作战的战略指导** 郑成功收复台湾和清朝康熙帝统一台湾，是历史上两次大规模成功的攻台作战行动，其战略指导上有以下几点经验：第一，着眼于长远战略目标，定下武力解决台湾问题的战略决心。两次攻台行动，决策者都是在全面总结敌我长期斗争的经验教训和深刻分析当前斗争形势的基础上，认识到武力解决台湾问题的必要性和迫切性，从而定下武力攻台的决心 。这一正确决心为后来收复台湾、统一台湾的行动奠定了基础。第二，全面分析战略形势，正确把握战略时机。康熙帝经过对战略形势的全面分析，在清朝兴盛、台湾衰败，双方实力对比形成“以镒称铢”

之势的最佳时机，果断作出了武力攻台战略决策，把统一的条件变成统一的行动，从而将统一台湾的进程大大向前推进了一步。第三，精心进行战略筹划，周密组织作战准备。清初两次大规模攻台作战准备行动有以下特点：一是从战略全局的高度，确立正确的战略指导思想；二是广泛开展情报工作，全面掌握敌方的情况和动向；三是根据作战对象和作战环境的特点，制订周密可行的作战计划；四是实施战略欺骗，隐蔽作战企图。第四，选用合适的攻台主将，确保作战指挥协调统一。这方面，康熙帝的经验教训值得记取。开始，康熙能不拘一格，选用“降将”施琅担任福建水师提督。但同时，又迟迟不能确定攻台主将人选，导致前方将领职权不清，彼此掣肘，一再延误战机。后来授予施琅“专征”权，才确保了作战准备与指挥工作的协调统一。第五，军事打击与政治攻势紧密结合，铸成制胜疆场的双刃利剑。郑成功在攻台作战中，很注意发挥政治攻势对军事行动的配合作用，开展了广泛深入的招降策反工作。清政府在攻台行动的准备阶段和实施过程中，也对台湾郑氏集团采取了军事行动与政治攻势双管齐下的策略。这一历史说明，在实施强大的军事打击的同时，不要放弃任何以政治方式解决问题的可能性，以减少各方的损失，争取更大的结果。但政治攻势也要与军事打击相结合，没有军事打击或军事威慑作先导和后盾，政治攻势很难取得成效。（任力《清代初期两次对台作战的战略指导》，《军事历史》2000 年第 1 期）。

历史上东西方列强对台湾的侵略 中国明朝中叶以后，台湾成为东西方列强垂涎的目标，各欲逞其鲸吞虎据之谋，对中国的安全和主权形成严重威胁。东西方列强对台湾地区的侵略活动以清朝政府统一台湾为界限，可以分为前后两个时期。前期侵略活动自16世纪 90 年代（明万历年间）到 17 世纪 80 年代(清康熙年间)，其主要目的在于占据台湾作为获取中国大陆商品的立足点和中转点，在竞争日益激烈的东西洋贸易方面取得有利的位置。侵略者主要来自早期的殖民国家荷兰、西班牙以及富于扩张野心的东方国家日本。后期的侵略活动开始于 1840 年第一次鸦片战争，一直到甲午战争清政府战败，台湾成为日本殖民地。这一时期，中国面临着全面的边疆危机，列强的侵台活动也与此密切相关，成为其瓜分中国，变中国为殖民地的重要组成部分。发动侵略活动的主要是后起的帝国主义国家英、美、法国以及经过明治维新走上近代殖民扩张道路的日本。纵观东西方列强侵略台湾的历史，有以下几点值得关注和思考：第一，帝国主义、殖民主义的侵台活动大多发生在中国国力走下坡路、阶级矛盾和民族矛盾日益激化和两岸处于分裂状态的历史时期，所以，国家内部忧患和动乱是历史上外部势力肆意侵占台湾的重要原因。第二，中国历史上作为一个传统的大陆国家和农业国家，对于海洋领土和海上利益的漠视，导致长期以来封建统治者对台湾的战略地位未予以充分重视，其对台政策存在很大偏失，这也是台湾屡屡遭受外敌侵略的一个重要原因。第三，建立强大的海上军事力量，牢牢掌握台湾海峡及附近海域的制海权是保障台湾及东南沿海的安全、在反侵略战争中夺取主动的关键因素。（任力《历史上东西方列强对台湾的侵略活动》，《中国军事科学》2000 年第 1 期）

（方　宁）

太平天国起义问题研究 有专家在分析太平天国起义的历史局限性及历史教训时，认为应深刻认识以下 3 点。

（1）没有跳出农民起义的周期率　太平天国的败亡，是中国农民起义的一大悲剧。但它成功了结果又能怎样？不过是在中国史的年表上曾加一个封建的“天朝”。鲁迅在谈到刘邦、项羽一类造反者理想时曾一针见血地指出，那就是过帝王生活，满足“威福、子女、玉帛”一类的愿望。为此，刘邦说：“大丈夫当如此也！”项羽说：“彼可取而代也！”从而指出了农民起义的“周期率”。所谓“周期率”，实质上是农民领袖造反成功后都想过一把帝王瘾，其结果有两种：一是长久地过上了帝王瘾，如朱元璋；一是过把瘾就死，如洪秀全。这是新民主主义革命以前农民运动的必然归宿。成天口称“朕”，耳听“陛下”的洪秀全是不会采取选举制、实行立宪政治的。这是其历史局限性所致。

（2）天京事变源于政治腐化，即洪秀全、杨秀清对封建等级制的全面接受和对帝王权位的极度贪欲　一进天京，洪杨马上将“龙袍角带”一套封建礼仪付诸实施，尽享帝王之尊贵。后因万岁之争，酿成事变。在政治腐化的同时，洪杨政权在生活上也急速腐化。天京刚建立，清军尚陈兵东门外时，洪杨就大肆兴建王府，且极为豪华奢侈。洪秀全共纳 88 个娘娘，其他诸王、官吏也享有多个娘娘。为此，便要老百姓献纳女人，并以拜上帝教的神权为借口，使这一造反的工具沦为维护特权的工具。

（3）过激政策，大失人心　洪杨一面大搞腐化，一面却提出和实施不少失去人心的过激政策。如《天朝田亩制度》规定，农民收成后，除留下够吃、够用的粮食、布帛、牲畜、银钱外，统统交归国库。如此规定，农民哪有生产积极性。又如设立男馆、女馆，消灭家庭。原来的家庭都不算数，无论夫妻、母子、兄弟姐妹都要分别进入男馆女馆，顿使妻离子散。在街头相遇，"只许隔街说话"，纵然伤心，也"不许流泪"。这种浩劫式的家庭变故，违反最起码的人性和天伦，最终导致人心丧尽。又如禁缠足，本是善政，但由于实施过激，强迫缠足者放足后赤足而行，致使行走艰难，足皆浮肿，行迟又遭鞭打，一时呼号声不绝于道，不少妇女不惜以寻死来解脱。善政竟变成暴政，并加剧了民心的背离。（李乔《天国遗恨说洪杨》《北京日报》2000 年 7 月 31 日）

（任　匡）

中国人民解放军历史研究　土地革命战争时期军战史研究　**中共在大革命时期开展的军队政治工作**　1924 年至 1927 年的大革命时期，中国共产党在国共合作的旗帜下，通过在黄埔军校、国民革命军和国民军的实践，初步摸索和开展军队政治工作的若干思想和原则，这也是中国共产党早期军事工作的有益尝试。首先，黄埔军校是中国军队开展政治工作和设立党代表的起点，也是中国共产党从事军事活动和军队政治工作的开端。在军校中，建立了政治工作制度和政治教育制度，系统的政治教育占有特殊重要的地位，军校政治工作在东征中初露锋芒，显示出强大的威力。其次，东征和南征的胜利，使政治工作在国民革命军中得到逐步推广，共产党员到各军担任政治工作要职，实际上领导了国民革命军的政治工作；通过举办各种训练班和召开战时政工会议，加强了北伐中的政治工作；在进军途中加强宣传教育，积极配合了北伐的军事行动。再次，中国共产党为了将冯玉祥的国民军改造成为真正的革命军队，在其中建立共产党的组织，大力进行宣传教育，推动了政治工作的开展。同时，共产党员在不断总结政治工作经验的基础上，提出了许多颇有见地的军队政治工作思想和原则。特别是周恩来的《军队政治工作》和《国民革命及军队政治工作》，恽代英的《党纪与军纪》、《军队中政治工作的方法》，聂荣臻的《军队中政治工作的意义》等文章和讲演，以及李富春等人多次重要讲话，较早地阐明了军队政治工作的若干理论问题。中国共产党在大革命时期关于军队政治工作的思想和实践，至今仍有许多启示：一是党对大革命的军事贡献，主要体现在军队政治工作之中。二是党在黄埔军校和军队中的政治工作，不仅使中共开始懂得军事的重要性，而且锻造出一大批优秀的军事和政治人才。三是大革命时期中共在军队中建立的政治工作制度，为尔后工农红军政治工作积累了宝贵的历史经验。四是大革命时期的军队政治工作是在国共合作的旗帜下，紧紧围绕打倒帝国主义和打倒军阀这一革命中心任务进行的。那些旧军阀部队逐步改造成为倾向革命的军队，主要得力于中国共产党在军队中的政治工作。（肖甡《大革命时期中共的军队政治工作》，《党的文献》2000 第 4 期）

周恩来及"九月来信"对古田会议的贡献　有作者指出，研究古田会议，除了研究毛泽东的主导作用和朱德、陈毅的配合作用外，还应研究在周恩来主持下中共中央向红四军前委发出的指示信（即"九月来信"）对古田会议召开及其决议形成的重要指导作用。党的六大以后，周恩来参与中共中央领导，实际上在一段时间内主持中央工作。他关注朱、毛红军的发展动向，肯定毛泽东的进军主张。他主持起草的"九月来信"，促进了朱德、毛泽东和陈毅 3 人的团结。"九月来信"对古田会议的历史作用，至少有以下 3 点：一是分清了是非，增强了团结，为古田会议的召开奠定了思想上、组织上的基础；二是为古田会议提出了明确的指导思想；三是具体指导了古田会议决议的形成。（黄少群《论周恩来对古田会议的重大贡献》，《党的文献》2000 年第 4 期）

抗日战争时期军战史研究　**新四军东进及发展华中战略方针的实施与意义**　新四军成立初期，中共中央根据抗日战争的形势和任务，及时作出了新四军东进，创建华中抗日根据地，坚持敌后游击战争的战略方针，这是抗战初期中国共产党对新四军行动作出的十分重要的决策。这一决策的实施分以下步骤：首先是新四军的第一支队、第二支队挺进华中敌后，创建以茅山为中心的苏南抗日根据地；其次是大力开展敌后游击战争，扩大人民武装，创建抗日民主根据地；再次是与八路军协同作战，开辟苏北，正确解决战略展开突击方向。确立和实施新四军东进，发展华中的战略方针，有着十分深远的意义：一是为中国共产党实现抗战初期军事战略转变作出了重要贡献；二是有力地纠正了王明右倾投降主义错误，及时扭转了抗战初期华中地区抗日不力的被动局面；三是粉碎了国民党顽固派妄图将八路军限制在黄河以北，将新四军限制在长江以南的阴谋，壮大了党领导的人民军队坚持抗战和团结，反对分裂和投降，应付突然事变的力量；四是为新四军坚持华中敌后抗战建立了巩固的战略基地，并对推动整个抗日战争的胜利发展具有重要的战略意义。（周鸿根《中共中央关于新四军东进，发展华中战略方针的确立、实施及其意义》，《军事历史研究》2000 年第 4 期）

陆房战斗的有关情况 1939 年 5 月 11 日发生在山东泰安肥城地区的陆房战斗，是八路军 115 师挺进山东后对日军进行的首次大规模战斗。多年来的一些史书和文章中，对这次战斗中双方参战兵力，歼敌人数，地名以及作战经过记叙多有不同。为澄清历史真相，有作者对此次战斗的一些情况进行了采访，并到实地考察。指出八路军 115 师参加陆房战斗的战斗部队有第 686 团（欠 3 营）、师直特务营、津浦支队、冀鲁边第 7 团，非战斗部队主要是辎重部队，再加上师直属机关、泰西地委、鲁西区党委，共约 5000 余人。日军则调集了驻山东 17 个城镇的部队共 8000 多人，加上坦克、汽车 100 余辆，火炮 100 余门，并有空军支援。在整个战斗中，八路军共毙伤敌 1300 余人，其中大佐联队长以下军官 50 多人，是自平型关战斗之后的又一重大战果。八路军伤亡 340 余人，约为敌人之四分之一。陆房战斗的胜利，不仅粉碎了日军歼灭八路军的梦想，保存了八路军的精华，而且极大地振奋了山东抗日军民的斗志。陆房战斗之后不久，第 115 师又在梁山全歼日军 1 个大队。可以说没有陆房战斗，就没有梁山战斗。这两个战斗的胜利，一举打开了山东抗战的局面。此后，抗日根据地迅猛发展，而根据地的发展反过来又为主力部队作战提供了可靠支援。（陈宇《陆房战斗》，《军事历史》2000 年第 3 期）

解放战争时期军战史研究 **解放战争初期东北野战军的武器来源** 有作者指出，《毛泽东与莫斯科的恩恩怨怨》一书中写到，苏联红军“为进入东北及在华北的中共军队先后提供了足够装备几十万人的武器弹药”，这一论断与史实不符。从 1945 年 9 月到 12 月，中共中央东北局和各解放区部队陆续进入东北的初期，不断受到苏联东北占领军的限制和排斥。苏联方面反复无常的态度，给东北野战军开辟东北根据地行动造成了严重的困难。绝大部分日军武器库的装备都被苏军用火车运往苏联。各解放区进军东北的部队于 1945 年底到达东北时，发现根本没有什么武器可资补充。在短短的 3 年中，东北野战军武器装备的发展主要靠自己。炮兵是最典型的例子。东北野战军炮兵的总结说：“东北炮兵建设中火炮的来源全靠战斗中缴获，或由各地搜集敌伪遗弃或撤退不及散藏各处的火炮来装备自己。”军工的创业同炮兵一样，也是白手起家。1946 年 6 月，东北民主联军后勤部下属的兵工部在南满建立最初的兵工生产基地，后转移到珲春，建立起子弹厂、手榴弹厂等 6 个工厂，成为东北野战军第 1 个正规的兵工基地。到 1948 年底，才发展到 55 个工厂，1 万多工人。后来，东北野战军在多次战役中大量歼灭国民党军精锐部队，缴获了大批武器弹药。军工生产也形成规模，基本保证了部队作战的弹药需求。事实说明，东北解放战争的胜利，是党中央领导下东北野战军百万将士和后方群众依靠自己的力量，一步一个脚印走出来的，而不是单纯依靠苏联的援助取得的。（刘统《解放战争中东北野战军武器来源探讨》，《党的文献》2000 年第 4 期）

解放战争时期军队请示报告制度的建立及意义 所谓请示报告制度，是各中央局、分局书记和军队兵团以上单位的首长，分别定期向中共中央主席和中央军委主席报告全面情况，以及地方县委和军队团以上单位向上级作请示报告的制度。这一制度是在全国解放战争反攻阶段后开始建立的。当时的形势要求中国共产党及其领导的人民军队在政治、经济、军事政策上实现完全统一，要求行政制度与行政机构逐渐实行必要的与可能的统一，适当缩小各个地方与各个兵团的权力，将全国一切可能与必须集中的权力集中于中央。为此，中共中央从 1948 年 1 月开始，在党内开展反对分散主义、地方主义、经验主义和无纪律无政府状态的“斗争”，着手建立请示报告制度。经过一番努力，以 1948 年 9 月中央政治局会议讨论通过的《中共中央关于各中央局、分局、军区、军委分会以及前委会向中央请示报告的决议》为标志，请示报告制度在全党全军普遍建立起来。这一制度的建立，促进了党和人民军队的建设，对解放战争的发展影响至深，具有重要的历史意义：其一，它是党的民主集中制在新的历史条件下的重要发展；其二，它是实行党对军队领导的一项重要措施；其三，它直接为战略决战和解放战争的最后胜利提供了强有力的政治保证。（温瑞茂《解放战争时期我军请示报告制度述略》，《军事历史》2000 年第 6 期）

渡江战役中南京迅速解放的原因 1949 年 4 月，渡江战役发起后，国民党军所谓陆、海、空立体防线一触即溃，南京城不战而下，并且基本上没遭到战火破坏。之所以如此，主要有以下几点原因：其一，中央军委、渡江战役总前委实施了正确的战略决策和战役指挥，迫使南京守敌不战而退，这是南京城迅速易手的主要原因。其二，担任佯攻和牵制任务的部队在南京之敌撤退时机动灵活地渡江入城，加快了南京解放的进程。其三，中共南京地下组织全力迎接放解军渡江，为解放大军迅速进占南京创造了有利条件。其四，人民群众积极协助子弟兵渡江，为解放大军迅速进占南京创造了有利条件。其五，国民党高层在南京防御问题上意见不一，甚至互相拆台，客观上有利于人民解放军迅速解放南京。其六，国民党内部腐败糜烂，官兵士气低落。（陈广相《渡江战役中南京何以迅速获得解放》，《军事历史》2000 年第 4 期）。

登步岛战斗受挫的原因与启示 登步岛战斗是 1949 年 10 月进行的一次渡海作战。第 3 野战军第 7 兵团第 61 师以 2 个团的兵力，与国民党军 6 个团在飞机、军舰强大火力支援下，激战 2 昼夜，以伤亡 1000 余人的代价，取得了毙伤俘敌近 4000 人的战果，并在极为困难的情况下，安然撤出战斗。有作者认为，此次战斗虽然未能达到占岛的预定目的，亦堪称渡海作战中的一个奇迹，因而不能说是失利，客观的评价应为“受挫”。至于受挫的原因，以往一些分析中所说的作战部队指挥有误，失去战机，“对敌据岛顽抗及援军迅速登岛估计不足”等结论，不太切合实际。真正的原因，应为轻敌急躁，对敌坚守其要冲与进行联合反击的估计与准备不足，对“不打无把握之仗”这一原则未能牢记和谨慎运用。登步岛之战提供了重要的历史启示：一是劳师孤军渡海作战应为后者戒；二是此战失之于谋划，而非失之于战；三是作战目的虽未达成，但此战仍有重大意义。登步岛之战是直接指向舟山群岛本岛南侧的锁钥之战，既予敌重大杀伤，又安然撤出，故给予蒋介石集团以极大震撼。从登步岛战斗到舟山群岛解放的历史证明，渡海作战，海空军的掩护和支援是不可缺少的条件。（毕建中《登步岛战斗受挫的原因与启示》，《军事历史》2000 年第 1 期）

（方　宁）

中华人民共和国时期军战史研究 **中国人民志愿军立功受奖统计** 抗美援朝战争中，中国人民志愿军荣立三等功以上的指战员共有 302724 名，荣立集体三等功以上的单位有 5953 个，其中被授予英雄、模范称号和记特等功的有 502 名，分别为：特等英雄 2 名（杨根思、黄继光）、一级英雄 50 名、一级模范 4 名、二级英雄 286 名、二级模范 75 名、特等功 85 名（同时被授予称号者未计）。此外，还有彭德怀、杨根思、黄继光、孙占元、杨连第、邱少云、伍光华、许家朋、胡修道、杨春增、杨育才、李家发等 12 人被朝鲜政府授予“朝鲜民主主义人民共和国英雄”称号及一级国旗勋章、金星奖章各 1 枚。

抗美援朝战争双方投入的兵力 到战争末期，双方在战场的兵力达到 300 多万人。美国将其陆军的三分之一、空军的五分之一和海军的近半数投入朝鲜战场。志愿军兵力最多时为 19 个军，共 134 万余人。

志愿军的赫赫战果 据 1953 年 10 月 25 日美联社发布的“联合国军”被歼数为 147 万余人；韩国国防部编写的《韩国战争史》和日本《军事史》杂志公布的被歼数为 116 万余人；1988 年出版的《中国人民志愿军抗美援朝战史》统计数字为，中朝军队共歼敌 109 万余人（含朝鲜人民军独立作战歼敌 13.6 万余人），其中美军 39 万余人，韩军 66 万余人，其他仆从军 2 万余人。

志愿军的伤亡人数 志愿军在抗美援朝战争中壮烈牺牲和光荣负伤的共 36 万余人，其中阵亡 11.5 万余人，战伤 22.1 万余人，因事故和因病等非战斗死亡 2.5 万余人，失踪、被俘 2.9 万余人。

抗美援朝中双方战争消耗 美军在战争中消耗各种作战物资 7300 多万吨，开支战费 830 多亿美元；中朝军队消耗各种物资 560 多万吨，开支战费 62.5 亿元人民币。

志愿军入朝第一战 1950 年 10 月 25 日，志愿军 40 军在朝鲜北部山区门户的温井打响了抗美援朝的第 1 枪。120 师 360 团率先在云山至温井公路上与北犯的南朝鲜军第 1 师交火，实行阻击。几乎在同时，118 师 354 团也与敌交火，并在短短 20 分钟内就歼灭了冒进到两水洞的南朝鲜军第 6 师 2 团的一个步兵营，118 师 353 团则围歼了南朝鲜军第 6 师 2 团的一个机动营，歼敌近千人。志愿军首战告捷。

志愿军第一次与美军交锋 1950 年 11 月 1 日 15 时 30 分，正准备向云山守敌发起进攻的志愿军 39 军，突然发现云山外围敌坦克、汽车开始移动。当时，39 军并不知道美军骑兵第 1 师已与南朝鲜军第 1 师换防，以为是敌人企图撤退，当即提前两个半小时于 17 时发起总攻，并于次日晨攻占云山。此役歼敌 2000 余人，其中美军 1800 余人，缴获和击落飞机 7 架，击毁和缴获坦克 28 辆。这是志愿军与美军在朝鲜战场首次交锋。美骑 1 师乃“王牌师”，建军 160 年从未打过败仗，但与志愿军第 1 次交手就被打败了。

志愿军歼敌最大建制的一次战斗 1950 年 11 月 27 日，志愿军第 27 军 80 师、81 师在新兴里地区将美军第 7 师 31 团和 32 团 3 营包围，至 12 月 2 日，将其全部歼灭。新兴里战斗共歼敌 3100 多人，创造了志愿军在一次战斗中全歼美军一个加强团的范例。

志愿军行动最神速的一次穿插战斗　1950年11月27日晚，志愿军第38军113师不顾敌机威胁，14小时奔袭70公里，于28日8时到达三所里地区，接着又在机动中占领龙源里，切断了美第9军逃跑的退路。并在该地区顽强地顶住了敌人在飞机和坦克支援下的前后夹击，粉碎了美军从这里突围的企图。这次神速的穿插行动，为志愿军取得第2次战役的胜利创造了有利条件。

志愿军空军第一次击落敌机　1951年1月29日志愿军空军第4师10团28大队大队长李汉，率2个中队米格-15型歼击机，在定州、安州上空击落、击伤美空军F-84型战斗机各1架。这是志愿军空军首次击落美国空军飞机。

中朝军队第一次突破"三八线"的作战　面对"联合国军"在汉城以北70公里临津江南修筑的坚固防御工事，1950年12月31日，志愿军6个军在朝鲜人民军的协同下，在西起临津江口，东至麟蹄200公里的宽大正面上发起进攻。志愿军入朝以来第一次集中使用炮兵，上百门大炮齐射。志愿军39军上万人在前一天已潜至江边，隐蔽在皑皑白雪中，炮声一响就冲过江面，攀登上10多米高的悬崖陡壁。这是中朝两国军队第一次联合作战。30万大军一举突破敌人几百公里长的"三八线"防御阵地。"联合国军"溃不成军，1951年1月3日被迫放弃汉城南逃。

志愿军进行的规模最大的一次战役　1951年4月22日至6月10日，志愿军组织进行了第5次战役。此次战役，我方投入了15个军（含人民军4个军团），敌方投入了16个师3个旅另1个团，双方共投入兵力近100万人。此次战役共歼灭"联合国军"及南朝鲜军8.2万余人，把战线稳定在"三八线"附近地区，粉碎了"联合国军"在朝鲜蜂腰部建立新防线的企图，战争转入相持局面。

志愿军最成功的一次反坦克防御战　1951年10月8～20日，志愿军第68军610团在师临时组成的反坦克大队支援下，在文登里南北公路两侧组织了一次防敌坦克集群进攻的防御战斗。该团依托反坦克阵地，采取灵活多样的战术，运用反坦克火炮、炸药包等共击毁敌坦克28辆，击伤8辆，粉碎了敌人的"坦克楔入战"，为志愿军反坦克作战积累了宝贵的经验。

志愿军高射炮兵出国第一仗　1951年2月11日，志愿军高炮第64师611团，在保护清川江大桥的战斗中，树立敢打必胜的信念，激战1天，击落敌机3架、击伤1架，取得了高射炮兵出国首次作战的胜利。（《解放军报》2000年10月25日）

（袁右军）

20世纪50年代学习苏军过程中的经验与教训　中华人民共和国成立初期，中共中央、中央军委和毛泽东及老一辈无产阶级革命家，通过学习和借鉴苏军经验，探索出了一条切合中国实际的建军路线，有效地促进了人民解放军的现代化正规化建设。这一过程中的主要经验有：坚持实事求是、"以我为主"的原则，根据中国实际和军队特点，着眼未来战争需要，"批判地学"，不搞"机械搬运"，敢于突破模式、框框；坚持"以自力更生为主"的方针，不花钱买现代化，立足培养自己的技术队伍，积累自己的经验；坚持党对军队的绝对领导，发挥人民解放军的优良传统，不搞"一长制。"在学习和借鉴苏军经验的实践中，也存在一些历史教训：一是由于对苏军的各种经验缺乏全面了解，缺乏辨别能力，在吸收有益经验的同时，也不同程度地搬用了某些不适合中国实际和军队特点的东西。这既是一种教训，又有一定的不可避免性。二是处理学习苏军经验与发扬人民解放军优良传统的关系时，有不足之处。出现了一些不妥当的提法，有人甚至对党的集体领导制度和政治工作制度发生了一时的动摇。（张树德《50年代学习和借鉴苏军经验的回顾与思考》，《军事历史》2000年第4期）。

关于1967年春军以上干部会议的主要议题　1967年2月26日至3月25日，中共中央、中央军委在北京召开全军军以上干部会议。许多党史、军史论著都有记载，且均认为这是一次动员打倒刘少奇的会议。有作者认为这种说法值得商榷，它容易给人这样一种印象，似乎召开这次会议的初衷或主要目的就是要在打倒刘少奇，认清"文化大革命"的"迫切性"方面打通军队高级干部的思想，这不符合历史事实。实际上，军以上干部会议的主要议题是动员军队帮助地方抓春耕生产。在会上，周恩来、叶剑英等的讲话都体现了会议发起的初衷。即使是林彪的讲话也没有涉及到刘少奇的问题。的确，陈伯达、康生在讲话中煽动打倒刘少奇，使这次会议事实上成为动员打倒刘少奇的一次重要会议，但不能因此认为会议主题就是打倒刘少奇。从整个会议情况看，陈迫达、康生的这番表演，充其量只不过是会议的一个插曲。虽然会议受到了干扰，但还是取得了较大的成果。一是这次会议对军队的稳定起到了积极的潜在作用；二是军队及时帮助地方把迫在眉睫的春耕生产抓了起来。仅从粮食产量看，1967年全国为2.17亿吨，比1966年增加328万吨。（陈勇扬《1967年春军以上干部会议若

干问题探讨》,《党的文献》2000 年第 6 期)

新中国局部战争的演变及历史地位 中华人民共和国成立 50 余年来，进行了抗美援朝战争、中印边境自卫反击作战、中越边境自卫还击作战等一系列局部战争。新中国局部战争发展的轨迹既带有世界局部战争历史轨迹的烙印，又具有自身个性，表现出鲜明的中国特色，并对当代世界历史进程和军事斗争的发展产生了不可估量的影响。第一，新中国局部战争的政治内容随国际战略格局的演变而变化，同时也推动了世界格局的运动和局部战争的发展。第二，新中国局部战争的规模变化呈现出一条由全面战争向局部战争的转化轨迹，但其战争准备曾一度处于应付全面战争的基点上。第三，新中国局部战争的技术形态呈现出由低到高的发展轨迹，但与发达国家相比仍处于落后状态。第四，新中国局部战争的战略指导体现了鲜明的人民战争特色，在当代世界局部战争史上占有重要地位。(冯海明《新中国局部战争的演变特色及历史地位》,《军事历史》2000 年第 1 期)

(方 宁)

第二次世界大战史研究

英《独立报》揭露纳粹杀手挑起二战 英国《独立报》2000 年 11 月 10 日发表文章指出，是德国党卫军一名杀手于 1939 年组织了一次冒充波兰人袭击德国边境的事件，希特勒以此为借口发动了入侵波兰的战争。阿尔弗雷德·瑙约克斯被逮捕他的英国军情 5 处特工称为“挑起战争的人”。位于伦敦西南部基尤的公共档案局昨天公布的文件中就有他的供词。1944 年，被捕的瑙约克斯承认法西斯纳粹分子的头目莱因哈德·海德里希曾命令他制造一次假袭击事件。为这次阴谋，他们让德国集中营里的犯人扮演成德国士兵，被谋杀后扔在边境上，以“证明”这里曾发生过冲突。然后瑙约克斯和另外 5 个人冒充波兰军人，跑到靠近波兰边境格利维茨的德国广播电台，播发了这条假消息诋毁波兰。随后他们用枪向播音室扫射，这个广播电台顿时成了“哑巴”。第 2 天，希特勒在帝国议会大厦怒斥“波兰边境的暴行”。然后，他下令对波兰发动闪电式入侵。(保罗·拉什马尔《挑起二战者揭露是如何策划挑起战争的》,英国《独立报》2000 年 11 月 10 日)。

英法二战初期曾提出毁灭苏联高加索油田的计划 俄罗斯《劳动报》2000 年 3 月 2 日就此发表文章指出，1940 年 1 月 19 日，法国总理爱德华·达拉第写信给陆军总参谋长加默兰（后任法英盟军司令）和海军总参谋长让·路易，要求他们“提出进攻俄罗斯毁灭油田行动的意见”。他对这两位高级军官提出的任务是，完善下述 3 个行动方案：第一个方案，在黑海拦截运输高加索石油的石油船队；第二个方案，直接入侵高加索；第三个方案，支持高加索穆斯林民族的解放运动。

1939 年 9 月 17 日，苏联刚向白俄罗斯西部和乌克兰西部派遣军队，欧洲国家就立即发表了极其强烈的声明。11 月 30 日，爆发了苏芬战争。12 月 14 日，在法国和英国代表的坚持下，苏联被开除出国际联盟。随后，芬兰从英国和法国得到了大量武器和弹药。1940 年 1 月中旬，伦敦和巴黎达成协议：在 2、3 月出兵 15 万人援助芬兰。进攻高加索和外高加索计划被纳入英法战略，是因为巴库石油工业当时在苏联占有举足轻重的地位，其高质量航空汽油占全国总产量的 80%，煤油占 90%，拖拉机用油占 96%。破坏巴库和格罗兹尼的油田、炼油厂和石油加工厂，就意味着断掉苏联飞机和装甲车的燃油供应。经协调，英法两军达成下述协议：实施“高加索石油”计划空中行动，摧毁巴统、波季、格罗兹尼、巴库等城市的炼油厂和港口设施。在前 6 天，将摧毁高加索 30%至 35%的炼油厂和港口。为了采取行动，将动用法国 6 个编队和英国 3 个航空大队的 90 至 100 架飞机。法英空军将配备现代化的飞机，每次最多可以投下 70 吨炸弹。与此同时，英国皇家空军也制定了自己的计划，代号为“MA—6”。根据该计划，摧毁巴库需要 15 天，格罗兹尼 12 天，巴统 4 天。但是，历史安排了计划的结局，并对目光短浅的政治家和将军们进行了惩罚。5 月 10 日，德国军队在西线展开了闪击战，而 5 月底，法国已不再是独立的国家。英国远征军费尽周折才逃离法国。(亚历山大·普罗宁《毁灭“高加索油田”行动流产经过》,俄罗斯《劳动报》2000 年 3 月 2 日)

英国曾试图以出让土地换取意大利不卷入二战 英国《泰晤士报》2000 年 1 月 29 日刊登的文章披露，据现年 86 岁的前意大利反法西斯游击队队员路易吉·长里西未—普廖里透露，1945 年 9 月，英国首相丘吉尔在意大利科莫河上以作画为名取回了他在二战初期写给意大利独裁者墨索里尼的一些秘密信件。在这些实际上是在向墨索里尼“做出让步”的信件中，丘吉尔向墨索里尼提供了法国和地中海等地区的地图。原来，丘吉尔打算“收买那位法西斯独裁者”，说服他不要让意大利卷入二战。但丘吉尔的努力显然是徒劳的。

卡里西米—普廖里说，1946 年他曾同伙伴安诺尼·迪·古索拉一起阅读并翻译了那些信件。两人曾达成协议，一旦他们中间的一人先死，另一人一定要将那些信件的真相公诸于众。两年前古索拉去世。他认为丘吉尔已用重金将那些信件的原件买走并销毁了。但那些信件的两套照片复印件一直被秘密地保存在意大利，其中一套可能在意大利国家档案馆里。那批信件包括丘吉尔同墨索里尼的 62 封通信，写于 1936 年和 1940 年 6 月期间，在信中两人都以“昵称而不是官称”称呼对方。墨索里尼谋求丘吉尔支持意大利在 1935～1936 年期间野蛮吞并埃塞俄比亚的行为。丘吉尔希望墨索里尼不要站在希特勒一边，甚至承诺战后将“调整意大利的西部边界”，使意大利能够得到法国尼斯和科西嘉岛、萨伏依公国、突尼斯北部、南斯拉夫的达尔马提亚群岛和伊斯特拉，以及希腊的佐泽卡尼索斯群岛。他还暗示，意大利可能还将得到当时在英国控制之下的马耳他。最后墨索里尼经过反复算计还是认为，同希特勒结盟可能使意大利得到“更多的土地”，但他打错了算盘。

在 1945 年 4 月意大利解放后，反法西斯游击队成员卡里西米—普廖里在科莫调查墨索里尼死亡内幕时发现了上述文件。卡里西米—普廖里估计有一套复印件仍然在共产党的档案库里。意大利共产党现已改名为左翼民主党。但意大利政府和左翼民主党官员都否认他们知道这些信件。历史学家费斯托拉齐说，那些信件将使“人们对意大利在二战期间的作用重新进行评价”。他呼吁政府公开那些信件。（理查德·欧文《丘吉尔曾向墨索里尼出让土地》，英国《泰晤士报》1 月 29 日）

（袁右军）

二战末期苏美英抢先攻占柏林内幕解密 苏联驻柏林大使 R·II·凯宁在俄罗斯联邦《近现代史》杂志 2000 年第 2 期撰文披露了二战末期苏美英抢先攻占柏林内幕。1945 年 3 月 28 日，盟军远征军司令艾森豪威尔向斯大林元帅递交了一份私人电报，电报中请求苏军就未来行动计划作详细介绍。1945 年 4 月 1 日斯大林在收到艾森豪威尔的这份私人电报后，当天即给他回了电报。斯大林在给艾森豪威尔的私人绝密电报中指出，艾森豪威尔的有关“通过苏军与盟军会师来达成分割德军的计划与苏统帅部的计划完全一致”。斯大林还同意艾森豪威尔的有关苏军与盟军会师的地点在爱尔福特—莱比锡—德累斯顿一线，他认为，苏军的主攻方向也应是这一方向。“柏林已失去以往的战略意义”，斯大林写道，“苏联统帅部认为应在柏林方向投入第二梯队作战力量”。苏联领导人对美方关于通过苏军与盟军在维也纳—林茨—雷根斯堡一线会师来形成第二包围圈的计划示赞同，并通报美方，“苏军主攻开始时间大约在 5 月的后半月”。

在如何看待占领柏林的军事、政治意义问题上，英国首相丘吉尔持有不同的观点，他显然比艾森豪威尔更有远见。从艾森豪威尔处获其计划的第 2 天，即 3 月 31 日，丘吉尔给艾森豪威尔写了信，信中要求美军立即强渡易北河，并尽量向东方挺进。在丘吉尔看来，此举具有重要的政治意义。因此，他坚持这样的计划：美军第 9 集团军与美军 21 集团军应向易北河方向推进，直至柏林。在当天给伊斯梅依元帅的信中丘吉尔也指出，艾森豪威尔的计划将使“英国人与美国人携手共进柏林的美好前景”化为泡影。

苏军发动柏林战役的时间与斯大林告知艾森豪威尔的不尽一致，而是提前 1 个月。1945 年 5 月 2 日，苏军完全控制了柏林。当天，第 1 批英国坦克部队抵达吕贝克。

战后多年来，美国和英国都极力宣扬他们的军队可以轻取柏林，只是英美未将此列为进攻目标罢了。但历史档案资料和政治家及将帅们的回忆记录证明事实并非如此。

斯大林指出，他知道，早在俄国人到达柏林之前，丘吉尔就坚持要占领柏林，但艾森豪威尔没有同意，因为盟军可用于攻占柏林的兵力太少。之后斯大林又指出，“客观上看，柏林处于我们的占领区，从道义上讲我们应当夺取它，我们当时必须这样做。其次，当时盟军数量较少，总共才有 70～80 个师。如此数量的部队很难占领自己的地域并夺取柏林。而我们有 280 个师，我们可以完成像夺取柏林这样的战役。”

所有这些，再次驳斥了前苏共中央第一书记赫鲁晓夫在回忆录中提出的论点。他宣称：“如果盟军方面不是艾森豪威尔，而是由另外 1 人担任盟军总指挥，当然首先占领柏林的就不可能是我们，我们可能来不及占领……斯大林给艾森豪威尔写了信……当时艾森豪威尔收住了自己的部队，停止了进攻。他给我们提供了消灭德军和占领柏林的机会。”（俄《近现代史》杂志 2000 年第 2 期）

外国部分学者认为法西斯主义源于尼采之说是荒谬的 德国哲学家弗里德里希·尼采是法西斯主义的精神之父，这早就有定论。在纽伦堡审判中，法国国家公诉人梅农甚至称他为国家社会主义的“鼻祖”。但是，最近在德国发表的一些研究资料表明，应当重新看待 20 世纪的法西斯主义与尼采（1884～1900 年）在思想渊源上的关系。以色列历史学家阿什海姆和德国历史学家里德尔对尼采的各种材料进行了研究，认为这种看法中掺杂了许多人为因素。例如没有材料可以证明希特勒认真读过尼采的著作。当然他可能读过尼采的《扎拉图士拉如是说》一书，然而在希物勒的纲领性宣言《我的奋斗》中没有从尼采那里借用什么思想，只提到“超人”这个很平常的概念。研究人员查明，希特勒利用的是《权力意志》一书中的思想，这是一本经过编纂的尼采作品集，它是尼采的妹妹伊丽莎白·费尔斯特—尼采根据当时盛行的民族主义思潮编纂的。在尼采去世后，她对其兄的著作拥有版权。这个女人打着尼采未发表的文章的名义编纂出版了一些作品集，其实这些文章均出自她本人之手。文章宣扬高等种族优秀的思想，说什么高等种族为争夺生存空间不可避免地会与全世界进行一场战争，它将是战无不胜的。

最大的谎言是 1940 年散布的，当时在中立的瑞士出版了前纳粹分子劳施宁的一本书《与希特勒的谈话》，在书中，希特勒总是引用尼采的话，而实际上劳施宁根本就没有与希特勒交谈过，还有一些例子可以证明尼采的思想经常被断章取义地引用。

一些外在因素也在歪曲尼采思想中起了重要作用。1934 年希特勒一行人浩浩荡荡地来到魏玛，在那里会见了尼采的妹妹伊丽莎白·费尔斯特—尼采，并参观了尼采档案馆。1 年后这位伟大哲学家的妹妹身故，希特勒为她举行了国葬。尼采全集常常被希特勒当做礼物送给盟友，1943 年墨索里尼 60 岁生日时就收到了这样的礼物。

研究人员们得出这样的结论：法西斯主义源于尼采的说法是荒谬的，如同说穆罕默德是伊斯兰恐怖主义的鼻祖，说基督是十字军远征的鼓吹者一样荒唐。(俄《今日报》2000 年 8 月 10 日)

希特勒葬身之谜真相大白 德国纳粹头子希特勒葬身地点之迷，终于随着苏联最高机密文件的解密而真相大白。文件显示，他的遗体曾 3 次被转移到不同地方，最后，在当时苏联领导人勃列日涅夫的命令之下火化，骨灰撒在东德境内比德里茨的埃勒河。

该份机密文件披露，1945 年苏联红军攻入柏林后，希特勒在 4 月 30 日将与他结婚只有几小时的爱娃·布劳恩杀死，然后开枪自杀，纳粹宣传部长戈培尔一家 8 口也服毒自杀。红军第 3 突击队 5 天后在希特勒的地下室发现他们的尸体。5 月 6 日，用卡车将希特勒的尸体运到柏林附近的布克。1945 年夏，红军第 3 突击队移防到柏林以西的拉特诺，于是将尸体移葬在那里，并利用新种的柏树掩饰墓地。1946 年 1 月 13 日，希特勒的尸体又被挖出来，移葬到南面的马格德堡。希特勒在那里躺了 24 年后，由于红军需将马格德堡交还给当时的东德政府，所以，苏联部长会议主席柯西金建议勃列日涅夫，将希特勒遗体秘密火化，以免他的遗体被发现后，成为新纳粹主义的“圣物”。(法国《欧洲日报》2000 年 2 月 16 日)

二战期间美军人员大量患有精神病 据美军事历史学家研究披露，在紧张、激烈、残酷的第二次世界大战中，约有 130 万美军士兵患有不同程度的神经错乱症，仅美军地面部队就约有 50400 名士兵因精神方面的原因而不能正常参加战斗或被迫退役。事实证明，这种病症导致的人员损失影响了美军几乎 50 个师的战斗力。此外，还有很多士兵的伤亡原因并未公开，而其中大多数士兵就是因为患有神经错乱症而导致了战斗力的丧失。在战争初期，军事精神病学研究部门已经采取预防措施对入伍士兵进行检查，以淘汰出患有潜在精神病的应征者。到了战争后期，精神病医生工作的重点由对精神病的预防转向避免、治疗战斗过程中可能出现的精神和心理障碍。(［美］保罗·沃特《美军精神病学研究及其对二战中美军地面部队的影响》，袁静编译《第二次世界大战期间美军人员中的精神概况》，载《军事历史研究》2000 年第 4 期)

(彭训厚)

其他军事学科问题研究

中国关于其他军事学科研究 关于军事哲学问题 2000 年研究中国军事哲学、军事辩证法问题的论著不断涌现，从各个方面、各个层面对“知识军事”、高技术战争的制胜因素等问题进行了辩证的思考。

关于“知识军事时代”的哲学视点 “知识军事

时代”的科技特征　所谓“知识军事时代”，就是以现代高技术知识运用于军队建设和作战为基础的时代。这个时代的科技特征表现在3个方面。第一，以高技术知识体系为基础的军事成为世界军事的主体构成部分。如果高技术知识体系仅仅成为个别国家的军事基础，就不能说世界已经进入“知识军事时代”。第二，现代高技术知识广泛运用于军队建设。从广度上讲，运用于军队建设中的不是一项科技成果，而是一个庞大的高技术群体；不是在军队建设的一两个方面的运用，而是在军队建设所有领域的运用。从深度上讲，是运用现代高新技术对军队武器装备、体制编制、军事理论等方面进行革命性的改造，使其成为一种全新的信息化、数字化军队。从影响上讲，现代高技术知识的运用不仅已经成为军队战斗力新的增长点，而且成为最快的、最主要的增长点。第三，战争展现出高科技的全新面貌。交战双方攻击的主要目标，由战场有生力量转变为对方战略战役纵深的重要经济和军事目标；大规模集团兵力突击的进攻方式，让位于由各种平台发射的无人操纵的高精度武器实施威力巨大的密集突击；以地面交战为主改变为以远程火力打击和空中进攻为主。

“知识军事时代”的时间维度　从时间维度上看，“知识军事时代”是一个正在发展的、有待将来实现的时代。“知识军事时代”以“知识经济时代”的形成为其必备的社会基础，而“知识经济时代”目前也是一个正在发展的、有待将来实现的时代。“知识经济时代”到来之前，“知识军事时代”不可能超前出现。从当前世界军事的整个情况看，“知识军事”的成分虽然在快速增长，但还没有在世界军事总体构成中占到统治地位；高技术知识虽然已经成为一些国家军队战斗力增长的主导性因素，但并没有成为大多数国家军队战斗力增长的主导因素；在一些战争中虽然信息化高技术兵器已成为主战兵器，但在许多战争中传统兵器仍然在战场上唱主角。

“知识军事时代”的空间维度　从空间维度上看，“知识军事时代”将首先在世界最发达的军事大国形成，而后逐步向其他国家扩展。90年代初，数字化信息技术革命在美国全面展开，随着“信息高速公路”的建成和逐步完善，美国率先由“工业经济时代”进入“知识经济时代”。经过10多年的努力，虽然还不能说美国已经完全进入“知识经济时代”，但美国在军事技术、武器装备、国防工业、采办体制、战争理论、作战方式、体制编制、军事训练等多方面都已经发生了断代性的重大变化。只有美国能够率先进入“知识军事时代。”现在，绝大多数经济发达、军力较强的国家正向美国看齐，努力推动本国的军事向“知识军事”过渡。（杨新华《关于“知识军事时代”的几个哲学视点》，《中国军事科学》2000年第6期）

要防止战争制胜因素问题上的唯心论和机械论　辩证认识高技术局部战争制胜因素的发展变化，应着重把握以下5点：

既要看到某些因素作用的增强，又要看到其他因素的作用并未降低　考察高技术局部战争诸因素作用的变化，是一种纵向的、历史的比较。军事因素作用虽然更加直接明显，也依然受政治因素的严格制约，经济、外交因素亦如此。如果看到某种因素上升，就认为另一种因素必然下降，是对制胜因素认识上的形而上学，也是不符合实际的。

既要看到某种因素作用的凸显，又要看到赢得战争胜利依然取决于诸因素的综合作用　从近期美国打的几场局部战争来看，美既倚重军事实力，又更加重视发挥各制胜因素的综合作用。如对宣传媒体的控制，注重欺骗性舆论宣传和结成广泛的国际联盟，重视发挥经济制裁、贸易禁运和军事威慑等非战争手段的作用，力求“不战而屈人之兵”。

既要看到某些因素作用的发挥遇到了挑战，又要看到蕴含其中的巨大优势并未弱化　一方面，我们不能以有些正义战争的失败而得出所有正义战争不会胜利的结论，而应以历史的、全面的、发展的眼光看待战争的胜负。另一方面，还要清醒地看到，不能因为进行的战争是正义的就盲目乐观，坐等胜利的到来，只有坚信战争正义性的巨大优势，并在发挥这一优势的同时充分发挥其他因素的作用，才能赢得战争的胜利。

既要看到高技术武器装备对制胜的影响增大，又要看到决定战争胜负的依然是人而不是物　高技术武器装备纷纷登场并展示出奇特威力，但其作用无论如何之大，还是由人发明设计、制造出来，并由人加以利用的，其性能发挥得怎样，也还是由人来决定的。同时，也要看到人的决定作用的新变化。过去那样主要用人的数量、体力、勇敢精神已难以弥补技术武器装备上的劣势，但人可以用智力、科技素质等去弥补。

既要看到制胜因素一般意义上的作用，又要看到制胜因素因具体战争情况不同其作用表现也不尽相同　高技术局部战争的情况不同，制胜因素作用再现的程度亦不同。有些因素在战争伊始作用甚大，另一些因素的作用可能在战争中、后期才明显发挥出来。因此，既要充分认识高技术局部战争与以往战争不同的特点规律，又要具体分析每一次高技术局部战争中各制胜因素的不同作用，从而使战争指导真正建立在客观实际的基础之上。（李洪程《对高技术局部战争制胜因素的理性思考》，《军事学术》2000 年第 5 期）

关于军事高技术的辩证思维 有作者就此指出 3 点：一是军事高技术呼唤先进的军事理论指导。军事高技术与军事理论之间主要表现为相互作用的关系，技术进步对军事理论的发展具有推动作用，军事理论的超前发展对军事技术的进步起着有力的牵动和指导作用。军事高技术的竞争性强，系统化程度高，关联性强，投资风险大，周期长。如果没有军事理论上的高层次指导，就会降低竞争效益，以致处于被动、不利、落后于对方的局面。越是复杂的技术系统，越需要前瞻性强的理论引导。掌握先进的技术并不等于掌握先进的理论，技术装备的优势并不等于真正的优势，只有与先进的军事理论相结合，才能赢得未来战争胜利。二是军事高技术促进军事理论的变革。技术决定战术，战术发展主要取决于技术的进步。一旦技术水平有了新的突破和飞跃，必将促进战术的变革。军事高技术的发展，必将以绝对的技术优势压倒和否定传统的军事技术，以崭新的理论体系和方法，建立起军事高技术条件下的军事理论。三是军事高技术是提高战斗力的动力源。军事高技术能产生新武器，从面形成新的战斗力，同时改变传统的战略战术和指挥方式。为了国家的安全，民族的生存，任何国家在国防建设和军事高技术的发展上都是不惜一切代价的，军事技术研究项目一般是处于科学发展前沿的高新技术，人才、知识、技术最密集，设备和技术条件最好，科研投资最大，争夺也最激烈。（郭初梅《军事高技术辩证思维》，《毛泽东军事思想研究》2000 年第 1 期）。

（陈培军）

关于中外军事思想比较研究

列宁、毛泽东军事辩证法要论比较 列宁在开创无产阶级武装夺取政权的道路，建立世界上第一个社会主义国家的实践中，自觉运用唯物辩证法，通过创造性地解决俄国革命中一系列问题，深刻揭示了帝国主义时代的战争，苏联武装力量建设及作战的客观规律，把马克思主义军事辩证法第一次变成工人阶级和劳动群众成功的革命实践。同样，毛泽东在半殖民地半封建的中国指导以农村包围城市、最后解放全中国的实践中，娴熟地运用唯物辩证法，通过创造性地解决中国革命战争一系列错综复杂的矛盾，深刻揭示了中国革命战争以人民的弱小武装战胜现代装备之强大的敌人的普遍规律，并以其更加完备的理论形态，把马克思主义军事辩证法思想推向一个新的发展阶段。简要比较列宁和毛泽东这两位军事辩证法大师的思维轨迹，有助于学习他们分析和解决各类军事问题的军事观和方法论。在战争本质问题上，列宁通过科学界定“政治”内涵，将“战争是政治的继续”的命题在实践中转化为揭示战争本质的一般方法；毛泽东则通过运用马克思主义共性和个性的辩证法，从理论和实践的结合上深化了“战争是政治的继续”的论断 。在战争性质问题上，列宁主要依据战争的阶级实质和政治目的判明其正义与非正义的性质；毛泽东则主要从战争的社会历史作用方面区别战争的性质。在战争消亡问题上，列宁从战争与私有制和阶级的内在联系上阐明了消亡战争的根本途径；毛泽东则依据马克思主义暴力革命的学说阐明了消亡战争的根本方法。在武装斗争形式问题上，列宁基于巴黎公社和俄国革命的实际，确定了先城市后乡村的正确道路；毛泽东则把马克思主义普遍原理同中国的具体实际相结合，开创了农村包围城市的独特道路。在建军问题上，列宁在创建第一支无产阶级革命军队的过程中，阐明了无产阶级军队建设的一些基本原则；毛泽东则围绕创建中国新型人民军队的根本问题，探索出一整套具有中国特色的建军方式。（夏征难《马克思主义军事辩证法的两个划时代理论成果》，《中国军事科学》2000 年第 5 期）

中西军队政治工作之比较 政治工作或政治思想性工作在各国军队中都长期存在。将中西军队政治工作进行比较，对于深刻把握其本质特征，学习借鉴外军的经验，保持和发扬人民解放军的传统优势，具有重要意义和作用。中西军队政治工作有一些相同点：首先，政治工作在中国和西方国家军队建设中都处于重要的地位，发挥着积极的作用。人民解放军把政治工作作为“生命线”。美军则有人认为军队政治工作的地位作用主要表现在 3 个方面：保证文职政权控制军队；促进军队一体化建设；提高战斗力。这一观点被西方国家广泛接受。其次，中西军队都从组织体制上强化政治工作。人民解放军的政治工作体制，划分为组织工作和思想工作两大部分，把从事政治工作的部门称作政治机关。西方各国军队的政治工作机构主要有人事管理和思想教育两大部分，但他们没有设立自成体系的政治工作系统，而是将政治工作机构同军事体制融合在一起。再次，中西军队在政治工作的内容方法上有许多共同点，都把对本阶级、本国及执政党和政府的主流意识形态的宣传和灌输，作为各自政治工作内容的重点。由于中西政治制度、历史文化和社会条件不同，决定了中西军队政治工作也有各自的特征。一是中西军队政治工作的性质不同。中国人民解放军的政治工作，作为中国共产党在军队中的思想工作和组织工作，其性质与党的性质完全一致，代表着无产阶级和广大劳动人民的意志和利益。西方国家的军队政治工作，尽管表面上不代表党派利益，但其无疑具有鲜明的资产阶级性质，代表了资产阶级的意志和利益。二是中西军队政治工作的内部构成和运行机制不同。中国人民解放军有完备的党团组织体制及其相应的工作内容和方法，西方军队没有；西方军队普遍有较完备的宗教机构和相应的工作内容及方法，人民解放军没有。三是中西军队的政治工作的文化背景和发展轨迹不同。就文化背景而言，中国人民解放军政治工作是在外来文化——马克思列宁主义影响和指引下产生和发展起来的，但同时又是建立在中华民族深厚历史文化土壤之上的，打上了中国特色的深刻烙印。大陆文化、农业文化、儒家文化一直是中国传统文化的主导。而西方国家则受海洋文化、工业文化的影响更为深刻，而且宗教在人们的社会生活中占有重要的地位。就发展轨迹而言，中国人民解放军政治工作是中国传统文化与马克思列宁主义结合的产物，其历史渊源可以追溯到数千年前古代中国军队的政治工作，也可以从俄国十月革命后的苏联红军的政治工作中找到依据。西方国家军队政治工作也可以从其历史过程寻找轨迹。凯撒、拿破仑、克劳塞维茨等人都高度重视政治因素在军队建设和战争中的作用。第二次世界大战之后，西方国家军队政治工作开始走向成熟，其主要标志是军队政治工作的地位得到确立，形成了一个相应的思想理论体系和相对合理的政治工作体制。（公方彬等《中西军队政治工作之比较》，《中国军事科学》2000 年第 5 期）

中外军事经济思想历史比较　中外军事经济思想可以分几个历史阶段进行比较：第一，中国军事经济思想领先于国外军事经济思想时期。这一时期始自人类有战争活动的奴隶社会，截止于欧洲工业革命的出现。在此时期，中国军事经济思想有两个方面明显优于西方：一是在若干重大问题的认识上较为深刻。二是基本形成了以“富国强兵”为核心的一个比较完整的体系。西方军事经济思想则没有一个比较坚实的理论基础。第二，中国军事经济思想落后于西方军事经济思想时期。从 18 世纪 30 年代起，欧美各主要国家先后开始了产业革命，产生了资产阶级古典军事理论，它阐明了军事经济现象的某些内在联系，具有一定的科学成分。此后，马克思、恩格斯也将军事经济理论研究水平提升到一个新的高度。而仍以农业经济为背景的中国军事经济思想发展，同期大部分时间几乎处于停滞状态。直到鸦片战争后，才注意加强了对军事科学技术、军事生产等军事经济基本范畴的研究。与西方相比，这一时期的中国军事经济思想有以下不足：一是基本上未对国防费和军事经济问题开展系统研究；二是对于军事与经济关系的思想，基本上还处于“富国强兵”认识阶段，对先进生产力在“富国强兵”中的极其重要的作用认识不够全面和透彻。第三，国外军事经济思想与中国现代军事经济思想初步形成时期。1914 年爆发的第一次世界大战极大地推动了军事经济思想的发展。20 世纪 20～30 年代，形成了英美派、德国派、苏联派三大军事经济思想流派。第二次世界大战后，美国和苏联成为当时在军事经济思想方面很有代表性的两家。中国军事经济思想在这一时期，特别是在中华人民共和国成立后，也有了极大发展。但是，这一时期中国军事经济思想仍在一些方面滞后，其原因在于：中国经济基础远远落后于西方发达国家，难以很快就产生先进的军事经济思想；长期形成的闭关锁国行为以及左的思想消极影响，不利于学习和借鉴国外先进军事经济思想；相对于西方国家，中国的社会经济制度处于变革和调整之中，也不利于形成系统完善的军事经济思想。第四，中外军事经济思想现代化时期。20 世纪 8 0 年代以来，外国军事经济思想涉猎的范围非常广泛，主要包括军事需求、军事供给和政策协调 3 个部分。对军事经济实践活动产生重大影响的主要有以下方面：改革国防预算管理体制，加强国防工业军民一体化，积极拓展军事科研生产的国际合作，军事经济“外源化”，通过合并与兼并迅速增强竞争实力。当代中国军事经济思想研究也拓展了范围，主要包括军事经济基本理论问题、无产阶级革命导师的军事经济思想、中国军事经济建设的现实问题等 3 个方面的内容。（徐勇等《中外军事经济思想的历史比较》，《中国军事科学》2000 年第 5 期）

中西海军战略理论的历史比较　在战争史上，海军和海上军事斗争的出现，虽然为时久远，但把它们作为一种战略推向军事舞台，却是近几个世纪的事情。中国和西方的海军战略理论各有其不同的发展道路。在西方，早期海上战争理论的萌芽和“制海权”的提出，奠定了西方海军战略理论的基础，促使西方海军建设发生了质的飞跃。西方海军战略理论的形成和发展有几个特点：适应国家对海上利益的需求；争雄海洋霸权地位，追求制海权；关注海上力量，大力发展海军。在中国，历代开拓海洋和保卫海疆的实践呼唤海军战略理论，然而，重陆轻海的思想却制约着中国海军战略理论的产生。中国海军战略形成较晚的历史原因主要有：没有面向海洋的国家发展战略，海权意识淡薄，在军事战略上轻海重陆，发展海军缺乏国家财政之“源”。中西方海军战略理论发展中存在的历史差异，是由不同的地缘环境、民族特性、经济基础、文化传统等诸多历史原因造成的：第一，爱和平、谋统一是中华民族的传统战略思维，而谋求霸权，追求海上利益是西方大国的共同特性。第二，地缘环境促成了中国自给自足的农业、手工业的社会经济结构，而西方的经济发展则是外向型的。第三，中国发展海军是面对海上侵略的被动反应，而西方是为了开拓海外贸易市场和向海外扩张而主动发展海军的。第四，中国的安全需要基本上是陆权性的，而西方的安全需要主要是海权性的。第五，中国确立“近海防御”战略，建立的是防御型海军，而西方大国海军战略的重心是“远洋进攻”，建立的是进攻型海军。(左立平《论中西海军战略理论之历史比较》，《中国军事科学》2000 年第 5 期)

中西战役思想比较 中西战役思想体系都反映了一定的普遍规律，存在着一些共同特性：它们处于同一的大的时代背景之下，所反映的战争形态是一致的；都以贯彻国家的战略思想和实现全局战略需求为依据；其形成与发展都与科学技术进步和武器装备的发展紧密联系。由于中国与西方国家政治、经济、文化和民族传统以及战争经历不同，中西战役思想有许多明显的差异：第一，进攻与防御是战役运动的基本形式，从这两种形式在战役思想的体现上看，中国通常是立足于“积极防御”，而西方更多的是强调进攻。第二，战役作战既要斗智又要斗力，是计谋与力量的综合较量，中国战役思想较多地强调以谋略取胜，而西方战役思想更多的表现为依靠力量和技术取胜。第三，人与武器是战争制胜的主要因素，从中西战役思想的体现上看，中国通常强调发挥人的主观能动性，西方更多地是强调武器的作用。第四，继承与创新是战役思想发展的两个方面，中国战役思想继承了传统军事思想的精华，有其连续性和稳定性，西方战役思想立足于现实和未来需求，有其务实性和超前性。中西战役思想存在的差异主要是文化背景的不同、生产力发展水平的不同、战争实践的不同造成的。比较中西战役思想，是为了扬己之长，克敌之短，学人之长，补己之短。要在继承中国传统思想的基础上，借鉴西方先进思想，不断发展和创新；要注重战役力量建设，使未来战役作战建立在可靠的物质基础上；要发展海上和空中战役以及三军联合战役理论，完善人民解放军的战役思想体系。(李梦鹤等《关于中西战役思想的比较研究》，《中国军事科学》2000 年第 5 期)

中西心理战比较 中国和西方国家的环境、文化传统、政治制度、经济和国防实力以及民族精神等方面的情况不同，因而在有关心理战的各个方面存在较大差异。第一，中西在心理战认同上的差异。西方国家对心理战的地位与作用充分肯定，从国家首脑到军事统帅，对现代心理战乐此不疲。中国的心理战有比西方更为久远的历史，毛泽东等老一辈无产阶级革命家也是开展心理作战的英明指导者。但是目前，中国及其军队在心理战的认同上，仍然存在一些问题。主要表现在：心理战的地位有待从战略层次上得到加强；心理战同政治、经济、军事、外交、文化等各种斗争形式的相互关系需要从理论和实践上进一步协调。第二，中西在心理作战基础理论上的差异。心理战在西方国家受到重视，从思想理论上讲，与其重商主义的国家利益观和人本主义价值观念有密切联系。中国作为社会主义国家，其心理战的理论依据主要有 3 个方面：马克思主义军事理论，马克思主义关于反和平演变理论，马克思主义关于无阶级战略、策略理论。第三，中西在心理战战略运用上的差异。在心理战运用的目的上，中国把心理战作为传播真理和道义，争取人心，揭露和瓦解敌人，维护国家安全的手段；一些西方国家则把心理战作为推行霸权主义战略，对他国进行心理渗透和影响，为自己战略利益服务的战略手段。在心理战制胜因素的理解和运用上，西方将心理战制胜的基点放在实力上，中国则放在道义上。在心理战战略取向上，以美国为首的西方国家的心理战在本质上是进攻性的，中国的心理战本质上是防御性的。在心理战运用的战略配置上，中西在心理战和武力战的相互关系、地位、运用方式、配置架构等问题上也有不同。第四，中西在心理战力量建设上的差异。西方主要国家都是经济和军事强国，在心理战建设上有以下特点：重视组织领导机构建设，重视心理战研究机构的建设，组建专业化的心理战部队。中国的心理战力量建设不同于西方：在心理战的领导机构上，国家有统一集中的领导管理制度和严格完善的新闻宣传及舆论管理制度，心理战的领导工作职能主要集中于党和国家的对外联络宣传部门。军队内部，心理战的组织领导职能主要集中于政治机关。

在心理战的研究上，中国的国际战略研究、军事理论和军队政治工作研究，都有不少涉及心理战的内容，并形成了丰富的心理战思想。在心理战装备器材上，中国受国民经济发展水平和科技水平的限制，缺少与发达国家相抗衡的先进装备。西方国家在实践中已形成了专业化的心理战力量体系，而中国则形成了群众性与职能部门相结合的心理战力量体系。（王连水等《中西心理战之比较研究》，《中国军事科学》2000 年第 6 期）

（陈燕雯）

关于军事科学学问题　有专家对军事科研创新提出 5 点意见　有作者认为，跨世纪军事科学研究应着重以下 5 个方面的创新。

马克思主义军事理论研究的创新　马克思主义军事理论研究有 4 种方式：一是注释性研究；二是阐释性研究；三是运用性研究；四是发展性研究。运用性研究不易，发展性研究更难。在学习和研究马克思主义军事理论时，必须突出运用性和发展性研究，力争在继承的基础上有所创新。因为只有创新和发展才具有强大的活力。

安全环境与战略对策研究的创新　军事科学在某种意义上说是预测学，没有科学预测就谈不上创新。在跨世纪的历史时期，要深入研究国际战略格局可能出现的新情况、新特点，霸权主义、强权政治的特点及其走向，还要从军事、政治、经济、科技、文化等各个领域研究国家安全问题，密切关注中国周围的国际热点新动向，为军事斗争提供战略对策和具体办法。随着香港和澳门的回归，解决台湾问题更为突出。对台斗争研究涉及的面很广且问题比较多，政治性、政策性、针对性和时效性都很强。因此，要抓住全局性的重点问题进行研究，切实提出可行的对策。

打赢高技术局部战争研究的创新　要紧紧围绕如何打赢高技术局部战争的问题，把作战对象的作战思想、作战手段、武器装备和技术能力，尤其是要把主要作战对象的作战特点和规律研究透，以增强研究打赢高技术局部战争的针对性。在此基础上，深入研究打赢高技术局部战争的战略思想和指导原则。与此同时，要深化对现代作战思想的研究，特别是要研究以现有装备与高技术装备之敌作战的战法，要深化对反空袭作战、海上封锁作战、岛屿登陆作战、空中进攻作战、常规导弹战、机动战、信息战等重点难点问题的研究。与此同时，要重视研究高技术条件下人民战争的问题，创新和发展人民战争的战略战术。

国防建设和军队建设研究的创新　跨世纪国防和军队建设研究的创新，应着重开展以下几个方面的研究：一是实现“三步走”发展战略的研究。二是确保人民军队“不变质”的研究。三是军队建设“根本性转变”的研究。

跨世纪军事科学思维方法的创新　必须在马克思主义理论的指导下，以“唯先、唯实、唯新、唯精”的方法探索军事科学的奥秘，创造适应新世纪军事发展所需要的高质量的军事科研成果。一是不固执、不封闭、只唯先。军事科学研究要解放思想，敢于否定自己错误的东西，善于吸收别人正确的东西，切记不要抱着固有的观点不放，更不能夜郎自大，把自己封闭起来。军事科学研究要确立“唯先”的观念，想前人没有想过的问题，做前人没有做过的事情，解放思想，敢为人先，不断开拓。二是不唯上、不唯书、只唯实。军事科学研究要实事求是，从国情军情的实际情况出发，敢于说别人没说过的话，敢于提别人没有提过的观点。三是不守旧、不落后、只唯新。守旧与落后不属于科学研究的范畴，创新才是军事科学研究的本质特征。实践证明，守旧和落后的国家是没有前途的，守旧和落后的军队是没有出息的。军事科学研究要确立“唯新”的观念，以新的眼光、新的思路、新的方法，开辟新的领域，创造新的理论，提出新的对策。四是不贪多、不求全、只唯精。军事科学研究要严谨治学，质量兴文，创造精品。那种投机取巧、哗众取宠、粉饰夸大、拼凑编造 、抄袭剽窃等行为，都是科学研究必须反对的；那种不求甚解、急功近利、追求数量、粗制滥造、草率为文等做法，都是科学研究所不允许的。（刘继贤《跨世纪军事科学研究的创新》《解放军报》2000 年 1 月 18 日）

对军事理论创新的 5 点看法　有作者对军事理论创新的问题提出 5 点看法：

第一，向高——加大科技含量，驾驭高技术　为此，一是要精通高技术，学习到位，这样才能辨玉瑕、察秋毫、明对策，切忌遇难而退，浅尝辄止。二是军事理论要驾驭高技术，给高技术确定军事需求，以随时端正其发展方向。

第二，向前——借鉴国际经验，赶上大潮头　研究高技术战争，不能老向后看，而要向前看，紧密跟踪考察国际上已经发生的高技术战争，如：马岛、海湾、科索沃……以接近时代前沿。当前的问题是：这种跟踪研究不深、不细、不系统。这样，不但出不了一流成果，还可能有误判或误导。为此，借鉴国际经验，也要讲基本功，即系统跟踪与全面对比，并强调基本建设，即建立资料库、实验室与采用现代化方法和手段。

第三，向精——重视实验统计，界定数质量 对数据的精细程度，以色列比美国还独到。海湾战争中，美国最大一次伤亡，是1991年2月25日，在沙特的宰赫兰兵营被“飞毛腿”击中，死28，伤98。原因是“爱国者”导弹软件100小时运行造成0.3433秒的积累误差，导致687米距离偏差，没拦住“飞毛腿”。而这一问题以色列早就敏锐地发现了：在以色列8小时运行造成0.0275秒的积累误差，导致55米距离偏差。并在1991年2月11日告诉了美国人。美也果真在几天内编制了纠正定时误差的新软件，于2月16日发往部队。但是到宰赫兰已是2月26日了，晚了24小时！

第四、向内——深入了解国情，提出对策群 眼下，对策研究不少，问题是许多对策不明确或不灵、不巧，这与不了解国情有关。基于中国是一个发展中国家，当前研究“有所为”、“有所赶”的多，而研究“有所不为”、“有所不赶”的却少以致形成“重点不重 ”的局面，影响成效。又如，针对军队现有装备，当前沉湎落后点的多，而发掘先进点的却少，以致中国的武器装备被外国买去，却能发挥出更高的“极限性能”来。因此，只有把熟悉国情、锤炼“内功”提到重要位置，把对策作为攻关重点，军事理论才能永葆生机。

第五，向细——分级落实规划，明确措施链 有一个现象耐人寻味：美国现役军人的理论研究，多以报告形式出现，着重行动规划，并不断实践，反复演练。针对美国制定的《国家安全战略》，其空军随即据以制定了《全球作战：21世纪空军远景》，而为确保落实，又制定了与之配套的《空军远期计划》，包含一系列重要的带说明性的步骤。其中的“指令”部分，第1条都明确列出目标、设想和注意的问题、达到状态、主要负责部门、采取措施等5项内容，形成一个丰富有序的措施链条，十分具体，既便于执行，也便于检查。这很值得我们仔细思考。（苏恩泽《浅谈军事理论的创新》，《解放军报》2000年1月3日）

论钱学森的军事科学体系说 有作者撰文指出，著名科学家钱学森在“军事系统工程学研究发展20年报告会”上的书面发言中，阐述了学科体系划分。他认为，学科的每个部门又分3个层次：基础理论层次，技术理论层次和应用技术层次。在军事科学中，基础理论是军事学，技术理论层次是军事运筹学，应用技术层次是军事系统工程；当然还有其他学问。建立科学 、合理而又相对稳定的军事科学体系结构，不但能有力推动军事科学的进一步发展，而且也能为更好地制定军事科学发展规划和人才培养规划提供重要的理论依据。

钱学森构建的军事科学体系结构的内涵 钱学森构建的军事科学体系结构与现在通行的体系结构不同，它虽然也分成3个层次，但3个层次的内涵不同。第一层次是基础理论层次，指军事学，它包括战略学、战役学、战术学、军制学、武器装备建设学等。第二层次是技术理论层次，主要指军事运筹学，包括战略运筹学、作战指挥运筹学、武器装备建设运筹学、后勤运筹学、军制运筹学，等等。第三层次是应用技术层次，主要指军事系统工程，它包括国家安全系统工程、作战系统工程、组织系统工程、条令法规系统工程、武器装备建设系统工程、指挥自动化系统工程、等等。

钱学森构建的军事科学体系结构的特点 主要有两个：一是各层次按知识在人们认识世界、改造世界中的作用来划分。上一层次学科与下一层次学科间不是包含与被包含的关系，而是相辅相成的关系。第一层次是基础理论层次，它包括目前军事科学体系中的大部分学科，总起来叫军事学或军事理论。这一层次学科的任务重在认识客观世界，发现客观规律，对客观世界的现象和进程作出描述、解释和预见，说明改造客观世界应遵循的原则。第二个层次是技术理论层次，目前主要是军事运筹学。它的任务是把军事学的研究成果转化为能具体指导改造客观世界实践的理论和方法，并通过这种转化过程，深化对客观世界的认识。第三层次是应用技术层次，即军事系统工程。它的任务是把军事学特别是军事运筹学的研究成果转化为直接改造客观世界的方法、手段和工具。二是充分考虑现代技术进步对军事科学的影响，特别是近20年来高新技术在军事中应用所引发的军事领域深刻变化，以及对军事科学发展的影响，第二、三层次明确了军事运筹学和军事系统工程，在军事科学体系中的重要地位和作用。

钱学森构建的军事科学体系结构的科学根据 其理论根据，在于军事科学的体系结构必须符合军事科学发展基本规律的要求，且有利于加快军事科研成果向现实战斗力的转化。军事科学源于军事实践，通过从实践到认识的飞跃，认识客观世界；又通过从认识到实践的飞跃，改造客观世界，深化对客观世界的认识，达到科学的目的。这就要求军事科学体系中，既有侧重认识世界的学科，又有侧重改造世界的学科。二者的区别主要不在研究领域的不同，而是研究的角度与功能不同，因此属于两个层次。这样的体系结构能使军事科学中有关认识世界和改造世界的学问都得到重视，促进军事科学应用于军事实践，从而促进军事科学更快地发展。其实践根据在于，军事科学体系结构应力求符合现代技术，特别是高技术条件下军事斗争现实对军事科学发展的要求，具有鲜明的时代性和前瞻性。

为适应高技术条件下军事斗争现实对军事科学发展提出的新要求，现代军事科学必须更广泛地综合社会科学、自然科学、系统科学等其他科学部门的成果，尤其是把系统论的思想观念和以定量为基础、定量定性结合的方法应用于军事学术研究中去，并大力发展和运用作战模拟、对抗演习等作战实验手段，为军事理论创新提供尽量接近军事斗争实际的实践根据。这就意味着军事科学的体系结构应做重大调整，明确军事运筹学和军事系统工程这两个学科在军事科学体系结构中的重要地位，并对它们的任务提出更高的要求。（张最良《构建新的军事科学体系》，《解放军报》2000 年 2 月 8 日）

（常　乐）

关于新世纪的军事理论展望　21 世纪军事科学的发展方向　展现在人们面前的 21 世纪虽然扑朔迷离，但有两大发展趋势却是比较明晰的。一个是世界形势总体上继续趋向缓和，同时称霸与反霸的斗争将更加激烈。另一个是科学技术的发展更为迅猛，转化速度更加快捷，发展国防将更加倚重高科技。这两个特点，决定了军事科学发展的时代需求在总体上相对减弱，但依然十分强劲，并呈现出如下走势：一是在世界格局的转换过程中碰撞出异彩纷呈的军事谋略思想，伟大民族的聪明才智将极大地被激发出来，东西方兵学文化将趋于交融。二是出现一些与科技发展密切相关的新军事思想、新作战理论，站在军事技术制高点上的军队将继续走在军事科学潮流的前面。三是军事科学本身开始“科学化”，军事模拟仿真系统将会非常完备，数字化的虚拟现实将成为设计和检验作战理论的理想“战场”，一批受过良好的现代教育的人将会陆续加入军事科研队伍。四是军事科学将在相当大的程度上实现“社会化保障”，由于信息社会具有信息共享和广泛参与的特性，将有大量的社会人员在互联网上参与军事科学的研究和讨论。五是“泛战争”理论有可能获得较大发展，过去必须用流血的方式达到的目的，今后可能用非暴力手段来达成。六是战争基本理论有望获得可喜突破，孕育出前无古人，泽被千秋的伟大兵经。（齐长明《军事科学的百年回顾与展望》，《解放军报》2000 年 1 月 3 日）。

新世纪的中国海军军事理论　在 21 世纪，中国的海军建设应当注重发展“负载”而不是“平台”，在现代化建设中突出信息化。海军的运用，不仅仅在战争行动中，而且在海上安全合作、海上搜索等众多的非战争领域内，都将发挥广泛的作用。海军建设的当务之急是尽快提高“综合作战能力”，以维护广泛分布于领海和专属经济区，及其他相关的国家海上利益。由于当前国家的需求与海军现有能力不相适应的矛盾严重存在，因而海军应以维护国家统一和海洋权益的需要为牵引，确定建设重点与建设规模，走出“跨越与发展”的道路。21 世纪初期的海军战略理论，将在对上述重大问题的论证中得到发展。（赵兴发《新世纪中国海军军事理论发展展望》，《解放军报》2000 年 4 月 18 日）

新世纪的中国空军军事理论　21 世纪国际战略格局的多变性，中国周边安全环境的复杂性，使中国空军有可能在不同地域、不同环境下遂行作战任务。这就要求根据形势的发展变化，立足中国的国情、军情和空军的实际，深化空军战略理论和空军发展理论的研究。要根据逐步实现空军由国土防空型向攻防兼备型转变的要求，着重研究以加快“转型”进程为目的的理论；要针对全过程使用空军，全天时、全天候作战，快速决胜，大纵深、非线性、非接触、空天一体等特点，研究先进的作战指导理论和战法对策；要加强信息战的研究，掌握信息战的发展趋势；要关注航天领域军事发展动向，研究防空防天一体化作战的理论。（徐兴德《新世纪中国空军军事理论发展展望》，《解放军报》2000 年 4 月 18 日）

新世纪的第二炮兵军事理论　中国在核力量的建设发展上，确立了有限发展、不参与核军备竞赛等重要方针和原则，从而奠定了第二炮兵建设与运用理论的基石。在 21 世纪，核武器在国际事务中仍将发挥不可替代的重要地位和作用，围绕核问题的斗争会更加复杂和激烈。走向信息时代的新军事革命正推动战争形态由机械化战争向核威慑条件下的信息化战争迅猛发展。中国第二炮兵机械化建设的历史进程尚未完成，又面临着新军事革命的严峻挑战。面对错综复杂的安全环境，第二炮兵军事理论建设必须始终不渝地坚持中国的核战略思想，自觉站在世界和国家战略的高度，深入研究第二炮兵建设与运用的特点与规律，研究第二炮兵跨越式发展的理论，加强第二炮兵军事理论重点实验室建设，努力建设适应信息化战争要求的新的军事理论体系。（董庆福《新世纪第二炮兵军

事理论发展展望》，《解放军报》2000年4月18日）

新世纪的中国国防科技　在新的世纪，国防科技将呈现出如下发展趋势：一是学科综合性更加突出，必须按照“军事型、综合型、研究型、开放型”的发展模式，构建国防科学技术体系。二是军事对抗特色鲜明，侦察反侦察，隐身反隐身，干扰反干扰，制导反制导，摧毁反摧毁，导弹反导弹，航母反航母，卫星反卫星等，都体现了一个问题的两个方面。三是武器新概念层出不穷。武器新概念是广义的武器观，它把所有超出了传统军事领域，但仍能运用于战争行动的手段都看做武器，它是军事知识创新和军事技术创新的集中体现。四是军民两用性日益明显。军品生产和民品生产将尽可能依赖同一工业基础，军队系统和国防部门也将维持稳定的科研经费，开展高质量的基础研究，培养未来的科技队伍和“精明买主”，促进军内外科研单位的合作。（曹秉章《新世纪中国国防科技发展趋势》，《解放军报》2000年4月18日）

新世纪的中国军队思想政治工作　为适应新的客观环境和历史条件，军队思想政治工作应当从以下方面努力：一是必须紧紧抓住用邓小平理论武装全军这个“根本”，既要重视学习，又要善于学习。二是牢牢掌握思想政治教育的威力。三是努力强化革命理想信念这个“精神支柱”，引导和教育广大官兵努力学习马列主义、毛泽东思想，特别是邓小平理论，把坚定理想信念作为一个制高点，铸造和强固全体军人的精神支柱。四是突出抓好高中级干部教育管理这个“重点”，增强他们的拒腐防变能力，使之真正担负起治党治军的重任。五是加速推进思想政治工作的改革创新，从改革开放的伟大实践中汲取营养，拓宽视野，借助社会力量，遵循唯物辩证法，大力采用现代先进教学手段，赋予军队优良传统以新的时代内容和表现形式。（赵可铭《关于进入新世纪的军队思想政治工作的思考》，《中国军事科学》2000年第2期）

（清风　曾江）

关于其他军事学科问题　**混沌理论有助于提高战争的战略指导艺术**　有作者撰文指出，混沌理论是非线式动力学的俗称。它是研究介于随机系统与周期系统之间一种复杂动态系统规律的科学，也就是探索“无序”与“有序”的一门新兴学科。因此，它更适用于存在诸多不确定性的战争领域，更有助于提高现代高技术局战争战略指导的精确性与适时性，并在以下方面发挥重要作用

解决战争的可控性问题　战争的可控性包括对战争中的周期性、随机性和混沌性的控制。人类历史上发生过数以万计的战争，战争和战争指导都有许多的基本规律，但没有一场战争是绝对相同的，每场战争的指导也各有千秋，战争本身是个混沌体。战争这个对抗着的复杂运动系统，过去人们把战争运动过程一分为二，即分为有规律可循和无规律可循两种。其实战争运动系统包含3个子系统：一是周期系统。它是战争中的一些基本规律，像钟表所显示的那样轮回运动；二是随机系统。它是战争中的不确定、不稳定、盖然率很高的因素，无序状态十分复杂，就像掷骰子所显示的数字那样，与初始状态（上一轮）毫不相干，只能用概率来描述。三是混沌系统。它是战争中存在的既与初始状态密切相关又不重复以往行为轨迹的现象，介于周期系统与随机系统之间的“盖然性”和某些“端倪”。

在战争运动过程中的双方，既要遵循规律按计划行事，又要经常随机应变，解决战争的可控性和随机性之间的矛盾，更要把握可控性与混沌性之间的关联因素和有序模式。特别是在高技术条件下，各种新的战法不断涌现，战场变化莫测，战机稍纵即逝，只有按照混沌理论在原定的战争方案和战争进程基础上预测出应变模式，以便作出近实时应变，才有可能实施正确指挥。

把握战争的临界状态问题　所谓“临界巨变效应”，即系统在临界状态下，初始数据的细微改变将引起结果的巨变。这种“临界理论”认为：“大型互动系统不断自动形成一种临界状态，在临界状态下一件小事就会引起连锁反应，导致灾变。”“虽然复杂系统的渐变多于灾变，但连锁反应是动态系统不可分割的组成部分”，“复杂系统永远不会处在静态平衡状态，而是从一种渐变状态演变成下一种渐变状态。”美国IBM公司的研究人员，用沙堆做试验考察了这种理论。在堆置沙堆的过程中，当沙粒进入临界状态时，再加上一粒沙就会形成沙崩。这种非主要因素的细微变化可能超过主要因素变化所产生的影响，在战争中是司空见惯的。诸如“一只马桶引起的战争”，“一船辣椒引起的战争”，“一发炮弹决定一场战争胜负”等等。一个间谍的活动、一份密码的泄露、一个阵地的坚守、一幕浓雾的突然降临，都可能影响战争的时程。见微知著，从细微处窥见到巨变的到来，能把握渐变到突变的临界点，并预知突变的时刻而加以利用，或延缓临界状态的来临，或促使其尽早来临，这是高技术局部战争战略思维能力赖以提高的关键所在。

掌握战争的非线性作战规律问题　“因果的非线

性”是混沌理论的基点，即在非线性系统中，输出的信息不一定与输入的信息成正比。事物的本质是非线性的，所有的混沌系统都是非线性的。人类认识线性规律比较成熟。然而，用线性规律只能部分地解答战争运动过程，而不能全部解答战争的复杂运动过程。以往的战争事实上存在着非线性规律，只是人们没有认真地研究它或科学地掌握它。如孙子说：“故兵无常势，无恒形。能因敌变化而取胜者，谓之神。”当代，普利高津的耗散结构理论、哈肯的协同学、艾根的超循环理论，以及洛伦兹等人混沌理论之兴起，为研究战争中的非线性规律提供了基本理论依据。美军1993年版《作战纲要》明确指出，现代作战是非线式作战。今天战场更加不规则，没有固定的战线，以往的线式梯次结构可能不复存在，代之以全纵深、大范围的机动作战。美陆军在1998年新版《作战纲要》中又提出，在未来联合作战中，“陆军不仅自己必须追求非对称效应，而且还必须警惕对手利用其自身优长按非对称打击的条件来攻击美军。”“沙漠之狐”空袭行动以及北约对南联盟长达78天的空中打击，被美军称为“非对称作战”理论的成功实践。美军的这些非线性、非对称作战的理论和实践，是基本符合非线性规律的。（肖占中《混沌理论在战略指导上的应用》，《现代军事》2000年第4期）

（白　雁）

提倡不对称军事理论研究　有作者撰文指出，不对称作战，靠不对称军事理论作指导，不对称军事理论,来自于不对称军事理论研究。进行不对称军事理论研究,首先应该弄清在与敌人或潜在对手的比较中,什么是自己的长处和强项？什么是自己的短处和弱项？通过哪些途径、运用什么方法才能做到扬长避短、以强击弱？怎样才能实现以劣势装备战胜优势装备的敌人？其中最重要、最基本的要求,是务必突出我军特色。为此,应着力做好下述3点:一是死死盯住作战对手不放。不对称军事理论必须有很强的对抗性,应尽最大可能掌握对手或潜在对手的情况,从而有针对性地探讨制敌之策;在敌人已经抛出某种作战理论的情况下,不对称军事理论研究必须逐条逐项地制定出对付敌人的反措施,而且这些反措施应当是出敌意料的。二是不能盲目地跟着他人跑，尤其不能跟着他人炒作。一个时期以来，外军一有什么新提法，在我军学术界便会跟着一起喊。有些东西在外军不过是刚刚提出的一家之言，在我军便开始了全方位的论证。这种带有“炒作”性质的学术活动，与密切关注外军动向、跟踪外军发展趋势是有根本区别的。军事理论研究要借鉴外军，但不要被外军牵着鼻子走。三是应该发扬自己的创新性理论成果。一个值得关注的现象是学术界对外军的一些新提法较重视，对自己的创新性科研成果却有所忽视，我军学术界一直不乏各种创新性观点和思想，特别是围绕着如何打赢高技术条件下局部战争这一问题，有人曾提出一系列富有创新性的观点。但学术界对此回应之声很小。其实，“孩子还是自己的好”。自己的创造即便不成熟，也应多扶植。（郭武君《呼唤不对称军事理研究》，《解放军报》2000年12月19日）

探索信息作战中谋略筹划的思路　针对中国军队与潜在对手在信息作战物质条件方面的技术差，有作者撰文指出，未来我与敌军在信息领域对抗的结局，很大程度上取决于信息作战谋略艺术水平的高低，并就信息战中的谋略筹划进行了研究。

围绕思维较量筹划谋略　思维较量谋略，是信息战指挥员在思维领域的抗争中，通过影响敌方指挥官的认识环节和信念系统，使其作出错误的决定，造成有利于我不利于敌的形势的一类谋略。它是以技术与物能为基础和后盾，而超然于技术与物能之上的谋略对抗方式，主要包括以下3种：一是因“脑”设谋。根据敌人信息作战指挥官心理特征、思维方式、性格特点、指挥决策能力和水平等要素，从其思维活动深层次上筹划谋略，以影响其意志和决心，迫使其放弃危害我方利益的图谋，最大限度地弱化对方的信息作战能力。二是随机设谋 。依据信息战不同发展阶段敌信息指挥官的思维变化情况，敌变我变，快速筹划谋略。三是妙算定计。始终把握敌人信息战指挥官的思维脉搏，先敌一着，高敌一筹，让敌人的思路按照我方设定的方向发展。

围绕技术抗争筹划谋略　技术抗争谋略，是信息战指挥者利用高科技和科学方法运筹，并通过现代化信息系统生成的一类谋略。它包括3种方法：一是因“技”设谋，是根据敌我双方信息作战的物质技术条件与能力，适应现代科学技术的要求，利用科学的方法筹划信息作战谋略。要着眼敌信息系统的技术状况，有针对性地选择可能瘫痪它的技术手段；要着眼我信息作战武器装备的技术性能；还要着眼我信息系统的综合技术实力，主要包括情报获取能力、信息网络的信息传输能力、信息处理系统处理信息的能力，以及整个系统的抗干扰能力、生存能力等。二是借“机”生谋，是利用计算机快速处理信息的特点，将瞬时战场信息与计算机中储存的建模模型相验证，从而产生出相应的谋略。三是“技”谋并举，是指在信息战活动中，使客观物质条件和主观谋略指导两个方面紧密结合融为一体，成为争取信息战主动与胜利的有力保证。

围绕多维对抗筹划谋略 多维对抗谋略，是指在信息战过程中，同时或相继在陆、海、空、天、电各个空间领域综合运用多种手段与敌对抗的一类谋略。主要从3个方面考虑：一是因“网”设谋，即在信息作战中紧紧围绕信息网络及其设备的特点，注重利用多维作战空间和各作战领域的控制功能设计用谋。信息网络由若干分系统和子系统构成的综合性特点，决定了设计定谋要着眼综合性，多谋并用；信息网络种类多样的特点，要求多种谋略运用要与不同特点的网相适应。二是全域定策，即考虑信息战各个领域作战的协调性，从宏观上谋局布势，筹划全局对抗的信息战谋略。关键是树立全局观念，从全局高度进行宏观筹划。三是多方合谋，即信息战谋略筹划要充分调动指挥员、参谋人员、技术人员的积极性，集中集体智慧，实行群体谋划。

围绕全程控制筹划谋略 全程控制谋略，是指对信息战全过程都发生作用，贯穿作战行动始终的一类信息战谋略。它是侧重于从时间的角度运筹和生成的谋略，包括两种运用方式：一是因“流”设谋，即依据信息流的特点和规律设计用谋，确保己方信息在流通过程中不受侵害、畅通无阻，并有效地破坏敌方信息的流动。筹划信息作战谋略，主要围绕信息流动的3个环节即信息获取、信息传输和信息处理，筹划对通信干扰与反干扰、破译与反破译、破坏与反破坏、摧毁与反摧毁斗争的谋略。二是适“时”筹划，即依据信息战指挥全过程的不同发展阶段和不同时节的信息对抗特点，及时运筹谋划和生成谋略。它强调对信息战全过程实施有效控制，关键是弄清信息战不同阶段、不同时节的信息对抗特点，有针对性地进行谋略筹划。（牛力等《试伦信息作战中的谋略》，《中国军事科学》2000年第4期）

探析网络进攻谋略 有作者撰文指出，网络进攻谋略，是指在网络进攻行动中，指挥员及指挥机关为夺取并保持制网络权而运筹的计谋方略。它主要包括以下4种：

（1）*谋造“联合势”，威慑制敌* 指挥员在分析判断敌对双方信息网络作战实力和客观环境的基础上，通过运用谋略，优化组合，合理配置作战力量，使网络控制力量在整个战区的多点位上互成犄角，形成相互联系的一体化态势即联合势，给敌造成巨大的心理威慑。

（2）*依“技”权谋，技谋并举* 依据敌我双方网络对抗物质技术条件与能力，适应信息技术的要求，权衡利弊，采取有利的谋略和技术手段，技谋兼顾，有机结合，达成网络攻击的最佳效果。

（3）*以奇用兵，绝技制敌* 在未来网络防御的攻势行动中，应采取积极有效的措施，在敌意想不到的时间、地点、方向，突然使用决定性的技术，运用灵活多变的谋略，夺取和控制“制网络权”，给敌以致命的打击，改变网络对抗态势。

（4）*因“流”施计，利而诱之* 依据信息流的特点和规律，循敌信息流的方向伴顺敌意，使敌骄纵分散，继而抓住空隙歼灭之。（刘春军《网络攻防的谋略》，《中国国防报》2000年9月18日）

培养网络化思维方式 有作者就此撰文指出如下3点：第一，网络化思维是网络化作战方式的产物。战争思维方式是随着科学技术的发展及其在军事领域的应用而变革的，随着信息技术的发展，军事专家开始思考用大量的网络将单个兵器及作战平台有机地联结起来，以获取战斗力新的增长点。这种指导思想有力地牵动着军事革命向前发展，同时推动战争思维方式向着“网络化”方向发展。思维焦点关注网络，思维决策借助网络，思维空间形似网络。力量将不再是孤立存在着的系统，而是相互关联网络上的节点；在战斗力标准体系中，“网络的效能等于网络节点数的平方”，成了重要的战斗力衡量指数；力量的运用将打破原有的陆、海、空界线，通过网络的渗透，实施战斗力的有效整合，将成为正常的思维方式。因此，未来战争将不仅仅是“网络”与“平台”的较量，更是“网络思维”与“平台思维”的对抗。第二，网络化思维是系统思维在信息时代的具体体现。从狭义上来讲，网络化思维是指利用以计算机为核心的信息网络作支撑的人机结合的思维方式；广义上的网络化思维往往体现着网络特征，是系统思维在信息时代的具体体现。由于网络本身就是系统，运用网络的思维方式或形同网络的思维方式均被打上了系统的烙印。在网络思维体系中，一切有形的无形的、硬件的软件的、技术的人文的、历史的现实的以及未来的要素和系统均被集成在思维网络之中。在网络内部，各个要素和子系统之间存在着相互作用、相互制约、相互影响的关系，其中包括因果关系、顺序关系、反馈关系、线性关系和非线性关系等。对如此纷繁复杂的关系的把握，正是网络化思维所要关心和关注的重要方面。网络思维就是在要素与要素、系统与系统之间的相互作用下表现出来的。第三，运用网络化思维实现观念的实质性转变。观念往往是思维的外在体现，没有思维方式的转变，这种观念的转变往往是不深刻的、暂时的。为此，必须放眼信息时代作战方式的转变，进而牵引观念的转变向着更深、更广、更快的方向发展，并保持观念转变的长期性和可持续性。（赵利《网络化思维》，《中国国防报》2000年11月3日）

（吴　刚）

简　讯

2000年解放军出版社出版的部分军事图书评介　解放军出版社在2000年出版工作中，从部队建设的实际出发，总结过去，立足现在，面向未来，出版了反映军队建设、作战历史经验、高技术战争、现代兵种知识、未来武器丛书等一批深受部队和广大读者欢迎的新书。现分别评介如下：

《北纬三十八度线—彭德怀与朝鲜战争》出版　2000年是抗美援朝战争爆发50周年，本书是一部纪念抗美援朝战争50周年的力作。作者系原志愿军司令员的秘书与参谋人员，后来成为军事科学院历史研究部的研究人员。正是因为作者有这一特殊的经历，因而这本书以大量亲身经历的事实及中、朝、美、英、日等国丰富的档案史料为依据，全景式地展现了波澜壮阔的朝鲜战争全过程，突出描绘了彭德怀司令员为代表的志愿军指挥员高尚的国际主义精神，高超的战争指导艺术。同时描述了敌方国家首脑与战地指挥官的形象，准确而清晰地再现了敌我双方斗智斗勇的惊心动魄的斗争场面。全书的内容翔实、准确，情节引人入胜，文笔质朴亲切，是一部很有史学价值很好看的战争史书。此外，还出版了《联合国军战俘纪事》、《抗美援朝战争纪事》等9种纪念抗美援朝50周年的图书。

总结建军、作战历史经验的图书《新四军战史》及其附卷《新四军征战日志》、《新四军英烈志》出版　《新四军战史》是中国人民解放军光辉历史中的重要篇章，它全面地反映了新四军的战斗历程，以及在抗战全局中的地位和作用；总结了新四军在共产党的绝对领导下，创造性地执行抗日民族统一战线政策，在敌后游击战争中，依靠人民群众，以弱制强，以少胜多，"集小胜为大胜"的经验；讴歌了新四军在敌强我弱、敌顽夹击的艰苦环境下，在极其错综复杂的矛盾斗争中，以对民族解放事业的无限忠诚进行的殊死搏斗，顽强奋战，经过长期坚持，终于取得了最后胜利的丰功伟绩；弘扬了新四军艰苦奋斗、团结拼搏、不畏困难、不怕牺牲、前仆后继，永远忠于党忠于人民的光荣传统。本书在写作方法上有以下特点：一是以写抗日作战为主，同时反映新四军为扫除抗日障碍，对挑起反共磨擦的国民党顽固派坚决进行自卫反击的斗争。二是以写军事斗争为主，同时兼顾与军事斗争密切配合、相互依存的军事建设，政治工作，后勤保障，统一战线工作，根据地建设等。三是以反映新四军主力部队作战为主，同时反映了地方武装、民兵和广大人民群众对主力部队作战的配合和支援。

《海湾战争全史》问世　海湾战争是冷战后规模最大，参战国最多，现代化程度最高的高技术局部战争。作者经过10年跟踪研究撰写成这部战争历史专著。书中首先对中东地区错综复杂的民族矛盾、宗教斗争和领土争端，以及政治、外交、经济等领域的尖锐斗争进行了分析，阐述了海湾战争爆发的历史渊源和直接动因；继而阐述了海湾战争的经过、结局及其重大影响和深刻的历史经验教训。本书的主要特点：一是让读者清楚地看到在高技术应用于军事领域后战争发生的革命性变化，即由过去的平面战场向多维立体战场的转变。二是牵引了作战理论的新变革，使作战的方式方法手段都有了新的变化，更加充分地发挥了高技术武装力量的效能，同时注重整体的协调和运用，在较短的时间内达成战争目的。三是作者通俗而精当的阐述，使该书具有较高的学术价值和史料价值，尤其对认识高技术战争的特点、规律和未来的发展趋势，加强国防建设和军队建设具有重要的现实意义。

战士文库《现代兵种巡礼》卷出版　这套书包括《战争之神——炮兵》、《陆战雄狮——装甲兵》、《防空卫士——防空兵》、《降魔神兵——防化兵》、《开路先锋——工程兵》、《碧海蛟龙——水兵》、《蓝天骄子——航空兵》、《低空杀手——陆军航空兵》、《长空利剑——火箭兵》、《战场幽灵——电子对抗兵》等，这些兵种尽管武器装备不同，但无一不在陆、海、空、天、电磁五维空间战场上留下足迹。由于科学技术的发展，装备的更新，战场的拓展，各兵种的面貌日新月异。本书以流畅的语言，较为详细地介绍了10个兵种的产生、发展及其武器装备、编制体制、作战理论、发展趋势和典型战例。这套图书的出版有利于增加广大官兵的军事知识，促进全军科技练兵的开展，激发学习军事高技术的热情，研究未来高技术战争的新战法，做好新时期军事斗争的准备。

军事科技知识普及读物—“未来武器丛书”与广大读者见面 这套丛书共有11种，主要有《神奇精灵——纳米武器》，介绍了纳米武器在战场上的应用所带来的战争博弈的新特点。《失能战剂——非致命武器》，介绍了光学致盲武器、胶粘剂武器、暂时失能武器等许多新概念武器。《定向神鞭——微波武器》，介绍了微波武器的两大类型、两大杀术，及其微波武器大国幕后进行的激烈较量。《太空重锤——动能武器》，讲述了电磁炮、电热炮、化学炮和智能孵石等动能武器无比巨大的威力。《变异魔虫——基因武器》，讲述了基因武器在战争中的应用。《数字黑客——信息武器》，介绍了信息获取武器、信息干扰武器、信息制导武器等，重点讲述了计算机病毒武器的产生、杀伤机理、构成种类和发展趋势。《星际长弓——粒子束武器》，讲述了粒子束武器的种类、特性及其目前研制的进展情况。《隐形杀手——声波武器》，介绍了魔鬼武器次声波、噪声的妙用，超声的神奇，声王国的奇闻轶事，声波武器的发展前景等。《无敌闪电——激光武器》，介绍了激光束能武器、激光制导武器、激光通信设备、激光测距装备、激光雷达等武器装备，描绘出未来战场上一幅幅光芒四射的激光武器大战景观。另外还有《钢领斗士——智能武器》、《盖地风雷——气象武器》等。这套具有前瞻性的丛书，分别介绍了未来武器的产生、发展、主要用途、效能、研制情况或预见其发展前景。丛书材料翔实，知识新颖，能起到科学普及作用。武器的突破性发展和实战应用，将引起作战理论、作战方式、部队编制体制结构等领域一场新的革命。在当前科技强军、科技练兵的浪潮中，读一读这套丛书，对提高全军指战员的科技知识水平定会有所裨益。

《世界著名海战邮票800枚》出版 这是解放军出版社的“军事邮票系列书”的第2部。全书收集了120多个国家和地区发行的800余枚邮票及封、片，同时配以200～300字的生动、准确的说明，按照编年的方法，展示了古今中外200场著名海战的历史画卷，其中包括几场鲜为人知的海战。有些邮品非常难得，在市面上不易见到。本书画面精彩、装帧精美，是一本集知识性、趣味性、观赏性和珍藏性于一体的海战史书，无论是军事爱好者还是集邮爱好者，都能从书中大为受益。

（王成刚）

2000年军事科学出版社出版的部分军事图书评介 军事科学出版社2000年出版了一批学术层次较高、导向鲜明的学术理论著作，权威的军事历史著作和研究高技术条件下作战和训练的图书。

《当代世界军事与中国国防》出版 该书根据跨世纪国际战略形势的深刻变化以及当代中国国防面临的机遇和挑战，深刻揭示了世界军事的发展趋势，全面阐述了中国国防政策和军事战略，深入研究和探索了当代中国国防建设的特点和规律，鲜明地提出了跨世纪的中国国防必须坚持的指导思想、建设重心、基本原则和总体目标。

《军队高级干部论治军特点规律》出版 该书从近年来在《中国军事科学》杂志上发表的近百篇文章中，精选了43篇学术理论文章，从不同侧面集中反映了人民解放军高级干部探索新形势下治军特点规律，对确保军队在新的历史条件下“打得赢”和“不变质”的重大课题的研究成果。

《2000～2001年战略评估》出版 该书对全球安全形势、亚太地区安全形势进行了多维透视和客观评估。在“中国的安全利益和国防与军队现代化”的分析中，对冷战后中国安全环境的变化以及中国的国防与军队现代化建设进行了回顾和展望。重申了中国政府对解决台湾问题的一贯方针政策。为读者把握当前国际战略形势和走向提供了可靠信息。

《徐海东纪念文集》出版 该书收入了69篇回忆徐海东的文章，全面地反映了这位著名的军事家对中国革命立下的赫赫“大功”和高风亮节。军委江泽民主席、刘华清、张万年副主席、迟浩田副主席，以及薄一波、李德生、张爱萍、习仲勋等老一辈革命家为该书题了词。

《王树声军事文集》出版 该书收入了王树声大将自1935年至1971年36年间的107篇文稿。这些文稿，大都是经过战火“洗礼”的幸存部分，其中绝大部分过去没有公开发表过，记载了作者在长达半个世纪中对中国革命斗争的贡献。

《抗美援朝战争史》出版 该书是中国第一部全

景式展现抗美援朝战争的权威性历史著作。它客观地记述了新中国成立不久，美国入侵朝鲜，将战火烧到鸭绿江边，中国人民奋起反抗侵略，派遣志愿军入朝作战，直到停战实现后志愿军全部撤出朝鲜的历史。真实地反映了中共中央和中央军委高超的战略决策和战争指导艺术，同时对国内外学术界关注、争论的热点问题进行了正面阐述，澄清了一些认识误区。

《宝岛归清记—清廷降伏台湾政权演义》出版　该书是一部反映清代台湾与大陆统一的通俗历史著作，以生动的笔墨，可靠的史料，鲜明的个性，记载了清政府解决台湾问题的政治和军事策略，刻画了数十位与此相关的正反面历史人物，揭示了祖国统一不可阻挡的历史必然性。

《新三打三防研究》出版　该书结合 20 世纪 90 年代以来世界范围内发生的几场高技术局部战争，首次系统全面地对高技术条件下新“三打三防”进行客观、务实、创造性的研究与论证，为部队群众性科技练兵注入了新的活力，成为以我之新技术和新战法对付敌之新技术和新战法的途径。

《高技术条件下的人民防空》出版　该书客观地介绍了高新技术兵器的研制和使用对防空作战的影响，从理论和实践的结合上阐述了高技术条件下人民防空的平时建设和战时组织实施的重点和难点问题。

《城市反空袭》出版　该书上篇系统地介绍了空袭之敌对大中城市进行空袭的基本思想和规模、样式、兵力布势、可能使用的兵器及空袭的主要特点，重点介绍了城市反空袭的指导思想、基本战法、城市反空袭体系、火力配系、反空袭的指挥、以及反空袭中的政治工作等。下篇收入了国外自第二次世界大战以来的一些著名的城市反空袭战例。

《科索沃战争》出版　该书收入了以美国为首的北约对南联盟空袭的指挥、兵力部署以及保障等情况，收入了各国专家和学者战后对此次战争经验教训的分析，为研究科索沃战争提供了可资借鉴的基础资料。

通俗军事文库/高技术兵器 ABC 系列出版　该书以满足部队官兵学习军事高科技知识的需求为目的，由《铁甲战王——坦克》、《深海巨鲨——潜艇》、《太空幽灵——军用卫星》、《长空雄鹰——作战飞机》、《越洋杀手——战略导弹》、《洋面蛟龙——水面舰艇》、《闪电杀手——激光武器》、《兵器之星——精确制导武器》、《空中指挥所——预警飞机》、《海上巨无霸——航空母舰》等书组成。

（麻光武）

2000 年国防大学出版社出版的部分军事图书评介

2000 年国防大学出版社结合国防建设的历史和现实，出版了一批较有理论价值的图书。

一是出版了一批较有理论深度的图书　《中国军事思想论纲》。为了迎接新军事革命的挑战，实现军事理论新突破，找准中华民族在新世纪进一步崛起的历史定位，编者对上起原始社会末期下迄当代的中国军事思想，从理论上作了完整系统的概括和论述，以时代特征为标准，把中国军事思想划分为中国古代军事思想、中国近代军事思想和中国现代军事思想三个部分，分别加以论述。全书共分 3 编 12 章 89 万字，从理论高度和历史的深度，对中国军事思想进行了纵贯古今的分析研究，较准确地再现了中国军事思想的整体面貌、主要特征、演进嬗变的规律，从而揭示了军事思想自身发展的深层次原因，反映出中国军事思想的历史底蕴和博大精深，体现出厚重的历史感和深刻的思辩性。

《军事装备学》。为了加强装备理论建设，总装备部和国防大学联合编写了该书，共 4 篇 25 章 46 万字。全书以毛泽东、邓小平、江泽民三代领导人关于装备建设的一系列重要论述为指导，采用理论与实践相结合、历史与现实相统一、我军和外军相对比的方法，对军事装备发展、使用、管理和保障的一些基本理论问题，进行了深入的研究；对现代条件下军事装备发展、管理和保障的一些新特点和新规律，进行了有益的探索。它既是对装备建设实践经验的高度概括，也是对众多装备理论研究成果的综合集成。

二是出版了一批史学专著　《中国人民抗日军事政治大学史》。全书分上下两编共 8 章，介绍了中国人民抗日军事政治大学从 1936 年 6 月 1 正式成立，到 1945 年抗日战争胜利后完成历史使命期间的创办、发展的全部历程。该书附有抗大文献选编、抗大大事记、抗大组织沿革表及部分史料照片，对大家了解抗大校史有很大的帮助作用。

《千年十大军事丛书》。这套丛书再现了人类第 2 个公元千年军事斗争的风云变幻，彰显了千年军事领域的革新历程，展示了千年军事文明的历史脉络，记录了千年军事灾难的巨大创伤。全套丛书共 130 万字，内含《千年十大军事名将》、《千年十大军事行动》、《千年十大军事技术》、《千年十大军事著作》、《千年十大军事强国》、《千年十大军事灾难》六部书。在每一个“十大”的选择上，既考虑公认的评价，又注意体现自己的特色；既追求时间上的相对平衡，又以近几个世纪为侧重；既考虑国别上的代表性，又强调世界性的影响力；既注重其军事意义，又兼顾其社会影响；既尽量避免丛书中各单本书之间的重复雷同，又力求保持各单本书自身的相对完整。在写作的指导思想上，在每本书中既突出“十大”，又坚持把每一“大”都放到千年的大背景中去，以显示千年军事领域的历史发展；既把“十大”中的每一“大”作独立介绍和评价，又设法理清各“大”之间的联系关节和过渡线索；既努力揭示军事文明的进步历程，又注意反映军事发展的负面影响；既立足于总结旧的千年，又着眼于启示新的世纪。

三是出版了一批有较强的现实意义的理论书籍 《擎起科学理论的火炬—许志功学习研究宣传邓小平理论先进事迹》。全书介绍了许志功同志从事军队理论工作20多年来，把学习、宣传、捍卫马克思主义作为自己毕生奋斗的事业的先进事迹。宣扬这一事迹，对于落实用邓小平理论武装全军的战略任务，加强部队思想政治建设，促进军队党建工作，深入进行马克思主义的唯物论、无神论教育和科学精神教育，具有重要的现实意义。

《世界军事形势分析》。本书由两部分共13章组成，共26万字。第一部分介绍了世界各地区的军事形势，第二部分介绍了世界主要国家的军事形势，并附有军事热点和军事大事记。读者既可以了解当今世界各国的最新军事情况，认识当前世界总体军事形势，又可从当前预测未来，把握世界军事形势的发展趋势。本书所述的内容及资料截止到1998年年底。“军事动态年表”是根据新闻媒体公开报道列出的，原则上按照地区划分，涉及两国以上情况的，根据内容列入相关国家的大事记中。书中“世界各国军事实力简况”的数据，参考了英国战略研究所《军事力量对比（1998—1999）》等著作，特此说明。书中观点系撰写者个人之见，有待大家共同商榷。

（邓彦舫）

《军事辞海》出版发行 中国第1部大型综合性工具书《军事辞海》2000年8月在浙江教育出版社出版发行。《军事辞海》是国家“九五”重点图书，是中国迄今为止收录词条最多、涉及学科最广、规模最大的军事工具书。全书共收词5万余条，近800万字，分为军事综合卷、军事力量卷、历代军事卷和国际军事卷。该书由军事科学院和浙江教育出版社共同组织编纂，刘华清作序，萧克、李德生、孙毅、王诚汉等题词，郑文翰、蒋顺学主编。该书集古今中外军事领域各方面知识之大全，反映了20世纪末中国军事科学研究的新成就，新水平，对于普及军事知识，学习军事理论具有重要意义。

（石 慧）

《中国人民解放军管理教育教材》印发全军部队和院校 2000年8月，经总参谋部批准，总参谋部军务部发出通知，将《中国人民解放军管理教育教材》印发全军部队和院校试行。该《教材》在以往研究的基础上，对军队管理教育理论进行了系统总结和深化研究。一是比较全面地归纳了党的三代领导核心的管理教育思想。其基本观点有：管理出战斗力；依法治军，正规管理；从严治军，严格管理；官兵一致，民主管理；管理要从抓干部入手；管理主要是做好人的工作；管理工作要坚持经常；继承发扬优良传统，不断探索治军带兵的特点和规律。二是重新概括了管理教育的基本任务。这些任务主要有：督促履行职责，建立正规秩序，密切内部关系，严格作风纪律，管好武器装备，做好安全工作。三是进一步总结了管理教育的基本原则。主要有：依法从严，集中统一，官兵一致，说服教育，按级负责，发扬民主，教养一致，以身作则。四是深入研究了管理教育的方法。管理教育的组织方法主要有：经常性管理工作与经常性思想工作相结合，训练与管理相结合，内部管理与外部监督相合，部队管理与发挥社会和军人家庭作用相结合，典型引路，检查督导，教育整顿等。基层管理教育的具体方法主要有：因人施管，谈心交心，表扬批评，互管互教，需求激励，评比竞赛，寓管于乐，一事一议，责任到人等。运用管理教育的方法应当做到对症下药，综合运用，勇于创新。五是提出了管理教育对基层军官的要求。基层军官做好管理教育工作除了有良好的思想政治、军事专业、科学文化、身体心理等基本素质外，还应具备强烈的革命事业心，科学的管理观念，扎实的管理基本功，丰富的管理知识和良好的道德修养。在能力上，基层军官应当具备运用条令条例带兵的能力，发现问题解决问题的能力，严格管理与说服教育相结合的能力，做好个别人思想转化工作的能力。六是针对高技术战争的特点研究了战时管理教育问题。战时管理教育的目的在于保持部队的高度稳定和集中统一，维护战场秩序，最大限度地减少损害，巩固和提高部队战斗力。与平时相比，战时管理教育具有任务重、组织难、标准高的特点。战时管理教育的主要内容有：维护战场纪律，严格战场（阵地）管制，搞好装备管理，加强信息管控。战时管理教育的基本要求是：服务保障作战，一切要求从严，大力提高时效，因时因地制宜。

（清　风）

第 3 届“中国人民解放军图书奖”于 2000 年 12 月 7 日揭晓　本次评奖范围是军队各出版社在 1998 年、1999 年出版的图书。以下为获奖图书名单。

1. 第 3 届“中国人民解放军图书奖”荣誉奖（3 种)”

《伟大的军事家周恩来》(军事科学出版社)

《走出硝烟的女神》(解放军文艺出版社)

《万众一心》(长城出版社)

2. 第 3 届“中国人民解放军图书奖”(15 种)

《马克思恩格斯军事理论研究》（军事科学出版社）

《共和国领袖生活丛书》(解放军出版社)

《世纪大阅兵》(长城出版社)

《载人航天器技术》(国防工业出版)

《现代战伤外科学》(人民军医出版社)

《坚持唯物论 反对迷信和伪科学教育读本》（国防大学出版社）

《“十六字”方针与军队党委工作》(黄河出版社)

《中国文学通典》(解放军文艺出版社)

《“生命线”上的足迹》(蓝天出版社)

《中华人民共和国政区标准地名图集》(星球地图出版社)

《汉语重言词词典》(军事谊文出版社)

《实用外科重症监护与治疗》(第二军医大学出版社)

《弹道跟踪数据的校准与评估》(国防科学技术大学出版社)

《军事高技术 ABC》(解放军出版社)

《实用农村电工手册》(金盾出版社)

3. 第 3 届“中国人民解放军图书奖”提名奖（15 种)

《革命英模人物故事绘画丛书》(金盾出版社)

《战士文库（军营生活卷)》(解放军出版社)

《人民海军纪实丛书》(解放军文艺出版社)

《共和国名连丛书》(白山出版社)

《联合战役作战指挥》(国防大学出版社)

《中华军事职官大典》(解放军出版社)

《军事预防医学概论》(人民军医出版社)

《军事外交概论》(军事谊文出版社)

《第四野战军战史》(解放军出版社)

《计算机视觉与模式识别》(国防工业出版社)

《军事训练医学》(人民军医出版社)

《神经系统肿瘤学》(军事医学科学出版社)

《中国海军》(海潮出版社)

《开国大典》(长城出版社)

《军事科学研究与管理》(军事科学出版社)

（谢　钢）

中国军事科学学会第 2 届代表大会在京召开　2000 年 3 月 31 日，中国军事科学学会在北京召开第 2 届代表大会。中共中央政治局委员、书记处书记、中央军委副主席张万年出席会议并发表重要讲话。他强调指出，全军军事科研战线要认真落实江泽民主席关于“两个武装”的指示，站在时代的高度认清军事科研工作的地位和作用，以高度的政治责任感和历史使命感，努力开创军事科研工作新局面，为繁荣和发展有中国特色的军事科学做出新的贡献。学会第 2 届理事会第 1 次会议选举产生了新一届中国军事科学学会领导成员。军事科学院院长王祖训上将当选中国军事科学学会会长。军事科学院副院长徐根初中将、原副院长糜振玉中将、国防大学副校长张兴业中将当选学会副会长。会议审议通过了新的《中国军事科学学会章程》和学会设立若干研究分会的决定。学会确定，新年度将遵照中央军委的指示，紧紧围绕江泽民主席关注的“打得赢”、“不变质”两大课题，把主要力量投入到研究现实问题的“主战场”。从 2000 年开始，学会每年至少将选择 1～2 个国防建设、军队建设和军事斗争急需解决的重大现实问题，集中力量联合攻关。同时不断扩大与国外研究机构和学术团体的学术交流，使学会成为军事方面对外交往的“第二渠道”。来自全军机关、院校、科研单位的领导和专家学者共 130 人参加了会议。

中国军事科学学会 2 届 1 次常务理事会会议在京召开　2000 年 7 月 5 日，中国军事科学学会 2 届 1 次常务理事会会议在军事科学院召开。王祖训会长，徐根初、糜振玉、张兴业副会长，李大伦秘书长等 20 名常务理事参加了会议。会议一审通过了关于学会设立专业性研究会、会员清理与发展、增补学会理事、聘请特约高级研究员和高级研究员等方案，决定今年在海军、空军、二炮、军事科学院、国防大学所属有关单位设立 11 个专业性研究会；年内完成现有会员的清理与重新登记并着手发展新会员；增补 15 名知名专家学者为学会理事（其中常务理事 3 人）；聘请已离退休的 15 位大军区级领导、26 位知名专家分别担任学会的特约高级研究员和高级研究员。学会会长、军事科学院院长王祖训在会上讲话，总结了学会自4月初换届会议以来的工作，对下半年以及明年的学会工作提出了要求和设想。

第5届孙子国际研讨会在吴县市召开

2000年10月6～18日，第5届孙子国际研讨会在江苏省苏州吴县市召开。会议由中国军事科学学会和中国孙子兵法研究会联合举办。中国军事科学学会会长、中国军事科学院院长王祖训参加会议并讲话。中国孙子兵法研究会会长、中国军事科学院原院长蒋顺学，中国军事科学院原院长刘精松、原副院长縻振玉，南京军区参谋长朱文泉，海军学院原院长李鼎文等有关领导，以及来自中国、美国、俄罗斯、日本、法国、加拿大、马来西亚、葡萄牙、印度等国和中国台湾、香港地区的专家、学者共200多人参加会议。会议围绕着《孙子》与国际战略，特别是《孙子》在未来战争理论中的地位、现代国际安全与《孙子》的和平及多极斗争思想、《孙子》的军事文化价值等问题展开研讨，并发表了许多颇有见地的看法。

第26届国际军事历史研讨会在瑞典召开

2000年7月31日至8月4日，第26届国际军事历史研讨会在瑞典首都斯德哥尔摩市召开。32个国家的155位代表出席会议。中国军事历史研究会派出由6人组成的代表团参加了会议。会议由瑞典军事档案局高级研究员、瑞典军事历史研究委员会秘书长拉尔斯·埃里克松主持，现任国际军事历史委员会主席舒尔腾教授、瑞典国家档案馆馆长、瑞典军事历史委员会主席埃里克·诺尔贝格、瑞典国防部部长比约恩·冯·赛多博士参加了会议，并在大会上发言。

此次大会的研讨主题是“近200年（1789年～2000年）间的总体战与总体防御”。20多个国家的40余名代表作了大会发言。中国代表团在大会上作了题为《人民战争在中国的理论与实践》的发言，并就军战史上的一些问题同与会代表进行了学术交流。

国际二战史学会在奥斯陆召开全会 2000年8月6日至13日，国际二战史学会在挪威首都奥斯陆召开全会。中国二战史学会副会长、原石家庄参谋学院院长李殿仁等3位代表参加会议。本次二战史国际会议的主题是：第二次世界大战在20世纪中的历史地位，围绕这一主题，又分两个方面进行探讨，一是从本国和世界的角度看二战；二是二战对战后世界的划时代影响。国际二战史学会围绕此项议题进行了为期1天的热烈讨论。中国学者在大会上作了题为《二战胜利与世界和平与发展》、《二战期间的中美关系》的发言，阐明了中国的观点。许多学者对中国代表出席会议并发言表示赞赏。会后，两篇论文均被收入国际二战史学会出版的论文集。

（石　慧）

（本栏责任编辑　方宁）

轻 武 器

综述　2000年，轻武器的发展生机勃勃：士兵系统的开发不断深入；单兵自卫武器的研制方兴未艾；霰弹武器的发展受到重视；普通枪械的出新势头不减；轻武器中的高技术应用日益广泛，凡此种种，不一而足。

美国士兵系统的开发不断深入　美国实施陆地勇士计划以来，经过7年的努力，使现在的士兵系统比原来更加完善。据《士兵》2000年第6期报道，与早期的陆地勇士系统（即士兵系统）相比，现在的系统要轻11.34千克，便宜7.5～8万美元，系统的组成由原来的5个子系统增加到6个，包括强化士兵杀伤力、存活率、机动性和目标捕捉能力所需的服装和装备。从2000年1月开始，又进行新系统的研制。到6月，已经将试验型号——06型发到士兵手中，新系统又改为由5个子系统组成。

据美国《防务新闻周刊》2000年2月报道，美国陆军在现有“陆地勇士”计划的基础上，正在进行“未来勇士2025”作战系统的研究。这个作战系统包括安全头盔子系统、作战服装子系统、生理检测子系统、空调子系统、武器子系统和电力子系统。预计到2025年，美陆军的“未来士兵系统”的单兵作战能力将具有和现有坦克一样的杀伤威力，每位士兵将配备灵巧轻型装甲、能提供全方位战场视觉的头盔和便携式微型导弹，单兵和小分队的生存力、杀伤性、机动性、持久力和情况了解能力，将获得突破性的加强。

金属风暴的应用研究已经启动　前几年，澳大利亚提出了一种名为“金属风暴”的新式多管武器研究方案。这种武器系统采用一根或多根枪管，每根枪管装有一连串头尾相接的弹头，枪管可以组合成一体装置，射速能够达到100万发/分。据《轻武器论证研究》2001年第1期报道，美国国家高级研究计划局和澳大利亚金属风暴公司正在联合进行应用研究。按照一项为期3年、经费为1200万美元的计划，正在开发一种射速高达27万发/分的先进狙击步枪，其目的是确定这项技术能否应用到大口径武器上。将于2001年底研制出单管样枪。2003年研制出多管样枪。这种武器如果研制成功，无疑是轻武器发展史上的又一个里程牌。

普通枪械的品种不断出新　2000年，新枪不断问世。在手枪方面，有克罗地亚的3种军用手枪，奥地利斯太尔公司的M系列新手枪；冲锋枪方面，有俄罗斯的919K式9×21毫米冲锋枪，比利时FN公司的“平顶式”P90冲锋枪；在步枪方面，有俄罗斯的AKE－971式突击步枪、SV－98、SV－99和VSK－94狙击步枪，新加坡的SAR－21突击步枪，澳大利亚12.7毫米反器材步枪，德国的DSR No.1狙击步枪，以及美国专业军火公司的新式碳15步枪等。

霰弹枪的研制方兴未艾　美国最近采用贝内利M1014（M4超级90）战斗霰弹枪。这种霰弹枪采用完全新的导气装置，双活塞工作系统。枪管长470毫米，弹匣容量9发（2.75英寸霰弹）或8发（3英寸霰弹），采用标准的伸缩式枪托，托伸时全长1011毫米，托缩时长886毫米，空枪重3.8千克。M1014上配有重像环形觇孔瞄具，可进行风偏和射角调整。为了提高霰弹枪的战斗隐蔽性，有的国家还在积极研制微声霰弹枪，如美国战术作战公司新近推出的“秘密12”微声霰弹枪。该枪的消音器利用一种先进的“湿技术”设计，达到了前所未有的消声性能。

轻武器中的高技术应用日益广泛　许多国家对轻武器应用高技术十分重视，新研制的轻武器都力求做到结构模块化和功能多样化；尽量采用新材料、新工艺及微光技术、热成像技术、激光技术、微型计算机等光电一体化技术；积极应用轻武器仿真技术解决与现有轻武器及新装备的发展密切相关的复杂问题。

枪械　2000年，手枪的品种虽然不少，但基本都是常规结构，没有新的特色；特种冲锋枪发展势头不减，尤其是德国推出的介于普通冲锋枪和手枪之间的单兵自卫武器，独树一帜；新型步枪有5个显著特点，一是枪族化，二是模块化，三是高技术化，四是功能多样化，五是充分考虑人机工效性；机枪的发展没什么新进展。

手枪　**奥地利斯太尔公司推出新式M系列手枪**　据《枪支与弹药》2000年第10期报道，斯太尔公司推出的M系列手枪为半自动结构。目前有10.16毫米口径型号，不久将提供9毫米口径型号。M系列手枪套筒很窄，导轨设计独特，握持的高度比任何其它手枪都低。套筒尾端有线性击针、跌落保险、抓壳钩和膛内有弹显示器。套筒两侧有宽大凹槽，使后拉套筒更为轻便。套筒用高分子聚合物材料制成。套筒座右侧、分解杆的后面附加有钥匙限制锁系统，该系统包括一个内装式钥匙锁和一把单独的钥匙。上锁后手枪便不能使用，也不能分解。民用型M系列手枪采用扳手式钥匙，而警用型手枪则使用警用标准手铐钥匙。斯太尔新式M系列手枪共有5种保险，即扳机保险、跌落保险、击针保险、手动保险和钥匙锁保险。

克罗地亚披露3种军用手枪　据瑞士《国际武器杂志》2000年第4期报道，克罗地亚现已推出3种型号军用手枪。一种名为PHP手枪，9毫米卢格口径，该枪的特点是框架大，敞口套筒，单/双动扳机，枪机回转闭锁方式，开膛待击，弹匣容量15发，缺点是易出故障，另一种称为HS－95，9毫米卢格口径。该枪除102毫米长的枪管采用传统的冷锻法加工外，其余零部件均由铸钢件制成，套筒上部是全封闭的。空枪重达1.03千克，带15发满弹匣的战斗全重在1.2千克以上。最新的9毫米卢格口径军、警用手枪叫HS－2000，枪的握把由塑料做成，重量轻。HS－2000手枪的操作元件很少，只有套筒卡笋和套筒解脱杆、弹匣解脱钮和分解杆，操作简便，开火迅速。

冲锋枪　**美国推出MK－3型9毫米个人自卫武器**　据《枪世界》1999年第8期报道，该枪是在MK－1型原型枪基础上改进而成的。MK－1型采用电子控速器控制射速，但五角大楼认为电子系统的性能在战斗行动中得不到保证。于是，设计师乔治·埃洛维加改用液压系统来控制枪的理论射速。经过2次改进，推出了MK－3型个人自卫武器（IDW）。该枪的扳机系统由3个活动零部件构成，射速控制系统由两个零部件组成。全枪用5个金属联结起来，武器分解时无需工具就可拆卸。IDW为开膛待击武器，闭锁时间短，首发射击精度高，最佳可控射速为400发/分，但只需快速更换液压控制系统，就能将枪调整到所需的射速。

德国研制出PDW单兵自卫武器　据《德国武器杂志》2000年第1期报道，德国HK公司研制了新型单兵自卫武器，称为PDW，采用的是4.6×30毫米枪弹。PDW采用模块化结构，分解结合非常容易：全枪共由6大组件构成，只要拔下3个销钉，不用其他任何工具，就可以将全枪进行分解。机匣由玻璃纤维增强的塑料做成。枪托为折叠式。枪管可自由浮动，内层镀铬。排气管及与之一体化的活塞以销钉连接在枪管上。击发机构位于枪尾和供弹口之间。板机护圈外廓大，射手冬季戴手套也可以扣机击发。弹匣由钢板制成，杆式，略有弧度，双排压弹。PDW拥有两种独立的瞄准装置。一种是标准的缺口/准星式机械瞄具，可以调整高低和方向。第二种是安装在皮卡蒂尼导轨上的反射式瞄准镜。在瞄具导轨上也可以安装别的瞄具。

步枪　**美国专业军火公司推出新式碳15步枪**　据《特种武器与战术分队》1999年第10期报道，该枪上下机匣、前护木和枪托都由很轻的碳纤维制成，因为与AR－15步枪有许多相似之处，所以被叫做碳15。全枪仅重1.77千克。碳15步枪采用不锈钢比赛级枪管。其上刻有凹槽，这样可以减轻枪管重量，增加枪管的刚度，增大枪管的散热面积。枪口装有可迅速拆卸的枪口制退器。新碳15半自动步枪正在试用两种瞄准镜，一种是布什内尔“火鸡”光学瞄准镜，另一种是布什内尔全息瞄准镜。全息瞄准镜可以快速瞄准目标，夜晚可以代替机械瞄具使用。但在关键时刻可能由于电池失效而无法使用。

新加坡亮出模块式SAR－21突击步枪　据《军事技术》2000年第2期报道，SAR－21突击步枪是一种采用5.56毫米口径、导气式工作原理的武器系统，可实施半自动和全自动射击。该枪为模块式武器，由枪管、上机匣、下机匣、枪机和弹匣组件。射手只需按压2个分离销就能在几秒钟内分解，在不使用工具的情况下不到1分钟便可结合整个武器。许多部件均采用先进工程塑料制作，如上机匣、下机匣、安全罩和护木。塑料弹匣透明，容弹量30发。瞄准装置为整体式1.5倍光学瞄准镜和激光瞄具。除标准型SAR－21步枪外，还有安装3倍光学瞄准镜的狙击手型，采用重枪管和两脚架的轻机枪型，枪管下挂

M203榴弹发射器的SAR－21/M203型，用瞄具座取代一体化光学瞄具的SAR－21皮卡蒂尼导轨型。

机枪　美国特种部队试验新型机枪　据《轻武器论证研究》2000年第2期报道，美国印第安纳州克伦水面作战分部的代表对新式机枪进行了试验。样枪由比利时FN公司和美国奈特武器公司提供。样枪是在“米尼米”即M－249轻机枪的基础上研制而成的。定型后称MK－46轻机枪，全长908毫米，比原型枪短134.26毫米；重5.72千克，比原型枪轻1.77千克。新枪与原型枪有75%的零部件可以互换，其主要区别是：原型枪上的导气系统是由导气箍和气体调节器组合而成的，新枪采用的是整体式导气系统，射手在拆卸时不用担心丢失零部件，擦拭时也不用分解；枪机和枪机框进行了化学镀镍处理，机匣前部的4个表面都附加有皮卡蒂尼导轨。

美国改进米尼冈机枪　据《国际防务评论》2000年第5期报道，狄龙航空公司对广泛安装在侦察直升机和救援直升机上的7.62毫米GAU－2B/M134米尼冈机枪的零部件作了改进，一是采用全新设计的新型脱链供弹机。原来的脱链供弹机每次出现卡弹故障时都必须卸下整个装置才能排除故障，过程非常麻烦。新型脱链供弹机采用一种双开口结构，不但能方便快捷地排除卡弹故障，而且还可使射手不转动枪管就能完成首发装填。二是脱链供弹机用3个螺栓把法兰盘与排链口部联接在一起，形成一个倾斜的滑道，弹链和弹壳可直接排出到机舱外，对直升机尾翼和螺旋桨不会产生影响。三是设计新式枪架。新枪架采用4130铬钼合金钢制造，重量轻，活动自由方便。

榴弹武器与反坦克、攻坚武器　美国开发“打击者”自动榴弹发射器　据《国际防务评论》2000年第1期报道，美国萨科防务公司与其他公司联合开发“打击者”自动榴弹发射器，目前正由军方进行试验和评审，已被考虑装备美国特种作战部队。与现装备的自动榴弹发射器相比，“打击者”具有如下几个不同特点：重量轻；装有计算机火控系统，不仅可以自动装定武器的高低、水平射角，而且还可以为空爆榴弹编程，从而极大地提高了点射首发弹空炸命中概率；整体结构十分简单，野外分解极其方便，无需工具便可更换发射管；采用肘节连接杆延迟后坐系统和双向液压缓冲器，使后坐力大为降低；所有非重要部件均采用轻合金或聚合物制作。

俄罗斯新式RPG－7火箭弹问世　据《轻武器论证研究》2000年第4期报道，这是俄罗斯为RPG－7火箭筒研制的一种非制导多用途攻坚弹。此弹可以整弹使用，也可以通过更换某些不同部件获得3种灵活的使用形式：穿甲榴弹、爆炸成型穿甲弹、破坏性毁伤弹。以整弹方式发射，首先卸下圆形隔离环，此时起穿甲榴弹作用，最大射程300～500米，最大速度300米/秒。发射后，一级战斗部穿透目标（如墙），二级战斗部，即EFP在目标内爆炸。卸下一级战斗部和圆形隔离环，即可起爆炸成型穿甲弹作用。25～30米距离上的最大速度为150米/秒，100～200米距离上的速度为2500米/秒。卸下一级战斗部，装上隔离环，非制导多用途攻击弹就能对各种设施进行摧毁。在这种方式下，其射程和速度均与爆炸成型穿甲弹相同。在50～100米距离上战斗部爆炸，分裂成碎片，破片速度1800米/秒。

以色列展示穿墙器　据《军事家》2000年第9期报道，以色列在2000年欧洲陆军展览会上展出的穿墙器是专门用于击穿墙壁的，它可在砖墙上打出约一个人可以钻爬的破洞。它可以直接套在轻型枪榴弹的弹尖上，配合一般步枪从枪口发射，也可以搭配简易三脚架，以遥控方式发射。这种穿墙器的总体结构呈细长型，在结构主体前有一个硬币大小的圆形结构，这一结构借助冲力先破坏弹着点附近墙面内部结构，再由尾端的圆盘形结构冲破已经不再坚固的墙面。

英国发明新型定向手榴弹　据《轻武器论证研究》2000年第2期报道，这种新概念手榴弹的破片可以击穿5米处用钛作表面处理的、符合北约标准化协定4512要求的阿拉米德材料制成的战斗防弹衣。潜在的杀伤距离则远远超过5米。手榴弹外形呈圆柱形，装有一个由两极引信控制的矫正机构和轴心对称战斗部。采用这种结构，此种手榴弹在5米距离上爆炸后形成一个高2米的破片区，而常规手榴弹只能形成近似球形的破片。常规手榴弹可产生1000个破片，对5米距离上人体大小目标的破片命中率平均为1.2个，未被击中的目标高达30%。但是在条件相同的情况下，定向手榴弹的破片命中率平均为5.9个，只有0.25%的目标没有被命中。通过扩大破片体积或采用高密度材料（如钨），每个破片使人致伤的可能性都得到明显提高。

法国展出Samourai单兵用多管榴弹发射器　据《军事家》2000年第9期报道，在2000年欧洲陆军展览会上，法国Lacroix防务公司展出了名为Samourai的单兵用多管榴弹发射器。这种榴弹发射器具有重量轻、便于操作的优点，其瞄准镜允许射手睁开双眼追瞄目标。它可以重新装填各种功能和用途的榴弹，可在密闭空间内发射，整个系统拥有 5 根发射管，每颗榴弹重约 600 克。可以在 100 米及 200 米外轻易击中门窗之类的目标，而对于大型目标的有效射程则为 300 米。

美国单兵战斗武器系统有新发展 据《防务系统日讯》2000 年 8 月 9 日报道：美国陆军已经批准下一代武器的正式采购计划，这标志着理想单兵战斗武器（OICW）已进入其发展的新阶段。美国陆军军械研究、发展与工程中心（ARDEC）已与阿连特技术系统（ATK）公司签订了一项为期 48 个月、价值 9500 万美元的合同，用于 OICW 的计划确定和降低风险（PDRR）。该武器可望在 2009 财年开始装备美军。

作为降低风险措施的一部分，ATK 将在该计划 2004 财年进入工程研制之前，完成 5 具全样枪。在 PDRR 期间，武器将重新设计并增加激光测距机、数字摄像机、战斗识别系统、一体化的热射控和激光照明器。陆军可望购买 2～4 万支武器，每支估价 8000～10000 美元。

特种轻武器 美国研制 M－26 先进泰瑟电击枪 据《执法技术》1999 年第 10 期报道，泰瑟电击枪是一种发射小箭镖的非致命武器，它利用电力可将两枚小箭镖发射 4.57 米远，小箭镖后带有细长导线，在击中罪犯身上形成回路，电流流经人体神经系统将歹徒击昏。M－26 先进泰瑟电击枪则是一家名为“泰瑟国际”的厂商推出的新一代产品，名为 M26EMD，即电击肌肉扰乱武器。这种武器功率为 26 瓦，能使中枢神经系统失去作用。试验结果显示，目标被击中后 1/5 秒的时间里全部失去行动能力。这证明，M26 EMD 在不杀伤目标的前提下同样可以达到阻止罪犯的目的。

该枪也有缺点，因为它看起来像一支手枪，罪犯可能会把它误认为是一种致命武器而进行反抗，招致不必要的武力升级。因此，泰瑟国际公司计划在每支泰瑟枪上安装一个黄色工具包，以便同致命武器区分开来。

（卞荣宣）

装甲兵武器装备

综述 2000 年，世界各国装甲兵武器装备发展的主要特点是：

新概念地面作战系统逐渐浮出水面 为贯彻“全球参与”和“全球到达”军事战略，满足未来目标部队的装备需求，美国陆军开始加速未来战斗系统的研制。2000 年 5 月，美国陆军选定了 4 个由多家防务公司组成的研究组进行未来战斗系统的方案设计。未来战斗系统很有可能在 2010 左右装备部队，这将比原计划的 2018 年提前了将近 8 年。未来战斗系统在设计思想上与传统型主战坦克有重大区别。它不再是一种集火力、防护力和机动性于一体的单一作战平台，而是由多个平台（包括有人指挥与控制平台/人员输送车、机器人直射系统、机器人间瞄系统和全天候传感器平台）共同组成的分布式、网络化的综合系统。它不仅具备直接射击能力，而且还具有通过间瞄射击方式实现的远程精确打击能力。它将集在推进系统、防护系统、武器系统、人工智能、计算机通信及网络领域出现的各种高新技术于一身，成为一种更轻型、杀伤力更强、具有高度部署能力、生存能力和持续作战能力的地面武器系统。它的出现将改变未来的地面作战样式，并对部队的作战思想、作战程序、编制结构和人员的训练等诸方面产生重要影响。

以主战坦克为主的传统型装甲武器装备继续得到改进和发展 目前在世界各国的陆军中仍装备有大量的坦克装甲战斗车辆，它们构成了各国地面作战的主要突击和机动力量。在进入 21 世纪的前 20～30 年内，这些装备仍是各国陆军地面作战的核心力量。因此，对这些装备不断进行改进和升级仍是各国陆军装备现代化建设的重要内容。美国在选定 LAV 过渡性装甲车并加速研发未来战斗系统的同时，仍在对 M－1 系列主战坦克继续进行改进，以满足 21 世纪的作战需求和保持战斗力优势。英国、法国、德国、以色列也在继续对本国的现有装甲武器装备进行改进。俄罗斯今年推出了具有隐形性能的新型 T－95 主战坦克。印度、土耳其和希腊等国仍在积极从军事发达国家引进先进主战坦克并希望引进生产技术以实现本国自制的目标。

轻型装甲车辆，尤其是 8×8 轮式装甲战车继续受到广泛青睐 为提高部队的快速机动和反应能力，轻型装甲车辆，特别是轮式装甲车辆的发展和应用受到各国的重视。历来排斥轮式装甲车辆的美国陆军也发生了根本的转变，为即将组建的过渡性中等重量部队选中了 LAV 轮式装甲车。英国和德国合作的 GTK/MRAV 轮式装甲车计划没有受到法国退出的影响仍在顺利进行，另据报道，荷兰也有望加入其中。法国也于今年签署了 VBCI 8×8 新型轮式步兵战车的研制合同，并首批订购了 700 辆。意大利、澳大利亚和新西兰等多个国家的陆军也陆续引进了轮式装甲车。为满足国际市场及本国陆军对这种装备的需求，德国、奥地利、芬兰国家的公司也正在开发一些新的轮式装甲车型。另外，值得一提的是，各国在研制和引进轮式装甲车的同时，都采取了系列化和车族化的发展道路，即在通用底盘的基础上发展一系列变型车。其中装备有 105 毫米火炮的 8×8 轮式装甲战车更受到世界各国普遍青睐，大有取代传统轻型坦克之势。

主战坦克和轻型坦克

美国陆军加速未来战斗系统的研制 据《简氏防务周刊》2000 年 1 月 26 日报道，美国陆军将在今后 5 年投资 19 亿美元研制未来战斗系统，以便使该系统比原计划更早列装部队。根据美国陆军的计划，未来战斗系统将至少装备 10 个旅。美国陆军将在 2000 年 1 月底与国防高级研究计划局签订备忘录，共同负责未来战斗系统的研究和开发。2000 年 5 月 1 日，陆军将与 3～4 家承包商签订协议进行未来战斗系统的方案研究；2002 年 3 月，将从中选出 2 家承包商提供的方案参与最后的竞争；2005 年 10 月，将最终确定一家承包商设计的方案；从 2006 财年开始，未来战斗系统将进入工程与制造阶段；2008 财年，未来战斗系统将进入低速初始生产阶段。第 1 批能够投入作战的系统将于 2010 年生产出来。目前研究和开发的关键技术有机器人技术、网络传感器技术、主动装甲防护技术、先进的轻型材料、改进的推进技术、目标探测技术以及模拟与仿真技术等。

未来战斗系统将是一种重量轻，杀伤力强，具有高度部署、自我维持生存能力的分布式集成系统。该系统可能包括 1 个地面平台，并且由平台上的乘员控制多个无人战场系统，从而可对付各种战场威胁。未来战斗系统的重量预计为 20 吨左右，可由 C－130 运输机空运。为了提高其战场生存能力，研究的工作重点将不是提高其承受直接命中的能力，而是加强躲避首先被击中的能力，即在敌人攻击之前首先探测并击毁敌目标。在防护方面，该系统将采用主动防护技术、轻型复合装甲、模块化装甲、反目标探测及降低车辆信号特征的技术。为提高杀伤力，陆军希望开发电磁炮、常规火炮、超高速小型动能弹，以及利用激光、粒子束的定向能武器或高功率脉冲武器。机器人技术和移动式指挥、控制和通信技术也是未来战斗系统的关键。通过大大减少燃料的消耗，未来战斗系统的持续作战能力将比传统型主战坦克提高 90%。在不需要重新补给燃料的情况下，未来战斗系统的战术机动能力将提高 1 倍，最大行程可达到 750 千米。为此，陆军正在考虑采用液压电动驱动装置和燃料电池技术。

俄罗斯研制新型主战坦克 据《简氏防务周刊》2000 年 3 月 24 日报道，俄罗斯研制出一种称为 T－95 的新型主战坦克。所有有关 T－95 主战坦克的数据、外形与结构特点目前仍保密。但据有关人士称，T－95 是一种全新设计，而不是现有主战坦克的新变型。该车重约 50 吨，车长和车宽与现有 T－72、T－80 和 T－90 主战坦克相当。T－95 主战坦克的主要特点是采用全新的布局，主要武器安装在一个小型无人炮塔内，由新设计的位于炮塔下的自动装弹机供弹。驾驶员、炮长和车长的座椅位于一个特殊的装甲密封舱中，装甲隔舱将其与自动装弹机和炮塔隔开。此设计方案可降低坦克的轮廓，使其在战场上不易被观察到，从而提高了乘员的生存能力。T－95 主战坦克安装 1 门 135 毫米滑膛炮并配备有带激光测距仪（可能还配有雷达）的新型火控系统，目标信息由光学、热成像和红外通道提供。由于乘员不能使用传统的光学设备观察战场并瞄准，所以该型坦克主要依赖于火控系统。

巴基斯坦开始生产“哈立德”主战坦克 据《简氏防务周刊》2000 年 11 月 22 日报道，塔克锡拉重工业厂将为巴基斯坦陆军生产 15 辆预生产型“哈立德”主战坦克。这批车辆将首先配备到部队进行试验，之后将投入批量生产。“哈立德”主战坦克是巴基斯坦与中国北方工业公司历时十几年的研制成果。该车战斗全重 46 吨，车上装有 1 门 125 毫米滑膛炮、1 挺 7.62 毫米并列机枪和 1 挺顶置式 12.7 毫米机枪。巴基斯坦的军械厂将负责生产 125 毫米弹药。各种子系统，如柴油机动力传动装置、火控系统和夜视设备已在样车上进行过试验。

土耳其加快 M－60 主战坦克现代化改进计划

据《简氏防务周刊》2000 年 5 月 3 日报道，土耳其地面部队司令部计划加快 M－60 主战坦克现代化改进计划，因为它已经开始淘汰 1300 多辆 M－48A5T1 主战坦克。为满足紧迫的作战需求，土耳其正在就 170 辆 M－60A1 主战坦克的改进问题与以色列军事工业公司进行谈判。土耳其要求以色列军事工业公司提供所需的零部件并由土耳其的军工厂进行组装。预计改进工作将于 2003 年结束。土耳其地面部队司令部计划将对所有 274 辆 M－60A1 和 632 辆 M－60A3 主战坦克进行改进。

以色列推出“萨布拉”Ⅱ型主战坦克 据《简氏防务周刊》2000 年 7 月 5 日报道，以色列军事工业公司已经完成了第 1 辆以 M－60 主战坦克为基础的“萨布拉”（Sabra）Ⅱ型主战坦克样车。和Ⅰ型相同，“萨布拉”Ⅱ型主战坦克升级方案主要面向出口市场。“萨布拉”Ⅱ型主战坦克保留了原Ⅰ型和“梅卡瓦”Ⅲ型主战坦克使用的 120 毫米 MG251 型滑膛炮，车上的辅助武器为 1 挺 7.62 毫米（或 5.56 毫米）并列机枪和 2 挺高射机枪，另外在车体外部还装有 1 门 60 毫米迫击炮。为提高昼夜间对静止及运动目标的命中率，车上配备了由艾尔比特－艾洛普公司提供的带新的全电式炮控和稳定系统的“骑士”Ⅲ型计算机化火控系统。炮长配有带激光测距仪和目标自动跟踪器的双向稳定式昼/夜热成像瞄准镜，车长显示器可显示炮长瞄准镜图像。车上安装了由被动装甲和爆炸式反应装甲共同组成的混合式装甲组件，从而提高了抵御动能弹和化学弹的防护能力。升级方案中有两种发动机可供选择：德国的 1000 马力 MTU 柴油机和通用动力公司地面系统部的 1200 马力 AVDS 1790 系列 V－12 柴油机。根据装甲的不同，该车战斗全重在 56～59 吨之间。为提高越野机动性，车辆两侧安装了先进扭杆型悬挂装置和 3 个旋转式减振器。车上的制式设备还包括由榴弹发射器、激光探测器和自动灭火抑爆系统组成的辅助防御组件。

法国改进“勒克莱尔”主战坦克 据《简氏防务周刊》2000 年 11 月 8 日报道，法国政府同法国地面工业集团签署了 1 份价值 1.58 亿美元的合同，将 1995 年生产的 38 辆“勒克莱尔”主战坦克改进到 2 型标准。改进工作将于 2002 年 11 月结束。改进内容包括对发动机电子控制系统进行改进以提高发动机的长期可靠性；安装新的软件和新的空调系统。目前法国陆军装备有 210 辆“勒克莱尔”主战坦克，预计到 2002 年，法国陆军订购数量将达到 406 辆。

乌克兰披露 T－84－120 主战坦克细节 据《简氏防务周刊》2000 年 10 月 18 日报道，乌克兰最近披露了装 120 毫米滑膛炮的 T－84 主战坦克的细节。该坦克是 T－80уд 主战坦克的进一步改进型，被乌克兰命名为 T－84－120。车上安装了带抽烟器、热护套和炮口基准系统的稳定式 120 毫米滑膛炮，并由炮塔尾舱式自动装填机装弹。自动装填机采用隔舱化设计，内装 22 发待用弹，在车体内还存有 18 发备用弹。车上的辅助武器包括 1 挺 7.62 毫米并列机枪和 1 挺 12.7 毫米高射机枪。车上安装有计算机化火控系统。车长和炮长配有带一体式激光测距仪的昼/夜热成像瞄准镜。T－84－120 坦克火炮发射北约标准弹药，也可发射激光制导炮弹。安装的新型炮塔为全焊接钢装甲结构，在车体和炮塔上还安装了爆炸式反应装甲，增强了防护力。作为制式设备，车上还安装有“窗帘”光电对抗装置。该车战斗全重 48 吨，最大公路速度为 70 千米/小时，动力由一紧凑型 1200 马力 6TD－2 型柴油发动机提供。车上还装有三防装置、辅助动力装置、带全球定位系统的导航系统、新型驾驶员控制装置和控制仪表板及自动灭火抑爆装置。

步兵战车及其他装甲车辆

美国陆军装备最新型“布雷德利”战车 据《简氏防务周刊》2000 年 6 月 14 日报道，美国陆军已开始将联合防务公司生产的最新型“布雷德利”战车装备位于胡德堡的第 4 步兵师。“布雷德利”M－2A3 是美国陆军的第 1 种全数字化步兵战车，车上配有数字化火控系统、改进型“布雷德利”目标捕获系统、第 2 代前视红外系统、综合定位导航系统以及车长、驾驶员和步兵班长使用的数字显示器。根据一项总额为 38 亿美元的总计划，美国陆军正在把 1109 辆早期的“布雷德利”M－2 战车升级到 A3 标准。M－2A3 目前正处于小批量初始生产合同的最后一年。美国陆军计划在 2001 财年 4 月签订一份 3 年期采购合同，之后将在 2004 财年签订一份 4 年期生产合同。

美国陆军为过渡性旅级战斗队选定 LAV Ⅲ型轮式装甲车 据《防务系统日报》2000 年 11 月 17 日报道，美国陆军已选定加拿大通用汽车公司提供的 LAV Ⅲ型 8×8 轮式装甲车装备新组建的旅级战斗部队（即中等重量部队），以提高部队的反应速度和打击能力。这是美国陆军在对各种候选的履带式和轮式车辆进行了广泛试验后作出的决定。美国陆军计划从 2001 年开始在 6 年内把 2131 辆 LAV Ⅲ型装甲车装备到 6 个旅级战斗队。LAV Ⅲ型装甲车战斗全重约 19 吨，平时采用 4 轮驱动，必要时可采用 8 轮驱动。

该车最大公路速度可达 100 千米/小时，公路最大行程为 500 千米。美国陆军选定的 LAV Ⅲ型装甲车将有两种基型车：步兵输送车和机动火炮系统。步兵输送车又有 8 种变型车，即侦察车、反坦克导弹发射车、医疗救护车、迫击炮车、工程车、指挥车、火力支援车和核生化侦察车。机动火炮系统将采用美国通用动力公司地面系统部生产的安装有 105 毫米火炮的低轮廓炮塔并将其安装在加拿大通用汽车公司提供的 LAV Ⅲ型装甲车底盘上。

美国 AAAV 先进两栖突击车将进入研制阶段 据美国《国防新闻》2000 年 12 月 18 日报道，美国海军陆战队正在研制的新一代两栖突击车——AAAV 先进两栖突击车成功通过了五角大楼国防采办委员会进行的审查，即将进入样车研制的第 2 个阶段，即工程与制造研制阶段。在该阶段，通用动力公司地面系统部将制造 10 辆样车并对其进行试验。美国海军陆战队计划该车的研制将于 2006 年结束，之后不久将装备部队，到 2016 年，该车的装备数量将达到 1013 辆。该车将用于取代现役的 AAV 两栖突击车。后者水上最大航速仅为 13 千米/小时，而 AAAV 先进两栖突击车水上最大航速将达 37 千米/小时，陆上最大速度为 72 千米/小时。该车有乘员 3 人，可载员 18 人，车上将配备 1 门 30 毫米机关炮。

俄罗斯研制新型重型装甲战车 据《简氏防务周刊》2000 年 8 月 9 日报道，俄罗斯下塔吉尔国营公司正在研制一种被称为坦克支援战车（BMPT）的重型装甲战车，计划年底完成首辆样车并对其进行广泛试验。BMPT 装甲战车将为坦克提供火力支援，主要用于消灭敌步兵，特别是装备反坦克武器的步兵。该车采用 T－72 主战坦克底盘，但车体被加高。车体顶部安装 1 座配备有 1 门 30 毫米 2A42 型机关炮的新型炮塔，炮塔左侧还安装有 1 具四联装“竞赛”反坦克导弹发射器（最大射程为 4000 米）。为提高命中精度，车上配备了带激光测距仪、昼/夜热成像观瞄系统的计算机化火控系统。在车体两侧加高部分还各安装有 1 挺 7.62 毫米机枪，用于为车前提供压制火力。炮塔和车体上安装了烟幕弹发射器，车体前部和两侧安装有爆炸式反应装甲。该车战斗全重 47 吨，有乘员 5 人，最大公路速度 65 千米/小时，最大行程 550 千米。

韩国和美国合作生产两栖装甲车 据《防务系统日报》2000 年 8 月 2 日报道，美国联合防务公司和韩国三星航空航天工业公司签订了一项价值 1.17 亿美元的合同，联合生产韩国两栖突击车（KAAV）。车体将在美国制造，整车的装配工作将由联合防务公司下属的一个子公司负责。三星航空航天工业公司将在 2001 年后开始生产该车。这种两栖突击车在把部队和货物从舰运送到岸上时，提供装甲防护、指挥与控制及修理能力，同时也提供陆上作战支援。该两栖突击车已做了多项改进，增强了杀伤力和生存力。该车的变型车有人员输送车、指挥车和修理车。

德国改进 M－113 装甲输送车 据《简氏防务周刊》2000 年 8 月 23 日报道，德国 FFG 公司在广泛使用的 M－113 系列履带式装甲输送车的基础上开发出一种称为 waran 的多用途输送车。该车实际上是一种加长型 M－113，两侧各增加了一个负重轮，大大增加了车内空间和有效载重，从而使该车可执行更广泛的作战任务。车体底部及低矮的突出部分安装了新型被动装甲组件，以增强对地雷的防护能力。车体的前部、两侧、后部和顶部都安装了新型被动模块装甲，从而可抵御 14.5 毫米穿甲弹、炮弹破片和手榴弹的攻击。为增强乘员生存能力，车内还安装了自动灭火和抑爆系统。基型 Waran 装甲车安装了制式 M－113 旋转炮塔，炮塔上备有 7.62 毫米或 12.7 毫米机枪，上面也可安装其它多种武器。原有的动力传动装置已被 FFG 公司研制的新型动力传动装置取代。为提高越野机动性，还更换了侧传动并改进了悬挂系统。该车最大公路速度为 70 千米/小时，从静止加速到 50 千米/小时所需时间为 21.3 秒。而标准 M－113 的最高速度为 62 千米/小时，从零加速到 50 千米/小时需要 34.5 秒。FFG 公司目前正在对德国陆军的首批共 270 辆 M－113A1G 型装甲输送车进行升级。

德国研制新型 8×8 轮式装甲战车 据《简氏防务周刊》2000 年 11 月 8 日报道，为满足市场对一种可空运的轮式装甲车车族日益增长的需求，德国最近成立的莱茵金属地面系统公司正在研制新型轮式装甲车（NAWV）。预计首辆样车将于 2002 年完成。该车将以前蒂森·亨舍尔公司研制的 6×6TH400 演示车为基础，可发展多种变型车，如装甲输送车和坦克歼击车。后者将安装 1 座双人炮塔，炮塔上安装 1 门 105 毫米低后坐滑膛炮、1 挺 7.62 毫米并列机枪和 1 挺 7.62 毫米高射机枪。车上还将安装 STN 阿特拉斯公司提供的计算机化火控系统和夜视装置。该车车体和炮塔将采用钢装甲结构并可安装附加被动装甲，战斗全重 20 吨左右，最大公路速度为 100 千米/小时，最大公路行程为 800 千米。驾驶员和动力传动装置位于车体前部，后部是战斗部分。该车可用 C－130 运输机空运。根据重量，该车可水陆两用，在水中靠安装在车体尾部的两个螺旋桨推进器推进。车上还安装内置测试设备、车载数字化系统、液气悬挂系统、前两桥助力转向装置及中央轮胎压力调节系统。

英国阿尔维斯公司研制出新型核生化侦察车　据《简氏防务周刊》2000年2月9日报道，英国阿尔维斯车辆公司与美国先进技术产品公司INTELLITEC分部合作研制出一种新型一体式核生化侦察车。该车是以经过战斗考验的“锯脂鲤”Ⅱ型8×8装甲指挥车底盘为基础发展起来的。新研制的核生化侦察车有4名乘员，战斗全重14吨，采用275马力发动机，最大公路速度为100千米/小时，最大行程1000千米。该车在公路上行驶时采用前4轮驱动，越野行驶时采用8轮驱动。该车拥有完整的核生化探测和监视设备。车上装有GC/MS化学战剂探测器、M－21远距离神经毒剂探测器、AN/VDR－2辐射探测器、MICAD核生化集成系统、M－13粘染物洗消系统、标识系统、车后部安装的试样收集系统以及新型生化物质光谱仪。车上还装有地面导航系统、TACMET II气象系统及先进的通信系统。

英国推出首辆复合装甲车　据《防务系统日报》2000年3月16日报道，英国国防鉴定和研究局和维克斯防务系统公司已研制出第1辆采用塑料/玻璃纤维复合材料车体的装甲车——ACVAP先进复合装甲车平台。该车代表了60年代采用铝材以来在装甲战车材料方面最具革命性的变化。车体由E玻璃，即一种塑料/玻璃纤维复合材料制成。除重量轻的优点外，使用这种材料还可省掉防破片崩落衬层。此外，该材料还具有减振能力，可以降低车内外的噪音，从而减轻了乘员的疲劳度并降低了车辆的声音特征。减轻车重可以提高战术机动性（车速和穿越不平地形的能力）和战略机动性（空运能力）。车体内还可以加入能够降低雷达信号特征的隐形材料。该复合材料易于加工，价格相对便宜，并且在潮湿和盐水条件下具有耐腐蚀性。ACVAP先进复合装甲车平台演示车以一辆未来侦察车为基础，战斗全重为18～25吨。英国国防鉴定和研究局的专家深信，通过对新材料和设计方法的不断研究能够进一步降低车重。

法国订购新型VBCI轮式步兵战车　据《简氏防务周刊》2000年10月18日报道，法国武器装备部采购署与地面武器工业集团和雷诺车辆工业公司签订合同，订购至少700辆VBCI 8×8轮式步兵战车。该车将用于取代法国陆军现役的AMX－10P履带式步兵战车。法国陆军订购的700辆装甲车将包括550辆装甲步兵战车和150辆指挥车。首批车辆计划于2005年交付，2006年将装备到第1个营。VBCI步兵战车有乘员3人，即车长、炮长和驾驶员，可运载8名全副武装的士兵。该车战斗全重25.6吨，装备新一代德拉加炮塔，炮塔上将安装25毫米机关炮和7.62毫米机枪。另外，车上还将安装Eyrx近程和“米兰”中程反坦克导弹。指挥车重23.3吨，有2名乘员和5名指挥人员，将采用最新的遥控式武器平台，上装12.7毫米机枪。该车的动力舱位于车体前部右侧，载员舱在车体后部。作为制式装备，车上安装了中央轮胎压力调节系统和前4轮转向装置。为降低成本，该车将尽可能采用现有的商用部件。

意大利订购“美洲狮”装甲输送车　据《简氏防务周刊》2000年1月12日报道，意大利将订购580辆“美洲狮”装甲输送车，其中包括250辆6×6车型和330辆4×4车型。第1批车辆将于2001年上半年交付，2004年交完。“美洲狮”装甲车被意大利陆军命名为VBL，车体为全焊接钢装甲结构，可抵御轻兵器射击及炮弹破片。4×4车型长5.1米，除驾驶员外，可搭载6名士兵；6×6车型长5.5米，除驾驶员外，可搭载8名士兵。“美洲狮”装甲车以依维科公司的4缸涡轮增压柴油机为动力，4×4车型最大速度可达105千米/小时，最大行程800千米；6×6车型最大速度为100千米/小时，最大行程700千米。意大利陆军计划在5个侦察团部署4×4车型，届时这些团将同时使用“美洲狮”装甲输送车和装有105毫米火炮的“半人马座”装甲车。6×6车型将装备轻型步兵团，包括山地步兵团、空降团以及两栖团。

意大利研制新型“半人马座”步兵战车　据《简氏防务周刊》2000年6月14日报道，意大利依维科－奥托·布雷达联合公司将在巴黎举行的欧洲萨托利2000年展览会上展出一款“半人马座”轮式装甲车的变型车——新型步兵战车。该车将装备T60/70型双人自动炮塔，上面安装有60毫米高速火炮，而为意大利陆军研制的样车将装备Hitfist炮塔（上装25毫米机关炮）。该车可运载6～8名士兵（人数取决于安装何种炮塔）。根据陆军在波黑和科索沃维和行动中的经验，该车车长从3.28米减少到3米，以改善车辆在狭窄通道和城区作战时的灵活性。车辆两侧及后部的射击孔被取消，但保留了原观察装置。为增加车内空间，依维科－奥托·布雷达公司还将制造一辆车体更长更高的样车供陆军进行评价。目前该公司还在为意大利陆军研制“半人马座”装甲车的其它变型车，如反坦克车、指挥车、抢救车和救护车。

瑞典研制新型装甲车 据《简氏防务周刊》2000年10月4日报道，现属于英国阿尔维斯集团的赫格隆车辆公司最近展示了SEP全履带式装甲战车的工程研制模型，该车是赫格隆车辆公司根据瑞典国防装备局的要求从90年代中期开始研制的，以用来补充现有的CV9040战车系列。SEP的全面研制将从2002年开始。赫格隆车辆公司计划将为该车设计约24种变型车，其中包括人员输送车、救护车、火控车、雷达车、反坦克和防空导弹发射车。SEP履带式演示车重13.5吨，有效载重为6吨。该车采用电驱动，动力由5缸柴油机提供，最大速度为85千米/小时。电驱动具有行驶平稳、噪声小等优点。

奥地利“潘多尔”8×8轮式装甲车即将问世 据《简氏防务周刊》2000年2月16日报道，奥地利斯泰尔—戴姆斯—普赫专用车辆公司正在研制新的“潘多尔”8×8轮式装甲车系列。第1辆样车将于2001年第2季度进行试验。新型“潘多尔”8×8轮式装甲车已研制多年。该车的许多部件和6×6车型上使用的部件相同。“潘多尔”8×8装甲车最大战斗重量为19吨，可用C－130飞机空运。该车采用全焊接钢装甲车体，可全方位抵御7.62毫米穿甲弹的射击并可抵御车体下引爆的反坦克地雷的攻击。底盘上可安装多种炮塔及武器系统，火炮最大口径为105毫米。用作装甲输送车并装备机枪时，车上有2名乘员并可搭载12名全副武装的士兵。“潘多尔”8×8装甲车采用水冷涡轮增压柴油机，功率为355马力。该车最大公路速度为105千米/小时，最大公路行程为900千米。车上将装有一体式诊断系统、中央轮胎充气系统、自动驱动管理系统和前两桥助力转向装置。和“潘多尔”6×6装甲车相比，新型“潘多尔”8×8装甲车具有更好的防护能力，更大的内部空间，更高的单位功率，更好的越野机动性，更好的乘员舒适度并适合于完成更多的作战任务。

芬兰研制新型8×8模块化装甲车 据《简氏防务周刊》2000年6月21日报道，芬兰帕特里亚车辆公司研制出一种被称作模块化装甲车（AMV）的新型8×8轮式装甲车。与该公司以前设计并生产的XA系列装甲车相比，AMV模块化装甲车拥有更高的越野机动性和更大的车内空间，可安装装备25毫米或30毫米机关炮的双人炮塔，或有120毫米双联装炮尾装填式迫击炮的先进迫击炮系统（AMOS）。AMV模块化装甲车结构与XA系列装甲车相似，动力装置位于车体右前侧，驾驶员在车体左前侧，车体后部是载员舱。为适合不同的需求，该车可采用不同高度的车体。

瑞士购买CV9030 CH步兵战车 据《防务系统日报》2000年12月14日报道，瑞士国防部与赫格隆车辆公司签署合同，订购186辆CV9030 CH步兵战车。这些车辆包括32辆指挥车和154辆步兵战车。交付期为2002～2005年。CV9030 CH步兵战车主要以挪威现役的CV9030N为基础改进的，如安装了内置测试设备，战场管理系统和车长、驾驶员、炮长和步兵班长之间的可视连接设备。车上将安装1门30/40毫米MK44型机关炮。这批车辆将用于取代瑞士陆军现装备的380辆经改进的M－113系列装甲输送车。

澳大利亚购买LAV装甲车 据《简氏防务周刊》2000年8月9日报道，澳大利亚购买加拿大150辆8×8 LAV装甲车（该车被澳大利亚命名为ASLAV，即澳大利亚轻型装甲车）。在此之前曾购买111辆。新购买的车辆将装备4个侦察连。这些车辆包括：81辆ASLAV－25侦察车（炮塔上装25毫米机关炮）、15辆ASLAV－S监视车、14辆ASLAV－C指挥车、11辆ASLAV－PC人员输送车、11辆ASLAV－F修理车、11辆ASLAV－R抢救车和7辆ASLAV－A救护车。首批车辆将于2002年上半年配发给训练基地和保障部队，其余车辆将从2003年底开始交付。澳大利亚国内的公司将参与车辆的生产组装及炮塔的生产。

新西兰购买LAV Ⅲ型装甲输送车 据《简氏防务周刊》2000年8月30日报道，新西兰将购买105辆加拿大通用汽车公司生产的LAV Ⅲ型8×8装甲输送车，装备陆军常规步兵营。车辆分7批交付，首批13辆于2002年7月交付，最后一批16辆于2004年9月交付。所有车辆将安装澳大利亚生产的德尔科LAV－25炮塔，炮塔上装有25毫米M－242式链炮。这些车辆将用于担负火力支援车和步兵机动车双重任务。

新技术与新部件

美国陆军未来战斗系统可能选择的武器 据《简氏防务周刊》2000年7月12日报道，美国陆军的下一代地面战车——“未来战斗系统”可能配备的武器系统将既能打击视距内目标，又能打击视距外目标，其杀伤力将是现有系统的3倍。未来战斗系统可能选择配备多种武器，目前正在考虑的武器方案有：①小型动能导弹（CKEM），这是洛克希德－马丁公司正在为美国陆军研制的直瞄反坦克导弹（LOSAT）的衍生型号，该弹长1.2米，重22.6千克，其射程最初将为4～5千米，以后可能增加到5～8千米。另外还有垂直发射的超高速导弹，其飞行速度将超过 2 千米/秒。②多用途武器系统，即一种可完成直接和间接瞄准射击任务的常规火炮。该系统也可采用电热化学炮，执行直接瞄准射击任务时射程将达 4 千米，超视距作战时射程将为 2～50 千米。另外，美国陆军还在考虑一种多模式战斗部，它能发射 3 种不同弹头：空心装甲弹、爆炸成型穿甲弹和非致命弹。③先进火力支援系统（AFSS），这是美国国防高级研究计划局正在研制的一种超视距武器系统。它能发射数种不同的低成本多用途导弹，如能打击 100 千米远的目标、并在战场上空盘旋 30 分钟的“待机攻击导弹”。对超视距目标实施网络化火力攻击将是面临的主要技术挑战。④电磁炮，这也是一种可能的选择；但这项技术不太可能在 2010 年应用于首辆未来战斗系统。但是一些技术可以应用在未来战斗系统的改进计划中。⑤定向能武器，如激光、离子束和高能脉冲武器。

美国为未来战斗系统研制“内嵌”式训练设备 据美国《国防》杂志 2000 年 11 月号报道，美国陆军计划在下一代作战车辆——未来战斗系统上加装“内嵌”式训练设备。未来战斗系统的乘员将能够在计算机模拟的情景中进行虚拟战场作战，或者将具有对三维虚拟目标进行射击训练的能力。为成功地加装训练设备，陆军需要有能够代表士兵作战的实际区域的数字模型。未来战斗系统平台的复杂性在于：它将与无人系统一起使用组成标准作战编队，其先进的数字化网络将把每个作战平台和武器系统联系在一起。为未来战斗系统乘员研制的训练设备将需要强调诸多因素，如士兵如何与无人系统相互作用？传感器如何与射手相互作用？美国陆军已花费了 20 年时间研制“内嵌”式训练设备，但至今还没有成功，目前仍存在诸多技术和费用问题。

德国为主战坦克研制新型弹药 据《简氏防务周刊》2000 年 5 月 3 日报道，莱茵金属公司目前正在为德国和荷兰研制一种新型模块化曳光榴弹，该弹药将使攻击目标的距离增至 5 千米，并具有更高的精度和更强的目标效能。该弹于 1999 年末开始研制，预计将于 2001 年中完成研制工作。这种新型尾翼稳定曳光榴弹由战斗部和推进部分组成，弹底部装有短延迟瞬发引信。为了降低成本，推进部分尽可能采用合格的现成部件。该弹总重 19～21 千克，其中炸药装药量为 2.3～2.5 千克。弹丸带有风帽，其后紧接着是钨球和炸药装药。在射程为 2500 米时，该新型弹与现有的 DM12A1 式曳光多用途破甲弹相比，效能至少可提高 90%。预计德国和荷兰将于 2002 年下半年对该弹进行技术评估，随后由正规部队试验，计划 2002 年 12 月定型。这种新型榴弹具有巨大的发展潜力，进一步的研究工作包括可用车载火控系统进行设定的可编程引信，这样，可使该弹在目标前部或上方起爆。

德国研制 105 毫米滑膛坦克炮 据《简氏防务周刊》2000 年 11 月 15 日报道，德国莱茵金属武器与弹药公司正在研制新的 105 毫米滑膛坦克炮系列及相关弹药，目前正在研制的 105 毫米滑膛炮有两种：RH105－20 型和 RH 105－30 型。RH 105－20 采用多隔室炮口制退器，从而使后坐力降低了 35%。新型 105 毫米滑膛炮主要是为安装在轻型履带或轮式装甲车上而设计的，火炮采用垂直滑动炮闩机构并安装有抽烟机和热护套。后坐系统由液压身管制退器和气压复进机组成。身管和炮闩由高级钢制成，从而使气压可升至 600 兆帕。105 毫米 51 倍口径身管有镀铬内衬，从而延长了使用寿命。火炮主要发射两种弹药：曳光稳翼稳定脱壳穿甲弹和曳光榴弹。105 毫米曳光稳翼稳定脱壳穿甲弹炮口初速为 1700 米/秒，弹芯由钨Ⅳ型重金属制成。105 毫米滑膛炮可安装在三人炮塔上。

法国研制目标探测系统 据《简氏防务周刊》2000 年 1 月 12 日报道，法国通用机械电气公司自投资金研制出一种 ISIS 一体式目标探测系统。该系统可安装在各种履带式和轮式轻型装甲车上。为了减少整个寿命周期成本，ISIS 一体式目标探测系统所有分部件都是已投产或者在其它装备中应用的部件。该系统包括一个安装在车体顶部的昼/夜稳定式传感器吊舱。为了提高探测范围，传感器吊舱安装在一个可升降的支臂上。安装在车内的装置包括控制及显示装置、地面导航系统及通信装置。由于传感器吊舱为稳定式，因此，该系统可在车辆行进间使用。除了完成目标探测任务外，该系统还可完成其它一些任务，如边境和区域监视。

法国和斯洛伐克合作研制 T－21 型坦克炮塔 据《简氏国际防务评论》2000 年 9 月号报道，法国地面武器工业集团和斯洛伐克 DMD 控股公司军事技术部合作开发出一种装 120 毫米滑膛炮的 T－21 型坦克炮塔。该炮塔主要用于改进 T－72 主战坦克及装有 105 毫米火炮的“豹”1 及 M－60 坦克。该炮塔基本采用“勒克莱尔”坦克炮塔设计，但尺寸略小。炮塔上装有 1 门 120 毫米 F1 型 52 倍口径长滑膛炮和炮塔尾舱式自动装弹机(内装 18 发炮弹)，加上中级附加装甲，炮塔全重 15 吨。在炮塔前部及两侧还可选装其它主动或被动装甲以抵御动能弹或化学能弹的攻击。在斯洛伐克采用的方案中，炮塔上还将安装1门25毫米高射炮，改装后的T－72坦克还将引入具有"猎手－杀手"性能的昼/夜观瞄装置、全电动炮塔和火炮控制装置，从而具备行进间的射击能力。为提高生存能力，炮塔内弹药采用隔仓化布置，炮塔上还装有爆炸泄气板。炮塔内外还将安装内置数据总线，从而可安装法国地面武器工业集团的FINDERS战斗管理系统、电子对抗装置和GALIX近距离防御系统。

（张国斌）

炮兵武器装备

综述 2000年，世界炮兵武器装备的发展，除适应高技术条件下作战需求，特别是未来信息化战争需求之外，还充分体现出一种多元化发展方向。例如，美国火炮发展方向是适于全球机动、全球到达，装备的科技含量极高，系统的结构极为复杂；英国、法国、德国和意大利等国主要发展适于欧洲战场需要的炮兵武器装备，同时要发展适于包括其他发达国家和发展中国家需求的炮兵武器装备，只是其技术含量和先进程度各不相同；瑞典、瑞士等国则发展主要用于出口的炮兵武器装备。美国的炮兵武器发展方向可以说代表了上述整个北约火炮发展的模式。"十字军战士"自行榴弹炮主要是为本国陆军研制，它集中了现代科学技术中几乎所有的先进手段，力图成为21世纪世界上最先进的火炮，同时还在发展中不断完善；M－109系列自行榴弹炮从A1型～A6型诸多发展型号，既满足本国陆军过渡之需，同时又大量出口其盟国。俄罗斯炮兵武器的发展原来完全是相对独立的方法和道路，近年来，由于原来华约成员脱离俄罗斯，并谋求加入北约，从炮兵武器的发展战略上也有些倾向西方。俄罗斯为了不失去昔日这块巨大的军火市场，采取了主动"出击"的策略，研制出符合北约标准的炮兵武器装备，以技术和价格两方面的优势吸引昔日的买主。典型的炮兵武器装备是2C－19ML式155毫米自行榴弹炮。该炮是在原苏联制造的2C－19式152毫米自行榴弹炮的基础上研制而成的，它不仅保持了2C－19火炮原有的战术技术优势，而且还符合了北约制式155毫米榴弹炮的标准，比欧美等西方国家同类火炮的价格便宜。与此同时，俄罗斯仍维持152毫米口径系列榴弹炮的发展，以保证本国和其他装备此类火炮国家的需要。

另外一个值得重视的特点，是弹药发展多弹种成系列，技术含量提高。美国和法国的120毫米迫击炮炮弹均已构成完整的系列。法国为其MO 120 RT式和2R2M式120毫米迫击炮研制了子母弹、火箭增程弹等4个弹种；美国为其120毫米迫击炮研制的迫击炮弹多达10种，其技术含量都很高，其中的火箭增程技术、精确制导子弹技术、红外照明技术、多频谱发烟技术在迫击炮上的应用，均代表了当今迫击炮弹药发展的方向。多用途引信在迫击炮弹上的运用、反导弹炮弹技术的出现、简易制导火箭弹的发展都集中体现了近年来高科技领域中成熟的技术成就。

炮兵压制武器系统 *榴弹炮* **美军接收第1门XM－777式155毫米工程与制造阶段样炮** 2000年6月23日，在美国的碧加尼兵工厂，美国陆军和海军陆战队接受了第1门XM－777式155毫米轻型牵引榴弹炮样炮，编号为1001。该样炮由英国宇航系统公司皇家军械防御分公司承制。该炮的研制主要是为满足美国海军陆战队的需求，陆战队计划采购470门XM－777式榴弹炮。预计第一批生产型轻型榴弹炮将在2003年投产并交付使用，到时，将只配备光瞄准系统。但为了能同未来"先进野战炮兵战术数据系统"相适应，陆军和海军陆战队已选中了美国通用动力公司军备系统分部研制的数字化火控系统。预计到2005年，海军陆战队可以接收数字化火控系统并对届时已装备的XM－777炮实施数字化改造；而陆军则要到2007年才能完成届时已装备的XM－777炮的数字化改造工作。改造后的数字化系统将包括一套数字化火控系统和一套数字化定位与瞄准系统。完成数字化改造的XM－777式155毫米轻型牵引榴弹炮将能在3分钟之内进入战斗状态，2分钟之内即可撤收完毕。

美国陆军计划减轻"十字军战士"系统的重量 英国《简氏防务周刊》2000年3月1日报道，为提高"十字军战士"155毫米自行榴弹炮的战略机动性和战场机动能力，美国陆军计划将其每辆榴炮的总重量减到38～42吨。与该炮配套的弹药补给车也必须减轻重量，以适于C－5B“银河”战略运输机空运。为此，弹药补给车中有一半将改用轮式车，每辆只能载弹100发。“十字军战士”将被减小体积，两个弹舱将从30发装改为25发装，履带、悬挂系统、舱口和后门将使用高强度轻质材料制造。发动机和传动系统也将有所变动，但动力不减少很多。还要给“十字军战士”安装模块式装甲，以提高对付破甲弹的能力。

美国研制“国际榴弹炮” 据英国《简氏防务周刊》2000年11月29日报道，美国联合防御公司地面系统分公司研制了一种出口型的M－109A6式155毫米39倍口径“帕拉丁”自行榴弹炮，美国自己称之为“国际榴弹炮”。该炮在M－109A6火炮系统的基础上对许多分系统和部件进行了重新设计。该炮保持了M－109A6基型炮的主要性能，保留基型炮所有的先进设备。例如由车载弹道计算机控制的射击指挥系统、数字通信设备、惯性导航设备、全球定位系统、自动瞄准系统、一体化初速测定雷达、内置式自检自测系统。此外，还装有微型空调。“国际榴弹炮”符合北约共同弹道备忘录的有关规定，与原M－109系列火炮相比，攻击距离更远。半自动输弹系统可减轻操作手的负担。最大射速6发/分，弹药携行量39发，火炮最大公路行驶速度64千米/小时。炮塔配有反应装甲。

俄罗斯研制155毫米榴弹炮 俄罗斯从1995年开始，就致力于发展东欧地区使用的155毫米口径的火炮。其发展思路是在原来的152毫米口径系列炮的基础上经过更换火炮身管，实现与北约标准口径155毫米炮的接轨。以2C－19式152毫米自行榴弹炮为例，俄罗斯“乌拉尔运输集团通过更换身管，研制成2C－19M1式155毫米自行榴弹炮。改造后的火炮，技术上更加先进。以炮载弹道计算机为核心的火控系统可同炮载卫星导航系统、火炮自动瞄准系统配合使用，大大提高了新火炮系统的射击精度，缩短了反应时间。该火炮系统从行进状态到停止行进并完成射击准备只需3分钟，在收到目标信息后，30秒之内即可开火射击。该炮可携带46发炮弹及所配用的装药。发射L－15A1式155毫米榴弹时，射程为30千米，发射远程全膛弹底排气弹时，可达41千米。俄罗斯专家称，2C－19M1式155毫米自行榴弹炮已经出口印度，并说，未来的2C－19M1式155毫米火炮和同口径的牵引火炮，将会采用镀铬身管和更加先进的冷却系统，从而将大大提高身管的寿命。

日本装备新型155毫米自行榴弹炮 据日本《装甲》杂志2000年第1期报道，日本陆上自卫队根据1999年度预算计划，已装备4门新型155毫米自行榴弹炮。该炮总重40吨，配有自动弹药装填机，最大射程30千米。该炮是在现役75式155毫米自行榴弹炮的基础上研制的，将取代陆续退役的75式155毫米自行榴弹炮。新型155毫米自行榴弹炮将配备87式弹药运输车，以加强该炮的支援保障能力，从总体上提高其作战效能。

印度将对M－46式130毫米火炮进行彻底改造

据英国《简氏防务周刊》2000年3月20日报道，印度将对400～430门原苏联50年代初生产的M－46式130毫米火炮进行彻底改造。承担这一改造工程的厂家是以色列索尔塔姆公司。首批改造的火炮为180门，将M－46式130炮改造为39倍口径的155毫米炮。改造工作将在以色列进行。第二批改造的火炮为220～250门，将由以色列索尔塔姆公司提供改进部件并在以方专家指导下在印度进行改造。该炮的另外一种改造方案是把M－46式130毫米炮改造成45倍口径的155毫米火炮，型号定为M－46S式标准火炮。按该方案已经制造出样炮并在印度进行了试验，当采用最大号装药发射远程全膛弹底排气弹时，其最大射程39千米。

印度将对FH－77BD式火炮进行试验 据英国《简氏防务周刊》2000年1月26日报道，印度将对瑞典博福斯公司生产的FH－77BD45倍口径155毫米6×6轮式自行火炮进行试验，为印度陆军未来20年庞大的火炮采购和生产计划选择最优的火炮。预计未来20年，印度陆军可能采购3000～4000门155毫米自行火炮。试验的重点将是火力效果和机动性能。该炮采用VME A25C绞结式6×6全地形轮式底盘。在底盘的前部是一个全封闭式装甲人员舱，后部配置45倍口径155毫米火炮身管。FH－77BD炮发射远程全膛弹底排气弹时，射程达40千米。同全履带式155毫米自行火炮相比，FH－77BD 155毫米6×6轮式自行炮具有更大的战略机动性和更低的全寿命周期费用。

土耳其公开展示两种155毫米榴弹炮 据英国《简氏防务周刊》2000年5月17日报道，土耳其于1999年年末公开展示两种155毫米榴弹炮。一种为52倍口径的155毫米牵引榴弹炮，射程为40千米；另一种为39倍口径的SP－2000式155毫米自行榴弹炮。土耳其国有工业委员会在新加坡动力技术公司的帮助下研制了155毫米牵引炮，该炮与新加坡的FH-2000 52倍口径155毫米牵引式榴弹炮极为相似。新式155毫米牵引炮即将开始批量生产，它将取代地面部队司令部所属部队现在装备的M-144式155毫米牵引榴弹炮。SP-2000式155毫米自行榴弹炮则是工业委员会根据过去改进M-52式105毫米榴弹炮和M-44 SPHS式155毫米炮的经验制造的。工业委员会称，SP-2000式155毫米自行榴弹炮不能完全满足陆军的要求，因此，正在寻求外国的技术支援。在寻求德国PSH-2000自行榴弹炮技术支援无望的情况下，土耳其地面部队司令部把目光转向韩国“三星”太空工业公司，他们认为，韩国的K-9式“惊雷”52倍口径155毫米自行榴弹炮可以满足陆军的要求。“三星”公司目前正为韩国陆军批量生产K-9式155毫米自行榴弹炮。

法国正在制造“恺撒”式155毫米自行榴弹炮 据英《简氏国际防务评论》2000年第3期报道，法国正在制造第3门“恺撒”6×6式155毫米自行榴弹炮。该炮由法国陆军军械工业公司研制，身管长为52倍口径，其目的是为了取代现在的39倍口径155毫米牵引榴弹炮。该炮当采用制式M-107式155毫米弹丸，用M-4A2药包装药发射时，最大射程达14千米，持续射速为6发/分，爆发射速为3发/15秒；发射NR-265远程全膛弹底排气弹的最大射程可达42千米。炮上可携带18发炮弹。该炮行军重17.7吨，战斗全重18.5吨；行军宽为2.5米，高2.66米，进入战斗的时间为35秒，撤出战斗的时间为30秒，从进入战斗，到首次连射6发并撤出战斗，全过程只需3分钟。该炮装有一个双室炮口制退器，炮上的遥控身管固定装置可保证行军中身管的稳定和安全；螺旋式自动炮闩可自动向上打开；还配有一个旋转式自动底火安装设备；火炮上的RDB4炮口初速雷达可直接将火炮发射时的炮口初速传输给CS2002-G炮载火控计算机系统。该系统可对上述信息和从指挥所收到的目标等其他信息进行综合处理，计算出相关的射击参数。该火控计算机还可以完成弹药管理、火炮管理、弹药补给和战术情报的三维显示等工作。此外，在舱外火炮的右后方设有一个显示器，可显示发射状态下火炮的有关信息，例如高低射界、方向射界、弹丸和装药型号，以及引信类别。该炮拥有双重工作方式，例如，方向机和高低机均为液压操作，但同时还备有手动操控装置；炮载火控计算机能进行自动瞄准，但同时还备有光学瞄准系统，以便应急之用。该火炮系统后部的一个大驻锄由液压系统操控，射击时可落至地面，使火炮更加稳定。火炮上还有一个温控传感器，操作手通过它可以了解身管是否过热，或者有因膛内温度过高引发自行发射的危险等。炮闩右侧装有一个自动弹丸装填机，可大大减轻炮手的负担，提高射速。

该炮载体由德国梅塞德斯·奔驰公司生产，其技术水平和战术技术性能均为世界同类车型中较先进的一种，其高度机动的越野性能是世界公认的，并为欧洲许多地区和国家广泛采用。该炮同履带式车相比，其全寿命费用要低得多。该炮乘员比同口径的履带式火炮少2人，仅需6人。底盘的维修间隔为5000千米，火炮的维修间隔为500发，总平均维修间隔为50小时，最大公路行驶速度为100千米/小时，最大公路行驶里程为600千米。

荷兰对M-109-2000型155毫米榴弹炮进行发射试验 据英国《简氏防务周刊》2000年10月报道，荷兰RDM公司已经对他们所改进的M-109-2000型155毫米自行榴弹炮开始进行发射试验。该炮是在M-109型155毫米自行榴弹炮的基础上制成的。它采用52倍口径的155毫米身管、法国国防技术公司的弹射式送弹机。它借鉴了该公司多年来对其他M-109炮实施改进所取得的经验。M109-2000较之原装备的M-109炮有30多项改进。52倍口径身管采用RDM公司专门设计的多槽式炮口制退器，新式炮闩，1个新式炮尾环和1个10发自动底火盒。此外，该炮可实施激光点火方式。M-109火炮对原来的摇架和反后坐装置也进行了改进。该炮装备的法国公司的弹射送弹机和德国莱茵公司的弹药处理设备大大减轻了操作手的工作负担，提高了射速，其爆发射速可达10发/3秒。

该炮配用的激光惯性寻航瞄准系统，可保障M-109-2000具有精确的定位能力，并可省去M-109炮原先所配装的坐标定位设备和瞄准系统，从而大大缩短放列展开时间，提高定位定向和瞄准精度。此外，炮塔方向转动系统、火炮高低转动系统也得到改进；火炮配用了炮口初速测定雷达、激光测距机；炮塔后部增装了一个辅助动力装置和新型三防系统。由于在M-109-2000运用了一系列先进技术，使炮手由原来6人减少为4人，而且，火炮的射程增大到40千米，缩短了反应时间，提高了战场生存能力。RDM公司声称，M109-2000的火炮结构是一种模块式结构，各部件的组合就像积木一样可根据用户的要求改变组合方式。

荷兰陆军拟采购德国的PZH2000型自行榴弹炮

从而增大了它的火力机动能力。

罗马尼亚改进“婴儿”型反坦克导弹 英国《简氏国际防务评论》2000 年 8 月 16 日报道，罗马尼亚阿塞纳鲁尔·阿马泰公司与欧导公司合作改进罗现装备的由原苏联生产的“婴儿”型反坦克导弹。改进后的导弹称作“婴儿”N2T 型反坦克导弹。改进型配用串联式战斗部，可穿透配有爆炸反应装甲 850 毫米厚的匀质钢甲。改进后的导弹重 13 千克，比原导弹重 2.1 千克，但由于采用先进技术措施使战斗部的空气阻力减少，因此，其飞行时间、射程、飞行速度仍然保持不变。导弹的控制方式与原导弹相同。改进型导弹安装 1 个新型全程发动机。导弹还需要安装新的战斗部接合面、新型启动发动机、新的保险和启动保险机构。为提高导弹的抗干扰能力，现有的跟踪器信标装置将被新型信标灯取代。该导弹已在罗马尼亚进行过发射试验，预计 2001～2002 年罗马尼亚陆军将用改进的“婴儿”M2T 反坦克导弹代替现役的“婴儿”反坦克导弹。

炮兵防空武器系统 防空导弹

美国“爱国者”3 系统首次成功拦截巡航导弹 2000 年 7 月下旬，美国陆国在新墨西哥州的白沙导弹靶场进行了第 4 次打靶试验。试验期间，“爱国者”3 系统首次成功地拦截了 1 枚巡航导弹。英国《简氏防务周刊》2000 年 8 月 2 日称：这“表明了‘爱国者’地空导弹系统不但可以摧毁机动的和非机动的战术弹道导弹，而且能够对付飞机和巡航导弹”。此次试验中，还成功地击落了 1 架 M2M－107 型遥控试验靶机。

美、以合作把“箭”式反导系统纳入 TMD 系统

2000 年 2 月 28 日，在美国参议院军事委员会战略部队小组委员会举行的 2001 年国防预算讨论会上，美国国防部弹道导弹防御局局长罗纳德·T·卡迪西中将宣称：美以两国将继续合作，共同研制能与美国的战区弹道导弹防御系统（TMD）相互兼容的“箭”式反导系统，即研制能与美国的“爱国者”防空反导系统、以及美国海军的区域反导防御系统互相兼容的“箭”式系统。美国正在投入巨资，帮助以色列部署和改进“箭”式防空反导系统。美国将充分利用以色列已有的研究成果，发挥以方现有的技术设备和技术潜力，例如，以色列的试验平台、已有的系统构架和综合分析能力等。迄今为止，美国已经为“箭”式反导系统投入了 6 亿美元，美最终总投资大约会达到 10 亿美元。美国正在参与的以色列“箭”式反导系统可部署项目（ADP）预计在 2001 年完成，美参与该计划的前提条件是：项目必须对美国有利可图；成功的拦截必须在实战条件下进行，以色列必须遵守《导弹技术控制协议》。

美国研制新的防空武器系统 英国《简氏防务周刊》2000 年 8 月 9 日报道，美国为了寻找替代陆军和海军陆战队现役的“复仇者”防低空武器系统，正在研制一种新型防空武器系统，并已生产出发射架的样机。该系统由美国雷锡恩公司和通用动力公司合作研制。

该防空武器系统的最大特点是采用同一个武器发射平台可以发射多种多枚导弹，同时还配有 12.7 毫米机枪。武器载体兼发射平台是被美军广泛采用的“悍马”（HMMWV）高机动多用途轮式车。按目前的设计，它不仅能够发射从飞机上移植过来的先进的 AIM－120 型中程空空导弹，而且还可以发射 AIM－9X 型近程空空导弹，以及“毒刺”地空导弹。导弹发射架是在 AIM－120 型中程导弹发射架的基础上经过改进制成的通用发射架，并为它专门研制了轻型自动控制炮塔。除此之外，该武器系统还可以利用 AN/MPQ－64 型“哨兵”雷达和 KDA 火力分配中心火控系统所提供的信息。今后 5～10 年内，这种系统可能投入生产，也有可能被纳入预定的产品改进计划之中。

俄罗斯“安泰—2500”防空/反导系统详情披露

2000 年，俄为了扩大军品出口，向国外推荐“安泰－2500”防空/反导系统。“安泰—2500”产品说明书详细披露了该系统的情况。作战单位为导弹营，它包括 1 个目标探测和指示单元、4 个火力单元和 1 个维护保障单元。目标探测和指示单元包括两部雷达和 1 部指挥车。两部雷达型号分别为 9C15M2E 型搜索雷达和 9C19ME 型扇扫雷达，指挥车的型号为 9C457ME。每个火力单元就是一个防空导弹连，连内配有 1 个 9C32ME 型多通道导弹制导雷达；1～6 部 9A83ME 型发射架，用于发射较小的 9A83ME 型导弹；1～6 部 9A84ME 型装填/发射装置，用于发射较大的 9M82ME 导弹。连内配备的导弹数量要视 9A83ME 型发射架和 9A84ME 装填/发射装置的数量而定。例如，当连内装备 6 部 9A83ME 型发射架和 3 部 9A84ME 装填发射装置时，其基本携弹数将包括 24 枚 9M83ME 型导弹和 6 枚 9M84ME 型导弹，维护保障单元包括保养车、修理车、运输车、模拟装置、全套备附件、工具和其它设备。

“安泰—2500”采用复合制导方式即惯性制导加半主动末段寻的，在惯导阶段的弹道中段可实施坐标修正。用同一部发射架拦截 1 个目标，最多需要 2 枚导弹；用不同发射架拦截1个目标最多需要4枚导弹。从同一部发射架发射导弹的时间间隔为1.5秒；从不同发射架发射导弹的时间间隔为0秒。整个火力单元的反应时间为8～10秒，系统的展开和撤收时间均为5分钟，公路最大时速65千米。9C15M2E型搜索雷达的最大搜索距离为320千米，可实施全空域扫描。根据空中威胁的方向和性质，雷达天线的转动速度和扫描范围可随时灵活变换调整，在空中威胁最大的扇区，天线转动速度可以减慢。采用特殊的自动干扰抑制措施、改变探测信号类型和处理信号的技术方法可以有效对付敌人的电子干扰。为了确保在强电子干扰环境条件下截获弹道导弹及其弹头等高速点状目标、对全空域进行搜索、对干扰机的坐标进行定位，探测系统用9C19ME雷达实施扇形扫描以弥补圆扫描雷达的不足。指挥车能够指挥和识别200个不同方位的目标，按照威胁程度的大小和性质，最高可选择其中70个目标实施跟踪，并从中选择24个目标分配给火力单元实施拦截。

火力单元的多通道导弹制导站根据指挥传输过来的目标参数，或者按制导站本身探测到的目标参数，可以搜索并锁定1～12个目标，尔后再从中确定1～6个目标实施拦截。发射架上的计算机对指定的目标的相关信息数据实施处理之后，即发出指令，启动导弹发射前准备程序，7秒钟之后向导弹发出飞行指令，同时命令目标照射雷达的天线转到目标所在方向。导弹飞行指令可确保导弹按比例导引方法向拦截点方向飞行。在惯性制导阶段，发射架上的指挥装置可通过目标照射雷达给导弹发出弹道修正指令，从而确保命中目标。在拦截目标前的瞬间，目标照射雷达开始照射目标，导弹导引头开始工作。导引头捕捉到目标的反射信号后即可牢牢锁定目标，并发出飞行的控制指令。当导弹接近目标时，导弹会绕纵轴转动一个角度，尔后无线电近炸引信引爆战斗部，从而确保定向战斗部彻底摧毁目标。战斗部的定向爆炸作用可使毁伤效果提高6倍，所产生的破片是“轻型”破片和“重型”破片的混合体，“轻型”破片主要摧毁空气动力型目标，“重型”破片主要摧毁来袭弹道导弹的战斗部。

德国陆军装备轻型防空导弹武器系统 据《外军炮兵》杂志2000年第9期报道，德国陆军已组建1个轻型防空导弹武器系统排。轻型防空导弹是一种机动式可空运的全天候防空武器系统。德国陆军将组建3个轻型防空导弹连，主要用来掩护轻型空中机动部队及重要的作战指挥系统。每个轻型防空导弹连编有5个排，每排装备5部导弹发射车和1部侦察与火力指挥车。当对空中目标侦察时，排内的侦察指挥车必须同5部导弹发射车上的三维雷达相互配合，获得更完整准确的空中目标信息。三维雷达配备有敌我识别器、被动式红外搜索与跟踪传感器。导弹发射车上有4枚待发弹和4枚备用弹。侦察和火力指挥车能对来自各方面的信息进行综合判断，确定出威胁最大的目标并通过数字通信电台把需要打击的空中目标数据传输给有关的导弹发射车。导弹发射车以其最远的跟踪距离对目标进行尽可能远的跟踪瞄准，尔后，发射导弹击毁目标。

瑞典研制“报复者”(Retaliator)防空武器系统

据英国《简氏防务周刊》2000年5月24日报道，瑞典博福斯武器系统公司正在研制一种称之为“报复者”的新型防空武器系统。该武器系统能发射高速旋转的120毫米射弹，弹丸上配有灵敏度极高的传感器和十分先进的战斗部，因此，该弹丸能有效地对付空中威胁并打击某些地面目标。弹载传感器能够在弹丸飞行末段启动并对目标进行识别、分类和最终认定。120毫米射弹的外形有点类似于导弹，具有防区外发射能力，其有效毁伤范围比标准的近炸防空弹药大得多。当使用多个120毫米射弹对同一个目标射击时，能大大提高该防空系统的作战效能。该系统将融合高射炮和防空导弹两种武器的优点。博福斯公司希望在3年左右的时间内对“报复者”系统进行原理性演示，并在此后的2年对射弹进行弹道功能演示，特别要对传感器和聚焦弹头进行功能方面的测试。

炮兵弹药和引信

美国120毫米系列迫击炮弹日臻完备 据英国《简氏步兵年鉴》2000～2001年版透露，美国现已装备的120毫米系列迫击炮弹已达4种，另有6种正在研制之中。已装备的4种是：M933式和M934式120毫米榴弹、M929式黄磷发烟弹及M930式照明弹。M933配用M745式弹头触发引信，M934则配用M734A1式电子引信。两种弹的弹体相同，均装有2.4千克的B型混合炸药、均采用SCM45型发射药。M929式黄磷发烟弹配用PD745弹头触发引信，弹内装毡制楔形体，体内浸透了黄磷，两者总重为2.4千克。M930式照明弹配用M776式机械时间引信，照明炬燃烧时间为1分钟。榴弹和发烟弹的弹长均为703毫米，最大射程为7240米；照明弹的最大射程7100米。正在研制中的120毫米系列迫击炮弹有XM483式红外照明弹、增程发烟弹、多频谱发烟弹、火箭增程榴弹、XM984式子母弹和XM935式精确制导迫击炮弹。XM984式

120 毫米子母迫击炮弹是一种火箭助推迫击炮子母弹，母弹内装有 54 个 XM80 式双用途子弹。该子母弹射程可达 10000～12000 米。弹体为高性能复合材料，配用 M234 自毁引信，弹重 14.7 千克，弹长 906 毫米。预计 2007～2009 年装备部队。

美国研制新型火箭弹 据英国《简氏防务周刊》2000 年 11 月 1 日报道，鉴于在 1999 年科索沃战争中火箭炮子母弹战斗部未爆子弹数目较多，给城市作战和复杂地形环境下的行动造成了极大的麻烦，美国正在研制一种用于“制导型多管火箭弹”的单一式战斗部。该弹将有利于都市地带和复杂环境下的精确打击作战，减少或避免普通平民无辜受害。单一式战斗部的关键技术是制导装置。为此，火箭发射系统装备有一套差分全球定位系统，定位系统配用抗干扰能力很强的天线。火箭弹在飞行中可以接收到最新的弹道修正数据，使其 4 个鸭式舵修正航向，使战斗部的圆公算偏差从原来的 10 米缩小到 2 米。单一式战斗部还具有灵活设定空炸、弹着起爆或延时起爆的能力。采用延时起爆方式时弹头可穿透 0.9～2.4 米混凝土防护墙。

新加坡生产 155 毫米子母弹 据《外军炮兵》杂志 2000 年第 7 期报道，新加坡渣打工业公司为新加坡武装部队研制的新型 155 毫米子母弹已经开始投产。凡符合共同弹道协议的 39 倍和 52 倍口径 155 毫米火炮均可发射该弹，例如，北约制式 155 毫米牵引和自行榴弹炮、新加坡生产的 TH－88 式 ODE39 倍口径 155 毫米牵引炮和 FH－2000 式 52 倍口径 155 毫米牵引榴弹炮。根据中东战争的经验和教训，未爆炸子弹对己方后续部队造成很大的威胁，所以新加坡新研制的子母弹在子弹上配用了自毁装置。该子母弹有两种型号：HE－BB 弹底排气子母弹和 HE－HB 底凹榴弹，均装有 64 个双用途子弹用于攻击坦克等装甲目标的顶部。新加坡生产的 C20 式药包式发射药从 39 倍口径 155 毫米炮发射 HE－HB 弹的最大初速为 710 米/秒，最大射程为 18 千米；用新加坡生产的 C30 式可燃药筒发射药从同样的火炮发射 HE－BB 弹的最大初速为 800 米/秒，最大射程为 27.6 千米。

该子母弹配用 ETFA－2 式电子时间引信，在发射之前预先装定好时间。在预定的时间，引信点燃抛射药，使底凹装置和底部装置同弹丸分离，子弹则由于弹丸高速旋转所产生离心力的作用，在 450～500 米的高度上散布开来，并在子弹悬浮装置的作用下，稳定地垂直下落。子弹命中目标后，聚能装药战斗部爆炸并摧毁目标的顶装甲。由高强度钢制成的预制破片双用途子弹具有很强的杀伤效果。该子母弹杀伤面积为 104 平方米，对匀质钢甲的平均穿甲厚度为 63 毫米以上，平均破片数为 600～750 块，哑弹率小于 5%。

伊朗研制成功新型 130 毫米弹药 据英国《简氏防务周刊》2000 年 5 月 10 日报道，伊朗已研制成功并开始生产一种弹底排气 130 毫米杀伤爆破榴弹。伊朗装备有原苏联于 20 世纪 50 年代生产的 M－46 式 130 毫米牵引火炮，其制式 OF－482M 式炮弹的射程只有 27 千米，弹丸重 33.4 千克，战斗部装药 4.63 千克，最大初速 930 米/秒；新弹丸重 35.5 千克，比原弹增加 2.1 千克；炸药重 3.7 千克，比原弹减少了 0.93 千克，射程为 37 千米，比原弹整整增加了 10 千米。

英国研制 CCS 式 76 毫米反导弹炮弹 据《外军炮兵》杂志 2000 年第 6 期报道，英国宇航公司和意大利奥托·米拉拉公司共同发展了一种称之为 CCS 的 76 毫米反导弹炮弹。该弹的弹头装有一套指令系统，在弹头重心周围装有 5 个微型火箭喷气发动机，火箭发动机的启动由弹载指令系统控制。而弹载指令系统则是根据炮载弹道计算机系统发出的指令来操纵微型火箭发动机。弹丸在微型火箭发动机喷气作用下调整飞行的方向，最终击中导弹。CCS 式 76 毫米反导弹炮弹重 6.66 千克，装有 0.5 千克高能炸药。它配用近炸引信，杀伤半径为 8 米。炮弹尾部带有 4 个折叠式尾翼，炮弹飞出炮口的瞬间尾翼展开，使弹丸转速从炮口的 22000 转/分逐渐减至 200 转/分，从而确保炮弹攻击导弹的灵活性。该弹射程可达 16 千米，比反导导弹的速度快得多，当然价格较贵，为普通炮弹的 5～10 倍。就目前看，该弹仅配用于 76 毫米舰炮，从长远看，有望装备岸炮以及其它火炮。

法国为线膛迫击炮研制 120 毫米系列炮弹 据英国《简氏步兵年鉴》2000～2001 年版载，法国的 TDA 公司为 MD120 RT 式 120 毫米迫击炮和 2R2M 式 120 毫米自行迫击炮系统研制了多种迫击炮弹，包括火箭增程榴弹、普通榴弹、照明弹和子母弹。PRPA 式 120 毫米迫击炮火箭增程弹装有一个火箭助推装置，在炮弹发射飞行 10 秒钟之后，火箭助推装置启动。该弹弹体为可锻铸铁，破片杀伤性能较强。该弹配用触发引信或近炸引信，弹长 918 毫米（含尾管），发射前重 18.6 千克，发射后重 15.7 千克，最大射程为 13 千米。PR14 式 120 毫米迫击炮榴弹与 PRPA 火箭增程弹十分相似，区别在于它没有装火箭助推装置，弹长 897 毫米（含尾管），弹重同增程弹，最大射程 8100 米，最小射程 1100 米，在落角为 69°于地面爆炸时，有效作用范围为 1531 平方米，在地面上方 3 米爆炸时，有效作用范围为 1294 平方米。PRECLAIR 式 120 毫米迫击炮照明弹弹重 15.3 千克，照明炬落速为 5 米/秒，照明时间为 55 秒，用 MO 120 RT 迫击炮发射时，最大射程为 8150 米。“阿塞德”120 毫米迫击炮子母弹内装有 2 个精确制导子弹。子弹弹径 100 毫米，弹重 4～5 千克。子弹由降落伞悬挂下落，此时，弹载毫米波雷达和红外传感器可对约 2 万平方米内的目标实施扫描，一旦发现装甲目标，爆炸成型战斗部即刻发生作用并直射目标，以动能方式摧毁装甲目标。

芬兰研制成 NF－2000M 多用途迫击炮弹引信 据英国《简氏步兵年鉴》2000～2001 年版载，芬兰已研制成功 NF－2000M 多用途迫击炮弹引信并已批量生产。该引信可以配用多种口径迫击炮弹，但主要用于 120 毫米迫击炮弹。该引信属于光学引信，它采用了高速窄光束脉冲、逻辑算法辨认目标、氮光学模件密封等先进技术。因此，它具有极强的抗干扰性能，可全天候使用。发射之前，要对引信进行感应编程，以便选择引信作用方式。选用近炸方式时，炸高可在目标上方 1～5 米之间，精度为 1 米；选用触发方式时，延迟时间可在 0～90 毫秒之间，间隔 10 毫秒。选用时间引信时，可在 2－200 秒之间，时间间隔为 0.05 秒。该引信设有两个独立的保险机构，只有弹丸达到规定的加速度且涡轮达到预期的转速时，才能被激活并开始工作。该引信最长储存寿命为 20 年，使用的环境温度为－40℃～＋60℃。

南非对 155 毫米远程增速弹进行试验 据《外军炮兵》杂志 2000 年第 7 期报道，南非分别采用 39、45 和 52 倍口径的 155 毫米榴弹炮对该国迪奈尔公司索姆切姆分公司研制的 155 毫米远程增速弹（VLAP）进行了试验。为增大射程，该弹装有弹底排气装置和火箭增程装置。所有由南非迪奈尔公司 LIW 分公司制造的火炮，包括 G5 式 45 倍口径 6×6 155 毫米轮式自行榴弹炮、T6 式 52 倍口径 155 毫米轮式自行榴弹炮均可发射 VLAP 远程增速弹。该弹可配用多种型号的装药，包括 M53、M90 式装药和 BMCS 双模块装药系统、M64 式双模块装药系统。该弹的射程超过其他所有的 155 毫米弹药。用 39 倍口径 155 毫米炮依次发射船尾型弹、弹底排气弹和远程增速弹的射程分别为 23、30 和 39 千米；用 45 倍口径 155 毫米炮依次发射上述 3 种弹的射程分别为 30、39 和 50 千米；用 52 倍口径 155 毫米炮依次发射上述 3 种弹的射程分别为 32.5、41 和 52.5 千米。

（神 赋）

工程兵技术装备

综述 2000 年，世界各国工程兵技术装备的发展，概括起来具有以下特点：

突出“立体保障”器材的发展和研究 在现代高技术条件下作战，工程兵实施工程保障的时限在缩短而范围在急剧扩大，十分强调全方位战斗支援，包括地面、水上、空中、以及各种地形、气候条件下快速遂行机动、反机动等战斗支援保障任务。为此，许多国家在重视机动与反机动装备器材发展的同时，注重“立体保障”器材的发展，如除美国最早发展直升机（UH－1、UH－1B、UH－60A 等）、飞机（F16）布雷外，意大利正在发展 DAT 直升机布雷系统，俄罗斯新装备并出口的 BCM－1、BMP－2 直升机布雷系统。俄罗斯的 BMP－2 直升机布雷系统可以 15～20 千米/小时飞行速度在离地面 50 米的高度快速近距离布设防坦克地雷场。此外，美国、英国、德国、俄罗斯等正在发展机载探测系统，用于大面积远距离探测雷场。如英国正在研制的机载探雷系统可以昼夜全天候探测雷场。

伪装与模拟装备倍受重视 科索沃战争中，南联盟抵抗了北约的狂轰乱炸，保存了有生力量，其中很重要一点，是南联盟军队的伪装与模拟器材起到十分关键作用。为此，战后一些国家对伪装器材的发展更加重视。正在积极开发和研究的伪装器材项目有：高机动车载伪装系统，包括快速伪装系统、伪装伞和组合伪装系统；机动伪装系统；假目标系统以及采用目标信号特征处理的多波段超轻型伪装遮障，“一片网子可覆盖所有波段”。美国1999年生产了林地型超轻型伪装网，2000年开始生产沙漠型，北极型和城市环境型伪装网正在研制中。美国超轻型伪装网系统的热传递信号比同类器材降低了80%。奥地利也在积极研制多种伪装器材：伪装网及其支撑器材、假目标等。

探、扫雷器材及其技术的研究与发展仍是重点 地雷的探测和清扫仍然是当今世界一个重点难点问题。为此，各国军队一直在积极探索各种技术，研制各种探雷、扫雷器材。目前已有单兵人工探雷、车载通路探雷、机载大面积远距离探雷和机械扫雷、爆破扫雷、磁模拟扫雷、以及综合扫雷等器材。在探扫雷器材和技术研究方面有新的发展，如英国开发一种“火蚁”人工扫雷装置，即“火蚁”将一束高温火焰射向地雷，先将雷壳烧穿，然后焚化其中的装药。美国研究发现，在菠菜绿叶中的酶能分解消除雷场一类爆炸性障碍物，将提供一种更经济、更方便的扫雷方法，为人类扫雷提供“绿色”通道。

渡河与桥梁装备

美国发展快速架设桥梁系统（REBS） 据美军2000年4月公布的快速架设桥梁系统作战需求书说，美军为满足未来中型旅克服江河、沟渠障碍的需要，提出发展名为快速架设桥梁系统（REBS）的新型冲击桥。该桥采用模块化设计，乘员2名，用拖车或通用桥梁运输车运输，也可用C－130飞机空运。该桥不需进行任何准备即可以作战配置状态上下飞机。桥梁系统长15米，克障宽度13米，能保障各型轮式和履带式车辆克服战区沟渠障碍。该桥将具有较高的可靠性和易维修性。快速架设桥梁系统计划于2002年1季度装备过渡型旅级作战部队，到2010年装备8个中型旅工兵连，装备数量共计32套。

美、英联合研制 Alvis/SEI 架桥车 据英国《简氏军用车辆和勤务》2000～2001年报道，美、英联合研制的Alvis/SEI架桥车采用“暴风”装甲人员输送车底盘，桥展开后由装在后部的两个桥脚支撑，由液压系统提供动力。桥为剪刀式，桥长15米，箱式跳板长7.5米，架设后可跨越13.5米宽的障碍，能承受30军用荷载吨级（以后将增至35军用荷载吨级）。该桥车可以3种方式架设：（1）自动架设（约需5分钟）；（2）车外遥控架设；（3）人工架设。可从任何一端开始撤收。Alvis/SEI架桥车车桥分装后，可由C－130飞机运输。桥车道路最大行驶速度为75千米/小时。

俄罗斯正在研制 TMM－6 重型机械化桥 据英国《简氏军用车辆和勤务》2000～2001年报道，俄罗斯正在研制一种TMM－6重型机械化桥。该桥的桥车由桥梁器材和底盘车等组成。桥梁器材包括桥跨（双轨式）、可伸缩桥脚等。底盘车由具有较高越野性能的8×8型轮式车改装，配有稳定支腿、液压系统等用于架设和撤收的专用设备。该桥用于快速克服宽100米、深5米以内的河川、干沟等障碍，能承受60吨履带式荷载。该桥具有机动性能好、架设速度快、作业人员少、劳动强度低、桥面调整方便、通行性能好、适应性强、即可单跨架设、又可多跨连续架设等特点。主要战术性能：架设人员2人，桥梁车行道宽度5米，全套器材桥车6辆，每辆桥车（单跨）架设长度17米，全套器材架设长度102米，克服障碍最大深度5米，桥脚可调整高度2～5米，架设速度：单跨5分钟，全套器材50分钟，通行速度20～30千米/小时，桥车最大行驶速度70～80千米/小时。

新加坡研制新型装甲架桥车 据英国《简氏防务周刊》2000年7月报道，新加坡动能技术公司最近3年一直在研制“比尔尼克斯”步兵战车的变型车——装甲架桥车，目前新加坡武装部队正在对该车进行试验。装甲架桥车是在步兵战车的改装底盘上，安装德国MAN技术公司生产的架设装置和桥体。其桥体装在车体的顶部，长22米，可跨越20米宽的沟渠。通载能力为30军用荷载吨级。铝合金平推式桥体可由2名乘员在完全装甲防护下6分钟内架设完毕，还可以遥控架设。该架桥车战斗全重28吨，最大公路行驶速度为每小时70千米。

印度军队研制重型路面器材 据英国《简氏军用车辆和勤务》2000～2001年报道，印度研制了一种新式重型路面器材。该器材适用于岸边及沙漠地带使用。它由铝合金板条构成，长50米，宽3.35米，成卷筒状固定在卷筒支架上，由轮式车辆运输。在沙地或沼泽地带可承受30军用荷载吨级。该器材由士兵将其起始端沿驾驶室上方拉至路面，再由运输车向前碾压进行铺设。铺设速度为1000米/小时。该系统可由具有4×2米承载平台、载重量5吨以上的车辆运输和铺设。

军用工程机械装备

美国研制换代产品 M－9E1 装甲推土机 M－9E1装甲推土机是M－9装甲推土机的更新换代产品。M－9E1将为战斗工兵提供更强的土工作业能力，同时将提高机械本身的机动性、易维护性、耐用性，以及车辆和乘员的生存能力。M－9E1将为21世纪重型部队提供工程保障支援。美军现已成立M－9E1联合概念小组，对有关条令、训练、指挥、编制体制、装备器材和士兵的问题进行评估，并对未来作战土工作业需求，存在的不足以及是否可能需要发展装备器材等问题进行探讨。M－9E1 将部署到师和非师属战斗工程兵部队。该机将使工程兵能够在道路和越野条件下伴随重型部队实施机动。

俄罗斯研制出新型 BTM－4M 高速冻土挖壕机 该挖壕机在各项技术性能上都优于国外同类装备，可以在冻土中实施快速的挖壕作业，最大行驶速度 50 千米/小时。它主要由履带底盘、挖壕装置和推土装置组成。它由 2C7M203 毫米自行加农炮牵引车改装而成，底盘车的传动装置加装有 ГСТ－90 液压减速器。为了提高作业时的观察能力，将驾驶室升高了 400 毫米，经过改装的驾驶室可乘坐 2 人。挖壕机的挖壕装置由转换机构，抛土转动机架、挖壕深度控制机构和清土板、两个槽式卸土部件、斜坡成形铲刀和保护罩等组成。其挖壕机作业能力如下：开挖 1.1 米深壕沟时：冻土中 300 米/小时，在Ⅱ～Ⅲ级非冻土中 1200 米/小时；开挖 1.5 米深壕沟时：冻土中 250 米/小时，在Ⅱ～Ⅲ级非冻土中 1000 米/小时；在非冻土中挖壕深度为 1.1～1.5 米，其顶宽 1.1 米，底宽 0.6 米；在冻土中挖壕深度为 1.1～1.5 米，其顶宽 0.9 米，底宽 0.6 米，推土作业速度为 4～10 千米/小时。该机从行军状态到作业状态，转换时间只需 5 分钟。

法国研制新一代 EPG 主力工程车 据英国《简氏军用车辆和勤务》2000～2001 年报道，1994 年，法国地面兵器工业集团完成了主力工程车项目可行性研究。该车以"勒克莱尔"装甲抢救车底盘为基础车，其基本装备包括 1 副车前安装的地锚和推土铲刀，1 个液压动臂和 2 个绞盘。其主绞盘牵引力 30 吨（绳长 160 米），副绞盘牵引力 15 吨。EPG 主力工程车的动臂可换装挖斗、土钻、抓斗、振动锤或吊勾等多种液压作业装置。工程车还能配置用作布雷行动的布雷器材。该车动臂最大伸距 9 米，最大挖掘深度 4.3 米。进行起重和扫雷作业时，工程车悬挂可闭锁。该车后发动机甲板上提供一个平台，可携载扫雷系统、雷场标志器材、爆破器材或"怪圣"抛撒布雷系统等专用工程装备。磁性扫雷装置，以及扫雷犁或扫雷滚等扫雷系统可装在工程车的前部。该车可供选购的武器系统有 142 毫米破坏工事炮和 1 挺 12.7 毫米机枪。Galix 宽波段烟幕弹发射器或近距离防御榴弹发射器提供有效防护手段。车体采用复合爆炸反应式装甲，增强了工程车的防护性能。该车还提供有核生化三防系统，在乘员舱和液压舱均提供自动火警探测和灭火系统（液压舱与乘员舱分开）。EPG 工程车可通过一套带视频系统的装置进行遥控作业。车上有 4 名乘员（车长、司机和 2 名战斗工兵），提供的设施有空调、化学盥洗室、盘碟加热器等。该车还可安装快速信息导航和报告系统。

西班牙陆军装备新型 CZ－10/25E 装甲工程车 据英国《简氏军用车辆和勤务》2000～2001 年报道，珀杰特·塔尔伯特有限公司为西班牙陆军生产了 38 辆由 M－60 主战坦克改装的 CZ－10/25E 装甲工程车。该车保留了炮塔，安装了全回转式机械挖掘装置。其铰接式挖掘动臂最大挖掘半径为 7.21 米，最大挖掘深度为 2.65 米，反铲挖斗容量为 430 升，最大提升力为 7000 千克。该挖斗可与 NPK 锤及 VTC－30 切割工具互换使用。该车还配备新型中轴液压功率输出器，用以驱动前置推土铲刀。车前铲刀位置可换装成扫雷犁及扫雷滚。扫雷时，在车尾中部可安装标示杆定位装置。该车配备了后置液压绞盘，配备有牵引力为 25000 千克的卷筒，若插入一个往返装置，其牵引力可增至 50000 千克。绞盘备有 80 米长直径为 26 毫米的电缆，其最大牵引速度为 5 米/分钟。车上配备 12.7 毫米机枪 1 挺，掷弹筒 8 个。驾驶室可容纳 3 人。

澳大利亚正在对高速工程车（HAEV）进行技术评估 据英国《简氏军用车辆与勤务》2000～2001 年报道，澳大利亚和加拿大陆军正在对澳大利亚研制的高速工程车进行评估，并可能在不久的将来装备这种工程车。该工程车是一种全地形高速多功能工程车辆，能用于执行多种野战工程作业和勤务保障任务。在通常状态下，该车装备反铲挖斗和前端装载铲斗，必要时该铲斗可换装成货叉。其供选购的附加作业装置包括土钻、绞盘、压实机、扫雷犁和岩石破碎锤等。根据需要，还可加装装甲防护装备。高速工程车采用配有空调系统的正气压防尘驾驶室，驾驶员座椅可 180 度回转。车上配有防滚翻防落物保护架，并可根据需要提供乘员座椅空间。该车也能用 C－130"大力神"运输机空运或用 CH－47D"支奴干"直升机吊运。

伪装与模拟装备

美国生产超轻型伪装网系统（ULCANS） 超轻型伪装网系统是由美国马可尼公司研制的。该系统分为林地型、北极型、城市环境型、沙漠型。其产品通过降低目视探测的可能性，抑制热信号和雷达信号特征，改进背景匹配，来提高被隐蔽目标的生存能力，从而对抗先进的多光谱可见光、红外和雷达器材的侦察。林地型伪装网已于1999年开始生产，沙漠型伪装网于2000年生产，北极型、城市环境型伪装网正在研制中。超轻型伪装网系统的热传递信号比同类器材降低了80%，其热信号特性与植物相近，可对抗红外侦察。同时，该系统通过减小伪装网的雷达横截面，降低了目标被雷达探测的可能性。超轻型伪装网系统重约40.8千克，全套器材包括1块六角形伪装网和1块菱形伪装网，1套维修器材和操作手册。

美陆军计划用毫米波模块改进发烟系统 据英国《简氏国际防务评论》2000年3月报道，美国陆军打算通过使用“毫米波”（MMW）模块改进其M－56和M－58A1可见光/红外线大面积发烟系统。这一改进将使这些烟幕的有效性扩展到包括以毫米波频率工作的雷达上。“工程和生产开发”（EMD）预计从2001财年持续到2004财年，后续生产则从2005年延续至2008年财年。在工程和生产开发阶段将安排更进一步的演示，包括用6套样机生成一道1×5千米、持续时间为30分钟的大面积烟幕墙。根据1995年3月签署的5年合同，机器人系统技术公司正在制造293个以HMMWV轻型高效机动车为基础车的M－56的样品。在2001～2005财年间，还要采购40套。所有于1995～2001年之间生产的M－56产品都将在野外进行改装，以便能够接收毫米波模块。那些在2005～2009财年间生产的产品从开始就会将其结合进去，这些产品将使总数达到1016套。“安尼斯顿”陆军仓库正在把类似的装备加装到140台改进型M－113A3装甲人员输送车上，组成M－58机械化发烟系统。

瑞典生产多波段超轻型伪装遮障 瑞典巴拉居达公司采用目标信号特征处理生产的多波段超轻型伪装遮障（BMSULCAS）能提供以电磁波谱中的可见光、近红外、热红外和宽波段雷达部分的侦察和瞄准的完全防护。它比具有相似性能的传统伪装网轻50%。使用防止勾挂的细纱基布，操作时间短，寿命长，每个目标只需要一片定制的遮障即可。

瑞典制造机动伪装系统（MCS） 该系统（MCS）是为战斗车辆单独设计的伪装器材。它能对现代武器弹药提供全面的防护，能显著减小机动目标被探测的可能。其特点是：①全面的侦察防护。它有4个不同型号，即可见光和近红外防护；可见光、近红外和热红外防护；可见光、近红外和雷达防护和可见光、近红外，热红外和雷达防护；保护人员和装备，防止热传输。4种型号中的每一个均能添加热传输衰减系统（HTR）。在炎热气侯条件下作战时，HTR系统可以衰减穿过车的外壳进入车辆内部的热量。②使用方便。机动伪装系统的所有部件都采用内装式并且牢固地固定在车辆上，可用高压清洗，战时可由其乘员在1个小时内贴上。

奥地利“布莱斯克”公司生产多种伪装器材 据英国《简氏军用车辆和勤务》2000～2001年报道，奥地利“布莱斯克”公司生产多种伪装器材，其主要产品有伪装网与支撑器材、假目标等。该公司伪装系统使用一系列“伞”状组件，可被快速设置在车辆或某军事设备上掩饰其外形。“伞”状组件可组合成两种类型，与伪装网混合使用。使用时，在车身两侧悬挂高度为1.5米。一人可在3分钟内打开使用。该公司生产的一系列特殊武器伪装系统，可快速设置在武器周围，如防空火炮或火炮组件。一旦设置，从各个角度观察此系统外观都不相同。武器射击时，需撤走此系统。该公司还生产了许多类似军事装备及车辆的主动及被动型假目标。这些假目标由结构型骨架构成，使用的材料与上述伪装系统相似，可有效预防多光谱侦察。

地雷与布雷装备

美国研制防步兵地雷替代品——非自毁弹药NSD－A 据“国际互联网”2000年4月27日美军相关网站报道，非自毁弹目前处于发展开始阶段。它是一种人工设置的防步兵弹药，用于取代防步兵地雷。非自毁性弹药用于对付徒步士兵，将具有干扰探测能力。它小而轻，易于携带，可供陆军、海军和所有北约人员使用。目标识别由在现场附近的人员通过一遥控装置实现。该遥控装置可以识别半径10米范围内的目标。非自毁性弹药和以往的装药配套，可通过遥控装置实施指挥和控制（C^2）。非自毁性弹药有两种：致命的和非致命的，非致命的非自毁性弹药可使目标丧失能力，但不杀死目标。非自毁性弹药将有控制式（包括来犯报警起爆）和自毁式两种起爆方式。

美国计划开发“自愈”雷场 美国防务高级研究项目署计划在2000财年期间对外签订多项合同，开发和演示能提供一种“自愈”（self healing）雷场的新技术。“自愈”雷场由一套防坦克地雷分配网络组成，它能对敌人的开辟通路行动自主地决定有无作出反应的必要，并随之相应地改变地雷的位置，以填补由敌方开辟通路行动造成的空缺。因为使用了控制和“自愈”算法，这一处理过程由地雷集群的计算反应驱动，而并不取决于单件武器的高度精确的反应。防务高级项目署希望演示一种能在10秒钟内将重量为2

千克、直径为15厘米的防坦克地雷移动5米的能力。

俄罗斯研制成功新型布雷车 俄罗斯最近研制成功一种新型的ГМЗ－3履带式布雷车。该布雷车集布雷、机动、防护、战斗于一体，乘员3人，战斗全重28.5吨。车上装有7.62毫米机枪1挺，携带防坦克地雷208枚。该车埋雷深度：一般土壤120毫米，雪地500毫米。布雷准备时间：自动方式2分钟，手动方式8分钟。俄军1个障碍设置排编配3辆布雷车，可布设正面为2300～3000米宽的地雷场，该车也可在地面布雷，并能对布设的地雷进行伪装。地面布雷每小时16千米，埋设布雷并进行伪装每小时6千米。公路时速达60千米，越野时速40～50千米，最大越野行程500千米。该车最大爬坡度达30度，涉水深度为1米，并能克服2.5米深的壕沟，通过0.7米高的垂直墙。车上还装有导航系统和先进的"三防"系统，该车能在短时间内施放烟幕。

俄罗斯研制BMP－2直升机布雷系统 据英国《简氏军用车辆和勤务》2000～2001年报道，BMP－2直升机布雷系统是用来安装在米－8MT或米－8T直升机上的。当直升机以15～20千米/小时的速度离地面50米的高度飞行时，可用来布设防坦克地雷。地雷地面间隔为5.5～11米。这套系统可装载200枚触发或非触发TM－62防坦克地雷。该系统安装在1个支撑架上，支撑架装在直升机舱底部的系货点上。支承架上面是一传送带，传送带上面有20个地雷箱，每箱可装10枚地雷。按预定的程序以传送的方式把地雷从直升机中投放出去。

英国正在研制AHM反直升机地雷 AHM反直升机地雷目前由英国"菲兰蒂"国际公司正在研制中。该雷具有声/红外双重传感器和一个具有多个爆炸成型穿甲弹的战斗部。地雷布设后，声传感器开始探测有效的噪声信号，而后将地雷战斗部朝向并瞄准目标，同时启动与战斗部同轴的红外传感器。当红外传感器捕获有效目标后，地雷起爆。爆炸成型穿甲弹丸具有足够的能量打击和毁坏直升机。该雷形状为圆柱形，雷壳采用金属材料，其颜色为橄榄绿，布雷方式既可人工布设，也可远距离撒布。它具有自毁装置，杀伤范围为50～200米，有效杀伤半径为50米。

探雷与扫雷装备

菠菜——通向扫雷的"绿色"通道 美国太平洋西北国家实验室的科学家发现，存在于菠菜绿叶中的酶能为消除如雷场一类的爆炸物作出贡献，从而提供了一种比常规处理方法更经济的替代办法。美国国防部已拨款100万美元用于此项研究计划，研究将于2000财年前完成。研究人员发现，菠菜和其它自然植物的化合物中的硝基还原酶能够"吃掉"——分解和转化梯恩梯一类的炸药。这种原先被称为"环保分解技术"包含了一种能将危险的炸药逐渐衰减为低毒性副产品的新生的生物技术。

美军进行水下探雷车试验 据英国《简氏防务周刊》2000年4月报道，5月美军将开始水下探雷车试验，以减少水雷对海军陆战队的威胁。"布芬"机器人公司生产两辆水下车辆。该车长3米，形似鱼雷，使用高分辨率声纳，其探测范围可覆盖防两栖部队进攻的浅海地段，可探测到埋设或锚系水雷。这种水下探雷车可从潜艇、军舰及直升机上下水。该车拟采用5400型4射束侧扫描声纳系统。该系统曾在多起空难坠海事件中用于探测并确定遇难飞机的具体地点。

克罗地亚成功研制MV－2防步兵地雷遥控扫雷车 克罗地亚研制的MV－2防步兵地雷遥控扫雷车（又称"地球天使"扫雷系统）在扫雷工程中获得成功使用。该扫雷车是一种有效的全地形扫雷机械，能够在树丛、森林、河堤、甚至是庭院中扫雷开辟通路。该系统操作简单，运输方便，部件易于更换。它能够应付在巴尔干半岛所遇到的大多数植被地形。MV－2扫雷车能够有效扫除塞尔维亚PROM－1防步兵地雷，但PROM－1防步兵地雷对它却不能构成威胁。以某种角度安装的保护板可防止雷体破片对发动机箱所造成的破坏。

德国"瓦隆"VMX－2探雷器正投入生产 据英国《简氏军用车辆和勤务》2000～2001年报道，VMX－2探雷器是德国人道主义组织和民间扫雷组织共同研制的一种手持式探雷器，可探测金属含量较多的防坦克地雷和未爆炸物等。VMX－2可在任何土壤中探测出地雷，这一点特别适用于无法使用磁力仪的导磁率较高的土壤。VMX－2最大探测深度是1.8米，对金属含量多的塑料地雷探测深度为1米。该探雷器主要由探杆和探头组成。探杆长度可在0.92～1.37米之间调节；探头重量轻且不含金属，探头内的DMPI传感器具有降低噪声特征。此外，VMX－2携带有可保存被探测目标数据的系列装置。该探雷器应用了先进的数字式磁脉冲感应技术。探头直径为600毫米，重量3.6千克。

英国计划研制新型探雷系统 据英国《简氏防务周刊》2000年第1期报道，英国国防部计划1999年研制"车载探雷、使雷失效与道路探测系统"（MINDER）。该系统将由道路探测系统和侦察系统组成。道路探测系统是一辆装有传感器的防雷道路探测车，能探测防坦克和防步兵地雷，并可使地雷失效，并为后续部队标明安全通路标志。侦察系统为侦察传感器系统。该系统可安装在皇家工兵各类战术侦察装备和轮式多用途装甲车上。英国国防部已于1999年下半年对新型探雷系统演示试验。

法国生产 DEMETER Ⅱ型车辆信号模拟系统 据英国《简氏军用车辆和勤务》2000～2001年报道，DEMETER Ⅱ型车辆信号模拟系统由法国地面兵器工业集团生产，是DEMETER Ⅰ的改进型。该信号模拟系统是一种用来模拟车辆磁信号的设备，配备有新型发射器，可向携载车辆的前方发射虚假的磁场信号，使安装了磁感应引信的地雷在车辆到达之前引爆。该系统可引发车辆前方6米处、距车轴线两侧各5米处的磁感应引信地雷。该系统与皮尔森全宽扫雷犁共同构成了DNG新一代装甲救援车K2D扫雷装置的一部分。此系统重170千克，直径110毫米，长度740毫米，动力消耗为700瓦，电压为24～28伏。

瑞典研制新型扫雷车（AMCV） 据英国《简氏军用车辆和勤务》2000～2001年报道，瑞典研制了一种新型扫雷车。该车是在“豹Ⅰ”主战坦克底盘的基础上，由一个焊接的上层装甲结构代替炮塔，在上层结构装备有防卫武器。该车乘员为2名。扫雷车的前部是一个安装有扫雷系统的转盘。全套扫雷系统包括一个旋转组件、液压传动装置、左右臂架和延长部分，防爆板和深度自动调节装置。不使用时，用车体左端一升降装置把它存放在车体上部。该车的其它扫雷装置包括电子和爆破扫雷系统、通路标识系统。装甲扫雷车可在雷场中以16000平方米/小时的速度开辟4米宽的通路。全车重为42500千克，涉水深2.2米，垂直越障1.15米，越壕宽2.5米。

罗马尼亚研制 DT－3 探雷器 据英国《简氏军用车辆和勤务》2000～2001年报道，此探雷器是专为探测埋设在地下、雪下、水下及隐藏在砖下的金属雷和低金属雷而设计的。该探雷器准备使用时间为2分钟，电源包中电池所提供的动力可连续工作40小时。依据所碰到的地雷类型的不同，探雷器可在70～350毫米深度范围内进行探测。该探雷器重量为4千克。

（熊万奎）

海军武器装备

综述 2000年世界各国的海军武器装备发展更加突出“新、隐、快、强”，即船型新、隐形好、航速快、威力强。各国海军在研制与设计中加强了高新技术的运用，因此独具创意的舰艇接连问世。不少国家已在水面舰艇上充分应用了有效的隐形设计和手段，使人耳目一新。舰艇动力也出现可喜的发展，航速正在创历史新高。越来越多的舰艇上装备了精度更高、反应更快、威力更猛的对空、对海、对岸和反潜等武器装备。相控阵雷达、导弹垂直发射系统、高性能声纳、新式反潜武器和火炮及电子战装备已越来越成为各国舰艇普遍装设的“海战利器”。

更多的国家看好航母的发展，中小型航母是急欲走向远海的多数国家海军的首选，并成为这些国家最重要的威慑力量之一。美国继续花巨资建造其第10艘“尼米兹”级航母CVN－77，并加紧研制CVNX型未来航空母舰。俄罗斯海军虽然目前只有“库兹涅佐夫”号1艘大型航母，但2000年12月普京总统强调要从建造同级航母入手，重振俄罗斯海军力量。法、英两个传统航母国家在航母发展上各有建树。法国“戴高乐”核动力航母于2000年末加入海军现役，英国正在有条不紊地研制未来新型航母。亚洲有越来越多的国家看好航母，并加快其发展速度。尤其是日本，它在继发展“大隅”这艘“大型运输登陆舰”之后，又宣布建造2艘“直升机母舰型驱逐舰”，该舰朝实际航母迈进了一大步。日本还将筹建排水量为4万吨甚至吨位更高的航母。作为亚洲另一个加速发展航母的大国——印度，2000年除保有“维拉特”号航母外，已决定采购改装俄罗斯的“戈尔什科夫”号航母，同时还准备自行研制建造一艘排水量3.2万吨的防空型航母。

巡洋舰依然是美海军发展的重点，而驱逐舰、护卫舰愈加为更多的中小国家海军所看好；各种新技

*术、新船型、新武器、新装备正在众多国家的战舰上普遍使用。*各国海军驱逐舰、护卫舰的吨位、火力、性能等都有明显的提高。装有“宙斯盾”防空系统的战舰将不再是美、日两国的专利，西班牙、挪威都将相继加入这个行列，而且还有更多的国家对相控阵雷达感兴趣。“宙斯盾”系统应用的最大好处就是使水面战舰的防空范围和防空能力得以明显增强。英国三体护卫舰的海上试验引起了各国海军的巨大震动，以此为契机，今后的二体舰、三体舰乃至四体舰等战舰都将陆续加入海军现役，使其海上生存能力、机动性能及总体抗打击能力更强。有助于减少噪音和维修量、降低成本以及增强隐形能力的综合电力推进系统已经初露锋芒，为一些海军强国所青睐，并有望尽快在战舰上落户。最为各国所广泛接受的是隐形技术的发展与应用，如今战舰上的隐形技术和手段不再是少数国家的专利，而是各国根据现代海战要求的必然选择。

*海上军事强国继续研制与发展核动力弹道导弹潜艇、核动力攻击潜艇，其他国家则大力发展常规动力潜艇，AIP动力系统正越来越展示出独特的魅力。*作为三位一体的核打击力量的关键，核动力弹道导弹潜艇依然是美、俄、英、法等国发展的重点。俄罗斯的“北极风”、美国的“俄亥俄”级改装、法国的“可怖”号等核动力弹道导弹潜艇都在如期发展。核动力攻击潜艇也是海军强国角逐的筹码。俄海军的“北德文斯克”级，美海军的“海狼”、“弗吉尼亚”级，英海军的“机敏”级，法海军的“梭子鱼”级等核动力攻击潜艇正在争先恐后地比试较量着。对于常规动力潜艇，各国依然是在加大航速、潜深、武备、隐形等方面做文章。目前，一些国家海军最热门的是在潜艇上装设AIP系统，使之在减少噪声、增大下潜深度、延长水下航行时间等方面出现突破性的进展。

*舰载武器装备与技术已成为未来海战取胜的关键和“撒手锏”，因此各国都在竭尽全力发展相关技术与装备，以免在某些领域出现被动与落后。*在现代海战与武装冲突中，远程精确导弹仍然是舰艇打击对方最具威胁的武器，为此各国仍在不遗余力地发展它。“地狱火”舰舰导弹、“标准”对地攻击导弹、“战斧”巡航导弹、“海拉姆”近防武器系统等一大批各具功能与特色的导弹将现代海战变得更加扑朔迷离。反潜、反水雷、反鱼雷也是各国舰艇注重发展的一个方面，不少国家在这些方面研制出了绝招，找到消灭上述威胁的克星。俄罗斯的“蟒蛇－1M”就在这方面取得明显的突破。无人机普遍受到重视，它正以其特有魅力和出色的本领崛起在海战舞台上。

航空母舰　日本筹划建造航空母舰　据《简氏国际海军》2000年6月号报道，日本海上自卫队正在筹划研制一种新型的航空母舰。拟建造的航母排水量约为4万吨，舰上将采用核动力装置，最大航速为30节；舰上将搭载32架F－14战斗机和8架E－2C“鹰眼”预警机，飞机起飞靠弹射器。F－14战斗机配备有可同时攻击6个不同目标的AIM54空空导弹；该导弹射程可达100海里，能在敌机发射空舰导弹之前将其击落。有关专家还认为，该航母舰载雷达的最大对空搜索范围达100海里，对海约为30海里；舰上人员控制在600人左右。一旦需要，该型航母还将使吨位增至5～6万吨；舰长达300米，舰宽42米，吃水11米。

日本将建造大型“直升机母舰型驱逐舰”　据《简氏防务周刊》2000年12月号报道，2000年12月日本海上自卫队宣布，将建造2艘大型“直升机母舰型驱逐舰”。该舰将用来替代“榛名”级驱逐舰，以作为未来“十·九舰队”的旗舰。该舰的标准排水量约为15000吨（比“大隅”级约多5000多吨），满载排水量近2万吨，建成后将成为日本海上自卫队最大的战舰，并使得日本海上自卫队拥有“母舰型”战舰。该舰的直升机库可容纳4架MH53E重型直升机，其大型甲板可同时起降3架直升机，其实战能力已接近英国海军“无敌”级航母。每艘造价约为8.2亿美元。

印度与俄罗斯磋商改装“戈尔什科夫”号航母　据《简氏国际海军》2000年第7期报道，2000年7月，印度与俄罗斯就一揽子武器购买计划进行了磋商。印度目前只有1艘能够服役到2012年的航空母舰“维拉特”号，但印度海军认为按作战需要，至少要有3艘航母才能满足。为此，印度海军于2000年4月成立了采购“戈尔什科夫”号航母的小组。该航母1987年服役，舰上搭载有“雅克”－38M战斗机、卡－27和卡－29直升机，同时配有SS－N－22“白蛉”反舰导弹。它于1994年发生火灾后就再也没有出过海。俄罗斯虽然免费将“戈尔什科夫”号航母赠送给印度，但条件是印度要在俄罗斯进行该航母的现代化改装，并购买俄罗斯的武器装备。改装后的“戈尔什科夫”号航母舰首增加了滑橇式飞行甲板，其中，全舰改装费用达数亿美元，另外装备的“米格”－29舰载战斗机高达20亿美元，再加上卡－28反潜直升机和卡－31空中预警直升机等，总费用将超过30亿美元。

英国正在研制未来航母新方案 据《简氏防务周刊》2000年7月26日报道，目前英国海军正在研制新型未来航母方案，这项航母设计方案分别由英国宇航公司和汤姆森公司进行第1阶段论证工作。两家公司将分别提出6个设计方案，主要分为大型航母和小型航母两大类；又有短距起飞/垂直降落、短距起飞/拦阻降落和常规起降三种方式。从英国宇航公司计算机生成的“舰载机混载”的航母设计方案可以看出，该舰前甲板设有两条跑道，一条为弹射器跑道，另一条将最大限度地增加滑橇甲板起飞飞机的效率。该航母的排水量约为53000吨，飞行甲板长310米、宽71米，可搭载50架舰载机和4架预警机。

法国加紧研究建造海上“浮岛”基地 据《简氏防务周刊》2000年5月报道，法国军方正在加紧研制建造一种海上“浮岛”基地，以作为海陆、海空联合作战的基地。该基地的原始设想出自于航空母舰、海上石油平台等技术。它的长度为1000～1500米，宽约300～400米，有一定的自航能力，可装载供数月使用的武器弹药、生活设施、后勤保障物资等。但是，有关专家现正在考虑如何减少它的暴露性和脆弱性，以及如何确定它在国际海域中的法律地位。

意大利海军将建造轻型航空母舰 2000年，意大利海军正式立项建造轻型航空母舰。该航母与1998年公布的方案有所不同，去掉了尾船坞，减少了运送部队的舱室空间，消除了中段的双壳体结构，甲板可起降JSF联合攻击机。航母上装有滑橇式飞行甲板，以及6个直升机起降点，2台30吨的升降机。舰上机库面积为134×21米，可停放12架EH－101直升机或8架AV－8B和JSF联合攻击机；机库可改装用于运送人员和装备。它的两栖运载能力也很强，能够运载12辆60吨主战坦克。航母上将配置的武器有：2座16单元“紫菀”15舰空导弹，2座76毫米超速炮，2座诱饵火箭发射系统及一套鱼雷诱饵发射装置。舰上还安装有2台助推器，以保障在浅海海域同样具有良好的机动性能。该舰可能被命名为“路易吉·艾瑙迪”号，定于2000年10月由泛安科纳公司签订建造合同，2002年签订武器系统采购合同；预计2006年开始海试，2007年加入现役。“艾瑙迪”号舰长236.5米，舰宽39米，吃水7.5米；标准排水量22290吨，满载排水量26660吨；最大航速28节，续航力为7000海里。舰员编制1202人，包括450名舰员，250名空勤人员。

巴西海军购买法国退役航母 据《简氏防务周刊》2000年11月报道，2000年11月15日，巴西海军斥资1200万美元购买了法国海军退役航母“福煦”号，用它来替换舰龄超过50年的“米纳斯·吉拉斯”号航母。“福煦”号航母曾是法国海军“克莱蒙梭”级常规动力航母的第2艘，满载排水量3.278万吨，舰长265米，舰宽31.7米，吃水8.6米，最大航速32节；舰上可搭载40架飞机和2200名舰员与飞行员．该航母自1963年服役以来，先后参加过海湾战争和科索沃战争。为了学习驾驶技术，巴西海军曾派出300名学员到布雷斯特港，学成后他们将于2001年驾驶这艘重新被命名为“圣保罗”号的航母，返回巴西的里约热内卢港。该舰仍可服役20年。

驱逐舰和护卫舰

美第1艘“伯克”ⅡA级驱逐舰加入现役 2000年8月19日，美国海军第1艘“伯克”ⅡA级导弹驱逐舰—“奥斯卡·奥斯汀”号，在弗吉尼亚州的诺福克海军基地举行了服役典礼。“伯克”级原型舰没有装设直升机机库。为此影响了直升机的使用效果和全舰的作战能力。“伯克”ⅡA级驱逐舰在舰尾装有两个直升机机库，可以搭载SH－60B“拉姆普斯”MK Ⅲ直升机，大大提高了该舰的反潜能力和超地平线作战能力。

美海军选择驱逐舰综合电力推进系统 据《NAVSEA》2000年2月报道，2000年1月6日，美国海军宣布：DD21对陆攻击驱逐舰将是第1艘采用综合电力推进系统的驱逐舰。这种电力推进系统将降低成本、减少噪音和维修量，通过降低信号特征来增加舰的隐形能力，以适应未来武器系统电力增加的需要。电力系统在改善舰员生活质量方面有着很大的潜力，它将节省大量的空间用于改进舰员的适居性，包括舰员的住舱。综合电力推进系统的设计关键是：一个为全舰供电，包括推进供电在内的电源；而由此带来的最大特点是取消了舰的推进轴和减速齿轮。

美国正在论证新型海岸警备舰 据《美国海军时报》2000年9月报道，新型海岸警备舰将装备2架直升机、2艘硬壳充气艇，1或2架无人机，并通过卫星、高频通信把几者集成为一体。舰上将装备的C^4ISR系统，可以与岸基飞机、岸上数据中心等各种平台进行数据、图片交换。舰的最大航速为31节，并能以20节的速度长时间航行，可在5级海况下执行任务。新型海岸警备舰不仅装有重型武器，而且设有近程防御武器，包括最新式的诱饵/箔条发射系统和小口径炮。该舰将采取模块化设计与建造，可根据任务不同而增减武器、电子设备等。

日本新型驱逐舰加入现役 据《简氏防务周刊》

2000 年 7 月报道，2000 年 3 月，日本新建造的“村雨”级导弹驱逐舰第 6 艘“五月雨”号加入海军现役。“村雨”级导弹驱逐舰是日本海上自卫队建造的最新一级驱逐舰。“五月雨”号于 1997 年正式开工。该舰长 151 米，宽 17.4 米，吃水 5.2 米；标准排水量 4400 吨，采用全燃联合动力装置，最大航速可达 30 节；舰上主要武器装备有 1 座 127 毫米主炮（替换原来的“奥托·梅莱拉”76 毫米主炮），舰首尾各有 1 座六管 20 毫米“密集阵”近程武器系统，1 座 MK48 型垂直发射装置，搭载 1 架 SH－60“海鹰”反潜多用途直升机。

越海军轻型护卫舰已进入建造阶段　据《简氏防务周刊》2000 年 7 月报道，由俄罗斯北方设计局设计出口越南的 KBO－2000 轻型护卫舰，2000 年已进入实际建造阶段。该舰排水量 2000 吨，装备有 SS－N－25“尤兰”反舰导弹、SS－A－9“剑身”舰空导弹；舰上还设有直升机着舰甲板。据悉，该舰服役后将成为越南海军的主力战舰。

马来西亚海军接收新型导弹护卫舰　马来西亚海军近年从英国亚罗船厂接收了“KD 雷克伊”号和“KD 杰巴特”号两艘新型导弹护卫舰。该护卫舰具有一定的防空、反舰和反潜的能力。舰上装有 8 枚 MM－40“飞鱼”2 型反舰导弹、1 套“海狼”防空/防导弹防御系统、1 门博福斯 57 毫米 L－70MK2 主炮、2 门单管 30 毫米 DS30B MK1 炮、2 座 A－244 轻型鱼雷发射管；并装有雷卡－索恩系统公司的电子战系统，1802 型目标跟踪和火控系统，以及“斯福里奥恩”舰壳声纳；舰上可搭载 1 架“超级山猫”MK300 海军直升机。该舰采用 4 台 MTU20V 1163 TB93 柴油机推进，最大功率为 3.3 万马力，最大航速 28 节，14 节航速时的航程为 5000 海里。

新加坡海军订购 6 艘新型护卫舰　据《简氏防务周刊》2000 年 4 月报道，2000 年，新加坡海军与法国舰船建造局签订了购买 6 艘法国新型护卫舰的合同。该级舰长约 110 米，最大航速 27 节，将装备防空、反舰、反潜作战系统。法国舰船建造局将设计和建造首舰，其余 5 艘将由新加坡技术（海事）公司负责建造。汤姆森无线电公司将为新型护卫舰提供指挥控制与通信系统。该级首制舰将于 2005 年交付，全部 6 艘舰到 2009 年交付完毕。

印度下水新型护卫舰　据《世界舰船》2000 年第 9 期报道，2000 年 5 月 12 日，俄罗斯为印度海军建造的 3 艘“克里瓦克”Ⅲ级护卫舰的首制舰“塔尔瓦”号在圣·彼得堡北方造船厂下水。该舰是“克里瓦克”Ⅲ级导弹护卫舰的改进型，舰体采用隐形设计，排水量 3850 吨，舰长 124.5 米。动力采用全燃推进，最大航速 32 节。舰上装有印度海军要求的 SA－N－7“牛虻”舰空导弹发射装置和 SS－N－27 舰舰导弹垂直发射装置。该级 2 号舰也于 2000 年 11 月下水，3 号舰将于 2003 年 6 月建成。三舰总造价约 10 亿美元。

中国台湾海军正式采购第 8 艘“成功”级护卫舰　据《简氏防务周刊》2000 年 12 月 6 日报道，2000 年 12 月，中国台湾海军正式宣布将采购“成功”级第 8 艘护卫舰——“田单”号，预计 2004 年正式交付。“田单”号舰曾计划装备简化型“宙斯盾”系统，但此后因经费等问题而被迫放弃。台湾海军现已装备的 7 艘“成功”级舰将拆除自行研制的“雄风”Ⅱ型反舰导弹，换装上射程达 140 千米的美制 RGM－84 改进型“鱼叉”反舰导弹，并将替换下的“雄风”Ⅱ型反舰导弹配属给导弹艇。

德国加紧建造新型护卫舰　据《IDR》2000 年第 2 期报道，德国海军现正在布洛姆与福斯造船厂加紧建造 F－124 防空护卫舰“萨克森”号。该舰于 2001 年完成舾装后将开始海试，并定于 2002 年 11 月交付使用。该级第 2 艘“汉堡”号也已于 2000 年 10 月动工兴建，预计 2004 年底交付使用。F－124 型舰排水量 5000 吨，装备有“标准”Ⅱ舰空导弹及主动式相控阵雷达。舰上的主推进装置由 2 台 MTU20V1163 型柴油机和 1 台 LM－2500 燃气轮机组成；这套推进装置总重约 110 吨。到 2005 年，3 艘“萨克森”级护卫舰全部加入现役后，将编在德国海军威廉港第 1 护卫舰中队。

德国决定建造新式小型护卫舰　据《美国海军时报》2000 年 5 月报道，德国海军决定建造 3 批 15 艘 ΛRGE K130 小型护卫舰，以代替 S148 和 S143A/143B 导弹艇。该舰以“梅科”A100 为蓝本，采纳了其他公司小型护卫舰的优长。其舰长为 88 米，排水量为 1580 吨；舰上装有 1 门 76 毫米炮，2 门 27 毫米速射炮，2 座 21 单元的 MK49“拉姆”导弹发射装置，8 枚“独眼巨人”舰空导弹，8 枚舰舰导弹，以及 2 具无人飞行器。该舰首制舰将于 2005 年加入德国海军现役，每 5 艘为 1 批，最后 1 批交付要到 2015 年。

英国海军批准建造 45 型驱逐舰　据《简氏防务周刊》2000 年 8 月报道，2000 年 7 月，英国政府正式批准建造 12 艘 45 型防空驱逐舰。同年底，第 1 批 3 艘舰的建造合同已由宇航公司及沃斯珀·桑尼克罗夫特公司中标，总价值约 17 亿美元。45 型驱逐舰计划是 1999 年英国退出英、法、意联合研制“地平线”护卫舰项目后全面启动的，但舰上仍使用了三国联合研制的“主防空导弹系统”。45 型舰的设计排水量约 6000 吨，采用综合电力推进系统，装备有 MK41 导弹垂直发射系统、“战斧”巡航导弹，具备反弹道导弹的能力。45 型导弹舰的首制舰预计 2007 年服役。在该级舰服役之前，英国皇家海军的 11 艘 42 型驱逐舰将延寿至 2006 年。

英国海军最大的三体护卫舰下水 2000 年，英国海军最大的三体战舰“海神号”，在英国南安普顿造船厂下水。该舰从 2000 年 8 月开始进行为期 18 个月的海上航行试验，以最终用来代替当前的 22/23 型护卫舰。“海神”号三体护卫舰全长 98 米，舰宽 22.5 米（包括外侧船体），吃水 3.2 米；排水量 1100 吨；采用柴电动力装置，推动单轴定距螺旋桨和两个独立的副船体螺旋桨；最大续航力 3000 海里，最大航速 20 节。“海神”号在海上试验期间，还将安装美国的有关设备进行各种试验；试验的重点是在恶劣海况下保持高速航行的能力。初步试验表明，这种在一个主船体外接两个舷外浮体小船的战舰，将比同等单船体战舰在水中的阻力要小 20% 以上，从而大幅度地提高了航速，并减少了费用。该舰的直升机飞行甲板，已从舰尾部移到舰的中部，更加方便了直升机的起降。两个外侧的小船体也具有独立的动力，从而大大提高了该舰的海上生存能力和机动性能，它的总体抗打击能力也得到明显加强。

法、意继续建造“地平线”级护卫舰 据《简氏防务周刊》2000 年 10 月报道，英国退出“地平线”计划后，法、意两国于 2000 年 9 月签署协议，继续携手研制、建造 4 艘“地平线”级防空护卫舰，总造价约 23 亿美元。“地平线”级护卫舰排水量 6700 吨，装备有“主防空导弹系统”、MU9 鱼雷及法、意联合研制的 SLAT 反鱼雷系统，搭载有 NH90 和 EH101 直升机。法国海军定购了其中的两艘，将分别于 2006 年和 2008 年加入现役，主要用于“戴高乐”号航母编队的区域防空。

挪威海军签订 5 艘护卫舰建造合同 据《简氏防务周刊》2000 年 7 月报道，2000 年 6 月，挪威海军与西班牙巴赞船厂签订了总价值约 15 亿美元的 5 艘“南森”级护卫舰的建造合同。“南森”级舰是以西班牙海军 F－100 护卫舰为基础进行设计的，满载排水量 5100 余吨，装备有“宙斯盾”防空系统及“标准”Ⅱ舰空导弹系统。该级首制舰将于 2005 年交付，全部 5 艘护卫舰计划于 2009 年完成。

瑞典下水第 1 艘隐形护卫舰 据《简氏防务周刊》2000 年 10 月报道，2000 年 8 月，瑞典海军下水 1 艘隐形护卫舰，该舰是 6 艘“维斯比”级隐形战舰中的首制舰。全部 6 艘舰将耗资 10.1 亿美元。该舰长约 73 米，排水量 600 吨。早在下水仪式举行之前，这艘隐形护卫舰就已经花费了 800 万瑞典克郎的研制费用，以为下一代更大吨位的“隐形战舰”进行技术研究，主要涉及船身材料、红外信号、流体力学及动力系统等许多技术领域。新一代远洋型隐形护卫舰计划于 2010～2012 年建成。

西班牙建造装设“宙斯盾”系统的护卫舰 据《简氏防务周刊》2000 年 10 月报道，2000 年 10 月，西班牙巴赞造船公司建造的“阿尔瓦罗·德·巴赞”号护卫舰下水。该舰是为西班牙海军建造的 F100 级防空护卫舰的首制舰，满载排水量 5800 吨；这也是继美国、日本之后世界上第 3 个国家战舰装有“宙斯盾”系统相控阵雷达，它具有 150 千米区域防空能力。西班牙海军共计划建造 4 艘同级舰。此后，西班牙海军还将计划建造 1 艘吨位更大、隐形性能更好的 F110 型护卫舰。

澳大利亚海军改装“佩里”护卫舰 据《简氏防务周刊》2000 年 9 月报道，澳大利亚海军正在对其所拥有的“佩里”级护卫舰进行现代化改装。主要目的是为了提高该舰反舰导弹的防御能力和防空系统的性能，显著改善可靠性和支援能力。其反舰导弹的防御能力将由现在的 MK92Ⅱ型导弹和火炮控制系统升级为 12 型改型，并安装 1 套 8 单元垂直导弹发射系统，以及提供近距离防御的“改进海麻雀”导弹；舰上还将使用 SPS－49 雷达改型和新型的中频声纳。

水雷战舰艇

俄罗斯海军新型扫雷舰服役 据《世界舰船》2000 年 9 期报道，2000 年底，俄罗斯海军 1 艘新型扫雷舰“瓦连京·波库尔”号扫雷舰服役。该舰由俄罗斯涅瓦造船厂建造，并于 2000 年 6 月进行海试。该舰的排水量为 800 吨；舰长 60 米，宽 10 米；最大航速 17 节，最大续航力 360 小时，经得起 9 级海浪颠簸。舰上的主要武备为 30 毫米近程防御武器和 RBU1200 反潜深弹发射装置。

英国海军“拉姆塞”猎雷艇服役 据《简氏国际海军》2000 年 9 月报道，2000 年 8 月 12 日，英国皇家海军接收 1 艘最新的“桑当”级猎雷艇“拉姆塞”号。该艇被认为是世界上最先进的猎雷艇，由英国沃斯珀·桑尼克罗夫特公司制造，为“桑当”级的第 10 艘。该艇的满载排水量 480 吨；艇长 52.7 米、宽

10.5米，吃水2.1米；最大航速13节，续航力为3000海里/12节。艇体采用玻璃钢制造，外壳为实心结构，底部设加强纵桁，两舷装有加强肋骨。艇上装设2具PAP－104型或其他型猎雷具，必要时可加装轻型切割扫雷具和磁声扫雷具。“拉姆塞”号可容纳女舰员，并改进了空调，增大了用于布放灭雷具吊车的功率，以及改进了潜水员减压舱。

两栖舰船和运输舰　美国建造“硫黄岛”号两栖攻击舰　据《简氏防务周刊》2000年9月报道，2000年8月，美国开工建造了“黄蜂”级两栖攻击舰的第8艘“硫黄岛”号。该舰是世界上最大的两栖攻击舰，满载排水量40500吨，配有舰员1085人。实施两栖作战时，舰上可携载CH－46直升机42架，AV－8B“海鹞”垂直/短距起落战斗机6架；进行制海作战时，该舰则可搭载20架AV－8B战斗机、6架SH－60直升机。

日本新型训练支援舰服役　据《世界舰船》2000年6期报道，2000年3月17日，日本海上自卫队新型训练舰“天龙”号正式加入现役。该舰由日本浦贺造船厂建造，是原“黑部”号训练支援舰的扩大改进型，主要改进项目将有利于提高日本驱逐舰编队的对空训练能力。“天龙”号舰长106米、舰宽16.5米，吃水4米；标准排水量2450吨；主机采用4台柴油机，双轴。最大功率12800马力，最大航速22节；舰上装有1门76毫米舰炮和8架高速靶机等对空训练支援装置。

新加坡设计新式坦克登陆舰　据《简氏防务周刊》2000年6月报道，前不久，新加坡展示了一种新式坦克登陆舰。该坦克登陆舰长125米，排水量约5000吨，主要特征为依靠艏门进行装/卸车辆，舰尾设有坞舱。一个足够大的飞行甲板，主要用于直升机起降；并带有遮盖式直升机机库。舰首有1门单管火炮，上层建筑上装有2具双联装轻型导弹发射架，可发射“西北风”防空导弹；同时还有2挺12.7毫米机枪。该舰的上层建筑特征是飞行甲板与机库位于舰桥后方，上层建筑的前方两舷有2台起重机，用来装/卸载甲板上的4艘13米长的快速登陆艇。这种登陆艇每艘可装载4吨物资，航速25节，续航力为150海里，或在15节航速时能持续航行10小时。

新加坡坦克登陆舰完成首次环球航行　据《简氏防务周刊》2000年9月报道，2000年5～9月，新加坡海军“忍耐”号坦克登陆舰完成了历时4个月的首次环球航行，并第1次通过苏伊士运河及巴拿马运河，被视为新加坡海军史上的一个重要里程碑。“忍耐”级坦克登陆舰排水量6000吨，由新加坡船舶技术公司设计建造。

中国台湾海军正式接受船坞登陆舰　据《简氏防务周刊》2000年7月报道，中国台湾海军于2000年6月正式接受美国海军退役的“安克雷奇”级船坞登陆舰“彭萨科拉”号，并重新将其定名为“旭海”号。该舰1971年加入美国海军现役，满载排水量13700吨，最大航速22节；可搭载366人，以及数艘登陆艇（包括小型登陆艇、轻型坦克登陆艇、气垫登陆艇），具备较完善的两栖作战能力。据悉，台湾海军拟再购买1艘同级舰。

英国研制新型三体运输舰　据《美国海军时报》2000年8月报道，英国海军眼下研究了一种新用途的三体运输舰。细长的舰体使该舰航速达到了35节；舰上的机械系统采用了柔性化的设备，使用2轴或3轴推进，可保持巡航和高速下良好的经济性。该舰的甲板非常宽阔，共拥有3500米的车道，可装载不同类型的车辆。该舰具有良好的稳定性和抗损性，即使在一侧破损的情况下，也可以通过在另一侧对称注水来保持平衡。当执行非军事任务时，即使装载1万个标准箱时，该舰的航速也可达到30－35节。

澳大利亚研制新型两栖运输艇　据《JNI》2000年1－2期报道，澳大利亚海军正在研制一种两栖运输艇，并将搭载在澳大利亚海军购买的美国“新港”级登陆舰上，可向岸上运送车辆、设备、补给品及人员。“新港”级登陆舰25×15米前甲板上的吊车可吊放这种小艇，该艇艇重小于60吨，艇员5人；两栖运输艇通过“新港”级登陆舰艉舌门装卸货物。这级小艇的有效载荷为35～50吨。在2级海况下具有良好的机动性。澳大利亚军方有关部门拟将建造8艘该级艇。

小型船艇　美国海军研制新型袭击艇　据《简氏防务周刊》2000年6月报道，美国海军正在研制一种新型充气式袭击艇。该艇长约4.6米，宽2.44米，采用隧道型艇壳的双体设计，所形成的空气间隙气囊可减缓艇体落入水中的力量，因而具有非常优良的稳定性，可超载运送人员和物资。艇上设有防水储物包及相应的格架储存系统；动力系统为一台舷外发动机。该艇可跨越2米高的波浪，适合高海情下执行任务。该艇研制成功后主要供美国海军“海豹”突击队使用。

俄罗斯研制出一种隐形导弹艇　据《简氏防务周刊》2000年6月报道，俄罗斯近期研制出一种具有隐形能力，且攻击能力很强的导弹艇，并将对外出售。这艘名为“蝎子”的导弹艇采用了先进的隐形技术，其排水量为470吨，装有射程300千米的超音速反舰导弹和先进的导航系统；艇上还装有1门口径100毫米的舰炮，以取代第3代导弹艇使用的76毫米火炮；艇上的近程武器为“卡什坦”1弹炮合一武器系统，主要用来防空和拦截敌导弹。艇载雷达有“纪念碑”－E对空/对海搜索与目标指示雷达、“确实”－ME－1对空/对海目标探测雷达、导航雷达、火控雷达等。该艇还载有敌我识别器，用于电子对抗的箔条诱饵发射装置及电子战装备。它极佳的隐形性能和较大的导弹射程将成为航空母舰的“克星”。虽然航母可以在导弹艇未进入射程时就起飞舰载机对其实施拦截，但由于它目标太小，航速又快，能够悄悄地接近目标，所以能对航母造成一定程度的威胁。

科威特接受4艘导弹快艇　据《DSD》2000年9月报道，2000年8月，科威特海军从法国诺曼底船舶建造公司接收了最后4艘“乌姆·艾尔·马雷迪姆”级导弹快艇。该导弹艇以法国“战士”1型导弹艇设计为基础，可执行侦察和海岸防御任务。该艇长42米，满载排水量245吨，采用先进的喷水推进技术。艇的后甲板上装备有2座双联装舰舰导弹发射装置。用于发射英国生产的“海上大鸥”舰舰导弹。该导弹装有半主动寻的雷达，飞行速度0.9马赫，最大射程15千米。最后2艘艇在交付之前，曾在法国诺曼底船厂和法国海军中进行了8周的海上训练。

瑞典海军改装“斯德哥尔摩”级导弹艇　据《JNI》2000年1～2月报道，瑞典海军正在改装“斯德哥尔摩”级导弹艇的指挥控制系统和推进系统。名为“马尔摩”号和“斯德哥尔摩”号的两艘导弹艇的排水量为335吨，于1985年服役，1994年装备了RBS15反舰导弹。此次改装还将换装新的探测器，并改进结构，减少雷达反射截面积。推进系统主要换装美国生产的TF50A燃气轮机和2台新的MTU396 TB94柴油机。指挥控制系统将采用9LV MK3E CETRIS作战管理系统；还要装备隐形护卫舰“维斯比”上使用的CS－3701微波监视系统，以及挪威研制的HITEC综合舰桥控制系统。同时还将安装鱼雷发射管和“埃尔玛”LLS－920反潜弹。

墨西哥决定装备CB90作战快艇　据《简氏防务周刊》2000年6月报道，出于更有效地打击日益猖獗的毒品贩卖与武器走私的需要，墨西哥海军前不久决定从瑞典购买CB 90作战快艇。该艇为全铝结构，艇上装有2台“卡特彼勒”CT3406E发动机，每台功率500千瓦；采用喷水推进，最大航速达47节。艇上武器为1挺12.7毫米机枪，并可以装备120毫米火箭发射器或“地狱之火”导弹发射装置。该艇装有空调，以适应长时间热带海域活动的需要。开放式的模块化指挥和控制系统，使之可适应未来进一步改装和执行不同任务的需要。

澳大利亚坦克登陆舰装备轻型气垫船　据《简氏防务周刊》2000年6月报道，2000年澳大利亚的“新港”级坦克登陆舰装备了LACV－30轻型气垫船。该船有155.5平方米的载货甲板，甲板经过加装移动式乘员模块后，可运送75名全副武装的士兵。它的最大载重量为27吨，可以运载集装箱和非标准尺寸的货物。该气垫船在静水中的最大航速是36节，在1～2级海况下的航速是17～19节。它不受水深和水下障碍的影响，能在3级海况下航行；可以承受2.4米的海浪，爬上20°海滩坡度。船上的导航系统有海面搜索雷达、GPS接收机、磁力和数字罗盘等。

潜艇　**俄罗斯第3代核动力潜艇进行试验**　据《简氏防务周刊》2000年12月报道，2000年12月10日，俄罗斯海军最新型“阿库拉”Ⅱ级核动力攻击潜艇“雪豹”号在北海进行试验，并在接受一系列海面和下潜试验后，装备于北方舰队。这也是“库尔斯克”号核潜艇2000年8月失事以来，俄罗斯海军下水的第1艘核潜艇。该艇比首艇加长了4米，机电设备的安静性也更佳，它的排水量为13000吨，最大航速35节，最大下潜深度600米；艇上可装载24枚装有核弹头的巡航导弹。但由于资金匮乏，致使该艇有多项装备很长时间没有装设。

俄罗斯新一代潜艇舾装进展顺利　据《JNI》2000年1－2期报道，近年来，俄罗斯新一代“阿穆尔”级柴电潜艇在加紧进行舾装。首批2艘中的第1艘“圣·彼得堡”号于1999年完成了水压测试，并于2000年3月安装了所有的系统。“阿穆尔”级潜艇及其出口型艇排水量为2650吨，将安装“里拉”声纳系统和一套惯导系统。艇上加装有一个新的非穿透型桅杆，同时加装了1台微光电视/夜视摄像机和1台激光测距仪组合的攻击潜望镜。该艇还安装有“利蒂”集成化作战管理系统，主控室内配有8个彩色多功能控制台。艇上共可携带18种武器，装备的6具533毫米鱼雷发射管可发射潜射3M－54E反舰巡航导弹、91PE1反潜导弹、水雷和鱼雷。该艇的推进系统是1台功率为4100千瓦的电动机和2组主电池，水面最大航速为10～11节，水下最大航速为21节；3节航速时的最大航程为650海里；最大潜深为250米。“阿穆尔”级潜艇采取了先进的减震及艇体隔声等措施，因而其安静性要比“基洛”636 级提高 3 倍。由于自动化程度较高，所以艇员要比“基洛”636 级减少 21%～35%。

日本新型潜艇加入现役　据《简氏防务周刊》2000 年 4 月报道，由日本川崎重工神户造船厂建造的“亲潮”级第 3 艘“涡潮”号潜艇，于 2000 年 3 月 9 日加入日本海上自卫队现役。该艇是二战之后日本川崎重工建造的第 19 艘潜艇。艇长 82 米，宽 8.9 米，高 7.9 米；标准排水量 2700 吨；最大下潜深度为 450 米，具备优异的战术技术性能。动力装置为 2 台川崎公司生产的 12V25 柴油机，采用 NS110 钢作艇壳材料。目前另 4 艘“亲潮”级正处于不同的建造阶段，并将以每年 1 艘的进度交付。

日本新型潜艇救生船服役　据《世界舰船》2000 年 6 期报道，日本海上自卫队新型潜艇救生船“千早”号于 2000 年 3 月服役。该船于 1996 年由日本三井造船厂建造。“千早”号为“伏见”号潜艇救生船的替代船，其救生能力较后者有很大的提高。该船长 127.5 米，吃水 5.1 米；标准排水量 5450 吨；主机为 2 台柴油机，双轴，最大功率 2 万马力，最大航速 21 节。船上搭载有 1 艘深潜救生器，该深潜救生器长 12.4 米，宽 3.2 米，高 4.3 米；排水量为 40 吨；水下航速 4 节，由 2 人操纵。主动力装置为 1 座交流电动机，辅助动力装置包括水平/垂直推进器各 2 套。该艇的耐压壳体采用特种高强度钢制成，非耐压壳体采用钛合金和玻璃钢，以减轻结构重量；艇上有 3 处观察窗，采用有机玻璃制成。艇上装有 6 台摄像机和 1 只机械手。艇体由 3 个耐压球体连接而成，并分为 3 个舱：首舱为驾驶舱，内有导航仪器、控制设备等；中舱为救生舱，舱下部有一个半球状接口与潜艇逃生口对接；尾舱为机械舱。

韩国采购德国新型潜艇　据《简氏防务周刊》2000 年 11 月报道，2000 年 11 月 3 日，韩国国防部宣布，将斥资 11 亿美元采购 3 艘德国霍瓦兹公司最新型的 214 潜艇，并可能以合作建造的方式增购 3 艘，前 3 艘潜艇将于 2009 年交付。214 型潜艇结合了德国 209 和 212 两型潜艇之所长，其水下排水量 1980 吨，最大下潜深度超过 400 米；艇上装备有两组西门子公司研制的 PEM 燃料电池，每组功率 120 千瓦，一次潜航时间可达 2 周。

新加坡海军第 1 艘潜艇服役　据《简氏防务周刊》2000 年 8 月报道，新加坡第 1 艘潜艇“征服者”号于 2000 年 7 月加入海军现役。该潜艇原属于瑞典皇家海军“海蛇”级，采用水滴型，艇长约 51 米，宽 6 米；其水下排水量 1210 吨；水下最大航速 20 节，10 节航速续航力为 5000 海里；最大潜深 150 米。该艇具有较强的水下作战能力，艇上装有 4 具 533 毫米艇首鱼雷发射管，2 具 406 毫米艇尾鱼雷发射管。为了适应新加坡活动海域比较狭小和常年水温较高的特点，“征服者”号进行了相关的改装，特别是防腐措施。新加坡海军最终将获得 4 艘该级艇。

印度进行“基洛”级潜艇的现代化改装　据《简氏防务周刊》2000 年 7 月报道，2000 年，印将其海军 9 艘“基洛”级 877EKM 潜艇中的第 5 艘——“辛德哈拉特纳”号，送往俄罗斯进行大规模的现代化改装。改装的主要内容包括：把艇上的鱼雷发射管改装为具有发射 3M45E1 反舰导弹和 91RE1 反潜导弹的能力。改装费用为 8000 万美元。3M54E1 导弹北约命名为 SS－NX－27，是一种亚音速巡航导弹，带有一个助推器；装有 400 千克的战斗部，最大射程约为 300 千米。91RE1 火箭动力反潜武器是火箭按照一定的弹道将寻的鱼雷负载发射到目标区释放；它的最大射程为 50 千米。这两种导弹已于 2000 年中加入印度海军现役。

印度海军接受第 10 艘 877KM 潜艇　据《简氏防务周刊》2000 年 7 月报道，2000 年年中，印度海军接受了俄罗斯建造的第 10 艘 877KM 潜艇。该潜艇是“基洛”级潜艇的改进型，装有 6 具 533 毫米鱼雷发射管，可携带 12 条鱼雷。艇上还可发射 UGST 尾流自导鱼雷，最大射程达 40 千米，最大搜索深度为 500 米，最大航速 50 节。艇上的战斗信息系统使用的 MVU－110EM 多用途计算机，可以同时跟踪 5 个目标（2 个自动跟踪、3 个手动跟踪），并一次攻击 2 个目标。该潜艇还装备有防空导弹发射装置，内装 8 枚红外制导“针”式防空导弹，最大射程 5 千米，最大速度 1.65 马赫。

伊朗国产第 1 艘小型潜艇服役　据《简氏防务周刊》2000 年 9 月 6 日报道，2000 年 8 月 29 日，由伊朗自行建造的第 1 艘小型潜艇“游泳者”15 号正式加入海军现役，并驻泊在伊朗海军阿巴斯港基地。伊朗现已具备研制和设计多种小型潜艇的能力。该潜艇在设计时已充分地考虑到波斯湾海域的特点，艇上可容纳 2 名艇员与 3 名蛙人，尤为适合侦察、特种部队的运送和布雷的需要。

以色列第 3 艘“海豚”级潜艇加入现役　据《简氏防务周刊》2000 年 5 月报道，由西德汉堡造船及机械有限公司建造的第 3 艘“海豚”级潜艇，于 2000 年早些时候加入了以色列海军现役。该级潜艇可执行封锁、监视和特种任务等。它的最大水下航速为20节，最大水面航速11节；水面8节时的续航力为8000海里，水下8节时的续航力400海里；该艇水下排水量1900吨；最大下潜深度350米，自持力30天。“海豚”级潜艇可以携带16枚导弹和鱼雷，包括潜射型“鱼叉”反舰导弹和“海鳕”重型鱼雷。艇首安装有10个鱼雷发射管，其中4个直径655毫米，可以发射潜水员运送器，装上衬里后可以发射鱼雷；其他6个是533毫米鱼雷发射管，可以发射DM2A3型鱼雷。该鱼雷采用线导主动制导，战斗部重260千克，最大航速35节，最大射程13千米；采用被动制导方式，航速22节时，鱼雷的最大射程为28千米。“海豚”级潜艇上装备有4CH（V）2型雷达告警接收器、I波段的对海搜索雷达、CSU 90舰壳主被动搜索/攻击声纳、FAS－3型拖曳声纳。

英国“机敏”级核潜艇首艇开工 据《简氏防务周刊》2000年10月报道，2000年10月，英国海军“机敏”级核动力攻击型潜艇首艇正式开工。该级艇排水量6800吨，艇上携带有“战斧”巡航导弹、“鱼叉”反舰导弹及533毫米鱼雷发射管，建成后将用来代替70年代服役的“快速级核潜艇”。“机敏”号预计2006年加入现役。

英国海军检查核潜艇反应堆 据《简氏防务周刊》2000年11月报道，2000年下半年，英国海军开始对2艘“快速”级核动力攻击型潜艇“无上”号和“壮丽”号进行反应堆缺陷检查。英国海军共有5艘“快速”级核动力攻击型潜艇，早在1998年就曾对该级“君权”号进行了为期两年半的大修，发现它的反应堆蒸发器有问题。实际上，根据英国官方服役记录表明，在设计“快速”级时，对它们所采用的安全裕量不够。“快速”级的另外两艘“刚强”和“辉煌”号可以服役到2001年上半年。其实，不仅是“快速”级，就连7艘“特拉法尔加“级核动力攻击型潜艇中某些艇也存在着反应堆缺陷问题。

法国定购第4艘核动力弹道导弹潜艇 据《简氏防务周刊》2000年9月报道，法国国防部于2000年8月宣布，决定定购第4艘“胜利”级核动力弹道导弹潜艇“可怖”号，并预计2008年交付使用。据估计，4艘“胜利”级核潜艇的全寿命费用将达到241亿美元。该艇上将装备1992年起即开始研制的M－5/M－51型潜射弹道导弹，并计划于2010年开始装艇。M－51型潜射弹导弹装有三级助推火箭，可携带12个分弹头，有效射程8000千米。目前，该级第3艘“警醒”号正在建造中，预计2003年将加入现役。

瑞典潜艇改装新一代AIP系统 据《JNI》2000年第1期报道，2000年底，瑞典考库姆海军系统公司的卡尔斯克鲁纳船厂开始为“西哥特兰”级潜艇“瑟德尔门兰德”号和“东约特兰”号安装新一代斯特林MK3型AIP系统。斯特林MK3型AIP系统是瑞典“哥特兰”级潜艇安装的MK2型AIP系统的改进型。它是将由柴油燃料和液态氧按照1：4构成的混合物在循环燃料装置中燃烧，所产生的助动力可使潜艇低速潜行时的续航力达19天。其效果将与“哥特兰”级潜航效果相当。下一步，MK3型AIP系统还有待于进一步改进，主要是提高其效率、增加下潜深度及增强隐形性能。

澳大利亚“科林斯”级潜艇缺陷严重 据《简氏防务周刊》2000年8月报道，2000年，澳大利亚海军对全部6艘“科林斯”级潜艇进行改装。该级潜艇存在有严重的缺陷：艇上的作战系统、通信系统漏洞百出，噪声严重超标，柴油机质量不过关，桨叶开裂，潜望镜质量差。经过改装，前3艘艇的声信号特征已大为改进，而全部6艘艇的作战系统均需要更换。虽然“科林斯”号已成功地进行了潜射导弹试射，并达到了试验的目的，但仍不能满足实际海战的需要。据估计，要使所有的6艘“科林斯”级潜艇都能达到完全作战能力，共需资金10亿美元。

无人深潜器

美国海军正在研制小型无人深潜器 据美国《防务信息与电子报道》2000年6月9日报道，美国海军正在研制能够执行水下猎雷任务的小型无人深潜器，并在美国佛罗里达州进行水下试验。参加试验的4艘无人深潜器分别为：远距环境测量装置、“旅鼠”、“海洋探险者”和CETUS。这些深潜器的分工是，先用远距环境测量装置等深潜器发现目标；然后用CETUS进一步识别潜在水雷，它能够悬停在潜在水雷的边上；接着，“旅鼠”上装备的磁探测器能够在靠近海岸嘈杂、昏暗的水域中探测金属物。“海洋探险者”则是一种模块化潜水器，它可以根据用户的需要对其部件进行组装。

日本试验新型水下无人航行器 据日本三菱重工网站2000年2月消息，2000年1月，日本1艘自主式水下航行器AUV－EX1在完成组装后，举行了下水仪式。AUV－EX1原型艇体呈圆筒流线型鱼雷状，艇长10米，宽约1.3米，高为1.5米；空载排水量7吨，可以搭载各种探测仪器；最大潜深3500米。它的艇体为双层结构，外壳体采用玻璃钢制成，具有浮力大、耐腐蚀及防生物粘附等特点；耐压内壳为钛合金结构，电子仪器等均放置在内壳内。外壳与内壳之间有一浮力物填充层，在水中可以起到平衡重力与浮力的作用。艇上动力系统为锂离子电池与固体高分子电解质型燃料电池，巡航速度为3节；艇上的导航系统应用环形激光陀螺惯导系统和超声波多普勒速度仪；上浮时可通过全球定位系统，或利用海底脉冲转发器的声音定位法来进行方位修正。AUV－EX1还具有远距离声控、远距离电波遥控和光纤遥控等功能。

英国研制水下无人航行器　据《简氏防务周刊》2000年2月报道，英国现正在加紧研制水下无人航行器，其中重点是研究水下无人航行器的准确机动、自主控制及精确导航，并对从潜艇中放出、秘密安全地执行水中侦察任务时的相关技术和概念进行评估。该水下航行器被称作“马林”，使用电池作动力，外壳采用“旗鱼”重型鱼雷壳体，艏部加装了十字型的控制面，航速3～15节，采用一具鱼雷管加以布放和回收。它还可以浮到水面进行GPS定位和声通信。探测器数据和导航数据通过光纤链传送，并在母艇上进行处理。有关部门还在考虑，在水下无人航行器上使用合成孔径和宽带声纳探测器，使其能够执行水雷侦察任务。

（李杰）

辅助舰船　2000年，世界各先进国家海军为在世界海上强国中争得一席之位，加快发展辅助舰船的步伐。独占鳌头的美国海军于2000年1月召开会议，提出一种称为“战斗群支援舰（BGSS）”的新概念舰船来改善航行补给和战斗群的其它后勤功能；英国作为世界海军大国之一，除加强主力作战舰艇外，几级新型辅助船也在孕育发展中，其中包括“韦夫”级补给油船和新型滚装船；俄罗斯海军在2000年4月制订的“舰船建造计划纲要”中指出，应“加紧研制和建造具有超前性的作战舰艇和保障船只”，“使装备不断更新和发展”；加拿大海军已于2001年开始海上大型浮动后勤和海运船的设计等等。不难看出，2000年世界海军辅助船发展的最显著特点是：（1）美海军仍保持其世界海军霸主地位，为保持其战略威慑、前沿存在、海洋控制、兵力投送和战略海运等基本任务的要求，加快大型海运船的建造速度，研究开发新的综合保障船型；（2）世界其它先进国家海军紧随美海军的步伐，加速建造各类新型保障船只；（3）亚洲海军为跻身仅次于美国而可与英法并进的“世界级海军”行列，成为地区性海上强国，大力发展辅助舰船，如印度、日本、韩国；（4）世界先进国家海军在发展补给船的同时，提出新的补给方式，如美海军提出“2020甲板作业系统”补给新概念；还专门研究了航行补给系统自动化、使用专职的补给专家组和航行补给集装箱化等问题。

美国海军开始建造新型辅助干货船　据英《简氏战斗舰船年鉴2000－2001》报道：美海军开始实施2000年末期确定的设计和建造2艘辅助干货船的计划。预计第1艘于2005年完工。该船满载排水量为17871吨，船长210米，宽30.5米，吃水8.9米，主机为2台柴油机或2台汽轮机，双轴，航速20节，续航力为11535海里/20节，船上人员120人．可载干货5463吨，燃料2390吨。可搭载2架海王直升机。干货船上每侧配有3个海上补给站。此船按商业标准建造，用以取代现有的弹药船和战斗补给船进行海上干货、弹药的补给。

美国海军又两艘大型中速滚装船即将服役　据英《简氏战斗舰船年鉴2000～2001》报道：美海军为满足不断增长的海运需求，为在危机时向战区提供快速、应急的运输支援，1993年开始建造7艘鲍勃·霍普级大型中速滚装船。这些船只的建造任务均由阿冯达尔船厂承担。2000年3月和10月，“西伊”（Seay）号和“门登卡”（Mendonca）号先后交付使用。2000年1月和7月“皮里拉奥”（Pililaau）号和“布里廷”（Brittin）号下水，计划于2001年1月和7月交付使用。该级船满载排水量为62069吨，船长290米，宽32.3米，吃水11米，动力装置为4台柴油机，功率为65160马力，双轴，航速24节，续航力为12000海里/24节，船上配有文职人员26～45人，海军军官50名。该级船约有36920平方米的载货面积，可载货物13250吨。它同时具有滚装和吊装能力，配有艉回转跳板，跳板可伸至40米，配有两台55吨起重机。

美国海军测量船“玛丽·色斯”号下水　据英《简氏战斗舰船年鉴2000～2001》报道：2000年9月由美国霍尔特海上服务公司建造的“导航者”级测量船的第6艘船“玛丽·色斯”（Mary Sears）号下水，计划于2001年12月交付使用。该级船主要是用于取代“罗伯特·康拉德”级测量船。该船满载排水量4762吨，船长100.1米，宽17.7米，吃水5.8米，主机为柴油电动推进式，功率为11425马力，航速16节，续航力为12000海里/12节，船上人员28人，还有27名海洋研究人员，船上设有3台多用途起重机和5台绞车，还有大量海洋观测设备，如多波束回声探测器、拖曳声纳和一次性使用声纳，还可装备遥控飞行器。“玛丽·色斯”号测量船是该级船的最后一艘。

美国海军加快“沃森”级大型中速滚装船建造步伐　据英《简氏战斗舰船年鉴 2000－2001》报道：“沃森”级大型中速滚装船是美海军战略海运采办计划的一部分，该级船将指定为军事海运司令部浮动预先装置计划中运载美陆军、海军陆战队、海军、空军和国防后勤局的装备和补给品的船只，预先预置可提高美军在事件突发地区的快速部署能力。该级船由国家钢铁与造船公司负责建造，计划共建造 8 艘。2000 年有 3 艘建造完工，它们是“红云”（Red Cloud）号、“查尔顿”（Charlton）号和“沃特金斯”（Watkins）号。该级船满载排水量为 62968 吨，船长 290 米，宽 32.3 米，吃水 11 米，动力装置为 4 台燃汽轮机，功率为 64000 马力，双轴，航速 24 节，续航力为 12000 海里/24 节，船上配有文职人员 26～45 人，海军军官 50 名。该级船约有 36665 平方米载货面积，可载货 13000 吨。该级船同时具有滚装和吊装能力，配有艉回转跳板，跳板可伸至 40 米，船上还配有两台 55 吨的起重机。最后两艘船“波莫罗伊”（Pomeroy）号和另一艘尚未命名的滚装船计划于 2001 年 6 月和 2002 年 7 月交付使用。

印度海军新型补给舰“阿迪特亚”号开始服役　据英《简氏战斗舰船年鉴 2000～2001》报道：印度海军第 1 艘国产补给舰“阿迪特亚（Adiyta)”号于 2000 年 4 月 2 日在东方舰队司令部服役。该舰是德国不莱梅·富坎造船公司建造的“迪帕克”级补给舰的改进型，1993 年 11 月下水，满载排水量为 24600 吨，总长 172 米，主机为柴油机，航速 20 节，舰上配备有 3 门 40 毫米单管机枪。柴油和航空燃料占用空间为 14200 立方米，水占用空间为 2250 立方米，武器和一般货物空间为 2170 立方米。

加拿大海军开始设计浮动后勤和海运船　据英《简氏防务周刊》2000 年第 9 期报道：浮动后勤和海运船是加拿大海军 10 年潜心研究的多用途补给舰，综合了油船和滚装船的特点，主要用于为加拿大海军和岸上部队运送大量补给物资，并可为加拿大海军提供战略运输能力。加拿大海军计划于 2001 年开始该级船的方案设计，将建造 4 艘，2008～2010 年交付使用。新建舰船每侧有 2 个海上补给站，设有艉部和侧跳板，后面的上层建筑在飞行甲板的右舷侧。

该船满载排水量为 30000 吨，船长 200 米，宽 32 米，吃水 8.5 米，主机为 2 台柴油机或 2 台汽轮机，单轴，弓形推进器，航速 21 节，续航力为 10800 海里/15 节。载货能力为：燃料 8000 吨、航空燃料 510 吨、弹药 300 吨、20 英尺集装箱 200 只。可载 3～5 架海王直升机。武备有 2 门“火神”密集阵近战武器系统。具有对空/对海导航雷达。具有拦截和干扰电子对抗/电子支援措施以及拖曳鱼雷诱饵、干扰箔条和干扰发射器。

澳大利亚计划新建补给油船　据英《简氏国际海军》2001 年第 1/2 期报道：澳大利亚皇家海军计划建造 2～3 艘多功能补给油船，用以支援远离澳大利亚本土的澳大利亚皇家海军特遣部队和作战部队。每艘船将承担所有油船和航行补给船的任务，携载战斗舰船和指定直升机使用的燃料、油料、弹药和补给品。新建油船将代替 40800 吨补给油船“威斯特拉”号和 18000 吨的补给油船“成功”号，其排水量可能在 18000～20000 吨，具有航空支援能力，飞行甲板和机库可供两架中型直升机使用。

澳大利亚海军计划建造多用途军辅船　据英《简氏国际海军》2001 年第 1/2 期报道：为保持对本地区其它国家的军事优势，澳大利亚海军系统部计划建造多用途军辅船，该船同时具有海上航行补给、兵员运输、后勤支援及航空支援能力。多用途军辅船设计为 22000 吨，船长 224 米，最高航速 22 节，续航力 6500 海里/18 节。该船具备全通式飞行甲板，可同时起降 6 架中型直升机，两台大型起重机适于起吊 V－22“鱼鹰”直升机。该船的载货能力为 5353 吨柴油，871 吨的航空燃料，4000 吨淡水，250 吨弹药，两栖运输能力 5000 吨和运输兵员 1200 人。车辆甲板携载的物资包括 70L 和 4X4 轮式“漂泊者”（Rover）拖车、22 辆万能牵引车中型卡车、119 辆 M－113 战车等。两台 70 吨的起重机安装在上层建筑的前、后，主要用于从甲板上回收和下放登陆筏，使用车辆甲板/机库可以停放 20 架“海王型”直升机，艉部干船坞允许用于各种大小的登陆筏作业，作为补给油船/两栖运输船/航空支援船，其装载量在不同地域可相应地减少。多用途军辅船将按商业标准建造 4 艘。

（王艳芳）

舰载武器与技术

美国海军非扫雷战舰将安装遥控猎雷具　据《简氏防务周刊》2000 年 4 月 26 日报道，美国洛马公司海军电子与监视系统分部制造了一种遥控猎雷系统——AN－WLD－1（V）1。这是一种专为非扫雷战舰设计的遥控猎雷系统，也是美国海军提高扫雷能力计划的重要组成部分。美国海军将购买 20 套这种遥控猎雷具，装设在部分“伯克”级导弹驱逐舰上。此种遥控猎雷具由一个柴油机推进的、低可视度的遥控航行体组成，使用卫星全球定位系统导航。猎雷具上的数据链既可以在视距内，也可以超视距传输数据。猎雷具上还安装了1部可变深度声纳、1部前视声纳和猎雷设备。可变深度声纳能将前视声纳、侧视声纳等与光电摄像机结合在一起；它可以航行50海里，续航时间为24小时。驱逐舰放出遥控猎雷具后，立即清扫浅水和深水中的水雷，并向战斗群发出警报。该猎雷具经过特别设计，不会增加舰上人员负担，也不会妨碍战舰执行任务；该装备将使美国海军进攻性平台也拥有识别和摧毁水雷的能力，而不必再依赖有限的扫雷舰艇。

美国海军装备首批新的“地狱火”导弹　据《简氏防务周刊》2000年8月31日报道，2000年8月，美国海军接受了首批100枚新设计的AGM-114M“地狱火”反舰导弹。该导弹可由水面舰艇、地面车辆和便携式发射架发射，并能与现役的“地狱火”导弹发射装置兼容，适合打击建筑物和轻型装甲车等地面坚硬目标。美军还准备将该导弹装备于美SH-60B、AH-1W直升机；同时计划装在陆军AH-64“阿帕奇”攻击直升机上执行对海作战任务。AGM-114导弹的最大飞行速度为1.3马赫，采用半自动激光制导系统，并装有延迟引信；攻击目标时的齐射时间间隔为2秒。

美舰将装备新型对地攻击“标准”导弹　据《简氏防务周刊》2000年11月报道，美国海军的“宙斯盾”巡洋舰、驱逐舰上将装备一种新的攻击型“标准”导弹，主要用于执行远程对地攻击任务。这种导弹的雷达反射面积比较小，飞行弹道较高，速度也很快，对方很难发现。该导弹主要采用GPS/惯性导航系统；导弹以垂直弹道落下后，在预定的高度引爆战斗部，来杀伤地面目标。为了节省经费，美国海军将使用旧的“标准”Ⅱ型和Ⅲ型舰空导弹改装成对地攻击型“标准”导弹。

美国向台湾提供“作战情报数据链”　据《简氏防务周刊》2000年8月报道，美国已初步决定向台湾提供“16号数据链”。一旦交付使用，台军的F-16战斗机与E-2T预警机、海上舰船，以及岸上作战管制雷达之间，可以进行直接通信与信息传递，将使台三军的协调作战能力有大幅度的提高。16号数据链是美国供应给盟国的先进软件，可以使日本、以色列、北约等盟国武器装备与美国战舰、飞机和雷达站之间的语音对话及资料，经由密码编程传递，而防止被敌方窃听或接收。

美国研制舰载先进火炮使用的制导炮弹　据《简氏防务周刊》2000年8月18日报道，2000年内，美国联合防务公司已分别与雷锡恩公司和科学应用国际公司签订了1730万美元的合同，继续研制新型驱逐舰上装备AGS先进火炮系统所用的远程对陆攻击炮弹。上述两家公司将在28个月内分别对炮弹推进、弹体结构、制导导航和控制分系统等进行研制。联合防务公司还将从这两家公司中选择一个实施最后的工程开发与制造。AGS炮将能够发射射程185千米、重100千克的制导炮弹。

美国海军研制能够防御巡航导弹的系留气球　据《美国海军时报》2000年5月报道，随着世界各国巡航导弹型号和数量的增多，及其威胁的日益加大，美国海军认为巡航导弹已对其全球行动产生严重影响。为了能从众多的、四面八方的各类信息中识别出最具威胁的敌方导弹，美国海军决定研制一种系留气球，作为超越地平线探测能力的平台。这种系留气球长71米，球上装有各种传感器和通信设备，其探测范围可覆盖360度、距离250海里的空间。一旦发现并识别出敌方巡航导弹后，便可利用“爱国者”导弹或舰载“标准”导弹进行打击。气球探测系统比之空中预警机成本小，使用费用低。它可以与其他雷达系统、空中预警机、卫星组成一个通信和监视网络，还可以提供通信中继服务。

美国海军选定无人机系统　据《简氏防务评论》2000年1月报道，诺斯罗普·格鲁曼公司击败其他竞争对手，其所研制的Schweizer 379型无人机被美国海军选中。该无人机系统主要用于监视、侦察、战场毁伤评估、目标指示和通信中继。1套无人机系统包括3架无人机、2个地面站、遥控数据终端，以及3个多任务载荷（具有光电、红外探测能力和激光指示能力）。美国海军计划购买12套这种无人机系统，以取代“先锋”无人机；海军陆战队计划购买11套该无人机系统。

美国海军陆战队装备“龙勇士”无人机　据《简氏防务评估》2000年1月报道，美国海军陆战队和西科斯基公司签订了一项价值546万美元的合同，由该公司提供2架“龙勇士”管道旋翼无人机，以及4套地面站。“龙勇士”无人机长2米，翼展3米，最大起飞重量100千克，最大飞行速度230千米/小时。它可以携带20千克的载荷，飞到基地外161千米处巡航2个小时。其两侧的机翼也可以拆除，以适应城市地区作战的需要。

俄罗斯海军研制新型反鱼雷武器　据《简氏防务周刊》2000年12月报道，近年来，俄罗斯海军研制出一种火箭式反鱼雷武器系统——“蟒蛇－1M”。这种武器系统的水下射程为3千米，海平面下600米以内的各种目标均在该武器系统的打击之内。当对方发射鱼雷之后，俄海军战舰上的武器控制系统在测出鱼雷的弹道后，立即向该系统下达攻击指令，“蟒蛇－1M”携带的多种火箭便开始齐射，在鱼雷的弹道上形成一个“弹幕”，从而摧毁鱼雷。此外，该武器系统还可以用来攻击水雷、深水炸弹和潜水员等。

德国扫雷艇装备新型反水雷装备 据《国际海军》2000年4月报道，不久前，德国海军研制出一新型反水雷装备“海狐”，并已完成海上测试。装备“海狐”的“哈默尔恩”级扫雷艇，比起传统的艇壳声纳性能要强得多。“海狐”通过与战术信息系统和猎雷声纳配合，能提供强大的反水雷能力；它可以通过更换非战斗部识别系统，以完成目标探测，还可以用于港口训练，并成为良好的嵌入式仿真设施。与此同时，德国海军还研制了一种新型无人猎雷具。该猎雷具长2.5米，使用阵列声纳；它的行动水域最浅为10米，一旦发现并识别出水雷，便使用自身携带的一次性武器击毁之。

德国研制用于舰艇防护的新型诱饵系统 据《简氏防务周刊》2000年8月报道，近年来，德国海军开始研制一种能够对付包括高度复杂电子对抗能力的导弹新型诱饵。这种新诱饵在光谱、时间和空间上的雷达/红外信号达到了与真船相同或相似；将其部署到与舰艇同样的位置，就能快速反应出与舰艇一样的运动特性。该诱饵对雷达的有效频率范围是7～18千赫兹，红外波长为3～14微米，并增加有对抗1.06微米激光制导武器的性能；发射器由计算机控制，最快反应速度小于2秒。每个发射器采用隐形设计，由碳纤维制造，备有32枚诱饵；但没有再装填能力。这种诱饵尤为适合小型快艇、护卫舰等舰艇的防护。

英国开发舰载“海拉姆”近程防御武器 据《简氏防务周刊》2000年8月报道，最近英国海军研制出42型驱逐舰等舰上使用的“海拉姆”导弹样机，并提供给海军进行安装和兼容性的测试。这种导弹是“密集阵”近程武器防御系统的升级换代产品，主要由装有11枚导弹的“拉姆”导弹发射架来替代“密集阵”20毫米炮，使其能够打击更远距离上的多个目标。

英国潜艇装备新型“战斧”巡航导弹 据《简氏国际海军》2000年11期报道，目前，英国海军潜艇装备“战斧”Ⅲ C改型巡航导弹，并对电源负载和缆线连接进行了相应的改进，从而可将454千克的战斗部发射到1000海里以外。发射时，导弹从潜艇鱼雷发射管中依靠水压输出；离开潜艇后，导弹的固体火箭发动机点火，利用矢量推进器控制导弹的水下弹道并射出水面。导弹在受水面横侧风浪影响时，仍受动力控制，但可调整飞行姿态。助推器燃烧完毕之后被抛弃，导弹弹翼展开，涡扇发动机启动，导弹根据事先设定的飞行模式进行飞行。导弹使用惯性导航、全球定位系统和地形匹配系统组合导航。

英国正在研制驱逐舰装备的新型雷达 据《IDR》1999年12期报道，英国现正在研制E、F波段“桑普森”多功能雷达。该雷达是舰用“主防空导弹系统”的一部分，将装备英国45型驱逐舰及意大利、法国的下一代战舰。该雷达集成了一个重4.6吨、30转/分，双面的桅杆天线，其每个阵面布放有约2500个辐射元，每个砷化镓收发模块能够提供4个功率为10瓦的通道。“桑普森”雷达将提供中远距离的搜索及多目标跟踪。

英国研制试验新式海上灭雷系统 据《简氏防务周刊》2000年5月报道，英国防御评估与研究局和挪威国防研究院、布莱克伯恩皇家兵工厂、雷诺兹工业公司及挪威康斯堡防务与空间公司，一起联合试验了海上灭雷新系统“水雷狙击手”。新系统由水下遥控航行器所携带的水下火炮发射弹药来彻底引爆水雷装药，火炮所发射的半穿甲弹能摧毁所有已知的水雷。“水雷狙击手”一次性灭雷具带有视频摄像机、光源、激光瞄准器和可探测360°声纳。操作人员用半自动或手控联合控制方式把它导向目标；如果水中能见度很低，可用再定位声纳进行引导。选好瞄准点后，从“水雷狙击手”灭雷具头部发射炮弹，炮弹穿过水雷壳体进入水雷装药后引爆。该灭雷具比目前北约使用的普通灭雷炸弹要有效得多。

法国研制新型舰载光电系统 据《简氏防务周刊》2000年6月报道，法国汤姆逊公司正在为孟加拉国“釜山”级护卫舰安装一套新型光电系统。这套光电系统可以完成观察、跟踪和火控等多种功能。当进行观察行动时，可以为作战指示系统提供录像信息，用于图像分类和目标识别；也可以在海关巡逻中，通过录像收集法律证据，对抗非法移民、毒品走私、非法捕鱼以及搜索救援等。跟踪和火控功能包括自动采集和跟踪，判断和筛选，弹道测量，海军火炮支援和射击弹着点的修正。这套光电系统采用隐形设计，使用1台直流驱动无电刷伺服系统，主要包括1台12倍彩色观察电视摄像机，1台远距离单色电视跟踪摄像机（对于1.7×1.7米的空中目标为28千米)，1 台可选择低光电观察摄像机，1 台电扫红外摄像机，1 台可选择红外摄像机（27 千米），1 部激光防护装置。

挪威与法国联合设计新一代增程型反舰导弹 据《简氏防务周刊》2000 年 7 月报道，挪威与法国开始设计研究 NSM 新一代反舰导弹的增程改型。该型导弹增加了弹体结构，以容纳增加的燃料空间，并增加了接收来自舰载直升机的中继制导信号设备；弹上使用 TRI－40 小型涡扇发动机，同时装备 1 台发动机用于电力供应，以代替原有的电池主电源。该导弹改型的射程超过 250 千米，完全能够满足对陆上目标和海面舰艇的精确打击。NSM 导弹具备较强的隐形能力和三维高机动能力，因而突防能力很强；且采用高限度图像红外寻的器结合目标分类软件，能够选择弹着点，获取较好的毁伤效果。NSM 基本型导弹长 3.95 米，战斗部重 120 千克，飞行重量 350 千克，最大飞行速度为高亚音速。

挪威研制新型水下作战系统 据《IDR》2000 年 1 期报道，挪威国防部、海军及康斯堡国防与航空航天公司等工业集团正在研制 UNI－SON 2005 水下信息与声纳，并旨在进一步研制出可探测、分类并截获更远目标的水下作战系统。该系统要求操作人员少，可在沿海作战；同时要求将水声、海洋测量、气象及地理信息与声纳数据组合在一起以增强探测性能。新研制的水下作战系统将用于装备挪威海军计划建造的新护卫舰和潜艇，中期改装的现役潜艇及反水雷舰艇。

瑞典海军试验 90H 式突击艇上迫击炮系统 据《简氏防务周刊》2000 年 4 月 5 日报道，由芬兰帕特里亚·万马斯公司和瑞典赫格隆车辆公司投资研制的"阿莫斯"（AMOS）迫击炮系统，于 2000 年安装在瑞典海军 90H 式突击艇上。瑞典海军大约拥有 125 艘 90H 突击艇。该艇配有 3 名艇员，能运送 20 名全副武装的士兵、2.6 吨的物资或类似"海尔法"导弹的武器。"阿莫斯"120 毫米双管迫击炮系统安装在舰桥的后部，可做 180°的旋转；该炮可发射榴弹、子母弹、发烟弹、照明弹和末制导迫击炮弹。该炮可与艇上的 12.7 毫米机枪，共同为登陆时提供压制火力。"阿莫斯"迫击炮系统采用计算机化火控系统，最大射速为 14 发/分，最大射程达 13 千米。

（李杰）

航空武器装备

综述 2000 年，世界主要国家航空武器装备的发展具有以下几个特点：

重视增强战术空中力量的反导作战能力。由于空中力量的机动灵活性强，发达国家近年来在注重提高地面防空系统反导作战能力的同时，特别重视发挥空中力量在反导作战中的重要作用，其装备系统的改进充分反映了这一特点。目前，空中预警指挥系统和联合监视与搜索攻击雷达系统的改进都注重提高其对低空小型目标的探测能力，普遍加装了针对弹道导弹的红外探测系统；指挥控制系统信息传递的速度加快、信息处理的容量显著增大，传递实时信息的能力有明显提高；机载雷达的改进注重增大其探测范围和多目标跟踪能力；提高中距拦射空空导弹打击多目标的能力，增强近距格斗导弹对小型目标的红外探测能力和离轴发射能力。这些技术措施基本体现了发达国家未来战术反导作战的基本思想，即陆基反导系统主要担负对弹道导弹的中高空区域防御任务，空中系统则主要担负机动寻歼弹道导弹的地面发射系统以及在低空拦截巡航导弹的任务。

高度重视发展防御性航空电子战系统。美国等西方航空技术发达国家在航空电子战系统的研制方面，长期以来以探测敌方电磁辐射源和实施压制性干扰的进攻性航空电子战系统为重点。美国的 F－117 飞机在科索沃战争中被击落，暴露出防御性航空电子战系统方面仍然存在着一些薄弱环节。因此，美国等西方国家在加紧研制新型进攻性航空电子战系统的同时，对防御性航空电子战系统的发展给予了高度重视。首先，普遍将拖曳式诱饵作为对付射频威胁的有效手段。在科索沃战争中，美国 F－16 战斗机和 B－1B 轰炸机首次实战使用了 ALE－50 拖曳式诱饵，取得了极佳的防护效果。2000 年，ALE－50 拖曳式诱饵交付美国空军和海军使用的数量已达 4000 余枚，并开始研制更先进的光纤拖曳式诱饵。英国已决定将改进型“艾里尔”拖曳式诱饵作为 EF2000 战斗机的制式电子防御装备。其次，重点提高单机的红外干扰能力。目前，对付红外制导导弹的曳光弹诱饵已难以对付装有对抗装置的新型红外导弹。为此，美国研制了主要供直升机和运输机使用的以高强度氙灯为红外干扰源的 AAQ－24 系统及 ALQ－212 系统。

根据科索沃战争的经验，加速改进航空武器装备。尽管科索沃战争中以美国为首的北约取得了胜利，但是年内公布的有关战争问题最终报告显示，北约航空武器装备在精确打击、战斗支援和远程快速机动等方面仍然存在着严重缺陷。美国在战争期间使用 6 架 B－2 轰炸机共出动 49 架次，武器投放成功率达到 96%，摧毁了 80% 的指定目标，但仍有 4 架次因技术问题而中止执行任务；对 B－2 轰炸机遂行任务率影响最大的问题仍然是低可探测性材料的可靠性和可维修性问题，所暴露出来的问题是飞行中产生的静电会对该机的低可探测性涂层造成一定的破坏，从而影响该机的隐形性能；此外，还有环控系统和辅助动力装置功率不足的问题。B－1B 轰炸机在战争期间共出动 74 架次，其主要问题是 D 批次飞机的甚高频/超高频电台的作用距离反而比 C 批次飞机所用电台距离短。F－16 和 F－117 飞机以及多架无人驾驶飞机被击落，表明美国压制防空体系的能力仍然存在着缺陷。部分精确制导武器（AGM－154A 联合防空区外武器）也暴露出弹着点分布不均匀的问题。鉴于这些问题，美国在年内开始对其航空武器装备进行多项改进。主要措施：一是通过采用自动化任务计划系统，提高部队的快速反应能力；二是投资 3.89 亿美元改进 EA－6B 专用电子战飞机，并着手进行新一代专用电子战飞机的预研，计划于 2010～2015 年列装，使压制防空体系的能力得到全面增强；三是换装新型航空电子设备，增强突击飞机搜索发现目标并对其实施精确打击的能力。

第二次车臣平叛作战对俄罗斯航空武器装备发展产生重大影响。2000 年，俄罗斯军队取得第二次车臣平叛作战的决定性胜利。与第一次车臣平叛作战相比，俄罗斯此次作战十分重视使用空中力量。尽管取得了显著的战果，但也暴露出俄罗斯空军存在的一些主要问题。目前，俄罗斯已开始采取一系列有效措施解决所发现的问题：一是加强空中打击力量的建设，重点提高空中精确打击能力。苏 24M/MR、图－22MS、米格－29 和苏－27 等飞机均将增加新型对地突击精确制导武器，同时重点改进 X－25、X－29 和 X－59C 等电视制导炸弹。二是加强全天候作战能力。在主要突击飞机上加装全球定位系统导航装置和夜视系统；苏－25 强击机加装了新型的全天候目标截获系统，米－24 和米－28 加装夜视系统；同时各航空兵部队均重点加强了夜间作战训练。三是提高航空侦察、电子侦察与对抗能力。俄军在安－30B 侦察机上安装了新型的高分辨率电子－光学侦察系统，同时针对车臣作战的特殊性，对电子侦察机进行了重点改进。

航空武器装备的作战使用对航天系统的依赖性增大。目前，空中力量在进行任务计划时，普遍需要航天系统提供有关目标区的视频与地形情报；对空中力量实施指挥时，为确保指挥的稳定性和连续性，也开始采用前沿与后方相结合的分布式指挥控制体系结构，前沿与后方系统的信息互通安全依赖于宽带卫星通信系统；空勤人员在遂行任务过程中，对战场态势的感知亦需要通过航天系统提供近实时战术信息；为实现精确打击和发射后不管，新一代制导武器主要采用了全球定位系统的制导方式。这一切已被科索沃战争所证明。它再一次表明，空中力量遂行作战任务对航天系统的依赖性越来越大，空中力量向航空航天力量转变的趋势愈益明显。

轰炸机　美国空军后备队 B－52 轰炸机开始承担核打击任务　针对空中作战的实际需要，在对空军后备力量的战备状况及监管能力进行综合评审后，美国国防部于 2000 年 3 月决定，逐步增加美国空军后备队 B－52 轰炸机的列装数量，现役轰炸机部队主要承担常规空中打击任务，而空军后备队的 B－52 轰炸机则承担遂行核打击的任务。这是美国后备力量建设中的一个重要举措。同时，美国今后将增加后备力量中的 B－1B 轰炸机的装备数量。为提高空军现役部队 B－52H 轰炸机的防御能力，2000 年 9 月起，美国诺斯罗普－格鲁曼公司开始实施 B－52H 轰炸机 AN－ALQ－155 型机载电子对抗系统的改进计划。

美国空军研究战略轰炸机发展规划　美国空军公布的轰炸机发展规划报告已明确提出在 2037 年前不启动新型战略轰炸机的发展计划，因此，美国空军对过渡期战略轰炸机部队的建设提出了一系列目标明确的方案。一是在现有隐形轰炸机的基础上，于 2010 年前发展一种低成本的轰炸机。低成本的概念是单价 5 至 8 亿美元（原 B－2 轰炸机单价为 23 亿美元），批量达到 100～130 架飞机。二是发展一种无人驾驶轰炸机。该机起飞重量达到 109 吨，内载武器 23～34 吨。三是进一步挖掘现有战略轰炸机的作战潜力。一方面使现役各种战略轰炸机均具有投射精确制导武器的能力，另一方面着力提高 B－2 轰炸机的前沿部署能力。目前，B－2 轰炸机完全部署在本土怀特曼空军基地，前沿部署能力相对较差。美国空军计划在 2002 年前在关岛安德森、印度洋的迪戈加西亚和欧洲战区建立 4 个前沿部署基地，共装备 6 个 B－2 轰炸机的预置掩体，每架飞机的相关设备可用 1 架 C－130 飞机空运，此举可保障 B－2 轰炸机在前沿基地连续作战 7～30 天。届时，B－2 轰炸机的作战模式将是：平时，部署在本土骨干基地待命；战时，自本土骨干基地出动，前沿补给，连续作战。

俄罗斯中型隐形轰炸机研究计划引起美国关注 普京当选俄罗斯总统后高度重视俄罗斯军队的现代化建设，在战略打击力量的建设上，注重发展 SS－27 型洲际弹道导弹系统，同时透露了中型隐形轰炸机的研究计划。这种隐形轰炸机编号为 T－60S，有时称为 S－60，俄罗斯空军高级官员称这种轰炸机是俄罗斯技术研究与发展的重点之一。其机体大于美国的 F－117 飞机，但小于 B－2 轰炸机。在作战使用上，该机将取代现役的图－22 和苏－24 飞机，将与图－160 轰炸机共同构成俄罗斯未来战略轰炸机的核心。这一规划已经引起美国的高度重视。此外，俄罗斯自乌克兰接收的图－160 战略轰炸机经过检修后，已于 2000 年 5 月 3 日正式列编并投入使用，它们编入 1 个重型战略轰炸机团，共装备 8 架图－160 轰炸机。

战斗机（歼击机） 战斗机的发展以提高多用途性为重点。全球战斗机列装数量在 20 世纪 90 年代后期有所减少，但自 2000 年起已开始逐步回升，其中以多用途潜力较强的 10～15 吨级战斗机为主。虽然年内没有启动新的研究项目，但在新加坡樟宜机场举行的第十届亚洲航展上，几种战斗机改型方案依旧非常引人瞩目。如洛克希德—马丁公司的先进型 F－16 战斗机新型 APG－68（V）XM 雷达，其高分辨率合成孔径雷达模式能提高分辨率的地形测绘和精确目标定位能力，满足了投射联合直接攻击炸弹等精确制导武器的需要；三是换装卫星通信系统，提高了获取实时战术信息的能力。法国达索公司也首次展出了装备保型油箱的未来"阵风"飞机的模型，它在原有基础上使航程增大了 15%，目前该型飞机正在进行风洞试验，计划于 2001 年年中试飞。

美国 F－22 战斗机发展情况 F－22 战斗机目前仍然是美国航空武器装备发展中最为优先的项目。在 2001 财政年度国防预算中，F－22 战斗机的采购费用达到 25 亿美元，研究与发展费用达 14 亿美元。该机的试飞工作进展顺利，飞行包线已扩展到高度大于 15000 米和马赫数达 1.6，对应的飞行表速达到 1188 千米/小时；完成了带推力矢量时，在－40 度到＋60 度迎角范围内的稳定性试飞，过载变化幅度达到－2g 至＋7g。①部署安排。2000 年 1 月 6 日，美国空军宣布 F－22 战斗机列装后的部署安排。根据计划，首批 72 架 F－22 战斗机将于 2004 年交付美国空军，目前已选定 4 个空军基地为部署基地，即弗吉尼亚州兰利空军基地、佛罗里达州埃格林空军基地、爱达荷州芒廷霍姆空军基地和阿拉斯加州埃尔曼多夫空军基地，其中兰利空军基地为主要部署基地。②航空电子系统软件通过关键设计评审。F－22 战斗机发展计划的节点项目之一的航空电子系统软件设计于 2000 年 10 月顺利通过关键设计评审。并于 2000 年 12 月 31 日正式嵌入 F－22 战斗机的航空电子系统。同时，F－22 战斗机也完成了国防采购委员会规定的 19 项静态测试中的 18 项。③重点增强超视距空战能力。F－22 战斗机装备了先进的传感器系统，确保增强该机的超视距空战能力。年内进行的试飞表明，F－22 战斗机用被动探测手段可在 463 千米的距离上发现和识别目标；以低截获概率方式搜索时，雷达的探测距离达到 222 千米。这使 F－22 战斗机在装备改进型 AIM－120 中距拦射导弹时，可在 185 千米距离上对目标实施攻击。④首次进行 AIM－120 导弹实弹发射试验。2000 年 10 月 24 日，F－22 战斗机成功地进行了首次中距拦射导弹发射试验。试验中，导弹采用内载方式发射，飞行状态为平飞，发射高度 4700 米，载机飞行速度为马赫数 0.9。为避免因发射导弹而改变 F－22 战斗机的雷达反向截面，打开弹舱、发射导弹至弹舱关闭均由计算机控制，且间隔时间很短。⑤以色列可能购买 F－22 战斗机。2000 年 3 月，以色列与美国开始就购买 F－22 战斗机事宜进行谈判，以色列可能在 2006～2007 年购买 50 架 F－22 战斗机，装备 2 个战斗机中队。以色列方面要求出口型 F－22 飞机达到美方使用标准的 90%，具有全面的隐形能力和很强的电子战能力。

美国更新雷达系统的 F－15C 战斗机投入使用 首批经过雷达系统全面更新的 F－15C 战斗机于 2000 年 12 月在驻阿拉斯加艾尔门多夫空军基地的美国空军第 3 战斗机联队投入使用。这批 F－15C 战斗机换装了雷锡恩公司制造的采用主动电子扫描阵列的

APG－63（V）2型雷达（其核心技术与APG－77型雷达相同），雷达系统的搜索发现、敌我识别、抗干扰能力和可靠性均有明显改善，而且安装这种雷达的F－15C战斗机还可以大功率的窄波束，对敌方飞机的火控雷达实施干扰。装备新型雷达的F－15C战斗机主要使用AIM－120中距空空导弹，多目标攻击能力有显著提高，美方称其主要执行拦截巡航导弹的任务。美国空军首批改装的数量为18架F－15C战斗机，计划总费用为2.77亿美元，由雷锡恩公司负责实施。

美国空军改进F－16CJ战斗机的火控系统　美国空军F－16CJ战斗机是在第50批F－16C的基础上改进的用于遂行压制防空体系任务的飞机。为增强其遂行任务的能力，2000年9月，美国空军开始对F－16CJ战斗机进行改进，主要是对该机火控系统的软件进行升级，使之能投射3种新型制导武器，即CBU－31联合直接攻击弹药、AGM－154联合防区外武器和CBU－103－105风修正弹药撒布器，并与ASQ－213定位瞄准吊舱兼容，使飞行员能近实时获取战场信息。此次改进，使F－16成为第一种装备联合防区外武器和风修正弹药撒布器的战术作战飞机。根据美国空军的计划，在F－16CJ战斗机改进完毕后，后续改进将拓展至全部240架第50批F－16C飞机，全部改进工作将在今后14个月内完成。第一批改进后的F－16CJ战斗机部署在美国本土的肖空军基地。

美国确定F/A－18E/F战斗机采购计划　在F/A－18E/F战斗机通过关键设计评审并完成全部试飞计划后，美国海军于2000年2月15日批准F/A－18E/F战斗机列装并公布了采购计划。根据计划，美国海军在未来10年中将耗资450亿美元采购548架该型机，逐步取代现役F/A－18C/D和F－14战斗机；首批F/A－18E/F战斗机将于2002年部署于"林肯"号航空母舰。F/A－18E是在F/A－18C/D的基础上经过较大改进而研制的新一代多用途主战舰载机，可遂行争夺海上空中优势、护航、近距空中支援、航空侦察、压制防空体系和全天候空中打击等任务，还可以作为空中加油机使用。与原C/D型相比，F/A－18E/F型机内载油增加33%，作战半径由684千米增加至964千米；增加了2个外挂点和空中加油设备；虽然面积增大25%，雷达信号特征反而降低。

俄罗斯米格1.44战斗机试飞成功　在经过多次拖延以后，2000年2月29日，俄罗斯米格飞机制造厂研制的第5代战斗机米格1.44在莫斯科郊外的茹科夫斯基飞行试验中心首飞成功。整个试飞过程持续了18分钟，飞行高度约1000米，飞行速度500～600千米/小时。虽然首飞时间很短，但它标志着俄罗斯第5代战斗机的研制工作，已经由地面试验转入飞行技术验证阶段。米格1.44战斗机采用放宽静安定度设计、近耦合鸭式三角翼以及V型尾翼的气动布局；近距耦合配置使该机升力增大20%～30%，并提高飞机的敏捷性；鸭式布局使该机从跨音速向超音速过渡中减缓安定性的作用，有利于超音速机动。该机装2台AL－41F加力双涵道带轴对称推力矢量喷口的涡轮风扇发动机，推重比为11，具有不开加力作超音速巡航的能力；推力矢量喷口的偏转范围为俯仰±15°，水平±8°。该机所采取的雷达隐形措施主要包括隐形布局和应用雷达吸波材料。米格1.44战斗机的研制工作始于20世纪80年代中期，1994年原型机出厂，但因经费拮据而迟迟未能首飞。该机的研制目标是以美国的F－22战斗机为主要对手，用于争夺制空权。但俄罗斯方面表明，这种新型飞机主要是一种验证机而不是发展型飞机，它主要用于验证超音速巡航、超机动性、隐形性以及新型火控系统等先进的战斗机技术，为俄罗斯研制下一代战斗机提供必要的基础数据。

俄罗斯继续改进米格－29战斗机　2000年4月29日，俄罗斯米格飞机制造集团表示将继续改进米格－29战斗机，使之继续使用至2010～2015年。米格－29战斗机将有4种改进型：一种是适应已加入北约的东欧国家要求，配置变动不大。第二种是米格－29CM，装备新型主动雷达制导空空导弹。第三种是米格－29CMT－1型，除装备新型导弹外，还换装新型雷达。第四种是米格－29CMT－2型，装备新型缝隙天线阵雷达。这些飞机在2000年6月6日至12日的德国柏林航展上部分展出，可以完全满足原用户的要求。

俄罗斯提出米格－29K舰载战斗机的新改进方案　2000年2月，俄罗斯米格飞机公司在原米格－29K的基础上，针对印度海军的作战需要，提出了双座米格－29KUB战斗机的方案。新改进型的主要特点就是减小了飞机的甲板占用系数，该机机翼和水平尾翼折叠后停机宽度小于6米。飞机的垂直安定面加大，机高达到5.5米，可增大机内载油能力，同时还具有空中受油能力，使米格－29KUB战斗机的航程明显增大。根据俄罗斯与印度之间于2000年10月达成的军售协议，印度海军将采购24架米格－29KUB战斗机，并于2001年开始交付。

日本发展 F－2 支援战斗机的制空型 由于日本航空自卫队现役 F－4EJ 截击机将在 10 年内全部退役，因此，日本三菱重工业公司于 2000 年 4 月决定在 F－2 支援战斗机的基础上研制该机的远程制空型，目的在于以较少的开发成本研制 F－4EJ 截击机的替代型飞机，除遂行远程防空截击任务外，新机也可以用于争夺空中优势的任务。F－2 支援战斗机的技术已经比较成熟，三菱重工业公司需要在现有基础上，利用日本有自主知识产权的相控阵雷达系统，改进 F－2 飞机的对空搜索机载雷达，换装新型航空电子设备，改装适合发射空空武器的武器投射系统。

印度从俄罗斯获得苏－30MKI 战斗机转让生产许可证 2000 年 12 月 28 日，俄罗斯和印度两国在俄罗斯伊尔库茨克签署了俄罗斯向印度转让成批生产苏－30MKI 歼击机许可证的合同，总金额高达 33 亿美元，这是俄印两国迄今为止签订的一项金额最大的军事技术合同。根据这一合同，印度将在今后 17 年内生产 140 架苏－30MKI 战斗机。苏－30 是一种多用途战斗机，有较强的制空和对地突击能力。该机有多种改型，其中 MK 型为出口型。出口印度的 MKI 型装有推力矢量发动机，在出口型属较高配置。

印度空军增购幻影 2000 型战斗机 2000 年 9 月，印度斥资 3.4 亿美元从法国采购 10 架幻影 2000 战斗机。印度空军曾于 20 世纪 80 年代期间从法国采购 40 架幻影 2000 战斗机。增购这批飞机的主要意图是补充十多年来该型机的消耗损失。

以色列为 F－16 战斗机研制空中加油吊舱 以色列年内为其 F－16 战斗机研制出一种性能先进的空中加油吊舱系统，该系统类似于普通的翼下副油箱，吊舱内安装了可以伸缩的受油探管。在加装这种空中加油吊舱的同时，仍然保留 F－16 战斗机原有的受油伸缩套管管嘴。F－16 战斗机加装空中加油吊舱后，既可以接受波音 707 和 KC－130 等专用加油机的空中加油，也能接受以色列空军 F－15 或 A－4 战斗机的伴随加油，从而显著增大了 F－16 战斗机的使用灵活性。

中国台湾空军 IDF 战斗机列装完毕 2000 年 1 月 14 日，中国台湾汉翔航空公司向台湾空军交付第 130 架 IDF 战斗机，至此台湾空军 IDF 战斗机已全部列装完毕。该型机装备 2 个联队，分别部署于台中和台南。IDF 战斗机是台湾自行研制的第 2 代战斗机，从 1988 年 12 月首架飞机出厂至今全部列装完毕，历时 12 年，原计划装备 250 架，后因采购 F－16 和幻影 2000－5，采购数量减至 130 架，IDF 战斗机上装 2 台涡轮风扇发动机，采用数字式电传操作系统。该机具有较强的空战和对地突击能力，机上有 8 个外挂点，空战武器包括台湾自行研制的“天剑”Ⅰ型红外制导近距格斗导弹和“天剑”Ⅱ型雷达制导中距拦射导弹，也可装备美国提供的 AIM－9 型空空导弹，对地攻击武器包括 2 个 LAU－60 型 19 联装 2.75 英寸火箭发射吊舱，CBU－20 型集束炸弹，MK82SE 型低阻炸弹，MK82 型航弹，M117 型航弹及干扰箔条，275 升副油箱。目前台湾空军已完成了由 F－5E 型战斗机向 F－16 型、幻影 2000－5 型和 IDF 战斗机组成的第 2 代战斗机的过渡，防空和对地突击能力有较大提高。2000 年 7 月，台湾展示了改进型的 IDF 飞机，并开始为 IDF 实施性能提升工程，使之向全天候多用途战斗机方向发展。性能提升工程主要针对 IDF 存在的发动机推力不足，全天候作战能力以及对地突击能力不强等问题。在改进过程中，将得到美国的多项帮助。据称，美国方面已放宽了对 IDF 改进的多项限制，台湾方面得以对 IDF 的发动机进行全面改进，单发推力已由过去的 3632 千克提高到 4540 千克，使其作战性能有明显提高。同时，台湾更新了 IDF 机载武器控制系统软件，使 IDF 可以挂载美国售台的 AGM－65“小牛”式空地导弹和新型激光制导炸弹。

希腊采购一批改进型 F－16 战斗机 2000 年 3 月 10 日，希腊与美国签署协议，从美国购买 50 架改进型 F－16 战斗机，这是继 1986 年和 1992 年后，希腊空军第 3 次采购 F－16 战斗机。整个合同包括飞机、相关设备和后勤支援装备，总价值约为 21 亿美元，其中包括可备选增购 10 架 F－16 战斗机。此批 F－16 战斗机主要对雷达和发动机进行了改进，同时在翼根上部安装了 2 个增程保形油箱。

罗马尼亚延寿改进型米格－29 飞机首飞成功 2000 年 5 月 5 日，罗马尼亚空军延寿改进的米格－29 战斗机在罗马尼亚巴考首飞成功。罗马尼亚空军共装备有 18 架米格－29 飞机。1999 年开始，罗马尼亚航星公司、德国戴姆勒－克莱斯勒航空航天公司和以色列埃尔比特系统公司合作，按北约空军的标准对上述米格－29 飞机进行延寿改装。主要改进内容包括换装新型数字式任务计算机、导航与通信系统、多功能彩色显示器、雷达警告接收机和综合油门杆。在此之前，罗马尼亚空军在以色列的帮助下，已经完成了对米格－21 战斗机的现代化改装。

加拿大改进 CF－18 战斗机 加拿大政府于 2000 年 7 月决定与美国波音公司合作，对其空军所装备

122 架 CF－18 战斗机中的 80 架飞机的航空电子系统与任务系统实施全面改进，改进的内容包括：换装新型主动阵列液晶显示器；加装头盔瞄准具；加装 Link16 数据链，使该机具有分布式信息处理能力。改进后，CF－18 战斗机将达到美国的 F/A－18C/D 战斗机的标准，使该机可继续使用至 2017～2020 年。

智利空军启动换装计划 经过历时 4 年对 4 种机型（分别是美国的 F－16 和 F/A－18 飞机、法国的幻影 2000－5 飞机和瑞典的萨伯－39 飞机）的评审，智利空军于 2000 年 12 月 27 日宣布以达到美国第 50/52 批配置标准的 F－16C/D 飞机装备其空军主战部队，用于取代智利空军现役的 A－37 飞机，这标志着智利正式启动了空军的换装计划。此次换装共采购 12 架 F－16C/D 飞机及相应的保障设备。F－16C/D 飞机能在 4 种机型中胜出的主要原因是该机具有同时遂行制空和对地突击的多种作战能力，以及相对较低的成本，装备规模较小的空军时具有较高的效费比。此次换装，使智利空军成为世界上第 21 个装备 F－16 飞机的国家或地区。

澳大利亚确定多阶段战斗机更新计划 2000 年初，澳大利亚国防部确定了为期 25 年的空军装备逐步更新计划，这一方案的优点在于可以有效地避免出现短期内经费需求量过大以及装备同时老旧的问题，使澳大利亚空军在本地区始终保持较强的空中优势。澳大利亚空军装备更新计划包括 3 个阶段：第 1 阶段的目标是在 2012 年前将目前服役的 F/A－18 战斗机退役。第 2 阶段从 2010 年开始采购新型作战飞机，使之在 2012～2018 年间服役。第 3 阶段从 2020～2025 年开始采购新机，使之在 2028～2030 年间服役。目前澳大利亚空中打击力量的主战装备是 F－111 飞机，未来装备的选型包括新的有人驾驶平台、巡航导弹和无人驾驶攻击机。

攻击机（强击机） 无人驾驶攻击机技术日趋成熟。无人驾驶攻击机因成本低廉，自 20 世纪 90 年代中期以来，已引起军事计划人员的高度重视。美国最早开始在这一领域研究。2000 年，美国空军研究实验室、国防部高级研究规划署和波音公司联合投资 1.4 亿美元在 13 个领域开展技术预研。目前，在小型弹药、目标自动识别、实时信息搜集与融合、任务管理与计划等关键技术领域已取得若干突破。2001 年内，首架无人驾驶攻击机将在美国爱德华兹空军基地进行试飞。今后，无人驾驶攻击机将主要压制敌防空体系和实施精确打击方面发挥重要的作用。为解决有人驾驶作战飞机与无人驾驶攻击机协同作战的问题，年内，法国空军提出并在“阵风”飞机上试验了，接收和显示无人驾驶攻击机的信息并利用双高数据链实现信息互通，这就是利用无人驾驶攻击机扩展有人驾驶战斗机信息源的方法，也是有人驾驶战斗机和无人驾驶攻击机混合编队的新概念，将对今后空中作战战术的发展产生重要影响。

美国联合攻击战斗机发展近况 2000 年内，联合攻击战斗机的发展取得若干突破性进展，但同时也面临着新的隐忧：①放弃独家承包方案。随着联合攻击战斗机原型机试飞日期临近，两个主要竞争对手之间的竞争日趋激烈。2000 年 1 月底，美国国防部从促进美国军事航空工业整体发展的角度考虑，计划在联合攻击战斗机发展中放弃一贯采用的获胜方独享承包权的做法，准备采用多家合作生产的新方法，避免该计划对其它公司造成过大损害。这是美国军用飞机发展中出现的重大变化。1 月底，美国国防部决定对此问题进行为期 90 天的评审，其目的是降低计划发展的风险和利益均衡，促进共同发展，避免出现竞争失败者被迫退出战术飞机生产领域，使该领域出现新的垄断，不利于竞争，并以此遏制成本上扬。②验证机相继首飞成功。1999 年 12 月 14 日，波音公司展出了联合攻击战斗机的常规起降验证机 X－32A 和短距起飞和垂直降落验证机 X－32B；洛克希德－马丁公司随后也展出其装有 JSF119－611 型发动机的验证机 X－35A。X－32A 验证机于 2000 年 4 月完成了全尺寸模型的隐形性能测试，5 月 23 日完成了低速和中途滑行试验，9 月 18 日，波音公司的 X－32A 成功地进行了首次试飞，该机随即进入了 50 架次、100 飞行小时的飞行品质验证试飞期。X－35B 验证机的首飞将在 2001 年初进行。同年 10 月 24 日，洛克希德－马丁公司的 X－35A 验证机也在爱德华兹空军基地成功地进行了首飞，起飞时的滑跑距离为 600 米，试飞中在 3000 米高度的飞行速度最大为 465 千米/小时，最大迎角为 10.4 度。两种验证机相继首飞成功，标志着联合攻击战斗机计划由地面试验正式进入了空中试飞的新阶段。③年度拨款被削减。年中，美国国会批准的 2001 财政年度国防预算中，联合攻击战斗机的申请经费为 8.58 亿美元，但参众两院在审批时将其削减了 1.5 亿美元。该计划年度拨款被削减的原因主要有：一是飞机制造商对生产联合攻击战斗机一类的低成本军机的投资回报期过长表示担忧，全力争取生产合同的愿望并不强烈。二是在现阶段美军仍有 F/A－18E/F 和 F－22 等替代机型可供军方选择，联合攻击战斗机的生产体系尚未建立起来，削减现有机型的生产费用可能影响到美国整体的经济发展。④首次采用座舱声控系统。联合攻击战斗机在设计中充分考虑到高技术空战的特点，为使飞行员从对复杂的作战信息管理中解脱出来，集中精力遂行战术任务，其座舱设计首次采用了声控技术。联合攻击战斗机座舱中有 4 个多功能显示器，能够广泛接收机外传感器的信息，这种配置可削减单机成本。下方配置 2 个 20×25 厘米显示器，左下侧显示器可同时显示目标的合成孔径雷达图像、具有变焦功能的前视红外系统图像、挂载装备管理、突击态势显示等，帮助飞行员了解态势、确定突击瞄准点、进行武器管理和选择最佳的突击航线，它们均具有三维显示的功能。上方配置 2 个 7.5×10 厘米显示器。右上方显示器实际上是头盔瞄准具的备用系统，左侧显示器显示通信、导航、敌我识别以及系统告警信息。为减少飞行员在飞行中显示选择与功能切换的工作量，联合攻击战斗机采用了座舱语音识别系统来调用选单和设置显示配置。飞行员的左手负责操纵综合油门杆，右手通过旁侧驾驶杆对飞机进行控制。

美国空军 F－117 飞机采用新型隐形材料涂层　美国空军的 F－117 飞机的隐形材料涂层使用范围占机身表面的 75%，原来需使用 7 种不同的隐形材料，使隐形涂层处理成为影响该机任务出动率一项瓶颈任务。美国空军于 2000 年 6 月起开始在 F－117 飞机上统一采用一种新的隐形材料涂层，使所有 F－117 飞机达到单一配置标准。在处理方法上，新隐形材料采用了喷涂工艺，而不是以往采用的叠层覆盖工艺，此举不仅可使隐形涂层处理的工作量减少 50%，延长两次处理的平均间隔时间，而且可以减少隐形材料的消耗量，使材料费用由目前的每年 1450 万美元降低至每年 690 万美元。

美国空军接收首架机载激光系统飞机　2000 年 1 月 22 日，美国空军从波音公司接收了首架 YAL－1A 型机载激光系统飞机（尾号为 ED 00－0001），开始进行为期 17 个月的使用测试。目前，机上激光器的功率达到 1 兆瓦，射程可达 400 千米。据美方称，2 架机载激光系统飞机可以完成诸如朝鲜半岛大小区域内的弹道导弹防御任务。YAL－1A 型机载激光系统飞机的机体为波音 747－400F，单机价格为 1.5 亿美元。在 2001 财政年度的国防预算中，由于克林顿政府将未来数年内机载激光系统飞机计划的费用减少了 9 亿美元，因此该系统进行首次攻击弹道导弹试验的时间已由 2003 年推迟至 2005 年。

俄罗斯苏－39 强击机投入批量生产　2000 年 3 月，俄罗斯新一代强击机苏－39 在乌兰乌德航空制造联合企业投入生产，并将正式装备俄罗斯空军。苏－39 型强击机装备“标枪”脉冲多普勒多模式雷达，该雷达对桥梁的发现距离为 100 千米，对丛林道路中的装甲车辆的发现距离为 20 千米，还可制导空空导弹和空舰导弹。苏－39 强击机具有较强的电子战能力，雷达侦察设备可侦收许多地空雷达和空空雷达信号，装备有 KH－31P 型和 KH－58UE 型空地反辐射导弹、KH－25ML 型激光制导炸弹。此外，该机增强了对活动目标的搜索与攻击能力，装备了“风雪”全天候自动瞄准系统，与该系统配套使用的是“旋风”空地反坦克导弹。该机 2000 年内计划生产 6 架，次年生产 12 架。

法国提出以“阵风”飞机担负无人驾驶攻击机指挥控制机的方案　由于计算机技术的发展及新型数据链传输能力的提高，法国于 2000 年 2 月提出以双座型“阵风”B 飞机作为无人驾驶攻击机群的指挥控制机的方案，在无人驾驶攻击机实施攻击前为其提供瞄准数据指令。这一方案的优点是，提高了无人驾驶攻击机群适应新战术态势的灵活性，降低了无人驾驶攻击机在遂行任务时对空中预警指挥机的需求，使空中预警指挥机能在更远的距离上提供控制指令，确保了高价值空中目标的安全。根据这一方案，“阵风”B 飞机一般在低空飞行，可以不进入敌防空火力圈内（必要时亦可随无人驾驶攻击机群突防），以提高自身的生存能力。后座空勤人员采用机载多模式雷达、光电探测系统搜索发现目标，依靠多功能信息分配系统（MIDS）等超视距数据链与无人驾驶攻击机保持通信联系，并与无人驾驶攻击机交换视频信息，为无人驾驶攻击机指示并分配目标，提高无人驾驶攻击机群的作战效能。这一方案为研究有人驾驶飞机与无人驾驶飞机协同作战问题提供了新思路。目前的研究主要是保障无人驾驶飞机遂行对地突击任务，今后的研究将拓展至引导无人驾驶战斗机遂行空战任务。

意大利与巴西合作改进 AMX 攻击机　意大利与巴西 2000 年 7 月达成协议，合作改进两国空军装备的 AMX 攻击机。改进的内容主要包括在飞机上加装惯性导航和全球定位系统导航装置；改进机上武器管理系统；更新平视显示器；加装 Link16 数据链。改进后的 AMX 攻击机将能够使用美国的联合直接攻击炸弹等全球定位系统制导的精确制导武器，使该机的突击能力有明显提高。

波兰空军实施战斗轰炸机延寿计划　波兰在

1984 至 1988 年间，从前苏联进口 90 架苏－22M4 和 20 架苏－22UM3K 飞机，目前普遍存在性能落后和设备陈旧的问题。因此，2000 年 4 月，波兰空军及防空军宣布为现役的 98 架苏－22M4/UM3 战斗轰炸机实施全面延寿计划。这一延寿计划将历时 6 年时间，年内启动的第一阶段延寿计划，将耗资 1 亿至 1.2 亿美元，为 36 架苏－22M4 飞机换装新型航空电子设备和火控系统，其中包括以色列研制的 EL/M－2032 多模式火控雷达、数据链系统，使该机能发射精确制导武器。经过延寿改进，现役飞机能继续使用到 2012～2015 年。为根本改变空军现状况，波兰计划耗资约 35 亿美元，在 2002～2006 年间，购买 60 架西方研制的先进作战飞机。

侦察机和空中预警指挥机　有人驾驶侦察机的发展在年内未启动新的型号，依然以技术改进为重点。侦察手段仍然在雷达侦察、光学侦察和电子侦察等方面并行发展，但是，鉴于科索沃战争的经验，多个国家对合成孔径雷达侦察及动目标探测手段给予了高度的重视。美国在 2001 财政年度国防预算中提出了增购联合监视与搜索攻击雷达系统飞机的方案。

无人驾驶侦察机因具有成本低廉和使用灵活的特点而倍受各国重视。目前，已有多种型号的战术无人驾驶侦察机和久航战略无人驾驶侦察机列装，旨在深入敌方纵深遂行侦察任务的无人驾驶侦察机都采用了隐形设计方案；同时，为提高侦察效率，普遍在一个平台上安装有多种侦察传感器。以色列和美国在研制无人驾驶侦察机方面一直具有代表性。据报道，以色列年内加紧研制两种高空久航无人驾驶飞机，一种可在目标区上空活动长达 60 小时，并能携载远程高速精确制导空地导弹，用于打击活动目标；另一种是具有一定雷达隐形能力的高空久航无人驾驶飞机，主要用于在以色列领空外实施侦察，用于对敌方高威胁的机动目标（如机动式弹道导弹）提供战略预警。

美国“全球鹰”无人驾驶飞机恢复试飞　美国“全球鹰”无人驾驶飞机 3 号机在试飞中因故障于 1999 年 12 月 6 日坠毁，该机的试飞工作因此一度中断，该机此前共试飞 42 架次，499 小时 30 分。为确保该机能如期参加 2000 年 6 月进行的多军种联合测试，在进行全面事故检查后，经美国空军飞行试验中心安全评审委员会批准，“全球鹰”无人驾驶飞机 1 号机于 2000 年 3 月 11 日恢复试飞。当天的试飞共持续 6 小时 32 分，重点进行了高空压力场测试，为修正计算流体动力学模拟模型提供所需数据，以便进一步改善该机机翼的性能。随后，“全球鹰”无人驾驶飞机 4 号机从爱德华兹空军基地长途飞行至埃格林空军基地，参加了联合远征部队试验演习。在飞行途中，该机进行了实时图像传输试验，向美国海岸警卫队指挥部传输了有关墨西哥湾船只航行情况的图像，显示了该机用于战场大范围实时监控的能力。根据计划，美国空军总计将装备 48 架“全球鹰”无人驾驶飞机。

美国研制“影子”600 战术无人驾驶侦察机　“影子”600 无人驾驶侦察机是“先锋”无人驾驶侦察机的改进型，主要用于遂行战术航空侦察任务。“影子”600 无人驾驶侦察机活动半径 200 千米，升限 5200 米，续航时间 12～14 小时，总重 272 千克，任务载荷为 45 千克，发动机功率为 52 马力。该机可根据任务的需要，在 10～15 分钟内更换任务载荷，因而具有很强的任务适应性。

美国海军提出 E－2C 舰载预警机改进方案　由于美国海军现役的 E－2C 预警机生产线按计划将于 2003 年关闭，而新型舰载预警机研制计划又尚未启动，因此美国海军提出了 E－2C 预警机的过渡性改进方案，主要目标是提高 E－2C 型飞机对小型目标特别是巡航导弹的探测能力。第一项重大改进是用目前尚在研制中的 ADS－18 型相控阵雷达取代现用的 APS－145 型机械扫描雷达。ADS－18 型相控阵雷达工作在 U 段，采用自适应处理技术，提高了杂波对消能力，可实现 360 度连续覆盖，而目前的 APS－145 型雷达天线旋转一周需时 10 秒。自 1999 年下半年以来，ADS－18 型雷达一直在美国夏威夷进行地面试验，预计将于 2002 年在 E－2C 飞机上进行装机试验。第二项改进是增加机上显控台数量。目前只有 3 个显控台，作战管理与控制人员的工作强度过大，新改进方案计划将 E－2C 的飞行员由 2 名减为 1 名，增加 1 个显控台。第 3 项改进是提高多传感器数据融合能力。目前 E－2C 飞机上的数据融合技术只用于雷达敌我识别方面，为适应美国海军建立信息共享网络，提高协同交战能力的需要，E－2C 将广泛采用多传感器数据融合技术。美国海军计划每年改进 6 架，可在 2015 年前改进 75 架 E－2C 预警机。

美国空军 E－8C 飞机更新机载计算机系统　2000 年 9 月 5 日，美国空军与诺斯罗普－格鲁曼公司合作，如期完成了第 20 批型 E－8C 飞机联合监视搜索攻击雷达系统更新后的首次试飞。此次 E－8C 飞机机载计算机系统更新的主要目的是：降低 E－8C 飞机的单机成本和全寿命周期使用成本；广泛采用最新的成熟商用技术，显著扩展其计算机系统的开放式体系结构；提高机载计算机系统的整体性能。具体改进内容为：E－8C 飞机上主要的计算机和工作站更新为康柏公司提供的 Alpha 服务器；原军标雷达信号处理器更新为通用动力公司提供的先进商用系统；机上的内部数据分发网络更新为性能更高的宽带光纤网络。改进计算机系统后，E－8C 飞机遂行战场作战管理及指挥控制任务的能力得到了提高。根据计划，首架更新计算机系统的生产型第 20 批 E－8C 飞机将于 2001 年第 3 季度交付使用。美国空军第 93 空中控制联队的所有 E－8C 飞机都改进为第 20 批型配置。

美国空军演示战术飞机合成孔径雷达侦察吊舱 2000 年初，美国空军在 F－16 战斗机上进行了新型 EL/M－2060P 合成孔径雷达吊舱的演示验证。美国空军试图通过这种吊舱达到搜集新目标数据，并将数据直接传输到驾驶舱。这种吊舱由以色列飞机工业公司艾尔塔电子分部研制，已经在以色列空军的 F－16 战斗机上使用。该吊舱的作用距离为 120 千米，扫描速率为 5 万平方千米/小时，可以全天候使用，图像传输系统的有效距离为 370 千米。其工作方式为，将获取的合成孔径雷达图像通过数据链传送至地面站，经任务计划人员处理后，提取目标数据再传至空中飞机。该吊舱将使战术飞机在遂行任务过程中，不断掌握目标的动态情况。针对目前该吊舱的局限性，以色列和美国计划将目标数据处理系统安装在战术飞机上，这将显著提高战场信息的实时性。

美国启动远程高速静音侦察机预研计划 2000 年 3 月，美国国防高级研究规划署启动了远程高速静音侦察机的预研计划，其主要目的是发展一种用于实施临空侦察的新型侦察机，填补侦察卫星与无人驾驶侦察机之间的空白。这项计划将广泛采用已经取消的“暗星”无人驾驶侦察机上应用的成熟技术，除注重提高其雷达隐形能力外，特别重视提高其声学隐形能力。此外，该计划的研究成果还将有助于推动商用超音速运输机的研制。

美国陆军开始研制新一代战术侦察机 2000 年 5 月，美国陆军与由洛克希德－马丁公司、诺斯诺普－格鲁曼公司以及雷锡恩公司组成的联合工作组签订了一份价值 400 万美元的概念研究合同，这标志着美国陆军正式启动空中通用传感器（ACS）情报搜集飞机的预研工作。美国陆军现装备有多种型号的战术侦察机，但已难以适应作战特点与作战思想的新变化，而且使用与维护的成本偏高。美国陆军计划用一种多传感器、多用途的战术侦察机取代现役的 RC－7 型和 RC－12 型侦察机。空中通用传感器计划预研阶段将持续 18 个月，在此过程中将确定美国陆军新一代战术侦察机的平台、传感器类型、系统体系结构、数据链配置和地面情报处理系统。根据计划，新一代战术侦察机将于 2009 年装备美国陆军。

美国海军开始新型多用途久航无人机预研 2000 年 4 月，美国海军选择波音公司、通用动力信息系统公司等 4 家公司开始实施新型久航无人机的预研，预研阶段的合同总价值 300 万美元，预计于 2001 年 2 月结束，届时将向美国海军提交作战需求文件。新型久航无人机称为多用途久航无人机（MRUAV），主要用于遂行侦察、指挥控制、压制敌防空体系等任务，其基本战术技术指标为：有效载荷 204 千克，留空时间为 24 小时，航程 740 千米，能为在 370 千米处遂行任务的航空母舰战斗群或者陆战队远征分队提供不间断的实时情报或战斗支持。该机计划于 2006 年装备美国海军，列装后将明显提高美国海军对战场实时监控和对机动目标实施远程精确打击的能力。

韩国研制战术无人驾驶侦察机 自朝鲜于 1998 年试射弹道导弹后，韩国在美国的帮助下加强了对朝鲜北方的监控。但其监控手段主要是由美国提供的卫星侦察和无线电技术侦察，韩国自身缺乏近实时的侦察手段。为逐步摆脱对美国监控手段的依赖，韩国政府于 2000 年 1 月 2 日决定自主研制一种战术无人驾驶侦察机，以提高对朝鲜的侦察能力。根据朝鲜半岛的实际需要，这种战术无人驾驶侦察机的作战半径约为 80 千米，机上安装可见光照相侦察设备。

印度采购海上监视飞机 2000 年 4 月 26 日，印度政府与俄罗斯政府签订合同，购买 6 架图－142M 型海上监视飞机，合同总价值 2 亿美元。印度将根据需要对该机进行改进，除机上现有的传感器外，还将装备 SS－N－27 型空舰导弹，俄罗斯编号为 3M－54。图－142M 海上监视飞机将全部取代印度海军现役的法制“大西洋”式海上监视飞机。

土耳其发展空中预警指挥机 土耳其原计划在 1999 年内发展空中预警指挥机，但由于发生大地震造成资金匮乏而推迟至 2000 年。根据土耳其政府宣布的发展计划，土耳其将在 5 年内采购 4 架空中预警指挥机，最终采购数量将达到 8 架。

以色列研制无人机用合成孔径雷达和机动目标探测装置 以色列飞机工业公司艾尔塔电子分部研制成功一种无人驾驶飞机使用的高性能合成孔径雷达和机动目标探测装置，其型号为 EL/M－2055。这实际上是一种战术航空侦察系统，重量仅为 50.8 千克，它能对目标区进行持续观测，确定重要目标的位置并跟踪活动目标，还可进行突击效果评估。据称 EL/M－2055 的图像质量接近光学成像，能在各种气候条件下使用，不受云、雨、烟、雾及人工伪装的影响。无人机上产生的图像通过数据链传到地面站上处理。无人机可以用这套系统直接代替原先的光电设备，保留原有的数据链和无人机地面控制站。

中国台湾研制“茶隼”Ⅱ无人驾驶侦察机 在 2000 年新加坡亚洲航展上，中国台湾首次公开展示了台湾中科院新研制的“茶隼”Ⅱ无人驾驶侦察机。该机为双垂尾，上单翼，采用滑跑方式起飞，起落架为不可收放式。机长 4 米，翼展 5 米，最大起飞重量 120 千克，有效载荷 25～30 千克，最大续航时间 8 小时，实用升限 3650 米，平飞最大速度 185 千米/小时。“茶隼”Ⅱ实际上是一种多用途无人驾驶飞行器，可遂行航空侦察、实时战场监控和通信中继任务。机上装有全球定位系统制导装置，侦察传感器包括一部可见光电视摄像机和一部前视红外装置。

意大利确定无人驾驶侦察机发展计划 科索沃战争结束后，意大利全面总结了战争中无人驾驶侦察机使用的经验与教训，调整并确立了新的无人驾驶侦察机发展计划。根据新的计划，意大利军队将增加战术及战略无人驾驶飞机的装备数量。战术无人驾驶飞机由意大利陆军控制，各采购 8 套米拉奇 26 型和米拉奇 150 型（均由意大利阿莱尼亚公司研制），2000 年内开始交付，2002 年列装完毕。米拉奇 26 型装备于陆军旅一级部队，米拉奇 150 型装备于师一级部队。战略无人驾驶飞机由意大利空军控制，平台为目前使用较为成功的“食肉者”（由美国通用原子能公司研制），共采购 6 套。战略无人驾驶飞机所获得的信息将由各军种分享。

运输机与空中加油机

美国提高 C－17 运输机快速空投能力 年内，美国空军根据美国陆军的要求开始实施“战略旅空投”计划，大幅度提高 C－17 运输机的快速空运能力，以满足陆军远程快速反应的需要。“战略旅空投”计划的主要目的是，能在尽可能短的时间里，将美国陆军的轻装旅空投至战区。其战术技术措施包括合理确定 C－17 运输机的编队队形以及采用先进的双列快速空投系统。美国陆军一个轻装旅约有 3250 人和 3450 吨装备。年内美国空军经过试验证明，实施“战略旅空投”计划后，C－17 运输机编队可以在不超过 30 分钟的时间内将一个轻装旅空投完毕。整个空投过程分两个阶段进行：第 1 阶段，在短时间内 C－17 运输机编队空投 2500 人和 1350 吨装备；第 2 阶段，C－17 运输机编队再空投 750 人和 2100 吨装备。为实现快速空投，美国空军通过计算机模拟，在使飞机产生的湍流对伞兵造成的影响降至最低的情况下，确定 C－17 运输机编队的最小间隔和距离。

美国展开空中加油机延寿研究 与美国国防部进行的 2005 年机动需求研究相对应，美国空军于年内进行了空中加油机延寿研究，这一计划重点研究了以 KC－135 为主的现役空中加油机的经济服役寿命，以期确定应当何时开始采购新型空中加油机。在这个项目中，美国空军结合对科索沃战争经验教训的总结，研究了在未来两场大规模局部战争中基本的加油需求、加油机空勤人员的基本数量，以及有效使用空中加油机部队的自动化计划制定系统。从研究成果看，美国空军再次确认迫切需要新型空中加油机 KC－X，并明确提出该机应于 2013 年左右服役，但未提及具体的装备数量。由于 KC－X 加油机使用效率高，因此其列装数量应少于 KC－135 飞机。

日本被迫推迟空中加油机发展计划 由于遭到亚洲国家的一致反对，日本防卫厅在编列 2000 财年航空武器装备采购计划中，不得不推迟实施空中加油机发展计划。日本 2000 财年国防预算为 470 亿美元，比上一年度增长 0.1%，航空装备的采购费用约为 24 亿美元，拟采购各型飞机 55 架。在预算编排时，日本曾计划将部分用于 F－2 支援战斗机经费改为采购空中加油机，但因遭到外界强烈反对而被迫推迟。但从日本空中力量建设趋势看，日本将在下一个五年防卫计划中装备空中加油机。

中国台湾启动轻型军用运输机计划 在经过几度推迟后，中国台湾于 2000 年初开始实施轻型军用运输机发展计划，装备数量为 18～22 架飞机，计划的目的在于提高台湾军队的战术机动能力。目前备选机型包括：美国洛克希德—马丁公司与意大利阿莱尼亚公司合作的 C－222 的改进型 C－27J、西班牙 CN－235 和 C－295。年内，中国台湾空军已开始对上述几种飞机进行评审，采购合同将于 2002 年签署。

欧洲正式实施军用运输机生产计划 欧洲军用运输机计划是 12 年前提出的，但该计划却因种种原因迟迟未能启动。2000 年 5 月 15 日英国宣布购买欧洲军用运输机而不是美国的 C－17 飞机，使欧洲军用运输机计划出现重大转机。在 2000 年范保罗航展上，欧洲 7 国国防部长于 7 月 27 日在就欧洲军用运输机 A400M 的生产数量和费用分摊达成共识后，终于签署了该机的投产协议，这标志着久拖未决的欧洲军用运输机计划正式开始实施。欧洲军用运输机将于2001年1月在西班牙的塞维利亚开始生产，2004年首飞，2006年开始服役。根据达成的协议，欧洲军用运输机A400M总计将生产220架（低于原计划的288架），其中德国将耗资50亿欧元采购75架，法国采购50架，西班牙27架，土耳其26架，英国25架，意大利10架，比利时7架。今后卢森堡将可能少量采购该机。A400M运输机的单机成本约为8000～8500万美元。根据德国和英国的要求，A400M运输机的最大载重量由原来的32吨增加至37吨，载重30吨时的航程为5000千米，因而完全能够满足欧洲国家军队实施战略及战役机动的要求。

英国启动未来战略空中加油机计划 未来战略空中加油机（FSTA）计划拟用新型空中加油机取代目前在英国皇家空军服役的VC－10型和L－1011型空中加油机。为缩短研制周期和降低成本，该计划广泛采用了现有的商用技术，加油机平台为宽体民用机；同时，在计划运作方式上采用了私营融资的新方式来提高融资效率。未来战略空中加油机将于2002年投产并于2004年开始服役。

意大利追加采购C－130J－30运输机 鉴于英国皇家空军使用C－130J战术运输机取得了令人满意的效果，意大利空军根据科索沃战争的经验以及执行维和任务的需要，已向美国订购12架C－130J型和10架C－130J－30运输机；同时决定将6架普通型的C－130J改装成C－130J－30型。主要目的是提高意大利军队的战术机动能力，增强意军空运中型主战装备的能力。

直升机

美国开始实施武装直升机现代化改装计划 2000年4月4日，美国陆军航空兵武装直升机的现代化改装计划获得批准，这项计划的核心是淘汰陈旧直升机，全面换装RAH－66直升机。根据这一计划，RAH－66直升机通过定型评审，获准进入工程制造与发展阶段，美国陆军同时获得了在2002～2007财年内换装RAH－66侦察直升机的充足拨款，第一支装备RAH－66直升机的部队将于2006年具备初始作战能力。到2024年，美国陆军将总计装备1213架该型直升机。2000年内，美国陆军将淘汰377架AH－1攻击直升机；到2004年，再淘汰286架UH－1运输直升机和387架OH－58A/C武装侦察直升机。同时，美国陆军将其目前的743架AH－64A直升机中的530架改装成AH－64D型，装备“长弓”毫米波雷达，具备对地目标精确探测能力。到2008年，AH－64D攻击直升机营将达到19个。届时，美国陆军的直升机型号将减少至4种，即：CH－47重型运输直升机、UH－60多用途直升机、AH－64攻击直升机和RAH－66侦察直升机。美国陆军航空兵部队将在2001～2007年间作相应的整编，师属航空旅辖2个多用途航空营，1个无人驾驶飞机连和1个装备10架RAH－66直升机的骑兵中队。多用途航空营的编制飞机数为每营装备10架UH－64直升机、10架AH－64D直升机和10架RAH－66直升机，另有10架UH－64直升机作消耗备份。2020年后，用新型直升机或改进型RAH－66直升机取代600余架AH－64D直升机。

美国陆军提高AH－64攻击直升机的可靠性与作战能力 美国陆军在总结科索沃战争经验教训的基础上，于年内开始实施数项改进计划，提高AH－64直升机的可靠性与作战能力。根据计划，总计有501架AH－64攻击直升机换装新型前视红外系统，可以有效提高该机的出动率，并将每架次的使用及维护成本降低60%，而平均无故障间隔时间增加112%。

美国海军陆战队装备新型武装直升机 美国贝尔直升机公司为美国海军陆战队研制的AH－1Z“超级眼镜蛇”武装直升机于2000年11月20日在得克萨斯州阿灵顿出厂，并于12月进行了首飞。AH－1Z武装直升机具有较强的对地突击和低空空战能力，机上装备16枚AGM－114“狱火”Ⅱ反坦克导弹、2枚AIM－9空空导弹、1门20毫米航炮（备弹750发）。主要电子设备包括AN/AAQ－30“鹰眼”多传感器电子光学/红外目标搜索系统，其主要特点是将大孔径中波前视红外系统、彩色电视、激光照射与测距器、点状目标激光跟踪装置以及惯性测量装置等传感器集成到一个系统之中。在2020年前，AH－1Z将是美国海军陆战队装备的主要攻击直升机。根据计划，美国海军陆战队将装备180架AH－1Z（最后1架的交付期为2013年），另将100架AH－1W改装成AH－1Z型。

美国推迟实施MV－22倾转旋翼机大规模生产计划 2000年内，V－22倾转旋翼机在美军部队的使用评审中反映良好。但是，年内美国MV－22倾转旋翼机连续发生两次严重飞行事故，共导致23名美国海军陆战队队员死亡，其中4月8日的事故即造成19人死亡；同年11月MV－22飞机又在夜间飞行训练中发生事故。考虑到MV－22倾转旋翼机的独特作战能力，推迟实施该机的大规模生产并不意味着该计划的终结，只表明该计划的该机形成初始作战能力的时间将继续推迟。同年 7 月，供美国空军特种作战部队使用的首架 CV－22 飞机在得克萨斯州沃斯堡出厂，开始为期 2 年的使用测试。该型飞机与海军陆战队 MV－22 飞机的差别主要在机上航空电子设备，此外载油量增加 1816 千克，飞行时间相应延长 1 小时 30 分钟。首批 6 架 CV－22 飞机将于 2004 年装备部队。届时，该机将与 MC－130 飞机、MH－53 直升机共同构成美国空军特种作战部队的主战机型。

中国台湾采购 9 架美国 CH－47SD 直升机 2000 年 1 月 6 日，美国宣布向台湾出售 9 架 CH－47SD 直升机，总价值 3 亿美元。台湾原已装备 3 架 CH－47DD 直升机，新增的这批 CH－47SD 直升机将编入新组建的台湾陆军空降旅空运营，其地面部队的战术机动能力将得到相应的提高。CH－47SD 直升机是 1999 年夏季刚试飞成功的改进型，使用 T55－714A 发动机，功率为 3040 千瓦，比 D 型的功率增加 8%，机头附加的雷达罩可安装口径更大的雷达天线。该直升机最大载重量为 24.5 吨，有 3 名机组人员，可搭乘 37 名武装人员，但改装后也可搭乘 55 人；爬升速率为 10 米/秒，航程为 325 千米。为提高中国台湾直升机部队的夜间作战能力，同年 9 月，美国向中国台湾提供 160 具 AN/PVS－7B 型夜视头盔。

中国台湾 S－70C 反潜直升机列装 中国台湾从美国采购的首批 3 架 S－70C 反潜直升机于 2000 年 5 月 18 日起在台湾花莲空军基地服役。年内，第 2 批 8 架该型直升机也投入服役，以提高其反潜和反封锁能力。

欧洲 NH－90 直升机正式投产 在 2000 年 6 月的德国柏林航展上，欧洲国家终于签署了由欧洲四国合作生产的 NH－90 直升机的谅解备忘录，首批生产数量为 244 架，这标志着 NH－90 直升机正式投入批生产，不过这已经比原计划推迟 11 个月。造成计划拖延的原因，是德国政府没有按预定计划确定本国 NH－90 直升机的预算。NH－90 直升机原计划于 2003 年交付德国和意大利使用，2005 年和 2007 年向法国和荷兰交付，但因生产计划推迟，交付计划也相应推迟。在首批生产的 NH－90 直升机中，意大利将采购 117 架；德国采购 80 架，另有 54 架备选，2004 年 4 月交付使用；法国于 5 月 3 日批准在 2000 财年国防预算中为 NH－90 直升机拨款 11.2 亿美元，其中包括法国承担的生产费用和 27 架海军型 NH－90 直升机的采购费用，所购直升机将于 2005 年年中交付使用；荷兰采购 20 架，2007 年 4 月交付使用。上述 4 国最终采购数量将达到 596 架。

法国空军装备首架“美洲狮”战斗搜索救援直升机 科索沃战争结束后，法国空军十分重视增强自身的战斗搜索救援能力，决定扩充其战斗搜索救援直升机部队的规模。法国空军计划增编 14 架“美洲狮”Ⅱ型直升机，本年度国防预算中包括 4 架该型直升机的采购费用。年内，欧洲直升机公司向法国空军交付了首架“美洲狮”Ⅱ型战斗搜索救援直升机，其余将在 2003 年前陆续交付使用。

澳大利亚海军采购“超海怪”直升机 2000 年 4 月，澳大利亚决定采购 11 架 SH－2G（A）型“超海怪”直升机，全部飞机将于 2001 年内交付。SH－2G（A）直升机由卡曼公司生产，双人机组体制，机上装有多种先进的电子系统和传感器：一是利顿公司生产的综合战术航空电子系统，这套系统年内仍在进行软件集成。二是 APS－143N（V3）逆合成孔径雷达，用于搜索海上运动目标。三是 AAQ－27 前视红外系统和 AES－210 电子战系统，这两种系统目前使用于 S－70B2“海鹰”直升机上。此外，SH－2G（A）直升机可携载空舰导弹，并可根据战术需要换装空地导弹。

电子战飞机 年内有关国家在对现役电子战飞机进行改进的同时，也展开了对新一代专用电子战飞机的预研工作。如美国提出以在研的 F－22 战斗和“联合攻击战斗机”为平台，研制其电子战改型机的方案，其战术设想是将这两种电子战飞机作为先驱压制力量使用。F－22 战斗机的被动探测系统可以搜索发现并确定敌电磁辐射源的位置；其独特的隐形性能，具有用于执行电子战任务的潜力；而“联合攻击战斗机”与 F－22 战斗机配合，则可以提高压制防空体系的有效性。作为现阶段的一种补充方案，美国已将海军的 EA－6B 电子战飞机纳入空军航空航天远征联队的整体结构中，美国空军电子战部队的空勤人员已经开始在海军接受使用 EA－6B 电子战飞机的战术技术训练。年初，台湾空军正式组建了一个电子战飞机中队。

韩国增购反辐射无人驾驶飞机 2000 年年初，韩国决定再次出资 5230 万美元，增购 100 套以色列研制的“哈比”（HAPPY）反辐射无人驾驶飞机及其改进型地面发射系统。韩国曾于 1997 年斥资 5000 万美元采购 100 套“哈比”反辐射无人驾驶飞机系统，装备于韩国陆军部队。每套“哈比”反辐射无人驾驶飞机系统由 18 架无人机组成，1 个无人机发射单元装备 3 套发射系统。该机可在距地面站 400 千米处游弋 2 小时以上。截获辐射源后，“哈比”无人机即可大角度俯冲对目标实施突击；一旦辐射源关机，“哈比”反辐射无人机即转入巡航状态。此次韩国采购的“哈比”无人机系统将装备改进型机载寻的系统，使之能对非辐射目标实施攻击，遂行任务的能力有明显提高。

教练机　**中国为埃及制造的 K－8E 教练机首飞成功**　2000 年 6 月 5 日，中国为埃及制造的 K－8E 教练机在中国洪都航空工业集团公司试飞站首飞成功，这标志着中国和埃及的 K－8E 项目取得阶段性成果。K－8E 教练机是在 K－8 型飞机的基础上，根据埃及方面的要求作较大改进的新型教练机。1999 年 12 月，中国和埃及签署了合作生产 K－8E 教练机的合同，数量达 80 架，并向埃及完整出口该机的生产线。

美军接收首批 T－6A 教练机　2000 年 5 月 23 日，美国空军和海军的代表在得克萨斯州兰多夫空军基地接收了联合初级飞机训练系统的第 1 架 T　6A 教练机，这标志着该机正式在美军列装。根据生产及装备计划，美国空军 T－6A 教练机将于 2001 年 6 月具备初始使用能力。到 2002 年底，美国空军将分别在穆迪空军基地部署 49 架，在兰多夫空军基地部署 38 架该型教练机。美国海军将于 2002 年 11 月开始在佛罗里达州怀汀航空站部署 T－6A 教练机。2003 年具备初始使用能力。美国海军将以该型教练机实施联合领航员及飞行军官训练计划。美国空军和海军将累计耗资 40 亿美元，采购 782 架该型机，取代美国空军的 450 架 T－37 飞机和美国海军的 297 架 T－34C 飞机。

俄罗斯和意大利调整雅克/AEM130 教练机研制计划　雅克/AEM130 飞机是俄罗斯和意大利联合研制的新 1 代喷气式教练机，双方各占 50% 的股份（其中俄罗斯的设计局和生产企业各持股 25%），总装线是雅克/AEM130 教练机研制计划中的关键项目，原计划装俄罗斯研制的 DV－2S 发动机，但是由于俄方投资强度不足，虽然原型发动机于 1998 年试车，但发动机的研制工作最终于 2000 年内终止。在 2000 年的英国范堡罗航展上，俄意双方宣布该机采用美国霍尼韦尔公司研制的 F124 型发动机，雅克/AEM130 教练机也随之正式更名为马基航空 346 飞机。根据新的研制计划，意大利马基航空制造公司负责该机的机翼、尾翼、座舱、机头及航空电子设备；俄罗斯方面负责机身与发动机的综合、燃油系统和飞控系统。在武器系统方面，面向独联体国家销售的马基航空 346 飞机的武器系统由俄罗斯负责，面向非独联体国家的机载武器系统由意大利负责。

韩国 KTX－2 型教练机的研制取得进展　2000 年内完成了该机的空气动力学设计工作，2000 年 8 月通过关键设计评审。预计于 2002 年 6 月进行首次试飞。该机有 2 种型号，KTX－2A 为用于基本驾驶术训练用的普通高级教练机，KTX－2B 则为进行战术训练的教练机。如果顺利，该机将于 2003 年 8 月投入批量生产，首架飞机于 2005 年 10 月出厂，韩国空军订货数约为 90～～100 架。

阿联酋采购翻修的“阿尔法”喷气教练机　阿联酋为满足其空军日益增长的训练需要，于 2000 年从德国采购了 32 架经过翻修的“阿尔法”喷气教练机，其中 30 架用于进行飞行训练，2 架用于拆卸零部件。每架飞机的购买价为 5 万美元，全部翻修费用为 1 亿美元。这批飞机是德国空军 90 年代中期退役后封存的，每架飞机至少还有 3000 小时使用寿命，可在阿联酋继续服役 15～20 年。

澳大利亚空军全面换装“鹰”式教练机　澳大利亚空军于 2000 年 6 月开始接收“鹰”MK127 教练机，到同年 9 月，换装数量已达到 14 架。澳大利亚空军共订购了 33 架“鹰”MK127 教练机，原来使用的 MB326 型教练机年内全部退役。“鹰”MK127 教练机根据澳大利亚空军的要求进行了改装：一是加装空中受油系统，可以进行空中受油训练。二是为进行截击空战训练，在机上加装一部雷达信号模拟器，可生成虚拟的雷达图像；还可以模拟产生告警信息，用于进行海上攻击训练。

机载武器装备　机载武器装备以远程精确制导武器为发展重点。美国 2001 财年的国防预算比上财年增加 1%，其中增加幅度较大的武器采购费达到 600 亿美元。因受科索沃战争的影响，机载武器装备发展重点是远程精确制导武器，武器采购费中约 36 亿美元用于增加精确制导武器的采购数量，如联合直接攻击弹药、新一代巡航导弹和远程突击武器系统等。为增加空中突击的灵活性，降低对机载制导的依赖，制导方式将逐步以全球定位系统制导为主；为确保制导的可靠性，一些国家加强了全球定位制导系统抗干扰技术的研究；同时，越来越重视发展对地下加固目标实施精确打击的机载武器。在空空作战方面，中距空空导弹的射程和精度有明显提高，超视距攻击在空战中将占更加重要的地位；但各国对发展近距格斗导弹仍然继续给予高度重视。值得注意的是，近年来中国台湾连续自美国采购大批先进武器系统，2000 年的采购额高达 13.1 亿美元，机载武器系统是一直采购的重点装备之一。

美国 AIM－9X 空空导弹进入小批量生产　在经过 23 次导弹发射试验后，2000 年 9 月 22 日，美国国防部批准雷锡恩公司研制的 AIM－9X 空空导弹在工程制造发展阶段投入小批量生产。根据计划，美军采购总数为 10097 枚（其中美国空军 5079 枚，美国海军 5000 枚）。小批量生产将持续至 2002 年，生产数量为 143 枚导弹，首批列装机型为美国空军的 F－15C 和美国海军的 F/A－18C/D 战斗机。此后，美国国防部将适当修订研制计划，并转入大规模生产。

美国空军完成 AIM－9M 空空导弹系统改进　2000 年 12 月，美国空军航天及特种系统管理局导弹系统处完成了对 AIM－9M 空空导弹的系统改进任务，改进后的导弹型号为 AIM－9M－9，其主要改进之处是在导弹的制导系统中加装了红外干扰探测电路，可以辨识干扰弹与发动机尾喷口、机体红外辐射特征的差异。目前防御红外制导空空导弹的主动措施是施放红外干扰弹，AIM－9M－9 空空导弹与 AIM－9M 相比明显提高了红外抗干扰能力，可以有效地提高导弹的单发命中概率。根据计划，美国空军现役的 6600 枚 AIM－9M 导弹将陆续改进成 AIM－9M－9。

美国加速发展联合直接攻击炸弹　2000 年 3 月，美国波音公司获准加快联合直接攻击炸弹制导组件的生产速率，到当年底，其月产量可达到 700 套，而科索沃战争时期最高月产量只有 130 套，这一措施将使美国空军联合直接攻击炸弹的库存量翻一番。同年 9 月，美国决定加快实施用联合直接攻击炸弹的通用制导组件，将 227 千克级 Mk.82 炸弹改进成精确制导炸弹的计划，主要供美国空军的 B－2 隐形轰炸机和美国海军的 F/A－18 战斗机使用。将小圆径炸弹改进成精确制导炸弹，可有效提高战术飞机作战使用的灵活性并降低突击的附带损伤。此外，美国空军还决定研制增程型联合直接攻击炸弹，可使炸弹的射程在原有基础上增大 7 倍。以色列已成为第一个联合直接攻击炸弹的国外用户。

美国提高 GPS 制导炸弹的抗干扰能力　美国已有很多空射武器采用 GPS 制导技术，但从理论上讲，功率为 10 千瓦的发射机就可使弹上接收机无法收到 GPS 信号。据美国《航空周刊与空间技术》报道，为解决上述问题，美国空军研究实验室和雷锡恩公司已成功地进行了先进 GPS 惯性导航技术（AGINT）试验，GPS 制导组件的抗干扰能力有明显提高。新型 GPS 制导组件将首先装备于 227 千克级制导炸弹上，尔后将装备至各种圆径的联合直接攻击炸弹（JDAM）、联合防空区外武器（JSOW）和联合空对地防空区外导弹（JASSM）上。

美国新型“斯拉姆”导弹首次试射成功　2000 年 2 月 2 日，美国波音公司研制的新型“斯拉姆”导弹首次试射成功。新型“斯拉姆”导弹即为增强反应能力的防空区外对地攻击导弹（SLAM－ER），首次试射的载机为美国海军的 F/A－18C/D 型飞机，目标为已退役的美国海军驱逐舰“戴尔”号（CG－19）。首次试射主要检验了导弹制导系统的性能和战斗部的效能。新型“斯拉姆”导弹装 227 千克级的 WDU－40/B 弹头，系第 3 批“战斧”巡航导弹的衍生型，射程可达 228 千米。

俄罗斯展出新型制导炸弹　俄罗斯在 2000 年 6 月的德国柏林航展上展出了 UAB－500 型 500 千克级机载制导炸弹。样弹上安装的是电视制导寻的器，炸弹尺寸与现役的 KAB－500Kr 型 560 千克级炸弹相同，但是主翼和尾翼翼展略大一些。UAB－500 制导炸弹上装有小型火箭助推器，因而其射程增大，并能以各种入射角对目标实施攻击。这种炸弹目前主要装备在俄罗斯空军苏－24MK 飞机上。

伊朗研制新型空射反坦克导弹　伊朗于 2000 年初正式公开宣布其正在研制一种新型空射反坦克导弹，装备在伊朗的 AH－1J 武装直升机上。空射反坦克导弹采用三联装管式发射，半主动线导，射程 3850 米，最大飞行速度 310 米/秒。该弹有两种型号：标准型和Ⅱ型。标准型空射反坦克导弹采用高爆反装甲弹头，弹头质量 3.6 千克，可穿透 550 毫米常规装甲；Ⅱ型空射反坦克导弹采用高爆反装甲弹头，弹头质量 4.1 千克，可穿透带反作用装置的 760 毫米装甲。

中国台湾空军装备空射“鱼叉”式反舰导弹　2000 年 9 月，美国向中国台湾空军提供 71 枚空射 RGM－84L“鱼叉”式反舰导弹，这些导弹将装备在台湾空军的 F－16 战斗机上，从而显著提高台湾空军的远距反舰作战能力。年内，台湾空军在实兵演习中进行了 RGM－84L“鱼叉”式反舰导弹的实弹试射。

中国台湾空军装备 AIM－120C 先进中距空空导弹　2000 年 9 月，美国同意向中国台湾出售 200 枚主动雷达制导的 AIM－120C 先进中距空空导弹和 292 具 LAU－129 型发射架，总价值为 1.5 亿美元，这种导弹具有较强的超视距空战能力。此前，AIM－120 空空导弹从未销往亚洲地区。1999 年，美国已为中国台湾空军的 F－16 战斗机的火控系统进行了软件升级。据美国国防部宣称，根据美台之间同年 4 月达成的补充协议，售台 AIM－120C 先进中距空空导弹将仍然存放于美国，中国台湾空军飞行员将在美国接受使用此型号导弹的技术与战术训练，一旦海峡紧张局势升级或中国大陆获得性能相当的空空导弹，美方将立即向中国台湾交付 AIM－120C 空空导弹，此举显然是对中国内政的粗暴干涉。

英国取消 EF2000 战斗机机载航炮　2000 年 5 月，英国国防部决定调整部分 EF2000 战斗机的武器配置方案，在为英国皇家空军订购的 232 架 EF2000 战斗机中，只有第 1 批 55 架装备航炮，从第 2 批起将不再安装 BK27 型 27 毫米航炮。取消航炮的原因是，经过系统分析发现，航炮在高技术条件下空中作战中的价值已经下降，EF2000 战斗机上配备的 10 枚空空导弹完全可以满足超视距空战的需要，同时也可以采取有效的战术对策避免进入近距格斗空战。但军事专家们仍认为，在一定条件下超视距空战仍有可能转入近距格斗；空空导弹数量有限，航炮是其必不可少的补充；而且航炮在打直升机等低空目标以及扫射地面活动目标方面仍有空空导弹所不具备的优势。

英国为“鹞”式攻击机增购“小牛”空地导弹　在顺利完成武器系统试验后，英国国防部于 2000 年 9 月 11 日与美国雷锡恩公司签订了价值 5900 万美元的采购合同，新购一批 AGM－65G2“小牛”空地导弹，全部装备英国皇家空军的“鹞”GR7 飞机。该型空地导弹的制导方式为红外制导，主要用于突击机动的装甲目标。2000 年底，该型导弹已形成战斗力。

（王明志）

战 略 导 弹

综述　2000 年，各战略导弹拥有国继续调整自己的核战略。美国根据《新世纪国家安全战略》，仍坚持把核武器作为国家安全的基石，进一步谋求核威慑的优势。普京当选俄罗斯总统后颁布的国家战略和军事学说大大放宽核武器的使用限制。该学说称俄罗斯战略火箭军可以在任何时候向任何敌人发起攻击；俄罗斯战略火箭军的真实战备可以在第一时间内做出最快的反应。英、法两国也对自己的核战略进行了局部调整，英国仍保持单一的海基战略核力量，而法国则保留海空“二位一体”战略核力量。印度国家安全顾问委员会制定了国家核战略方针，提出作为遏制力量，必须发展“三大支柱力量”，即陆上部署型和舰艇发射型弹道导弹以及战斗机，该方针表明印度正在谋求“三位一体”战略核力量的国家核战略方针。

陆基弹道导弹　陆基弹道导弹是美俄“三位一体”战略进攻性核力量的重要组成部分，双方在削减其陆基弹道导弹的过程中，仍在加紧其现代化步伐。

洲际弹道导弹　2000 年，美、俄洲际弹道导弹的发展仍以机动部署取代地下井部署、改进现有导弹以适应民用航天需要为重点，同时继续加固导弹地下井，提高其生存能力；印度加紧研制洲际弹道导弹。

美国进行计算机模拟“民兵”3 导弹试验　据美国《防务周刊》2000 年 4 月 3 日报道，目前，美国 TRW 空间与导弹系统公司正在研究利用计算机建模来协助保持美国洲际弹道导弹武器库的可靠性。能源部正在为核弹头建立计算机模型，以便在不进行实弹试验的条件下确保其可行性，然而对于与其“年龄相当”且是它们运载工具的洲际弹道导弹，尚未有任何单位建立计算机模型。根据 1998 年签署的一项价值 150 亿美元、为期 15 年的合同，TRW 公司负责维护美国空军的“民兵”3 和“和平卫士”洲际弹道导弹，为其建立计算机模型。计算机建模将生成“虚拟”导弹，它们像真正的导弹一样发生化学反应、老化并失效。所面临的问题是，为确保模型的正确性，需收集大量的数据。所建立的模型需 5～10 人来维护。他们将预测出，如果一个老化的小部件失效，该导弹系统何时将停止工作。

美国利用“民兵”3 导弹试验锐形前缘　据美国《航空与航天技术周刊》2000 年 10 月 2 日报道，9 月下旬，在美国加州范登堡空军基地，美国宇航局埃姆斯研究中心和马歇尔航天中心的专家小组利用“民兵”3导弹进行了高温陶瓷试验，这种陶瓷可用于高超音速再入飞行器（RV）的锐形前缘设计。此研究项目是美国航空航天局大长径比的超高速气动热力学研究探测计划的一部分。与目前的钝形设计相比，锐形前缘设计可使再入飞行器具有更好的机动性，并可在再入时避免电磁干扰，不会出现通信中断。9月26日进行 了飞行器四叶13厘米长的导流片和锐形前缘的试验，试验中使用了3种不同的超高温陶瓷材料。这些材料在1997年的一次飞行中和在埃姆斯电弧流工厂显示了特别好的性能。在741千米高空实施分离后，再入飞行器进入地球大气层。在高温将陶瓷材料融化前，一对导流片收起；另一对导流片在陶瓷材料融化开始时（华氏5100度）收起。经过23分钟的飞行，再入飞行器溅落在太平洋上的夸贾林导弹靶场。

美国拟用强X射线装置对弹道导弹防御系统部件进行辐射试验 美国《航空与航天技术周刊》2000年4月报道，美国新的强X射线装置——“德卡德辐照试验装置”（DRTF）最近在田纳西州阿诺德空军基地阿诺德工程发展中心建成。美空军将首次利用该装置对弹道导弹防御系统部件进行重要的辐射试验，用以检验未来的航天器系统和弹道导弹防御系统部件在空间核爆炸大剂量X射线辐照下能否正常工作。该试验装置的最大特点是能够对整个航天器系统进行地面试验，而其它辐照系统只能进行元件或部件级试验。它的巨型X射线发生器尺寸为16.5×8.5××7.3米，重约454吨。“德卡德辐照试验装置”占地3700平方米，造价1亿美元。

俄罗斯3次成功发射SS－27洲际弹道导弹 据俄通社－塔斯社2000年2月9日报道，俄罗斯战略导弹部队一战斗编组于莫斯科当天时间12时59分从普列谢茨克航天发射场成功地发射了SS－27（白杨－M）洲际弹道导弹。该导弹于13时24分击中了位于堪察加半岛库尔作战区域的训练目标。这是该型导弹的第10次试射，验证了俄罗斯这种最新式战略导弹的飞行技术性能。

又讯，2000年9月26日和27日，俄罗斯成功地进行了2次SS－27洲际弹道导弹的试射，成功击中设于6000千米外堪察加半岛上的预定目标。26日发射的是地下井型，27日发射的是机动型，这是该型导弹第11、12次试射。据俄战略火箭部队新闻处12月26日通报说，第3个SS－27战略导弹团已于当天部署在俄萨拉托夫州的塔季谢沃。据称该团10套设备中的6套将投入作战值班。

俄罗斯拟改装洲际弹道导弹用于发射外国卫星 据俄通社2000年5月29日报道，俄罗斯正在考虑把约100枚洲际弹道导弹改装用于发射外国通讯卫星。俄罗斯发射中心发言人说，10个月内将在俄罗斯西北部的普列谢茨克太空中心首次发射。此次改装发射计划是由俄罗斯生产商赫鲁尼切夫公司和德国戴姆勒－奔驰太空公司合作进行的。

俄罗斯成功发射SS－19洲际弹道导弹 据俄罗斯文传电讯2000年11月2日报道，11月1日，俄罗斯在哈萨克拜科努尔航天中心，试射了1枚在25年前研制的战略导弹，成功击中设在堪察加半岛上的目标。此次导弹测试显示了俄国的导弹能力，证明了俄罗斯导弹结构的可信性，导弹在研制后一段长时间，仍具有运作能力。导弹测试成功后，将会有250枚导弹在2009年正式出售，为俄国带来7亿美元的收入。据悉，能够携带最多6个弹头的SS－19型导弹将不再参与军事任务，转而用作发射商业卫星。

印度称已具备迅速发展洲际弹道导弹的能力 《印度斯坦时报》报道：印度导弹计划的设计师卡拉姆2000年7月17日称，印度具有设计和发展任何导弹的能力，可以迅速发展和设计洲际弹道导弹。这样的武器，从印度西北部的沙漠发射，可以射到俄罗斯莫斯科、中国北京、朝鲜半岛、印尼雅加达、埃及开罗、波兰华沙和芬兰赫尔辛基。印度国防部长费尔南德斯在议会上说，印度能够设计并研制射程达5000千米的洲际弹道导弹，这种洲际弹道导弹可能被命名为“太阳神”，印度原子能委员会主席奇丹巴拉姆也曾表示，印度经过近几年的努力，目前已具备设计和制造核当量达20万吨的核弹的能力。

中程弹道导弹 2000年，俄罗斯继续探索利用中程弹道导弹进行航天发射，而第三世界国家则继续研制、试验中程弹道导弹。

俄罗斯拟用中程弹道导弹对付美国NMD 2000年6月21日，俄罗斯战略火箭部队与航天部队总司令雅科夫列夫称，一旦美国部署国家导弹防御系统，俄可能重新发展中程和短程导弹。俄重新部署中程导弹毫无困难。利用现有的技术即可做到，比制造洲际弹道导弹省钱。为对付美国国家导弹防御系统，俄罗斯还可能重新发展多弹头洲际弹道导弹。这样一来，本来就不可靠的美国导弹防御系统就更不可靠了。根据普京总统关于建立欧洲非战略导弹防御系统的倡议，俄军方正在同西方进行磋商。与此同时，俄安全委员会秘书伊万诺夫也表示，俄国可能发展中程导弹对付美国部署任何反导弹防御盾。这预示着俄国将“重新生产中程导弹及增大部署的范围”。

伊朗成功发射“希哈卜”3 中程弹道导弹 2000 年 7 月 15 日，伊朗对“希哈卜”3 中程弹道导弹进行了第 2 次试射并获得成功。该导弹射程 1300 千米，可携带 1 吨重的弹头，此射程足以对以色列及沙特阿拉伯境内的美国驻军构成威胁。伊朗外长哈拉奇 7 月 18 日指出，伊朗进行导弹试验的目的是增强自身防御能力和维护地区安全，并不想对任何其它国家构成威胁。

巴基斯坦拟发展“沙欣”2 中程弹道导弹 2000 年 3 月 23 日，巴基斯坦在年度国庆阅兵式上，首次展示了“沙欣”2 中程弹道导弹。该导弹为公路机动的两级固体导弹，是在萨马·穆巴拉克·曼德博士的指导下由巴基斯坦原子能委员会所属的国家发展联合体负责设计制造的。导弹已做好了发射的准备，很快就进行飞行试验。据称，这种导弹可携带 1000 千克载荷，射程达 2500 千米。

海基弹道导弹 海基弹道导弹是“三位一体”战略进攻性核力量中生命力最强的一种，美、俄、法、英、印等国都十分重视发展海基战略核力量。

美国海军采购“三叉戟”海基弹道导弹测试套装 美国海军决定向洛克希德－马丁公司采购“三叉戟”2（D－5）弹道导弹的测试套装（TMK），合同总值 2550 万美元。据悉，生产工作已经展开，一直持续到 2004 年 5 月 31 日。套装功能包括监测飞行数据，并帮助地面控制站进行追踪及性能评估。此外，该套装还包括一个飞行安全子系统，能在发生紧急情况时改变导弹的弹着点。海军将随即抽出一些现役导弹进行改装。“三叉戟”导弹现用的测试套装自 1994 年就已停止生产，库存数量无法保证 2004 年以后的测试项目。

美国海军海基弹道导弹核弹头升级 美国《华盛顿邮报》2000 年 4 月 24 日报道，正当美国与俄罗斯讨论有关裁减战略核武器的同时，美国海军却把一批生产了 20 年的潜艇核弹头升级，其破坏力足以摧毁俄罗斯现存的地下导弹发射井。美国政府官员称，有逾 2000 枚 W－76 弹头按照能源部的“翻新计划”升级，于 2005 年开始装上各潜艇。

俄罗斯成功发射 SS－N－20 海基弹道导弹 据俄通社－塔斯社报道，俄罗斯北方舰队 2000 年 3 月 27 日 10 时和 13 时从巴伦支海的导弹核潜艇上发射了 2 枚 SS－N－20 海基弹道导弹，导弹飞行 8000 多千米后相继击中勘察加西部地区预定目标。俄北方舰队司令波波夫海军上将观看了发射过程。这次试射已“筹备多时”，是军方给武装部队最高司令普京的献礼。

俄罗斯发射 SS－N－23 海基弹道导弹 据新华网 2000 年 9 月 14 日电，为了检查舰载核武器的性能，俄罗斯北方舰队“卡累利阿”号战略核潜艇近日在巴伦支海成功地发射了 1 枚 SS－N－23 海基弹道导弹。20 分钟后，导弹弹头准确命中了位于勘察加地区的库拉靶场。观测数据表明，导弹发射准备工作和发射过程均非常成功。导弹各部件和卫星制导装置在导弹飞行过程中工作正常。导弹飞行时的各种数据都被传送到艇上的指挥中心进行处理。此次成功对俄罗斯具有特殊的军事和政治意义。“库尔斯克”号沉没后，西方大力渲染俄已无经济和技术能力拥有远洋核力量。但俄方认为这不是实际情况。这次成功的发射表明俄仍拥有现代化的导弹核潜艇部队，仍然是世界强国之一，并能有效地影响世界军事态势。俄海军过去是、现在仍然是俄罗斯可靠的核盾牌，它有能力击退任何来犯之敌。

俄罗斯海基弹道导弹发生燃料泄露事故 据路透社 2000 年 6 月 16 日报道，俄罗斯远东一海军基地，1 枚弹道导弹泄露出有毒燃料，11 名维修人员中毒。俄太平洋舰队发言人说，符拉迪沃斯托克东北 150 千米的一海军基地发生意外事故，有毒云向外飘浮。事发时，导弹正由一艘战舰卸下。一些剧毒燃料从火箭破裂的壳身泄露出来，与空气发生反应，形成有毒的云雾。有消息称，发生事故的是一枚 SS－N－8 弹道导弹，其弹头已经拆除，该型导弹可携带核弹头，由 D 级潜艇发射，射程 7700 千米。

法国继续发展 M－51 潜射弹道导弹 2000 年底，法国国防部与 EADS 等两家公司签订一项合同，继续发展 M－51 海基弹道导弹。该型导弹是为法国战略核潜艇研制的新一代弹道导弹。导弹从 1992 年开始研制，预计于 2008 年开始服役，将用于接替 M－45 型潜射弹道导弹。M－51 为 3 级固体推进剂，发射重量超过 51 吨，弹体采用新型复合材料制造，可携带多个弹头。与 M－45 导弹相比，它具有更大的威力和更好的精确度。该合同总价值 28.5 亿欧元。首次飞行试验预计在 2005 年进行。

战略巡航导弹 战略巡航导弹机动灵活，超低空突防能力强，美俄均十分重视其发展，以色列也加紧研制和试验战略巡航导弹，并已成为世界上第 3 个拥有海基战略巡航导弹的国家。

以色列进行战略巡航导弹试射 据英国《泰晤士

报》2000年6月18日报道：以色列海军5月在印度洋成功进行了潜射巡航导弹的首次发射试验，准确地命中了1860千米外印度洋上预定的目标。该型巡航导弹可以携带核弹头。这意味着以色列已经成为继美国和俄罗斯之后第3个掌握潜射核巡航导弹的国家。这次试验的成功还意味着以色列的3艘潜艇将全部装备潜射核巡航导弹。每艘潜艇可以携带4枚核导弹。

（任 杰）

表一 现役洲际弹道导弹主要性能表

国家	导弹型号	级数	推进剂	长度（米）	直径（米）	弹头数×当量（万吨）	射程（千米）
美国	“民兵”3	3	固体	18.3	1.7	3×33.5	11250
	“和平卫士”	3	固体	21.5	2.4	10×33	12000
俄罗斯	SS-18	2	液体	35.0	3.0	10×50	11000
	SS-19	2	液体	25.0	2.7	5×50	10000
	SS-24	3	固体	21.0	2.0	10×50	10000
	SS-25	3	固体	18.0	1.8	1×50	10000
	SS-27	3	固体	22.7	1.9	1×100	10000

表二 现役海基弹道导弹主要性能表

国家	导弹型号	级数	推进剂	长度（米）	直径（米）	弹头数×当量（万吨）	射程（千米）
美国	“三叉戟”2（D-5）	3	固体	13.59	2.11	8×47.5	11000
俄罗斯	SS-N-8	2	液体	12.9	1.65	1×100	7800
	SS-N-18	2	液体	14.0	1.8	7×20	7000
	SS-N-20	3	固体	15.0	2.0	9×10	8300
	SS-N-23	3	液体	16.9	1.8	6×25	8500
法国	M-20	2	固体	10.7	1.5	1×100	3000
	M-4	3	固体	11.05	1.93	6×15	6000

弹道导弹防御武器系统

综述 2000年，美、以等国大力推进战区弹道导弹防御拦截试验，并全面拟定了战区弹道导弹防御系统的部署计划。美国不顾国际社会的强烈反对，进行了两次国家导弹防御系统（NMD）拦截试验。与此同时，美国在弹道导弹拦截、反巡航导弹、反卫星、弹道导弹防御目标探测等领域也取得了较大进展。

重点进行战区弹道导弹拦截试验 美、以等国对研制的各类战区弹道导弹进行了飞行拦截试验，大部分取得圆满成功，并拟定了近期部署计划。中国台湾也力图发展战区导弹防御系统，斥巨资购进大量先进导弹防御系统设备，据称初步具备反导能力。美陆军先进“爱国者”防御系统10月进行实弹拦截试验，预计2001年装备部队。“战区高空区域防御”（THAAD）系统获准进入工程研制阶段，计划2007年开始部署。海军“全战区防御”系统尚处在方案拟定与风险减少发展阶段，7月14日进行第2次飞行试验，因第3级助推器没有脱离而导致失败。该系统采用分阶段渐进式发展途径，首套系统将于2007年部署。美海军称如果获得足够资金，可提前在2003年或2004年部署有限能力的“战区防御”系统，美国防部还在研究基于该系统的海基国家导弹防御方案。美空军机载激光器（ABL）研制进展顺利，并在国会得到共和党议员的大力支持，计划2008年部署。2000年3月，以色列空军组建了第1个具有应急部署与作战能力的“箭”式导弹连，并力求晚些时候具备全面作战能力。

美国大力推进国家导弹防御（NMD）系统部署进程 美国在年初向俄罗斯提交文件要求修改《反弹道导弹条约》，企图为部署NMD扫除障碍，并不顾国际社会及国内政界人士与专家的强烈反对，于2000年1月18日和7月7日分别进行了拦截试验。尽管因技术原因而导致试验失败，美国军方与工业界仍没有停止对部署NMD技术的研究，新的一轮拦截试验将于2001年进行。

积极探索巡航导弹防御系统 随着巡航导弹技术的发展与扩散，美国内部和各军种对巡航导弹防御系统更加重视。美国防部巡航导弹防御联合试验与鉴定计划第1阶段的工作正式启动，年初进行了1次小型试验。兰德公司提出干扰巡航导弹GPS导航系统与使用光学瞄准装置的轻重机枪进行拦截等简单经济的方法。陆、海、空三军正在拟定研制巡航导弹防御系统的计划。

战区弹道导弹防御武器系统　**陆基弹道导弹防御系统**　**美国继续援助国外的弹道导弹防御计划**　美国《武装部队新闻网》2000 年 2 月 22 日报道，美国国防部弹道导弹防御局（BMDO）局长卡迪什上周在国会作证时称，克林顿政府的 2001 财年预算申请将以充裕的资金支持国外的弹道导弹防御计划。美国国防部在 2001 财年为美、德、意三国联合的“扩大的中程防空系统”（MEADS）计划申请了 6320 万美元，并且在 2002～2005 财年期间为该计划增加 7.14 亿美元。MEADS 系统定于 2012 财年开始装备。另外，在 2001～2005 财年，为以色列“箭”式导弹防御系统申请了 1.24 亿美元，这将使以色列能够采购部件以组建第 3 个“箭”式导弹连。卡迪什同时也指出，美国与日本 1999 年 8 月达成一项谅解备忘录，以帮助发展海军全战区计划关键的拦截器技术。

在与俄罗斯的弹道导弹防御合作方面，对 RAMOS 计划进行了修订，并在 2001～2005 财年为这项修订后的计划申请了 2.17 亿美元。另一方面，共和党众议员柯特·韦尔登建议弹道导弹防御局考察与俄罗斯各种可能的合作计划，以便在俄罗斯远东地区设立一个有限的助推器拦截系统，专门针对朝鲜。韦尔登认为朝鲜是美俄的共同威胁。

美军紧急更换数百枚“爱国者”导弹　英国《简氏防务周刊》2000 年 3 月 29 日报道，2000 年 3 月，由于发现 PAC－2“爱国者”导弹接收来自地面雷达目标数据的无线电通信链路故障率有显著增高，美军紧急更换了数百枚部署在科威特、沙特和韩国的这类导弹，以“增强制导型导弹”（GEM）和库存的 PAC－2 导弹取代。目前，美国陆军正在对出现故障的导弹进行检查，以确定问题是出于系统的磨损，还是设计方面的缺陷。美国国防部和雷锡恩公司认为，故障的原因是这些“爱国者”导弹系统持续值班的时间过长，在某些情况下数月甚至数年不间断地处于加电状态。库存的导弹并没有出现类似的问题。美国国防部已经把这一问题通报了部署“爱国者”导弹系统的盟国。

美军进行两型“爱国者”系统同时拦截目标试验　《国防科技要闻专报》2000 年 10 月 27 日报道，10 月 16 日，美国弹道导弹防御局和陆军在白沙导弹靶场同时进行 PAC－2 和 PAC－3 型“爱国者”导弹系统拦截试验。其目的有两个：一是演示 PAC－3 型“爱国者”导弹拦截机动战术弹道导弹弹头和 PAC－2 型“爱国者”导弹拦截缩比无人机靶机的能力；二是在有诱饵干扰的情况下，演示 PAC－3 型导弹寻的器捕获和跟踪目标的能力。在试验中，PAC－3 型“爱国者”导弹在有诱饵干扰的情况下成功摧毁靶弹，这是本次试验最成功之处；PAC－2 型“爱国者”导弹虽然没有摧毁靶机，但使其明显受损。美陆军称，初步试验数据显示各项测试指标均符合要求，具体杀伤效果正在分析。这次试验是 PAC－3 型“爱国者”导弹防御系统的第 6 次拦截试验，是其飞行试验的第 8 次。今后，美军还将对该系统进行 11 次拦截试验。

韩国开发对付朝鲜导弹和火箭的激光武器　韩国《韩文雅虎》2000 年 4 月 1 日报道。韩军方人士透露，为对付朝鲜弹道导弹和多管火箭的威胁，韩国国防部下属的国防科学研究所正在研制激光武器和电热化学炮等尖端武器。韩国防科学研究所 1999 年起就与某重工业公司一起开始了对高能量氟化氘（DF）化学激光的应用研究，并计划 2000 年开发功率 100 瓦，2002 年以前开发出功率 10 千瓦的激光武器。韩国防部计划从 2003 年开始正式开发激光武器，2010 年以前完成能在空中拦截朝鲜“飞毛腿”导弹和 240 毫米多管火箭等的车载型激光武器。

以色列拟与美国合作生产并出口“箭”式导弹防御系统　美国《防务新闻》2000 年 1 月 31 日报道，以色列国防部对其禁止出口“箭”式导弹防御系统的政策进行了调整，授权工业界负责人开始与航天工业部门进行磋商，以便签署协议，合作生产和出口“箭”式导弹防御系统。据以色列官方称，这一政策的调整仅限于以美两国工业部门，以色列商业机构仍被禁止与其他国家进行直接的出口谈判。“箭”式导弹防御系统是以美两国联合研制的，资金大部分由美国负担。美国担心以在未得到美许可情况下，将该系统出售土耳其、印度等第三方国家。为消除美国的担心，以国防部曾决定禁止以色列公司对外出口该系统。按照新的政策，“箭”式导弹防御系统的主承包商以色列飞机工业公司将与一家作为美方主承包商的公司达成合作生产协议。美国的候选公司有洛克希德—马丁、雷声和波音公司。

以色列计划改进“箭”2 导弹防御系统　英国《简氏防务周刊》2000 年 1 月 5 日报道，以色列在为部署第 1 个“箭”2 战术弹道导弹防御连作准备的同时，已计划对该系统进行改进，以便能拦截伊朗正在研制的先进弹道导弹。有消息说，“箭”2 战术弹道导弹系统目前已具备拦截“飞毛腿”B 导弹的能力，下一步改进后将能拦截飞行速度更快的导弹，如伊朗正在研制的“希哈卜”3 和“希哈卜”4 导弹。“希哈卜”3 导弹射程达 1300 千米，能打击以色列境内的任何目标。伊朗宣称“希哈卜”4 导弹可用作运载火箭，其射程 2000～2200 千米。该导弹是以苏联 50 年代的 SS－4“凉鞋”（Sandal）中程弹道导弹为基础研制的。以色列国防部官员称，“箭”2 导弹防御系统的改进目标是，当伊朗完成“希哈卜”3 和“希哈卜”4 导弹的研制时，以色列有能力防御这类导弹的攻击。“箭”

2导弹防御系统的改进需要美国的援助，目前美国国会和国防部正在讨论为美以联合研制的“箭”式导弹防御系统提供更多的经费支持。

以色列空军接收第1个“箭”式导弹连 以色列飞机工业公司（IAI）2000年3月13日报道，在位于特拉维夫以南的帕尔马奇姆空军基地，以色列空军接收了第1个“箭”式导弹连，成为惟一一个领先于西方国家拥有反导弹防御系统的国家。该连将部署在以色列中部，是计划组建的3个“箭”式导弹连中的第1个。另外2个连正在组建中。这3个连一旦完成部署，将针对诸如叙利亚和伊朗等国家的“飞毛腿”类弹道导弹，对以色列的大部分地区提供保护。该导弹连目前仅具有应急部署能力和有限的作战能力，还需进一步改进，2000年晚些时候将具备全面作战能力，并且2000～2001年还将进行几次飞行试验。“箭”式导弹防御计划是一项美以联合计划，总费用约为22亿美元，美国承担其中的65%。迄今为止，该计划已投入12亿美元，进度却比原定推迟了5年。“箭”式导弹防御系统主要由“箭”2拦截弹、“绿松树”火控雷达、“香橼树”作战管理系统组成。

中国台湾力图发展战区导弹防御系统 《国防科技要闻》2000年3月4日报道，早在1998年11月，当时的台湾“参谋总长”唐飞访美期间就提出，希望美国提供战区导弹防御系统。美国防部也持积极态度，于1999年4月提出了台湾建立战区导弹防御系统的4种方案：一是以“爱国者”3为拦截弹的“陆基低层防御系统”；二是以“宙斯盾”防空系统为主的“海基低层防御系统”；三是以“战区高空区域防御系统”为拦截弹的“陆基高层防御系统”；四是以“标准”3为拦截弹的“海基高层防御系统。”就目前情况而言，台湾当局对前两个方案兴趣最大。对此，台“国防部”在1999年4月举行的“美台军售会议”上提出了与此有关的武器采购清单，其中包括2套“爱国者”3系统、远程警戒雷达、舰载“宙斯盾”系统及“标准”2导弹。台湾还打算购买4艘“宙斯盾”驱逐舰。为提高对弹道导弹的预警能力，台湾当局还斥资260亿新台币建造远程预警雷达系统，并打算发展预警卫星。1999年1月，“中华星1”号在美国发射成功，表明台湾在开发空间技术方面取得了重要的进展；9月，就研制“中华星2”号侦察卫星的高分辨率（2米）照相机与法国马特拉·马可尼公司进行了洽谈，预计2002年发射该卫星。

中国台湾将试验“爱国者”2导弹防御系统 英国《简氏防务周刊》2000年6月7日报道，台湾“国防部”5月26日证实，台湾将于2001年9月对“爱国者”2导弹防御系统进行发射试验。台湾1993年从美国购买了200枚改进型“爱国者”2导弹，这些导弹已于1998年开始服役，部署在台北周围的南岗、林口和万里3个军事基地。台湾曾在美国进行过“爱国者”2导弹试验，但台军方一直希望在台湾岛内进行试验，测试其在台湾亚热带气候下的效果。美国已经口头同意在台湾进行“爱国者”2导弹的试射工作。这将是“爱国者”2导弹第1次在美国本土以外的地方进行试验。这次试验由台湾中山科学院执行，美国将派专家小组对此次试验进行监督。此外，台湾已正式向美国提出购买6个连的新型“爱国者”3导弹防御系统的要求。

海基弹道导弹防御武器系统

美国海军可提前部署有限的海军全战区导弹防御系统 据美国《防务新闻》周刊2000年1月31日报道，美海军和有关工业部门称，每年如能保证投入5亿美元研制费，可提前在2003或2004年部署有限能力的海军全战区（NTW）导弹防御系统。实际上，在2001～2005年期间，该计划的总预算为11.2亿美元，平均每年约2.2亿美元。NTW系统将包括试验型的“标准”3动能拦截弹（装有“大气层外轻型射弹”）和改进的“宙斯盾”舰载雷达，可防御采用较简单分离弹头的弹道导弹，如朝鲜的“劳动”导弹等。系统可能的最小配置是1艘“宙斯盾”巡洋舰上配备几枚试验型“标准”3导弹，最大配置是4艘巡洋舰上配备80枚试验型“标准”3导弹。目前计划对海军全战区导弹防御系统进行9次导弹试验，其中5次是对真实弹道导弹目标的拦截。1999年9月，“标准”3导弹成功地进行了首次飞行试验，验证了弹体的稳定性和发射、助推器分离、第2级制导、二三级间分离可靠性及控制能力等。该系统的下一次飞行试验将于2000年7月进行，届时将对整个“标准”3导弹进行评估，并且作为动能弹头的“大气层外轻型射弹”将与助推火箭分离。海军全战区导弹防御系统的首次拦截试验计划在2001年年初进行。

美国海军“标准”2 IVA导弹导引头保护罩冷却系统通过验证测试 航空喷气公司网站2000年5月22日报道，该公司为海军“标准”2 IVA导弹研制的红外导引头保护罩冷却系统顺利通过验证测试，从而为2001年开始低速生产铺平了道路。这次测试历时2周，内容包括多次坠落试验和振动试验，目的是全面验证该系统的生存能力。航空喷气公司研制的保护罩冷却系统将用于海军“标准”2 IVA导弹，为其先进红外导引头的保护罩提供热防护。该冷却系统综合采用流体和固体推进技术，能够在导弹向目标机动飞行时精确地控制冷却剂在红外导引头保护罩上的流动，以便为处于导弹飞行时的恶劣热环境中的红外导引头保护罩提供足够的热保护。系统的组成包括2个由复合材料缠绕的冷却剂贮罐、2个固体推进气体发生器和1个气门咀槽组合。

美国海军全战区导弹防御系统试验失败　美国《每日航宇》2000年7月18日报道，弹道导弹防御局新闻发言人宣布，7月14日进行的海军全战区导弹防御试验因第3级助推器没有脱离而导致失败。这是首轮飞行试验中的第2次，也是首次携带有效的第3级火箭发动机进行的飞行试验，目的是对整个“标准”3导弹进行评估，并试验作为动能弹头的“大气层外轻型射弹”与助推火箭的分离。试验在夏威夷的太平洋导弹靶场进行，由停泊在太平洋中部的“伊利湖”号驱逐舰发射一枚“标准”3导弹。海军方面称，导弹发射时一切正常，但后来功能失常。故障原因需要对飞行数据进行分析后才能确定。海军全战区导弹防御计划由弹道导弹防御局和海军战区水面战计划执行办公室共同负责。目前，海军全战区导弹防御系统计划进行9次导弹试验，其中5次为针对真实弹道导弹目标的拦截试验。1999年9月，“标准”3导弹成功地进行了首次飞行试验，验证了弹体的稳定性，以及发射、助推器分离、第2级制导、第2级和第3级的级间分离等的可靠性及控制能力，并证明了“大气层外轻型射弹”拦截概念的有效性。

美国海军探索新型反导导弹　美国《每日防务》2000年8月29日报道，美国海军正在考虑研制一种新型反导导弹，以对付再入机动飞行器。这种导弹将安装“网膜式计算机”芯片，以便在导引头的焦平面上进行目标定位和识别。这种芯片比现有装置结构简单、价格低廉、反应迅速。海军战区水面战舰项目执行办公室技术主任米克·布莱克里奇还详细介绍了一种为传感器收集光线的镜面系统。根据其采集的数据，可以控制方向载荷的移动，使其更接近稠密大气中飞行导弹的气动中心位置。在飞行的最后5秒，导弹与其助推器分离，质心方向控制力矩可使其获得极大的侧向机动能力，从而在机动性上胜过任何携带负载的飞行器。他提到，这一想法早在20年前空军的飞行试验中就考虑过。在外层空间拦截时，此种防御武器只需加装一个简单的火箭发动机和助推器。此系统的核心是传感器，它由多层凝视阵列组成。海军目前已拥有此种芯片。下一步，军方试图设计被动/主动复合导引头，并联合工业部门进行质心力矩导弹设计。

美国海军将研制功率20千瓦的自由电子激光器　托马斯·杰斐逊国家加速器研究所网站报道，美国国会最近批准向该研究所拨款1500万美元，以继续推进自由电子激光器（FEL）的研制工作。据称，这将有望使FEL的功率提高10倍以上，即从目前的1.72千瓦提高到20千瓦。以此功率，FEL足以破坏目标内部的电子设备，或许能熔化燃料箱。FEL项目主任说，“10千瓦的自由电子激光器不会对刚飞出地平线的导弹构成硬杀伤，也不会造成弹体破裂。我们的目标是使来袭导弹的红外传感器失效”。美海军对发展该项目特别感兴趣。

空基弹道导弹防御武器系统　**美国国会力主发展机载激光器**　英国《简氏防务周刊》2000年2月2日报道，美国国会中以共和党为首的大多数议员都强烈反对国防部今后5年削减6.39亿美元的机载激光器发展经费。在本周即将公布的2001财年国防预算中，国防部打算削减激光器计划9110万美元，以便将资金集中发展导弹防御计划。2000年1月，空军已经接收了第1架用于机载激光器计划的B-747-400F飞机，并准备在飞机上安装功率数兆瓦的化学氧碘激光器。激光器已完成所有重要的试验，准备在2003年进行第1次拦截试验，即在来袭弹道导弹上升阶段就将其击毁。美国空军计划建立一支7架机载激光器飞机的机队，能在24小时内对全球做出快速部署。如果资金能够得到保障，第1架飞机可能于2007年进入现役。

美国开始组装机载高能激光器旋转架　英国《防务系统日刊》2000年4月10日报道，机载激光器工作组开始在洛克希德—马丁公司下属的桑尼韦尔工厂组装高能激光武器系统的旋转架，该旋转架将安装在一架改进的波音747-400飞机的头部。在载机上还装有一部1.5米的望远镜，以探明处于助推段敌方导弹的情况。洛克希德—马丁公司负责制造机载激光器系统的波束控制/火力控制（BC/FC）系统，该系统可确保激光器准确地瞄准目标，旋转架是该系统的一部分。旋转架将安装在一个可以转动的壳体内，这种结构可以保证旋转架旋转150度，以便跟踪移动的导弹。整个壳体将于2001年春天交付波音公司并安装在波音747载机上。机载激光器系统是一个安装在波音747客机上的兆瓦级激光武器，它用于自动探测、追踪、摧毁敌方的战区弹道导弹。该系统将在12200米以上的高度运行，在这一高度上，它通过红外搜寻与跟踪系统在敌方导弹发射时捕获并追踪导弹。当导弹处于助推段，机载激光器的波束控制/火力控制系统将准确地瞄准目标，并射出足量的激光摧毁导弹。机载激光器工作组由美国空军、波音公司、TRW公司和洛克希德—马丁公司组成。波音公司牵头负责武器系统的集成，提供波音747-400客机以及作战管理、指挥、控制、通信及计算机系统。TRW公司负责提供化学氧碘激光器和地面支持。

美国新型激光器将增强定向红外干扰系统的性能　美国《航空与航天技术周刊》2000年5月22日报道，2000年晚些时候，美国空军研究实验室将在白沙导弹靶场进行实验型“闭环”定向红外干扰激光器试验。这是一种新研制的具有较强功率的小型多波段激光器，它可使定向红外干扰系统（DIRCM）的效能显著增强。机载 DIRCM 通过把窄激光波束照射在各类热寻的导弹上来毁坏导弹的制导系统。为保护有大功率发动机的飞机，要求 DIRCM 激光器能够在两个波段（即热寻的导弹广泛使用的波段 1 和波段 4）上产生约 5 瓦的输出功率。美国桑德斯公司已研制出一种多波段激光器，能够同时在波段 1 和波段 4 上产生 5 瓦的输出功率，并能在波段 2（1～2 微米）上产生 0.5 瓦的输出功率。这种新型多波段激光器重 13 千克，尺寸为 15×18×48 厘米。目前，该公司正为 2001 年在 C－17 飞机上进行飞行试验做准备。另外，诺斯罗普·格鲁曼公司投资研制的新型多波段激光器，重量仅为 4.5 千克，能够同时在波段 1、波段 2 和波段 4 产生 2 瓦的输出功率。最近，公司已经将这种新型激光器的输出功率提高到了在波段 1 超过 3 瓦、在波段 4 接近 5 瓦的水平。大型飞机由于大功率发动机的尾焰容易受到热寻的导弹的攻击，因此，美国空军研究实验室一直在从事"灵巧定向红外干扰系统"的应用研究，重点是研究先进的技术，如采用"闭环"技术的红外干扰系统。当来袭导弹被机载导弹预警系统探测到时，"闭环"干扰系统通过激光束照射导弹来判断其类型。然后据此信息，系统为激光束选择最佳的干扰调制进行干扰，使热寻的导弹迅速偏离方向。

美国的大气层内拦截器技术计划　《先进防御技术通讯》2000 年第 5 期报道，美国的"大气层内拦截器技术"（AIT）计划，是一项技术发展试验计划，以便为美国陆军、海军和空军的重点弹道导弹拦截弹采办计划提供部件研发支持。这项计划由美国陆军空间与导弹防御司令部为国防部弹道导弹防御局管理。弹道导弹防御局与陆、海、空军合作规划，以便最大限度地利用各种现有的基础设施，确保 AIT 计划满足现在的战区导弹防御（TMD）采办计划的需要。AIT 计划的目的是确定、研制、集成和试验有发展前途的先进部件技术，这些技术要能够增强未来拦截器的性能和降低成本。AIT 技术能够减少拦截器的尺寸和重量，扩大交战空域和增加杀伤力。AIT 技术发展计划的重点包括：①捷联导引头　主动图像运动稳定能够使用小窗口口径并提高性能。零件的减少既降低了复杂性，也降低了成本。②冷却式窗口　在低空高速飞行中，最小的气动光学失真将确保导引头的性能。③固体轨控与姿控系统（DACS）　固体推进剂安全，不敏感，性能高，并可多军种使用。④先进的复合材料与结构　重量轻的复合材料和先进的热保护。这些技术中的关键一项是革命性的 AIT 捷联导引头，它使用反射镜而不是常平架的运动来捕获和跟踪敌目标。这种途径能够使导引头的口径（即窗口）比 10 年前的产品大为缩小。由于拦截弹在高超音速飞行时窗口必须冷却，窗口越小，弹上需要携带的冷却剂越少，从而使这个拦截弹的尺寸大大减小。

战略弹道导弹防御武器系统

美国"国家导弹防御"系统第 2 次拦截试验失败　《国防科技要闻专报》2000 年 2 月 4 日报道，美国东部时间 2000 年 1 月 18 日晚 21 时 19 分，美国进行了"国家导弹防御"（NMD）系统第 2 次拦截飞行试验。这次试验是在范登堡空军基地和夸贾林导弹靶场进行的，两靶场相距 6900 千米。参与试验的设施包括位于科罗拉多州斯普林斯的国家联合试验设施、DSP 卫星、X 波段地基雷达样机以及位于夏威夷的 FPQ－14 雷达等。试验过程共持续 29 分 49 秒，1 月 18 日晚上 21 时 19 分，一枚经过改进、作为试验靶弹的"民兵"2 洲际弹道导弹从范登堡空军基地发射，弹上装有 1 个模拟弹头、1 个作为诱饵的气球和 GPS 收发机。DSP 预警卫星首先探测到靶弹，并把测得的飞行速度、弹道及可能的落点等数据发送至斯普林斯国家联合试验设施，数据经处理后及时发送给系统的其他部分。地基雷达样机和 FPQ－14 雷达根据这一预警信息对目标进行捕获和精确跟踪，并从目标群（包括模拟弹头和诱饵气球）中识别出模拟弹头。然后，FPQ－14 雷达的跟踪数据和来自靶弹的 GPS 数据经过模糊处理后，按地基雷达样机数据的格式送至夸贾林靶场的 BMC^3 系统。BMC^3 系统根据这一"模拟"的地基雷达样机数据制定作战计划，为拦截弹样弹装订数据，下达发射指令。拦截弹样弹在靶弹起飞约 20 分钟后从夸贾林导弹靶场发射，通过 BMC^3 系统接收由地基雷达样机数据生成的目标更新数据。样弹发射 2.5 分钟后，EKV（大气层外拦截器）与助推火箭分离，并利用其导引头进行两次星光定位，调整方向，然后对目标群进行捕获并识别模拟弹头。然而，在预定拦截时间前 6 秒钟，EKV 导引头的两个红外探测器突然失灵，致使在距离地面约 230 千米处未能拦截到模拟弹头，试验以失败而告终。

美国"国家导弹防御"系统第 3 次拦截试验失败　《国防科技要闻专报》2000 年 7 月 8 日报道，美国东部时间 2000 年 7 月 7 日零时 19 分，美国在太平洋上空进行了"国家导弹防御"（NMD）系统的第 3 次拦截飞行试验。这次试验是 NMD 系统的首次全系统集成飞行试验，耗资 1 亿美元，主要目的是实现系统各组成部分和功能的集成，演示预警卫星、地面雷达和作战管理与指挥控制通信系统的运行，以及验证 EKV 的性能。NMD 系统的所有组成部分均参与了这次试验，包括地基拦截弹、预警卫星、预警雷达、X 波段地基雷达、作战管理与指挥控制通信系统和飞行中拦截弹通信系统。其中，飞行中拦截弹通信系统是首次参与飞行试验。试验所用的靶弹是经过改装的"民兵"2 弹道导弹，携带有一个约 1.5 米长的模拟弹头和一个作为诱饵的聚酯薄膜气球。在地基拦截弹2级助推火箭燃料耗尽时，拦截弹的动能杀伤弹头EKV未能与第2级助推火箭分离，不能实施拦截。初步的分析表明，这次试验失败的原因是EKV未接收到应由助推火箭发出的“2级助推完毕”信号，结果未能启动分离程序，导致拦截试验失败。

美国成功进行2次国家导弹防御风险降低飞行试验 美国弹道导弹防御局（BMDO）2000年9月28日报道，借助美国空军例行发射的2枚“民兵”3洲际弹道导弹（从范登堡空军基地飞往夸贾林靶场），BMDO于9月28日成功地进行了2次国家导弹防御（NMD）风险降低飞行试验（RRF），对正在研制中的NMD系统的组成部分进行演练，以期降低下一次飞行试验的技术风险。从这些试验中所收集到的数据将用于对计算机模型及仿真进行验证和检验。参与试验的NMD系统组成部分包括“国防支援计划（DSP）”卫星、一部地基预警雷达（用于跟踪目标）、位于科罗拉多和夸贾林的作战管理与指挥控制通信（BMC^3）设施，以及飞行中拦截弹通信系统（IFICS）。地基拦截弹（GBI）未参与试验，其所有功能，如拦截弹发射、大气层外杀伤拦截器（EKV）识别目标和碰撞杀伤拦截等，是通过仿真模拟手段实现的。这两次试验为参加下一次NMD拦截试验的人员提供了宝贵的经验和训练机会。在第1次试验中，所使用的靶标称为“雷达可靠目标”2，是一种专用于国家导弹防御的靶标系统，由20个物体组成，用于试验夸贾林靶场地基雷达样机（GBRP）的识别能力。初步的结果表明GBRP成功地进行了目标识别。在第2次试验中，按照下一次拦截试验（IFT－6）的工作程序对NMD系统的各组成部分进行了演练，所使用的靶标是一个经过改装的6型Mark－12A再入飞行器。

美国兆瓦级激光器试验取得重大进展 澳大利亚《宇航日刊》2000年4月26日报道，2000年3月28日，美国TRW公司在南加州的一个靶场，对其兆瓦级“阿尔法”高能激光器进行了6秒的试验，激光器的输出功率提高了25%，并且质量也有所提高。这次试验不仅是“阿尔法”激光器第22次射击成功，而且标志着设计和部署天基激光器综合飞行试验所需的技术又向前迈进了一大步。天基激光器是美国空军正在研制的实验性天基导弹防御系统。这次试验中收集的激光器性能和波束均匀性数据，对于研制和验证下一代激光器是至关重要的。天基激光器将像“阿尔法”一样，也是一种圆柱体形的氢氟化学激光器，但它将使用先进的激光器硬件。

美国防部完成海基NMD系统第1阶段研究评估 美国《防务新闻》2000年7月24日报道，美国防部已经完成对海军至少3种不同拦截导弹方案的第1阶段研究评估。这些方案将构成未来任何国家导弹防御（NMD）系统海基部分的核心。海军NMD系统方案拟订研究报告是由国防部弹道导弹防御局、美国海军和国防实验室共同完成的。研究报告最后得出的结论是，相对于陆基导弹防御网来说，海基NMD系统在技术上是可行的，不存在重大技术障碍，是一种切实可行的方案。防务专家指出，海基系统的战略价值在于海军舰艇可在接近潜在敌人的海岸遂行作战任务，使海基拦截弹在敌方弹道导弹早期飞行阶段将其击落的机会大大增加。而陆基系统只能在敌方导弹非常接近美国的时候才有可能将其击落。美国对付敌方对一个目标实施多个攻击的能力就很有限。国防部的这份研究报告设想了3种海基NMD拦截弹，第一种拦截弹均可与海军现役的垂直发射系统完全兼容。因此，没有必要研制新的舰载发射系统。第1种海军拦截弹方案是“增强型海军全战区防御”，由现在的海军“全战区防御”计划演变而来，将由装载在海军现役舰载发射箱中8枚导弹组成，拦截弹的速度为每秒4.5千米，动能拦截器重30千克。海军全战区防御系统采用装有轻型大气层外拦截弹的SM－3“标准”防空导弹，目的是用来撞击飞行中的弹道导弹并摧毁它。增强型海军全战区防御拦截弹将采用改进的杀伤弹。第2种方案是“改进型8－Pack”，这是一种较大的拦截弹，拦截弹的速度为每秒5.5千米，动能拦截器重40千克。第3种方案是“新型6－Pack”，这是一种最大的拦截弹，舰载发射箱可装载6枚此类导弹。拦截弹的速度达到每秒6.5千米，并可使用为陆基NMD系统研制的动能拦截器（重50千克）。海基“国家导弹防御”系统的第2阶段方案拟订研究将更详细地定义这3种方案，并深入研究费用、计划进度和面临的问题。

美国海军官员称2003财年可部署过渡期的海基国家导弹防御系统 美国《防务日刊》2000年4月12日报道，美国海军退役中将、负责海上行动及作战的前副司令威廉斯上周称，最迟在2003财年左右，即可部署一种过渡期的海基国家导弹防御（NMD）系统。这种过渡期的海基国家导弹防御系统将基于目前正在发展的“海军全战区防御”（NTW）计划和国家导弹防御X波段地基雷达。威廉斯认为，到2003财年技术上已经成熟，而且X波段雷达可能在此之前部署。作为应急计划，在X波段雷达部署之前，海军现有的“眼镜蛇朱迪”（Cobra Judy）舰载相控阵监视雷达可对这一海基国家导弹防御系统提供支持，在X波段雷达部署之后也可起辅助作用。威廉斯建议海基国家导弹防御与陆基国家导弹防御并行发展，最终实现它们的集成。他认为这样做可提供高度可靠的防御能力，并称这一方案在弹道导弹防御局得到了广泛的支持。另外，美国国会也有一些议员赞成此方案。

美国不断推进天基武器的研制 英国《简氏防务

周刊》2000年3月22日报道，2000年2月初，美国弹道导弹防御局（BMDO）与一洛克希德—马丁—波音—TRW联合投资企业签订一项“天基激光器（SBL）综合飞行试验（IFX）”合同，以确定在空间部署用于摧毁敌方处于发射或助推段弹道导弹的高能激光器的技术可行性，合同初始金额为1.27亿美元。3月中，弹道导弹防御局局长罗纳德·卡迪什中将率领代表团前往亚拉巴马州的红石兵工厂、卡纳维拉尔角的航空站、佛罗里达州的肯尼迪航天中心和密西西比州的斯滕尼斯（Stennis）航天中心进行调查，拟在今年夏天从中选定一处作为“天基激光器系统试验设施”场址。天基激光器计划近期的工作重点是研制、验证实用型天基激光器系统所需的部件和分系统技术，以及设计、研制综合飞行试验飞行器，以便2012年开始在太空进行试验。BMDO和美空军还计划在2004～2005年用高空气球进行试验，以采集有关目标捕获、跟踪、激光定向和发射控制等数据。尽管在2020年前不太可能部署天基激光器，但美国防部上述举动表明，美国内支持研制和试验天基武器所需技术的人增多，并越来越相信未来威胁将使空间武器化。

美国天基红外系统将能对付弹道导弹假目标　英国《简氏防务周刊》1999年12月8日报道，到2010年，美国国家导弹防御（NMD）系统通过采用目前正在研制的低轨道天基红外系统（SBIRS），将能够滤除各种干扰。根据目前的设计，美国国家导弹防御系统到2005年仅能拦截有限数量的洲际弹道导弹（ICBM），但低轨道天基红外系统和预警卫星星座将使其能够辨别出假目标和实际来袭的洲际弹道导弹。低轨道天基红外系统大约需要经费200亿美元，预计在未来10年内可投入使用，系统建成后将对国家和战区导弹防御计划、导弹预警、技术情报和战场特征描述提供有力的支持。美国最新的国家情报预测：伊朗、伊拉克和朝鲜等国家可能在近几年试验洲际弹道导弹，并在它们的导弹中采用有效的突防技术，这使得美国对这些导弹更难以防范。尽管美国目前计划在阿拉斯加建立1个配备20枚拦截导弹的国家导弹防御发射连，并建立配套的地基雷达与预警站，但官方透露，他们提议至少要建立两个国家导弹防御站，每个站至少部署125枚导弹。在阿拉斯加和北达科他州的两个国家导弹防御站最终都必须包括低轨道天基红外系统，以对付多个洲际弹道导弹威胁和区分真假目标。

美国继续研制“国家导弹防御”系统　美国《航空与航天技术周刊》网站2000年12月22日报道，美国防部当天与波音公司签订一项合同，继续研制和试验“国家导弹防御”（NMD）系统。合同期限从2001年1月至2007年9月，合同潜在价值130亿，其中60亿美元已有明确用途，若有其他研制开发工作要做，美国防部将再提供70亿美元。新合同通过扩大试验计划基础设施和实施更广泛的反对抗措施计划，为可能加强试验与鉴定提供了准则。尽管所有未来实施的NMD计划项目将由下届政府来讨论，但新合同“保证了该研制与试验计划的连续性，并消除了中断已计划试验活动的可能性”。同时也“保证了下届政府尽早部署NMD系统的选择自由”。

巡航导弹防御武器系统

美国进行评价巡航导弹防御能力试验　《国防科技要闻专报》2000年4月25日报道，1999年7月，美国防部长办公厅提出了一项为期5年的联合巡航导弹防御（JCMD）联合试验与鉴定（JT&E）计划，旨在评价现有联合巡航导弹防御的有效性和近期提高其性能的效果。JT&E计划分两个阶段实施，每个阶段都安排1次在野战条件下的重要试验与模拟。第1阶段的重要野战试验拟在2001年进行，以评价由现有的战区探测器、武器发射平台和指挥控制通信系统构成的联合一体化防空系统（JIADS）防御巡航导弹的能力。计划的第2阶段从2003年开始，为期2年，主要研究对目前的一体化防空系统性能进行改进后的效果。

JT&E计划第1阶段的工作已正式启动。2000年2月21日至3月10日已进行1次小型试验，为2001年拟进行的重要野战试验作准备，以降低其风险。这次小型试验是在最近的三军战斗识别鉴定队（ASCIET）2000演习期间进行的，没有为此提供专门的探测器和其他高价值设备。这次试验的联合一体化防空系统（JIADS）是由美海军的F-14、F/A-18和E-2飞机，空军的空中预警与控制系统（AWACS）飞机，陆军“爱国者”防空导弹和近程防空系统，以及美国和英国在演习地区沿海的舰船组成的。

美国兰德公司提出简单经济的反巡航导弹方法　《国防科技要闻专报》2000年8月25日报道，美国日益担心对地攻击型巡航导弹的威胁，其陆、海、空三军都在研究防御这种导弹的各种方案，当前主要是以改进现有的防空导弹为主，如陆军的“爱国者”和海军的“标准”2防空导弹，重点解决对巡航导弹的超视距探测与跟踪问题。由于巡航导弹的成本低，用防空导弹对付它虽然可行，但代价太高。美国兰德公司认为，为保护空军基地等小目标免遭巡航导弹的攻击，近期可采用两种既简单又经济的防御方法：①干扰巡航导弹的GPS导航系统；②使用装有光学瞄准装置的轻重机枪进行拦截。

美国空军研制巡航导弹防御系统　美国《防务信息和电子设备报告》2000年8月18日报道，美国空军第1军正在进行一项地区巡航导弹防御（ACMD）计划。ACMD系统建造在“联合基本远征连通性/控制中心”（JBECC）的汽车上，它能将海军协同作战能力（CEC）系统、陆军和空军16号数据链、北美防空司令部和联邦航空管理局操作的联合监视系统雷达（ARSR－4）联系起来，对来自各种不同传感器的数据进行融合，形成一个高度精确的目标轨迹，并利用北美防空司令部的现有指挥控制与传感器网，通过与ARSR－4雷达的“插入—显示”接口及时传递给相应的作战指挥部门。ARSR－4雷达在美国海岸线上每320千米装有1部。每个JBECC能覆盖640千米海岸线的区域。ACMD是国防部长办公室的先期技术演示计划（ACTD）的备选计划之一。若被选中，ACMD将成为一个为期4年4个阶段的项目。第1阶段包括所有感应器数据的合成并传递到北美防空司令部某行动中心；第2阶段包括探测、跟踪、拦截和确定低空低可观测性目标的全过程；第3阶段将以有生目标为对象；第4阶段将进行空军快速展开JBECC能力的演习。项目总经费预计为2120万美元。

美国陆军研究新型低成本巡航导弹拦截弹　美国《每日防务》2000年10月18日报道，美陆军正在研制一种用来防御巡航导弹的低成本拦截弹（LCI）。研制专用系统对付巡航导弹，对美陆军来说尚属首次。目前陆军主要考虑的低空防御方案是把AIM－120“先进中程空空导弹”装在高机动多用途轮式战车上，组成HUMAAS防空系统，但该系统射程有限，约30千米。LCI将以空军的小型空射拦截弹为基础，采用涡轮喷气推进装置，具有超视距拦截能力，射程可达到前者的3～4倍。LCI将用“爱国者”导弹系统发射，一个四联装“爱国者”导弹发射架可发射16枚。预计每枚LCI成本约10万美元。为提高拦截弹性能，陆军还计划采用一些新技术，如使用共形光学元件；把拦截弹的头部做得非常尖，使之具有超音速飞行能力；弹头采用特殊的多角度结构等。

中国台湾自称研制成功反巡航导弹系统　《国防科技要闻》2000年3月4日报道，台湾“国防部长”唐飞声称，大陆可在2003～2005年研制成功巡航导弹。此后不久，台湾军方宣称，已研制成功反巡航导弹的“车载式相控阵雷达野战防空系统”。据分析，该系统为“羚羊弹炮结合防空系统”，是一个车载近程防空系统，曾在1998年新加坡航展上首次亮相，主要由“天剑”1、“天剑”2空空导弹改装的地空导弹、双35高炮或L/70高炮以及由相控阵雷达和辅助光电跟踪设备构成的火控系统组成。该系统有一定的反巡航导弹能力，但也并非十分有效。

反卫星武器系统

美国动能反卫星计划赢得国会支持　英国《简氏导弹与火箭》2000年5月报道，由于动能反卫星（KE－ASAT）计划的主要支持者、共和党参议员鲍伯·史密斯的努力，美国陆军将不再把计划调整为一项试验室计划。史密斯称，2000年的目标是为该计划增加4千万美元。据波音公司估计，要制造3个集成的且具有飞行能力的反卫星动能拦截器，将需要这额外的4千万美元。2001年中期，这些动能拦截器在完成环境测试后即可进行飞行试验。现在，动能反卫星计划的未来将取决于国内的支持者和政府内的反对者之间的较量。支持方将努力为之提供经费，而反对方则企图取消该计划，或者是阻止该计划进行飞行试验。

美军开始为期5年的定向能武器威胁研究　美国《国防部内情》2000年4月6日报道，美空军已开始进行定向能武器对美国航空航天系统的威胁研究，为期5年。该项目由新墨西哥州柯特兰空军基地空军研究实验室负责，由Metatech公司具体实施，合同金额1700万美元，主要研究俄罗斯和中国激光武器发展对美国的系统，特别是给商用卫星带来的威胁。此项研究的主要目的是评估整个威胁环境，确认美国的航空航天系统、分系统和部件对当前和潜在的定向能武器的反应能力。研究的重点是机载、地基和天基高能激光系统/目标相互作用数字建模，评估并确定影响航空航天系统的定向能威胁，图像分析与评估，特定武器系统对特定目标影响评估等；②光学分析包括开发高增益光学系统模型并进行分析，研究光学系统可靠安全照射的阈值以及对拟议的激光发射事件预先避免分析；③试验工作包括在定向能研究的新领域进行设计、规划、装配、分析和实际性能试验，着重在高能电子、X射线和γ射线方面。此外，还将进行对抗和反对抗措施研究。

美国防部寻求增加激光武器投资　英国《简氏防务周刊》2000年4月17日报道，美国防部3月24日公布了草拟的激光主计划，要求对颇有发展前景的进攻与防御性高能激光技术领域增加投入，以恢复“日渐疲软”的激光技术研究公司的力量。现在的高能激光器计划预研（S&T）费，约有70％用在机载激光器、天基激光器和战术高能激光器几个大的演示项目上，而对固体激光器、自由电子激光器、光束控制、杀伤力和先进技术方面投资不足。计划建议在当前每年投资2亿美元基础上增加投入，或至少对已有总投资进行重新分配，以解决激光技术供应商明显减少的问题。

弹道导弹防御目标探测和作战管理系统

美国弹道导弹防御局开发能快速探测导弹的新型传感器　英国《简氏防务周刊》2000年4月5日报道，美国弹道导弹防御局（BMDO）正在开发能从复杂的背景中快速探测战区和远程导弹的新型传感器。国防部的官员说，该计划预计3年完成，研制经费6000万美元。作为其中的一部分，BMDO已经开始征集新型规模可变的相控阵雷达和光学探测器系统的设计方案，其目标是测量射程超过500千米的弹道导弹的飞行数据。当前，国防部正在寻求能跟踪和收集导弹从助推段到再入段特征数据的地、海、空基传感器。虽然该计划的重点是收集美国弹道导弹的飞行测试数据，但这些传感器也可收集其他国家导弹飞行的数据。将这些数据输入Hercules计算程序，便于美国导弹防御系统更好地区别目标和背景噪音并采取对抗措施。这项传感器发展计划预计2000年年中开始实施，最初将授予3～4项概念发展合同，10月将从中挑选一项。

美国陆军在白沙导弹靶场进行综合防空演示 美国《每日国际防务》2000年4月17日报道，美国陆军的联合对地攻击巡航导弹防御高空联网探测器系统(JLENS)最近在新墨西哥州的白沙导弹靶场进行了把目标数据传送到先进中程空空导弹（AMRAAM）的演示。AMRAAM安装在高机动多用途轮式战车上。将数据传向地面平台以增强导弹拦截能力，这被称为“前传”（forward pass)。美国陆军空间和导弹防御司令部司令说：“前传就是通过搭载在高空浮空器平台上的传感器把一枚面发射拦截导弹制导到一个超出了拦截弹雷达视距的交战点这样一个概念”。在两次试验中，其中一次高机动多用途轮式战车使用JLENS数据拦击了一枚BQM－74巡航导弹靶标。这次拦截成功标志着“前传”概念使得“真正的超视距交战”成为可能。下一次试验定于5月进行。“前传”概念与国防部筹建一个综合防空网的计划相一致，该网络会大大增强当前各兵种武器系统的作战能力。这包括陆军的高机动多用途轮式战车和“爱国者”3，以及海军陆战队的低空武器系统和舰基海军地区防空计划。JLENS将于2002年服役，它将由一个带跟踪和目标定位雷达的浮空器和一组只限制在一个移动式发射站内的通信链路组成。

美国空军计划研制天基空间目标监视系统 美国《防务新闻》2000年11月13日报道，美空军计划2001年申请经费，用于研制新天基空间目标监视系统。该系统能探测、跟踪并帮助识别空间目标。对目标的跟踪和识别是控制太空的关键，而天基空间目标监视系统比地基的具有更多优势。美国现役的空间目标监视系统是冷战时期设计的，随着卫星数目的增多，已不敷重荷。空军计划使用现有的“中段空间实验”(XSM)卫星来确定对新型空间目标监视系统的设计方案。XSM卫星原属于弹道导弹防御局，用来验证对导弹的跟踪能力。该卫星从1998年开始进行空间目标跟踪试验，每2天更新1次空间目标分类(现役地基空间目标监视系统为5天更新1次)。2000年10月19日，空军已接管XSM卫星。计划中的天基空间目标监视系统将由3颗卫星组成，建造费5.9亿美元，2007年开始发射，2010年投入运行，每年的运行费用600万美元，每颗星的寿命约为7年。投入使用后，该系统将能每天对大多数卫星的位置数据进行更新。

美国空军开始修改“天基红外系统－高轨道”卫星设计 美国《防务新闻》2000年12月4日报道，美空军着手修改“天基红外系统－高轨道”(SBIRS－High)卫星设计，以提高探测战区导弹的能力。据报道，修改设计将使SBIRS－High卫星探测尾焰红外辐射更小的战术或战区导弹，并能更早地探测到飞行中的导弹，提供更长的预警时间。SBIRS－High卫星系统的全尺寸研制始于1996年，用以替代现役的“国防支援计划”(DSP)预警卫星。该系统主要由4颗装有红外探测器的同步轨道卫星和地面系统组成。系统的另外2个红外探测器装在美国家侦察局的2颗大椭圆轨道卫星上。空军还在购买1颗卫星和1个红外探测器，用作地面备份。SBIRS－High卫星系统原计划费用18亿美元，现在预计将耗费29亿美元。2000年夏季，美空军在进行例行研制测试时发现，卫星红外探测器接收的阳光比原来预期的多，致使其灵敏度降低。因此空军决定对卫星设计进行修改。洛克希德—马丁公司的工程技术人员正在对此问题进行研究，拟定新的设计方案。

美英公司联合探索舰载战区弹道导弹防御系统雷达 美国《每日防务》2000年7月26日报道，美国洛克希德—马丁公司和英国宇航公司已签订协议，共同探索未来海军舰载战区弹道导弹防御系统雷达方案。根据协议，双方将进行4个月的可行性研究。S波段雷达对小目标和受干扰目标有较好的分辨力，因此美国海军对在未来战舰上使用这种雷达很感兴趣。美海军最近已决定在白沙导弹靶场测试S波段MESAR2雷达替换“宙斯盾”系统SPY－1雷达可能性，SPY－1雷达能进行弹道导弹的探测、跟踪和识别。另外，洛克希德—马丁公司今年早些时候还获得一项价值1.25亿美元的合同，探索为海军未来战舰如CG－21巡洋舰研制下一代S波段舰载雷达，雷锡恩公司获得研制X波段雷达的合同。双方还将探索在X波段相控阵照射雷达上合作的可行性。与S波段雷达相比，X波段雷达有很高的频率和很窄的波段，特别适合于识别小目标。而且随着威胁的变化，对雷达的分辨能力提出更高的要求，未来舰艇战区弹道导弹防御系统雷达可能需要S波段雷达与其他高性能雷达一起工作。

美国同意向中国台湾出售大型相控阵雷达 台湾中央社新闻2000年4月18日报道，2000年美台军售会议于4月18、19日在华盛顿举行，美国政府同意向台湾出售“铺路爪”大型固态相控阵雷达。美国表示，双方一日在数量、价格、交货时间表、训练和保障方案上达成协议，这项军售案就将递交国会表决，如果在 30 天内没有变故，军售案将正式生效。“铺路爪”大型固态相控阵雷达有 10 层楼高，是美国最大的雷达，探测距离达 5550 千米，主要用于探测与跟踪潜射导弹和洲际弹道导弹，其次用于探测、跟踪绕地球轨道运行的卫星。该雷达可以与台湾“爱国者”导弹防御系统相连，扩大其防御范围。

英国宇航公司披露最先进的弹道导弹防御雷达系统　英国《防务系统日刊》1999 年 11 月 23 日报道，英国宇航公司近日披露了世界上最先进的弹道导弹防御雷达系统。这种“预警与控制系统”（EWACS）采用了该公司研制的多用途雷达技术，可对弹道导弹和空气喷气式导弹所造成的潜在威胁作出预警。EWACS 可以不间断地监视可能出现威胁的地平线，在 1500 千米以外快速探测到来袭的弹道导弹，并自动开始保持对目标的跟踪。系统采用灵活的宽频带波形产生高分辨率的目标图像，对远距离目标的图像分辨率小于 1 米，因而易于识别威胁，区分真假弹头。系统可探测发射点，预测飞行轨道和弹着点，在全面监视的同时可跟踪多个威胁目标。系统与反弹道导弹系统相连后可作为火控雷达执行中段制导，使命中概率达到最佳。系统可由 C－130 飞机快速进行部署，并以旋转扫描的方式执行远程防空任务。

（刘映国）

军用航天技术

综述　2000 年，世界各国共成功地进行了 81 次航天发射，把 112 个航天器（包括飞船和航天飞机轨道器）送入预定轨道。其中，美国成功发射 28 次，把 37 颗卫星送入预定轨道；俄罗斯成功发射 34 次，把 48 颗卫星送入预定轨道；欧空局成功发射 12 次，把 20 颗卫星送入预定轨道；中国成功发射 5 次，把 5 颗卫星送入预定轨道；国际海射公司成功发射 2 次，把 2 颗卫星送入预定轨道。全年发射失败 4 次，其中俄罗斯失败 2 次，日本失败 1 次，国际海射公司失败 1 次。

2000 年，美国进一步确定控制空间战略，确立“航空航天一体化”的建军思想，准备“要在空间作战”。在这种战略思想指导下，美国大力发展军用航天技术和空间对抗技术装备，并取得一些进展。

天基激光武器发展取得进展　据《防务系统日讯》2000 年 10 月 31 日报道，继空军授予由 TRW 公司、洛克希德—马丁公司和波音公司联合组成的研究小组“天基激光器一体化飞行试验”（SBL IFX）1.25 亿美元的合同后，国防部又向该计划追加了 9700 万美元。2000 年 4 月，TRW 公司成功地进行了一次兆瓦级“阿尔法”高能激光器试验，试验持续 6 秒钟，激光器输出功率较以前提高了 25%，波束质量也有改进。10 月 21 日，TRW 公司再次进行了兆瓦级“阿尔法”激光器测试。有关官员表示，为时 6 秒的“此次测试有助于提高激光器的化学功率，这意味着可减少任务所需化学存储器的尺寸和重量。”测试还对天基激光武器平台的设计布局改进进行了验证，包括：新开发的自冷式激光喷嘴将定量反应物质的输出能量提高了 30%；为激光发生舱内壁所需的单晶硅光介质开发出新的生产工艺，与传统水冷式激光系统相比，这种光介质减少了系统的大部分重量。

12 月 8 日，SBL IFX 联合研究小组又成功地进行了“阿尔法”高能激光器及其波束导向器望远镜和相关的波束瞄准与校正系统的地面综合试验。试验利用 TRW 公司制造的“阿尔法”高能激光器产生兆瓦级激光波束，该波束通过波束控制系统和一部直径 4 米的波束导向器望远镜馈送。其中波束控制系统和波束导向器望远镜被放置在一间模拟空间环境的特殊真空室内。试验共持续了 6 秒钟。据空军 SBL IFX 项目办公室主任称，这次试验很成功，激光器工作正常，收集到了有关高能激光器环境的大量特征数据，证明了在高能激光束存在的情况下，计量系统能有效地工作。这 3 次试验的成功，标志美军设计和部署天基激光武器所需的技术取得了重大进展。

加速 GPS 现代化建设，增强“导航战”能力　为了保证美国及其盟国在军用方面的优势，同时不影响民用用户和平利用 GPS，美国力图实现以下 3 个目标：①保证战区内军方的需求；②不让敌方利用 GPS；③在战区外保证民方利用 GPS。为此，美军加速了 GPS 系统现代化建设步伐。据美国《全球定位与导航新闻》2000 年 8 月 23 日报道，8 月中旬，美国会已批准空军开始实施 GPS 卫星的 3 项研制工作：改进现役的 GPS 的ⅡR 型和ⅡF 型卫星，开始研究下一代 GPSⅢ型卫星的体系结构，8 月 17 日，空军与洛克希德—马丁公司签署价值5300万美元的合同，以改进该公司正在制造的12颗GPSⅡR型卫星，加载第2个民用信号和新的军用M码信号，这12颗卫星将于2003～2006年发射。8月22日，空军又与波音公司签署价值1.25亿美元的合同，以改进该公司正在生产的6颗（有可能再增加6颗）GPSⅡF型卫星（加载民用救生信号和军用M码信号）和地面控制系统，这6颗卫星将在2005～2010年发射。到2010年，在轨运行的M码卫星数量将达到18颗。

另据www.spaceflightnow.com网站2000年11月13日报道，空军航天与导弹系统中心宣布与波音公司和洛克希德—马丁公司各签订1项为期1年的合同，金额为1600万美元，由这两家公司进行新一代GPSⅢ型卫星的结构体系与需求确定研究，评估可供选择的方案，降低总费用，以满足未来30年对卫星导航等技术日益增长的军民需求。2001年秋进行“确定计划与降低风险”（PDRR）阶段的合同竞争，2002年初与两家承包商分别签订为期两年的合同，2004年从中选择一家承包商，完成该计划的“工程与制造发展”（EMD）阶段工作并进行生产，预期2009年开始部署。预计GPSⅢ型卫星的设计完全不同于现役卫星的体系结构，新的卫星结构体系至少将用27颗卫星，备份星至少6颗，星载更高功率的M码信号，以对付潜在的干扰威胁。

研制激光致盲防护装置　据澳大利亚《航天日刊》2000年3月15日报道，为了提高卫星的生存能力，美国防部指令空军研究实验室研究在轨卫星对激光的易损性，并由美国MCNC公司研制一种能快速关闭的“眼帘”防护装置，用以防止侦察卫星的精密光学传感器被敌方激光损坏。该装置由一片簿玻璃制成，上面覆盖两个由氧化铟和锡制造的透明电极，电极之间由另一个不透明电极连接。通过在两个透明电极之间加载反向电压，在静电引力作用下，不透明电极下拉，使“眼帘”关闭。改变电压方向，“眼帘”打开。经多次试验，该“眼帘”一秒钟可开关4000次。为了有效保护精密光学传感器免遭不可预测的敌方激光攻击，美军今后还将进一步提高该防护装置的开合速度。

开始实施“轨道快车”计划　美国防部高级研究计划局（DARPA）2000年5月30日发布了“轨道快车”（Orbital Express）“先期技术演示”（ATD）计划的方案征求书，以满足对在轨航天器的燃料补给、系统改进和重构的需求。9月底，DARPA分别授予光谱宇航公司、洛克希德—马丁公司和波音公司各1项为期14个月、金额为‘600万美元的合同，开始“轨道快车”第一阶段“先期技术演示”（ATD），并要求在2001年11月结束。“轨道快车”第1阶段ATD主要演示验证方案的可行性和卫星接口的关键技术等。2002年开始第2阶段“先期技术演示”，为期38个月。计划2004年开始进行在轨演示验证，如果成功，DARPA将把“轨道快车”计划移交给空军，2010年后研制实用系统。

战时控制气象卫星数据发送　1999年底，由空军、国家大气海洋管理局（NOAA）和航宇局（NASA）联合授予洛克希德—马丁等公司“国家极轨业务环境卫星系统”（NPOESS）计划合同，以设计、制造和发射下一代NPOESS卫星。当NPOESS卫星投入使用后，和平时期一直公布卫星气象数据，必要时通过某些特定程序对数据实施控制；在战争期间，国防部将拒绝向敌方地区发送NPOESS卫星获取的气象数据。

增强空间目标监视能力　据英国《防务系统日刊》2000年3月15日报道，为了增强对空间目标的监视能力，空军授予美国TRW公司合同，以对“陆基光电深空监视系统”（GEODSS）进行现代化改进。GEODSS系统包括位于加州爱德华空军基地的光学指挥控制与通信设施以及设在新墨西哥州的白沙导弹靶场、印度洋的迪戈加西亚岛和夏威夷的毛伊岛的大型望远镜组成，主要用于跟踪轨道高度约为35000千米的卫星，为美国空军和航天司令部提供有关国内外在轨卫星的信息。据TRW公司称，进行现代化改进的主要是摄像机系统，以提高其跟踪空间目标的能力。

另据美国《防务新闻》2000年11月13日报道，空军计划在2001年申请经费，用于研制由3颗卫星组成星座的天基空间目标监视系统。预计系统建造费需5.9亿美元，2007年开始发射，2010年投入使用，每年的运行费需600万美元，每颗卫星的寿命为7年。

空间站　2000年载人航天有三大热点倍受关注：一是国际空间站开始长期载人，二是俄罗斯“和平”号空间站的命运一波三折，三是美国航天飞机完成100次飞行。

国际空间站“星辰”号服务舱发射成功　2000年7月12日，俄罗斯在拜科努尔航天发射场用“质子”K火箭成功发射了国际空间站“星辰”号服务舱。“星辰”号服务舱是国际空间站的核心组件，它的成功发射将使国际空间站能够接待长期宇航考察组，并将加快这一跨世纪航天工程的建设。“星辰”号服务舱造价3.2亿美元，长13米，宽30米，自重19吨，由三个密封舱组成：前部是球状的过渡舱，中部是长圆筒状的生活舱，后部是工作舱。服务舱装备有宇航员寝室、生命保障系统、电力供应系统、数据加工系统、通讯联络系统、飞行控制系统以及动力装置，外表面装有太阳能电池板，保证电力供应。欧空局为服务舱装备了最新型的电脑系统。“星辰”号生活舱由居室、卫生间、带冰箱的厨房组成，舱体上设计有14个舷窗，用于观测和拍照，居室还配有健身器材。

国际空间站开始长期载人 2000年10月31日，美国和俄罗斯的3名宇航员乘坐俄罗斯的“联盟”TM-31飞船从拜科努尔航天发射场升空，他们成为国际空间站的首批长住人员。11月2日，飞船与国际空间站成功对接，宇航员们顺利抵达国际空间站。3名宇航员按计划将在国际空间站上逗留117天，主要任务是使空间站转为工作状态。为此，他们打开了“星辰”号服务舱、“曙光”号多功能舱及“团结”号节点舱上所有需运作的设备系统，并将3个舱室的电脑连接为一个系统，然后对各个设备系统进行测试。他们还负责搬运和安置“进步”号货运飞船和航天飞机运送的仪器等货物，还将进行一系列医学、生物学和工艺技术方面的研究和试验。

美国宣布推迟国际空间站建成时间 美国航宇局（NASA）9月6日发表声明，宣布将国际空间站计划的完成时间从2005年推迟到2006年。这项首期耗资600亿美元工程于1998年开始建设，原计划在2004年组装完成，后来由于俄罗斯的服务舱计划出现问题，迫使国际空间站计划的完成时间推迟了1年。

国际空间站救生艇X-38进行投放试验 据新华社2000年4月2日报道，美国宇航局（NASA）日前在爱德华空军基地对国际空间站的救生艇X-38的模型进行了无人驾驶试验。这个模型在1.3万米的高空由一架B-52轰炸机释放出后，顺利打开了降落伞并平稳降落到沙漠中。此前已进行过4次类似试验。今后还将逐步升高B-52轰炸机的飞行高度进行投放试验，最终在2002年航天飞机将真正的无人驾驶X-38送入太空轨道，然后让它返回地球。X-38救生艇能容纳7名宇航员，用于国际空间站上的宇航员逃生和返回地面用。在国际空间站建成的最初几年中，宇航员将依靠可容纳3人的俄罗斯“联盟”号飞船进行紧急救生。NASA计划在2005年或2006年将X-38安装在国际空间站上。

航天飞机 2000年，美国航天飞机共发射了5次，其中4次用于建造国际空间站，1次用于对地测绘；美国继续推进未来航天运载器计划，喷气式火箭发动机试验取得重大进展。

美国航天飞机完成雷达测绘任务 2000年2月11日，美国“奋进”号航天飞机进行了新千年的首次飞行，其使命是完成航天飞机雷达测绘任务（SRTM）。机上美国4名宇航员和日本、欧空局各1名宇航员分为两组，夜以继日地利用C波段和X波段合成孔径雷达以干涉测量的方式获取了全球80%的陆地（北纬57°～南纬57°）的高精度地形数据。在完成9天6小时的测绘工作后，航天飞机于2月22日返回地面，带回了330多个高密度磁带盒，其信息量大致相当于美国国会图书馆的全部资料。数量如此巨大的数据将由美国防部国家图像测绘局（NIMA）和航宇局喷气推进实验室进行一年半的处理，以获得一整套精度极高、完全数字化、可在计算机上使用的测绘图。这套测绘图在军用和民用两方面都具有广泛用途。高精度的测绘图可用于提高美军识别和打击地球上任何目标的能力；精度中等和较低的数据将提供科研和商业应用。

美国航天飞机执行国际空间站维修任务 2000年5月19日，美国“亚特兰蒂斯”号航天飞机从卡纳维拉尔角发射升空，前往国际空间站执行维修任务。5月21日与国际空间站对接后，机上7名宇航员即开始对国际空间站进行维修。首先是给国际空间站重新固定已松动的吊臂、安装1个俄罗斯造机械手和更换1副失灵的天线。接着宇航员们又更换了国际空间站上已出故障的4块太阳能电池板，并利用航天飞机的动力，把国际空间站的轨道高度提升了30千米，使其回复到正常轨道。5月29日，该航天飞机返回。

美国航天飞机为国际空间站长期载人作准备 2000年9月8日，美国“亚特兰蒂斯”号航天飞机再次升空，主要任务是向国际空间站运送补给品并从事一些组装工作，为国际空间站即将开始的长期载人作准备。9月11日，两名宇航员通过舱外活动，在“曙光”号功能舱与“星辰”号服务舱之间铺设了电缆，并在空间站舱体外部安装了用作宇航员舱外工作时的脚手架。9月12日，7名宇航员进入国际空间站，首先将重达585千克的设备从早在8月份就抵达国际空间站的俄罗斯“进步”ML-3货船上卸下来，接着又把此次航天飞机运来的2160千克的各种补给品搬进空间站。之后，宇航员们开始在舱内安装制氧机、二氧化碳清除系统、彩电监视器、无线电对讲机、健身器以及厕所。9月13日，宇航员又借助航天飞机的动力把国际空间站提升了7千米。9月20日凌晨，返回地面。

美国航天飞机进行第100次飞行 2000年10月11日，美国“发现”号航天飞机在佛罗里达州肯尼迪航天中心点火升空，进行了美国航天飞机自诞生以来的第100次飞行。在这次飞行中，宇航员们先后进行了4次太空行走，安装了9吨重的一个桁架系统和一个增压对接适配器，并试验了一种喷气救生背包。在完成预定的各项任务后，“发现”号于10月24日安全返回地面。自1981年4月12日进行首次飞行以来，美国航天飞机机队的5架轨道器——“哥伦比亚”号、“挑战者”号（1986年炸毁）、“发现”号、“亚特兰蒂斯”号和“奋进”号运送的货物重量累计达1360吨，有624名宇航员乘坐这种“交通工作”进入太空。这次飞行也是“发现”号自己的第28次飞行。这一飞行次数在5架轨道器中是最多的。

美国为国际空间站安装巨型电池板 2000年11月30日，美国“奋进”号航天飞机从肯尼迪航天中心发射升空，为国际空间站送去两块巨型太阳能电池帆板。为了安好这对巨型电池板，宇航员们共进行了3次舱外活动，大约花了19个小时，才把这对形似翅膀，价值6亿美元的太阳能电池板安装好。这对折叠着的帆板展开后的翼宽达70米，最大发电量为65千瓦，是先前国际空间站上俄罗斯制造的太阳能电池帆板发电量的4倍。到2006年国际空间站建成之前，NASA还要把另外3组这样的太阳能帆板装到空间站上，每组寿命为15年。

美国推进可重复使用航天运载器计划 据英国《简氏防务周刊》2000年4月5日报道，美国航宇局（NASA）已着手实施为期5年、耗资45亿美元的航天运载器计划，以研制用于取代现役航天飞机的第2代可重复使用航天运载器（RLV）。该计划的目标是使单位重量的运输成本降低到现在的10%，并大大提高其安全性。据NASA官员称，可能采用方案包括单级入轨方案或两级入轨方案。预计2005年进入全面研制阶段，2010年前后制造出实用系统。

另据报道，美国的吸气式火箭发动机试验已取得突破性进展。NASA马歇尔航天飞行中心和洛克达因公司成功地进行了以火箭为基础的组合循环发动机（RBCC）试验，试验持续时间达1小时。装有RBCC的航天运载器能在普通跑道上起降，返回几天后能再次起飞。因此将能使航天运输更经济、安全和可靠。

美国X－34首次动力飞行试验推迟 据美国《航空与航天技术周刊》2000年1月31日报道，NASA的X－34可重复使用航天运载器演示验证机的首次带动力飞行试验将推迟进行。按计划，X－34在经过5次无动力飞行试验后，进行8次带动力飞行试验，飞行速度从2.2马赫逐步增加到5马赫，最后达到8马赫，用于验证研制可重复使用航天运载器的部分关键技术。

军用卫星 2000年，美国一方面继续改进和完善现有军用卫星系统，提高其直接支援部队作战的能力，另一方面加速研制“先进极高频”（AEHF）、“天基红外系统”（SBIRS）等新型军用卫星系统，并开始研制新一代GPS卫星和“宽带填隙卫星”（WGS）系统。俄罗斯2000年发射了10颗通信、侦察、导航等军用卫星。欧洲各国、日本、印度、以色列等国也在大力发展军用卫星系统。

美国发射改进型“国防卫星通信系统”卫星 据美国《空间观察》和《宇宙飞行》2000年2月7日和10月20日报道，1月21日和10月20日，在卡纳维拉尔角，“宇宙神”2A运载火箭先后成功地将每颗价值2亿美元的第3代“国防卫星通信系统”（DSCS）的B8和B11（DSCS－3B8和DSCS－3B11）卫星送入太空。“国防卫星通信系统”是美国防部主要的全球军事战略战术通信系统。第3代“国防卫星通信系统”（DSCS－3）共有14颗，从1983年开始发射。美军事战略重点转移后，为满足局部战争的需要，美国防部对尚未发射的4颗DSCS－3卫星进行了改进，增强其战术通信能力。改进后的DSCS－3卫星增加了输出功率和转发器带宽，用50瓦的行波管放大器代替了原40瓦行波管放大器和10瓦、16瓦高功率固态放大器，使地面机动部队、船只、潜艇、飞机等能用更小的天线进行通信，抗干扰能力极大提高，战术通信容量增加7倍；卫星寿命从平均实际寿命只有7年延长到设计寿命10年。

美国发射两颗数据中继卫星 据美国《航空与航天技术周刊》2000年12月11日报道，12月5日，美国家侦察局（NRO）的1颗秘密的数据中继卫星“卫星数据系统”（SDS）由“宇宙神－ⅡAS/半人马座”火箭发射升空，进入37486×270千米、倾角26.5°的同步转移轨道，之后靠自身的推进系统推入同步轨道。这颗卫星为圆筒形，装有下摆式太阳能电池阵和自旋天线平台，重3～4吨，用于中继NRO的侦察卫星（如KH－12，“长曲棍球”等）获取的数据。

此前，6月30日，另1枚“宇宙神2AS/半人马座”火箭将美国航宇局（NASA）的新一代“跟踪与数据中继卫星－H”（TDRS－H）送人同步轨道。与第一代TDRS相比，新一代卫星增加了Ka频段，数据传输率更高，数据传输容量增加了一倍，能提供天地间近连续通信，且更不易受干扰。星上装有一副直径为4.6米的挠性石墨网格天线，发射时叠起，入轨后再撑开成原来的圆盘状。这种天线能同时在S频段和Ku或Ka频段发送和接收。在Ku、Ka频段接收数据率为300兆比特/秒，其中Ka频段接收数据率最高可达800兆比特/秒，S频段为6兆比特/秒；发送数据率，Ku、Ka频段为300兆比特/秒，S频段为300千比特/秒。此外，S频段相控阵天线在向1颗卫星发射信息的同时还可接收5颗卫星发送来的信息。除民用外，TDRS还为美军侦察卫星传送数据，具有重要的军用价值。

美国发射“国防支援计划”导弹预警卫星 2000年5月8日，一枚“大力神4B”火箭从卡纳维拉尔角成功地发射了美国第20颗“国防支援计划”（DSP）导弹预警卫星，重2.5吨，价值2.5亿美元，设计寿命5年。

美国发射“长曲棍球”雷达成像卫星 据

www.spaceflightnow.com 网站 2000 年 8 月 17 日报道，当日晚，美国空军从范登堡空军基地用“大力神 4B”火箭成功发射 1 颗改进型“长曲棍球”雷达成像卫星。该雷达成像卫星重约 15 吨，价值 10 亿美元，具有全天候侦察能力和识别伪装的能力，地面分辨率可达 0.3 米。用以接替 1991 年 3 月发射的第 2 颗雷达成像卫星。

美国一箭发射多颗微小型卫星 2000 年 1 月 26 日，美国用 1 枚“人牛怪”（Minotaur）轻型火箭从范登堡空军基地私营发射中心成功地发射了 5 颗微小型卫星。1 颗为“母星”，4 颗为“女儿星”。“女儿星”逐个从“母星”上释放进入太空。“母星”基本上是一个铝制的箱体，重 13.6 千克，尺寸为 89 厘米×89 厘米×107 厘米，主要用于承载、部署微小型卫星和固定试验仪器，故又称“多有效载荷适配器”（MPA），运行在太阳同步轨道，轨道高度 750 千米，倾角 100°。

4 颗“女儿星”分别用于向地面传送图像，并为业余无线电爱好者进行中继试验；用于研究带电粒子对在轨卫星的影响；用作跟踪目标，以及用于在轨释放“皮卫星”（重量在 1 公斤以下）。

“皮卫星”主要用于验证微机电系统技术，彼此进行在轨通信，向地面站发送“数据包”，报告有关无线电频率开关试验和在轨飞行状况，并与固定在地面 50 米直径碟状天线上的第 3 颗“皮卫星”进行通信试验。“皮卫星”的成功试验对发展未来的天基防御技术具有重要意义。

美国发射“多光谱热成像仪”核武器设施探测卫星 据美国《每日防务》2000 年 3 月 13 日报道，3 月 12 日，一枚“金牛座”火箭将一颗价值 1.3 亿美元、重 600 千克“多光谱热成像仪”（MTI））卫星从加州范登堡空军基地发射升空。该卫星是一颗空间试验计划（STP）卫星，主要作为技术演示平台，用以试验各种可探测核武器生产设施并描述其特征的技术，这些技术可用于今后的侦察卫星。卫星的主探测器是 30 厘米低温致冷望远镜。这种望远镜利用从可见光到长波红外的大约 15 个光谱段来探测反射和热辐射电磁能。在对地面目标照相时，卫星还可测量大气中所含的水分和冰晶，以便校正大气效应，得到更精确的图像。MTI 卫星每天可照 6 幅照片，每幅照片覆盖范围为 12×12 千米。

美国空军发射“三军试验任务－5”航天技术试验卫星 据 www.spaceflightnow.com 网站报道，2000 年 6 月 7 日，美国空军成功地利用 1 枚“飞马座 XL”火箭从改进的 L－1011 运输机上将 1 颗“三军试验任务－5”（TSX－5）卫星发射入轨，轨道参数为倾角 69°，近地点 406 千米，远地点 1706 千米，卫星重 250 千克，主要用于完成美国弹道导弹防御局（BMDO）的一系列试验，包括新的航天技术试验以及研究空间辐射对空间传感器及卫星部件的影响。卫星上的试验装置主要有两个：“航天技术研究飞行器 2”（STRV－2）和“小型异常环境传感器”（CEASE）。STRV－2 包括 5 个试验装置：中波红外成像仪（NWIR），用以鉴定从空间被动探测飞机的能力；宽带激光通信系统（LASERCOM），用以研究从空间到地面或机载接收机的激光通信技术；有源振动抑制系统；空间辐射效应和微流星探测器，用以研究卫星周围的环境；低成本复合空间材料，研究其耐用性。CEASE 用于测量航天器周围的电荷和辐射情况，并向航天器发出警告。该装置还能提供前 3 天航天器上发生的粒子流事件的详细数据，供地面操作人员进行异常情况分析。

美国空军发射“强力星”小型技术实验卫星 据 www.space.com 网站报道，2000 年 7 月 19 日，美空军从范登堡空军基地用“人牛怪”（Minotaur）轻型火箭成功地发射了“强力星－2－1”（MightysatⅡ－1）卫星。“强力星”是美国空军研究实验室的多功能小型卫星，其作用是充当高新技术的低成本“实验平台”，在轨验证高性能、高风险的航天技术，为空军未来的实用系统提供技术储备。“强力星”有“强力星－1”和“强力星－2”两个系列，共 5 颗卫星，它们的结构基本相同。其中“强力星－1”系列只有 1 颗卫星，已于 1988 年 12 月由航天飞机发射。“强力星－2”系列有 4 颗卫星，7 月 19 日发射的“强力星－2－1”是其第 1 颗。卫星采用三轴稳定，星上装有两类共 10 个实验装置，一类是独立的实验装置，另一类为星体实验装置。

独立实验装置包括：傅立叶变换超光谱成像仪（FTHSI），这是美国防部惟一利用傅立叶变换技术的天基超光谱成像仪，首次进行在轨试验，能在上百个光谱段成像，视场为 15 千米×20 千米，以推扫方式扫描地球表面，地面分辨率为 30 米，并具有极好的光谱分辨率，在军事应用方面能探测隐藏目标，并能对这些目标进行分类；四元 C40 处理器（QC40），它利用先进的高速处理器研究新型微电子设备对空间辐射的敏感度，并在星上处理和压缩由 FTHSI 采集的大量原始数据；形态记忆合金热设计实验装置（SMATTE），用于验证按照需要在轨改变构件形态的可行性；太阳能阵列软内连（SAFI）装置，该装置采用嵌入软合成材料薄膜中的铜导线，以取代传统的硬导线，减少重量和复杂性；形状记忆待释放装置（SMARD），这是一种低冲击力的释放装置，可用于使卫星与运载火箭适配器分离或用于展开天线、太阳能电池阵列和传感器保护罩等。

星体实验装置包括：多功能复合材料公用舱结构（MFCBS），采用先进技术和新型材料，以验证星体的灵活性和模块化程度，以期取代传统的铝公用舱结构；太阳能阵列聚能器（SAC），它能使更多的太阳光集聚在每块太阳能电池上，增加可供利用的太阳能，以减少所需的太阳能电池的数量；海军研究实验室小型天－地链路系统转发器（NSX），是一种小型卫星通信装置，其体积和重量比现有同类产品小约70%。

“强力星－2－1”卫星的另外两个实验装置是两颗“皮卫星”，它们将在一年后被释放，彼此由30米长的系绳相连，用作雷达目标。

美军加速实施“先进极高频”通信卫星计划 据美国《防务日刊》2000年4月25日报道，美国防部决定由休斯公司和洛克希德—马丁公司/TRW公司三家联合组成一个国家小组，加速研制第3代“军事星”，即“先进极高频”（AEHF）卫星。这样首颗AEHF卫星将提前18个月，即2004年12月开始发射，以弥补1999年4月第2代“军事星”首颗卫星发射失败造成的卫星通信覆盖空缺。

美国海军又订购两颗“特高频后继星” 2000年8月，美国海军决定再购买两颗“特高频后继星”（UFO），其性能与目前正在使用的UFO卫星相似。海军发展UFO系统的目的是用其来接替“舰队卫星通信”系统和“租赁星”系统，为海军提供移动通信服务。UFO卫星采用特高频频段，可提供全球范围内的舰对岸、舰对舰、舰对飞机的话音与数据通信。新订购的这两颗卫星将是UFO系列的第12和第13颗卫星，UFO系统的服役时间将延长到2010年或2012年。

美国防部决定研发“宽带填隙卫星”系统 据英国《防务系统日刊》2001年1月4日报道，2000年12月，由波音公司牵头的卫星通信工业小组获得了1.6亿美元的研制“宽带填隙卫星”（WGS）系统的合同，合同潜在总价值达13亿美元，将研制6颗WGS卫星和提供用于卫星控制的地面设施，并改进现有的卫星终端以接收现役“国防卫星通信系统”（DSCS）、“全球广播服务”（GBS）系统和未来的WGS发回的数据。

WGS系统是一个过渡性通信卫星系统。美空军已计划研制“高级宽带系统”AWS）以取代并增强现役DSCS的通信能力。AWS卫星用于处理军事基地和前沿部队之间的通信，需要约10千兆字节带宽。而目前美军使用的、已日渐老化的DSCS只具备约500兆字节带宽。由于AWS的首颗卫星从2006年推迟到2008年发射，因此国防部制订了WGS系统计划。WGS系统将提供X波段与Ka波段广播服务和新双向Ka波段服务，最少具备1.2千兆字节带宽，首颗卫星将于2004年初发射。

美国空军开始修改“天基红外系统－高轨道”卫星设计 见弹道导弹防御武器系统。

美国空军制定“21世纪技术卫星”计划 据英国《简氏防务评论》2000年7月综合报道，受鸟群编队飞行的启发，美国空军研究实验室推出了卫星编队飞行的概念，由此制定了“21世纪技术卫星”（TechSat21）计划。这是一种具有革命性的新的卫星系统，通过多个微型卫星（重约100千克）之间的相互协作，像鸟群编队飞行那样靠拢飞行，从而替代目前大型的、单颗卫星的功能。这些卫星与普通卫星相比，体积小、重量轻、发射费用低、可以直接为战斗机提供更多的信息。由于这些卫星可以批生产，用小型运载工具甚至是军用喷气飞机送入轨道，因此它们的成本比常规卫星要低。同时，由于采用了超微型机电装置，微型卫星将可以提供更强的功能、更高的生存能力和计算能力。目前遇到的一个难题是微型卫星中有限的燃料供给，据称空军实验室已经找到了关于燃料问题的解决方案。按计划，TechSat21卫星拟在2003年或2004年发射，将由3颗或4颗装有雷达的微型卫星组成单一的成像系统，进行在轨编队飞行演示。

美国“铱”通信卫星系统起死回生 2000年3月17日21时（美国纽约时间），美国铱星公司正式宣布破产倒闭，“铱”通信卫星系统也在两小时后停止向用户提供服务。由于美国军方看中了“铱”星系统的军用价值，使“铱”星系统起死回生。美国国防部防务信息系统局12月5日向新组建的的铱星公司授予7200万美元的合同，由该公司利用“铱”卫星网向美国防部的2万个用户提供为期两年的卫星通信服务。美国防部认为，“铱”系统具有先进的星上数据处理和星间链路通信能力，可为地球上任何位置的用户提供带有密码安全特性的移动电话通信，增强国防部的移动通信能力；可供师以下部队在现役通信卫星覆盖地区之外作战使用或其它应急使用；使特种部队作战、作战搜索与救援任务以及极地的通信能力得以加强。

美国发射EO－1对地观测卫星 2000年11月21日，美国从范登堡空军基地用“德尔它”2运载火箭成功发射了“地球观测”1（E0－1）卫星，把它送入与“陆地卫星”7（1999年4月发射）相同的运行轨道。EO－1卫星尾随“陆地卫星”7运行，彼此相距1分钟的飞行距离。随同E0－1一起发射的还有阿根廷的SAC－C环境研究卫星和瑞典空间物理研究所Munin纳卫星。SAC－C卫星也在“陆地卫星”7的轨道上，尾随EO－1卫星飞行。在该轨道上运行的还有NASA 1999年12月发射的Terra地球观测卫星。NASA将利用在同一轨道上的这4颗卫星进行编队飞行。编队飞行的顺序是：“陆地卫星”7在前，依次尾随的是EO－1、SAC－C和Terra卫星。这种飞行将依靠模糊逻辑算法的星载导航软件控制，以解决可能出现的导航和使用冲突问题。

俄罗斯发射 4 颗 GLONASS 导航卫星 2000 年 6 月 28 日和 10 月 13 日，俄罗斯先后用“宇宙 3M”火箭和“质子 K”火箭将 4 颗 GLONASS 卫星发射入轨，开始了重建和更新 GLONASS 系统的艰巨任务。GLONASS 系统在标准情况下应由 24 颗卫星组成，但自从 1995 年 12 月完成系统组网之后，因资金短缺，俄罗斯只在 1998 年 12 月进行过一次补网发射。由于 GLONASS 卫星的设计寿命为 5 年，截止到 2000 年 5 月，这些卫星多数已经报废，只有 10 颗卫星还能工作，而其中 6 颗都已有 4 年历史，如果再不补充新卫星，GLONASS 系统根本不能提供用户所需的导航服务。俄计划 2001 年再发射 3 颗 GLONASS 卫星，到 2002 年维持 12～15 颗卫星在轨工作。

俄罗斯发射 4 颗侦察卫星 2 月 3 日，俄罗斯用“天顶 2”火箭将 Cosmos－2369 电子侦察卫星（代号为“处女地”，Tselina）送入 844 千米 X857 千米、倾角为 71°的近地轨道。5 月 3 日，俄用“联盟 U”火箭将 Cosmos－2370 卫星送入 232 千米 X313 千米、倾角 64.7°的近地轨道，这是一颗第 5 代“琥珀－4KSI”（Yantar－4KSI）卫星，也可能是一颗改进型“琥珀－4KS2”卫星。9 月 25 日，俄罗斯又用“天顶 2”将 Cosmos－2372 送入 211 千米×286 千米、倾角 98.8°的近地轨道，这是一颗光电成像侦察卫星，代号为“琥珀－4K2”（Yantar－4k2），属第 4 代高分辨率详查卫星。9 月 29 日，俄再次用“联盟 U”火箭将 Cosmos－2373 卫星送入轨道，这是一颗军工用地形测绘卫星，代号为“彗星”（Kometa）。

俄罗斯将发射高分辨率成像卫星 据美国《防务新闻》2000 年 3 月 27 日报道，俄国防部计划与国家武器公司合作发射军民两用的“阿肯”（Arcom）高分辨率成像卫星，并准备向国外出售 1 米分辨率的卫星图像。该卫星由俄罗斯拉沃奇金生产联合体制造，重约 4 吨，是一颗无线传输型成像卫星，星载列宁格勒光学机械联合体研制的成像设备，可拍摄 1 米分辨率图像，将由俄“质子”号火箭从哈萨克斯坦的拜科努尔发射。

日本拟再研制 4 颗照相侦察卫星 据美国《每日航宇》2000 年 11 月 27 日报道，日本政府可能再购买 4 颗分辨率优于 1 米的侦察卫星，作为拟在 2002 财年发射的 4 颗侦察卫星的补充。新的 4 颗卫星将用于监视朝鲜的导弹发展和其他对日本列岛的潜在威胁。据日本政府官员称，头 2 颗卫星将与三菱公司正在制造的 4 颗卫星相似，但分辨率要高得多，另外 2 颗卫星将引入更先进的技术。

日本计划发展“宇宙通信系统” 据《日本经济新闻》2000 年 8 月 2 日报道，日本政府计划在未来 5 年内，投资 3500 亿日元，开发技术试验卫星、对地观测卫星及高速因特网卫星等，由 10 颗卫星构成“宇宙通信系统”。该系统投入使用后，将会在通信方面建成不受时间和地点限制的高级通信网络；在广播、电视方面实现数字化、多频道化；在医疗卫生和文化教育等方面也会发挥重要作用。

印度正在研制照相侦察卫星和军用通信卫星 据美国《防务新闻》2000 年 7 月 24 日报道，印度空间研究组织正在研制一颗名为“试验评估卫星”（TES）的侦察卫星（分辨率达 1 米），用以对印度的沿海地区以及与中国和巴基斯坦接壤的地区进行空间成像侦察。据印度军方的一位高级官员称，TES 计划始于 1999 年 6 月，研制工作预计于 2000 年底完成，计划总耗资 2500 万美元。TES 是一颗低地球轨道卫星，轨道高度 500 千米，将用印度自行研制的极地卫星发射器发射，用于向军事情报收集部门提供高清晰度的图像，专供军队使用。据印度空间研究组织的一位官员称，TES 计划将由 6 颗卫星组成星座。TES 将采用印度遥感卫星（IRS）的基本结构，其分辨率为 1 米，这远远高于印度摇感卫星系列 5.8 米的分辨率。印度国防部一位官员称，未来 10 年印度三军将完全依靠卫星通信。

马来西亚计划发射 8 颗小卫星 据 2000 年 12 月 5 日美联社消息，马来西亚政府计划在 2005 年之前发射 8 颗小卫星，用于对地观测和国防用途。这一决定是在 9 月 26 日马来西亚的第一颗小卫星 Tiungsat－1 发射后做出的。这些小卫星的重量达 500 千克，性能比 Tiungsat－1 要高。Tiungsat－1 卫星重 50 千克，用于对地观测、通信和科学实验。

以色列发射商用高分辨率遥感卫星 EROS－A1 2000 年 12 月 6 日，以色列利用俄罗斯的“起飞 1”火箭从斯沃博德内发射场将“地球遥感观测卫星系统 A1”（EROS－A1）卫星发射进入 480 千米高的太阳同步轨道。这是继 1999 年美国太空成像公司发射“伊克诺斯 2”卫星之后第 2 颗成功入轨的高分辨率商业成像卫星。EROS－A1 卫星重 250 千克，可拍摄 1.8 米分辨率的全色图象，是世界上迄今发射的最轻的商用高分辨率成像卫星。军民两用的 EROS 将由 2 颗 EROS－A 系列卫星和 6 颗 EROS－B 系列卫星组成。A 系列卫星将运行在 480 千米高的轨道上，提供 1.8 米地面分辨率、12.5 千米地面幅宽的全色图像；B 系列卫星将运行在 600 千米高的轨道上，提供 0.82 米分辨率全色图像和 3.86 分辨率多谱段图像。整个系统拟于 2004 年建成。

以色列和新加坡合作开发侦察卫星 据 www.cnnews.com 网站 2000 年 7 月 7 日报道，以色列和新加坡于 6 月份达成合作协议，将共同开发一批总值 10 亿美元的侦察卫星，其性能比以色列现有侦察卫星更先进，同时亦使新加坡可以拥有梦寐以求的太空侦察能力。按照协议，新加坡提供资金，以色列提供技术。

中国台湾从法国订购“中华2号”卫星 据美国《航天新闻》2000年8月7日报道，法国政府不顾中国政府的反对，批准了向台湾出售“中华2号”高分辨率光学成像卫星。据法国灵通人士称，该卫星将由马特拉宇航公司制造，可以1米分辨率对地进行成像（1位台湾官员称分辨率实际上为2米）。虽然1米分辨率的卫星图像目前可从商业市场上购买，但是台湾自己控制卫星可使台北当局更好和更隐蔽地监视大陆的军事行动。据报道，台湾与法国的这笔交易价值8800万美元。

中国台湾在美国帮助下建侦察卫星地面站 （见“电子对抗装备”）

英国发射两颗“航天技术研究飞行器”卫星 据美国《防务新闻》2000年12月4日报道，11月14日，英国国防评估与研究局（DERA）的“空间技术研究飞行器-1C、1D”（STRV-1C、1D）搭载欧洲的一枚“阿里安-5”运载火箭升空，每颗卫星重100千克，尺寸为68厘米×58厘米×62.5厘米。这两颗卫星将为英国国防部、欧洲空间局、美国国防部与航宇局、加拿大国防研究院等部门进行25项硬件试验和4项软件试验，包括轻型锂离子电池试验、抗辐射加固的微处理器试验、保密通信试验、先进的太阳能电池试验、在高轨道接收GPS可用信号试验、“多功能结构验证试验”（MSDE）和“小型异常环境传感器”（CEASE）试验等，这些试验将有助于研制军、民用更小型卫星和有效载荷，在高轨道接收GPS可用信号的试验将有助于未来的同步轨道通信卫星和气象卫星采用GPS来取代传统的地面测距系统。这次发射的CEASE试验装置是运行在大椭圆同步转移轨道上，能经受现今大部分低、高轨道卫星所承受的各种空间辐射。

英国研制“战术光学卫星” 据英国《防务系统日刊》2000年9月6日报道，英国国防鉴定与研究局（DERA）和国防部联合投资，正在研制“战术光学卫星”（TOPSAT）。这种卫星可快速提供高清晰度的图像，可由部队直接控制，用于战术应用。该卫星重100千克，可拍摄2.5米分辨率的黑白图像和5米分辨率的彩色图像，预计2003年部署。卫星设计上的新颖之处在于采用了离轴光学（off-axis optics）技术，采用此技术可以提供不失真的广角图像。

法国研制第3代军用通信卫星系统 据www.spacedaily.com网站2000年12月8日报道，法国阿尔卡特尔空间公司已赢得法国第3代军用通信卫星系统“锡拉库萨3”（Syracuse-3）的研制合同，合同金额为12亿美元，合同内容主要包括：研制3颗Syracuse-3卫星和相应的地面控制中心，并于2003年12月交付首颗卫星；改进现役Syracuse-2系统的地面基础设施，从2001年开始对其进行为期18年的维护等。与Syracuse-2卫星相比，Syracuse-3卫星的转发能力有“数量级的提高”。新卫星的设计将考虑抗核辐射和电子对抗措施等。新卫星系统的建立将极大提高欧洲军用卫星通信网的能力。

法国将制造4颗电子侦察卫星 据法国政府和工业官员透露，法国国防部已定购了4颗小型电子侦察卫星，由阿斯特里厄姆（Astrium）公司研制，拟于2003年底用一枚“阿里安”5运载火箭随同法国的“太阳神2A”光学侦察卫星一起发射。据说，统称为“卫星群”（Swarm of Satellites）的这4颗100千克重的卫星拟用来识别用于各种目的的不同无线电频率。这4颗卫星一经入轨便将进行编队飞行，用来验证未来可能抵御对法国武装部队的电磁信号干扰的能力。

法、德、意拟联合发展侦察卫星系统 据英国《简氏防务周刊》2000年6月21日报道，6月9日，法、德两国领导人在一项联合声明中宣布，法、德两国决定在各自的“太阳神-2”和SAR-Lupe计划的基础上，联合发展雷达和光学成像侦察卫星系统。随后又同意大利会谈，拟把意大利在研的军民两用SKYMED COSMOS星座系统纳入，建成西欧独立的侦察监视系统。法国正在研制的第2代“太阳神-2”光学成像侦察卫星计划于2003年发射。德国正在研制的SAR-Lupe合成孔径雷达卫星由4颗或6颗卫星组成星座，计划在2004年发射。意大利在研的SKYMED COSMOS星座系统由4颗雷达成像卫星和3颗光学成像卫星组成，计划2003～2004年发射。这3种卫星系统若实现联合，可大大减少欧洲对美国空间侦察情报的依赖。

阿根廷第1颗实用卫星SAC-C发射升空 2000年11月21日，阿根廷自行设计制造的第1颗实用卫星SAC-C搭载美国的“德尔它”2火箭，顺利进入715千米高的近地轨道。SAC-C卫星是一颗遥感环保监测卫星，重485千克，星上装载着阿根廷、巴西、法国、美国、丹麦等国制造的11件观测仪器，地面分辨率为35米，扫描宽度350千米，预定工作寿命4年，研制耗资4500万美元。

一次性使用运载火箭

2000年，美国“大力神”4B火箭成功发射，“宇宙神”3A火箭首次发射即获得成功，“德尔它”3新型火箭首次成功发射；美国和俄罗斯的轻型运载火箭都首次发射成功，并在研制空中发射系统；日本和印度的火箭发展计划都遭受了一定挫折；欧洲“阿里安”5火箭创下了“阿里安”火箭系统发射重量的最高记录，并开始研制“维加”轻型火箭和新型固体火箭发动机。

美国成功发射“人牛怪”轻型运载火箭　2000年1月26日，美国首次发射“人牛怪”（Minotaur）轻型运载火箭即获得成功，把5颗微小型卫星送入预定轨道。“人牛怪”火箭是由美军退役的“民兵”2洲际弹道导弹的头两级与“飞马座”火箭的上面两级组合而成，可把350千克有效载荷送入740千米高的太阳同步轨道，约比“飞马座”火箭的运载能力大50%，并可节省30%的发射费用。7月19日，“人牛怪”火箭再次成功地将美军“强力星－2－1”发射入轨。

美国“大力神”4B火箭成功发射　2000年5月8日，一枚“大力神”4B火箭从卡纳维拉尔角成功地将美国第20颗“国防支援计划”（DSP）导弹预警卫星送入预定轨道。在此次发射之前，“大力神”4B火箭在从卡纳维拉尔角发射第19颗DSP卫星、1颗美国家侦察局的侦察卫星和第1颗第2代“军事星”时曾3射连败，损失达二三十亿美元。8月7日，“大力神”4B火箭再次成功地将美国家侦察局的“长曲棍球”雷达成像卫星送入预定轨道。

美国“宇宙神”3A火箭首射成功　2000年5月24日，美国新型运载火箭“宇宙神”3A首次发射获得成功，把1颗叫W4、重3.1吨的欧洲通信卫星送入地球同步轨道。“宇宙神”3A火箭利用了低成本、高可靠的俄罗斯RD－180发动机和美国的“半人马座”上面级。

美国“德尔它”3火箭成功发射　2000年8月23日，波音公司研制的“德尔它”3新型火箭从卡纳维拉尔角发射成功，把一颗模拟卫星送入轨道。这是“德尔它”3型火箭继1998年8月26日、1999年5月4日连续两次试射失败之后的首次成功发射。

美国正在研制新型空中发射系统　据英国《防务系统日刊》2000年3月报道，美国波音公司和锡奥科尔公司合作，正在研制一种新型的空射系统。它将由一架改进型波音747－400F飞机运至预定发射高度，把重约3吨的有效载荷送入近地轨道。该系统包括两种配置，一种专供军用，可把美国空军研制的“空间机动飞行器”（SMV）送入近地轨道，另一种用于发射民用和商用有效载荷，也可以发射军用卫星。

俄罗斯空射火箭系统取得进展　据美国《空间新闻》2000年5月22日报道，俄罗斯工程人员已经解决了从空中发射火箭的主要技术障碍。原计划使用特别设计的降落伞系统将100吨重的火箭从空中载机上释放，但遇到了技术问题。为此，俄空中发射公司开发了利用空气压力将火箭推出飞机的新技术。该公司副总设计师伊万诺夫说，空中发射火箭的首次飞行计划安排在2003年中进行。发射时，火箭发动机将在与飞机分离后的10秒内点火，那时大约处在10－11千米的高度。火箭能将3吨载荷送入200千米高的极地轨道，将4吨载荷送入200千米高的赤道上空，或将400千克载荷发射到地球同步轨道。据称，这种空中发射的发射费用约为每千克5000－6000美元，每次发射费用约为2000万美元。

俄罗斯“呼啸”号轻型火箭试飞成功　2000年5月16日，俄罗斯战略火箭军在普列谢茨克航天中心成功地试射了“呼啸”号轻型运载火箭，把两个模拟卫星送入了预定轨道。“呼啸”号火箭是用俄军退役的井下发射的洲际弹道导弹SS－19改制而成。有关专家认为，“呼啸”号火箭具有良好的商用前景。拆除SS－19并把它改制成“呼啸”号火箭，每枚约需100万美元，而每枚“呼啸”号火箭在商业发射中能得到300－500万美元的收入。目前负责“呼啸”号火箭运营的俄德合资公司已得到26张订单，计划2001年进行6次发射。

日本重新设计制造H－2A火箭主发动机　据新华网2000年12月10日报道，日本宇宙开发事业团日前决定，将重新设计制造H－2A大型火箭的主发动机LE7A，以确保产品的可靠性。H－2A型火箭是日本正在开发的新一代大型国产火箭，在2000年7月和12月对其主发动机LE7A进行测试时，研究人员发现发动机喷嘴出现泄漏，致使点火试验失败。为了保证产品质量和发射卫星成功，宇宙开发事业团决定对LE7A进行重新设计，并把首次发射H－2A火箭的日期从2000年底推迟到2001年夏。

印度改进极轨道卫星运载火箭　据美国《航空与航天技术周刊》2000年10月9日报道，印度正在改进极轨道卫星运载火箭（PSLV），以便减少发射成本，增加可靠性和灵活性，更好地满足国际市场的需求。PSLV是1999年开始使用的，改进型PSLV将采用适于星座展开的两用发射连接器，可把1.6吨重的有效载荷发送到低地球轨道，比改进前增加有效载荷200千克。也可把1吨重的有效载荷发送到地球静止轨道，主要用于发射气象卫星和通信卫星。改进型PSLV将于2001～2002年投入使用。

欧洲“阿里安”5火箭创发射重量记录　2000年11月16日，一枚“阿里安”5型火箭从法属圭亚那库鲁航天发射中心顺利升空，将总重量6313千克的4颗卫星分别送入预定轨道，创下欧洲“阿里安“火箭系列发射重量的最高记录。

欧洲开始研制“维加”轻型火箭和新一代固体火箭发动机　据美国《航空与航天技术周刊》2000年10月30日报道，欧洲各国政府6月同意出资4亿美元，开始研制“维加”（Vega）轻型运载火箭和新一代固体火箭发动机。“维加”轻型火箭将耗资3.015亿美元，定于2005年首次发射，可把1～1.5吨重的卫星送入700千米高的极地轨道。新研制的固体火箭发动机被称为P－80，将耗资1.099亿美元。该发动机可装在“维加”轻型运载火箭的第1级、中型运载火箭的第2级上，或者装在改进型“阿里安”5的全新的由复合材料制造的助推器上。计划2003年开始对P－80发动机进行点火试验。意大利为这项计划出资45%，曾拒绝参与“维加”项目的法国同意为P－80出资35%。

空间探测 2000年美、俄、欧空局、意大利、沙特等国共发射了13颗空间探测卫星，其中欧空局的4颗“团星2”卫星引人注目；美欧分别公布空间探测计划。

美国公布新的火星探测计划 2000年10月26日，美国公布了重新调整后的未来15年火星探测计划。未来10年的火星计划包括6项主要任务，每年需要花费4～4.5亿美元。这6项任务是：2001年，发射“奥德赛”火星轨道飞行器，用于对火星进行高分辨率测绘和成像；2003年，发射两辆在火星上找水的火星探索漫游车；2005年，再发射一个火星勘测轨道器；2007年，发射一个装有安全防护系统的“灵巧”火星着陆器，用于投放一个装载270千克科学仪器的漫游车；2007年，NASA还要与意大利航天局合作开发火星通信轨道器，或者与法国合作开发小型着陆器网络；2009年，NASA再次与意大利合作，发射欧空局2003年“火星快车”任务的后继型探测器，该探测器将用地面穿透雷达在火星上找水。这6项火星探测计划的目的是寻找火星上有无生命存在的证据，并为机器人登陆火星并取回岩石样本奠定基础。

欧空局公布2008～2013年空间探测计划 据www.space.com网站2000年10月15日报道，欧空局公布了2008～2013年的空间探测计划，计划中已明确5项任务：与美国合作研制比“哈勃”太空望远镜大4倍的“新一代太空望远镜”（NGST），在2010年替代“哈勃”太空望远镜，欧洲主要为其提供分光计和成像系统；在2009年用俄罗斯“质子”号火箭发射名为Bepi Colombo的水星探测器，预计投资5.4亿欧元；2009～2013年，发射2颗Gaia测量卫星，以精确测量银河系中众星的位置，并研究它们的运动情况，了解银河系的起源；2012年左右，发射与美国合作制造的以探测万有引力波为目的的“激光干涉仪空间天线”（Lisa）卫星，此计划预算为1.8亿欧元；2011年计划发射耗资2.2亿欧元、离太阳很近的“太阳轨道飞行器”，从而取代“太阳日光层观测台”（SOHO）与“尤里西斯”（Ulysses）太阳探测器。此外，根据‘NGST计划和Lisa计划的执行情况，欧空局还不排除发射一颗名为“爱廷顿”的探测器的可能性，用于研究恒星的结构，寻找适合于人类居住的行星。

欧空局“团星2”发射升空 2000年7月15日和8月9日，俄罗斯“联盟”号火箭分两次将欧空局研制的4颗“团星2”（Cluster 2）卫星发射升空。这4颗卫星设计工作寿命2年，分别被命名为“萨尔萨”、“桑巴”、“伦巴”和“探戈”，每颗卫星直径为2.9米，高1.3米，重1.2吨，其外形看起来象一个巨大的盘子，它们在距地球18275千米×119522千米、倾角89.4°的椭圆轨道上保持等距离编队飞行，联合起来对空间大气进行大范围的探测。“团星2”在监测空间大气方面的独特作用主要体现在3个方面：一是由4颗卫星构成一个四面体卫星，能够同时进行三维物理测量；二是每颗卫星都携带了相同的先进探测器，主要有电磁场与等离子体波测量仪、粒子探测器、离子谱仪、电子分析器等10种；三是其独特的轨道特性保证了卫星可对关键区域进行观测。

（陈有荣）

核　武　器

综述 2000年4月，中国、法国、俄罗斯、英国和美国向在纽约联合国总部举行的《不扩散核武器条约》2000年审议大会提交了一份关于全面销毁核武器问题的联合声明。声明说，5国将继续履行该项条约规定的所有义务，努力通过谈判实现最终全面销毁核武器的战略目标；继续加强《不扩散核武器条约》的审议进程，坚持核不扩散与核裁军的有关原则与目标，呼吁目前尚未签署该项条约的国家早日加入这一条约。声明还表示，5国将继续努力在全球有系统地和渐进地削减核武器，并继续加强合作，促进彼此间的信任，以进一步增强国际和平与安全。

在这一年里，尽管美国和俄罗斯按照各自制定的核武器发展计划继续削减战略进攻核武器，他们的核弹头数量和品种在减少，但依然把核武器视为捍卫国家安全和利益的坚强柱石，并保留一支强大的“三位一体”战略核力量和少量的战术核武器。这两个国家装备的战略进攻核武器包括：陆基洲际弹道核导弹、弹道导弹核潜艇及其携带的潜射弹道核导弹、战略轰炸机及其运载的核炸弹和空中发射的巡航核导弹；战术核武器包括各种飞机运载的核炸弹、核导弹以及潜艇发射的巡航核导弹等。不仅如此，他们为了进一步提高这些核武器系统的生存能力、突防能力、打击目标的精度和延长服役期限，还在继续改进现有的核武器系统和研制、部署新型核武器。此外，美国为了夺取战略进攻和防御两方面的核优势，从而实现建立以它为核心的单极世界的梦想，还在研发和坚持部署“国家导弹防御系统”和“战区导弹防御系统”。英国和法国按照已经制定的核武器发展计划继续实施海基战略核武器系统的现代化计划，加紧建造新型弹道导弹核潜艇并为潜射弹道导弹研制核弹头。印度和巴基斯坦也在积极发展核武器和加紧试验能够携带核弹头的弹道导弹。

值得指出的是，俄罗斯为适应国际和国内形势的变化并从自身的安全利益出发，制定了一系列与核武器有关的政策。例如，普京总统于 2000 年 1 月 10 日签署了《俄罗斯联邦国家安全构想》，从而确定了俄罗斯在 21 世纪的国家安全战略；4 月 14 日，俄罗斯杜马批准了拖延已久的第二阶段《削减战略武器条约》和相关的谅解备忘录及议定书，为俄、美两国进一步削减战略武器创造了条件；4 月 22 日，俄罗斯开始执行经普京总统批准的新的《俄罗斯联邦军事学说》，强调优先发展核遏制力量，并放弃不首先使用核武器的承诺；俄罗斯联邦委员会（议会上院）继杜马（议会下院）4 月 21 日批准《全面禁止核试验条约》后于 5 月 17 日批准了这项条约。此外，俄罗斯还多次进行战略导弹发射试验，以显示其战略核力量的效能和核大国的地位，并表示坚决反对美国发展和部署“国家导弹防御系统”的决心。普京还建议俄、美两国将各自的战略武器的核弹头削减到 1500 个以下。

2000 年，美国、俄罗斯和法国在改进现有核武器和研制、部署新型核武器的同时，继续大力开展核爆炸模拟技术的研究与实验工作，以确保库存核武器的安全性、可靠性，进而保持这些核武器的有效性和不断发展核武器技术。例如，美国还兴建一批诸如“国家点火装置”这样的大型地面模拟设施、继续进行亚临界试验。截至 2000 年年底，美国已经进行了 13 次亚临界试验。俄罗斯自 1995 年以来也进行了多次亚临界试验。法国继续按计划建造脉冲能量为 1.8 兆焦耳的大型地面激光模拟设施，预计到 2003 年建成，以便开展核爆炸模拟技术的研究与实验工作。

美国的核武器　截至 2000 年年底，美国装备的战略核武器包括：500 枚“民兵”3 和 50 枚 MX（“和平卫士”）陆基洲际弹道核导弹、18 艘弹道导弹核潜艇及其携带的 408 枚三叉戟 I（C－4）和三叉戟 Ⅱ（D－5）潜射弹道核导弹、72 架 B－52H 和 B－2 战略轰炸机及其运载的核武器，共 7200 多个核弹头。此外，美国还拥有 1670 个非战略武器或战术武器的核弹头，其中包括 1350 个可供战术飞机运载的 B61－3 型、B61－4 型、B61－10 型核炸弹以及 320 个“战斧”巡航导弹的 W80 型核弹头（详见表 1）。美国的这些核武器除 150 个 B61 型核炸弹部署在欧洲外，其余全部部署在美国本土。

表 1　美国的核武器　　截至 2000 年

武器系统	数　量	首次部署（年）	核弹头数×型号×威力（万吨）×类型	核弹头总数量
陆基洲际弹道导弹	550			2000
“民兵”3MK－12	200	1970	3×W62×17×MIRV(1)	600
MK－12A	300	1979	3×W78×33.5×MIRV	900
MX（“和平卫士”）	50	1986	10×W87×30×MIRV	500
潜射弹道导弹	408/18(2)			3456
“三叉戟”1	192/8	1979	8×W76×10×MIRV	1536
“三叉戟”2	216/10			
MK－4		1992	8×W76×10×MIRV	1536
MK－5		1990	8×W88×47.5×MIRV	384
战略轰炸机	97/72(3)			1750
B－2	21/16	1994	ALCM/W80－1×0.5～15(4)	400
B－52H	76/56	1961	B61－7/B61－11，B83	950
			ACM/W80－1×0.5～15(5)	400
战术核武器				
“战斧”海射巡航导弹	325	1984	1×W80－0×0.5～15	320
B61－3/－4/－10 型核炸弹		1979	0.3～17	1350

注：（1）MIRV 为分导式核弹头；（2）“/”号后面的数字为弹道导弹核潜艇的数量；（3）“/”号前面的数字是轰炸机的总数量；“/”号后面的数字是执行战略轰炸任务的轰炸机数量（不包括教练和备用的战略轰炸机）；B－2 战略轰炸机不带 ALCM 或 ACM，头 16 架 B－2 战略轰炸机只带 B83 核航弹，最终所有 B－2 战略轰炸机都将能够带 B61 核炸弹和 B83 核炸弹；（4）ALCM 为空射巡航炸弹；（5）ACM 为先进巡航导弹。

美国的陆基洲际弹道核导弹　美国的陆基洲际弹道核导弹包括 500 枚“民兵”3 和 50 枚 MX（主要性能数据见表 2）。500 枚“民兵”3 核导弹现部署在 3 个空军基地，一个是在蒙大拿州的马姆斯特罗姆空军基地，该基地部署200枚，由第341航空联队的4个导弹中队管辖，每一个中队掌管着50枚“民兵”3核导弹；第二个是在北达科他州的迈诺特空军基地，该基地部署150枚，由第91航空联队的3个中队管辖，每一个中队掌管着50枚“民兵”3核导弹；第三个是在怀俄明州的弗朗西斯·沃伦空军基地，该基地部署150枚，由第90航空联队的3个中队管辖，每一个中队掌管着50枚“民兵”3核导弹。50枚MX核导弹部署在北达科他州的迈诺特空军基地，由第91航空联队的另一个导弹中队管辖。

表2　美国陆基洲际弹道核导弹的主要性能数据

	“民兵”3	MX
级　数	3级	4级
制导方式	惯性制导	惯性制导
弹体直径(米)	1.85	2.34
起飞重量(吨)	35.4	88.5
最大射程(千米)	13000	9600
核弹头类型	分导式多弹头	分导式多弹头
子弹头当量(万吨)	17（W62）；33.5（W78）	30
开始部署(年)	1970(W62)；1979（W78）	1986
推进剂类型	固体推进剂	固体推进制，可储液体（第四级）
弹长(米)	18.3	21.6
发射方式	地下井发射	地下井发射
投掷重量(吨)	1（W62）；1.15（W78）	3.6
精度(CEP. 米)	220（W62）；120（W78）	100
核弹头数量(个)	3	10
开始研制	1966年	1974
部署数量(枚)	500	50

按照第2阶段《削减战略武器条约》关于禁止陆基洲际弹道导弹携带分导式多弹头的规定，美国将使“民兵”3导弹携带的核弹头数从目前的3个减少到1个，将使现装备的50枚MX核导弹全部退役。未来，美国“民兵”3导弹携带的核弹头可能有3种选择方案。第1种方案是使所有的“民兵”3导弹均携带1个W87核弹头（因为W87核弹头装有钝感高能炸药、防火弹芯和增强核爆炸安全系统，所以这种核弹头的安全性能较好，空军已经开始在某些“民兵”3导弹上安装了这种核弹头）。第2种方案是使所有的“民兵”3导弹均携带一个W78核弹头。第3种方案是使部分“民兵”3导弹（可能是500枚导弹中的150枚导弹）携带W78核弹头，其余的“民兵”3导弹携带W87核弹头。

美国的潜射弹道核导弹　美国现装备18艘“俄亥俄”级弹道导弹核潜艇及其携带的192枚“三叉戟”1（C-4）核导弹和216枚“三叉戟”2（D-5）核导弹。这些核导弹的主要性能数据见表3。其中，有8艘核潜艇携带“三叉戟”1（C-4）核导弹，每一艘核潜艇携带24枚，每一枚“三叉戟”1（C-4）导弹装8个W76分导式核弹头，每一个W76核弹头的威力为10万吨梯恩梯当量；另有10艘核潜艇携带“三叉戟”2（D-5）核导弹，每一艘核潜艇携带24枚。在这些“三叉戟”2（D-5）导弹中，有的导弹装W76分导式核弹头，每枚导弹装8个W76核弹头；有的导弹装W88分导式核弹头，每枚导弹装8个W88核弹头，每一个W88核弹头的威力为47.5万吨梯恩梯当量。

表3　美国潜射弹道核导弹的主要性能数据

	“三叉戟”1(C-4)	“三叉戟”3（D-5）
级　数	3级	3级
制导方式	星光惯性制导	星光惯性制导
弹体直径（米）	1.88	2.11
起飞重量（吨）	33.1	58.96
射程（千米）	7400	7400
核弹头类型	分导式多弹头	分导式多弹头
子弹头当量（万吨）	10	10（W76）；47.5（W88）
开始部署（年）	1979	1992（W76）；1990（W88）
推进剂类型	固体推进剂	固体推进剂
弹长（米）	10.36	13.42
发射方式	潜艇水下发射	潜艇水下发射
投掷重量（吨）	1.36	2.72
精度（CEP. 米）	220	110
核弹头数量（个）	8	8
开始研制（年）	1971	1977
部署数量（枚）	192	216

美国战略轰炸机及其运载的核武器　美国现装备56架B-52H和16架B-2型战略轰炸机。此外，还

有 20 架 B-52H 和 5 架 B-2 型战略轰炸机作为教练机和备用飞机。B-52H 战略轰炸机运载的核武器包括 B61 型核炸弹和 B83 型核炸弹、空射巡航导弹和先进巡航导弹，每架 B-52H 型战略轰炸机能运载多达 20 枚空射巡航导弹或先进巡航导弹。这些轰炸机运载的空射巡航导弹和先进巡航导弹均装 1 个 W80-1 核弹头，每一个 W80-1 核弹头的威力为 0.5～15 万吨梯恩梯当量。B-2 战略轰炸机运载的核武器包括 B61 型核炸弹和 B83 型核炸弹。

B-52H 战略轰炸机现部署在 2 个基地，一个在路易斯安那州的巴克斯代尔空军基地，装备第 2 轰炸机联队，另一个在北达科他州的迈诺特空军基地，装备着第 5 轰炸机联队。B-2 战略轰炸机的头 16 架飞机称为“Block 10”型飞机，这些飞机能带 B83 核炸弹。后来服役的称为“Block 20”型飞机，能带 B61 型核炸弹。最新生产的 2 架 B-2 战略轰炸机称为“Block 30”型飞机，能带核炸弹和核导弹。“Block 10”型飞机正在加利福尼亚州的帕尔代姆厂改装成“Block 30”标准型飞机，这项改装计划到 2002 年完成。

美国的战略轰炸机力量正在缩小。因此，仅保留 400 枚空射巡航导弹和 400 枚先进巡航导弹供战略轰炸机使用。同时，还储备了几百枚巡航导弹。1999 年，空军开始把一些空射巡航导弹改装成带常规弹头，并将 50 枚空射巡航导弹装上钻地弹头，以攻击加固的地下目标，计划到 2001 年全部交付使用。根据《核态势审议》的要求，只能保留 66 架 B-52H 型战略轰炸机，但空军决定到 2001 财年使战略轰炸机的总数达到 76 架。

美国战略核武器的改进计划　2000 年，美国继续实施战略核武器改进计划，其中主要有：

海军的潜射弹道导弹弹头保护计划。这是海军和能源部的一项合作计划，目的是保持联合研制 W76/MK4 和 W88/MK5 替换核弹头的能力。该项计划正在研究两种设计方案，一种是近期设计方案，另一种是远期设计方案，不论哪一种方案，替换弹头必须包括诸如降低对老化的灵敏度、提高设计安全系数和地面试验监测能力以及不通过地下核试验进行验证的能力。

W76/MK4 弹头的延寿计划。国防部打算使 W76/MK4 弹头的服役期限延长到 2040 年。为此，能源部和海军正在制定 W76/MK4 弹头的延寿计划，计划从 21 世纪初开始，到 2020 年前后完成。

“三叉戟” 2（D-5）导弹的改装计划。海军的“三叉戟” 2（D-5）导弹的改装计划是把现有的 4 艘装备“三叉戟” 1（C-4）核导弹的核潜艇改装成为携带更先进的“三叉戟” 2（D-5）核导弹。这项计划从 2000 财年开始到 2006 财年完成，届时将有 14 艘携带“三叉戟” 2（D-5）核导弹的核潜艇。

空军的核武器能力保护评估计划。负责部署核武器的每一个空军计划官员小组已经开始工作，他们将确定可优先考虑作为替换对象的备选子系统和部件，并为所有替换部件确定设计和可接受的标准，然后与能源部进行协调，以便为库存核武器生产替换的部件。按照第 2 阶段《削减战略武器条约》的规定，“民兵” 3 导弹既可带 1 个 W78/MK12A 弹头，又可带 1 个 W87/MK21 弹头。目前，库存有足够数量的 W78/MK12A 弹头和 W87/MK21 弹头用来装备 500 枚“民兵” 3 导弹。空军还在进行一项研究，以决定是否能把任何一种现役或非现役的弹头用作巡航导弹 W80 弹头的备用弹头。

战略轰炸机的改进计划。空军计划把 B-52H 战略轰炸机作为战略核力量的组成部分一直保留到 2040 年。为此，将实施几项现代化计划和工程维修计划，其中包括导航、通信、电子光学扫描以及电子对抗系统的改进。B-52H 是惟一能运载空射巡航导弹和先进巡航导弹的战略轰炸机。B-2 战略轰炸机的生产将一直持续到 2004 年。

“民兵” 3 导弹的改进计划。为继续保留“民兵” 3 导弹，美军制定了几项洲际弹道导弹现代化计划。其中，正在实施的“制导替换计划”和“推进替换计划”，是为了防止性能退化、提高系统的可靠性和可操作性、增强核安全性和降低全寿命费用。“制导替换计划”是用现代化抗干扰的电子设备替换老化的制导系统部件；1998 年开始生产，并一直持续到 2005 年。“推进替换计划”就是重新制造“民兵” 3 导弹的 3 个助推级，以防止与老化有关的性能退化。同时，还在实施洲际弹道导弹的“演示与验证计划”，以便对改进的技术、新技术以及使“民兵” 3 导弹保持戒备状态作出评估，包括对其制导系统、推进系统和再入系统以及导弹发射控制中心的新型通信系统进行评估。

此外，“民兵” 3 导弹的“最低限度基本应急通信网”的改进计划也在进行之中。该项计划正在开发的 3 个项目是：（1）改进的微型接收终端指令；（2）极高频指令或改进型紧急信息自动传输系统的指挥与控制终端；（3）使当前的指挥与控制系统从自动数字网变换到国防信息系统。改进的微型接收终端将使洲际弹道导弹的地面指挥官和空中指挥中心传输/接收国家指挥当局的指令具有通用的高数据率能力。极高频计划将为国家指挥当局与洲际弹道导弹地面指挥官之间提供一条现代化的接收/传输极高频通信链。

上述这些计划完成后，将使“民兵”3导弹的命中精度（CEP）提高到100米（现为220－120米），服役期限延长到2020年；使携带“三叉戟”2（D－5）潜射弹道核导弹的核潜艇的数量达到14艘；不仅提高了B－52H战略轰炸机的作战使用效能，而且使其服役期限延长到2040年；大大提高战略核武器系统的作战指挥与控制能力。

按照第2阶段《削减战略武器条约》的规定，到2007年，美国战略武器的核弹头将从目前的7200个削减到不超过3500个。其构成如下：500枚“民兵”3导弹，每枚导弹带1个W87核弹头或1个W78核弹头；336枚“三叉戟”2（D－5）导弹，其中有256枚“三叉戟”2（D－5）导弹每枚装5个W76分导式核弹头，其余的80枚“三叉戟”2（D－5）导弹每枚装5个W88分导式核弹头；66架B－52H和20架B－2战略轰炸机。

美国空军计划在海外部署B－2隐形战略轰炸机 美国空军2000年9月作出决定，准备从2001年开始在英国部署6架B－2战略轰炸机，并得到了英国防部高级官员的认可。这将是B－2战略轰炸机首次部署在美国本土以外的基地。美军一直希望在可能爆发战争的地区附近（如欧洲的巴尔干半岛和中东地区）部署B－2战略轰炸机，美空军参谋长迈克尔·瑞安称，美国将在3个海外基地部署战略轰炸机，如太平洋上的关岛、英国的费尔福德和印度洋中的迪戈加西亚岛。

俄罗斯的核武器 截至2000年年底，俄罗斯现装备的核武器有3类：战略进攻核武器、战术核武器和战略防御性核武器。战略进攻核武器包括：陆基洲际弹道核导弹、弹道导弹核潜艇及其携带的潜射弹道核导弹、战略轰炸机及其携带的核武器，约6000个核弹头。俄罗斯的陆基洲际弹道核导弹有5种型号、共756枚，它们是：SS－18（180枚）、SS－19（150枚）、SS－24（46枚）、SS－25（360枚）和SS－27（20枚）。潜射弹道核导弹有3种型号、共348枚，它们是：SS－N－18（176枚）、SS－N－20（60枚）和SS－N－23（112枚）。战略轰炸机包括图－95和图－160；共69架。这些战略轰炸机可携带AS－15空射巡航核导弹、AS－16近程攻击核导弹和核炸弹。战术核武器包括：地对空核导弹、各种飞机携带的核炸弹和巡航核导弹以及反潜核导弹等，约4000个核弹头（详见表4）。战略防御性核武器是部署在莫斯科周围的“橡皮套鞋”反导系统和地空核导弹。其中，“橡皮套鞋”反导系统有100枚拦截弹，包括内大气层拦截弹SH－08（64枚）和外大气层拦截弹SH－11（36枚）。

表4 俄罗斯的进攻性核武器 截至2000年

武器系统	数量	首次部署(年)	核弹头数×威力(万吨)×类型	核弹头总数量
陆基洲际弹道导弹	756			3540
SS－18	180	1979	10×55/75×MIRV	1800
SS－19	150	1979	6×55×MIRV	900
SS－24MⅠ/MⅡ型	36/10	1987	6×55×MIRV	460
SS－25	360	1985	1×55	360
SS－27	20	1998	1×55	20
潜射弹道导弹	348			1576
SS－N－18MI型	176	1978	3×50×MIRV	528
SS－N－20	60	1983	10×20×MIRV	600
SS－N－23	112	1986	4×10×MIRV	448
战略轰炸机	69			790
Tu－95 MS6	29	1984	6枚AS－15A ALCM或核炸弹	174
Tu－95 MS16	34	1984	16枚AS－15A ALCM或核炸弹	544
Tu－160	6	1987	12枚AS－15B ALCM 或12枚AS－16SRAM 或12个核炸弹	72
战术核武器				4000
地对空导弹	1200			1200
陆基飞机	400			1600
海基飞机	140			500
巡航导弹				300
反潜导弹				

注：AS为空对地导弹；ALCM为空射巡航导弹；SRAM为近程攻击导弹；MIRV为分导式核弹头。

俄罗斯的陆基洲际弹道核导弹　俄罗斯现装备 5 种陆基洲际弹道核导弹，它们是：SS－18、SS－19、SS－24、SS－25 和 SS－27。这些核导弹的主要性能数据见表 5。

表 5　俄罗斯陆基洲际弹道核导弹的主要性能数据

	SS－18	SS－19	SS－24	SS－25	SS－27
级　数	2 级	2 级	3 级	3 级	3 级
制导方式	惯性制导	惯性制导	惯性制导	惯性制导	惯性制导
弹体直径(米)	2.5－2.75	2.5	2.4	1.84	1.95
起飞重量(吨)	220	105.6	104.5	35	47.2
最大射程(千米)	11000	10000	10000	10500	10500
核弹头类型	分导式多弹头	分导式多弹头	分导式多弹头	单弹头	单弹头
子弹头当量(万吨)	55～75	55	55	55	55
开始部署(年)	1977	1979	1987	1985	1998
推进剂类型	可储液体	固体推进剂	固体推进剂	固体推进剂	固体推进剂
弹长(米)	32－37(有 3 种型号)	24	23	17.5	22.7
发射方式	地下井发射	地下井发射	地下井发射/铁路机动发射	公路机动发射	公路机动/地下井发射
投掷重量(吨)	7.6	3.5	4.0	1.2	1.2
精度(CEP. 米)	250	300	200	400	350
核弹头数量(个)	10	6	6	1	1
开始研制(年)	1964	1964	1974	1974	1993
部署数量(枚)	180	150	36/10	360	20

俄罗斯的潜射弹道核导弹　俄罗斯现装备 3 种潜射弹道核导弹，它们是：SS－N－18、SS－N－20 和 SS－N－23。这些核导弹的主要性能数据见表 6。

表 6　俄罗斯潜射弹道核导弹的主要性能数据

	SS－N－18	SS－N－20	SS－N－23
级　数	2 级	3 级	3 级
制导方式	星光惯性制导	星光惯性制导	星光惯性制导
弹体直径(米)	1.8	2.2	1.8
起飞重量(吨)	35.3	90	40.3
射程(千米)	6500	8000	8300
核弹头类型	分导式多弹头	分导式多弹头	分导式多弹头
子弹头当量(万吨)	50	20	10
开始部署(年)	1978	1983	1983
推进剂类型	可储液体推进剂	固体推进剂	可储液体推进剂
弹长(米)	14.1	15	14
发射方式	潜艇水下发射	潜艇水下发射	潜艇水下发射
投掷重量(吨)	1.65	2.55	2.8
精度(CEP. 米)	1400	600－500(2 种型号)	500
核弹头数量(个)	3	10	4
开始研制(年)	1964	1972	1976
部署数量(枚)	176	60	112

俄罗斯战略轰炸机及其运载的核武器　俄罗斯现装备 69 架战略轰炸机，包括 63 架图－95“熊”式战略轰炸机和 6 架图－160“海盗旗”式战略轰炸机。

2000 年 6 月 25 日，俄罗斯在进行代号为“西方－99”作战演习中，有 2 架图－95“熊”式战略轰炸机飞到冰岛境内 96.6 千米处。据美国官员说，这 2 架飞机受到了美国 4 架 F－15 战斗机和 1 架 P－3 飞机的跟踪和拦截。在这次演习中，俄罗斯动员了 5 个军区和3个海军舰队的5万余人，并有30多艘水面舰、4艘潜艇以及能发射空对地巡航导弹的空军和海军的飞机参加了作战演习。

据俄罗斯国防部长谢尔盖耶夫说，已向喀山飞机公司订购了6架图-160“海盗旗”式战略轰炸机，其中的5架已经交货，并部署在茹科夫斯基空军基地。2000年6月，又有一架图-160“海盗旗”式战略轰炸机从喀山飞机制造厂飞抵恩格斯空军基地，正式加入俄空军第37集团军序列。预计到2000年底，俄罗斯可拥有20架图-160“海盗旗”式战略轰炸机。图-160“海盗旗”式是一种多用途四发动机、变后掠翼超音速远程战略轰炸机，它既能在高空超音速的情况下发射核巡航导弹，又能以高亚音速低空突防，用核炸弹或核导弹攻击目标，还可进行防空压制并发射短程攻击导弹。它是俄罗斯惟一一种不经空中加油就可以对美国本土进行攻击的战略轰炸机。

俄罗斯在1999年6月进行的军事演习中，图-160“海盗旗”式战略轰炸机曾飞抵英国海岸。该机在飞行期间，沿途曾向陆地和海上靶标进行了导弹实弹射击，均准确命中目标。2000年4月18～21日，俄罗斯空军第37集团军在里海和黑海上空进行战术演习时，也动用了图-160“海盗旗”式战略轰炸机，这展示了俄罗斯战略航空兵已重新形成不容忽视的作战能力。

俄罗斯继续试验、生产、部署新型战略核导弹 俄罗斯于2000年2月9日在普列谢茨克发射场成功地试验发射了1枚SS-27导弹。该导弹飞行约8000千米后，准确击中俄东部勘察加半岛上的预定目标。这是俄罗斯在1994年12月首次进行SS-27洲际弹道导弹飞行试验以来的第10次试验。9月26日，俄罗斯再次成功地试验发射了1枚SS-27导弹。

3月27日，俄罗斯北方舰队从巴伦支海的水下核潜艇相继发射了2枚弹道导弹，导弹飞行8000多千米后相继击中勘察加西部地区预定目标。这次试验发射旨在测试导弹弹头保存的时间和检验俄海上战略力量的战备状况。

据俄罗斯战略火箭军司令弗拉基米尔·雅科弗列夫说，在1998～2000年的3年内，每年部署20～30枚SS-27核导弹，再后的3年内，每年部署30～40枚SS-27导弹，到2004年要生产出160～220枚SS-27导弹，但由于俄罗斯的经费不足，这项计划难以实现，他们估计最现实的目标是每年生产出10～15枚导弹，到2005年底能部署60～80枚SS-27核导弹，到2010年充其量也只能部署200枚SS-27核导弹。

按照俄罗斯国家安全会议作出的决定，到2010年前，俄罗斯仍装备由陆基洲际弹道核导弹、弹道导弹核潜艇及其携带的潜射核导弹、战略轰炸机及其携带的核武器构成的“三位一体”战略核力量。在陆基洲际弹道核导弹方面，将逐步用机动发射或井基发射的SS-27核导弹替换目前装备的SS-18、SS-19、SS-24和SS-25核导弹；保留目前装备的SS-N-23潜射弹道核导弹和6艘携带这种核导弹的D级Ⅳ型弹道导弹核潜艇；保留图-160和图-95这两种战略轰炸机。到2007年，俄罗斯的战略武器的核弹头数量不会超过第2阶段削减战略武器条约规定的限额，可能在1000个左右。

印度的核武器 **印度加紧建立作战使用的核武器系统** 印度为了加速实现核武器发展计划，进行了机构改革，将负责研制核武器的巴巴原子能研究中心从原子能管理委员会中分离出来，以便专门为“普里特维”导弹、“烈火”导弹、空军机载核炸弹和潜射导弹研制和生产核弹头。印度国防部长费尔南德斯说，“烈火”中程弹道导弹已经具备作战能力，并准备开始批量生产。“烈火”导弹有两种型号，即射程为1500千米的“烈火1”中程弹道导弹和射程为2500千米的“烈火2”中远程弹道导弹，这两种型号的导弹均可携带1000千克重的核弹头。1995年，迫于美国的压力，印度暂停了“烈火”导弹的研制计划，1997年又恢复了该项计划。1998年5月印度进行核试验后，总理瓦杰帕伊宣布加速“烈火”导弹的研制工作，并于1999年4月重新进行“烈2”导弹的试验。

此外，印度已经制订了一项为期5年、价值37.5亿美元的计划，打算建立一个核武器指挥、控制、通信和情报基础设施。这份计划草案已提交总理瓦杰帕伊。据印度国家安全部门的一位资深官员透露，建立卫星通信和情报搜集系统将是其中重要组成部分。

英国的核武器 截至2000年年底，英国的核武器有48枚“三叉戟”2（D-5）潜射弹道导弹及其携带这种导弹的3艘新型“前卫”级弹道导弹核潜艇，共192个核弹头。英国目前装备的“三叉戟”2（D-5）潜射弹道导弹是从美国购买的（1982年3月11日宣布购买这种导弹），其核弹头是英国自己研制和生产的。每枚“三叉戟”2（D-5）导弹可装8个分导式核弹头，但英国研制和生产的核弹头的威力与美国“三叉戟”2（D-5）导弹装备的核弹头不同，英国为这种导弹研制和生产的核弹头的威力有 3 种当量：300 吨、5000～10000 吨和 10 万吨。

英国加速海基战略核武器系统的现代化　英国按照 1998 年完成的、指导其战略核力量建设的《战略防御审议》的规定，继续实施海基战略核武器的现代化计划。其中，包括为“三叉戟”2（D－5）潜射弹道导弹生产核弹头（数量不超过 200 个）和建成 4 艘新型“前卫”级弹道导弹核潜艇（前 3 艘已分别在 1994、1995 和 1998 年服役，最后一艘将在 2001 年服役）。这种新型核潜艇每艘将携带 16 枚“三叉戟”2（D－5）导弹，每枚导弹装 3 个分导式核弹头，每一个核弹头的威力为 10 万吨梯恩梯当量。

法国的核武器　截至 2000 年年底，法国的核武器有两种：弹道导弹核潜艇及其携带的潜射弹道核导弹和机载核武器，共 464 个核弹头，其中，潜射弹道导弹有 64 枚（详见表 7），包括 32 枚 M－4 导弹和 32 枚 M－45 导弹），共 384 个核弹头。每枚 M－4 导弹装 6 个 TN－71 型分导式核弹头，每一个 TN－71 核弹头的威力为 15 万吨梯恩梯当量；每枚 M－45 导弹装 6 个 TN－75 型分导式核弹头，每一个 TN－75 型核弹头的威力为 10 万吨梯恩梯当量。法国机载核武器包括 45 架“幻影”2000N 飞机和 24 架舰载“超级军旗”式飞机及其携带的 ASMP 核导弹，共 80 个核弹头。

法国继续完善海基战略核武器系统　法国已经撤销了部署的 18 枚 S3D 中程弹道核导弹，摧毁这种导弹的地下发射井及其全部设施，并制定了 2010 年前的战略核武器发展计划，其目标是建成 4 艘新型“凯旋”级弹道导弹核潜艇和研制新型 M－51 潜射弹道导弹。这种新型“凯旋”级弹道导弹核潜艇的第 1 艘和第 2 艘已经服役，第 3 艘和第 4 艘将分别于 2001 年和 2002 年服役。法国从 1992 年开始研制新型 M－51 潜射弹道导弹，计划到 2010 年服役。到 2015 年，法国将用 M－51 核导弹替换目前装备的 M－4 和 M－45 核导弹。第一艘“凯旋”级弹道导弹核潜艇将携带 16 枚 M－51 潜射导弹，每枚导弹可能装 10 个分导式核弹头。此外，法国还在研制射程可达 500 千米的新型 ASMP 导弹，预计在今后 10 年内服役。

（王连奎）

表 7　法国 M4、M45 和 M51 核导弹的主要性能数据

导弹类型	M－4	M－5	M－51
级　数	3 级	3 级	3 级
推进剂类型	固体推进剂	固体推进剂	固体推进剂
制导方式	惯性制导	惯性制导	惯性制导
弹长（米）	11.07	11.07	12
弹体直径（米）	1.95	1.95	2.3
发射方式	潜艇水下发射	潜艇水下发射	潜艇水卜发射
起飞重量（吨）	35	35	48
投掷重量（吨）	1.2	1.2	
射程（千米）	4000	4000	6000
核弹头数量（个）	6	6	10
精度（CEP. 米）	300		
子弹头当量（万吨）	15	10	
核弹头类型	分导式多弹头	分导式多弹头	分导式多弹头
开始研制（年）			1992
开始部署（年）	1988	1996	2010
部署数量（枚）	32	32	

化学战装备

综述 2000年，世界各国化学战装备发展的主要动态是：**纳米材料在军事防化领域得到应用** 2000年，世界发达国家竞相在纳米技术领域投入巨资，欲在竞争中占主导地位。美国2005年前10项战略技术中，有4项属纳米技术。在防化领域，近年的研究也显现出其巨大应用潜力，如纳米粒子添加于发烟剂中，能对阵地起到很好的屏蔽，将防护工事表面涂上一层纳米薄层，可在适当光源下实现自我消毒。近期为士兵系统开发的纳米材料包括用于过滤和化学防护的纳米纤维膜。

近年来科学工作者在纳米催化剂的研究方面已取得一些成果，显示了纳米催化剂的优越性。纳米材料半导体光催化技术是环境污染治理和化学防护新技术。它是指在常温常压下，以半导体超细粉末作催化剂，通过紫外光照射催化剂表面，在催化剂表面各种污染物发生化学作用，最终产物为二氧化碳、水和简单无害的无机物。它具有在常温下进行，适用范围广等特点，在废水处理和空气净化中具有广阔应用前景。纳米材料催化技术亦将在化学生物防护、洗消等领域显示出极大的潜力。美国化学与生物防护司令部的埃奇伍德研究与发展中心（ERDEC）正参与主持相关研究。纳米材料的发展已初步显现给军事防化领域带来的新机遇。

美军率先进行核生化装备的数字化建设 在美国21世纪陆军数字化部队中，化学兵的数字化道路依旧很艰难。目前正在进行化学兵数字化实验，初步的数字化装备有侦检、化学防护、洗消和烟幕施放。美国核生化防护的数字化作战指挥系统，是根据狐式核生化侦察车系统、多用途一体化化学战剂报警器（MICAD）和联合核生化报警和报告网（JWARN）、自动化核生化信息系统（ANBACIS）等侦察通讯装备系统而建立起来的。MICAD是一种战场实时检测、报警和报告系统。它自动地收集来自野战侦毒器、检测器、传感器等各方面的核生化沾染和污染的信息和数据，形成格式，通过战场指挥系统传送和报警。MICAD仅提供局部区域报警。JWARN是未来核生化沾染和污染侦检系统网络，它是核生化信息数字化的基础，在整个战场可以垂直和水平的传送数字化信息。通过无线电通信（ANBACIS）向全世界传送核生化信息。同时可传输到每个待命的化学兵战士。

前沿洗消车（FDV）给指挥官提供对洗消对象的快速反应能力。洗消剂新技术解决了以往的洗消方式对水的依赖性。未来的洗消是不用水箱的洗消，利用机器人将提高洗消功能，洗消剂的再生将提高洗消能力并减小战场的危险区。另外，配以新型侦检技术的机器人可以对污染实施更精确的寻查，前沿洗消车可以快速对受污染的车辆洗消。为此，洗消车辆，如燃气射流洗消车、洗消机器人和非水洗消装置等均为数字化部队战场使用的装备。

美国21世纪陆军正在研究烟幕和烟幕剂对其作战的影响，研究内容：①战斗能力；②21世纪部队作战支援模型；③自动化烟幕剂战场管理系统（AOBMS）；④在关键性区域条令、训练、指挥发展、组织和物资材料（DTLOM）的影响。

目前，世界各国数字化部队建设正处于发展阶段，对未来核生化数字化战场设想将影响当前化学兵数字化建设。化学兵在21世纪陆军数字化部队中的作用和地位等有待进一步研究，但化学兵的数字化建设已在美军中受到重视。

化学武器 **美国研究用声共振谱分辨化学弹药** 声共振谱测定法（ARS）是美国洛斯·阿拉莫斯国家研究所开发的一项非破坏性评价技术。美国采用这项技术研制了3种型号的仪器，这些仪器是为野外识别化学武器弹药专门设计的。每台声共振谱仪都是为专门的使用者研制的。在海湾战争之后，为立即进入伊拉克的联合国检查小组制造了声共振谱仪ARS100。为在美国－俄罗斯签订双边化学武器条约时使用，制造了声共振谱仪ARS200。这种型号的声共振谱仪的第1位使用者是美国的现场检查机构及他们的对手俄罗斯。为了禁止化学武器组织的需要，制造了声共振谱仪ARS300。此后研制的每种型号的声共振谱仪都是上述仪器的改进型。洛斯·阿拉莫斯国家研究所还在继续改进这种仪器的有关计算机软件，进行仪器的有关系统和有关软件的加强工作。

美国研制出无损鉴别化学弹药的 PELAN CW99 脉冲中子化学检测器 美国西肯塔基大学应用物理学院最新研制出一种用于鉴定化学战剂的便携式或固定式脉冲中子检测器。该仪器系统的原理是测定化学战剂的化学元素组成，给出化学战剂是否存在的可能性建议，属于一种无损伤鉴别技术。该仪器特别适合于化学炮弹或各种炸弹的识别和分类。脉冲中子检测可测定被质疑物质的元素比率（C/N，C/O），其结果不依赖于被测物质的大小以及一些特殊元素，如 F、C1、P、As 的存在与否。测定时，只需要将 PELAN 探头放在被测物质前面，打开电源开关和数模调制器，然后按下 PELAN 控制台“开始”按钮，启动中子发生器，激发自动循环系统，在预先指定的时间内便可获得所需要的数据。数据经过整理、分析，在仪器显示屏上显示出一个简单的答案，比如是否有沙林存在。测试完成后，中子发生器会自动关闭，以减少对操作人员的辐射。

韩国首次承认拥有化学武器 韩国军方 2000 年 5 月 9 日首次证实，它拥有化学武器，但没有具体说明化学武器的数量。一名韩国国防部发言人说，韩国的确一直拥有化学武器。韩国国防部拒绝透露详情，称化学武器储备是一个严肃的安全问题。韩国国防部在一项声明中说，化学武器对国家安全来说至关重要。一家韩国报纸透露，韩国军方正在秘密处理化学武器，以遵守韩国根据《禁止化学武器公约》作出的承诺。

化学侦检与报警器材 **美国海军舰队装备化学毒剂侦检系统** 当今世界最新型的舰用化学毒剂侦检系统——改进型化学毒剂侦察系统（IPDS）已开始在美国全面生产并进入国际市场。这种侦毒系统是美国海军水面作战中心研制发展的，其研制发展活动开始于 1985 年，进行过大量实验室试验和海上试验，目前装备海军舰队，将淘汰化学毒剂点源侦检系统（CAPDS）。

IPDS 采用离子迁移率谱（IMS）原理，有一对分辨率极高、能检测低浓度蒸气态神经性毒剂和糜烂性毒剂的按需求定制的 IMS 室。两个 IMS 室同时工作，一个检测神经性毒剂，另一个检测糜烂性毒剂。产生的 IMS 图谱通过新研制的高级算法库软件的筛选，去除干扰信号和伪信号，便能获得准确的侦检结果。由于 IPDS 及其软件是专为舰艇使用设计的，去除舰艇上特有干扰信号的能力极强，极少产生误报。其软件可扩展后用于侦检其它毒剂，并排除其它新的可能干扰源产生的伪信号。

系统硬件包含左舷和右舷外接空气取样装置、左舷和右舷侦检装置、控制显示装置和遥控操作装置。外接空气取样装置和侦检装置串接安装在舰艇左右舷内壁上。控制显示装置在舰艇损坏控制中心。遥控装置在舰桥。系统通过一个穿过舰体的空气取样装置连续抽取外界空气，自动检测其中的低浓度神经性和糜烂性毒剂蒸气。一旦发现毒剂，控制显示装置和遥控装置自动发出声光警报，并显示毒剂发现在左舷还是右舷，是 V 类、G 类、还是 H 类毒剂。声警报既可局部报警，也可连接全舰警报系统，自动警告全体船员采取防护措施。

美国研制新型化学传感器 美国正在研制装有双目望远镜的化学传感器。该传感器可检测 3.2 千米远的化学战剂。这种传感器称之为多色仪，使用光学和微机电系统（MEMS），探测和鉴别各种不同化学战剂。五角大楼国防先进研究项目计划局为此提供约 700 万美元经费。准备到 2001 年研制成实验型的被动化学传感器。这种传感器的核心是微机电系统。微机电系统本身大小如同拇指甲。备有光学和电子调控部件的检测器能装入双目镜远镜的 1 个筒中。

仪器的基本原理是应用每种气体对特殊的红外光谱的吸收，即吸收光谱。在关联光谱仪上有个小玻璃瓶，该玻璃瓶中装有一定的气体样品，为了检测给定气体，将装有这种气体样品的玻璃瓶放置在曝光表前。样品用作参考点，备以测定从目标区域进入传感器的光是否通过那种气体，然后处理这个样品，如果光没通过要检验的气体，那么会产生轻度的干扰特性。新仪器检测时不需要对各种气体取样，所以可检测更多种气体。另外，还能探测同族危险化合物的化学键特性，并缩小化合物范围，直至检测出特殊的化合物。

英国 GID2A 和 GID3 化学战剂检测器投产 英国制造的 GID2A 是一种固定检测器，设有声、光报警系统，能对毒剂威胁剂量连续实时监测，识别化学战剂，并能重新编制程序以适应未来的威胁。GID2A 能综合集成到集体防护系统。它运用了独特的双漂移管离子迁移谱技术，能同时对神经性毒剂、糜烂性毒剂、血液性与窒息性毒剂作出反应。它的精确率极高，误报率很低。GID2A 还可以联网，对航空掩体和集体防护设施所受的化学攻击发出警报。还可用于首脑工事、化工厂、公共运输系统和其它可能受到恐怖主义分子袭击的目标。一些装备有 GID2A 的独立部位还可以通过中央核生化控制中心进行协调。有些国家的海军已将 GID2A 部署到军舰上。

GID3 非常轻便，便于步兵携带，可以装备到装甲战车上。该系统还可用于对过滤系统和首脑工事进行监测，也可联网进入完全一体化系统。它可检测对车辆威胁的化学战剂，监测车内人员座舱，确认车辆上的化学过滤器是否有效运转。GID3 还有侦察作用，可装在座舱内，通过 1 个特别的传感器探头对外部空气进行取样。在发出警报时，与检测器一样的显示器能显示出化学威胁的种类及袭击剂量。

英美联合研制成新型核生化侦察车 英国阿尔维斯车辆公司与美国先进技术产品公司共同研制成一种新型综合集成核化侦察车。该车使用剪刀鱼 8×8 轻型装甲车底盘，乘员 4 名，重 14 吨，使用 275 马力 6V－53T 型柴油发动机。最大道路车速为 100 千米/时，400 升柴油油箱足以行驶 1000 千米。该车有以下几个优点：内部空间大，生化战剂探测能力强，工作时间长，机动性好，乘员训练时间短，操纵简便等。该车顶部装有 M－21 型远距离探测系统，能在 5 千米外探测并分辨出神经性毒剂和糜烂性毒剂云团。该车车辆通信系统可以将探测到的所有情况用数字化形式报告指定的控制中心。另外还装备有地面导航系统、电子地图、气象探测系统等。安装在车身后部的取样搜集装备还能把搜集到的样品储存起来，以备进一步的分析研究。该车可携带 M－13 型洗消系统、信号旗区域标志系统和通信系统，还装备新型化学生物质谱仪，这个自动系统能储备大量化学生物战剂信息，该系统的研制工作在 2000 年结束。

化学防护器材 **芬兰投产 M－95 型防毒面具** M－95 型 NBC 面罩材料用卤代丁基胶，内面罩材料用硅橡胶，镜片材料用聚酰胺，塑料部件用耐用热塑性塑料，连过滤器重 720 克。防护因数大于 10000。有效视野大于 80%。饮水装置无导管，饮水率为 0.25 升/分。防毒时间大于 48 小时。呼吸阻力低，佩戴舒适。使用温度范围为－40～40℃。易于佩戴，10 秒内能佩戴完毕。设计有通话薄膜，适于无线电远程通话。有特制的视力矫正镜片。维修方便。储存寿命 20 年。能有效防护沙林等神经性毒剂、芥子气、光气、放射性和剧毒粒子及气溶胶，细菌和病毒等化学生物战剂。还可防许多工业气体，如有机气体和蒸气，无机气体，如氯气、氢氰酸、硫化氰，有机和无机酸，如甲酸、二氧化硫、氟化氢和氯化氰。

洗消器材 **美国 ADL 公司研制生物化学毒剂泡沫洗消剂** 美国 ADL 公司为对付化学和生物恐怖主义活动，研制了一种既可用于人员，又可用于设施，可对沙林毒剂和炭疽病菌进行消毒的泡沫洗消剂。ADL 公司用一种商用灭火泡沫为基质，研制了一种既能酶化中和一种沙林化学代用品，又能杀死多种细菌代用品的混合添加剂。目前正在建立真实洗消剂的性能参数。这种洗消泡沫能在污染点快速简便地对生物和化学毒剂消毒，防止它们扩散造成危害。它像泡沫灭火剂一样便于携带，因此可在多种可能使用或遭遇有毒生物或化学制品的地方使用。

美国研究大气压力等离子体喷射器洗消新方法 美国洛斯·阿拉莫斯研究所正在研究使生物、化学战剂失效的新方法。这种新方法使用的是“大气压力等离子体喷射器“（APPJ）。据称这种装置能够清除生物、化学武器造成的表面污染，包括对敏感电子部件的污染。该研究所同时也在研制能够适于清除人员污染的装置。这项发明的关键是创生了一种能在大气压下存在的低温等离子体。APPJ 利用等离子体中的电子“助推”邻近的其它气体分子进入亚稳态，然后把它们从喷嘴喷向被污染物的表面。该方法是利用氦气和氧气进行化学反应，产生使杀伤性战剂失效的喷射雾状物。化学战剂和生物战剂在低温下被“烧毁”。由于亚稳态分子在复原为正常的、可吸入的氦和氧之前仅存在零点几秒，因此这种方法对环境是安全的。污染物被靠近喷嘴的真空装置吸走，并浓缩在一个小型过滤器中。目前 APPJ 样机喷出的雾状物温度足以用于许多敏感设备，但对于人员来说温度仍然太热。为了安全地对人员喷射消除污染，APPJ 小组必须把喷射的雾状物温度降低到 60℃，现在该小组已把这个温度降到 70℃。目前美国国防部发展研究计划局（DARPA）已“选中”这项技术发明。洛斯·阿拉莫斯研究所的科学家认为，APPJ 较之传统的技术方法诸如漂白粉（剂）和腐蚀性消毒（或消除）剂等的消除污染有惊人的改进。传统方法消除污染所需时间较长，而且不适用于消除敏感电子设备的污染。即使目前正在研制的最新型的生物—化学清除污染的泡沫喷射物也是液体基的，它们会使敏感电子设备短路，甚至使之毁坏。

美国陆军完成组合式洗消系统（MDS）的研制 美国陆军单兵生物化学司令部最近完成了组合式洗消系统（MDS）的研制。MDS 包括由柴油发动机驱动的 2 个独立的机组，安装在具有高度机动性的拖车上，这种组合大大提高了它在战场上的洗消能力。生产合同规定 2000 财政年度 MDS 将首次投入使用。MDS 包括 1 个 M－21 消毒泵和 2 个 M－22 高压消毒器，它将代替 M－12A1 动力驱动洗消器和 M－17 轻型洗消系统。M－21 消毒泵可以喷射出 2 号消毒剂和应急的液体（如漂白粉和柴油）。它使用柴油内燃机皮带驱动的薄膜式泵，可以通过两个喷射杆把消毒剂抽出来。另外，它可以在任何条件下以所需温度喷射消毒剂。M－22 高压消毒器通过使用 2 个喷射杆能够以 5 加仑/分的速度输送冷水或热水。操作员可以随时调节水压和温度。使用 M－22 高压消毒泵的机内锅炉产生热水和蒸汽，用于飞机、橡胶以及野战装备的敏感表面洗消。M－22 可以与标准军用柴油驱动的水泵配合使用。有冷、热水控制阀的淋浴喷头，可以供 8 个人洗澡用热水。MDS 的保障设备包括 0.75 吨拖车，柴油驱动水泵和 3000 加仑水箱。它只能对装备的外表面进行洗消，而不能对大范围的地面和装备的内表面以及电气设备进行洗消。

（张　南）

指挥控制通信计算机和情报系统

综述　2000 年，世界各国在指挥控制通信计算机和情报系统（C^4I）的建设和发展中，主要有以下几个特点：在舆论上和实践上更加重视计算机网络的安全防御与攻击能力——增设计算机网络防御、攻击和督察专职机构并增加经费投入；通过各种试验和演示甚至实战来检验指挥控制通信计算机和情报系统的抗毁性、可靠性和技术性能，针对其弱点不断进行改进；进一步增强各军种指挥控制通信计算机和情报系统间的互通性；继续推动战术 C^4I 系统向士兵系统的延伸和发展；坚持稳步持续地增强战略和战术 C^4I 系统的探测、处理以及传递能力。

美国国家基础设施保护中心对病毒反应迟钝　据美国《国际电子防御》杂志 2000 年 7 月号报道，美国国家基础设施保护中心（NIPC）对“爱虫”病毒的入侵反应迟钝，受到批评。美国国家基础设施保护中心于上午 5：45 分首次得知该病毒，美国国防部 7：40 分通知 NIPC，该病毒在其计算机中扩散，受到破坏的有 4 个是保密系统。但 NIPC 到 11 时才发出警报，直到晚上 10 时美国国家基础设施保护中心的网站才提出对付的方法。

美军将成立进攻性信息战中心　据美国《简氏防务周刊》杂志 1999 年 10 月号报道，美军决定在 2000 年秋成立进攻性信息战中心。这是美军改组其 9 个联合司令部计划的一部分。重组完成后，进攻和防御性信息战计划将由空间司令部负责。计算机网络防护联合特别工作组亦将从国防信息系统局转入空间司令部。太平洋司令部则更名为联合部队司令部，它将负责开发指挥控制通信计算机情报与探测（C^4ISR）系统和联合作战条令等。

美军加强计算机网络攻击能力　据美国《军事信息》杂志 2000 年 2 月号报道，美军空间司令部继 1999 年 10 月接受计算机网络防御任务后，从 2000 年 10 月开始又将担负起计算机网络的攻击任务。进攻的目的是使敌方的计算机网络系统失效或瓦解。目前该司令部正在制定行动方案和实现计划。美国军方希望，这种进攻能由战场上的指战员发起。

美国国防部 2001 财年电子和通信设备预算申请

据美国《军事与武装部队电子》杂志 2000 年 4 月号报道，美国国防部提出了 2001 财年电子和通信设备采购预算申请。各军种拟花费 47 亿美元购买用以支持地面侦察、信息战和卫星通信网方面的设备。各军种的预算份额如下：陆军：18.478 亿美元；海军：14.903 亿美元；空军：11.055 亿美元；陆战队 2.723 亿美元。

美军将建立新的全球信息栅格网　据美国《防务信息与电子报告》1999 年 5 月号报道，美军参谋长联席会议下属的参谋部正在着手建立一个新的全球信息栅格网（GIG）。该全球信息栅格网用于将世界各地的美军指战员连接起来并为他们提供未来作战所必需的数据、应用软件和通信能力。

美国国防部长办公室通过“全球网络信息进取倡议”对这项计划给予支持。该倡议将影响各军种的 C^4I 建设工作。它将规定各军种的系统必须采用何种体系结构以及如何动作和管理。

美军改造国防卫星通信系统　据美国《防务新闻》杂志 2000 年 8 月号报道，美国 ITT 工业公司与陆军通信与电子司令部签订了一项为期 10 年、金额为 6300 万美元的合同。根据合同，ITT 公司系统分公司对美军国防卫星通信系统关键地面控制部分进行现代化改造，即设计、开发、集成和安装网络控制终端。合同包括补给站方案、技术服务及后期技术支持。美国国防卫星通信系统可为美军指挥员提供全球保密通信业务。该系统可用于高优先级指挥控制通信，如国防部官员与战场指挥官之间的战时信息交换。此外，美军还可通过国防卫星通信系统向全军各系统和用户传送空间作战和预警数据。

美军实施机载通信节点二期工程 据美国《国际防务评论》杂志 2000 年 8 月号报道，美国国防高级研究计划局与美国雷声公司和桑得公司为首的两个承包小组分别签订了金额为 1520 万美元和 1769 万美元的研制合同，继续实施机载通信节点（ACN）计划第 2 期工程。机载通信节点有效载荷可作为代用卫星，进行远程话音通信和数据转信。在 19825 米的高空，方圆 240 多千米范围的地面电台都在其视距通信之内。第 2 期工程的最终目标是提供一种模块化的、软件可编程的有效载荷。该有效载荷是以可支持多项业务的开放系统体系结构为基础的，这些业务如下：①将蜂窝/个人通信业务方面的话音与数据链路军用化；②战术寻呼军用化；③基于因特网技术的数据组网；④战术战场多播；⑤通往战区内外军事通信基础设施的高速/高吞吐量机载链路；⑥代替卫星支持超高频战术卫星和全球通播业务接受/中继；⑦实现不同电台间的互通；⑧延伸通信，实现分散、独立和快速部队的超视距连通。

美军抓紧部署全球指挥与控制系统陆军部分 据美国《防务新闻》杂志 2000 年 9 月号报道，目前世界各地的美军军事设施正抓紧部署全球指挥与控制系统的陆军部分（GCCS－A）。全球指挥与控制系统的陆军部分综合了 3 种早先的陆军系统，并将 Windows 首次运用于数字化战场。这样就使准备战略计划和接收战术信息的时间从几小时缩短到几分钟。现在已成为全球指挥与控制系统陆军部分的 3 个现有的的陆军系统是：陆军全球军事指挥与控制系统的信息系统，即一种战略计划系统；战略与战区陆军指挥与控制系统，即一种用于欧洲战区的指挥与控制系统；陆军指挥与控制管理系统，即一种用于朝鲜半岛的指挥与控制系统。美国陆军将把全球指挥与控制系统陆军部分部署到所有战区站点和 4 个军。根据合同，美国洛克希德—马丁公司定于 2000 年年底在陆军驻欧司令部部署全球指挥与控制系统陆军部分。

美国陆军完成欧洲全球指挥控制系统陆军部分的部署 据美国《全球信息》杂志 2000 年 2 月号报道，美陆军将在 2000 年春完成在欧洲部署全球指挥控制系统－陆军部分（GCCS—A）的工作。欧洲部署全球指挥控制系统－陆军部分在 Solaris 3.6 服务器上运行 Dynamic Server 7.31，并使用 Windows NT 4.0 客户机，能为战略和战区指挥官提供自动化指挥控制工具。同时，陆军还在加紧部署全球战斗支援系统－陆军部分（GCSS－A），用以代替陆军标准管理信息系统。

美国陆军修改 FBCB2 系统试验计划 据美国《简氏防务周刊》杂志 1999 年 10 月号报道，美陆军对美军 21 世纪旅和旅以下部队战斗指挥系统（FBCB2）试验修改计划。该计划提出，在 2001 财年中期对美陆军 21 世纪旅和旅以下部队战斗指挥系统开始进行正式初始作战试验与鉴定（IOT&E）的试验预案中，增加进行第 3 次有限用户试验（LUT3）。该修改计划将测定一系列系统的能力，其中包括战术技术和程序；系统作战效能以及 21 世纪旅和旅以下部队战斗指挥系统的效能、适用性和抗毁性。对一些单项能力，如战场可视化和同步数据分发、网络管理、屏面可读性、系统可操作性、加固性以及与陆军其它诸系统间的互操作性，都将进行试验和重新鉴定，此外还包括 21 世纪旅和旅以下部队战斗指挥系统的坚固性试验，以及战术互联网在信息和电子战攻击环境下的工作能力。

美国陆军提出下一代陆军 C^4I 体系结构设想 据美国《国际防务系统》杂志 1999 年秋季号报道，美陆军提出了下一代陆军指挥控制通信计算机与情报（C^4I）体系结构的设想。该设想拟建立一个覆盖全球的一体化的信息球。届时陆军每个平台都将成为指挥控制通信计算机与情报基础设施的一部分，它们将从/向信息球接收/提供信息，而作战空间中的所有指战员都能按需分享这些信息。

美国陆军寻求自动化的网络管理软件系统 据美国《防务信息与电子报告》2000 年 9 月号报道，美陆军正在寻求一个自动化的软件系统（称为联合网络管理系统）来管理并规划联合的指挥控制通信计算机情报与监视系统。它将向通信规划人员提供以下能力：进行高级别规划（战争规划）和详细计划；监视、控制、重新配置系统；频谱规划和管理；保障支持联合作战的系统和网络的安全等。

美国陆军将扩增战术互联网 据美国《防务新闻》2000 年 2 月号报道，美陆军正着手将野战炮兵和陆军航空兵系统连接到战术互联网上。按照计划，美陆军将投入 200 万美元于 2000 年 11 月为野战炮兵提供战术互联网能力；而陆军航空兵则要等到2004年方可实现战术互联网能力，但陆军目前要投入大约300万美元来提供初始软件能力。

野战炮兵和陆军航空兵系统一旦连接到战术互联网上，信息将通过空中或太空而不是电话线发送，从而实现动中通。战术互联网旨在提供指挥控制能力和态势感知能力。

美国陆军研究开发下一代战术互联网 据美国《简氏防务周刊》杂志2000年6月号报道，美陆军正在研究开发下一代战术互联网。这个为期5年、经费4500万美元的高级技术演示计划称为多功能动中通保密自适应综合通信（MOSAIC）系统，主要为下一代战车提供高质量的移动数字连接能力。2004财年后它可能并入未来战斗系统、联合战术无线电系统或指战员信息网。

美军进行联合武士互通演示 据美国《国家防务》杂志2000年8月号报道，美军以“空间与信息”为主题的2000年联合武士互通演示于7月份在全球30多个地点举行。美军试验了以网络为中心的计算机、小型遥控地面传感器、国防部“电信港”和通用态势图软件等。英军试验了美国CDC公司的Battle WEB作战管理系统等。

美军“陆地武士”计划将推迟装备时间 据美国《军事信息技术》杂志2000年4月号报道，美军“陆地武士”计划完成时间将推迟。美国总审计局向白宫委员会国防拨款小组呈送的报告中指出，“陆地武士”系统原来的采购费用估计为14亿美元，现在估计为21亿美元，加上操作和维护费用，总的寿命周期费用达35亿美元。该系统原计划于2000财年装备部队，但现在看来至少要推迟到2004财年以后。美国总审计局还指出，“陆地武士”系统尽管从1996年1月以来就进入工程设计和研制阶段，但现在应返回到演示阶段，因为它所采用的技术尚未得到验证。美国总审计局指出的其它问题是，“陆地武士”系统的设计目标是能与美陆军的低级梯队战斗管理网——21世纪旅和旅以下部队战斗指挥系统结合为一体，现在显然未能做到。此外，该系统的最新测试型太重，性能还不太可靠，设备防水性能不佳，电磁辐射干扰其它电磁设备。总之，“陆地武士”系统未能达到1996年研制时预定的装备水平。

美国陆军重新审订“陆地勇士”计划 据美国《空军杂志》1999年10月号报道，美陆军“陆地勇士”计划经重新审订后，对各种组件又加以改进。现决定采用与IBM兼容的Via便携式计算机和基于NT的操作系统。计算机/电台分系统做得也更小。其中，班长电台是研制重点，它是全班进入战术互联网的门道，须具有35千克重车载电台的全部功能。

美军研制士兵用小型计算机 据美国《简氏防务周刊》1999年12月号报道，为了向野战士兵提供指挥控制通信情报与探测（C^4ISR）能力，美国防高级研究计划局正在积极研制各种可穿戴的士兵用小型计算机。其配件中有一种眼镜，镜片内嵌数字显示器，能在一个镜片上同时显示两个不同的场景，显示器与“21世纪部队”旅和旅以下作战指挥系统（$FBCB^2$）接口。

美国防部拟用联合战术无线电系统取代现用的电台 据美国《军事信息技术》杂志2000年5月号报道，美国防部计划用联合战术无线电系统（JTRS）取代美军现用的25～30个系列的共75万部电台。但总审计局在1999年9月的报告中指出，JTRS的商用技术不能完全满足军方要求，而且1998年批准的联合战术无线电系统作战需求文件也未能为联合作战和多国联军作战确定互通的目标。目前JTRS计划即将开始第2步工作：开发标准的软件无线电台体系结构。

美军试用轻型增强型定位报知系统 据美国《简氏防务周刊》杂志2000年3月号报道，驻科索沃美军将试用一种称为Elite的轻型增强型定位报知系统（EPLRS）。增强型定位报知系统的重量为7.52千克，而轻型增强型定位报知系统的重量含电池也只达3千克。它有几种数据率，最高为57千字节/秒。它能为轻步兵、空降兵和陆航部队等提供战术互联网和$FBCB^2$的入口，可与增强型定位报知系统和未来的联合战术无线电系统兼容。增加一个功率放大器后，也可作为车载设备使用。

美国海军采购新型卫星通信终端 据美国《防务新闻》杂志2000年4月号报道，美国海军从雷锡恩公司定购了低数据率/中数据率（LDI/MDR）后续终端。低数据率/中数据率终端是AN/USC－38EHF低数据率终端的后续产品。该终端包含一套公用通信设备。这套公用通信设备配备有适于舰艇和岸站使用的4种天线中的1种。这类终端可为世界各地的美军提供图像、数据和话音卫星通信。

美国海军陆战队试验新型两栖作战通信系统 据美国《信号》杂志2000年9月号报道，美国海军陆战队正在评估一种新的通信系统。该系统可使已登陆的海军陆战队部队在地面和海上部队之间建立数据通信连接，以支持联合两栖作战。该系统装在S－788

方仓内，而方仓则是固定在 M1097 高机动多用途轮式车上或用 C-130“大力士”或 CH-53“海上种马”运输机运输。系统设备通过国防信息系统，能提供宽带卫星话音和数据通信。该新型通信系统的初步评估试验已于 2000 年 6 月完成。

美国海军拟建立海军和陆战队的内部网 据美国《军事与电子》杂志 2000 年 5 月号报道，美海军将签订 100 亿美元的合同，以建立一个海军和陆战队的内部网（NMCI）。此计划将把海军现有的 100 多个数据和通信网置于一个服务提供商的统一管理之下。这个海军和陆战队的内部网将用 ATM 网把舰艇连接起来，并通过卫星连通远距离港口，它能与未来的联合战术无线电系统互通并支持全球信息栅格网。

美军生产低数据率/中数据率卫星通信终端 据美国《简氏国际防务评论》杂志 2000 年 10 月号报道，美国空间与海战系统部与美国雷锡恩通信系统公司签订了一笔金额为 5400 万美元的合同，旨在生产海军特高频卫星计划低数据率/中数据率后续终端。这些卫星通信终端将配备在舰艇和海岸站，用来替代 AN/USC-38。

美国空军实施综合空间指挥控制计划 据美国《简氏防务周刊》杂志 2000 年 2 月号报道，美空军正在实施一项被称之为综合空间指挥控制（ISC^2）的计划。这项计划的目的是将 40 多个空中、空间和导弹防御系统的指挥控制（C^2）系统融合为一体，并提供通用的全球态势图和实时信息。初步被选中的美国 TRW 公司和洛克希德公司将在为期 4 个月的演示中证明自己的能力，空军将据以作出最终选择。

美国空军研制第 3 代全球定位系统导航卫星 据美国《简氏防务周刊》杂志 2000 年 3 月号报道，美空军决定研制第 3 代全球定位系统（GPS Block Ⅲ）的导航卫星。新卫星将增加军用和民用信道，增强抗干扰能力。同时美国波音公司将改进正在研制的 12 颗第 2 代全球定位系统 Block ⅡF 卫星，洛克希德—马丁公司将改进待发射的 12 颗 Block ⅡR 可重新编程卫星。目前正在使用的第 2 代全球定位系统包含 8 颗 Block Ⅱ卫星、18 颗 Block ⅡA 卫星和 2 颗 Block ⅡR 卫星。

美国空军采购联合战术信息分发系统终端 据美国《防务新闻》杂志 2000 年 3 月号报道，美国空军新近又向美国洛克韦尔·柯林斯公司采购了 100 多套 LINK16 联合战术信息分发系统（JTIDS）2 类终端和 2H 类终端，合同总金额为 7500 万美元。

这些终端可为分散布署的美国军事人员提供持续不断的且抗干扰的保密话音和数据通信。它们可为军事用户提供态势感知能力并减少误伤率。2 类终端配备在战术飞机上，而 2H 类终端则是装备在海军舰艇和指挥控制飞机上，如机载预警与指挥控制系统和 E-2C“鹰眼”预警飞机。

美国向中国台湾出售改进型移动用户设备战术通信系统 据美国《简氏防务周刊》杂志 2000 年 10 月号报道，美国国防部于 2000 年 9 月 28 日宣布将向台湾出售 13 亿美元的武器装备。这项计划包括继续向台湾出售改进型移动用户设备（IMSE）战术通信系统，金额达 5.13 美元，主承包商为美国通用动力通信系统公司。

目前，台湾第 6 军团第 73 通信大队已装备了改进型移动用户设备战术通信系统，并在 1999 年 9 月 21 日台湾发生大地震时，对其进行了实际应急通信检验。有关改进型移动用户设备战术通信系统的后续工程预计包括，装备台湾第 8 军团和第 10 军团。在师一级，每一个改进型移动用户设备战术通信系统的转接点将连接 120 个话音用户和 124 个数字用户。在旅一级和营一级，将连接 40 个话音用户和 63 个数字用户。

驻韩美军建立一体化广域网 据美国《信号》杂志 2000 年 5 月号报道，美军正在实施一项新计划。该计划将在全球国防信息系统基础设施和驻韩国的指挥控制通信计算机和情报系统用户之间提供广域网传输带宽并解决现有数据网存在的以下几个问题，即增强驻韩国指挥控制通信计算机和情报系统的抗毁性、可靠性和故障维修能力；建立一个大型异步传输模式（ATM）网络，使驻韩国指挥控制通信计算机和情报系统能够传输大量的数据文件以及视频和图像信息；实现一体化的广域网。一体化的广域网将为韩国 50 个地点的 140 多个用户机构提供服务，并能显著增强韩国的战区通信基础结构的抗毁能力和适用能力。

俄军试验其预警系统 据美国《简氏防务周刊》杂志 2000 年 4 月号报道，俄罗斯军方为试验其预警系统的性能，最近在巴伦支海从潜艇上发射了一枚弹道导弹。俄国防部发言人称，该预警系统成功地侦知了导弹的发射，并把有关数据及时传给了俄罗斯总参谋部。

俄美签订共建联合数据交换中心的协定 据美国《空间技术》杂志 2000 年 6 月号报道，经过近两年磋商后，俄美两国于 6 月签订了共建联合数据交换中心（导弹预警中心）的协定。该中心计划建在莫斯科郊区。它不是一个混合系统，而是俄美两个系统并存。

美拟派出约16人的小组操作美方系统。该中心定于2001年夏开始培训人员，2002年投入工作。在此之后，该系统能监视全球的导弹发射。

俄军拟采购Pchela型无人侦察机　据美国《国家防务》杂志1999年11月号报道，俄军拟采购24架Pchela型无人侦察机，因其在对车臣叛军作战中表现出色。该无人侦察机能携带30千克重的有效载荷，飞行高度达3000米，最大时速150千米。今后的改进包括：增加把目标信息及时传给空中和地面武器平台的能力，增加全天候日夜工作的传感器，逐渐向侦察和攻击两用型无人侦察机过渡。

印军改进指挥控制通信计算机和情报能力　据美国《国家防务》杂志2000年6月号报道，印度国防部决定拨款5亿美元改进其指挥控制通信计算机和情报（C^4I）能力。该计划中最优先的项目是计算机图像生成软件，其他优先发展的项目还有决策支援系统和陆海空三军的电子战系统等。陆军无线工程网（AREN）战术通信系统也将连入新的指挥控指通信计算机和情报网络。该网预定于2002年底开始工作。

印军建立大型军用数字通信网　据美国《防务新闻》杂志2000年9月号报道，印度军方与德国西门子公司于2000年7月签订了一份金额为1亿美元的合同，旨在建立一个能覆盖300千米沿线区域的军用数字通信网，其中包括建立专用综合保密通信接力单元、数字微波站和光纤网。此项计划定于2000年9月开始进行。该合同涉及两个主要项目：一是在印度军方山区和从克什米尔谷地到安达曼尼科巴群岛的海岸区建立通信硬件设施；二是在边界地区设置80个通信站、150个数字微波接力站和300个甚小空径卫星终端。印度陆军计划购买12.5万套数字无线设备、1.5万套微型蜂窝设备和200套大型蜂窝设备，此外还打算购买1万套无线电接力设备，用于进行军事通信网图像传输、数据和话音通信。

约旦将设置综合边境监控系统　据美国《简氏国际防务评论》杂志2000年10月号报道，美国科学应用国际公司正在为约旦特种作战司令部开发综合边境监控系统。该系统分4个阶段实施，目前已进入实验阶段。该项目是由美国政府动用对外军事援助基金来支付的。该计划第1阶段将使用现成的数据网络系统（CDNS）、战斗管理系统（BMS）软件对指挥控制通信计算机和情报（C^4I）的初步方案进行论证。该软件原是美国指挥系统公司（CSI）为美国海军陆战队开发的。美国指挥系统公司为后3个阶段提供了载有各种传感器的移动监控车，其中包括一个多普勒雷达装置，它能探测到10千米内车辆和5千米内的人员。

英国陆军拟采购步兵用电台　据美国《简氏防务周刊》2000年1月号报道，英陆军拟采购4.5～5万部个人通信电台，供步兵用于小组内通信。要求它不得干扰未来的Bowmn甚高频无线电台，并能在2001年底开始交货。现候选设备有BAE公司的SmallTalk 16信道扩频超高频无线电台和Thomson－CSF公司的TRC5051 10信道甚高频无线收发信机。

英军研制系留式光缆通信系统　据美国《国际防务评论》1999年12月号报道，英国军方正与企业界合作研制可回收的系留式光缆（RTOF）通信系统，供深海下的潜艇与其他潜艇、水面舰船、飞机和岸站进行隐蔽的双向通信。深海潜艇释放的系留式光缆（RTOF）通信系统平台能上升并稳定在水面，其上装有超高频和特高频卫星通信天线。通信时潜艇可继续机动，通信完毕后潜艇即回收光缆通信系统。

英军维和部队将装备新型通信网　据美国《信号》杂志2000年5月号报道，英军计划为驻波黑和科索沃维和部队设计、采购和建立一个新型的高度自动化的通信网。英国BAE系统公司是该计划的主承包商和系统集成商，目前正在对可用的商用通信设备进行有机的组合、试验、配置和组装，新的通信系统计划在2000年夏季完全投入使用。

新的通信系统由分布在巴尔干地区的大约60个通信节点组成。该系统能完全与北约的通信系统兼容，并将为驻波黑地区的英国、加拿大、德国和捷克的维和部队和驻科索沃英军维和部队提供现代化的话音、数据和传真通信链路。新通信系统可与英国本土保持连通。

英国陆军“弓手”电台将推迟部署　据美国《武装部队》杂志2000年2月号报道，英国国防部已把“弓手”电台的服役时间推迟到2003年底到2004年初。英军“弓手”计划旨在研制并部署新一代的战术电台，用来取代英军中正在使用的“族人”系列电台。“弓手”电台是一种能传输加密话音和数据的背负式和车载式电台。它能与英军的“松鸡”战术地域通信网等通信系统互通，还能与盟国的通信系统互通。

法军试用全球性指挥与信息系统　据美国《简氏防务周刊》1999年12月号报道，1999年底法军在有美、英、德、比等国部队参加的Aigle 99演习中，试用了法国陆军作战指挥部新装备的全球性指挥与信息系统。它以RITA2000通信网和师以上指挥系统SICF－1型为基础，具有指挥控制通信情报（C^4I）、火力支援、后勤保障和办公自动化等多种功能。演习中 SICF－V 指挥系统共采用了 1123 部终端和 167 个工作站。

法国陆军研制战场敌我识别系统 据美国《国家防务》杂志 2000 年 3 月号报道，法国陆军最近与法国 Thomson－CSF 公司签订了款额为 3650 万美元的合同。该公司将为法国陆军战场敌我识别系统（BIFF）计划生产 1500 套应答器，用来装备装甲车辆。战场敌我识别系统是一个采用毫米波技术的问答识别系统，符合美、英、法、德等国共同建立的北约敌我识别系统的标准。法国陆军战场敌我识别系统（BIFF）计划的总需求量为 5400 套。

法、意、西发射军用侦察卫星 据美国《简氏防务周刊》1999 年 12 月报道，法国、意大利和西班牙三国的 Helios1B 军用侦察卫星于 1999 年 12 月 3 日发射并成功进入轨道，24 小时后它就发回了第一批图像。但它与 1995 年发射的 Helios 1A 军用侦察卫星一样，无红外探测能力，不能在夜间工作或穿透云层工作。计划于 2003 年发射的 Helios 2 军用侦察卫星具有红外探测能力。

意军研究三军联合总部用的 C^4I 系统 据美国《简氏防务周刊》杂志 2000 年 6 月号报道，意大利军队近年来对其指挥控制通信计算机与情报系统（C^4I）作了较大的改进。陆海空军已分别部署了 SIACCON、Stargate 和 Leonardo 系统。陆、空军的系统业已互通。目前意军正在研究建立一个能与三军系统接口的联合总部用的指挥控制通信计算机与情报系统，并准备发射 COSMO－SkyMed 侦察卫星。

意大利演示异步传输模式通信网络 据美国《简氏国际防务评论》杂志 2000 年 10 月号报道，意大利最新的国防通信硬件已成为师对旅异步传输模式（ATM）通信网络演示的一部分内容。该网络使用 8 兆比特/秒和 2 兆比特/秒无线接力干线（具有纠错功能），可通过马可尼 SpaATM－101 战术交换机工作。

自 1999 年以来，意大利海军的 San Marco 两栖作战旅就使用 ATM－101 战术交换机。意大利陆军目前正对该战术交换机进行试验，将其作为 SOTRIN 战术地域通信系统的升级产品。ATM－101 战术交换机使用商用 ATM 标准，具有基于软件的军用特性。该战术交换机在 2000 年联合武士互通演示（JWID2000）中与 CD115E Eurocom 数字交换机一同提供与参谋小组和战斗网无线电的连通。此外，该战术交换机也可与 Tetra 网络连接，以满足移动用户的要求。

意军更新潜艇作战管理系统 据美国《简氏防务周刊》1999 年 11 月号报道，意大利“萨乌罗”级潜艇将用 ISUS90－20 作战管理系统取代其现用的作战指挥控制系统，从而使指挥控制和声纳系统一体化。ISU90－20 由 4 个多功能控制台和两个主电子仓构成，能跟踪 100 多个目标，提供 64 个优先目标的动态分析和威胁判断，并具有鱼雷制导功能。

加拿大推动战术互联网建设 据美国《国际防务评论》杂志 2000 年 3 月号报道，加拿大武装部队计划 2000 年内为其“艾利斯（IRIS）”战术无线电系统引入战术互联网信息分发增强功能。目标是增强“艾利斯”无线电系统的带宽并采用 ATM 交换机和高数据率无线电台，并与传感器系统连通，最终将“艾利斯”无线电系统升级为高数据率通信系统。

澳大利亚军方增强国防卫星通信能力 据美国《国际防务评论》杂志 2000 年 3 月号报道，澳大利亚军方最近与 Optus 公司签订了 3.4 亿澳元的合同，该公司为澳国防卫星通信能力计划提供通信卫星。该卫星拥有 4 个 50 瓦 X 波段转发器、4 个 120 瓦 Ka 波段转发器、5 个 5 千赫信道和一个 25 千赫超高频信道，能为澳军提供改进的宽带远程通信能力。

北约成员国计划取代现用通信系统 据美国《防务信息与电子报告》2000 年 8 月号报道，北约成员国将在今后 10 年用新的数字式通信系统取代现用系统，而现有通信军标无一涉及数字化等问题，因此，北约有意制定新的适用于下一代系统的通信军标。目前已有 ITT 和 Thomson－CSF 等 5 家大型公司参与竞争。

北约空中指挥控制系统计划选定承包商 据美国《国家防务》杂志 2000 年 6 月号报道，法国 Thomson－CSF 和美国雷锡恩公司组建的合资公司最近赢得了北约空中指挥控制系统一级能力（ACCS LOCI）计划的 4 个合同，总金额约 1.25 亿美元。该公司将分别为比利时、法、德、意建立联合空战中心、空中控制中心和重组空中图像生成中心以及传感器融合站等。北约空中指挥控制系统一级能力（ACCS LOCI）计划是北约取代其“奈其”系统的步骤之一。

北约机载地面监视系统选定平台 据美国《简氏防务周刊》杂志 2000 年 7 月号报道，北约机载地面监视系统（AGS）已选定“空中客车”A－321 飞机为平台。飞机中部为任务区和会议区，任务区有 10～12 个工作站。基于美军 JSTARS 雷达技术插入计划的雷达被设置在机身前部壳体下的一个小舱中，该雷达将兼有活动目标指示和合成孔径雷达的功能。

（丁武将　宋鲁成）

电子对抗装备

综述　2000年，随着世界各国武器装备逐步向数字化方向发展，信息战部队建设和作战手段有了很大的发展。航天侦察与航天电子对抗普遍受到各国的重视，卫星电子战攻防研究有了新的进展。

随着信息战、计算机网络战技术研究和理论发展的不断深入和完善，以及各国对信息战的重视，世界各国在发展计算机网络和信息系统的同时，重视提高网络防护能力。各国相继成立网络战部队，开展计算机网络战研究，防止“黑客”和敌对国的侵扰。继美、英等发达国家建立信息战机构和部队后，印度、台湾等国家和地区也建立了相应的机构，开展计算机网络防护和攻击研究，建立计算机网络监控系统，并研制了大量的计算机病毒。

近年来全球定位系统（GPS）在武器制导和导航方面的应用日益广泛，世界各国越来越重视GPS对抗技术的开发和研究，并相继研制出GPS干扰装备。为此，美国加大GPS抗干扰技术研究力度，研制出抗干扰接收机并将投入实际应用。

就三军发展而言，陆军注重提高电子战防空作战力量，发展引信对抗、无源侦察预警系统和战术激光，加强指挥控制系统建设。海军重视提高舰艇的侦察告警能力，发展隐形舰艇和新型舰载电子战器材，并着手开发舰载光电对抗装备。空军注重改进和提高支援干扰能力，扩大无人机的应用范围。将无人机推广应用于侦察、干扰、反潜等电子战领域；重视提高各种作战飞机的红外对抗能力，增加拖曳式诱饵的装备和使用，提高作战飞机自卫干扰能力。

中国台湾当局早已认识到电子战装备对争夺台海作战优势的重要性，本着信息共享，三军互通的原则，优先发展综合一体化的侦察、监视和预警能力，加强电子战/信息战能力，注重信息系统的安全防护，重视电子战系统与主战装备的同步发展，进一步加大装备外购和自研的力度。印度推行“向东看”政策，加强与越南、缅甸等东南亚国家的军事合作。印军积极发展侦察预警装备，加强对中印和印巴边界的监控。印度信息系统的建设取得很大进展，陆海空三军相继建立信息交换系统，并将逐步实现联网。日本继续完善侦察、监视能力，加强航天侦察力量。韩国继续加强国防联合信息系统建设，重视提高对朝鲜半岛北方的监控能力，包括航天侦察能力，密切关注北方装备的发展动态。

陆军电子对抗装备　**美国研制出新型GPS抗干扰接收机**　据英国《简氏防务周刊》2000年3月1日报道，由于对GPS系统的依赖性日益增强，美国防部于1996年委任洛克希德—马丁公司进行“导航战”研究。1998年12月完成理论研究后，洛克希德—马丁公司与罗克韦尔·科林斯公司合作研制出实验型GPS抗干扰装置，即“GPS空间时间抗干扰接收机”（G－STAR）。1999年8月在120分贝的干扰环境下成功地进行了鉴定测试，预计2001年初首批生产。据洛克希德—马丁公司人员称，解决导航战问题，主要从用户设备的3个方面着手，即：增强抗干扰能力，提供干扰源探测能力和拒绝敌方利用GPS的能力。G－STAR抗干扰接收机采用数字技术，因此比目前采用的模拟技术具有优势。此外，该接收机还利用了具有“空间时间自适应处理”功能的商用现成部件来提高抗干扰能力。这里的“空间”系指在抑制干扰信号的同时，能融合各天线接收到的信号，使之形成指向GPS卫星的波束；“时间”系指数字信号处理，以帮助滤掉干扰源信号；“自适应”系指实施波束指向、抑制和过滤各种干扰的能力，以应对环境的变化（包括平台或干扰源的移动）。这种新型的G－STAR抗干扰接收机将首先装备洛克希德—马丁公司研制的AGM－158“联合防区外空对地导弹。”

美军利用先进的惯导技术提高GPS制导武器的抗干扰能力　据美国《航空周刊与空间技术》2000年1月17日报道，美国空军研究实验室（AFRL）和雷锡恩公司成功地完成了先进惯性导航系统的系列试验，目前正在开展对该系统的研制。该系统被设计用于改善GPS制导的战术武器的抗干扰能力。

GPS制导武器已成为当今大量使用的高精度、低附带毁伤武器，但由于低功率GPS卫星信号以众所周知的频率波长工作，这使它很容易受到干扰。理论上10千瓦的干扰信号可以阻止GPS接收机在干扰源的1000海里范围内采集卫星信号。为了解决GPS接收机抗干扰问题，1996年9月，空军研究实验室与雷声系统公司签约，设计、研制和试验一种可装在小型战术武器中的高性能抗干扰GPS导航系统。1999年夏天完成样机研制，并成功通过试验。1999年9月1日启动了为期30个月的第2阶段工作，致力于系统飞行重力部件改装，从而使其能够装入一个100立方英寸的圆柱体内，由6英寸直径的武器携带。

实验模拟的先进GPS惯导系统证明，该系统明显改善了GPS的抗干扰能力。该系统的生产型将配备在艾格林空军基地研制的113.5千克重的炸弹上。这个系统可明显提高口径较大的GPS制导武器的抗干扰能力，例如，联合直接攻击弹药（JDAM）、联合防区外武器（JSOW）和联合防区外空对地防区外导弹（JASSM）。

美国增加订购近炸引信干扰机 据《航天电子对抗》2000年第4期报道，康多系统公司将为美中央司令部再生产42部“游击手”电子保护系统（SEPS），合同值1790万美元，“游击手”是一种轻型干扰设备，由收/发讯机，组合式天线和高功率放大器组成，用于对付装有雷达高度表和近炸引信的炮弹，控制炮弹在离地面一定距离内引爆。“游击手”首先检测然后干扰来袭范围内的雷达高度表信号，在检测出引信无线电信号之前，该系统是无源的。检测到信号后它将用386块芯片上的信号算法，得出炮弹的来向或去向，用转发式干扰机向炮弹发射信号，使炮弹在更高的空中引爆。“游击手”可单独也可组合使用，相互间没有干扰。

美国陆军选用AN/USQ－146指挥控制战系统 据《航天电子对抗》2000年第4期报道，美陆军通信电子司令部从罗克韦尔·柯林斯公司订购16部AN/USQ－146指挥和控制战（C^2W）系统，作为“预言家”（Prophet）计划的地面设备，用于取代临时的AN－PRD－13背负式信号情报系统，装在高机动多用途轮式战车上。USQ－146是AN/USQ－113通信干扰机的改进型，也是EA－6B电子战飞机89A批次改进计划中使用的设备之一，它所用的商用收发讯机可提供调幅/调频语音和数据通信、多波段监视、目标监测识别和分析，并可在20～2500兆赫频率范围内采用多种波形对目标进行干扰。陆军希望用其来改善现役的TLQ－17通信干扰设备20～88兆赫波段。

俄罗斯的近炸引信干扰机亮相 据英国《简氏国际防务评论》2000年5月报道，3月在阿联酋首都阿布扎比举行的TRIDEX2000展览上，俄罗斯的近炸引信干扰机登台亮相。这种被命名为SPR－2的宽带干扰机与美国陆军的AN－VLQ－11“游击手”近炸引信干扰机类似。据称，俄陆军几年前就开始使用SPR－2。其覆盖区域为20～60万平方米，是美国同类干扰机覆盖面积的许多倍。系统重500千克，安装在8轮BTR－70或类似的轮式装甲战车上，可对己方的炮兵连或其他重要系统提供区域覆盖，以免受敌近炸引信弹药的袭击。SPR－2发射机的干扰信号覆盖VHF－UHF波段（100～500兆赫）。据称它在固定和移动状态下工作都十分有效，在其半球形视界内可使炮弹在400米的高度上爆炸。SPR－2R单价大约是100万美元，据称，5部系统将足以保护1个师的设备。

印军加紧电子战能力建设 据美国《防务新闻》2000年9月18日报道，印度将耗资1.25亿美元实施称为“萨姆尤克塔”（Samyukta）的综合电子战计划，2000年年底将完成野外试验工作。“萨姆尤克塔”电子战系统由印度国防电子研究实验室和陆军联合研制与综合。它涉及甚高频电子和通信干扰机与印陆军现有通信网络及其防空系统的综合。按计划，印度将安装10部有源相控阵雷达、100套数字通信系统和大约50套甚高频电子干扰系统。

印度将在中印、印巴边境地区部署高技术电子侦察装备 据印度《德干先驱报》2000年11月27日报道，印度计划在印巴、印中边境地区部署高技术武器装备，目前正在世界范围内寻求购买价值200亿卢比的装备，以改进其电子监视能力。这些装备大部分将装备印第14和15军。这两个军驻扎在与巴基斯坦和中国接壤的喜马拉雅山边境地区。印度计划采购的装备包括短程和中程无人机、通信系统、电子干扰机、便携式测向机、雷达对抗侦察装备、遥控飞行器、直升机载低功率干扰机、远距离侦测系统和战场监测雷达。印巴和印中的边界有大面积的无人值守区。目前，这些区域是通过远距离巡逻、前沿观察哨、冬季监视哨和不定期的空中巡逻来进行监视的。解决这一问题的最佳办法是利用电子设备来完成此项任务。据悉，目前，印度与以色列就购买“搜索者”（Searcher）Mk－2型无人机进行的谈判进展顺利。

印度计划从以色列采购无人侦察机 据《现代军事》2000年6月报道，由于印度“尼尚特”（Nishant）无人机计划一拖再拖，再加上所研制的无人机航程只有32千米，印度陆、海军认为这无法满足他们的作战需要，要求国防部尽快购买以色列的“搜索者－2”无人机。印度国防部1999年从以色列为陆军订购8架“搜索者-2”无人机，现又决定再购买20架。印国防部一位官员说，陆军可能还将获得20架这种无人机。但陆军希望获得至少100架，以便执行高空侦察任务。印海军的“维兰特”航母目前正在中期维修，2001年2月以后才能重新投入使用。海军急需在驱逐舰和其他主要战舰上部署至少50架无人机，以执行监视任务，要求国防部迅速为之购买“搜索者”和“苍鹭”无人机。

伊朗开发激光告警系统　据英国《简氏防务周刊》2000年3月1日报道，伊朗国防工业研究院已经开发出一种激光探测、跟踪和告警传感器，用于提高其装甲车辆、自行防空火炮系统的战场生存能力。这种新型激光告警系统已安装在一辆ZSU-23-4自行高炮上。据称该系统还将安装在伊朗自行开发的主战坦克上。

这种桅杆式的激光传感器安装在炮塔上面，探测方位360°，最大仰角60°。显示和控制台安装在炮塔内车长的旁边。它可以分辨各种激光束，包括来自激光测距仪及反坦克导弹激光制导装置的信号。显示器告诉车长激光的方向和类型，以便采取紧急行动。一旦目标被锁定，激光告警系统立即发射烟幕弹，干扰敌方激光制导系统对目标的照射。

中国台湾研制出近千种计算机病毒　据《雷达与电子战》2000年第2期报道，台湾军方目前已经研制出近1000种计算机病毒，以便对抗来自大陆的电子攻击。台湾“国防部”信息及通信局在台北宣称“如果中国人民解放军展开对台湾的电子战，台湾可以通过这1000种计算机病毒击退大陆的电子攻击”。据称，台湾计算机病毒渗透至敌方通信网络中的能力，在前不久进行的包括电子战内容的军事演习中进行了预演。

中国台湾建立计算机网络监控系统　据美国《电子防御杂志》2000年5月号报道，台湾最近建立了计算机网络全时段监控系统，以防止大陆计算机“黑客”对台湾计算机网络的攻击和破坏。

英国新型陆基电子战系统问世　据美国《电子防御杂志》2000年3月号报道，雷卡防御电子公司最近研制了一套新型电子战系统，命名为“搜索者”4和“搜索者”5。工作频率为20～1000兆赫的“搜索者”4系统集测向、侦察和监视为一体，由1台FA3726双工接收机，1台个人电脑和A3007（3～30兆赫）与AE3020艾德考克（3～1000兆赫）测向天线组成。该系统适用于轮式车辆、掩蔽阵地和固定阵地。它采用数字信号处理技术并可解调下列信号：调频调幅、移频键控、连续波和高、低边带信号。“搜索者”5是一套通信电子支援系统，工作频率范围为20～1000兆赫，具备探测、测向、截获和信号分析能力。

英国启动雷达反隐形技术研究计划　据《现代军事》2000年9月号报道，英国开始一项为期3年的雷达反隐形技术研究计划。汤姆逊雷卡防务公司、国防鉴定与研究局和伦敦大学组成研究小组，将研究对地面、海上和空中难以发现和隐形的目标的探测、跟踪和分类等问题。这项为期3年的合同价值约为300万英镑。汤姆逊雷卡防务公司为主承包商，负责整个项目的管理，雷卡研究公司予以协助。研究小组计划就涉及雷达反隐形的各个方面向国防部提出建议和专题性报告，以满足英国部队对付未来威胁的需要。除了研究先进的系统概念和处理技术外，还将对作战适用性进行分析评估。研究共包括10个项目，最终将提交雷达反隐形领域的综合报告以及给出下一步将要进行的计划。

英国研制新型电磁炮弹　据《澳大利亚新闻战线》2000年12月29日报道，英国正在研制的一种不杀伤人员的高技术电磁炮弹，可能成为英国未来最具威力的武器之一。这种炮弹能使敌坦克和飞机瘫痪，破坏其无线电和雷达系统。它还能使电话、电视和无线电网络中断，致使国家的电力系统瘫痪。

英国马特拉宇航动力公司已为英国国防部演示过该系统以证实其可行性。此后，国防部发表了一份未来需求的摘要，其中包括这种“由155毫米炮弹或火箭弹发射的射频弹”。有报道说，北约非常希望得到这种非致命武器。

这种弹药仅装有几克炸药，其作用只是在弹药接近目标时打开弹壳，弹壳里的发射器在目标上空打开，发射电磁信号。虽然电子脉冲仅持续十亿分之几秒，但其功率可达数十亿瓦，造成其作用范围内的电子线路过载而被破坏。

澳大利亚积极研制非核电磁炸弹　据《国际飞行》周刊2000年10月24日报道，澳大利亚防御科技组织对外公布非核电磁脉冲炸弹研究计划，并称正在制造至少一种用于试验的样弹。样弹至少有采用热电池驱动的脉冲发生器。该发生器可以产生数百千瓦的输出功率，但有效作用距离只有几米。据称，澳防御科技组织除了在研制热电池驱动的样弹之外，还正在研究其它电磁炸弹，如使用高爆磁通脉冲发生器的电磁炸弹。电磁炸弹非常适合在城区使用，这种武器只摧毁和扰乱电子装置和电磁媒体，对民用设施及人员没有影响。它的典型特征是，峰值功率超过 100 兆瓦，能量 10～1000 焦耳，脉冲宽度 10～100 纳秒，脉冲重复周期 100～1000 赫兹。防御科技组织称电磁炸弹已经研制出来，到 2010 年将可能出现第 2 代改进型弹。在未来 10 年，射频武器（包括电磁炸弹）将对地面电子设备产生巨大的杀伤作用。有迹象表明，这种武器有效作用半径有可能很快达到 1 千米或更大。

海军电子对抗装备　**美国海军大力发展潜艇的情报侦察与监视系统**　据英国《简氏防务周刊》2000 年 5 月 31 日报道，美国海军潜艇作战部主任称，为提高潜艇部队沿海作战时的警戒与侦察能力，美海军将利用新型情报收集系统改进现役潜艇。美参联会最近的研究表明，2015 年前，高强度作战形势要求海军须保留 68 艘潜艇，而不是像原计划的那样缩编至 50 艘。研究还表明，在不断增加的潜艇部署中，大多数将用来执行情报收集、监视与侦察（ISR）任务。因此，从 2002 财年开始，海军的重点是提高现役潜艇的情报收集和探测能力。

美海军认为，随着新的数字技术、更高灵敏度的探测天线以及更强大的情报收集系统的不断出现，潜艇的情报收集、监视与侦察能力将得到大幅度地提高。而有希望提高潜艇情报收集能力的一种有效途径是利用无人潜水器（UUV）。由波音公司研制并将于 2003 年装备美国海军远程水雷探测系统被认为是发展构型可变的 UUV 的第一步。这种 UUV 可配备不同的载荷，包括遥控潜水器，该潜水器能释放天线桅杆或天线，以收集情报和跟踪敌潜艇，并将成为未来水下综合探测网的关键节点。

美国海军攻击潜艇将装备 WLY－1 声威胁截获系统　据美国《国际预测》2000 年 11 月 23 日报道，被指定为美国海军“洛杉矶”级和“弗吉尼亚”级攻击潜艇声威胁截获系统的 AN/WLY－1 潜艇防御战系统，是 80 年代末为替换 WLR－98 声截获系统而开始设计的。目前 WLY－1 被指定替换 WLR－/9/12/17 系列系统。WLY－1 具有对威胁平台的声纳和鱼雷的识别能力，可用于威胁的早期探测、分类和跟踪。该系统也能进行多路径测距，并且可以作为一个控制分类系统对全部艇载对抗装置和发射器进行发射管理。目前，诺思罗普·格鲁曼公司已经完成了 WLY－1 的研制工作。

WLY－1 将装备 23 艘改进的“洛杉矶”级潜艇（从 751 号艇至 773 号艇），另外再采购 1 个系统作为岸基训练器。包括“洛杉矶”级、“海狼”级和“弗吉尼亚”级在内的攻击潜艇共需要 57 个 WLY－1 系统（含 1 个岸基训练和备份系统）。

美航母将配备海军电子支援侦察系统　据《电子防卫杂志》2000 年 8 月号报道，继 AN/WLR－1H（V）7 电子支援侦察（ESM）系统在“杜鲁门”号航母上成功地进行试验后，美海军决定开始采办这种电子战支援设备。AN/WLR－1H（V）7 是在 AN/WLR－1H（V）5 基础上研制的一种全新电子战支援系统，除保留了电子战支援系统的天线外，其余部分都有所改进或被替代。原有 AN/WLR－1H（V）5 电子战支援系统中的 35 个外场可更换单元被新系统中的 5 个外场可更换单元取代，使整套系统的重量由 1362 千克减少为 90.8 千克。由于重量减轻，新系统将节约 3 千瓦的能量。AN/WLR－1H（V）7 电子战支援系统包括瞬时测频接收机以及与之相连的信道化超外差接收机、双奔腾处理器、双 20 英寸平面显示器和专用天线。天线接收到信号后，由光纤链路传输给工作站。根据合同，海军共计划采办 36 套系统。宽波段系统公司在交付给海军 9 套系统后，还将交付两套 AN/WLR－1H（V）7 系统，用于装备“肯尼迪”号航母和“里根”号航母。

日本希望加入协同交战能力网　据美国《电子防御杂志》2000 年 10 月号报道，日本海上自卫队希望获得美国海军的协同交战能力（CEC）设备，加入协同交战能力网。协同交战能力网是美国雷锡恩公司多年开发和研制的舰船和飞机传感器系统火控网络，可为各作战单元连续提供战术态势。通过协同交战能力网，各武器系统可分享传感器数据，消除覆盖区域中的盲区，并可攻击自己瞄准区域外的目标。雷声公司最近将就这个问题与日本协商。

德国研制新型舰载诱饵系统　据《舰船知识》2000 年 9 月号报道，目前标准的诱饵系统仅能有效防范雷达或红外制导反舰导弹的打击。新的导弹制导技术具有高度复杂的反干扰能力。例如箔条识别算法，双色红外识别，图像处理，光谱、空间和时间处理，双模式处理，最后锁定等。针对这种情况，德国构想出一种新概念诱饵，它在光谱、时间和空间上的雷达/红外信号达到与真船相同和近似，并将其部署到与舰艇一样的位置，快速反应出与舰艇一样的运动特性。新型诱饵对雷达的有效频率范围是 7～18 千赫，红外波长 3～4 微米，并能增加对抗 1.06 微米激光制导武器的性能。计算机控制的具有训练能力的发射器反应速度最快小于 2 秒。每个发射器备有 32 枚诱饵，发射器采用碳纤维制造，隐形设计，没有再装填能力。该系统适合小型快艇和护卫舰的防护。预计将装备在德国海军未来的 K130 艇上。

空军电子对抗装备 **美军研制 RAH－66“科曼奇”隐形侦察直升机** 据《航天电子对抗》2000 年第 3 期报道，2000 年 3 月，美国国防获取委员会审议通过研制 RAH－66 隐形直升机计划，研制和生产具有隐形功能的 RAH－66 武装侦察直升机。RAH－66 隐形直升机，与 AH－64D“长弓阿帕奇”直升机一样，都属于第 4 代武装直升机。两者的最主要差别在于 RAH－66 是一种隐形直升机，其雷达信号特征比“阿帕奇”小约 300 倍，其红外辐射特征是“阿帕奇”和“黑鹰”直升机的 1/4，低可探测性可以躲过雷达的搜索跟踪，低红外辐射特征可以躲避热寻的导弹攻击。RAH－66 所装备的电子设备有：第 2 代前视红外装置（观察的距离是现役的 2 倍），图像增强型电视和改进型“长弓”小型雷达。与 AH－64D 相比，RAH－66 侦察距离扩大 2 倍，侦察区域扩大 4 倍。RAH－66 的大小和重量分别是 AH－64D 的一半。这些特征结合其低可观察性和电子扫描技术，使 RAH－66 能在更接近辐射源的距离上飞行和侦察。直升机机组还要利用机上侦察设备，侦察敌方雷达的信号。RAH－66 还携带有复杂的飞机生存能力设备、现代通信与导航系统以及数据链路。最重要的是 RAH－66 堪称地面指挥官的眼睛，它能显示出敌军位置、兵力部署。RAH－66 还携带有足够的自卫武器，一旦发现目标，可以执行轻度的攻击任务。直升机研制计划通过审议后，将进入演示/评估阶段、样机研制阶段。如果顺利，将在 2 架样机基础上，再批量生产 13 架进行飞行试验，预计 2006 年服役。

美国启动 EB－52 电子战飞机计划 据《美国防御杂志》2000 年 4 月号报道，美国空军空战司令部提交了一份报告，申请将 12 架 B－52 改造为支援干扰飞机 EB－52。

在盟军行动中，美军认识到电子支援干扰能力的不足，而且在 EF－111 飞机退役后，空军没有自己的电子支援干扰飞机，EA－6B 飞机的替代机种也要到 10 年后才能服役。空军选择 B－52 是因为其具有“全球到达能力”和足够的空间。在设备选择上，空战司令部建议将现有的干扰吊舱安装到 B－52H，包括安装在 EC－130 飞机上的“茅枪”低频段吊舱，但吊舱尺寸可能要增大。目前 B－52 正在实施“态势感知改进”（SADI）和“航空电子现代化”（AMI）计划，空军希望电子战系统能与改进的系统相综合。EB－52 计划在 2002 财年启动，空军空战司令部希望在 5 年的改进期间获得 3.34 亿美元的经费支持，同时希望在 2001～2002 财年获得 450 万美元用于工程研究，以降低潜在的风险，如电磁兼容等问题。

美国发展新型反雷达设备 据《国际飞行》2000 年 8 月 1～7 日报道，美国雷锡恩公司称，其专为攻击地空导弹系统设计的“先进战术瞄准技术”（AT3）项目，通过革新，可实施对敌方防空的杀伤压制。根据该公司签订的 22 个月、870 万美元的第 2 阶段合同，AT3 计划将在 2002 年进行飞行试验。雷声公司希望这项验证将推动 AT3 计划的发展并在 7 年之内部署。

美国国防预研计划局和空军已为 AT3 规定了严格的指标：距离为 280 千米，精度 50 米，需要在威胁雷达打开的 10 秒钟之内捕获目标。按照 AT3 方案，装备传感器且用数据链相连的 3 架飞机将采用时差到达技术来精确确定辐射源的位置。AT3 将使载有 GPS 制导弹药的任何飞机都能执行压制敌防空系统任务。执行任务的 3 架飞机可采用有人驾驶飞机或无人机，其中 1 架将作为“漫游主机”，采用来自两架“从机”的数据，为 3 架飞机的其中 1 架发射的 GPS 制导武器提供目标位置数据。

美国空军发展新的战术雷达电子作战系统 据《电子战技术文选》2000 年第 4 期报道，诺思罗普·格鲁曼公司正在加速其“战术雷达电子作战系统”（T－RECS）的研制进程，该设备准备安装到各种空中平台上使用。设备的功能包括用作电子支援侦察/电子情报接收机、用于防空压制任务的目标捕获设备及干扰。干扰作用又包括远距离支援干扰、自卫干扰和近距干扰（无人机上用）。

T－RECS 用作侦察接收机时，可提供高灵敏度的精确测向，还具有特殊辐射源识别能力。在执行压制防空的目标捕获任务时，该设备与 GPS 接收机和惯性导航系统一起工作，它能提供地面目标的几何位置坐标，在 3 秒钟时间内精度可达到优于 50 米圆误差概率。T－RECS 还能用作战术雷达干扰机，实施自卫和支援干扰。基本干扰机可以提供 0.5～18 千赫的干扰频率覆盖，也可下扩到 0.1 千赫和上扩到 40 千赫。在 0.5～6 千赫频段的连续波和功率输出是 10 瓦，在 26 千赫频段可增大到 100 瓦功率，在 6～18 千赫为 100 瓦。

联合指挥与控制战中心对其性能作了如下评定：在雷达频段干扰时作用明显，在通信频段干扰以及在侦察方式工作性能良好。地面操作员可在约 35 千米处对其进行遥控，包括在其飞行中可通过上行通信对干扰波形进行修改。战术雷达干扰机可以 3 种方式工作：自动方式；请求许可方式，即在识别威胁后再请求是否允许启动干扰，以及在什么时候实施干扰；受控方式，由操作员选定各种功能。

美国空军提高 E－3 预警机探测小尺寸目标和隐形目标的能力 据《电子对抗技术》2000 年第 2 期报道，美国空军 33 架装备预警与控制系统（AWACS）的 E－3 飞机中有 14 架正在接受“雷达系统改进计划”，并加速提高其余飞机的雷达侦察能力。根据这项新的改进计划，将于 2005 年 1 月完成改进安装工作。这项改进计划将使美国空军的 E－3 机型结构从原来的 4 种减少为 2 种，这样维护、保养、训练和操作费用就将大为减少。

科索沃战争经验表明，对 AWACS 性能的要求超过了对飞机数量的要求。改进的 E－3 飞机能够检测的目标比未经改进的飞机检测的目标小得多，雷达截面约为原来 1/10 的目标都能被发现。况且经改进后的 AWACS 提供的距离分辨力提高 6 倍，探测距离增加 70%～100%，距离、高度和方位精度也好得多。

美国军方希望 E－3 和 E－8 两种飞机的雷达通过更新后，能在较远的距离上发现隐形目标和巡航导弹等小雷达截面目标。经对雷达系统改进后，E－3 应能在 300 海里甚至更远的距离上发现雷达截面积为 0.2 平方米大小的目标；E－8 机载雷达更新后，能使该飞机在 200 海里之外发现目标，精度至 0.915 米。如果这两种飞机同时协同工作，操纵员能够检测到隐形目标并对隐形目标加以拦截。

美国空军 E－2C 预警机装备新的电子支援侦察系统 据《航天电子对抗》200 年第 4 期报道，E－2C“鹰眼”机载预警机将装备新的电子支援侦察系统，该系统命名为 AN－ALQ－217。新系统基本上是现有 ALQ－210 的改进型，近期内用于更换 E－2C 上的 AN－ALR－73 系统。ALQ－217 通过提供威胁检测和辐射源分类功能，增强飞机的雷达侦察和敌我识别能力。改进的内容还包括将故障平均间隔时间提高 10 倍，重量减轻达 60%，整机性能有所改善。ALQ－217 由 7 个设备箱组成：接收机/处理器，左、右侧有源前端组件，机头，左、右侧面和后部天线组件。装有 ALQ－217 的 E－2C 首飞试验将在 2001 年第 1 季度进行，2003 年交付首部生产型设备。目前共有 33 架 E－2C 飞机也要改进电子支援侦察系统，包括 6 架出售给埃及、法国、以色列、日本、新加坡和中国台湾的飞机。

美国空军计划研制卫星自卫电子战设备 据《电子对抗技术》2000 年第 1 期报道，国防部官员对美国卫星遭受攻击的担心与日俱增，设想在军用和民用卫星上使用电子战自卫装置。名为“天基资源计划”的自卫对抗设施将进行 32 个月的研制，包括从现有的或新开发的电子战技术中选择一些技术用到卫星上。卫星自卫电子战装备设想通过阻止敌方对卫星系统的检测、截获与攻击，来保护卫星。重点放在射频领域上。计划采用的手段有干扰机、诱饵、信号特征修改系统以及将卫星机动到安全地方的装置，也考虑了更具攻击性的对抗措施，例如切断向卫星逼近的威胁与其控制站之间的指挥控制链路。作为 2000 年研究内容的一部分，美国空军将就卫星易受射频威胁的情况作出详细定论。目前要解决的另一个问题是所研制的卫星电子战技术不得干扰自己的卫星执行任务，或者不干扰在轨的其它卫星执行任务。同时还希望研制出来的卫星自卫设备成本低，以便提供商业服务的卫星公司愿意承担这笔费用。

美拟给间谍卫星安装激光防护装置 据《国际太空》2000 年 7 月号报道，美国不久可能会给间谍卫星安装上激光防护装置—“眼睑”，以保护它们免受敌方发出的激光的干扰和损伤。绕地球轨道飞行的军事卫星配备高精度遥感器，可以非常清晰地拍摄到敌方的情况。而从地面发射的强烈激光束足以破坏这种遥感器，影响其探测性能。美国北卡来罗纳州的 MCNC 公司现已研制出一种能在瞬间闭合用以保护遥感器的“眼睑”。这种供卫星使用的“眼睑”由一层薄玻璃制成，表面涂有铟和锡氧化物制造的透明电极。通过把相反电流传送到这两个装置上，从而产生静电引力，引力将不导电电极拉下去，即合上了“眼睑”。切断电源，“眼睑”就重新弹开。在测试中，这种“眼睑”能在 1 秒内开合 4000 次。但是这种速度尚需提高很多倍才能保护遥感器免受突如其来的激光束的袭击。

美国将帮助台湾建造大型侦察卫星地面接收站 据澳大利亚《航宇日刊》2000 年 5 月 24 日报道，美国将帮助台湾建造大型侦察卫星地面接收站。这个大型卫星图像地面接收站将来可获得 50% 以上的大陆军事要地、基地和特定地点的即时动态情报。按照今年年初达成的协议，台湾军方将拨款 650 万美元。目前台湾正在北部地区建造地面站，硬件设施计划在 2001 年初完成，其后进行为期约 6 个月的软件安装和试验工作，然后正式启用。

韩国向以购进 100 架“哈比”反辐射无人机 据英国《简氏防务周刊》2000 年 1 月 19 日报道，根据以色列和韩国 1997 年签订的合同，以色列已向韩国交付韩国订购的 100 架“哈比”（HAPPY）反辐射无人机，总价值 5200 万美元。“哈比”反辐射无人机从地面车辆上发射，发射后不管，能自行探测雷达辐射，可在夜间和恶劣天气条件下使用，能够用于攻击像地空导弹发射阵地那样的目标，航程 500 千米。

中国台湾为“经国”号战斗机开发反辐射导弹　据英国《简氏防务周刊》2000 年 9 月 13 日报道，台湾中山科学研究院正在开发研制新型空射反辐射导弹，以对抗机载雷达和防空雷达。该种导弹是根据台湾自行研制的“天剑”2（TC－2）空空导弹而改进的，主要是提高 TC－2 探测器的性能，已经进行了首次发射试验。TC－2 属中程雷达制导空空导弹，是根据美国的 AIM－7“麻雀”改进的。台湾一些分析家认为 TC－2 具有与美国 AIM－120A 同样功能的雷达终端探测器。而此次研制的反辐射导弹将装配在台湾自行开发的“经国”号战斗机（IDF）上。

（全寿文）

后 勤 装 备

综述　2000 年，世界各国和地区军队根据各自的战略指导方针和军事发展需求，进一步加大了后勤科技装备研制、开发、采购和装备的力度，从而促进了后勤综合保障能力和部队战斗力的提高。

2000 年各国军队后勤科技装备的发展主要有以下 4 个特点：一是后勤科技装备中的高新技术含量得到了进一步提高。许多国家普遍将高新技术、特别是信息技术、新材料技术和新能源技术广泛应用于各类后勤装备的发展，研制、开发了嵌有电子计算机和显示器的作战服、轻便灵活的保暖服装、防地雷军靴、人体体内温度监测装置、作战人员生理状态监视器、用于物资管理的自动识别技术设备、远程维修系统、单个军事维修人员维修保障系统和北约“盟军部署与调动系统”等后勤装备，从而使后勤保障智能化、网络化、自动化的发展趋势得到进一步增强。二是海空军等技术兵种的专用后勤装备作为整个后勤装备发展的重点得到了重点倾斜。2000 年，海空军（特别是空军）专用后勤装备的发展呈现出非常活跃的景象。以美军为例，美军根据其 2000～2005 财年战略空运力量现代化计划，在对其 C－5、C－141 运输机、CH－47 运输直升机和 KC－135 空中加油机进行技术改造的同时，又加大了对新机型和新机种（如多用途登陆支援运输机、“联合运输直升机”）的研制发展以及对大型战略运输机（如 C－17 军用运输机）的采购力度。俄罗斯空军后勤装备的发展也有类似特点。三是各种通用后勤装备的技术性能得到了很大提高。2000 年许多国家研制了新型野战厨房、寒区取暖炉、引水拖车、野战油料储存加注装备和新型帐篷等后勤装备，对轻中型战术汽车等现有装备进行了技术改造，使后勤装备模块化、通用化、小型化的发展趋势更为明显，机动性能更高，系列配套更好，综合保障能力更强。四是依托民间力量发展军事后勤装备的趋势进一步加强。2000 年许多国家继续借助民间力量，采用成熟的民用技术发展军事后勤装备。英军计划研制的模块化炊事装备采用德国卡邱公司的技术、印度利用民用技术发展军用汽车、美国防后勤局和陆军的后勤计算机系统的改进与维护承包给地方公司等都充分反映了这一点。

（何在涛）

军需装备　2000 年，各主要国家军需装备的发展主要有 3 个特点，一是“士兵系统”的研究更加深入，更加重视高新技术、特别是信息技术在“士兵系统”中的应用；二是加大了野战炊事装备、野战口粮研究和装备的力度；三是大力开发单兵装备包括单兵防护装备，在防护材料的探索上有了新思路。

被装装备　**美军研制嵌有电子计算机和显示器的作战服**　据英国《简氏防务周刊》1999 年 12 月 1 日报道，为提高未来士兵系统的指挥、控制、通信、计算机、情报、监视与侦察能力，美国国防部研制出嵌有计算机及其电源和显示器的作战服。该作战服所用材料是一种具有细小微孔的合成纤维，服装的颜色可以通过纤维的光脉冲来控制，能产生混合的色彩和图像，使士兵的整个外表像一个彩色电视屏幕，甚至能将士兵伪装成周围环境中的某一种物体的颜色和形状。纤维材料中含有能够吸收红外光的材料，可以削弱敌方红外侦视。中空纤维中若充填活性炭，可以吸附生化战剂；若放入传感器，则能使指挥官实时监视战场，了解战场态势。

美军将装备三军通用防护服 据美国《陆军》杂志2000年5月报道，美国部队将开始向一线士兵配发一种新型防护服。新型防护服仍为两件式套装，由面层和内衬组成，面层为防水棉/尼龙混纺织物，内衬带有起防护作用的固定轻质碳粒，不会像现行防护服上的碳粒那样被摩擦掉。新防护服主要有3个优点：(1) 经久耐用。该防护服至少可经受6次洗涤，即使用毁伤力较强的洗衣机洗涤，其防护性能也不会受损。新防护服的防护作用时间（45天）比现行防护服（30天）多15天，其防护能力与老式防护服一样，即在化学污染环境中均为24小时。(2) 舒适轻便。新防护服不再使用泡沫作衬里，体积减小，士兵穿着除热应力减小外，行走、活动更方便，不易疲劳。(3) 设计合理。新防护服上衣增加了一顶兜帽，可代替防毒面具上的异丁橡胶头套，衣服加装一根固定绳，士兵胳臂上举时可防止上衣掀起。新型防护服所配手套与现行防护服一样，均为异丁橡胶手套。目前美军正在研制新的多用途防护靴，以增强对油料和油火的防护能力。

俄军研制并装备单兵野战生存保障用品 据俄国《军队文集》杂志2000年第1期报道，俄武装力量后勤部及有关部门紧急研制并在"热点地区"部队装备了一系列旨在保障军人野战生存的军需用品，包括挎包、背囊、单兵睡袋、保温毯和单兵防雨斗篷。新挎包（可存放野战服装）由防水迷彩卡普纶布制成，可改变大小并分为大、中、小3种型号，可以手提或肩背，不用时可以很容易地折叠起来。挎包里外的夹袋可以分类存放不同的物品。新背囊由防水迷彩卡普纶布制成，可改变大小。背囊的上部可以用绳系紧并用兜布盖上。肩带的长度可以调整。睡袋、保温毯和其它物品可以用带子固定在背囊上。背囊里可按指定的位置放置各种物品。特种兵背囊由防水迷彩卡普纶布制成，全套背囊由一组不同规模的挂袋、小背囊、保温毯、强渡江河时使用的密封水袋等组成。这种背囊使用和携带非常方便，还可根据任务需要改变背囊的组成。单兵睡袋用于野战条件下军人休息，重量很轻，可以保障军人在－20℃的条件下休息6～8小时。保温毯放在睡袋里使用，由泡沫聚乙烯制成，具有较好的绝缘保温性能，可保障军人用睡袋休息时躺在土地和雪地上。单兵防雨斗篷供野战条件下军人防雨时使用，由防水迷彩卡普纶布制成，另外还有一种套头型斗篷可以在运送伤员时当担架或挡雨的帆布篷使用。

英军发明防地雷军靴 据《参考消息》2000年3月6日报道，英军发明了一种新型防地雷军靴，其厚厚的靴底由树脂材料包裹细小沙粒制成，能形成3道防线，可将地雷爆炸时的爆炸力抵消90%，即使踩响地雷也能保全双腿。第1道防线是靴底内沙粒周围的数千个小孔，它们能在地雷爆炸后首先将冲击力分散；第2道防线是黏合沙粒的树脂材料，它们在爆炸压力下能迅速崩解为海绵状，进一步吸收爆炸冲击力；最后1道防线是坚硬的防护材料，它可反弹地雷爆炸后产生的破片和沙石，是3道防线中最关键的一环，因为地雷爆炸后产生的破片和沙石最具杀伤力，往往是地雷炸掉人的双腿的主要原因之一。测试显示，新型防地雷军靴踩中含75克炸药的地雷后能将90%的爆炸冲击力吸收。

加拿大陆军即将更换野战迷彩服 据因特网2000年9月8日报道，加拿大军方自2000年3月起开始为陆军士兵定做新式野战迷彩服，第一批穿上这种军服的是驻扎在波斯尼亚的士兵。新式军服模仿温带林地环境，运用数字成像和计算机分析技术，采用深绿、浅绿、棕色和黑色4色迷彩，选用具有快速干燥特点的棉/尼龙混纺织物作服装材料。新军服表面涂有特殊涂料，避免敌方夜视侦测。同现有伪装军服相比，新式野战迷彩服可使士兵的被探知率减少40%，从而大大提高了士兵的战场生存能力。1999年秋天，400套新军服已在埃德蒙顿和魁北克等地进行野外试穿，2000年秋天制作36000套新军服。与此同时，加军方还在研制开发适合在沙漠、丛林和北极地区穿着的伪装服。据称，未来3～5年，所有加拿大士兵都将穿上带有背心和夹克的新式伪装服。

生活保障装备

美国海军陆战队装备快速部署野战厨房 据美国《勇士》杂志2000年1～2月号报道，美国陆军纳蒂克士兵系统中心研制出一种供海军陆战队使用的快速部署厨房。该厨房具有正规厨房的设备，可用于加工新鲜食品和耐储存口粮。它是一种硬壳体方舱式设施，尺寸为8×8×20英尺，两侧可扩宽。1小时可准备就绪，再用90分钟就能为部队供餐，操作人员5名。能烹饪包括新鲜或冷冻肉类和蔬菜的A口粮，该厨房采用单一民用型燃烧炉和烹饪装备，可使用多种战场标准燃料，且加装了安全装置，民用型燃油炉可将食品级矿物油加热到450℃，加热后的液体通过泵循环至烹饪设备。恒温器周期性地自动开关使燃烧炉转换，以保持液体温度，而烹饪设备上的温度调节器也能自动转换开、关阀门，以保持烹饪温度且无明火。该厨房采用民用燃烧炉用柴油、JP－8或煤油等标准战场燃料作动力，燃烧效率可达80%。该厨房烹饪设备上方装有通风系统，75%的热量为烹饪所利用，而其余的25%从烟囱散出。该厨房的部件比其它野战厨房少，因此可靠性高，使用费用低、维护量小。厨房内配备有1个30立方英尺的冷藏柜、1个3×2英尺烤盘、1个平底煎锅、3个烹饪水锅和1个双层对流烘箱。1个洗手盆和2个食品预加工盆由1个加热器不断为其供应热水。设在厨房外边的机房内装有1台循环泵、燃烧炉和热交换器，可以通风，并装有防火隔音墙。厨房由1台发电机直接供电或接入外部电源。厨房两侧可接上帐篷作为就餐室，海军陆战队计划采购85套快速部署野战厨房。

美国陆军推出集装箱化野战厨房　据美国《陆军时报》2000年8月28日报道，美国陆军计划为部队广泛部署新型集装箱化野战厨房。2000年4月的一次野外试验中，它能为650人供应3顿饭菜，陆军打算在此基础上将就餐人数增加到800人。在今后5年内，美陆军计划花费3250万美元为部队装备250套新式野战厨房，该厨房内配有1个用于储存新鲜食品的60立方英尺冷藏柜、1个加热架和1个综合照明系统，供临时停电照明、取暖和空调用，另外还有1条在恶劣气候条件下使用的带保护的炊事用电线路。新型厨房增装了现代化燃烧器。新型燃烧器有1个按钮式点火系统，使用快速简便。新型厨房储存在1个装在拖车上的可扩展式8×20英尺的集装箱内，可空运、海运或铁路运输，到达目的地后仅用45分钟就能展开。

美军批量装备新型燃烧器单元　据美军1999年11月29日网上公布的“现代燃烧器技术手册”介绍，美军已批量装备新型燃烧器单元（MBU），以替代使用多年的M2A汽油燃烧器。MBU为单一油种、气预混式红外辐射燃烧器，以烧JP－8燃油为主，也可以使用品质较高的柴油。它必须配备动力源，或者利用外界120V±4%交流电，通过自备整流器整流为24V直流电，最多可驱动8台MBU工作（整流器有两个输出端子，每个输出端子最多可外挂4台MBU）；或者利用自备的酸性蓄电池同时驱动3台MBU工作（环境温度15.5℃时可连续工作3小时，－32℃时可连续工作2小时）。该蓄电池可用北约列装的军用车辆电源充电（环境温度15.5℃～49℃时充电3小时，－32℃时充电5小时），因此MBU配备有多种尺寸规格的可配套不同装备的电线电缆，以灵活满足部队需要。MBU外形为方形，其骨架（包括提手）采用铝合金方管制作，尺寸规格与M2A一样（长×宽×高：250×480×58毫米），设备全重26千克（油箱装满油7.6升），净重19千克。MBU工作环境温度为－32℃～52℃，海拔高度不限，耗油量为0.54～1.27千克/小时，供热量为4536～15121千卡/小时，满箱油可燃烧约4小时，燃烧中一氧化碳含量为50～120ppm。MBU备有电启动点火装置和熄火安全保护系统，其控制操作除“燃油量大小”为机械控制之外，其它方面均为“电控”。MBU与M2A相比具有如下特点：（1）燃烧充分，燃烧效率高。MBU比M2A燃烧效率高30%，每80万燃烧小时可节省10万美元；（2）使用可靠。试验表明，MBU无故障工作时间超过300小时，是M2A的两倍；（3）操作简便。MBU使用电点火装置，按钮操作；（4）安全性强。

日军炊事拖车改进加水方式　据日本《朝日新闻》1999年5月27日报道，日本陆军自卫队对现有炊事拖车的加水方式进行了改进，从人工提水方式改为由饮水拖车向炊事拖车直接供水，由此提高了供水效率，减轻了劳动强度。以前使用炊事拖车时，自卫队队员都必须用20升的水桶为车上6个60升的锅加水。锅距地1.5米，提水的劳动强度大，效率低，特别是雨天时炊事拖车的脚踏板很滑，容易使人跌倒受伤，而且桶底带有的泥和枯草等杂物容易掉入锅中，影响卫生。为此日军设计了炊事拖车供水管路，并通过带有泵的软管直接从饮水拖车上引水。铁制水管由车架的底部穿过，与锅体外侧固定，管路上共安有3个水龙头，其中前排锅的左侧和后排锅的右侧各安装了1个水龙头，以便为6个锅加水。安在前脚踏板附近的1个水龙头用来洗涤蔬菜。该设计颇受陆军自卫队的欢迎，并获得了10年一度的日本防卫技术奖。

英军计划研制模块化炊事装备　据英国《简氏国际防务评论》1999年第11期报道，目前英军正在寻求研制一种机动性高、收展迅速、操作简便、餐谱多样、安全可靠、符合卫生法规要求、具有三防功能以及成本较低的新型炊事装备，而“模块化”是其主要的考虑方向。大多数炊事拖车体积庞大笨重，除非清洗或修理，一般不会随便拆卸，而“模块化”的设计思想是通过将野战炊事厨房分拆成为可独立使用的炊事单元，每一个炊事单元均可提供30～50人的热食，并提高野战厨房的机动性和灵活性。英军计划在5～

10 年之内开发一种新型野战炊具，希望将组合式厨房装载在 1 辆轻型的卡车或拖车上，其中每一炊事单元的重量限制在 50～70 千克。德国卡秋公司的模块化野战厨房已经研制成功，该装备允许用户将各种炊事模块自由组合、匹配在 1 辆拖车上，其中炊具模块包括煮锅、油炸锅、炉子和烤架以及加热使用的液体、气体和固体燃料，每一炊事单元都被设计成易于拆装和单独工作，能够装载在轻型 4×4 标准集装箱内，其它一些单元设备还包括冰箱和能进行蒸煮、烘焙、烧烤的组合汽蒸锅。整套炊事装备可作为一体脱离拖车，并允许拖车用于执行其它任务。

（王书勤）

卫生装备　美军研制成功人体体内温度监测装置　据国际互联网 2000 年 6 月报道，为保护军人不受冷、热应力伤害，美国陆军环境医学研究所的生理学家研制出一种可以吞服的胶囊药片状装置和 1 台接收器，可对人体内部中心温度进行监测。这种体内温度测试胶囊药片装置外层为医用硅酮基涂层，长 1 英寸，宽约半英寸，外形类似一粒较大的胶囊，由包裹在医用级环氧树脂中的电池、天线和晶体检波器构成。此测试装置的工作原理是：受测试者将测温胶囊状装置咽下，该装置在运动到肠内之前将在胃中存留约 4 小时。此测试装置持续将耗能极低的信号发射给接收器。接收器体积很小（仅相当于一个较厚的香烟盒），可挂在测试对象的腰带上。接收器将细微的频率变化转换为温度读数，这些读数被连续记录并储存在装置中，以便通过无线的方式或计算机进行提取和分析。胶囊药片装置现已广泛使用。它在约两天的时间内犹如粗糙食物一样通过人体，无任何副作用。该装置每粒价值 40 美元，为一次性用品。胶囊药片装置的研究是美陆军医疗研究与器材司令部正在进行的士兵生理状态监测计划的一部分。该系统中的胶囊状装置和接收器分别由佛罗里达州的 HTI 技术有限公司和马萨诸塞州 Fit Sense 技术公司生产。

美国陆军推出作战人员生理状态监测器　据美国《陆军研究、发展与采办》杂志 1999 年 7～8 月号报道，为及时掌握作战人员的生理状态并正确评估其体能，美国陆军医学研究和器材部领导的一个综合研究小组开发出了作战人员生理状态监测器（WPSM）。它由一系列装配在衣服上分布在身体主要部位的小型化无线传感器组成。这些传感器使用自带电源，可一次工作数周。各传感器采集的同步数据通过无线个人局域网（LAN）传输到士兵身上的数据“中心”，汇集的数据被储存起来或传输到单兵数字化作战系统、指挥通信网络等。目前试验的作战人员生理状态监测器样机包括用于监测心律、行走（行军）代谢能量损失、体温、动/静状态等的传感器，使用陆标/全球定位卫星装置提供地理信息。数据“中心”大小如 BP 机，配挂在腰带上。目前该套监测器可提供人体能量消耗、体温状态、士兵警觉度等信息。作战人员生理状态监测器大量采用了装有嵌入式微处理器的智能传感器。这些传感器在发送数据前将生物信号预处理成有用的信息，例如，微处理器从传感器获取的连续不断的心电图数据中抽取心律数据，这些数据可提供充足的生理状态信息，而其余的心电图信号则可以丢弃，从而减少数据传输量和带宽需求。计划中的双向传感器通信设备将使传感器具有根据指令或按具体事件结果重编程序的功能。一旦战场有人受伤，心律传感器可改变其功能，向医生提供全部心电图信号。这些传感器可在医生到达伤员受伤现场前向医生提供伤员身体主要部位的信息，结合全球定位系统提供的地理信息，医生就能正确估算并确定伤员所在位置和伤势，以采取有效的救治措施。

美国陆军研制新型制氧装置　据《卫生装备动态》1999 年第 13 期报道，近期美陆军研制成功 3 种新型制氧装置，分别是：（1）微型陶瓷氧气罐：该氧气罐是一种单兵携带装置，由美国沃尔特·里德陆军研究所研制，能根据伤员的实际需氧量自动调节给氧量。（2）野战便携氧浓缩器：该浓缩器是一种重量轻、坚固、由单兵携带的适于野战条件下使用的氧浓缩器，可生产高纯度氧，每分钟最低流量为 3 升。该浓缩器将取代伤病员运送和治疗过程中的“D”型氧气瓶，有利于战场伤病员的治疗、伤病员后送、前方手术保障及战区住院治疗等。（3）液态氧生产、保存和分发系统：该系统是一种可运输的装置，用于在军和军以上单位集中生产液态氧，然后用大容器（454.6～1818.4 升）将其运送到各战术医院，再将液态氧汽化成气态氧，装入加压氧容器，或分发到手术室和病房。

印度军队研制出核生化医疗防护装备　据《卫生装备动态》1999 年第 13 期报道，最近印度军方研制出一套新型核生化（NBC）医疗防护装备。该装备包括复苏器、急救箱、自动注射器、伤员包和水质检验箱。复苏器可直接为伤员供气；自动注射器注入适当的药物供士兵作预防使用；伤员包有两种，一种是供重伤员使用，另一种供步行伤员使用；水质检测箱用于检测水中化合物重金属污染浓度等。

（冀文华）

油料装备

美军装备新型油料质量分析系统　据《后勤科技装备》2000 年第 2 期报道，美军最近装备了油料质量分析系统。该系统由现代分析仪器和通讯设备组成，安装在高机动多用途轮式车厢内，可为美陆军前方支援营实施油料的快速分析和质量检验。2 名士兵操作。它采用现代油料化验技术、数据处理技术、声像和数据通信技术，可大大缩短油料检验的时间，减少油料检验人员数量，保证满足作战部队的需要。

美国海军研制船尾自动加油系统　据《后勤科技装备》2000 年第 2 期报道，为了实现舰船甲板作业人员为零的目标，美海军利用船尾自动加油技术研制了船尾自动加油系统用于舰船加油。该系统由加油船布放和拖曳的安装在加油软管末端的机动式拖体和接收船安装的加油探头组成。拖体配备了光学寻的制导系统，以及能操纵它上下、左右运动的控制接口。制导系统类似追踪热源的寻热导弹。加油探头发出拖体能够探测到并用于操纵拖体的编码光学信号。拖体的加油连接器只在接收船的加油探头被连接时才打开，整个加油过程类似于飞机的空中加油。加油作业时，接收船以一定的速度和距离（152～305 米）跟在加油船后面，加油船放出拖体/软管与接收船的加油探头相连接，传感器确定安全连接后，加油开始进行。安装在系统内的传感器和通信设备可监视连接状态和加油过程。加油完成后，拖体断开并被卷回到加油船上。由于接收船在加油船后面且距离比常规海上加油作业时大，因此加油船靠近作战区域加油作业时，接收船武器和传感器的作用不会受到影响。全部的加油设备都在水下，因而不易被敌方雷达发现。

美国建立国防能源支援中心国防油料网　据《航油近讯》2000 年第 24 期报道，美国防能源支援中心在世界各地拥有 600 多个国防油料支援站，为有效使用和准确管理与维护庞大的油料终端数据信息，美军建立了国防能源支援中心国防油料网。目前，美国防能源支援中心 10% 的终端已有信息输入到国防油料网数据库系统。国防油料网数据的管理和维护是通过接入 Internet 创建的数据库实现的。运行该数据库，终端操作员可以输入油料调控、储存、终端设备、维修、存货明细及与现场有关的任何信息。该网络系统对数据进行了综合分类，包括国防油料支援站现场概况、管理情况、设施情况、设备情况、运输情况、维护情况、项目、库存情况、环境情况、质量情况和民用机场等各方面的数据信息，具有连接方便、使用方便、更新及时等特点。

美国海军研制张力软管海上加油系统　据美国《海军工程师》1999 年第 5 期报道，为提高海军舰船的作战能力，改善海上加油作业，减少人力，降低寿命周期成本，减少对海洋的污染，美国海军研究局组织研制了新型张力软管海上加油系统。该系统是基于轻型、高强度软管和先进的绞车驱动系统研制的，其最显著的特点是对接收舰的补给站和加油作业影响小，可明显减少加油船甲板上设备重量和所占空间，减小雷达截面，降低寿命周期成本，比舷部加油和近距离加油装置更安全。该海上加油系统主要由 61 米小直径（6.35 厘米）的张力加油软管、液压泵、电动机和控制系统组成，已在美国海军水面作战中心怀米尼港航行补给实验站进行了岸上试验，其后又进行了支援第 2 后勤大队的海上试验。张力软管海上加油系统成本低、重量轻，具有现代海上加油装置的优势，可为两栖舰船和航母提供安全、有效的航行加油特别是具有对小型艇如猎潜巡逻艇、导弹巡逻水翼艇、沿岸猎雷艇、远洋扫雷艇的加油能力。加油时，加、受油船距离较大，可达 36.6～54.9 米，超过以前的 18.3～24.4 米。该系统取消了原来的吊杆柱和跨索，直接安装在船体内，满足了减小目标雷达有效截面的需求。系统的模块化设计使其可以快速安装到其他加油补给船上投入使用。

美国推广使用飞机加油磁卡　据《航油近讯》2000 年第 4 期报道，美国防能源支援中心目前正在积极推广应用在民用机场为军用飞机加油的磁卡，以便以最经济有效的方式为美国防部及其用户提供全方位的油料补给。国防能源支援中心的飞机加油磁卡管理部门已经与世界各地的民用机场非航班航务处就给美军及联邦民用飞机提供能源达成协议。随着美飞机加油磁卡计划进入第 2 阶段，美政府空勤人员将只需在美国防能源支援中心约定使用飞机加油磁卡的工作站刷卡即可，而不再使用目前用于办理燃料结算的识别卡。数年后，喷气燃料 DD1896 蓝白卡和航空汽油 DD1897 紫卡将只用于军用设施，而在世界各地的民用机场将逐渐使用通用的飞机加油磁卡。美飞机加油磁卡采用购买的民用燃料专用卡，与美国防能源支援中心现行的航空油料赊销磁卡享有同一商标。一卡服务简化了国防能源支援中心能源承包商的记账程序，也可用于购买地面自动加油设备加注的燃油，既减少了空勤人员填写表格的负担，提高了加油工作的效率，又有利于油料的计划和节省。其使命是在美军事基地无法提供燃料支援时，利用世界各地的民用机场提供民用喷气燃料补给。目前，已有 500 家机场签订飞机加油合同，美国本土的 340 家，海外有分布于 82 个国家的 160 家。

英国研制 20000 升油罐车　据英国《简氏军用车辆与后勤装备年鉴 2000～2001》报道，为满足赴巴尔干地区部队对提高油料装备机动性和恶劣条件下油料作业能力的紧急需求，英军于 1999 年 6 月提出了一项国际竞争招标合同，英国 Multidrive 有限公司于 1999 年 10 月根据该合同为英军生产了 8×6 型 20000 升油罐车。该车在合同开始后 3 个月后交货，现已装备英国陆军。它以 Thompson/Multidrive 油罐车为基础设计，可在各种道路和越野条件下使用，其设计上的变化包括使车辆具有更高的可靠性以及完全符合欧洲和国际上有关危险品运输的现行法规。该车由 1 台 Foden S 104T4 4000 系列 4×2 牵引车和 1 台 Multidrive 铰接式半挂车组成，通过 1 个常规的转盘结合装置联结而成。车上还包括带中心轴承的装配式前、后传动轴托架，牵引杆转向装置以及驱动和操纵挂车串置式双桥的传动轴。内装式转向可防止牵引车和挂车折叠现象的发生，并使该车最大转向直径达到 18.4 米。后挂车副底盘通过一个大直径球轴承回转环与 Heil 国际挂车公司生产的承载式 4 舱 20000 升油罐相连。Foden 牵引车采用全封闭前控式强化玻璃塑料驾驶室，有 1 个单人睡铺和 1 个可拆卸式夜间加热器。该车动力装置为 1 台 405 马力 Commins M11 发动机，并配有标准的防抱死制动系统。该车 20000 升容积的铝合金油罐内装有增强型纵向隔板，以减小液体的冲击。液压驱动的 1000 升/分油泵使用 1 个变速器动力输出轴作为动力装置，可用于从车辆两侧卸油。该车还装配有底部注油和气动操作蒸气回收系统。该车主要技术性能：乘员 2 人，驱动形式 8×6，空重 18700 千克，全重 36000 千克，长、宽、高分别为 11.76、2.55 和 3.343 米，接近角/离去角 23°/25°。道路最大时速 53 千米。

英军研制新型野战油料储存加注装备　据《航油近讯》2000 年第 21 期报道，为提高向前方供油的速度，英军研制了一种便携式新型油料储存和加注装备，并在最近的一次军事演习中使用。演习中，英国皇家后勤部队的油料工作人员安装、拆卸了两套传统的大型加油装备和一套新装备，并对其进行了比较。传统的大型加油装备从 22 立方米的油罐车接收油料输入软体油罐，整个过程大约需要 40 分钟，也可以通过管线接收近岸油轮或内河油船上的油料。为了便于组装，传统的大型加油装备所使用的设备都是采用标准尺寸专门设计的，使用 136 立方米和 45 立方米两种软体油罐可建立任意大小的加油装备且拆卸方便，但一般需要 10 个人。新型装备与传统的大型装备所包含的设备基本相同，但只使用 45 立方米油罐，比使用更大体积的油罐组配更灵活、更方便。与传统装备不同的是，新装备全部预先安置在 1 个平台上，以便于携行和更快地安装。在演习中，整套新装备组装起来只需要 10 分钟，而传统的大型加油装备则需要 2 小时。油泵和油水分离器固定在平台的一端，软管、接头和管线放在平台上面的箱子里，两个软体油罐及其它物品放在平台前面，整套装备重约 8 吨。该装备既可以用自装自卸车辆运输，也可以直升机直接吊运。

法国研制全自给可空投加油系统　据《军用油料》2000 年第 4 期报道，法国国际技术集团公司根据现代高技术局部战争的新特点开发研制了新的可空投加油系统。该系统于 1999 年开始研制，是法军现装备空投油料容器的换代产品，澳大利亚和西欧一些国家已开始装备这种产品。可空投加油系统由 4 个子装置和 2 个任选装置构成。4 个子装置分别是泵机组、1900 升软体油罐、软管和加油接嘴、空投平台及附件；2 个任选装置分别是全球定位系统和空投设备。该系统主要性能参数如下：最大质量：2100 千克（含油）；外形尺寸：2000×2000×1450 毫米；空投着陆耐冲击：8 米/秒；加油口数量：单加油接嘴；最大工作压力：0.35Mpa；最大流量：200 升/分；油料品种：柴油、喷气燃料；过滤性能：游离子和乳化水含量不大于 15ppm，可除去 1～5 微米的杂质，滤芯纳水饱和时自动断开油路。该系统主要用于筹建前方作战沿途及作战地区小型加油站，为执行作战任务的直升机或地面装备适时加注燃油。该系统产品在技术、材料、工艺、设计思想等方面具有先进性。一是具有全自给加油功能。通过成熟技术的叠加、融合和渗透，使本来功能单一的设备，构成了多功能的全自给空投加油系统。二是采用了创新的加油接嘴。该加油嘴是通过改造加油枪的腔体，增加一条与加油软管等长的回收油气的软管构成的。使用该新型加油接嘴，不仅可以进行正常的重力加油，而且可以进行重力热加油。在战时，不仅能实现飞机、地面装备不停机情况下的加油作业，缩短加油时间，而且还可减少油料损失，降低环境污染，有利于作业人员和受油设备的安全。三是使用兼有系统框架功能的新型空投平台。可空投加油系统采用的空投平台兼有系统框架功能，它把空投平台和系统框架合二为一，不仅大大减轻了系统的整体重量，而且也大大缩短了空投前的捆绑时间和空投后的拆卸时间。四是动力装置用油“单一化”。可空投加油系统的加油泵由柴油机驱动，可使用该系统供应的同一种燃料（柴油或喷气燃料）。

（杨立明）

野营装备　2000 年外军野营装备的发展体现在以下几个方面：首先，加大研制新型帐篷的力度，提高其在野外的实际使用效能；其次，作为野营设备重要组成部分的取暖设备取得重大技术突破，解决了旧式取暖炉带给士兵的严重安全隐患和操作缺陷，同时具有节省燃料和节约经费的优点；三是开发新材料新技术，改善野战部队人员的生活条件，达到更加方便、卫生、安全的标准，从而保障了部队战斗力。

美国陆军试验新型单兵帐篷　据美国《陆军时报》1999 年 11 月报道，美陆军对 4 种新型单兵帐篷样品进行了试验。试验于 1999 年底结束，新帐篷于 2000 年秋季装备部队。多年来，不同衔级的陆军士兵一直使用雨披、绳子和篷杆搭建临时性野战帐篷，而对军队配发的半幅双人帐篷（每个士兵携带半幅，两人的对接起来组成一顶双人帐篷）却因为较重和架设困难而很少使用。为改变这一状况，有关部门的官员从 1998 年起就开始寻找某种现成的产品，这种产品既可用作防雨的遮蔽物，也可用作铺在地面上的垫布、覆盖武器装备的盖布及临时代用的担架等，而最重要的是挑选一种比重 5.4 磅的半幅式双人帐篷轻 1.5 磅的产品。据称，新的单兵帐篷除了代替半幅双人帐篷外，还将代替现行雨披，陆军已经为士兵配发了两截式雨衣，目前部队装备的雨披大多数用作垫布或装备盖布等。上述 4 种帐篷样品正在陆军的联合战备训练中心进行试验，被试产品从可自行独立支撑到需要折叠篷杆、篷桩支撑等有多种设计式样，其中两种型号配有防蚊网。4 种中除 1 种外，其余都装有地板。虽然该帐篷预定供单人使用，但有关官员称，他们希望新的帐篷能使士兵在需要时将两顶或 3 顶帐篷拼接在一起使用。

美军装备新型寒区取暖炉　据美国《陆军后勤工作者》2000 年 1～2 月号报道，陆军纳蒂克士兵系统中心正式宣布，新研制成功的一种寒区取暖炉（SHA）可望于 2000 年冬季开始装备部队。此新型寒区取暖炉由陆军士兵支援产品主任办公室的野战勤务装备小组研制成功，用以替换现行的“尤康”取暖炉。这种升级换代型取暖炉消除了已存在 50 多年的严重的事故隐患和操作弊病，具有高机动、易安装和使用成本低等特点。它既能烧液体燃料，也能烧固体燃料，包括柴油、喷气燃料、煤油、木材和煤等。使用这种寒区取暖炉可节约 20％的燃料和 40％的维修保养费，用它代替陆军现行的 5000 具“尤康”加热炉，一个取暖季节便可节约燃料费 100 万美元，只需一个冬季所节约的费用便能抵消其购置费。1999 年 6 月，陆军与猎人制造公司签订了一个为期 2 年的生产合同，合同规定军方有一个 3 年的续定选择权。按军方估计，每年平均可生产 1000 套炉具。

俄军为“热点地区”部队研制新型帐篷　据俄国《军队文集》杂志 2000 年第 1 期报道，为保障参加车臣战役和维和行动部队的需要，提高俄军驻“热点地区”部队的战备能力及后勤保障水平，俄武装力量后勤有关部门于近期内研制了几种新型帐篷。M－3 型帐篷和 M－4 型帐篷（分别供 3 人和 4 人使用）供野战条件下坦克、自行火炮、装甲车等战斗车辆的一个成员组使用，由迷彩材料制成，分为内外两层，并备有合成材料地板。帐篷内外层之间充有惰性气体，配备有成套的睡袋和保温毯，可保障人员不用其它供暖材料在帐篷内休息。帐篷由塑料管骨架支撑，叠好后一人可搬走。M－10 型帐篷（10 人使用）也由迷彩材料制成，有 4 扇配备灯光管制和防蚊网的窗户、保温内层及合成材料地板。帐篷由轻金属骨架支撑，里面备有睡袋和保温毯，还可配备 4 个组合双层睡架和 1 个行军取暖炉。M－30 型帐篷（30 人使用）供野战条件下医疗机关、司令部机关及修配厂等单位使用，由迷彩材料制成，有 6 扇配备灯光管制和防蚊网的窗户、保温内层及合成材料地板。帐篷由金属骨架支撑，几个同类型帐篷可对接组合。帐篷内备有睡袋和保温毯，还可配备多个组合双层睡架和多个行军取暖炉。

以色列陆军研制出吸蚊箱　据《中国航天报》2000 年 8 月 19 日报道，以色列陆军于不久前研制成功吸蚊箱。该吸蚊箱箱体如床头柜大小，由不透明塑料制成。箱体内含有一种特殊的有机溶剂，掺入水中后会产生一种特殊的气味，这种气味对蚊子的吸引远远超过了人体，因此能引诱蚊子自投罗网，使蚊子成为箱子中专门喂养的食蚊鱼的佳肴。这一发明解决了作战人员在野外常常受到蚊子袭扰的难题，为保证作战及执勤人员安然入睡、恢复体力、保持战斗力做出了贡献。目前，这种吸蚊箱已经通过技术签订，不久将全面装备以色列部队。

（孙燕侠）

仓库储存技术与物资搬运装备　**美军军事设施和仓库使用危险物资管理系统**　据美国《陆军后勤工作者》杂志 1999 年 11～12 月号报道，美军的危险物资管理系统已投入使用，该系统是美国国防部对军事设施或仓库的危险物资自动进行跟踪、报告和正式核算的一个标准应用软件。负责保障该系统的有陆军环境中心、危险物资管理系统项目办公室以及承包商人员。目前，美国陆军正致力于将危险物资统一管理，从一个统一的设施请领、配发和管理所有的危险物资，运用自动跟踪系统对一切危险物资从进入本军事设施到被消耗和处理的整个寿命周期进行跟踪和管理。

美国陆军利用自动识别技术进行物资管理 据美国《陆军后勤工作者》1999 年 1～2 月报道，美军利用自动识别技术进行物资管理，从而大大提高了物资管理效率。自动识别技术由射频卡、条形码、光学记忆卡和读出器组成，能够快速而准确地获取、检索和传送数据信息。射频卡附在集装箱、托盘或运输车辆上，能够识别车内和集装箱内的物品和位置。光学记忆卡用于储存物资运输信息，物资装载时利用询问器和射频卡对接站直接将物资运输数据植入光学记忆卡。美军将自动识别技术用于自动货单系统和货场特定物品寻找系统，实现了物资“在储、”“在办理”状态下的全资产可视性。自动货单系统是包含光学记忆卡、射频卡、条形码扫描能力的综合自动识别技术平台，以 280 万字节存储量的激光卡为存储媒介，对每批货物的内容提供详细信息，通过微机可修改数据资料和对高优先等级的物资进行快速查询和检索。发货仓库在集装箱外面附有激光卡，从卡上可随时获取集装箱内的货物的全部信息。箱内每一件小包装货物也都附有激光卡，供终点收货处理时用，条形码扫描器用来读取发货单上的信息以便验收。自动货单系统与各级补给系统相连接，用户可快速核实所接收的大量物资。货场特定物品寻找系统由射频卡和手持式询问器组成。当在堆放着许多集装箱的货场上需要紧急查找某种物品时，可用询问器按物品的名称和编码提出询问，装有该物品的集装箱上的射频卡机会作出应答，作业人员可循声找到集装箱。

美国空军机场将装备 FMC 新型装载机 据美国《防务新闻》2000 年 7 月报道，美国空军装备了能够从各种型号和尺寸的飞机上装卸货物的新一代小型装载机。2000 年 1 月底，美国空军签订了价值 1.35 亿美元的合同，从奥兰多 FMC 飞机装备公司购买 264 台新型装载机。该装载机装备到世界各地的美国空军部队，以代替老式装载机，包括 70 年代的宽体升降式装载机和 60 年代的 25000 磅装载机。对于机场的工作人员来说，该装载机的最大优点是提升高，可将货物提升到 5.6 米高处，足能达到波音 747 或 KC－10 飞机货舱门的高度，而 25000 磅装载机只能达到 3.9 米。新型装载机装有动力式平台滚轮和止动器，该装载机机身小巧，可以装入 C－130 大力神运输机内，1 架 C－17 运输机可装载 2 台，1 架 C－5 运输机可装载 3 台。

美军食品储存技术又有新发展 据美国《陆军后勤工作者》杂志 2000 年 1～2 月号报道，美国陆军士兵系统中心与俄亥俄州立大学、奶制品总公司和克拉福特食品公司联合研制出新的食品处理技术——脉冲电场技术和高压防腐储存技术，美军 21 世纪的作战口粮将用此技术进行储存。脉冲电场技术是利用一个流通处理箱对液体或泵送食品进行处理；高压防腐储存技术既可用于软包装液体食品又可用于软包装固体食品。用这两种技术处理的食品安全可靠，颜色、味道和口感基本不变，营养损失最小，储存期更长。

德国研制出新型集装箱垛码机 据德国《士兵与技术》杂志 1999 年 9 月报道，德国海斯特尔公司研制成功一种称为“伸展者”的 RS45－30CH 新型集装箱垛码机。该起重式跺码机的第 1 层跺码能力为 46 吨，无须移动即可将集装箱码跺至第 2 和第 3 层，只是起重量少于 46 吨。其高度 4.5 米，在天气不好的情况下，可以将其放入室内进行防护。

（韦秀文）

地面运输装备 **美国陆军改进型中型战术汽车投产** 据美国《陆军后勤工作者》2000 年 1～2 月号报道，在马里兰州阿伯丁试验场成功地完成 144000 千米样车试验后，美陆军 2.5 吨级改进型轻中型战术汽车 M1087A1 和 5 吨级改进型中型战术汽车 M1083A1 获准投产，这标志着美陆军中型战术汽车车族获得了新生。3 年前为代替已有 30 年车龄的老式中型汽车而装备部队的新式中型汽车车族此次进行了较大的改进，安装了动力更为强劲的柴油发动机、7 档自动变速器、改进型制动系统、计算机化发动机故障诊断装置以及大功率驱动装置－直列发动机－传动系统－差速器连接器，还安装更结实的 U 型连接器、飞轮外罩和大直径驱动轴，座椅和蓬盖布采用更为结实耐用的材料，车门铰链更加不易损坏，脚踏板进一步得到加强，人员进入车厢更为方便。改进型中型战术汽车在可靠性、可用性和可维修性等方面比老式中型战术汽车有了显著的改善。经过专门设计的新车十分便于空运，部分特别设计车型还能空投。新车将从 2000 年 3 月起开始装备部队。改造后，车辆可以 88 千米/小时的速度在高速公路上安全行驶。

美国陆军作战支援车辆配备新型通话系统　据美国《陆军后勤工作者》1999 年 11～12 月号报道，美陆军 M992 型野战炮兵弹药补给车安装改进型无线电通话系统，即 AN/VIC－3 车用内部通话系统（每套单价为 16000 美元），代替原装备的 AN/VIC－1 系统，以提高这种装甲履带式高技术后勤车辆的通话能力。AN/VIC－3 系统不但可为车内乘员提供相互间的通话能力，还能为同一部队的其它车辆提供相互通话能力。该系统配有主控制台、头戴送/受话器及发送声音信号组件，主控系统允许每个控制台只受话或只传话，或受话同时又传话。它有 1 个选择开关，可进行对话或音频启动操作。在车辆之间，由 1 个单声道地面和机载无线电系统负责传输通信信息。AN/VIC－3 系统由英国皇家军械兵设计，格鲁曼公司生产。

俄罗斯研制出新型嘎斯汽车　据俄罗斯《军事技术与合作》2000 年 4 月 17～23 号报道，俄罗斯嘎斯股份公司研制的新型嘎斯－3937 型“水运工作者”高机动多用途汽车不久前在俄国防部汽车技术科学研究所通过试验鉴定。该车有 2 个驱动桥，发动机功率 175 马力，越障（包括水障）能力很强，最高车速 112 千米/小时，续驶里程可达 1000 千米，爬坡能力 30 度，涉水深度 1.2 米。嘎斯－39371 是嘎斯－3937“水运工作者”汽车的陆军型，自重 2.7 吨，满载总重 5.1 吨。该车构造独特，可根据不同用途安装 26 种可更换组件，其多用途汽车底盘既可用于运输人员、牵引火炮和其它作战技术装备，也可安装武器、救援设备和维修设备等。嘎斯－39371 型车既便于铁运，也适于海运和空运。该车结实耐用，生存能力强，对大规模杀伤性武器和各种常规武器均有很好的防护能力，可保护乘员和车组人员不受核辐射、放射性尘埃、化学战剂、细菌、冲击波、弹片和手枪子弹等的伤害。嘎斯－3937 的空降型车可运输 11 人（含驾驶员），可牵引 2.5 吨物资，能在土路和无路情况下远距离行驶，既有很好的稳定性和易操作性，还可改装成轮式战车，不仅适合于陆军，而且也适合于边防军、内务部部队、民防以及特情与救灾等部门使用。

中国台湾计划大量采购新型战术汽车　据英国《简氏防务周刊》2000 年 3 月 8 日报道，台湾“陆军”将采购 9000 辆新型轮式战术汽车，总费用估计至少为 6.51 亿美元。采购清单包括 3500 辆 4×4 轻型战术汽车、5000 辆民用规格重型战术汽车和 800 辆军用规格重型战术汽车。新型战术汽车将取代现役车，以提高部队的机动能力。台湾与美国近来的军车交易包括 2000 辆 4×4 高机动多用途轮式车和 8×8 重型扩大机动性战术汽车。

德国研制新型军用越野汽车　据英国《简氏防务周刊》2000 年 6 月 26 日报道，德国梅塞德斯—奔驰公司（戴姆勒—克莱斯勒集团成员）正在发展称为 S－2000 的新型军用越野汽车系列。S－2000 车安装了能满足装甲驾驶室要求的综合防护系统。这种标准驾驶室装有能防轻型地雷和手榴弹的地板。S－2000 车还提供各种水平的被动防护，即从防 7.6 毫米枪弹的低水平防护到防 14.5 毫米枪弹的高水平防护。S－2000 车的 3 种基型车是 4 吨（4×4）车、4～6 吨（4×4）车和 7～10 吨（6×6）车，使用以 U1550L 设计为基础的 4 吨车标准驾驶室。S－2000 车最重要之处是采用了从梅塞德斯—奔驰民用车发展而来的四轴 Actros 系统，这种 Actros 系统安装有“智能”（Teligent）变速系统，驾驶员只需上下推动调档装置，依靠电控变速换档系统就能控制合适的档位。由于该车由梅塞德斯—奔驰柴油发动机驱动，用户可以选择各种型号的发动机和传动装置，如变矩器、自动变速器、中央轮胎充气系统、绞盘等。

意大利展示新型多用途轻型车　据英国《简氏防务周刊》2000 年 6 月 26 日报道，意大利依维轲—迪维迪（IVECO—DVD）公司正在研制的新型多用途轻型车（VML）具有抗地雷和便于空运两大特点。计划 2000 年 7 月至 2001 年 3 月对首辆样车进行试验。VML 车载重量 2.5～3 吨，包括 4 名乘员。IVECO—DVD 公司正在发展 6 种轴距为 3.2 米的车型：特种作战车、侦察车、反坦克车、120 毫米迫击炮运载车、工兵车和短程防空导弹发射车。该公司还将研制 3.5 米轴距的 VML 车，主要用于救护、指挥、核生化侦察和维修。VML 车的防地雷功能是通过使用装有前后护板和两侧窗户防护板的人员防护间而实现的。底座没有重的机械构件，以防车辆行驶过程中沉重的构件碰到地面触及地雷。由于离地间隙达到 500 毫米，比其它同类车辆提供了更好的防护和越野机动性。基本防护可以通过使用能防 7.62 毫米枪弹的轻型装甲模块得到增强。VML 车长 4.67 米，宽 1.98 米，可用波音 CH－47 和 EH－101 直升机空运，1 架 CH－47 直升机可运 2 辆 VML 车。经过简单的准备，1 辆 VML 车可由 1 架 NH－90 型直升机吊运，也可以用降落伞空投。1 架 C－130J 运输机可运 2 辆 VML 车。

（巨文新）

维修装备　**美国陆军开始装备远程维修系统**　据美国《陆军后勤工作者》2000 年 3～4 月号报道，美国托比汉纳陆军仓库已成功地对一种远程维修系统样机进行了试验。不久，美陆军后勤维修支援人员将能借助该系统同托比汉纳仓库进行维修业务联系。此远程维修系统能使该仓库的维修技师“看”到地处野外的通信设备和武器装备上的电子零部件。设计人员研制这种远程维修系统的目的是为了使托比汉纳的维修技师、陆军后勤维修支援人员和地处野外的士兵能更容易地相互协调行动，同时还可有效地减少故障诊断和维修时间。此远程维修系统包括多台个人计算机和腰带式计算机（设计成类似腰带那样可系在身上），通过一个无线局域网与互联网相联。每台腰带式计算机都有 1 个便于对装备进行故障诊断的小型万用表和示波器及 1 台可将被修部件的图像传输出去的数字式摄像机。此远程维修计算机样机已安装在该仓库所在的 3 个地区。到 2000 年 10 月，将在托比汉纳另外 4 个地区安装。一旦安装完成，整个系统会有 1 个计算机室、1 块电子绘图板以及获取数据略图的入口和其它特性，其通信线路将经由一个专用局域网和互联网联接。到 2002 年，此远程维修计算机系统将开始配备到 ASM（军械修理）－146、147、189 和 190 通信/电子方舱上。到 2010 年，整个陆军都将装备这种远程维修系统。

美军研制单个军事维修人员维修保障系统　据因特网 2000 年 5 月报道，美军研制成功单个军事维修人员维修保障系统。该系统的核心是将小型个人计算机安装在防护服上。它采用民用普通 PC 中央处理器，是一套开放式结构的“维修助手”硬件和软件系统，主要由头盔式视/听子系统、中央处理机母板、片型可换式电源、高密可拆卸标准微机内存卡、硬盘和射频通信设备 6 部分组成。除视/听子系统置于头部外，其它部件在防护服上同一面布置。系统界面软件包括 DOS 和 Windows 兼容软件，如 Windows 操作系统、使用者/武器系统界面软件和综合诊断和修理信息系统（采用多媒体技术指导原件修复和换件修理）等。维修保障系统全重约 11.5 磅，体积约 148 立方英寸，便于携带，其使用大大减少了修理时间和训练经费，增大了维修与勤务战备的准确性。开放式系统结构使得系统通用性更强。无论在硬件和软件上都有十分显著的经济效益，从而减少了寿命周期费用。由于有良好的系统界面软件，维修保障系统能容纳故障诊断信息并作为便携式诊断助手应用于紧急故障诊断中，能从不同的数据库中综合应用和显示数据，为采取修理措施提供实时的综合数据分析。该系统的应用将使数字化部队走向现实成为可能。

（蔡香敏）

后勤指挥管理自动化系统　2000 年，后勤指挥管理自动化系统的发展具有以下两个特点：一是重视新型系统、设备的研制与装备，如北约的“盟军部署与调动系统”、英国的新型电子商务系统、美军的便携式文件浏览器等；二是注重利用外部资源，如美国防后勤局、陆军的后勤计算机系统的改进与维护都承包给地方公司等。

美国防后勤局为其业务系统现代化计划选定系统综合开发商　据美国防后勤局互联网新闻 2000 年 8 月 10 日报道，国防后勤局当日宣布，它已选定弗吉尼亚州雷斯顿的安德森咨询公司为其系统综合开发商，并提供 3.898 亿美元实施其业务系统现代化（BSM）计划。此业务系统现代化计划是国防后勤局的一项关键性改革，目的是希望采用最佳商业做法实现设想中提出的重新设计其后勤业务程序这一目标。改革的内容包括采用 SAP 公司的企业资源计划（ERP）软件和 Manugistics 公司的先期规划与预定计划（APS）系统，以更换现行重要的传统物资管理系统。据业务系统现代化计划管理人员大卫·范尔维说：“我们同安德森咨询公司的合作是一种创新，即采用一揽子方式订购所需全部软件和服务，而不再采用联邦勤务总署的联邦补给程序。”从 2000 年 9 月开始的最初工作将集中在企业化设计或“蓝图”上，该“蓝图”制定的新工作方案将充分利用现代技术和现有商业软件中包含的最佳商业做法。整个计划的实施预计将持续 5 年时间，最初工作是更换 2 个重要的传统系统即标准自动化物资管理系统（SAMMS）和国防综合给养管理系统（DISMS）以及其它附属系统。

美军开发联合医疗资产数据库　据美军 http://jmar. detrick. army. mil 网站报道，根据“医疗后勤全资产可视性（MEDLOGTAV）计划”，美军将通过开发“联合医疗资产数据库（JMAR）”，把各军种医疗后勤数据并入到“联合全资产可视性（JTAV）”中去。1997 年 1 月，“医疗后勤倡议专门委员会”指定陆军医疗器材局（USAMMA）为“联合医疗资产数据仓库”开发的执行机构。该数据库将作为国防部认可的权威性联合医疗后勤信息源，同时也是“联合全资产可视性”中的医疗后勤部分。该数据库的开发工作将分 3 个阶段进行，并持续到 2004 财年。第 1 阶段（1998 财年）：方案验证。在该阶段，对来自美陆军医疗器材局库存管理系统、空军医疗后勤系统战备器材数据以及指定部队的“战区陆军医疗器材信息系统”数据进行合并。第 2 阶段（1999～2001 财年）：现有各部分的合并。在该阶段，将把来自 14 个各军种传统系统以及“国防医疗后勤标准保障（DMLSS）组合管理系统”、“国防血液标准保障系统”和“全球运输网”的数据合并到“联合医疗资产数据库”中，同时提供附加的标准查询和特殊查询工具，以获得固定单位、战术部队和零售补给机构的医疗装备和补给品的库存状况。第 3 阶段（2002～2004 财年）：与批发级和后备役部队的数据进行合并。在该阶段将对后备役医疗部队数据和“DMLSS 批发级战备管理申请（RMA）数据”进行合并。在进行装备时，对其它的 DMLSS 产品数据也将进行合并，如装备和技术管理以及仓库/战备库存管理数据。

美军开通“网络用户账目跟踪系统” 据美国《陆军后勤工作者》2000 年 5～6 月号报道，位于弗吉尼亚州里士满的美国国防补给中心已为野战部队开通了“网络用户账目跟踪系统（WebCATS)”。此系统是一种自动化后勤工具，能将诸如需求状况、装运数据、现有储备、最新合同物资装运情况和武器系统数据等现行补给信息及时提供给部队用户。经互联网上的里士满国防补给中心网页可进入此“网络用户账目跟踪系统”。在主页上，该系统被列为频繁访问的网址，从“用户信息”栏也可进入该系统。使用此系统时需有密码，在“网络用户账目跟踪系统”的网页上可找到获取密码的相关提示。使用武器系统、国家储备品编号和申请编号可方便浏览“网络用户账目跟踪系统”的数据。

美军研制成功便携式文件浏览器 据美国《陆军后勤工作者》2000 年 3～4 月号报道，美军作战士兵不久将装备一种便携式计算机显示设备。目前称为“军用 E－手册”的这种设备既是一个文件浏览器，又是一个计算机终端。它能接收诸如命令、地图和部队调动情况等信息和图像。“E－手册”能与配戴在士兵身上的计算机相联接，使士兵具有计算和存储数据的能力，借助它还能直接与其他人相互联系，甚至能在没有电源的情况下长期地存储某个图像。其特制的护目镜可使士兵即使在夜间也能阅读所显示的内容。此种小型（大约 12.7×17.8 厘米）、轻便、超低功率无线电装置能挂在腰带上或放置在货物的资料袋里和任何承载设备上。该种设备由美国陆军士兵系统中心、国防先进研究计划局和两个私营工业公司共同研制。

英国防部披露其新型电子商务系统 据美国《陆军新闻服务网》2000 年 7 月 28 日报道，英国国防部 7 月 21 日披露了其新型电子商务网络系统，该系统可节省购买支援产品和劳务的时间和资金，但需要进行文化教育上的改变，以发挥该系统最大的潜力。新型网络交易付款系统是由一家英国公司发起研制的，称为“防务电子商业服务”系统。2000 年晚些时候投入使用后，英国国防部后勤局就能用它监督超过 40 亿美元的防务贸易。该系统是英国防部“精明采办创新”的部分成果，“精明采办创新”计划的目的是在满足英军需求的前提下降低成本。

北约开发出“盟军部署与调动系统” 据美国《陆军后勤工作者》杂志 1999 年 9～10 月号报道，盟军部署与调动系统是为获得一种所有北约成员国都能使用的标准欧洲部署工具而开发出来的。其原型由位于荷兰海牙的北约咨询、控制与通信局的计算机人事信息系统负责开发，能为战区司令官提供有关新到部队的抵达日期、时间、地点及其装备的战略部署信息。盟军部署与调动系统能提供预计调动的可视性或所报告的一段时间内的调动而不是实时调动，不能提供实时在运可视性。在开发盟军部署与调动系统时，考虑到了在运可视性，但没有具体化。盟军部署与调动系统实际上就是把“运输协调员自动指挥控制系统”和“联合行动计划与执行系统”合并成一个系统，其用途是对北约责任区内的战略部署行动实施计划和监控。有了盟军部署与调动系统，各国就能提出本国参与任何一次行动的部队的详细部署计划，欧洲盟军最高司令部就能启动盟军调动协调中心，以便审查各国的部署计划，并根据需要协调安排各国部队向战区卸载港的运动，消除冲突。盟军部署与调动系统由 7 部分组成，即地区管理者模块、部队数据管理模块、补给配套模块、运力模块、部署计划模块、部署展示模块和总部署模块。按照北约标准化程序，所有数据输入必须按照逻辑顺序逐步完成。 （谭凤旭）

海军专用后勤装备

美国海军建造新型海运船 据美国《防务新闻》2000 年第 12 期报道，根据美国海军战略海运计划，美国国家钢铁与造船公司（NASSCO）最终获得了为美国海军建造 1 艘大型中速滚装船的合同。根据这项与海军军事海运司令部签订的价值 2.3 亿美元的合同，美国国家钢铁与造船公司圣迭戈造船厂计划于 2000 年夏季开始建造其第 8 艘大型中速滚装船，该船长 290 米，载货面积 36280 平方米。预计 2002 年中期交付海军。美国国家钢铁与造船公司同时还获得了一份将 3 艘现行商船改装成大型中速滚装船的合同。在计划建造或改装的 20 艘大型中速滚装船中，除在该公司建造8艘、改装3艘外，其它船只由新奥尔良的阿冯代尔工业公司生产或改装。这些船只将部署在全球潜在冲突地区附近，用于运载美陆军的作战装备、车辆和补给品，同时还能为遥远地区的军事行动提供紧急海运保障。另据美国《防务新闻》2000年第6期报道，国家钢铁与造船公司于2000年1月18日向美海军交付了1艘大型中速滚装船，该船被命名为“红云”号，是根据一项总价值约2亿美元的合同生产的。

日本海上自卫队列装4艘后勤船只 据日本《世界舰船》杂志2000年6月号报道，日海上自卫队最近正式列装4艘后勤船只，分别为86号拖船、87号拖船、23号运水船和5号作业船。86号拖船是58型拖船第8号船，乘员7人，260吨级，钢质结构，由渡边造船厂制造，2000年3月21日竣工，配备给海上自卫队的“吴”港务队。该船主要技术性能如下：长28.4米，宽8.6米，深3.5米，吃水2.5米；主机为新泻制造的2台6L25BX型柴油发动机，功率1342.46千瓦（1800马力），航速11节；推进器静止推力20吨。87号拖船是50吨级的75型船的第8号船，钢质结构，由长崎造船厂制造，2000年3月15日竣工，乘员4名。该船的主要技术性能如下：标准排水量54吨，船长17米，宽4.8米，深2.4米，吃水1.2米。发动机为五十铃的UM6SD1TCB型柴油发动机，功率372.85千瓦（500马力），航速9节。23号运水船是17型船的第7号船，310吨级，钢质结构，由前钿造船厂制造，2000年3月21号竣工，配备给“舞鹤”港务队，乘员5名，主要用于为护卫舰供水。该船的主要技术性能如下：船长37.7米，宽6.8米，深3.6米，吃水2.6米。水罐容积310立方米，船后部可用于运载补给物资，载重量324吨，航速9节。5号作业船为1.6吨型新船，由“雅马哈”发动机公司制造，2000年3月21日竣工，配备给“佐世保”维修补给所，主要用作潜水作业支援。该船的主要技术性能如下：载重量0.8吨，船长7.1米，宽1.8米，深0.7米。船尾有1台18.6千瓦发动机。

德国海军海上机动医疗救援中心即将投入使用 据德国《士兵与技术》杂志2000年1月号报道，德国海军海上机动医疗救援中心即将投入使用，该中心建造工作由道尼尔公司牵头，弗伦斯堡造船公司、吕森造船厂等参与。“海上机动医疗救援中心”建在德国海军新建的“柏林”号后勤补给舰（702级后勤补给舰的首舰，长176米，排水量约20000吨，舰员定额140人）上，由放置在后勤补给舰主甲板上的26个集装箱组成，集装箱通过多个通道连接在一起。在舰船甲板上起降的直升机能从遥远的舰船上将伤病员送到航行中的海上救援中心，随船医疗人员可以在甲板上为伤病员实施医疗急救。该中心的关键部分是两个可同时收治50名病人的手术室，两个手术小组可同时展开工作。此外，该救治中心还配备X线诊断室、护理室、牙医及牙科实验室、药房、急诊室、微生物实验室以及消毒设备等。病房位于舰船甲板内部的护理区内，病房内备有治疗所需的压缩空气和制氧设备。救援中心的水、电供给及废水处理由舰上有关设备完成。

（何在涛）

空军专用后勤装备

美军制订战略空运力量现代化计划 据《美国国防部长2000财年国防报告》报道，美军目前正在致力于实现其战略空运力量现代化计划。《美国国防部长2000财年国防报告》介绍了美军2000～2005财年战略空运力量现代化计划。该计划的总体目标是以更有力、更有效的装备系统取代过时的装备，同时提高部分领域的能力，以达到空中机动的目的，其主要内容是：(1) 提高空运能力。首先，根据美军《未来国防计划》，未来空运投资的重点将以最先进的C-17运输机取代老式的C-141战区间运输机。美空军目前确定的采办合同目标是到2003财年共采购120架C-17飞机，2005财年这些飞机将全部交付完毕。国防部计划在今后几年还将额外采购C-17飞机，以确保美国机动部队具有应付各种危机的能力。其次，美军将对C-5运输机和KC-135加油机进行技术改造。目前，美空军对C-5飞机的投资重点是进行航空电子设备的现代化和部分发动机的更新。飞机座舱航空电子设备所采用的先进技术将能提高C-5飞机的作战性能，即使在空间管理标准更加严格的情况下也能保证C-5飞机继续执行空运任务。美空军目前正在研究对C-5飞机进行其它改进的可行性，以提高飞机的可靠性和耐用性。所有KC-135空中加油机都将更换最先进的航空电子设备，将机组人员从3人减至2人。美空军还将对45架KC-135加油机进行改装，配备多点加油系统，以提高为海军、海军陆战队、北约和其他盟国飞机加油的能力。(2) 加强安全保证。为了加强飞机的空中安全，美国防部正采办最先进的防事故系统，2000财年计划为此调拨大约1亿美元的经费，主要用于采购交通警戒与避撞系统和地面临近警报系统，以确保飞机避免空中和地面相撞。另外，美空军

2000～2005财年计划拨款约40亿美元，主要用于确保客机和其他飞机符合“全球空中交通管制”标准。遵守这些标准对保证美国部队全球部署能力、避免延迟和增强空中管理能力极为必要。(3) 制订预置计划。2000～2005财年，美空军计划继续为驻西南亚空军基地预置作战物资进行投资，加紧采办用于支援应急作战的物资，此外还将为加速采办相应配套设备提供经费，以加强在重大危机中的反应能力。(4) 加强基础设施和支援能力建设。美国防部目前使用的海外机场只有1990年时的一半，因此使现有机场设施保持良好的使用状况变得日益重要，在某些情况下还需加强这些设施的支援能力。对全球运输网络的投资可提高控制能力，便于对人员与物资进行跟踪，增强运输资源的使用率。

美国防部决定增购C－17军用运输机 据德国《士兵与技术》杂志1999年12月号报道，美国防部决定大幅增加C－17军用运输机的数量，这一决定是根据科索沃战争军事行动的教训和美军的空中机动需求做出的。基于C－17运输机在科索沃战争中发挥的重要作用以及对尽快满足空中机动需求的考虑，美国防部长科恩通告立法部门，国防部计划购买更多的C－17运输机，以更有力地支援美军的战略运输行动。根据原有合同，波音公司将于2003年前向美国空军提供120架C－17运输机。国防部计划再次向波音公司订购60架C－17军用运输机，将于2003年开始提供第1批10架，此后的3年中每年提供15架，2007年提供最后5架。其间，波音公司将对原订购的120架C－17飞机继续进行改进：从第51架开始，飞机将使用一种由复合材料制成的新式尾翼。该尾翼的重量比原来的轻20%；从第71架开始，飞机将增加一个发动机燃料箱，从而可显著增大飞机的航程；波音公司还将通过一系列实验，力争加大飞机的最大起飞重量。波音公司还将与美国空军合作，以便研制一种能提高空投重量2.66倍的新型空投系统，现有和未来的C－17运输机都将装备该系统。美国空军认为，满足空中机动需求需要更多的C－17运输机。未来将有205架C－141运输机陆续退出现役，这种需求更加强烈。美国国会批准的2000财年国防预算对空军扩大采购的决定给予了认可。

美国空军将对C－5和C－141运输机进行改装 据美国《陆军时报》1999年9月6日报道，为适应未来战争对空运的要求，美空军将对C－5和C－141重型运输机进行改装。70年代初以来，C－5“银河”运输机一直是美国空军战略空运的骨干装备，可将大型物资装备如坦克等从美国本土运往遥远的战区。为满足新的需求，美国空军决定2001～2004年4年间投资53亿美元对126架“银河”运输机进行翻新改造，安装新的航空电子设备和发动机。将要安装的“玻璃驾驶舱”航空电子设备系统是符合全球空中交通管理要求的新型导航系统，能够确保飞机安全飞行。C－5运输机所需的新型发动机正处于研究阶段。C－141“运输星”运输机被称为美国空军空中机动司令部的“载重马”，已飞行多年，可大量运送士兵、货物和执行医疗后送任务。美国空军从1965年开始采购C－141运输机。尽管近几年C－141运输机开始部分退役，但原有的285架中目前仍有167架飞机服役。美空军计划对这些飞机进行改造，包括安装地形识别和报警系统、全天候飞行控制系统（如新型自动驾驶仪和“玻璃驾驶舱”等）以及提高导航能力的卫星全球定位系统等。另外，还将在该机上安装导弹报警系统和诱使导弹偏离目标的干扰物与照明弹发射系统。

美军计划发展“联合运输直升机” 据美国《国际武装力量杂志》1999年第8期报道，美军各军种已开始草拟各自对“联合运输直升机”（JTR）的作战需求。按目前计划，“联合运输直升机”将于2015～2020年间开始装备，拟替换陆军现行的CH－47“支奴干”运输直升机、海军陆战队的CH－53“超级种马”运输直升机和空军的HH－60Gs运输直升机。未来物资航空运输可能将由常规运输直升机，偏转翼飞机如V－22共同承担。计划发展的“联合运输直升机”灵活性好，速度快，运输量将超过CH－47D直升机，其最大自重24516千克，载荷为11804～12712千克。1998年春，美陆军航空中心的1个小组开始起草对“联合运输直升机”作战需求的文件，详细列出了该飞机应具有的性能。据美国陆军航空应用技术局局长称，到2001财年该文件才能最后定稿。根据陆军制定的“联合运输直升机”发展计划，该飞机的工程设计与研制、制造工作将于2009财年开始，2015财年前后开始生产，并于2017财年投入使用。

美国空军更新KC－135加油机内部设备 据德国《士兵与技术》月刊2000年第3期报道，美国空军正着手更新其KC－135平流层加油机的内部设备，以使之能更好地适应未来的作战需求。美国空军空中机动司令部已将这项工作交给了洛克维尔·科林斯公司和雷锡恩公司，合同金额为3920万美元。更新内容主要包括数据联络设备和卫星通讯设备、按照全球空中运输管理办公室的要求改进其驾驶舱设备和航空电子设备（由洛克维尔·科林斯公司实施，立项名称为“GRAG漫步者”，意为罗盘、雷达和全球定位系统）、将原来的飞机驾驶舱更新为一个数字化系统以及安装 FMS－800 飞行管理系统等。至 2008 年该项目最终完成后，美国空军的约 540 架波音 KC－135 加油机将可达到全球空中运输管理办公室提出的要求。

美国研制出多用途登陆支援运输机 据日本《朝云》周报 1999 年 11 月 18 日报道，美国已研制成 MV－22 多用途登陆支援运输机。该飞机是一种双引擎（涡轮螺旋桨发动机）、具有垂直起降功能、可在空中悬停和进行高速飞行的旋转翼飞机。由于 V－22 运输机的续航距离、装载量和速度均大大增加，因而该机以拥有革新性的运输能力而著称。美军 1981 年就制订了“联合垂直起降运输机（JVX）研制计划，”1985 年，该计划过渡为 V－22 研制计划，1989 年，V－22 的样机进行了首次试飞。作为军用飞机，除美国海军陆战队最早决定于 2001 年正式装备 MV－22 外，空军用于执行远距离特殊运输任务的 CV－22、海军用于海上搜索和救难用的 HV－22 预定分别于 2005 年和 2010 年装备部队。目前，美军已经对海军陆战队的 MV－22 进行了海上试验，包括舰上起降、海上飞行和甲板上的停放及电磁适合性评价等，并于 1999 年 10 月作出了运用试验评价。海军陆战队于 1999 年 12 月开始采购 MV－22，以代替陈旧的 CH 系列直升机。今后 20 年中将采购 360 架。据称，美军今后还研制装备有机关炮、火箭和导弹的武装型垂直起降飞机。MV－22 的续航距离为 2240 千米，最高时速为 590 千米，最多可搭载 24 名士兵。作为海军陆战队的多用途登陆支援运输机，该机将搭载两栖部队从距海岸 200 海里的登陆舰上实施远距离登陆。同时，由于续航距离远，该机也可依靠本身的能力实施远距离部署，从而提高部队机动作战能力。据称，利用 MV－22 的上述性能，在将海军陆战队的船向世界各地部署时，可以将所需时间缩短 11～21 天。1 个飞行队的 MV－22 担负运输任务时，与使用现用直升机相比可节省 4～6 个架次。与现用直升机相比，由于采用了防红外设计，该机对携带式地对空导弹的防护性能提高 14～21 倍，起降时间缩短半分钟，噪声降低 75%。

美国空军使用新式空中加油系统 据英国《简氏防务周刊》1999 年 8 月 4 日报道，美空军特种作战司令部正在 MC－130H 飞机上试验一种新型空中加油软管和漏斗型接头系统。这种名为 MK32B－901E 的第 1 代“全电子式”空中加油装置首次使用不受速度限制的新型漏斗型接头，并用无刷直流电机与微处理器相连，使软管和转轴在飞行速度变化时作出相应反应，使得同一架加油机可以在为时速 176 千米的直升机完成加油断开后，再为时速 463 千米的喷气机加油。此外，该系统还可利用自身校验与安全测定装置对加油过程实施监控。

美国空军新型飞机除冰车投入使用 据《世界空军装备》2000 年第 1 期报道，为解决在寒冷气候条件下停在地面的飞机表面结冰而影响飞行安全的问题，美空军不久前研制成功了 TM1800 新型除冰车并投入使用，该除冰车可有效地除去表面结冰，确保飞行安全。该车配备一个封闭式的方形工作舱（吊篮），除冰人员坐在该舱内进行除冰操作。同老式除冰车相比，新型除冰车有两大优点，一是增加了操作人员的舒适度和安全感，二是提高了工作效率和质量。TM1800 除冰车使用培训简单，仅需几天便可掌握。像所有新技术一样，TM1800 在开始使用时也存在一些问题，如除冰人员坐在工作舱内难以准确判断距飞机和其它物体的距离；吊臂和工作舱升高无明显显示；除冰液消耗高；工作舱虽配有风档雨刷器，但在沾上除冰液时玻璃易脏，影响视线。不过通过努力，上述问题已大部分得到解决。总的认为，TM1800 的工作安全、有效。

俄、乌、德拟联合研制安－7X 军用运输机 据俄罗斯《军事技术合作》杂志 1999 年第 34、35 期报道，俄罗斯、乌克兰和德国 3 国拟在安－70 的基础上联合研制生产安－7X 军用运输机。目前，3 国就联合研制安－7X 飞机的有关问题进行了一系列磋商，合作框架基本准备就绪。据有关人士称，拟研制的安－7X 运输机主要用于替换旧式的 C－130 和 C－160 运输机。该计划预计耗资 8.5 亿欧元，而在欧洲研制同类型飞机至少需要 65 亿欧元。每架安－7X 飞机约 6000 万美元，而欧洲同类飞机约 7500 万美元。据悉，安－7X 飞机在时速为 750～800 千米、载重 30～35 吨武器装备的情况下，飞行距离为 3800～5000 千米。该飞机也可运载 300 名全副武装的士兵或 200 名伤病员。其使用和飞行性能优于美国的 C－17 及西欧的 A－400 运输机，比安－70 又有所改进。除此之外，该机可全天候执行飞行任务，安装有对付敌防空武器的安全防护装置，可在简易机场起降，具有短距起降能力（水泥路面 1800 米，土路面 700 米），而 C－17 战略运输机只能在 900 米以上的跑道上起降。安－7X 很适合欧洲国家对新型运输机的需求。如俄、乌、德 3 国选定安－7X 这种机型，预计需求量为 304 架（其中俄 164 架、德 75 架、乌 65 架），如欧洲其它国家均选用安－7X 运输机，则需求量还要增加 288 架。据悉，德国曾同意研制安－7X 飞机以装备欧洲国家空军，但法国不同意与俄、乌合作。此外，还有美国的影响，它力求保持北约对自己产品的订货。据俄武装力量装备部长西特诺夫称，如果欧洲国家因某些政策上的原因不选择安－7X 作为欧洲军用运输机，俄、乌将独立进行研制和生产，并计划向其它国家出口。

俄罗斯增加改进型运输直升机订货　据俄罗斯《军事技术合作》杂志 1999 年 11 月 22～28 日报道，俄罗斯国防部计划将米－8 和米－24 战斗运输直升机（现代化改进型）的订货数量增加 1 倍。2000 年度的订货包括 6 架米－24 的现代化改进型战斗直升机、2 架米－24BM 试验型样机和 3 架米－8 空降运输直升机。米－8 和米－24 战斗运输直升机的现代化改造工作将在"拉斯特维多尔"直升机制造厂进行。经过现代化改造后，米－8 和米－24 直升机将加装新型导航瞄准设备和现代化武器系统，能够全天候地对地面、海上和空中直升机目标进行攻击。

俄罗斯伊柳辛设计局推出新型伊尔－76 运输机　据德国《士兵与技术》月刊 2000 年第 3 期报道，伊柳辛飞机设计局不久前推出的新型伊尔－76 运输机，将有可能成为未来俄军大型军用运输机的新选择。如果价格经济、适用性好，有关负责人应该会赞成购买这种来自伊柳辛设计局的运输机。新型伊尔－76 在西方推出时称为伊尔－76MF，价格比俄罗斯和乌克兰联合研制的安－70 低 30%。

俄罗斯将向印度出售 40 架米－17－1B 型运输直升机　据俄罗斯《军事技术与合作》杂志 2000 年 5 月第 22～28 期报道，俄罗斯将向印度出售 40 架米－17－1B 型运输直升机。该机将用于在喜马拉雅山地区执行飞行任务。供货合同是由俄航空出口外经联合体和印度国防部于 2000 年 5 月 26 日在德里签订的。另据报道，印度国防部和俄工业出口联合体的第 2 笔合同是将米－17－1B 改装成军用运输机型。两笔交易总额为 1.7 亿美元，合同完成期限为 13 个月。俄航空出口外经联合体已准备将首批运输直升机交付印度。米－17－1B 型直升机为中型多用途直升机，是根据在阿富汗的使用经验，由喀山直升机厂和米里直升机厂联合研制并生产的。为提高作战生存能力，该型机采取了一系列特殊措施，其中包括采用装甲材料对乘员舱进行防护、采用多孔填充物阻止飞机被射穿时油箱的燃烧、加装防御空空导弹和地空导弹袭击的防护系统和能够降低飞机被红外侦测设备发现的发动机排气挡板装置等。该机装备有导弹和炸弹，用于摧毁散布和集群目标，其中包括装甲和混凝土设施，还可用机枪对地面和空中目标实施攻击。米－17－1B 型直升机安装有无线电导航系统、自动驾驶仪和防尘装置，可保证飞机能在各种气候条件下全天候执行任务。米－17－1B 与法国"超美洲豹"AS－332L、美国 UH－60A 同属一个类型，但米－17－1B 的乘员可达 30 人，容量是 UH－60A 的两倍，是 AS－332L 的 2.5 倍。在山地和高温情况下起降时，该机也具有优势。米－17－1B 型直升机的主要战术技术性能如下：起飞重量 11.1（标准）/13（最大）吨，载重量 4（货舱）/5（外挂）吨，升限 4000（静电）/6000（动力）米，飞行速度 262（最大）/250（巡航）千米/小时，货舱体积 23 立方米，机组乘员 3 人，载员 30 人，飞行距离 590 千米。

日本航空自卫队研究装备空中加油机　据日本《丸》杂志 1999 年第 6 期报道，日航空自卫队正在认真研究空中加油机的采购问题。近年来日军运输机经常执行海外空运任务，但现有运输机均不具备远距离飞行能力，因此日本防卫厅认为，要想进一步提高反应速度，日军必须装备空中加油机。对于新一代加油机和运输机，波音公司认为机身延长型的 767－300ER 或纯货运型的 767－300F 比较合适，该型机油料搭载量大于基本型 767－300（因而续航距离更长），航运自重和起飞重量大于 767－200ER，机内容积将具有更灵活的可用性，其设计方案称作 767 加油/运输（T－T）机。767T－T 的机身下部设计有斜路和副油箱以及必要的油料分配管线，货舱下部最多可设置 7 个油罐，共计可装 31500 公升油料。767T－T 的加油装备与 KC－135 基本相同，位于机身后部的中央部位下面，而且还可以在主翼下面安装空中加油装置，加油管可从左右两翼之下伸出进行加油。主舱是用于搭载货物和人员的隔间。包括用于空中加油的油料在内，其油料搭载量可以根据用户的要求进行变更。有关的操作通过电子装置进行自动控制，该装置还具有照明和监视功能。

日军开始选择战略运输机机种　据日本《朝云》周报 2000 年 1 月 28 日报道，目前日军正致力于选择战略运输机机种的工作。日军认为，日本航空自卫队现装备的 C－1 和 C－130 属于实施地区性运输的战术运输机，所引进的运输机必须能弥补现有的 C－1、C－130H 的不足。在其选择的可实施洲际运输、续航距离大、载重量大的大型战略运输机机种中，目前最为适合的是美国空军的C-17A和波音公司正在研制的B-767-300R-T/T两种。C-17最大载重量为77吨，最大续航距离8700千米，可用于实施战略运输。在战术运输方面，C-17同C-130一样，具有在短距离简易跑道上起降的能力，能从本国起飞后连续飞行5000千米在外国的小型机场降落。C-17可搭载55吨重的坦克，还可以打开巨大的尾部进行物资空投。波音公司正在研制的采用B-767客机机体的B-767-300R-T/T既可作为大型运输机，也可作为空中加油机使用，其货舱最多可装载34吨物资。该种飞机由于是以最新的客运机为基础改造而成，其最大巡航速度可达0.8马赫，续航距离可达9000千米，且乘坐舒适，可维修性好，能够在一般的机场上安全起降。但是，该型机虽能装载小型车辆但却不能装载大型战斗车辆，且货物只能装载于货盘上，通过设于机体侧面的货舱门进行装卸，因此需要专门的保障器材。与日本自卫队的需要相对照，上述机种各有优缺点。自卫队运输机的国内日常业务包括本身的训练、国内各基地间的定期航班、对陆上自卫队的物资空投和人员空降训练实施保障等，海外运输任务主要有赴美训练、为部署在海外的自卫队维和部队输送物资、国际紧急援助活动时的运输和海外日本人的救助运输等。从上述运输任务看，C-17适合于训练保障等多种用途，而B-767适合于向海外快速输送物资和海外日本人的救助运输。此外，如果将空中加油机的引进也作为一个研究课题的话，能够同时用于空中运输和加油的B-767非常有竞争力。目前，日军正在加紧机种选择的论证工作，以便尽快择定适应日本航空自卫队需要的大型运输机。

德国空军购买多用途军用运输机 据德国《国防技术》季刊1999年第4期报道，德国易北河飞机制造公司于1999年在德雷斯顿市向德国空军交付了第1架由空中客车A310飞机改装成的多用途军用运输机。德国空军计划购买4架这种多用途运输机，第2架目前正在汉堡汉莎航空公司进行改装。该型机是客货两用运输机，其最大有效载重量为36吨，运送部队人员最多容纳214人。同样，还可很方便地将A310改装成战场伤病员和因事故受伤人员的专用运输机。

（何在涛）

其他军事技术问题

21世纪军事科技发展展望 《世界军事》2000年第12期和《解放军报》2001年1月1日分别发表署名文章，在总结20世纪军事技术发展成果的基础上，对21世纪特别是新世纪初叶军事技术发展可能实现的主要目标，进行了分析和展望。

信息技术发挥龙头作用 在军事领域，信息技术的发展正带来一场全新意义上的革命。军用信息系统技术是在作战体系中综合运用现代电子与信息科学技术和军事科学理论，融指挥控制、侦察情报、预警探测、通信和电子对抗为一体，实现作战信息收集、传递、处理自动化和决策方法科学化，保障实施高效指挥的人-机结合系统技术，在复杂多变的未来战场上，可靠的军用信息系统是确保诸军、兵种合同作战和协同指挥、充分发挥各种现代武器系统整体综合作战能力的关键，是整个军事力量的"中枢神经"。军用信息系统一般分为战略和战术两级。战略系统是国家级和战区级指挥系统，战术级主要是军、师级系统。下个世纪军用信息系统的发展趋势将是实现多级多维多系统综合一体化，数据传输处理实时化，以及提高生存防护能力等。

计算机是信息能力的核心，目前的军事装备系统中几乎都应用了计算机，它能加强态势感知，提供逼真的模拟与仿真和更快的作战决策，提高武器效能，降低平台费用，以及提高人员效率。有人说，21世纪将是后计算机时代，计算机将渗入到各个领域之中。计算机的运算速度也在不断提高，21世纪初将达到每秒100万亿次。同时新型计算机正在出现，如分子计算机、量子计算机、生物计算机等。它们既有强大的数值处理能力，又有听觉视觉能力，能理解自然语言，能进行联想、推理和学习，并部分地模拟人的思考能力。而以电子计算机技术为基础的人工智能技术，由于更接近人脑的功能，在未来战争中也将大显身手。目前看来，21世纪人工智能技术的发展方向将主要集中在现场人工智能技术，直觉、顿悟和灵感，数据开采和知识发现，以及人工智能同主流计算机技术有机结合等方面。

潜力巨大的微电子技术　微电子技术是微小型电子元件和电路的研制、生产及运用它们实现电子系统功能的技术领域，其核心是军用集成电路技术，其先进程度用“线宽”或集成度来表示。军用微电子技术的应用遍及各个领域，被称为现代武器装备的“神经系统。”在当今世界，无论是发达国家，还是发展中国家，都不惜斥巨资来发展军用微电子技术，并把它放在军事高技术发展的首要位置。微电子技术在军事领域的运用，使武器系统的体积、重量和功耗大大减小，可靠性大大提高。特别是从信息能力方面使武器装备性能发生了革命性的变化。其中纳米技术是一门新兴技术。它的出现，标志着人类从微米层次深入到原子、分子级的纳米层次，使人类最终能够按照自己的意愿操纵单个原子和分子，以实现对微观世界的有效控制。据预测，单原子、单分子存储操作技术可能于2007年开发成功，单电子晶体管集成电路2015年将实用化。目前，纳米技术的军事应用主要集中在纳米信息系统和纳米攻击系统两大类上。如有的国家已掌握制造出每平方厘米布满5000多个微小发动机的技术，这些发动机就是微型武器的推进器。它们能被发射、播撒出去，本身又可飞行、爬行、跳跃，蛰伏在敌方司令部、地下工事、战场驻军的门窗缝隙或不起眼的其它地方，以其信息接收、处理、导航和通信能力，可探测、收集情报或起其他间谍作用，使敌防不胜防。

未来战场上的光电新军　光电子技术是以激光器和先进光电探测器为基础，由光学技术、电子技术、精密机械技术和计算机技术等密切结合而形成的一项军事高技术。目前已广泛应用于侦察预警、跟踪识别、火控制导、通信导航、模拟显示、信息处理和光电对抗等领域。军用激光器是重要的军用光电装备之一，激光测距机、激光指示器已大量装备部队；激光雷达正在迅速发展；激光制导武器在近期的局部战争中发挥了巨大作用。红外技术也是军用光电子技术的重要内容，美国的“小牛”导弹、“斯拉姆”空地导弹和欧洲的“崔格特”反坦克导弹，都是利用目标红外图像引导的导弹，实现了“发射后不管”的使用方式。高性能的红外焦平面阵列仪器，使夜视装备实现了全天候、高透视的效果，使夜间战场实现了白昼化，目前已经广泛应用于坦克、飞机、舰艇的火控系统，并向小型化的单兵装备迅速发展。美国现役的导弹预警卫星，采用红外焦平面技术，能够从地球同步轨道探测到导弹发射的尾焰，是其反导弹系统的核心部分。目前，发达国家在军用光电子技术如机载激光器和标准光纤网络计划方面已取得了初步成功。未来军用光电子技术发展的重点将主要是促进激光应用的小型化和低成本化，积极发展光纤领域的长波长、单模式传输技术，以及在红外领域发展凝视红外焦平面阵列技术等。

无所不在的材料技术　信息、材料和能源是客观世界的3大要素。而新材料技术又是其它高技术发展的物质基础和重要依托。它们性能优异，在军事领域有着广泛的应用，在提高武器装备性能，实现新功能，突破现有局限性方面有着极为重要的意义。如复合材料与传统的金属材料相比，比强度和比刚度高，军用飞机和航天器使用后，可减轻重量20%～40%。这类材料已经成功运用于F－16、F－18、幻影2000等军用战斗机和“民兵”、“三叉戟”等战略导弹，以及M－1、“豹2”等坦克上，取得了良好的效果。隐形材料则使导弹和飞机的隐形技术走入实用，美国的F－117、B－2、F－22等隐形战机均大量使用了这类材料，因而具有良好的隐形效果。军用新材料技术在20世纪后期已有了重大发展，到21世纪，军用新型材料研究的重点将集中在信息材料、结构功能材料、新能源材料、超导材料及低成本材料等4个方面。其中信息材料将主要是提高容量和处理速度，提高全频域灵敏度，以及实现机、电、光与生物电子高度融合等；结构功能材料将向复合化、一体化和智能化方向发展；超导材料则有可能走出实验室。

高屋建瓴的军用航天技术　军用航天技术是指为军事目的而研究、发展和应用的航天技术，它可以借助各种遥感器、无线电接收机、通信设备和其它观测设备，执行监视与侦察、弹道导弹预警、通信与导航、气象观测和大地测量等任务，为军事目的服务。军事航天技术的物质载体是各类军用航天器，包括军用卫星、飞船、航天飞机、天基武器等。20世纪，军用航天技术主要是发展与战略武器配套的军用卫星。未来，为战区、战场作战服务的军用卫星系统将更受重视。同时，随着卫星小型化技术的运用，重量只有几十到几百千克，成本低廉、使用灵活的小卫星日益受到重视，有着良好的发展前景。未来军用航天技术不仅可以提高军队的组织指挥和保障能力，提供外层空间火力支援，而且将使太空成为陆、海、空以外的新战场。到下个世纪，随着外层空间技术的扩散，有能力参与外层空间角逐的国家将逐渐增多，外层空间军事化的趋势也将难以避免。预计到21世纪初，外层空间优势的争夺必将刺激反导技术、卫星与反卫星技术、天基动能与定向能武器技术、以及空天飞机技术的进一步发展。

体现先进科技的制造技术 先进制造与工艺技术是人们不断吸收机械、电子、信息、材料、能源以及现代管理等高新技术成果，将其优化集成应用于制造全过程，实现优质，高效、低耗、清洁、精益、敏捷地生产产品，取得理想经济效益和作战效益的制造技术总称。它强调整体化和系统集成，突出信息管理和人的控制作用，已成为一个综合性技术领域，是衡量一个国家综合实力和科技水平的重要标志之一，也经常是制约武器装备发展水平的瓶颈，因此越来越受到各国所重视。如美国1991年就已经提出了“敏捷制造”概念，日本也在这一领域达到了较为先进的水平。21世纪，先进制造与工艺技术将重点解决小批量低成本生产技术、复合材料修理技术、产品尺寸控制技术、先进加工技术和工厂工艺过程的全面优化等问题。

异军突起的生物技术 人类在克隆技术、基因组图谱和定向发送技术等方面取得的一系列重大进展和突破，必将在军事上得到广泛的应用。一些国家已在研究发展基因武器。

基因武器是运用遗传工程技术，用类似工程设计的办法，按照作战需要，通过基因重组而制造出来的新型生物武器。办法是在一些致病细菌或病毒中植入能对抗普通疫苗或药物的基因，或者是在一些本来不会致病的微生物体内植入致病基因，培育出新的抗药性很强的病菌或新的致病微生物。

生物材料具有重要的军事应用价值。目前正在研究的生物材料包括：蛋白质纤维、塑料、粘合剂、涂料、弹性体、润滑剂、复合材料和光电材料等。预计在今后数十年内有可能用于部队的装备。高性能复合材料技术的发展，使人们更加关心生物粘合剂的研究，以用于武器装备的维修。生物涂料的研究目前集中在舰船防污涂料方面。

生物加工处理技术目前正在研究的课题有：生化战剂的洗消、危险废物的生物降解、生物除漆、生物防核污染及微生物冶金等。可望研制出无腐蚀、低成本、高速度、便于携带的清洗生化战剂的生物酶，清除残余地雷、水雷，降解TNT炸药的生物体和能除去铀、镭、砷等有毒有害元素的微生物。

生物分子电子技术是利用生物分子信息材料装配电子元件和仪器的技术。目前，进展较快的是光学开关模式的生物分子器件。一些实验室已经制造出这种模式的并行处理器件、三维数据存储器、神经网络等原型器件。在未来几十年内，有可能研制出可装入计算机的高密度生物电子存储器以及其它一些器件（如神经网络、人工智能所必须的关联存储器等）。

普遍看好的新概念武器技术 未来有可能出现的新概念武器技术种类很多。根据武器的杀伤原理、杀伤规模和杀伤手段，新概念武器主要分为4大类，即新概念能量武器、新概念信息武器、新概念生化武器、新概念环境武器。新概念能量武器包括新概念动能武器（包括超高速化学能发射器、电炮、混合电炮等）、新概念定向能武器（包括激光武器、微波武器或电磁脉冲武器和粒子束武器等）、新概念原子能武器（包括中子弹和反物质武器等）和新概念声波武器（包括次声波武器等）。新概念信息武器包括智能武器（军用机器人、无人平台）、比特武器（计算机病毒武器）和微型武器（纳米武器）。新概念生化武器包括基因武器、新概念化学武器等。新概念环境武器包括气象武器、地震武器等。新概念软杀伤武器亦称非致命武器或“人道武器”，包括低能激光武器、微波武器、声波武器和生物武器等。

目前，研制中的新概念武器主要包括定向能武器、电炮类武器、非致命性武器和一些新概念弹药等。电磁能发射器、电热炮等动能武器，以电脉冲功率为能源，突破常规火炮系统发射炮弹的速度极限；激光武器、高功率微波武器、粒子束武器等定向能武器一改“枪、炮、弹”的传统思维，实现“有枪无弹、零时飞行、直瞄即中”；次声波武器于无声处藏杀机，更让人防不胜防；还有微米/纳米武器、数字化智能机器人部队……。

除了上述几种关键性技术领域外，核能技术、动力技术、海洋开发技术、试验和测试技术、遥感技术、定向能技术、以及隐形与反隐形技术、精确制导技术等，都将在21世纪相互促进，充分发展，从而对未来武器装备和作战行动产生革命性影响。

（乐凯华）

美国为实现“无伤亡战争”研制新武器

据美国《航空和空间技术周刊》2000年9月25日报道，为了使政界继续支持政府使用武力，美国的作战计划制定者们正在设法确保美军士兵在战争中几乎不发生任何伤亡。但是做到这一点将要求武器开发人员为有人驾驶的超音速隐形飞机和无人驾驶飞行器“度身定做”武器弹药，同时研制出可以从很远的距离以外发动攻击的高超音速武器，并努力寻求摧毁生化武器的手段。

新一代智能武器的体积必须十分小巧，必须可以承受超音速发射的冲击，有进行精确打击的能力，并且仅使用必需的最低限度的火力。此外它们还要设法应付那些越来越复杂的打击目标，成本还不能太高。

政界领导人现在正在给军方施加越来越多的限制，后者则进而要求武器专家设计出可以在十分敏感的政治环境中完成作战任务的战争工具。空军武器装备中心策划部负责人莱斯·麦克福恩指出：“我们在未来的许多年时间里都必须面对小规模冲突，因此我们需要可以有效地对付这种小规模冲突的武器。”

小型灵巧炸弹（SSB）　小型灵巧炸弹计划的设想是让飞机在每次出动时能打击更多的目标，分析人士现在认为，目前需要约 900 千克炸弹才能摧毁的目标，有 85% 可以用精确的小型炸弹来摧毁。使用小型灵巧炸弹后，重型轰炸机一次出动就能精确攻击数以百计的单独目标。将来还考虑给灵巧炸弹加上尾翼以延长射程以及给炸弹加装“多事件硬目标智能引信”。这种新式引信将能使炸弹在穿入每一个新空隙时发生连续的爆炸。

美国军方还致力于将打击的作用范围尽可能缩小并且降低非故意破坏发生的可能性。有关人员目前正在研制重约 40 千克的小型炸弹，与较为传统的约 225 千克、450 千克和 900 千克炸弹相比，这种小型炸弹造成的附带破坏要小得多。

另一种正在引起人们兴趣的方法是使用穿透式弹头。精确打击武器研究计划负责人弗兰克·罗宾斯指出，与爆破杀伤弹头相比，新型弹头的破坏作用可以得到更好的控制。空军正在探索的其他技术包括可以将破坏作用集中在某个特定区域的定向弹头，或者是可调整弹头，飞行员或战斗任务策划者可以“调整”这种武器的爆炸效果，以便使之与打击目标相适应。

美国空军的官员们目前正在考虑许多种作战策略。其中一种想法是在某些飞行高度较低的低成本自主攻击炸弹上安装照相机而不是弹头。在其它低成本自主攻击炸弹、导弹攻击各自目标的同时，照相机就可以收集图像资料。另一个想法是研制一种后面带有一台战斗破坏评估传感器的导弹，这台传感器可以给打击过程拍照并在弹头与打击目标相撞前的几秒钟内将有关数据传送到战地指挥所。

射线武器　美国正雄心勃勃地研制激光武器和大功率微波武器。但是开发人员在设法使这种技术用于实战的武器过程中遇到了许多困难。即使这样，仍有一些研究人员认为，这种武器在几年内就可以交付部队使用。

激光武器面临的问题是如何在相对较小的战术飞机上获得足够的空间和发射功率。预计在战术飞机上解决这一问题的方法是使用固态激光器而不是化学激光器。但到目前为止，该问题仍未得到解决。

对付生化武器手段　由于所要打击的目标的复杂性，命中目标的精确度将十分关键。空军研究实验所认为它在全天候合成孔径雷达、毫米波寻的和激光雷达探测器方面的研究将有助于提高武器的精确度。

空军已经研制成功打击坚固目标的智能引信。这种智能引信可以确定在建筑物里所经过的楼层，因此能够充分地利用武器的爆破点。还有一种多功能引信可以启动武器中的多种功能。举例说，首先，它可以引发爆破杀伤弹头来打开存放生化制剂的容器。其次，它能够撒播并点燃一种高温燃烧弹，用以中和生化制剂。焚烧据认为是使生化制剂失效的最有希望的方法。

由于尚未找到有效摧毁目标的办法，美国空军官员正在考虑如何使生化武器实质上失效。这一构想被称为“功能性摧毁”，即生化武器虽然没有被销毁，但已完全无法再使用。一种办法是在生化武器储藏区周围布雷。另一个建议是使用无害武器技术，比如通过让固体灭火泡沫膨胀起来，使装载有毒剂的运输工具无法启动。

美军新部署在亚太地区的先进武器　《中国国防报》2001 年 3 月 12 日报道，自 2000 年 8 月以来，美国为加强其在亚太地区的军事力量，将一些先进的武器装备纷纷部署到该地区，其中包括“林肯”号航母、核动力攻击潜艇和新型空射巡航导弹等。

“林肯”号航母　“林肯”号航母是美军先进的核动力母舰，其上共停有 70 多架战机，其中 F－14 和 F－18 战斗机的总数为 40 架左右。在武器方面，该航母装备了“海麻雀”防空导弹，可以 2.5 马赫的时速攻击 14 千米远的战机；两座 HK32 型 3 联装 324 毫米发射管，可发射 MK46－7 型尾流自导鱼雷攻击对方的潜艇。此外，该航母还可以发射巡航导弹。“林肯”号航母作战群是 2000 年 8 月 19 日前后从美国本土军港出发的，后经过太平洋进入印度洋活动。该航母作战群部署到亚太地区的期限为半年，预计于 2001 年上半年结束在亚太地区的部署，但它随时可以重返亚太地区。

空射巡航导弹 2000年8月，美军突然秘密在关岛的安德森空军基地部署了63枚先进的AGM-86型空射巡航导弹。该型导弹是美国空军研制的远程对地攻击武器。主要由B-52等型号的远程轰炸机携带，总重为1.3吨多，作战范围近1000千米，飞行时速为0.8马赫，主要攻击对方重要的地面目标。该型导弹配备了极为先进的全球卫星定位系统等制导设备，一旦发射，可以自动导向遥远的目标，飞行途中能够自动使用地形匹配系统。由于该型导弹可以掠地飞行，加上导弹本身进行了隐形处理，因此，一些国家的普通防空雷达很难进行探测。

核潜艇和两栖战舰 在近几场高技术局部战争中，美军核动力攻击潜艇是进行远程打击的"积极分子"，先后发射巡航导弹袭击了阿富汗、苏丹、伊拉克和南联盟等的重要目标，成为游弋在水下的魔鬼。目前，美国海军正准备增强核潜艇的前沿部署，计划在关岛部署一个潜艇中队的兵力，配备3艘先进的"洛杉矶"级核动力攻击潜艇。

除核潜艇外，美国海军还计划在西太平洋部署一个两栖戒备大队，包括3艘大型两栖战舰，它们是"塔拉瓦"两栖战舰、"安克雷奇"两栖船坞登陆舰和LPD6两栖船坞运输舰。其中，"塔拉瓦"级两栖战舰是美国海军最大的两栖攻击舰，全舰长250米，满载排水量高达3.9万吨，犹如一艘中型航母，可以运载3000名士兵，能够起降近40架战机，包括6架AV-8B垂直起降攻击机，4架AH-IW武装直升机、12架CH-46运输直升机和9架CH-53E运输直升机等，具有极强的立体两栖攻击能力。

俄印加紧军事技术合作 《现代兵器》2000年12月号发表盛焰的文章指出，2000年10月4日，在俄总统普京访问印度的前一天，印度与俄罗斯签订了一系列军事装备采购协议。印度将以近30亿美元的费用从俄罗斯购买大批武器装备，其中包括310辆T-90S主战坦克、140～150架苏-30远程多用途战斗机以及前苏联的"戈尔什科夫上将"号航母等。

采购T-90S主战坦克是印度针对巴基斯坦从乌克兰购买320辆T-80UD坦克而采取的措施。其中大约124辆坦克是以整车形式购进的，其余的则在印度南方阿瓦迪重型车辆厂按许可证方式进行生产。第一批T-90S可能于2001年年中开始交付，印度将把它们部署在北部的旁遮普邦和西部的拉贾斯坦邦。

印度海军目前正在咨询"戈尔什科夫上将"号航母的改造费用问题，据估计改造工程约需7.5亿美元，包括改建前部12°倾角的滑跳甲板，以便为载机提供短距起飞、拦阻降落的能力。同时，双方还将就20架舰载米格-29K战斗机和卡-28、卡-31早期预警直升机等采购问题进行谈判。"戈尔什科夫上将"号航母将取代已经退役的"维克兰特"号航母。

此次印俄双方还签署了一份在印度当地制造苏-30MK远程多用途战斗机的协议，使印度采购的这种飞机总数达到140～150架，其中包括印度于4年前花18亿美元订购的40架苏-30MK。在过去的3年里，印度空军已经接收了其中的18架。2002年俄还将交付印度22架，这22架的配置将比以前的更先进。一旦这22架战机到货，以前那18架将送到俄罗斯进行改进。协议还规定俄罗斯要帮助印度斯坦航空公司建立为苏-30MK飞机进行检查和维修的设施。

在10月初普京总统访印的4天期间，俄印双方还签署了加强和平利用核能的合作谅解备忘录。这样，俄罗斯将打破对印度的核封锁，帮助印度建造2座1000兆瓦的民用核电站，每座造价26亿美元，位于泰米尔纳德邦南部。普京是第一位访问巴巴核能研究中心的核大国首脑。该中心是印度核研究机构的旗舰，位于特朗贝，曾于1998年5月印度进行核试验期间负责协调工作。

除上述内容外，印度与俄罗斯政府还同意成立一个政府间的关于军事技术合作的委员会，由印度国防部长费尔南德斯和俄罗斯副总理克列巴诺夫共同领导。这将使印俄军事关系不仅仅局限于武器装备的采购，还扩大到俄在印度国防工业中进行投资和联合开拓军事装备市场等合作。这个委员会的成立还将加快印度获得6套S-300PMU1低空至高空防空系统、BM9A52"旋风"300毫米多管火箭炮系统以及至少4架图-22（北约称为"逆火式）轰炸机等武器装备。两国政府签署的12个协议中甚至还包括印俄建立战略伙伴关系的文件，双方将联合对付来自阿富汗的伊斯兰军事组织的威胁。

印度如此大规模地采购武器装备，必将打破该地区的力量对比状态，造成地区局势紧张。就连印度官员都不得不承认，这很可能引发周边国家的军备竞赛。

中国台湾军事科研实力简述 据《世界军事》2000年第3期载文报道，20世纪末，台湾诸媒体竞相报道了有关台湾将在2004年后部署低空反导弹系统的消息。随后，中山科学研究院军事研究组人员也在记者会上证实，台湾在发展反弹道导弹系统方面已取得数项突破，使台湾的军事科研能力，骤然成为舆论关注的焦点。

火箭炮起家。60 年代末，美国逐步削减了对台湾的军事援助。台湾当局，为增强自身的装备发展能力，于 1969 年 7 月，组建了中山科学研究院，专门负责研制陆、海、空三军所需的武器装备，直属于"国防部"。30 年后，该研究院已发展成为台军最主要的装备科研机构，拥有各类人员约 1.1 万人。中山科学研究院，是靠研制火箭炮起家的。1982 年，45 管"工蜂"－6 型火箭炮研制成功并装备台陆军。它能发射 117 毫米尾翼稳定火箭弹，弹重约 40 千克，最大射程 15 千米，发射架安装在 M809 型 5 吨卡车底盘上，可单发或连射（连射时间 22 秒）。但此种火箭炮的整体设计是仿照苏联的 BM－21，并没有多少新意。

1994 年，中山科学研究院又研制出"雷霆"2000 型多管火箭炮。"雷霆"2000 系统可发射 3 种火箭弹，即 117 毫米 MK15 型（最大射程 15 千米）、227 毫米 MK－30 型（30 千米）和 MK45 型（45 千米），配备多种战斗部，主要用于台陆军反登陆作战。台湾当局迫切希望借此能使陆军大量采购，以替换服役已久、性能不足的"工蜂"－6 型火箭炮。"雷霆"2000 火箭营与传统炮兵营比较，1 个"雷霆"2000 火箭营（编制 24 辆发射车）所需的人力，只有炮兵营的 1/40，辎重需求则只有 1/20，而 1 辆发射车的瞬间火力，却约等于 1.67 个炮兵营，"雷霆"2000 的 3 型火箭均可配置 CVT 空炸引信的钢珠高爆弹头；MK30、MK45 火箭亦可配置电子调时引信的 AP/AM 子弹头，发射后，在目标区内平均 22 平方米的面积即可分布 1 枚约手榴弹大小的子弹头（具穿甲能力），目标区内的人员、装备及舰艇将难以幸免。

仿制出的导弹家族。70 年代末以来，中山科学研究院在引进技术的基础上，为台三军研制了多种战术导弹系统。随着冷战的结束和海湾战争的爆发，台湾军方更是将其导弹自研计划放到了举足轻重的地位。

1979 年，中山科学研究院在引进以色列技术的基础上研制成功"青蜂"地地弹道导弹。该导弹最大射程为 120 千米、有效射程为 60 千米。中山科学研究院曾试图发展其后继型"天马"－1 型地地导弹，并将其射程提高到 1100 千米。这项工程最终迫于各方的压力和干预而下马，但中山科学研究院并未因此放弃其发展中近程弹道导弹的计划。据悉，目前他们正在以"天弓"地空导弹为基础，秘密研制"天戟"地地导弹，射程可能为 600～1000 千米。

除了进行地地、地空导弹的仿制与开发外，1978 年，中山科学研究院还在以色列"迦伯列"基础上仿制出射程约 40 千米的"雄风"－1 型岸舰导弹。其后，又以美国"鱼叉"导弹为基础仿制了"雄风"－2 型反舰导弹，其射程提高至 80 千米。目前这两种导弹已成为台湾海军的主要反舰装备，而"雄风"－3 型巡航导弹则成为中山科学研究院的下一个目标，并在九鹏基地进行多次技术试验，射程有望达到 350 千米。

以自行研制为名，通过引进而走仿制的道路，似乎成了台湾导弹开发的一个特点。如，中山科学研究院以美国 AIM－9L"响尾蛇"和 AIM－7F"麻雀"为基础仿制了"天剑"－1/2 型空空导弹，射程分别为 18 和 30～40 千米，这种号称自行研制的美国舶来品目前是台空军战斗机的基本装备。此外，台湾已引进 3 套 PAC－2"爱国者"导弹，并试图建立起自己的低空反导系统。为此，中山科学研究院系统发展中心以"天弓"－2 和"长白"相控阵雷达为基础自行研制了"天弓"－3 反导系统。该系统虽于 1999 年 9 月试射成功，但距离真正上战场拦截导弹，还有相当远的一段路程要走。

航空仍是弱项。发展战机曾是中山科学研究院的一大任务，况且目前台空军装备的 AT－3 攻击教练机和 IDF"经国"号战斗机，就是由其与台湾航空工业发展中心联合研制的。但碍于台湾航空工业的基础薄弱，其主要技术依然是照搬国外现成的模式，如 IDF 战斗机的设计就主要参照了 F－16。其中"擎天"MKI 冲压发动机飞行器，似乎有点改头换面的新花样。据中山科学研究院的资料显示，"擎天"只要换不同的弹头，就能变换成不同的武器。如反辐射导弹、超音速掠海反舰导弹（飞行速率可达音速的好几倍，终端巡航高度只有数米）、超音速持续推力防空导弹等。但从公布的数张照片看来，该种飞行器后方均有一段长长的加力器，是属于第 2 代的设计。

中山科学研究院研制成功的 3 种无人机。其中一型总重约 450 余千克，可载 95 千克燃油和 105 千克设备，活动范围和侦察能力都大大提高，并被命名为"中翔"号。1999 年 12 月 12 日，中山科学研究院已完成"中翔"2 号机的研制，并将滞空时间延长到 10 个小时，最远航程高达 500 千米。

竭力筹备"信息战"。世纪之交，信息化装备已成为军事装备发展的重点。台军方对此高度重视，授命中山科学研究院研制相关的信息战装备。据中山科

学研究院院长陈友武中将透露，他们已经着手研制电子攻击、电子防护和电子情报搜集设备，重点发展“信息网络安全防护系统，”企图在信息战领域先走一步。目前这个研究院正在进行的重点研发项目是混合侦测系统，一旦研制成功便可以提供精确的雷达参数，提高电子侦察的能力。

在无线通信方面，中山科学研究院现正全力发展VHF/UHF跳频无线电通信网络。由于台军现役的AN/PRC－77等无线电装备，无法对抗现代干扰技术，且材料及配件的补给在未来也是个大问题，所以该类具有抗干扰功能的跳频无线电的发展，已跃升为中山科学研究院当务之急的开发项目。另外，可干扰敌方地面防空雷达的电子对抗系统（如C－130HE电子战飞机）、为装甲车提供对激光导引武器预警的激光武器预警装备、以及电子战测试训练场等也在全力发展中。但由于台军电子战的装备几乎全是美国货，并且中山科学研究院过去研制的一些雷达整体性能不佳，影响了台军的电子对抗实力。目前，台军方正发展的探测距离1000千米的“长山”相控阵雷达，因为难度较大，一直被舆论看成是与美国讨价还价的砝码，而没有对它抱有真正的希望。

（蒲福宁）

部分新概念武器装备简介 随着激光、红外、微电子、人工智能、超导、新材料、航天、生物工程等高新技术群体的迅猛发展，为研制性能先进的新概念武器装备提供了有利的条件。纵观世纪之交的军事舞台，一批新概念武器装备已经或即将问世。《军事史林》2000年第6期孙建祥撰文介绍了其中10种新概念武器。

新概念高超音速飞机 美国能源部劳伦斯·利弗莫尔国家实验室正在研制一种名为“超高飞”的新概念高超音速飞机。它采用以火箭为基础的组合式循环发动机，最大飞行速度可达10马赫，能在几小时内到达地球上任何地方。该机起飞后先是爬升到大约40千米的高空，然后关闭发动机沿轨道作弧线飞行，当达到最大高度（约60千米）后开始下降，至40千米高度滑翔回大气层时，再启动吸收大气中氧气的组合式循环火箭发动机，使推力猛然增加，如此多次循环，每次“跳跃”约需2分钟，飞行距离400～500千米。据称，这种高超音速飞机可以把核弹头从美国本土投送到世界的任何地方，然后返航而无需加油，现有防空武器均奈何它不得。据说研制第一架样机约需5亿美元和3～5年时间。

自动监控空中飞行物的新概念监视系统 它用日常的电视、广播信号来“照亮”空中物体（如飞机、直升机和火箭等），并能对它们进行大范围的实时探测和精确跟踪。这种技术的核心是一种独创的“被动相干定位”技术。它可以不间断地覆盖空域，织成一个“天网”，提供高水平的早期预警，加强全球识别和指挥控制决策，远远胜于目前的雷达系统。该系统采用“多光源”监视，使用3个以上的广播信号来确定目标的三维轨道，它可以安装在建筑物、掩蔽所等固定结构上，也可以快速配置在车辆上，由于使用了商用技术（如高性能处理器和大动态范围接受器），因此价格低廉，可以军民两用。

独具化学喷雾破坏功能的反卫星武器 美军在积极研制动能反卫星武器的同时，还在寻求动能反卫星自动寻的飞行器的非致命应用，例如通过化学喷雾，可污染航天器的部件使之失能。化学物质暴露在太阳紫外线下，一段时间后会自动消失，而不让卫星永久性受损。这种非致命打击不但会减少人们对该计划的反对，而且不会导致军事冲突升级。

带翅膀飞行的微型无人车 国外正在研制一种比手掌还小、步行非轮式、带翅膀、可以跳上或飞上楼梯的无人车系统，以完成在士兵无法进入和生存的某些作战环境下的特殊任务。研制微型无人车的关键技术是：能供远距离作战的重量轻、高动力、小型化的侦察传感器，并提高超视距通信能力。目前比较成熟的无人车系统有：“玛蒂尔达”机器人（会攀登楼梯和提起227千克的重物，携带有3台前视、后视相机）和“萨莉”特种作战部队机器人，它们可以用于城市作战。

可控制弹头射速的新型发射药 美国能源部某实验室研制出一种用于非致命武器的铝—水发射药。这种发射药用于滑膛枪，比黑色火药推力大，并可以通过改变装药量来改变弹头的发射速度。在用来对付恐怖分子时，可以选择是将其击毙还是击昏，武器在发射功率不变的情况下可改变射程。新发射药的技术诀窍是控制铝—水反应过程，使其根据需要释放能量。这种发射药还可以用于发射炮弹，其较小的体积可以使坦克储存更多的弹药。

靠“尾鳍”游动的“S”形潜艇 科学家正研制一种可以靠尾鳍摆动、以“S”形“游水”的潜艇。它比常规潜艇更快、更静和机动能力更强。这种原理的潜艇无须使用螺旋桨和涡轮机，而靠一个由内部压力系统控制的尾鳍来推动，艇侧面和顶部的鳍则有助于潜艇准确移动和保持平稳。新式潜艇的主要创新之处，是使用了一种“象鼻”传动装置，可模仿肌肉活动，推动鳍的运动。该计划目前正在英国悄然进行，受到英美两国海军当局密切注视。据称，该潜艇将首先用作水下扫雷。

巧妙拦截飞行器的等离子“云团”　在高技术战争中，导弹打导弹已成为一种有效的对抗方法。但在俄罗斯科学家的眼中，这些方法并不十分理想。于是，他们独辟蹊径，新近推出一种采用等离子体武器拦截导弹的新方法，即利用彼此交叉的大功率能束或光速改变导弹的飞行环境，使飞行中的导弹失去战斗作用。俄科学家独创的这种新概念等离子武器构想，已引起各国军界的广泛关注。

自动操纵驾驶仪的“神经网络”软件　美航空航天局刚结束的一系列试验表明，在飞机的控制翼面（如方向舵或副翼）受损或失效、驾驶员一筹莫展的情况下，灵巧的“网络神经”软件可以使飞机安全返回基地。这次试验使用F－15战斗机的改进机型，进行了跟踪目标、360度旋转等高难度机动和超音速飞行。实验结果证明，“神经网络”软件成功地控制了出故障的飞机。

用于探测地雷的“雷达炮弹”　无线电波可在地下传播一定距离，因此雷达可用于探测地雷。但由于向地面发射的无线电波大部分将被反射和吸收，只有小部分穿透地表，所以雷达的功率必须足够大，因而设备笨重，使用很不方便。外军研制出一种专门用于探测地雷的“雷达炮弹”，从直升机上向地面发射就能确认埋在地下的地雷。在已进行的试验中，曾把一颗30毫米口径的“雷达炮弹”从距地面约100米高的直升机上射出，钻入地面约20厘米深，所发射的雷达波脉冲功率达4000瓦，能探测出半径15米范围内埋设的地雷。

可防御反舰导弹的“水障”　“水障”作为最后一道屏障，可防御射向军舰的导弹。美海军水面战中心正在研究这种新颖的“舰用自防御水障”，它借助“浅层水雷清除技术”，利用火箭发射的直列装药来产生。研究人员相信，在最后的关键时刻，可以在穿过外层防御的反舰导弹面前竖起一道防御“水障”，并保持几秒钟，使来袭导弹失效。

可作为未来两栖攻击平台的地效飞行器

《现代军事》2000年第9期宋超生、徐国英撰文介绍了正在发展中的未来两栖攻击平台—地效飞行器。地效飞行器，也称作飞翼船、地效翼艇，它利用地（水）面效应和动力增升原理，在地效区里飞行，使升阻比增加，气动效率大大提高，是介于飞机、舰船和气垫船之间的一种新型高速飞行器。地效飞行器用于军事目的，具有高速、两栖机动性强、隐蔽性好、易操纵和起降、载重量大、续航能力强等优点，因此，可用来执行快速海（陆）上补给、快速兵力部署与展开、海岸防卫、海上搜索与救援等任务，还可用作快速导弹发射平台、两栖攻击平台、反潜作战平台等。俄罗斯的“雌鹞”号就是专门用作导弹发射平台的地效飞行器，装有6具SS－N－22反舰导弹发射筒。军事专家预测，利用地效飞行器的快速性、隐蔽性、造价低的优点，使用“狼群”技术，再加上预警机和电子战飞机的配合，载有导弹的地效飞行器将成为航空母舰的天敌。俄罗斯的“小鹰”号是专门用于抢滩登陆的两栖攻击平台，可搭载轻型坦克和步兵，机身前部有可开启的专门用于人员和装备进出的舱门，顶部安装有炮塔，作为进攻和自卫的武器。美国正在研制中的大型地效飞行器主要用于快速海（陆）上补给、快速兵力部署与展开。

可导致种族毁灭的基因武器　《现代军事》

2000年第10期李培进撰文指出，通过研究不同种族、不同人群的特异性基因，采用一定策略将其适用于目标人群，可以制造出导致种族毁灭的可怕武器——基因武器。基因武器是利用遗传工程、重组DNA或其它分子生物学技术在分子或基因水平上对敌方人员或动植物直接造成危害，或通过调控、构建和改造微生物及其毒素而形成的一种新的生物武器。

基因武器与其它武器比较，具有如下特点：有精确的敌我分辨能力，可以只攻击敌方特定人种，所以又被称为“人种炸弹”。难以防治，有抗药性，只在所攻击的同类人种中有传染性。秘密施放，难以察觉；即使察觉，也很难破译其遗传密码并进行有效治疗。杀伤力大，成本低廉，运用遗传工程技术可以大量生产。对敌方有强烈的心理威慑作用。曾有人估算，用5000万美元建立一个基因武器库，其杀伤效能可能超过一座50亿美元建成的核武器库。

一旦基因武器投入未来战争，将使战争发生巨大变化。首先，战争面貌将发生变化。敌对双方不再依靠大规模硬杀伤武器，而可能在战前使用基因武器，使对方人员的肌体组织及生活环境遭到破坏，导致一个民族、一个国家丧失战斗力。第二，军队的编制体制结构将发生变化，卫生勤务保障部队可能要增加。第三，战略武器与战术武器将融为一体，使未来战场成为无形战场，战场情况将更加难以掌握和控制。

部分新概念软杀伤武器简介　《世界军事》

2000年》第5期于玉兰撰文介绍了4类新概念软杀伤武器：

声波软杀伤武器 目前有次声波和噪声软杀伤武器两种。

次声波软杀伤武器是通过精密的装置，发射频率为20赫兹以下的、人耳听不见的次声波，定向作用于敌方人员，产生强烈共振，以达到杀伤目的。目前国外正在研制的有神经扰乱型和器官杀伤型两种。前者专门用于刺激大脑，扰乱人的正常活动节律，使人体肌肉痉挛、头痛、呕吐，继而产生恐惧、癫狂、神经错乱，以至死亡；后者是将次声波调至接近人体各器官的固有频率，引起器官强烈共振，以至于破裂而丧生。由于次声波能穿透钢板和混凝土，即使人员在防空掩体和坦克内，也难逃被杀伤的厄运。这种武器也可设置在需要的地方，形成一条看不见的防线。

噪声软杀伤武器是通过一种装置，发出高强度噪声，作用于人体，使人出现乏力、疲倦、头痛和失眠等症状，达到在心理上和肉体上杀伤对手的目的。科学实验表明：当噪声超过115分贝时，人的大脑功能就会严重衰退；超过150分贝时，人的听觉就会全部丧失；超过175分贝时，人就会丧生。

光束软杀伤武器 目前有激光致盲武器和光弹致盲武器两种。

激光致盲武器是通过精密的装置，连续发射低能激光束，照射人眼和武器装备中的光电传感器，使之受干扰、迷茫，过载或造成损伤。它不仅可使人员造成视障而丧失战机，还可使观测仪器失效、跟踪与制导系统失控、以及弹头引信失灵。美国研制的“虹鱼”激光致盲武器曾装备在“布雷德利”步兵战车上，参加了海湾战争；正在研制的“耀眼”便携式激光枪也即将装备部队。

致盲光弹是利用高能炸药爆炸后产生的能量加热惰性气体，发出高强度多向或单向闪光的一种闪光弹。这种闪光在瞬间照射人眼后，轻者造成暂时失明，重者导致永久性失明，但不会致死或产生其他附带伤害。它主要通过火炮发射，通常用于夜间作战行动。国外目前正在研制一种小型光弹，可通过单兵使用的榴弹武器发射。

电磁软杀伤武器 这是一类新型信息武器，亦称软性炸弹，目前正在研制中的有微波炸弹和电磁脉冲炸弹两种。

微波炸弹是一种能在瞬间辐射强微波束的装置。这种微波束通过各种接口进入网络，产生感应电荷和电流，作用于某些元器件造成其功能紊乱，产生误码和错乱，甚至使整个网络失控；作用于人体，使之产生烦躁、头痛、神经错乱、记忆力衰退等现象而削弱战斗力。

电磁脉冲炸弹是一种非核电磁脉冲辐射装置。它能放射出高功率电磁脉冲，击穿网络线路，烧毁计算机等电子部件，使对方通信、指挥、控制系统瘫痪。战前可由特工人员潜入敌境或纵深，将这种武器放置在敌指挥控制中心附近，伺机实施攻击；战时也可用飞机投掷或火炮发射。

化学软杀伤武器 这是将化学物质形成各种常规战剂的一类武器，可对敌方武器装备或有生力量进行软杀伤，使之丧失机动和作战能力。这类武器有很多，常见的有以下6种：

碳纤维弹，是一种装有大量镀金属碳纤维线圈，专门用于干扰敌供电设备，使其作战系统陷入瘫痪的炸弹，又称石墨炸弹。可用巡航导弹或飞机投掷，弹体上装有雷达测高仪，当弹体到达诸如发电厂、配电站和雷达站等指定目标上空，并降至预定高度时，弹头自动引爆，发出成千上万的极其细微的碳纤维丝，飘落在目标的电网上，致使敌方发电机、高压线和雷达等电器发生短路、烧毁，最终陷于瘫痪。在科索沃战争中，美军试用了这种秘密武器。使对方的指挥系统和防空系统受到了不同程度的损害。

强黏合剂发射器，是用两种不同成分的塑料在发射中使之混合、爆轰而形成具有强黏合特性的塑料状物质，使发动机吸入后油料被污而停车，瞄准具、测距仪等粘上后失效，装备粘在某个地方而无法操作。

润滑剂喷撒器，是一种超级润滑剂，类似于聚四氟乙烯及其衍生物的物质，几乎无磨擦系数，也难以清除，将它喷撒在敌航空母舰甲板、机场跑道、铁路和公路上，使飞机和车辆无法行动。

腐蚀剂发射器，是一种超级化学腐蚀剂，能腐蚀任何一种金属、橡胶和塑料、将它喷洒在敌武器装备上，使之变成破铜烂铁；喷洒在道路上，使经过的车辆轮胎和履带变质破碎。

失能性战剂发射器，是一种能使人暂时失去正常活动功能的化学战剂。将它喷洒在敌重兵集结地域，会使人员思维发生障碍，躯体功能失调或昏昏入睡，无法遂行战斗任务，甚至出现各种反常现象，但不会致人死亡。

阻燃剂发射器，是一种具有高效阻燃性能的化学物质，如聚苯乙烯颗粒、乙炔气体和可膨胀泡沫塑料等。当飞机、装甲车辆和汽车遇到敌发射阻燃剂后产生的雾团，发动机就会立即熄火或燃爆，使飞机坠毁，车辆瘫痪。

未来新概念军用地图　《现代军事》2000年第5期马照习、冷冰凌报道，为适应21世纪信息化战场的需要，使军用地图能方便、快捷、直观、迅速地为将军和士兵提供翔实可靠的战场信息，世界上许多国家已在大力发展全新概念的军用地图。展望未来的军用地图，主要有以下4大发展趋势：

军用地图无纸化　无纸化是军用地图的发展趋势。无纸化过程运用现代电子技术，特别是信息技术，把地图中所反映的大量信息以数字方式存储在计算机里，使用时只需通过计算机屏幕或相关设备进行影像显示，就能得到所需要的地图信息。这种电子影像地图具有使用的实时性、灵活性、精确性和保密性。它通常有两种形式：一是实时拍摄制图，就是利用飞机或照相侦察卫星，从空中最佳角度和高度对地面进行全息摄影，得到立体的影像，再通过数字化传输到计算机，并存入相应的数据库中。二是预先制备的数字地图。它将地面划分成若干方格，方格内有预先计算好并标记出的海拔高度，用数字阵列表示；使用时，输入相应的数据即可寻找到需要的目标。这种地图还把战场上指挥员和士兵所需要的各种信息也标上，让他们通过影像地图就能精确地了解到战场上敌、我和友军的配置位置、气象数据、战场勤务支援状况等信息。

军用地图智能化　智能化是现代科技在地图上的重要体现，也是地图在技术上质的飞跃。智能化军用地图由电子计算机直接控制，一改过去有纸地图的纯被动服务功能，可根据操作者的指令或预先设定的程序显示所需要的信息。目前正在研制的智能化地图主要有4种功能：一是人－图对话功能。具有这种功能的地图能使用户边看地图边与计算机进行对话。当用户提出自己的要求后，智能地图马上会反馈出用户要求查知的情况，比如山脉、河流和重要公路等，并向用户作出一些提示，如"此路不通"等；甚至配置的兵力、兵器不符合地形条件时，它也会提出质疑；它还可以根据需要，把各种想定（如作战双方的兵力、兵器配备情况等）存储在电子地图上，在不同的地形上自行显示不同的想定方案。二是联网查询功能。具有这种功能的地图利用战场信息网，可使使用者通过用户终端查询本战区、甚至更大范围的地图信息。三是自动对照功能。美国空军新近试验的一种机载电子地图系统可以适时地映出彩色或者黑白电子活动地图，既有平面图，也有飞机前方的地形透视图。其信息来源于机载雷达或其他传感器，并且与飞机上的制导系统相连接。借助于这种电子地图，飞机可以在气候复杂的空域或者低空自动对照地图飞行。四是模拟显示功能。操作具有这种功能的地图时，用户只要通过鼠标击点地图的某一点，就能听到那里的声响，指挥员坐在显示器前，就能看清自己的部队在哪一点的活动情况。

军用地图微型化　微型化是军用地图的一个重要发展方向。这种即将投入使用的微型地图有3个显著特点：一是地图幅画既可高度浓缩，又可局部放大。微型地图对地域的浓缩程度，通过人工方法可达200倍以上，通过计算机处理可达上万倍，同时在使用地图时，还可根据作战需要随时进行局部放大。用户可通过计算机，将所要查看的区域扩大到自己所需要的倍数。二是可以灵活地使用地图软盘和光盘，并与军用信息高速公路联网，同全球定位系统配合使用。这就解决了微型化带来的地图信息容量有限的问题，使这种袖珍型的电子地图充分适应未来高技术条件下局部战争中地理环境多变性的要求。三是便于携带，使用方便。如果把这种微型化的军用地图装在未来士兵的头盔子系统中，既不妨碍士兵的战斗行动，又可使士兵所需要的地理信息尽收眼底。

军用地图多材料化　多材料化拓展了军用地图的使用空间，使军用地图在特殊环境下也能正常使用。如光盘地图贮存信息量大，可以反复使用，这就大大提高了地图的使用寿命。如用塑料、化纤布、丝织品等材料制作的军用地图，尽管不如光盘地图那样"先进"，但却有不可替代的实用价值。在没有电源、机件受损或环境影响无法使用电子地图时，特殊材料制成的地图就大有用途了。德国利用发光塑料研制了一种能自动发光的立体地图，不用供电、发光持久。这种塑料材料中添加了荧光染剂，吸收红外、紫外线后发光，在黑暗中便于查看地图而不会暴露自己。在现代海战中，特种部队的"蛙人"需要在水下查看地图。为此，美、日、德、俄等国十分重视水下地图的研制，通过在绘制材料中添加一种特制的水下发光物质，可以在漆黑的水中清晰地查看地图。随着技术的发展，将有越来越多的新材料被用来制作军用地图。

新概念军服简介　《现代军事》2000年第9期魏岳江、舒学炎撰文介绍了一系列新概念军服：

"隐形"服装　目前美国研制成功了一种新型的能变色的隐形服装。这种军服采用"有源"系统，以近似迷彩图案的金属涂层置于织物表面，用电源来调节金属涂层的温度和热辐射强度，使之与所处的环境背景相一致。战士穿着这种军服，在任何情况下都能根据环境温差的变化及时调整自己军服的颜色，向外发出红外辐射，使自己的红外特征与周围环境保持一致。这样，不但人的肉眼难以发现，而且连热成像仪和雷达也难以发现。当战士穿上隐形军服走进沙漠、森林，军服很快变成黄色和绿色；走进雪地，军服马上又会变成白色，与大地浑然一体。在作战中，敌方很难发现变色的“隐形化”士兵，即使敌人使用红外夜视系统进行夜间侦察，也很难找到。

“调温”服装　未来的士兵将装备带微气候调节的军服装置，该装置用一种自控、背包式轻型调温系统调节服装温度，维持士兵的热平衡可达 4 个小时。士兵将处于一个小气候环境里，温度可调节。联接在新式军装上的感应器便于士兵了解自己的身体状况。士兵的皮带上安装两块电池，可以持续 12 小时为士兵配备的系统供电。

“仿生”服装　这种军服是依照松塔的生物特征制作的，可以抗御风雨，有效地对付潮湿。当大气湿度下降时，松塔的鳞状叶片便会自动张开进行“呼吸”。利用类似松塔结构的人造纤维系统，能适应外界自然条件的变化。英国已着手研制这种仿生战斗服，并将于 2010 年装备部队。

“防雷”服装　英国德比郡的艾吉斯公司新近研制出一种防地雷军服，士兵和救援人员穿上它，即使踩响地雷也能保全腿脚。这是因为。这套军服的靴底比普通登山靴要厚 2.5 厘米。这种靴底在树脂材料中包裹了细小的石子颗粒，它能够形成有效“防线”，将地雷产生的爆炸力逐步化解，英国皇家军事科学院对这种新型防地雷军靴进行的测试表明，军靴踏上含 75 克炸药的地雷后，最多可将 90% 的爆炸能量有效吸收。

“救生”服装　这是一种俄罗斯研制的形似衣服的救生装置，取名为“板栗”，并在 1996 年的布鲁塞尔专利博览会上获得金奖。“板栗”服是一种在紧急情况下使用的特殊装置，用途十分广泛。在休克、骨盆及下肢骨折、脑颅骨及腹部受伤、内出血以及其他许多情况下都可以使用。这一装置由 4 个充气部分组成。组装和充气需要 5 分钟左右。其下肢部分压强达到 70 毫米汞柱，而腹部则为 40 毫米汞柱，从而保证了血液在体内的重新分配，这将有助于遏制那些血液方向特殊的地方血压下降的趋势。产品装有使用极方便的担架，而救生服既完整又可分成几部分，可以使医生不必整件脱下伤者的救生服，只需解开某一部分就能很方便地对患者进行诊断和治疗。

“防疫”服装　20 世纪末，澳大利亚军方正在加紧实施“地面 125 计划”。该计划中很重要的一项是“研制能杀蚊虫、防疾病的特种军服。当士兵在执行潜伏任务时，除了会受到严寒酷暑的威胁外，最难忍的就是各种蚊虫的叮咬，这一危害在热天或热带地域最大。由于往往是潜伏在敌人眼皮底下，要求潜伏士兵必须在预定的位置上像磐石一样一动不动。根据这一特点和需要，澳大利亚军方研制出了一种“蚊虫一叮就死”的特种军服，即杀虫防疫军服。防疫特种军服用一种高效杀虫剂浸泡过，该杀虫剂比传统的驱虫剂有更神奇的效用。

“防寒”服装　目前，美军科学家借助于高倍电子显微镜，揭开了北极熊不怕寒冷的奥秘：它的毛与虎、狮、熊、绵羊的毛不同，中间是空的管状结构，每一根毛都相当于一根微小的“光导管”。这种“光导管”能让外界的紫外线透入，并把它阻隔在体内，不仅保温性好，而且还有增温的作用。北极熊有了这身特殊的“皮大衣”，当然就不怕严寒了。于是科学家就根据北极熊毛的结构，研制出了一种人造中空纤维。这种纤维重量轻、弹性高、保温好，用它制作的防寒军服，被称为“人造羽绒”。

“抗荷”服装　2000 年初，美军 1 架 F-16 战斗机在训练中发生摔机事故。这是由于战斗机突然加速爬升时，惯性和离心力的作用，会使飞行员的体内血液急剧流向下身，造成头部缺血，从而失去知觉而导致摔机事故。英军根据这一肇事原因，从长颈鹿身上得到启示。长颈鹿是世界上最高的动物，从它的心脏到大脑距离达 3 米左右，供血难度极高。但是，它抬头吃树叶或者低头喝水时却不会造成头部供血异常。英军军事医学家们在解剖长颈鹿时发现：它的颈部动脉有几百条小血管，可以自动控制血压的突然升高或降低，从而大大提高了抗过载能力。于是英国科学家研制出一种新颖的“抗荷”军服，从而保障了飞行的安全。美国空军在它的基础上，又研制出电子气动抗荷调压军服，进一步提高了“抗荷”军服的抗过载能力。

“护身”服装　随着世界恐怖主义的猖獗，各种枪杀、暗杀事件屡有发生，各国军界对防弹军服的研究掀起了一股新的浪潮，于是各种各样的防弹军服纷纷问世，大大提高了士兵的自身防护能力。第 1 代防弹军服实际上是军服衬以坚硬的钢片而成，又笨又重，且防弹性能差。第 2 代系尼龙、玻璃钢、轻型陶瓷防弹军服，这代军服仍没有突破陈旧的防弹方式。但是，自从研制成功“凯夫拉”防弹军服以来，这种“防身”服装的发展便步入了一个新时代。“凯夫拉”

防弹军服的材料是一种芳香族聚酰胺有机纤维，其特点是密度低，重量轻，强度高，韧性好，耐高温，耐化学腐蚀，绝缘性和纺织性能好，并且易于机械加工和成型。它可在 30 米处防护手枪的射击，在 200 米处防护步枪的射击。1991 年，荷兰生产出了更轻、更防弹、更透气的超高分子聚乙烯防弹军服。美国军方获悉后，立即购进其技术和产品，加工研制出了现役美国陆军所装备的防弹军服。1998 年，英国科学家又发明了一种从液体水晶中提炼出来的高分子纤维材料。英国军方发言人称“这种超强力纤维的防弹军服，是目前世界上最先进、最具防护力的。在这种防弹军服的基础上，有的军事专家又添加进了一种能够有效防止静电的材料，制成了最新的超级防静电防弹军服。

“抗菌”服装　目前，美国研制出一种防臭、抗菌的“超级”服装。在该服装中，采用了新型微胶囊——一种与服装纤维结合在一起、含有对人体有益物质的微型球形薄膜。有了这种胶囊后，能释放出香味或起中和臭味的作用。另一项新技术是在生产合成纤维的过程中，加入一种具有预想特性的物质，制成抗菌纤维。克拉耶公司推出的系列产品有抗菌睡衣等。达马尔公司生产的 T 恤衫对阳光的防护作用几乎是普通 T 恤的两倍。除反射有害紫外线外，这种服装还可以挡住能使人体发热的红外线。

“智能”服装　2000 年夏天开始生产一种内含微型移动电话或全球定位系统的茄克衫，使身穿这种茄克衫的军人在世界任何地方都能确定所在位置，误差只有几米。茄克衫内还可以配备微型摄像机、电视机等视听视频装置。这种茄克衫是融服装与最新通信装置为一体的先驱。预计今后 5 年，世界将推出系列“智能”军服。

“电脑”服装　电脑会不会成为未来军装的一部分？随着信息技术的发展，网络战将成为未来作战的重要形式，电脑将成为士兵的随身物品。

“可餐”服装　它主要适用于在沙漠或险恶环境下执行特殊任务的士兵。这种军服是由特殊的蛋白质、氨基酸和多种维生素合成的，既能吃又能穿，一件上衣能够保证一名士兵 6 天所需的营养和能量，重量仅为 2.5 千克。

新概念隐形技术简介　据《军事文摘》2000 年第 11 期载文报道，世纪之交，一种新概念隐形技术—“等离子体隐形术”正在秘密研制开发中。“等离子体隐形术”是利用等离子体来规避探测系统的一种新技术。“等离子体”是广泛存在于自然界中的一种电中性的电离气体。它是继物质存在的固体、液体、气体 3 种形态之后出现的第 4 种物质形态，它具有数量与密度近似相等的自由电子和正离子。其产生和运动主要受电磁场力的作用与支配，对电磁波的传播有很大的影响。

在军事上，高空核爆炸、放射性同位素的射线、燃料中掺有铯、钾和钠等容易电离成分的火箭，以及喷气式飞机的射流、高超音速飞行器的激波，还有电弧放电和微波等，都能产生一定数量的弱电离等离子体。等离子体是一种特殊的高通滤波器，当雷达频率低于等离子体频率时，雷达波被全反射，等离子体能以电磁波反射体的形式对雷达进行电子干扰，即通过雷达波往返传播途径弯曲，雷达显示屏上出现的是攻击武器的虚像，而不是武器的实际位置。当雷达频率高于等离子体频率时，雷达波能进入等离子体被吸收，从而使雷达接收到的攻击武器的信号大为减弱。以上因素使等离子体成为新型电子干扰和隐形物质，其应用隐形技术是最有发展前景的一项技术。

“等离子体隐形术”的优越性就在于几乎不使武器装备作任何结构和性能上的改变，通过等离子体层对雷达波具有特殊的吸收和折射特性，使其反射回雷达接收机的能量很少，因而使敌方的探测系统难以侦察和发现，从而达到武器装备的隐形目的。实验表明，等离子体涂料可使飞行器表面的空气形成等离子层，用等离子体层包围诸如飞机、坦克、舰船、卫星等武器装备的表面，可使反射回雷达接收机的雷达波下降到原来的 1%。另外，这种等离子层不仅可以吸收无线电波，还能吸收红外辐射。与美国 B－2A 战略轰炸机、F－117A 战斗轰炸机、F－22 战斗机所广泛采用的外形和材料隐形技术相比，“等离子体隐形术”具有很多独特的优点：吸波频带宽，吸收率高，隐形效果好；使用简便，使用时间长；价格便宜；无需改变飞机的气动外形；由于没有吸波材料和吸波涂层，可极大地降低维护费用；不会影响飞行器的飞行性能，还可以减少 30%以上的飞行阻力。

自 20 世纪 60 年代以来，美国和前苏联等军事强国就开始研究等离子体吸收电磁波的性能。近年来，“等离子体隐形术”在俄罗斯取得了突破性的进展，其研究成果明显领先于美国。俄罗斯克尔德什研究中心已经开发出第 1 代和第 2 代等离子体发生器，该研究所在地面模拟设备和自然条件下以及飞机上的试验已经充分地证明了这种隐形技术的实用性。第 1 代产品是等离子体发生片，其厚度为 500～700 微米，将这种等离子发生片贴在飞行器的电磁波强散射部位，即可使周围空气产生等离子体。第2代产品的重量不到100千克，耗电不超过几十千瓦。使用这一系统不仅能减弱目标的雷达反射信号，而且还能向敌方探测雷达发出一些假信号，使敌方难以正确判断目标位置、高度和飞行速度。目前，克尔德什研究中心正在研究效果更好的第3代产品。据推测，第3代产品可能是利用飞行器周围的静电能量来减小飞行器的雷达反射面积。俄罗斯的1.42及1.44战斗机并没有采用像美国飞机那样的隐形外形设计，其隐形能力是利用他们称之为“自己开发的减少雷达特征的方法”来实现的，即“等离子体隐形技术。”

目前产生等离子体的方法主要有两种：一种是利用等离子体发生器产生等离子体，即在低温下，通过电源以高频和高压的形式提供高能量产生间隙放电和沿面放电，将气体介质激活，使之电离成等离子体；另一种是在兵器的特定部位（如强散射区）涂一层放射性同位素，其辐射剂量应确保它的射线电离空气时所产生的等离子体包层具有足够的电离密度和厚度，以确保对雷达辐射波具有极强的散射和吸收能力。与前者相比，后者价格昂贵且维护困难。预计，等离子体武器在21世纪必将作为空中目标的新杀手和反雷达侦察的新星登上战争舞台。

几种新型特种弹药简介 据《军事文摘》2000年第7期载文报道，20世纪末期，一些国家的军事专家冲破特种弹药原有的观念，应用现代高新科学技术成果，开辟了特种弹药发展的新途径，已经研制出并且正在设计一批新型特种弹药，其中比较典型的有侦察弹系列和战场物资补给炮弹。目前研制成功和在研的侦察弹，主要有：窃听弹、电视侦察弹、视频成像侦察弹、目标定位战场评估弹和隐形红外照明弹等。

窃听炮（子）弹 是利用震动声音传感器窃听目标战场信息的炮弹或子弹。如美国正在研制的XM691E1式155毫米远距离战场侦察弹，其全称为战场遥控监测传感器系统。该弹采用底抛发烟弹或子母弹弹体，内装1台DT－570型振动音响传感器系统。使用时，将弹丸发射到预定的目标区内，监听目标区内的动静，并将听到的信息通过高频发射机发回到指挥所，使指挥员及时获得战区目标的准确信息。预计该种弹在不久的战场上将会大显身手。还有一种是直径约1厘米的子弹。它可用特制的枪具和普通枪进行发射，且不发出响声，飞行距离与普通子弹差不多，弹头里面装有超高频发射器和微电子仪器。它可窃听方圆10米内的谈话，观察各种动静，并将获得的情报迅速传回。

电视侦察弹 又称炮射电视。当它被发射到目标区域上空时，可利用微型电视摄像机，将目标区域的地形和地面活动图像通过电视播送系统传给指挥基地。如美国研制的XM845式155毫米电视侦察炮弹，全称为炮射电视目标定位系统。该弹采用了M845A2式155毫米照明弹弹体、吊伞和引信，只是将照明装置换成了小型摄像机系统（含发射机和电池）。使用时，将其发射到预定目标的上空，引信作用后，将吊伞－摄像机系统抛出，在吊伞悬吊下摄像机对目标录像。图像经发射机传送回指挥所，展示在屏幕上或记录在录像带上。夜间可交替发射照明弹照明目标，从而实现了无须前沿观察员的、无人全天候实施战场侦察和定位。最近，英国又在研制迫击炮电视侦察弹和航空炸弹电视住宿弹。由于其独特的使用效果，目前已成为各军事大国竞相研制的一项新热门技术。

视频成像侦察弹 该视频成像炮弹系统，是由视频成像炮弹、全球定位系统转发器和地面接收机组成。它是一种利用旋转稳定技术、打出后就不用管的155毫米炮弹，其传感器的视场可作螺旋运动，以观察天空和地面信息，它是靠接收3个以上来自太空的定位卫星信号，保证炮弹在精确控制飞行中的位置。

该弹由英国桑地亚国家研究所于1989年首次发射，现已作为美国陆军研究所和英国陆军武器研究、发展和工程中心计划的一部分。该弹是利用弹丸的飞行和旋转来完成对飞越的地形进行扫描的。飞行中，光线通过垂直于旋转轴线的窗口进入弹丸，通过抛物柱面镜聚焦在光电二极管上，光电二极管辨别光强的变化，可产生一种被放大到一定强度的能够调制发射机的电流。发射机的信号被传送到地面处理站，再制成图像。电压的强度决定每个像素的色调。使用计算机处理技术，使这些像素进行组合，形成地形图。视频成像侦察炮弹为联合部队的师级指挥官在间接火力射程内进行目标侦察提供了方便，从而可以更好地发挥武器的效能。

目标定位和战场毁伤评估弹 它是一种155毫米子母炮弹，弹丸内装有一个无线电控制的翼伞和视频发射机，由美国阿连特技术系统公司研制。该弹是为在目标区上方飘浮1台视频摄像机以便验证目标位置或评估战斗毁伤情况而设计的。弹丸内装有1个无线电控制的翼伞、1台视频摄像机、1台视频发射机以及使这些器材工作所必要的控制装置和电源。在以美国为首的北约空袭南联盟的作战中，美军为了确定精确的目标坐标，还在该炮弹中装进一个GPS发射应答器。一旦炮弹被抛出，该系统电源启动，翼伞展开，飘浮起视频摄像机对目标区进行初始搜索，并开始将视频图像传送给地面接收机。该弹在空中飘浮达5分钟，使操作手控制视频摄像机飞行在目标的上方，进行低高度的战斗毁伤评估，其作用距离能达60千米。

隐形红外照明弹　这种被称之为夜空“魔灯”的隐形红外照明弹，是以发出很强的肉眼看不见的红外辐射为主、仅产生轻微可见光的一类照明弹药，兼有很好的侦察功能。它可作为工作在近红外波段的光电器材的辅助光源，在扩展光电器材使用范围，提高其夜视能力的同时，还具有自身隐形的效果，从而使夜间变得对自己单方面“透明”，顺利地实施对敌侦察、监视、观察与瞄准、跟踪与攻击。佩戴夜视眼镜的直升机驾驶员借助隐形红外照明弹，观察距离可增加4～7倍。如果第3代夜视眼镜的视距为300米左右，配合隐形红外照明弹，视距可达2000多米，可以准确地侦察与攻击地面上潜伏的夜袭队员。

与常规的可见光照明弹相比，这种隐形红外照明弹产生单位球面角1060瓦的红外辐射输出，并且集中于0.7～0.8微米的近红外波段内，而可见光的能量输出则很少。它由含多种可燃物、多种氧化剂和一种粘合剂的烟火混合物压制而成，其密度比原来的可见光照明弹大得多，在每立方厘米1.75～1.85克之间，但对火箭的弹道没有什么明显的影响。

隐形红外照明弹选择了隐形指数（药剂燃烧时发射的红外辐射与可见光之比）较高的一些新材料，它们是“硝酸钾、硝酸铯、元胺、硅、硼、氧化铁和WITCO1780等，并确定出最佳药剂配方加工制成。

该隐形红外照明弹也有由迫击炮和榴弹炮发射的类型。由机载航空火箭发射，射程可达4200米，下降速度4.26米/秒，燃烧时间3分钟，比M257白光照明弹延长1分钟。可用于侦察、监视、治安保卫、营救等方面。

战场物资补给弹　是一种利用155毫米炮弹内装上带有降落伞的补给箱，采用发射炮弹的办法向地面部队投送急需的补给物资的全新系统，又称“萨维奇”系统。这种炮弹能以2400千米/时速度飞行，射程可达20千米，只需用30秒即可把所需物资送到目的地。目前，“萨维奇”系统扩大为由两种炮弹组成：弹药补给弹（ARP）和医疗液（或营养液）补给弹（MRP）。目前正在开发能使“萨维奇”灵巧地把物资送到40千米以外的能力。

弹药补给弹　该弹用于投送5.56毫米轻武器弹药。1个装备155毫米榴弹炮的炮兵排，只需进行12分钟的射击就能够给一个步兵营补充足够24小时用的5.56毫米弹药基本携带量。但目前它还只经过试验和演习使用，没通过实战检验。

医疗物资补给弹　该弹用来投送袋装静脉注射液。同样的炮兵排进行6分钟射击就能为一个600人的步兵营的每位士兵提供500毫升一袋的静脉注射液体。另外，据报道，美国国防部的科学家，正在研究一种应急替代食品的芯片——通过皮肤吸收的传感器营养传输系统（TDNDS），在作战期间为士兵提供营养素和营养液，替代1～2天的食品，这种营养液也可用“医疗物资补给炮弹”投送。

纳米技术军事应用前瞻　《现代军事》2000年第11期李德孚撰文指出，纳米是一种度量单位，1纳米为十亿分之一米，即1毫微米。纳米结构通常是指尺寸在100纳米以下的微小结构。在这种水平上对物质和材料进行研究处理的技术称为纳米技术。

物质颗粒达到纳米尺度，就会呈现出常规晶粒材料所不具备的奇异反常的特性。例如，金属超微粉的颗粒尺寸达到10纳米时，因光吸收能力显著增强而变成黑体；纳米尺度的铜颗粒变得不导电，而绝缘的二氧化硅颗粒在20纳米时却开始导电；陶瓷在常温下很脆，而纳米陶瓷却有良好的韧性，等等。纳米材料由于独特的结构，具有小尺寸效应、表面与边界效应、量子尺寸效应以及宏观量子隧道效应。

纳米技术正是一门研究在0.1～100纳米空间内，电子、原子和分子运动规律和特征的多学科交叉的高新技术。它的最终目标是使人们能按照自己的意志操纵单个原子，制造具有特定功能的产品。纳米技术包括：纳米电子学、纳米材料学、纳米显微学、纳米机械学、纳米生物学和纳米制造工艺学等。

纳米材料包括纳米微粒和纳米固体。纳米微粒是指组分尺寸在0.1～100纳米的粉体，具有许多常规材料不具备的特性。例如，金纳米微粒在常温下呈黑色；在一定条件下，纳米微粒具有极高的抗退磁性能；纳米微粒具有极高的活性，如金属纳米粒子在空气中会燃烧，无机纳米粒子会吸附气体；纳米金属微粒在低温下呈电绝缘性。纳米固体可分为纳米晶体和纳米非晶体。纳米晶体材料的强度、硬度、电阻率、比热和热膨胀系数高，密度、弹性模量和热传导率低，扩散性强，可裂性、韧性及软磁性优良。

纳米机械是在分子层次上，按人们的意志操纵单个原子、分子或原子团，产生具有根本不同的新分子组织形式的大型结构，用来制造特定功能的产品。由于它们的纳米级尺寸，其结构和元件均呈现新的有重大改进的物理学、化学和生物学性质。例如，用纳米加工技术制造的单电子存储芯片，功耗只是现有存储芯片的百万分之一，面积为万分之一。

纳米材料独特的性能及巨大的应用潜力，引起先进工业国家的极大兴趣。20 世纪 90 年代以来，德、英、法等发达国家为保持军事和经济地位，先后制订纳米技术发展计划。日本、德国、英国、瑞典、瑞士等国都在纳米技术研究的优势领域成立了相应的研究开发中心。美国国防部是最早研究开发纳米技术的。1999 年底，美国总统科学技术顾问委员会在给克林顿总统的信中指出，即将出现的纳米技术，对于美国在 21 世纪的世界经济和安全领域保持领导地位非常重要。2000 年 2 月，美国政府发布《国家纳米技术倡议》，并从 2001 财年正式开始实施。据预测，以美国为首的发达国家在国防领域应用纳米技术方面主要取得以下 7 方面的突破：

①通过先进的纳米电子设备取得持续的信息优势；②研制以纳米结构电子设备为基础、技术上更先进、经济承受性更好的虚拟训练系统；③研制性能更好的自动化武器装备或设备，以补偿兵力的减少，减小作战人员实际面临的风险。例如，通过减轻重量可以增大无人驾驶战斗机的作战距离，改善战斗机的灵活性，提高作战效能；④在达到军事平台所需的高性能（重量更轻，强度更大）的同时，减少故障率，降低全寿命费用；⑤改进核、生、化侦测技术，解决伤员救护方面的急迫问题；⑥改善核不扩散条约的监督和管理；⑦研制核防御控制系统所需的混合式纳米和微型机械装置。纳米技术正在开发的军事应用有：

改进武器装备的材料性能 纳米陶瓷克服传统陶瓷韧性差、不耐冲击的弱点，用于制造军用涡轮发动机的高温部件，可以提高发动机的效率、工作寿命和可靠性。纳米陶瓷高活性、高断裂韧性和耐冲击的性能，可有效提高主战坦克复合装甲的抗弹能力，增强速射武器陶瓷衬管的抗烧蚀性和抗冲击性。纳米材料制成的钨合金弹芯，穿甲能力大大提高。有人在开发一种具有活性孔隙的纳米材料，孔隙随条件变化开闭，可用作战场有毒剂量检测装置。用现在已能制造的纳米管“编织”的微细纤维，具有非常好的纤维弹性，不怕弯曲、穿刺、挤压，有望做成超轻防弹背心。

改善武器装备的隐形性能 利用纳米微粒材料尺寸远小于红外和雷达波波长及磁损耗大的特点，可望制成电磁波吸收率非常高的隐形材料。目前美国研究的第 4 代吸波材料“超黑粉”，对雷达波的吸收率可达 99%，分析认为这一材料最有可能就是纳米材料。此外，纳米微粒在较宽的频谱范围内具有良好的吸波性，尤其是纳米固体（如氧化物）对红外波有良好的吸收性，可望用来制作雷达和红外波兼容的宽谱段复合隐形材料，使隐形技术能从单一波段向实用型宽谱段隐形的方向发展。此外，纳米材料良好的吸波性和高活性、易分散的特点，使其易于制成超薄轻质的隐形涂层，几十纳米厚的纳米材料就可达到现有隐形涂层几十微米厚的吸波效果，大幅度减轻了现有吸波材料的重量。

增强信息存储与获取能力 纳米磁性功能材料可以大大改善复杂战场环境下电、磁、声、光、热等各种信息的获取、传输、处理、存储和显示的能力，为武器平台的电子系统、综合电子信息系统提供更强的能力。纳米磁性功能材料在未来的武器系统中将有广泛应用，例如磁记录密度比现有磁记录材料提高 20 倍，还可得到高信噪比，使军用计算机磁盘存储能力提高数十倍。纳米软磁材料可用于抗电磁干扰器，在军事通信网、卫星接收和 C^3I 系统上得到重要应用。

提高推进剂和炸药的燃烧效率 纳米颗粒表面有效反应中心多，催化作用明显高于常用催化剂。在固体火箭燃料中加入镍纳米微粒作催化剂，燃烧效率提高 100 倍。金属纳米微粒能位高，化学活性极强，在空气中会迅速氧化燃烧甚至发生爆炸。在高能量密度材料中加入纳米金属微粒（如纳米铝粉）制成的纳米炸药能够超高速燃烧，迅速释放能量，性能提高数十倍至上百倍。

纳米技术在军事领域的应用，不仅有广阔的前景，而且还将导致武器装备变革，进而引发新的军事技术革命。发展纳米技术将是国防科技与武器装备保持长远、持续发展，实现跨越式发展的一次新的机遇。

量子计算机在军事上的应用 据《现代军事》2000 年第 11 期载文报道，计算机问世 50 多年来，运算速度已提高了约 10 亿倍，而 CPU 集成电路的线宽目前也已缩小到只有 0.2 微米。按照这一发展速度，最迟到 2020 年，电路线宽将不可避免地达到仅有单个分子大小的物理学极限。因此，向更微观的原子世界进军，开发量子计算技术将是可能的出路之一。由于量子计算机具有体积很小，运算速度奇快、可破译密码等超凡特性，因此它的发展和应用不仅影响到计算机的发展前景，而且在军事领域也将产生全方位的重大影响。

极大提高武器装备的信息处理能力 量子计算机具有极为强大的计算能力，可以极大地加快信息和数据的处理速度，使 C^4I 系统的性能得到革命性的提高，使指挥员对战场态势的感知更为实时。量子计算机强大的计算能力还可使作战模拟系统情景更为逼真，交互性能、联网能力更强，可大大提高部队训练水平，推进军事科学的研究。同时由于量子计算机还具有体积小、功耗低的特点，这使它可以嵌入到各类武器系统上，使其智能化程度极大提高。量子计算机超强的破译密码的能力，可能使包括军用网络在内的各类网络的安全系统面临严重威胁。

可实现量子通信 量子信息通信的开发目标有两个：实现不可解密码通信和实现超高速通信。将来，当量子计算机进入实用化阶段并被用作通信节点以后，便可以在整个网络进行量子信息通信，从而实现终端到终端不可被窃听的通信。由于传输单位为量子，因此理论上可以实现接近无限高速的数据量传输。与目前利用光的波动性进行的现行光通信相比，由于所消耗的功率降低，因此也可以应用到卫星通信等领域。

目前，研究人员已利用现有技术，在实验室实现了 40 千米“远距传输”。但这项技术也有其局限性，由于任何操作都将销毁信息，发送方需通过常规通信方式与接收方联系并提供密钥，且一条信息在同一时间只能传给一个接收方。美国防部正在制定量子信息科研计划，以开发在战场和全球进行“远距传输”的技术。该计划由美国陆军研究办公室协调，由陆军、国家安全局、国防高级研究计划局等共同投资，计划包括 34 个子项目，有 21 个大学和 5 个实验室参加。

（吴志豪）

（本栏责任编辑 王汉杰）

军事建设

建军计划与措施

中国建军计划与措施　2000年是中国军队建设与发展第九个五年计划（1996～2000年）的最后一年。“九五”期间，中国人民解放军按照中共中央和中央军委确立的注重质量建设，走有中国特色精兵之路的建军方向，以新时期军事战略方针为统揽，围绕打赢高技术条件下局部战争和永远保持人民军队本质这两个历史性课题，在军队建设方面采取了一系列有力措施。

改革发展思想政治工作，大力加强政治建设　在对外开放和发展社会主义市场经济的新形势下，中国人民解放军的政治工作遇到了大量的新情况、新问题。为适应形势的发展变化，中共中央、中央军委采取一系列重大措施，大力加强思想政治建设。一是修订政治工作条例。1995年，经中共中央批准，中央军委重新颁发了修改后的《中国人民解放军政治工作条例》，使之成为“九五”期间军队政治工作的基本依据。二是用邓小平理论武装全军官兵头脑。1997年，中共十五大确立邓小平理论为党的指导思想。根据会议决议，总政治部编印了《邓小平新时期军队建设思想学习纲要》和适合于高中级干部、基层干部及士兵阅读的理论学习读本。学习邓小平理论活动在全军深入持久地展开。三是坚持和加强党对军队的绝对领导。针对西方反华势力鼓吹“军队非党化”、“非政治化”等谬论，全军广泛开展军魂教育，并加强各级党组织建设。1996年，中央军委制定了《关于军队高中级干部教育管理意见》，对高中级干部的思想教育、选拔任用、廉洁自律和检查监督作出了明确规定。1999年，全军团以上党委和领导机关，普遍开展“三讲”教育。2000年，全军在基层党组织中又开展了“三讲”正面教育。结合学习江泽民主席提出的“三个代表”重要思想，使各级领导干部和广大党员受到了深刻的党性教育。四是坚持不懈地开展爱国奉献、革命人生观、尊干爱兵和艰苦奋斗等“四个教育”，有力地保证了广大官兵政治上的坚定性和道德上的纯洁性。

1999年9月，全军政治工作会议讨论通过的《关于改革开放和发展社会主义市场经济条件下军队思想政治建设若干问题的决定》，总结了新时期军队思想政治建设的基本经验，集中回答了改革开放和发展社会主义市场经济条件下军队思想政治建设面临的重大问题，是军队政治工作跨世纪的指导纲领。中共中央对《决定》充分肯定，并转发全党学习贯彻。

进一步压缩规模，调整改革体制编制　1997年9月，江泽民主席在中共十五大上宣布，在今后3年内中国军队再裁减员额50万。此后，中央军委按照高技术战争的要求，以裁军50万为契机，对军队体制编制进行了一系列重大调整改革。（1）压缩陆军，减少步兵。撤销了部分集团军和师、团建制，将一批乙种步兵师改编为中国人民武装警察部队或预备役部队。（2）精简领导机构及其编制员额，压缩机关的服务保障分队。（3）成立总装备部。1998年中央军委决定成立中国人民解放军总装备部，各军区和陆军团以上作战部队及省军区也成立相应的装备部门。从此，全军自上而下形成了武器装备全寿命管理的集中统一领导体制。（4）建立联勤体制。1999年中央军委决定，在全军建立陆、海、空、二炮联合后勤保障体制，实行以战区联勤为基础、统分结合、以统为主的后勤保障模式。（5）改革院校教育体制。为培养造就大批跨世纪高素质军事人才，提高军队院校的质量和效益，1999年6月，中央军委决定对全军院校体制编制进行调整，撤并了一批教育层次低、学科设置重复的院校，新建扩建了一批综合性院校。经过上述调整改革，到2000年底，裁军50万的任务圆满完成。其中，陆军精简18%，海军精简11.4%，空军精简12.6%，第二炮兵精简2.9%。

坚持“有所为，有所不为”，重点发展高技术武器装备　为适应高技术战争和新军事革命的要求，提高高技术条件下防卫作战能力，中国军队高度重视发展高新技术武器装备。中央军委在“九五”期间，一手抓新型武器装备的开发研制，一手抓现有武器装备的技术改造和管理，集中科技力、财力和人力，重点对一些高新技术项目和关键技术环节进行攻关，使一批高新技术成果用于装备建设，一批新型武器装备完成研制并交付部队。截止到2000年，中国航天技术已从试验阶段进入应用阶段，卫星及运载火箭研制、生产、发射、测控形成体系，返回式卫星技术及发射、测控技术水平居于世界前列；导弹技术取得重要突破；激光技术的研究和应用研究在创新中不断发展；电子信息装备向数字化、综合化、一体化方向发展，保密和抗干扰能力有了新的提高，具有我军特色的指挥控制系统初具规模，军事通信装备系统建设发展迅速；野战防空、远程精确打击和机动突击能力有较大提高。海军武器装备初步形成了海上机动作战和基地防御作战的装备体系，海上机动部队开始具备立体反潜和超视距反舰能力。空军武器装备基本形成歼击机、对地攻击飞机、运输机和多种支援保障飞机配套的装备体系，构成了高中低空、远中近程相结合的防空火力配系和与国土防空相适应的对空情报网。战略导弹部队基本上形成了固体与液体并存、核导弹与常规导弹兼有、近中远程和洲际导弹齐备的武器系列。

广泛开展科技练兵、提高高技术防卫作战能力 根据新时期军事战略方针和科技强军战略，20世纪90年代中期，中国军队提出了科技兴训战略，并按照高技术作战要求改革训练内容，运用高技术成果改革训练方法和手段。为总结经验，深化训练改革，1998年9月，总参谋部在东北辽阳地区组织了全军“运用高科技知识普及深化训练改革成果集训”（简称辽阳集训）。11月，中央军委将集训报告转发全军，号召在全军掀起科技大练兵热潮。科技大练兵顺应了新军事革命的历史潮流，它一经提出，便受到各部队积极响应，在短短两年中，使全军训练面貌焕然一新，训练质量和高技术作战能力明显提高。2000年10月，中央军委组织了全军科技练兵成果交流、演示活动，调集陆、海、空军和二炮部队数万人，分别在北京、内蒙、辽宁、吉林、渤海等地，采取光缆通信、远程传输等高技术手段，通过现场观摩、实兵实弹演练和网上对抗等方式，交流演示了几百项训练成果。

改革院校教育，培养跨世纪军事人才 1999年6月，中央军委发布命令，对全军院校体制编制调整和教育改革作出了总体部署。2000年2月，江泽民主席签署命令，颁发《中国人民解放军院校教育条例》；4月，中央军委颁发《军队院校教育改革和发展纲要》；6月，国务院、中央军委联合下发《关于建立依托普通高等教育培养军队干部制度的决定》。这一系列重大决策和举措，都是围绕“九五”期间军队院校教育改革这个中心而采取的。其主要内容是：确立了院校教育在军队建设中优先发展的战略地位；明确了院校体制改革的目标是：坚持面向现代化、面向世界、面向未来，完善干部培训体制，构建新型院校体系，调整院校内部体制编制，逐步建立起适应世界军事发展和打赢高技术条件下局部战争需要、具有我军特色、可持续发展的军队院校教育体制；将全军院校由过去的指挥院校和专业技术院校两大类，统一调整划分为培养生长干部和培养在职干部两大类，每一类确定若干所学科多、规模大、水平高的综合性重点院校，力争将其办成在国内外有影响的名牌军校；同时，依托地方高校培养军官的工作已全面展开。

深化干部制度改革，增强干部队伍的生机与活力 “九五”期间，中央军委和四总部对干部制度进行了一系列重大改革，先后出台了一批新政策和新措施。这方面的改革成果集中反映在2000年12月全国人大常委会通过的《中华人民共和国现役军官法》和此前颁布的《中国人民解放军文职干部条例》中。最重要的有5点：一是进一步确立了军队干部的法律地位，将其纳入国家公务员体系，对制定配套政策，稳定军队干部队伍具有全局性作用。二是拓宽了干部选拔渠道。新制度打破了军队干部自生自长的封闭模式，增加了“接受普通高等学校毕业生”和“招收军队以外的专业技术人员和其他人员”两个渠道。三是进一步完善了干部的考核晋升制度。四是进一步明确了干部平时的任职年限、服役最低年限、任职最高年龄和服役最高年龄。五是改革干部转业安置制度。经党中央、国务院和中央军委批准，从2001年起，军队转业干部除继续实行指令性计划安置外，又增加了政府协助就业、领取退役金的安置办法。这一制度，拓宽了转业干部安置渠道，减轻了计划安置的压力，为转业干部进入人才市场迈出重要一步。此外，新的干部制度在干部交流、回避、监督和工资福利等方面，也进一步作了完善。

改革兵役制度，提高兵员素质 1998年12月，全国人大通过了关于修改兵役法的决定；1999年6月，国务院、中央军委批准关于修改《中国人民解放军现役士兵服役条例》的决定。这两个《决定》，集中反映了兵役制度改革的内容和措施。主要有3点：一是将我国兵役制度性质调整为“义务兵与志愿兵相结合、民兵与预备役相结合”，取消了“以义务兵役制为主体”的提法。二是改革完善了义务兵服役制度，缩短了义务兵服役年限，将不同军兵种义务兵服役期由3年或4年统一改为2年，强化了对义务兵家属的优抚政策等。三是将志愿兵制度改为士官制度：

(1) 突破了过去志愿兵只能由义务兵改选的限制，允许直接从非军事部门具有专业技能的公民中招收。(2) 改变了过去志愿兵“一次选改定终身”的做法，实行士官服役分期制。第一、二期各3年，第三、四期各4年，第五期5年，第六期9年直至退休。与此相对应，士官的工资和军衔分为三等六级。(3) 扩大了士官编配范围和比例，将士官分为专业技术士官和非专业技术士官两类，其编制由过去的专业技术岗位扩大到所有建制班班长，新的士官编制包括42大类、千余种专业和数千个岗位。(4) 提高了士官的工资福利待遇。新的士官制度的建立，极大地改善了兵员结构，基层部队大批专业技术骨干和训练、管理骨干通过改选士官得以保留，全军士官占士兵的比例目前已接近40%，有的军兵种达到60%以上。

建立联勤体制，实行社会化保障 “九五”期间，中国军队的后勤保障进行了大幅度改革。(1) 建立并启动三军联勤。1999年1月，经中央军委批准，以建立联勤体制为目标的后勤体制调整全面展开。同年10月，江泽民主席签署命令，颁布《中国人民解放军联勤条例》。2000年1月1日，全军联勤体制正式启动。新的联勤体制在总后勤部统一领导下，以军区后勤为基础，对战区内的所有部队实施联勤保障。从而结束了中国人民解放军长达半个世纪的三军独立保障模式。(2) 果断停止了军队经商办企业。1998年，根据中共中央和中央军委的决定，军队和武警的经商活动全部停止，其经费保障全部由国家提供，部队各项经费标准普遍提高。(3) 迈开了后勤保障社会化的步子。到2000年底，全军500多个单位实行了饮食保障社会化，1000多个单位实行了营房保障社会化，中国人民解放军自建军以来就形成的“军队办社会”的保障模式被打破，开始朝着依托社会办后勤的方向发展。(4) 保障制度改革取得重大突破。1999年9月，中央军委颁发了《进一步深化军队住房制度改革方案》。《方案》采取军队保障与社会保障、公寓住房与自购住房、实物供应与货币分配“三结合”的方式，建立起军队住房保障新体系。1998年7月，国务院、中央军委批准了四总部联合制定的《军人保险制度实施方案》。同年8月，全军建立了军人伤亡保险制度，保证官兵因战、因公伤亡后，除享有正常抚恤外，还可以得到一定的保险补偿金。1999年12月，国务院、中央军委又批准建立军人退役医疗保险制度，并于2000年1月正式实施。这些制度的建立，对解除干部战士的后顾之忧，增强军队的吸引力、凝聚力，正在发挥重要作用。

贯彻依法治军方针，进一步完善军事法制 1996年以来，全国人民代表大会及其常委会，先后通过了国防法、修改后的兵役法、人民防空法、现役军官法等多部军事法律。中央军委单独或与国务院联合制定颁发了几十项军事（行政）法规。在政治工作方面，制定一系列决定、规定、意见等法规性文件；在军事工作方面，颁布了新一代共同条令、修改后的士兵服役条例，第一部组织编制管理条例、新一代作战条令、院校教育条例和军事科研条例等；在后勤保障方面，颁发了修改后的后勤条例、第一部交通运输条例、修改后的后方仓库管理条例等；在装备工作方面，颁布了第一部装备条例和其他相关法规。四总部和军兵种制定的军事规章则达到几百项。所有这些，都在不同层次上对军队建设作出了明确规范，为依法治军提供了基本依据。

探索高技术战争和治军特点规律，军事理论不断创新 “九五”期间全军围绕“打得赢”、“不变质”这两个历史性课题，广泛深入地开展了军事科学研究，取得了丰硕成果。全军完成重大课题200多项，出版各类军事图书12500多种，发表学术论文94000多篇。这些成果，突出了对毛泽东、邓小平、江泽民三代领导核心的军事思想研究，突出了对高技术局部战争和建军重大现实问题研究，突出了军事理论的系统性、现实针对性和创新性，为贯彻落实新时期战略方针，做好军事斗争准备，推进军队现代化建设，提供了强有力的理论指导。

资料来源：

①《解放军报》1996年1月1日～2001年5月1日；

②《中国国防报》1996年1月1日～2001年5月1日。

（王法安　张杰）

美国建军计划与措施

2000财年，美军继续奉行“塑造－反应－准备”战略，虽未在全球进行新的大规模军事行动，但利用国际形势较为平稳和军费回升之机，深入推进防务转轨，在保障近期需求的同时，加大实施各项长远建设计划的力度，在加强亚太地区军事态势、夺取空间优势、发展导弹防御能力等方面都迈出了新的步伐。其制订和实施的主要建军计划与措施有：

提高国防经费，促进装备发展，加强战备建设 美军决策层认为，战备问题仍是美军的头等大事。尽管“美军第一线作战部队保持着较好的战备状态”，但由于战勤率过高、资源和人员紧张、装备老化、训练质量下降等结构性问题的存在，美军的总体战备状态继续呈下滑趋势。为了扭转这种趋势，美军采取多项措施加强战备建设。

扩充国防预算。 美2000财年国防预算总额为2888亿美元，比上年增长约4.8%。其中，国防部掌管的经费为2755亿美元。这是美自冷战结束以来扭

转国防费用削减趋势，首次较大幅度增加国防费用。按职能划分，国防部的经费分配为：人事费 737 亿美元、战备费 1049 亿美元，武器采购费 542 亿美元，科研费 384 亿美元，其他经费 43 亿美元。而 2 月 10 日发表的国防部最新年度《国防报告》作出的 2001 财年国防预算总额则上升至 3054 亿美元。其中，国防部预算 2911 亿美元，比本财年实际增长约 4%，保持了国防预算持续大幅增长的势头。

增加武器采购与更新力度。 美 2000 财年政府预算提出，美军费在未来 6 年内将以 1% 的幅度持续增长。美军走出军费资源困境后，将以高投入谋求长期的军事超级大国地位，高技术装备的发展将进一步重视信息化、智能化、无人化、微型化和新概念武器。而在本财年，美军武器采购经费比 1999 财年增长 6.9%。2001 财年本项预算则首次突破 600 亿美元，比本财年增幅达 11%。许多重点项目都得到经费保障。三军都采取多项有力措施，改装旧武器、采购新武器。

陆军 本着更新现有装备与研发新兵器两手并举的原则，陆军计划采取下列措施提高装备水平。⑴投资 40 亿美元采购 2130 余辆轮式装甲车，装备 6 个“中型部队”试点旅（每个旅 307～331 辆），2008 年前完成交货。⑵加紧研发采购反弹道导弹装备。计划 2001 财年采购 36 枚“爱国者－3”导弹和 6 套发射器，2003～2007 财年间采购 266 枚；2000 年 6 月，与有关厂家签订了“战区高空区域防御系统”（THAAD）工程发展合作协议，计划 2007 年部署第一支 THAAD 作战部队。与国防部其他部门合作，加紧研发 NMD 系统中的拦截导弹和 X 波段雷达。此外，美陆军还正与德、意两国合作，研发以“爱国者－3”为基础的“中距离增程防空系统”；继续与以色列联合研制战术高能激光和“箭”式导弹系统。⑶继续进行主战坦克延寿更新。美陆军于 1996 年开始将 M1A1 坦克改装成 M1A2，但进展缓慢。鉴于新一代主战坦克尚未研发，陆军计划对现有坦克进行延寿改造，使其服役期从 20 年增至 40 年。具体项目包括：M1A1 综合延寿计划，主要是翻新、加装新式电子设备。现已翻新 45 辆，计划从 2001 年开始，每年翻新 135 辆；M1A2 数字化改造，主要装备数字化部队，已改造 120 辆，全部装备第 4 机步师。美计划在今后 14 年内将 20% 主战坦克进行数字化改造，其余 80% 纳入综合延寿计划。⑷继续进行“科曼奇”武装直升机、“十字军”火炮以及新型反坦克系统等装备的研发工作，并取得了不同程度的进展。⑸加强 C^4I 系统建设和模拟训练。2000 年，美陆军进行 C^4I 系统建设的特点是确保重点、兼顾其他、训练先行、装改并举。具体举措有：第一，重点保证部队改革及一线作战的需求。目前，美军新研发的 C^4I 系统建设均优先考虑数字化部队和中型部队的作战需要，并首先装备这两支部队和海外作战执勤部队，然后再向其他部队推广。美陆军现装备的 C^4I 系统多达数十种，基本覆盖各个领域并联成系统。其中主要包括：供师以上单位使用的“陆军版全球指挥控制系统”：供旅及旅以下单位使用的“21 世纪作战指挥系统”，该系统现已装备第 4 机步师班以上单位及战斗车辆：“陆军数据分配系统”，现已装备旅至排级单位；“全源情报分析系统”，现已装备陆军所有部队；“战斗支援控制系统”，分为 5 个版本，其中第 1、2 版本已装备师级单位，第 3 版本正装备第一骑兵师，2000 年将继续研发供军及军以上单位使用的第 4 版本和供军种联合作战使用的第 5 版本。第二，广泛安装模拟器材，加快训练模拟化进程。美陆军于 2000 年完成组建 12 个近战术训练中心，供营以下单位进行初级战术训练。同时，陆军先后完成了武装直升机、主战坦克、装甲车、火炮等主要兵器的模拟器安装计划，从而使陆军营以下单位和个人的初级战术训练基本实现模拟化。目前，美陆军训练模拟化正向专业方向发展，即为各兵种研发专门的训练模拟器或建立训练模拟中心，如城市作战训练中心、防核生化训练中心和特种作战训练中心等。第三，加强电子地图及相关数据库建设，提高协同演练战场直观化程度。2000 年，美国家图像与地图局已基本完成科索沃和朝鲜半岛的电子地图制作，陆军根据这些地图编制的基本数据库也接近完成。第 18 空降军第 3 军所属部队已装备有关数据系统，陆军部队在国家训练中心进行综合演练时已开始使用该系统。使用实地电子地图的最大好处是部队训练时即可熟悉实战环境，使部队作战构想、后勤保障计划的制定等接近现实。

海军 截止 2000 财年 11 月底，美海军共有现役舰船 317 艘，各型飞机 2650 架（含后备役）。年内共建造 6 艘舰船（含 3 艘“伯克”级导弹驱逐舰和 2 艘“安东尼奥”级两栖舰等）、116 架飞机。海军加大对新一代装备建设投入的重点是：⑴新建和改装并举，提高舰艇作战能力。计划投资 250 亿美元设计建造代号为 DD－21 的新型驱逐舰。目前，该舰的设计选型已接近尾声，2001 财年 3 月最终确定生产厂家；基本完成将拟退役的战略导弹潜艇改装为核动力攻击潜艇的可行性论证；计划对装备“宙斯盾”系统的驱逐舰和 F－14、AV－8B 等多种飞机进行现代化改装，并延长核动力攻击潜艇的服役年限。供未来潜艇首艇和水面舰艇使用的综合动力系统研究取得实质性进展；供特种作战使用的微型潜艇首艇已经服役并部署到珍珠港；水下无人运载工具的研制工作正在进行之中。⑵加强航空兵建设。EA－6B电子战飞机性能得到全面改进，对敌雷达干扰能力明显加强；经过3年的研制和作战评估，FA－18E/F战斗攻击机已进入批量生产阶段，且有36架开始服役，计划5年内生产222架；年内展开对SH－60反潜直升机的改装工作，拟逐步将现有的243架SH－60B/F型全部改装为SH－60R通用型；供海军和海军陆战队使用的联合攻击战斗机B型和C型即将试飞。⑶加强海上战区导弹防御系统的研发。7月，美海军成立了新的导弹防御办公室，全面负责海军的战区导弹防御事务。6月底和8月底，美海军成功进行了SM－2“标准”导弹（用于对弹道导弹进行飞行末段拦截）的飞行测试。⑷加强信息战能力建设，强化综合作战能力。第一，海军与陆战队继续进行信托信息技术的“网络中心战”作战理论的研究，并开始在训练中使用，计划于2015年前推广普及。第二，年内，各级指挥部门和主要作战舰只均完成了IT－21（21世纪信息技术）系统的安装并开通使用，使C^4ISR系统的效能大大提高。第三，CEC协同作战能力系统年内进入海上试验阶段。该系统将在单舰捕捉雷达目标的基础上，实现目标信息分流并最终实现编队集中火力打击。美海军计划在2001年对该系统进行作战评估，然后进入批量生产并装备部队。第四，海军/海军陆战队内部网（NAVY/MARINE CORPS INTEANET）建设项目于10月6日签约，由美电子数据系统公司承建，计划5年内完成。该网络预计耗资近70亿美元，将与海军IT－21系统和陆战队战术网络系统相连接，拥有36万个用户，将成为美海上力量唯一的综合性网络系统。

空军　2000财年，空军在新武器研制与武器改装方面取得了多项进展。主要项目有：F－22战斗机完成全面试飞任务，并已开始进行武器和电子系统试验；JSF联合攻击机试飞工作全面展开；X－45无人战斗机样机将于明年上半年开始试飞并进行地面目标攻击试验；“全球鹰”无人侦察机已开始服役，并计划至2020年将装备量增至78架；拟将部分B－52或B－1轰炸机改装为电子战飞机。另外，本财年，美空军还积极研发新型弹药。其中的主要项目是，加紧研制100、250和500磅3种小型制导炸弹；拨款将AIM－120中程导弹改装成远程空空导弹，使有效打击距离提高一倍以上。

改善征召和保留人才方面的困境。　近些年，由于美经济持续增长，就业和高等教育机会增多，使美军招募和保留人才面临严峻挑战。为此，美军采取大幅度提高军人工资（2000年官兵薪金增长4.8%）和退休金、扩大人员晋升比例及增加专业人员补贴等措施吸收和保留人才。为吸引适龄青年参军，确保兵员质量，陆军今年推出了5项征兵新举措。第一，实施普通调遣教育计划，资助愿意服役的适龄青年服役前完成高中教育。第二，实施中专教育计划，资助适龄青年服役前接受两年中专教育。第三，实施青年伙伴计划，为服役的士兵提供学习地方部门一技之长的机会。第四，扩大初级后备役军官训练项目，2000财年参加这一项目的学校增加了50所，今后4年将再增加50所。第五，实施宣传服役价值观计划，通过与社区合作，扩大服役价值观的宣传规模。另外，陆军还开设了网络大学课程，允许士兵服役期间通过远程教育获得学位。通过以上措施，今年陆军提前23天完成征兵12.2万（现役8万、国民警卫队4.2万）的任务，扭转了连续两年未能完成征兵任务的趋势。目前，美海军尚缺编1.4万人，其中海勤缺编8千人、陆勤缺编6千人。

提高战备水平。　针对战勤率过高导致部队作战能力和训练质量下降的问题，美军采取开列专项费用（如波黑和中东地区军事行动经费29亿美元）、增加部队训练和装备维护费用、完善战备报告制度和扩大使用后备役部队等措施，提高了战备水平。

陆军　2000年，为提高战备水平，陆军采取有力措施使一线作战部队实现满员化。为克服陆军一直存在的满员率低的问题，陆军参谋长新关上将指示，陆军各级司令部把以各种名义留用或借调的士兵遣返部队。至本财年底，美陆军10个现役作战师、3个独立团及特种作战部队全部实现满员化。美陆军计划于2001年实现一线作战部队100%专业对口，二线作战部队100%满员；2003年全陆军实现100%专业对口和满员。

海军　海军长期保持1/3的兵力处于前沿部署状态。为全面提高战备水平，美海军主要采取了以下一些措施：争取国会额外拨款；调整经费和零配件供应计划，确保未部署部队的正常战备训练；强行恢复使用波多黎各维耶克斯岛靶场，为大西洋舰队提供实弹射击训练场；研究向关岛前沿部署攻击核潜艇的可行性；吸取“科尔”号被炸和俄“库尔斯克”号核潜艇沉没事件的教训，加强应急防范措施。

空军　于1999年10月组建的10支远征部队和2支应急支援部队已经开始担负战备值班任务。战时，1支远征部队可在受命2天内到达作战前沿并具备每天打击200个地面目标的能力，5支远征部队可在15天内到达战区。此外，通过部队结构调整和增加军费投入，飞机平均出动能力提高至73%。其中，轰炸机、战斗机等主要作战飞机则提高至75%～80%，比前几年的70%有所提高。与此同时，空军还大力加强战场建设，构筑远程轰炸机海外前沿基地，以提高快反能力。

优化部队结构，大力加强快反能力的建设　2000财年，美陆、海、空三军在现行军事战略指导下，根据现实与长远需求，积极进行体制编制调整，优化部队结构。

陆军方面　目前，美陆军编有3个集团军司令部、4个军部、12个师（含2个混编师）、4个独立团，现役兵力48.2万人。陆军后备役部队编有20个师和18个独立旅，兵力约75.3万人。本财年，在新任陆军参谋长新关上将的积极推动下，美陆军积极推进部队结构改革，以提高部队作战能力和快速反应能力。这方面的主要措施有：⑴组建中型部队。⑵继续进行数字化部队建设。在改组部队的同时，美陆军继续建设21世纪部队。第一支数字化师（第4机步师）的数字化作战系统进入通联试验阶段，计划2001年底具备实战能力。至11月，该师所有单位、车辆上都安装了“21世纪作战指挥系统”的数字化作战系统，并开始将此系统与其他作战、指挥、火控系统进行通联试验，计划于2001年底或2002年初具备实战能力。⑶正式组建2个混编师。

海军方面　截止2000年11月底，美海军共有现役人员约37.3万余人。2000财年美海军继续奉行“前沿由海向陆”战略，进行体制编制调整，不断提高作战能力。主要采取了两方面措施。一方面，调整组织机构，理顺指挥关系。2000年下半年，美海军进行了较大规模的机构调整。至11月底，海军机关的调整基本完成，调整波及1/3的部门和人员。主要变化为：将原海军作战部后勤局改为舰队战备与后勤局，统管全海军的战备需求与后勤保障工作；新成立作战需求与规划局，负责各种平台的需求综合研究和规划以及海军教育训练；撤消海军作战部训练局。目前，美海军正着手研究在舰队一级增设作战需求司令部的可行性。另一方面，优化小规模航母编队和混编舰队的作战效能。冷战后改编的小规模航母编队和混编舰队是美海军根据新的作战任务和对象所采取的改进措施，以对付世界范围内的军事危机和承担非战争救援及维和任务。目前，美海军正着力优化这种作战编组的作战效能。采取的具体措施有，根据反恐怖和登陆作战等任务多样化的需要，实施灵活编组，规模与数量也不固定。多种战斗编成样式包括：以航母为中心的航母编队，由两栖戒备大队和装备“战斧”巡航导弹的水面战舰及潜艇组成的海上特遣部队，由扫雷舰和护卫舰组成的扫雷特遣部队，用于同陆、空军协同作战而由航母编队和两栖戒备大队组成的特遣部队等。

空军方面　为适应新世纪的安全要求，在2000财年，美空军继续调整结构，适当压缩兵力。美空军现役兵力为35.6万人，较上一财年减少了5000人，继续呈下降趋势。于本财年初开始实施“空天远征部队”轮流战备值班。从一年的运行看，远征部队已形成编制合理、训练有素、应急作战能力强的单独作战体系。新的任务编成打破了传统的作战编组模式，组建成10个同等规模、多机种和现役与后备役力量混编的远征部队，每支部队编入作战飞机120～150架。通过分阶段进行基本训练和针对训练后执行部署任务，使部队全面积累联合作战经验，形成行之有效的作战程序。同时，在任何时候均保持2支训练有素的远征部队担任战备值班任务，以随时投入作战部署，应付各种危机。其他结构调整措施还有：空军直属情报局于2001年2月正式划归作战司令部管辖；太平洋空军司令部在辖区内新组建作战大队和中队各1个；成立空间假想敌中队，以提高空军的空间作战能力；拟将1个B－52中队、1个B－1中队和1个战斗机联队划归后备役指挥，以进一步减轻现役部队的负担。

保持全球军事部署，加强在东亚地区的军备建设

美军基本保持原有的便于军事部署格局。本财年，美在中东地区的海（第2舰队）、空军实力保持不变。为实现“遏伊倒萨”的目的，仍不断对在伊南部和北部地区的“禁飞区”进行侦察、监视和轰炸活动，但强度有所减弱。下半年在禁飞区问题上开始有所松动。美国防部长科恩在4月访问中东时，建议与该地区有关国家进行先双边后多边的军事合作，在7～10年内达成该地区集体防御目标。冷战结束后，美在欧洲的驻军已从过去的30余万人减至目前的10万人，任务也从保卫欧洲安全扩展为，以欧洲为基地对高加索、中东和非洲等地区的危机进行干预。美为保持在欧洲安全事务中的主导地位，仍将在欧洲保持一定规模的军事存在，但驻欧美军将可能向快速反应、具备相应空运力量和后勤保障系统的方向调整。在巴尔干维和问题上，美则考虑将此任务交给欧盟，美主要提供运输、情报和后勤等支援。

近两年，亚太地区在美国军事战略中的地位开始上升，美对该地区的关注和军事投入逐步加大，其全球军事部署有向亚太倾斜之势。

扩展亚太美军实力。　年内，太平洋美空军司令部分别在夏威夷卡姆空军基地和关岛第13航空队组建第502作战大队和第613应急反应中队，主要负责制定、评估太平洋空军的应急作战计划并担负对太平洋空军的应急作战支援任务。美海军计划在关岛部署

3～5艘攻击潜艇。美军在武器装备的部署和配备上也开始侧重亚太美军。太平洋空军战斗机中队的编制飞机由18架增至24架，并为主战飞机换装了新型电子设备。海军第7舰队的主力舰船换装了先进的作战和指挥自动化系统。美陆军计划2001年在韩部署“爱国者－3”导弹，并加紧提高其指挥控制与信息作战能力。

提升关岛前沿基地的战略地位。 为提高在亚太地区的应急作战和干预能力，美军大力提升关岛军事基地的战略地位。美空军已将关岛作为4个筹建的海外战略轰炸机前沿基地之一，并在该岛安德森基地进行了作战保障设施的工程履行。目前，安德森基地共储备有约2.16亿升航空燃油，是美空军第二大航空用油储存基地。8月，美空军在关岛部署了60余枚供B－52轰炸机携载的AGM－86C巡航导弹，使关岛成为第一个储存该型导弹的海外基地，并计划在关岛存储可供B－52和B－1战略轰炸机携载的联合直接攻击弹药（JDAM）等先进空对地武器。

积极奉行武装台湾的政策。 年内，美分三次向台出售总值达18.66亿美元的武器装备，主要包括AIM－120先进中程空空导弹、改进型“霍克”防空导弹、RGM－84L型“鱼叉”反舰导弹及改进型机动通信系统等。美还决定向台出售2部“铺路爪”远程预警雷达，拟向台先租后售4艘“基德”级导弹驱逐舰等，逐步提高台防空、反导、指挥预警及海上作战能力，对台军售的数、质量都有新的提升。

重视航天监控和导弹防御建设，谋求长远军事优势 2000年，美参联会公布了《2020联合构想》，肯定并进一步深化了新军事变革的目标和规划。为夺取“全谱优势”、占据有利的战略位置，长期保持世界军事霸主地位，美充分发挥资源和高技术优势，强化空间控制能力。加紧建设核常并举、攻防兼备的军事力量。

突出航天力量建设，大力加强外层空间的控制能力。美在2000年发表的《2020年空军构想》中提出，保护美空间资源安全、加强对空间的控制和建立空间优势是美空军未来的中心任务。报告要求把对敌方空间目标的发现、识别、跟踪和摧毁的过程从目前的数小时减少到数分钟。为了夺取航天领域军事斗争的最后制高点，美军改组了航天指挥机构、成立了空间战中心，并开始培养能指挥未来多维战场环境作战的指挥官。美航天司令部计划在以下三个方面加强建设：在空间监视能力方面，拟改变目前主要靠设在地面的雷达和传感器进行空间监视的状况，把部分监视系统送入空间，使其更有效地监视地球轨道。美航天司令部还计划在2009年建立“天基巡逻系统”，以掌握每颗在轨卫星的准确位置、运行状况及卫星控制者的情况，从而判定卫星是否会对美构成威胁。在预防与保护能力方面，美空间司令部将采取包括政治、外交、情报和经济等各种手段，防止敌人非法进入或利用美空间系统。同时，美空军正在制订新措施并开始着手在卫星上安装传感器，对敌方攻击及可疑行为进行探测，以预防和避免人为或自然灾害对美国卫星的威胁。在攻击能力方面，积极研究多种进攻方法和手段，如利用大型伞状装置遮挡敌方卫星的探测、对卫星的数据链和工作频率进行干扰、使用高能微波武器破坏或摧毁目标卫星等。美军还在航天战中心成立了空间假想敌中队，通过模拟演练，提高未来空间作战能力。

为保证航天领域的快速发展，美军加大了对空间科研的投入。2000财年，美军事航天科研预算为27亿美元，比上年度增加8%。美空军的航天科研经费从1999财年占其科研预算总额的13%提高到2003财年的32%。

保持强大的核力量，全面改进和更新核弹头。美仍坚持奉行战略核威慑政策，保留强大的核武库。年内，美拒绝了俄提出的将双方部署的战略核弹头各减至1500枚的提议，并计划在15年内，把6000枚核弹头逐步更新为技术更先进、安全系数更高的弹头。为保持其核优势地位，美不断改进核武器的质量。由战略轰炸机携载的改进型B－61－11型核炸弹已交付空军，500枚“民兵－3”洲际导弹在今后5年内将换装改进型W－87弹头；战略核潜艇装备的“三叉戟”洲际导弹和海、空军巡航导弹上的核弹头也将开始更新。

继续发展导弹防御武器，建立攻防兼备的战略武器系统。 美国家导弹防御（NMD）系统在原已进行过两次传感器飞行试验的基础上，年内进行了三次拦截试验。除第一次取得有限成功外，后两次均告挫败。鉴此，克林顿总统不得不于9月1日宣布暂不就是否部署NMD系统作出决定。拦截技术不成熟是美推迟作出部署决定的关键因素。为此，美将继续NMD系统的研发和试验计划，并大力推进X波段雷达、天基红外系统和定向能武器等项目的研发。

美正在加紧发展战区导弹防御系统（TMD）。除陆军积极推进的反导导弹装备计划与措施外，海军低层系统的“标准－2”改进型导弹年内开始小批量生产，高层系统的“标准－3”型导弹进行的首次拦截试验挫败。空军的7架装有机载激光武器系统飞机的第1架正在进行武器装配，预计2003年可进行拦截导弹试验。以色列与美联合研制的“箭”式反导系统，年内已实战部署。

综观美军在2000财年军队建设计划和措施的实施情况可以看出，美军自冷战之后推行的全面调整基本结束，面向新世纪的防务转轨和相关的军队建设措施已见成效。但由于其霸权野心过于膨胀、到处伸手、战线过长、摊子过大，造成了力不从心的尴尬局面，在军队建设与应付复杂多样的“安全挑战”方面必然会长期面临各种棘手的难题。

（贾咏梅）

俄罗斯建军方针与措施 2000年是俄罗斯国内局势和内外政策发生新的变化的一年。年初，军人出身的普京取代叶利钦正式就任俄新一届总统。普京上台后，就提出了“复兴俄罗斯”的强国理念。根据这一理念，俄重新评估了所面临的内外环境，分析了威胁俄安全的各种因素，提出了从政治、经济、军事等方面全面振兴俄罗斯的一系列构想和措施。普京对军队寄予厚望，将其视为实现其强国之梦的重要支柱。一年来，俄对建军方针做了调整，围绕加强军队建设采取了一系列措施，目的是使其在21世纪能真正担负起国家赋予的重任。

以恢复军事大国地位为目标，提出精干、合理、职业、均衡的建军方针 2000年，俄国内政治局势进一步趋向稳定，经济也出现明显的增长势头。但与此同时，俄所面临的安全环境并未好转。从外部看，以美国为首的北约推行其东扩战略，大大挤压了俄的战略空间，美国决定部署国家导弹防御系统(NMD)，对俄构成了新的挑战。从内部看，民族分裂主义、恐怖主义不时兴风作浪，严重干扰和影响俄国内稳定。作为担负维护国家安全任务的俄军，战斗力每况愈下的状况并没有得到根本扭转。年内发生的“库尔斯克”号核潜艇沉没事件是军队建设严重下滑的大暴露。因此，加快军事改革、从根本上提高俄军建设质量的呼声冉度高涨。上述背景对俄罗斯的军队建设走向产生了很大的影响。

2000年1月和4月，俄罗斯先后颁布了新版《俄联邦国家安全构想》和《俄联邦军事学说》。这两份重要文件对俄所面临的安全环境做出判断之后，提出俄必须拥有足够的防御力量，以确保对21世纪可能出现的威胁做出相应的反应。未来15年俄罗斯的建军目标是：“建立一支规模不大、机动力强、职业化程度高、训练有素、装备精良的军队。”并重点提出军队建设的具体方针：一是合理适度，即军事发展要与国家经济发展相适应，不能超越国家经济发展水平。二是精干有效，即进一步缩小军队规模，增加军费，发展高技术兵器，加快武器装备的更新换代。三是均衡发展，即适度发展核力量，加大常规力量建设的力度。四是继续改革，即以改革作为推动俄军建设的基本动力。

提高军队建设质量，加大军费投入 普京上台后，继续把军队的质量建设放在首位。针对军队建设的颓势，俄军采取了两项重大方针，一是进一步大幅度裁减军队员额，二是增加军费的投入。经过几次裁减，截止1998年底，俄军已减至120万人。2000年11月9日，俄联邦安全会议决定实施第三次裁军，计划到2005年，武装力量从目前的120万人减少到71.5万人，实际裁员48.5万人，包括36.5万军人和12万文职人员。其中战略火箭军裁减9.5万人，陆军裁减18万人，海军裁减5万人，空军裁减4万人。与此同时，军区也将由7个减为6个。近年来，俄罗斯的军费投入一直在低水平徘徊，平均只占国内总产值的2.1%，数额只相当于日本军费的零头。俄军方承认，这样的军费开支水平，只能满足实际需要的1/3，其中70%用来支付军饷，仅有30%用于军事训练和新式武器装备的研制和采购。1/3的武器和技术兵器不符合战备要求。1/4的军官家庭没有住房。再不提高军费，军事改革就只能是纸上谈兵。2000年9月8日俄总理卡西亚诺夫宣布，2001年的国防预算为2060亿卢布（约合70亿美元），比2000年度（62.46亿美元）提高了12.1%。随着经济形势的好转，俄军费还可能进一步增加，军费占其国内生产总值3.5%的指标有望实现。有了军费做支撑，俄政府宣布将于2000年全部还清拖欠的军饷，并把军人的月工资提高20%。2005年前，用于每个军人的军费将比现在提高1倍，2010年前提高2倍。今后5年内，用于军事训练、研制和更新武器装备的军费同支付军饷的比例，将发生大的变化，即从现在的三七开，变为对半开。

确立“均衡”发展原则，进一步调整体制编制 通过总结科索沃战争的经验，反思车臣战争的教训，研究未来战争的特点，俄军认为目前的军队结构和体制编制不能适应作战的需要，有必要进一步调整。但在如何调整上，原国防部长谢尔盖耶夫同总参谋长克瓦什宁曾发生激烈的争论，国防部长主张继续强化核力量，总参谋长主张向常规力量倾斜。“库尔斯克”号核潜艇沉没事件，使这一争论达到顶点。结果克瓦什宁占了上风，俄军决定削减战略核力量，从质量上加强常规力量，以“均衡”发展的原则调整军兵种结构。具体方案是：到2005年，战略核导弹由现在的6000枚，减少到1500枚。2001年，太空导弹防御部队和军事航天部队将脱离战略火箭军，直属总参谋部指挥；2005年前，战略火箭军将由军种降为独立的兵种。今后五年内，俄武装力量将正式形成三军种和三兵种的结构：陆军、海军和空军以及战略火箭兵、空降兵和航天兵。俄还决定2006年前在西南和中亚方向建立强大的常备兵团。俄陆军现有37个师，至今已组建了7个常备兵团。海军建设将得到加强，2000年3月4日，普京签署批准了俄海军未来10年发展规划。其中包括《2010年前俄联邦海上军事活动领域政策原则》，以及为保障海军全面发展的若干紧急措施等。俄海军已着手组建一批适应现代化作战需要的部队。2000年2月，俄北方舰队就正式组建了配属于“库兹涅佐夫海军元帅”号航母的航空兵大队。该航空兵大队装备的36架苏－33型多用途飞机，既可用于拦截空中目标，也可以打击海上目标。

继续改进和装备核武器，加快常规武器装备的更新换代 2000年1月27日，普京批准了俄军武器装备采购计划。根据该计划，未来俄军购买武器和军事技术装备的资金将比以往增加80%，军需供应的总体开支将增加50%。这表明，俄罗斯把发展高新武器装备作为军队建设的重中之重。

尽管俄确立了“均衡”发展的方针，但在相当一个时期内核力量仍然将是俄国家安全的重要支柱。因此，俄在削减核力量的同时，仍将适度发展或改进核武器。俄战略火箭军同海基和空基核武器构成了俄罗斯的战略核力量，截止2000年共有1250件运载工具，约6000枚核弹头。据俄自己公布，俄近几年共销毁了42架重型轰炸机。下一步核弹头的数量也将减少到1500枚。与此同时，核武器的研制和改进也有新的发展，重点是提高机动性、突防能力和打击精度。2000年底俄战略火箭军司令克夫列夫宣布，俄军第三个“白杨”－M型导弹团组建完毕，并部署在萨拉托夫州的塔基谢沃军事基地。据称，“白杨”—M型导弹拥有先进的导弹突防技术，是美国“NMD”的克星，其最大特点是准确度高、可靠性强。

俄军认为，“未来战争必将是使用高精度武器的战争”。但俄军常规武器装备中达到世界先进水平的仅占25%～30%。因此，常规武器的发展目标是：用10年左右的时间，更新50%在编的武器装备。要加大武器装备研制力度，力争21世纪初在光电子、计算机、精确制导、探测、推进、仿真和新材料等关键技术上有所突破，使导弹、飞机等高精尖武器装备达到精确化、数字化、智能化、隐形化和通用化的水平。陆军目前装备的主战坦克主要为第三代和第四代，如T－72、T－80、T－90等。2000年俄已研制出T－95。据称该型坦克比西方的坦克至少先进10年。先进的C－400“凯旋”防空导弹正在试验之中。空军目前装备的主要是苏－27、苏－29等第四代歼击机和优于第四代的苏－30MK歼击机。第五代歼击机，如C－37“金雕”、米格1.44等即将问世。并正在研制S－60隐形轰炸机。海军武器更新的步伐明显加快。2000年初以来，俄海军波罗地海舰队陆续增配了3艘新型舰只。据俄常规武器局局长诺兹德拉乔夫透露，2000年俄罗斯军队增加了6种新型军事技术装备，另有5种武器系统完成了国家试验。第五代武器将于2007～2008年开始装备部队。到那时，俄军与西方大多数国家的军队装备水平大体相当。此外，俄军还把对即将过时的武器装备的技术改造、使之升级换代列为一项重要工作。如新改造的飞机有苏－27YB型歼击机、米－8MTKO和米－24BK1型直升机等。改进后，其电子设备有了重大改进。苏式歼击机升级为能够使用高精度武器摧毁地面目标的多用途飞机。而米式直升机则具备了在恶劣气候条件下夜间作战的能力。改造所花经费只相当于研制一个新型号的⅕～⅙。为体现向发展常规武器倾斜的方针，在国防订货中，常规武器的拨款将大幅增加。如果说历年装备费拨款中核武器占60%，那么在2000年降为20%，据俄副总理克列巴诺夫说，到2010年前核武器的拨款还将减少。

重振国防工业，加大武器出口力度 受国家战略定位不明确、经济持续衰退、采取不切实际的“军转民”措施等等的影响，近年来俄罗斯的“军事工业综合体”受到严重打击。资金不足，科研人员大量流失，军品产量减少，质量下降，导致大量军工企业濒临破产。这大大削弱了俄罗斯的国防储备，对军队建设产生了直接的影响。普京上台后意识到了这个问题的严重性，多次亲临视察军工科研与生产部门，发表讲话说：“军工综合体是俄罗斯经济的优先部门之一，是集中了先进技术和优秀干部的地方。”认为，军工企业“最优先的任务”，是为武装力量提供先进武器装备。国家要采取必要措施，支持军工企业的发展。其中的一项实际措施，就是决定2000年使军品订货增长50%。由于经济回升，国家对军工部门的财政拨款增加，因此，弹药、反坦克兵器、空对地导弹的产量大幅度增加。2000年，仅由俄常规武器局所属的科研所和设计局就生产了价值68亿卢布军工产品，比上一年度同期增长26%。

此外，俄罗斯还进一步加大了军火出口。2000年，俄武器出口总额高达43亿美元，比1999年增长4亿美元。连续10年保持了世界第三大军火出口国的地位。先进战斗机、武装直升机、地对空导弹是出口主要项目。其中印度是俄武器装备出口的主要对象国。在俄罗斯武器40多亿美元的出口额中，对印度的出口就约占1/3。2000年底，俄印双方计划签订俄向印度提供一艘“戈尔什科夫海军上将”号重型载机巡洋舰的合同。总值将超过 20 亿美元。印方计划为本国的 2 艘航空母舰购置 80 架米格－29K 歼击机。俄印两国企业还开始实施生产 140 架苏－30MK 歼击机的许可证合同。俄军火出口所赚取的外汇，直接扶植了军工企业，也为军队弥补了经费的不足。为了维护各企业的利益，俄把过去分散管理、多头经营的出口管理体制，改为由国防部统一领导，由新成立的俄罗斯国防产品出口公司统一业务归口的集中管理体制。

以新的一轮军事改革推动军队建设全面发展 俄军自 1992 年建立起，其军队建设的进程就一直伴随着军事改革而行。在 10 年的发展中，尽管先后分三个阶段推出了改革方案，采取了许多改革措施，但俄军的建设始终未能摆脱被动局面，也始终未能达到改革设计者的目标。普京总统对军队现状极为不满，他曾公开批评说，飞行员不上天，海军不下海，许多军队不训练，到了非改革不可的时候了！否则俄军就难以承担战略遏制和制止侵略两大任务。当然；普京所讲的改革，是比以往更彻底的改革。2000 年下半年，普京主持联邦安全会议 3 次讨论军事改革问题，于 2000 年 11 月 9 日最终确定了改革方案。改革以“提高效率”为主旨，以“优化结构”为重点。改革的主要方面是：进一步削减兵员、精减机构；精减的重点是后勤和管理机构，作战部队不在其列；发展军事高技术和新型武器装备；优化结构，向陆海空三大军种体制过渡；改革兵役制度，建设职业化军队等。

资料来源：

①俄《独立军事评论》周报 2000 年 4 月 22 日；

②俄《红星报》2000 年 7 月 4 日。

（韩生民）

日本自卫队防务计划 日本自卫队 2000 年度的防卫费为 49995 亿日元，比上年度增长 1.6%（795 亿日元）。2000 年度防务计划的指导方针是：在继续推进接收订货改革等方面，努力削减各项经费，并维持和加强整体均衡的防卫力量态势。为此，特别强调以下 4 点：①向《防务计划大纲》确定的防卫力量水平协调发展，并对基干部队进行重新评估；②更新陈旧装备，并使之现代化，以适应科技发展的需要；③力求保持和提高自卫队的管理、教育训练水平；④有效地处置可疑船只事件，对付游击队、突击队和核生化武器的攻击。

加速武器装备现代化建设 陆上自卫队 陆上自卫队正在向《防务计划大纲》确定的新的体制转变，而 2000 年是其关键性的一年，又是现行《中期防务计划》最后的一年。基于这些特点，陆上自卫队将继续推进作战基干部队的改编和现代化。

由于现有火炮、74 型坦克、OH－6D 观测直升机等装备日趋减少，陆上自卫队计划购置 FH－70 型 155 毫米榴弹炮、MLRS 多管火箭发射系统、90 型坦克和 OH－1 型观测直升机。为适应科技发展的需要，将东部军区装备的“霍克”防空导弹，换装成改进 3 型岸舰导弹。为给 FH－70 型 155 毫米榴弹炮补充弹药，要购置弹药供应车。

陆上自卫队 2000 年计划采购 3505 支 89 型步枪、100 支 9 毫米自动手枪、174 挺 5.56 毫米机枪、124 挺 12.7 毫米重机枪、25 部 87 型反坦克导弹发射装置、52 门 L－16 型 81 毫米迫击炮、22 门 RT 型 120 毫米迫击炮、3 门 96 型 120 毫米自行迫击炮、7 门 FH－70 型 155 毫米榴弹炮、9 套 MLRS 多管火箭发射系统、1 门 87 型自行高射炮、20 辆 90 型坦克、2 辆 89 型装甲战斗车、31 辆 96 型轮式装甲车、1 辆 82 型指挥通信车、2 辆 87 型侦察警戒车、3 辆 87 型炮侧弹药车、1 辆 90 型坦克回收车、2 辆弹药供应车、1 辆 91 型坦克桥、17 辆 78 型雪地车、3 辆防化车、4 架 OH－1 型观测直升机、3 架 UH－60JA 型多用途直升机、7 架 UH－1J 型多用途直升机、2 架 CH－47JA 型运输直升机、2 架 LR－2 型侦察联络机、2 套 81 改进型近程防空导弹、8 套 93 型近距离防空导弹、12 套 91 型便携式防空导弹、4 套 SSM－88 型岸舰导弹和 4 套 96 型多用途导弹系统。另外，还计划用 664 亿日元采购车辆、通信设备和设施器材等类装备。

海上自卫队 由于现有驱逐舰、潜艇、扫雷艇和 HSS－2B 型反潜直升机等装备日趋减少，海上自卫队计划购置节省人力、居住环境优越的多用途驱逐舰，水下探测能力得到提高的潜艇，扫雷系统质量得到提高的扫雷艇和 SH－60J 型反潜直升机。另外，还要购置续航能力和对付可疑船能力较高的导弹艇。为确保 5 艘补给舰编成，计划购置补给能力和医疗能力得到加强的新型补给舰（1.35 万吨）。

海上自卫队 2000 年计划建造 1 艘 4600 吨级的多用途驱逐舰、1 艘 510 吨级的扫雷艇、2 艘 200 吨级的导弹艇和 1 艘 1.35 万吨级的补给舰，采购 7 架 SH－60J 型反潜直升机、3 架 TC－90 型仪表飞行教练机和 1 架 OH－6DA 型初级教练直升机。此外，还要将 1 架 P－3C 反潜巡逻机改装成图像情报搜集机。

航空自卫队 随着现有 T－2 型高级教练机 MU－2 型搜索救援直升机、T－33 型教练机和 T－3 型初级教练机等装备日趋减少，计划采购 F－2B 型（双座）强击机、U－125A 型搜索救援机、UH－60J 型救援直升机、T－4 型中级教练机和新型初级教练机。为维持空中运输能力，有效地培养运输机、救援机驾驶员，航空自卫队要购置 CH－47J 型运输直升机和运输机、救援机等基础驾驶教练机（T－400型）。为大力增强空中警戒监视能力，提高对小型高速目标的探测能力，航空自卫队要推进对E－2C型早期预警机和“爱国者”防空导弹的改进工作。

航空自卫队2000年计划采购9架F－2型强击机、2架CH－47J型运输直升机、2架U－125A型搜索救援机、2架UH－60J型救援直升机、9架T－4型中级教练机、2架新型初级教练机、2架T－400型运输机、救援机等基础驾驶教练机和2架E－2C改进型早期预警机（改进雷达系统和信号处理装置等）。并对“爱国者”防空导弹进行改进，拨出204亿日元作为“爱国者”防空导弹的射耗费。

加强情报、指挥通信能力 为能迅速、及时地运用防卫力量，要努力加强情报搜集、分析体制和指挥通信职能。

情报 加强情报本部的职能，即在情报本部新设紧急·动态部（暂称），并确保情报本部所需要的人员，增强其运用态势；提高J/FPS－3型固定型三维雷达系统的探测、跟踪精度，以加强有关弹道导弹的情报搜集职能。

指挥通信 继续建设新的中央指挥系统，并确保该系统即将开始运用的所需人员；购置J/FPS－4型固定型三维雷达，提高空中警戒监视能力；建设防卫综合数字通信网，加强通信网的抗毁能力；增强卫星通信职能，提高通信的可靠性；加强计算机的安全基础。

加强教育训练 实施与国际需要相适应的教育训练。增派留学生，并增加外国留学生的接收人数；强化外语训练；加强有关国际和平与合作业务的教育训练。

实施与装备高技术化相适应的教育训练 为陆上自卫队、海上自卫队和航空自卫队分别购置新型野战炮兵射击指挥装置维修保养实习器材、气垫艇训练器材和F－2强击机飞行模拟系统。

实施训练、演习 陆上自卫队：“霍克”防空导弹部队（17个队）进行年度射击训练，中部军区1个师的基干部队实施北方机动特别演习，西部军区将派出4辆坦克、4架反坦克直升机、4部反舟艇反坦克导弹发射系统、3套MLRS多管火箭发射系统和2套96型多用途导弹系统赴美进行射击训练，北部军区、东北部军区和西北部军区共计5个岸舰导弹团进行年度射击训练，空降旅等部队实施对付游击队和突击队攻击的研究性演习。海上自卫队：实施海上自卫队演习，参加“环太平洋2000”演习，实施远洋实习训练（参加日荷400年友好纪念仪式和纽约2000年国际阅舰式），大规模救灾训练，护卫队群的训练和P－3C反潜巡逻机的训练。航空自卫队：参加美空军组织的演习，C－130H型运输机在海外航线上进行飞行训练，“爱国者”防空导弹部队进行年度射击训练，在关岛同美军进行联合演习。

确保部队员额 自卫队2000年度末的编制人数，陆上自卫队为17.2272万人，其中常备军人为16.7383万人，应急预备役军人为4889人。与1999年比，常备军人减少3362人。海上自卫队为4.5816万人，与1999年度相比，增编64人。航空自卫队为4.7268万人，与1999年比，增编32人。参谋长联席会议为1638人，与1999年比，增编151人。自卫队合计26.6994万人，减编3115人。

文职人员：陆上自卫队为9331人（减少52人），海上自卫队为3711人（减少24人），航空自卫队为3892人（减少28人），参谋长联席会议为445人（增加9人），其他机构为7223人（增加56人），合计2.4602万人（减少39人）。

预备役军人：陆上自卫队为4.6万人，海上自卫队为1100人，航空自卫队为800人，合计4.79万人。2000年度三自卫队的实有人数和满员率是：陆上自卫队为14.7224万人，满员率为86.05%；海上自卫队为4.3433万人，满员率为94.93%；航空自卫队为4.4889万人，满员率为95.03%。

对部队编制进行调整 陆上自卫队 2000年计划将第12师（约7000人）改编成旅（约4000人，其中应急预备役军人约500人）。改编时，要根据关东北部和信越地区的特征，增编直升机，提高其空中机动能力，以保卫日本，并能轻便、灵活地应付大规模灾害、森林火灾等多种事态。在第12师改编成旅的同时，还要改善其补给维修体制；为统一、综合地对陆上自卫队的运用和装备等进行研究，在陆上自卫队新编研究本部（暂称），改善研究开发体制；改编北海道补给处，以改善北部军区补给维修体制。

海上自卫队 2000年计划撤消1个固定反潜巡逻机航空队；由于年度末开始启用舞鹤机场（暂称），将对21航空群进行改编，并新编123航空队舞鹤航空分遣队、21维修补给队舞鹤维修补给分遣队舞鹤航空基地队；为确保舰艇乘员登上可疑船只进行检查的安全，新编特别警备队。预计该队的新编工作于2000年底完成，编制人数约60人；改组海上自卫队参谋部的防卫部，即为有效地加强指挥控制、通信和情报系统，撤销防卫部的通信处等机构，新编指挥通信系统处（暂称）。

航空自卫队 2000年计划撤销202歼击机飞行队；为改革航空自卫队的主要作战情报机构，加强情报职能，计划新编作战情报队，隶属于航空总队；为加强紧急度极高的情报（紧急情报）和有关周边国家军事活动的情报（动态情报）职能，在情报本部新编紧急·动态部。另外，随着新装备的配发，陆、海、空三自卫队还要对一些部队进行改编。

加强开发研究工作　加强技术开发研究体制，与此同时，仔细考虑项目的紧要性，并实施与未来科技发展趋势相适应的各种研究开发。

新型通信电子干扰系统　新型通信电子干扰系统用于干扰对方通信电子活动，计划配备给陆上自卫队各军区和师的电子战部队，取代现有的通信干扰设备和电波发射装置，2000 年设计并试制。

76 毫米舰炮用新型近炸信管　为有效地对付反舰导弹的高速化和隐形化，开发 76 毫米舰炮用新型近炸信管。这种装备在相对速度检测技术和最佳工作定位技术等方面具有优越的能力，2000 年设计并试制。

应付重要事态的措施　（1）为对付可疑船只，增装导弹快艇，新编海上特别警备队，驱逐舰和巡逻直升机装备机枪，购置红外夜视器材，并开发用于强制停船的装备品。（2）为对付游击队、突击队的攻击和核生化武器的袭击，要时刻对海岸进行监视，对部队驻地实施警戒，对重要设施进行防护。为此，要修建模拟训练设施，购置对付游击队和突击队攻击的训练模拟器，并实施应付游击队和突击队攻击的警戒、监视训练；到美陆军特种部队实施随队训练（研究），并对美军特种部队的装备和应对状况进行调查，为今后部队的编成做准备；空降旅等部队实施应付游击队、突击队攻击的研究性演习。（3）为对付核生化武器，召开以地方专业技术人员为主的会议（暂称生物武器防护恳谈会），加强核生化武器研究体制。在陆上自卫队研究本部增设"特种武器研究官"，并新编"部队医学实验队"。对美军的应对装备和应对状况进行调查，并在美陆军防化学校和感染症研究所等机构进行随队训练（研究）。（4）关于导弹防御系统，对日本防空系统的现状进行全面调查，日美两国对导弹防御系统进行技术研究（对海上部署型高层防御系统进行设计并部分试制）。（5）关于日侨运送问题，购置通信器材、防弹背心等装备，确立日侨运送体制，并加强训练。

改善部队生活环境　在生活相关设施方面，2000 年计划增设营房，对现有营房进行维修，推进营房空调化工作，并翻修厨房和浴池等设施；确保宿舍所需数量，对狭窄和破旧的宿舍进行重建，对现有的宿舍进行维修，对狭窄和破旧的警卫所实施改建；扩大危险的航空作业津贴的支付范围，增加舰艇福利设备，减轻部队劳务负担。

加强同周边国家的安全对话，参与国际军备控制活动　*加强同周边国家的安全对话*　在政策交流方面，举办亚太地区防务负责人论坛，参加东南亚国家地区论坛各种聚会，同美太平洋陆军共同举办太平洋地区陆军管理专题讲座，为参加国陆军之间的对话和交流作出贡献，同中国防务负责人交换意见。在学术交流方面，举办亚太地区国家安全保障专题讲座（邀请亚太地区国家军事人员进行研究、讨论）。

参与军备控制　参加有关军控的国际会议，主要是参加限制导弹技术出口会议。

对军事采购工作进行改革　（1）推进军事采购的改革工作。利用地方专业技术人员，促进军事装备采购合理化，对装备品合同企业进行调查，并加强业务体制。对 C－1 型运输机、P－3C 反潜巡逻机和大型飞机适用技术的通用化进行调查研究。（2）改革采购机构。在中央省、厅等机构改革的同时，撤销采购实施本部；合同部门设立合同本部，作为特别机构；把经理局和装备局合并，新设管理局（暂称），并在管理局设立成本计算部门；取消军事采购合理化会议，新设军事采购审查会（暂称）。

资料来源：

①日本《朝云》报 1999 年 9 月 3 日；

②日本《防卫日报》1999 年 9 月 3 日。

（*袁孝华*）

韩国建军计划与措施　2000 年，韩国随着经济形势的好转，军队建设的力度进一步加大，其建军计划与措施如下。

提出新的国防政策目标，确立新的国防发展方向　《2000 年度韩国国防白皮书》提出的新的国防政策目标是，在外部威胁和侵略中保卫国家安全，构筑和平统一基础，为地区稳定和世界和平做贡献。这一国防政策目标有三个方面的含义。第一，不仅要应付主要敌人朝鲜的现实军事威胁，而且要应对影响韩国生存权的所有外部威胁，以维护国家安全；第二，要在朝鲜半岛遏制战争爆发，缓和军事紧张局势，维护朝鲜半岛的和平与稳定，为和平统一做贡献，以维护地区稳定。同时以联合国为中心，积极参加国际维和行动。

为实现上述国防政策目标，韩国确定的国防发展方向是：第一，由以应对朝鲜威胁为主逐步向应对朝鲜威胁和应对未来不确定威胁的方向改变。韩军认为，由于建立战略武器系统、调整部队结构及培养军事专门人才等需要 10～20 年的时间，所以必须早做准备，针对未来安全环境、作战样式及可能面对的各种新挑战，及早建立能有效应对未来任何威胁的国防力量。第二，建立与综合国力相适应的国防力量。韩军认为，如果只针对特定的威胁发展国防力量。那么意想不到的事态发生时应对能力就会受到限制，给国家安全带来危险。因此，要在国家经济能力允许的范围内充分保障军队建设的费用需求，建立与国力相适应的国防力量。第三，加强军事外交，发展双边和多边的战略合作关系。由于建立完全的自主国防体制需要巨大的费用，目前尚无法实现，所以现阶段还应继续加强韩美同盟关系，并在韩美同盟的框架内积极发展同周边国家的双边及多边的战略合作关系。

与此同时，鉴于南北首脑会谈举行后朝鲜半岛形势的新特点，为通过“和平、和解、合作”，积极改善南北关系，对朝鲜半岛建立适合朝鲜进行内部改革的外部环境，《2000年度韩国国防白皮书》还提出了对朝政策3大原则和6大政策基调。3大原则是：不允许朝进行武装挑衅、不搞吸收式统一和推进和解与合作；6大政策基调是：安全与合作同时推进、优先实现和平共存与和平交流、通过和解与合作创造适合朝鲜发生变化的条件、谋求南北共同利益、对朝鲜半岛问题应由南北当事者自主解决的原则下争取国际支持、推进以国民认同为基础的对朝政策。

制定《2001～2005年国防中期计划》，为实现未来5年的国防目标提供保障 为实现未来5年的国防建设目标，提高国防资源的使用效率，韩国国防部根据国防企划管理制度，分企划、计划、预算、执行、评价等五个阶段，有计划、有步骤地推进有关业务工作。《2001～2005年国防中期计划》对今后五年国防建设所需的经费投入进行了具体规划。该计划对韩国的中长期安全形势展望、国防政策目标、军事力量建设需求及可用的国防资源等进行了综合分析，确定了以军事改革为核心的各项军事政策基调。

《2001～2005年国防中期计划》认为，韩国政府《2000～2004年中期财政计划》期间政府财政收入年增长率可达6%，据此推测今后5年政府对国防建设的投入将达874938亿韩元，约占GDP总量的2.6%和政府财政收入的16.7%。该计划强调要优先保障提高作战能力所需的费用，计划到2004年将战力投资的比率由2000年度的37%提高到39.5%。强调要重点保障用于应对未来不确定威胁的尖端武器装备的引进和研发费用，其中包括C^4I系统中核心基础系统建设、提高监视及电子战能力的建设、改良坦克性能、引进攻击直升机、建造韩国型驱逐舰和“宙斯盾”级驱逐舰（KDX）、新一代战机和制导武器的引进和研发、追加生产KF-16战机等。

继续推进《国防改革5年计划》，全面深化军事改革 为在21世纪建成信息化的新型国防体制，韩国防部于1998年制定了《国防改革5年计划》（1998～2003年）。韩军根据该计划，重点实施了国防组织改革、防卫力量改善、人事制度改革、教育制度改革及国防管理改革等中短期课题。今后韩军将以建设适合韩国实际的经济型军队。建设与目标明确的防卫力量，建立公平、合理的人事、教育制度，建立能有效运用资源的国防管理体制等为重点，继续推进《国防改革5年计划》，目标是到2003年将韩军建成一支①具有先进国防能力的少数精锐的常备军；②尖端武器武装起来的信息化、科学化军队；③合理、高效的经济型军队。截至目前，韩军在落实《国防改革五年计划》过程中所采取的具体措施和取得的主要成果如下：

⑴改革组织结构，提高军队运营的高效性和经济性 为实现军队运营的高效性和经济性，韩军于1998年12月对国防部、合同参谋本部及陆军本部、海军本部、空军本部等进行了机构改革和职能调整。加强了国防部的军政职能，将国防部的防卫产业室与合同参谋本部的试验评价机构合并，成立了获得室；将国防部有关军需物资筹措、品质检测的直属部队与担负相关职能的机关合并，精简了机构，提高了效率。将通信参谋部和作战参谋本部的C^4I部门合并，成立了指挥通信参谋部，提高了合同参谋本部的作战指挥效率，在情报参谋本部新建了情报综合室；将人士参谋部和军需参谋部合并，成立了人士军需参谋本部等。将分散于三军本部的C^4I职能并入指挥通信参谋部；加强三军本部的战斗力发展职能和核生化作战职能，新建了担负防御力量改善职能的有关机构。与此同时，陆、海、空组织结构改革也在深入进行之中。2000年6月，对特战司令部内应付单一威胁的部队结构进行了改革，组建了能有效应付多元化威胁和未来可能出现的非军事性威胁的部队结构。为提高应付朝鲜的大规模杀伤性武器的威胁，于1996年6月成立了化生放防护司令部；为提高战时对陆、海、空部队的战略运输支援能力，于1999年3月，在原陆军运输司令部的基础上成立了国军运输司令部。1999年4月，对情报机构进行了改编，合并或取消了一些职能相似的机构，实现了国防情报体制一元化。2000年1月，将国防大学院、国防参谋大学、国防精神教育院合并，成立了综合性的国防大学。

⑵改革采购制度，提高国防建设的透明性和公正性 为提高国防建设的透明性、公正性和高效性，韩军对各种相关制度进行了果断改革。整顿职能过度分散的采购、研发机构，成立了职能高度统一的采购室，实现了对防御力量改善业务的统一、综合管理。将武器系统和非武器系统的采购业务合并，建立统一

的责任制管理体制，加强了采购部门的分析、评价职能，在主要项目的决策过程中引入费用分析和审查评价制度。

改革采购制度，将采购决策程序由8个步骤简化为3个；合并或废止了17个采购管理法规，并在此基础上制定了一个统一的综合性采购管理法规；将具体采购程序由38个阶段简化为24个；在各集团军和有关职能部门履行事业管理、试验评价、品种决定、签订合同等职能过程中引入“事业实名制”。

为提高防卫产业的竞争力，在需进行大规模投资的装备、人力、技术等领域，对没有民间需求或难以实现军民转换的项目，实行专项投资制度；扩大中小企业参与防卫产业项目开发的机会。建立军、民兼容的技术中心，确保相关单位间的联合攻关和资料共享，以提高目前选定的15个尖端武器系统及核心技术的独自开发能力。

⑶改革管理体制，推动国防信息化建设　韩军国防信息化目标是到2005年建成一支拥有信息战遂行能力的“精锐的信息化军队”。其中，1999～2005年的目标是构筑基础和核心系统，2006～2010年是进一步发展相关的信息化职能和整合相关系统，2010～2015年是完成先进的信息化系统建设和实现“精锐的信息化军队”目标。为此，韩国国防部于2000年4月将信息化企划官室从采购室中分离出来，直属国防部副部长领导，使之成为能强力推进国防信息化工作的全军性管理机构，使国防信息化工作能更加扎实有效的开展。与此同时，还对有关已开发的信息系统和计划开发的信息系统的管理、运营维持及完善体制进行了改编，以提高国防信息化管理人员推进信息化工作的能力。另外，为加强对部队的网络知识教育，韩军在旅级以上单位设置了信息化教育场所、在营级单位设置了因特网教育场所及网吧、在连级单位设置了微机室。

⑷改革军需筹措制度，提高军需支援效率　为提高军需筹措工作的透明度，促进参与企业间的公平竞争，韩军积极进行军需筹措制度改革。废除了军供企业登记制度和企业情况调查制度，将军供物资安全的检测企业和检测品目由1235个减少到361个，使更多的企业可在自由竞争的原则下参与军供物资的生产。并在互联网上设立了军需物资筹措网页，使军供企业可更方便地获取相关信息。

为实现军事专用物资筹措的专门化，将普通常用物资的采购工作移交调达厅统一负责，2000年已完成740类物资采购业务的移交工作，其他126类物资经相关论证后也将分阶段移交调达厅。将大约520个种类的军用标准装备改为常用装备，并放宽了3929类战时动员物资的规格，提高了战时物资动员能力。将战时可用动员物资的365类物资由民用物资取代，以提高初战时期的物资保障能力。

⑸改革军队司法制度，提高审判的公正性和效率性　为提高审判的公正性，韩军将审判机关和检查机关分离，解散了集审判和检查职能于一身的国防部法务运营团，并于2000年7月重新设立了高等军事法院和国防部检查团，同时还在各集团军设立了独立的军事法院。高等军事法院内设有审判研究部，负责判例分析等军事法方面的研究工作。国防部检查团内设立了特殊部，以彻底检查军营中的各种违法事件。另外，在高等军事法院和各集团军本部还设有国选律师部，由国家选定的律师为官兵和合法权利进行辩护，以减轻军人的经济负担。

为减少由于军人驻地分散，军事法院进行远程审判所带来的各种不便，根据国防部长官命令，2000年6月，韩军又在师级部队追加设立了50个普通军事法院，进一步方便了军事案件的审理，提高了审判效率。2000年5月，军事法院又在审判工作中引入即时审判制度，对于轻微案件，可通过简易的程序迅速完成审判。

⑹改善军营条件，创建新的军营文化　创建新军营文化的根本目的是要造就一支斗志高昂、“战之能胜的军队”。韩军创建新军营文化所制定的详细计划是：第一，改革标准日课表，扩大军营生活的自律性和自觉性。第二，减少部队运营方面不必要的业务负担，将干部的主要精力集中于战斗任务上来。扩大师（旅）级部队指挥官的指挥权限，使他们可以责无旁贷地做好所属部队的作战及训练工作。第三，针对初级干部实际经验不足的情况，对他们进行有关野战现场各种情况的应对方案和行动步骤等方面的教育，提高初级干部的部队管理能力。第四，着眼中长期的部队建设需要，改善军营设施，创造能满足军人个体精神需求的军营生活环境，提高军营对官兵的吸引力。

（王宜胜）

越南建军计划与措施　2000年，是越军执行五年建军计划（1997～2000年）的最后一年。根据该计划，越军积极采取措施全面加强军队建设，力图建立一支“革命化、正规化、精锐化和逐步现代化”的军队。

继续狠抓政治建设　2000年，越军十分重视政治建设，将政治思想工作作为头等重要任务来抓，以保证部队政治合格，在任何时候、任何情况下都绝对听从党的指挥。根据越军总政治局的安排，全军主要开展了五项政治思想工作。一是整顿党组织，要求各部队75%以上的党支部和85%以上的党委要实现全面纯洁，没有落后的党组织；二是开展批评与自我批评，积极搞好团结；三是进行爱国主义和信念教育，着重培养干部战士绝对忠于党、忠于祖国、忠于人民、忠于社会主义制度的信念，增强反“和平演变”的意识，树立不怕牺牲、誓死保卫祖国的坚强决心；四是组织政治学习，重点学习越共八届十一中全会作出的决议，为越共召开“九大”做准备；五是开展“榜样行动”竞赛活动，促使各单位朝着“纪律严明、正规有序、安全稳定和实现根本性转变”的方向发展。10月和12月，越军总政治局先后主持召开了全军政治工作会议和全军党代表大会，在总结过去5年全军政治思想工作和党的建设情况的基础上，研究制定了军队未来5年政治思想工作和党的建设计划。8月25日，越中央军事党委和国防部举行表彰大会，授予在革新时期取得出色成绩的25个集体和个人武装力量英雄或劳动英雄称号。会上，越共中央政治局委员、国防部长范文茶上将代表中央军事党委对在革新时期作出突出贡献的集体和个人进行了表彰，并要求“全军团结奋斗，圆满完成中央军事党委赋予的各项任务，为国家的工业化、现代化建设作出更大的贡献”。

组建国防经济部队 据越《人民军队报》报道：为更好地完成党、国家赋予军队建设和保卫祖国的两大战略任务，加快国防经济建设步伐，越国防部签发466号决议，决定成立327国防经济师。3月23日，327国防经济师在广宁省正式成立，陆军第3军区司令主持成立仪式，越政府副总理阮公藏、国防部副部长阮文莹及水产部、科技环保部领导出席了成立仪式。阮公藏在成立仪式上发表讲话，要求该师全体干部、战士认真贯彻越政府总理关于新时期加快经济建设、把经济与国防紧密结合起来的指导思想，发扬“团结一致、不怕牺牲、勇于胜利”的光荣传统，克服一切困难，出色完成上级交给的各项任务，为“强军富国”作出贡献。

成立国防军事科技中心 2000年3月11日，越南正式成立国防军事科技中心，越政府总理潘文凯等军政领导出席了成立仪式。该中心是在原越南军事科学院和国防部的一些科研机构基础上成立的，其任务是组织研究现代军事科学技术、工艺技术，为战略科技的长远发展及应用提供服务，为建设一支正规、精锐的现代化军队服务。同时，中心还将与地方科研机构保持密切联系，为地方工业科技、经济发展服务。11月7日，国防军事科技中心召开会议，总结5年来在军事科学、技术革新、环境保护和武器装备改进等方面所取得的成就，共完成国家级和部（国防部）级课题223项、应用课题39项、提案49个，科研成果被广泛应用于各领域，为军队的训练、建设、机动化和环境服务；另有150条科技建议得到包括机械、武器、电子、国际通信等部门的采用。

从外国购买武器装备 2000年，越军从俄罗斯购买了3艘配备SS－N－22型反舰导弹的“毒蜘蛛”级导弹艇。为改变武器装备长期落后的局面，越军于12月下旬制定了新世纪前5年武器装备现代化计划。越军今后将重点采购“远程、强火力、高精度”的新型武器，特别是要优先购买海、空军武器装备，以提高海上和空中攻击能力。其中，海军将购买6艘配备SS－N－25型反舰导弹的护卫舰、数艘具有远海作战能力的驱逐舰和潜艇、部分岸舰导弹和中程导弹；防空－空军将采购24架苏－27型战斗机、12架苏－30K型战斗机、数十架武装直升机、30架多用途直升机和部分地对空导弹、空对空导弹、防空火炮、多管高射机枪、防空夜视器材、航空电子系统、卫星通信设备、电子对抗装备、远距离对空警戒雷达；陆军将购买反坦克导弹、自动化程度高的火箭炮、先进的单兵武器装备和防空工程设备。为此，越军将大幅度增加军费开支，2001年军费预算为26亿美无，比2000年增长30%，其中10亿美元将用于购买武器装备。

开展对外军事交流与合作 2000年，越国防部长范文茶上将、副部长兼总参谋长黎文勇中将等先后率高级军事代表团访问了中国、法国、澳大利亚、韩国、老挝、波兰、斯洛文尼亚、乌克兰、捷克、俄罗斯等10个国家。据越《人民军队报》报道，黎文勇3月下旬访问法国时，重点与法军总参谋长就越法两国在国防合作领域中存在的问题和共同关心的国际问题举行了会谈，并参观了法海军“森吉”军官学院、军事研究中心、航空母舰和国防工业企业；7月中旬访问老挝时达成了越老两国军事合作协议，据此越军将帮助老军培训作战、训练和通信等方面的人才。同时，越军分别邀请中国、美国、日本、澳大利亚、法国、印度、韩国、泰国和老挝等9个国家的军队领导人访问了越南。其中，老挝国防部部长朱马里·赛逊上将于2月23～26日率军事代表团访问越南，双方就加强两国军事合作等问题进行了会谈；美国国防部部长科恩于3月13～15日访问越南，这是自1975年越战结束以来首位美国防部长访越，双方重点就安全和防务及非战争领域合作交换了意见，决定在排雷、救灾、人道主义援助、环境保护等领域进行合作，并在时机成熟时举行联合军事演习；印度国防部长费尔南德斯于3月下旬访问越南，双方正式签署了《印越防务合作协定》，并同意在武器装备的生产和交易方面加强合作；澳大利亚国防军司令克里斯·巴利上将于6月上旬访问越南，与越国防部长范文茶上将、总参谋长黎文勇中将举行了会谈，并参观了越南国防大学、第7军区司令部和防空－空军部队；老挝军队总政治局主任坎庞·占塔蓬少将于6月中旬率团访问越南，越中央军事党委书记黎可漂、国防部长范文茶、总政治局主任范青银等分别接见了老军代表团；泰国武装部队最高司令蒙空·安蓬披西大将于9月6～7日访问越南，与越国防部长范文茶、总参谋长黎文勇等就加强两军交流和合作举行了会谈。此外，应越南海军邀请，法国、英国和印度海军先后派舰艇访问了越南胡志明港等。

资料来源：

①越南《人民军队报》、《全民国防》杂志2000年；

②英国《简氏防务》、《简氏防务周刊》2000年。

（钟学良）

泰国建军计划与措施　2000年，泰军继续贯彻落实"小而精"的建军方针，积极采取措施，努力提高军队的正规化和现代化水平。

调整高级军官职务　2000年3月、9月，泰军先后进行了年度例行性春秋两季高级军官职务调整。国防部、武装部队总司令部和陆、海、空三军共有766名高级军官职务作了变动。其中，秋季人事调整是自1986年以来泰军高层进行的规模最大的一次人事调整，国防部次长、武装部队总司令、海军司令和空军司令以及陆、海、空三军一些作战单位的主官均全部易人。在调整中，泰军严格贯彻"少提多退"的原则，逐步减少新晋升将官的数量，争取实现10年内（2000～2009年）裁减将官编制25%的目标。与此同时，泰军继续推行鼓励军官提前退休政策，其主要内容包括：军官在45岁以上或服役时间满25年以上者可提前退休；自愿提前退休的军官，从退休当年10月2日起，可一次性领取退休补助，金额为退休前最后1个月薪金数乘以所剩余军龄数（即法定的60岁退休年龄减去提前退休时的年龄）再乘以2.5，上述措施旨在精简庞大的军官队伍。

引进先进武器装备　随着国内经济的逐步复苏，泰军重新启动了军购计划。泰陆军拟斥资2000万美元订购2架美制"黑鹰"直升机，并计划未来10年内陆续装备此类直升机，以淘汰落后的装备机型。海军从意大利购进了"塔林丹"号扫雷艇并编入现役，并拟向美国订购至少1艘二手潜艇和数艘巡逻艇。此外，泰国和澳大利亚两国造船业正在联合为泰海军建造3艘登陆艇，预计2001年交付使用。空军向美国订购了16架二手F－16型战斗机，以取代其在1998年因金融危机而搁浅的购买F－18型战斗机计划，预计这些战斗机将在今后两年内交付使用。届时，泰空军攻击战斗机中队将增至5个，F－16型战斗机的数量将达52架，成为21世纪初泰空军的主力作战飞机。

注重与外军举行联合军事演习　2000年，泰军与美国、法国、澳大利亚、新西兰、新加坡、马来西亚等国举行了双边或多边联合军事演习，以提高其协同作战、快速反应及使用现代化武器装备的能力。与往年不同的是，泰军除保持传统的演习科目外，还增加了国际维和、人道主义救援和打击恐怖主义等新内容，表明了泰军意欲走出本土向地区性军队发展的趋势。在5月9～23日举行的美泰新"金色眼镜蛇2000"联合军事演习中，泰军派出7100人和一些舰机参演，重点演练了支援联合国维和行动和救援灾民等科目，澳大利亚、菲律宾和马来西亚等国应邀派观察员观摩了演习。5月13日～6月11日，泰澳两国海军举行了代号为"日·2000"反国际恐怖活动联合军事演习，泰海军派出一支海军特战小组及武器装备参演。演习旨在使泰国反恐怖活动有关部队积累作战经验，做好随时投入战斗的准备，以应付可能发生的各种不同形式的国际恐怖活动。

资料来源：

①泰国陆军广播电台、电视台2000年报道；

②泰国《民意周刊》2000年；

③英国《简氏防务周刊》2000年。

（孟　丽）

菲律宾建军计划与措施　2000年，菲政府扩充地方民兵组织，辅助军队清剿在南部棉兰老岛的摩洛伊斯兰解放阵线反政府武装。同时，进一步密切与美国的军事合作关系，以促使其军队现代化计划步入正轨。

扩大地方民兵组织　根据菲武装部队的建议，菲政府拨款265万美元扩充3万名地方民兵，使地方民兵组织达6万人。新招的民兵中，大约70%来自菲南部多事的棉兰老岛地区，他们将辅助菲军清剿反政府武装摩洛伊斯兰解放阵线的作战。在国内，地方民兵组织被视为一支巩固军事成果必不可少的力量。当军队攻占了发生冲突的地区后，这些从当地居民中招募的民兵负责维持地区秩序，因而地方民兵组织成为菲军"清除－占领－巩固－发展"反渗透战略不可缺少的一部分。

优先进行空军现代化建设　菲空军真正能升空作战的飞机只有5架，根本无力提供空中防御。作为国防第一线，空军的现代化位于三军之首。目前，菲政府正在积极筹措资金加紧改善空军落后的装备现状。空军计划在今后5年内添置新型多用途战斗机、远程巡航飞机、搜救直升机。基地防空系统、特种用途飞机、重型运输机和地面雷达，并更新部分战斗机和直升机。同时着手建设位于邦板牙省的巴萨空军基地和巴拉望省的安东尼奥包迪斯塔基地，以部署新购进的装备。

进一步密切与美国的军事合作关系 根据 1999 年 5 月签署的《菲美访问部队协议》，菲律宾和美国先后举行了“肩并肩·2000”、“卡拉特·2000”联合军事演习，以提高两国军队的协同作战能力及菲军的技术和战术水平。在 2000 年 1 月下旬至 3 月初举行的菲美“肩并肩·2000”的联合军事演习中，双方出动兵力近 5000 人以及数十艘（架）舰机，在前美军基地克拉克、苏比克及巴拉湾等 5 个地区分别举行了陆、海、空演习，其规模之大、范围之广、时间之长创 1992 年以来两国演习之最。4 月，菲美两国防务专家开始起草《联合防务评估报告》。该报告主要从菲军的战略与任务、军事能力以及资源分配三个方面对菲国防力量建设作一次全面评估，目的是对菲军现代化建设计划重新进行“量身定做”，预计在 2001 年 1 月出台。该报告将使菲美关系更加密切。为解决菲军现代化进程中资金匮乏的问题，2000 年 7 月和 9 月，时任总统的埃斯特拉达两度赴美访问，寻求美对菲提供军事援助。美承诺向菲提供一批新的军事装备，包括 1 艘海岸巡逻艇、8 架多用途直升机和 100 辆军用卡车，并答应协助维修菲空军 10 架 C－130 型运输机及提供零部件。此外，美国务院计划在 2001 财年给予菲军事援助 200 万美元，比 2000 财年增加了 1 倍。

资料来源：

①菲律宾《马尼拉公报》2000 年；

②英国《简氏防务周刊》2000 年；

③中国《东南亚纵横》2000 年。

（孟　丽）

新加坡建军计划与措施 2000 年，新加坡积极采取有效措施，进一步提高军队的现代化水平。

组建快速反应海岸警卫队 2000 年 1 月，新加坡组建了一支快速反应海岸警卫队，以加强海防巡逻打击非法移民和走私活动。该海岸警卫队装备精良，配备了新式监控与数码通讯设备，新补充了 26 艘巡逻快艇，使整个警卫队拥有的舰艇数目达到 106 艘。

采购先进武器装备 新加坡根据自身国小人少的特点，坚持走科技强军之路，在武器装备采购方面讲究质量，精益求精。2000 年 4 月，新加坡和美国签署了两国军方采购与服务交换协议。7 月，向美国订购了 20 架 F－16C/D 型飞机相关设备，拟于 2003 年底交付使用。这是新加坡第 4 次购买该型机。9 月，又向美国订购了 20 门 M61A1 型 20 毫米火炮、22 套全球卫星定位系统以及维护与修理配件、支援设施等设备，价值约 8100 万美元。新加坡计划将上述火炮和全球卫星定位系统装备 F－16C/D 型飞机，而将其它辅助设备用于现役所有 F－16 型飞机的日常训练和维修保养。此外，还向美国订购了 100 枚 AIM－120C 型先进中程空对空导弹，以增强其 F－16 型飞机的超视距攻击能力。与此同时，为保护其海上利益不受侵犯，新加坡向法国订购了 6 艘拉法耶特级隐型导弹护卫舰，以取代已老化的 6 艘“海浪”导弹快艇。这批导弹护卫舰预计从 2006 年起陆续加入现役，届时新加坡海军的反潜和防空作战能力将得到显著提高。

加强与外军联合军事演练 由于国土狭小，缺乏演练空间，新加坡军队十分注重与外军举行联合军事演练，以提高自身的技术和战术水平。主要军事合作伙伴有美国、澳大利亚、马来西亚、印度尼西亚、文莱、印度以及五国联防组织，其中的一些军事演习表达了新加坡对地区安全事务特别是南海问题的关注。2000 年 5 月 4～23 日，新加坡首次派出 29 人参加了美泰“金色眼镜蛇·2000”联合军事演习，显示了其对参与地区维和行动的兴趣。涉及南海海域的联合军事演习主要有美澳新联合防空演习（5 月 9～12 日），5 国联防组织“飞鱼卡拉特 2000”海军联合演习（9 月 11～22 日），新韩日美“太平洋区域 2000”潜艇救难联合演习（10 月 2～14 日）。此外，2000 年 5 月 5 日～9 月 5 日，海军“坚韧”号坦克登陆舰成功地进行了首次环球航行，此次航海活动成为新加坡海军历史上的重要里程碑。此次航行共访问了美国、墨西哥、加拿大、英国、法国、埃及和沙特阿拉伯的 9 个港口，舰组人员利用这次机会与一些被访的东道国进行了演练活动，增进了双方军队之间的交流与合作。

资料来源：

①英国《简氏防务周刊》2000 年；

②马来西亚《亚洲防务》2000 年；

③法国《论坛报》2000 年 8 月 31 日；

④中国《人民日报》2000 年 10 月 9 日；

⑤日本《每日新闻》2000 年 5 月 11 日。

（孟　丽）

印度尼西亚建军计划与措施 2000 年，以瓦希德为首的印尼民主改革政府继续开展反贪污和减少军队在社会政治和商业领域的不良影响的改革运动，进一步削弱军队的社会政治职能，同时加强海军力量建设，恢复与美国的军事合作关系，以提高军队的专业水平和增强军队维护国家和民族统一的能力。

进一步淡化军队的社会政治职能 2000 年 2 月 14 日，瓦希德总统解除了涉嫌参与东帝汶侵犯人权案件的政治和安全事务统筹部长维兰托将军的职务，由内政部长代行其职权。维兰托在印尼前总统苏哈托和哈比执政期间曾任国防部长兼武装部队总司令，在军内影响非同寻常。瓦希德顶住保守派势力的阻挠，对维兰托的处理体现了印尼政府推进民主改革、取消军队双重职能（保卫国家安全和社会政治职能）的决心和信心。随后，印尼政府又决定废除军队长期以来在政府机构和商业部门享有的特殊待遇。在国内民众的强烈呼吁下，2 月 25 日，印尼武装部队总司令维多多上将宣布军方在 2004 年全国大选后将退出在国会中占有的 38 个固定议席，停止参与国家政治事务，专职于保卫国家安全。

频繁进行军队高层人事调整 为加强对军队的控制，防止军中形成派系和权力过于集中，印尼政府一年来对陆海空三军高层人事进行了 5 次大小规模的改组。其中，陆军参谋长、特种部队司令、战略后备部队司令和部分军区司令以及海军正、副参谋长等重要职位均易人。此外，为精简军事机构和提高工作效率，印尼政府还撤消了武装部队副司令职位。陆军战略后备部队是印尼陆军中人数最多、装备最精良的一支生力军。自 1996 年印尼前总统苏哈托任命维兰托将军领导这支部队后，该部队司令调动频繁，迄今已有 7 位高级军官担任过司令，其中任期时间最短的仅有 17 个小时，最长的达 18 个月。其中，在瓦希德总统执政的 1 年零 2 个月的时间里，陆军战略后备部队司令就已经三易其主。

扩充海军实力 2000 年 2 月 10 日，时任印尼海军参谋长的苏季普托上将在谈及 21 世纪海军发展方向时表示，印尼计划在未来的 5 年内使海军从 5.2 万人增至 7 万人，海军陆战队由 1.3 万人扩大到 2.3 万人，同时增加 14 艘新舰船代替退役的 8 艘军舰，购买 4 架米－17 型直升机装备海军陆战队以提高其机动能力；将于 2001 年重组海军舰队，把现有的 2 个海军舰队指挥部，即以雅加达为基地的西部舰队指挥部和以泗水为基地的东部舰队指挥部扩充为 3 个舰队指挥部。今后，海军舰队总指挥部将设在雅加达，第 1 指挥部设在北苏门答腊的勿佬湾，第 2 指挥部设在东爪哇的泗水，第 3 指挥部则设在马鲁古的安汶或南苏拉威西的乌潘当。此外，还将建立海军陆战队两栖应变小组，大约 2 个连的兵力，将在两栖作战舰艇上随时待命开往动乱发生地区。

恢复与美国的军事合作关系 鉴于印尼政府一直致力于推进国家的民主化进程，2000 年 5 月，美国政府又重新恢复了与印尼的军事合作关系。两国军事合作关系曾在 1999 年 9 月因印尼陆军参与东帝汶暴乱而一度中断。此次美国以邀请印尼军事观察员观摩在泰国举行的美泰“金色眼镜蛇·2000”联合军事演习为契机解冻了两国军事合作关系，但两国的军事合作仅限于海、空军方面，美国避免与涉嫌参与东帝汶暴乱的印尼陆军进行合作。7 月，美国与印尼举行了海军联合演习，演习重点是人道主义救援和救灾，并恢复了在美本土训练印尼军官的计划。时任印尼国防部长的苏达索诺对新闻媒体称，“印尼同美国恢复军事合作关系将有助于印尼军队的改革”。

资料来源：

①印尼《武装部队报》2000 年；

②新加坡《联合早报》2000 年；

③英国《简氏防务周刊》2000 年。

（孟　丽）

印度建军计划与措施 2000 年，印度为实现争当世界军事强国的目标，积极采取各种措施加强军队建设。主要是：

大幅度增加国防开支 2000 年 2 月底，印度人民院通过了国防部长费尔南德斯关于增加 2000 年度国防预算的提案，批准将国防预算提高到 5858.7 亿卢比（约合 134.2 亿美元），约占国民生产总值的 2.7%。比 1999 年度的 4569.4 亿卢比（约合 107.5 亿美元）增加 28.2%，是印独立以来国防预算最高的一年。其中，陆军为 3271.8 亿卢比，占 56%；空军为 1445.3 亿卢比，占 24.7%；海军为 821.2 亿卢比，占 14%；研究开发为 310.5 亿卢比，占 5.3%。据国防部 3 月中旬表示，增加国防预算完全是出于国家安全的考虑。印度拥有 15000 多千米的陆地边界线、9000 千米的海岸线、300 多个岛屿和 250 万平方米的专属经济区，同周边国家仍存在着悬而未决的边界问题，并且面临着跨边境恐怖主义和国内反政府活动的挑战。中国和巴基斯坦发展核武器和导弹使印度的国家安全全面临新的挑战。因此，随着国内经济的不断增长，印度未来的军费将继续大幅度增加。据防务专家贾斯吉特预测，在 2010～2020 年度前，印度的国防预算增长率保持在 14%～20% 之间，约占国民生产总值的 3%～3.5%。

确立核威慑战略 印度自 1998 年 5 月核试验后，一直在加快核武器化进程。2000 年，印总理、国防部长等军政要员多次发表讲话，宣称要实施“最低限度核威慑战略”。国家安全防务部门也多次召开会议进行研讨，已基本形成了一个比较完整、系统的核战略思想体系。主要内容包括：⑴对核战略环境的评估。 印度认为在当前的核战略环境中面临着两大威胁。一是世界现有的防核扩散体制严重阻碍着印度作为世界大国的崛起。 一方面它使有核国家拥有核武器合法化，并依赖核武器频繁对其他国家行使武力，导致未来世界局势变化莫测；另一方面它要求非核国家不能生产核武器、不能谋取核武器技术、不能引进核武器，并接受国际原子能机构的监督和检查，使印度的核武器研制自主权面临着被剥夺的危险。二是周边和印度洋地区存在着核威胁，严重影响着印度的国家安全。 其中，中国是同印度接壤的公开的核国家。尽管中印关系已经改善，但由于边界问题没有解决，双方互不信任的气氛仍然存在。随着中国综合国力的增强、核武器库的扩大、军队现代化目标的实现，对印度的威胁将大大增强，将成为印度长期的、潜在的、战略性对手。巴基斯坦一直在秘密发展核武器，其目标是明确针对印度的，如果印巴之间出现核不平衡，将使印失去在常规武器和资源方面对巴拥有的优势。除中巴两国外，印度洋的安全与印度息息相关，大国海军核动力航母和核潜艇经常出入印度洋，既妨碍印对印度洋的控制，也对印度的国家安全构成威胁。⑵核战略目标。 依据对核战略环境的评估，印度确立的“最低限度核威慑战略”的目标是：在政治方面，谋求“有核国家地位”，以核武器为后盾，巩固在南亚地区的霸主地位，确立对南亚地区事务的主宰权；充当联合国安理会成员国，取得对国际事务的决策权；努力提高国际地位，谋求与大国的平等权，为充当世界大国奠定基础。在军事方面，慑止和消除对印度国家安全的威胁，创造持续和平的安全环境。对中国，谋求实现战略均衡，建立足够的对华核威慑力量，实施有效遏制。对巴基斯坦，在保持绝对常规军事优势的基础上，实施常规和核力量“双重威慑”，彻底慑服巴基斯坦。对南亚小国，以核武器进行恫吓，迫使他们与印度保持和发展“特殊友好关系”，对印“俯首称臣”，避免对印产生离心倾向。对区外大国，限制其军事力量进入印度洋，保护印度的领土、领海和海上权益安全；慑止其卷入南亚内部事务，特别是与南亚其他国家进行军事合作，谋取军事基地，巩固在南亚地区的霸主地位。⑶核战略方针。

为实现上述核战略目标，印度明确提出将实施以下核战略方针。①坚持发展核武器的方针。坚决捍卫世界先进水平，成为名符其实的有核国家。②不首先使用核武器的方针。在“只进行报复”的原则下，对存有向印度及其武装力量使用和威胁使用核武器企图的任何国家或地区进行核威慑，使任何潜在的敌人相信，任何对印度威胁使用核武器的举动将招致同样的威胁；向印度及其武装力量发动任何核进攻都将导致印度使用核武器进行惩罚性报复，并使敌人遭受无法承受的损失。③不对无核国家使用核武器的方针。在保持足够的核力量的基础上，对无核国家形成战略威慑，使其无力或不敢对印度动武，实现“不战而驱人之兵”。⑷核力量建设。 依据印度目前的设想，核力量主要包括三部分。①“足够的”核弹头。印度防务专家提出，核威慑思想是一个可量化的动态概念，印拥有的核弹头数量应随着安全环境的变化而变化。以确保随时拥有“足够的”核弹头对付面临的核威胁。②“三位一体”的核打击体系。在陆基核打击力量上，重点发展“烈火”式中程弹道导弹，力争尽快投入批量生产；扩大“大地”式短程导弹的生产规模，更多地装备部队；加紧研制“太阳神”洲际弹道导弹。在空基核打击力量上，重点发展可携带核弹头的“三叉”空对空导弹，改进部分地空导弹，使之具备携带核弹头的能力；加紧引进具有核武器运载能力的苏－30型飞机，同时对现有的苏－27和米格－29等型作战飞机进行改装。在海基核打击力量上，建造或购买航空母舰，发展核动力潜艇，研制潜射导弹和巡航导弹。在核防御力量上，完善地面综合防空系统，装备新型防空预警雷达，提高核危机的预警能力；引进俄罗斯的S－300防空导弹系统，自行研制“天空”导弹防御系统，发展海军反舰导弹防御系统，提高防核打击能力。③统一的指挥与控制系统。印度对核指挥与控制系统的初步设想是：成立一个决策机构和两个执行机构。决策机构为“国家指挥局”由总理、国防、内政、外交和财政部长，国家安全委员会主席，各军种参谋长和国家战略核司令部领导人组成，决定是否使用核武器。两个执行机构分别为“国家战略核指挥部”和“国家指挥所”，均由陆、海、空三军高级将领及原子能部、信息技术部、国防研究与发展组织和电信部专家组成，具体负责战略核武器，将由“国家战略核指挥部”负责执行。当“国家战略核指挥部”被摧毁时，由“国家指挥所”代行其职责。如果两个执行机构同时遭受攻击而无法行使职能，其指挥权则交由三军参谋长会议主席。

海军确定未来的发展方向 印政府认为，除拥有核武器外，建立一支强大的海军也是显示其军事大国地位的重要标志，因而主张在目前应重点发展海军。4月14日，国防部长费尔南德斯在为海军最新的护卫舰“布拉马普特拉号”主持下水典礼时说：“从阿拉伯海的北面到南中国海，都是印度的利益范围。”海军根据这一讲话提出了新的发展构想，其主要内容是：建立一支强大的、以常规力量和核力量相结合的海军，实施有效的“地区威慑”，在控制印度洋的基础上向南中国海及其他太平洋海域扩展，在21世纪成为仅次于美国、俄罗斯和英国的第4大海军强国，雄踞印度洋和太平洋。根据这一战略构想，印海军未来的发展方向是：⑴海军主要作战兵器向大型化、远洋化方向发展。　在水面作战舰艇建设方面，加紧发展大型化、远洋化舰艇。印在确定从俄罗斯购买“戈尔什科夫海军上将”号航母的基础上，计划在未来10年内自行建造排水量为2万吨的航母。自行研制的大型系列导弹驱逐舰“德里号”和“迈索尔”号自1997年以来相继服役后，另一艘“孟买”号也即将建成。上述导弹护卫舰排水量为6700吨，最大时速为32节，均装备俄制SS－N25舰对舰导弹和SA－N－7舰对空导弹，并可搭载2架直升机。印还计划从俄罗斯购买3艘“克里瓦克”III级导弹护卫舰。在潜艇建设方面，政府决定在从俄罗斯引进2艘“基洛”级潜艇的基础上，计划在俄的帮助下研制5艘核动力潜艇。目前，第1艘代号为“先进技术船”的核动力潜艇正在设计之中，该艇的龙骨将于2001年安装，计划2003～2005年服役。该型潜艇将装备目前正在研制的可携带核弹头的“萨加里卡”潜射巡航导弹。在海军航空兵建设方面，印计划逐步淘汰现装备的英制“海王”MK－42D直升机及俄制图－142M型远程侦察机和伊尔－38型反潜机，引进俄制米格－29SMK型战斗机、图－124“贝尔”F型海上反潜巡逻机、图－22M3型战略轰炸机、卡－31型空中预警机、卡－28型反潜直升机和美制P－3C“猎户座”反潜机等。同时，在为空军研制LCA轻型战斗机的基础上，准备为海军研制可在航母上起降的TD－2型战斗机。在2005年前，海军将组建2个多用途航母编队、一支以核动力潜艇为主力强大的潜艇部队和数支导弹驱逐舰编队。⑵海军兵力部署向东、西、南海岸均衡和远海部署发展。　印海军原设有东部、西部和南部3个地区海军司令部，但在作战部队上只编有东、西两个舰队，南部海军司令部只负责海军的训练等工作，从而在兵力部署上形成了“东西重、南部空”的态势。随着海军新战略构想的出台，印对海军的兵力部署也将进行调整：一是在原来东西两个舰队的基础上成立南部舰队，使东、西、南3个地区形成均衡部署；二是在原有3个地区司令部的基础上，将安达曼和尼科巴群岛的布莱尔港基地升格为“远东地区司令部”，以加强海军的远海部署，提高远洋兵力投送能力。⑶海军的训练向外海型和力量显示型发展。　2000年，印海军的训练出现了两个新的趋势：一是演习的范围和规模增大。海军的演习地域由近海向远洋发展，远离本土1200千米的安达曼和尼科巴群岛海域已成为海军的主要演习场所。特别值得注意的是，印海军已提出将在中国南海举行军事演习，企图在南海对中国进行示威和挑战。印海军越来越重视多兵种协同作战演习，其规模也日益增大。二是外访活动增多。组织舰艇出访已成为印度显示其海军力量的重要方式。年内，印海军先后派舰队访问了中东、东南亚、东亚和非洲等地区的若干国家。

空军制定2010年发展规划　印军吸取海湾战争和科索沃战争的经验，制定了2010年空军发展规划，其目标是：在21世纪初将空军发展成为一支能打陆、海、空和太空“四维空间战”于一体，在必要时能独立进行作战且具有威慑力的新型力量。根据该规划，空军到2010年将装备各型飞机1900余架，其中作战飞机约1000架，运输机、侦察机、电子干扰机、空中预警机和空中加油机等约400架，直升机500架。战斗机将以苏－30、米格－31和LCA轻型战斗机为主；战斗轰炸机以米格－27、米格－29、“幻影”2000等战斗机为主。同时，建立以地面、空中和空间预警相结合的“三位一体”预警体制。其中，地面预警主要是进一步建立和完善预警设施，装备新型雷达。空中预警除自行研制预警机外，还将购买俄制伊尔－76和A－50型空中预警机。空间预警将以遥感卫星和国防军用卫星为平台。未来空军将具备以下能力：⑴争夺制空权的能力。一是以空中突击为主要手段，通过压制敌方地面防空体系、瘫痪或破坏敌地面指挥系统、摧毁敌地面防空兵器和机场等手段制敌于地面，获取制空权。二是以空战和地面防空兵器对空作战为主要作战方式歼敌于空中，获取战场制空权。三是积极争夺制电磁权，保证己方电子设备充分发挥效能，为争夺制空权创造良好的条件。⑵多机种协同作战的能力。最大限度地发挥各种作战飞机的效能，提高综合作战效果。⑶远程奔袭能力。通过大量引进和研制先进作战飞机及各类保障机种。使空军具备远程作战能力。⑷快速机动作战能力。平时实行分散部署，战时则能在最短的时间内集中优势兵力于作战区域。

三军加强武器装备现代化建设　2000年，印军继续实行引进、改造和自行研制相结合的方针，加强武器装备现代化建设。在武器引进方面，　陆军已达成从俄购买310辆T－90S式坦克的协议；从瑞典购买200门FH－77B155型155毫米榴弹炮的协议。计划从俄罗斯购买45门“通古什卡”机动火炮、1000枚155毫米“红土地”激光制导炸弹；从以色列购买7套“箭”式反导弹系统和“小银箭－V”式近程战场监视系统；从波兰购买43辆WZT－72B式战斗侦察车。空军与俄罗斯就引进150架苏－30型系列战斗机，40架米－17直升机、4架苏－21UM型教练机达成了协议；同法国就购买10架幻影－2000H型战斗机和17架美洲虎式战斗机签订了合同。2010年前，空军计划引进的武器装备包括：从俄罗斯购买3架米格－31型防空歼击机、2架A－50型空中预警机、3架伊尔－76型空中预警机、4架伊尔－78型空中加油机、20架米－26型直升机；从美国购买20架C－30型运输机；从法国购买18架“幻影”2000D型战斗轰炸机；从以色列购买抗干扰设备、激光制导设备、早期预警系统和目标识别系统；从英国购买64架喷气式教练机。海军从俄罗斯购买了1艘“克里瓦克”级导弹护卫舰和1艘“基洛”级潜艇，并同俄签订了购买“戈尔什科夫海军上将”号航空母舰和66架米格－29MSK型战斗机协议。计划再从俄购买“克里瓦克”级导弹护卫舰2艘、“基洛”级和“阿穆尔”级潜艇各1艘、图－124“贝尔”F型海上反潜巡逻机和图－22M3型战略轰炸机各6架。*在武器改造方面*，陆军先后对130毫米火炮和M46型野战炮性能进行了改进，为“长矛骑兵”轻型武装直升机安装了航炮和火箭发射器。空军计划到2003年完成对现有125架米格－21型战斗机的现代化改造，在该机上将加装计算机系统、激光制导系统、电子战系统以及脉冲多普勒雷达、等幅波发射板等早期预警系统，可携带R－73空对空导弹和R－77全自动雷达制导空对空导弹等先进机载武器，飞行最大时速达2.05马赫，作战半径可达1100千米。空军还决定对现有的165架米格－27、65架米格－29、120架“美洲虎”战斗机和米－35型直升机进行现代化改造。其中，米格－27型战斗机主要装备新式航空电子设备、全球定位系统、制导武器和用于近距离作战的武器等，使其同时具备近距离和远距离打击能力。*在武器研制方面*，陆军先后进行了“大地”式战术地对地导弹、“三叉戟”短程地对空导弹、“天空”地对空导弹和“蛇”式反坦克导弹试验。空军自1985年开始的LCA轻型战斗机研制工作已经结束，计划2003年前后陆续装备部队，取代现有的米格－21型战斗机。LCA轻型战斗机为第三代制空战斗机，装备先进的电子系统，其火控系统装配有1部脉冲多普雷达，可同时跟踪8个目标。可携带多种空战武器，具备空中加油能力，其性能优于美国的F－16战斗机。印还计划耗资23亿美元研制MCA多用途中型战斗机，预计2010年前后陆续装备部队，以代替现有的“幻影”和“美洲虎”式战斗机。该型机设计为双发多用途攻击型，将具有远程作战能力和隐身性能。海军先后将“孟买”导弹驱逐舰、“布拉马普特拉号”导弹护卫舰以及“卡尔穆克”号、“克尔奇”号和“库里斯”号轻型导弹护卫舰编入现役，并已开始建造排水量达3.2万吨的轻型航空母舰。根据印俄1999年11月15日达成的《2000－2010年印俄军事及技术合作协议》，印在俄帮助下已开始研制代号为“先进技术船”的核动力潜艇，计划于2003～2005年服役。

（刘温国）

马来西亚建军计划与措施　2000年，马来西亚在国民经济持续恢复的基础上，加快“质量建军”步伐，以迎接新世纪的挑战。

陆军方面　根据“陆军2000年计划”，马陆军将战略指导思想从常规作战提升到联合武装理论上来。该理论要求陆军各单位最适度地参与到现代化进程中来，即机械化步兵部队、炮兵部队、机械化防空和反坦克部队、装甲部队、后勤部队以及指挥、控制、通讯和情报部队要有机组合、相互协调以形成完善的战场整体作战编成。陆军构成将采取以下形式：司令部的组成基本不变；标准作战编成包括坦克、装甲、机械化步兵、炮兵和支援单位；某些步兵营改为伞兵、机械化步兵、装甲兵和火炮营；对现有工兵部队进行序列改组，每个步兵师配1个工兵支援中队；每个步兵师设立1个情报部门，以进一步提高战斗情报能力；重新组成信号团并建立陆军电子战团；精简后勤与支援单位人员，计划组建后勤司令部及相关的营级服务部门。与此同时，陆军还将增加装甲运兵车、坦克、中等口径火炮以及防空系统和通讯设施，成为一支自力更生的武装力量以维护马来西亚的国家主权。

海军方面　为适应未来海上作战需要，马海军积极加强自身的现代化建设。在武器装备更新方面，从英国和意大利共接收6艘新型护卫舰，未来5年内还将陆续购买潜艇、海岸巡逻艇、水文测量船、新一代“超级山猫”式直升机等新装备。与此同时，还对现有战舰进行升级改造，对舰上一些陈旧的如通讯、导航和作战指挥系统等重要设施进行了更换。在基础设施建设方面，已开始在哥打基纳巴卢修建塞班亚湾海军基地，预计5年竣工。该基地建成后将取代拉布安成为马海军第2海军区的防御和指挥中心。除此之外，马还计划在郎卡威岛、古普的塞京卡特分别修建新海军基地以及在沙巴州的森波纳修建海军特种部队前沿基地，以使海防设施得到进一步完善。在人员培训方面，通过与泰国、印度尼西亚、新加坡、菲律宾等东盟国家以及五国联防组织成员国之间的双边和多边军事演习，不断提高其战术和技术水平。同时，注重普及高科技知识，计划拨款200万美元用于购买与计算机网络相关的基础训练器材，争取在2005年之前使所有海军官兵都熟练操作计算机和多媒体。

空军方面　更新武器装备是马空军建设的重点项

目。马空军从俄罗斯购买了10架米－17型直升机，以取代已服役多年的“努里”式直升机；向瑞士订购了9架“PC－7MII”型教练机，首批飞机定于2001年初移交，余则分批交付。这批教练机主要用于马皇家空军学院飞行训练。此外，还计划购买4架预警飞机、4架MK108型教练机以及多部3－D型雷达，并着手建立第二、三级联合防空系统。第二级联合防空系统由通讯和电子战系统组成，通过一个可信、安全的中介提供不间断的数据与信息资料。第三级联合防空系统由飞机、地对地导弹和近程防空火炮组成，这种三合一的防空系统将为马空军提供纵深和成功的防务作战。

资料来源：

①马来西亚《信使报》2000年；

②马来西亚《亚洲防务杂志》2000年。

（孟　丽）

蒙古建军计划与措施　在国防大学建立培养军事干部的机制　为更好地适应武装力量建设的需要，培养军事干部工作已成为蒙古军事改革的重要课题。1999年5月，蒙政府将军事大学扩建为国家国防大学。此后，政府对国防大学的教育机制进行了改革，形成了新的办学指导方针：为国家培养维护国家根本利益，具有爱国主义思想、有道德、身体健壮、机智勇敢、忠诚于国家和军队建设的高素质人才。为此，蒙国防大学制定了远期战略规划目标及其措施。⑴调整国防大学组织机构，改革领导机制，开展高质量的军事科研工作，制定切合实际的发展计划，建立起1所集教学、军事训练、军事科研、后勤保障和内部统一的一流大学。⑵营造能够适应国防系统为培养出当前和今后一个时期所需要高素质人才的良好环境，并切实改进教学和科研工作，提高工作效率。⑶建立支持和改善教学、科研工作的基金会等机构，使教学条件、后勤保障、技术设备和硬件建设提高到新的水平，以适应新时期形势的要求。⑷不断提高基层部队的军官和士官的现代化军事技能，为其创造进修或出国学习的机会。根据新的教育方案部署，从2000年开始对边远地区基层部队的军官、士官及其家属进行函授教育，以提高其科学文化和军事知识水平。

加强与美俄军事合作　*蒙美军事合作*　蒙古十分重视与美国的军事合作。2000年12月1日，美国防部副部长斯洛科姆访蒙，就加强两国军事合作问题与蒙方交换了意见并达成协议。斯洛科姆在访问期间分别会见了蒙古外长额尔敦楚伦和国防部长古尔拉格查。在此次会晤中，双方总结了2000年两国国防部门的合作情况，确定了2001年的合作目标，并签署了旨在监督军事活动是否对环境造成污染的自然环境保护联合声明。斯洛科姆承诺，美国2001年将向蒙古提供350万美元的援助，其中200万美元用于改造同俄联邦图瓦自治共和国接壤的蒙古乌布省的军事通信系统，100万美元用于人道主义援助，另外50万美元用于军事专家培训。*蒙俄军事合作*。俄总统普京上台后，十分重视恢复对蒙古的传统影响。恢复与俄罗斯的军事关系。2000年，蒙俄两国加强了军事方面的合作，双方签署了《蒙俄边防部门2000～2005年合作协定》、《2001年蒙俄国防部合作计划》和《蒙俄武装力量合作备忘录》等文件。俄方还允诺为蒙军培养军事人才，同意蒙军与俄西伯利亚军区建立直接联系。

成立维和事务办公室参加境外军事演习　根据联合国宗旨以及国家安全状况等法律性文件，蒙古于1999年5月成立了维和事务办公室，为蒙正式参加国际维和行动和境外军事演习创造了有利条件。1999年6月，蒙军参与了在美国佛罗里达州举行的野外演习，为蒙军参加维和行动迈出了第一步。2000年9月，哈萨克斯坦、乌兹别克斯坦、吉尔吉斯斯坦和美国等国在哈萨克斯坦举行了“中亚营－2000”野外军事演习。蒙古从武装力量第150摩托化部队抽调一个排参演。并决定连续参加每年举行一次的“中亚营”野外演习。为了执行培训任务，于2月和6月分别参加了在乌兹别克斯坦和哈萨克斯坦举行的演习、演练等。

材料来源：

蒙古《索音宝》报2000年。

（林海霞）

哈萨克斯坦建军计划与措施　继续深化军队改革　2000年3月，哈出台新军事学说，确立把提高军事装备现代化水平、保持和维护中亚地区的安全与稳定作为军队建设的主要目标。年内，哈军队改革继续深化。⑴采取措施以应对中亚地区日趋紧张的局势。首先，总统纳扎尔巴耶夫5月正式批准在哈境内建立4个军区，即南部、东部、西部和中央军区，同时针对恐怖主义活动的情况将南部边境作为防御重点。其次，年内举行多次反恐怖军事演习，以检验哈边防军和特种部队在恐怖分子和非法武装从邻国进入哈境时的应变和作战能力。第三，根据新的军事学说组建机动部队以应付战争冲突。第四，哈议会11月9日审议并批准了总统纳扎尔巴耶夫关于授权他为履行国际义务可直接动用军队的提议。⑵重新部署军用航空基地。防空军司令阿尔滕巴耶夫11月13日表示，空军目前仍主要集中在东部地区。为加强全国的防空力量以适应新形势的发展，哈计划更合理地部署军用航空基地，在南部和里海地区部署一部分空军力量。

进一步加强哈俄军事合作 哈萨克斯坦一向非常重视与俄罗斯的军事合作。但由于双方在军事设施的租金问题上存在分歧，所以在军事合作上一直摩擦不断。2000年3月，俄联邦武器和技术兵器进出口公司和哈萨克斯坦方面签署了总协定，确定了两国军事技术合作的基本方针。这使哈在实施装备自己军队的构想方面迈出了第一步，并使两国在平等互利的基础上开展的军事合作步入正轨。4月，俄向哈提供了第二套C-300型防空导弹系统，这套系统将被投入新首都阿斯塔纳的战斗值勤。此前俄方提供的另一套该型防空导弹系统已被投入保卫哈南部领空的战斗值勤。此外，哈还计划从俄新引进两架苏-27型战斗机和12架轰炸机等武器装备。

加强与其他独联体国家的军事合作 为遏制中亚地区的恐怖活动，哈萨克斯坦十分重视加强与独联体各国的军事合作。总统纳扎尔巴耶夫表示，独联体集体安全条约必不可少，哈将继续在条约的框架内优先发展与俄罗斯、吉尔吉斯斯坦、塔吉克斯坦的合作。年内，独联体国家举行了数次联合军事演习。其中，3月28日～4月3日举行了“独联体-2000南方盾牌”指挥作战演习，对独联体国家联合打击国际恐怖主义具有重要意义。10月11日，哈萨克斯坦、俄罗斯、白俄罗斯、塔吉克斯坦、吉尔吉斯斯坦和亚美尼亚6国决定组建集体快速部署力量，以共同维护中亚地区的稳定与安全。据报道，这支部队规模不大，将由4个营的兵力组成。此外，独联体联合防空体系也进一步完善，哈、俄、吉三国联合防空战斗值勤系统已于3月13日正式运行。

资料来源：

①哈萨克斯坦《快报》2000年3月；

②俄罗斯〈红星报〉2000年8月。

（林海霞）

伊朗建军计划与措施

频繁举行军事演习 2000年，伊朗举行了多次军事演习。其中包括：针对两伊紧张局势，2月初在伊南部和西部边境地区举行代号为“向导佩刀”的军事演习。伊一军官称，这次演习是1979年伊斯兰革命以来对“快速干预力量的能力”进行的最大一次试验。2月24日，伊正规军和伊斯兰革命卫队在波斯湾和阿曼湾水域举行代号为“团结-78”的联合军事演习，旨在提高伊朗部队的战斗能力和相互间的协调能力。共有60艘军舰、120艘战艇、30架直升机、15架战斗机和数艘潜艇参加了此次演习。9月22日，伊举行代号为“伊玛目阿里之剑”的军事演习，以纪念两伊战争爆发20周年。这是伊朗军队迄今举行的规模最大的一次军事演习，其目的是加强军队的战备状态，提高军队的作战能力。伊军队的步兵、装甲兵、伞兵和炮兵等兵种以及空军都参加了此次演习。9月26日，伊朗海军也在霍尔木兹海峡附近举行代号为“援助-79”的军事演习。10月16日，伊空军举行代号为“雳-11”的军事演习，旨在增强战备状况，检测空军的攻防能力。10月29日，伊朗正规军、革命卫队、治安部队和民兵在波斯湾举行代号为“团结-79”的大规模联合军事演习，以表示对巴勒斯坦人民反抗以色列的支持。演习出动了130艘舰艇、58架飞机和7000多名军人参加，并试射了一种型号为“C-802”的舰对舰导弹。

进一步加强导弹试射 为维护国家安全，对付外来威胁，伊朗把发展导弹力量作为重点，继续奉行威慑性的国防政策。3月1日，伊朗成功试射了一枚改进型地对空导弹。这枚导弹被命名为“标准”，部分导弹零部件由伊朗自行制造。这是伊朗首次成功试射由本国改造的地对空导弹。7月，伊成功试射了射程为1300千米的“流星-3”（又译“谢哈布-3”）中程导弹。一名美国情报人员透露，伊朗在2月20日前后就进行过一次该型导弹的实弹试验，是从伊朗马什哈德市穆斯林革命近卫队特种部队的一个新空军基地的运输-起竖-发射车上进行的。虽然导弹的精确度还不能确定，但可以打击以色列、土耳其和沙特阿拉伯的目标。伊朗人员称，“谢哈布-3”仅有一个惯性制导系统，圆公算偏差为3千米左右。据报道，一项研制计划要将这一射程增加到2000千米，即“谢哈布-4”导弹。另外，朝鲜还帮助伊朗实施了一项研制计划，可能被称为“谢哈布-5”。它是在朝鲜“大浦洞1”导弹的设计基础上研制的，射程在3500～5000千米之间。9月21日，伊成功试射了一枚以固体和液体两种燃料为动力的导弹。伊国防与后勤部长沙姆哈尼表示，这种导弹将不用于军事目的，而用于运载信息和通讯卫星。

积极研发武器装备 近年来，伊朗加强了军事发展步伐，积极研发各种新型武器装备。⑴“佐勒菲卡尔”主战坦克已全面投产。这种坦克有核、生、化三防系统，优越的越野机动性以及先进的火控系统。其中包括：用于提高首发命中率的激光测距仪、加强型被动装甲和用于125毫米滑膛炮的自动装弹系统；一挺7.62毫米并列机枪与主炮安装在一起，还可安装一挺12.7毫米高射机枪用于防空。此外，伊朗已研制出T-54的另一种改进型，称作“萨夫”-74，安装有防护性能高的爆炸反应装甲，用于抵御动能弹和化学能弹的攻击。⑵首艘国产小型潜艇开始服役。

2000 年 8 月 29 日，伊朗首艘国产小型潜艇在海军阿巴斯港基地服役。该潜艇被命名为“游泳者－15”，由伊朗国防科技大学研制，此前已进行了 250 个小时的测试。伊朗国防部长说，伊朗已具备多种小型潜艇的研制和设计能力，这艘小型潜艇是针对波斯湾浅海域独有水文特点而设计的。伊朗潜艇项目主任认为，该艇是世界上最好的侦察、特种部队运送和布雷艇之一。此外，伊朗正在建造性能更好的另一艘潜艇。⑶伊朗国防工业机构弹药集团已研制成功并开始生产一种带有复合底排装置的新型 130 毫米杀伤爆破弹。这种新研制的新型弹药估计可使现役 M－46 式 130 毫米野战火炮的射程增加 10 千米。该弹丸能使 M－46 在更远的距离攻击各处目标，从而相应减少受敌方攻击的武器数量。

加强与俄军事合作　自两伊战争结束以来，俄罗斯一直是伊朗的主要武器和防务装备供应商。但由于 1995 年俄罗斯与美国签署了戈尔——切尔诺梅尔金协议，伊俄之间的军火交易受到影响。该协议规定，俄在 2001 年前不能根据新的合同向伊朗提供武器。2000 年 11 月 24 日，俄负责军工企业的副总理克列巴诺夫表示，俄退出与美达成的“戈尔——切尔诺梅尔金”协议后将同伊朗进行军事技术合作的谈判。俄罗斯承诺仅向伊出售“防御性”武器，不会违反国际协议。12 月 26 日，俄国防部长谢尔盖耶夫率领高级军事代表团访问伊朗。虽然双方在德黑兰没有签署任何具体协议，但双方都表示同意全面加强军事合作。谢尔盖耶夫在结束访问时表示，俄伊之间恢复军事合作标志着两国关系新篇章的开始。2001 年 3 月，伊朗总统哈塔米访问了俄罗斯，与俄方就军事技术合作问题进行了深入的讨论。虽然双方在会谈结束后没有签署新的有关军事技术合作的协议，但伊朗方面提出了希望同俄进行军事技术合作的具体要求。其中包括：购买 C－300 防空导弹系统等先进的防空武器、改进型的苏－27 和米格－29 战斗机以及新型坦克等。据报道，俄伊新的军事技术合作协议可望于 2001 年夏天正式签署，两国未来的军火交易将达 70 亿美元。

资料来源：

英国《简氏防务周刊》2000 年 3 月、5 月。

（林海霞）

以色列建军计划与措施

重组武装部队　为应付未来面临的军事威胁，提高部队的作战能力，以色列制定了一系列重组武装部队的计划，如合并或取消一些边缘部门；根据社会和市场新的军事动向提高士兵的训练和技术水平等。与此同时，以军还准备扩大服兵役的范围，改变原来只招收犹太人或德鲁兹派阿拉伯人的做法，招募穆斯林和基督徒参军，把部队作为可容纳不同教派的国家大熔炉。此外，以军事机构还将允许女兵参加作战部队和边防警卫队，同时把妇女在预备役部队服役的年龄从 24 岁提高到 38 岁，使其在军事上发挥更大的作用。

调整常备军的规模和结构　21 世纪，以色列武装部队的目标是建立一支具有现代战略司令部的“全球部队”，以对付伊朗、巴基斯坦和哈萨克斯坦等伊斯兰国家的威胁以及全球性的恐怖活动。根据建军计划，以将在 2003 年前对常备军的结构进行下列调整：

⑴成立战略司令部，装备远程攻击机及其支援部队和武器装备，或建立可远距离执行任务的精锐地面部队，以摧毁敌方的导弹发射基地。⑵组建一支经过反叛乱训练的特殊部队，包括空军、地面部队和海军。这是新型的低强度部队，可深入敌方地区。⑶以边境警察部队为基础组建另一支经过特殊训练的部队，可在巴以达成领土协议后在约旦河西岸进行反恐怖主义活动。

部署战区导弹防御系统　2000 年 3 月 14 日，第一个“箭”式导弹防御连在以色列特拉维夫附近的帕尔马奇姆空军基地正式列装。该系统由“箭－2”型导弹及发射车，“绿松”预警与火控雷达，“香橼树”作战管理与指挥、控制、通信系统等组成。9 月 14 日，“箭－2”拦截弹成功拦截并击毁一枚从空中发射的模仿“飞毛腿”性能的导弹。这是“箭”式系统部署以来的第一次实弹试射试验，标志着以色列已成为世界上第一个实战部署战区导弹防御系统的国家。目前，以军已部署了 2 个“箭”式导弹防御连，并计划部署第 3 个。鉴于伊朗、伊拉克等国正在研制新的弹道导弹，以色列在为部署“箭”式导弹防御连做准备的同时，就已经对“箭”式系统进行了改进，以使其具备防御新型弹道导弹攻击的能力。

继续增强空中实力　以色列军事计划制订者认为，一旦以色列与周围国家实现和平，伊朗和伊拉克的威胁会逐步增大。鉴此，以色列计划继续扩大空军的影响、规模和攻击范围，使其有能力打击两伊射程达 1000 千米的新一代弹道导弹的发射场，以及开始装备该地区空军的西方战机。除继续生产和引进大批先进的武器装备以外，还需要“从飞机和卫星网络进行重叠而实时的观察”，这将使空军发挥更为重要的作用。构成“箭”式基础计划的以色列空军新装置的重要部分包括：⑴3 种新导弹。战斗机使用的增强型近程“大蟒 5”空对空导弹；目视距离以外的空对空导弹，也用于战斗机的现代化；近程、精确且高速的空对空导弹，用以打击移动式弹道导弹发射装置。⑵两种无人驾驶飞行器。续航时间长的高空无人驾驶飞行器，该飞行器在装载这些导弹后能在威胁地区上空盘旋达 50～60 小时；续航时间长、低雷达反射的高空无人驾驶飞行器，用于在远离以境的空中搜寻活动目标。⑶两种新式侦察机：小型预警及控制系统飞机，也可容纳机载战斗管理人员；可同时进行通信情报收集和地面监视的载人飞机。⑷空间计划：包括几颗以色列独有的监视卫星和几项与美国合作的空间计划。

不断加强以美军事合作　为应付即将面临的安全和战略挑战，以色列决定在战略上进一步依靠美国。2000 年，美以继续加强在军火采购、武器研发、军事演习等方面的合作。据以色列《国土报》报道，巴拉克和克林顿计划宣布 5 项协议：⑴签署新的战略协议，使以色列获得美国的“战略伙伴”的特殊地位，确保美国帮助以维护“自卫”能力和威慑力。⑵对以陆军的一项特别援助计划，确保它能够应付 21 世纪构成的威胁。⑶为以色列从黎撤军提供约 1.5 亿美元的补偿。⑷达成一项协议，要求以向 4 个“敏感国家”出售武器时与美国磋商，即印度、巴基斯坦、中国和俄罗斯。⑸达成谅解备忘录，要求美国对以民用援助分阶段逐渐取消，同时逐步增加军事援助，直至达到每年 24 亿美元。另据报道，美国总统克林顿卸任前同意向以出售 F－22“猛禽”隐形战斗机。

计划在国防部队中发展“在线士兵”　以色列国防部队即将推出一项称之为“在线士兵”的发展计划，该计划将采用类似于为美国陆军“陆地勇士”发展的系统。根据这项计划，未来的以色列国防部士兵将装备 1 套个人通讯系统，包括 1 台电脑、1 部全球定位系统、1 部带有密码的移动电话和 1 部战术电台，所有这些设备将由 1 个手动控制台控制。负责电信和软件开发的以色列国防部队通信兵部队正在开发这种概念。“在线士兵”计划采用塔迪兰公司等以色列国防承包商开发的系统。这种系统将能接收各种传感器的信号，如埃尔塔电子工业公司制造的能够发现步兵、重型车辆和直升机的地面监视雷达等。这项计划的意图是确保战场上的士兵了解情况，能够在各种情况下收发信息和进行通讯联络。

计划扩大无人驾驶飞行器的军事用途　2000 年 5 月，以色列从黎巴嫩撤军。在此之前的几个月，以色列空军通过无人驾驶飞行器（UAV）执行空中巡逻任务，减少了因袭击而死亡的人数。目前，以陆军正在组建一个与炮兵和坦克部队协调行动的 UAV 中队，空军正在组建第 2 个这种中队，并计划建立用于培训新型 UAV 操纵人员的学校。与此同时，以色列制定了把 UAV 操纵人员从 4 人减少为 2 人并开始实行自动操纵飞行的计划。该计划将在 5～10 年内完成。此外，随着新的 UAV 中队的建成，以色列已把陆军情报人员并入空军，以便同地面部队的行动建立更好的联系，作出更快的战斗反应。

不断研发和引进新型武器装备　随着周边国家陆军武器装备的不断改良，以色列近年来也致力于发展新型的陆军作战装备，其中最主要的是“梅卡瓦“4 型主战坦克取得进展。该型坦克具有火力更大、速度更快、机动性更强的特点，其火控系统带有自动跟踪系统且装备有主动防护系统，提高了乘员的生存能力。这种坦克将于 10 年内逐渐形成战斗力，并逐步取代以军现装备的老式坦克，包括“百人队长”、M－48、M－60 及 T－54 型坦克。新型陆军作战装备还包括：“丹迪”直升机机载/车载反坦克导弹投入小批量生产，并在南黎投入作战；正在研制一种名为“神剑”的新型顶部攻击、“发射后不用管”的反坦克炮弹；拉斐尔装备发展局设计出一种新型非对称钻地弹头，可用来攻击高价值掩体等硬目标；为齐射导弹系统研制出的制导系统将于 2002 年前列装；对便携式低能量中子弹的研制也已取得进展。另外，以向德国采购的 3 艘“海豚”级潜艇在 2000 年已全部装备部队。该级潜艇部署有战斧潜射导弹，是以陆基导弹的重要后援，不仅用于遂行反潜作战任务，同时还可对敌对国家实施侦察监视。

（林海霞）

德国建军计划与措施　德国面对欧洲新的安全环境，并在总结科索沃战争经验的基础上，决定再次对军队实施改革。2000 年 6 月 13 日，德国联邦政府正式批准了国防部长沙尔平制定的军队改革方案，并决定于 2001 年 4 月 1 日起开始实施，初步计划在 5 年内完成。德军此次改革是自 1955 年德国联邦国防军成立以来规模最大、层次最深、涉及面最广的一次改革，也是德国自统一以来对军队实行的第三次改革。

压缩军队规模，加强职业化建设　德军总兵力将由目前的 33.8 万人减至 28.2 万人，其中陆军 17.2 万人，空军 6 万人，海军 2.3 万人，参加院校和职业培训人员 2.2 万人，训练演习场管理保障人员 5000 人。德军在总兵力减少的情况下，职业和合同军人将从目前的 18.8 万人增至 20 万人，而义务兵将从 13.5 万人减至 7.7 万人，减少 43%。另外，军队文职人员将由目前的 12.4 万人减至 8.5 万人。

缩短义务兵服役期，改革兵役制度　义务兵服役期将从目前的 10 个月缩短至 9 个月，服役方式将呈多样化。士兵可以一次性服役满 9 个月；也可先服役 6 个月，尔后再分三次参加总共 3 个月的复训和演习；也可自愿将服役期延长至 23 个月，其待遇从第 7 个月起提高，但有承担参加国外军事行动的义务。

德国还对征召女军人的法律进行了修改，从 2001 年 1 月起适当扩大征召自愿服役的女军人规模，允许女军人使用武器在作战部队服役。

调整部队结构，扩充快反部队 德军现行体制将部队分编为主要防御部队和危机反应部队两大类，其中危机反应部队 5 万人。新改革方案是将全军部队改编为作战部队和“基础部队”两大类。其中作战部队是经过短期准备即可投入“防区外”作战的快反部队，计 15 万人，数量是原危机反应部队的 3 倍；“基础部队”为作战保障部队，包括通信、指挥、后勤保障、医疗和训练等，计 10.5 万人。

加强总监察长地位，实施三军联勤 本着战勤分开、集中指挥的原则，加强总监察长对全军的领导和协调地位。⑴加强武装力量指挥参谋部的职能，使其拥有对三军武装力量和任务的计划权。⑵组建新的武装力量作战指挥司令部，实施对三军“防区外”作战行动的统一计划和指挥。⑶在国防部内新成立武装力量基础部，使其成为同陆军、海军、空军和卫勤并列的第 5 大军事领导机关，担负跨军种共同性任务的指挥、训练和后勤保障工作及本土防御任务。在武装力量基础部队内成立三军联勤的武装力量支援司令部。⑷成立新的卫勤指挥司令部，下辖 4 个地区卫勤司令部，统一指挥全军所有卫勤部队和设施（海军作战救护中心除外）。⑸成立以总监察长为首的军备委员会，讨论和决定重大军备事项。

调整部队指挥体制，减少指挥层次 为提高指挥能力和效率，陆军取消军一级指挥建制，把现行的陆军指挥参谋部、陆军指挥司令部、军、师和旅 5 级指挥体制改为陆军指挥参谋部、陆军指挥司令部、师和旅 4 级指挥体制。陆军 7 个作战师/军区司令部混编单位将重新分开，现 7 个军区司令部重新编为 4 个防区司令部，归武装力量基础部领导，不再编入陆军体制。空军撤销南、北两个地区司令部和空军指挥勤务司令部，空军航空师将直接由空军指挥司令部指挥。海军将撤销东、西、北 3 个地段司令部。三军实行联勤后，将撤销陆军、海军和空军指挥参谋部下属的各军种支援司令部。

明确装备重点，突出快反能力建设 为适应新形势下的作战任务，今后德军装备的重点是加强战略部署能力，提高部队的实战、生存和持久作战能力。为加强侦察手段建设和战略机动能力，德将购置 SAR－LUPE 型全天候雷达卫星系统，与法国共同建立欧洲侦察卫星系统；同时决定耗资 200 亿马克购买 75 架 A－400M 型大型军用运输机。为适应远距离快速投放的需要，德陆军装备总体上将从重型化向轻型化发展，逐步减少重型装备的数量，取而代之的是更为轻型、机动性更强和易于空运的装备，如新型的装甲输送车、GTK 轮式装甲运输车、FENNEK 轮式装甲侦察车以及 NH－90 运输直升机、“虎” II 型战斗支援直升机等；空军将装备 180 架带先进机载武器系统的欧洲 2000 型战斗机和 4 架空中加油机；海军将装备 3 艘 124 级新型护卫舰、4 艘新型供给舰和 4 艘 V212 级新型潜艇。

调整国防预算结构，提高国防费 按德国政府 1999 年财政节支计划，德国防预算从 2000～2003 年每年递减，但德军通过调整国防预算结构，削减人事和其他开支，开源节流，将适当加大对武器装备的投入。据此，德军 2001 年国防预算总额为 468.6 亿马克，其中国防投资费 119.09 亿马克，占整个预算的 25.4%，达到自 1991 年以来的最高比例。今后计划每年国防投资费增长 1%，直至达到占国防预算 30% 的水平。

实行管理社会化，提高管理工作经济效益 针对近年来德军费逐年下降、军事投资明显不足的状况，德军将对传统的管理方式进行改革，逐步向管理社会化的方向发展。其改革主要措施是在后勤管理和保障领域加强与经济界的合作，将后勤仓库、训练中心、通讯网络、装备维修厂和运输车队等国防设施移交地方企业经营管理。为此，德国防部专门成立了一个独立经营的负责采购和管理工作的“研制，采购与经营公司”，以协调经济界和军队之间的关系。德军还将现代市场经济管理机制引入军队管理工作，通过向社会出售出租军队房地产、变卖军用物资、军队医院收治地方病人等方式创收，其收入除上缴国库外，80% 可用于国防投资项目。德通过管理体制的转变每年可以节约 15 亿马克的国防开支。

资料来源：

①德国《士兵与技术》2000 年第 7 期；

②德国《部队信息》2000 年第 7 期；

③德国《世界报》、《法兰克福汇报》。

（王珍择）

法国建军计划与措施 根据《1997～2002 年军事纲领法》要求的进度，2000 年法军建设的主要内容是：⑴继续职业化建设，裁减人员约 2.5 万人。⑵重点发展“太阳神”军事侦察卫星，并在经费上予以保障。⑶优先保障核威慑力量建设，继续研发 M－51 型潜射战略导弹，建造导弹核潜艇。⑷继续远程投放能力和高、新技术装备的发展，以适应快速投放，增强参与国际行动的能力。如出资研制并采购 50 架空客 A400M 大型军用运输机和 2 艘新型防空护卫舰，建造 2 艘新型船坞登陆舰，采购高技术通讯和指挥系统装备，研发新一代 VBCI 装甲步兵战车等，同时增加了飞行和部队出国训练费用。

调整体制编制　法军根据参加冷战后几场局部战争在装备和指挥体制等方面暴露出的问题和经验教训进行了较大调整：⑴简化作战指挥层次，突出三军参谋长在指挥军事行动中的核心地位。成立直属三军参谋长的“诸军种作战计划参谋部”，统一计划、组织和协调指挥诸军、兵种及与盟军的联合行动；陆、海、空军参谋长不再担负作战指挥职能，而侧重本军种部队的行政管理、训练和后勤保障等；⑵调整军区划分。陆军3个军区及其下辖的9个军分区统一整编为5个军区，不再设军分区；海军保留现有的大西洋和地中海2个军区；空军取消地中海军区，设北、南两个军区；（3）压缩部队编制。 到2002年，陆军作战团减至87个，并大幅压缩后勤及训练部门；海军削减“福煦”号航母等12艘作战舰只，关闭部分基地；空军战斗机中队减至18个，基地减至33个。减少或关闭海外驻军和基地。⑷部队实行“模块化”和小型化编制。 主要是适应应付突发事件和远距离作战的要求，即和平时期部队按装备和任务特点相对集中编成建制单位。处理危机时，根据需要，临时抽调适合的“模块”组成合成作战群。

加强军事训练　法军认为今后的主要任务是应付各种危机和突发事件以及境外作战，以多国部队联合和诸军种协同为主要作战样式。据此，为提高作战整体实力，法军采取对新兵单独进行军事技术培训，然后补入作战部队的方法。除诸军种大规模联合演习由三军参谋部组织实施外，各军种主管作战、训练的副参谋长负责制订年度训练和演习及日常的军事训练计划，并负责组织协调，监督实施。各级部队根据本军种参谋部的训练计划，分别制订各自的训练、演习计划，并逐级落实。法军的训练方法有：院校培训、单兵训练、部队训练、模拟训练等。

资料来源：

①法《今日军队》杂志；

②法《陆军》杂志；

③法《空军》杂志。

（程新华）

澳大利亚建军计划与措施　2000年12月6日，澳大利亚政府发表了题为《国防2000：我们未来的防卫力量》的白皮书。该书被称为“25年来澳大利亚政府制定的一份最详尽、最具体的国防计划”，它阐述了澳今后10年的国防发展进程。

立足本土防御，面向邻邦和亚太　白皮书将澳国防战略目标划分为三个次序：根据澳位于太平洋中四面环海的地理特点，国防战略首要目标定为本土防御，并指出海事防御将是澳实现这一目标的核心；防御的侧重点是海上和空中，地面部队将帮助实现海空防御并在敌领土入侵时采取行动。第二位目标是与邻邦合作，防止它们受到的入侵，同时澳也承诺参与可能由联合国授权的国际军事行动，帮助邻国保持稳定。澳邻国主要包括印度尼西亚、东帝汶、巴布亚新几内亚、新西兰以及南太平洋岛国。在军事行动中，澳将可能贡献数量最大的军事力量参与地区维持和平、人道主义救援、在热点地区撤离澳及其他国家公民。第三位目标是有效地参与国际军事联合行动，应付在“密切邻近国家”以外发生的与澳利益相关的危机。这种联合军事行动包括维和、救援以及应付“高度紧张的冲突”。具体是在东南亚地区，澳愿对“自己支持”的联合军事行动作出实质性贡献；在更为广泛的亚太地区，澳愿为“适合自己加入”的军事行动作出重要贡献。由此可见，澳国防战略发生了重大调整变化，即摈弃了过去只重视本土安全的“堡垒澳大利亚”式的消极自主防卫战略，转向积极前沿防卫战略，这表明澳决心在亚太地区扮演一个更加积极的安全角色。与此同时，在白皮书中，澳又一次确认了自己作为美国战略盟国的角色。称美国是亚太安全体系的核心，要“继续支持美国在维护全球安全秩序中所发挥的主要作用”。

增加国防开支，促进武器装备的更新与升级　白皮书表示，在今后10年内，澳将追加126亿美元的军事预算以加强其军事实力。其中，在头两年，国防开支每年增长数额为2.7亿美元；此后每年保持3%的实际增长率，到2010年，年度国防开支将从2000年的73亿美元上升到100亿美元左右，10年间增长幅度达40%。武器装备的更新与升级，将是澳增加国防开支中的重要内容，所增军费一半以上将用于武器装备的更新改造。空军是今后武器装备发展的重中之重。在作战飞机方面，澳空军将继续对F/A－18型战斗机进行升级改造，在该型战机上安装新式雷达、先进空对空导弹、战术数据连接系统、头盔式导弹瞄准系统和电子战自我保护系统，以提高其作战性能；从2006年7月起，空军将购买100架新型战斗机逐步替代F/A－18型战斗机和F－111型对地攻击机等全部主战飞机，首批新型战斗机将于2012年投入使用。在保障机种方面，准备购买7架空中预警指挥机，并将其加油机由目前的4架增加到9架，同时在2001和2002两年内交付12架C－130型运输机和11架SH－2G型直升机。澳大利亚作为一个四周环海的海洋国家，海军的发展一直被视为其生存的重点。澳海军准备在今后几年内购买装备4艘新型驱逐舰，加紧建造6艘“柯林斯”级潜艇和8艘“安扎克”级护卫舰（目前已交付各4艘），并对现役6艘导弹护卫舰进行现代化改进。在可能的情况下，澳海军还将考虑购买“战斧”式潜射巡航导弹。澳陆军将采购100余辆装甲运兵车和36架直升机，为人员配备防护和夜视设备，同时将快速反应部队由目前的4个营扩充到6个营。

加强国防科研和工业建设　澳认为，现代战争中最为重要的变化是搜集、组织、存储、加工、剪裁和分发信息的速度和能力的发展，这种变化被称为“军事革命”。为此，澳建立了“军事革命办公室”，用于发展与其他国家在军事信息方面的伙伴关系，特别是与美国的伙伴关系，以进一步开发有关方面的科研。“军事革命”的主要内容是：对参与联合军事行动的各个部队的指挥进行整合；将个体军事系统和作战能力进行网络化，达到整体效果；加强军事行动的节奏感。对澳而言，其中的两项关键技术是“平台技术”和“网络技术”。前者通过传感系统和网络化环境使各个信息平台进行有效合作，同时通过自动化系统和远程控制减少人工控制信息平台的程度，减少开支和错误风险。为此，澳将继续与美国合作开发“非人工空中车辆”计划，以加强有关监视、侦察、信息搜集的能力，从而提高战斗力。后者主要是研究在现代科技条件下，军事信息传递和指挥方面网络化的潜力。国防科研的进步必将带动国防工业的发展，在新世纪初澳国防工业发展的重点领域包括：军事作战系统软件，数据管理、信号控制、信息搜集和监视系统，指挥、控制和通讯系统，系统整合，武器和监视平台的维修、维护与升级，平时和战时国防军所需要的服务。为确保上述项目的顺利实施，澳军事科学技术机构将与国防工业建立有效的联系；澳政府将对国防信息的研究和生产以及相关的高技术项目进行投资；加强国防工业的生产能力；改革国防采购体系；根据澳外交政策、国家利益以及“国际义务”进行国防工业出口，增强国防工业在国际市场上的竞争力，使之在未来10年里对国防力量的发展起到推动作用。

资料来源：

①英国《简氏防务周刊》2000年12月；

②中国《军事博览报》2000年12月。

（孟　丽）

军 队 体 制 编 制

美国军队体制编制　2000财年，美军利用较为平稳的国际安全局势和军费大幅激增的有利时机，加快调整部队体制编制。

陆军：　一方面是组建中型部队。陆军根据目前重型师过重、轻型师火力不足、无法对突发事件作出快速有效反应的问题，于1999年10月提出组建中型部队的设想。计划用10年左右的时间重组陆军，建立一支“轮式化”中型部队，以提高快反、杀伤、生存和持久作战能力，更好地满足当前和长远战略需求。重组后的陆军“目标部队”将全部实现C^4ISR系统网络化，较目前减重50%～70%，作战能力大幅提高。整个改组计划完成后，美陆军可在4天内向世界任何热点地区投入1个旅、5天内投入1个师、30天内投入5个师。6个改装试点旅中的2个，第2步兵师第3旅、第25轻步师第1旅已于2000年3月起在华盛顿州刘易斯堡开始改装。预计2003年第1个中型旅可建成并投入实战。

另一方面，加强现役部队与预备役部队一体化建设。由于现役部队数量不断减少，但所担负的任务却有增无减，美拟对预备役部队进行重新编组，提高战备水平，发挥其对现役部队的补充作用。陆军决定将现役部队、国民警卫队和后备队三部分作为一个整体，以实现“整体陆军”的目标。计划采取的措施有：①实施陆军国民警卫队师管理费用计划。该计划旨在对国民警卫队师进行结构改组，使之更适应参与未来作战的需要。改组后的国民警卫队师将把原来多达12个作战旅改编成战斗支援和战勤支援组织，使其能与陆军作战部队相融合。②建立一体化师。拟把现役作战师的部队与国民警卫队的部队混编组成一体化师。为此，陆军将先进行两个师的试验。③进行联合编组与训练。将陆军现役作战部队与后备队进行联合编组，举行联合演习，共同参加信息战等训练，以提高现役部队与后备队的协同作战能力。为此，美军正式组建了2个混编师。该型师师部由现役人员组成，下属作战单位来自国民警卫队。其中，第7轻步师驻卡尔森堡，下辖国民警卫队第39、41、45独立加强步兵旅；第24机步师驻赖利堡，下辖第30、48、218机械化独立加强旅。美组建混编师的目的，是为解决当一线兵力耗尽、二线兵力可立即投入的问题。目前，一个国民警卫队师如投入作战，至少需提前半年集训。通过组建混编师，可缩短国民警卫队部队战前训练时间。一旦需要，这2个师可立即转为正规现役师，并能在1～3个月内投入战斗。

海军： 2000年，海军主要是加强小规模航母编队和混编舰队的打击能力，主要是加强舰载打击武器，提高舰对岸攻击能力。

空军： 为适应新世纪的安全要求，在2000财年，美空军继续适当压缩兵力、全面改组部队。现役兵力较上一财年减少了5000人，继续呈下降趋势。本年度在部队体制编制调整方面主要采取了下列引人注目的措施：一方面是扩展亚太美军实力。年内，太平洋美空军司令部分别在夏威夷希卡姆空军基地和关岛第13航空队组建第502作战大队和第613应急反应中队，主要负责制定、评估太平洋空军的应急作战计划并担负对太平洋空军的应急作战支援任务。美太平洋空军战斗机中队的编制飞机由18架增至24架，并为主战飞机换装了新型电子设备。

另一方面措施是组建空天远征部队。正式组建以10支空天远征部队为主的全球作战力量，即把所属主要力量编成空天远征部队、快速反应空天远征联队和机动空天远征部队三种结构形式，每种部队形式担负相应的作战或非作战任务。新的任务编成已于本财年初开始实施轮流战备值班。从一年的运行看，远征部队已形成编制合理、训练有素、应急作战能力强的单独作战体系。其中，空天远征部队的编制序列为：

第1空天远征部队以驻犹他州的第388战斗机联队为骨干，编配4个战斗机中队（其中1个国民警卫队中队）和1个B－52轰炸机中队。

第2空天远征部队以驻得克萨斯州的第7轰炸机联队为骨干，编配3个战斗机中队和1个B－1B轰炸机中队。

第3空天远征部队以驻阿拉斯加的第3联队为骨干，编配5个战斗机中队和1个B－52轰炸机中队。

第4空天远征部队以驻英国的第48战斗机联队为骨干，编配4个战斗机中队（其中1个国民警卫队中队）和1个B－1B轰炸机中队。

第5空天远征部队以驻亚利可桑那州的第355联队为骨干，编配5个战斗机中队（其中1个国民警卫队中队）和1个B－52轰炸机中队。

第6空天远征部队以驻南卡罗亚纳州的第20战斗机联队为骨干，编配2个战斗机中队和2个国民警卫队轰炸联队。

第7空天远征部队以驻路易斯安那州的第2轰炸机联队为骨干，编配5个战斗机中队（其中1个国民警卫队中队）和2个B－52轰炸机中队。

第8空天远征部队以驻南达科他州的第28轰炸机联队为骨干，编配4个战斗机中队（其中国民警卫队、后备队中队各1个）和1个B－1B轰炸机中队。

第9空天远征部队以驻新墨西哥州的第27战斗机联队为骨干，编配5个战斗机中队（其中1个国民警卫中队）和1个B－52轰炸机中队。

第10空天远征部队以驻弗吉尼亚州的第1战斗机联队为骨干，编配5个战斗机中队（其中1个国民警卫队中队）和1个B－1B轰炸机中队。

两支快反空天远征联队的编制是以第4战斗机联队和366联队为主建立，目的是为了有效对付突发事件，并以最快速度部署到热点地区。每个快反空天远征部队每年担负战备值勤2次，每次3个月。

5支空天机动远征部队以第43空运联队、第60空中机动联队、第22空中加油联队、第319空中加油联队和第92空中加油联队为主组建，并依次担负战备值班任务，主要执行和平救援和空运使命，每次3个月，但其人力资源要靠10支空天远征部队提供。

此外，美空军的U－2战略侦察机、E－3预警机和E－8空中指挥机等部队和战略空运部队，将留作整体保障力量统一调遣，不编入具体远征部队。

美空军新的空天远征部队模式是为解决部队规模缩小与作战任务增加的矛盾而不得不实行的改进方法。同时，也是在新的军事理论指导下，充分利用信息、先进武器和技术的优势，为在下个世纪继续保持军事霸主地位所采取的积极改革措施。从初步运行情况看，新的编组模式有以下特点：①计划性强，准备充分。新的编成模式使部队有一年以上的训练和准备时间，因而有避免紧急部署所带来的忙乱和任务分配不均等情况。同时，使空军人员对海外部署有计划、有准备，从而可以在一个较为稳定的环境下工作。这将有利于解决因不断加剧的海外部署和参加作战频繁而引起的飞行人员及其他空军人员不安心服役和人员流失等问题。②反应快速，指挥灵敏。在任何时间内，空军都有至少2支远征部队担负战备值班，其远程轰炸机可在24小时内空袭世界范围内的任何目标，战斗机可在48小时内飞往世界任何热点地区遂行作战任务。轰炸机的机组人员能在赴战区的途中接收目标信息，B－2轰炸机和F－15战斗机可在攻击目标前10分钟改变目标信息，重新瞄准新的目标。③机构精干，组织有力。海湾战争中，美空军向沙特部署的前沿空中作战中心人员1500多人，使用C－17运输机25架次。现美空军指挥同等规模作战行动的空中作战中心，仅需向前沿派出115人的指挥机构，用C－17运输机2架次即可完成机动部署，且一旦前方作战中心遭到打击或被摧毁，后方（本土）的作战支援中心便可立即代替，利用综合指挥与控制系统，指挥空中力量继续作战。④结构合理，效能显著。据美空军统计，过去五年的研究和海外部署实践表明，两支远征部队同时担负战备值勤，能够满足对突发危机作出快速有效反应的需要。美空军最近进行的试验也表明，由战斗机、轰炸机组成的混合力量派往战区，使战区指挥官在接受命令的 72 小时内即可获得强大而持续的打击火力。利用这种远征部队力量对危机作出反应的方式，可有效取代前沿部署和预置力量。

（贾咏梅）

美陆军 2 个步兵旅将转型为中型暂编旅　据美《陆军》杂志 2000 年 10、12 月刊和《陆军后勤》2000 年 11～12 月刊报道，在华盛顿州刘易斯堡的 2 个步兵旅转型为中型暂编旅的工作正在进行。美陆军参谋长埃里克·新关上将认为，使用目前的新技术完成 2 个旅的转型是美陆军朝"目标部队"这一远期目标前进的一个里程碑。新的部队设计可使陆军在 96 个小时内将一个步兵旅投送到世界任何地方。第 2 步兵师 3 旅计划于 2001 年 12 月获得初始作战能力。第二个暂编旅第 25 步兵师 1 旅将于 2002 年 12 月获得初始作战能力。美陆军将至少组建 6 个暂编旅，其中包括 1 个后备役暂编旅。

暂编旅包括 3 个步兵营、1 个炮兵营、1 个侦察监视目标获得营以及建制工兵连、军事情报连和通信连。组建暂编旅是美陆军完成部队转型 3 个阶段战略的第 1 阶段。暂编旅将提供目前步兵旅没有的能力，并将搞清第 2 阶段在条令、组织编制、装备、训练和领导人培训等方面需要作出的改变。

美陆军训练与条令司令部所属学校正在为暂编旅发展新的条令和训练技术。有些训练通过陆军远程教育系统进行。

驻华盛顿州刘易斯堡的 2 个暂编旅实施旅、营、连、排、班多级训练。通过训练，各级领导人在学会做好本级领导工作技能的同时，还要学会做好上一级乃至上二级领导工作的技能。今后，暂编旅将到作战训练中心进行旅规模训练。陆军部队司令部现把重点放在确保作战训练中心的作战环境，包括假设敌部队和地形的现代化达到训练所需的标准。

（洪锦珠）

俄罗斯军队体制编制　自 2000 年 8 月以来，俄安全会议 3 次召开会议，研究新一轮军事改革问题。由普京领导的新一轮军事改革由此拉开序幕。根据计划，俄军从 2000 年起，对国防体制、军队员额、军种结构、指挥体制、部队组织编制等都要进行重大调整。改革的目标是，减少人员，提高效率，建立结构合理、精干协调的国防和军队体制。

建立集中统一的国防体制　目前，俄国防体系由国防部（武装力量）和其他强力部门组成。其他强力部门有 10 余个之多，所属军队曾达到 100 万人。虽然宪法规定总统拥有直接任命强力部门主官和领导强力部门的权力，但现有的军事组织结构和机制不利于保障国防领导与指挥的集中统一和协调高效。因此，俄将在前一阶段改革的基础上，进一步强化国防领导和指挥机构的统一协调。

⑴强化总统对国防和军队建设的直接领导机制，把大政方针的决策权集中在总统手中。安全会议将成为总统直接过问军事工作的新机制，在宏观上将进一步增强指导并协调国家整体军事建设的地位，并在总统和各强力部门之间起纽带作用。

⑵国防部和总参谋部对军事建设的实际事务将发挥更大的综合协调作用。国防部作为中央军事管理机关，将得到负责所有强力部门的武器装备和通用物资的采购、后勤领导和干部培养的权力。总参谋部可望成为各强力部门统一的作战指挥与协调中心；在协调方面，总参谋部将有权协调制定所有强力部门的建设和使用计划、战役训练和动员训练计划，组织武装力量和其他强力部门部队之间的协同。

⑶进一步调整军区及其他强力部门部队的行政区划，加强军区作为战略方向战役战略司令部的地区联合指挥功能。按照军区的行政区划与 6 个战略方向的划分范围相一致、武装力量的军区与其他强力部门的责任区相吻合的原则进行调整。军区作为相应战略方向的战役司令部，将扩大统一指挥辖区内武装力量各军种部队和其他强力部门部队的权限，使其具备联合指挥职能。为此，将建立联合指挥系统，修改军区条例。总统驻各大联邦区的全权代表将在军区军事委员会内发挥重要作用，除进一步保障总统对战略方向驻军的控制外，还监督辖区内各强力部门部队维持当地稳定，防止地方出现分裂倾向。

建立精干合理协调的军事力量　在 20 世纪最后 10 年精简整编的基础上，俄将从 2000 年起，按照 20%的幅度继续压缩军事力量的总规模。武装力量和其他强力部门的总人数将从目前的 332.6 万人（236 万军人，96.6 万文职人员）减至 272.6 万人（189 万军人，83.6 万文职人员）。其中，武装力量裁减 36.5 万军人，编制员额由 120 万人减到 85 万左右。此外，还要裁减 12 万文职人员。其他强力部门裁减 10.5 万军人、3 万文职人员。至 2005 年，平均每年裁减约 10 万军人、3 万文职人员。

同时，俄将对各强力部门部队进行结构改革，以建立精干合理、协调平衡的军事组织。武装力量作为军事力量的核心，将得到重点发展，其组织结构根据原来的设想，将按武装斗争的三个领域（陆、海、空天）向三军种结构过渡，战略火箭军将在2002年降格为独立的兵种，有可能于2006年并入空军。

其他强力部门，将减少拥有部队的部门数量，减少需要用兵的业务量，凡是可以不用部队值勤的业务就建立非军事机构。内卫军今后可能改为联邦警卫队，撤消内卫军区，在战略方向上建立地区司令部，减少日常任务量，完全实行合同补充制度；边防军将改为边境警备队，分阶段建立地区指挥部；民防军等部门将改为非军事组织，并与国家抢险救生机构合并。

建立跨部门的统一后勤保障体制 俄后勤体制的发展方向是，继续完善已经初步建立的武装力量三军划区联勤保障体制，在此基础上，逐步建立统筹所有强力部门的统一后勤保障系统，从技术上和组织上实现后勤保障力量的一体化。同时根据市场经济的要求，加强军队后勤与地方经济部门的联系，在可能的方面实行后勤保障社会化。

建立跨部门的统一军事教育体制 俄强调，今后在军事教育上要彻底打破强力部门各自办学的格局，建立跨部门的统一的军事教育体制，实现规模办学，减少重复，统一教学的样式和方法，提高教学资源的使用效率，培养联合指挥人才。

完善国家军事动员体制 在动员领导方面，俄将发挥国家安全会议下设的动员准备与动员跨部门委员会的作用，继续努力提高动员决策机构的工作效率。在动员执行方面，将把完善由政府各部门动员机构组成的经济动员系统作为重点，形成市场经济条件下的有效动员体制。在动员法规和计划方面，俄将抓紧制定并通过“战时状态法”和“紧急状态法”等与进入战时状态有关的一整套法律文件，为大众传媒在动员和战争时期的工作制定相关的组织和法律措施，制定并通过新的武装力量动员计划和民防计划，修订国家经济动员计划。在人力储备方面，俄将针对稀有专业建立受过军事训练的专业人员储备，并根据合同制的推行扩大这些人员的储备。

建立一支发展均衡的武装力量 在军种关系上，正确处理发展核力量和发展常规力量的关系，其实质是处理好以核武器支撑大国地位和以常规力量应付现实军事威胁的关系，纠正前一时期过于偏重发展战略火箭军而使常规力量建设几乎陷于停顿的失误，在维持必不可少的核潜力的基础上加强常规力量建设。在数量与质量的关系上，坚持减少数量，提高质量的方针。在2005年前将裁减36.5万人，维持85万人的规模，将军队裁减后节省下来的资金用于改善武器装备，加强军队训练，提高军队的战斗准备水平上。

陆军将在5年内裁减18万人，维持28万人的规模。陆军将把提高机动力作为发展战斗力的主要方向。为此，将加快组建常备部队的速度，在现实威胁最大的西南和中央一亚洲方向组建并部署5万人以上的常备部队的集团，在体制调整方面，陆军将在近期重新启动因故停顿的合并伏尔加河沿岸军区和乌拉尔军区的进程，尽快恢复陆军总司令部。在编制改革方面，将根据模块原则改编部队、兵团和军团组织编制，增大摩步或坦克营的独立性，遂行战斗任务时，可以营为基础，组成营战术群。同时以营为基础，建立模块式的合成团和旅。此外，陆军还可能建立专门的山地部队。

海军将裁减5万人，维持17万人的规模。将继续保持北方、太平洋、波罗的海和黑海4大舰队，将里海区舰队改编为里海军区。其中，北方舰队和太平洋舰队主要担负参与战略核遏制和远洋作战任务，重点发展导弹核潜艇、导弹舰、航空母舰和海军航空兵；波罗的海舰队和黑海舰队主要担负近海防御任务，重点发展多用途舰艇、扫雷舰艇、柴电潜艇和突击航空兵。

空军将裁减4万人，维持15.3万人的规模。空军的发展方向是，继续整合防空功能和空中打击功能，建立一支攻防兼备的新型空军。在体制调整上，俄空军将在伏尔加河沿岸和乌拉尔两军区合并后，着手调整空防战役军团。原已撤消的远程航空兵司令部和军事运输航空兵司令部有可能恢复。战略轰炸航空兵将得到加强。

战略火箭军将裁减9.5万人，维持7.5万人的规模。将撤消一半导弹师，大量淘汰旧式战略导弹，重点发展“白杨－M”洲际弹道导弹部队。战略火箭军将降格为战略火箭兵，最后并入空军。其所属军事航天部队和导弹太空防御兵将改编为太空兵（或称导弹太空力量），成为独立兵种。

空军目前的编制结构 空军与防空军合并后的俄空军由原来的34.2万人减至目前的19.3万人（注：新一轮改革前的数量）。编有2个最高统帅部空军集团军、4个空防集团军、1个空防军区、1个独立防空军、1个空军直属特种航空兵师，以及1所军事学院、2所军事大学和7所航校。

具体编成为：第37战略空军集团军辖有2个重型轰炸航空兵师；第61军事运输航空兵集团军辖有2个军事运输航空兵师；莫斯科空防军区辖有1个防空军、1个混成航空兵军、2个防空师、1个独立混成航空兵团和1个独立直升机大队：第6空防集团军辖有1个防空军、1个混成航空兵军、2个防空师、1个独立混成航空兵团和1个独立直升机大队；第4空防集团军辖有1个防空军、1个混成航空兵师、1个强击航空兵师和1个独立混成航空兵团；第5独立防空军辖有3个防空导弹团、1个歼击航空兵团、2个导弹技术旅、1个独立混成航空兵大队、1个独立航空兵大队和1个独立电子战大队；第14空防集团军辖有2个防空师、1个混成航空兵师、1个轰炸航空兵师和1个独立混成航空兵团。俄空军合计装备各型飞机2000余架（不含前线航空兵储存基地1300架作战飞机和院校1000余架飞机）。其中大部分为第三、四代飞机。空军还装备防空导弹发射系统2150套，雷达2600部。

资料来源：

①俄2000年各期《军事思想》、《军队文集》；

②俄2000年1～12月《红星报》、《独立军事评论》等；

③军事科学院外军部2000年各期《外国军事学术》。

（来　斌）

日本自卫队体制编制　2000年是日本自卫队执行《1996～2000年度中期防卫力量发展计划》的最后一年，也是制定新的5年中期防卫力量发展计划（2001～2005年度）关键性一年。在这一年里，日本自卫队继续贯彻新《防卫计划大纲》提出的逐步向新体制过渡的方针，对部队现行体制编制有计划地进行了大幅度的改革，基本实现了新《防卫计划大纲》提出的部队体制编制改革目标，为下一步的编制调整创造了有利的条件。2000年自卫队体制编制调整变化情况如下：

调整编制及其员额　据日刊《朝云》2000年1月6日、3月9日报道，根据2000年度自卫队防卫力量发展计划的要求，2000年度随着自卫队体制编制的调整，其部队编制员额相应发生变化。陆上自卫队由于年度末（2001年3月）新编第12空中机动旅，将增加快速反应预备役人员517人，相反，随着陆上自卫队编制逐步向“旅团化”（旅）过渡，常备军人则减少3879人；海上自卫队由于年度末新编“特别警备队”，增加60人；航空自卫队为强化运送驻海外日侨等运输态势，增加C　130H运输机乘员30人；参谋长联席会议为强化其职能和新编情报本部“紧急·动态部”，增加125人。2000年度末自卫队编制员额共计为266962人。其中，陆上自卫队172272人（常备军人167383人；快速反应预备役军人4889人）；海上自卫队45812人；航空自卫队47266人；参谋长联席会议1612人。

参联会情报本部增设“紧急·动态部”　据日刊《朝云》2000年1月6日报道，自卫队参谋长联席会议情报本部将于2001年3月增设“紧急·动态部”。该部人员由现役军人和文职人员两部分组成，编制为60人。增设“紧急·动态部”的目的在于加强“紧急情报”和“动态情报”（有关周边国家的军事活动等情报）的搜集，并通过实施24小时不间断的值班体制，加强情报本部的运用态势。目前，情报本部下设总务、计划、分析、图像、电波5个部，“紧急·动态部”成立之后，将由6个部组成。

防卫厅拟创建反恐怖特种部队　据《日本经济新闻》2000年2月21日年报道，防卫厅2月20日做出决定，将在《2001～2005年度中期防卫力量发展计划》期间在陆军创建反恐怖特种部队——“应付事态部队”（暂称）。并计划派遣人员到美国，就反游击战的训练方法、部队运用和装备等事宜进行研究。该部队专门对付接受过特种训练的游击队和恐怖分子进行的局部攻击和破坏活动。应付事态部队将由三个中队组成，规模在300人左右。除负责对付装备精良的武装游击队和恐怖分子的袭击外，还将负责搜集情报和城市重要设施的警备。

防卫厅拟组建反电脑恐怖部队　据日刊《朝云》2000年2月24日报道，2月17日，防卫厅事务次官佐藤在举行记者招待会时表示，防卫厅将在《2001～2005年度中期防卫力量发展计划》期间，正式开始研究组建反电脑恐怖部队问题，以应付以防卫厅、自卫队的计算机系统为目标的“电脑恐怖”。由于日军正在建立高级情报和通信系统，以及推进高科技化，防卫厅认为，“电脑战有可能使自卫队的防卫和反击能力遭受重大损失，使日本的防卫体制遭受沉重打击”。该部队不仅要进行调查研究，还将是应付电脑恐怖的实战部队。此外，日本还计划向应付电脑恐怖的先进国家美国派遣有关人员出国学习和研究。防卫厅在2000年度的预算案中，共拨款13亿日元作为电脑安全对策费。

陆上自卫队体制编制　新编部队训练评价队　据日刊《朝云》2000年3月30日、4月6日报道，陆上自卫队于2000年3月28日在北富士驻地新编部队训练评价队。该队由队部、统裁科、评价分析科、器材管理科组成，编制员额为120人（实有116人），队长由上校担任。作为评价陆上自卫队各部队训练情况的专门部队，其主要任务是利用富士训练中心的演习训练跟踪监测设备（固定和移动摄像系统、通信监听系统等）及数据网络分析系统，客观地、量化地评价部队在实战环境下的训练情况，以提高部队的训练水平。各科按其职能进行训练总体规划、指挥以及收集分析评价资料。作为对抗部队，陆上自卫队决定于2001年3月成立“评价支援队”，人员编制为370人。

组建第12空中机动旅　据日刊《朝云》2000年8月17日报道，根据新《防卫计划大纲》提出的陆上自卫队编制逐步向“9师6旅体制”过渡的要求，继1999年3月第13步兵师改编为第13地面机动旅之后，陆上自卫队决定于2000年3月将第12步兵师改编为第12空中机动旅（见序列表）。编制员额为4000人，将装备OH－6观测直升机4架，CH－47大型运输机8架，UH－60JA多用途直升机8架。由于装备大量的直升机，该旅将成为陆上自卫队惟一的具有较强空中机动能力的旅，能与第1直升机旅联合实施大规模人员和物资的空运。改编后，取消坦克营编制，新编直升机队，提高了直升机机降作战的机动能力和各种武器的投送能力。由于装备了大型运输机、高性能机动车辆、最新式防空导弹和卫星通信系统，部队的快速反应作战能力和救灾派遣能力将得到大幅度提高。为了适应该旅的需要，陆上自卫队还在相马原演习场新建了相马原机场。

第12空中机动旅编制序列

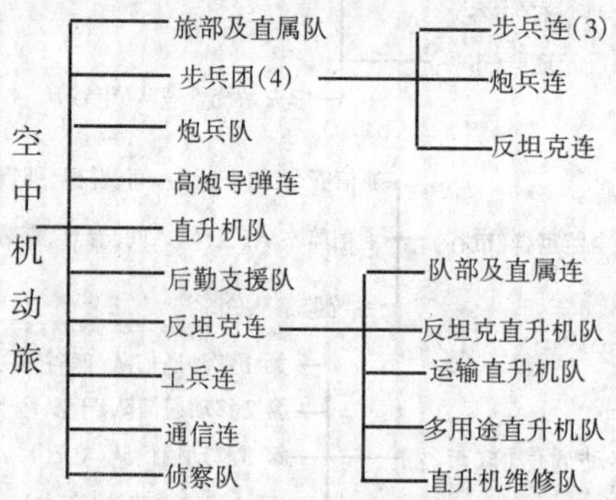

陆上自卫队决定组建3种类型部队　日本防卫厅于2月19日做出决定，在2010年陆上自卫队建立起9个师和6个旅的体制后，将根据任务的需要将部队分别编为“政经中枢师”、“沿岸部署师(旅)”和“战略机动师(旅)”，并首次明确了这些部队各自的任务。

其中，驻关东南部地区的第1师和驻近几地区的第3师将编为“政经中枢师”，其任务是以保卫东京和大阪等城市为重点，加强防止游击组织和恐怖组织的破坏。驻北海道的第2师和第5、第11旅以及驻东北地区北部的第9师和驻九州北部的第4师将分别编为“沿岸部署师（旅）”，由于这些部队部署在直接面对威胁的地区，其主要任务是以坦克和大炮等重型装备阻止敌人登陆。驻东北地区南部的第6师、驻中部地区的第10师、驻九州南部的第8师以及驻本州和四国地区的3个旅将分别编为“战略机动师(旅)”，由于这些部队装备高性能机动车辆，将大幅度地提高机动作战能力，可以进行大范围的快速移动和部署，其主要任务除负责本地区的防务外，还要担负起向其他地区增援的任务，以及对付游击战和恐怖活动等在同一时间发生的多起事态。这样，陆军的防卫重点将发生根本性变化，即由“对北方俄罗斯的防守”转变为“对西部地区的警备”，以应付朝鲜半岛和台湾海峡等局势，并加强反游击组织和恐怖组织对日本主要城市破坏和攻击的力量。

新编“研究本部”　据日刊《朝云》2000年1月20日、12月7日报道，为了对部队运用等研究实施一元化管理，日本防卫厅于2000年3月1日决定，合并陆上自卫队各学校的调查、研究部门，并于2001年3月在朝霞驻地新编“研究本部”，编制员额为220人。“研究本部”下设“特殊武器研究官”(统管反核、生、化武器(NBC)的研究工作)和开发实验团(负责开发研究反生物武器等装备)。开发实验团下设的医学实验队(驻三宿，编制员额为20人)。医学实验队下设的医学特殊武器卫生研究科编制具有医师、临床检查技师等资格的军人，并研究有关核、生、化武器引起的伤病，其中包括预防和紧急治疗等。新编研究本部的目的在于加强日军对付核、生、化等特殊武器的研究工作，改善已落后的陆军反生物武器的研究体制。与此同时，在陆上自卫队化学学校新编“化学教导队”，编制员额为40人。

海上自卫队体制编制　*合并扫雷队群。*　据日刊《朝云》2000年3月16日报道，3月13日，海上自卫队根据新《防卫计划大纲》提出的“逐步向新体制过渡”的要求，将两个扫雷队群（第1、第2扫雷队群）合并为一个，同时新编扫雷业务支援队，实现了海上自卫队扫雷部队的精干化。新扫雷队群由5个扫雷队和扫雷业务支援队组成，装备扫雷舰艇15艘，编制员额为900人。其中，第1～3扫雷队各配备2～3艘MSO型扫雷艇，主要负责常规扫雷任务；第51扫雷队配备3艘MSO型扫雷艇，主要负责深海扫雷任务；第101扫雷队配备2艘MCL型扫雷管制艇，主要负责浅海扫雷任务。群司令部设在横须贺，司令由海军少将担任。扫雷业务支援队司令由海军上校担任。扫雷部队合编后，强化了司令部的职能，且由于新编扫雷业务支援队，提高了对航道调查数据的收集、处理以及作战估计的支援能力。

改编后的扫雷队群：

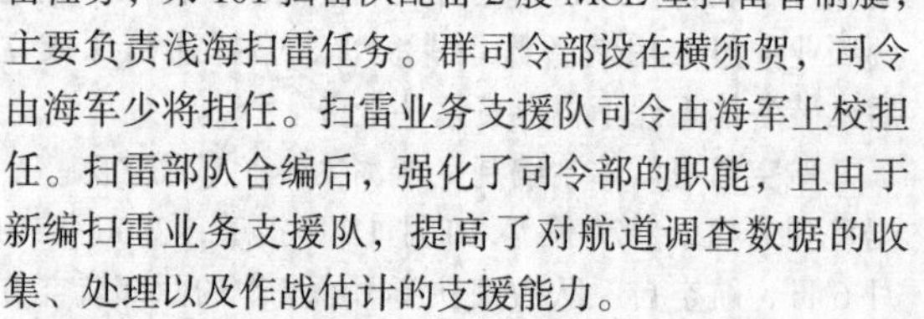

新舰艇服役，调整部分部队编制。　据日刊《朝云》2000年3月16日、30日报道，2000年3月，随着海上自卫队部分新舰艇相继服役，其编制进行了适

当调整。3月9日，“涡潮”号潜艇服役，编入潜艇舰队第2潜艇队群第2潜艇队，母港为横须贺港。3月13日，“角岛‘号扫雷艇服役，编入扫雷队群第3扫雷队，母港为横须贺。3月15日、21日，“电”号和“五月雨”号多用途驱逐舰分别服役，编入第4护卫队群第4护卫队，母港为吴港，3月17日，“天龙”号训练支援舰服役，编为护卫舰队直属舰，母港为吴港。3月23日，“千早”号潜艇救援舰服役，编为第1潜艇队群直属舰，母港为吴港。

组建“特别警备队”。　据日刊《朝云》2000年1月6日报道，海上自卫队将于2001年3月成立“特别警备队”。该队由司令部和3个小队（2个快速反应小队和1个教育小队）组成，驻广岛县江田岛，队员约60人，为自卫舰队直属部队。其主要任务是在实施海上警备行动等情况下，提前登上强令停船的可疑船，并解除其武装，以保证对可疑船实施临检的普通舰艇人员的安全。其主要装备为自动步枪等轻武器，以及钢盔、防弹背心等。部队机动将由飞机运送。目前正在研究对警备队的骨干人员实施陆军突击队课程教育及前往美国留学，一般人员的教育则由海军负责组织实施。

改编海上自卫队参谋部通信课。　据日刊《海上自卫新闻》2000年12月15日报道，根据日本政府2000年12月1日下发的政府令，海上自卫队参谋部通信课从12月8日起改编为指挥通信课。原通信课负责的业务有：制定通信、电波使用计划并进行监理；密码和信号；对密码和信号业务进行技术指导。改编为指挥通信课后，在原通信课业务的基础上增加两项业务，即根据有关指挥通信的防卫和整备计划确立相应的装备体系；制定有关通信的装备标准。上述两项业务过去由装备体系课负责，指挥通信课成立后，装备体系课不再负责这些业务。

航空自卫队体制编制　新编飞行教育航空队。据日刊《朝云》2000年10月12日报道，2000年10月6日，航空自卫队撤编驻新田原基地的西部航空方面队第5战斗航空团第202飞行队，新编飞行教育航空队。此次撤编是根据《1996～2000年度中期防卫力量发展计划》的要求缩编1个战斗机飞行队而进行的。至此，航空自卫队截击战斗机飞行队由10个削减至9个。航空自卫队在撤编202飞行队的同时，为进一步完善教育训练体制，在1999年8月组建的“临时飞行教育航空队”的基础上，新编了“飞行教育航空队”。飞行教育航空队司令由上校担任，队员约140人，装备20架F－15战斗机。该队作为航空教育集团的隶属部队，其司令部设在浜松基地，负责F－15战斗机操纵课程的训练。这样，航空自卫队F－15战斗机飞行员的最终阶段训练由过去的教练机改为用一线的战斗机。

航空自卫队参谋部新编“航空系统通信队”。据日刊《翼》2000年6月14日报道，随着航空自卫队中央航空通信群的职能逐步扩大，为进一步理顺和完善参谋部通信管理部队体制，航空自卫队于2000年5月8日在其参谋部新编航空系统通信队，其编制员额为670人，多数人员在队司令部所在地东京市谷工作，其余人员分布在三泽、入间、春日、那霸、熊谷、千岁和车力各基地，装备约300辆车。新编航空系统通信队的同时，取消中央航空通信群编制。航空系统通信队隶属航空自卫队参谋部，下辖3个群，即系统管理群、安全监察群和移动通信群。（见序列表）

航空系统通信队序列

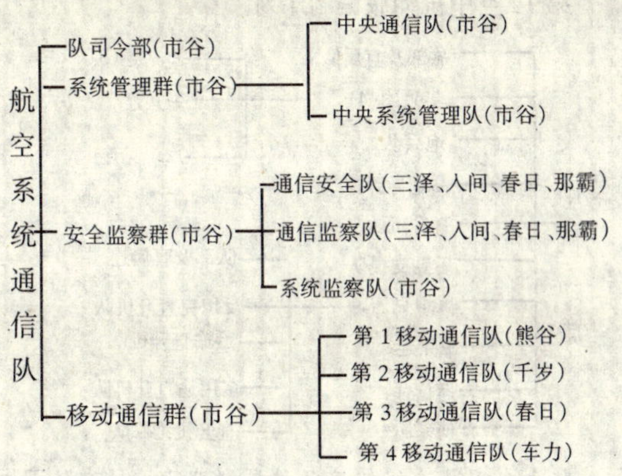

改编空中警戒管制部队。　据日刊《朝云》2000年4月6日报道，3月31日，航空自卫队雷达部队北部航空警戒管制团和中部航空警戒管制团将下辖的12个警戒群改编为警戒队。这是根据新《防卫计划大纲》提出的“合理化、精干化”要求而进行的雷达部队第一步改编。根据新《防卫计划大纲》的要求，航空自卫队最终要把28个警戒群改编为8个警戒群20个警戒队。其具体改编情况如下：北部航空警戒管制团下辖的第18（驻椎内）、第26（驻根室）、第28（驻网走）、第29（驻奥尻岛）、第33（驻加茂）、第36（驻襟裳）、第37（驻山田）警戒群和中部航空警戒管制团下辖的第5（驻串本）、第22（驻御前崎）、第35（驻经岬）、第44（驻峰冈山）、第46（驻佐渡）警戒群改编为警戒队，并压缩人员编制。目前，北部航空警戒管制团下辖的第42（驻大凑）、第45（驻当别）和中部航空警戒管制团下辖的第1（驻笠取山）、第23（驻轮岛）、第27（驻大泷根山）警戒群仍维持原编制。航空自卫队决定在《2001～2005年度中期防卫力量发展计划》期间将西部航空警戒管制团和西南航空警戒队下辖的11个警戒群中的8个警戒群改编为警戒队。

此次改编的背景：由于航空自卫队引进的E－767大型预警指挥机（4架）从4月开始正式启用，空中警戒管制能力进一步得到充实和完善。因此，调整雷达站人员，以有效灵活的运用人力。

组建“临时F－2支援战斗机飞行队”。 据日刊《朝云》2000年9月报道，2000年9月25日，第一架F－2支援战斗机由日本三菱重工业公司交付防卫厅并飞至航空自卫队三泽基地。26日，航空自卫队在三泽基地编成“临时F－2支援战斗机飞行队”。按照计划，驻三泽基地的北部航空方面队第3战斗航空团第3飞行队（装备F－1支援战斗机）将于2001年3月改编为航空自卫队第一个F－2支援战斗机部队，并装备20架F－2支援战斗机。F－2支援战斗机是在美国F－16战斗机的基础上改造研制而成的，具有世界一流水平。该机研制于1988年，从研制到实战配备一线部队共用了12年时间。按照航空自卫队的计划要求，F－2支援战斗机投入批量生产后将以如下速度装备部队：2000年度装备19架；2001年度装备9架；2002年度装备8架；2003年度装备9架。航空自卫队最终将装备141架。

资料来源：

①日本《朝云》2000年1～12月；

②日本《翼》2000年1～12月；

③日本《海上自卫新闻》2000年1～12月。

（张洲军）

韩国军队体制编制 2000年是韩国实施《国防改革五年计划》的第2年。军队改革仍围绕着韩军的“中期目标”展开，指挥体制改革重在简化指挥层次，合并职能重叠机构，实现低费高效运营；部队改革重在完善人事制度，加强教育训练，调整基层编制等。

组建新国防大学 据韩国广播电台2000年1月6日报道，为了加强对部队中高级军官后备力量的培养，韩国将国防大学院和国防参谋大学、国防精神教育院等三所军事学院进行合并，组建了韩国国防大学。该校是根据未来世界军事、安保环境的变化而建立的培养现代条件下军事人才的一流大学，同时，该校还将发展成为韩国国内权威的政策咨询机构。

大幅度增加女官兵数量 据韩国广播电台2000年1月18日报道，韩国防部长赵成台当日上午在向金大中作新年度业务报告时称，韩军决定大幅度增加女官兵的数量，在2020年前由现在的2100名增加到7000名，2000年陆军女性士官将增加到110名，从2000年起海军和空军分别招收女士官15名和20名。

改革士官制度 据韩国广播电台2000年1月20日报道，韩国国防部发表了《下士官综合发展计划》，决定从2000年起，将“下士官”改称“副士官”，并在全军以中队为单位任命下士官为小队长等。根据这项计划，专科毕业以上学历的下士官将由现在的6%增加到11%。

调整军方高级将领 据韩国广播电台报道，4月25日，韩国政府对陆、海、空三军约50位高级将领进行了调整，调整范围涉及韩美联合司令部副司令、陆军参谋次长、第1集团军司令、陆军航空司令部司令、参联会作战参谋部部长、战略企划参谋部部长等军队要职。其中国防部情报本部部长李钟玉被任命为韩美联合司令部副司令，并晋升上将。陆军航空作战司令金盼圭被任命为陆军第1集团军司令，并晋升上将等。4月29日，韩国政府任命现任空军参谋次长李历寿为空军参谋总长。

进行人事制度改革 据韩国广播电台2000年7月18日报道，韩国防部审查了各部队对人事领域主要课题的讨论及详细实践方案，决定实行以野战为基础的国防政策。为大力强化野战指挥官的部队指挥和统率权，今后将赋予团级以上的野战指挥官在下属军官的晋级推荐时可排出具体名单序列的权限。为培养政策部门专职人员，将人事、军需、国防管理分析的政策部门专职人员指定为上校、中校的专门职位。在对陆、海、空军主要兵种的初级军官进行委托教育之后，如这些初级军官要晋升少校，须有在野战和政策部门工作的经历。让在担任排长后没有野战经验的教学、科研、电子计算机方面的特殊人员，积累连长、营长等的野战经验，强化循环任职原则，使他们能够在精通理论的同时又有实践的经验。此外，韩海军为营造学术气氛，改革军官军衔晋升制度，规定凡拟晋升上校或准将的军官，每人必须撰写有关海军发展的前瞻性研究论文。

恢复南北联络事务所 据韩国广播电台2000年报道，8月10日，韩国和朝鲜决定恢复中断4年之久的板门店南北联络事务所。韩国统一部长官朴在圭和朝鲜内阁责任参事全今镇通报了各自事务所的组成情况。韩国联络事务所所长为统一部局长卞景燮，成员有7人，事务所设在板门店军事分界线南方一侧的“自由之家”。朝鲜联络事务所所长为祖国和平统一委员会局长金永哲，成员为6人，事务所设在北方一侧的“统一阁”。8月14日，韩国和朝鲜正式恢复了中断近4年之久的板门店南北联络事务所。双方联络官通过电话交谈，一致表示要有效地利用这一渠道，共同促进南北方之间的交流。

建立自主的空中预警指挥系统 据韩国广播电台2000年10月18日报道，韩国国防部宣布，针对战略环境的变化，为建立自主的空中早期警报指挥系统，韩国计划从国外引进预计价值1万8千亿韩元(约合16.21亿美元)的空中早期警报指挥机和系统装备。韩国国防部计划在2001年下半年对国外竞标公司进行综合评价，2002年上半年决定引进机种并正式投资，最终于2008年完成4架预警机的实战部署。

(薛　丰　孔国生)

越南军队体制编制　越南军队由陆军、海军和防空－空军三个军种组成，其编制如下：

统帅机构和各总部编制　越军统帅机构和总部机关有越共中央军事党委、国防部、总参谋部、总政治局、总后勤局、总技术局、国防工业总局和情报总局。其中，越共中央军事党委设书记1名，由越共中央总书记兼任；副书记2名，由国家主席、国防部长担任；常委4名，由总理、总参谋长、总政主任、总后主任担任。国防部设部长1名、副部长若干名，机关设有办公厅、政策局、物资局、财政局、外事局、刑事调查局、科技与环境管理局、车辆局、武器弹药局、计量局、经济局、计划投资局、国防教育委员会、军事科学委员会、军队监察委员会、国防动员指导委员会；直属单位有军事战略研究院、军事历史研究院、国防学院、军事外语大学、16兵团、万春进出口总公司等；下辖总参、总政、总后、总技术局，国防工业总局和情报总局6大机关，海军司令部、防空－空军司令部，特工部队、炮兵、装甲兵、工兵、通信兵、防化兵等6个兵种司令部，边防部队司令部，海上警察总局等。总参谋部设总参谋长1名、副总参谋长若干名，编有总参办公厅、政治局、作战局、电子作战局、院校局、机要局、地图局、民兵自卫队局、行政管理局、军力局、战斗训练局等17个机关，下辖野战军和军区。总政治局设主任1名、副主任若干名，编有总政办公厅、组织局、干部局、政治局、文化局、宣传局、后勤局、保卫局等15个机关和报社、杂志社、出版社。总后勤局设主任1名、副丰仟若干名，编有总后办公厅、参谋部、政治局、财政局、营房局、物资供应局、运输局、油料局、军装局、军医局、生产局、车辆管理局、军需局和军粮局等18个机关。总技术局设主任1名、副主任若干名，编有总技办公厅、技术管理局、计划局、军械局、政治局、车辆管理局、质量局等10多个机关和3个设计技术研究院。国防工业总局设主任1名、副主任若干名，编有后勤局、计划局、组织劳动－培养局、财政审计局、科学工艺局、工业动员局、国际合作局等机关和近30个公司、企业、工厂。情报总局设局长1名、副局长若干名，编有情报总局办公厅、政治局、后勤局、技术局和若干业务局及直属单位。

陆军编制　陆军编有直属总参的野战军、军区部队、兵种部队。其中，野战军是全军战略机动部队，负责全境机动作战，是越军最大建制单位；军区是相当于军一级建制的地区性部队，主要负责辖区内的作战；兵种部队分为各兵种司令部直属部队和野战军、军区配属部队两大部分。野战军编制2.5万人，设军长、副军长兼参谋长、军事副军长、政治副军长、后勤副军长、技术副军长；机关有参谋部、政治局、后勤局、技术局、下辖3个步兵师(内含1～2个机械化步兵师)，5个兵种旅(团)、5个勤务营。军区编制2～3万人，设司令、副司令兼参谋长、政治副司令、军事副司令、后勤副司令、技术副司令；机关有参谋部、政治局、后勤局、技术局；下辖3～4个步兵师、若干个省(市)军事指挥部、7个兵种旅(团)、5个勤务营和部分学校、工厂、文体单位。步兵师共有4种，即机械化步兵师、甲种步兵师、乙种步兵师、架子步兵师。步兵师多采用4团制编制，主官实行"一长四副"。其中，机械化步兵师编制8000余人，编成3个机械化步兵团、1个炮兵团、1个高炮团、7个直属兵种营、1个警卫连；甲种步兵师编制7000～8000人，编成3～4个步兵团、1个炮兵团、10个直属兵种、勤务营(连)；乙种步兵师编制4000～5000人，编成3个步兵团、1个炮兵团、9个直属兵种、勤务分队；架子步兵师编制1000～2000人，仅编3个步兵团，1个炮兵团和部分兵种分队的框架，作为需要时补充扩编的基础。旅(团)共有8种，即步兵团、炮兵旅(团)、装甲旅(团)、高炮旅(团)、特工团、通信团、工兵旅(团)、防化团等。旅多采用4营制编制，团一般为3营制编制，主官均实行"一长四副"。步兵团编制1500～2000人，编成3个步兵营、9个直属兵种、勤务连(排)；炮兵团(旅)编制1700～2000人，编有2～3个炮兵营、1个反坦克导弹营、7～8个直属保障、勤务分队；装甲团(旅)编制700～1500人，编有3个坦克营、1个装甲营、7个直属保障、勤务分队；高炮团(旅)编制1000～1500人，编有3～4个高炮营、5～6个直属保障、勤务分队，装备37、57毫米高炮、防空导弹发射筒、雷达、牵引车等。特工团编制1000余人，编成3个特工营、4个分队。分队(营、连)共有5种，即步兵分队、炮兵分队、高炮分队、装甲分队、特工分队等。其中，步兵营编制300～500人，编有3个步兵连、1个火力连和部分勤务排；步兵连编制100人左右，编有3个步兵排、1个火力排。炮兵营编制200人左右，编有3个炮兵连和2个排。高炮营编制200余人，编有3个高炮连、1个指挥排；高炮连编制60余人，编有2个高炮排。坦克营编制200余人，编有3个坦克连；坦克连编制50余人，编有3个排。特工营编制400余人，编有3个特工排和4个火力、保障班；特工连编制100余人，编有

3个特工排和1个勤务班。

海军编制 海军编有海军司令部、沿海区、舰艇旅、陆战旅、守备旅（团）、勤务旅（团）等。海司设司令1名、副司令若干名，编有参谋部、政治局、后勤局、技术局、院校训练局等机关，编制2800余人；下辖沿海区、直属旅（团）等。沿海区编制7500～11400人，编有指挥长、副指挥长兼参谋长、军事副指挥长、政治副指挥长；设有参谋处、政治处、后勤处、技术处和经济建设处等机关，下辖1～2个舰艇旅、1～2个陆战旅、1～3个守备旅（团）和部分岸炮营、雷达营、通信连、军医连和警卫连。舰艇旅设旅长、副旅长兼参谋长、军事副旅长、政治副旅长，编有3～6个海战队。陆战旅编制3000余人，设旅长、副旅长兼参谋长、军事副旅长、政治副旅长，编有参谋处、政治处、后勤处、技术处等机关，下辖特工营、装甲营、炮兵营、高炮营、陆战营和9个直属连。守备旅编制1200～1500人，设旅长、副旅长兼参谋长、军事副旅长、政治副旅长，编有参谋科、政治科、后勤科、技术科、财务股，下辖1～3个守备营、2个高炮营、1个岸炮营和部分高机、通信、工兵、后勤分队。工兵团编制600人左右，设团长1名、副团长4名，编有3个工兵营，每营辖3个连。

防空—空军编制 防空－空军编有防空－空军司令部、航空师、防空师、航校等。防空－空军司令部设司令1名、副司令若干名，编有参谋部、政治局、后勤局、技术局、训练局、陆军防空局等机关和部分直属单位。航空师编制5000人，设师长1名、副师长若干名，编有参谋处、政治处、后勤处、技术处及直属单位，下辖2～3个飞行团、3～5个基地营和部分训练营、工兵营、雷达通信营；飞行团编制600～800人，编有2～3个飞行队；飞行队编制70～80人。防空师编制4200～6000人，设师长1名、副师长若干名，编有参谋处、政治处、后勤处、技术处及直属单位，下辖数个导弹团、高炮团和雷达团；导弹团编制600～1500人，编有数个导弹营、技术营、指挥连等；高炮团编制600～800人，编有多个高炮连、指挥连等；雷达团编制600～1000人，下辖5～8个雷达连。航校属师级编制单位，编有参谋处、政治处、教务处、后勤处、技术处，下辖2个训练飞行团、4个基地营、4个雷达通信营和数个工兵、警卫营等；每个训练飞行团有学员约200人、教员50余人。

资料来源：

①越南《人民军队报》2000年；

②越南《全民国防》杂志2000年；

③英国《军事力量对比》2000～2001年。

（钟学良）

新加坡军队体制编制

新加坡武装力量由正规军和准军事部队两部分组成。正规军分陆、海、空三个军种。其主要编制情况如下：

陆军编制 陆军总部设总长1名、参谋长1名，编有步兵司令部、装甲兵司令部、炮兵司令部、工兵司令部、通信兵司令部和后勤司令部等机构，下辖3个混合兵种师、1个快速反应师、2个人民卫国军、2个预备役师。其中，每个混合兵种师下辖2个步兵旅、1个机械化旅、1个侦察营、2个炮兵营、1个高炮营、1个工程营，快速反应师下辖3个步兵旅。陆军拥有新加坡自制的最新型陆战车和M－113型装甲输送车750余辆，以及若干枚地空导弹等先进装备。

海军编制 海军设总长1名、参谋长1名，编有舰队司令部、海岸司令部、后勤司令部等机构。其中，舰队司令部下辖2个作战中队、1个运输供应中队、1个潜艇中队，装备有25艘导弹快艇、小型护卫舰、登陆舰，2艘后勤支援舰船和4艘潜艇；海岸司令部下辖2个中队，装备有6艘巡逻舰、4艘扫雷艇和1艘潜水员支援船。

空军编制 空军总部设总长1名、参谋长1名，编有战术支援司令部、训练司令部等机构，下辖6个攻击战斗机中队、2个战斗机中队、1个侦察机中队、1个空中预警中队、1个海上巡逻中队、2个武装直升机中队、5个运输机中队，1个教练机中队、1个无人侦察机中队和4个机场防卫中队，装备作战飞机136架，武装直升机20架。

准军事部队编制 编有警察1.16万人（包括廓尔喀警卫营750人）。民兵约10.8万人。

资料来源：

①香港《亚洲周刊》2000年；

②美国《军事力量对比》2000年。

（孟 丽）

缅甸军队体制编制

缅甸国防军由陆军、海军和空军三军组成，其编制如下：

国防部和总参谋部编制 国防部设部长1名、副部长若干名，编有军务局、军需局、监察局、人事局、军法局、特战局、军械局、通信局、训练局、情报局、物资局、管理局、安置局、炮兵和装甲兵局、工程兵和军医局、边防部队与民兵局、群众关系与心战局等机关，下辖总参谋部。总参谋部设总参谋长1名、副总参谋长若干名，下辖陆军、海军和空军三大军种司令部。

陆军编制 陆军司令部设司令1名、副司令若干名，编有作战处、研究处等机关，下辖若干个军区、步兵师、战术指挥部。军区司令部设司令 1 名、副司令若干名，编有作战处、情报处、军务处、军需处，下辖数个战区指挥部、战线指挥部、步兵营和直属兵种、勤务分队。步兵师师部设有参谋处、军务处等机关，下辖数个步兵营和兵种分队。战术指挥部编有步兵营。步兵营编制约 800 人，编有步兵连、重武器连和突击排。陆军特种兵编有地炮、装甲、高炮、通信、工程、运输、军械、侦察情报、社会联络、电机、医务和宪兵部队。

海军编制　海军司令部设司令 1 名、副司令若干名，编有作训处、情报处、计划处、军需处、军务处、机械工程处、机务处、船坞管理处等机关，下辖海军区、战略舰队、训练基地等单位。海军区司令部设司令 1 名、副司令若干名，设有部分机关，下辖舰队、基地、训练队、通信队、侦察队、军械队、管理队、前线站等。战略舰队设司令 1 名、副司令若干名，编有机关和下属单位。训练基地设司令 1 名、副司令若干名，下辖海军工程技术学校、海军武器与通信学校、航海和行政管理技术学校。

空军编制　空军司令部设司令 1 名、副司令若干名，编有作战处、情报处、研究处、通信处、值班处、人事处、计划训练处、雷达处、军需处、军务处、机械处、军械处、电机处、募兵处、供应运输处、行政管理处等机关，下辖空军基地、空勤训练基地、地勤训练基地、后勤维修基地、雷达中队。空军基地设司令 1 名、副司令若干名，下辖攻击战斗机中队、防暴机中队、直升机中队、侦察队、机务队、通信队。空勤训练基地下辖航校、飞机中队、行政管理队、机械工程队、机务队、通信队、地勤训练基地下辖飞机中队、军械队、行政管理队、机务队、通信队、学校。后勤维修基地下辖后勤供应队、飞机维修队、物资管理队、军械队、弹药队、通信队。

资料来源：

①缅甸《人民军队》杂志 2000 年；

②英国《军事力量对比》2000～2001 年。

（钟学良）

马来西亚海军司令部体制编制　设海军司令 1 名，副司令兼参谋长 1 名。海军司令是马海军的最高指挥官，负责包括海军预备役部队在内的一切事务。副司令兼任参谋长，负责海军行政管理以及司令部的日常事务。海军司令不在位时，副司令自动成为海军最高指挥官。海军司令部编有的职能部门包括作战规划部、人事部、后勤部、行政管理部、普查处和调查处。其主要编制情况如下：

作战规划部编制　作战规划部包括战略规划部、演习行动部、通信部、作战部和水文勘测部 5 个分部。其中，战略规划部负责海军结构调整、发展计划的制定，并对与海上防御战略有关的事务进行研究；演习行动部执行海军的一切演习活动；通信部负责海军所有通信方面的事务；作战部负责制定海军作战策略，包括联合作战；水文勘测部负责与水文勘测有关的事务，并向海军司令部提供建议。

人事部编制　人事部包括人事服务部、人事建议部、人事研究和政策部、人事储备部 4 个分部。其中，人事服务部负责管理、规划所有海军人员的需求，包括士官的服役条件，协调人员的任用以及制定人员培训计划；人事建设部负责人事建设工作，着重于精神教育、体育、科技、征兵、训练、考核等方面；人事研究和政策部负责整个人事部的政策制定和阐述，并负责制定征兵计划及协调与征兵有关的各单位之间的关系；人事储备部负责动员符合国防部政策规定年龄的公民参加海军现役和预备役部队。

后勤部编制　后勤部包括工程建设部、工程部、物资部和信息技术部 4 个分部。其中，工程建设部主要负责舰艇的建设、维修和升级工作；工程部负责对工程标准、法则的执行情况进行检查和工程验收。物资部主要负责合同、购买、后勤补给以及弹药管理。信息技术部负责搜集海军的信息和数据，研究当前和未来的计算机发展技术。

行政管理部编制　设特别参谋若干名，负责管理海军司令部所有行政管理工作，直接向海军副司令负责。该部包括秘书部、财务部、军法部、海军驻吉隆坡管理处 4 个部门。其中，秘书部分秘书处、公共管理处、负责外国海军要员、军舰对马来西亚的访问、马海军要员出访、工资发放以及档案、印刷出版等事务，同时，作为信息中心，处理上报来自各方面的信息情报；公共管理处负责协调海军司令部与外部联系事务，并负责对外界发布关于马海军的各种准确信息；财务部负责海军建设预算和财政开支；军法处负责执行海军的纪律和法规。海军驻吉隆坡管理处是海军驻吉隆坡直属区机构，负责管理该地区的海军人员。

普查处和调查处编制　普查处负责调查海军官员的舞弊情况；调查处负责海军内部事务调查，特别是战略调查。

资料来源：

①马来西亚《信使报》2000 年；

②英国《简氏防务周刊》2000 年。

（孟　丽）

军 事 训 练

美国军队军事训练　陆军训练　**提出训练改革建议**　据美《陆军时报》2000 年 9 月 25 日报道，美陆军参谋长埃里克·新关上将于 1999 年秋要求美陆军 21 世纪培训系统专业小组对美陆军尉官和士兵人事和培训制度进行调研。为此，该专业小组就尉官和士兵的发展、培训和管理等方面长期存在的问题进行了调研，并在此基础上于 2000 年 10 月 2 日向埃里克·新关上将提出下述建议：

⑴逐步强化部队岗前培训以替代传统的课堂教学以培训“多技能士兵”。⑵军事专业数量减少 1/5，即从目前的 241 个减至约 200 个。⑶统一各专业指挥官和人事管理人员用来指导士兵培训和任职的“晋升指南”，并实现标准化，改变目前各专业“晋升指南”存在的差异。

制定两项教育计划以提高新兵素质　据美《陆军》杂志 2000 年 3 月刊和《陆军时报》2000 年 3 月 22 日报道，美陆军部长卡尔德拉于 2000 年 2 月批准了包括“普通教育发展计划”以及“先上大学计划”在内的几项征兵倡议。美陆军将在 2000 年和 2001 年花费 1.52 亿美元以提高新兵质量并吸引更多的男女入伍。“普通教育发展计划”以及“先上大学”计划将帮助新兵获得高中毕业文凭和大专学历。

“普通教育发展计划”也称高中毕业计划，主要针对每年 6000 名非高中毕业生新兵。其中，现役 4000 名，后备役 2000 名，让这些新兵先达到高中毕业水平，尔后服役。

“先上大学计划”给想上大学的男女士兵提供入伍—上大学—到部队服役的机会。该计划允许参加者推迟服役或以在后备役的方式先在学院学习 2 年，尔后到部队服役。推迟服役者每月获得补贴 150 美元。

投资研制虚拟现实训练系统　据美《陆军时报》2000 年 10 月 16 日报道，美陆军最近与南加利福尼亚大学签订了一个为期 5 年，以 4500 万美元研制先进的虚拟现实训练系统的合同，并于 2000 年 9 月 26 日在加利福尼亚州马里纳·德·雷伊成立了创新技术研究所。美陆军模拟、训练与设备司令部首席科学家布莱克任创新技术研究所主任。

虚拟现实模拟技术对美陆军来说不是一项新技术。美陆军早在闭路作战战术训练器等模拟训练设备中采用了此项技术。各种车辆的闭路作战战术训练器均可产生装甲车作战时发生的声光。陆军部队利用该技术提高受训小分队的射击、机动和与其他单位进行通联的技能。创新技术研究所现把重点放在制造音响并进行各种实验，以便研制出一种能训练士兵预演各种情景以应付维和行动中遇到的种种复杂困难的局面，并能正确作出举足轻重决定的虚拟现实训练系统。

这种虚拟现实训练系统可供美陆军所有军人使用。陆军官兵可在任何时间、世界上任何地方包括教室和家庭通过互联网进入该训练系统实施训练。

扩大欧文堡全国训练中心面积　据美《陆军时报》2000 年 11 月 13 日和《陆军》杂志 2000 年 12 月刊报道，地处加利福尼亚州莫哈维沙漠、占地面积为 100 平方英里的欧文堡全国训练中心，每年约有 10 个重型旅规模特遣部队进行轮训。

尽管全国训练中心面积很大，但美陆军自 1985 年以来一直想扩大其规模，因为作战部队行进速度早已从 1981 年每小时 10 英里提高到现在的每小时 25 英里。

美陆军与内政部经过长达 2 年的谈判终于在 2000 年 10 月 26 日就拟议中的扩大全国训练中心法案达成一致意见。据此，陆军部和内政部将联合准备一份全国训练中心扩大计划，待国会批准后公布于众。届时美陆军可得到 1.31 万英亩的土地包括欧文堡尚未用于训练的 2.1 万英亩的土地作机动训练之用。欧文堡全国训练中心面积扩大后，可供 2 个旅规模特遣部队同时进行轮训。

重视城市作战训练　据美《陆军时报》2000 年 11 月 20 日报道。美陆军日益重视城市作战训练，美军事专家认为，城市作战的特点是交战双方接触距离近，人员相互搏杀狠，众多的楼梯和小巷将使美陆军无法发挥在远程武器和通信设备方面占有的优势。因而，战时高技术的美陆军很可能与低技术的敌军不分优劣。

为此，美陆军正在努力向所有部队提供一流的城市作战训练场。1997 年在波尔克堡开设了价值 7 千万美元的舒加哈特－戈登城市作战训练场，为本宁堡的麦基纳城市作战训练场增加了价值 9 百多万美元的训练设备。2000 年 4 月在诺克斯堡又开设了朱斯曼城市作战训练场。陆军将在 2002～2007 年拨款 7580 万美元用于修建城市作战训练场以进行城市和近效训练。然而，上述训练场面积都较少，只适于小部队进行战术和技能训练。

美驻欧陆军近几年也加强了城市作战训练。德国霍恩费尔斯作战机动训练中心的城市作战训练设施是一个欧洲式小村落的翻版，内有 4 座建筑物。按计划，该训练设施将增加建筑物从而增加演习方案的复杂性和训练的难度。

美陆军计划在全国训练中心建立 2 个城市作战训练场。第 1 个为部队对抗训练场，定于 2007 年运作，第 2 个为实弹训练场，定于 2010 年运行。

举行高级作战实验 据美《陆军后勤》2000 年 11～12 月和《陆军时报》2000 年 9 月 4 日和 10 月 2 日报道，美陆军于 2000 年 9 月 8～20 日在路易斯安那州波尔克堡联合战备训练中心举行高级作战实验。该实验是联合部队司令部名为“千年挑战 2000”演习的一部分，旨在了解陆军的数字化技术在未来如何应用于徒步步兵部队。在为期 2 周的联合应急部队高级作战实验中，驻纽约州德鲁姆堡的第 10 山地师 1 旅、驻北卡罗来纳州布雷格堡的第 82 空降师 325 空降步兵团 3 营、以及驻得克萨斯州胡德堡的第 4 机械化步兵师的 1 个装甲连共约 4000 人与该中心的假设敌进行部队对抗作战。

高级作战实验期间，陆军共评估了 47 项技术和条令性新措施，其中包括途中任务规划与预演系统，陆军作战指挥系统和地面武士单兵系统。

美驻波斯尼亚维和部队接受部署前训练 据美《陆军时报》2000 年 9 月 25 日报道。许多美军军人正准备赴巴尔干半岛执行维和任务。为此，约有 1200 名陆军国民警卫队员即将在佐治亚州斯图尔特堡完成 21 天的波斯尼亚部署前训练。训练课目包括地雷探测、对炮火和偷袭火力迅速作出反应、宪兵战术、了解波斯尼亚历史与文化等。他们将于 2001 年开赴波斯尼亚。

美驻欧陆军在波兰陆军训练场训练 据美《陆军时报》2000 年 12 月 11 日和 25 日报道，美驻欧陆军于 2000 年 10 月 10～21 日举行了“胜利进攻”演习。这是美军在东欧地区举行的首次大型作战演习。5 军参谋部的一半人员、全部支援航空旅、1 个野战炮兵连及其所属营部以及操纵“爱国者”、“复仇者”和“毒刺”系统的防空人员共 2500 名美军以及波兰炮兵和航空部队共数百人参演。演习在波兰的罗斯科·波莫瑞训练场进行。

罗斯科·波莫瑞是波兰陆军最大的训练场之一。几十年来，华沙条约部队在此训练基地进行训练。波兰、匈牙利和捷克斯洛伐克等东欧三国加入北约意味着这些国家的设施可用于美军部队训练。

“胜利进攻”演习重点训练 2 个“阿帕奇”直升机中队。“阿帕奇”直升机进行昼夜实弹演习，以压制敌防空部队的火力。波兰的防空和炮兵部队也参加了交战以帮助波兰军队平稳加入北约体制。美陆军为参加该演习的美军人员向波兰政府每人每天支付 35 美元以及全部军事损毁费。5 军为这次演习共耗费了 2100 万美元。

扩大现役部队和后备役部队训练与部署挂钩计划 据美《陆军时报》2000 年 9 月 25 日报道，美陆军参谋长埃里克·新关上将于 2000 年 9 月 14 日在美陆军国民警卫队协会年会上提出美陆军扩大现役部队和后备役部队训练与部署挂钩计划。该计划将有利于现役和后备役部队的训练和部署。现役与后备役挂钩部队不仅能在一起训练而且可在部署到战区后相互提供支援。

新计划将调整现有的挂钩单位，把陆军国民警卫队的 8 个师和 15 个加强独立旅与第 1 军、第 3 军、第 5 军和第 18 空降军及其所属师挂钩。

埃里克·新关上将称，陆军国民警卫队在战区扩充和加强现役部队并与现役部队一起执行轮换任务。因此，下一步，陆军将与各大总部司令研究确定陆军国民警卫队在战区的作用。陆军国民警卫队今后的任务仍将十分繁重。2003 年 4 月以后它将领导更多的维持和平行动轮换工作。

（洪锦珠）

海军和海军陆战队训练 2000 年美国海军和海军陆战队在对 21 世纪新的威胁形式、新的作战样式进行研究之后，结合新装备、新作战理论和部队任务，在组织部队训练中出现一些新特点。

发挥军种作战实验室的职能，大力研究、发展新的作战理论。 为适应 21 世纪作战发展的需要，美海军充分发挥海军作战实验室和陆战队作战实验室的职能作用，大力进行作战实验，对各种环境下的兵力行动、各种作战样式以及作战效果进行实验、论证，对已形成的作战理论进行评估、鉴定，同时发展和丰富新的作战理论和作战思想。如：美海军组织的“海军舰队作战试验－H”和陆战队组织的“千年龙”作战实验等。

重视计算机技术和模拟技术在训练演习中的使用。 随着计算机技术和网络技术的飞速发展，其模拟战场环境、模拟武器使用的效果非常逼真、数据非常精确，为此，美海军和海军陆战队在训练和演习中不断加大使用计算机技术的成分，包括模拟训练、网络

2000年是美国空军历史上从未有过的最安全的飞行年度，全年共发生A级严重飞行事故22起，万时率降低到0.104，创历史最低纪录。事故损失飞机14架，致亡7人。飞行安全进步最大的是F-15和F-16战斗机部队。年内，F-15战斗机仅发生2起A级飞行事故，而1999年发生了7起。F-16 A级飞行事故9起，比1999年减少了50%。全空军所有重型轰炸机、C-5和C-141运输机以及侦察机未发生A级事故。在各大司令部中，驻太平洋空军创造了没有A级事故的最安全记录。美空军安全部门认为，严重飞行事故减少的一个重要因素是，空军投入了足够资金，为飞行部队提供质量好、数量充足的飞机零备件，从而大幅度减少了机务保障原因事故，年内仅发生此类原因事故5起，1999年则为20起。此外，美空军为减少人为原因事故，加强了飞行风险管理，强调根据飞行人员的经验，掌握飞行难度，因人施教，为飞行员下达力所能及的任务。

运用高新技术，改进训练手段

⑴启用新一代空战训练系统。　2000年度，美空军正式试用经改进的内利斯综合靶场空战训练系统。它可同时监视和录制在靶场空域活动的100多架参演飞机的空战活动情况，同时可以通过制作的软件模拟任何飞机和地面防空武器，在训练演习中同时模拟的武器总数已由50个增至100个。在年内举行的三次“红旗”演习中试用了内利斯空战训练系统，整个系统运行状况良好，其利用率达到98%。与原系统相比，该系统能在任何指定时间，对更多的参演者进行训练讲评，并且图像更加逼真。

⑵启用新型网络化模拟训练系统。

美空军根据分布式任务训练（DMT）概念，运用计算机网络技术、远程通信传输技术、分布式交互仿真与多媒体技术相结合，通过网络把美空军各飞行训练中心装备的新一代模拟器连结起来，实现系统资源共享，使参训飞行员在虚拟的战场空间内共同演练战役战术，使模拟训练由侧重技术训练转为侧重飞行战术训练，同时使模拟训练更加接近实际，飞行员不仅能看见自己的僚机，也能看见迎面飞来的敌机，使其有身临其境的感觉。2000年5月，分设在埃格林和兰利空军基地的新一代F-15模拟器联网后开始实施分布式任务训练。11月，设在廷克尔空军基地的空中预警与控制系统模拟器也加入该网络。这是美国空军最终将几十个空军基地装备的各机种飞行模拟器实现网络化迈出的第一步。一旦有更多的基地和模拟器实现联网，飞行员将会作为一个实际的突击特遣队的成员参加任务“飞行”，该特遣队将由任一军种的作战飞机组成，包括战斗机、轰炸机、加油机、空中预警与控制飞机等。据预算，在未来15年内，美国空军为研发新一代飞行模拟器，投资总额近12亿美元。

资料来源：

①美国《空军时报》2000年10月16日；
②美国《现代模拟与训练》2000年第4期；
③美国《空军时报》2000年6月19日；
④美国空军《飞行员》杂志2000年6月；
⑤美国《空军》杂志2000年7月。

（李荣怀）

院校教育　**美国防部成立“西半球安全合作学院”**　据美《陆军时报》2000年12月25日和《陆军》杂志2000年12月刊报道，位于佐治亚州本宁堡的美陆军美洲间学校按照陆军部长卡尔德拉的命令已于2000年12月15日正式关闭。美国防部在陆军美洲间学校原址成立了名为“西半球安全合作学院”的新学校。西半球安全合作学院定于2001年1月17日开学，教学重点放在维持和平、救灾和缉毒。

美陆军网络大学远程教育计划　据美《陆军时报》2000年12月25日和《陆军》杂志2000年9月刊报道，美陆军部长卡尔德拉在2000年12月14日宣布，在今后5年内美陆军将向普赖斯沃特豪新公司支付45300万美元以发展和运作美陆军网络大学。美陆军网络大学帮助陆军官兵到网上参加任何课程学习，考核合格者获得普通教育证书或从学士到硕士等各种学位。美陆军将在现役、后备役和国民警卫队范围内实施这项计划。第一个远程教育试验计划将于2001年1月中旬在佐治亚州本宁堡、肯塔基州坎贝尔堡和得克萨斯州胡得堡实施。参加学习的官兵将获得奖学金、学习用计算机、打印机、课本和学习咨询。通过3门课程考核者可获准免费上网。

美陆军扩大候补军官学校　据美《陆军后勤》2000年11月～12月刊报道，为了解决军官短缺问题，美陆军扩大其候补军官学校。佐治亚州本宁堡第11步兵团候补军官学校3营增加了一个新连即第3连。每年将有1050名军官可到候补军官学校上学。

候补军官学校课程共分三个阶段。第一阶段为期4周，学习重点放在部队领导程序和拟写作战命令。该阶段还包括体能训练和行军。在最后1周进行地面导航训练。第二阶段为期6周。该阶段强调战术训练，包括进行以计算机演习为基础的攻防概念课堂教学。第5周进行野外战术演练。第三阶段为期4周。在该阶段，候补军官学校学员享受中尉待遇，不对他们实施限制。如果他们生活在当地，夜间可以回家。

美陆军候补军官学校的淘汰率为10%左右，大部分为伤病所致。淘汰率低的原因主要是因为学校坚持严格挑选的原则，挑选的学员都是主动性极强的合格人员。

（洪锦珠）

军事演习　“环太平洋”联军演习　2000 年 5 月 30 日～7 月 6 日，美国、英国、澳大利亚、加拿大、智利、日本、韩国等 7 个环太平洋国家在夏威夷附近海域举行了代号为“环太平洋 2000”的大规模海上联合军事演习。该演习始于 1971 年，每两年举行一次，此次是第 17 次。

参演的 7 个国家共动用各种陆基与舰载飞机 200 余架；战斗支援与两栖舰船以及潜艇 50 余艘；还有来自陆海空军、海军陆战队和海岸警卫队的 2.2 万多名军事人员参加了此次演习。其中，美海军派出的有“林肯”号航母战斗大队和“拳师”两栖戒备大队在内的 20 余艘舰艇。日本派出的有“金刚”号宙斯盾级驱逐舰和最新型的 4 艘“村雨”级护卫舰在内的 8 艘舰船，另外还有 1 艘潜艇和 8 架 P－3C 巡逻机。

演习由美海军第 3 舰队组织，舰队司令丹尼斯·姆吉恩海军中将任总指挥。这是一次训练性的演习。目的是提高多国部队的战术水平和参加海上联合作战的协调配合能力，确保该地区的稳定。演习分两个阶段进行，6 月 2～27 日为第一阶段，内容是在夏威夷海域进行多科目综合战术演习，其目的是加强参演部队海上持续作战能力，进一步改进空战与防空战、水面战、潜艇战、海上封锁与两栖战的战术、技术和程序：6 月 28 日～7 月 6 日为第二阶段，内容是汇报与评估。演习中，所有参演部队分别编组成盟军部队、美日联军和假想敌 3 部分。其中盟军部队由美、英、加、智、韩等国部队编成，美日联军由日本海上自卫队的 9 艘舰艇和美国的 5 艘舰艇编成，而假想敌则由美、加、澳、韩四国的 14 艘各型舰艇编成。

6 月 2～6 日，由日本海上自卫队的 4 艘护卫舰与美海军“菲茨杰拉德”号导弹驱逐舰编成的美日联军首先在太平洋导弹靶场进行了水面舰艇炮手射击演习、反潜演习、导弹射击演习和防空导弹射击演习。同时还进行了内容和性质不同的单项演习：

⑴“坚强天使”人道主义救援演习。

6 月 8～15 日，盟军部队开始举行代号为“坚强天使”的人道主义救援演习。演习想定假设有“橙”国与“绿”国发生冲突，“橙”国首先在本国采取对“绿”国的敌对行动，将“绿”国公民从“橙”国驱逐出境。“绿松石”国执行联合国决议，出动海军与陆战队以保证该地区的稳定。陆战队为危机中的“绿”国难民提供了安全的环境、食物与帐篷。

⑵“太平洋闪击战”战区导弹防御演习。

6 月 6～8 日，美海军在太平洋导弹靶场举行了代号为“太平洋闪击战”的演习，对海军战区弹道导弹防御能力进行试验。此项演习的内容包括目标跟踪与检验联合军种的协作能力。演习中，美国海军、陆战队、陆军与空军的防御系统通过联合战术情报分发系统（JTIDS）和其他通用的数据链成功地实现了同时对多个目标的跟踪和数据共享。该演习是实施战区弹道导弹防御与战斗部队管理的一个重要步骤。它检验了导弹防御的训练方法和条令，验证了海军舰载雷达搜集战区弹道导弹跟踪数据的能力：也显示了宙斯盾级驱逐舰通过联合战术情报分发系统数据链 16（一种主要的数字化通信模式）传输战区弹道导弹数据的能力。

⑶击沉实舰的“沉船”演习。

6 月 13 日，美、澳、加、日和韩国军队还进行了一次对真实舰只实施攻击的“沉船”演习。

此演习目的是对执行导弹发射任务的人员进行实弹射击训练，检验导弹对真实舰艇的攻击效果。其过程是：首先，澳大利亚空军的 F－111 战斗机与美军 SH－60“海鹰”直升机从空中向靶舰投射了 3 枚“地狱火”导弹和 1 枚激光制导炸弹，随后，澳大利亚的“阿德莱德”护卫舰与加拿大的“温宁派格”护卫舰也从海上向靶舰发射了 3 枚“鱼叉“舰对舰导弹。与此同时，美海军“齐恩尼”号潜艇还从水下向靶舰发射了鱼雷。在多种弹药多方向的攻击下，靶舰“布坎南”号导弹驱逐舰被击沉。

⑷两栖突击演习。

6 月 20～21 日，先后进行了搜索与救援演习，“海豹”小队海上渗透行动和两栖特遣部队对贝洛斯海滩的直升机与车船突击演习。6 月 20 日清晨，美与澳大利亚军队联合对贝洛斯海滩进行了一次机械化两栖突击演习。

⑸联合特遣部队演习。

6 月 20 日，盟军部队还进行了一次联合特遣部队演习，其目的是为其在西太平洋和波斯湾地区部署兵力做准备。美“林肯”号核动力航母担任盟军部队的旗舰。演习内容主要有共同防御、海上拦阻和对靶舰实施空中打击等。另外，还进行了各种射击、排雷、两栖攻击和搜索与救援等项演习。

这次演习的特点：

⑴演习规模大，演练科目多。“环太平洋 2000”演习是环太平洋地区规模最大的海上演习，也是目前世界上规模最大的联军演习之一。演习的科目多达数十项，仅海军演练科目就有水面目标射击、防空导弹射击、“海麻雀”导弹射击、水下反潜、鱼雷发射、海上拦阻、搜索与救援、水面火力支援演习等。空军演练科目主要有空中火力支援、奔袭轰炸、空中加

油、联合反潜搜索等；陆战队演练科目有两栖舟艇登陆、“毒刺”防空导弹射击、两栖突击、空地联合特遣部队攻击演习等；特种作战演练科目有海上布雷、爆炸物排除训练、武装渗透、人道主义救援演习等；此外，在整个演习的过程中，还始终伴有持续不断的电子战演习科目。

(2)强调实战，重视作战效果。　在“沉船”演习中，共使用了4艘即将退役的大型水面舰只作靶舰，先后以战斗机、直升机、水面战舰和潜艇用多种不同的弹药，从多方向对靶舰实施实弹攻击，直到击沉为止。此种演习方式不仅更加切合实战，而且也为未来战争中有效击沉大型水面舰只探索了最佳攻击手段和方式。

(3)军事演习由纯军事范畴扩大到军队与地方政府、地方部门间的联合演练。此次参加“环太平洋2000”演习的部门除了参演国的军队以外，还包括美国红十字会、联合国儿童基金组织、世界粮食计划组织、联合国难民事务高级专员署等政府机构和非政府组织。为此，演习专门成立了民事—军事联合行动中心，负责协调军事部门与民事机构的统一行动。

(4)首次试用以互联网为中心的先进信息系统和其他新技术。　多国部队首次试用了联军宽域网络系统(CWAN)。该系统利用互联网、现有的计算机硬件和软件，结合使用最尖端的军事卫星技术，以实现舰艇之间、舰艇与陆上指挥中心之间高效通信联络，从而可提高舰队之间以及舰艇与陆上指挥中心之间的通信与协调能力，加强联合作战中远距离通信能力，使指挥官能够获取更多的相关信息，更快地做出有效抉择，并实现空战、水面战和两栖作战中各作战单位之间的无缝连接。

(5)首次把人道主义救援作为“环太平洋”联军演习的内容。　“环太平洋2000”演习中，联军部队举行的代号为“坚强天使”的人道主义救援演习，以发生地区冲突为背景，演练了以美军为首的联军部队实施人道主义干涉的行动。这表明，在未来的地区冲突中，以人道主义救援为借口而采取的非战争军事行动将可能成为美国对他国实施军事干涉，推行新干涉主义的主要行动样式。

“流沙2000”联合军事演习　2000年6月14～23日，美国、德国、英国、荷兰与加拿大在美国联合举行了代号为“流沙2000”的军事演习。演习分别在美国弗吉尼亚州、北卡罗莱纳州、路易斯安那州、新墨西哥州、德克萨斯州和内华达州等地进行，共有18700名官兵参加了此次演习。演习的目的旨在训练部队在各种地理环境中的各种作战能力。“流沙2000”联军演习是世界上规模最大的战区级防空与导弹防御演习。演习中，参演的多国部队将指挥、控制、通信与计算机系统、防空火炮和陆军、海军、空军及陆战队的飞机联成一个一体化的防空系统。此次演习提高了参演部队指挥官与参谋部门在真实作战环境中的计划制订能力和实施联合战术防空行动、战区导弹防御行动和联合强制进入行动的能力。

“枫叶旗2000”联军演习　2000年5月15日～6月23日，美国、加拿大、新加坡、荷兰、德国、瑞典、英国和墨西哥等8国在加拿大埃德蒙顿北部的冷湖武器试验基地联合举行了代号为“枫叶旗2000”的空战演习。

“枫叶旗”系列演习的目的旨在提供逼真的模拟空战环境，训练参演飞行员在复杂条件下完成多国部队大规模空中打击任务的能力，提高盟国空军在空战中的联合作战能力。

先后有8个国家参加演习，共投入4500名官兵和320多架飞机。其中，美军的参演兵力为600多人，参演部队主要包括第513空中控制大队、第970机载空中控制中队、第60战斗机中队、第33维修中队、第414空中训练中队等。

“枫叶旗2000”演习分为三个阶段，每个阶段投入兵力各约1200人，持续时间各为两周。各阶段的演习想定相同，但演习计划不同，由各阶段的指挥官自主决定如何对目标发动攻击，衡量各种战术的利弊。在整个演习过程中，每名飞行员都要与其他国家飞行员执行约8次空战训练任务。

“枫叶旗2000”联军演习主要有以下几个特点：

(1)演习规模大，参演机种多。　“枫叶旗”演习是世界上规模最大的多国部队空战演习之一。演习的国家包括美国、加拿大等8国。波兰、南非、斯洛伐克、智利、匈牙利和巴西分别派出了观察员观摩了此次演习。各国派出的参演飞机机型达20多种、数量达320多架，包括：F－15、F－16、F－3、“旋风”战斗机、“美洲虎”战斗机、B－1B、B－52、米格－29、CF－18、高级机载预警与控制飞机有E－3D、VC－10、KC－135、KC/C－130、C－160、ET－33、C－5B特种作战飞机和其他用于电子干扰的直升机与电子干扰机。德国派遣的7架米格－29“支点”战斗机与美国空军的F－16一起被编入“红”军，与“蓝”军的多国部队战斗机和由80～90架飞机组成的打击机群展开对抗。

(2)力求符合实战要求，强调演习逼真性。　与以往演习不同，“枫叶旗2000”演习是在恶劣气象（尤其是雪天）条件下进行的。恶劣的气象情况、利用电子手段模拟的导弹攻击以及电子干扰等各种威胁使演习的训练任务更加接近实战。

演习部队根据实战的要求进行兵力部署和设置演习科目。由美国与英国的机载预警与控制系统负责为飞行员和地面指挥官提供监视、预警和完整的空战图像，C－130“大力神”等运输机则负责为模拟的部队运送补给，英国派出的E－3D高级预警机载指挥系统被部署在主要空战空域的东北部，为参演战斗机提供高度计设置、天气预报、有关具体任务的数据等信息。演习部队将遂行空中格斗任务的F－15和F－16战斗机部署在高空，遂行打击任务的飞机部署在中空，C－130、C－160、C－5B等飞机则部署在低空。在进入“敌”军空域之前，一些飞机先演练了从KC－135加油机实施空中加油。“枫叶旗2000”演习还引进了空战机动指示系统，它能够显示与记录参演双方飞机的方位、高度、速度和武器使用情况，并提供给装备有接收该系统信号设备的飞机。该系统能够清楚地显示某一架飞机击落了哪一架飞机，增强了演习的逼真度，大大提高了训练效果。

⑶吸取战争教训，突出演习针对性。　“枫叶旗2000”联军演习模拟了以中欧森林地形为背景的空战行动，在约4000平方米的范围内每天分两次投入80～90架飞机进行演练，因而演习具有很强的针对性。根据过去战争总结出的经验教训，演习部队有针对性地对飞行员进行训练。针对战斗机损失主要集中于头10次空战任务的规律，模拟空战行动的头10次任务一直是“枫叶旗”演习的重点演练内容。

在上届“枫叶旗”演习中，空中加油机数量有限，严重限制了空中打击行动的开展。因此，此次演习投入更多的空中加油机，空中加油演练也成为此次演习的主要内容之一。为保证通信联络的安全与畅通，参演的大部分飞机都装有加密的抗干扰通信系统。

“金色眼镜蛇2000”联军演习　2000年5月9～23日，美国、泰国与新加坡在泰国举行了代号为“金色眼镜蛇2000”的大规模联合军事演习。这是该系列演习自1982年以来的第19次，也是美国太平洋司令部本年度参加的规模最大的一次演习。此次演习的目的旨在加强美、泰、新3国军队的防卫能力或对地区突发事件的反应能力，提高3国军队的协同作战能力。美太平洋司令部派出来自陆、海、空、海军陆战队和特种部队的13000名士兵、泰国派出了7100名官兵、新加坡首次派出29名官兵参加演习。此外，澳大利亚、马来西亚和菲律宾还派出了观察员观摩了演习。

此次演习的科目包括：联合实弹射击、联合空地作战、联合海军作战、联合两栖作战和联合特种作战。除进行联合性的常规作战外，此次演习还新增加了为期4天强制维和行动，包括非战斗人员后撤等科目。

“并肩2000”联军演习　2000年1月28日～3月3日，美国与菲律宾军队在菲律宾各地举行了代号为“并肩2000”的大规模诸兵种联合军事演习。这是两军自1995年以来进行的最大规模的军事演习。此次演习的目的旨在提高两军的协同作战能力，增强两军应付地区安全危机的能力。

美军派出2510名海陆空官兵，包括专门执行特种作战任务的海军“海豹”突击队参演，投入演习的主要装备包括21架飞机和9艘舰艇；菲律宾军队派出2393名官兵参演，投入演习的主要装备包括18架飞机和2艘舰艇。演习分为两个阶段，1月28日～2月20日为第一阶段，主要内容是讲座和研讨会；2月21日～3月3日为第二阶段，主要内容为两栖登陆作战和实弹射击等。空军的主要演习地点是克拉克空军基地，海军的主要演习地点是在马尼拉湾，在巴拉望省的演习主要包括医疗等民事科目。

“强力反应2000”联合军事演习　2000年3月19日～4月10日，以美国为首的北约部队在南联盟科索沃地区举行了代号为“强力反应2000”的联合军事演习。美国、荷兰、波兰3个北约成员国和罗马尼亚、阿根廷分别派出各自的战略后备力量参加了此次演习。参演总兵力达到1500人，其中，美国派出1100名海军陆战队队员，其余4国各派出100名官兵。

这次演习分三个阶段进行。第一阶段为兵力集结阶段，北约部队于3月19日在希腊港口登陆，随后分乘200辆步战车取道马其顿进入科索沃地区。第二阶段是参与行动阶段，参演部队进行紧急机动、协调行动、制止冲突、人道主义救援等科目的演练。鉴于科索沃地区的特殊环境，这一阶段的演习具有很强的实战性质。从4月4日起，演习进入第三阶段，参演部队陆续撤离科索沃地区，按原行军路线返回希腊港口。

“强力反应2000”联军演习是北约首次在别国领土上举行没有所在国部队参加的演习，美国是这次演习的主导者。北约选择在科索沃战争一周年的时机举行此次演习，意在炫耀武力，向南联盟施加压力，同时表明，北约准备应付在南联盟发生的任何新冲突。

“波罗的海行动2000”联军演习　2000年6月3～17日，北约和波罗的海地区的11个国家在波罗的海中部和南部海域举行了代号为“波罗的海行动2000”的联合军事演习，这种演习每年举行一次。此次为该系列演习的第28次，也是历年来规模最大的一次。演习由美国驻欧海军具体组织实施，瑞典负责协办。演习的目的旨在提高美国与参演盟国以及和平伙伴国的协同作战能力，以增强未来波罗的海地区爆发军事冲突时实施海上维持和平行动的能力。

“波罗的海行动 2000”联军演习的规模和范围超过了往年类似的演习。来自丹麦、爱沙尼亚、芬兰、法国、拉脱维亚、立陶宛、波兰、英国、瑞典、德国、美国等 11 个国家的 49 艘舰艇、20 架各型飞机与直升机、共约 4500 名海军官兵参加了演习。瑞典最新型的潜艇与新组建的法德联合特遣大队都在此次演习中首次亮相。演习的科目包括：射击训练、海上补给、水下作战、雷达跟踪、反水雷、舰艇驾驶训练、搜索与救援、海上拦截行动等。

演习分 4 个阶段进行。第一阶段（6 月 3～7 日）为部队集结阶段，各国参演海军编队在进行航海训练后，按规定于 7 日抵达瑞典哥特兰岛以东海域。第二阶段（6 月 8～12 日）为协同训练阶段，主要进行通信、侦察、防空等基础科目的协同训练。第三阶段（6 月 13～14 日）为维和演习阶段，主要进行执行禁飞、禁运、监督停火、护送人道主义救援船队等联合国维和科目演习。第四阶段（6 月 15～17 日）为演习的总结、验收阶段。

“动力混合 2000”联军演习　2000 年 5 月 20 日～6 月 10 日，北约 14 国在欧洲南部地区举行了代号为“动力混合 2000”的大规模三军联合军事演习。该演习每两年举行一次。参加演习的国家包括美国、英国、比利时、加拿大、丹麦、法国、德国、希腊、匈牙利、意大利、荷兰、葡萄牙、西班牙、土耳其等 14 个北约成员国。

“动力混合 2000”联军演习由南欧盟军司令部组织实施。此次演习的目的旨在演练北约的指挥与控制系统、增援和指挥权交接程序，同时检查北约反应部队的作战部署能力和多国部队的机动灵活性与协同作战能力。北约试图通过此次演习加大北约在欧洲南部推行其新战略的力度，加强在应付危机的同时实施人道主义救援行动的能力。北约共投入约 15000 名官兵、65 艘舰艇和 290 架飞机。美国共派出 9120 名官兵参演。美国陆战队投入了 10 架飞机，海军投入了 34 架飞机与 11 艘舰艇，空军投入了 22 架飞机。演习科目包括人道主义救援行动、兵力部署、兵力的重新部署、一体化通信、两栖作战、地面作战、海上作战和空中作战。

“和平盾牌 2000”联合军事演习　2000 年 7 月 8～22 日，美国等 22 个国家在乌克兰亚沃里夫地区的“和平伙伴”训练中心举行了代号为“和平盾牌 2000”的多国部队维和训练演习。参加此次演习的国家包括美国、加拿大、丹麦、德国、希腊、意大利、挪威、波兰、西班牙、土耳其、英国等北约成员国，以及阿塞拜疆、白俄罗斯、保加利亚、爱沙尼亚、芬兰、格鲁吉亚、哈萨克斯坦、摩尔多瓦、俄罗斯、瑞典和乌克兰。“和平盾牌”系列演习，是北约根据“和平伙伴”计划从 1995 年开始举行的年度联合军事演习，参演国家主要是美国、乌克兰和其他参与“和平伙伴”计划的东欧、中欧、独联体国家。美国试图通过举行“和平盾牌”系列演习促进美国与乌克兰军队之间以及所有参演国之间的交流与合作。演习的目的旨在增进参演国家军队旅、营级指挥、参谋人员的协作性，并对参与“和平伙伴”计划的中欧、东欧、独联体国家的军官进行培训。

“和平盾牌 2000”联军演习主要由美国欧洲司令部组织、计划，在演习实施过程中则由美国欧洲司令部、伊利诺伊州国民警卫队和乌克兰军方共同指挥。此次演习共投入兵力 1600 多人，其中，美军 500 多人。“和平盾牌 2000”联军演习由两部分组成，即为期 4 天的野战训练演习和计算机辅助指挥所演习。野战实兵演习在乌克兰亚沃里夫训练场进行，其间，美陆军第 82 空降师和乌克兰的空降兵部队联合进行了伞降演练。计算机辅助指挥所演习主要是对多国部队的两个旅指挥所进行训练。该演习首次通过卫星实现了对保加利亚和爱沙尼亚的训练基地的远程演练以及对美乌联合机载指挥中心的演练。此次演习的重点是旅级指挥部的联合指挥与控制和参谋程序，以提高维和行动中旅级指挥部的指挥与控制能力。

“拯救鹰 2000”联军演习　2000 年 7 月 11～20 日，美国与罗马尼亚以及其他 11 国在罗马尼亚的康斯坦察地区联合举行了代号为“拯救鹰 2000”的联合军事演习。此次演习是由罗马尼亚主办、由美国欧洲陆战队根据“和平伙伴”计划组织实施的联合/联军演习。美国投入了现役与后备役部队参演。参加演习的国家还包括：阿塞拜疆、保加利亚、法国、格鲁吉亚、德国、希腊、匈牙利、意大利、摩尔多瓦、斯洛伐克和土耳其。

“拯救鹰 2000”训练演习的目的旨在提高参演国部队的战备能力和实施和平支援行动时参演国部队之间的协作能力。对基层分队的训练是此次演习的重点。演习的科目包括：参谋业务、医疗训练、伤员医治与后送、海上空中救援、检查点行动、巡逻与固定哨所警戒和车队警戒行动。

“中亚维和营 2000”联军演习　2000 年 9 月 10～18 日，美国等 10 国在哈萨克斯坦境内卡普恰盖附近地区举行了代号为“中亚维和营 2000”的联合军事演习。此次演习由美国发起，其他参演国有包括哈萨克斯坦、吉尔吉斯斯坦、乌兹别克斯坦、阿塞拜疆、格鲁吉亚、土耳其、蒙古、俄罗斯和英国。法国与乌克兰派出了观察员观摩了此次演习。“中亚维和营”系列演习是美国与中亚国家联合举行的多国部队维和与人道主义援助野战演习，是“和平伙伴”演习计划的一部分。美国举行此类演习的战略意图是加强美国与中亚国家军事联系。

在“中亚维和营 2000”演习中，美国、哈萨克斯坦、吉尔吉斯斯坦和乌兹别克斯坦派出了营规模的维和部队，其他参演国家军队则派出了排或连规模的应急分队，参演总兵力超过 1000 人。此次演习分为 4 个阶段进行。演习的科目主要包括战术空降、山地作战、解救人质、边境缉毒和提供人道主义援助。第三阶段的战术野战训练演习是此次演习的高潮，持续近 3 天，重点演练涉及典型的人道主义援助与维和行动的许多方面，诸如食品分发、密集人群控制和反恐怖战术。

“帐篷 2000”联军演习　2000 年 9 月 6～20 日，美国与南美部分国家在阿根廷科尔多瓦省联合举行了代号为“帐篷 2000”的联合维和军事演习。此次演习由美国南方司令部发起，参演国包括美国、阿根廷、玻利维亚、智利、厄瓜多尔、巴拉圭、秘鲁和乌拉圭。此次演习涉及军事与民事部门，国际红十字会、联合国等有关的国际组织对演习进行了评估。

举行此次演习的目的是帮助参演的南美国家加强维和能力，使它们能够处理维和行动中出现的各种问题。

“奠基石 2000”联合军事演习　2000 年，美国与摩尔多瓦、爱沙尼亚、拉脱维亚、立陶宛和马其顿共和国联合举行了代号为“奠基石 2000”的双边或多边系列联合军事演习。“奠基石”演习始于 1995 年，每年举行一次。该演习是美国与北约“和平伙伴国”举行的联合军事演习，其目的主要包括：显示美国对伙伴国与北约“和平伙伴”项目的支持；在人道主义援助行动的控制、组织与支援工程作业方面对伙伴国的参谋军官与工程兵进行演练；提高美国工程兵/工程建设部队与其他国家部队之间的协作能力，为今后联合实施维和行动与人道主义援助行动奠定基础；通过对班、排的工程建设技巧的演练强化参演部队对工程作业技术与程序的理解；发展能够更好地与北约成员国军队联合实施维和与人道主义援助行动的部队。“奠基石 2000”联合军事演习由三个分演习组成。

⑴“奠基石 2000－1”演习。　2000 年 7 月 1 日～8 月 27 日，美国的北卡罗莱纳州与摩尔多瓦在摩尔多瓦联合举行了代号为“奠基石 2000－1”的双边工程演习。这是在摩尔多瓦境内首次举行的“奠基石”演习，也是在欧洲大陆举行的第 7 次“奠基石”系列演习。演习的内容是与摩多尔瓦部队合作修建一所医疗诊所，并就小规模工程的建筑技巧对摩尔多瓦工程兵进行训练。

⑵“奠基石 2000－2”演习。　2000 年 7 月 10～9 月 16 日，美国的马里兰州与爱沙尼亚、拉脱维亚和立陶宛 3 国在爱沙尼亚联合举行了代号为“奠基石 2000－2”的多国工程演习。美国派出了马里兰州陆军国民警卫队第 121 工程营、陆战队后备役第 4 勤务支援大队第 6 工程支援营和海军第 2 修建旅参加此次演习。爱沙尼亚、拉脱维亚和立陶宛分别派出本国的工程兵部队参演。演习内容包括与爱沙尼亚工程兵联合举行战斗工程训练和在爱沙尼亚各地共同修建一所厨房工作间、一个有顶棚的运动场和一座桥梁。

⑶“奠基石 2000－3”演习。　2000 年 5 月 1 日～6 月 30 日，美国的佛蒙特州与马其顿共和国在马其顿联合举行了代号为“奠基石 2000－3”的双边野战工程训练演习。此次演习由美国欧洲司令部驻欧空军发起，马其顿共和国协办。美国派出了现役部队、后备役部队与国民警卫队 330 多人参演，马其顿派出了 105 名工程兵和警戒部队参加了此次演习。演习内容包括：在马其顿共和国境内广泛建设一些小规模工程、修建两所医疗诊所和修建两所小学。

（纪　皓）

俄罗斯军队训练　**陆军训练**　随着俄经济逐步走出低谷，军费有所增加，军队训练情况有所好转，战备训练有所加强。但由于训练经费缺口仍较大，后勤和技术保障不足，其训练计划的许多内容仍未落实。

演习次数增加，规模扩大　2000 年，俄军共举行师以上规模演习 50 余次，较上一年有明显增加。其中，8 月 23～28 日举行的“东方—2000”首长参谋部带部分实兵演习，是俄军首次跨军区（西伯利亚军区和远东军区）演习，也是俄建军以来规模最大的一次演习，俄军总参谋长克瓦什宁亲任总指挥。

训练内容进一步完善，训练的针对性增强　陆军根据车臣战争的经验教训，在训练中特别加强了各兵种，特种兵与其他强力部门之间的协同作战、山地作战的训练。针对近年来军官实践经验少、基础差的情况，陆军部队加强了对他们的专业技能训练。此外，俄陆军还注重以战代训，提高部队的实战能力。在车臣战争中，俄军采用轮战的形式，从各军区抽调分队和人员赴车臣轮战，参战人数达 10 余万人，既适应了作战任务的需要，也使部队积累了实战经验。2000 年，俄陆军演习仍以防御作战和通信演习的形式为主，以营、连分队战术演习为重点。但各项演练活动有较大增加。在“东方—2000”首长参谋部演习中，军区所属陆军部队与辖区内其他军种及各强力部门部队指挥机关，以及部分实兵演练了联合作战行动。

训练计划仍未完全落实 俄陆军的军事训练情况虽较上年有所好转，但由于经费少，训练仍存在许多困难和问题，训练计划仍然得不到完全落实。据俄《金角报》12月7日报道，俄远东军区司令部对2000年的工作进行了总结。司令尤里·雅库勃夫指出，这一年过得很艰难。训练拨款只有计划的约一半。汽油采购量只达到定额的一半，柴油85%，航空燃料40%。因此不得不缩减战斗训练计划。军官队伍情况也不好。今年军区有1400名军官提前终止合同，其中许多人是院校毕业生。指挥人员老化严重，同时还出现指挥人员知识水平下降的趋势。在700名营长中只有7%是军事院校毕业，许多副团长没有受过高等军事教育。军事训练跟不上，许多指挥员没有进行军事行动的准备。远东军区虽然在战斗准备方面较充分，但在军队纪律方面差一些。

适应现代战争特点，演习、训练方法和内容求新 据俄《红星报》2000年3月30日报道，俄西伯利亚军区在后贝加尔地区举行了首长参谋部演习。演习的总导演、后贝加尔军区参谋长兼军区第一副司令博尔德列夫上将指出，这次演习的特点，是演习课目和参谋部及部队的行动性质是新的，即以复杂的形势为背景，演练了广泛的动员问题、各个指挥环节准备和组织合同战役及军队协同等科目。

2000年3月28～31日俄罗斯南高加索军队集群第102军事基地所属部队和亚美尼亚共和国武装力量第5步兵军在亚美尼亚举行的首长参谋部联合演习，着重在图上演练参谋部之间的协同，探讨战斗训练的新方法，总结车臣反恐怖战役的经验。

与此同时，俄军还加强了训练指导方面的研究和探讨。俄军事科学院院长加列耶夫大将在俄《军事思想》2000年1～2月号撰文，提出要正确认识现代战争的特点，正确评价新技术和高技术武器的作用，以及正确看待传统和新的训练方法，并提出以下6条训练原则。

（1）仗怎么打，兵就怎么训。 目前，武装力量训练的最薄弱环节是教学法。衡量战斗训练方法效果的主要标准是，能否尽可能地使训练接近于实战情况。因此，必须在训练过程中不断增加新情况，以便显示未来战争所特有的条件。在局部战争和武装冲突中，疫情、水源、民族矛盾和军民关系等因素，具有特别重要的意义。保护交通线和设置道路调整哨，也是不可忽视的问题。而我们在许多训练和演习中几乎从未考虑过演练这些科目，往往只是在图上标出某种战斗队形和突击方向，根本不管有关保护交通线或军队野外工事构筑等问题。而这些科目往往决定战斗行动能否成功。例如，在阿富汗和车臣的战斗行动表明，俄军对于分散在大居民地的战斗、夜间战斗和其他复杂条件下战斗的训练估计不足。新的和意想不到的事情往往就是军队没有认真进行训练的科目。如巷战战术、与狙击手战斗的某些细节，以及在建筑物内战斗的各种方法，在训练和演习中应详细地、反复地演练，以训练官兵的机智和敏捷。

（2）所有人员都要参加训练。 所有指挥机关人员都应更多地进行演练并准备在极其异常的条件下开展工作。在演习过程中，导演和调理员应尽量少按教范进行工作。应在演习过程中设置情况，让所有参训者共同研究重要的问题，使他们同参加实战一样。

（3）主要演习应在上级首长指挥下进行。 演习所设置的敌方情况和己方情况都应具有不确定性这才符合战争的特点。为此，任何级别的演习，其计划应由其上级司令部制定。因为如果受训者事先就知道事态如何发展及敌我双方军队如何行动，他们甚至没有必要进行侦察，结果根本达不到训练目的。

（4）假想敌要具体。 近几年，演习通常无明确的假想敌，而采用黄方、兰方及稀奇古怪的国名。公开把某个国家宣布为敌方是不合适的。但是过分的虚拟并没有什么好处。对方的组织结构和战斗技术装备应该具体化。因为有效的战斗训练离不开有针对性的实际情况。

（5）要全面加强对军官的实际训练。 无论在院校还是在部队，任何时候都不能忘记，战斗是残酷和严峻的。在提高军官文化和理论水平的同时，应重视其军事的实践性使战斗技能应当在院校学习中就开始积累。成熟的战役战略思想和指挥军队的组织才能，不是靠几次讲座和理论课培养出来的。为此必须在平时训练和演习中设置复杂而多变的环境，迫使年轻的军官们在这种环境中进行思考，去冒险和发挥勇敢精神，在很短的期限内完成有难度的突然任务。

（6）正确看待和运用新的训练手段。 计算机和训练器材能够模拟射击、飞行和驾驶战斗车辆，节省大量物质器材。但是它们不能完全取代陆上、海上和空中的训练和战术演习。以航天器为基础的通信、制导和导航系统十分完善和有效。但当其遭到破坏（控制卫星、设施干扰、发送假信号）而失灵时，整个战斗系统就可能瘫痪，新技术装备的使用效能也会大大降低。因此，应该认真分析研究这些武器装备的特点，不断改进和完善训练手段。

资料来源：

①俄2000年《红星报》、《独立军事评论》；

②俄《军事思想》杂志2000年1～2月号。

（来 斌）

海军训练　2000年，俄罗斯总统批准了俄联邦海军战略及2010年前海军发展主要方针，海军总司令部制定了2020年前俄海军军事学说，海军发展形势看好。但由于财政拨款与实际需求相差太远，物质技术保障严重不足，艇员及飞行员的专业技能严重荒废，各舰队虽竭力维持正常生存和运转，但战斗力水平明显下降。部队各类军事训练与1999年相比，例行性的春季、秋季远洋集训正常进行，训练科目突出针对性，但各类训练的次数明显减少，规模减小。特别是发生“库尔斯克”号核潜艇沉没事故后，舰艇海上训练锐减。其主要特点是：

突出首长司令部的战役训练。　针对各级司令指挥机关及人员在1999年度战役训练中暴露出来的问题，俄海军把提高战役训练水平作为各级首长司令部2000年度训练工作的重点，要求通过战役训练，提高司令部指挥机关从平时向战时转换的能力，以及在各种复杂条件下准备、实施作战行动的能力，提高司令部指挥人员战斗准备和动员准备的能力。年内，各舰队、区舰队和分舰队结合新的战役任务，制定修改了从平时向战时转换的作战预案。由于较普遍地使用计算机模拟，各类首长司令部训练演习的次数比1999年增加了近20%。

重视院校毕业学员的实践训练。　2000年，俄海军总司令部在制定主要任务时，把提高院校毕业生的实践能力列入其中。海军总司令库罗耶多夫元帅也明确要求增加院校毕业生航海实践时间。年内，俄海军组织训练舰共进行了4次远航训练，其中包括环绕欧洲远航，有近1000名毕业生随舰进行实习。波罗的海舰队“斯莫尔”号训练舰搭载250名圣彼得堡海军学院毕业生，在列宁格勒海军基地司令卡尔尼洛夫海军中将率领下，于7月访问了比利时的布鲁日港口。

训练事故时有发生，影响年度重大训练计划的完成。　2000年1月26日，俄海军总司令库罗耶多夫元帅在各舰队领导人会议上强调，“2000年，俄海军司令部的一个主要任务是预防舰艇及其武器装备发生重大事故”。但即使如此，年内各类大小事故时有发生，其中8月13日的“库尔斯克”号核潜艇沉没为重大事故。由于“库尔斯克”号核潜艇事故的发生，原计划于9月份派“库兹涅佐夫”号航母作战大队赴大西洋西北海域或地中海活动，以及太平洋舰队计划派导弹核潜艇和多用途潜艇参加“东方2000”首长司令部战略演习均被取消，北方舰队战略核潜艇发射洲际导弹的活动也被迫推迟至2001训练年度。

资料来源：

①俄罗斯《红星报》2000年1～12月；

②俄罗斯《海军文集》2000年1～12期。

黑海舰队第43独立强击机大队结束无机可训的历史　据俄《红星报》2000年1月22日报道，2000年1月19日，4架苏－24型轰炸机从俄罗斯安纳帕附近的军事机场起飞，直飞位于克里木半岛的近卫机场，编入俄海军黑海舰队第43独立强击机大队，从而结束了该大队飞行员两年时间内没有飞机可进行飞行训练的历史。该大队原装备苏－17M3型轰炸机，1998年该型机全部退转预备役后，就决定换装苏－24型轰炸机。总共有11架苏－24型轰炸机部署在克里木半岛的近卫机场。

举行春季远洋集训　据俄《红星报》2000年4月6日、28日报道，2000年4月3～21日，俄海军波罗的海舰队在舰队司令叶戈洛夫上将的指挥下，举行了春季远洋集训。共进行了322次实战操演、9次考核性战术演习、6次首长司令部演习、1次考核性首长司令部演习、37次基础性科目和11次反潜科目训练。共有40艘水面舰艇、1艘潜艇、3艘辅助船和20架飞机、直升机参加，所出动的舰艇占俄海军所有参加春季远洋集训舰艇的1/3。主要进行了导弹发射、反潜、联合防空、舰炮对空射击等科目。这次远洋集训有三个近年来的首次：一是陆岸部队导弹营使用“点”导弹系统发射导弹。二是1艘潜艇从喀琅施塔得基地驶往波罗的斯克，沿途进行了各类海上科目训练，其中包括鱼雷攻击水面作战舰艇。三是水警区部队首次参加集训。其中基地扫雷舰“阿列克谢伊·列别杰夫”号使用接触扫雷具和非接触扫雷具进行扫雷。集训最后一天，该舰和501号基地扫雷舰共同实施了双舰扫雷。

参加“东方2000”首长司令部战略演习　据俄《红星报》2000年8月22日、30日报道，2000年8月23～28日，俄军在西伯利亚和远东广大地区举行了“东方2000”首长司令部战略演习，检验和提高各级指挥机关在军事冲突中指挥所属部队的能力。演习由俄军总参谋部组织，远东军区、西伯利亚军区所属部队和驻扎在这两个地区的空军、防空军和太平洋舰队作战指挥机关参加。太平洋舰队原计划派导弹核潜艇和多用途潜艇参加，但由于“库尔斯克”号核潜艇沉没事故的发生而被取消。太平洋舰队司令扎哈连科海军上将与太平洋舰队作战指挥机关在堪察加进行图上作业。

举行秋季远洋集训　据俄《红星报》2000年8月9日报道，2000年8月初，俄海军波罗的海舰队举行了秋季远洋集训。集训首先检验了各级司令部的训练情况。原计划8月8日在赫梅列夫卡训练场举行的登陆战术演习，因天气原因推迟至8月10日进行。

8月9日，举行了防空战术演习，舰队防空部队和白俄罗斯防空部队进行了C－300防空导弹系统消灭反舰导弹靶标的竞赛。舰队防空部队司令克里萨诺夫少将称，这是C－300系统首次进行消灭50米低空巡航导弹的训练。

作战舰跨舰队远航　据俄《红星报》2000年11月14日报道，2000年11月12日，俄海军大型反潜舰“北摩尔斯克”号和新型远洋扫雷舰“弗拉基米尔·古曼年科”号在北方舰队反潜舰编队司令尤里·克雷索夫海军中将指挥下，从波罗的斯克海军基地转场至北方舰队北摩尔斯克基地，编入驻科拉半岛多兵种联合部队。“北摩尔斯克”号反潜舰是两年前结束小修的，而“弗拉基米尔·古曼年科”号扫雷舰服役6年来，仅在波罗的海进行国家级试验时才出过海。这次跨舰队远洋转场的目的是全面检查在复杂气候下舰只的安全性能。期间，进行了海上综合科目训练，德国、丹麦和瑞典海军出动舰艇、飞机及巡逻直升机进行全方位监控。

“莫斯科”号导弹巡洋舰进行航行试验　据俄《红星报》2000年11月4日报道，2000年11月26～27日，俄黑海舰队“莫斯科”号导弹巡洋舰在结束为期10年的维修后，在舰队参谋长亚历山大·达达里诺夫海军中将指挥下，顺利完成了航行试验，全面检验了舰载火炮系统的性能和第5战斗部门的保障能力。期间，实施了舰炮射击、防空和导弹发射等科目的实弹操演。11月27日，还举行了全舰抗损演习，检验损害管制分队在舰身中弹或海水涌入情况下的协同抗损能力。

（孟　华）

空军训练　2000年是俄空军合并调整之后，进入缓慢发展的一年。工作重点是进一步完善空军的组织结构和战斗编成，保持和提高部队的整体作战能力。为此，俄空军采取了400多项措施，挖掘训练潜力，加强日常训练。各空军部队和集团军集中主要精力将战备能力保持在尽可能高的水平上，担负日常战备任务的航空兵团则竭尽全力按所担负作战任务的要求保持战备水平。

由于资金和保障方面的限制，训练依然停留在较低的水平上　燃油供应严重不足，是近几年困扰俄空军的一个老问题。2000年供应的燃油数量只能保证计划飞行时间的30%～35%。飞机老旧问题日益突出。据俄空军领导人透露，俄军目前装备的现代化作战飞机只占飞机总数的2%。48%的飞机使用已经15年以上，23%的飞机使用了10～15年，28%的飞机使用了5～10年，只有近1%的飞机使用了5年以下，有50%的飞机无法使用。在这种困难的条件下俄空军未能完成飞行时间计划，作战训练继续在低水平上徘徊。

(1) 飞行员人均飞行时间仍然很少。　2000年，俄军事飞行员年人均飞行时间只有25小时，比1999年的24小时略有提高。各兵种飞行员年人均飞行时间如下：歼击航空兵～10小时；强击航空兵～35小时；轰炸航空兵～20小时；军事运输航空兵～50小时。

(2) 飞行员队伍职业技术水平较低，有经验的飞行员年龄老化。　一是年轻飞行员飞行经验严重缺乏。对于经验丰富、受过良好训练的飞行员来说，一年应飞60～80小时；而年轻飞行员一年应飞80～100小时。近几年来俄空军飞行员年人均飞行时间徘徊在20小时左右，并且各部队的时间分配相当不均衡。有的飞行员甚至长达4年没有飞行，而那些在车臣作战的飞行员飞行时间则达到80、90、110小时，甚至110小时以上。年轻飞行员因飞行时间太少而无法执行战备和作战任务。如某轰炸机团因缺少训练有素的飞行员而无法完成空地导弹实弹发射任务。二是富有飞行经验、能够执行作战任务的飞行员年龄偏大。以往俄空军飞行员26～27岁就达到一级，而现在往往到了30岁才能成为一级飞行员。一级飞行员中年轻飞行员所占比例不到20%。能够执行作战任务的飞行员数量较少并且年龄偏大。三是飞行员流失严重。由于军事航空在精神和物质上的待遇不断降低，很多飞行员和专业人才流向地方航空公司和商业机构。许多飞行员经过部队的良好训练之后，第一选择便是转入预备役。

(3) 飞行安全水平下降。　2000年俄全空军共发生一等飞行事故4起：米格—31、苏—25、米—8、伊尔—18飞机各一起，在这4起严重事故中共亡16名飞行人员、89名乘客。发生二等飞行事故4起：苏—24飞机2起、米—8和伊尔—76飞机各一起。

俄空军近两年发生的飞行事故几乎都是飞行员的失误造成的。其中的原因主要有：一是飞行和工程技术人员训练时间较少，导致在空中和地面使用维护航空技术装备过程中经常出现错误。二是严重违反指令性文件和各种飞行工作的规章制度。三是物质待遇太低。其中有4.4万名军人需要提供住房保障，2.7万名军人根本没有住房。军人工资较低，又常常不能按时领到工资。所有这些对保证飞行安全产生了不良影响，造成飞行安全水平下降。

深入挖掘训练潜力，全力保持部队战备能力　俄空军整体训练水平虽然有所下降，但采取了一些卓有成效的措施，挖掘训练潜力，基本上保证了部队的整体战备能力。

(1) *以战备和作战任务为中心，重点加强担负战备值班和作战任务部队的训练。* 2000 年俄空军共发现空中目标 25 万个，其中多半为外国飞机（外国战斗机 1500 架次、侦察机 500 架次）。共发生了约 10 起侵犯俄边界的事件，俄歼击机升空 30 多次进行拦截。

为了提高担负战备值班和作战任务部队的作战能力，俄空军把有限的资金重点用在保障这些部队的训练上。前线航空兵共约进行了 30 次战术飞行演习，约一半的航空兵团进行了实弹打空中目标的训练。轰炸和强击航空兵共完成了 200 余次战斗使用任务，包括发射“空面”导弹。远程航空兵完成了约 10 次空基巡航导弹射击训练。

地空导弹部队继续完善防空作战战法。加强了与无线电技术部队、航空兵部队和海军防空部队的协同。地空导弹部队全年共完成了 150 项战术任务，约 50% 的地空导弹团进行了实弹射击演习。值班的地空导弹师共 10 余次紧急进入各靶场训练，均较好地完成了训练任务。

无线电技术部队的训练，主要集中在部（分）队的战勤人员使用自动化指挥系统对空军航空兵部队实施无线电技术保障上。在战术演习和训练中注意研究与武装力量其他兵种的侦察兵器，以及独联体国家防空兵力和兵器协同的问题。无线电技术部队全年共进行了约 30 次各种演习。

(2) *合理组织训练，有效利用训练资源。* 在航空燃油严重短缺的条件下，为了使飞行员能够掌握航空技术装备，保证飞行安全，采取了下列措施：按飞行训练的种类和武器使用方法对飞行员的飞行训练进行分类；对每一班（场次）飞行进行充分的预先准备；在一次飞行中组合实施多个练习；大力推广模拟训练，努力保持飞行员的应有技术水平。

在各种演习中，尽量多地组织相关的兵种参加。这一方面可增强部队的协同作战能力，另一方面也能有效地利用训练资源。如防空导弹分队在轰炸机实施训练的过程中演练反空袭课目。无线电技术部队的战斗训练与地空导弹部队、航空兵部队联合起来进行。

(3) *举办各种训练班，努力提高飞行员的技术等级。* 2000 年俄空军共有 635 名飞行员提高了飞行等级，其中 71 名成为狙击手（特级）飞行员。

改革完善教育训练体制，力争多出人才 2000 年俄空军采取了几项旨在提高训练效率的措施：一是完善训练指挥机制。俄空军已设立战斗训练局和飞行训练管理中心，各空防集团军（军）、师也都设立了相应的训练管理机构；二是改革训练体制，缩短飞行人员的成材周期。从 2000 年开始，俄空军改变了飞行员训练模式，将目前飞行员训练采用的“轻型飞机－喷气式教练机－作战飞机”模式，改为“喷气式教练机－作战飞机”的训练模式，并计划尽快装备新型教练机。

2000 年俄空军高等院校共毕业各类学员约 5000 名，其中的 93 名获得军事院校颁发的“金质奖章”，519 名获得“优秀”毕业证书。83% 的毕业学员分配到空防部队和分队任职，其余的毕业学员分配到俄武装力量其它军种及部门工作。

重视独联体联合防空系统建设，加强独联体国家联合防空演练 2000 年 2 月，独联体国家防空协调委员会会议在莫斯科举行，会议讨论了独联体国家联合防空体系框架内多边、双边军事技术合作及筹备“战斗协作－2000”联合战术演习等问题，通过了独联体国家联合防空体系管理原则。会议总结了独联体国家五年来在建立和完善联合防空体系方面取得的成果，确定了未来发展方向。这表明，独联体国家联合防空体系的建设和发展将进入一个新阶段。

从 2000 年 3 月 14 日起，俄罗斯、哈萨克斯坦和吉尔吉斯开始进行联合防空战斗值班。从 6 月 1 日起，俄罗斯与乌兹别克斯坦的防空系统也共同进行防空战斗值班。目前，俄罗斯和白俄罗斯的军事部门正在就两国建立统一的地区防空系统进行积极的工作。

2000 年 4 月 5 日和 9 月 7 日，独联体联合防空系统的指挥机构和值班部队举行了两次演习，参加演习的国家有亚美尼亚、白俄罗斯、哈萨克斯坦、吉尔吉斯、俄罗斯，以及建立在双边基础上的乌兹别克斯坦和乌克兰，参演的各型飞机和直升机达 100 多架。8 月 21～26 日，亚美尼亚、白俄罗斯、吉尔吉斯、哈萨克斯坦、俄罗斯、塔吉克斯坦、乌兹别克斯坦和乌克兰等国家的防空部队在阿鲁舒克靶场举行了“战斗协作 2000”联合防空战术演习。参演的兵力为：1000 多名官兵、近 100 台各型技术装备和约 60 架作战飞机。演习由俄空军司令科尔努科夫指挥。主要检验联合防空系统作战值班部队的作战能力。白俄罗斯和乌克兰空军的飞行人员、塔吉克斯坦防空部队的作战小分队首次参加了该演习。

吸取现代局部战争经验，注重有针对性的实战研练 俄空军在作战训练中注意研究以美国为首的北约在伊拉克和巴尔干作战的经验和教训，吸取俄军在北高加索同反政府武装的作战经验，注重研究俄罗斯军事威胁方向的变化，推广“西方—99”战略演习及其他演习的经验。在 2000 年的演习和训练中主要演练：远程空袭作战；空军各兵种与武装力量其他兵种协同作战防御敌精确制导武器打击；在敌强电子对抗条件下的作战和指挥等。

(1) 重视远程航空兵在局部战争中的使用训练。 远程航空兵演习历来是俄罗斯领导人军事政治方针的晴雨表。90年代中期俄罗斯重新制定核战略后，第37空军集团军的战略导弹载机最先开始进行对陆地和海上无人区域进行展示性核突击训练。

2000年4月18～21日，俄第37空军集团军的战略轰炸机首次在俄西南部进行了战术飞行演习。图－160和图－95MC战略轰炸机演练了对俄南部地区假想敌实施的导弹突击。这两种飞机是俄罗斯空中核力量的基本组成部分，以往主要担负海外战区的作战任务。由于它们只装备核导弹，无法使用远程精确制导武器，因而在局部和地区冲突中的使用受到很大限制。目前，这两种飞机装备的武器种类大大增加了。在这次演习中，图－160和图－95MC在里海靶场进行了导弹发射训练，发射了最新型带常规弹头的巡航导弹。北约入侵南斯拉夫后，俄罗斯大大加快了这种巡航导弹的研制步伐。该新型导弹装备部队后，就可以对敌方的各种基地实施精确打击。

从这次演习可以看出，俄罗斯正在制定更明智的远程航空兵发展战略，即增强远程航空兵在任何级别地区冲突中的作战能力。为此，俄空军正在努力增加图－160和图－95MC的数量。

(2) 注重提高部队的联合作战能力。 2000年俄空军突出了现代条件下的作战演练，注重提高部队的联合作战能力。2000年4月，俄空军专门举行了联合演习。演习的区域为伏尔加河中、下游地区，主要位于里海和黑海上空。在黑海战区，远程航空兵与驻扎在北高加索地区的第4空防集团军和黑海舰队协同作战。黑海舰队为演习提供了靶船和雷达搜索船。A－50预警机为远程航空兵提供信息保障。苏－30和米格－31混合双机编队从萨瓦斯列依卡空军基地的机场起飞，为第37集团军的战略轰炸机和侦察机护航，同时还进行了飞机导航和卫星导航设备使用训练。伊尔－78加油机在空中为这两架歼击机加了两次油。米格－31共飞行了4.5小时，苏－30共飞行了5.5小时。

(3) 加强电子对抗条件下的作战训练。 为了提高部队在电子对抗条件下的作战能力，俄空军2000年组织的多次演习均有电子战飞机参加，各级指挥机构、地空导弹部队和航空兵部队在电子对抗条件下进行演练。如在4月18～21日的演习中，刚刚通过试验的苏－27ИБ多用途飞机（装备了“希比内山”干扰设备）为苏－24轰炸机提供电磁掩护；2架安－12和3架安装了“彩色石块（Смальта）”和“幕(Пелена)”电子干扰设备的新型直升机等电子战飞机，在演习区域施放各种干扰。这次演习开始前两周，这些电子战飞机还进行了不被苏－27机载导弹和C－300导弹误伤的演练；最新型的苏－39（苏－25TM）攻击机也参加了演习，重点检验了该机电子战设备的性能。

(4) 加强反空袭作战的研究与准备。 俄空军领导人认为，在主要战略方向上俄空军的潜在敌人在数量、质量上均占有优势。因此，必须做好反空袭作战研究与准备。针对科索沃战争中，以美国为首的北约大量使用巡航导弹对南联盟实施军事打击的情况，俄空军重点加强了拦截敌巡航导弹的演练。一是完善空中目标模拟训练系统。俄空军利用已退役的导弹改装成能模拟美国的“斯拉姆”和“战斧”等多种型号导弹的空中靶标，并以此建立多种目标同时从不同高度、不同方向以不同速度来袭的模拟训练系统，为防空部队提供近似实战的战场环境。在4月18～22日进行的联合演习中，使用了这些新研制的能够模拟战略巡航导弹的低空靶标。二是提高先进作战飞机的反空袭作战能力。俄空军正在探索利用先进作战飞机拦截巡航导弹的战术方法，主要通过提高机载雷达对导弹的探测能力和为作战飞机装备反导弹武器系统来完成这一任务。

资料来源：

①俄罗斯《独立军事评论报》2000年第14、17、29期，2001年第4期；

②俄《红星报》2000年11月7日，2001年1月18日。

独联体国家举行“战斗协作－2000”演习 据俄《独立军事评论报》报道，亚美尼亚、白俄罗斯、吉尔吉斯、哈萨克斯坦、俄罗斯、塔吉克斯坦、乌兹别克斯坦和乌克兰等国家的防空部队于2000年8月21～26日，在阿斯特拉汉州的阿鲁舒克俄空军靶场举行了联合防空战术演习。参演的兵力为：1000多名官兵、近100台各型技术装备和约60架作战飞机。演习由俄空军司令科尔努科夫指挥。主要检验联合防空系统作战值班部队的作战能力。

俄战机“突破”美航母战斗群防空系统 据俄罗斯《红星报》2000年11月17日报道，驻扎在俄远东地区的俄空军部队与太平洋舰队侦察指挥系统密切协同，进行了一场突破美“小鹰”号航母战斗群的特殊训练。2架苏－24MP侦察机和两架苏－27歼击机成功地避开了美航母战斗群的防空系统，两次穿越航母上空，对正在加油的航母进行拍照。美国人发现后，急忙砍断加油管，以加快航母的行驶速度，并派舰载机升空。但这时俄飞行员已圆满完成作战训练任务，安全返回基地。

（吴良全）

日本自卫队军事训练　陆上自卫队训练

2000年是日本自卫队执行《1996～2000年度中期防卫力量发展计划》的最后一年，为全面落实20世纪最后5年部队训练计划的总目标，陆上自卫队在训练经费无大变化情况下，合理安排训练时间，以科技练兵为龙头，突出以应付“多种事态”为目的的各种训练。

开展科技练兵，造就精强的部队。　按照“合理、高效、精干”的建军原则，为培养高素质的军人和造就精强的部队，2000年陆上自卫队积极运用高新技术装备和设施开展练兵活动，努力提高部队的训练水平。在科技练兵方面，2000年除继续引进轻兵器射击评价系统和运用训练评价支援中心方式（TESC方式）和训练评价支援系统方式（VSS方式）进行步兵师、团等作战单位的训练外，为强化部队训练总体规划和组织指挥，以及利用训练跟踪监测设备和数据网络分析系统综合地评价部队在实战环境下的训练情况。2000年3月，陆上自卫队还成立了由120人组成的部队训练评价队。特别是随着北部军区“高职能战斗演练系统（ICE系统）”的投入和使用，部队的科技练兵又提高到了一个新的层次。2000年1月17～29日北部军区首次利用该系统中的“指挥训练统裁支援系统D－ICE”实施了步兵师对抗形式的高科技演习，共2300人参加。参训人员使用该系统中的140台电脑演练了部队情报，作战、人事、兵站等一系列情况，对战场情况和作战结果作了准确的评价。

突出反游击战等训练，以应付可能发生的“不测事态”。　以1999年3月发生的朝鲜“特工船”入侵日本能登半岛海域事件为鉴，为应付可能发生的以游击队、特工部队登岛为主的影响日本安全的“不测事态”，2000年陆上自卫队积极开展反游击战等非正规作战训练，并开始将其纳入部队的正规化训练。一是反游击战训练在整个部队训练中所占的比重明显增加，全年组织20余次，这是往年所没有的，且演练规模明显增大，如西部军区3月实施的反游击行动训练共计有920人参加，演练了大部队围剿游击队的作战方法，并向全军各部队推广。二是为组建反游击反特工的特种专门部队进行事前训练准备。三是建立相应的配套训练设施。即在北九州市小仓曾根等训练演习场建设模拟训练设施，并在整备室内用训练模拟装置，用以训练从事沿岸监视、驻地警备、核电站保卫的人员。模拟训练设施内设有近距离交战训练装置和远距离操纵隐显标靶，能够实施旨在保护重要设施的近距离战斗训练。

继续强化机动训练，提高部队应付“紧急事态”的能力。　为了适应军事战略的调整和日本特殊的地理环境的需要，2000年陆上自卫队继续强化部队的机动作战训练，一年来共实施70余次。从规模上看，不仅有连、排一级的各种机动训练，而且也有师、团规模的联合机动训练。从内容上看，不仅有地面机动、空中机动训练，也有陆海空三位一体的联合机动训练。小规模的雪地机动、地面机动和山地机动训练主要在上半年进行，各方面军下辖的陆航部队的空中机动训练则在元旦过后全面展开。如1月6日东部军区实施的年初编队飞行训练共计6个机种28架飞机参加。第1直升机旅的“年初编队飞行训练”和第1空降旅的“年初空降训练”分别于1月13日和1月16日进行。训练均以快速机动作战为内容以应付可能发生的“不测事态”和“紧急事态”为目的。大规模的联合机动训练演习在6～8月间进行，由中部军区组织实施。训练以中部军区第3步兵师为骨干，出动坦克25辆、火炮23门，各种军车1200辆、人员约3900人，并在海上自卫队8艘军舰和航空自卫队100架飞机的配合下进行，实施了陆海空三位一体的联合立体机动作战演练。上述训练不仅提高了部队的快速反应和机动作战的能力，也为部队编制逐步向“战略机动师（旅）”过渡打下基础。

以应付“周边事态”为目的，强化日美一体化训练。　为落实1999年5月出台的“周边事态法”《日美防卫合作指导方针》相关法案，2000年陆上自卫队在强化自身训练的同时，努力强化日美一体化训练。特别是在较大规模的训练演习中均体现了以应付“周边事态”为目的日美协同作战的新特点。如，陆上自卫队于2月1～24日举行的时隔6年的陆上自卫队大演习（“陆演”指挥所演习），首次以发生“周边事态”为想定，按照新《日美防卫合作指导方针》相关法案演练了陆上自卫队对美军实施后勤支援等一系列的联合作战要领。再如，在11月2～18日举行的日美三军联合实兵演习中，首次以发生“周边事态”为想定，陆上自卫队与美陆军和美海军陆战队除演练日美军按各自的指挥系统实施联合作战时的相互协作要领外，还首次演练了联合对付游击队作战和联合运送驻海外日侨等行动。这些训练今后将随着日美军事同盟关系的不断深化，在形式上和内容上亦将会有新的扩展。

利用美军现代化军事设施施训，提高部队训练水平。　为确保部队现代化装备在未来战争中能够有效地得到发挥，平时保障部队训练的全面展开，2000年陆上自卫队为解决部队在日本国内训练演习场无法进行的特殊训练问题，继续派遣“霍克”防空导弹部队、岸舰导弹部队、坦克部队和反坦克部队等前往美国华盛顿州亚基马演习场等现代化训练基地施训。此训练与1999年相比，增加了两项新内容，即日本国产红外线图像制导反舟艇反坦克导弹的实施射击训练；96式多用途导弹系统的首次赴美远程实弹射击训练。96式多用途导弹系统施训部队利用亚基马演习场电脑控制的移动目标实施了对同时出现的多个目标的远程发射，并取得了良好的训练效果。

资料来源：

①日本《朝云》2000年1～12月；

②日本《防卫日报》2000年1～12月；

③日本《防卫白皮书》2000年版。

北部军区运用高科技手段实施大规模救灾训练

据日刊《朝云》2000年11月16日、12月14日报道：陆上自卫队北部军区于2000年11月13～15日在北海道札幌驻地体育馆运用高科技手段实施了“北部军区司令部救灾指挥所训练”。北部军区军长酒卷尚生中将任训练指挥官。北部军区司令部、第11步兵师等计440人参加训练。另外，北海道地方单位20人也参加了训练。训练使用了北部军区独自开发的“指挥所训练统裁支援系统D－ICE”，并在其中加入了新开发的“应付灾害用软件”。此训练的目的在于使部队适应自卫队任务多样化的需要。训练是在想定发生大规模地震情况下进行的，综合演练了情报搜集、部队派遣、人员救助等各种情况。

东部军区实施年初编队飞行训练　据日刊《翼》2000年1月12日报道：陆上自卫队东部军区于1月6日实施了年初编队飞行训练。参训部队：东部军区航空队司令部直属队、东部军区直升机队、第4反坦克直升机队，共计出动LR－1、UH－1H、UH－1J、UH－60JA、OH－6D、AH－1S各型飞机28架。飞机编队从立川出发，经多摩丘陵南下，飞越横须贺、久里滨、武山、秦野中井、相马原，最后返回立川，实施了高度400米、航速150千米、航程180千米的编队机动飞行。训练期间，共组成3个飞机编队，实施了编队分练和空中集结后编队合练。东部军区军长山口义弘视察了训练，并要求部队为谋求完善的“应急态势”必须努力强化训练，以确保对“不测事件”和“紧急态势”做出快速反应和处置。1999年底新装备的UH－60JA型机首次参加了训练。

赴美射击训练　据日刊《朝云》2000年8月17日、10月19日报道：陆上自卫队于2000年9月12～20日在美国华盛顿州亚基马演习场实施了2000年度赴美射击训练。此次训练由西部军区组织实施，西部军区军长作道光夫中将任训练总指挥官，第8步兵师参谋长横山上校任射击部队指挥官。参训单位及装备：西部军区第4、第8步兵师的79式反舟艇反坦克导弹发射装置4套、AH－1S反坦克直升机4架；北部军区第7坦克师的90式坦克4辆；炮兵部队（第1炮兵群）的多管火箭发射系统（MLRS）3辆；富士学校富士教导旅的96式多用途导弹系统（MPMS）2套，人员共计320人。首次增加了96式多用途导弹赴美实弹射击训练内容。另外，日本国产的红外线图像制导反舟艇反坦克导弹首次在美国进行了实弹射击。训练分前期和后期两阶段进行，在前期训练中，96式多用途导弹系统对远距离同时出现的多个目标实施了连续同时发射；90式坦克以阵地攻击、夜间反袭击、反空降为想定实施了对远程目标射击和自行间射击；多管火箭发射系统在射击、再装弹、阵地转换、射击等一连串的状况下实施了对广域多目标的射击，还首次进行了夜间射击训练；AH－1S反坦克直升机小队（4架）首次实施了同时对地面目标发射24枚火箭弹射击训练。另外，还实施了使用“陶”式导弹同时压制两个方向的敌坦克射击训练。在后期训练中，实施了上述5种兵器的联合射击训练。根据防御设想，运用不同兵器进行了应付多目标的火力分配和集中火力应付不断出现的敌目标的训练。

建成“富士训练中心（FTC）”　据日刊《朝云》2000年4月6日、6月29日报道：具有“数字化战场”之称的陆上自卫队“富士训练中心”在北富士演习场建成。建立该训练中心的目的在于运用高科技器材，设置更为实战的训练环境，对部队的训练和检阅做出统一的和计数性的评价。它主要用于来自全军各步兵连的训练。作为该训练中心的运用部队，3月28日在北富士驻地成立了“部队训练评价队”。训练中心配置有塔式远距离操作固定摄像机（4台）、车载移动电视摄像机（3台）、便携式摄像机、通信接收天线和电子战环境设置系统等，能够通过各种传感器监视步兵连的作战行动，客观地、综合地统计出作战结果和兵员、武器的消耗情况，明确地指出实战状态下指挥官的判断是否正确、部队遂行作战能力、敌我各方的消耗情况，并能监听部队的全部通信内容，把握部队作战意图和战场情况。另外，还能够将获得的情况实时地发送到指挥中心，并进行分析。参训人员和坦克等装备携带有交战用训练装置和激光收发报装备，并与指挥中心的计算机连接。交战期间，指挥中心的计算机可显示出参训人员何时、何地、在何种状况下受到谁的攻击及受到何种程度的损伤。该中心还可以判定有坦克、火炮和反坦克直升机参加的加强连的训练情况。按照陆上自卫队的计划，陆军各步兵连每年到该中心训练一次。目前主要是以诸兵种协同攻击训练为主，同时还可以实施反游击队和突击队的训练，2002 年以后增加防御战训练内容。

西部军区第 2 防空导弹旅举行方面军级防空情报训练　据日刊《朝云》2000 年 3 月 23 日报道：西部军区第 2 防空导弹旅于 2000 年 1 月 23～28 日在日出生台、十文字原、大野原、黑石原各演习场举行了方面军级防空情报作战训练。该训练是在航空自卫队西部航空方面队和海上自卫队第 1 航空群配合下进行的。训练部队有西部军区防空主力部队第 3、第 7 防空导弹群和第 4、第 8 步兵师的防空导弹营以及 10 个便携式地对空导弹组。参训部队与设在春基地的航空方面队战斗指挥所、防空指挥所密切配合，综合演练了防空战、防空情报活动、导弹群和导弹营的协调要领。目的在于提高方面军的综合防空情报作战能力。训练期间，将各部队的监视雷达集中于航空自卫队筑城基地，以部队对抗方式捕捉敌目标。陆海空三自卫队共计 7 个机种（P－3C、T－4、F－4、F－1、YS－11、LR－1、AH－1S 型飞机）参加了训练。

日美实施联合积雪寒冷地实兵训练　据日刊《朝云》2000 年 3 月 9 日、4 月 13 日报道：2000 年 2～3 月，陆上自卫队分别与美陆军和美海军陆战队实施了联合积雪寒冷地实兵训练。其具体情况：2 月 15～29 日，陆上自卫队和美陆军在日本弘前、小谷两演习场和弘前、青森两驻地举行了代号为“津轻 2000”的联合雪地训练。日本陆上自卫队第 9 兵步师师长铃木通彦中将和驻日美陆军司令约瑟夫·R·英治少将分别任训练指挥官。参训部队有：日方陆上自卫队东北部军区第 9 师第 39 步兵团，600 人；美方第 25 步兵师（轻）第 1 步兵团，450 人。日美陆军在各自的指挥系统下演练了日美实施联合作战时的相互合作要领。训练分三个阶段进行，即滑雪训练、专业职能训练、综合训练。在综合训练期间，美陆军参训部队首次在雪地中与日本陆军实施联合实兵作战，由于参训人员装备了 GPS 坐标装置及夜视镜等高科技单兵装备，即使在积雪很深的恶劣条件及夜间亦能自如地与日本陆军进行联合演练。日方指挥官称：“在此次训练中，向实战经验丰富的美军学到了许多本领，对日美陆军未来的联合作战具有十分重要的意义。”美方指挥官称：“美日军队在训练中相互合作，进一步加深了两军密切的友好关系。”2 月 21 日～3 月 6 日，陆上自卫队和美海军陆战队在日本陆上自卫队美幌驻地、美幌训练场、鹿追驻地和然别演习场举行了代号为“鄂霍次克 2000”的联合雪地训练。日本陆上自卫队第 5 步兵师师长安村勇德中将和美第 3 海军陆战师师长简利·D·翰布尔准将分别任训练指挥官。参训部队有：日方北部军区第 5 步兵师第 6 步兵团所属 1 个连；美方第 3 海军陆战师第 4 陆战团所属 1 个连。目的在于演练日本陆上自卫队和美海军陆战队实施联合雪地作战时的相互配合要领。训练分两个阶段进行：2 月 21～27 日在美幌驻地的训练场实施了滑雪基础训练和战斗训练等；2 月 29～3 月 4 日在然别演习场实施了机枪和迫击炮的实弹射击训练和联合攻击训练。

（张洲军）

海上自卫队训练　2000 年，日本海上自卫队在加强装备工作和完成各项战备执勤任务的同时，为了提高和改进战备训练成果，着重从教育训练体制和战术训练规模及做法上进行改革和加强，主要是：

（1）*实施全海上自卫队规模的教育训练检阅。* 2000 年 11 月 17～22 日，在横须贺实施全海上自卫队规模的教育训练检阅，由海上幕僚长藤田幸生上将任总检阅官，装备部长、联合舰队及程序业务队等有关领导共 69 人任检阅官。这是一次全年性的战备教育训练工作大检查，主要目的是对舰艇、航空部队及后方勤务保障等单位的教育训练成果实施评估；检查完成各种任务的态势及其能力，提高其适应能力和反应水平。这次被抽查、受检阅的部队有：一个护卫队群，补给本部、舰船补给处、航空补给处，横须贺、吴港、佐世保地方队，第 21、22 航空群等。

（2）*重视潜艇部队训练，改革训练体制。* 为了加强潜艇干部的培养和潜艇部队的训练，2000 年 3 月 9 日，海上自卫队改革潜艇训练体制，在吴港新成立“第 1 练习潜水队”，直属于潜艇舰队，配备教练潜艇 2 艘，人员 450 人，主要任务是负责潜艇人员海上的教育实习和担负反潜训练的靶舰。练习潜水队的使命，除一部分用于试验外，主要是对艇员进行教育和参加实习。因此，将原来“勤务舰”（ATSS）名称改为“练习潜水舰”（TSS），成为专职的潜艇艇员的养成部队。练习潜水队现由“濑户潮”、“朝潮”号编成，两艇内部均进行部分改装，设置了实习人员讲堂。“朝潮”号潜艇是“春潮”型艇的第 7 艘艇，也是该型艇最后 1 艘艇，1997 年服役，各种装备是同类型艇中最新型的，服役 3 年的新艇就作为练习潜艇，表明日海上自卫队对潜艇艇员教育训练的重视，它可确保艇员教育训练水平的提高。

（3）*水面舰艇加大了训练规模。*　作为日海上自卫队主要水面舰艇部队，现在联合舰队下编有护卫舰队，护卫舰队下编为 4 个护卫队群（战述编组为 4 个“八八舰队”）。2000 年，加大了主要水面舰艇的训练规模。向美国派遣的训练规模，由 1999 年的 6 艘舰艇（驱逐舰 4、潜艇 1、补给舰 1），6 架 P－3C 型机增加到 10 艘舰艇（8 艘驱逐舰、1 艘潜艇、1 艘补给舰）和 8 架 P－3C 型机。各护卫队群的群一级训练由 1999 年的每年 2～3 次增加到 4 次，2000 年，护卫队群一级的训练共实施16次，参训驱逐舰兵力累计达64～96艘，平均每次参训4～6艘。如2月9～14日，第4护卫队群直升机驱逐舰“比睿”号等各型驱逐舰5艘，在潜艇和P－3C机配合和保障下，在四国以南约330千米海域实施对海、对空射击，海空协同反潜，补给等科目的训练。近海的单舰和护卫队一级的训练也比以前有很大加强。

(4) 整编后的扫雷部队首次实施部队集中考评训练。2000年3月，日海上自卫队将原来的两个扫雷队群合并整编为一个扫雷队群。其司令由原来的上校衔升格为少将衔，扫雷队群舰艇的数量虽略有减少，但由于裁减的艇只，并入到各地方队，因此，整体战斗力不受影响。10月7～14日，整编后的扫雷队群首次实施集中考评训练。内容是：①集中考评。10月7～10日在吴港进行，扫雷队群和各地方队的扫雷舰艇共21艘，1200人参加，主要是逐级听取1999年的扫雷训练情况、存在问题及今后改进的措施，然后认真检查。②战术操演。10月11～14日，参训舰艇在佐伯海面丰后水道实施战术操演，主要科目有：探测水雷、扫雷、水雷扫荡等。从全年情况看，大的扫雷训练共进行4次，参训扫雷舰艇73艘，飞机40架，主要特点：在扫雷海区上，加强了港湾、近岸、海峡扫雷；在扫雷样式上，重点演练了扫雷舰艇和扫雷直升机的联合扫雷；在布雷方式上，首次出动航空自卫队飞机参加布雷。

(5) 航空飞行部队侧重实施战术反潜飞行和求生训练。 日海上自卫队反潜巡逻机现共有5个航空群，2000年，每个航空群都进行群一级反潜飞行训练3次，每次参训飞机3～8架，累计全年参训飞机45架～120架。至于单机和航空队一级的飞行训练，每月都进行多次。从全年情况看，主要特点，一是年初开训时间早，如第1航空群于1月7日即拉开2000年航空兵训练的序幕，7架P－3C机和3架UH－60J反潜直升机参训，其中1架P－3C机为指挥机，上载航空群司令等指挥人员，6架P－3C机编为二个队(3机1队)，3架直升机编为一个队，实施飞行训练。二是侧重实施战术反潜飞行训练和求生训练。重点进行了战术反潜飞行训练，主要是对水面舰船和潜艇的搜索，从目力观察到使用磁探仪、无线电声纳浮标等装备进行搜索，对重点科目，有时是反复演练。另外，加大了飞行求生训练，5个航空群都开展这方面训练，特别是在北部八户的第2航空群在3月份的严寒下，还实施多次飞行员海上漂流训练。

(6) 重视对外关系发展，双边训练明显加强。2000年1月24～29日，海上自卫队干部学校举办“亚洲太平洋国家海军大学学会”，澳大利亚、文莱、印尼、韩国、马来西亚、菲律宾、俄罗斯、新加坡、泰国、美国、越南、日本等12个国家海军大学的教官、研究员代表与会，进行军事交流研讨。此前，日海上自卫队曾举办“西太平洋海军年会”，增加了与美、韩、澳等国海军的友谊，实现了日俄、日韩间的舰艇互访和双边友好训练。此次学会，通过各国海军大学间的交流，加深了解，促进友谊。“学会”研讨后，各国代表赴横须贺和厚木参观了联合舰队司令部、舰艇和海航飞行部队。与此同时，双边训练2000年明显加强，截至12月5日，共有加拿大、荷兰、比利时、泰国、印度、英、法、澳、土耳其等10个国家22艘舰艇和2架P－3C机访日，先后进入日本吴港、东京、横须贺、佐世保、东京、大阪、大分、仙台、小樽、和歌山等11个港口访问，日海上自卫队共出动25艘舰艇和2架P－3C机分别与其进行“友好训练”，主要训练科目有通信、战术机动等，参训舰艇多于1999年。

资料来源：

①日本《海上自卫新闻》2000年2月11日～12月15日；

②日本《世界舰船》2000年3～12月；

③日本《朝云》2000年3～10月。

（詹玉才）

练习舰队远航训练 据《日本海上自卫新闻》2000年4月21日、7月28日和9月15日报道：日本海上自卫队练习舰队于2000年4月13日～9月8日实施了一次由西向东环球一周的远航训练活动。远航编队由练习舰“鹿岛”号和多用途驱逐舰“夕雾”号组成，参加人员580人，其中舰员410人，上载院校毕业学员170人（含泰国海军留学生2人，女学员9人），由练习舰队司令吉川荣治少将任编队指挥。编队航经马六甲海峡、苏伊士运河、巴拿马运河，穿过印度洋、地中海、大西洋和太平洋，先后访问了新加坡、印度的孟买、埃及的亚历山大、葡萄牙的里斯本、英国的朴次茅斯、荷兰的阿姆斯特丹、美国的纽约、巴拿马、墨西哥的马萨特兰、美国的圣迭戈、珍珠港、中途岛等9个国家的12个港口，历时149天，航程2.67万海里（4.82万千米）。这是自1957年以来第44次远航训练活动，主要目的是使部队适应长期海上训练生活，通过提高部队战技水平，从而提高其远洋作战能力，同时熟悉国际环境，增强与访问国家的友好关系。此次远航活动有以下特点，一是高度重视。日本军政当局对此次远航活动亲自进行了迎送。二是准备充分。为了确保远航活动顺利实施，远航前，练习舰队（5艘）1月20日～2月26日进行了适应性的近海航海实习，历时38天，为远航活动奠定了基础。三是参加国际活动多，并首次与多国海军进行共同训练。6 月 15 日编队抵荷兰后，参加了“日荷交流 400 年活动”，7 月 3 日，抵达美国后参加了“纽约 2000 年国际观舰式”活动。远航期间，海上航行 106 天，占 64%，停泊 43 天，占 36%。往返途中，进行了各种训练，前期主要进行基础训练，中后期主要实施综合战术应用训练，其中以反潜战、防空战、反水面战、电子战为重点。值得一提的是，7 月 9 日，编队离纽约港后，在大西洋上与参加“2000 纽约观舰式”活动的法海军护卫舰“道格拉斯”号、英国驱逐舰“曼彻斯特”号汇合，遂进行了共同训练。这是练习舰队乃至日本海上自卫队首次与多国部队实施共同训练。训练由法国护卫舰舰长任统裁官，主要操演了阵位占领，队形变换以及通信等。训练达到了预期结果。

舰艇进行外洋航海实习　据《日本海上自卫新闻》2000 年 5 月 19 日和《世界舰船》5 月号、6 月号报道：2000 年日海上自卫队共两次派舰艇进行外洋航海实习活动。第一次参训舰艇有直升机驱逐舰“鞍马”号、防空驱逐舰“朝风”号、多用途驱逐舰“山雾”号，由第 2 护卫队司令任指挥。2 月 25 日，编队上载舰艇院校毕业学员 90 人，由江田岛启航，途经泰国的梭桃邑、新加坡、冲绳的胜连，3 月 31 日返抵吴港，历时 35 天。第二次实习编队由多用途驱逐舰“矶雪”号、“朝雪”号和潜艇“雪潮”号组成，第 23 护卫队司令任指挥。3 月 20 日，编队上载飞行院校毕业学员 75 人，由江田岛启航，航经关岛的阿勃拉、菲律宾的马尼拉、冲绳的胜连，4 月 25 日返抵佐世保港，历时 36 天。两次航海实习编队往返途中，均进行各种训练活动，其中基础训练占大部分，约为 70%，战术应用训练占 30%。尤其是第二次实习编队因有潜艇参加，除对空射击、对海射击等科目外，还实施了海空协同反潜作战的演练。

舰艇、飞机赴夏威夷派遣训练　据《日本海上自卫新闻》2000 年 5 月 9 日、19 日、6 月 2 日、23 日、10 月 6 日及《世界舰船》7 月号报道：日本海上自卫队 2000 年共派出 10 艘舰艇和 8 架巡逻机赴夏威夷进行派遣训练。参训人员达 2050 人。其中水面舰艇编队由第 2 护卫队群司令加藤保少将任指挥，参训舰只有：直升机驱逐舰“鞍马”号、多用途驱逐舰“朝雾”、“夕立”、“雾雨”、“村雨”、“春雨”、防空导弹驱逐舰“岛风”、宙斯盾驱逐舰“金刚”，综合补给舰“滨名”，人员 1800 名；飞行部队由第 4 航空队司令任指挥，参训飞机：P－3C 型反潜巡逻机 8 架，人员 170 人；潜艇部队派出潜艇“夏潮”，人员 80 名，由艇长指挥。水面舰艇编队（9 艘舰只载 8 架反潜直升机）飞行部队和潜艇分别在珍珠港，圣迭戈、巴巴斯角、安德逊等基地进行了训练。主要实施各种海上训练，并利用美海军设施，进行导弹发射训练，潜艇逃生训练，远距导航训练等。此次派遣训练的特点，一是参训兵力多。1999 年派遣训练时参训舰艇 6 艘，巡逻机 6 架，2000 年因要参加“环太平洋”演习增至舰艇 10 艘，飞机 8 架。二是舰艇装备新，在航率高，集中 3 天便启航。三是多次进行双边训练，并首次进行多边训练。从 5 月 23～26 日，参训舰艇多次与美国、加拿大海军进行双边训练并首次进行三边训练，主要科目有：战术机动、反潜战、反水面作战、防空作战、通信等。

特别扫雷训练　据日本《海上自卫新闻》2000 年 2 月 11 日、7 月 7 日、11 月 10 日和《世界舰船》9 月号报道：日本海上自卫队 2000 年特别扫雷训练共进行 4 次，其中第一次于 2 月 15～27 日在周防滩进行，由第 2 扫雷队群司令平井良彦少将任指挥，参训兵力有：扫雷供应舰“浦贺”、“丰后”，远洋扫雷舰 1 艘，扫雷艇 15 艘，共 18 艘，飞机 18 架，其中 P－3C 型机 12 架，MH－53E 型扫雷直升机 6 架；美海军扫雷舰 2 艘，P－3C 型机 1 架及水中处理人员 9 人参加了训练；第二次于 7 月 7～12 日在十胜海面进行，参训舰船 8 艘，由第 51 扫雷队司令任指挥；第三次于 7 月 16～30 日在陆奥湾进行，参训舰艇 22 艘，各种飞机 20 架，人员 1200 人，由扫雷队群司令平井良彦少将任指挥，另日航空自卫队 C－130H 运输机和美海军 P－3C 机各 2 架及 7 名水中处理队员也参加了训练。第四次训练于 11 月 19～30 日在日向滩进行，参训舰艇 25 艘，其中扫雷供应舰 2 艘，扫雷艇 23 艘，人员 1300 人，另美海军派出 5 名水中处理人员参训。扫雷训练中，均使用训练水雷，一般先由 P－3C 机或扫雷供应舰进行布雷，扫雷舰艇进行水雷监视、扫雷和水雷处理。

特别反潜训练　据日本《海上自卫新闻》2000 年 6 月 30 日、《朝云》8 月 30 日、《世界舰船》11、12 月号报道：2000 年，日美共进行 3 次联合特别反潜训练，其中 2 次在本州东南至四国海域，1 次在九州南方海域，日方参训舰艇 9 艘，潜艇 2 艘，P－3C 飞机若干架，美方参训舰艇 6 艘，潜艇 3 艘，P－3C 机若干架。主要操演科目：反潜搜索、通信、战术机动、单舰攻击、舰机联合攻击等。为了更好学习美方反潜战术和技术，7 月 6～11 日的训练中，日方 20 名技术人员上美方舰艇进行观摩。

护卫舰队集中整训活动　据日本《海上自卫新闻》2000 年 5 月 19 日和《世界舰船》7 月号报道：4 月 13～20 日，日本海上自卫队护卫舰队（水面舰艇部队）在吴港实施了集中整训活动，参训舰艇 24 艘，人员 4600 人，其中护卫舰队旗舰 1 艘，直升机驱逐舰 2 艘，宙斯盾驱逐舰 1 艘，防空驱逐舰 2 艘，多用途驱逐舰 16 艘，训练支援舰 1 艘，综合补给舰 1 艘。集中整训由护卫舰队司令胜山拓中将任指挥官，吴地方队司令谷山胜治中将参与了整训活动。集中整训活动主要内容，一是护卫舰队下属 4 个护卫队群（战术编成 4 个“八八舰队”）的各护卫队汇报 1999 年训练情况，并提出 2000 年的训练要点，特别是海上处理“可疑船”的要求和注意事项。二是举行各级指挥官会议，找出训练中出现的不安全苗头和隐患，明确改进措施和实施要领。三是开展专项潜水训练。因水面舰只平时训练和执勤任务重，各舰的潜水员业务训练不足。为此，利用集中整训时机，集中各舰潜水员 90 人在吴港内的大丽女岛实施专项潜水训练，在潜水专家和吴地方队水中处理队人员协同下，实施各种深度的下潜和上浮操演。

举办“观舰式”活动 据日本《海上自卫新闻》2000 年 11 月 10 日、《朝云》11 月 2 日、《世界舰船》12 月号报道：10 月 29 日，海上自卫队在相模湾举办自卫队观舰式活动，日本首相森喜朗率防卫厅长官、事务次官、参联会主席、陆海空三军幕僚长、参众两院议长、历代参联会主席及海上幕僚长等出席活动。各国外交官和驻日武官也参加了观舰式。参训兵力共 10000 人；舰艇 63 艘，即驱逐舰 25 艘，护卫舰 2 艘，潜艇 5 艘，扫雷舰艇、导弹艇、扫雷供应舰、登陆运输舰、练习舰、训练支援舰、潜艇救援舰、海洋观测舰、补给舰、破冰船等 31 艘；飞机 38 架，即 P－3C 机 4 架，SH－60J 反潜直升机 5 架，MH－53E 扫雷直升机 3 架、其他 26 架。另外，陆上自卫队 CH－47 机 3 架及运输车 30 辆、人员 100 名、航空自卫队 F－15 机、F－1 机、RF－4E 机各 3 架及海上保安厅巡视船 1 艘也参加了观舰式。

上午 10 时，观舰式开始，森喜朗首先发布训示，然后在检阅舰“白根”号上依次对舰、机各编队进行检阅，最后进行舰载机起降、潜艇下潜上浮、舰炮射击、反潜武器发射、登陆舰“大隅”号的气垫船上陆、登陆等训练表演。

参加“西太平洋潜艇救援训练” 据日《海上自卫新闻》2000 年 8 月 3 日、9 月 29 日、10 月 13 日、11 月 3 日报道：10 月 2～4 日，日海上自卫队派兵力参加日、美、韩、新四国在南海联合举行的“西太平洋潜艇救援训练”。上述四国在南海实施共同训练是首次，日海上自卫队也是首次参加除美国以外的多国部队的训练。四国参训兵力：潜艇 4 艘、潜艇救援舰 4 艘，人员 600 名。其中日本派出的为潜艇“秋潮”号（2350 吨），潜艇救援舰“千代田”号（3650 吨）、人员 200 名，由第 2 潜艇队群司令为指挥官。为搞好这次训练，7 月 24～27 日，在新加坡召开四国协调会议，就各方参加的潜艇、潜艇救援舰数量及训练要领进行协商、认定。9 月 15 日，日方参训舰艇由横须贺启航。10 月 7 日，四国参训部队集结新加坡，10 月 2～4 日，参训部队进行图上作业演习和通信试验，10 月 5 日，舰艇离港，10 月 7 日晨，参训舰艇抵达新加坡东北约 370 千米的南海训练海域，从 10 月 7～12 日，实施了潜艇救援实兵训练。10 月 13 日，参训舰艇返抵新加坡，14 日进行训练小结。16 日，日舰艇返航。30 日，潜艇救援舰和潜艇分别返抵横须贺和吴港。

（詹玉才）

日水雷战部队注重强化 4 种训练 《现代军事》2000 年第 10 期董明林、孙士兵报道，新《日美防卫合作指针》签署后，日本海上自卫队的水雷战部队的职能扩大。战时，不仅要在日本沿海进行扫布雷作战，而且要在日美海上联合作战中担负其周围数百海里、东南与西南两条 1000 海里海上交通线的航线安全，当周边国家“有事”时在“安全领域”内积极参与“防卫”合作，还可根据需要参加公海扫雷、执行维和行动等任务。为此，着重强化以下 4 种训练：

（1）基础训练 日水雷战部队的训练首先是从单艇锚泊训练开始，继之以扫雷队为单位的海上编组训练，再进行以扫雷队群为单位的海上编队训练。在训练中特别注重基础训练，必须贯彻训练的始终，使水雷战人员能够对装备操纵自如。

（2）队、队群训练 日水雷战部队通常在单艇训练之后，以 3 艘同型的扫雷艇编成一个扫雷队，频繁地进行编队航行、扫雷、通信和补给等海上训练。在以队为单位的训练结束后，便开始以扫雷队群为单位、扫雷队群的旗舰也要参加的训练。这种训练不仅是对前期训练的检验，也是对扫雷部队远距离机动能力的训练。通过远航可以了解、熟悉日本沿海的水文地理状况和鱼网分布情况，提高在恶劣天气条件下航行的能力。在扫雷队群的训练中，还要进行布雷训练。

（3）日美联合扫雷训练 这是一种综合性扫雷训练，参加的兵力较多，除扫雷舰艇外，还有航空集团的反潜巡逻机、扫雷直升机和美海军的攻击机、猎雷员等。训练持续两周。训练开始，海上自卫队的 P－3C 型反潜机利用弹仓装雷，在指定的海区迅速、准确地实施布雷，接着进行扫雷训练。一是扫雷艇在海上对空中布雷进行不间断的监视，待布雷完毕即迅速开往雷区扫雷；二是在对情况完全不知的情况下进行扫雷，先是派扫雷直升机实施扫雷，尔后再用扫雷艇清扫。

(4) 年度演习　这是对扫雷部队整体实力的大检验。通常没有详细的预案，而是根据不断变化的情况进行演练。参演的扫雷部队要在与水面舰艇、潜艇和美国海军舰艇的密切协同下迅速、准确地扫除水雷障碍，开辟通道。

(薛　丰)

航空自卫队训练　2000 年度，日本航空自卫队紧紧围绕国家的军事战略部署，以《中期防卫力量整备计划》和《新日美防卫合作指针》为指导，认真贯彻“质量建军”的方针，落实战略方针由“专守防卫”向“海上歼敌”、“洋上防空”转变。在军事训练中，根据实战需要，重视兵力的快速机动和投送，提高对各类突发事件和紧急事态实施快速反应的能力，进一步加强日美联合训练、国外飞行训练、后勤保障训练，积极举行各类军事演习，努力提高航空自卫队在现代高技术条件下的远程空运能力和远洋防空作战能力，以确保日本周边 500 海里以及 1000 海里海上交通线的安全。2000 年度航空自卫队的军事训练有如下特点：

突出日美联合训练。　由于日本的军事作战方针是以日美联合防御为基础，因此，航空自卫队对日美联合训练非常重视。2000 年度，日美航空部队举行各类联合训练五、六十次，联合训练以不同机型战斗机空战和防空截击作战为主，还有护航作战、对地（舰）攻击、航空救生、电子战等。且规模不断扩大，参训飞机的机型和数量大幅增加。如 2000 年 8 月 28 日～9 月 8 日日美航空部队在九州地区进行的日美联合训练，共出动各型飞机 61 架，并出动了包括日本新装备的大型空中预警指挥机 E－767 在内的 6 种机型。

加强部队国外飞行训练。　2000 年度航空自卫队进一步加强了各机型、各部队出国训练的次数和力度。在国外飞行训练当中原来主要以运输机部队为主，如赴美空运训练每年最少 1 次，运输机空运技术比赛每两年 1 次。为执行国际紧急救援而进行的运输机部队国外飞行训练每年至少 1 次。但从 1999 年起航空自卫队开始派遣 F－15 战斗机到国外进行训练，而且派遣的机数、机型和规模逐年增多。

高度重视后勤保障训练。　为落实《新日美防卫合作指针》，提高“周边有事”时对美军的后勤支援能力，航空自卫队在 2000 年度加强了后勤保障方面的训练。2000 年 4 月 29 日～5 月 5 日，航空自卫队派出有关部队参加美国空军在美国佛罗里达州廷德尔空军基地举行的基地设施防护竞技会，进行了基地防护、修复被炸机场跑道及其设施的技术竞赛，积累实战经验，提高后勤部队执行抢修任务的保障能力。2000 年 11 月，日美空军在日本岩国基地首次实施了“驻外侨民撤运训练”以及“搜索救助训练”，由航空自卫队飞机对日本侨民及海上遇险的美军官兵实施搜索救助。此外，航空自卫队还在 2000 年 11 月中旬派飞机和部队参加了陆上自卫队与美国海军陆战队在王城寺原演习场举行的联合演习，其间，航空自卫队与美国空军连续 3 天进行了以空运、空投物资为主的联合后勤保障训练。

积极举行各类军事演习，努力提高部队整体作战能力。　为检验部队训练成果和战备水平，提高部队的实战能力，日本航空自卫队每年都要举行大量各种类型的军事演习。其中有航空自卫队单独举行的演习，有与陆上和海上自卫队举行的协同演习，还有与美国空军举行的联合演习以及与韩国、菲律宾等国空军举行的联合军事演习。

2000 年度，航空自卫队依据年度训练计划，加强了以日本“周边事态”为背景的军事演习的力度，先后组织和参加了较大规模的军事演习有：“2000 年度防空警报图演”、“2000 年度综合实兵演习”、“对抗北—关岛 2000”演习、“日美利剑联合实兵演习”、“日美三军联合军事演习”等。在上述各类演习当中，航空自卫队以防空拦截、空地协同、空中阻滞、战术空运、电子战等作战为主要演练内容，突出演习的针对性、综合性和实战性，提高各级指挥机构的作战指挥效能、作战部队的战术技术水平、诸军兵种协同作战以及与美国空军联合作战的能力。2000 年度航空自卫队举行的演习主要有以下 3 个特点：

（1）突出电子战课目，增加演习环境的复杂性，提高航空作战部队在电子对抗条件下的防空作战能力。每次防空作战实兵演习都设有电子对抗课目，电子战飞机出动规模越来越大，电子对抗演习已由原来基础性电子战演练发展成为近似实战的复杂电子干扰环境下的综合性作战演练。如日美航空部队 2000 年 5 月 30 日～6 月 3 日在美国关岛进行的联合训练和 2000 年 8 月 28 日～9 月 8 日在九州地区实施的联合训练当中，都突出了电子战课目。

（2）突出多机种协同作战。航空自卫队每次进行防空作战演习都出动战斗机、支援战斗机、电子战飞机、空中预警机、侦察机、运输机等多种作战飞机，按照符合实战的作战方案，实施多机种协同作战演练。如 2000 年 11 月 6～20 日实施的 2000 年度综合演习，航空自卫队共出动 4.4 万人、620 架飞机，几乎各兵种、各类人员、各型飞机都参加了演习。

（3）突出与陆上自卫队、海上自卫队进行协同作战及与美国空军进行联合作战。航空自卫队与陆上自卫队和海上自卫队举行联合演习的次数已超过空军各类演习总数的40%。与此同时，空军每次举行大规模军事演习都邀请驻日美军参加，重点演练日美两国空军共同保卫日本时的联合指挥及联合防空作战课目。特别是日美两国政府批准通过“新日美防卫合作指针”相关法案后，日美空军举行联合演习的次数明显增加，联合作战的层次越来越高。2000年度，航空自卫队不仅在日本周边海、空域与美国空军举行多次联合军事演习，而且还多次派遣作战部队到美国本土与美国空军举行联合军事演习，如“对抗北—关岛2000”演习，航空自卫队就派出了10架F－15战斗机、2架E－2C空中预警机、1架C－130运输机前往美国关岛安德森空军基地进行了为期5天的联合军事演习。

资料来源：

①日本《飞行周刊》2000年5月31日；

②日本《航空情报》2000年第8期；

③日本《航空世界》2001年第1期。

航空自卫队与美国空军实施联合训练 据日本《飞行周刊》2000年8月9日报道，2000年8月28日～9月8日，日本航空自卫队与美国空军在九州地区实施以提高日美航空部队战术技术水平和联合作战能力为目的日美联合训练。联合训练课目主要有：防空作战、战斗机空战、再次出动准备等。双方共出动各型飞机61架，其中航空自卫队出动43架，驻日美军出动18架。日本航空自卫队首次出动新装备部队的E－767大型空中预警指挥管制机。

赴美进行日美联合训练 据日本《飞行周刊》2000年5月31日报道，航空自卫队自5月30日～6月3日，派战斗机赴美国关岛安德森空军基地与美国空军举行日美联合训练。这是继去年之后，航空自卫队第2次派遣F－15战斗机部队赴美进行日美联合训练。这次共派遣F－15战斗机10架，比去年增加了4架，另派2架E－2C空中预警机参加。地勤人员及所需器材装备由1架C－130运输机负责向美国关岛空运。这次联合训练的主要内容是：与美国空军战斗机部队进行防空作战、战斗机空战、电子战及再次出动准备演练。

航空自卫队地面防空部队赴美进行实弹射击训练 据日本《航空情报》2000年第11期报道，航空自卫队于2000年8月4日发布消息说，航空自卫队地面防空部队将于2000年8月31日～11月27日，赴美国新墨西哥州怀特桑兹以及麦格雷戈射击靶场进行2000年度实弹射击训练。航空总队司令部参谋长二宫修担任指挥官，参训部队是第1～6高射群以及高射教导队。高射教导队使用“爱国者”地空导弹进行实弹射击训练。这是航空自卫队地面防空部队第11次赴美进行实弹射击训练，目的是通过演练地空导弹实弹射击动作要领，提高地面防空部队遂行防空作战任务的能力。

派遣U－4多用途飞机实施国外飞行训练 据日本《飞行周刊》2000年2月21日报道，为提高进行国际紧急救援活动的空运能力，航空自卫队2000年2月20～24日，派遣一架U－4多用途飞机实施国外飞行训练。这次国外飞行训练共有22人参加，由航空自卫队第2运输航空队司令吉田政尚上校担任指挥官。具体飞行航线是：从日本入间基地出发－菲律宾的马克坦－印度尼西亚的苏腊巴亚－新加坡的樟宜－日本的那霸－最后返回入间基地。

举办2000年度战技竞技会 据日本《航空情报》2000年第9期报道，航空自卫队于2000年6月12～23日，在三泽基地和千岁基地举办了航空总队2000年度战技竞技会。以提高飞行员战术技术为目的的战技竞技会每年举办一次，历时约15天，今年因F－15部队中的第303和第306飞行队于6月初赴美参加“对抗北－关岛2000”日美联合训练而缩短了竞技日程。竞技内容主要有：战斗机空战、与雷达警戒部队共同实施的防空拦截作战、支援战斗机对地靶射击、轰炸等。防空拦截作战是用4架F－4拦截由4架F－15护航的4架F－1战斗轰炸机的进攻，在设定的竞技空域内拦截成功者为优胜。第301飞行队已连续两年获得优胜。

航空自卫队战斗机1999年度紧急出动154次 据日本《航空世界》2000年第7期报道，2000年4月14日，航空自卫队参谋部公布了航空自卫队战斗机1999年度实施紧急出动情况。1999年航空自卫队战斗机共计紧急出动154次，比1998年的220次有大幅度下降，创历史最低。2000年度针对俄罗斯飞机实施的紧急出动次数超过50%，针对中国实施的紧急出动次数有所减少。

（伊贵玺）

军事演习　陆上自卫队“北方机动特别演习”

2000年6月21日～8月1日在日本中部地区至北海道途中及矢臼别演习场举行，演习代号为“锦城2000”。中部军区军长中谷正宽中将任演习指挥官。参演部队：以陆上自卫队中部军区第3步兵师为骨干，人员约3900人，坦克25辆，火炮23门，各种军车1200辆；海上自卫队驱逐舰、运输舰等8艘；航空自卫队战斗机、运输机等约100架。演习部队使用各种军车、运输舰、民用渡船、运输机、民航飞机等，分陆、海、空三路向北海道实施快速立体机动作战演练。演练科目有：三军联合远程快速机动，登陆作战，海上机动时的舰队攻击、舰队防空、海上作战运输，空中机动时的空地作战、空中作战运输，电子战等。在与海空军实施的综合训练中，重点演练了海上机动时的舰队攻击、舰队防空、陆海军的海上作战运输以及空中作战运输和空地作战等。目的在于提高诸军种协同快速机动作战能力。各演习机动部队于7月22日抵达北海道矢臼别演习场，在该演习场实施了实弹射击训练、部队检阅、战斗团和师规模的综合训练。本演习是自1983年以来的第18次。

陆上自卫队“富士综合火力演习”　2000年9月7日、9日、10日在静冈县东富士演习场举行。陆上自卫队富士学校校长石飞勇次中将任演习指挥官。参演部队约1700人，出动坦克、装甲车等约60辆，各种火炮约70门，飞机30架，其他车辆180辆。航空自卫队派2架F－4EJ战斗机参加。演练科目：坦克、火炮、攻击直升机的实弹射击，射击后的阵地转移，空降部队跳伞，特种部队和侦察部队的行动要领，防化部队的放射污染排除，对敌炮击和进攻中的防御，航空自卫队战斗机部队对地面攻击，机降作战等，并向社会各界约79000人展示了155毫米榴弹炮、MLRS多管火箭系统、SSM－1地对舰导弹和AH－1S反坦克直升机等现代化装备。日防卫厅长官、陆海空军参谋长观看了演习。“富士综合火力演习”每年举行一次，本演习为第42次。

陆上自卫队大演习（“陆演”指挥所演习）　2000年2月14～24日在陆上自卫队各参演部队所在地举行。陆上自卫队参谋长矶岛恒夫上将任演习指挥官。参演部队：陆上自卫队参谋部、各军区司令部及参谋长直属部队等，人员约3500人。目的在于综合演练陆上自卫队高级指挥人员从形势危急到日本遭到武装攻击的各个阶段的应付要领，提高部队快速反应能力。演习的主要特点：一是在形势危急阶段，首次以“周边事态”为想定，对各种应付要领进行演练，如根据《周边事态法》等新《日美防卫合作指导方针》相关法案，演练了陆上自卫队实施后勤支援、搜索救助活动以及救援驻海外日侨时的指挥参谋活动；二是与日美三军联合指挥所演习（参谋长联席会议级）同时进行，体现了日美联合指挥所演习逐步向“统一司令部”方向发展。陆上自卫队大演习始于1980年，原则上是在每个5年《中期防卫力量发展计划》期间举行1次，本次为第6次。陆上自卫队大演习（简称“陆演”）包括指挥所演习和实兵演习两部分，指挥所演习从1993年纳入日美三军联合指挥所演习（CPX）一并举行，此次为第2次。陆上自卫队参谋长矶岛恒夫称，此次演习实施概要由参谋长联席会议制订，陆上自卫队具体实施，主要演练战时对美军的后勤支援，检验发生“周边事态”时在部队运用方面可能出现的问题。

海上自卫队综合演习（图演）　2000年9月28日～10月4日在海上自卫队干部学校（东京目黑区）举行。海上自卫队参谋长藤田幸生上将任演习指挥官。参演部队：海上自卫队参谋部、自卫舰队各司令部、各地方队司令部等，共计400人。主要演练从形势紧迫到敌方实施武力进攻各阶段中上级指挥官在实施各种海上作战时的形势判断、作战指挥、部队运用以及作战参谋的协调要领。此外，为提高演习效果，防卫厅内局、参谋长联席会议、陆上自卫队、航空自卫队也派人参加了演习。本次图演使用了海上自卫队干部学校的图演装置。该装置于1994年完成研制，1995年度正式投入使用，1997年度开始用于海上自卫队综合演习（图演）。

海上自卫队综合演习（实兵演习）　2000年11月6～17日在日本周边海域举行。海上自卫队自卫舰队司令官长谷川语中将任演习指挥官。参演部队有：自卫舰队、各地方队（横须贺、吴、佐世保、舞鹤、大凑）等，舰艇共计80艘，飞机约180架，人员约30000名。美海军第7舰队“小鹰”号航母等共计舰艇10艘、飞机60架、人员约8000名也参加了演习。演习科目主要有：反潜战、防空战、水面战、扫布雷战、电子战、海上补给、船团护航、沿岸防御、海上救难等。目的在于检验海上自卫队年度训练成果，通过从形势紧迫到保卫日本的各种海上作战的实际演练，提高海上自卫队独立作战和日美海军联合保卫日本时的协同作战能力，以及海上自卫队各级指挥官的作战指挥及部队运用能力。

航空自卫队综合演习　2000年11月6～20日在日本本土及其周边空域举行。航空自卫队参谋长竹河内捷次上将任演习总指挥官。参演部队：航空自卫队参谋部、航空总队、航空支援集团、航空教育集团、航空开发实验集团、航空系统通信队及补给本部等，飞机共计约620架。主要演练科目：防空战、空中阻击战、空中接敌支援、空中救援、基地防御及各种后勤支援作战等。目的在于演练航空自卫队在日本有事时的各种作战行动，提高各部队遂行任务的能力。

自卫队首次举行大规模防灾实兵演习　该演习于2000年9月3日举行，自卫队参谋长联席会议主席藤绳佑尔上将任演习总指挥官。参演部队：参谋长联席会议、陆海空三自卫队，共计7100人。出动军车1090辆，飞机80架，舰艇5艘。演习想定日本南关东地区发生大地震，实战演练以陆上自卫队为主体的陆海空三自卫队与东京都等地方单位联合抢险救灾要领。目的在于提高部队的综合运用能力和部队遂行新任务的能力。演练科目：救灾派遣部队的展开要领；与警察厅、消防厅、海上保安厅、东京都等地方部门的协调要领。

日美陆军联合方面军级指挥所演习 （1）2000年1月20～29日在日本伊丹、千曾、海田市各驻地及久代训练场举行。演习代号为“山樱37”。日本陆上自卫队中部军区军长中谷正宽中将和驻日美陆军第9战区陆军战区司令约瑟夫·R·英基少将分别任演习指挥官。参演部队有：日方陆上自卫队中部军区、第8步兵师、第1空降旅、第3炮兵群、海上自卫队、航空自卫队、参谋长联席会议，共计约2200人；美方驻日美陆军第9战区陆军战区司令部、第1军、第5航空队，共计约1000人。演练了日美军按各自的指挥系统在采取联合作战行动时的军以下单位的指挥参谋活动。

（2）2000年6月4～14日在美国夏威夷州德鲁西堡举行。演习代号为“山樱38”。日本陆上自卫队西部军区参谋长内田益次郎少将和驻日美陆军参谋长迪尔·E·罗斯大校分别任演习指挥官。参演部队有：日方陆上自卫队参谋部、西部军区等共85人，参谋长联席会议、海上自卫队、航空自卫队共33人；美方驻日陆军司令部/第9战区陆军战区司令部、第1军、驻日美空军第5航空队，共计约110人。此次演习利用美陆军设施，双方按各自的指挥系统，想定日本有事，图上演练日美部队指挥官在实施联合作战时的部队指挥和运用、情报交换、日军对美军的后勤支援等。

日美陆军联合实兵演习 2000年11月2～18日在日本食庭野演习场及今津驻地举行。日本陆上自卫队第2特混旅旅长井冈久少将和驻日美陆军司令A·D·约翰逊少将分别任演习指挥官。参演部队，陆上自卫队第2特混旅第15步兵团，约750人；美陆军第25步兵师（轻）第1～27步兵营，约600人。演习期间，除演练了日美陆军按各自的指挥系统实施联合作战时的相互协作要领外，还首次演练了联合对付游击队和发生“周边事态”时联合运送驻海外日侨等行动。演习中，美空军进行了空投物资支援。

日陆上自卫队与美海军陆战队联合实兵演习 2000年11月5～15日在日本王城寺原演习场和大和驻地举行。陆上自卫队东北部军区第6步兵师师长通口让次中将和美海军陆战队第3海军陆战师师长W·C·格雷格森分别任演习指挥官。参演部队：日方东北部军区第6步兵师第44步兵团，830人；美方海军陆战队第3海军陆战师第1～6陆战营，650人。双方首次实施了联合反游击战和联合运送驻海外日侨的演练。在实施运送驻海外日侨演练中，陆上自卫队空降旅引导队和其他部队人员扮演驻海外日侨，陆上自卫队出动了3架CH－47J运输机，与航空自卫队的C－130、C－1运输机和美军的C－130运输机一起将驻海外的日侨运送到安全地带。演习期间，日本航空自卫队和美海军陆战队实施了从高空接近飞行支援；日本航空自卫队和美空军实施了物资空投支援。

日美海军联合指挥所演习 2000年3月13～23日在美国罗得岛州新港美海军大学举行。日本海上自卫队参谋部防卫部长齐藤隆少将和驻日美海军司令德那尔德·A·韦塞少将分别任演习指挥官。参演部队有：日方海上自卫队参谋部，自卫舰队，舞鹤地方队，干部学校，共计2人；航空自卫队参谋部，航空总队，航空支援集团共计5人；陆上自卫队参谋部5人；美方驻日美海军司令部，第7舰队，太平洋舰队，美海军大学，共计50人。演习目的在于利用美国海军大学的现代化设施演练从形势危急阶段到对日本进行武力攻击阶段日美海军联合实施海上作战时的指挥参谋活动。日美海军联合指挥所演习始于1988年，每年举行一次，本演习为第12次。

“对抗北－关岛2000”联合军事演习 2000年5月30日～6月3日在美国关岛安德森空军基地及其周边空域举行。参演部队有：日方航空自卫队第6战斗航空团（10架F－15J战斗机）、警戒航空队（2架E－2C预警机），人员190人；美方驻日美空军第5航空队第18联队（1架E－3B预警机、2架KC－135型机）、第11航空队第354战斗机联队（6架F－16战斗机）。演练科目：电子战环境下的防空战、战斗机格斗、二次起飞准备等。目的在于提高两国空军的空中作战能力和应付各种突发事件能力。与1999年相比，日本航空自卫队参演规模有所扩大，即增加了4架F－15战斗机。

日、美、韩、新海军首次联合潜艇救难演习 2000年10月2～14日在新加坡东北约370千米的海域举行。演习代号为“太平洋区域2000”。此次演习四个国家共计有10艘潜艇救难母舰和潜艇参加，人员600人。日本海上自卫队派出第2潜艇队群参加了演习，出动了“千代田”号潜艇救难母舰”和“秋潮”号潜艇，人员共计约200人。第2潜艇队群司令牧田正纪上校任参演部队指挥官。这是亚洲地区首次西太平洋潜艇救难演习，除日本、美国、韩国、新加坡外，澳大利亚、智利、印度尼西亚、英国、加拿大、俄罗斯、中国的海军也派出观察员参加了演习。四国海军联合演练了对想定遇难潜艇的救援活动，使用深海救难艇（DSRV）和吊起式救难装置从遇难潜艇中救出人员。其具体演练内容：日本海上自卫队潜艇救难舰“千代田”号使用其搭载的深海救难艇将沉入约80米海底的韩国潜艇人员救出；新加坡救难舰使用搭载在该舰上的美国救难装置将日本海上自卫队的潜艇“秋潮”号从海底救出。

日美三军联合指挥所演习（参谋长联席会议级） 2000年2月16～24日在日军和美军的参演部队所在地举行。日本自卫队参谋长联席会议主席藤绳佑尔上将和驻日美军司令波尔·V·赫斯特空军中将分别任演习指挥官。参演部队：日方参谋长联席会议，陆、海、空军各参谋部，陆上自卫队各军区司令部，陆上自卫队参谋长直属部队等，海上自卫队自卫舰队司令部，各地方队司令部，航空自卫队航空总队司令部，支援集团司令部，航空气象群，共计约5000人；美方驻日美军司令部，驻日美陆、海、空军各司令部，陆战队等，共计约1350人。目的在于演练从形势危急阶段（周边事态）至日本遭到武装进攻阶段的指挥参谋活动，以维持、提高日美三军的综合运用能力。本次演习有三大特点：一是首次以发生“周边事态”为想定进行演练。在此之前，日美三军联合指挥所演习共举行过11次，均以日本遭到直接进攻为想定进行，而本次演习则是为落实1999年4、5月日本众参两院相继通过的“周边事态法”而实施的首次以发生“周边事态”为想定的日美军大规模联合指挥所演练。二是规模大。日美三军联合指挥所演习始于1985年，以往演习规模一般在3000人左右，而本次演习日美双方参演人员共计6350人，与1998年演习相比人员增加4200人，是迄今规模最大的一次。三是将陆上自卫大演习（“陆演”）中的指挥所演习纳入本演习中一并进行。迄今日美联合演习一般是在二元化指挥协调体制下进行，即参演部队在各自的指挥系统下进行演练。随着今年5月“日美联合协调所”（日美军联合司令部）的启动，日美联合演习亦将逐步向在统一司令部指挥下进行的方向过渡，本次演习则是为积累经验进行的一次尝试。该演习始于1985年，本次为第12次。

日美三军联合实兵演习 2000年11月2～18日在日本周边海空域、九州和中国地区的自卫队和美军的港湾设施及陆上自卫队东北部军区和中部军区的演习场和驻地举行。日本自卫队参谋长联席会议主席藤绳佑尔上将和驻日美军司令官赫斯特空军中将分别任演习指挥官。参演部队：日方参谋长联席会议事务局，情报本部，陆上自卫队参谋部，东北部军区，东部军区，中部军区，第1直升机旅，海上自卫队参谋部，自卫舰队，横须贺、佐世保、大凑、舞鹤、吴各地方队，航空集团，教育航空集团，航空自卫队参谋部，航空总队，支援集团，共计约15170人，舰艇10艘，飞机约160架；美方驻日美军司令部，驻日美陆海空军各司令部，海军第7舰队，空军第5航空队，第3陆战队远征部队，共计约10830人，舰艇10艘，飞机约150架。演习目的：实兵演练日三军之间、日美上级司令部和部队间的协调要领，以对付外部对日本的武力攻击以及在发生各种事态的情况下顺利完成自卫队所肩负的任务，维持和提高日美联合作战运用能力。演习特点：首次在日美三军联合实兵演习中演练平时、战时及发生“周边事态”时的搜索救援活动和运输驻海外的日侨。在日美陆军地面演练中首次实施了有事时的反游击行动（对付游击队、突击队）训练。日美三军联合实兵演习始于1986年，本演习为第6次。

资料来源：

①日本《朝云》2000年1～12月；

②日本《防卫日报》2000年1～12月；

③日本《海上自卫新闻》2000年1～12月。

（张洲军）

越南军队军事训练 2000年，越军继续贯彻“基本、切实、牢固”的军事训练方针，积极开展军事训练，注重提高部队战术、技术水平和实战能力。

提出军事训练要求 越国防部副部长兼总参谋长黎文勇中将要求全军各部队在2000年把军事训练作为经常性任务来抓，坚持“训练与实战相结合”的指导思想，将抗法、抗美两次卫国战争的经验运用到军事训练中去。在训练过程中，要充分发扬民主，鼓励革新创造，将训练与锻炼、理论与实际紧密结合起来，特别是要注重按照“以少胜多、以弱胜强、以现代化程度不高的武器装备打赢现代化程度较高的武器装备”的传统打法训练部队，将每个干部战士和每个分队的作战能力提高到“精锐化”的程度。同时，要经常组织规模和形式不同的军事演习，提高各级干部队伍的组织指挥能力，促使部队熟悉“战斗”；注意总结演习成功经验，找出存在的问题和不足，以便完善军事训练的内容和方法。

重点抓针对性强的实战科目训练 年内，越各军种根据自身特点和担负的任务，有针对性地设立训练科目，重点抓好实战性强的科目训练。其中，陆军重点进行战备等级转换、诸兵种协同和防暴乱训练；海军主要开展登陆与抗登陆、海上封锁与反封锁、海上侦察与巡逻、海上搜救、岛礁防御作战等科目训练；防空—空军侧重组织空中拦截、俯冲攻击、轰炸地面（海上）目标、电子干扰与抗干扰、捕捉和跟踪空中目标等科目训练。同时，越军先后举行了十多次较大规模的军事演习，着重提高诸军兵种联合防御作战能力和制止大规模暴乱的快速反应能力。

探讨和演练防打巡航导弹的战法 2000年，针对美国等军事强国在现代战争中注重使用巡航导弹攻击对方目标，越军积极探讨防打敌巡航导弹的战法。越军将打击巡航导弹的区域确定为巡航导弹发射点、飞行途中和接近攻击目标区域。巡航导弹一般在15至40千米处接近攻击目标，此时其飞行高度降低、速度减慢，因此在该区域可使用肩射防空导弹、近程防空导弹、高射机枪、高射炮、步枪或低空悬浮爆炸气球等武器攻击来袭导弹，并由远至近形成远、中、近防空火力综合打击网，其中外围火力要成倍强于内围火力，作战要灵活机动。基于上述分析，越军着重演练以下对付巡航导弹的战法：防空导弹部队根据作战预案进行紧急部署，充分发挥各军种兵器的技术战术效能，提高对敌巡航导弹的击毁率；防空高炮部队灵活运用阻击截击战术，打击巡航导弹；将低空悬浮爆炸气球设置在敌可能攻击的来袭航路上，并按“Z”字形由远至近进行层层阻击；在巡航导弹途经航路上，运用伏击战术，以近程防空导弹、高射机枪、高射炮隐蔽应敌，同时在地面防空火力范围外使用歼击机打击来袭导弹。

举行密码技术比武 7月4～7日，越军总参谋部在河内举行了全军第六次密码技术比武，副总参谋长黎海贡中将出席，各军区、军兵种、兵团、边防部队司令部及总参机要局的24个代表团参加了传统技术与现代技术及业务理论知识等5个项目的比赛，陆军第4军区夺得团体第一名，总技术局和情报总局获得第二名，边防部队司令部、陆军第9军区和总参谋部机要局获得第三名；边防部队机要员阮海军少尉获个人全能第一，其他7名选手分获个人全能第二、第三名和鼓励奖。

重视提高教学质量 据越《人民军队报》报道：越海军学院认为，要建立一支精锐、快速、正规的现代化革命海军，必须造就一批政治可靠、专业技术强、管理水平高的海军军官队伍。为此，学院要重点培养具有大学学历的分队干部，培养参谋指挥军官和具有硕士学位的中高层军事指挥人员和军事学术博士。为提高教学质量，该学院采取了以下措施：一是加强教学、管理干部队伍建设。学院注意及时补充年轻教员，扩大教师队伍，经常组织教员进行再培训，提高教学水平。目前，学院所有教员均具有大学以上学历，其中40%是研究生，能培养轮机、电机、轮船驾驶、海军武器等方面的硕士和博士。同时，学院重视政治思想教学队伍的培养。二是制定新教学大纲，完善教学设备。学院按新的教学大纲编写新的教程，不断完善专用教室、实验室和电子教学模拟设备。根据教学设备的逐步现代化，不断改进教学方案。逐步扩大图书馆的藏书量，为建立电子图书馆，加大信息量，建立档案系统，与国内其他图书馆和技术中心进行信息交流。三是积极开展课题研究。重点研究海军技术和战术问题，同时积极完成国防部和海军下达的各种专题研究，并将研究成果在教学中推广，逐步建立局域网并与国防部科学技术信息中心联网，加强信息交流。扩大对外联系，借鉴外国军事院校在培养和管理人员、基础设施建设、军事通信技术应用等领域的先进经验。

资料来源：

越南《人民军队报》、《全民国防》杂志2000年。

（钟学良）

印度军队军事训练 2000年，印军为提高部队素质，增强军队战斗力，对部队训练进行了较大的改革，其主要做法包括：

严格训练标准 印陆、海、空三军结合各自的特点，对不同的专业、不同的层次、不同的训练课目分别制定了严格的训练标准。在训练日程上，规定无论军官还是士兵都必须经过院校或培训中心的正规训练，才能参加部队训练；部队只有在达到本阶段的训练标准，经考试合格后方可进行下一阶段的训练。军官每年要对完成在职训练的内容和要求做出述职报告，考评不合格者推迟或取消晋升。

努力实现训练手段现代化 鉴于印军装备日趋现代化，印军提出要逐步实现训练手段现代化：一是大力发展模拟器材，陆、海、空三军均引进了技术先进的模拟训练装置，既可逼真地模拟陆战、海战、空战环境，进行各种课目的训练，又能通过计算机存储和处理有关各种数据。二是改变传统的口授和阅读书面材料的教育训练方式，普及电子化教学和多媒体技术，规定所有官兵都要接受计算机正规课程的训练。

增加训练内容 由于国际形势的变化和非战争军事活动的增多，印军增加了部队的训练内容。一是在准备对外作战维护国家安全的同时，增加了应付国内突发事件、打击反政府武装及抢险救灾等方面的训练内容。二是随着国际交往的增多，增加了有关国际礼仪及国际法的教育训练。三是逐步增加与外国军队的联合军事演习，促进相互交流与合作。四是将“核威慑条件下的作战“列入《作战纲要》”，并在演习中增加了核条件下作战课目的演练。

（刘温国）

空军训练 2000年印度空军为提高战役作战进攻能力，注重总结吸取印巴卡吉尔冲突中空军作战使用方面的经验与教训，不断改进与完善作战训练手段与方式，加大飞行训练的强度，注重增强空军人员的综合素质，使印度空军的实际作战能力，得到一定程度的提高。

总结实战经验，全方位规划空军的发展计划 1999 年 5～7 月，印军在克什米尔地区实施了旨在清剿亲巴穆斯林武装渗透分子的大规模军事行动，引发了自第 3 次印巴战争以来最大规模的印巴边境武装冲突。

冲突过程中，尽管印空军牢固地控制着冲突地区的制空权，但在强大的地面攻势和近 50 天的空中打击后，巴基斯坦武装渗透分子并没有被完全打垮或被赶出实际控制线印方一侧，而印军却付出了损失 4 架飞机、伤亡千余人的沉重代价，暴露出印空军在作战使用上还存在不少问题。首先，现役主力战机性能较落后，易受对方攻击，战场生存能力差。其次是飞行员素质不高、空中交通管制混乱。在实施空中打击行动中，曾多次因天气原因减少和取消轰炸行动，并出现了战机越境事件和地面炮火准备向己方飞机开火等问题。再次是空中补给能力不足，对整个作战行动造成了一定影响。对此印军重新规划空军的全面发展，确立了打赢常规有限战争的空军作战指导思想，丰富和发展了空地一体的战役作战思想，促使印度空军围绕健全作战指挥体系、提高作战指挥效能采取了一系列重大措施，并进一步以武器装备现代化为突破口，提高空军综合作战能力。同时在提高人员综合素质、加强训练强度、改进并完善训练方式与手段方面也采取了诸多措施。

注重采取多种措施提高官兵的综合素质 印军认为，在高科技迅猛发展的今天，军事作战的决定因素不仅仅是尖端武器，更重要的还得靠人的综合素质。为此，印军制订了多种措施：(1) 保证兵源质量，重视军官的培训。在招募新兵时，除要求政治合格、身体健康之外，印军对入伍新兵的文化程度也提出了更高要求。印军《新兵招募暂行规定》要求陆军士兵必须要 10 年制学校毕业，海、空军要 12 年制高中毕业，地方大学生可优先录取；在军官的培训方面，将军校学员入学条件提高为“10+2”，即高中毕业后再进行 2 年大学预科或中等职业教育。同时，要求军官必须经过在职培训，大部分要进院校进修，部分优秀的要出国深造。规定军官晋升上一级指挥员或参谋官都必须经过训练和考核。飞行员作为空军的主力，其选拔条件较以前更加严格。目前招收飞行员除了要求有合格的身体素质、道德素质，还要求有大学本科以上学历，初级航校已开始面向地方大学招生。(2) 正规军事院校不断充实现代军事技术新内容。正规军事院校在教学中不断把当前军事学术研究的最新成果和高科技知识充实到教学实践中，使教学与实践能更好地结合。空军对训练体制进行了重大改革，各级航校修订了教学大纲，制订了新的规章制度，飞行员的培训体制由 3 级改为 2 级，减少了训练中的过渡性环节。同时，为了使官兵尽快掌握最新军事理论和先进武器的应用技术，印空军不仅挑选优秀官兵到校进修或出国培训，还大量举办各类专业训练班。2000 年，印度空军单独举办或参加全军举办的各类培训班 120 多期，这些培训班有的长达半年，有的仅一周时间。(3) 强化部队的精神、文化教育。印军认为，传统的精神、宗教教育仍具有重要的现实意义，可以在一定程度缓解民族矛盾，提高部队战斗力。因此，印军一方面下大力培养官兵对祖国、对联队的自豪感和荣誉感，另一方面又着力对官兵进行宗教麻醉。这些措施对稳定军心、鼓舞士气起到一定的作用。由于现代化兵器广泛涉及高科技知识，印军还提出了“知识就是战斗力”的口号。规定士兵晋衔必须经过文化考试，不及格者不予升级；对入伍 10 年以上的士兵，按要求要达到中专文化水平；对军官要求则更高，晋升营级军官须获得硕士学位，考试不合格不予晋升或让其退役。

强化飞行训练，提高战术技术水平 飞行训练是印空军提高作战能力的重要手段，也是日常战备活动的一个重要内容。尽管印空军近年来飞行事故呈上升趋势，但其飞行训练并没有因此减少，而是在逐年递增，飞行时数已从 90 年代初的约 23 万小时增加到近两年的约 30 万小时。全年空军共安排各型作战飞机在东部地区训飞、转场、打靶等活动 390 余架次，其中米格—27 战斗机训飞 3000 余架次，米格—21 战斗机训飞 400 多架次，其他各型战斗机训飞近 480 架次；直升机训飞 1000 余架次，其中，赴边境地区进行山地训飞 710 多架次，本场训飞 300 架次，训飞科目以悬停、救护、机降和近距离空中支援为主。印空军的飞行训练主要有以下几个特点：

(1) 坚持以本场训飞为主，提高战术技术水平。

印空军战术训飞多由各联队组织在本场实施。本场训飞时多以单机或双机编队进行，每架次训飞时间一般都维持在 30～40 分钟。在进行防空拦截训飞时，一般采用 2 对 1 或 2 对 2 的方式进行。

(2) 适时组织大航线转场，提高快速反应能力。

印空军转场飞行的目的主要是熟悉外场空域环境，提高部队的远程作战能力。印空军转场飞行多利用执行某一任务时同时进行。如 2000 年 10 月底～11 月上旬，在幻影—2000 和苏—30 战斗机赴东部空军司令部昌迪普尔靶场执行“拉克什亚”无人靶机打靶任务时组织进行了大航线转场训练；11 月东部空军司令部派飞机至中部空军司令部和西南部空军司令部分别参加“三叉戟”和“古吉拉吉”演习时，组织了大航线转场训练。

（3）加大训飞难度和强度，提高作战能力。2000年，印空军夜间飞行和复杂气候条件下的训飞活动明显增多，除了一般的导航训飞、仪表训飞、程序训飞外，尤其突出低空攻击、空袭、空战以及高海拔地区作战等战术科目的训飞。3月份，印空军向靠近巴克什米尔地区的西部列城基地派驻了一个米格—29战斗机分遣队，专门进行高海拔训练。该分遣队进驻后日均训飞量达8架次以上，单机最大日训飞量达到了4架次，提高了部队快速反应能力和高海拔地区的持续作战能力。

通过举行和参加演习，不断提高部队实战能力

2000年印空军共举行和参加各类演习26次，其中，空军单军种演习15次，陆空联合演习3次，海空联合演习6次，陆海空三军联合演习2次。主要演习有：“东线太空—6”、“胜利·法轮”、“春季—2000”印“三叉戟—2000”、“古吉拉吉—2000”、“两栖—2000”等。与上年相比，印空军2000年单独组织或联合参加的演习明显增多（上年为14次），并呈现出以下3个特点：

（1）强调空军独立遂行并完成作战任务。　印空军2000年共举行15次单军种演习，其中大多数为防空演习。演习中印空军独自执行防空作战任务，以一种积极防御的姿态消灭来犯之敌，确保印度重要防空目标的安全。

（2）突出与陆、海军的协同作战。　由于印军目前尚没有一个统一的三军联合指挥机构，印军联合作战指挥是个老大难问题。在2000年的联合演习中，印度空军把这个问题列为研讨的重点，通过配合陆军和海军的各类演习，担负空中侦察、对地攻击、空勤运输等作战任务，探讨联合作战的组织指挥问题。

（3）注重高新武器装备在实战中的运用。　印空军在2000年举行的各种演习中，注重苏—30、幻影—2000、米格—29等第三代先进战机的实战运用。在“东线太空—6”陆空联合演习中，空军参演飞机装备了全球定位系统。

完善训练手段，改革训练体制　卡吉尔冲突后，印空军越来越清楚地认识到，飞行训练不足和缺乏先进教练机已成为飞行事故居高不下并遏制印空军全面发展的重要因素之一，为提高飞行员训练质量，经过长期谈判，印度基本确定耗资180亿卢比（约3.9亿美元），购买66架英国的“隼”式高级教练机，并计划采购30～45架“隼”—100型教练机，之后将在印度斯坦航空有限公司建立组装线。年内，印度自行研制的全复合双座“汉萨—3”型教练机也已进行了公开展示，并计划在2001年3月前生产3架原型机。另外，印空军还对现行飞行训练体制进行了重大改革，将已往三级（初级、中级和高级）体制改为两级。第一阶段主要进行基础科目的训练，第二阶段主要进行空中格斗、空中拦截、地靶射击、分队及异常空情等难度较大科目的训练。这一改革既缩短了训练时间，又提高了训练质量，从而使飞行员经过两个阶段的培训后，可立即分配到战斗机联队担负战备任务。此外，为尽量减少人为因素造成的损失，印空军还拟通过研制机载空中交通安全系统、提高飞机全球精确导航能力及开发先进制导纠错系统等方式，提高飞机的空中安全防护能力。年内，印度空军已为部分部队作战飞机加装了百余套国产米恩92及加米恩12L型全球定位系统。

（朱长生）

军事演习“胜利勋章”陆空联合演习　2000年2月12～18日，印陆、空军在印巴边境拉贾斯坦邦的塔尔沙漠地区举行了代号为“胜利勋章”的联合军事演习。演习由陆军西部军区司令罗伊中将指挥，参演部队包括陆军西部军区和空军西部指挥部的部队，共20000人。其中空军出动了“幻影”2000、米格—29、米格—27、米格—23等型作战飞机。演习设想巴基斯坦军队越过边境向印军发动进攻，印发现后迅速集结部队，组织陆、空军力量进行反击，首先击退入侵的巴军，尔后深入巴境向纵深地区进攻，最终彻底制服巴军。演习旨在检验印陆、空军联合组织进攻性战役的能力。国防部长费尔南德斯、陆军参谋长马利克、空军参谋长提普尼斯观看了演习。

“春季—2000”海空军联合演习　2000年2月2日～4月10日，印海空军在阿拉伯海举行大规模联合演习。演习由海军参谋长库马尔上将指挥，参演部队包括海军西部舰队、东部舰队、海岸警卫队（有空军部分部队），共出动各型舰艇40余艘、各型飞机45架。海军参谋长库马尔上将称，此次演习是印巴卡吉尔冲突以后规模最大的演习，旨在检验印海、空军现行的海上联合作战原则和新式武器的性能。

印度、新加坡海军联合演习　2000年2月28日～3月9日，印度和新加坡海军在安达曼群岛海域联合举行反潜作战演习。印海军出动2艘导弹护卫舰和1艘潜艇，新加坡派出2艘轻型导弹护卫舰和2艘反潜巡逻舰参加了演习。印海军发言人称，此次联合演习旨在提高两国海军协同作战的能力，增进双方对彼此作战方式的了解。这是自1993年以来两国海军举行的第7次海上联合军事演习。

“东线太空—6”陆、空联合演习　2000年2月

15 日～3 月 4 日，印军在中印边境东段和中锡边境地区举行代号为“东线太空—6”的陆、空联合演习。陆军东部军区和空军东部指挥部组成联合作战指挥部负责指挥，参演单位包括东部军区 4 军和 33 军以及东部空军指挥部部分部队。演习以中国为假想敌，设想在印巴两国军队发生了大规模武装冲突时，中国为收复“麦线”以南被占领土，对印发起陆、空联合军事进攻。印空军迅速向一线集结兵力，对中国实施反空袭作战，夺回战场制空权并伺机摧毁中国境内西藏地区及成都、昆明、格尔木等地的空军基地。尔后，印陆、空军协同，在预设战场与中国军队展开决战，最终收复失地，恢复战前态势。演习旨在全面检验印军未来对华作战预案。

印度、日本反海盗联合演习　2000 年 11 月 8 日，印度和日本海岸警卫队在印度东海岸港口马德拉斯附近的公海上举行首次反海盗联合演习。日本 1 艘舰艇，印度 3 艘舰艇和 2 架飞机参加了演习。演习主要内容是：印日双方舰艇和飞机协同在海上拦截 1 艘被武装海盗劫持的商船，并将海盗制服。参加演习的日方指挥官说：“这次演习是去年在日本召开的 15 国反海盗大会的成果之一。日本政府非常希望此次联合演习能定期举行，并将合作范围扩大到其它南亚国家。

（刘温国）

“古吉拉特防御 DCX－2000”多国海、空军联合防御演习　据《扬子晚报》2000 年 11 月 18 日报道：为期两周的印度海军大规模军事演习于 2000 年 11 月 17 日结束。这次代号为“古吉拉特防御 DCX－2000”的海军军事演习是在印度西部的古吉拉特邦沿海地区进行的。这次演习目的是加强对付可能发生的对印度全面进攻的准备和能力。印度海军的 40 多艘海军舰只和潜艇，空军和特种部队的米格—23、米格—24 战斗机参加了这次演习，演习中试用了各种新式武器系统，俄罗斯和德国的潜水艇也参加了演习。

（章义发）

伊朗举行大规模军事演习　据《国际展望》2000 年第 5 期报道，2000 年 9 月 22 日，伊朗军队开始在临近伊拉克边境的山区举行为期 3 天的大规模军事演习。

据悉，这次演习是伊朗为纪念两伊战争爆发 20 周年而举行的防务周活动的组成部分。演习在库尔德斯坦省 600 平方千米的区域内展开。目的是加强军队战备状态，检验军队的防务能力。空军和陆军部队官兵参加了由伊朗高级将领指挥的演习。1980 年 9 月爆发的两伊战争历时 8 年之久，造成双方共约 100 万人丧生。尽管双方 1988 年在联合国斡旋下实现了停火，但两国之间的战争状态至今尚未正式结束。

（任平）

英国空军训练　英国皇家空军根据国防部 1999 年公布的关于私有资金和公共资金投资建议，2000 年度通过与地方公司签约，将模拟器训练、飞行训练和机务保障工作开始承包给地方公司完成。英国国防采购局认为，这一精明的方针已经产生了实际效果，既保证了训练质量又节约了训练经费，实现了较快、较好、较省的施训方针。现将英空军在 2000 年度训练中加快推行“地方化”政策的主要做法介绍如下：

鼓励地方公司投资管理或承包空军的模拟训练设施　英国国防部已正式允许私营企业对皇家空军所有模拟训练设施进行投资，签约后，可拥有产权并负责管理这些设施。2000 年 2 月，英国航空航天公司投资建起了英军第一个为军队服务的私立综合训练设施—“鹰”式攻击/教练机综合模拟训练中心。该公司对中心所有建筑和设备拥有产权，并负责雇用模拟器教官和其他保障人员。军方只需支付设备使用费，从而节省了基本开支，而且能保证学员得到更多的训练时间，过去只有 27 小时，现在达到 60 小时。新式模拟器每小时训练费用大约只相当于实机飞行的 20%。为保证高速喷气机任务飞行训练质量，确保高难机种训练的军事性质，该中心雇用的模拟器教官都是空、海军有经验的合格的飞行教官或武器教官。再如由大陆航空工程公司投资管理的中型保障直升机模拟训练中心，以及民间投资管理的用于远征飞行训练的波音 E－3D 空中预警与控制飞机模拟训练系统，都分别使机组远征任务训练费用节省了 29%。

模拟训练设施“地方化”的另一种形式是，模拟设施由军方投资，地方公司负责承建、安装，并与军方签订承包合同，负责后勤保障和设备维护。如 2000 年 6 月 5 日启用的英空军 C－130J 模拟训练设施，包括 2 台动态任务模拟器、4 台座舱练习器、3 台部分维护任务练习器和 1 台机舱练习器，由英国航空航天公司飞行模拟与训练公司承包。承包商按最初 5 年的合同，负责设备保养和后勤保障。合同规定，每周 5 个工作日，每个工作日使用 14 小时。该设施每年可为英国皇家空军培训大约 500 名 C－130J 型运输机飞行人员。

英国皇家空军计划全面推行模拟训练“地方化”政策。年内，英空军招标组建一个“空勤人员一体化综合模拟训练服务机构”。参加投标的地方公司有英国航空航天公司、大陆航空工程公司、塞科·汤姆逊训练与模拟公司。这些公司都为军方生产训练设备。中标的公司将与英空军签订一个投资总额达 3.75 亿美元，为期18年的合同。

在飞行训练中采取先易后难的渐进方式推行“地方化”政策 在飞行训练中推行“地方化”，这在英国皇家空军历史上还是第一次。他们在实施中比较谨慎，采取了循序渐进的方式。在最初阶段，将一些多发飞机的飞行学员承包给地方航空公司完成各阶段飞行训练；将其它机种飞行学员的初级飞行训练交地方公司完成；同时将在空军内担负初级飞行训练的40%的飞行教官移交给承包公司，使其继续从事飞行教学。

由于空军有些较老的飞行平台与部队装备的新型飞机已不能理想地结为一体。如“鹞”式GR7攻击机、欧洲战斗机、“大力士”C4/5运输机、“猎迷”MRA4预警机等新型飞机驾驶舱内均用显示屏代替了仪表，而目前装备的教练机仍采用传统的大量仪表。为迎接新机改装提出的挑战，适应新机训练要求，皇家空军正在寻找一种训练效益好，且不降低飞行训练质量的最佳途径。皇家空军解决问题的方案是，在对训练进度和训练质量保持控制的基础上，与地方公司合作，签订训练承包合同，达到既省钱又能保证质量的目的。方案主张多数飞行教官应为现役军人，空军不能放弃责任。

2000年，英空军未来战略加油机筹建单位与公有制企业签订了为期30年的合同，按所谓“公共资金投资建议”，承包商包括提供加油机，将投入135亿美元。签约人将雇用受资助的预备役人员在商务运营中担任飞机驾驶员，但在执行军事作战任务时穿上军装，受皇家空军的指挥。未来的空中加油机空勤人员大多数是现役军人，预备役人员约占25%。英空军要求所有人员都必须得到充分训练，熟练掌握各自分担的工作。英空军已坚定地信奉由正规部队、预备役人员、文职人员和签约人构成的“整体力量”概念。但在力量构成上应达到恰当的平衡。

利用地方投资承包飞行训练的另一成功范例是，英国国防部与FBS国际财团签订了为期15年、创办为陆、海、空三军服务的国防部直升机飞行学校的合同，以取代空军第2飞行训练学校。该财团负责管理学校的全面工作，并提供新型教练直升机，包括经过军事注册的26架“松鼠”AS355BA直升机和9架贝尔EP直升机，以取代原空军第2飞行训练学校的老式教练直升机。FBS国际财团投资购买的这两种直升机满足了各个训练阶段的需要，其利用率高达90%以上。国防部直升机飞行学校每年将大约培训国内外学员300名，其中英国皇家空军学员156名。该财团负责提供40%的飞行教官，军方派出的现役飞行教官占60%。飞行训练分为单发基本训练、单发高级训练、多发高级训练（改装训练）三个阶段。其间，模拟器训练50小时。据称，在合同期内预计节省训练经费8000万英镑（1、32亿美元）。该校成立后，美国、德国、法国、丹麦、约旦、马来西亚、瑞典等一大批国家纷纷派代表前往参观，引起了各国军界的极大关注。

以签约方式将工程技术维护工作承包给地方公司 在机务保障方面，英国皇家空军早已采取以签约方式将飞机的定检和维修交由地方公司完成。2000年，英空军又将克兰威尔、林顿、肖伯里三个飞行训练基地的所有初教机、直升机和多发飞机的工程技术维护工作承包给地方航空公司负责。此外，许多航空公司还担负地勤人员的培训工作。至于高速喷气机的机务保障工作是否也以合同制方式承包给地方公司负责，现仍在讨论和试验过程中。

资料来源：

①英国《国际飞行》杂志2000年8月15～21日，8月29日～9月4日；

②英国《皇家空军新闻》2000年3月3日。

（李荣怀）

军 事 后 勤

美国军队后勤 2000年，美军适应其新的军事战略和建军方针的需要，继续在调整与改革中充分利用以信息技术为核心的高新技术，推动后勤快速发展。其主要措施是：（1）大力推进装备物资的采购、储备、管理与供应体制的改革。（2）精简后勤机构、设施，以压缩冷战时期遗留下来的过于庞大的后勤摊子。除继续关闭部分海外基地外，重点是调整、合并交叉重叠、多余的后勤机构、设施，并推行后勤基础设施私有化战略。（3）执行“聚焦后勤计划”，建立反应灵敏、保障精确的后勤保障体制。配合冷战后新的军事战略和作战方针，在参谋长联席会议文件《2010联合构想》中作为联合作战原则之一提出了

“聚焦后勤”原则，以此来进行后勤各项建设，构建新的后勤保障系统，改变过去那种无节制地向海外战场输送作战物资的保障方法，代之以按照“适时、适地、适量”的原则实施精确保障。(4) 改善与提高军人的住房、工资津贴等各项生活待遇。2000 年，美军除由国会批准拨巨款投入军人住房建设外，还由克林顿批准大幅度提高军人工资和津贴标准，增加军人福利待遇。(5) 改革军人医疗保健体制，精简医疗机构和设施。(6) 加强后勤训练，利用维和行动和一系列演习对新的后勤保障原则、方法、手段等进行试验和检验。(7) 加强军队后勤对民力的利用，积极探讨利用民间承包商为军队提供保障的有关问题。

国防预算的分配与使用 据美国 2001 财年《国防报告》透露，美国 2000 财年国防部申请的预算授权额为 2812.5 亿美元，比 1999 财年增加约 20 亿美元。美国 2000 财年国防预算按用途分配情况如下：作训与维持费为 1049 亿美元，约占国防预算总额的 37.3%；军事人员费为 737 亿美元，约占国防预算总额的 26.2%；装备采购费为 542 亿美元，约占国防预算总额的 19.3%；军事科研费为 384 亿美元，约占国防预算总额的 13.7%，军事建筑费为 48 亿美元，家庭住房费为 36 亿美元，周转与管理资金为 16.5 亿美元。

美国 2000 财年各军种的预算分配情况如下：陆军为 695 亿美元，约占国防预算总额的 25%；海军为 872 亿美元，约占国防预算总额的 31%；空军为 812 亿美元，约占国防预算总额的 29%；国防部各局、国防部长、国防部办公厅及参谋长联席会议为 244 亿美元；其它为 175 亿美元。

美国 2000 财年国防开支的重点仍然是购置武器装备、进行战争准备以及提高军人待遇等。其主要项目：陆军将采购“科曼奇”直升机和“十字军战士”火炮系统，并更新部分主要武器装备；海军陆战队将配备 V－22“鱼鹰”侧旋翼飞机以及先进的两栖攻击车辆，购置新型的 DDG－21 驱逐舰、LPD－17 两栖登陆舰、T－ADC（X）后勤支援舰以及新型核动力潜艇；空军购置 F－22 隐形战斗机以取代 F－15C/D 飞机，并增加 C－17 运输机、B－2 轰炸机的数量，部分机种的设备、零部件也将得以更新和改进；购置指挥控制系统以及新一代精确制导武器；给军人提薪 4.8%；增加退休金，由原来的按基本薪金的 40% 支付提高到按基本薪金的 50% 支付，或者按 40% 计算但同时一次性支付 3 万美元。

成立国防合同管理局 据因特网报道，美国防部公众事务助理国防部长办公室透露，美国防部国防合同管理局于 2000 年 3 月 27 日正式成立。该局的前身是国防后勤局的国防合同管理司令部。国防合同管理局局长莱莫西·P·马利申科少将称：“成立国防合同管理局将使我们能对军种和国防部机构的用户作出更快的反应，我们将努力提供良好的服务，我希望我们将继续促成国防采购改革的成功。”国防合同管理局将直属负责采购、技术与后勤的国防部副部长领导。该局将由原国防合同管理司令部的雇员和资源组成，2000 财年编制人员 12539 名。该局负责监督和管理与数十个供应商签订的合同。这个新的机构还被特许精简订货程序，并使之标准化。

撤消多余医疗机构 据美国《陆军时报》1999 年 11 月 22 日报道，美军计划撤消多余的医疗机构，以节省医疗开支。根据 1999 年 2 月国防部向国会递交的一份关于国防卫生计划预算开支的报告，全年开支约 160 亿美元。在 820 万军队医疗系统的受益者中，只有 19% 是现役军人。该报告指出，现役军人家属占潜在患者的 27%，退休人员及其家属和阵亡军人家属占 53%。总会计办公室（国会调查机构）11 月 3 日的报告指出，华盛顿特区 60 英里范围内的 26 个军队医疗机构，就是能力过剩、机构多余，必须裁减。

美国防给养局对军人的优待 据美国《陆军后备队》杂志 2000 年春季号报道，美国防给养局在全球开设了近 300 个给养店，为军人、退休人员及其家属提供食品杂货。他们以成本加 5% 的附加费（用于经营开支，如购买纸袋、建新店等）出售商品。与地方商店购买同类商品相比，在给养店购买可节省 25%～30% 的费用。陆军后备队和国民警卫队人员每年领取一张给养优惠卡，有权在给养店购物 24 次，作为非工资类补助的一部分。据调查，一个 4 人之家在给养店购物一年可节省 2000 多美元。有权在 60 岁领取退休金但还未到 60 岁的预备役退休人员，也可在给养店一年购物 24 次。年龄到 60 岁后，退休人员以赡养人在给养店购物将不受限制。预备役人员在给养店购物需出示有效身份证和给养优惠卡。在进行现役训练期间，预备役人员只需出示身份证和服现役令，可任意在给养店购物，次数不限。

改革医疗保障体制 据美国《空军》杂志 1999 年 1 月号报道，美军的医疗保障的对象趋于老龄化，先进的医疗技术导致医疗费用昂贵。据估计，美国下个 10 年花在卫生事业上的钱比现在增加一倍。另外，人们不仅对医疗保障的期望值更高，而且对疾病及其治疗的了解也会更多。基于上述因素，国防部不得不重新构建医疗保障体系。其主要措施是：

(1) *重建三级医疗保健* 在美国，军人及其家属享受三级医疗即基本医疗、额外医疗和标准医疗。后者就是花钱看病，与老式的“挑选你想要的任何医生”的制度相同。“三级医疗”虽然是人们已经熟知的军队医疗制度的一个老名称，但要对其进行重新组织，以便确保病人所需的急诊能在一天内得到，常规医疗能在一周内得到，特殊治疗能在一月内得到，现在已能达到这些标准。

（2）搞好退休军人医疗保健　军队医疗保健设施和承包医院数量的骤减，使许多退休军人对未来焦虑不安，并对国家背弃向始终在军队服务的人提供保健承诺感到气愤。对于他们的反应，国会已经责成五角大楼监督进行几项65岁以上退休军人医疗保障方式的试验。老年基本医疗就是一个示范项目，它让符合条件者用医疗保障金支付在军队系统医疗机构就医的费用。第一个开始运作的地点是路易斯堡的马迪干陆军医疗中心。整个示范计划到2000年12月结束。老年基本医疗的初始计划有不合理之处。当患者需要熟练护理超过20天时，或者当需要长期使用像透析机一类的医疗设备时，收费过高。贝利迅速改变了收费规则，因而受到退休军人团体的赞扬。实行老年基本医疗后，退休军人的医疗费大大低于一般的“花钱看病”医疗，也将在相当程度上低于地方的大多数基本医疗。

（3）推进医疗预防　美军致力于使医疗预防真正成为军队医疗保障的一部分。在这方面，空军做得较好，空军重视在饮食、锻炼和精神压力控制方面进行改革。军队医疗设施将继续了解其所保障的人群的个人健康史、生活习惯和致病因素。五角大楼拟开展的接种炭疽疫苗也是一个预防措施，因为炭疽是可以使用的生物战剂。第一阶段是给曾经或即将部署到韩国和西南亚等高发地区的部队接种；第二阶段是给一旦发生冲突按计划将早期部署到那些地方去的单位接种；最后一个阶段预定在2003年开始，将给所有其余部队接种，已有5万多人开始参与这个多次注射的免疫过程。

合并军人服务社　据因特网报道，美军正筹划合并各军种的军人服务社，合并后，军人服务社的名称虽仍将沿用，但其许多职能，如信息技术、后勤保障、物资配送、财务核算等将会合并。此项合并的好处在于，今后将有一个单一的机构管理军人服务社的运作，即单一的指挥官和单一的董事会，从而消除机构重叠并实现费用的节省。合并措施是按照国防部的委托所提出一个报告实施的，据称，通过合并5年内可节约19亿美元。由于涉及立法，估计正式合并要到一年后才能实现。

用灵敏卡替换标示牌　据美国《陆军后勤》杂志2000年5～6月号报道，美国防部副部长哈姆雷已批准以激光灵敏卡替换原来使用的标识牌，发给所有现役部队、首批预备役、国防部文职人员和有关承包商人员，作为通行卡来使用。灵敏通行卡由电子集成电路、磁条和条形码组成，可存储个人信息如防疫注射、医疗和牙科记录、财务分配，并将作为进入保密建筑、管制区和计算机系统的证件。使用通行卡将有助于缩短官兵办理手续的时间和减少花费在食堂就餐或准备部署登记等场合的排队时间。此卡将由各军种设计编程以满足其具体需要。海军被指定成为该1.45亿美元投资项目的牵头单位。今年开始软件开发和设备购买，明年将有875处安装硬件和软件，2005年将投入运行。

举行首次“聚焦后勤”演习　据美国防后勤局新闻刊物《方方面面》1999年第6期报道，美军在海军军事学院举行了首次“聚焦后勤”室内演习。此次演习由美军参谋长联席会议后勤部长麦克杜菲中将发起并组织。此前，美军对保障国防部《2010年联合构想》阐述的未来作战概念所需的后勤能力进行了为期6个月的评估。作为该项工作的最后一个阶段，演习使评估达到了高潮。本年度的演习方案是，美军最初处于全球性交战态势，最后卷入一场较大规模的地区性战争。演习方案目的明确，要求后勤系统通过演习发现后勤保障能力的不足，并让参演人员对其进行评估。“聚焦后勤”演习是美军进行的首次联合后勤能力评估，也是美国防部迄今惟一完全针对后勤业务范围的联合演习。该演习以研讨会形式进行，参演人员按各自专业被分配到不同的评估小组，并根据演习方案在他们的业务领域展开评估。每个业务领域编一个大组，由一名海军将军负责。大组负责人得到若干名分组负责人（均为将军级，来自各军种）的支持。首次“聚焦后勤”演习的后勤业务领域包括：后勤管理/信息系统、军械、战备与维持能力、战略机动、工程与建筑、卫勤、战略后勤。来自美国三军的400多位后勤专家（包括45名将军）参加了“聚焦后勤”演习。此外，加拿大、澳大利亚和英国的一些将军作为观察员也参加了演习。

举行给养保障演习　据美国《陆军后勤》杂志2000年1～2月号报道，美费城国防补给中心在“99流沙演习”中对作战口粮的大规模部署进行了检验。演习评估了新的单兵和集体口粮食谱，新的跟踪与配送系统，以及直接供货商交货制度。演习于1999年6月在得克萨斯州布利斯堡进行，为期13天。参加演习的有1.6万陆、海、空军和海军陆战队官兵及来自德国、荷兰和英国的部队。

运输跟踪系统样品试用成功　据因特网报道，美军的运输跟踪系统样品试用成功。运输跟踪系统是一项商业技术的改型，为转为军事系统只作了小的技术修改。美军的运输跟踪系统由膝上型计算机、用户的控制器硬件、通信天线和全球定位系统组成。在战场上，由这三个系统构成的信息系统将可为物资配送和改变运输终点发出准确指令。

运输跟踪系统与新兴的运输管理和补给管理系统相结合，将给管理人员提供车辆及其货物的近实时的途中可见性。运输跟踪系统并不仅仅用于跟踪特殊货物，从 2000 年第三季度开始，它将成为陆军管理运输及在运物资的常规手段。陆军计划签订 4 亿美元的合同，实现在全球使用这一系统跟踪车队。它的样品已经在韩国、加州欧文堡国家训练中心以及得州胡德堡第 3 军的演习中运用成功。在欧洲，1000 多台车辆有了各种版本的运输跟踪系统，当车辆为了保障“联合锻造行动”从德国境内的起点驶向波斯尼亚境内的终点时，这一系统可以随时提供它们的信息。

研制出多用途登陆支援运输机 据日本 1999 年 11 月 18 日《朝云》周报报道，美军已研制成多用途登陆支援运输机—MV22。该飞机是一种双引擎（涡轮螺旋桨发动机）、具有垂直起降功能、可在空中悬停和进行高速飞行的旋转翼飞机。由于 MV22 运输机的续航距离、装载量和速度均大大增加，因而该机以拥有革新性的运输能力而著称。美军 1981 年就制订了“联合垂直起降运输机（JVX）研制计划”。1985 年，该计划过渡为 V22 研制计划。1989 年，V22 的样机进行了首次试飞。作为军用飞机，除美国海军陆战队最早定于 2001 年正式装备外（MV22），空军用于执行远距离特殊运输任务的 CV22，海军用于海上搜索用的 HV22 预定分别于 2005 年和 2010 年装备部队。目前，美军已经对海军陆战队的 MV22 进行了海上试验，包括舰上起降、海上飞行和甲板上的停放及电磁适合性评价等，并于 1999 年 10 月作出了运用试验评价。海军陆战队于 1999 年 12 月开始采购 MV22，以代替陈旧的 CH 系列直升机，今后 20 年中将采购 360 架。据称，美军今后还将研制装备有机关炮、火箭和导弹的武装型垂直起降飞机。

MV22 的续航距离为 2240 千米，最高时速为 590 千米，最多可搭载 24 名士兵。作为海军陆战队的多用途登陆支援运输机，该机将搭载两栖部队从距海岸 200 海里的登陆舰上实施远距离登陆。同时，由于续航距离远，该机也可依靠本身的能力实施远距离部署，从而提高部队机动作战能力。据称，依靠 MV22 上述性能，在将海军陆战队的船向世界各地部署时，可以将所需时间缩短 11～21 天。一个飞行队的 MV22 担负运输任务时，与使用现有直升机相比可节省 4～6 个架次。与现用直升机相比，由于采用了防红外设计，该机对携带式地对空导弹的防护性能提高 14～21 倍，起降时间缩短半分钟，噪音降低 75%。

陆军举行后勤最高级会议 据美国《陆军后勤》杂志 2000 年 7～8 月号报导，在 2000 年 4 月弗吉尼亚州利堡召开的陆军后勤最高级会议上，陆军参谋长埃里克·K·新关上将对与会的后勤领导人论述了《陆军构想》。在对 80% 校官以上陆军后勤领导人和 15 级以上的文职官员发表讲话时，指出，作为《陆军构想》核心之部队转型，从根本上说是一个后勤转型过程。这是因为，要达到转型陆军所需要的灵活性，在很大程度上依赖于建立一个灵活的后勤结构。当部署兵力时陆军要输送的对象 80% 不是士兵，而是“物”，包括武器、装备和补给品，这正是后勤人员的管辖范围。

会上讨论的重要议题包括：速率管理、国防后勤局的各项举措和机构重组、陆军器材部所辖的作战保障局和野战保障中心的成立、陆军的全球战斗保障系统、总部级后勤现代化规划、单一储备基金、总部维修现代化计划、资源调整、新的后勤技术、临时旅战斗队的组建情况和科索沃的最新进展情况。2000 年陆军后勤最高级会议由陆军器材部司令约翰·G·科伯恩上将和联合兵种保障部司令官比利·K·所罗门中将共同主持。

陆军编设“力量提供者”分队 据美国《陆军后勤》杂志 2000 年 5～6 月号报道，美陆军已指定 5 个军需连为专业的“力量提供者”分队。所谓“力量提供者”是指一种用集装箱盛装的可部署的帐篷城，现已经过改进提高，上述分队将负责其架设和经管。1999 年 11 月，路易斯安那州波尔克堡联合战备训练中心架设了一个预置的帐篷城，它将用作考察和评估生活保障系统技术的实验基地。原驻北卡罗莱纳州布拉格堡的 488 军需连，将负责经管波尔克堡的“力量提供者”单元。该连是被指定管理单元式帐篷城的惟一现役分队。其他 4 个都属于陆军后备队，2000 年在波尔克堡进行培训。他们分别是：明尼苏达州蒙卡托市的第 216 连、宾夕法尼亚州伊利市的第 542 连、加利福尼亚州路撒拉密托市的第 691 连和乔治亚州哥伦布城的第 802 连。每个连满编时可组成 6 个排，每个排可以单独经管一个单元。设在波尔克堡的单元同其他 22 个海上预置的或库存的“力量提供者”单元相比有一些改进。其帐篷夏有空调，冬有供暖。这种可部署的帐篷城有洗衣房、小教堂、娱乐室和现代化厨房、淋浴及厕所。娱乐室有 52 英寸带录像机的彩色电视机、卫星接收器、乒乓球台和一个称体重室。到 2003 年将建造和组装出总共 36 套这样的单元。

陆军研制教学用模拟手术室 据美国《陆军时

报》2000年1月17日报道，美陆军研制成功教学用模拟手术室。模拟手术室和能像真人一样作出反应的人体模型是军队医科大学一个新设施的主要教学工具。价值近400万美元的医学模拟中心，设在马里兰州格仑森林的瓦特里德陆军医疗中心。该设施聚集了所有模拟技术。它运用技术和装作患者的人来讲授一些作为医师有可能碰到，但在医院病房训练却又不易见到的情形。

空军启用新的JP8喷气燃料 据美国空军新闻处报道，驻弗吉尼亚州兰利空军基地第1战斗机突击联队向现用喷气燃料中加入一种新添加剂，从而成为第一支使用JP8+100喷气燃料的部队。JP8+100燃料可减少发动机的故障，提高发动机的工作效率。因为发动机各部件性能的提高，减少了用于维修保养发动机的时间，从而提高了整个工作的效能。这种添加剂类似于加入车用汽油中的清洁剂。此外，这些添加剂可清洁燃料进气系统。同时，喷气式发动机还用JP8+100喷气燃料冷却发动机润滑油、液压油和飞机辅助系统。这种新添加剂不久将用于部署在希尔空军基地第419战斗机联队预备队的F-16“猎隼”战斗机上。JP8+100喷气燃料将于1999财年推广到配有F-15“鹰”式战斗机、T-1A“怪鹰”教练机、T-37教练机和T-38“爪”式教练机的所有基地使用。

（周璞芬）

第311军支援司令部制定培养多技能后勤人员计划 据美《陆军后勤》2000年11～12月刊反映，第311军支援司令部制定培养多技能后勤人员计划。美陆军认为，管理军事后勤一直是一项挑战性任务。要实现陆军参谋长埃里克·新关上将关于美陆军向更轻型更易部署的部队转型的新设想，美陆军需要发展新的后勤思想，制定更为详尽明确的后勤规划。

第311军支援司令部是支援1个现役军的惟一的一个后备役军支援司令部。战时，该司令部统管一个军12万名官兵的后勤。和平时期，该司令部及其第304器材管理中心参加一个军的日常工作包括在华盛顿州刘易斯堡建立新的暂编旅的任务。

为完成上述任务，第311军支援司令部需要大批技术精良的多技能后勤人员并负有训练和培养多技能后勤军官、军士和部队的职责。为此，第311军支援司令部已经制定了重点放在集体训练的多技能后勤人员训练计划。该司令部将采用真实任务演练和计算机模拟训练演习相结合的方法进行培训，如到全国训练中心和联合战备训练中心轮训、参加以训练军、师指挥官和参谋人员为主的“战斗员”计算机模拟训练演习和作战勤务支援训练模拟系统模拟演习。第311军支援司令部每两年举行一次名为“瀑布钢铁”的作战勤务支援训练模拟系统演习。该系列演习由驻华盛顿州刘易斯堡的1军主持。陆军后备队训练支援处也能在周末进行作战勤务支援训练模拟系统演习。

（洪锦珠）

海军后勤 为了适应军事后勤革命的需要，美国海军和海军陆战队分别提出了“灵巧后勤”和“精确后勤”，充分利用以信息技术为核心的高技术手段，精细而准确地筹划、建设和运用后勤保障力量，确保在适当的时间将适当数量的适当装备、补给品和人员，发送到适当的地点，以保障作战任务。美国海军的首要目标仍是确保在世界各地由海向陆投送美力量和施加影响，增强海上预置力量和海运力量。海军提出在2000年为作战部队“高效和精确的后勤”，使后勤计划人员和后勤专家在整个后勤保障过程中对用户提供有效保障和提高效率为目标，并以最小的投资实现最大的产出，库存和基础设施必须产生“高效”，同时确保“精确的”后勤保障。

成立海军综合供应中心（NISO） 据美国2000年3月《后勤管理评论》报道，美国海军成立海军综合供应中心。该中心是硬件系统司令部、计划执行办公室、计划管理者和高级采办军官对整个武器系统寿命周期的所有供应支援的惟一部门。该中心协调合同商实施后勤保障、供应商直接交货、与主要供应商协商海军装备的制造、供应和保养，以及海军内部供应的能力。

建立运输信息管理系统（TIMS） 据因特网2000年3月报道，为了加快海军的运输保障速度，美海军建立了运输信息管理系统。该系统是美海军快运系统计划中的一部分，是管理运输系统的一个数据系统。它提供以下三类数据：系统效率、系统效益和账单数据。系统效率报告显示交货系统运作如何，评估人员、车辆、物资利用系统延误、周期时间和司机的其它工作。效益报告表示为用户提供的服务，主要评估物资类型、体积、系统可靠性和费用。账单数据用于创建服务费用中的发货单，确定供应交货费用或通过账单代码由用户中断用户的设置、运输物资的类型等费用。该系统有助于管理数据支持业务的决策中的管理，通过当地交货控制代码提供在运输中的物资可视性。

利用商用直升机进行垂直补给 据《海上力量》2000年2月刊报道：美军事海运司令部已经在其战斗补给船上部署商用直升机，开始了为期3年的利用商业直升机进行垂直补给的试验，旨在评估利用直升机满足舰队垂直补给需求的可行性。军事海运司令部的这项合同共2.03亿美元，另外增加为期两年的1.09亿美元的合同给哥伦比亚州的Geo-Seis直升机公司。该公司已经在美舰“天狼星”号上将两架 SA－330J“美洲狮”直升机部署了6个月，直升机将在“土星”号和“天狼星”号上进行轮流上舰，火星级战斗补给船“康科德”号进行后6个月的部署。

研制食品保障自动化系统 据因特网 2000 年 1 月报道，美海军为加快食品补给速度，将研制一个食品保障自动化系统。该系统将在整个海军内使用，其好处是：(1) 实现电子化传输。通过电子数据交换和电子商务系统，将取消所有的发送报告、申请、发送的数据文件、纸式报告和定单，管理成本大大降低，预测和计划性将有所提高。(2) 在所有舰船上采用手持式条形扫描器和同一发送终端，无须硬盘拷贝报告，库存错误减少，库存可靠性增加，工作人员减少。(3) 可共享资源。在指定的计算机工作站采用网络化，在处理速度上明显提高，减少指定打印机，同时从网络的任何工作站均可完成处理工作。(4) 可实现电子传输数据文件的实时处理，库存数量更精确，采购和交货前的情况可提前掌握，管理者可更准确地计划其人力和补给需求。

用“一触供应”系统简化定购供应 据因特网 2000 年 2 月报道，海军和海军陆战队已通过海军供应系统司令部开发了在线供应系统（即“一触供应”系统）。运用该系统能够很容易地查找重要的补给品和维修部件的补给情况、所在位置或快速查寻这些物资的申请情况。该系统包括两个网：全球“一触供应”网和地区“一触供应”网。地区“一触供应”网可为用户提供进入地区专用数据库的能力，如当地的家庭财产和危险物资数据库，这些地区网将与全球“一触供应”系统一体化。

试验张力软管海上加油系统 据美国《海军工程师》2000 年第 5 期报道，美海军研究局组织进行了一系列海上加油系统试验，其中包括新型张力软管海上加油系统。该系统综合了低成本、轻重量和现有海上加油装置的优势，可为两栖舰船和航母提供油料补给。张力软管海上加油系统具有为水雷对抗支援舰和两栖舰船提供有效、安全的并靠航行加油的能力。此外，模块化的系统可使快速安装到任何可对其它舰艇加油的海军舰船或商船上。

（刁望钦）

研究溴吡斯的明对琥珀胆碱神经阻断作用的影响 据美《军事医学杂志》2000 年第 165 卷第 4 期报道，美海军医学中心约瑟夫伊·佩莱格里尼海军中校等，对神经毒剂预防药溴吡斯的明对神经肌肉阻断剂琥珀胆碱神经肌肉阻断作用恢复的影响进行了研究。在海湾战争中，为了预防有机磷神经毒剂中毒，美军首次大规模地在参战人员中服用溴吡斯的明药片，每8小时服 30 毫克。据称此药量可使体内约 30％的乙酰胆碱酯酶得到保护。琥珀胆碱的用药量为每千克体重 1.5 毫克，目的是为了便于给病人安放气管内插管，这个药的特点是产生药效快、持续作用时间短。

初步的研究结果表明，溴吡斯的明的预防性前期治疗，对随后在快速连续诱导麻醉过程中琥珀胆碱的作用有直接影响，即延长琥珀胆碱神经肌肉阻断作用的恢复时间，这与溴吡斯的明同分解琥珀胆碱的拟胆碱酯酶可逆结合，暂时使血清中活性拟胆碱酯酶浓度减少有关。这一研究结果为战时在给已服用了溴吡斯的明神经毒剂预防药的伤员使用琥胆碱神经肌肉阻断剂提供了有益的警示。但美军仍认为溴吡斯的明是目前免除神经毒剂中毒之有效预防药。根据该药实践应用和研究中存在的问题，下一步将扩大研究规模，增加受试病例和研究给药后病人血清中溴吡斯的明的浓度，并与战场实际使用达到的血清浓度做比较，看看医院实验条件与野外条件实际使用二者的血清浓度是否一致。

（林水成）

空军后勤

空军后勤控制与信息支援计划 据美《空军后勤杂志》2000 年第 1 期报道，美国空军研究院制定了一项“后勤控制与信息支援计划”，主要是研究、开发和使用先进的信息技术，建立一种后勤控制与信息系统。该系统将从现有维修、供应、弹药、油料和遗产信息等系统检索重要的信息，自动获取实时数据，补充现有数据，自动收集和综合所需后勤信息，供制定重要后勤决策之用。此外，该系统还将为后勤决策者提供超前模拟能力，以便确定和解决计划和重新计划过程中的问题。建立本系统之目的是，提供一条获取实时准确后勤信息的方便途径，提高联队级后勤人员的指挥与控制能力，在日常工作和派遣作战中更有效地利用后勤资源，更好地履行各自的职责。

空军公用设施私营化全面展开 据美《空军审计员杂志》2000 年第 2 期报道，在军人住房私营化后，美空军将全面展开公用设施私营化工作。与住房私营化不同的是，各军种在决定是否实行公用设施私营化上几乎有发言权。私营化的公用设施系统主要分四大类：供电、供水、供天然气、污水处理。以后，将扩大到诸如供热气、热水、冷却水等系统。

空军在 168 个大、小军事设施中，有 640 项公用设施系统。其中，除 98 项已确定非私营化外，78 项已私营化，23 项已确定私营化，441 项有待于私营化，但最后期限为 2003 年 9 月 30 日。

空军决定分三个阶段实施这项工作：(1) 初步可行性评估阶段。主要是明确要求并分析私营化满足这些要求的可行性。它包括初步经济分析及经营影响与风险管理分析等，以便确定公用设施系统是否有独特的安全要求。(2) 全面分析阶段。主要是选定项目和编制招标书。(3) 项目实施阶段。主要是发出招标书，选择提供公用设施服务的私营商。此外，还要准备一份合格的经济分析报告，说明选定的招标项目的实际成本费。

（石之英）

美空军后勤军官缺编严重　据美《空军后勤杂志》2000 年第 2 期报道：海湾战争结束以来，美空军进行了大幅度精简整编，30%以上的现役和文职人员离队，原满编部队现有人员最多为 75%，50%的海外基地和 25%的本土基地关闭，出现了人手少，任务重的严峻局面。在整个后勤领域，与尉级军官相比，校级军官数量下降更严重，已达到近几年的最低点。从实有数与在编数比例来看，飞机维修专业的少校为 76%，后勤计划专业的少校为 63%，供应专业的少校为 70%，运输专业的少校为 71%。结果，出现了少校代替中校岗位、上尉代替少校岗位的怪现象。到 2000 年 12 月止，将有 83%在重要后勤岗位的中校退役，仅在运输专业，就有占现有数 17%的中校退役。未来两年，预计将有 600 名这类军官退役，使校级军官人数进一步减少。为此，美空军 1998 年底开始实行军官调动制度，通过增加晋升名额保留部队人才，并与大司令部推行的资格管理措施相结合，为保持空军需求、军官职业发展和人尽其才之间的平衡及解决军官短缺问题提供了途径。

培养航空航天远征部队预算官　据美《空军审计员杂志》2000 年第 1 期报道，美国空军调拨 40 名审计官作为可派遣的预算官，支援航空航天远征部队。其中，30 个名额分配给空军器材司令部。该司令部委托空军航空航天系统中心负责培训这些预算官，并要求航空航天部队预算官必须首先做一名空军军官，其次是作战勇士，最后才是审计官。这就清楚地表明，首先作为空军军官，他们必须成为职业领导者，将对他们做出的重要判断负责；其次作为作战勇士，他们必须具备作战勇士生存的技能，要精通诸如武器技术、生物与化学战、自救技能等，否则就不合格；最后作为审计官，他们应保证金钱或资金的正常流通，并正确执行预算。总之，这些是航空航天远征部队预算官必须履行的重要职责，也是培训他们基本标准。

（王占良）

研究战机驾驶员座舱脊柱神经损伤防治措施　据美《军事医学杂志》2000 年第 165 卷第 1 期报道，美航空航天局卫生勤务处杰弗里·A·琼斯等对高性能战机驾驶员座舱脊柱神经损伤的发生因素和防治措施进行了研究。作者对包括低重力或零过载短程穿梭运输训练飞机（C－26、G－2、KC135），中等重力飞机（T－38）和高性能大过载（大于 5 个重力）喷气式战机（F－14、F－15、F－16、F/A－18）在内的各种机型的 95 名飞行员进行了调查，被调查的 49%飞行员和 78%高性能战机飞行员报告飞行时或飞行后发生颈、肩部或下背痛，或同时伴有手指感觉异常。疼痛一般持续几个小时到几天。飞行员发生飞行颈部等部位疼痛与重力的量级、颈椎负重脊柱受力程度、弹射椅斜度大小和飞行员的累积飞行时数等因素有关。研究表明在 9 个重力时，头（3.5～5.0 千克）＋头盔（1.1～2.0 千克）的重量加给颈椎的相对负荷量为 48～65 千克，重力量级大者损伤机率大，座椅倾斜度增加损伤机率增加。累积飞行时数超过 1000 小时以后，由于颈椎椎间盘长期累积耗损和随飞行员年龄老化，身体的支持韧带、肌肉和椎间盘结构本身抗损伤的力量减弱，飞行颈椎痛的发生率也增加。垂直重力压缩力作用下，骨板压迫神经根所致的飞行颈、肩、臂疼痛和上肢感觉异常，通常呈急性或亚急性过程。其治疗，开始一般选择保守治疗方法，包括休息、限制颈部活动（如带颈圈），给消炎药和解痉药或肌肉松弛剂，或者只给消炎药。为了减轻早期疼痛，还可进行理疗，例如经皮肤的电神经刺激和超声治疗，一个疗程症状消失，可转入进行康复治疗。飞行员飞行脊柱神经损伤的预防措施，包括改进飞机座舱的功效学设计，即在座舱设计中更多的考虑人的因素，使座椅结构斜度、扶手位置更适合人体需要，使头盔的支撑部件不妨碍飞行员的视线，加强颈、肩胛和胸背上部肌群的力量训练。飞行前伸展和活动颈部肌群，使其得到充分放松。飞机转弯、捕捉目标时，尽可能限制头部活动，或在飞机转弯前就把头放在能看清敌机的位置，并在飞机转弯时保持这个姿势，最好头和上身应有支撑。目前美军中 50%的 F－16 和 28%的 F/A－18 飞行员，平时坚持有规则地进行增强肌力的颈肌负重训练练习，收到了一定的预防效果。有规则进行增强颈肌力量训练的 F/A－18 飞行员，只有 43%的飞行员飞行时发生颈部疼痛。

（林水成）

俄罗斯军队后勤

俄军改革财务监督制度　俄军财务监督制度是隶属于财务部门和其它业务部门的。随着军队建设的发展，这种体制的缺点越来越明显：(1) 财务部门既是经费保障部门，又是财务监督部门，自已监督自己；(2) 财务监督人员隶属于财务主官，却要审察监督主官，下级审察上级；(3) 财务监督部门分散于财务部门和业务部门，标准不一，机构重复。这种体制既造成了资金的浪费又可能出现公饱私囊等弊病。

为加大财务监督力度，俄军于 1998 年初对财务监督制度进行改革，以总军事预算与拨款部的财务检查局为基础，加上后勤部财务检查局，成立直属国防部的独立财务检查局。从 1998 年 6 月起，俄军各军区、舰队、军兵种的各级财务监督人员从原来的财务部门和后勤部门分出，组成相应的财务检查局，直接隶属于机关、部队主官。实行新的体制后，俄军的财务监督制度逐渐完善。

（杨清坡）

俄将分阶段提高军人工资　据俄《红星报》2000 年 11 月 14～17 日报道，俄军人工资大大低于国家公务员。同级相比，军人职薪不到国家公务员的一半，衔薪为国家公务员级薪的 2/3，这与军人高风险的职业极不相称，严重挫伤了军人服役的积极性，影响了士气。为此，俄政府决定分阶段解决军人与公务员工资拉平的问题。具体步骤：第一步，从 2001 年 4 月起，军人的职薪、衔薪增加 20%；第二步，从 2001 年 10 月起，职薪增加 20%；第三步，从 2002 年 1 月起，衔薪与国家公务员拉平；第四步，从 2002 年 7 月起，职薪与国家公务员职薪拉平。实行此计划，2001 年、2002 年分别需要经费 67 亿和 122 亿卢布。此外，相应提高退役（休）人员退休金，两年分别需要 53 亿和 97 亿卢布（1 美元=27～28 卢布）。

（李西亭）

日本自卫队后勤　2000 年，日本防卫厅和自卫队，以后勤体制改革为中心，全面加强后勤建设。在装备物资采购体制改革方面，主要着眼点是将装备物资采购成本的计算职能与合同职能分开；在陆军军区后勤体制改革方面，陆上自卫队北部军区作为试点已于上半年率先完成了军区直属后勤体制编制的调整与改革；在陆军师后勤保障体制改革方面，日本陆上自卫队惟一的装甲师第 7 师所属第 7 后勤保障团，已于上半年完成。除重点搞好后勤体制的各项改革外，日本自卫队还继续致力于改进后勤技术装备的质量，特别是提高远距离保障能力，如加紧空中加油机、远程运输机和大型运输舰的采购运作。

2000 年度防卫费　据日本 1999 年《自卫队年鉴》报道，日本 2000 年度防卫预算申请额为 49995 亿日元，比上一财政年度增长 1.6%。2000 年度日本防卫预算申请额的分配情况如下：陆上自卫队为 18749.47 亿日元，约占防卫费总额的 37.5%；海上自卫队为 11138.28 亿日元，约占防卫费总额的 22.28%；航空自卫队为 11615.73 亿日元，约占防卫费总额的 23.23%；三自卫队合计为 41503.48 亿日元，约占防卫费总额的 83.02%。其他各单位的预算为：防卫厅机关 126.46 亿日元，参谋长联席会议 514.52 亿日元，防卫大学 178.89 亿日元，防卫医科大学 216.74 亿日元，防卫研究所 17.45 亿日元，技术研究本部 1350.73 亿日元，采购实施本部 73.97 亿日元，防卫设施厅 5880.85 亿日元，安全保障会议 3 亿日元，其他 129.34 亿日元，上述单位合计 8491.95 亿日元，约占防卫费总额的 16.98%。日本的防卫费按用途主要区分为两大项，即人事与给养费、物件费。2000 年度的防卫预算申请额中，人事与给养费为 22354 亿日元，占防卫费总额的 44.7%；物件费为 27512 亿日元，占防卫费总额的 55%。在物件费中，装备费为 8188 亿日元，后方费为 19324 亿日元。总的看，2000 年的日本防卫预算申请侧重于教育训练、情报能力和应急反应能力的提高。

对装备物资采购体制动“大手术”　据日本《朝云》周报 2000 年 12 月 14 日报道，日本防卫厅从 2001 年 1 月 6 日开始，对装备物资采购机构进行彻底改革。改革的主要措施是将采购机构的成本计算与合同部门从组织上进行分离。防卫厅下属的采购实施本部将撤消，其本部机关中的成本计算部门编入防卫厅机关，以剩余部分和所属地方机构为基础新建合同本部。现在的采购实施本部机关中编入防卫厅机关的部门是：成本管理课、成本计算第 1～5 课，共计 6 个课。上述机构编入防卫厅机关后，防卫厅机关的经理局和装备局将合并为管理局。管理局中新设由采购实施本部吸收过来的成本计算部门组成的成本计算部。新设的成本计算部由成本管理课和 5 名成本计算官组成。5 名成本计算官分别主管原来第 1～5 成本计算课的业务。

防卫厅机关新设立的管理局由一部、6 课、5 官组成，定员约 430 人，占防卫厅机关总定员的 1/5，是防卫厅机关最大的一个局。新成立的合同本部部机关在现在的总务课、会计课、调整课、合同管理课、合同第 1～5 课、监察室等 14 个课和 1 个室的基础上，对业务分工和课、室名称都作了调整。

陆上自卫队北部军区完成军区直属后勤部队改编　据 2000 年 3 月 30 日日本《朝云》周刊报道，日本陆上自卫队北部军区于 3 月 28 日率先完成了军区直属部队后勤保障体制的改革。

日本陆上自卫队下辖 5 个军区，各军区除下辖若干个陆军师外，还有各自的直属部队，包括炮兵旅（群）、防空导弹旅（群）、工兵旅、通信群、坦克群等。改革前，为上述部队提供保障的后勤部队有军区直属的军械队（下辖野战军械维修队、野战火炮维修队、野战轮式车辆维修队、运输队和上述部队各自所属的补给与维修分队)。此次改编，把它们合并组建成军区后勤保障队，并新建一个军区卫生队。此次改革目的是：一是实现对军区直属部队补给与维修业务的集中统一管理；二是减轻一线部队的维修负担；三是提高补给与维修工作的效率。

合并组建的军区后勤保障队编制员额 1300 人，其任务是负责陆军师以外的军区直属部队的物资补给与装备维修保障，具体包括军械、车辆、制导武器、化学器材、工程器材、通信电子器材、军需物资器材等的补给与维修。

新建的北部军区卫生队编制员额 180 人，其任务是负责未编设卫生分队的军区直属部队的卫勤保障。军区卫生队的编成是：队部及队部分队、野外医院队(负责野外医院的开设和医疗救治)、救护车队（负责伤病员后送)。卫生队装备有野外手术系统和救护车，除能够施行限定的初期外科手术外，还可以在发生大规模灾害时作出快速反应。

陆上自卫队第 7 装甲师率先完成师属后勤保障团的改编 据日本《朝云》周报 2000 年 3 月 30 日报道，日本陆上自卫队惟一的装甲师第 7 师所属第 7 后勤保障团，已于 3 月 28 日完成了历时 3 年的改编。此次改编的目的是，确立适应 21 世纪环境的现代化、高效率的师后勤保障体制。改编前，日本陆上自卫队第 7 装甲师第 7 后勤保障团（约 500 人）由团部及团部分队、军械营、补给队、运输队、卫生队等编成；改编后，第 7 后勤保障团的人员增加了 1 倍，约为 1000 人。其中，最大的变动是军械营（约 200 人）被撤消，新成立了两个维修营，即第 1 维修营（约 200 人）和第 2 维修营（约 500 人)。

上述改编的好处：一是将师的所有有关补给与维修的机构、功能、人员都集中到了后勤保障团，从而可以统一、高效地实施补给与维修业务，同时，还提高了对部队的保障需求作出反应的灵活性。二是各战斗部队只需制订装备维修计划，其维修业务可以全部交给后勤保障团负责，以便在战时专心作战，平时专心训练。三是通过按兵种编组各连队规模的直接保障分队，可以使战斗部队不论在何处行动都能随时得到充分的维修保障，从而使作战部队的出动率大大提高。

陆上自卫队新建中央勤务支援队 据日本 2000 年 3 月 9 日、4 月 20 日《朝云》周报报道，日本防卫厅、日本自卫队参谋长联席会议、陆海空三自卫队参谋部等日本防卫中枢机构的机关及采购实施本部、防卫设施厅等防卫厅下属单位，于 5 月 8 日由原驻屯地迁至位于东京市谷新扩建的驻屯地。日本陆上自卫队此次迁入市谷新驻屯地的单位有，陆军参谋部机关及直属单位人事统计队、印刷补给队及原驻屯地（桧町驻屯地）的驻地勤务队。

陆上自卫队参谋部借此迁移的机会，在市谷新驻屯地组建了一个特种驻地勤务队—中央勤务支援队。中央勤务支援队由陆上自卫队参谋部直属，队长由陆上自卫队通信旅旅长代理，并兼任市谷驻屯地司令官。该队编制员额约 400 人（其中文职人员约 170 人)。该队的职责包括驻地勤务、人事统计和出版印刷等勤务保障。3 月 28 日中央勤务支援队已经组建完毕。

探讨后勤利用军外力量问题 据《外军后勤信息》2000 年第 5 期报道，日军认为，后勤对军外力量的利用就是将民用的物资、设施、机关、劳力等灵活地转用于国防用途。军队通过获取军外力量的积极协作，能够对作战实施更加充分的保障。

日军以陆上自卫队为例阐述了后勤利用军外力量的必要性：(1) 军外力量利用是消除战时后勤需要与现有后勤能力潜在差距的最佳选择。由于战时后勤需要与现有后勤能力之间的潜在差距是经常存在的，战时用于消除此种差距的措施通常有：一是紧急生产，二是依靠盟国援助，三是利用军外力量。在紧急生产和盟国援助来不及的情况下，除了通过最大限度地利用可以利用的军外力量弥补后勤力量不足外，再没有其他手段能够消除战时后勤需求与平时后勤力量之间的差距。通常，能够利用军外力量的领域有人事、情报、作战、后勤、通信等。特别是后勤领域，在人员、物资运输，土地、设施、物资的利用和获取，伤病员的治疗、后送，劳动力的雇用等方面，都可以通过利用军外力量消除战时后勤能力之间的差距。(2) 加强军外力量利用是弥补陆上自卫队后勤力量不足的客观需要。目前，陆上自卫队无论是在物资补给、武器装备维修，还是交通运输、卫生勤务等方面都存在着利用民力的现实需要。以交通运输为例，日本自卫队集结兵力所需的战略运输力量严重不足，战时只能依靠军外力量弥补。陆上自卫队的公路运输力量为所属运输部队的建制车辆，总计只有 73 式大型卡车约 600 辆、特大型卡车约 200 辆、特大型拖挂车约 100 辆，其运输能力为：人员约 1.9 万人、物资约 4900 吨、坦克约 100 辆。此外，师属运输部队因师的编制而不一样，但均难以保障完全实现摩托化。

关于加强军外力量利用的对策。日军认为：第一，准确地掌握可利用的军外能力。第二，准确地掌握自卫队后勤力量的不足或对军外力量的需求。第三，对某些法律规定进行修改，以便合理地调动、发挥地方有关部门的职能。第四，对军外力量的利用进行模拟试验。第五，建立与军外有关机构的协作体制。第六，培养对后勤有全面理解的人才。

大幅度修订军人津贴制度 据日本 2000 年 3 月 9 日《朝云》周报报道，在日本 2000 年度的防卫预算中，人员生活费支出为 2151.73 亿日元，比上年减少 9.1%。其中，生活设施费比上年度减少 16.9%，但待遇改善费却增加了 2.1%。作为待遇改善的措施，日本自卫队对与应付重要事件相关的津贴制度进行了大幅度修订，如：新设应付可疑船只的“特别警备人员津贴”，将国际紧急援助津贴改名为“驻外地域活动津贴”，而且此项津贴也发给营救驻外日侨时自卫队执行输送任务的人员，日本周边发生紧急事件时进行的各种危险航空作业津贴也纳入这一津贴项目。另一方面，生活设施中的部队宿舍的保障率比上年度提高了 9%，达到 93%。

购置 4 架空中加油机 据日本《每日新闻》2000 年 12 月 16 日报道，在 2000 年 12 月 16 日的日本政府安全保障会议和内阁会议上确定了防卫厅和自卫队的 2001～2005 年度中期防卫力量整备计划。新计划规定，2001～2005 年度日本的防卫开支总额将达 25.16 万亿日元，比上一个中期防卫力量计划（1996～2000 年度）增加 9300 亿日元，增加 4%，年均实际增长率 0.7%。日本下一个防卫力量计划中，十分引人注目的一点是拿出 900 亿日元购置 4 架波音-767 型空中加油机。

陆上自卫队派员赴美研修核辐射防护 据日本 2000 年 3 月 9 日《朝云》周报报道，为提高对核、生、化武器的防护能力，3 月 2～3 日，陆上自卫队先后向美国派出 2 个研修组学习核辐射防护技术。其中，3 月 2 日派出的是放射线污染处理研修组，该组由陆上自卫队参谋部的教育、训练、防化、卫生部门的人员，以及各军区担负救灾任务的人员和师防化队队长组成，共 12 人。该组在美国政府有关机构及美陆军学校等单位进行约 10 天的研修。研修的目的主要是学习美国政府有关核辐射处理的政策与措施及美陆军放射线污染处理的方法与技术。该组在美国联邦危机管理署研修的主要内容是：美政府在原子能设施发生放射线污染事故时采取的对策，特别是紧急处理计划、放射线的侦察、防护、消除方法及训练方法等：在陆军防化学校主要学习放射线的侦察、防护、消除等所需部队编成、装备、训练方法以及对于今后预想威胁的处理方法。3 月 3 日派出的是核辐射伤员治疗研修组，该组由各军区医院抽调的军医、护士、药剂师、放射科技师、临床检查技师各 1 人组成，共 25 人。该组在美陆军放射线生物学研究所进行为期 3 周的研修，目的是加强各军区的放射线灾害应急医疗体制。其主要研修内容包括：核辐射的原理及放射线对人体的影响；放射线灾害时医疗技术人员的作用等的基础理论及放射线病理学；放射线伤员的分类及治疗；心理上的关怀等治疗技术。此外，还在陆军医疗中心对放射线污染的病例以及污染时的治疗要领等进行了研修。

（王通信）

英国军队后勤 2000 年，英军继续根据国防部 1998 年 7 月向议会提交的《国防战略评估》报告，对英军包括后勤在内的军队结构进行重大变革。该报告特别强调，军兵种“联合”是今后几年英军建设的核心任务，英军新成立一个三军联合国防后勤部，负责为陆、海、空三军提供除卫勤、营房之外的各种后勤保障及装备器材的全寿命维修、保养和改造；为克服在持久或同时作战中的后勤支援能力严重不足，英军提出要建立两条后勤交通线，以保证作战部队的同时部署。此外，还采取一系列措施大力加强国防医疗服务。

新成立的三军联合国防后勤部开始运作 英国国防部于 1999 年 4 月新成立的三军联合国防后勤部，于 2000 年 4 月开始正式运行。国防后勤部所属单位分布在全国 88 个点，拥有固定资产 220 亿英镑，各类人员 43000 人，其中 75% 为文职人员，占英军文职人员总数的 25%。国防后勤部 2000 年的预算为 46 亿英镑，占国防预算的 20%。

国防后勤部是英军后勤工作的领导和实施机构，负责为全军提供除卫勤、营房以外的各种后勤保障及装备器材的全寿命维修、保养和改造。国防后勤部部长为上将军衔，在军事战略、军费使用和主要装备立项等重大问题上有较大的发言权。

国防后勤部司令部由 5 个主要业务局组成，即作战与业务发展局；财务与规划局；人力资源局；信息系统局；商业合同局。各业务局的日常业务工作由国防后勤部副部长负责，而有关作战的事宜则由部长直接负责，并由作战与业务发展局具体办理。

国防后勤部除本部设 5 个业务局外，另下设 8 个直属部、局，分别为：(1) 海上装备保障部；(2) 陆上装备保障部；(3) 空中装备保障部；(4) 国防后勤通信信息系统部（辖国防通信勤务局和后勤信息系统局）；(5) 国防后勤保障部（辖国防被装局、国防贮藏及分发局、国防运输及交通局、国防军邮局、国防膳食处、国防弹药处、国防油料处、联合技术勤务处）；(6) 海军基地及供应局（辖舰船保障局）；(7) 国防飞行器维修局；(8) 陆军基地维修局。国防后勤部的各机构按照职能可分为管理机构、决策指导机构、保障实施机构和专业机构。

国防后勤部近期工作的基本目标是在保持原有保

障水平的基础上，进一步提高工作效率和服务质量，降低成本，争取在2005年之前将勤务保障的总成本降低20%。国防后勤部确定的重点任务包括：建立和发展联合后勤组织；调整各后勤系统的关系，推广最佳的工作程序；开发为部队提供保障的标准程序；提高“精明采购”的效率等。为此，国防后勤部拟采取7项具体措施：(1) 加强业务训练，提高从业人员的技能和素质；(2) 编制单一国防物品清单，与供应商共享信息，缩短供货周期，理顺供货渠道；(3) 改善与工业界的关系，提高其向军队提供服务的效率；(4) 减少资产储备，提高资产利用率；(5) 提高工程保障水平，要求下属各有关单位和商业公司向部队提供高质量的服务；(6) 积极开发电子商务，将其作为业务转型的关键举措之一；(7) 依据集约化原则审核各单位组织编制情况，撤消重叠的机构。

加强国防医疗服务 据英国国防部1999年《国防白皮书》报道，《国防战略评估》提出的初步措施是，到2002年3月的4年中，国防部承诺额外支出4000英镑，用于所部署部队的医疗支援。在远期，英国还计划更多的投入。这些开支将用于恢复储备和供给、增加人员和新装备。这是一系列极为重要的加强措施，但还需做许多事情。1999年12月，国防部公布了其他行动：(1) 采取了新的管理结构，包括在管理委员会中设立国家卫生局代表；(2) 在更广泛的共同利益上与国家卫生局建立紧密联系，进行合作；(3) 国防部将与朴次茅斯医院的国家卫生局托管机构一起替换哈斯拉皇家医院的临时二级护理工作；(4) 国防部将新建立1个国防医药中心，使它成为国防医疗服务的中心。它将是军事医学的专业中心，具有研究、培训功能并提供二级和三级护理。

提高持久作战能力和后勤支援 据英国国防部1999年《国防白皮书》报道，英军目前在持久或同时作战中的后勤支援能力严重不足。英军认为弥补这些不足的最佳方法是建立两条后勤交通线以保证同时部署，每一条线都设1个联合部队后勤司令部。第一后勤司令部将于2001年建成，第二个将于2003年开始运作。英军现已建立多个支援分队以加强这些交通线。这些分队包括2个战斗勤务支援中队、1个地区资源排、1个油料排和1个给养排。尽管在这些领域保留人员困难，但军方已做出巨大努力，招募在后勤和通信领域有专长的人员。军方还把地方军的部分能力转移到正规军方面，并计划使用“保证人预备役”人员。军方已提供了额外的资金，用以修复武器装备和购买重要装备的配件。加强空军持久作战能力的工作将在2006年前进行。

（张　冬）

其他国家军队后勤

德国2000年度国防预算及发展趋势 据《外军后勤信息》2000年第3期报道，德国2000年度国防预算总额为453.33亿马克。国防预算的分配情况是：维持费为349.80亿马克，占77.16%，其中人员维持费235.98亿马克，占52.06%，物资保养与运转费42.23亿马克，占9.31%，其他维持费71.59亿马克，占15.79%；防务支出费126.31亿马克，占27.86%，其中研究发展与实验费24.72亿马克，占5.45%，军事采购费79.08亿马克，占17.54%，军事设施费18.67亿马克，占4.12%，其他投资3.84亿马克，占0.85%。

德国国防预算支出的重点，一是确保维持人员生活质量的费用不降低。2000年人员维持费支出最多，占国防预算总额的50%以上。二是武器装备采购费不断增长。到2000年，在国防预算总额大幅削减的情况下，这部分支出却增长到126亿马克，在国防预算中上升到27.86%。在防务费中，军事采购费已成为国防预算中增长最快的支出项目，这与德国目前实行的军队现代化计划是分不开的。德国国防支出占国内生产总值的比重在所有北约国家中仅仅高于比利时和卢森堡。

德国国防预算发展趋势 根据德国政府公布的中期国防财政计划，德2000－2003年国防预算分别为453亿马克、448亿马克、445亿马克和437亿马克。由此可以看出，德国国防预算发展趋势，一是总额继续减少，在国内生产总值中所占比例将进一步下降。二是维持费仍将占最大的份额，防务支出费、特别是军事采购费将继续增加。德军为实施其现代化计划，更新武器装备和军事设施，未来几年的防务支出、尤其是军事采购费将明显增加。三是预算赤字可能居高不下。一方面，德军要使用极为有限的军费去实现现代化；另一方面，还要越来越多地参加联合国和北约的境外维和行动，都将使预算赤字居高不下。

（闫晓萍）

法国削减2000财年装备预算 据英国《简氏防务周刊》1999年9月22日报道，法国在2000财年将以3.5%的幅度削减其军事装备支出，但经费的削减不会对国家的军备计划产生影响。国防部长阿兰·理查德提交的2000财年国防预算草案为1874亿法郎（合299.2亿美元），比1999财年的国防开支降低了1.3%。2000财年预算中的采购费为829亿法郎，而1999财年为860亿法郎。军事活动预算将比1999财年增加0.5%，达到1045亿法郎。

1999年年初，法国国防部许诺将法国1997－2002年国防开支计划后续年度的装备费稳定在每年860亿法郎，削减比率比防务界预期的1%还要低。

在 2000 财年总预算中，法国左翼政府的预算政策将向社会项目倾斜，实施减税和减少赤字，为此将牺牲一些部门包括国防部门的利益。但国防部表示，将通过 1999 财年预算的结余资金补充 2000 财年削减的预算；必要时，政府还将批准追加预算。因此，2000 财年的实际开支会接近 1999 财年，确保 1997－2002 年计划中所有项目的实施。

削减预算将使空军受到很大损失，其装备费降至 188 亿法郎，削减幅度为 6.9%；海军装备费减至 201 亿法郎，约降低 4.3%；陆军装备费也将削减 3.6%，降至 178 亿法郎。

法国 2000 年国防预算最大的一项拨款是："阿尔法"喷气式战斗机 54 亿法郎，"勒克莱尔"式主战坦克 20 多亿法郎，"幻影"—2000D 型战斗机 9.58 亿法郎。

法国的国防预算还将提供约 10 亿法郎用于研制新一代的大型护卫舰和在新一代护卫舰上装备主要防空导弹系统，法国将在 2000 年开始研制第四艘"凯旋"级战略核潜艇，并从 2001 年起投资 20 亿法郎继续开发 M—51 型潜射弹道导弹，装备弹道导弹核潜艇。但法国用于战略核威慑力量的经费将减少到 158 亿法郎。

此外，法国虽然决定加紧实施"海利奥斯 2"观测卫星计划，但空间项目的经费仍减少 15.2%，降至 22.9 亿法郎。

（张　冬）

挪威分析研究军队皮肤病发生情况　据美《军事医学杂志》2000 年第 165 卷第 3 期报道，挪威奥斯陆军队诊所埃德加·塞尔瓦格博士对其 1996 年至 1997 年收治的挪威军人病例中皮肤病所占比例进行了分析，对几次大的战争，越南战争、海湾战争、波斯尼亚战争中军队皮肤病的发生情况作了介绍。分析结果表明在其收治的 1360 例挪威军人中皮肤病 222 例，占 16%，居就诊病例数的第三位，其中，有湿疹，过敏，痤疮，性传播生殖器皮肤病，表皮霉菌感染，单纯疱疹，丹毒，带状疱疹和疱疹样皮炎等。

皮肤病是军队作战训练中常见的医学问题，第一次世界大战中皮肤病住院人数占野战医院住院人数总数的 5.1%，第二次世界大战的南太平洋战场，占 20%，在越南战场，占 12.2%，海湾战争中，占 13.9%。

在热带训练环境，皮肤病占门诊病例数的 37.5%，主要是真菌感染和蚊虫叮咬所致。军队调动部署中，常见的皮肤病是真菌感染，表层皮肤细菌感染和湿疹性皮炎等，英军 2 支部队在波斯尼亚冬季战场，在收治的 17054 例病人中，皮肤病 2172 例，占总病例数的 12.7%，主要是湿疹，皮肤细菌、霉菌感染和寻常疣，分别占 19%，16%，13% 和 10%。在非专科门诊中，皮肤病病例数大约在 15%～18%。印证了"疾病和非战斗损伤是军队存在医学问题的观点。尽管皮肤病一般不酿成严重病症或危及生命，但它却可占到门诊量的 50% 以上。所以军队应有足够数量合格的皮肤病医生，来对付皮肤病的发生，必要时应派出皮肤病专家参与皮肤病诊治。

（林水成）

军 事 法 制

中国军事法制　公布《中国人民解放军现役军官法》　《解放军报》2000 年 12 月 29 日报道，第九届全国人民代表大会常务委员会第十九次会议通过了全国人大关于修改《中国人民解放军现役军官服役条例》的决定，根据决定，现役军官服役条例改为现役军官法。这部法律共 8 章 54 条，同现役军官服役条例相比，现役军官法就军官的地位，军官的基本条件、来源和培训，军官的考核、晋升，军官平时任职的最低、最高年限等都作了新的补充规定。中华人民共和国主席江泽民于 2000 年 12 月 28 日签署第 43 号主席令，公布全国人大常委会的决定。现役军官法自公布之日起施行。

《中华人民共和国现役军官法》全文如下：

第一章　总则

第一条　为了建设一支革命化、年轻化、知识化、专业化的现役军官队伍，以利于人民解放军完成国家赋予的任务，制定本法。

第二条　人民解放军现役军官（以下简称军官）是被任命为排级以上职务或者初级以上专业技术职务，并被授予相应军衔的现役军人。

军官按照职务性质分为军事军官、政治军官、后勤军官、装备军官和专业技术军官。

第三条　军官是国家工作人员的组成部分。

军官履行宪法和法律赋予的神圣职责，在社会生活中享有与其职责相应的地位和荣誉。

国家依法保障军官的合法权益。

第四条　军官的选拔和使用，坚持任人唯贤、德才兼备、注重实绩、适时交流的原则，实行民主监督，尊重群众公论。

第五条　国家按照优待现役军人的原则，确定军官的各种待遇。

第六条　军官符合本法规定的退出现役条件的，应当退出现役。

第七条　人民解放军总政治部主管全军的军官管理工作，团级以上单位的政治机关主管本单位的军官管理工作。

第二章　军官的基本条件、来源和培训

第八条　军官必须具备下列基本条件：

（一）忠于祖国，忠于中国共产党，有坚定的革命理想、信念，全心全意为人民服务，自觉献身国防事业；

（二）遵守宪法和法律、法规，执行国家的方针、政策和军队的规章、制度，服从命令，听从指挥；

（三）具有胜任本职工作所必需的理论、政策水平，现代军事、科学文化、专业知识，组织、指挥能力，经过院校培训并取得相应学历，身体健康；

（四）爱护士兵，以身作则，公道正派，廉洁奉公，艰苦奋斗，不怕牺牲。

第九条　军官的来源：

（一）选拔优秀士兵和普通中学毕业生入军队院校学习毕业；

（二）接收普通高等学校毕业生；

（三）由文职干部改任；

（四）招收军队以外的专业技术人员和其他人员。

战时根据需要，可以从士兵、征召的预备役军官和非军事部门的人员中直接任命军官。

第十条　人民解放军实行经院校培训提拔军官的制度。

军事、政治、后勤、装备军官每晋升一级指挥职务，应当经过相应的院校或者其他训练机构培训。担任营级以下指挥职务的军官，应当经过初级指挥院校培训；担任团级和师级指挥职务的军官，应当经过中级指挥院校培训；担任军级以上指挥职务的军官，应当经过高级指挥院校培训。

在机关任职的军官应当经过相应的院校培训。

专业技术军官每晋升一级专业技术职务，应当经过与其所从事专业相应的院校培训；院校培训不能满足需要时，应当通过其他方式，完成规定的继续教育任务。

第三章　军官的考核和职务任免

第十一条　各级首长和政治机关应当按照分工对所属军官进行考核。

考核军官，应当实行领导和群众相结合，根据军官的基本条件和中央军事委员会规定的军官考核标准、程序、方法，以工作实绩为主，全面考核。考核结果分为优秀、称职、不称职三个等次，并作为任免军官职务的主要依据。考核结果应当告知本人。

任免军官职务，应当先经考核；未经考核不得任免。

第十二条　军官职务的任免权限：

（一）总参谋长、总政治部主任至正师职军官职务，由中央军事委员会主席任免；

（二）副师职（正旅职）、正团职（副旅职）军官职务和高级专业技术军官职务，由总参谋长、总政治部主任、总后勤部部长和政治委员、总装备部部长和政治委员、大军区及军兵种或者相当大军区级单位的正职首长任免，副大军区级单位的正团职（副旅职）军官职务由副大军区级单位的正职首长任免；

（三）副团职、正营职军官职务和中级专业技术军官职务，由集团军或者其他有任免权的军级单位的正职首长任免，独立师的正营职军官职务由独立师的正职首长任免；

（四）副营职以下军官职务和初级专业技术军官职务，由师（旅）或者其他有任免权的师（旅）级单位的正职首长任免。

前款所列军官职务的任免，按照中央军事委员会规定的程序办理。

第十三条　在执行作战、抢险救灾等紧急任务时，上级首长有权暂时免去违抗命令、不履行职责或者不称职的所属军官的职务，并可以临时指派其他军人代理；因其他原因，军官职务出现空缺时，上级首长也可以临时指派军人代理。

依照前款规定暂时免去或者临时指派军人代理军官职务，应当尽快报请有任免权的上级审核决定，履行任免手续。

第十四条　作战部队的军事、政治、后勤、装备军官平时任职的最高年龄分别为：

（一）担任排级职务的，三十岁；

（二）担任连级职务的，三十五岁；

（三）担任营级职务的，四十岁；

（四）担任团级职务的，四十五岁；

（五）担任师级职务的，五十岁；

（六）担任军级职务的，五十五岁；

（七）担任大军区级职务的，副职六十三岁，正职六十五岁。

在舰艇上服役的营级和团级职务军官，任职的最高年龄分别为四十五岁和五十岁；从事飞行的团级职务军官，任职的最高年龄为五十岁。

作战部队的师级和军级职务军官，少数工作需要的，按照任免权限经过批准，任职的最高年龄可以适当延长，但是师级和正军职军官延长的年龄最多不得超过五岁，副军职军官延长的年龄最多不得超过三岁。

第十五条　作战部队以外单位的副团职以下军官和大军区级职务军官，任职的最高年龄依照本法第十四条第一款的相应规定执行；正团职军官，任职的最高年龄为五十岁；师级职务军官，任职的最高年龄为五十五岁；副军职和正军职军官，任职的最高年龄分别为五十八岁和六十岁。

第十六条　专业技术军官平时任职的最高年龄分别为：

（一）担任初级专业技术职务的，四十岁；

（二）担任中级专业技术职务的，五十岁；

（三）担任高级专业技术职务的，六十岁。

担任高级专业技术职务的军官，少数工作需要的，按照任免权限经过批准，任职的最高年龄可以适当延长，但是延长的年龄最多不得超过五岁。

第十七条　担任排、连、营、团、师（旅）、军级主官职务的军官，平时任职的最低年限分别为三年。

第十八条　机关和院校的股长、科长、处长、局长、部长及相当领导职务的军官，任职的最低年限参照本法第十七条的规定执行。

机关和院校的参谋、干事、秘书、助理员、教员等军官，每个职务等级任职的最低年限为三年。

第十九条　专业技术军官平时任职的最低年限，按照中央军事委员会的有关规定执行。

第二十条　军官任职满最低年限后，才能根据编制缺额和本人德才条件逐职晋升。

军官德才优秀、实绩显著、工作需要的，可以提前晋升；特别优秀的，可以越职晋升。

第二十一条　军官晋升职务，应当具备拟任职务所要求的任职经历、文化程度、院校培训等资格。具体条件由中央军事委员会规定。

第二十二条　军官职务应当按照编制员额和编制职务等级任命。

第二十三条　军官经考核不称职的，应当调任下级职务或者改做其他工作，并按照新任职务确定待遇。

第二十四条　担任师、军、大军区级职务的军官，正职和副职平时任职的最高年限分别为十年。任职满最高年限的，应当免去现任职务。

第二十五条　根据国防建设的需要，军队可以向非军事部门派遣军官，执行军队交付的任务。

第二十六条　军官可以按照中央军事委员会的规定改任文职干部。

第四章　军官的交流和回避

第二十七条　军官应当在不同岗位或者不同单位之间进行交流，具体办法由中央军事委员根据本法规定。

第二十八条　军官在一个岗位任职满下列年限的，应当交流：

（一）作战部队担任师级以下主官职务的，四年；担任军级主官职务的，五年；

（二）作战部队以外单位担任军级以下主官职务的，五年；

（三）机关担任股长、科长、处长及相当领导职务的，四年；担任局长、部长及相当领导职务的，五年；但是少数专业性强和工作特别需要的除外。

担任师级和军级领导职务的军官，在本单位连续工作分别满二十五年和三十年的，应当交流。

担任其他职务的军官，也应当根据需要进行交流。

第二十九条　在艰苦地区工作的军官向其他地区交流，按照中央军事委员会的有关规定执行。

第三十条　军官之间有夫妻关系、直系血亲关系、三代以内旁系血亲关系以及近姻亲关系的，不得担任有直接上下级或者间隔一级领导关系的职务，不得在同一单位担任双方直接隶属于同一首长的职务，也不得在担任领导职务一方的机关任职。

第三十一条　军官不得在其原籍所在地的军分区（师级警备区）和县、市、市辖区的人民武装部担任主官职务，但是工作特别需要的除外。

第三十二条　军官在执行任务时，涉及与本人或者涉及与本人有本法第三十条所列亲属关系人员的利益关系的，应当回避，但是执行作战任务和其他紧急任务的除外。

第五章　军官的奖励和处分

第三十三条　军官在作战和军队建设中做出突出贡献或者取得显著成绩，以及为国家和人民做出其他较大贡献的，按照中央军事委员会的规定给予奖励。

奖励分为：嘉奖、三等功、二等功、一等功、荣誉称号以及中央军事委员会规定的其他奖励。

第三十四条　军官违反军纪的，按照中央军事委员会的规定给予处分。

处分分为：警告、严重警告、记过、记大过、降职（级）或者降衔、撤职、开除军籍以及中央军事委员会规定的其他处分。

第三十五条　对被撤职的军官，根据其所犯错误的具体情况，任命新的职务；未任命新的职务的，应当确定职务等级待遇。

第三十六条　军官违反法律，构成犯罪的，依法追究刑事责任。

第六章　军官的待遇

第三十七条　军官实行职务军衔等级工资制和定期增资制度，按照国家和军队的有关规定享受津贴和补贴，并随着国民经济的发展适时调整。具体标准和办法由中央军事委员会规定。

军官按照规定离职培训、休假、治病疗养以及免职待分配期间，工资照发。

第三十八条　军官享受公费医疗待遇。有关部门应当做好军官的医疗保健工作，妥善安排军官的治病和疗养。

军官按照国家和军队的有关规定享受军人保险待遇。

第三十九条　军官住房实行公寓住房与自有住房相结合的保障制度。军官按照规定住用公寓住房或者购买自有住房，享受相应的住房补贴和优惠待遇。

第四十条　军官享受休假待遇。上级首长应当每年按照规定安排军官休假。

执行作战任务部队的军官停止休假。

国家发布动员令后，按照动员令应当返回部队的正在休假的军官，应当自动结束休假，立即返回本部。

第四十一条　军官的家属随军、就业、工作调动和子女教育，享受国家和社会优待。

军官具备家属随军条件的，经师（旅）级以上单位的政治机关批准，其配偶和未成年子女、无独立生活能力的子女可以随军，是农村户口的，转为城镇户口。

部队移防或者军官工作调动的，随军家属可以随调。

军官年满五十岁、身边无子女的，可以调一名有工作的子女到军官所在地。所调子女已婚的，其配偶和未成年子女、无独立生活能力的子女可以随调。

随军的军官家属、随调的军官子女及其配偶的就业和工作调动，按照国务院和中央军事委员会的有关规定办理。

第四十二条　军官牺牲、病故后，其随军家属移交政府安置管理。具体办法由国务院和中央军事委员会规定。

第七章　军官退出现役

第四十三条　军事、政治、后勤、装备军官平时服现役的最低年限分别为：

（一）担任排级职务的，八年；

（二）担任连级职务的，副职十年，正职十二年；

（三）担任营级职务的，副职十四年，正职十六年；

（四）担任团级职务的，副职十八年，正职二十年。

第四十四条　专业技术军官平时服现役的最低年限分别为：

（一）担任初级专业技术职务的，十二年；

（二）担任中级专业技术职务的，十六年；

（三）担任高级专业技术职务的，二十年。

第四十五条　军官未达到平时服现役的最低年限的，不得退出现役。但是有下列情形之一的，应当提前退出现役：

（一）伤病残不能坚持正常工作的；

（二）经考核不称职又不宜作其他安排的；

（三）犯有严重错误不适合继续服现役的；

（四）调离军队，到非军事部门工作的；

（五）因军队体制编制调整精简需要退出现役的。

军官未达到平时服现役的最低年限，要求提前退出现役未获批准，经教育仍坚持退出现役的，给予降职（级）处分或者取消其军官身份后，可以作出退出现役处理。

第四十六条　军官达到平时服现役的最高年龄的，应当退出现役。

军官平时服现役的最高年龄分别为：

（一）担任正团职职务的，五十岁；

（二）担任师级职务的，五十五岁；

（三）担任军级职务的，副职五十八岁，正职六十岁；

（四）担任其他职务的，服现役的最高年龄与任职的最高年龄相同。

第四十七条　军官未达到平时服现役的最高年龄，有下列情形之一的，应当退出现役：

（一）任职满最高年限后需要退出现役的；

（二）伤病残不能坚持正常工作的；

（三）受军队编制员额限制，不能调整使用的；

（四）调离军队，到非军事部门工作的；

（五）有其他原因需要退出现役的。

第四十八条　军官退出现役的批准权限与军官职务的任免权限相同。

第四十九条　军官退出现役后，采取转业由政府安排工作和职务，或者由政府协助就业、发给退役金的方式安置；有的也可以采取复员或者退休的方式安置。

担任师级以上职务和高级专业技术职务的军官，退出现役后作退休安置，有的也可以作转业安置或者其他安置。

担任团级以下职务和初级、中级专业技术职务的军官，退出现役后作转业安置或者其他安置。

对退出现役由政府安排工作和职务以及由政府协助就业、发给退役金的军官，政府应当根据需要进行职业培训。

未达到服现役的最高年龄，基本丧失工作能力的军官，退出现役后作退休安置。

服现役满三十年以上或者服现役和参加工作满三十年以上，或者年满五十岁以上的军官，担任师级以上职务，本人提出申请，经组织批准的，退出现役后可以作退休安置；担任团级职务，不宜作转业或者其他安置的，可以由组织批准退出现役后作退休安置。

第五十条　军官达到服现役的最高年龄，符合国家规定的离休条件的，可以离职休养。因工作需要或者其他原因，经过批准，可以提前或者推迟离休。

第五十一条　军官退出现役后的安置管理具体办法由国务院和中央军事委员会规定。

军官离职休养和军级以上职务军官退休后，按照国务院和中央军事委员会的有关规定安置管理。

第八章　附　则

第五十二条　人民解放军总政治部根据本法制定实施办法，报国务院和中央军事委员会批准后施行。

第五十三条　中国人民武装警察部队现役警官适用本法，具体办法由国务院和中央军事委员会规定。

第五十四条　本法（原称《中国人民解放军现役军官服役条例》）自1989年1月1日起施行，1978年8月18日第五届全国人民代表大会常务委员会批准、1978年8月19日国务院和中央军事委员会颁布的《中国人民解放军现役军官服役条例》同时废止。

发布《中国人民解放军院校教育条例》　《解放军报》2000年2月29日报道，中央军委日前颁发《中国人民解放军院校教育条例》，在全军和武警部队施行。这是中国人民解放军历史上以中央军委的名义颁发的第一部专门规范院校教育工作的法规，是新时期组织实施院校教育的基本依据。《条例》的颁发施行，标志着人民解放军院校教育进一步纳入法制管理的轨道。

《条例》全面地贯彻了党的三代领导核心关于加强军队院校建设和人才培养的重要思想，科学地总结了人民解放军几十年来院校教育的成功经验，充分体现了全军院校教育改革的成果，紧紧把握院校教育的基本规律和特点，把新时期军事战略方针确立以来党中央、中央军委一系列重大决策和指示，以法规的形式确定下来。《条例》共分13章92条。其内容覆盖了院校教育的主要方面和基本环节，明确了院校教育的任务、地位、方针和原则，规定了四总部、各大单位、院校领导、机关和主要机构的基本职责，确定了院校教育的基本制度，提出了对教育工作者和学员的基本要求，规范了教学、科研、政治工作、行政管理和保障等主要活动。《条例》从军队现代化建设的全局和院校教育事业发展的需要出发，第一次以法规的形式确立了院校教育优先发展的战略地位，强调军队院校教育的基本制度要与国民教育接轨。为维护法规的权威性，《条例》还作出了有关奖励和惩处的规定。

《解放军报》3月1日第2版全文刊登了《中国人民解放军院校教育条例》

颁布《中国人民解放军装备条例》《解放军报》2000年12月28日报道：中央军委主席江泽民日前签署命令，颁布施行《中国人民解放军装备条例》。

《装备条例》是中央军委制定和颁发的军队装备工作的第一部基本法规，在军事法规体系中占有非常重要的地位。它与《司令部条例》、《政治工作条例》、《后勤条例》处于同一法规层次。这四部军事基本法规是新时期我军军事、政治、后勤、装备工作的基本依据。

《装备条例》共设13章180条，覆盖了装备工作各个领域、各个方面、各个环节的活动，充分体现了新体制下我军装备工作的新情况、新特点和新要求。条例明确了我军装备工作的作用和任务，规定了装备工作应当遵循的指导思想和基本原则，规范了装备工作的基本内容、基本程序、基本要求和有关责任主体的基本职责，对装备建设的中长期计划和装备体制、装备科研、装备订货、装备调配保障、装备日常管理、装备技术保障、战时装备保障、装备技术基础、装备及其技术的对外合作与交流、装备经费管理等装备建设各项工作，进行了宏观性、总体性规范，体现了装备工作的全系统、全寿命集中统一领导，为今后制定其他装备法规、规章，完善装备法规体系，提供了依据，奠定了基础。

《装备条例》坚持以毛泽东思想、邓小平理论和江泽民同志一系列重要论述为指导，以新时期军事战略方针为依据，强调装备工作要以现代化建设为中心，以战斗力为标准，以质量和效益为重点，加快新型装备发展，加强现役装备管理，提高打赢现代技术特别是高技术条件下局部战争的装备保障能力。

《装备条例》的颁布施行，充分体现了党中央、中央军委对军队装备建设的高度重视，是总装备部成立后人民解放军建立健全装备法制的一项重大举措，对于进一步贯彻新时期军事战略方针，科学规范新体制下的装备工作，尽快建立起整体协调、办事高效、运转顺畅、行为规范的装备工作运行机制，建立和完善具有人民解放军特色的装备体系，加速军队装备现代化建设，具有非常重要的意义。

颁发《国防工程维护管理规定》　解放军报2000年8月24日报道：为适应新形势下军事斗争准备的需要，解决社会主义市场经济条件下国防工程维护管理面临的新问题。国务院、中央军委日前颁发《国防工程维护管理规定》。这是新中国成立以来，国务院、中央军委首次颁发的国防工程维护管理法规，标志着中国国防工程维护管理工作已经步入法制化、正规化、制度化的轨道。

《规定》总结了新中国成立以来国防工程维护管理的经验教训，借鉴了军地各级机关的有益做法，共分5个部分26条，对国防工程的性质、维护管理的基本任务与质量要求，军地双方的工作职责、管理队伍的组织形式与制度，以及奖惩办法等等，都做出了明确规定，为国防工程的维护管理提供了可靠的法律依据。

公布《中华人民共和国飞行基本规则》　解放军报2000年8月5日报道，中华人民共和国国务院总理朱镕基和中华人民共和国中央军事委员会主席江泽民2000年7月24日签署第288号令：现公布《中华人民共和国飞行基本规则》，自2001年8月1日零时起施行。《规则》制定的目的，在于维护国家领空主权，规范中华人民共和国境内的飞行活动，保障飞行活动安全有秩序地进行。

《规则》共12章124条，另有3个附件。其中规定，凡辖有航空器的单位、个人和与飞行有关的人员及其飞行活动，必须遵守这一《规则》。国家对境内所有飞行实行统一的飞行管辖。国务院、中央军委空中交通管理委员会领导全国的飞行管制工作。组织与实施飞行，应当按照预先准备、飞行直接准备、飞行实施和飞行讲评等阶段进行。飞行阶段的具体内容和要求，由各航空管理部门自行规定。各航空管理部门制定与飞行有关的规范，应当符合本《规则》的规定。《规则》对空域管理，飞行管制，机场区域内飞行，航路和航线飞行，飞行间隔，飞行指挥，飞行中特殊情况的处置，通信、导航、雷达、气象和航行情报保障等，都作了具体规定。对外国 航空器飞入、飞出中华人民共和国领空或在中华人民共和国境内的航路、航线飞行，也作了特别规定。为强调《规则》的权威性和强制性，还明确了有关的法律责任，规定了对违反《规则》行为的处罚条款。《规则》在附则中明确，中华人民共和国航空器在本国领海以外毗连区、专属经济区和公海上空飞行，中华人民共和国缔结或者参加的国际条约同本《规则》有不同规定的，适用国际条约的规定；但是，中华人民共和国声明保留的条款除外。

颁发《中国人民解放军司令部建设纲要》　《解放军报》2000年2月23日报道，中央军委日前颁发施行第一部司令部建设纲要，这标志着中国人民解放军司令部建设正规化、法制化建设又向前迈出了重要一步。

这次颁发的《中国人民解放军司令部建设纲要》，是历史上第一部专门规范、指导司令部建设的法规。《纲要》继承吸收了人民解放军司令部建设的优良传统和新鲜经验，具有很强的思想性、规范性和指导性，是新时期人民解放军司令部建设的基本依据。《纲要》共8章35条，主要规范全军司令部建设的共性问题，集中反映各级各类司令部建设的普遍规律，进一步明确司令部建设跨世纪发展的目标、原则、任务和要求。《纲要》强调指出，司令部是首长的指挥机关，是军队的指挥中枢和军事工作的领率机关，必须加强思想政治建设，坚持党对军队的绝对领导，确保政令、军令畅通；必须加强组织建设，着眼强化联合作战功能和整体指挥效能、优化组织结构、完善高效能的运行机制；必须加强业务建设，着眼打赢现代战争的需要，提高谋划指导军事建设和组织指挥高技术局部战争的能力；必须加强作风纪律建设，培养快速、准确、严密、细致、务实的作风，切实做到贯彻落实党委、首长决心意图和上级指示坚决迅速。

颁发《军队院校教育改革和发展纲要》　《解放军报》2000年4月15日报道，为深入贯彻落实科教兴国、科技强军战略，中央军委2000年4月14日颁发了《军队院校教育改革和发展纲要》。规定了今后10年院校教育改革和发展的总目标和发展方针，勾画了具有人民解放军特色的院校教育体系，提出了一系列相互配套、相互衔接的重大改革措施。

《纲要》确立了院校教育优先发展的战略地位，明确规定：院校教育经费投入优先安排，装备器材优先保障，新型武器装备优先配发，装备维修优先安排，保证院校装备总体水平与部队同步发展，并在某些方面适度超前。

为使全军军官和士官队伍的整体素质，特别是科学文化水平能适应高技术条件下局部战争要求，《纲要》明确规定到2010年，人民解放军各级军官的学历结构要有明显改善，其中军以上指挥军官中的高学历者所占比重超过师、旅、团级指挥军官。为此将启动“军队院校重点建设工程”，集中力量，择重扶持，用10年时间使10所左右院校和一批学科专业达到或接近国家先进水平，有的达到或接近国际先进水平；以学科专业建设为龙头，以教学内容改革为重点，进一步深化教学改革，全面推进素质教育；稳步扩大研究生教育规模，鼓励跨学科、跨院校报考研究生，鼓励优秀师、旅、团干部攻读和在职申请学位；把院校纳入全军科研体系，实施“高层次创新人才工程”，抓紧培养和造就一支高水平的中青年学科学术带头人队伍；切实加强对院校思想政治建设的领导，领导班子要优先配强，确保办学的正确方向，确保培养的人才政治合格。

颁发《指挥自动化建设纲要》 《解放军报》2000年5月29日报道，为规范指导全军指挥自动化建设，提高信息作战能力，中央军委日前颁发《指挥自动化建设纲要》，这标志着人民解放军指挥自动化建设迈出了重要的一步。《纲要》是中国人民解放军历史上第一部专门规范、指导指挥自动化建设的重要法规性文件。它是着眼信息技术在军事领域的广泛运用和军事斗争方式的深刻变革，加强指挥手段建设、提高信息作战能力而制定的。《纲要》总结经验，着眼发展，明确了今后一个时期全军指挥自动化建设的形势与任务、指导思想与发展思路、建设目标、组织与实施、措施与要求等，是全军指挥自动化建设的基本准则和依据。

《纲要》强调，全军指挥自动化建设必须以毛泽东军事思想、邓小平新时期军队建设思想和江泽民同志关于军队建设的一系列重要论述为指导，以新时期军事战略方针为依据，着眼提高军队整体作战效能和信息化水平，坚持战斗力标准，加快建设综合一体、功能完备、技术先进、协调配套、稳定可靠、安全保密的指挥自动化系统，提高人民解放军高技术条件下联合作战指挥能力和信息作战能力。

《纲要》提出了坚持走一体化发展道路，坚持平战结合、攻防兼备，坚持统一领导、分工负责，坚持重点突破、跨越发展的基本建设思路。强调指挥自动化系统要努力实现指挥控制、情报侦察、预警探测、通信、电子对抗和其他作战信息保障系统一体，各军兵种指挥自动化系统一体，战略、战役、战术指挥自动化系统一体，以及指挥自动化系统与主战武器系统一体。要重点开发系统的作战应用功能，兼顾平时训练和日常业务处理需要；既要具备抵御信息攻击的能力，又要具有信息攻击的能力。要在统一领导和统筹兼顾下，按照统一的标准，分工组织建设；自建项目也必须纳入统一规划，遵守统一的法规和标准，实施统一管理。要集中力量优先建设重点项目，充分利用先进技术和有益经验，提高系统建设和装备研制的技术起点。

《纲要》明确指出，军队指挥自动化建设由各级司令机关主管，加强集中统一领导，牢固树立依法建设思想，深化需求研究，加强人才培养，注重使用管理，强化安全措施，努力在电子装备建设、指挥自动化工程建设和系统集成方面取得新的突破。

建立依托普通高等教育培养军队干部制度 《解放军报》2000年6月23日报道，国务院、中央军委日前下发了《关于建立依托普通高等教育培养军队干部制度的决定》，这是在20世纪80年代初，中央军委决定实行经军队院校培训提拔干部制度以来，军队干部培养制度的又一次重大改革。

建立依托普通高等教育培养军队干部制度，是指根据国防和军队建设需要，把军队部分生长干部与现役干部的培养和提高作为普通高等教育的一项重要任务，逐步实现军队的军地通用性强的专业技术干部主要通过普通高等学校培养，并选拔适量普通高等学校毕业生补充到指挥岗位。从现在起，将陆续在全国一部分普通高等学校成立后备军官选拔培训机构，专门负责在本校和上级指定的其他普通高等学校开展为军队培养干部的工作。《决定》对依托普通高等教育培养军队干部的指导思想和总体目标作出了明确的阐述和规划，对培养方式、管理体制、质量要求以及组织领导，都作出了具体规定。《决定》的下发实施，对于充分发挥和利用普通高等教育优势，构成新型军队干部培训体制，造就一批批具有现代科学文化知识的高素质新型军事人才，为国防和军队现代化建设提供强大的人才和智力支持，必将起到越来越重要的作用。

《决定》强调指出，贯彻实施依托普通高等教育培养军队干部制度，要以邓小平理论和江泽民同志关于军队建设的一系列重要论述为指导，以国防法、兵役法和高等教育法等法律为依据，以培养高素质新型军事人才为根本目的，按照统筹规划、稳步推进、确保质量的原则，设立专门机构和国防奖学金，建立规章制度，采取多种措施，保证军队有稳定可靠的高素质人才来源。《决定》确定了从普通高等学校在校生中选拔培养对象、招收国防定向生、直接接收普通高等学校应届毕业生等主要培养方式。条件成熟时，还要采取军地院校联合培养、选送现役干部到普通高等学校学习深造等多种方式培养军队干部。

印发《军队贯彻执行〈中国共产党纪律处分条例（试行）〉的补充规定》 《解放军报》2000年4月3日报道，中央军委日前印发了《军队贯彻执行〈中国共产党纪律处分条例（试行）〉的补充规定》，全文如下：

军队贯彻执行《中国共产党纪律处分条例（试行）》的补充规定

第一条 为了正确处理军队中的党组织和党员违犯党的纪律的行为，根据《中国共产党纪律处分条例（试行）》第一百七十条的规定，结合军队的实际情况，制定本规定。

第二条 军队中的党组织和党员违犯党的纪律应当给予党纪处分的，适用《中国共产党纪律处分条例（试行）》和本规定。

军队中的党员违犯纪律，除给予党纪处分外，需要给予行政处分的，依照《中国人民解放军纪律条令》的规定处理；触犯刑律的，依法追究刑事责任。

第三条 反对党对军队的绝对领导，在军队中组织秘密集团或者进行策反活动的，给予开除党籍处分；参加秘密集团的，给予开除党籍或者留党察看处分。

第四条 在军队中擅自成立团体、组织或者擅自参加社会团体、组织及其活动，经批评教育不改的，给予严重警告处分；情节严重的，给予撤销党内职务、留党察看或者开除党籍处分。

参与成立非法组织或者参加非法组织及其活动的，依照前款规定从重或者加重处分。

第五条 弄虚作假，欺上瞒下，造成不良影响和后果，情节较轻的，给予警告或者严重警告处分；情节较重的，给予撤销党内职务或者留党察看处分；情节严重的，给予开除党籍处分。

第六条 不执行上级的命令、决定和指示，有令不行，有禁不止，情节较轻的，给予警告或者严重警告处分；情节较重的，给予撤销党内职务或者留党察看处分；情节严重的，给予开除党籍处分。

第七条 消极怠工，无故不参加学习、工作、训练、执勤等，情节较轻的，给予警告或者严重警告处分；情节较重的，给予撤销党内职务或者留党察看处分；情节严重的，给予开除党籍处分。

第八条 擅离部队或者无故逾假不归，情节较轻的，给予警告或者严重警告处分；情节较重的，给予撤销党内职务或者留党察看处分；情节严重的，给予开除党籍处分。

第九条 参加聚众闹事或者打架斗殴，情节较轻的，给予警告或者严重警告处分；情节较重的，给予撤销党内职务或者留党察看处分；情节严重的，给予开除党籍处分。

策划、组织聚众闹事的，依照前款规定从重或者加重处分。

第十条 酗酒滋事，造成不良影响和后果，情节较轻的，给予警告或者严重警告处分；情节较重的，给予撤销党内职务或者留党察看处分；情节严重的，给予开除党籍处分。

第十一条 由于工作失职，发生严重事故或者重大案件，造成较大损失的，对直接责任者给予严重警告或者撤销党内职务处分；造成重大损失或者恶劣影响的，对直接责任者给予留党察看或者开除党籍处分，对负有主要领导责任者给予严重警告、撤销党内职务或者留党察看处分，对负有重要领导责任给予警告、严重警告或者撤销党内职务处分；造成巨大损失或者特别恶劣影响的，加重处分。

第十二条 在征兵工作中，违反有关规定，徇私舞弊或者严重不负责任，接、送不合格兵员，情节较轻的，给予警告或者严重警告处分；情节较重的，给予撤销党内职务或者留党察看处分；情节严重的，给予开除党籍处分。

擅自办理入伍手续或者未办理入伍手续，让地方青年进入部队服役的，给予严重警告或者撤销党内职务处分；情节严重的，给予留党察看或者开除党籍处分。

第十三条 滥用职权，指使部属进行违反职责的活动，造成不良影响和后果，情节较轻的，给予警告或者严重警告处分；情节较重的，给予撤销党内职务或者留党察看处分；情节严重的，给予开除党籍处分。

第十四条 擅自处理军队房地产，或者违反规定占用军队房地产，经批评教育不改，情节较轻的，给予严重警告处分；情节较重的，给予撤销党内职务或者留党察看处分；情节严重的，给予开除党籍处分。

第十五条 违反武器装备使用管理规定，遗失、遗弃、损坏武器装备，擅自出卖、转让、出借、私存装备物品，或者擅自改变武器装备的编配用途，造成不良后果，情节较轻的，给予警告或者严重警告处分；情节较重的，给予撤销党内职务或者留党察看处分；情节严重的，给予开除党籍处分。

第十六条 违犯群众纪律，侵犯群众利益，造成不良影响和后果，情节较轻的，给予警告或者严重警告处分；情节较重的，给予撤销党内职务或者留党察看处分；情节严重的，给予开除党籍处分。

第十七条 在执行作战、戒严、处置突发事件、科研试验和抢险救灾任务中，临阵畏缩，行动消极，情节较轻的，给予严重警告处分；情节较重的，给予撤销党内职务或者留党察看处分；情节严重的，给予开除党籍处分。

制造借口，逃避执行前款规定任务的，给予留党察看或者开除党籍处分。

第十八条　虐待俘虏，情节较轻的，给予警告或者严重警告处分；情节较重的，给予撤销党内职务或者留党察看处分；情节严重的，给予开除党籍处分。

第十九条　犯有《中国共产党纪律处分条例（试行）》和本规定没有规定的错误，比照最相类似的条款处理。需要比照处理的案件，按照处分党员批准权限，应当由军级或者大军区级党委、纪委批准的，报中央军委纪委批准；应当由师（旅）级党委、纪委批准的，报大军区纪委批准；应当由团级党委、纪委批准的，报军级纪委批准。各级纪委批准的比照处理案件，报中央军委纪委备案。

第二十条　对同时违犯党纪、军纪的行为，应当按照规定分别处理。其中，对受到开除军籍或者除名处分的，一律给予开除党籍处分；对违犯党纪应当给予党内警告或者严重警告处分的，如本人因同一行为已经受到行政记过（含）以下处分，也可不再给予党纪处分。

第二十一条　中国人民武装警察部队中的党组织和党员违犯党的纪律应当给予党纪处分的，适用本规定。

第二十二条　本规定由中央军委纪委负责解释。

第二十三条　本规定自发布之日起施行。

本规定发布前，已结案的案件如需进行复查复议，适用原处理时的规定或者政策；尚未结案的案件，依照本规定处理。

颁布《中国人民解放军驻香港部队审计规定》　《解放军报》2000 年 3 月 7 日报道，总参谋部、总政治部、总后勤部、总装备部日前颁布《中国人民解放军驻香港部队审计规定》，并已在驻香港、澳门部队施行。

《规定》共 10 章 46 条，明确了经费预算、决算审计，资金管理与经费支出审计，固定资产与物资器材、装备审计，领导干部经济责任审计，基本建设审计，物业管理、服务中心、物资供应站和农场审计的内容、范围和方法。《规定》要求，驻澳门部队审计工作参照《中国人民解放军驻香港部队审计规定》执行。这标志着人民解放军驻香港、澳门部队的审计工作开始步入法制化的轨道。

颁发《移交政府安置的军队离退休干部住房保障改革实施办法》　《解放军报》2000 年 3 月 3 日报道，国家民政部、财政部、国家计委、建设部、国家税务总局、总参谋部、总政治部、总后勤部联合颁发《移交政府安置的军队离退休干部住房保障改革实施办法》。

《办法》规定，移交政府安置的军队离退休干部住房制度改革，原则上与军队在职干部执行统一政策，按照国家、军队、个人合理负担原则，实行住房补贴、货币补差相结合的办法，稳妥推进住房分配的货币化、管理社会化。已安置住房和列入安置计划住房已开工建设的，住房保障方式不再改变，可以购买或租住已安置和开工建设的住房，购买住房执行《军队现有住房出售管理办法》的有关政策，购买实际建筑面积未达到购房补贴建筑面积标准的，给予货币补差。住房尚未开工建设和未列入安置计划的，可以购买经济适用房，可以自理住房（包括自购、自建住房，维修私房或购买配偶所在单位的住房），也可以购买或租住符合出售条件的现住房，具体方式由干部个人申请，军队大单位干部、营房部门或省级民政部门审核确定。未按房改政策解决住房的离退休干部在以经济适用房房价、市场价购买住房或自理住房时，可按规定申请住房补贴，住房补贴标准和计算办法与军队在职干部一致。

《办法》还规定，离退休干部住房补贴和附属用房建设经费仍按现行渠道保障，由国家财政专项安排，专户存储，专款专用，按现行的离退休干部建设计划、财务管理的办法及时下达住房建设单位。离退休干部住房公积金的归集，移交政府前按军队规定执行，移交后按有关规定执行。住房租金改革按军队有关规定执行，提租补贴经费移交前由军队负责解决，移交后由国家财政专项安排。

颁发《军队舰艇油料供应管理办法》　《解放军报》2000 年 8 月 25 日报道，总参谋部、总后勤部于 2000 年 8 月 24 日联合颁发了《军队舰艇油料供应管理办法》。这是军队加强舰艇油料保障的又一重要举措，是建立舰艇油料供应管理机制的重大改革。《办法》明确了舰艇油料供应管理的目的、依据、适应范围、主管部门、基本原则、管理要求等，对舰艇油料的分配与控制、使用与管理、结算与奖励、部门协调与配合等问题进行了系统规范，特别是针对舰艇油料供应管理中司令部与后勤主管部门的关系等问题作了明确规范，从而为舰艇油料管理建立起了一套与舰艇油料供应标准和舰艇训练大纲相配套、有利于强化约束力的指标控制机制、有利于提高控制力的管理制衡机制等，使舰艇油料供应管理在模式上由粗放管理向精细管理转变，保证舰艇油料供得上、管得住、用得好、效益高。

下发《关于军队院校高等教育、中等教育等系列专业技术职务设置范围和结构比例的规定》　《解放军报》2000 年 9 月 29 日报道：为贯彻落实江主席关于优先发展院校教育的指示和军委科技强军战略，根据军委批转的《关于新形势下加强军队院校思想政治建设的意见》，总参谋部近日下发了《关于军队院校高等教育、中等教育等系列专业技术职务设置范围和结构比例的规定》。该《规定》体现了军委、总部对院校建设的高度重视，对教员队伍的关心和爱护，将对军队引进优秀人才，保留和稳定教学骨干，完善专业技术职务任命制度，加强院校全面建设，产生积极的促进作用。

《规定》有以下几个特点：一是完善了院校专业技术职务的设置范围。将实行专业技术职务任命制度初期因条件不具备而未列入评任范围的军区陆军学院军事、部队政治与后勤工作教员纳入了评任范围。二是按照军队院校新的分类，规定了不同类型院校高、中、初级职务的比例，适应了院校的培训任务和人才发展规律，有利于院校建设区分层次、突出重点。三是根据军队院校建设发展和教员队伍学历结构变化情况，适当调整增加了中、高级职务的结构比例，有利于解决目前院校教员晋升专业技术职务难的矛盾。四是在高级职务的编制数量上，除根据各院校培训层次和学科专业数量确定基本比例外，还按照各院校的博士后流动站、研究生授权点和重点学科（实验室）数量等情况，相应增设高级职务，有利于促进院校提高办学水平。

下发《关于军队院校干部队伍建设若干问题的暂行规定》 《解放军报》2000 年 8 月 10 日报道，总政治部日前下发了《关于军队院校干部建设若干问题的暂行规定》。

《规定》着眼于军队建设跨世纪发展和军事斗争准备的需要，适应社会主义市场经济条件下军队院校建设的规律，从解决当前院校干部队伍建设存在的突出矛盾和问题入手，分别对军队院校领导干部、教学科研干部、机关和学员队干部的建设提出了明确规定和要求，是今后军队院校干部队伍建设的基本依据。《规定》共分 3 项 20 条。《规定》首次提出了拟担任院校领导职务干部的任职资格、年龄条件，强调院校领导干部应当政治上强，懂教育，会管理，一般应当受过大学本科以上正规教育，经过本级培训或国防大学教育管理轮训班轮训。院校领导班子成员中，应当有适量的年轻干部，并形成梯次配备。要注重从德才兼备、教学科研成绩突出的教学科研干部中选拔院校领导干部。《规定》要求，选调院校教员，必须坚持资格条件，重视政治思想表现、专业技术水平和教学科研能力。要积极引进高层次优秀人才，主要对象是具有真才实学的高学历留学回国人员、地方高等院校和科研单位毕业的博士生和取得博士学位的地方中青年教学科研人员。建立高层次人才聘任制度，聘请具有国内或国际一流水平的专家、学者，授课讲学或承担重大科研项目。推进高级专业技术职务任期制度，干部任满规定期限，重新进行专业技术资格考核和评审，考评合格的继续担任现专业技术职务，不合格的调整任下一级职务或作其他安排。要改善院校机关和学员队干部的素质结构，院校机关、学员队干部一般应当具备大学本科以上学历和部队基层工作经历。《规定》还提出，在全军设立“军队院校教学贡献奖”。对在教学工作中作出突出贡献的干部，实施奖励，发给奖金。奖励等级分为“金奖”和“银奖”，每年评选一次。

修订下发《军队党组织发展党员工作暂行规定》

《解放军报》2000 年 1 月 17 日报道，经中央军委批准，总政治部最近下发了《军队党组织发展党员工作暂行规定》。

《暂行规定》指出，发展党员工作必须以马克思列宁主义、毛泽东思想、邓小平理论和江泽民同志一系列重要论述为指导，按照从严治党的要求，适应兵役制度和兵员结构的特点，吸收具有共产主义觉悟的先进分子入党，以保持一支以干部和士官为主体、素质较高、相对稳定的党员队伍，为军队革命化、现代化、正规化建设服务。强调发展党员工作必须贯彻坚持标准，保证质量，改善结构，慎重发展的方针；必须坚持入党自愿，个别吸收，成熟一个、发展一个的原则。

《暂行规定》提出，发展党员必须坚持有领导有计划地进行，搞好比例控制，加强宏观指导，并调整和完善了从义务兵和士官中发展党员的比例。

《暂行规定》就入党积极分子的培养和考察，发展对象的确定和培训，预备党员的接收、审批、管理和转正，分别作出了具体规定。

《暂行规定》对发展党员工作的领导和纪律进一步作了规范，明确规定了团以上各级党委、政治机关和基层党组织的职责。同时建立了责任追究制度，要求对违反规定吸收党员的行为，必须严肃查处。

《暂行规定》从 2000 年 1 月 1 日起在全军和武警部队执行。

修订下发《中国人民解放军预算外经费管理规定》 《解放军报》2000 年 2 月 15 日报道，为贯彻落实党中央、中央军委关于军队不再从事经商活动的战略决策，经中央军委批准，总后勤部向全军发布实施经过重新修订的《中国人民解放军预算外经费管理规定》

重新修订发布实施的《规定》共 9 章 40 条，突出了财务归口和收支两条线管理，对现行内容作了较大调整。一是重新划分了后勤财务部门和事业部门的管理职责，明确各项预算外经费在中央军委和各级党委的统一领导下，由各级后勤财务部门归口管理。二是建立收费申报制度和收费许可证制度，规定所有预算外经费收费项目的收费必须向总部或者大单位后勤财务部门提出申报，取得收费许可后，方可按核定的收费范围、项目、标准组织收费；收费票据由国家财政部和军队共同监印，全军从 2000 年起一律使用新版收费票据。三是调整了预算外收入分配政策，重新确定了各项收入的分成比例。四是统一了缴存渠道，包括事业有偿服务收入在内的各项预算外收入由后勤财务渠道收缴管理。五是严格了监督处罚措施，《规定》详列了 10 种违规违纪行为，按类提出了处罚标准，针对性和可操作性强，有利于促进制度落实。

发布《军队人员住房资金管理暂行办法》　《解放军报》2000 年 1 月 11 日报道，为落实中央军委《进一步深化军队住房制度改革方案》，加强住房资金和个人账户的管理，总后勤部日前向全军发布实施《军队人员住房资金管理暂行办法》。规定军队人员住房资金，根据国家、军队的有关政策，由军队统一筹集。将住房补贴、原有住房建设转化资金、住房公积金和住房资金利息收入等，纳入住房资金管理范围，专项用于军官、文职干部、士官，以及离退休人员住房消费。住房资金的存储和使用，实行专款、专户、专用的原则，由总部和军区级单位在国家商业银行设立专用账户，集中存储军队人员住房资金。《办法》明确，建立军队个人住房资金账户，由各级后勤（联勤）财务部门统一管理，负责个人账户建立，住房补贴计存、支取，账户转移、封存和注销等。个人住房资金账户，平时记账管理，实行指标控制，军官、文职干部、士官退役或按规定购买经济适用住房时兑现。

调整士兵食物定量和伙食费标准　《解放军报》2000 年 2 月 15 日报道，在党中央、国务院、中央军委的亲切关怀下，从 2000 年 1 月 1 日起，调整全军士兵主副食、燃料定量和伙食费标准。总后勤部日前下达通知，要求各单位严格执行标准制度，确保伙食费及时、足额供应。

这次调整食物定量和伙食费标准，将原 7 类伙食灶合并调整为 4 类：原一、二类灶合并执行新一类灶，原三、四类灶合并执行新二类灶，原五类灶执行新三类灶，原六、七类灶合并执行新四类灶，各类灶伙食费均有所增加。新的食物定量标准是继 1988 年以来又一次大的调整，在现行定量标准的基础上，低灶别重点解决动物性食物数量不足的问题，高灶别重点解决动物性食物质量和营养结构不合理问题。

此外，还增加了义务兵过节补助费领报天数，规范了有关给养供给标准。

颁布《武器装备订购与质量监督国家军用标准》　《解放军报》2000 年 2 月 14 日报道，总装备部日前颁布《武器装备订购与质量监督国家军用标准》。这是中国人民解放军装备建设历史上第一部系统、规范的国家级军用标准体系。它的实施，将对军队装备现代化建设发挥重要作用。

新颁布的这套国家级军用标准体系，涵盖了武器装备从科研、生产、审价、验收到售后服务等各个方面。特别是针对高技术武器的特点，规定了全面、明确、具体的可操作性标准。这既是全军驻厂军事代表对武器装备进行全系统、全过程质量监督的基本依据，也是国防工业部门军品生产必须遵循的法规。

调整军队院校招收士兵学员制度　《解放军报》2000 年 2 月 29 日报道，日前，总参谋部、总政治部、总后勤部联合下发了《关于调整军队院校招收士兵学员政策规定的通知》。这是继 1995 年三总部颁发《中国人民解放军院校招生暂行条例》之后，军队院校招生政策制度为适应新的形势而作出的重要调整。

这次调整涉及以下内容：一是调整了士兵报考军队院校的文化、服役期限和年龄条件。《通知》规定，士兵考生应当具有高中毕业文化程度或者同等学力。培养运动员或者少数民族干部的个别专业，可以招收初中毕业文化程度的士兵。士兵考生的服役期限，义务兵服现役须满 1 年以上；士官服现役必须在 3 年以上。报考机要、护理专业的士兵，年龄应当在 20 岁以下；报考其他专业的士兵，年龄应当在 22 岁（均截止当年 1 月 1 日）以下；少数民族士兵年龄可以放宽 1 岁。二是调整了士兵报考初级指挥专业的条件。规定报考初级指挥专业的士兵，应当经过师（旅）级以下单位教导队或者训练机构士兵骨干集训，在建制连队担任过或者拟任班长、副班长。三是调整了士兵保送生的条件。规定保送对象应当符合士兵报考军队院校的基本条件，荣获 2 次三等功或者 1 次二等功以上奖励。四是关于考前军事科目训练和文化复习问题。《通知》要求基层单位在士兵考生及士兵保送对象确定后，应当支持他们利用业余时间进行考前军事科目训练和文化复习。文化复习一般不集中组织。五是明确了士官考生入学后的生活待遇。规定士官考取军事院校后，在取得学籍时取消原士官生活待遇；依据服役时间，执行相应的供给制学员的生活待遇标准。

修改士官招生制度　《解放军报》2000 年 6 月 9 日报道，全军士官招生工作会议日前在云南昆明召开。会议讨论修改了《士官招生工作实施办法》，并对 2000 年的士官招生工作作了一些新的调整。一是依据兵役制度和士官制度改革的要求，确定 2000 年的招生对象为 1998 年、1997 年冬入伍的义务兵，其中，1998 年和 1997 年入伍的考生（含少数民族考生）年龄须在 22 周岁和 23 周岁以下；二是确定士官考生的考试时间相应提前到 6 月 16～17 日；三是增加了考生必须志愿在部队服役至三级士官以上年限的报考条件。

中国人民解放军正式在集团军、师、旅编制军队律师 《解放军报》2000 年 5 月 27 日报道，中央军委和总部作出决定，从 2000 年 5 月 26 日起，正式在集团军、师、旅三级部队政治机关编制军队律师。列编后的军队律师的主要职责是：担任部队首长和机关的法律顾问，为本级党委、首长和机关管理部队、依法决策提供法律意见，协助首长处理有关法律事务，纠正违法行为，通过各项专业法律服务和法律帮助，与国家和军队执法机关一起帮助部队和官兵解决重大涉法问题，维护国家军事利益，维护部队和军人的合法权益；依照国家法律法规和军队有关规定开展各项律师业务，配合有关部门开展法制宣传教育，增强官兵的法制观念和法律意识；指导所属部队的基层法律服务工作，培训法律服务骨干。编制军队律师这一决策，是着眼于部队思想政治建设和全面建设，经过广泛调查论证，并借鉴发达国家军队建设的有益经验作出的。这在中国人民解放军的历史上尚属首次。

（方　鸣）

俄罗斯军事法制　批准《俄罗斯联邦武装力量、其他部队、军事单位和机关中的联邦安全机构（军队安全机构）条例》 该条例由 2000 年 2 月 7 日第 313 号俄联邦总统令批准。俄《红星报》2000 年 2 月 25 日刊登该条例全文。该条例共 7 章，26 条。第 1 章，总则；第 2 章，军队安全机构的任务；第 3 章，军队安全机构的职责；第 4 章，军队安全机构的权力；第 5 章，军队安全机构系统；第 6 章，军队安全机构与国家机关、其他机构和组织的协作；第 7 章，军队安全机构及其工作人员的活动拨款、物质技术和其它保障。其中第 7 条规定俄罗斯联邦安全总局第 3 局（军事反谍局）直接领导隶属于俄罗斯联邦安全总局的军队安全机构；第 3 局保障俄罗斯联邦武装力量、其他部队、军事单位和机构的中央指挥机关及其直属部队和机构的安全。第 9 条规定，军队安全机构由军人和文职人员共同组成。军队安全机构的军人和文职人员均为联邦安全机关工作人员。

批准《部队学员地位条例》 该条例由俄联邦政府 2000 年 9 月 21 日第 745 号决议批准。俄《红星报》2000 年 10 月 26 日刊登该条例全文。该条例共 25 条，规定了部队学员的权利、义务和责任。

批准《海军文职船员纪律条例》 该条例由俄联邦政府 2000 年 9 月 22 日第 715 号决议批准。俄《红星报》2000 年 9 月 30 日刊登该条例全文。该条例共 4 章，26 条。第 1 章，总则；第 2 章，海军文职船员基本义务；第 3 章，奖励措施；第 4 章，纪律处分。该条例规定了海军文职船员在保障航行安全、保护船只和所运军用物资以及保护自然环境等方面应履行的义务。同时，该条例还规定了领导对海军文职船员实施奖励和纪律处分的权利。

批准《俄联邦武装力量住房保障条例》 该条例为俄联邦国防部长 2000 年 2 月 15 日第 80 号命令的附录 1。俄《红星报》2000 年 7 月 1 日刊登全文。该条例共 5 章，48 条。第 1 章，总则；第 2 章，房屋登记和申请住房（调房）者登记；第 3 章，住房提供程序；第 4 章，住房交换和保留；第 5 章，住房建设合作社和参加住房建设合作社或个人建房（购房）的军人财政补助。

颁布《俄罗斯联邦边防总局法》（联邦法律） 该法于 2000 年 4 月 7 日俄联邦国家杜马通过，4 月 19 日获俄联邦委员会赞同，5 月 4 日经俄联邦总统普京签署后颁布实施。该法对俄联邦边防总局的基本任务、权力、编制、领导、指挥原则，以及对其活动实施检查和监督的程序作了明确规定。该法共 7 章，20 条。第 1 章，总则；第 2 章，边防总局的活动原则；第 3 章，边防总局活动的组织原则；第 4 章，边防总局的兵力和兵器；第 5 章，边防总局的保障原则；第 6 章，边防总局的检查和监督；第 7 章，最后条款。其中第 3 条规定，俄联邦边防总局的基本任务是保护和警卫国界，禁止违法变更国界走向，保证自然人和法人遵守边境制度、边防制度和过境检查通道制度；警卫俄联邦的内海水区、领海、特别经济区、大陆架及其自然资源，对其实施保护和合理利用，保护俄联邦的海洋环境、经济和其它合法利益；协调担负保护和警卫国界任务的联邦执行权力机关的活动，协调警卫俄联邦内海水区、领海、特别经济区、大陆架及其自然资源的联邦执行权力机关对兵力兵器的使用；代表国家对海洋生物资源的保护实施检查；完成联邦法律赋予的其它任务以及俄联邦签署的相关国际条约规定的任务。

批准《圣格奥尔吉勋章颁发条例》 该条例由 2000 年 8 月 8 日第 1463 号俄联邦总统令批准。俄《红星报》2000 年 8 月 30 日刊登该条例全文。该条例共 7 条。其中第 1 条规定，圣格奥尔吉勋章为俄联邦最高军事奖章。第 2 条规定，圣格奥尔吉勋章的授予者是为保卫祖国、抵御外敌侵略而参战的初、高级军官；完全歼灭敌人者；军事艺术的典范者；其功勋为历代保卫祖国者、英勇无畏示例者以及因立战功获得俄联邦奖章者。第 3 条规定，圣格奥尔吉勋章分为一、二、三、四个等级。一级和二级由奖章和星组成，三级和四级只有奖章。一级为最高等级。第 4 条规定，圣格奥尔吉勋章只能从低级到高级依次颁发。

批准《格奥尔吉十字奖章颁发条例》 该条例由 2000 年 8 月 8 日第 1463 号俄联邦总统令批准。俄《红星报》2000 年 8 月 30 日刊登该条例全文。该条例共 5 条。其中第 1 条规定，格奥尔吉十字奖章的授予者为在保卫祖国、抵御外敌侵略的战斗中立功的战士、水兵、军士、准尉和初级军官，他们是勇敢、自我牺牲和军事技巧的楷模。第 2 条规定，格奥尔吉十字奖章分为一、二、三、四个等级。一级为最高等级。第 3 条规定，格奥尔吉十字奖章只能从低级到高级依次颁发。

批准《关于在俄罗斯联邦武装力量、其他部队、军事单位和机关的军火库、基地和仓库周围建立军事禁区的条例》 该条例由俄联邦政府 2000 年 2 月 17 日第 135 号决议批准。俄《红星报》2000 年 3 月 11 日刊登该条例全文，共 11 条。该条例确定了在俄罗斯联邦武装力量、其他部队、军事单位和机关的军火库、基地和仓库周围建立军事禁区的目的和程序以及在上述地区应遵守的安全规定。

批准《关于录取俄罗斯联邦未成年公民为部队学员并保障其各类必需品的条例》 该条例由俄联邦政府 2000 年 2 月 14 日第 124 号决议批准。俄《红星报》2000 年 3 月 11 日刊登该条例全文，共 5 条。该条例确定了关于录取俄罗斯联邦未成年公民为部队学员并保障其各类必需品的程序和条件。

批准《俄罗斯联邦与外国军事技术合作委员会条例》 该条例由 2000 年 12 月 1 日第 1953 号俄联邦总统令批准。俄《俄罗斯报》电子版 2000 年 12 月刊登该条例全文。该条例共 5 章，14 条。第 1 章，总则；第 2 章，委员会的基本任务；第 3 章，委员会的基本功能；第 4 章，委员会的权限；第 5 章，委员会的领导。

批准《俄罗斯联邦与外国军事技术合作实施程序条例》 该条例由 2000 年 12 月 1 日第 1953 号俄联邦总统令批准。俄《俄罗斯报》电子版 2000 年 12 月刊登该条例全文。该条例 14 条。

批准《授权俄罗斯联邦组织开展军品对外贸易程序条例》 该条例由 2000 年 12 月 1 日第 1953 号俄联邦总统令批准。俄《俄罗斯报》电子版 2000 年 12 月刊登该条例全文。该条例 18 条。

批准《俄罗斯联邦安全会议军工安全部际委员会条例》 该条例由 2000 年 9 月 1 日第 1603 号俄联邦总统令批准。俄《俄罗斯报》电子版 2000 年 9 月刊登该条例全文。该条例共 3 章，11 条。第 1 章，总则；第 2 章，委员会的功能；第 3 章，委员会成立及活动程序。

批准《居民民防教育组织条例》 该条例由俄联邦政府 2000 年 11 月 2 日第 841 号决议批准。俄《俄罗斯报》电子版 2000 年 11 月刊登该条例全文。该条例共 5 条。

（谭武军）

俄联邦军事刑罚的特点 《解放军报》2000 年 1 月 30 日田友方撰文指出，《俄联邦刑法典》作为俄罗斯跨越前社会主义制度的第 1 部刑法典，于 1996 年 5 月 24 日通过，1997 年 1 月 1 日起施行。这部刑法典规定的军事刑罚制度，较好地体现了今日俄罗斯以个人为本位的人权价值观，有以下引人注目的特点：

军事刑罚体系化 将《军职罪刑法》纳入刑法典，是俄罗斯刑法法典化的显著标志之一。为适应法典化的要求，立法者摒弃昔日军职罪刑法无总则的形式，在新刑法典总则“刑罚”一编对军事刑罚作了一般性规定。从立法形式上看，刑法典没有用专门条款单独规定军事刑罚的种类，而是与普通刑种融为一体，但因军事刑罚专门适用于犯军职罪之现役军人的性质，它又相对独立，自成体系。具体表现有两方面：

一是刑种按由轻到重的顺序排列，形成井然有序的纵向体系。新刑法典规定的军事刑罚的种类有 7 种，由轻至重依次为：罚金；剥夺担任一定职务或从事某种活动的权利；剥夺专门称号、军衔或荣誉称号、职衔和国家奖励；限制军职；拘役；军纪营管束；剥夺自由。这与立法上的排列顺序是一致的。

二是各刑种依能否独立适用分为主刑和从刑，由此构成界限分明的横向体系。军事刑罚的 7 个刑种中，主刑有罚金、限制军职、拘役、军纪营管束和剥夺自由等 5 个刑种，它们只能独立适用；其他两个刑种为从刑，仅可与主刑并处，不能独立适用。

军事刑罚轻缓化 新刑法典的颁布与施行，标志着俄罗斯轻刑化的理想已成为立法和司法现实。军事刑罚在轻缓化的道路上较之普通刑罚已迈得更远。这主要表现在以下 3 个方面：

（1）不适用死刑和终身剥夺自由。死刑的废存，是一个令当权者进退两难的复杂问题。从历史上看，前苏联曾 3 次废除死刑又相应恢复死刑，但其军职罪刑法却一直保留了死刑。1996 年《俄联邦刑法典》把死刑正式列入刑罚体系，但又将其排除在军事刑罚体系之外。从分则的规定看，所有挂死刑的 5 个罪均为普通犯罪，无一为军职罪。终身剥夺自由是刑法典新增设的严厉程度仅次于死刑的刑种，只适用于侵犯生命的特别严重犯罪。刑法典分则也未将其作为军事刑罚方法。

（2）对剥夺自由这种最严厉的军事刑罚方法进行限制。一方面，对剥夺自由的刑期作了严格限制。它作为普通刑罚方法，刑期幅度为 6 个月以上 20 年以下。但作为军事刑罚方法，刑期的上限不得超过10年。另一方面，剥夺自由刑的适用范围相对狭小。从刑法典分则的规定看，法定刑仅有剥夺自由一个刑种的军职罪只有3个，其他主要是作为限制军职和送军纪营管束等轻刑的选择刑种。此外，根据刑法典总则的规定，判处的刑罚为不超过2年的剥夺自由时，可用相同期限的军纪营管束代替之。

（3）主刑中增加轻刑刑种，并扩大其适用范围。原《苏联军职罪刑法》仅规定了送劳改营服刑一种轻刑，且其适用范围极为有限。新刑法典将轻刑增加到4种，即罚金、限制军职、拘役和送军纪营管束，并最大限度地扩大其适用范围以减少短期剥夺自由刑的适用。据对新刑法典统计，分则所规定的20个军职罪条文中，就有18个涉及到了上述4种轻刑。前已述及的剥夺自由与送军纪营管束的可易科也是一例。

军事刑罚个别化　主旨是定罪量刑的重心，从犯罪行为的社会危害性转移到犯罪军人的人身危险性；主观方面的恶性程度和反社会倾向，成为选择军事刑罚种类与幅度的重要依据。军事刑罚个别化的结果，使得对社会造成较大危害但主观恶性不大的犯罪军人仍可受到较轻的处罚，因而，它体现了俄罗斯优先保护个人利益的宪法精神和原则。新刑法典规定的军事刑罚制度，不仅为军事刑罚的个别化创造了条件，而且还提供了方法与途径。

一方面，新刑法典中的专门化和多样化的军事刑罚为个别化创造了条件。专门化的军事刑罚只对被认定犯有军职罪的现役军人适用，使得军事刑罚方法更具针对性。多样化的军事刑罚则扩大了刑种的选择范围，使得对每一犯罪军人的处罚，均可期望最大的适用性。

另一方面，新刑法典专辟“处刑”一章，其中规定的刑罚个别化的方式，对军事刑罚的个别化具有具体的指导意义，主要内容为：考虑犯罪军人的身份的一般处刑原则，即处刑应考虑与犯罪军人的人身危险性有关的减轻和加重军事刑罚的情节，以及判处的军事刑罚对改造犯罪军人及其家庭生活条件的影响；关于减轻和加重军事刑罚的具体情节，如因违反执行命令等合法条件而犯罪则减轻，参加有预谋的团伙而实施犯罪则加重；陪审员处刑的弹性规则，即陪审员认定被告军人有罪但值得特别从宽处罚时，可判处比法定刑更轻的刑罚；对未完成的犯罪、共同犯罪和累犯的处刑规定；关于缓刑、撤销缓刑和延长缓刑考验期等。

世界上多数国家军队的律师制度　《中国国防报》2000年7月5日杜亮撰文对世界上多数国家军队实行的律师制度作了介绍。文章指出，目前世界上多数国家的军队都编有律师，有的已有上百年的历史。其军队律师，最早是因承担军法审判方面的法律事务而设立的。20世纪70年代，随着日内瓦公约第一附加议定书的签订，在军队建立律师制度就成为签约国的法律义务。近年来，随着军队现代化和军事活动的国际化，军队律师的业务范围不断扩展，其在军队建设中的作用也得到了充分肯定和重视。

有关国家军队的律师管理机构　为了领导和管理军队司法行政工作，许多国家在军队中建立专门的法律服务局或法律顾问处，与军法机构相并列。如美国国防部设有法律总顾问及其领导的国防法律服务局，海、陆、空三军也都分别设有法律总顾问以及法律服务总局。在澳大利亚，武装力量军法总监既是国防部长的法律顾问，也是武装力量律师协会的主席。军队律师在总监的指导下，由陆、海、空三军的司法行政局管理。德国国防部设军法总局（文职机构），并在军法总局设有法律顾问处专门管理全军250名律师。

有关国家军队律师的任职资格　世界上多数国家军队律师都是专职人员，没有特邀、兼职顾问，大多是现役军官，也有文职担任（如德国）；外军律师必须经过正规军事训练和军法专业培训，并且须是律师协会的会员；有的国家军队的律师（如德国）一般要求具有法学硕士以上学位。

有关国家军队律师的编制　有关国家军队律师的编制多少不等，多者7000余人（美国），少者仅7人（芬兰、瑞典），他们多编制在各级司令部门，有的设到旅，有的编到师，有的集中在国防部；律师与军队总源额的比例不一，如美国为5.8‰，澳大利亚高达10‰；律师的军衔与同级别军官的军衔是一样的，军衔最高可到中将，文职可评为副教授。

军队律师的来源和培训　军队律师大都来源于地方法律院校，因而没有系统学习过战争法。针对这种情况，有关国家军队都建立了对律师进行战争课程的定期培训制度。英国在利物浦大学、美国在哈利斯伏尔学院就设立有战争法进修班，培训军队律师。一些国家军队在紧急情况下（如美军在海湾战争时），现职律师力量不足时，还常常从地方律师中征召。

军队律师的职责　一是为指挥官的决策及军事行动提供法律建议。如在海湾战争中，英军律师罗格尔少将得知美国计划轰炸伊拉克某水坝，通过英国国防部照会美国国防部，指出这一计划违反日内瓦公约和战争法，于是促使美军取消了这一行动。二是对官兵做思想工作和进行法制教育。三是担负审判方面的法律事务。四是为部队和官兵在涉及军地纠纷、离婚、房地产、损害赔偿、车祸事故、遗嘱、合同等方面提供法律帮助或代理诉讼。

（肖代泽）

其他军事建设问题

2000 年世界一些国家军队建设综述 20 世纪 90 年代末，国际局势呈现进一步缓和的态势。大力发展经济以谋求新世纪的主动权成为各国的首要任务。在这个大前提下，全球性的军备竞赛进一步趋缓，裁减军备、控制军费的跳跃式增长，成为世界主要国家的选择。但是，刚刚结束的科索沃战争和车臣战争也给各国以强烈震动：在 21 世纪面临的诸多挑战中，军事威胁依然是最严峻的挑战之一，要实现和维护国家利益，仍然离不开强有力的军事手段。另一方面，衡量一个国家军事实力的强弱不在于数量，而在于质量。根据这个大思路，2000 年世界一些国家对军队建设方针又做出了新的调整。

以谋求占领 21 世纪初军事制高点为宗旨，调整建军方针 科索沃战争之后，美军在反思和总结战争经验教训、重新评估国际形势、分析美军下个世纪面临的“挑战”之后，陆续出台了一系列指导 21 世纪初美军建设的文件。其中最重要的有《2020 年联合构想》、《航空航天部队：21 世纪保卫美国》、《全球警戒、全球到达和全球力量》、《2020 年空军构想》等。在这些文件中，美军重新预测了“威胁”，认为，未来将出现技术装备与美军并驾齐驱的对手，美军的战略目标应着眼于同潜在的全球性对手打“国家战争”，作战中要准备动用战略部队和大规模毁伤性武器。为此，美提出 2020 年前要把美军建设成一支能凭借全面优势，“平时能慑服，战时能决胜，在任何冲突中都能压倒任何对手”的军队。在武器装备和整体实力已经大大领先于其他国家的情况下，美军认为，进一步实现军队建设质量跃升的主要途径是要实现“全面联合”和推进“全面创新”，并提出了实现这些目标的具体措施。

普京就任新一届俄罗斯总统后，提出了“复兴俄罗斯”的国家战略，在军事战略和军队建设指导方针上也做出了重大调整，上半年先后出台了新的《俄联邦国家安全构想》，和新的《俄联邦军事学说》。“库尔斯克”核潜艇沉没事件发生后，俄重新审视了军队建设的进程，对军队建设的思路又进一步做出了调整，确定了未来 15 年俄军建设与改革的基本构想。一年来俄罗斯建军思想的突出变化是：更强调军事安全的重要性，提出俄应致力于建立一支强大的、能够切实保障国家安全的军队；更加注重提高军队建设的“质量参数”，提出了一方面大幅度裁军，另一方面增加军费开支的思路；在保持核潜力同时，强调要“均衡发展”，军队建设的重心逐步向常规力量倾斜；更加重视用高新技术改造俄军；在总结军队建设经验教训的基础上，提出了下一步军事改革的新思路。

日本按照 1999 年通过的《日美防卫合作指针》相关法案，稳步推进军队建设的进程。其建设的重点主要在四个方面：一是根据新的防卫计划大纲，继续改革体制编制，实现高效、灵活、多样化；二是提升武器装备的质量水平，使之向大型化、远程化、高技术化方向发展；三是大力发展天基情报侦察手段；四是加紧实施弹道导弹防御计划。按美日双方的合作计划，日本承担战区导弹防御计划中 4 个项目的研究，预计 2005～2010 年期间战区导弹防御系统可能完成研制和配备。

北约欧洲国家以谋求 2003 年之前拥有“自主防务能力”为目标，加强了军事一体化和军队建设合作的进程。英、法、德等国在军队建设上采取的方针是：进一步裁减军队员额，提高军队职业化水平；调整体制编制；提高联合和联军作战能力；积极发展海上和空中机动工具，提高对外干预能力；继续实施军队信息化建设计划。

一些第三世界国家，也在根据形势的变化，重新思考面向 21 世纪的军队建设。其中南亚地区的军备竞赛势头一直未减，东南亚地区由于经济的复苏，军队建设重新进入一个新发展期。

继续裁减军队员额，适度增加军费开支 裁减员额，提高质量，是冷战后多数国家确立和执行的建军方针。科索沃战争后，裁军的势头受挫，美、俄等部分大国一度停止了裁军的步伐。但精兵政策毕竟是时代的趋势，是高技术战争的要求。因此，2000 年又有一些国家宣布将进一步裁减军队员额，其中决心最大的是俄罗斯。2000 年 9 月 7 日俄军方正式宣布，将再次大幅度裁军，到 2003 年将现有人数削减三分之一，即从目前的 120 万人减少到 85 万人。11 月，普京又正式批准了裁减军事力量 60 万人的计划，其中包括裁减武装力量 36.5 万人。德国宣布把德军人数由目前的 32.4 万人减少到 25.5 万人。其它一些军事大国虽未宣布新的裁军计划，但总体上都认同精兵的原则，军队员额呈稳中有降的趋势。

与军队员额进一步下降相反的情况是，军事大国军费开支却一直居高不下，有些国家增加的幅度还比较大。军费开支第一大户的美国，2000 财年军费开支为 2878 亿美元，2001 财年国防预算总额为 3054 亿美元，将比 2000 年增加 165 亿美元，实际增长约 4%，保持了国防预算持续增长的势头。科索沃战争后，俄罗斯开始扭转军费一路下滑的趋势，提出俄军费开支占国内总产值的比例应由目前的 2.6% 提高到 3.5%。俄 1999 年军费开支约合 47 亿美元，2000 年增加为 62.46 亿美元，2001 年将比 2000 年增加约 10 亿美元。日本 2000 年度的防卫费为 49995 亿日元，比上年度增长 1.6%。印巴克什米尔冲突后，印度军备扩张的步伐大大加快，2000～2001 年度军费预算为 5858.7 亿卢比，比上一年度增加了 130 亿卢比。一些海湾国家近年来的国防开支占国家预算的比例高达 25% 以上，有的甚至超过 40%。

军费增长的同时，许多国家军费投入的重点进一步向武器装备倾斜。美国 2001 财年国防预算投入的重点仍是人事、战备、武器装备，其中装备采购费首次突破 600 亿美元，增幅达 11%。俄罗斯 2000 年的国防预算中用于科研和装备采购的费用比上一年增加了 1 倍，由 240 亿卢布增加到 480 亿卢布。按计划，下一步俄军武器装备采购费还将增加 80%。北约欧洲国家用于高技术武器的开支增加了 20～40%。印度军费预算中的增加部分也主要是用于采购高技术兵器。

以提高联合作战水平和快速反应能力为目的，进一步调整体制编制 如果说冷战后的一段时期，各国军队体制编制调整的重点主要放在裁减冗员、理顺关系、调整结构，实现小型化、多样化和一体化上，那么，近一、两年来，一些大国军队体制编制的调整则又出现新的趋势：提出进一步实现军兵种的“联合”。美军出台的《2020 年联合构想》是这一趋势的突出反映。该构想在《2010 年联合构想》的基础上，进一步确立了实现军种联合的观念，提出为了能在 2020 年建立一支最有效的力量，“美军必须完全联合”。阐明了“联合”的基本概念是：要“在思想上、行动上、体制编制上、理论上和技术上实现联合”，而且不仅限于本国军队各军兵种之间的联合，还要实行多国军队联合和跨机构（即与政府各部门）联合，实现人与技术、各军种以及跨机构的一体化。提出了美军“联合部队”未来 15～20 年建设的指导思想与基本任务。

英军近年来也在实施一项以联合作战为中心的重大体制编制调整，这就是英军海上航空力量的重组。1998 年出台的英国《战略评估报告》提出军兵种“联合”是未来英军建设的核心，根据这一思想，英军要建设“一体化海上航空力量”，建立“鹞”式联合部队，该联合部队由皇家海军的“海鹞”与皇家空军的“鹞”式战斗机合编而成，这样，海军飞机可以从空军基地起飞，空军飞机也可以在海军航母上降落。联合部队已于 2000 年 4 月 1 日起组建。

俄军继完成空军与防空军的合并后，2000 年 8 月宣布战略火箭军将最终与空军合并。具体步骤是：2001 年，太空导弹部队和宇航部队将脱离战略火箭军，直属总参谋部；2002 年，战略火箭军将从独立军种变成一个兵种，2005 年裁减 10 个师的兵力后，并入空军，使俄军从原来的 4 大军种变为 3 大军种。

体制编制调整的另一重要动向是：美、俄、英、法、德等国以及部分第三世界国家快反部队建设速度进一步加快，其中最值得关注的是欧洲。2000 年 9 月 22 日，欧盟 15 国国防部长决定，欧盟将建立一支 6 万人的联合快反部队，装备 300 架战斗机和 80 艘战舰，2003 年组建完毕。

加快武器装备的更新换代，提高远距离综合精确打击能力 世纪之交，世界主要国家武器装备的研制与发展呈加速之势。各国的国情不同，发展目标和水平也不同。总体上，当前主要国家武器装备的发展有这样几个重要动向：

（1）*贯彻威慑战略，继续发展数量少、质量高的核武器。* 美国 2000 财年《国防报告》明确提出，核力量仍是美国国家安全的关键要素，继续加强核武库的建设是美军的既定方针。一方面，根据美俄《第二阶段削减战略武器条约》的规定，美将削减核弹头的数量，另一方面，将继续研制和改进核武器，包括研制新型核弹头。普京上台后，继续把核遏制战略作为俄维护国家安全的“支柱”，并且明确写入新的军事学说。与以往不同的是，俄在核武器的发展上放弃了“一对一”的战略，提出进一步大规模削减核弹头的计划。与此同时，拿出有限的资金，继续研制和装备新型核武器。印、巴两国的核军备竞赛仍在进行，其中印度进一步加大了对发展核武器的投入，核武器研制与生产的步伐加快，正在构建完善核打击体系。

（2）*重点发展大型化、机动化、精确化常规武器系统。* 科索沃战争后，美、英、法、德等西方军事强国为了推行对外干涉政策，把提高军队的远距离机动和打击能力作为下一步军队建设的目标。一些第三世界国家为了实施机动防御，也把提高快速机动能力和精确打击能力作为军队建设的重点。因此，大型化、机动化、精确化的常规武器系统成为近年来许多国家发展的重点。主要包括：航程远、速度快、突击力强、具有隐形功能的新一代轰炸机、歼击机；新型预警机、运输机、加油机；大吨位、高性能的军舰；突击力强的战斗直升机；适于远距离投送的轻型装甲战斗车辆；先进的 C^4I 系统等。美军提出了对现役战略轰炸机改进的计划，并开始研制 B－3 新一代战略轰炸机。

北约欧洲国家制订了适应快反部队需求的装备发展计划，其中包括欧洲军用运输机计划、NH90 型战斗直升机计划，"地平线"护卫舰计划防空导弹计划等。日本自卫队为了大力提高航空自卫队和海上自卫队的远程作战能力，购买了预警探测范围更大、续航能力更强的 E－767 预警机，并决定购买加油机和先进的运输机以及万吨级可搭载直升机的大型护卫舰。俄空军正在研制 T－60C 新型战略轰炸机。该型机巡航速度高，具有隐形功能，可携带 6 枚新型 X－101 空地巡航导弹。2000 年，俄先后试飞了第五代歼击机苏－37 和米格 1.44。这种飞机的性能与美国的 F－22 相当。亚洲许多国家也在加紧引进加油机、预警机。目前，亚洲国家中已装备预警机的国家和地区有日本、新加坡、印度、台湾等。泰国和韩国也在计划引进。

(3) *竞相发展弹道导弹攻防系统*。 近年来，随着印巴两国相继进行导弹和核试验、美国启动战区弹道导弹和国家弹道导弹防御计划，弹道导弹攻防系统进一步成为军事大国和地区强国发展的重点。截至目前，已有 20 多个国家拥有战区弹道导弹。美国及其西方盟国借口"弹道导弹的扩散"对美国及其盟国的重大利益构成"新挑战"，而大力实施弹道导弹防御计划。美国的战区弹道导弹防御计划正在加紧进行，并且与日本、北约、以色列和俄罗斯进行合作。2000 年 9 月 1 日，克林顿宣布暂不部署国家弹道导弹防御系统，但研制工作却一直在进行。2001～2005 财年美已为该计划拨款总额为 104 亿美元。按研制进度，该系统可在 2003 年后开始部署。为防止科索沃战争的悲剧在俄重演，俄军也在建立自己的弹道导弹防御系统。俄计划分三个阶段建立全军统一的远程导弹防御系统。作为该系统的重要一环，C－400 防空导弹系统即将列装，2000 年底计划装备一个营。与此同时，一些地区强国也在加紧发展弹道导弹攻击系统。尤其是印度，继近程（"大地"）、中程（"烈火"）弹道导弹研制成功之后，印正在研制洲际"太阳"型弹道导弹，其中"太阳"－1 型将在 2001 年发射。

进一步推进军队信息化建设 随着人类社会向信息化社会过渡的步伐加快，各国对军队信息化建设更加重视。美军的《2020 年联合构想》提出，信息优势是提高联合部队作战能力的基础，提出 2020 年的联合部队将利用信息和信息优势夺取决策优势，充分发挥出制敌机动、精确打击、全维保护和聚焦式后勤的潜力。在军队信息化建设方面，美军近年来采取的措施是：①进一步调整信息化建设领导与协调机构，加强对信息化建设进行高层规划协调；在各联合部队的司令部内设立"信息战小组"，负责制定信息战方案。②制定实施"信息管理战略计划"及配套的 C^4ISR、信息战、空间控制及国防信息基础设施计划。③建立"全球信息网"，实现全球互联。④开发信息攻击手段，主要是计算机病毒武器、芯片武器、网络嗅探武器等。⑤组建网络战专业部队，并吸引和培养专门人才。⑥实施《信息安全计划》，加强美军的信息防护能力。

俄罗斯对信息战理论的研究和信息化建设也很重视。俄在新军事学说中指明了俄军所面临的信息战威胁，并特别强调战争初期信息战的重要性。在军用信息技术方面，俄已将微电子技术、光电子技术、人工智能技术、电子战系统、近实时导航系统、计算机、雷达等列为研发的关键项目。北约欧洲各国在发展本国信息化武器系统的同时，把投资重点转向北约空中指挥控制系统等战区级 C^4I 项目。亚洲一些国家也在采取措施，或自主开发，或与发达国家合作研究，积极发展信息武器装备。日防卫厅决定，在下一个中期防卫力量整备计划（2001～2005 年）中，正式开始电脑战研究。印度从事信息技术研究的机构目前已发展到 40 多个，3 万余人，其成果大量转入军事领域。印度提出了投资为 4530 万美元、跨军种开发信息化装备的"萨姆克塔"计划。韩国提出，把加强信息化建设作为 21 世纪韩军建设的核心环节，把实现军队的网络化作为军队信息化建设的重要环节。为保证计划的协调与落实，成立了国防信息化促进委员会。

把加强教育训练、提高人员素质作为军队建设的重中之重 许多国家都强调，要迎接 21 世纪军事上的挑战，仅有武器装备上的优势还不够，还必须拥有人才上的优势，而且人才上的优势是第一位的优势。为此，许多国家的军队都不遗余力地吸引和培养高素质的人才。美军《2020 年联合构想》提出，军人的素质将比以往任何时候都重要。履行美军的任务，靠的是知识丰富、有创新能力的军人。这些军人需要表现出 5 种能力：一是适应能力，二是创造能力，三是判断力，四是思维能力，五是理解能力。其中，美军特别强调要提高军人的创新能力，培养有新思想、新观点的军人。俄罗斯一方面决定把军队员额再压缩

1/3；另一方面提出要继续推进军队职业化进程，通过提高军人的待遇来增强军队的吸引力；通过优化院校结构，调整训练内容和方式来培养适应未来战争要求的军人。印军也强调要大力加强人才建设，特别是注重培养适应信息化建设的高素质人才。

以改革创新作为军队建设的动力　近年来，世界主要国家都在不同程度地推进军事改革，都把改革创新作为推动军队建设的巨大动力。美军颁布的《2020年联合构想》强调美军改革创新的重点要从技术领域向其他领域转移。具体领域包括作战思想、组织体制、教育训练、领导艺术和人员培养等。普京上台后，提出要继续推动俄罗斯的军事改革，并且把军事改革写进了新版军事学说。俄军事改革的重点在以下几个方面：一是以提高效率为中心，进一步实行组织体制改革；二是根据军队任务的变化，进一步实施军工科研与生产体制改革，三是根据国情和经济发展水平，继续实施兵役制度改革。北约欧洲国家的军队根据新《战略概念》的要求也在进一步实施改革。其中德军改革的力度较大，德内阁 2000 年 6 月 14 日批准了国防部提交的改革方案。德军改革的目标是：建立一支更加灵活机动、以轻型装备为主、质量更加优良的军队。计划将危机反应部队的人数由目前的 5 万人增加到 15 万人。士兵服役期由 10 个月缩短为 9 个月。

资料来源：

①美国国防部网站，2000 年 5 月 31 日；

②（俄）《独立军事评论报》，2000 年 1 月 14 日；

③（俄）《独立军事评论报》，2000 年 4 月 22 日；

④The International Institute for Strategic Studies, Military Balance 2000 - 2001.

⑤英《简氏海军》国际版，2000 年 7～8 月号。

（韩生民）

20 世纪世界快速反应部队回眸

《现代军事》2000 年第 1 期徐立生、丁军撰文对世界快速反应部队 40 年来的发展变化进行了回顾，指出快速反应部队是指能应付各种性质的危机事件，可独立遂行中规模、中低强度武装斗争的部队，它配备先进的高技术武器装备，具有很强的应急反应和机动作战能力，由国家最高军事当局直接掌握，由常规力量构成的战略应急部队。快反部队最早于 1962 年在法国建成，那时称之为“快速轻型师”。目前，世界上已有 20 多个国家组建了快速反应部队，总兵力近 200 万人，还有一些国家正在组建或筹建之中。虽然各国在对快反部队的名称和提法上不尽相同，各国快反部队的职能、任务、结构和编成等，也存有一定的差异，但其基本性质与作用则大致相同，都是着眼于一个“快”字，以快速实施兵力投送形式，应付突发事件。

快反部队组建的动因　一是为了及时应付突发事件。快反部队产生于“冷战”时期，当时在各国武装力量的结构上，快反部队尚未占有主要地位。“冷战”结束后，中小规模的局部战争成为主要的战争样式，应付突发事件和局部战争成为各个国家调整军事战略和军事结构的主要考虑，各国在相继调整了军事战略后，都注重了对快反部队的建设。二是为了对外实施战略威慑。80 年代后期，美国提出了“紧急威慑”理论，从而对快反部队有了一种全新的认识，认为快反部队是“及时”作出军事反应的有效形式，“其任务包括从简单的实力显示到对付眼前的重大威胁”，从此美军着手建立快反部队。苏联解体，两极对抗消除后，世界格局向多元化发展，一些经济较为发达的国家、新的地区霸权主义国家和军事热点地区的国家，出于对外威慑的目的，都相继组建了自己的快反部队。三是精兵强军的客观需要。世界格局向多元化演进后，和平与发展已成为世界的两大主题，全球性的世界大战难以爆发，各国在大力发展经济提高综合国力的同时，都在走精兵之路，企图以精悍的作战部队逐步取代以往相对庞大、臃肿的军队。而建立快反部队以适应未来作战需要，则是实施精兵政策、节约兵力的重要举措。美国目前收缩海外兵力、压缩整个军队规模，并非是放弃称霸世界的企图，而是在节约兵力的条件下奉行其霸权主义的一种新的军事手段，即快速部署部队。俄罗斯、德国、英国、法国、意大利、以色列等国家，也都是基于快速部署部队这种考虑而着手建立自己的快反部队的。

快反部队编制、体制的特点　（1）为了便于快速应付突发事件，各国都将快速反应和部署作为组建快反部队的基本出发点，因而各国强调用轻型部队组建快反部队。目前，美陆军快反部队由 5 个师组成，其中 3 个师为轻型师。俄罗斯把 5 个空降师编入快反部队序列，日军则以直升机旅为主要作战力量组建快反部队，此外，法国、意大利、德国、印度、北约等，在组建快反部队时，都把空降部队、空中机动部队纳入快反部队中，强调轻便、快速机动。

（2）着眼力量多能，便于在多种环境下遂行作战任务。由于快反部队是各国军事力量的拳头，既可遂行战略任务，又可实施战役、战术作战，其作战区域既可能在国外，也可能在国内，因此，各国在确定快反部队编制时，都着眼于作战力量的多功能，便于遂行多种任务。一是以现役的陆空军精锐部队和快速机动保障力量组成一支高度合成或联合的作战部队，以便于独立应付中小规模的局部战争；二是强调以陆战部队为主，并在地面部队中编入轻步兵、山地步兵、两栖作战部队，强调能快速应付所有的陆地上的各种危机及突发事件；三是将特种作战部队编入快反部队中，以便遂行多种特种作战任务；四是编入海空军主要作战力量，以便遂行战略突袭、海空封锁等特殊的作战任务。

(3) 注重合成，力求发挥整体作战威力。从世纪之交世界各国的裁军潮中不难看出，各国军队都在压缩兵力规模，建立由诸军兵种联合组成的作战部队已成为各国军事家的共识，而对于快反部队来说，注重高度合成，则显得非常重要。虽然各国快反部队的编成不同，但它们都有许多共同点，其兵力都由陆、海、空三大军种编成，其中地面部队既有步兵、空降兵、空中机动部队，又有海军陆战队、特种作战部队等；其作战支援力量，主要有侦察兵、炮兵、防空兵、工兵、通信兵、陆军航空兵等；其后勤保障部队主要有运输、军械修理、军需补给、卫生医疗等部队。快反部队可谓“麻雀虽小，五脏俱全”，它往往是一个国家常规部队的缩影，标志着该国军队现代化的发展水平。

(4) 保持弹性，控制适当的兵力规模。确定快反部队的规模使其保持一定的弹性，可最大限度地节约兵力，可根据需要控制实际动用的兵力。由于快反部队主要用于应付各种性质的危机事件，加之经济负担、社会舆论等诸多原因，从而决定了快反部队的规模不可能过大，故此，各国军队都在快反部队的组成结构上大做“弹性”文章。俄罗斯把其快反部队分为“立即反应部队”和“快速部署部队”两大部分，根据不同的需要，又把部队分为急用和待用两部分，以此在快反部队的内部结构上寻找“弹性”；而美国、西班牙对快反部队重在确定规模和军种部队比例，对某些部队只列编不定编，从而达到增加“弹性”的目的；北约为寻求快反部队的弹性，则把快反部队分为“立即反应部队”、“多国快速反应部队”和“支援部队的海空部队”三种力量结构。

快反部队的兵力与编成　美军的快反部队由诸军兵种精干的力量组成，总兵力约 30 万人。其中陆军主要编有第 82 空降师、第 101 空中突击师、第 24 机械化步兵师以及 2 个轻型步兵师和部分陆军特种部队；海军主要编有 3 个航母编队、1 个水面作战舰艇编队、1 个两栖作战大队、5 个反潜巡逻机中队和 25 艘仓库船；海军陆战队主要编有 1 个陆战远征部队（由 1 个陆战师和 1 个陆战队航空联队编成）、1 个陆战远征旅以及若干突击队和特种作战部队；空军编有 2 个 B－52 战略轰炸机联队和 F－15、F－111、F－16、A－10、A－7 等 7 个战术战斗机联队，以及 1 个 E－3B/C 预警机联队。

俄罗斯快反部队由空降部队、地面部队、海军陆战队、空军部队组成，总兵力约 40 万人。其立即反应部队下编 5 个空降师、8 个独立空降旅、6 个轻型摩步旅、1 个独立特种任务旅、3 个防空导弹旅、12 个独立直升机团、1 个机动通信枢纽部及航天通信设备、5～7 个歼击航空兵团、5 个轰炸航空兵团、2 个强击航空兵团、4 个军事运输航空兵师、6 个海军陆战队独立登陆突击营。快速部署部队下编 3 个陆军团、1 个摩步师、1 个坦克师、3 个重型轰炸机师、5 个火箭炮兵旅、10 个通信旅、3 个独立直升机团、3 个独立无线电技术营、6 个独立汽车运输营。

北约快反部队的核心力量是欧洲盟军司令部多国快速部署部队，总兵力约 15 万人。快速部署部队共有 8 个作战师，分别由英国的第 1 装甲师、多国空中机动师、英国的第 3 机械化师、多国步兵师、意大利的机械化师、希腊步兵师、土耳其机械化师和美国机械化师或装甲师组成。但在平时，只有多国空中机动师和多国步兵师归欧盟司令部领导和指挥，其余 6 个师由本国控制和管理，战时归欧盟司令部统一指挥。快速部署部队的直属部队由英国提供，主要实施作战保障。另外，西班牙还可派出 1 支相当于师一级规模的快反部队，支援北约快反部队行动。北约快反部队空军部队主要由 20 个飞行中队和 10 个防空导弹部队组成，装备 A－10 和 F－4 等战斗机约 100 架，由德国指挥；海军部队主要由 2 个固定海军编队和 1 个布雷舰编队组成，装备各种作战舰只 40 艘。

法国的快反部队主要由 5 个作战师、1 个独立后勤支援旅和 5 个独立团组成，总兵力近 6 万人。该部队主要装备陆军制式武器，包括直升机、运输机、反坦克导弹、轻型装甲车、火炮、防空导弹、两栖作战舰艇、C^3I 系统等。

德国快反部队由陆海空三军组成，主要以陆军为主，总兵力 5 万人。其中陆军约 4 万人，主要有 3 个机械化旅、2 个空降旅、1 个山地旅和 1 个德法混合旅；海军部队约 2000 人，主要装备驱逐/护卫舰、快艇、潜艇、扫雷艇和海军航空兵歼击轰炸机等；空军部队包括 4 个“旋风”攻击机中队、2 个 F－4F“鬼怪”式战斗机中队、4 个“霍克”地空导弹中队、6 个“爱国者”地空导弹中队和 1 个“罗兰特”地空导弹中队，共约 8000 人。

东南亚各国军备发展再度升温　《现代军事》2000 年第 12 期何三龙撰文指出 1997～1998 年，受亚洲金融风暴的影响，东南亚地区各国普遍放慢了武器装备发展的步伐。1999 年以来，随着各国经济逐步复苏，越南、泰国、新加坡、马来西亚、菲律宾等国再次加大投入，以外购、制造、改进等方式，加强以海空军装备为主的武器装备现代化建设，军备发展出现了再度升温的势头。

频繁外购高新武器装备 1999 年以来，东南亚各国以美、俄等国家为主要购买对象，频繁采购包括新式战斗机、导弹舰艇等在内的各种武器装备。越南先后向俄罗斯订购了 KBO－2000 轻型导弹护卫舰、“苏－27”和“苏－30K”歼击轰炸机等。其中 KBO－2000 型导弹护卫舰由俄北方工程设计局设计，将装备 SS－N－25 反舰导弹和 SA－N－9 舰载防空导弹系统，并有直升机起降平台。该型舰加入越海军后，将使其作战能力有较大程度的提高。此外，越向俄订购的 2 艘“毒蜘蛛Ⅱ”型导弹艇抵越服役，使越海军拥有该型艇的数量增至 4 艘。该型艇排水量 450 吨，装备有 2 座双联装 SS－N－2D“冥河改 2”反舰导弹发射装置（射程 45 海里）和“伊卡拉”防空导弹。2000 年 2 月，越海军还与俄达成了续购该型艇的协议。

1999 年 8 月，泰国皇家空军耗资约 3000 万美元向德国订购了 25 架“阿尔法”轻型教练/攻击机，以取代老旧的 30 架 OV－10C 型“野马”观察机。2000 年 2 月，泰政府不顾国内的强烈反对，再次批准空军向美国购买 16 架 F－16 型战斗机，耗资 5 亿余美元。此外，2000 年 5 月，泰海军向意大利订购的扫雷艇“塔林丹”也如期抵达泰国服役。泰海军还计划向美国订购 2 艘侦察船。

2000 年 3 月 3 日，新加坡与生产“拉斐特”级导弹护卫舰的法国 DCN 公司签订了购买新型隐身导弹护卫舰的合同。该型舰排水量约 3000 吨，长 110 米，续航力 4000 海里，主要装备新型反舰、防空导弹和鱼雷等，预计于 2006 年正式加入新海军服役。2000 年 7 月，新加坡与美国达成协议，将向美国购买 20 架 F－16C/D 型战斗机，总价值约 7 亿美元。这是继 1988、1994 和 1997 年以后，新加坡第 4 次向美国购买该型机。此外，2000 年 7 月 22 日，新加坡向瑞典订购的 4 艘潜艇中的首艘“征服者”号下水，新国防部长亲自前往主持了下水仪式。该潜艇为鱼雷潜艇，长 51 米，最大时速为 16 节，编制人数 28 人。

马来西亚海军于 1999 年 8 月接收了向意大利订购的 2 艘“阿萨德”级轻型导弹护卫舰，使其拥有该型舰的数量增至 4 艘。同年，马海军还接收了向英国订购的 2 艘 23 型导弹护卫舰。该舰装备较先进的“飞鱼”反舰导弹 8 枚、“海狼”防空导弹 6 枚及“超级大山猫”反潜直升机等主要装备。2000 年 7 月 30 日，马国防部长表示，马政府原则上已同意购买第 1 艘潜艇。此外，马海军还计划购买 10 余架直升机等。

菲律宾虽军费有限，但仍想方设法添置新的武器装备。1999 年，菲海军从美国购买了 1 艘海岸巡逻艇，还计划廉价购买台湾退役的 F－5 型战斗机。此外，菲还大力寻求美国的军事援助。2000 年 7 月，菲总统埃斯特拉达访美期间，向美国求得了 1 艘海岸巡逻艇和 8 架多用途直升机等装备援助。

加紧制造部分武器装备 在频繁外购武器装备的同时，东南亚各国注重发挥国内已有军事工业基础和技术的作用，以自制及与国外联合制造的方式，生产部分武器装备，从而达到发展武器装备和军工技术的双重目的。1999 年马来西亚政府决定在 15 年内由国内工厂自行制造 27 艘 2000 吨级新型巡逻舰，总耗资约 17 亿美元。目前马来西亚槟城船坞有限公司已获得了首批制造 4 艘巡逻舰的合同，该公司将采用德国海洋集团提供的部分技术。

新加坡向法国 DCN 公司订购的 6 艘隐身导弹护卫舰，除第 1 艘计划在法国制造以外其余 5 艘将应用 DCN 公司的技术在新加坡本土建造。新海军目前正在建造 4 艘登陆舰，其中 2 艘已下水服役。该级舰长 140 米，标准排水量 6000 吨，可运送 350 名士兵、18 辆坦克和 20 辆车辆。此外，新加坡太平洋造船公司还计划与澳大利亚合作为新加坡海军制造 20 艘巡逻快艇。

1999 年初，越南与俄罗斯联合在越南胡志明市造船厂制造的 2 艘 BPS－500 型巡逻艇的首艇下水。该艇标准排水量 530 吨、长 62 米、宽 11 米，主要装备有 2 座四联装 SS－N－25 反舰导弹发射架、1 座 76 毫米炮和 1 座 AK－30 毫米炮等装备。此外，近年来，越南海军每年均要自行设计制造 10 余艘后勤辅助船只，其中大部分为 1000 吨以上的运输船，以加强对南沙岛礁的补给能力。

1999～2000 年，由泰国斯里科兰造船厂与澳大利亚潜艇制造公司联合为泰国海军制造的 4 艘 PC－30 海岸巡逻艇先后下水服役。该型艇排水量 120 吨，主要装备有 1 座 40 毫米 L60“博福斯”高射炮和 1 座 20 毫米火炮。同时，泰国和澳大利亚正联合为泰国海军建造 3 艘 50 米长的登陆艇，预计于 2001 年交付使用。此外，泰国海军目前正在自行制造 15 艘 110 吨级巡逻艇。

1999 年 5 月 26 日，菲律宾海军历经 7 年自行建造的 1 艘 44 米长的炮艇正式加入菲海军服役。这是菲海军近 20 年来建造的第 2 艘舰艇。印尼也与澳大利亚签订了合同，引进澳大利亚技术对印尼与西班牙联合生产的 CN－235 型军用运输机进行改造，使其发展成为具有反潜、海上侦巡和救援能力的多功能巡逻机。

改进现有武器装备 东南亚各国还注重对已有的

武器装备进行改进升级，以延长使用寿命和提高作战能力。1999 年，马来西亚空军聘请俄罗斯一家公司对其 17 架“米格－29”战斗机进行现代化改装。为该机加装了空中加油系统和远程高效能雷达等，使其最大航程增加至原来的 3 倍。此外，马空军还计划进一步为该机加装先进的空空导弹。

1999 年。泰国海军开始对其直升机航母“差瓦立·纳吕贝特”进行现代化改装。为该舰加装 3 套用于发射“西北风”近程防空导弹的六联装“萨德拉尔”导弹发射装置。该装置由法国玛特拉－BAE 公司提供，与航母上的 AN/UYK－43C 计算机作战系统联合，分别安装在飞行甲板的两边和舰尾，并在作战情报中心安装导弹发射控制台。此外，泰海军还计划为该舰增加 1 套电子侦察/电子对抗设备、1～2 部火控雷达及 1 套垂直发射点防御防空导弹系统等。

1999 年，菲海军聘请英国和新加坡专家对其 3 艘购自驻港英军的“孔雀”级巡逻艇进行了装备检查和维护，并为这 3 艘巡逻艇及炮舰等安装了新型雷达、全球定位系统和海水淡化装置。菲海军还计划为这 3 艘巡逻艇加装反舰和防空导弹。

1999 年，越南空军聘请俄罗斯专家对其 2 架“米格－21”型战斗机进行了现代化改装，加装了“米格－29”型战斗机的先进电子设备及作战武器等。2000 年，越南与俄罗斯达成协议，俄将帮助越南对其现有的“苏－27”型战斗机进行现代化改进。此外，越南还积极谋求与以色列和印度合作，对其大批“米格－21”战斗机进行现代化改装。

（魏守正）

（本栏责任编辑　孟昭印）

国际组织、条约

国　际　组　织

联合国　*概况*　1945 年 10 月 24 日，在中、苏、美、英、法和其它多数签字国递交批准书后，《联合国宪章》开始生效，联合国正式成立。根据宪章规定，联合国的宗旨是：维护国际和平与安全；发展国际间以尊重人民平等权利及自决原则为根据的友好关系；促进国际合作。截止 2000 年 12 月底，联合国拥有会员国 189 个。

联合国总部设在美国纽约。

主要组织机构有：（1）大会，由全体会员国组成，是联合国的主要审议机构，每年举行 1 次。大会主席由全体会员国选举产生，任期一年。1999 年 9 月 14 日选出的第 54 届联合国大会主席为纳米比亚外长西奥本·古里拉布，2000 年 9 月 5 日选出的第 55 届联合国大会主席为芬兰前总理哈里·霍尔克里。（2）安全理事会，简称安理会，系联合国惟一有权采取行动以维护国际和平与安全的机构。安理会决议对联合国全体成员国具有约束力。安理会由 5 个常任理事国，即中、俄（1991 年 12 月 24 日取代已解体的原苏联席位）、美、英、法，和 10 个非常任理事国组成。非常任理事国由大会选举产生，任期两年，每年改选 5 个，期满不能连任。2000 年的 10 个非常任理事国是：阿根廷、加拿大、马来西亚、纳米比亚、荷兰、孟加拉国、突尼斯、马里、牙买加、乌克兰。安理会主席由成员国代表按成员国的英文字母顺序轮流担任，任期一个月。（3）经济及社会理事会，由 54 个理事国组成，每年开会两次，讨论国际经济、社会、文化、教育和卫生等问题。（4）国际法院，设在荷兰海牙，由 15 名法官组成。法官由大会和安理会分别选出，任期 9 年，每 3 年改选 5 名，可以连任。（5）秘书处，联合国的行政机构，设秘书长 1 人，作为联合国的行政首长。秘书长由安理会推荐，经大会任命，任期 5 年，可以连任。现任秘书长是科菲·安南（加纳）。秘书长可以根据工作需要，任命若干名副秘书长，协助其工作。

主要活动　**联合国大会**　2000 年 4 月 3 日，联合国秘书长安南向联合国大会提交长达 53 页的题为《我们人民：21 世纪联合国的作用》的报告，供将于 9 月间在纽约召开的联合国千年首脑会议审议。

2000 年 9 月 5 日，第 54 届联合国大会在纽约联合国总部闭幕。第 54 届联合国大会最具有纪念和历史的大事，是它承担了事关联合国未来的千年首脑会议的准备工作。此外，全体会员国通过联合国大会这个论坛共同讨论了包括和平与安全、裁军与军控、全球化与消除贫困、联合国与安理会改革、制止冲突、促进持续发展、环境保护等国际社会共同关心的问题，并通过了许多重要的决议。

2000 年 9 月 5 日，联合国历史上第一个跨世纪的大会——第 55 届联合国大会开幕，大会选举芬兰前总理哈里·霍尔克里为本届联合国大会主席，接纳南太平洋岛国图瓦卢为联合国新会员国。这样，联合国会员国总数达到了 189 个。

2000 年 9 月 6～8 日，意义非凡的联合国千年首脑会议在纽约联合国总部举行。这是继 1995 年举行纪念联合国成立 50 周年首脑特别大会之后，世界各国领导人的又一次聚会。为配合千年首脑会议的召开，8 月 28～29 日，在联合国总部首先举行了由各国宗教领袖参加的世界和平千年大会，以中国天主教爱国会主席傅铁山主教为团长的中国宗教领袖代表团与会；8 月 30～31 日，各国议会联盟千年议长大会在联合国总部举行，李鹏委员长率领中国全国人大代表团与会并在会上发表了讲话。

千年首脑会议是由联合国现任秘书长安南于 1997 年倡议的，1998 年第 53 届联合国大会决定召开的，主题是“21 世纪联合国的作用”。会议由两主席纳米比亚总统努乔马和芬兰总统哈洛宁共同主持。联合国 189 个成员国中，150 多位国家元首或政府首脑与会。其中，包括中国国家主席江泽民在内的 101 位国家元首、45 位政府总理、6 位副总统、6 位副总理、9 位国际组织的代表在会上发表了讲话。

9 月 6 日中午，江泽民主席在大会上发表讲话。他指出，冷战已经结束，国际局势总体上趋于缓和，和平与发展已成为我们这个时代的主题，也是世界各国人民的愿望。要解决和平与发展这两个大战略性问题，建立公正合理的国际政治经济新秩序，仍然任重道远。因此，展望新世纪，联合国肩负的任务更加艰巨。任何国家或国家集团都不应对联合国采取需要时则利用之、不需要时则抛弃之的态度。安理会应进行必要的、合理的改革，体现各会员国特别是发展中国家的意志。他还表示，中国一贯恪守《联合国宪章》的宗旨和原则，支持联合国在维护世界和平与国际安全以及解决各种全球性问题中发挥重要作用。中国将一如既往地履行自己的义务和职责。

9 月 8 日，千年首脑会议在通过了《联合国千年宣言》后宣告闭幕。《联合国千年宣言》重申了各国对《联合国宪章》宗旨和原则的承诺，决心根据《宪章》的目标和原则，在全世界建立公正持久的和平，确保经济全球化成为一股有利于全世界所有人民的积极力量。

2000 年 9 月 13 日，中国外交部长唐家璇代表中国政府在第 55 届联合国大会一般性辩论中发言，就维护《联合国宪章》的宗旨和原则、维护国际和平与安全等重大问题阐述中国政府的主张。他首先指出，坚持《联合国宪章》的宗旨和原则，促进国际关系的民主化，维护世界和平与稳定，是联合国在新世纪中担负的首要使命。《联合国宪章》体现了各国人民对平等、公正、自由的理想的追求。55 年来，正是由于秉承宪章维护和平、发展友好、促进合作的宗旨和以主权平等、互不干涉内政为核心的国际关系准则，联合国才得以不断发展壮大，由 51 个成员国增加到 189 个，在世界事务中发挥着不可替代的作用。55 年的历史雄辩地证明了宪章宗旨和原则的有效性。宪章的宗旨和原则不是过时了，而是富有更加重要的现实意义。在谈到和平与安全问题时，唐家璇强调，在国际形势发生复杂深刻变化的今天，采取怎样的安全观是摆在联合国和全体会员国面前的一个重大课题。保持全球战略稳定是维护世界安全的基础。安全是相互的也是相对的。加强自身安全，不能以牺牲他国安全为代价。寻求单方面的“绝对”安全不仅行不通，而且会造成更不安全。改变以军事联盟为基础、以加强军备为手段的旧安全观，建立以平等、互信、互利合作、通过对话解决争议为核心的新安全观，是维护各国根本利益、增进世界普遍安全的必由之路。唐家璇还简要介绍了中国改革开放的形势、中国独立自主的和平外交政策，阐述了中国在台湾问题上的原则立场。

2000 年 10 月 10 日，联合国大会选举哥伦比亚、新加坡、爱尔兰、毛里求斯、挪威为安理会非常任理事国，取代即将于 12 月 31 日任期届满的阿根廷、加拿大、马来西亚、纳米比亚、荷兰，任期为 2001 年～2002 年。

2000 年 10 月 18～20 日，在阿拉伯国家的要求和推动下，联合国大会举行紧急特别会议，讨论巴勒斯坦和以色列之间近日发生的暴力冲突问题。10 月 20 日，会议以 92 票赞成、6 票（包括以色列和美国）反对、46 票弃权的表决结果通过决议，谴责以色列军队对巴勒斯坦平民使用武力的暴行，敦促以巴双方切实履行 10 月 17 日在埃及沙姆沙伊赫达成的停火协议。中国代表投了赞成票。中国常驻联合国代表王英凡在发言中呼吁有关方面保持最大限度的克制，停止一切不利于和平进程的言行，避免局势的进一步恶化。

2000 年 11 月 1 日，根据安理会 10 月 31 日会议的一致推荐，联合国大会一致通过决议，接纳南联盟为联合国会员国。前南斯拉夫于 1992 年解体后，联合国安理会和联合国大会曾先后通过决议，宣布南联盟不能自动继承前南斯拉夫在联合国的席位，要求南联盟重新提出加入联合国的申请。但南联盟当时的米洛舍维奇政府一直坚持南联盟是前南斯拉夫惟一继承国，拒绝重新提出申请，因此南联盟在联合国的席位问题一直悬而未决。南联盟新任总统科什图尼察于 10 月 27 日致函联合国秘书长安南，正式提出南联盟加入联合国的申请。该决议的通过表明，南联盟的联合国会员资格在时隔 8 年之后终于得到了重新确认。

2000 年 11 月 21 日，联合国大会以 88 票赞成、5 票（包括美国和以色列）反对通过了由中国、俄罗斯、白俄罗斯和吉尔吉斯斯坦共同提出的“维护和遵守《反弹道导弹条约》”的决议，强调《反弹道导弹条约》是进一步削减和限制进攻性武器和防止大规模杀伤性武器扩散的基础，呼吁缔约国全面和严格地遵守条约，不部署拟用于保护国家全境的反导系统，否则将破坏全球战略稳定与世界和平，影响核裁军进程。该决议是对第 54 届联合国大会于 1999 年 12 月 1 日通过的同一内容决议的重申。

2000 年 12 月 1 日，联合国大会以 149 票赞成、2

票反对、3票弃权通过关于巴勒斯坦问题的决议，强调巴勒斯坦问题是巴以冲突的核心，解决该问题是中东实现全面和持久和平的关键。决议呼吁有关各方必须遵守“以土地换和平”的原则以及联合国安理会关于解决巴勒斯坦问题的各项相关决议。

2000年12月23日，联合国大会以协商一致的方式通过决议，确定了新的联合国经常性预算和维和经费分摊比额方案。这是自1973年以来联合国大会首次就调整联合国会费分摊比额通过的决议。根据该方案，美国分摊的联合国经常性预算的比额由原来的25%减少到22%，其分摊的维和经费的比额由31%下降到约27%。决议规定，如果到2003年美国还未能全部缴纳所欠的联合国会费（约15亿美元），其会费分摊比额将恢复到该决议通过前的水平。正如中国常驻联合国代表王英凡在发言时指出的那样，此次调整使70多个国家的分摊比额有不同程度的增加，其中大多数是发展中国家。以中国为例，2000年的会费比额为0.995%，大约为1000多万美元，维和经费为1.2%，如沿袭原来的计算方法，中国2001年的会费比额应自然调整为1.345%，维和经费比额调整为1.69%，而根据新的决议，中国的会费比额和维和经费比额将分别增加到1.541%和1.9%。因此，应该说，联合国会费调整的成功体现了各方求同存异的精神和加强联合国作用的政治意愿，尤其是发展中国家为此作出了贡献。

安理会 2000年1月20日，美国常驻联合国代表霍尔布鲁克利用担任安理会本月主席之机，邀请美国极端保守的参议员赫尔姆斯到安理会“演讲”。后者竟借机鼓吹联合国必须按照美国的意图进行改革，安理会必须成为美国外交的有效工具，否则美国最终将退出联合国等论调。他的演讲遭到与会各国代表的抨击和反驳。

2000年1月26日，安理会就刚果（金）等问题举行会议，并发表主席声明，支持有关各方为执行1999年7月签署的《卢萨卡停火协议》所作的努力，原则上赞成扩大联合国在刚果（金）维和行动规模的建议。会议还根据1999年12月17日安另会第1284号决议和秘书长安南的提名，决定任命国际原子能机构前总干事、瑞典人汉斯·布利克斯为联合国对伊拉克武器监测、检查和视察委员会主席。

2000年2月16日，安理会就南斯拉夫科索沃斯卡一米特罗维察地区不断恶化的局势问题举行会议。中国新任常驻联合国代表王英凡在发言中对该地区近日发生的大规模暴力冲突并导致平民和联合国维和部队人员伤亡予以谴责，敦促联合国驻科索沃临时行政当局特派团和国际维和部队立即采取有效措施，防止冲突进一步升级，确保当地各族居民的安全。

2000年2月24日，安理会就刚果（金）问题举行会议并一致通过决议，决定向联合国驻刚果（金）特派团增派500名军事观察员和5000名维和士兵，并将特派团的任期延长到2000年8月31日，以进一步推动该国的和平进程。3月3日，安南秘书长任命塞内加尔的蒙塔加·迪亚洛少将为该特派团团长兼指挥官。

2000年2月24日，联合国维和部队（由8950名官兵、200名军事观察员和1640名国际警察组成）正式接管原由多国部队负责的东帝汶维和任务。它表明，根据1999年10月25日安理会决议设立的“联合国东帝汶过渡行政当局”，业已全面接管东帝汶事务，直到东帝汶独立。

2000年3月31日，安理会举行会议并一致通过决议，决定将伊拉克每6个月出口石油所得款项中用于购置石油生产设备和零部件的资金额，由原来的3亿美元增加到6亿美元，以保证伊拉克能出口更多的石油，购买更多的食品、药品等人道主义物资。

2000年4月28～29日，根据安理会决定，由中国、俄罗斯、孟加拉国，马来西亚、乌克兰、阿根廷、牙买加和加拿大8国代表组成的科索沃问题小组访问科索沃，考察“联合国驻科索沃临时行政当局特派团”运作情况及当地形势，并向安理会和秘书长提出相关报告和建议。

2000年5月4日，安理会就塞拉利昂局势问题举行会议，会后由本月主席、中国常驻联合国代表王英凡发表声明，强烈谴责塞拉利昂前反政府武装革命联合阵线武装袭击联合国驻塞特派团维和士兵，扣留联合国工作人员和其他人员作为人质，要求塞革命联合阵线结束其敌对行为，立即释放所有被扣留的人质。5月11日，安理会举行紧急会议，再次就塞人质危机商讨对策。经多方努力，此次危机终于在7月中旬以全部500多名人质获释宣告结束。

2000年5月17日，安理会举行会议并一致通过决议，决定对再度发生边境武装冲突的埃塞俄比亚和厄立特里亚两国实行武器禁运。决议还要求两国立即停止军事行动，并在非洲统一组织的主持下无条件地恢复实质性和平谈判。

2000年5月23日，安理会举行会议，鉴于以色列军队已经全部从黎巴嫩南部“安全区”撤离，从而结束以色列对黎南部长达22年的占领，决定发表主席声明，同意安南秘书长关于分阶段向联合国临时维和部队增派人员的建议，以保证安理会关于黎巴嫩问题的第425号决议的执行。6月18日，安理会发表主席声明，正式认可了以色列已从黎巴嫩南部全部撤军的事实。

2000年6月8日，安理会会议一致通过决议，决定将伊拉克“石油换食品”计划再次延长执行6个月。

2000年6月23日，安理会举行巴尔干问题公开辩论会，首先听取联合国巴尔干问题特使比尔特的有关情况通报。会议伊始便遇到了是否允许南斯拉夫联盟共和国常驻联合国代表团临时代办约万诺维奇与会并发言的问题。俄罗斯常驻联合国代表拉夫罗夫建议，就允许包括约万诺维奇在内所有要求发言者到会并发言进行表决，结果：中国、俄罗斯、纳米比亚和乌克兰4票赞成，美国等10票反对，牙买加弃权，俄议案被否决。随后，美国代表霍尔布鲁克要求就是否允许约万诺维奇到会发言表决，结果：中国、俄罗斯、纳米比亚和乌克兰4票赞成，美国、英国、法国、加拿大、荷兰、孟加拉国、马来西亚等7票反对，阿根廷、牙买加、马里、突尼斯4票弃权，美国议案也被否决。这样，南联盟代表又一次被美国阻挡在安理会大门之外，在联合国历史上留下不光彩的一页。

2000年7月20日，安理会就预防武装冲突问题举行会议并发表主席声明认为，预警、预防性外交、预防性部署、预防性裁军、冲突后重建和平是相互依存和相辅相成的，都是预防冲突综合战略的组成部分。中国常驻联合国代表王英凡在会上发言强调，不干涉内政应当成为联合国预防冲突应遵循的重要原则。

2000年7月31日，安理会举行会议并一致通过决议，决定成立联合国埃塞俄比亚—厄立特里亚特派团，由不超过100人的军事观察员和文职辅助人员组成，任务是与埃、厄冲突双方保持联络，核查双方执行《停止敌对行动协定》的情况，为联合国在两国边境地区开展维和行动做准备，任期到2001年1月31日。

2000年8月2日，安理会就布隆迪局势举行秘密磋商会议并由安理会本月主席、马来西亚常驻联合国代表哈斯米发表声明，呼吁布隆迪冲突各方立即停止敌对行动，支持南非前总统曼德拉作为和谈调解人为布隆迪和平进程所作出的努力。

2000年8月14日，安理会举行会议，应塞拉利昂的要求，一致通过决议，决定设立塞拉利昂特别法庭，以审判那些在塞近9年的内战中犯有危害人类罪、战争罪和其它严重违反国际人道主义法以及触犯塞拉利昂有关法律的人。

2000年8月23日，安理会举行会议审议刚果（金）局势，并一致通过决议，鉴于该国武装冲突尚未平息，联合国维和部队的部署未能全面展开，决定将联合国驻刚果（金）特派团的任期从8月31日延长到10月15日。

2000年9月6日，安理会举行紧急会议，讨论联合国难民事务高级专员公署驻东帝汶办事处遭暴力袭击致使3名工作人员死亡事件。会后发表主席声明，强烈谴责东帝汶民兵的暴行，要求印尼政府制止暴力行径。鉴于这一恶性事件的发生，安南秘书长同日紧急会见了正在联合国总部出席千年首脑会议的印尼总统瓦希德。后者表示，他已派出印尼陆军部队前往出事地点，控制事态的发展。

2000年9月7日，联合国千年首脑会议期间，主题为“确保安理会在维护国际和平与安全、特别是在非洲的作用”的安理会首脑会议在联合国总部举行。这是继1992年之后安理会第2次召开首脑会议。安理会15个理事国中，包括中国国家主席江泽民、俄罗斯总统普京、美国总统克林顿、法国总统希拉克、英国首相布莱尔在内的9位国家元首、5位政府首脑和1位外长与会。

会议由安理会当月轮值主席、马里总统科纳雷主持，安南秘书长到会并讲话。各国首脑依次在会上发言。江泽民主席在发言中强调，安理会是国际集体安全机制的核心，在涉及国际和平与安全的重大问题上绕开联合国安理会自行其是的做法，是与广大会员国的意志背道而驰的。我们必须共同维护而不能损害安理会的权威，必须共同加强而不能削弱安理会的作用。维和行动是联合国履行其维护国际和平与安全责任的重要手段之一。实践证明，联合国维和行动的成败，取决于是否遵循《联合国宪章》的宗旨和原则，特别是尊重国家主权、不干涉内政以及征得当事方同意、中立、除自卫外不得使用武力等原则。为适应时代的需要，安理会应该进行必要的改革。安理会的扩大应遵循公平地域分配原则，首先解决发展中国家代表性不足的问题。联合国和安理会应该更加重视非洲问题，加大对非洲的投入。在处理非洲面临的问题时，应充分尊重非洲各国的主权，充分听取非洲国家和非统组织等地区组织的意见，采取切实有效的措施，帮助非洲国家消除贫困，铲除战乱根源，使非洲各国人民都能走上安宁与发展的振兴道路。

根据安理会成员国事前达成的一致意见，此次安理会首脑会议还审议并通过了即将提交联合国千年首脑会议审议通过的《联合国千年宣言》。

会议最后通过了关于确保安理会在维护国际和平与安全特别是维护非洲的和平与安全有效作用的决议，重申安理会在维护国际和平与安全负有首要责任，决心提高联合国维和行动的能力，并加强联合国与非统组织等地区组织的合作。

2000 年 9 月 7 日，根据中国的倡议，联合国安理会 5 个常任理事国在安理会首脑会议结束后，于当天下午在纽约华尔道夫饭店举行会晤。这是联合国成立 55 年来安理会 5 个常任理事国首次举行的首脑会晤。中国国家主席江泽民、俄罗斯总统普京、美国总统克林顿、法国总统希拉克、英国首相布莱尔出席了会议并合影留念。中方倡议举行这次会晤，目的是体现 5 个常任理事国对联合国的重视和支持，加强联合国和安理会的作用。

江泽民主席在发言中提议，5 个常任理事国在新形势下应该遵循以下四项原则：一、相互尊重，平等相待；二、扩大共识，求同存异；三、加强沟通，密切协调；四、顾全大局，促进合作。5 国应当尊重联合国所有成员的愿望和期待，保持和世界各国的联系，只有这样，才能在国际事务中发挥应有的作用，并得到联合国广大会员国的尊重。普京、克林顿、希拉克、布莱尔在发言中对中国倡议的这次会晤给予高度赞赏，认为它具有重要的现实意义和历史意义。5 国领导人就联合国事务、重大的国际和地区问题深入地交换了意见，取得了广泛的共识。

会晤后发表了《安理会 5 常任理事国首脑声明》。《声明》指出，联合国和国际社会面临的挑战是严峻的。为应对这些挑战，国际社会的反应必须更快、更有针对性并更好地协调。无论从其任务还是会员国的规模来看，联合国堪称世界上惟一真正具有普遍性的组织，在 21 世纪将发挥不可或缺的作用。安理会常任理事国保证，与全体会员国一道，加强联合国的作用、维护安理会的权威、捍卫《联合国宪章》的宗旨和原则。为履行确保联合国充分发挥其潜力的义务，安理会 5 常任理事国将集中在以下优先领域作出努力：加强在和平与安全方面的领导作用，加强维和，振兴管理，补充人力资源，重申财政承诺。《声明》表示："深知安理会常任理事国在维护国际和平与安全方面的特殊责任，在进入 21 世纪之际，我们共同庄严承诺，将致力于确保联合国更加强大、更加有效、更有效率。""在迈入下一个世纪的时候，我们保证与联合国所有会员国共同努力，缩小分歧，制定新举措，使联合国在其 55 年的基础上再创业绩。"

2000 年 9 月 13 日，安理会 5 常任理事国的外交部长唐家璇（中）、韦德里纳（法）、伊万诺夫（俄）、库克（英）、奥尔布赖特（美）在联合国总部与秘书长安南举行会晤，并发表新闻公报表示，5 个常任理事国外长决心在首脑会晤《声明》的基础上采取具体后续步骤，确保安理会履行其维护国际和平与安全的首要职责。

2000 年 9 月 27 日，安理会举行会议，听取联合国维和行动专家小组组长卜拉希米就 8 月 23 日提出的关于改革联合国维和机制的建议和措施的汇报，并展开讨论。安理会成员在对待专家小组提出的建议和措施问题上存在分歧。

2000 年 10 月 5 日，安理会 5 个核大国，即中国、俄罗斯、法国、英国和美国在联合国总部联合发表声明，欢迎蒙古关于在其全境设立无核武器区的声明，并表示愿意向蒙古提供安全保证。声明承诺，如果蒙古成为使用核武器侵略的受害者或使用核武器对其进行威胁的目标，5 国将立即寻求联合国安理会根据联合国大会于 1995 年 4 月 11 日通过的决议采取行动，向以无核国家身份签署《不扩散核武器条约》的蒙古提供援助。

2000 年 11 月 16 日，安理会举行公开辩论会，听取"联合国驻科索沃临时行政当局特派团"团长库什内的情况通报，并进行讨论。南联盟新任常驻联合国代表团临时代办姆拉德诺维奇表示，其新政府完全支持安理会第 1244 号决议，认为它是使科索沃问题得到公正、持久解决的基础。在对业已于 10 月份举行的科索沃地方选举的评价和科索沃最终地位等问题上，美英等国的看法和中国、俄罗斯等国家的意见大相径庭。

2000 年 11 月 22 日，应阿拉伯国家集团主席、利比亚常驻联合国代表杜尔达的要求，安理会举行紧急会议，审议近来不断升级的巴以冲突。在此之前，即 11 月 10 日，安理会曾召开会议，分别与巴勒斯坦和以色列方面举行非正式会议，听取双方对冲突情况的汇报，并就巴方于 10 月间提出的向其所有被占领土派驻联合国保护部队问题交换了意见。会议决定授权安南秘书长在有关各方之间进行调解和磋商，以防止局势进一步恶化。

2000 年 12 月 5 日，安理会举行会议并一致通过决议，决定将伊拉克"石油换食品"计划的执行期限再次延长6个月。决议规定，在自12月6日开始的第9期“石油换食品”计划，伊拉克可以尽其所能出口石油，从其石油出口收入中提取6亿美元用于进口生产石油的设备。

如果伊拉克全面执行联合国有关决议，安理会将考虑允许伊拉克从石油收入中另提取1500万美元，用于支付其拖欠的联合国会费。

2000年12月18日，应巴勒斯坦代表的强烈要求，安理会举行会议并就向巴勒斯坦被占领土派遣联合国保护部队的决议草案进行表决，结果8票赞成，美国等7票弃权。由于根据联合国有关规定，安理会通过任何决议草案至少要有9票赞成，而且不能有否决票（只有5个常任理事国拥有否决权），该决议草案未获通过。

2000年12月19日，安理会举行会议并以13票赞成、2票弃权的表决结果通过决议，决定对阿富汗塔利班武装组织实行更加严厉的制裁。在此之前，出于安全考虑，联合国人道主义工作人员已经分批撤离阿富汗，转移到巴基斯坦。

其它专题性会议与活动　2000年2月12～19日，联合国第10届贸易与发展会议在泰国曼谷举行。包括中国在内的180多个国家的代表出席了会议，并就经贸全球化、南南贸易、可持续发展、世界金融体制和东南亚金融经济形势等进行了深入讨论，在许多问题上取得了广泛一致。会议通过了《曼谷宣言》和《行动计划》，强调要建立一个公平、平等、基于规则的多边贸易体系，其运作原则是不歧视和透明，为所有国家尤其是发展中国家提供益处。

2000年3月20日～5月7日，联合国人权委员会第56届会议在日内瓦举行。包括中国在内的53个人权委员会成员国的代表出席了会议。会议审议和通过了有关发展权、经济社会文化权利、公民和政治权利、妇女和儿童权利、种族歧视等一系列决议和决定。出席本届会议的中国代表团团长乔宗淮大使3月23日在会上发言指出，中国政府一贯重视促进和保护人权，中国的人权状况正处于历史上最好的时期；中国政府一贯主张，通过在平等和相互尊重基础上的对话与交流妥善处理在人权问题上的分歧。但遗憾的是，美国出于其国内政治及党派斗争的需要和利用人权问题干涉中国内政的企图，不顾空前孤立的窘境，又一次提出反华的“中国人权状况议案”。4月18日，中国代表团提出搁置美国议案的动议。全体会议就此激烈辩论后付诸表决，结果是：赞成22票，反对18票，弃权12票，缺席1票。这样，美国方案未经表决即被否决。这是美国在联合国人权会议上利用人权问题干涉中国内政的第9次惨遭失败。

2000年4月7～10日，以“犯罪与司法：迎接21世纪的挑战”为主题的第10届联合国预防犯罪和罪犯待遇大会在维也纳举行。来自世界各国政府、联合国有关机构、国际和欧洲刑警组织以及一些非政府组织的代表、专家及有关人员共2000多人与会。中国司法部长高昌礼率代表团出席，并在大会上发言表示，中国政府愿与各国和有关国际组织加强合作，为有效地打击和预防跨国犯罪作出自己的贡献。会议通过了将提交联合国千年大会审议的《关于犯罪与司法：迎接21世纪挑战的维也纳宣言》。

2000年4月24日～5月20日，《不扩散核武器条约》2000年审议大会在联合国总部举行。该条约1968年开始签署，1970年生效，迄今已有187年国家签署。条约有效期原定为25年，每5年审议一次。在1995年举行的审议大会上，缔约国一致决定将其有效期无限期延长。包括中国在内的187个缔约国的代表全部出席了2000年审议会议。中国代表团团长沙祖康在4月24日代表中国政府发言强调，为解决防止核扩散问题，首先应建立稳定、合作与互信的全球安全大环境，其次应取消防止核扩散领域的双重或多重标准，防止核扩散应以增进各国安全为目的，以是否履行《不扩散核武器条约》为惟一标准，最后要实现全球裁军，还离不开稳定的全球战略平衡。5月1日，法国驻联合国裁军大使代表中国、俄罗斯、美国、英国和法国5个核大国，向大会联合声明，表示5国将继续履行该条约规定的所有义务，并努力通过谈判实现最终全面销毁核武器的战略目标。5月20日，与会各国以协商一致的方式通过了会议的最终文件，呼吁有关国家减少核武器在其国家安全政策中的作用，以便尽量减少使用核武器的可能性。最终文件还呼吁美国和俄罗斯这两个拥有世界上最大核武库的国家全面实施《第2阶段削减进攻性战略武器条约》，将各自的远程核弹头从目前的6000枚减少到3500枚。

2000年6月5～10日，联合国关于妇女问题的特别联合国大会在纽约联合国总部举行。中国国务委员吴仪率中国妇女代表团与会并在会上发言。来自180多个成员国的代表共同审议了1995年联合国第4次世界妇女大会通过的《行动纲领》的执行情况，并在协商一致的基础上通过了《成果文件》和《政治宣言》。《成果文件》总结了5年来国际社会贯彻《行动纲领》的经验，提出了进一步执行该纲领的具体意见。《政治宣言》呼吁各会员国在提高妇女地位领域加强国际合作，敦促发达国家向发展中国家提供援助，以兑现占国民生产总值0.7%的官方发展援助承诺。

2000年6月26日～7月1日，关于社会发展问题的特别联合国大会在日内瓦万国宫举行。它是1995年哥本哈根联合国社会发展世界首脑会议的继续，旨在落实哥本哈根会议的目标，进一步推动社会发展。国务院副总理温家宝率中国代表团与会，并在会上发言强调，实现全球社会发展任重道远，需要各国政府和人民以及国际社会作出长期不懈的艰苦努力，表示中国政府愿同各国一道，积极推动全球社会进步事业。160多个国家的代表在会上发了言。会议以协商一致的方式通过了《关于进一步推动社会发展的建议》，其主要内容包括：到2015年把全球最贫困人口减少一半，发起全球消除贫困运动，鼓励债权国减免非洲和最不发达国家的债务等等。

2000年11月13～25日，联合国《气候变化框架公约》第6次缔约方大会在荷兰海牙举行。由于美国缺乏通过自身努力减少温室气体排放的诚意以及美国和欧盟在该问题上的矛盾，会议未能制定出实现《京都议定书》减少温室气体排放指标的具体措施，更未能就与会者和公众期待的《海牙议定书》达成协议。在这种情况下，大会主席、荷兰环境部长普龙克被迫宣布，暂时中断会议，让缔约方继续谈判，并把原定2001年5月召开的联合国《气候变化框架公约》工作会议作为此次大会的继续，争取届时能够就《海牙议定书》达成协议。

关于联合国改革问题 自1992年第47届联合国大会把联合国改革问题纳入议事日程以来，联合国的改革已经成为广大会员国极为关注的热点问题。安南于1997年接任秘书长后，更是积极加以推动，致使联合国改革问题进一步升温。在2000年9月开始举行的第55届联合国大会上，安理会的改革仍然是讨论的热点话题之一，但议论的焦点却集中在联合国维和行动的改革上。

曾经担任过负责维和事务副秘书长的现任联合国秘书长安南，在扩大安理会等改革难点一时难以突破的情况下，试图从维和行动的改革入手，一步步推进联合国的改革。2000年3月，他委托阿尔及利亚前外长卜拉希米组成了一个10人专家小组，负责起草改革维和行动的报告。这10个人分别来自美国、英国、俄罗斯、德国、日本、新西兰、瑞士、特立尼达和多巴哥、津巴布韦和阿尔及利亚，多系高级外交官员、武警官员以及曾在国际或研究机构任职的知名人士。8月23日，该小组提出了维和改革报告。

该报告主要包括维和指导思想和具体措施等项内容。在维和指导思想上报告强调两条，一是预防冲突、建设和平，二是充实自卫和交战能力。在具体措施方面，报告提出以下3条建议：其一，增加联合国负责维和事务的副秘书长人数，强化指挥系统，改组维和行动部，改进对特派团的指导；其二，建立迅速有效的部署能力，确保在安理会决议通过后30天和90天内分别完成一般和复杂维和行动的部署，组建统一指挥的旅级多国预备部队，制定百名经验丰富的指挥官预备名单，以备维和行动之急需；其三，改革经费安排，增加可供秘书长直接使用的维和专项资金，增加后勤支持款项。

该报告原拟提交千年首脑会议，但因时间关系和各方意见远未一致，千年首脑会议没有对其加以讨论。安南秘书长对该报告评价甚高，他已指定费雷谢特常务副秘书长负责该报告的讨论、修改和落实。第55届联合国大会期间，秘书处已安排了多次维和行动改革专题讨论会。与会者认为，联合国维和行动确实需要改革，该报告提出的指导思想和许多建议也是可行的，但由于目前的维和行动出现了不少新情况新特点，而少数西方大国既要打着"维护人权"的旗号介入冲突国的内政，又不愿更多地出钱，特别是为避免伤亡风险不愿出人参与维和行动，致使该报告的落实必将遇到道道难关。

中国代表参加了维和行动改革的讨论。中国常驻联合国代表王英凡在多次讨论会上强调，加强联合国的维和能力，不仅需要会员国表现出政治意愿和提供充足的资金，而且还应加强安理会在维和领域决策的科学性和针对性。此外，联合国的维和行动应从一开始就支持当事国具有自我维护和平的能力。从根本上讲，一国的事务最终只能由本国人民和政府自己解决，国际社会只能起到相应的促进和推动作用。在协助当事国过程中，联合国应注意尊重当事国的意见和主张，不能设想由联合国按某种特定的模式去改造当事国，或把某种特定的模式强加给当事国。

截至2000年底，联合国维和行动改革的讨论尚未结束。

中国与联合国 作为联合国创始成员国和安理会常任理事国，中国一贯十分重视联合国在国际事务中的作用，积极支持和参与联合国的重大活动。2000年中国与联合国密切合作，在各项有关活动中继续发挥着积极而重要的作用。

2000 年 1 月 12 日，应联合国要求由中国政府派出的第 1 批 15 名维和民事警察，离开北京前往东帝汶执行联合国维和任务。同年 9 月，中国政府又向东帝汶派出第 2 批 40 名民事警察，从而完成了向东帝汶派遣 55 名民事警察参与维和的任务。

2000 年 5 月 29 日，中国政府总理朱镕基在北京会见了正在中国访问的第 54 届联合国大会主席、纳米比亚外长古里拉布，并郑重表示，作为安理会常任理事国，中国将一如既往地支持联合国的工作。

2000 年 8 月 3 日，在台湾当局的策动下，塞内加尔、格林纳达、冈比亚、圣文森特和格林纳丁斯、马绍尔群岛、尼加拉瓜、斯威士兰、所罗门群岛、瑙鲁、布基纳法索、马拉维、洪都拉斯共 12 个国家，再一次炮制并向联合国秘书处提交了所谓“台湾参与联合国”提案。8 月 4 日，中国外交部发言人在北京发表谈话，予以强烈谴责和坚决反对。发言人指出，世界上只有一个中国，台湾是中国领土不可分割的一部分，中华人民共和国是代表全中国人民的惟一合法政府，这是国际社会公认的不可争辩的事实。1993 年以来的历届联合国大会总务委员会均明确拒绝将所谓台湾问题列入联合国大会议程。它充分表明了联合国绝大多数会员国维护《联合国宪章》和 1971 年第 26 届联合国大会通过的第 2758 号决议权威性的坚定立场，同时也证明了，任何违反《联合国宪章》的宗旨和原则及广大会员国意愿的图谋都是不可能得逞的。同日，中国常驻联合国代表王英凡致信安南秘书长，明确无误地重申了中国政府在台湾问题上的原则立场。9 月 7 日，在第 55 届联合国大会总务委员会审议本届联合国大会议程时，王英凡再次阐述了中国政府对所谓“台湾参与联合国”提案的严正立场。此后，67 个国家的代表相继发言，其中 48 个国家的代表支持中国政府的立场，反对将“台湾参与联合国”问题列入本届联合国大会议程。在这种情况下，会议未经表决便由大会主席霍尔克里决定，不将所谓的“台湾参与联合国”问题列入本届联合国大会议程。这样，台湾当局在联合国制造“两个中国”的图谋连续第 8 次被粉碎。同时，中国外交部发言人在北京发表谈话，赞扬联合国的正确决定，强调指出：台湾当局分裂中国的企图是徒劳的，不得人心的，也是注定要失败的。

2000 年 11 月 26～28 日，正当国际社会日益关注伊拉克、联合国安理会就是否解除对伊拉克长达 10 年的制裁进行必要准备之际，应中国政府的邀请，伊拉克副总理阿齐兹访问中国。江泽民主席、钱其琛副总理、唐家璇外长等中国领导人会见了他，双方就伊拉克局势等问题交换了意见。事后，唐家璇外长分别致函美、俄、法、英 4 个安理会常任理事国外长和安南秘书长，通报阿齐兹访华情况，对伊拉克目前的人道主义状况深表关注，支持联合国秘书长为打破伊拉克问题僵局作出的努力，呼吁各方寻求打破僵局的有效途径。12 月 22～24 日，国务委员司马义·艾买提率中国政府代表团访问伊拉克，与萨达姆总统、阿齐兹副总理等伊拉克领导人广泛交换意见，并实地了解了伊拉克人民在长期制裁情况下遭受的苦难和战争给伊拉克带来的损失。

总之，正如中国常驻联合国副代表沈国放大使所概括的那样，在 2000 年，中国作为最大的发展中国家和安理会常任理事国，在维护和平和促进人类共同发展方面，在联合国做了大量工作，发挥了积极的作用。

（孙叔林）

北大西洋条约组织　**概况**　1949 年 4 月 4 日，美国、加拿大、英国、荷兰、比利时、卢森堡、意大利、葡萄牙、丹麦、挪威、冰岛等 12 国在华盛顿签署了《北大西洋条约》。1949 年 9 月 17 日 12 国召开第 1 次理事会，决定成立北大西洋条约组织的各种机构，从此北大西洋条约组织建立，简称“北约”。自 50 年代以来，希腊、土耳其（1952 年 2 月 18 日）、联邦德国（1955 年 5 月 5 日）、西班牙（1982 年 5 月 30 日）、波兰、捷克和匈牙利（1999 年 3 月 12 日）先后加入北约，现有正式成员国 19 个。总部最初设于伦敦，1951 年移往巴黎，由于戴高乐总统反对，1967 年 10 月迁至比利时首都布鲁塞尔至今。北约秘书长现为英国的乔治·罗伯逊，北约军事委员会主席为德国的劳斯·瑙曼，北约欧洲盟军最高司令为美国的威廉·克南上将（2000 年 9 月上任）。现有工作人员 3750 名。

北约成立的宗旨是：通过集体防御，维护北大西洋地区的和平、安全、稳定和利益。当时 12 个缔约国签订的北约文件包括 1 个序言和 14 项条款，其核心是第 5 项条款，即“各缔约国同意，对于欧洲或北美的一个或数个缔约国的武装进攻，将被视为对全体缔约国的进攻。”这就是说，北约是一个联合抗苏的重要军事联盟，有权组织进攻或进行“自卫”。

北约是在美国的倡议和组织下成立的。美国极力主张成立北约的目的主要有两个：一是美国认为，二战后，西欧在战争中遭到削弱，德国出现“真空”，苏联超过了西欧力量，并开始向西扩张，西欧普遍存有“不安全感”，美国想通过成立北约组织来保卫西欧安全和遏制苏联扩张；二是美国企图通过经济上的“马歇尔计划”和军事上同西欧结盟来达到它领导和控制西欧的目的。西欧国家对美国的用心虽有所察觉并怀有戒心，但因当时急需美国的财政援助和军事保护，出于无奈，只好同美国和加拿大在成立北约的文件上签了字。总之，北约是美国遏制苏联、控制西欧、争夺世界霸权的重要工具。

主要机构有：(1) 北大西洋理事会（简称外长会议），为北约最高决策权力机构，由各成员国外交部长组成，必要时政府首脑、国防部长、财政部长也可参加。每年举行两次会议，主要负责审定政治、军事方面的重大问题。(2) 防务计划委员会（简称国防部长会议），是北约最高军事决策权力机构，由参加北约防务一体化的17国（不包括法国）和西班牙（已于1998年1月决定参加防务一体化）的国防部长组成，每年开会两次，主要负责审议北约防务政策和制定统一的军事计划。(3) 常设理事会，为北大西洋理事会和防务计划委员会休会期间的最高执行机构，由各成员国派大使级常任代表组成，北约秘书长任主席，常设理事会下辖政治、经济、军事等各种专业执行委员会，其中包括核防务委员会及其所属的核计划小组等。(4) 军事委员会，为北约最高军事指挥机构，由参加北约防务一体化的各国总参谋长组成（法国派联络官参加，冰岛派文官参加、西班牙派常驻代表参加），负责拟定防务政策和战略方针，向北大西洋理事会和防务计划委员会提出建议。该委员会下辖北约欧洲各战区司令部、北约北大西洋战区司令部、美国—加拿大地区盟军计划小组等。各国向上述战区司令部提供的部队接受军事委员会和本国政府的双重领导。(5) 北约议员大会（原名为北大西洋议会，自1999年6月1日起改为现名），1955年成立，是北约成员国议会间组织，议员由各国议会指定，名额按国家人口比例分配。该议会宗旨是鼓励各国议会的合作，密切各国议会与北约机构的联系，推动实现北约的目标，议会每年秋季召开全会。(6) 欧洲—大西洋伙伴关系委员会，原名北大西洋合作理事会（简称“北合会”），1991年11月7～8日举行的北约首脑会议决定成立，成员国由北约国家和和平伙伴关系国组成，主要任务是磋商北约和和平伙伴国在政治和安全的联系和合作问题。北合会于1991年12月召开第1次外长会议，此后每年6月和12月各召开1次。1997年5月30日将其改名为欧洲—大西洋伙伴关系委员会。目前，其成员国已增至44个。(7) 北约—俄罗斯常设联合委员会，1997年7月18日成立，为北约和俄罗斯之间的磋商与合作机构，是根据1997年5月27日在巴黎签定的北约和俄罗斯相互关系、合作与安全的基本文件建立的。(8) 北约—乌克兰伙伴关系委员会，1997年成立。北大西洋理事会定期与乌克兰以委员会名义举行会议，以保证北约和乌克兰履行1997年签署的《北约—乌克兰特殊伙伴关系宪章》和各项条款。(9) 国际秘书部，负责北约的会议准备、组织和联络、协调工作，由秘书长直接领导。秘书长也是北大西洋理事会、防务计划委员会、核计划小组的主席。

主要活动 2000年1月27～28日，北约秘书长罗伯逊访问乌克兰，会见了乌克兰总统库奇马和国家安全和国防委员会秘书马尔丘克等人。在与库奇马会谈时，双方讨论了北约与乌克兰合作的前景问题。库奇马对乌克兰同北约伙伴关系的现状表示满意。他说，乌克兰同北约的伙伴关系近来增添了一些新的内容，这不但表现在军事合作方面，而且也表现在其它方面。在与马尔丘克会谈时，双方认为，乌克兰同北约的伙伴关系正在深入发展并增添了新的形式，这主要表现在发展非军事方面的合作上。

2000年1月31日，北约和西欧联盟在布鲁塞尔共同宣布，它们将于2月17～23日举行代号为“CMX”/CRISEX2000”首次联合军事演习。北约在公报中称，这是一次旨在“在北约框架内发展欧洲安全和防务特性”的联合军事演习。它将检验西欧联盟使用北约军事手段的能力，还将演练两个军事组织的相互协调应付危机的能力，其中包括总部与各成员国之间的协调。此次军事演习将在欧洲盟军最高司令部和西欧联盟军事指挥部的驻地以及各成员国首都进行。北约和西欧联盟的30个国家将参加演习。

2000年2月2日，美国国务卿奥尔布赖特在访问克罗地亚时表示，克罗地亚在加入北约和欧盟方面将会得到美国的充分支持，但克罗地亚必须满足美国早先提出的条件，即执行代顿协议、解决难民重返家园问题、并保证同负责审判前南斯拉夫战犯的海牙国际法庭合作。

2000年2月8～9日，北约欧洲盟军最高司令克拉克对乌克兰首次正式访问。访问期间，乌克兰国防部长库兹穆克同克拉克举行了正式会谈。克拉克对乌克兰官兵在波黑地区完成维和任务表示感谢，并对乌克兰维和部队在科索沃从事的维和行动给予了积极评价。在克拉克访问乌克兰的同时，北约一批高级军官也抵达乌克兰，检查将于2000年7月在其西部亚沃里夫演习场举行的“和平盾牌—2000”军事演习的准备情况。

2000年2月15～16日，北约秘书长罗伯逊对俄罗斯进行了自1999年3月北约轰炸南斯拉夫联盟共和国以来的首次访问，并与俄代总统普京举行了会谈。会谈中，普京和罗伯逊强调，双方应在严格遵照联合国宪章和俄罗斯与北约相互关系、合作与安全的基本文件的基础上发展关系。双方还商定，俄罗斯将与北约恢复接触，并制定恢复相互关系与合作的共同计划。会谈后，双方发表了联合声明。该声明指出，俄和北约决心为建设稳定和不可分割的欧洲作出贡献，造福于全体欧洲人民，双方将在上述基本文件的基础上，通过北约—俄罗斯常设联合委员会的工作，加强欧洲—大西洋地区的安全。罗伯逊在会谈后表示，俄罗斯在维护欧洲大陆稳定方面起着关键作用，北约同俄的关系将会逐渐解冻，他同普京的会晤标志着彼此关系翻开了新的一页。俄罗斯外交部长伊万诺夫则表示，普京和罗伯逊的会谈结果表明，“俄罗斯和北约将相互视为重要的战略伙伴。”

2000年2月18日，北约秘书长罗伯逊访问阿尔巴尼亚，在与阿总理梅塔联合举行的记者招待会上表示，北约不允许科索沃分裂，同时也不允许科索沃成为一个单一民族的国家。北约不会允许任何种族集团对其它种族采取暴力行动。罗伯逊否认北约在科索沃斯卡—米特罗维察地区维和行动失败，称北约正在加强在该地区的军事力量，以维护那里的稳定。罗伯逊说，包括科索沃维和部队在内的巴尔干地区北约驻军将长期驻扎下去，北约军队只有完成在科索沃的维和任务后才会撤离科索沃。针对阿尔巴尼亚加入北约的问题，罗伯逊指出，加入北约不是那么容易的，是需要付出代价的，阿尔巴尼亚在这方面还需做更多的努力。

2000年2月24日，北约欧洲盟军最高司令部参谋部发言人证实，北约欧洲盟军最高司令克拉克23日已要求北约常设理事会批准向科索沃增派3个营约2000人的部队，以加强那里的军事力量。法国国防部发言人同日宣布，法国将根据北约的“集体决定”向科索沃增派600～700人的部队。北约其它欧洲盟国也都作出表示。它们将“效仿”法国考虑向科索沃增派部队。

2000年2月25日，北大西洋常设理事会召开特别会议，讨论北约军队在科索沃面临的紧张局势和是否向那里增派部队的问题。北约欧洲盟军最高司令克拉克出席了会议并要求常设理事会批准向科索沃增派2000人的军队。驻科索沃国际维和部队司令克劳斯·赖因哈特通过卫星电视向理事会介绍了科索沃局势的最新发展。但是，由于北约成员国在增派部队问题上意见不一致，会议否决了克拉克的要求，决定暂不向科索沃增派部队。北约秘书长罗伯逊会后在向新闻界发表的一项声明中说，“科索沃局势已经得到控制。”但他同时也承认：“科索沃斯卡—米特罗维察局势仍具有潜在爆炸性。”罗伯逊认为，稳定科索沃局势的“当务之急是增加在科索沃的联合国警察的数量和加强司法制度”。他还表示，北约对阿族和塞族居民任何一方破坏和平的行动将“采取坚决措施”。

2000年3月1日，乌克兰—北约伙伴关系委员会第16次联席会议在乌克兰首都基辅举行。这是首次在北约伙伴关系国举行类似会议。乌克兰外长塔拉修克和北约秘书长罗伯逊率领的北约代表团参加了会议。会议通过的联合声明重申了乌克兰和北约伙伴关系的性质，强调必须对乌克兰进行军事改革。联合声明谴责在科索沃发生的暴力事件，呼吁冲突各方同国际社会合作，并重申乌克兰和北约在维和行动中将进一步配合。在会议结束后举行的记者招待会上，罗伯逊表示，虽然乌克兰加入北约的问题尚未提上日程，但它却是北约派驻军事改革工作小组的惟一国家。乌总统库奇马向会议致贺词称，乌克兰将继续深入发展同北约的关系。

2000年3月5日，俄罗斯代总统普京在对英国广播公司发表谈话时表示，他主张扩大俄与西方军事政治方面的合作，特别是要发展俄与北约的伙伴关系。普京说，如果俄与北约的利益相吻合，那么不排除俄加入北约的可能性。他强调，西方把俄视为“有威胁的国家”，这种冷战术语有碍于建立正常的国际关系。普京还指出，俄从未宣布世界的某个地区是俄的势力范围。他反对把俄当做北约的潜在对手或敌人的提法，同时他要求北约改变经常通过一些机制作出使俄担心和恼怒的决定。3月6日俄罗斯外长伊万诺夫指出，俄代总统普京有关俄可能加入北约的谈话，是对“假设问题作出的假设回答”。他强调，俄希望与北约发展伙伴关系，这才是普京谈话的实质所在。伊万诺夫还说，俄希望并准备与北约共同解决建立欧洲安全等关键问题，这就是俄罗斯的原则立场。俄与北约早在1997年签署的《俄罗斯联邦和北大西洋条约组织相互关系、合作与安全的基本文件》中就确定了这种伙伴关系的原则，但1999年的科索沃战争导致俄与北约的关系冻结，目前双方关系已经解冻。

2000年3月6日，北约秘书长罗伯逊针对俄罗斯代总统普京日前就俄与北约关系的谈话发表声明说，北约承认与俄罗斯保持伙伴关系的必要性，并将继续维护双方现存的关系。罗伯逊还说，北约与俄罗斯关系的发展已证明双方有足够的能力排除分歧，他还指出，北约目前还没有考虑接纳俄罗斯为北约成员的问题。

2000 年 3 月 8 日，北约秘书长罗伯逊在北大西洋常设理事会会议之后发表声明，谴责日前在科索沃斯卡—米特罗维察发生的有数十人受伤的暴力事件。声明称，科索沃维和部队不会容忍“极端分子和滋事者的蓄意挑衅”。他说，维和部队不会“放任那些人分裂、割据和种族仇恨的行动”。罗伯逊又说，应该让所有的人明白，维和部队的指挥官们将对针对执行维和任务士兵的任何攻击做出有力的回击。罗伯逊说，维和部队对最近一系列暴力事件做出了“迅速而坚定的反应”，并将继续推进以“建立一个民主、多种族和安全的科索沃为目标”。罗伯逊呼吁当地所有居民反对暴力和极端分子散布的仇恨情绪，并与国际维和机构充分合作。他强调指出，“这是使科索沃人民获得建立稳定、民主和繁荣未来的机会的惟一途径。”

2000 年 3 月 10 日，美国国务卿奥尔布赖特访问了布鲁塞尔北约总部，与北约秘书长罗伯逊就科索沃局势等问题交换了意见。并与罗伯逊和北约欧洲盟军最高司令克拉克讨论了科索沃的局势以及是否需要向科索沃增派维和部队等问题。奥尔布赖特在会谈后对记者说，参与科索沃维和行动的各国正在为科索沃紧张局势寻求解决方法，并对冲突双方施加压力迫使其不再把问题复杂化。在回答是否需要恢复空中打击的问题时，奥尔布赖特表示，她不会放弃外交努力而且现在还不是考虑空袭的时候。

2000 年 3 月 12 日，土耳其总理埃杰维特首次公开批评北约盟国支持土耳其分离主义活动。他说，土耳其一直受到分离主义恐怖组织的困扰，而这些分离主义活动“受到一些邻国和一些盟国的支持和鼓励”。埃杰维特还说，每个国家在处理少数民族等问题方面都有自己的具体情况，别国不应说三道四。

2000 年 3 月 15 日，北约发言人警告南斯拉夫联盟共和国科索沃阿尔巴尼亚族极端分子不要破坏地区稳定，并表示将向驻科索沃的多国维和部队派遣增援力量。北约发言人说，北约决策机构北大西洋理事会坚决支持美国助理国务卿鲁宾以及欧盟负责外交和安全高级代表索拉纳在科索沃的讲话，科索沃阿族人如果希望得到国际社会的援助，就不要破坏科索沃及其周边地区的稳定。这位发言人还说，北约正在向任何企图破坏科索沃稳定的人施加压力，并已经向科索沃斯卡—米特罗维察派遣了两个营约 1000 人的增援部队，以应付那里的爆炸性局面，同时在今后几天中还会陆续派遣新的增援部队。但他在解释中又说，北约的增援行动并不意味着目前驻科索沃维和部队应付不了那里的局面。他接着说，以北约为首的多国维和部队已经开始收集科索沃阿族人向南斯拉夫联盟塞尔维亚共和国境内渗透的情报，以阻止任何旨在破坏该地区稳定的事件发生。

2000 年 3 月 15 日，北约—俄罗斯常设联合理事会在布鲁塞尔北约总部举行了大使级会议，就前南斯拉夫地区形势及北约和俄罗斯在科索沃的合作问题交换了意见。这是自 1999 年 6 月北约结束对南斯拉夫的轰炸以来，北约和俄罗斯举行的首次会议。在会后发表的联合新闻公报中，双方重申了执行联合国安理会有关科索沃问题的 1244 号决议的“决心”，表示将在包括保护科索沃少数民族在内的各个领域“密切合作”。据悉，北约和俄罗斯在本次会议上还就北约 1999 年制定的战略新概念和俄罗斯的国家安全概念，以及核裁军等问题交换了意见。这次会议的召开，标志着俄罗斯与北约的关系已开始恢复正常。

2000 年 3 月 16 日北约秘书长罗伯逊访问克罗地亚，在同克罗地亚总理拉昌会谈时，对克罗地亚新领导人决心实行“民主改革”、解决难民重返家园问题和执行代顿协议表示满意。拉昌表示，克罗地亚希望尽快加入北约，相信克罗地亚将在今后几个月内加入北约有关和平伙伴关系计划。会谈后，罗伯逊对新闻界表示，北约正在执行一项同克罗地亚合作的计划，克罗地亚在履行所承担的义务后，将在可预见的时间内加入北约和平伙伴关系计划。

3 月 19 日～4 月 10 日，北约在科索沃地区举行代号为“2000 动态反应”的军事演习，旨在检验北约战略预备力量的应急能力。

2000 年 3 月 22 日，联合国环境规划署和联合国人居中心发表新闻公报说，北约已承认 1999 年在对南斯拉夫联盟科索沃地区的轰炸中使用了大约 3.1 万枚贫铀弹。公报说，由于北约未提供投放贫铀弹的准确地点和详细资料，目前尚无法评估其对环境和人类健康所造成的影响。此前，北约一直拒绝承认在轰炸南斯拉夫联盟共和国过程中使用了贫铀弹，并阻挠联合国环境规划署和联合国人居中心联合组建的巴尔干行动小组对此事调查。

2000 年 3 月 29～30 日，北约秘书长罗伯逊访问了拉脱维亚，同拉脱维亚总统维基耶—弗赖贝加、总理什克莱、议长斯特劳梅和外长贝尔津什举行了会谈或会晤，讨论了北约东扩问题和拉脱维亚加入北约等问题。拉脱维亚领导人表示希望拉在2002年北约下一轮东扩时成为北约正式成员国，罗伯逊则赞扬了拉脱维亚为加入北约而采取的实际步骤。4月2日，北约欧洲盟军最高司令克拉克又访问了拉脱维亚，分别同拉脱维亚总统维基耶—弗赖贝加、总理什克莱以及军方高级官员进行了会谈，双方就拉脱维亚加入北约问题详细交换了意见。克拉克说，北约对拉脱维亚在争取加入北约过程中所取得的进展表示满意。什克莱重申了拉加入北约的决心，并允诺在2003年前将国防开支增加到占国内生产总值的2%，以达到北约的军费开支标准。

2000年4月4日，北约秘书长罗伯逊在华盛顿与美国国务卿奥尔布赖特会谈后，在联合举行的记者招待会上表示，欧盟建设“欧洲安全与防务特性”旨在加强北约，使欧洲人为欧洲安全负起更多责任。“欧洲防务特性”仍在建设当中。他将保持“坚定的立场”，以确保北约的利益。他表示相信欧洲国家将表现出“政治意愿”，保证“欧洲防务特性”不是为了“削弱美国”，而是为使欧洲负起更多责任，使北约更加强大。罗伯逊说，欧洲人已意识到自己对欧洲安全的义务和责任。目前驻科索沃地区的军队中有63%来自欧盟国家、81%来自整个欧洲地区。奥尔布赖特重申了美国对“欧洲防务特性”建设的支持。她说，非欧盟成员的北约国家的利益必须受到保护。美国的“双重目标”是建立一个“在安全事务上更加有效的欧盟”，北约“保持团结和强大”。她称，欧美未来的安全“依赖于北约的力量，而北约的力量依赖于北约内部的团结。”

2000年4月10日，北约议员大会主席鲁佩雷斯宣布，克罗地亚已被接纳为北约议员大会观察员，克罗地亚议会代表团作为北约议员大会观察员，可以参与北约议员大会的工作。

2000年4月18日，欧洲军团司令胡安·奥图诺接替克劳斯·赖因哈特，正式出任北约驻科索沃维和部队司令。奥图诺是一名西班牙将军，1999年11月出任欧洲军团司令，其参谋部由德国、法国、西班牙、比利时和卢森堡军官组成。奥图诺的任期为半年。2000年1月，北大西洋常设理事会在讨论北约驻科索沃维和部队司令继任人选时，北约中的欧盟成员国不顾美国和土耳其的反对，一致支持奥图诺出任这一职务。

2000年4月27日，正在格鲁吉亚访问的北约军事委员会主席文图罗尼在第比利斯表示，北约视格鲁吉亚为“重要伙伴”。文图罗尼在格国防部举行的吹风会上说，他同格鲁吉亚总统谢瓦尔德纳泽讨论了有关格鲁吉亚加入北约的问题。双方都认为格鲁吉亚加入北约是一个长期过程。但他同时强调，北约视格鲁吉亚为“重要伙伴”。格鲁吉亚在保证北高加索地区稳定方面发挥着重要作用。

2000年5月3日，北约欧洲盟军最高司令克拉克将欧洲盟军的指挥权正式移交给新任盟军最高司令约瑟夫·罗尔斯顿。交接仪式后，罗尔斯顿说，北约欧洲盟军当前面临三大挑战：与俄罗斯修好、北约与欧盟的防务战略和巴尔干事态发展的动向。罗尔斯顿现年56岁，接任此职之前任美军参谋长联席会议副主席，是北约历史上第2位出任欧洲盟军司令的空军将领。

2000年5月18日，正在芬兰首都赫尔辛基访问的北约秘书长罗伯逊在记者招待会上表示，欧盟和北约之间应该建立一种坦率和透明的关系，以便在危机爆发时双方能够有效的合作。他指出，欧盟在防务方面需要北约的资源。欧盟和北约建立并行的结构无论从经济上、军事资源和计划能力方面来说都是不明智的。欧盟和北约之间应该加强彼此间的合作。罗伯逊对美国国会考虑美国是否要在2001年7月1日开始从科索沃撤军一事表示不安，认为这样做将使北约组织受到削弱。

2000年5月18～19日，名为“北约在未来欧洲中的作用”的会议在立陶宛首都维尔纽斯召开。拉脱维亚、立陶宛、爱沙尼亚、保加利亚、罗马尼亚、斯洛文尼亚、斯洛伐克、马其顿和阿尔巴尼亚等9个要求加入北约的国家的外交部长和国防部长等官员以及美国、英国和法国的代表出席了会议。北约秘书长罗伯逊在会议上强调，北约必须继续坚持吸收新成员的政策。他说，北约国家必须用最新的现代国防工艺来提高军事实力。他同时还说，必须确保东南欧的长期和平与稳定，使北约和俄罗斯的关系纳入正常轨道。拉脱维亚等9国外长在会上发表了一份联合声明，要求在2002年吸收它们加入北约。

2000年5月20日，北约在东地中海地区开始举行为期3周的陆海空演习。

2000年5月24日，北约秘书长罗伯逊在北约—俄罗斯常设联合理事会召开会议前夕接受俄《消息报》记者采访时说，北约没有将俄罗斯当成敌人，而是当做伙伴，俄罗斯是北约的重要的战略伙伴。罗伯逊强调指出，目前北约和俄罗斯的关系正在逐步改善。他表示相信北约将继续和俄罗斯发展双边关系。罗伯逊说，1999 年北约通过了战略新概念，继而俄罗斯又通过了新军事理论，双方对彼此通过的文件的某些内容都有些不理解。因此，双方有必要对话，以消除疑虑。

2000 年 5 月 24～25 日，北大西洋理事会春季会议在意大利佛罗伦萨举行。北约 19 个成员国外长与会。北约 19 国外长一致认为，这是规范新世纪北约行动的一次重要会议。会议主要讨论了内部重组、与俄罗斯关系、美国发展国家导弹防御系统、美国高技术武器销售解禁、欧洲独立防务和科索沃维和等问题。北约秘书长罗伯逊在会上发言说，在新世纪开始时有必要讨论这些对于维持欧洲北大西洋地区安全至关重要的问题，特别是北约—俄罗斯关系问题。会议期间，美国国务卿奥尔布赖特向与会的欧洲盟国外长们通报了美国发展国家导弹防御系统的设想，但未能消除欧洲盟国对此的疑虑。北约中的欧洲成员国向美国再次表明对美国发展国家导弹防御系统的担忧，他们认为这不仅可能把欧洲盟国置于导弹防御区之外，而且还将引起新一轮军备竞赛。奥尔布赖特还带来了美国方面关于放宽高技术武器销售，并在北约 19 个成员国中销售高技术武器的建议，增进北约成员国之间武器弹药间的通用性，并藉此控制高技术武器弹药流落到非北约成员国手中。北约中的欧洲国家也向美国通报了欧洲独立防务的设想、欧洲独立防务与北约以及与美国防务的相互关系和合作途径。北约特别强调了北约—欧盟之间在建立欧洲独立防务合作方面的重要性。奥尔布赖特虽然表面上支持欧洲建立独立防务，但也同样难以掩饰美国对欧洲人行动的担忧。科索沃维和问题仍是北约外长们讨论的热门话题。以北约为首的多国维和部队进入南斯拉夫联盟共和国科索沃省已近一年时间，一直未能制止当地不断发生的暴力事件，尤其是由民族仇恨导致的仇杀和迫害事件。最近，美国一些议员主张美单方面从科索沃撤军，这引起了欧洲盟国的不安。

北约成员国外长 24 日在会议后称："少数民族已成为科索沃阿族极端分子暴力活动的受害者。北约谴责任何动机的暴力活动并将全力制止暴力活动从而保护科索沃少数民族。"北约成员国外长承认，如何保护科索沃少数民族是以北约为首的多国维和部队和联合国驻科索沃特派团的首要任务，北约成员国外长表示将全力支持联合国驻科索沃特派团在科索沃打击团伙犯罪、走私军火、非法拥有武器、贩卖妇女的行为。这是北约首次在公开场合承认科索沃阿族极端分子对该地区的危害，并表示将全力支持联合国科索沃特派团在打击团伙犯罪等的行动，以恢复科索沃的社会治安和稳定。

会议期间，俄罗斯外长伊万诺夫 24 日晚与北约外长们举行了部长级北约—俄罗斯常设联合理事会会议。这是自 1999 年 3 月北约不顾俄罗斯反对而对南斯拉夫联盟实施空中打击以来，双方首次举行该级别的会议。北约外长在会上提出尽快在俄罗斯首都莫斯科开设双方商定的北约联络处，以便交换信息，促进军事合作。会后，北约秘书长罗伯逊和俄外长伊万诺夫均表示，北约—俄罗斯关系至关重要，伊万诺夫称此次对话是"坦率的、内容丰富的"。他说，这次常设联合理事会会议的举行表明北约和俄罗斯均继续执行双方于 1997 年签署的《俄罗斯联邦和北大西洋条约组织相互关系、合作与安全的基本文件》。在谈到荷兰海牙联合国国际法庭审判前南斯拉夫战争罪行时，伊万诺夫表示，他不满意法庭目前的工作方式。他说，这一法庭已经沦为政治工具，他可能就此向联合国安理会提出质疑。

克罗地亚 25 日与北约正式签署加入北约的"和平伙伴关系计划"，至此，北约的和平伙伴关系国成员增加到了 27 个。北约 19 个成员国和北约和平伙伴关系计划的其它成员国的外长出席了签字仪式。在签字仪式前，北约秘书长罗伯逊说："现在几乎所有欧洲国家都和北约坐在同一张桌子边，相互合作而不是相互对抗。这是新世纪开始时向和平迈出的重要一步。"

2000 年 5 月 27～30 日，北约议员大会春季会议在匈牙利首都布达佩斯举行。会议讨论了科索沃危机的后果、巴尔干重建、欧洲安全与防御以及北约扩大等问题。北约 19 个成员国的代表出席了会议。北约秘书长罗伯逊在会议闭幕时表示，北约在 2002 年以前不会作出进一步扩大的决定。他说，对于北约来说，与俄罗斯的合作是极为重要的，同乌克兰的一体化也是重要的。

2000 年 6 月 7～16 日，北约和波罗的海地区的 11 个国家在波罗的海海域举行为期 10 天、代号为"2000 年波罗的海行动"的海上军事演习。据瑞典军方宣布，这次演习由北约负责指挥，目的是提高在波罗的海地区爆发军事冲突时海上展开维持和平行动的能力，演习的规模和范围将超过往年类似的演习。来自丹麦、爱沙尼亚、芬兰、法国、拉脱维亚、立陶宛、波兰、英国、瑞典、德国和美国等 11 国的 49 艘舰只和约 4500 名海军官兵参加演习。演习的科目主要有猎潜、射击、救援和不同参战单位相互间的协调合作等。

2000 年 6 月 8～9 日，北约防务计划委员会春季会议在布鲁塞尔北约总部举行。会议主要讨论了发展欧洲独立防务的军费开支以及巴尔干局势等问题。北约秘书长罗伯逊在会议上表示，希望北约中的欧洲成员国增加军费开支，以便在北约中扮演更为重要的角色。他说，欧洲盟国目前不具备新的世纪所需的灵活机动的军事力量。9 日，美国国防部长科恩在会上向盟国通报了美俄莫斯科首脑会谈的情况。会议发表了一项谴责南斯拉夫联盟共和国科索沃省暴力活动的声明，声明称："我们谴责所有的暴力行为，我们谴责在对付各方极端分子时采取的野蛮行径，我们对少数民族仍然容易受到科索沃阿尔巴尼亚族极端分子的攻击深表遗憾。"

9 日，俄罗斯国防部长谢尔盖耶夫出席北约—俄罗斯常设联合委员会，并提出了俄罗斯关于建立欧洲共同导弹防御系统的计划。对此北约秘书长罗伯逊和美国国防部长科恩均表示，俄罗斯的计划尚缺乏具体的细节。谢尔盖耶夫在会后仅表示，由俄总统普京几天前提出的欧洲共同导弹防御系统不会破坏 1972 年签署的《反弹道导弹条约》。同日，俄罗斯外长伊万诺夫公布了俄提出的建立全欧非战略性反导弹系统建议的 5 点内容：联合评价核扩散和可能发生的核威胁的性质和规模；联合拟定全欧非战略性反导弹系统的概念以及建立与部署这一系统的程序；联合建立有多方参加的全欧导弹发射预警中心；联合举行司令部演习、研究和试验；联合研制非战略性反导弹系统。伊万诺夫表示，俄准备就所有这些问题与西欧国家磋商。

2000 年 6 月 29 日，北约秘书长罗伯逊抵达德国进行访问，并于当天同德国外交部长约施卡·菲舍尔举行了会谈。会谈涉及所有北约联盟中的重要问题。会谈的重点是北约与俄罗斯关系、加强欧盟与北约之间联系和欧洲安全政策等。罗伯逊称赞德国政府 6 月 14 日批准的德国联邦国防军改革计划（按照这一改革计划，德国国防军用于危机反应部队的人数将从目前的 5 万人增到 15 万人，军队的装备也将向机动灵活和轻型化发展）。他说，这一改革将使德国军队在北约中发挥更大的作用。

2000 年 7 月 6 日，加拿大国防部长埃格尔顿宣布，旨在为北约培养空军人才的"北约在加拿大飞行训练计划"从 6 日开始实施。由加拿大庞霸叠航空航天公司和加拿大军方负责组织实施。这一计划为期 20 年，预计耗资 35 亿加元（约合 23.6 亿美元）。目前，丹麦、意大利、英国和新加坡已签订价值 8 亿加元（约合 5.4 亿美元）的训练合同，挪威等另外 4 个北约成员国也将参加这一计划。埃格尔顿说，位于加拿大中部的穆斯乔训练基地具有当今世界最现代化的飞行训练系统，这一训练计划将有助于提高北约的集体防务能力。

2000 年 7 月 14～22 日，北约在乌克兰西部举行军事演习，来自 11 个北约国家的 1500 多名士兵参加了此次演习。

2000 年 9 月 13 日，北约在哈萨克斯坦举行代号为"中亚维和营—2000"的军事演习。美国、哈萨克斯坦、吉尔吉斯斯坦、乌兹别克斯坦、英国、土耳其、蒙古、阿塞拜疆、格鲁吉亚和俄罗斯等 10 个国家的 1000 多名军人参加这次演习。法国和乌克兰以观察员的身份参加。据军事演习新闻中心提供的消息称，此次演习的目的是提高指挥官和司令部在维护和平和实施人道主义救援行动中的指挥作战能力，促进中亚各国和北约成员国在维和行动中的相互协作。演习期间，各国维和部队将演练在冲突地区联合实施人道主义救援行动，包括消灭武装恐怖分子和解救人质。哈国防部长托克帕克巴耶夫在开幕式上宣读了哈总统兼武装力量最高司令纳扎尔巴耶夫发来的贺信。纳扎尔巴耶夫表示，在目前中亚局势非同寻常的情况下提高各国部队打击恐怖分子和极端分子的能力具有非常现实的意义。

2000 年 9 月 18～20 日，北约在波罗的海举行为期 3 天的海上军事演习。来自加拿大、荷兰、丹麦、西班牙、德国、美国和波兰等 7 国的军舰以及水兵 2500 人参加了演习。参加演习的部队是北约部署在大西洋的海军，这些部队又是北约快速反应部队的一部分。这次演习的目的是"实施联合国对某假想国的制裁"。这是波兰自 1999 年加入北约以来第 2 次参加北约组织的海军演习。

2000 年 9 月 25～26 日，北约秘书长罗伯逊对格鲁吉亚进行正式访问，并与格鲁吉亚总统谢瓦尔德纳泽举行会晤。在会晤中，双方讨论了格鲁吉亚和整个南高加索地区局势以及格鲁吉亚在"和平伙伴关系计划"框架内继续与北约合作的问题。谢瓦尔德纳泽还向罗伯逊通报了俄罗斯从格鲁吉亚撤出多余军事装备的情况。在会晤后举行的新闻发布会上，罗伯逊表示，格鲁吉亚在"和平伙伴关系计划"框架内已成为北约的可靠伙伴，北约将帮助格鲁吉亚军队实现现代化。在回答北约是否可能干预阿布哈兹冲突问题时，罗伯逊表示，这是格鲁吉亚的内政，联合国和欧安组织正在解决该问题。

2000年10月9～20日，有10个国家参加的北约联合军事演习在拉脱维亚阿达日演习中心举行。这次演习在北约“和平伙伴关系计划”范围内进行，目的是检验在野战条件下如何采取维和行动。按照演习方案，1000名官兵在欧洲某个国家发生民族骚乱酿成武装冲突时，采取军事行动使冲突双方实现了停火并确保了维和任务的完成。

2000年10月13日，北约候选国国防部长会议在保加利亚首都索非亚闭幕，来自9个要求加入北约的国家的国防部长，以及匈牙利、捷克和波兰的国防部长出席了这次会议。这次会议是由保加利亚国防部长诺埃夫发起的。阿尔巴尼亚、保加利亚、爱沙尼亚、拉脱维亚、立陶宛、马其顿、斯洛伐克、斯洛文尼亚以及罗马尼亚等9国的国防部长或其代表在会议纪要中表示，他们的国家将争取尽快加入北约，并强调了对自己的武装力量进行大规模、迅速改革以及逐步使其实现现代化的重要意义。北约秘书长罗伯逊参加了这次会议。他说，北约候选国已经为加入北约做了许多工作，但是还有很多工作要做。现在该是北约候选国建立现代化军队以及有效的国防系统的时候了。会议商定，下次北约候选国国防部长会议将于2000年12月在布鲁塞尔举行，2001年6月将在里加举行这些国家的总参谋长会议。

2000年11月13～22日，由波兰、德国、丹麦3国联合组成的北约多国东北军团在波兰北部进行了军事演习，并根据演习结果宣布，多国东北军团已达到“战斗准备状态”。这次代号为“钻石鹰2000”的演习表明，这个军团“已完全可以在发生武装冲突的情况下参加北约框架内的战争行动”。波兰总统克瓦希涅夫斯基讲话说，这次演习“使北约的东北翼得到了加强。”军团指挥部通报说，该“军团活动的下一个阶段目标将是在北约领土以外发生危机局势时能够达到实战准备状态。”

2000年11月30日，北约秘书长罗伯逊在科索沃首府普里什蒂纳强调，科索沃阿尔巴尼亚族极端分子必须停止在南斯拉夫联盟塞尔维亚共和国南部地区的所有活动，因为“这符合科索沃所有人的利益”。罗伯逊当天同北约欧洲盟军最高司令、美国将军罗尔斯顿访问了南斯拉夫联盟共和国科索沃自治省，并与驻科索沃国际维和部队司令以及当地塞阿两族领导人举行了会谈。罗伯逊在会谈中强调，所有阿族领导人必须谴责极端分子这种行径并同他们划清界线。驻科索沃国际维和部队将尽一切努力制止阿族极端分子穿越边界和向塞尔维亚南部地区运送武器。

2000年12月1日，北约副秘书长巴兰齐诺访问阿尔巴尼亚。他在会见阿尔巴尼亚总统迈达尼时，就双边合作及地区形势进行了交谈。巴兰齐诺向迈达尼表示，北约驻科索沃国际维和部队将长期驻扎下去，其兵员不但不会减少，反而将会加强，阿尔巴尼亚将得到北约各方面的支持。迈达尼则说：“北约应长期驻扎在巴尔干地区，因为这一地区是北约的一部分。”同日，巴兰齐诺还会见了阿尔巴尼亚国防部长列希，双方就军事合作问题进行了会谈。

2000年12月5～6日，北约防务委员会秋季会议在布鲁塞尔举行。会议主要讨论了北约的军备预算、欧盟快速反应部队实际应付危机的能力、在波黑和科索沃维和驻军等问题。参加会议的美国国防部长科恩表示，美国不希望欧盟国家建立一套独立于北约之外的安全防务体系。他警告说，如果欧盟国家追求过分独立的欧洲防务，将会削弱美国与北约和北约与欧盟之间的相互关系。

2000年12月6日，北约秘书长罗伯逊在德国《法兰克福汇报》上发表文章指出，欧盟建立快速反应部队是为在美国和欧洲之间实现一种更加公平的防务分担，美国不能要求欧洲在面对地区性危机时，除了依靠北约之外无任何其它选择。他强调，欧洲一体化进程亟须欧洲拥有共同的外交和安全政策。在冷战结束十年后的今天，欧洲仍会发生一些地区性冲突。它们不可能都涉及到美国的战略利益，但有些可能与欧洲人的利益密切相关。因此，他认为，欧洲人必须拥有能够承担起处理危机的政治和军事责任的能力。此外，在经济上与美国势均力敌，在解决本地区的冲突方面也应承担更多的责任。罗伯逊表示，“欧洲安全与防务特性”不会使北约失去在欧洲安全问题上的中心作用，也不会削弱目前北约和欧盟之间的跨大西洋合作关系。相反，它还会加强欧盟与北美之间的合作，只不过合作的方式将会更加灵活，并且解决危机的军事行动能力也将得到提高。

2000年12月12日，俄罗斯外交部发表公告表示，希望即将于本月15日在布鲁塞尔举行的俄罗斯—北约常设联合理事会外长级会议能够进一步推动俄罗斯与北约关系的解冻进程。俄罗斯外交部指出，俄罗斯的最终目的仍然没有改变，俄希望同北约的相互关系能够从交换意见和交换情报的初级阶段上升到就整个欧洲的军事政治等关键问题制订计划和共同作出决定的崭新阶段。

2000年12月14～15日，北大西洋理事会秋季会议在布鲁塞尔举行。会议主要讨论北约与欧盟共享北约指挥系统问题。各国外长尤其是美国国务卿奥尔布赖特反复对土耳其外长杰姆游说，但土耳其一直没有松动自己的立场。杰姆说："如果土耳其被排除在欧盟安全防务体系之外，土耳其将面临危险，为此土耳其将坚持自己的立场，不退让不妥协。"由于土耳其的坚决抵制，会议未能就北约与欧盟共享北约指挥系统问题达成一致。绝大多数与会的北约成员国外长对会议的结果不满。他们认为，本次理事会应该就北约与欧盟共享北约指挥系统问题达成一致，这样才能在2001年5月讨论制定详尽的共享方案，以确立北约和欧盟之间新的跨大西洋关系。奥尔布赖特和北约秘书长罗伯逊对此持有不同意见，他们认为北约不应该受人为规定期限的限制，此次理事会并非事关成败，成员国外长还可以继续磋商。

（吴 炯）

欧洲安全与合作组织 概况 欧洲安全与合作组织（简称"欧安组织"），前身为欧洲安全与合作会议，简称"欧安会"。20世纪50年代，前苏联最早提出召开全欧安全会议的设想，1966年7月，华约政治协商会议正式提出召开欧洲安全与合作会议的倡议。1972年5月，美苏就召开欧洲安全与合作会议问题达成协议。1972年11月22日～1973年6月8日，35个国家在芬兰首都赫尔辛基召开大使级会议，草拟了《赫尔辛基最终建议蓝皮书》，规定了欧洲安全与合作会议讨论的范围和日程。1973年7月～1975年8月，欧洲安全与合作会议分3个阶段举行，并最后签署了《赫尔辛基最终文件》。至此，欧洲安全与合作会议正式成立。该组织的任务是处理早期预警、冲突防御和危机处理。此后到1995年初，又先后召开了4次续会和3次首脑会议。1995年1月1日，欧洲安全与合作会议正式更名为欧洲安全与合作组织。欧安组织2000年轮值主席为奥地利外长贝尼塔·费雷罗—瓦尔德纳，秘书长为扬·库比斯，议长为罗马尼亚前外长塞韦林（2000年7月接任）。

主要组织机构有：(1) 首脑会议，每两年举行1次。(2) 部长理事会，由成员国外长组成，每年至少举行1次。(3) 议会，每年举行1次会议。(4) 安全合作论坛，由各成员国代表团组成，每周举行1次会议。(5) 秘书处等。

成员国：共有55国（2000年底），分别为：马耳他、马其顿、土耳其、土库曼斯坦、比利时、丹麦、乌克兰、乌兹别克斯坦、白俄罗斯、加拿大、立陶宛、卢森堡、圣马力诺、安道尔、冰岛、吉尔吉斯斯坦、列支敦士登、西班牙、匈牙利、亚美尼亚、芬兰、克罗地亚、希腊、阿尔巴尼亚、阿塞拜疆、波黑、波兰、法国、拉脱维亚、罗马尼亚、英国、保加利亚、俄罗斯、哈萨克斯坦、美国、南斯拉夫（1992年被终止成员国资格，2000年11月恢复）、爱尔兰、爱沙尼亚、格鲁吉亚、荷兰、挪威、梵蒂冈、捷克、奥地利、葡萄牙、斯洛伐克、斯洛文尼亚、塔吉克斯坦、瑞典、瑞士、塞浦路斯、意大利、德国、摩尔多瓦和摩纳哥。

主要活动 2000年2月以来，欧安组织有以下主要活动：

（一）干预南联盟和科索沃局势。2000年2月25日，欧安组织驻南联盟科索沃自治省代表处发表声明，对当地部分阿族新闻媒体毫无根据地指责一些塞族人在科索沃战争期间犯有罪行进行了谴责。声明指出，阿族媒体在报道中公布了这些人的名字和工作单位，却未提及他们的罪状和证据，也未提出任何法律诉讼程序，这是非常危险和不负责任的行为，不仅对这些塞族人的人身安全构成了威胁，还会增加当地的暴力活动，从而进一步加深当地各族人民间的矛盾。

2000年6月20日，欧安组织驻南联盟科索沃自治省代表处承认，该组织和联合国驻科特派团2月初在科进行的人口普查已经失败。科北部6个区仅有8.8万居民参加了此次人口普查，塞族居民只有100余人，所有吉普赛人都没有参加。而科全境参加人口普查的阿族居民也仅有46万人。据南斯拉夫1991年进行的人口普查结果显示，当时科共有195.6万人。此次人口普查遭到了南联盟政府和科塞族居民的强烈反对，这是对南主权的侵犯，科的人口应由南联盟自己来普查。

2000年9月24日，南联盟举行总统选举，欧安组织等约50个国家和组织的200名国际观察员监督了此次大选。9月26日，南联盟选举委员会宣布，总统米洛舍维奇和反对党派联盟推举的总统候选人科什图尼察虽然在所有候选人中得票数领先，但均未超过半数，需进行第2轮投票。反对派联盟则表示反对，认为科什图尼察的得票已过半数应当当选，拒绝参加第2轮投票。9月27日，欧安组织轮值主席、奥地利外交部长贝尼塔·费雷罗—瓦尔德纳要求南总统米洛舍维奇承认选举失败并交出政权，并对南反对派所表现出的勇气和坚持精神表示赞赏。

2000年10月28日，在欧安组织和联合国驻科索沃特派团的主持下，科索沃全境举行了地方选举。10月30日，欧安组织宣布阿族领导人鲁戈瓦领导的科索沃民主联盟在选举中获胜。对此，南政府发表声明，表示不承认此次地方选举，认为这种选举只能进一步助长使科索沃成为单一民族社会的企图，助长科分裂分子的气焰，使当地的严峻局势更加动荡。

2000年11月6日，欧安组织轮值主席、奥地利外长贝尼塔·费雷罗—瓦尔德纳访问南联盟。南联盟新总统科什图尼察与其举行了会谈，并提出重新加入欧安组织的申请。南联盟是1992年被终止成员国资格的。

2000年11月10日，欧安组织常设理事会在奥地利首都维也纳举行特别会议，一致决定重新接纳南联盟为其成员国。南外长戈兰·斯维兰诺维奇当天表示，南政府支持联合国1244号决议，认为巴尔干问题只有在这个地区所有国家和民族的共同参与下才能得到解决。南将采取民主方式处理所有国内和国际问题，南各民族有能力和平相处。

2000年11月27日，欧安组织第8次部长理事会正式恢复了南联盟的成员国地位。

（二）举行各种例会。2000年7月6～10日，欧安组织议会第9次年会在捷克共和国首都布加勒斯特举行。

会议选举罗马尼亚前外长塞韦林为新议长，讨论并通过了由议会政治和安全委员会，经济、科技和环境委员会，以及民主、人权和人道问题委员会递交的3个决议草案，并在通过《布加勒斯特最终声明》后闭幕。声明包括了会议对北高加索、东南欧、白俄罗斯、摩尔多瓦等地区和国家的形势作出一系列决议，阐述了该组织对一些政治和安全问题，经济、科技和环境问题以及民主和人权问题的基本立场和观点。新议长塞韦林表示，他将在任期内努力进一步加强议会同欧安组织部长理事会间的合作，增加旨在解决危机问题的临时委员会的数量，并希望欧安组织议会今后能在预防危机方面发挥更大作用。

2000年7月19日，欧安组织在奥地利首都维也纳举行会议，纪念《赫尔辛基最终文件》签署25周年。欧安组织首任主席、德国前外长根舍出席了会议并发表演讲。他在讲话中表示，欧安组织的核心任务是预防冲突和用非暴力手段解决危机。欧安组织对保持欧洲地区的和平与稳定起着关键作用，应成为全欧安全结构的基本框架，而不能萎缩成执行其它组织内部政治决定的服务工具。欧安组织应进一步加强行动能力，改进人员配备和财政状况，加强各成员国间的合作，以迎接全球一体化带来的各种挑战。

2000年11月27～28日，欧安组织部长理事会第8次会议在奥地利首都维也纳举行。52个国家的外长和联合国等国际组织的代表出席了会议。以色列等5个地中海国家和日本等3个亚洲国家作为欧安组织伙伴国也派代表列席了会议。会议讨论了巴尔干、中亚地区以及其它前苏联地区国家的紧张局势。由于俄美等成员国对欧安组织车臣援助小组人员重返车臣等问题存在分歧，会议只就一项关于东南欧的共同声明取得一致意见，而未能通过原定的会议最终文件。在28日举行的记者招待会上，将于2001年1月1日起担任欧安组织轮值出席的罗马尼亚外长罗曼表示，欧安组织在欧洲安全结构中占有重要地位，它的合作安全体系还应进一步扩大，办事效率也有待进一步提高。

（三）与联合国共同召开中亚安全国际会议。2000年10月19日，由欧安组织和联合国共同举办的中亚安全国际会议在乌兹别克斯坦举行，共有60个国家和50个国际组织的代表参加了会议。会议就中亚的毒品走私、恐怖主义和有组织犯罪等问题进行了讨论，呼吁有关国家高度重视这些问题，加强相互间的协作，全力打击这些犯罪行为。据联合国估计，全世界鸦片产量的3/4来自阿富汗，而中亚则是主要的毒品走私通道。

（赵重阳）

东南亚国家联盟　概况　1967年8月8日，泰国、菲律宾、印度尼西亚、马来西亚和新加坡等5国外长发表《东南亚国家联盟成立宣言》，正式宣告东南亚国家联盟成立，简称“东盟”。1984年1月文莱独立后随即加入东盟，1995年7月越南加入东盟，1997年7月老挝和缅甸加入东盟，1999年10月柬埔寨加入东盟。至此，实现了“十国大东盟”的构想。东盟还与中国、韩国、日本、印度、新西兰、澳大利亚、俄罗斯、加拿大、美国以及欧盟等10个国家和组织结为对话伙伴国。该组织的宗旨是本着平等和合作的精神，通过共同努力来加速本地区经济增长、社会进步和文化发展，奠定一个繁荣、和平的东南亚共同体的基础，并促进地区的和平与稳定，增进地区的组织合作和相互援助，同国际组织保持紧密和有益的合作。

主要组织机构（1）首脑会议，不定期举行，主要讨论确定东盟的基本方针。（2）外长会议，是东盟问题重要的磋商和决策机构。（3）常务委员会，由当年主持外长会议的东道国外长任主席。（4）秘书处，设在印度尼西亚首都雅加达，为常设机构。(5) 东盟外长会议后续会议（又称“东盟与对话伙伴国会议”），成立于 1999 年，作为与“对话伙伴国”讨论政治和安全问题的一个论坛。它由东盟的 10 个成员国和 10 个对话伙伴国组成。(6) 东盟地区论坛，成立于 1993 年，目的是以多边论坛的方式讨论和解决安全问题。由东盟的 10 个成员国和 13 个地区论坛国家和组织（中国、朝鲜、韩国、日本、蒙古、印度、巴布亚新几内亚、俄罗斯、澳大利亚、新西兰、加拿大、美国和欧盟）组成。(7) 东盟 10 国和中国、日本、韩国 3 国非正式会晤（10＋3 会晤）。东盟各国和中、日、韩 3 国领导人出席。(8) 东盟—欧盟部长级会议，出席会议的有东盟 10 国和欧盟 15 国外长或代表。主要讨论双边关系、地区及世界形势。

主要活动　2000 年 3 月 9 日，东盟秘书长塞韦里诺在印度尼西亚首都雅加达接受中国新华社记者采访时表示，中国对东盟十分重要，中国在维护本地区和平方面一直发挥着重要作用。塞韦里诺称，东盟和中国之间保持着非常积极的关系。双方在贸易、投资及科技合作领域建立了一个很好的工作小组，彼此间每年都要就双方的合作关系举行一次正式磋商。“我们希望中国继续成为东盟地区论坛的建设性对话伙伴”，希望中国为加强东南亚地区的稳定继续发挥作用。在谈到东盟的现状时，塞韦里诺说，尽管本地区遭到金融危机的打击，但东盟各国间仍很团结。现在东盟正在继续推进经济一体化进程。他说，为了迎接经济全球化的挑战，东盟将在 2003 年以前完成建立东盟自由贸易区计划。

2000 年 5 月 8 日，第 20 届东南亚国家联盟刑警组织大会在缅甸首都仰光开幕，会议为期 3 天，主要讨论了预防和打击犯罪的途径、加强打击犯罪的国际合作以及维护社会稳定等问题。缅甸内政部长丁兰在开幕式上发表讲话说，有组织的跨国犯罪问题是 21 世纪全世界共同面临的挑战，贩毒、武器走私、拐卖人口、洗钱、贪污以及与计算机相关的犯罪等问题正给各国的政治、经济和社会局势造成可怕的后果。他说，有效地解决跨国犯罪问题的惟一办法是各国之间相互理解，共同采取行动，加强协调和合作。东盟刑警组织在打击本地区跨国犯罪方面发挥重要的作用。

2000 年 6 月 21 日，东盟常务委员会现任主席、泰国外长素林·比素万在此出席泰国—新加坡民事服务交流计划第 3 次协调会后对新加坡记者发表谈话说，东盟地区论坛成员国都已同意朝鲜参加 2000 年 7 月在曼谷举行的东盟地区论坛会议。素林称，他于 2000 年 5 月接到朝鲜外务相白南舜提交的朝鲜加入东盟地区论坛申请书。东盟地区论坛的所有成员国对朝鲜申请加入的反应和立场相当一致，都欢迎朝鲜成为这个论坛的成员。让朝鲜参与东盟地区论坛是一项合乎逻辑的发展，因为朝鲜将能够对本区域的稳定和安全作出贡献。

2000 年 7 月 24～25 日，第 33 届东盟外长会议在泰国首都曼谷举行。本次会议主要讨论了东盟在新形势下面临的挑战、应采取的措施、东盟和东盟地区论坛的发展方向以及加强地区合作、推动经济复苏等问题。会议结束时发表了联合公报。联合公报说，关于政治和安全合作，东南亚地区的总体安全环境仍保持稳定和安宁。东盟应在推进东南亚地区的和平与稳定方面以及在整个亚太地区继续发挥突出作用。东盟外长对东盟地区论坛取得的进展表示欢迎，并强调建立信任关系、开展预防外交仍将是东盟地区论坛的宗旨。关于印尼局势，东盟外长对印尼政府为恢复国内的和平与秩序而采取的措施和努力表示赞赏，并重申继续支持印尼的主权、领土完整和国家团结，强调印尼的稳定和繁荣对于整个亚洲地区的和平、稳定与繁荣具有积极意义。关于台海局势，东盟外长重申“一个中国”的政策，并表示希望两岸局势能取得积极的进展。关于朝鲜半岛局势，东盟外长们欢迎朝韩首脑 6 月份在平壤举行的会晤，并重申朝鲜半岛的和平与稳定对于整个地区的安全是至关重要的。东盟外长还对朝鲜致力于改善与邻国以及东盟国家关系的努力表示赞赏，并期待着朝鲜参加将于 7 月 27 日举行的东盟地区论坛会议。关于“10＋3”机制，东盟外长对在“10＋3”（指东盟 10 国加中国、日本、韩国 3 国）机制下东亚合作取得的稳步进展感到满意，并认为这一进程为东亚的政治和经济稳定作出了重要贡献。第 33 届东盟外长会议主席、泰国外长素林·比素万在东盟外长会议结束后举行的记者招待会上回答有关东盟对美国国家导弹防御系统的立场时表示，东盟对目前世界上出现的军备扩张趋势“表示忧虑”。他说：“东盟一直并将继续为避免出现军备扩张的局面而努力。我们对任何诸如此类的动向都很关注，特别是当影响到双边信任和世界各国之间的相互信任时更是如此。”

2000 年 7 月 27 日，第 7 届东盟地区论坛会议在泰国首都曼谷开幕。来自东盟地区论坛 23 个成员国的外长或代表出席了会议，朝鲜作为东盟地区论坛的新成员首次出席会议。本届论坛会议主要讨论了亚太地区的安全形势、全球化带来的积极和负面影响、地区政治与安全合作、东盟地区论坛的发展进程和发展方向等问题。同时，论坛成员还就建立东南亚无核区、东南亚无毒品区、东盟自由贸易区、核不扩散以及共同合作打击跨国犯罪等问题进行了讨论。

中国外交部长唐家璇在会议上发表讲话，就亚太地区的政治和安全形势、促进亚太安全的积极因素、建立有利于亚太地区持久和平的安全秩序和安全模式、东盟地区论坛应发挥的作用等问题阐述了中国的立场和观点。唐家璇指出，世纪之交，亚太地区的政治和安全形势正在发生新的变化。这一地区继续朝着和平与发展的方向前进。但是，一些消极因素也有所滋长，亚太安全仍面临挑战。一方面，东亚经济迅速恢复，发展前景看好。对话与合作是亚洲国家关系的基本取向。中国与有关东盟国家增信释疑、和平解决分歧的努力取得积极进展，中越两国成功签署陆地边界条约。朝鲜半岛南北双方举行了历史性首脑会晤，签署了《共同宣言》。另一方面，冷战思维仍在影响着某些国家对世界政治和国际关系的认识。双边军事同盟继续加强，多国联合军事演习有增无减，战区导弹防御计划逆流而动。唐家璇指出：中方反对美国NMD（国家导弹防御系统）和TMD（战区导弹防御系统）。NMD和TMD的开发势必破坏全球战略平衡，导致新一轮军备竞赛，对国际和平与安全、国际军控与裁军进程以及国际防扩散努力将产生广泛而深远的消极影响。这些均在抵消着本地区建立信任的努力，不利于地区的安全与稳定。与此同时，全球化和亚洲金融危机的余波对亚太安全带来负面影响，贫富差距不断扩大，民族和宗教冲突此起彼伏，一些国家的传统和非传统安全受到一定冲击。唐家璇指出，亚太安全形势的演变既留下了深刻的教训，也提供了有益的启示。首先，亚太地区的持久和平有赖于各国自身的稳定的发展。维护国家统一、领土完整、独立和主权，是确保亚洲各国和整个地区安全与安宁的基本保障。第二、亚洲的安全也有赖于国家间发展正常、健康和稳定的关系。相互尊重、相互信任，才能和平共处，亚太安全才有希望。反之就会彼此失和，地区稳定就难有保证。第三，寻求最广泛的共同利益，是维护亚太安全的重要途径。亚太地区国家国情不尽相同，利益不尽一致。然而，在全球化加速发展的形势下，彼此间的共同利益也在增多。这包括加强互利合作，促进经济发展，缩小南北差距，规避全球化的风险，获取全球化的益处。“亚太和平取决于各国的普遍发展和共同繁荣，它不可能也不应该建立在少数国家谋求自身利益、强化自身优势的基础上”。第四，对话合作，求同存异是亚太和平与稳定的最佳方式。围绕以什么方式维护亚太和平，存在着两种声音、两种主张。扩张军备、加强军事同盟的政策远未退出历史舞台，增强对话与合作、增进了解和信任的观念日益深入人心。唐家璇进一步指出，作为本地区最大的政府间安全对话合作论坛，“东盟地区论坛的宗旨是加强对话，增进合作，减少分歧，促进国家间形成建设性关系。目前，论坛已逐渐形成了以平等参与、协商一致、求同存异、循序渐进为特征的运作方式”。他说，中方愿对朝鲜正式成为论坛的新成员表示衷心祝贺和热烈欢迎。唐家璇希望东盟地区论坛能“根据本地区多样性的特点，进一步加强对话，增进各国间的了解和信任，促进本地区在安全领域形成符合时代潮流的思维和模式”。“中方赞同论坛在巩固和深化建立信任措施的同时，对在本地区开展预防性外交问题进行探讨。中方认为有必要首先就预防性外交的概念和原则统一认识，统一思想”。唐家璇最后说，过去一年，是中国为亚太地区和平、稳定与发展作出新贡献的一年。中国努力发展与周边国家的睦邻友好，与多数东盟国家签署或发表了面向21世纪的双边合作文件，中哈吉俄塔“上海5国”进程健康发展。中国积极参与东亚合作和其它地区的国际合作。作为联合国安理会常任理事国和亚太地区的一个成员，中国将继续在促进地区和世界和平与稳定方面履行自己的职责。

会议发表一项主席声明。该声明首先对朝鲜作为东盟地区论坛新成员参加会议表示欢迎。声明指出，部长们对东盟地区论坛在亚太地区范围内加强政治和安全对话与合作所取得的重要进展表示满意，并重申建立和进一步加强信任关系、积极开展预防外交对东盟地区论坛整个进程的重要性。部长们表示将继续支持东盟在论坛中发挥主导作用。部长们回顾了自上届论坛会议一年来亚太地区的政治和安全形势，并就安全概念和影响本地区安全环境的主要政治和安全问题在坦诚、友好的气氛中广泛地交换了意见。他们认为，亚太地区整体安全环境出现了一些积极变化，其中表现为金融危机后经济继续复苏和本地区国家间相互交往进一步加深。但同时本地区也面临众多的、特别是由于全球化带来的挑战和不确定因素。为此，部长们认为各国有必要加强各自和集体的力量，应付影响共同安全的各种挑战。他们指出，本地区各国应通过对话和合作继续努力，共同面对和解决全球化引起的一系列问题，以保证经济的持续增长和社会的发展。部长们还重申：“各大国发挥建设性的作用和相互间保持稳定的关系对地区和平与稳定仍是十分重要的。”关于印尼局势，部长们认为，“一个统一、民主和经济繁荣的印尼对维护地区安全是至关重要的”，并重申支持印尼的主权、领土完整和民族团结。关于朝鲜半岛局势，部长们对朝鲜半岛局势近来出现的积极变化和朝鲜与一些东盟国家间对话和交流的增加表示满意。他们特别对朝韩首脑 2000 年 6 月在平壤举行历史性会晤表示欢迎，认为这是朝韩关系史上的“转折点”，并表示相信，朝鲜半岛南北方之间目前的对话进程和相互融入将朝着取得持久和平、实现最终统一的方向发展。

2000 年 7 月 28～29 日，东盟与对话伙伴国会议在泰国首都曼谷举行。会议主要就推动地区经济复苏、建立社会保障体系、加强东盟一体化进程、加速人力资源开发和打击跨国犯罪等问题进行讨论。与会者表示将把消除贫困、打击贩毒和拐卖妇女儿童、遏止传染病蔓延和缩小各国在信息技术上的差距等问题列入今后的工作日程。本次会议主席、泰国外长素林在会议闭幕式上表示，这次会议不仅将推动东盟和中国的禁毒合作，而且对国际禁毒事业也具有积极意义。他强调，中国总理朱镕基对本次会议给予关心和支持，中国国务委员罗干出席会议并作主旨发言，都表明了中国高度重视和积极参与本地区禁毒合作。

2000 年 12 月 11～12 日，第 13 届东盟—欧盟部长级会议在老挝首都万象举行。东盟 10 国外长和欧盟 15 国的外长、部长级官员及欧盟代表出席了会议。会议讨论了东盟与欧盟关系的现状和发展前景、地区政治与安全形势以及世界经济发展等问题，重点讨论了中东局势近来的发展以及巴尔干半岛和朝鲜半岛问题。出席会议的各国部长一致认为，东盟与欧盟关系的发展不应因某些分歧而受到影响。老挝总理西沙瓦·乔本潘在开幕式上发表讲话时表示，希望东盟和欧盟能在平等与平衡的基础上发展伙伴关系。他说，东盟和欧盟的合作潜力巨大，特别是在经济、贸易和投资领域的合作前景非常广阔。双方在经济上的合作为进行建设性的政治对话、加强地区和平与稳定开拓了道路。但所有合作必须建立在协商、合作、相互尊重、互不干涉内政和避免冲突的基础上。他说，这次会议的召开表明东盟和欧盟相互理解，有信心有决心发展双方关系，并将为两个地区未来关系的发展注入新的活力。

会议通过了《万象宣言》。宣言说，在这次为期两天的会议上，东盟 10 国外长和欧盟 15 国的外长、部长级官员及欧盟代表以“真诚、相互理解和相互信任”的精神，就加强东盟—欧盟关系、国际和地区政治、安全及经济问题广泛深入地交换了意见。双方同意通过东盟地区论坛加强在地区安全方面的合作。双方认为，各国应继续进行经济和金融改革，加强国际经济合作，改革国际金融体系，以实现经济的可持续复苏并避免再次发生危机。双方强调世界贸易组织在促进全球经济发展与繁荣发挥的重要作用，支持尽早开始世贸组织的新一轮贸易谈判。双方认为，谈判内容应反映世贸组织所有成员、特别是发展中成员的利益，应该加快柬埔寨、老挝和越南加入世贸组织的进程。双方表示将继续进行贸易合作，加强在减少贫困、人力资源开发、健康和环保、自然资源可持续利用、科技和信息技术的应用等方面的合作。双方一致认为，全球化和新经济为两个地区的发展提供了巨大机遇。双方应抓住机遇，共同努力建立起电子东盟—电子欧盟的联络通道，并同意考虑在发展电子商务、缩小电子鸿沟等方面加强合作。

（湘　溪）

阿拉伯国家联盟　概况　简称“阿拉伯联盟”或“阿盟”。1944 年 9 月，阿拉伯各国外长在埃及建议下，在埃及亚历山大港举行会议，拟订了《亚历山大议定书》，决定成立该组织。1945 年 3 月 22 日，埃及、叙利亚、约旦、伊拉克、沙特阿拉伯、黎巴嫩和也门等 7 国代表在开罗举行会议，签订了《阿拉伯国家联盟公约》（亦称《阿拉伯国家联盟宪章》），宣布阿拉伯国家联盟正式成立。1950 年，该联盟成员国签署了集体防御协议和经济合作协议。阿盟的宗旨是加强成员国之间的紧密合作与联系；协调彼此间的政治活动；捍卫阿拉伯国家的主权和独立；谋求阿拉伯国家的一致利益和共同繁荣。《阿拉伯国家联盟公约》规定，每一个独立的阿拉伯国家都有权加入阿盟；成员国应相互尊重其国家政治制度；成员国之间的争端不得诉诸武力解决；各成员国根据自身国情及机构设置情况，在经济和财政等领域密切合作；成员国与其它国家或组织缔结的条约和协定对该联盟的其它成员国无约束力。阿盟宪章规定，阿盟总部的永久地址设在开罗。由于埃及与以色列签订和约，1979 年 3 月 31 日，阿拉伯国家外交和经济部长会议决定，将阿盟总部迁往突尼斯。1990 年 10 月 31 日，阿盟总部迁回开罗。目前，阿盟共有成员国 22 个，即阿尔及利亚、巴林、科摩罗、吉布提、埃及、伊拉克、约旦、科威特、黎巴嫩、利比亚、毛里塔尼亚、摩洛哥、阿曼、巴勒斯坦、卡塔尔、沙特阿拉伯、索马里、苏丹、叙利亚、突尼斯、阿拉伯联合酋长国和也门。

主要组织机构有：(1) 首脑会议，是阿盟最高权力机构，自1964年起不定期举行，从2000年起恢复每年定期举行，主要商讨阿拉伯国家和地区共同关心的重大问题。(2) 理事会，是阿盟最高执行机构，由各成员国选派1名代表组成，每年3月和10月举行两次例会，也可应两个以上成员国的要求随时召开特别会议。获得理事会全体通过的决议将对所有成员国有约束力，而多数票通过的决议仅对投赞成票的成员国有约束力。理事会例会主席国实行轮值制。理事会下设阿拉伯妇女事务委员会、阿拉伯专家合作委员会等14个分支机构。(3) 秘书处，主要负责联盟行政和财政管理，召集理事会例会并执行理事会会议的决议，下设阿拉伯事务部、经济事务部、国际事务部、巴勒斯坦问题部、条法事务部、军事事务部等执行部门及1个对内的审计部门。秘书长须经成员国提名并获理事会成员国2/3选票以上者才能担任，每届任期5年。经理事会批准，秘书长可任免副秘书长及秘书处主要官员。秘书长享受大使级待遇，副秘书长享受公使级待遇。现任秘书长艾哈迈德·伊斯马特·阿卜杜勒·马吉德博士（埃及人，1991年5月1日起担任），副秘书长共有9人，分管国际、军事和巴勒斯坦问题等事务。(4) 阿盟其它组织机构还有：联合防御理事会，经社理事会等。阿盟在世界各地设有代表处或新闻中心。1956年阿盟同中国建立联系。1993年8月，阿盟在北京设立了代表处。

主要活动 2000年1月4日，阿盟秘书长马吉德博士畅谈了本世纪阿拉伯和非洲国家人民争取民族解放和独立运动的伟大意义，盛赞阿拉伯人民同中国人民的友好情谊。马吉德指出，为了争取国家独立和民族解放，阿拉伯和非洲人民进行了长期英勇斗争，作出了巨大牺牲，最终赢得了胜利。他说，阿拉伯和非洲人民所进行的反对殖民主义者的斗争不但改变了本地区的形势，推动社会向前发展，也为世界文明作出了贡献。马吉德认为，世界各国人民争取国家独立和民族解放运动都是相互同情和支持的，中国人民在毛泽东主席的领导下，经过艰苦卓绝的斗争于1949年10月1日建立了中华人民共和国。中国革命的成功极大地鼓舞了阿拉伯和非洲人民的斗争意志和信心。阿拉伯和非洲人民决不会忘记中国在他们反对殖民主义的斗争中和在发展国民经济的建设活动中所给予的支持和援助。马吉德说，今天中国在政治、经济、外交等领域取得了令人瞩目的成就，在国际事务中发挥着越来越大的作用，已成为阿拉伯和非洲国家学习的楷模。

2000年1月9日，阿盟秘书长马吉德在开罗表示，阿盟高度重视3日在美国开始的第2轮叙以和谈，并坚决支持叙利亚要求收复戈兰高地的正义立场。马吉德强调，只有以色列从包括巴勒斯坦、戈兰高地、黎巴嫩南部等在内的所有被占阿拉伯领土撤出，并根据联合国决议解决耶路撒冷和巴勒斯坦难民等问题之后，中东地区才能实现全面、公正和持久的和平。

2000年1月19日，针对以色列议会将首次公开辩论核政策，巴勒斯坦常驻阿盟代表萨比哈指出，以色列拥有100多枚核弹头，拥有能发射原子弹的潜艇和庞大的常规和非常规武器库，对中东地区其它国家的安全构成了严重威胁。

2000年1月24日，阿盟跟踪、监测以色列研制核武器的技术委员会在结束为期两天的会议后发表的声明中强调，包括以色列在内的所有中东国家都应该立即加入《不扩散核武器条约》。声明同时呼吁缔约国采取行动，促使以色列尽快加入《不扩散核武器条约》，并允许国际原子能机构对其核设施进行检查，以此作为实现中东无核区的第一步。声明还要求《不扩散核武器条约》的缔约国保证做到，不直接或间接向以色列转交或提供任何研制核武器所需的技术、设备、材料、信息，并保证不以任何形式帮助以色列研制或得到核武器。声明指出，使中东地区成为无核区是阿拉伯国家加入《不扩散核武器条约》的目的所在，阿拉伯国家将一如既往地坚持这一立场。以色列一直否认拥有核武器，但有关专家认为，以色列已利用其核技术生产了100～200枚核弹头。

2000年1月27日，阿盟秘书长马吉德强调，以色列不公开其核秘密不仅难以消除整个阿拉伯世界的忧虑和不安，还将对中东和平进程产生消极影响。马吉德说，全面揭示中东地区核武器的状况不仅有助于这一地区的国家间建立相互信任，为这一地区的经济和社会发展打下牢固的基础，也有助于这一地区全面禁止和销毁核武器。马吉德强调，以色列必须加入《不扩散核武器条约》，并同意接受国际原子能机构对其核设施进行检查。他说，阿盟对以色列的核政策和生产核武器的能力予以高度关注。同一天，阿盟负责政治事务的助理秘书长伊斯梅尔也发表讲话强调，以色列拥有核武器打破了中东地区的力量均衡，对这一地区的安全构成极大威胁。阿拉伯国家应迫使以色列加入《不扩散核武器条约》，并同意接受国际原子能机构对其核设施进行检查。

2000年1月29～30日，阿盟内政部长理事会在阿尔及尔召开第17次会议。会议通过了《阿尔及尔声明》。声明指出，阿拉伯国家决心切实执行阿拉伯反恐怖战略，采取各种必要措施，打击一切形式的恐怖活动。鉴于恐怖活动已成为威胁世界各国安全和和平的国际现象，该理事会支持召开一次由联合国主持的国际反恐怖会议的主张。

2000年2月6日，阿盟秘书长马吉德在开罗会见了来访的巴勒斯坦民族权力机构主席阿拉法特。阿拉法特在会谈后发表谈话指出，到目前为止，以色列方面仍未认真履行巴以双方签署的协议条款；巴拉克政府同意兴建一批犹太人定居点住宅的做法就是一个例证。阿拉法特说，巴拉克政府同意兴建的定居点住宅，不仅数量上远远超过了内塔尼亚胡政府，而且其位置也主要集中在作为巴勒斯坦国首都的耶路撒冷和处于以色列四面封锁之中的伯利恒。阿拉法特呼吁以色列政府切实履行联合国242、338和425号决议，恪守1991年“马德里和会”确定的“以土地换和平”的原则，执行巴以之间达成的所有协议。他欢迎在巴以谈判的同时举行叙以和黎以谈判，因为阿拉伯的土地是统一的。

2000年2月8日，以色列战斗机当天凌晨空袭黎巴嫩电站等设施，引起阿拉伯世界的强烈反响。阿盟秘书长马吉德对新闻界发表谈话指出，以色列发动的空袭是对国际法的公然挑衅和对1996年4月黎巴嫩、叙利亚和以色列签署的书面停火协议的粗暴践踏，同时也是巴拉克政府言行不一的又一次暴露。马吉德呼吁国际社会采取果断行动制止以色列的侵略行径，迫使以色列履行联合国决议，无条件地从黎南部撤军。

2000年2月14日，阿盟发表声明，欢迎吉布提政府与吉反政府组织“恢复团结和民主阵线”签署旨在结束双方敌对状态的新和平协议。声明说，签署新的和平协议是吉布提政府的明智选择，它将有助于推动吉布提人民实现团结，推动吉布提社会实现和平和发展。声明还指出，吉布提新和平协议不仅为解决整个非洲大陆的矛盾与冲突提供了理想模式，它还将有利于加强吉布提同其邻国之间的协调与合作，从而最终实现本地区的安全和稳定。

2000年2月15日，黎巴嫩常驻阿盟代表向阿盟递交了1份备忘录，详细介绍了以色列飞机轰炸黎巴嫩基础设施所造成的损失。备忘录说，以色列军队从本月8日凌晨起连续空袭黎民用设施，致使大量平民受伤，3座电站被摧毁。阿盟负责阿拉伯事务的助理秘书长哈里在收到备忘录后对记者发表谈话说，阿盟正密切注视着黎巴嫩局势的发展，并正在同那些有能力制止以色列野蛮侵略的国家进行磋商，迫使以色列恪守黎、叙、以三方1996年4月签署的书面停火协议的条款，立即停止对黎巴嫩的空袭行动。

2000年3月4日，正在开罗访问的俄罗斯外长伊万诺夫同阿盟秘书长马吉德举行了会谈。伊万诺夫指出，以色列执行联合国决议和恪守马德里和会框架协议，是实现中东地区全面、公正和平的基础。俄罗斯将同阿盟一起，为解决中东地区悬而未决的问题，首先是中东和平进程和伊拉克问题而共同努力。伊万诺夫还向马吉德通报了俄罗斯政府为政治解决车臣问题所采取的措施，表示联邦政府在车臣采取行动的根本目的，是为车臣人民过上正常的生活创造必要条件。伊万诺夫否认有关俄罗斯欺压穆斯林的说法，并向阿盟发出邀请，请阿盟派代表团到高加索地区北部实地了解那里的局势。

2000年3月11日，阿盟第113届外长理事会会议在黎巴嫩首都贝鲁特召开。会上，阿盟22个成员国的外长们讨论了中东和平进程及本地区的经济发展等重大议题。当日，会议发表声明，声明敦促以色列尽快执行联合国安理会425号决议，无条件地从黎巴嫩南部撤军。声明还指出，黎以、叙以和平进程应同步进行，黎巴嫩和叙利亚应该用一个声音同以色列谈判。声明又一次肯定了叙利亚收回戈兰高地的权利。

2000年3月23日，阿盟秘书长马吉德在与巴勒斯坦民族权力机构主席阿拉法特会谈结束后对记者发表谈话说，以色列应该懂得，通过武力和威胁、逃避义务和制造危机决不能赢得安全。恪守1991年马德里中东和会框架协议，严格按照联合国安理会242、338、425号决议要求，将其军队完全撤出叙利亚的戈兰高地和黎巴嫩南部地区，允许巴勒斯坦人民建立自己的独立国家和同意巴勒斯坦难民重返家园，才是以色列实现安全的必由之路。

2000年3月26日，阿盟秘书长马吉德呼吁索马里各派作出更大的努力，以尽快实现国家的统一、和平与稳定。马吉德当天对新闻界发表谈话，要求索马里各派下月在吉布提举行的索马里和平大会上密切合作，以使吉布提总统盖莱提出的旨在实现索马里民族和解与全国和平的倡议得以实施。

2000年3月28日，阿盟在开罗召开为期一天的第113次常驻代表会议，会议同意成立阿盟预防、处理和解决冲突机制。阿盟秘书长马吉德会后对记者发表谈话说，预防、处理和解决冲突机制的建立是阿盟工作机制的进一步完善，它是阿盟秘书处的一部分，秘书长有权通过该机制来解决成员国之间可能发生的任何纠纷。马吉德说，这一机制由中央机构、信息库、仲裁委员会等组成。这是一个非强制性的机构，发生冲突的国家可本着自愿的原则通过该机制寻求解决。但该机制一旦作出裁决，就对当事国具有约束力。他说，该机制在解决成员国冲突时将恪守阿盟宪章、阿拉伯集体防御和经济合作协议，尊重成员国的主权与领土完整、不干涉内政和通过和平方式解决冲突等原则。

2000 年 4 月 1 日，阿盟秘书长马吉德呼吁欧盟在推动叙以、黎以和巴以和谈中发挥更大作用，并希望欧盟加强同阿拉伯国家的政治、经济合作关系。马吉德当天同来访的欧盟委员会负责外交事务的委员克里斯托弗·帕滕举行了会谈。马吉德在会谈后对记者发表谈话，再次强调阿拉伯国家对中东和平进程的立场。他呼吁以色列恪守联合国安理会的有关决议和“土地换和平”的原则，从叙利亚的戈兰高地、黎巴嫩南部以及所有被它占领的巴勒斯坦土地上撤军，使中东地区早日实现公正、持久的和平。马吉德说，他与帕滕还讨论了欧洲—地中海伙伴关系的问题。他指出，阿盟和欧盟应在欧洲—地中海伙伴关系的框架内，继续加强合作，共同维护地中海地区的安全与稳定。

2000 年 4 月 18 日，阿盟在纪念黎巴嫩“卡纳惨案”4 周年之际发表的声明中，呼吁国际社会，采取一切必要措施，制止以色列继续在黎巴嫩屠杀无辜百姓、摧毁经济设施的侵略行径。声明指出，以色列制造的“卡纳惨案”是一起严重侵犯人权的罪行，该惨案的制造者应送交国际法庭审判。声明强调，以色列必须无条件地执行联合国 425 号决议，立即无条件从黎巴嫩领土上撤至国际公认的边界并释放所有被以军关押的黎巴嫩人。声明呼吁美国发挥作用，敦促以色列恢复同叙利亚和谈并将其军队从戈兰高地撤至 1967 年 6 月 4 日的实际控制线。

2000 年 5 月 2 日，阿盟秘书长马吉德对卡塔尔和沙特阿拉伯于 1 日签署两国陆地边界协定，成功地解决双方间长期存在的边界纠纷表示欢迎。马吉德对新闻界发表谈话说，“卡塔尔和沙特阿拉伯最近结束长达十多年的边界谈判并签署边界协议，是这两个阿拉伯邻国取得的一项历史性成果，它将使两国关系进入一个相互理解、协调和合作的新时期。”他指出，卡塔尔和沙特阿拉伯的成功之举表明，“阿拉伯国家愿意并能够通过和平方式解决领土和其它纠纷，为恢复和加强阿拉伯国家间的团结作出了贡献，并树立了良好的榜样。”

2000 年 5 月 14 日，是以色列建国纪念日。阿盟在当天发表的声明中指出，坚持“以土地换和平”的原则，就是以色列必须归还它占领的所有阿拉伯土地来换取全面的和平，而不是归还部分土地来换取全面和平。如果以色列在这个原则问题上阳奉阴违，只会使阿拉伯人民反对占领的斗争进一步高涨。声明强调，阿拉伯国家坚持实现中东和平的战略选择，并不是因为软弱或其权利可以不被重视。阿拉伯国家一贯坚持，只有以色列恪守联合国安理会有关决议，切实履行同巴勒斯坦方面签署的所有协议条款，承认巴勒斯坦人民的自决权和建立自己独立国家的权利，并立即从戈兰高地、黎巴嫩南部、贝卡谷地以及所有被占领的巴勒斯坦领土上撤出去，中东地区才能实现公正、持久的和平。

2000 年 5 月 17 日，阿盟发表声明，强烈谴责以色列军警镇压巴勒斯坦人民，呼吁国际社会采取措施制止以色列的暴行。当天，阿盟在开罗总部召开成员国常驻代表特别会议，讨论巴勒斯坦局势。会后发表的声明指出，以色列应对巴勒斯坦目前出现的紧张局势，对中东和平进程出现的挫折承担全部责任。声明呼吁联合国和国际社会采取一切措施结束以色列对阿拉伯领土的占领，迫使以执行联合国安理会 242 号和 338 号决议以及它同巴勒斯坦方面签订的一切协议，释放所有被关押的巴勒斯坦人。声明要求以色列立即停止在约旦河西岸、加沙地带、耶路撒冷、戈兰高地推行的扩建犹太移民定居点的政策。声明呼吁美国、欧盟成员国和国际金融机构冻结对以色列的经济和财政援助，以免以色列将援助资金用于兴建和扩建犹太移民定居点。

2000 年 5 月 21 日，阿盟发表声明，埃塞俄比亚和厄立特里亚本月 12 日因边界争端爆发新一轮武装冲突，迄今已持续一周多时间，造成大量人员伤亡和重大经济损失。声明呼吁埃厄双方立即停止武装冲突。声明说，使用武力手段解决双方分歧只能火上加油，除使问题进一步复杂化外，还将危及整个地区安全。声明呼吁埃厄双方立即停火，接受非洲和欧洲国家为和平解决冲突所作的努力。

2000 年 5 月 23 日，据伊拉克《拉非丹周刊》报道，阿盟秘书长马吉德近日强调，联合国不能无限期地制裁伊拉克，现在已是解除对伊制裁的时候了。马吉德对这家周刊发表的谈话指出，伊拉克已经遭受了近 10 年的国际制裁，联合国继续制裁伊拉克已经没有必要，也是不公正的。他表示，阿盟将竭尽全力推动国际社会解除对伊制裁，以缓解制裁给伊人民带来的深重苦难。他还说，美国和英国的战机不断对伊拉克进行野蛮轰炸违背了国际法准则和联合国有关决议精神。他要求美英立即停止对伊的空中打击，不要再伤害伊拉克的儿童、妇女和老人。马吉德呼吁有关各方与安理会成员国和联合国秘书长继续磋商、协调和合作，采取外交行动，尽快打破僵局。

2000 年 5 月 27 日，阿盟秘书长马吉德当天会见了正在埃及访问的科摩罗外交部长穆罕默德·阿明。阿明向马吉德转交了科摩罗总统阿扎利写给他的一封亲笔信。马吉德在会见后发表讲话强调，阿明致力于维护科摩罗的国家统一和领土主权。他将继续与非统组织、法语国家组织和法国等方面保持密切联系，以寻求对科摩罗的政治支持和经济援助，帮助科政府克服目前面临的经济困难，实现国家的团结和统一。他呼吁所有阿拉伯国家和投资机构向科摩罗伸出援助之手。阿明表示，科摩罗希望阿盟和非统组织继续劝说该国的昂儒昂岛分裂势力领导人改变立场，以维护国家的统一。他指出，非洲国家对昂儒昂岛分裂势力的封锁和制裁已经产生积极效果，科政府对实现祖国的统一持乐观态度。

2000 年 6 月 14 日，据埃及《共和国报》报道，阿盟欢迎沙特阿拉伯和也门最近签署条约解决边界纠纷，认为该条约的签署有助于维护阿拉伯国家间的团结。报道援引阿盟发言人哈米德的话说，沙特阿拉伯和也门签署边界条约具有重大历史意义，它不但有利于维护双方的利益和整个阿拉伯世界的团结，而且也为阿拉伯国家之间通过和平手段解决边界争端提供了样板。他呼吁阿拉伯国家效仿沙特阿拉伯和也门，通过和平手段解决边界争端。也门总统萨利赫日前对沙特阿拉伯进行了两天正式访问。访问期间，沙特阿拉伯和也门于 12 日在沙特阿拉伯西部海滨城市吉达正式签署了两国陆地和海上永久性边界条约。

2000 年 6 月 17 日，黎巴嫩总理胡斯打电话给阿盟秘书长马吉德，指责以色列继续控制黎南部地区的一些领土，并呼吁阿拉伯国家对黎巴嫩给予支持。胡斯在电话中说，虽然联合国秘书长安南 16 日宣布以色列军队已从黎巴嫩南部全部撤出，但黎巴嫩和联合国专家对撤军情况进行实地确认时发现，到目前为止，仍有数个以色列军事哨所位于黎巴嫩境内，部分黎巴嫩领土至今仍处在以色列军队的控制之下，因此黎巴嫩认为以色列并未完全从黎巴嫩领土上撤走。他表示，黎巴嫩将继续与联合国进行全面合作，但在领土问题上决不退让。据悉，马吉德向胡斯表示，鉴于安理会将于近期开会，以最终确认以色列是否已将全部军事人员和装备撤离黎巴嫩南部。阿盟将尽快向阿拉伯国家驻联合国的代表转达黎巴嫩的立场和要求。

2000 年 6 月 25 日，据新华社报道，伊拉克外交部长萨哈夫日前致函阿盟秘书长马吉德，要求他以阿盟名义向土耳其政府施加压力，使其不要继续为轰炸伊拉克的美英战斗机提供基地。萨哈夫在信中指出，本月 6～16 日，从土耳其空军基地起飞的美英战机侵犯伊拉克领空达 100 架次，并给伊拉克人民的生命财产造成损失。萨哈夫强调，根据阿盟宪章精神和阿盟集体防御协议，阿盟应当谴责土耳其为美英战机提供空军基地的做法，并应拒绝接受美英在伊拉克单方面设立两个“禁飞区”的非法决定。他说，土耳其为美英战机提供空军基地，等于参与了美英对伊拉克的军事侵略行动，不仅侵犯了伊拉克的主权和国家安全，对该地区的和平与稳定构成严重威胁，而且也损害了土耳其的国家利益。

2000 年 8 月 3 日，阿盟负责阿拉伯事务的助理秘书长哈里发表讲话，批评美国政府官员最近发表的打算将美国使馆由特拉维夫迁到耶路撒冷的讲话。哈里说，美国官员的讲话同美国作为中东和谈主要倡导国所发挥的作用及其为推动中东和谈所付出的努力是不相符的，同时也同美国坚持的关于东耶路撒冷是以色列在 1967 年战争中占领的阿拉伯领土的一部分的原则立场背道而驰。哈里强调，耶路撒冷是中东和平进程的核心问题，也是定于 9 月初召开的阿盟理事会会议的中心问题。阿盟在耶路撒冷问题上的立场是毫不动摇的。

2000 年 8 月 22 日，阿盟秘书长马吉德强调，索马里过渡议会的成立是实现索马里民族和解的重要一步，为结束索马里长达 10 年的内战、恢复国家法制和重建索马里奠定了基础。马吉德说，随着过渡议会的产生，索马里国家和社会机构也将相继建立，索马里各派别应积极地、真诚地团结在新成立的国家机构周围，尽快结束旷日持久的战乱，实现民族和解。马吉德表示，阿盟将全力支持索马里过渡议会的工作，并提供一切可能的帮助。

2000 年 9 月 3 日，阿盟外长理事会第 114 次会议在开罗召开。由于巴以和谈目前正处于关键阶段，此次为期两天的阿盟外长理事会会议主要讨论巴以和谈，特别是耶路撒冷问题，以便形成阿拉伯世界共同支持巴勒斯坦的立场。阿盟秘书长马吉德在开幕式上说，耶路撒冷是“阿拉伯、巴勒斯坦和伊斯兰世界的圣城”，收复被以色列占领的东耶路撒冷是“国际法和联合国安理会有关决议赋予阿拉伯世界的民族权利”，因此，阿拉伯国家和巴勒斯坦将“不会在此问题上作出让步”。

同一天，阿盟外长理事会第114次会议发表声明表示，阿拉伯国家坚决支持巴勒斯坦为收复东耶路撒冷而作出的一切努力，任何企图排斥巴勒斯坦对耶路撒冷拥有主权的解决方案都是不能接受的。声明说，阿拉伯国家支持巴勒斯坦人民为恢复自由和民族自决权所进行的一切斗争，支持巴勒斯坦在年内宣布建立以东耶路撒冷为首都的独立国家。声明呼吁国际社会，特别是联合国安理会5个常任理事国届时承认宣布成立的巴勒斯坦国。声明要求以色列根据联合国安理会242号和338号决议，从东耶路撒冷等被占阿拉伯领土上撤出，撤至1967年6月4日之前的实际控制线。声明呼吁国际社会帮助维护巴勒斯坦人民对东耶路撒冷拥有的主权，有关国家不要把其驻以使馆迁往耶路撒冷，同时向以色列施加压力，迫使其停止兴建犹太人定居点、没收巴勒斯坦人土地和对耶路撒冷实行犹太化等非法行为。

2000年9月28日，阿盟发表声明，严厉指责以色列一再故意侵犯耶路撒冷的伊斯兰圣地。声明说，以色列反对党利库德集团领导人沙龙进入位于耶路撒冷的伊斯兰“尊贵禁地”（犹太教称圣殿山）是对这一穆斯林圣地的亵渎，对中东和平进程造成了严重威胁，将破坏巴勒斯坦与以色列和谈的顺利进行。据悉，沙龙策划这次“访问”的目的是为了显示以色列不应放弃对圣殿山的主权。事发后，巴勒斯坦民族权力机构主席阿拉法特于当天对以色列右翼势力的这一做法进行严厉谴责。他呼吁伊斯兰国家团结起来保护圣地。圣殿山主权问题是目前巴以和谈中的焦点。由于伊斯兰教著名圣地阿克萨清真寺和萨赫莱清真寺以及犹太教的第1和第2圣殿均坐落于此，因此巴勒斯坦和以色列都不愿意放弃对这一地区的主权要求。

2000年10月6日，埃及总统穆巴拉克宣布，阿拉伯各国首脑将于本月21日和22日在开罗举行会议，讨论巴勒斯坦紧张局势及阿拉伯世界所面临的一系列问题。对此，阿盟秘书长马吉德在开罗说，即将举行的阿拉伯国家首脑会议是一次紧急首脑会议，会议将讨论以色列的暴行及其对地区局势和中东和平进程的危害，统一阿拉伯各国立场。他指出，穆巴拉克提出的召开首脑会议的倡议和阿拉伯国家迅速作出的积极反应，体现了阿拉伯各国决心制止以色列暴行的坚定立场。马吉德同时宣布，阿拉伯各国外长或外交大臣将于10月19日和20日在开罗举行会议，为召开首脑会议做准备。

2000年10月21～22日，阿盟22个成员国首脑参加了在开罗举行的“阿拉伯国家特别首脑会议”。本次会议主席、埃及总统穆巴拉克致开幕辞。他说，本次会议是在中东局势紧张和阿拉伯民族面临一系列挑战的情况下召开的，它是阿拉伯民族的一次重大事件，将开创阿拉伯历史的新纪元。会议通过了最终决议。决议其中包括以下几点主要内容：“组成国际法庭审判以色列战犯，即审判在占领区对巴勒斯坦人民进行屠杀的罪犯”；建立10亿美元的援助巴勒斯坦基金，应沙特阿拉伯代表建议成立该专门基金，除其中的2亿美元用于救助在冲突中有家人遇难的巴勒斯坦家庭外，其余8亿美元用来帮助巴勒斯坦境内的开发项目；呼吁联合国组建国际维和部队进驻以巴冲突地区，保证居住在以色列占领区的巴勒斯坦人民的人身安全。据埃及外长穆萨说，这次特别首脑会议还决定，任何国家如果把其驻以色列大使馆迁到耶路撒冷，阿拉伯国家就将同这个国家断绝外交关系。对此，世界上没有一个国家可以例外。

2000年10月26日，联合国阿拉伯集团本月主席、伊拉克常驻联合国代表哈桑代表阿盟致函安理会主席，要求安理会向巴勒斯坦被占领土派驻保护部队。哈桑在信中敦促安理会立即召开紧急会议，讨论向耶路撒冷及其它所有巴勒斯坦被占领土派驻军队事宜，以保护当地巴勒斯坦平民安全。但美国常驻联合国代表霍尔布鲁克多次表示，美国强烈反对安理会就巴以冲突再次召开紧急会议或通过任何相关决议。

同一天，阿盟发表声明，批评美国众议院25日通过一项指责巴勒斯坦的决议。声明说，美众议院通过这项指责巴勒斯坦、偏向以色列的决议是“令人难以接受的”，此举将对缓和中东紧张局势造成“不利影响”。声明说，以色列应对巴勒斯坦领土上持续近一个月的流血冲突负全部责任，但美众议院的决议却指责巴勒斯坦应对此负责。

2000年10月30日，阿盟秘书长马吉德发表讲话，谴责美国和英国近两年来多次轰炸伊拉克民用目标，使伊拉克遭受人员和财产损失。马吉德指出，自1998年12月16日以来，美英两国一再对伊拉克实施轰炸，不仅侵犯了伊拉克的主权和领土完整，而且还造成数百名平民死亡和数千人受伤。马吉德敦促美英两国停止对伊拉克采取军事行动，并根据联合国有关决议，通过外交途径解决伊拉克问题。阿盟秘书长还对科威特政府日前作出捐款1.5亿美元以资助巴勒斯坦人民反以斗争的决定表示欢迎。他指出，科威特是继沙特阿拉伯之后，第二个向“阿克萨起义基金会”和“圣城基金会”捐款的国家。沙特阿拉伯早些时候宣布将向这两个基金会捐款 2.5 亿美元。目前这两个基金会所拥有的资金将达到 10 亿美元。

2000 年 12 月 9 日，阿盟发表声明，对埃塞俄比亚和厄立特里亚即将签署和平条约，结束两国间持续两年多的边界争端表示欢迎。声明强调，埃厄两国边界争端得以平息，将对非洲之角地区局势发展产生积极影响，对非洲各国和国际社会为结束非洲大陆其它地区冲突所作的努力也具有鼓舞作用。据悉，埃塞俄比亚和厄立特里亚将于 12 月在阿尔及利亚首都阿尔及尔签署由非洲统一组织草拟的和平条约。

2000 年 12 月 10～11 日，为期两天的“阿拉伯执行与行动委员会”会议在叙利亚首都大马士革闭幕，与会的阿拉伯国家表示将向巴勒斯坦提供 1 亿美元的紧急经济援助。阿盟秘书长马吉德在会议结束后举行的记者招待会上说，参加会议的埃及、黎巴嫩、沙特阿拉伯和东道主叙利亚等 8 个阿拉伯国家对巴勒斯坦提出的经济援助呼吁作出了积极响应，表示将尽快向巴勒斯坦提供总额为 1 亿美元的紧急经济援助，以支持巴勒斯坦人民的反以斗争。马吉德还说，向巴勒斯坦提供紧急经济援助只是阿拉伯国家支持巴勒斯坦反以斗争的部分内容，其它在政治和新闻等领域的内容将“只做不说”。

（蓝　田）

海湾阿拉伯国家合作委员会　概况　海湾阿拉伯国家合作委员会，简称“海湾合作委员会”，成立于 1981 年 5 月 25 日，由巴林、科威特、阿曼、卡塔尔、沙特阿拉伯和阿拉伯联合酋长国等 6 个海湾阿拉伯国家组成。其宗旨是：加强成员国之间在一切领域内的协调、合作和一体化，以实现它们的统一，其中尤以加强防务合作和区域经济合作为中心；加强和密切成员国人民间的联系、交往与合作；推动 6 国的工业、农业、科学技术的发展。

主要组织机构有：（1）最高理事会：为最高权力机构，即 6 国首脑会议，每年举行 1 次例会，主席由成员国国家元首按国名字母顺序轮流担任，任期一年。（2）部长理事会：由成员国外交大臣（部长）或代表他们的其他大臣组成，系执行机构，每 3 个月举行 1 次例会。主席由各成员国按国名字母顺序轮流担任，任期一年。（3）总秘书处：为常设机构，总部设在沙特阿拉伯首都利雅得。由秘书长和负责政治事务、财经事务及军事事务的 3 名助理秘书长主持工作。秘书长由最高理事会任命，任期三年。现任秘书长为贾米勒·伊卜拉欣·希贾兰（沙特阿拉伯人，1995 年 12 月当选，1996 年 4 月就任）。（4）专门委员会：设有经济社会发展委员会、商业金融合作委员会、工业合作委员会、石油合作委员会、文化合作委员会和防务合作委员会。1992 年 5 月海湾合作委员会又成立了高级安全委员会，负责处理海湾地区的和平与安全问题，并致力于加强海湾合作委员会成员国的自我防卫能力。由阿曼国家元首卡布斯担任该委员会主席。

海湾合作委员会自 1981 年成立以来，每年 11 月或 12 月轮流在 6 国首都召开首脑会议，到 2000 年 12 月共召开过 21 次首脑会议。1998 年阿布扎比首脑会议决定，在两次正式首脑会议之间增加一次非正式首脑协商会议，以利于各成员国坦诚交换意见，加强相互协调，并为正式首脑会议准备有关决议。第 1 届首脑协商会议于 1999 年在沙特阿拉伯首都利雅得召开。6 国外交、国防、内政、石油和财经等大臣（部长）也定期或根据需要召开会议，商讨 6 国和海湾以及中东地区面临的政治、经济、外交、安全、军事等重大问题，互通情况，协调立场，共商对策，并采取联合行动。

主要活动　2000 年 2 月 23 日，为维护世界原油市场稳定，并为石油输出国组织 3 月底在维也纳召开会议做准备，海湾合作委员会成员国石油大臣在沙特阿拉伯首都利雅得举行会议。会议发表公报称，会议对世界石油市场价格的明显回升表示满意，希望“在未来一段时间内继续保持市场平衡，以服务于生产国与消费国的利益，使世界经济不受损害”。公报表明，海湾各国倾向于在即将召开的石油输出国组织会议上支持产油国继续采取限产政策。

4 月 8 日，海湾合作委员会成员国第 75 次外交大臣会议在沙特阿拉伯西部城市吉达举行。会议讨论了成员国在各个领域的合作进程，同时还就海湾地区的局势和中东和平进程等问题交换了意见。会上卡塔尔外交大臣口头提出解除对伊拉克制裁的建议。会议发表新闻公报希望伊拉克采取认真和切实的步骤，回应国际社会为解除伊拉克人民苦难所做出的努力，使伊拉克早日回到国际社会中来。公报重申在共同利益的基础上发展同伊朗关系的愿望，同时希望伊朗响应海湾阿拉伯国家的和平努力，通过双边谈判解决伊朗和阿拉伯联合酋长国之间的领土争端。海湾合作委员会成员国外交大臣还谴责了大赦国际组织以人权为由粗暴干涉沙特阿拉伯的内政。会议公报呼吁大赦国际组织“尊重世界各国人民各自的文化、信仰及其特点”。公报认为，只有承认和证实这一点，才是对各国人权的保护和加强。公报希望大赦国际组织对所谓侵犯人权现象进行客观和公正的调查而不要进行无端的攻击。

2000 年 4 月 29 日，海湾合作委员会在阿曼首都马斯喀特召开第 2 届首脑协商会议。阿曼、科威特、巴林和卡塔尔的国家元首以及沙特阿拉伯和阿联酋的元首代表出席了会议。阿曼苏丹卡布斯主持会议，海湾合作委员会秘书长希贾兰在会上作了关于海湾合作委员会合作进程问题的报告。委员会成员国外交大臣（部长）列席会议。会议集中讨论了如何应付世纪之交的各种挑战，研究海湾国家经济一体化进程以及如何处理与伊朗、伊拉克关系等重要问题。海湾合作委员会秘书长希贾兰在记者招待会上说，这次协商会议涉及以下内容：对巴林与卡塔尔自 1999 年底开始的和解表示赞许；对 6 国在政治、经济、外交等领域相互合作的成果表示欣慰，确认公民可完全凭身份证在成员国之间自由互访；沙特阿拉伯、阿曼及卡塔尔组成的 3 国委员会就调解阿联酋与伊朗三岛领土争端所取得的进展作了报告；重申对伊拉克一贯原则立场；讨论由巴林提出的加强军事合作的建议。希贾兰还对上届首脑会议决议实行关税同盟、电力并网以及与欧盟自由贸易谈判等问题的执行情况做出报告。

2000 年 6 月 4 日，由海湾合作委员会 6 国与埃及、叙利亚组成的大马士革宣言签字国，在开罗举行为期两天的外长会议。会议讨论了中东和谈、海湾局势和其它宣言签字国所关心的问题。

2000 年 9 月 1 日，海湾合作委员会在沙特阿拉伯西部港口城市吉达举行第 76 次外交大臣会议。9 月 2 日，卡塔尔向会议提出了关于解除对伊拉克制裁的书面设想。与会者在为期两天的会议上，除讨论了成员国内部的合作问题之外，还着重就中东和平进程等问题交换了看法。会议决定将对卡塔尔关于解除对伊拉克制裁设想的内容认真研究。同天，发表了会议公报。

2000 年 9 月 12 日，中国外交部长唐家璇在纽约会见了海湾合作委员会主席马达尼、秘书长希贾兰及海湾合作委员会成员国 6 国的代表。唐家璇与他们就双边关系深入交换了意见。双方对中国与海湾合作委员会组织及其成员国在各个领域的友好合作给予积极评价，表示将共同努力，推动双方友好合作关系迈上一个新台阶。

2000 年 12 月 29 日，海湾合作委员会在巴林首都麦纳麦召开第 77 次外交大臣会议，为即将开幕的海湾合作委员会第 21 届首脑会议作最后准备。会议由东道国巴林外交大臣穆罕默德·本·穆巴拉克主持。会议讨论了海湾国家在政治、经济、军事及环保等方面的全面合作计划，为首脑会议提供协议的最后文本。海湾经济一体化是这次首脑会议的主题。本次首脑会议将首次提出海湾国家统一货币的问题。会议讨论了与伊朗关系及伊拉克问题。由沙特阿拉伯、阿曼及卡塔尔组成的三国委员会将向首脑会议报告调解阿联酋与伊朗三岛争端的情况。

2000 年 12 月 30 日下午，海湾合作委员会第 21 届首脑会议在巴林首都麦纳麦开幕。巴林国埃米尔哈马德·本·伊萨主持开幕式并发表讲话。海湾经济一体化是这次首脑会议的主题，会议还首次提出海湾国家统一货币的问题。会议通过的最后公报宣布，海湾合作委员会专门委员会将尽快制定规则，“在规定时限内建立海湾合作委员会成员国统一海关”。同时宣布，海湾合作委员会在以往达成的财政金融合作协议基础上着手筹备海湾合作委员会成员国统一货币的工作。会上海湾合作委员会 6 国还签署了新的军事合作协议，将海湾合作委员会原有的“半岛盾牌”快速反应部队由 5000 人扩充到 2 万人，同时完善海湾合作委员会防空预警系统的电话通信系统。会议还讨论了与伊朗关系及伊拉克问题。由沙特阿拉伯、阿曼及卡塔尔组成的三国委员会向首脑会议报告了调解阿联酋与伊朗三岛争端的情况。12 月 31 日，海湾合作委员会首脑会议圆满结束。

（张令锺）

非洲统一组织　概况　非洲统一组织，简称“非统组织”，成立于 1963 年 5 月 25 日。目前成员国由成立时的 31 个发展到 53 个。其宗旨是：促进非洲国家在政治、经济、文化、军事等方面的合作，特别是协调国防政策；保卫和巩固非洲国家的独立、主权和领土完整，根除一切形式的殖民主义，促进国际合作。总部设在埃塞俄比亚的首都亚的斯亚贝巴，现任执行主席是多哥总统埃亚德马，秘书长是萨利姆·阿哈迈德·萨利姆（坦桑尼亚人）。

主要组织机构有：（1）国家和政府首脑会议是最高机构；（2）部长理事会，由成员国的外交部长或其他部长组成；（3）秘书长处为常设机构；（4）解放委员会（又称非洲解放运动协调委员会）；（5）调解、和解和仲裁委员会；（6）经济和社会委员会；（7）教育、科学、文化和卫生委员会；（8）防务委员会。

主要活动　2000 年 1 月 1 日，非洲统一组织在埃塞俄比亚首都亚的斯亚贝巴总部大院的广场中央竖立起了一根褐色石柱——“和平柱”，期盼新世纪里和平之光普照全球。当日下午4时许，非统组织和联合国教科文组织的高级官员以及埃塞社会各界代表和宗教界人士近200人聚集到广场，在“愿和平之光照耀全球”的横幅下为“和平柱”举行隆重的揭幕仪式。非统组织教育、科学和卫生委员会主任加布里埃尔代表非统组织秘书长萨利姆为“和平柱”揭幕并致词。他指出，过去的世纪是人类为自由、公正及和平而战的世纪，新的世纪定将给人类带来和平与希望。他强调，“和平是非洲发展的关键。”埃塞社会各界代表也纷纷上台发言，表达他们对新世纪实现人类和平与发展的希望和信心。随后，他们依次在《2000年宣言》上签名留念。

2000年1月3日，坦桑尼亚媒体报道，刚果（金）问题和谈调解人、博茨瓦纳前总统马西雷将于该月晚些时候在赞比亚首都卢萨卡召集一次由冲突各方参加的和谈预备会，确定未来和谈的规则和程序。坦桑媒体援引非统组织秘书长萨利姆在达累斯萨拉姆发表的讲话说，在和谈预备会议上，马西雷将提出有关和谈时间和地点的具体建议，供冲突各方商讨。

2000年1月9日，非洲统一组织执行主席、阿尔及利亚总统布特弗利卡在阿尔及尔发表声明，对刚果（布）政府与反政府武装在1999年12月签署的《停火和停战协议》表示满意。布特弗利卡在声明中指出，旨在通过对话解决国内危机的停战协议对刚果（布）人民来说是一个重要的转折点，将为刚果（布）各派之间深入开展对话创造良好的条件，并为最终解决其国内危机、恢复民族团结和经济重建开辟道路。

2000年1月16日，南部非洲发展共同体（南共体）国家元首和政府首脑在马普托举行特别会议，对刚果（金）有关各方执行1999年7月签署的《卢萨卡停火协议》的情况进行评估。会议结束时发表的公报呼吁联合国尽快向刚果（金）派遣维和部队，敦促国际社会为刚果（金）的战争难民提供人道主义援助，以帮助该国尽快恢复经济。与会代表对《卢萨卡停火协议》执行不力表示忧虑，呼吁签字各方更积极地开展合作，以便全面落实该协议。会议强调，该停火协议作为和平解决刚果（金）冲突的基本手段“仍然重要和有效”。同时，联合国、非洲统一组织和整个国际社会应该为结束这场冲突寻求全面持久的解决办法。

2000年1月19日，联合国秘书长安南表示，希望安理会授权向刚果（金）增派500名军事观察员和3400名维和士兵，以协助刚果（金）冲突各方执行1999年7月签署的《卢萨卡停火协议》，进一步推动该国的和平进程。安南是在提交安理会审议的一份报告中作这一表示的。他说，近几个月来，刚果（金）境内的军事形势与安全状况有所恶化，因此，“在刚果（金）部署更多的联合国军事人员，有助于恢复和保持执行《卢萨卡停火协议》的势头”。根据联合国安理会于1999年通过的有关协议，联合国应该在刚果（金）及其临近国家派驻90名军事联络人员，但由于受到多种因素的限制，目前只有79人到位。据联合国有关官员宣布，安理会将于1月24日就刚果（金）冲突问题进行讨论。安理会本月主席、美国驻联合国大使霍尔布鲁克已经邀请刚果（金）有关各方和卷入该国冲突的安哥拉、津巴布韦、纳米比亚、乌干达和卢旺达以及调解国赞比亚和非统组织的领导人出席会议。

2000年1月23日，正在阿尔及利亚首都阿尔及尔访问的埃塞俄比亚外长梅斯芬和厄立特里亚外交部秘书长吉尔麦德辛分别表示，埃厄两国将尽最大努力尽快解决双边领土争端。梅斯芬和吉尔麦德辛当天分别与非洲统一组织执行主席、阿尔及利亚总统布特弗利卡举行了会晤。梅斯芬在会晤后对新闻界发表谈话说，埃厄两国在解决冲突的道路上已迈出了重要步伐，埃塞俄比亚愿为尽快解决两国冲突和实施非统组织和平计划而尽最大努力。他指出，布特弗利卡在会谈中表示将尽全力调解，帮助埃厄两国解决争端。吉尔麦德辛在与布特弗利卡会谈后表示，非统组织的和平计划自实施以来已取得了进展，厄立特里亚希望两国能够在非统组织的有效调解下尽早签署全面解决双边冲突的协议。

2000年2月2日，非洲统一组织在亚的斯亚贝巴发表声明，强烈谴责科摩罗昂儒昂岛分裂分子从事分裂国家的行动，决定对分裂分子给予惩罚。声明指出，科摩罗昂儒昂岛分裂分子于2000年1月23日单方面就独立问题举行所谓“全民公决”，不仅违背其签署的《塔那那利佛协议》，而且也是对非洲统一组织信誉和权威的挑战。声明还说，非统组织在对这种行为予以最强烈谴责的同时，决定从2月1日起对科摩罗分裂分子领导人及其亲属和国内外追随者采取一系列惩罚措施；不承认他们的身份证和护照、限制他们在国内外的旅行、冻结他们在国内外的银行资产。非统组织将把上述人员名单提交给非统组织和联合国的所有成员国，并成立多个工作组协调和落实这些惩罚措施。声明呼吁科摩罗分裂分子立即放弃独立主张，尽快签署旨在恢复国家主权和领土完整的和平协议。声明警告说，非统组织保留对企图分裂科摩罗分子采取进一步惩罚的权力。

2000年2月7日，吉布提政府与反政府武装“恢复团结和民主阵线”经过十多天的秘密谈判，在法国巴黎签署了一项旨在结束双方敌对状态的和平协议。协议包括双方释放对方在押人员，以及政府军吸收“恢复团结和民主阵线”民兵等。吉布提政府代表、总统办公厅主任阿博巴克对记者说，这一协议为吉布提实现长期和平铺平了道路。

2000年2月9日，厄立特里亚向非洲统一组织表示，厄拥护并执行非统组织制定的《防范和打击恐怖主义公约》及《非洲儿童权利与福利章程》。非统组织就此发表新闻公报说，厄驻埃塞俄比亚使馆代办萨勒赫已将厄政府批准上述两份文件的公函转交给了非统组织秘书长萨利姆。萨勒赫表示，厄反对任何形式的恐怖主义行动，并将与其它非洲国家一道同恐怖分子作坚决斗争。他指出，反恐怖活动是非洲乃至全世界共同关注的问题，加入反恐怖公约已成为打击恐怖活动的一项集体行动。

2000年2月13日，非洲统一组织秘书长萨利姆再次呼吁盖伊领导的科特迪瓦过渡政府采取措施，尽快恢复科特迪瓦原有的宪法和法律制度。非统组织2月14日发表新闻公报说，萨利姆于12日在亚的斯亚贝巴会见了盖伊的特使、科特迪瓦过渡政府对外关系部长姆布阿。会见中，姆布阿向萨利姆介绍了盖伊执掌科特迪瓦国家权力的经过，以及科过渡政府为稳定国家秩序所做的主要工作。公报说，萨利姆在听取姆布阿的介绍后指出，按照非统组织成员国领导人早已通过的《阿尔及尔决议》，凡是靠发动政变和违反国家宪法而上台的非洲国家领导人都将不再受到承认。他说，非统组织要求盖伊政府尽快恢复科特迪瓦的民主管理。

2000年3月6日，非洲统一组织宣布，以阿尔及利亚总统特使乌叶海亚为首的非统组织代表团于2月23日～3月5日对埃塞俄比亚和厄立特里亚进行了穿梭访问，为埃厄两国和平解决边界冲突再次进行斡旋。非统组织发表的新闻公报说，乌叶海亚在历时12天的穿梭访问中分别与埃总理梅莱斯和厄总统伊萨亚斯，以及与埃厄两国外长为首的政府代表团举行了会谈。经过一系列会谈，埃厄两国领导人都再次表示接受非统组织于1999年7月提出的和平计划中的框架协议和执行方案。关于该和平计划中存在严重争议的技术安排内容，公报说，埃厄双方已就其中的一部分条款取得一致，但要使双方接受技术安排所涉及的所有内容还需要做进一步的工作。公报指出，埃厄领导人在分别会见乌叶海亚时均表示对非统组织所作的和平努力抱有信心。

2000年3月8日，非洲统一组织第71届部长理事会在亚的斯亚贝巴召开。与会代表呼吁非洲各国加强团结，停止冲突，并积极推进各国的经济和社会改革，努力实现非洲的和平与发展。非统组织秘书长萨利姆在开幕式上致词说，经过非统组织和许多非洲国家的共同努力，过去一年来，在帮助解决刚果（金）、刚果（布）、苏丹、索马里、塞拉利昂、布隆迪，埃塞俄比亚与厄立特里亚等国的内战和地区冲突方面取得了明显的进展。他呼吁有关冲突各方停止冲突，实现和平。他同时强调，要预防冲突的发生，还要促进各种族间的对话与团结，推进民主化进程，并积极推行经济和社会改革。

2000年4月3～4日，首届非洲—欧洲首脑会议在埃及首都开罗隆重召开，来自非洲统一组织和欧盟的67个国家的国家元首、政府总理或代表出席了会议。本次会议旨在加强非洲和欧盟在经济、政治和社会等领域的合作，建立面向21世纪的战略伙伴关系。东道国埃及总统穆巴拉克在讲话中强调，建立非欧之间新型的、紧密的和以互利为基础的战略伙伴关系反映了非欧双方加强友谊与合作的决心和愿望。这种战略伙伴关系的建立将有助于实现两大洲人民的繁荣和幸福。本届会议还就如何通过和平手段解决地区争端和武装冲突、建立无核区、裁军、扫雷、战后重建和反恐怖活动等问题进行了讨论。会议结束时发表了《开罗声明》和《行动计划》。会议发表的《开罗声明》强调，非欧双方恪守联合国宪章关于维护国家主权与独立、领土完整和不干涉别国内政的原则，主张通过和平手段解决争端，反对使用武力对别国进行威胁。

2000年4月30日，非洲统一组织首脑会议在阿尔及利亚首都阿尔及尔召开，与会领导人呼吁刚果（金）冲突有关各方遵守1999年7月在卢萨卡签署的和平协议，并重申支持4月6日在乌干达首都坎帕拉签署的关于建立军事隔离区的协议。与会领导人在会议结束时发表的公报中强调了《卢萨卡停火协议》的重要性和有效性，指出该协议是“解决刚果（金）冲突的不可替代的法律框架”，并要求冲突各方严格遵守各自的承诺，维持停火并巩固已取得的成果，以加速和平进程。他们对刚果（金）和平进程最近取得的进展表示满意，要求冲突各方继续密切合作，在尊重刚果（金）领土完整及其周边国家安全的基础上，全面推进和平进程。他们还要求联合国安理会根据2000年2月24日通过的决议，立即派出维和人员进驻刚果（金），并呼吁国际社会采取“切实的行动”和“实质性的帮助”，确保联合国这一决议得到迅速、全面的实施。

2000年5月12日，埃塞俄比亚和厄立特里亚分别发表新闻公报，相互指责对方军队在两国边境地带发起新的进攻。埃政府发言人办公室在公报中指出，埃军正在扎拉姆贝萨—埃加拉和梅勒布河两处前沿阵地与厄军进行激战。公报说：“由于厄立特里亚1998年5月6日入侵主权国家埃塞俄比亚，埃正被迫进行一场强加给自己已长达两年的战争。”厄立特里亚外交部当天也发表新闻公报，指责埃军当天凌晨向厄发动进攻。公报说，自1999年以来，厄立特里亚一直表示同意签署非洲统一组织为埃厄两国起草的和平协议及提出的立即停火建议，但埃方却予以拒绝。

2000年5月14日，非洲统一组织秘书长萨利姆在洛美表示，他支持在塞拉利昂重新部署一支西非国家经济共同体维和部队，以帮助塞重建和平。萨利姆当日向记者发表谈话时指出，西非维和部队能在目前的塞拉利昂危机中发挥重要作用。根据塞拉利昂政府和反政府武装于1999年7月签署的《洛美和平协议》，西非维和部队已于2000年5月初全部撤出塞拉利昂，但3000多名尼日利亚士兵作为联合国驻塞维和部队的一部分仍然留在塞拉利昂。5月初，塞拉利昂发生反政府武装革命联合阵线扣押数百名联合国维和人员事件后，西非国家领导人曾建议在塞重新部署西非维和部队。西非国家经济共同体成员国将于5月中旬在尼日利亚首都阿布贾举行国防部长和总参谋长会议，以研究对塞危机进行军事介入的问题。

2000年5月15日，非洲统一组织秘书长萨利姆在洛美指出，非洲应加强自己的维和能力，尽快组建一支泛非维和干预部队。萨利姆在当天举行的记者招待会上说，他支持多哥总统埃亚德马已提出多年的关于建立泛非维和部队的倡议，目前应着手解决组建泛非维和部队所面临的具体问题。

2000年5月26日，非洲统一组织宣布，厄立特里亚已同意从埃厄边界东部有争议的布雷和巴达地区撤军，并接受非统组织的邀请派代表于29日到阿尔及尔恢复同埃塞俄比亚的间接会谈，以讨论和平解决两国边境冲突问题。非统组织在发表的新闻公报中说，非统组织轮值主席、阿尔及利亚总统布特弗利卡于24～26日先后访问了埃塞俄比亚和厄立特里亚，就解决埃厄冲突同两国领导人举行了会谈。公报说，厄立特里亚总统伊萨亚斯表示，厄方准备将部队撤回到1998年5月6日冲突发生前的位置，而埃总理梅莱斯也承诺将本国军队撤至1999年2月6日以前的实际控制区。双方将在非统组织的主持下，根据彼此已经接受的框架协议和行动方案，以及原有的条约和与之相适应的国际法，明确边界的划分，解决领土争议问题。

2000年5月30日，在非洲统一组织执行主席国阿尔及利亚的组织下，埃塞俄比亚和厄立特里亚为解决两国边界争端的间接谈判在阿尔及利亚首都阿尔及尔举行。谈判先由埃塞俄比亚代表团介绍了埃对两国冲突的立场，并就非统组织提出的和平计划中有关“技术安排”部分尚未解决的问题提出了意见。会谈开始前，非统组织主席、阿尔及利亚总统布特弗利卡委派的特使乌叶海亚向报界发表讲话指出，经与两国代表团初步接触，感到双方都有诚意要解决边界冲突，双方都保证遵守各自国家领导人对布特弗利卡总统做出的承诺。

2000年6月3日，受非洲统一组织现任主席、阿尔及利亚总统布特弗利卡委派，负责调解埃厄冲突的特使乌叶海亚在阿尔及尔再次呼吁埃塞俄比亚和厄立特里亚的政府和军队“保持克制和理智”，以便为两国正在阿尔及尔进行的间接谈判“创造良好的气氛”。乌叶海亚在埃厄的间接谈判结束后举行的记者招待会上透露，他将于6月4日向参加谈判的两国代表团提交一份全面和平解决冲突的建议书。他还说，新建议书将提出一系列措施，包括双方实行停火，双方军队撤回到1998年5月武装冲突爆发前的位置，以及防止在撤军后的数周或数月内战事重演的安全保障，以保证有足够的时间来完成两国边界的划分工作。他说，非统组织将等待双方对新建议做出反应，并努力促成双方在上述问题上达成一致。

2000年6月8日，非洲统一组织秘书长萨利姆就乌干达和卢旺达在刚果（金）东部城市基桑加尼再次发生武装冲突发表声明，要求交战双方立即无条件停火，并按照《卢萨卡停火协议》的有关条款和平解决两国间的矛盾。萨利姆在声明中指出，乌卢两国军队在另一个主权国家领土上交火，不仅完全违背了1999年7月刚果（金）冲突有关各方达成的《卢萨卡停火协议》，而且加剧了刚果（金），特别是基桑加尼地区的紧张局势。据报道，乌干达和卢旺达驻刚果（金）基桑加尼地区的部队5日和6日连续炮击对方驻地，造成当地大约50名平民伤亡。

2000 年 6 月 14 日，埃塞俄比亚政府宣布，接受非洲统一组织提出的关于和平解决埃塞俄比亚同厄立特里亚边界冲突的建议。埃总理办公室当日发表声明说，内阁于 13 日深入讨论了非统组织提出的关于埃塞俄比亚和厄立特里亚两国停止敌对状态的建议，并听取了外交部长塞尤姆关于埃厄两国在阿尔及尔间接谈判的情况介绍。内阁认为，非统组织的和平建议符合埃提出的关于解决埃厄冲突的原则和条件，因此决定接受这一和平建议。声明还说，梅莱斯总理已将埃政府的这一决定通报非统组织执行主席、阿尔及利亚总统布特弗利卡。据报道，布特弗利卡的特使乌叶海亚日前宣布，埃塞俄比亚和厄立特里亚将于本周末在阿尔及尔正式签署停火协议。据悉，该协议在要求双方承诺停止使用武力等敌对行动的同时，还规定两国按照非统组织提出的和平建议通过谈判解决历史遗留的边界问题。此外，协议还将规定，一旦联合国维和部队在埃厄两国边界完成部署，埃塞俄比亚将把其部队撤至 1998 年 5 月 6 日两国武装冲突爆发前的位置。

2000 年 6 月 18 日，埃塞俄比亚外长塞尤姆·梅斯芬和厄立特里亚外长海尔·沃尔德滕赛在阿尔及利亚首都阿尔及尔签署停火协议，以结束两国因领土争端而引发的长达两年多的边境战争。根据这项协议，埃厄两国实现停火后，联合国将在面积为 25 平方千米的缓冲地带部署联合国维和部队。该停火协议是在非洲统一组织的调解下达成的。

2000 年 7 月 6～10 日，非洲统一组织第 72 届部长理事会会议在洛美召开，各成员国的外交部长以及一些地区机构和国际组织的代表出席了会议。科特迪瓦和科摩罗等发生军事政变的国家未被邀请与会。安哥拉和纳米比亚等国因指责多哥向安哥拉反政府武装争取安哥拉彻底独立全国联盟（安盟）出售武器而抵制本届会议。非统组织秘书长萨利姆在发言中指出，面对经济全球化浪潮的冲击，非洲必须加强联合，加快实施成立非洲联盟、泛非议会和非洲经济共同体的计划。他强调，建立非洲联盟的目的是使非洲人民生活幸福、共享和平与安全。非统组织副秘书长迪尼在记者招待会上指出，面对经济全球化浪潮形势，与会各国部长强调非洲国家应该而且必须加强联合，并一致同意根据《苏尔特声明》建立泛非议会和非洲联盟。迪尼说，与会部长一致认为解决非洲地区冲突迫在眉睫，强调应进一步发挥非统组织关于预防、处理及解决地区冲突的中央机制在解决地区冲突中的作用。会议专门讨论了刚果（金）和塞拉利昂等国的武装冲突以及埃塞俄比亚和厄立特里亚的边境冲突，并就最终解决这些冲突做出了相关决议。

2000 年 7 月 8 日，非洲统一组织秘书长萨利姆在洛美呼吁非洲国家严格执行联合国关于对塞拉利昂实行钻石禁运和对安哥拉反对派“安盟”实行制裁的决议。萨利姆在接受记者采访时说，非统组织完全支持联合国 7 月 5 日通过的对塞拉利昂实行钻石禁运的决议。他说，属于联合国成员国的非洲国家有责任严格执行上述决议，反对通过钻石走私资助内战。萨利姆还指出，联合国通过了对安盟制裁的决议，这对实现安哥拉永久和平十分重要。在塞拉利昂和安哥拉等国，多年来反政府武装控制着钻石生产地区，并通过钻石走私购买武器和支付战争费用。塞拉利昂反政府武装革命联合阵线每年从钻石走私交易中可获得 2 亿美元的收入。萨利姆还说，在非统组织第 72 届部长理事会会议上，与会代表表示，将进一步执行联合国对安盟制裁的决议，特别是在对安盟的钻石禁运方面。

2000 年 7 月 9 日，在洛美出席非洲统一组织第 72 届部长理事会会议的乌干达第一副总理兼外交部长卡特加亚宣布，乌干达将在近期内从刚果（金）撤出它在那里的一半驻军。卡特加亚在讨论刚果（金）局势时说，乌干达军队已经完全撤出刚果（金）东部城市基桑加尼，目前正集结在离该城 5 千米的地方。他对乌干达和卢旺达军队不久前在基桑加尼发生的武装冲突表示遗憾，并重申了乌干达遵守《卢萨卡停火协议》的原则立场。卡特加亚呼吁非统组织部长理事会支持刚果（金）问题调解人、博茨瓦纳前总统马西雷的调解努力，并希望部长理事会敦促刚果（金）总统卡比拉继续与马西雷合作。参与刚果（金）局势讨论的卢旺达外长布马亚也表示要彻底实施《卢萨卡停火协议》，以稳定非洲大湖地区局势。

2000 年 7 月 10～12 日，非洲统一组织第 36 届首脑会议在多哥首都洛美召开。来自非统组织 30 多个成员国的国家元首和政府首脑出席了会议。会议上，非洲领导人一致呼吁非洲大陆团结起来，迎接新世纪的挑战。多哥总统、本届首脑会议主席埃亚德马在开幕式上致辞时指出，非统组织于 1999 年 9 月在利比亚苏尔特举行的特别首脑会议上通过的关于成立非洲联盟的《苏尔特宣言》，确立了非洲政治、经济和社会一体化的目标，这为非洲的联合与发展带来全新的推动力。和平与安全必须成为非洲地区为最终发展而建立的非洲联盟的基础。他强调说，如果非洲不能联合起来，使自己变得稳固和强大，它在日益增长的经济全球化趋势面前就将被边缘化。与会的非洲国家领导人一致通过了成立非洲联盟的章程草案。据悉，成立非洲联盟章程草案在得到 2/3 非统组织成员国批准后，将于 2001 年 3 月在利比亚苏尔特举行的非统组织特别首脑会议上正式签署，以便最终成立非洲联盟。

2000 年 8 月 12 日，非洲统一组织秘书长萨利姆在卢萨卡敦促刚果（金）冲突各方遵守一年前签署的《卢萨卡停火协议》。萨利姆表示，希望 14 日在此间召开的《卢萨卡停火协议》签字国首脑会议能够消除障碍，为执行停火协议铺平道路，同时呼吁有关各国为在刚果（金）部署联合国维和部队创造条件。根据联合国安理会决议，联合国将在刚果（金）部署 5000 名维和部队。由于《卢萨卡停火协议》迟迟未能得到执行，刚果（金）冲突时有发生，这项维和计划未能得到执行。萨利姆还敦促刚果（金）冲突各方通过对话解决在执行停火协议中遇到的问题。

2000 年 9 月 25 日，非统组织执行主席、多哥总统埃亚德马发表书面讲话，指责西方国家向发展中国家销售武器，并呼吁非洲各国继续做出努力遏制轻武器在非洲大陆泛滥。埃亚德马在书面讲话中指出，冷战结束后，工业化国家将发展中国家作为出售武器具有潜力的市场。他说，目前有 5 亿多件轻武器在世界各地流通与交易，对联合国维护和平所作的努力带来严重危害。埃亚德马还指出，尼日尔通过和平方式解决国内图阿雷格族和图布族等反政府武装的问题，当众烧毁了前图阿雷格族和图布族等反政府武装交出的 1200 支各类步枪，并引爆销毁一批弹药，这对解决其它非洲地区的冲突具有借鉴意义。他重申，多哥政府将同一切危害安全与稳定的行为作斗争，并为在非洲大陆建立最终的和平环境继续做出努力。

2000 年 10 月 3 日，非洲统一组织秘书长萨利姆发表声明说，以色列当局应采取一切必要措施制止冲突的不断升级，巴以双方应恢复直接谈判，以便在该地区实现公正、全面和持久的和平。他重申，非统组织坚决支持巴勒斯坦人民在巴解组织领导下，根据国际法和联合国有关决议为捍卫民族权利而进行的斗争。

2000 年 11 月 9 日，南非国民议会议长金瓦拉在南非行政首都比勒陀利亚宣布，非洲统一组织 53 个成员国的议会代表已就建立泛非议会的问题达成协议，第 1 次泛非议会全体会议将于 2001 年 3 月召开。金瓦拉还向新闻界透露，与会的非统组织成员国议会代表还将于 10 日签署建立泛非议会的议定书。根据议定书，泛非议会将由非统组织成员国各选派 5 名议员组成，其中必须有 1 名女性。在 2001 年 3 月泛非议会第 1 次全体会议举行之前，非统组织还将召开 1 次特别首脑会议，就建立泛非议会进行最后表决。金瓦拉还说，泛非议会在建立初期将被视为非统组织部长理事会和首脑会议的顾问和咨询机构，等目前正在酝酿中的非洲联盟正式成立后，泛非议会将逐步承担起非洲联盟内部的立法工作。

2000 年 11 月 15 日，非洲统一组织秘书长萨利姆发表声明，对几内亚与利比里亚和塞拉利昂关系出现紧张表示担忧，同时呼吁有关各方保持最大克制。一段时期以来，几内亚和利比里亚边界地区不断发生武装冲突，双方相互指责对方支持反政府武装制造事端。与此同时，塞拉利昂也因几内亚政府强行遣返塞方难民而与几内亚形成严重对立。萨利姆还指出，几内亚与利比里亚和塞拉利昂敌对状况的严重升级将危及马诺河盆地国家，乃至西非地区国家的和平与稳定。他呼吁这些国家积极配合西非国家经济共同体的斡旋行动，和平解决彼此间的危机和矛盾。萨利姆宣布，西非国家经济共同体主席、马里总统科纳雷已派遣一个斡旋小组前往几内亚、利比里亚和塞拉利昂进行调解工作。

2000 年 11 月 23 日，莫桑比克总统希萨诺在非洲统一组织总部签署了《非洲联盟章程草案》，从而成为签署该项文件的第 32 个非洲国家。希萨诺在签字仪式上强调，《非洲联盟章程草案》是一项关系到非洲国家命运的“重要文件”，所以他决定亲自到非统组织总部签署这一文件。非统组织于 1999 年 9 月在利比亚的苏尔特举行特别首脑会议，通过了有关成立非洲联盟的《苏尔特宣言》，确定了非洲政治、经济和社会一体化目标。2000 年 7 月在多哥首都洛美举行的非洲组织第 36 届首脑会议通过了《非洲联盟章程草案》，并决定将于 2001 年 3 月再次在苏尔特召开非统组织特别首脑会议，宣告正式成立非洲联盟。非统组织规定，只有在 2/3 以上的非洲国家签署和批准《非洲联盟章程草案》之后，非洲联盟才能正式宣布成立。

同一天，非洲统一组织秘书长萨利姆在亚的斯亚贝巴发表声明，对几内亚比绍出现新一轮政治危机表示担忧，并呼吁引发危机的该国军方实权人物安苏曼·马内尽快同总统昆巴·雅拉通过对话解决矛盾。非统组织发表的新闻公报说，萨利姆对马内 22 日任命自己为军队总参谋长而导致国家政局紧张感到忧虑，认为此举将破坏这个国家的和平稳定和民主化进程。据报道，马内 20 日擅自解除得到总统支持的军队总参谋长科雷雅的职务，并宣称这是为了维护军队的稳定，而非干预政府事务。政府方面随后发表声明，呼吁军队遵守宪法和法律，维护国家安定，通过对话解决问题。23 日清晨，该国首都比绍发生军人之间的枪战，许多市民因此纷纷逃离。当天下午，忠于总统的部队控制了首都局势，而马内及其追随者则去向不明。

2000 年 11 月 30 日～12 月 1 日，非洲统一组织关于防止轻武器扩散部长级会议在马里首都巴马科闭幕。会议通过的《巴马科声明》强调，非洲国家决心寻求“彻底、全面、持久、有效”的办法，解决轻武器扩散问题，促进非洲的和平与稳定。《巴马科声明》呼吁武器供应国限制同非洲国家政府或中间商的轻武器交易，并希望国际刑警组织、世界海关组织、联合国非洲和平与裁军地区中心等国际机构更积极地支持非洲为控制轻武器扩散而进行的努力。会议决定，将制定一项非洲国家和地区防止轻武器扩散的行动计划，加强各国收缴、销毁非法武器的力度，并采取措施控制武器的销售、持有、转让和使用。此次部长级会议是为了协调非洲国家在防止轻武器扩散问题上的立场，为联合国计划于 2001 年召开的防止轻武器扩散会议做准备。据有关国际机构估计，到目前为止，散布在世界各地的轻武器达 5 亿件之多，仅在非洲地区就有 1 亿件。

2000 年 12 月 12 日，在非洲统一组织的斡旋下，埃塞俄比亚和厄立特里亚在阿尔及利亚首都阿尔及尔签署了《和平协议》，从而结束了两国间长达两年多的战争，为最终解决两国间的边界纠纷，实现非洲之角的和平稳定铺平了道路。根据这项协议，埃厄双方将成立两个委员会，一个负责解决两国的边界划分问题，另一个负责处理战争赔偿问题。边界划分委员会将根据国际法及有关国际条约和殖民时期所遗留下来的边界为依据，划分和确定埃厄两国边界。两个委员会都必须在规定的期限内完成任务，协议还涉及调查战争起因、释放和遣返战俘、解决难民问题和边境地区排雷等问题。这项和平协议是埃厄两国在 2000 年 6 月 18 日签署的《停火协议》基础上达成的。埃塞俄比亚总理梅莱斯和厄立特里亚总理伊萨亚斯在协议上签了字。阿尔及利亚总统布特弗利卡主持了签字仪式。

2000 年 12 月 31 日，在新世纪到来之际，非洲统一组织秘书长萨利姆真诚祝愿非洲不同民族、不同肤色、不同宗教信仰、不同文化和不同政治观点的人们在新世纪里和睦相处，共同发展。萨利姆在新世纪祝词中回顾了过去一年非洲地区出现的可喜变化。他说，非统组织首脑会议确定 2000 年为和平、稳定和团结年。虽然与实现这个目标存在差距，但非洲国家领导人越来越注重该地区的和平与稳定。他指出，埃塞俄比亚和厄立特里亚最近签署和平协议，不仅是这两个国家人民的伟大胜利，也是全体非洲人民的重要成果。它表明，只要冲突各方抱有政治解决和维护团结的意愿，即使是那些久拖不决或最复杂的地区争端也能通过谈判和对话加以解决。他表示相信，横行于非洲大陆的战争、疾病和贫穷等恶魔终究会成为历史。他号召全体非洲人民为建立非洲联盟，建立一个和谐和合作的非洲大家庭而努力。

（姜　蓓）

独立国家联合体　概况　建立于 1991 年 12 月。它是由前苏联大多数共和国组成的进行多边合作的独立国家联合体，简称“独联体”。其演变和成立经过是：1991 年 3 月初，苏联联邦委员会公布了根据戈尔巴乔夫提出的有关“彻底地实行联邦制”、建立“真正的主权国家联盟”的原则而制订的新联盟条约草案。3 月 17 日，在全苏境内就是否保留苏维埃社会主义共和国联盟的问题举行了全民公决，结果 76.4% 的人赞成保留联盟。8 月 14 日，苏联公布了新联盟条约文本。按照新公布的条约文本，“苏维埃社会主义共和国联盟”将改名为“苏维埃主权共和国联盟”。新条约规定，“苏联为平等共和国联合组成的联邦制主权民主国家”，“缔约的每个共和国均为主权国家”。在苏联行将毁灭的时候，为了保住苏联，以苏联副总统亚纳耶夫为首的几位政治家于 8 月 19 日发动事变。这一天，苏联副总统等人宣布解除戈尔巴乔夫的总统职务，由一个“国家紧急状态委员会”掌握国家权力。但是，3 天后这一事变宣告失败。戈尔巴乔夫继任原职，但他在 8 月 24 日宣布辞去苏共总书记职务，并建议苏共中央“自行解散”；同一天，苏共中央书记处发表声明，宣布自动解散苏共中央；8 月 29 日，苏联最高苏维埃宣布，停止苏共的一切活动，党的各级组织就这样解散了。苏联解体已无法逆转。时至 12 月中旬，围绕着苏联命运的斗争进一步加剧。12 月 21 日，11 个苏联主权共和国的最高领导人在哈萨克斯坦首都阿拉木图举行会晤，签署了《关于建立独立国家联合体协议的议定书》等文件，宣布“成立独立国家联合体，苏维埃社会主义共和国联盟停止存在。”12 月 25 日，戈尔巴乔夫发表电视讲话，宣布辞去苏联总统职务，宣告苏联正式解体。这标志着独立国家联合体正式成立。截至 2000 年底，除波罗的海3国外，原苏联其它12个成员国均成为独联体成员国。《独联体章程》规定，独联体以所有成员国的主权平等为基础，独联体不是国家，也不拥有凌驾于成员国之上的权力。各成员国在国际安全、裁军、军备监督和军队建设方面实行协调的政策，保证独联体内部安全，包括借助于军事观察员小组和集体维和部队。当成员国的主权、安全和领土完整以及国际和平与安全受到威胁时，各成员国应立即进行协商，协调立场，采取对应措施。独联体的总部设在白俄罗斯共和国首都明斯克市。

主要机构有：(1) 国家首脑理事会。国家首脑理事会是独联体的最高协商机构，由独联体各成员国的国家首脑组成。国家首脑理事会主席为俄联邦总统。国家首脑理事会有权讨论和决定关于成立独联体协议以及发展该协议的其它文件所规定的问题。国家首脑理事会每年至少召开两次会议，非例行性会议可以根据独联体多数国家首脑的倡议召开。(2) 政府首脑理事会。政府首脑理事会由独联体各成员国的政府总理或部长会议主席组成。政府首脑理事会主席为俄联邦总理。政府首脑理事会主要负责协调和解决独联体各成员国共同面临的社会经济等问题。政府首脑理事会每年至少召开4次会议，由一个成员国提议即可召开非例行性会议，会议轮流在各国首都举行，各国领导人按照其国家俄文名称字母的顺序轮流主持会议。(3) 独联体议会大会。独联体议会大会设有法律问题委员会、经济和财政问题委员会、社会政治和人权问题委员会、环境问题委员会和安全委员会等9个工作委员会，理事会设在圣彼得堡。(4) 独联体国家间经济委员会。该委员会主要负责协调独联体国家间的能源、交通和通讯的关系，管理独联体的财产，并有权实施一些决定。(5) 独联体集体安全委员会、国家安全和情报机关跨国委员会，以及外交、国防等部长级理事会等。其中，独联体集体安全条约于1992年5月15日在塔什干签署，1994年正式生效。当时独联体12个成员国中有俄罗斯、亚美尼亚、哈萨克斯坦、吉尔吉斯斯坦、塔吉克斯坦、乌兹别克斯坦、阿塞拜疆、格鲁吉亚和白俄罗斯等9国签约。1999年4月2日，该条约期满后，除阿塞拜疆、格鲁吉亚和乌兹别克斯坦外，其余6国续签该条约。独联体国防部长理事会是独联体军事方面的常设协调机构，由独联体成员国的国防部长组成，主席由俄联邦国防部长担任，理事会会议视情况不定期召开，其常设机构设在莫斯科。

主要活动 **独联体国家首脑会议** 截止2000年底，独联体共召开了27次国家首脑会议，其中，2000年召开了3次首脑会议，1次非正式首脑会议。2000年1月25日，独联体国家首脑理事会在莫斯科召开第25次会议。与会各国元首讨论了联合打击国际恐怖主义、分裂主义，加强独联体内部的经济合作、建立自由贸易区等问题，选举俄罗斯代总统普京为独联体国家首脑理事会主席。普京接替1999年12月31日辞职的俄罗斯前总统叶利钦担任这一职务。普京主持了此次会议，他对独联体12个国家的领导人都出席了会议表示满意。普京宣布，根据哈萨克斯坦总统纳扎尔巴耶夫和乌兹别克斯坦总统卡里莫夫的提议，12国元首在小范围会晤中通过了制定打击国际恐怖主义和分裂主义专项纲要的决定。在这一纲要的框架内将建立统一的反恐怖中心，这一问题已责成独联体的有关部门来解决。与会者还讨论了独联体内部的经济合作问题，通过了为加速建立独联体国家自由贸易区创造条件的决定，并同意就此成立专家小组。此次会议是近年来较为成功的一次独联体元首聚会。外界普遍认为这是一次具有转折意义的会议，使独联体各成员国恢复了对该组织的信心，为独联体的发展注入了新的活力。2000年6月21日，独联体国家首脑理事会在莫斯科召开第26次会议。这次会议的主要议题是维护世界战略稳定、在反恐怖领域加强协作和建立独联体自由贸易区。会议发表了维护世界战略稳定的声明，主张原封不动地保持美苏1972年签署的《反弹道导弹条约》。与会的12国元首强调，必须加强独联体范围内的合作，协调对外政策，加速建立独联体自由贸易区的进程。12国元首决定成立独联体反恐怖中心，认为这是原苏联地区反对宗教极端势力和恐怖主义的一个重要步骤。在建立自由贸易区问题上，会议没有作出具体决定。据悉，除俄罗斯外，独联体其它国家都明确主张建立自由贸易区。会议决定2000年8月18～19日在乌克兰克里米亚举行独联体各国首脑非正式会晤。2000年8月18日，独联体国家非正式首脑会议在乌克兰克里米亚自治共和国的海滨小城福罗斯举行。与会者就独联体的发展前景、扩大相互经济合作以及中亚地区形势等问题交换了意见，会议没有达成具体成果。俄罗斯、乌克兰、白俄罗斯、哈萨克斯坦、阿塞拜疆、亚美尼亚、摩尔多瓦、塔吉克斯坦、格鲁吉亚等9个国家的总统参加了会议。土库曼斯坦、乌兹别克斯坦和吉尔吉斯斯坦等3国总统因国内事务未能出席会议。2000年12月1日，独联体国家首脑理事会在白俄罗斯首都明斯克召开第27次会议。这次会议的中心议题是共同打击

恐怖主义和宗教极端主义，会议通过了独联体国家反恐怖中心章程。该章程称，独联体国家反恐怖中心的主要任务是打击国际恐怖主义，参加独联体各国举行的反恐怖联合演习。会议的另一个议题是研究打击洗钱问题，与会者通过了有关打击洗钱条约草案的决定。与会者还审议了上次独联体首脑理事会会议通过决议的执行情况，听取了有关建立独联体自由贸易区进展情况的介绍，讨论了建立自由贸易区问题以及独联体机构官员的法律地位问题。与会领导人商定，在下次会议上，将总结独联体成立10年来所取得的成果，展望其未来的发展前景。这次独联体首脑理事会会议由俄罗斯总统普京主持。除土库曼斯坦外，11个独联体国家首脑与会。

独联体政府首脑理事会　2000年1月24日，独联体国家政府首脑理事会在俄罗斯首都莫斯科举行。俄政府第一副总理卡西亚诺夫率团出席了会议。会议批准乌克兰总理尤先科为该理事会主席，以取代乌前总理普斯托活伊坚科。与会者还签署了有关协调开展反垄断活动等文件。

独联体议会大会　成立于1992年3月26日，截止2000年底，共召开了14次会议。其中，2000年3月，独联体议会大会召开了第14次会议，会议通过了各国议会共同反对国际恐怖主义的协议等。

独联体国防部长理事会　成立于1992年3月，截止2000年底，共召开了33次会议。其中，2000年召开了3次会议。2000年6月19日，独联体国家国防部长理事会会议在莫斯科召开。俄罗斯外交部长伊万诺夫在会上作报告时强调，当前最迫切的问题是巩固世界战略稳定，而其重要基础是遵守美苏1972年签署的《反弹道导弹条约》。伊万诺夫表示，俄罗斯主张建立全欧洲非战略性导弹防御系统来抵制美国单方面破坏反弹道导弹条约的行动，他呼吁独联体其它国家对此予以支持。伊万诺夫并希望独联体成员国共同抵御极端主义势力和团伙的威胁，对付国际恐怖主义在独联体南部从高加索到帕米尔这一弧形地带的猖獗活动。俄罗斯国防部长谢尔盖耶夫在会议结束后举行的记者招待会上指出，独联体国家将加强军事合作，发展联合防空系统。他透露，会议讨论了2005年前独联体军事合作发展计划。独联体将扩大军事合作，使这种合作具有战略性质。2000年10月26日，独联体国家国防部长理事会会议在塔吉克斯坦首都杜尚别举行。与会者认为，独联体各国只有联合起来共同打击国际恐怖主义和宗教极端主义，才能保障独联体各国的安全。会上，独联体各国国防部长讨论了因国际恐怖分子入侵而复杂化的中亚和独联体南部边境局势，并就地区军事政治形势交换了意见。与会者审议了2005年前独联体国家军事合作计划草案，讨论了关于独联体集体维和部队结束在塔吉克斯坦的使命问题，通过了加强独联体南部地区联合防空系统的计划，决定于2001年第2季度举行代号为“独联体—2001南方盾牌”的联合军事演习。俄罗斯国防部长谢尔盖耶夫会后向新闻界透露，中亚地区将成立快速反应部队，其具体任务和目的将在2001年1月举行的独联体国家国防部长理事会会议上讨论决定。独联体成员国中除乌兹别克斯坦、摩尔多瓦和格鲁吉亚3国外的国防部长参加了此次会议。2000年12月21日，独联体国家国防部长理事会会议在莫斯科举行。会议的主要议题是打击国际恐怖主义，与会者还讨论了独联体国家2005年前的军事合作计划草案，以及加强各国武装力量气象部门间的协作，中亚国家和俄罗斯共同举行的首长司令部联合演习的筹备工作等问题。俄国防部长谢尔盖耶夫在会上指出，打击国际恐怖主义，尤其是打击中亚和高加索地区的恐怖活动，已成为独联体各国合作的首要问题。谢尔盖耶夫主张加强各国间反恐怖活动的法律基础，建立情报交流系统，以便能对危机作出快速反应。

独联体国家边防部队司令会议　2000年10月25日，独联体国家边防部队司令第39次会议在基辅举行。与会者表示将在打击非法移民和过境贩运毒品等方面进行密切合作。会议着重讨论了各国边防部门在打击非法移民、倒卖武器和贩毒领域开展合作，以及如何协调独联体各国边防政策等问题。会议还讨论了独联体国家2003年前反国际恐怖主义和其它极端主义计划的实施方案。来自俄罗斯、阿塞拜疆、亚美尼亚、白俄罗斯、哈萨克斯坦、吉尔吉斯斯坦、塔吉克斯坦、乌兹别克斯坦和乌克兰等9国的边防部队司令参加了会议。

独联体集体安全条约国家安全理事会　2000年5月24日，独联体集体安全条约国家安全理事会在白俄罗斯首都明斯克的独联体总部举行会议。独联体集体安全条约6个成员国—俄罗斯、亚美尼亚、白俄罗斯、哈萨克斯坦、吉尔吉斯斯坦和塔吉克斯坦等6国的总统出席了会议。与会者主要讨论了加强各成员国之间在国防领域的合作机制问题，特别是协调打击国际恐怖主义机制问题。会议结束时通过的联合声明指出，独联体集体安全条约正在成为各成员国之间军事政治一体化的核心，成员国之间的军事政治关系较之与其它国家的军事政治关系具有优先地位。与会的俄罗斯总统普京称，此次会议十分成功，它使集体安全条约具有活力，能够对不断变化的世界局势作出反应。2000 年 10 月 11 日，独联体集体安全条约国安全委员会在吉尔吉斯斯坦首都比什凯克举行会议。俄罗斯、哈萨克斯坦、白俄罗斯、亚美尼亚、塔吉克斯坦和吉尔吉斯斯坦等 6 国的总统、国防部长、外交部长、安全委员会秘书及集体安全委员会秘书长出席了此次会议。6 国总统签署的一份协议规定，只要一个条约国提出请求，其它条约国均可派遣部队去该国共同打击外来军事侵略及恐怖活动。与会各国首脑决定委托各国总参谋部，在一个月内提出在集体安全条约范围内建立中亚地区部队的建议。本次会议还通过了关于 2001～2005 年建立集体安全体系主要措施的计划及集体安全体系部队编制和经费问题的协议。与会各国在会议通过的关于中亚局势声明中强调，要共同打击国际恐怖主义和宗教极端主义。声明呼吁国际社会积极调解阿富汗冲突，并建议召开阿富汗冲突各方参加的安理会特别会议。与会者认为，没有阿富汗的和平就没有邻近地区的稳定。

（刘效兰）

国 际 条 约

中哈吉俄塔 5 国国防部长会晤联合公报

2000 年 3 月 30 日，中国、哈萨克斯坦、吉尔吉斯斯坦、俄罗斯和塔吉克斯坦 5 国国防部长在哈萨克斯坦首都阿斯塔纳，举行第 1 次 5 国国防部长会晤。这次会晤，总结 5 国间达成的加强边境地区军事信任措施和相互裁减军事力量协定的执行情况，加强 5 国防务部门在军事政治领域的合作，反对霸权主义和强权政治，共同打击民族分裂主义、宗教极端主义和国际恐怖主义等问题深入交换了意见，达成广泛共识，并发表了联合公报。这次会晤不仅是为落实 5 国元首签署的有关协定所采取的重要步骤，也是 5 国关系步入新的发展阶段后军队间开展合作的一种新形式。它对于增进 5 国军队的相互了解，加强信任与合作，维护本地区的安全与稳定，都具有重要和深远的意义。5 国国防部长发表的联合公报全文如下：

根据中华人民共和国、哈萨克斯坦共和国、吉尔吉斯共和国、俄罗斯联邦和塔吉克斯坦共和国元首 1999 年 8 月 25 日发表的比什凯克联合声明，2000 年 3 月 30 日在阿斯塔纳市举行了“上海 5 国”国防部长会晤。参加会晤的有中华人民共和国国防部长迟浩田上将、哈萨克斯坦共和国国防部长托克帕克巴耶夫中将、吉尔吉斯共和国国防部长托波耶夫中将、俄罗斯联邦国防部长谢尔盖耶夫元帅、塔吉克斯坦共和国国防部长海鲁洛耶夫上将。

一、5 国国防部长重申，在“上海 5 国”框架内考虑到各方及邻近地区的利益，发展 5 国间军事—政治领域的关系，开展平等互信的合作，通过友好协商解决争端，5 国间的友好合作是开放性的，不针对其它任何国家或国家集团。

5 国在边境事务和军事信任领域达成的共识，体现了互利、互信、平等、合作的新型安全观，有助于巩固互信和睦邻，为保障整个地区的稳定做出了建设性贡献。

二、会晤各方指出，5 国通过 1996 年和 1997 年分别于上海和莫斯科签署的关于在边境地区加强军事领域信任的协定和在边境地区相互裁减军事力量的协定，首次在 7000 多千米长的共同边境地区建立了一个相互信任的地带，在这里军事活动具有了透明性、可预见性和可控性。各方表示要坚决完整地贯彻上述协定。

国防部长们对 5 国代表组成的负责组织和协调核查的联合监督小组工作的良好开端表示满意，认为利用这一小组探讨加强军事领域信任的有关问题是有益的。

三、各方认为“上海 5 国”元首会晤机制框架内的 5 国国防部长会晤对落实 5 国元首达成的共识，发展 5 国间的军事领域的互信友好合作，共同努力维护本地区的和平、稳定与发展具有重要作用。

四、各方同意进一步研究加强军事领域信任措施的可能性，加强 5 国边防部门的合作，联合打击非法贩卖毒品、走私武器等跨国犯罪行为；共同举行预防危险军事活动、打击国际恐怖主义分子、抢险救灾等方面的联合演练，交流维和经验和在维和行动中相互协作；举行研讨会、讲习班、讨论会和体育运动会。

交流表现出灵活的态度。他说，不能因一时的事件而损害长期的日俄友好关系。谢尔盖耶夫表示，日方所说的事件不应当对两国关系造成严重的影响。

△中国人民解放军驻香港特别行政区陆、海、空三军部队部分人员及装备进行了进驻香港后的第3次轮换。这次轮换是根据《中华人民共和国香港特别行政区驻军法》的规定和中央军委的命令进行的。轮换出港的部队与轮换进港的部队架构完全一致。部队轮换结束后，在香港特别行政区辖区内的部队员额及装备数量与轮换前没有变化。

11月29日

△韩国和美国的代表在汉城再次举行会谈，讨论修改《驻韩美军地位协定》。在谈判中，双方讨论了美军犯罪嫌疑人的刑事裁判管辖权、增添环保条款、美军军用农产品的检疫以及美军营业性场所的纳税等问题。由于双方在一些问题上分歧严重，谈判没有取得实质性进展。12月11日，双方宣布会谈结束。

11月30日

△俄罗斯空军向俄远东地区的两个军事基地部署了5架图－95战略轰炸机。针对俄军的行动，美国和加拿大采取紧急措施，分别将F－15、CF－18战斗机部署到美国阿拉斯加和加拿大西北部边境地区。俄军方表示，俄战略轰炸机向远东部署，属于年度训练计划的一部分，在于提高飞行员复杂条件下的作战能力。

△美国最新一期《防务新闻》周刊报道，美国国防部计划在2003～2007年的5年中耗资6亿美元，为美国陆军再采购266枚PAC－3型“爱国者”拦截导弹。五角大楼是应海外的战区司令的要求增加采购这种拦截导弹的。这种PAC－3型导弹是美国曾在1991年的海湾战争中使用过的PAC－2型“爱国者”导弹的改进型，由美国洛克希德—马丁公司制造，可望于2001年投入使用，替代部署在韩国、德国以及中东地区的PAC－2型“爱国者”导弹。

12月

12月1日

△俄罗斯总统普京签署对外军事技术合作法令，以提高俄罗斯对外军事技术合作效率。根据这项法令，俄将成立对外军事技术合作委员会，委员会向国防部负责，主席由国防部副部长担任。法令还批准了一系列有关条例和规定，其中包括关于俄对外军事技术合作委员会条例，关于俄对外军事技术合作方式条例，关于俄联邦机构对军用品经营权的方式规定，以及俄对外国客户正式定单的审理措施等规定。根据这项法令，俄将对军用品进出口实行许可证管理制度。

△美国国防部副部长斯洛科姆访问蒙古，就加强美蒙两国军事合作同蒙古方面交换了意见并达成协议。斯洛科姆在访问期间分别会见了蒙古外长额尔敦楚伦和国防部长古尔拉格查，就亚太、中亚及东北亚地区安全问题交换了意见。在此次会晤中，双方总结了2000年两国国防部门的合作情况，并确定了2001年的合作目标。双方还签署了旨在监督军事活动是否对环境造成污染的自然环境保护联合声明。斯洛科姆承诺美国2001年将向蒙古提供350万美元的援助，其中200万美元用于改造同俄联邦图瓦自治共和国接壤的蒙古乌布苏省的军事通信系统，100万美元用于人道主义援助，另外50万美元用于军事专家培训。

12月2日

△据有关媒体称，日本防卫厅于9月份公布了第1部《信息军事革命手册》。该手册从战略高度论述了信息军事革命的必要性以及给未来战争带来的新特点。它提出：（一）未来战争是系统化的军事行动；（二）未来战场范围将不断扩大，作战速度将不断加快；（三）网络攻击和网络防御将成为有效进攻和防御手段；（四）精确打击是未来战争不可缺少的组成部分；（五）速决战是未来战争的主要手段；（六）后勤保障将更加前沿化和精确化。

12月6日

△中国人民解放军驻香港部队应香港特区政府民航处邀请，参与了香港民航处举行的海上短程搜索和拯救演习。驻港部队参与演习的包括1架直9－B型直升机和1艘导弹护卫艇。直升机进行示范搜索，而导弹护卫艇则示范接应模拟受伤者。美国空军的国民空军警卫队也派出1架HC130飞机参与演习，示范拯救1名模拟伤者；而香港特区政府飞行服务队和美国海岸巡逻队则分别利用1架S70黑鹰直升机和1架HH65舰载直升机示范从水中拯救受伤者。

△澳大利亚总理霍华德在向议会递交的国防白皮书中提出，今后10年内澳将增加军费235亿澳元（约127亿美元），常备军将增加两个营，总兵力约5.4万人。（详见《军事要事》栏有关条目）

△刚果（金）有关交战各方签署一项脱离军事接触和重新部署军队的协议，从而为联合国在该国部署维和部队、结束该国武装冲突奠定了基础。（详见《军事要事》栏有关条目）

12月11日

△欧盟国家领导人在法国尼斯签署了《欧盟尼斯首脑会议协议》。（详见《国际组织、条约》栏有关条目）

12 月 12 日

△埃塞俄比亚与厄立特里亚继 6 月 18 日签署了《终止敌对协议》之后，又签署了《和平协议》。（详见《军事要事》栏有关条目）

12 月 13 日

△朝鲜和美国在吉隆坡就寻找朝鲜战争期间失踪的美国士兵问题举行会谈。会谈重点是确定寻找行动的日程安排。双方同意扩大美国在朝鲜寻找失踪美军士兵的工作小组的规模，增加寻找行动的次数以及扩大搜寻行动的范围。2001 年的寻找行动将于 4 月开始，共进行 10 次。12 月 16 日，双方在达成共识后结束了会谈。

△尼泊尔财政兼国防大臣马赫什·阿查里雅与来访的英国国防大臣杰夫·胡恩就进一步加强两国军队之间的合作等问题举行了会谈。会谈期间，阿查里雅和胡恩就英国向尼泊尔军队提供援助、帮助尼泊尔加强军队建设，以及如何提高曾在英国军队中服役的尼泊尔廓尔喀士兵退役后的待遇问题等进行了磋商。同时，双方还就在尼泊尔建立联合国维和部队的训练基地问题进行了深入探讨。

12 月 14 日

△菲律宾国防部与美国国防部官员签署了一项与军事防务有关的环境保护合作协议，以加强双方在该领域的对话与合作。协议的内容主要包括：涉及军事防务领域的环境保护和相关职业健康计划；军事防务领域的有毒废弃物的管理、相关制度的建立以及相关技术的合作；加强在联合军事训练与演习方面的环境保护等。

12 月 15 日

△乌克兰政府按期关闭了切尔诺贝利核电站。该站于 1977 年启用。1986 年 4 月 26 日该站 4 号组发生核泄漏事故。这是世界核电史上最大的一次核事故，造成了严重污染。（详见《军事要事》栏有关条目）

△日本政府举行安全保障会议和内阁会议，制定了 2001～2005 年度的中期防卫力量整备计划。根据这项新计划，2001～2005 年度的防卫费总额为 25.16 万亿日元，以加强自卫队的装备。其中包括为自卫队装备 4 架空中加油机，为海上自卫队装备两艘最新宙斯盾导弹护卫舰和两艘 1.3 万吨级可搭载直升机的护卫舰，还将为自卫队装备新型坦克、P－3C 巡逻机和 C－1 运输机等。新计划同时准备继续推进与美国共同研究开发战区导弹防御系统。新计划明确要求提高防卫质量。为此，自卫队将建立能应付电脑攻击的各种指挥通信系统；提高对付游击队或特种部队及核武器、生化武器攻击的能力；充实自卫队防灾、救灾行动能力等。

12 月 16 日

△美国和俄罗斯在布鲁塞尔签署了两国防止弹道导弹误射谅解备忘录，以降低由于信息不畅和判断失误可能造成发生意外事故的危险。（详见《国际组织、条约》栏有关条目）

12 月 19 日

△俄罗斯武装力量总参谋长克瓦什宁指出，俄面临大规模外部侵略威胁的可能性很小，但爆发局部冲突的可能性相当大，俄将根据这一情况确定未来武装力量的结构。俄罗斯战略核力量必须保持在足够保障国家防卫能力的水平上，只有在领土完整和主权受到威胁时才会使用战略核力量。俄必须拥有随时处于战备状态的常规力量，以便对出现的威胁和冲突作出快速反应。

12 月 21 日

△独联体国家国防部长理事会会议在莫斯科举行，与会者探讨了打击国际恐怖主义，以及在军事和战略问题上加强合作的问题。俄罗斯国防部长谢尔盖耶夫在会议上指出，打击国际恐怖主义，尤其是打击中亚和高加索地区的恐怖活动，已成为独联体各国合作的首要问题。他呼吁各国国防部长积极寻求打击国际恐怖主义的方法和手段。他积极主张加强各国间反恐怖活动的法律基础，建立情报交流系统，以便能对危机作出快速反应，完善联合对付反恐怖行动的措施。与会者还讨论了独联体国家 2005 年前的军事合作计划草案，加强各国武装力量气象部门间的协作，由中亚国家和俄罗斯参加的首长司令部联合演习的筹备工作等问题。

12 月 22 日

△美国防部与波音公司签署了一项合同，向该公司提供 60 亿美元，以便继续研究开发国家导弹防御系统。根据合同，这笔款项将作为波音公司 2001 年 1 月～2007 年 9 月研究开发国家导弹防御系统的费用。届时，如果还有其它的研究开发工作要做，国防部还可向波音公司提供 70 亿美元的经费。

12 月 23 日

△中国人民解放军驻澳门部队首次部分分队和人员的轮换行动顺利完成。轮换结束后，在澳门的部队员额及武器装备与轮换前没有变化。

12 月 24 日

△巴西海军“托内莱罗”号潜艇在里约热内卢的海军船舶修理厂沉没。该潜艇长 90 米、宽 8.2 米、高 5.5 米，可载 70 名艇员和 22 枚鱼雷。它是 1977 年加入巴西海军的，是巴西海军现有 5 艘潜艇中体积最大、服役时间最长的 1 艘。正在艇上值班的 9 名艇员全部安全脱险。巴西海军在一份公告中说，潜艇沉没可能是由于控制阀门的液压系统出现故障，导致海水大量涌入艇舱而造成的。

12 月 25 日

△约旦驻塞拉利昂的最后一批维和部队官兵返回约旦首都安曼。至此驻塞的约旦维和部队已全部撤回，只留下 68 名医护人员以及他们的医疗设备，继续为其它国家驻塞的维和官兵提供医疗服务。

12 月 27 日

△俄罗斯总统驻南方联邦区全权代表卡赞采夫称，车臣非法武装已被粉碎，联邦军队在车臣的军事行动阶段已告结束，但仍然面临消灭非法武装残余及其首领的任务。俄联邦正规部队可以从车臣撤离，清剿非法武装残余力量和搜捕非法武装首领的任务将由特工部队等承担，但这个阶段将会持续很长时间。

△伊朗总统哈塔米同来访的俄罗斯国防部长谢尔盖耶夫举行会谈，双方表示要加强军事和安全等方面的合作，维护地区稳定，促进世界多极化发展。哈塔米在会谈中强调了伊俄合作对维护中亚和高加索地区稳定与安全的重要性。他指出，两国应在政治、经济、军事、文化和技术等所有领域加强合作，这符合两国的共同利益。谢尔盖耶夫强调，任何第 3 国都不能阻止俄罗斯和伊朗扩大军事合作，两国的军事合作不会违背国际准则，也不会对其它国家造成损害。

12 月 28 日

△俄罗斯海军总司令库罗耶多夫宣布，俄罗斯舰艇将在 2001 年重返世界各大洋。库罗耶多夫说，“我们不能再容忍我们的航行仅局限于俄罗斯经济圈。我们必须进一步向各海洋进发。俄海军 2001 年将在世界各大洋航行，我们的舰艇该出港了。”他强调指出，“计划远征的地区是传统地区，属于公海和国际水域。我们将恢复 40 年前的做法。”

△俄罗斯和印度在伊尔库茨克签署了俄向印度转让成批生产苏－30MKI 歼击轰炸机许可证的合同，这是两国迄今为止签订的一项金额最大的军事技术合同。这项总金额高达 33 亿美元的合同是根据两国政府协议签订的。根据这份合同，印度将在今后 17 年内生产 140 架苏－30MKI 歼击轰炸机。

△法国国防部装备总局宣布，为进一步提高法国空军和海军的战斗力，法国政府决定生产 MICA 型空对空导弹并研制 M51 型弹道导弹。法国国防部将拨款 9 亿欧元订购 MICA 型导弹，并将从 2004 年起为空海军的狂飙式战斗机和幻影 2000－5 型战斗机装备此种导弹。欧洲航空防务与航天公司将研制 M51 型弹道导弹，全部费用为 28.5 亿欧元。MICA 型导弹是新一代中短程空对空导弹，分电磁自动制导和红外线自动制导两种型号，可明显提高战斗机的战斗力。M51 型弹道导弹是 1992 年设计、1996 年基本定型的新一代弹道导弹，将用于装备远洋战略部队的潜艇，其射程和精确度比目前装备的 M45 弹道导弹将“有非常明显的提高”。

12 月 31 日

△海湾合作委员会 6 国领导人签署了一项联合防御协议，为进一步加强军事联系铺平了道路。该协议是海湾地区第 1 个联合防御协议。（详见《国际组织、条约》栏有关条目）

△截至 2000 年底，中国人民解放军 3 年裁减军队员额 50 万的任务顺利完成。其中，陆军精简 18.6%，海军精简 11.4%，空军精简 12.6%，第二炮兵精简 2.9%。通过此次精简，编制体制更加合理，朝着“精兵、合成、高效”的目标又前进了一大步。

（吴　炯）

（本栏目责任编辑　温味几）

特辑

专 题 综 述

20世纪重大军事问题综述　**20世纪的马克思主义军事学说**　马克思、恩格斯从19世纪中叶开始，为了适应指导国际共产主义运动发展的需要，以极大的精力对战争和军队等问题进行了深入研究，形成了独特的军事理论体系。马克思主义军事学说作为无产阶级第一个科学的军事理论体系，从它产生之日起，就具有世界性意义，并对整个20世纪产生了深远的影响。首先，19世纪末20世纪初，马克思主义军事学说率先在俄国兴起。列宁在组织和领导俄国的武装起义、十月革命、苏维埃共和国武装力量的建设、反击国内白卫军和外国武装干涉的战争实践中，把马克思主义军事学说的基本原理同本国的具体实际结合起来，进行了成功的探索。斯大林在与列宁并肩作战，特别是在列宁逝世以后领导苏联国防和军队建设的过程中，进一步丰富和发展了马克思主义军事学说。列宁和斯大林领导的苏联共产党在理论建设中，对于马克思主义军事学说在20世纪的兴起和发展，发挥了重要作用。其次，对于马克思主义军事学说的兴起与发展，中国共产党人也起到了举足轻重的作用。1918～1927年，中国共产党的早期领导人在研究马克思主义、探索中国革命道路的进程中，接受了马克思主义关于暴力革命和武装斗争的思想，马克思主义军事学说开始在中国得到兴起和传播。1927～1949年，中国共产党在领导武装斗争的实践中，坚持马克思主义军事学说与中国实际相结合，找到了中国革命的正确道路，取得了中国革命战争的胜利，把马克思主义军事学说发展到了一个新阶段。1949～1978年，中国结合国防和军队现代化建设的实际，从各方面展开了对马克思主义军事学说的研究，探索中国国防建设的道路。1978年至20世纪末，中国结合新时期国防和军队建设，对马克思主义军事学说进行全面、深入、系统的研究，呈现出全方位发展的趋势，并取得了一大批学术成果。再次，马克思主义军事学说在其他国家也受到了重视。特别是20世纪50年代到70年代，在第三世界国家和人民争取民族独立和自由的运动中，出现了像铁托、金日成、胡志明、卡斯特罗等代表人物，他们在领导本民族的解放斗争中，实践了马克思主义军事学说，为这一学说的广泛传播做出了重要贡献。从80年代至世纪末，形势的变化对马克思主义军事学说提出了新的挑战，各国对马克思主义军事学说的研究向多样化方向发展，许多新理论，新观念应运而生。（张树德《20世纪马克思主义军事学说的兴起和发展》，《中国军事科学》2000年第2期）

20世纪的社会发展与战争演变　20世纪的社会制度经历了从资本主义向帝国主义的过渡，进而向资本主义与社会主义并存与激烈竞争的演变。战争作为人类社会的一种特有的历史现象，经历了由世界大战向局部战争演变的进程，战争的技术形态也由机械化战争向高技术战争进而向信息战争演变。20世纪初期，伴随着机械技术与大机械工业的高速发展和资本主义向帝国主义过渡，列强瓜分势力范围的战争连绵不断，终于引发了两大帝国主义集团争夺世界的第一次世界大战。由此也诞生了人类历史上第一个社会主义国家。第一次世界大战之后，帝国主义分赃不均和资本主义经济危机，最终导致以德国、日本、意大利为核心的轴心国发动重新瓜分世界的战争，世界爱好和平的国家和人民被迫进行了反法西斯的第二次世界大战。战后，以美国为首的北约组织与以苏联为首的华约组织尖锐对立并展开了核军备竞赛，使人类历史上出现了长达半个世纪的随时准备打核大战的两极冷战时期，局部战争连锦不断，其作战方式方法不断变革。两极世界解体后，信息技术的飞跃发展推动人类社会向信息时代迈进，战争正由以机械技术为主导的机械化战争向以信息技术为主导的信息战争演变。（闵增富《20世纪社会的发展与战争的演变》，《中国

军事科学》2000 年第 2 期）

20 世纪的军事战略 有作者认为，20 世纪的战略研究有三大遗产：一是马克思主义的战略观，主要体现在马克思主义对战略本质和规律性的认识上。二是西方现代大战略理论，其含义是综合运用政治、外交、经济、科技和军事等手段，追求的最高目标是不战而胜。三是战略决策科学化、民主化，即把制定战略决策的过程置于科学的基础之上，并以群体决策取代个人或少数人的决策。（吴春秋《世纪之交话战略》，《外国军事学术》2000 年第 12 期）有作者探讨了 20 世纪的大国军事战略。认为其发展经历了两次世界大战、美苏对抗和世界走向多极化三个主要时期。大国军事战略的发展表现出一些基本规律，主要是：科技与经济的进步是其发展的根本条件，过正到精确的调整是各阶段发展的一般特征，战略文化是决定军事战略特色的根本因素，战略思想的交融是军事战略发展的基本趋势。（梁月槐《20 世纪大国军事战略的发展》，《外国军事学术》2000 年第 12 期）有作者分析了 20 世纪中国战略思想的演变。100 年来，飞速发展的时代、日趋复杂的战略环境和空前激烈的军事斗争都需要新的、正确的战略理论来作指导，而传统战略观念的延续，外国战略思想的纷纷涌入，也都在不同程度上影响着中国战略理论的形成。为此，中国军事理论界在认真吸收古今中外战略思想精华的基础上，做了大量艰苦细致的研究，提出了用于指导中国战争及国防建设和军队发展的一系列理论观点。毛泽东军事战略思想成功地指导了中国新民主主义革命的伟大战争实践，指导了中华人民共和国建立后巩固国防、建设现代化国防的伟大事业。中国共产党第十一届三中全会以后，以邓小平为核心的中共中央、中央军委对当代战争与和平问题做出了新的科学论断，调整和明确了军事战略方针，提出了和平时期军队建设的思想，提出了关于现代化条件下人民战争的一系列重要观点。这些思想、理论在中国乃至世界上都有巨大而深远的影响。（刘庆《20 世纪中国战略思想演变述略》，《中国军事科学》2000 年第 2 期）有作者指出，20 世纪美国军事战略的发展有如下特点：一是基本战略目标由向海外扩张发展为称霸世界；二是由侧重“实战”发展为强调灵活运用“威慑”与“实战”；三是战备重点由准备打大战、核战转为准备对付局部常规战争；四是海外战略重点地区由中美洲、太平洋地区转为西欧、西南亚和东北亚；五是兵力由集中部署在本土发展为实行海外驻军与本土战略预备队增援相结合的军事部署方针；六是军队建设由侧重改革军事体制，完善军队结构发展为强调质量优势，保持军事技术的领先地位；七是由不结盟发展为奉行联盟战略。（钱俊德《20 世纪美国军事战略发展变化的特点》，《外国军事学术》2000 年第 12 期）有作者分析了 20 世纪俄罗斯军事战略的发展历程：从沙俄时代的扩张战略，演进到苏俄时期的保卫新生社会主义政权的防御战略；从第二次世界大战时期的反法西斯的联盟战略，发展到战后的积极防御战略；从冷战中期的火箭核战争战略，演变为积极进攻的全球争霸战略；从冷战后期的“纯防御性”战略，转变为今天的“现实遏制”战略。尽管俄罗斯军事战略在不同时期不同环境有不同内容，但其基本的战略思想和战略特色始终没有大的变化，保持大国地位、战略重点在欧洲、增强军事力量、争夺战略主动权、战略进攻和战略协同等思想始终贯穿于其各个时期的军事战略之中。（李效东《20 世纪俄罗斯军事战略的历史演进》，《外国军事学术》2000 年第 12 期）有作者研究了 20 世纪日本的军事战略，指出这一战略的演进分以下阶段：1895～1931 年，确立“攻势”战略；1931～1945 年，推行全面扩张战略；1945～1989 年，确立“专守防卫”战略；1990 年至今，形成“外向型”战略。日本军事战略在演进过程中呈现出如下特点：地缘扩张思想贯穿始终，经济利益的追求推动军事战略演变，在继承的基础上不断发展。（张世斌《20 世纪日本军事战略演进述评》，《外国军事学术》2000 年第 12 期）。

20 世纪的作战理论 第一次世界大战是近代作战理论与现代作战理论的分水岭：进攻至上、决战制胜、速战速决的理论开始失灵；谁能经得起消耗，谁就可能赢得战争；积极防御理论出笼；合同作战理论崭露头角；“海上总决战”理论宣告破产。第二次世界大战是大规模机械化战争理论的鼎盛时期：“闪击战”和“大纵深作战”理论出尽风头，“制空权”理论大规模用于实践，海战理论全面创新，诸军兵种联合作战理论趋于成熟，游击战理论跃上战略层次。二战之后 55 年，核战争理论向核威慑条件下的常规作战理论转变，局部战争理论取代全面战争理论，“空地一体作战”理论产生并向“空地海天一体化作战”理论发展，联合作战理论成为整个作战理论的主干。（常万全等《解析 20 世纪的作战理论》，《解放军报》2000 年 1 月 26 日）有作者探讨了 20 世纪战役发展的历史进程：世纪之初到第一次世界大战结束，战役取得划时代发展，阵地战战役臻于成熟。到第二次世界大战期间，战役实践和理论急速演进，机械化战役迅速发展。50 年代至 70 年代，美苏核威慑战略形成，核威慑条件下的战役应运而生。80 年代以后，联合战役成为基本作战样式，信息战役崭露头角。（章新文等《战役发展百年历程回顾与前景展望》，《中国军事科学》2000 年第 3 期）有作者对 20 世纪的外军战役法作了回顾。认为在百年中，外军战役走过了酝酿、产生和发展的历程，接受了世界大战和局部战争的检验与推动，在机械化作战、核作战及高技术作战的背景下不断得到发展和完善。（杨仕华《20 世纪回顾：外军战役法的产生与发展》，《外国军事学术》2000 年第 12 期）有作者回顾了 20 世纪陆战战术的发展。20 世纪初，最突出的一个变化是火力的增强促使堑壕阵地的出现和发展，进而又促成了野战阵地攻防战术的崛起。第一次世界大战之后，合同战术的发展引起广泛重视。到第二次世界大战期间，随着坦克、火炮、飞机性能的改进和大量使用，合同战术得到较全面的发展。40 年代末开始，核武器、导弹、火箭不断发展，对传统意义上的作战观念及战术原则等提出了重大挑战，促使人们对如何在核条件下进行地面作战和在作战中进行核防护等问题进行了全面探索。80 年代初，为适应常规局部战争成为主要威胁的新形势和新的作战特点，战术发展的重点由核条件下的作战转变为核威慑条件下的作战。80 年代末以后，随着高技术在军事上的广泛运用，高技术条件下的战术得到了快速发展。（李银年等《百年陆战战术概览》，《中国军事科学》2000 年第 2 期）有作者探讨了 20 世纪的海战。认为海战战略演进大体经历了 4 个阶段：一是世纪初至第二次世界大战前，“大舰巨炮舰队决战”战略应运而生并得到广泛运用。二是第二次世界大战期间，“决战制海、保交破交、岛屿争夺”战略成为推动海上作战不断前进的主流战略。三是第二次世界大战后至 80 年代末，主要濒海国家在海战战略中注重核武器的运用，并注重向远海和大洋推进。四是进入 90 年代以来，美国提出了“由海到陆”战略，即“由海上的远洋战转变为从海上实施的联合作战”。20 世纪的海战呈现出如下特点：海战的对抗空间由单维空间转向多维空间，海战的战术机动由兵力机动转向火力机动，海战的攻防形态由近距格斗转向超视距突击，海战的兵力编成由集中编配转向小群组合，海战的打击方式由“硬摧毁”式转向“软硬一体杀伤”式。（唐复全等《20 世纪海战的发展及其走向》，《中国军事科学》2000 年第 2 期）有作者分析了 20 世纪空中力量的发展与战争形态的变革。认为空中力量的问世和发展，把战争由平面推向立体进而推向工业时代立体战争的极限。空中力量因高技术物化的质变，加快了绝对战争向可控战争演进的过程，丰富并深化了可控战争的内涵和形式。空中力量走向航空航天一体化，将把立体战争从空中推向空间，争夺制天权的斗争将成为争夺战略主动权的决定性内容。（张昌治《20 世纪空中力量的发展与战争形态的变革》，《中国军事科学》2000 年第 2 期）

20 世纪的陆军和空军建设 有作者认为，20 世纪，陆军得到了蓬勃发展。第一次世界大战时期出现了坦克兵、航空兵和化学兵等新的兵种，组建了方面军或集团军群，出现了方面军（集团军群）战役，并开始形成诸兵种合同战术。第二次世界大战后到 80 年代，陆军根据核武器和其他兵器的发展和作战需要调整了体制编制，武器装备发生了质的变化，作战理论出现突破性发展。90 年代，陆军规模普遍缩小，编制出现小型化趋势，武器装备向信息化方向发展。（赖铭传《陆军发展百年》，《外国军事学术》2000 年第 12 期）有作者阐述了空军在 20 世纪的发展过程。1903 年，美国莱特兄弟驾驶着“飞行者”1 号飞机升空，预示着一个新军种的诞生。第一次世界大战前，美、法、俄、英、德、意等国分别在陆军建立了飞机连、航空营、军事航空队，以完成侦察和校正炮兵射击等任务。一战中，世界共生产军用飞机 18 万架，投入作战飞机 10 万架。两次大战之间，以杜黑的《制空权》一书为代表所提倡的“空军制胜论”，大大推动了空军的发展。继英国之后，加、意、法、德、西班牙等国也先后建立了独立的空军。二战期间，主要参战国动用飞机 70 万架，投弹 500 万吨。到世纪末，已有 127 个国家拥有自己独立的空军。20 世纪的历史给人以下启迪：科学技术是空军崛起的“推进器”，军事思想是空军发展的“火车头”，空军结构是“人间极致”，空军人才是“天之骄子”，空军正在向天军发展。但是，正因为空军受到的关爱有加，必然带来结构的应力集中，因而矛盾重重。（苏恩泽《空军百年回顾》，《外国军事学术》2000 年第 12 期）。

20 世纪的军事法制 20 世纪的军事法制发展可以分为近代与现代两大阶段。近代军事法制由 17 世纪延续到 20 世纪 40 年代。这 40 年的军事法制比上一世纪有了较大拓展：一是授予国家行政机关和国家首脑更大的权力，以形成高度集中统一的国防领导体制；二是完善军事刑事法律规范，扩大军事司法管理范围，维护国家安全，强化武装力量纪律；三是建立健全战争动员法规制度，最大限度地满足战争对人力、物力和财力的需要；四是不断制定、修订战争法，以限制作战方式和手段，保护平民和战俘。现代军事法制从第二次世界大战后开始，一直到20世纪末。这一阶段，依法治军、依法治国逐渐成为世界各主要国家的共识。在军事立法方面，各国大力拓展军事法的调整范围，使其逐步渗透到国防和军队建设的各个领域；在军事法的实施上，各国日益重视军事法的执行，加强监督，对于违法者进行严厉制裁；在军事法律服务方面，各国根据第二次世界大战的经验，开始建立专门的机构；在军事法制教育方面，各国逐渐重视培植军人和公民的军事法律观念，培养军事法律人才，并将其视为军事法制建设的基础工程；在构建国际军事法律秩序方面，各国通过加强协商与合作，从多方面充实和实施战争法的内容。20世纪军事法制发展的基本特点是：军事法制的作用日益显著，军事法的体系日臻完善，军事法制的经验在世界范围内相互借鉴，军事法制的内容不断受到挑战。从20世纪军事法制的发展中，可以得到以下启示：要辩证地看待军事法的作用，妥善地处理军事法制的内部关系，适时地确定军事法制的中心环节。（方宁《20世纪军事法制的发展及其启示》，《中国军事科学》2000年第2期）

20世纪的兵役制度　20世纪，各国兵役制度的发展大体经历了3个阶段：第一阶段，现代兵役制度以普遍义务兵役制的形式展现在军事舞台上，并在20世纪上半叶占据了主导地位。第二阶段，现代兵役制度在相对和平时期呈现出义务兵役制与志愿兵役制相结合的局面。第三阶段，现代兵役制度在20世纪最后年代显示出朝着职业化的志愿兵役制方向发展的趋势。100年来，各国兵役制度通过不断调整改革，满足了战争对兵员补充的需要，推动了武装力量的协调发展，在国防建设和战争中发挥了重要作用。兵役制度作为“铸造暴力的手段”，对战争的胜负具有极为关键的保证作用；兵役制度作为“军事人力资源的调节器”，对武装力量的总体建设具有重要的协调作用；兵役制度作为国家意志的集中体现，对国家安全与防务具有特殊的威慑作用。（雷渊深《世界兵役制度百年回顾》，《外国军事学术》2000年第12期）。

20世纪的战争动员　20世纪以前，战争动员经历了漫长的萌发和初步形成时期；进入20世纪以后，战争动员逐步走向成熟并进入全面发展时期。与过去的战争动员相比，20世纪的战争动员在5个方面发生了重大变化：一是战争动员的地位与作用，由从属地位转变为进行战争的前提和基础；二是战争动员的范围和领域，由军事领域扩展至经济、科技等社会各个领域；三是战争动员的时间与过程，由主要是在战前进行转变为从和平时期开始至战争结束的“全程性动员”；四是战争动员的组织与准备，由比较简单到极其充分、完善；五是战争动员的强度与节奏，由低强度缓慢动员到高强度快速动员。（张齐红《20世纪战争动员的5大变化》，《中国军事科学》2000年第3期）

20世纪的军事科学　20世纪到来后，航空科学技术首先催生出了空军和“制空权”理论；发动机技术、材料技术的发展促成了坦克与装甲战车、装甲部队及“机械化战争论”、“闪击战”理论、“小型职业化军队”思想的诞生；军队机动性能和通信能力的革命性提高，使战场空间大大扩展，出现了贯穿大纵深进攻作战思想的苏联集团军、集团军群、方面军、方面军群战役理论以及战区战略性战役理论，出现了强调全纵深、全方位、同时打击的美军以“空地一体战”乃至“海地空天一体化”为代表的诸军兵种大规模联合作战战役理论；相对论、量子理论等人类智慧的杰作，造就了核应用技术和核武器，加之火箭运载技术的出现和发展，产生了核战争与核威慑理论；现代武器空前的破坏力，极大地制约了战争狂人的战争意志，导致了有限战争理论的出现；在武器装备精良化的基础上，适应干涉主义的需要，出现了特种战争理论和低强度冲突理论；高空物理、天体物理等一批批新兴基础技术和航天技术的诞生和发展，促使有些国家着手组建航天部队，并提出了“制天权”学说；电子技术的发展急速敲开战场微观领域的大门，延伸进电磁频谱，造就了大批电子战装备的部队，并出现了“制电子权”等电子对抗理论；以微电子、光电子和计算机技术为代表的信息技术的飞速变革，以及由此造就的遍布全球的网络世界，促使以强调夺取“制信息权”为核心思想的“信息战”理论加速形成。20世纪还是无产阶级开始有组织地使用暴力反抗资产阶级的时代，是人类的智能被大大激活、释放和军事谋略思想得到较好发掘的时代。在这个大时代中，列宁、斯大林极大地丰富了无产阶级军事学说，同时出现了璀璨夺目的毛泽东军事思想特别是人民战争思想。（齐长明《军事科学的百年回顾》，《解放军报》2000年1月3日）

（方宁　杨学清）

联合国维和行动综述　2000年，联合国实施的国际维和行动累计已达到54次，有118个国家约 75 万余人参加了维和行动，其中有 1 656 人献出了生命。年内维和行动计划经费 30 亿美元。正在进行的维和行动共 15 项，主要集中于欧洲、亚洲和非洲，此外还有中东地区，总计有 37 733 名维和人员，包括 28 538 名士兵，7 725 名军官和 1 470 名军事观察员，其中尼日利亚、孟加拉国、印度、加纳、约旦、澳大利亚等为主要出兵国。值得注意的是，非洲已从联合国维和行动的一般地区上升为重点地区，在非洲的塞拉利昂进行着目前最大规模的维和行动，共部署维和人员 1 万多人。由于这一地区发生了地方武装大规模围攻与绑架维和人员事件，引起了国际社会的普遍关注。

2000 年联合国维和行动概况 亚洲 7 月 26 日，联合国向黎巴嫩南部地区增派 1000 名维和士兵，以维持治安。联合国安理会 18 日发表主席声明，确认以色列已按安理会第 425 号决议从黎巴嫩南部撤出了全部军队。但黎巴嫩对此持不同意见，认为以色列仍占领着一些边界地段并控制着黎部分领土。8 月 5 日，联合国驻黎巴嫩临时部队在黎以边境全线完成了部署，其任务主要是实现边界地区的安全与稳定，阻止以色列与黎巴嫩双方因领土争端引发的任何武力冲突。联合国驻黎巴嫩维和部队已从 4 513 人增加到 5 600人，并可能继续增加到 7 935 人。在西帝汶，由于有消息说反叛分子继杀害 3 名联合国工作人员后又开始了第 2 次屠杀，联合国已采取紧急措施，于 9 月撤回了在西帝汶的另外 90 名工作人员。中国自 1990 年首次派出军事观察员参加联合国维和行动以来，截止 2000 年底，已派出 500 多人次参加了停战监督组织、伊科观察团、西撒特派团、联合国柬埔寨临时权力机构、联莫行动、联利观察团、联塞观察团及军事顾问和民事警察等 10 项维和行动，并派出工程兵部队 2 批 800 人次参加了在柬埔寨的维和与重建行动。2000 年 1 月和 9 月，中国再次向东帝汶派出了 2 批共 55 名联合国民事警察，标志着中国维和行动的进一步深化。

欧洲　科索沃战争后联合国派驻欧洲的维和部队由于在维和行动上有失公允，使这一地区维和行动困难重重。2 月以来，联合国特派团和国际维和部队在科索沃成为袭击目标，数百名阿族极端分子与法国维和部队发生冲突，并出现恐怖分子从小轿车中向国际维和部队的司令部大楼扔炸弹的事件。造成 10 余名法国及阿联酋维和士兵受伤。针对这种不稳定局势，联合国驻科索沃特派团采取宵禁、将该地区现有的 300 名国际警察增至 600 名等措施。国际维和部队也向科索沃米特罗维察增派了英国和德国维和部队。由于北约部队在科索沃战争中曾向前南地区投下了 50 万枚贫铀弹，2000 年已有 7 名意大利前维和士兵死于白血病。这些贫铀炸弹造成的核污染相当于切尔诺贝利核电站事故的 3%。预计巴尔干地区因此而死亡的人数在未来几年内将超过 1 万人。

非洲　冷战以后，联合国已对此地区 12 国实施了维和行动，几乎涵盖了非洲所有的冲突热点。然而，2000 年在塞拉利昂、刚果、索马里及安哥拉等地发生了袭击、扣押、杀害维和人员，击落联合国飞机和各武装派别的冲突加剧等情况，不仅严重阻碍了这一地区的和平进程，而且使联合国维和行动受到严重挫折和挑战。为解决塞拉利昂因派别冲突及反政府武装暴动造成的危机，联合国在年初派出由 8500 人组成的维和部队到塞拉利昂，接替原来以尼日利亚军人为主的西非维和部队，其任务是监督塞拉利昂有关各方对联合国决议和《洛美和平协议》的执行情况。由于这支部队来自 6 个最穷的第三世界国家，没有基本的经费保证和政治上的支持，其维和使命很快陷入困境。5 月 5 日，由 208 名赞比亚士兵组成的维和部队在开往驻塞拉利昂北部腹地马卡尼地区时被全副重装备武装的塞拉利昂叛军包围，充当人质。5 月 6 日又有 226 名联合国维和人员被革命联合阵线扣为人质。如加上此前叛军已扣押的人员，已有 504 名联合国维和士兵、军事观察员和民事人员在塞拉利昂遭到绑架。这不仅是对脆弱的塞拉利昂和平的一个沉重打击，也是联合国近年来维和任务遭受的又一重大挫折。为解决在塞拉利昂出现的维和危机，联合国一方面决定进一步增加维和力量，使驻塞拉利昂担任维和使命的军事人员总数达到 1.3 万人；另一方面，由驻塞特派团采取一切措施，解救人质。7 月 15 日，联合国特派团营救出被困长达 2 个多月的 220 名维和士兵和 11 名军事观察员。8 月 25 日，在塞拉利昂首都弗里敦附近再次出现 11 名英国士兵和 1 名塞政府军联络官被塞拉利昂的一个被称为“西部男孩”的反政府武装劫持作为人质的事件。经谈判，只有 5 名英军士兵被释放。9 月 10 日，英军在谈判无望的情况下，以特种部队救出其余 7 人，并俘虏 18 名武装分子。

刚果（金）的局势是联合国在非洲维和行动面临的另一重大挑战。除刚果解放运动外，刚果（金）其他交战各方 12 月 6 日签署了一项脱离接触和重新部署军队的方案，为联合国在该国部署维和部队、结束武装冲突奠定了基础。此协议从 12 月 15 日正式开始实施，并在 45 天内完成。

9月15日，联合国安理会一致通过决议，在埃塞俄比亚和厄立特里亚边界部署4200名联合国维和人员，以监督执行两国今年6月签署的停火协议。根据联合国有关决议，于7月成立的联合国埃塞俄比亚和厄立特里亚特派团（联合国埃厄特派团）军力达4200人，其中军事观察员220人，任期至2001年3月15日止。

美洲　8月14日，在联合国和美军南方司令部支持下有18个美洲国家举行了"二OOO北部维和行动"联合训练。参加的有中美洲、加勒比地区国家和美国的大约500名军人以及一些政府和非政府组织。

联合国维和行动面临的挑战　虽然国际局势总体上趋向和平，但联合国维和行动不仅面临着更加复杂和艰巨的任务，同时还面临着新的挑战：

一是联合国维和行动如何发挥作用问题　由于冷战后"新干涉主义"的抬头，一些西方势力极力把一个国家的内部冲突纳入国际和平与安全的范畴，出现了假维和之名行侵略之实的现象，严重地损害了联合国维和行动的形象和威望。一些右翼势力甚至鼓动修改《联合国宪章》中的"不干涉内政原则"，认为实施维和行动无需得到当事国的同意。这将使《联合国宪章》的宗旨和基本原则遭到全面破坏，联合国维和行动的基础也将不复存在。为此，一些第三世界国家已提出，必须维护联合国的维和权威，坚决杜绝任何国家或国家集团将自己的意志凌驾于联合国和安理会之上，或滥用联合国的名义干涉他国内政。并要求对联合国、安理会、秘书长和维和部队等的权力与义务做出明确规定，增加会员国，特别是冲突地区有关国家在维和行动决策上的发言权和监督权，使维和行动的实施更加符合当事国和国际社会的意愿。

二是关于是否建立专职维和部队问题　由于维和行动与集体安全的强制行动不同，其主要作用是监督停火、隔离冲突各方，目的并不是为了作战。因而，维和部队是根据安理会确定的任务由各国临时抽调组合在一起的，缺乏统一的训练与指挥，在执行任务过程中难以做到密切协同。特别是随着冷战后维和行动规模与职能的扩大，维和行动的风险也不断增大，临时组建的维和部队时常陷于尴尬和危险的境地。对此，国际社会中已出现改革维和机制，建立专职维和部队的争论。然而，这又会带来专职维和部队的训练、指挥、管理、经费与保障等一系列更为复杂的问题，对联合国又将是一个新的负担。目前情况下，这一建议难以被多数国家接受。

三是关于是否应配有重武器问题　按照《联合国宪章》要求，维和部队只能携带轻武器，对冲突的双方起到隔离劝阻、维持和平的作用。然而，近年来一些热点地区的维和行动中，维和部队面对装备有重武器的叛军，不仅难以发挥维和作用，甚至连自卫能力都没有，往往成为冲突双方的人质，维和人员的安全问题已经成为对维和行动本身的一种"严重威胁"。对此，一些人士已提出"超越维和"的概念，建议使用更多的重武器，采取更强硬的手段。联合国前秘书长加利在《和平纲领》中提出实施维和行动前，应该保留采取集体安全措施的选择权，一旦联合国行动受到阻挠和对抗，可立即予以实施。然而，这样的对策一旦实行，必然从根本上动摇维和行动的原则，可能导致本应站在冲突之外的联合国维和部队卷入到冲突之中，不仅不能起维和作用，还可能进一步加剧冲突，并使地区冲突演变为联合国导演的冲突。

四是关于能否进行"积极军事打击"问题　联合国维和部队受到攻击是否应发动突然袭击来解救，已成为联合国维和行动发展必须回答的问题。由于在非洲维和行动中多次受到当地派系武装的袭击与绑架，联合国已越来越倾向于采取强硬态度，对袭击者采取"积极军事打击"。联合国驻塞尔维亚维和部队在5月"人质危机"后，迅速加强兵力部署，并多次对联阵武装发动"反击"，营救出被困长达两个多月的220名维和士兵和11名军事观察员。英军特种部队还创造了以突然袭击手段解救维和行动人质的成功范例。然而，如果把这种"积极军事打击"作为解决维和部队与驻在国矛盾的常规作法，则极易造成冲突扩大与卷入派别争端的危险。

五是联合国维和任务如何合理分配问题　西方大国对非洲维和态度仍有决定性影响，并搞双重标准，导致非洲维和形势复杂化。它们一方面对联合国在非洲的维和行动态度暧昧，有意插手非洲事务；但另一方面又不愿为此付出过多代价。尤其是美国在索马里"恢复希望行动"失败后，改变了其在非洲的外交策略，由直接干预转为间接"推动"，在向非洲派驻维和部队和出资等方面态度冷漠。为了减少伤亡，有的大国在维和行动中出钱不出人，个别大国还以法令的形式对参加维和行动加以限制，甚至撤回在危险国家的维和士兵。在目前执行维和任务的3万名人员中，发展中国家占了近80%，发达国家只有20%。如何对维和人员数量和任务进行合理分配，已成为联合国维和行动组织者不得不认真考虑的问题。

附：2000年联合国仍在进行的15项维和行动

非洲　（1）联合国在西撒哈拉沙漠的复决权使命特

派团（1991 年 4 月起）；（2）联合国中非共和国观察员特派团（1998 年 4 月起）；（3）联合国塞拉利昂观察员特派团（1998 年 7 月起）；（4）联合国海地平民警察使命特派团（1997 年 12 月起）。

亚洲　（5）联合国在印度和巴基斯坦的军事观察员组织（1949 年 1 月起）；（6）联合国在塔吉克斯坦的观察员组织（1994 年 1 月起）；

欧洲　（7）联合国在塞浦路斯维和力量特派团（1964 年 3 月起）；（8）联合国在乔治娅观察员特派团（1993 年 8 月起）；（9）联合国在波斯尼亚－黑塞哥维亚特派团（1995 年 12 月起）；（10）联合国在普雷莱克特派团（1996 年 1 月起）；（11）联合国在科索沃和平特派团（1999 年 9 月起）；

中东　（12）联合国停战管理组织（1948 年 6 月起）；（13）联合国自由解放观察员特派团（1974 年 6 月起）；（14）联合国在黎巴嫩过渡力量观察团（1978 年 3 月起）；（15）联合国伊拉克科威特观察员特派团（1991 年 4 月起）

（吴　鹏）

国际恐怖活动与反恐怖主义问题综述

2000 年，恐怖主义继续不可扼止地在世界上肆虐，无论是原本比较稳定的国家，还是一直处于动荡之中的国家，都受到了恐怖主义浪潮的冲击，并成为世纪之交世界形势难以平缓的原因之一。

国际恐怖活动的新特点　1 年来，各种恐怖主义事件在世界各地频繁发生，并出现了新的特点。

一是网络恐怖主义日益蔓延与扩大　随着电子计算机技术的发展与普及，网络也成为恐怖主义活动的重要手段与场所。在 2000 年，利用电子网络侵入破坏和删改其他计算机系统的电子网络“黑客”已由个体行为发展成为群体行为，由稍纵即逝的短时破坏发展成为一个时段的持续破坏，由对某一系统或某一国家局部网络的破坏发展为对一批系统和某一国际地区的系统破坏。2 月 7 日，美国著名商业网站雅虎受到黑客密集攻击，被迫关闭 3 个小时，一场策划已久的“网络恐怖行动”从此拉开序幕。8 日，世界最大的网上零售商业玛逊网站中断服务 2 小时；美国著名平价零售网站也遭到厄运；网上拍卖站点的产品介绍网页无法访问，就连跟踪报道黑客攻击的 CNN 网站也受“株连”，中止服务 1 小时。9 日，美国一些网站服务器死机近 1 小时，70% 的网页无法浏览，相继有近 10 家全球最著名的网站被“黑”掉。几天内，黑客的连续攻击使全球互联网的运行效率下降了 20%，对各大网站造成的直接或间接经济损失高达数十亿美元以上，由于“网络攻击”对投资信心的影响，纽约股票市场“道－琼斯”指数下跌了 258.44 点，以技术股为主的纳斯达克指数也下挫了 64.26 点。2 月 8 日，这股重创美国雅虎、亚马逊等著名网站的“黑客战火”甚至蔓延到亚洲，中国部分站点也遭到不明黑客的连续攻击，致使服务器在短时间内完全瘫痪。网络上的恐怖主义已成为向现代信息社会挑战的主要角色。

二是欧洲恐怖主义事件呈增加趋势　冷战后，欧洲地区历史上长期积累下来的民族、宗教矛盾不断暴露与发展，加之美国为首的北约以武力入侵科索沃造成的后遗症，使这一地区恐怖主义事件呈上升趋势。1 月份，恐怖组织“埃塔”在西班牙首都马德里连续制造两起汽车爆炸事件，造成 1 名军官死亡，数人受伤。30 多年来，已有 800 多人丧生在该组织的枪口之下。10 月 10 日“埃塔”再次制造爆炸事件，造成 3 人死亡，64 人受伤，一座高层居民楼被毁。整个 10 月，“埃塔”共制造了 3 起恐怖事件。在南斯拉夫联盟领土上，由于联合国特派团和国际维和部队对阿族极端分子的姑息和纵容，阿族恐怖分子不断制造有组织的炸弹爆炸和枪支对抗事件。2 月 3 日晚，一伙阿族恐怖分子向一家塞族咖啡馆投掷炸弹并用机枪扫射，造成 12 名塞族人受伤，其中 7 人重伤。5 日，数百名阿族极端分子与法国维和部队再次发生冲突，造成 11 名法国维和士兵受伤。恐怖分子还企图暗杀南联盟领导人和颠覆现政府。南联盟安全机关破获了一个由美国和北约控制的间谍恐怖行动小组，逮捕了全部 4 名成员，显示出这一地区恐怖主义活动有着深刻的国际背景。

三是历史遗留下来的民族和宗教矛盾使亚洲部分地区恐怖主义愈演愈烈　继东帝汶冲突后，东南亚地区民族宗教矛盾日益尖锐，暴力恐怖活动呈抬升之势，有可能成为继中东、巴尔干之后的又一民族宗教等恐怖主义冲突多发地区。4 月，“猛虎”组织在斯里兰卡北部的贾夫纳地区与政府军发生严重对峙，导致政府军士兵被打死 200 多名，受伤 500 余名。在印度尼西亚，由于不同政见的对立和对前总统苏哈托及其家人的起诉，引发了较长时间的政治动荡；加之宗教派别之间的矛盾激化，导致了一系列炸弹爆炸和恐怖恫吓事件。仅 8 月以后的 3 个月内，就已发生至少 4 次爆炸事件，使数十人伤亡。其中，马鲁古的宗教矛盾已演变为恐怖仇杀，造成 3000 多人死亡和大约 50 万难民。一些居住在爪哇和苏门答腊的穆斯林武装分子也来到马鲁古，参加岛上的大规模仇杀，许多人被打死，马鲁古的主要大学也被穆斯林信徒夷为平地。另外，在菲律宾、泰国、斐济、克什米尔、乌兹别克斯坦、吉尔吉斯斯坦等国家和地区也都发生了暴力恐怖事件，严重冲击着各国及地区安全局势。

四是俄罗斯与车臣恐怖主义分子斗争并未完结 车臣仍是恐怖分子聚集与猖獗之地，与联邦军队对抗的武装分子还有大约 2000 人，其中包括约 500 名雇佣军。在整个北高加索（达吉斯坦和车臣）地区的反恐怖行动中，俄国防部部队、边防警察部队、内务部部队和警察部队总共阵亡 2600 人，其中俄国防部队有 1670 名军人阵亡，7505 人负伤。车臣恐怖武装不断在俄罗斯重要城市制造爆炸事件和新的暴力活动。7 月初，在莫斯科等 5 个城市多处设置了爆炸装置，造成市民的恐怖与不安。8 月 8 日，在莫斯科繁华商业地段普希金广场的地下通道又发生一起爆炸事件，至少造成 8 人死亡，58 人受伤。12 月，车臣恐怖武装进行的破坏活动进一步升级，不仅制造爆炸事件，而且袭击俄罗斯军队，截击车队，并以冷枪远射俄罗斯军人，恐怖主义已成为俄罗斯社会的顽疾。

五是针对美、德的大规模排外活动愈发频繁 美国是干涉世界各国事务最多的国家，因而近年来不断成为恐怖主义袭击的目标。10 月 12 日凌晨，美国第五舰队的“科尔”号导弹驱逐舰在也门亚丁港加油时，遭到恐怖分子自杀性攻击，舰上 5 人死亡，12 人失踪，39 人受伤。这是美国继 1996 年驻沙特空军基地被炸以来遭到的又一次严重的恐怖袭击。10 月 25 日，美国情报机构又发现一起正在策划中的自杀式攻击事件，目标是美国在巴林的一个军用机场，美在巴林和印尼雅加达的驻军以及许多美国小孩上学的国际学校也成为恐怖分子袭击的对象。为防范恐怖袭击，美国一度关闭了驻卡塔尔和雅加达的大使馆。德国排外势力是其历史上排外传统的土壤孕育出的一支毒芽。一些极右势力利用部分德国人对社会的不满，将外国人作为他们的发泄对象。同时，他们利用互联网等现代化通讯手段，传播新纳粹思潮，诱使年轻人上当。目前，排外暴力事件的肇事者大多为年轻人。在德国东部的萨安州，13 岁至 26 岁的青年人中 24% 有排外倾向。德国统一后出现的极右主义已经成为一种亚文化，光头青年甚至称他们的地盘为解放区，意思是从外国人手里解放出来的。在德北部一些城市，“光头党”的成员们在公共汽车里公开打出反对外国人的横幅，唱起纳粹歌曲，袭击反法西斯展览，甚至企图携带武器、毒品、战旗和纳粹标志进行示威游行。仅 4 月至 7 月，在德国就已发生反犹太人的恐怖行动 57 起，是去年同期的 10 倍。在奥地利发生的种族恐怖事件也上升了约 50%，其种族主义和反犹太人的恐怖事件与去年同期相比增加了 48%。

国际反恐怖主义斗争的趋势 随着世界恐怖主义活动的蔓延与发展，国际上反对恐怖主义的呼声也越来越强烈，同时，各种反恐怖主义行动也呈现出更加深入的趋势。

一是加强国际合作 4 月 5 日，联合国第 10 届预防犯罪和罪犯待遇大会高级别会议通过了将提交联合国千年大会审议的《关于犯罪与司法：迎接 21 世纪挑战的维也纳宣言》，对国际社会开展合作，打击和遏制各种形式的犯罪与恐怖暴力活动，特别是打击跨国的有组织犯罪提出了具体目标和措施。12 月，联合国安理会发表主席声明，敦促各国迅速执行关于打击恐怖主义的安理会第 1269 号决议。为了对欧盟内日益严重的恐怖主义实施有效打击，欧盟 15 国警察机构决定成立欧盟国家警察联合特遣部队，并在 2001 年完成组建工作。阿尔卑斯山 6 国（德国、法国、意大利、奥地利、瑞士和列支敦士登）还加强协调，决心联合打击极右势力，并迫使恐怖主义势力的气焰有所收敛。在中亚，吉尔吉斯斯坦、哈萨克斯坦、乌兹别克斯坦和塔吉克斯坦 4 国总统于 8 月 10 日在吉尔吉斯斯坦首都比什凯克举行会晤，讨论了共同打击国际恐怖分子的计划，并就涉及的问题达成了广泛共识。9 月 9 日，独联体国家安全部门负责人第 9 次会议把打击国际恐怖主义，尤其是打击中亚和高加索地区的恐怖活动作为独联体各国合作的首要问题，并对制定反恐怖活动的法律，组织情报交流体系，建立统一的反恐怖中心，完善联合反恐怖行动的方法制定了具体措施。以色列与巴勒斯坦是长期对立的宿敌，但近年来在反对与打击恐怖势力方面逐步显示出合作意向。8 月 21 日，以色列和巴勒斯坦安全人员逮捕了 23 名涉嫌重大恐怖袭击事件以破坏和平进程的阿拉伯人，其中包括 20 名巴勒斯坦人和 3 名以色列籍阿拉伯人。以色列国家安全总局“辛贝特”逮捕了其中的 10 名巴勒斯坦人和 3 名以色列人，巴方安全人员逮捕了另外 10 名嫌疑分子。他们策划的恐怖活动包括向约旦河西岸犹太人定居点发射导弹以及绑架以色列士兵等。

二是加大打击力度 在俄罗斯，国家向军队提出“彻底消灭和摧毁匪徒武装及其基地，将反恐怖行动进行到底”的任务，并在车臣展开打击恐怖活动的新阶段。为进一步搜索车臣非法武装人员，从根本上扼止恐怖主义势力，俄已计划在车臣组建小型卫戍部

队，部署在200多个居民点中。在德国，联邦政府针对极右分子在各地不断制造的暴力事件，随时准备运用边防部队采取坚决措施，打击极右势力。同时，从小学开始对青少年进行反极右恐怖势力的教育。有5个州还设立了反极右势力的热线电话。一些银行也相继宣布，将公开那些有新纳粹主义背景的账号。在日本，为了对付接受过高级训练的恐怖主义分子的攻击和破坏活动，决定在2001～2005年度防卫力量事务计划期间，在陆上自卫队中创建“应付事态部队”，以提高自卫队对付恐怖分子局部攻击的能力。在欧洲，法国、瑞士等国也加大了打击本国恐怖势力的力度。欧盟在奥地利极右势力入阁问题上还采取了空前严厉的态度。

三是重视网络反恐怖活动　针对日益猖獗的网络恐怖主义，10月26日，西方8国集团举行会议，讨论联手打击网络犯罪。德国总理施罗德还呼吁制定一项利于迅速定案与打击网络犯罪的全球性标准。同时，出现了将恐怖因素转变为反恐怖力量的趋向。美国在屡次遭到黑客袭击后，开始紧锣密鼓地吸纳更多的电脑高手加入美军的行列，并从互联网界以及大学校园里广纳“贤才”，以“黑”攻“黑”，打击电子网络方面的恐怖主义。7月10日，美国军方在拉斯维加斯举行了一次共有5000多名电脑专业人员参加的“电脑黑客”大会，探讨对付网络攻击的各种措施。美国国防部近年来在军事关键技术发展计划中，已将网络攻击与防御列为重点项目，加紧组建数字化部队，训练高技术领域的“网络勇士”。1995年，美国第一代“网络勇士”从其国防大学信息资源管理学院毕业。现已初步建起了以各军种信息战中心的“红军”计算机应急分队等为主角的“网络战场”，并多次与著名的智囊团“兰德”公司进行计算机网络安全模拟演习。除美国外，英国、法国和俄罗斯等国相继提出了“未来战士士兵系统”计划；日本、韩国、以色列等国也相继公开征召“黑客”入伍，并组建了“网络分队”。针对每天电脑网站遭到黑客攻击甚至外国黑客“地下军团”向中国网站宣战的情况，中国也建立了特殊的“反黑客”部队。中国科学院在8月启动“黑客入侵防范体系”课题以及国家863、973项目，成立了几十人的信息时代反黑客部队。可以预计，以计算机为主要武器的高技术恐怖与反恐怖斗争将成为未来国际社会军事与政治领域中的重要内容。

（吴　鹏）

军控与裁军

国际军控与裁军形势综述　2000年，国际军控与裁军形势出现了一些新的情况和特点。俄罗斯批准了《第二阶段削减战略武器条约》和《全面禁止核试验条约》(CTBT)，从而为美俄尽快启动《第三阶段削减战略武器条约》(START－III）的谈判奠定了基础，但另一方面美国虽推迟就部署国家导弹防御系统（NMD）作出决定，却仍继续加强相关技术的研发与试验，反导问题仍是国际军控领域斗争的焦点。核与导弹扩散问题依然突出，特别是美国在此问题上继续坚持双重标准。国际社会要求彻底消除核武器的呼声再度高涨，多边军控谈判略有进展但仍困难重重。

俄罗斯批准《第二阶段削减战略武器条约》和《全面禁止核试验条约》　4月14日和19日，俄罗斯国家杜马（议会下院）和联邦委员会（议会上院）分别以288：131和122：15的表决结果，批准了俄美1993年签署的《第二阶段削减战略武器条约》(START－II）及相关议定书，从而为两国在2007年前将各自战略核弹头削减到条约规定的3000～3500枚奠定了基础。俄国家杜马在批准该条约时附加了条件，规定如果美国部署国家导弹防御系统，俄总统有权废除就武器控制问题与美国达成的所有条约。俄总统普京也表示，如果美国违反《反弹道导弹条约》，俄将退出所有裁减核武器与常规武器的协议。美国总统克林顿发表声明，对俄批准《第二阶段削减战略武器条约》给予肯定，并主张美俄应立即展开有关“第三阶段削减战略武器”和“反导条约”的谈判。俄国家杜马和联邦委员会还分别于4月21日和5月17日批准了《全面禁止核试验条约》。

俄总统普京于4月和11月两度提出俄美大幅削减核弹头的建议。普京表示，必须加快核裁军进程，到2008年将俄美两国的核弹头减少到1500枚是十分现实的，而且应准备进一步研究将核武器减少到更低水平。他同时强调，应当在维护和巩固 1972 年《反导条约》的基础上大幅度地减少核武器，防止核扩散首先应当通过政治外交手段，而不是破坏这一条约。

一些国家批准《全面禁止核试验条约》 3 月 7 日，孟加拉国外交秘书沙菲·萨米宣布，孟加拉国已正式批准《全面禁止核试验条约》。孟加拉国是南亚第一个签署并批准该项条约的国家。4 月 27 日，白俄罗斯国民大会（议会）批准了《全面禁止核试验条约》。白外交部官员表示，白将承担条约规定的义务，不进行任何核爆炸，支持一切旨在彻底销毁核武器的倡议，主张建立欧洲无核区。11 月 6 日，乌克兰议会批准了《全面禁止核试验条约》，同时还批准了乌克兰政府同负责实施该条约的筹委会就具体履行上述条约所达成的协议。截止 2000 年底，《全面禁止核试验条约》的签署国已达到 160 个，批准国已达 69 个，条约生效所要求的 44 个有核能力的国家中已有 30 个国家批约。

《渥太华禁雷公约》生效 3 月 1 日，联合国关于禁止使用、贮存、生产、转让和销毁杀伤性地雷的《渥太华禁雷公约》正式生效。联合国秘书长安南就此发表声明，高度评价国际社会为禁雷所做出的努力，表示联合国将为此条约的实施继续努力。该公约于 1997 年 9 月 18 号在挪威首都奥斯陆达成，同年 12 月 3～5 日分别在渥太华和纽约供各国签署。2000 年 9 月，《渥太华禁雷公约》第 2 次缔约国大会在日内瓦举行，会议呼吁更多的国家加入该公约。

防止导弹技术扩散国际会议举行 3 月 16 日，防止导弹及导弹技术扩散全球监控体系的国际专家会议在莫斯科举行，来自世界 40 多个国家及联合国等国际组织的代表出席了会议。会议的主要议题是研讨俄罗斯提出的关于建立防止导弹及导弹技术扩散全球监控体系的倡议。这一倡议是俄前总统叶利钦 1999 年 6 月在德国科隆 8 国集团首脑会议上提出的。

首届拉美禁止化学武器会议召开 3 月 28～30 日，首届拉美和加勒比地区禁止化学武器大会在秘鲁首都利马举行。在这次由秘鲁政府和禁止化学武器组织共同努力的秘密会议上，与会代表们着重审视了拉美和加勒比地区国家在禁止发展、生产、储藏和使用化学武器方面的执行情况，并就如何彻底销毁化学武器、建立无化学武器区以及和平利用化学物质等问题进行了深入而广泛的探讨。来自拉美和加勒比地区 17 个国家的政府代表出席了本届会议。

禁止化学武器组织第 5 届缔约国大会举行 5 月，禁止化学武器组织第 5 届缔约国大会在荷兰海牙举行。中国代表在大会发言中强调，切实履行《禁止化学武器公约》所规定的义务和权利，是缔约国为全面禁止和彻底销毁化学武器所承担的义不容辞的责任。缔约国不应忽视履约中存在的问题。个别国家履约不够全面，一些国家迟迟不提交按《公约》要求作出的核查宣布或核查宣布不完整，导致禁止化学武器组织不能对其相关设施进行必要的监控和视察，损害了核查机制的有效性并造成各国履约不平衡。个别国家以国内立法形式对《公约》重要条款作出事实上的保留，对《公约》实施构成潜在威胁。中国代表说，日本遗弃在中国的化学武器问题是中国政府高度重视和严重关切的问题。

《禁止化学武器公约》（全称为《关于禁止发展、生产、储存和使用化学武器及销毁此种武器的公约》目前缔约国总数已达 135 个。该公约于 1997 年 4 月正式生效后，禁止化学武器组织于同年 5 月成立。

《不扩散核武器条约》审议大会举行 4 月 24 日至5 月 20 日，《不扩散核武器条约》（NPT）第 6 次审议大会在纽约举行。187 个缔约国中的 158 国出席了会议。本次大会结合条约的 3 大目标，即核裁军、核不扩散及和平利用核能，对 1995 年审议会以来条约的履行情况进行了审议，并确定了今后 5 年的行动纲领。经各方努力，会议协商一致通过了最后文件，主要内空包括：敦促《全面禁止核试验条约》（CT-BT）早日生效；敦促日内瓦裁军谈判会议尽早达成一项协商一致的工作计划，以尽早启动“禁产条约”谈判；核武器国家明确承诺彻底消除核武器，降低核武器在国家安全政策中的作用，增加核武器能力的透明度，降低核武器系统的作战状态，进一步削减非战略核武器；要求除美俄外的其他 3 个核国家（英、法、中）在适当时候尽早加入核裁军进程。文件还强调了国际原子能机构（IAEA）在防止核武器扩散方面的重要作用，要求进一步加强机构的保障监督机制；呼吁尚未签署和批准加强保障监督议定书的国家尽早签署和批准该议定书，并要求进一步加强对无核国家，特别是非条约缔约国在核材料、设备以及技术方面的出口控制。文件同时重申了各国和平利用核能的权利，强调应继续加强缔约国在这方面的合作。本次会议期间，美、俄、英、法、中 5 个核国家发表共同声明，阐述了 5 国在核裁军、防扩散及和平利用核能方面的一致立场，5 国首次集体明确保证不将本国的核武器瞄准任何国家，首次明确承诺彻底消除核武器，而不再要求与无核国家“全面彻底裁军”挂钩，标志着除中国以外的其他核国家在核裁军的根本观念上的变化。在会议最后文件中，核国家还首次同意有条件地降低核武器在国家安全政策中的作用，采取进一步削减非战略核武器，在促进国际稳定和各国安全不受减损的原则基础上，自愿增加核武器能力的透明度等具体的核裁军措施。美俄承诺继续双边核裁军。这些承诺将有助于恢复核裁军进程。

联大通过《维护和遵守〈反导条约〉决议》 11月20日，第55届联大以88票赞成、5票反对的压倒性多数通过了由中国、俄罗斯、白俄罗斯和吉尔吉斯斯坦共同提出的《维护和遵守〈限制反弹道导弹系统条约〉（简称〈反导条约〉）决议草案》。该决议呼吁《反导条约》缔约国全面和严格遵守这一条约，不部署可保护国家全境的反导系统。并强调，违反《反导条约》将破坏全球战略稳定与世界和平，影响核裁军进程。1999年第54届联大曾以80票赞成、4票反对的表决结果通过了该决议。2000年11月1日，联合国第一委员会又以78票赞成、3票反对的压倒性多数通过了这一决议。美国与苏联于1972年达成的《反导条约》被视为全球战略稳定及美、苏（俄）核裁军的基石。近年来，美国大力发展国家导弹防御系统，并要求俄罗斯同意修改《反导条约》，俄罗斯对此表示拒绝。2000年9月，美国总统克林顿宣布暂不授权部署国家导弹防御系统，但同时又表示，美国将继续进行有关研发和试验工作。联大通过上述决议，充分表明国际社会反对美国发展和部署国家导弹防御系统的决心。

日内瓦裁军谈判会议闭幕 2000年9月21日，日内瓦裁军谈判会议（简称裁谈会）结束。由于在核裁军和防止外空军备竞赛等关键性问题上意见不一，各方始终未能就当年的裁军谈判计划达成妥协。这已是裁谈会这个全球惟一的多边裁军谈判机构连续3年未能展开实质性工作。裁军谈判陷入僵局，直接原因是各方对谈判的优先项目有不同看法。代表无核国家的21国集团要求设立特设委员会就核裁军问题开始谈判，而美国则坚持要求就"禁止生产用于核武器及爆炸装置的裂变材料条约"（简称《禁产条约》）进行谈判，同时以"不现实"、"时机尚不成熟"等理由拒绝就"核裁军"和"防止外空军备竞赛"等议题展开谈判。中国代表表示，中国主张设立外空特委会谈判防止外空武器化和外空军备竞赛的国际法律文书；中国支持21国集团在核裁军问题上的立场；尽管中方并不认为《禁产条约》是优先项目，但是并不拒绝谈判这一条约，不过任何方案如果只能导致《禁产条约》谈判，而不同时谈判外空问题，都是中方不能接受的。

一些国家推出新的裁军计划 2000年，一些国家按计划继续裁减武装力量，另一些国家推出了新的裁军方案。这成为国际裁军领域内的一个积极因素。

克罗地亚　3月3日，克罗地亚国防部长拉多什宣布，克将大幅度裁军和精简机构，把军队人数减少四分之一至三分之一，同时还将对国防部实行改组和精简，减少军费开支。

柬埔寨　5月7日，柬埔寨王国政府在金边以南的贡不市裁军中心举行了裁军仪式。根据柬王国政府制定的计划，柬将在今后3年内共裁军3.15万人，即2000年裁减1.15万人，2001和2002年各裁减1万人。裁军计划实现后柬将保留8万多人的军队。

乌克兰　5月30日，乌克兰国防部宣布，乌将在今后5年内裁军4万人，到2005年军队保持在37万人，并将取消义务兵役制。

捷克　6月1日，捷克军队总参谋长谢迪维透露，捷今后几年内军队人数将减少三分之一，由目前的6.4万人减少到4.2万人。这将是捷有史以来最大规模的一次裁军。根据这项决定，2010年前，捷将撤消十几个卫戍区，同时军队将实现半职业化或完全职业化。

德国　6月14日，德国政府内阁会议批准了国防部长沙尔平提交的联邦国防军改革方案。根据该方案，德国军队人数将从目前的32.4万人削减至25.5万人。同时，德国政府计划将危机反应部队的人数从目前的5万人扩大到15万人，士兵服役期从现在的10个月缩短到9个月。

格鲁吉亚　2000年6月28日，格鲁吉亚国防部第一副部长皮尔茨哈莱什维利宣布，到2000年底前，格鲁吉亚军队由2.7万人裁减到2万人。到2004年，格鲁吉亚将保持一支1.2万至1.3万人的武装部队。格军将主要裁减后勤部队，而作战部队的编制不变。

俄罗斯　2000年11月9日，俄罗斯总统普京主持召开国家安全会议。会议正式通过了在2005年前裁军60万人的计划，其中军队为36万人，边防总局、内卫部及紧急情况部等政府强力部门10.5万人，文职人员13万人。此前俄国防部长谢尔盖耶夫曾于9月8日宣布，俄将大幅度裁减军队人数，从2001年至2003年，计划裁军35万人。据俄军方人士透露，在将要裁减的35万人中，包括陆军18万人、海军5万多人和空军4万人。战略火箭军、后勤和辅助机构的人员也要大幅度削减。2002年，战略火箭军将由军种改为兵种，并于 2005 年编入空军。3 年后俄军队人数将为 85 万人。此外，俄内务部管辖的内卫军将裁减 2 万人，铁道军裁减 1 万人，联邦边防局裁减 0.5 万人，联邦安全局、对外情报局等裁减 2.5 万人。

（金　涛）

常规军备控制与裁军 10 年回顾与展望

《外国军事学术》2000 年第 2 期胡豫闽撰文对 20 世纪 90 年代的 10 年进行了回顾，指出这 10 年是世界安全形势发生深刻变化的 10 年，也是常规军备控制与裁军取得一些引人注目的进展的 10 年。

10 年来常规军备控制与裁军的进展　（1）*在欧洲地区，以降低两大集团的军事对抗为起点，促成了大幅度裁军*　1989 年 3 月 9 日，北约与华约削减双方欧洲常规武装力量的谈判正式举行，有关各国于 1990 年 11 月达成了《欧洲常规武装力量条约》，申明两大集团放弃几十年来互为敌手的战略，“以新型的安全关系取代军事对抗”。该条约确定了缔约国在欧洲的作战坦克、装甲战斗车、火炮、作战飞机和直升机的限额，规定缔约国至迟于条约生效后的 40 个月内分 3 阶段完成上述 5 类武器的削减。此后，虽然苏联（俄罗斯）仍是欧洲地区拥有最大常规军备的国家，但其对北约的常规力量优势已不复存在。1992 年 7 月 10 日，缔约各国又签署了《欧洲常规武装力量员额谈判结束文件》，简称《欧洲常规武装力量员额协定》。该协定作为《欧洲常规武装力量条约》的补充，进一步确定了缔约各国在欧洲地区的兵力限额。实际上，除俄罗斯外，多数缔约国的原有兵力接近、有的甚至低于协定所规定的限额。

（2）*在亚太地区，以建立与加强信任为主要措施，改善了国家关系*　随着该地区经济的普遍发展和形势的缓和，不少国家在努力稳定外部环境的同时，裁减了军备。中国早在 1990 年即完成了裁军 103.9 万人。同年，中苏达成了《关于在边境地区相互裁减军事力量和加强军事领域信任措施的协定》。1994 年，中国与俄罗斯签署了《关于预防危险军事活动的协定》。1996 年 11 月，中国与印度签署了《关于在边境实际控制线地区军事领域建立信任措施的协定》。1997 年 4 月 24 日，中国、俄罗斯、哈萨克斯坦、吉尔吉斯斯坦、塔吉克斯坦 5 国签署了《关于在边境地区相互裁减军事力量的协定》。该协定以促进有关国家相互安全和建立信任为目标，不针对第 3 国，体现了有别于“集团对抗”或“遏制战略”的一种新的安全观，为亚太及其他地区揭示了冷战后维护和平与安全的新途径。1997 年 9 月，中国宣布，在 1990 年完成裁军 103.9 万的基础上再裁军 50 万人。1998 年 1 月，中国与美国签署了《关于建立加强海上军事安全磋商机制的协定》。

（3）*在国际多边领域，借限制小型武器等边缘性措施，推动了裁军进程*　在联合国及日内瓦裁军谈判会议等国际多边领域，常规军备控制与裁军也出现了新进展。1991 年 12 月，第 46 届联大通过了在联合国设立《常规武器登记册》的决议，要求成员国每年提交上一年度作战坦克、装甲战斗车、大口径火炮、作战飞机、攻击直升机、导弹或导弹系统 7 类武器的转让情况，以增加“军备的透明度”。自 1993 年起，已有 80 余国按上述要求提交了武器转让情况报告。联合国在 80 年代通过的《特定常规武器公约》在 90 年代取得了新进展。1995 年 10 月和 1996 年 5 月，在日内瓦分别达成了该公约的《激光致盲武器议定书》和新的《地雷议定书》。1997 年 12 月，120 国签署了《禁止杀伤人员地雷公约》，禁止缔约国在任何情况下生产、发展、储存或转让杀伤人员地雷。该公约随后于 1999 年 3 月生效。此外，限制转让小型武器以及限制发展“非人道武器”的提议已在联大第一委员会提出，得到了不少国家的响应。

然而，常规军备控制与裁军在不同地区及不同领域的发展并不平衡。主要由于美国等海上军事大国的反对，削减海军军备的谈判在欧洲和亚洲均未提上日程。在南亚、中东等冲突热点地区，常规军备竞赛加剧了地区紧张局势。在东北亚，美国联合日本发展战区导弹防御系统，试图纳入中国台湾，直接对这一地区的安全与稳定提出了挑战。

常规军备控制与裁军的特点　（1）*常规裁军的进程与缓和地区紧张局势的进程相辅相成*　无论是在亚洲还是欧洲，常规裁军与缓和地区紧张局势均起到了相互促进的作用。80 年代末中苏关系的缓和，导致双方在 1990 年达成了边境地区裁军协定。在上述协定的基础上，中、俄、哈、吉、塔 5 国于 1997 年签署了《关于在边境地区相互裁减军事力量的协定》，为维护该地区的安全与稳定、促进有关国家关系的发展奠定了重要基础。1996 年，中印签署《关于在边境实际控制线地区军事领域建立信任措施的协定》，被视作两国关系走向正常化的重要步骤。1998 年，中美签署《关于建立加强海上军事安全磋商机制的协定》，被视作两国改善关系的重要标志。在欧洲就削减双方在中欧地区的常规部队问题，北约与华约曾进行了历时 15 年的“共同均衡裁军谈判”，但未取得具体成果。在此期间，欧洲地区多次出现影响国际安全形势的危急事态。《欧洲常规武装力量条约》的达成，在消除苏联（俄罗斯）对北约常规力量优势的同时，为消除欧洲地区两大集团的对抗、从而为大幅度减少世界大战风险发挥了重要作用。

(2) *以制约国家或国家集团之间发动大规模或突然进攻的能力为谈判重点*　常规军备是各国的基础军备，对于大多数国家来说，也是惟一的军备，是这些国家抵御外来侵略、维护国家主权和领土完整的基本手段。但常规军备竞赛、尤其是具有潜在冲突地区的进攻性常规武器竞赛则被普遍认为是加剧国际与地区紧张局势的重要原因。限制国家或国家集团之间发动大规模或突然进攻的能力，遂成为常规军备控制与裁军的重点。裁减与限制作战坦克、大口径火炮、装甲运兵车、攻击直升机、作战飞机等“进攻性”重型武器，成为欧洲常规裁军的重点。在联合国设立的《常规武器登记册》中，列入了上述5类重型武器以及军舰和导弹系统，中、俄、哈、吉、塔5国签署的《关于在边境地区相互裁减军事力量的协定》，也将陆、空军“主要种类的武器”纳入了削减范围。

(3) *建立与加强信任措施成为有关条约或协定的重要内容*　国家之间在双边或多边的基础上建立与加强信任措施，对于促进国际及地区和平与安全有重要意义。常规军备控制与裁军条约涉及的武器和兵员往往数量大、类别多且便于机动与隐蔽。核查措施遂成为释疑与履约的重要保证。各地区常规裁军的进程没有固定模式，但无论在欧洲或亚洲，一些重要的常规军备控制与裁军条约均有建立与加强信任措施的内容，有的常规军备控制条约的主题即为建立与加强信任措施。比如，《欧洲常规武装力量条约》设立了情报交换和现场核查制度。《欧洲常规武装力量员额协定》除核查与评估措施外，还制定了相应的“稳定措施”，规定缔约国兵力增加一定数额时需提前通告其他缔约国。在亚洲，则有中、俄、哈、吉、塔5国《关于在边境地区加强军事信任措施的协定》，中印《关于在边境实际控制线地区军事领域建立信任措施的协定》以及中美《关于建立加强海上军事安全磋商机制的协定》等。

(4) *未能通过条约限制发展或限制转让先进的武器装备*　与限制兵力和武器的数量相比，限制发展或转让先进的武器难度更大。从已达成及生效的一些常规裁军条约看，各方往往削减的是相对过时的武器，其中部分武器即使不签约也会被淘汰。由于拥有最先进常规武器的国家不愿使其军备计划受国际法制约，已达成的常规军备控制与裁军条约未能有效限制高精尖常规武器的研制与发展。联合国设立的《常规武器登记册》也未对军火出口大国产生制约。一些国家竞相将武器转让作为谋取高额利润、扩大地区影响、甚至干涉别国内政的手段，直接危害了国际和地区的安全与稳定。

常规军备控制与裁军前景展望　(1) *超级大国谋求高技术军备优势使国际社会面临新挑战*　冷战后，为谋求军备优势和推行强权政治，美国等一些发达国家在削减常规军备数量的同时，仍在积极研制新型常规武器。尤其是美国，并未因两大军事集团对抗的终结而放慢高技术军备的步伐。科索沃战争显示出，美军远程精确打击等能力已经上了新台阶，拉开了与其他国家的差距。目前，美军以同时打赢两场大规模战区战争为目标，仍在努力提高信息战、远程精确打击和诸军兵种一体化作战等能力，积极开发精确制导、隐形、定向能、智能等尖端武器。这些以运用高、新技术为特点的“跨世纪的武器装备”发展计划，已对常规军备控制与裁军的进程形成挑战。但是，现有的或可能达成的常规军备控制与裁军条约主要是限制武器的数量，并不能有效制约这种以提高武器质量为特征的军备竞赛。

(2) *中小国家及非政府组织在多边谈判领域的作用在增长*　国际裁军舞台历来是强国、大国唱主角。1997年，中小国家及非政府组织发挥主导作用，在渥太华达成了《禁止杀伤人员地雷公约》。受达成这一公约的影响，中小国家及非政府组织正在多边军控谈判领域寻求更大的发言权。加拿大等国及一些非政府组织强调，鉴于冲锋枪、迫击炮、手榴弹等小型武器在地区冲突中大量使用，其中不少落入恐怖主义分子手中，需要参照“渥太华进程”的模式，推动建立限制生产与转让小型武器的国际机制。在中小国家及非政府组织的推动下，限制小型武器及“非人道武器”在一段时期内将成为多边军控领域的热门议题。在推动建立信任措施、增加军备透明度等问题上，中小国家及非政府组织也颇为活跃。这使一些军备大国感受到新的压力。

(3) *地区紧张局势与潜在冲突仍是制约裁军进程的主要因素*　冷战结束后，世界大战的危险空前减少，但另一方面，因民族矛盾、宗教对立、领土争端或权力争夺而引发的地区性武装冲突和局部战争却不断发生，成为影响地区安全与稳定和阻碍裁军进程的突出问题。连绵不断的战乱在造成巨大人员和经济损失的同时，导致一些地区军火市场购销两旺，出现了军备数量和质量双升级的势头，使国际社会控制武器转让以制约地区冲突的努力面临挑战。据美国报刊报道，冷战后的50场冲突中，有45场冲突中的交战双方使用的是美国的武器装备。冷战后，美国已占据了世界军火市场一半以上的份额。军火出口大国借武器转让谋取高额利润、扩大地区影响、甚至干涉别国内政的作法正引起国际社会的进一步关注。

（任　平）

2000 年部分新上任军界要人简介

美国参谋长联席会议副主席理查德·B·迈尔斯空军上将　生于1942年3月。毕业于堪萨斯州立大学并获得机械工程学士学位。1965年6月至1976年7月历任飞行学员，第417战术战斗机中队、训练中队、第13战术战斗机中队和第80战术战斗机中队F－4飞行员，第67战术战斗机中队武器与战术官、飞行指挥官，第414战斗机武器中队教练飞行员和空对地飞行指挥官。1977年至1980年，任美国空军负责计划与作战的副参谋长办公室作战处作战试验与论证参谋等职。1984年10月以后，历任战术空军司令部监察长的监察助理，空军战斗机武器学校校长，第325战术训练联队联队长，第1战术战斗机联队联队长，战术空军司令部负责计划的助理副参谋长，战术空军司令部监察长、副参谋长，助理空军部长办公室下辖的战斗机指挥控制与武器项目处处长，驻日本美军司令兼美国第5航空队司令。1996年7月，任美国参谋长联席会议主席助理。1997年7月，任美国太平洋空军司令。1998年7月以后，任北美航空航天防御司令部司令、美国航天司令部司令兼美国空军航天司令部司令。2000年3月3日，迈尔斯在华盛顿宣誓就任美国参谋长联席会议副主席，并兼任联合需求监督委员会主席、国防需求委员会副主席、国家安全会议委员会和核武器委员会成员。此外，他还是国防资源委员会主席。

美国联合部队司令部总司令威廉·F·克兰上将　出生于得克萨斯州的萨姆豪斯顿堡。1968年11月从候补军官学校毕业之后获得少尉军衔。后来获得圣安东尼奥的雷克大学历史学学士学位和中密歇根大学人事管理硕士学位。1969年1月至1974年3月，历任驻北卡罗来纳州布雷格堡的美国第82空降师第1旅联络官、步兵排长、营侦察排长、连长等职。1983年7月至1986年6月，任美国第82空降师第508空降步兵团2营执行官、营长。1988年12月至1991年9月，任第75别动团副团长、团长，任内于1989年12月在"正义事业"行动期间率部参加对巴拿马的空降突击。1991年9月至1993年7月，升任驻加利福尼亚州奥德堡的美国第7（轻型）步兵师负责作战的副师长。1993年7月至1996年2月，任驻佛罗里达州麦克迪尔空军基地的美国特种作战司令部计划、政策与战略评估部部长。1996年2月至1998年2月，任驻肯塔基州坎贝尔堡的美国第101（空中突击）空降师师长。1998年3月至2000年9月，任驻北卡罗来纳州布雷格堡的美国第18空降军军长。2000年9月，出任驻弗吉尼亚州诺福克的美国联合部队司令部总司令。

美国中央司令部总司令汤米·R·弗兰克斯上将　出生于俄克拉荷马州的韦恩伍德，1967年从候补军官学校毕业后成为炮兵军官。1972年毕业于得克萨斯大学并获得工商管理学士学位。后来还获得了施彭斯堡大学公共管理硕士学位。1967年2月至1976年5月，历任驻俄克拉荷马州西尔堡的美国第28炮兵团4营连助理执行官，驻越南的美国第9步兵师第4炮兵团2营联络官和助理作战官，驻西尔堡的美国陆军训练中心第1训练旅连长，美国陆军野战炮兵中心作战与训练参谋、野战炮兵学校学员，驻德国的美国第2装甲骑兵团榴弹炮兵连连长、中队作战官、团助理作战官、装甲工兵连连长。1977年至1984年历任美国陆军监察长办公室监察官，陆军参谋长办公室参谋、陆军参谋长的执行官，驻德国的美国第1装甲师第78野战炮兵团2营营长。1985年6月至1991年4月，历任美国第3军负责作战的副参谋长，第1骑兵师炮兵司令、师参谋长，第1骑兵师负责作战的副师长，任内与师长一道率部参加海湾战争。1991年4月至1994年6月，任美国陆军野战炮兵学校副校长，美国陆军参谋长办公室路易斯安那作战特遣部队处处长。1994年6月，任驻韩国的"联合国军”司令部/美韩联合部队司令部/驻韩国美军司令部/美国第8集团军司令部负责作战的助理参谋长。1995年3月，任驻韩国的美国第2步兵师师长。1997年5月，升任驻佐治亚州麦克弗森堡的美国第3集团军司令兼美国中央陆军司令部司令，同时兼任美国陆军部队司令部副司令。2000年7月6日，出任驻佛罗里达州麦克迪尔空军基地的美国中央司令部总司令。

美国南方司令部总司令彼得·佩斯陆战队上将 1945年11月5日生于纽约州布鲁克林。1967年6月毕业于美国海军学院并获得学士学位。1968年任驻越南的美国第1陆战师第5团2营排长和营助理作战官。1969年3月返回美国，历任陆战队研究所步兵写作科科长、警卫排长、戴维营保安分队队长、白宫社会事务副官、特别仪式排排长。1971年9月，赴驻泰国的美国第1陆战航空联队所属的第15陆战航空大队保安科，历任作战官和执行官。1973年10月至1985年，历任美国海军陆战队司令部参谋，美国第1陆战师第5陆战团2营作战官、3营执行官，师司令部秘书，纽约州布法罗市陆战队征兵站司令，第1陆战师第1团2营营长。1985年6月至1986年6月，在国家军事学院学习。1986年6月至1988年8月，任“联合国军”司令部/美韩联合部队司令部/驻韩国美军司令部地面部队处处长，助理参谋长的执行官。1988年8月，任驻华盛顿的陆战队兵营司令。1991年8月，任驻勒任兵营的第2陆战师参谋长。1992年2月，升任第2陆战师副师长。1992年7月，出任陆战队大学校长兼陆战队作战发展司令部院校部部长。任内从1992年12月至1994年3月兼任驻索马里陆战部队副司令，驻索马里联合特遣部队副司令。1994年6月，出任驻日美军副司令兼参谋长。1996年8月，任美国参谋长联席会议联合参谋部作战部长。1997年11月，任美国大西洋陆战部队/大西洋舰队陆战队司令兼美国驻欧洲陆战部队司令（1999年10月还兼任美国南方陆战部队司令）。2000年9月，出任驻迈阿密州的美国南方司令部总司令。

美国航天司令部总司令拉尔夫·E·埃伯哈特空军上将 1968年毕业于美国空军学院。1968年8月至1978年12月，历任飞行学员、第20战术空中支援中队前方空中控制员、第71飞行训练联队T-38教练飞行员、助理飞行指挥官、飞行指挥官和司令部中队中队长、第525战术战斗机中队飞行指挥官和F-4E教练飞行员、标准化与论证飞行考核官、副科长。1979年1月至1980年7月，任美国空军国会与对外事务处参谋、科长。1989年7月，任美国欧洲空军司令部总司令兼中欧盟国空军司令的副官。1982年9月，任第50战术战斗机联队中队长、负责作战的副联队长。1984年5月，任美国空军参谋长的执行官。1987年7月至1990年10月，任第363战术战斗机联队副联队长、联队长。1990年10月至1991年2月，任美国战术空军司令部负责监察、安全与保安的副参谋长。1991年2月，任美国空军项目与评估处处长。1994年2月，任美国参谋长联席会议联合参谋部的部队结构、资源与评估部部长。1995年6月，任空军负责计划与作战的副参谋长。1996年6月，任驻日本美军司令兼美国第5航空队司令。1997年7月，任美国空军第一副参谋长。1999年6月，任美国空军空中作战司令部司令。2000年2月22日，埃伯哈特出任北美航空航天防御司令部总司令、美国航天司令部总司令兼美国空军航天司令部司令。

美国特种作战司令部总司令查尔斯·R·霍兰空军上将 1968年毕业于美国空军学院。1968年8月至1978年12月历任飞行学员，第347战术运输机中队、第772战术运输机中队C-130飞行员，AC-130E战斗机组人员训练中队学员、第16特种作战中队AC-130E/H机长、教练飞行员和试飞行员，美国驻欧洲空军司令部空运部空中作战参谋，欧洲军事空运中心联合训练演习计划官，空军工程学院航空工程专业学员。1979年1月至1983年5月，先后任美国洛杉矶空军基地航天处航天飞行科科长、负责政策与计划的副处长、航天处处长的执行官。1983年6月至1983年8月，成为C-130E培训班学员。1983年9月至1999年8月，历任驻菲律宾克拉克空军基地的第21战术空运中队中队长，美国武装部队工业学院学员，美国空军副参谋长办公室下属的作战需求处空运与训练科副科长，美国空军助理部长办公室下属的空运与训练科科长，战略、特种作战部队与空运处处长的军事助理，美国空军第1特种作战联队联队长，美国联合特种作战司令部副司令，美国太平洋特种作战司令部司令，美国空军特种作战司令部司令。1999年8月至2000年10月，任驻德国拉姆斯坦空军基地的美国欧洲空军司令部副司令。2000年10月，出任驻佛罗里达州麦克迪尔空军基地的美国特种作战司令部总司令。

美国海军作战部长弗农·E·克拉克海军上将 1944年9月7日出生于爱荷华州的苏城。先后获得伊文格尔学院（密苏里州斯普林菲尔德）学士学位和阿肯色大学工商管理硕士学位。1968年8月被任命为海军少尉军官。先后任“麦克洛伊号”驱逐舰舰长、美国大西洋舰队反潜作战训练中心司令、第7驱逐舰中队司令、第5驱逐舰中队司令、“卡尔·文森号”航空母舰作战大队司令、第3巡洋舰—驱逐舰大队司令和第2舰队司令。克拉克的岸上职务曾有五角大楼中尉军官，海军作战部长办公室系统分析处处长的特别助理，海军副作战部长的行政助理兼副官，海军第一副作战部长的行政副官，此后，任美国大西洋舰队海军水面部队司令部巡洋舰—驱逐舰需求处处长兼反潜作战官。在大西洋舰队反潜作战训练中心司令任期内，组建反潜作战训练大队并兼任首任司令。后调联合参谋部的作战部任职，在海湾危机与海湾战争期间指导危机行动处理组。此后，出任美国运输司令部计划与政策部长兼财务管理与分析部长。在“卡尔·文森号”航空母舰作战大队司令任期内，曾率部前往海湾地区执行任务，并曾短期兼任西南亚联合特遣部队副司令。接着，出任美国大西洋舰队总司令兼参谋长。1996年3月至1997年11月，出任美国第2舰队司令兼北约大西洋进击舰队司令。1997年11月至1998年8月，任美国参谋长联席会议联合参谋部作战部部长。1998年8月至1999年8月，升任联合参谋部主任。1999年9月17日至2000年6月23日，出任美国大西洋舰队总司令。2000年7月21日，出任第27任美国海军作战部长。

（肖石忠）

蒙古国防部长朱格德尔德米德·古尔拉格查少将 1947年生于布尔根省古尔班布拉格县。1968年参军在雷达部队服役。1972年至1977年在苏联军事学院学习。1978年至1981年在苏加加林空军学院学习，获飞行动力工程师职称。1981年3月22日与苏联宇航员贾尼别科夫一起，乘“联盟－39号”宇宙飞船进入太空，运行7昼夜后返回地面，获苏联英雄、蒙古英雄称号。1981年起任蒙古人民党中央副处长。1983年起任国防支援委员会主席。1991年起任蒙苏友协中央主席。1996年任蒙古防空军参谋长。2000年7月被任命为蒙古国防部长。

（刘效兰　詹传敏）

泰国武装部队总司令三炮·初西上将 1941年2月21日出生，泰国军事预科学校首届毕业生。1960年2月考入泰国帕尊宗告陆军尉官学校，1965年毕业，获理学学士学位。毕业后在高炮部队，历任排长、连长、营长等职。1986年10月任陆军高炮师第2炮兵团团长。1988年10月任高炮师副师长。1990年10月任高炮师师长，晋升少将军衔。1991年2月23日，泰国军方发动军事政变，推翻了以差猜·春哈旺为总理的民选政府。三炮·初西指挥的高炮师作为政变主力之一，负责占领总理府、国家广播电台和廊曼国际机场等要害部门，对政变成功起了重要作用。1992年4月任陆军防空指挥部指挥，晋升中将军衔。1997年10月任陆军助理司令，晋升上将军衔。1998年10月任陆军副司令。2000年10月1日任泰国武装部队总司令

泰国空军司令邦·玛尼信上将 1942年3月18日出生。先后毕业于泰国空军尉官学校、中队长指挥学校、空军参谋学校和高级空军学院。历任泰国空军飞行训练学校初级飞行训练教官、第7飞行大队711中队中队长、第2飞行大队202中队中队长、第51飞行大队副大队长、泰国驻西德和法国空军武官助理。1995年10月，升任空军兵源厅厅长，晋升少将军衔。1998年10月，调任空军机械厅厅长，晋升中将军衔。1999年10月，升任空中战术指挥部司令，晋升上将军衔。2000年10月，出任空军司令。

泰国海军司令巴实·汶颂海军上将 1941年10月22日出生。先后毕业于泰国海军尉官学校、海军参谋学校、高级海军学院、国防大学保卫国土学院，曾获美国海军学院硕士学位。历任泰国海军“达叻”号军舰舰长、海军作战厅舰船武器系统研发科科长、海军副司令副官、海军司令副官、泰国驻日本和韩国海军副武官、高级海军学院学术研究部军事参谋系主任、海军防空护岸指挥部副指挥等职务。1990年10月，任高级海军学院海军参谋学校校长。1992年10月，任海军司令部后勤补给厅厅长。此后，相继出任负责任作战事务的海军助理参谋长、副参谋长、助理司令。2000年10月，出任海军司令。

（孟　丽）

土耳其总统兼武装力量统帅艾哈迈德·内杰代特·塞泽尔 1941年9月13日生出于土耳其中部的阿菲永省。1958年在著名的阿菲永高级中学以优异成绩考取安卡拉大学法学院。1962年大学毕业后，以预备役军官身份在土耳其军队服兵役。1963年起在土耳其东部多个省份担任地方法官职务。1983年调入土耳其上诉法院工作。1988年进入土耳其宪

法法院当法官。1998 年 1 月被总统任命为土耳其宪法法院院长，成为土法律界最有影响的人物。2000 年 5 月当选为土耳其第 10 任总统。为人谦逊质朴，权力欲望不强。

（张连国）

乌兹别克斯坦国防部长阿格扎莫夫中将

生于 1949 年，毕业于奇尔克高等坦克兵学校和苏联武装力量装甲兵军事学院，曾任国防部副部长和西南特别军区司令等职。2000 年 2 月 14 日被任命为乌兹别克斯坦国防部长。

（刘效兰）

新加坡武装部队三军总长林泉宝中将

1962 年出生。1979 年 12 月加入新加坡武装部队。1980 年获新加坡武装部队海外奖学金赴英国剑桥大学学习，获文学硕士学位。1993 年获美国康奈尔大学工商管理硕士学位。历任新加坡武装部队联合计划部主任、第 9 军区司令、参谋总长职务。1999 年 7 月晋升少将。2000 年 4 月出任新加坡武装部队三军总长，7 月晋升中将。

（孟　丽）

叙利亚总统兼武装部队总司令巴沙尔·阿萨德中将　1965 年 5 月 11 日出生。1982 年高中毕业后进入大马士革大学医学院学习，上大学期间取得了军籍。1988 年毕业后成为一名医生。1988～1992 年在德黑兰一所军医院学习眼科，随后到英国伦敦一家学院继续进修。1994 年被选定为阿萨德的接班人后，中断学业返回叙利亚。1994 年进入叙利亚霍姆斯军事学院学习，毕业后升为少校。1996 年 1 月进入参谋指挥学院深造，1998 年升为中校，1999 年 1 月升为上校。2000 年 6 月被任命为武装部队总司令，并由上校升为中将。2000 年 6 月 20 日在叙利亚复兴党大会上当选复兴党总书记。2000 年 7 月 11 日当选叙利亚总统，7 月 17 日宣誓就职。

伊朗武装力量总司令穆罕默德·萨利米少将　1937 年出生。1979 年伊朗伊斯兰革命前毕业于军事学院。1980～1988 年两伊战争中在伊朗西南部任特别突击队负责人。在米尔·穆萨维首次当总理时出任国防部长，哈梅内伊当总统时又被任命为总统府特别调查顾问。2000 年 5 月 21 日起任现职。

以色列总理兼国防委员会主席、武装力量统帅阿里埃勒·沙龙　1928 年出生。曾在英国坎特伯雷参谋学院、耶路撒冷希伯莱大学和特拉维夫大学学习。自幼参加巴勒斯坦犹太防卫组织“哈加纳”的活动。1945～1950 年历任教官、警察局教导员、“亚历山大旅”侦察连长、“戈兰旅”侦察队长。1950～1952 年任中部和北部军区情报官。1952 年进入耶路撒冷希伯莱大学学习历史。1953 年负责组建和指挥专门越境对巴勒斯坦游击队和阿拉伯国家进行“报复”行动的 101 特种部队（翌年，以色列伞兵编入这支部队）。1956 年任伞兵旅长，同年 10 月参加英、法、以侵略埃及的苏伊士运河战争。1958～1966 年先后任伞兵学校校长、装甲旅旅长、北部军区参谋长和总参谋部军训部长等职。1967 年晋升为少将。1967 年“六·五”战争时，指挥一个师在西奈作战，战后重任军训部长。1969 年 12 月任南部军区司令。1973 年 7 月辞去军职，竞选议员，同年 9 月参与组织右翼联合阵线－利库德集团。1973 年 10 月“赎罪日战争”爆发后，被紧急征召出任装甲师师长，率部突过苏伊士运河，战后退伍。1973 年 12 月首次当选为议员。1975 年 6 月任总理拉宾的高级安全事务顾问。1976 年 4 月自称与政府在防务政策上有分歧，辞去顾问职务。1977 年再次当选议员。同年 6 月利库德集团执政后担任农业部长，兼任犹太人定居点部长级委员会主席。1981 年 8 月转任国防部长。1982 年 6 月策划和指挥了侵略黎巴嫩的战争。1983 年 3 月因贝鲁特难民营大屠杀事件被揭露，被迫辞去国防部长一职，但仍留在内阁里担任不管部长。1984 年 9 月至 1999 年 7 月先后任工商部长、住房建设部长、国家基础设施部长、外交部长。1999 年 9 月 8 日正式当选为利库德集团领导人。2001 年 2 月以这一身份参加以色列总理竞选，当选为以色列总理。

（林海霞）

印度陆军参谋长森德拉拉詹·帕德马纳班上将　1940 年 12 月 5 日出生于印度南部克拉拉邦的特里凡特朗。1952 年进入达拉顿的印度军事学院（IMA），1955 年毕业后被送到国防学院学习，1959 年 12 月 13 日毕业后在炮兵部队服役。后又入新德里国防学院和威灵顿国防参谋学院学习。他曾在陆军军事学院和炮兵学校担任教官，后担任陆军某山地师参谋长、军参谋长、陆军司令部情报处长等职务。帕德马纳班曾担任印度陆军成立最早的山地炮兵团团长，并率部多次参战。1985 年 7 月，帕德马纳班晋升准将；1991 年 2 月晋升少将并担任印度陆军驻印控克什米尔山谷地区的 1 个步兵师师长。1993 年 2 月升任陆军第 15 军军长，同时晋升中将。期间，他多次指挥印军在印控克什米尔对穆斯林极端武装分子采取的军事行动。1996 年 9 月 1 日升任印度陆军北部军区司令，之后调任陆军南部军区司令。2000 年 9 月 30 日被任命为第 20 任印度陆军参谋长。

（万　伟）

印度尼西亚国防部长马赫福德　1957 年 5 月出生。1983 年毕业于日惹印尼伊斯兰大学并留校任职。历任该校研究生院院长、第一校长助理，日惹“议会观察”组织常务理事、印尼人权事务国防部长顾问等职务。曾在日惹卡查马达大学深造，先后获得硕士和博士学位。1998 年帮助阿明·赖斯组建国家使命党，并任该党法律与正义部主任，后因政府公务员不能同时担任政党职务而退党。入阁前为印尼政治和社会评论家。2000 年 8 月 26 日加入瓦希德内阁，担任国防部长职务。

（孟　丽）

印度尼西亚国民军总参谋长查马里·扎尼亚戈上将　原任陆军战略后备司令部第 2 步兵师师长，1998 年 4 月升任陆军战略后备司令部司令，1999 年 11 月任陆军副参谋长。2000 年 2 月被任命为国民军总参谋长，军衔升为上将。

印度尼西亚陆军参谋长恩德里亚托诺·苏塔尔托上将　1971 年毕业于印尼国家军事学院，历任印尼前总统苏哈托的总统卫队长、陆军第 17 空降步兵旅参谋长、国民军参谋与指挥学校校长。2000 年 2 月被任命为陆军副参谋长。2000 年 10 月升任陆军参谋长，军衔升为上将。苏塔尔托在陆军中威望很高，善于处理好各方关系。

印度尼西亚海军参谋长因德罗科·萨斯特罗·维尔约诺上将　1971 年毕业于印尼海军学院，历任海军东部海上治安大队司令、西部舰队参谋长、西部舰队司令。2000 年 6 月被任命为海军副参谋长，2000 年 10 月升任海军参谋长，军衔升为上将。

（廖恒茂）

越南海军司令杜春公少将　生于 1943 年，越南清化省河忠县人，京族。1963 年参军，在海军海船部队当战士，多次参加海战。1969 年到海军军官学校学习舰艇指挥专业，毕业后被选送到苏联海军院校深造，成绩优异。1974 年晋升为大尉，在 171 舰队第 1 海团担任驱逐舰副舰长，1975 年 11 月升任舰长，1978 年率舰参加侵柬作战，获三级战功勋章，被评为“决胜战士”，并在海军首次舰艇长会议上介绍了组织指导军事训练的经验。1980 年晋升为少校，1984 年晋升为中校，后担任海军第 4 沿海区司令。1999 年升任海军副司令，大校军衔；同年 12 月 30 日晋升为少将。2000 年 2 月 19 日起担任海军司令、党委副书记。

（钟学良）

刚果（金）国家元首兼武装部队总司令约瑟夫·卡比拉　1971 年 6 月 4 日出生。1995 年在卢旺达接受基本军事训练。1996 年以来与他的父亲、前总统洛朗·卡比拉并肩征战。1998 年刚果（金）内战爆发后，一直是其父最重要的助手，曾任武装部队副总参谋长。1999 年 9 月 3 日任刚果（金）陆军司令。2001 年前总统遇刺身亡后被内阁会议全面授权领导政府和军队。2001 年 1 月 19 日起任国家元首兼武装部队总司令。

（林海霞）

奥地利国防部长赫伯特·沙伊布纳　1963 年 4 月出生，曾在大学攻读法律和企业管理，1988 年加入自由党，1990 年当选国民议会议员。在自由党内先后出任青年组织主席，干事长等职。1998 年任自由党议会党团主席和国民议会国防委员会主席。2000 年 2 月 4 日出任国防部长。

奥地利联邦军总监霍尔斯特·普莱纳上将　1941 年 11 月 14 日出生于萨尔茨堡，1959 年高中毕业后入伍。1960～1963 年在玛丽娅·特蕾西亚军事学院学习，毕业后曾任排长、副连长、教官和参谋等职。1969～1972 年在国防学院总部参谋系学习，后任国防学院司令部参谋长，同时兼任后勤、战术和参谋业务教官。1975 年任该院总部参谋系系主任。1978 年后历任国防部总监部第二局作战处参谋、副处长、处长。1990 年任国防部总监部第二局局长，主管全军计划、指挥和作战，同时晋升少将。1999 年 12 月 20 日就任奥军总监，同时晋升上将。

（王珍捍）

波兰总统兼武装力量统帅亚历山大·克瓦希涅夫斯基　1954 年 11 月 15 日出生于科沙林省比亚沃加尔特乡的一个医生家庭。1978 年毕业于格但斯克大学运输经济学系。1977 年加入波兰统一工人党。1981 年至 1985 年先后担任大学生周刊《等等》和波兰社会主义青年联盟机关报《青年旗帜报》总编。1985 年 10 月起，曾在政府中担任负责青年工作的部长，青年和体育委员会主席兼波兰奥林匹克委员会主席。1990 年波兰统一工人党停止活动后，创立波兰共和国社会民主党并任党的最高委员会主席。1991 年国会大选前，担任社民党和波兰工会全国协会等10多个组织组成的民主左派联盟领导。1991年10月至1995年12月，担任众议员和民主左派联盟议员团主席，还担任过波兰国会制宪委员会主席和众议院外事、经济政策、预算和财政等委员会委员。1995年11月19日当选为总统，成为波兰历史上最年轻的总统，11月25日宣布退出波兰共和国社会民主党，并辞去党内一切职务。12月23日正式就任总统。2000年10月8日蝉联总统，成为第一个获得连任的波兰总统，12月23日宣誓就职。

波兰国防部长布罗尼斯瓦夫·科莫罗夫斯基　1952年生。曾任国防部副部长。1997年起任议会国防委员会主席。2000年6月16日被任命为国防部长。

丹麦国防大臣扬·特勒伊堡　1993年2月～1994年1月任工业大臣。1994年1月任运输大臣，1994年9月连任运输大臣。1996年12月30日起任工业和经济协调大臣。1998年3月起任科研大臣，后改任发展援助大臣至2000年12月20日。2000年12月21日改任国防大臣。

（李先喜）

德国联邦国防军总监察长哈拉尔德·库亚特上将　1942年3月1日生于普鲁士（今波兰）的米尔克。1959年高中毕业后加入联邦国防军空军，参加过预备飞行训练。先后担任士官训练教官、排长、连长、人事参谋。1972年任国防部长通讯参谋。1975年在汉堡指挥学院参加总部参谋（空军）培训班。1977年在空军北部支援司令部任科长，同年又调回国防部长身边任参谋。1978年在国防部武装力量指挥参谋部任负责空军作战的参谋。1980年调联邦总理府负责安全政策工作。1985年任第1空军训练团团长。1988年参加北约防务学院（罗马）第72届训练班，后在驻北约军委会德国军事代表处（布鲁塞尔）任科长。1990年在国防部武装力量指挥参谋部任处长，负责军备控制。1992年任驻北约军委会德国军事代表处副代表，晋升为准将。1995年任国防部武装力量指挥参谋部军事政策局局长，晋升为少将。1996年先后任北约欧洲盟军最高司令部波黑代顿协议执行部队协调中心主任、北约国际军事参谋部参谋长助理、副参谋长。1998年11月任国防部计划司司长，晋升为中将。2000年6月29日任现职并晋升为上将。

（王珍捍）

芬兰总统兼武装力量最高统帅塔里娅·哈洛宁　女，1943年12月24日生于赫尔辛基，1968年毕业于赫尔辛基大学法律系，获法学硕士学位。1979年起任议会议员。1984～1987年任议会社会卫生委员会主席。1987～1990年任政府社会事务部长。1990～1991年任司法部长。1995年任外交部长。2000年2月6日当选为芬兰第18任总统，成为芬兰共和国历史上第1位女总统。她主张芬兰军事不结盟和保持独立可靠的防务，支持芬兰积极参与欧洲一体化建设和参加国际维和行动，强调芬兰继续保持和发展与其他北欧和波罗的海邻国以及俄罗斯的睦邻关系。

罗马尼亚总统兼武装力量最高统帅扬·伊利埃斯库　1930年3月3日出生于伊尔福夫县奥尔泰尼察市，1953年加入罗马尼亚共产党。1954年任劳动青年联盟中央执行局候补委员。1955～1956年被派往布拉格国际学联书记处工作。1967年任共青团第一书记，1968年升为罗共中央委员。1969～1971年相继任罗共中央执行委员会候补委员、罗共中央书记。1984～1989年任技术出版社社长。1989年12月26日当选为救国阵线委员会主席。1990年2月任具有临时议会性质的罗马尼亚全国联盟临时委员会主席，同年5月20日当选罗马尼亚总统。1992年10月再次当选总统。1996年11月在总统选举中落选。2000年12月10日再次当选总统。

马其顿总统兼武装力量最高统帅鲍里斯·特拉伊科夫斯基　1956年出生。马其顿内部革命组织—争取马其顿民族统一民主党（内革民主党）成员。曾任马其顿副外交部长。1999年8月27日被推举为内革民主党总统候选人，同年12月10日当选为马其顿总统，12月15日宣誓就职。

马其顿国防部长柳本·保诺夫斯基　1958年10月19日出生于普里莱基。1984年大学毕业。1987～1998年任马其顿广播电视台文化和艺术编辑部记者和编辑。1998年任斯科普里市长顾问。1999年12月27日～2000年6月任文化部长。2000年7月起任国防部长。

南斯拉夫联盟共和国总统兼武装力量最高统帅沃伊斯拉夫·科什图尼察　1944年4月24日生于贝尔格莱德。1966年毕业于贝尔格莱德法学院，1974年获得法学哲学博士学位。先在贝尔格莱德大学法学院任助教，后在社会科学研究所工作，此后又担任哲学和社会理论研究所所长、高级研究员。1992年12月创建塞尔维亚民主党并任主席至令。2000年9月24日以塞尔维亚反对党联盟候选人的身份参加总统选举获胜，10月7日宣誓就职。

南斯拉夫联盟军队总参谋长内博伊沙·帕夫科维奇 1946年出生于塞尔维亚中部丘普里亚地区的一个矿工家庭。以优异成绩毕业于各级军事院校，先后担任过旅长、军长和集团军司令。1999年3～6月因指挥第3集团军抵抗北约空袭有功，荣获“自由勋章”，并由中将晋升为上将。2000年2月15日被任命为南联盟军队总参谋长。

挪威首相兼武装力量最高统帅延斯·斯托尔滕贝格 1951年3月16日出生，获经济学士学位。1979年任工党主办的《工人日报》记者。1993年10月～1996年10月任工业和能源大臣。1996年10月25日～1997年10月任财政大臣。2000年3月17日起任首相，成为挪威历史上最年轻的首相。

（李先喜）

瑞士联邦主席兼武装力量最高统帅莫里茨·洛伊恩贝格 1946年9月21日生于鲁尔巴赫，瑞士社会民主党人。1995年9月27日当选联邦委员，主管交通能源经济部。1998～2000年任联邦环境、交通、能源和通信部部长。2000年担任联邦政府副主席。2001年任联邦政府主席。

瑞士联邦国防民防体育部长萨姆埃尔·施密特 1947年出生于伯尔尼。1982～1993年在伯尔尼州政府工作；1994年当选国民院议员，期间曾在国家政策委员会、宪法委员会、战略问题委员会（布鲁诺小组）和情报机构改革委员会工作过；1999年当选联邦院议员。2001年1月1日起，担任联邦国防民防体育部长。

（宁　涛）

匈牙利总统兼武装力量最高统帅费伦茨·马德尔 1931年出生，1955年毕业于匈牙利罗兰大学法学系。1990～1993年在安道尔政府中担任不管部长及政府科学政策委员会主席，1993年成为匈牙利科学院院士，1993～1994年任教育部长。1995年被青民盟、民主论坛和基督教民主联盟提名为总统候选人参选。2000年5月被青民盟、小农党和民主论坛共同提名为总统候选人，6月6日当选为总统，同年8月4日宣誓就职。

（李先喜）

英国陆军参谋长迈克尔·沃克上将 1944年7月7日出生在津巴布韦南部的索尔兹伯里。曾在津巴布韦和英国约克郡接受过教育。后进入桑赫斯特皇家军事学院学习。1966年，任盎格鲁皇家步兵团第1营排长。1969年，任驻塞浦路斯英国近东地面部队司令的副官。1971年起，先后在盎格鲁皇家步兵团、驻北爱尔兰、驻塞浦路斯和泰德沃思的部队任作战官、通信官和副官。1975年，任国防部参谋。后在什里弗纳姆和坎伯利接受陆军参谋课程教育。此后回到盎格鲁皇家步兵团任连长。1979～1982年，任国防部军事作战处参谋。1982～1985年，任陆军参谋长的军事助理。1985～1987年，任盎格鲁皇家步兵团第1营营长。1987年12月，任英国第20装甲旅旅长。此后3年，任驻德国比勒费尔德的英国第1军参谋长。1991年9月～1992年4月，任英国东北军区司令兼第2步兵师师长，晋升为少将。1992年4～12月，任东部军区司令。1992年12月～1994年12月，任陆军参谋长的助理。1994年12月～1997年2月，任欧洲盟军快速反应军团司令，晋升为中将，任内于1995年12月～1996年11月率部在波斯尼亚执行任务。1997年2月，任驻威尔顿的英国地面部队司令。2000年4月17日，出任英国陆军参谋长，同时成为英国联合参谋长委员会委员，晋升为上将。

英国第一海务大臣兼海军参谋长奈杰尔·埃森海军上将 生于纽卡斯特尔，1963年参加英国海军，1972年任作战官，为导航专家。1980年晋升为海军中校，任英国国防部参谋。1982年，任“诺丁汉号”军舰舰长。1984年，任正在建造的“皇家方舟号”军舰舰长。1985年晋升为海军上校。1987年毕业于英国皇家国防研究学院，赴英国国防部海军计划部任职。1989～1992年，任“埃克塞特号”军舰舰长。1994年，任英国海军水文学家，晋升为海军少将。1996年，任负责规划的助理国防参谋长，晋升为海军中将。1998年，任英国舰队总司令，晋升为海军上将。2001年1月16日，接替晋升为英国国防参谋长的迈克尔·博伊斯海军上将，出任英国第一海务大臣兼海军参谋长，同时成为英国联合参谋长委员会委员。

英国空军参谋长彼得·斯夸尔空军上将 1966年毕业于英国克兰威尔皇家空军学院，历任飞行员、飞行教官、飞行中队长。1975年“鹞”式飞机完成改装后，任驻德国的英国皇家空军第3中队小队长。1978年返回英国，任空军打击司令部参谋。1980年，进入格林威治皇家海军参谋学院学习，毕业后晋升为空军中校并担任第1中队中队长。后任空军打击司令部新组建的情况汇报组组长、人事参谋、飞行训练机构主任，空中攻势作战处处长、高级参谋，空军第38大队大队长、第1大队大队长，助理空军参谋长等职，晋升为空军少将。此后升任主管规划与人事的国防副参谋长，晋升为空军中将。1999年3月，任空军打击司令部司令兼北约西北欧盟国空军司令，同时兼任英国女王的空军副官，晋升为空军上将。2000年4月19日，出任英国皇家空军参谋长，同时成为英国联合参谋长委员会委员。

（李宁亚）

秘鲁总统兼武装力量最高统帅巴伦廷·帕尼亚瓜·科拉萨奥 1936年出生于秘鲁库斯科省库斯科市。1963年首次当选为议员，1965—1966年在费尔南多·贝朗德总统的内阁中任司法部长。1968年10月贝拉斯科陆军中将发动政变，帕离开国会，后加入人民行动党。1980—1985年再次当选为议员，并于1982年7月出任国会主席。1984年任教育部长。2000年7月第3次当选为议员。在美洲国家组织主持的秘鲁政府、反对党和民间组织三方民主对话中，帕表现突出。2000年11月16日，帕接替被罢免的玛尔塔·伊尔德布兰特女士出任秘鲁国会主席。11月20日藤森总统在日本东京宣布辞职后，秘鲁国会21日举行大会，拒绝了藤森提出的辞职请求，并以“不能胜任”为由罢免了他的总统之职，由帕继任总统。

玻利维亚国防部长奥斯卡·巴尔加斯·洛伦塞蒂 退役上将，1942年7月31日生于首都拉巴斯市。1962年12月毕业于玻陆军学校步兵专业，曾在玻利维亚何塞·巴利维安元帅武器运用学校基础班和高级班、军事教官学习班、参谋和指挥学院、国家高等研究中心、阿根廷参谋和指挥班、巴拿马拉美国家联合行动学习班学习。历任陆军学院教员、陆军司令部副官、陆军步兵第1团营长、总统副官、陆军第5师司令部处长、陆军参谋部院校部处长、步兵团长、陆军第3师司令部处长、陆军参谋部人事部副部长、部长、美国泛美防务委员会参谋部代表、陆军第4师师长、武装力量社会保险协会主席、陆军总监、武装力量参谋长、武装力量总司令等职，2000年4月25日任现职。

墨西哥总统兼武装力量最高统帅维森特·福克斯 1942年7月生于首都墨西哥城。1960年进入墨西哥城伊伯利亚美洲大学学习企业管理。1988年当选为联邦众议员。1994年代表“国家行动党”当选为州长。1999年6月辞去州长职务，成为反对党“变革联盟”总统候选人。在2000年7月2日举行的总统大选中获胜，并于12月1日就职。

（吴永业）

厄瓜多尔总统兼武装力量最高统帅古斯塔沃·诺沃亚·贝哈拉诺 1937年8月21日生于厄瓜多尔西南部城市瓜亚基尔，毕业于瓜亚基尔大学，并获政治与社会学硕士和法学博士学位。曾在多所大学担任过法学和社会学教授。曾任厄瓜多尔瓜亚斯省省长、瓜亚斯省交通委员会主席、厄瓜多尔—秘鲁和平谈判第4委员会（安全与信任措施委员会）主席等职。1995年，他作为总统代表，担任国家高等教育研究委员会主席和大学及学院全国委员会科技研究会主任。1998年当选副总统。2000年1月21日厄发生军人政变，22日，诺沃亚在军方的支持下接任总统。厄国民议会当日批准他为总统。

厄瓜多尔国防部长翁达·阿吉雷斯·乌戈 退役海军上将，1936年10月19日出生于奥罗省罗萨市。1955年9月16日进入海军学校，1959年毕业授海军少尉军衔。曾任海军陆战队队长，1975年任第二海区司令，1976年任总统海军副官，1977年任海军人事部副部长、教育部部长，1981～1982年任驻秘鲁海军武官，1983年任海军作战司令部参谋长，1984年任海军财务部长，1985年任海军商船队长，1986年任海军参谋长，1987年任海军作战司令，1988～1990年任海军司令，1990～1992年任联合指挥部司令，曾兼任国防委员会成员（1988～1992年）、外交顾问委员会成员（1988～1990年）。并先后于1974、1977、1980、1985、1997～1999年和1976年在海战学院与陆战学院执教。1992年9月30日以海军上将军衔退役。2000年1月25日任厄国防部长。乌对华友好，反对现政府与台湾发展关系。

厄瓜多尔联合指挥司令部司令米格尔·萨奥纳·罗加海军中将 1943年12月19日出生于基多市。1967年毕业于厄瓜多尔海军学校。后参加过军事情报、潜艇训练、参谋、指挥、海军指挥等方面的学习。曾担任SHYRI舰舰长、潜艇中队队长、总统副官、驻秘鲁海军武官（1990～1992年）、海战学院院长、海军教育部长、海军物资部长、海军总监、海军作战司令、海军参谋长。2000年5月25日任厄瓜多尔三军联合指挥司令部司令。

（王　睿）

危地马拉总统兼武装部队总司令阿方索·波蒂略·卡夫雷拉 1951年生。青年时期因参与左翼政治活动流亡国外。曾在墨西哥格雷罗自治大学和墨西哥国立自治大学攻读法学、社会学和经济学，毕业后先后在墨西哥一些大学任教，担任律师，从事左翼政治活动。1989年回到危地马拉，以政治为职业，先后成为社会民主党、基督教民主党和危地马拉民主阵线成员。1992～1994年，当选国会议员，任国会市政、经济、外贸和一体化委员会主席。作为共和阵线总统候选人1995年参加大选，但未当选。1999年12月当选总统。

(吴 炯)

委内瑞拉国防部长伊斯梅尔·乌尔达多陆军中将 1950年1月生于米兰达州。1971年毕业于陆军炮校，获少尉军衔。曾先后在美国泛美防务学校、英国参谋指挥班、委特种兵学校、伞兵学校和国防高等研究院进修。历任排长、连长、营长、炮兵大队长、总统侍卫官、国防部管理总局局长、摩步旅旅长、摩步师师长、陆军总监、国防部总局局长等职，2000年2月任现职。

委内瑞拉海军司令米格尔·谢拉尔塔海军中将 1950年出生于加拉加斯市。1971年7月毕业于委海军学校舰艇专业，获少尉军衔。曾在意大利和巴西海军学校、委国防高等研究院进修。历任训练基地教官、运输舰副舰长、海军高等学校教导主任、校长、海司后勤局长、海岸警卫司令部司令、海军总监等职，2000年2月任现职。

(吴永业)

乌拉圭总统兼武装力量最高统帅豪尔赫·巴特列 1927年10月2日生。毕业于乌拉圭共和国大学法律和社会学系，法学博士，律师。1943～1976年任乌拉圭阿瑞尔电台台长。1945年加入红党。1973～1984年乌拉圭军事独裁时期曾因从事政治活动而数次被捕并遭流放。1985年2月曾以红党当选参议员身份主持乌恢复民主体制后的国民议会。1986年和1988年两度出任乌驻联合国代表团团长。1999年11月28日当选乌拉圭总统，并于2000年3月1日就职。

(吴 炯)

乌拉圭国防部长路易斯·安德列斯·布雷索 1939年3月20日出生。曾为记者、工会领导人和企业家，历任国家劳动局长、劳工和社会福利部长、牧农渔业部长、参议院副议长兼国会副主席、参议院国防委员会主席、南共市议会委员会主席等职。2000年3月2日就任现职。

乌拉圭陆军司令胡安·卡洛斯·赫伊莫纳特中将 1940年生。1959年毕业于陆军学院。历任陆军第1师副师长、陆军学院副院长、陆军后勤管理司令部司令、武装力量卫生总局局长、陆军高级军官晋升委员会委员、陆军第1师师长等职。2000年2月任现职。

智利总统兼武装力量统帅里卡多·拉戈斯 1938年3月2日生于首都圣地亚哥。1962年获经济学博士学位。1973年投身于反对皮诺切特军政府的政治斗争。他作为执政联盟的总统候选人在2000年1月举行的大选中获胜，同年3月就职。

智利国防部长马里奥·费尔南德斯·巴埃萨 现年53岁，基民党人，防务问题专家。曾在德国哥德堡大学学习，获政治学博士学位。历任智利大学和天主教大学教授、联合国官员和顾问、国防部空军副部长、国防部陆军副部长、国防部长顾问和协调员、智利大学律师等职，2000年3月11日任现职。

(吴永业)

中外军事交往

2000年中外军事交往综述 2000年，中国军队以邓小平外交思想和江泽民主席关于对外工作的重要论述为指导，服从服务于国家总体外交和军队现代化建设，全面推进对外军事交往，共进行重要交往项目140多项，出访国家50多个；接待了60多个国家军队重要领导人来访100余批；对外专业技术交流与合作不断扩大，同数十个国家进行了上百次专业技术团组交流活动，并多次派出代表参加多边外交、国际军控和地区安全合作等国际会议，从而既突出了重点，又兼顾了全面，进一步扩大了交往范围，拓宽了交往领域，取得了新的成绩。

着眼稳定周边环境，巩固和发展同周边国家军队的关系　继续深化与俄罗斯战略协作伙伴关系框架下的军事合作关系。应俄罗斯国防部长谢尔盖耶夫元帅的邀请，中央军委副主席、国务委员兼国防部长迟浩田上将1月率团访俄。在访问期间，迟浩田分别会见了俄总统普京、副总理克列巴诺夫和国防部长谢尔盖耶夫等军政界领导人，就两国两军在各个层次和领域的交流与合作问题进行了交谈，对发展两军的友好合作关系起到了积极的推动作用。之后，中俄两国国防部长又分别于3月和7月两次进行会晤，就进一步发展两军全方位、多层次的友好合作关系达成了广泛共识。6月，总政治部常务副主任徐才厚上将率军事友好代表团访问俄罗斯。11月，中央军委副主席张万年上将会见了访华的俄罗斯第一副总理克列巴诺夫，就深化两军合作交流等问题进行了会谈。此外，中国人民解放军还接待了俄罗斯国防部副部长兼总后勤部部长伊萨科夫、第一副总参谋长马尼洛夫、空降兵司令什帕克等高级团组来华访问。

积极促进与中亚各国的军事关系。3月28日，中央军委副主席、国务委员兼国防部长迟浩田上将率团赴哈萨克斯坦首都阿斯塔纳，参加中国、哈萨克斯坦、俄罗斯、吉尔吉斯斯坦和塔吉克斯坦5国国防部长第1次会晤。会晤旨在落实5国元首历次会晤达成的共识，总结5国签订的关于加强边境地区军事信任措施和裁军协定的落实情况，促进5国在反对霸权主义和人权干涉、共同打击3股恶势力及台湾问题上达成广泛共识，并于会晤结束后发表了联合公报。公报重申：在照顾各方及近邻地区利益的条件下，发展5国间军事政治领域的关系，开展平等互信的友好合作；这种合作是开放性的，不针对任何国家或国家集团。5国国防部长强调，坚决反对任何国家以保护民族、宗教利益和人权为借口干涉别国内政。各方声明绝不容忍民族分裂主义、宗教极端主义和恐怖主义，坚决反对这些势力在本国领土上从事针对别国的任何活动，并将共同采取有效措施对其进行打击，以维护本地区的和平与稳定。5国同意进一步研究加强军事领域信任措施的可能性，加强边防部门间的合作，联合打击各种跨国犯罪行为；共同举行预防危险军事活动、打击国际恐怖主义分子、抢险救灾等方面的联合演练，交流维和经验和在维和行动中相互协作。这次会晤对震慑民族分裂势力、遏制美国等在中亚地区的渗透，对维护祖国统一、营造安定的西部边境以及实施西部大开发战略决策，都具有重要的意义。此外，人民解放军接待了哈萨克斯坦国防部长托克帕克巴耶夫中将、吉尔吉斯斯坦国防部长叶先·托波耶夫中将、乌兹别克斯坦国防部副部长马赫穆多维奇·穆萨耶夫上校访华。7月，兰州军区司令员李乾元中将率军事代表团访问了哈萨克斯坦、吉尔吉斯斯坦、塔吉克斯坦和土库曼斯坦4个国家。上述交往活动，对于促进中国与中亚地区国家在军事领域的交流与合作，维护西部边境地区的安全与稳定起到了积极的作用。

积极开展与东北亚国家的军事交往活动。为适应朝鲜半岛局势出现的转机，落实中朝两国元首会晤达成的共识，同时纪念中国人民志愿军赴朝鲜参战50周年，10月，中央军委副主席、国务委员兼国防部长迟浩田上将率领由33人组成的高级军事代表团访问朝鲜，前往中国人民志愿军烈士陵园凭吊在“抗美援朝、保家卫国”战争中牺牲的革命烈士，并参加志愿军入朝参战50周年庆祝活动，出席平壤各界群众18万人举行的集会和10万人表演的大型团体操活动。此次访问创下了多年来中国军事代表团出访规模大、人数多、级别高、朝方接待规格高的纪录，引起世界各国的关注。在访朝期间，迟浩田副主席会见了朝鲜劳动党总书记、国防委员会委员长金正日。双方盛赞中朝两国两军50年前在反对霸权主义侵略的并肩战斗中缔结的传统友谊，表示两军要进一步发展传统友谊，继续加强友好往来。这次访问对巩固和发展中朝两国两军关系有着极为重要的意义。此前，由原中国人民志愿军老战士组成的代表团也赴朝进行访问，深切缅怀在抗美援朝战争中英勇牺牲的老战友，进一步深化了两国人民和两军官兵间的深厚感情。

发展与韩国的军事交往。1月，应韩国国防部长官赵成台的邀请，中央军委副主席、国务委员兼国防部长迟浩田上将率团访问韩国，并与韩国总统金大中、国防部长官赵成台等领导人就双方共同关心的问题进行友好交谈。这是中韩建交后中国国防部长首次访韩，为维护半岛地区的稳定作出了积极贡献。9月，韩国参谋长联席会议主席曹永吉成功访华。

重视与蒙古军队的往来。应蒙古国国防部长图布登道尔吉的邀请，中央军委副主席、国务委员兼国防部长迟浩田上将1月对蒙古进行正式友好访问。在访问期间，迟浩田会见了蒙古总统兼武装力量总司令巴嘎班迪，双方就当前国际形势、地区安全和双边关系等共同关心的问题交换了意见。9月，由北京军区副司令员栗戎生中将率领的军事代表团赴蒙古参加了二战胜利纪念活动；蒙古国家安全委员会代表团也于2月首次访华。

发展与日本的军事交往，维护地区的安全与稳定。4月，应日本参联会主席藤绳佑尔上将的邀请，总参谋长傅全有上将对日本进行正式友好访问，首次实现了人民解放军总参谋长同日本参联会主席的互访。访问期间，傅全有会见了日本防卫厅长官瓦力和内阁官房副长官额贺福志郎，双方就共同关心的问题进行了友好交谈。6月，中日两国防卫部门成功进行第三次防务磋商，就有关防务问题深入交换了意见，进一步加深了了解。同月，日本参谋长联席会议主席藤绳佑尔访华，中央军委副主席张万年、迟浩田分别会见了藤绳佑尔，就发展中日两国防卫部门关系、日美安全合作问题、国际和地区形势等问题交流了看法。10月，日本航空自卫队参谋长竹河内捷次上将成功访华。

继续保持与南亚国家军队的交往。与印度的军事关系得到改善。5月，印度国防学院代表团防华，成为印度自1998年核实验以后访问中国的第1个军事代表团，标志着中印两军开始恢复交往。作为回应，由军事科学院副院长田书根中将率领代表团于8月访问印度，进一步增进了两军的相互了解。此外，人民解放军还积极参与中印联合工作小组关于中印边界问题的谈判，推动了边界问题谈判的进程。

进一步发展与巴基斯坦军队间的传统友谊。11月，由南京军区政委方祖岐上将率领的中国军事友好代表团赴巴基斯坦访问，受到巴基斯坦总统塔拉尔的接见。5月，巴基斯坦海军参谋长阿卜杜勒·阿齐兹·米尔扎上将访华，中央军委副主席、国务委员兼国防部长迟浩田上将会见，双方就双边关系、国际和地区形势等共同关心的问题交换了意见，并达成广泛共识。此外，空军司令员刘顺尧上将2月访问巴基斯坦，海军政委杨怀庆上将11月率团赴巴基斯坦参加2000年国际防务展，这些交往活动促进了中巴两军关系的发展。

积极发展与尼泊尔、马尔代夫、孟加拉及斯里兰卡等国家的军事交往。4月，应尼泊尔军队参谋长普拉杰瓦尔·拉纳上将的邀请，总参谋长傅全有上将首次对尼泊尔进行访问，同尼泊尔国王兼尼皇家武装部队最高统帅比兰德拉、首相柯伊拉腊及军队参谋长普拉杰瓦尔·拉纳上将进行了会谈。傅全有对中尼两国建立起的面向21世纪世代友好睦邻关系表示高度肯定，并对尼泊尔支持中国在人权问题、台湾问题以及西藏问题上采取的原则立场表示赞赏。10月，尼泊尔军队副总参谋长阿亚尔中将访问中国。9月，人民解放军首次接待了马尔代夫国防与国家安全国务部长萨塔尔访华，从而打开了中马两军交往的大门。

积极灵活地发展与东盟国家的军事交往。针对东盟国家在国际事务中的重要作用和各自的国情军情，中国在军事交往中，区分不同对象，采取不同的交往时机、形式和内容，收到很好的效果。通过各具特色的交往活动，深交了老朋友，结识了新朋友。

继续巩固传统外交阵地，不断拓宽与第三世界国家军队交流的领域　重点发展与非洲国家的军事交往。以“中非合作论坛—北京2000年部长级会议”为契机，增大了与非洲国家军事交往的力度，互访代表团的数量和交往的内容都比以往有明显增加，交往所涉及的领域也有很大扩展。11月，应阿尔及利亚民主人民共和国国防部、摩洛哥王国政府和突尼斯共和国国防部长邀请，中央军委副主席、国务委员兼国防部长迟浩田上将率团访问上述3国。访问阿尔及利亚期间，迟浩田上将分别会见了阿尔及利亚民族院议长布马扎、国民议会议长本·萨利赫和人民军参谋长拉马里等领导人，就中阿两国两军在各个领域的交流与合作进行了友好交谈。在访问摩洛哥期间，迟浩田会见了摩洛哥国王穆罕默德六世。在访问突尼斯期间，迟浩田同突尼斯总统本·阿里、国防部长杰加姆分别进行了会谈。总政治部副主任唐天标上将9月率团访问埃及和叙利亚，总后勤部政委周坤仁上将7月访问几内亚、马里、多哥和贝宁，总装备部部长曹刚川上将6月访问以色列，政委李继耐上将10月访问坦桑尼亚、赞比亚和肯尼亚3国。其他各类访问代表团先后访问了14个非洲国家，这在历年来都是少见的。

增加了与拉美地区国家的军事交往数量。中央军委委员、总参谋长傅全有上将12月访问了委内瑞拉和古巴，中央军委委员、常务副总参谋长郭伯雄上将4月访问了阿根廷、巴西、智利等。期间，向智利总统拉戈斯、国防部长费尔南德斯等国家和军队领导人阐明了中国在台湾问题上的原则立场，得到智利领导人的积极支持。10月，总政治部副主任周子玉上将率团访问厄瓜多尔。9月，特立尼达和多巴哥安全部长约瑟夫·西奥多首次访华，成为中特建交以来级别最高的来访领导人。2000年人民解放军接待的来访团组有：南非国防部长勒科塔、安哥拉国防部长昆迪·帕亚马、苏丹国防部长哈特姆、加纳国防部长敦考、突尼斯国防部长穆罕默德·杰加姆、哥伦比亚国防部长拉米雷斯、阿塞拜疆共和国国防部长萨法尔·阿比耶夫、塞拉利昂国防部副部长诺曼、多哥军队总长南加、贝宁总长阿穆苏等等。通过这些友好交往活动，巩固发展了与非洲国家军队的关系，同时也提高了中国在国际事务中的影响力。

保持了与西亚及中东国家军队的交往。中国军队先后接待了沙特第二副首相兼国防与航空大臣苏尔坦亲王、土耳其国防部长恰克马克奥卢、阿曼武装部队参谋长卡勒巴尼、黎巴嫩最高国防委员会秘书长侯赛因·阿卜杜勒·哈利格、以色列陆军司令苏科尼克以及科威特陆军司令萨巴赫等10余个团组访华。其中尤其以沙特第二副首相兼国防与航空大臣苏尔坦亲王率领的访华代表团人数和影响最大，随访团组中有5位王子，4位政府部长，1位副部长以及3位兵种司令等共161人。此访受到中国党和国家及军队领导人的高度重视，给予了友好的接待，双方就各个领域的问题进行了深入交流，对促进两国两军的相互了解和彼此合作起到了积极作用。中国与土耳其的军事交往也有所发展，先后有军事培训考察团、兵种指挥院校考察团、国防大学代表团及军事友好代表团访问土耳其，进一步加强了中土两军间的关系。

从国家外交大局出发，积极发展与西方国家的军事关系　积极配合国家总体外交，恢复和发展与美国的军事关系。7月，美国国防部长科恩率团访华。期间，中央军委主席江泽民、副主席胡锦涛、张万年、迟浩田分别会见和会谈。江主席指出，中美两国发展健康稳定的关系不仅符合两国人民的根本利益，而且有利于亚太地区乃至整个世界的和平、稳定与发展。中美关系最重要、最敏感的核心问题是台湾问题。美国应从中美关系大局出发，作出明智的抉择，妥善处理好中美关系。胡副主席指出，保持中美关系健康稳定地发展，最根本的就是要严格遵守中美3个联合公报的原则，妥善处理台湾问题。中美双方要本着相互尊重、平等协商、求同存异的精神，增进了解，扩大共识，为促进两军关系的发展作出努力。迟浩田重申中方对美国国家导弹防御系统的原则立场，强烈要求美国尽早放弃这一计划，坚决反对美售台武器，表明中国人民解放军有信心、有能力、有办法解决台湾问题。10月，总政治部主任于永波上将应邀对美国进行友好访问。年初，副总参谋长熊光楷上将率团赴美进行中美两国国防部第3次年度防务磋商。11月，美国参谋长联席会议主席亨利·谢尔顿率团访华。期间，中央军委副主席张万年、迟浩田和总参谋长傅全有会见，就两国关系、两军交往、台湾等问题进行了深入会谈，双方重申了遵守中美3个联合公报是发展两国两军关系的基础，表示要采取积极慎重的态度推动中美两军关系的发展。此外，中国海军北海舰队参谋长吕芳秋少将率舰艇编队于8月启航赴美，分别在美国夏威夷珍珠港、西雅图埃夫里特港停留访问，受到了美国政府、军队和人民的热情友好接待。8月，美国太平洋舰队司令法戈上将率军舰访问中国青岛。由军事科学院院长王祖训上将率领的代表团和由国防大学副政委赵可铭中将率领的国防大学代表团分别于8月和11月对美国进行了访问。美国国防大学将官、校官班分别于2月、5月、8月访问中国。除友好访问外，两军还开展了在军事专业方面的交流与合作。如中美双方在人道主义救援、减灾问题等方面进行合作达成了共识；签署了《关于环保与开发信息交流的协议》，就互派环保代表团等问题进行了具体磋商。

着眼于建立国际政治经济新秩序，积极发展同西方国家的军事关系。应意大利国防部长、西班牙国防大臣、葡萄牙国防部长的邀请，中央军委副主席张万年上将5月底访问了上述3国，分别会见了意大利总理朱利亚诺·阿马托、国防部长塞尔焦·马塔雷拉，西班牙首相何塞·马里亚·阿斯纳尔、国防大臣特里略，葡萄牙总统若热·桑帕约、国防部长斯特罗·卡尔达斯等领导人，回顾了双边关系及两军交往的情况，并相互承诺在相互尊重、平等互利的基础上，加强两军间的交流与合作，努力推动两军关系的发展。

应英国国防大臣杰夫·胡恩的邀请，国防部长迟浩田上将1月访问英国，并会见了英国副首相约翰·普雷斯科特，就发展两国两军关系及香港回归中国等问题与英方交换了意见。此外，迟浩田还会见了英国国防国务大臣约翰·斯佩拉，并与国防大臣杰夫·胡恩进行了正式会谈，双方就近年来两国多层次、多领域的交往与合作关系交换了意见，并表示继续为发展这种关系做出更大努力。6月，应英国国防部邀请，总装备部部长曹刚川上将率团访问英国。

4月，由海军司令员石云生中将率领的海军军事代表团访问葡萄牙。期间，石云生分别同葡萄牙国防部长卡尔达斯和总参谋长桑杜上将进行了会谈，并参观了海军院校和训练机构。3月，应德国联邦国防军总监的邀请，中央军委委员、总参谋长傅全有上将率团访问德国，同德国国防部长沙平及联邦国防军总监冯．基希巴赫上将等进行了友好会谈。6月，中央军委委员、总政治部常务副主任徐才厚上将率军事代表团访问芬兰，会见了芬兰国防军总司令黑格隆德、总参谋长霍洛，并参观了芬兰北部军区、拉普兰防空团。5月，比利时海军“万德拉尔”号导弹护卫舰访问中国，实现了比军舰首次访华。

11月，副总参谋长熊光楷上将赴澳大利亚，同澳国防军副司令米勒举行中澳第4次防务战略对话，就中澳两国防务磋商和战略对话机制及定期发表国防白皮书等问题进行充分交流。空军司令员刘顺尧上将、总政治部副主任袁守芳上将也分别于3月和11月访问澳大利亚、新西兰两国。

2月，加拿大助理国防部长卡德尔访华，成为自1989年以来加拿大最高级别的正式访问。5月，加拿大海军太平洋舰队司令麦克米兰少将率舰艇编队访问中国。中国海军舰艇编队也于8月访问了加拿大，实现了中加建交30年来两军舰艇编队的首次互访。

中国军队还先后接待了英国、西班牙、芬兰、奥地利、法国、澳大利亚等西方国家军队的高级团组来访。

积极参与地区安全对话和论坛活动，加大宣传力度，增信释疑，扩大共识，有力地维护了国家安全利益 中国军队积极支持在平等参与、协商一致、求同存异、循序渐进的基础上开展多形式、多层次、多渠道的地区安全对话与合作主张。2000年先后参加了以东盟地区论坛、东北亚合作对话会和亚太安全合作理事会代表的地区安全论坛，并参与了27个不同类型的多边合作会议。重视参加东盟地区论坛活动。中国主张东盟地区论坛应以建立信任措施为核心，探索新的安全观念和安全方式，支持各方就预防性外交问题进行探讨，并主张应首先就亚太地区预防性外交的概念、定义、原则和范畴进行充分讨论、形成共识。一年来，人民解放军派出代表参加了东盟地区论坛框架内的建立信任措施、维和、海上搜救、抢险救灾、预防性外交等各类官方、非官方会议。

积极宣传中国防御性的国防政策和以平等、协商、互信、互利为特征的新型安全观。2000年10月，中国发表了《2000年中国的国防》白皮书，从安全形势、国防政策、军队建设、国际安全合作、军控与裁军等方面，阐明了中国始终不渝地奉行独立自主的和平外交政策，致力于建设一个和平、稳定、繁荣、发展的新世界；坚定不移地实行防御性的国防政策，坚决维护国家主权、统一、领土完整的立场。白皮书充分表达了中国人民热爱和平、追求美好生活的真诚愿望，使世人对中国的国防政策和国防现代化建设情况有了更加全面的认识和了解，受到中外各方的高度评价。

（王世银　尹秀广）

中国对外军援情况概览 据《军事文摘》2000年第5期载文报道，中国作为第三世界的国家，尽管经济并不富裕，但出于对被压迫和被奴役民族独立和解放斗争的同情和支持，从50年代初开始，对朝鲜、越南等国家给予大量经济和军事援助。中共十一届三中全会以前，军援采取无偿援助的方式；其后，则视情采取无偿、收取成本费、货款或延期付款等多种援助方式。

中国政府向外国提供军援，严格尊重受援国的主权，不附加任何条件，不要求任何特权。近40年间，中国相继向70多个国家提供了武器装备援助，并为50多个国家培训了军事人员，有力地支援了受援国的国防军事建设和争取民族独立的斗争。

对朝鲜的军援 朝鲜是中国最早和重点援助的国家之一。1951年，朝鲜战争爆发后，中国应邀派遣志愿军与朝鲜军民并肩战斗，并向朝鲜提供了大批武器装备援助。

1952年，中国从苏联进口了一批步兵师的全套武器装备，为了满足朝鲜人民军的抗美作战需要，立即抽调3个师的全套武器装备援助了朝鲜人民军。

1950年至1953年，中国向朝鲜无偿提供的主要武器弹药有：各种枪6.7万余支（挺），火炮920门，坦克和自行火炮120辆，各种枪弹5929万发，炮弹61余万发，汽车1233辆，无线电机200余部，有线电机500部，地雷1.9万个，手榴弹39.6万枚。

1958年，中国人民志愿军撤离朝鲜时，又有一批武器、装备和物资无偿移交给朝鲜人民军。

对越南的军援 援越抗法和援越抗美战争期间，正是中国人民进行社会主义建设艰苦创业的时期。中国党、军队为了兄弟的越南人民战胜强大敌人，不惜做出最大的民族牺牲，慷慨无私地向越南人民提供了军事援助，忠实地履行了无产阶级国际主义义务。

无偿提供武器、装备和物资 从1950年至1954年，中国向越南总共提供各种枪11.6万余支（挺），火炮4630余门和大批弹药、通信和工兵器材装备以及大量军用物资。其中有的中国军队还未装备，有的是从中国人民志愿军和国内部队现有装备中抽调的，有的是从苏联进口的，有的是用外汇从国际市场上购买的。

越南抗法战争胜利后，为了帮助越南军队建设，中国继续向越南提供武器装备援助。从1955年至

1963年，中国向越南无偿提供各种枪24万余支（挺），火炮2730门，飞机15架，舰船28艘，汽车100辆，重型舟桥15套，工程机械935部，有线电机2万余部，无线电机6300部，各种枪弹1.6亿发，炮弹144万余发，还有防化、观测器材等装备以及大量军需服装、食品等。

1966年9月，周恩来总理对外交部、外贸部、总参谋部负责人指示说：要把援助越南看做是援外工作中的头等大事。并重申了毛泽东的指示：凡是越南需要的，我们就优先供应。人民解放军认真执行上述指示，向越南提供了数量大、品种多、范围广的武器装备和军需物资援助。

1964～1978年，中国向越南提供了价值人民币40亿元的武器、装备、物资援助。主要有：各种枪177万余支（挺），火炮3万余门，坦克装甲车810辆，飞机65架，舰船117艘，汽车1.5万余辆，地空导弹系统3套，导弹180枚，雷达260部，无线电视3.2万部，有线电机4.9万部，工程机械4834部，舟桥15套，各种枪弹10.4亿发，炮弹1660万发，地雷19万个，炸药1.6万吨，还有防化、观察、侦察器材等装备和大量军需物资。

为了及时提供以上武器装备，中国军民有时候不得不“忍痛割爱”、“紧急攻关”加以解决。例如，3000千米输油管全套设备，8万件防弹衣，国内没有存货，只好紧急动员加紧生产；坦克、大口径火炮一时生产不出来，就从解放军部队现有装备中抽调。

援建国防工程　（1）构筑国防工程。1965年和1966年中国后勤部队进入越南东北群岛和红河三角洲地区，担负紧急构筑以坑道工事为骨干的永久性设防工程任务。工程队在极端困难的作战条件下高质量地超额完成了施工任务。

（2）修建机场和飞机洞库。应越南政府请求，中国先后帮助越南修建了两个现代化机场和洞库。

（3）架设通信线路。为改善越南西北地区的军事通信条件，应越方要求，中国人民解放军派1个通信工程大队，帮助越南在莱州、山萝和奠边府等地修建通信设施。共架设通信线路330杆千米，挂线894对千米，安装了4个载波电话站。

援建、维护铁路和公路　为了帮助越南军民突破美军的空中封锁，改善运输条件，根据中越两国政府的协议，中国人民解放军向越南相继派出铁道兵、工程兵为主的后勤部队共10余万人，完成了护路、建路的艰巨任务。

（1）改善路线。1965～1970年，中国帮助越南在河内以北地区修建铁路工程项目100个，共新建铁路正线117千米，改建362千米，抢建铁路战备工程正线98千米，新建铁路桥梁30座，隧道15条，新建、扩建路站20个，架设通信线路1023对千米，敷设水底通信电缆8千米，工程质量全部优良。

（2）确保铁路畅通。按照中越两国协议，河内以北总长54千米的4条铁路干线的反空袭抢修任务，由中国后勤部队负担。从1965～1969年，共抢修被敌机炸毁的铁路设施1718处次，排除定时炸弹3100枚，修复铁路线157千米，通信线路1420对千米，完成土石方55万立方米，保证了河内以北地区各条铁路畅通。

（3）修建友谊公路。中国人民解放军工程兵部队从1965～1968年为越南新建和改建了7条干线公路及其附属防护工程设施。其中公路1206千米，桥梁305座，涵洞441座，完成土石方3050万立方米，工程质量全部优良。

（4）铺设野战输油管道。1972～1973年，中国人民解放军先后抽调部队、民兵8000多人次，配备了大批机械、车辆，铺设了5条援越野战输油管道，总长159千米，共完成土石方10多万立方米。并于1972年向越输油，至1976年6月，向越南输送的汽油、柴油总计130万吨。

对老挝的援助　为了支援老挝人民党和爱国战线抗美救国的斗争，1964年，毛泽东、刘少奇、周恩来指示，中国应把老挝爱国部队的后勤供应包下来，老挝人民需要多少，中国就帮助多少。

军事物资援助　1960～1977年，中国向老挝无偿提供的武器、弹药、装备和军需物资主要有：各种枪11.5万支（挺），火炮2780余门，坦克、装甲车34辆，各种枪弹1.7亿发，炮弹267万发，手榴弹92万枚，地雷25.4万个，炸药958吨，汽车773辆，无线电机2350部，有线电机2654部，军服257万套。

援建公路　老挝没有铁路和出海港口，交通极为不便。应老挝人民党和王国政府的请求，中国从1962～1978年，无偿为老挝修建公路派遣了7万余人，总计修建公路822千米，桥梁131座，涵洞2677个，铺设沥青路面458万多平方米，平均每千米造价31万余元人民币。

对阿尔巴尼亚的军援　20世纪60～70年代，阿尔巴尼亚是中国重点军援国家之一。

1961～1963年，中国向阿尔巴尼亚提供价值人民币 3.4 亿元的武器装备和军需物资援助。

1964～1967 年，中国向阿方提供价值人民币 4.85 亿元的武器、装备和物资。

1967 年，根据阿方的要求，双方签署了向阿方提供价值 6.7 亿元人民币的武器、装备和物资援助的军援协议。这是新中国成立以来对外所签军援协议中援助数额最大的 1 次。后来又签署了 10 多项军援协议。

1961～1978 年，中国向阿尔巴尼亚无偿提供的主要武器、装备和物资有：各种枪 75.2 万支（挺），火炮 1.1 万余门，坦克、装甲车 890 辆，飞机 180 架，舰船 46 艘，地空导弹系统 2 套，导弹 224 枚，鱼雷 196 条，汽车 4230 辆，各种枪弹 15.64 亿发，炮弹 822 万发，以及通信、工程、防化、测绘、气象、军训、指挥作业器材等。此外，还援建了空军机场、海军基地和军械通信、工程机械修理所，并提供所需的设备、配件材料等。这些武器、装备和物资除满足阿方军队平时需要外，还使阿军有相当数量的储备。

（任　平）

其 他 信 息

2000 年全球共爆发 39 场战争或武装冲突

《环球军事》2001 年第 4 期胡思远、张士力报道，据瑞典研究机构统计，2000 年世界各地共发生 39 场战争或武装冲突，比冷战结束时增加了 10 场左右。如 1990 年世界共发生各种规模的战争或武装冲突 28 起，1991 年 29 起，1992 年 30 起。在新世纪初及今后一段时期内，世界上的一些局部战争和武装冲突仍难偃旗息鼓，潜在热点和危机仍可以各种形式爆发出来。

亚太地区危机潜伏　近年来，霸权主义和强权政治国家不断在亚太地区释放自己的军事能量和影响，极力干涉该地区有关国家的内部事务，给亚太地区的和平与稳定带来种种隐患。特别是 20 世纪 90 年代末期以来，美国为实现其控欧制亚、称霸全球的战略目的，开始加大亚太地区的军事投入。去年 8 月，美国把 63 枚 AGM－86C 型空射巡航导弹运往太平洋的关岛，使美国具有了“在 12 小时内击中亚太地区任何一个出事地方”的能力。而关岛军力部署的强弱，历来是美干涉亚太地区的晴雨表。作为美军进行前沿部署的大型基地，关岛上不仅有安德森空军基地，还有阿加尼亚海航站和阿卜拉港核潜艇基地等重要的军事设施。1996 年美军的 B－52 轰炸机也曾利用安德森基地携带巡航导弹，对伊拉克进行轰炸，此外很少在海外部署的 B－2 隐形轰炸机也曾利用安德森基地执行过任务。设在夏威夷的美国空军太平洋司令部发言人海因斯说，过去两年，美国空军一直致力将关岛上的安德森空军基地变成美国战略轰炸机的前沿基地。而在关岛部署空射巡航导弹，等于让其战略轰炸机拥有了从美国大陆起飞、攻击以及回返安德森基地再装上巡航导弹的能力，而不必万里迢迢飞回美国大陆。由此使美国在整个亚太地区的快速和持续干涉能力明显增强。

目前，美国海军正准备增强核潜艇的前沿部署，计划在关岛部署一个核潜艇中队的兵力，配备 3 艘左右核潜艇。一旦有事，关岛的核潜艇可以迅速增援亚太地区的美军作战，尤其可以迅速支援驻日本的美军行动。同时，关岛的美军核潜艇还曾多次出没在亚太一些热点地区。近年来，美国海军攻击型核潜艇多次参加作战，发射巡航导弹等武器。目前，美国海军拥有攻击型核潜艇 55 艘，型号主要是“洛杉矶”级和“海狼”级。

值得注意的是，近年来，美国在不断加强驻亚太地区军事力量的同时，还采取各种手段和措施强化与日本等国的军事同盟关系，并竭力扩展以其为核心、针对性极强的多边安全合作体系。特别是在战区导弹防御问题上，从 1996 年以来，美国表示不仅让日本加入战区导弹防御系统，还考虑将台湾纳入 TMD，妄图以此构成一个相互渗透、相互依存的军事体系。如若这样，不仅会激起亚太地区的军备竞赛，而且会大大弱化有关国家间的彼此信任关系，甚至造成不该有的对峙和冲突。尤其是对台湾当局来说，在台湾两岸关系非常严峻的时候，美国作出加强军售等举动，实际上是为“台独”分子打气，使台湾问题的和平解决变得更加复杂。

非洲大陆战乱频繁　新世纪已经到来，但因西方殖民主义留下的种种祸根而在非洲引发的战乱和冲突，还在持续。尤其是塞拉利昂的血腥内战、埃塞俄比亚和厄立特里亚之间的冲突、大湖地区的种族战争、刚果的地区冲突以及津巴布韦的土地之争等，这些规模不等的战争及冲突给新世纪的非洲和平投下了浓重阴影。

安哥拉的流血冲突作为非洲持续时间最长的冲突，目前仍未休战。多斯桑托斯总统的政府和萨文比的争取安哥拉彻底独立全国联盟武装，对这个南部非洲资源最丰富的国家大片领土继续展开争夺。持续了25年的战火使上千万人死亡，大量平民百姓无家可归，农田荒芜，人们纷纷向城市和沿海地区逃难。到目前为止，和平仍未实现。

埃塞俄比亚和厄立特里亚之间为了争夺出海口的战争，也在打打停停之间延续。2000年6月18日，厄立特里亚和埃塞俄比亚在阿尔及尔签署了和平协议，从而结束了这两个“非洲之角”邻国之间长达两年之久的战争。但是和平协议能否有效得到执行，国际社会并不乐观，因为两国之间的打打和和似乎已成常态。

在历史上，人们通常把位于坦噶尼喀湖、基伍湖和维多利亚湖沿岸的布隆迪、卢旺达、刚果、乌干达和坦桑尼亚等国称为大湖国家。长期以来，这一地区经济极为落后，部族矛盾尖锐，现在已成为非洲重要的战乱之地。

布隆迪是位于非洲中东部的一个内陆小国。在全国人口中，胡图族占85%，图西族占14%。西方殖民者统治时期，为了达到“分而治之”的目的，采取扶持图西族、压制胡图族的政策，给今日的部族冲突埋下隐患。布隆迪自独立以来战争不断。从1993年爆发大规模的部族冲突至今，已有120多万人丧生，30多万人沦为难民，

卢旺达与布隆迪被认为是一对孪生姐妹，两国面积相差无几，人口结构类似，历史上都曾先后沦为德国和比利时的殖民地。两国最大的区别在于独立后布长期为图西族当政，而卢则多为胡图族掌权。卢图西族不甘心受治于人，两大部族也多次发生流血冲突。自1994年4月6日胡图族总统哈比亚利马纳因座机遭地面火箭袭击而与布隆迪总统一同罹难后，引发的震惊世界的部族大仇杀，已使50万人在浩劫中丧生。

在刚果民主共和国，战争已经进入了第2年，6个国家的正规军和叛乱部队卷入了这场战争。虽然卷入刚果民主共和国冲突的有关国家领导人举行了几次会议，以实施1999年在卢萨卡签署的停火协定，但是他们的谈判没有取得像1994年那样的成果，当时在赞比亚首都签署了安哥拉停火协定。

在苏丹，伊斯兰原教旨派的政府军和反政府武装苏丹人民解放军从1983年开始交火，目前仍是打打谈谈。

中东地区和平维艰　以阿双方的冲突可以说是当今世界所有冲突爆发因素的高度浓缩：土地争端、宗教冲突、水资源的争夺、民族纠纷等，在中东这块土地上都有。而长期以来因为外部势力的介入而使这种争端不断升级换代。

从以阿双方的实力来看，目前若无外部势力的支持，战争是很难打起来的。因为以色列与巴、黎、叙等相比，在军力上占有明显优势。对于中东其他国家来说，要他们团结一致帮巴勒斯坦拼死一战，也有实际困难。从前几次中东战争的结果来看，以色列虽有军事优势但也征服不了巴勒斯坦、黎巴嫩和叙利亚。因而大规模的中东战争在目前是很难爆发的，但是持续的冲突却少不了。中东和平今后看来只能在跌跌撞撞中去找寻了。

南亚地区冲突不断　自从1947年印巴分治、克什米尔争端凸现以来，印巴双方的战争和冲突已经持续了半个世纪。目前，由于争端双方拥有的武器装备水平越来越高，并且都拥有核武器，因而克什米尔冲突的走向引起了世人的极大关注。

克什米尔争端是历史遗留问题，是殖民主义留给南亚次大陆的难以愈合的创伤。蒙巴顿方案形成的印巴分治，没有缓解印度教徒与穆斯林之间的教派敌对，也没有确定克什米尔归属。印巴两国独立后的25年内，就3度兵戎相见。时至今日，在克什米尔问题上，印巴双方的分歧依然十分突出，难以调和。今后，印巴两国不论谁当政，都面临着国内政治、宗教势力的巨大压力，谁作出重大妥协和让步，都将面临极大困难。印度在克什米尔争端中虽是既得利益者，发动战争能给巴以重创，但代价高昂。现在印巴双方都有一批尖端武器，如果交战，其规模与损失都将大大超过前3次战争。印军方曾估计双方如果开战，印每天将耗资470万美元，即使打赢，通过战争吞并克什米尔，既难为国际社会所接受，也无法彻底巩固占领。1998年印巴核试验后，克什米尔问题变得十分微妙。两国已基本上处于一种核威慑下的相对和平状态。核武器的巨大毁灭性将使两国在克什米尔

问题上采取更为克制的态度，尽量避免大规模的战争行动。

（任　平）

中国军队恢复军衔制以来 74 位高级将领被授予上将军衔警衔　新华社 2000 年 6 月 21 日报道，中华人民共和国中央军事委员会于当日举行晋升上将军衔警衔仪式，授予 16 位高级军官警官上将军衔。他们是副总参谋长隗福临、吴铨叙、钱树根、熊光楷，总政治部副主任唐天标、袁守芳、张树田，总后勤部政治委员周坤仁，总装备部政治委员李继耐，海军司令员石云生、政治委员杨怀庆，空军司令员刘顺尧，军事科学院院长王祖训，北京军区政治委员杜铁环，成都军区司令员廖锡龙，武装警察部队政治委员徐永清。

至此，人民解放军自 1988 年恢复军衔制以来，中央军委共授予 74 位高级将领上将军衔、警衔。

1988 年 9 月 14 日，中央军委举行恢复军衔制后的第一次授上将仪式，授予时任中央军委委员洪学智、刘华清、秦基伟，中央军委委员、总参谋长迟浩田，中央军委委员、总政治部主任杨白冰，中央军委委员、总后勤部部长赵南起，副总参谋长徐信，中央军委纪委书记、总政治部副主任郭林祥，中央军委纪委第二书记尤太忠，军事科学院政治委员王诚汉，国防大学校长张震、政治委员李德生，北京军区政治委员刘振华，南京军区司令员向守志，成都军区政治委员万海峰，海军政治委员李耀文，空军司令员王海等 17 位高级将领上将军衔，其中洪学智 1955 年曾被授予上将军衔。

1993年 6 月 7 日，中央军委举行仪式，晋升时任中央军委委员、总参谋长张万年，中央军委委员、总政治部主任于永波，中央军委委员、总后勤部部长傅全有，国防大学校长朱敦法，海军司令员张连忠，空军司令员曹双明等 6 位高级将领上将军衔。

1994 年 6 月 8 日，中央军委举行仪式，晋升 19 位高级将领上将军衔，他们是时任副总参谋长徐惠滋、李景，总参谋部警卫局局长杨德中，总政治部副主任王瑞林，总后勤部政治委员周克玉，国防科工委主任丁衡高、政治委员戴学江，国防大学政治委员李文卿，沈阳军区司令员王克，北京军区司令员李来柱、政治委员谷善庆，兰州军区司令员刘精松、政治委员曹芃生，济南军区司令员张太恒、政治委员宋清渭，南京军区司令员固辉，广州军区司令员李希林、政治委员史玉孝，成都军区司令员李九龙。

1996 年 1 月 23 日，中央军委举行仪式，晋升时任总政治部副主任兼中央军委纪委书记周子玉，空军司令员于振武、政治委员丁文昌，第二炮兵政治委员隋永举等 4 位高级将领上将军衔。

1998 年 3 月 27 日，中央军委举行仪式，晋升 10 位高级军官警官上将军衔，他们是时任国防科工委主任曹刚川，第二炮兵司令员杨国梁，军事科学院政治委员张工，国防大学校长邢世忠、政治委员王茂润，北京军区司令员李新良，南京军区政治委员方祖岐，广州军区司令员陶伯钧，成都军区政治委员张志坚，武装警察部队司令员杨国屏。

1999 年 9 月 29 日，中央军委举行仪式，晋升中央军委委员郭伯雄、徐才厚上将军衔。

2000 年世界各国军费开支总额达 7980 亿美元　据德新社斯德哥尔摩 2001 年 6 月 13 日报道，瑞典斯德哥尔摩国际和平研究所于当日发表的 2001 年度报告说，2000 年全球军费总开支达到 7980 亿美元。报告指出，1998 年世界各国的军费开支降到了冷战后的最低点，但此后持续增加。到 2000 年，世界各国军费开支比 1998 年增长 3.5%。造成这一增长的主要原因是一些国家的军费开支有大幅度增长，其中军费开支增加最多的国家是美国和俄罗斯，增幅最大的地区是非洲和南亚。2000 年美国在全球军费总开支中所占比例达 37%。尽管 2000 年全世界的军火交易额比 1999 年下降了 26%，但美国仍是世界最大的军火供应商，其军火出口额占世界军火交易总额的 47%，随后是俄罗斯、法国、英国和德国等军火出口大国。它们在世界军火交易中的比例最少的都占 5%以上。

中国人民解放军历史上 6 次服装大改革

据中国《国际展望》半月刊 2000 年 7 月号报道，中华人民共和国成立后，从统一中国人民解放军服装开始，全军先后经历了 8 次服装改革，其中变动较大的有 6 次。

（1）1950 年，经中央军委批准，全军统一军服制式和供给标准，样式分为干部、战士、男女。单衣：干部为开襟式，战士为套头式。女军人为连衣裙，均戴大檐帽。用料为棉平纹布。颜色：陆军为绿色；海军单衣为上白下蓝色、棉衣为蓝色；空军为上绿下蓝色、棉衣为蓝色。佩戴“八一”五星帽徽和“中国人民解放军”胸章。

（2）1955 年实行军衔制时，参照苏军服装样式，对全军军服进行了全面改革。全军军官和士兵配发常服，校以上军官配发礼服。常服样式，男军官为立翻领4个挖袋，西式裤，夏季戴大檐帽（1958年加发解放帽），冬季戴栽绒帽，男士兵为立翻领两个上挖袋，西式裤，夏季戴船形帽（1958年改戴解放帽），冬季戴栽绒帽。海军士兵为披肩领套头式，裤子旁开口。女军人夏服为小翻领两个挖袋，戴无檐软帽。颜色：陆军为棕绿色；海军夏服为上白下蓝色，冬服藏蓝色；空军为上棕绿色下藏蓝色。军官佩戴肩领章，士兵佩戴领章，官兵均佩戴军兵种符号和圆形“八一”五星帽徽。校尉官扎武装带。

(3) 60年代初期，针对冬季只有棉衣，夏季只有单衣，脱了棉衣换单衣，不利随气候调节的问题进行了研究。在不改变制式的原则下，对冬装的结构配套进行改革。用罩衣、紧身棉衣、绒衣和衬裤取代老式棉衣，并普遍配发了大衣，较好地解决了服装换季问题，提高了军服的卫生性能。1971年开始，又逐步将单衣、罩衣和大衣用料改为涤棉混纺织物，提高了军服的质量。

(4) 1985年，全军换发了“八五”式服装，与原来服装相比，主要变化是：干部、战士配发了制式衬衣、大檐帽，圆形“八一”五星帽徽和军种肩领章。冬服、夏服、大衣，军以上干部改用纯毛料制作，师团干部改用混纺毛料制作。

(5) 1987年，87式服装改革区别于人民解放军历史上任何一次军服改革。建立礼服、常服、作训服系列，较好地解决了军人执行不同任务着穿不同服装的问题。87式服装，官兵夏常服、女军人冬常服装都由立领改为开领，士兵常服由两个口袋改为4个口袋，官兵着夏常服时配衬衣扎领带。作训服、迷彩服样式新颖，有时代感。大衣、衬衣、军帽、军鞋等也作了相应改进。尉官常服、士官夏常服用料由涤棉布改为混纺毛料。军官的硬肩章，官兵的软肩章，其样式威严、庄重、大方，衔级标志清晰，区分明显。军种符号设计简明新颖，便于区分，缀钉也较方便。大帽徽加设松枝叶和天安门图案，象征明显，寓意深刻。文职干部的肩章、符号，军官礼服的领花，大檐帽的饰带等，都与87式服装相匹配。

(6) 根据中国人民解放军四总部的联合通知，从2000年5月1日起，人民解放军三军官兵换着99式长、短袖制式衬衣和贝雷帽，这是解放军被装装备水平提高的又一标志。

99式长袖制式衬衣为束腰式，面料采用涤棉混纺军港绸。陆军为浅棕绿色，海军为漂白色，空军为浅蔚蓝色。

99式短袖制式衬衣，军官、文职干部为夹克式，士兵为束腰式。面料：陆、空军将官为涤毛混纺色织军港绸，校以下军官、士兵为涤棉混纺色织军港绸；海军中，将官为涤毛混纺军港绸，校以下军官、士兵为军港呢。颜色与长袖制式衬衣相同。

中国台湾研制核武器计划揭密　据《军事文摘》2000年第5期报道，2000年，美国政府将中国台湾自60年代以来有意发展核武器的秘密报告及相关文件解密，使台湾当局长期以来一直十分隐蔽的核武器研制计划大白于天下。

解密文件时间始于1996年初，终于1976年11月驻台大使安克志与台驻美大使沈剑虹的谈话记录。这80多页的解密文件显示，在上述10多年的时间内，台湾一直有意发展核武器，试图从国外引进原子反应堆，建造提练铀和钚的再处理工厂。这引起美国政府的高度关切，甚至为此向台当局不断施压，使拟购反应堆的交易告吹。

据一位当年参加台湾发展核武器的人士说，大陆于1964年10月试爆原子弹成功，使台湾感受到极大的威胁。这是蒋介石批准建立中山科学研究院，致力于原子弹研制的重要原因。

尽管台湾当局在公开和私下场合都保证不制造核武器，但许多台湾高层官员都认为，核能力可以确保台湾高枕无忧。但台湾当局内部反对拥有核武器的人也争论说，如果台湾真的研制出核武器，必然会导致美国与台湾的关系紧张，结束美国向台湾出售常规武器和武器部件的严重后果。此外，台湾研制核武器还可能招来大陆的军事反应。

据台湾当时的“国家安全委员会”科研顾问小组委员会主席吴大猷透露说，就在大陆成功地试验了原子弹之后没多久，台湾“国防部”就秘密建议，当局应立即拿出1.4亿美元的巨额资金用于研制核武器，根据台军方“中山科技研究院”的绝密计划，台湾军方将通过秘密渠道购买1座重水反应堆、1家重水生产厂、1家钚分离工厂。此外，还将同时研制弹道导弹，另外，德国西门子公司此前还答应借给台湾当局1.2亿美元用于4座工厂的设计和建造。

吴大猷坚决反对这一绝密核武器的研制计划。他给蒋介石写信说计划有4个致命的不足：一是对核武器的研制经费过于低估；二是必须冒着与美国冲突的危险；三是高估了研制成功的机会；四是随时会与大陆爆发军事对抗。因此，不符合台湾的安全利益，建议台湾的核计划由民用原子能机构负责。当局采纳了他的建议，台湾的“原子能委员会”很快就从军方手中接管了原子能研制计划。不过，由台军方 1 名上将担任“原子能研究所”所长。在其极力鼓吹下，“台湾电力公司”购买了数座轻水反应堆，并于 1969 年从加拿大购买了 1 座重水反应堆。时任“国防部长”的蒋经国在不让其父亲知道的情况下，一直试图秘密购买钚分离厂。从 1969 年开始，台湾“原子能研究所”就在着手修建核武器制造工厂，但对外界一直保密。

这时的国际形势已经发生了重大变化，但世界各国对台湾秘密研制核武器越来越感到关注。1971 年，台湾当局被逐出联合国和“国际原子能机构”后，与中国建交的加拿大不再负责台湾“原子能研究所”内研究反应堆的安全责任，美国和“国际原子能机构”暂时担起了这一职责。1976 年，当“国际原子能机构”按核计划对台湾的核设施进行全面检查时感到大吃一惊：500 多克钚不翼而飞！这更使外界怀疑台湾正在秘密加工这些钚。检查人员还发现，台湾的“钚燃料化学试验室”竟然也能生产钚金属，并且用的是美国提供的铀来运作。考虑到事态的严重性，“国际原子能机构”的总检察长伦道夫·罗米奇打算亲自对台湾的“原子能研究所”进行视察，台湾拒绝了这一要求，但最后还是屈服了。迫于国际社会的巨大压力，台湾当局被迫答应不再搞核再处理试验。美国官员也表示：任何违反承诺的行为必然将严重影响美国与台湾的“原子能合作”。

1987 年，台湾“原子能研究所”突然违反 1976 年的承诺，开始修建 1 个多用途热室。1988 年 1 月，台湾“原子能研究所”有 1 名副所长和他的家人在美国度假时突然叛逃。这位副所长透露了让美国人不安的绝密情报：台湾最终的目的是在射程为 1000 千米左右的“天马”导弹上安装核弹头！而“天马”导弹早在几年前就完成了。为此，美国派人对台湾核设施视察后，要求台湾当局立即关闭核反应堆。台湾此时已经别无选择，因为美国政府下令停运送往台湾的所有重水，而核反应堆里的重水也被美国人撤走了。台湾无法启动核反应堆了。

尽管如此，国际社会还是对台湾的核发展感到担心。美国的技术专家承认，台湾实际上已经学到了不少关于分离钚和进行核爆炸的经验，所以一旦生产核武器会比别人来得快。但台湾研制核武器有其致命的弱点：必须获得分离出来的钚或者富铀，而任何一种努力都不可能不被发觉。

美国防部公布 2000 年度对中国台湾军售计划 据中国《现代军事》2000 年第 11 期报道，美国防部于 2000 年 9 月 28 日宣布 4 笔对台军售计划，其范围涵盖台陆海空三军急需的作战装备，总值达 13.08 亿美元。这是美国近年来对台军售中数额最大、装备性能最先进的一次。这 4 笔军售项目分别是：

(1) 200 枚 AIM－120C 先进中程空对空导弹，以及配套的 292 具 LAU－129 机载发射器等相关设备，价值 1.5 亿美元。AIM－120 是美国空军、海军联合研制的第 4 代中程空对空导弹。速度可达 4 马赫，最大射程 80 千米，采用惯性加主动雷达寻的制导。该导弹还将作为美 F－22 战斗机的主要机载武器。这批售台的 AIM－120C 将暂存在美国，一旦中国从俄罗斯获得 AA－12 导弹，美国就立即把 AIM－120C 交付台湾。这批导弹将配装台湾空军的 F－16 战斗机，以进一步提高台空军的空战能力。

(2) 71 枚 RGM－84L“鱼叉”反舰导弹、6 枚“鱼叉”训练弹、10 座舰载发射控制系统，以及相关设施，价值 2.4 亿美元。RGM－84L 是“鱼叉”导弹的最新改进型，在原有主动雷达末制导的基础上，加装惯性＋GPS 制导，同时还借鉴了一些精确制导武器所使用的先进技术，可以提供更精确的远程打击能力。有报道称，RGM－84L 型“鱼叉”导弹还具有打击沿海岸上目标的能力。台湾将用其来增强“成功”级护卫舰的反舰能力。

(3)“改进型移动用户设备”(IMSE) 战术通信系统的最新改进型及相关设备，价值 5.13 亿美元。该设备将用于向台湾陆军各级野战部队提供具有保密功能的语音和数据通信，提高其战术通信能力。IMSE 系统将成为台军迈向数字化战场的关键。

(4) 146 门 M109A5 型 155 毫米自行榴弹炮、79 挺 M2 机枪、6 辆 M88A2 救援车、与自行榴弹炮配套的先进野战炮兵技术数据系统、146 套 AN/VRC－87E 和 6 套 AN/VRC－90E 单信道地空无线电通信系统、160 套 AN/PVS－7B 夜视镜以及零部件、训练、工程和后勤装备等，价值 4.05 亿美元。其中 M109A5 型自行榴弹炮将用于增强台陆军抗登陆机动作战能力。

中国台湾军队现役的主要外购武器装备一览 据《现代军事》2000 年第 6 期载文报道，1979 年以来，中国台湾军队逐年加大外购武器装备的资金投入，从美国、法国、荷兰等国购进大量陆、海、空三军武器装备，企图以此作为武力拒“统”的资本。现将其仍列入现役的各类武器装备附记于下。

飞机　F-16A/B战斗机：1992年9月，美宣布售台150架（120架单座机、30架双座机），总价值60亿美元，第1批于1997年4月抵台，1999年底前全部交付完毕。

“幻影2000-5”战斗机：法售台60架（48架单座机，12架双座机），总价值约38亿美元，1997年5月～1998年11月接收完毕。

F-5E/F战斗机：70年代起从美采购200多架。

E-2T空中预警机：1993年3月，美国同意售台4架，9亿美元，1994年5月至1995年8月陆续抵台（1999年7月，美又宣布售台2架，4亿美元，计划于2003和2005年交付）。

S-2T反潜机：从1967年起购买美海军退役的约40架S-2A/E/G固定翼反潜机，1986年起由美对其中24架进行现代化改进，改进后称S-2T。

C-130运输机：1984年6月，向美订购12架，3.25亿美元。1992年，又向美订购8架。

T-38A教练机：1995年7月，从美租借21架。

AH-1W型“超级眼镜蛇”攻击直升机：1997年7月向美订购21架。1998年3月再购买21架。

OH-58D武装侦察直升机：1997年3月，美国同意出售13架及相关配备，约1.72亿美元。

TH-67训练直升机：1996年10月，美国同意售30架。

S-70反潜直升机：1997年，向美采购11架，计划于2000年6月交机。1998年2月，又购4架。

UH-1H“依洛魁”直升机：1969年与美贝尔直升机公司签订协议，由台按许可证生产，共生产了118架。

CH-47SD“支奴干”运输直升机：1998年10月，美宣布向台售9架及其备件、器材。

机载武器　“响尾蛇”AIM-9M空空导弹：1992年，在向美购F-16A/B战斗机时购入90枚。

“麻雀”AIM-7M空空导弹：1992年，在向美购F-16A/B战斗机时购入600枚。

“猎鹰”AIM-4D空空导弹：先后从美购入约500枚。

“米卡”空空导弹：1992年，在向法采购“幻影2000-5”战斗机时，采购了1200枚（960枚雷达型和240枚红外型）。

“魔术”Ⅱ R550空空导弹：1992年，在向法采购“幻影2000-5”战斗机时，采购了480枚。

“小斗犬”AGM-12C空地导弹：850枚，装备美制F-5E/F战斗机。

“小牛”AGM-65空地导弹：1979年11月，向美订购500枚AGM-65B型，装备美制F-5E/F战斗机。2000年，美同意向台出售AGM-65G型导弹。

“鱼叉”AGM-84空射反舰导弹：1997年2月，美同意向台出售54枚。1998年9月，美再次同意向台出售58枚导弹及8枚训练弹。

“陶”BGM-71反坦克导弹：1997年，购买1786枚BGM-71E型，1999年购买1700枚BGM-71F型，均为有线指令制导型，称为“陶”2A/2B，装备AH-1W和OH-58D直升机。

“海尔法”AGM-114K3空射反坦克导弹：1999年5月，向美订购240枚，装备AH-1W和OH-58D直升机。

“海蛇怪”（Hydra）70航空火箭弹：1997年10月，向美购买价值100万美元的该型火箭弹。

AIM-120先进中程空空导弹：2000年美国同意出售，但导弹将留美，除非大陆获得类似俄制导弹，否则导弹不交付台。

舰艇　“海龙”级常规动力潜艇：1983年12月，台从荷兰订购了2艘改进型“旗鱼”级潜艇。

“济阳”级（“诺克斯”级）护卫舰：分3批分别于1993、1995年1999年接收8艘，其中已有4艘出售给台。

“康定”级（“拉斐特”级）护卫舰：1992年与法签订合同，订购6艘，现已全部服役。

“中和”级（“新港”级）坦克登陆舰：1996年12月、1997年4月，美先后同意租借给台2艘。

“永阳”级（“进取”级）远洋扫雷舰：1993年，美正式同意出售4艘给台。

“永丰”级（MWV50型）扫雷舰：1991年，台向德采购。

“达观”号远洋探测船：向意大利订购，1994年4月动工，1995年9月交付。

舰载武器　“阿斯洛克”反潜导弹：台80年代开始装备，总数约200枚，部署在部分“阳”字号驱逐舰和“济阳”级导弹护卫舰上。

“鱼叉”舰舰导弹：1992年，台在向美租借“济阳”级护卫舰时，采购了40枚。

“密集阵”近程武器系统：1998年1月和1995年3月，从美分别购入15套和6套。

“厄利空”20毫米舰炮：“美”字号登陆舰、501型“合”字号通用登陆艇、LST1-510级、511-1152级及LCU146级两栖舰艇均有装备。

“埃默莱克”（美国命名为 EX－74）30 毫米双联装舰炮：向美购买，装备“龙江”级导弹快艇。

博福斯 40 毫米/60 舰炮：向美购买，装备“阳”字号驱逐舰、“成功”级和“康定”级护卫舰、“中正”号和“镇海”号船坞登陆舰、“美”字号登陆舰、LST1－510 和 511－1152 及“高雄”号两栖舰艇。

MK75 型单管 76 毫米舰炮：“康定”级、“成功”级和“济阳”级等新型作战舰艇均装备，其中 1995 年 3 月，美国同意售台 6 门。

MK30/38 型 127 毫米/38 舰炮：装备“阳”字号驱逐舰。

MK42 型 127 毫米舰炮（Mod9 型）：装备 8 艘“济阳”级护卫舰。

MK44 鱼雷：装备 MD500 小型反潜直升机、S－2T 反潜飞机和“阳”字号驱逐舰，或作为“阿斯洛克”反潜导弹的战斗部。

MK46 鱼雷：目前装备 200 枚以上 MK46－2 型和 MK46－5 型。主要装备各型驱护舰、S－70C（M）反潜直升机，或作为“阿斯洛克”反潜导弹的战斗部。其中 1996 年 9 月，美国同意售台 110 枚 MK46MOD5 型。1998 年 8 月，美同意售台 131 枚 MK46MOD5 型反潜鱼雷。

SUT 鱼雷：主要从印尼等国购买，装备“海龙”号和“海虎”号潜艇（每艇可带 28 枚）。

F17－2 鱼雷：1993 年至 1995 年期间从法采购 6 艘“康定”级导弹护卫舰时，随舰购买。

坦克、火炮及装甲车　M48A5 坦克：80 年代末期从美军退役后被台陆军选中。

M60A3 主战坦克：1991 年 9 月，向美订购 110 辆。1996 年 6 月，美宣布售台 300 辆，2000 年初交货完毕。

M41 轻型坦克：从美购买，目前装备约 700 辆。

M113A1/M113A2 装甲人员输送车：从美购买，车型有 M113A1、M113A2、M125A2、M106A2、指挥及救护车型。现装备 1100 辆。

M3 半履带式装甲人员输送车：美陆军淘汰后，卖给台 40 余辆。

“皮兰哈”（Piranha）（6×6）轮式装甲人员输送车：从瑞士购买，1984 年订购 50 辆并开始装备部队。

M577A1 装甲指挥车：台从美购买，可水陆两用。

V－150“康曼多”（Commando）轮式装甲侦察车：1981 年从美购买，现有 150 辆。

M998“悍马”（Hammer）高机动性多用途轮式车：1991 年从美购进第 1 批，预计购 2000 辆。

M88A1 装甲抢救车：从美购买，于 1988 年开始装备陆军，目前有 58 辆。

M48 装甲架桥车：从美购买，在 M48A3 或 M48A5 坦克底盘上加装剪式架桥设备而制成。

M109A2 式 155 毫米自行榴弹炮：从美采购 300 余门 M109 式，在美国帮助下于 1982 年更新成 M109A1 式，1993 年再更新成 M109A2 式。

M109A2/A5 式 155 毫米自行榴弹炮：该炮是 M109 式的一种改进型。1998 年，从美采购第 1 批 M109A5 式，并打算继续采购。

M110A2 式 203 毫米自行榴弹炮：装备有一定数量，其中 1980 年 11 月向美订购 14 门。

TRF1 式 155 毫米牵引榴弹炮：从法国采购，已交付 56 门。

防空导弹　改进型“爱国者”PAC－2 导弹系统：1993 年 9 月，向美订购了 3 套系统，包括 200 枚导弹，耗资 5.65 亿美元。

“霍克”导弹系统：1963 年开始引进基本型，1972 年开始逐渐被改进型所取代，1997 年底完成改进计划。2000 年 3 月，美国同意售台 162 枚改进型“霍克”导弹。

“小槲树”导弹系统：从 70 年代开始引进，台陆军（包括海军陆战队）共装备 50 套。导弹数量超过 1000 枚。其中 1980 年 11 月，从美采购了 840 枚改进型导弹；1985 年 6 月，购进 262 枚导弹。

“毒刺”地空导弹系统：1996 年 8 月，美国同意售台 1299 枚导弹、74 具车载发射装置、96 辆高机动多用途越野车（HMMWV）、74 枚 RMP 训练弹及其他相关部件。1998 年 8 月，美同意售台 61 套双联装系统（DMS）及 728 枚导弹。

“标准”I 舰载中程防空导弹系统：1989 年，美售台 88 枚“标准”导弹。1992 年 8 月，美国同意向台出售 207 枚“标准”导弹。目前 7 艘“成功”级护卫舰均装备了“标准”I 型系统。

“海小树”导弹系统：1995 年前，美共向台销售了 20 套导弹发射装置。1980 年向美国订购 284 枚导弹和必要的设备和备件。1983 年订购 120 枚导弹。1996 年，又向美采购了一批导弹。

通讯设备　AN/GRC－306 联合战术通信系统（UNISET）：从以色列 Tadiran 公司引进。

AN/GRC－512（V）战术跳频电台：从加拿大马可尼公司引进。

AN/GRC106（A）高频/单边带无线电台：从美国联合工业公司引进。

国际型移动用户设备（IMSE）：由美向台提供。第1批交货计划从1988年12月开始。

BAMS战斗无线电台网：比利时BAMS公司研制。台湾已购买并装备陆军部队。

雷达　“铺路爪”大型固态相控阵雷达：2000年，美国同意售台湾1部。

AN/SPS－10海岸警戒雷达：购自美国，是装备较多的海岸警戒雷达，也装备于所有的主战驱逐舰。

AN/SPS－64导航及搜索雷达：从美国雷声公司引进，共26部，装备于海军的岸基观通系统。

AN/FPS－36与AN/FPS－37对空搜索和目标指示雷达：于70年代引进，用于“天网”防空系统，购买1部AN/FPS－36和4部AN/FPS－37。

AN/FPS－89和AN/FPS－90雷达：购自美国，共装备10多部。

AN/FPS－110A和AN/FPS－110B远程警戒雷达：购自美国，总装备量超过10部，是“天网”半自动防空系统中的主力。

AN/FPS－117三坐标远程全固态式防空雷达：从美国引进，在“强网”系统中安装了2部。

AN/TPS－63低空监视雷达：从美引进，用于“强网”系统。

GE－592机相扫描固态三坐标对空搜索雷达：从美引进，用于“强网”系统。

HR－3000三坐标多模式雷达（HADR）：从美引进2部，用于“强网”系统。

电子战装备　AN/ALR－56M雷达告警接收机：1993年为F－16A/B战斗机选购，1997年10月随载机开始服役。

AN/ALQ－184（V）2吊舱式电子干扰系统：1994年5月向美订购了82套，装备F－16A/B战斗机，1997年10月服役。

AN/ALE－47威胁自适应干扰物投放系统：从美国引进，90年代中期开始装备F－16A/B、IDF战斗机和S－70C（M）1反潜直升机。

DR3000S舰载电子战支援/电子情报系统：从法国引进6套，装备“康定”级护卫舰，1996年5月第1套系统开始服役。

MK36无源干扰箔条/红外诱饵发射系统：从美国引进，1993年开始随“济阳”级服役，每舰装备2具。

“达盖MK2”无源干扰箔条/红外诱饵发射系统：从法国引进，1996年陆续随“康定”级护卫舰服役。

AN/TLQ－17通信干扰机：从美国引进，大约在80年代购买了37套。

声纳　AN/SQQ－89（V）反潜作战系统：从美国引进，装备“成功”级驱逐舰。

AN/SQS－5主/被动6舰壳声纳：从美国引进，1990年1月签订合同，首批订购6套，安装在“成功”级护卫舰上。

AN/SQR－18/19拖曳线列阵声纳（TACTAS）：从美国引进，装备于“成功”级护卫舰。

AN/SQR－18/19被动拖曳线列阵声纳：从美国引进，具有远程听测潜艇低频辐射噪声的能力。

AN/AQS－18机载吊放声纳：从美国引进，装备S－70C直升机。

AN/SQS－26声纳：随租借的美“济阳”级护卫舰带来。

ATAS主动拖曳线列阵声纳：1992年11月向英国订购了6套ATAS（V）2系统，安装在“康定”级护卫舰上。

SpherionB/TSM2633球形声纳：1992年正式签约，为“康定”级护卫舰购买6套。

SIASS潜艇综合攻击和监视声纳：荷兰出口的“海龙”和“海虎”潜艇上的声纳装备。

AN/SSQ－41B和AN/SSQ－47B机载探测声纳浮标：从美国引进，装备于S－2T陆基海上巡逻机。

AN/SQQ－14VDS猎雷声纳：从美国引进，装备“永阳”级扫雷艇。

TSM 2022轻型高频猎雷声纳：从法国引进，装备“永丰”级猎雷艇。

SA950猎雷声纳：从挪威引进的主动高分辨率多波束扇扫舰壳猎雷声纳，装备其他“永”字号扫雷艇。

夜视装备　LANTIRN吊舱系统：从美国采购的红外夜间低空导航和目标捕获跟踪瞄准吊舱系统，装备在F－16战斗攻击机上，1996年购买了28套。

OH－58D直升机光电侦察系统：装备在OH－58D武装侦察直升机上，1992年购买了30套。

AN/AAS－40前视红外仪：装备在S－2T“搜索者”反潜巡逻机上。

AN/AAQ－21机载前视系统：装备海军，1984～1986年购买了5套。

AH－1W攻击直升机红外夜视和目标瞄准系统：1992年购买了42套。

AN/VSG－2坦克热瞄仪：装备在M60A3及

M48H“勇虎”式坦克上。

CVTTS 战车热成像瞄准系统：装备在 M41D 主战坦克上。

（王晓雁）

美国防部官员谈美军高技术武器存在的缺陷 据中国《现代兵器》2000 年 5 月号报道，美国国防部负责武器试验与评估的高级官员菲利普·E·科伊尔在提交给国会的年度报告中，讲述了去年在科索沃空中打击行动中所使用的武器存在的技术缺陷。详情如下。

B-2 隐身轰炸机　在科索沃的空中打击行动中，空军的 6 架 B-2 隐身轰炸机共出动 49 架次，3 次中途被召回或取消任务，1 次因技术故障而放弃攻击行动。在剩下的 45 架次中，投掷炸弹占总携带量 96% 以上，并将 80% 指定的目标摧毁或破坏。但军方抱怨保持 B-2 的隐身可靠性和对 B-2 的保养工作是困难的，B-2 在飞行过程中的静电放电一直在破坏它的隐身性能。空军已经提出了这个问题，但至今还没有进行任何改进。因保持飞机的隐身性能所进行的维修费时费力，所以 B-2 无法达到执行任务所要求的次数，同样它的持续作战能力也受到影响。目前能够作战使用的只有 14 架飞机，单架维修时间过长将影响整个编队执行任务。其他问题还有环境控制系统以及辅助电力装置的电力不足，即使是 B-2 的最新型也有这样的问题。B-2 的防御系统管理设备多年来一直受到指责，现在依然存在问题。

载有“杰斯塔”的 E-8C 地面监视飞机　与 B-2 相同，它的技术性能提高了，但还存在不足，许多方面还达不到要求，如可靠性、地面定位速度、自检和空中执勤时间。陆军用来接收“杰斯塔”数据的通用地面站也有错误率高的问题。

B-IB 轰炸机　报告中称，B-IB 共出动 74 架次，投掷了 5000 多枚 227 公斤重的 Mk-82 炸弹。它存在的主要问题是作战任务规划系统需要许多外围设备。另外，使用最多的 Block D 型的特高频/甚高频无线电的作用距离小于以前的 Block C 型。尽管今后 B-1B 将携带 WCMD 风偏修正弹药并加装先进电子防御系统，但 WCMD 风偏修正弹药存在硬件问题，先进电子防御系统的软件和硬件也都存在问题。

“杰达姆”联合直接攻击弹药　在科索沃空中打击行动中，“杰达姆”联合直接攻击弹药的精度达到了要求，可靠性达到 96%。其出现的一半问题与 B-2 飞机有关。另外，“杰达姆”所使用的联合可编程引信的可靠性还存在问题，而重新设计这种引信需要 2 年时间。

“杰索”联合防区外武器　在科索沃空中打击行动中共使用了 11 次，在对伊拉克的空中打击行动中也曾多次使用，受到了作战人员的好评。它存在的问题之一是，BLU-97 子弹药在撒布时聚集在一起，散布不均匀。这使得攻击每一个高价值目标时都需要更多的这种导弹。

德报载文分析装备精良的南越军队不堪一击的原因 德国《法兰克福汇报》2000 年 4 月 29 日载文认为，1975 年，装备精良的南越军队在 4 周内土崩瓦解的原因有 4 点。一是 1973 年签订的停火协定有缺陷：它使美军很快撤出越南，但北越人却可以保留在南越以及柬埔寨、老挝的所有军队，而且使之不断得到加强，两年内总数达 30 万以上，美国人企图利用停战协定使北越驻南方的军队无法得到加强，从而使装备精良的南越军队能在战略局势上保持平衡的打算，最终归于破产。二是北越人所拥有的发动大规模进攻的有利地形有助于其采取灵活的作战计划。1975 年 1 月，北越攻占了西贡北面的福隆省，这是为进行最后决战作准备。但南越军队由于边界漫长而不了解对方的主攻方向和真正企图。不久，北越军队依托有利地形而采取的灵活进攻战术，导致南越军队防不胜防。三是水门事件也帮了河内的忙，它促进了河内的军事胜利。如果尼克松总统没有因水门事件而丧失名誉，他是位强有力的总统。对他来说，B-52 轰炸机的攻击是其越南政策的有效手段。由于水门事件，他不再能挥动“空中鞭子”。国会和公众舆论反对他使用 B-52 轰炸机。四是南越军腐败严重。这支军队虽装备精良，但指挥官明争暗斗，互相攻击，想法和行动不统一，关键时刻甚至临阵逃跑，致使一些重要防线轻易失守。在高级军官影响下，战争头几个星期里，北方军区有 15 万南越士兵逃跑，6 万海防士兵不战而降，将价值 10 亿美元的武器装备留给胜利者，这样的军队战败是必然的。

约旦曾要求以色列空袭叙利亚军队 据法新社伦敦 2001 年 1 月 1 日报道，英国政府于 2001 年 1 月 1 日发表文件证实，已故的约旦国王侯赛因在 1970 年的“黑色九月”危机期间，曾向以色列请求军事支援。这是惟一记录在案的阿拉伯国家所作出的类似请求。按照英国 30 年解密期规定公布的官方文件表明，侯赛因国王曾通过英国和美国，请求以色列空军袭击支持在约旦的巴勒斯坦游击队的叙利亚军队。当时的英国首相爱德华·希思及其内阁在 1970 年 9 月 21 日收到了侯赛因发给他们的重要电报。由于 1970 年 9 月 6 日乔治·哈巴什领导的解放巴勒斯坦人民阵线（人阵）劫持了 4 架飞机，侯赛因与巴勒斯坦人之间的冲突进一步恶化。在叙利亚军队的干预下，侯赛因起初允许留在约旦的巴勒斯坦游击队占领该国的部分地区。后来，担心其王位的侯赛因决定反击。9 月 17 日，约旦军队与现任巴勒斯坦领导人阿拉法特领导的一支人阵军队之间的武装冲突逐步升级。叙利亚总统哈菲兹·阿萨德将其军队投入了支持巴勒斯坦人的战斗，而不久之后，侯赛因就开始担心约旦军队无法应付如此严重的局面。正是在此时，他于 9 月 19 日作出了阿拉伯国家史无前例的请求：要求以色列以空袭叙利亚军队的方式给予支援。当时以色列总理果尔达·梅厄对此作出的答复直到今天仍不得而知，但以色列的干预最终被证明是没有必要的，因为侯赛因的军队设法给予了巴勒斯坦人以沉重打击，使得他们称那个月为“黑色九月”。然而，人阵在“黑色九月”危机之后曾声称，以色列由于担心该局势可能会恶化成为全面地区冲突而向约旦军队提供了武器。

（吴新安）

全球核潜艇事故大事记　据英国《卫报》2000 年 8 月 16 日载文指出，自从 40 多年前苏联第 1 艘核潜艇下水以来，各国核潜艇已多次发生事故。其中仅 1956～1991 年期间，苏联核潜艇至少发生 121 起事故。1991 年苏联解体后，俄罗斯核潜艇因维修困难，至少有 10 起事故同核反应堆损坏有关，有两次核反应堆的部分燃料甚至都熔化了。以下是苏联、俄罗斯核潜艇事故大事记：

1961 年 7 月：苏联第 1 艘核潜艇的反应堆控制系统中的 1 条管道破裂，强大的核辐射致使船长和 7 名船员丧生。

1968 年 3 月：用柴油机驱动的带有 1 枚 SS－N－5 型导弹的 G－2 级潜艇在太平洋沉没。

1970 年 4 月：1 艘带有两枚鱼雷的 N 级核攻击潜艇在西班牙附近的大西洋海域沉没。

1977 年 9 月：1 艘 D－1 级核潜艇在苏联东部的堪察加半岛误发了 1 枚核弹头。

1985 年 8 月：一场爆炸事故破坏了专门为苏联核动力船只提供维修服务的什科托沃－22 船舶修理厂。10 人在爆炸中丧生，后来有更多的人因在这次事故中受到核辐射而死亡。

1986 年 10 月：在百慕大以东 600 海里的海域，1 艘带有核武器的潜艇起火沉没。一位俄罗斯科学家称这艘潜艇上的核弹头破裂，将大量钚－239 泄漏在大西洋里。

1989 年 4 月：1 艘 M 级“共青团员”号核攻击潜艇在巴伦支海起火沉没，42 人丧生。

1991 年 9 月：1 艘“台风级”核潜艇在俄罗斯北部白海进行训练时误射了 1 枚导弹。不过，后来这艘带有核弹和核鱼雷的潜艇还是安全返回了基地。

1992 年 6 月：正在俄罗斯北部科拉半岛进行维修的 1 艘核潜艇发生爆炸，导致 1 名军官和 4 名船员死亡。

1992 年 11 月：正在摩尔曼斯克州阿尔季克港进行维修的 1 艘核潜艇着火。

1993 年 3 月：正在巴伦支海执行任务的一艘带有核弹的 D－3 级核潜艇撞上 1 艘美国“茴鱼”核潜艇。当时两艘潜艇都要返回基地。

1993 年夏季：一次核潜艇事故导致 21 名船员丧生，2 名船员受伤。但俄罗斯海军指挥官试图掩盖这起事故。

1994 年 3 月：正在巴伦支海参加演习的两艘带有核武器的潜艇擦身而过，险些相撞。

1995 年 9 月：数艘核潜艇的电源被切断。其中 1 艘潜艇的冷却系统发生故障。这艘潜艇采取紧急措施，才使它的核反应堆没有出现过热现象。

1998 年 1 月：在科拉半岛利斯塔海湾基地的 1 艘核潜艇发生事故，泄漏的毒气导致 1 名海军军官丧生，4 名船员受伤，但没有发生核辐射。

美国海军的核潜艇也多次发生事故。1963 年 4 月，“长尾鲨”核潜艇在波士顿以东 200 海里、水下 8500 英尺的海域沉没。5 年后，“蝎子”核潜艇因 1 枚鱼雷发生故障沉没，艇上人员全部丧生。1986 年 3 月，“鹦鹉螺”核潜艇在爱尔兰海域搁浅，随后退役。

英国皇家海军的核潜艇舰队迄今还没有发生过重大事故，只是 2000 年 5 月“不懈”核潜艇的冷却系统发生泄漏，目前正在直布罗陀进行修理。

（任　平）

俄罗斯将建立二战中最大败仗——博戈罗季茨克战役博物馆　据中央社莫斯科 2000 年 12 月 16 日报道，与一般博物馆以纪念人的丰功伟绩为重点不同，最近俄罗斯政府决定建立一座败仗博物馆，将第二次世界大战中苏联最大的败仗——博戈罗季茨克战役的真实面貌，通过高科技手段和当时遗留下来的物资器材加以再现，旨在告诫子孙后代永远不要忘记那次战役失败的惨痛教训，更加珍惜当今来之不易的和平生活。

博戈罗季茨克战役发生在1941年苏德战争初期，当时苏联红军要冲出重围，但指挥官的突围命令下得太迟，致使红军有68万人被俘，战死者也不在少数。根据德国资料，1年后被俘者只有5%幸存，这是俄国有史以来最悲惨的战役。

“女性国际战犯法庭”清算日本慰安妇制度下的罪行 据《南方周末》2000年12月14日刘迪报道，12月8日，“女性国际战犯法庭”在位于东京区的九段会馆会场开庭。“法庭”座无虚席，两旁及后侧也站满旁听者。环顾整个会场，不论法官、检察官、旁听者或义工，女性为多，同时，有许多年轻人。

此次法庭，因系民间组织设立，故其判决无强制效果。有人称为“摹拟法庭”，但来自上海的国际法专家管建强先生称其为“人民法庭”。无论怎样，该庭法官均为专业人员，具有高度专业知识。同时，各国检察官亦为法律等学科从业人员。故其判决具有相当的社会意义。

台上左侧4名法官为麦克唐纳（原南国际战犯法庭负责人）、琴津（伦敦大学国际法教授）、阿尔西波（国际女性法律学家联盟会长）、穆通加（肯尼亚大学教授）等。中间就座的有首席检察官塞拉兹（前南、卢旺达国际战犯法庭性犯罪法律顾问）、多尔葛波尔（澳大利亚佛林德思大学国际法副教授），右侧就座的是各国检察官。

8日上午10时20分，麦克唐纳审判长宣布开庭。来自美国的芭特丽西亚·塞拉兹宣读起诉书，起诉对象包括日本裕仁天皇以及战时首相东条英机等12人。

早在11月9日，法庭就将出庭通知送达日本政府，但是开庭当日，未见日本政府代表，但为维护审判的公正形式，法庭指派1名律师，由他概述迄今为止日本政府的正式见解，并对日本国内有关法律做了一般解释。日本政府的正式见解为：裕仁天皇等所有被告均已死亡，无法反驳，因此，根据日本刑法，可以驳回公诉，中止审判。此外，明治宪法规定天皇“无答责”，因此并无回答检察官指控之责。

麦克唐纳法官说，无论日本政府态度如何，审判的有关文件将成为历史资料，而日本政府对于此次法庭的态度，也将作为历史记录存留下来。

据“法庭”发表的数字，中国大陆此次代表团成员共有28名、台湾63名，各国代表团以韩国人数为最多，220人，朝鲜11名。此外菲律宾有42名，印尼16名，东帝汶6名，荷兰3名，马来西亚1名，各国代表团为390人，旁听者达1300余人。

中国原告提出4点请求。第一，确定被告构成战争罪与反人道罪；第二，要求日本政府公开、正式谢罪；第三，赔偿已故受害者和幸存者每人2000万日元；第四，要求日本政府在日本本土为所有性奴隶制度受害者树立慰灵碑。

女性法庭提出，日本国应该对受害者进行真诚的谢罪，进行损害赔偿以及其他赔偿。对于其他被告人的宣判，国际法庭要在2001年3月8日国际妇女节的最终判决中发表。

（彭训厚）

2001年9月11日美国纽约和华盛顿地区一些地方遭受严重袭击 美国东部时间9月11日上午8时45分许（北京时间9月11日晚8时45分许），一架被劫持的由波士顿飞往洛杉矶的波音767飞机撞击了位于纽约曼哈顿区的世界贸易中心一号大厦。约18分钟之后，另一架被劫持的客机拦腰撞入世界贸易中心二号大厦。上午10时30分，遭到撞击的世界贸易中心双子大厦相继坍塌。上午9时30分，位于华盛顿的美国国防部所在地五角大楼也发生了飞机撞击事件，导致建筑物部分倒塌。

事发之后，美国总统布什向全国发表简短声明，称这些飞机撞击事件可能是恐怖分子所为，并发誓捉拿和严惩肇事者。一些国家领导人纷纷谴责在美国纽约和华盛顿等地发生的恐怖袭击事件。

北京时间9月11日晚，中华人民共和国主席江泽民就美国纽约和华盛顿地区一些地方受到严重袭击致电美国总统布什，向美国政府和人民表示深切的慰问，并向死难者家属表示哀悼。同时指出，中国政府一贯谴责和反对一切恐怖主义的暴力活动。

据美国政府9月30日公布的统计数字，上述严重袭击事件共造成5219人失踪。

美英部队开始对阿富汗进行军事打击 阿富汗当地时间10月7日20时57分（北京时间8日凌晨零时27分），美国和英国的部队开始对阿富汗进行军事打击。美国总统布什在随即向全国发表的电视讲话中宣称，美国正开始对阿富汗境内的“基地”组织恐怖分子训练营实施军事打击，并称打击的目的是摧毁阿富汗塔利班政权的军事力量。英国首相布莱尔也发表讲话证实，英国部队参与了美国对阿富汗的军事打击。

（任　平）

（本栏责任编辑　方宁）

2001年美英部队对阿富汗进行军事打击

美国和英国部队于阿富汗当地时间10月7日20时57分（北京时间8日凌晨0时27分）开始对阿富汗进行军事打击。

台湾岛兵力布防图

2000年车臣战事示意图

ISBN 7-5065-4161-0
9 787506 541619 >